田承嗣部

綜述

《舊唐書》卷一四一《田承嗣傳》　田承嗣，平州人，世事盧龍軍爲裨校。祖璟，父守義，以豪俠聞於遼、碣。承嗣，開元末爲軍使安禄山前鋒兵馬使，累俘斬奚、契丹功，補左清道府率，遷武衛將軍。禄山構逆，承嗣與張忠志等爲前鋒，陷河洛。禄山敗，史朝義再陷洛陽，承嗣爲前導，僞授魏州刺史。代宗遣朔方節度使僕固懷恩引回紇軍討平河朔。帝以二兇繼亂，郡邑傷殘，務在禁暴戢兵，屢行赦宥，凡爲安、史詿誤者，一切不問。時懷恩陰圖不軌，慮賊平寵衰，欲留賊將爲援，乃奏承嗣及李懷仙、張忠志、薛嵩等四人分帥河北諸郡，乃以承嗣檢校户部尚書、鄭州刺史。俄遷魏州刺史、貝博滄瀛等州防禦使。居無何，授魏博節度使。

承嗣不習教義，沉猜好勇，雖外受朝旨，而陰圖自固，重加税率，修繕兵甲，計户口之衆寡，而老弱事耕稼，丁壯從征役，故數年之間，其衆十萬。仍選其魁偉强力者萬人以自衛，謂之衙兵。郡邑官吏，皆自署置，户版不籍於天府，税賦不入於朝廷，雖曰藩臣，實無臣節。代宗以黎元久罹寇虐，姑務優容，累加檢校尚書僕射、太尉、同中書門下平章事，封鴈門郡王，賜實封千户。及升魏州爲大都督府，以承嗣爲長史，仍以其子華尚永樂公主，冀以結固其心，庶其悛革；而生於朔野，志性兇逆，每王人慰安，言詞不遜。

大曆八年，相衛節度使薛嵩卒，其弟崿欲邀旌節；及用李承昭代嵩，衙將裴志清謀亂逐崿，崿率衆歸於承嗣。十年，薛崿歸朝，承嗣使親黨扇惑相州將吏謀亂，遂將兵襲擊，謬稱救應。代宗遣中使孫知古使魏州宣慰，令各守封疆。承嗣不奉詔，遣大將盧子期攻洺州，楊光朝攻衛州，殺刺史薛雄，仍逼知古令巡磁、相二州，諷其大將割耳剺面，請承嗣爲帥，知古不能詰。四月，詔曰：

田承嗣出自行間，策名邊戍，早參戎秩，效用無聞，嘗輔兇渠，驅馳有素。洎再平河朔，歸命轅門。朝廷俯念遺黎，久罹兵革。自禄山召禍，瀛、博流離，思明繼釁，趙、魏堙厄，以至農桑井邑，靡獲安居，骨肉室家，不能相保。念其凋瘵，思用撫寧，以其先布欵誠，寄之爲理。所以委授旌鉞之任，假以方面之榮，期爾知恩，庶能自劾。崇資茂賞，首冠朝倫，列異姓之苴茅，登上公之禮命。子弟童稚，皆聯臺閣之華；妻妾僕媵，並受國邑之號。人臣之寵，舉集其門；將相之權，兼領其職。

夫宰相者，所以盡忠，而乃據國家之封壤，仗國家之兵戈，安國家之黎人，調國家之征賦。掩有資實，憑竊寵靈，内包兇邪，外示歸順。且相、衛之略，所管素殊，而逼脅軍人，使之翻潰。因其驚擾，便進軍師，事跡暴彰，姦邪可見。不然，豈志清之亂，曾未崇朝，子期、光朝，會于明日。足知先有成約，指期而來，是爲蔑棄典刑，擅興戈甲。既云相州騷擾，鄰境救災，旋又更取磁州，重行威虐。此實自矛盾，不究始終。三州既空，遠邇驚陷，更移兵馬，又赴洺州，實爲暴惡不仁，窮極殘忍。薛雄乃衛州刺史，固非本藩，忿其不附，横加凌虐，一門盡屠，非復噍類，酷烈無狀，人神所冤。又四州之地，皆列屯營，長史屬官，任情補署。精甲利刃，良馬勁兵，全實之資裝，農藏之積實，盡收魏府，罔有孑遺。其爲蓄在無赦，欲行討問，正厥刑書。猶示含容，冀其遷善，抑於典憲，務在慰安。乃遣知古遠奉詔書，諭以深旨，乃命承昭副兹麾下，撫彼舊封。而承昭又遣親將劉渾先傳詔命。承嗣逡巡磁、相，仍劫知古偕行，先令姪悦權扇軍吏，至使引刀自割，抑令騰口相稽，當衆諠譁，請歸承嗣。論其姦狀，足以爲憑，此而可容，何者爲罪？

承嗣宜貶永州刺史，仍許一幼男女從行，便路赴任。委河東節度使薛兼訓、成德軍節度使李寶臣、幽州節度留後朱滔、昭義節度李承昭、淄青節度李正己、淮西節度李忠臣、永平軍節度使李勉、汴宋節度田神玉等，掎角進軍。如承嗣不時就職，所在加討，按軍法處分。

詔下，承嗣懼，而麾下大將，復多攜貳，倉黄失圖，乃遣牙將郝光朝奉表請罪，乞束身歸朝。代宗重勞師旅，特恩詔允，并姪悦等悉復舊官，仍詔不須入覲。

十一年，汴將李靈曜據城叛，詔近鎮加兵。靈曜求援於魏，承嗣令田悦率衆五千赴之，爲馬燧、李忠臣逆擊敗之，悦僅而獲免，兵士死者十七八，復詔誅之。十二年，承嗣復上章請罪，又赦之，復其官爵。承嗣有貝、博、魏、衛、相、磁、洺等七州，復爲七州節度使，於是承嗣弟廷琳及從子悦、承嗣子綰、緒等皆復本官，仍令給事中杜亞宣諭，賜鐵券。十三年九月，卒，時年七十五。有子十一人：維、朝、華、繹、綸、綰、緒、繪、純、紳、縉等。維爲魏州刺史；朝，神武將軍；華，太常

少卿、駙馬都尉，尚永樂公主，再尚新都公主。餘子皆幼。而悦勇冠軍中，承嗣愛其才，及將卒，命悦知軍事，而諸子佐之。

《新唐書》卷二一〇《田承嗣傳》　田承嗣字承嗣，平州盧龍人。世事盧龍軍，以豪俠聞。隸安禄山麾下，破奚、契丹，累功至武衛將軍。禄山反，與張忠志爲賊前驅，陷河、洛。嘗大雪，禄山按行諸屯，至其營，若無人，已而擐甲列卒，閲所籍，不缺一人，禄山異其能，使守潁川。

郭子儀平東都，承嗣以郡降，俄而復叛。安慶緒奔鄴，承嗣自潁川來，與蔡希德、武令珣合兵六萬，慶緒復振，抗王師。歲餘，史思明亂，承嗣又爲賊導，及朝義敗，與共保莫州。僕固瑒追北，承嗣急，乃詐朝義使自求救幽州。承嗣守莫，因執賊妻息降于瑒，厚以金帛反間瑒將士。瑒慮下生變，即約降。承嗣詐疾不出，瑒欲馳入取之，承嗣列千刀爲備，瑒不得志，承嗣重賂之以免。乃與張忠志、李懷仙、薛嵩皆詣僕固懷恩謝，願備行間。

朝廷以二賊繼亂，州縣殘析，數大赦，凡爲賊詿誤，一切不問。當是時，懷恩功高，亦恐賊平則任不重，因建白承嗣等分帥河北，賜鐵券，誓不死。拜承嗣莫州刺史，三遷至貝博滄瀛等州節度使，檢校太尉。

承嗣沈猜陰賊，不習禮義。既得志，即計户口，重賦斂，厲兵繕甲，使老弱耕，壯者在軍，不數年，有衆十萬。又擇趫秀彊力者萬人，號牙兵，自署置官吏，圖版税入，皆私有之。又求兼宰相，代宗以寇亂甫平，多所含宥，因就加同中書門下平章事，封鴈門郡王，寵其軍曰天雄，以魏州爲大都督府，即授長史，詔子華尚永樂公主，冀結其心。而性著凶詭，愈不遜。

大曆八年，相衛薛嵩死，弟蕚求假節，牙將裴志清逐蕚，蕚以衆歸承嗣。而帝自用李承昭爲相州刺史，未至，承嗣使人訹吏士反，陽言救，實襲取之。帝遣使者諭罷兵，承嗣不奉詔，遣將盧子期取洺州，楊光朝取衛州，脅刺史薛雄亂，不從，屠其家，悉四州兵財以歸，擅置守宰。逼使者行磁、相，遣劉渾從之，陰使從子悦諷諸將詣使者剺面請承嗣爲帥，使人不敢詰，於是厚賞請己者。帝乃下詔貶承嗣永州刺史，許一子從，悦及諸子皆逐惡地。詔河東節度使薛兼訓、成德李寶臣、幽州朱滔、昭義李承昭、淄青李正己、淮西李忠臣、永平李勉、汴宋田神玉等兵六萬掎角進，若承嗣不承命，聽在所討執，以軍法從事。其下霍榮國以磁降。李正己攻拔德州，李忠臣攻衛，築偃月壁河上。承嗣列將往往攜阻，殺數十人乃定。帝又遣御史大夫李涵督諸節度并力。承嗣遣裴志清等攻冀州，志清以兵附成德，承嗣悉衆圍之，爲寶臣所逐，火輜重，歸于貝，計益窮，不知所出，遣其下郝光朝奉表請委身北闕下。又使悦與盧子期將萬人攻磁州，屯東山。宣慰使韓朝彩等固守，兼訓以萬騎屯西山，成德、幽州各遣兵救磁。時承昭以神策射生繼進，入河東壘。諸軍進討，數有功，頗顧賞，天子使中人多出御服、良馬、黄白金萬計勞賚，使人供帳高會。諸軍少懈，而正己、寶臣二軍會棗彊，更相見。會正己軍輒引去，忠臣乃棄月壘，濟河屯陽武。承昭使成德、幽州兵循東山襲子期軍，自閉壁以驕賊。子期分步騎萬人環承昭壁，以兵四千乘高望麾而進。河東將劉文英、辛忠臣等決戰，而成德、幽州兵繞出子期後，於是圍解。更陣高原，諸將與承昭夾攻，大戰臨水，賊敗，屍旁午數里，斬九千級，馬千匹，執子期及將士二千三百，旗纛器甲鼓角二十萬。諸軍乘勝進，距磁十里，暮而舍。承昭舉燧，朝彩出鋭兵鼓譟薄魏營，斬首五百，悦驚，率餘兵夜走，盡棄旗幕鎧仗五千乘。成德將王武俊以子期歸寶臣，寶臣方攻洺州，因以示城下，降之，復徇瀛州，瀛州亦降。得兵萬人，粟二十萬石，獻子期京師，斬之。

天子遣中人勞寶臣，不爲禮，寶臣乃貳，反攻朱滔，與承嗣和，承嗣與之滄州。正己又請天子許承嗣入朝。十一年，帝遣諫議大夫杜亞持節至魏受其降，許闔門還京師，赦魏博所管與更始。承嗣逗留不至。其秋，復略滑州，敗李勉兵。會李靈耀以汴州叛，詔忠臣、勉、河陽馬燧合討。靈耀求救於魏，承嗣使悦將兵三萬赴之，敗勉將杜如江、正己將尹伯良，死者殆半，乘勝屯汴北郛，與靈耀合。燧、忠臣逆擊，破之，悦脱身遁，斬獲數萬。靈耀東走，欲歸承嗣，爲如江所禽，并魏將常準獻京師。明年，承嗣上書請罪，有詔復官爵，子弟皆仍故官，復賜鐵券。

承嗣盜有貝、博、魏、衛、相、磁、洺七州，而未嘗北面天子。凡再興師，會國威中奪，窮而復縱，故承嗣得肆姦無怖忌。十四年死，年七十五，贈太保。

《文苑英華》卷九一五裴抗《魏博節度使田公神道碑》　理天地者陰陽，統邦國者文武。【略】太傅諱承嗣，其先有嬀之後，自敬仲奔齊，五代而昌，因采田而氏焉。異才茂德，繼踵而至。其後議郎疇，哭劉虞墓，讓盧龍勳，義聲洋洋，焯於古今。公則議郎之裔，今爲北平人也。曾祖堪，隨州從事。祖景，皇鄭州别駕。烈考守義，皇安東副都護，贈户部尚書。皆恭肅明哲，純懿貞良，纂邁德之仁，傳有後之慶。

公則尚書之第六子也。元和間生，其德直方，剛毅中正，根於天常。鍾海岳

之靈，抱清淳之氣。幼尚擊劍，長而事邊，度山川之險易，計戎狄之勇怯。沉機潛運，藏用待時。開元中，林胡犯邊，公始以兵術聞。節將急而求公，乃假公平盧先鋒使，即日以偏師敵之，公大破夷落，斬首萬計，朔漠之人恃公爲雄。戎帥以捷聞，特拜公左武衛郎將，策殊勳也。仍前平盧先鋒使，擒俘斬首，一月三捷，戎陬氣懾，邊徼塵清。改左武衛中郎將，遷左清道率，拜左武衛將軍，昭武功也。天寶季年，逆帥安禄山竊幽陵之甲以叛，驅刼忠良，易其守心，跖犬吠主，大肆兇逆。料天下敵己，唯公一人，遂乃臨以刀鋸，邀其質任，爰授兵要，置之腹心。公迫以兇威，計無從出，竊謂所知曰：「昔龔勝閉口，君房殺身，無補於時，自擠溝壑。」乃呼天飲泣，忍死從權，將圖不朽之勳，以顯大忠之節。時寇陷洛陽，遐邇震駭，大縱虜奪，以弭兇徒。唯公禁戢屬兵，託以戒嚴他盜。時大雪滿營，間無徑術，逆帥巡行諸部，躬自勞寒。至公之營，疑其無人。公乃介胄韔門，出卒羅拜，閲數伍籍不缺一人，逆亂之徒尤加敬憚。爰及刑獄取決於公，寇逆亂常，法令苛慘，纖亂詆告。每陷忠良，皆以阿旨入法爲己誠，察理辨情爲攜貳。公將謀知免，且欲雪寃，每至議讞，必歸情實，至於免鼎鑊、脱桎梏者，不可勝數。冀其違忤稍見疎遠，而逆帥以爲平允得當，仁德歸厚，信重獎助，又倍於常。其後賊亂鋒起，互相吞戮，禄山流膏，安慶絶兇，思明陷刀，朝義傳首，羿浞既平，日月貞明。公雲龍交感，霖雨將作，誓爾有衆，同歸聖朝，誠意克從，大節斯立。時代宗在宥天下，降衷於人，載覽歸欵，特加誠順。即日除户部尚書、御史大夫、莫州刺史，復以莫州地褊不足安衆，特遷魏州刺史、貝、博、滄、瀛等州防禦使。公榮懼感泣，潸然涕流，荷天之休，誓答玄造，中以狀聞。上收其忠，錫以旌鉞，真拜魏博等州節度觀察處置等使。

初懷恩之討朝義也，深結歸命之師，陰有將叛之心。及恃功不虔，逆節方兆，虎據汾晉，寇於太原，乃分使河朔，連扇羣帥，邀我同惡，示以師期。羣帥獻欵，決計於公。公曰：「吾儕所以修睦僕固者，將欲藩翰王室，懷寧遠邇，竭股肱之力，報亭育之恩。乃翫兵左道，自任姦慝，有死而已，吾蔑從之。俱精練成師以順王命，臣子之職也。」由是羣帥感悟，率德相從，械繫行人，顯與之絶，暨聲問達于四境，干紀之師索然氣奪。是以懷恩喪子於榆次，棄甲於西河，北走胡庭，埋魂絶域，抑有由也。蹈危而正，可謂文武三傑，精剛百練者也。惟帝念忠，拜公尚書左僕射，賞有功也；遷大司空，旌有德也。初公之臨長魏郊也，屬大軍之後，民人離落，閭閻之内，十室九空。公體達化源，精潔理道，弘簡易，剗煩苛，一年流庸歸，二年田萊闢，不十年間既庶且富，教義興行。魏自六雄升爲五府，拜公爲魏州大都督府長史，仍加實封一千户以陟明也。而緇黄耋耆詣闕陳乞，請頌德褒政，列於金石。帝曰：「俞！」以命先臣門下侍郎王縉譔紀功烈，錫魏人以碑之。其明年，請立生祠而尸祝之。公執謙沖，抑而勿許。茂厥丕績，秩遷太尉，疇咨補職，爰立作相。

公拜賜荷寵，若墜泉谷，誓將率先啓行，斬伐不臣，殄彼昆夷，復我河湟，然後挂冠都門，告老歸第。嗚呼！有志不就，昔人所痛。致君之道未展，大夜之期俄及。大曆十三年春二月，遘天倫之戚，茹痛而疾。秋九月甲午，薨于戎府，享年七十有五。天子悼舟檝之沉覆，邦人號榱棟之崩摧，罷輟市朝，哀慟中外。諫議大夫蔣鎮册贈太保，臨弔賻禮有加等。【略】誕生檢校尚書右僕射、同中書門下平章事、駙馬都尉、鴈門郡王、襲實封五百户，贈司空緒，則公之第六子也。纂承鴻勳，不忝前烈，開戚里之貴，繼茅土之封，繡轂朱輪，光輝日新。聖朝覃孝里之恩，軫聞鼙之念，復追贈公太傅，復贈魏州大都督。相國烝烝孝思，霜露增感，復以生祠故事具表上聞。天子彰善崇德，乃許追立，爰命詞臣禮部侍郎吕渭徵譔休烈，厥功茂焉。相國生工部尚書，兼魏州大都督府長史、御史大夫、充魏博相貝澶衛等州節度管内度支營田觀察處置等使季安，繼踵象賢，克荷丕構，玉立冰潔，孤高不羣，騄駸逸足，長途萬里，勲賢接武，今古罕倫。嗚呼！開國承家之義，顯矣！翼子謀孫之道，光矣！没而不朽，非公而誰？抗賓事戎麾，出入三世，目覩芳躅，耳聆嘉聲。不愧之詞，誠非諂上，敢刊樂石，傳於無窮。詞曰：

維岳雄氣，鍾于崆峒。委和孕靈，降生我公。於惟我公，其德崇崇。處暗不昧，在明則通。

運屬昌時，功居顯位。天子命我，莅于東魏。榮傳曳履，寵拜端揆。乃領司空，俄登太尉。

爰立作相，俾屏我王。訓節制師，威不庭方。爲國之紀，爲人之綱。教義聿修，德音孔揚。

上天降災，奪我元老。邦國殄瘁，誰云壽考。梁木其壞，嘉言是寶。隴月阡松，荒烟蔓草。

墮淚碑在，生祠廟存。澤流福子，慶被孝孫。日下甘棠，風清德門。刻此金石，傳芳後昆。

雜録

備録

鄭處誨《明皇雜録》補遺　玄宗嘗命教舞馬四百蹄，各爲左右，分爲部，目爲某家寵，某家驕。時塞外亦有善馬來貢者，上俾之教習，無不曲盡其妙。因命衣以文繡，絡以金銀，飾其鬃鬣，間雜珠玉，其曲謂之《傾盃樂》者數十回，奮首鼓尾，縱横應節。又施三層板牀，乘馬而上，旋轉如飛。或命壯士舉一榻，馬舞於榻上，樂工數人立左右前後，皆衣淡黄衫，文玉帶，必求少年而姿貌美秀者。每千秋節，命舞於勤政樓下。其後上既幸蜀，舞馬亦散在人間。禄山常觀其舞而心愛之，自是因以數匹置於范陽。其後轉爲田承嗣所得，不之知也，雜之戰馬，置之外棧。忽一日，軍中享士，樂作，馬舞不能已。厮養皆謂其爲妖，擁篲以擊之。馬謂其舞不中節，抑揚頓挫，猶存故態。廄吏遽以馬怪白承嗣，命箠之甚酷。馬舞甚整，而鞭撻愈加，竟斃於櫪下。時人亦有知其舞馬者，懼暴而終不敢言。

馮贄《雲仙雜記》卷四《旋風筆》　魏博田承嗣簽治文案如流水，吏人私相謂曰：「世罕有此旋風筆。」

俞文豹《吹劍録・三録》　田承嗣叛，代宗命李正己討之。承嗣圖正己像，焚香事之，正己悦，按兵不進。

備論

《新唐書》卷二一〇《田承嗣傳》　贊曰：田承嗣幾禽矣，李寶臣怒承倩而釋魏。建中之際，三將軍持鋭蹀血，功無成者。四叛連勢，兵結難作，天子不能守宗廟。傳及弘正，去汙入朝，數年復亂，唐終不得魏。與夫豎刁亂齊，孰爲輕重？

范祖禹《唐鑑》卷一二《代宗》　廣德元年閏正月，以史朝義降將薛嵩爲相、衛、邢、洺、貝、磁六州節度使，田承嗣爲魏、博、德、滄、瀛五州都防禦使，李懷僊仍故地，爲幽州盧龍節度使。時河北諸州皆已降，嵩等迎僕固懷恩拜於馬首，乞行間自效。懷恩亦恐賊平寵衰，故奏留嵩等及李寶臣分帥河北，自爲黨援。朝廷亦厭苦兵革，苟冀無事，因而授之。

臣祖禹曰：僕固懷恩既平河北而除惡不絶，其本復留賊黨以邀後功，亦由任蕃夷爲制將故也，唐失河北實自此始。使郭李爲將，其肯遺國患乎？

九年三月，以皇女永樂公主許妻魏博節度使田承嗣之子華。帝意欲固結其心，而承嗣益驕慢。

臣祖禹曰：齊景公涕出而女於吴，以爲「既不能令，又不受命，是絶物也」。齊與吴皆列國也，後世且猶羞之；代宗德不足以柔服，刑不足以御姦，以天子之尊而以女許嫁叛臣之子，苟欲姑息而反以納侮，君道卑替亦已甚矣！此公卿大臣之耻也。

晁補之《雞肋集》卷四八《唐舊書雜論》　田承嗣攻衛州，殺刺史薛雄，迫中使孫知在巡磁、相，諷其大將割耳剺面，請承嗣爲帥。詔宜貶永州刺史，仍許一幼男從行，如不時就職則所在加討，按兵法處分。詔下，承嗣懼，而麾下大將攜貳，蒼黄失圖，奉表請罪，乞束身歸朝。代宗重勞師旅，特恩昭洗，悉復舊官，仍詔不須入覲。李靈曜叛，承嗣率衆赴之，及馬燧、李忠擊敗之，詔復誅之，復上章請罪，又赦之。

右《田承嗣傳》第九十一。藩鎮席父兄之業，兵彊將附，國家勢未能討因而撫之，此無如之何者也。承嗣初以安史逆黨不誅而夤緣有魏，非素能拊循魏人得其死力者也，擅殺刺史，迫中使其罪已暴，一旦詔命遠貶，將卒不附，狼狽請命，惟恐莫獲。此几上肉也，胡爲赦之？借曰重勞師旅，不加戮翦，遷之遠州亦使巢窟不就，遽還舊鎮仍復官爵，且止毋入覲，此何爲者也？承嗣既知朝廷無能，爲自此彊僭益熾，而悦又鷙悍難馭，卒爲河北患垂四十年，嗚呼惜哉！

葛勝仲《丹陽集》卷七《論魏博》　唐自天寶失御，安史内侮，拏兵轉戰，歷世不解。踰河以北，莽爲盜區，王化不沾。魏博者，積二百載訖唐亡不能撫而有也。竊觀舊史氏考核地形，魏能蔽趙屏燕，凡欲加兵于燕趙道必假魏，故魏于山東最重。黎陽、新鄉距白馬、盟津不數舍，障鄣一弛則指日而牧馬于鞏洛之郊，故魏于河南亦最重。又風渾俗厚，人剽勇善戰，土平馬健便于馳敵，地壘巘薛山

河錯互，伸則勝，蟠則固，王者不得不王，賊得之則天下不安，故不可淪失于異類，奈何不思控制乎？魏博七州一失于僕固懷恩，再失于馬希倩，三失于李懷光，四失于馬燧，五失于田布，六失于李聽，由是傳襲六姓，一縷一蹄不入府厩矣。蓋自安史首亂，州縣殘折，當時苟欲招懷反側，湔洗詿誤；懷恩意恐賊平則已權不重又，亂布羽牙欲廣應援，請裂河北地付授叛將。由是田承嗣得有魏博，擅爵人，私賦入，繕甲兵而駸駸不可制矣。此廣德之失，由僕固懷恩之爲也。其後承嗣益桀，諸路進討，磁既降矣，德既拔矣，瀛、洺既下矣，裴志清既附矣，盧子期既執矣，朝廷遣名將濟師則承嗣固机上肉爾。顧以中人勞軍，貪婪冒没，慢罵倨肆，寶臣忿耻，挾魏復叛，于是兵不能制而與之更始矣。故大歷之失，由馬希倩之爲也。【略】嗚呼！懷光、懷恩叛臣，希倩閹尹，固不足誅；若燧輩皆一時以名將稱，機會一跌喪威稔寇，搰參之墟訖唐亡不能取，是可太息哉！

胡寅《致堂讀史管見》卷二二 田承嗣累表入朝，竟不至上，復命討之。上表謝罪，上亦無如之何，悉復其官爵，令不必朝。

田承嗣玩代宗不啻如嬰，我去之數百年矣，讀其事猶使人氣拂膺而髪衝冠。

弘晝《稽古齋全集》卷三《唐代宗廣德元年以薛嵩田承嗣李懷仙爲河北諸鎮節度使論》 嘗觀自古亡國之君有沉湎於酒、荒淫於色以至朝政日紊而亡者，又有聽信左右、任用匪人以致權奸肆虐而亡者，此但知其快已而不知其禍已也。若夫受制於臣，知其惡而不能去，察其奸而不能除，淪於亡而不能救者，非皆由於始謀之不臧，舉太阿以授人，卒至於懦弱而不振也哉？吾於唐之藩鎮見之。夫先王制爲公、侯、伯、子、男之爵，使其公理天下，正所以褒有功顯有德也，要之君臣之分、上下之防究未嘗不嚴。代宗聽僕固懷恩之請，以薛嵩、田承嗣、李懷仙爲河北諸鎮節度使。嗚呼！是所謂借兵而齎盜糧者也！夫人君之尊譬之北辰居所，故能節制萬方，征討由己，而權不下移至於分封之臣。譬之衆星環拱莫不匡扶王室，守己自安而分不敢僭，斯爲長治久安之道。乃唐之藩鎮則不然，位非宗室至戚也而子孫屢世相承，功非與國同休也而租調盡爲己有，且有逐其節度而自立者，不奉朝廷之命而置官者。或時有進獻，則曰：「吾能尊天子」，夫以天子之物上奉天子，尚餘其什之七八而反謂能尊天子乎？天子征之可也，誅之可也，滅之亦可也，而但以姑息爲上策，不問爲得計，是以不可撲滅，屢廢而屢起也。德宗欲矯之而致亂，憲宗平之而穆宗復縱之，以至君愈弱臣愈强，天下卒亡於此而不悟。嗚呼！是誰生厲階乎？亦自貽伊戚耳。

藝文

陸贄《陸宣公奏議》卷一〇《請還田緒所寄撰碑文馬絹狀》 田緒使節度隨軍劉瞻，送書與臣，其書意緣奉進止：「令爲其亡父承嗣撰遺愛碑文，故送前件馬絹等，以申情貺。」臣先奉恩旨，令撰碑文；於今半年，竟未輟緝。良以勸戒之道，忠義攸先；襃貶之詞，《春秋》所重。爵位有僥倖而致，名稱非詐力可求；將使循軌轍者，畏昭憲而莫渝；怙姦妄者，顧清議而知恥。仲尼修《春秋》，而亂臣賊子懼；豈必臨之以武，脅之以刑哉？襃貶苟明，亦足助理。田承嗣阻兵犯命，靡惡不爲；竟逭天誅，全歸土壤；此乃先朝所愧恨，義士所惋嗟！今田緒尚干宸嚴，請頌遺愛；微臣隘蹐，實憤於心。謬承恩光，備位台輔；既未能滌除姦慝，匡益大猷；而又飾其愧詞，以贊兇德；納彼重賂，以襲貪風；情所未安，事固難强。是以屢嘗執翰，不能措詞；輒投所操，太息而止！緣承聖誨，勉務懷柔。昨見田緒使人，臣亦婉爲報答，但告云：「所爲碑頌，皆奉德音；既異私情，難承厚貺，候稍休暇，續當撰成。」既無拒絶之言，計亦不至疑阻。其來書謹封進，所送馬及絹等，令劉瞻便領卻迴訖，不敢不奏。謹奏。

宋敏求《唐大詔令集》卷六三常衮《加田承嗣實封制》 敕：懋策勳之賞，則啓封邑；賜真食之命，方入田租。故采地以處其子孫，書社以尊其侯伯，開府儀同三司、檢校尚書左僕射、兼魏州大都督府長史、御史大夫、兼魏博等州節度觀察處置及管内支度營田等使、上柱國、雁門郡王、食實封二百户田承嗣，出自河朔，挺兹才器，公忠有素，文武是經，行惟高簡，言必誠信，委之腹心，實所親重。内列端揆，外當藩翰，拒河作鎮，瀕海撫封。貞一以奉上，明恕以臨下，謀出韜鈐之外，功成戰伐之前。專精牧人，盡瘁事國，政刑必中，都鄙有章。訓以農耕之業，課其蠶織之事，家給而禮讓攸興，氣和而札瘥不作。舊章咸舉，厥貢惟殷來更之職人勞，首循吏之理行。嘉命休績，允兹褒勸，食其并賦，用叶典常。可加實封二百户，餘並如故。

宋敏求《唐大詔令集》卷一二一佚名《宥田承嗣詔》 臣子之義，違而必懲，《春秋》之辭，服而先捨，故武威以制其不恪，文德以懷其自新。田承嗣誤惑奸邪，輒干紀律，朝有彝憲，當舉典刑，猶示含容，薄令降黜，冀其遷悔，全彼平人。

而不赴所貶之官，再任造端之將，遲迴師旅，綿引旬時。朕猶憫脅從，誤茲併命，其人何罪。顧悼增懷，深思改過之期，以救無辜之禍。而承嗣果能剋責，頻獻誠詞，泥首束身，請歸庭闕，輸心瀝懇，備在封章。而正己地邇藩陲，共昭誠欵，遂屢有陳奏，達其深衷。故以悔非之誠，全其改往之志，翻然効順，頗用嘉之。即宜與子姪家口等同赴上都，當待以殊恩，永守終吉，豈不美歟？其魏博所管官吏、將士、僧道、耆老、百姓等，初因迫脅，曾受驅馳，或久拒官軍，辭不獲已；或徵科郡邑，出入門庭，皆懼於不全。蓋素非元惡，既往之咎並與惟新，一無所問。或先在昭義軍管内諸州軍者，並宜却還本貫，各安舊業。昭義所管官吏將士，截耳軍健，身及家口先在魏博等州者，妄有驅逼，各被質留。原其初心，本非舊惡，既因詿誤，先令蠲除。仰即歸本州，亦一切莫問，各守所務，無相奪倫。王典無私，信存賞罰，脅從罔理，前聖嘉謀，歸命者必全，知過者皆宥。今既納承嗣之懇請，亦已虚懷，捨脅從之前非，悉令原免。如其譎詭時日，猶事逗遛，國有常刑，法難屢屈，過期不至，獲罪如初。諸道兵馬即宜同力協心，大軍剋期，不可追悔，轉禍爲福，唯在此時。至于再三，非不深切，想及官吏將士已下奉而行之，知朕懷也。

宋敏求《唐大詔令集》卷一二一 佚名《復田承嗣官爵制》 昔在虞舜，舞干羽于兩階而苗人服，須漢高帝遣陸賈而赦南越，光武亦下璽書招附竇融。然則太上以德撫人，其次因時制事，或有阻兵梗化，未從紀律，將畏刑以紓禍，俟文告而斯懷，則明恕之道，宥過爲大，其來久矣。永州刺史、前魏博等七州節度觀察處置管内支度營田等使、開府儀同三司、太尉、檢校尚書左僕射、同中書門下平章事、兼魏州大都督府長史、上柱國、鴈門郡王、食邑實封一千户田承嗣，頃因封壤之外，或收郡邑，是以下尺一之詔，徵縣道之師，貶刺零陵，式彰典憲。而國家十連將帥，千里旌旗，軍騎襁屬於山河，樓船鎖結於淮海。而承嗣轅門宿將，方面舊臣，授鉞持衡，素經委遇，乃繕甲陳備，越河應敵，然未離魏郡，嬰壘自固，頻遣章奏，開欵申誠。至祈革心，永用遷善，又聞聚族興歎，恒思更新廢食遺寢，沉憂成疾。夫爲君上者，承天子人，兼育廣覆，一夫不獲，則曰時予之辜。今河南河北之人皆朕之人也，豈可不念隱恤？求遑其心，令其父兄乘城，子弟攻取，矢石之下骨肉相殘，邑里之間敵讐交斃，而兵連禍結，廩餼取資，暴賦急征，井閭殫竭，男釋耒耜，女廢蠶桑，流離凍餒，擠于溝壑，而欲勞師黷武，必舉彝章，終夕惟慮，誠所未忍。且使蒼生罹此塗炭，皆由朕司牧無方，非朕不德，誰之過也？今將損膳撤懸，内省歸咎，以寬承嗣，宜並復本官爵，仍委在彼勾當軍州事，不須入朝。弟庭琳及子姪等凡所連坐貶降者，一切釋放，並還本官，仍依舊職掌驅使。其魏縣將吏百姓，及宋汴過河將袁奉珪、祝舜井、將士等，並從原宥，一無所問。於戲！以欲使人，必求諸道。澤渚時禁，仁有被於泉魚；麛卵不傷，德可懷於鳥獸。今則偃干戈之務，全億兆之人，庶茲明誠，上合天睠，公卿百辟，悉朕意焉。

楊炎部

綜述

《舊唐書》卷一一八《楊炎傳》　楊炎字公南，鳳翔人。曾祖大寶，武德初爲龍門令，劉武周陷晉、絳，攻之不降，城破被害，褒贈全節侯。祖哲，以孝行有異，旌其門閭。父播，登進士第，隱居不仕，玄宗徵爲諫議大夫，棄官就養，亦以孝行禎祥，表其門閭。肅宗就加散騎常侍，賜號玄靖先生，名在《逸人傳》。

炎美鬚眉，風骨峻峙，文藻雄麗，汧、隴之間，號爲小楊山人。釋褐，辟河西節度掌書記。神烏令李大簡嘗因醉辱炎，至是與炎同幕，率左右反接之，鐵棒撾之二百，流血被地，幾死。節度使呂崇賁愛其才，不之責。後副元帥李光弼奏爲判官，不應，徵拜起居舍人，辭禄就養岐下。丁憂，廬於墓前，號泣不絕聲，有紫芝白雀之祥，又表其門閭。孝著三代，門樹六闕，古未有也。服闋久之，起爲司勳員外郎，改兵部，轉禮部郎中、知制誥。遷中書舍人，與常袞並掌綸誥，袞長於除書，炎善爲德音，自開元已來，言詔制之美者，時稱常、楊焉。

炎樂賢下士，以汲引爲己任，人士歸之。嘗爲《李楷洛碑》，辭甚工，文士莫不成誦之。遷吏部侍郎，修國史。元載自作相，常選擢朝士有文學才望者一人厚遇之，將以代己。初，引禮部郎中劉單；單卒，引吏部侍郎薛邕；邕貶，又引炎。載親重炎，無與爲比。載敗，坐貶道州司馬。德宗即位，議用宰相，崔祐甫薦炎有文學器用，上亦自聞其名，拜銀青光禄大夫、門下侍郎、同平章事。炎有風儀，博以文學，早負時稱，天下翕然，望爲賢相。

初，國家舊制，天下財賦皆納於左藏庫，而太府四時以數聞，尚書比部覆其出入，上下相轄，無失遺。及第五琦爲度支、鹽鐵使，京師多豪將，求取無節，琦不能禁，乃悉以租賦進入大盈内庫，以中人主之意，天子以取給爲便，故不復出。是以天下公賦，爲人君私藏，有司不得窺其多少，國用不能計其贏縮，殆二十年矣。中官以冗名持簿書，領其事者三百人，皆奉給其間，連結根固不可動。及炎作相，頓首於上前，論之曰：「夫財賦，邦國之大本，生人之喉命，天下理亂輕重皆由焉。是以前代歷選重臣主之，猶懼不集，往往覆敗，大計一失，則天下動摇。先朝權制，中人領其職，以五尺宦豎操邦之本，豐儉盈虛，雖大臣不得知，則無以計天下利害。臣愚待罪宰輔，陛下至德，惟人是恤，參校蠹弊，無斯之甚。請出之以歸有司，度宫中經費一歲幾何，量數奉入，不敢虧用。如此，然後可以議政。惟陛下察焉。」詔曰：「凡財賦皆歸左藏庫，一用舊式，每歲於數中量進三五十萬入大盈，而度支先以其全數聞。」炎以片言移人主意，議者以爲難，中外稱之。

初定令式，國家有租賦庸調之法。開元中，玄宗修道德，以寬仁爲理本，故不爲版籍之書，人户寖溢，隄防不禁。丁口轉死，非舊名矣；田畝移换，非舊額矣；貧富升降，非舊第矣。户部徒以空文總其故書，蓋得非當時之實。舊制，人丁戍邊者，蠲其租庸，六歲免歸。玄宗方事夷狄，戍者多死不返，邊將怙寵而諱不以死申，故其貫籍之名不除。至天寶中，王鉷爲户口使，方務聚斂，以丁籍且存，則丁身焉往，是隱課而不出耳。遂案舊籍，計除六年之外，積徵其家三十年租庸。天下之人苦而無告，則租庸之法弊久矣。迨至德之後，天下兵起，始以兵役，因之饑癘，徵求運輸，百役並作，人户凋耗，版圖空虛。軍國之用，仰給於度支、轉運二使；四方征鎮，又自給於節度、都團練使。賦斂之司數四，而莫相統攝，於是綱目大壞，朝廷不能覆諸使，諸使不能覆諸州，四方貢獻，悉入内庫。權臣猾吏，因緣爲姦，或公託進獻，私爲贓盜者動萬萬計。河南、山東、荆襄、劍南有重兵處，皆厚自奉養，王賦所入無幾。吏職之名，隨人署置；俸給厚薄，由其增損。故科斂之名凡數百，廢者不削，重者不去，新舊仍積，不知其涯。百姓受命而供之，瀝膏血，鬻親愛，旬輸月送無休息。吏因其苛，蠶食于人。凡富人多丁者，率爲官爲僧，以色役免；貧人無所入則丁存。故課免於上，而賦增於下。是以天下殘瘁，蕩爲浮人，鄉居地著者百不四五，如是者殆三十年。

炎因奏對，懇言其弊，乃請作兩税法，以一其名，曰：「凡百役之費，一錢之斂，先度其數而賦於人，量出以制入。户無主客，以見居爲簿；人無丁中，以貧富爲差。不居處而行商者，在所郡縣税三十之一，度所與居者均，使無僥利。居人之税，秋夏兩徵之，俗有不便者正之。其租庸雜徭悉省，而丁額不廢，申報出入如舊式。其田畝之税，率以大曆十四年墾田之數爲準而均徵之。夏税無過六月，秋税無過十一月。踰歲之後，有户增而税減輕，及人散而失均者，進退長吏，而以尚書度支總統焉。」德宗善而行之，詔諭中外。而掌賦者沮其非利，言租庸之令四百餘年，舊制不可輕改。上行之不疑，天下便之。人不土斷而地著，賦不

加斂而增入，版籍不造而得其虛實，貪吏不誡而姦無所取。自是輕重之權，始歸於朝廷。

炎救時之弊，頗有嘉聲。莅事數月，屬崔祐甫疾病，多不視事，喬琳罷免，炎遂獨當國政。祐甫之所制作，炎隳之。初減薄護作元陵功優，人心始不悅。又專意報恩復讎。道州録事參軍王沼有微恩於炎，舉沼爲監察御史。感元載恩，專務行載舊事以報之。初，載得罪，左僕射劉晏訊劾之，元載誅，炎亦坐貶，故深怨晏。晏領東都、河南、江淮、山南東道轉運、租庸、青苗、鹽鐵使，炎作相數月，欲貶晏，先罷其使，天下錢穀皆歸金部、倉部。又獻議開豐州陵陽渠，發京畿人夫於西城就役，閭里騷擾，事竟無成。

初，大曆末，元載議請城原州，以遏西番入寇之衝要，事未行而載誅。及炎得政，建中二年二月，奏請城原州，先牒涇原節度使段秀實，令爲之具。秀實報曰：「凡安邊卻敵之長策，宜緩以計圖之，無宜草草興功也。又春事方作，請待農隙而緝其事。」炎怒，徵秀實爲司農卿。以邠寧別駕李懷光居前督作，以檢校司空平章事朱泚、御史大夫平章事崔寧各統兵萬人以翼後。三月，詔下涇州爲具。涇軍怒而言曰：「吾曹爲國西門之屏，十餘年矣！始治于邠，纔置農桑，地著之安；而徙于此，置榛莽之中，手披足踐，纔立城壘；又投之塞外，吾何罪而置此乎！」李懷光監朔方軍，法令嚴峻，頻殺大將。涇州裨將劉文喜因人怨怒，拒不受詔，上疏復求段秀實爲帥，否則朱泚。於是以朱泚代懷光，文喜又不奉詔。涇有勁兵二萬，閉城拒守，令其子入質吐蕃以求援。時方炎旱，人情騷動，羣臣皆請赦文喜，上皆不省。德宗減服御以給軍人，城中軍士當受春服，賜與如故。命朱泚、李懷光等軍攻之，乃築壘環之。涇州別將劉海賓斬文喜首，傳之闕下。苟非海賓效順，必生邊患，皆因炎以喜怒易帥，涇帥結怨故也。原州竟不能城。

炎既構劉晏之罪貶官，司農卿庾準與晏有隙，乃用準爲荆南節度使，諷令誣晏以忠州叛，殺之，妻子徙嶺表，朝野爲之側目。李正己上表請殺晏之罪，指斥朝廷。炎懼，乃遣腹心分往諸道：裴冀，東都、河陽、魏博；孫成，澤潞、磁邢、幽州；盧東美，河南、淄青；李舟，山南、湖南；王定，淮西。聲言宣慰，而意實說謗。且言「晏之得罪，以昔年附會姦邪，謀立獨孤妃爲皇后，上自惡之，非他過也。」或有密奏「炎遣五使往諸鎮者，恐天下以殺劉晏之罪歸己，推過於上耳。」乃使中人復炎辭於正己，還報信然。自此德宗有意誅炎矣，待事而發。乃擢用盧杞爲門下侍郎、平章事，炎轉中書侍郎，仍平章事。二人同事秉政，杞無文學，儀貌寢陋，炎惡而忽之，每託疾息於他閣，多不會食，杞亦銜恨之。舊制，中書舍人分押尚書六曹，以平奏報，開元初廢其職，杞請復之，炎固以爲不可。杞益怒，又密啓中書主書過，逐之。炎怒曰：「主書，吾局吏也，有過吾自治之，奈何而相侵？」

屬梁崇義叛換，德宗欲以淮西節度使李希烈統諸軍討之。炎諫曰：「希烈始與李忠臣爲子，親任無雙，竟逐忠臣而取其位，背本若此，豈可信也！居常無尺寸功，猶强不奉法，異日平賊後，恃功邀上，陛下何以馭之？」初，炎之南來，途經襄、漢，固勸崇義入朝，崇義不能從，已懷反側。尋又使其黨李舟使馳說，崇義固而拒命，遂圖叛逆，皆炎迫而成之。至是，德宗欲假希烈兵勢以討崇義，然後別圖希烈。炎又固言不可，上不能平，乃曰：「朕業許之矣，不能食言。」遂以希烈統諸軍。

會德宗嘗訪宰相羣臣中可以大任者，盧杞薦張鎰、嚴郢，而炎舉崔昭、趙惠伯。上以炎論議疏闊，遂罷炎相，爲左僕射。後數日中謝，對於延英，及出，馳歸，不至中書，盧杞自是益怒焉。杞尋引嚴郢爲御史大夫。初，郢爲京兆尹，不附炎，炎怒之，諷御史張著彈郢，郢罷兼御史中丞。炎又夙聞源休與郢有隙，乃拔休自流人爲京兆尹，令伺郢過。休莅官後，與郢友善，炎大怒。張光晟方謀議殺回紇酋帥，炎乃以休爲入回紇使，休幾爲虜所殺。郢尋坐以度田不實，改爲大理卿，時人惜之。至是，杞因羣情所欲，又知郢與炎有隙，故引薦之。

炎子弘業不肖，多犯禁，受賂請託，郢按之，兼得其他過。初，炎將立家廟，先有私第在東都，令河南尹趙惠伯貨之，惠伯爲炎市爲官廨。時惠伯自河中尹、都團練觀察等使初受代，郢奏追捕惠伯詰案。御史以炎爲宰相，抑吏貨市私第，貴估其宅，賤入其幣，計以爲贓。杞召大理正田晉評罪，晉曰：「宰臣於庶官，比之監臨，官市賈有羨利，計其利以乞取論罪，當奪官。」杞怒，謫晉衡州司馬。更召他吏繩之，曰：「監主自盜，罪絞。」開元中，蕭嵩將於曲江南立私廟，尋以玄宗臨幸之所，恐置廟非便，乃罷之。至是，炎以其地爲廟，有飛語者云：「此地有王氣，炎故取之，必有異圖。」語聞，上愈怒。及臺司上具獄，詔三司使同覆之。建中二年十月，詔曰：「尚書左僕射楊炎，託以文藝，累登清貫，雖謫居荒服，而虛稱猶存。朕初臨萬邦，思弘大化，務擢非次，招納時髦。拔自郡佐，登于鼎司，獨

委心膂，信任無疑。而乃不思竭誠，敢爲奸蠹，進邪醜正，既僞且堅，黨援因依，動涉情故。隳法敗度，罔上行私，苟利其身，不顧於國。加以内無訓誡，外有交通，縱恣詐欺，以成贓賄。詢其事跡，本末乖謬，蔑恩棄德，負我何深！考狀議刑，罪在難宥。但以朕於將相，義切始終，顧全大體，特有弘貸，俾從遠謫，以肅具僚。可崖州司馬同正，仍馳驛發遣。」去崖州百里賜死，年五十五。

炎早有文章，亦勵志節，及爲中書舍人，附會元載，時議已薄之。後坐載貶官，憤恚益甚，歸而得政，睚眦必讎，險害之性附於心，唯其愛憎，不顧公道，以至於敗。惠伯亦坐炎貶費州多田尉，尋亦殺之。

《新唐書》卷一四五《楊炎傳》 楊炎字公南，鳳翔天興人。曾祖大寶，武德初爲龍門令，劉武周攻之，死於守，贈全節侯。祖哲，以孝行稱。父播，舉進士，退居求志，玄宗召拜諫議大夫，棄官歸養。肅宗時，即家拜散騎常侍，號玄靖先生。

炎美須眉，峻風宇，文藻雄蔚，然豪爽尚氣。河西節度使吕崇賁辟掌書記。神烏令李大簡嘗醉辱之，炎令左右反接，榜二百餘，幾死，崇賁愛其才，不問。李光弼表爲判官，不應。召拜起居舍人，固辭。父喪，廬墓側，號慕不廢聲，有紫芝白雀之祥，詔表其閭。炎三世以孝行聞，至門樹六闕，古所未有。終喪，爲司勛員外郎，遷中書舍人，與常衮同時知制誥。衮長於除書，而炎善德音，自開元後言制詔者，稱「常楊」云。

宰相元載與炎同郡，炎又元出也，故擢炎吏部侍郎、史館脩撰。載當國，陰擇才可代己者，引以自近，初得禮部侍郎劉單，會卒，復取吏部侍郎薛邕，邕坐事貶，後得炎，親重無比。會載敗，坐貶道州司馬。

德宗在東宫，雅知其名，又嘗得炎所爲《李楷洛碑》，寘于壁，日諷玩之。及即位，崔祐甫薦炎可器任，即拜門下侍郎、同中書門下平章事。

舊制，天下財賦皆入左藏庫，而太府四時以數聞，尚書比部覆出納，舉無干欺。及第五琦爲度支、鹽鐵使，京師豪將求取無節，琦不能禁，乃悉租賦進大盈内庫。天子以給取爲便，故不復出。自是天下公賦爲人君私藏，有司不得計贏少。而宦官以冗名持簿者三百人，奉給其間，根柢連結不可動。及炎爲相，言於帝曰：「財賦者，邦國大本，而生人之喉命，天下治亂重輕繫焉。先朝權制，以中人領其職，五尺宦豎操邦之柄，豐儉盈虛，雖大臣不得知，則無以計天下利害。陛下至德，惟人是恤，參計敝蠹，莫與斯甚。臣請出之，以歸有司。度宫中經費一歲幾何，量數奉入，不敢以闕。如此，然後可以議政，惟陛下審察。」帝從之。乃詔歲中裁取以入大盈，度支具數先聞。

初，定令有租賦庸調法，自開元承平久，不爲版籍，法度抏敝。而丁口轉死，田畝換易，貧富升降，悉非向時，而户部歲以空文上之。又戍邊者，蠲其租、庸，六歲免歸。玄宗事夷狄，戍者多死，邊將諱不以聞，故貫籍不除。天寶中，王鉷爲户口使，方務聚斂，以其籍存而丁不在，是隱課不出，乃按舊籍，除當免者，積三十年，責其租、庸，人苦無告，故法遂大敝。至德後，天下兵起，因以饑癘，百役並作，人户凋耗，版圖空虚。軍國之用，仰給於度支、轉運使；四方征鎮，又自給於節度、都團練使。賦斂之司數四，莫相統攝，綱目大壞。朝廷不能覆諸使，諸使不能覆諸州。四方貢獻，悉入内庫，權臣巧吏，因得旁緣，公託進獻，私爲贓盗者，動萬萬計。河南、山東、荆襄、劍南重兵處，皆厚自奉養，王賦所入無幾。科斂凡數百名，廢者不削，重者不去，新舊仍積，不知其涯。百姓竭膏血，鬻親愛，旬輸月送，無有休息。吏因其苛，蠶食于人。富人多丁者，以宦、學、釋、老得免，貧人無所入則丁存。故課免於上，而賦增於下。是以天下殘瘁，蕩爲浮人，鄉居地著者百不四五。

炎疾其敝，乃請爲「兩税法」以一其制。凡百役之費，一錢之斂，先度其數而賦於人，量出制入。户無主客，以見居爲簿；人無丁中，以貧富爲差。不居處而行商者，在所州縣税三十之一，度所取與居者均，使無僥利。居人之税，秋夏兩入之，俗有不便者三之。其租、庸、雜徭悉省，而丁額不廢。其田畝之税，率以大曆十四年墾田之數爲準，而均收之。夏税盡六月，秋税盡十一月，歲終以户賦增失進退長吏，而尚書度支總焉。帝善之，使諭中外。議者沮詰，以爲租庸令行數百年，不可輕改。帝不聽。天下果利之。自是人不土斷而地著，賦不加斂而增入，版籍不造而得其虚實，吏不誡而姦無所取，輕重之權始歸朝廷矣。

炎興嶺表，以單議悟天子，中外翕然屬望爲賢相。居數月，崔祐甫疾，不能事，喬琳免，炎獨當國，遂多變祐甫之政，減薄護元陵功優，人始不悦。又請開豐州陵陽渠，發畿縣民役作，閭里騷然，渠卒不就。

素德元載，思有以報之，於是復議城原州，節度使段秀實謂「安邊卻敵，宜以緩計，方農事，不可遽興功。」炎怒，追秀實爲司農卿，以邠寧李懷光督作，遣朱泚、崔寧統兵各萬人翼之。詔書下，涇軍恚曰：「吾軍爲國西屏十餘年。始自邠

士，農桑地著之安，徙此榛莽中，手披足踐，既立城壘，則又投之塞外，且安寘此乎？」又懷光持法嚴，舉軍畏之。裨將劉文喜因人之怨，乃上疏求秀實、朱泚爲使。詔以泚代懷光，文喜不奉詔，閉城拒守，質其子吐蕃以求援。時方煬旱，人情騷擿，羣臣皆請赦文喜，帝不聽。詔減服御給軍，且趣師涇州，士當受春服者皆即賜。命泚、懷光率軍攻之，壘環其州。別將劉海賓斬文喜，獻其首，涇州平，而原卒不能城。

又以劉晏劾載，已坐貶，乃出晏忠州，用庾凖爲荆南節度使，誣晏殺之，朝野側目。李正己表請晏罪，炎懼，乃遣腹心分走諸道：裴冀使東都、河陽、魏博，孫成使澤潞、磁邢、幽州，盧東美使河南、淄青，李舟使山南、湖南，王定使淮西。聲言宣慰，而實自辯解，言「晏往嘗傅會姦邪，謀立獨孤妃爲后，帝自惡之，非它過也」。帝聞，使中人復其言於正己，還報信然，於是帝意銜之，未發也。

會盧杞以門下侍郎同中書門下平章事，進炎中書侍郎，同秉政。杞無術學，貌么陋，炎薄之，託疾不與會食，杞陰爲憾。舊制，中書舍人分押尚書六曹，以平奏報。開元初，廢其職。杞請復之，炎固以爲不可，杞益怒。又密啓主書過咎，逐之，炎曰：「主書，吾局吏也，吾當自治之，奈何相侵邪？」始，炎還朝，道襄、漢，因勸梁崇義入朝，後又使李舟邀説之，崇義益反側。及其叛，議者歸咎炎，以爲趣成之。帝欲以淮西李希烈統諸軍致討，炎曰：「希烈始與李忠臣爲子，逐忠臣取其位，此可以任乎？居無尺寸功，猶倔彊不奉法，設使平賊，陛下將何以制之？」帝不能平，恚曰：「朕業許之，不能食吾言。」遂用希烈。又嘗訪羣臣可大任者，杞薦張鎰、嚴郢，而炎舉崔昭、趙惠伯。帝以炎論議疏闊，遂罷爲尚書左僕射。既謝，對延英訖，不至中書，杞怒，益欲中之。

先是，嚴郢爲京兆尹，不附炎，炎諷御史張著劾之，罷兼御史中丞。源休與郢不善，自流人擢休爲京兆少尹，令伺郢過。休反與郢善，炎怒。會張光晟謀殺回紇酋帥，乃使休使回紇。郢坐度田不實，下除大理卿。至是炎罷，其子弘業賕賂狼藉，故杞引郢爲御史大夫按之，并得它過。惠伯爲河南尹時，嘗市炎第爲官廨。御史劾炎宰相抑吏市私第，貴取其直。杞召大理正田晉評罪，晉曰：「宰相於庶官比監臨，計羨利，罪奪官。」杞怒，謫晉衡州司馬。於是當監主自盜，罪絞。開元時，蕭嵩嘗度曲江南，欲立私廟，以爲天子臨幸處乃止，後炎復取以立廟。飛語云：「地有王氣，故炎取之。」帝聞，震怒。會獄具，詔三司同覆，貶崖州司馬同正。未至百里，賜死，年五十五。貶惠伯多田尉，亦殺之。

雜録

備録

李肇《唐國史補》卷上　德宗在東宮，雅知楊崖州。嘗令打《李楷洛碑》，釘壁以玩。及即位，徵拜。炎有崖谷，言論持正，對見必爲之加敬。歲餘，頗倦。盧杞揣知而陰中之。

蘇鶚《杜陽雜編》卷上　載寵姬薛瑤英攻詩書，善歌舞，仙姿玉質，肌香體輕，雖旋波、摇光、飛燕、緑珠，不能過也。瑤英之母趙娟，亦本岐王之愛妾也，後出爲薛氏之妻，生瑤英，而幼以香啗之，故肌香也。及載納爲姬，處金絲之帳，却塵之褥。其褥出自勾驪國，一云是却塵之獸毛所爲也。其色殷鮮，光軟無比。衣龍綃之衣，一襲無一二兩，摶之不盈一握。載以瑤英體輕不勝重衣，故於異國以求是服也。唯賈至、楊公南與載友善，故往往得見歌舞。至因贈詩曰：「舞怯銖衣重，笑疑桃臉開。方知漢武帝，虚築避風臺。」公南亦作長歌褒美，其略曰：「雪面蟾娥天上女，鳳簫鸞翅欲飛去。玉釵碧翠步無塵，楚腰如柳不勝春。」瑤英善爲巧媚，載惑之，怠於塵務。而瑤英之父曰宗本，兄曰從義，與趙娟遞相出入，以搆賄賂，號爲關節。更與中書主吏卓倩等爲腹心。而宗本輩以事告者，載未嘗不頷之。天下齎寶貨求大官職，無不恃載權勢，指薛卓爲梯媒。及載死，瑤英自爲俚妻矣。論者以元載喪令德而崇貪名，自一婦人而致也。

馮贄《雲仙雜記》卷二《桃花紙》　楊炎在中書後閣，糊窗用桃花紙，塗以冰油，取其明甚。

馮贄《雲仙雜記》卷三《食蒲桃》　楊炎食蒲桃，曰：「汝若不澀，當以太原尹相授。」

《太平御覽》卷七五一《工藝部》　楊炎，貞元中宰相，出貶崖州。氣標風雲，文敵揚、馬。嘗畫松石山水，出于人表。初稱處士謁盧黄門，館之甚厚。久而知其丹青之能，意欲求之，未敢發言。炎遽欲辭去，盧公復苦留之。知其家洛中，衣食乏少，心所不寧，盧公乃潛令人將數百千至洛供之，擬取其家書回。以示

炎，炎極感之，未知所報。盧公從容乃言：「欲求一蹤，以爲子孫之家寶爾。」意尚難之。遂月餘圖一障，松石雲物，移動造化，觀者皆謂之神異。後少有見筆蹟者。亦可居妙上品。

《太平廣記》卷一五三《崔朴》引《續定命録》　唐渭北節判崔朴，故滎陽太守祝之兄也。常會客夜宿，有言及宦途通塞，則曰：「崔琯及第後，五任不離釋褐。令狐相七考河東廷評，六年太常博士，嘗自賦詩，嗟其蹇滯曰：『何日肩三署，終年尾百寮。』其後出入清要。張宿遭遇，除諫議大夫，宣慰山東，憲宗面許迴日與相，至東洛都亭驛暴卒。崔元章在舉場無成，爲執權者所嘆，主司要約，必與及第，入試日中風，不得一名如此。」朴因話家世曾經之事。朴父清，故平陽太守，建中初，任藍田尉。時德宗初即位，用法嚴峻。是月，三日之内，大臣出貶者七，中途賜死者二，劉晏、黎幹，皆是其數。户部侍郎楊炎貶道州司户參軍，自朝受責，馳驛出城，不得歸第。炎妻先病，至是炎慮耗達，妻聞驚，必至不起。其日，炎夕次藍田，清方主郵務。炎纔下馬，屈崔少府相見，便曰：「某出城時，妻病綿惙，聞某得罪，事情可知。欲奉煩爲申辭疾，請假一日，發一急脚附書，寬兩處相憂，以候其來耗，便當首路，可乎？」清許之。郵知事吕華進而言曰：「此故不可，敕命嚴迅。」清謂吕華：「楊侍郎迫切。不然，申府以闕馬，可乎？」華久而對曰：「此即可矣。」清於是以此聞於京府。又自出俸錢二十千，買細氈，令造氈舁，顧夫直詣炎宅，取炎夫人，夫人扶病登舁。仍戒其丁勤夜行，旦日達藍田。時炎行李簡約，妻亦病稍愈，便與炎偕往。炎執清之手，問第行。清對曰：「某第十八。」清又率俸錢數千，具商於已來山程之費。至韓公驛，執清之袂，令妻出見曰：「此崔十八，死生不想忘，無復多言矣。」炎至商於洛源驛，馬乏，驛僕王新送騾一頭。又逢道州司倉參軍李全方輓運入奏，全方輒傾囊以濟炎行李。後二年秋，炎自江華除中書侍郎，入相。還至京兆界，問驛使：「崔十八郎在否？」驛吏答曰：「在。」炎喜甚。頃之，清迎謁於前，炎便止之曰：「崔十八郎，不合如此相待。今日生還，乃是子之恩也。」仍連鑣而行，話湘楚氣候，因曰：「足下之才，何適不可？老夫今日可以力致。栢臺諫署，唯所選擇。」清因遜讓，無敢希僥倖意。炎又曰：「勿疑，但言之。」清曰：「小諫閑且貴，敢懷是望？」炎曰：「吾聞命矣，無慮參差。」及炎之發藍田，謂清曰：「前言當一月有期。」炎居相位十日，追洛源驛王新爲中書主事，仍奏授鄂州唐年縣尉李全方監察御史，仍知商州洛源監。清之所約沉然。清罷職，特就炎第謁之。初見則甚喜，留坐久之，但飲數盃而已，並不及前事。踰旬，清又往焉，炎則已有怠色。清從此退居，不復措意。後二年，再貶崖州，至藍田，喟然太息若負者，使人召清，清辭疾不往。乃自咎曰：「楊炎可以死矣，竟不還他崔清官。」

《太平廣記》卷二七八《楊炎》引《宣室志》　故相國楊炎未仕時，嘗夢陟高山之巔，下瞰人境，杳不可辨，仰而視之，見瑞日在咫尺，紅光赫然，洞照萬里。公因舉左右手以捧之，炎燠之氣，如熱心目。久而方寤，視其手，尚瀝然而汗。公異之，因語於人。有解者曰：「大日者，人君像也。今夢登山以捧日，將非登相位而輔人君乎？」其後楊公周歷清貫，遂登相位。果叶捧日之祥也。

王溥《唐會要》卷一九《百官家廟》　天寶元年四月，太子太師致仕蕭嵩以私廟逼近曲江，因上表請移就他處。其詞曰：「臣嵩言，昨日大將軍高力士奉口宣，俯令存問，以臣私廟逼近曲江，人物喧雜，非安神之所，許臣移轉，更就幽閒。又憐臣田園，知無手力，擬令將作與臣營造。伏蒙殊渥，感戴交深。臣叨沐朝榮，獲崇私廟，禮尊祖考，粗奉烝嘗，而地接勝游，城連禁御。伏以神道静謐，久議遷移。豈謂理會事宜，天從人願，聖情下逮，元獎曲成。遂使澤及幽明，慶沾存殁，邱山易負，恩惠難勝。今日已令下手移拆訖，所令官作，豈敢當之。臣爲衰老，自拙將攝，十數日來，加風氣發動，猶尚虚惙，未堪拜伏，不獲詣闕奉謝。」批答云：「卿立廟之時，此地閒僻，令傍江修築。舉國勝遊，與卿同之。須避喧雜，事資改作。遂令官司承已拆除，終須結搆，已有處分，無假致辭。」建中宰臣楊炎不知其事，又買之爲廟。炎既與盧杞、嚴郢有隙，因密奏曰：「此地有王氣，是以玄宗敕蕭嵩拆已成之廟。今炎復興之，必有異圖。」杞後贊其言。上大怒，既竄于崖州，遂殺之。

錢易《南部新書》卷丙　道州録事參軍王沼，與楊炎有微恩。及炎入相，舉沼爲監察御史，始減公議。

《資治通鑑》卷二二六唐德宗建中二年七月條考異引《建中實録》　炎與盧杞同執大政，杞形神詭陋，夙爲人所褻。而炎氣岸高峻，罕防細故，方病，飲食無節，或爲糜餐，別食閤中，每登堂會食，辭不能偶。讒者乘之，謂杞曰：「楊公鄙公，不欲同食。」杞銜之。舊制，中書舍人分署尚書六曹以平奏報，中廢其職，杞議復之以疏其煩。炎不可。杞曰：「杞不才，幸措足於斯，亦當有運用以答天造，寧常拳杞之手乎！」因密啓中書主書有過咎者，有詔逐之。炎怒曰：「中書，吾局也，政之不脩，吾自理之。設不理，當共議，何陰訴而越官邪！」因不相平。

時淮西節度使李希烈寵任方盛，上欲以之平襄陽，炎以爲不可。上曰：「卿勿復言。」遂以希烈統之。時夏潦方壯，澶漫數百里，故希烈軍久不得發。會炎病，請急累日，杞啓免炎相以悦之。上以爲然，乃使中官朱如玉就第先喻旨，翌日，遷左僕射。謁謝之日，恩旨甚渥，杞大懼。

備論

《舊唐書》卷一一八《楊炎傳》 史臣曰：仲尼云，富與貴是人之欲，不以道得之不處。反乎是道者小人。載諂輔國以進身，弄時權而固位，衆怒難犯，長惡不悛，家亡而誅及妻兒，身死而殃及祖禰。縉附會姦邪，以至顛覆。炎隳崔祐甫之規，怒段秀實之直，酬恩報怨，以私害公。三子者咸著文章，殊乖德行。「不常其德，或承之羞」，大《易》之義也。富貴不以其道，小人之事哉！觀庾準之險，遭王縉之復；徇楊炎之意，曲致劉晏之冤。積惡而獲令終者，其在餘殃乎！

贊曰：載、縉、炎、準，交相附會。《左傳》有言，貪人敗類。

《新唐書》卷一四五《楊炎傳》 贊曰：元載、楊炎各以才資奮，適主暗庸，故致位輔相。若其翦闔尹，城原州以謀西夏，還左藏有司，一租賦以檢制有亡，誠有取焉。然載本與輔國以利合，險刻著諸心，谿壑之欲發乎無厭。炎牽連載勢，興醜裔，秉國維綱，返爲載復讎，釋言於君，卒與妻子併誅，暴先胥，殛命于道，蓋自取之也。夫姦人多才，未始不爲患，故鄧舒以俊死，而鄧析以辯亡。若兩人者，所謂多才者邪！縉言福業報應，參得君自私，無可論者。《易》稱「鼎折足，其刑剭」，諒哉！

孫甫《唐史論斷》卷中《開陵陽渠城原州》 論曰：楊炎爲宰相，論內庫之弊，使財賦一歸有司，言租庸之害，定兩稅以便天下，才力頗稱其任矣。及建議浚陵陽渠，不從嚴郢之言，以起民怨；城原州，不納段秀實之計，以致兵叛。何其自敗功業也？宰相之任，固當竭才力以興國事，苟謀議未至，安得不從人之善？況浚渠之事，嚴郢引內園種稻之費以明之，利害甚顯，何故不從其言也？原州之議，秀實俟農隙興功，是將安衆而立事，又何故不納其計也？不惟不從，且仇其人矣。蓋炎自恃才力，方持大權，不欲天下之人一違其議，故樹威如此。殊不思宰相之議，謂天下利害必在於是爾，不在於是，有違之者，安得不從也。從於善人稱賢矣，已有賢名，則何損才力，何害大權乎？兹至公之道也。炎雖有才而心不公，故不能成就功業，卒罹禍敗。後之爲相者戒之！

孫甫《唐史論斷》卷中《楊炎貶崖州司馬賜死》 論曰：楊炎懷元載私恩，仇劉晏而害之，此固大罪，正名誅之宜矣。然炎之害晏，本出私怨；德宗殺炎，又非公法。始，炎譖晏言嘗託附獨孤妃，欲立韓王。德宗不察虛實，便以晏不利於已，至遣使先殺晏，後詔以忠州叛罪之。此君與相俱以私心，殺害勳賢，仍誣其罪，用掩已過。是上欺於天，下欺於人，中外寃惜，固不能已也。炎懼人言之多，奏遣腹心使於四方，言殺晏之事本由君怒，以解已罪。德宗聞之，又惡殺勳賢之事在已，乃怒炎，有意誅之。若下詔述已聽讒殺賢之過，深自責，雪晏之枉，優贈典，正炎之事，肆諸市朝，猶可戒已失道，明國常憲，使姦險者知懼，忠憤者快心。反擢用盧杞，姦惡益甚於炎，乃加炎他罪殺之，此豈公也？爲君爲相，逞私欲如是，相欲無禍，君欲不危，難哉！

胡寅《致堂讀史管見》卷二二 楊炎以崔寧爲朔方節度使，又以杜希全、張光晟、李建徽爲留後窺寧所爲，三人得自奏事，仍諷之使伺寧過失。

陸象先有言：「天下本無事，庸人擾之耳。」善乎其言也！擾之者鑿智自私而心不廣，故不能行其所無事，楊炎處崔寧是也。寧而可用，委以節鎮可也；有如不可，獨無它官而爲，是紛紛何也？既付以一方，本無留後，而以三人爲之，使寧知此意，是促其反側矣！夫豈建侯樹屏之公道乎？

楊炎欲城原州，詔涇州爲城具，涇之將士怒曰：「吾屬始居邠州，甫營耕桑，徙屯涇州，披荆榛立軍府，今又投之塞外，何罪至此乎！」劉文喜因衆心之怨，據涇州叛上命，李懷光討平之，而原州竟不果城。

楊炎感元載薦引之恩，報其仇讎，修其政事，若子之於父然，不亦過乎？載之言曰：「原州居潘原、摧沙堡之間，吐蕃弃而不居，故壘尚存。若城之，二十日可畢，移京西軍戍之，草肥水美，軍食可自給。漸開隴右，進達安西，據吐蕃腹心，則朝廷可高枕矣。」會爲田神功所沮，不果城，故炎欲卒其志。以愚論之，二人皆失也。當是時，吐蕃雖爲唐患，然入寇有時，常使郭子儀、馬燧、李晟，諸人保固吾圉，何足慮者？河北諸鎮驕不奉令，所當先治，載、炎不此之慮，顧與吐蕃爭，舍近圖遠，置叛臣而禦夷狄，豈緩急之序哉！處置失當，立致涇卒之變，勞師費財然後克之，而城竟不能立。謀之不臧孰甚於此？故推公心，合公議，不失時措之宜，事猶難濟，況率其私情，紹述恩地而不爲國計者哉！

藝文

杜甫《杜工部集·補注杜詩》卷一二《送殿中楊監赴蜀見相公》 去水絶還波，洩雲無定姿。人生在世間，聚散亦暫時。離别重相逢，偶然豈定期？送子清秋暮，風物長年悲。豪俊貴勲業，邦家頻出師。相公鎮梁益，軍事無孑遺。解榻再見今，用才復擇誰？况子已高位，爲郡得固辭。難拒供給費，慎哀漁奪私。干戈未甚息，紀綱正所持。汎舟巨石横，登陸草露滋。山門日易久，當念居者思。

岑參《岑嘉州詩》卷一《入劍門作寄杜楊二郎中時二公並爲杜元帥判官》 不知造化初，此山誰開拆。雙崖倚天立，萬仞從地劈。雲飛不到頂，鳥去難過壁。速駕畏巖傾，單行愁路窄。平明地仍黑，停午日暫赤。凛凛三伏寒，巉巉五丁迹。與時忽開閉，作固或順逆。磅礴跨岷峨，巍蟠限蠻貊。星當觜參分，地起西南僻。斗覺煙景殊，杳將華夏隔。劉氏昔顛覆，公孫曾敗績。始知德不脩，恃此險何益。相公總師旅，遠近罷金革。杜母來何遲，蜀人應更惜。暫回丹青慮，少用開濟策。二友華省郎，俱爲幕中客。良籌佐戎律，精理皆碩畫。高文出詩騷，奥學窮討賾。聖朝無外户，寰宇被德澤。四海今一家，徒然劍門石。

岑參《岑嘉州詩》卷一《上嘉州青衣山中峯題惠淨上人幽居寄兵部楊郎中》 青衣誰開鑿？獨在水中央。浮舟一躋攀。側逕緣穹蒼。絶頂詣高僧，豁然登上方。諸嶺一何小，三江奔茫茫。蘭若向西開，峨嵋正相當。猿鳥樂鐘磬，松蘿泛天香。江雲入袈裟，山月吐繩床。早知清淨理，久乃機心忘。尚以名宦拘，聿來夷獠鄉。吾友不可見，鬱爲尚書郎。早歲愛丹經，留心向青囊。眇眇雲智遠，幽幽海懷長。勝賞難與俱，引領遥相望。爲政愧無術，分憂幸時康。君子滿天朝，老夫憶滄浪。况值廬山遠，抽簪歸法王。

《文苑英華》卷三八二常衮《授庾準楊炎知制誥制》 勅：中大夫、行尚書吏部郎中、上柱國庾準，檢校尚書兵部郎中、充山南副元帥判官、賜緋魚袋楊炎等，詔令之重，潤色攸難，其文流則失正，其詞質則不麗。固宜酌《風》、《雅》之變，參漢魏之作，發揮綸旨，其在兹乎。爾各以茂才碩學，敏識純行，俾其對掌，可謂得人，仍轉郎位，式光朝選。準可行尚書職方郎中、知制誥，散官勳如故。炎可守尚書禮部郎中知制誥，賜如故。

《文苑英華》卷五八一于邵《爲楊相求退表》 臣炎言：比者盛夏無雨，農人觖望，遂軫聖慮，迨乎孟秋，乃下明昭，並表羣祀。神人協和，膏澤旋降，嘉穀無害，粢盛可期。此皆陛下明聖，慈仁上應。臣所以慙冒重位，容身無地，載積憂懼，豈遑夙夜。歷觀自昔帝王以理天下者，未有不疇咨訏謨，以熙帝載。三五以降，則有六相十六族，共陳翼亮之功。其在夏殷，不易斯典。逮周分六官，秦置左右，西漢因之以丞相，東漢更名以三公，魏晉雖有損益，亦無獨任之道。陛下拔臣江澤之外，致臣密勿之地。縱欲思報鴻造，贊襄盛業，其如智識薄劣，力所不任，常恐負乘之纇，無以塞責。臣又聞之，天有三台，鼎有三足，疑丞所以備四輔股肱，所以象四體，創明堂，構大厦，非一木之力焉。况臣駑愚，而久備位。今舞干以化，戎狄脩好，網羅再張，兆人是賴。朝多賢達，野無遺逸，一能勝臣者，則指顧皆是。豈以萬務之重，而獨委於凡流乎？縱臣一朝敗累，分從隕越，則既墜之跡，死將安謝。伏乞俯廻天鑒，退臣散地，舉用伊、臯，使不仁者遠。臣雖萬死，誓無所恨。不勝待罪兢惶之至。

《文苑英華》卷七二二獨孤及《送吏部杜郎中兵部楊郎中入蜀序》 二公罷東西之曹草奏啓事之劇，而參軍西南，時人或譏。朝廷易其大，難其細，及以爲不然。方今天子命將帥以守四方，丞相秉鉞，爲唐南仲，擇佐命介，宜先才者，賢者，事孰大焉。彼採薇出車，以遣役勞勤，我則異於是。受王命者不言勤，赴知己者不愴離。今日斗酒，姑展交好，遂以道吾子四方之志，亦使滿座歌二公乎！

宋敏求《唐大詔令集》卷五七佚名《楊炎崖州司馬制》 尚書左僕射楊炎，託以文藝，累登清貫，雖謫居荒服，而虚稱猶在。朕初臨萬邦，思弘大化，務擢非次，招納時髦。拔自郡佐，登于台鼎，獨委心膂，信任無疑。而乃不思竭誠，敢爲姦蠹，進邪醜正，既僞且堅。黨援因依，勤涉情故，隳法敗度，罔上行私。苟利其身，不顧於國。加以内無訓誡，外有交通，縱恣詐欺，以成臟賄。詢其事跡，本末乖謬，蔑恩棄德，負我何深。考狀議刑，罪在難宥，但以朕於將相，義切始終，顧全大體，特有弘貸，俾從遠謫，以肅具寮。可崖州司馬同正，仍即馳驛發遣。

陸贄部

綜述

《舊唐書》卷一三九《陸贄傳》 陸贄字敬輿，蘇州嘉興人。父侃，溧陽令，以贄貴，贈禮部尚書。贄少孤，特立不羣，頗勤儒學。年十八登進士第，以博學宏詞登科，授華州鄭縣尉。罷秩，東歸省母，路由壽州，刺史張鎰有時名，贄往謁之。鎰初不甚知，留三日，再見與語，遂大稱賞，請結忘年之契。及辭，遺贄錢百萬，曰：「願備太夫人一日之膳。」贄不納，唯受新茶一串而已，曰：「敢不承君厚意。」又以書判拔萃，選授渭南縣主簿，遷監察御史。德宗在東宫時，素知贄名，乃召爲翰林學士，轉祠部員外郎。贄性忠藎，既居近密，感人主重知，思有以效報，故政或有缺，巨細必陳，由是顧待益厚。

建中四年，朱泚謀逆，從駕幸奉天。時天下叛亂，機務填委，徵發指蹤，千端萬緒，一日之内，詔書數百。贄揮翰起草，思如泉注，初若不經思慮，既成之後，莫不曲盡事情，中於機會，胥吏簡札不暇，同舍皆伏其能。轉考功郎中，依前充職。嘗啓德宗曰：「今盗遍天下，輿駕播遷，陛下宜痛自引過，以感動人心。昔成湯以罪己勃興，楚昭以善言復國。陛下誠能不吝改過，以言謝天下，使書詔無忌，臣雖愚陋，可以仰副聖情，庶令反側之徒，革心向化。」德宗然之。故奉天所下書詔，雖武夫悍卒，無不揮涕感激，多贄所爲也。

其年冬，議欲以新歲改元，而卜祝之流，皆以國家數鍾百六，凡事宜有變革，以應時數。上謂贄曰：「往年羣臣請上尊號『聖神文武』四字；今緣寇難，諸事並宜改更，衆欲朕舊號之中更加一兩字，其事何如？」贄奏曰：「尊號之興，本非古制。行於安泰之日，已累謙沖；襲乎喪亂之時，尤傷事體。今者鑾輿播越，未復宫闈，宗社震驚，尚愆禋祀，中區多梗，大憝猶存。此乃人情向背之秋，天意去就之際，陛下宜深自懲勵，收攬羣心，痛自貶損，以謝靈譴，不可近從末議，重益美名。」帝曰：「卿所奏陳，雖理體甚切，然時運必須小有改變，亦不可執滯，卿更思量。」贄曰：「古之人君稱號，或稱皇、稱帝，或稱王，但一字而已。至暴秦，乃兼皇帝二字，後代因之，及昏僻之君，乃有聖劉、天元之號。是知人主輕重，不在自稱，崇其號無補於徽猷，損其名不傷其德美。然而損之有謙光稽古之善，崇之獲矜能納諂之譏，得失不侔，居然可辨。況今時遭迍否，事屬傾危，尤宜懼思，以自貶抑。必也俯稽術數，須有變更，與其增美稱而失人心，不若黜舊號以祇天戒。天時人事，理必相符，人既好謙，天亦助順。陛下誠能斷自宸鑒，焕發德音，引咎降名，深示刻責，惟謙與順，一舉而二美從之。」德宗從之，但改興元年號而已。

初，德宗倉皇出幸，府藏委棄，凝冽之際，士衆多寒，服御之外，無尺縑丈帛；及賊泚解圍，諸藩貢奉繼至，乃於奉天行在貯貢物於廊下，仍題曰瓊林、大盈二庫名。贄諫曰：

瓊林、大盈，自古悉無其制，傳諸耆舊之説，皆云創自開元。貴臣貪權，飾巧求媚，乃言：「郡邑貢賦所用，盍各區分：賦税當委於有司，以給經用；貢獻宜歸於天子，以奉私求。」玄宗悦之，新是二庫，蕩心侈欲，萌柢於兹，迨乎失邦，終以餌寇。《記》曰：「貨悖而入，必悖而出。」豈其效歟！

陛下嗣位之初，務遵理道，敦行儉約，斥遠貪饕。雖内庫舊藏，未歸太府，而諸方曲獻，不入禁闈，清風肅然，海内丕變。近以寇逆亂常，鑾輿外幸，既屬憂危之運，宜增儆勵之誠。臣昨奉使軍營，出經行殿，忽覩右廊之下，牓列二庫之名，矍然若驚，不識所以。何者？天衢尚梗，師旅方殷，痛心呻吟之聲，噢咻未息；忠勤戰守之效，賞賚未行。諸道貢珍，遽私別庫，萬目所視，孰能忍情？竊揣軍情，或生觖望，或忿形謗讟，或醜肆謳謡，頗含思亂之情，亦有悔忠之意。是知甿俗昏鄙，識昧高卑，不可以尊極臨，而可以誠義感。

頃者六師初降，百物無儲，外扞兇徒，内防危堞，晝夜不息，殆將五旬，凍餒交侵，死傷相枕，畢命同力，竟夷大艱。良以陛下不厚其身，不私其欲，絶甘以同卒伍，輟食以啗功勞。無猛制人而不攜，懷所感也；無厚賞士而不怨，悉所無也。今者攻圍已解，衣食已豐，而謗讟方興，軍情稍沮，豈不以勇夫常性，嗜貨矜功，其患難既與之同憂，而好樂不與之同利，苟異恬默，能無怨咨！此理之常，故不足怪。《記》曰：「財散則民聚。」豈其效歟！陛下天資英聖，見善必遷，是將化蓄怨爲銜恩，反過差爲至當，促殄遺寇，永垂鴻名，大聖應機，固當不俟終日。

上嘉納之，令去其題署。

興元元年，李懷光異志已萌，欲激怒諸軍，上表論諸軍衣糧薄，神策衣糧厚，

厚薄不均，難以驅戰，意在撓沮進軍。李晟密奏，恐其有變，上憂之，遣贄使懷光軍宣諭。使還，贄奏事曰：

賊泚稽誅，保聚宮苑，勢窮援絶，引日偷生。懷光總仗順之軍，乘制勝之氣，鼓行芟翦，易若摧枯，而乃寇奔不追，師老不用，諸帥每欲進取，懷光輒沮其謀。據兹事情，殊不可解。陛下意在全護，委曲聽從，觀其所爲，亦未知感。若不別爲規略，漸相制持，唯以姑息求安，終恐變故難測。此誠事機危迫之秋也，故不可以尋常容易處之。

今李晟奏請移軍，適遇臣銜命宣慰，懷光偶論此事，臣遂泛問所宜，懷光乃云：「李晟既欲別行，某亦都不要藉。」臣猶慮有翻覆，因美其軍强盛，懷光大自矜夸，轉有輕晟之意。臣又從容問云：「昨發離行在之日，未知有此商量；今日從此却迴，或恐聖旨顧問，事之可否，決定何如？」懷光已肆輕言，不可中變，遂云：「恩命許去，事亦無妨。」要約再三，非不詳審，雖欲追悔，固難爲詞。伏望即以李晟表出付中書，敕下依奏，別賜懷光手詔，示以移軍事由。其手詔大意云：「昨得李晟奏，請移軍城東以分賊勢。朕緣未知利害，本欲委卿商量，適會陸贄從彼宣慰迴，云見卿論叙軍情，語及於此，仍言許去，事亦無妨，遂敕本軍允其所請。卿宜授以謀略，分路夾攻，務使叶齊，克平寇孽。」如此詞婉而直，理當而明，雖蓄異端，何由起怨？

臣初奉使諭旨，本緣糧料不均，偶屬移軍，事相諧會。又幸懷光詭對，且無阻絶之言，機宜合并，若有幽贊，一失其便，後何可追，幸垂裁察！

德宗初望懷光迴意破賊，故晟屢奏移軍不許；及贄縷陳懷光反狀，乃可晟之奏，遂移軍東渭橋。而鄜坊節度李建徽、神策行營陽惠元猶在咸陽，贄慮懷光併建徽等軍，又奏曰：

懷光當管師徒，足以獨制兇寇，逗留未進，抑有他由。所患太强，不資傍助。比者又遣李晟、李建徽、陽惠元三節度之衆附麗其營，無益成功，祗憂生事。何則？四軍懸壘，羣帥異心，論勢力則懸絶高卑，據職名則不相統屬。懷光輕晟等兵微位下，而忿其制不從心，晟等疑懷光養寇蓄姦，而怨其事多陵己，端居則互防飛謗，欲戰則遞恐分功，齟齬不和，嫌釁遂構，俾之同處，必不兩全。强者惡積而後亡，弱者勢危而先覆，覆亡之禍，翹足可期。舊寇未平，新患方起，憂歎所切，實堪疚心。太上消慝於未萌，其次救失於始兆，況乎事情已露，禍難垂成，委而不謀，何以制亂？李晟見機慮變，先請移軍就東，建徽、惠元，勢轉孤弱，爲其吞噬，理在必然。他日雖有良圖，亦恐不能自拔，拯其危急，唯在此時。今因李晟願行，便遣合軍同往，託言晟兵素少，慮爲賊泚所邀，藉此兩軍迭爲掎角，仍先諭旨，密使促裝，詔書至營，即日進路，懷光意雖不欲，然亦計無所施。是謂先人有奪人之心，疾雷不及掩耳者也。

夫制軍馭將，所貴見情，離合疾徐，各有宜適。當離者合之則召亂，當合者離之則寡功；當疾而徐則失機，當徐而疾則漏策。得其要，契其時，然後舉無敗謀，措無危勢。而今者屯兵而不肯爲用，聚將而罔能叶心，自爲鯨鯢，變在朝夕。留之不足以相制，徒長厲階；析之各競於擅能，或成勳績。事有必應，斷無可疑。

德宗曰：「卿之所料極善。然李晟移軍，懷光心已惆悵，若更遣建徽、惠元就東，則使得爲詞。且俟旬時。」晟至東渭橋，不旬日，懷光果奪兩節度兵，建徽單騎遁而獲免，惠元中路被執，害之。報至行在，人情大恐。翌日，移幸山南。贄練達兵機，率如此類。

二月，從幸梁州，轉諫議大夫，依前充學士。先是，鳳翔衙將李楚琳乘涇師之亂，殺節度使張鎰，歸款朱泚；及奉天解圍，楚琳遣使貢奉，時方艱阻，不獲已，命爲鳳翔節度使。然德宗忿其弑逆，心不能容，纔至漢中，欲令渾瑊代爲節度。贄諫曰：「楚琳之罪，固不容誅，但以乘輿未復，大憝猶存，勤王之師，悉在畿内，急宣速告，晷刻是爭。商嶺則道迂且遥，駱谷復爲賊所扼，僅通王命，唯在褒斜，此路若又阻艱，南北便成隔絶。以諸鎮危疑之勢，居二逆誘脅之中，恟恟羣情，各懷向背。賊勝則往，我勝則來，其間事機，不容差跌。儻楚琳發憾，公肆猖狂，南塞要衝，東延巨猾，則我咽喉梗而心膂分矣，其勢豈不病哉！」上釋然開悟，乃善待楚琳使，優詔安慰其心。德宗至梁，欲以谷口已北從臣賜號曰「奉天定難功臣」，谷口已南隨扈者曰「元從功臣」，不選朝官内官，一例俱賜。贄奏曰：「破賊扞難，武臣之效。至如宫闈近侍，班列員僚，但馳走從行而已，忽與介冑奮命之士，俱號功臣，伏恐武臣憤惋。」乃止。

李晟既收京城，遣中使宣付翰林院具録先散失宫人名字，令草詔賜渾瑊，遣於奉天尋訪，以得爲限，仍量與資糧送赴行在。贄不時奉詔，進狀論之曰：【略】帝遂不降詔，但遣使而已。

德宗還京，轉中書舍人，學士如故。初，贄受張鎰知，得居内職；及鎰爲盧杞所排，贄常憂惴；及杞貶黜，始敢上書言事，德宗好文，益深顧遇。奉天解圍

後，德宗言及違離宗廟，嗚咽流涕曰：「致寇之由，實朕之過。」贄亦流涕而對曰：「臣思致今日之患者，羣臣之罪也。」贄意蓋爲盧杞、趙贊等也。上欲掩杞之失，則曰：「雖朕德薄，致茲禍亂，亦運數前定，事不由人。」贄又極言杞等罪狀，上雖貌從，心頗不說。吴通微兄弟俱在翰林，亦承德宗寵遇，文章才器不迨贄，而能交結權倖，共短贄於上前。故劉從一、姜公輔自卑品蒼黄之中，皆登輔相；而贄爲朋黨所擠，同職害其能，加以言事激切，動失上之歡心，故久之不爲輔相。其於議論應對，明練理體，敷陳剖判，下筆如神，當時名流，無不推挹。貞元初，李抱真入朝，從容奏曰：「陛下幸奉天、山南時，赦書至山東，宣諭之時，士卒無不感泣，臣即時見人情如此，知賊不足平也。」

時贄母韋氏在江東，上遣中使迎至京師，搢紳榮之。俄丁母憂，東歸洛陽，寓居嵩山豐樂寺。藩鎮賻贈及別陳餉遺，一無所取；與韋皋布衣時相善，唯西川致遺，奏而受之。贄父初葬蘇州，至是欲合葬，上遣中使護其柩車至洛，其禮遇如此。免喪，權知兵部侍郎，依前充學士。中謝日，贄伏地而泣，德宗爲之改容叙慰。恩遇既隆，中外屬意爲輔弼，而宰相竇參素忌贄，贄亦短參之所爲，言參黷貨，由是與參不平。七年，罷學士，正拜兵部侍郎，知貢舉。時崔元翰、梁肅文藝冠時，贄輸心於肅，肅與元翰推薦藝實之士，升第之日，雖衆望不愜，然一歲選士，纔十四五，數年之内，居臺省清近者十餘人。

八年四月，竇參得罪，以贄爲中書侍郎、門下同平章事。贄久爲邪黨所擠，困而得位，意在不負恩奬，悉心報國，以天下事爲己任。上即位之初，用楊炎、盧杞秉政，樹立朋黨，排擯良善，卒致天下沸騰，鑾輿奔播。懲是之失，貞元已後，雖立輔臣，至於小官除擬，上必再三詳問，久之方下。及贄知政事，請許臺省長官自薦屬官，仍保任之，事有曠敗，兼坐舉主。上許之，俄又宣旨曰：「外議云：『諸司所舉，多引用親黨，兼通賂遺，不得實才。』此法行之非便，今後卿等宜自選擇，勿用諸司延薦。」贄論奏曰：

臣實頑鄙，一無所堪，猥蒙任使，待罪宰相。雖懷竊位之懼，且乏知人之明，自揣庸虚，終難上報。唯知廣求才之路，使賢者各以彙征；啓至公之門，令職司皆得自達。既蒙允許，即宜宣行。南宫舉人，纔至十數，或非臺省舊吏，則是使府佐僚，累經薦延，多歷事任。論其資望，既不愧於班行；考其行能，又未聞于闕敗。遽以騰口，上煩聖聰，道之難行，亦可知矣。

陛下勤求理道，務徇物情，因謂舉薦非宜，復委宰臣揀擇。其爲崇任輔弼，博採輿詞，可謂聖德之盛者。然於委任責成之道，聽言考實之方，閑邪存誠，猶恐有闕。陛下既納臣言而用之，旋聞横議而止之，於臣謀不責成，於横議不考實，此乃謀失者得以辭其罪，議曲者得以肆其誣。率是而行，觸類而長，固無必定之計，亦無必實之言。計不定則理道難成，言不實則小人得志，國家之病，常必由之。昔齊桓公問管仲害霸之事，對曰：「得賢不能任，害霸也；用而不能終，害霸也；與賢人謀事而與小人議之，害霸也。」爲小人者，不必悉懷險詖，故覆邦家。蓋以其意性回邪，趣向狹促，以沮議爲出衆，以自異爲不羣，趨近利而昧遠圖，效小信而傷大道，況又言行難保，恣其非心者乎！

伏以宰輔，常制不過數人，人之所知，固有限極，不能遍諳諸士，備閲羣才。若令悉命羣官，理須展轉詢訪，是則變公舉爲私薦，易明敭爲暗投。儻如議者之言，所舉多有情故，舉于君上，且未絶私，薦於宰臣，安肯無詐，失人之弊，必又甚焉。所以承前命官，罕有不涉私謗，雖則秉鈞不一，或自行情，亦由私訪所親，轉爲所賣。其弊非遠，聖鑒明知。今又將徇浮言，專任宰臣除吏，宰臣不徧諳識，踵前須訪於人。若訪親朋，則是悔其覆車，不易故轍；若訪於朝列，則是求其私薦，不如公舉之愈也。二者利害，惟陛下更詳擇焉。恐不如委任長官，慎揀僚屬，所揀既少，所求亦精，得賢有鑑識之名，失實當暗謬之責。人之常性，莫不愛身，況於臺省長官，皆是當朝華選，孰肯徇私妄舉，以傷名取責者耶！所謂臺省長官，即僕射、尚書、左右丞、侍郎及御史大夫、中丞是也。陛下比擇輔相，多亦出於其中。今之宰臣，則往日臺省長官也，今之臺省長官，乃將來之宰臣也，但是職名暫異，固非行業頓殊。豈有爲長官之時不能舉一二屬吏，居宰臣之位則可擇千百具僚，物議悠悠，其惑斯甚。

夫求才貴廣，考課貴精。求廣在於各舉所知，長吏之薦擇是也；貴精在於按名責實，宰臣之序進是也。往者則天太后踐祚臨朝，欲收人心，尤務拔擢，弘委任之意，開汲引之門，進用不疑，求訪無倦，非但人得薦士，亦許自舉其才。所薦必行，所舉輒試，其於選士之道，豈不傷於容易哉！而課責既嚴，進退皆速，不肖者旋黜，才能者驟升，是以當代謂知人之明，累朝賴多士之用。此乃近於求才貴廣，考課貴精之効也。

陛下誕膺寶曆，思致理平，雖好賢之心，有踰於前哲，而得人之盛，未逮於往時。蓋由賞鑒獨任於聖聰，搜擇頗難於公舉，仍啓登延之路，罕施練覈之方。遂使先進者漸益凋訛，後來者不相接續，施一令則謗沮互起，用一人則瘡痏立成。

此乃失於選才太精，制法不一之患也。則天舉用之法，傷易而得人；陛下慎揀之規，太精而失士。陛下選任宰相，必異於庶官；精擇長官，必愈於末品。及至宰相獻規，長吏薦士，陛下即但納橫議，不稽始謀。是乃任以重者輕其言，待以輕者重其事，且又不辨所毁之虚實，不校所試之短長。人之多言，何所不至，是將使人無所措其手足，豈獨選任之道失其端而已乎！

上雖嘉其所陳，長官薦士之詔，竟追寢之。

國朝舊制，吏部選人，每年調集，自乾元已後，屬宿兵于野，歲或凶荒，遂三年一置選。由是選人停擁，其數猥多，文書不接，真僞難辨，吏緣爲姦，注授乖濫，而有十年不得調者。贄奏吏部分内外官員爲三分，計闕集人，每年置選，故選司之弊，十去七八，天下稱之。

贄與賈耽、盧邁、趙憬同知政事，百司有所申覆，皆更讓不言可否。舊例，宰臣當旬秉筆決事，每十日一易，贄請準故事，令秉筆者以應之。又以河隴陷蕃已來，西北邊常以重兵守備，謂之防秋，皆河南、江淮諸鎮之軍也，更番往來，疲於戍役。贄以中原之兵，不習邊事，及扞虜戰賊，多有敗屻，又苦邊將名目太多，諸軍統制不一，緩急無以應敵，乃上疏論其事曰：

臣歷觀前代書史，皆謂鎮撫四夷，宰相之任，不揆闇劣，屢敢上言。誠以備邊禦戎，國家之重事；理兵足食，備禦之大經。兵不治則無可用之師，食不足則無可固之地。理兵在制置得所，足食在斂導有方。陛下幸聽愚言，先務積穀，人無加賦，官不費財，坐致邊儲，數踰百萬。諸鎮收糴，今已向終，分貯軍城，用防艱急，縱有寇戎之患，必無乏絶之憂。守此成規，以爲永制，常收冗費，益贍邊農，則更經二年，可積十萬人三歲之糧矣。足食之原粗立，理兵之術未精，敢議籌量，庶備採擇。

伏以戎狄爲患，自古有之，其於制禦之方，得失之論，備存史籍，可得而言。大抵尊即序者，則曰非德無以化要荒，曾莫知威不立，則德不能馴也。樂武威者，則曰非兵無以服凶獷，曾莫知德不修，則兵不可恃也。務和親者，則曰要結可以睦鄰好，曾莫知我結之而彼復解也。美長城者，則曰設險可以固邦國而扞寇讎，曾莫知力不足，兵不堪，則險之不能有也。尚薄伐者，則曰驅遏可以禁侵暴而省征徭，曾莫知兵不鋭，壘不完，則遏之不能勝，驅之不能去也。議邊之要，略盡於斯，雖互相譏評，然各有偏駁。聽一家之説，則例理可徵；考歷代所行，則成敗異效。是由執常理以御其不常之勢，徇所見而昧於所遇之時。

夫中夏有盛衰，夷狄有强弱，事機有利害，措置有安危，故無必定之規，亦無長勝之法。夏后以序戎而聖化茂，古公以避狄而王業興；周城朔方而獫狁攘，秦築臨洮而宗社覆；漢武討匈奴而貽悔，太宗征突厥而致安；文、景約和親而不能弭患於當年，宣、元弘撫納而足以保寧於累葉。蓋以中夏之盛衰異勢，夷狄之强弱異時，事機之利害異情，措置之安危異便。知其事而不度其時則敗，附其時而不失其稱則成，形變不同，胡可專一！

夫以中國强盛，夷狄衰微，而能屈膝稱臣，歸心受制，拒之則阻其嚮化，威之則類於殺降，安得不存而撫之，即而序之也？又如中國强盛，夷狄衰微，而尚棄信姦盟，蔑恩肆毒，諭之不變，責之不懲，安得不取亂推亡，息人固境也？其有遇中國喪亡之弊，當夷狄强盛之時，圖之則彼釁未萌，禦之則我力不足，安得不卑詞降禮，約好通和，啗之以親，紓其交禍？縱不必信，且無大侵，雖非禦戎之善經，蓋時事亦有不得已也。儻或夷夏之勢，强弱適同，撫之不寧，威之不靖，力足以自保，不足以出攻，得不設險以固軍，訓師以待寇，來則薄伐以遏其深入，去則攘斥而戒於遠追？雖非安邊之令圖，蓋勢力亦有不得不然也。故夏之即序，周之于攘，太宗之翦亂，皆乘其時而善用其勢也；古公之避狄，文、景之和親，神堯之降禮，皆順其時而不失其稱也；秦皇之長城，漢武之窮討，皆知其事而不度其時者也。向若遇孔熾之勢，行即序之方，則見侮而不從矣；乘可取之資，懷畏避之志，則失機而養寇矣；有攘却之力，用和親之謀，則示弱而勞費矣；當降屈之時，務翦伐之略，則召禍而危殆矣。故曰：知其事而不度其時則敗，附其時而不失其稱則成。是無必定之規，亦無長勝之法，得失著効，不其然歟！至於察安危之大情，計成敗之大數，百代之不變易者，蓋有之矣。其要在於失人肆慾則必蹶，任人從衆則必全，此乃古今所同，而物理之所壹也。

國家自禄山搆亂，河隴用兵以來，肅宗中興，撤邊備以靖中邦，借外威以寧内難，於是吐蕃乘釁，吞噬無厭，回紇矜功，憑陵亦甚。中國不遑振旅，四十餘年。使傷耗遺甿，竭力蠶織，西輸賄幣，北償馬資，尚不足塞其煩言，滿其驕志；復乃遠徵士馬，列戍疆陲，猶不能遏其奔衝，止其侵侮。【略】德宗極深嘉納，優詔褒奬之。

贄在中書，政不便於時者，多所條奏，德宗雖不能皆可，而心頗重之。初，竇參既貶郴州，節度使劉士寧餉參絹數千匹，湖南觀察使李巽與參有隙，具事奏聞，德宗不悦。會右庶子姜公輔於上前聞奏，稱「竇參嘗語臣云『陛下怒臣未

已」，德宗怒，再貶參，竟殺之。時議云公輔奏竇參語得之於贄，云參之死，贄有力焉。又素惡于公異、于邵，既輔政而逐之，談者亦以爲阨。

户部侍郎、判度支裴延齡，姦宄用事，天下嫉之如讎，以得幸於天子，無敢言者，贄獨以身當之，屢於延英面陳其不可，累上疏極言其弊。延齡日加譖毁。十年十二月，除太子賓客，罷知政事。贄性畏慎，及策免私居，朝謁之外，不通賓客，無所過從。十一年春，旱，邊軍芻粟不給，具事論訴；延齡言贄與張滂、李充等摇動軍情，語在《延齡傳》。德宗怒，將誅贄等四人，會諫議大夫陽城等極言論奏，乃貶贄爲忠州别駕。

贄初入翰林，特承德宗異顧，歌詩戲狎，朝夕陪遊。及出居艱阻之中，雖有宰臣，而謀猷參決，多出於贄，故當時目爲「内相」。從幸山南，道途艱險，扈從不及，與帝相失，一夕不至，上喻軍士曰：「得贄者賞千金。」翌日贄謁見，上喜形顔色，其寵待如此。既與二吴不協，漸加浸潤，恩禮稍薄；及通玄敗，上知誣枉，遂復見用。贄以受人主殊遇，不敢愛身，事有不可，極言無隱。朋友規之，以爲太峻，贄曰：「吾上不負天子，下不負吾所學，不恤其他。」精於吏事，斟酌決斷，不失錙銖。嘗以「詞詔所出，中書舍人之職，軍興之際，促迫應務，權令學士代之；朝野乂寧，合歸職分，其命將相制詔，却付中書行遣。」又言「學士私臣，玄宗初令待詔，止於唱和文章而已。」物議是之。德宗以贄指斥通微、通玄，故不可其奏。

贄在忠州十年，常閉關静處，人不識其面，復避謗不著書。家居瘴鄉，人多癘疫，乃抄撮方書，爲《陸氏集驗方》五十卷行於代。初，贄秉政，貶駕部員外郎李吉甫爲明州長史，量移忠州刺史。贄在忠州，與吉甫相遇，昆弟、門人咸爲贄憂，而吉甫忻然厚禮，都不銜前事，以宰相禮事之，猶恐其未信不安，日與贄相狎，若平生交契者。贄初猶慚懼，後乃深交。時論以吉甫爲長者。後有薛延者，代吉甫爲刺史，延朝辭日，德宗令宣旨慰安。而韋皋累上表請以贄代己。順宗即位，與陽城、鄭餘慶同詔徵還。詔未至而贄卒，時年五十二，贈兵部尚書，謚曰宣。

子簡禮，登進士第，累辟使府。

《新唐書》卷一五七《陸贄傳》　陸贄字敬輿，蘇州嘉興人。十八第進士，中博學宏辭。調鄭尉，罷歸。壽州刺史張鎰有重名，贄往見，語三日，奇之，請爲忘年交。既行，餉錢百萬，曰：「請爲母夫人一日費。」贄不納，止受茶一串，曰：「敢不承公之賜。」以書判拔萃補渭南尉。

德宗立，遣黜陟使庾何等十一人行天下。贄説使者，請以五術省風俗，八計聽吏治，三科登儁乂，四賦經財實，六德保罷瘵，五要簡官事。五術曰：聽謡誦審其哀樂，納市賈觀其好惡，訊簿書考其争訟，覽車服等其儉奢，省作業察其趣舍。八計曰：視户口豐耗以稽撫字，視墾田贏縮以稽本末，視賦役薄厚以稽廉冒，視按籍煩簡以稽聽斷，視囚繫盈虚以稽決滯，視姦盗有無以稽禁禦，視選舉衆寡以稽風化，視學校興廢以稽教導。三科曰：茂異，賢良，幹蠱。四賦曰：閲稼以奠税，度産以衰征，料丁壯以計庸，占商賈以均利。六德曰：敬老，慈幼，救疾，恤孤，賑貧窮，任失業。五要曰：廢兵之冗食，蠲法之撓人，省官之不急，去物之無用，罷事之非要。時皆韙其言。遷監察御史。

帝在東宫，已聞其名矣，召爲翰林學士。會馬燧討賊河北久不決，請濟師；李希烈寇襄城。詔問策安出，贄言：

勞於服遠，莫若脩近；多方以救失，莫若改行。今幽、燕、恒、魏之勢緩而禍輕，汝、洛、滎、汴之勢急而禍重。田悦覆敗之餘，無復遠略，王武俊有勇無謀，朱滔多疑少決，互相制劫，急則合力，退則背憎，不能有越軼之患，此謂緩也。希烈果於奔噬，忍於傷殘，據蔡、許富全之地，而益以鄧，襄虜獲之實，東寇則饟道阻，北窺則都邑震，此謂急也。代、朔、邠、靈自昔之精騎，上黨、盟津今之選師，舉而委之山東，將多而勢分，兵廣而財屈，則屯戍失於太繁也。李勉，文吏也，而當汴必争地；哥舒曜之衆，烏合也，扞襄城方鋭之賊。本非素習，首鼠莫前，則守禦失於不足也。今若還李芃河陽以援東都，李懷光解襄城之圍，專以太原、澤、潞兵抗山東，則梁、宋安。

又言：

立國之權，在審輕重，本大而末小，所以能固。故治天下者，若身使臂，臂使指，小大適稱而不悖。王畿者，四方之本也；京邑者，王畿之本也。其勢當京邑如身，王畿如臂，而四方如指，此天子大權也。是以前世轉天下租税，徙郡縣豪桀，以實京師。太宗列置府兵八百所，而關中五百，舉天下不敵關中，則居重馭輕之意也。方世承平久，武備微，故禄山乘外重之勢，一舉而覆兩京。然猶諸牧有馬，州縣有糧，肅宗得以中興。乾元後，外虞踵發，悉師東討，故吐蕃乘虚，而先帝莫與爲禦，是失馭輕之權也。既自陝還，懲乂前事，稍益禁衛，故關中有朔方、涇原、隴右之兵以捍西戎，河東有太原之兵以制北虜。今朔方、太原衆已屯山東，而神策六軍悉戍關外，將不能盡敵，則請濟師。陛下爲之輟邊軍，缺環衛，

竭内廐之馬、武庫之兵，占將家子以益師，賦私畜以增騎。又告乏財，則爲算室廬，貸商人，設諸榷之科，日日以甚。萬有一如朱泚、李希烈負固邊壘，竊發都甸者，何以備之？

夫關中，王業根本在焉。豪桀之在關中者，與籍於營衛不殊；車乘之在關中者，與列於廐牧不殊；財用之在關中者，與貯於帑藏不殊。一朝有急，可取也。陛下幸聽臣計，使芃還軍援洛，懷光救襄城，希烈必走。請神策軍及將家子占而東者追還之，凡京師稅間架、榷酒、抽貫、貸商、點召之令，一切停之，則端本整棼之術。

帝不納。後涇師急變，贄言皆効。

始，帝倉卒變故，每自剋責，贄曰：「陛下引咎，堯、舜意也，然致寇者乃羣臣罪。」贄意指盧杞等，帝護杞，因曰：「卿不忍歸過朕，有是言哉。然自古興衰，其亦有天命乎？今之厄運，恐不在人也。」贄退而上書曰：

自安史之亂，朝廷因循函養，而諸方自擅壤地，未嘗會朝。陛下將一區宇，乃命將興師，以討四方。一人征行，十室資奉，居者疲饋轉，行者苦鋒鏑，去留騷然，而閭里不寧矣。聚兵日衆，供費日博，常賦不給，乃議蹙限而加斂焉；加斂既殫，乃別配之；別配不足，於是榷算之科設，率貸之法興。禁防滋章，吏不堪命，農桑廢於追呼，膏血竭于笞捶，兆庶嗷然，而郡邑不寧矣。邊陲之戍以保封疆，禁衛之旅以備巡警，邦之大防也。陛下悉而東征，邊備空屈，又搜私牧、責將家以出兵籍馬。夫私牧者，元勳貴戚之門也；將家者，統帥岳牧之後也。其復除征徭舊矣。今奪其畜牧，事其子孫，丐假以給資裝，破産以營卒乘，元臣貴位，孰不解體？方且稅侯王之廬，算裨販之緡，貴不見優，近不見異，羣情囂然，而關畿不寧矣。

陛下又謂百度弛廢，則持義以掩恩，任法以成治，斷失於太速，察傷於太精。斷速則寡恕于人，而疑似不容辨也；察精則多猜于物，而億度未必然也。寡恕而下懼禍，故反側之釁生；多猜而下妨嫌，故苟且之患作。由是叛亂繼產，怨讟並興，非常之虞，惟人主獨不聞。凶卒鼓行，白晝犯闕，重門無結草之禦，環衛無誰何之人。陛下雖有股肱之臣，耳目之佐，見危不能竭誠，臨難不能效死，是則羣臣之罪也。

陛下方以興衰諉之天命，亦過矣。《書》曰：「天視自我人視，天聽自我人聽。」則天所視聽，皆因于人，非人事外自有天命也。紂之辭曰：「我生不有命在天？」此捨人事，推天命，必不可之理也。《易》曰：「自天祐之。」仲尼以謂：「祐者助也，天之所助者順也，人之所助者信也。履信思乎順，是以祐之。」《易》論天人祐助之際，必先履行，而吉凶之報象焉。此天命在人，蓋昭昭矣。人事治而天降亂，未之有也；人事亂而天降康，亦未之有也。尚恐有可疑者，請以近事信之。

自比兵興，物力耗竭，人心驚疑如風濤然，洶洶靡定，族謀聚議，謂必有變。則京師之人，固非悉通占術、曉天命也。則致寇之由，豈運當然？夫治或生亂，亂或資治。有以無難而亡，多難而興。治或生亂者，恃治而不脩也。亂或資治者，遭亂而能治也。無難而失者，忽萬幾之重，而忘憂畏也。多難而興者，涉庶事之艱，而知敕慎也。今生亂失序之事不可追矣，其資治興邦之業，在刻勵而謹脩之。當至危之機，得其道則興，失則廢，其間不容復有所悔也，惟勤思而孰計之。捨己以從衆，違欲以遵道，遠憸佞，親忠直，推至誠，去逆詐，斯道甚易知，甚易行，不耗神，不劬力，第約之於心耳。何憂乎亂人，何畏乎厄運，何患乎不寧哉？

帝又問贄事切於今者，贄勸帝：「羣臣參日，使極言得失。若以軍務對者，見不以時，聽納無倦。兼天下之智，以爲聰明。」帝曰：「朕豈不推誠！然顧上封者，惟譏斥人短長，類非忠直。往謂君臣一體，故推信不疑，至憸人賣爲威福。今兹之禍，推誠之敝也。又諫者不密，要須歸曲於朕，以自取名。朕嗣位，見言事多矣，大抵雷同道聽，加質則窮。故頃不詔次對，豈曰倦哉！」贄因是極諫曰：

昔人有因噎而廢食者，又有懼溺而自沈者，其爲防患，不亦過哉！願陛下鑒之，毋以小虞而妨大道也。臣聞人之所助在信，信之所本在誠。一不誠，心莫之保；一不信，言莫之行。故聖人重焉。傳曰：「誠者，物之終始，不誠無物。」物者事也，言不誠即無所事矣。匹夫不誠，無復有事，況王者賴人之誠以自固，而可不誠於人乎？陛下所謂誠信以致害者，臣竊非之。孔子曰：「可與言而不與之言，失人；不可與言而與之言，失言。智者不失人，亦不失言。」陛下可審其言而不可不信，可慎其所與而不可不誠。所謂民者，至愚而神。夫蚩蚩之倫，或昏

或鄙，此似於愚也。然上之得失靡不辨，好惡靡不知，所秘靡不傳，所爲靡不効。馭以智則詐，示以疑則偷。接不以禮則其徇義輕，撫不以情則其效忠薄。上行則下從之，上施則下報之，若景附形，若響應聲。故曰：「惟天下至誠，爲能盡其性。」不盡於己而責盡於人，不誠於前而望誠於後，必紿而不信矣。今方鎮有不誠於國，陛下興師伐之；臣有不信於上，陛下下令誅之。有司奉命而不敢赦者，以陛下所有責彼所無也。故誠與信不可斯須去己。願陛下慎守而力行之，恐非所以爲悔也。

《傳》曰：「人誰無過？過而能改，善莫大焉。」仲虺歌成湯之德曰：「改過不吝。」吉甫美宣王之功曰：「袞職有闕，仲山甫補之。」夫成湯聖君也，仲虺聖輔也，以聖輔贊聖君，不稱其無過，稱其改過；周宣中興賢王也，吉甫文武賢臣也，歌誦其主，不美其無闕，而美其補闕。則聖賢之意，貴於改過，較然甚明。蓋過差者，上智下愚所不免，惟智者能改而之善，愚者恥而之非也。中古以降，其臣尚諛，其君亦自聖，掩盛德，行小道，乃有入則造膝，出則詭辭，姦由此滋，善由此沮，天子意由此惑，爭臣罪由此生，媚道行而害斯甚矣。太宗有文武仁義之德、治致太平之功，可謂盛矣，然而人到于今以從諫改過爲稱首。是知諫而能從，過而能改，帝王之大烈也。陛下謂諫官論事，引善自予，歸過於上者，信非其美，然於盛德，未有虧焉。納而不違，傳之適足增美；拒而違之，又安能禁之勿傳？不宜以此梗進言之路也。

聖人不忽細微，不侮鰥寡。奓言無驗不必用，質言當理不必違；遜於志不必然，逆於心不必否；異於人不必是，同於衆不必非；辭拙而效迂者不必愚，言甘而利重者不必智。考之以實，惟善所在，則可以盡天下之心矣。夫人情蔽於所信，沮於所疑；忽於所輕，溺於所欲。信偏則聽言不盡其實，故有過當之言；疑甚則雖實不聽其言，故有失實之聽。輕其人則遺可重之事，欲其事則存可棄之人。苟縱所私，不考其實，則是失天下之心矣。故常情之所輕，聖人之所重，不必慕高而好異也。

陛下又以雷同道說，加質則窮。臣謂陛下雖窮其辭而未窮其理，能服其口而未服其心。且下之情莫不願達於上，上之情莫不求知於下，然而下常苦上之難達，上常苦下之難知。若是者何？九弊不去也。所謂九弊者，上有六，下有三：好勝人，恥聞過，騁辯給，衒聰明，厲威嚴，恣彊愎，上之弊也；諂諛，顧望，畏愞，下之弊也。好勝而恥過，必甘佞辭，忌直言，則諂諛者進，而忠實之語不聞矣。騁辯而衒明，必折人以言，虞人以詐，則顧望者自便，而切摩之益不盡矣。厲威而恣愎，必不能降情接物，引咎在己，則畏愞者至，而情理之說不申矣。人之難知，堯、舜所病，胡可以一酬一詰，而謂盡其能哉？夫欲治天下，而不務得人心，則天下固不治矣；務得人心，而不勤接下，則心固不得矣；務接下而不辨君子小人，則下固不可接矣；務辨君子小人，而惡直嗜諛，則君子小人固不可辨矣。趨和求媚，人之甚利存焉；犯顔冒禍，人之甚害存焉。居上者易其言而以美利利之，猶懼忠告之不暨，況疏隔而猜忌者乎？

是時，賊未平，帝欲明年遂改元，而術家爭言數鍾百六，宜有所變，示天下復始。帝乃議更益大號。贄曰：「今乘輿播越，大憝未去，此人情向背、天意去就之隙，陛下宜痛自貶勵，不宜益美名以累謙德。」帝曰：「卿言固善，然要當小有變革，爲朕計之。」贄奏言：「古之人君，德合於天曰『皇』，合於地曰『帝』，合於人曰『王』，父天母地以養人治物得其宜者曰『天子』，皆大名也。三代而上，所稱象其德，不敢有加焉。至秦乃兼曰『皇帝』，流及後世昏僻之君，始有聖劉、天元之號。故人主重輕，不在稱謂，視德何如耳。若以時屯當有變革，不若引咎降名，以祗天戒。且矯舊失，至明也；損虛飾，大知也。寧與加冗號以受實患哉？」帝從之。

會興元赦令方具，帝以稾付贄，使商討其詳。贄知帝執德不固，困則思治，泰則易驕，欲激之使彊其意，即建言：「履非常之危者，不可以常道安；解非常之紛者，不可以常令諭。陛下窮用兵甲，竭取財賦，變生京師，盜據宮闈。今假王者四凶，僭帝者二豎，其它顧瞻懷貳，不可悉數。而欲紓多難，收羣心，惟在赦令而已。動人以言，所感已淺，言又不切，人誰肯懷？故誠不至者物不感，損不極者益不臻。夫悔過不得不深，引咎不得不盡，招延不可不廣，潤澤不可不弘。使天下聞之，廓然一變，人人得其所欲，安有不服哉？其須改革科條，已別封上。臣聞知過非難，改之難；言善非難，行之難。《易》曰：『聖人感人心而天下和平。』夫感者，誠發於心，而形於事，事或未諭，故宣之於言，言必顧心，心必副事，三者相合，乃可求感。惟陛下先斷厥志，以施其辭。度可行者而宣之，不可者措之。無苟於言，以重取悔。」帝納之。【略】俄以勞遷諫議大夫，仍爲學士。時鳳翔節度使李楚琳殺張鎰得位，雖數貢奉，議者頗言其挾兩端，有所狙伺。然帝亦不能容，其使至，皆不得召，欲以渾瑊代之。贄諫曰：「楚琳之罪舊矣，今議者乃始紛紜，不亦晚哉？且勤王之師在畿內者，急宣亟告，景刻不可差。商嶺既回

遠，而駱谷又爲賊所扼，通王命者唯褒斜爾。若復阻，則諸鎮之向背者，我勝則來，賊勝遂往，此焉幾會，不容差跌。使楚琳逞憾，敢爲猖狂，南塞要衝，東與賊合，則我咽喉梗而心膂分矣，豈不病哉！今顧望兩端，是乃天誘其衷，通歸塗，濟大業也。」帝釋然，盡召見其使，優詔勞安之。

帝欲以內外從官普號「定難元從功臣」。贄曰：「宫官具寮，恪居奔走，勞則有之，何功之云？難則嘗之，何定之云？今與奮命者齒，恐沮戰士之心，結勳臣之憤。」帝乃止。

京師已平，帝欲詔渾瑊訪奔亡內人，給裝使赴行在，贄諫曰：「大難始平，而百役疲瘵之甿，重傷殘廢之卒，皆忍死扶疾，想聞德音。蓋事有先後，義有輕重，重者宜先，輕者宜後。昔武王克殷，有未下車而爲之者，有下車而爲之者。當今所務，謂宜以大臣馳傳，迎復神主，脩飭郊丘，展禋享之禮，申告謝之意，恤死義，犒有功，崇進忠直，優問耆耋，定反側，寬脅從，官失職，復廢業，是皆宜先不可後也。葺宫室，治服玩，耳目之娱，巾櫛之侍，是皆宜後不可先也。且內人當離潰之後，或爲將士所私。昔人掩絶纓、飲盜馬者，豈忘其愛邪？知爲君之體然也。天下固多褻人，何必獨此？」帝不復下詔，猶遣使諭瑊資遣。

初，劉從一、姜公輔等材下，不逮贄遠甚，徒以單言暫謀偶有合，由下位建台宰。而贄孤立一意，爲左右權倖沮短，又言事無所回諱，陰失帝意，久之不得宰相。還京，但爲中書舍人。母韋猶在江東，帝遣中人迎還京師。俄以喪解官，客東都。諸方賵遺一不取，惟韋皋以布衣交，先以聞，故所致輒稱詔受之。又詔中人護父柩至自吴會，葬洛陽。服除，以權知兵部侍郎復召爲學士。入謝，伏地鯁泣，帝爲興，改容慰撫。眷遇彌渥，天下屬以爲相，而竇參素不平，忌之。贄亦數言參罪失。貞元七年，罷學士，以兵部侍郎知貢舉。明年，參黜，乃以中書侍郎同中書門下平章事。

帝始任楊炎、盧杞，引樹私黨，排忠良，天下怨疾。貞元後，懲艾其失，雖置宰相，至除用庶官，反覆參詰乃得下。及贄秉政，始請臺閣長官得自薦其屬，有不職，坐舉者。帝初許之，或言諸司所引皆親黨，招賂遺，無實才，帝復詔宰相自擇。贄奏言：「齊桓公問管仲害霸，對曰：『得賢不能任，害霸也。任賢不能固，害霸也。固始而不終，害霸也。與賢人謀事，而小人議之，害霸也。』所謂小人者，非悉懷險詖以覆邦家也，蓋趨向狹促，以沮議爲出衆，自異爲不羣，趣小利，昧遠圖，効小信，傷大道爾。所謂臺省長官，僕射、尚書、丞、郎、御史大夫、中丞是也。陛下擇輔相多出其中，行實不能頓殊也。今乃謂不能進一二屬吏，豈後位宰相則可擇天下材乎？夫求才者貴廣，考課者貴精。往武后收人心，務拔擢，非徒人得薦士，亦許自舉其才，豈不易哉？然而課責嚴，進退速，故當世稱知人之明，累朝賴多士之用。陛下賞鑒獨任，難於公舉，有登延之路，無練覈之方。武后以易得人，陛下以精失士。今擇宰相以重於庶品，選長官以愈於下流，及宰相獻言，長吏薦士，則又納横議，廢始謀，是任以重者輕其言，待以輕者重其事也。」帝雖嘉之，然卒停薦士詔。

舊制，吏部選以歲集。乾元後，天下兵興，率三年一調，吏員稽壅，則牢牒叢淆，僞冒蒙真，吏緣以爲姦，廢置無綱，至十年不被調者，缺員或累歲不補。贄乃請以內外員三分之，每歲計闕集人，檢柅吏姦，天下便之。當是時，賈耽、盧邁、趙憬同輔政，凡有司關白，三人者更相顧不肯判。贄又請如故事，旬一人秉筆，所咨輒判。

又以西北邊歲調河南、江淮兵，謂之「防秋」。士不素練，戰數敗，將昧制不一，亡以應敵。乃上陳其弊。【略】帝愛重其言，不從也。

班宏判度支，卒官，贄薦李巽，帝漫許之，而自用裴延齡，贄言：「延齡僻戾躁妄，不可用。」不聽。俄而延齡姦佞得君，天下仇惡，無敢言。贄上書苦諫，帝不懌，竟以太子賓客罷。贄本畏慎，未嘗通賓客。延齡揣帝意薄，譖短百緒，帝遂發怒，欲誅贄，賴陽城等交章論辨，乃貶忠州別駕。後稍思之，會薛延爲刺史，諭旨慰勞。韋皋數上表請贄代領劍南，帝猶銜之，不肯與。順宗立，召還。詔未至，卒，年五十二，贈兵部尚書，謚曰宣。

始，贄入翰林，年尚少，以材幸，天子常以輩行呼而不名。在奉天，朝夕進見，然小心精潔，未嘗有過，由是帝親倚，至解衣衣之，同類莫敢望。雖外有宰相主大議，而贄常居中參裁可否，時號「內相」。嘗爲帝言：「今盜偏天下，宜痛自咎悔，以感人心。昔成湯罪己以興，楚昭王出奔，以一言善復國。陛下誠不吝改過，以言謝天下，使臣持筆亡所忌，庶叛者革心。」帝從之。故奉天所下制書，雖武人悍卒無不感動流涕。後李抱真入朝，爲帝言：「陛下在奉天、山南時，赦令至山東，士卒聞者皆感泣思奮。臣是時知賊不足平。」議者謂興元戡難功，雖爪牙宣力，蓋贄有助焉。狩山南也，道險澀，與從官相失，夜召贄不得，帝驚且泣，詔軍中得贄者賞千金。久之，上謁，帝喜見顔問，自太子以下皆賀。及輔政，不敢自顧重，事有可否必言之，所言皆剴拂帝短，懇到深切。或規其人過者，對

曰：「吾上不負天子，下不負所學，皇它卹乎？」既放荒遠，常闔户，人不識其面。又避謗不著書，地苦瘴癘，祇爲《今古集驗方》五十篇示鄉人云。

雜録

備録

韓愈《順宗實録》卷四起六月盡七月　七月丙子，贈故忠州別駕陸贄兵部尚書；故道州刺史陽城左常侍。

贄字敬輿，吴郡人也。年十八，進士及第。又以博學宏詞授鄭縣尉；書判拔萃，授渭南尉，遷監察御史。未幾，選爲翰林學士，遷祠部員外郎。德宗幸奉天，贄隨行在，天下搔擾，遠近徵發，書詔一日數十下，皆出於贄。贄操筆持紙，成於須臾，不復起草。同職皆拱手嗟嘆，不能有所助。常啓德宗言：「方今書詔，宜痛自引過罪己，以感人心。昔成湯以罪己致興，後代推以爲聖人。楚王失國亡走，一言善而復其國，至今稱爲賢者。陛下誠能不悋改過，以言謝天下，臣雖愚陋，爲詔詞無所忌諱，庶能令天下叛逆者迴心喻旨。」德宗從之。故行在制詔始下，聞者雖武人悍卒，無不揮涕感激。議者咸以爲德宗剋平寇難，旋復天位，不惟神武成功，爪牙宣力，蓋以文德廣被，腹心有助焉。累遷考功郎中，諫議大夫，中書舍人，兼翰林學士。丁母憂，免喪，權知兵部侍郎，復入翰林。中外屬意，且夕俟其爲相。竇參深忌之，贄亦短參之所爲，且言其黷貨，於是與參不能平。尋真拜兵部侍郎，知禮部貢舉，於進士中得人爲多。八年春，遷中書侍郎平章事，始令吏部每年集選人。舊事：吏部每年集人，其後遂三年一置選。選人猥至，文書多不了尋勘，真僞紛雜，吏因得大爲姦巧。選士一蹉跌，或至十年不得官，而官之闕者，或累歲無人。贄令吏部分内外官員爲三分，計闕集人以爲常，其弊十去七八，天下稱之。初，竇參出李巽爲常州刺史，且迫其行，巽常銜之。至參貶爲郴州別駕，巽適遷湖南觀察。德宗常與參言故相姜公輔罪，參漏其語。參敗，公輔因上疏自陳其事非臣之過。德宗詰之，知參洩其語，怒，未有所發。會巽奏汴州節度劉士寧遺參金帛若干。士寧得汴州，參處其議，士寧常德之，故致厚貺。德宗以參得罪而以武將交結，發怒，竟致參於死。而議者多言參死由贄焉。裴延齡判度支，天下皆嫉怨，而獨幸於天子，朝廷無敢言其短者；贄獨身當之，日陳其不可用。延齡固欲去贄而代之，又知贄之不與己，多阻其奏請也，謗毁百端。翰林學士吴通玄故與贄同職，姦巧佻薄，與贄不相能。知贄與延齡相持有間，因盛言贄短。宰相趙憬本贄所引同對，嫉贄之權，密以贄所戢彈延齡事告延齡。延齡益得以爲計。由是天子益信延齡而不直贄，竟罷贄相，以爲太子賓客，而黜張滂李充等權。言事者皆言其屈。贄固畏懼，至爲賓客，拒門不納交親士友。春旱，德宗數獵苑中，延齡疏言：「贄等失權怨望，言於衆曰：『天下旱，百姓且流亡，度支愛惜，不肯給諸軍。軍中人無所食，其事奈何？』以摇動羣心，其意非止欲中傷臣而已。」後數日，又獵苑中，會神策軍人跪馬前云：「度支不給馬草。」德宗意延齡前言，即迴馬而歸，由是貶贄爲忠州別駕，滂、充皆斥逐。德宗怒未解，贄不可測，賴陽城等救乃止。贄之爲相，常以少年入翰林，得幸於天子，長養成就之。不敢自愛，事之不可者皆争之。德宗在位久，益自攬持機柄，親治細事，失君人大體，宰相益不得行其事職，而議者乃云由贄而然。贄居忠州十餘年，常閉門不出入，人無識面者。避謗不著書，習醫方，集古今名方爲《陸氏集驗方》五十卷，卒於忠州，年五十二。上初即位，與鄭餘慶、陽城同徵，詔始下，而城、贄皆卒。

李肇《唐國史補》卷上　德宗覽李令收城露布，至「臣已肅清宫禁，祇謁寢園，鍾簴不移，廟貌如故」，感涕失聲，左右六軍皆嗚咽。露布，于公異之詞也。議者以國朝捷書露布無如此者。公異後爲陸贄所忌，誣以家行不至，賜《孝經》一卷，坎壈而終，朝野惜之。

王定保《唐摭言》卷八《通榜》　陸忠州榜時，梁補闕肅、王郎中傑佐之，肅薦八人俱捷，餘皆共成之。故忠州之得人，皆烜赫。事見韓文公與陸傪員外書。

孔平仲《珩璜新論》　德宗謂陸贄曰：「卿清慎太過，諸道饋送，一皆拒絶，恐事情不通。如鞭、靴之類，受亦無傷。」贄上疏云：「鞭、靴不已，必及金玉。目見可欲，能自窒乎？」吾謂天子令宰相受賂，此德宗之多僻；不受而已，何必上疏，此陸贄之賣值。

王溥《唐會要》卷七五《選限》　貞元八年春，中書侍郎平章事陸贄始復令吏部每年集選人。舊事：吏部每年集選人。其後遂三數年一置選，選人併至，文書多，不可尋勘，真僞紛雜，吏因得大爲奸巧。選人一蹉跌，或十年不得官。而

官之闕者，或累歲無人。贄命吏部分内外官爲三分，計闕集人，歲以爲常。其弊十去七八。天下稱之。

欒史《廣卓異記》卷一三《翰林學士自著緑賜紫》 陸贄十八進士及第，升宏爲翰林學士，自著緑便賜紫。德宗呼爲陸九，常脱御裳賜之。至若不名呼，則神堯皇帝呼裴寂爲裴監，呼蕭瑀爲蕭郎則有之，呼第行則未有。其寵如是。

錢易《南部新書》卷戊 陸贄在忠州，不接人。惟篹藥方，並行于世，號曰《集驗》。

王讜《唐語林》卷四《企羨》 陸相贄受淮南尉，吏部侍郎不與；顧少連擬與江、淮一尉，不伏竟得之。顯其聽而自吟曰：「遶階流渺渺，夾砌樹陰陰。」□後罷相，□□在假日，敕下不謝官，又貶爲忠州司馬。大官降敕日，令朝謝。但恐私忌□亦須出入始了。

曾慥《類説》卷一一引《芝田録》 陸宣公至忠州，土塞其門，鹽菜由狗竇中。端坐抄藥方，兒姪亦罕與語。會轉運使至京，上問：「爾峽中過，聞陸贄何面孔？」具以狀對。上惻然，拜太子賓客，已卒。

俞文豹《吹劍録》 陸贄與趙璟同相，德宗曰：「要重事勿與璟同奏，密封來。」宣武節度劉士寧爲李萬榮所殺，上問之，贄曰：「士寧見逐，雖是衆情，萬榮總軍，初非朝旨。此強弱之機，願陛下謹之。」上欲且除一親王，贄但奏不可，制遂從中出。《異聞集》云：德宗一日見侍女上請，問所從來，曰：「故相竇參家奴。」因泣訴參死之寃。上怒贄曰：「我重伊，常呼作陸九。我脱伊緑衫，便與伊紫衫著。我使竇參方稱意，須教我殺却。伊平時常恨無權，及權在伊手，又却軟如泥團。」野史雖未可盡信，觀其區處士寧事可見，其卒于貶所，或者殺竇參之報。

備論

《舊唐書》卷一三九《陸贄傳》 史臣曰：近代論陸宣公，比漢之賈誼，而高邁之行，剛正之節，經國成務之要，激切仗義之心，初蒙天子重知，末塗淪躓，皆相類也；而誼止中大夫，贄及台鉉，不爲不遇矣。昔公孫鞅挾三策説秦王，淳于髡以隱語見齊君，從古以還，正言不易，昔周昭戒急論議，正爲此也。贄居珥筆之列，調飪之地，欲以片心除衆弊，獨手遏羣邪，君上不亮其誠，羣小共攻其短，欲無放逐，其可得乎！《詩》稱「其維哲人，告之話言」，又有「誨爾」、「聽我」之恨，此皆賢人君子歎言不見用也。故堯咨禹拜，千載一時，攜手提耳，豈容易哉！

贊曰：良臣悟主，我有嘉猷。多僻之君，爲善不周。忠言救失，啓沃□讎。勿貽天問，蒼昊悠悠。

孫甫《唐史論斷》卷中《陸贄論吐蕃疾疫退軍》 論曰：觀陸贄論吐蕃情狀，「不足助國討賊，適足爲患」，此賢者遠識也。中國有事，藉夷狄之力，未有不爲大患者。彼荒遠貧苦之俗，習争鬭賊殺之事，一日引之中國，彼窺其利，必當動心也。且高祖初起義兵，得突厥數百人爲助，遂恃微功，貪求不已，後連歲入寇，爲關中患近十年，高祖至欲遷都避之。肅宗以慶緒之亂，藉回紇助兵，雖與將帥同收二都，至許之害生民、取貨賄，兹固中國之醜，又歲許賂遺，及以帝女下嫁，僅得一二年無事。及遣兵助攻相州，諸鎮軍潰，回紇亦奔，此豈能必勝也！代宗以朝義未平，復藉回紇兵力，雖得數千人來助，驕横兇悖。元帥僚屬，皆朝廷近臣，多所鞭撻而死。所過剽劫，尤甚於賊。賴僕固懷恩盡力，始能同滅朝義。代宗恩賞姑息，無所不至。曾未數年，已入寇畿甸矣。中國藉夷狄之力，其患如此，非特古事爲驗，乃唐事實然，德宗熟聞而親見也。聞見而不能鑑，又欲藉吐蕃之力，蓋當賊泚之亂，車駕播遷，艱危之中，復行誤計爾。吐蕃桀黠，甚於諸戎；結贊好謀，尤多姦詐。德宗雖遣使賂遺，促其發兵，已與賊泚交通爲觀變之計。賴天祐唐祚，使遘疾疫而退，不然，陸贄所慮：「進兵畿郊，不却不前，外奉國家，内連兇逆，兩受賂遺，且恣剽劫，王師不得伐叛，庶民不得保生，賊雖耗亡，我亦困竭，其勢至此，唐祚危矣。」則中國雖衰，不可假夷狄明矣。不幸有事，惟推至誠任人，以激忠義。天下之大，臣民之衆，必能盡力於國。苟藉夷狄之力，未有不爲大患也。

《新唐書》卷一五七《陸贄傳》 贊曰：德宗之不亡，顧不幸哉！在危難時聽贄謀，及已平，追仇盡言，怫然以讒倖逐猶棄梗。至延齡輩，則寵任磐桓，不移如山，昏佞之相濟也。世言贄白罷翰林，以爲與吴通玄兄弟争寵，竇參之死，贄漏其言，非也。夫君子小人不兩進，邪諂得君則正士危，何可訾耶？觀贄論諫數十百篇，譏陳時病，皆本仁義，可爲後世法，炳炳如丹，帝所用纔十一。唐祚不競，惜哉！

蘇轍《欒城集・欒城后集》卷一一《陸贄》 昔吾先君博觀古今議論，而以陸

贄爲賢。吾幼而讀其書，其賢比漢賈誼，而詳練過之。贄始以從官事唐德宗，老而爲宰相，從之出奔，而與之反國，彌縫其闕，而濟其危亡。比其老也，功業定矣，而卒斃於裴延齡之手，其故何也？孔子曰：「南人有言曰：『人而無常，不可以作巫醫。』善人不常其德，或承之羞。」贄以有常之德，而事德宗之無常；以巫醫之明，而治無常之疾，是以承其羞耳。帝即位之初，好名而貪功。河朔三叛，父子相襲三十年矣。帝將以天下之力勝之，田悅驚疑而起，朱滔、王武俊和之，帝使馬燧、李抱真、李芃三將往迎其鋒，勝負之勢未決也。帝急於成功，復使李晟出禁衛之兵，李懷光舉朔方之衆，五將萃於魏郊，而淮西李希烈乘間而起。兵連禍結，常賦所不能贍，於是爲之抽貫，算間架，貸商賈，空内以事外，關中已亂，而帝不知也。贄曰：「今兩河、淮西爲禍亂之首者，獨四五凶人而已，臣料其間必有旁遭詿誤，内畜危疑而計不能止者，未必皆處心積慮果於僭逆也，而況脅從之黨乎？陛下若能招懷以禮，悔禍以誠，使來者必安，安者必久，人知獲免，則誰願復爲惡者？縱有野心難馴，臣知從化者必過半矣！」帝猶意西師可以必克，忽其言不用。未幾，而涇原畔卒之變起，倉皇避寇，半年而歸，帝亦老而厭兵矣。於是行一切之政，專以姑息涵養藩鎮。凡節度使死，將佐之得士心者，皆就命留後，雖以篡奪請命者亦如之。宣武劉士寧以暴慢失衆，其將李萬榮因其出畋，閉門逐之。帝將命以其位，贄曰：「如士寧之惡，萬榮棄而違之可也，討而逐之可也，惟伺隙而篡取其位則不可。何者？方鎮之臣，事多專制，欲加之罪，誰無詞者？若使傾奪之徒，輒得其處，則四方諸將，無復安者矣。且萬榮構亂之日，諸郡守將固非其同謀也，一城士衆亦未必皆其黨也。方成敗逆順之勢交戰於中，其肯捐軀與之同惡乎？今若選命賢將，降詔軍中，獎萬榮撫定之功，别加寵仕；褒將士輯睦之義，例賜恩賞。使衆知保安，則誰肯復助其亂？萬榮縱欲跋扈，勢亦無所至矣。」帝方苟安無事，竟亦不許。由此觀之，帝常持無常之心，故前勇而後怯；贄常持有常之心，故勇怯各得其當。然其君臣之間，異同至此，雖欲上下相保，不可得矣。會昌中，盧龍諸將連害帥臣，最後張絳殺陳行泰。宰相李德裕以爲河朔請帥，皆報下太速，故軍得以安。若稍緩之，必且有變。既而回鶻烏介可汗擾天德塞，軍使張仲武請以本軍擊之，德裕問知仲武可用，言之武宗，舉以爲帥。張絳既爲其下所殺，而仲武遂以功名終。德裕之謀，則贄之故智也。然帝之出也，以陳京、趙贊，而贄之逐也，以程异、裴延齡。其禍皆出於聚斂之臣，贄之賢非不知也。帝歸自興元，贄因事言曰：「齊桓公自莒入齊，伯業既成，而管仲以不忘在莒爲戒。衛獻公自齊還衛，諸大夫逆諸境者，執其手而與之言；逆於門者，頷之而已。戒心之易忘，而驕心之易生，齊、衛之君，陛下之蓍龜也。」贄言雖切，而帝終不改。吾以爲使贄反國，而爲鴟夷子皮浮舟而去，則其君臣之間，超然無後患，然後可以言智矣哉！

洪邁《容齋續筆》卷一〇《漢唐輔相》　前漢宰相四十五人，自蕭、曹、魏、丙之外，如陳平、王陵、周勃、灌嬰、張蒼、申屠嘉以高帝故臣，陶青、劉舍、許昌、薛澤、莊青翟、趙周以功臣侯子孫，竇嬰、田蚡、公孫賀、劉屈氂以宗戚，衛綰、李蔡以士伍，唯王陵、申屠嘉及周亞夫、王商、王嘉有剛直之節，薛宣、翟方進有材具，餘皆容身保位，無所建明。至於御史大夫，名爲亞相，尤録録不足數。劉向所謂御史大夫未有如兒寬者，蓋以餘人可稱者少也。若唐宰相三百餘人，自房、杜、姚、宋之外，如魏徵、王珪、褚遂良、狄仁傑、魏元忠、韓休、張九齡、楊綰、崔祐甫、陸贄、杜黄裳、裴垍、李絳、李藩、裴度、崔羣、韋處厚、李德裕、鄭畋，皆爲一時名宰，考其行事，非漢諸人可比也。

黎靖德《朱子語類》卷一三六《歷代三》　史以陸宣公比賈誼。誼才高似宣公，宣公諳練多，學便純粹。大抵漢去戰國近，故人才多是不粹。

《陸宣公奏議》極好看。這人極會議論，事理委曲説盡，更無滲漏。雖至小底事，被他處置得亦無不盡。如後面所説二税之弊，極佳。人言陸宣公口説不出，只是寫得出。今觀《奏議》中多云「今日早面奉聖旨」云云，「臣退而思之」云云，疑或然也。問：「陸宣公比諸葛武侯如何？」曰：「武侯氣象較大，恐宣公不及。武侯當面便説得，如説孫權一段，雖辨士不及其細密處，不知比宣公如何。只是武侯也密。如橋梁道路，井竈圊溷，無不修繕，市無醉人，更是密。只是武侯密得來嚴，其氣象剛大嚴毅。」

《陸宣公奏議》末數卷論税事，極盡纖悉。是他都理會來，此便是經濟之學。問：「陸宣公既貶，避謗，闔户不著書，祗爲古今集驗方。」曰：「此亦未是。豈無聖經賢傳可以玩索，可以討論？終不成和這箇也不得理會！」

王夫之《讀通鑑論》卷二四《唐德宗》　德宗之闇也，舍李晟、渾瑊不信而信吐蕃也。吐蕃歸國，陸敬輿以爲慶快，其識卓矣。

陸敬輿之籌國，本理原情，度時定法，可謂無遺矣。其有失者，則李懷光既誅之後，慮有請乘勝討淮西者，豫諫德宗罷諸道之兵也。諸道罷兵八閲月，而陳僊奇斬李希烈以降，一如敬輿之算，而何以言失邪？乃參終始以觀之，則淮西十

餘年勤天下之兵血戰以争，暴骨如莽者，皆於此失其樞機也。

陸敬輿之在翰林，言無不從，及其爰立，從違相半，其從也，皆有弗獲之色焉，何也？大權者，人主之所慎予，小人之所争忮，君子之所慎處者也。敬輿之忠直明達，允爲社稷之臣，而鄴侯將卒，不急引以自代，蓋鄴侯知此位之不易居，爲德宗謀，爲敬輿謀，固未可遽相敬輿也。

宰相之重，仕宦之止境也。苟資望之可爲，皆垂涎而思得。董晉、竇參、苗晉卿所不敢相排以相奪者，徒鄴侯耳，非能忘情而甘出其下也。鄴侯以三朝元老立翼戴之功，而白衣歸山，屈身參佐，無求登台輔之心，其大服不肖者之心夙矣。肅宗欲相之，而李輔國忌焉則去；代宗欲相之，而元載忌焉則去；君輸忱以延佇，已養重以徘徊，乃以大得志於多猜之主，宵小盈廷，而俛首以聽命，敬輿豈其等倫哉？自扈從以來，無日不在君側，無事不參大議，雖未授白麻，而鄴侯既卒，其必相也無疑矣。嗚呼！欲相未相之際，姦窺邪伺，攢萬矢以射一鵠，亦危矣哉！鄴侯之不薦以自代，全敬輿，即以留德宗法家拂士於他日，而敬輿不知也。

今爲敬輿計，鄴侯在位，國政有託，而敬輿忘言，未可以去乎？董晉、竇參受平章之命，未可以去乎？竇參以貪敗，物望益歸於己，未可以去乎？參死，參黨疑敬輿之譖，未可以去乎？與忮陋之趙憬同升，未可以去乎？沾沾然若留身於巖廊以待枚卜之來，則倒授指摘於人，而敬輿之危益岌岌矣。及既相也，裴延齡判度支，苦諫而不從，吴通玄騰謗書於中外，姜公輔以洩語坐貶，賈耽、盧邁相繼而登三事，及是而引身已晚矣。然且徘徊不決，坐待貶斥，幾以不保其腰領。以自全也，不宜；以靖國也，尤不可矣。何也？已被罪，而忠直之黨危，邪佞之志得，禍必中於國家也。

宰相者，位亞於人主而權重於百僚者也。君子欲盡忠以衛社稷，奚必得此而後道可行乎？至於相，而適人閒政之道詘矣。欲爲繩愆糾謬之臣，則不如以筆簡侍帷帟之可自盡也。鄴侯知之，敬輿弗知也，二賢識量之優劣，於此辨矣。

刁包《用六集》卷八《李泌陸贄論》 昔孟子、荀子同時，未聞傾蓋之交、邂逅之遇，及往復辯難之語，竊嘗疑之。迨考其學術、文章，然後知道不同不相爲謀，無足怪也。若李鄴侯、陸宣公，其道同矣，而又生同代，立同朝，同司腹心之任，同膺股肱之託，若使一唱一和，或爲之前焉，或爲之後焉，其有造於唐室，豈不更偉？乃當其時不聞接引而推挽之，是殆不可解也。方李公侍肅、代，陸未有聞，則亦已矣；及陸侍德宗，李公去位日久，獨不能爲吾君一言乎？鄴侯碩德重望，著聞華夏，此而屈在藩僚，或遠在衡湘，朝廷之羞也，公卿大夫之辱也，豈陸之智而不及此乎？迄今讀其奏議，方且知無不言，言無不盡，而未見召還耆宿，一疏獨何與，然忠言嘉謀播揚中外。李公未有不與聞者，聞之未有不擊節嘆賞者。貞元入相，若使首賀得人，以堅吾君，用賢圖治之心豈非納牖善計？而泌不之及也，則何也？昔韓魏公於司馬温公，前輩也，嘗稱其忠義殊絶，但當與有志之士同爲執鞭之碩觀。泌不爲贄推轂，肯爲贄執鞭然？則李公愧韓公多矣。又有異者，贄自李公相後絶不爲獻替之言，視前日若兩截人。易稱君子小人迭爲消長，君子進而小人退可也，豈有大賢在朝而衆正反爲結舌者乎？先儒謂鄴侯周旋三帝間，贄爲後進，嫌有争能之意。夫唐虞之世有禹，而又有稷，而又有契，而又有皋陶，而又有伯益，各効所長，不聞争能之嫌也。贄以鄴侯爲何如人哉！其自待也小，其待前輩也亦薄矣，是故二公之不能交相推重也，均失也，而李爲甚。當衰老自陳之日，薦賢自代，舍陸公其誰也，而董、竇是舉，若不知有陸敬輿者。嗚呼！駃騠在側而進駑駘，珠玉在列而陳瓦礫，豈泌之智而不及此與？昔管仲不薦賢，穫老泉以蕭何薦曹參故事責之曰：「管仲死而謂天下無仲焉，吾不信也。」先儒譏其矯誣，謂仲之後實有難乎其爲繼者。陸公才本王佐，學爲帝師，誰不曰鄴侯之後一人？而乃交臂失之也，不惟無以解於漢之何，抑亦無以解於齊之仲矣。李公忠信誠愨，寧靜淡泊，品行度越蕭、管二子之上，而薦賢一事尚論者不能無遺憾焉。史稱公沮陸贄之相，其言固未可信，然反覆當年心迹，畢竟有不可解者在也。

藝文

錢起《錢考功集》卷五《送陸贄擢第還蘇州》 鄉路歸何早，雲間喜擅名。思親盧橘熟，帶雨客帆輕。夜火臨津驛，晨鐘隔浦城。華亭養仙羽，計日再飛鳴。

陸贄《陸宣公翰苑集》卷首權德輿《陸宣公翰苑集序》 嘗讀賈誼書，觀其經制人文，鋪陳帝業，術亦至矣！待之宣室，恨得後時，遇亦深矣！然竟不能達四聰而盡其善，排羣議而試厥謀，道之難行，亦已久矣！東陽絳灌，何代無之。嘻！一薰一蕕，善齊不能同其器；方鑿圜枘，良工無以措巧心。所以理世少而

亂日多，大雅衰而正聲寢。漢道未融，既失之於賈傅；吾唐不幸，復擯棄於陸公。公諱贄字敬輿，吴郡蘇人，溧陽令侃之子。年十八，登進士第，應博學宏辭科，授鄭縣尉，非其好也。省母歸壽春，刺史張鎰，有名於時，一獲晤言，大加賞識。暨别，鎰以泉貨數萬爲贐，曰：「願以此奉太夫人一日之膳。」公悉辭之，領新茶一串而已。是歲，以書判拔萃，調渭南簿，本傳作尉御史府以監察换之。德宗皇帝春宫時，知名，召對翰林，即日爲學士，由祠部員外轉考功郎中。朱泚之亂，從幸奉天，時車駕播遷，詔書旁午，公灑翰即成，不復起草，初若不經思慮；及成而奏，無不曲盡事情，中於機會。倉卒填委，同職者無不拱手歎伏，不能復有所助。嘗從容奏曰：「此時詔書，陛下宜痛自引過，以感人心。昔禹湯以罪已勃興，楚昭以善言復國。陛下誠能不恪改過，以言謝天下，俾臣草辭無諱，庶幾羣盜革心。」上從之。故行在詔書始下，雖武人悍卒，無不揮涕激發。議者以德宗克平寇亂，不惟神武之功，爪牙宣力，蓋亦資文德腹心之助焉。及還京師，李抱真來朝，奏曰：「陛下在山南時，山東士卒，聞書詔之辭，無不感泣，思奮臣節，臣知賊不足平也。」公自行在帶本職，拜諫議大夫中書舍人，精敏小心，未嘗有過。艱難扈從，行在輒隨，啓沃謀猷，特所親信。有時讌語，不以公卿指名，但呼陸九而已。初幸梁洋，棧道危狹，從官前後相失。上夜次山館，召公不至，泫然號於禁旅曰：「得陸贄者賞千金。」頃之，公至，太子親王皆賀。初，公既職内署，母韋氏尚在吴中，上遣中使迎致京師，道路置驛，文士榮之。丁韋夫人憂去職，持喪於洛，遣人護溧陽之柩，附葬河南，上遣中使監護其事，四方賻遺數百萬，公一無所取。素與蜀帥韋南康布衣友善，韋令每月置遺，公奏而受之。服闋復内職，權知兵部侍郎。覲見之日，天子爲之興，改容叙弔，優禮如此。内外屬望，旦夕俟其輔政，爲竇參忌嫉，故緩之。真拜兵部侍郎，知貢舉，得人之盛，公議稱之。貞元八年，拜中書侍郎平章事。公以少年入侍内殿，特蒙知遇，不可與衆浮沉，苟且自愛，事有不可，必諍之。上察物太精，躬臨庶政，失其大體，動與公違，姦諛從而間之，屢至不悦。親友或規之，公曰：「吾上不負天子，下不負吾所學，不恤其他。」公精於吏事，斟酌剖決，不爽錙銖。其經綸制度，具在德宗實録。及竇參納劉士寧之賂，爲李巽所發，得罪左遷。横議者以公與參素不協，歸罷相之議於公。户部侍郎判度支裴延齡，以姦回得幸，害時蠹政，物議莫敢指言。公獨以身當之，屢言不可。翰林學士吴通元，忌公先達，每切中傷，陰結延齡，互言公短。宰相趙憬，公之引拔，升爲同列，以公排邪守正，心復異之。羣邪沮謀，直道不勝。十年，退公爲賓客，罷政事。明年夏旱，芻糧不給，軍校訴於上，延齡奏曰：「此皆陸贄輩怨望，鼓扇軍人心。」貶公忠州别駕。上怒不可測，賴陽城張萬福救之獲免。蜀帥韋令抗表請以贄代己，歲賂資糧。公在南賓，閉門却掃，郡人稀識其面。復避謗不箸書，惟考校醫方，撰《集驗方》五十卷行於世。江峽十稔，永貞初，與鄭餘慶陽城同徵還，公已薨。殁時年五十二。公之秉筆内署也，搉古揚今，雄文藻思，敷之爲文誥，伸之爲《典》謨，俾⿰犭票狡向風，懦夫增氣，則有制誥集一十卷；覽公之作，則知公之爲文也。潤色之餘，論思獻納，軍國利害，巨細必陳，則有奏草七卷；覽公之奏，則知公之爲臣也。其在相位也，推賢與能，舉直措枉，將斡璿衡而揭日月，清氛沴而平泰階，敷其道也，與伊説争衡，考其文也，與《典謨》接軫，則有中書奏議七卷；覽公之奏議，則知公之事君也。古人以士之遇也，其要有四焉，才、位、時、命也。仲尼有才而無位，其道不行，賈生有時而無命，終於一慟；惟公才不謂不長，位不謂不達，逢時而不盡其道，非命歟？裴氏之子，焉能使公不遇哉？説者「又以房魏姚宋，逢時遇主，克致清平。陸君亦獲幸時君，而不能與房魏争列，蓋道未至也。」應之曰：「道雖在我，宏之在人，蜚蝗竟天，農稷不能善稼；奔車覆轍，邱軻亦廢規行。若使四君與公易時而相，則一否一臧，未可知也。而致君不及貞觀開元者，蓋時不幸也，豈公不幸哉？以爲其道未至，不亦誣乎？」公之文集，有詩文賦集表狀，爲别集十五卷。其關於時政，昭昭然與金石不朽者，惟制誥奏議乎？雖已流行，多謬編次；今以類相從，冠於編首，兼略書其官氏景行，以爲序引。俾後之君子，覽公制作，效之爲文。爲臣事君之道，不其偉歟？

蘇軾《蘇文忠公全集·東坡奏言義》卷一三《乞校正陸贄奏議上進劄子》

元祐八年五月七日，端明殿學士兼翰林侍讀學士左朝奉郎守禮部尚書蘇軾，同吕希哲、吴安詩、豐稷、趙彦若、范祖禹、顧臨劄子奏。臣等猥以空疎，備員講讀，聖明天縱，學問日新，臣等才有限而道無窮，心欲言而口不逮，以此自愧，莫知所爲。竊謂人臣之納忠，譬如醫者之用藥，藥雖進於醫手，方多傳於古人。若已經効於世間，不必皆從於己出。伏見唐宰相陸贄，才本王佐，學爲帝師。論深切於事情，言不離於道德。智如子房，而文則過；辯如賈誼，而術不疎。上以格君心之非，下以通天下之志。三代已還，一人而已。但其不幸，仕不遇時。德宗以苛刻爲能，而贄諫之以忠厚。德宗以猜疑爲術，而贄勸之以推誠。德宗好用兵，而贄以消兵爲先。德宗好聚財，而贄以

散財爲急。至於用人聽言之法，治邊馭將之方，罪己以收人心，改過以應天道，去小人以除民患，惜名器以待有功，如此之流，未易悉數，可謂進苦口之藥石，鍼害身之膏肓。使德宗盡用其言，則貞觀可得而復。臣等每退自西閣，即私相告言，以陛下聖明，必喜贄議論，但使聖賢之相契，即如臣主之同時。昔馮唐論頗、牧之賢，則漢文爲之太息。魏相條晁、董之對，則孝宣以致中興。若陛下能自得師，莫若近取諸贄。夫六經三史、諸子百家，非無可觀，皆足爲治。但聖言幽遠，末學支離，譬如山海之崇深，難以一二而推擇。如贄之論，開卷了然。聚古今之精英，實治亂之龜鑑。臣等欲取其奏議，稍加校正，繕寫進呈。願陛下置之坐隅，如見贄面，反覆熟讀，如與贄言。必能發聖性之高明，成治功於歲月。臣等不勝區區之意。取進止。

薛瑄《敬軒文集》卷一九《唐陸宣公廟記》 有唐三百年，逢時建策，所以成翊戴宏濟之大功者，累有其人。至於學術純正，事君以格心爲先，論事以行義爲急，隱然有王佐之才者，余於中唐獨得一人焉，陸宣公敬輿是已。當建中艱危之際，公居近地，竭忠蓋以籌畫機宜，代王言以感召人心，雖提兵討賊，諸將是賴，而其運謀帷幄，再造唐室之功居多。是皆載之信史，天下後世所知，余置不論。獨推公有王佐之才者，蓋三代之佐，皆以正君行義爲本，自漢以來爲輔相者，鮮克知此，而其所論，不過人才、政事，故無以清出治之源，明義利之分，以致主於王道。獨公之告德宗者有曰：「一不誠則心莫之保，一不信則言莫之行，誠信之道，不可以斯須去身，必慎守而力行之。」又曰：「民者邦之本，財者民之心，心傷則本傷，本傷則枝幹凋悴而根柢蹷拔矣。」知誠信不可不存，則心必正；知財利不可厚斂，則義必行。人君正心行義，使天下萬事粹然一出於天理之公，此王道也。惜乎公言雖大，所告不合，入相未久，即有忠州之行，而卒不得大行其志。遂使後世論唐之賢相，曰房、杜、姚、宋，而公不與。夫豈知公有王佐之才，使時君能用其言，三代之治可復，豈徒貞觀、開元之盛而已哉！故善論相業者，當觀其學術規模之大小，不當以事功成與否而高下之也。

史載公蘇州嘉興人，即今之嘉興府。城北有公遺廟，世傳以爲公之故宅，前代碑志備載其事。景泰二年，知府事江西舒君敬上章，以公乃唐之名臣，忠節著於當時，《奏議》行於後世，其遺廟雖存，自昔以來，官無祭饗，宜量給官錢，循舉春秋祀事，以褒表忠賢，激勵臣節。詔從其請。又二年，爲景泰四年，舒君以書來，求記其事。

余惟世之爲守者，類以督辦爲能，而於世教風化所關者，漠不留意。獨舒君卓然以表忠勵俗爲急，乃論奏公之事蹟於朝，舉久缺之文，以秩登祀典，廟貌益崇，血食不泯，其所以爲天下後世人臣盡忠盡節之勸，而有補於世教風化甚大，是不可不記也。遂具述其事，俾刻之石，使千萬世知崇舉公祀，以樹風教於無窮者，自我天朝始。

章懋《楓山集》卷三《題陸宣公奏議》 唐世賢相，善謀、善斷、尚通、尚法、尚直、尚文，功業素表，非無可稱，然皆出于才質之美，而未嘗根于學問，殆不免乎朱子所謂村宰相者。獨魏鄭公，耻其君不爲堯舜，進諫論事，每以仁義爲勸，頗爲知學。夫何建成之事，君子病焉。吾所敬服者，惟陸宣公乎？論諫數百，炳若丹青，雖當擾攘之際，說其君未嘗用數。今觀《奏議》一書，若罪己改過之言，用人聽言之方，以及備邊馭將，財用稅法，纖悉畢舉，其學之純粹，蓋三百年間一人而已。德宗僅能聽其一二，尚能削平朱泚，恢復舊物，使盡行其所學，貞觀之治尚足言哉！嗚呼！有王佐之臣，而知之不用，用之不終，於公固無所損益，然唐之天下則可悲矣！

杜佑部

綜述

《舊唐書》卷一四七《杜佑傳》　杜佑字君卿，京兆萬年人。曾祖行敏，荆、益二州都督府長史、南陽郡公。祖慤，右司員外郎、詳正學士。父希望，歷鴻臚卿、恒州刺史、西河太守，贈右僕射。佑以蔭入仕，補濟南郡參軍、剡縣丞。時潤州刺史韋元甫嘗受恩於希望，佑謁見，元甫未之知，以故人子待之。他日，元甫視事，有疑獄不能決，佑時在旁，元甫試訊於佑，佑口對響應，皆得其要，元甫奇之，乃奏爲司法參軍。元甫爲浙西觀察、淮南節度，皆辟爲從事，深所委信。累官至檢校主客員外郎，入爲工部郎中，充江西青苗使，轉撫州刺史。改御史中丞，充容管經略使。楊炎入相，徵入朝，歷工部、金部二郎中，並充水陸轉運使，改度支郎中，兼和糴等使。時方軍興，餽運之務，悉委於佑，遷户部侍郎、判度支。爲盧杞所惡，出爲蘇州刺史。佑母在，杞以蘇州憂闕授之，佑不行，俄换饒州刺史。未幾，兼御史大夫，充嶺南節度使。時德宗在興元，朝廷故事，執政往往遺脱，舊嶺南節度，常兼五管經略使，佑獨不兼。故五管不屬嶺南，自佑始也。

貞元三年，徵爲尚書左丞，又出爲陝州觀察使，遷檢校禮部尚書、揚州大都督府長史，充淮南節度使。丁母憂，特詔起復，累轉刑部尚書、檢校右僕射。十六年，徐州節度使張建封卒，其子愔爲三軍所立，詔佑以淮南節制檢校左僕射、同平章事，兼徐泗節度使，委以討伐。佑乃大具舟艦，遣將孟準先當之。準渡淮而敗，佑杖之，固境不敢進。及詔以徐州授愔，而加佑兼濠、泗等州觀察使。在揚州開設營壘三十餘所，士馬修葺，然於賓僚間依阿無制，判官南宫僔、李亞、鄭元均争權，頗紊軍政，德宗知之，並竄於嶺外。

十九年入朝，拜檢校司空、同平章事，充太清宫使。德宗崩，佑攝冢宰，尋進位檢校司徒，充度支鹽鐵等使，依前平章事。旋又加弘文館大學士。時王叔文爲副使，佑雖總統，而權歸叔文。叔文敗，又奏李巽爲副使，頗有所立。順宗崩，佑復攝冢宰，尋讓金穀之務，引李巽自代。先是，度支以制用惜費，漸權百司之職，廣署吏員，繁而難理；佑始奏營繕歸之將作，木炭歸之司農，染練歸之少府，綱條頗整，公議多之，朝廷允其議。

元和元年，册拜司徒、同平章事，封岐國公。時河西党項潛導吐蕃入寇，邊將邀功，亟請擊之。佑上疏論之曰：

臣伏見党項與西戎潛通，屢有降人指陳事迹，而公卿廷議，以爲誠當謹兵戎，備侵軼，益發甲卒，邀其寇暴。此蓋未達事機，匹夫之常論也。

夫蠻夷猾夏，唐虞已然。周宣中興，獫狁爲害，但命南仲往城朔方，追之太原，及境而止，誠不欲弊中國而怒遠夷也。秦平六國，恃其兵力，北築長城，以拒匈奴，西逐諸羌，出於塞外。勞力擾人，結怨階亂，中國未静，白徒競起，海内雲擾，實生謫戍。漢武因文、景之富，命將興師，遂至户口減半，竟下哀痛之詔，罷田輪臺。前史書之，尚嘉其先迷而後復。蓋聖王之理天下也，唯務綏静蒸人，西至流沙，東漸于海，在南與北，亦存聲教。不以遠物爲珍，匪求遐方之貢，豈疲内而事外，終得少而失多。故前代納忠之臣，並有匡君之議。淮南王請息師于閩越，賈捐之願棄地於珠崖，安危利害，高懸前史。

昔馮奉世矯漢帝之詔，擊莎車，傳其王首於京師，威震西域，宣帝大悦，議加爵土之賞。蕭望之獨以爲矯制違命，雖有功效，不可爲法，恐後之奉使者争逐發兵，爲國家生事，述理明白，其言遂行。國家自天后已來，突厥默啜兵强氣勇，屢寇邊城，爲害頗甚。開元初，邊將郝靈佺親捕斬之，傳首闕下，自以爲功，代莫與二，坐望榮寵。宋璟爲相，慮武臣邀功，爲國生事，止授以郎將。由是訖開元之盛，無人復議開邊，中國遂寧，外夷亦静。此皆成敗可徵，鑒戒非遠。

且党項小蕃，雜處中國，本懷我德，當示撫綏。間者邊將非廉，亟有侵刻，或利其善馬，或取其子女，便賄方物，徵發役徒。勞苦既多，叛亡遂起，或與北狄通使，或與西戎寇邊，有爲使然，固當懲革。《傳》曰：「遠人不服，則修文德以來之。」《管子》曰：「國家無使勇猛者爲邊境。」此誠聖哲識微知著之遠略也。今戎醜方强，邊備未實，誠宜慎擇良將，誡之完葺，使保誠信，絶其求取，用示懷柔。來則懲禦，去則謹備，自然彼懷，革其姦謀，何必遽圖興師，坐致勞費。

陛下上聖君人，覆育羣類，動必師古，謀無不臧。伏望堅保永圖，置兵衽席，天下幸甚。臣識昧經綸，學慚博究，竊鼎鉉之寵任，爲朝廷之老臣，恩深莫倫，志懇思報，臧否備閲，芻蕘上陳，有瀆旒扆，伏深惶悚。

上深嘉納。

歲餘，請致仕，詔不許，但令三五日一入中書，平章政事。每入奏事，憲宗優禮之，不名，常呼司徒。佑城南樊川有佳林亭，卉木幽邃，佑每與公卿讌集其間，廣陳妓樂。諸子咸居朝列，當時貴盛，莫之與比。元和七年，被疾，六月，復乞骸骨，表四上，情理切至，憲宗不獲已許之。詔曰：

宣力濟時，爲臣之懿躅；辭榮告老，行己之高風。況乎任重公台，義深翼贊，秉沖讓之志，堅金石之誠。敦諭既勤，所執彌固，則當遂其衷懇，進以崇名，尚齒優賢，斯王化之本也。

金紫光禄大夫、守司徒、同中書門下平章事、兼充弘文館大學士、太清宫使、上柱國、岐國公、食邑三千户杜佑，巖廊上才，邦國茂器，藴經通之識，履温厚之姿，寬裕本乎性情，謀猷彰乎事業。博聞强學，知歷代沿革之宜；爲政惠人，審羣黎利病之要。由是再司邦用，累歷藩方，出總戎麾，入和鼎實。聿膺重寄，歷事先朝，左右朕躬，夙夜不懈。命以詔册，登之上公，肅恭在廷，華髮承弁。兹可謂國之元老，人之具瞻者也。

朕纘承丕業，思弘景化，選勞求舊，期致時邕，方佇引翼之儀，遽抗懸車之請。而又固辭年疾，乞就休閑，已而復來，星琯屢變，有不可抑，良用耿然。永惟古先哲王，君臣之際，臣有耆艾以求其退，君有優賜以徇其情，乃輟鄧禹敷教之功，仍增王祥輔導之秩，俾養浩然之氣，安於敬止之鄉，庶乎怡神葆和，永綏福履。仍加階級，以厚寵章，可光禄大夫、守太保致仕，宜朝朔望。

是日，上遣中使就佑第賜絹五百匹、錢五百千。其年十一月薨，壽七十八，廢朝三日，册贈太傅，謚曰安簡。

佑性敦厚强力，尤精吏職，雖外示寬和，而持身有術。爲政弘易，不尚皦察，掌計治民，物便而濟，馭戎應變，即非所長。性嗜學，該涉古今，以富國安人之術爲己任。初開元末，劉秩採經史百家之言，取《周禮》六官所職，撰分門書三十五卷，號曰《政典》，大爲時賢稱賞，房琯以爲才過劉更生。佑得其書，尋味厥旨，以爲條目未盡，因而廣之，加以《開元禮》、《樂》，書成二百卷，號曰《通典》。貞元十七年，自淮南使人詣闕獻之，曰：

臣聞太上立德，不可庶幾；其次立功，遂行當代；其次立言，見志後學。由是往哲遞相祖述，將施有政，用乂邦家。臣本以門資，幼登官序，仕非遊藝，才不逮人，徒懷自强，頗玩墳籍。雖履歷叨幸，或職劇務殷，竊惜光陰，未嘗輕廢。夫《孝經》、《尚書》、《毛詩》、《周易》、《三傳》，皆父子君臣之要道，十倫五教之宏綱，如日月之下臨，天地之大德，百王是式，終古攸遵。然多記言，罕存法制，愚管窺測，莫達高深，輒肆荒虛，誠爲億度。每念懵學，莫探政經，略觀歷代衆賢著論，多陳紊失之弊，或闕匡拯之方。臣既庸淺，寧詳損益，未原其始，莫暢其終。尚賴周氏典禮，秦皇蕩滅不盡，縱有繁雜，且用準繩。至於往昔是非，可爲來今龜鏡，布在方册，亦粗研尋。自頃纘修，年踰三紀，識寡思拙，心昧辭蕪。圖籍實多，事目非少，將事功畢，罔愧乖疏，固不足發揮大猷，但竭愚盡慮而已。書凡九門，計貳百卷，不敢不具上獻，庶明鄙志所之，塵瀆聖聰，兢惶無措。

優詔嘉之，命藏書府。其書大傳於時，禮樂刑政之源，千載如指諸掌，大爲士君子所稱。

佑性勤而無倦，雖位極將相，手不釋卷；質明視事，接對賓客，夜則燈下讀書，孜孜不怠。與賓佐談論，人憚其辯而伏其博，設有疑誤，亦能質正。始終言行，無所玷缺，唯在淮南時，妻梁氏亡後，升嬖妾李氏爲正室，封密國夫人，親族子弟言之不從，時論非之。三子，師損嗣，位終司農少卿。

《新唐書》卷一六六《杜佑傳》 杜佑字君卿，京兆萬年人。父希望，重然諾，所交游皆一時俊桀。爲安陵令，都督宋慶禮表其異政。坐小累去官。開元中，交河公主嫁突騎施，詔希望爲和親判官。信安郡王禕表署靈州別駕、關內道支度判官。自代州都督召還京師，對邊事，玄宗才之。屬吐蕃攻勃律，勃律乞歸右相李林甫方領隴西節度，故拜希望鄯州都督，知留後。馳傳度隴，破烏莽衆，斬千餘級，進拔新城，振旅而還。擢鴻臚卿。於是置鎮西軍，希望引師部分塞下，吐蕃懼，遣書求和。希望報曰：「受和非臣下所得專。」虜悉衆爭壇泉，希望大小戰數十，俘其大酋，至莫門，焚積蓄，卒城而還。授二子官。時軍屢興，府庫虛寡，希望居數歲，芻粟金帛豐餘。宦者牛仙童行邊，或勸希望結其驩，答曰：「以貨藩身，吾不忍。」仙童還奏希望不職，下遷恒州刺史，徙西河。而仙童受諸將金事泄，抵死，畀金者皆得罪。希望愛重文學，門下所引如崔顥等皆名重當時。

佑以蔭補濟南參軍事、剡縣丞。嘗過潤州刺史韋元甫，元甫以故人子待之，不加禮。它日，元甫有疑獄不能決，試訊佑，佑爲辨處契要無不盡，元甫奇之，署司法參軍，府徙浙西、淮南，皆表置幕府。入爲工部郎中，充江淮青苗使，再遷容管經略使。楊炎輔政，歷金部郎中，爲水陸轉運使，改度支兼和糴使。於是軍興餽漕，佑得剸決。以户部侍郎判度支。建中初，河朔兵挐戰，民困，賦無所出。

佑以爲救敝莫若省用，省用則省官，乃上議曰：

漢光武建武中廢縣四百，吏率十署一；魏太和時分遣使者省吏員，正始時并郡縣；晉太元省官七百；隋開皇廢郡五百；貞觀初省内官六百員。設官之本，以治衆庶，故古者計人置吏，不肯虛設。自漢至唐，因征戰艱難以省吏員，誠救弊之切也。

昔咎繇作士，今刑部尚書、大理卿，則二咎繇也。垂作共工，今工部尚書、將作監，則二垂也。契作司徒，今司徒、户部尚書，則二契也。伯夷爲秩宗，今禮部尚書、禮儀使，則二伯夷也。伯益爲虞，今虞部郎中、都水使者，則二伯益也。伯冏爲太僕，今太僕卿、駕部郎中、尚輦奉御、閑廐使，則四伯冏也。古天子有六軍，漢前後左右將軍四人，今十二衛、神策八軍，凡將軍六十員。舊名不廢，新資日加。且漢置别駕，隨刺史巡察，猶今觀察使之有副也。參軍者，參其府軍事，猶今節度判官也。官名職務，直遷易不同爾，詎有事實哉？誠宜斟酌繁省。欲致治者先正名。神龍中，官紀蕩然，有司大集選者，既無闕員，則置員外官二千人，自是以爲常。當開元、天寶中，四方無虞，編户九百餘萬，帑藏豐溢，雖有浮費，不足爲憂。今黎苗凋瘵，天下户百三十萬，陛下詔使者按比，纔得三百萬，比天寶三分之一，就中浮寄又五之二，出賦者已耗，而食之者如舊，安可不革？

議者以天下尚有跋扈不廷，一省官吏，被罷者皆往托焉。此常情之説，類非至論。且才者薦用，不才者何患其亡，又況顧姻戚家産哉！建武時公孫述、隗囂未滅，太和、正始、太元時吴、蜀鼎立，開皇時陳尚割據，皆羅取俊乂，猶不慮失人以資敵。今田悦輩繁刑暴賦，惟軍是衈，遇士人如奴，固無范睢業秦、賈季彊狄之患。若以習久不可以遽改，且應權省别駕、參軍、司馬，州縣額内官，約户置尉。當罷者，有行義，在所以聞；不如狀，舉者當坐；不爲人舉者，任參常調。亦何患哉？如魏置柱國，當時宿德盛業者居之，貴寵第一，周、隋間授受已多，國家以爲勳級，纔得地三十頃耳。又開府儀同三司、光禄大夫，亦官名，以其太多，回作階級。隨時立制，遇弊則變，何必因循憚改作耶？

議入，不省。

盧杞當國，惡之，出爲蘇州刺史。前刺史母喪解，佑母在，辭不行，改饒州。俄遷嶺南節度使。佑爲開大衢，疏析廛閈，以息火災。朱厓黎民三世保險不賓，佑討平之。召拜尚書右丞。俄出爲淮南節度使，以母喪解，詔不許。

徐州節度使張建封卒，軍亂，立其子愔，請于朝，帝不許，乃詔佑檢校尚書左僕射、同中書門下平章事，節度徐泗討定之。佑具舠艦，遣屬將孟準度淮擊徐，不克，引還。佑於出師應變非所長，因固境不敢進，乃招授愔徐州節度使，析濠、泗二州隸淮南。初，佑決雷陂以廣灌溉，斥海瀕棄地爲田，積米至五十萬斛，列營三十區，士馬整飭，四鄰畏之；然寬假僚佐，故南宫僔、李亞、鄭元均至争權亂政，帝爲佑斥去之。

十九年，拜檢校司空、同中書門下平章事。德宗崩，詔攝冢宰。進檢校司徒，兼度支鹽鐵使。於是王叔文爲副，佑既以宰相不親事，叔文遂專權。後叔文以母喪還第，佑有所按決，郎中陳諫請須叔文，佑曰：「使不可專耶？」乃出諫爲河中少尹。叔文欲摇東宫，冀佑爲助，佑不應，乃謀逐之，未決而敗。佑更薦李巽以自副。憲宗在諒闇，復攝冢宰，盡讓度支鹽鐵於巽。始，度支嗇用度，多署吏權攝百司，繁而不綱；佑以營繕還將作，木炭歸司農，湅染還少府，職務簡修。明年，拜司徒，封岐國公。

党項陰導吐蕃爲亂，諸將邀功，請討之。佑以爲無良邊臣，有爲而叛，即上疏曰：

昔周宣中興，獫狁爲害，追之太原，及境而止，不欲弊中國，怒遠夷也。秦恃兵力，北拒匈奴，西逐諸羌，結怨階亂，實生謫戍。蓋聖王之治天下，惟欲綏静生人，西至于流沙，東漸于海，在北與南，止存聲教，豈疲内而事外耶？昔馮奉世矯詔斬莎車王，傳首京師，威震西域，宣帝議加爵土，蕭望之獨謂矯制違命，雖有功不可爲法，恐後奉使者爲國家生事夷狄。比突厥默啜寇害中國，開元初，郝靈佺捕斬之，自謂功莫與二，宋璟慮邊臣由此邀功，但授郎將而已，繇是訖開元之盛，不復議邊，中國遂安。此成敗鑒戒之不遠也。

党項小蕃，與中國雜處，間者邊將侵刻，利其善馬子女，斂求繇役，遂致叛亡，與北狄西戎相誘盗邊。傳曰：「遠人不服，則修文德以來之。」管仲有言：「國家無使勇猛者爲邊境。」此誠聖哲識微知著之略也。今戎醜方彊，邊備未實，誠宜慎擇良將，使之完輯，禁絶誅求，示以信誠，來則懲禦，去則謹備。彼當懷柔，革其姦謀。何必亟興師役，坐取勞費哉？

帝嘉納之。

歲餘，乞致仕，不聽，詔三五日一入中書，平章政事。佑每進見，天子尊禮之，官而不名。後數年，固乞骸骨，帝不得已，許之，仍拜光禄大夫、守太保致仕，俾朝朔望，遣中人錫予備厚。元和七年卒，年七十八，册贈太傅，謚曰安簡。

佑資嗜學，雖貴猶夜分讀書。先是，劉秩摭百家，侔周六官法，爲《政典》三十五篇，房琯稱才過劉向。佑以爲未盡，因廣其闕，參益新禮爲二百篇，自號《通典》奏之，優詔嘉美，儒者服其書約而詳。

爲人平易遜順，與物不違忤，人皆愛重之，方漢胡廣，然練達文采不及也。朱坡樊川，頗治亭觀林苑，鑿山股泉，與賓客置酒爲樂。子弟皆奉朝請，貴盛爲一時冠。天性精於吏職，爲治不皦察，數斡計賦，相民利病而上下之，議者稱佑治行無缺。惟晚年以妾爲夫人，有所蔽云。

子式方。

《權德輿詩文集》卷二二《唐故金紫光禄大夫守太保致仕贈太傅岐國公杜公墓誌銘》 有唐元老太保岐公，諱佑，字君卿，年七十八，以得謝之歲，歲十一月辛未，啓手足於京師安仁里。皇帝恤然不視朝三日，册贈太傅，弔祠加恩。明年夏四月乙酉，返真宅於少陵原大墓。

公之先，自漢建平侯、晉當陽侯而下，忠賢輩出，積厚昌大，以至曾王父行敏，皇銀青光禄大夫荆益二州大都督府長史南陽郡公。王父慤，皇中散大夫尚書右司員外郎詳定學士。父希望，皇銀青光禄大夫鴻臚卿恒州刺史西河郡太守，飾終三加至尚書左僕射。

公總中龢之粹靈，蹈明哲之大方，體仁以長人，厚德以載物，器周代資，材爲國華，程功績事，博達弘裕。在玄宗朝，以門子筮仕，解巾有聲。在肅宗朝，以郡掾廷吏，賢侯交辟。俄以臺郎、御史、二千石事代宗；以六職之二、十聯之重、兵符相印事德宗。初，自度支郎，歲中拜小司徒。時當囏急，政有均節，持權者排陷，改蘇饒二州刺史，以亞丞相顓征南方。入居左轄，出典侯服。旋委節旄，貞師淮海，凡居鎮十五年。歷禮刑二尚書，乃進左揆，燮和大政。拜章來朝，兼理公台，綢繆樞極，在帝左右。順宗諒闇，公攝冢宰，因山復土，專護其任。進掌五教，乃平九賦。永貞内禪，公奉典策；今上繼明，真授司徒。備物采飾，褒優章灼，推致四時之和，茂明萬物之宜。

初，公來朝之明年，年及懸車，抗章告老，三上不允。厥後詔公，每旬一朝，訪決重務。以公年與德耆，尊禮不名。後八歲，天子憫煩公以官職之事，恩遂堅請，禮優師臣。《大雅》稱方叔元老，且非宰政；東漢之胡公中庸，不理藩服。曷若公都將相之重，兼文武之全，三代論道，兩朝總已，披搢紳者，凡六十年。致仕就第，極其榮號，嚮用五福，闇然得之。在臨川有愷悌之化，莅南海有威懷之略。自淮而南，興事任力，三邦之人，類其聲詩，炳如嵩華，刻在金石。公既當安危注意之重，一人倚愛，急宣密啓，多所交感。嘉保太平，承寧諸侯，或洒其煩言，或導其善氣，損怨服義，日用不知。至有執介圭，朝象魏，冠功臣之表，近天子之光，爲時龜龍，公所樞極。喜士容物，羣而不黨，理遣情恕，犯而不校。一言定交，生死以之，趨人之急，惟恐不及。不徼福，不乞靈，物怪氣焰，不接於心術；誠明坦蕩，自得於天理。中正之外，無自入焉。國門南出，杜陵故地，畎清流，疏灌叢，觴斝引滿，金石合奏，時賢儁人，結轍在門。極謝安之林墅，異陸賈之裝橐，鄉者時會，鷗鳥不驚。又以見公放懷推仁，無不逮也。至若閲天下之義理，究先王之法志，著《通典》二百篇，誕章閎議，錯綜今古，經代立言之旨備焉。凡推轂多士，繇幕廷而奮迅者，近於百輩；將相六職，左右曹臺，以至列藩二千石，不可勝書。

夫人安定郡梁氏，蘇州常熟縣令幼睦之女也。專柔淑慎，動有儀矩，先於公殁，幾三十年矣。嗣子司農少卿師損，與其弟昭應縣令式方，駕部員外郎從郁等，皆以材能孝謹，爲卿大夫元士。推擇之際以吏資，蔭庥之下有淑聲。儼然摧剥，相視無怙。誠信哀敬，實加於人。以德輿嘗忝府辟，晚聯台座，每荷同升之義，盍陳無愧之辭。直書德輝，以鏤幽礎。銘曰：

君子之用，可以大受。斤斤岐公，祗事三后。謨明盛時，其道甚夷。乃將乃相，乃公乃師。六府龢平，五福叢滋。齊之温良，商之慈愛。推本性術，發舒光大。宣力中外，勤勞翼戴。懸車乞身，知進知退。歲在大梁，月生一陽。以佚以息，忽乎茫茫。厥襚納書，禮優職喪。智氣在上，昭明發揚。少陵鬱鬱，蓍蔡叶吉。宰木號風，虞泉落日。吁嗟岐公，居此玄室。

雜録

備録

李肇《唐國史補》卷中 高貞公致仕，制云：「以年致政，抑有前聞。近代寡廉，罕由斯道。」是時杜司徒年七十，無意請老。裴晉公爲舍人，以此譏之。

馮翊子《桂苑叢談・史遺》　淮南節度杜佑先婚梁氏女，梁卒，策嬖姬李氏爲正嫡，有勑封邑，爲國夫人。膺密勸請讓追封亡妻梁氏，佑請膺爲表，略云：「以妾爲妻，魯史所禁。」又云：「豈伊身賤之時，妻同勤苦，宦達之後，妾享榮封」云云。梁氏遂得追封，李亦受其命，時議美焉。其後終爲李氏所怒。社日，公命食彘肉，因爲李氏劃革而卒。

佚名《大唐傳載》　杜太保宣簡公，大曆中有故人遺黄金百兩。後三十年爲淮南節度使，其子投公，取其黄金還，緘封如故。

韋絢《劉賓客嘉話録》　唐楊茂卿客遊揚州，與杜佑書，詞多捭闔，以周公吐握之事爲諷，佑訝之。時劉禹錫在坐，亦使召楊至，共飲。佑持茂卿書與禹錫曰：「請文人一爲讀之。」既畢，佑曰：「如何？」禹錫曰：「大凡布衣之士，皆須擺闔，以動尊貴之心。」佑曰：「休休，擺闔之事爛也。獨不見王舍乎？擺闔陳少遊，少遊刎其頭。今我與公飯吃，過猶不及也。」翌日，楊不辭而去。

劉禹錫言：司徒杜公佑視穆贊也，如故人子弟。佑見贊爲臺丞數彈劾，因事戒之曰：「僕有一言，爲大郎久計，他日少樹敵爲佳。」穆深納之，由是少霽其威也。

大司徒杜公在維揚也，嘗召賓幕閑語：「我致政之後，必買一小駟八九千者，飽食訖而跨之，著一粗布襴衫，入市看盤鈴傀儡，足矣。」又曰：「郭令公位極之際，常慮禍及，此大臣之危事也。」司徒深旨，不在傀儡，蓋自污耳。司徒公後致仕，果行前志。諫官上疏言「三公不合入市」。公曰：「吾計中矣。」計者，即自污耳。

大司徒杜公，見張相弘靖曰：「必爲宰相。」貴人多知人也如此。

陶穀《清異録》卷三《居室門》　杜岐公別墅建薝蔔館，室形亦六出，器用之屬俱象之。按《本草》：梔子一名木丹，一名越桃，然正是西域薝蔔。

《太平廣記》卷七六《桑道茂》引《劇談録》　唐盛唐令李鵬遇桑道茂，曰：「長官只此一邑而已。賢郎二人，大者位極人臣，次者殆於數鎮。子孫百世。」後如其言。長子石，出入將相，子孫二世及第。至次子福，歷七鎮，終於使相。凡八男，三人及第至尚書、給諫、郡牧，諸孫皆朱紫。

錢易《南部新書》卷丙　杜佑自户部侍郎判度支，爲盧杞所惡，出爲蘇刺。時佑母在，杞以憂闕授之。佑不行，換饒州。

錢易《南部新書》卷己　貞元初，度支使杜佑讓錢穀之務，引李巽自代。先是度支以制用借費，漸權百司之職，廣署吏員，繁而難理。佑奏營繕歸之將作，木炭歸之司農，染練歸之少府，綱條頗整，公議多之。

孔平仲《續世説》卷五《寵禮》　裴垍爲相，憲宗在禁中常以官呼垍而不名也。又以杜佑高年重德禮重之，常呼司徒而不名。

王讜《唐語林》卷一《言語》　杜司徒常言：「處世無立敵。」

備論

《舊唐書》卷一四七《杜佑傳》　史臣曰：黄裳以道致君，持誠奉主，辨懷光之詐，罷全義之征。討賊闕之凶，舉無遺算；葬執誼之柩，豈曰不仁。郢天縱之性，總丱之年，代父命於臨刑，孝也；懷光之亂，王人被傷，撫巢父於賊庭，義也；抑浮濫之流，考藝文之士，盡搜幽滯，大變時風，正也；保止足之名，辭榮辱之路，高避世利，遐躅昔賢，智也。忠孝全矣，仁智備矣。此二子者，皆臨大節而不可奪也。佑承蔭入仕，讞獄受知，博古該今，輸忠效用，位居極品，榮逮子孫，操修之報，不亦宜哉！及其賓僚紊法，嬖妾受封，事重因循，難乎語於正矣。牧之文章，悰之長厚，能否既異，才位不倫，命矣夫！

贊曰：貞公壯節，臨難奮發。言行無玷，斯爲明哲。戡亂阜俗，時泰位隆。國之名臣，邠公、岐公。

《新唐書》卷一六六《杜佑傳》　贊曰：耽、佑、楚皆惇儒，大衣高冠，雍容廟堂，道古今，處成務，可也；以大節責之，蓋碔中而玉表歟！悰、綯世當國，亦無足譏。牧論天下兵曰：「上策莫如自治。」賢矣哉！

藝文

《權德輿詩文集》卷一一《大唐銀青光禄大夫檢校司徒同中書門下平章事太清宫及度支諸道鹽鐵轉運等使崇文館大學士上柱國岐國公杜公淮南遺愛碑銘并序》　通天下之志者，在大君元臣之感會而已；成天下之務者，在知人安人之教化而已。孝文御寓，貞元十九年，統燭羣生，德侔往初。建用皇極，澤流方國。

淮南節度觀察使左僕射相國杜公，政成入覲。廼三月壬子朔，登拜司空，秉鈞居中。間一歲，上皇承末命。越八月，皇帝受命神器。弼亮三聖，謨明九功。當冢宰總己之任，護崇陵因山之制。盡董經費，以頒地貢；乃作司徒，式和人則。進封岐土，命賜備厚。均齊天下之政，茂遂萬物之宜。遵道弘化，匪躬宣力。中外之重，必歸於公。初，公之入輔也，制詔副節度使兵部尚書王公爲左僕射，代居師帥。州壤鄉部鰥孤幼艾，蒙公之化也久，感公之惠也深，鬱陶咏嘆，願刻金石。王公累章上請，公輒牢讓中止。至是復以邦人不可奪之誠，達於聰明，且用季孫行父請史克故事，故德輿得類其話言，而鋪其馨香云。

公字君卿，京兆杜陵人。不書名，尊大臣也。清明廉直，温毅弘重。易簡之道，本於健順；忠智之謀，發爲事業。慮善以動，得時大行。其初筮仕，州府交辟。韋尚書元甫，實爲己知。始自掾吏，累爲命介。盈庭門辨，積歲疑留者，片言以聽斷；含冤自誣，具獄詔殺者，覆視而全活。江介吏師，以爲神明。由殿中侍御史，轉主客員外郎、工部郎中，再爲撫州刺史。以御史中丞，領容州刺史、經略使。入爲金部、度支二郎中，復兼中丞。超拜户部侍郎，出爲蘇州刺史。屬受代者以憂闋换饒州刺史。明年以御史大夫領廣州刺史、嶺南節度觀察使。徵爲尚書左丞，復以御史大夫領陝州長史、陝虢都防禦觀察使。歲在庚午，以禮部尚書至於是邦。《禹貢》淮海之域，《職方》東南之奥，産金三品，射利萬室。控荆衡以沿泛，通夷越之貨賄，四會五達，此爲咽頤。初，公之至也，歲丁驕陽，人有菜色。於是息浮費以悦之，蠲雜征以利之。大家之税有冒没者，免其罪以購之；廢居之豪有委積者，盈其直以出之。瀕海棄地，茭芻填淤。一夫之勤，百畝可穫，終古遺利，沛然嘉生。成於指顧，得以蓄殖。先是，營部未葺，囷倉未完，介夫半寓於仁祠，公聚或委於支郡。公乃慮材用，量事期，輯中權，規大壯。百堵皆作，三軍寧宇。轅門言言，夏屋耽耽。可以張射侯，可以容宴豆。爰居爰處，而武備修矣。巨廪崇構，翬飛雲矗，縮以板榦，積如京坻。得蓋藏之宜，協出入之制。多黍多稌，而禮節行矣。連營三十二，積穀五十萬，工以悦使，人以樂成。又瀦雷陂，以溉稽地，釃引新渠，匯於河流。皆省功費，而弘利澤。俄授左揆，竟參大政，加徐泗豪等州節度使。先皇帝在宥天下，推恩彭城，顧懷舊勞，復命其嗣使得以州師建節，而公以二郡進律。惟公鎮定一方，心平德和，言仁必及人，言智必及事，生聚教訓，勤身急病。視閫境如棖闑之内，撫編人有父母之愛。因其習俗而均安之，識其慘舒而導利之。仕六朝而推元老，踰二紀而再掌邦賦。揚美化於方志，流淑聲於命書。

其牧臨川也，地參閩蜑，人本輕惰，化被游手，敏於農功。堅舊防而時其蓄泄，當大旱而我有雲雨。每歲徵令，歸諸有司。克變輸將之勤，不虧公上之入。因穫贏利，悉賙困窮。其惣司計也，權重輕以平物力，受比要以均財征。厚生而不匱，量入而有節。當一人注意之重，盡三接沃心之言。宰司沮傷，不得久處。其鎮南海也，服嶺阻深，族類猜害，塗巷陿陋，熛埃接連，忿懥相因，鬱攸斯作。公乃修伍列，闢康莊，禮俗以阜，火災自息。南金象齒，航海貿遷，悍將反覆，遠夷愁擾，吏困沓貪，商久阻絶。公乃導其善利，推以信誠，萬船繼至，百貨錯出。邕部絶徼，裔人自擅，誘掖招徠，以威以懷。朱崖黎氏，保險三代，種落槃互，數犯吏禁。公麾偏師，一舉而平。獷俗率化，原人得職。其登左轄也，紀律修明，清萬事之本；其理分陝也，惠綏浹洽，弘《二南》之化。必宿其業，而修其方。崇庸大績，其昭昭如是。而又博極書術，詳觀古今。謀王體，斷國論，其言有章，聽者皆竦。作爲《通典》，以究理道。上下數千百年間，損益討論而折中之。佐王之業，盡在是矣。

公之先，在漢則建平敬侯，有立宣之功；在晉則當陽成侯，決平吴之策。忠力雋賢，寖明而昌。以至曾祖諱行敏，皇銀青光禄大夫、荆益二大都督府長史、南陽郡公。王父諱慤，尚書右司員外郎、麗正殿學士。烈考諱希望，歷鴻臚卿、御史中丞，再爲恒州刺史，代鄯二州都督、西河郡太守，襄陽縣男，贈尚書左僕射。惟南陽化功，茂於列藩。惟右司文雅，重於中臺。惟僕射有文武器仟，克揚風績。其督鄯州，惣節制留府，數與虜确，奮其威謀。奪鹽泉，吞河曲，城便地，置新軍，剖符惠人，理行第一。以先大夫代德不烈之若是，公能聿修而弘大之。憑厚貽慶，爲不誣矣。居鎮十三年，願修覲謁，拜章十上，西向涕淚。上難其繼，慰勉而已。公以述職在於庇人，納忠在於薦賢，密疏請以王公爲代，詔爲之貳。暨公之至也，由大司寇爲大司馬，以副車戎裝，伏謁和門。禮容渥命，冠耀藩服。介圭得請，丹轂載馳。勳籍神校，乞留遮道。初諭以温顔，終肅以軍法。既告令尹之政，卒獲子牟之心。《詩》曰：「布政優優，百禄是遒。」又曰：「神之聽之，式穀以汝。」則岐公永亨飴耋，如岡如陵，不待瞽史而前知矣。惟王公師長論道，如公之位；阜俗撫封，如公之心。且以斯人嚮慕，三歲愈甚。大懼公之功德，寢而不章。初撫人廣人，皆鏤堅石，以攄盛烈；及兹而追琢者三矣。古所謂信讓以莅百姓，則人之報禮重，其在是乎？銘曰：

惟天惠人，惟辟奉天。利建元侯，於藩於宣。文武杜公，端誠絜矩。化治陜服，聿來茲土。闢我舄鹵，長我禾黍。乃建營部，乃新廩庾。成師足食，比屋安堵。里閭熙熙，衍沃膴膴。十有三年，慰安斯人。雪泣抗章，血誠上陳。結戀明庭，不私其身。樹善交代，如公之仁。考祥視履，宜錫蕃祉。寅亮三朝，是毗是倚。密勿中樞，矢其謀謨。乃升司空，亦作司徒。九賦既平，五教式敷。中外之重，惟公是圖。彼都人士，飲公之德。彼士樂康，繄公之力。永言介福，祝我岐國。稽合聲詩，於胥篆刻。彼泉而實，彼石而泐。公之德輝，永永無極。

《白居易集》卷五五《贈杜佑太尉制》　生有爵禄，殁有褒贈，此王者所以崇哀榮之禮，厚君臣之恩。況有輔臣，所宜加等。某官致仕佑：以通濟之才，公忠之節，逢時入用，爲國大臣。外領藩鎮，内參台鉉；積勤盡悴，迨過三紀；左右于位，亦既八年。天不慭遺，奪我元老；憫然興歎，實軫于懷！永言褒榮，俾峻禮命。上公之秩，用賁幽靈。嗚呼！録舊旌勞，知予不忘。可贈太尉。

《白居易集》卷五五《杜佑致仕制》　勑：盡悴事君，明哲保身，進退始終，不失其道；自非賢達，孰能兼之？司徒、同平章事杜佑：以長才名略，爲國元臣，歷事四朝，殆踰三紀。出專征鎮，爲諸侯帥；入贊台衮，爲王室輔；嘉猷茂績，中外洽聞。寵任既崇，勤勞亦至。頃以年登致仕，退請懸車，方深倚注，久未得謝，勉就牽率，迨茲累年。今抗疏披誠，至于數四，敦諭頗切，陳乞彌堅，期於必遂，理不可奪：守沖知止，佑實有焉！賢哉大夫！今古同道，宜從優異之命，式表褒崇之禮。尚資耆望，俾傅東朝。可太子太師致仕。如天氣晴和，亦任朝謁。昔祁奚、申叔，皆就請老；國有大事，入議否臧。忠臣愛君，豈必在仕？永觀前事，期副茲懷！

《文苑英華》卷七八三符載《淮南節度使灞陵公杜佑寫真讚》　丞相灞陵公，以虎符龍節清鎮淮海，凡十五年矣，有盛德美化加於民，可以刻金石以圖其形。遂於龍興佛廟大修繪事，自相國洎監軍使樊常侍，賓僚將校，羅乎素壁，森然也。有部從事殿中侍御史穆賞作《灞陵志》，太常寺奉禮郎符載作《寫真讚》以頌之。夫蘊二儀、統萬類、役百靈者，莫善於人。故得全氣者爲至聖，堯、舜、周、孔是矣，得間氣者爲大賢，夔、龍、伊尹是矣。自夐古達于茲日一時之理，百化之損益，未嘗不繇是矣。然則造時者必繫乎君者，輔時者必繫乎臣也。至於蘊咎夔之業，得輔弼之道者，其灞陵公之謂乎？公參三才之粹氣，包五行之靈用，以大和爲正性，以至仁爲厚德，以神明爲視聽，以禮樂爲肢體。涯岸弘大，才智傑出，注百川而溟海不動，臨萬象而玄機獨運。脩眉廣顙，晬容玉色，如祥鸞彩鳳徘徊瑞氣，得不謂人倫之上才歟？公之爲政也，根柢於誠信，柯幹於賞刑，枝葉於禁忌，達時之通變，識人之好惡，聽覽而不察，寬裕而有制。故蒙澤者如膏雨，畏刑者如秋霜。萬情浩擾，懸我條貫，生生之分，各得其性。得不謂民之父母歟？公之爲學也，冠冕六籍，衣裳羣史，履屨百氏。每讀書，取其實而不取其華，深研著述，號爲《通典》。大抵自開闢旁行，至乎歷代，有兵食、財賦、職官、禮樂，交關于當世者，莫不摘拾其英華，滲漉其膏澤，截煩以趣約，裁疎以就密。其有覽之者，如熱得澤，如饑得食，五車萬卷，盡爲冗廢。得不謂立言垂範歟？守藩歲久，哀乞朝覲，上賜優詔，聽荅悃欵。伏見車騎曄曄，星馳闕下，明天子闢閶闔，負黼扆延國老於雲臺之下，鋪陳皇王之道德，發明古今之教義，上以揚君后之鴻化，下以言理國之大要，是知經天地、戡禍亂、敦五教、端百揆，大君以此柄授公，知公不得而讓也。夫漢之麒麟，唐之凌煙，愛其德即圖其人，覩其人則景行其事，復銘景鐘，樹甘棠，此皆以遺芳餘烈，浹於人骨髓者也。異日廣陵之民，懷公之惠愛，嗅公之馨香，企公之軌躅，帷袂接武，沉吟茲地，嚴目而視，捧手而指，必知夫咨嗟慨詠之聲，發於肺肝矣。載山林野賤之士，猥辱眄睞，塵厠下界，恭覩盛德，敢無詞乎？不書爵氏，灞陵公之尊也。讚曰：

碩德昂昂，智圓德方。武庫矛戟，禮容珪璋。神氣端凝，風儀高張。晴天鶴立，秋水龍驤。擁旄淮南，俗阜民康。休聲四塞，入覲天王。天王虛懷，待公廟堂。始終進退，赫然有光。後人來斯，環遶長廊。以此浄域，便爲甘棠。

《文苑英華》卷九八四鄭餘慶《祭杜佑太保文》　維元和八年歲次癸巳，四月癸未朔，九日辛卯，銀青光禄大夫守太子太保兼判太常寺事鄭餘慶、銀青光禄大夫守兵部尚書王昭、銀青光禄大夫吏部侍郎楊於陵、中大夫守户部侍郎判度支盧坦、朝議大夫守刑部侍郎充諸道鹽鐵轉運使王播、朝議大夫權知禮部侍郎韋貫之等，謹以清酌之奠，敬祭于故太保贈太傅杜公之靈：伏惟嶽峙毓德，台符炳靈，實啓邦傑，佐時文明。厚仁保和，待物推誠，夷道不隔，直心無營。允釐羣官參歷庶務，周旋四朝，出入三署。顧言慎行，道在忠恕，珪組外身，江河比度。始從郎位，職典邦賦，重人惜費，惠恕周布。建中之初，受命分符，報政長州，擁節番禺。趨俗蠻陬，是訓是濡，既撫淮楚，遂荒隋都。時當徐方，俶擾爲虞，截河鏁流，擁滯邦輸。統以威重，簡于帝俞，鎮寧二境，並建雙旗，十萬貔虎，指麾風趨，任兼文武，志尚詩書。兵賦著典，郡政來蘇，學該地理，識究玄機。天寵載加，時問踰

積，圭來登庸，作弼邦國。邦計攸掌，國機畢畫，永貞之際，宫闈秘隔。順皇沉疾，奸臣竊職，公聽羣位，揔已夕惕。躬宣詰旨，捧授金册，一人出震，羣邪蕩滌。崇秩屢增，湛恩備錫，朝登劍履，樂侔金石。沐瀞良辰，宴慰親客，朱輪紫授，富盛赫奕。戒足思退，居高不危，國有大計，猶將來咨。才實不器，用皆適時，位極元老，守踰謙卑。靈壽方賜，懸車忽辭，冀期頤以遐保，遽樂往而哀隨。餘慶等早忝班行，嘗承顧盼，仰台庭以增欷，臨素車而申奠。嗚呼哀哉！伏惟尚饗。

魏了翁《鶴山全集》卷六四《通典跋》 杜氏《通典》之書包括古今，涵貫精粗，人習焉不察，例以類書目之。予自成都嘗倣其書爲《國朝通典》，因得以熟復終帙。今起家守瀘，郤有刊本，而文字漫漶，半不可識，將盡易之而先是有已經修者，棄之亦可惜，乃命工易十之四，凡二千葉，爲文五十七萬有奇。端平元年九月甲子，臨邛魏某書。

《全唐詩》卷二七一竇常《奉賀太保岐公承恩致政》 君爲宫保及清時，冠蓋初開拜武遲。五色詔中宣九德，百僚班外置三師。山泉遂性休稱疾，子弟能官各受詞。不學鑄金思范蠡，乞言猶許上丹墀。

李晟部

綜述

《舊唐書》卷一三三《李晟傳》 李晟字良器，隴右臨洮人。祖思恭，父欽，代居隴右爲裨將。晟生數歲而孤，事母孝謹，性雄烈，有才，善騎射。年十八從軍，身長六尺，勇敢絶倫。時河西節度使王忠嗣擊吐蕃，有驍將乘城拒鬭，頗傷士卒，忠嗣募軍中能射者射之。晟引弓一發而斃，三軍皆大呼，忠嗣厚賞之，因撫其背曰：「此萬人敵也。」鳳翔節度使高昇雅聞其名，召補列將。嘗擊疊州叛羌於高當川，又擊宕州連狂羌於罕山，皆破之，累遷左羽林大將軍同正。廣德初，鳳翔節度使孫志直署晟總遊兵，擊破党項羌高玉等，以功授特進、試光禄卿，轉試太常卿。

大曆初，李抱玉鎮鳳翔，署晟爲右軍都將。四年，吐蕃圍靈州，抱玉遣晟將兵五千以擊吐蕃，晟辭曰：「以衆則不足，以謀則太多。」乃請將兵千人疾出大震關，至臨洮，屠定秦堡，焚其積聚，虜堡帥慕容谷鍾而還，吐蕃因解靈州之圍而去。拜開府儀同三司。無幾，兼左金吾衛大將軍、涇原四鎮北庭都知兵馬使，并總遊兵。無何，節度使馬璘與吐蕃戰於鹽倉，兵敗，晟率所部横擊之，拔璘出亂兵之中，以功封合川郡王。璘忌晟威名，又遇之不以禮，令朝京師，代宗留居宿衛，爲右神策都將。德宗即位，吐蕃寇劍南，時節度使崔寧朝京師，三川震恐，乃詔晟將神策兵救之，授太子賓客。晟乃踰漏天，拔飛越，廓清肅寧三城，絶大渡河，獲首虜千餘級，虜乃引退，因留成都數月而還。

建中二年，魏博田悦反，將兵圍臨洺、邢州，詔以晟爲神策先鋒都知兵馬使，與河東節度使馬燧、昭義節度使李抱真合兵救臨洺。尋加兼御史中丞。河東、昭義軍攻楊朝光於臨洺南，晟與河東騎將李自良、李奉國擊悦於雙岡，悦兵却，遂斬朝光。戰於臨洺，諸軍皆却。晟引兵渡洺水，乘冰而濟，横擊悦軍，王師復振，擊悦，大破之。三年正月，復以諸道軍擊敗悦軍於洹水，遂進攻魏州，以功加檢校左散騎常侍，實封百户。無幾，兼魏府左司馬。時朱滔、王武俊聯兵在深、趙，怒朝廷賞功薄，田悦知其可間，遣使求援，滔與武俊應之，遂以兵圍康日知于趙州。李抱真分兵二千人守邢州，馬燧大怒，欲班師。晟謂燧曰：「初奉詔進討，三帥齊進。李尚書以邢州與趙州接壤，分兵守之，誠未爲害，其精卒鋭將皆在於此，令公遽自引去，奈王事何？」燧釋然謝晟，燧乃自造抱真壘，與之交歡如初。

王武俊攻趙州，晟乃獻狀請解趙州之圍，欲引兵赴定州與張孝忠合勢，欲圖范陽。德宗壯之，加晟御史大夫，俾禁軍將軍莫仁擢、趙光銑、杜季泚皆隸焉。晟自魏州引軍而北，徑趨趙州，武俊聞之，解圍而去。晟留趙州三日，與孝忠兵合，北略恒州，圍朱滔將鄭景濟於清苑，決水以灌之。田悦、王武俊皆遣兵來救，戰於白樓。賊犯義武軍，稍却，晟引步騎擊破之，晟所乘馬連中流矢。踰月，城中益急，滔、武俊大懼，乃悉收魏博之衆而來，復圍晟軍。晟内圍景濟，外與滔等拒戰，日數合，自正月至於五月。會晟病甚，不知人者數焉，軍吏合謀，乃以馬輿還定州，賊不敢逼。

晟疾間，復將進師，會京城變起，德宗在奉天，詔晟赴難。晟承詔泣下，即日欲赴關輔。義武軍間於朱滔、王武俊，倚晟爲輕重，不欲晟去，數謀沮止晟軍。晟謂將吏曰：「天子播越於外，人臣當百舍一息，死而後已。張義武欲沮吾行，吾當以愛子爲質，選良馬以啗其意。」乃留子憑以爲婚。義武軍有大將爲孝忠委信者謁晟，晟乃解玉帶以遺之，因曰：「吾欲西行，願以爲别。」陳赴難之意，受帶者果德晟，乃諫孝忠勿止晟。晟得引軍踰飛狐，師次代州，詔加晟檢校工部尚書、神策行營節度使，實封二百户。晟軍令嚴肅，所過樵採無犯。自河中由蒲津而軍渭北，壁東渭橋以逼泚。時劉德信將子弟軍救襄城，敗於扈澗，聞難，率餘軍先次渭南，與晟合軍。軍無統一，晟不能制，因德信入晟軍，乃數其罪斬之。晟以數騎馳入德信軍，撫勞其衆，無敢動者。既併德信軍，軍益振。

時朔方節度使李懷光亦自河北赴難，軍於咸陽，不欲晟獨當一面以分己功，乃奏請與晟兵合，乃詔晟移軍合懷光軍。晟奉詔引軍至陳濤斜，軍壘未成，賊兵遽至，晟乃出陣，且言於懷光曰：「賊堅保宫苑，攻之未必克；今離其窟穴，敢出索戰，此殆天以賊賜明公也！」懷光恐晟立功，乃曰：「吾軍適至，馬未秣，士未飯，詎可戰耶？不如蓄鋭養威，俟時而舉。」晟知其意，遂收軍入壘，時興元元年正月也。每將合戰，必自異，衣錦裘、繡帽前行，親自指導。懷光望見惡之，乃謂晟曰：「將帥當持重，豈宜自表飾以啗賊也！」晟曰：「晟久在涇原，軍士頗相畏

服，故欲令其先識以奪其心耳。」懷光益不悦，陰有異志，遷延不進。晟因人説懷光曰：「寇賊竊據京邑，天子出居近甸，兵柄廟略，屬在明公。公宜觀兵速進，晟願以所部得奉嚴令，爲公前驅，雖死不悔。」懷光益拒之。晟兵軍於朔方軍北，每晟與懷光同至城下，懷光軍輒虜驅牛馬，吾姓苦之；晟軍無所犯。懷光軍惡其獨善，乃分所獲與之，晟軍不敢受。

久之，懷光將謀沮晟軍，計未有所出。時神策軍以舊例給賜厚於諸軍，懷光奏曰：「賊寇未平，軍中給賜，咸宜均一。今神策獨厚，諸軍皆以爲言，臣無以止之，惟陛下裁處。」懷光計欲因是令晟自署侵削己軍，以撓破之。德宗憂之，欲以諸軍同神策，則財賦不給，無可奈何，乃遣翰林學士陸贄往懷光軍宣諭，仍令懷光與晟參議所宜以聞。贄、晟俱會於懷光軍，懷光言曰：「軍士稟賜不均，何以令戰？」贄未有言，數顧晟。晟曰：「公爲元帥，弛張號令，皆得專之。晟當將一軍，唯公所指，以效死命。至於增損衣食，公當裁之。」懷光默然，無以難晟，又不欲侵刻神策軍發於自己，乃止。

懷光屯咸陽，堅壁八十餘日，不肯出軍，德宗憂之，屢降中使，促以收復之期。懷光託以卒疲，更請休息，以伺其便，然陰與朱泚交通，其迹漸露。晟懼爲所併，乃密疏請移軍東渭橋，以分賊勢。上初未之許。晟以懷光反狀已明，緩急宜有所備，蜀、漢之路，不可壅也，請以裨將趙光銑爲洋州刺史，唐良臣爲利州刺史，晟子壻張彧爲劍州刺史，各將兵五百以防未然。上初納之，未果行。無何，吐蕃請以兵佐誅泚，上欲親總六師，移幸咸陽，以促諸軍進討。懷光聞之大駭，疑上奪其軍，謀亂益急。時鄜坊節度李建徽、神策將楊惠元及晟，並與懷光聯營，晟以事迫，會有中使過晟軍，晟乃宣令云：「奉詔徙屯渭橋。」乃結陣而行，至渭橋。不數日，懷光果劫建徽、惠元而併其兵，建徽遁免，惠元爲懷光所害。

是日，車駕幸梁州。時變生倉卒，百官扈從者十二三，駱谷道路險阻，儲供無素，從官乏食，上歎曰：「早從李晟之言，三蜀可坐致也。」晟大將張少弘自行在傳口詔授晟尚書左僕射、同中書門下平章事，以安衆心。晟拜哭受命，且曰：「長安宗廟所在，爲天下本，若皆執羈靮，誰復京師？」乃浚城隍，繕兵甲，以圖收復。晟以孤軍獨當强寇，恐爲二賊之所併，乃卑詞厚幣，僞致誠於懷光，外示推崇，内爲之備。時芻粟未集，乃令檢校户部郎中張彧假京兆少尹，擇官吏以賦渭北畿縣。不旬日，芻糧皆足，晟乃大陳三軍，令之曰：「國家多難，亂逆繼興，屬車駕西幸，關中無主。予代受國恩，見危死節，臣子之分，况當此時，不能誅滅兇渠，以取富貴，非人豪也。渭橋横跨大川，斷賊首尾，吾與公等戮力勤王，擇利而進，興復大業，建不世之功，能從我乎？」三軍無不泣下，曰：「唯公所使。」晟亦歔欷流涕。

是時，朱泚盜據京城，懷光圖爲反噬，河朔僭僞者三，李納虎視於河南，希烈鴟張於汴、鄭。晟内無貨財，外無轉輸，以孤軍而抗劇賊，而鋭氣不衰，徒以忠義感於人心，故英豪歸向。戴休顔率奉天之衆，韓遊瓌治邠寧之師，駱元光以華州之兵守潼關，尚可孤以神策之旅屯七盤，皆稟晟節度，晟軍大振。懷光以休顔、遊瓌從晟，益懼。晟又致書於懷光，諭以禍福，令破賊迎鑾，以掩前過。懷光卒不悟，軍衆漸多離散，糗糧且竭，虜剽無所得，懼爲晟所襲。三月，懷光自三原、富平東抵奉天，所至焚掠，乃自馮翊入據河中。懷光將孟涉、段威勇者，本神策將，惡懷光之不臣，既至富平，結陣於軍中，外向大呼而去，懷光不能制。涉、威勇以數千人歸晟，乃陳兵受涉等降卒，乃奏授涉檢校工部尚書，威勇兼御史大夫。

德宗之幸山南，既入駱谷，謂渾瑊曰：「渭橋在賊腹内，兵勢懸隔，李晟可辦事乎？」瑊對曰：「李晟秉義執志，臨事不可奪，以臣計之，破賊必矣。」帝意始安。是月，渾瑊步將上官望自間道懷詔書加晟檢校右僕射，兼河中尹、河中晉絳慈隰節度使，益實封三百户，又兼京畿、渭北、鄜坊丹延節度招討使。晟承詔流涕。時帝欲移幸西川，晟上表：「請駐蹕梁漢，繫億兆之心，圖翦滅之勢。若規小捨大，作都岷峨，即人心失望，武士謀臣無所施矣。」四月，有詔加晟京畿、渭北、鄜坊、商華兵馬副元帥。時京兆府司録李敬仲自京城來，諫議大夫鄭雲逵自奉天至，晟以京兆少尹張彧爲副使，鄭雲逵爲行軍司馬，李敬仲爲節度判官，俾同主軍畫。又請以懷光舊將唐良臣保潼關，以河中節度授之，戴休顔守奉天，請以鄜坊節度授之，上皆從之。渭橋舊有粟十餘萬斛，度支先饋懷光軍欲盡，晟又奏曰：「近畿雖乘兵亂，猶可賦斂，儻寇賊未滅，宿兵曠時，人廢耕桑，又無儲蓄，非防微制勝之術也。」上納之。晟乃於畿甸率聚征賦，吏民樂輸，守禦益固，由是軍不乏食。

神策軍家族多陷於泚，晟家亦百口在賊中，左右或有言及家者，晟因泣下曰：「乘輿何在，而敢恤家乎！」泚又使晟小吏王無忌之壻詣晟軍，且曰：「公家無恙，城中有書問。」晟曰：「爾敢與賊爲間！」遽命斬之。時轉輸不至，盛夏軍士或衣裘褐，晟亦同勞苦，每以大義奮激士心，卒無離叛者。會將吏數輩自賊中

逃來，言泚衆攜離可滅之狀，士心益奮。先是，賊將姚令言及僞中丞崔宣咸使諜覘我軍，爲邏騎所得，拘送於晟，晟解縛，食而遣之，誡之曰：「爾報崔宣，善爲賊守，諸人勉力自固，勿不忠於賊也！」

五月三日，晟引軍抵通化門，耀武而還，賊不敢出。晨集將佐，圖兵所向，諸將曰：「先拔外城，既有市里，然後北清宮闕。」晟曰：「若先收坊市，巷陌隘狹，間以居人，若賊設伏格鬬，百姓囂潰，非計也。且賊重兵堅甲，皆在苑中，若自苑擊其心腹，彼將圖走不暇，如此則宮闕保安，市不易肆，計之上也。」諸將曰：「善。」乃移書渾瑊、駱元光、尚可孤，剋期進軍於城下。

其月二十五日夜，晟自東渭橋移軍於光泰門外米倉村，以薄京城。晟臨高指麾，令設壕柵以候賊軍。俄而賊衆大至，賊驍將張庭芝、李希倩逼柵求戰，晟謂諸將曰：「吾恐賊不出，今冒死而來，天贊我也！」勒吳詵、康英俊、史萬頃、孟涉等縱兵擊之。時華州營在北，兵少，賊併力攻之，晟遣李演、孟華以精卒救之。中軍鼓譟，演力戰，大破之，乘勝入光泰門；再戰，又敗之，僵屍蔽地，餘衆走入白華，夜聞慟哭之聲。

翌日，將復出師，諸將請待西軍至，則左右夾攻。晟曰：「賊既傷敗，須乘勝撲滅，若俟其有備，豈王師之利耶！如待西軍，恐失機便。」二十八日，晟大集諸將駱元光、尚可孤，兵馬使吳詵、王佖，都虞候邢君牙、李演、史萬頃，神策將孟涉、康英俊，華州將郭審金、權文成，商州將彭元俊等，號令誓師畢，陳兵於光泰門外。乃使王佖、李演率騎軍，史萬頃領步卒，直抵苑牆神麚村。晟先是夜使人開苑牆二百餘步，至是賊已樹木柵之，賊倚柵拒戰。晟叱軍士曰：「安得縱賊如此，當先斬公等！」萬頃懼，先登，拔柵而入，王佖騎軍繼進，賊即奔潰，獲賊將段誠諫，大軍分道並入，鼓譟雷動。姚令言、張庭芝、李希倩猶力捍官軍，晟令決勝軍使唐良臣、兵馬使趙光銑、楊萬榮、孟日華等步騎齊進，賊軍陣成而屢北。戰十餘合，乘勝驅蹙，至于白華。忽有賊騎千餘出於官軍之背，晟以麾下百餘騎馳之，左右呼曰：「相公來！」賊聞之驚潰，官軍追斬，不可勝計。朱泚、姚令言、張庭芝尚有衆萬人，相率遁走，晟遣田子奇追之，其餘兇黨相率來降。

是日，晟軍入京城，勒兵屯於含元殿前，晟舍於右金吾仗，仍號令諸軍曰：「晟實不武，上憑睿算，下賴士心，幸得殲厥兇渠，肅清宮禁，皆三軍之力也。長安士庶，久陷賊庭，若小有震驚，則非伐罪弔人之義也。晟與公等各有家室，離別數年，今已成功，相見非晚，五日內不得輒通家信，違命者斬。」乃遣京兆尹李齊運，攝長安令陳元衆、攝萬年令韋上仮告喻百姓，居人安堵，秋毫無所犯。尚可孤軍人有擅取賊馬者，晟大將高明曜虜賊女妓一人，司馬伷取賊馬二匹，晟皆立斬之，莫敢忤視。士庶無不感悅，咸歔欷流涕，遠坊居人，亦有經宿方知者。二十九日，令孟涉屯於白華，尚可孤屯望仙門，駱元光屯章敬寺，晟自屯於安國寺。是日，斬賊將李希倩等八人，徇于市。

六月四日，晟破賊露布至梁州，上覽之感泣，羣臣無不隕涕，因上壽稱萬歲，奏曰：「李晟虔奉聖謨，盪滌兇醜。然古之樹勳，力復都邑者，往往有之；至於不驚宗廟，不易市肆，長安人不識旗鼓，安堵如初，自三代以來，未之有也。」上曰：「天生李晟，爲社稷萬人，不爲朕也。」百官拜賀而退。是日，晟斬僞相李忠臣、張光晟、蔣鎮、喬琳、洪經綸、崔宣等，又表守臣節不屈于賊者程鎮之、劉迺、蔣沇、趙曄、薛岌等。

晟初屯渭橋時，熒惑守歲，久之方退，賓介或勸曰：「今熒惑已退，皇家之利也，可速用兵。」晟曰：「天子外次，人臣但當死節，垂象玄遠，吾安知天道耶！」至是，謂參佐曰：「前者士大夫勸晟出兵，非敢拒也，且軍可用之，不可使知之。嘗聞五緯盈縮無準，晟懼復來守歲，則我軍不戰而自潰。」參佐歎服，皆曰：「非所及也。」

尋拜晟司徒，兼中書令，實封一千户。

晟綜理以備百司，令大將吳詵將兵三千至寶雞清道，晟又請至鳳翔迎扈，不許。七月十三日，德宗至自興元，渾瑊、韓遊瓌、戴休顔以其兵扈從，晟與駱元光、尚可孤以其兵奉迎。時元從禁軍及山南、隴州、鳳翔之衆，步騎凡十餘萬，旌旗連亘數十里，傾城士庶，夾道歡呼。晟以戎服謁見於三橋，上駐馬勞之。晟再拜稽首，初賀元惡殄滅，宗廟再清，宮闈咸肅，抃舞感涕，跪而言曰：「臣忝備爪牙之任，不能早誅妖逆，至鑾輿再遷。及師於城隅，累月方殄賊寇，皆臣庸懦不任職之責，敢請死罪。」伏於路左。上爲之掩涕，命給事中齊映宣旨，令左右起晟於馬前。是月，御殿大赦，贈晟父欽太子太保，母王氏贈代國夫人，賜永崇里第及涇陽上田、延平門之林園、女樂八人。入第之日，京兆府供帳酒饌，賜教坊樂具，鼓吹迎導，宰臣節將送之，京師以爲榮觀。上思晟勳力，製紀功碑，俾皇太子書之，刊石立於東渭橋，與天地悠久，又令太子書碑詞以賜晟。

晟以涇州倚邊，屢害戎帥，數爲亂階，乃上書請理不用命者，兼備耕以積粟，攘却西蕃，上皆從之。詔以晟兼鳳翔尹、鳳翔隴右節度使，仍充隴右涇原節度，

兼管內諸軍及四鎮、北庭行營兵馬副元帥，改封西平郡王。初，帝在奉天，鳳翔軍亂，殺其帥張鎰，立小將李楚琳。至是楚琳在朝，晟請以楚琳俱往鳳翔，將誅之，上以初復京師，方安反側，不許。八月，晟至鳳翔，理殺張鎰之罪，斬王斌等十餘人。初，朱泚亂時，涇州亦殺其帥馮河清，立別將田希鑒，方屬播遷，不遑討伐，以涇帥授之。至是，晟奏曰：「近者中原兵禍，皆起涇州，且其地逼西戎，易爲反覆。希鑒兇徒，將校驕逆，若不懲革，終爲後患。」從之。晟至鳳翔，託以巡邊，至涇州，希鑒迎謁，於坐執而誅之，并誅害河清者石奇等三十餘人，具事以聞。上曰：「涇州亂逆泉藪，非晟莫能理之。」還鎮，表右龍武將軍李觀爲涇原節度使，吐蕃深畏之。晟常曰：「河、隴之陷也，豈吐蕃力取之，皆因將帥貪暴，種落攜貳，人不得耕稼，展轉東徙，自棄之耳。且土無絲絮，人苦征役，思唐之心，豈有已乎！」乃傾家財以賞降者，以懷來之。降虜浪息囊，晟奏封王，每蕃使至，晟必置息囊於坐，衣以錦袍、金帶以寵異之。蕃人皆相指目，榮羨息囊。

蕃相尚結贊頗多詐謀，尤惡晟，乃相與議云：「唐之名將，李晟與馬燧、渾瑊耳。不去三人，必爲我憂。」乃行反間，遣使因馬燧以請和，既和，即請盟，復因盟以虜瑊，因以賣燧。貞元二年九月，吐蕃用尚結贊之計，乃大興兵入隴州，抵鳳翔，無所虜掠，且曰：「召我來，何不以牛酒犒勞？」徐乃引去，持是間晟也。是役也，晟先令衙將王佖選鋭兵三千，設伏於汧陽，誡之曰：「蕃軍過城下，勿擊首尾，首尾縱敗，中軍力全，若合勢攻汝，必受其弊。但俟其前軍已過，見五方旗、武豹衣，則其中軍也，突其不意，可建奇功。」佖如晟節度，果遇結贊。及出奮擊，賊皆披靡，佖軍不識結贊，故結贊僅而獲免。十月，晟出師襲吐蕃摧沙堡，拔之，斬其堡使扈屈律悉蒙等，自是結贊數遣使乞和。十二月，晟朝京師，奏曰：「戎狄無信，不可許。」宰相韓滉又扶晟議，請調軍食以給晟，命將擊之。上方厭兵，疑將帥生事邀功。會滉卒，張延賞秉政，與晟有隙，屢於上前間晟，言不可久令典兵。延賞欲用劉玄佐、李抱真，委以西北邊事，俾立功以壓晟，德宗竟納延賞之言，罷晟兵柄。三年三月，册拜晟爲太尉、中書令，奉朝請而已。其年閏五月，渾瑊與尚結贊同盟於平涼，果爲蕃兵所劫，瑊單馬僅免，將吏皆陷。六月，罷河東節度使馬燧爲司徒，盡中尚結贊之謀。

晟既罷兵權，朝謁之外，罕所過從。有通王府長史丁瓊者，亦爲張延賞所排，心懷怨望，乃求見晟言事，且曰：「太尉功業至大，猶罷兵權，自古功高，無有保全者。國家倘有變故，瓊願備左右，狡兔三穴，盍早圖之。」晟怒曰：「爾安得不祥之言！」遽執瓊以聞。四年三月，詔爲晟立五廟，以晟高祖芝贈隴州刺史，曾祖嵩贈澤州刺史，祖思恭贈幽州大都督。廟成，官給牲牢、祭器、牀帳，禮官相儀以祔焉。

五年九月，晟與侍中馬燧見於延英殿，上嘉其勳力，詔曰：「昔我列祖，乘乾坤之盪滌，掃隋季之荒屯，體元御極，作人父母；則亦有熊羆之士，不二心之臣，左右經綸，參翊締構，昭文德，恢武功，威不若，康不乂，用端命于上帝，付畀四方。宇宙既清，日月既貞，王業既成，太階既平；乃圖厥容，列於斯閣，懋昭績效，式表儀形，一以不忘于朝夕，一以永垂乎來裔，君臣之義，厚莫重焉。貞元己巳歲秋九月，我行西宫，瞻宏閣崇構，見老臣遺像，顒然肅然，和敬在色，想雲龍之叶應，感致業之艱難。覩往思今，取類非遠。且功與時並，才爲代生，苟藴其才，遇其時，尊主庇人，何代不有？在中宗，則桓彦範等著其輔戴之績；在玄宗，則劉幽求等申翼奉之勳；在肅宗，則郭子儀掃殄氛祲；今則李晟等保寧朕躬，咸宣力肆勤，光復宗社。訂之前烈，夫豈多謝，闕而未録，孰謂旌賢。況念功紀德，文祖所爲也，在予曷其敢怠！有司宜叙年代先後，各圖其像於舊臣之次，仍令皇太子書朕是命，紀於壁焉。庶播嘉庸，式昭于下，俾後來者尚揖清顔，知元勳之不朽。」復命皇太子書其文以賜晟，晟刻石於門左。

初，晟在鳳翔，謂賓介曰：「魏徵能直言極諫，致太宗於堯、舜之上，真忠臣也，僕所慕之。」行軍司馬李叔度對曰：「此搢紳儒者之事，非勳德所宜。」晟斂容曰：「行軍失言。傳稱『邦有道，危言危行』。今休明之期，晟幸得備位將相，心有不可，忍而不言，豈可謂有犯無隱，知無不爲者耶！是非在人主所擇耳。」叔度慚而退。故晟爲相，每當上所顧問，必極言匪躬，盡大臣之節。性沉默，未嘗泄於所親。臨下明察，每理軍，必曰某有勞，某能其事，雖廝養小善，必記姓名。尤惡下爲朋黨相構，好善嫉惡，出於天性。嘗有恩者，厚報之。初，譚元澄爲嵐州刺史，嘗有恩於晟，後坐貶於岳州；比晟貴，上疏理之，詔贈元澄寧州刺史。元澄三子，晟撫待勤至，皆爲成就宦學，人皆義之。理家以嚴稱，諸子姪非晨昏不得謁見，言不及公事，視王氏甥如己子。嘗正歲，崔氏女歸省，未及階，晟却之曰：「爾有家，況姑在堂，婦當奉酒醴供饋，以待賓客。」遂不視而遣還家，其達禮敦教如此。貞元九年八月薨，時年六十七。上震悼出涕，廢朝五日，令百官就第臨弔，命京兆尹李充監護喪事，官給葬具，賵賻加等。比大斂，上手書致意，送柩前，【略】册贈太師，謚曰忠武。晟薨後，城鹽州，復鹽池，上賜宰臣新曲，惻然思

晟，乃令致鹽於靈座。又時遣中使至晟第存撫諸子，教戒備至，聞愿等有一善，上喜形於色，眷遇終始，無與晟比。

元和四年，詔曰：「夫能定社稷，濟生人，存不朽之名，垂可久之業者，必報以殊常之寵，待以親比之恩，與國無窮，時惟茂典。故奉天定難功臣、太尉、兼中書令、上柱國、西平郡王、食實封一千五百户、贈太師李晟，間代英賢，自天忠義，邁濟時之宏算，抱經武之長材，貫以至誠，協于一德，嘗遭屯難之際，實著戡定之功。鯨鯢既殲，宫廟斯復，眷兹勳伐，則既褒崇。永言天步之夷，載懷邦傑之力，思加崇於往烈，爰協比於後昆，睦以宗親，將予厚意。其家宜令編附屬籍。晟配饗德宗廟庭。」

晟十五子：侗、伷、偕，無禄早世；次愿、聰、總、愻、憑、恕、憲、愬、懿、聽、惎、愍、聰，總官卑而卒，而愿、愬、聽最知名。

《新唐書》卷一五四《李晟傳》 李晟字良器，洮州臨潭人。世以武力仕，然位不過裨將。晟幼孤，奉母孝。身長六尺。年十八，往事河西王忠嗣，從擊吐蕃。悍酋乘城，殺傷士甚衆，忠嗣怒，募射者，晟挾一矢殪之，三軍讙奮。忠嗣撫其背曰：「萬人敵也。」鳳翔節度使高昇召署列將。擊疊州叛羌於高當川，又擊連狂羌於穾山，破之。累遷左羽林大將軍。廣德初，擊党項有功，授特進，試太常卿。

大曆初，李抱玉署晟右軍將。吐蕃寇靈州，抱玉授以兵五千擊之，辭曰：「以衆則不足，以謀則多。」乃請千人。繇大震關趨臨洮，屠定秦堡，執其帥慕容谷鍾，虜乃解靈州去。遷開府儀同三司，以右金吾衛大將軍爲涇原、四鎮、北庭兵馬使。馬璘與吐蕃戰鹽倉，敗績，晟率游兵拔璘以歸，封合川郡王。璘内忌晟威略，歸之朝，爲右神策都將。德宗始立，吐蕃寇劍南，方崔寧未還，蜀士大震，詔晟將神策兵救之。踰漏天，拔飛越等三城，絶大渡，斬虜千級，虜遁去。

建中二年，魏博田悦反，晟爲神策先鋒，與河東馬燧、昭義李抱真合兵攻之。斬楊朝光，晟乘冰度洺水破悦；又戰洹水，悦大敗，遂進攻魏。加檢校左散騎常侍，兼魏府左司馬。

朱滔、王武俊圍康日知於趙州也，抱真分兵二千戍邢，燧怒，欲班師，晟曰：「奉詔東討者，吾三帥也。邢、趙比壤，今賊以兵加趙，是邢有晝夜憂，李公分衆守之，不爲過，公柰何遽引去！」燧悟，釋然，即造抱真壘，與交歡。晟建言：「以兵趨定州，與張孝忠合，以圖范陽，則武俊等當捨趙。」帝壯之，授御史大夫，又俾神策三將軍莫仁擢等隸之。晟白魏引而北，武俊果解去。晟留趙三日，與孝忠連兵，北略恒州。圍朱滔將鄭景濟於清苑，決水灌之。悦、武俊引兵戰白樓，孝忠兵窘，晟引步騎擊破之，清苑益急。滔、武俊大懼，悉起兵來救，圍晟軍。晟内攻景濟，而外抗滔等，自正月至五月不解。會晟疾甚，不能興，軍中共計引還定州，而賊猶不敢逼。

疾間，將復進，會帝出奉天，有詔召晟即日治嚴。而孝忠以軍介二盜間，倚晟爲重，數止晟無西。晟語衆曰：「天子播越，人臣當百舍一息。義武欲止吾，吾當以子爲質。」乃以憑約昏，并遺良馬。孝忠有親將謁晟，晟解玉帶遺之，使喻孝忠。乃得踰飛狐，次代州。詔迎拜神策行營節度使。進臨渭北，壁東渭橋，所過樵蘇無犯。時劉德信自扈澗敗歸，亦次渭南，軍嚚無制。德信入謁晟，晟責所以敗，斬之，以數騎入壁勞其軍，無敢動。晟已并兵，則軍益振。

於是朔方李懷光方軍咸陽，不欲晟當一面，請與晟合。有詔徙屯，乃引趨陳濤斜，與懷光聯壘。晟每與賊戰，必錦裘繡帽自表，指顧陣前。懷光望見，惡之，戒曰：「將務持重，豈宜自表襮，爲賊餌哉！」晟曰：「昔在涇原，士頗相畏伏，欲令見之，奪其心爾。」懷光不悦，遷延有異志。晟使間説懷光曰：「賊據京邑，天子暴露于外，公宜速進兵。雖晟不肖，願爲公先驅，死且不悔。」懷光不納。

每兵至都城下，而懷光軍多鹵掠，晟軍整戢。懷光使分所獲遺之，又辭不敢受。懷光謀沮撓其軍，即奏言：「神策兵給賜比方鎮獨厚，今桀逆未平，軍不可以異。且衆以爲言，臣無以解。惟陛下裁處。」懷光欲晟自削其軍，則士怨易撓。帝議諸軍與神策等，力且不贍，遣翰林學士陸贄臨詔懷光，令與晟計所宜者。懷光曰：「稟賜不均，軍何以戰！」贄數顧晟，晟曰：「公，元帥，軍政得專之。晟將一軍，唯所命，其增損費調，敢不聽？」懷光默然計塞，顧刻削稟賜事出己，乃止。

懷光屯咸陽凡八旬，帝數促戰，以伺賊隙爲言，卒不出兵，陰通朱泚，反迹寖露。晟懼爲所并，上言：「當先變制備，請假裨佐趙光銑、唐良臣、張彧爲洋、利、劍三州刺史，各勒兵以通蜀、漢衿喉。」未報。會吐蕃欲佐誅泚，帝議幸咸陽督戰，懷光大駭，疑帝奪其軍，圖反益急。晟與李建徽、陽惠元皆聯屯，適有使者到晟軍，晟乃令曰：「有詔徙屯。」即結陣趨東渭橋。後數日，懷光並建徽、惠元兵，惠元死之。

是日，帝進狩梁州。駱谷道隘，儲供不豫，從官乏食，帝歎曰：「早用晟言，三蜀之利，可坐有也。」顧渾瑊曰：「渭橋在賊腹中，兵孤絶，晟能辦勝邪？」瑊

曰：「晟秉義挺忠，岸然不可奪。臣策之，必破賊。」帝乃安。自行在遣晟將張少弘口詔進晟尚書左僕射、同中書門下平章事。晟受命，拜且泣曰：「京師，天下本，若皆執羈靮，誰將復之！」乃繕甲兵，治陴隍，以圖收復。

是時，晟提孤軍橫當寇鋒，恐二盜合以軋之，則卑詞厚幣，僞致誠於懷光者。時敖膚單乏，乃使張彧假京兆少尹，多署吏，調畿内賦，不淹旬，芻米告具。乃陳兵下令曰：「國家多難，乘輿播遷，見危死節，自吾之分。公等此時不誅元凶，取富貴，非豪英也。渭橋斷賊首尾，吾欲與公戮力一心，建不世之功，可乎？」士皆雪泣曰：「惟公命。」於是駱元光以華州之衆守潼關，尚可孤以神策兵保七盤，皆受晟節度，戴休顔舉奉天，韓游瓌悉邠寧軍從晟，懷光始懼。晟乃移書顯讓之，使破賊自贖。懷光不聽，然其下益攜落，畏爲晟襲，乃奔河中。其將孟涉、段威勇以兵數千自拔歸，晟皆表以要官。

帝遣使者間道詔晟兼河中、晉絳慈隰節度使，又兼京畿、渭北、鄜坊、丹延節度招討使。帝欲益西幸，晟請駐梁、漢以繫天下望。又進京畿、渭北、鄜坊、商華兵馬副元帥。時京兆司録參軍李敬仲自賊中來，乃署節度府判官，以諫議大夫鄭雲逵爲行軍司馬，擢張彧自副。

神策軍及晟家皆爲賊質，左右有言者，晟涕數行下，曰：「陛下安在，而欲恤家乎？」泚使晟吏王無忌婿款壁門曰：「公等家無恙。」晟怒曰：「爾乃與賊爲間乎？」叱斬之。時輸綵不屬，盛夏，士有衣裘者，晟能與下同其苦，以忠誼感發士心，終無攜怨。邏士得姚令言、崔宣諜者，晟命釋縛，飯飲之，遣還，敕曰：「爲我謝令言等，善爲賊守，勿不忠于泚。」

乃引兵叩都門，賊不敢出，振旅而還。明日，會諸將圖所向，衆對先拔外城，然後清宫。晟曰：「外城有里閈之隘，若設伏格戰，居人囂潰，非計也。賊重兵精甲聚苑中，今直擊之，是披其心腹，將圖走不暇。」諸將曰：「善。」乃自東渭橋移壁光泰門，以薄都城，連溝柵。而賊將張庭芝、李希倩求戰，晟顧曰：「賊不出，是吾憂也。今乃冒死來，天誘之矣。」勒吴詵等縱兵麈擊。賊攻華師急，晟以精騎馳救，中軍譟而從，大破之，乘勝入光泰門；再戰，敗卻，僵尸相藉，餘衆走白華，賊大哭，終夜不息。翌日，將復戰。或請待西師，晟曰：「賊既敗，當乘機撲殄。苟俟西軍，是容其爲計，豈吾利邪？」乃悉軍軍光泰門，使王佖、李演將騎，史萬頃將步，抵苑北。晟先夜隤苑垣爲道二百步，比兵至，賊已伐木塞以拒戰。晟叱諸將曰：「安得縱賊？今先斬公矣！」萬頃懼，先登，拔柵以入，佖督騎繼之，賊崩潰，執其將段誠諫，大兵分道進，雷噪震地。令言、庭芝、希倩等殊死鬬，晟令唐良臣等步騎奔突，賊陣成輒北，十餘遇皆不勝，蹴入白華。賊伏千騎出官軍背，晟以麾下百騎自馳之，左右呼曰：「相公來！」賊驚潰，禽馘略盡。泚率殘卒萬人西走，田子奇追之，餘黨悉降。

晟引軍屯含元外廷，舍右金吾次，令軍中曰：「五日内不得輒通家問，違者斬。」遣京兆尹李齊運部長安、萬年令，分慰居人，秋毫無所擾。别將高明曜取賊妓一，司馬伷取賊馬二，即斬以徇。坊人之遠者，宿昔乃知王師之入也。明日，孟涉屯白華，尚可孤屯望仙門，駱元光屯章敬寺，晟屯安國寺。斬賊用事者及臣賊宦豎于市，表著節不屈者，擇文武攝臺省官，以俟乘輿。條脅汙于賊者，請以不死。

露布至梁，帝感泣，羣臣上壽，且言：「晟蕩夷兇慝，而市不易廛，宗廟不震，長安之人不識旗鼓，雖三代用師，不能加之。」帝曰：「天生晟，爲社稷萬人，豈獨朕哉！」拜晟司徒，兼中書令，實封千户。

晟遣大將吴詵以兵三千到寶雞清道，自請迎扈，不許。帝至自梁，晟以戎服見三橋，帝駐馬勞之。晟再拜頓首，賀克殄大盜，廟朝安復，已即跪陳：「備爪牙臣，不能指日破賊，致乘輿再狩，乃臣不任職之咎，敢請死。」伏道左，帝爲掩涕，命給事中齊映起之，使就位。有詔賜第永崇里，涇陽上田、延平門之林園、女樂一列。晟入第，京兆供帳，教坊鼓吹迎導，詔將相送之。帝紀其功，自文于碑，敕皇太子書，立於東渭橋，以示後世云。又令太子録副以賜。

始，晟屯渭橋也，熒惑守歲，久乃退，府中皆賀曰：「熒惑退，國家之利，速用兵者昌。」晟曰：「天子暴露，人臣當力死勤難，安知天道邪？」至是乃曰：「前士大夫勸晟出兵，非敢拒也。且人可用而不可使之知也。夫惟五緯盈縮不常，晟懼復守歲，則我軍不戰自屈矣！」皆曰：「非所及也。」

涇州倚邊，數戕其帥，晟請治不龔命者，因以訓耕積粟實塞下，羈制西戎。帝乃拜晟鳳翔、隴右、涇原節度使，兼行營副元帥，徙王西平郡，實封千五百户。晟請與李楚琳俱行，亦將治殺張鎰罪，帝方務安反側，不許。晟至鳳翔，亂將王斌等十餘人以次伏誅。

時宦者尹元貞持節到同、華，擅入河中諭慰李懷光，晟劾元貞矯佞，欲洗宥元惡，請治罪。又言：「赦懷光有五不可：河中抵京師三百里，同州制其衝，兵多則示未信，少則力不足，忽驚東偏，何以待之？一也。今赦懷光，則必以晉、

絳、慈、隰還之，渾瑊、康日知又且遷徙，二也。兵力未窮，忽宥反逆，四夷聞之，謂陛下兵屈而自罷耳，今回紇拒北，吐蕃梗西，希烈僭淮、蔡，若棄彊示弱，以招窺覬，三也。懷光既赦，則朔方將士悉復敘勳行賞，追還縑纊，今府庫空殫，物不酬滿，是激其叛，四也。既解河中，諸道還屯，當有賜賚，賞典不舉，怨言必起，五也。今河中米斗五百，芻稿且罄，人餓死牆壁間，其大將殺戮幾盡，圍之旬時，力窮且潰，願無養腹心疾爲後憂。臣請選精兵五千，約十日糧，可以破賊。」帝方以賊委馬燧、渾瑊，故不許。

晟至涇，而田希鑒迎謁，執之，并其黨石奇等悉伏誅。表右龍武將軍李觀爲涇原節度使。晟常曰：「河、隴之陷，非吐蕃能取之，皆將臣沓貪，暴其種落，不得耕稼，日益東徙，自棄之爾。且土無繒絮，人苦役擾，思唐之心豈有既乎？」因悉家貲懷輯降附，得大酋浪息曩，表以王號。每虜使至，必召息曩於坐，衣大錦袍，金帶，夸異之，虜皆指目歆豔。

吐蕃君臣大懼，相與議。尚結贊者善計，乃曰：「唐名將特李晟與馬燧、渾瑊爾，不去之，必爲吾患。」即遣使委辭，因燧請和，且求盟，因盟謀執瑊以賣燧，於是結贊大興兵踰隴、岐，無所掠，陽怒曰：「召吾來，乃不牛酒犒軍。」徐引去，以是間晟。晟選兵三千，使王佖伏汧陽旁，擊其中軍，幾獲結贊。晟又遣野詩良輔等攻摧沙堡，拔之。結贊屢乞和，會晟朝京師，奏言：「戎狄無信，不可許。」宰相韓滉與晟合，因請調軍食以給西師。然天子內厭兵，疑將臣生事，亦會滉卒，而張延賞當國，故與晟有隙，後雖詔講解，而陰不與也，密言晟不可久持兵，更薦劉玄佐、李抱真經略西北，俾立功以間晟。帝惑其言。

貞元三年，帝坐宣政殿引見晟，備册禮，進拜太尉、中書令，罷其兵。詔晟乘輅謁太廟，視事尚書省，賜良馬、錦綵千計。是歲，瑊與吐蕃盟平涼，虜劫之，瑊挺身免，詔罷燧河東，皆如結贊計云。通王府長史丁琁者，嘗爲延賞擠抑，內怨望，乃見晟曰：「以公功，乃奪兵柄，夫惟位高者難全，盍蚤圖之？」晟曰：「君安得不祥之言？」執以聞。

明年，詔爲晟立五廟，追賁高祖芝以下祔其主，給牲器牀幄，禮官相事。它日，與馬燧見延英，帝嘉其勳，下詔曰：「昔我烈祖，乘乾坤盪滌，掃隋季荒茀，體元御極，作人父母，則有熊羆之士，不二心之臣，左右經綸，參翊締構，昭文德，恢武功，威不若，康不乂，用端命于上帝，付畀四方。王業既成，太階既平，乃圖厥容，列于凌煙閣，懋昭績効，表式儀形，以弗忘朝夕，永垂乎來裔。君臣之義，厚莫重焉。歲在己巳秋九月，我行西宮，瞻望崇構，見老臣遺像，顒然肅然，和敬在色。想雲龍之協期，感致業之艱難，覩往思今，取類非遠。且功與時並，才與世生，苟蘊其才，遇其時，尊主庇人，何代蔑有？在中宗時，有如桓彦範等，著輔戴之績；在玄宗時，有如劉幽求等，申弼翼之勳；在肅宗時，有如郭子儀，掃除氛祲。今顧晟等，保寧朕躬，咸宣力肆勤，光復宗祐，訂之前烈，夫豈多謝。闕而未録，孰旌厥賢？況念功紀德，文祖所爲也，在予其曷敢怠？有司宜敘先後，各圖其象於舊臣之次。」命皇太子書其文以賜晟，晟刻石于門。

七年，以臨洮未復，請附貫萬年，詔可。九年，薨，年六十七。帝聞流涕，詔百官就第進弔。比大斂，帝手詔，誓以存保世嗣，申告柩前。册贈太師，謚曰忠武。及葬，又御望春門臨送，遣謁者宣詔于柩車，百官拜哭于道。憲宗元和中，詔其家與屬籍，以晟配饗德宗廟廷。僖宗狩蜀，倉部員外郎袁皓采晟功烈，爲《興元聖功録》，徧賜諸將，表勵之。

晟性疾惡，臨下明。每治軍，必曰：「某有勞，某長于是。」雖廝養小善，必記姓名，尤惡下爲朋黨者。篤分義，隆於故舊。嵐州刺史譚元澄嘗有德於晟，後貶死，晟既貴，直其枉，詔贈元澄寧州刺史，晟撫其二子，爲成就之。在鳳翔，嘗曰：「魏徵以直言致太宗於堯舜上，忠臣也。我誠慕焉。」行軍司馬李叔度曰：「彼搢紳儒者事，公勳德何希是哉？」晟曰：「君失辭。晟幸得備將相，苟容身不言，豈可謂有犯無隱邪？是非唯上所擇爾。」叔度慚。故晟每進對，謇謇盡大臣節，未嘗露于外。治家以嚴，子姪非晨昏不輒見，所與言未嘗及公事。正歲，崔氏女歸寧，讓曰：「爾有家，而姑在堂，婦當治酒食，且以待賓客。」即卻之，不得進。達禮敦教類若此。

與馬燧皆在朝，每宴樂恩賜，使者相銜于道。兩家日出無鍾鼓聲，則金吾以聞，少選，使者至，必曰：「今日何不舉樂？」既薨，城鹽州，復故池，以新鹽賜宰相。帝思晟，乃致鹽靈座。其眷遇終始，無與比者。

有十五子，其聞者愿、憲、愬、聽云。

姚鉉《唐文粹》卷五七裴度《唐太尉中書令西平王李公神道碑銘并序銘》

惟天錫成命於我唐，保茲國祚，生此人傑，則西平王李公其是乎。不然，何覆暴如風振槁葉，戴君若鼇冠靈山，橫流之中，一匡而定。公諱晟，字良器，其先隴西人，後徙京兆。曾祖嵩，皇珉州刺史。祖思恭，皇洮州刺史，贈幽州大都督。考欽，皇左金吾衛大將軍隴右節度經略副使，贈太子太保。代有名跡，雄于西土。

公幼好學，學不爲已。及讀呂、張、孫、吳之書，慨然有經邦濟物之志。未弱冠，遊秦涼間，元侯宿將，見者咸器異之。乾元初，嘗客武都，值酋豪以缺守遘亂，殺掠平人，公與所從十數騎，馳而射之，殪其爲魁者，餘黨遂遁。寇所虜獲，積如丘山，公一無所，取椎牛釃酒，享士而去。邦人感服，具狀以聞，特拜左清道率，飾以金紫。將朝京師，自獻方略，屬裔夷紛擾，有士急賢，河隴將帥，相繼表用。歷二府右職，所至常以才謀爲其委重，累遷至光禄太常卿，階爵在第一品，涇原四鎮北庭節度都知兵馬使。懸識虜態，周知地形，應變不窮，有奪有待，驤驟庭而莫展，雲出岫而斯飛。代宗徵以左金吾衛將軍，爲神策兵馬使。屬羌蠻犯蜀，朝廷濟師，命公督禁旅，絶棧道而往救焉。公銜枚過險，出賊不意，連下堅壁，遂誅首惡，還授檢校太子賓客，且復舊職。建中二年，田悦以魏叛，德宗極意致討，悉起徂征以公爲神策先鋒都知兵馬使，加御史中丞，與河東河南等道諸軍合擊。公濟河而行，能以衆正。及破洹水陣，解臨洺圍，轢魏屬城，抵燕通邑，其摧鋒衄鋭，皆先羣帥而實力焉。遥拜左散騎常侍兼御史大夫，厥功未成，聞賊泚肆逆，皇居失守，西嚮慟哭，載馳載驅，行及代北，授檢校工部尚書，充神策行營節度。公提孤軍，募散卒，拊循訓勵，以達行在。值懷光中叛，大駕再遷，加檢校右僕射，餘如故。尋轉左僕射同平章事，兼京兆尹神策軍京畿鄜坊節度觀察使管内及商華等州副元帥。公固守渭城，決平秦壘，調食制用，先發我私。捐甘攻苦，皆目我始，每一言一誓，聲淚俱發，勇夫義士，感而使之，蔑不濟矣。時自雍而東，延于汝洛，震於河汴，所在征鎮，亂掠相從。公介巨盜之間，使聲援斷絶，立成師之法，致號令嚴肅，蒐捕十旬，指揮一舉。乘墉壑而通軌道，磔梟獍以清宫禁。俾九市三條，無輟肆之驚，無秋毫之犯。羽書速告，鑾輅爰歸，廓氛祲爲祥光，攄憂憤爲喜氣。《詩》曰：「允矣君子，展也大成」斯之謂歟。考古視今，論功稱忠者多矣。若至危而安，至難而易，卓犖跨邁，如公莫儔。拜司徒兼中書令。俄以兇孽未寧，邊防猶警，岐下任重，乃以本官兼鳳翔尹鳳翔隴右節度觀察使及四鎮北庭涇原等州副元帥，改封西平郡王，加食邑實封至一千五百户。公名懾戎王，政和藩部，始至而生植，少安而訓齊。逮四載，賦輿十倍其初，會課入輔，拜太尉，中樞如故。人或謂公勳望已高，寵渥已極，宜從容頤養，稍稍遜避。公曰：「不然。人臣外則盡心。若止偷榮，孰爲且哲」故每承帷幄之問，則言咈無隱，理奪不回，大指以東夏可平，西陲可復，或已行而事終不顯，或未用而身遽不遺。以貞元九年八月四日，薨于位，春秋六十七。德宗撫几，哭於別次。自都已達關畿，無士庶，無老幼，皆發哀相弔。則曩時安人戢兵之德，可謂浹於元元之骨髓矣。詹贈太師，賻賵加等。以其年十二月十六日，葬于高陵縣奉正原，鄭國夫人杜氏祔焉。自捐寢至安宅，皆上所辦護，中貴反覆，萬情所奉，如不及焉。嗚呼。以公之静難扶傾，不言所利，雖存殁極位，始終殊禮【略】大和元年秋七月，聽拜疏上言，以公之徽烈，則御製碑文於渭川矣。以公之風度，則詔命圖形於雲臺矣。唯大其丘隴，鬱彼松檟，望有祁山之象，拜無峴首之碑，將刊貞石，式表幽隧，乃命臣度，稱伐言詩。【略】帝曰：「孝哉，胡可不從？宣我祖之丕業，繄爾父之嘉庸。□乃詔作銘，以觀億齡。

雜録

備録

李肇《唐國史補》卷上　李令軍逼神鹿倉，賊張光晟内應，晟乃得入，先斬光晟。又與駱元光争功，寘毒以待，元光方食而覺，走歸營，不復更出。然晟功戢兵最大也。

德宗初復宫闕，所賜勳臣第宅妓樂，李令爲首，渾侍中次之。

李、馬二家，日出無音樂之聲，則執金聞奏，俄頃必有中使來問：「大臣今日何不舉樂？」

李令嘗爲制將，將軍至西川，與張延賞有隙。及延賞大拜，二勳臣仕朝，德宗令韓晉公和解之。每宴樂，則宰臣盡在，太常教坊音聲皆至，恩賜酒饌，相望于路。

李綽《尚書故實》　西平王始將禁軍在蜀戍蠻，與張魏公不叶。及西平功高居相位，德宗欲追魏公者數四，慮西平不悦而罷。後上令韓晉公善説，然後竝處中書。一日因内宴，禁中出瑞錦一疋，令繫兩人一處，以示和解之意。

趙璘《因話録》卷三《商部下》　崔吏部樞夫人，太尉西平王女也。西平生日，中堂大宴，方食，有小婢附崔氏婦耳語久之，崔氏婦頷之而去。有頃，復至，王問曰：「何事？」女對曰：「大家昨夜小不安適，使人往候。」王擲筯，怒曰：

「我不幸有此女，大奇事！汝爲人婦，豈有阿家體候不安，不檢校湯藥，而與父作生日？吾有此女，何用作生日爲？」遽遣走檐子歸，身亦續至崔氏家問疾，且拜謝教訓子女不至。姻族聞之，無不愧歎。故李夫人婦德克備，治家整肅，貴賤皆不許時世粧梳。勳臣之家，特數西平禮法。

康駢《劇談録》卷上《渾令公李西平爇朱泚雲梯》 朱泚之亂，德宗皇帝車駕出幸奉天。是時沿邊藩鎮皆已舉兵扈蹕，泚自率兇渠直至城下。有西明寺僧陷在賊中，性甚機巧，教泚造攻城雲梯，其高九十餘尺，上施板屋樓櫓，可以下瞰城中。渾中令、李司徒奏曰：「賊鋒既盛，雲梯又壯，若縱之，誠恐不能禦。及其尚遠，請以鋭兵挫之。」遂率王師五千，列陣而出。于時束藴居後，約戰酣而燎，風勢不便，火不能舉。二公酹酒抗詞，拜空而祝：「天道助順，至聖感神。泚賊包藏禍心，竊弄凶器，敢以狂孽，來犯乘輿。今擁衆脅君，將逼城壘，瑊等誓輸忠節，志殄妖氛。若社稷再興，威靈未泯，當使雲梯就爇，逆黨冰銷！」於是詞情慷慨，人百其勇。俄而風勢遽迴，鼓譟而進，火烈飆駭，煙埃漲天，梯爐卒奔，賊遂退衄。德宗皇帝御樓以觀，中外咸稱萬歲。及克復京國，二公勳績爲首，寵錫茅土，銘鏤鐘鼎，匡扶社稷，終始一致。其後李司徒有子四人，皆分部節制，忠烈榮耀，于今藹然。

佚名《大唐傳載》 李西平晟之爲將軍也，嘗謁桑道茂，云：「將軍異日爲京兆尹，慎少殺人。」西平曰：「武夫豈有京兆尹望乎？」後興元收復，西平兼京兆，時道茂在俘囚中，當斷之際，告西平曰：「公忘少殺人之言乎？」西平釋之。

李愿司空兄弟九人，四有土地：愿爲夏州、徐泗、鳳翔、宣武、河中五節度，憲爲江西觀察、嶺南節度，愬爲唐鄧、襄陽、徐泗、鳳翔、澤潞、魏博六節度，聽爲夏州、靈武、河東、鄭滑、魏博、邠寧、鳳翔七節度。一門登壇授鉞，無比焉。

《資治通鑑》卷二二八唐德宗建中四年五月條考異引《燕南記》 晟與張昇雲等圍鄭景濟於清苑，自二月至四月。〔朱〕滔自統馬步萬五千人救清苑，四月二日，發館陶砦，五月内到。晟出戰不利，城中又出攻晟，晟敗去。滔乘勝逐晟等，大破之。晟奔易州，染病，不復更出。

曾慥《類説》卷二引《鄴侯家傳》 初，李晟將建家廟。准令：二品以上祀四廟，有名封者祀五廟，五品以上祀三廟，三品以上不須兼爵。時泌以爲四廟非古，且禮有降殺，天子七廟，諸侯五廟，古制也。上許立五室，但祀四代，空始祖之室，待後五代孫祀既祧諸主，以晟爲始祖不祧之室可也。意令功臣有遠長之圖。馬燧曰：「郭尚父亦只立四廟。」泌曰：「李晟功與郭子儀異。至德收復，玄宗雖幸蜀，肅宗自靈武至鳳翔，時先皇爲元帥，親總戎行，外蕃及諸道之師共十餘萬，子儀自同州來會戰，只朔方節度耳。戰勝收復，回紇及四鎮之功多。晟之收復也，陛下再幸梁洋，旁有懷光，以朔方之強又反，諸道已抽兵回者，收復之日，渾瑊在咸陽，亦不來會。其時又無元帥，駱元光等皆有所統率也。此乃克全在於晟，子儀豈可比哉！」上曰：「誠如卿言。」於是許立五廟而空西室。

曾慥《類説》卷二七引《逸史》 李司徒嘗於左廣効職，久未遷超，聞桑道茂善相人，賫絹一匹，凌晨而往。時道茂傾信者甚衆，造謁多不即見之，聞李公在門，親自迎接，施設肴醴，情意甚專。既而問之，謂曰：「他日建立勳庸，貴盛無比。或事權在手，當以性命爲託。」李公莫測其由，但慙唯而已。請迴所貺縑，換李公所著汗衫子，仍請於襟上書名，云：「他日見此相憶。」及泚之叛，道茂陷在賊庭，既克復京師，從亂者悉皆就戮。李公受命斬決，道茂將就刑，請致分雪之詞，遂以汗衫爲請。李公奏以非罪，遂令原之。

備論

《舊唐書》卷一三三《李晟傳》 史臣曰：西平器偉材雄，人望而畏，出身事主，落落有將帥之風，見義能勇，聽受不疑，忠於事君，長於應變，誠一代之賢將也。觀恒山之役，立談釋二帥之憾；涇師之亂，號哭赴奉天之危，可不爲忠義乎！對白華之進軍，知平凉之必詐，沮星變之議，移渭橋之軍，可不爲應變乎！解帶結孝忠之心，請婚釋延賞之怨，嫉惡有楚琳之請，懲亂行希鑒之誅，可不爲明於決斷乎！而德宗皇帝聽斷不明，無人君之量，俾功臣困讒慝之口，奸人秉衡石之權，丁瓊之言，誠堪太息。雖齦齦刻渭橋之石，區區賜煙閣之銘，亦何心哉！作善遺慶，諸子俱才，元和平賊之功，聽、愬居其半。父子昆弟，皆以功名始終，道家所忌之談，李氏以善勝矣。

贊曰：桓桓太師，義勇天資。運鍾禍亂，力拯顛危。愬事章武，誅蔡平齊。凌煙畫圖，父子爲宜。

孫甫《唐史論斷》卷中《李晟論張延賞過惡》 論曰：初，德宗用延賞相，舊史言李晟與延賞不協，表論其過，故改授僕射。初疑以爲晟恃功挾怨，以沮延

賞；及詳其本末，乃晟忠於德宗，非恃功挾怨也。晟雖一代元勳，位崇官極，常慕魏鄭公之爲人，思致君如貞觀之治，事有當言，犯而無隱。至德宗相延賞，表論其過者，知延賞非宰相器也。但德宗注意延賞，必欲大用，乃諭晟與之釋憾。會劉元佐、韓滉入朝，以德宗意勸晟表薦延賞，晟不得已言之，此又見晟不敢恃功，固拒主意，爲强臣之態也。延賞既相，爲德宗寵待，言無不從。齊映居相位，雖無顯赫才業，言事薦賢，頗稱純直。延賞嘗與不足，逐之遠郡。怒晟不解，以讒言罷其兵權。又忌柳渾忠直，擠之罷相。本嫉晟社稷大功，欲用劉元佐、李抱真輩收復河隴，以高之遂建議，減官收俸料以助軍。既罷晟兵權，抱真輩不平，遂亂邊任。又減官詔下，衆言不便，延賞復請量留數員，以解謗讟。作相數月，鋭意報冤，舉事輕脱如此，固非宰相器。則晟之表論其過，豈非忠於德宗乎？但德宗好姦人，必使延賞作相，尚以早卒，未能大害天下，不然，時政亂矣。或曰：「李晟言延賞不可大用，於主誠忠矣。然將帥方成大功，領兵權，進退宰相可乎？」答曰：將帥賢如晟，名德爲下信服如晟者，見天子命相非其人，言之可矣；不及晟者，言之未免爲强横也。

孫甫《唐史論斷》卷中《疑忌李晟》　論曰：李晟自偏將至節度使，謀無不成，戰無不勝，威名忠義，爲衆信服。天子有將帥如此，固可久任也。況平大亂，爲一代元勳，仁明之德，忠直之節，無賢不肖知之矣，天子得不久任之乎？德宗既委晟西北之任，吐蕃畏之，收河隴、制諸戎必矣。遂因入寇，揚言以間晟，且曰「召我來，何不具牛酒」。晟尋遣將出擊，授以節制，大破之。以晟之元勳，復有是功效，稍有識者，可辨吐蕃之情矣。張延賞懷怨於晟，承間讒之，德宗遂惑，罷晟兵權，使奉朝請。蓋德宗之性，疑忌之甚也。若止惑延賞讒言，何故貞元三年罷晟兵權？是年延賞死，至九年晟死，其間七年，吐蕃數爲寇，竟不任晟兵權，但使奉朝請終身焉，豈非忌晟之甚也？晟之元勳令德，時無與比，尚疑不任，他帥窺之，肯盡力乎？他帥不盡力，不惟邊患不弭，據方鎮而復爲跋扈計者，往往有焉，知天子疏忌賢臣，少畏憚也。聽讒忌賢，其患如此。後代觀之，宜爲深戒。

《新唐書》卷一五四《李晟傳》　贊曰：晟之屯東渭橋也，朱泚盜京師，李懷光反咸陽，河北三叛相王，李納猘河南，李希烈訌鄭、汳。晟無積貲輪糧，提孤軍抗羣賊，身佩安危而氣不少衰者，徒以忠誼感人，故豪英樂爲之死耳。至師入長安而人不知，雖三王之佐，無進其能，可謂仁義將矣！嗚呼，功能存社祏，不能見信於庸主，卒奪其兵，哀哉！雖然，功蓋天下者惟退，禍可以免。四子世似其勞，是宜有後哉。

洪邁《容齋續筆》卷二《李晟傷國體》　將帥握重兵居閫外，當國家多事時，其奉上承命，尤當以恭順爲主。唐李晟在德宗朝，破朱泚，復長安，功名震耀，蓋社稷宗臣也。然嘗將神策軍戍蜀，及還，以營妓自隨，節度使張延賞追而返之，由是有隙。晟既立大功，上召延賞入相，晟表陳其過惡，上重違其意，乃止。後歲餘，上命韓滉諭旨於晟使釋怨，滉因使晟表薦，延賞遂爲相。然則輔相之拜罷，皆大將得制之，其傷國體甚矣。德宗猜忌刻薄，渠能釋然。晟之失兵柄，正緣此耳。國學武成王廟，本列晟於十哲，乾道中有旨，退於從祀，壽皇聖意豈非出此乎。

王世貞《讀書後》卷三《書李晟馬燧傳後》　李西平渭橋之役以一旅弱師介於二鴟梟之間，卒能勉强激勵以成補天浴日之烈，此非特其忠志强忍殊也，蓋亦有精思焉。夫西平之一決喻於郭汾陽多矣，然其量稍隘，意稍滿，故輕發於後，貴之延賞而卒爲其所制。延賞雖忮，非魚朝恩、元載比也，以爲西平之處延賞不若汾陽之處朝恩、元載也。馬北平材力亦陶士行、李臨淮流亞也，知有身不知有社稷，是故與西平霄壤焉。德宗之世，有西平、陸敬輿，故不亡。急而用之，緩而棄之，故不振。嗚呼哉！

王夫之《讀通鑑論》卷二四《唐德宗》　天子禁衛之兵，得其人而任之，以處多虞之世，四末雖敗，可以不亡。唐自肅、代以來，倚神策一軍以彊其幹。及德宗亟討河、汴，李晟將之而北，白志貞募市井之人以冒名而無實，於是姚令言一呼，天子單騎而走，中先痿也。及李懷光平，李晟移鎮鳳翔，神策一軍仍歸禁衛。於斯時也，任之得人與不得，安危存亡之大機會也。德宗四顧無所倚任，而任之中官，終唐之世，宦寺挾之以逞其逆節，而迄於亡。當德宗初任中官之日，鄴侯、敬輿無一言及之，何其置大計於緘默也？所以然者，自李晟而外，亦無可託之人也。

細行不矜，終累大德，三代以下，名臣正士、志不行而道窮者，皆在此也；君以之而不信，民以之而不服，小人以之反持以相抗，而上下交受其訕。歐陽永叔以困於閨帷之議，而陶穀之挫於南唐，尤無足怪也。

張延賞姦佞小人，爚亂天下，吐蕃劫盟之役，幾危社稷，廷臣莫能斥其姦，而李晟抗表以論劾之，正也。晟之告李叔度曰：「晟任兼將相，知朝廷得失而不言，何以爲臣？」推此心也，其力攻延賞之志，皎然可正告於君父；而在廷將繼

之以助正抑姦者，不患其孤鳴矣。乃德宗疑其抱夙忿以沮成功，終任延賞，聽之以受欺於吐蕃，晟雖痛哭陳言，莫能救也。平涼既敗，渾瑊幾死，延賞之罪已不可揜，然且保禄位以終，而譴訶不及。無他，成都營妓之事，延賞早有以持晟之長短，而上下皆惑也。晟之論延賞也，且忘其有營妓之事；即不忘，而豈得以纖芥之嫌，置相臣之賢姦與邊疆之安危於不較哉？而君與廷臣既挾此爲成心，以至史官推原釁郄，亦謂自營妓而開，晟之心終不白於天下，唯其始不謹而微不慎也。飲食醉飽，琴書弈博之微，皆有終身臧否、天下應違之辨存焉。故昔人以在官抄書亦爲罪過，而不可不慎。觀於李晟，可以鑒矣。

郭汾陽之收西京，李西平之擒朱泚也，奮臂以前，氣可吞賊，而遲回鄭重，合兵四集，旁收其枝蔓，乃進而拔其根本，夫豈怯懦而忘君父之急、虚士民之望乎？賊之初終彊弱，洞然於心目之閒，如果之在枝，待其熟而撲之，易落而有餘甘，斯以定紛亂而措宗社於磐石，所謂用兵之略也。

朱軾《史傳三編》卷二五《李晟》　晟平日戰功固已偉矣，奉天播越，慷慨勤王，以孤軍扼羣賊之吭，無異委肉當餓虎之餵，卒能克復京師，功存社稷，則其忠義之氣有以感激乎？人心非尋常戰勝者比也，兵克城而市不改肆，則仁人君子之師，庶幾春秋所謂王事矣。小心謹慎，善保功名，諸子克家世所罕見。若愬平蔡一役，轟烈震聾，克肖乃父與漢之周勃、亞夫，宋之曹彬、曹瑋父子濟美，爲時宗臣，近世以來不多見也。

藝文

陸贄《陸宣公翰苑集》卷七《李晟司徒兼中書令制》　雲雷構屯，寓縣興難，非山岳降神，不生良弼；非股肱叶契，不集大勳。故高宗得傅説，中興殷邦；宣王任吉甫，重光周道。天寶之季，寇陷二京，時則先臣子儀，翼戴肅宗，戡定禍亂，再造區夏，於今賴之！肆予小子，獲纘丕構，不克負荷，失守宗祧。天祚我唐，降生忠烈，有社稷之臣，曰開府儀同三司、檢校尚書左僕射、中書門下平章事，充神策軍節度、鄜坊等州管内觀察處置等使、京畿渭南渭北商華等州兵馬副元帥、上柱國合川郡王李晟，沉肅有勇，堅明能斷；聞難感憤，誓軍徂征；誠激於衷，義形於色。自河之右，萬里濟師；殷然雷奔，大盜懾駭。屬皇家不造，戎師誘姦，重茲播遷，郊甸震蕩；而晟蓄鋭養士，深壘固軍，以謀吞元兇，以義糾羣師；躬擐甲冑，率先啓行。布忠信爲軍聲，持義烈爲戰器；廓清氛沴，甯復皇都。宗廟載安，宇宙斯泰，佐予興運，時乃茂功。德厚者任崇，業盛者報重；升以元輔，建於上公；熙庶績而翼宣九歌，擾兆人而敬敷五教；用疇井賦，貽厥子孫，與國咸休，永播丕烈。可司徒、兼中書令，仍賜實封一千户，餘並如故。俟還京後，所司擇日備禮册拜，宣示中外，以彰元勳！

陸贄《陸宣公翰苑集》卷八《李晟鳳翔隴西節度使兼涇原副元帥制》　周之元老，以分陝爲重，漢之丞相，以憂邊見稱。故方岳克甯，疆埸不聳，安人保大，致理之端。今所以重煩上台，作鎮西土。奉天定難功臣、司徒、兼中書令、充神策軍節度、鄜坊丹延等州觀察處置等使，仍充京畿渭北鄜州華州兵馬副元帥、上柱國、合川郡王李晟，勵精剛之操，體博之大德；適時通變，而大節不奪；虚受廣納，而獨斷自明；奉法以身，推功以下；衆無犯命，人用樂從；懷德畏威，令行禁止；誓羣帥於危疑之際，駐孤軍於版蕩之中；氣凌風雲，誠動天地；一鼓而凶徒懾北，再駕而都邑廓清；師皆如歸，人不知戰；再安社稷，功格皇天。而明識秉彝，清風激俗；雅尚恬曠，撝謙有光。朕以汧隴近郊，扶風右地；川阜連亘，抵於回中；限界諸夷，蕃屏王室；所屬誠重，付之元臣。兼二將之甲兵，崇十連之元帥；宣威耀武，罷警息兵；俾予仰成，時乃丕烈。可兼鳳翔尹、充鳳翔隴右節度營田觀察處置等使，仍充鳳翔隴右涇原節度管内諸軍及四鎮北庭行營兵馬副元帥，改封西平郡王，功臣本官、兼官如故。

權德輿《權載之文集》卷八《故太尉兼中書令贈太師西平王挽歌詞》　翊戴推元老，謀猷合大君。河山封故地，金石表新墳。劍履悲長夜，笳簫咽暮雲。還經誓師處，薤露不堪聞。

《白居易集》卷五〇《重授李晟通事舍人制》　勅：李晟，昔管仲云：「升降揖讓，進退閑習，臣不如隰朋。」今之通事舍人，近此選也。而晟常中此選，善於其職。故相導通奏之節，宣揚拜起之儀，引而贊之，不聞失禮。既終喪紀，宜服官常。可使束帶曳裾，爲吾謁者。可通事舍人。

《皮日休文集》卷一〇《七愛詩・李太尉晟》　吾愛李太尉，崛起定中原。驍雄十萬兵，四面圍國門。一戰取王畿，一叱散妖氛。乘輿既反正，兇豎爭亡魂。巍巍柱天功，蕩蕩蓋世勳。仁於曹孟德，勇過霍將軍。丹券入帑藏，青史傳子孫。所謂大丈夫，動合驚乾坤。所謂聖天子，難得忠貞臣。下以契魚水，上以合

風雲。百世必一亂，千年方一人。吾雖翰墨子，氣槩敢不羣。願以太平頌，題向甘泉春。

《文苑英華》卷八七一唐德宗《西平王李晟東渭橋紀功碑》　天有柱以正其傾，地有維以紐其絶，皇王有輔佐以濟其艱難。非命歷所歸，不得生良弼；非君臣相合，不能集大勳；非暴亂弘多，不足表忠節；非奸猾熾焰，不克展雄才。天與事肆會，然後臣功著而王業興焉。高祖太宗拓跡垂統，掃乾坤之沴氣，拯生靈之塗炭，其受命也，正其布澤也寬。六宗丕承，克廣前烈，雖遇屯否，化危成安。二百年間，五夷大難，由内以正宸極者再，自外而復都邑者三。山岳降神，雲龍叶契，繼生賢哲，保定邦家。神龍中，諸武擅權，甚間王室，則有若扶陽王彦範等推戴中宗，紹復洪業。景龍末，孽韋窺國，瀆紊乾綱，則有若徐國公幽求等左右玄宗，掃除兇穢。天寶之季，盜起幽陵，翠華南征，潼關不守。廣德之際，戎軼邠郊，皇輿東巡，酆宫罷警，則有若尚父子儀等殄殪醜逆，册肅宗于岐，攘却蕃夷，翊代宗于陝。建中四祀，寇發上京，暴蔑人神，僭稱名器，則有若西平王晟等剪滅大憝，廓清中區。惟兹數公，異時同德，道濟于社稷，勳書於鼎彝，唐之得人，於斯爲盛。

東渭橋抵王城東北四十里，而國之廩積在焉。始晟於此駐孤軍，糾羣帥，俟時而動。一舉成功，予是用揚其美而紀其功，以明事之有因，謀之有素也。粤若菲德，嗣膺大寳，化乖柔遠，明不燭幽。淮右賊臣，提兵犯順，憑陵汝服，震壓洛師。朕憫將吏之受汙，哀烝黎之無訴，罔思衛已，姑務靖人。亟發禁師，東征不軌，猶慮勝敵之未勇，乃徵涇師以繼之。賊泚畜姦，覷隙乘便，餌誘貪卒，扇結暴徒，伺其不虞，謀聚犯闕。朕引咎出次，薄犯二畿，封豕長虵，穴處宫廟，磨牙噴毒，噬螫害人。晟時總偏師，遠戍河朔，曾不俟召，聞難駿奔。鼓義勇仗順之師，吞敗亡稔惡之寇，雄威勝勢，疾若飈馳。屬賊帥昏迷，恃衆貪亂，誘我蟊賊，連謀内逼。朝廷載遷，關河長擾，豺狼塞路，羿澆争驅。人煙絶於井邑，陰燐交於田野，物情大駭，盪然靡依。晟乃設會軍門，哭而誓衆，國讐不滅，無以身爲。遂發感激，嗚咽流涕，天地爲之變色，將帥爲之動心，軍中較然，知有逆順。晟乃度公積，計私課，程賞典，定刑章，行令自身，録功先下，由是勇者奮力，智者効謀，其氣增倍，其心如一。屹立堅壁于渭之陽，姦逆畏威而震慴，忠義奮氣而聳慕。分二兇之勢，不敢相附，爲諸鎮之援，俾得自堅，晟之力也。二月守暨乎夏五月，晟知衆心可用，乃揀日饗士。乙未，陳師于東郊，如虎如豹，如熊如羆，兇徒接戰，累合皆北。倒戈棄甲，罔敵我師，乘而殪之，摩壘而止。戊戌方旭，連營進攻，賊衆相驚，股戰魄駭。登陴而不敢拒，闔門而不敢窺。晟仗鉞啓行，執桴親鼓，斂隍塹，排牆垣，勝氣兆於風雲，威聲振於原野，指顧摧靡，盪無孑遺。

布朝旨以寬脅從，勵臣節以誅同惡，乾軸傾而復紐，皇維弛而更張，遷梟聲爲好音，變祆祲爲和氣。然後閑戎律，鳌軍容，不諠不譁，有嚴有翼。捜苑囿，殄遺寇，清宫門，授彼有司，宣言于衆曰：「龔行天討，將以遏亂略，去人害。王師所至，歌舞從之。其或矜勇恃勲，作威肆掠，是則以暴易暴，夫何賴焉。赫功有恒賞，違禁有常罰，惟國之令典，不得以贖論，敢犯令者，殺之無捨。」爰擇便地，引軍出屯，馬無錯羣，士必成列，尅敵彌日，都人莫知。徐命有地之官，同諭鄽里，士庶聞巨猾之殲殄，而我師壺觴犒軍，如恐不及者，若赤子之保慈母，涸鱗之赴洪波，或欣而呼，或感而泣。吾是以知烈祖積德，人懷其深。賢臣佐時，功濟斯美。晟有興運之略，有匪躬之誠，有定亂之勲，有禁暴之德，俾予從乂，垂拱仰成，乃册拜司徒兼中書令，加實封一千户，録功第一，序位居首。事業編乎史册，德輝流乎頌聲。入爲夔龍，出作方召，贊賀徽烈，中外具瞻。而晟居高恢卑，辭滿守約。崇讓而勲閥彌耀，惡盈而福禄攸歸，斯又明哲之規，慎終如始者也。

夫制敵在謀不在衆，感人以義不以威。當天地屯蒙，邦家離析，援孤者踣，黨勝者强，羣心囂囂，靡所止戾，若風動中野，波騰滄溟，從而拯之，豈易爲力。于時馬不滿百駟，兵不盈萬人，無郡邑土田之資，無城池險阻之固，獨立不懼，氣吞羣兇。以盡忠誓心，以必死勵己，以大順率衆，以至誠動天，衆心攸同，天意允荅，故措軍散地而不可拔，致討勍寇而力有餘。國危能安，軍勝能整，古所謂衛社稷者，晟其當之。播揚休風，篆刻貞石。俾厥後嗣，無忘乃功。銘曰：

赫矣我唐，受天眷命。祖功祖德，浸澤儲慶。窮海請吏，遐荒稟令。寧一九服，惠康萬姓。三五以還，莫之與盛。迨予不類，辱守丕圖，燭理匪時，立誠未孚。蠢爾孽臣，扇兹潰徒，震驚朕師，黷穢皇都。宇宙沸騰，人神睢盱，重以統戎，誘姦同貫。播還斯載，歲聿云半，天既悔禍，人胥厭亂。乃錫元臣，夷兇剪叛。昏祲茫茫，横流湯湯。挺然孤軍，在渭之陽。我城非完，恃順爲防。我旅非衆，同心爲强。由義率人，人皆嚮方。萬事如一，争先啓行。拗憤求逞，畜威斯張。力足勢全，時惟鷹揚。以戰則克，以謀則臧。指麾之間，羣醜潛亡。鯨鯢既平，宫室既清，軍伍無聲，都人不驚。成功禁暴，自昔稀有，寔天生德，彰于厥後。洋洋令名，兹爲不朽。

《册府元龜》卷一三三《帝王部》　夫定社稷，濟生人，存不朽之名，垂可久之業者，必報以殊賞之寵，待以親比之恩。遺國無窮，時惟茂典。故奉天定難功臣、太尉兼中書令、上柱國、西平郡王、食實封一千五百户、贈太師李晟，間代英賢，自天忠勇。邁濟時之宏算，抱經武之長材，貫以丹誠，協于一德。嘗遭屯難之際，實著戡定之功，鯨鯢既殲，宫廟斯復。眷兹勳伐，則既褒榮，永元天步之夷，載懷邦傑之力。是加崇於往烈，爰協比於後昆，睦以宗親，將予厚意。其家宜令編附屬籍。

朕聞昔之佐時制物者，咸有大功，是惟五官，以配五帝。自時厥後，有國家者，莫不以輔弼之奇，社稷之勳，名登大蒸，陪享清廟。苟非茂德，孰允盛儀。贈太尉晃，望重巖廊，時爲貞幹，靈武艱阻，首贊經綸。宣力服肱，平心鼎飪，任戡定之成業，推翼戴之嘉猷。贈太師晟，識精韜鈐，神假雄武，建中寇孽，躬踐憂虞。垂餌虎狼，致威鐏俎，刷宫廟之塵穢，廻日月之光輝。贈太尉秀實，氣全剛柔，節固金石，兇渠僭逆，潛蹶根萌。矯命還師，衷刃決死，紓阽危於怵迫，挫狂狡之姦謀。竝材爲時生，用當國否，感雲龍而應變，炳辰象以降靈。光復寰區，振揚風槩，勳庸藏於盟府，寵飾備於前朝。光陰不追，盛烈如在。朕頃因郊祀，爰舉典嘗，俾差茂勳，以配殷祭。惟咸有一德，允屬乎三臣，庶昭示於將來，式崇恩於既往。晃宜配饗肅宗廟庭，晟、秀實宜配饗德宗廟庭。

宋敏求《唐大詔令集》卷六佚名《册李晟司徒文》　維年月日云云，皇帝若曰：粵惟上天，眷佑我唐，賚予元輔，戡夷逆亂，宣振忠貞，光昭永圖，奮揚丕烈，今敬崇典禮，章信於朝。咨爾開府儀同三司、檢校尚書左僕射、同中書門下平章事、合川郡王李晟，希代特生，乘時間出，高明稟忠厚之禎，故得擁是麾幢，徇於封略，旋師中冀，討孽上京。一鼓而兇魁電竄，皇居乃正，清廟重安，大效展於邦家，大惠敷於黎獻，武昭七德，文洽九歌，俾予一人，潛復丕業。抑聞功茂茂賞，義在疇庸。德茂茂官，理在翊善。爾既憂勤戮力，端明一心，申之以武功，重之以文德，是用稽之舊制，册命爾爲司徒。爾宜亮采台庭，融光相府，叙彝倫於九牧，凝庶績於百工。祗率典章，阜成邦教，膺兹景命，可不慎歟。

宋敏求《唐大詔令集》卷六一佚名《册李晟太尉文》　維貞元三年，歲次丁卯，四月乙卯朔二十四日戊寅，皇帝若曰：在天成象，三辰耀其景。在地成形，五岳峻其位。古先哲后，罔不憲章，故則天之明，因地之利，建官置輔，論道經邦。配六符於太階，運七政於皇極，無其材則禮闕，有其德則榮升。爰自唐虞，率由斯道。故久虛上台之坐，以俟其人，載懷勳賢，聿歸元老，咨爾奉天定難功臣、司徒、兼中書令、上柱國、西平郡王、食實封一千五百户李晟，天授明德，爲時棟梁，膺期挺生，佐理戡難，作我英宰，保大定功。混忠義以居心，等夷險以爲體，魏郊伐叛，申肅殺之威。漢苑摧兇，樹廓清之效。宫城遂復，廟社攸安，三輔釋塗炭之憂，萬方允朝宗之願。及夫藩鎮岐下，黎獻昭蘇，踔威稜於接境，阜農耕於夷壤。欽若朝政，櫜戢干戈，弼予一人，永清四裔。聿懷丕茂之績，式崇光大之請，是用命爾爲太尉，惟其敬之哉。且德盛故禮殊，功高故賞異，極九命，貫三台。持華歆養德之規，保荀顗清純之道，具瞻斯在，可不慎之。

《全唐詩》卷二七〇戎昱《上李常侍》　旌旗曉過大江西，七校前驅萬隊齊。千里政聲人共喜，三軍令肅馬前嘶。恩霑境内風初變，春入城陰柳漸低。桃李不須令更種，早知門下舊成蹊。

馬燧部

綜述

《舊唐書》卷一三四《馬燧傳》　馬燧字洵美，汝州郟城人，其先自右扶風徙焉。祖珉，官至左玉鈐衛倉曹。父季龍，嘗舉明《孫》《吴》，倜儻善兵法，官至嵐州刺史、幽州經略軍使。燧少時，嘗與諸兄讀書，乃輟卷歎曰：「天下將有事矣，丈夫當建功於代，以濟四海，安能矻矻爲一儒哉！」燧姿度魁異，長六尺二寸，沉勇多智略，該涉羣書，尤善兵法。

安禄山反，俾光禄卿賈循守范陽。燧説循曰：「禄山負恩首亂，雖陷洛城，必當夷滅。公盍建不代之功，誅其逆將向潤客、牛廷玠，拔其根柢，禄山西不能入關，則坐而受擒，天下可定也。」循雖善之，計不時決，事洩，禄山果遣韓朝陽來召循。朝陽至范陽，與循語，陰伏壯士以弓弦縊殺之。燧脱身走西山，隱者徐遇匿之。踰月，間行歸平原。平原不守，復走魏郡。

寶應中，澤潞節度使李抱玉署奏趙城尉。是時回紇大軍還國，恃復東都之功，倔强恣睢，所過或虜掠廪粟，供餼小不如意，恣行殺害。抱玉具供辦，賓介皆憚不敢行，燧自贊請主郵驛。比回紇至，則先賂其渠帥，與明要約，回紇乃授燧旗幟爲識，犯令者命燧戮之。燧取死囚給左右厮役，小違令，輒殺之。回紇相顧失色，虜涉其境，無敢暴掠。抱玉益奇之。燧因説抱玉曰：「屬者與回紇言，燧得其情。今僕固懷恩恃功樹黨，李懷仙、張忠志、薛嵩、田承嗣分授疆土，皆出於懷恩，其子瑒佻勇不義。以燧度之，將必窺太原西山以爲亂，公宜深備之。」無何，懷恩果與太原都將李竭誠通謀，將取太原，其帥辛雲京覺之，斬竭誠，固城自守，懷恩遣其子瑒率兵圍之。初，回紇北歸，遣其將安恪、石常庭將兵數百及誘募附麗者復數千人以守河陽，東都所虜掠重貨，悉積河陽。是時，懷恩遣薛嵩自相、衛餽糧以絶河津。抱玉令燧詣薛嵩説之，嵩乃絶懷恩從順。署奏左武衛兵曹。

歷太子通事舍人，遷著作郎、營田判官。無幾，遷秘書少監，兼殿中侍御史，爲節度判官，承務郎，遷鄭州刺史。燧乃勸課農畝，總其户籍，歲一税之，州人以爲便。大曆四年，改懷州刺史。乘亂兵之後，其夏大旱，人失耕稼；燧乃務修教化，將吏有父母者，燧輒造之施敬，收葬暴骨，去其煩苛。至秋，界中生穭穀，人頗賴之。

抱玉移鎮鳳翔，以汧陽被邊，署奏隴州刺史、兼御史中丞。州西有通道，廣二百餘步，上連峻山，山與吐蕃相直，虜每入寇，皆出於此。燧乃按行險易，立石種樹以塞之，下置二門，設籬櫓，八日而功畢。會抱玉入覲，與燧俱行。久之，代宗知其能，召見，拜商州刺史、兼御史中丞、防禦水陸運使。

大曆十年，河陽三城兵亂，逐鎮將常休明，以燧檢校左散騎常侍、御史大夫、河陽三城使。十一年五月，汴州大將李靈耀反，因據州城，絶運路，以邀節制。代宗務姑息人，因授靈耀汴、宋等八州節度留後。靈耀不受命，乃潛結魏博；田承嗣乃遣兄子悦將兵援靈耀，破永平軍將劉洽。詔燧與淮西節度使李忠臣合軍討靈耀。忠臣懼賊，焚廬舍西走。燧勸其還兵，請爲前鋒，擊破田悦，進逼汴州。忠臣行汴南，燧引軍行汴北，又敗靈耀將張清於西梁固。靈耀選鋭兵八千，號爲「餓狼軍」；燧獨引軍擊破之，進至浚儀。是時，河陽兵冠諸軍。承嗣又遣悦將兵二萬救靈耀，破永平軍將杜如江，略曹州，又敗李正已迻軍，擊走劉洽、長孫全緒等軍，乘勝去汴州一舍，方陣而進。忠臣會宋州、淮南、浙西兵，與戰不利，請救於燧，燧引四千人爲奇兵擊破之，田悦匹馬遁去。靈耀知悦敗，明日以百騎夜走，汴州悉降，燧讓功於忠臣。忠臣素暴戾，燧不欲入汴城，乃引軍退舍於板橋。忠臣入城，果專其功，因會擊殺宋州刺史李僧惠。燧還河陽。

大曆十四年六月，檢校工部尚書、太原尹、北都留守、河東節度留後，尋爲節度使。太原承前政鮑防百井敗軍之後，兵甲寡弱，燧乃悉召將吏牧馬厮役，得數千人，悉補騎卒，教之數月，爲精騎。造甲者必令長短三等，稱其所衣，以便進趨。又造戰車，蒙以狻猊象，列戟於後，行則載兵甲，止則爲營陣，或塞險以遏奔衝，器械無不犀利。居一年，陳兵三萬，開廣場以習戰陣，教其進退坐作之勢。

建中二年六月，朝於京師，加檢校兵部尚書，令還太原。初，田悦新代承嗣統兵，恐人不附己，詐效誠款，燧上疏明其必反，宜先備之。其年，悦果與淄青、恒冀通謀，自將兵三萬圍邢州，次臨洺，築重城，絶其内外，以拒救兵。邢州將李

洪、臨洺將張伾，皆堅守不拔。昭義軍告急，乃詔燧將步騎二萬與昭義節度使李抱真、神策行營兵馬使李晟合軍救臨洺。燧軍出鄴口，兵未過險，乃遣持書喻悅，且示之好，悅謂燧畏之。十一月，師次邯鄲，悅遣使至，燧皆斬之以徇；遣兵擊破其支軍，射殺其將成炫之。悅自攻臨洺，遣大將楊朝光將兵萬人，於臨洺南雙岡東西列二栅以禦燧。燧乃率李抱真、李晟進軍，營於二栅之中。其夜，東栅走歸悅。明日，燧進軍營明山，取其棄栅以置輜重。悅謂將吏曰：「朝光堅栅不下萬人，假令燧等盡鋭攻之，比數日，計不能下，殺傷必甚。吾此必拔臨洺，賞勞軍士而與之戰，必勝之術也。」悅乃分恒州李惟岳救兵五千以助朝光，燧率軍攻朝光，田悅將萬餘人救之。燧乃令大將李自良、李奉國將騎兵合神策軍於雙岡禦之，令曰：「令悅得過，當斬爾！」自良等擊却悅。燧乃令推火車以焚其栅，斬朝光及大將盧子昌，斬首五千餘級，生虜八百餘人。居五日，進軍至臨洺，田悅悉軍復戰。燧自將鋭兵扼其衝口，凡百餘合，士皆決死，悅兵大敗，斬首萬餘級，生虜九百人，得穀三十萬斛，器甲稱是。悅收敗兵夜遁，邢州圍亦解。以功加右僕射。先戰，燧誓軍中，戰勝請以家財行賞，既勝，盡出其私財以頒將士。德宗嘉之，詔度支出錢五萬貫行賞，還燧家財。尋加魏博招討使。

三年正月，田悅求救於淄青、恒冀，李納遣大將衛俊將兵萬人救悅，李惟岳亦遣兵三千赴援。悅收合散卒二萬餘人，壁于洹水，淄青軍其東，恒冀軍其西，首尾相應。燧率諸軍進屯於鄴，奏請益河陽兵，詔河陽節度使李芃將兵會之。軍次于漳，悅遣將王光進以兵守長橋，築月城以爲固，軍不得渡。燧乃於下流以車數百乘，維以鐵鎖，鎖絶中流，實以土囊以遏水，水稍淺，諸軍畢渡。是時軍糧少，悅深壁不戰，欲老燧軍。燧令諸軍持十日糧，進次倉口，與悅夾洹水而軍。抱真與李芃問曰：「糧少而深入，何也？」燧曰：「糧少利速戰，兵法善於致人，不致於人。今田悅與淄青、恒三軍爲首尾，計欲不戰，以老我師；若分軍擊其左右，兵少未可必破，悅且來救，是前後受敵也。兵法所謂攻其必救，彼固當戰也，燧爲諸軍合而破之。」燧乃造三橋道踰洹水，日挑戰，悅不敢出。恒州兵以軍少，懼爲燧所并，引軍合於悅。悅謂燧明日復挑戰，乃伏兵萬人，欲邀燧。燧乃令諸軍半夜皆食，先雞鳴時擊鼓吹角，潛師傍洹水徑趨魏州，令曰：「聞賊至，則止爲陣。」又令百騎吹鼓角，皆留於後，仍抱薪持火，待軍畢發，止鼓角匿其旁，伺悅軍畢渡，焚其橋。軍行十數里，悅乃率淄青、恒州步騎四萬餘人踰橋掩其後，乘風縱火，鼓噪而進。燧乃坐，申令無動，命前除草斬榛棘廣百步以爲陣；燧出陣，募勇力得五千餘人，分爲前列，以俟賊至。比悅軍至，則火止氣乏，力少衰，乃縱兵擊之，悅軍大敗。時神策、昭義、河陽軍小却，河東軍既勝，諸軍還鬬，合擊又大破之。追洹水，悅軍走橋，橋已焚矣。悅軍亂，赴水，斬首二萬餘級，殺大將孫晉卿、安墨啜，生獲三千餘人，溺死者不可勝紀。淄青軍殆盡，死者相枕藉三十餘里。

悅收敗卒千餘人走魏州，至門，州將李長春閉門不納。久之，追兵不至，比明，乃納悅。悅既入，殺長春，嬰城自守。數日，李再春以博州降，悅兄昂以洺州降，王光進以長橋降。悅遣符璘、李瑶將五百騎送淄青兵還鎮，璘、瑶因來降燧。魏州先引御河入城南流，燧令塞其領口，河流絶，城中益恐。悅乃遣許士則、侯臧徒步間行説朱滔、王武俊，借兵求救。時王武俊已殺李惟岳，傳首京師，授武俊恒冀觀察都防禦使；時武俊同列張孝忠已爲易定節度使，武俊獨爲防禦使，又割趙、深二州爲一鎮，以康日知爲觀察使，甚爲怨望，且素輕孝忠，恥名在下。時朱滔討李惟岳，拔深州，求隸幽州不得，亦怨望。由是滔、武俊同謀救悅。悅恃燕、趙之援，又出兵二萬背城而陣，燧復與諸軍擊破之。五月，加燧同中書門下平章事。

六月，朱滔、王武俊聯兵五萬來救悅，至於城下。諸帥議退兵，燧固不可，德宗遣朔方節度使李懷光將朔方軍步騎萬五千人赴燧。是月晦，懷光亦至。懷光勇而無謀，軍至之日，未休息，堅請與滔等戰，王師不利。悅等決水灌燧等軍，燧兵屈糧少，七月，燧與諸軍退次魏縣。是月，詔加燧魏州大都督府長史，兼魏博貝四州節度、觀察、招討等使。田悅、朱滔、王武俊軍亦至魏縣，與官軍隔河對壘。十一月，三盜於魏縣軍中遞相推獎王號：朱滔稱冀王，田悅稱魏王，王武俊稱趙王；又遣使於李納，納稱齊王。四道共推淮西李希烈爲天下兵馬元帥、太尉、建興王，皆僞署官號，如國初行臺之制，而名目頗有妖僻者，然未敢僞稱年號。而五盜合從圖傾社稷，兩河鼎沸，寇盜橫行；燧等雖志在勤王，竟莫能驅攘患難。

四年十月，涇師犯闕，帝幸奉天，燧引軍還太原。議者云：「燧若乘田悅洹水之敗，併力攻之，時城中敗卒無三二千人，皆夷傷未起，日夕俟降；燧與抱真不和，遷延於擊賊，乃致三盜連結，至今爲梗，職燧之由。」燧至太原，遣行軍司馬王權將兵五千赴奉天，又遣男彙及大將之子與俱來，壁於中渭橋。及帝幸梁州，權、彙領兵還鎮。燧以晉陽王業所起，度都城東面平易受敵，時天下騷動，北邊

數有警急，乃引晉水架汾而注城之東，瀦以爲池，寇至計省守陴者萬人；又決汾水環城，多爲池沼，樹柳以固堤。尋兼保寧軍節度使。

興元元年正月，加檢校司徒，封北平郡王。七月，德宗還京，加燧奉誠軍及晉絳慈隰節度并管内諸軍行營副元帥，令與侍中渾瑊、鎮國軍節度使駱元光同討河中。初，李懷光據河中，燧遣使招諭之，懷光妹壻要廷珍守晉州，衙將毛朝敭守隰州，鄭抗守慈州，皆相次降燧。初，王武俊自魏縣還鎮，雖去僞號，而攻圍趙州不解，康日知窘蹙，欲棄趙州，燧奏曰：「可詔武俊與抱真同擊朱滔，以深、趙隸武俊，請改日知爲晉慈隰節度使。」日知未至而三州降燧，故又加燧晉慈隰節度使。燧乃表讓三州於日知，且言因降而授之，恐後有功者踵以爲常。上嘉而許之。燧乃遣使迎日知，既至，籍府庫而歸之，日知喜且過望。

九月十五日，燧帥步騎三萬次於絳，分兵收夏縣，略稷山，攻龍門，降其將馮萬興、任象玉。燧以兵攻絳州，十月，拔其外城，其夜僞刺史王克同與大將達奚小進棄城走，降其衆四千人。又遣大將李自良、谷秀分兵略定聞喜、夏縣、萬泉、虞鄉、永樂、猗氏六縣，降其將辛兟及兵五千人。谷秀以犯令虜士女，斬之以徇。

貞元元年，軍次寶鼎，敗賊騎兵於陶城，前鋒將李黯追擊之，射殺賊將徐伯文，斬首萬餘級，獲馬五百匹。是歲，天下蝗旱，物價騰踊，軍乏糧餉，而京師言事多請捨懷光，上意未決。燧以懷光逆節尤甚，河中密邇京邑，反覆不可保信，捨之無以示天下，慮上爲左右所惑，且兵事尚密。六月，燧乃捨軍以數百騎朝于京師。比召見，燧曰：「臣雖不武，得芻糧支一月，足以平河中。」上許之。

七月，燧因朝京師，乃與渾瑊、駱元光、韓遊瓌合軍，次于長春宫。懷光將徐廷光以兵六千守宫城，禦備甚嚴。燧度長春不下，則懷光自固，攻之曠日持久，所傷必甚，乃挺身至城下呼廷光。廷光素憚燧威名，則拜於城上。燧度廷光心已屈，乃徐謂之曰：「我來自朝廷，可西面受命。」廷光復拜。燧乃喻之曰：「公等皆朔方將士，禄山以來，首建大勳，四十餘年，功伐最高，奈何棄祖父之勳力，背君上，爲族滅之計耶！從吾，非止免禍，富貴可圖也。」賊徒皆不對。燧又曰：「爾以吾言不誠，今相去不遠數步，爾當射我！」乃披襟示之。廷光感泣俯伏，軍士亦泣下。先一日，賊焦籬堡守將尉珪以兵二千因堡降燧；廷光東道既絶，乃率衆出降。燧以數騎徑入城，處之不疑，莫不畏服，衆大呼曰：「吾輩復得爲王人矣！」渾瑊由是服燧，私謂參佐曰：「予嘗謂馬公用兵與予不相遠，但驚怪累敗田悦；今觀其行兵料敵，吾不追遠矣！」八月，燧移軍於焦籬堡。其夜，賊太原堡守將吴冏棄堡而遁，其下皆降。燧率諸軍濟河，兵凡八萬，陣於城下。是日，賊將牛名俊斬懷光首以城降。其守兵猶一萬六千人，斬賊將閻晏、孟寶、張清、吴冏等七人以徇，爲懷光脅虜者皆捨之。

燧自朝京師還行營，凡二十七日而河中平。詔書褒美，遷光禄大夫，兼侍中，仍與一子五品正員官。宴賜畢，還太原。是行也，德宗賜燧《宸扆》、《台衡》二銘。【略】燧至太原，乃勒二銘於起義堂西偏，帝爲題額，其崇寵如此。

二年冬，吐蕃大將尚結贊陷鹽、夏二州，各留兵守之，結贊大軍屯於鳴沙，自冬及春，羊馬多死，糧餉不繼。德宗以燧爲綏銀麟勝招討使，令與華帥駱元光、邠帥韓遊瓌及鳳翔諸鎮之師會於河西進討。燧出師，次石州。結贊聞之懼，遣使請和，仍約盟會，上皆不許。又遣其大將論頰熱厚禮卑辭申情於燧請和，燧頻表論奏，上堅不許。三年正月，燧軍還太原。四月，燧與論頰熱俱入朝，燧盛言蕃情可保，請許其盟，上然之。燧既入朝，結贊遽自鳴沙還蕃。是歲閏五月十五日，侍中渾瑊與蕃相尚結贊盟于平凉，爲蕃軍所劫，狼狽僅免，陷將吏六十餘員，由燧之謬謀也，坐是奪兵權。六月，以燧守司徒，兼侍中、北平王如故，仍賜妓樂，奉朝請而已。

五年九月，燧與太尉李晟召見于延英殿，上嘉其有大勳力，皆圖形淩煙閣，列於元臣之次。九年七月，燧對於延英。初，上以燧足疾，不令朝謁；是日，燧以冬首入朝，敕許不拜而坐。時太尉晟初薨，帝謂燧曰：「常時卿與太尉晟同來，今獨見卿，不覺悲慟。」上歔欷久之。燧既退，足疾，仆於地，上親掖起之，送及於陛，燧頓首泣謝。累上表乞骸，陳讓侍中，優詔不許。貞元十一年八月薨，時年七十。先是，司天頻奏熒惑太白犯太微上將，間一月而燧薨。廢朝四日，詔京兆尹韓臯監護喪事，嗣吴王獻爲弔祭贈賵使，册贈太尉，謚曰莊武。子彙、暢。

《新唐書》卷一五五《馬燧傳》 馬燧字洵美，系出右扶風，徙爲汝州郟城人。父季龍，舉孫吴倜儻善兵法科，仕至嵐州刺史。

燧姿度魁傑，長六尺二寸。與諸兄學，輟策歎曰：「方天下有事，丈夫當以功濟四海，渠老一儒哉？」更學兵書戰策，沈勇多算。

安禄山反，使賈循守范陽，燧説循曰：「禄山首亂，今雖舉洛陽，猶將誅覆。公盍斬向潤客、牛廷玠！傾其本根，使西不得入關，退亡所據，則坐受禽矣，此不世功也。」循許之，不時決。會顔杲卿招循舉兵，禄山遣韓朝陽召循計事，因縊殺

之。燧走西山，間道歸平原。平原不守，復走魏。

寶應中，澤潞節度使李抱玉署爲趙城尉。時回紇還國，恃功恣睢，所過皆剽傷，州縣供餽不稱，輒殺人。抱玉將饋勞，賓介無敢往，燧自請典辦具。乃先賂其酋，與約，得其旗章爲信，犯令者得殺之。燧又取死囚給役左右，小違令輒戮死，虜大駭，至出境，無敢暴者。抱玉才之。因進說曰：「屬與回紇接，且得其情。觀僕固懷恩樹黨自重，裂河北以授李懷仙、張忠志、薛嵩、田承嗣等，其子瑒佻勇不義，將必窺太原，公當備之。」既而懷恩與太原將謀舉其城，辛雲京覺之，不克。嵩自相、衛歸懷恩糧，以絶河津。抱玉令燧説嵩，嵩告絶於懷恩。即署燧左武衛兵曹參軍。

累進至鄭州刺史。勸督農力，歲一税，人以爲便。徙懷州。時師旅後，歲大旱，田莽不及耕。燧務勸教化，止横調，將吏有親者，必造之，厚爲禮，瘞暴骴，止煩苛。是秋，稆生于境，人賴以濟。抱玉守鳳翔，表燧隴州刺史。西山直吐蕃，其上有通道，虜常所出入者。燧聚石種樹障之，設二門爲譙櫓，八日而畢，虜不能暴。從抱玉入朝，代宗雅聞其才，召見，授商州刺史，兼水陸轉運使。

大曆中，河陽兵逐其將常休明，詔燧檢校左散騎常侍，爲三城使。汴將李靈耀反，帝務息人，即授以汴宋節度留後，靈耀不拜，引魏博田承嗣爲援。詔燧與淮西李忠臣討之。師次鄭，靈耀多張旗幟以犯王師，忠臣之兵潰而西。燧軍頓滎澤，鄭人震駭。忠臣將遂歸，燧止之，益治軍，忠臣乃還收亡卒，復振。忠臣行汴南，燧行汴北，敗賊於西梁固。靈耀以鋭卒八千，號「餓狼軍」，燧獨戰破之，進至浚儀。是時河陽兵冠諸軍，田悦帥衆二萬助靈耀，破永平將杜如江等，乘勝距汴一舍而屯。忠臣合諸軍戰不利，燧爲奇兵擊之，悦單騎遁，汴州平。

燧知忠臣暴傲，讓其功，出舍板橋。忠臣入汴，果因會擊殺宋州刺史李僧惠。燧還河陽。秋大雨，河溢，軍吏請具舟以避，燧曰：「使城中盡魚而獨完其家，吾不忍。」既而水不爲害。

遷河東節度留後，進節度使。太原承鮑防之敗，兵力衰單，燧募厮役，得數千人，悉補騎士，教之戰，數月成精卒。造鎧必短長三制，稱士所衣，以便進趨。爲戰車，冒以狻猊象，列戟于後，行以載兵，止則爲陣，遇險則制衝冒。器用完鋭。居一年，闢廣場，羅兵三萬以肄，威震北方。建中二年，朝京師，遷檢校兵部尚書，封豳國公，還軍。

初，田悦新有魏博，恐下未附，即輸款朝廷，燧建言悦必反。既而悦果圍邢州，身攻臨洺，築重城絶内外援。邢將李洪、臨洺將張伾固守。詔燧以步騎二萬與昭義李抱真、神策兵馬使李晟合軍救之。燧出鄴口，未過險，移書抵悦，示之好。悦以燧畏己，大喜。既次邯鄲，悦使至，燧皆斬之，遣兵破其支軍，射殺賊將成炫之。悦聞，使大將楊朝光以兵萬人據雙岡，築東西二柵以禦燧。燧率軍營二壘間。是夜，東壘遁，燧進營狗明山，取棄壘置輜重。悦計曰：「朝光堅柵，且萬人，雖燧能攻，未可以數日下，且殺傷必衆，則吾已拔臨洺，饗士以戰，必勝術也。」即分恒州兵五千助朝光。燧令大將李自良等以騎兵守雙岡，戒曰：「令悦得過者斬！」燧乃推火車焚朝光柵，自晨訖晡，急擊，大破之，斬朝光，禽其將盧子昌，獲首五千，執八百人。居五日，進軍臨洺。悦悉軍戰，燧自以鋭士當之，凡百餘返，士皆決死，悦大敗，斬首萬級，俘係千餘，館穀三十萬斛，邢圍亦解。以功遷尚書右僕射。初，將戰，燧約衆，勝則以家貲賞。至是，殫私財賜麾下。德宗嘉之，詔出度支錢五千萬償其財。進兼魏博招討使。

李納、李惟岳合兵萬三千人救悦，悦哀散兵二萬壁洹水，淄青軍其左，恒冀軍其右。燧進屯鄴，請益兵。詔河陽李艽以兵會，次于漳。悦遣將王光進以兵守漳之長橋，築月壘扼軍路。燧於下流以鐵鏁維車數百絶河，載土囊遏水而後度。悦知燧食乏，深壁不戰。燧令士齎十日糧，進營倉口，與悦夾洹而軍，造三橋踰洹，日挑戰。悦不出，陰伏萬人，將以掩燧。燧令諸軍夜半食，先雞鳴時鳴鼓角，而潛師並洹趨魏州，令曰：「聞賊至，止爲陣。」留百騎持火，待軍畢發，匿其旁，須悦衆度，即焚橋。燧行十餘里，悦率李納等兵踰橋，乘風縱火，譟而前。燧乃令士無動，命除榛莽廣百步爲場，募勇士五千人陣而待。比悦至，火止，氣少衰，燧縱兵擊之，悦敗奔橋，橋已焚，衆赴水死者不可計，斬首二萬級，殺賊將孫晉卿、安墨啜，虜三千人，尸相駢藉三十里，淄青兵幾殲。悦夜走魏州，其將拒不納，比明，追不至，悦乃得入。

抱真、艽問曰：「糧少而深入，何也？」燧曰：「糧少戰利速，兵善於致人。今悦與淄青、恒三軍爲首尾，欲不戰以老我師，若分擊左右，未可必破，悦且來助，是腹背支敵也。法有攻其必救，故趨魏以破之。」皆曰：「善。」

悦嬰城自守。於是李再春以博州，悦兄昂以洺州，王光進以長橋，皆降。悦使符璘、李瑶衛還淄青殘兵，璘等亦降。魏導御溝貫城，燧塞其上游，魏人恐，悦遣許士則、侯臧間行告窮於朱滔、王武俊。會二人者怨望，乃連和。悦恃燕、趙方至，即出兵背城陣，燧復與諸軍破之。進同中書門下平章事、北平郡王、魏州

大都督長史。

滔、武俊聯兵五萬傅魏。會帝遣李懷光以朔方軍萬五千助燧。懷光勇于鬭，未休士，即與滔等戰，不利。悦決水灌軍，燧兵亦屈，退保魏縣。滔等瀕河爲壘。會涇師亂，帝幸奉天，燧還軍太原。

初，李抱真欲殺懷州刺史楊鉥，鉥奔燧，燧奏其非罪，乃免，抱真怒。及共解邢圍，獲軍糧，燧自有之，以餘給抱真軍，抱真益怒。洹之捷，軍進薄魏，悦以突騎犯燧營，李艽救之，抱真勒兵不出。燧將攻魏，取攻具於抱真營，並請雜兩軍平其功，抱真不聽，請獨當一面，繇是逗遛。帝數遣使講解。武俊略趙地，抱真分麾下二千人戍邢，燧怒謂：「抱真以兵還守其地，我能獨戰死邪？」將引還，李晟和之，乃復與抱真善。及田昂降，燧請以洺州隸抱真，而用昭義副使盧玄卿爲刺史，兼魏博招討副使。李晟兵前獨隸抱真，抱真亦請兼隸于燧，以示協一。然議者咎燧私忿交惡，卒不成大功。

至太原，遣軍司馬王權以兵五千走奉天，又遣子彙與諸將子壁中渭橋，帝已幸梁，乃還。時天下方騷，北邊數有警，燧念晉陽王業所基，宜固險以示敵。乃引晉水架汾而屬之城，瀦爲東隍，省守陴萬人。又釃汾環城，樹以固堤。詔兼保寧軍節度使。

帝還京，李懷光反河中，詔燧爲河東保寧、奉誠軍行營副元帥，與渾瑊、駱元光合兵討之。時賊黨要廷珍守晉，毛朝敭守隰，鄭抗守慈，燧移檄鐫諭，皆以州降，因拜燧晉絳慈隰節度使。

武俊之圍趙也，康日知不支，將棄趙，燧請詔武俊擊朱滔，授以深、趙，以日知爲晉慈隰節度使。及三州降，燧固讓日知，且言因降受節，恐後有功者踵以爲利，帝嘉許。籍府庫兵仗以授日知，日知大喜過望。燧乃率步騎三萬次于絳，略定諸縣，降其將馮萬興、任象玉，遂圍絳，拔外郛，守將夜棄城去，降四千人。遣李自良定六縣，降其將辛兟，收卒五千。裨將谷秀違令掠士女，斬以徇。與賊戰寶鼎，射殺賊將徐伯文，斬首萬級，獲馬五百。

于時天下蝗，兵艱食，物貨翔踊，中朝臣多請宥懷光者，帝未決。燧以「懷光逆計久，反覆不可信。河中近甸，捨之屈威靈，無以示天下」。乃捨軍入朝，爲天子自言之：「且得三十日糧，足平河中。」許之。乃與瑊、元光、韓游瓌之兵合。

賊將徐廷光守長春宫城。燧度長春不下，則懷光固守，久攻所傷必衆，乃挺身至城下見廷光。廷光憚燧威，拜城上。燧顧其心已屈，徐曰：「我自朝廷來，可西嚮受命。」廷光再拜。燧曰：「公等朔方士，自禄山以來，功高天下，奈何棄之爲族滅計？若從吾言，非止免禍，富貴可遂也。」未對，燧曰：「爾以吾爲欺邪？今不遠數步，可射我。」披而示之心。廷光感泣，一軍皆流涕，即率衆降。燧以數騎入其城，衆大呼曰：「吾等更爲王人矣。」渾瑊亦自以爲不及也，歎曰：「嘗疑馬公能窘田悦，今觀其制敵，固有過人者，吾不逮遠矣！」

進營焦籬堡，堡將降，餘戍望風遁去。燧濟河，兵八萬陣城下。是日，賊將牛名俊斬懷光降，衆猶萬六千。誅其黨閻晏、孟寶、張清、吴冏等，它脅附悉赦之。不閲月，河中平。遷光禄大夫，兼侍中，賜一子五品官。還太原，帝賜《宸扆》、《台衡》二銘，以言君臣相成之美。勒石起義堂，帝榜其顔以寵之。

貞元二年，吐蕃尚結贊破鹽、夏二州，守之，自屯鳴沙；及春，畜産死，糧乏。詔燧爲綏銀麟勝招討使，與駱元光、韓游瓌等會師擊虜。燧次石州。結贊懼，乞盟，帝不許。乃遣將論頰熱甘辭請于燧，且重幣申勤勤。明年，燧還太原，與論頰熱俱朝，盛言宜許以盟，天子然之。燧之朝，結贊遽引去。帝詔渾瑊與盟平涼，虜劫瑊，僅得免。吐蕃歸燧之兄子弇，曰：「河曲之屯，春草未生，吾馬饑，公若度河，我無種矣。賴公許和，今釋弇以報。」帝聞，悔怒，奪其兵，拜司徒，兼侍中，賜妓樂，奉朝請而已。與李晟皆圖象凌煙閣。後病足，不任謁。九年十月，自力朝延英，詔毋拜。時晟已卒，帝顧燧曰：「尚記與太尉晟俱來邪？今乃獨見公。」因悲涕。燧亦疾而仆，帝親掖之，詔左右扶去，送至陛，燧頓首泣謝。固乞骸，讓侍中，不許。卒，年七十，贈太傅，謚曰莊武。子彙、暢。

《權德輿詩文集》卷一九《故司徒兼侍中上柱國北平郡王贈太傅馬公行狀》

曾祖君才，皇右武侯大將軍、南陽郡公，降洺州治中。祖珉，皇右鈐衛倉曹參軍，累贈尚書右僕射。父季龍，皇大同軍使、嵐州刺史、幽州經略副使，累贈司空。汝州郟城縣臨汝鄉石臺里馬燧，字洵美，年七十。

太傅英朗特達，剛方中正。體苞五常，致其用以贊皇極；國有二柄，壯其猷以合神武。終始盛烈，爲唐宗公。原夫代有勳德，延耀儲祉，王佐之業，至公而光。年十四從師講學，因輟卷喟然曰：「大丈夫當建功立名，以康濟天下，豈能矻矻爲章句儒耶？」讀《左氏春秋》、《孫吴兵法》，與歷代君臣大本、成敗大較，忠賢功用，奇正方略，會其歸趣，如指諸掌。十九丁内艱，泣血三年，以孝聞。

天寶末，安禄山擁幽陵之師南向，以光禄卿賈循爲留後。公以書干循，勸誅逆將向潤容、牛庭玠等，然後傳檄仗順，可覆而取之。循疑留不決，竟及於禍。

踰月，間行至於常山。時河朔擾攘，物情惱懼。公方以褒衣長裾，游談感激，因其謀而扶義建節者衆矣。

寶應中，陳鄭節度李涼公抱玉移鎮上黨，雅知公才，表爲晉州趙城尉。時王師既破史朝義，乃復河洛，有回鶻可汗之助，因肆暴而歸，以功自負，其强難屈。節將使上介致餼，皆懼不敢行。公官方解巾，急病不讓，徑詣其壘，申明要約，氣盛詞直，虜皆優從。可汗乃授以旗幟，委之供辦，且曰：「有犯禁者，公其董之。」於是蕃部肅然，莫不畏服。後有酋長求賂於公者，立斬十餘人，可汗大駭，疾驅出境。安人禁暴之略，兆於斯矣。河北副元帥僕固懷恩，居將相之重，恃父子之勇，可汗又其子壻也，藉以爲援，將有異圖。公密覘其情，請爲之備。初，僞范陽節度李懷仙，與相、衛、恒、定等四帥相繼來降。懷恩結爲黨助，奏復其職，至是擁衆據汾上。子瑒圍太原，相衛餽餫，以相掎角。公至安陽，説其帥曰：「懷恩憯刻以逞欲，其子輕佻而好勝。人人自爲計，坐待帳下之變耳。」深陳利病，勸諭激切。由是感公言，至涕泣改圖，因約懷仙等三人，奉章獻款。既回鶻北歸，懷恩與瑒繼死。公之明識遠略，皆此類也。本使尋奏改左武衛兵曹參軍，歷太子通事舍人，著作郎，以至秘書少監兼殿中侍御史，轉營田、節度二判官。永泰中，拜鄭州刺史兼侍御史。至是頒六條，撫四封，分憂於上，施惠於下。時兵食方調，杼軸其空，公乃闢其田畝，均其户版，每歲一税，百姓便之。生齒益息，庶物蕃阜。

大曆中，改懷州刺史。其夏大旱，公以救災沴莫若修教化。掩骼埋胔，蠲苛恤隱，使皆得其欲，而無窮人。端居潔誠，默以心禱。至七月，稻禾滿野，庸亡者襁負而至。朝廷以汧陽被邊，宜得文武之守，拜隴州刺史兼御史中丞。公乃訓州師，修器備。郡城之西，有路與蕃境相直，凡二百餘步，上連峻峯。公乃躬自行視，塞其蹊隧，功堅力省，疆埸以寧。又置譙門於阨陿之地，中制扃鐍，上施干櫓，積歲之患，旬日而安。連帥憚公威望日盛，羈留幕府，因以受代，家居京師者久之。先皇帝召見，奇其才，受商州刺史兼御史中丞。未旬月，屬河陽三城逐其帥，擇可以撫寧之者，特拜左散騎常侍兼御史大夫，充河陽三城使。是歲大曆十年也。夏五月，汴宋兵馬使李靈耀以濮陽叛，俄據浚郊。國家姑務靖人，特屈常憲，因以節度留後授之，而又結魏師以略東都，不利。六月，詔公與淮西節度李忠臣夾攻之。時寇鋒寖盛，忠臣每合皆北，將棄師以免者數矣。公嘗激以壯志，或紿之吉夢。忠臣既慚且憤，引師復還。先是忠臣軍汴南，公軍汴北，每與虜确，所向無前。初敗之於滎澤，又破之於西梁固，至是靈耀以其勇悍者八千人，號爲餓狼營，盡鋭來拒。公引戲下決戰，遂勝入郛。時魏之救兵二萬，距大梁三十里所。公又合諸侯之師，用奇設伏，以敢死士三千人鼓譟先登，大敗之。魏將軍單騎遁去，靈耀以其徒宵潰。翌日，餘黨以城内八千人降於公，公悉讓忠臣，推而不處，閉壘移疾，退於板橋。其士吏鹵獲，悉以家財購而復之。大梁之人，至今知感。履險則忠以盡敵，成功則讓以保身，此又將師之明哲也。十二年三月，詔復魏博之地，諸侯班師，公乃歸鎮河陽。秋雨暴至，河流決溢，軍吏等具檝棹，請公登舟以避。公曰：「城中凡數十萬口，吾實主之，而苟以一家求安，所不忍爲也。」既而人皆感泣，水不爲患。十四年閏五月，皇帝即位，深燭理本，以太原王業所起，國之北門，非勳德爛然者不能鎮定，特拜工部尚書、兼御史大夫、太原尹、北都留守，充河東節度觀察等使。於是修班制，正事典，險其走集，訓其輿師，講車徒戰陣之法，教金鼓聲氣之節，分晝之下，變化如神。自是烽候罷警，匈奴不敢南向而牧矣。

建中二年夏六月，來朝京師，加兵部尚書，封豳國公。初，魏博席伯父之勢而得專地，既踰年，與東平常山復爲從約。七月，魏以兵三萬圍一作「圖」。邢州，攻臨洺。昭義節度使上請公爲援，朝廷許之。十月，公會昭義之師與神策行營兵馬使故太尉西平王於漳州。先是，魏以浚郊之敗，讐公威望，至是以節度之師，專征伐之任。兵刃完利，部校訓齊，軍聲大振，士氣益勵。魏人又分鋭騎，合恒定李惟岳之衆萬餘，於臨洺南雙崗下，樹栅以自固。公自晨至晦急擊，大潰，殺其將楊朝光。時臨洺之圍，塲壘四匝，復與昭義鼓行而前，腹背受敵，飆塵翳景，士皆決死。凡百餘合，公自據西壕口，扼其喉以襲破之。兇徒斃踣，亂相蹂蹈。收其車重兵械，各數十萬。魏人委營而遁，邢圍迎潰。上嘉其功，拜尚書右僕射。先是，公與軍吏約曰：「苟戮力成功者，當竭産以賞。」至是悉索家錢與車服臧獲等，奠其價之上下，視其功之薄厚，散於軍中，約五千萬。且曰：「苟可以夷患難，勉師人，赤誠之外，無非長物。」故盡其私積，賈其餘勇，士皆欷歔感勵，爭以效命報焉。優詔褒異，命史臣書之，且詔有司，以量入之賦，如其數以復於公。其毀家佐軍，輕賞厚下，皆此類也。三年正月，魏人又乞師於東平常山，衆且四萬，壁於洹水。公曰：「不備不虞，不可以師。」且以河陽三城，常所訓定，上請爲助，有詔從之。乃建三橋，夾河爲壘，乘變出奇，如環無端。初則銜枚以趨敵，因乘其未備；後則薙草以滅火，使計不得用。然後分鋭士飆馳以犯之，而後

從之。獲首級者殆半，餘皆走林溺水，僵尸相屬，腥穢川陸。公愀然曰：「是皆平原人也，彼暴服之耳！亦既就斃，忍其委骨肉如是耶？」使得以族屬收瘞。既而生者知感。由是洺博二州僞署刺史，各以其地來降。鄴魏之間，以咫尺之書，招下二十餘城。朱滔誘其鄰帥，復來助寇。四月，公有魏城之捷。五月，詔同中書門下平章事，仍封北平郡王。時諸軍連捷，師留且久，或已一作「有」。復其侵地，則怠於攻取，公具以上聞。有詔朔方節度李懷光應援征討。六月，朱滔以漁陽之甲三萬，至於城下。初，諸侯有議班師者，公曰：「彼三戰三北，假息孤城，且宿兵十萬，聞援强而退。縱敵生患，何以復命於明庭耶？」既而羣帥相勵，皆百其勇。七月，加魏州大都督府長史，仍充魏、博、澶、相四州節度招討等使。四年二月，又敗之於成安。魏軍退於館陶，深壁以自固。冬十月，盜臣竊發，鑾輅狩於近郊。公忠憤踰迫，密圖方略。懷光統朔方之旅，乘歸心以赴難。公齧臂伏泣，以大節感動之。時朱滔招連北虜，邊鄙日聳。公謂諸將曰：「夙駕整旅，以扈屬車，人臣之分也。儻北都不守，即兩河三川搖矣！豈行師扞患之義耶？」乃還太原，遣行軍司馬王權統鋭騎五千，與監軍使者赴行在。又令男彙與大將等男各一人赴焉。軍實禄賜，器備服用，一以條奏，獻於行宫。公初旋師也，以晉陽大鹵，用武之地，北蕃東夏，且有外虞，而都城之東，平坦受敵，乃股引汾晉二川，漲爲平湖，能順地泐，以導水勢。守陴者歲減其役，濱河者日厚其生。而又廣堤濬池，密樹如織，金湯自固，版榦不勤。其明智善利之及人也如此。公自出車累歲，功捷相繼，而軍中衣食，多出寇境。河東之人，省調給饋餫之勞，歲減其賦，封内相賀，因中貴人以聞，願刻金石，詔從其請。公避名不伐，懇疏方止。勞謙之詞，邦人誦之。此所謂尊而光，晦而彰也。公常揣摹諸侯，開導功善，能通其變，以誘其衷，盡益友之直諒，啓純臣之志略，因所以建大順立大勳者有焉。

興元元年二月，李懷光貪天犯上，衡連逆泚，脇其人以河中叛。公威聲素振，壤地相接，支郡屬城，降者繼至。秋七月，皇帝既平大盜，乃清宫廟，加河東保寧奉誠等軍行營副元帥。有詔許公與諸軍同討河中。九月既望，師及於降。僞刺史王克同棄城而遁，餘黨來降。分狥下縣，進軍寶鼎，斬其將徐伯文。先是懷光之師勇於豨突，至是獲甲首千數，兇徒奪氣矣。

貞元元年六月，公以軍國大要，非章表所盡，釋位來朝，親稟睿略。乃屈指成算，請三旬剪衆以平之。秋七月，與河中節度使令侍中咸寧王及同華邠寧之師次於長春宫。公以單騎傅於城下，召大將徐庭光西向受命，且以君恩喻之曰：「兵興已來，踰三十年，而朔方之師，最爲忠力。今乘時自效，若建瓴水，豈甘心畜禍，終干於鋒刃耶？」開陳逆順，聲涕交感。又曰：「跬步之内，矢石所及，若決爲匪人，亦在今日。」因披襟直前當之。庭光頫伏拜泣，莫敢仰視。抗詞未畢，堅壁洞開，公徑入撫定，奉宣皇澤。於是城中周呼曰：「吾等復爲王人矣！」八月，公與咸寧合軍而東，至於焦離堡，降其將尉珪，乃次河中，陣於城下。懷光傳首，其衆請命。是舉也，不勞師獻功，如其素焉。就加侍中，歸鎮北都。三年二月，來朝京師。寇戎既清，乞罷藩鎮。六月拜司徒兼侍中。詔有司具儀法册命，禮賜備厚。昭德報功，人臣榮之。屯師河中也，靈武節度杜希全獻《體要》八事，上因著《君臣箴》以賜之。公奉表陳賀，上又賜公《宸扆》、《台衡銘》各一首。公令男暢詣闕謝恩，並請揭而書之於起義堂之側。詔下優答，其略曰：「卿有訏謨濟代之誠，保衡輔朕之志，情之所尚，遂飾以詞。比夫盤盂自銘，亦冀輔佐同德。」遂許刻石，兼賜題額。寵渥之盛，冠耀當時。五年九月，嘗與故太尉西平王同對於别殿。上曰：「卿二人與朕休戚是同。」各賜圖形麟閣，并御製文，命皇太子書於閣壁。至於君使臣，臣事君，選賢與能之盛，盡忠作憲之績，焕乎天文，與日月並明矣。九年十月，公以足疾，久缺朝請，因至中書，奉表起居，召對拜舞，手悞至地。上驚，遽自起以接之。公惴惶踧踖，感甚以泣。上曰：「元首股肱，本爲同體。卿之疾痛，何異朕身？」乃遣中使梁懷幹扶掖下殿。十一年二月，以年及懸車，再表讓侍中。優詔崇獎，終不得請。八月十七日，薨於安邑里私第。皇帝震悼，不視朝四日。先是，詔宰臣詣宅問疾。御醫禁方，旁午於途。疾劇遺表，指陳邊事，純誠至公，言不及私。薨之明日，詔贈太傅。又詔文武百寮，就宅弔哭。京兆尹護喪，萬年令爲副，司農卿嗣吳王巘充弔祭使，鴻臚少卿王權爲副。賻贈絹二千疋，布五百端，米粟二千石。二十七日，命太常卿裴郁，副使少府少監路恕，備禮持節册命。上所以待大臣之禮備矣！

惟公始以文吏參佐，至於牧守將帥。功業見乎變，德刑焯於時。所以順天明，從君命，布皇澤，宣國威。能竭忠力，而爲藩衛。理軍如家，馭下以誠，拊循厚而士勵，法禁明而衆整。誓師鞠旅，皆樂爲用，料敵制勝，如在彀中。此戰之所由克也。凡再分兵符，而三破劇賊。開相府十四年以上，公居中者九年。至於盡沃心之言，當注意之重，密啓詭詞，人莫得而知之。昔舜之官人也，卨作司徒，龍作納言，惟公居之；周之命將也，方叔元老，申伯於蕃，惟公嗣之。加以馮異之推功，趙衰之享士，子囊之城郢，文子之不屬其子，惟公備之。故歲時爲饎

追享盛公侯之禮，會朝鳴玉，拜後聯卿士之榮。公之展孝也，公之敬忠也，凡自府辟，多爲國華。登中朝以潤王度，分外閫而貞師律，公之知人也，公之舉善也。《洪範》之「乂用三德」、「嚮用五福」，惜公不踰期頤，其他則無不及也。德輿自左補闕，三歲而爲右史。掖垣之屬，備承功烈；褒贈之禮，獲奉命書。今先遠有期，祖載將及，易其名者，敢告有司。謹狀。

貞元十一年十月十六日，宣德郎、守起居舍人、知制誥、雲騎尉權德輿謹上尚書考功。夫建侯行師，先王之所以懲不恪也；考行尊名，先王之所以勸人臣也。謹按故司徒、兼侍中、上柱國、北平郡王、贈太傅馬公，勤勞王家，功德茂盛。其謀猷合於君，其忠利加於人，用登公相，以殿邦國。今體魄則降，日月有時，敢録實行，請徵謚法。謹上。

雜録

備録

段成式《酉陽雜俎》前集卷九《盜俠》 馬侍中嘗寶一玉精盌，夏蠅不近，盛水經月，不腐不耗。或目痛，捨之立愈。嘗匣於臥内，有小奴七八歲，偷弄墜破焉。時馬出未歸，左右驚懼。忽失小奴。馬知之大怒，鞭左右數百，將殺小奴，三日尋之不獲。有婢晨治地，見紫衣帶垂於寢牀下，視之，乃小奴蹶張其牀而負焉。不食三日而力不衰，馬睹之大駭，曰：「破吾盌乃細過也。」即令左右擽殺之。

段成式《酉陽雜俎》前集卷一二《馬僕射謠》 馬僕射既立勳業，頗自矜伐，常有陶侃之意，故呼田悦爲錢龍，至今爲義士非之。當時有揣其意者，乃先著謠於軍中，曰：「齊鐘動也，和尚不上堂。」月餘，方異其服色謁之，言善相，馬遽見，因請遠左右。曰：「公相非人臣，然小有未通處，當得寶物直數千萬者，可以通之。」馬初不實之，客曰：「公豈不聞謡乎？正謂公也。齊鐘動，時至也。和尚，公之名。不上堂，不自取也。」馬聽之始惑，即爲具肪玉、紋犀及貝珠焉。客一去不復知之，馬病劇，方悔之。

李肇《唐國史補》卷上 五節度討魏州，王武俊來救，引水以圍，官軍樵採路絶。馬司徒求于武俊曰：「若開路，當退軍。」武俊曰：「我不會諸將討賊，不利而退，何詞以見天子？」遂令決水。官軍退三十里，復下軍營。

司徒馬燧討李懷光，自太原引兵至寶鼎下營。因問其地名，答曰：「埋懷村。」乃大喜曰：「擒賊必矣。」至是果然。

馬司徒孫始生，德宗命之曰『繼祖』。退而笑曰：「此有二義。」意謂以索繫祖也。

李、馬二家，日出無音樂之聲，則執金聞奏，俄頃必有中使來問：「大臣今日何不舉樂？」

初，馬司徒面雪李懷光。德宗正色曰：「唯卿不合雪人。」惶恐而退。李令聞之，請全軍自備資糧，以討凶逆，由此李、馬不叶。

《太平廣記》卷一九〇《馬燧》引《譚賓録》 李懷光使徐庭光以精卒六千守長春宮，馬燧乃挺身至城下呼庭光，庭光則拜於城下。燧度庭光心已屈，乃謂曰：「我來自朝庭，可西面受命。」庭光復西拜。燧曰：「公等皆禄山已來首建大勳，四十餘年功伐最高，奈何棄祖父之勳力，爲族滅之計耶？從吾言，非止免罪，富貴可圖也。」賊徒皆不對。燧曰：「爾以吾言不誠，今相去數步，爾當射我。」乃披襟示之。庭光感泣俯伏，軍士亦泣，乃率其下出降。燧乃以數騎徑入城，處之不疑，莫不畏伏。衆大呼曰：「復得爲王人矣。」惲瑊私謂參佐曰：「瑊爲馬公用兵，與僕不相遠，但怪累敗田悦，今覩其行師料敵，不及遠矣。」燧勇力智彊，常先計後戰。將戰，親自號令，士卒無不感動，戰皆決死，未嘗奔北。兵勝冠於一時。然力能擒田悦，而不能審蕃帥僞款，而保其必盟。平涼之會，爲結贊所紿，關中摇動。此所謂才有餘而心不至。

《資治通鑑》卷二二七唐德宗建中三年正月條考異引《燕南記》 燧與（李）抱真雖頻破悦，聞李納助軍到，乃駐軍候勢，晝必取之計，去悦軍三十里下營，夜坐帳中，使心手人潛領悦兵及小將等五十餘人立帳外。燧因矯與兵馬衙官已下高語曰：「昨日所以頻破田悦兵馬者，蓋偶然之事，本亦不料有此勝也。看悦兵雖敗，其將健，皆能死戰，亦天下之強敵矣。今更得李納兵助，其勢不小。我雖頻利，利則有鈍。他日田悦更戰，大將必須審看便宜。如悦直進，不可當鋒耳。」悦帳外兵將往往共聞燧語，良久曰：「昨日陣上獲得田悦將健，所由領過。」既至，燧大罵曰：「田悦小賊，菽麥未分，敢肆猖狂，妄動兵馬。你有何所解，與我

相敵！汝皆不自由，被驅入陳，又何過也！今矜汝放去。」兵等大歡叫，拜謝而去，具燧前後言見悦。悦召大將喜而謂曰：「馬燧放言懼我，對人罵我此可知矣，吾再戰必捷也。」又恃李納助軍新到，乃引兵出洹水又陳。燧先伏兵要處，佯不勝，引退。悦使兵盡出逐燧，燧引至伏兵處，伏兵齊發，横截悦軍兩段，與抱真縱兵擊之，大破悦軍三萬餘人。

《資治通鑑》卷二二七唐德宗建中三年七月條考異引《燕南記》 〔建中三年〕六月，朱滔、〔王〕武俊、〔李〕懷光俱至。懷光即欲戰，馬燧、〔李〕抱真不得已，從之。七月六日，懷光等擊滔，勝之，尋爲王武俊所敗。其夜，決河水，絶懷光等西歸之路。明日，水深三尺餘。馬燧與朱滔有外族之親，呼滔爲表姪，使人説滔曰：「老夫不度氣力，與李相公等昨日先陳。王大夫善戰，海内所知也。司徒五郎與商議，放老夫等卻歸太原，諸節度亦各還本道，當爲聞奏，河北地任五郎收取。」滔見武俊戰勝，私心忌其勝己，乃謂武俊曰：「大夫二兄破懷光等，氣已沮喪，馬司徒既屈服如此，且放去，漸圖未晚。」武俊曰：「豈有四五節度，兵踰十萬，使打賊，始經一陣，被殺卻五萬人，將何面目歸見天子！今窮蹙詐求退去，料不過到洺州界，必築壘相待，悔難及也。」滔心明知其事，竟絶水，放燧等。既離魏府城下，退行三十里，遂連魏縣河，列營相拒。滔雖慙謝，武俊終有恨意。又同進軍魏橋河東南，去懷光營五里。

《資治通鑑》卷二二七唐德宗建中三年七月條考異引《邠志》 〔建中〕三年夏，詔〔李〕懷光率邠甲五千兼統諸軍東征。六月，師及魏郛，戰焉，陷燕人之衆，師入賊營，收其寶貨。馬公燧曰：「我二年困此賊，彼旦至而夕破之，人其謂我何！」乃稍抽戰卒以孤其勢。田悦曰：「馬太原妬功也，朔方軍可襲矣。」乃使步卒七百人負刀而趨，乘我失度，擠之于河，死者數百人，皆精騎也。馬公遽命平射三百人争橋，以出我軍，故步軍不敗，軍勢大衄。詔唐朝臣自河南引軍會之。

王讜《唐語林》卷六《補遺》 郎士元詩句清絶輕薄，好爲劇語，每云：「郭令公不入琴，馬鎮西不入茶，田承嗣不入朝。」馬知此，語之曰：「郎中言燧不入茶，請左顧爲設也。」即依期而往。時豪家食次，起羊肉一斤，層布於巨胡餅，隔中以椒豉，潤以酥，入爐迫之，候肉半熟食之，呼爲「古樓子」。馬晨起啖古樓子以佇。士元至，馬喉乾如窒，即命急烹茶，各啜二十餘甌。士元已老，虚冷腹脹，屢辭，馬輒曰：『馬鎮西不入茶』，何遽辭也？」如此又七甌。士元固辭而起，及馬，氣液俱下。因病數旬，馬乃遺絹二百匹。

備論

《舊唐書》卷一三四《馬燧傳》 史臣曰：燧雄勇强力，常先計後戰，又善誓師，將戰，親自號令，士無不慷慨感動，戰皆決死，未嘗折北，謀得兵勝，冠於一時。然力能擒田悦而不取，納蕃帥之僞款而保其必盟；平涼之會，大臣幾陷，關畿摇動，此謂才有餘而心不至，議者惜而恨之。

史臣曰：馬司徒之方略，渾咸寧之忠藎，各奮節義，爲時名臣。

《新唐書》卷一五五《馬燧傳》 贊曰：唐史臣稱燧沈雄忠力，常先計後戰。每戰，親令于衆，無不感概用命，鬭必決死，未嘗折北，名蓋一時。然力能得田悦而不取，虜不可信而決信之，故河北三盜卒不臣，平涼大臣奔辱，燧之罪也。雖然，燧賢者也，天下以爲可責故責之，不以功掩罪，亦不可以罪廢功。瑊親與結贊盟，不能料虜詐，但以如詔爲恭，殆有猛志而無英才乎？李晟謂虜不可與盟，則燧、瑊固出晟下遠甚。功名大小，信其然乎！

陳亮《龍川集》卷八《酌古論·馬燧》 昔之善攻人者，使敵不得合，雖合而有以破之，則攻必克矣。夫攻者，事之末、患之端也，智者不得已而後爲之，使久而不克，則敵將有乘其弊而起者，此其爲患殆未可以一二言也。然而智者善因危而設奇，扼要害，張形勢，以破敵人之交，一舉而兩斃之，使聲威功烈傑出乎諸將之右。此則天下後世將企仰之不暇，而何敢訾議哉！昔者馬燧之鎮河東也，策田悦之必反，請濟師以討之。出奇制勝，奮鬭無前，雖淄、青、常、冀合兵救之，燧破之如反掌耳。燧能窘田悦於孤窮之中，此其智勇固有大過人者矣。然力能得悦，而不遂取之，使得嬰城固守。悦不足道也，而魏爲可惜。魏據河北，蔽捍諸鎮，唇齒相固，牢不可破，桀驁不遜，以抗朝廷。凡師出而輒無功者，魏不破也。魏破則諸鎮不足平矣。當燧之時，所謂一致之機也。燧乃失之，使朱滔、王武俊得乘間來救，王師十萬，一戰而北，燧殊無一謀以禦之，豈其智至此而窮耶？蓋嘗籌之：悦屢敗之餘，氣喪膽沮，衆不能陣，謀不復生，旬日之間可坐而破也。滔、俊雖合兵以救，不過三萬五千耳，然滔性多疑，易以勢恐；武俊匹夫之勇耳，可一戰而擒也。以燧之才，而無養寇自資之心，顧此三盜亦何足滅哉！且當此之時，以兵隸燧者，凡四將也。使燧能留李芃以圍危窘之悦，其勢固足以

破之矣。而身率步兵，去魏百里，據便地爲壁，以拒滔俊之兵，兵至則堅壁不戰，挫其初鋭之鋒，別命李抱真率昭義之兵，自洺下邢，以指燕、薊；李晟率神策之兵，自博下貝，以搗冀土。復命張孝忠、康日知厲兵秣馬，以助其勢。彼若能者，則反兵自救；不能則遲疑不去。二者必處一乎此矣。使其反兵自救，則抱真與晟衝其膺，燧又起而搗其背，腹背受敵，不敗何待！若其遲疑不去，則抱真等得優游以覆其巢穴，而燧堅壁以待其自斃。彼其欲前不能，欲退不可，徬徨無所，而坐成擒。滔俊擒，則悦不攻而自破矣；悦破，則三鎮席捲而平矣；三鎮平，則淄、青之膽破矣。命一辯士持天子之詔往諭之，彼安得不束手聽命哉！夫然後分置牧宰，慰養居民，使郡縣之權悉統於朝廷，則朱泚、李希烈亦無自而萌其姦矣。由此觀之，燧之罪豈止於失田悦哉！昔者唐太宗伐王世充，久之不下，而竇建德率兵救之。太宗留萬人以圍世充，身率勁兵以據虎牢，扼建德之喉，使不得進。迺命宇文士及率騎經賊陣之西，馳而南，引而東，以動其衆，乘其陣亂，縱騎夾擊之，遂擒建德而下世充，自洛以東，際河之北，一旦而盡平之。此可謂善破敵人之交者矣。嗟夫！以燧之才，而不思伐交之術，乃復請濟師，使李懷光盡統神策之兵以往，卒以驕衆失律，而盜且乘間起於蕭牆矣。遂使李氏不見中州之大定，而諸鎮世爲不討之賊。燧之罪可勝誅哉！唐史臣曰：「燧，賢者也，天下以爲可責，故責之。」嗚呼，吾之意其亦猶是也哉！

王夫之《讀通鑑論》卷二四《唐德宗》 夫羣賊之中，狡黠而知忖者，王武俊耳。擒惟岳，反朱滔，皆其籌利害之已夙而能留餘地以自處者也。天子不恃以爲依，宰相不結以爲黨，抑有李晟、馬燧，力敵勢均，而懷忠正以扼之，故其技止此，而不足以逞其邪心。不然，進而倚之以立功，則桓玄平而劉裕篡，黄巢馘而朱温逆，不知武俊之所止矣。

安危禍福之幾，莫不循理以爲本。李懷光赴援奉天而朱泚遁，盧杞激之而始有叛心，雖叛而引兵歸河東，猶曰「俟明春平賊」。據守一隅，未敢旁掠州縣、僭稱大號也。所惡於懷光者，殺孔巢父而已，抑巢父輕躁之自取也。德宗欲赦之，蓋有自反恕物之心焉，李晟、馬燧、李泌堅持以爲不可，斯亦過矣。若希烈者，勝孤弱狂愚之梁崇義，既無大功於唐室；且當討崇義之日，廷臣争其不可任，而德宗推誠以任之；賊平賞渥，唐無毫髮之負，遽乘危以反，僭大號以與天子競存亡，力弱於禄山，而惡相敵矣。此而可忍，萬世之綱紀裂矣。何居乎敬輿之欲止其討也？乘河中已下之勢，河北三帥斂手歸命，蹙已窮之寇，易於拉朽，乃吝一舉之勞，而曰「不有人禍，必有鬼誅」。爲天下君而坐待鬼誅，則亦惡用天子爲也？俟人禍之加，則陳僊奇因以反戈，而吴少誠踵之，淮西數十年不戢之焚，皆自此啓之矣。

藝文

錢起《錢考功集》卷五《送馬使君赴鄭州》 東土忽無事，專城復任賢。喜觀班瑞禮，還在偃兵年。膏雨帶滎水，歸人耕圃田。遥知下車日，萬井起新煙。

獨孤及《毗陵集》卷二《送馬鄭州》 使君朱兩幡，春日整東轅。芳草成皋路，青山涼水源。勉修循吏跡，以謝主人恩。當使仁風動，遥聽輿頌諠。

陸贄《陸宣公翰苑集》卷八《馬燧渾瑊副元帥招討河中制》 天地殊位，君臣異制，苟不率道，兹謂亂常。退而增修，於是有舞干之義；諭以遷善，於是有文告之辭。若猶不悛，乃用致討，興戎動衆，豈得已哉？李懷光擢自軍候，委之節制，亟有勤績，累加寵榮，總衆駿奔，自遠赴難，解圍逐寇，朕甚德之。位極上台，寄崇總帥，親之若同體，信之無閒言；朕於斯人，亦已厚矣。而器小任重，固貽顛覆，有功自棄，無罪自疑；崇信讒邪，脅逐將帥；養寇資亂，蓄姦幸災。朕素所推誠，猶謂非實，優容任遇，坦然如初。兇跡既盈，醜蹤彌露；謀危社稷，通結渠魁；公相往來，無復忌畏；窮極兇悖，所不忍言！朕播遷巴梁，違遠陵寢，大懼失墜，爲列聖羞。賴先澤在人，兆庶知感，朔方將士，忠節不渝。懷光既沮姦謀，詭稱効順；累陳款疏，請詣闕庭。朕深惟舊勳，務欲全貸；授以師保之任，疇其井賦之食；璽書勞問，誓以終始。懷光遂殺辱使臣，完聚守保；將以悖慢之罪，加於忠義之軍；因兹脅從，冀與同惡。謂衆可罔，謂天可欺；覆載所不容，人臣所共棄；討除大憝，招輯非辜；爰咨輔臣，以董戎寄。銀青光禄大夫，檢校司空，同中書門下平章事，兼太原尹，北都留守，充河東保寧軍節度使，北平郡王馬燧，操業端亮，器宇宏達；秉難奪之節，負不羈之才；常持至公，深識大體；感激而三軍有勇，彌綸而庶績允諧；威聲所臨，郡邑皆復；殿於北土，隱若長城。奉天定難功臣，開府儀同三司，行侍中，兼靈州大都督，靈鹽豐夏等州節度使管内度支、營田、觀察、處置、押蕃、部落等使，充朔方邠甯振武等道，奉天永平等軍，行營節度，兵馬副元帥，上柱國，樓煩郡王渾瑊，淳粹積中，仁厚成性；

布寬大以容衆，著誠信以撫人；事必沉詳，臨危益辦；節惟貞固，在險踰彰；宏濟艱難，懋昭勳閥；出納朕命，光膺具瞻。並文武全材，安危注意，副我憂屬，時惟二臣，比德協謀，往清多難。燧可兼充奉誠軍，及晉隰磁等州節度，管内諸軍行營兵馬副元帥，餘並如故。瑊可兼河中尹，充河中絳州觀察、處置等節度使，仍充河中絳州同陜虢等管内，諸軍行營兵馬副元帥，功臣散官，勳封如故。嗚呼！朕不敏不明，失於君道，連禍未息，勞師靡居；中心自咎，鬱若焚灼。又以朔土之衆，代著忠勞，横遭污脅，深所惘惜。爾其敬敷朕命，明諭朕懷；務於招綏，非黷威武；惟輸誠歸順，罔有不赦；惟執逆拒命，罰止元凶。宥失不經，無濫無罪，列爵懸賞，用俟勳賢。布告遠邇，咸令知悉！

陸贄《陸宣公翰苑集》卷九《馬燧李臯實封制》 列爵以旌德，胙土以報功，國有彝章，是用褒勸；朕以不德，閒逢多虞，蒲坂有叛亂之臣，淮沂有僭逆之帥；萬姓罹害，四方靡甯。奉誠軍節度，兵馬元帥，檢校司徒，兼侍中馬燧，聞難之初，忠誠奮發；躬帥士旅，討茲不庭；略地如歸，攻城必克；晉絳磁隰，靡然向風；元兇勢窮，竟就梟戮；清我甸服，時惟茂勳。荆南節度、觀察、處置等使，檢校户部尚書，嗣曹王臯，親率全軍，抗於强虜，晝夜不息，迨於三年；謀成必臧，師出皆捷；復蘄黄之地，拔安陸之城，隱其威名，保乂江漢。並著節於國，存功於人；跡効炳然，僉議攸屬。雖懋官已序，而食賦未加；疇庸之科，無乃有闕；宜其寵錫，以答殊休！燧可賜實封五百户，通前七百户。臯可賜實封三百户。

宋敏求《唐大詔令集》卷六一佚名《册馬燧司徒文》 維某年月云云，皇帝若曰：昔有虞之帝天下也，契作司徒，誕敷邦教，五帝以遜，百姓斯親。其在鄭友翊亮於周，鄧禹宣猷於漢，亦皆以德當國，以勳持令。天贊我唐，允生忠輔。出則擁旄定亂，重其望以成功；入則調鼎登庸，資其實而論道。再新茲典，詧命攸宜。咨爾檢校司徒、兼侍中、北平郡王馬燧，岐山粹靈，楨我王國，明謀炳於蓍蔡，雄略極乎韜鈐。文武在躬，剛柔備體，欽崇一德，期叶阿衡。故能受脤專徵，作我心膂，揚旌仗鉞，外鎮雄都。正師律以寧邊，宣國風而撫俗，華夷式叙，朔塞無虞。崇其大勳，謙德彌至；懿茲茂範，實簡予衷。昔貞觀初戡定羣雄，拯寧庶類，有若趙國公無忌，外建夷兇之效，内申翼善之謨，陟居中台，鬱爲時棟。今予亦命爾光贊大猷，是用册爾爲司徒。宜祇厥位，九功不叙，咨爾緝熙，五品不昭，咨爾寅亮，予違汝弼，無或面從。式宣勵翼之誠，允副寵光之命，具瞻斯在，可不慎歟！

《全唐詩》卷二七六盧綸《送馬尚書郎君侍從歸覲太原》 玉人垂玉鞭，百騎帶櫜鞬。從賞野郵静，獻新秋果鮮。塞屯豐雨雪，虜帳失山川。遥想稱觴後，唯當共被眠。

韋皋部

綜述

《舊唐書》卷一四〇《韋皋傳》　韋皋字城武，京兆人。大曆初，以建陵挽郎調補華州參軍，累授使府監察御史。宰相張鎰出爲鳳翊隴右節度使，奏皋爲營田判官，得殿中侍御史，權知隴州行營留後事。

建中四年，涇師犯闕，德宗幸奉天，鳳翔兵馬使李楚琳殺張鎰，以府城叛歸於朱泚，隴州刺史郝通奔于楚琳。先是，朱泚自范陽入朝，以甲士自隨；後泚爲鳳翔節度使，既罷，留范陽五百人戍隴州，而泚舊將牛雲光督之。時泚既以逆徒圍奉天，雲光因稱疾，請皋爲帥，將謀亂，擒皋以赴泚。皋將翟曄伺知之，白皋爲備，雲光知事洩，遂率其兵以奔泚。行及汧陽，遇泚家僮蘇玉將使于皋所，蘇玉謂雲光曰：「太尉已登寶位，使我持詔以韋皋爲御史中丞，君可以兵歸隴州。皋若承命，即爲吾人；如不受詔，彼書生，可以圖之，事無不濟矣。」乃反旆疾趨隴州。皋迎勞之，先納蘇玉，受其僞命，乃問雲光曰：「始不告而去，今又來，何也？」雲光曰：「前未知公心，故潛去；知公有新命，今乃復還。願與公戮力定功，同其生死。」皋曰：「善。」又謂雲光曰：「大使苟不懷詐，請納器甲，使城中無所危疑，乃可入。」雲光以書生待皋，且以爲信然，乃盡付弓矢戈甲，皋既受之，乃内其兵。明日，皋犒宴蘇玉、雲光之卒於郡舍，伏甲於兩廊，酒既行，伏發，盡誅之，斬雲光、蘇玉首以徇。泚又使家僮劉海廣以皋爲鳳翔節度使，皋斬海廣及從者三人，生一人使報泚。於是詔以皋爲御史大夫、隴州刺史，置奉義軍節度以旌之。皋遣從兄平及弇繼入奉天城，城中聞皋有備，士氣增倍。

皋乃築壇于廷，血牲，與將士等盟曰：「上天不弔，國家多難，逆臣乘間，盜據宫闈。而李楚琳亦扇凶徒，傾陷城邑，酷虐所加，爰及本使，既不事上，安能卹下。皋是用激心憤氣，不遑底寧，誓與羣公，竭誠王室。凡我同盟，一心協力，仗順除凶，先祖之靈，必當幽贊。言誠則志合，義感則心齊，粉骨糜軀，決無所顧。有渝此志，明神殛之，迨於子孫，亦罔遺類。皇天后土，當兆斯言。」又遣使入吐蕃求援。十一月，加檢校禮部尚書。興元元年，德宗還京，徵爲左金吾衛將軍，尋遷大將軍。

貞元元年，拜檢校户部尚書，兼成都尹、御史大夫、劍南西川節度使，代張延賞。皋以雲南蠻衆數十萬與吐蕃和好，蕃人入寇，必以蠻爲前鋒。四年，皋遣判官崔佐時入南詔蠻，説令向化，以離吐蕃之助。佐時至蠻國羊咀咩城，其王異牟尋忻然接遇，請絶吐蕃，遣使朝貢。其年，遣東蠻鬼主驃傍、苴夢衝、苴烏等相率入朝。南蠻自巂州陷没，臣屬吐蕃，絶朝貢者二十餘年，至是復通。

五年，皋遣大將王有道簡習精卒以入蕃界，與東蠻於故巂州臺登北谷大破吐蕃青海、臘城二節度，斬首二千級，生擒籠官四十五人，其投崖谷而死者不可勝計。蕃將乞藏遮遮者，蕃之驍將也，久爲邊患，自擒遮遮，城柵無不降，數年之内，終復巂州，以功加吏部尚書。九年，朝廷築鹽州城，慮爲吐蕃掩襲，詔皋出兵牽維之。乃命大將董勔、張芬出西山及南道，破峨和城、通鶴軍。吐蕃南道元帥論莽熱率衆來援，又破之，殺傷數千人，焚定廉城。凡平堡柵五十餘所，以功進位檢校右僕射。皋又招撫西山羌女、訶陵、白狗、逋租、弱水、南水等八國酋長，入貢闕廷。十一年九月，加統押近界諸蠻、西山八國兼雲南安撫等使。十二年二月，就加同中書門下平章事。十三年，收復巂州城。十六年，皋命將出軍，累破吐蕃於黎、巂二州。吐蕃怒，遂大搜閲，築壘造舟，欲謀入寇，皋悉挫之。於是吐蕃酋帥兼監統曩貢、臘城等九節度嬰、籠官馬定德與其大將八十七人舉部落來降。定德有計略，習知兵法及山川地形，吐蕃每用兵，定德常乘驛計事，蕃中諸將稟其成算；至是，自以扞邊失律，懼得罪而歸心焉。

十七年，吐蕃昆明城管磨些蠻千餘户又降。贊普以其衆外潰，遂北寇靈、朔，陷麟州。德宗遣使至成都府，令皋出兵深入蕃界。皋乃令鎮静軍使陳洎等統兵萬人出三奇路，威戎軍使崔堯臣兵千人出龍溪石門路南，維保二州兵馬使仇冕、保霸二州刺史董振等兵二千趨吐蕃維州城中，北路兵馬使邢玼等四千趨吐蕃棲鷄、老翁城，都將高倜、王英俊兵二千趨故松州，隴東兵馬使元膺兵八千人出南道雅、邛、黎、巂路。又令鎮南軍使韋良金兵一千三百續進，雅州經略使路惟明等兵三千趨吐蕃租、松等城，黎州經略使王有道兵二千人過大渡河，深入蕃界，巂州經略使陳孝陽、兵馬使何大海、韋義等及磨些蠻、東蠻二部落主苴那時等兵四千進攻昆明城、諸濟城。自八月出軍齊入，至十月破蕃兵十六萬，拔城七、軍鎮五、户三千，擒生六千，斬首萬餘級，遂進攻維州。救軍再至，轉戰千里，

蕃軍連敗。於是寇靈、朔之衆引而南下，贊普遣論莽熱以內大相兼東境五道節度兵馬都羣牧大使，率雜虜十萬而來解維州之圍。蜀師萬人據險設伏以待之，先出千人挑戰。莽熱見我師之少，悉衆追之。發伏掩擊，鼓譟雷駭，蕃兵自潰，生擒論莽熱，虜衆十萬，殲夷者半。是歲十月，遣使獻論莽熱于朝，德宗數而釋之，賜第於崇仁里。皋以功加檢校司徒，兼中書令，封南康郡王。

順宗即位，加檢校太尉。順宗久疾，不能臨朝聽政，宦者李忠言、侍棋待詔王伾、侍書待詔王叔文等三人頗干國政，高下在心。皋乃遣支度副使劉闢使於京師，闢私謁王叔文曰：「太尉使致誠於足下，若能致某都領劍南三川，必有以相酬；如不留意，亦有以奉報。」叔文大怒，將斬闢以徇，韋執誼固止之，闢乃私去。皋知王叔文人情不附，又知與韋執誼有隙，自以大臣可議社稷大計，乃上表請皇太子監國，曰：「臣聞上承宗廟，下鎮黎元，永固無疆，莫先儲兩。伏聞聖明以山陵未祔，哀毀逾制，心勞萬幾，伏計旬月之間，未甚痊復。皇太子睿質已長，淑問日彰，四海之心，實所倚賴。伏望權令皇太子監撫庶政，以俟聖躬痊平，一日萬幾，免令壅滯。」又上皇太子牋曰：

殿下體重離之德，當儲貳之重，所以克昌九廟，式固萬方，天下安危，繫於殿下。皋位居將相，志切匡扶，先朝奬知，早承恩顧。人臣之分，知無不爲，願上答眷私，罄輸肝鬲。伏以聖上嗣膺鴻業，睿哲英明，攀感先朝，志存孝理。諒闇之際，方委大臣，但付託偶失於善人，而參決多虧於公政。今羣小得志，隳紊紀綱，官以勢遷，政由情改，朋黨交構，熒惑宸聰。樹置腹心，遍於貴位；潛結左右，難在蕭牆。國賦散於權門，王稅不入天府，褻慢無忌，高下在心。貨賄流聞，遷轉失敍，先聖屏黜贓犯之類，咸擢居省寺之間。至令忠臣隕涕，正人結舌，遐邇痛心，人知不可。伏恐姦雄乘便，因此謀動干戈，危殿下之家邦，傾太宗之王業。伏惟太宗櫛沐風雨，經營廟朝，將垂二百年，欲及千萬祀，而一朝使叔文姦佞之徒，侮弄朝政，恣其胸臆，坐致傾危。臣每思之，痛心疾首。伏望殿下斥逐羣小，委任賢良，悽悽血誠，輸寫於此。

太子優令答之。而裴均、嚴綬牋表繼至，由是政歸太子，盡逐伾、文之黨。是歲，暴疾卒，時年六十一，贈太師，廢朝五日。

皋在蜀二十一年，重賦斂以事月進，卒致蜀土虛竭，時論非之。其從事累官稍崇者，則奏爲屬郡刺史，或又署在府幕，多不令還朝，蓋不欲洩所爲於闕下故也。故劉闢因皋故態，圖不軌以求三川，厲階之作，蓋有由然。皋兄聿時爲國子司業，劉闢與盧文若據西川叛，皋姪行式，先娶文若妹，而聿不奏。既收行式，以其妻没官，詔御史臺按聿，聿下獄。有司以行式妻在遠，不與兄同情，不當連坐，詔歸行式妻而釋聿。

《新唐書》卷一五八《韋皋傳》　韋皋字城武，京兆萬年人。六代祖範，有勳力周、隋間。皋始仕爲建陵挽郎，諸帥府更辟，擢監察御史。張鎰節度鳳翔，署營田判官。以殿中侍御史知隴州行營留事。

德宗狩奉天，李楚琳殺鎰，劫衆叛歸朱泚，隴州刺史郝通奔降楚琳。始，泚以范陽軍鎮鳳翔，既歸節，而留兵五百戍隴上，以部將牛雲光督之。至是，雲光謀請皋爲帥，將劫以臣泚。別將翟曄伺知，以白皋。雲光懼不克，率衆出奔，至汧陽，遇泚奴使皋所，謂雲光曰：「太尉已爲天子，使我以御史中丞授皋，若聽，固吾人也，不受，可遂誅之，請以兵俱。」許之。皋迎勞，先納奴，僞受泚詔。即讓雲光曰：「既去而復，何也？」對曰：「向未知公之命，故去；今還，願與公同生死。」皋曰：「大使固善，苟無它圖，請釋甲以安衆，而後可入也。」雲光以皋諸生，亡能爲，乃命士委仗鎧，皋受而內其卒。明日，置酒大會，奴、雲光與其下至，皋伏甲左右廡，酒行，盡殺之，以其首徇。泚復使它奴拜皋鳳翔節度使，皋亦斬之及從騎三人，縱一人使報泚。帝聞，乃授皋隴州刺史，置奉義軍，拜節度使，寵其功。皋遣兄平及弇繼至奉天，士氣益壯。乃築壇血牲與士盟曰：「協力一心，以誅元惡，有渝此盟，神其殛之。」又馳使吐蕃與連和，隴坻遂安。帝自梁、汧還，召爲左金吾衛將軍，遷大將軍。

貞元初，代張延賞爲劍南西川節度使。初，雲南蠻羈附吐蕃，其盜塞必以蠻爲鄉道。皋計得雲南則斬虜右支，乃間使招徠之，稍稍通西南夷。明年，蠻大首領苴那時以王爵讓其兄子烏星。始，烏星幼，那時攝領其部，故請歸爵。皋上言：「禮讓行于殊俗，則佛戾者化，願皆封以示褒進。」詔可。又明年，雲南款邊求內屬，約東蠻鬼主驃傍、苴夢衝等絶吐蕃盟。五年，東蠻斷瀘水橋攻吐蕃，請皋濟師。皋遣精卒二千，與蠻共破吐蕃於臺登，殺青海大酋乞臧遮遮、臘城酋悉多楊朱及論東柴等，虜墜死崖谷不可計，多獲牛馬鎧裝。遮遮，尚結贊之子，虜貴將悍雄者也，既敗，酋長百餘行哭隨之。悍將已亡，則屯柵以次降定。進檢校吏部尚書。

初，東蠻地二千里，勝兵常數萬，南倚閤羅鳳，西結吐蕃，狙勢彊弱爲患，皋能綏服之，故戰有功。詔以那時爲順政王，夢衝懷化王，驃傍和義王，刻「兩林」、

「勿鄧」等印以賜之。而夢衝復與吐蕃盟，皋遣別將蘇嵬召之，詰其叛，斬于琵琶川，立次鬼主樣棄等，蠻部震服。乃建安夷軍於資州，維制諸蠻；城龍谿於西山，保納降羌。

九年，天子城鹽州，策虜且來橈襲，詔皋出師牽維之。乃命大將董勔、張芬分出西山、靈關，破峨和、通鶴、定廉城，踰的博嶺，遂圍維州，搏棲雞，攻下羊溪等三城，取劍山屯焚之。南道元帥論莽熱來援，與戰，破其軍，進收白岸，乃城鹽州。詔皋休士。以功爲檢校尚書右僕射、扶風縣伯。

於是西山羌女、訶陵、南水、白狗、逋租、弱水、清遠、咄霸八國酋長，皆因皋請入朝。乃遣幕府崔佐時由石門趣雲南，而南詔復通。石門者，隋史萬歲南征道也，天寶中，鮮于仲通下兵南溪，道遂閉。至是蠻徑北谷，近吐蕃，故皋治復之。繇黎州出邛部，直雲南，置青溪關，號曰「南道」。乃詔皋統押近界諸蠻、西山八國，雲南安撫使。俄進同中書門下平章事。

十三年，復巂州。吐蕃怨，完壘造舟，謀擾邊，皋輒破卻之。自是曩貢、臘城等九節度嬰嬰、籠官馬定德與大將舉落皆降，昆明管些蠻又內附。贊普怒，遂北掠靈、朔，破麟州以取償焉。帝詔皋深入以橈虜。皋遣大將陳洎等出三奇，崔堯臣趨石門無衣山，仇冕、董振走維州，邢玭出黃崖略棲雞、老翁城，高倜、王英俊繇峨和、清溪道薄故松州，元膺出濕山、成溪，臧守至道黎、巂，韋良金趨平夷，路惟明自靈關、夏陽攻逋租、偏松城，王有道涉大度河，陳孝陽率蠻苴那時等道西瀘攻昆明、諾濟，師無慮五萬，以八月悉出塞。十月，大破吐蕃，拔其保鎮捕候，追奔轉戰千里，遂圍維州。吐蕃釋靈、朔兵，使論莽熱以內大相兼東境五節度大使，率雜虜十萬來救。師伏以待，虜乘勝深入，師譟而奮，虜大潰，生禽莽熱獻諸朝。帝悅，進檢校司徒兼中書令、南康郡王，帝製紀功碑褒賜之。

順宗立，詔檢校太尉。會王叔文等干政，皋遣劉闢來京師謁叔文曰：「公使私於君，請盡領劍南，則惟君之報。不然，惟君之怨。」叔文怒，欲斬闢，闢遁去。皋知叔文多釁，又自以大臣可與國大議，即上表請皇太子監國，又上牋太子，暴叔文、伾之姦，且勸進。會大臣繼請，太子遂受禪，因投殛姦黨。是歲，皋暴卒，年六十一，贈太師，謚曰忠武。

皋治蜀二十一年，數出師，凡破吐蕃四十八萬，禽殺節度、都督、城主、籠官千五百，斬首五萬餘級，獲牛羊二十五萬，收器械六百三十萬，其功烈爲西南劇。善拊士，至雖昏嫁皆厚資之，婿給錦衣，女給銀塗衣，賜各萬錢，死喪者稱是。其僚掾官雖顯，不使還朝，即署屬州刺史，自以移橫，務蓋藏之。故劉闢階其厲，卒以叛。朝廷欲追繩其咎，而不與皋者詆所進兵皆鏤「定秦」字，有陸暢者上言：「臣向在蜀，知『定秦』者，匠名也。」繇是議息。暢字達夫，皋雅所厚禮。始，天寶時，李白爲《蜀道難》篇以斥嚴武，暢更爲《蜀道易》以美皋焉。

始，皋務私其民，列州互除租，凡三歲一復。皋没，蜀人德之，見其遺象必拜。凡刻石著皋名者，皆鑱其文尊諱之。

雜録

備録

李肇《唐國史補》卷中　國子司業韋聿，皋之兄也，中朝以爲戲弄。嘗有人言九宮休咎，聿曰：「我家白方常在西南，二十年矣。」

韋太尉在西川，凡事設教，軍士將吏婚嫁，則以熟綵衣給其夫氏，以銀泥衣給其女氏，又各給錢一萬，死葬稱是，訓練稱是。內附者富贍之，遠來者將迎之。極其聚斂，坐有餘力，以故軍府寖盛，而黎甿重困。及晚年爲月進，終致劉闢之亂，天下譏之。

郭汾陽再收長安，任中書令二十四考。勳業福履，人臣第一。韋太尉皋鎮西川，亦二十年，降土蕃九節度，擒論莽熱以獻，大招附西南夷，任太尉，封南康王，亦其次也。

李綽《尚書故實》　陸暢字達夫，常爲韋南康作《蜀道易》，首句曰：「蜀道易，易於履平地。」南康大喜，贈羅八百疋。南康薨，朝廷欲繩其既往之事，復閱先所進兵器。刻「定秦」二字，不相與者因欲搆成罪名。暢上疏理之。云：「臣在蜀日，見造所進兵器，定秦者，匠之名也。」由是得釋。《蜀道難》，李白罪嚴武也。暢感韋之遇，遂反其詞焉。

李復言《續玄怪録》卷二《韋令公皋》　公初無官，薄遊劍外，西川節度使、兵部尚書、平章事張延賞以女妻之。既而惡焉，厭薄之情日露。公鬱鬱不得志，時入幕廷，與賓朋從遊，且摅其憤。張公愈惡，乘間謂公曰：「幕僚無非時彥，延賞

尚敬憚之。韋郎無事，不必數到。」其見輕也如此。他日，其妻尤甚憫之，曰：「男兒固有四方志，大丈夫何處不安，今厭賤如此而不知，歡然度日，奇哉！推鼓舞人，豈公之樂。妾辭家事君子，荒隅一間茅屋，亦君之居；炊菽羹藜，簞食瓢飲，亦君之食。何必忍愧强安，爲有血氣者所笑。」時公之道未行，自疑其命，嘗希乘張之權於仕。一旦悟此身茫然，於是入告張行意，張公遺帛五束，夫人薄之，揣知深意，不敢言，乃私遺二十束。公將别而行也，自中堂歸院，益州女巫適到，見之，問夫人曰：「向之緑衣入西院者爲誰？」曰：「韋郎。」曰：「此人極貴，位過丞相遠矣。其禄將發，不久亦鎮此，宜殊待之。」問其所以，曰：「貴人之行，必有陰吏。相國之侍一二十人耳，如緑衣郎者，乃百餘人。」夫人既憫韋之是行也，其女且嫁之，聞是大喜，遽言於相國。相國怒曰：「閨闈中人，無端乃如是。且延賞女已嫁此人，憐其貧而贈薄，請益則加，奈何假託妖巫以相調乎？」物怒，與之帛五束。是日韋行，月餘日到岐，岐帥以西川之貴壻，延置幕中，奏大理評事。尋以鞫獄平允，加監察。以隴州刺史卒，出知州事。俄而朱泚竊神器，駕幸奉天，兵戈亂起，征鎮路絶，輦下軍士衣食將闕，獨隴州貢獻不絶於道，天子忠之，乃除御史中丞、行在軍糧使。既而妖氛廓清，駕還宫闕，乃授兵部尚書、西川節度使。辭相國歲餘，代居其位。相國聞之，拔劍將自抉其目，以懲不知人之過。左右執之，久而方解，聞知韋路入朝，蓋以輕忽之極，無面目復見。噫！夫人未遇，其必然乎？非張相之忽悔，不足以戒天下之傲者。

俄而朱泚亂，駕幸奉天。隴州有泚舊卒五百人，兵馬使牛雲光主之，雲光謀作亂，不克，率其衆奔朱泚，道遇泚使，以僞詔除皋御史中丞，因與之俱還。皋受其命，謂雲光曰：「受命必無疑矣，可悉納器械，以明不相詐。」雲光從之。翌日大饗，伏甲盡殺之，立壇盟諸將。泚復許皋鳳翔節度，皋斬其使。行在聞之，人心皆奮。乃除隴州刺史、奉義軍節度使。及駕還宫，乃授兵部尚書、西川節度使。延賞聞之，將自抉其目，以懲不知人。

李翺《卓異記・代妻父爲節度》 代妻父爲節度：韋皋、張延賞。按韋皋初自鳳翔判官、殿中侍御史，權領隴州，立殊功，拜節度使。及朱泚平，入爲右金吾將軍，時延賞已爲西川矣。四年之代領茲鎮，士林之中，近古未有。

張讀《宣室志》卷九 唐故劍南節度使、太尉兼中書令韋皋既生一月，其家召羣僧會齋。有一胡僧，貌甚陋，不召而至，韋氏家童咸怒之，以弊席坐於庭中。既食，韋氏命乳母出嬰兒，請羣僧祝其壽。胡僧忽自升階，謂嬰兒曰：「别久無恙乎？」嬰兒若有喜色。衆皆異之。韋氏先君曰：「此子生纔一月，吾師何故言别久耶？」胡僧曰：「此非檀越之所知也。」韋氏固問之，胡僧曰：「此子乃諸葛武侯之後身耳。武侯當東漢之季，爲蜀丞相，蜀人受其賜且久。今降生於世，將爲蜀門帥，蜀人當受其福。吾往歲在劍南，與此子友善。今聞生於韋氏，吾故不遠而來。」韋氏異其言，因以武侯字之。後韋氏自左金吾節制劍南軍，累遷太尉兼中書令，在蜀十八年，果契胡僧之語也。

范攄《雲溪友議》卷中《玉簫化》 西川韋相公皋，昔遊江夏，止於姜使君之館。姜輔，相國之從兄也。姜氏孺子曰荆寶，已習二經，雖兄呼於韋，恭事之禮，如父叔也。荆寶有小青衣曰玉簫，年纔十歲，常令祗侯，侍於韋兄，玉簫亦勤於應奉。後二載，姜使君入關求官，而家累不行。韋乃易居，止頭陁寺，荆寶亦時遣玉簫往彼應奉。玉簫年稍長大，因而有情。時廉使陳常侍得韋君季父書云：「姪皋久客貴州，切望發遣歸覲。」廉察啓緘，遺以舟楫服用，仍恐淹留，請不相見，泊舟江渚，俾篙工促行。昏暝拭泪，乃書以别荆寶。寶頃刻與玉簫俱來，既悲且喜。寶命青衣從往，韋以違覲日久，不敢俱行，乃固辭之。遂爲言約，少則五載，多則七年，取玉簫。因留玉指環一枚，并詩一首。五年既不至，玉簫乃静禱於鸚鵡洲。又逾二年，暨八年春，玉簫嘆曰：「韋家郎君一别七年，是不來耳！」遂絶食而殞。姜氏愍其節操，以玉環着於中指，而同殯焉。後韋公鎮蜀，到府三日，詢鞫獄情，滌其冤濫輕重之繫，近三百餘人。其中一輩，五器所拘，偷視廳事，私語云：「僕射是當時韋兄也。」乃厲聲曰：「僕射僕射，憶得姜家荆寶否？」韋公曰：「深憶之。」「即某是也。」公曰：「犯何罪而重羈縲？」答曰：「某辭違之後，尋以明經及第，再選清城縣令。家人誤爇廨舍庫牌印等。」韋曰：「家人之犯，固非己尤。」便與雪冤，仍歸墨綬，乃奏眉州牧。敕下，未令赴任，遣人監守，朱紱其榮，留連賓幕。屬大軍之後，草創事繁，經蓂莢數凋，方謂：「玉簫何在？」姜牧曰：「僕射維舟之夕，與伊留約，七載是期。逾時不至，乃絶食而殞。」因吟留贈玉環詩云：「黄雀銜來已數春，别時難解贈佳人。長吟不見魚書至，爲遣相思夢入秦。」韋公聞之，益增悽嘆，廣修經像，以報夙心。且想念之懷，無由再會。時有祖山人者，有少翁之術，能令逝者相親，但令府公齋戒七日。清夜，玉簫乃至，謝曰：「承僕射寫經，僧佛之力，旬日便當託生。却後十二年，再爲侍妾，以謝鴻恩。」臨袂微笑曰：「丈夫薄情，令人死生隔矣！」後韋公隴右之功，終德宗之代，理蜀不替。是故年深累遷中書令、同平章事。天下嚮附，瀘棘歸心。

因作生日，節鎮所賀，皆貢珍奇。獨東川盧八座，送一歌姬，未當破瓜之年，亦以玉簫爲號。觀之，乃真姜氏之玉簫也，而中指有肉環隱出，不異留別之玉環也。京兆公曰：「吾乃知存殁之分，一往一來。玉簫之言，斯可驗矣！」議者以韋中書脱布衣不五秋，而擁旌鉞，皇朝之盛，罕有其倫；然鎮蜀近二紀，雲南諸蕃部落，悉遣儒生教其禮樂，易衽歸仁，彼我以鹽鏟貨賂，悉無怨焉。後司空林公弛其規准，別誘言化，復通其鹽運而不贍金帛，遂令部落懷二，猾悍邦君，蟊蠆爲羣，侵逼城壘，俘掠士庶妻子，其萬人乎！雍陶先輩感亂後詩曰：「錦城南面遥聞哭，盡是離家別國聲。」或謂黜韋帥之功，削成都之爵。且淮陰叛國，名居定難之始；竇融要君，跡踐諸侯之列；蓋録其勳，而不廢其名乎？所讓不合教戎濮詩書，致閑兵法，考其銜怨有以，而莫敢斥言，故乃削爵黜功，是爲大謬矣。

范攄《雲溪友議》卷中《苗夫人》　張延賞相公累代台鉉，每宴賓客，選子壻莫有入意者。其妻苗氏，太宰苗公晉卿之女也。夫人有才鑒，甚別英鋭，特選韋皋秀才，曰：「此人之貴，無與比儔。」既以女妻之，不二三歲，以韋郎性度高廓，不拘小節，張公稍悔之，至不齒禮，一門婢僕漸見輕怠，惟苗氏待之常厚矣。其於衆多視之悒快，而不能制遏也。皋妻張氏垂泣而言曰：「韋郎七尺之軀，學兼文武，豈有沉滯兒家，爲尊卑見誚？良時勝境，何忍虚擲乎！」韋乃遂辭東遊。妻罄粧奩贈送。清河公喜其往也，贐以七驢馱物。每之一驛，則附遞一馱而還；行經七驛，所送之物盡歸之也。其所有者，清河氏所贈粧奩，及布囊書册而已。清河公覘之，莫可測也。後權隴右軍事，會德宗行幸奉天，在西面之功，獨居其上也。聖駕旋復之日，自金吾持節西川，替妻父清河公。乃改易姓名，以「韋」作「韓」，以「皋」作「翱」，莫敢言之也。至天回驛，去府城三十里，上皇發駕日以爲名。有人特報相公曰：「替相公者，金吾韋皋將軍，非韓翱也。」苗夫人曰：「若是韋皋，必韋郎也。」張公笑曰：「天下同姓名者何限，彼韋生應已委棄溝壑，豈能乘吾位乎？婦女之言，不足云爾。」初有眘嫗巫者，每述禍祟，其言多中。乃云：「相公當直之神漸減，韋郎擁從之神日增。」皆以妖妄之言，不復再召也。苗夫人又曰：「韋郎比雖貧賤，氣凌霄漢。每以相公所誚，未嘗一言屈媚，因而見尤。成事立功，必此人也！」來早入州，方知不誤。張公憂惕，莫敢瞻視，曰：「吾不識人。」西門而出。凡是舊時婢僕曾無禮者，悉遣韋公棒殺，投於蜀江，展男子平生之志也。獨苗氏夫人無愧於韋郎，賢哉，賢哉！韋公侍奉外姑，過於布素之時。海内貴門，不敢忽於貧賤東床者乎！所以郭泗濱圓詩曰：「宣父從周又適秦，昔賢多少出風塵。當時甚訝張延賞，不識韋皋是貴人。」

和凝等《疑獄集》卷二《韋皋劾司店》　唐韋皋之鎮劍南日，鄉俗之弊，逆旅大賈有貨殖萬餘者，因病而酖之。既卒，所有財貨十隱其七八，因兹多致富盛。公密知之。有北客蘇延，家屬太鹵，因商販於蜀川，得病，當夜而卒。以報於公，公使驗其簿，已被店主易其文字，纔遺一二。公乃究尋經過，密勘於里屬，辭多異同，遂劾其司店者。立承隱欺數千餘貫，與諸吏分張，二十餘人，悉命付法。由是劍南無横死之客。

何光遠《鑒誡録》卷一〇《蜀才婦》　吴越饒營妓，燕趙多美姝，宋産歌姬，蜀出才婦。薛濤者，容姿既麗，才調尤佳。言謔之間，立有酬對。大凡營妓，比無校書之稱，韋公南康鎮成都日，欲奏之而罷，至今呼之。故進士胡曾有贈濤詩云：「萬里橋邊女校書，琵琶花下閉門居。掃眉才子知多少，管領春風總不如。」濤每承連帥寵念，或相唱和，出入車輿，詩達四方。中朝一應銜命。使車每届蜀，求見濤者甚衆。而濤性亦狂逸，所有見遺金帛，往往上納。韋公既知，且怒，於是不許從官。濤乃呈《十離》詩，情意感人，遂復寵召。當時見重如此。《犬離主》：「出入朱門四五年，熟知人性足人憐。近緣咬著親情客，不得紅絲毯上眠。」《魚離池》：「戲躍池中四五秋，常摇朱尾弄銀鈎。近緣戲觸紅蓮折，不得隨波自在遊。」《鸚鵡離籠》曰：「慣向侯門養此身，飛來飛去羽毛新。近緣出語無方便，不得籠中再唤人。」又《竹離叢》曰：「蓊鬱栽成四五行，常持堅節覆秋霜。近緣春笋鑽堦破，不得垂枝對畫堂。」又《珠離掌》曰：「一顆明珠内外通，分明皎潔水精宫。近緣一點瑕相累，不得終朝在掌中。」又女郎張窈窕，少年居蜀，下筆成章，當時詩人雅相推重。有《上成都當事》詩曰：「昨日賣衣裳，今朝賣衣裳。衣裳渾賣盡，羞見嫁時箱。有賣愁仍緩，無時心轉傷。故園胡虜隔，何處事蠶桑。」悲光兜寺近有尼海印，才思清峻，不讓名流。有《舟夜》一章頗佳，詩曰：「水色連天色，風聲益浪聲。旅人歸思苦，魚叟夢魂驚。舉棹雲先到，移舟月逐行。旋吟詩句罷，猶見遠山横。」

釋贊寧《宋高僧傳》卷一九《通感篇第六之二》　南康在任二十一年，末塗甚崇釋氏，恒持數珠誦佛名。所養鸚鵡，教令念經。及死，焚之，有舍利焉。皋又歸心南宗禪道，學心法於淨衆寺神會禪師。在蜀，富貴僭差，重賦斂，時議非之，然合梵僧懸記焉。

錢易《南部新書》卷戍　開成中，延英李石奏曰：「臣往年從事西蜀，中元日

常詣佛寺，見故劍南節度使韋皋圖形。百姓至者，先拜之而後謁佛，皆歎，有泣者。臣貴異之，訪於故老，皆曰：『令公恩深於蜀人。』後問曰：『奚爲恩深？』答曰：『百姓税重，令公輪年全放，自令公後，不復有此惠澤。百姓困窮，追思益切。』」

邵博《邵氏聞見後録》卷一〇　蜀於韋皋刻石文字，後書皋名者，必鐫其中，僅可辨。故宋子京書皋事云：「蜀人思之，見其遺像必拜，凡刻石著皋名者皆鑱去其文，尊諱之。」近有白西南夷得皋授故君長牒，於皋位下，書若皋字，復塗以墨，如刻石者，蓋「皋」花字也。當時書石，亦用前名後押之制，非蜀人鑱其文尊諱之。如本朝韓魏公書花字，寫成「琦」字，復塗以墨，尚可辨，亦此體也。

備論

《舊唐書》卷一四〇《韋皋傳》　史臣曰：韋南康、張徐州，慷慨下位之中，横身喪亂之際，力扶衰運，氣激壯圖，義風凛凛，聳動羣醜，春盜之喉，折賊之角，可謂忠矣！而韋公季年，惑賊闢之姦説，欲兼巴、益，則志未可量。徐州請覲，頗有規諫之言，所謂以道匡君，能以功名始終者。盧載初喻少誠，還地券，君子哉！三子之賢，不可多得。

贊曰：南康英壯，力匡交喪。張侯義烈，志平亂象。見危能振，蹈利無謗。韋德不周，張心可亮。

《新唐書》卷一五八《韋皋傳》　贊曰：皋、建封、弘本諸生，震興田畝間，未有以異人，及投隙龍驤，皆爲國梁楹，光奮一時。使不遭遇，與庸夫汩汩並齒而腐可也。皋、弘雖陰慝，卒能以誠言自解，長没天年，宜哉！

王夫之《讀通鑑論》卷二四《唐德宗》　名固有相因而起者矣，皋、夔、逢、比，皆名之可慕者也。惟所好在名，則非必皋、夔，而必爲皋、夔之言；彼固不足爲皋、夔，而君可與於堯、舜矣。非必逢、比，而必爲逢、比之言；彼固不足爲逢、比，而君可免於桀、紂矣。夫導君以侈，引君以貪，長君之暴，增君之淫，讎害君子而固結小人，取怨兆民而邀歡戚宦，亦何求而不得，所不得者名耳；則好名者，所畏忌而不欲以身試者也。於名而不好，則好必有所移。榮寵，其好矣；利禄，其好矣；全身保妻子，其好矣。人君而惡好名，將謂此仳仳有屋、蔌蔌有穀、享厚實之小人，爲誠樸無飾而登進之乎？

王夫之《讀通鑑論》卷二六《唐武宗》　蓋唐自立國以來，競爲奢侈，以衣裘僕馬、亭榭歌舞相尚，而形之歌詩論記者，誇大言之，而不以爲怍。韓愈氏自詡以知堯、舜、孔、孟之傳者，而戚戚送窮，淫詞不忌，則人心士氣概可知矣。迨及白馬之禍，凡錦衣珂馬、傳觴挾妓之習，熸焉銷盡。繼以五代之凋殘，延及有宋，羶風已息。故雖有病國之臣，不但王介甫之清介自矜，務遠金銀之氣，即如王欽若、丁謂、吕夷甫、章惇、邢恕之姦，亦終不若李林甫、元載、王涯之狼藉，且不若姚崇、張説、韋皋、李德裕之豪華。其或毒民而病國者，又但以名位争衡，而非寵賂官邪之害。此風氣之一變也。

藝文

《權德輿詩文集》卷一二《唐故光禄大夫檢校太尉兼中書令成都尹劍南西川節度副大使知節度事并管内支度營田觀察處置統押近界諸蠻西山八國雲南安撫等使上柱國南康郡王贈太師韋公先廟碑銘》　萬物本乎天，人本乎祖，乃立宗廟，以交神明。德厚流光，追養繼孝。順而下之曰義，等而上之曰仁。國家稽合禮文，損益前載，崇功貴仕，得祠四室。於《王制》酌諸侯二昭二穆之義，於《祭統》見君子盡志盡物之誠。惟太尉兼中書令南康郡王，懿文經武，保合昌運。左右德宗，格於皇天。始恢隴坻之旅，終化岷峨之俗。貴爲上公，位極元台。克肆忠力，乃圖孝享，作新廟於京師大安里。古者揚其功烈，銘於祭器。近古以魯鍾衛鼎，追琢先德，不若鏤文字於麗牲之碑，之爲詳也。乃謹而書之云。

公姓韋氏，京兆杜陵人。自扶陽重侯，用經明至宰相，後裔蕃昌，德與位偕。積十六葉至公六代祖範，字元禮，以字行於代，仕周爲車騎大將軍，入隋爲沂州刺史，啓土郿城，易名曰莊。實生孝恪，雅有文憲，武德初，侍御史爲洺州別駕。洺州生司農府君諱機，爲第一室。端誠正志，休有厥聲。專對出疆，艱貞復命，著《西征記》以獻，太宗嘉之。剖符檀州，修起儒術。三典卿曹，陟降屯夷。操持貴倖，不避强禦。繕理宫室，得其時制。史氏書之，爲唐名臣。以夫人隴西郡君辛氏配。司農生坊州府君諱餘慶，爲第二室。清和修潔，履道不回。歷右驍衛兵曹參軍，以至二千石。以夫人武功蘇氏配。坊州生贈太子少保府君諱嶽子，

爲第三室。方嚴貞幹，政事修明。在武后時，以直忤旨。由太原令移佐睢陽，出入四朝，績宣中外。歷殿中監，剖符八州：廬、海、湖、虢、眉、徐、衛、陜。所至之邦，有威有懷。凡再追命，以夫人扶風郡夫人竇氏配。少保生贈太子太師府君諱賁，爲第四室。盛德循行，含章自牧。歷藍田尉，淑聲流聞。上纂崇厚，下貽風訓，凡三追命。以夫人涼國太夫人段氏配。噫嘻！自扶陽至鄖城，積丕烈於前史；自考廟至顯考廟，流熾昌於後葉。列於禘嘗，儲厥義方。故南康王，苞五常，貞四教，秉靈傑出，含道中立。其初，誓偏師，建奇功，扞大患，立大節，以儒衣法冠，授律鑿門。佩亞相之印綬，修元侯之節制，就加宗工，入掌金吾。撫征全蜀，命賜備厚。由地官轉天官，參總端右，平章宰政。進中書令，加司徒、太尉。鉞鉞秬鬯，旂鑾雕戈，有嚴有翼，乃蔚乃赫。忠厚博大以阜俗，信廉勇仁以成師。南蠻納邸，西羌解辮。象胥譯戎捷，樂府陳夷歌。守正持重，推誠畢力。開地通道者，九千餘里；生聚教訓者，二十一年。天文紀功，刻在金石。暨德宗棄天下，太上居諒闇，危言急病，體國忘身。毅然君子之道，卓爾大臣之節。永貞元年秋七月，考終命於理所。册贈太師，有司奏謚，曰忠武公。自廟成距今，凡八年矣。

公以天子守臣，安危注意，不得視滌濯，承吉蠲。而元兄國子司業聿，實奉朝請，薦其常事。孝友而才，稱於士林。初公之仲兄曰皐，屯田員外郎、贈鄧州刺史，叔氏曰肇，太子左庶子兼御史大夫、贈左散騎常侍，咸以器望而延褒錫。公之夫人贈魏國夫人張氏，其祖禰與外王父，皆秉國鈞，爲天下華腴。嗣子工部員外郎行立，銜恤無怙，齊喪中禮。大凡四廟之支，旁尊羣從，喧赫昭融，不可勝書。至若質明光近，沐浴盛服，虛中而理嘉薦，匪懈而無違心。大饎沉齊，馨薌滌鬯。既思其志意，若聞乎容聲。洞洞乎，屬屬乎，有以見畢十倫而備百順。昔素王云「以戰則克，以祭則受福」，其斯之謂乎？司業悼手足之凋落，感春秋以悽愴，永懷明發，俾篆斯文。銘曰：

新廟有侐，静深奕奕。孝孫匪懈，玄衮赤舄。洪閥章章，乃侯乃王。漢稱扶揚，唐有南康。二十三葉，沛然蕃昌。四室崇崇，斯焉享嘗。烈烈南康，温良能斷。謀猷樽俎，文武貞幹。汧岐之西，祲沴銷散。井絡之下，天文昭焕。撫封全歸，冥漠德輝。聿修孝享，家法無違。以昭以穆，以似以續。和氣婉容，苾芬烹熟。子孫大小，罔不祗肅。神之聽之，報以介福。

《白居易集》卷一五《和武相公感韋令公舊池孔雀》 索寞少顔色，池邊無主禽。難收帶泥翅，易結著人心。頂毳落殘碧，尾花銷闇金。放歸飛不得，雲海故巢深。

《文苑英華》卷九八六符載《爲劉尚書祭韋太尉文》 維年月日，某官某，祭于某官之靈：乾坤瑞氣，蓊鬱淳精。誕生碩臣，爲才爲英。其體顒昂，其神清明。大包九德，全貫五行。聞望昭宣，勳榮峥嶸。静專動直，淵默雷聲。甲子之歲，宗社震驚。塵飛四野，人弄豆兵。公在隴州，保捍孤城。師徒頗頷，凶孽縱横。一發沉機，萬夫掃平。天維地軸，爲之不傾。天子報功，夫何超越。全蜀千里，虎旗龍節。堅完卒乘，延納賢傑。武事雄稜，文華昭晰。西戎夭矯，南詔夐絶。德惠震威，投心象闕。激揚風教，提携義烈。二十年間，淹江澄澈，爰有獷人，驃國彌臣。化所未洽，古之不馴。飲我大誠，沛然來賓。遂使皇澤，播其無垠。奉聖功成，樂府聲新。一時事業，萬古紛綸。實異昊穹，福善與人。何豫章之磅礴，奄摧落乎青春。嗚呼！曩者危疑之際，邪臣交搆。獨秉精誠，飛章上奏。忠同折檻，詞近及霤。昏霧忽清，太陽乃晝。淒涼陳跡，惋毒中壽。志未展於生前，寵徒光於身後。嗚呼！某以薄劣，獲事旌旂。猥承國士之顧，謬居羣彦之先。傍徨授署，味懵機權。顧無能於布政，懼取譏於大賢。蕭條岐路，耿默風煙。諒祖奠之無路，瞻壽堂而潛然。

《文苑英華》卷九八六符載《爲賈常侍祭韋太尉文》 至道之世，君臣聖明。必有賢才，爲之挺生。昭昭我公，得一居貞。窺神靈之壼奧，涵天地之淳精。胸襟洞達，方畧縱横。文房啓而風雅斯在，武庫開而禍亂乃平。甲子之歲，逆泚變節。河海沸騰，宗社兀隍。孤軍隴上，勢窮援絶。激臨危之肝肺，成曠世之勳烈。帝有寵命，擁旄蜀川。威聲烜赫，德禮昭宣。家有美政，人無兀賢。熙熙穆穆，二十餘年。機謀内發，英明獨照。頓挫西戎，經營南詔。通驃國之幽阻，導彌臣之叶窱。咸屈膝於君王，信萬古之榮耀。方期驅兵率乘，覲謁帝庭。承汪濊之殊澤，陳訏謨之大經。如何尊重，遘兹殞靈。地偃喬岳，天沉輔星。昨者疾瘳之日，咸望再起。頻造屏内，候公動止。憂國慷慨，請立太子。事苟未行，歿而後已。今上嗣位，人神交喜。哀傷大賢，不見如此。某謬以菲薄，監臨此軍。參蕭曹之議論，覩伊霍之功勳。淒涼門館，顧慕風雲。非百身之可贖，寄一慟於斯文。

《文苑英華》卷九八六符載《爲西川幕府祭韋太尉文》 維年月日，祭於某官之靈：聖歷應數，今古同風。五百年間，運屬我公。長河噴射，太華穹崇。鬱起

生人之表，獨棲顥氣之中。往者鯨鯢蕩海，波濤洶洶。京洛風塵，人神震恐。公遂屹立，天授智勇。斬刈師徒，扶持汧隴，逆黨顛頹，心摧計擁，繇是安危，繫之輕重。天子報功，禮數乃殊。既渥龍節，亦執金吾。國之西南，寔曰成都。夷夏混合，山川盤紆。苟非哲人，莫啟令圖。咨我賢達，付之方隅。公乃壓坤，維以厚德。注羣生以和氣，應變參乎杳冥，布政歸乎簡易。剗風俗之姦宄，平人心之險陂。肅貔虎以雲屯，禮英髦而麕至。蠲萬痾於藥草，新百貸於鄽肆。綢繆賓客之歡，肅穆鬼神之祀。補前人之漏畧，極當時之能事。道尊而獷俗承風，聲烜而殊鄰慕義。狺狺犬戎，背約報仇。疆場蠆毒，大邦寇讎。公動機權，控扼咽喉。闢其陬落，係其魁酋。峨和窣雲，大渡橫流。伏不敢動，垂二十秋。伊昔南蠻嚮化，虔奉朝旨。將率非良，撫綏失禮。興兵戰伐，深入邊鄙。十萬之師，蕩爲癘鬼。公以誠往，彼由感起。拜新詔於皇都，歸舊封於越巂。提攜椎髻之類，箠列青衿之齒。驃國之與彌臣，伏聯蹤而疊軌。臣製樂以奉聖，裁文以叙美。致雍熙於宇內，相考一德之輝光，諒有唐而已矣。方期五福之壽，享九命之尊。玉帛於天門。何至業之堙鬱，逢逝水之迅奔。竭涸滄海，摧頹崑崙。精靈一去，徽烈空存。嗚呼哀哉！錦城秋暮，北郊長路。寂寞山川，蕭踈草樹。雖蘋藻之屢薦，終輴車而不駐。慟軍府之悲凉，增煙霞之思暮。某等俱以孱鈍，獲事旌旄。庇蓮府之光彩，無汗馬之勳勞。戴恩愧厚，顧位慙高。問沉痛之何有，與三江之滔滔。

徐鈞《史詠詩集》卷下《韋皋》 撫邊年久賦徭寬，善政春秋俗自安。蜀道雖危今坦易，登天不比向時難。

顏真卿部

綜述

《舊唐書》卷一二八《顏真卿傳》 顏真卿字清臣，琅邪臨沂人也。五代祖之推，北齊黄門侍郎。真卿少勤學業，有詞藻，尤工書。開元中，舉進士，登甲科。事親以孝聞。四命爲監察御史，充河西隴右軍試覆屯交兵使。五原有冤獄，久不決，真卿至，立辯之。天方旱，獄決乃雨，郡人呼之爲「御史雨」。又充河東朔方試覆屯交兵使。有鄭延祚者，母卒二十九年，殯僧舍垣地，真卿劾奏之，兄弟三十年不齒，天下聳動。遷殿中侍御史、東都畿採訪判官，轉侍御史、武部員外郎。楊國忠怒其不附己，出爲平原太守。

安禄山逆節頗著，真卿以霖雨爲託，修城浚池，陰料丁壯，儲廩實；乃陽會文士，泛舟外池，飲酒賦詩。或讒於禄山，禄山亦密偵之，以爲書生不足虞也。無幾，禄山果反，河朔盡陷；獨平原城守具備，乃使司兵參軍李平馳奏之。玄宗初聞禄山之變，歎曰：「河北二十四郡，豈無一忠臣乎！」得平來，大喜，顧左右曰：「朕不識顏真卿形狀何如，所爲得如此！」禄山初尚移牒真卿，令以平原、博平軍屯七千人防河津，以博平太守張獻直爲副。真卿乃募勇士，旬日得萬人，遣録事參軍李擇交統之簡閱，以刁萬歲、和琳、徐浩、馬相如、高抗朗等爲將。

禄山既陷洛陽，殺留守李憕、御史中丞盧奕、判官蔣清，以三首遣段子光來徇河北。真卿恐摇人心，乃詐謂諸將曰：「我識此三人，首皆非也。」遂腰斬子光，密藏三首。異日，乃取三首冠飾，草續支體，棺斂祭殯，爲位慟哭，人心益附。禄山遣其將李欽湊、高邈、何千年等守土門。真卿從父兄常山太守杲卿與長史袁履謙謀殺湊、邈，擒千年送京師。土門既開，十七郡同日歸順，共推真卿爲帥，得兵二十餘萬，横絶燕、趙。詔加真卿户部侍郎，依前平原太守。

清河客李萼，年二十餘，與郡人來乞師，謂真卿曰：「聞公義烈，首唱大順，河朔諸郡恃公爲長城。今清河，實公之西鄰也，僕幸寓家，得其虚實，知可爲長者用。今計其蓄積，足以三平原之富，士卒可以二平原之强。公因而撫之，腹心輔車之郡，其他小城，運之如臂使指耳。唯公所意，誰敢不從。」真卿借兵千人。萼將去，真卿謂之曰：「兵出也，吾子何以教我？」萼曰：「今聞朝廷使程千里統衆十萬自太行東下，將出崞口，爲賊所扼，兵不得前。今若先伐魏郡，斬袁知泰，太守司馬垂使爲西南主；分兵開崞口之路，出千里之兵使討鄴、幽陵；平原、清河合同志十萬之衆徇洛陽，分兵而制其衝。計王師亦不下十萬，公當堅壁，無與挑戰，不數十日，賊必潰而相圖矣。」真卿然之，乃移牒清河等郡，遣其大將李擇交，副將平原縣令范東馥、裨將和琳、徐浩等進兵，與清河四千人合勢，而博平以千人來，三郡之師屯於博平，去堂邑縣西南十里。袁知泰遣其將白嗣深、乙舒蒙等以二萬人來拒戰，賊大敗，斬首萬餘級。肅宗幸靈武，授工部尚書，兼御史大夫，河北採訪招討使。禄山乘虚遣史思明、尹子奇急攻河北諸郡，饒陽、河間、景城、樂安相次陷没，獨平原、博平、清河三郡城守，然人心危蹙，不可復振。

至德元年十月，棄郡渡河，歷江淮、荆襄。二年四月，朝於鳳翔，授憲部尚書，尋加御史大夫。中書舍人兼吏部侍郎崔漪帶酒容入朝，諫議大夫李何忌在班不肅，真卿劾之；貶漪爲右庶子，何忌西平郡司馬。元帥廣平王領朔方蕃漢兵號二十萬來收長安，出辭之日，百僚致謁於朝堂。百僚拜，答拜，辭亦如之。王當闕不乘馬，步出木馬門而後乘。管崇嗣爲王都虞候，先王上馬，真卿進狀彈之。肅宗曰：「朕兒子每出，諄諄教誡之，故不敢失禮。崇嗣老將，有足疾，姑欲優容之，卿勿復言。」乃以奏狀還真卿。雖天子蒙塵，典法不廢。洎鑾輿將復宫闕，遣左司郎中李巽先行，陳告宗廟之禮，有司署祝文，稱「嗣皇帝」。真卿謂禮儀使崔器曰：「上皇在蜀，可乎？」器遽奏改之。中旨宣勞，以爲名儒深達禮體。時太廟爲賊所毁，真卿奏曰：「春秋時，新宫災，魯成公三日哭。今太廟既爲盗毁，請築壇於野，皇帝東向哭，然後遣使。」竟不能從。軍國之事，知無不言。爲宰相所忌，出爲同州刺史，轉蒲州刺史。爲御史唐旻所構，貶饒州刺史。旋拜昇州刺史、浙江西道節度使，征爲刑部尚書。李輔國矯詔遷玄宗居西宫，真卿乃首率百僚上表請問起居，輔國惡之，奏貶蓬州長史。

代宗嗣位，拜利州刺史，遷户部侍郎，除荆南節度使，未行而罷，除尚書左丞。車駕自陝將還，真卿請皇帝先謁五陵、九廟而後還宫。宰相元載謂真卿曰：「公所見雖美，其如不合事宜何？」真卿怒，前曰：「用捨在相公耳，言者何罪？然朝廷之事，豈堪相公再破除耶！」載深銜之。旋改檢校刑部尚書知省事，累進封魯郡公。

時元載引用私黨，懼朝臣論奏其短，乃請：百官凡欲論事，皆先白長官，長官白宰相，然後上聞。真卿上疏曰：

御史中丞李進等傳宰相語，稱奉進止：「緣諸司官奏事頗多，朕不憚省覽，但所奏多挾讒毀；自今論事者，諸司官皆須先白長官，長官白宰相，宰相定可否，然後奏聞者。」臣自聞此語已來，朝野囂然，人心亦多衰退。何則？諸司長官皆達官也，言皆專達於天子也。郎官、御史者，陛下腹心耳目之臣也。故其出使天下，事無巨細得失，皆令訪察，迴日奏聞，所以明四目、達四聰也。今陛下欲自屏耳目，使不聰明，則天下何述焉。《詩》云：「營營青蠅，止于棘。讒言罔極，交亂四國。」以其能變白爲黑，變黑爲白也。詩人深惡之，故曰：「取彼讒人，投畀豺虎。豺虎不食，投畀有北。」則夏之伯明、楚之無極、漢之江充，皆讒人也，孰不惡之？陛下惡之，深得君人之體矣。陛下何不深迴聽察，其言虛誣者，則讒人也，因誅殛之；其言不虛者，則正人也，因獎勵之。陛下捨此不爲，使衆人皆謂陛下不能明察，倦於聽覽，以此爲辭，拒其諫諍，臣竊爲陛下痛惜之。

臣聞太宗勤於聽覽，庶政以理，故著《司門式》云：「其有無門籍人，有急奏者，皆令監門司與仗家引奏，不許關礙。」所以防壅蔽也。并置立仗馬二匹，須有乘騎便往，所以平治天下，正用此道也。天寶已後，李林甫威權日盛，羣臣不先諮宰相輒奏事者，仍託以他故中傷，猶不敢明約百司，令先白宰相。又閹官袁思藝日宣詔至中書，玄宗動靜，必告林甫，先意奏請，玄宗驚喜若神。以此權柄恩寵日甚，道路以目。上意不下宣，下情不上達，所以漸致潼關之禍，皆權臣誤主，不遵太宗之法故也。陵夷至于今日，天下之蔽，盡萃于聖躬，豈陛下招致之乎？蓋其所從來者漸矣。自艱難之初，百姓尚未凋弊，太平之理，立可便致。屬李輔國用權，宰相專政，遞相姑息，莫肯直言。大開三司，不安反側，逆賊散落，將士北走党項，合集士賊，至今爲患。僞將更相驚恐，因思明危懼，扇動却反。又今相州敗散，東都陷没，先帝由此憂勤，至於損壽，臣每思之，痛切心骨。

今天下兵戈未戢，瘡痏未平，陛下豈得不日聞讜言以廣視聽，而欲頓隔忠讜之路乎！臣竊聞陛下在陝州時，奏事者不限貴賤，務廣聞見，乃堯、舜之事也。凡百臣庶，以爲太宗之理，可翹足而待也。臣又聞君子難進易退，由此言之，朝廷開不諱之路，猶恐不言，況懷厭怠，令宰相宣進止，使御史臺作條目，不令直進。從此人人不敢奏事，則陛下聞見，只在三數人耳。天下之士，方鉗口結舌，陛下後見無人奏事，必謂朝廷無事可論，豈知懼不敢進，即林甫、國忠復起矣。凡百臣庶，以爲危殆之期，又翹足而至也。如今日之事，曠古未有，雖李林甫、楊國忠猶不敢公然如此。今陛下不早覺悟，漸成孤立，後縱悔之無及矣！臣實知忤大臣者，罪在不測，不忍孤負陛下，無任懇迫之至。

其激切如此。於是中人争寫内本布於外。

後攝祭太廟，以祭器不修言於朝，載坐以誹謗，貶硤州別駕、撫州湖州刺史。元載伏誅，拜刑部尚書。代宗崩，爲禮儀使。又以高祖已下七聖謚號繁多，乃上議請取初謚爲定。袁傪以諂言排之，遂罷。楊炎爲相，惡之，改太子少傅，禮儀使如舊，外示崇寵，實去其權也。

盧杞專權，忌之，改太子太師，罷禮儀使，諭於真卿曰：「方面之任，何處爲便？」真卿候杞於中書曰：「真卿以褊性爲小人所憎，竄逐非一。今已羸老，幸相公庇之。相公先中丞傳首至平原，面上血真卿不敢衣拭，以舌舐之，相公忍不相容乎？」杞矍然下拜，而含怒心。會李希烈陷汝州，杞乃奏曰：「顔真卿四方所信，使諭之，可不勞師旅。」上從之，朝廷失色。李勉聞之，以爲失一元老，貽朝廷羞，乃密表請留。又遣逆於路，不及。

初見希烈，欲宣詔旨，希烈養子千餘人露刃争前迫真卿，將食其肉。諸將叢遶慢罵，舉刃以擬之，真卿不動。希烈遽以身蔽之，而麾其衆，衆退，乃揖真卿就館舍。因逼爲章表，令雪己，願罷兵馬。累遣真卿兄子峴與從吏凡數輩繼來京師。上皆不報。每於諸子書，令嚴奉家廟，恤諸孤而已。希烈大宴逆黨，召真卿坐，使觀倡優斥黷朝政爲戲，真卿怒曰：「相公，人臣也，奈何使此曹如是乎？」拂衣而起，希烈慚，亦呵止。時朱滔、王武俊、田悦、李納使在坐，目真卿謂希烈曰：「聞太師名德久矣，相公欲建大號，而太師至，非天命正位？欲求宰相，孰先太師乎？」真卿正色叱之曰：「是何宰相耶！君等聞顔杲卿無？是吾兄也。禄山反，首舉義兵，及被害，詬罵不絶於口。吾今年向八十，官至太師，守吾兄之節，死而後已，豈受汝輩誘脅耶！」諸賊不敢復出口。

希烈乃拘真卿，令甲士十人守，掘方丈坎於庭，曰「坑顔」，真卿怡然不介意。後張伯儀敗績於安州，希烈令齎伯儀旌節首級誇示真卿，真卿慟哭投地。後其大將周曾等謀襲汝州，因迴兵殺希烈，奉真卿爲節度。事洩，希烈殺曾等，遂送真卿於龍興寺。真卿度必死，乃作遺表，自爲墓誌、祭文，常指寢室西壁下云：「吾殯所也。」希烈既陷汴州，僭僞號，使人問儀於真卿，真卿曰：「老夫耄矣，曾掌國禮，所記者諸侯朝覲禮耳。」

興元元年，王師復振，逆賊慮變起蔡州，乃遣其將辛景臻、安華至真卿所，積柴庭中，沃之以油，且傳逆詞曰：「不能屈節，當自燒。」真卿乃投身赴火，景臻等遽止之，復告希烈。德宗復宫闕，希烈弟希倩在朱泚黨中，例伏誅。希烈聞之怒。興元元年八月三日，乃使閹奴與景臻等殺真卿。先曰：「有敕」。真卿拜，奴曰：「宜賜卿死。」真卿曰：「老臣無狀，罪當死，然不知使人何日從長安來？」奴曰：「從大梁來。」真卿罵曰：「乃逆賊耳，何敕耶！」遂縊殺之，年七十七。

及淮、泗平，貞元元年，陳仙奇使護送真卿喪歸京師。德宗痛悼異常，廢朝五日，謚曰文忠。復下詔曰：「君臣之義，生録其功，殁厚其禮，況才優匡國，忠至滅身。朕自興歎，勞於寤寐。故光禄大夫、守太子太師、上柱國、魯郡公顔真卿，器質天資，公忠傑出，出入四朝，堅貞一志。屬賊臣擾亂，委以存諭，拘脅累歲，死而不撓，稽其盛節，實謂猶生。朕致貽斯禍，慚悼靡及，式崇嘉命，兼延爾嗣。可贈司徒，仍賜布帛五百端。男頵、碩等喪制終，所司奏超授官秩。」貞元六年十一月南郊，赦書節文授真卿一子五品正員官，故頵得録用。文宗詔曰：「朕每覽國史，見忠烈之臣，未嘗不嗟歎久之，思有以報。如聞從覽、弘式，實杲卿、真卿之孫。永惟九原，既不可作，旌其嗣續，諒協典彝。考績已深於宦途者，命列於中臺；官次未齒於搢紳者，俾佐於左輔。庶使天下再新義風。」以真卿曾孫弘式爲同州參軍。

《新唐書》卷一五三《顔真卿傳》　顔真卿字清臣，秘書監師古五世從孫。少孤，母殷躬加訓導。既長，博學，工辭章，事親孝。

開元中，舉進士，又擢制科。調醴泉尉。再遷監察御史，使河、隴。時五原有冤獄久不決，天且旱，真卿辨獄而雨，郡人呼「御史雨」。復使河東，劾奏朔方令鄭延祚母死不葬三十年，有詔終身不齒，聞者聳然。遷殿中侍御史。時御史吉温以私怨構中丞宋渾，謫賀州，真卿曰：「奈何以一時忿，欲危宋璟後乎？」宰相楊國忠惡之，諷中丞蔣冽奏爲東都採訪判官，再轉武部員外郎。國忠終欲去之，乃出爲平原太守。

安禄山逆狀牙孽，真卿度必反，陽託霖雨，增陴濬隍，料才壯，儲廥廩。日與賓客泛舟飲酒，以紓禄山之疑。果以爲書生，不虞也。禄山反，河朔盡陷，獨平原城守具備，使司兵參軍李平馳奏。玄宗始聞亂，嘆曰：「河北二十四郡，無一忠臣邪？」及平至，帝大喜，謂左右曰：「朕不識真卿何如人，所爲乃若此！」

時平原有静塞兵三千，乃益募士，得萬人，遣録事參軍李擇交統之，以刁萬歲、和琳、徐浩、馬相如、高抗朗等爲將，分總部伍。大饗士城西門，慷慨泣下，衆感勵。饒陽太守盧全誠、濟南太守李隨、清河長史王懷忠、景城司馬李暐、鄴郡太守王燾各以衆歸，有詔北海太守賀蘭進明率精鋭五千濟河爲助。賊破東都，遣段子光傳李憕、盧奕、蔣清首徇河北，真卿畏衆懼，紿諸將曰：「吾素識憕等，其首皆非是。」乃斬子光，藏三首。它日，結芻續體，斂而祭，爲位哭之。

是時，從父兄杲卿爲常山太守，斬賊將李欽湊等，清土門。十七郡同日自歸，推真卿爲盟主，兵二十萬，絶燕、趙。詔即拜户部侍郎，佐李光弼討賊。真卿以李暐自副，而用李銑、賈載、沈震爲判官。俄加河北招討採訪使。

清河太守使郡人李崿來乞師，崿曰：「聞公首奮裾唱大順，河朔恃公爲金城。清河，西鄰也，有江淮租布備北軍，號『天下北庫』，計其積，足以三平原之有，士卒可以二平原之衆。公因而撫有，以爲腹心，它城運之如臂之指耳。」真卿爲出兵六千，謂曰：「吾兵已出，子將何以教我？」崿曰：「朝家使程千里統衆十萬，自太行而東，將出崞口，限賊不得前。公若先伐魏郡，斬賊守袁知泰，以勁兵披崞口，出官師使討鄴、幽陵，平原、清河合十萬衆徇洛陽，分犀鋭制其衝。公堅壁勿與戰，不數十日，賊必潰，相圖死。」真卿然之。乃檄清河等郡，遣大將李擇交、副將范冬馥和琳徐浩與清河、博平士五千屯堂邑。袁知泰遣將白嗣深、乙舒蒙等兵二萬拒戰，賊敗，斬首萬級，知泰走汲郡。

史思明圍饒陽，遣游奕兵絶平原救軍，真卿懼不敵，以書招賀蘭進明，以河北招討使讓之。進明敗於信都。會平盧將劉正臣以漁陽歸，真卿欲堅其意，遣賈載越海遺軍資十餘萬，以子頗爲質。頗甫十歲，軍中固請留之，不從。

肅宗已即位靈武，真卿數遣使以蠟丸裹書陳事。拜工部尚書兼御史大夫，復爲河北招討使。時軍費困竭，李崿勸真卿收景城鹽，使諸郡相輸，用度遂不乏。第五琦方參進明軍，後得其法以行，軍用饒雄。

禄山乘虚遣思明、尹子奇急攻河北，諸郡復陷，獨平原、博平、清河固守。然人心危，不復振。真卿謀於衆曰：「賊鋭甚，不可抗。若委命辱國，非計也，不如徑赴行在，朝廷若誅敗軍罪，吾死不恨。」至德元載十月，棄郡度河，間關至鳳翔謁帝，詔授憲部尚書，遷御史大夫。

方朝廷草昧不暇給，而真卿繩治如平日。武部侍郎崔漪、諫議大夫李何忌皆被劾斥降。廣平王總兵二十萬平長安，辭日，當闕不敢乘，趨出桂枉乃乘。王府都虞候管崇嗣先王而騎，真卿劾之。帝還奏，慰答曰：「朕子每出，諄諄教戒，

故不敢失。崇嗣老而躄，卿姑容之。」百官肅然。兩京復，帝遣左司郎中李選告宗廟，祝署「嗣皇帝」，真卿謂禮儀使崔器曰：「上皇在蜀，可乎？」器遽奏改之，帝以爲達識。又建言：「《春秋》，新宮災，魯成公三日哭。今太廟爲賊毀，請築壇於野，皇帝東向哭，然後遣使。」不從。宰相厭其言，出爲馮翊太守。轉蒲州刺史，封丹楊縣子。爲御史唐旻誣劾，貶饒州刺史。

乾元二年，拜浙西節度使。劉展將反，真卿豫飭戰備，都統李峘以爲生事，非短真卿，因召爲刑部侍郎。展卒舉兵度淮，而峘奔江西。

李輔國遷上皇西宮，真卿率百官問起居，輔國惡之，貶蓬州長史。代宗立，起爲利州刺史，不拜，再遷吏部侍郎。除荆南節度使，未行，改尚書右丞。

帝自陝還，真卿請先謁陵廟而即宮，宰相元載以爲迂，真卿怒曰：「用捨在公，言者何罪？然朝廷事豈堪公再破壞邪！」載銜之。俄以檢校刑部尚書爲朔方行營宣慰使，未行，留知省事，更封魯郡公。時載多引私黨，畏羣臣論奏，乃紿帝曰：「羣臣奏事，多挾讒毀。請每論事，皆先白長官，長官以白宰相，宰相詳可否以聞。」真卿上疏【略】於是中人等騰布中外。後攝事太廟，言祭器不飭，載以爲誹謗，貶峽州別駕。改吉州司馬，遷撫、湖二州刺史。

載誅，楊綰薦之，擢刑部尚書，進吏部。帝崩，以爲禮儀使，因奏列聖謚繁，請從初議爲定，袁傪固排之，罷不報。時喪亂後，典法湮放，真卿雖博識今古，屢建議釐正，爲權臣沮抑，多中格云。

楊炎當國，以直不容，換太子少師，然猶領使。及盧杞，益不喜，改太子太師，并使罷之，數遣人問方鎮所便，將出之。真卿往見杞，辭曰：「先中丞傳首平原，面流血，吾不敢以衣拭，親舌舐之，公忍不見容乎！」杞矍然下拜，而銜恨切骨。

李希烈陷汝州，杞乃建遣真卿：「四方所信，若往諭之，可不勞師而定。」詔可，公卿皆失色。李勉以爲失一元老，貽朝廷羞，密表固留。至河南，河南尹鄭叔則以希烈反狀明，勸不行，答曰：「君命可避乎？」既見希烈，宣詔旨，希烈養子千餘拔刃爭進，諸將皆慢罵，將食之，真卿色不變。希烈以身扞，麾其衆退，乃就館。逼使上疏雪己，真卿不從。乃詐遣真卿兄子峴與從吏數輩繼請，德宗不報。真卿每與諸子書，但戒嚴奉家廟，恤諸孤，訖無它語。希烈遣李元平説之，真卿叱曰：「爾受國委任，不能致命，顧吾無兵戮汝，尚説我邪？」希烈大會其黨，召真卿，使倡優斥侮朝廷。真卿怒曰：「公，人臣，奈何如是？」拂衣去。希烈大慚。時朱滔、王武俊、田悦、李納使者皆在坐，謂希烈曰：「聞太師名德久矣，公欲建大號而太師至，求宰相孰先太師者？」真卿叱曰：「若等聞顔常山否？吾兄也，禄山反，首舉義師，後雖被執，詬賊不絶於口。吾年且八十，官太師，吾守吾節，死而後已，豈受若等脅邪！」諸賊失色。

希烈乃拘真卿，守以甲士，掘方丈坎於廷，傳將阬之，真卿見希烈曰：「死生分矣，何多爲！」張伯儀敗，希烈令齎旌節首級示真卿，真卿慟哭投地。會其黨周曾、康秀林等謀襲希烈，奉真卿爲帥，事洩，曾死，乃拘送真卿蔡州。真卿度必死，乃作遺表、墓誌、祭文，指寢室西壁下曰：「此吾殯所也。」希烈僭稱帝，使問儀式，對曰：「老夫耄矣，曾掌國禮，所記諸侯朝覲耳！」

興元後，王師復振，賊虞變，遣將辛景臻、安華至其所，積薪于廷曰：「不能屈節，當焚死。」真卿起赴火，景臻等遽止之。希烈弟希倩坐朱泚誅，希烈因發怒，使閹奴等害真卿，曰：「有詔。」真卿再拜。奴曰：「宜賜卿死。」曰：「老臣無狀，罪當死，然使人何日長安來？」奴曰：「從大梁來。」罵曰：「乃逆賊耳，何詔云！」遂縊殺之，年七十六。嗣曹王皋聞之，泣下，三軍皆慟，因表其大節。淮、蔡平，子頵、碩護喪還，帝廢朝五日，贈司徒，謚文忠，賻布帛米粟加等。

真卿立朝正色，剛而有禮，非公言直道，不萌於心。天下不以姓名稱，而獨曰魯公。如李正己、田神功、董秦、侯希逸、王玄志等，皆真卿始招起之，後皆有功。善正、草書，筆力遒婉，世寶傳之。貞元六年赦書，授頵五品正員官。開成初，又以曾孫弘式爲同州參軍。

《全唐文》卷三九四令狐峘《光禄大夫太子太師上柱國魯郡開國公顔真卿墓誌銘》 正議大夫行太子右庶子、史館修撰、上柱國、晉昌縣開國男令狐峘述惟深也故能通天下之志，惟幾也故能成天下之務；君子極深而研幾，不出户而制動，行諸已而馭化，其惟聖德乎？有唐名臣贈司徒魯郡文忠公顔公，奉大順爲元功，建大節爲至忠，以安横流，以紐頽綱，秉是一心，祇事四朝。今上興元元年八月三日，蹈危致命，薨於蔡州之難。貞元二年春，蔡州平；冬十一月二旬有三日，嗣子櫟陽尉祕書省正字頵銜恤奉喪，歸葬於萬年縣之舊原。皇帝徹懸震悼，乃册贈上公。【略】

貞元初，希烈陷汝州，是時公幽辱已三歲矣，度必不全，乃自爲墓誌，以見其志。是年遇害於汝州之龍興寺，春秋七十有六。自登朝及作藩牧，常以安君厚俗爲務，獎善伐惡爲志。言非至公，不發於口；事非直道，不幾於心。植操則

夷、齊之高也，理戎則羊、陸之仁也；當朝則汲黯之正也，莅下則廉范之通也。蘊是具美，行乎至儉，强暴莫敢衡，千飀不能動。大義久廢，公起之；醇風久醨，公還之。非賢人之業，何以臻此？然虚已下士，不以名位自高，苟有道者，蓬門鶉衣，必與抗禮。在平原，嘗薦安陵處士張鎬有公輔之量，數年間鎬位列鼎司，論者稱之。善與人交，執友之子，義均甥姪，介操所至，不遷其守，剛而中禮，介而容衆；静而無悶，動而有光。便於已，希權倖不爲也；君有命，蹈湯火不辭也。心在弭亂不在功，志圖報國不圖生。故其殺身成仁，視死如歸，雖漢之龔勝、魏之王經，無以加焉。昔衛銘孔悝，魯頌僖公，載在《禮經》形於雅什。僉以爲公之事君事親，愛敬直清，跬步不忘，德充也；服義戴仁，顛沛以之，行極也；探賾儒府，述古立言，文經也；勤勞王家，靖難安仁，武功也。頌聲不昭，後嗣何觀？於是故吏廬州刺史李夢乃刊石建碑，旌於不朽，以峘嘗參公會府，公卿之末，備位史臣，俾讚丕烈，永示將來，敢竭不才，恭述所聞。銘曰：

天祚聖唐，降賢救時。烈烈魯公，毓德應期。巖峙玉鎮，伊傅之師。文武忠信，天子是毗。亦既升朝，偘然正色。潤我王度，作藩於德。賊爲豺虺，流毒下國。公飭王旅，殄掃妖慝。解紛以和，柔逆以忠。萬里狂飆，半爲淳風。君子知微，遇變則通。全我庶人，入奉宸聰。乃副丞相，是司喉舌。周旋七命，内外胥悦。營營青蠅，不害其潔。危行言孫，保茲明哲。用啟士宇，俾侯於魯。式是百辟，彝倫攸敘。亂靡有定，盜擾淮浦。帝曰汝賢，代予宣撫。孰不懷忠，處死難之。於赫我公，視險若夷。猛獸齗齗，履之不疑。扇彼薄俗，惟緝惟熙。昔在申伯，作藩周室。詩人歌頌，尚播聲律。矧我文忠，人之紀綱。功侔四時，節貫雪霜。焕乎立言，殁而彌彰。日居月諸，垂範無疆。

《全唐文》卷五一四殷亮《顔魯公行狀》 公姓顔，名真卿，字清臣，小名羡門子，别號應方，京兆長安人也。顔氏乃春秋小邾子之苗裔，昔帝軒氏生昌意，昌意生顓帝，顓帝生老童，老童生吴回，吴回生陸終，陸終生六子，一曰昆吾，其國衛也；二曰參胡，其國韓也；三曰彭祖，其國徐也；四曰會人，其國鄭也；五曰曹姓，其國邾也；六曰季連，其國楚也。曹姓國於邾，春秋邾武公爲魯之附庸國，武公名儀甫，字顔公，故公羊傳云：「顔公有功於齊。」齊威公命爲小邾子，子孫以王父字爲姓氏；以其附庸於魯，故代代事魯爲卿大夫。故先賢傳孔子弟子，達者七十二人，顔氏有其八，則顔氏之儒學可知也。若顔無繇字路，顔回字子淵，顔辛字子柳，顔高字子驕，顔祖字襄，顔噲字子聲，顔之僕字叔并，顔何字冉是也。至公之十六代祖魏青、徐二州刺史，諱盛，字魯國，居瑯琊，葬臨沂縣西七里。十二代祖晉侍中諱含，自瑯琊居丹陽。五代祖北齊黄門侍郎，諱之推，自丹陽居京兆長安。高祖秦王府記室參軍，諱思魯；曾祖蔣王文學、著作郎，諱勤禮；祖曹王侍讀，諱昭甫。父薛王友贈太子少保，諱惟貞，即祕書監師古之曾姪孫也。公以家本清貧，少好儒學，恭孝自立。貧乏紙筆，以黄土埽牆，習學書字，攻楷書絶妙。詞翰超倫，年弱冠，開元二十二年進士及弟登甲科。二十四年吏部擢判入高等，授朝散郎祕書省著作局校書郎。天寶元年秋，扶風郡太守崔琇舉博學文詞秀逸，元宗御勤政樓，策試上第，以其年授京兆府醴泉縣尉。黜陟使户部侍郎王珙以清白名聞，授通直郎、長安尉。六載遷監察御史，制云：「文學擅於登科，器幹彰於適用，宜先汗簡之職，俾佇埋輪之效。」尋充河東、朔方軍試覆屯交兵使。凡閲舉糺士伍舒慘之情，事理無不必當。【略】

肅宗之在靈武也，公前後遣判官李銑及馬步軍張雲子以蠟爲彈丸，以帛書表實於彈丸之内，潛至靈武奏事。有詔以公爲工部尚書兼御史大夫，依前河北招討採訪處置使。又於丸内奉敕書，及即位改年，赦書至平原，散下諸郡宣奉焉。又令前監察御史鄭昱奉赦書宣布河南、江淮，所在郡邑風從不疑，而王命遂通，則公之力也。而河北諸郡稟公之命，粗爲安肅。公以兵興半年，軍用已竭，思所以贍濟之，未得其畧。先是清河行人李華自堂邑戰勝後，又覩公辭權而不有之，遂藏於人間不及見。公再三盟約，號令諸郡，及以文牒求之曰：「清河郡屬崔審交應賊之後，吏不安。行人李華乃崇墉浚隍，鍛甲矯翦，乞師破敵，和衆以安人。静言其功，須有甄賞，仍牒之於路以求焉。」華於是復詣平原與公相見。公因問以足用之計，華遂與公數日參議定。以錢收景城郡鹽，沿河置場，令諸郡畧定一價，節級相輸，而軍用遂贍。時北海郡録事參軍第五琦隨刺史賀蘭進明招討於河北，覩其事，遂竊其法，乃奏肅宗於鳳翔，至今用之不絶，然猶未得公本策之妙旨焉。是年秋，禄山遣其將史思明、尹子奇等並力攻河北諸郡，前後百餘日，饒陽、河間、景城、樂安相次而陷，所存平原、博平、清河三郡而已。然人心潰叛，不可復制。公乃將麾下騎數百棄平原渡河，由淮南、山南取路，朝肅宗於鳳翔行在。初公之將過河也，乃謂判官穆寧、張澹曰：「賊勢死爾，若委命待擒，必爲其快心，辱國之命也。今將徑赴行在，公以爲何如？若朝廷必誅敗軍之罪以勵天下，則王綱可振，死亦何恨？如復從事，以責後效，則業不朽矣。」寧澹與諸將皆贊之。策馬發至，朝廷除公爲憲部尚書。初劉客奴以漁陽歸順，時史思明

與光弼、子儀相持於趙、定之間。客奴遣使越海，與公計會。公使判官賈載將男頗爲質信，泛海以軍糧及戰士衣服遺之。時頗始年十歲餘，公更無子息，三軍懇請留之，不從。及載等迴，公乃與漁陽聲勢相連。尋又使人迎其軍，比至，公已棄平原歸於行在，竟不及事。然自肅宗已來，河南及諸道立功大將如王元忠、田神功、董秦、侯希逸、李正已、許杲卿等，初皆是公自北海迎致之者，終無私謁焉。

至二年正月，又除御史大夫，未幾，因忤聖旨，貶馮翊太守。乾元元年三月又改蒲州刺史、本郡防禦使，封丹陽縣開國子，食邑一千户。是年爲酷吏唐旻所誣，貶饒州刺史。二年六月拜昇州刺史，充浙江西道節度使兼宋亳都防禦使。劉展反狀已露，公慮其侵軼江南，乃選將訓卒，緝器械爲水陸戰備。都統使李峘以公爲太早計，因密奏之。肅宗詔追，未至京，拜刑部侍郎。及劉展舉兵渡淮，峘敗績奔江西，淮南遂陷於展，議者皆多公而怨峘焉。【略】

永泰二年春，差公攝職謁太廟，公以祭器不修言之於朝，載譖公以爲訕謗時政，貶峽州別駕。代宗爲罰過其罪，尋換吉州別駕。公與往來詞客詩酒講論，爲樂甚，有所著，編爲《廬陵集》十卷於大曆三年遷撫州刺史，在州四年，以約身減事爲政。然而接遇才人，耽嗜文卷，未曾暫廢焉。因命在州秀才左輔元編次所賦，爲《臨川集》十卷。七年九月拜湖州刺史，公以時相未忘舊怨，乃加勤於政，而以杭州富陽丞李崿爲本州防禦副使，蘇州寓客校書郎權器遊、客前大理司直楊昱爲判官；委墾草、闢田之務於崿，委閱簿、檢吏、接詞政之務於器昱等，而境內宴然。公初在平原，未有兵革之日，著《韻海鏡源》，成一家之作。始創條目，遂遇禄山之亂，寢而不修者二十餘年。及至湖州，以俸錢爲紙筆之費，延江東文士蕭存、陸士修、裴澄、陸漸、顔祭、朱弁、李莆，清河寺僧智海兼善小篆書，吳士湯涉等十餘人，筆削舊章，該搜羣籍，撰定爲三百六十卷。大凡據法言《切韻》次其字，按經史及諸子語，據音韻次字，成句者刊成文裁以類編，又按《倉雅》及《說文》、《玉篇》等，其義各注其下，謂之「字脚」。「韻海」者，以牢籠經史之語，依韻次之，其多如海；鏡源者，八體之本，究形聲之義，故曰「鏡源」綿亘數載，其功乃畢。表奏上之有詔付所司藏之於書府，大抵求經史、撰集篇賦，利於後學焉。此外餞別之文及詞客唱和之作又爲《吳興集》十卷今檢校國子祭酒楊昱自御史中丞京畿採訪使除爲漢州刺史，轉湖州刺史，以舊府之恩，乘州人之請，紀公遺事刊石立去思碑於州門之外，即今都官郎中陸長源之詞也。十二載，元載伏誅，召公爲刑部尚書。經年，公以前後頻典刑憲，密啟辭焉，乃上選舉利害事宜數十條，代宗善之，人莫知也，遂改吏部尚書。今上諒闇之際，詔公爲禮儀使。先自元宗以來，此禮儀注廢闕，臨事徐創，實資博古練達古今之旨，所以朝廷篤於訕疾者，不乏於班列，多是非公之爲。公不介情，惟搜禮經執直道而行已。今上察而委之。山陵畢，授光禄大夫，遷太子少師，依前爲禮儀使。前後所制儀注，令門生左輔元編爲《禮儀》十卷，今存焉。【略】

三年八月遷太子太師。四年，淮寧節度使李希烈以十四州叛，襲陷汝州，執刺史李元平歸蔡州。朝廷詔公爲淮寧軍宣慰使，公乘驛馳至東京。河南尹鄭叔則勸公曰：「反狀已然，去必陷禍，且須後命，不亦善乎？」公曰：「君命也，焉避之。」至許州，與希烈相見，宣傳詔意未畢，逆賊使其大將軍王玢、周曾詬公以醜詞，劫公以白刃；又令鄰境同惡所遣使者四人，於希烈之前拜舞，伏稱誣祈國家之事，勃慢凶豪，詞所不忍聽也。又令親兵五千人號爲希烈養子，人各持一刀，逼脅於公，如欲剸食之勢。公位不移，定色不撓懼。希烈覩公辭色不變，謬爲驚駭，以身蔽公。兵人既退，方揖公就館。前後詐爲公表奏，自説其强盛以請汴州者數十，今上知而寢之。希烈雖窮凶極惡，然亦感公文義，大陳設燕會，將欲送公於朝廷。先爲賊所擒汝州刺史李元平時在座，公指引叱責之，元平羞慚而起，書其奸意，坐上潛通。希烈意變，罷宴後，遂拘公於官舍，令甲卒十人守之，仍穿一阬於廳之前以脅公。公乃直言指希烈云：「死生有定，何足多端相侮哉！但以一劍見與，公即必覩快事，無多爲也！」希烈慚謝焉，自後不敢無禮於公也。居數月，賊於安州城下破官軍，得獲將士，以頭連誇示於公。公大聲叫呼，自牀投地，憤絶良久乃蘇，從此更不復與人言語。及哥舒曜收復汝州，擒檢校刺史周晃已下百人，希烈乃遣周曾、康秀林等領二萬人來襲哥舒於汝州。曾秀林行至襄城，乃謀翻兵殺希烈，奉公爲節度使以歸順，希烈押衙姚澹亦爲內應。先期一日事洩，希烈乃遣騾子軍三千奄至襄城，殺周曾等，收其期兵而回，因送公於蔡州龍興寺居焉。公度不得全，自撰墓誌，以見其心，又就希烈請數人之饌，希烈不知而給之，自陳設之，因爲文祭周曾已下爲賊所害者，無不欷歔。其十二月，希烈陷汴州，僭逆稱號，爲慘酷之具以逼公，意欲其屈禮。公憤然而無求生之意，賊以止焉。貞元元年，河南王師復振，賊慮蔡州有變，乃使其將辛景臻於龍興寺積薪，以油灌，既縱火，乃傳希烈之命：「若不能屈節，自即裁之。」公應聲投地，臻等驚慚，扶公而退。希烈審不爲己用，其年八月二十四日，又使景臻等害於龍興寺幽辱之所，凡享年七十七。【略】

明年三月，希烈爲麾下將陳仙奇所殺，淮西平，仙奇遣軍將營送公神櫬於京師。嗣子櫟陽縣尉頵、次子祕書省正字碩迎喪至汝州襄城縣乃葬焉。攀號屢絶，毁裂過不自勝。以其年十一月三日祔葬萬年縣鳳棲原之先塋，有詔贈司徒，謚曰文忠，賻錢五十萬，粟二百碩，中使弔祭，儀仗送於墓所，朝野莫不哀傷。公蹈忠節之苦，古今無類焉。公平居之日自卑，有井介之操，而能容衆；有潔已之方，不以疵物。與道合歲寒者，終始無渝變；况君臣大義名教大節，而得造次焉，可奪求生而害仁者。於戲！淮寧之難，豈止天不愸遺，蓋亦有無良之人以怨報德，投之於無存之地也。悲夫！初遭難後，江西節度嗣曹王皋上表曰：「臣見蔡州歸順脚力張希璨、王仕禺等説，去年八月二十四日，蔡州城中見封有鄰兒不得名字云。希烈令僞皇城使辛景臻、右軍安華於龍興寺殺顔真卿，埋於羅城西道南里，并立碑。臣聽之未畢，涕泗交流。三軍對臣，亦若嗚咽。且臣死王事，子復父讎，人倫常經，不足褒異。所悲去古日遠，澆風蕩浮，多苟偷生，曾不顧節，使忠孝寂寞，人倫憔悴。昨段秀實奮身擊泚首，今顔真卿伏緇烈庭，皆啟明君臣，發揮教訓，近冠青史，遠紹前賢。夫日月麗天，幽明向燭，忠烈曜世，回邪革心。伏請陛下降議百寮，遐布九有，刻石頌德，告廟圖形，使元壤感恩，皇風澤物。」公之密親懿友，動相規用，以成其務者，即今給事中殷公亮、吏部員外郎柳公冕；採其謀猷，分以休戚者，今吉州刺史李公塄；重其器，悦其能者，今檢校國子祭酒楊公昱、故户部員外郎權公器；其餘顧眄曾假吹嘘成名布於詞場及內外之列者，不可勝紀。李公塄吉州以小子久趨於欄戟，定以使言，將存刊刻，用防逸墜；尚實去飾，庶無愧焉。其故同事之人，先後存亡，録之於左。謹狀。

雜録

備録

封演《封氏聞見記》卷四《降誕》　肅宗因前事以降誕日爲天平地成節。代宗雖不爲節，猶受諸方進獻。今上即位，詔公卿議。吏部尚書顔真卿奏：「凖《禮經》及歷代帝王，無降誕日，惟開元中始爲之。又復推本意，以爲節者，喜聖壽無疆之慶，天下咸賀，故號節曰『千秋』，萬歲之後，尚存此日以爲節假，恐乖本意。」于是勅停之。

封演《封氏聞見記》卷一〇《脩復》　顔真卿爲平原太守，立三碑，皆自撰親書。其一立于郡門內，紀同時臺省擢牧詣郡者十餘人；其一立于郭門之西，紀顔氏曹魏時顔裴、高齊時顔之推俱爲平原太守，至真卿凡三典茲郡；其一是東方朔廟碑。鎸刻既畢，屬幽方起逆，未之立也。及真卿南渡，胡寇陷城，州人埋匿此碑。河朔克平，别駕吴子晁，好事之士也，掘碑使立于廟所。其二碑求得舊文，買石鎸勒，樹之郡門。時顔任撫州，子晁拓三碑本寄之。顔經艱故，對之愴然，曰：「碑者往年一時之事，何期大賢再爲脩立，非所望也。」即日專使賫書至平原致謝。子晁後至相州刺史，兼御史大夫。

李肇《唐國史補》卷上　顔魯公之在蔡州，再從姪峴家僮銀鹿始終隨之。淮西賊將僭竊，問儀注于魯公。公答曰：「老夫所記，唯諸侯朝覲之禮耳！」臨以白刃，視之晏然。嘗草遺表，及自爲墓誌祭文，以置座隅，竟遇害于龍興寺。

佚名《大唐傳載》　顔魯公真卿爲監察御史，充河西隴右軍覆屯交兵使。五原旱，有寃獄，獄决乃雨，郡人呼爲「御史雨」。

李希烈跋扈蔡州，時盧杞爲相，奏顔魯公往宣諭之，而謂顔曰：「十三丈此行出自聖意。」顔曰：「公先中丞面上血，某親舌舐之，乃忍以垂死之年餌於虎口？」杞聞之踣焉。盧即是御史中丞奕之子。

顔太師魯公刻名於石，或置之高山之上，或沉之大洲之底，而云：「安知不有陵谷之變耶？」

范攄《雲溪友議》卷上《魯公明》　顔魯公爲臨川內史，澆風莫競，文教大行。康樂已來，用爲嘉譽也。邑有楊志堅者，嗜學而居貧，鄉人未之知也。山妻厭其饘臛不足，索書求離，志堅以詩送之曰：「平生志業在琴詩，頭上如今有二絲。漁父尚知谿谷暗，山妻不信出身遲。荆釵任意撩新鬢，明鏡從他别畫眉。今日便同行路客，相逢即是下山時。」其妻持詩詣州，請公牒，以求别醮。顔公案其妻曰：「楊志堅素爲儒學，遍覽九經，篇詠之間，風騷可摭。愚妻覩其未遇，遂有離心。王歡之廩既虚，豈遵黄卷；朱叟之妻必去，寧見錦衣。惡辱鄉閭，敗傷風俗。若無褒貶，僥倖者多阿王。決二十，後任改嫁。楊志堅秀才，贈布絹各二十疋，禄米二十石，便署隨軍，仍令遠近知委。」江左十數年來，莫有敢棄其夫者。

《太平廣記》卷三二《顔真卿》引《仙傳拾遺》　顔真卿字清臣，瑯琊臨沂人

也，北齊黄門侍郎之推五代孫。幼而勤學，舉進士，累登甲科。真卿年十八九時，卧疾百餘日，醫不能愈。有道士過其家，自稱北山君，出丹砂粟許救之，頃刻即愈。謂之曰：「子有清簡之名，已誌金臺，可以度世，上補仙官，不宜自沉於名宦之海。若不能擺脱塵網，去世之日，可以爾之形鍊神陰景，然後得道也。」復以丹一粒授之，戒之曰：「抗節輔主，勤儉致身。百年外，吾期爾於伊洛之間矣。」真卿亦自負才器，將俟大用，而吟閲之暇，常留心仙道。既中科第，四命爲監察御史，充河西隴右軍城覆屯交兵使。五原有寃獄久不決，真卿至，辨之。天時方旱，獄決乃雨，郡人呼爲「御史雨」。河東有鄭延祚者，母卒二十九年，殯於僧舍壖垣地，真卿劾奏之。兄弟三十年不齒，天下聳動。遷殿中侍御史、武部員外。楊國忠怒其不附己，出爲平原太守。安禄山逆節頗著，真卿託以霖雨，修城浚壕，陰料丁壯，實儲廪，佯命文士泛舟，飲酒賦詩。禄山密偵之，以爲書生，不足虞也。無幾禄山反，河朔盡陷，唯平原城有備焉。乃使司兵參軍馳奏，玄宗喜曰：「河北二十四郡，唯真卿一人而已。朕恨未識其形狀耳。」禄山既陷洛陽，殺留守李憕，以其首招降河北。真卿恐摇人心，殺其使者，乃謂諸將曰：「我識李憕，此首非真也。」久之，爲冠飾，以草續支體，棺而葬之。禄山以兵守土門，真卿兄杲卿爲常山太守，共破土門。十七郡同日歸順，推真卿爲帥，得兵二十萬，横絶燕趙。詔加户部侍郎，平原太守。時清河郡客李萼謁於軍前，真卿與之經略，共破禄山黨二萬餘人於堂邑。肅宗幸靈武，詔授工部尚書、御史大夫。真卿間道朝于鳳翔，拜憲部尚書，尋加御史大夫，彈奏黜陟，朝綱大舉。連典蒲州、同州，皆有遺愛。爲御史唐實所搆，宰臣所忌，貶饒州刺史。復拜昇州浙西節度使，徵爲刑部尚書。又爲李輔國所譖，貶蓬州長史。代宗嗣位，拜利州刺史，入爲户部侍郎、荆南節度使。尋除右丞，封魯郡公。宰相元載私樹朋黨，懼朝臣言其長短，奏令百官凡欲論事，皆先白長官，長官白宰相，然後上聞，真卿奏疏極言之乃止。後因攝祭太廟，以祭器不修言於朝，元載以爲誹謗時政，貶硤州别駕。復爲撫州、湖州刺史。元載伏誅，拜刑部尚書。代宗崩，爲禮儀使。又以高祖已下七聖，謚號繁多，上議請取初謚爲定，爲宰相楊炎所忌，不行。改太子少傅，潛奪其權。又改太子太師。時李希烈陷汝州，宰相盧杞素忌其剛正，將中害之，奏以真卿重德，四方所瞻，使往諭希烈，可不血刃而平大寇矣。上從之。事行，朝野失色。李勉聞之，以爲失一國老，貽朝廷羞，密表請留。又遣人逆之於路，不及。既見希烈，方宣詔旨，希烈養子千餘人，雪刃争前欲殺之，叢遶詬罵，神色不動。希烈以身蔽之，乃就館舍。希烈因宴其黨，召真卿坐觀之，使倡優譏朝政以爲戲。真卿怒曰：「相公，人臣也，奈何使小輩如此！」遂起。希烈使人問儀制於真卿，答曰：「老夫耄矣，曾掌國禮，所記者諸侯朝覲禮耳。」其後希烈使積薪庭中，以油沃之，令人謂曰：「不能屈節，當須自燒。」真卿投身赴火，其逆黨救之。真卿乃自作遺表墓誌祭文，示以必死。賊黨使縊之，興元元年八月三日也，年七十七。朝廷聞之，輟朝五日，謚文忠公。真卿四朝重德，正直敢言，老而彌壯。爲盧杞所排，身殁於賊，天下寃之。别傳云：真卿將縊，解金帶以遺使者曰：「吾嘗修道，以形全爲先。吾死之後，但割吾支節血，爲吾吭血以紿之，則吾死無所恨矣。」縊者如其言。既死，復收瘞之。

《太平廣記》卷三二四《范氏尼》引《戎幕閒談》 天寶中，有范氏尼，乃衣冠流也，知人休咎，魯公顔真卿妻黨之親也。魯公尉于醴泉，因詣范氏尼問命曰：「某欲就制科，再乞師姨一言。」范氏曰：「顔郎事必成。自後一兩月必朝拜，但半年内慎勿與外國人争競，恐有譴謫。」公又曰：「某官階盡，得及五品否？」范笑曰：「鄰於一品。顔郎所望，何其卑耶！」魯公曰：「官階盡，得五品，身著緋衣，帶銀魚，兒子補齋郎，某之望滿也。」范尼指坐上紫絲布食單曰：「顔郎衫色如此，其功業名節稱是。壽過七十。已後不要苦問。」魯公再三窮詰，范尼曰：「顔郎聰明過人，問事不必到底。」逾月大酺，魯公是日登制科高等，授長安尉。不數月，遷監察御史。因押班，中有諠譁無度者，命吏録奏次，即哥舒翰也。翰有新破石堡城之功，因泣訴玄宗。玄宗坐魯公以輕侮功臣，貶蒲州司倉。驗其事跡，歷歷如見。及魯公爲太師，奉使於蔡州，乃歎曰：「范師姨之言，吾命懸於賊必矣。」

《資治通鑑》卷二二七唐肅宗至德元載三月條考異引《顔氏行狀》 進明失律於信都城下，有詔抵罪；公縱之，使赴行在。進明之全，乃公之護也。

王讜《唐語林》卷一《德行》 沈顔游鍾陵，自章江入劍池，過臨川。時大旱，水將涸，阻風，泊小渚。獲敗碑，字存者十七、八，乃撫州刺史顔魯公之文，即臨川所沈碑也。其文多載魯公之德業。

王讜《唐語林》卷五《補遺》 顔真卿爲尚書左丞。代宗車駕自陝府還，真卿請先謁五陵、孔廟，而後還宫。宰相元載謂真卿曰：「公所見雖美，其如不合時宜何？」真卿怒而前曰：「用舍在相公，言者何罪？然朝廷事豈堪相公再破除耶！」載深銜之。

王讜《唐語林》卷六《補遺》 顔魯公嘗得方士名藥服之，雖老，氣力壯健如年三四十人。至奉使李希烈，春秋七十五矣。臨行，告人曰：「吾之死，固爲賊所殺必矣。且元載所得藥方，亦與吾同，但載貪甚，等是死，而載不如吾。吾得死於忠耶？」於是命取席固圜其身，挺立一躍而出。又立兩藤倚子相背，以兩手握其倚處，懸足點空，不至地三二寸，數千百下。又手按牀東南隅，跳至西北者，亦不啻五六。乃曰：「既如此，疾焉得死吾耶？異日幸得歸骨來秦，吾姪女爲裴郾妻者，此女最仁孝，及吾小青衣翦綵者，頗善承事；是時汝必與二人同啓吾棺，知有異於常人之死爾！如穆護，穆護，即魯公男碩之小名也。天性之道，難言至此。」至蔡州，責希烈反逆無狀。竟不敢以面目相見，亦不敢以兵刃相恐，潛命獻食者饋空器而已。翌日，賊令官翌來縊之。魯公曰：「老夫受籙及服藥，皆有所得。若斷吭，道家所忌。今贈使人一黄金帶。吾死之後，但劃吾他支節爲吾吭血以紿之，死無所恨。」且曰：「使人悟慧如此，不事明天子，反事逆賊，何所圖也？」官翌從其言。至明年，希烈死，蔡帥陳仙奇奉魯公喪歸京。猶子顔峴實從柳常侍與裴氏女及翦綵同迎喪於鎮國仁寺。咸遵遺旨，啓棺如生。

孔傳《白孔六帖》卷三二《書》引《法書苑》 魯公與懷素同學草書於鄔兵曹，或問曰：「張長史見公孫大娘舞劍器，得低昂回翔之狀，兵曹有之乎？」懷素以「古釵脚」對，魯公曰：「何如屋漏痕？」懷素抱魯公唱「賊」。復問：「師何所得？」曰：「觀夏雲多奇峯及壁坼路，常師之。」

陳耀文《天中記》卷八《石》 顔真卿晚年嘗載石以行，礱而藏之，遇事以書，隨其所在，留其所鐫石。

備論

《舊唐書》卷一二八《顔真卿傳》 史臣曰：每思先軫免胄，子路結纓，雖云其忠，未聞於道。如成公孝於家，能於軍，忠於國，是武之英也；苟無楊炎弄權，若任之爲將，遂展其才，豈有朱泚之禍焉！如清臣富於學，守其正，全其節，是文之傑也；苟無盧杞惡直，若任之爲相，遂行其道，豈有希烈之叛焉！夫國得賢則安，失賢則危。德宗內信姦邪，外斥良善，幾致危亡，宜哉。噫，「仁以爲己任，不亦重乎；死而後已，不亦遠乎！」二君守道歿身，爲時垂訓，希代之士也，光文武之道焉。

贊曰：自古皆死，得正爲順。二公云亡，萬代垂訓。

《新唐書》卷一五三《顔真卿傳》 贊曰：唐人柳宗元稱：「世言段太尉，大抵以爲武人，一時奮不慮死以取名，非也。太尉爲人姁姁，常低首拱手行步，言氣卑弱，未嘗以色待物，人視之，儒者也。遇不可，必達其志，決非偶然者。」宗元不妄許人，諒其然邪，非孔子所謂仁者必有勇乎？當祿山反，哮噬無前，魯公獨以烏合嬰其鋒，功雖不成，其志有足稱者。晚節偃蹇，爲姦臣所擠，見殞賊手。毅然之氣，折而不沮，可謂忠矣。詳觀二子行事，當時亦不能盡信於君，及臨大節，蹈之無貳色，何耶？彼忠臣誼士，寧以未見信望于人，要返諸己得其正，而後慊於中而行之也。嗚呼，雖千五百歲，其英烈言言，如嚴霜烈日，可畏而仰哉！

洪邁《容齋隨筆》卷一《顔魯公》 顔魯公忠義大節，照映今古，豈唯唐朝人士罕見比倫，自漢以來，殆可屈指也。考其立朝出處，在明皇時，爲楊國忠所惡，由殿中侍御史出東都、平原。肅宗時，以論太廟築壇事，爲宰相所惡，由御史大夫出馮翊。爲李輔國所惡，由刑部侍郎貶蓬州。代宗時，以言祭器不飭，元載以爲誹謗，由刑部尚書貶峽州。德宗時，不容於楊炎，由吏部尚書換東宮散秩。盧杞之擅國也，欲去公，數遣人問方鎮所便，公往見之，責其不見容，由是銜恨切骨。是時年七十有五，竟墮杞之詭計而死，議者痛之。嗚呼，公既知杞之惡己，盍因其方鎮之問，欣然從之。不然，則高舉遠引，挂冠東去，杞之所甚欲也。而乃眷眷京都，終不自爲去就，以蹈危機。《春秋》責備賢者，斯爲可恨。司空圖隱於王官谷，柳璨以詔書召之，圖陽爲衰野，墮笏失儀，得放還山。璨之姦惡過於杞，圖非公比也，卒全身於大亂之世，然則公之委命賊手，豈不大可惜也哉。雖然，公囚困於淮西，屢折李希烈，卒之損身徇國，以激四海義烈之氣，貞元反正，實爲有助焉。豈天欲全畀公以萬世之名，故使一時墮於横逆以成始成終者乎。

黎靖德《朱子語類》卷一三六《歷代三》 顔魯公只是有忠義而無意智底人。當時去那裏，見使者來，不知是賊，便下兩拜。後來知得，方罵。

計大受《史林測義》卷二二《顔真卿》 真卿仕歷玄、肅、代、德四朝，雖至影迫桑榆，不少懈其報國之心。故嘗以正色公言見惡於元載、楊炎、盧杞諸奸，誣劾貶斥。至於七八，義不顧身，所志必達，而終爲杞陷。李希烈反，詔遣宜慰，公卿失色，拜命即行。在希烈所叱朱滔等使之誘以宰相，責李元平之不能致命；掘坎欲坑，積薪欲焚，多端迫脅而毫無所怵於心凡二十，閱月卒，縊殺之於蔡州。

嗚呼！自平原倡義，至此而乃有以畢公之志矣！仁以爲己任，不亦重乎？死而後已，不亦遠乎？南豐曾氏謂此足以觀公之大，亦大其無所憾於重且遠者也。《管見》稱其清忠直道，顧以爲君非知己，年逾七十而不致仕，於盧杞有不相容之詰而觸其所惡聞，難以言智。夫人臣固有欲立忠直之節，而爲智所累者多矣！智之一言無乃不足以訓，況真卿之誓志報國，庶乎百年如一息者，尚用此爲誚讓哉？夫如真卿者所謂從容就義，難也！其在蔡州作《遺表》、《墓誌》、《祭文》，指寢室西壁下曰：「此吾殯所也。」則未死有必死之心。《綱目》書爲李希烈所殺，劉氏書法以爲爲真卿惜真卿之死。當於希烈僭號時，尹氏發明以爲朝有老臣使爲賊所殺，書法如此，所以歸罪姦臣陷害之意。臣按尹說爲正。

藝文

岑參《岑嘉州詩》卷一《送顏平原並序》 十二年春有詔尚書十數公爲郡守，上親賦詩觴群公，宴于蓬萊前殿，仍以繒帛寵餞加等，參美公是行，爲寵別章句。

天子念黎庶，詔書換諸侯。仙郎授剖符，華省輟分憂。置酒會前殿，賜錢若山丘。天章降三光，聖澤該九州。吾兄鎮河朔，拜命宣皇猷。駟馬辭國門，一星東北流。夏雲照銀印，暑雨隨行輈。赤筆仍存篋，鑪香惹衣裘。此地鄰東溟，孤城帶滄洲。海風掣金戟，導吏呼鳴騶。郊原北連燕，剽劫風未休。魚鹽隘里巷，桑柘盈田疇。爲郡豈淹旬，政成應未秋。易俗去猛虎，化人似馴鷗。蒼生已望君，黄霸寧久留。

《文苑英華》卷九八五穆員《爲淮西宣慰使鄭右丞祭顏太師文》 維年月日，某使某官某，奉勑以清酌庶羞之奠致祭于故太師、贈司徒魯公之靈。嗚呼！天有晦明，人亦理亂。當其厄運，則有盜臣。至乃憑寵肆兇，竊權搆逆，虵吞虎噬，擇肉中州。天子思所以解將燎之焚，拯方割之墊，遵開景命，銷遏亂源。惟公道冠四朝，位先百辟，望安社稷，名動神祇，期以日照天臨，風清雨滌，受命以出，視途如歸。嗚呼！肇有君父，孰如堯舜？臣惟共鯀，子亦朱均。稟沴而生，雖聖勿化。父不能得之於子，君不能得之於臣。矧夫禍亂之興，蓋乘中否；天之方稔，公若之何？獨立虜庭，卒致君命，激昂大義，潛革羣心。全道爲全，夭年非夭；期頤非壽，得死爲終。惟彼兇殘，殲我明哲！罪均僭逆，怒發天人。否閉未通，鬱翳茲久！上帝厭亂，忠臣應期。坐使鯨鯢化爲菹醢，庸非精爽達于明神。幽贊元勳，昭蘇宿憤，詔旌大節，追册上公，寵以飾終，禮惟加等。某肅將密命，敷布皇猷；慰拊痍傷，勞勉忠義。拜乎天闕，躬承德音。命以觴牢，備茲俎豆，發於聖旨，斯謂馨香；公其降靈，歆我明德。尚饗。

《文苑英華》卷九八五穆員《爲留守賈尚書祭顏太師文》 維年月日，某官某，謹以清酌少牢之奠，敢昭告于故太師、贈司徒顏公之靈。天寶季年，幽都首亂，生人流血，中夏爲。公守在一麾，援絶千里；居鯨之腹而刳其腸，履虎之尾而拊其背。率先大義，以集中興。歷事四君，匪躬一致；全德邁俗，正詞興邦；堯朝孔門，兩造其極。羿、浞間釁，東南不開，帝謂師臣：「予厭征伐，往以王化，勝其兇殘。」于時公請老未獲，蓋三年矣。曾不俟駕，豈公安車？惟物之生，善惡有性。豺狼犬馬，罔克相遷；天能生之，而不能化。況彼元惡，逆成膏肓，針藥靡攻，仁智何及！奉命所在，顧身如遺。奈何明神，孤我積善？帝念忠烈，國思典刑，棟折將壓，哲萎安放？嗚呼哀哉！昔者仰揖重名，退跂明德；邈焉當代，如望古今。敬今高風，感歎大節；卓爾不朽，凛然如生，巨猾殲夷，幽魂昭奉，靈車歸路，千里同悲。永惟忠勳，宜在祀典。況臨紼紖，敢廢蘋蘩？嗚呼哀哉！尚饗。

《新唐書》卷一六一《張薦傳》 真卿爲李希烈所拘，遣兄子峴及家僕奏事五輩，皆留內客省，不得出。薦上疏曰：

去正月中，真卿奉使淮西，期不先戒，行無素備。受命之後，不宿於家，親黨不遑告别，介副不及陳請，孱僮單騎，即日載馳。冒姦鋒於臨汝，折元惡於許下，捐軀杖義，威詬羣凶，遂令脅制者回慮，忠勇者肆情。周曾奮發於外，韋清伺應於內，希烈蒼黄窘迫，奔固舊穴，蓋真卿義風所激也。真卿逮事四朝，爲國元老，忠直孝友，羽儀王室。行年八十，被羸老之疾，拘囚環堵之間，顧眄鉤戟之下，呼嗟憤恚，失寢忘食，不知悲翁何以堪此！

伏聞希烈之母，鍾念幼子，目不絶泣，求責希烈；又希烈妻祖母郭及妻妹封並逮捕京師。此三人留之無益，請賓境上以贖真卿，先降詔書，分明諭告。且希烈知真卿人望，不敢加害，既無嫌隙，但因循未遣耳。若歸其親愛，賊亦何吝還一使哉？

臣又聞真卿所遣兄子峴及家僮從官奉表來者五輩，皆留中，其子頵等拳拳實希一見，望許休澣，告以安否。

曾鞏《元豐類稿》卷一八《撫州顔魯公祠堂記》 贈司徒魯郡顔公，諱真卿，事唐爲太子太師，與其從父兄杲卿，皆有大節以死。至今雖小夫婦人，皆知公之爲烈也。初，公以忤楊國忠斥爲平原太守，策安禄山必反，爲之備。禄山既舉兵，與常山太守杲卿伐其後，賊之不能直闚潼關，以公與杲卿撓其勢也。在肅宗時，數正言，宰相不悦，斥去之。又爲御史唐旻所構，連輒斥。李輔國遷太上皇居西宫，公首率百官請問起居，又輒斥。代宗時，與元載争論是非，載欲有所壅蔽，公極論之，又輒斥。楊炎、盧杞既相德宗，益惡公所爲，連斥之，猶不滿意，李希烈陷汝州，杞即以公使希烈，希烈初慚其言，後卒縊公以死。是時公年七十有七矣。

天寶之際，久不見兵，禄山既反，天下莫不震動，公獨以區區平原，遂折其鋒。四方聞之，争奮而起，唐卒以振者，公爲之倡也。當公之開土門，同日歸公者十七郡，得兵二十餘萬。繇此觀之，苟順且誠，天下從之矣。自此至公殁，垂三十年，小人繼續任政，天下日入於弊，大盗繼起，天子輒出避之。唐之在朝臣，多畏怯觀望。能居其間，一忤於世，失所而不自悔者寡矣。至於再三忤於世，失所而不自悔者，蓋未有也。若至於起且仆，以至於七八，遂死而不自悔者，則天下一人而已，若公是也。公之學問文章，往往雜於神仙浮屠之説，不皆合於理，及其奮然自立，能至於此者，蓋天性然也。故公之能處其死，不足以觀公之大。何則？及至於勢窮，義有不得不死，雖中人可勉焉，况公之自信也與。維歷忤大奸，顛跌撼頓，至於七八而終始不以死生禍福爲秋毫顧慮，非篤於道者不能如此，此足以觀公之大也。

夫世之治亂不同，而士之去就亦異，若伯夷之清，伊尹之任，孔子之時，彼各有義。夫既自比於古之任者矣，乃欲睠顧回隱，以市於世，其可乎？故孔子惡鄙夫不可以事君，而多殺身以成仁者。若公，非孔子所謂仁者與？

今天子至和三年，尚書都官郎中知撫州聶君厚載，尚書屯田員外郎通判撫州林君慥，相與慕公之烈，以公之嘗爲此邦也，遂爲堂而祠之。既成，二君過予之家而告之曰：「願有述。」夫公之赫赫不可盡者，固不繫於祠之有無，蓋人之嚮往之不足者，非祠則無以致其至也。聞其烈足以感人，况拜其祠而親炙之者歟！今州縣之政，非法令所及者，世不復議。二君獨能追公之節，尊而祠之，以風示當世，爲法令之所不及，是可謂有志者也。

朱泚部

綜述

《舊唐書》卷二〇〇下《朱泚傳》　朱泚，幽州昌平人。曾祖利，贊善大夫，贈禮部尚書。祖思明，太子洗馬，贈太子太師。父懷珪，天寶初，事范陽節度使裴寬爲衙前將，授折衝將軍。及安禄山、史思明叛，累爲管兵將。寶應中，李懷仙歸順，奏爲薊州刺史、平盧軍留後、柳城軍使。大曆元年卒，累贈左僕射。祖、父之贈，皆以泚故也。

泚以父資從軍，幼壯偉，腰帶十圍，騎射武藝亦不出人。外若寬和，中頗殘忍。然輕財好施，每征戰所得賞物，輒分與麾下將士，以是爲衆所推，故得濟其兇謀。初隸李懷仙爲部將，改經略副使。朱希彩既殺李懷仙，自爲節度，以泚宗姓，甚委信之。希彩爲政苛酷，人不堪命。大曆七年秋，希彩爲其下所殺，倉卒之際，未有所從。泚營在城北，弟滔，主衙内兵，亦得衆心。滔變詐多端，潛使百餘人於衆中大言曰：「節度使非城北朱副使莫可。」衆既無從，因共推泚，泚遂權知留後，遣使奉表京師。十月，拜檢校左散騎常侍、兼御史中丞、幽州盧龍節度等使。八年三月，遷幽州盧龍節度等使、幽州長史、兼御史大夫。其年，泚上表令弟滔率兵二千五百人赴京西防秋，代宗嘉之，手詔褒美。

九年，就加檢校户部尚書，賜實封百户。幽州及河北諸鎮，自天寶末便爲逆亂之地，李懷仙、朱希彩與連境三節度，名雖向順，未嘗朝謁。至是泚率先上表，請自領步騎三千人入覲，詔修甲第以待之。九月，泚至京師，代宗御内殿引見，賜御馬兩匹、戰馬十匹、金銀錦綵甚厚，又以器物十牀、馬四十匹、絹二萬匹、衣一千七百襲賜其將士，宴犒之盛，近時未有。泚又上表，請留京師，從之。因授其弟滔兼御史大夫、幽州節度留後。仍以河陽永平軍防秋兵，郭子儀統之；決勝軍楊猷兵，李抱玉統之；淮西鳳翔兵，馬璘統之；汴宋、淄青兵，俾泚統焉。十一年八月，加拜同平章事。尋令出鎮奉天行營，復賜金銀繒綵并内庫弓箭以寵之。十二年，加檢校司空，代李抱玉爲隴右節度使，權知河西、澤潞行營兵馬事。

德宗嗣位，加太子太師、鳳翔尹，實封至三百户。建中元年，涇州將劉文喜阻兵爲亂，加泚四鎮北庭行軍、涇原節度使，與諸軍討之。涇州平，加泚中書令，還鎮鳳翔，而以舒王謨遥領涇原節度。二年，加泚太尉。朱滔將反叛，陰使人與泚計議，以帛書納蠟丸中，置髮髻間。河東節度馬燧搜獲之，以聞，并送帛書及所遣使。泚惶懼，頓首乞歸罪有司。上勉之曰：「千里不同謀，非卿之過。」三年四月，以張鎰代泚爲鳳翔隴右節度留後，留泚京師，加實封至一千户，與一子正員官，其幽州盧龍節度、太尉、中書令並如故。

四年十月，涇原兵叛，鑾駕幸奉天。叛卒等以泚嘗統涇州，知其失權廢居，怏怏思亂。羣寇無帥，幸泚政寬，乃相與謀曰：「朱太尉久囚空宅，若迎而爲主，事必濟矣。」姚令言乃率百餘騎迎泚於晉昌里第，泚乘馬擁從北向，燭炬星維，觀者萬計，入居含元殿。明日，移處白華殿，但稱太尉。朝官有謁泚者，悉勸奉迎鑾駕，既不合泚意，皆逡巡而退。源休至，遂屏人移時，言多悖逆。又盛陳成敗，稱述符命，勸其僭僞，泚甚悦之。又李忠臣、張光晟繼至，咸以官閒積憤，樂於禍亂。鳳翔涇原大將張廷芝、段誠諫以潰卒三千餘自襄城而至。賊泚自謂衆望所集，僭竊之心，自此而定。乃以源休爲京兆尹、判度支，李忠臣爲皇城使。段秀實久失兵柄，故推心委之。遂發鋭師三千，言奉迎乘輿，實陰有逆謀。秀實與劉海賓謀誅泚，且虞叛卒之震驚法駕，乃潛爲賊符，追所發兵。至六日，兵及駱驛而迴。因與海賓同入見泚，爲陳逆順之理，而海賓於靴中取匕首，爲其所覺，遂不得前。秀實知不可以義動，遽奪源休象笏，挺而擊泚，仍大呼曰：「反虜萬段！」泚舉臂衛首，秀實格拉之，恟恟然。李忠臣馳助泚，泚素多力，纔破其面，逆徒謀集，秀實、海賓遂併見害。

明日，聲言以親王權主社稷，士庶競往觀之。八日，源休、姚令言、李忠臣、張光晟等八人導泚自白華入宣政殿，僭即僞位，自稱大秦皇帝，號應天元年，愚智莫不憤心。侍衛皆卒伍，行列不過十餘人。下僞詔曰：「幽囚之中，神器自至，豈朕薄德所能經營。」彭偃之詞也。僞署姚令言爲侍中，李忠臣爲司空、兼侍中，源休爲中書侍郎、平章事、判度支，蔣鎮爲吏部侍郎，樊系爲禮部侍郎、禮儀使，許季常爲京兆尹，洪經綸爲太常少卿，彭偃爲中書舍人，裴揆、崔幼眞爲給事中，崔莫爲御史中丞，張光晟、仇敬忠、敬釭、張寶、何望之、段誠諫、張庭之、杜如江爲節度使，仍以其兄子遂爲太子，遥封弟滔爲冀王、太尉、尚書令，尋又號皇

太弟。

十日，泚自領兵侵逼奉天，竊威儀輦輅，闐溢道途，蟻聚之衆，軍勢頗盛。以姚令言爲元帥，張光晟爲副。以李忠臣爲京兆尹、皇城留守，居中書省。尋以蔣鎮爲門下侍郎，李子平爲諫議大夫兼平章事。泚軍合於城下，渾瑊、韓遊環禦之，泚衆大敗，死者萬計。泚收軍於奉天東三里下營，大修攻具。明日，泚又分兵營於乾陵下瞰，城内大震。十一月二日，杜希全與泚衆戰於漠谷，官軍不利，自是泚益驕大。王師乘城而戰，人百其勇，賊多敗衄。或出野戰，官軍又獲利焉。泚乃大驅百姓填塹，夜攻城，城中設奇以應之，賊乃退縮。西明寺僧法堅有巧思，爲泚造雲梯。十五日辰時，梯臨城東北隅，城内震駭。渾瑊使侯仲莊設大坑，爲地道陷之。又縱火焚其梯，東風起，吹我軍，衆頗危。俄而風迴，吹賊軍，瑊益薪潑油，萬鼓齊震，風吹俱熾，須臾雲梯與兇黨同爲灰燼。城中三門悉出兵，王師又捷，其夜兵復出攻，泚衆敗績。李懷光以五萬人來援，自河北至，泚衆惶駭，因而大潰，長圍遂解焉。衆庶以懷光三日不至，城則危矣。

三十日夜，泚走至京城。時姚令言於城中造戰格拋樓，每坊團結，人心大異。泚自奉天迴，乃悉令去之，曰：「攻戰吾自有計。」前此每三五日，即使人僞自城外來，周走號令曰：「奉天已破。」百姓聞之，莫不飲泣，道路闃寂。時有入臺省吏人，不過十數輩，郎官六七人，而亦令依常年舉選，初有數十人陳狀，旬日亦皆屏退。泚自號其宅曰潛龍宮，悉移内庫珍貨環寶以實之。識者曰：「《易》稱『潛龍勿用』，此敗徵也。」無幾，百姓剽奪其珍寶，泚不能禁止。

明年正月一日，泚改僞國號曰漢，稱天皇元年。二月，李懷光既圖叛逆，遣使與泚通和。鑾駕幸梁、洋，自此衣冠之潛匿者，出受僞官十七八焉。懷光初與泚往復通好甚密，以錢穀金帛互相饋遺。泚與書，事之如兄，約云：「削平關中，當割據山河，永爲鄰國。」及懷光決計背叛，逼乘輿遷幸，泚乃下僞詔書，待懷光以臣禮，仍徵兵馬。懷光既爲所賣，慚怒憤恥，遂領衆遁歸河中。

三月，李晟、駱元光、尚可孤之衆，悉於城東累敗泚衆。四月，泚使韓旻、宋歸朝、張庭芝等寇武功，渾瑊以衆及吐蕃論莽羅大敗歸朝，殺逆黨萬餘人於武亭川。五月，泚又使仇敬忠寇藍田，尚可孤擊之，大破泚衆，擒敬忠斬之。李晟、駱元光、尚可孤遂悉師齊進，晟屯光泰門，逆徒拒官軍，王師累捷。二十八日，官軍入苑，收復京師，逆黨大潰。泚與姚令言、張庭芝、源休、李子平、朱遂以數千人西走，其餘黨或奔竄，或來降。泚衆緣路潰散，乃奔涇州，纔百餘騎。田希鑒閉門登陴，泚令謂鑒曰：「我與爾節度，何故背恩？」希鑒乃使人自城上擲泚所送旌節於外，續又投火焚之。泚遂過數里，息於逆旅。泚將梁庭芬入涇州説田希鑒曰：「公比日殺馮河清背叛，今雖歸順，國家必不能久容，公他日不免受禍。何如開門納朱公，與共成大事。」希鑒以爲然。庭芬乃追及泚言之，泚大悦，使庭芬却往涇州。庭芬請授己尚書、平章事，泚不從。梁庭芬既求宰相不得，不復往涇州，從泚至寧州彭原縣西城屯，復與泚心腹朱惟孝共射泚。泚走墜故窖中。泚左右韓旻、薛綸、高幽嵒、武震、朱進卿、董希芝共斬泚，使宋膺傳首以獻。泚死時年四十三。姚令言投涇州，源休、李子平走鳳翔，尋並斬獲。宋歸朝之敗武功，降於李懷光，送興元斬之。唯不獲朱遂，傳爲野人所殺，或云與泚壻僞金吾將軍馬悦潛走党項部落，數月得達幽州。

泚之僭逆，宦豎朱重曜頗親密用事，泚每呼之爲兄。時賊中以臘月大雨，僞星官謂泚曰：「當以宗中年長者禳其災變。」泚乃毒殺重曜，而以王禮葬焉。及京師平，亦出其屍而斬之。姚令言自有傳。

《新唐書》卷二二五中《朱泚傳》　朱泚，幽州昌平人。父懷珪，事安、史二賊，僞署柳城使。泚資壯偉，腰腹十圍，外寬和，中實很刻。少推父蔭，籍軍中，與弟滔並爲李懷仙部將。輕財好施，凡戰所得，必分麾下士，以動其心，陰儲凶德。朱希彩爲節度使，頗委信之。

大曆七年，希彩爲下所殺，衆未有屬，泚方外屯，而滔主牙兵，尤狡譎，乃潛諗數十人大呼軍門曰：「帥非朱公莫可！」衆愕眙，因共詣泚，推知留後，遣使至京師聽命。有詔檢校左散騎常侍，即拜盧龍節度留後。俄遷節度使，封懷寧郡王，實封户二百。

居三年，求入朝。自幽州首爲逆，懷仙以來，雖外臣順，然不朝謁，而泚倡諸鎮，以騎三千身入衛，有詔起第以待。既行，屬疾，或勸還，泚曰：「輿吾尸，猶至京師。」將吏乃不敢言。時四方無事，天子觭日視朝。泚以偶日至，見内殿，賜乘輿馬二、戰馬十、金綵甚厚，士校皆有賜，宴賚隆渥。泚之來，滔攝後務，稍稍翦落泚牙角。泚自知失權，爲滔所賣，不得志，乃請留京師。帝因授滔節度留後，乃分防秋兵，使各有統：河陽、永平兵，郭子儀主之；決勝、楊猷兵，李抱玉主之；淮西、鳳翔兵，馬璘主之；汴宋、淄青兵，泚主之。進同中書門下平章事，出屯奉天，賜禁中兵以爲寵。遷檢校司空，代李抱玉爲隴右節度副大使，仍知河西、澤潞行營兵馬事。明年，徙王遂寧。德宗立，改鎮鳳翔，進封户三百。

建中初，以李懷光代段秀實兼節度涇原，徙屯原州。懷光前督作，泚與崔寧領兵繼進。涇士素聞懷光暴，相恟懼，劉文喜因劫衆以亂，請留秀實，又求屬泚。詔泚代懷光。文喜合兵二萬乘城，使裨將劉海賓入陳事。海賓請：「假文喜節，臣當斬其首。」帝曰：「爾誠忠，然我節不可得。」遣還，詔泚、懷光攻之，帝爲減太官脯醢給軍。文喜猶閉壁求救於吐蕃。吐蕃師興，泚、懷光欲避之，別將韓游瓌曰：「戎若來，涇人必變，誰肯爲反賊没身于虜者，少須之。」俄吐蕃游騎升高招涇人，衆曰：「始吾屬爲文喜求節度，天子致討則歸罪，安能以赭䘩面爲異俗乎！」海賓果與其徒殺文喜，入泚軍，泚一無所戮，由是涇人德之。詔加中書令，還屯，進拜太尉。

滔合田悦叛，陰遣人與泚相聞，河東馬燧獲其書，帝召泚示之，泚惶懼請死。帝勉曰：「千里不同謀，卿何謝？」更以張鎰節度鳳翔，還泚京師，加實封千户，不朝請，中人監第。

李希烈圍哥舒曜於襄城，詔涇原節度使姚令言督鎮兵五千東救曜，過闕下，師次滻水，京兆尹王翃使吏供軍，糲飯菜肴，衆怒不肯食，羣譟曰：「吾等棄父母妻子前死敵，而乃食此，庸能持身蹈白刃耶？今瓊林、大盈庫寶訾如山，尚何往？」乃盡甲反旗而鼓。帝聞，命中人持賜往，人二縑。士愈悖，射中人，中人返走。時令言尚論兵禁中，既上變，乃馳至長樂坂，遇兵還，引滿向令言。令言大呼曰：「引而東，富貴可取，何失計爲滅族事？」衆劫令言以西行。帝復遣使者開諭，賊已陣通化門，殺使者。帝遣普王與學士姜公輔載金綵慰撫。賊薄丹鳳門，詔集六軍，無至者。先是，關東、河北戰不利，禁兵悉東，衛士内空，而神策軍使白志貞籍市人隸兵，聽其居肆，私取庸自入，故遽迫皆不至。

帝出苑北門，羽衛纔數十，普王前導，皇太子、王韋二妃、唐安公主及中人百餘騎以從，右龍武軍使令狐建以數百人殿。夜至咸陽，飯數匕而去。賊已嚴何諸門，士人羸衣冒出，盧杞、關播、李竦皆踰垣走，與劉從一、趙贊、王翃、陸贄、吴通微等追及帝咸陽。郭曙與童奴數十獵苑中，聞蹕，謁道左，帝勞之，懇乞從，許之。遲曉至奉天，吏惶懼謁於門。渾瑊以數十騎自夾城入北内，裒兵欲擊賊，聞乘輿出，遂奔奉天。於是人未知帝所在，踰三日，諸王羣臣稍稍自間道至。

初，令言陣五門，衛兵不出，遂突入含元殿，周呼曰：「天子出矣，今日共可取富貴！」譟而進，掠宜春苑，入諸宫。姦人因亂竊入内府盜貲寶，終夜不絕。道路更剽掠，居人嚴兵自保。賊無屬，畏不能久，以泚昔在涇有恩，且失權久，庸思亂，乃相謀曰：「太尉方囚錮，若迎之，事可濟。」令言率百餘騎見泚，泚僞讓不答，留使者飲，以觀衆心。夜數百騎復往，泚知不僞，乃擁徒向闕下，炬火竟街，觀者以萬計。舍前殿，總六軍。明日下令曰：「國家有事東方，涇人赴難，不習朝章，驚乘輿，百官三日並赴行在，留者守本司，違令誅。」逆徒居白華殿。或説泚迎天子，泚顧望咢然。光禄卿源休至，請間，教以不臣，詭稱符命，泚悦。張光晟、李忠臣皆新失職怨望，亦勸成之。鳳翔大將張廷芝、涇將段誠諫引潰兵三千自襄城來，泚自謂得人助，逆志堅決。因署休京兆尹、判度支，忠臣皇城使。又以段秀實失軍，疑有怨，起之，委以謀。秀實與劉海賓憤，發挺擊賊，忠臣護泚，纔破面，得不死。

明日，大陳旗章金石于廷，傳言立宗室王監國，士庶競往觀，泚僭即皇帝位於宣政殿，號大秦，建元應天。侍衛皆卒伍，諸臣在位者纔十餘，逼太常卿樊系爲册，册成，仰藥死。泚下詔稱「幽囚之中，神器自至」，以示受命。即拜令言侍中、關内副元帥，忠臣司空兼侍中，休中書侍郎，蔣鎮門下侍郎，並同中書門下平章事。以蔣諫爲御史中丞，敬釭御史大夫，許季常京兆尹，洪經綸太常少卿，彭偃中書舍人，裴揆、崔幼真給事中，廷芝、光晟、誠諫、崔宣、張寶、何望之、杜如江等並僞署節度使。以兄子遂爲太子，以滔爲冀王、太尉、尚書令，號皇太弟。

帝使高重傑屯梁山禦賊，賊將李日月殺之，帝拊尸哭盡哀，結蒲爲首以葬。泚得首，亦集羣賊哭曰：「忠臣也！」亦用三品葬焉。泚既勝，則令都人曰：「奉天殘黨不終日當平。」日月鋭甚，自謂無前，乃燒陵廟，鹵御物，帝患之。渾瑊伏兵漠谷，引數十騎跳攻長安，泚大驚，踏榻前。瑊引卻，日月尾追，遇伏鬭，射日月殺之。泚悵恨。其母不哭，罵曰：「奚奴，天子負而何事？死且晚！」

泚自將偪奉天，竊乘輿物自侈。以令言爲上將，光晟副之，忠臣留守，以蔣鍊、李子平爲宰相。於是瑊率韓游瓌禦泚，泚大敗，死者萬計，退三里而舍。脩攻具，毁廬室爲樓車百尺，下覘城中。會杜希全以兵敗漠谷，賊益張。又劉德信、高秉哲自汝州取沙苑馬五百壁昭應，戰思子陵西，三敗賊，次東渭橋，出游弈軍以逼都城。忠臣兵數衄請救，泚乃急攻城，驅民填塹，造雲梁，令壯士居上，將傅堞，守者震駭。渾瑊乃使侯仲莊、韓澄穴地道，梁陷，縱火焚之，城上揮膏流數百步，衆亂而囂，城中兵出，皇太子督戰，賊大敗。然賊負其衆，遂長圍，以百眷弩射城中，不及幄坐者三步。城益急，帝召羣臣曰：「朕負宗廟，宜固守。公等家在賊，可先降，以完親族。」衆泣下曰：「臣等死無貳。」帝亦太息噓欷。城圍凡

三旬有六日，而李懷光以兵五萬至，敗賊于魯店，遂戰城下，自辰止昏，賊潰。帝下觀戰，傳詔曰：「賊衆亦朕赤子，勿多殺！」聞者感激。是夜，泚引去。初，帝至奉天，或言賊已立泚，必來攻，請治守具。宰相盧杞曰：「泚，大臣，奈何疑其反？」及泚圍城，帝卒不詰其言。

泚之歸，令言方治攻具，忠臣坊坊團結，人皆厭苦。泚悉止之曰：「攻守我自辦。」賊嘗令士馳入曰：「奉天陷矣！」百姓相顧泣，市無留人，臺省吏落落，郎官一二而已。

李懷光壁九子澤，李晟自白馬津來，營東渭橋，尚可孤以襄、鄧兵五千次藍田，駱元光守昭應，馬燧使子彙以兵三千屯中渭橋。

始，奉天圍久，食且盡，以蘆菔帝馬，太官糲米止二斛。圍解，父老爭上壺飡餅餌，劍南節度使張延賞獻帛數十馱，諸方貢物踵來，因大賜軍中，詔殿中侍御史万俟著治金、商道，權通轉輸。羣臣家在城者，賊猶給俸，中人朱重曜爲賊謀曰：「執其家以招士大夫，不來者夷之。」孫知古謬曰：「陛下以柔服人，若夷其妻子，是絶嚮化意。且義士殺身，何顧於家？」乃止。

興元元年，泚以本封遂寧，漢地也，更號漢，改元天皇。或曰：「王師欲潛壞京城四隅垣以入。」泚懼，詔金吾布士於衢，吏儲五炬以防夜，城隅率百步建一樓，候望非常。凡祠房廟廬皆帷甲，戒曰：「軍來則四面擊。」太倉糧竭，賊督吏索觀寺餘米萬斛，鞭扑流離，士寖飢，而神策六軍從行在及哥舒曜、李晟兵皆家稟不絶，或請停給，泚曰：「士在外，而弱稚絶食則死，豈吾心哉！」即厚斂居人。許季常曰：「一旦有急，請籍中人公侯三千族之，貲足矣。」或謂泚：「陛下既受命，而存唐九廟諸陵，不宜。」泚曰：「朕嘗北面事唐，胡忍此！」又曰：「官多缺，請擇才授之，脅以兵，使不得辭。」泚曰：「彊授則人懼，但欲仕者與之，安能叩户拜官邪？」奉天所下赦令，凡受賊僞官者，破賊日悉貸不問，官軍密榜諸道。泚方宿未央，涇原士相與謀殺泚，泚知之，輒徙它處，衆謀亦止。

光晟與懷光對壁，李希倩請以精騎五百犯之，光晟不許，曰：「西軍方彊，不可輕以取敗。」日暮，兩軍退。希倩謁泚曰：「光晟有他志，視西軍不戰，臣請擊之。」不許。請斬光晟，又不許，曰：「彼善將，所以不戰，蓋知未可乎！」希倩怒曰：「臣盡心以事君，不見信，願乞要領歸淮西。」泚許諾，以馬十四、繒錦百，曰：「以此東歸。」希倩慚，復入曰：「臣愚褊，罪當死，願死軍前。」泚又許之。光晟見泚曰：「臣不敢反。」因再拜，泚慰勉之。

官軍壞龍首、香積二堨，以決其流，城中水絶，泚役數百人治之。東出灞水，與王師戰，大奔還，闔都門，士皆甲以待，久乃罷。李子平請修攻具襲懷光，取苑中六街大木爲衝車，程役苦甚，人不堪。又禁居人夜行，三人以上不得聚飲食，上下惴恐。賊所用唯盧龍、神策、團練兵，而涇原軍驕不可制，但完守所獲，不出戰，故泚數北，憂甚，欲出走。術家爭曰：「陛下當不出宮，雖西軍入，且自有變。」泚據以自安。

會李懷光貳于帝，不欲泚平，按軍觀望。帝欲幸咸陽，趣諸將捕賊，懷光出醜言，乃詔戴休顔守奉天，尚可孤守灞上，駱元光守渭橋。進狩梁州，次渭陽，太息曰：「朕是行，將有永嘉事乎？」渾瑊曰：「臨大難無畏者，聖人勇也。陛下何言之過？」懷光遂與泚連和。京師知帝益西，二叛膠固，謂亂且成，出受賊官者十八。始，泚多出金，兄事懷光，約平關中，割地爲隣國，故懷光決反，因并陽惠元、李建徽軍。泚知懷光反明白，即賜詔待以臣禮，督其兵入衛。懷光慚見欺，引其軍東保河中。泚數遣人誘涇原馮河清，河清不從，又結其將田希鑒，遂害河清以應賊，泚即以代河清，使結吐蕃。

李晟等兵寖彊，士益附，而渾瑊又擊破賊將韓旻、宋歸朝於武亭川，斬計萬級，歸朝奔懷光。晟率渾瑊、駱元光、尚可孤悉師攻賊，晟薄光泰門，敗賊將張廷芝、李希倩，賊棄門哭保白華。晟引軍還，居三日復戰，大敗之，乃分道入。泚將段誠伏莽中，爲王佖所禽。姚令言、張廷芝與晟遇，十鬭皆北，遂至白華。

始，張光晟以精兵壁九曲，距東渭橋十里，密約降於晟。晟之入，光晟勸泚等出奔，故泚挾令言、廷芝、休、子平、朱遂引殘軍西走，光晟衛出之，因詣晟降。

泚失道，問野人，答曰：「朱太尉邪？」休曰：「漢皇帝。」曰：「天網恢恢，走將安所？」泚怒，欲殺之，乃亡去。泚至涇州長武城，田希鑒拒之，泚曰：「子之節吾所授，奈何拒我？」火其門，希鑒擲節焰中曰：「歸汝節！」泚舉軍哭，城中人望見其子弟，亦哭。宋膺曰：「某妻哭，斬矣！」衆止哭。泚更舍逆旅，遣梁廷芬入見希鑒曰：「公殺一節度，唐天子必不容，何不納朱公成大事？」希鑒陰可。廷芬出報，泚悦。廷芬請宰相不得，乃不復入。泚猶餘范陽卒三千，北走驛馬關，寧州刺史夏侯英開門陣而待，泚不敢入，因保彭原西城。廷芬與泚腹心朱惟孝夜射泚，墜窖中，韓旻、薛綸、高幽嵒、武震、朱進卿、董希芝共斬泚，使宋膺傳首以獻。泚死年四十三。令言走涇州，休、子平走鳳翔，皆斬首。泚壻金吾將軍馬悦走党項，得入幽州。朱重曜者，事泚最親近，泚呼爲兄。會窮冬大雨，泚欲

襄變，鴆殺重曜，以王禮葬。賊平，出其尸膊之。李希倩等諸將皆以次夷滅。

初，源休爲京兆尹，使回紇，將還，盧杞畏其辯，能結主恩，次太原，奏爲光禄卿。休怨望，故導泚僭號，爲調兵食，署拜百官，事一咨之。時訂其逆甚於泚，脅辱大臣，多殺宗室子孫幾于盡，每王師不利，喜見眉宇。與姚令言勸泚圍奉天，晝夜爲賊謀，二人争自比蕭何，休顧令言曰：「成秦之業，無輩我者。我視蕭何，子當曹參可矣。」即收圖籍，貯府庫，效何者，人皆笑謂爲「火迫酇侯」。本相州人。

雜録

備録

趙元一《奉天録》卷一 泚於宣政殿僭即大位，愚智莫不血怒，衛者多是軍人，周行不過數十。自稱大秦皇帝，年號應天。僞赦書云：「幽囚之中，神器自至，豈朕薄德所能經營。」彭偃之詞。冊文，太常少卿樊系之撰，文成服藥而卒。故嚴巨川詩曰：「烟塵忽起犯中原，自古臨危貴道存。手持禮器空垂淚，心憶明君不敢言。落日胡笳吟上苑，通宵虜將醉西園。傳烽萬里無師至，累代何人受漢恩。」

蘇鶚《杜陽雜編》卷上 二年夏五月，京師副元帥李晟收復宮闕。朱泚走涇原，而兵士纔餘數百人，昏忽迷路，不辨南北，因問路於田父。田父對曰：「豈非朱太尉耶！」僞宰相源休止之曰：「漢皇帝。」泚僞號漢。田父曰：「天不長兇，地不生惡，蛇不爲龍，鼠不爲虎。天網恢恢，去將何適？」泚怒將殺之，忽亡其所在。及去涇州百餘里，泚忽馬上叩頭稱乞命，而手足紛紜若有拒捍，因之墜馬。良久復蘇，左右扶上馬，問其故，泚曰：「見段司農、劉海賓杖戈執戟，與朕相敵，不堪其苦也。」時將士聞者益懷異意。翌日達涇州，僞節度使田希鑒閉門不納。遂至寧州彭源縣，爲心腹衛士韓旻、薛綸、朱維孝等逼而墜穽。將殺之，泚謂旻曰：「汝等朕所鍾愛，今將敗績，可忍共殺耶？」旻曰：「誠爲陛下腹心，失則不可共爲塗炭。今借陛下之首以取富貴也。」言未終，泚首已斷。

備論

馮贄《雲仙雜記》卷六《眉分九聚》 朱泚眉分九聚，相者告以大貴，泚信之。

《舊唐書》卷二〇〇下《朱泚傳》 史臣曰：我唐之受命也，置器於安，千年惟永，百蠻嚮化，萬國來王。但否泰之無恒，故夷險之不一。三百算祀，二十帝王。雖時有竊邑叛君之臣，乘危徼倖之輩，莫不才興兵革，即就誅夷。其間沸騰，大盜三發，安禄山、朱泚、黄巢是也。

夫謀危社稷，將害君親，轘裂瀦宮，未塞其罪，故不俟於多談也。然盜之所起，必有其來，且無問於天時，宜決之於人事。禄山母爲巫者，身是牙郎，偶緣微立邊功，遂至大加寵用，總知馬牧，特委兵權。愛天子之獨尊，與國忠之相忌，故不能以義制事，以禮制心，遂稱向闕之兵，以期非望之福，此所以爲亂也。朱泚家本漁陽，性惟兇狡，耳習聞於篡奪，心本乏於忠貞。暨弟爲亂階，身留京邑，小不如意，別懷異圖。但樂荒雞之鳴，唯幸和鑾之動，緣幽帥之嘗因亂得，謂神器之可以徼求。黄巢闒茸微人，萑蒲賤類，因饑饉之歲，躡王、尚之蹤，志在專攘，謀非遠大。一旦長驅江表，徑入關中，見五輅之蒙塵，謂寶命之在我。必若玄宗採九齡之語，行三令之威，不然使禄山名位不高，委任得所，則羣黎未必陷於塗炭，萬乘未必越於岷、峨。德宗能含垢匿瑕，不佳兵尚勇，不然則取李承之言，不委希烈伐叛，不然則取公輔之諫，早令朱泚就行，如此則未必有涇原之亂兵，未必有奉天之危急。僖宗能知人疾苦，惠彼困窮，不然則從鄭畋之謀，赦羣偷之罪，如此則黄巢不必能犯順，鑾御未必須省方。蓋差之毫釐，失之千里，蚍蜉不能斷腕，蟻穴所以壞隄。後之帝王，足爲殷鑒。

史朝義、秦宗權乘彼亂離，肆行暴虐，虔劉我郡邑，僭竊我衣裳，終雖滅亡，爲害斯甚，茲亦沴氣之餘也。

贊曰：天地否閉，反逆亂常。禄山犯闕，朱泚稱皇。賊巢陵突，羣豎披攘。徵其所以，存乎慢藏。

范祖禹《唐鑑》卷一三《德宗中》 朱泚既據府庫之富，不愛金帛以悦將士，公卿家屬在城者皆給月俸，神策六軍從車駕及哥舒曜、李晟者泚皆給其家糧，加以繕完器械，日費甚廣。及長安平，府庫尚有餘蓄，見者皆追怨有司之暴斂焉。

臣祖禹曰：德宗欲剗滅藩鎮，故聚天下之財，因師出以爲名而多殖貨利，以爲人主可欺天下而莫之知也夫！匹夫猶不可以家之有無欺其鄰里，況人主內有餘富而可以不足欺天下乎？得財而失民，將誰與守矣！其失國宜哉！而向之所積反爲盜資，貨悖而出猶不能竭。先王不以利爲利而以義爲利，蓋以此也。

佚名《歷代名賢確論》卷八三《朱泚》 張唐英論王翃召朱泚之亂曰：德宗建中四年，詔涇原節度姚令言率兵五萬討希烈，京兆尹王翃犒軍唯以糲食菜餖，軍士皆怒曰：「吾輩棄父母妻子將爲國家死於患難，不能得一頓飽食。國家瓊林大盈府庫，寶貨堆積不取之，如何爲活？」遂倒戈入京師。德宗惶恐，幸興元。世之議者但以朱泚之叛而不知召泚者翃也，且朝廷大臣及后妃、權勢之家，將相臺閣之臣其阜隸、臧獲，非有毛髮之功，彼皆厭膏粱而曳紈綺。彼三軍之士暑不得就清涼之蔭，寒不得附暖燠之所，荷戈被甲出入行陣，當無事之際亦須以恩信而責，以功效況，當擾攘之際故宜先以重賞以死其心，又以重罰以盡其力。而翃惜一飯之費，流四海之禍，卒使狂蕩竊發，汙辱廟社，瀆亂神器，腥穢天地，禍害生靈，非翃召之而孰召之耶？昔弦高犒師而鄭國除患，魯人酒薄而邯鄲致圍，翃以繭栗之質，不知國家致遠之道，而惜毫毛之利，豈能知此哉？

王夫之《讀通鑑論》卷二三《唐代宗》 辨姦者，辨於其人而已。故曰：「君子而不仁者有矣夫，未有小人而仁者也。」

大曆之季年，河北降賊之抗衡久矣。田承嗣連昏帝女，致位元宰，一再召而必不踰魏博一跬步，李正己、李寶臣黨叛而自相襲奪，不復知唐之有天下也。乃盧龍彊悍可憑，凶逆成習，而朱泚一授節鉞，隨遣朱滔入衛，繼且自請釋鎮歸朝，病而有輿尸赴闕之語。代宗於此，雖欲不驚喜失措，隆禮以待之，廁之汾陽之列，使冠百僚，不能也。桀驁者如彼，而抒忠者如此，其誠也。

雖然，亦思其何爲而然哉？德有以懷之與？威有以震之與？處置之宜，有以服其心與？三自反求而皆無其具，則意者其人之忠貞素篤，超然於羣類之中，而可信以無疑邪？乃泚之非其人也明甚矣，託胎於亂賊之中，熏染於悍戾之俗，而狡凶尤甚，假手於李懷瑗，殺朱希彩，而使其弟滔蠱三軍以戴己，柔媚藏姦，乘閒而竊節鎮，既有明驗矣，飾忠歸順，遂倚爲心膂之大臣，嗚呼！何其愚也。

田承嗣、李正己株守一隅，阻兵抗命，雖可負固以予雄，終非良久之謀也。而泚尤岌岌，驟竊幽、燕，衆志未戢，而李寶臣有首邱之志，日思攘臂，輕兵入其郛，弗能遏也；於是張皇四顧，睨朝廷爲藏身之窟，使朱滔倚內援以安枕於北平，己乃居不世之功，狎天子大臣而伺其閒隙以逞狂圖。自彊藩割據以來，人所未及謀者，泚竊得之以僥幸。代宗不能知，汾陽不能制，常袞、崔祐甫之褊淺，莫能致詰，而泚果能優游巖廊以觀變，亦狡矣哉！代宗崩，汾陽總己，德宗初政，未有釁也，是以遲久而始發。不然，泚豈能鬱鬱久居此哉？若此者，一望而知之，而唐之君臣固夢夢也，夫豈姦之難辨哉？問泚之何以得帥盧龍，而能不爲之寒心乎？非但如安祿山之初起，非有猾逆之易窺者也。

然則如之何？於其入而待之以禮，榮之以秩，而不授以政，使受統於汾陽，而汾陽得以制之，豈徒泚之惡不足以逞乎？河北諸逆知天子之不輕於嚬笑，而意亦消沮矣。得失之機，昏昭之別，判於持重審固者之心，非庸主具臣浪爲驚喜者之所能與也。

藝文

《文苑英華》卷五六七于邵《賀破賊表》 臣某言：臣聞春生秋殺，天之令也。撫順討逆，國之教也。故王者上法震耀，下脩典刑。雖當垂拱之朝，亦整干戈之用。伏見今月十日神策行營節度使尚可孤破藍田賊保，生擒賊僞署御史大夫仇敬忠，斬獲共二千餘人者。初從摩壘，旋即合圍。因乘破竹之威，不漏枯池之網。伏惟皇帝陛下聲教以文暢，禍亂以武戮，奄有華夏，光臨統歷。日者蕞爾朱泚，怙亂涇原，腥穢宮闕，僭賊神器，陰連叛將，竊綏輿屍。實由逆賊仇忠敬等姦兇相資，狡惡爲事。因山據嶮，欲抗雷霆之誅。積粟稅芻，冀延晷刻之命。殊不知天威不遠，睿筭何逃。未終瘈狗之狂，已觸駭鯨之勢。餘兇奪魄，義衆增威，掃氛祲於順風，復京師於不日。臣謬兼統帥，濫總禁戎，矢石不親，虛當坐制之地。兇渠尚在，終決前驅之心。無任慶快之至。

《文苑英華》卷六八六于邵《爲崔僕射與朱泚書》 某月日，某官某乙謹奏記相公門下：羌戎之患，蓋三代矣。秦漢以還，怨詐更作，詳諸舊史，抑有前聞。今則乘我間釁，于茲二紀，亂華謀夏，腥聞于天，貪惏無厭，暴殄斯極，侵軼我湯沐，震驚我兆人。十月之初，中官馹至，密奉宸翰，遠使臨邊，拜受遂行，赴敵宜速。西山之役，尋已加兵，將赴急宣，不遑啓處。所以書分忘食，夕惕懷冰，關山阻隔，信使頓絕，北望雲闕，南馳夢魂。近者日有京信，方表朝廷清晏，雖寇猶外

姦，而人内驚然。則回中未静，鄜役仍勤。相公維嶽降靈，求巖作輔，不學古法，知機其神。是以聖聰，寄揚我武，既奉鑿門之禮，具禀至天之誠。折首摧鋒，計日我捷。《詩》云：「赫赫南仲，玁狁于襄。」不其盛歟？伏以令公勳庸冠世，焯見于天，受三朝將相之托，有萬人父母之愛。方謝安之體大，知鄧禹之道弘。相公特禀廟謨，龔行天討。分邠寧拔距之衆，兼漁陽賈勇之軍。偶俱無猜，上讓下競，用奬王室，作爲人綱。一舉而大義全，暫勞而殊功倍。以此衆戰，何戰不尅？以此滅戎，何戎不盡？其遠承惠顧，委分知歸，感遇因時，若此之甚，延首北嚮，一心如丹。謹遣某官某乙奉記陳不宣。某乙頓首再拜。

唐順宗部

綜述

《舊唐書》卷一四《順宗紀》 順宗至德大聖大安孝皇帝諱誦，德宗長子，母昭德皇后王氏。上元二年正月生於長安之東內。大曆十四年六月，封宣王。建中元年正月丁卯，立爲皇太子。

貞元二十一年正月癸巳，德宗崩，丙申，即位於太極殿。上自二十年九月風病，不能言，暨德宗不豫，諸王親戚皆侍醫藥，獨上卧病不能侍。德宗彌留，思見太子，涕咽久之。大行發喪，人情震懼。上力疾衰服，見百僚於九仙門。既即位，知社稷有奉，中外始安。庚子，羣臣上書請聽政。

二月甲申，以河陽三城行軍司馬元韶爲懷州刺史、河陽懷州節度使。丙午，罷翰林醫工、相工、占星、射覆、冗食者四十二人。己酉，以易定張茂昭兼同平章事，以來朝，故寵之。辛卯，以吏部郎中韋執誼爲尚書左丞、同中書門下平章事。辛酉，貶京兆尹李實通州長史，尋卒。壬子，淄青李師古以兵寇滑之東鄙，聞國喪也。甲寅，釋仗內囚嚴懷志、吕温等一十六人。平凉之盟陷蕃，久之得還，以習蕃中事，不欲令出外，故因之仗內，至是方釋之。日本國王并妻還蕃，賜物遣之。壬寅，以太子侍書、翰林待詔王伾爲左散騎常侍，充翰林學士。以前司功參軍、翰林待詔王叔文爲起居舍人，充翰林學士。以鴻臚卿王權爲京兆尹。甲子，御丹鳳樓，大赦天下。諸道除正敕率税外，諸色榷税並宜禁斷；除上供外，不得別有進奉。百姓九十已上，賜米二石，絹兩匹，版授上佐、縣君，仍令本部長吏就家存問；百歲已上，賜米五石，絹二匹，綿一屯，羊酒，版授下州刺史、郡君。戊辰，以開府儀同三司、檢校太尉、使持節、大都督雞林州諸軍事、雞林州刺史、上柱國、新羅王金重熙兼寧海軍使，以重熙母和氏爲太妃，妻朴氏爲妃。

三月庚午，出宫女三百人于安國寺，又出掖庭教坊女樂六百人于九仙門，召其親族歸之。戊寅，以韋皋兼檢校太尉，李師古、劉濟兼檢校司空，張茂昭司徒。丙戌，檢校司空、同平章事杜佑爲度支鹽鐵使。戊子，徐州節度賜名武寧軍。蔡州吴少誠兼同平章事。以翰林學士王叔文爲度支鹽鐵轉運使副，杜佑雖領使名，其實叔文專總。宰相賈耽兼檢校司空，鄭瑜吏部尚書，高郢刑部尚書，韋執誼中書侍郎，鎮冀王士真、淮南王鍔、魏博田季安皆檢校司空。癸巳，詔册廣陵郡王淳爲皇太子，改名純。

夏四月壬寅，制第十弟謜封欽王，第十一弟諴封珍王。男建康郡王涣封郯王，改名經；洋川郡王沔封均王，改名緯；臨淮郡王洵封溆王，改名縱；弘農王浼封莒王，改名紓；漢東郡王泳封密王，改名綢；晉陵郡王湜封郇王，改名總；高平郡王漵封邵王，改名約；雲安郡王滋封宋王，改名結；宣城郡王淮封集王，改名緗；德陽郡王漘封冀王，改名緑；河東郡王浥封和王，改名綺。十七男絢封衡王，十九男纁封會王，二十男綰封福王，二十一男紘封撫王，二十三男緄封岳王，二十四男紳封袁王，二十五男綸封桂王，二十七男繟封翼王。彌臣國嗣王道勿禮封彌臣國王。西平郡王晟男左羽林大將軍愿襲封岐公，食邑三千户。戊申，詔以册太子禮畢，赦京城繫囚，大辟降從流，流以下減一等。以給事中陸質、中書舍人崔樞並爲太子侍讀。庚戌，封太子男寧、寬、宥、察、寰、寮等六人爲郡王，並食邑三千户。癸丑，贈入吐蕃使、工部侍郎、兼御史大夫張薦禮部尚書。丙寅，罷萬安監牧。戊辰，以杭州刺史韓皋爲尚書右丞。

五月己巳，以右金吾衛大將軍范希朝爲右神策統軍，充左右神策、京西諸城鎮行營兵馬節度使。丁丑，以邕管經略使韋丹爲河南少尹，以萬年縣令房啓爲容管經略招討使。癸未，以郴州司馬鄭餘慶爲尚書左丞。甲辰，以檢校司空、忽汗州都督、渤海國王大嵩璘檢校司徒。承徽王氏、趙氏可昭儀，崔氏、楊氏可充儀，王氏可昭媛，王氏可昭容，牛氏可修儀，張氏可美人。以右丞韓皋爲鄂岳沔蘄都團練觀察使。丁亥，升襄州爲大都督府。臨漢縣仍徙于鄧城。辛卯，以鹽鐵轉運使副王叔文爲户部侍郎。

六月丙申，詔二十一年十月已前百姓所欠諸色課利、租賦、錢帛，共五十二萬六千八百四十一貫、石、匹、束，並宜除免。

七月戊辰朔，吐蕃使論悉諾來朝貢。丙子，鄆州李師古加檢校侍中。贈故忠州別駕陸贄兵部尚書，謚曰宣；贈故道州刺史陽城爲左散騎常侍。戊寅，以户部侍郎潘孟陽爲度支鹽鐵轉運使副。丙戌，關東蝗食田稼。癸巳，横海軍節度使、滄州刺史程懷信卒，以其子副使執恭起復滄州刺史、横海軍節度使。甲午，度支使杜佑奏：「太倉見米八十萬石，貯來十五年，東渭橋米四十五萬石，支

諸軍皆不悦。今歲豐阜，請權停北河轉運，於濱河州府和糴二百萬石，以救農傷之弊。」乃下百僚議，議者同異不決而止。乙未，詔：「朕承九聖之烈，荷萬邦之重。顧以寡德，涉道未明，虔恭寅畏，懼不克荷。恐上墜祖宗之訓，下貽卿士之憂，夙夜祇勤，如臨淵谷。而積疾未復，至于經時，怡神保和，常所不暇。永惟四方之大，萬務之殷，不躬不親，慮有曠廢。加以山陵有日，霖潦踰旬，是用儆于朕心，以答天戒。其軍國政事，宜令皇太子勾當。」時上久疾，不復延納宰臣共論大政。事無巨細皆決于李忠言、王伾、王叔文。物論喧雜，以爲不可。藩鎮屢上牋於皇太子，指三豎之撓政，故有是詔。以太常卿杜黄裳爲門下侍郎，左金吾衛大將軍袁滋爲中書侍郎，並同中書門下平章事；鄭珣瑜爲吏部尚書，高郢刑部尚書，並罷知政事。皇太子見百僚於朝堂。丙申，皇太子於麟德殿西亭見奏事官。

八月庚子，詔：「惟皇天佑命烈祖，誕受方國，九聖儲祉，萬邦咸休。肆予一人，獲纘丕業，嚴恭守位，不遑暇逸。而天佑不降，疾恙無瘳，將何以奉宗廟之靈，展郊禋之禮！疇咨庶尹，對越上玄，内愧于朕心，上畏于天命。夙夜祇慄，深惟永圖。一日萬機，不可以久曠；天工人代，不可以久違。皇太子純睿哲温文，寬和仁惠，孝友之德，愛敬之誠，通乎神明，格于上下。是用法皇王至公之道，遵父子傳歸之制，付之重器，以撫兆人。必能宣祖宗之重光，荷天地之休命，奉若成憲，永綏四方。宜令皇太子即皇帝位，朕稱太上皇，居興慶宫，制稱誥。」辛丑，誥：「有天下傳歸於子，前王之制也。欽若大典，斯爲至公，式揚耿光，用體文德。朕獲奉宗廟，臨御萬方，降疾不瘳，庶政多闕。乃命元子，代予守邦，爰以令辰，光膺册禮，宜以今月九日册皇帝於宣政殿。國有大命，恩俾惟新，宜因紀元之慶，用覃在宥之澤。宜改貞元二十一年爲永貞元年。自貞元二十一年八月五日已前，天下死罪降從流，流以下遞減一等。」誥立良娣王氏爲太上皇后，良媛董氏爲太上皇德妃。壬寅，貶右散騎常侍王伾爲開州司馬，前户部侍郎、度支鹽鐵轉運使王叔文爲渝州司户。

元和元年正月丙寅朔，皇帝率百僚上太上皇尊號曰應乾聖壽。甲申，太上皇崩於興慶宫之咸寧殿，享年四十六歲。六月乙卯，皇帝率羣臣上大行太上皇謚曰至德大聖大安孝皇帝，廟號順宗。秋七月壬申，葬于豐陵。

韓愈《順宗實録》卷一 起藩邸盡貞元二十一年二月　順宗至德大聖大安孝皇帝諱誦，德宗長子，母曰昭德皇后王氏。上元二年正月十二日生，大曆十四年封爲宣王，建中元年立爲皇太子。慈孝寬大，仁而善斷，留心藝學，亦微信尚浮屠法，禮重師傅，引見輒先拜。善隸書，德宗之爲詩并他文賜大臣者，率皆令上書之。德宗之幸奉天，倉卒間上常親執弓矢，率軍後先導衛，備嘗辛苦。上之爲太子，於父子間慈孝交洽無嫌，每以天下爲憂。德宗在位久，不稍假宰相權，而左右得因緣用事。外則裴延齡、李齊運、韋渠牟等以姦佞相次進用，延齡尤狡險，判度支，務刻剥聚斂，以自爲功，天下皆怨怒。上每進見，候顔色，輒言其不可。至陸贄、張滂、李充等以毁譴，朝臣慺懼，諫議大夫陽城等伏閤極論，德宗怒甚，將加城等罪，内外無敢救者，上獨開解之，城等賴以免。德宗卒不相延齡、渠牟，上有力焉。

貞元二十一年正月癸巳，德宗崩。

丙申，上即位太極殿，册曰：「維貞元二十一年，歲次乙酉，正月辛未朔，二十三日癸巳，皇帝若曰：『於戲！天下之大，實惟重器，祖宗之業，允屬元良。咨爾皇太子誦，睿哲温恭，寬仁慈惠。文武之道，秉自生知，孝友之誠，發於天性。自膺上嗣，毓德春闈。恪慎于厥躬，祇勤于大訓，必能誕敷至化，安勸庶邦。朕寢疾彌留，弗興弗寤，是用命爾繼統，俾紹前烈，宜陟元后，永綏兆人。其令中書侍郎、平章事高郢奉册即皇帝位。爾惟奉若天道，以康四海，懋建皇極，以熙庶功，無忝我高祖、太宗之休命。』」上自二十年九月得風疾，因不能言，使四面求醫藥，天下皆聞知。德宗憂感形于顔色，數自臨視。二十一年正月朔，含元殿受朝，還至别殿，諸王親屬進賀，獨皇太子疾不能朝，德宗爲之涕泣，悲傷歎息，因感疾恍惚，日益甚。二十餘日，中外不通兩宫安否，朝臣咸憂懼，莫知所爲，雖翰林内臣，亦無知者。二十三日，上知内外憂疑，紫衣麻鞋，不俟正冠，出九仙門，召見諸軍使，京師稍安。二十四日，宣遺詔，上縗服見百寮。二十六日，即位。上學書於王伾，頗有寵，王叔文以棋進，俱待詔翰林，數侍太子棋。叔文詭譎多計，上在東宫，嘗與諸侍讀，并叔文論政，至宫市事，上曰：「寡人方欲極言之。」衆皆稱贊，獨叔文無言。既退，上獨留叔文，謂曰：「向者君奚獨無言，豈有意邪？」叔文曰：「叔文蒙幸太子，有所見，敢不以聞。太子職當侍膳問安，不宜言外事。陛下在位久，如疑太子收人心，何以自解？」上大驚，因泣曰：「非先生，寡人無以知此。」遂大愛幸，與王伾兩人相依附，俱出入東宫。聞德宗大漸，上疾不能言，伾即入，以詔召叔文，入坐翰林中使決事。伾以叔文意入言於宦者李忠言，稱詔行下，外初無知者。以檢校司空、平章事杜佑攝冢宰，兼山陵使，中丞武元衡爲副使，宗正卿李紓爲按行山陵地使，刑部侍郎鄭雲逵爲鹵簿使。又命中

書侍郎、平章事高郢撰哀册文，禮部侍郎權德輿撰謚册文，太常卿許孟容撰議文。

庚子，百寮請聽政，曰：「自漢以來，喪期之數，以日易月，而皆三日而聽政。我國家列聖，亦克修奉，罔或有違。況大行皇帝，酌於故實，重下遺詔。今日至期，而陛下未親政事，羣臣不敢安。宜存大孝，以寧萬國，天下之幸。」不許。是月，昇泗州爲上州。

二月辛丑朔，中書侍郎、平章事臣鄭，門下侍郎、平章事臣珣瑜，檢校司空、平章事臣佑，奉疏曰：「大行皇帝知陛下仁孝，慮陛下悲哀，不即人心聽政事，故發遺詔，令一行漢氏之制。今陛下安得守曾閔匹夫之小行，忘皇王繼親之大孝，以虧臣子承順之義。」猶不許。

壬寅，宰臣又上言曰：「陛下以聖德至孝，繼受寶命，宜奉先帝約束，以時聽斷，不可以久。」從之。

癸卯，朝百寮于紫宸門。杜佑前跪進曰：「陛下居憂過禮，羣臣懼焉，願一覩聖顔。」因再拜而起，左右乃爲皇帝舉帽，百寮皆再拜。佑復奏曰：「陛下至性殊常，哀毁之甚，臣等不勝惶灼，伏望爲宗廟社稷，割哀强食。」

丙午，罷翰林陰陽、星卜、醫相、覆碁諸待詔三十二人。初，王叔文以碁待詔，既用事，惡其與己儕類相亂，罷之。

己酉，詔易定節度使張茂昭可同中書門下平章事，餘如故。河北節度，自至德已來，不常朝覲。前年冬，茂昭來朝，未還，故寵之。

辛亥，詔吏部侍郎韋執誼守右丞、同中書門下平章事，賜紫。初，執誼爲翰林學士，知叔文幸於東宫，傾心附之，叔文亦欲自廣朋黨，密與交好，至是遂特用爲相。

乙卯，太常奏：「《禮》云：『喪三年不祭，惟祭社稷。』周禮圜鍾之均六變，天神皆降，林鍾之均八變，地示咸出。不廢天地之祭，不敢以卑廢尊也。樂者所以降神也，不以樂則祭不成。今遵遺詔行易月之制，請制内遇祭輟樂，終制用樂。」從之。又奏：「禮三年祭宗廟，今請竢祔廟畢，復常。」從之。

辛酉，貶京兆尹李實爲通州長史。詔曰：「實素以宗屬，累更任使，驟升班列，遂極寵榮，而政乖惠和，務在苛厲。比年旱歉，先聖憂人，特詔逋租悉皆蠲免，而實敢肆誣罔，復令徵剥，頗紊朝廷之法，實爲聚斂之臣。自國哀已來，增毒彌甚，無辜斃踣，深所興嗟。朕自守洪業，敷宏理道，寧容蠹政，以害齊人。宜加貶黜，用申邦憲，尚復優貸，俾佐遠藩。」實諂事李齊運，驟遷至京兆尹，恃寵强愎，不顧文法。是時，春夏旱，京畿乏食，實一不以介意，方務聚斂徵求，以給進奉。每奏對，輒曰：「今年雖旱，而穀甚好。」由是租税皆不免，人窮至壞屋賣瓦木，貸麥苗以應官。優人成輔端爲謡嘲之，實聞之，奏輔端誹謗朝政，杖殺之。實遇侍御史王播於道，故事，尹與御史相遇，尹下道避，實不肯避，導騎如故，播詰讓道騎者，實怒，遂奏播爲三原令，廷詬之。陵轢公卿已下，隨喜怒誣奏遷黜，朝廷畏忌之。嘗有詔免畿内逋租，實不行用詔書，徵之如初，勇於殺害，人吏不聊生。至譴，市里讙呼，皆袖瓦礫，遮道伺之，實由閒道獲免。

壬戌，制中丞、皇太子侍書、翰林待詔王伾可守中常侍，依前翰林待詔，蘇州司功王叔文可起居舍人、翰林學士。又以司勳員外郎、翰林學士、知制誥鄭絪爲中書舍人，學士如故。又以給事中馮伉爲兵部侍郎，以兵部員外郎、史館修撰歸登爲給事中，修撰如故。登、伉皆上在東宫時侍讀，以師傅恩拜。

韓愈《順宗實録》卷二起二月盡三月 二月甲子，上御丹鳳門，大赦天下。自貞元二十一年月二十四日昧爽已前，大辟已下，罪無輕重，常赦所不原者，咸赦原之。諸色人中，有才行兼茂明於理體者，經術精深可爲師法者，達於吏理可使從政者，宜委常參官各舉所知。其在外者，長吏精加訪擇，具名聞奏，仍優禮發遣。舊事，宫中有要市外物，令官吏主之，與人爲市，隨給其直。貞元末，以宦者爲使，抑買人物，稍不如本估。末年不復行文書，置白望數百人於兩市并要鬧坊，閲人所賣物，但稱宫(中)〔市〕，即斂手付與，真僞不復可辨，無敢問所從來。其論價之高下者，率用百錢物買人直數千錢物，仍索進奉門户并脚價錢。將物詣市，至有空手而歸者，名爲宫市，而實奪之。常有農夫以驢負柴至城賣，遇宦者稱宫市取之，纔與絹數尺，又就索門户，仍邀以驢送至内。農夫涕泣，以所得絹付之，不肯受，曰：「須汝驢送柴至内。」農夫曰：「我有父母妻子，待此然後食。今以柴與汝，不取直而歸，汝尚不肯，我有死而已。」遂毆宦者。街吏擒以聞，詔黜此宦者，而賜農夫絹十四。然宫市亦不爲改易，諫官御史數奏疏諫，不聽。上初登位，禁之，至大赦，又明禁。又貞元中要乳母，皆令選寺觀婢以充之，而給與其直，例都不中選，寺觀次當出者，賣産業割與地買之，貴有姿貌者以進，其徒苦之，至是亦禁焉。貞元末，五坊小兒張捕鳥雀於閭里，皆爲暴横以取錢物，至有張羅網於門，不許人出入者，或有張井上者使不得汲水，近之，輒曰：「汝驚供奉鳥雀！」痛毆之，出錢物求謝，乃去。或相聚飲食於肆，醉飽而去，賣

者或不知，就索其直，多被毆焉。或時留蛇一囊爲質，曰：「此蛇所以致鳥雀而捕之者，今留付汝，幸善飼之，勿令饑渴。」賣者愧謝求哀，乃攜而去。上在春宫時，即知其弊，常欲奏禁之，至即位，遂推而行之，人情大悦。

乙丑，停鹽鐵使進獻。舊鹽鐵錢物，悉入正庫，一助經費。其後主此務者，稍以時市珍翫時新物充進獻，以求恩澤，其後益甚，歲進錢物，謂之羡餘，而經(人)〔入〕益少，至貞元末，逐月有獻焉，謂之月進，至是乃罷。命右金吾將軍兼中丞田景度持節告哀於吐蕃，以庫部員外熊執易爲副，兵部郎中兼中丞元季方告于新羅，且册立新羅嗣王，主客員外郎兼殿中監馬于爲副。

三月庚午朔，出後宫三百人。

辛未，以翰林待詔王伾爲翰林學士。

壬申，以故相、撫州别駕姜公輔爲吉州刺史，前户部侍郎判度支、汀州别駕蘇弁爲忠州刺史。追故相、忠州刺史陸贄，郴州别駕鄭餘慶，前京兆尹、杭州刺史韓皋，前諫議大夫、道州刺史陽城，赴京師。德宗自貞元十年已後，不復有赦令，左降官雖有名德才望，以微過忤旨譴逐者，一去皆不復叙用，至是人情大悦。而陸贄、陽城皆未聞追詔而卒於遷所，士君子惜之。

癸酉，出後宫并教坊女妓三百人，聽其親戚迎于九仙門，百姓相聚，讙呼大喜。

丙戌，詔曰：「檢校司空、平章事杜佑可檢校司空、平章事，充度支并鹽鐵使，以浙西觀察李錡爲浙西節度、檢校刑部尚書。」賜徐州軍額曰武寧。制曰：「朕新委元臣，綜釐重務，爰求貳職，固在能臣。起居舍人王叔文精識瓌材，寡徒少欲，質直無隱，沈深有謀。其忠也，盡致君之大方；其言也，達爲政之要道。凡所詢訪，皆合大猷，宜斷前勞，佇光新命，可度支、鹽鐵副使，依前翰林學士，本官賜如故。」初，叔文既專内外之政，與其黨謀曰：「判度支則國賦在手，可以厚結諸用事人，取兵士心，以固其權。驟使重職，人心不服，藉杜佑雅有會計之名，位重而務自全，易可制。」故先令佑主其名，而除之爲副，以專之。以户部尚書、判度支王紹爲兵部尚書，以吏部郎中李鄘爲御史中丞，武元衡爲左庶子。初，叔文黨數人，貞元末已爲御史在臺，至元衡爲中丞，薄其人，待之鹵莽，皆有所憾，而叔文又以元衡在風憲，欲使附己，使其黨誘以權利，元衡不爲之動，叔文怒，故有所授。

庚寅，制門下侍郎、守吏部尚書、平章事賈耽可檢校司空兼左僕射，守門下侍郎，平章事鄭珣瑜可守吏部尚書，守中書侍郎、平章事高郢可守刑部尚書，守尚書左丞、平章事韋執誼可守中書侍郎，並依前平章事。

癸巳，詔曰：「萬國之本，屬在元良，主器之重，歸于長子，所以基社稷，而固邦統，古之制也。廣陵王某孝友温恭，慈仁忠恕，博厚以容物，寬明而愛人，祗服訓詞，言皆合雅，講求典學，禮必從師，居有令聞，動無違德。朕獲纘丕緒，祗若大猷，惟懷永圖，用建儲貳，以承宗廟，以奉粢盛，爰舉奮章，俾膺茂典。宜册爲皇太子，改名某，仍令所司擇日備禮册命。」初，廣陵王名從水傍亨，至册爲皇太子，始改從今名。

丁酉，吏部尚書、平章事鄭珣瑜稱疾去位。其日，珣瑜方與諸相會食於中書。故事，丞相方食，百寮無敢謁見者。叔文是日至中書，欲與執誼計事，令直省通執誼，直省以舊事告，叔文叱直省。直省懼，入白執誼。執誼逡巡慚赧，竟起迎叔文，就其閤語良久。宰相杜佑、高郢、珣瑜皆停筯以待，有報者云：「叔文索飯，韋相已與之同餐閤中矣。」佑、郢等心知其不可，畏懼叔文、執誼，莫敢出言。珣瑜獨歎曰：「吾豈可復居此位！」顧左右，取馬徑歸，遂不起。前是左僕射賈耽以疾歸第未起，珣瑜又繼去，二相皆天下重望，相次歸卧，叔文、執誼等益無所顧忌，遠近大懼焉。

韓愈《順宗實録》卷三起四月盡五月

夏四月乙巳，上御宣政殿，册皇太子。

册曰：「建儲貳者，必歸於冢嗣，固邦本者，允屬於元良。咨爾元子、廣陵王某，幼挺岐嶷，長標洵淑，佩《詩》、《禮》之明訓，宣忠孝之宏規。居惟保和，動必循道，識達刑政，器合温文。愛敬奉於君親，仁德聞於士庶，神祇龜筮，罔不協從。是用命爾爲皇太子。於戲！維我烈祖之有天下也，功格上帝，祚流無窮，光纘洪業，逮于十葉，虔恭寅畏，日慎一日。付爾以承祧之重，勵爾以主鬯之勤，以貞萬國之心，以揚三善之德。爾其尊師重傅，親賢遠佞，非禮勿踐，非義勿行，對越天地之耿光，丕承祖宗之休烈。可不慎歟！」時上即位已久，而臣下未有親奏對者，内外盛言王伾、王叔文專行斷決，日有異説，又屬頻雨，皆以爲羣小用事之應。至將册禮之日，雨乃止，迨行事之時，天氣清朗，有慶雲見，識者以爲天意所歸，及覩皇太子儀表，班行既退，無不相賀，至有感泣者。

戊申，詔曰：「惟先王光有天下，必正邦本以立人極，建儲貳以承宗祧，所以啓迪大猷，安固洪業，斯前代之令典也。皇太子某體仁秉哲，恭敬温立，德協元良，禮當上嗣。朕奉若丕訓，憲章前式，惟承社稷之重，載考《春秋》之義，授之匕

邑，以奉粢盛，爰以令辰，俾膺茂典。今册禮云畢，感慶交懷，思與萬方，同其惠澤。自貞元二十一年二月二十四日巳後，至四月九日昧爽已前，天下應犯死罪者，特降從流，流已下遞減一等。文武常參并州府縣官子爲父後者，賜勳兩轉。古之所以教太子，必茂選師傅以翼輔之，法於訓詞而行其典禮，左右前後，罔非正人，是以教諭而成德也。給事中陸質、中書舍人崔樞，積學懿文，守經據古，夙夜講習，庶協于中，並充皇太子侍讀。天下孝子順孫先旌表門閭者，委所管州縣各加存卹。」

庚戌，封皇太子長子寧等六人爲郡王。

癸(酉)[丑]，贈吐審弔祭使、工部侍郎兼御史大夫、史館修撰張薦禮部尚書。薦字孝舉，代居深州之陸澤。祖文成，博學工文詞，性好詼諧，七登文學科。薦聰明强記，歷代史傳無不實通，爲太師顔真卿所稱賞，遂知名。大曆中，江東觀察表薦之，授左司禦率府兵曹參軍，兼史館修撰。貞元初，爲太常博士。四年，回紇求和親，使送咸安公主入回紇，以薦爲判官。改授殿中侍御史，累遷諫議大夫。十一年，册回紇子，薦以祕書少監持節爲使。還，久之遷祕書監。二十年，吐蕃贊普死，以薦爲工部侍郎兼御史大夫，持節弔贈，卒於赤嶺東。回紇辟吐蕃，傳歸其柩。前後三使異國，自始命至卒，常兼史職，在史館二十年。著《宰輔傳略》、《五服圖記》、《寓居録》、《靈怪集》等。

丙寅，罷閩中萬安監。先是，福建觀察柳冕久不遷，欲立事迹以求恩寵，乃奏云：「閩中南朝放牧之地，畜羊馬可使孳息，請置監。」許之。收境中畜産，令吏牧其中，羊大者不過十斤，馬之良者估不過數千，不經時輒死，又斂百姓估之，遠近以爲笑。至是，觀察閻濟美奏罷之。

丁卯，命焚容州所進毒藥可殺人者。

五月己巳，以杭州刺史韓皋爲尚書左丞。辛未，以右金吾大將軍范希朝爲檢校右僕射，兼右神策京西諸城鎮行營兵馬節度使。叔文欲專兵柄，藉希朝年老舊將，故用爲將帥，使主其名，而尋以其黨韓泰爲行軍司馬，專其事。

甲戌，以度支郎中韓泰守兵部郎中兼中丞，統左右神策京西都栅行營兵馬節度行軍司馬，賜紫。

乙亥，追改爲檢校兵部郎中，職如故。

甲申，以萬年令房啓爲容州刺史，兼御史中丞。初啓善於叔文之黨，因相推致，遂獲寵於叔文。求進用，叔文以爲容管經略使，使行約至荆南授之云：「脱不得荆南，即與湖南。」故啓宿留於江陵，久之方行。至湖南，又久之。而叔文與執誼争權，數有異同，故不果。尋聞皇太子監國，啓惶駭奔馳而往。是日，以郴州員外司馬鄭餘慶爲尚書左丞。

乙酉，以尚書左丞韓皋爲鄂岳觀察、武昌軍節度使。初，皋以前輩舊人，累更重任，簡倨自高，嫉叔文之黨，謂人曰：「吾不能事新貴人。」皋從弟曄幸於叔文，以告，故出之。

辛卯，以王叔文爲户部侍郎，職居如故，賜紫。初，叔文欲依前帶翰林學士，宦者俱文珍等惡其專權，削去翰林之職。叔文見制書大驚，謂人曰：「叔文日時至此商量公事，若不得此院職事，即無因而至矣。」王伾曰諾，即疏請，不從。再疏，乃許三五日一入翰林，去學士名。又與歸登同日賜紫，内出衫笏賜登，而叔文不霑，文珍等所惡獨不得賜，由此始懼。以衢州别駕令狐峘爲祕書少監。峘，國子祭酒德棻玄孫，進士登第。司徒楊綰未達時，遇之以爲賢，爲禮部修史，引峘入史館。自華原尉拜拾遺，累遷起居舍人。大曆八年，劉晏爲吏部尚書，奏峘爲刑部員外，判南曹，累遷至禮部侍郎。峘之判南曹，晏爲尚書，楊炎爲侍郎，峘得晏之舉，分闕必擇其善者與晏，而以惡者與炎，炎固已不平。至垣爲禮部，而炎爲相，有杜封者，故相鴻漸之子，補宏文生，炎嘗出杜氏門下，託峘以封，峘謂使者曰：「相公欲封成其名，乞署封名下一字，峘因得以記焉。」炎不意峘賣之，署名屬峘，峘明日疏言宰相炎迫臣以威，臣從之則負陛下，不從即炎當害臣。德宗以問炎，炎具道所以，德宗怒曰：「此姦人，不可奈！」欲杖而流之，炎救解，乃黜爲衡州别駕。貞元初，李泌爲相，以左庶子、修撰徵至，則與同職孔述睿争競細碎，數侵述睿，述睿長告以讓，不欲争。泌卒，竇參爲相，惡其爲人，貶吉州别駕，改吉州刺史。齊映除江西觀察，過吉州，峘自以前輩懷怏怏，不以刺史禮見，入謁從容步進，不袜首屬戎器，映以爲恨。去至府，奏峘舉前刺史過失，鞫不得真，無政事不宜臨郡，貶衢州别駕。上即位，以祕書少監徵，未至卒。峘在史館修《玄宗實録》一百卷，撰《代宗實録》三十卷，雖頗勤苦，然多遺漏，不稱良史。初，德宗將厚奉元陵事，峘時爲中書舍人兼史職，奏疏諫請薄其葬，有答詔優奬。元和三年，以修實録功，追贈工部尚書。是月，以襄州爲襄州府，徙臨漢縣於古城，曰鄧城縣。

韓愈《順宗實録》卷四 起六月盡七月　六月(乙)[己]亥，貶宣州巡官羊士諤爲汀州寧化縣尉。士諤性傾躁，時以公事至京，遇叔文用事，朋黨相煽，頗不能平，

公言其非。叔文聞之，怒，欲下詔斬之，執誼不可，則令杖殺之，執誼又以爲不可，遂貶焉。由是叔文始大惡執誼，往來二人門下者皆懼。先時，劉闢以劍南節度副使將韋皋之意于叔文，求都領劍南三川，謂叔文曰：「太尉使某致微誠於公，若與其三川，當以死相助，若不用某，亦當有以相酬。」叔文怒，亦將斬之，而執誼固執不可。闢尚遊京師未去，至聞士謬，遂逃歸。左散騎常侍致仕張萬福卒。萬福，魏州元城人也。自曾祖至父皆明經，官止縣令州佐。萬福以祖父業儒皆不達，不喜書，學騎射。年十七八，從軍遼東有功，爲將而還，累遷至壽州刺史。送租賦詣京師，至潁州界爲盜所奪，萬福使輕兵馳入潁川界討之。賊不意萬福至，忙迫不得戰，萬福悉聚而誅之，盡得其所亡物，并得前後所掠人妻子、財物、牛馬萬計，悉還其家。爲淮南節度崔圓所忌，失刺史，改鴻臚卿，以節度副使將兵千人鎮壽州，萬福不以爲恨。許杲以平盧行軍司馬將卒三千人至濠州不去，有窺淮南意。圓令萬福攝濠州刺史。杲聞即提卒去，止當塗。陳莊賊陷舒州，圓又以萬福爲舒州刺史，督淮南岸盜賊，連破其黨。大曆三年，召赴京師，代宗謂曰：「聞卿名久，欲一識卿，且將累卿以許杲。」萬福拜謝，因前曰：「陛下以許杲召臣，如河北賊諸將叛，以屬何人？」代宗笑曰：「且欲議許杲事，方當大用卿。」即以爲和州刺史、行營防禦使，督淮南岸盜賊。至州，杲懼，移軍上元。杲至楚州，大掠，節度使韋元甫命萬福討之。未至淮陰，杲爲其將康自勸所逐。自勸擁兵繼掠，循淮而東，萬福倍道追而賊殺之，免者十二三，盡得其所虜掠金銀婦女等，皆獲至其家。代宗詔以本州兵千五百人防秋京西，遂帶和州刺史鎮咸陽，因留宿衛。李正己反，將斷江淮路，令兵守埇橋、渦口。江淮進奉船千餘隻，泊渦口不敢進。德宗以萬福爲濠州刺史。萬福馳至渦口，立馬岸上，發進奉船，淄青將士停岸睥睨不敢進，諸道繼進。改泗州刺史。爲杜亞所忌，徵拜左金吾右將軍。召見，德宗驚曰：「杜亞言卿昏耄，卿乃如是健耶！」圖形淩烟閣，數賜酒饌衣服，并敕度支籍口畜給其費。至賀陽城等於延英門外，天下益重其名。二十一年，以左散騎常侍致仕。元和元年卒，年九十。萬福自始從軍至卒，禄食七十年，未嘗病一日，典九郡皆有惠愛。

癸丑，韋皋上表請皇太子監國，又上皇太子牋，尋而裴垍、嚴綬表繼至，悉與皋同。贈故忠州別駕陸贄兵部尚書，故道州刺史陽城左常侍。贄字敬輿，吴郡人也。年十八，進士及第。又以博學宏詞授鄭縣尉，書判拔萃，授渭南尉，遷監察御史。未幾，選爲翰林學士，遷祠部員外郎。德宗幸奉天，贄隨行在。天下騷擾，遠近徵發書詔，一日數十下，皆出於贄。贄操筆持紙，成於須臾，不復起草，同職皆拱手嗟歎，不能有所助。常啓德宗言：「方今書詔，宜痛自引過罪己，以感人心。昔成湯以罪己致興，後代推以爲聖人；楚王失國亡走，一言善而復其國，至今稱爲賢者。陛下誠能不恡改過，以言謝天下，臣雖愚陋，爲詔詞無所忌諱，庶能令天下叛逆者迴心喻旨。」德宗從之。故行在制詔始下，聞者雖武人悍卒，無不揮涕感激。議者咸以爲德宗克平寇難，旋復天位，不惟神武成功，爪牙宣力，蓋以文德廣被，腹心有助焉。累遷考功郎中、諫議大夫、中書舍人，兼翰林學士。丁母憂免喪，權知兵部侍郎，知禮部貢舉，於進士中得人爲多。八年春，遷中書侍郎平章事，始令吏部每年集選人。舊事，吏部每年集人。其後遂三年一置選，選人猥至，文書多，了不尋勘，真僞紛雜，吏因得大爲姦巧。選士一蹉跌，或至十年不得官，而官之闕者，或累歲無人。贄令吏部分内外官員爲三，分計闕集，人以爲常，其弊十去七八，天下稱之。初，竇參出李巽爲常州刺史，且迫其行，巽常銜之。至參貶爲郴州別駕，巽適遷湖南觀察。德宗常與參言以相姜公輔罪，參漏其語。參敗，公輔因上疏自陳其事非臣之過。德宗詰之，知參洩其語，怒未有所發。會巽奏汴州節度劉士寧遺參金帛若干，士寧得汴州，參處其議，士寧常德之，故致厚貺。德宗以參得罪而與武將交結，發怒，竟致參於死，而議者多言參死由贄焉。裴延齡判度支，天下皆嫉怨，而獨幸於天子，朝廷無敢言其短者。贄獨身當之，日陳其不可用。延齡固欲去贄而代之，又知贄之不與己，多阻其奏請也，謗毁百端。翰林學士吴通元，故與贄同職，姦巧佻薄，與贄不相能。知贄與延齡相持有閒，因盛言贄短。宰相趙璟本贄所引同對，嫉贄之權，密以贄所戢彈延齡事告延齡，延齡益得以爲計。由是天子益信延齡，而不直贄，竟罷贄相，以爲太子賓客。而張滂、李充等權言事者，皆言其屈。贄固畏懼，至爲賓客，拒門不納交親士友。春旱，德宗數獵苑中。延齡疏言：「贄等失權怨望，言於衆曰：『天下旱，百姓且流亡，度支愛惜，不肯給諸軍，軍中人無所食，其事奈何！』以摇動羣心，其意非止欲中傷臣而已。」後數日，又獵苑中，會神策軍人跪馬前云：「度支不給馬草。」德宗意延齡前言，即迴馬首而歸。由是貶贄爲忠州別駕，滂、充皆斥逐。德宗怒未解，贄不可測，賴陽城等救乃止。贄之爲相，常以少年入翰林，得幸於天子，長養成就之，不敢自愛，事之不可者皆争之。德宗在位久，益自攬持機柄，親治細事，失君人大體，宰相益不得行其事職，而議者乃云由贄而然。贄居忠州十餘年，常閉門不出入，人無識面者。避謗不著書，習醫

方，集古今名方，爲《陸氏集驗方》五十卷。卒於忠州，年五十二。初即位，與鄭餘慶、陽城同徵，詔始下，而城、贄皆卒。城，字亢宗，北平人，代爲宦族。好學，貧不能得書，乃求入集賢，爲書寫史，竊官書讀之，晝夜不出，經六年，遂無所不通。乃去滄州中條山下，遠近慕其德行，來學者相繼於道。閭里有争者，不詣官府，詣城以決之。李泌爲相，舉爲諫議大夫，拜官不辭。未至京師，人皆想望風采，云：「城山人能自苦刻，不樂名利，必諫諍，死職下。」咸畏憚之。既至，諸諫官紛紛言事，細碎無不聞達，天子益厭苦之。而城方與其二弟牟容，連夜痛飲，人莫能窺其意。有懷刺譏之者將造城而問者，城揣知其意，輒彊與酒。（客）〔城〕或時先醉卧客懷中，不能聽客語。約其二弟云：「吾所得月俸，汝可度吾家有幾口，月食米當幾何，買薪、菜、鹽、米凡用幾錢，先具之，其餘悉以送酒媪，無留也。」未嘗有貯積。雖其所服用切急不可闕者，客稱其物可愛，城輒喜，舉而授之。陳萇者，候其始請月俸，常往稱其錢帛之美，月有獲焉。至裴延齡讒毁，陸贄等坐貶黜，德宗怒不解，在朝無救者。城聞而起曰：「吾諫官也，不可令天子殺無罪之人，而信用姦臣。」即率拾遺王仲舒數人守延英門，上疏論延齡姦佞，贄等無罪狀。德宗大怒，召宰相入語，將加城等罪。良久乃解，令宰相諭遣之。於是金吾將軍張萬福聞諫官伏閤諫，趨往至延英門，大言賀曰：「朝廷有直臣，天下必太平矣！」遂偏拜城與仲舒等曰：「諸諫議能如此言事，天下安得不太平也！」已而連呼：「太平萬歲！太平萬歲！」萬福，武人，時年八十餘，自此名重天下。時朝夕相延齡，城曰：「脱以延齡爲相，當取白麻壞之，慟哭於廷。」竟坐延齡事，改國子司業。至，引諸生告之曰：「凡學者所以學爲忠與孝也。諸生寧有久不省其親乎？」明日，謁城歸養者二十餘人。有薛約者，嘗學於城，狂躁，以言事得罪，將徙連州，客寄有根蒂，吏蹤求得城家。坐吏於門，與約飲決別，涕泣送之郊外。德宗聞之，以城爲黨罪人，出爲道州刺史。太學生魯（郡）〔卿〕、李讜等二百七十人詣闕乞留，住數日，吏遮止之，疏不得上。在州以家人禮待吏人，宜罰者罰之，宜賞者賞之，一不以簿書介意。賦税不登，觀察使數誚讓。上考功第，城自署第曰：「撫字心勞，徵科政拙，考下下。」觀察使嘗使判官督其賦，至州，怪城不出迎，而問州吏，吏曰：「刺史聞判官來，以爲已有罪，囚於獄，不敢出。」判官大驚，馳入謁城於獄，曰：「使君何罪，某奉命來候安否耳。」留一兩日未去，城固不復歸館，門外有故門扇横地，城晝夜坐卧其上，判官不自安，辭去。其後又遣他判官崔某往按之，崔承命不辭，載妻子一行，中道而逃。城孝友，不忍與其弟異處，皆不娶，給侍終身。有寡妹依城以居，有甥年四十餘，癡不能如人，常與弟負之以遊。初城之妹夫亡在他處，家貧不能葬，城親與其弟舁尸以歸，葬於其居之側，往返千餘里。卒，時年六十餘。

戊午，以户部侍郎潘孟陽爲度支、鹽鐵轉運副使。其日，王伾詐稱疾自免。啓叔文歸第，伾日詣中人并杜佑，請起叔文爲相，且總北軍。既不得，請以威遠軍使、平章事，又不得。其黨皆憂悸不自保。伾至其日，坐翰林中，疏三上，不報，知事不濟，行且卧，至夜，忽叫曰：「伾中風矣！」明日，遂輿歸不出。

〔七月〕戊子，以禮部侍郎權德輿爲户部侍郎，以食部郎中、判度支陳諫爲河中少尹。伾、叔文之黨，於是始去。

乙未，詔：「軍國政事，宜權令皇太子某句當。百辟羣后，中外庶僚，悉心輔翼，以底于理。宣布朕意，咸使知聞。」上自初即位則疾，患不能言，至四月益甚，時扶坐殿，羣臣望拜而已，未嘗有進見者。天下事皆專斷於叔文，而李忠言、王伾爲之内主，執誼行之於外。朋黨喧嘩，榮辱進退，生殺造次，惟其所欲，不拘程度，既知内外厭毒，慮見摧敗，即謀兵權，欲以自固。而人情益疑懼，不測其所爲，朝夕伺候。會其與執誼交惡，心腹内離，外有韋皋、裴均、嚴綬等牋表，而中官劉光奇、俱文珍、薛盈珍、尚解玉等皆先朝任使舊人，同心怨猜，屢以啓上。上固已厭倦萬機，惡叔文等，至是遂召翰林學士鄭絪、衛次公、王涯等入至德殿，撰制詔而發命焉。又下制，以太常卿杜黄裳爲門下侍郎，左金吾衛大將軍袁滋爲中書侍郎，並平章事。又下制，吏部尚書、平章事鄭珣瑜，刑部尚書、平章事高郢，並守本官，罷相。皇太子見百寮於東朝，百寮拜賀，皇太子涕泣，不答拜。

丙申，詔宰臣告天地社稷，皇太子見四方使於麟德殿西亭。

韓愈《順宗實録》卷五起八月盡至山陵

八月庚子，詔曰：「惟皇天命烈祖，誕受方國，九聖儲祉，萬方咸休。肆予一人，獲纘丕業，嚴恭守位，不遑暇逸。而天祐匪降，疾恙無瘳，將何以奉宗廟社稷之靈，展郊禋之禮！疇咨庶尹，對越上玄，内愧于朕心，上畏于天命。夙夜祗慄，惟懷永圖。一日萬機，不可以久曠；天工人代，不可以久違。皇太子某睿哲温文，寬和慈惠，孝友之德，愛敬之誠，通于神明，格于上下。是用推皇王至公之道，遵父子傳歸之制，付之重器，以撫兆人。必能宣祖宗之重光，荷天地之休命，奉若成憲，永綏四方。宜令皇太子即皇帝位，朕稱太上皇，居興慶宫。制勅所司，擇日行册禮。」

永貞元年八月辛丑，太上皇居興慶宫，誥曰：「有天下者，傳歸于子，欽若大

典，斯爲至公，式揚耿光，用體文德。朕獲奉宗廟，臨御萬方，降疾不瘳，庶政多闕。乃命元子，代予守邦，爰以令辰，光膺册禮。宜以今月九日，册皇帝於宣政殿，命檢校司徒杜佑充册使，門下侍郎杜黄裳充副使。國有大命，恩俾惟新，宜因紀元之慶，用覃在宥之澤。改貞元二十一年爲永貞元年。自貞元二十一年八月五日昧爽已前，天下應犯死罪，特降從流，流已下，遞減一等。」又誥曰：「人倫之本，王化之先，爰舉令圖，允資内輔。式表后妃之德，俾刑邦國之風，禮之大典也。良娣王氏，家承茂族，德冠中宫，雅修彤管之規，克佩姆師之訓。自服勤蘋藻，祗奉宗祧，令範益彰，母儀斯著。宜正長秋之位，以明繼體之尊，可册爲太上皇后。良媛董氏，備位後庭，素稱淑慎，進升號位，禮亦宜之，宜册爲太上皇德妃。令所司備禮，擇日册命，宣示中外，咸使知聞。」

壬寅，制王伾開州司馬，王叔文渝州司户，並員外置，馳驛發遣。叔文，越州人。以碁入東宫，頗自言讀書知理道，乘間常言人間疾苦。上將大論宫市事，叔文説中上意，遂有寵，因爲上言：「某可爲將，某可爲相，幸異日用之。」密結韋執誼，并有當時名欲僥倖而速進者陸質、吕温、李景儉、韓曄、韓泰、陳諫、劉禹錫、柳宗元等十數人，定爲死交。而凌準、程异等，又因其黨而進，交遊蹤跡詭祕，莫有知其端者。貞元十九年，補闕張正買疏諫他事，得召見。正買與王仲舒、劉伯芻、斐茝、常仲孺、吕洞相善，數遊止。正買得召見，諸往來者皆往賀之。有與之不善者告叔文、執誼云：「正買疏似論君朋黨事，宜少誡。」執誼、叔文信之。執誼嘗爲翰林學士，父死罷官。此時雖爲散郎，以恩時時召入問外事，執誼因言成季等朋讌聚遊無度，皆譴斥之，莫知其由。叔文既得志，與王伾、李忠言等專斷外事，遂首用韋執誼爲相。其常所交結，相次拔擢，至一日除數人，日夜羣聚。伾以侍書幸，寢陋吴語，上所褻狎。而叔文頗任事自許，微知文義，好言事，上以故稍敬之，不得如伾出入無阻。叔文入至翰林，而伾入至柿林院，見李忠言、牛昭容等。故各有所主，伾主往來傳授，劉禹錫、陳諫、韓曄、韓泰、柳宗元、房啓、凌準等主謀議唱和，採聽外事。上疾久不瘳，内外皆欲上早定太子位，叔文默不發議。已立太子，天下喜，而叔文獨有憂色，常吟杜甫題諸葛亮廟詩末句云：「出師未捷身先死，長使英雄淚滿襟。」因歔欷流涕，聞者咸竊笑之。雖判兩使事，未嘗以簿書爲意，日引其黨，屏人切切細語，謀奪宦者兵，以制四海之命。既令范希朝、韓泰總統京西諸城鎮行營兵馬，中人尚未悟。會邊上諸將各以狀辭中尉，且言方屬希朝，中人始悟兵柄爲叔文所奪，乃大怒曰：「從其謀，吾屬必死其手。」密令其使歸告諸將曰：「無以兵屬人。」希朝至奉天，諸將無至者。韓泰白叔文，計無所出，唯曰：「奈何！奈何！」無幾而母死，執誼益不用其語。叔文怒，與其黨日夜謀起復，起復必先斬執誼而盡誅不附己者，聞者皆恟懼。皇太子既監國，遂逐之，明年乃殺之。伾，杭州人，病死遷所，其黨皆斥逐。叔文最所賢重者李景儉，而最所謂奇才者吕温。叔文用事時，景儉持母喪，在東都，而吕温使吐蕃半歲，至叔文敗方歸，故二人皆不得用。叔文敗後數月，乃貶執誼爲崖州司馬，後二年病死海上。執誼，杜黄裳子壻，與黄裳同在相位，故最在後貶。執誼，進士對策論高等，驟遷拾遺。年二十餘入翰林，巧慧便辟，媚幸於德宗，而性貪婪詭賊。其從祖兄夏卿爲吏部侍郎，執誼爲翰林學士，受財爲人求科第，夏卿不應，乃探出懷中金，以内夏卿袖，夏卿驚曰：「吾與卿賴先人德，致名位，幸各以達，豈可如此自毁壞！」擺袖引身而去，執誼大慙恨。既而爲叔文所引用，初不敢負叔文，迫公議，時時有異同，輒令人謝叔文云：「非敢負約爲異同，蓋欲曲成兄弟爾。」叔文不之信，遂成仇怨。然叔文敗，執誼亦自失形勢，知禍且至，雖尚爲相，當不自得，長奄奄無氣，聞人行聲，輒惶悸失色，以至敗死，時纔四十餘。執誼自卑，嘗諱不言嶺南州縣名。爲郎時，嘗與同舍郎詣職方觀圖，每至嶺南圖，執誼皆命去之，閉目不視。至拜相還，所坐堂北壁有圖，不就省，七八日，試就觀之，乃崖州圖也，以爲不祥，甚惡之，憚不能出口。至貶，果得崖州焉。

永貞二年正月丙(戌)〔寅〕朔，太上皇於興慶宫受朝賀，皇帝率百寮奉上尊號曰應乾聖壽太上皇。册文曰：「維永貞二年，歲次丙戌，〔正月丙寅〕朔，皇帝臣某稽首再拜，奉册言：臣聞上聖玄邈，獨超乎希夷；彊名之極，猶存乎罔象。豈足以表無爲之德，光不宰之功？然稱謂所施，簡册攸著，涵泳道德，感於精誠，仰奉洪徽，有以自竭。伏惟太上皇帝陛下，道繼玄元，業纘皇極。膺千載之休歷，承九聖之耿光。昭宣化源，發揚大號。政有敦本示儉，慶裕格天。恩翔春風，仁育羣品，而功成不處，褰裳去之。付神器於冲人，想汾陽以高蹈。體堯之德，與神同符。其動也天，其静也地，巍巍事表，無得而言。顧兹寡昧，屬膺大寶。懼忝傳歸之業，莫申繼述之志。夙夜兢畏，惟懷永圖。今天下幸安，皆睿訓所被，而未極徽號，孰報君親？是以台臣庶官，文武之列，抗疏於内；方伯藩守，億兆之衆，同詞於外。請因壽歷，以播鴻名。臣不勝大願，謹上尊號曰應乾聖壽太上皇』。當三朝獻壽之辰，應五紀啓元之始。光膺徽稱，允協神休。斯天下

之慶也。」

元和元年正月甲申，太上皇崩于興慶宮咸寧殿，年四十六。遺詔曰：「朕聞死生者，物之大歸；修短者，人之常分。古先哲王，明於至道，莫不知其終以存義，順其變以節哀。故存者不至於傷生，逝者不至於甚痛，謂之達理，以貫通喪。朕自弱齡，即敦清静，逮乎近歲，又嬰沈痼。嘗亦親政，益倦於勤。以皇帝天資仁孝，日躋聖敬，爰釋重負，委之康濟，而能内睦于九族，外勤於萬幾，問寢益嚴，侍膳無曠，推此至德，以安庶邦。朕之知子，無愧天下。今厥疾大漸，不瘖不興，付託得人，顧復何恨！四海兆庶，亦奚所哀！但聖人大孝，在乎善繼，樞務之重，軍國之殷，纘而成之，不可蹔闕。以日易月，抑惟舊章。皇帝宜三日而聽政，十三日小祥，二十五日大祥，二十七日釋服。方鎮岳牧，不用離任赴哀。天下吏人，誥至後出臨三日，皆釋服，無禁婚嫁、祠祀、飲酒、食肉。宮中當臨者朝晡，各十五舉音。非朝晡臨時，禁無得哭。釋服之後，勿禁樂。他不在誥中者，皆以類從事。伏以崇陵仙寢，復土纔終，甸邑疲人，休功未幾。今又重勞營奉，朕所哀矜，況漢、魏二文，皆著遺令，永言景行，常志夙心。其山陵制度，務從儉約，並不用以金銀錦綵爲飾。百辟卿士，同力盡忠，克申送往之哀，宜展事君之禮。布告天下，明知朕懷。」

七月壬申，葬豐陵，謚曰至德大聖大安孝皇帝，廟曰順宗。

雜録

備録

段成式《酉陽雜俎》續集四《貶誤》　相傳云，德宗幸東宮，太子親割羊脾，水澤手，因以餅潔之，太子覺上色動，乃徐捲而食。司空贊皇公著《次柳氏舊聞》，又云是肅宗。劉餗《傳記》云：太宗使宇文士及割肉，以餅拭手，上屢目之，士及佯不悟，徐捲而啖。

王溥《唐會要》卷四《雜録》　貞元中，裴延齡、韋渠牟以姦佞相次選用。延齡尤狡險，判度支，務尅剝聚斂，自以爲功，天下怨怒。陸贄、李充以讒毁受譴，陽城等伏闕懇諫，幾至得罪。順宗在東宮，每進見輒言延齡輩不可用，而諫臣可獎。德宗卒不相渠牟、延齡而宥城等者，東宮之力也。德宗嘗泛舟魚藻宮水嬉，命皇太子升舟，舟具皆飾以金碧丹青，婦人盛飾操舟，光彩耀燭，衆樂俱發。德宗顧太子：「今日如何？」曰：「極盛。」然後退以奢諫，德宗不悦焉。

陳耀文《天中記》卷四一引楊慎《山海經後序》　〔彈棋〕，唐順宗在春宮日甚好之，時有吉達、高鈛、崔同、楊同愿之徒悉爲名役，有竇深、崔長孺、甄偶、獨孤文德亦爲亞焉。至於長慶之末，好事之家猶見有局，尚多解者。

備論

《舊唐書》卷一四《順宗紀》　史臣韓愈曰：順宗之爲太子也，留心藝術，善隸書。德宗工爲詩，每賜大臣方鎮詩制，必命書之。性寬仁有斷，禮重師傅，必先致拜。從幸奉天，賊泚逼迫，常身先禁旅，乘城拒戰，督勵將士，無不奮激。德宗在位歲久，稍不假權宰相。左右倖臣如裴延齡、李齊運、韋渠牟等，因間用事，刻下取功，而排陷陸贄、張滂輩，人不敢言，太子從容論争，故卒不任延齡、渠牟爲相。嘗侍宴魚藻宮，張水嬉，綵艦雕靡，宮人引舟爲櫂歌，絲竹間發，德宗歡甚，太子引詩人「好樂無荒」爲對。每於敷奏，未嘗以顔色假借宦官。居儲位二十年，天下陰受其賜。惜乎寢疾踐祚，近習弄權；而能傳政元良，克昌運祚，賢哉！

《新唐書》卷七《順宗紀》　贊曰：德宗猜忌刻薄，以彊明自任，耻見屈於正論，而忘受欺於姦諛。故其疑蕭復之輕己，謂姜公輔爲賣直，而不能容；用盧杞、趙贊，則至於敗亂，而終不悔。及奉天之難，深自懲艾，遂行姑息之政。由是朝廷益弱，而方鎮愈彊，至於唐亡，其患以此。憲宗剛明果斷，自初即位，慨然發憤，志平僭叛，能用忠謀，不惑羣議，卒收成功。自吳元濟誅，彊藩悍將皆欲悔過而効順。當此之時，唐之威令，幾於復振，則其爲優劣，不待較而可知也。及其晚節，信用非人，不終其業，而身罹不測之禍，則尤甚於德宗。嗚呼！小人之能敗國也，不必愚君暗主，雖聰明聖智，苟有惑焉，未有不爲患者也。昔韓愈言，順宗在東宮二十年，天下陰受其賜。然享國日淺，不幸疾病，莫克有爲，亦可以悲夫！

范祖禹《唐鑑》卷九《順宗》 永貞元年三月丙戌，加杜佑度支及諸道鹽鐵轉運使。戊子，以王叔文爲副使，先是叔文與其黨謀得國賦在手，則可以結諸用事人，取軍士心，以固其權。又懼驟使重職，人心不服。藉杜佑雅有會計之名，位重而務自全，易可制。故先令佑主基名，而自除爲副以專之。

臣祖禹曰：《易》曰：「咸其股，執其隨，往吝。」《象》曰：「咸其股，亦不處也。志在隨，人所執下也。」《春秋傳》曰：「凡師能左右之曰以。」皆言制於人，而無所能爲也。杜佑以舊相不恥與小人共事而爲之用，其可賤也夫。

賈耽以王叔文黨用事，心惡之，稱疾不出，屢乞骸骨。丁酉，諸宰相會食中書。故事，丞相方食，百僚無敢謁見者。叔文至中書，欲與韋執誼計事，令直省通之。直省以舊事告叔文，怒叱直省，直省懼，入白執誼，逡巡慙赧，竟起迎叔文，就其閤語良久。杜佑、高郢、鄭珣瑜皆停筯以待。有報者云叔文索飯，韋相公已與之同食閤中矣。佑、郢心知不可，畏叔文，執誼莫敢出言。珣瑜獨歎曰：「吾豈可復居此位。」顧左右取馬，徑歸，遂不起。二相皆天下重望，相次歸卧，叔文、執誼等益無所顧忌，遠近大懼。

臣祖禹曰：孔子曰：「行已有恥，可謂士矣。」孟子曰：「人不可以無恥，恥之於人大矣。」賈耽、鄭珣瑜當小人用事而爲相。碌碌無補，知其不可，引疾而去，能知恥矣。方之杜佑、高郢，豈不有間哉。

右順宗自正月即位，至八月，傳位於憲宗，明年崩，年四十六。

王夫之《讀通鑑論》卷二五《唐順宗》 王伾、王叔文以邪名古今，二韓、劉、柳皆一時之選，韋執誼具有清望，一爲所引，不可復列於士類，惡聲一播，史氏極其貶誚，若將與趙高、宇文化及同其凶逆者，平心以考其所爲，亦何至此哉！自其執政以後，罷進奉、宫市、五坊小兒，貶李實，召陸贄、陽城，以范希朝、韓泰奪宦官之兵柄，革德宗末年之亂政，以快人心、清國紀，亦云善矣。順宗抱篤疾，以不定之國儲嗣立，諸人以意扶持而冀求安定，亦人臣之可爲者也。所未審者，不能自量其非社稷之器，而仕宦之情窮耳，初未有移易天位之姦也。於是宦官乘德宗之危病，方議易儲以危社稷，順宗瘖而不理，非有夾輔之者，則順宗危，而憲宗抑且不免。代王言，頒大政，以止一時之邪謀，而行乎不得已，亦權也。憲宗儲位之定，雖出於鄭絪，而亦俱文珍、劉光琦、薛盈珍等諸内豎修奪兵之怨，以爲誅逐諸人之地。則韋執誼之驚，王叔文之憂色，雖有自私之情，亦未嘗别有推奉，思搖國本，如謝晦、傅亮之爲也。乃史氏指斥其惡，言若不勝，實覈其詞，則不過曰「采聽謀議，汲汲如狂，互相推奬，僴然自得，屏人竊語，莫測所爲」而已。觀其初終，亦何不可測之有哉？所可憎者，器小而易盈，氣浮而不守，事本可共圖，而故出之以密，謀本無他奇，而故居之以險，膠漆以固其類，亢傲以待異己，得志自矜，身危不悟，以要言之，不可大受而已矣。因是而激盈廷之怨，寡不敵衆，謗毀騰於天下，遂若有包藏禍心爲神人所共怒者，要亦何至此哉！伾、叔文誠小人也，而執誼等不得二人不足以自結於上，伾、叔文不得於牛昭容、李忠言不足以達於篤疾之順宗。嗚呼！漢、唐以後，能無内援而致人主之信從者鮮矣。司馬温公之正，而所資以行志者太后；楊大洪之剛，而所用以衛主者王安；蓋以處積亂之朝廷，欲有所爲，弗獲已而就其可與言者爲納約之牖也。叔文、伾之就誅，八司馬之遠竄，事所自發，亦以宦官俱文珍等怨范希朝、韓泰之奪其兵柄，忿懟急洩而大獄疾興。諸人既蒙不赦之罪，神策監軍，復歸内豎，唐安得有斥姦遠佞之法哉？宦官之争權而迭相勝負耳。杜黄裳、袁滋不任爲主也。故執誼等有可黜之罪，而遽謂爲千古之敗類，則亦誣矣。繇此以觀，士之欲有爲當世者，可不慎哉！天下之事，昭昭然揭日月而行者，與天下共之。其或幾介危疑，事須密斷者，則緘之於心，而制之以獨。若驟得可(危)〔爲〕之機，震驚相耀，以光大之舉動爲詭秘之聲容，附耳躡足，晝呼夜集，排羣言，斂衆怨，自詡爲憂國如家，乃不知旁觀側目者且加以不可居之大慝。事既祕，言不能詳，欲置辯而末從，身受天下之惡，自戕而已矣。《易》曰：「不出户庭，無咎。」慎之於心也。不出門庭則凶矣。門内之密謀，門外之所疑爲叵測者也。流俗之所謂深人，君子之所謂淺夫也。讀柳宗元謫後之書，「匪舌是出」，其愚亦可哀也已！

藝文

《文苑英華》卷八三六趙宗儒《順宗至德大聖大安孝皇帝哀册文》 維元和元年歲次丙戌正月一日丙寅朔十九日甲申，大行太上皇崩于興慶宫之咸寧殿，旋殯于大内太極殿之西階。粤以其年七月壬申朔十一日壬午，將遷座于豐陵，禮也。龍輴將進，魚帷已拂，庭引嚴儀，衢陳備物。哀子嗣皇帝諱，孝思罔極，昭感人神。痛天儀之永閟，攀德音而靡聞，盡哀誠於祖奠，徹永慕於顥旻，欽惟宸範，宜光典册，乃詔魯臣，纉揚聖績。其詞曰：

太陽麗天，朗曜清懸；元后統位，至化光被。洪惟我唐，紹興哲王。德宣風土，法化乾綱。爲政本仁，寶系攸長。積習和氣，變爲禎祥。矩範相續，巍巍煌煌。十葉丕慶，膺茲駿命。稟乎聰明，生知孝敬。秉文成訓，惟睿作聖。祚曆攸歸，天保斯定。厥初錫壤，啓彼維城。及升上嗣，萬邦以貞。道邁儲訓，業茂繼明。揔于至妙，御乎至精。天休廣運，播茲清問。緯武經文，金鏗王振。不絶馳道，有過茲慎。莫見于微，曷窺其朕。六律諧度，四時齊信。庠筵齒胄，望苑招賢。學闖奧海，詞峯峻天。深工八體，尤洞三玄。秉志樂善，鋭思討研。敬老尊道，優游文囿。至賾必精，微言咸究。不習而知，莫非天授。建中季祀，邦都盜起。皇輿出衎，幸於郊壘。逆祲晝霾，衝發如燬。扈蹕之辰，從曰撫軍。每躬誓衆，能感師人。竟掃兇孽，於昭大勳。惟謀静難，惟孝安親。出震御圖，如運璿樞，慮弘拯物，情窮泣辜。深仁降感，至澤旁敷。洋溢汪濊，格于天區。寬刑恤隱，省賦蠲逋。斥絶奇貢，歸還戎一作戍。俘。出中宮之音妓，慗戎塞之勤夫。有命焚鳩，永光典謨。玄風大扇，庶類忻愉。疾療皆愈，萎蕤發枯。理臻至道，我得玄珠。垂裳負扆，懷茲寅畏。美利天下，雲行雨施。人自遷善，時稱不諱。覆育之恩，無不茂遂。含靈逢幸，澡濯聖政。泰元降祉，媪神薦慶。猛戲皆仁，翾昆遂性。憬夷慕化，向風翹聽。八表無塵，一時之盛。方播金石，流于舞詠。爰降冲志，稱乎倦勤。褰裳釋位，思保怡神。惟聖禪聖，光于君臨。傳萬葉之丕籍，浹四海之歡心。付託之際，人祇感深。棄代昌期，興運本枝。遇乾坤之交泰，見堯舜之同時。尊名崇於聖壽，至道體於希夷。嗣皇帝德，永裔垂則。資敬問安，乾乾翼翼。一人事親，化行邦國。冲舉何早，栖靈物表，聖慕極於充窮，人悲集於荼蓼。嗚呼哀哉！葆翿儼陳，招摇初轉；背紫禁而歸壽陵，出青門而臨下苑。金鼓聲兮二儀震，煙雲慘而百里遠；寶馬局一作跼或作蹢。步於逶遲，縞士揚音於楚挽。嗚呼哀哉！瞻彼重峯，中起靈宫，衆山朝衛，欝欝崇崇。積凝巖之崇靄，聚浩野之悲風；睇長天而怨不極，指流水而恨無窮。嗚呼哀哉！萬方臣子，心崩以摧。會七月之畢至，望九疑而增哀；攀龍髯而何及，泣鸞輅之空廻。嗚呼哀哉！崇茲嚴寢，邈矣終天；獸方護闕，鳥亦耘田。閉虚儀於宸宇，響夜漏於青川。嗚呼哀哉！五雲之上，六龍以飛。難攀真駕，空覩游衣。廖廓一生，曷其一作期。有歸？惟英謩與睿範，傳萬代之洪徽。嗚呼哀哉！

宋敏求《唐大詔令集》卷一唐德宗《德宗遺詔》　朕承八聖之休德，荷上天之眷祐，嗣守丕訓，不敢荒寧。賴宗廟之靈，羣后之力，戡定大難，以康兆人，嚴恭寅畏，二十有七載。今天降疾，不興不瘖，是用審訓，宜聽朕言。皇太子誦，元良繼明，睿哲齊聖，孝友和惠，恭敬温文。必能覲祖宗之耿光，紹邦家之大業，即宜於柩前即皇帝位。嗚呼！朕常奉聖祖玄元清静之教，勵精至道，保合太和。每忘己以愛人，豈嘉生而惡死。咨爾將相卿士，方伯聯帥，其敬保元子，永綏萬邦，各有叶心。同底于道，無廢我高祖太宗之休命，諸道節度使觀察防禦等使及諸州刺史等，膺鎮守之任，有軍旅之事，所寄尤重，不可暫曠，不須赴喪。易日之制，宜遵舊典。文武官等，朝晡哭臨，十五舉音。朕每覽漢史，至孝文薄葬之詔，未嘗不歎息嘉尚，緬慕其風。園陵制度，務從儉約。百辟卿士，孝子忠臣，送往事居，無違朕意。貞元二十一年正月。

宋敏求《唐大詔令集》卷一三許孟客《順宗至德大聖大安孝皇帝謚議》　臣上稽太古皇帝之建尊謚也，咸揭盛德，以旌至公，備禮于郊，即天成命，易名之典也。故堯不稱巍巍成功，而以傳聖爲盛德，禹不稱乃錫玄圭，而以成功爲盛德，此乃五帝三王統天作謚之大範也。伏惟大行太上皇，天作睿哲，生知大和，揚九聖之耿光，開萬祀之休運。雲行雨施，不俟終日，廣愛博教，克成浹辰。澤萬物德大乎犧軒，公天下道高乎堯舜，原夫君人之表，發於岐嶷，造物之用，先乎蓍龜。在藩播爲善之樂，主器流作貞之慶，視膳有法文之孝，撫軍有戡羿之庸，毓全德於春闈，積大望於覆育，垂三十載矣。三善方躋乎聖敬，六氣遽嬰乎沉痼，德宗皇帝虞繼明之重，深唯疾之憂，積其不懌，至乎大漸。天崩地坼，當瞑眩之辰；流沙漸海，有震動之懼，而大行太上皇明德動天，神化無朕，上虔九廟，下恤兆人，深冀翌月之瘳，大慶即端之祚，於是建冢嫡以發大號，赦天下以壯皇猷，聖作明遠，周流灌注，若乃奄岩穴以搜賢才，能官則哲之道也。黜進獻以藝貢賦，籍田任土之利也。滌疵瑕而復放竄，解網泣辜之仁也。蠲逋責而惠困窮，寬大易簡之義也。用能垂拱而神人交泰，玄默而動植究安，巍巍蕩蕩，聖德如風烈雷迅，不崇朝而溢乎八紘矣。猶以爲黎獻之富教未洽，陵寢之制度未成，深圖甘害於恬頤，力政不憚於增劇。既而同軌畢至，萬邦咸寧，奉先之孝克終，傳聖之義斯舉，釋負寶位，栖神玉清，追姑射之高蹤，樂華胥之妙道。大矣哉！與天地合其德，則不爲而成；與變化合其神，則不疾而速。聖造盤薄，玄風汪洋，所謂天授，非人力也。方陋唐虞之異族，樂文武於同時，振曜重光，永清四海。孰謂初陽變候，素疾彌留，徵祕術而俞扁必臻，走羣望而圭璧斯罄。何翠華之不駐，乘白雲而上仙，攀號弓劍，哀震寰區，皇帝悼極憂以致養，痛大數之不延，外遵易月

之命，内茹終天之酷，詞不朽於禮謚，旌罔極於孝思，敢斅聖德，垂鴻惇史，謹按《易》曰：「天地之大德曰生，聖人之大寶曰位。」《謚法》曰：「寬裕平和曰安，敬慎所安曰孝。」大行太上皇，乘運統天，端拱造物，可謂至德。威神翊運，光明正位，可謂大聖。永圖丕構，傳聖保和，可謂大安。九族安之，兆人賴之，可謂大孝。下採華夷之望，上合神祇之心，請上尊謚曰：至德大聖大安孝皇帝，廟號曰順宗。謹議。元和元年六月。

王叔文部

綜述

《舊唐書》卷一三五《王叔文傳》 王叔文者，越州山陰人也。以棋待詔，粗知書，好言理道。德宗令直東宮。太子嘗與侍讀論政道，因言宮市之弊，太子曰：「寡人見上，當極言之。」諸生稱贊其美，叔文獨無言。罷坐，太子謂叔文曰：「向論宮市，君獨無言何也？」叔文曰：「皇太子之事上也，視膳問安之外，不合輒預外事。陛下在位歲久，如小人離間，謂殿下收取人情，則安能自解？」太子謝之曰：「苟無先生，安得聞此言？」由是重之，宮中之事，倚之裁決。每對太子言，則曰：「某可爲相，某可爲將，幸異日用之。」密結當代知名之士而欲僥倖速進者，與韋執誼、陸質、呂温、李景儉、韓曄、韓泰、陳諫、柳宗元、劉禹錫等十數人，定爲死交；而凌準、程异，又因其黨以進；藩鎮侯伯，亦有陰行賂遺請交者。

德宗崩，已宣遺詔，時上寢疾久，不復關庶政，深居施簾帷，閹官李忠言、美人牛昭容侍左右，百官上議，自帷中可其奏。王伾常諭上屬意叔文，宮中諸黄門稍稍知之。其日，召自右銀臺門，居于翰林，爲學士。叔文與吏部郎中韋執誼相善，請用爲宰相。叔文因王伾，伾因李忠言，忠言因牛昭容，轉相結搆。事下翰林，叔文定可否，宣于中書，俾執誼承奏於外。與韓泰、柳宗元、劉禹錫、陳諫、凌準、韓曄唱和，曰管，曰葛，曰伊，曰周，凡其黨倜然自得，謂天下無人。

叔文賤時，每言錢穀爲國大本，將可以盈縮兵賦，可操柄市士。叔文初入翰林，自蘇州司功爲起居郎，俄兼充度支、鹽鐵副使，以杜佑領使，其實成於叔文。數月，轉尚書户部侍郎，領使、學士如故。內官俱文珍惡其弄權，乃削去學士之職。制出，叔文大駭，謂人曰：「叔文須時至此商量公事，若不帶此職，無由入內。」王伾爲之論請，乃許三、五日一入翰林，竟削內職。叔文始入內廷，陰搆密命，機形不見，因騰口善惡進退之。人未窺其本，信爲奇才。及司兩使利柄，齒于外朝，愚智同曰：「城狐山鬼，必夜號窟居以禍福人，亦神而畏之；一旦晝出路馳，無能必矣。」

叔文在省署，不復舉其職事，引其黨與竊語，謀奪內官兵柄，乃以故將范希朝統京西北諸鎮行營兵馬使，韓泰副之。初，中人尚未悟，會邊上諸將各以狀辭中尉，且言方屬希朝，中人始悟兵柄爲叔文所奪，中尉乃止諸鎮無以兵馬入。希朝、韓泰已至奉天，諸將不至，乃還。無幾，叔文母死。前一日，叔文置酒饌於翰林院，宴諸學士及內官李忠言、俱文珍、劉光奇等。中飲，叔文白諸人曰：「叔文母疾病，比來盡心戮力爲國家事，不避好惡難易者，欲以報聖人之重知也。若一去此職，百謗斯至，誰肯助叔文一言者，望諸君開懷見察。」又曰：「羊士諤非毁叔文，欲杖殺之，而韋執誼懦而不遂。叔文生平不識劉闢，乃以韋皋意求領三川，闢排門相干，欲執叔文手，豈非凶人耶！叔文已令掃木場，將斬之，韋執誼苦執不可。每念失此兩賊，令人不快。」又自陳判度支已來，興利除害，以爲己功。俱文珍隨語折之，叔文無以對。

叔文未欲立皇太子。順宗既久疾未平，羣臣中外請立太子，既而詔下立廣陵王爲太子，天下皆悦；叔文獨有憂色，而不敢言其事，但吟杜甫題諸葛亮祠堂詩末句云：「出師未捷身先死，長使英雄淚滿襟。」因歔欷泣下，人皆竊笑之。皇太子監國，貶爲渝州司户，明年誅之。

《新唐書》卷一六八《王叔文傳》 王叔文，越州山陰人。以棋待詔。頗讀書，班班言治道。德宗詔直東宮，太子引以侍讀，因論政及宮市之弊，太子曰：「寡人見上，將極言之。」坐皆趣贊，叔文獨嘿然。既罷，太子曰：「向君無言，何哉？」叔文曰：「太子之事上，非視膳問安無與也。且陛下在位久，有如小人間之，謂殿下收厭羣情，則安解乎？」太子謝曰：「非先生不聞此言！」由是重之，宮中事咸與參訂。

叔文淺中浮表，遂肆言不疑，曰：「某可爲相，某可爲將，它日幸用之。」陰結天下有名士，而士之欲速進者，率諧附之，若韋執誼、陸質、呂温、李景儉、韓曄、韓泰、陳諫、柳宗元、劉禹錫爲死友，而凌準、程异又因其黨進，出入詭祕，外莫得其端。彊藩劇帥，或陰相賂遺以自結。

順宗立，不能聽政，深居施幄坐，以牛昭容、宦人李忠言侍側，羣臣奏事，從幄中可其奏。王伾密語諸黄門：「陛下素厚叔文。」即繇蘇州司功參軍拜起居郎、翰林學士。大抵叔文因伾，伾因忠言，忠言因昭容，更相依仗。伾主傳受，叔文主裁可，乃授之中書，執誼作詔文施行焉。時景儉居親喪，温使吐蕃，惟質、

泰、諫、準、曅、宗元、禹錫等倡譽之，以爲伊、周、管、葛復出，惆然謂天下無人。叔文每言：「錢穀者，國大本，操其柄，可因以市士。」乃白用杜佑領度支、鹽鐵使，已副之，實專其政。不淹時，遷户部侍郎。

宦人俱文珍忌其權，罷叔文學士，詔出，駭悵曰：「吾當數至此議事，不然，無由入禁中。」伾復力請，乃聽三五日一至翰林，然不得舊職矣。

在省不事所職，日引其黨謀取神策兵，制天下之命。乃以宿將范希朝爲西北諸鎮行營兵馬使，泰爲司馬副之。於是諸將移書中尉，告且去，宦人始悟奪其權，大怒曰：「吾屬必死其手！」乃諭諸鎮，慎毋以兵屬人。希朝、泰到奉天，諸將不至，乃還。

叔文母死，匿不發，置酒翰林，忠言、文珍等皆在，齎金以餉，因揚言曰：「天子適射兔苑中，跨鞍若飛，敢異議者斬。」又自陳：「親疾病，以身任國大事，朝夕不得侍，今當請急，宜聽。然向之悉心戮力，難易亡所避，報天子異知爾。今一去此，則百謗至，孰爲吾助者？」又言：「羊士諤毁短我，我將杖殺之，而執誼懦不果。劉闢來爲韋臯求三川，吾生平不識闢，便欲前執吾手，非凶人邪？掃木場將斬之，而執誼持不可。每念失此二賊，令人悵恨。」又陳領度支所以興利去害者爲己勞。文珍隨語詰折，叔文不得對。左右竊語曰：「母死已腐，方留此，將何爲邪？」明日，乃發喪。執誼益不用其語，乃謀起復，斬執誼與不附己者，聞者恟懼。

廣陵王爲太子，羣臣皆喜，獨叔文有憂色，誦杜甫諸葛祠詩以自況，歔欷泣下。太子已監國，貶渝州司户參軍，明年，誅死。

雜録

備録

韓愈《順宗實録》卷一起藩邸盡貞元二十一年二月　上學書於王伾，頗有寵；王叔文以棊進，俱待詔翰林，數侍太子棊。叔文詭譎多計，上在東宫，嘗與諸侍讀并叔文論政。至宫市事，上曰：「寡人方欲極言之。」衆皆稱贊，獨叔文無言。既退，上獨留叔文，謂曰：「向者君奚獨無言，豈有意邪？」叔文曰：「叔文蒙幸太子，有所見，敢不以聞。太子職當侍膳問安，不宜言外事。陛下在位久，如疑太子收人心，何以自解？」上大驚，因泣曰：「非先生，寡人無以知此。」遂大愛幸。與王伾兩人相依附，俱出入東宫。聞德宗大漸，上疾不能言，伾即入，以詔召叔文入，坐翰林中使決事。伾以叔文意入言於宦者李忠言，稱詔行下，外初無知者。以檢校司空平章事杜佑攝冢宰兼山陵使，中丞武元衡爲副使，宗正卿李紓爲按行山陵地使，刑部侍郎鄭雲逵爲鹵簿使；又命中書侍郎平章事高郢撰哀册文，禮部侍郎權德輿撰謚册文，太常卿許孟容撰誄文。

韓愈《順宗實録》卷二起二月盡三月　景戌，詔曰：「檢校司空平章事杜佑可檢校司徒平章事，充度支并鹽鐵使。以浙西觀察李錡爲浙西節度檢校刑部尚書。」賜徐州軍額曰「武寧」。制曰：「朕新委元臣，綜釐重務，爰求貳職，固在能臣。起居舍人王叔文，精識瓌材，寡徒少欲，質直無隱，沈深有謀。其忠也，盡致君之大方；其言也，達爲政之要道。凡所詢訪，皆合大猷。宜繼前勞，佇光新命。可度支鹽鐵副使，依前翰林學士本官賜如故。」初，叔文既專內外之政，與其黨謀曰：「判度支則國賦在手，可以厚結諸用事人，取兵士心，以固其權。」驟使重職，人心不服。藉杜佑雅有會計之名，位重而務自全，易可制；故先令佑主其名，而除之爲副以專之。以户部尚書判度支王紹爲兵部尚書；以吏部郎中李鄘爲御史中丞；武元衡爲左庶子。初，叔文黨數人，貞元末，已爲御史在臺。至元衡爲中丞，薄其人，待之鹵莽，皆有所憾。而叔文又以元衡在風憲，欲使附己，使其黨誘以權利。元衡不爲之動。叔文怒，故有所授。【略】

丁酉，吏部尚書平章事鄭珣瑜稱疾去位。其日，珣瑜方與諸相會食於中書。故事，丞相方食，百寮無敢謁見者。叔文是日至中書，欲與執誼計事，令直省通執誼。直省以舊事告，叔文叱直省，直省懼，入白執誼。執誼逡巡慙赧，竟起迎叔文，就其閤語良久。宰相杜佑、高郢、珣瑜皆停筯以待。有報者云：「叔文索飯，韋相已與之同餐閤中矣。」佑、郢等心知其不可，畏懼叔文、執誼，莫敢出言。珣瑜獨歎曰：「吾豈可復居此位！」顧左右取馬徑歸，遂不起。前是，左僕射賈耽以疾歸第，未起；珣瑜又繼去。二相皆天下重望，相次歸臥，叔文、執誼等益無所顧忌，遠近大懼焉。

韓愈《順宗實録》卷三起四月盡五月　甲申，以萬年令房啓爲容州刺史，兼御史中丞。初，啓善於叔文之黨，因相推致，遂獲寵於叔文，求進用。叔文以爲容

管經略使，使行，約至荆南授之。云：「脱不得荆南，即與湖南。」故啓宿留於江陵久之方行。至湖南，又久之，而叔文與執誼争權，數有異同，故不果。尋聞皇太子監國。啓惶駭，奔馳而往。是日，以郴州員外司馬鄭餘慶爲尚書左丞。

乙酉，以尚書左丞韓皋爲鄂岳觀察、武昌軍節度使。初，皋自以前輩舊人，累更重任，頗以簡倨自高，嫉叔文之黨。謂人曰：「吾不能事新貴人。」皋從弟曄幸於叔文，以告，叔文故出之。

辛卯，以王叔文爲户部侍郎，職如故，賜紫。初，叔文欲依前帶翰林學士，宦者俱文珍等惡其專權，削去翰林之職。叔文見制書大驚，謂人曰：「叔文日時至此商量公事，若不得此文專行斷决，日有異説。又屬頻雨，皆以爲羣小用事之應。至將册禮之夕，雨乃止；迨行事之時，天氣清朗，有慶雲見。識者以爲天意所歸。及覩皇太子儀表班行，既退，無不相賀，至有感泣者。

韓愈《順宗實録》卷四起六月盡七月　六月己亥，貶宣州巡官羊士諤爲汀州寧化縣尉。士諤性傾躁，時以公事至京，遇叔文用事，朋黨相煽，頗不能平，公言其非。叔文聞之，怒，欲下詔斬之，執誼不可；則令杖殺之，執誼又以爲不可，遂貶焉。由是叔文始大惡執誼，往來二人門下者皆懼。先時，劉闢以劍南節度副使，將韋皋之意於叔文，求都領劍南三川，謂叔文曰：「太尉使某致微誠於公，若與其三川，當以死相助。若不用，某亦當有以相酬。」叔文怒，亦將斬之，而執誼固執不可。闢尚遊京師未去，至聞士諤，遂逃歸。

李肇《唐國史補》卷中　王叔文以度支使設食于翰林中，大會諸閹，袖金以贈。明日又至，揚言聖人適于苑中射兔，上馬如飛，敢有異議者腰斬。其日乃丁母憂。

《舊唐書》卷一三五《王伾傳》　伾闒茸，不如叔文，唯招賄賂，無大志，貌寢陋，吴語，素爲太子之所褻狎；而叔文頗任氣自許，粗知書，好言事，順宗稍敬之，不得如伾出入無間。叔文入止翰林，而伾入至柿林院，見李忠言、牛昭容等。然各有所主：伾主往來傳授；王叔文主决斷；韋執誼爲文誥；劉禹錫、陳諫、韓曄、韓泰、柳宗元、房啓、凌準等謀議唱和，採聽外事。而伾與叔文及諸朋黨之門，車馬填湊，而伾門尤盛，珍玩賂遺，歲時不絶。室中爲無門大櫃，唯開一竅，足以受物，以藏金寶，其妻或寢卧於上。與叔文同貶開州司馬。

《新唐書》卷一六八《王伾傳》　王伾者，杭州人。始以書待詔翰林，入太子宫侍書。順宗立，遷左散騎常侍，待詔。伾本闒茸，皃遂陋，楚語，無它大志，帝褻寵之，不如叔文任氣好言事，爲帝所禮。至出處，又不及伾之無間也，叔文入止翰林，而伾至柿林院，見牛昭容等。當其黨盛，門皆若沸羹，而伾尤通天下賕謝，日月不闋。爲巨匱，裁竅以受珍，使不可出，則寢其上。

叔文既居喪，伾日請中人及杜佑起叔文爲宰相，且總北軍，不許；又請以威遠軍使同中書門下平章事，復不可。乃一日三表，皆不報。憂悸，行且卧，至夕大呼曰：「吾疾作。」輿歸第。貶開州司馬，死其所。支黨皆逐，惟質以前死免。

《資治通鑑》卷二三六唐順宗永貞元年六月條考異引《實録詳本》　叔文母將死前一日，叔文以五十人擔酒饌入翰林，讌李忠言、劉光琦、俱文珍及諸學士等。中飲，叔文執盞云云。又曰：「羊士諤毁叔文，叔文將杖殺之，而韋執誼懦不敢。劉闢以韋皋迫脅叔文求三川，叔文平生不識闢。叔文今日名位何如，而闢欲前執叔文手，豈非凶人邪！叔文時已令掃木場，將集衆斬之，執誼又執不可。每念失此兩賊，令人不快。」又自陳判度支已來，所爲國家興利除害，出若干錢以爲功能。俱文珍隨語折之。叔文無以對，命滿酌雙巵對飲，酒數行而罷。方飲時，有暫起至廳側者，聞叔文從人相謂曰：「母死已臭，不欲棺斂，方與人飲酒，不知欲何所爲！」歸之明日，而其母死。或傳母死數日乃發喪。

袁樞《通鑑紀事本末》卷三四《伾文用事》　唐德宗貞元十九年。初，翰林待詔王伾善書，山陰王叔文善棋，俱出入東宫，娱侍太子。伾，杭州人也。叔文譎詭多計，自言讀書知治道，乘間常爲太子言民間疾苦。太子嘗與諸侍讀及叔文等論及宫市事。太子曰：「寡人方欲極言之。」衆皆稱贊，獨叔文無言。既退，太子自留叔文，謂曰：「向者君獨無言，豈有意邪？」叔文曰：「叔文蒙幸太子，有所見，敢不以聞。太子職當視膳、問安，不宜言外事。陛下在位久，如疑太子收人心，何以自解？」太子大驚，因泣曰：「非先生，寡人無以知此。」遂大愛幸，與王伾相依附。

叔文因爲太子言某可爲相，某可爲將，幸異日用之。密結翰林學士韋執誼及當時朝士有名而求速進者陸淳、吕温、李景儉、韓曄、韓泰、陳諫、柳宗元、劉禹錫等，定爲死友。而凌準、程异等又因其黨以進，日與遊處，蹤跡詭祕，莫有知其端者。藩鎮或陰進資幣，與之相結。【略】

左補闕張正一上書，得召見。正一與吏部員外郎王仲舒、主客員外郎劉伯芻等相親善，叔文之黨疑正一言己陰事，令韋執誼反譖正一等於上，云其朋黨，遊宴無度。九月甲寅，正一等皆坐遠貶，人莫知其由。【略】

時順宗失音，不能決事，常居深宮，施簾帷，獨宦官李忠言、昭容牛氏侍左右。百官奏事，自帷中可其奏。自德宗大漸，王伾先入，稱詔召王叔文，坐翰林中使決事。伾以叔文意入言於忠言，稱詔行下，外初無知者。以杜佑攝冢宰。二月癸卯，上始朝百官於紫宸門。辛亥，以吏部郎中韋執誼爲尚書左丞、同平章事。王叔文欲專國政，首引執誼爲相，己用事於中，與相唱和。

壬戌，以殿中丞王伾爲左散騎常侍，依前翰林待詔。蘇州司功王叔文爲起居舍人、翰林學士。伾寢陋，吴語，上所褻狎。而叔文頗任事自許，微知文義，好言事，上以故稍敬之，不得如伾出入無阻。叔文入至翰林，而伾入至柿林院，見李忠言、牛昭容計事。大抵叔文依伾，伾依忠言，忠言依牛昭容，轉相交結。每事先下翰林，使叔文可否，然後宣于中書，韋執誼承而行之。外黨則韓泰、柳宗元、劉禹錫等主采聽外事。謀議唱和，日夜汲汲如狂，互相推奬，曰伊，曰周，曰管，曰葛，僴然自得，謂天下無人。榮辱進退，生於造次，惟其所欲，不拘程式。士大夫畏之，道路以目。素與往還者，相次拔擢，至日除數人。其黨或言曰某可爲某官，不過一二日，輒已得之。於是叔文及其黨十餘家之門，晝夜車馬如市。候見叔文、伾者，至宿其坊中餅肆、酒壚下，一人得千錢，乃容之。伾尤闒茸，專以納賄爲事，作大匱貯金帛，夫婦寢其上。

三月辛未，以王伾爲翰林學士。

以王叔文爲度支、鹽鐵轉運副使。先是，叔文與其黨謀，得國賦在手，則可以結諸用事人，取軍士心，以固其權。又懼驟使重權，人心不服，藉杜佑雅有會計之名，位重而務自全，易可制，故先令佑主其名，而自除爲副以專之。叔文雖判兩使，不以簿書爲意，日夜與其黨屏人竊語，人莫測其所爲。

以御史中丞武元衡爲左庶子。德宗之末，叔文之黨多爲御史，元衡薄其爲人，待之莽鹵。元衡爲山陵儀仗使，劉禹錫求爲判官，不許。叔文以元衡在風憲，欲使附己，使其黨誘以權利，元衡不從，由是左遷。元衡，平一之孫也。

侍御史竇羣奏屯田員外郎劉禹錫挾邪亂政，不宜在朝。又嘗謁叔文，揖之曰：「事固有不可知者。」叔文曰：「何謂也？」羣曰：「去歲李實怙恩挾貴，氣蓋一時，公當此時，逡巡路旁，乃江南一吏耳。今公一旦復據其地，安知路旁無如公者乎？」其黨欲逐之，韋執誼以羣素有强直名，止之。

上疾久不愈，時扶御殿，羣臣瞻望而已，莫有親奏對者。中外危懼，思早立太子，而王叔文之黨欲專大權，惡聞之。宦官俱文珍、劉光琦、薛盈珍等皆先朝任使舊人，疾叔文、忠言等朋黨專恣，乃啓上召翰林學士鄭絪、衛次公、李程、王涯入金鑾殿，草立太子制。時牛昭容輩以廣陵王淳英睿，惡之；絪不復請，書紙爲「立嫡以長」字呈上，上頷之。癸巳，立淳爲太子，更名純。程，神符五世孫也。

賈耽以王叔文黨用事，心惡之，稱疾不出，屢乞骸骨。丁酉，諸宰相會食中書。故事，丞相方食，百寮無敢謁見者。叔文至中書，欲與執誼計事，令直省通之。直省以舊事告，叔文怒，叱直省。直省懼，入白執誼，執誼逡巡慚赧，竟起迎叔文，就其閤語良久。杜佑、高郢、鄭珣瑜皆停筯以待。有報者云：「叔文索飯，韋相公已與之同食閤中矣。」佑、郢心知不可，畏叔文、執誼，莫敢出言。珣瑜獨歎曰：「吾豈可復居此位。」顧左右取馬，徑歸，遂不起。二相皆天下重望，相次歸卧，叔文、執誼等益無所顧忌，遠近大懼。

夏四月乙巳，上御宣政殿，册太子。百官睹太子儀表，退，皆相賀，至有感泣者，中外大喜。而叔文獨有憂色，口不敢言，但吟杜甫《題諸葛亮祠堂》詩曰：「出師未捷身先死，長使英雄淚滿襟。」聞者哂之。【略】

五月辛未，以右金吾大將軍范希朝爲左右神策、京西諸城鎮行營節度使。甲戌，以度支郎中韓泰爲其行軍司馬。王叔文自知爲内外所憎疾，欲奪取宦官兵權以自固，籍希朝老將，使主其名，而實以泰專其事。人情不測其所爲，益疑懼。

辛卯，以王叔文爲户部侍郎，依前充度支、鹽鐵轉運副使。俱文珍等惡其專權，削去翰林之職。叔文見制書，大驚，謂人曰：「叔文日時至此商量公事，若不得此院職事，則無因而至矣。」王伾即爲疏請，不從；再疏，乃許三五日一入翰林，去學士名。叔文始懼。

六月己亥，貶宣歙巡官羊士諤爲汀州寧化尉。士諤以公事至長安，遇叔文用事，公言其非。叔文聞之，怒，欲下詔斬之，執誼不可；則令杖煞之，執誼又以爲不可，遂貶焉。由是叔文始大惡執誼，往來二人門下者皆懼。

先時劉闢以劍南支度副使將韋皋之意于叔文，求都領劍南、三川，謂叔文曰：「太尉使闢致微誠於公，若與某三川，當以死相助；若不與，亦當有以相酬。」叔文怒，亦將斬之，執誼固執不可。闢尚遊長安未去，聞貶士諤，遂逃歸。執誼初爲叔文所引用，深附之，既得位，欲掩其迹，且迫於公議，故時時爲異同。輒使人謝叔文曰：「非敢負約，乃欲曲成兄事耳。」叔文詬怒，不之信，遂成仇怨。

癸丑，韋皋上表，以爲：「陛下哀毀成疾，重勞萬機，故久而未安，請權令皇

太子親監庶政，俟皇躬痊愈，復歸春宫。臣位兼將相，今之所陳，乃其職分。」又上太子牋，以爲：「聖上遠法高宗亮陰不言，委政臣下而所付非人。王叔文、王伾、李忠言之徒，輒當重任，賞罰縱情，墮紀紊綱。散庫之積以賂權門，樹置心腹徧於貴位，潛結左右，憂在蕭牆。竊恐傾太宗盛業，危殿下家邦。願殿下即日奏聞，斥逐羣小，使政出人主，則四方獲安。」臯自恃重臣，遠處西蜀，度王叔文不能動摇，遂極言其姦。俄而荆南節度使裴均、河南節度使嚴綬牋表繼至，意與臯同，中外皆倚以爲援，而邪黨震懼。均，光庭之曾孫也。

王叔文既以范希朝、韓泰主京西、神策軍，諸宦者尚未寤。會邊上諸將各以狀辭中尉，且言方屬希朝。宦者始寤兵柄爲叔文等所奪，乃大怒曰：「從某謀，吾屬必死其手。」密令其使歸告諸將曰：「無以兵屬人。」希朝至奉天，諸將無至者。韓泰馳歸白之，叔文計無所出，唯曰：「奈何！奈何！」無幾，其母病甚。丙辰，叔文盛具酒饌，與諸學士及李忠言、俱文珍、劉元琦等飲於翰林。叔文言曰：「叔文母病，以身任國事之故，不得親醫藥，今將求假歸侍。叔文比竭心力，不避危難，皆爲朝廷之恩。一旦去歸，百謗交至，誰肯見察，以一言相助乎？」文珍隨其語輒折之，叔文不能對，但引滿相勸，酒數行而罷。丁巳，叔文以母喪去位。

秋七月，王叔文既有母喪，韋執誼益不用其語。叔文怒，與其黨日夜謀起復，必先斬執誼而盡誅不附己者，聞者恟懼。

自叔文歸第，王伾失據，日詣宦官及杜佑請起叔文爲相，且總北軍；既不獲，則請以爲威遠軍使、平章事，又不得。其黨皆憂悸不自保。是日，伾坐翰林中，疏三上，不報。知事不濟，行且卧，至夜，忽叫曰：「伾中風矣。」明日，遂輿歸，不出。己丑，以倉部郎中、判度支案陳諫爲河中少尹。伾、叔文之黨至是始去。

乙未，制以「積疹未復，其軍國政事權令皇太子純勾當」。時内外共疾王叔文黨與專恣，上亦惡之。俱文珍等屢啓上請令太子監國，上固厭倦萬機，遂許之。又以太常卿杜黄裳爲門下侍郎，左金吾大將軍袁滋爲中書侍郎，並同平章事。俱文珍等以其舊臣，故引用之。又以鄭珣瑜爲吏部尚書，高郢爲刑部尚書，並罷政事。太子見百官於東朝堂，百官拜賀，太子涕泣，不答拜。

八月庚子，制：「令太子即皇帝位，朕稱太上皇，制敕稱誥。」辛丑，太上皇徙居興慶宫，誥改元永貞，立良娣王氏爲太上皇后。後，憲宗之母也。

壬寅，貶王伾開州司馬，王叔文渝州司户。伾尋病死貶所。明年，賜叔文死。

乙巳，憲宗即位於宣政殿。

九月己卯，貶神策行軍司馬韓泰爲撫州刺史，司封郎中韓曄爲池州刺史，禮部員外郎柳宗元爲邵州刺史，屯田員外郎劉禹錫爲連州刺史。

冬十一月壬申，貶中書侍郎、同平章事韋執誼爲崖州司馬。執誼以嘗與王叔文異同，且杜黄裳壻，故獨後貶。然叔文敗，執誼亦自失形勢，知禍且至，雖尚爲相，常不自得，奄奄無氣，聞人行聲，輒惶悸失色，以至於貶。

朝議謂王叔文之黨或自員外郎出爲刺史，貶之太輕。己卯，再貶韓泰爲虔州司馬，韓曄爲饒州司馬，柳宗元爲永州司馬，劉禹錫爲郎州司馬。又貶河中少尹陳諫爲台州司馬，和州刺史凌準爲連州司馬，岳州刺史程异爲郴州司馬。

憲宗元和四年。初，王叔文之黨既貶，有詔，雖遇赦，無得量移。

備論

《舊唐書》卷一三五《王叔文傳》 史臣曰：奸邪害正，自古有之；而矯誕無忌，妬賢傷善，未有如延齡、皇甫之甚也。臣每讀陸丞相論延齡疏，未嘗不泣下霑衿，其守正効忠，爲宗社大計，非端士益友，安能感激犯難如此！異哉德宗之爲人主也，忠良不用，讒慝是崇，乃至身播國屯，幾將覆滅，尚獨保延齡之是，不悟盧杞之非，悲夫！執誼、叔文，乘時多僻，而欲斡運六合，斟酌萬幾；劉、柳諸生，逐臭市利，何狂妄之甚也！章武雄材睿斷，翦削厲階；洎逐羣、度而相异、鎛，蓋季年之妖惑也，夫何言哉！

《新唐書》卷一六八《王叔文傳》 贊曰：叔文沾沾小人，竊天下柄，與陽虎取大弓，《春秋》書爲盜無以異。宗元等橈節從之，徼幸一時，貪帝病昏，抑太子之明，規權遂私。故賢者疾，不肖者媢，一僨而不復，宜哉！彼若不傅匪人，自勵材猷，不失爲名卿才大夫，惜哉！

王夫之《讀通鑑論》卷二五《唐順宗》 王伾、王叔文以邪名古今，二韓、劉、柳皆一時之選，韋執誼具有清望，一爲所引，不可復列於士類，惡聲一播，史氏極其貶誚，若將與趙高、宇文化及同其凶逆者，平心以考其所爲，亦何至此哉！

自其執政以後，罷進奉、宫市、五坊小兒，貶李實，召陸贄、陽城，以范希朝、

韓泰奪宦官之兵柄，革德宗末年之亂政，以快人心、清國紀，亦云善矣。順宗抱篤疾，以不定之國儲嗣立，諸人以意扶持而冀求安定，亦人臣之可爲者也。所未審者，不能自量其非社稷之器，而仕宦之情窮耳，初未有移易天位之姦也。於是宦官乘德宗之危病，方議易儲以危社稷，順宗瘖而不理，非有夾輔之者，則順宗危，而憲宗抑且不免。代王言，頒大政，以止一時之邪謀，而行乎不得已，亦權也。憲宗儲位之定，雖出於鄭絪，而亦俱文珍、劉光琦、薛盈珍等諸内豎修奪兵之怨，以爲誅逐諸人之地，則韋執誼之驚，王叔文之憂色，雖有自私之情，亦未嘗別有推奉，思搖國本，如謝晦、傅亮之爲也。乃史氏指斥其惡，言若不勝，實覈其詞，則不過曰：「采聽謀議，汲汲如狂，互相推奬，僴然自得，屏人竊語，莫測所爲」而已。觀其初終，亦何不可測之有哉？所可憎者，器小而易盈，氣浮而不守，事本可共圖，而故出之以密，謀本無他奇，而故居之以險，膠漆以固其類，亢傲以待異己，得志自矜，身危不悟，以要言之，不可大受而已矣。因是而激盈廷之怨，寡不敵衆，謗毁騰於天下，遂若有包藏禍心爲神人所共怒者，要亦何至此哉！

伾、叔文誠小人也，而執誼等不得二人不足以自結於上，伾、叔文不得於牛昭容、李忠言不足以達於篤疾之順宗。嗚呼！漢、唐以後，能無内援而致人主之信從者鮮矣。司馬温公之正，而所資以行志者太后；楊大洪之剛，而所用以衛主者王安；蓋以處積亂之朝廷，欲有所爲，弗獲已而就其可與言者爲納約之牖也。叔文、伾之就誅，八司馬之遠竄，事所自發，亦以宦官俱文珍等怨范希朝、韓泰之奪其兵柄，忿懟急洩而大獄疾興。諸人既蒙不赦之罪，神策監軍，復歸内豎，唐安得有斥姦遠佞之法哉？宦官之爭權而迭相勝負耳。杜黄裳、袁滋不任爲主也。故執誼等有可黜之罪，而遽謂爲千古之敗類，則亦誣矣。

王鳴盛《十七史商榷》卷七四《順宗紀所書善政》 叔文行政，上利於國，下利於民，獨不利於弄權之閹臣，跋扈之强藩。

藝文

《柳宗元集》卷一三《故尚書户部侍郎王君先太夫人河間劉氏誌文》 夫人生二子：長曰彝倫，舉五經，早夭；少曰叔文，堅明直亮，有文武之用。貞元中，待詔禁中，以道合于儲后，凡十有八載，獻可替否，有匡弼調護之勤。先帝棄萬姓，嗣皇承大位。公居禁中，訏謨定命，有扶翼經緯之績，由蘇州司功參軍，爲起居舍人、翰林學士。將明出納，有彌綸通變之勞，副經邦阜財之職。加户部侍郎，賜紫金魚袋。重輕開塞，有和鈞肅給之效。内贊謨畫，不廢其位，凡執事十四旬有六日。利安之道，將施于人，而夫人卒于堂，蓋貞元之二十一年六月二十日也。知道之士，爲蒼生惜焉。天子使中謁者臨問其家，賻以布帛。

《柳宗元集》卷三八《爲户部王叔文陳情表》 臣某言：臣母劉氏，今月十三日，忽患瘖風發動，狀候非常，今雖似退，猶甚虚惙。都活切。驚惶憂苦，不知所圖。臣唯一身，更無兄弟，侍疾嘗藥，難闕須臾。伏乞聖恩，停臣所職。令臣見在家扶侍，其官吏等并已發遣訖。

臣以庸微，特承顧遇，拔自卑品，委以劇司。夙夜兢惶，唯思答效，至誠至懇，天睠所知。豈慮未效涓塵，遽迫方寸，以開塞重輕之務，加焦勞憂灼之懷，雖欲徇公，無由枉志。況忠孝同道，臣子之心，許國誠切於死生，報親忍忘於顧復？進退窮蹙，昧死上陳。倘母劉氏疾疢小瘳，冀微臣駑蹇再效。無任惶懼懇倒嗚咽之至。

《全唐文》卷五六唐憲宗《貶王伾開州司馬王叔文渝州司户參軍制》 銀青光禄大夫、守散騎常侍、翰林學士、上柱國、富陽縣開國男王伾，將仕郎、前守尚書户部侍郎、充度支及諸道鹽鐵轉運等副使、賜紫金魚袋王叔文等，夙以薄伎，並參近署，階緣際會，遂洽恩榮。驟居左掖之秩，超贊中邦之賦，曾不自厲，以效其誠。而乃漏泄密令，張皇威福，畜姦冒進，黷貨彰聞，跡其敗類，載深驚歎。夫去邪慝枉，爲國之要，懲惡勸善，制政之先。恭聞上皇之旨，俾遠不仁之害，宜從貶削，猶示優容。伾可開州司馬員外置同正員，叔文可守渝州司户參軍員外置同正員，並馳驛發遣。

《全唐文》卷四五三韋臯《上皇太子牋》 殿下體重離之明，當儲貳之重，所以克昌九廟，式固萬方，天下安危，繫於殿下。臯位崇將相，志切公忠，先聖察知，早承恩顧。人臣之分，知無不爲，將以上荅眷私，罄輸肝鬲，伏以聖上嗣膺鴻業，睿哲英明，攀感先皇，志存孝理。上追殷宗之德，諒闇未嘗發言，軍國萬機，委於臣佐，所宜竭誠翊戴，以致雍熙。但付託未得其人，處理多虧公正。今則羣小得志，隳紊紀綱，官以勢遷，政由情改，朋黨交構，熒惑宸聰。樹置腹心，遍於貴位；潛結左右，難在蕭牆。國賦散於權門，王稅不入天府。褻慢無忌，高下在心，貨賄流聞，遷轉失序，先朝屏黜贓犯之類，咸擢在省闥府署之間。至今忠臣

隕涙，正士吞聲，遐邇痛之，謂之不可。伏恐奸雄乘便，因此謀動干戈，危殿下之家邦，傾太宗之王業。伏惟太宗櫛沐風雨，經營四方，列聖兢兢，年將二百，將欲傳於萬代，永保無疆。豈可以一朝委任王叔文、王伾、李忠言等三人小藝之臣，付以軍國重務，恣其黷亂，坐致傾危。日夜憂危，不勝憤激。捐軀報國，今則其時。特望殿下即日奏聞，斥逐羣小，天下事務，出自殿下之心，則四方獲安，忠臣得以戮力。臯受恩兩朝，寄任崇重，惟知竭節，以效懇誠。伏惟殿下掃除之。

唐憲宗部

綜述

《舊唐書》卷一四《憲宗紀上》　憲宗聖神章武孝皇帝諱純，順宗長子也，母曰莊憲王太后。大曆十三年二月生于長安之東内。六七歲時，德宗抱置膝上，問曰：「汝誰子，在吾懷？」對曰：「是第三天子。」德宗異而憐之。貞元四年六月，封廣陵王。順宗即位之年四月，册爲皇太子。七月乙未，權勾當軍國政事。

八月丁酉朔，受内禪。乙巳，即皇帝位於宣政殿。先是，連月霖雨，上即位之日晴霽，人情欣悦。丙午，昇平公主進女口十五人，上曰：「太上皇不受獻，朕何敢違！其還郭氏。」丁未，始御紫宸對百僚。己酉，以道州刺史路恕爲邕管經略使。庚戌，荆南獻龜二，詔曰：「朕以寡昧，纂承丕業，永思理本，所寶惟賢。至如嘉禾神芝，奇禽異獸，蓋王化之虚美也。所以光武形於詔令，《春秋》不書祥瑞，朕誠薄德，思及前人。自今已後，所有祥瑞，但令准式申報有司，不得上聞；其奇禽異獸，亦宜停進。」甲寅，以常州刺史穆贊爲宣歙池觀察使，以前宣歙觀察使崔衍爲工部尚書。己未，以中書侍郎、平章事袁滋爲劍南東西兩川、山南西道安撫大使，時韋皋卒，劉闢據蜀邀節鉞故也。辛酉，太上皇誥册良娣王氏爲太上皇后。癸亥，以朝請大夫、守尚書左丞、輕車都尉、賜紫金魚袋鄭餘慶同中書門下平章事。丙寅，以饒州刺史李吉甫爲考功郎中，夔州刺史唐次爲吏部郎中，並知制誥。

九月己巳，罷教坊樂人授正員官之制。癸酉，以陳州刺史孟元陽爲懷州刺史，河陽三城孟懷節度使。丙子，敕申光蔡、陳許兩道比遭亢旱，宜加賑恤，申光蔡賑米十萬石，陳許五萬石。襄州于頔進鷹，詔還之。己卯，京西神策行營節度行軍司馬韓泰貶撫州刺史，司封郎中韓曄貶池州刺史，禮部員外郎柳宗元貶邵州刺史，屯田員外郎劉禹錫貶連州刺史，坐交王叔文也。

冬十月丁酉，集百僚發曾太皇太后沈氏哀於肅章門外。戊戌，以宰臣劍南安撫使袁滋檢校吏部尚書、同中書門下平章事、成都尹、劍南西川節度觀察等使，以西川行軍司馬劉闢爲給事中。庚子，南詔使趙迦寬來赴山陵。辛丑，吐蕃使論乞縷頁助山陵金銀衣服。太常上大行曾太皇太后沈氏謚曰睿真皇后。丙午，以華州刺史楊於陵爲越州刺史、浙東觀察使。丁未，改桂州純化縣爲慕化縣，蒙州純義縣爲正義縣。己酉，葬德宗皇帝于崇陵。甲寅，以刑部尚書高郢爲華州刺史、潼關防禦、鎮國軍使，御史中丞李鄘爲京兆尹。久雨，京師鹽貴，出庫鹽二萬石，糶以惠民。乙巳，祔睿真皇后神主、德宗皇帝神主于太廟。壬申，貶正議大夫、中書侍郎、平章事韋執誼爲崖州司馬，以交王叔文也。潤、池、揚、楚、湖、杭、睦、江等州旱。貶劍南西川節度使袁滋爲吉州刺史，以其慰撫三川逗留不進故也。以左驍衛將軍李演爲夏州刺史、夏綏銀等州節度使，以右庶子武元衡爲御史中丞。己卯，再貶撫州刺史韓泰爲虔州司馬，河中少尹陳諫台州司馬，邵州刺史柳宗元爲永州司馬，連州刺史劉禹錫朗州司馬，池州刺史韓曄饒州司馬，和州刺史凌準連州司馬，岳州刺史程异郴州司馬，皆坐交王叔文。初貶刺史，物議罪之，故再加貶竄。辛巳，宣、撫、和、郴、鄂、袁、衢七州旱。甲申，以湖南觀察使楊憑爲洪州刺史、江西觀察使，以虢州刺史薛苹爲潭州刺史、湖南觀察使。鄂、岳、婺、衡等州旱。

十二月丙申朔。庚子，以東都留守韋夏卿爲太子少保，以兵部尚書王紹爲東都留守。壬寅，改淳州爲睦州，還淳縣爲清溪縣，淳風縣爲從化縣，姓淳于者改姓于。甲辰，襄陽于頔加平章事。己酉，以新除給事中、西川行軍司馬劉闢爲成都尹、劍南西川節度使。庚戌，金州復析漢陰縣置石泉縣。壬子，以右諫議大夫韋丹爲梓州刺史，充劍南東川節度使，以常州刺史路應爲宣州刺史、宣歙池觀察使。壬戌，以朝請大夫、守中書舍人、翰林學士、上柱國鄭絪爲中書侍郎、同平章事，集賢殿學士。以考功郎中、知制誥李吉甫爲中書舍人，以考功員外郎裴垍爲考功郎中、知制誥，並充翰林學士。

元和元年春正月丙寅朔，皇帝率羣臣於興慶宮奉上太上皇尊號曰應乾聖壽太上皇。丁卯，御含元殿受朝賀。禮畢，御丹鳳樓，大赦天下，改元曰元和。自正月二日昧爽已前，大辟罪已下，常赦不原者，咸赦除之。辛未，以鄂岳沔觀察使韓皋爲鄂岳蘄安黄等州節度使。辛巳，以興元元從功臣、右神策護軍使副薛盈珍爲右神策護軍中尉。壬午，成德軍節度使、檢校司空王士真同中書門下平章事。癸未，詔以太上皇舊恙愆和，親侍藥膳，起今月十六日已後，權不聽政。以左神策長武城防秋都知兵馬使高崇文檢校工部尚書，充神策行營節度使。甲

申，太上皇崩于興慶宮，遷殯于太極殿，發喪。乙酉，宰相杜佑攝冢宰，杜黄裳爲禮儀使，右僕射伊慎大明宮留守，視事於尚書省。壬辰，復置斜谷路館驛。戊子，制：「劍南西川，疆界素定，藩鎮守備，各有區分。頃因元臣薨謝，鄰藩不睦，劉闢乃因虚構隙，以忿結讎，遂勞王軍，兼害百姓。朕志存含垢，務欲安人，遣使諭宣，委之旄鉞。如聞道路擁塞，未息干戈，輕肆攻圍，擬圖吞併。爲君之體，義在勝殘，命將興師，蓋非獲已。宜令興元嚴礪、東川李康掎角應接，神策行營節度使高崇文、神策兵馬使李元奕率步騎之師，與東川、興元之師類會進討。其糧料供餉，委度支使差官以聞。」甲午，高崇文之師由斜谷路，李元奕之師由駱谷路，俱會于梓潼。辛卯，羣臣請聽政。

二月乙未朔，以度支郎中敬寬爲山劍行營糧料使。嚴礪奏收劍州。乙丑，入朝奚王梅落可銀青光禄大夫、檢校司空，封饒樂郡王，放還蕃。癸卯，贈宣武軍節度使陸長源爲右僕射，贈故吉州刺史姜公輔禮部尚書。甲辰，以錢少，禁用銅器。癸丑，以魏博田季安同平章事。戊戌，謂宰臣曰：「前代帝王，或怠于聽政，或躬決繁務，其道如何？」杜黄裳對曰：「帝王之務，在於修己簡易，擇賢委任，宵旰以求民瘼，舍己從人以厚下，固不宜怠肆安逸。然事有綱領小大，當務知其遠者大者；至如簿書訟獄，百吏能否，本非人主所自任也。昔秦始皇自程決事，見嗤前代；諸葛亮王霸之佐，二十罰以上皆自省之，亦爲敵國所誚，知不久堪；魏明帝欲省尚書擬事，陳矯言其不可；隋文帝日旰聽政，令衛士傳餐，文皇帝亦笑其煩察。爲人主之體固不可代下司職，但擇人委任，責其成効，賞罰必信，誰不盡心。《傳》稱帝舜之德曰：『夫何爲哉？恭己南面而已！』誠以能舉十六相，去四兇也。豈與勞神疲體自任耳目之主同年而語哉！但人主常勢，患在不能推誠，人臣之弊，患在不能自竭。由是上疑下詐，禮貌或虧，欲求致理，自然難致。苟無此弊，何患不至於理。」上稱善久之。以京兆尹李鄘爲尚書右丞，以金吾大將軍鄭雲逵爲京兆尹。

三月戊辰，詔常參官寒食拜墓，在畿内聽假日往還，他州府奏取進止。辛未，御史中丞武元衡奏：「中書門下御史臺五品已上官、尚書省四品已上、諸司正三品已上、從三品職事官、東都留守、轉運鹽鐵節度觀察使、團練防禦招討經略等使、河南尹、同華州刺史、諸衛將軍三品已上官除授，皆入閤謝，其餘官許於宣政南班拜訖便退。」詔曰：「如此例中有加使及職掌並准此。」又「兵部、吏部、禮部貢院官員，每舉選限内，有十月至二月不奉朝參。若稱事繁，則中書門下、御史臺、度支、京兆府公事至重，朝謁如常。況旬節已賜歸休，又許分日，一月之内，纔奉十日朝參，甚暑甚寒，又蒙矜放。臣求故實，以爲王顔任中丞日嘗論其事，舉對甚詳。伏請准貞元十二年四月二十七日敕，永爲常式。」從之。丙子，嚴礪收梓州。丁丑，制削奪劉闢在身官爵。先是，韓全義入朝，令其甥楊惠琳知留後，俄有詔除李演爲節度，代全義。演赴任，惠琳據城叛，詔發河東、天德兵誅之。辛巳，夏州兵馬使張承金斬惠琳，傳首以獻。壬辰，大行太上皇德妃董氏卒。以右神策行營節度高崇文檢校兵部尚書、梓州刺史、劍南東川節度。

戊戌，以安南經略副使張舟爲安南都護、本管經略使。己亥，以前劍南東川節度使韋丹爲晉絳觀察使。壬寅，以前安南經略使趙昌爲廣州刺史、嶺南節度使。丙午，命宰臣監試制舉人於尚書省，以制舉人先朝所徵，不欲親試也。丁未，以檢校司空、平章事杜佑爲司徒，所司備禮册拜，平章事如故；罷領度支、鹽鐵、轉運等使，從其讓也，仍以兵部侍郎李巽代領其任。戊申，以隴右經略使、秦州刺史劉澭爲保義軍節度使。賑浙東米十萬石。己未，武元衡奏，常參官兼御史大夫、中丞者，准檢校省官例，立在本品同類之上。武元衡奏：「正衙待制官，本置此官以備問。比來正衙多不奏事。自今後請以尚書省六品以上職事官、東宮師傅賓詹、王傅等，每坐日令兩人待制，退朝，詔於延英候對。」從之。

五月辛未，以兵部侍郎韋武爲京兆尹兼御史大夫。壬申，貶劍南東川節度使李康爲雷州司馬。陳、許、蔡等州旱。以横海軍留後程執恭横海軍節度使。庚辰，左丞、同平章事鄭餘慶爲太子賓客，罷知政事。辛卯，册太上皇后王氏爲皇太后。

六月癸巳朔，以册太后禮畢，赦天下繫囚，死罪降從流，流以下遞減一等。文武内外官加母邑號，太后諸親，量與優給。丙申，册德宗充容武氏爲崇陵德妃。丁酉，高崇文破賊萬人於鹿頭關。加幽州劉濟侍中，淄青李師古檢校司徒。癸卯，高崇文收漢州。

閏六月戊辰，以秘書監董叔經爲京兆尹。壬午，諫議大夫去左、右字，只置四員。以前司封員外郎韋況爲諫議大夫。甲申，吐蕃論勃藏來朝貢。

秋七月壬寅，葬順宗于豐陵。

八月癸亥，以左衛大將軍李愿檢校禮部尚書、夏州刺史，充夏綏銀節度使。甲子，郇王母王昭儀、宋王母趙昭儀、郯王母張昭訓、衡王母閻昭訓等，各以其王並爲太妃。以許氏爲美人，尹氏、段氏爲才人。潯陽公主母崔昭訓爲太妃。韓

全義子進女樂八人，詔還之。丁卯，封王子平原郡王寧爲鄧王，同安郡王寬爲澧王，建安郡王宥爲遂王，彭城郡王察爲深王，高密郡王寰爲洋王，文安郡王寮爲絳王，第十男審爲建王。己巳，以建王審爲鄆州大都督，平盧淄青節度使；以節度副使李師道權知鄆州事，充節度留後。乙亥，册妃郭氏爲貴妃。靈武李欒奏，黄河岸塌處得古錢三千三百，其形小，方孔，三足。壬午，左降官韋執誼、韓泰、陳諫、柳宗元、劉禹錫、韓曄、凌準、程异等八人，縱逢恩赦，不在量移之限。甲申，御史臺奏，常參官在城未上及在外未到，假故等，在外未到，計水陸程外，滿百日，並停解，從之。丙戌，以尚書右丞李鄘爲京兆尹。

九月癸卯，詔自今後兩省官每坐日一人對。丙午，以太子賓客鄭餘慶爲國子祭酒。辛亥，高崇文奏收成都，擒劉闢以獻。癸丑，以山人李渤爲左拾遺，徵不至。甲子，易定張茂昭來朝。丙寅，以劍南東川節度使、檢校兵部尚書、梓州刺史、封渤海郡王高崇文檢校司空，兼成都尹、御史大夫，充劍南西川節度副大使、知節度事，管内度支營田觀察使、處置統押近界諸蠻及西山八國兼雲南安撫等使，仍改封南平郡王，食邑三千户。戊戌，以山南西道節度使嚴礪爲梓州刺史、劍南東川節度使；以將作監柳晟檢校工部尚書，兼興元尹，充山南西道節度使。庚辰，以吉州刺史袁滋爲御史大夫，充義成軍節度使。壬午，以淄青節度使留後李師道檢校工部尚書，兼鄆州大都督府長史，充平盧淄青節度副大使、知節度事。丙戌，以渤海國王大嵩璘檢校太尉。戊子，斬劉闢并子超郎等九人於獨柳樹下。

十一月己巳，以簡王傅王權爲河南尹。丁未，以司農卿李上公爲陝州大都督府長史，充陝虢觀察使。甲申，以武寧軍節度張愔爲工部尚書，以東都留守王紹檢校右僕射，兼徐州刺史、武寧軍節度使、徐泗濠等州觀察等使。庚戌，以吏部侍郎趙宗儒爲東都留守、東畿汝防禦使，以國子祭酒鄭餘慶爲河南尹。甲寅，以給事中劉宗經爲華州刺史、潼關防禦、鎮國軍等使。丙辰，以内常侍吐突承璀爲神策護軍中尉。

十二月丙申朔，太常奏隱太子、章懷、懿德、節愍、惠莊、惠文、惠宣、靖恭、昭靖以下九太子陵，代數已遠，官額空存，今請陵户外並停。丙戌，新羅、渤海、牂柯、回紇各遣使朝貢。

二年春正月己丑朔，上親獻太清宫、太廟。辛卯，祀昊天上帝于郊丘，是日還宫，御丹鳳樓，大赦天下。先是，將及大禮，陰晦浹辰，宰臣請改日，上曰：「郊廟事重，齋戒有日，不可遽更。」享獻之辰，景物晴霽，人情欣悦。丁酉，司徒杜祐辭知政事，詔令每月三度入朝，便於中書商量政事。庚子，回紇請于河南府、太原府置摩尼寺，許之。乙巳，以門下侍郎、同平章事、南陽郡開國公杜黄裳檢校司空、同平章事，兼河中尹、河中晉絳等州節度使。停諸陵留守。己卯，以户部侍郎、賜緋魚袋武元衡爲門下侍郎、同平章事，賜紫金魚袋，以中書舍人、翰林學士李吉甫爲中書侍郎、同平章事。丁巳，停中和、重陽二節賜宴；其上巳宴，仍舊賜之。

二月辛酉，詔僧尼道士全隸左右街功德使，自是祠部司封不復關奏。丙寅，左右羽林軍應管月番飛騎總五千六百一十三人，並停。己巳，起居舍人鄭隨次對，面受進止；令宣與兩省供奉官，自今已後，有事即進狀，次對官宜停。庚午，司天造新曆成，詔題爲《元和觀象曆》。丁丑，寒食節，宴羣臣於麟德殿，賜物有差。壬午，以第五國軫爲右神策軍中尉。

三月辛卯，賜羣臣宴於曲江亭。癸卯，判度支李巽爲兵部尚書，依前判度支鹽鐵轉運使。

夏四月甲子，禁鉛錫錢。以右金吾衛大將軍范希朝爲檢校司空、靈州長史、朔方靈鹽節度使。戊寅，近置英武軍額，宜停。庚辰，嶺南節度使趙昌進瓊管儋、振、萬安六州《六十二洞歸降圖》。

六月丁巳朔，始置百官待漏院於建福門外。故事，建福、望仙等門，昏而閉，五更而啓，與諸坊門同時。至德中有吐蕃囚自金吾仗亡命，因敕晚開門，宰相待漏於太僕寺車坊。至是始令有司據班品置院。乙丑，五坊色役户及中書門下兩省納課陪廚户及捉錢人，並歸府縣色役。己巳，停舒、廬、滁、和四州團練使額。癸酉，東都莊宅使織造户，並委府縣收管。乙亥，停潤州丹陽軍額。丙子，左神策軍新築夾城，置玄化門晨耀樓。辛巳，以京兆尹李鄘爲鳳翔尹、鳳翔隴右節度使。蔡州水，平地深七八尺。

秋七月丙戌朔，敕刑部侍郎許孟容等删定《開元格後敕》。丁亥，敕外命婦朝謁皇太后，多有前却，今後諸親委宗正寺，百官母妻委臺司，如有違越者，夫子奪一月俸，頻不到，有司具狀奏聞。戊子，録配享功臣之後，得蘇瓌孫繫，用爲京兆府司録；崔玄暐孫元方、張説孫嵓，並爲監察御史；狄仁傑後玄範爲右拾遺；敬暉孫元亮、袁恕己孫德師，相次敍用。癸巳，太僕寺丞令狐丕進亡父峘所撰《代宗實録》四十卷，詔贈峘工部尚書。

八月辛酉，宰相武元衡兼判户部事。壬戌，刑部奏改《律》卷第八爲《鬬競律》。甲子，以職方員外郎王潔爲嶺南選補使，監察御史崔元方監之。甲戌，中書奏：「先停諸道奏祥瑞。伏以所獻祥瑞，皆緣臘饗、告廟、元會奏聞，今後諸大瑞隨表聞奏，中瑞、下瑞申有司，其元日奏祥瑞，請依令式。」從之。辛巳，封杜黄裳爲邠國公，于頔爲燕國公。没蕃僧惟良闡等四百五十人自蕃中還。

十月己酉，以浙西節度使李錡爲左僕射；以御史大夫李元素爲潤州刺史、鎮海軍、浙西節度使。庚申，李錡據潤州反，殺判官王澹、大將趙琦。時錡詐請入朝，署澹爲留後，因諷兵士亂，殺澹、琦，遂令蘇、常、杭、湖、睦五州戍將殺刺史，修石頭故城，謀欲僭逆。壬戌，詔：「李錡屬列宗枝，任居方伯，窮赫奕之貴，飽綢繆之恩。待以親賢，報之以逆節；授其師旅，用之以亂常。累獻表章，亟請朝會，初則詐疾，後乃縱兵。僚佐以獻規受屠，王臣以傳命見脅。朕切於含垢，未忍發明，累降中人，令遵前旨。無軺車之戒路，有沴氣之滔天，加以日逞淫刑，月興暴賦。朕爲人父母，聞甚惻然，顧惟紀綱，焉敢廢墜！李錡在身官爵，並宜削奪。」以淮南節度使王鍔充諸道行營招討使，內官薛尚衍爲監軍，率汴、徐、鄂、淮南、宣歙之師，取宣州路進討。丁卯，以門下侍郎、平章事武元衡檢校吏部尚書，兼門下侍郎、平章事，成都尹，充劍南西川節度使，仍封臨淮郡公。將行，上御安福門慰勞之。癸酉，潤州大將張子良、李奉僊等執李錡以獻。辛巳，錡從父弟宋州刺史銛、通事舍人銑坐貶嶺外。

十一月甲申，斬李錡於獨柳樹下，削錡屬籍。丙戌，以擒李錡潤州牙將張子良爲左金吾衛將軍，封南陽郡王；田少卿、李奉僊等爲羽林將軍，并封公。甲辰，詔司徒杜佑筋力未衰，起今後每日入中書視事。

十二月甲寅，宰相李吉甫封贊皇侯。丙辰，上謂宰臣曰：「朕覽國書，見文皇帝行事，少有過差，諫臣論諍，往復數四。況朕之寡昧，涉道未明，今後事或未當，卿等每事十論，不可一二而止。」丁巳，東都國子監增置學生一百人。癸亥，御史臺奏：「文武常參官准乾元元年三月十四日敕，如有朝堂相弔慰及跪拜；待漏行立失序，語笑諠譁；入衙入閤，執笏不端，行立遲慢；立班不正，趨拜失儀，言語微諠，穿班穿仗，出入閤門，無故離位；廊下飲食，行坐失儀諠鬧；入朝及退朝不從正衙出入；非公事入中書等：每犯奪一月俸。班列不肅，所由指摘，猶或飾非，即具聞奏貶責。臣等商量，於舊條每罰各減一半，所責有犯必舉。」從之。丙寅，以劍南西川節度使高崇文檢校司空、同平章事，兼邠州刺史、邠寧慶節度使，充京西諸軍都統。壬申，禮部舉人，罷試口義，試墨義十條，五經通五，明經通六，即放進士。舉人曾爲官司科罰，曾任州縣小吏，雖有辭藝，長吏不得舉送，違者舉送官停任，考試官貶黜。丙子，令宰臣宣敕：「百僚遊宴過從餞別，此後所由不得奏報，務從歡泰。」己卯，史官李吉甫撰《元和國計簿》，總計天下方鎮凡四十八，管州府二百九十五，縣一千四百五十三，户二百四十四萬二百五十四。其鳳翔、鄜坊、邠寧、振武、涇原、銀夏、靈鹽、河東、易定、魏博、鎮冀、范陽、滄景、淮西、淄青十五道，凡七十一州，不申户口。每歲賦入倚辦，止於浙江東西、宣歙、淮南、江西、鄂岳、福建、湖南等八道，合四十九州，一百四十四萬户。比量天寶供税之户，則四分有一。天下兵戎仰給縣官者八十三萬餘人，比量天寶士馬，則三分加一，率以兩户資一兵。其他水旱所損，徵科發斂，又在常役之外。吉甫都纂其事，成書十卷。

是歲，吐蕃、回紇、奚、契丹、渤海、牂柯、南詔並朝貢。

三年春正月癸巳，羣臣上尊號曰睿聖文武皇帝。御宣政殿受册，禮畢，移仗御丹鳳樓，大赦天下。庚子，涇原段祐請修臨涇城，在涇州北九十里，扼犬戎之衝要，詔從之。戊申，罷左右神威軍，合爲一，號天威軍。

二月丙申，宰相李吉甫進封趙國公。己丑，以武昌軍節度使韓皋爲潤州刺史、鎮海軍節度、浙西觀察使。辛未，贈故布衣崔善真睦州司馬，忠諫而死於李錡也。癸丑，以鄜坊節度使裴玢爲興元尹、山南西道節度使。丙子，以右金吾衛大將軍路恕爲鄜州刺史、鄜坊節度使。

三月庚子，以定平鎮兵馬使朱士明爲四鎮北庭涇原等州節度使。乙巳，御宣政殿試制科舉人。

夏四月癸丑，中使郭里旻酒醉犯夜，杖殺之，金吾薛伾、巡使韋纁皆貶逐。賜朱士明名曰忠亮。乙丑，貶翰林學士王涯虢州司馬，時涯甥皇甫湜與牛僧孺、李宗閔並登賢良方正科第三等，策語太切，權倖惡之，故涯坐親累貶之。壬申，大風毁含元殿欄檻二十七間。乙亥，以嶺南節度使趙昌爲江陵尹、荆南節度使，以户部侍郎楊於陵爲廣州刺史、嶺南節度使。丁丑，以荆南節度使裴均爲右僕射，判度支。敕五月一日御殿受朝賀禮宜停。己卯，裴均於尚書省都堂上僕射。其送印及呈孔目唱案授案，皆尚書郎爲之，文武三品已上升階列坐，四品五品及郎官、御史拜於廳下，然後召御史中丞、左右丞、侍郎升階答拜。雖修故事行之，議者論其太過。

五月壬辰，兵部請復武舉，從之。甲午，敕東都畿汝州都防禦使及副使宜停，所管將士三千七百三十人，隨畿汝界分留守及汝州防禦使分掌之。辛丑，右僕射裴均請取荆南雜錢萬貫修尚書省，從之。丙午，正衙册九姓回紇可汗爲登囉里汨密施合毗伽保義可汗。

六月戊辰，詔以錢少，欲設畜錢之令，先告諭天下商賈畜錢者，並令逐便市易，不得畜錢。天下銀坑，不得私採。癸亥，以邕管將黄少卿爲歸順州刺史，弟少高、少温並授官，西原蠻酋也，貞元中屢寇邕管，至是歸款。乙丑，罷江淮私堰埭二十二，從轉運使奏也。甲戌，以河南尹鄭餘慶爲東都留守。丁丑，沙陀突厥七百人攜其親屬歸振武節度使范希朝，乃授其大首領葛勒河波陰山府都督。

秋七月己亥，復以度支安邑、解縣兩池留後爲榷鹽使。丁未，涪州復隸黔中道。

八月庚申，復置東都防禦兵七百人。

九月己丑，淮南節度使王鍔來朝。庚寅，以山南東道節度使于頔守司空、同平章事；以右僕射裴均檢校左僕射、同平章事、襄州長史，充山南東道節度使；加宣武韓弘同平章事。丙申，以户部侍郎裴垍爲中書侍郎、同平章事。戊戌，以中書侍郎、平章事李吉甫檢校兵部尚書，兼中書侍郎、平章事，揚州大都督府長史，淮南節度使。以淮南節度使王鍔檢校司徒、河中尹、河中晉絳慈隰節度使。

十月癸亥，以太常卿高郢爲御史大夫。甲子，以御史中丞竇羣爲湖南觀察使，既行，改爲黔中觀察使。羣初爲李吉甫擢用，及持憲，反傾吉甫，吉甫劾其陰事，故貶之。丁卯，度支使下判案官，以四員爲定。

十一月甲午，横海軍節度使程執恭來朝。

十二月庚戌，以臨涇縣爲行原州，命鎮將郝玼爲刺史。自玼鎮臨涇，西戎不敢犯塞。甲子，南詔異牟尋卒。辛未，以諫議大夫段平仲使南詔弔祭，仍立其子驃信苴蒙閣勸爲南詔王。

是歲，淮南、江南、江西、湖南、山南東道旱。

夏四月壬午，裴均進銀器一千五百兩，以違敕，付左藏庫。甲申，令皇太子居少陽院。丙申，撫州山人張洪騎牛冠履，獻書於光順門，書不足採，遣之。庚子，制故太尉、西平郡王李晟宜編附屬籍。以太常卿李元素爲户部尚書、判度支，以商州刺史元義方爲福建觀察使。甲辰，以兵部侍郎權德輿爲太常卿，仍賜金紫。以御史大夫高郢爲兵部尚書，以刑部郎中、侍御史知雜李夷簡爲御史中丞。

六月丁丑，以河東節度使李鄘爲刑部尚書，充諸道鹽鐵轉運使；以靈鹽節度使范希朝爲太原尹、北都留守、河東節度使；以右衛上將軍王佖爲靈州大都督府長史、靈鹽節度使。辛丑，五嶺已北銀坑任人開採，禁錢不過嶺南。

秋七月乙巳朔，御製《前代君臣事迹》十四篇，書於六扇屏風。是月，出書屏以示宰臣，李藩等表謝之。丁未，渭南暴水，壞廬舍二百餘户，溺死六百人，命府司賑給。壬戌，御史中丞李夷簡彈京兆尹楊憑前爲江西觀察使時贓罪，貶憑臨賀尉。戊辰，以尚書右丞許孟容爲京兆尹，賜金紫。

八月癸未，兗州魚臺縣移置於黄臺市。丙申，安南都護張舟奏破環王國三萬餘人，獲戰象、兵械，并王子五十九人。癸卯，贈太師裴冕宜配享代宗廟庭，贈太師李晟、贈太尉段秀實宜配享德宗廟庭。

九月庚戌，以成德軍都知兵馬使、鎮府右司馬王承宗起復檢校工部尚書，充成德軍節度使；以德州刺史薛昌朝檢校左常侍，充保信軍節度、德棣等州觀察等使。昌朝，薛嵩之子，婚於王氏，時爲德州刺史。朝廷以承宗難制，乃割二州爲節度，以授昌朝。制纔下，承宗以兵虜昌朝歸鎮州。

冬十月癸酉朔，以右羽林統軍閻巨源爲邠州刺史、邠寧慶節度使，以少府監崔頲爲同州刺史、本州防禦、長春宫等使。癸未，詔：「成德軍節度使王承宗頃在苫廬，潛窺戎鎮。而内外以事君之禮，叛而必誅；分土之儀，專則有辟。朕念其先祖嘗有茂勳，貸以私恩，抑於公議。使臣旁午以告諭，孽童俯伏以陳誠，願獻兩州，期無二事。朕亦收其後効，用以曲全，授節制於舊疆，齒勳賢於列位。況德、棣本非成德所管，昌朝又是承宗懿親，俾撫近鄰，斯誠厚澤，外雖兩鎮，内是一家。而承宗象恭懷姦，肖貌稔惡，欺裴武於得位之後，因昌朝於授命之中。加以表疏之間，悖慢斯甚，義士之所興嘆，天地之所不容。恭行天誅，蓋示朝典，承宗在身官爵，並宜削奪。」以神策左軍中尉吐突承璀爲鎮州行營招討處置等使，以龍武將軍趙萬敵爲神策先鋒將，内官宋惟澄、曹進玉、馬朝江等爲行營館驛糧料等使。京兆尹許孟容與諫官面論，征伐大事，不可以内官爲將帥，補闕獨孤郁其言激切。詔旨祇改處置爲宣慰，猶存招討之名。己丑，詔軍進討其王武俊、士真墳墓，軍士不得樵採，其士平、士則各守本官，仍令士則各襲武俊之封。庚寅，册鄧王寧爲皇太子。癸巳，以册儲，肆赦繫囚，死罪降從流，流以下遞降一等。文武常參官、外州府長官子爲父後者，賜勳兩轉。工部侍郎歸登、給事中呂

元膺爲皇太子諸王侍讀。己亥，吐突承璀軍發京師，上御通化門勞遣之。

十一月癸卯朔，浙西蘇、潤、常州旱儉，賑米二萬石。

十二月壬申朔，以户部侍郎張弘靖爲陝府長史、陝號觀察陸運等使，賜金紫。以陝虢觀察使房式爲河南尹。中丞李夷簡奏：「諸州府於兩稅外違格科率，請諸道鹽鐵、轉運、度支、巡院察訪報臺司，以憑舉奏。」從之。

五年春正月己巳，浙西觀察使韓皋以杖決安吉令孫澥致死，有乖典法，罰一月俸料。

二月戊子，禮院奏東宫殿閣名及宫臣姓名，與太子名同者改之，其上臺官列、王官爵土無例輒改，從之。東臺監察御史元稹攝河南尹房式於臺，擅令停務，貶江陵府士曹參軍。

三月辛丑朔，宰相杜祐與同列宴於樊川別墅，上遣中使賜酒饌。乙巳，以御史中丞李夷簡爲户部侍郎、判度支，以兵部侍郎王播爲御史中丞。癸巳，以太子賓客鄭絪檢校禮部尚書、廣州刺史、嶺南節度使。己未，制以遂王宥爲彰義軍節度使，以申州刺史吴少陽爲申光蔡節度留後。丁卯，宰相于頔請依杜祐例一月三朝，從之。

夏四月甲申，鎮州行營招討使吐突承璀執昭義節度使盧從史，載從史送京師。丁亥，河東范希朝奏破賊於木刀溝。福州復置侯官、長樂二縣，建州置將樂縣。壬申，以昭義都知兵馬使、潞州左司馬烏重胤爲懷州刺史、河陽三城懷州節度使，以河陽節度使孟元陽爲潞州長史、昭義軍節度、澤潞磁邢洺觀察使。戊戌，貶前昭義節度使盧從史爲驩州司馬。

五月乙巳，昭義軍三千人夜潰奔魏州。庚申，吐蕃使論思即熱朝貢，并歸鄭叔矩、路泌之柩。

六月戊寅，以太府卿李少和爲洪州刺史、江西觀察使。奚、回紇、室韋寇振武。癸巳，應給食實封例，節度使兼宰相，每食實封百户，歲給八百端匹，若是絹，加給綿六百兩；節度使不兼宰相，每百户給四百端匹；軍使諸衛大將軍，每百户給三百五十端匹。

秋七月庚子，王承宗遣判官崔遂上表自首，請輸常賦，朝廷除授官吏。丁未，詔昭洗王承宗，復其官爵，待之如初。諸道行營將士，共賜物二十八萬四百三十端匹。時招討非其人，諸軍解體，而藩鄰觀望養寇，空爲逗撓，以弊國賦。而李師道、劉濟亟請昭雪，乃歸罪盧從史而宥承宗，不得已而行之也。幽州劉濟加中書令，魏博田季安加司徒，淄青李師道加僕射，並以罷兵加賞也。乙卯，幽州節度使劉濟爲其子總鴆死。庚申，以虔州刺史馬總爲安南都護、本管經略使。

八月乙亥，上顧謂宰臣曰：「神仙之事信乎？」李藩對曰：「神仙之説，出於道家；所宗《老子》五千文爲本。《老子》指歸，與經無異。後代好怪之流，假託老子神仙之説。故秦始皇遣方士載男女入海求仙，漢武帝嫁女與方士求不死藥，二主受惑，卒無所得。文皇帝服胡僧長生藥，遂致暴疾不救。古詩云：『服食求神僊，多爲藥所誤。』誠哉是言也。君人者，但務求理，四海樂推，社稷延永，自然長年也。」上深然之。以浙東觀察使薛苹爲潤州刺史、浙西觀察使，以常州刺史李遜爲越州刺史、浙東觀察使。以都官郎中韋貫之爲中書舍人，起居舍人裴度爲司封員外郎、知制誥。癸巳，以鄧州刺史崔詠爲邕州刺史、本管經略使。

九月辛亥，以吐突承璀復爲左軍中尉。諫官以承璀建謀討伐無功，請行朝典。上宥之，降承璀爲軍器使。乃以内官程文幹爲左軍中尉。壬戌，以瀛州刺史劉總起復受幽州長史，充幽州盧龍軍節度使。丙寅，制以正議大夫、守太常卿、上柱國、襄武縣開國侯、賜紫金魚袋權德輿可守禮部尚書、同中書門下平章事。丁卯，翰林學士獨孤郁守本官起居，以妻父權德輿在中書，避嫌也。

冬十月戊辰朔，以京兆尹許孟容爲兵部侍郎，以中丞王播代孟容，又以吕元膺代播。庚辰，宰相裴垍進所撰《德宗實録》五十卷，賜垍錦綵三百匹、銀器等，史官蔣武、韋處厚等頒賜有差。辛巳，定州將楊伯玉誘三軍爲亂，拘行軍司馬任迪簡。別將張佐元殺伯玉，迪簡謀歸朝，三軍懼，乃殺佐元。壬辰，制以迪簡檢校工部尚書，定州長史，充義武軍節度觀察、北平軍等使。甲午，以前義武軍節度、檢校太尉、兼太子太傅、同平章事張茂昭檢校太尉，兼中書令、河中尹，充河中晉絳慈隰節度使。

十一月戊戌朔，浙西奏當鎮舊有丹陽軍，今請併爲鎮海軍，從之。庚子，右金吾衛大將軍伊慎降爲右衛將軍，以行賂三十萬與中尉第五從直，求爲河東節度故也。庚戌，以前河中節度使王鍔檢校司空、兼太子太傅、太原尹、北都留守、河東節度使。以代州刺史阿跌光進爲單于大都護，振武麟勝節度度支營田觀察押蕃落等使。庚申，以中書侍郎、平章事裴垍爲兵部尚書。以前保信軍節度使、德州刺史薛昌朝爲右武衛將軍，前爲王承宗虜之，囚於鎮州，至是歸朝故也。丙寅，吏部郎中柳公綽獻《太醫箴》，上深喜納，遣中使撫勞之。

十二月癸酉，諸道鹽鐵轉運使、刑部尚書李鄘檢校吏部尚書，兼揚府長史，

充淮南節度使。以河南尹房式爲宣州刺史、宣歙池觀察、采石軍等使。以前宣歙觀察使盧坦爲刑部侍郎，充諸道鹽鐵轉運使。壬午，以吏部郎中柳公綽爲御史中丞。以前御史中丞吕元膺爲鄂州刺史、鄂黄岳沔蘄安黄等州觀察使。以鄂岳觀察使郗士美爲河南尹。新授諫議大夫蔣武請改名乂。以吏部侍郎崔邠爲太常卿。

六年春正月丙申，以彰義軍留後吴少陽檢校工部尚書，充彰義軍節度、申光蔡等州觀察使。敕諫議大夫孟簡、給事中劉伯芻、工部侍郎歸登、右補闕蕭俛等於醴泉寺翻譯《大乘本生心地觀音經》。庚申，以淮南節度使、中書侍郎、同平章事、趙國公李吉甫復知政事、集賢殿大學士、監修國史。

二月壬申，門下侍郎、同平章事李藩爲太子詹事。藩與吉甫不叶，吉甫既用事，故罷藩相位。以太府卿裴次元爲福建觀察使。癸巳，以陝虢觀察使張弘靖檢校禮部尚書，河中尹，晉絳慈等州節度使，以右丞衛次公爲陝府長史、陝虢觀察使。以中書舍人、翰林學士李絳爲户部侍郎。以京畿民貧，貸常平義倉粟二十四萬石，諸道州府依此賑貸。

三月乙未朔，以河南尹郗士美檢校工部尚書，兼潞府長史、昭義軍節度使。丁未，以檢校右僕射嚴綬爲江陵尹、荆南節度使。河東舊使錫錢，民頗爲弊，宜於蔚州置五鑪鑄錢。乙卯，畿内軍鎮牧放，駙馬貴族略獲，並不得帶兵仗，恐雜盜也。

夏四月戊辰，兵部尚書裴垍爲太子賓客。以諫議大夫裴堪爲同州防禦使。庚午，以户部侍郎、判度支李夷簡檢校禮部尚書、襄州大都督府長史、山南東道節度使；以刑部侍郎、鹽鐵轉運使盧坦爲户部侍郎、判度支；京兆尹王播爲刑部侍郎，充諸道鹽鐵轉運使；以福建觀察使元義方爲京兆尹。以前荆南節度使趙宗儒爲刑部尚書。東都留守鄭餘慶爲兵部尚書，依前留守。王播奏：「江淮河嶺已南、兖鄆等鹽院，元和五年都收賣鹽價錢六百九十八萬五千五百貫。校量未改法已前四倍擡估，虚錢一千七百四十六萬三千七百貫。除鹽本外，付度支收管。」從之。辛卯，户部奏置巡官。

五月甲午朔，取受王承宗錢物人品官王伯恭杖死。庚子，以左金吾衛將軍李惟簡檢校户部尚書、鳳翔尹、隴右節度使。壬子，以振武節度阿跌光進夙彰誠節，久立茂勳，宜賜姓李氏。弟洺州刺史光顔，已從别敕處分。

六月甲子朔，減教坊樂人衣糧。丁卯，中書門下奏：「官省則事省，事省則人清；官煩則事煩，事煩則人濁。清濁之由，在官之煩省。國家自天寶已後，中原宿兵，見在軍士可使者八十餘萬。其餘浮爲商販，度爲僧道，雜入色役，不歸農桑者，又十有五六。則是天下常以三分勞筋苦骨之人，奉七分坐衣待食之輩。今内外官給俸料者不下一萬餘員，其間有職出異名，奉離本局，府寺曠廢，簪組因循者甚衆。況斂財日寡而授禄至多，設官有限而入色無數，九流安得不雜，萬物安得不煩。漢初置郡不過六十，文景醲化，百王莫先，則官少不必政紊，郡多不必事理。今天下三百郡，一千四百縣。故有一邑之地，虚設羣司，一鄉之甿，徒分縣職，所費至廣，所制全輕。伏請敕吏部侍郎、郎中、給事中、中書舍人各一人，錯綜利病，詳定廢置，吏員可併省者併省之，州縣可併合者併合之，每年入仕者可停減者停減之。此則利廣而易求，官少而易理，稍減冗食，足寬疲甿。又國家舊章，依品制俸，官一品月俸三十千，其餘職田禄米，大約不過千石，自一品以下，多少可知。艱難已來，禁網漸弛，於是增置使額，厚請俸錢。故大曆中權臣月俸有至九千貫者，列郡刺史無大小給皆千貫。常衮爲相，始立限約，至李泌又量其閑劇，隨事增加，時謂通濟，理難減削。然猶有名存職廢，額去俸存，閑劇之間，厚薄頓異。將爲永式，須立常規。」從之。乃命給事中段平仲、中書舍人韋貫之、兵部侍郎許孟容、户部侍郎李絳等詳定減省。甲申，以御史中丞柳公綽爲湖南觀察使。戊子，賜御史中丞竇易直緋魚袋。

秋七月庚申，贈銀青光禄大夫、太子賓客裴垍太子少傅。

八月癸亥朔，户部侍郎李絳奏：「諸州闕官職田禄米，及見任官抽一分職田，請所在收貯，以備水旱賑貸。」從之。乙丑，以天德軍防禦使張煦爲夏州刺史、夏綏銀等州節度使。丁卯，荆南先制永安軍，宜停。辛巳，以常州刺史崔芃爲洪州刺史、江西觀察使。

九月癸巳朔，以蜀州刺史崔能爲黔中觀察使。戊戌，富平縣人梁悦爲父復仇，殺秦杲，投獄請罪。特敕免死，決杖一百，配流循州。職方員外郎韓愈獻議執奏之。減諸司流外總一千七百六十九人。貶黔中觀察使竇羣爲開州刺史，以爲政煩苛，辰、錦二州蠻叛故也。

冬十月，以前夏州節度使李愿檢校兵部尚書、徐州刺史，充武寧軍節度使。戊辰，以户部尚書韓皋爲東都留守，判東都尚書省事。以太子詹事李鄘爲華州刺史、潼關防禦、鎮國軍使。以東都留守鄭餘慶爲吏部尚書。己巳，詔：「朕於百執事、羣有司，方澄源流，以責實效。轉運重務，專委使臣，每道有院，分督其

任；今陝路漕引悉歸中都，而尹守職名尚仍舊貫。又諸道都團練使，足修武備以靖一方；而別置軍額，因加吏禄，亦既虚設，頗爲浮費。思去煩以循本，期省事以便人。其河南水陸運、陝府陸運、潤州鎮海軍、宣州采石軍、越州義勝軍、洪州南昌軍、福州靖海軍等使額，並宜停。所收使已下俸料一事已來，委本道充代百姓闕額兩税，仍具數奏聞。」戊寅，詔：「王者之牧黎元也，愛之如子，視之如傷。苟或風雨不時，稼穡不稔，則必除煩就簡，惜力重勞，以圖便安，以阜生業。況邦畿之内，百役所叢，雖勤卹之令亟行，而供億之制猶廣。重以經夏炎暵，自秋霖澍，南畝虧播植之功，西成失豐登之望。内乏口食，外牽王徭，豈惟轉輸之虞，慮有餒殍之患。斯蓋理道猶鬱，和氣未通，永言於兹，良所咎歎。京兆府每年所配折糴粟二十五萬石宜放。於百姓有粟情愿折納者，時估外特加優饒。今春所貸義倉粟，方屬歲饑，容至豐熟歲送納。元和五年已前諸色逋租並放。百官職田，其數甚廣，今緣水潦，諸處道路不通，宜令所在貯納，度支支用，令百官據數于太倉請受。遭水旱處，通計所損，便與除破，不得檢覆。爲理之本，在乎安人。咨爾尹京宰邑之臣，實爲親人阜俗之寄，必當詢其疾苦，奉我詔條。恤隱爲心，無怠於事，罔或徇利以剥下，吐剛而茹柔，使閭井咸安，惸嫠獲濟。各勉忠孝，宜悉朕懷。」丙戌，以諫議大夫孔戣爲皇太子諸王侍讀。

十一月乙巳，以工部尚書趙昌檢校兵部尚書，兼華州刺史，充潼關防禦、鎮國軍等使。

十二月壬申，詔委宗正卿選人門嫁十六宅諸王女，仍封爲縣主。甲申，京兆尹元義方、户部侍郎判度支盧坦以違令立戟，罰一月俸，收奪所請門戟。己丑，制以朝義郎、守尚書户部侍郎、驍騎尉、賜紫金魚袋李絳爲朝議大夫、守中書侍郎、同中書門下平章事。

閏十二月辛亥，皇太子寧薨，謚曰惠昭，廢朝三日。國典無太子薨禮，國子司業裴茝精禮學，特賜於西内定儀。

《舊唐書》卷一五《憲宗紀下》 元和七年春正月己巳，以刑部尚書趙宗儒檢校吏部尚書、興元尹、山南西道節度使。庚午，以兵部尚書王紹判户部事。辛未，以京兆尹元義方爲鄜州刺史、鄜坊丹延觀察使，以司農卿李銛爲京兆尹。壬申，廢信州永豐縣、越州山陰縣、衢州盈川縣。癸酉，振武河溢，毁東受降城。

二月壬辰，詔以去秋旱歉，賑京畿粟三十萬石；其元和六年春賑貸百姓粟二十四萬石，並宜放免。辛丑，尚書省重定左、右僕射上事儀注。壬寅，以兵部侍郎許孟容爲河南尹。癸丑，入蕃使不得與私覿正員官，量別支給以充私覿。舊使絶域者，許賣正員官十餘員，取貨以備私覿，雖優假遠使，殊非典法，故革之。敕：「錢重物輕，爲弊頗甚。詳求適變，將以便人。所貴緡貨通行，里閭寬恤。宜令羣臣各隨所見利害狀以聞。」

三月辛酉，以惠昭太子葬，罷曲江上巳宴。庚午，以旱，敕諸司疏決繫囚。

夏四月癸巳，敕天下州府民户，每田一畝，種桑二樹，長吏逐年檢計以聞。辛亥，鹽鐵使王播奏元和六年賣鹽鐵，除峽内井鹽外，計收六百八十五萬九千二百貫。

五月庚申，上謂宰臣曰：「卿等累言吴越去年水旱，昨有御史自江淮迴，言不至爲災，人非甚困。」李絳對曰：「臣得兩浙、淮南狀，繼言歉旱。方隅授任，皆朝廷信重之臣。御史非良，或容希媚，此正當姦佞之臣。況推誠之道，君人大本，任大臣以事，不可以小臣言間之。伏望明示御史姓名，正之典刑。」上曰：「卿言是也。朝廷大體，以恤人爲本，一方不稔，即宜賑救，濟其饑寒，況可疑之也！向者不思而有此問，朕言過矣。」絳等拜賀。

六月丁亥朔，舒州桐城梅天陂内，有黄白二龍，自陂中乘風雷躍起，高二百尺，行六里，入浮塘陂。癸巳，以金紫光禄大夫、守司徒、同平章事、崇文館大學士、太清宫使、上柱國、岐國公杜佑爲光禄大夫、守太保致仕，宜朝朔望，佑累表懇請故也。鎮州甲仗庫一十三間災，兵仗都盡。王承宗常蓄叛謀，至是始懼天罰，兇氣稍奪，仍殺主庫吏百餘人。乙丑，以兵部員外郎王涯知制誥。乙亥，制立遂王宥爲皇太子，改名恒。己卯，以新羅大宰相金彦昇爲開府儀同三司、檢校太尉、使持節、大都督雞林州諸軍事、雞林州刺史，兼寧海軍使、上柱國，封新羅國王；仍册彦昇妻貞氏爲妃。

八月丁亥朔，新除新羅國大宰相金崇斌等三人，宜令本國准例賜戟。辛丑，廢蓬州宕渠縣。丙午，以蘇州刺史范傳正爲宣歙觀察使。戊申，制：「諸州府五品已上官替後，委本道長官量其才行、官業、資歷，每年冬季一度聞薦。其罷使郎官、御史，許朝臣每年冬季准此聞薦。諸使府參佐、檢校官，從元授官月日計，如是五品已上官及臺省官，經三十箇月外，任與轉改；餘官經三十六箇月奏轉改。如未經考便有事故及停替官，本限之外更加十箇月，即任申奏。」辛亥，以左龍武大將軍薛平爲滑州刺史、義成軍節度使。

冬十月乙未，魏博三軍舉其衙將田興知軍州事。時田季安死，子懷諫年十

一，爲副大使、知軍府事，軍政一決於家僮蔣士則，數易大將，軍情不安。因田興入衙，兵環而劫請，興頓仆於地，軍衆不散。興曰：「欲聽吾命，勿犯副大使。」衆曰：「諾。」但殺蔣士則等十數人而止。即日移懷諫於外，令朝京師。甲辰，以魏博都知兵馬使、兼御史中丞、沂國公田興爲銀青光禄大夫、檢校工部尚書，兼魏州大都督府長史，充魏博節度使。庚戌，澧王寬改名惲，深王察改名悰，洋王寰改名忻，絳王寮改名悟，建王審改名恪。以鄭滑節度使袁滋爲户部尚書。

十一月乙丑，詔：「田興以魏博請命，宜令司封郎中、知制誥裴度往彼宣慰，賜三軍賞錢一百五十萬貫，以河陰院諸道合進内庫物充。六州百姓給復一年，兼赦管内見繫囚徒。」及度至魏州，田興禮待甚恭，仍請度至六州諸縣宣達朝旨。東川觀察使潘孟陽奏龍州武安縣嘉禾生，有麟食之。麟之來，羣鹿環之，光彩不可正視。使畫工圖之以獻。乙亥，以給事中李逢吉、司勳員外郎李巨並充皇太子諸王侍讀。戊寅，吏部尚書鄭餘慶請復置吏部考官三員，吏部郎中楊於陵執奏以爲不便。乃詔考官韋顗等三人祇考及第科目人，其餘吏部侍郎自定。辛巳，以前魏博節度副使田懷諫爲右監門衛將軍，賜宅一區，芻粟等。甲申，以同州刺史裴堪爲江西觀察使。

十二月丙戌朔，以吏部尚書鄭餘慶爲太子少傅。丙辰，左拾遺楊歸厚以自娶婦，進狀借禮會院，貶國子主簿分司。戊戌，以京兆尹裴向爲同州防禦使。己亥，魏博奏管内州縣官員二百五十三員，請吏部銓注。

八年春正月庚午，册大言義爲渤海國王，授秘書監、忽汗州都督。辛未，制以正議大夫、守禮部尚書、同平章事、上柱國、扶風郡開國公權德輿守禮部尚書，罷知政事。癸未，以山南東道節度使李夷簡檢校户部尚書、成都尹，充劍南西川節度使。以户部尚書袁滋檢校兵部尚書、襄州刺史，充山南東道節度使。

二月辛卯，田興改名弘正。宰相李吉甫進所撰《元和郡國圖》三十卷，又進《六代略》三十卷，又爲《十道州郡圖》五十四卷。宰相于頔男太常丞敏專殺梁正言奴，棄溷中。事發，頔與男季友素服待罪。貶頔恩王傅。于敏長流雷州，錮身發遣。殿中少監、駙馬都尉于季友詛罔公主，藏隱内人，轉授兇兄，移貯外舍，傷風黷禮，莫大於兹，宜削奪所任官，令在家修省。贊善大夫于正、秘書丞于方並停見任，皆頔之子也。捕獲受于頔賂爲致出鎮人梁正言，及交搆權貴僧鑒虚，並付京兆府杖死。甲子，以劍南西川節度使、銀青光禄大夫、檢校吏部尚書、兼門下侍郎、同平章事、上柱國、臨淮郡開國公、食邑二千户武元衡復入中書知政事，兼崇玄館大學士、太清宫使。辛未，上以久旱，親於禁中求雨，是夜，澍雨霑足。丙子，大風壞崇陵寢殿鴟尾，折門戟六。

夏四月乙酉，以邕管經略使房啓爲桂管觀察使，以開州刺史竇羣爲邕管經略使。丙戌，以錢重貨輕，出庫錢五十萬貫，令兩常平倉收市布帛，每段匹於舊估加十之一。辛卯，以將作監薛伾爲鄜坊觀察使。僧鑒虚爲高崇文納賂四萬五千貫與宰相杜黄裳，共引致人永樂縣令吴憑，付錢與黄裳男載。敕吴憑配流昭州，黄裳、崇文已薨殁，所用錢不須勘問，杜載釋放。辛亥，賜魏博田弘正錢二十萬貫，收市軍糧。庚申，河中尹張弘靖奏修古舜城。

六月辛巳朔。時積雨，延英不開十五日。是日，上謂宰臣曰：「今後每三日，雨亦對來。」丙戌，以東都留守韓皋檢校吏部尚書，兼許州刺史，充忠武軍節度使。庚寅，京師大風雨，毁屋飄瓦，人多壓死。所在川瀆暴漲，行人不通。辛丑，出宫人二百車，任從所適，以水災故也。壬寅，宰臣武元衡、李吉甫、李絳，舊相鄭餘慶、權德輿，各奉詔令進舊詩。

秋七月癸丑，以權德輿檢校吏部尚書、東都留守。丁卯，以振武節度使李光進爲靈州大都督府長史、靈武節度使。癸酉，命中尉彭中獻修興唐觀，壯其規制，北拒禁城，開複道以通行幸。丁丑，新授桂管觀察使房啓降爲太僕少卿。啓初拜桂管，啓吏賂吏部主者，私得官告以授啓。俄有詔命中使賫告牒與啓，曰：「受之五日矣。」上怒，杖吏部令史，罰郎官，啓亦即降之。以安南都護馬總爲桂管觀察使，以江州刺史張勔爲安南都護、本管經略招討使。

八月癸未，以蘄州刺史裴行立爲安南都護、本管經略招討使，以張勔耄年也。丁亥，以司農卿裴武爲鄜坊觀察使。庚寅，詔毁冢徇國故徐州刺史李洧等一十家子孫，並宜甄獎。辛丑，以東川節度使潘孟陽爲户部侍郎、判度支，盧坦爲梓州刺史、劍南東川節度使。乙巳，廢天武軍，併入神策軍。

九月丙辰，淄青李師道進鶻十二，命還之。戊午，賜羣臣宴於曲江。乙丑，詔：「比聞嶺南五管并福建、黔中等道，多以南口餉遺，及於諸處博易，骨肉離析，良賤難分。此後嚴加禁止，如違，長吏必當科罰。」淮西吴少陽獻馬三百匹。丙寅，詔：「減死戍邊，前代美政，量其遠邇，亦有便宜。今後兩京、關内、河南、河東、河北、淮南、山南東西道州府，除大辟罪外，輕犯不得配流天德五城。」戊辰，以給事中竇易直爲陝虢防禦使，仍賜金紫。壬申，以恩王傅于頔爲太子賓客。以前朔方靈鹽節度使王佖爲右衛將軍。將相出入，翰林草制，謂之白麻。

至伮，奏罷中書草制，因爲例也。太常習樂，始復用大鼓。

冬十月庚寅，以湖南觀察使柳公綽爲岳鄂沔蘄安黄觀察使。壬辰，汴州韓弘進所撰《聖朝萬歲樂譜》，共三百首。己巳，以宗正少卿李道古爲黔中觀察使，以蘇州刺史張正甫爲湖南觀察使。丙申，以大雪放朝，人有凍踣者，雀鼠多死。戊戌，以神策普潤鎮使蘇光榮爲涇州刺史、四鎮北庭行軍涇原節度使。翰林學士、司封員外郎韋弘景守本官，以草光榮詔漏敍功勳故也。壬辰，振武奏回紇千騎至鸊鵜泉。

十一月丙辰，以福建觀察使裴次元爲河南尹。丙寅，以鹽州隸夏州。自夏州至豐州，初置八驛。丁卯，以泗州刺史薛謇爲福建觀察使。癸酉，昭義郗士美奏諸軍就食于臨洺。京畿水、旱、霜，損田三萬八千頃。

十二月庚辰朔，以京兆尹李銛爲鄜坊觀察使，以代裴武入爲京兆尹。辛巳，敕：「應賜王公、公主、百官等莊宅、碾磑、店鋪、車坊、園林等，一任貼典貨賣，其所緣税役，便令府縣收管。」敕：「張茂昭立功河朔，舉族歸朝，義烈之風，史册收載。如聞身殁之後，家無餘財，追懷舊勳，特越常典，宜歲賜絹二千匹，春秋二時支給。」羣臣上表，請立德妃郭氏爲皇后。丙戌，以桂管觀察使馬總爲廣州刺史、嶺南節度使，以邕管經略使崔詠爲桂管觀察使。庚寅，以夔州刺史馬平陽爲邕管經略使。振武軍亂，逐其帥李進賢，屠其家。乃以夏州節度使張煦代進賢，率兵二千赴鎮，許便宜擊斷。丙午，以金吾衛將軍田進爲夏州刺史、夏綏銀節度使。以河溢浸滑州羊馬城之半，滑州薛平、魏博田弘正徵役萬人，於黎陽界開古黄河道，南北長十四里，東西闊六十步，深一丈七尺，決舊河水勢，滑人遂無水患。

九年春正月乙卯，大霧而雪。李吉甫累表辭相位，不許。乙亥，張煦入單于都護府，誅作亂軍士蘇國珍等二百五十二人。

二月巳卯朔，户部侍郎、判度支潘孟陽兼京北五城營田使。丁丑，貶前振武節度使李進賢爲通州刺史，監軍路朝見配役于定陵。丁未，詔以歲飢，放關內元和八年已前逋租錢粟，賑常平義倉粟三十萬石。丙申，賜振武軍絹二萬匹。癸卯，制朝議大夫、守中書侍郎、同平章事、上柱國、高邑男李絳守禮部尚書，累表辭相位故也。

三月丙辰，嶲州地震，晝夜八十震，壓死者百餘人。庚申，妖人梁叔高自廣州來，授書與吏部侍郎楊於陵，使爲己輔。於陵執之以告，殺之。辛酉，以太子少傅鄭餘慶檢校右僕射、興元尹、山南西道節度使，代趙宗儒爲御史大夫。丁卯，隕霜殺桑。召大理卿裴棠棣男損、前昭應令杜式方男悰見于麟德殿前，各賜緋，許尚公主。

夏四月庚寅，詔贈太師咸寧王渾瑊宜配享德宗廟庭。

五月丁未朔，以嶺南節度使鄭絪爲工部尚書。庚申，移宥州於經略軍，郭下置延恩縣，隸夏州觀察使。是月旱，穀貴，出太倉粟七十萬石，開六場糶以惠飢民。以旱，免京畿夏税十三萬石、青苗錢五萬貫。

六月戊寅，以天德軍經略使周懷乂卒，廢朝一日。經略使廢朝，自懷乂始也。庚辰，以義武軍節度副使渾鎬檢校工部尚書，兼定州大都督府長史，充義武軍節度使、易定觀察使、北平軍等使。丙戌，以左龍武將軍燕重旴爲豐州刺史、天德軍豐州西城中城都防禦押蕃落等使。乙未，置禮賓院於長興里之北。丙申，以左丞孔戣爲華州刺史、潼關防禦、鎮國軍等使。壬寅，制河中晉絳慈隰等州節度使張弘靖守刑部尚書、同中書門下平章事。

秋七月乙未，以御史大夫趙宗儒檢校尚書右僕射，兼河中尹、河中晉絳等州節度使。戊辰，以太子司議郎杜悰爲銀青光禄大夫、殿中少監、駙馬都尉，尚岐陽公主。

閏八月辛酉，以河陽節度使烏重胤兼汝州刺史。壬戌，以中書舍人王涯、屯田郎中韋綬爲皇太子諸王侍讀。己巳，加田弘正檢校右僕射，賞三軍錢二十萬貫。

九月甲戌朔，以洺州刺史李光顔爲陳州刺史、忠武軍都知兵馬使。丙戌，以山南東道節度使袁滋檢校兵部尚書，兼江陵尹、荆南節度使。以荆南節度使嚴綬檢校司空、襄州刺史、山南東道節度使。淮西節度使吴少陽卒，其子元濟匿喪，自總兵柄，乃焚劫舞陽等四縣。朝廷遣使弔祭，拒而不納。壬辰，真臘國朝貢。戊戌，加河東節度使王鍔檢校司空、同平章事，以給事中孟簡爲越州刺史、浙東觀察使，贈吴少陽尚書右僕射。

冬十月甲寅，以刑部員外郎令狐楚爲職方員外郎、知制誥。壬戌，以忠武軍節度使韓臯爲吏部尚書，以忠武軍節度副使兼陳州刺史李光顔爲許州刺史、忠武軍節度使。甲子，制：「朕嗣膺寶位，于茲十年。每推至誠，以御方夏，庶以仁化，臻于太和，宵衣旰食，意屬於此。今淮西一道，未達朝經，擅自繼襲，肆行寇掠。將士等迫於受制，非是本心。思去三面之羅，庶遵兩階之義。宜以山南東

道節度使嚴綬兼充申光蔡等州招撫使。」仍命內常侍崔潭峻爲監軍。戊辰，以尚書左丞呂元膺檢校工部尚書、東都留守。舊例，命留守賜旗甲與方鎮同，及元膺受命，不賜。諫官援華、汝、壽三州例有賜，居守之重，不宜獨闕，上曰：「此三處亦宜停賜。」

十一月甲申，以吏部尚書韓皋爲太子賓客。甲午，以御史中丞胡證爲單于大都護、振武麟勝等軍節度使。戊戌，以中書舍人裴度爲御史中丞；以左金吾大將軍郭釗檢校工部尚書、邠州刺史，充邠寧節度使；以職方員外郎、知制誥令狐楚爲翰林學士。

十二月戊辰，制以中大夫、守尚書右丞、上騎都尉、賜紫金魚袋韋貫之本官同中書門下平章事。

十年春正月乙酉，宣武軍節度使韓弘守司徒，平章事並如故。丙申，嚴綬帥師次蔡州界。己亥，制削奪吳元濟在身官爵。庚子，桂管奏移富州治於故城。

二月甲辰，嚴綬軍爲賊所襲，敗於磁丘，退守唐州。田弘正子布、韓弘子公武各率師隸李光顔討賊。辛亥，以禮部尚書李絳爲華州潼關防禦鎮軍等使。壬戌，河東防秋將劉輔殺豐州刺史燕重旰。己巳，以羽林將軍李彙爲涇原節度使。

三月壬申朔，以右金吾將軍李奉仙爲豐州刺史、天德軍西城中城都防禦使。己卯，以劍南西川節度行軍司馬李程爲兵部郎中、知制誥。乙酉，以虔州司馬韓泰爲漳州刺史，以永州司馬柳宗元爲柳州刺史，饒州司馬韓曄爲汀州刺史，朗州司馬劉禹錫爲播州刺史，台州司馬陳諫爲封州刺史。御史中丞裴度以禹錫母老，請移近處，乃改授連州刺史。贈故太常卿崔邠禮部尚書。李光顔破賊於南頓。辛亥，盜焚河陰轉運院，凡燒錢帛二十萬貫匹、米二萬四千八百石、倉室五十五間。防院兵五百人營於縣南，盜火發而不救，呂元膺召其將殺之。自盜火發河陰，人情駭擾。壬戌，以長安縣令徐俊爲邕管經略使。

五月辛巳，御史中丞裴度兼刑部侍郎。時度自淮西行營宣慰還，所言軍機，多合上旨，故以兼官寵之。丙申，李光顔大破賊黨於洄曲。自徵兵討賊，凡十餘鎮之師，環於申、蔡，未立戰功。裴度使還，奏曰：「臣觀諸將，惟光顔見義能勇，必能立功。」至是告捷，京師相賀，上尤賞度之知人。

六月癸卯，鎮州節度使王承宗遣盜夜伏於靖安坊，刺宰相武元衡，死之；又遣盜於通化坊刺御史中丞裴度，傷首而免。是日，京城大駭，自京師至諸門加衛兵；宰相導從加金吾騎士，出入則彀弦露刃，每過里門，訶索甚諠；公卿持事柄者，以家僮兵仗自隨。武元衡死數日，未獲賊。兵部侍郎許孟容請見，奏曰：「豈有國相橫屍路隅，不能擒賊！」因灑泣極言，上爲之憤歎。乃詔京城諸道，能捕賊者賞錢萬貫，仍與五品官，敢有蓋藏，全家誅戮。乃積錢二萬貫於東西市。京城大索，公卿節將複壁重轑者皆搜之。庚戌，神策將士王士則、王士平以盜名上言，且言王承宗所使，乃捕得張晏等八人誅之。乙丑，制以朝議郎、守御史中丞、兼刑部侍郎、飛騎尉、賜紫金魚袋裴度爲朝請大夫、守刑部侍郎、同中書門下平章事。

秋七月辛未，以神策軍長武城使杜叔良爲朔方靈鹽定遠城節度觀察使。甲戌，詔：「成德軍節度使王承宗，自滌瑕疵，累加獎拔，列在維藩之任，待以忠正之徒。謂懷君父之恩，克勵人臣之節。而動思棄命，恣逞非心，傲狠反常，橫辱無畏。以其先祖，嘗立忠勳，每念含容，庶聞悛革。曾不知陰謀逆狀，久則逾彰；凶德禍機，盈而自覆。乃敢輕肆指斥，妄陳表章，潛遣姦人，內懷兵刃，賊殺元輔，毒傷憲臣，縱其凶殘，無所顧望。推窮事迹，罪狀昭明，周覽讟詞，良用驚歎。宜令絶其朝貢，其所部博野、樂壽兩縣本屬范陽，宜却隸劉總。駙馬都尉王承系、太子贊善王承迪、丹王府司馬王承榮等，並宜遠郡安置。」先是，承宗上表怨咎武元衡，留中不報。又肆指斥，上使持其表以示百官，羣臣皆請問罪。丙戌，涇原節度使李彙卒，以將作監王潛爲涇州刺史、四鎮北庭涇原節度使。乙未，以京兆尹裴武爲司農卿，以捕賊弛慢故也。

八月丙寅，訶陵國遣使獻僧祇僮及五色鸚鵡、頻伽鳥并異香名寶。丁未，淄青節度使李師道陰與嵩山僧圓净謀反，勇士數百人伏於東都進奏院，乘洛城無兵，欲竊發焚燒宮殿而肆行剽掠。小將楊進、李再興告變，留守呂元膺乃出兵圍之，賊突圍而出，入嵩岳，山棚盡擒之。訊其首，僧圓净主謀也。僧臨刑歎曰：「誤我事，不得使洛城流血！」

九月癸酉，以宣武軍節度使韓弘充淮西行營兵馬都統。丁酉，以太子賓客韓皋爲兵部尚書。

冬十月庚子，始析山南東道爲兩節度，以户部侍郎李遜爲襄州刺史，充襄復郢均房節度使；以右羽林將軍高霞寓爲唐州刺史，充唐隨鄧節度使。刑部尚書權德輿奏請行用新删定《敕格》三十卷，從之。壬子，以太子賓客于頔爲户部尚書。

十一月戊辰，詔出内庫繒絹五十五萬匹供軍。乙亥，以山南東道節度使嚴

綬爲太子少保。戊寅，盜焚獻陵寢宮。詔發振武兵二千，會義武軍以討王承宗。

十二月甲辰，李愿擊敗李師道之衆九千，斬首二千級。壬子，東都留守呂元膺請募置三河子弟以衛宮城。甲寅，越州復置山陰縣。庚申，新造指南車、記里鼓。出宮人七十二人置京城寺觀，有家者歸之。是歲，渤海、新羅、奚、契丹、黑水、南詔、牂柯並遣使朝貢。

十一年春正月丁卯朔，以宿師于野，不受朝賀。己巳，以中書侍郎、平章事張弘靖檢校吏部尚書，兼太原尹、北都留守、河東節度使。戊寅，詔羣臣曰：「今用兵已久，利害相半。其攻守之宜，罰宥之要，宜各具議狀以聞。」庚辰，翰林學士錢徽、蕭俛各守本官，以上疏請罷兵故也。癸未，削奪王承宗在身官爵，所襲封邑賜武俊子金吾將軍士平。令河東、河北道諸鎮加兵進討。甲申，盜斷建陵門戟四十七竿。甲子，李光顏奏破賊。

二月癸卯，吐蕃贊普卒。以中書舍人、權知禮部貢舉，賜緋魚袋李逢吉爲門下侍郎、同平章事，賜紫金魚袋。以內庫絹四萬匹賞幽、魏將士。甲寅，以華州刺史李絳爲兵部尚書。戊午，南詔蠻酋龍蒙盛卒。

三月庚午，皇太后崩于興慶宮之咸寧殿。是日，羣臣發喪於西宮兩儀殿，以宰臣裴度爲禮儀使，吏部尚書韓皋爲大明宮留守，設次于中書。辛未，勅諸司公事，宜權取中書門下處分。癸酉，分命朝臣告哀于天下。甲戌，見羣臣于紫宸門外廡下。己卯，以宰臣李逢吉充大行皇太后山陵使，出內庫繒帛五萬匹充奉山陵。

夏四月壬寅，西川節度使李夷簡遣使告哀於南詔。后喪，邊鎮告四夷，舊制也。庚戌，貶戶部侍郎、判度支楊於陵爲郴州刺史，坐供軍有闕也。丁巳，以徐、宿飢，賑粟八萬石。

五月，宥州軍亂，逐刺史駱怡。壬申，李光顏破賊于淩雲柵。

六月甲辰，高霞寓敗于鐵城，退保新興柵，是日人情恇駭，宰相奏對，多請罷兵。上曰：「勝負兵家常勢，不可以一將失利，便沮成計。今但議用兵方略，朝廷庶務，制置可否耳。」庚戌，田弘正軍討王承宗，次于南宮。辛酉，羣臣上大行皇太后謚曰莊憲。

秋七月丁丑，貶隨唐節度使高霞寓爲歸州刺史。以河南尹鄭權爲襄州刺史，充山南東道節度使；以荊南節度使袁滋爲唐州刺史、彰義軍節度使、申光唐蔡隨鄧州觀察使，權以唐州爲理所；以華州刺史裴武爲江陵尹，充荊南節度使。戊寅，以隨州刺史楊旻爲唐州刺史，充行營都知兵馬使。以滋儒者，故復以旻將其兵。壬午，宣武軍奏破賊。

八月壬寅，以宰臣韋貫之爲吏部侍郎，罷知政事。貫之以淮西、河北兩處用兵，勞於供餉，請緩承宗而專討元濟，與裴度爭論上前故也。戊申，容州奏颶風海水毀州城。甲申，祔莊憲皇后於豐陵。

九月丁卯，饒州奏浮梁、樂平二縣，五月內暴雨水溢，失四千七百戶，溺死者一百七十人。丙子，新除吏部侍郎韋貫之再貶湖南觀察使。辛未，貶吏部侍郎韋顗爲陝州刺史，刑部郎中李正辭爲金州刺史，度支郎中薛公幹爲房州刺史，屯田郎中李宣爲忠州刺史，考功郎中韋處厚爲開州刺史，禮部員外郎崔韶爲果州刺史，並爲補闕張宿所搆，言與貫之朋黨故也。乙酉，蔡州軍前奏拔淩雲柵。

冬十月丁巳，以刑部尚書權德輿檢校吏部尚書，兼興元尹，充山南西道節度使。丙寅，幽州劉總加平章事，鄆州李師道加檢校司空。師道聞拔淩雲柵，乃懼，僞貢款誠，故有是命。庚午，以司農卿王遂爲宣州刺史、宣歙池觀察使，以京兆尹李翛爲潤州刺史、浙西觀察使。以遂、翛常歷計司，能聚斂，方藉供軍，故有斯授。壬申，敕諸道奏事官，非急切不得乘驛馬。丁丑，出內庫錢五十萬貫供軍。辛巳，命內常侍梁守謙監淮西行營諸軍，仍以空名告身五百通及金帛付之。

十二月丙午，以易州刺史陳楚爲定州刺史、義武軍節度使。丁未，以翰林學士、尚書工部侍郎、知制誥王涯爲中書侍郎、同平章事。甲寅，以閑廐宮苑使李愬檢校左散騎常侍，兼鄧州刺史，充唐隨鄧等州節度使。初置淮潁水運使，運揚子院米，自淮陰泝流至壽州，四十里入潁口，又泝流至潁州沈丘界，五百里至于項城，又泝流五百里入溵河，又三百里輸于郾城。得米五十萬石，茭一千五百萬束。省汴運七萬六千貫。己未，邕管奏黄洞賊屠巖州。未央宮及飛龍草場火。京畿水害田，潤、常、湖、衢、陳、許大水。

是歲，回鶻、靺鞨、奚、契丹、牂柯、渤海等朝貢。

十二年春正月辛酉朔，以用兵不受朝賀。癸未，貶義武軍節度使渾鎬爲循州刺史，坐討賊失律也。甲申，貶唐鄧節度袁滋爲撫州刺史，以上疏請罷兵故也。

二月壬申，以內庫絹布六十九萬段匹、銀五千兩，付度支供軍。庚子，敕京城居人五家相保，以搜姦慝。時王承宗、李師道欲阻用兵之勢，遣人折陵廟之戟，焚芻藁之積，流矢飛書，恐駭京國，故搜索以防姦。及賊平，復得淄青簿領，

中有賞蒲潼關吏案，乃知容姦者關吏也，搜索不足以爲防。庚申，敕宜於許汝行營側近置行郾城，以處賊中歸降人户。甲寅，岳鄂團練使李道古師攻申州，克羅城，賊力戰，道古之衆大敗。

三月壬戌，昭義郗士美兵敗於柏鄉，兵士死者千人。戊辰，滄州程執恭改名權。太常定李吉甫謚曰「敬憲」，度支郎中張仲方非之。上怒，貶爲遂州司馬。賜吉甫謚曰忠。癸未，賊將吳秀琳以文城栅兵三千降李愬。

夏四月辛卯，李光顔破賊三萬於郾城，殺其卒什二三，獲馬千匹、器甲三萬。辛丑，駙馬都尉于季友居嫡母喪，與進士劉師服歡宴夜飲。季友削官爵，笞四十，忠州安置；師服笞四十，配流連州；于頔不能訓子，削階。己酉，出太倉粟二十五萬石糶于西京，以惠飢民。庚戌，敕改蔡州吳房縣爲遂平縣，移置於文城栅南新城内。丁卯，賊郾城守將鄧懷金與縣令董昌齡以郾城降。甲戌，渭南雨雹，中人有死者。丙子，詔權罷河北行營，專討淮蔡。

五月癸巳，隨唐節度使李愬奏敗賊於吳房，獲賊將李佑。己亥，以尚書左丞許孟容爲東都留守，充都畿防禦使。時東畿民户供軍尤苦，車數千乘相錯于路，牛皆饋軍，民户多以驢耕。己酉，作蓬萊池周廊四百間。

六月己未朔，以衛尉卿程异爲鹽鐵使，代王播。時异爲鹽鐵使副，自江南收拾到供軍錢一百八十五萬以進，故得代播。壬戌，賊吳元濟上表，請束身歸朝。時連破三栅，賊勢迫蹙，實欲歸朝，而制於左右，故不果行。乙酉，京師大雨，含元殿一柱傾，市中水深三尺，壞坊民二千家。

秋七月壬辰，詔以定州飢，募人入粟受官及減選、超資。河北水災，邢、洺尤甚，平地或深二丈。甲辰，户部尚書于頔請致仕，不允。乙酉，敕：「今後左降官及責授正員官等，宜從到任經五考滿，許量移；如未滿五考遇恩赦者，從節文處分；如犯十惡大逆、贓賄緣坐，奏取進止。」庚戌，以國子祭酒孔戣爲廣州刺史、嶺南節度使。丙辰，制以中書侍郎、平章事裴度守門下侍郎、同平章事，使持節蔡州諸軍事、蔡州刺史，充彰義軍節度、申光蔡觀察處置等使，仍充淮西宣慰處置使。以朝散大夫、守尚書户部侍郎、上護軍、賜紫金魚袋崔羣爲中書侍郎、同中書門下平章事。以刑部侍郎馬總兼御史大夫，充淮西行營諸軍宣慰副使；以太子右庶子韓愈兼御史中丞，充彰義軍行軍司馬；以司勳員外郎李正封、都官員外郎馮宿、禮部員外郎李宗閔皆兼侍御史，爲判官書記：從度出征。詔以郾城爲行蔡州治所。

八月庚申，裴度發赴行營，敕神策軍三百人衛從，上御通化門勞遣之。度望門再拜，銜涕而辭，上賜之犀帶。以河南尹辛秘爲潞府長史、昭義軍節度使，代郗士美。以士美爲工部尚書，孟簡爲户部侍郎。戊辰，以同州刺史張正甫爲河南尹。甲申，裴度至郾城。

九月戊子，出内庫羅綺、犀玉、金帶之具，送度支估計供軍。甲午，御史臺奏：「同制除官，承前以名字高下爲班位先後。或名在前身在外，及到，却在舊人之上。今請以上日爲先後。」敕曰：「名在前，上日在後，未逾月，不在此限。行立班次，即宜以敕内前後爲定。」己亥，貶京兆尹竇易直爲金州刺史，以鞫獄得贓不實故也。壬寅，以湖南觀察使韋貫之爲太子詹事分司。乙巳，以刑部郎中知雜崔元略爲御史中丞。丁未，以朝議大夫、門下侍郎、同平章事李逢吉檢校兵部尚書，使持節梓州諸軍事、梓州刺史，充劍南東川節度副大使，知節度事。庚子，以撫州刺史袁滋爲湖南觀察使。

冬十月壬申，裴度往沲口觀板築五溝，賊遽至，注弩挺刃將及度，而李光顔、田布扼其歸路，大敗之。是日，度幾陷。癸酉，内出《元和辯謗略》三卷付史館。甲申，以淮南節度使、檢校左僕射李鄘爲門下侍郎、同中書門下平章事，以左丞衛次公代鄘爲淮南節度使。己卯，隨唐節度使李愬率師入蔡州，執吳元濟以獻，淮西平。甲申，詔：「淮西立功將士，委韓弘、裴度條疏奏聞。淮西軍人，一切不問。宜準元敕給復二年。」

十一月丙戌朔，御興安門受淮西之俘。以吳元濟徇兩市，斬於獨柳樹；妻沈氏，没入掖庭；弟二人、子三人，配流，尋誅之；判官劉協等七人處斬。録平淮西功：隨唐節度使、檢校左散騎常侍李愬檢校尚書左僕射、襄州刺史，充山南東道節度、襄鄧隨唐復郢均房等州觀察等使；加宣武軍節度使韓弘兼侍中；忠武軍節度使李光顔、河陽節度使烏重胤並檢校司空。以宣武軍都虞候韓公武檢校左散騎常侍、鄜州刺史、鄜坊丹延節度使，以魏博行營兵馬使田布爲右金吾衛將軍，皆賞破賊功也。以蔡州郾城爲溵州，析上蔡、西平、遂平三縣隸焉。戊申，以淮西宣慰副使、刑部侍郎馬總爲彰義軍節度留後。

十二月壬戌，以彰義軍節度、淮西宣慰處置使、門下侍郎、同平章事裴度守本官，賜上柱國、晉國公、食邑三千户；以蔡州留後馬總檢校工部尚書、蔡州刺史、彰義軍節度使、溵州潁陳許節度使。丙子，以右庶子韓愈爲刑部侍郎。

是歲，河南、河北水。

十三年春正月乙酉朔，御含元殿受朝賀，禮畢，御丹鳳樓，大赦天下。己丑，以文宣王三十八代孫孔惟晊襲文宣公。庚寅，敕李師道頻獻表章，披露懇誠，宜令諫議大夫張宿往彼宣慰。辛亥，以禮部尚書王播爲成都尹、劍南西川節度使。

二月乙亥，御麟德殿，宴羣臣，大合樂，凡三日而罷，頒賜有差。

三月庚寅，以前劍南西川節度使李夷簡爲御史大夫。丙申，以同州刺史鄭絪爲東都留守、都畿汝防禦使。庚子，以御史大夫李夷簡爲門下侍郎、同平章事。宰相李鄘守户部尚書，罷知政事。丁未，以太子少師鄭餘慶爲左僕射。辛亥，詔：「百司職田，多少不均，爲弊日久，宜令逐司各收職田草粟都數，自長官以下，除留闕官物外分給。」至銀臺待罪，請獻德、棣二州，兼入管内租税。庚辰，詔復王承宗官爵。以華州刺史鄭權爲德州刺史、横海軍節度、德棣滄景等州觀察使。

五月丙辰，以忠武軍節度使李光顔爲滑州刺史、義成軍節度使，以彰義軍節度使馬總爲許州刺史、忠武軍節度使、陳許溵蔡觀察等使。戊戌，以山南東道節度使李愬爲鳳翔尹、鳳翔隴右節度使。辛丑，知渤海國務大仁秀檢校秘書監、忽汗州都督，册爲渤海國王。丙午，以户部侍郎孟簡檢校工部尚書、襄州刺史、山南東道節度使。

六月丁丑，以滄景節度使程權爲邠州刺史、邠寧節度使。出内庫絹三十萬匹、錢三十萬貫，付度支供軍。

秋七月癸未，以新除鳳翔節度使李愬爲徐州刺史、武寧軍節度使。甲申，以田弘正檢校司空。乙酉，詔削奪淄青節度使李師道在身官爵，仍令宣武、魏博、義成、武寧、横海等五鎮之師，分路進討。辛丑，以門下侍郎、同平章事李夷簡檢校左僕射、同平章事、揚州大都督府長史、淮南節度使。己酉，詔諸道節度使先帶度支營田使名者，並罷之。庚戌，以左僕射鄭餘慶爲鳳翔隴右節度使。

八月壬子，以中書侍郎平章事王涯爲兵部侍郎，罷知政事。戊午，以尚書右丞崔從爲興元尹、山南西道節度使。乙亥，敕應同司官有大功已上親者，但非連判及勾檢之官并官長，則不在迴避改换之限。時刑部員外郎楊嗣復以父於陵除户部侍郎，遂以近例避嫌，請出省，不從，因有是敕。

九月甲申，以左衛將軍高霞寓爲單于大都護、振武麟勝節度使。甲辰，以户部侍郎、判度支皇甫鎛同中書門下平章事，依前判度支。以衛尉卿充諸道鹽鐵轉運使程异爲工部侍郎、同中書門下平章事，依前充使。是時，上切於財賦，故用聚斂之臣居相位。詔下，羣情驚駭，宰臣裴度、崔羣極諫，不納。二人請退。丁未，出内庫絹十萬匹給東軍。

冬十月甲寅，吐蕃寇宥州。壬戌，靈武奏破吐蕃二萬於定遠城。甲子，平涼鎮遏兵馬使郝玼奏收復原州，破吐蕃二萬。丙子，以左金吾衛大將軍薛平檢校刑部尚書、滑州刺史，充義成軍節度使；以義成軍節度使李光顔爲許州刺史、充忠武軍節度使、陳許觀察等使。

十一月辛巳朔，夏州破吐蕃五萬。靈武奏攻破吐蕃長樂州羅城。丁亥，以山人柳泌爲台州刺史，爲上於天台山採仙藥故也。制下，諫官論之，不納。壬寅，以河陽節度使烏重胤爲滄州刺史、横海軍節度、滄景德棣觀察等使。丁未，以華州刺史令狐楚爲懷州刺史，充河陽三城懷孟節度使。

十二月辛亥，敕左右龍武軍六軍及威遠營應納課户共一千八百人衣糧並停，仍付府縣收管。戊寅，軍前擒到李師道將夏侯澄等四十七人，詔並釋付魏博及義成軍收管，要還賊中者，則量事優給放還。上顧謂宰臣曰：「人臣事君，但力行善事，自致公望，何乃好樹朋黨？朕甚惡之！」裴度對曰：「君子小人，未有無徒者。君子之徒，則同心同德；小人之徒，是爲朋黨。」上曰：「他人之言，亦與卿等相似，豈易辯之哉？」度曰：「君子小人，觀其所行，當自區别矣。」上曰：「凡好事口説則易，躬行則難。卿等即言之，須行之，勿空口説。」度等謝曰：「陛下處分，可謂至矣，臣等敢不激勵。然天下之人，從陛下所行，不從陛下所言，臣等亦願陛下每言之則行之。」上頗欣納。

是歲，回紇、南詔蠻、渤海、高麗、吐蕃、奚、契丹、訶陵國並朝貢。

十四年春正月庚辰朔，以東師宿野，不受朝賀。壬午，復置仗内教坊於延政里。丁亥，徐州軍破賊二萬於金鄉。迎鳳翔法門寺佛骨至京師，留禁中三日，乃送詣寺，王公士庶奔走捨施如不及。刑部侍郎韓愈上疏極陳其弊。癸巳，貶愈爲潮州刺史。丙申，魏博軍破賊五萬於東阿。辛巳，斬前滄州刺史李宗奭於獨柳樹。朝廷初除鄭權滄州，宗奭拒詔不受代，既而爲三軍所逐，乃入朝，故誅之。丙午，魏博軍破賊萬人於陽穀。

二月己酉朔，以商州刺史嚴謨爲黔中觀察使。乙卯，敕淄青行營諸軍，所至收下城邑，不得妄行傷殺，及焚燒廬舍，掠奪民財，開發墳墓。宜嚴加止絶。以鎮、冀水災，賜王承宗綾絹萬匹。辛酉，襄陽節度使孟簡舉鄖鄉鎮遏使趙潔爲鄖鄉縣令，有虧常式，罰一月俸料。壬戌，田弘正奏，今月九日，淄青都知兵馬使劉

悟斬李師道并男二人首請降，師道所管十二州平。甲子，上御宣政殿受賀。己巳，上御興安門受田弘正所獻賊俘，羣臣賀於樓下。庚午，制以淄青兵馬使、金紫光禄大夫、試殿中監、兼監察御史劉悟檢校工部尚書、滑州刺史，充義成軍節度使，封彭城郡王，食邑三千户，賜錢二萬貫、莊宅各一區。癸酉，田弘正加檢校司徒、同中書門下平章事。

三月丁酉，上以齊、魯初平，宴羣臣於麟德殿，賜物有差。戊子，以華州刺史馬總鄆濮曹等州觀察等使。己丑，以義成軍節度使薛平爲青州刺史，充平盧軍節度、淄青齊登萊等州觀察等使；以淄青四面行營供軍使王遂爲沂州刺史，充沂海兗密等州都團練觀察等使：析李師道所據十二州爲三鎮也。辛卯，李師道妻魏氏并男没入掖庭，堂弟師賢、師智，姪弘異配流。乙未，以中書舍人衛中行華州刺史、潼關防禦、鎮國軍等使。辛丑，上顧謂宰臣曰：「聽受之間，大是難事。推誠選任，所謂委寄，必合盡心；及至所行，臨事不無偏黨。朕臨御已來，歲月斯久，雖不明不敏，然漸見物情，每於行爲，務欲詳審。比令學士集前代昧政之事，爲《辯謗略》，每欲披閱，以爲鑒誡耳。」崔羣對曰：「無情曲直，辯之至易；稍懷欺詐，審之實難。故孔子有衆好衆惡之論，浸潤膚受之説，蓋以曖昧難辯故也。若擇賢而任之，待之以誠，糾之以法，則人自歸公，孰敢行僞？陛下詳觀載籍，以廣聰明，實天下幸甚。」丁未，以撫州司馬令狐通爲右衛將軍。給事中崔植封還制書，言通前刺史壽州，用兵失律，未宜獎用。上令宰臣諭植，以通父彰有功，不忍遂棄其子。其制方行。

夏四月戊午，以刑部尚書李愿爲鳳翔尹，充鳳翔隴右節度使。丙寅，詔：「諸道節度、都團練、防禦、經略等使所管支郡，除本軍州外，别置鎮遏、守捉、兵馬者，並合屬刺史。如刺史帶本州團練、防禦、鎮遏等使，其兵馬額便隸此使。如無别使，即屬軍事。其有邊於谿洞連接蕃蠻之處，特建城鎮，不關州郡者，不在此限。」辛未，工部侍郎、同平章事、諸道鹽鐵轉運等使程异卒。丙子，制金紫光禄大夫、門下侍郎、同中書門下平章事，兼弘文館大學士、上柱國、晉國公、食邑三千户裴度可檢校左僕射，兼門下侍郎、平章事、太原尹、北都留守，充河東節度觀察處置等使。

五月戊寅朔，以刑部侍郎柳公綽充鹽鐵轉運等使。庚辰，以楚州刺史李聽爲夏州刺史、夏綏銀宥等州節度使。丙戌，以河東節度使、檢校吏部尚書、同平章事張弘靖爲吏部尚書；以忠武軍節度使李光顔爲邠寧慶節度使，仍以忠武軍六千人赴鎮。庚寅，以工部尚書郗士美檢校刑部尚書、許州刺史，充忠武軍節度使。己亥，置臨海監牧，命淮南節度使兼之。敕李師古妻裴氏、女宜娘於鄧州安置，李宗奭妻韋氏放出掖庭，坐李師道族人籍没，上愍之，宥以輕典。以宣歙觀察使竇易直爲潤州刺史，充浙西觀察使。韓弘進助平淄青絹二十萬匹，女樂十人。女樂還之。

六月癸丑，以福建觀察使元錫爲宣州刺史、宣歙池觀察使。庚申，以户部侍郎歸登爲工部尚書。以鄭州刺史裴乂爲福州刺史、福建觀察使。辛酉，敕定州大都督府復上州。甲子，以前兵部尚書李絳檢校吏部尚書、河中尹，充河中晉絳慈隰觀察使。癸酉，詔左金吾大將軍胡證充京西北巡邊使，所經鎮戍，與守將審量利害，具事實奏聞。

秋七月戊寅，汴州韓弘來朝。辛巳，羣臣上尊號曰元和聖文神武法天應道皇帝。是日，御宣政殿受册，禮畢，御丹鳳樓，大赦天下。京畿今年秋税、青苗、榷酒等錢，每貫量放四百文；元和五年已前逋租賦並放。甲午，韓弘進絁絹二十八萬匹，銀器二百七十事。丁酉，以河陽三城懷州節度使、朝議郎、使持節懷州諸軍事、守懷州刺史、兼御史大夫、賜紫金魚袋令狐楚可朝議大夫、守中書侍郎、同中書門下平章事。壬寅，以永州刺史韋正武爲邕管經略使。癸卯，以前黔中觀察使魏義通爲懷州刺史、河陽三城懷孟節度使。沂州軍亂，殺節度使王遂。甲辰，以棣州刺史曹華爲沂州刺史，充沂海兗密等州都團練觀察使。乙巳，罷晉州防禦使。

八月乙酉，制宣武軍節度副大使、知節度事、汴宋亳潁等州觀察處置等使、開府儀同三司、守司徒、兼侍中、汴州刺史、上柱國、許國公、食邑三千户韓弘可守司徒、兼中書令，弘堅辭戎鎮故也。癸丑，以吏部尚書張弘靖爲檢校尚書左僕射、同平章事、汴州刺史、宣武軍節度使。甲寅，於襄州穀城縣置臨漢監以牧馬，仍令山南東道節度使兼充監牧使。戊午，王承宗進位檢校左僕射。己未，田弘正來朝。上謂宰臣曰：「天下事重，一日不可曠廢。若遇連假不坐，有事即詣延英請對。」崔羣以殘暑方甚，目同列將退。上止之曰：「數日一見卿等，時雖暑熱，朕不爲勞。」久之方罷。丁亥，宴田弘正與大將判官二百人於麟德殿，賜物有差。

九月戊寅，考功郎中蕭祐進古畫、古書二十卷。斬沂州亂首王弁于東市。癸未，以國子祭酒李遜檢校禮部尚書、許州刺史、忠武軍節度、陳許溵蔡等觀察

使。庚寅，貶右衛大將軍田縉爲衡王傅。縉前鎮夏州，私用軍糧四萬石，强取党項羊馬，致党項引吐蕃入寇故也。甲午，以太子少師鄭餘慶兼判國子祭酒。辛丑，以田弘正兄相州刺史田融檢校刑部尚書，兼太子賓客，分司東都。甲辰，以魏博節度使、光禄大夫、檢校司徒、同平章事、兼魏州大都督長史、上柱國、沂國公、食邑三千户田弘正依前檢校司徒、兼侍中，賜實封三百户。時弘正三上表乞留闕庭，不許。乙巳，上顧謂宰臣曰：「朕讀《玄宗實録》，見開元初鋭意求理，至十六年已後，稍似懈倦，開元末又不及中年，何也？」崔羣對曰：「玄宗少歷民間，身經迍難，故即位之初，知人疾苦，躬勤庶政。加之姚崇、宋璟、蘇頲、盧懷慎等守正之輔，孜孜獻納，故致治平。及後承平日久，安於逸樂，漸遠端士，而近小人。宇文融以聚斂媚上心，李林甫以奸邪惑上意，加之以國忠，故及於亂。願陛下以開元初爲法，以天寶末爲戒，即社稷無疆之福也。」時皇甫鎛以諂刻欺蔽在相位，故羣因奏以諷之。

冬十月壬戌，安南軍亂，殺都護李象古，并家屬、部曲千餘人皆遇害。丙寅，以唐州刺史桂仲武爲安南都護，潮州刺史韓愈爲袁州刺史。是月，吐蕃寇鹽州。

十一月乙亥朔，以户部尚書李鄘爲太子賓客、東都留守。辛卯，靈武大將史敬奉破吐蕃於鹽州城下，賜敬奉實封五十户賞之。丁酉，以原王傅鄭權爲右金吾大將軍，充右街使。上服方士柳泌金丹藥，起居舍人裴潾上表切諫，以「金石含酷烈之性，加燒煉則火毒難制。若金丹已成，且令方士自服一年，觀其效用，則進御可也。」上怒。己亥，貶裴潾爲江陵令。

十二月庚戌，國子祭酒鄭餘慶奏見任文官一品至九品，外使兼京正員官者，每月於所請料錢每貫抽十文，修國子監，從之。乙卯，以諫議大夫、守中書侍郎、同中書門下平章事、上柱國、賜紫金魚袋崔羣爲潭州刺史、兼御史大夫，充湖南觀察使。爲皇甫鎛所譖。及羣被貶，人皆切齒於鎛。

十五年春正月甲戌朔，上以餌金丹小不豫，罷元會。庚辰，鎮冀觀察使王承宗奏鎮冀深趙等州，每州請置録事參軍一員，判司三員，每縣請置令一員，從之。壬午，以前湖南觀察使崔倰權知户部侍郎、判度支。丙戌，沂海四州觀察使府移置於兖州，改觀察使曹華爲兖州刺史。乙未，命邠寧李光顔修築鹽州城。廢齊州豐齊縣入長清，廢全節縣入歷城，廢亭山縣入章丘縣。義成軍節度使劉悟來朝。戊戌，上對悟於麟德殿。上自服藥不佳，數不視朝，人情恟懼，及悟出道上語，京城稍安。庚子，以少府監韓璀爲鄜州刺史、鄜坊丹延節度使。是夕，上崩於大明宮之中和殿，享年四十三。時以暴崩，皆言内官陳弘志弑逆，史氏諱而不書。辛丑，宣遺詔。壬寅，移仗西内。

五月丁酉，羣臣上謚曰聖神章武孝皇帝，廟號憲宗。庚申，葬于景陵。

雜録

備録

趙璘《因話録》卷一《宮部》 憲宗知權文公甚真。後權長孺知鹽鐵福建院，贓污盈積，有司以具獄奏。上曰：「必致極法。」崔相羣救之云：「是德輿族子。」上曰：「德輿必不合有子弟犯贓，若德輿在，自犯贓，朕且不赦，况其宗從也。」及知其母年高，乃免死，杖一百，長流康州。

蘇鶚《杜陽雜編》卷中 憲宗皇帝寬仁大度，不妄喜怒。及便殿與宰臣言政事，莫不嚴肅容貌。是以進善出惡，俗泰刑清，而天下風化矣。或延英入閣，未嘗不以生民哀樂爲意。或四方進歌舞妓樂，上皆不納。則謂左右曰：「六宮之内嬪御已多，一旬之中資費盈萬，豈可剥膚搥髓，强娱耳目焉！」其儉德憂人皆此類也。

吴元濟之亂淮西，以宰臣裴度爲元帥，及對於殿，上曰：「僞蔡稱兵，朕於擇帥甚難其人也。且安天下用將帥，如造大舟以越滄海，其功則多，其成則大，一日萬里，無所不屆。若乘一葉而蹈洪波，其功也寡，其覆也速。朕今託元老以摧狂寇，真謂一日萬里矣。」度曰：「微臣無狀，叨蒙大用。唯慮一丸之卵不足以勝太山，駑段之馬不足以行千里。但竭臣至忠，以仗宗廟之靈，臣雖不才，敢以死效命。」泣下沾濡，若不勝語。上亦爲之動容。

元和五年，内給事張惟則自新羅使迴，云：於海上泊州島間，忽聞雞犬鳴吠，似有烟火，遂乘月閑步，約及一二里，則見花木臺殿，金户銀闕，其中有數公子，戴章甫冠，着紫霞衣，吟嘯自若。惟則知其異，遂請謁。公子曰：「汝何所從來？」惟則具言其故。公子曰：「唐皇帝乃吾友也。汝當旋去，爲吾傳語。」俄而命一青衣捧金龜印以授惟則，乃置之於寶函。復謂惟則曰：「致意皇帝。」惟則

遂持之還舟中。迴顧舊路，悉無踪跡。金龜印長五寸，上負黄金，玉印面方一寸八分，其篆曰：「鳳芝龍木，受命無疆。」惟則達京師，即具以事進。上曰：「朕前生豈非仙人乎！」及覽龜印，歎異良久，但不能諭其文耳。因命緘以紫泥玉鏁，置於帳内。其上往往見五色光，可長數尺。是月，寢殿前連理樹上生靈芝二株，宛如龍鳳。上因歎曰：「鳳芝龍木，寧非此驗乎！」

上好神仙不死之術，而方士田佐元、僧大通皆令入宫禁，以錬石爲名。時有處士伊祁玄解，縝髮童顔，氣息香潔。常乘一黄牝馬，纔高三尺，不啗芻粟，但飲醇酎。不施韁勒，唯以青氈藉其背。常遊歷青兖間，若與人款曲語，話千百年事皆如目擊。上知其異人，遂令密召入宫，處九華之室，設紫茭之席，飲龍膏之酒。紫茭席色紫而類茭葉，光軟香浄，冬温夏涼。龍膏酒黑如純漆，飲之令人神爽，此本烏弋山離國所獻。烏弋山離國見班固《西域傳》。上每日親自訪問，頗加敬仰。而玄解魯朴，未嘗閑人臣禮。上因問曰：「先生春秋既高而顔色不老，何也？」玄解曰：「臣家於海上，常種靈草食之，故得然也。」即於衣間出三等藥實，爲上種於殿前，一曰雙麟芝，二曰六合葵，三曰萬根藤。雙麟芝色褐，一莖兩穗，隱隱形如麟，頭尾悉具，其中有子如瑟瑟焉。六合葵色紅而葉類於茙葵，始生六莖，其上合爲一株，共生十二葉，内出二十四花，花如桃花而一朵千葉，一葉六影，其成實如相思子。萬根藤一子而生萬根，枝葉皆碧，鈎連盤屈，可蔭一畝，其花鮮潔，狀類芍藥，而蘂色殷紅，細如絲髮，可長五六寸，一朵之内不啻千莖，亦謂之絳心藤。靈草既成，人莫得見。玄解請上自采餌之，頗覺神驗，由是益加禮重。

憲宗皇帝朝，元和元年十一月一日斬劉闢西川之亂，元和十二年十一月一日斬吴元濟淮西之亂，元和二年十一月一日斬李錡浙西之亂。憲宗誅三賊皆同月同日，自古無等。

王溥《唐會要》卷七八《五坊宫苑使》 〔元和〕三年七月，五坊品官朱超晏、王志忠放縱鷹隼入長安富人家，旋詣其居，廣有求取。上知之，立召二人，各笞二十，奪其職。自是貢鷙鳥略大者，皆斥之。貞元末，五坊小兒張捕鳥雀羅於閭里者，皆爲暴横，以取人錢物。或有張羅網於門，不許人出入者。或以張井上，使不得汲者，近之，輒曰：「汝驚供奉鳥雀。」即痛毆之，出錢物求謝，乃去。或相聚飲食於酒肆，醉飽而去，賣者或不知，就索其直，多被毆詈。或時留蛇一囊爲質，曰：「此蛇所以食鳥雀而捕之者，今留付汝，幸善飼之，勿令飢渴。」賣者媿謝求哀，乃攜挈而去。憲宗在春宫時，知其弊，嘗欲奏禁之。及即位，遂推而行之，人情大悦。

孔平仲《續世説》卷五《寵禮》 裴垍爲相，憲宗在禁中常以官呼垍而不名也。又以杜佑高年重德禮重之，常呼司徒而不名。

洪邁《容齋隨筆》卷九《君臣事迹屏風》 唐憲宗元和二年，製《君臣事迹》。上以天下無事，留意典墳，每覽前代興亡得失之事，皆三復其言。遂采《尚書》、《春秋後傳》、《史記》、《漢書》、《三國志》、《晏子春秋》、《吴越春秋》、《新序》、《説苑》等書君臣行事可爲龜鑑者，集成十四篇，自製其序，寫於屏風，列之御座之右，書屏風六扇於中，宣示宰臣。李藩等皆進表稱賀，白居易翰林製詔有批李夷簡及百僚嚴綬等賀表，其略云：「取而作鑑，書以爲屏。與其散在圖書，心存而景慕，不若列之繪素，目睹而躬行，庶將爲後事之師，不獨觀古之人象。」又云：「森然在目，如見其人。論列是非，既庶幾爲坐隅之戒；發揮獻納，亦足以開臣下之心。」居易代言，可謂詳盡。又以見唐世人主作一事而中外至於表賀，又答詔勤渠如此，亦幾於叢脞矣。憲宗此書，有《辨邪正》、《去奢泰》兩篇，而末年用皇甫鎛而去裴度，荒於遊宴，死於宦侍之手，屏風本意，果安在哉？

王讜《唐語林》卷二《文學》 憲宗問宰相曰：「天子讀何書即好？」權德輿對曰：「《尚書》。哲王軌範，歷歷可見。」上曰：「《尚書》曾讀。」又問鄭餘慶曰：「《老子》、《列子》如何？」奏曰：「《老子》述無爲之化。若使資聖覽，爲理國之樞要，即未若《貞觀政要》。」

王讜《唐語林》卷三《第三天子》 憲宗七歲，德宗抱置膝上，戲曰：「汝是何人，乃在我懷中？」對曰：「是第三天子。」德宗大喜。

備論

《舊唐書》卷一五《憲宗紀下》 史臣蔣係曰：憲宗嗣位之初，讀列聖實録，見貞觀、開元故事，竦慕不能釋卷，顧謂丞相曰：「太宗之創業如此，玄宗之致理如此，既覽國史，乃知萬倍不如先聖。當先聖之代，猶須宰執臣僚同心輔助，豈朕今日獨能爲理哉！」自是延英議政，晝漏率下五六刻方退。自貞元十年已後，朝廷威福日削，方鎮權重。德宗不委政宰相，人間細務，多自臨決，姦佞之臣，如裴延齡輩數人，得以錢穀數術進，宰相備位而已。及上自藩邸監國，以至臨御，

訖于元和，軍國樞機，盡歸之於宰相。由是中外咸理，紀律再張，果能剪削亂階，誅除羣盜。睿謀英斷，近古罕儔，唐室中興，章武而已。任异、鎛之聚斂，逐羣、度於藩方，政道國經，未至衰紊。惜乎服食過當，閹豎竊發，苟天假之年，庶幾于理矣！

贊曰：貞元失馭，羣盜箕踞。章武赫斯，削平嘯聚。我有宰衡，耀德觀兵。元和之政，聞于頌聲。

《新唐書》卷七《憲宗紀》 贊曰：德宗猜忌刻薄，以彊明自任，恥見屈於正論，而忘受欺於姦諛。故其疑蕭復之輕己，謂姜公輔爲賣直，而不能容；用盧杞、趙贊，則至於敗亂，而終不悔。及奉天之難，深自懲艾，遂行姑息之政。由是朝廷益弱，而方鎮愈彊，至於唐亡，其患以此。憲宗剛明果斷，自初即位，慨然發憤，志平僭叛，能用忠謀，不惑羣議，卒收成功。自吳元濟誅，彊藩悍將皆欲悔過而効順。當此之時，唐之威令，幾於復振，則其爲優劣，不待較而可知也。及其晚節，信用非人，不終其業，而身罹不測之禍，則尤甚於德宗。嗚呼！小人之能敗國也，不必愚君暗主，雖聰明聖智，苟有惑焉，未有不爲患者也。昔韓愈言，順宗在東宫二十年，天下陰受其賜。然享國日淺，不幸疾病，莫克有爲，亦可以悲夫！

孫甫《唐史論斷》卷下《注意相》 論曰：古人謂：「天下安，注意相。天下危，注意將。」此非通論。夫天下安，固注意於相。天下危，亦宜注意於相也。相得人，則將自出矣。今觀唐事，大可驗。德宗建中中，以兩河亂，鋭意平定，時得馬燧、李抱真、李晟輩數名將任之，竟不能平魏博、淄青之亂，反致大變者，相不得人也。所相者盧杞，無公忠之心，無經營處置之才，雖有名將，功不克成也。憲宗自即位，有興復大業之志，首得杜黄裳陳安危之本，啓其機斷，繼得武元衡、裴垍、李絳、裴度謀議國事，數人皆公忠至明之人，故能選任將帥，平定寇亂，累年叛涣之地得爲王土，四方之人再見太平者，相得人也。則所謂天下危，亦當注意於相，相得人，將自出矣，非其驗歟！或曰：建中之間，叛者李希烈、田悅、朱滔皆劇賊，非元和中劉闢、李錡、盧從史、王承宗、吳元濟、李師道之比也，故馬燧輩不能平希烈等數賊，高崇文輩能平闢等數叛臣也。此由賊之强弱，將之用力難易，何繫於相之事焉？答曰：希烈等雖劇賊過於闢等，然馬燧、李抱真、李晟之將，亦過於高崇文、李光顔、李愬之徒矣，將才賊勢，正兩相等，前後成功異者，實繫於相也。建中、元和之事，難以疏舉，今舉一二顯者證之。馬燧輩敗田悅於洹水，悅奔魏州，城中敗卒無二千人，皆夷傷未起，日夕俟降，燧等若乘勝進取，獲田悅，收魏博，反掌間耳。時河北劇賊惟悅，悅既平，李納勢孤，望風自降。況朱滔等未叛，河北既無事，河南諸賊無黨援，何能爲哉！但燧與抱真不和，遷延不進，致悅嬰城固守，且誘朱滔等同叛，遂成横流之勢。蓋燧窺朝廷之事，盧杞所爲險薄，專招怨讐，必無公平之法，故少所畏憚，敢乘私忿之心，不了國事也。杜黄裳薦高崇文討劉闢，崇文固盡心國事，黄裳尚慮未果成功，以其所憚者制之，諭之曰：「若不用命，當以劉澭代汝。」黄裳既薦名將，復以能者制之，崇文不得不速於立功也。裴度請督戰淮西，諸將聞之，無不用命，知度必能賞功罰罪也。以此證之，天下安危，皆繫於相，豈不章章乎！然相之賢，非天子之明不能任，此又見憲宗之明也。憲宗之明，能任賢相，則德宗以政柄付之姦人，果何如主哉？元和之治，建中之亂，後之君天下者，宜鑒之。

蘇轍《欒城集》卷一一《唐玄宗憲宗》 唐玄宗、憲宗皆中興之主也。玄宗繼中、睿之亂，政紊於内，而外無藩鎮分裂之患，約己任賢，而貞觀之治可復也。憲宗承代、德之弊，政僨於朝，而畿甸之外皆爲畔國，將以求治，則其勢尤難。雖然，二君皆善其始而不善其終，所以失之者一道也。齊桓公用管仲、隰朋，九合諸侯，一匡天下，爲五伯首。及管仲死，用豎刁、易牙，身死不得葬，五公子爭立，伯業隨毁。蓋中人可以上下，此三君者，皆中主耳。方其起於憂患厄困之中，知賢人之可任以排難，則勉强而從之，然非其所安也。及其禍難既平，國家無事，則其心之所安者佚樂，所悅者諛佞也，故禍發皆不旋踵，若合符節。

范祖禹《唐鑑》卷九《憲宗》 元和元年正月，帝與杜黄裳論及藩鎮。黄裳曰：「德宗自經憂患，務爲姑息，不生除節帥，有物故者，先遣中使察軍情所與則受之，中使或私受大將賂，歸而譽之，即降旄鉞，未嘗有出朝廷之意者。陛下必欲振舉紀綱，宜稍以法度裁制藩鎮，然後天下可得而理也。」帝深以爲然。於是始用兵討蜀，以至威行兩河。皆黄裳啓之也。

臣祖禹曰：藩鎮之亂異於諸侯。諸侯自上古以來有之，皆聖賢之後，王者不得而滅絶也。王畿不過千里，其外皆以封國，故王者不勤於德，則諸侯彊大，其理勢然也。唐之藩鎮，本起於盜賊，其始也天子封殖之，又從而姑息之，至於不可制，人主自取之也。憲宗一裁以法，而莫不畏威，猶反掌之易。天下治亂，豈有不由君相者哉！

二月，帝與宰相論：「自古帝王或勤勞廉政，或端拱無爲，互有得失，何爲而

可？」杜黄裳對曰：「王者上承天地宗廟，下撫百姓四夷，夙夜憂勤，固不可自暇自逸。然上下有分，紀綱有敘，苟慎選天下賢才而委任之，有功則賞，有罪則刑，選用以公，賞刑以信。則誰不盡力，何求不獲哉！故明主勞於求人而逸於任人。至於簿書獄市煩細之事，各有司存，非人主所宜親也。昔秦始皇以衡石程書，魏明帝自按行尚書事，隋文帝衛士傳飧，皆無補於當時，取譏於後來。其耳目形神非不勞也。所務非其道也。夫人主患不推誠，人臣患不竭忠。苟上疑其下，下欺其上，將以求理，不亦難乎？」帝深然其言。

臣祖禹曰：鼂錯有言曰：「五帝神聖，其臣莫能及，故自親事。」錯之學，本刑名之言也。豈足以知帝王之道哉！然而後世或稽其説以諛人主。至使爲上者行有司之事，宰相失職。天下不治，由其臣不學之過也，夫人主任一相，一相舉賢才，賢者各引其類，豈不易而有成功乎！是故上不可伐其下，下不可勤其上。若爲上而行有司之事，豈獨治天下不可爲也。一縣亦不可爲也，奚獨一縣也，一家亦不可爲也。黄裳之相憲宗，其知所先務哉。

二年，帝嘗問李絳曰：「諫官多謗訕朝政，皆無事實。朕欲責其尤者一二人，以儆其餘，何如？」對曰：「此殆非陛下之意，必有邪臣欲壅蔽陛下之聰明也。人臣死生繫人主喜怒，敢發口以諫者有幾？就有諫者皆晝度夜思，朝删暮減，比得上達，什無二三，故人主孜孜求諫，猶懼不至，況罪之乎？如此杜天下之口，非社稷之福也。」帝善其言而止。

臣祖禹曰：李絳言人主不可不求諫。人臣多莫敢諫，其曲盡上下之情矣。舜曰：「予違汝弼，汝無面從，退有後言。」以舜之聖而求其臣下如此，唯恐其不諫也，況於後世之君乎！

十二月，帝謂宰相曰：「太宗以神聖之資，羣臣進諫者，猶往覆數四，況朕寡昧。自今事有違宜，卿當十論，毋但一二而已。」

臣祖禹曰：憲宗以太宗納諫，厲其羣臣，其有意於正觀之治乎！夫能自防如此，庶可以寡過矣。《詩》曰：「無念爾祖，聿修厥德。」憲宗有焉。

山南東道節度使于頔憚帝英威，爲子季友求尚主。帝以皇女普寧公主妻之。李絳諫曰：「頔虜族，季友庶孽，不足以辱帝女。」帝曰：「此非卿所知。」公主適季友，恩禮甚盛，頔出望外，大喜。頃之，帝使人諷之入朝謝恩，頔遂奉詔。

臣祖禹曰：天子之於天下，其爲政必可繼也。憲宗不愛一女以悦于頔，天下藩鎮焉得人人而悦之。古之王者所與爲婚姻而嫁以女者，必先聖之後，不然則甥舅之國也。頔方命不朝，而天子以女妻其子，不亦贊乎。

三年九月，以户部侍郎裴垍爲中書侍郎同中書門下平章事。初，德宗不任宰相，天下細務皆自決之。由是裴延齡輩用事。帝在藩邸，心固非之，及即位，選擢宰相，推心委之。嘗謂垍等曰：「以太宗、玄宗之明，猶藉輔佐以成其理，況如朕不及先聖萬倍者乎。」垍亦竭誠輔佐。先是，執政多惡諫官言時政得失，垍獨賞之。

臣祖禹曰：古之賢相，不惟以諫争爲己任，又引天下之賢者使之諫其君。此愛君之至者也。佞相不惟謟諛其主，又惡人之諫，恐其爲已不利，此賊君之大者也。人君欲知相之賢佞，曷不以此觀之乎！若裴垍者可謂忠於事君而不負相之職任矣。

四年正月，給事中李藩在門下，制敕有不可者，即於黄紙後批之，吏請更連素紙，藩曰：「如此乃狀也，何名批敕。」裴垍薦藩有宰相器，帝以門下侍郎同平章事鄭絪循默取容。二月，罷絪爲太子賓客，擢藩爲門下侍郎同平章事。藩知無不言，帝甚重之。

臣祖禹曰：憲宗以循默罷鄭絪，以忠直相李藩，責任如此可謂正矣。其中興唐室不亦宜乎。

帝以久旱，欲降德音。李絳、白居易上言：「欲令實惠及人，無如減其租税。」又請出宫人，禁諸道横斂以進奉，及嶺南、黔中、福建掠賣人爲奴婢。閏月己酉，制降天下繫囚，餘皆如二臣之請。己未雨，絳表賀，曰：「乃知憂先於事，故能無憂。事至而憂，無救於事。」

臣祖禹曰：古之救災，必施舍已責，逮鰥寡，賑乏絶。至漢之時，恤民者猶賜之田租。後世人君惟赦有罪及有爵而已。德澤不加於百姓也。絳、居易以爲欲令實惠及民，無如減其租税，使憲宗詔令不爲空文。賢人之謀，豈不信哉。

四月，帝欲革河北諸鎮世襲之弊，乘王士真死，欲朝廷自除人，不從則興師討之，裴垍、李絳以爲未可。左軍中尉吐突承璀欲希帝意，奪裴垍權，自請將兵討之。帝疑未決，宗正少卿李拭奏稱：「承宗不可不討，承璀親近信臣，宜委之以禁兵，使統諸軍，誰敢不服。」帝以拭狀示諸學士，曰：「此姦臣也，知朕欲將承璀，故上此奏。卿曹記之，自今勿令得進用。」

臣祖禹曰：憲宗以李拭逢迎其意，謂之姦臣，可謂明矣。知拭之不可用，豈不知承璀之不可將哉！而必將承璀，是不能以公滅私，以義勝欲也。夫不知其

非而爲之，其過小；知其非而爲之，其過大已。爲不正，則邪之招也。君人之道，可不慎其在已者哉。

七月，帝密問諸學士：「今劉濟、田季安皆有疾，若其物故，豈可盡如成德付授其子，天下何當平？議者皆言宜乘此際代之，不受則發兵討之，時不可失，如何？」李絳等對曰：「羣臣見陛下西取蜀，東取吴，易於反掌。故諂諛躁競之人爭獻策畫，勸開河北，不爲國家深謀遠慮。陛下亦以前日成功之易而信其言。臣等夙夜思之，河北之勢與二方異，何則？西川、浙西皆非反側之地，其四鄰皆國家臂指之臣，劉闢、李錡獨生狂謀，其下皆莫之與，闢、錡徒以貨財啗之，大軍一臨，則涣然離耳，故臣等當時亦勸陛下誅之，以其萬全故也。成德則不然，內則膠固歲深，外則蔓連勢廣，其將士懷其累代養嫗之恩，不知君臣逆順之理。諭之不從，威之不服，將爲朝廷羞之。又鄰道平居或相猜恨，及聞代易，必合爲一心。蓋各爲子孫之謀，亦慮他日及此故也。萬一餘道或相表裏，兵連禍結，財盡力竭，西戎北狄乘間窺窬，其爲憂可勝道哉！濟、季安與承宗事體不殊，若物故之際，有間可乘，當臨事圖之。於今用兵，則恐未可。太平之業非朝夕可致，願陛下審處之。」

臣祖禹曰：人君之患在狃於一勝，而欲事所難，不知敵之彊弱堅脆而輕用其武。一戰不克，喪威長寇。征伐不息或起內患。德宗奉天之亂是也。夫根深則難拔，疾固則難攻。亂日淺者，治之亦易；亂日久者，除之亦難。先王內修政事，外攘夷狄，其爲之有本末，圖之有先後，是以無欲速輕舉之悔也。

十月，制削奪王承宗官爵，以左神策、中尉吐突承璀爲左右神策，河中、河陽、浙西、宣歙等道行營兵馬使，招討處置等使。翰林學士白居易上奏以爲：「自古及今，未有徵天下之兵，專令中使統領。今承璀之任乃制將都統也，陛下忍令後代相傳，云以中官爲制將都統，自陛下始乎？」時諫官御史論承璀職名太重者相屬，帝皆不聽。戊子，帝御延英殿，度支使李元素，鹽鐵使李鄘，京兆尹許孟容，御史中丞李夷簡，諫議大夫孟簡，給事中呂元膺、穆質，右補闕獨狐郁等極言其不可。帝不得已。明日，削承璀四道兵馬使。改處置爲宣慰而已。

臣祖禹曰：憲宗以中官爲大將，此亂政也。然其羣臣皆以爲不可，彊諫而力爭者，相屬于朝，此則治世之事也，亦足以見其賢臣之多矣。天下之禍，莫大於人君過舉而下莫敢言，如皆莫敢言，則至於亡而不自知也。

田季安將出兵邀王師，幽州牙將譚忠爲劉濟使魏，知其謀，入謂季安曰：「今王師越魏伐趙，不使耆臣宿將而專付中臣。不輸天下之甲，而多出秦甲。君知誰爲之謀？此乃天子自爲之謀，欲將夸服於臣下也。若師未叩趙而先碎於魏，是上之謀，反不如下，且能不恥於下乎？既恥且怒，必任智士畫長策，仗猛將練精兵，畢力再舉涉河。鑒前之敗必先伐魏矣。」

臣祖禹曰：朝廷伐叛討逆，以一四方，此天下之公義也。必與天下之賢者共爲之，其克以天下，其不克以天下，天子無私焉。憲宗欲自有其功，故任中人而不任將相，是天子與臣下爭功也，何其不廣哉。夫天子之功在於用人而不自用。用伊尹者，湯之功；用傳説者，高宗之功；用十亂者，武王之功；用周公者，成王之功。未聞獨用家臣而後功由己出也。憲宗一將承璀，而天下之人已見其情，知其將以夸服臣下。人君之動，可不慎哉！

五年，帝嘗欲近獵苑中，至蓬萊池西，謂左右曰：「李絳必諫，不如且止。」

臣祖禹曰：《書》曰：「自成湯至于帝乙，成王畏相。」其稱中宗曰：「嚴恭寅畏。」太王季曰：「克自抑畏。」《詩》曰：「惟此文王，小心翼翼。」夫爲人君，動必有所畏，此盛德也。不然，以一人肆於民上。其何所不至哉！憲宗畏直臣之諫而不敢盤于遊畋，其可謂賢矣。

七年，帝嘗問宰相：「貞元中政事不理，何乃至此？」李吉甫對曰：「德宗自任聖智，不信宰相而信它人，是使姦臣得以乘間弄威福。政事不理，職此故也。」帝曰：「然此亦未必皆德宗之過。朕幼在德宗左右，見事有得失，當時宰相亦未有再三執奏者，皆懷禄偷安。今日豈得專歸咎於德宗邪？卿輩宜用此爲戒，事有非是，當力陳，不得已，勿畏朕譴怒而遽止也。」

臣祖禹曰：人君患不從諫，人臣患不納忠。人君唯不從諫也，是以君子日踈，小人日親，君子立人之朝，豈以踈而遂易其心哉。有官守者不失其職，有言責者不失其言。君從之亦諫也，君不從之亦諫也。諫而不入則去之，臣之義也，君惡正直而説諂諛，然而未嘗殺一正士，戮一諫者也。而其臣懷禄畏罪而不言，則曰君不能從。此孟子所謂賊其君者也。憲宗之責宰相，其以未盡人臣之義乎。

李絳或久不諫，帝輒詰之曰：「豈朕不能容邪？將無事可諫也？」

臣祖禹曰：憲宗可謂能自克矣。《書》曰：「僕臣正，厥后克正。」夫能求諫如此，豈非親正直之益乎！説曰：「后克聖，臣不命其承。」苟能悦而從之，又責以求之，何患乎臣之不諫也。

李吉甫嘗言於帝曰：「賞罰人主之柄，不可偏廢。陛下踐阼以來，惠澤深矣，而威刑未振，中外懈惰，願加嚴以振之。」帝顧李絳曰：「何如？」對曰：「王者之政，尚德不尚刑，豈可捨成康文景而效秦始皇父子乎？」帝曰：「然。」後旬餘，于頔入對，亦勸帝峻刑，又數日，帝謂宰相曰：「于頔大是姦臣，勸朕峻刑，卿知其意乎？」皆對曰：「不知也。」帝曰：「此欲使朕失人心耳。」

臣祖禹曰：守位以仁，不聞以威。有罪而刑之曰天討。先生豈敢輕重於其心哉！故《書》曰：「惟我在天下，曷敢有越？」厥志言刑在人而不在己，所以爲無私也。然則人君患無德，不患無威。人臣勸之以峻刑，是納君於惡也。孔子曰：「不知言無以知人。」憲宗懲于頔之姦謀，其可謂知言矣。夫如是，邪説何自而入哉。

十月，李絳上言：「魏博五十餘年不霑皇化，一旦舉六州之地來歸，刳河朔之腹心，傾叛亂之巢穴，不有重賞過其所望，則無以慰士卒之心，使四鄰勸慕。請發内庫錢百五十萬緡以賜之左右。」官官以爲所與太多。後復有此，比將何給之？帝以語絳，絳曰：「田興不貪專地之利，不顧四鄰之患，歸命聖朝，陛下奈何愛小費而遺大計。不以收一道人心，錢用盡更來。機事一失，不可復追。借使國家發十五萬兵以取六州，朞年而克之，其費豈止百五十萬緡而已乎？」帝悦曰：「朕所以惡衣菲食蓄聚貨財，正爲欲平定四方，不然徒貯之府庫何爲？」十一月，遣知制誥裴度至魏博宣慰，以錢百五十萬緡賞軍士。六州百姓給復一年。軍士受賜，歡聲如雷。成德兖鄆使者數輩見之，相顧失色，歎曰：「倔彊者果何益乎。」

臣祖禹曰：憲宗不愛府庫之積，以慰魏博三軍之心，可謂知所取與，能用善謀矣。其德厚如此，猶不過於一傳而復失之。雖穆宗御失其道，亦由人心不固，而王澤易竭也。況不懷之以德而臨之以兵，其能有之十年乎？

帝嘗於延英謂宰相曰：「卿輩當爲朕惜官，勿用之私親故。」李吉甫、權德輿皆謝不敢，李絳曰：「崔祐甫有言：『非親非故，不諳其才。』諳者尚不與官，不諳者何敢復與。但問其才器與官相稱否耳。若避親故之嫌，使聖朝虧多士之美，此乃偷安之臣，非至公之道也。苟所用非其人，則朝廷自有典刑，誰敢逃之。』」帝曰：「誠如卿言。」

臣祖禹曰：孔子曰：「舉爾所知。」宰相之於人才，苟知之也，則内雖親不避，外雖讎不棄也。其行罰也亦然。惟其功罪所在，而無問其親與讎。若權衡之於物，輕重不私焉，則至公矣，安得斯人者，而相其君哉。私親而執怨者，固不足言矣。其有避嫌而矯枉者，親則廢之，讎則德之，豈不有心於其間哉。是亦私而已矣，人君多疑臣下之私其親，故而其臣亦鮮不爲欺。《記》曰：「上人疑則百姓惑，下難知則君長勞。」是以上下兩失之也。

八年正月，李吉甫、李絳數争論於帝前，權德輿居中，無所可否。帝鄙之，罷守本官。

臣祖禹曰：德輿依違中立，無所適從，自以爲得固位之術矣。且於同列猶不敢忤，而況於君乎？苟無所發明，則焉用相矣。憲宗黜之，足以厲其臣下，豈不明哉！

九年二月，李絳屢以足疾辭位，癸卯，罷爲禮部尚書。初，帝欲相絳，先出吐突承璀爲淮南監軍，至是帝召還承璀，先罷絳相。甲辰，承璀至京師，復以爲弓箭庫使，左神策中尉。

臣祖禹曰：李絳可謂大臣矣，不與承璀並立於朝，故其言足以信於君，行足以信於民，可則進，不可則退，使其君用，捨以義，而不以利，不如是，何以爲國之重哉！

十年六月，裴度同平章事。初，德宗多猜忌，朝士有相過者，金吾皆伺察以聞。宰相不敢私第見客。及度爲相，奏言：「今寇盗未平，宰相宜招延四方賢才與參謀議。」始請於私第見客，許之。

臣祖禹曰：《易》曰：「巽而耳目聰明。」言人君養賢之效也。《詩》曰：「周爰咨詢。」言人臣事君之職也。德宗禁錮宰相，而使之。其宰相亦塗其耳目，以容身保位。國之治亂，民之休戚，若不聞見焉。自古以來，未有聾瞽其大臣而可以爲國者也。夫疑之則勿任，任之則勿疑。置相者當擇之於未用之前，而不當疑之於既用之後。未有可托天下而不保其不欺君者也。然而人君多悦人之從已。其未用也，輕信之；既用也，過防之。是以上下相蒙而政愈亂也。

王承宗縱兵四掠，幽、滄、定三鎮皆苦之，争上表請討承宗。帝欲許之。中書侍郎同平章事張弘靖以爲，兩役並興恐國力所不支。請併力平淮西，乃征恒冀。帝不爲之止。弘靖乃求罷。明年正月，以弘靖爲河東節度使。

臣祖禹曰：張弘靖言不失職，進退以禮，有大臣之體矣。其後卒捨常、冀，併力淮西，如其所慮。憲宗雖得之於裴度，而失之於弘靖，豈未之思乎？

十二年十月，李愬擒吳元濟。裴度入蔡州，以蔡州卒爲牙兵。或諫曰：「蔡

人反仄者尚多，不可不備。」度笑曰：「吾爲彰義節度使，天惡既擒，蔡人則吾人也，又何疑焉？」蔡人聞之感泣。先是吴氏父子阻兵，禁人隅語於塗，夜不燃燭，有以酒食相過從者，罪死。度既視事，下令惟禁盜賊鬭殺，餘皆不問，往來者，不限晝夜。蔡人始知有生民之樂。

臣祖禹曰：裴度伐叛以刑，柔服以德，使百姓曉然知賊之爲暴，而唐之爲仁，故能變獷戾之俗爲驩虞之民，其後取淄、青如反掌。不惟乘勝用兵之易，蓋人心先服故也。豈非待物以誠之效歟！

初，淮西之人劫於李希烈、吴少誠之威虐，不能自拔，久而老者衰，壯者安於悖逆，不復知有朝廷矣。自少誠以來，遣諸將出兵，皆不束以法制，聽各以便宜自戰，故人人得盡其才。韓全義之敗于溵水也，於其帳中得朝貴所與問訊書，少誠束而示衆曰：「此皆公卿屬全義書，云破蔡州日，乞一將士妻女爲婢妾。」由是衆皆憤怒，以死爲賊用。雖居中土，風俗獷戾過於夷貊，故以三州之衆，舉天下之兵，環而攻之四年，然後克之。

臣祖禹曰：人君之御天下，其失之甚易，其取之甚難，以憲宗之明斷，將相之忠賢，竭天下之兵力以伐三州，四年而後克，其難如此，則人君豈可不兢兢業業，慎其所以守之者哉！

初，吐突承璀爲淮南監軍，李鄘爲節度使，性剛嚴，與承璀互相敬憚，故未嘗相失。承璀歸，引以爲相。鄘恥由宦官進，及將佐出祖樂作，鄘泣曰：「吾老安外鎮，宰相非吾任也。」十二月，鄘至京師，辭疾不入見，不視事，百官到門者，皆辭疾不見。鄘固辭相位。明年以鄘爲户部尚書。

臣祖禹曰：《管子》有言曰：「禮義廉恥，是謂四維；四維不張，國乃滅亡。」夫士之有恥，所以重朝廷也。況爲天子之相而可以無恥乎！李鄘不與宦者結，而其進由之，以爲垢汚，卒辭相位，可謂知恥者矣。若夫爲大臣而不自重其身，媚左右近習以固寵，頑頓無恥，見利忘義，聞鄘之風亦可少愧哉！

十三年，淮西既平。帝浸驕侈，户部侍郎判度支皇甫鎛、衛尉卿鹽鐵轉運使程异曉其意。數進羡餘，以供其費，由是有寵。鎛又以厚賂結吐突承璀。九月，鎛以本官，异以工部侍郎並同平章事，使如故。制下，朝野駭愕，至市道負販者亦嗤之，裴度、崔羣極諫其不可。帝不聽。度恥與小人同列，表求自退。不許。度復上疏，其略曰：「所可惜者，淮西盪定，河北底寧，承宗斂手削地，韓弘輿疾討賊，豈朝廷之力能制其命哉！直以處置得宜，能服其心耳？陛下建升平之業十已八九，何忍還自隳壞，使四方解體乎？」帝以度爲朋黨，不之省。

臣祖禹曰：人君賞一人而天下莫不勸，罰一人而天下莫不懼。豈其力足以勝億兆之衆哉！處之中理而能服其心也。用一不肖而四方莫不解體，殺一無罪而百姓莫不怨怒。豈必人人而害之哉！處之不中理而不能服其心也。苟能服其心，則治天下如運之掌，何征而不克？何爲而不成？裴度可謂知言矣。其所以啓告人主，豈不得其要乎。

十四年，淄、青平，裴度纂述蔡、鄆用兵以來帝之憂勤機略，因侍宴獻之，請内印出付史官。帝曰：「如此似出朕志，非所欲也。」弗許。

臣祖禹曰：憲宗勞而不伐，有功而不矜，此大禹之德也。豈不賢哉！其行已如此，而不能勝其驕侈之心，卒任小人以隳盛業。何其撥亂之易，而守成之難邪！蓋危則懼，懼則善心生；安則泰，泰則逸心生。是以天下既平，而禍患常生於所忽也。

三月，横海節度使烏重胤奏：「河朔藩鎮所以能旅拒朝命六十餘年者，由諸州縣各置鎮將領事，收刺史縣令之權，自作威福。曏使刺史各得行其職，則雖有姦雄如安史，必不能以一郡獨反也。臣所領德、棣、景三州已舉牒各還刺史職事，應在州兵並以刺史領之。」四月，詔諸道節度使，都團練、防禦、經略等使所統支郡兵馬，並以刺史領之。自至德以來，節度使權重，所統諸州各置鎮兵，以大將主之，暴横爲患，故重胤論之。其後，河北諸鎮惟横海最爲順命。由重胤處之得宜故也。

臣祖禹曰：後世郡縣，古之諸侯也。委之以土地人民而不與之兵，是以匹夫而守一州也。天下有變，則城郭不守，而朝廷無藩籬之固，何異於無郡縣乎？是故爲法者，必關盛衰，使一縣之衆必由於令，一郡之衆必由於守。守之權歸於按察，按察之權歸於天子，則天下如綱綱之相維，臂指之相使矣。唐自中葉郡置鎮兵，主將有擅兵之勢，而刺史無專城之任，是以郡縣愈弱，藩鎮愈彊。撗海一帥制之得宜，而數世順命。況天下處之，皆得其道，何危亂之有哉！

八月，帝問宰相：「玄宗之政先理而後亂，何也？」崔群對曰：「玄宗用姚崇、宋璟、盧懷慎、蘇頲、韓休、張九齡則理。用宇文融、李林甫、楊國忠則亂。故用人得失，所繫非輕。人皆以天寶十四年安禄山反爲亂之始，臣獨以爲開元二十四年罷張九齡相，專任李林甫，此理亂之所分也。願陛下以開元初爲法，以天寶末爲戒。乃社稷無疆之福。」皇甫鎛深恨之。

臣祖禹曰：天下治亂繫於用人，明皇之政昭然可睹矣。崔群以退張九齡，任李林甫爲治亂之所分，豈徒有激而云哉。其可謂至言矣。聖人復起不能易也。

十五年正月，帝服金丹多躁怒。左右宦官往往獲罪有死者，人皆自危。庚子，暴崩於中和殿，時人皆言内常侍陳弘志弒逆，其黨類諱之，不敢討賊。但云藥發，人莫能明也。初左軍中尉吐突承璀謀立澧王惲爲太子，帝不許。及帝寢疾，承璀謀尚未息，太子憂之。帝崩，中尉梁守謙與諸宦官馬進潭、劉承偕、韋元素、王守澄等共立太子，殺吐突承璀及澧王惲。

臣祖禹曰：憲宗伐叛討逆，盪平河南，唐室威令赫然復張，而變生於左右近習，身陷大禍，由任相非其人故也。可不爲深戒哉！可不爲深戒哉！

右憲宗在位十六年，爲陳弘志所弒，年四十三。

臣祖禹曰：陳洪志弒憲宗，而穆宗不討賊，故舊史於憲宗之崩，疑以傳疑。其後文宗謀誅宦者，本討元和之亂，宣宗追怨穆宗，以爲預謀，窮治逆黨，誅之殆盡。其子孫皆以爲弒，則無疑矣，臣故正其事曰爲陳洪志所弒。

佚名《歷代名賢確論》卷八六《論唐憲宗》 天寶之後，唐室失御，中官内握兵權，各擅威福，諸侯外據土寓，罕有臣順。憲宗皇帝英威神聖，聰明睿武。初斬劉闢，後平淮蔡，遂定東夏。威德遠暢，華夷畏服，聖功卓然，神人柔格，信乎中興之聖主矣。然不能鑑祖宗之失，革中官之弊，而溺於近狎，親任閹寺，終於弒戮，惜哉！

王夫之《讀通鑑論》卷二五《唐憲宗》 杜黄裳之請討劉闢，武元衡之請徵李錡，李絳之策王承宗、田興，不待加兵而自服，皆時爲之也。知時者，可與謀國矣。自僕固懷恩以河北委降賊而僭亂不可復制者，安、史之誅，非唐師武臣力制其死命而殪之，賊自敗亡而坐收之也。幽、燕、河、濟，賊所糾合之蕃兵、突騎皆生存，而梟雄之心未艾，田承嗣、薛嵩、朱希彩之流，狼子野心，習於戰鬭，狃於反覆，於斯時也，雖李、郭固無如之何，而下此者尤非其敵也。代宗驕之，德宗挑之，俱取敗辱，雖有黄裳、元衡之能斷，李絳之善謀，我知其未易爲籌度也。至於元和，而天下之勢變矣。嚮所與安、史同逆矯厲自雄者，死亡盡矣，嗣其僭逆者，皆紈袴驕憨、弋色耽酒之豎子也。其偏裨，則習於叛合、心離志怠、各圖富貴之庸夫也；其士卒，則坐糜粟帛、飲博遊宕之罷民也。而狎於兩代之縱弛，不量力而輕於言叛；乃至劉闢以白面書生，李錡以貴游公子，苟得尺寸之土，而妄尋干戈；此其望風而仆、應手而糜者，可坐策之而必於有功。韋丹、李吉甫且知西川之必下以勸興師，況黄裳、元衡之心社稷而有成謀者乎？故德宗奮而啓禍，憲宗斷而有功，事同而效異也。夫既知其可以討矣，則亦知其可以不戰而屈之矣。姑試其威於西川而西川定，再試其威於鎮海而鎮海平。河北豢養之子弟，固不測朝廷之重輕，而苟求席安以自保，衆心俱弛，羣力不張。於斯時也，唐雖不自信其有必勝之能，而魏博、成德非王武俊、田悦之舊，彼自知之，亦可衆量之矣。李絳之洞若觀火，又豈有絶人之智計哉？故代宗之弛而失御，憲宗之寬而能安，亦事同而效異也。所以異者無他，惟其時也。時者，方弱而可以彊，方彊而必有弱者也。見其彊之已極，而先自震驚，遂朒縮以絶進取之望；見其勢之方弱，而遽自踸踔，因興不揣之師；此庸人所以屢趨而屢躓也。焚林之火，達於山椒則將熸，撲之易滅而不敢撲，待之可熄而不能待，亦惡知盈虛之理數以御時變乎？劉淵、石虎、苻堅、耶律德光、完顔亮，天亡之在眉睫矣，不知乘時者，猶以爲莫可如何，而以前日之覆敗爲懲。悲夫！

廟謨已審，采諍臣之弼正以決行止，其於治也有失焉，鮮矣。廟謨無據，倚羣臣之道謀以相争辯，其於亂也幸免焉，鮮矣。何也？貿貿然於得失利害之林，一事至而無以自主，天子有耳而無心，大臣辭謗而避罪，新進之士，氣浮而慮短。「彼亦一是非，此亦一是非。」苟可言焉則言之，不能言者亦學語而言之。勿論其挾私也，即其無私，而讀古人數策之書，輒欲引據；憑寤寐偶然之慧，見爲實然；聽曲士末俗之言，妄爲歆動；念生平身受之累，推爲利害。琅琅然挾持以爲口實，理亦近是，情亦近是，以與深謀熟慮相齟齬。言出氣盈，不任受詘。於是而誤國殃民，終無可救也。以憲宗之時事言之，一藩鎮之逆也。言討者，並欲加兵於歸命之魏博；言撫者，遂欲屈志於窮凶之淮、蔡。彼以爲飭法之士章，此以爲懷柔之文德；彼以此爲養寇而失權，此以彼爲生事而釀禍。河漢無涯之口，窮年靡定，究將誰與適從哉？謀之已煩，傳之將徧，一端未建，四海喧騰。幕士遊人，測衆論之歸以揣摩而希附會；姦胥猾吏，探在廷之蹤指以豫爲避就。左掣右牽，百無一就。迨其論定，而弊已叢生。況乎多事之秋，（彊藩）〔夷狄〕盜賊閒諜伏於輦下，機密播於崇朝，授以倒持之柄，而危亡必矣。唐制：誥令已下，有不便者，諫官上封事駁正改行。駮之於後以兼聽得中，而不議之於先以喧囂致亂，道斯定矣。元稹甫受拾遺之命，輒欲使諫官各獻其謀，復正牙奏事及庶

司巡對，唯欲奪宰相之樹，樹己之威福而已。諫官者，諫上之失也。議方未定，天子大臣未有失也，何所諫也？論道者，三公之職；辰告者，卿士之司；糾謬者，諫官之責。各循其分，而上下志通，大猷允定。積小人，惡足以知此哉？

樞密之名，自憲宗以任宦官劉光琦始。繹其名，思其義，責以其職，任以其功。軍之生死，國之安危，毫釐千里之差，九地九天之略皆繫焉。三代而後，天子與夷狄盜賊争存亡，非復古者大司馬掌九伐之法，鳴鐘擊鼓馳文告以先之，整步伐以涖之，所能已天下之亂也。則此職之設，有其舉之，不可廢已。所宜致慎而杜旁落之害者，但在得其人耳。惟若憲宗委之宦官，則吐突承璀、王守澄資以擅廢立而血流宫禁，乃因此而謂分宰相之權，奪兵部之職，所宜廢也，豈非因噎廢食而不憂其餒乎？五代分中書、樞密爲二府，雖狃於戰争而敵重戎事，然準漢大將軍丞相之分職，固三代以後保國之善術也。國之大事，在祀與戎。夫祀既宗伯之所司矣，而禮部之外必設大常，蓋以禮部統邦禮，職既繁委，分心力以事神，則恪恭不摯，專責之大常，而郊廟之事乃虔。以此例戎，其可使宰相方總百揆而兼任之乎？抑可使兵部統銓敘功罪，稽核門蔭，制卒伍之踐更，清四海之郵傳，覈屯田之租入，督戎器之造作，百端交集，宵旦不遑，乃欲舉三軍生死之命，使乘暇而謀之，其不以國與寇也，不亦難乎？兵部所掌者，兵籍之常也；樞密所領者，戰守之變也。進止奇正，陰陽互用。存亡之大，決於呼吸；經畫之密，審於始終。文字不得而傳，語言不得而泄。上承人主帷帟之謀，遥領主帥死生之命。大矣哉！專其事而恐不勝，乃以委諸守章程而綜衆務者乎？樞密一官，必舉而不可廢，審矣。時或宇内方寧，兵戈不試，則縣其職以令宰相兼之可耳。而官屬必備，儲才必夙，一旦有疆場之事，則因可任之人，授以固存之位，與天子定謀於尊俎。至其爲謀之得失，有宰相以參酌於前，有諫官以持議於後，亦不患其擅國柄而誤封疆矣。漢舉朝政盡委之大將軍，而丞相聽命，五代使樞密察宰相，固敵重而貽權姦之禍。唐、宋之失，在任劉光琦、童貫，蓋所任非人，而非其設官之咎。若《周官》大司馬總戎政，攝祀事，兼任征伐，則唯封建之天下，無夷狄盜賊之防則可耳，後世固不得而效也。

憲宗志平僭亂，李絳請釋王承宗於恒、冀，而困吴少誠於申、蔡，韙已。有攻堅而瑕自破者，有攻瑕而堅漸夷者，存乎其時而已矣。當是時，國家積弱，而藩鎮怙彊，河北其輪困盤錯以折斧斤者也。攻其瑕而國威伸，瑕者破而逆氣折，故西川、江、淮叛而速平，唯其瑕也。然而堅者自若，則以申、蔡逼近東都，中天下而持南北之吭，河北以窺朝廷之能否，故用兵之所宜先者，莫急於淮、蔡。吴少誠處四戰之地，旁無應援，李師道殫力以爲之謀，爲盜而已，弗能出一卒以助其逆，彼瑕易艴，而國威可伸。申、蔡平而河北震驚，不於此而攻瑕，將安攻乎？若當時之最宜緩而不可急攻者，莫恒、冀若矣。王武俊首聽李抱真之約，發憤討逆，功固可念也。而南有魏博以爲之障，北有幽、燕以爲之援，東有淄青以爲率然之首尾，吐突承璀不揣而加兵，徒以資盧從史之逆，自取之也。自申、蔡而外，所可申討者，唯淄青耳。淄青者，南接淮、海，而西與燕、魏相縣千里，勢不足以相救。故劉裕之滅慕容超也，一入大峴，而直搗其邪，窮海必亡之勢也。李納無尺寸之功，有邱山之惡，而師道繼之，以鼠竊之小醜，力不足以大逞，但恃穿窬之徒，以脅宰相，駭中外，焚帑藏，犯陵廟，宵起晝伏，幸免於天誅，堂堂正正以九伐之法臨之，如山壓卵，莫之能禦矣。舍此不圖，而遽求多於難拔之恒、冀，不亦愚乎？《詩》不云乎？「池之竭矣，不云自頻。」池者，無源之水也，故頻竭而中隨之。藩鎮之逆，池水之溢耳。元和之世，溢者將涸，竭其頻而池自無餘。憲宗持疑不決，廟議亂於中涓，故歷年久而後平，賊雖平而國亦憊矣。

李吉甫之専恣，憲宗覺之，而拜李絳同平章事以相參酌，自謂得馭之之道矣。乃使交相持以啓朋黨之争，則上失綱而下生亂，其必然也。絳貞而吉甫邪，弗待辨也。雖然，謂絳爲得大臣之道，又豈能勝其任哉？《秦誓》曰：「唯截截善諞言。」言者，小人之所長也，非君子之所可競也。小人者，不畏咎於人，不懷慚於己，君以爲是，滔滔日進而益騁，君以爲非，詆訶面承而更端以進，無媿咎之容。若君子，則言既不聽，恥於申説，奚瑣瑣尚口之窮乎？君子而以言與小人角長短，未有貞勝者也。《易》曰：「咸其輔頰舌。」應非不以正也，然相激而愈支，於以感上下之心，難矣。夫大臣者，衷之以心，裁之以道，持之以權，邦之榮懷與其杌隉繫焉者也。不得已而有言，言出而小人無所施其脣舌，乃可定衆論之歸，而扶危定傾於未兆。若其一再言之，君已見庸而衆囂莫止者，必君志之未定，而終且受詘，則所謂「不可則止」者矣。夫吉甫豈安於受挫不思變計者乎？言出而絳必折之，憲宗且伸絳而抑之矣。然而屢進不已，蹻蹻争鳴者，何也？彼誠有所恃也。恃憲宗之好諛在心，乍咈而終俞；絳之相尚以口，言多而必躓也。如是而可以辯論之長與争消長哉？「彼亦一是非，此亦一是非。」各得其朋以相牴牾，而黨禍成矣。此大臣之道，所不欲以身任天下之紛紜者也。絳而知此，則當命相之日，審吉甫之植根深固，不可卒拔，辭平章不受，使人主知貞邪之不可並立，

而反求其故，吉甫可逐也。即受之而姑舍他務，專力昌言，斥吉甫之姦，必不與同謀國事，聽則留，否則去，不但無自辱之憾，且正邪區分，可俟小人之僨輈折軸，而徐伸其正論，於國亦非小補也。不此之務，屈身以與同居論道之席，一盈一虛，待下風者隨之而草偃，朋黨交持，禍延宗社，絳能辭遇雨之濡哉？嗚呼！言固未有方也，論固未有定也，失其大正，則正邪之遷流未有據也。吉甫、絳，君子小人之辨分矣。他日德裕欲揜父之惡以修怨，而牛僧孺、李宗閔、李逢吉、元稹之徒，愈趨以與德裕爭勝，則君子之名實又歸於李氏。一波而萬波隨，不知所屆，要皆口舌文字之爭勝負於天下，而國之安危，俗之貞淫，淄澠而無據，言之得失，可爲善惡之衡乎？盡臣道者不可不知，正君道者尤不可不知也。

魏博田季安死，其子擅立，李吉甫請討之，而李絳請俟其變。籌之堂上而遥制千里，度之未事而驗之果然，不兩月而田興果請命奉貢，效其忠貞，一如絳言，不差毫髮。古今謀臣策士，徵驗疾速，未有如此之不爽者也。河朔自薛嵩、田承嗣以來，世怙其逆，非但其帥之稔惡相仍也，下而偏裨，又下而士卒，皆利於負固阻兵，甘心以攜貳於天子。故帥死兵亂，殺奪其子，擁戴偏裨者不一，而終無有恃朝廷爲奥援者。絳即知田懷諫之必見奪於人，亦惡知其不若朱希彩、吳少陽之相踵以抗王命哉？而堅持坐待之説，不畏事機之變，咎將歸己，無所顧畏者，豈果有前知不爽之神智，抑徼天幸而適如其謀邪？言而允中，固有繇來，絳秘不言，而無從致詰耳。田興之得軍心，爲季安所忌久矣。與季安不兩立，而特詘於委安，待其死以蹶起，奄有魏博，謀之夙矣。欲定交於鄰鎮，以成其竊據，乃四顧而無有可託之彊援，念唯歸命朝廷爲足以自固。乃欲自達於天子，而盈廷道謀，將機洩而禍且至。知唯李絳之可因效悃也，信使密通以俟時相應，舉國不知，而絳之要言已定，非一日矣。絳言諸將怨怒，必有所歸，而不斥言興者，爲興秘之耳。逐懷諫而有魏博，絳與有謀焉；請命修貢，皆絳之成謀也。絳自策之，自言之，何憂乎事之不然哉？能致之者，絳之忠也；能持之者，絳之斷也；能密之者，絳之深也；要非以智揣度、幸獲如神之驗也。故大臣之以身任國事也，必熟識天下之情形，接納邊臣之心腹，與四方有肺腑之交，密計潛輸，盡獲其肝膽，乃可以招攜服遠，或撫或勦而罔不如意。夫以一人之憂爲憂，以天下之安危爲安危者，豈孤立廷端，讀已往之書，聽築室之謀，恃其忠智而無僨事之虞哉？大臣之謀國也，既如此矣，則天子命相，倚之以決大疑、定大事，亦必有道矣。殿閣之文臣，既清孤遠物，而與天下素不相接；部寺之能臣，錢穀刑名雜宂，而於機事有所未遑；危疑無定之衷，竭智以謀，愈詳而愈左。故人主之命相，必使入參坐議，出接四方，如陸贄、李絳之任學士也，早有以延攬方鎮而得其要領；天下亦知主眷之歸，物望之集，可與爲因依，而聽其頤指；無患乎事機之多變，而周章以失據矣。不能知人而厚防之，嚴宰執招權之罰，禁邊臣近侍之交，以漠不相知之介士，馭萬里之情形，日削日離，待盡而已矣。

人臣以社稷爲己任，而引賢才以共事，不避親戚，不避知舊，不避門生故吏，唯其才而薦，身任疑謗而不恤，忠臣之效也。周公遭二叔之流言，既出居東，而所汲引在位者，皆摧殘不安於位，公身之不恤，而爲之哀吟曰：「既取我子，勿毁我室。」小人動摇君子，取其爲國所樹之人，指之以朋黨，毁之以私親，誠可爲慟然傷心者矣。雖然，公以叔父受託孤之任，撫新造之國，收初定之人心以衛社稷，故必近取休戚相倚者以自輔，固未可概爲人臣法也。立賢而先親知，非無説以處此矣。狎習已夙，則其性情易見而賢否易知，非遥采聲聞者之比也。且吾權藉既尊，風尚既正，屬在肺腑者，苟非甚不肖，若李虞、李仲言之於李紳，亦將習見正人，習聞正論，順風而偃，樂出於清忠之塗；則就親知而拔用之，非無得也。然而有大患者，苟其端亮忠直，憂國如家也，則其議論風旨恒毅然外見，而人得測其喜怒從違之所嚮。於是所與親知者，孰嘗其肯綮以相迎合，亦習爲亢爽之容、高深之説，以自旌而求售。如牛僧孺、元稹、李宗閔、劉栖楚之流，危言碎首，亦何遽出賈誼、朱雲之下；杜欽、谷永，徒觀其表見，且可以欺後世而有餘；蘇舜欽、石延年、黄庭堅、秦觀游大人之門，固宜受特達之知遇；杜祁公、司馬温公所不能卻也，而後竟如之何也？未遇則飾貌以相依，已售則操戈以入室。凶終之禍，成乎比匪，不亦傷乎！憲宗詰宰相「當爲朕惜官，勿用之私親」。此必有先入之言，誣絳以受私者。絳曰：「非親非故，不諳其才。」言之誠是，憲宗弗能奪也。而李吉甫因之指斥善類爲朋黨，以利攻擊者，即在於此。非盡吉甫之誣也，使牛僧孺、李宗閔、元稹、劉栖楚之徒，早爲絳之親故，而備聞其忼慨之論，絳能勿引與同升乎？而傾危淪亂之禍始，將誰歸邪？自非周公以至聖有知人之哲，以叔父居攝政之尊，則未可亟引親知，開小人姻亞膴仕之端；況乎人主方疑，同官方忌，爲嫌疑之引避者乎？進以樹特立之操，退以養和平之福，大臣之常度也。絳雖忠，未講於此，上不能靖國，而下以危身，抑有以致之矣。

德宗令廷臣相過從者，金吾伺察以聞，愚矣哉！夫苟納賄營私，則公庭可以密語，暮夜可以叩户，姻族游客可以居閒，乃至黄冠緇流、優俳僕隸，一言片紙而

可通，奚必過從哉？裴晉公同平章事，以平寇須參衆議，請罷其禁，於私第見客，憲宗許之。則豈徒收集思之益，以周知閫外之情形？而洞開重門，陰慝無所容其詭秘。杜私門，絶倖竇之善術，莫尚於此也。然而處此也亦難矣。懲猜防之失，則以延訪爲公；戒築室之謀，則又以慎交爲正：兩者因其時而已。李太初羣言雜陳，而漠然不應，寧蒙天下之譏怨，自以不用游談之士爲報國。蓋截截諞言，非執中有權者，未易使之日進於前也。嘗覽元、白諸人之詩，莫不依附晉公以自矜善類；乃至歸休緑野，猶假風韻以相激揚。然則當日私第之所接納，其能益於公以益於國者，蓋亦尠矣。以要言之，人君不可禁大臣之交游，而大臣固當自重其嚬笑。論辨也，文章也，韻度也，下至於琴尊書畫山川玩好鑒賞之長也，皆勞視聽、玩時日，以妨遠略，而僉人可託以求讎者也。若夫一邑一鄉之利害，此長彼短之策略，危言之而欲亟行之，祇以病國殃民，而開無窮之害。延訪者可務好士樂善之虚名，爲宵人讎利達乎？周公下士至矣，而七月、東山惟與農夫戍卒咏室家田廬之憂樂，何有於指天畫地之韜鈐，月露風雲之情態哉？故延訪之公必以慎聽之，正持之，勿徒矜虚名而損實事也。

憲宗之用裴公也深，而信之也淺，所倚以謀社稷之大計，協心合德而不貳者，獨淮蔡一役而已。然當其時，已與李逢吉、王涯旅進而無別。及乎淮蔡既平，公居首輔，而宦官承寵爲館驛使，賜六軍辟仗使印，公不能以一言規正；皇甫鎛、程异以聚斂與公分論道之席，公力争，而以朋黨見疑；浚龍首池，起承暉殿，張奉國、李文悦白公諫止，而二人坐貶。凡此數者，有一焉即宜拂衣以去；乃層纍相違，公終栖遲於朝右，夫豈貪榮寵以苟容哉？蓋亦有其故矣。公開閤以延士，而一時抱負之士，皆依公以利見，公去則不足以留，必羣起而爲公謀曰：公不可去也，委任重而受知深，志雖不伸，自可因事納忠，以大造於家國，公姑隱忍以鎮朝廷，使吾黨得竭股肱之力，以持危而争勝。此言日進，公且不能違，而俛仰以息其浩然之志，所必然矣。故公俛仰中外，歷事暗主，狎邇宵人，乍屈乍伸，終留不去，皆附公之末光者相從臾以羈遲也。公之浮沈前卻，不謂無補於昏亂，則從臾者之言亦未爲無當矣。乃通數代之治亂而計之，則所補者小，所傷者大，起水火之争，釀國家之禍，公未及謀也。爲公謀者，其志、其量、其識皆不足以及此，而公大臣之道以詘矣。國家之患，莫大乎君子以若進若退之身與小人迭爲衰王，而祇以堅小人之惡。何也？君子之道，不可則去耳。小人乃不以君子爲憂，而聚族以謀攻擊，則忌媢之惡，所逞者即自起於其朋儔，而同歸於消滅。鄴侯一歸衡山，而張良娣、李輔國之首交隕於白刃。唯君子終留於位，附君子者，猶森森嶽嶽持清議於廷閒，且動暗主之心，而有所匡正；小人乃自危，而益固其黨以争死命，抑且結宫禁、挾外援以制人主，而其勢乃成乎不可拔。《泰》之拔茅以彙也，《否》亦拔茅以彙也，而君子之彙，終詘於羣策羣力之險毒。故劉向不去，而王氏益張；李膺再起，而宦官益肆；司馬温公入相，而熙豐之黨益猖。大臣之道，不可則止，非徒以保身爲哲也，實以静制天下之動，而使小人之自敝也。彼附末光者，躍治争鳴，恃爲宗主，以立一切之功名，而足聽哉？是晉公之不去，公之褻也，唐之病也，朋黨之禍，所以迄於唐亡而後止也。惟澹泊可以明志，惟愛身乃以體國，惟獨立不受人之推戴，乃可爲衆正之依歸。惜乎公之未曙於此也。而後知鄴侯之不可及矣。

憲宗之崩，見弑已明，而史氏以疑傳之，莫能申畫一之法。謂内侍陳弘志爲戎首者，非無據矣。而流觀終始，則弘志特推刃之賊，而污瀦之首辟，不僅在弘志也。繇前事而觀之，郭氏受册先皇，爲廣陵王妃，伉儷已定；憲宗立，羣臣屢請正位中宫，而憲宗不從；已而與吐突承璀謀廢穆宗，立澧王惲，事雖未行，而郭妃母子亦岌岌矣。穆宗憂而謀於郭釗，釗曰俟之，則「今將」之志，藏之久矣。繇後事而觀之，陳弘志者，非能執中外之權，如吐突承璀、王守澄之殺生在握也。憲宗雖服藥躁怒，而固爲英主，不至如敬宗之狂蕩昏虐也。承璀倚憲宗以執大命，而志在澧王，弘志以麡乍起而行弑，正承璀執言討賊擁立澧王一機會，而奈何聽其凶逆，莫爲防制？如謂承璀力所不逮，則王守澄當因之以誅弘志，而分罪於承璀，以夷滅之，其辭尤順。今皆不然，在宫在官，相率以隱，俯首結舌，任弘志之優游，則豈弘志之能得此於盈廷乎？帝弑未幾，而郭氏皇太后之命行矣。穆宗非能孝者，而奉之極其尊養。郭氏雖飾賢聲以自暴，而侈靡遊佚，固一不軌之婦人，其去武、韋無幾也。憲宗未殯，承璀殺矣，澧王亦相繼而含冤以死矣。穆宗母子擁帝后之尊，恬然而不復問；舉朝卿士，默塞而不敢言；裴度雖出鎮河東，固尸元老之望，韓愈、柳公權、崔羣皆有清直之譽，而談笑以視先君之受刃。區區一埽除之弘志，安能得此於天下，則上下保姦之情形，又不可揜矣。考諸稗官之傳記，宣宗既立，追憲宗之讎，郭氏迫欲墜樓。弑逆之蹟，暴露於論定之後，則憲宗之賊，非郭氏、穆宗而誰哉？釁之所自生，則惟承璀惑主以易儲，故激而生變，郭釗所云俟之者，正俟此一日也。穆宗以適長嗣統，逆出秘密，故大臣不敢言，史臣不敢述，而苟且塗飾；不唯郭氏逭韋后之誅，穆宗逃劉劭之戮，

陳弘志抑以逸罰爲千秋之疑案。嗚呼！唐至是猶謂國之有人乎？而裴度、張弘靖、柳公權、韓愈之爲人臣，亦可知矣。

藝文

宋敏求《唐大詔令集》卷一三佚名《憲宗聖神章武孝皇帝謚議》 王者崇高以配天，廣大以法地，章明以象日月，誠信以合四時。謂之令王，謚以全德。所以名盛烈，昭至公，堯舜禹湯文武成康是也。伏惟大行皇帝，由疏封以繼明，自前星而受命，以四海爲養，以萬乘問安。稽古法天，自家刑國，穆穆峻德，煌煌大明，焕乎人神，塞乎天地。國家天寶之季，宿兵中原，强侯專地，往往而有，號令不一，朝廷包羞。元和燀威，霆擊簪掃，戡夏翦蜀，擒潞殄吴，夷蔡取濟，朝滄納定，應千載之期運，平六葉之梗俗。動也用軒轅之干戈，静也戢武王之弓矢。聖神之道，其至矣乎。以無方之能，行不宰之用，濟天下之務，施天下之仁，夷狄之情僞，遐裔之虚實，揣其變化，權其後先，屈指前筭，若合符契。多士濟濟，任其器略，文武俊傑，畢力致用。綱目張而萬化具，斟酌明而百事宜，委庶務於廟堂之上，壽百姓於循良之府。開直言之路，耳無蔽聽；廣弘大之恩，物無違性。宥恕刑獄，哀恵困窮，省薄徭役，尊禮耆老，約己恭儉，推心平明。公卿大夫，任德終始，近狎貴寵，畏忌守法。採納詳正，聽斷精慎，忠直樹立，𢘓邪不行，巍巍成功，赫赫在上。《春秋左氏傳》曰：「武有七德，禁暴、戢兵、保大、定功、安人、和衆、豐財之謂也。」殲夷姦宄，災害訖息，禁暴也；淮河底定，大赦庇人，戢兵也；歸馬於汝南漢南，散卒於齊梁淮楚，保大也；封有勢，爵有德，定功也；寬天下之璽絲，舉域中之方正，安人也；赦生致之寇虜，爵拒命之戎將，和衆也；乘輿服御，儉而有制，賜與供給，惠而中節，豐財也。神武不殺之德，其若是焉！不登軒年，不享舜壽，百姓思慕，如喪考妣，同軌畢至，祖庭有時，敢奉官常，尊名稱德。謹按謚法，兵禁殘暴曰「聖」，應變無方曰「神」，法度大明曰「章」，爲人除害曰「武」，慈惠愛親曰「孝」。戮鯨鯢而清四海，不曰聖乎！裁造作而刑一德，不曰神乎！洞明哲而貞百度，不曰章乎！推仁義而服萬物，不曰武乎！載尊親而諧五典，不曰孝乎！《書》曰：「惟天聰明，唯聖時憲，憲法也。」敏也謹酌之謚法，質諸六經，謹上尊謚曰聖神章武孝皇帝。廟號憲宗。謹議。

宋敏求《唐大詔令集》卷七崔羣《元和聖文神武法天應道皇帝册文》 維元和十四年，歲次己亥七月丁丑朔十三日己丑，攝太尉金紫光禄大夫檢校司空兼太子少保上柱國鄭□公食邑三千户臣綬、及文武官五千七百一十八人等言：臣聞惟天惠人，惟元后作人父母，大寶曰位，至公者名。帝皇尊稱，肇自三五，其義尚矣。堯舜禹湯，文武成康，垂于典籍，爲萬代法，非名歟？殷有天下，武丁大其業；周有天下，宣王嗣其訓；在漢七葉，亦稱盛强，中興之美，與我不類。皇唐統天二百有二載，祖宗崇光，四海一家，禮文憲矩，章焯大備，元符昌曆，畀付有在。洎我后之握圖也，齊心於穆清，垂意於大寧，文昭武烈，冠今邁古。始負固不若者，莫匪顛踣；輸忠來附者，克保蕃祉。天寶之季，孽臣干紀，靈誅亟埽，餘氣未弭，兵不得戢，六十五年于兹矣。元和致理，思櫜弓矢，睿謀前定，所嚮風靡，兩河既清，太階砥平。戴白之老，欣感出涕。不其盛歟！伏惟睿聖文武皇帝陛下，德配天地，明並日月，嚴薦于宗廟，盡敬于郊禋，孝通于神祇，仁浹于動植，内睦于九族，外懷于四夷。乙夜觀書，日昃聽政，恤刑懋賞，劭農勸學，歷選列辟，英聲茂實，其何以加焉。日者□顓不龔，告讓罔悛，任下推誠，出師徂征，道玉壘金陵之遐阻，懸瓠營丘之險。或肆于都市，或懸于藁街，其餘瑣細，蓋不足紀。上以攄列聖之憤，下以叶千齡之慶，然後闢四門，貞百度，會寓縣之玉帛，旅梯航之貢篚。咸曰：「不圖貞觀開元之化，復睹於今日矣。」陛下勞謙祇畏，不自遐逸，讓德乎上天，推功於羣臣，訪闕政，修墜典，不以龜龍爲瑞，以賢俊爲瑞，不以珠玉爲寶，以慈儉爲寶。卓哉煌煌！信可假玄穹而蟠厚載者已。是宜尊徽名，膺顯號，以光于典册，以順于人心，以答于天意，不可辭也。臣又聞之，居安思危，納諫盡下，遠讒慝，旌讜直，愛養黎庶，敦尚朴素，斯皆高祖、太宗、順宗之遺訓也，而陛下躬行之，造次必於是，寤寐必於是，實萬姓之福，無疆之休。僉曰：「功成而禮不崇，德廣而名未稱，臣子之罪也。」於是百辟卿士，藩衛耆耋，稽首上言，至于四三。陛下深秉謙沖，詔諭往復，不得已而從之。伏以紀年之盛，冠于大號，厥有舊典。《書》不云乎：「乃聖乃神，乃武乃文。」《傳》曰：「惟天惟大，惟堯則之。」則法也。王者昭事上帝，取法於天。《道德經》曰：「天法道，道生一。」唯上聖至德，兼則利物，行清浄自然之道，爲能應之。臣等不勝大願，謹奉玉册玉寶，上尊號曰元和聖文神武法天應道皇帝。伏惟陛下景福是膺，如日之昇，雖休勿休，翼翼兢兢，對越鴻名，丕赫成能，萬壽百祥，罔不豐登。天祚聖唐，惟聖欽承。臣綬等誠歡誠躍頓首頓首謹上。

李吉甫部

綜述

《舊唐書》卷一四八《李吉甫傳》　李吉甫字弘憲，趙郡人。父棲筠，代宗朝爲御史大夫，名重於時，國史有傳。吉甫少好學，能屬文。年二十七，爲太常博士，該洽多聞，尤精國朝故實，沿革折衷，時多稱之。遷屯田員外郎，博士如故，改駕部員外。宰臣李泌、竇參推重其才，接遇頗厚。及陸贄爲相，出爲明州員外長史，久之遇赦，起爲忠州刺史。時贄已謫在忠州，議者謂吉甫必逞憾於贄，重搆其罪；及吉甫到部，與贄甚歡，未嘗以宿嫌介意。六年不徙官，以疾罷免。尋授郴州刺史，遷饒州。先是，州城以頻喪四牧，廢而不居，物怪變異，郡人信驗；吉甫至，發城門管鑰，剪荆榛而居之，後人乃安。

憲宗嗣位，徵拜考功郎中、知制誥，既至闕下，旋召入翰林爲學士，轉中書舍人，賜紫。憲宗初即位，中書小吏滑涣與知樞密中使劉光琦暱善，頗竊朝權，吉甫請去之。劉闢反，帝命誅討之，計未決，吉甫密贊其謀，兼請廣徵江淮之師，由三峽路入，以分蜀寇之力。事皆允從，由是甚見親信。二年春，杜黄裳出鎮，擢吉甫爲中書侍郎、平章事。吉甫性聰敏，詳練物務，自員外郎出官，留滯江淮十五餘年，備詳閭里疾苦。及是爲相，患方鎮貪恣，乃上言使屬郡刺史得自爲政。敘進羣材，甚有美稱。

三年秋，裴均爲僕射，判度支，交結權倖，欲求宰相。先是，制策試直言極諫科，其中有譏刺時政，忤犯權倖者，因此均黨揚言皆執政教指，冀以摇動吉甫，賴諫官李約、獨孤郁、李正辭、蕭俛密疏陳奏，帝意乃解。吉甫早歲知獎羊士諤，擢爲監察御史；又司封員外郎吕温有詞藝，吉甫亦眷接之。竇羣亦與羊、吕善，羣初拜御史中丞，奏請士諤爲侍御史，温爲郎中、知雜事。吉甫怒其不先關白，而所請又有超資者，持之數日不行，因而有隙。羣遂伺得日者陳克明出入吉甫家，密捕以聞，憲宗詰之，無姦狀。吉甫以裴垍久在翰林，憲宗親信，必當大用，遂密薦垍代己，因自圖出鎮。其年九月，拜檢校兵部尚書，兼中書侍郎、平章事，充淮南節度使，上御通化門樓餞之。在揚州，每有朝廷得失，軍國利害，皆密疏論列。又於高郵縣築堤爲塘，溉田數千頃，人受其惠。

五年冬，裴垍病免。明年正月，授吉甫金紫光禄大夫、中書侍郎、平章事、集賢殿大學士、監修國史、上柱國、趙國公。及再入相，請減省職員并諸色出身胥吏等，及量定中外官俸料，時以爲當。京城諸僧有以莊磑免税者，吉甫奏曰：「錢米所徵，素有定額，寬緇徒有餘之力，配貧下無告之民，必不可許。」憲宗乃止。又請歸普潤軍於涇原。

七年，京兆尹元義方奏：「永昌公主準禮令起祠堂，請其制度。」初貞元中，義陽、義章二公主咸於墓所造祠堂一百二十間，費錢數萬；及永昌之制，上令義方減舊制之半。吉甫奏曰：「伏以永昌公主，稚年夭枉，舉代同悲，況於聖情，固所鍾念。然陛下猶減制造之半，示折衷之規，昭儉訓人，實越今古。臣以祠堂之設，禮典無文，德宗皇帝恩出一時，事因習俗，當時人間不無竊議。昔漢章帝時，欲爲光武原陵、明帝顯節陵各起邑屋，東平王蒼上疏言其不可。東平王即光武之愛子，明帝之愛弟。賢王之心，豈惜費於父兄哉！誠以非禮之事，人君所當慎也。今者，依義陽公主起祠堂，臣恐不如量置墓户，以充守奉。」翌日，上謂吉甫曰：「卿昨所奏罷祠堂事，深愜朕心。朕初疑其冗費，緣未知故實，是以量減。覽卿所陳，方知無據。然朕不欲破二十户百姓，當揀官户委之。」吉甫拜賀。上曰：「卿，此豈是難事。有關朕身，不便於時者，苟聞之則改，此豈足多耶！卿但勤匡正，無謂朕不能行也。」

七年七月，上御延英，顧謂吉甫曰：「朕近日畋遊悉廢，唯喜讀書。昨於《代宗實録》中，見其時綱紀未振，朝廷多事，亦有所鑒誡。向後見卿先人事迹，深可嘉歎。」吉甫降階跪奏曰：「臣先父伏事代宗，盡心盡節，迫於流運，不待聖時，臣之血誠，常所追恨。陛下耽悦文史，聽覽日新，見臣先父忠於前朝，著在實録，今日特賜褒揚，先父雖在九泉，如覩白日。」因俯伏流涕，上慰諭之。

八年十月，上御延英殿，問時政記記何事。時吉甫監修國史，先對曰：「是宰相記天子事以授史官之實録也。古者左史記言，今起居舍人是；右史記事，今起居郎是。永徽中，宰相姚璹監修國史，慮造膝之言，或不可聞，因請隨奏對而記於仗下，以授于史官，今時政記是也。」上曰：「間或不修，何也？」曰：「面奉德音，未及施行，總謂機密，故不可書以送史官；其間有謀議出於臣下者，又不可自書以付史官；及已行者，制令昭然，天下皆得聞知，即史官之記，不待書

以授也。且臣覩時政記者，姚璹修之於長壽，及璹罷而事寢；賈耽、齊抗修之於貞元，及耽、抗罷而事廢。然則關時政化者，不虛美，不隱惡，謂之良史也。」

是月，回紇部落南過磧，取西城柳谷路討吐蕃，西城防禦使周懷義表至，朝廷大恐，以爲回紇聲言討吐蕃，意是入寇。吉甫奏曰：「回紇入寇，且當漸絶和事，不應便來犯邊，但須設備，不足爲慮。」因請自夏州至天德，復置廢館一十一所，以通緩急。又請發夏州騎士五百人，營於經略故城，應援驛使，兼護党項。九年，請於經略故城置宥州，六胡州以在靈鹽界，開元中廢六州。曰：「國家舊置宥州，以寬宥爲名，領諸降户。天寶末，宥州寄理於經略軍，蓋以地居其中，可以總統蕃部，北以應接天德，南援夏州。今經略遥隸靈武，又不置軍鎮，非舊制也。」憲宗從其奏，復置宥州，詔曰：「天寶中宥州寄理於經略軍，寶應已來，因循遂廢。由是昆夷屢擾，党項靡依，蕃部之人，撫懷莫及。朕方弘遠略，思復舊規，宜於經略軍置宥州，仍爲上州，於郭下置延恩縣，爲上縣，屬夏綏銀觀察使。」

淮西節度使吴少陽卒，其子元濟請襲父位。吉甫以爲淮西内地，不同河朔，且四境無黨援，國家常宿數十萬兵以爲守禦，宜因時而取之。頗叶上旨，始爲經度淮西之謀。

元和九年冬，暴病卒，年五十七。憲宗傷悼久之，遣中使臨弔，常贈之外，内出絹五百匹以恤其家，再贈司空。吉甫初爲相，頗洽時情，及淮南再徵，中外延望風采。秉政之後，視聽時有所蔽，人心疑憚之。時負公望者慮爲吉甫所忌，多避畏。憲宗潛知其事，未周歲，遂擢用李絳，大與絳不協；而絳性剛訐，於上前互有爭論，人多直絳。然性畏慎，雖其不悦者，亦無所傷。服物食味，必極珍美，而不殖財産，京師一宅之外，無他第墅，公論以此重之。有司謚曰「敬憲」，及會議，度支郎中張仲方駁之，以爲太優。憲宗怒，貶仲方，賜吉甫謚曰忠懿。

吉甫嘗討論《易象》異義，附於一行集注之下；及綴録東漢、魏、晉、周、隋故事，訖其成敗損益大端，目爲《六代略》，凡三十卷；分天下諸鎮，紀其山川險易故事，各寫其圖於篇首，爲五十四卷，號爲《元和郡國圖》；又與史官等録當時户賦兵籍，號爲《國計簿》，凡十卷；纂《六典》諸職爲《百司舉要》一卷。皆奏上之，行於代。子德脩、德裕。

《新唐書》卷一四六《李吉甫傳》　吉甫字弘憲，以蔭補左司禦率府倉曹參軍。貞元初，爲太常博士，年尚少，明練典故。昭德皇后崩，自天寶後中宫虚，卹禮廢缺。吉甫草具其儀，德宗稱善。李泌、竇參器其才，厚遇之。陸贄疑有黨，出爲明州長史。贄之貶忠州，宰相欲害之，起吉甫爲忠州刺史，使甘心焉。既至，置怨，與結懽，人益重其量，坐是不徙者六歲。改郴、饒二州。會前刺史繼死，咸言牙城有物怪，不敢居。吉甫命菑除其署以視事，吏由是安。誅破斧盜窟穴，治稱流聞。

憲宗立，以考功郎中召，知制誥。俄入翰林爲學士，遷中書舍人。劉闢拒命，帝意討之，未決。吉甫獨請無置，宜絶朝貢以折姦謀。時李錡在浙西厚賂貴幸，請用韓滉故事領鹽鐵，又求宣、歙。問吉甫，對曰：「昔韋皋蓄財多，故劉闢因以構亂。李錡不臣有萌，若益以鹽鐵之饒、采石之險，是趣其反也。」帝寤，乃以李巽爲鹽鐵使。高崇文圍鹿頭未下，嚴礪請出并州兵，與崇文趨果、閬，以攻渝、合，吉甫以爲非是，因言：「漢伐公孫述，晉伐李勢，宋伐譙縱，梁伐劉季連、蕭紀，凡五攻蜀，繇江道者四。且宣、洪、蘄、鄂彊弩，號天下精兵，爭險地兵家所長，請起其兵擣三峽之虚，則賊勢必分，首尾不救，崇文懼舟師成功，人有鬬志矣。」帝從之。礪復請大臣爲節度，吉甫諫曰：「崇文功且成，而又命帥，不復盡力矣。」因請以西川授崇文，而屬礪東川，益資、簡六州，使兩川得以相制。由是崇文悉力。劉闢平，吉甫謀居多。

吐蕃遣使請尋盟，吉甫議：「德宗初，未得南詔，故與吐蕃盟。自異牟尋歸國，吐蕃不敢犯塞，誠許盟，則南詔怨望，邊隙日生。」帝辭其使。復請獻濱塞亭障南北數千里求盟，吉甫謀曰：「邊境荒岨，犬牙相吞，邊吏按圖覆視，且不能知。今吐蕃縣山跨谷，以數番紙而圖千里，起靈武，著劍門，要險之地所亡二三百所，有得地之名，而實喪之，陛下將安用此？」帝乃詔謝贊普，不納。

張愔既得徐州，帝又欲以濠、泗二州還其軍，吉甫曰：「泗負淮，餉道所會，濠有渦口之險，前日授建封，幾失形勢。今愔乃兩廊壯士所立，雖有善意，未能制其衆。又使得淮、渦，阨東南走集，憂未艾也。」乃止。

中書史滑涣素厚中人劉光琦，凡宰相議爲光琦持異者，使涣請，常得如素。宦人傳詔，或不至中書，召涣於延英承旨，迎附羣意，即爲文書，宰相至有不及知者。由是通四方賂謝，弟泳官至刺史。鄭餘慶當國，嘗一責怒，數日即罷去。吉甫請問，劾其姦，帝使簿涣家，得貲數千萬，貶死雷州。又建言：「州刺史不得擅見本道使，罷諸道歲終巡句以絶苛斂，命有司舉材堪縣令者，軍國大事以寶書易墨詔。」由是帝愈倚信。

元和二年，杜黄裳罷宰相，乃擢吉甫中書侍郎、同中書門下平章事。吉甫連

塞外遷十餘年，究知閭里疾苦，常病方鎮彊恣，至是爲帝從容言：「使屬郡刺史得自爲政，則風化可成。」帝然之，出郎吏十餘人爲刺史。自王叔文時選任猥冒，吉甫始簿其員，人得敍進，官無留才。又度李錡必反，勸帝召之，使者三往，以病解，而多持金啗權貴，至爲錡游説者。吉甫曰：「錡，庸材，而所蓄乃亡命羣盜，非有鬬志，討之必克。」帝意決。復言：「昔徐州亂，嘗敗吳兵，江南畏之。若起其衆爲先鋒，可以絶徐後患。韓弘在汴州，多憚其威，誠詔弘子弟率兵爲掎角，則賊不戰而潰。」從之。詔下，錡衆聞徐、梁兵興，果斬錡降。以功封贊皇縣侯，徙趙國公。德宗以來，姑息藩鎮，有終身不易地者。吉甫爲相歲餘，凡易三十六鎮，殿最分明。

裴均以尚書右僕射判度支，結黨傾執政。會皇甫湜等對策，指摘權彊，用事者皆怒，帝亦不悦。均黨因宣言：「殆執政使然。」右拾遺獨孤郁、李正辭等陳述本末，帝乃解。吉甫本善竇羣、羊士諤、吕温，薦羣爲御史中丞。羣即奏士諤侍御史，温知雜事。吉甫恨不先白，持之，久不決，羣等銜之。俄而吉甫病，醫者夜宿其第，羣捕醫者，劾吉甫交通術士。帝大駭，訊之無狀，羣等皆貶。而吉甫亦固乞免，因薦裴垍自代，乃以檢校兵部尚書、兼中書侍郎、同中書門下平章事，爲淮南節度使。帝爲御通化門祖道，賜御餌禁方。居三歲，奏蠲逋租數百萬，築富人、固本二塘，溉田且萬頃。漕渠庳下不能居水，乃築堤閼以防不足，洩有餘，名曰平津堰。江淮旱，浙東、西尤甚，有司不爲請，吉甫白以時救恤，帝驚，馳遣使分道賑貸。吉甫雖居外，每朝廷得失輒以聞。

六年，裴垍病免，復以前官召吉甫還秉政。入對延英，凡五刻罷。帝尊任之，官而不名。吉甫疾吏員廣，繇漢至隋，未有多於今者，乃奏曰：「方今置吏不精，流品龐雜，存無事之官，食至重之税，故生人日困，冗食日滋。又國家自天寶以來，宿兵常八十餘萬，其去爲商販、度爲佛老、雜入科役者，率十五以上。天下常以勞苦之人三奉坐待衣食之人七。而内外官仰奉稟者，無慮萬員，有職局重出，名異事離者甚衆，故財日寡而受禄多，官有限而調無數。九流安得不雜？萬務安得不煩？漢初置郡不過六十，而文、景化幾三王，則郡少不必政紊，郡多不必事治。今列州三百、縣千四百，以邑設州，以鄉分縣，費廣制輕，非致化之本。願詔有司博議，州縣有可併併之，歲時入仕有可停停之，則吏寡易求，官少易治。國家之制，官一品，奉三千，職田禄米大抵不過千石。大曆時，權臣月奉至九千緡者，州刺史無大小皆千緡，宰相常衮始爲裁限，至李泌量閑劇稍增之，使相通濟。然有名在職廢，奉存額去，閑劇之間，厚薄頓異，亦請一切商定。」乃詔給事中段平仲、中書舍人韋貫之、兵部侍郎許孟容、户部侍郎李絳參閲蠲減，凡省冗官八百員，吏千四百員。又奏收都畿佛祠田、磑租入，以寬貧民。

德宗時，義陽、義章二公主薨，詔起祠堂于墓百二十楹，費數萬計。會永昌公主薨，有司以請，帝命減義陽之半。吉甫曰：「德宗一切之恩，不可爲法。昔漢章帝欲起邑屋於親陵，東平王蒼以爲不可。故非禮之舉，人君所慎。請裁置墓户，以充守奉。」帝曰：「吾固疑其冗，減之，今果然。然不欲取編民，以官户奉墳而已。」吉甫再拜謝。帝曰：「事不安者弟言之，無謂朕不能行也。」十宅諸王既不出閤，諸女嫁不時，而選尚皆繇中人，厚爲財謝乃得遣。吉甫奏：「自古尚主必慎擇其人。江左悉取名士，獨近世不然。」帝乃下詔皆封縣主，令有司取門閥者配焉。

田季安疾甚，吉甫請任薛平爲義成節度使，以重兵控邢、洺，因圖上河北險要所在，帝張於浴堂門壁，每議河北事，必指吉甫曰：「朕日按圖，信如卿料矣。」劉澭舊軍屯普潤，數暴掠近縣，吉甫奏還涇原，畿民賴之。

八年，回鶻引兵自西城、柳谷侵吐蕃，塞下傳言且入寇。吉甫曰：「回鶻能爲我寇，當先絶和而後犯邊，今不足虞也。」因請起夏州至天德復驛候十一區，以通緩急；發夏州精騎五百屯經略故城，以護党項而已。既而果邊吏妄言。六胡州在靈武部中，開元時廢之，置宥州以處降户，寓治經略軍，居中以制戎虜，北援天德，南接夏州。至德、寶應間，廢宥州，以軍遥隸靈武，道里曠遠，故党項孤弱，虜數擾之。吉甫始奏復宥州，乃治經略軍，以隸綏銀道，取鄜城神策屯兵九千實之。以江淮甲三十萬給太原、澤潞軍，增太原馬千匹。由是戎備完輯。

自蜀平，帝鋭意欲取淮西。方吉甫在淮南，聞吳少陽立，上下攜泮，自請徙壽州，以天子命招懷之，反間以撓其黨，會討王承宗，未及用。後田弘正以魏歸，吉甫知魏人謂田進誠才，而唐州乃蔡喉衿，請拔進誠爲刺史，以臨賊境，且慰魏心。烏重胤守河陽，吉甫以汝州捍蔽東都，聯唐、許，當蔡西面，兵寡不足憚寇，而河陽乃魏博之津，弘正歸國，則爲内鎮，不宜戍重兵示不信，請徙屯汝州。帝皆從之。後弘正拜檢校尚書右僕射，賜其軍錢二千萬，弘正曰：「吾未喜於移河陽軍也。」及元濟擅立，吉甫以内地無唇齒援，因時可取，不當用河朔故事，與帝意合。又請自往招元濟，苟逆志不悛，得指授羣帥俘賊以獻天子。不許，固請至流涕，帝慰勉之。會暴疾卒，年五十七。帝震悼，賻外别賜縑五百匹其家，自大

斂至卒哭，皆中人臨弔。吉甫圖淮西地，未及上，帝敕其子獻之。及葬，祭以少牢，贈司空。有司謚曰敬憲，度支郎中張仲方非之，帝怒，貶仲方，更賜謚曰忠懿。

始，吉甫當國，經綜政事，衆職咸治。引薦賢士大夫，愛善無遺，褒忠臣後，以起義烈。與武元衡連位，未幾節度劍南，屢言元衡材，宜還爲相。及再輔政，天下想望風采，而稍脩怨，罷李藩宰相，而裴垍左遷，皆其謀也。李正辭晚相失，及與蕭俛同召爲翰林學士，獨用俛而罷正辭，人莫不疑憚。帝亦知其專，乃進李絳，遂與有隙，數辯争殿上，帝多直絳。然畏慎奉法，不忮害，顧大體。左拾遺楊歸厚嘗請對，日已旰，帝令它日見，固請不肯退。既見，極論中人許遂振之姦，又歷詆輔相，求自試，又表假郵置院具婚禮。帝怒其輕肆，欲遠斥之，李絳爲言，不能得。吉甫見帝，謝引用之非，帝意釋，得以國子主簿分司東都。初，政事堂會食，有巨牀，相傳徙者宰相輒罷，不敢遷，吉甫笑曰：「世俗禁忌，何足疑邪？」徹而新之。吉甫居安邑里，時號「安邑李丞相」。所論著甚多，皆行于世。前卒一歲，熒惑掩太微上相，吉甫曰：「天且殺我。」再遜位，不許。

子德脩，亦有志操，寶曆中爲膳部員外郎。張仲方入爲諫議大夫，德脩不欲同朝，出爲舒、湖、楚三州刺史，卒。

次子德裕。

雜録

備録

李匡乂《資暇集》卷下《書題籤》 大僚題上紙籤，起於丞相李趙公也。元和中，趙公權傾天下，四方緘翰日滿閽者之袖。而潞帥郗士美時有珍獻，趙公喜，而回章盈幅，曲敘殷勤，誤卷入振武封内以遣之，而振武別紙則附于潞。時阿跌光進帥麟，覽盈幅手字，知誤書，時飛還趙公。趙公因命書吏，凡有尺題，各令籤記以送。故于今成風也。

李肇《唐國史補》卷中 憲宗久親政事，忽問：「京兆尹幾員？」李吉甫對曰：「京兆尹三員，一員大尹，二員少尹。」時人謂之善對。

近俗以權臣所居坊呼之，李安邑最著，如爵邑焉。及卒，太常議謚，度支郎中張仲方駁曰：「吉甫議信不著，又興兵戎，以害生物，不可美謚。」其子上訴，乃貶仲方。

李肇《翰林志》 初，姜公輔行在命相，乃就第而拜之。至李吉甫除中書侍郎平章事，適與裴垍同直，垍草吉甫制吉甫草武元衡制，垂簾揮翰，兩不相知。至暮，吉甫有歎惋之聲，垍終不言，書麻尾之後，乃相慶賀。禮絶之敬，生於座中。及明，院中使學士送至銀臺門，而相府官吏候於門外，禁署之盛，未之有也。

佚名《大唐傳載》 李西臺文獻公避暑於青龍寺，夢戴白神人云：「昔尹氏相宣王，致中興；君男亦佐中興，君宜以吉甫名之。」

李相國忠公，貞元十九年爲饒州刺史。先是，郡城之東，四牧故府，廢者七稔，公涖止後，命啓扃而居之。郡吏以語怪堅請，公曰：「神實正直，正直則神避。妖不勝德，德失則妖興。居之在人。」

李忠公之爲相也，政事堂有會食之牀。吏人相傳，移之則宰臣罷。不遷者五十年。公曰：「朝夕論道之所，豈可使朽蠹之物穢而不除？俗言拘忌，何足聽也！以此獲免，余之願焉。」命徹而焚。其下鏟去聚壤十四畚。議者稱正焉。

韋絢《劉賓客嘉話録》 永寧王二十、光福王八二相，皆出於先安邑李丞相之門。安邑薨於位，一王素服受慰，一王則不然，中有變色，是誰過歟？又曰：李安邑之爲淮海也，樹置裴光德，及去則除授不同。李再入相，對憲宗曰：「臣路逢中人送節與吴少陽，不勝憤憤。」聖顔赬然。翌日，罷李丞相藩爲太子詹事，蓋與節是藩之謀也。又論：征元濟時饋運使皆不得其人，數日，罷光德爲太子賓客；主饋運者，裴之所除也。劉禹錫曰：「宰相皆用此勢，自公孫弘始而增穩妙焉。但看其傳，當自知之。蕭、曹之時，未有斯作。」

范攄《雲溪友議》卷下《因嫌進》 安邑李相公吉甫，初自省郎爲信州刺史。時吴武陵郎中，貴溪人也，將欲赴舉，以哀情告於州牧，而遺五布三帛矣。吴以輕鮮，以書讓焉。其詞唐突，不存桑梓之分，乃非其禮，正郎微誚焉。賛皇母氏諫曰：「小兒方求成人，何得與舉子相忤？」遂與米二百斛。趙郡果爲宰輔，竟其憾焉。元和二年，崔侍郎邠重知貢舉，酷搜江湖之士。初春將放二十七人及第，潛持名來呈相府。才見首座李公，公問：「吴武陵及第否？」主司恐是舊知，遽言：「吴武陵及第也。」其牓尚在懷袖，忽報中使宣口敕，且揖禮部從容，遂注

武陵姓字，呈上李公。公謂曰：「吳武陵至是麤人，何以當其科第？」禮部曰：「吳武陵德行雖即未聞，文筆乃堪採録。名已上牓，不可却焉！」相府不能因私訕士，唯唯而從。吳君不附國庠，名第在於牓末。是日既集省門試，謂同年曰：「不期崔侍郎今年倒掛牓也。」觀者皆訝焉。

何光遠《鑒誡録》卷七《贊舊詩》 李相公其先初修進之日，獻卷于維揚護軍宋甄大夫。甄寡於博識，不哀王孫。連上數啓，都不動念。李於館舍棲旅之甚，去住無依，遂吟一絶句贊之，宋以微茫禮遺而已。李後上第，生吉甫。吉甫繼歷臺省，自信州刺史節判青州，待士稍薄。舉子吳武陵詣府投擲，相國似無見重之意。吳不存忌諱，遂書相國先君舊謁宋大夫陳情一章，密獻相國。相國大慚追悔，俟暝召吳，執手惆悵，厚賂於吳，請爲寢默。詩曰：「十處投人九處違，家鄉萬里又空歸。嚴霜昨夜侵人骨，誰念尊堂未授衣。」

《太平廣記》卷四八《李吉甫》引《逸史》 李太師吉甫在淮南，州境廣疫，李公不飲酒，不聽樂，會有制使至，不得已而張筵，憂慘見色。醼合，謂諸客曰：「弊境疾厲，亡歿相踵，諸賢傑有何術可以見救？」下坐有一秀才起應曰：「某近離楚州，有王鍊師，自云從太白山來，濟拔江淮疾病。休糧服氣，神骨甚清，得力者已衆。」李公大喜，延於上坐，復問之，便令作書，並手札，遣人馬往迎。旬日至，館於州宅，稱弟子以祈之。王生曰：「相公但令於市内多聚龜殼、大鑊、巨甌，病者悉集，無慮不瘥。」李公遽遣備之。既得，王生往，令濃煎，重者恣飲之，輕者稍減，既汗皆愈。李公喜，既與之金帛，不受。不食，寡言。唯從事故山南節帥相國王公起，王坐見，必坐笑以語，若舊相識。李公因令王公邀至宅宿，問其所欲，一言便行。深夜從容曰：「判官有仙骨，學道必白日上昇。如何？」王公無言。良久曰：「此是塵俗態縈縛耳。若住人世，官職無不得者。」王公請以兄事之。又曰：「本師爲在白鹿，與判官亦當家，能與某同往一候謁否？」意復持疑，曰：「仙公何名？」曰：「師不敢言。」索筆書鶴字。王生從此不知所詣。王公果富貴。

《太平廣記》卷七二《袁隱居》引《宣室志》 貞元中，有袁隱居者，家於湘楚間，善《陰陽占訣歌》一百二十章。時故相國李公吉甫，自尚書郎謫官東南，一日，隱居來謁公，公久聞其名，即延與語。公命算己之禄仕，隱居曰：「公之禄真將相也，公之壽九十三矣。」李公曰：「吾之先未嘗有及七十者，吾何敢望九十三乎？」隱居曰：「運算舉數，乃九十三耳。」其後李公果相憲宗皇帝，節制淮南，再入相而薨。年五十六，時元和九年十月三日也。校其年月日，亦符九十三之數。豈非懸解之妙乎。隱居著《陰陽占訣歌》，李公序其首。

《太平廣記》卷一五四《韋貫之》引《續定命録》 武元衡與韋貫之同年及第。武拜門下侍郎，韋罷長安尉，赴選，元衡以爲萬年丞。過堂日，元衡謝曰：「某與先輩同年及第，元衡遭逢，濫居此地，使先輩未離塵土，元衡之罪也。」貫之嗚咽流涕而退。後數月，除補闕。是年，元衡帥西川，三年後入相，與貫之同日宣制。

備論

《舊唐書》卷一四八《李吉甫傳》 史臣曰：裴垍精鑒默識，舉賢任能，啓沃帝心，弼諧王道。如崔羣、裴度、韋貫之輩，咸登將相，皆垍之薦達。立言立事，知無不爲。吉甫該洽典經，詳練故實，仗裴垍之抽擢，致朝倫之式序。吉甫知垍之能別髦彦，垍知吉甫之善任賢良，相須而成，不忌不克。叔翰修身慎行，力學承家，批制敕有夕郎之風，塗御書見宰執之器，而乃輕財散施，天爵是期，偉哉自待之意也！德輿孝悌力學，髫齔有聞，疏延齡恣行巧佞，論皋謨不書明刑，三十年羽儀朝行，實皋之餘慶所鍾。此四子者，所謂經緯之臣，又何慚於王佐矣！

贊曰：二李秉鈞，信爲名臣。甫柔而黨，藩俊而純。裴公鑒裁，朝無屈人。權之藻思，文質彬彬。

《新唐書》卷一四六《李吉甫傳》 贊曰：剛者天德，故孔子稱「剛近仁」。骨彊四支，故君有忠臣，謂之骨骾。若栖筠、鄘二子，其剛者歟！栖筠抗權邪，不及相；鄘得相，不願拜。非剛，疇克勝之？吉甫踐天宰，謀謨是矣，而鯁正有愧於父云。

胡寅《致堂讀史管見》卷二四 李吉甫爲相，謂中書舍人裴垍曰：「吉甫流落十五年，一旦蒙恩至此，思所以報德，惟在進賢。而朝廷後進罕所接識，君爲我言之。」垍取筆疏三十餘人，數月選用略盡，當時翕然，稱吉甫得人。

人主不自用而任宰相，宰相不自用而任卿大夫，任各得其人，雖唐虞不越是矣。或乃量褊迫而多疑，阻則怙寵專位，惟恐人之軋己。故諸愬踈斥之計日生于胷中，忠賢智能之士盡置之度外，如林甫、盧杞然，終亦何益矣！李吉甫不得在端亮之列，然於陸敬輿能忘纖介之憾，於裴垍能輸訪問之悃，此固君子之高致

也。夫聽言莫難於受蔫，以人才志趣有異有同，故忌克之人必自選擇，以防參商矛盾之爲已害也。今吉甫一旦用垍所疏三十餘人，曾不猜靳，知人之明雖在裴垍，得人之譽乃歸吉甫。誠率是道而不變，其相業可少訾耶。

李吉甫言：「天下已太平，陛下宜爲樂。」

吉甫太平爲樂之言所謂一言而近於喪邦者也。故「盤遊無度，十旬弗反」者，少康也；「靡明靡晦，式號式呼」者，商紂也；「不敬天怒，戲豫游衍」者，厲王也；「人生如寄，惟當行樂」者，齊高緯也；「賦詩飲酒，奏伎不輟」者，陳叔寶也；「執絲竹萬八千人，酒卮不離口」者，隋煬帝也。若舜則「儆戒無虞」；若禹則「克勤于邦」；若湯則「慄慄危懼」；若太戊、武丁則「不敢荒寧」；若祖甲則「無時豫怠」；若文王則「自朝至于日中昃，不遑暇食」。周公纂之以戒成王，曰：「無淫于觀樂！」其所可樂若憂之不恤，惟樂是務，樂未畢也，憂必及之。聖賢無疆之恤者，所以爲無疆之休也。吉甫位爲上相，乃以樂詔君，陷於穆提婆、江總、虞世基而不自覺，不亦鄙賤之甚乎？

王夫之《讀通鑑論》卷二五《唐憲宗》　李吉甫之專恣，憲宗覺之，而拜李絳同平章事以相參酌，自謂得馭之之道矣。乃使交相持以啓朋黨之争，則上失綱而下生亂，其必然也。絳貞而吉甫邪，弗待辨也。雖然，謂絳爲得大臣之道，又豈能勝其任哉？秦誓曰：「唯截截善諞言。」言者，小人之所長也，非君子之所可競也。小人者，不畏咎於人，不懷慚於己，君以爲是，滔滔日進而益騁，君以爲非，詆訶面承而更端以進，無媿咎之容。若君子，則言既不聽，恥於申説，奚瑣瑣尚口之窮乎？君子而以言與小人角長短，未有貞勝者也。《易》曰：「咸其輔頰舌。」應非不以正也，然相激而愈支，於以感上下之心，難矣。

夫大臣者，衷之以心，裁之以道，持之以權，邦之榮懷與其杌隉繫焉者也。不得已而有言，言出而小人無所施其脣舌，乃可定衆論之歸，而扶危定傾於未兆。若其一再言之，君已見庸而衆囂莫止者，必君志之未定，而終且受詘，則所謂「不可則止」者矣。夫吉甫豈安於受挫不思變計者乎？言出而絳必折之，憲宗且伸絳而抑之矣。然而屢進不已，蹻蹻争鳴者，何也？彼誠有所恃也。恃憲宗之好諛在心，乍咈而終俞；絳之相尚以口，言多而必躓也。如是而可以辯論之長與争消長哉？「彼亦一是非，此亦一是非。」各得其朋以相牴牾，而黨禍成矣。此大臣之道，所不欲以身任天下之紛紜者也。

絳而知此，則當命相之日，審吉甫之植根深固，不可卒拔，辭平章不受，使人主知貞邪之不可並立，而反求其故，吉甫可逐也。即受之而姑舍他務，專力昌言，斥吉甫之姦，必不與同謀國事，聽則留，否則去，不但無自辱之憾，且正邪區分，可俟小人之僨輈折軸，而徐伸其正論，於國亦非小補也。不此之務，屈身以與同居論道之席，一盈一虚，待下風者隨之而草偃，朋黨交持，禍延宗社，絳能辭遇雨之濡哉？

嗚呼！言固未有方也，論固未有定也，失其大正，則正邪之遷流未有據也。吉甫、絳，君子小人之辨分矣。他日德裕欲揜父之惡以修怨，而牛僧孺、李宗閔、李逢吉、元稹之徒，愈趨以與德裕争勝，則君子之名實又歸於李氏。一波而萬波隨，不知所屆，要皆口舌文字之争勝負於天下，而國之安危，俗之貞淫，淌流而無據，言之得失，可爲善惡之衡乎？盡臣道者不可不知，正君道者尤不可不知也。

王夫之《讀通鑑論》卷二六《唐敬宗》　李吉甫之始執政也，以推薦賢才致天下之譽，上國計簿，以人主知財用之難而思節省，尤大臣之要術也。其他則媢疾導諛，心違其言，不可勝道矣。元稹、李宗閔起而對策，詰吉甫之姦，推奥援之託，堂堂侃侃，罷黜不以爲憂，充斯志也，何有於崔潭峻、魏弘簡、王守澄之刑餘？又何有於李逢吉、王播之貪鄙？言之也不怍，尤不懼也。一旦改面而事佞倖以傍趨，有倍蓰於吉甫諸人之爲者。觀其始進，覽其遺文，亦惡知其滅裂之至於此哉？

王鳴盛《十七史商榷》卷九〇《李吉甫作〈元和郡國圖〉》　《舊·李吉甫傳》：「吉甫嘗分天下諸鎮，紀其山川險易故事，各寫其圖於篇首，爲五十四卷，號爲《元和郡國圖》，又與史官等録當時户賦兵籍，號爲《國計簿》，凡十卷，皆奏上之。」

杜佑《通典·州郡門》序目云：【略】吉甫進書表亦云：【略】此二段議論實獲我心，二公皆唐中葉良臣，學行名位竝高，固宜辭尚體要，若合符節，抑豈獨談地理者當如是，凡天下一切學問，皆應以根據切實，詳簡合宜，内關倫紀，外繫治亂，方足傳後。掇拾蒐瑣，騰架空虚，欲以譁世取名，有識者厭薄之。

杜、李兩家書佳處只在體段規模，其學之狥俗則限於時代，又開趙宋氣習，地理沿革宂亂，本易差訛，再加以後人好改前人舊説，則治絲而棼之矣。前論杜佑之謬，而吉甫亦所不免，覯予《禹貢後案》所駁諸條自明。

藝文

王建《王司馬集》卷五《上李吉甫相公》　聖朝齊賀説逢殷，霄漢無雲日月真。金鼎調和天膳美，瑤池沐浴賜衣新。兩河開地山川正，四海休兵造化仁。曾向山東爲散吏，當今竇憲是賢臣。

《白居易集》卷三七《贈吉甫先父官并與一子官制》　勑：某官李吉甫：出入將相，迨今七載，而能修庶職，敍彝倫，毗予一人，以底于道。夙夜不怠，厥功茂焉！夫忠於君者，教本於親；寵其身者，賞延于嗣。於是乎有飾終之命，有任子之恩；所以感人心而勸臣節也。惟茲舊典，可舉而行。

《白居易集》卷三九《與吉甫詔》　勑：吉甫，韓用政至，省所奏陳謝，具悉。卿忠貞立身，文武爲德。志惟經國，謀不忘君。才可以雄鎮方隅，故委之外閫；智可以密參帷幄，故任以中樞。而能一其衷心，再有沖讓。雖勞謙彌切，每陳丹府之誠；而憂寄方深，難輟紫垣之務。勉諭已伸於前詔，忠勤載露於來章。今征討已停，方隅稍泰。克清之日，雖則不遥；難奪之心，亦宜且抑。重此宣諭，當體朕懷。是推至公，煩有陳謝。

《柳宗元集》卷三六《上揚州李吉甫相公獻所著文啓》　宗元啓：始閣下爲尚書郎，薦寵下輩，士之顯於門闌者以十數，而某尚幼，不得與於厮役。及閣下遭讒妬，在外十餘年，又不得效薄伎於前，以希一字之褒貶。公道之行也，閣下乃始爲贊書訓辭，擅文雅於朝，以宗天下。而某又以此時去表著之位，受放逐之罰，廌仍囚錮，視日請命。進退違背，思欲一日伏在門下而不可得，常恐抱斯志以没，卒無以知於門下，冥冥長懷，魂魄幽憤。故敢及其能言，貢書編文，冒昧嚴威，以畢其志，伏惟觀覽焉。幸甚幸甚。

閣下相天子，致太平，用之郊報，則天神降，地祇出；用之經邦，則百貨殖，萬物成；用之文教，則經術興行；用之武事，則暴亂翦滅。依倚而冒榮者盡去，幽隱而懷道者畢出，然後中分主憂，以臨東諸侯，而天下無患。盛德大業，光明如此，而又有周公接下之道，斯宗元所以廢錮濱死，而猶欲致其志焉。閣下儻以一言而揚舉之，則畢命荒裔，固不恨矣。謹以雜文十首上獻。縲囚而干丞相，大罪也。寧爲有聞而死，不爲無聞而生。去就乖野，不勝大懼。謹啓。

《柳宗元集》卷三六《謝李吉甫相公示手札啓》　宗元啓：六月二十九日，衡州刺史吕温道過永州，辱示相公手札，省録狂瞽，收撫羈縲，沐以含弘之仁，忘其進越之罪。感深益懼，喜極增悲，五情交戰，不知所措。

宗元性質庸塞，行能無取，著書每成於廢疾，進德且乏其馨香。常願操篲醫門，掬留蘭室，良辰不與，夙志多違。昨者踴躍殘魂，奮揚蓄念，激以死灰之氣，陳其弊箒之辭，致之煙霄，分絶流眄。今則垂露在手，清風入懷，華衮濫褒於赭衣，龍門俯收於埳井。藻鏡洞開，而秋毫在照；文律傍暢，而寒谷生輝。化幽鬱之志，若覿清明；換兢危之心，如承撫薦。非常之幸，豈獨此生？伏以淮海劇九天之遥，瀟湘參百越之俗。傾心積念，長懸星漢之上；流形委骨，永淪魑魅之群。何以報恩？唯當結草。無任喜懼感戀之至。

《文苑英華》卷八四一張仲方《駁贈司徒李吉甫謚議》　議曰：古者易名請謚，禮之典也。處大位者，舉其巨節，蔑諸細行，昭範當代，彰示後人，然後書之，垂於不朽。善善惡惡，不可以誣，故稱一字則至當焉，舉一事則至明焉，定褒貶是非之宜，泯同異紛綸之論。李吉甫，禀氣生材，乘時佐治，博涉多智，含章炳文，燮贊陰陽，經綸邦國。惜乎通敏資性，而便媚取容，故載踐樞衡，疊補台衮，大權在己，沉謀罕成，好惡徇情，輕脱寡信，謟淚在臉，遇便則流，巧言如簧，應機必發。夫大臣之翊戴元后者，端俗致治，孜孜夙夜，緝熙庶績，平章百揆。兵者凶器，不可從我始，及其伐罪，則料敵以成功。至使内有害輔臣之盗，外有懷毒蠆之孽，師徒暴野，戎馬生郊，皇上旰食宵衣，公卿大夫且慙且耻，農人不得在畆，紡婦不得事桑，耗賦斂之常貲，散帑藏之中積，徵邊徼之備，竭運挽之勞，僵尸血流，胔骼成岳，毒痛之聲，號呼無辜，勦絶羣生，逮今四載，禍胎之兆，寔始其謀。遺君父之憂，而豈謂先覺者乎。夫國之論大功者，不可以妄取，不可以枉致，必咨籌畫，乃著丕顯，不競而分，豈妨全美。當削平西蜀，乃言語侍從之臣；擒剪東吴，則訏謨廊廟之輔，較其時則有異，言其力則不倫，何乃捨其所重，而録其所輕，存其所小，而略其所大。且奢靡是嗜，而曰愛人以儉。授受無守，而曰慎才以補。斥諫諍於外，豈不近之蔽聰乎。舉忠烈之廣，豈不近之匿愛乎。焉有蔽聰匿愛，家範無制，而能垂法作程，憲章百度。謹按《謚法》曰：「敬者，夙夜儆戒曰敬」。《書》曰：「敬明乃訓。」《易》曰：「敬以直内。」内而不肅，何以形於外。「憲」也者刑也法也，《戴記》曰：「憲章文武。」又曰：「發慮憲義，以爲敬恪終始。」載考歷位，未嘗刻一法官，讞一小獄，及居重位，以安和平易寬柔自處，考其

名與其行不類，研其事與其道不侔。一定之辭，帷精審慎，異日詳制，貽諸史官，請俟蔡寇將平，天下無事，然後都堂聚議，謚亦未遲。謹議。

《文苑英華》卷九八四武元衡《祭李吉甫文》　維元和九年月日，某官謹遣某，以清酌之奠，敬祭于故中書侍郎、同中書門下平章事、贈司空趙國公李公之靈。

元精之和，變乎絪緼，升爲星辰，播爲賢哲。當四序迭運，克成歲功，元德咸宜，用彰聖道。惟公鍾戊間氣，誕靈中和。圭璧鎮於巖廊，宫商備於韶濩。經文緯武，覩奥知微。究理亂之源流，極天人之涯際。洎濯纓清漢，鳴珮天墀，出入三朝，徘徊二紀，嘗思禁掖，潤色王猷。屬元聖御極之初，昊天降休之日，公内參密命，外正戎機，竭心膂以振皇綱，勵精誠以輔化。故得三光離朗，九有澄清。南定勾吴，西殲卭僰。默運宏略，弘宣大猷。

及公亮采登庸，予忝台階接武。翊戴元首，弼諧神人，論道罔違，恩波共浹。及公推轂淮海，予亦杖鉞坤維。俱荷寵贊，各從藩翰。陰隲庶彙，惠洽顓蒙。化皆龢之人，變澆漓之俗。聲應義激，契重情申。信誓之言，期於没齒。隋宫井絡，相去萬里。山水澄鮮，烟綿錯峙。風傳麗句，緘開素鯉。金石相投，鏗然在耳。再徵黄霸，繼入丹墀。啓沃同心，歲寒共期。運屬休明，道濟無爲。星霜八變，交態不移。或乘春賞花，或對酒吟詩，音容不間，譏語忘疲。宜保太和，克享期頤。報功于岱岳，侍宴于瑶池。

庭菊有芳，朝露尚滋。交臂遽失，瞥如飈馳。惜乎時方泰而壽不與。噫。道行而數奇，復淮夷之成算，雖人亡而事遺。軫悼皇情，哀纏册誄。瞻彼洛土，青烏爰止。千里申奠，九原同寄。撫嵇紹而不孤，銘太丘而無愧。嗚呼哀哉。尚饗。

宋敏求《唐大詔令集》卷四六佚名《李吉甫平章事制》　輔弼之重，邦家所屬。寄深藩翰，則外撫諸侯。望切股肱，則乂熙庶績。迭居其任，厥惟舊章。前淮南節度副大使知節度事、管内支度營田觀察處置等使、金紫光禄大夫、檢校兵部尚書、兼中書侍郎、同中書門下平章事、揚州大都督府長史、上柱國、趙國公、食邑三千户李吉甫，弘經遠之才，研極深之慮。脱落細故，洞開中懷，文稽典誥，學升堂室。洎司我密命，言屢表於獨明。參予衮職，道每彰於孤直。貢其誠節，竭以公忠，墜典載張，彝倫攸序。匡予不逮，懷之豈忘。曩以淮海大都，吴楚雄鎮，歲屬艱食，人多愁聲，是假全才，用康疲俗，下流乎水利，不憚乎勞心。故畫以長堤，瀦其天澤，變舄鹵爲稻粱之壤，致蒸黎有衣食之源。吏守成規，人無遷志。庶富之教，既宣於封内。輔相之宜，俾及於天下。顧兹重務，屬於良臣，去其外職之繁，專以中樞之任。至於别館良史之褒貶，内殿集賢之清祕，爰舉舊典，式洽新恩。無曠厥官，往踐乃位。可中書侍郎、同中書門下平章事、兼集賢殿大學士、監修國史，散官勳封如故。

《全唐文》卷五六唐憲宗《授李吉輔中書侍章同平章事制》　門下：昔周宣王思宏文武之道，則以申甫代天工。漢宣帝思繼祖宗之風，則以邴魏執邦柄。是以克紹前烈，俱稱中興。朕以眇身，託於人上，亦思所以纘列聖之緒，致太階之平，懷柔四夷，親附百姓，將成莫大之業，遂獲非常之才，授之鈞衡，俾作舟楫。銀青光禄大夫、行中書舍人、翰林學士、上柱國李吉甫，符彩外發，清明内融，體仁而温，抱義而峻。識洞精賾，知皇王致理之由。學該古今，窮天人相與之際。自擢於綸閣，列在禁闈，鼓三變之文，潤色王度。總五才之用，參贊廟謨。化俗思邁於成康，致君願及於堯舜。當注意之所向，每罄心而必陳。深中不回，獨立無懼，經綸常見其道遠，激切多至於涕零。王綱以張，蜀寇斯殄，左右密勿，實由嘉言。降神而生，輔朕爲理，調三光以序六氣，遂物情而熙帝猷。是爲中樞，司我大本，命爾俞往，其惟勗哉。於戲。宰相之任，安危所繫，百辟爲憲，萬邦所瞻。與其明察以爲公，不若嚴重而有制，與其將順於甚美，不若匡救於缺違。審涇渭以序人倫，謹繩墨以正天下，交泰之運，其若斯乎。敬聽朕言，以践乃職。可守中書侍郎、同中書門下平章事，散官勳如故，主者施行。

武元衡部

綜述

《舊唐書》卷一五八《武元衡傳》 武元衡字伯蒼，河南緱氏人。曾祖載德，天后從父弟，官至湖州刺史。祖平一，善屬文，終考功員外郎、修文館學士，事在《逸人傳》。父就，殿中侍御史，以元衡貴，追贈吏部侍郎。元衡進士登第，累辟使府，至監察御史。後爲華原縣令。時畿輔有鎮軍督將恃恩矜功者，多撓吏民，元衡苦之，乃稱病去官。放情事外，沉浮讌詠者久之。德宗知其才，召授比部員外郎。一歲，遷左司郎中。時以詳整稱重。貞元二十年，遷御史中丞。嘗因延英對罷，德宗目送之，指示左右曰：「元衡真宰相器也。」

順宗即位，以病不親政事。王叔文等使其黨以權利誘元衡，元衡拒之。時奉德宗山陵，元衡爲儀仗使。監察御史劉禹錫，叔文之黨也，求充儀仗判官，元衡不與，其黨滋不悦。數日，罷元衡爲右庶子。憲宗即位，始冊爲皇太子，元衡贊引，因識之，及登極，復拜御史中丞。持平無私，綱條悉舉，人甚稱重。尋遷户部侍郎。元和二年正月，拜門下侍郎、平章事，賜金紫，兼判户部事。上爲太子時，知其進退守正，及是用爲宰相，甚禮信之。

初，浙西節度李錡請入覲，乃拜爲右僕射，令入朝，既而又稱疾，請至歲暮。上問宰臣，鄭絪請如錡奏，元衡曰：「不可。且錡自請入朝，詔既許之，即又稱疾，是可否在錡。今陛下新臨大寶，天下屬耳目，若使奸臣得遂其私，則威令從兹去矣。」上以爲然，遽追之，錡果計窮而反。

先是，高崇文平蜀，因授以節度使。崇文理軍有法，而不知州縣之政，上難其代者，乃以元衡代崇文，拜檢校吏部尚書，兼門下侍郎、平章事，充劍南西川節度使。將行，上御安福門以臨慰之。高崇文既發成都，盡載其軍資、金帛、帟幕、伎樂、工巧以行。元衡至，則庶事節約，務以便人。比三年，公私稍濟。撫蠻夷，約束明具，不輒生事。重慎端謹，雖淡於接物，而開府極一時之選。八年，徵還。至駱谷，重拜門下侍郎、平章事。

時李吉甫、李絳情不相叶，各以事理曲直於上前。元衡居中，無所違附，上稱爲長者。及吉甫卒，上方討淮、蔡，悉以機務委之。時王承宗遣使奏事，請赦吴元濟。請事於宰相，辭禮悖慢，元衡叱之，承宗因飛章詆元衡，咎怨頗結。元衡宅在静安里，九年六月三日，將朝，出里東門，有暗中叱使滅燭者，導騎訶之，賊射之中肩。又有匿樹陰突出者，以棓擊元衡左股。其徒馭已爲賊所格奔逸，賊乃持元衡馬，東南行十餘步害之，批其顱骨懷去。及衆呼偕至，持火照之，見元衡已踣於血中，即元衡宅東北隅墻之外。時夜漏未盡，陌上多朝騎及行人，鋪卒連呼十餘里，皆云賊殺宰相，聲達朝堂，百官恟恟，未知死者誰也。須臾，元衡馬走至，遇人始辨之。既明，仗至紫宸門，有司以元衡遇害聞，上震驚，却朝而坐延英，召見宰相。惋慟者久之，爲之再不食。冊贈司徒，贈賻布帛五百匹、粟四百石，輟朝五日，謚曰忠愍。

元衡工五言詩，好事者傳之，往往被於管絃。

初，八年，元衡自蜀再輔政，時太白犯上相，歷執法。占者言：「今之三相皆不利，始輕末重。」月餘，李絳以足疾免。明年十月，李吉甫以暴疾卒。至是，元衡爲盗所害，年五十八。始元衡與吉甫齊年，又同日爲宰相。及出鎮，分領揚、益。及吉甫再入，元衡亦還。吉甫先一年以元衡生月卒，元衡後一年以吉甫生月卒。吉凶之數，若符會焉。先是長安謡曰「打麥麥打三三三」，既而旋其袖曰「舞了也」。解者謂：「打麥」者，打麥時也；「麥打」者，蓋謂暗中突擊也；「三三三」，謂六月三日也；「舞了也」，謂元衡之卒也。自是京師大恐，城門加衛兵，察其出入，物色伺之。其偉狀異製、燕趙之音者，多執訊之。元衡從父弟儒衡。

《新唐書》卷一五二《武元衡傳》 武元衡字伯蒼。曾祖載德，則天皇后之族弟。祖平一，有名。元衡舉進士，累爲華原令。畿輔鎮軍督將，皆驕横橈政，元衡移疾去。德宗欽其才，召拜比部員外郎，歲内三遷至右司郎中，以詳整任職。擢爲御史中丞。嘗對延英，帝目送之，曰：「是真宰相器！」

順宗立，王叔文使人誘以爲黨，拒不納。俄爲山陵儀仗使，監察御史劉禹錫求爲判官，元衡不與，叔文滋不悦。數日，改太子右庶子。會冊皇太子，元衡贊相，太子識之。及即位，是爲憲宗，復拜中丞，進户部侍郎。元和二年，拜門下侍郎、同中書門下平章事，兼判户部事。帝素知元衡堅正有守，故眷禮信任異它相。浙西李錡求入覲，既又稱疾，欲賒其期。帝問宰相鄭絪，

絪請聽之，元衡曰：「不可，錡自請入朝，詔既許之，而復不至，是可否在錡。陛下新即位，天下屬耳目，若奸臣得遂其私，則威令去矣。」帝然之，遽追錡。而錡計窮，果反。

是時，蜀新定，高崇文爲節度，不知吏治，帝難其代。詔元衡檢校吏部尚書，兼門下侍郎、同平章事，爲劍南西川節度使，繇蕭縣伯封臨淮郡公，帝御安福門慰遣之。崇文去成都，盡以金帛、帟幕、伎樂、工巧行，蜀幾爲空。元衡至，綏靖約束，儉己寬民，比三年，上下完實，蠻夷懷歸。雅性莊重，雖淡於接物，而開府極一時選。

八年，召還秉政。李吉甫、李絳數爭事帝前，不叶，元衡獨持正無所違附，帝稱其長者。吉甫卒，淮、蔡用兵，帝悉以機政委之。王承宗上疏請赦吴元濟，使人白事中書，悖慢不恭，元衡叱去。承宗怨，數上章誣詆。未幾入朝，出靖安里第，夜漏未盡，賊乘暗呼曰：「滅燭！」射元衡中肩，復擊其左股，徒御格鬬不勝，皆駭走，遂害元衡，批顱骨持去。邏司傳譟盜殺宰相，連十餘里，達朝堂，百官恟懼，未知主名。少選，馬逸還第，中外乃審知。是日，仗入紫宸門，有司以聞，帝震驚，罷朝，坐延英見宰相，哀慟，爲再不食。贈司徒，謚曰忠愍。詔金吾、府、縣大索，或傳言曰：「無搜賊，賊窮必亂。」又投書於道曰：「毋急我，我先殺汝。」故吏卒不窮捕。兵部侍郎許孟容言於帝曰：「國相横尸路隅而盜不獲，爲朝廷辱。」帝乃下詔：「能得賊者賞錢千萬，授五品官。與賊謀及舍賊能自言者亦賞。有不如詔，族之。」積錢東西市以募告者。於是左神策將軍王士則、左威衛將軍王士平以賊聞，捕得張晏等十八人，言爲承宗所遣，皆斬之。逾月，東都防禦使吕元膺執淄青留邸賊門察、訾嘉珍，自言始謀殺元衡者，會晏先發，故藉之以告師道而竊其賞，帝密誅之。

初，京師大恐，城門加兵誰何，其偉狀異服、燕趙言者，皆驗訊乃遣。公卿朝，以家奴持兵呵衛，宰相則金吾彀騎導翼，每過里門，搜索喧譁。因詔寅漏上二刻乃傳點云。

從父弟儒衡。

雜録

備録

《太平廣記》卷一五四《韋貫之》引《續定命録》　武元衡與韋貫之同年及第。武拜門下侍郎，韋罷長安尉，赴選，元衡以爲萬年丞。過堂日，元衡謝曰：「某與先輩同年及第，元衡遭逢，濫居此地，使先輩未離塵土，元衡之罪也。」貫之嗚咽流涕而退。後數月，除補闕。是年，元衡帥西川，三年後入相，與貫之同日宣制。

《太平廣記》卷一五四《元和二相》引《感定録》　元和中，宰相武元衡與李吉甫齊年，又同日爲相；及出鎮，又分領揚、益；至吉甫再入，元衡亦還；吉甫前一年以元衡生月卒，元衡以吉甫生月遇害，年五十八。

《太平廣記》卷一七七《武元衡》引《乾饌子》　武黄門之西川，大宴。從事楊嗣復狂酒，逼元衡大觥。不飲，遂以酒沐之。元衡拱手不動，沐訖，徐起更衣，終不令散宴。

計有功《唐詩紀事》卷三三《武元衡》　元衡善爲五言，好事者傳之，被之管絃。嘗夏夜作詩云：「夜久喧暫息，池臺帷月明。無因駐清景，日出事還生。」明日遇害。初，八年元衡自蜀再輔政時，太微犯上相，歷執法占者言：「今之三相皆不利，始輕末重。」月餘，李絳以足疾免。明年十月，李吉甫以暴疾卒。至是元衡爲盜所害，年五十八。始元衡與吉甫齊年，又同日爲宰相。及出鎮，分領揚、益，及吉甫再入，元衡亦還。吉甫先一年以元衡生月卒，元衡後一年以吉甫生月卒。吉凶之數，若符會焉。先是，長安謡曰：「打麥，麥打，三三三。」既而旋其袖曰：「舞了也。」解者謂「打麥」者，打麥時也；「麥打」者，謂暗中突擊也；「三三三」，謂六月三日也；「舞了也」，謂元衡之卒也。

計有功《唐詩紀事》卷四十五《崔備》　元衡在蜀淡於接物，而開府極一時。選公綽爲少尹，正壹觀察判官，備度支判官，裴度掌書記，盧士玫觀察推官，楊嗣復節度推官。

備論

《舊唐書》卷一五八《武元衡傳》 史臣曰：二武朗拔精裁，爲時羽儀，嫉惡太甚，遭罹不幸，傳刃喋血，誠可哀哉！令狐中傷，爲惡滋甚，君子之行，其若是乎？鄭貞公博雅好古，一代儒宗。文忠致君，無忝乃祖，衣冠之盛，近代罕儔。韋氏三宗，世多才俊。純、纁忠懿，爲時元龜，作輔論兵，言皆體國。澳之貞亮，不替祖風。三代謚貞，考行無愧。

贊曰：后族峥嶸，平一辭榮。高風襲慶，鍾在二衡。猗與貞公，繼以文忠。純、纁文雅，綽有父風。

《新唐書》卷一五二《武元衡傳》 贊曰：鎰、元衡暴忠王室，絳巨德大臣，皆爲賊姦所乘，不歿元身，蓋福善禍淫之訓有時而橈。雖然，賢者於忠誼，寧以一不幸，遽使慊然於其心哉！要躬可殞，而名與岱、崧等矣。公輔隙開，而猶納説焉。申錫謀小任大，顛沛從之，惜乎！

孫甫《唐史論斷》卷下《注意相》 論曰：古人謂「天下安，注意相，天下危，注意將」，此非通論。夫天下安固注意於相，天下危亦宜注意於相也。相得人，則將自出矣。今觀唐事，大可驗。德宗建中以兩河亂，鋭意平定，時得馬燧、李抱真、李晟輩數名將任之，竟不能平魏博、淄青之亂，反致大變者，相不得人也。所相者盧杞，無公忠之心，無經營處置之才，雖有名將，功不克成也。憲宗自即位，有興復大業之志，首得杜黄裳陳安危之本，啓其機斷；繼得武元衡、裴珀、李絳、裴度謀議國事。數人皆公忠至明之人，故能選任將帥，平定寇亂。累年叛涣之地得爲王土，四方之人再見太平者，相得人也。則所謂天下危亦當注意於相，相得人，將自出矣，非其驗歟？或曰：「建中之閒，叛者李希烈、田悦、朱滔皆劇賊，非元和中劉闢、李錡、盧從史、王承宗、吴元濟、李師道之比也，故馬燧輩不能平希烈等數賊，高崇文輩能平闢等數叛臣也。此由賊之强弱，將之用力難易，何繫於相之事焉？」答曰：希烈等雖劇賊過於闢等，然馬燧、李抱真、李晟之將亦過於高崇文、李光顔、李愬之徒矣。將才賊勢，正兩相等，前後成功異者，實繫於相也。建元、中和之事，難以疏舉，今舉一二顯者證之。馬燧輩敗田悦於洹水，悦奔魏州城中，敗卒無二三千人，皆夷傷未起，日夕俟降。燧等若乘勝進取，獲田悦、收魏博反掌閒耳。時河北劇賊惟悦，悦既平，李納勢孤，望風自降。況朱滔等未叛，河北既無事，河南諸賊無黨援，何能爲哉！但燧與抱真不和，遷延不進，致悦嬰城固守，且誘朱滔等同叛，遂成横流之勢。蓋燧窺朝廷之事，盧杞所爲險薄，專招怨讎，必無公平之法，故少所畏憚，敢乘私忿之心，不了國事也。杜黄裳薦高崇文討劉闢，崇文固盡心國事，黄裳尚慮未果成功，以其所憚者制之，諭之曰：「若不用命，當以劉澭代汝。」黄裳既薦名將，復以能者制之，崇文不得不速於立功也。裴度請督戰淮西，諸將聞之，無不用命，知度必能賞功罰罪也。以此證之，天下安危皆繫於相，豈不章章乎？然相之賢，非天子之明不能任，此又見憲宗之明也。憲宗之明能任賢相，則德宗以政柄付之姦人，果何如主哉！元和之治，建中之亂，後之君天下者宜鑑之。

徐積《節孝語録》 公問崔子方秀才何如，人端禮曰：「與人不苟合，議論亦如此。」公喜曰：「不必論其他，只『不苟合』三字，可知其所守之正。正者，大本也，昔楊綰以清儉在位，天下之士多以敝衣爲儉以求合於綰，惟武元衡素好鮮美不改所爲，至其論議則未嘗苟從。蓋惡衣食未足以爲賢，至其不苟合，乃可以見其人。」

葉適《習學記言》序目卷四二《列傳》 余既於平淮西碑論陽抅汎率之非，猶然有未盡者。韓弘賊也，去李師道、王承宗一間爾，而乃使爲統帥責以成功，此武元衡、李吉甫之謬歟？去杜黄裳遠矣！弘無狀至於蟲壞李光顔，裴度雖督戰尚不敢當。招討凡事利害縱曉然在目前，終非智者不能睹。而世以爲智則必待決了於冥冥，亦豈皆然哉？

藝文

王建《王司馬集》卷五《上武元衡相公》 旌旗坐鎮蜀江雄，帝命重開舊閤崇。褒貶唐書天歷上，捧持堯日慶雲中。孤情迥出鸞皇遠，健思潛搜海嶽空。長得蕭何爲國相，自西流水盡朝宗。

吕温《吕衡州文集》卷五《代武相公謝槍旗器甲鞍馬表》 臣某言：今日中使某乙至臣宅，奉宣聖旨，賜臣槍旗器甲鞍馬錦綵等。禮殊其數，物備其容，肅

以將威，煥以昭寵。雲澤濡體，天光照門，忭駭失圖，兢惶罔據。臣某誠荷誠感，頓首頓首。臣才無可取，進不因人，陛下憐其小心，知其盡節，特紓宸睠而謬委台司，匡補之益無聞，將明之効靡著。方俟嚴譴，忽蒙殊恩，寄重西南，任兼中外，封開大郡，秩正黄樞，登壇於六符之階，被衮爲三軍之帥，古今盛典盡在茲日，人臣富貴并集微躬。豈臣孱庸所克負荷，非臣殞越所能上報。重錦名馬，茱甲朱旗，王事靡盬，儼有行色。天顔咫尺，忽當遠離，感戀彷徨，拜受涕咽。折衝分閫，媿非式遏之才；榮耀自天，猥辱專征之賜。無任感恩激切之至，謹奉表陳謝以聞。

《劉禹錫集》卷一三《武中丞謝新茶表》 臣某言：中使竇國安奉宣聖旨，賜新茶一斤。猥降王人，光臨私室。恭承慶賜，跪啓緘封云云。伏以方隅入貢，采擷至珍。自遠爰來，以新爲貴。捧而觀妙，飲以滌煩。顧蘭露而慚芳，豈蔗漿而齊味？既榮凡口，感倍丹心。無任歡躍感恩之至。貞元二十年三月日。

《劉禹錫集》卷一三《武中丞謝春衣表》 臣某言：中使某乙奉宣聖旨，賜臣春衣一副。王人臨第，御府降衣。抃舞失容，捧戴無措云云。伏以律當春暮，慶洽時邕。萬物被薰風之和，九天垂湛露之澤。受任非次，速尤是虞。方懷匪服之憂，更荷解衣之賜。恩加盡飾，拖朱紫而爲榮；受非以庸，顧形影而增愧。丹誠徒罄，玄造難酬。無任踴躍屏營之至。

《劉禹錫集》卷一三《武中丞再謝新茶表》 臣某言：中使某乙奉宣聖旨，賜臣新茶一斤。猥沐深恩，再霑殊錫。承旨慶抃，省躬慚惶。伏以貢自外方，珍殊衆品。效參藥石，芳越椒蘭。出自仙廚，俯頒私室。義同推食，空荷於曲成；責在素餐，實慚於虚受。

《劉禹錫集》卷一三《武中丞謝新橘表》 臣某言：中使某乙至，奉宣聖旨，賜臣新橘若干顆。特降寵光，猥頒慶賜。珍踰百果，榮比兼金。伏以丹實初成，苞貢爰至。芬馨味重，方列於御筵；雨露恩深，忽霑於賤品。感同推食，事等絶甘。豈唯適口爲珍？實冀捐軀上答。

《劉禹錫集》卷一三《武中丞謝柑子表》 臣某言：中使某乙至，奉宣聖旨，賜臣柑子若干顆。特降殊私，再頒名果。自遠稱貴，以新爲榮。伏以果實既成，南方有貴；瓊茅合貢，中禁爲珍。方貢外來，人間未覩。黄苞輝穎，彫俎增華。芬芳初佐於大庖，慶賜遂沾於凡口。甘踰苹實，剖食既同於楚謠；寒比蔗漿，析酲何慚於漢史。感恩思效，倍百常情。

《劉禹錫集》卷一三《武中丞謝冬衣表》 臣某言：中使某乙至，奉宣聖旨，賜臣冬衣一副。恩降重霄，榮加陋質。承旨慶抃，省躬慚惶。臣受任已來，微效莫著。每更時律，慚曠官常。豈謂玄造曲成，鴻私薦及？念茲戒寒之候，錫以禦冬之衣。抃舞失容，顧盼增飾。鶴文是錫，遠慚晉代之賢；鵜翼不濡，實懼曹風之刺。無任感戴屏營之至。

《劉禹錫集》卷二四《江陵嚴司空見示與成都武相公唱和因命同作》 南荆西蜀大行臺，幕府旌門相對開。名重三司平水土，威雄八陣役風雷。彩雲朝望青城起，錦浪秋經白帝來。不是郢中清唱發，誰當丞相掞天才？

《白居易集》卷五五《除武元衡門下侍郎平章事制》 朕嗣守丕業，行將十年，實賴一二輔臣，與之共治。故外鎮方域，則仗以爲將，有絳侯厚重之質，有邴吉寛大之風。自登台司，克厭人望。頃屬巴蜀，軍後人殘，權委節旄，俾往鎮撫。信及夷貊，恩加疲瘵；每因利以施惠，不易俗而修教。政無苟得，人用便安；惠茲一方，時乃之績。報政既久，屬望益深。宜歸左輔，以參大政。夫坦然公道，可以敍衆才；曠然虚懷，可以應羣務。弼違救失，不以尤悔爲慮；進善懲惡，不以親讎自嫌：用此輔君，足爲名相。欽率是道，往復乃官。可門下侍郎，同中書門下平章事。

《白居易集》卷五七《與元衡詔》 勅：元衡，省所奏當管南界外生蠻東凌六部落大鬼主苴春等，以所管子弟百姓等二千餘户請内屬黎州，并奏南路蕃界消息者，具悉。卿以文武之才，兼將相之任。仁和下布，黎庶獲安；威惠旁流，蠻夷率附。勳勤斯著，倚賴彌深。欽矚之懷，豈忘寤寐？生蠻部落苴春等，久阻聲教，遠此歸投。願屬黎州，請通縣道。勉於撫慰，以勸將來。所奏蕃界事宜，具已知委。戎虜雖聞喪敗，封疆不可無虞。亦宜提防，用副憂矚。

《白居易集》卷五七《與元衡詔》 勅：元衡：卿立身許國，竭力匡君；人之具瞻，予所嘉賴。凋殘是卹，遠藉宣風之能；利澤所資，暫輟爲霖之用。慈和既敷於兵後，惠信當洽於言前。永念忠勤，豈忘寤想？計卿行邁，已到西川，涉遠冒寒，固甚勞頓。勉加綏撫，以副朕懷！想宜知悉。

《柳宗元集》卷三八《爲武中丞謝賜櫻桃表》 臣某言：中使某乙至，奉宣聖旨，賜臣櫻桃若干者。天睠特深，時珍洊降，寵驚里巷，恩溢圓方。臣某誠喜誠懼，頓首頓首。

伏以含桃之羞，時令攸貴，況今採因御苑，分自天厨。使發九霄，集繁星而

積耀；味調六氣，承湛露而不晞。盈眥而外被恩光，適口而中含渥澤。顧慚素食，彌切自公，豈圖君子所先，遂厭小人之腹。無任。

《柳宗元集》外集卷下《爲武中丞謝賜新茶表》　臣某言：中使竇某至，奉宣聖旨，賜臣新茶一斤者。天睠忽臨，時珍俯及，捧戴驚抃，以喜以惶。臣以無能，謬司邦憲。大明首出，得親仰於雲霄；渥澤遂行，忽先霑於草木。况兹靈味，成自遐方，照臨而甲坼惟新，煦嫗而芬芳可襲，調六氣而成美，扶萬壽以效珍。豈可賤微，膺此殊錫？銜恩敢同於嘗酒，滌慮方切於飲冰。撫事循涯，隕越無地。臣不任感戴欣抃之至。

《文苑英華》卷四四九佚名《武元衡再入相制》　門下：邦國興理將相是資，選衆而舉思賢俾乂。故有台臣外撫，宣力已靖於四方；衮職迭居，懋功復凝於庶職。允兹崇踐，爰屬上才。前劍南西川節度副大使、知節度事、管内度支營田觀察處置統押近界諸藩及西山八國雲南安撫等使、銀青光禄大夫、檢校吏部尚書兼門下侍郎、同中書門下平章事、成都尹、上柱國、臨淮郡開國公，食邑二千户武元衡粹厚端莊，簡易常壹。有誠明之道以致用，有宏茂之略以佐時，貞方自得於性術，操尚不愆於風雨。加以懿文合雅，聚學承師，通禮樂刑政之源，達古今治變之要。歷登華貫，休問穆然。洎處鈞衡，中立不倚。致君思堯舜之盛，修職以邴魏爲宗，益部大藩，比仗兼濟，而能布宣威惠，撫莅蠻髦，繇道輯寧，疲黎安息。推心而下皆率附，正已而人自嚮方，臨之累年，理有殊等。朕以出納王命，緝熙帝圖，總庶官之職業，爲百度之扃鍵，惟此重任屬于黄扉分憂，遂輟於殿邦，具瞻再歸於碩望。爾尚行之以中正，煦之以和平。毗于一人，膏潤天下；祇膺禮命，無替徽猷。可守門下侍郎、同中書門下平章事，兼崇玄館大學士，充太清宫使。

宋敏求《唐大詔令集》卷五三佚名《武元衡西川節度使制》　地有西蜀，國之奥區。百濮羣蠻，外帀于封域；雙流重阻，内固於襟帶。形勝所屬，撫綏惟艱。近者剪其兇魁，鎮以勳力，實有威惠，至于和寧。而匪遑寧居，累布丹懇，激戀闕之深志，將執圭而展儀。詢其尸之，允在能者。乃聽僉議，輟兹台臣。太中大夫、守門下侍郎、同中書門下平章事、弘文館大學士、太微宫使、兼判户部事、上柱國、蕭縣開國伯、賜紫金魚袋武元衡，器惟弘深，行則端敬，珪玉不瑑，雷風有恒，夙彰嘉聞，亟歷華貫。乃司邦憲，有遂物之誠；乃踐地官，有阜財之績。益振公望，克諧朕心，擢于鼎司，授以大柄。謀由外而不伐，慎由衷而自彰。展代工之勤，弘冒物之化，以道則直，以心則和。丙吉雅通於國體，山甫誠補於衮職，朝夕有恪，毗予一人，眷兹西南，憂寄方切。非寬大無以涖衆，非慈惠無以厚生；非誠信無以撫蠻夷，非忠賢無以殿邦國。眷我心膂，膺兹重任。外分兵符，以副於重望；中佩相印，不離於具瞻。峻秩爰首於六官，崇階更登於七命，且示加等，仍疏大封，勉承寵光，無替朕命。可銀青光禄大夫、檢校吏部尚書、兼門下侍郎、同中書門下平章事、成都尹，充劍南西川節度使、營田觀察處置、統近界諸蠻及西山八國雲南安撫等使，進封臨淮郡開國公，食邑二千户。

裴度部

綜述

《舊唐書》卷一七〇《裴度傳》 裴度字中立，河東聞喜人。祖有鄰，濮州濮陽令。父漵，河南府澠池丞。度，貞元五年進士擢第，登宏辭科。應制舉賢良方正、能直言極諫科，對策高等，授河陰縣尉。遷監察御史，密疏論權倖，語切忤旨，出爲河南府功曹。遷起居舍人。元和六年，以司封員外郎知制誥，尋轉本司郎中。

七年，魏博節度使田季安卒，其子懷諫幼年不任軍政，牙軍立小將田興爲留後。興布心腹於朝廷，請守國法，除吏輸常賦，憲宗遣度使魏州宣諭。興承僭侈之後，車服垣屋，有踰制度，視事齋閣，尤加宏敞。興惡之，不於其間視事，乃除舊採訪使廳居之，請度爲壁記，述興謙降奉法，魏人深德之。興又請度徧至屬郡，宣述詔旨，魏人郊迎感悦。使還，拜中書舍人。

九年十月，改御史中丞。宣徽院五坊小使，每歲秋按鷹犬於畿甸，所至官吏必厚邀供餉，小不如意，即恣其須索，百姓畏之如寇盜。先是，貞元末，此輩暴横尤甚，乃至張綱羅於民家門及井，不令出入汲水，曰：「驚我供奉鳥雀。」又羣聚於賣酒食家，肆情飲啖。將去，留蛇一篋，誡之曰：「吾以此蛇致供奉鳥雀，可善飼之，無使飢渴。」主人賂而謝之，方肯攜蛇篋而去。至元和初，雖數治其弊，故態未絶。小使嘗至下邽縣，縣令裴寰性嚴刻，嫉其凶暴，公館之外，一無曲奉。小使怒，構寰出慢言，及上聞，憲宗怒，促令攝寰下獄，欲以大不敬論。宰相武元衡等以理開悟，帝怒不解。度入延英奏事，因極言論列，言寰無罪，上愈怒曰：「如卿之言，寰無罪即決五坊小使；如小使無罪，即決裴寰。」度對曰：「按罪誠如聖旨，但以裴寰爲令長，憂惜陛下百姓如此，豈可加罪？」上怒色遽霽。翌日，令釋寰。

尋以度兼刑部侍郎，奉使蔡州行營，宣諭諸軍。既還，帝問諸將之才，度曰：「臣觀李光顔見義能勇，終有所成。」不數日，光顔奏大破賊軍於時曲，帝尤歎度之知人。

十年六月，王承宗、李師道俱遣刺客刺宰相武元衡，亦令刺度。是日，度出通化里，盜三以劍擊度，初斷鞾帶，次中背，纔絶單衣，後微傷其首，度墮馬。會度帶氈帽，故創不至深。賊又揮刃追度，度從人王義乃持賊連呼甚急，賊反刃斷義手，乃得去。度已墮溝中，賊謂度已死，乃捨去。居三日，詔以度爲門下侍郎、同中書門下平章事。

度勁正而言辯，尤長於政體，凡所陳諭，感動物情。自魏博使還，宣達稱旨，帝深嘉屬。又自蔡州勞軍還，益聽其言。尚以元衡秉政，大用未果，自盜發都邑，便以大計屬之。初，元衡遇害，獻計者或請罷度官以安二鎮之心，憲宗大怒曰：「若罷度官，是姦計得行，朝綱何以振舉？吾用度一人，足以破此二賊矣。」度亦以平賊爲己任。度以所傷請告二十餘日，詔以衛兵宿度私第，中使問訊不絶。未拜前一日，宣旨謂度曰：「不用宣政參假，即延英對來。」及度入對，撫諭周至。時羣盜干紀，變起都城，朝野恐駭。及度命相制下，人情始安，以爲必能殄寇。自是誅賊之計，日聞獻替，用軍愈急。

十一年，莊憲皇后崩，度爲禮儀使。上不聽政，欲準故事置冢宰以總百司。度獻議曰：「冢宰是殷、周六官之首，既掌邦理，實統百司。故王者諒闇，百官有權聽之制。後代設官，既無此號，不可虛設。且國朝故事，或置或否，古今異制，不必因循。」敕旨曰：「諸司公事，宜權取中書門下處分。」識者是之。

六月，蔡州行營唐鄧節度使高霞寓兵敗于鐵城，中外恟駭。先是詔羣臣各獻誅吴元濟可否之狀，朝臣多言罷兵赦罪爲便，翰林學士錢徽、蕭俛語尤切，唯度言賊不可赦。及霞寓敗，宰相以上必厭兵，欲以罷兵爲對。延英方奏，憲宗曰：「夫一勝一負，兵家常勢。若帝王之兵不合敗，則自古何難於用兵，累聖不應留此凶賊。今但論此兵合用與否，及朝廷制置當否，卿等唯須要害處置。將帥有不可者，去之勿疑；兵力有不足者，速與應接。何可以一將不利，便沮成計？」於是宰臣不得措言，朝廷無敢言罷兵者，故度計得行。

王稷家二奴告稷換父遺表，隱没進奉物。留其奴於仗内，遣中使往東都檢責稷之家財。度奏曰：「王鍔身殁之後，其家進奉已多。今因其奴告檢責其家事，臣恐天下將帥聞之，必有以家爲計者。」憲宗即日遣中使還，二奴付京兆府決殺。

十二年，李愬、李光顔屢奏破賊，然國家聚兵淮右四年，度支供餉，不勝其

弊，諸將玩寇相視，未有成功，上亦病之。宰相李逢吉、王涯等三人以勞師弊賦，意欲罷兵，見上互陳利害。度獨無言，帝問之，對曰：「臣請身自督戰。」明日延英重議，逢吉等出，獨留度，謂之曰：「卿必能爲朕行乎？」度俯伏流涕曰：「臣誓不與此賊偕全。」上亦爲之改容。度復奏曰：「臣昨見吴元濟乞降表，料此逆賊，勢實窘蹙。但諸將不一，未能迫之，故未降耳。若臣自赴行營，則諸將各欲立功以固恩寵，破賊必矣！」上然之。翌日，詔曰：【略】詔出，度以韓弘爲淮西行營都統，不欲更爲招討，請祇稱宣慰處置使。又以此行既兼招撫，請改「翦其類」爲「革其志」。又以弘已爲都統，請改「更張琴瑟」爲「近輟樞衡」，請改「煩我台席」爲「授以成算」，皆從之。仍奏刑部侍郎馬總爲宣慰副使，太子右庶子韓愈爲彰義行軍司馬，司勳員外郎李正封、都官員外郎馮宿、禮部員外郎李宗閔等爲兩使判官書記，皆從之。

初，德宗朝政多僻，朝官或相過從，多令金吾伺察密奏，宰相不敢於私第見賓客。及度輔政，以羣賊未誅，宜延接奇士，共爲籌畫，乃請於私居接延賓客，憲宗許之。自是天下賢俊，得以効計議於丞相，接士於私第，由度之請也。

自討淮西，王師屢敗。論者以殺傷滋甚，轉輸不逮，擬議密疏，紛紜交進。度以腹心之疾，不時去之，終爲大患，不然，兩河之盜，亦將視此爲高下，遂堅請討伐，上深委信，故聽之不疑。

度既受命，召對於延英，奏曰：「主憂臣辱，義在必死。賊滅，則朝天有日；賊在，則歸闕無期。」上爲之惻然流涕。十二年八月三日，度赴淮西，詔以神策軍三百騎衛從，上御通化門慰勉之。度樓下銜涕而辭，賜之犀帶。度名雖宣慰，其實行元帥事，仍以郾城爲治所。上以李逢吉與度不協，乃罷知政事，出爲劍南東川節度。

既離京，淮西行營大將李光顔、烏重胤謂監軍梁守謙曰：「若俟度至而有功，即非我利。可疾戰，先事立功。」是月六日，將出兵，與賊戰於賈店，爲賊所敗。度二十七日至郾城，巡撫諸軍，宣達上旨，士皆賈勇。時諸道兵皆有中使監陣，進退不由主將，戰勝則先使獻捷，偶衄則凌挫百端。度至行營，並奏去之，兵柄專制之於將，衆皆喜悦。軍法嚴肅，號令畫一，以是出戰皆捷。度遣使入蔡州，元濟與度書曰：比密有降款，而索日進隔河大呼，遂令三軍防元濟，故歸首無路。十月十一日，唐鄧節度使李愬，襲破懸瓠城，擒吴元濟。度先遣宣慰副使馬總入城安撫。明日，度建彰義軍節，領洄曲降卒萬人繼進，李愬具櫜鞬以軍禮迎度，拜之路左。度既視事，蔡人大悦。舊令：途無偶語，夜不燃燭，人或以酒食相過從者，以軍法論。度乃約法，唯盜賊、鬭殺外，餘盡除之，其往來者，不復以晝夜爲限，於是蔡之遺黎始知有生人之樂。

初，度以蔡卒爲牙兵，或以爲反側之子，其心未安，不可自去其備。度笑而答曰：「吾受命爲彰義軍節度使，元惡就擒，蔡人即吾人也。」蔡之父老，無不感泣，申、光之民，即時平定。

十一月二十八日，度自蔡州入朝，留副使馬總爲彰義軍留後。初，度入蔡州，或譖度没入元濟婦女珍寶，聞上頗疑之。上欲盡誅元濟舊將，封二劍以授梁守謙，使往蔡州。度迴至郾城遇之，乃復與守謙入蔡州，量罪加刑，不盡如詔。守謙固以詔止，度先以疏陳，乃徑赴闕下。二月，詔加度金紫光禄大夫、弘文館大學士，賜勳上柱國，封晉國公，食邑三千户，復知政事。

憲宗以淮西賊平，因功臣李光顔等來朝，欲開内宴，詔六軍使修麟德殿之東廊。軍使張奉國以公費不足，出私財以助用，訴於執政。度從容啓曰：「陛下營造，有將作監等司局，豈可使功臣破産營繕？」上怒奉國泄漏，乃令致仕。其浚龍首渠，起凝暉殿，雕飾綺焕，徙佛寺花木以植于庭。有程异、皇甫鎛者，姦纖用事，二人領度支鹽鐵，數貢羡餘錢，助帝營造。帝又以异、鎛平蔡時供饋不乏，二人並命拜同平章事。度延英面論曰：「程异、皇甫鎛，錢穀吏耳，非代天理物之器也。陛下徇耳目之欲，拔置相位，天下人騰口捭舌，以爲不可，於陛下無益。願徐思其宜。」帝不省納，度三上疏論之，請罷己相位，上都不省，事見《鎛傳》。

又賈人張陟負五坊使楊朝汶息利錢潛匿，朝汶於陟家得私簿記，有負錢人盧載初，云是故西川節度使盧坦大夫書迹，朝汶即捕坦家人拘之。坦男不敢申理，即以私錢償之。及徵驗書迹，乃故鄭滑節度盧羣手書也。坦男理其事，朝汶曰：「錢已進過，不可復得。」御史中丞蕭俛及諫官上疏陳其暴横之狀，度與崔羣因延英對，極言之。憲宗曰：「且欲與卿商量東軍，此小事我自處置。」度奏曰：「用兵小事也，五坊追捕平人大事也。兵事不理，祇憂山東；五坊使暴横，恐亂輦轂。」上不悦。帝久方省悟，召楊朝汶數之曰：「向者爲爾使我羞見宰相。」遽命誅之。

初，淮、蔡既平，鎮、冀王承宗甚懼，度遣辯士遊説，客於趙、魏間，使説承宗，令割地入質以效順。故承宗求援於田弘正，由度使客諷動之，故兵不血刃，而承宗鼠伏。

十三年，李師道翻覆違命，詔宣武、義成、武寧、横海四節度之師與田弘正會軍討之。弘正奏請取黎陽渡河，會李光顏等軍齊進。帝召宰臣於延英議可否，皆曰：「閫外之事，大將制之，既有奏陳，宜遂其請。」度獨以爲不可，奏曰：「魏博一軍，不同諸道。過河之後，却退不得，便須進擊，方見成功。若取黎陽渡河，既纔離本界，便至滑州，徒有供餉之勞，又生顧望之勢。況弘正、光顏並少威斷，更相疑惑，必恐遷延。然兵事不從中制，一定處分，或慮不可。若欲於河南持重，則不如河北養威。不然，則且秣馬厲兵，候霜降水落，於楊劉渡河，直抵鄆州。但得至陽穀已來下營，則兵勢自盛，賊形自撓。」上曰：「卿言是矣。」乃詔弘正取楊劉渡河。及弘正軍既濟河而南，距鄆州四十里築壘，賊勢果蹙。頃之，誅師道。

度執性不回，忠於事上，時政或有所闕，靡不極言之，故爲姦臣皇甫鎛所構，憲宗不悦。十四年，檢校左僕射、同中書門下平章事、太原尹、北都留守、河東節度使。穆宗即位，長慶元年秋，張弘靖爲幽州軍所囚，田弘正於鎮州遇害，朱克融、王廷湊復亂河朔，詔度以本官充鎮州四面行營招討使。時驕主荒僻，輔相庸才，制置非宜，致其復亂。雖李光顏、烏重胤等稱爲名將，以十數萬兵擊賊，無尺寸之功。蓋以勢既横流，無能復振。然度受命之日，蒐兵補卒，不遑寢息。自董西師，臨於賊境，屠城斬將，屢以捷聞。穆宗深嘉其忠款，中使撫諭無虚月，進位檢校司空，兼充押北山諸蕃使。

時翰林學士元稹，交結内官，求爲宰相，與知樞密魏弘簡爲刎頸之交。稹雖與度無憾，然頗忌前達加於己上。度方用兵山東，每處置軍事，有所論奏，多爲稹輩所持。天下皆言稹恃寵熒惑上聽，度在軍上疏論之曰：【略】繼上三章，辭情激切。穆宗雖不悦，雖懼大臣正議，乃以魏弘簡爲弓箭庫使，罷元稹内職。然寵稹之意未衰，俄拜稹平章事，尋罷度兵權，守司徒、同平章事，充東都留守。諫官相率伏閤詣延英門者日二三。帝知其諫，不即被召，皆上疏言：時未偃兵，度有將相全才，不宜置之散地。帝以章疏旁午，無如之何，知人情在度，遂詔度自太原由京師赴洛。及元稹爲相，請上罷兵，洗雪廷湊、克融，解深州之圍，蓋欲罷度兵柄故也。

二年三月，度至京師，既見，先敘克融、廷湊暴亂河朔，受命討賊無功；次陳除職東都，許令入覲。辭和氣勁，感動左右。度伏奏龍墀，涕泗嗚咽，帝爲之動容，口自諭之曰：「所謝知，朕於延英待卿。」初，人以度無左右之助，爲姦邪排擯，雖度勳德，恐不能感動人主。及度奏河北事，慷慨激切，揚於殿廷，在位者無不聳動。雖武夫貴介，亦有咨嗟出涕者。翌日，以度守司徒、揚州大都督府長史，充淮南節度使，進階光禄大夫。

時朱克融、王廷湊雖受朝廷節鉞，未解深州之圍。度初發太原，與二鎮書，諭以大義。克融解圍而去，廷湊亦退舍。有中使自深州來言之，穆宗甚喜，即日又遣中使往深州取牛元翼，更命度致書與廷湊。度沿路奉詔，中使得度書云：「朝謝後，即歸留務。恐廷湊知度無兵權，即背前約，請度易之。」中使乃進度書草具奏其事。及度至京師，進退明辯，帝方憂深州之圍，遂授度淮南節度使。

先是監軍使劉承偕恃寵凌節度使劉悟，三軍憤發大譟，擒承偕，欲殺之。已殺其二傔，悟救之獲免，而囚承偕。詔遣歸京，悟託以軍情，不時奉詔。至是，宰臣延英奏事，度亦在列。上顧謂度曰：「劉悟拘承偕而不遣，如何處置？」度辭以蕃臣不合議軍國事。上固問之，且曰：「劉悟負我，我以僕射寵之，近又賜絹五萬疋，不思報功，翻縱軍衆凌辱監軍，我實難奈此事。」度對曰：「承偕在昭義不法，臣盡知之，昨劉悟在行營與臣書，數論其事。是時有中使趙弘亮在臣軍，仍持悟書將去，欲自奏，不知奏否？」上曰：「我都不知，悟何不密奏其事，我豈不能處置？」度曰：「劉悟武臣，不知大臣體例。雖然，臣竊以悟縱有密責，陛下必不能處置。今日事狀如此，臣等面論，陛下猶未能決，悟單辭豈能動聖聽哉？」上曰：「前事勿論，直言此時如何處置？」度曰：「陛下必欲收忠義之心，使天下戎臣爲陛下死節，唯有下半紙詔書，言任使不明，致承偕亂法如此，令悟集三軍斬之。如此，則萬方畢命，羣盜破膽，天下無事矣。苟不能如此，雖與劉悟改官賜絹，臣亦恐於事無益。」上俛首良久，曰：「朕不惜承偕，緣是太后養子。今被囚縶，太后未知，如卿處置未得，可更議其宜。」度與王播等復奏曰：「但配流遠惡處，承偕必得出。」上以爲然，承偕果得歸。

度方受册司徒，徐州奏節度副使王智興自河北行營率師還，逐節度使崔羣，自稱留後。朝廷駭懼，即日宣制，以度守司徒、同平章事，復知政事，乃以宰相王播代度鎮淮南。度與李逢吉素不協，度自太原入朝，而惡度者以逢吉善於陰計，足能構度，乃自襄陽召逢吉入朝，爲兵部尚書。度既復知政事，而魏弘簡、劉承偕之黨在禁中。逢吉用族子仲言之謀，因醫人鄭注與中尉王守澄交結，内官皆爲之助。五月，左神策軍奏告事人李賞稱和王府司馬于方受元稹所使，結客欲刺裴度。詔左僕射韓皋、給事中鄭覃與李逢吉三人鞫于方之獄，未竟，能元稹爲同州刺史，罷度爲左僕射，李逢吉代度爲宰相。自是，逢吉之黨李仲言、張又新、

李續等，内結中官，外扇朝士，立朋黨以沮度，時號「八關十六子」，皆交結相關之人數也。而度之醜聲日聞，俄出度爲山南西道節度使，不帶平章事。

長慶四年，襄陽節度使牛元翼卒。其家先在鎮州，朝廷累遣中使取之，王廷湊遷延不遣。至是，聞元翼卒，乃盡屠其家。昭愍皇帝聞之，嗟惋累日，因歎宰輔非才，致姦臣悖逆如此。翰林學士韋處厚上言曰：【略】昭愍愕然省悟，見度奏狀不帶平章事，謂處厚曰：「度曾爲宰相，何無平章事？」處厚因奏：「爲逢吉所擠，度自僕射出鎮興元，遂於舊使銜中減落。」帝曰：「何至是也。」翌日下制，復兼同平章事。

然逢吉之黨，巧爲毀沮，恐度復用。有陳留人武昭者，性果敢而辯舌。度之討淮西也，昭求進於軍門，乃令入蔡州説吴元濟。元濟臨之以兵，昭氣色自若，善待而還。度以爲可用，署之軍職，隨度鎮太原，奏授石州刺史。罷郡，除袁王府長史。昭既在散位，心微悒鬱，而有怨逢吉之言。而姦邪之黨，使衛尉卿劉遵古從人安再榮告事，言武昭欲謀害李逢吉。獄具，而武昭死，蓋欲訐度舊事以汙之也。然士君子公論，皆佑度而罪逢吉。天子漸明其端，每中使過興元，必傳密旨撫諭，且有徵還之約。

寶曆元年十一月，度疏請入覲京師。明年正月，度至，帝禮遇隆厚，數日，宣制復知政事。而逢吉黨有左拾遺張權輿者，尤出死力。度自興元請入朝也，權輿上疏曰：「度名應圖讖，宅據岡原，不召自來，其心可見。」先是姦黨忌度，作謡辭云：「非衣小兒坦其腹，天上有口被驅逐。」「天口」言度嘗平吴元濟也。又帝城東西，横亘六崗，合《易象乾》卦之數。度平樂里第，偶當第五崗，故權輿取爲語辭。昭愍雖少年，深明其誣謗，獎度之意不衰，姦邪無能措言。

時昭愍欲行幸洛陽，宰相李逢吉及兩省諫官，累疏論列，帝正色曰：「朕去意已定。其從官宫人，悉令自備糗糧，不勞百姓供饋。」逢吉頓首言曰：「東都千里而近，宫闕具存，以時巡遊，固亦常典。但以法駕一動，事須備儀，千乘萬騎，不可減省。縱不費用絶廣，亦須豐儉得宜，豈可自備糗糧，頓失大體？今干戈未甚戢，邊鄙未甚寧，恐人心動摇，伏乞稍迴宸慮。」帝不聽，令度支員外郎盧貞往東都已來檢計行宫及洛陽大内。朝廷方懷憂恐，會度自興元來，因延英奏事，帝語及巡幸。度曰：「國家營創兩都，蓋備巡幸。然自艱難已來，此事遂絶。東都宫闕及六軍營壘、百司廨署，悉多荒廢。陛下必欲行幸，亦須稍稍修葺。一年半歲後，方可議行。」帝曰：「羣臣意不及此，但云不合去。若如卿奏，不行亦得，何止後期。」旋又朱克融、史憲誠各請以丁匠五千，助修東都，帝遂停東幸。

幽州朱克融執留賜春衣使楊文端，奏稱衣段疏薄；又奏今歲三軍春衣不足，擬於度支請給一季春衣，約三十萬端匹；又請助丁匠五千修東都。上憂其不遜，問宰臣曰：「克融所奏，如何處分？我欲遣一重臣往宣慰，便索春衣使，可乎？」度對曰：「克融家本凶族，無故又行凌悖，必將滅亡，陛下不足爲慮。譬如一豺虎，於山林間自吼自躍，但不以爲事，則自無能爲。此賊祇敢於巢穴中無禮，動即不得。今亦不須遣使宣慰，亦不要索所留敕使，但更緩旬日已來，與一詔云：『聞中官到彼稍失去就，待到，我當有處分。所賜卿春衣，有司製造不謹，我甚要知之，已令科處。』所請丁匠五千人及兵馬赴東都，固是虚語。臣料賊中，必出不得。今欲直挫其姦意，即報云：『卿所請丁匠修宫闕，可速遣來，已敕魏博等道，令所在排比供擬。』料得此詔，必章惶失計。若未能如此，猶示含容，則報云：『東都宫闕，所要修葺，事在有司，不假卿遣丁匠遠來。又所言三軍春衣，自是本道常事。比來朝廷或有事賜與，皆緣徵發，須是優恩，若尋常則無此例。我固不惜三二十萬端疋，祇是事體不可獨與范陽。卿宜知悉。』祇如此處分即得，陛下更不要介意。」上從之，遂進詔章，至皆如度所料。不旬日，幽州殺克融并其二子。

時帝童年驕縱，倦接羣臣，度從容奏曰：「比者，陛下每月約六七度坐朝。天下人心，無不知陛下躬親庶政，乃至河北賊臣遠聞，亦皆聳聽。自兩月已來，入閤開延英稍稀，或恐大段公事須稟睿謀者，有所擁滯。伏冀陛下乘涼數坐，以廣延問。伏以頤養聖躬，在於順適時候。若飲食有節，寢興有常，四體唯和，萬壽可保。《道書》云：『春夏早起，取雞鳴時；秋冬晏起，取日出時。』蓋在陽則欲及陰涼，在陰則欲及温暖。今陛下憂勤庶政，親覽萬機，每御延英，召臣等奏對，方屬盛夏，宜在清晨。如至巳午之間，即當炎赫之際，雖日昃忘食，不憚其勞，仰瞻宸旒，亦似煩熱。臣等已曾陳論，切望聽納。」自後，視事稍頻。

未幾，兼領度支。屬盜起禁闈，宫車晏駕，度與中貴人密謀，誅劉克明等，迎江王立爲天子。以功加門下侍郎、集賢殿大學士、太清宫使，餘如故。以贊導之動，進階特進。時滄景節度使李全略死，其子同捷竊弄兵柄，以求繼襲，度請行誅伐，踰年而同捷誅。因拜疏上陳調兵食非宰相事，請歸諸有司，詔從之，賜實封三百户。

度年高多病，上疏懇辭機務，恩禮彌厚。文宗遣御醫診視，日令中使撫問。四年六月，詔曰：【略】度表辭曰：「伏以公台崇禮，典册盛儀，庸臣當之，實謂忝

越。況累承寵命，亦爲便蕃，前後三度，已行此禮。令臣猶參樞近，竊懼無以弼諧，重此勞煩，有靦面目。伏乞天恩且課臣効官，責臣實事，册命之儀，特賜停罷。則素餐高位，空負耻於中心；弁冕輕車，免譏誚於衆口。」優詔從之。九月，加守司徒、兼侍中、襄州刺史，充山南東道節度觀察、臨漢監牧等使。

度素稱堅正，事上不回，故累爲姦邪所排，幾至顛沛。及晚節，稍浮沉以避禍。初，度支鹽鐵使王播，廣事進奉以希寵，度亦掇拾羨餘以效播，士君子少之。復引韋厚叔、南卓爲補闕拾遺，俾彌縫結納，爲自安之計。而後進宰相李宗閔、牛僧孺等不悦其所爲，故因度謝病罷相位，復出爲襄陽節度。

初，元和十四年，於襄陽置臨漢監牧，廢百姓田四百頃，其牧馬三千二百餘匹。度以牧馬數少，虛廢民田，奏罷之，除其使名。八年三月，以本官判東都尚書省事，充東都留守。九年十月，進位中書令。十一月，誅李訓、王涯、賈餗、舒元輿等四宰相，其親屬門人從坐者數十百人，下獄訊劾，欲加流竄，度上疏理之，全活者數十家。

自是，中官用事，衣冠道喪。度以年及懸輿，王綱版蕩，不復以出處爲意。東都立第於集賢里，築山穿池，竹木叢萃，有風亭水榭，梯橋架閣，島嶼迴環，極都城之勝概。又於午橋創別墅，花木萬株，中起涼臺暑館，名曰緑野堂。引甘水貫其中，醲引脈分，映帶左右。度視事之隙，與詩人白居易、劉禹錫酣宴終日，高歌放言，以詩酒琴書自樂，當時名士，皆從之遊。每有人士自都還京，文宗必先問之曰：「卿見裴度否？」

上以其足疾，不便朝謁，而年未甚衰，開成二年五月，復以本官兼太原尹、北都留守、河東節度使。詔出，度累表固辭老疾，不願更典兵權，優詔不允。文宗遣吏部郎中盧弘往東都宣旨曰：「卿雖多病，年未甚老，爲朕卧鎮北門可也。」促令上路，度不獲已之任。三年冬，病甚，乞還東都養病。四年正月，詔許還京，拜中書令。以疾未任朝謝，詔曰：「司徒、中書令度，綽有大勳，累居台鼎。今以疾恙，未任謝上，其本官俸料，宜自計日支給。」又遣國醫就第診視。屬上巳曲江賜宴，羣臣賦詩，度以疾不能赴。文宗遣中使賜度詩曰：「注想待元老，識君恨不早。我家柱石衰，憂來學丘禱。」仍賜御札曰：「朕詩集中欲得見卿唱和詩，故令示此。卿疾恙未痊，固無心力，但異日進來。春時俗説難於將攝，勉加調護，速就和平。千百胸懷，不具一二。藥物所須，無憚奏請之煩也。」御札及門，而度已薨，四年三月四日也。上聞之，震悼久之，重令繕寫，置之靈座。時年七十五，册贈太傅，輟朝四日，賵賻加等。詔京兆尹鄭復監護喪事，所須皆官給。上怪度無遺表，中使問之，家人進其稿草，其旨以未定儲貳爲憂，言不及家事。

度始自書生以辭策中科選，數年之間，翔泳清切。逢時艱否，而能奮命決策，橫身討賊，爲中興宗臣。當元和、長慶間，亂臣賊子，蓄鋭喪氣，憚度之威稜。度狀貌不踰中人，而風彩俊爽，占對雄辯，觀聽者爲之聳然。時有奉使絶域者，四夷君長必問度之年齡幾何，狀貌孰似，天子用否？其威名播於憬俗，爲華夷畏服也如此。時威望德業，侔於郭子儀，出入中外，以身繫國之安危、時之輕重者二十年。凡命將相，無賢不肖，皆推度爲首，其爲士君子愛重也如此。雖江左王導、謝安坐鎮雅俗，而訏謨方略，度又過之。有子五人，識、譔、讓、諗、議。

《新唐書》卷一七三《裴度傳》　裴度字中立，河東聞喜人。貞元初，擢進士第，以宏辭補校書郎。舉賢良方正異等，調河陰尉。遷監察御史，論權嬖梗切，出爲河南功曹參軍。武元衡帥西川，表掌節度府書記。召爲起居舍人。

元和六年，以司封員外郎知制誥。田弘正效魏、博六州于朝，憲宗遣度宣諭，弘正知度爲帝高選，故郊迎趨跽受命，且請徧至屬州，布揚天子德澤，魏人由是歡服。還，拜中書舍人。久之，進御史中丞。宣徽五坊小使方秋閲鷹狗，所過橈官司，厚得餉謝乃去。下邽令裴寰，才吏也，不爲禮，因構寰出醜言，逆詔獄，當大不恭。宰相武元衡婉辭諍，帝怒未置。度見延英，言寰無辜，帝恚曰：「寰誠無罪，杖小使；小使無罪，且杖寰。」度曰：「責若此固宜，第寰爲令，惜陛下百姓，安可罪？」帝色霽，乃釋寰。

王師討蔡，以度視行營諸軍，還，奏攻取策，與帝意合。且問諸將才否，度對：「李光顔義而勇，當有成功。」不三日，光顔破時曲兵，帝歎度知言。進兼刑部侍郎。

王承宗、李師道謀緩蔡兵，乃伏盜京師，刺用事大臣，已害宰相元衡，又擊度，刃三進，斷鞾，刜背裂中單，又傷首，度冒氊，得不死。哄導駭伏，獨騶王義持賊大呼，賊斷義手。度墜溝，賊意已死，因亡去。議者欲罷度，安二鎮反側，帝怒曰：「度得全，天也。若罷之，是賊計適行。吾倚度，足破三賊矣！」度亦以權紀未張，王室陵遲，常憤愧無死所。自行營歸，知賊曲折，帝益信杖。及病創一再旬，分衛兵護第，存候踵路。疾愈，詔毋須宣政衙，即對延英，拜中書侍郎、同中書門下平章事。時方連諸道兵，環挐不解，内外大恐，人累息。及度當國，外内始安。由是討賊益急。

始，德宗時尚何伺，中朝士相過，金吾輒飛啓，宰相至闔門謝賓客。度以時多故，宜延天下髦英咨籌策，乃建請還第與士大夫相見，詔可。會莊憲太后崩，爲禮儀使。帝不聽政，議置冢宰。度曰：「冢宰，商、周六官首，秉統百僚，王者諒闇，有權聽之制。歷世官廢，故國朝置否不常，不宜徇空名，稽樞務。」乃詔百司權聽中書門下處可。

王鍔死，家奴告鍔子稷易父奏末，冒遺獻。帝留奴仗内，遣使者如東都按責其貲。度諫曰：「自鍔死，數有獻。今因告訐而檢省其私，臣恐天下將帥聞之，有以家爲計者。」帝悟，殺二奴，還使者。

于時，討蔡數不利，羣臣争請罷兵，錢徽、蕭俛尤確苦。度奏：「病在腹心，不時去，且爲大患。不然，兩河亦將視此爲逆順。」會唐鄧節度使高霞寓戰卻，它相揣帝厭兵，欲赦賊，鉤上指。帝曰：「一勝一負，兵家常勢。若兵常利，則古何憚用兵耶？雖累聖亦不應留賊付朕。今但論帥臣勇怯，兵彊弱，處置何如耳，渠一敗便沮成計乎？」於是左右不能容其間。十二年，宰相逢吉、涯建言：「餉億煩匱，宜休師。」唯度請身督戰，帝獨目度留，曰：「果爲朕行乎？」度俯伏流涕曰：「臣誓不與賊偕存。」即拜門下侍郎、平章事、彰義軍節度、淮西宣慰招討處置使。

度以韓弘領都統，乃上還招討以避弘，然實行都統事。又制詔有异辭，欲激賊怒弘者，意弘怏怏則度無與共功。度請易其辭，窒疑間之嫌。於是表馬揔爲宣慰副使，韓愈行軍司馬，李正封、馮宿、李宗閔備兩使幕府。入對延英，曰：「主憂臣辱，義在必死。賊未授首，臣無還期。」帝壯之，爲流涕。及行，御通化門臨遣，賜通天御帶，發神策騎三百爲衛。初，逢吉忌度，帝惡居中橈沮，出之外。

度屯郾城，勞諸軍，宣朝廷厚意，士奮于勇。是時，諸道兵悉中官統監，自處進退。度奏罷之，使將得顓制，號令一，戰氣倍。未幾，李愬夜入懸瓠城，縛吴元濟以報。度遣馬揔先入蔡，明日，統洄曲降卒萬人持節徐進，撫定其人。

初，元濟禁偶語於道，夜不然燭，酒食相饋遺者以軍法論。度視事，下令唯盜賊、鬬死抵法，餘一蠲除，往來不限晝夜，民始知有生之樂。度以蔡牙卒侍帳下，或謂反側未安，不可去備，度笑曰：「吾爲彰義節度，元惡已擒，人皆吾人也！」衆感泣。既而申、光平定，以馬揔爲留後。

度入朝，會帝以二劍付監軍梁守謙，使悉誅賊將。度遇諸郾城，復與入蔡，商罪議誅。守謙請如詔，度固不然，騰奏申解，全宥者甚衆。策勳進金紫光祿大夫、弘文館大學士、上柱國、晉國公，户三千，復知政事。

程异、皇甫鎛以言財賦幸，俄得宰相。度三上書極論不可，帝不納。自上印，又不聽。讖人始得乘罅。

初，蔡平，王承宗懼，度遣辯士柏耆脅説，乃獻德、棣二州，納質子。又諭程權入覲。始判滄、景、德、棣爲一鎮，朝廷命帥，而承宗勢乃離。

李師道怙彊，度密勸帝誅之。乃詔宣武、義成、武寧、横海四節度會田弘正致討。弘正請自黎陽濟，合諸節度兵，宰相皆謂宜，度曰：「魏博軍度黎陽，即叩賊境，封畛比聯，易生顧望，是自戰其地。弘正、光顔素少斷，士心盤桓，果不可用。不如養威河北，須霜降水落，絶陽劉，深抵鄆，以營陽穀，則人人殊死，賊勢窮矣。」上曰：「善。」詔弘正如度言。弘正奉詔，師道果禽。

大賈張陟負五坊息錢亡命，坊使楊朝汶收其家簿，閲貸錢雖已償，悉鉤止，根引數十百人，列箠挺脅不承。又獲盧大夫逋券，捕盧坦家客責償，久乃悟盧羣券。坦子上訴，朝汶讕語：「錢入禁中，何可得？」御史中丞蕭俛及諫官列陳中人横恣，度亦極言之。時方討鄆，帝曰：「姑議東軍，此細事，我自處辨。」度曰：「兵事不理，止山東；中人横暴，將亂都下。」帝不悦，徐乃悟，讓朝汶曰：「以爾使我羞見宰相！」命殺之，而原繫者。繇是京師澄肅。

帝嘗語：「臣事君當勵善底公，朕惡夫樹黨者。」度曰：「君子小人以類而聚，未有無徒者。君子之徒同德，小人之徒同惡，外甚類，中實遠，在陛下觀所行則辨。」帝曰：「言者大抵若此，朕豈易辨之？」度退，喜曰：「上以爲難辨則易，以爲易辨則難，君子小人行判矣。」已而卒爲异、鎛所構，以檢校尚書右僕射兼門下侍郎平章事爲河東節度使。

穆宗即位，進檢校司空。朱克融、王廷湊亂河朔，加度鎮州行營招討使。時帝以李光顔、烏重胤爪牙將，倚以擊賊，兵十余萬，有所畏，無尺寸功。度既受命，入賊境，數斬將以聞。俄兼押北山諸蕃使。時元稹顯結宦官魏弘簡求執政，憚度復當國，因經制軍事，數居中持梗，不使有功。度恐亂作，即上書痛暴稹過惡。帝不得已，罷弘簡、稹近職。俄擢稹宰相，以度守司空、平章事、東都留守。諫官叩延英，言不可罷度兵，摇衆心。帝不召。於是交章極論，未之省。

會中人使幽、鎮還，言：「軍中謂度在朝，而兩河諸侯忠者懷，彊者畏。今居東，人人失望。」帝悟，詔度由太原朝京師。及陛見，始陳二賊畔涣，受命無功，并陳所以入覲意，感概流涕。伏未起，謁者欲宣旨，帝遽曰：「朕當延英待卿！」始，議者謂度無援奥，且久外，爲姦儉根抑，慮帝未能其忠。及進見，辭切氣怡，

卓然當天子意。在位聞者皆竦，毅將貴臣至齎咨出涕。舊儀，閣中羣臣未退，宰相不奏事，稱賀則謁者答。帝以度勳德，故待以殊禮。度之行，移克融、廷湊書，開說諄沓，傳以大誼，二人不敢桀，皆願罷兵。帝方憂深州圍，欲必出牛元翼，更使度騰書布旨。或曰：「賊知度失兵柄，必背約顧望。」帝釋然，乃拜度守司徒，領淮南節度使。

會昭義監軍劉承偕慢劉悟，舉軍譁怒，執承偕，悟拘以聞。帝怒，問度：「何施而可？」度頓首謝：「藩臣不與政。」辭不對。帝彊之，度曰：「臣素知承偕怙寵，悟不能堪，嘗以書訴臣。是時，中人趙弘亮在行營知狀，欲持悟書以奏，陛下亦知之邪？」帝曰：「我不及知。顧悟誠惡之，胡不自聞，何哉？」度曰：「雖悟得聞，恐陛下不必聽。且臣視天顏不咫尺，比尚未能決，千里單言，可悟聖聽哉？」帝亟曰：「前語姑置，直謂今日奈何？」度曰：「必欲收忠義心，使帥臣死節，獨斬承偕，則四方羣盜隱然破膽矣。」帝曰：「顧太后養爲子，且我何愛？更言其次。」度曰：「投諸荒裔可乎？」帝曰：「可。」悟果出承偕，昭義遂安。

是時，徐州王智興逐崔羣，諸軍盤互河北，進退未一。議者交口請相度，乃以本官兼中書侍郎、平章事。權佞側目，謂李逢吉險賊善謀，可以構度，共諷帝自襄陽召逢吉還，拜兵部尚書。度居位再閱月，果爲逢吉所間，罷爲左僕射。帝暴風眩，中外不聞問者凡三日。度數請到內殿，求立太子，翼日乃見。帝遂立景王爲嗣。逢吉既代相，思有以牙孽之，引所厚李仲言、張又新、李續、張權輿等，內結宦官，種支黨，醜沮日聞，乃出度山南西道節度使，奪平章事。

長慶四年，王廷湊屠元翼之家，敬宗嗟惋，歎宰輔非其人，使兇賊熾肆。學士韋處厚上疏曰：「臣聞汲黯在朝，淮南寢謀；干木處魏，諸侯息兵。王霸之理，以一士止百萬之師，一賢制千里之難。裴度元勳巨德，文武兼備。若位巖廊，委參決，必使戎虜畏威，幽、鎮自臣。管仲曰：『人離而聽之則愚，合而聽之則聖。』治亂之本，非有他術。陛下當饋而歎，恨無蕭、曹，今一裴度擯棄于外，所以馮唐知漢文帝有頗、牧不能用也。」帝感悟，謂處厚曰：「度累爲宰相，而官無平章事，謂何？」處厚具道其由，帝於是復度兼平章事。帝雖孺蒙，然注意度，中人至度所，必丁寧慰安，且示召期。寶曆二年，度請入朝，逢吉黨大懼，權輿作僞謠云：「非衣小兒坦其腹，天上有口被驅逐。」以度平元濟也。都城東西岡六，民間以爲乾數，而度第平樂里，直第五岡。權輿乃言：「度名應圖讖，第據岡原，不召而來，其意可見。」欲以傾度。天子獨能明其誣，詔復使輔政。

先是，帝將幸東都，大臣切諫，不納。帝恚曰：「朕意決矣！雖從官宮人自挾糗，無擾百姓。」趣有司檢料行宮，中外莫敢言。度從容奏：「國家建別都，本備巡幸。自艱難以來，宮闕、署屯、百司之區，荒圮弗治，假歲月完新，然後可行。倉卒無備，有司且得罪。」帝悅曰：「羣臣諫朕不及此。如卿言，誠有未便，安用往邪？」因止行。

汴宋觀察使令狐楚言亳州聖水出，飲者疾輒愈。度判曰：「妖由人興，水不自作。」命在所禁塞。

朱克融執賜衣使者楊文端，詭言慢己，并訴所賜濫惡，又丐假度支帛三十萬匹，不者，軍必有變；且請遣工五千助治東都，須天子東巡。帝怒，患之，欲遣重臣臨慰。度曰：「克融無恙而悖，是將亡。譬猛虎自哮躍山林，憑窟穴則然，勢不得離其處，人亦不爲懼。陛下無庸遣重使，第以詔書言：『中人倨驕，須還，我自責譴。春服不謹，方詰有司。所上工宜即遣，已詔在所供擬。』此則賊謀窮矣。陛下若未能然，則答：『宮室營繕既有序，毋遣工爲重勞。朝廷緣召發乃有賜與，朕無所愛，獨與范陽，體不可爾。』」帝曰：「善。」用度次策。克融聽命，歸文端。未幾軍亂，殺克融。

帝縱弛，日晏坐朝。度諫曰：「比陛下月率六七臨朝，天下人知勤政，河朔賊臣皆聳畏。近開延英益稀，恐萬機奏稟，有所壅閼。夫頤養之道，當順適時候，則六氣和平，萬壽可保。道家法：春夏蚤起，取鷄鳴時，秋冬晏起，取日出時。蓋在陽，勝之以陰；在陰，勝之以陽。今方居盛夏，謂宜詰旦數坐，廣加延問；漏及巳午，則炎赫可畏，聖躬勞矣。」帝嘉納，爲數視朝。

未幾，判度支。帝崩，定策誅劉克明等，迎立江王，是爲文宗。加門下侍郎。李全略死，子同捷求襲滄景軍。度奏討平之，即陳：「調兵食非宰相事，請罷度支歸有司。」奏可。進階開府儀同三司，賜實封户三百。度懇讓不得可，乃受實封。

大和四年，數引疾不任機重，願上政事。帝擇上醫護治，中人日勞問相躡，乃詔進司徒、平章軍國重事，須疾已，三日若五日一至中書。度讓免册禮。度自見功高位極，不能無慮，稍詭迹避禍。於是牛僧孺、李宗閔同輔政，媢度勳業久居上，欲有所逞，乃共訾其跡損短之，因度辭位，即白帝進兼侍中，出爲山南東道節度使。白罷元和所置臨漢監，收千馬納之校，以善田四百頃還襄人。頃之，固請老，不許。

八年，徙東都留守，俄加中書令。李訓之禍，宦官肆威以逞，凡訓、注宗姻賓客

悉收逮，訊報苛慘。度上疏申理，全活數十姓。武德縣主藏史盜錢亡命，捕不得。河陽節度使温造獄其令王賞責負，繫三年，母死弗許喪。度爲帝言之，賞得釋。

時閹豎擅威，天子擁虚器，搢紳道喪，度不復有經濟意，乃治第東都集賢里，沼石林叢，岑繚幽勝。午橋作别墅，具燠館涼臺，號緑野堂，激波其下。度野服蕭散，與白居易、劉禹錫爲文章、把酒，窮晝夜相歡，不問人間事。而帝知度年雖及，神明不衰，每大臣自洛來，必問度安否。

開成二年，復以本官節度河東。度牢辭老疾，帝命吏部郎中盧弘宣諭意曰：「爲朕卧護北門可也。」趣上道，度乃之鎮。易定節度使張璠卒，軍中將立其子元益，度乃遣使曉譬禍福，元益懼，束身歸朝。

三年，以病丐還東都。真拜中書令，卧家未克謝，有詔先給俸料。上巳宴羣臣曲江，度不赴，帝賜詩曰：「注想待元老，識君恨不早。我家柱石衰，憂來學丘禱。」别詔曰：「方春慎疾爲難，勉醫藥自持。朕集中欲見公詩，故示此，異日可進。」使者及門而度薨，年七十六。帝聞震悼，以詩置靈几。册贈太傅，謚文忠，賵禮優縟，命京兆尹鄭復護喪。度臨終，自爲銘誌。帝怪無遺奏，敕家人索之，得半藁，以儲貳爲請，無私言。會昌元年，加贈太師。大中初，詔配享憲宗廟廷。

度退然纔中人，而神觀邁爽，操守堅正，善占對。既有功，名震四夷。使外國者，其君長必問度年今幾，狀貌孰似，天子用否。其威譽德業比郭汾陽，而用不用常爲天下重輕。事四朝，以全德始終。及殁，天下莫不思其風烈。葬管城，逮今廟食。

五子，識、諗知名。

雜録

備録

柳宗元《龍城録》卷下《裴令公訓子》　裴令公常訓其子：「凡吾輩但可文種無絶。然其間有成功，能致身爲萬乘之相，則天也。」

李匡乂《資暇集》卷下　永貞之前，組藤爲蓋，曰席帽，取其輕也。後或以太薄，冬則不禦霜寒，夏則不障暑氣，乃細色罽代藤，曰氈帽，貴其厚也，非崇貴莫戴，而人亦未尚。元和十年六月，裴晉公之爲臺丞，自化理第早朝，時青、鎮二帥拒命，朝廷方參議兵計，而晉公預焉。二帥俾捷步張晏等傳刃伺便謀害，至里東門，導炬之下，霜刃欻飛，時晉公繫帽是賴，刃不即及，而帽折其簷。既脱禍，朝貴乃尚之。近者布素之士皆戴焉。

李肇《唐國史補》卷上　德宗在東宫，雅知楊崖州。嘗令打《李楷洛碑》，釘壁以玩。及即位，徵拜。炎有崖谷，言論持正，對見必爲之加敬。歲餘，頗倦。盧杞揣知而陰中之。

李肇《唐國史補》卷中　高貞公致仕，制云：「以年致政，抑有前聞。近代寡廉，罕由斯道。」是時杜司徒年七十，無意請老。裴晉公爲舍人，以此譏之。

裴晉公爲盜所傷刺，隸人王義扞刃死之。公乃自爲文以祭，厚給其妻子。是歲進士撰王義傳者，十有二三。

趙璘《因話録》卷一《宫部》　憲宗初徵柳宗元、劉禹錫至京，俄而以柳爲柳州刺史，劉爲播州刺史。柳以劉須侍親，播州最爲惡處，請以柳州换。上不許。宰相對曰：「禹錫有老親。」上曰：「但要與惡郡，豈繫母在！」裴晉公進曰：「陛下方侍太后，不合發此言。」上有愧色，既而語左右曰：「裴度終愛我切。」劉遂改授連州。

趙璘《因話録》卷二《商部上》　裴晉公爲門下侍郎，過吏部選人官。謂同過給事中曰：「吾徒僥倖至多，此輩優與一資半級，何足問也？」一皆注定，未曾限量。公不信術數，不好服食，每語人曰：「雞猪魚蒜，逢著則吃。生老病死，時至則行。」其器抱弘達，皆此類。

趙璘《因話録》卷三《商部下》　晉公貞元中作《鑄劍戟爲農器賦》。其首云：「皇帝之嗣位三十載，寰海鏡清，方隅砥平。驅域中盡歸力穡，示天下不復用兵。」憲宗平蕩宿寇，數致太平，正當元和十三年。而晉公以文儒作相，竟立殊勳，爲章武佐命，觀其辭賦氣概，豈得無異日之事乎？

裴晉公平淮西後，憲宗賜玉帶一條。公臨薨，却進，使門人作表，皆不如意。公令子弟執筆，口占狀曰：「内府之珍，先朝所賜。既不敢將歸地下，又不合留向人間，謹却封進。」聞者歎其簡切而不亂。

張固《幽閒鼓吹》　崔咸舍人嘗受張公之知，及懸車之後，公與議行止。崔時爲司封郎中，以感知之分，極言贊美。公便令製表。表上值無厚善者，而一章

允請。三數月後，門館闃寂，家人輩竊罵之，公後亦悔，每語子弟曰：「後有大段事，勿與少年郎議之。」

李冗《獨異志》卷上 唐裴晉公度寢疾永樂里，暮春之月，忽遇遊南園，令家僕僮舁至藥欄，語曰：「我不見此花而死，可悲也。」悵然而返。明早，報牡丹一叢先發，公視之，三日乃薨。

張讀《宣室志》卷五 元和元年秋九月，淮西帥吴少誠死，子元濟拒命，詔隣淮西者以兵四面攻之，凡數年不克。十三年，詔丞相晉國公裴度將兵擊焉。度既至，因命封人深池濠，且發其地。有得一石者，上有雕蟲文字爲銘，封人持以獻度。文曰：「井底一竿竹，竹色深緑緑。雞未肥，酒未熟，障車兒郎且須縮。」度得之，以示從事，令辯其義焉。咸不能究。度方念之，俄有一卒自行間躍而賀曰：「吴元濟逆天子之命，縱狂兵爲反謀。賴天子威聖與丞相令德，合今日逆豎成擒矣。敢賀丞相功。」度驚訊之，對曰：「封人得石銘，是其兆也。且『井底一竿竹，竹色深緑緑』者，言吴少誠由行間一卒，遂擁十萬兵，爲一方帥，且喻其榮也。『雞未肥』者，言無肉也；夫以『肥』去『肉』，爲『己』字也。『酒未熟』者，言無水也；以『酒』去『水』，爲『酉』字也。『障車兒郎』，謂兵革之士也。『且須縮』者，謂宜退守其所也。推是言之，則己酉日當尅也。苟未及期，則可俟矣。」度喜顧左右曰：「卒，辯者也。」歎而異之。是歲冬十月，相國李愬將兵入淮西，生得元濟，盡誅反者。度因校其日，果己酉焉。於是度益奇卒之辯，擢爲裨將。

高彦休《闕史》卷上《裴晉公大度》 皇甫郎中湜氣貌剛質，爲文古雅。恃才傲物，性復褊而直。爲郎南宫時，乘酒使氣，忤同列者。及醒，不自適，求分務温洛，時相允之。值伊瀍仍歲歉食，正郎滯曹不遷，省俸甚微，困悴且甚。嘗因積雪，門無轍跡，庖突無烟，晉公時保釐洛宅，人有以爲言者，由是卑辭厚禮，辟爲留守府從事。正郎感激之外，亦比乖事大之禮，公優容之如不及。先是，公討淮西日，恩賜鉅萬，貯于集賢私第。公信浮屠教，且曰：「燎原之火，漂杵之誅，其無玉石俱焚者乎？」因盡捨討叛所得，再修福先佛寺，危樓飛閣，瓊砌璇題，就有日矣。將致書於祕監白樂天，請爲刻珉之詞。值正郎在座，忽發怒曰：「近舍某而遠徵白，信獲戾于門下矣。且某之文方白之作，自謂瑶琴寶瑟而比之桑間濮上之音也。然何門不可以曳長裾？某自此請長揖而退。」座客旁觀，靡不股慄。公婉詞敬謝之，且曰：「初不敢以仰煩長者，慮爲大手筆見拒。是所願也，非敢望也。」正郎赬怒稍解，則請斗釀而歸。至家，獨飲其半，寢酣數刻，嘔噦而興，乘醉揮毫，黄絹立就。又明日，潔本以獻，文思古謇，字復怪僻。公尋繹久之，目瞪舌澀，不能分其句。讀畢嘆曰：「木玄虚、郭景純《江》《海》之流也。」因以寶車名馬、繒彩器翫約千餘緡，置書命小將就第酬之。正郎省札大忿，擲書於地，叱小將曰：「寄謝侍中，何相待之薄也！某之文，非常流之文也。曾與顧況爲集序外，未嘗造次許人。今者請製此碑，蓋受恩深厚爾。其辭約三千餘字，每字三匹絹，更減五分錢不得。」小校既恐且怒，躍馬而歸，公門下之僚屬列校咸扼腕切齒，思臠其肉。公聞之笑曰：「真命世不羈之才也。」立遣依數酬之。自居守府至正郎里第，輦負相屬，洛人聚觀，比之雍絳泛舟之役。正郎領受之無媿色。湜褊急之性，獨異於人。嘗爲蜂螫手指，因大躁，急命臧獲及里中小兒輩箕斂蜂巢，購以善價。俄頃，山聚於庭，則命碎爛於碪機杵臼，絞取其液，以酬所痛。又嘗命其子松録詩數首，一字小誤，詬詈且躍呼，杖不及，則擒嚙其臂，血流及肘而止。其褊訐之性，率此類也。

康駢《劇談録》卷上《裴晉公天津橋遇老人》 裴晉公度微時羈寓洛中，常乘蹇驢入皇城。方上天津橋，時淮西不庭已數年矣，有二老人傍橋柱而立，語云：「蔡州用兵日久，徵發甚困於人，未知何時得平定？」忽覩裴公，驚愕而退。有僕者攜書囊後行，相去稍遠，聞老人云：「適憂蔡州未平，須待此人爲將。」既歸，僕者具述其事。裴公曰：「見我龍鍾相戲爾。」其秋，東府鄉薦，明年及第。洎秉鈞衡，朝廷議授吴元濟節鉞。既而延英候對，憲皇以問宰臣。裴公奏曰：「賊臣跋扈四十餘年，聖朝姑務含弘，蓋慮凋傷一境。不聞歸心効順，乃欲坐據一方。若以旄鉞授之，翻恐恣其兇逆。以陛下聰明神武，藩鎮皆願勤王，臣請一詔追兵，可以平蕩妖孽。」於是命晉公爲淮西節度使，興師致討。時陳許、汴、滑二帥，先於郾城縣屯軍，晉公統精甲五萬會之，受律鼓行而進，直造蔡州城下。纔兩月，擒賊以獻，淮西遂平。後入朝居廊廟，六拜正司徒，爲侍中、中書令。儒風武德，振耀古今。洎留守洛師，每話天津橋老人之事。

孫棨《北里志·附録》 胡證尚書質狀魁偉，膂力絶人，與裴晉公度同年。公嘗狎遊，爲兩軍力士十許輩陵轢，勢甚危窘。公潛遣一介求救於胡。胡衣皁貂金帶，突門而入，諸力士睨之失色。胡後到飲酒，一舉三鍾，不啻數升，杯盤無餘瀝。逡巡，主人上燈，胡起取鐵燈臺，摘去枝葉，而合其跗，横置膝上，謂衆人曰：「鄙夫請非次改令，凡三鍾引滿，一徧三臺，酒須盡，仍不得有滴瀝。犯令者一鐵躋。」胡復一舉三鍾。次及一角觥者，凡三臺三徧，酒未能盡，淋漓逮至並

座。胡舉蹄將擊之，羣惡皆起設拜，叩頭乞命，呼爲神人。胡曰：「鼠輩敢爾，乞汝殘命！」叱之令去。

馮贄《雲仙雜記》卷一《午橋莊》 裴令臨終，告門人曰：「吾死無所繫，但午橋莊松雲嶺未成，軟碧池繡尾魚未長，《漢書》未終篇，爲可恨爾。」

馮贄《雲仙雜記》卷四《白羊妝點芳草》 午橋莊小兒坡，茂艸盈里，晉公每使數羣白羊散于坡上，曰：「芳草多情，賴此妝點也。」

馮贄《雲仙雜記》卷五《除夜歎老》 裴度除夜歎老，迨曉不寐，爐中商陸火凡數添也。

馮贄《雲仙雜記》卷六《碎錦坊》 晉公午橋莊有文杏百株，其處立碎錦坊。

馮贄《雲仙雜記》卷七《釀換骨醪》 憲宗采鳳李花，釀換骨醪。晉國公平淮西回，黃帊金缾恩賜二斗。

馮贄《雲仙雜記》卷七《大筍中有眼睛》 裴晉公於藍田得一大筍，破之，有三四眼睛，而香美過甚，乃與曾序分食之。

王定保《唐摭言》卷三《慈恩寺題名遊賞賦詠雜記》 裴晉公赴敵淮西，題名華岳之闕門。大順中，户部侍郎司空圖以一絶紀之曰：「岳前大隊赴淮西，從此中原息戰鞞，石闕莫教苔蘚上，分明認取晉公題。」

王定保《唐摭言》卷四《節操》 裴晉公質狀眇小，相不入貴。既屢屈名場，頗亦自惑。會有相者在洛中，大爲縉紳所神，公時造之問命。相者曰：「郎君形神稍異於人，不入相書。若不至貴，即當餓死。然今則殊未見貴處。可別日垂訪，勿以蔬糲相鄙。候旬日，爲郎君細看。」公然之，凡數往矣。無何，阻朝客在彼，因退遊香山佛寺，徘徊廊廡之下。忽有一素衣婦人致一緹縚於僧伽和尚欄楯之上，祈祝良久，復取筊擲之，叩頭瞻拜而去。少頃，度方見其所致，意彼遺忘，既不可追，然料其必再至，因爲收取。躊躇至暮，婦人竟不至，度不得已，攜之歸所止。詰旦，復攜就彼。時寺門始闢，俄覩向者素衣疾趨而至，逡巡撫膺惋歎，若有非横。度從而訊之。婦人曰：「新婦阿父無罪被繫，昨告人，假得玉帶二、犀帶一，直千餘緡，以賂津要。不幸遺失於此。今老父不測之禍無所逃矣！」度憮然，復細詰其物色，因而授之。婦人拜泣，請留其一。度不顧而去。尋詣相者，相者審度，聲色頓異，大言曰：「此必有陰德及物。此後前途萬里，非某所知也。」再三詰之，度偶以此言之。相者曰：「秪此便是陰功矣，他日無相忘！勉旃，勉旃！」度果位極人臣。

王定保《唐摭言》卷十五《雜記》 裴晉公下世，文宗賜御製一篇，置於靈座之上。

《太平廣記》卷一三八《裴度》引《劇談録》 唐中書令晉公裴度微時，羈寓洛中。常乘蹇驢入皇城，方上天津橋。時淮西不庭，已數年矣，有二老人倚橋柱而立，語云：「蔡州用兵日久，徵發甚困於人，未知何時平定。」忽覩度，驚愕而退。有僕者攜書囊後行，相去稍遠，聞老人云：「適憂蔡州未平，須待此人爲將。」既歸，僕者具述其事。度曰：「見我龍鍾相戲耳！」其秋，果領鄉薦。明年及第，洎秉鈞衡。朝廷議授吳元濟節鉞，既而延英候對，憲宗問宰臣，度奏曰：「賊臣跋扈四十餘年，聖朝姑務含弘，蓋慮凋傷一境。不聞歸心効順，乃欲坐據一方。若以旄鉞授之，翻恐恣其凶逆。以陛下聰明神武，藩鎮皆願勤王。臣請一詔進兵，可以平蕩妖孽。」於是命度爲淮西節度使，興師致討。時許滑三帥先於郾城縣屯軍，度統精甲五萬會之，受律鼓行而進，直造蔡州城下。纔兩月，擒賊以獻，淮西遂平。後入朝居廊廟，大拜正司徒，爲侍中、中書令。儒生武德，振耀古今。洎留守洛師，每話天津橋老人之事。出征淮西，請韓愈自中書舍人爲掌書記。及賊平朝覲，樂和李僕射方爲華州刺史，戎服櫜鞬，迎于道左。愈有詩云：「荆山行盡華山來，日照潼關四扇開。刺史莫嫌迎候遠，相公親破蔡州回。」

《太平廣記》卷一五三《裴度》引《續定命録》 故中書令晉國公裴度，自進士及第，博學、宏詞、制策三科，官途二十餘載，從事浙右，爲河南掾。至憲宗朝，聲聞隆赫，歷官三署，拜御史中丞。上意推重，人情翕然。明年夏六月，東平帥李師道包藏不軌，畏朝廷忠臣，有賊殺宰輔意。密遣人由京師靖安東門禁街，候相國武元衡，仍鬧中傳聲大呼云：「往驛坊，取中丞裴某頭。」是時京師始重揚州氈帽，前一日，廣陵帥獻公新様者一枚，公翫而服之。將朝，燭下既櫛，乃取其蓋張焉。導馬出坊之東門，賊奄至，唱殺甚厲，賊遂揮刀中帽，墜馬。賊爲公已喪元矣，掠地求其墜顱急。騶乘王義遽迴鞚，以身蔽公。賊知公全，再以力擊義，斷臂且死。度賴帽子頂厚，經刀處，微傷如線數寸。旬餘如平常。及昇台衮，討淮西，立大勳，出入六朝，登庸授鉞。門館僚吏，雲布四方。其始終遐永也如此。

《太平廣記》卷二五〇《裴度》引《盧氏雜說》 唐裴晉公度在相位日，有人寄槐癭一枚，欲削爲枕。時郎中庾威，世稱博物，召請別之。庾捧翫良久，白曰：「此槐癭是雌樹生者，恐不堪用。」裴曰：「郎中甲子多少？」庾曰：「某與令公同是甲辰生。」公笑曰：「郎中便是雌甲辰。」

《太平廣記》卷三〇七《裴度》引《逸史》　裴度少時，有術士云，命屬北斗廉貞星神，宜每存敬，祭以果酒。度從之，奉事甚謹。及爲相，機務繁冗，乃致遺忘，心恒不足，然未嘗言之於人，諸子亦不知。京師有道者來謁，留之與語，曰：「公昔年尊奉天神，何故中道而止？崇護不已，亦有感於相公。」度笑而已。後爲太原節度，家人病，迎女巫視之，彈胡琴，顛倒良久，蹶然而起曰：「請裴相公。廉貞將軍遣傳語：『大無情，都不相知耶？』將軍甚怒，相公何不謝之？」度甚驚。巫曰：「當擇良日潔齋，於浄院焚香，具酒果，廉貞將軍亦欲見形於相公。」其日，度沐浴，具公服，立於階下，東向奠酒再拜。見一人金甲持戈，長三丈餘，北向而立。裴公汗洽，俯伏不敢動。少頃即不見。問左右，皆云無之。度尊奉不敢怠忽也。

《太平廣記》卷四三七《裴度》引《集異記》　裴令公度性好養犬，凡所宿設燕會處，悉領之，所食物餘者，便和椀與犬食。時子壻李甲見之，數諫，裴令曰：「人與犬類，何惡之甚？」犬正食，見李諫，乃棄食，以目視李而去。裴令曰：「此犬人性，必讐於子，竊慮之。」李以爲戲言。將欲午寢，其犬乃蹲而向李。李見之，乃疑犬讐之。犬見未寢，又出其户。李見犬去後，乃以巾櫛安枕，多排衣服，以被覆之，其狀如人寢，李乃藏於異處視之。逡巡，犬入其户，將謂李已睡，乃跳上寢牀，當喉而嚙。嚙訖知謬，犬乃下牀憤跳，號吠而死。

陶穀《清異録》卷下《酒漿門》　裴晉公盛冬常以魚兒酒飲客，其法用龍腦凝結，刻成小魚形狀，每月，沸酒一盞投一魚其中。

孫光憲《北夢瑣言》卷一〇《前賢戲調》　唐裴晉公度風貌不揚，自譔真讚云：「爾身不長，爾貌不揚，胡爲而將，胡爲而相？」幕下從事遜以美之，且曰：「明公以内相爲優。」公笑曰：「諸賢好信謙也。」幕僚皆悚而退。

王溥《唐會要》卷五二《忠諫》　（元和）九年十二月，釋下邽令裴寰之罪。初，每歲冬，以鷹犬出近畿習狩，謂之外按使，領徒數百輩，恃恩恣横。郡邑懼擾，皆厚禮迎犒，恣其所便。止舍私邸，百姓長之如寇盜。每留旬日，方更其所。至是，行次下邽，寰爲令，嫉其强暴擾人，但據文供饋。使者歸，乃譖寰有慢言，上大怒，將以不敬論。宰相武元衡等于延英懇救理之，上怒不改。及出，逢御史中丞裴度入，元衡等謂曰：「裴寰事，上意不開，恐不可論。」度唯唯而入，抗陳其事，謂寰無罪。上愈怒，曰：「如卿言，裴寰無罪，則當決五坊小使；如小使無罪，則當決裴寰。」度曰：「誠如聖旨。但以裴寰爲令長，愛惜陛下百姓如此，豈可罪之？」上怒稍解。初令書罰，翌日釋之。

王溥《唐會要》卷五九《刑部侍郎》　元和十年，以御史中丞裴度兼刑部侍郎。時度宣慰淮西迴，所言軍機，多合上旨，故以兼官寵之。自徵兵討淮西，凡十餘鎮之兵，皆環於申蔡，未立戰功。裴度使還，且令與諸朝賢詳議，乃入奏曰：「臣觀諸將，唯李光顔見義能勇，必能立功。」果首敗賊於時曲。上尤賞之。

錢易《南部新書》卷癸　太和中入閤，閤内都官班中，有擡眼竊窺上者，覺之。班退，語宰相曰：「適省郎班内第幾人，忽擡眼抹朕何也？」時裴晉公對曰：「省郎庶僚極卑微，不合擡眼抹陛下。」上曰：「如何？」晉公曰：「即與打下着。」上曰：「此小事不用打下。」

王讜《唐語林》卷一《政事上》　相國晉公裴度出鎮興元，因入覲，值范陽節度使朱克融因春衣使，奏曰：「使者傲，賜衣惡，軍士皆無衣，兼請之。又聞車駕幸東都，請以丁匠五千，先理宫寢。」敬宗召公問，公對曰：「克融凶騃者，此將滅之徵也。欲挫之，則曰：『所遣工役當令供偫，速行也。』若欲緩之，則發一詔曰：『聞中官慢易，俟歸，當痛責之。春服，所司之制，我已罪之也。瀍洛之幸，職司所供，固不煩士卒也。三軍請衣，吾無所愛，但非徵役例。』」克融卻出使，宴賂命回，乃賣瑞寶以獻。不數月，克融果死。

吴元濟之亂淮西，以宰臣裴度爲元帥，及對於殿，上曰：「僞蔡稱兵，朕於擇帥甚難其人也。且安天下用將帥，如造大舟以越滄海，其功則多，其成則大，一日萬里，無所不屆。若乘一葉而蹈洪波，其功也寡，其覆也速。朕今託元老以摧狂寇，真謂一日萬里矣。」度曰：「微臣無狀，叨蒙大用。唯慮一丸之卵不足以勝太山，駁段之馬不足以行千里。但竭臣至忠，以仗宗廟之靈，臣雖不才，敢以死效命。」泣下沾濡，若不勝語。上亦爲之動容。

王讜《唐語林》卷三《識鑒》　裴晉公爲相，布衣交友，受恩子弟，報恩獎引不暫忘。大臣中有重德寡言者，忽曰：「某與一二人皆受知裴公。白衣時約他日顯達，彼此引重。某仕宦所得已多，然晉公有異于初，不以輔佐相許。」晉公聞之，笑曰：「實負初心。」乃問人曰：「曾見靈芝、珊瑚否？」曰：「此皆希世之寶。」又曰：「曾遊山水否？」曰：「名山數遊，唯廬山瀑布狀如天漢，天下無之。」晉公曰：「圖畫尚可悦目，何況親觀？然靈芝、珊瑚，爲瑞爲寶可矣，用于廣厦，須杞、梓、樟、楠；瀑布可以圖畫，而無濟于人，若以溉良田，激碾磑，其功莫若長河之水。某公德行文學、器度標準，爲大臣儀表，望之可敬；然長厚有餘，心無

機術，傷于畏怯，剸割多疑。前古人民質樸，征賦未分，地不過數千里，官不過一百員，内無權倖，外絶姦詐，畫地爲獄，人不敢逃；以赭染衣，人不敢犯。雖曰列郡建國，侯伯分理；當時國之大者，不及今之一縣，易爲匡濟。今天子設官一萬八千，列郡三百五十，四十六連帥，八十萬甲兵，禮樂文物，軒裳士流，盛于前古。材非王佐，安敢許人！」

王讜《唐語林》卷六《補遺》 裴中令應舉，詣葫蘆生問命。未之許，謂無科級之分。試日，入安上門，人馬擁併，見一婦人，類賈客之妻，從女奴皆衣服鮮潔，挈一合，以紫帕封。女奴力劬，置於門閫。門闢，失婦人所在，合復在閫傍，公以衫裾衛之，意爲他人所購，冀其主復至。舉人悉集，公獨在門，日晏終不去。久之，婦人方悲號，公詰其冤抑，以狀答曰：「夫犯刑憲，其案已圓在朝夕。某家素豐，蓄一寶帶，會有能救護者，與數萬緡，至羅錦，悉不取，唯須此帶。今早晨親遣女使更持送，忽失所在，吾夫不免矣！」公識其主，即以予之。婦人再拜，泣謝而去。試不及，免罷一舉。他日復訪葫蘆生，生見公，驚曰：「君非去年相遇者耶？君將來及第，兼位極人臣，蓋近有陰德。」

元和中，有老卒推倒《平淮西碑》，官司鋮其項，又以枷擊守獄者。憲宗怒，命縛來殺之。既至京，上曰：「小卒何故毁大臣所撰碑？」卒曰：「乞一言而死。碑文中有不了語，又擊殺陛下獄卒，所願於聞奏。文中美裴度，不述李愬功，是以不平。」上命釋縛，賜酒食，敕翰林學士段文昌别撰。

洪邁《容齋隨筆》卷一《裴晉公禊事》 唐開成二年三月三日，河南尹李待價將禊於洛濱，前一日啓留守裴令公。公明日召太子少傅白居易，太子賓客蕭籍、李仍叔，劉禹錫，中書舍人鄭居中等十五人合宴於舟中。自晨及暮，前水嬉而後妓樂，左筆硯而右壺觴，望之若仙，觀者如堵。裴公首賦一章，四坐繼和，樂天爲十二韻以獻，見於集中。

阮閲《詩話總龜》前集卷四三《送别門》 武元衡罷相出鎮西蜀，柳公綽與裴度俱爲判官。公綽先度入爲吏部郎中，度有詩餞别云：「兩人同日事征西，今日公先捧紫泥。」

吴曾《能改齋漫録》卷一〇《李逢吉裴度諫穆宗》 古人有言曰：「止駡所以助駡，助駡所以止駡。」又曰：「勸人不可指其過，須先美其長。人喜則語言易入，怒則語言難入。」誠哉，是言也。穆宗以童昏帝天下，未容輕責。觀其良心，豈無勉强之理歟。崔發敺曳中人，因繫獄，不以郊赦原。臺諫官如李渤、張仲方論赦，皆不聽。及李逢吉從容言曰：「崔發敺曳中人，誠大不恭。然其母年八十，自發下獄，積憂成疾。陛下方以孝理天下，所宜矜念。」上愍然曰：「比諫官但言發冤，未嘗言其不恭，亦不言有老母。如卿所言，朕何爲不赦之？」即釋其罪。其後穆宗欲幸驪山温湯，李絳、張仲方屢諫不聽。張權輿叩頭殿下，以爲周幽幸驪山，爲犬戎所殺；秦皇葬驪山而國亡；明皇宫驪山而禄山亂；先帝幸驪山而享年不長。上曰：「驪山若此之凶耶！我宜一往，以驗彼言。」卒幸驪山，還謂左右曰：「彼叩頭者之言，安足信哉！」又其後欲幸東都，宰相暨朝臣諫者甚衆，上皆不聽，決意必行，已令度支計道里費。裴度從容言曰：「國家本設兩都，以備巡幸。自多難以來，兹事遂廢。今宫闕營壘，百司廨舍，率已荒圮。陛下倘欲行幸，宜命有司歲月間徐加全葺，然後可往。」上曰：「從來言事者，皆云不當往。如卿所言，不往亦可。」遂罷工役。夫穆宗一人耳，考其三事，諫者或不從，或始拒而終從。由是言之，穆宗豈不能曉事者哉，繫諫者之能否而已。

計有功《唐詩紀事》卷三三《裴度》 樂天求馬，裴贈以馬，因戲云：「君若有心求逸足，我還留意在名姝。」引妾换馬之事。樂天答云：「安石風流無奈何，欲將赤驥换青娥。不辭便送東山去，臨老何人與唱歌？」

公出討淮西，過女几山下，刻石題詩，後果剋期平賊。其詩云：「待平賊壘報天子，莫指仙山示武夫。」由是淮蔡底平，民安生業。白居易作詩二百言，繼公篇之末。

俞文豹《吹劍録》 裴度往淮西督戰，恐翰林學士令狐楚沮軍事，乃請改制書數事，且言楚草制失辭，罷之。

備論

《舊唐書》卷一七〇《裴度傳》 史臣曰：德宗懲建中之難，姑息藩臣，貞元季年，威令衰削。章武皇帝志攄宿憤，廷訪嘉猷。始得杜邠公，用高崇文誅劉闢。中得武丞相，運籌訓戎，贊成睿斷。終得裴晉公，耀武伸威，竟殄兩河宿盜。雄哉，章武之果斷也！晉公以書生素業，致位台衡，逢時遘屯，扼腕凶醜，誓以身徇，不亦壯乎！夫人臣事君，唯忠與義，大則以訏謨排禍難，小則以讜正匡過失，內不慮身計，外不恤人言，古之所難也。晉公能之，誠社稷之良臣，股肱之賢相。

元和中興之力，公胡讓焉。昔仲尼歎周室陵遲，齊桓霸翼而有微管之論。當承宗、師道之濟惡也，姦人徧四海，刺客滿京師，乃至闌吏禁兵，附賊陰計，議臣言未出口，刃已揕胸。苟非死義之臣，孰肯横身冒難，以輔天子者？苟裴令不用元和之世，則時運未可知也。臣所以明左衽之歎，宣聖奬賢之深。

贊曰：晉公伐叛，以身犯難。用之則治，捨之則亂。公去巖廊，復失冀方。穎、植之謀，信爲不臧。

《新唐書》卷一七三《裴度傳》 贊曰：憲宗討蔡，出入四年。元濟外連姦臣，刺宰相，反用事者，沮駭朝謀。惟天子赫然排羣議，任度政事，倚以討賊。身督戰，遂平淮西。非度破賊之難，任度之爲難也。韓愈頌其功曰：「凡此蔡功，惟斷乃成。」其知言哉！穆宗不君，憸人腐夫乘釁鎸詆，而度遂無顯功。非前智後愚，用不用，勢當然矣。前史稱度晚沉浮爲自安計，是不然。《大雅》曰：「既明且哲，以保其身。」度何訕云。

孫甫《唐史論斷》卷下《用裴度相》 論曰：前代以來，天子有興治平亂之志，而或功不成、事不立者，明斷不足也。以天子之尊，有明斷之才，何爲而不可？蓋當興治平亂之時，必究事機，詳利害，任賢者，去時弊。數者之類，君不能獨計，必謀之臣；臣未必皆賢，必有異同之論。若辯之不至則惑，惑則其事不行。雖或行之，一姦人沮之，則半道而止矣。此明斷不足之患也。憲宗用裴度爲相，使平寇亂，可謂明斷至矣。

孫甫《唐史論斷》卷下《裴度罷相位》 論曰：憲宗用數賢相，故能平治天下。然數相中裴度功尤大，惜乎以成大功，遽爲姦人所擠，罷去相位。何前日用度之明，後罷度之昏也！當淮西之亂，鎮、鄆連謀，變起都城，宰輔被害，時不用度，賊勢莫遏，天下亂矣。憲宗既以明斷用度，度得盡其才，經營國事，故朝政日修，國威日振，平淮西，服鎮州，收淄、青，四方欣欣，再見平世。度之大功如是，若久任之，貞觀之治可復也。

晁補之《濟北晁先生鷄肋集》卷四九《裴度晚節避禍》 度素堅正事上不回，故累爲姦邪所排，幾至顛沛，及晚節稍浮沉以避禍。

右度傳度始爲中丞、藩臣憚嫉已有刺客之變而勇不畏難，竟殲寇孽。晚以昌言詆魏弘簡、劉承偕之姦，加以元稹、李逢吉之徒搆誣百端，而張權輿非衣之謡仍出於昭愍時，度之不及於禍，幸也！盜起禁中，宮車晏駕，繼以甘露事四宰相喋血都市，度猶横身抗議，全活者數十家。唐史臣有「微管仲，吾其左衽」之論，度之終始爲國亦足矣。或謂度晚節浮沉以避禍，非也，既明且哲以保其身，聖人稱之，況度不但保身而已也。至謂劾王播進羡餘爲，士君子所少，豈度心哉？蕭何買田宅以自污，亦或以爲不如張良棄事辟穀。是不然。何人物雖愧良，而兩人皆高祖所謂人傑賴以取天下者，非其功高地危，有遠禍意計，皆不出於此，韓信之事斷可識矣。買田、辟穀何足以議其污與潔哉！

計大受《史林測義》卷二二《杜黄裳裴度》 元和元年劉闢之誅，固宰相杜黄裳奏罷中人監軍專委高崇文以及指授機宜之力也。憲宗褒其功，乃不明善則歸君之義。處之不讓，其不生中主之忌心乎？此所以不久即罷爲河中節度使也。或據本傳，通餽謝帝，以其小節不修出之，竊不謂然。黄裳既卒，御史追劾納崇文錢四萬五千緡，帝且念功不問。如尚欲資以裁制藩鎮，而苛其潔白之小節，忘其經濟之大略乎？四年討王承宗任吐突承璀爲制將，時譚忠謂：「往年取蜀、取吴皆相臣之謀，今不任耆臣宿將而專付中臣，此乃天子自爲之謀，將欲夸服於臣下。」洵推見至隱之論，蓋自黄裳之不讓有以啟之，則黄裳之不使久在相位，豈非嫌有不讓，而不復待以建事之權乎？逮於蔡鄆既平，裴度纂述上之憂勤機略，請付史官，或其取鑑於黄裳，以善處功名之際，然而不允所請。信乎！帝之不矜不伐乎！比而觀之，而丁氏之論以矯情者乃不誣矣。若度既歸美於上，而旋罷爲河東節度使者，則憲宗晚節任用非人，聽皇甫鎛之黨陰擠之耳。

朱軾《史傳三編》卷二六《裴度》 論曰：度始佐憲宗平淮蔡，功無與比，唐書以爲非度破賊之難，排羣議任度之爲難，可謂知言者矣。廣德以來，藩鎮跋扈，河南、北三十餘州久非唐家所有。自度爲相，海内肅然。遵朝廷約束而憸壬小夫，乃不肯使一日安其身于廟堂之上。于穆宗抑又甚焉，盧龍、成德、瀛州、相州諸軍繼亂，魏博、武寧未幾亦失，則宰相非其人之故也。敬宗有志，用度而不永；文宗徒事外，貌而無實。天不祐唐，度亦安能如之何哉！晚歲優游緑野，史氏以浮沉目之，不知蔡鄆成功，鎛异譸構之日，度之宜去久矣。彼亦自以用舍關天下盛衰，故可進可退，而終不忍恝然，則其忠不可及也。

藝文

王建《王司馬集》卷五《上裴度舍人》 小松雙對鳳池開，履跡衣香逼上台。

天意皆從彩毫出，宸心盡向紫烟來。非時玉案呈宣旨，每日金堦謝賜廻。仙侶何因記名姓，縣丞頭白走塵埃。

《白居易集》卷三一《裴度、李夷簡、王播、鄭絪、楊於陵等各賜爵，并迴授爵制》 勑：《禮》云：「臣下竭力盡忠以立功於國者，必報之以爵禄。」此言上之不虚取於下也。而司空度等，咸以忠力，作股肱心膂之臣，大節大勢，書在甲令。然則功如是，忠如是，高爵重秩，予何愛焉？故能統御之初，先行信賞，詔主爵者合爲奏書，或加寵進封，或延恩任子，次勤第品，咸按舊章，行乎敬之，無忝予一人之嘉命！可依前件。

《白居易集》卷三六《裴度、韓弘等各賜一子官，并授姪、女婿等制》 勑：某官某等：謁廟郊天，改元肆眚，是爲大慶，與衆共之。矧股肱心膂之臣，與吾同體，延賞任子，其可廢乎？爾等或以文華，或以吏職，有所修立，稟於義方。自當褒升，況霑慶澤。俾舉展親之典，用叶推恩之道。猶子愛壻，各命以官。爾其敬承，無忝朝獎！可依前件。

《白居易集》卷三七《除裴度中書舍人制》 司勳郎中、知制誥裴度，以茂學懿文，潤色訓誥。體要典麗，甚得其宜。施之四方，朕命惟允。況中立不倚，道直氣平。介然風規，有光近侍。臺郎滿歲，班列當遷。綸閣之職，所宜真授。

《柳宗元集》卷三九《爲裴中丞上裴相賀破東平狀》 右伏以逆賊李師道克就梟擒，已具中書門下狀賀訖。某忝居末屬，特受深恩，踴躍不寧，輒復披露。竊以自古中興之主，必有命代之臣，一德同功，以叶休運。故申、甫、方、召，成宣王復古之勳；吴、鄧、寇、耿，致光武配天之業。此皆上下齊志，中外悉心。雖成功則多，而陳力甚易。豈若閣下挺拔英氣，邁越常流，獨契聖謨，以昌鴻業。廟略初定，異議紛然，詆訕盈朝，萋斐成市。閣下秉心不惑，定命彌堅。討淮右之兇，則下車而授首；服恒陽之虜，則馳使而革心。況師道惡稔禍盈，鬼怨神怒，恣行悖慢，敢肆欺誣。天兵四臨，所至皆捷。次又捨其將校，許以歸還，罪止一夫，恩加百姓，豺狼感化，梟鏡懷仁。自致誅夷，以成開泰，萬方有慶，四海無虞。遂令率土之人，盡識太平之理。盛德大業，振古莫儔。然則布政明堂，勒功東嶽，光垂後祀，輝映前王。神化永屬於聖君，崇勳實歸於宗衮。慶賀之至，倍萬恒情。

《柳宗元集》卷三九《爲裴中丞上裴相乞討黄賊狀》 某材質無堪，授任非次。當有事之日，忠懇莫施；遇成功之辰，慙憤空積。陳力之志，誓死不渝，伏惟仁恩，終賜展效。

今者中華寧謐，異類服從，唯此南方，尚餘寇孽。伏以黄少卿等，憑培塿以自固，合莖脆以爲强。劫脅使臣，侵暴列郡。雖狐鼠之陋，無足示威，而蜂蠆之微，猶能害物。必資翦伐，方致和平。庶盡駑蹇之勞，以答恩榮之重。撫心踴躍，夙夜不寧，私布丹誠，敢期明鑒。無任感激屏營之至。

元稹《元氏長慶集》卷四二《加裴度幽鎮兩道招撫使制》 門下：夫以區區秦伯，而猶念晉國，曰其君是惡，其人何罪？況朕均養億兆，爲之君親，燕人冀人，皆吾乳哺而育之，安忍以豺狼驅脅之故，絶其飛走，盡致網羅？止行犯命之誅，是用開其一面。河東節度觀察處置等使、金紫光禄大夫、守司空兼門下侍郎、同中書門下平章事、太原尹、北都留守、上柱國、晉國公、食邑三千户裴度，昔者區域之中，蜂蟻巢聚。蔡有逆孽，齊有狡童。厥初圖征，疑議滿野，不懼不惑，挺然披攘。苟無司南，允罔能濟；佑我憲考，爲唐神宗。實惟股肱，運用忠力。肆朕小子，蒙受景靈。冀服於前，燕平於後，而撫御失理，盤牙復生。求思弭寧，中夜有得，國有元老，夫何患焉？用是亟宜懇惻之誠，就加招撫之命。

於戲！頃者師道元濟，乘累代襲授之資，藉山東結連之勢。以丞相布畫於千里之外，使諸將持重於四封之中。而猶劉悟裂虵豕之軀，李祐潰鯨鯢之腹，蓋逆順之情異，而忠孝之道明也。況幽鎮，無名暴狂，以丞相進觀其宜，以諸將齊奮其力，斧鑕之刑坐迫，椒蘭之氣外薰，誰不自愛其生，焉能與亂同死？度宜開懷緩帶，以待其歸。可依前守司空兼門下侍郎、同中書門下平章事、河東節度使、充幽鎮兩道招撫使。餘如故。

元稹《元氏長慶集》卷四二《加裴度鎮州四面招討使制》 門下：《傳》云：「死者不可復生，刑者不復屬。」是以先王斬一支指，殺一犬彘，莫不伏念隱悼。至于旬時決而行者，蓋不得已也。予於鎮人亦然。伏念俟其悛革，詎止旬時。前命相臣，招懷撫諭。矜其詿誤，示以生門。期於盡脱網羅，豈欲驅之陷穽？而豺狼當道，荆棘牽衣。雖欲歸之於仁，厥路無由而至。況王師壓境，義勇爭先。朕每抑其鋒鋩，未忍覆其巢穴。是猶愛稂莠而傷稼穡，養癰疽以潰肌膚。獨懷兒女之仁，慮失祖宗之典。今上台居鎮，算畫無遺。操晉陽之利兵，驅屈産之良馬。舉河東義成之衆，合滄景澤潞之師。當元翼授命之初，乘田布雪冤之忿舉毛拾芥，其易可知，兼用恩威，尚存招致，宜令河東節度使裴度充鎮州四面招討使。於戲！以一城之卒，敵天下之師，徇猖獗之徒，抗君父之命。吾哀爾輩，死

實無名，苟能自新，亦冀容汝。主者施行。

李德裕《李文饒集》卷四《贈裴度太師制》 敕：堯之舊臣，伯益顯庸於舜、禹；周之元老，召公流美於成、康。永惟其人，是屬良相。裴度始以謀策除害，佐烈祖之中興；終以忠貞立朝，毗累聖之鴻業。經緯之志，華皓不衰；功勳爛然，圖史輝焯。奸邪所忌，鮠豗於時。暨氛霧既開，魚水將叶，條風孰見其喜愠，零雨皆美其來歸。未踐明廷，遽嬰沉痼。威鳳莫翔於舊沼，虚舟長往於夜川。殂謝之初，朋黨異議；贈典不稱，人情鬱然。屬告類上元，涣流大號；載懷先正，宜有褒崇。寵既極於維師，恩有加於在昔。豈必望鄭侯之壟，方念茂功；過梁道之祠，乃思遺美。以兹爲勸，可不務乎！

《文苑英華》卷四四八《裴度拜相制》 門下：輔相之任重，作於股肱。經濟之才難，注人之耳目。苟非慮周物表，識洞事先，則何以出納中樞，平章大政。詢于時論，僉曰汝諧。朝議郎、守御史中丞、兼尚書刑部侍郎、飛騎尉、賜紫金魚袋裴度，勁直循道，清通秉彝，文融菁華，行茂枝葉。居然廊廟之器，出于領袖之門。西掖司言，南臺執憲，常懷遠畧，屢告嘉猷。實宣力以狥公，況外身而憂國，霜雪無改，雷風有恒。朕欲旋觀其能，用試於事，俾歷戎閫，載馳使軒。王澤涣汗以退宣，軍情密勿而上達，將議抽擢，因罹震驚。崇道德之藩籬，士有致命。資忠信之甲胄，兵無容刃。人具瞻爾，天方賚予，昆命于龜，爰立作相。爾其展四體，堅一心，廣其道以用賢，厚其風以易俗。五兵未戢，爾惟保定武功。百姓未康，爾惟勤恤人隱。臨事必斷，當官而行，齊台階於底平，補衮職之有闕。光膺慎選，其戒之哉。可朝議大夫、守中書侍郎、同中書門下平章事，勳賜如故。

宋敏求《唐大詔令集》卷四八佚名《裴度平章事制》 朕周觀帝王之道，春秋富則倚附舊老，享曆久則簡擢俊髦。故我玄宗開元之始，任宋璟、姚元崇之輩以調陰陽，東封之後，乃用李元紘、張九齡之儔以承法度。洎予恭守大位，于今二年，巖廊藩封，逮于左右前後，皆皇祖聖父之人，罔有易置。況勳望冠代，器業絶倫，副予揣掄，贊此休運，凡百有位，敬而聽之，山南西道節度觀察處置等使、光禄大夫、守司空、同中書門下平章事、興元尹、上柱國、晉國公裴度，以忘家捍患，協于憲宗。以匪躬不撓，佐于先帝。十拜相詔，四登帥壇。接士猶布衣之心，悲時急戀闕之思。價重乎内外，名殷乎華夷，藉是風猷，俾參大柄，且滿吾志，亦用僉聞。於戲。君臣合符，不可多得，千載一遇，猶爲比肩。爾宜援古以自强，垂後以居重。文終之畫一，平陽之并容，諸葛持衡之公，相如引車之意，率彼四子，足爲成人。服兹昌言，往踐乃位。可守司空、同中書門下平章事。仍令所司擇日，備禮册命。

宋敏求《唐大詔令集》卷五三佚名《裴度河東節度同平章事制》 忠利於國者，效積而事彰。器周於物者，志遠而任重。況入調鼎鼐，出鎮藩垣，荷中外之寵榮，膺文武之重寄，將允僉望，命兹輔臣。金紫光禄大夫、門下侍郎、同中書門下平章事、兼弘文館大學士、上柱國、晉國公、食邑三千户裴度，量惟弘深，道在匡濟。大玉藴連城之價，長材負搆厦之姿，言必公忠，義本誠罄。自居鈞軸，叶贊機謀，匪躬以務其將明，憂國不忘於造次。當夷兇淮蔡，仗節於師旅之間。及殄寇青齊，建籌於帷幄之内。勤勞靡替，弘益居多，績用是嘉，撝沖逾懇。東夏雄屏，實惟晉陽，控大鹵之山川，司北門之管籥，横制獯虜，遠靖疆陲，是以輟獻納於沃心，撫方隅於注意，倚屬攸切，勳庸可宣。舟楫常賴其弼予，鈇鉞載觀其莅衆，勵山甫之恪德，成方叔之壯猷。式副具瞻，勉揚休問，務既兼於左揆，秩仍踐於中台。爾其戒哉，以服嘉命。可檢校尚書左僕射、兼門下侍郎、同中書門下平章事、太原尹、北都留守、充河東節度觀察處置等使。

宋敏求《唐大詔令集》卷六一佚名《册裴度司空文》 維年月云云，皇帝若曰：三台羅列，以承斗極。皇王取象，以建三公。將以調陰陽，乂萬國，論道興化，與天地參。故職官物采，不足以昭章物數，於是有明庭册拜清廟謁見之禮，以尊異之。咨爾金紫光禄大夫、守中書侍郎、同中書門下平章事、兼淮南節度副大使、知節度事、晉國公裴度，有文理，有武功，有直聲，有忠節。弘深如大浸，峭拔如喬岳，愛人如慈母，宰物如權衡。師儒術於素王，授兵符於黄石，百行九德，疊於其躬。先皇以上聖之姿，啓中興之運，咸有一德，時惟汝諧。召雲命吕，翕受交感，翊助神算，底綏四方。大旆東摇，淮夷蕩定，長策獨運，全濟以平，解紛消慝無小無大，去權樹善，或顯或晦，非可以造次詳，非可以一二計。肆予小子，昔當守器，休功令問，充溢聽聞。逮此纘承，委重藩鎮，達經國之大體，有事君之小心，知無不爲，功多不伐，可謂社稷之元老，經濟之宏材者也。予嘉乃勳，懿乃德，庸建爾於上公。爾惟省厥初，念厥終，任天下之安危，爲夷夏之表式，俾先帝之鴻業休德，不墜於地，俾予一人實受其福，於戲敬哉。

張憲《玉笥集》卷二《弔裴晉公》 客散午橋莊，人空緑野堂。涼臺風罷扇，燠館月侵牀。慷慨平淮節，淒涼别墅觴。疇咨張國勢，誰爲整王綱。蕭爽虚神觀，堅貞折棟梁。四朝全懿德，五子繼恩光。用舍關輕重，華夷仰聞望。皇程纔

睥睨，牛李又跳踉。鑴詆雖無害，浮沈大可傷。元和猶負謗，寶慶固難量。侃侃詞臣疏，勤勤諫苑章。聖心存眷顧，天意幸聰郎。險矣非衣讖，危哉第五岡。腐憸鋒莫觸，闒子舌尤長。元老雖云壽，星圖竟不昌。可憐榮配享，無復坐巖廊。特旨探遺奏，殊恩敕護喪。營塋空有地，晉祀已無孟。朋黨終軒輊，藩臣竟頡頏。惟遺身後傳，功抗郭汾陽。

《全唐詩》卷四唐文宗《上巳日賜裴度》 注想待元老，識君恨不早。我家柱石衰，憂來學丘禱。

李愬部

綜述

《舊唐書》卷一三三《李愬傳》 愬以父蔭起家，授太常寺協律郎，遷衛尉少卿。愬早喪所出，保養於晉國夫人王氏，及卒，晟以本非正室，令服緦，號哭不忍，晟感之，因許服縗。既練，丁父憂，愬與仲弟憲廬于墓側，德宗不許，詔令歸第。居一宿，徒跣復往，上知不可奪，遂許終制。服闋，授右庶子，轉少府監、左庶子。出爲坊、晉二州刺史。以理行殊異，加金紫光禄大夫。復爲庶子，累遷至太子詹事，宫苑閑厩使。

愬有籌略，善騎射。元和十一年，用兵討蔡州吳元濟。七月，唐鄧節度使高霞寓戰敗，又命袁滋爲帥，滋亦無功。愬抗表自陳，願於軍前自効。宰相李逢吉亦以愬才可用，遂檢校左散騎常侍，兼鄧州刺史、御史大夫，充隨唐鄧節度使。兵士摧敗之餘，氣勢傷沮，愬揣知其情，乃不肅軍陣，不齊部伍。或以不肅爲言，愬曰：「賊方安袁尚書之寬易，吾不欲使其改備。」乃紿告三軍曰：「天子知愬柔而忍恥，故令撫養爾輩。戰者，非吾事也。」軍衆信而樂之。愬又散其優樂，未嘗宴樂，士卒傷痍者，親自撫之。賊以嘗敗高、袁二帥，又以愬名位非所畏憚者，不甚增其備。

愬沉勇長算，推誠待士，故能用其卑弱之勢，出賊不意。居半歲，知人可用，乃謀襲蔡，表請濟師。詔河中、鄜坊騎兵二千人益之，由是完緝器械，陰計戎事。嘗獲賊將丁士良，召入與語，辭氣不撓，愬異之，因釋其縛，署爲捉生將。士良感之，乃曰：「賊將吳秀琳總衆數千，不可遽破者，用陳光洽之謀也。士良能擒光洽以降秀琳。」愬從之，果擒光洽。十二月，吳秀琳以文成栅兵三千降。愬乃徑徙之新興栅，遂以秀琳之衆攻吳房縣，收其外城。初，將攻吳房，軍吏曰：「往亡日，請避之。」愬曰：「賊以往亡謂吾不來，正可擊也。」及戰，勝捷而歸。賊以驍騎五百追愬，愬下馬據胡床，令衆悉力赴戰，射殺賊將孫忠憲，乃退。或勸愬遂拔吳房，愬曰：「取之則合勢而固其穴，不如留之以分其力。」

初，吳秀琳之降，愬單騎至栅下與之語，親釋其縛，署爲衙將。秀琳感恩，期於効報，謂愬曰：「若欲破賊，須得李祐，某無能爲也。」祐者，賊之騎將，有膽略，守興橋栅，常侮易官軍，去來不可備。愬召其將史用誠誡之曰：「今祐以衆穫麥於張柴，爾可以三百騎伏旁林中，又使摇旆於前，示將焚麥者。祐素易我軍，必輕而來逐，爾以輕騎搏之，必獲祐。」用誠等如其料，果擒祐而還。官軍常苦祐，皆請殺之，愬不聽，解縛而客禮之。愬乘間常召祐及李忠義，屏人而語，或至夜分。忠義，亦降將也，本名憲，愬致之。軍中多諫愬，愬益寵祐。始募敢死者三千人以爲突將，愬自教習之。愬將襲元濟，會雨水，自五月至七月不止，溝塍潰溢，不可出師。軍吏咸以不殺祐爲言，簡翰日至，且言得賊諜者具言其事。愬無以止之，乃持祐泣曰：「豈天意不欲平此賊，何爾一身見奪於衆口！」愬又慮諸軍先以謗聞，則不能全祐，乃械送京師，先表請釋，且言：「必殺祐，則無以成功者。」比祐至京，詔釋以還愬，乃署爲散兵馬使，令佩刀巡警，出入帳中，略無猜間。又改爲六院兵馬使。舊軍令，有舍賊諜者屠其家，愬除其令，因使厚之，諜反以情告愬，愬益知賊中虚實。

陳許節度使李光顔勇冠諸軍，賊悉以精卒抗光顔。由是愬乘其無備，十月，將襲蔡州。其月七日，使判官鄭澥告師期於裴度。十日夜，以李祐率突將三千爲先鋒，李忠義副之，愬自帥中軍三千，田進誠以後軍三千殿而行。初出文成栅，衆請所向，愬曰：「東六十里止。」至賊境，曰張柴砦，盡殺其戍卒，令軍士少息，繕羈靮甲胄，發刃彀弓，復建旆而出。是日，陰晦雨雪，大風裂旗旆，馬慄而不能躍，士卒苦寒，抱戈僵仆者道路相望。其川澤梁逕險夷，張柴已東，師人未嘗蹈其境，皆謂投身不測。初至張柴，諸將請所止，愬曰：「入蔡州取吳元濟也。」諸將失色。監軍使哭而言曰：「果落李祐計中！」愬不聽，促令進軍，皆謂必不生還；然已從愬之令，無敢爲身計者。愬道分五百人斷洄曲路橋，其夜凍死者十二三。又分五百人斷朗山路。自張柴行七十里，比至懸瓠城，夜半，雪愈甚。近城有鵝鴨池，愬令驚擊之，以雜其聲。賊恃吳房、朗山之固，晏然無一人知者。李祐、李忠義坎墉而先登，敢鋭者從之，盡殺守門卒而登其門，留擊柝者。黎明，雪亦止，愬入，止元濟外宅。蔡吏告元濟曰：「城已陷矣。」元濟曰：「是洄曲子弟歸求寒衣耳。」俄聞愬軍號令將士云：「常侍傳語。」乃曰：「何常侍得至於此？」遂驅率左右乘子城拒捍。田進誠以兵環而攻之。愬計元濟猶望董重質來救，乃令訪重質家安卹之，使其家人持書召重質。重質單騎而歸愬，白衣泥

首，愬以客禮待之。田進誠焚子城南門，元濟城上請罪，進誠梯而下之，乃檻送京師。其申、光二州及諸鎮兵尚二萬餘人，相次來降。

自元濟就擒，愬不戮一人，其爲元濟執事帳下厨廐之間者，皆復其職，使之不疑。乃屯兵鞠場以待裴度。翌日，度至，愬具櫜鞬候度馬首。度將避之，愬曰：「此方不識上下等威之分久矣，請公因以示之。」度以宰相禮受愬迎謁，衆皆聳觀。明日，愬軍還於文成柵。十一月，詔以愬檢校尚書左僕射，兼襄州刺史、山南東道節度、襄鄧隨唐復郢均房等州觀察等使、上柱國，封涼國公，食邑三千户，食實封五百户，一子五品正員。

憲宗有意復隴右故地，元和十三年五月，授愬鳳翔隴右節度使，仍詔路由闕下。愬未發，屬李師道再叛，詔田弘正、義成、宣武等軍討之，乃移愬爲徐州刺史、武寧軍節度使，代其兄愿。兄弟交換岐、徐二鎮，旬日間再踐父兄之任。愬至徐方，理兵有方略。時蔡將董重質貶春州司户，愬上表請恕重質賜之，堪於軍前驅使，即詔徵還送武寧軍，愬乃署爲牙將。愬破賊金鄉，凡十一戰，擒賊將五十，俘斬萬計。

淄青平，將有事燕、趙。元和十五年九月，以愬檢校左僕射、同中書門下平章事、潞州大都督府長史、昭義節度使，仍賜興寧里第。十月，王承宗卒，魏博田弘正移任鎮州。愬至潞州，四月，遷魏州大都督府長史、魏博節度使。長慶元年，幽、鎮復亂，愬聞之，素服以令三軍曰：「魏人所以富庶而能通知聖化者，由田公故也。天子以其仁而愛人，使理鎮冀。且田公出於魏，撫師七年，一旦鎮人不道，敢茲殘害，以魏爲無人也。若父兄子弟食田公恩者，其何以報？」衆皆慟哭。又以玉帶、寶劍與牛元翼，遣使謂之曰：「吾先人常以此劍立大勳，吾又以此劍平蔡寇，今鎮人叛逆，公以此翦之。」元翼承命感激，乃以劍及帶令於軍中，報之曰：「願以衆從，竭其死力。」方有制置，會疾作，不能治軍，人違紀律，功遂無成。朝廷以田布代之，除太子少保，歸東都。是年十月，卒於洛陽，時年四十九。穆宗聞之震悼，賵賻加等，贈太尉。

始，晟克復京城，市不改肆；及愬平淮蔡，復踵其美。父子仍建大勳，雖昆仲皆領兵符，而功業不侔於愬，近代無以比倫。加以行己有常，儉不違禮，弟兄席父勳寵，率以僕馬第宅相矜，唯愬六遷大鎮，所處先人舊宅一院而已。晚歲忽於取士，辟請不得其人，至使吏緣爲奸，軍政不肅，物論稍減，惜哉！

《新唐書》卷一五四《李愬傳》 愬字元直，有籌略，善騎射。以蔭補協律郎，遷累衛尉少卿。早喪所生，爲晉國王夫人所鞠。王卒，晟以非嫡，敕諸子服緦，愬獨號慟不忍，晟乃許服縗。既練，晟薨，與憲廬墓側，德宗敦遣歸第，一夕復往，帝許之。服除，授太子右庶子。出爲坊、晉二州刺史，以治異等，加金紫光禄大夫，進詹事。

憲宗討吳元濟，唐鄧節度使高霞寓既敗，以袁滋代將，復無功。愬求自試，宰相李逢吉亦以愬可用，遂檢校左散騎常侍，爲隋唐鄧節度使。愬以其軍初傷夷，士氣未完，乃不爲斥候部伍。或有言者，愬曰：「賊方安袁公之寬，吾不欲使震而備我。」乃令于軍曰：「天子知愬能忍恥，故委以撫養。戰，非吾事也。」衆信而安之。乃斥倡優，未嘗嬉樂。士傷夷病疾，親爲營護。蔡人以嘗敗辱霞寓等，又愬名非夙所畏者，易之，不爲備。愬沈鷙，務推誠待士，故能張其卑弱而用之。賊來降，輒聽其使，或父母與孤未葬者，給粟帛遣還，勞之曰：「而亦王人也，無棄親戚。」衆願爲愬死，故山川險易與賊情僞，一能曉之。

居半歲，知士可用，乃請濟師，詔益河中、鄜坊二千騎。於是繕鎧厲兵，攻馬鞍山，下之，拔道口柵，戰嵖岈山，以取鑪冶城，入白狗、汶港柵，披楚城，襲朗山，再執守將。平青陵城，禽票將丁士良，異其才，不殺，署捉生將。士良謝曰：「吳秀琳以數千兵不可破者，陳光洽爲之謀也。我能爲公取之。」乃禽以獻。於是秀琳舉文城柵降。遂以其衆攻吳房，殘外垣。始出攻，吏曰：「往亡日，法當避。」愬曰：「彼謂吾不來，此可擊也。」既引還，賊以精騎尾擊，愬下馬據胡牀，令軍曰：「退者斬。」衆決死戰，射殺其將，賊乃走。或勸遂取吳房，愬曰：「不可。吳房拔，則賊力專，不若留之以分其力。」

初，秀琳降，愬單騎抵柵下與語，親釋縛，署以爲將。秀琳爲愬策曰：「必破賊，非李祐無與成功者。」祐，賊健將也，守興橋柵，其戰嘗易官軍。愬候祐護穫于野，遣史用誠以壯騎三百伏其旁，見羸卒若將燔聚者，祐果輕出，用誠禽而還。諸將素苦祐，請殺之，愬不聽，以爲客。待間，召祐及李忠義屏人語，至夜艾。忠義，亦賊將，所謂李憲者。軍中多諫此二人不可近，愬待益厚。乃募死士三千人爲突將，自教之。會雨，自五月至七月不止，軍中以爲不殺祐之罰，將吏雜然不解。愬力不能獨完祐，乃持以泣曰：「天不欲平賊乎？何見奪者衆邪？」則械而送之朝，表言必殺祐，無與共誅蔡者。詔釋以還愬。愬乃令佩刀出入帳下，署六院兵馬使。六院者，隋、唐兵也，凡三千人，皆山南奇材鋭士，故委祐統之。祐捧檄嗚咽，諸將乃不敢言，由是始定襲蔡之謀矣。舊令，敢舍諜者族。愬刊其令，

一切撫之，故諜者反効以情，愬益悉賊虚實。

時李光顔戰數勝，元濟悉鋭卒屯洄曲以抗光顔。愬知其隙可乘，乃遣從事鄭澥見裴度告師期，于時元和十一年十月己卯。師夜起，祐以突將三千爲前鋒，李忠義副之，愬率中軍三千，田進誠以下軍殿。出文城柵，令曰：「引而東。」六十里止，襲張柴，殲其戍。敕士少休，益治鞍鎧，發刃彀弓。會大雨雪，天晦，凛風偃旗裂膚，馬皆縮慄，士抱戈凍死于道十一二。張柴之東，陂澤阻奥，衆未嘗蹈也，皆謂投不測。始發，吏請所向，愬曰：「入蔡州取吴元濟！」士失色，監軍使者泣曰：「果落祐計。」然業從愬，人人不敢自爲計。愬道分輕兵斷橋以絶洄曲道，又以兵絶朗山道。行七十里，夜半至懸瓠城，雪甚，城旁皆鵝鶩池，愬令擊之，以亂軍聲。賊恃吴房、朗山戍，晏然無知者。祐等坎墉先登，衆從之，殺門者，發關，留持柝傳夜自如。黎明，雪止，愬入駐元濟外宅，蔡吏驚曰：「城陷矣！」元濟尚不信，曰：「是洄曲子弟來索褚衣爾。」及聞號令曰：「常侍傳語。」始驚曰：「何常侍得在此！」率左右登牙城，田進誠兵薄之。愬計元濟且望救於董重質，乃訪其家尉安之，使無怖，以書召重質；重質以單騎白衣降，愬待以禮。進誠火南門，元濟請罪，梯而下，檻送京師。

申、光諸屯尚二萬衆，皆降，愬不戮一人。其爲賊執事帳内厨厩厮役，悉用其舊，使不疑。乃屯兵鞠場以俟裴度，至，愬以櫜鞬見，度將避之，愬曰：「此方廢上下分久矣，請因示之。」度以宰相禮受愬謁，蔡人聳觀。乃還屯文城柵。有詔進檢校尚書左僕射、山南東道節度使，封凉國公，實封户五百，賜一子五品官。

帝方經略隴右，故徙愬節度鳳翔。李師道反，詔愬代愿帥武寧軍。旬日踐父兄兩鎮，世以爲榮。董重質得罪被斥，愬請賜軍中自効，許之，乃署爲牙將。愬與賊戰金鄉，破之。凡十一遇，禽其隊帥五十，俘馘萬計。淄青平，進同中書門下平章事，徙昭義節度，賜第興寧里。

會田弘正守鎮州，乃以愬帥魏博。長慶初，幽、鎮亂，殺弘正，愬素服以令軍曰：「魏人富庶而通于天化者，田公力也。上以其愛人，使往治鎮。且田公撫魏七年，今鎮人不道而戕害之，是無魏也。父兄子弟食田公恩者，何以報之？」衆皆哭。又以玉帶、寶劍遺牛元翼，曰：「此劍吾先人嘗以揃大盜，吾又以平蔡姦，今鎮人逆天，公宜用此夷之也。」元翼感動，謝曰：「敢有不承而愛其死力！」乃下令軍中，勒兵以俟。會愬疾甚，不能軍，詔田布代之，以太子少保還東都，卒，年四十九，贈太尉，謚曰武。

愬行己儉約，其昆弟賴家勳貴，飾輿馬，矜室廬，唯愬所處乃父時故院，無所增廣。始，晟克京師，市不改肆，愬平蔡，亦如之。功名之奇，近世所未有。晚雖忽于取士，與鄭注善，議者不以掩其賢。

雜録

備録

李肇《唐國史補》卷中　李司空愬之討吴元濟也，破新柵，擒賊將李祐，將斬而後免之。解衣輟食，與祐卧起帳中半歲，推之肝膽，然後授以精甲，使爲先鋒，雖祐妻子在賊中，愬不疑也。夜冒風雪，行一百六十里，首縛元濟而成大功，乃祐之力也。

錢易《南部新書》卷丙　裴度帶相印入蔡，李愬具軍容，度避之。愬曰：「此方不識上下，今具戎服拜相國于堂下，使民吏生畏。」度然之。自後帶宰相出鎮，凡經州郡，皆具櫜鞬，迎于道左，自此始也。

《資治通鑑》卷二四〇唐憲宗元和十二年正月條考異引《平蔡録》〔元和十二年〕正月二十四日甲申，公至所部。先是，士卒經萬勝、蕭陂、鐵城、新興之敗，人心皆惴恐，不敢言戰。公佯曰：「戰爭非吾所能。」既而陰召大將計其事。是時，公以表請徑襲元濟，人皆笑其説，乃使觀察判官王擬請師闕下，詔徵義成、河中、鄜坊馬步共二千以補其闕。」

王讜《唐語林》卷六《芝田録》　元和中，有老卒推倒《平淮西碑》，官司鏚其項，又以枷擊守獄者。憲宗怒，命縛來殺之。既至京，上曰：「小卒何故毁大臣所撰碑？」卒曰：「乞一言而死。碑文中有不了語，又擊殺陛下獄卒，所願於聞奏。文中美裴度，不述李愬功，是以不平。」上命釋縛，賜酒食，敕翰林學士段文昌别撰。

袁樞《通鑑紀事本末》卷三四《憲宗平淮蔡》〔元和十一年〕十二月，袁滋至唐州，去斥候，止其兵不使犯吴元濟境。元濟圍其新興柵，滋卑辭以請之，元濟由是不復以滋爲意。朝廷知之，甲寅，以太子詹事李愬爲唐隨鄧節度使。愬，聽

之兄也。

初置淮、潁水運使，楊子院米自淮陰泝淮入潁，至項城入溵，輸于郾城，以饋討淮西諸軍，省汴運之費七萬餘緡。

十二年春正月甲申，貶袁滋爲撫州刺史。李愬至唐州，軍中承喪敗之餘，士卒皆憚戰，愬知之，有出迓者，愬謂之曰：「天子知愬柔懦，能忍恥，故使來拊循爾曹。至於戰攻進取，非吾事也。」衆信而安之。愬親行視士卒，傷病者存恤之，不事威嚴。或以軍政不肅爲言，愬曰：「吾非不知也。袁尚書專以恩惠懷賊，賊易之，聞吾至，必增備，吾故示之以不肅。彼必以吾爲懦而懈惰，然後可圖也。」淮西人自以嘗敗高、袁二帥，輕愬名位素微，遂不爲備。

二月，李愬謀襲蔡州，表請益兵，詔以昭義、河中、鄜坊步騎二千給之。丁酉，愬遣十將馬少良將十餘騎巡邏，遇吳元濟捉生虞候丁士良，與戰，擒之。士良，元濟驍將，常爲東邊患。衆請刳其心，愬許之。既而召詰之，士良無懼色。愬曰：「真丈夫也。」命釋其縛。士良乃自言：「本非淮西士，貞元中隸安州，與吳氏戰，爲其所擒，自分死矣，吳氏釋我而用之，我因吳氏而再生，故爲吳氏父子竭力。昨日力屈，復爲公所擒，亦分死矣，今公又生之，請盡死以報德。」愬乃給其衣服、器械，署爲捉生將。

己亥，淮西行營奏克蔡州古葛伯城。

丁士良言於李愬曰：「吳秀琳擁三千之衆據文城柵，爲賊左臂，官軍不敢近者，有陳光洽爲之謀主也。光洽勇而輕，好自出戰，請爲公先擒光洽，則秀琳自降矣。」戊申，士良擒光洽以歸。

淮西被兵數年，竭倉廩以奉戰士，民多無食，采菱芡、魚鱉、鳥獸食之，亦盡，相帥歸官軍者前後五千餘户。賊亦患其耗糧食，不復禁。庚申，敕置行縣以處之，爲擇縣令，使之撫養，并置兵以衛之。

三月乙丑，李愬自唐州徙屯宜陽柵。

吳秀琳以文城柵降于李愬。戊子，愬引兵至文城西五里，遣唐州刺史李進誠將甲士八千至城下，召秀琳，城中矢石如雨，衆不得前。進誠還報：「賊僞降，未可信也。」愬曰：「此待我至耳。」即前至城下，秀琳束兵投身馬足下，愬撫其背慰勞之，降其衆三千人。秀琳將李憲有材勇，愬更其名曰忠義而用之。悉遷婦女於唐州，入據其城。於是唐鄧軍氣復振，人有欲戰之志。賊中降者相繼於道，隨其所便而置之。聞有父母者，給粟帛遣之，曰：「汝曹皆王人，勿棄親戚。」衆皆感泣。

官軍與淮西兵夾溵水而軍，諸軍相顧望，無敢渡溵水者。陳許兵馬使王沛先引兵五千渡溵水，據要地爲城，於是河陽、宣武、河東、魏博等軍相繼皆渡，進逼郾城。丁亥，李光顔敗淮西兵三萬於郾城，走其將張伯良，殺士卒什二三。

己丑，李愬遣山河十將董少玢等分兵攻諸柵；其日，少玢下馬鞍山，拔路口柵。夏四月辛卯，山河十將馬少良下嵖岈山，擒淮西將柳子野。【略】

李愬山河十將嬀雅、田智榮下冶爐城。丙申，十將閻士榮下白狗、汶港二柵。癸卯，嬀雅、田智榮破西平。丙午，遊弈兵馬使王義破楚城。

五月辛酉，李愬遣柳子野、李忠義襲朗山，擒其將梁希果。丁丑，李愬遣方城鎮遏使李榮宗擊青喜城，拔之。愬每得降卒，必親引問委曲，由是賊中險易、遠近、虛實盡知之。愬厚待吳秀琳，與之謀取蔡。秀琳曰：「公欲取蔡，非得李祐不可，如秀琳，無能爲也。」祐者，淮西騎將，有勇略，守興橋柵，常陵暴官軍。庚辰，祐帥士卒刈麥於張柴村，愬召廂虞候史用誠戒之曰：「爾以三百騎伏彼林中，又使人揺幟於前，若將焚其麥積者。祐素易官軍，必輕騎來逐之，爾乃發騎掩之，必擒之。」用誠如言而往，生擒祐以歸。將士以祐曏日多殺官軍，争請殺之。愬不許，釋縛，待以客禮。

時愬欲襲蔡而更密其謀，獨召祐及李忠義屏人語，或至夜分，他人莫得預聞。諸將恐祐爲變，多諫愬，愬待祐益厚，士卒亦不悦。諸軍日有牒稱祐爲賊内應，且言得賊諜者具言其事。愬恐謗先達於上，已不及救，乃持祐泣曰：「豈天不欲平此賊邪？何吾二人相知之深，而不能勝衆口也！」因謂衆曰：「諸君既以祐爲疑，請令歸死於天子。」乃械祐送京師，先密表其狀，且曰：「若殺祐，則無以成功。」詔釋之，以還愬。愬見之喜，執其手曰：「爾之得全，社稷之靈也。」乃署散兵馬使，令佩刀巡警，出入帳中，或與之同宿，密語不寐達曙。有竊聽於帳外者，但聞祐感泣聲。時唐隨牙隊三千人，號「六院兵馬」，皆山南東道之精鋭也，愬又以祐爲六院兵馬使。

舊軍令，舍賊諜者屠其家。〔愬〕除其令，使厚待之，諜反以情告愬，愬益知賊中虛實。乙酉，愬遣兵攻朗山，淮西兵救之，官軍不利；衆皆悵恨，愬獨歡然曰：「此吾計也。」乃募敢死士三千人，號曰「突將」，朝夕自教習之，使常爲行備，欲以襲蔡。會久雨，所在積水，未果。【略】

甲寅，李愬將攻吳房，諸將曰：「今日往亡。」愬曰：「吾兵少，不足戰，宜出

其不意。彼以往亡不吾虞，正可擊也。」遂往，克其外城，斬首千餘級。餘衆保子城，不敢出，愬引兵還以誘之，淮西將孫獻忠果以驍騎五百追擊其背。衆驚，將走，愬下馬，據胡牀，令曰：「敢退者斬。」返旆力戰，獻忠死，淮西兵乃退。或勸愬「乘勝攻其子城，可拔也」。愬曰：「非吾計也。」引兵還營。

李祐言於李愬曰：「蔡之精兵皆在洄曲，及四境拒守州城者皆羸老之卒，可以乘虛直抵其城。比賊將聞之，元濟已成擒矣。」愬然之。冬十月甲子，遣掌書記鄭澥至郾城，密白裴度，度曰：「兵非出奇不勝，常侍良圖也。」【略】

辛未，李愬命馬步都虞候隨州刺史史旻等留鎮文城，命李祐、李忠義帥突將三千爲前驅，自與監軍將三千人爲中軍，命李進誠將三千人殿其後。軍出，不知所之。愬曰：「但東行。」行六十里，夜，至張柴村，盡殺其戍卒及烽子，據其柵。命士卒少休，食乾糒，整羈靮，留義成軍五百人鎮之，以斷朗山救兵。命丁士良將五百人斷洄曲及諸道橋梁，復夜引兵出門。諸將請所之，愬曰：「入蔡州取吴元濟。」諸將皆失色。監軍哭曰：「果落李祐姦計。」時大風雪，旌旗裂，人馬凍，死者相望。天陰黑，自張柴村以東道路皆官軍所未嘗行，人人自以爲必死；然畏愬，莫敢違。夜半，雪愈甚，行七十里，至州城。近城有鵝鴨池，愬令驚之以混軍聲。

自吴少誠拒命，官軍不至蔡州城下三十餘年，故蔡人不爲備。壬申四鼓，愬至城下，無一人知者。李祐、李忠義钁其城爲坎以先登，壯士從之。守門卒方熟寐，盡殺之，而留擊柝者，使擊柝如故，遂開門納衆。及裏城，亦然，城中皆不之覺。雞鳴雪止，愬入居元濟外宅。或告元濟曰：「官軍至矣。」元濟尚寢，笑曰：「俘囚爲盜耳，曉當盡戮之。」又有告者曰：「城陷矣。」元濟曰：「此必洄曲子弟就吾求寒衣也。」起，聽於廷，聞愬軍號令曰：「常侍傳語。」應者近萬人。元濟始懼，曰：「何等常侍，能至於此！」乃帥左右登牙城拒戰。

時董重質擁精兵萬餘人據洄曲，愬曰：「元濟所望者，重質之救耳。」乃訪重質家，厚撫之，遣其子傳道持書諭重質；重質遂單騎詣愬降。

己卯，淮西行營奏獲吴元濟，光禄少卿楊元卿言於上曰：「淮西大有珍寶，臣能知之，往取必得。」上曰：「朕討淮西，爲人除害，珍寶非所求也。」

董重質之去洄曲軍也，李光顔馳入其壁，悉降其衆。

愬遣李進誠攻牙城，毁其外門，得甲庫，取其器械。癸酉，復攻之，燒其南門。民爭負薪芻助之，城上矢如蝟毛。餔時，門壞，元濟於城上請罪，進誠梯而下之。甲戌，愬以檻車送元濟詣京師，且告于裴度。是日，申、光二州及諸鎮兵二萬餘人相繼來降。

自元濟就擒，愬不戮一人。凡元濟官吏、帳下廚廄之卒，皆復其職，使之不疑，然後屯於鞠場，以待裴度。

庚辰，裴度遣馬總〔先〕（北）入蔡州慰撫。辛巳，度建彰義軍節，將降卒萬餘人入城，李愬具櫜鞬出迎，拜於路左。度將避之，愬曰：「蔡人頑悖，不識上下之分，數十年矣，願公因而示之，使知朝廷之尊。」度乃受之。

李愬還軍文城，諸將請曰：「始公敗於朗山而不憂，勝於吴房而不取，冒大風甚雪而不止，孤軍深入而不懼，然卒以成功，皆衆人所不諭也，敢問其故？」愬曰：「朗山不利，則賊輕我，不爲備矣。取吴房，則其衆奔蔡，併力固守，故存之以分其兵。風雪陰晦，則烽火不接，不知吾至。孤軍深入，則人皆致死，戰自倍矣。夫視遠者不顧近，慮大者不計細，若矜小勝，恤小敗，先自撓矣，何暇立功乎！」衆皆服。愬儉於奉己而豐於待士，知賢不疑，見可能斷，此其所以成功也。

備論

《舊唐書》卷一三三《李愬傳》 史臣曰：西平器偉材雄，人望而畏，山身事主，落落有將帥之風，見義能勇，聽受不疑，忠於事君，長於應變，誠一代之賢將也。觀恒山之役，立談釋二帥之憾；涇師之亂，號哭赴奉天之危，可不爲忠義乎！對白華之進軍，知平涼之必詐，沮星變之議，移渭橋之軍，可不爲應變乎！解帶結孝忠之心，請婚釋延賞之怨，嫉惡有楚琳之請，懲亂行希鑒之誅，可不爲明於決斷乎！而德宗皇帝聽斷不明，無人君之量，俾功臣困讒慝之口，奸人秉衡石之權，丁瓊之言，誠堪太息。雖齪齪刻渭橋之石，區區賜煙閣之銘，亦何心哉！作善遺慶，諸子俱才，元和平賊之功，聽、愬居其半。父子昆弟，皆以功名始終，道家所忌之談，李氏以善勝矣。

贊曰：桓桓太師，義勇天資。運鍾禍亂，力拯顛危。愬事章武，誅蔡平齊。凌煙畫圖，父子爲宜。

《新唐書》卷一五四《李愬傳》 贊曰：愬得李祐不殺，付以兵不疑，知可以

破賊也。祐受任不辭，決策入死，以愬能用其謀也。祐之才，待愬乃顯，故曰平蔡功，愬爲多。

陳亮《龍川集》卷八《酌古論·李愬》 天下之事，衆人之所不敢爲者，有一人焉舊身而出爲之，必有術以處乎此矣。虎者，人之所共畏而不敢肆者也，而善養虎者狎而玩之，如未始有可畏者，此豈病狂也哉，蓋其力足以制之，而又能去其爪牙，啗以肉餌，使之甘心焉，故雖驅而用之，而垂耳下首，卒不敢動。何者？有術以縻其心也。夫將者，天下之所難御者也，御之必以術，而況於降將乎。彼其心之不可測，孰敢信用之哉。古之人蓋亦有度其可用而用之者矣，然亦未嘗專倚之以成功。獨李愬用三降將以擒吳元濟，當時之人皆謂其不可，而愬獨以爲可，遂決意用之，卒能如其意之所逆料。不知者以爲幸，知之者以爲神，乃若愬則有術以處乎此也。何以言之？敵人之將，無故而降者，此未可信也，恐其謀也，至於勢窮力屈而後就縛者，蓋可保其無謀矣。且此數子者，亦一時之傑也，不幸而事逆，猶竭忠以報之；使其獲背逆事順，則其忠報之心當如何哉！而又愬之才智足以驅之，豁達足以容之，愬復能待以厚禮，示以赤誠，言笑無間，洞見肺腑，此南霽雲所以眷眷於張巡而不肯去也。數子者固已甘爲愬役矣。雖然，李愬未足以縻其心也。如丁士良之擒吳秀琳，秀琳之擒李祐，其忠款固可見矣，獨李祐未有以縻其心，而又欲專倚之以謀蔡，則其術不可不盡也。故方其得祐也，諸將皆請殺之，愬不聽，待之愈厚，會霖雨不止，將吏洶然以爲不殺祐之罰，愬力不能勝，迺表諸朝，且言：「必殺祐，無與共誅蔡者。」詔釋還之，卒賴其用。夫將者，三軍之綱紀也。生殺予奪，皆禀其令。故雖天子之詔猶或不受，而亦何畏於將吏之言乎！使將吏必欲殺祐，不過以色辭拒之，如囂囂不止，則又從而戮之，彼固不敢有辭矣，何至表諸朝而後用之哉！吾於此識愬之心矣。其心曰：「吾之待祐者如此其厚也，全祐者如此其至也。將吏囂然不已，吾力不能獨勝，復泣涕而送諸朝，表言其必不可殺，此雖父母之所以生全祐者不過如是也。」祐安得不竭其死力以報之哉！雖啗以高爵，脇以白刃，固不肯棄愬而就賊也。故其始也，愬雖待之無間，未使之佩劍統兵也；及朝廷還之，乃使佩刀出入帳下，統六院鋭士，而襲蔡之謀始定。愬之心蓋可見矣。吾以是知古之英豪所以臨事機者，未嘗無術，特其不以語人，而人亦莫之識也。昔韓信背楚歸漢，高帝用之，無以異於楚也，及滕公言之，上亦未之奇，使其憤怒而出亡，然後命蕭何往追之；何力言其可用，乃以爲大將。夫以一將之亡而丞相自追之，人主驟用之，信之身固甘爲漢役矣。其後漢之所以定天下者，皆信之力，而蒯通、武涉之説不得而間，即其效也。論者乃以爲何之追信，高帝不知也；不然，何以反疑何之亡乎？曾不知高帝失何，如失左右手，然遲之一二日而不問者，何也？帝之心固可見矣。嗟夫！古之人所以御降將者，其術如此。苟不思其術而欲遽用之，其不爲所陷者幾希矣。

藝文

王建《王司馬集》卷五《送魏州李相公》 百代功勳一日成，三年五度換雙旌。閒來不對人論戰，難處長先自請行。旗下可聞誅敗將，陣頭多是用降兵。當朝面受新恩去，算料妖星不敢生。

王建《王司馬集》卷五《贈李愬僕射》 唐州將士死生同，盡逐雙旌舊鎮空。獨破淮西功業大，新除隴右世家雄。知時每笑論兵法，識勢還輕立戰功。次第各分茅土貴，殊勳併在一門中。

《白居易集》卷四九《李愬贈太尉制》 勅：故特進、行太子少保、上柱國、涼國公、食邑三千户、食實封伍伯户李愬：在建中歲，泚賊叛逆，惟太師晟，實仗大順，翦而豬之。在元和朝，蔡寇充斥，惟爾愬，實奮奇策，虜而戮之。父子之功，書于甲令，俱爲第一，焯燀當時。矧爾一登將壇，六換鈇鉞；坐論巖廊之道，卧理保傅之事：方深倚望，奄忽淪謝。是用當食累歎，視朝三輟。豈不以爪牙之威缺於外，股肱之痛軫於中者乎？而弔奠之命，賵賻之數，雖加常等，未表殊恩。宜以太尉之秩贈，上公之衮歛，俾爾被哀榮，服忠孝，從先太師於九原也。不其盛歟！嗚呼！美終必復，禮無不答。昔爾之勤勞如彼，今吾之寵飾如此；君臣報施，可謂兩臻其極焉！爾靈有知，欽我追命！可贈太尉，仍令所司，備禮册命。賜絹二千匹、布七百端、米粟一千石，委度支送。

《白居易集》卷五二《李愬李愿薛平王潛馬總孔戣崔能李翺李文悦咸賜爵一級并迴授男同制》 勅：封爵之設，存乎賞勸。有以褒德，有以序勤。聳善興功，實由兹道。而某官李愬等，或望崇台鼎，或委重旌旄。爰及藩條，共分憂寄。有勞於事，無怠于心。宜疏爵以啓封，許推恩而及嗣。祇受厥命，永孚于休。可

依前件。

杜牧《**樊川文集**》**卷二**《**題永崇西平王宅太尉愬院六韻**》 天下無雙將，關西第一雄。授符黄石老，學劍白猿翁。矯矯雲長勇，恂恂郤縠風。家呼小太尉，國號大梁公。半夜龍驤去，中原虎穴空。隴山兵十萬，嗣子握彫弓。

宋敏求《**唐大詔令集**》**卷六〇佚名**《**李愬移鎮加官階爵邑制**》 伐叛除兇，必俟乎奇略；進封超位，允答於殊庸。況四紀逋誅，三州竊據，積妖遺育，縱逆挺災。累年徂征，一舉生致，論功既歸於異等，議賞豈待於踰時。唐隨等州節度觀察處置等使、通議大夫、檢校左散騎常侍、使持節鄧州諸軍事、兼鄧州刺史、御史大夫、賜紫金魚袋李愬，宗臣之胤，王國克生，毅勇蓄深，温良煦外。《禮》《樂》戰之器，默識其源；《詩》《書》義之府，洞窺其室。雖早昇朝序，而未展將材。頃以懸弧滔天，宿兵既久，方城壓境，易帥頗頻，永懷韜略之家，必有弓裘之嗣。乃執金鼓，載持干旄，果副眷求，克揚威令。緝傷夷之後，振怯爲雄；制密邇之間，保危成固。惟忠厚以感物，本信惠而和人，一其鬭心，勵彼死力，乘虚徑襲，負雪兼行，風駈如合於百神，雷震若出於九地，堅城立潰，狡豎坐擒。遺甿安堵以知歸，餘黨釋甲而請命，古之良將，其孰過焉？已申獻捷之儀，當舉策勳之典，爰授名部，俾恢重藩。自洛而遥，惟襄爲大，綿亘楚服，横臨漢津，總八郡以澄清，乘三軍之節制，式因加地，往繼沉碑。特進左揆之尊，以崇天秩；仍假南臺之長，用峻霜威。表以勳階，錫之茅土，户封真實，門貴延恩，洽此寵榮，褒于茂烈。

於戲！天鑒非昧，不庭者必誅；王爵無私，有功者是享。揚名濟美，惟孝著于家聲；鐘鼎山河，惟忠光于國籍。凡曰臣子，得無企歟！可銀青光禄大夫、檢校尚書左僕射、使持節襄州諸軍事、守襄州刺史、御史大夫、充山東南道節度管内支度營田襄鄧隨唐復郢均房等州觀察處置等使，仍賜上柱國，封涼國公，食邑三千户，并賜實封三百户，與一子正員五品官。

釋惠洪《**石門文字禪**》**卷一**《**題李愬畫像**》 淮陰北面師廣武，其氣便可吞項羽。君得李祐不肯誅，已知元濟在掌股。羊公德化行悍夫，卧鼓不戰良驕吴。公方沈鷙諸將底，早笑元濟無頭顱。雪中行師等兒戲，夜取蔡州藏袖裏。遠人信宿猶未知，大類西平擊朱泚。

《**全唐詩**》**卷三八五張籍**《**送李僕射愬赴鎮鳳翔**》 由來勳業屬英雄，兄弟連營列位同。先入賊城擒首惡，盡封筦庫讓元公。旌幢獨繼家聲外，竹帛新添國史中。天子新收秦隴地，故教移鎮古扶風。

《**全唐詩**》**卷四九二殷堯藩**《**李節度平虜詩**》 百萬王師下日邊，將軍雄略可圖全。元勳未論封茅異，捷勢應知破竹然。燕警無烽清朔漠，秦文有寶進藍田。太平從此銷兵甲，記取紅羊换劫年。

《**全唐文**》**卷八〇唐宣宗**《**令議武臣配享憲宗廟廷詔**》 論功配食，文武宜兼。元和一朝武臣，功力最高者定一人，與杜黄裳、裴度同配享憲宗皇帝室。頃李愬有平蔡之績，高崇文有收蜀之功，校其二人，功孰爲重？宜令尚書省議奏。

《**全唐文**》**卷六一七段文昌**《**平淮西碑**》 大五兵之設，本以助文德而成教化，故聖人不專任之。其有桀驁暴邪，干紀作孽，道德不服，則兵以威之；文誥不諭，則兵以静之，在禁暴除害而已。自黄帝堯舜，不能無誅；至湯武受命，武功寖盛。其本之以仁義，行之以弔伐，惟帝與王，率由兹道。於戲！創業之君，勞而後定；守文之主，安而忘戰。故三代之衰，功在五伯，未有中葉之後，再安生靈，前古所無，歸於聖代。我唐運之興也，高祖、太宗以仁義之兵，除晁隋之亂，戎功祖武，百代丕承。元宗嘗亦内翦奸邪，外清夷狄。所以繼文之代，協帝之明，既而禍起於微，亂生於理，由是髖髀之衆，結固於兩河，斤斧不用，縣歷於五紀。肅宗、代宗，親翦大憝，且務生育。德宗、順宗，觀於天象，察於人事，以理運未至，沴氣猶凝，運啟昇平。以俟後聖。

惟我后握樞出震，端扆嚮明，考上元之心，思祖宗之意，掃滌區宇，光啟帝圖。不以萬乘爲尊，四海爲富，遵大禹櫛風之志，有光武乙夜之勤。以爲景擒七國而漢民安，成翦三監而周化洽，焉有患難未去，而德教可興！日者李琳恃近狄之固，劉闢憑坤維之險，李錡保長江之衝，從史資太行之阻，四兇相挺，繼爲亂常。三數年間，盡膏鈇鑕。太尉茂昭以中山之地，盡室來朝；司空宏正以全魏之邦，舉宗向闕。義風所激，莫不歸心。況彭城從折簡之召，横海展執珪之覲，向之談虞虢之存亡，議輔車之形勢，莫不刳心斷臂，繼踵爲忠。既而麟見於巴賓之間，河清於鄘衛之際，固本根之睨，昭聖祚之符。廓清寰海，兆於此矣。而長淮右地，連山四起，控扼吴楚，密邇轘轅，有上帝濯龍之池，同冀方多馬之國，戈鋋雪照，駔駿雲屯。二姓三兇，憑阻作孽。歲在甲午，吴少誠積禍而斃，餘殃聚於逆嗣，氛祲淮濆。我后方弔人省冤，翌災除穢，猶命使者持節，往申寵賻，以昭柔服之義，示含宏之仁。元濟刦衆拒境，滔天肆逆，剽葉縣，燒舞陽，侵襄城、伊洛之間，騷然震恐。乃詢廷議，咸願假以墨絰，授以兵符。天子淵默以思，霆馳

以斷，獨發宸慮，不詢衆謀。漢宣從屯田之議，晉武決平吴之計。至聖不惑，羣疑自消。於是會梟藻之師，得鷹揚之帥。以忠武軍帥李光顔，往者平朔邊，静庸蜀。雙矛電激，孤劍飆馳，亦猶馮異之總軍鋒，子顔之將突騎，才氣雄武，可掃攙槍。總魏博河陽鄜陽凡三軍，自臨潁而前。以河陽軍帥烏重允，當從史内訹邪謀，外阻兵勢，精誠奮發，密應王師，故得虜魏豹於軍中，縛吕布於麾下，識慮中正，可革梟音。益以汝海之地，總朔方、義成、陝虢、劍南、西川、鳳翔、延州寧慶，凡七軍，由襄陽而進。宣武帥韓宏，請以子公武領精卒一萬二千，時集洄曲，櫟書作帥，鉞爲戎右，充國討虜。印統支軍，是能從帥之命，成父之志。又以壽春守李文通，夙精戎韜，累習軍旅，明於守備，可保金湯，總宣武、淮南、宣歙、浙西、徐泗，凡五軍，扼固始之險。以鄂岳都團練使李道古，以先曹王皋有任城之武，昔征兇渠，嘗取安陸，授以戎柄，嗣其家聲，乘五關之隘。以唐鄧隨帥李愬，温敏能斷，静深有謀。昔趙孟慕成季之勳，復能霸晉，亞夫紹絳侯之武，亦克擒吴。想其英徽，必有以似。山南東道荆南凡兩軍，自文成而東。乃命御史中丞裴度，布挾纊之恩，奉如絲之命，以諭羣帥。以撫輿師，且以古之會兵，必謀元帥，令歸於一，勢不欲分。命宣武軍帥韓宏爲諸道行營都統，假陸遜之鉞，拜韓信之壇，指蹤畫奇正之機，發號申嚴凝之令，然後有司馬之法，成節制之師。而寒暑再罹，賊巢未下。又命内掌樞密之臣梁守謙，肅將天威，盡護諸將，懸白日於千里，推赤心於萬人。由是甘寧奮升城之勇，君文勵擊郾之志，焚上蔡以翦其翼，拔郾城以扼其吭。以軒后攻蚩尤之亂，殷宗伐鬼方之罪，周公誅淮夷之叛，雖以聖討逆，皆三年後定。百辟之議，且謂久勞。將決其機，以安海内，復命丞相裴度，擁淮蔡之節，撫將帥之臣，分鄧禹之麾旆，盛竇憲之幕府，四牡業業，于藩于宣。先是光顔、重允、公武，戎旅同心，壘垣齊列，常蛇之勢，首尾相從。胡騎之雄，紛紜縱擊，逐餘孽如烏雀，獵殘寇似狐狸。千矛如林，行次於洄曲，丞相之來也。羣帥之志氣逾勵，統制之號令益明，勢如雷霆，功在漏刻。賊乃悉其精騎，以備洄曲之師。唐隨帥李愬，新總傷痍之軍，稍勵奔北之氣，城孤援絶，地逼勢危，而能養貔虎之威，未嘗矍視，屈鷙鳥之勢，不使露形。是以收文城柵而降吴秀琳，下興橋而擒李祐。祐果敢多略，衆以留之，或謂蓄患，不利吾軍。愬誠明在躬，秉信不撓，爰命釋縛，授之親兵。祐感慨之心，出於九死。縱横之計，果效六奇。粤十月既望，陰凝雪飛，天地晝閉。愬乃遣其將史旻、仇良輔留鎮文城，備其侵軼，命李祐領突騎三千以爲鄉導，自領中權三千，與監軍使李誠義繼進，又遣其將田進誠領馬步三千，以殿其後。郊雲晦冥，寒可墮指，一夕卷旆，凌晨破關，鋪敦淮濆，仍執醜虜。雖魏軍得田疇爲導，潛出盧龍，鄧艾得田章先登，長驅緜竹，用奇制勝，與古爲儔。

四紀逋誅，一朝蕩定。攄宗廟之宿憤，致黎庶之大安，周漢以還，莫斯爲盛。帝命策勳，進宏爲侍中，光顔、重允並爲司空，愬爲左僕射，帥山南東道，公武加散騎常侍，節制鄜坊丹延，道古進御史大夫，文通加散騎常侍，王師獲金爵之賞，環境蒙優復之恩，掩骼埋胔，除瑕宥罪，躋羣生於壽域，還比户於可封。東西南北，無思不服。丞相旋請來朝，後加金紫光禄大夫，封晉國公。乃眷淮濆，烝人生殖，俾擇循吏，撫其疾傷。以宣慰副使刑部侍郎馬總領淮蔡之任，天子議功雲臺，追美將帥，俾刻金石以揚休勳。而百辟僉謀，羣帥克讓，推義士之志，敢貪天功，徵賢臣之言，實在君德。於是搢紳之士，暨侯服之臣，上獻鴻名，式昭徽册，然後光輝千古，聲名百蠻詔。命掌文之臣文昌勒銘淮浦，庶乎閲周雅者，美宣王之中興，觀劍銘者，戒蜀川之恃險。銘曰：

天有肅殺，萬物以成。雷風爲令，霜霰爲刑。君有武節，四海以寧。陳之原野，阻以甲兵。在昔聖主，格寧邦國。武以禁暴，刑以助德。牧除害馬，農去蟊賊。苟非戎功，孰静羣慝。明明我后，神算精微。九重獨運，千里不違。宵衣旰食，再安中寓。始翦朔漠，旋梟蜀虜。丹徒鋋濞，白門縛布。服茲四罪，豈勞一旅。淮夷怙亂，四十餘年。長蛇未翦，寰宇騷然。逮於孽童，逆志滔天。懷柔匪及，告諭罔悛。帝念生人，乃申薄伐。飛將鷹揚，前鋒電發。齋壇命信，靈旗指越。我武惟揚，祆氛未滅。集於洄曲，決戰摧兇。豹略臨晉，維留沓中。桓桓襄帥，奇謀成功。浮罌暗渡，束馬潛攻。合以長圍，絶其飛走。布德滅妖，升城獲醜。商不易肆，農安其畝。洄曲殘兵，投戈束手。帝嘉羣帥，賞不踰時。畫社啟封，珪組陸離。洎於蠻貊，服我英威。刻之金石，作戒淮夷。

《全唐文》卷七六一孫簡《李愬高宗文配享次序議》 伏以蜀、蔡之功，實皆超卓，動力雖等，艱危則殊。高崇文憲宗御宇之初，朝廷討叛之始，雷霆斯赫，物力方全。劉闢起參佐而爲凶魁，行惡者勢同烏合。崇文統百萬而命羣帥，起行者理足鷹揚。所以嚴道雖深，劍門不能恃其固；汚俗未久，刀州莫與結其恩。大勳誠集於忠勞，作孽本無其根據。此崇文所以不辱專征之寄，克成定蜀之勳。至於李愬之所立，適當伐蔡累年，旁有包荒數鎮。元濟襲父業而成邪計，凶黨皆爲其致命，同惡懼齒寒而爲陰援，軍須必從以有資，是故埕窟益深，毒爛不誅。

愬於此時，獨能善貸行權，寘謀沈斷，跳驅間道，乘凌堅壁。不俟拔幟而坐失金湯，未暇請纓而已纍俘虜。斯實軍鋒之冠，萬夫之將。由是言之，伐蜀當專征之始，衆鋭且同於楚金；攻蔡承連兵之餘，羣疑頗同於魯縞。及成功而雖一，在出奇而尤高。昔者光武比耿弇於韓信，優之獨收劼寇。今陛下令臣等挍崇文與李愬之功，迥出等夷。儻聖慈以格言所著，德宜有鄰，武功之中，功皆難掩。則愬居第一，崇文次之。庶盡公言，上符詔旨。

吳元濟部

綜述

《舊唐書》卷一四五《吳元濟傳》 吳元濟，少陽長子也。初爲試協律郎、兼監察御史、攝蔡州刺史。及父死，不發喪，以病聞，因假爲少陽表，請元濟主兵務。帝遣醫工候之，即稱少陽疾愈，不見而還。先是，少陽判官蘇兆、楊元卿及其將侯惟清嘗同爲少陽畫朝覲計；及元濟自領軍，兇狠無義，唯暱軍中兇悍之徒。素不便兆，縊殺之，歸其屍於家，械侯惟清而囚之。時朝廷誤聞惟清已死，贈兵部尚書，贈蘇兆以右僕射。楊元卿先奏事在京師，得盡言經略淮西事於宰相李吉甫。始，少陽以病聞，元卿請凡淮西使在道路者，所在留止之。及少陽卒，凡四十日，不爲輟朝，但易將加兵於外以待。其邸吏無何妄傳董重質已殺元濟，并屠其家，李吉甫遽請對拜賀，乃輟朝。數日，知元濟尚在。時賊陰計已成，羣衆四出，狂悍而不可遏，屠舞陽，焚葉縣，攻掠魯山、襄城。汝州、許州及陽翟人多逃伏山谷荆棘間，爲其殺傷驅剽者千里，關東大恐。

十月，以陳州刺史李光顔爲忠武軍節度使，又以山南東道節度使嚴綬充申光蔡等州招撫使，仍令內常侍崔潭峻監綬軍。十年正月，綬軍臨賊西境。詔曰：「吳元濟逆絶人理，反易天常；不居父喪，擅領軍政。諭以詔旨，曾無謙恭，熒惑一方之人，迫脅三軍之衆。以少陽嘗經任使，爲之軫悼，命申弔祭，臨遣使臣。陵虐封疆，遂致稽阻，絶朝廷之理，忘父子之恩。旋又掩寇舞陽，傷殘吏卒，焚燒葉縣，騷擾閭閻，恣行奪攘，無所畏忌。朕念賞延之義，重傷藩帥之門，尚欲納於忠順之途，處在顯榮之地。未能飭怒，猶爲包荒，再降詔書，俾申招撫。而毒螫滋甚，姦心靡悛，壽春西南，又陷鎮柵，窮兇稔惡，縱暴延災。覆載之所不容，人神之所共棄，良非獲已，致此興戎。吳元濟在身官爵，並宜令削奪。令宣武、大寧、淮南、宣歙等道兵馬合勢，山南東道及魏博、荆南、江西、劍南東川兵馬與鄂岳許會，東都防禦使與懷鄭汝節度及義成兵馬掎角相應，同期進討。」

二月，綬兵爲賊所襲，敗于磁丘，退保唐州。四月，光顔破賊黨，元濟遣人求援于鎮州王承宗、淄鄆李師道，二帥上表于朝廷，請赦元濟之罪，朝旨不從。自是兩河賊帥所在竊發，冀以沮撓王師。五月，承宗、師道遣盜燒河陰倉，詔御史中丞裴度於軍前宣喻，觀用兵形勢。度還奏曰：「臣觀諸將，唯光顔勇義盡心，必有成功。」上意甚悅。翌日，光顔奏大破賊於時曲，上曰：「度知光顔，可謂至矣。」乃以度兼刑部侍郎。自是中外相賀，決不赦賊，徵天下兵環申、蔡之郊，大小十餘鎮。六月，承宗、師道遣盜伏於京城，殺宰相武元衡，中丞裴度，衡先死，度重傷而免。憲宗特怒，即命度爲宰相，淮右用兵之事，一以委之。七月，李師道遣嵩山僧圓淨結山賊與留邸兵，欲焚燒東都，先事敗而禍弭。嚴綬退罷，乃以汴州節度使韓弘爲淮右行營兵馬都統，以高霞寓有名，用爲唐鄧節度。

十一年春，諸軍雲合，惟李光顔、懷汝節度烏重胤心無顧望，旦夕血戰，繼獻戎捷。六月，高霞寓爲賊所擊，敗于鐵城，退保新興柵。時諸軍勝負皆不實聞，多虛稱克捷，及霞寓敗，中外恟恟。宰相諫官屢以罷兵爲請，唯裴度堅於破賊。尋以袁滋代霞寓爲唐鄧帥，滋柔懦不能軍。十二年正月，袁滋復貶，閑廄使李愬表請軍前自効，乃用愬爲唐鄧帥以代滋。愬軍壓境，拔賊文城柵，擒柵將吳秀琳，又獲賊將李祐；李光顔亦拔賊郾城。元濟始懼，盡發左右及守城卒，屬董重質以抗光顔、重胤。

六月，元濟乞降，爲羣賊所制，不能自拔。上以元凶已蹙，兵未臨於賊城，輓饋日殫，因延英問計於宰相，裴度曰：「賊力已困，但羣帥不一，故未能決降。」上曰：「卿決能行乎？」曰：「臣誓不與賊偕全。」七月，詔以度爲彰義軍節度使，兼申光蔡四面行營招撫使，以郾城爲行在蔡州，爲節度所。八月，度至郾城，激勵士衆，軍士喜度至，以賞罰必行，皆願輸罄，每出勢，軍士有流涕者。

時李愬營文城柵，既得吳秀琳、李祐，知其可用，委信無疑，日夜與計事於帳中。祐曰：「元濟勁軍，多在洄曲西境防捍，而守蔡者皆市人疲耄之卒，可以乘虛掩襲，直抵懸瓠，比賊將聞之，元濟成擒矣。」愬然之，咨於裴度，度曰：「兵非出奇不勝，常侍良圖也。」十一月，愬夜出軍，令李祐率勁騎三千爲前鋒，田進誠三千爲後軍，愬自率三千爲中軍。其月十日夜，至蔡州城下，坎墻而畢登，賊不之覺。十一日，攻衙城，擒元濟并其家屬以聞。

初，元濟之叛，恃其兇狠，然治軍無紀綱。其將趙昌洪、凌朝江、董重質等各權兵外寇。李師道鄆州之盟，城往來寧陵、雍丘之間，韓弘知而不禁。淮右自少誠阻兵已來，三十餘年，王師加討，未嘗及其城下，嘗走韓全義，敗于頓，故驕悍

無所顧忌。且恃城池重固，有陂浸阻迴，故以天下兵環攻三年，所克者一縣而已。及黜高霞寓、李遜、袁滋，諸軍始進。又得陰山府沙陀驍騎，邯鄲勇卒，光顔、重胤之奮命，及丞相臨統，破諸將首尾之計，力擒元惡。

申、蔡之始，人劫於希烈、少誠之虐法，而忘其所歸。數十年之後，長者衰喪，而壯者安於毒暴而恬於搏噬。地既少馬，而廣畜騾，乘之教戰，謂之騾子軍，尤稱勇悍，而甲仗皆畫爲雷公星文以爲厭勝，而少誠能以姦謀固衆心。初，韓全義敗於溵水，蔡兵于全義帳中得公卿間問訊書，少誠束而諭衆曰：「朝廷公卿以此書託全義，收蔡州日，乞一將士妻女以爲婢妾。」以此激怒其衆，絶其歸向之心。是以蔡人有老死不聞天子恩宥者，故堅爲賊用。地雖中州，人心過于夷貊，乃至搜閱天下豪鋭，三年而後屈者，彼非將才而力備，蓋勢驅性習，不知教義之所致也。

元濟至京，憲宗御興安門受俘，百僚樓前稱賀，乃獻廟社，徇于兩市，斬之於獨柳，時年三十五。其夜失其首。妻沈氏，没入掖庭；弟二人，子三人，流於江陵誅之；判官劉協庶七人皆斬。光、蔡等州平，始復爲王土矣。

《新唐書》卷二一四《吴元濟傳》 元濟者，其長子也，山首燕頷，垂頤，鼻長六寸。始仕試協律郎，攝蔡州刺史。有董重質者，少誠壻也，勇悍，久將，善爲兵，元濟倚之，因説元濟，請以精兵三千由壽之間道取揚州，東約李師道以舟師襲潤州，據之；遣奇兵掩商、鄧，取嚴綬，進守襄陽，以摇東南，則荆、衡、黔、巫傳一矢可定，五嶺非朝廷所有。又請輕兵五百，自崿領三日襲東都，則天下騷動，可以横行。元濟猶豫不能用。

先是，其屬蘇兆、楊元卿、侯惟清嘗勸少陽入朝，或言其有異志，元濟縊兆，歸其屍，而囚惟清。帝以二人者皆死，故贈惟清兵部尚書，兆尚書右僕射。時元卿奏事在長安，見宰相李吉甫，具言淮西事，且請蔡使在道者，隨在所繫之。少陽死四十日，帝不爲輟朝，易將增戍以須變。

會傳言重質殺元濟，族其家，吉甫因請爲少陽輟朝，遣使弔賻，贈尚書右僕射。而元濟不得命，乃悉兵四出，焚舞陽及葉，掠襄城、陽翟。時許、汝居人皆竄伏榛莽間，剽係千餘里，關東大恐。弔使至，弗克入而還。乃詔烏重胤兼汝州刺史，引軍壓其境，寧州刺史曹華爲之副，以戍襄城；李光顔爲忠武節度使，總兵臨屯；析山南東道，詔節度使嚴綬爲申、光、蔡等州招撫使，以中人崔潭峻監其軍。下詔奪元濟官爵，趣諸道進討。時大旱，詔既下，雨雪凡三日。田弘正、韓弘各遣子率兵隸綬、光顔軍。綬屯蔡西鄙，師小勝，不設備，爲賊襲，敗于磁丘，退保唐州。壽州刺史令狐通戰數北，賊乃拔霍丘，屠馬塘，通嬰城不敢出。詔左金吾衛大將軍李文通宣慰，度其至，使代通。

會裴度輔政，賊始懼，而元濟不能有所指授，諸將趙昌、凌朝江、董重質、李祐、李憲、王覽、趙曄、王仁清等以便宜人自爲戰，抗王師，有少誠、少陽舊風。而李師道餽鹽，出入寧陵、雍丘間，韓弘知而不肯禁。文通引兵與賊將王覽、董重質戰史蔟岡，馘覽首。光顔又大破賊於時曲，復與重胤合擊賊小溵河，敗之，夷其屯壍。天子責綬失律，更以韓弘兼都統，擢高霞寓唐鄧隨節度使。

十一年，諸軍大合。光顔壁掌河；文通敗賊於固始，拔鐵山；霞寓戰朗山，斬首千餘級，焚其壁，次鐵城。賊僞奔，霞寓窮追，伏發，死傷略盡，退保新興，賊圍之，監軍李議誠馳入唐州。以救兵至，圍解，還守唐州。

元濟以霞寓敗，不足虞，併兵以備陳。其秋，文通以兵銜枚夜出九女原，屠保壁三十所，分兵西北並安陽山，破屯邏數百人，降者萬餘，執兩將。光顔敗郾城兵二萬，俘六將，復與重胤合攻凌雲柵，拔之。帝怒諸軍無大功，詔内常侍梁守謙宣慰，因督戰，付詔書五百以待有功，斥金帛募死士。進拜光顔檢校尚書左僕射，重胤右僕射，布御史中丞，公武御史大夫。詔旨約束，厲賞罰，諸將恐懼。貶霞寓，以袁滋代之。滋懦不能軍，更以李愬爲唐鄧隨節度使。

元濟食盡，士卒食菱芡魚鼈皆竭，至斸草根以給者。民苦飢，相與四潰，元濟亦嗇其食，不復禁，諸將爭納之。帝始僑置郾城、吴房於行營，以綏新附。愬引兵攻其西，破屯柵十餘所，執丁士良、吴秀琳，皆賊票健者。賊帥張伯良以兵三萬與光顔戰郾城，大敗。獲馬千匹、甲三萬首，伯良奔還蔡。曹華取青陵城，斷郾歸路。賊將鄧懷金懼，即送款，光顔受之。愬又襲破朗山，執戍將梁希果，平汶港等三壁。元濟知衆數潰，而外失秀琳等，因奉表請束身北闕下，帝遣使者許以不死。元濟取行營馬三百，董重質不與，故不果降。愬略興橋，得守將李祐，不殺，引至帳下計議，始謀襲蔡。賊勢益沮。

自少誠盜有蔡四十年，王師未嘗傅城下，又嘗敗韓全義、于頔，以是兵驕無所憚，内恃陂浸重阻，故合天下兵攻之，三年纔克一二縣。帝既責罷霞寓、滋等，諸將乃用命。詔起沙陀梟騎濟師，命裴度爲彰義節度兼申、光、蔡四面行營招撫使。梁守謙與諸將計，先度未至立功，諸將亟戰，不勝。度至，大勢將士，皆感激請戰。間遣士入蔡，約元濟降，爲左右所劫，不得降。光顔每戰冠軍，故元濟悉

衆亢時曲。祐爲愬謀曰：「蔡之守者，市人疲卒耳，勁兵皆在外，若直擣縣瓠，賊成禽矣。」愬然之，以精騎夜襲蔡，坎垣入之，戍者不知也。賊恃董重質兵在洄曲，不虞師之至，及愬攻内城，防卒尚千餘接戰，元濟始驚，被甲乘城以待重質。會重質降愬，而李進誠取賊庫兵，即攻之。明日，燒其門，民相率抱薪增火，王師縱射，城上鏃可拾也。居二日，門壞，執元濟，舉族傳之長安。申、光戍兵尚三萬，皆降。

帝御興安門受俘，羣臣稱賀，以元濟獻廟社，徇于市斬之，年二十五。夜失其首。妻沈没入掖庭，二弟、三男子流江陵，皆殺之。斬其屬官劉協庶、趙曄、王仁清等十餘人。度還，以馬摠爲留後，俄拜節度使，析溵州隸陳許。

始度之出，太子右庶子韓愈爲行軍司馬，帝美度功，即命愈爲平淮西碑，其文曰：

天以唐克肖其德，聖子神孫，繼繼承承，於千萬年，敬戒不怠，全付所覆，四海九州，罔有内外，悉主悉臣。高祖、太宗，既除既治。高宗、中、睿，休養生息。至于玄宗，受報收功，極熾而豐，物衆地大，孽牙其間。肅宗、代宗、德祖、順考，以勤以容。大慝適去，莨莠不薅，相臣將臣，文恬武嬉，習熟見聞，以爲當然。睿聖文武皇帝既受羣臣朝，乃考圖數貢，曰：「嗚呼！天既全付予有家，今傳次在予，予不能事事，其何以見于郊廟！」羣臣震懾走職。明年，平蜀。又明年，平江東。又明年，平澤潞，遂定易定，致魏、博、貝、衛、澶、相，無不從志。皇帝曰：「不可究武，予其少息。」

九年，蔡將死，蔡人立其子元濟以請，不許，遂燒舞陽，犯葉、襄城，以動東都，放兵四劫。皇帝歷問于朝，一二臣外，皆曰：「蔡帥之不廷授，于今五十年，傳三姓四將，其樹本堅，兵利卒頑，不與它等。因撫而有，順且無事。」大官臆決唱聲，萬口和附，并爲一談，牢不可破。皇帝曰：「惟天惟祖宗所以付任予者，庶其在此，予何敢不力！況一二臣同，不爲無助。」曰：「光顏，汝爲陳許帥，維是河東、魏博、郃陽三軍之在行者，汝皆將之。」曰：「重胤，汝故有河陽、懷，今益以汝，維是朔方、義成、陝、益、鳳翔、鄜延、寧慶七軍之在行者，汝皆將之。」曰：「弘，汝以卒萬二千屬而子公武往討之。」曰：「文通，汝守壽，維是宣武、淮南、宣歙、浙西、徐泗五軍之行于壽者，汝皆將之。」曰：「道古，汝其觀察鄂岳。」曰：「愬，汝帥唐鄧隨，各以其兵進戰。」曰：「度，汝長御史，其往視師。」曰：「度，惟汝予同，汝遂相予，以賞罰用命不用命。」曰：「弘，汝其以節都統諸軍。」曰：「守謙，汝出入左右，汝惟近臣，其往撫師。」曰：「度，汝其往，衣服飲食予士，無寒無飢，以既厥事，遂生蔡人。賜汝節斧、通天御帶、衛卒三百。凡兹廷臣，汝擇自從，惟其賢能，無憚大吏。庚申，予其臨門送汝。」曰：「御史，予閔士大夫戰甚苦，自今以往，非郊廟祀，無用樂。」

顔、胤、武合攻其北，大戰十六，得栅城縣二十三，降人卒四萬。道古攻其東南，八戰，降萬三千，再入申，破其外城。文通戰其東，十餘遇，降萬二千。愬入其西，得賊將，輒釋不殺，用其策，戰比有功。十二年八月，丞相度至師，都統弘責戰益急，顔、胤、武戰益用命。元濟盡并其衆洄曲以備。十月壬申，愬用所得賊將，自文城因天大雪疾馳百二十里，用夜半到蔡，破其門，取元濟以獻，盡得其屬人卒。辛巳，丞相度入蔡，以皇帝命赦其人。淮西平，大饗賚功。師還之日，因以其食賜蔡人。凡蔡卒三萬五千，其不樂爲兵願歸爲農者十九，悉縱之。斬元濟京師。

册功：弘加侍中；愬爲左僕射，帥山南東道；顔、胤皆加司空；公武以散騎常侍帥鄜坊丹延；道古進大夫；文通加散騎常侍；丞相度朝京師，進封晉國公，進階金紫光禄大夫，以舊官相；而以其副摠爲工部尚書，領蔡任。

既還奏，羣臣請紀聖功，被之金石。皇帝以命臣愈，愈再拜稽首而獻文曰：

唐承天命，遂臣萬方。孰居近土，襲盜以狂？往在玄宗，崇極而圮。河北悍驕，河南附起。四聖不宥，屢興師征。有不能克，益戍以兵。夫耕不食，婦織不裳。輸之以車，爲卒賜糧。外多失朝，曠不岳狩。百隸怠官，事亡其舊。帝時繼位，顧瞻咨嗟：「惟汝文武，孰恤予家？」既斬吴、蜀，旋取山東。魏將首義，六州降從。淮蔡不順，自以爲彊。提兵叫讙，欲事故常。始命討之，遂連姦鄰。陰遣刺客，來賊相臣。方戰未利，内驚京師。羣公上言：「莫若惠來。」帝爲不聞，與神爲謀。及相同德，以訖天誅。乃敕顔、胤、愬、武、古、通：「咸統於弘，各奏汝功。」三方分攻，五萬其師。大兵北乘，厥數倍之。嘗兵時曲，軍士蠢蠢。既翦凌雲，蔡卒大窘。勝之邵陵，郾城來降。自夏及秋，復屯相望。兵頓不勵，告功不時。帝哀征夫，命相往釐。士飽而歌，馬騰於槽。試之新城，賊遇敗逃。盡抽其有，聚以防我。西師躍入，道無留者。頟頟蔡城，其疆千里。既入而有，莫不順俟。帝有恩言，相度來宣：誅止其魁，釋于下人。蔡之卒夫，投甲呼舞。蔡之婦女，迎門笑語。蔡人告飢，船粟往哺。蔡人告寒，賜以繒布。始時蔡人，禁不往來。今相從戲，里門夜開。始時蔡人，進戰退戮。今眠而起，左飧右粥。爲之擇

人，以收餘憊。選吏賜牛，教而不稅。蔡人有言：「始迷不知，今乃大覺，羞前之爲。」蔡人有言：「天子明聖，不順族誅，順保性命。汝不吾信，視此蔡方。孰爲不順，往斧其吭。凡叛有數，聲勢相倚。吾彊不支，汝弱奚恃？其告而長，而父而兄：奔走來階，同我太平。」淮蔡爲亂，天子伐之。既伐而飢，天子活之。始議伐蔡，卿士莫隨。既伐四年，小大並疑。不赦不疑，由天子明。凡此蔡功，惟斷乃成。既定淮蔡，四夷畢來。遂開明堂，坐以治之。

愈以元濟之平，繇度能固天子意，得不赦，故諸將不敢首鼠，卒禽之，多歸度功，而愬特以入蔡功居第一。愬妻，唐安公主女也，出入禁中，訴愈文不實。帝亦重牾武臣心，詔斵其文，更命翰林學士段文昌爲之。

李祐以功遷神武將軍，賜田宅米粟。帝迹董重質教元濟亂，欲誅之，而李愬先許不死，故貶春州司户參軍；淩朝江潘州司户參軍。

是歲，申、蔡州始輸貢物，户部以其久不至，請元日陳於廷。

雜録

備録

朱弁《曲洧舊聞》卷九　孫瑜，字叔禮，宣公奭之子也。嘗知蔡州，蔡有吴元濟祠。瑜曰：「元濟叛臣，何得廟食？」撤其像，以裴度易之，人莫不喜。

袁樞《通鑑紀事本末》卷三四《憲宗平淮蔡》〔元和〕九年閏八月丙辰，彰義節度使吴少陽薨。少陽在蔡州，陰聚亡命，牧養馬騾，時抄掠壽州茶山以實其軍。其子攝蔡州刺史元濟，匿喪，以病聞，自領軍務。【略】

吴少陽判官蘇兆、楊元卿、大將侯惟清皆勸少陽入朝。元濟惡之，殺兆，囚惟清。元卿先奏事在長安，具以淮西虚實及取元濟之策告李吉甫，請討之。時元濟猶匿喪，元卿勸吉甫凡蔡使入奏者，所在止之。少陽死近四十日，不爲輟朝，但易環蔡諸鎮將帥，益兵爲備。元濟殺元卿妻及四男以圬射堋。淮西宿將董重質，吴少誠之壻也，元濟以爲謀主。

李吉甫言於上曰：「淮西非如河北，四無黨援，國家常宿數十萬兵以備之，勞費不可支也。失今不取，後難圖矣。」上將討之，張弘靖請先爲少陽輟朝、贈官，遣使弔贈，待其有不順之迹然後加兵。上從之，遣工部員外郎李君何弔祭。元濟不迎敕使，發兵四出，屠舞陽，焚葉，掠魯山、襄城，關東震駭，君何不得入而還。

冬十月壬戌，以忠武節度副使李光顔爲節度使。甲子，以嚴綬爲申光蔡招撫使，督諸道兵招討吴元濟。

十年。吴元濟縱兵侵掠，及於東畿，正月己亥，制削元濟官爵，命宣武等十六道進軍討之。嚴綬擊淮西兵，小勝，不設備，淮西兵夜還襲之。二月甲辰，綬敗于磁丘，卻五十餘里，馳入唐州而守之。壽州團練使令狐通爲淮西兵所敗，走保州城，境上諸柵盡爲淮西所屠。癸丑，以左金吾大將軍李文通代之，貶通昭州司户。

詔鄂岳觀察使柳公綽以兵五千授安州刺史李聽，使討吴元濟。公綽曰：「朝廷以吾書生不知兵邪？」即奏請自行，許之。公綽至安州，李聽屬櫜鞬迎之。公綽以鄂岳都知兵馬使、先鋒行營兵馬都虞候二牒授之，選卒六千以屬聽，戒其部校曰：「行營之事，一決都將。」聽感恩畏威，如出麾下。公綽號令整肅，區處軍事，諸將無不服。士卒在行營者，其家疾病、死喪，厚給之，妻淫泆者沉之於江。士卒皆喜曰：「中丞爲我治家，我何得不前死！」故每戰皆捷。公綽所乘馬踶殺圉人，公綽命殺馬以祭之。或曰：「圉人自不備耳，此良馬，可惜。」公綽曰：「材良性駑，何足惜也！」竟殺之。

三月庚子，李光顔奏破淮西兵於臨潁。

田弘正遣其子布將兵三千助嚴綬討吴元濟。

甲辰，李光顔又奏破淮西兵於南頓。

吴元濟遣使求救於恒、鄆。王承宗、李師道數上表請赦元濟，上不從。是時發諸道兵討元濟而不及淄青，師道使大將將三千人趣壽春，聲言助官軍討元濟，實欲爲元濟之援也。【略】

秋八月乙丑，李光顔敗於時曲。

初，上以嚴綬在河東，所遣裨將多立功，故使鎮襄陽，且督諸軍討吴元濟。綬無他材能，到軍之日，傾府庫賚士卒，累年之積，一朝而盡。又厚賂宦官以結聲援，擁八州之衆萬餘人屯境上，閉壁經年，無尺寸功。裴度屢言其軍無政。【略】

十一年春三月，壽州團練使李文通奏敗淮西兵於固始，拔鏉山。己卯，唐鄧節度使高霞寓奏敗淮西兵於朗山，斬首千餘級，焚二栅。夏四月庚子，李光顔、烏重胤奏敗淮西兵於陵雲栅，斬首五千級。五月壬申，李光顔、烏重胤奏敗淮西兵於陵雲栅，斬首二千餘級。【略】

九月乙酉，李光顔、烏重胤奏拔吳元濟陵雲栅。丁亥，光顔又奏拔石、越二栅。壽州奏敗殷城之衆，拔六栅。

討淮西諸軍近九萬，上怒諸將久無功，冬十一月辛巳，命知樞密梁守謙宣慰，因留監其軍，授以空名告身五百通及金帛以勸死士。庚寅，先加李光顔等檢校官，而詔書切責，示以無功必罰。辛卯，李文通奏敗淮西兵於固始，斬首千餘級。

十二月，袁滋至唐州，去斥候，止其兵不使犯吳元濟境。元濟圍其新興栅，滋卑辭以請之，元濟由是不復以滋爲意。朝廷知之，甲寅，以太子詹事李愬爲唐隨鄧節度使。愬，聽之兄也。【略】

吳元濟以蔡人董昌齡爲郾城令，質其母楊氏。楊氏謂昌齡曰：「順死賢於逆生。汝去逆而吾死，乃孝子也；從逆而吾生，是戮吾也。」會官軍圍青陵，絶郾城歸路，郾城守將鄧懷金謀於昌齡，昌齡勸之歸國。懷金乃請降於李光顔曰：「城人之父母妻子皆在蔡州，請公來攻城，吾舉烽求救，兵至，公逆擊之，蔡兵必敗，然後吾降，則父母、妻子庶免矣。」光顔從之。乙未，昌齡、懷金舉城降，光顔引兵入據之。吳元濟聞郾城不守，甚懼。時董重質將騾軍守洄曲，元濟悉發親近及守城卒詣重質以拒之。【略】

吳元濟見其下數叛，兵勢日蹙，六月壬戌，上表謝罪，願束身自歸。上遣中使賜詔，許以不死，而爲左右及大將董重質所制，不得出。

備論

《舊唐書》卷一四五《吳元濟傳》 史臣曰：治亂勢也，勢亂不能卒治。長源以法繩驕軍，禍不旋踵，則董公之寬柔不無謂。古之名將，以陰謀怨望，鮮全其族者。董秦始舊忠義，多長者言，宜其顯赫，及失意挾邪，俄被淮陰之戮，惜哉！吳少誠爲希烈之亂胎，雖謀奪其軍，及嗣而滅。而元濟効希烈之狂悖，謂無天地，人之兇險，一至於斯！是知王者御治之道，其可忽諸！

王夫之《讀通鑑論》卷二五《憲宗》 吳元濟一狂騃豎子耳，中立於淮、泗之閒，僅擁三州不協之衆，延晨露之命，所恃者王承宗，既不能出一步以躡官軍之後，李師道獨以狗盜之姦，刺宰相，焚陵邑，脅朝廷以招撫，而莫救元濟之危，非能如嚮者河北連衡之不易撲也。而唐舉十六道之兵，四面攻之，四年而後克，何其憊邪？論者責分兵如連雞，參差不齊，以致師老而無功，似矣；然使專任一將，四鄰諸道，旁觀坐聽其成敗，則勢益孤，而覆敗尤速，則專任固不如分任審矣。

乃詳取其始末而究之，元濟豈有滔天之逆志如安、史哉？待赦而得有其旌節耳。王承宗、李師道亦猶是也。兵力不足以抗衡，唯恃要結閒貳以求得其欲，師道遣三數匹夫入京邸，殺宰相，燬陵寢，焚屯聚，挾火懷刃，而大索不獲者，爲之淵藪者誰也？非大臣受三寇之金錢以相阿庇，而詎能爾邪？則其行賂諸鎮，觀望不前，示難攻以脅天子之受降，概可知已。外則韓弘之阻李光顔，内則韋貫之、錢徽、蕭俛、李逢吉等之阻裴度，皆醉飽於三寇之苞苴，而爲之脣舌者也。故蔡州一空城，元濟一獨夫，李愬一夕而縛之如雞鶩，其易也如此，而環攻四年，其難也如彼，唐安得有將相哉？皆元濟豢飼之鷹犬而已。僅裴、武兩相立於百僚之上，爲疑謗之招，弗能勝也。其遲久而後克，不亦宜乎？

藝文

元稹《元氏長慶集》卷三四《賀誅吳元濟表》 臣聞拯遺甿於溝瀆，非聖不能；掃餘沴以雪霜，非天不可。日者神棄申、蔡，蓄爲汙瀦，五十年間，三后貽顧。眇爾元濟，繼爲凶妖，謂君命可逃，以父死爲利。陛下凝兹睿算，取彼凶殘，不越殷宗之期，遂勦淮夷之命。威動區宇，道光祖宗，凡在生成，孰不歡忭？臣忝官藩翰，不獲率舞闕庭，瞻望徘徊，無任踴躍屏營之至。

宋敏求《唐大詔令集》卷一一九佚名《討吳元濟敕》 敕：天地之化，由肅殺而成歲功；帝王之道，以威武而輔文德。朕祇荷鴻業，撫臨庶邦，務先含弘，每慎征戰。俾懷仁者有恥且格，畏罪者見善則遷，而或昏迷不龔，告命不及，固興悖亂之孽，自速原野之誅。除害正刑，國有彝典。吳元濟逆絶人理，反易天常，

不居父喪，擅領軍事。諭以詔旨，曾無敬恭。熒惑一方之人，迫脅三軍之衆。以其父少陽嘗經任使，爲之軫悼，命申奠祭，臨遣使臣，陵虐封疆，遂致稽阻，絶朝廷之禮意，忘父子之恩情。旋又掩襲舞陽，傷殘吏卒，焚燒葉縣，騷擾閭閻，恣行寇斁，無所畏忌。朕嘗念賞延之義，重傷藩帥之門，尚欲納於忠順之途，處以顯榮之列。未能飭法，猶爲包荒，再以詔書，俾申招撫。而蠆毒滋長，姦心靡悛。壽春西南，又陷鎮柵，窮兇稔惡，縱暴挺災。覆載之所不容，人神之所共棄，良非獲已，致此興戎。蓋以方伯連帥，同請討除，伐罪弔人，故兹申命。

宜令宣武、忠武、太原、武寧、淮南、宣歙等州兵馬合勢，山南東道及魏博、荆南、江西、劍南東道兵馬與鄂南計會，東都防禦使與淮汝鄭節度及劍南、義成軍兵馬，犄角相應，同爲進討。吴元濟舊有官秩，宜並削除。大軍既臨，計即戮殄。嗟我淮右之衆，本爲勤王之師，雖是脅從，頻已昭洗，念此勳力，未嘗弭忘。近罹狡童，又此詿誤。心懷忠順，迫在兇威，苟能率誠，即可收效。其淮西將士，有能梟斬兇渠者，先是六品已下官，授三品正員官，其先授五品已上官者，節級升進；仍與實封五百户，莊宅各一區，錢二萬貫。如能率所管兵馬，以城鎮來降者，亦與改轉，仍賜錢帛。諸道應赴行營將士，斬元濟者，亦準此處分。吴元濟如能束身歸朝，並與洗雪。若不能改過，罪止一身，其餘汙脅，一切不問。接賊界州縣百姓，軍興已來，供饋繁併，言念疲瘵，良增憫然。元和九年兩税斛斗錢物等，在百姓腹内者，并十年夏税，並宜放免。其有城鎮將士百姓，守節拒賊，身死王事者，各委長吏，優給其家。仍具事跡聞奏，當加褒贈，并賜錢帛，仍與一子官。

三州百姓，莫匪吾人，諸軍所至，不得妄加殺戮，焚繞廬舍，據奪資産，并有拘執以爲俘馘。事平之後，給復二年。三州内有自置義營保柵，王師所至，能相率來降，各加酬獎。時當春候，務切農桑，應緣車務所須，並不得干擾百姓。如要車牛夫役及工匠之類，並宜和雇，仍給優價。賊平之後，應立功將士，並與超資改官，節級賜物。於戲！朕率循理道，靡敢荒寧，思致中和，以康億兆。而德之寡薄，化未昭宣，爰及用兵，良深愧歎，顧非重武，其在止戈。宣示中外，咸令知悉。

宋敏求《唐大詔令集》卷一二四佚名《平吴元濟詔》 朕聞天地之於萬物也，道深煦育，而雷電震曜，時警其不庭；帝王之臨九有也，德尚撫綏，而原野陳師，必加于有罪。是以將伐而捨，義在止姦，禍召由人，孽固難逭。朕嗣膺寶曆，恭守丕圖，自靖亂巴庸，除妖海浙，戡翦群慝，將期理平，保合太和，非欲生事。逆賊吴元濟，蓄姦稔惡，憑固阻兵，擅釋父喪，悖違軍命，行虧天性，義絶人倫。厲殘忍之聲，豺狼是類；忘生成之德，梟獍爲心。大告屢加，逆謀轉甚，是宜用社，至于出軍。猶弘弔伐之方，必兼討諭之命。元臣統護，授幃幄之深謀；上宰專征，運廟堂之成算。群師畢力，萬旅一心，戰以力摧，襲由奇勝。李愬全師直進，堅壁洞開，兇渠就執於城池，餘孽奔降於草莽。霧廓冰泮，淮濆永清，斯皆宗社垂休，人神協贊。

宋敏求《唐大詔令集》卷一二七佚名《誅吴元濟敕》 敕，吴元濟豺狼醜類，敢悖天常，不知覆載之恩，輒肆猖狂之計。拒捍成命，焚劫隣封，詿誤我平人，殘傷我赤子，縣邑黎庶，號呼屢聞。朕爲人父母，得不興愧？亦嘗告諭，曾靡悛心，稔慝挺災，日滋月盛。所以命貔貅之旅，致原野之誅。雷霆所當，巢穴盡覆。獲此兇豎，正其刑書與衆棄之，斯爲國典。宜準法處斬，其餘支黨，從別敕處分。

韓愈部

綜述

《舊唐書》卷二六二《韓愈傳》 韓愈字退之，昌黎人。父仲卿，無名位。愈生三歲而孤，養於從父兄。愈自以孤子，幼刻苦學儒，不俟獎勵。大曆、貞元之間，文字多尚古學，效楊雄、董仲舒之述作，而獨孤及、梁肅最稱淵奥，儒林推重。愈從其徒遊，鋭意鑽仰，欲自振於一代。洎舉進士，投文於公卿間，故相鄭餘慶頗爲之延譽，由是知名於時。

尋登進士第。宰相董晉出鎮大梁，辟爲巡官。府除，徐州張建封又請爲其賓佐。愈發言真率，無所畏避，操行堅正，拙於世務。調授四門博士，轉監察御史。德宗晚年，政出多門，宰相不專機務，宫市之弊，諫官論之不聽。愈嘗上章數千言極論之，不聽，怒貶爲連州陽山令，量移江陵府掾曹。元和初，召爲國子博士，遷都官員外郎。時華州刺史閻濟美以公事停華陰令柳澗縣務，俾攝掾曹。居數月，濟美罷郡，出居公館，澗遂諷百姓遮道索前年軍頓役直。後刺史趙昌按得澗罪以聞，貶房州司馬。愈因使過華，知其事，以爲刺史相黨，上疏理澗，留中不下。詔監察御史李宗奭按驗，得澗贓狀，再貶澗封溪尉。以愈妄論，復爲國子博士。愈自以才高，累被擯黜，作《進學解》以自喻曰：「國子先生晨入太學，召諸生立館下，誨之曰：『業精于勤荒于嬉，行成于思毁于隨。方今聖賢相逢，治具畢張，拔去兇邪，登崇俊良。占小善者率以録，名一藝者無不庸。爬羅剔抉，刮垢磨光。蓋有幸而獲選，孰云多而不揚？諸生業患不能精，無患有司之不明；行患不能成，無患有司之不公。』言未既，有笑于列者曰：『先生欺予哉！弟子事先生，于兹有年矣。先生口不絶吟於六藝之文，手不停披於百家之編。記事者必提其要，纂言者必鈎其玄。貪多務得，細大不捐。燒膏油以繼晷，常矻矻以窮年。先生之業，可謂勤矣。觝排異端，攘斥佛、老，補苴罅漏，張皇幽眇。尋墜緒之茫茫，獨旁搜而遠紹；障百川而東之，迴狂瀾於既倒。先生之於儒，可謂有勞矣。沉浸醲郁，含英咀華，作爲文章，其書滿家。上規姚、姒，渾渾無涯。《周誥》、《殷盤》，佶屈聱牙。《春秋》謹嚴，《左氏》浮誇。《易》奇而法，《詩》正而葩。下逮《莊》、《騷》，太史所録，子雲、相如，同工異曲。先生之於文，可謂閎其中而肆其外矣。少始知學，勇於敢爲；長通於方，左右具宜。先生之於爲人，可謂成矣。然而公不見信於人，私不見助於友，跋前躓後，動輒得咎。暫爲御史，遂竄南夷。三爲博士，冗不見治。命與仇謀，取敗幾時。冬煖而兒號寒，年豐而妻啼饑。頭童齒豁，竟死何裨？不知慮此，而反教人爲！』先生曰：『吁，子來前。夫大木爲宗，細木爲桷，欂櫨侏儒，椳闑扂楔，各得其宜，施以成室者，匠氏之工也。玉札丹砂，赤箭青芝，牛溲馬勃，敗鼓之皮，俱收并蓄，待用無遺者，醫師之良也。登明選公，雜進巧拙，紆餘爲妍，卓犖爲傑，校短量長，唯器是適者，宰相之方也。昔者，孟軻好辯，孔道以明，轍環天下，卒老于行。荀卿守正，大論是弘，逃讒于楚，廢死蘭陵。是二儒者，吐辭爲經，舉足爲法，絶類離倫，優入聖域，其遇于世何如也？今先生學雖勤，不由其統；言雖多，不要其中；文雖奇，不濟於用；行雖修，不顯於衆。猶且月費俸錢，歲靡廩粟，子不知耕，婦不知織，乘馬從徒，安坐而食，踵常塗之促促，窺陳編以盜竊。然而聖主不加誅，宰臣不見斥，此非其幸哉！動而得謗，名亦隨之。投閒置散，乃分之宜。若夫商財賄之有無，計班資之崇庳，忘己量之所稱，指前人之瑕疵，是所謂詰匠氏之不以杙爲楹，而訾醫師以昌陽引年，欲進其豨苓也。』」執政覽其文而憐之，以其有史才，改比部郎中、史館修撰。踰歲，轉考功郎中、知制誥，拜中書舍人。

俄有不悦愈者，摭其舊事，言愈前左降爲江陵掾曹，荆南節度使裴均館之頗厚，均子鍔凡鄙，近者鍔還省父，愈爲序餞鍔，仍呼其字。此論喧於朝列，坐是改太子右庶子。元和十二年八月，宰臣裴度爲淮西宣慰處置使，兼彰義軍節度使，請愈爲行軍司馬，仍賜金紫。淮、蔡平，十二月隨度還朝，以功授刑部侍郎，仍詔愈撰《平淮西碑》，其辭多敘裴度事。時先入蔡州擒吴元濟，李愬功第一，愬不平之。愬妻出入禁中，因訴碑辭不實，詔令磨愈文。憲宗命翰林學士段文昌重撰文勒石。

鳳翔法門寺有護國真身塔，塔内有釋迦文佛指骨一節，其書本傳法，三十年一開，開則歲豐人泰。十四年正月，上令中使杜英奇押宫人三十人，持香花，赴臨皋驛迎佛骨。自光順門入大内，留禁中三日，乃送諸寺。王公士庶，奔走捨施，唯恐在後。百姓有廢業破産，燒頂灼臂而求供養者。愈素不喜佛，上疏諫曰：「伏以佛者，夷狄之一法耳。自後漢時始流入中國，上古未嘗有也。昔黄帝

在位百年，年百一十歲；少昊在位八十年，年百歲；顓頊在位七十九年，年九十八歲；帝嚳在位七十年，年百五歲；帝堯在位九十八年，年百一十八歲；帝舜及禹年皆百歲。此時天下太平，百姓安樂壽考，然而中國未有佛也。其後殷湯亦年百歲，湯孫太戊在位七十五年，武丁在位五十年，書史不言其壽，推其年數，蓋亦俱不減百歲。周文王年九十七歲，武王年九十三歲，穆王在位百年。此時佛法亦未至中國，非因事佛而致此也。漢明帝時始有佛法，明帝在位纔十八年耳。其後亂亡相繼，運祚不長，宋、齊、梁、陳、元魏已下，事佛漸謹，年代尤促。唯梁武帝在位四十八年，前後三度捨身施佛，宗廟之祭，不用牲牢，晝日一食，止於菜果；其後竟爲侯景所逼，餓死臺城，國亦尋滅，事佛求福，乃更得禍。由此觀之，佛不足信，亦可知矣。高祖始受隋禪，則議除之。當時羣臣識見不遠，不能深究先王之道、古今之宜，推闡聖明，以救斯弊，其事遂止。臣嘗恨焉！伏惟皇帝陛下，神聖英武，數千百年以來未有倫比。即位之初，即不許度人爲僧尼、道士，又不許別立寺觀。臣當時以爲高祖之志，必行於陛下之手。今縱未能即行，豈可恣之轉令盛也！今聞陛下令羣僧迎佛骨於鳳翔，御樓以觀，舁入大內，令諸寺遞迎供養。臣雖至愚，必知陛下不惑於佛，作此崇奉以祈福祥也。直以年豐人樂，徇人之心，爲京都士庶設詭異之觀、戲玩之具耳。安有聖明若此而肯信此等事哉？然百姓愚冥，易惑難曉，苟見陛下如此，將謂真心信佛。皆云天子大聖，猶一心敬信，百姓微賤，於佛豈合惜身命。所以灼頂燔指，百十爲羣，解衣散錢，自朝至暮。轉相倣效，唯恐後時，老幼奔波，棄其生業。若不即加禁遏，更歷諸寺，必有斷臂臠身以爲供養者。傷風敗俗，傳笑四方，非細事也。佛本夷狄之人，與中國言語不通，衣服殊製。口不道先王之法言，身不服先王之法服，不知君臣之義、父子之情。假如其身尚在，奉其國命，來朝京師，陛下容而接之，不過宣政一見，禮賓一設，賜衣一襲，衛而出之於境，不令惑於衆也。況其身死已久，枯朽之骨，兇穢之餘，豈宜以入宮禁！孔子曰：「敬鬼神而遠之。」古之諸侯，行弔於國，尚令巫祝先以桃茢，祓除不祥，然後進弔。今無故取朽穢之物，親臨觀之，巫祝不先，桃茢不用，羣臣不言其非，御史不舉其失，臣實恥之。乞以此骨付之水火，永絶根本，斷天下之疑，絶後代之惑。使天下之人，知大聖人之所作爲出於尋常萬萬也，豈不盛哉！豈不快哉！佛如有靈，能作禍祟，凡有殃咎，宜加臣身。上天鑒臨，臣不怨悔。」疏奏，憲宗怒甚。間一日，出疏以示宰臣，將加極法。裴度、崔羣奏曰：「韓愈上忤尊聽，誠宜得罪，然而非内懷忠懇，不避黜責，豈能至此？伏乞稍賜寬容，以來諫者。」上曰：「愈言我奉佛太過，我猶爲容之。至謂東漢奉佛之後，帝王咸致夭促，何言之乖剌也？愈爲人臣，敢爾狂妄，固不可赦。」于是人情驚惋，乃至國戚諸貴亦以罪愈太重，因事言之，乃貶爲潮州刺史。

愈至潮陽，上表曰：「臣今年正月十四日，蒙恩授潮州刺史，即日馳驛就路。經涉嶺海，水陸萬里。臣所領州，在廣府極東。去廣府雖云二千里，然來往動皆踰月。過海口，下惡水，濤瀧壯猛，難計期程，颶風鱷魚，患禍不測。州南近界，漲海連天，毒霧瘴氛，日夕發作。臣少多病，年纔五十，髮白齒落，理不久長。加以罪犯至重，所處又極遠惡，憂惶慚悸，死亡無日。單立一身，朝無親黨，居蠻夷之地，與魑魅同羣。苟非陛下哀而念之，誰肯爲臣言者。臣受性愚陋，人事多所不通，唯酷好學問文章，未嘗一日暫廢，實爲時輩推許。臣於當時之文，亦未有過人者。至於論述陛下功德，與《詩》《書》相表裏，作爲歌詩，薦之郊廟，紀太山之封，鏤白玉之牒，鋪張對天之宏休，揚厲無前之偉跡，編於《詩》《書》之策而無愧，措於天地之間而無虧。雖使古人復生，臣未肯多讓。伏以大唐受命有天下，四海之内，莫不臣妾，南北東西，地各萬里。自天寶之後，政治少懈，文致未優，武克不綱。孽臣姦隸，外順内悖，父死子代，以祖以孫，如古諸侯，自擅其地，不朝不貢，六七十年。四聖傳序，以至陛下，躬親聽斷，干戈所麾，無不從順。宜定樂章，以告神明，東巡泰山，奏功皇天，使永永萬年，服我成烈。當此之際，所謂千載一時不可逢之嘉會。而臣負罪嬰釁，自拘海島，戚戚嗟嗟，日與死迫，曾不得奏薄伎於從官之内、隸御之間，窮思畢精，以贖前過。懷痛窮天，死不閉目！瞻望宸極，魂神飛去。伏惟陛下，天地父母，哀而憐之。」憲宗謂宰臣曰：「昨得韓愈到潮州表，因思其所諫佛骨事，大是愛我，我豈不知？然愈爲人臣，不當言人主事佛乃年促也。我以是惡其容易。」上欲復用愈，故先語及，觀宰臣之奏對。而皇甫鎛惡愈狷直，恐其復用，率先對曰：「愈終太狂疏，且可量移一郡。」乃授袁州刺史。

初，愈至潮陽，既視事，詢吏民疾苦，皆曰：「郡西湫水有鱷魚，卵而化，長數丈，食民畜産將盡，以是民貧。」居數日，愈往視之，令判官秦濟炮一豚一羊，投之湫水，呪之曰：「前代德薄之君，棄楚、越之地，則鱷魚涵泳於此可也。今天子神聖，四海之外，撫而有之。況揚州之境，刺史縣令之所治，出貢賦以共天地宗廟之祀，鱷魚豈可與刺史雜處此土哉？刺史受天子命，令守此土，而鱷魚睅然不安

谿潭，食民畜熊鹿麞豕，以肥其身，以繁其卵，與刺史爭爲長。刺史雖駑弱，安肯爲鱷魚低首而下哉？今潮州大海在其南，鯨鵬之大，蝦蟹之細，無不容，鱷魚朝發而夕至。今與鱷魚約，三日乃至七日，如頑而不徙，須爲物害，則刺史選材伎壯夫，操勁弓毒矢，與鱷魚從事矣！」呪之夕，有暴風雷起於湫中。數日，湫水盡涸，徙於舊湫西六十里。自是潮人無鱷患。

袁州之俗，男女隸於人者，踰約則没入出錢之家。愈至，設法贖其所没男女，歸其父母。仍削其俗法，不許隸人。

十五年，徵爲國子祭酒，轉兵部侍郎。會鎮州殺田弘正，立王廷湊，令愈往鎮州宣諭。愈既至，集軍民，諭以逆順，辭情切至，廷湊畏重之。改吏部侍郎。轉京兆尹，兼御史大夫。以不臺參，爲御史中丞李紳所劾。愈不伏，言準敕仍不臺參。紳、愈性皆褊僻，移刺往來，紛然不止，乃出紳爲浙西觀察使，愈亦罷尹，爲兵部侍郎。及紳面辭赴鎮，泣涕陳敍。穆宗憐之，乃追制以紳爲兵部侍郎，愈復爲吏部侍郎。

長慶四年十二月卒，時年五十七，贈禮部尚書，謚曰文。

愈性弘通，與人交，榮悴不易。少時與洛陽人孟郊、東郡人張籍友善。二人名位未振，愈不避寒暑，稱薦於公卿間，而籍終成科第，榮於禄仕。後雖通貴，每退公之隙，則相與談讌，論文賦詩，如平昔焉。而觀諸權門豪士，如僕隸焉，瞪然不顧。而頗能誘厲後進，館之者十六七，雖晨炊不給，怡然不介意。大抵以興起名教弘奬仁義爲事。凡嫁内外及友朋孤女僅十人。

常以爲自魏、晉已還，爲文者多拘偶對，而經誥之指歸，遷、雄之氣格，不復振起矣。故愈所爲文，務反近體，抒意立言，自成一家新語。後學之士，取爲師法。當時作者甚衆，無以過之，故世稱「韓文」焉。然時有恃才肆意，亦有盩孔、孟之旨。若南人妄以柳宗元爲羅池神，而愈譔碑以實之；李賀父名晉，不應進士，而愈爲賀作《諱辨》，令舉進士；又爲《毛穎傳》，譏戲不近人情：此文章之甚紕繆者。時謂愈有史筆，及撰《順宗實録》，繁簡不當，敍事拙於取捨，頗爲當代所非。穆宗、文宗嘗詔史臣添改，時愈壻李漢、蔣係在顯位，諸公難之。而韋處厚竟別撰《順宗實録》三卷。有文集四十卷，李漢爲之序。

李翺《李文公集》卷一一《故正議大夫行尚書吏部侍郎上柱國賜紫金魚袋贈禮部尚書韓公行狀》 曾祖泰，皇任曹州司馬。祖濬素，皇任桂州長史。父仲卿，皇任祕書郎，贈尚書左僕射。公諱愈，字退之，昌黎某人。生三歲，父殁，養於兄會舍。及長，讀書能記他生之所習。年二十五，上進士第。汴州亂，詔以舊相東都留守董晉爲平章事、宣武軍節度使，以平汴州。晉辟公以行，遂入汴州，得試祕書省校書郎，爲觀察推官。晉卒，公從晉喪以出，四日而汴州亂，凡從事之居者皆殺死。武寧軍節度使張建封奏爲節度推官，得試太常寺協律郎。選授四門博士，遷監察御史。爲幸臣所惡，出守連州陽山令。政有惠於下。及公去，百姓多以公之姓以名其子。改江陵府法曹軍，入爲權知國子博士。宰相有愛公文者，將以文學職處公。有爭先者，構公語以非之。公恐及難，遂求分司東都。權知三年，改真博士。入省，爲分司都官員外郎。改河南縣令，日以職分辨於留守及尹，故軍士莫敢犯禁。入爲職方員外郎，華州刺史奏華陰縣令柳澗有罪，遂將貶之，公上疏請發御史辨曲直，乃可處以罪，則下不受屈。既柳澗有犯，公由是復爲國子博士。改比部郎中、史館修撰，轉考功郎中，修撰如故。數月，以考功知制誥。上將平蔡州，先命御史中丞裴公度使諸軍以視兵。及還，奏兵可用，賊勢可以滅，頗與宰相意忤。既數月，盗殺宰相，又害中丞不克，中丞微傷，馬逸以免。遂爲宰相，以主東兵。自安禄山起范陽，陷兩京，河南北七鎮節度使身死，則立其子，作軍於表以請，朝廷因而與之。及貞元季年，雖順地節將死，多即軍中取行軍副使將校以授之節，習以成故矣。朝廷之賢，恬於所安，以苟不用兵爲貴，議多與裴丞相異。唯公以爲盗殺宰相而遂息兵，其爲懦甚大，兵不可以息。以天下力取三州，尚何不可？與裴丞相議合，故兵遂用。而宰相有不便之者。月滿，遷中書舍人，賜緋魚袋，後竟以他事改太子右庶子。元和十二年秋，以兵老久屯，賊未滅，上命裴丞相爲淮西節度使，以招討之，丞相請公以行。於是以公兼御史中丞，賜三品衣魚，爲行軍司馬，從丞相居於郾城。公知蔡州精卒悉聚界上，以拒官軍，守城者率老弱，且不過千人，亟白丞相，請以兵三千人間道以入，必擒吴元濟。丞相未及行，而李愬自唐州文城壘，提其卒以夜入蔡州，果得元濟。蔡州既平，布衣柏耆以計謁公，公與語奇之，遂白丞相曰：「淮西滅，王承宗膽破，可不勞用衆，宜使辯士奉相公書，明禍福以招之，彼必服。」丞相然之。公令柏耆口占爲丞相書，明禍福，使柏耆袖之以至鎮州。承宗果大恐，上表請割德、棣二州以獻。丞相歸京師，公遷刑部侍郎。歲餘，佛骨自鳳翔至，傳京師諸寺，時百姓有燒指與頂以祈福者。公奏疏言：自伏羲至周文、武時，皆未有佛，而年多至百歲有過之者。自佛法入中國，帝王事之，壽不能長。梁武帝事之最謹，而國大亂。請燒棄佛骨。疏入，貶潮州刺史，移袁州刺史。百姓以男女爲人

隸者，公皆計傭以償其直，而出歸之。入遷國子祭酒，有直講能説禮而陋於容，學官多豪族子，擯之不得共食。公命吏曰：「召直講來，與祭酒共食。」學官由此不敢賤直講。奏儒生爲學官，日使會講，生徒多奔走聽聞，皆相喜曰：「韓公來爲祭酒，國子監不寂寞矣。」改兵部侍郎。鎮州亂，殺其帥田弘正，征之不克，遂以王廷湊爲節度使。詔公往宣撫，既行，衆皆危之。元稹奏曰：「韓愈可惜。」穆宗亦悔，有詔令至境觀事勢，無必於入。公曰：「安有授君命而滯留自顧？」遂疾驅入，廷湊嚴兵拔刃弦弓矢以逆。及館，甲士羅於庭，公與廷湊監軍使三人就位。既坐，廷湊言曰：「所以紛紛者，乃此士卒所爲，本非廷湊心。」公大聲曰：「天子以爲尚書有將帥材，故賜之以節。實不知公共健兒語未得，乃大錯。」甲士前奮言曰：「先太史爲國打朱滔，滔遂敗走，血衣皆在，此軍何負朝廷，乃以爲賊乎？」公告曰：「兒郎等且勿語，聽愈言。愈將爲兒郎已不記先太史之功與忠矣，若猶記得，乃大好。且爲逆與順利害，不能遠引古事，但以天寶來禍福，爲兒郎等明之。安禄山、史思明、李希烈、梁崇義、朱滔、朱泚、吳元濟、李師道，復有若子若孫在乎？亦有居官者乎？」衆皆曰：「無。」又曰：「田令公以魏博六州歸朝廷，爲節度使，後至中書令，父子皆授旄節，子與孫雖在幼童者，亦爲好官。窮富極貴，寵榮耀天下。劉悟、李祐皆居大鎮，王承元年始十七，亦杖節。此皆三軍耳所聞也。」衆乃曰：「田弘正刻此軍，故軍不安。」公曰：「然，汝三軍亦害田令公身，又殘其家矣，復何道？」衆乃歡曰：「侍郎語是。」廷湊恐衆心動，遽麾衆散出，因泣謂公曰：「侍郎來，欲令廷湊何所爲？」公曰：「神策六軍之將，如牛元翼比者不少，但朝廷顧大體，不可以棄之耳，而尚書久圍之何也？」廷湊曰：「即出之。」公曰：「若真耳，則無事矣。」因與之宴而歸。而牛元翼果出。及還，於上前盡奏與廷湊言及三軍語。上大悦曰：「卿直向伊如此道。」由是有意欲大用之。王武俊贈太師，呼太史者，燕趙人語也。轉吏部侍郎，凡令史皆不鎖聽出入。或問公，公曰：「人所以畏鬼者，以其不能見也。鬼如可見，則人不畏矣。選人不得見令史，故令史勢重，聽其出入，則勢輕。」改京兆尹，兼御史大夫，特詔不就御史臺謁，後不得引爲例。六軍將士皆不敢犯，私相告曰：「是尚欲燒佛骨者，安可忤！」故盜賊止。遇旱，米價不敢上。李紳爲御史中丞，械囚送府，使以尹杖杖之。公曰：「安有此？」使歸其囚。是時紳方幸，宰相欲去之，故以臺與府不協爲請，出紳爲江西觀察使，以公爲兵部侍郎。紳既復留，公入謝，上曰：「卿與李紳爭何事？」公因自辨。數日復爲吏部侍郎。長慶四年得病，滿百日假。既罷，以十二月二日卒於靖安里第。公氣厚性通，論議多大體，與人交，始終不易。凡嫁内外及交友之女無主者十人。幼養於嫂鄭氏，及嫂殁，爲之朞服以報之。深於文章，每以爲自揚雄之後，作者不出，其所爲文，未嘗效前人之言，而固與之並。自貞元末，以至于兹，後進之士，其有志於古文者，莫不視公以爲法。有集四十卷，小集十卷。及病，遂請告以罷。每與交友言既終以處妻子之語，且曰：「某伯兄德行高，曉方藥，食必視《本草》，年止於四十二。某疏愚，食不擇禁忌，位爲侍郎，年出伯兄十五歲矣，如又不足，於何而足？且獲終於牖下，幸不至失大節，以下見先人，可謂榮矣。」享年五十七，贈禮部尚書。謹具任官事迹如前，請牒考功下太常定謚，并牒史館，謹狀。

皇甫湜《皇甫持正集》卷六《韓文公神道碑》　韓氏出晉穆侯，晉滅武穆之韓而邑穆侯孫萬於韓，遂以爲氏，後世稱王。漢之興，故韓襄王孫信有功，復封韓王，條葉遂著。後居南陽，又隸延州之武陽。拓跋後魏之帝，其臣有韓茂者，以武功顯，爲尚書令，實爲安定桓王。次子均襲爵，官至金部尚書，亦能以功名終。尚書曾孫叡素爲唐桂州長史，善化行於江嶺之間，於先生爲王父，生贈尚書左僕射諱仲卿。僕射生先生，先生諱愈，字退之。乳抱而孤，熊熊然角，嫂鄭氏異而恩鞠之。七歲屬文，意語天出。長悦古學，業孔子、孟軻，而侈其文。秀人偉生多以之遊，俗遂化服，炳炳烈烈，爲唐之章。貞元十四年，用進士從軍，宰相董晉，平汴州之亂。又佐徐州青淄，通漕江淮。入官於四門，先生實師之。擢爲御史。十九年，關中旱饑，人死相枕藉，吏刻取怨。先生列言天下根本，民急如是，請寬繇民傜，而免田租之斂。專政者惡之，行爲漣州陽山令。陽山民至今多以先生氏洎字呼其子孫。累除國子博士，不麗邪寵，懼而中請，分司東都避之，除尚書都官郎中，分司判祠部。中官號功德使，司京城觀寺，尚書斂手先職，先生按六典盡索之以歸，誅其無良，時其出入，禁譁衆以正浮屠。授河南令，魏、鄆、幽鎮，各爲留邸，貯潛卒以橐罪士，官無敢問者。先生將擿其禁，以壯朝廷，斷民署吏，俟旦發，留守尹以聞，皆大恐，令遽相禁。有使還爲言，憲宗悦曰：「韓愈助我者。」是後，鄆邸果謀反東都，將屠留守，以應淮、蔡。華州刺史奏華陰令柳澗贓，詔貶澗官。先生守尚書職方郎中，奏疏言華近在國城門外，刺史奏縣令罪，不參驗坐郡。御史考實奏事如州，宰相不爲堅白本意，先生竟責出省，復比部郎中修史。在柄者不喜，不卒展用，再遷中書舍人。廷議蔡叛可詔，與衆意違，改右庶子。十二年七月，詔御史中丞，司彰義軍討元濟。出關趨汴，説都統

弘，弘悦用命，遂至偃城，審賊勢虚實，請節度使裴度曰：「某須精兵千人，取元濟。」度不聽察。居數日，李愬自文城果行無人，擒賊以獻，遂平蔡方。三軍之士爲先生恨。復謂度曰：「今藉聲勢，王承宗可以辭取，不煩兵矣。」得柏耆，先生受詞，使耆執筆書之，持以入鎮。承宗恐懼，割德、棣以降。遣子入侍。還奏，拜刑部侍郎。憲宗盛儀衛迎佛骨，士女縱觀傾城。先生大懼，遂移典校，上章極諫。貶潮州刺史。大官謫爲州縣簿，不治務。先生臨之，若以資遷。洞究海俗，海夷陶然，遂生鮮魚稻蟹，不暴民物。掠賣之口，計庸免之。未相計直，輒與錢贖，及還著之赦令。轉刺史袁州，治袁州如潮，徵拜國子祭酒。其屬一奏用儒生，日集講説，生徒官人以藝學淺深，爲顧侍品，豪曹游益不留。既除兵部侍郎，方鎮反太原兵以輕利誘回紇。召先生禍福譬引，虎釁臁血，直今所患，非兵不足，遽疏陳得失，王廷凑屠衣冠園牛元翼，人情望之，若夫蚖虺。先生奉詔入賊，淵然無事。行者既至衆，召衆賊帥前，抗聲數責，致天子命，詞辯而悦，悉其機情，賊衆俱伏。賊帥曰：唯公指令。乃約之出元翼，歸士大夫之喪，功可意而復。穆宗大喜，且欲相之。遷吏部侍郎，會京兆尹以不治聞，遂以遷拜。勑曰：「朕屈韓愈公爲尹，宜令無參御史，不得爲故常，兼御史大夫，用優之。」禁軍老姦宿惡不攝，盡縛送獄。京理恪然。御史中丞有寵，且夕且相，先生不詣，固爲恥矣。械囚送府，令取尹杖決之，先生脱囚械縱去。御史悉奏，宰相乘之，兩改其官，復爲兵部侍郎，銓不鎖入吏選。父七十，母六十，身七十，悉典三利取才，財勢路絶，病滿三月免。四年十二月丙子，薨靖安里第，年五十七。嗣天子不御朝，贈禮部尚書。寶曆元年三月癸酉，葬河南某縣。先叔父雲當肅宗、代宗時，獨爲文章官。兄會亦顯名，官至起居舍人。會妻之亡，先生以裔衰服服焉，用報之。朝有大獄大疑，文武會同，莫先發言。先生授經引決，考合傳記，侃侃正色。伏其所詞，執女政而出。又曰：其賢善耳，必心躍色揚，鉤而游之，内外惸弱悉撫之，一親以仁。使男有官，女有從，而不啻於己生。交於人，已而我負終不計，死則庀其家，均食剖資與人，故雖微弱，待之如賢戚，人詬笑之，愈篤。未嘗一日不對客，閨人或盡見其面，退相指語，以爲異事，實嗜才技，毫細無所略。然而天下之進士，而後者望風慹畏，以爲瑞人神士，朗出天外，不可梯接，非可奇卓，望門不敢造。未嘗宿貸有餘財，每曰吾明日解衣質食，今存有已多矣夫。遺命喪葬，無不如禮俗，習夷狄，盡浮圖，寫浮圖以七數之，及拘陰陽，所謂吉凶一無汙我。夫人高平郡君，孤前進士昶，謹以承命，湜既已銘先生墓矣，又悉敍其系葉德詔於碑，以圖永久，而揭以詞：韓因朝封，交武之穆。厥全趙孤，天下陰福。子孫宜昌，宣惠遂王。秦絶韓祀，蟣蝨有子。繼王陽翟，繼王安定。三王其爵，韓世何盛。桂胄系雅，三祖官下。祕書發祥，追錫僕射。徑熟道荒，物喪其明。誰壑其治，先生之生。先生之武，襲蹈聖距。基於其身，克後其所。居歸丘軻，危解禍羅。具兮素兮，有觍何多。靡引而忘，天吝其施。垂其施垂陛乃頹，羣心孔哀。厥聲赫赫滿華貊。年千世百，新在竹帛。我銘在碑，展我哀思。

皇甫湜《皇甫持正集》卷六《韓文公墓銘》　長慶四年八月，昌黎韓先生既以疾免吏部侍郎，書諭湜曰：「死能令我躬所以不隨世磨滅者，惟子以爲囑。」其年十二月丙子，遂薨。明年正月，其孤昶使奉功緒之録繼訃以至。三月癸酉，葬河南河陽，乃哭而敍銘其墓。其詳將揭之於《神道碑》云。先生諱愈，字退之。後魏安桓王茂六代孫。祖朝散大夫桂州長史諱叡素。父祕書郎贈尚書左僕射諱仲卿。先生七歲好學，言出成文。及冠，恣爲書以傳聖人之道。人始未信，既發不掩，聲震業光，衆方驚爆而萃排之。乘危將顛，不懈益張，卒大信於天下。先生之作，無圓無方，至是歸工。抉經之心，執聖之權，尚友作者，跋邪觝異，以扶孔氏，存皇之極。知與罪非我計。茹古涵今，無有端涯，渾渾灝灝，不可窺校。及其酣放，豪曲快字，凌紙怪發，鯨鏗春麗，驚耀天下。然而栗密窈眇，章妥句適，精能之至，入神出天。嗚呼！極矣，後人無以加之矣。姬氏已來，一人而已矣。始先生以進士三十有一仕，歷官，其爲御史、尚書郎、中書舍人，前後三貶，皆以疏陳治事，廷議不隨爲罪。常惋佛老氏法，潰聖人之隄，乃唱而築之。及爲刑部侍郎，遂章言憲宗迎佛骨非是。任爲身恥，震怒天顔。先生處之安然，就貶八千里海上。嗚呼！古所謂非苟知之，亦允蹈之者邪！吳元濟反，吏兵久屯無功，國涸將疑，衆懼恟恟。先生以右庶子兼御史中丞行軍司馬。宰相軍出潼關，請先乘遽至汴，感説都統，師乘遂和，卒擒元濟。王廷凑反，圍牛元翼於深，救兵十萬，望不敢前。詔擇廷臣往諭，衆慄縮，先生勇行。元稹言於上曰：「韓愈可惜。」穆宗悔，馳詔無徑入。先生曰：「止，君之仁；死，臣之義。」遂至賊營，麾其衆責之，賊惶汗伏地，乃出元翼。《春秋》美臧孫辰告糴于齊，以爲急病，校其難易，孰爲宜褒？嗚呼！先生真古所謂大臣者耶！還拜京兆尹，斂禁軍，帖旱糴，釁悻臣之鋌，再爲吏部侍郎，薨年五十七，贈禮部尚書。先生與人洞朗軒闢，不施戟級。族姻友舊不自立者，必待我然後衣食嫁娶喪葬。平居雖寢食未嘗去書，怠以爲枕，飡以飴口，講評孜孜，以講諸生。恐不完美，游以詼笑嘯歌，使皆

醉義忘歸。嗚呼！可爲樂易君子鉅人者矣。夫人高平郡范陽盧氏，孤前進士昶，壻左拾遺李漢，集賢校理樊宗懿，次女許嫁陳氏，三女未笄。銘曰：維天有道，在我先生。萬頸胥延，坐廟以行。令望絶邪，痾此四方。惟聖有文，乖微歲千。先生起之，焊役于前。彍義滂仁，耿照充天。有如先生，而合亘年。按我章書，經紀大環。唫不時施，昌極後昆。噫嘻永歸，奈知之悲。

雜録

備録

段成式《酉陽雜俎》前集卷一九《草篇》 韓愈侍郎有疏從子姪自江淮來，年甚少，韓令學院中伴子弟，子弟悉爲凌辱。韓知之，遂爲街西假僧院令讀書。經旬，寺主綱復訴其狂率，韓遽令歸，且責曰：「市肆賤類營衣食，尚有一事長處。汝所爲如此，竟作何物？」姪拜謝，徐曰：「某有一藝，恨叔不知。」因指階前牡丹曰：「叔要此花，青、紫、黄、赤，唯命也。」韓大奇之，遂給所須，試之。乃豎箔曲，盡遮牡丹業，不令人窺。掘棵四面，深及其根，寬容人座。唯賫紫鑛、輕粉、朱紅，旦暮治其根。凡七日，乃填坑，白其叔曰：「恨較遲一月。」時冬初也。牡丹本紫，及花發，色白紅歷緑，每朵有一聯詩，字色紫分明，乃是韓出官時詩。一韻曰：「雲横秦嶺家何在？雪擁藍關馬不前」十四字，韓大驚異。姪且辭歸江淮，竟不願仕。

李肇《唐國史補》卷上 陸長源以舊德爲宣武軍行軍司馬，韓愈爲巡官，同在使幕，或譏其年輩相遼。愈聞而答曰：「大蟲老鼠，俱爲十二相屬，何怪之有！」旬日傳布于長安。

李肇《唐國史補》卷中 韓愈好奇，與客登華山絶峯，度不可返，乃作遺書，發狂慟哭，華陰令百計取之，乃下。

李肇《唐國史補》卷下 韓愈引致後進，爲求科第，多有投書請益者，時人謂之韓門弟子。愈後官高，不復爲也。

張讀《宣室志》卷四 吏部侍郎韓昌黎公愈，自刑部侍郎貶潮陽守。先是郡西有大湫，中有鰐魚，長者百尺，每一怒，則湫水騰溢，林嶺如震。民之馬牛有濱其水者，輒吸而噬之，一瞬而盡。爲所害者，莫可勝計。民患之有年矣。及愈刺郡，即至之三日，問民間不便事，俱曰：「郡西湫中之鰐魚也。」愈曰：「吾聞至誠感神：昔魯恭宰中牟，雉馴而蝗避；黄霸治九江，虎皆遁去。是知政之所感，故能化鳥獸矣。」即命庭掾以牢醴陳於湫之傍，且祝曰：「汝，水族也，無爲生人患。將以酒沃之。」是夕，郡西有暴風雷，聲振山郭，夜分霽焉。明日，里民視其湫，水已盡。公命使窮其跡，至湫西六十里易地爲湫，巨鰐亦隨而徙焉。自是郡民獲免其患。故工部郎中皇甫湜撰愈神道碑序曰：刑部爲潮陽守，云：「峒獠海夷，陶然自化；鰐魚稻蟹，不暴民物。」蓋謂此也。

皇甫枚《三水小牘》卷上 韓文公之寢疾也，名醫良藥日進有加而無瘳。忽宵中驚怖，既寤，而汗霑衾裯，命侍人扶坐。小君問之，良久曰：「向來夢神人長丈餘，金鎧持戟，直入寢門，我不覺降階拜之。自稱大聖，瞋目謂我曰：『睢遂骨稅國世與韓爲讎，吾欲討之不能，如何？』我跪答曰：『願從大聖討焉。』」不旬日而文公薨。果從其請焉。

佚名《大唐傳載》 李河南素替杜公兼，時韓吏部愈爲河南令，除職方員外。歸朝，問前後之政如何，對曰：「將縑來比素。」

韋絢《劉賓客嘉話録》 韓十八初貶之制，度十八舍人爲之詞，曰：「早登科第，亦有聲名。」席既物故，友人曰：「席無令子弟，豈有病陰毒傷寒而與不潔喫邪？」韓曰：「席十八喫不潔太遲。」人問之：「何也？」曰：「出語不是。」蓋忿其責辭云：「亦有聲名」耳。

韓十八愈直是太輕薄，謂李二十六程曰：「某與丞相崔大羣同年往還，直是聰明過人。」李曰：「何處是過人者？」韓曰：「共愈往還二十餘年，不曾共説著文章。此豈不是敏慧過人也？」

馮贄《雲仙雜記》卷五《贈詩勝爛黄魚》 皇甫湜謁韓愈，愈贈以詩。湜退，有言怒愈不爲置酒，愈曰：「豈不勝以爛黄魚待汝耶？」

馮贄《雲仙雜記》卷五《卑蓋能與日輪争功》 韓愈刺潮州，嘗暑中出，張皂蓋。歸而喜曰：「此物能與日輪争功，豈細事耶？」

王定保《唐摭言》卷四《師友》 韓文公名播天下，李翺、張籍皆升朝，籍北面師之，故愈答崔立之書曰：「近有李翺、張籍者，從予學文。」翺與陸傪員外書亦曰：「韓退之之文，非茲世之文也，古之文也；其人非茲世之人，古之人也。」後

愈自潮州量移宜春郡，郡人黃頗師愈爲文，亦振大名。頗嘗覩盧肇爲碑版，則唾之而去。案實録：愈與人交，其有淪謝，皆能卹其孤，復爲畢婚嫁，如孟東野、張籍之類是也。

王定保《唐摭言》卷五《切磋》 韓文公著《毛穎傳》，好博簺之戲。張水部以書勸之，凡二書。其一曰：「比見執事多尚駮雜無實之說，使人陳之於前以爲歡，此有累於令德。又高論之際，或不容人之短，如任私尚勝者，亦有所累也。先王存六藝，自有常矣，有德者不爲，猶以爲損；況爲博簺之戲，與人競財乎！君子固不爲也。今執事爲之，以廢棄時日，籍實不識其然。」文公答曰：「吾子譏吾與人言爲無實駮雜之說，此吾所以爲戲耳，比之酒色，不有間乎！吾子譏之，似同浴而譏裸體也。若高論不能下氣，或似有之，當更思而誨之耳。博簺之譏，敢不承教！其他俟相見。」

王定保《唐摭言》卷八《通牓》 貞元十八年，權德輿主文，陸傪員外通榜帖，韓文公薦十人於傪，其上四人曰侯喜、侯雲長、劉述古、韋紓，其次六人：張苰、尉遲汾、李紳、張後餘，而權公凡三榜共放六人，而苰、紳、後餘不出五年內，皆捷矣。

王讜《唐語林》卷二《文學》 韓文公與孟東野友善。韓公文至高，孟長於五言，時號孟詩韓筆。元和中，後進師匠，韓公文體大變。又柳柳州宗元、李尚書翺、皇甫郎中湜、馮詹事定、祭酒楊公、余座主李公，皆以高文爲諸生所宗，而韓、柳、皇甫、李公皆以引接後學爲務。楊公尤深於奬善，遇得一句，終日在口，人以爲癖，終不易初心。長慶以來，李封州甘爲文至精，奬拔公心，亦類數公。甘出於李相國武都公門下，時以爲得人。惜其命運迍厄，不得在掄鑒之地。

王讜《唐語林》卷三《賞譽》 李賀以歌詩謁韓吏部，吏部時爲國子博士分司，送客歸，極困，門人呈卷，解帶旋讀之。首篇《鴈門太守行》曰：「黑雲壓城城欲摧，甲光向日金鱗開。」却援帶，命邀之。

王讜《唐語林》卷三《方正》 韓愈病將卒，召羣僧曰：「吾不藥，今將病死矣。汝詳視吾手足支體，無誑人云『韓愈癩死』也。」

王讜《唐語林》卷六《補遺》 元和中，有老卒推倒《平淮西碑》，官司鏁其項，又以枷擊守獄者。憲宗怒，命縛來殺之。既至京，上曰：「小卒何故毁大臣所撰碑？」卒曰：「乞一言而死。碑文中有不了語，又擊殺陛下獄卒，所願於聞奏。碑文中美裴度，不述李愬功，是以不平。」上命釋縛，賜酒食，敕翰林學士段文昌別撰。

韓退之有二妾，一曰絳桃，一曰柳枝，皆能歌舞。初使王庭湊，至壽陽驛，絶句云：「風光欲動別長安，春半邊城特地寒，不見園花兼巷柳，馬頭惟有月團團。」蓋有所屬也。柳枝後踰垣遁去，家人追獲。及鎮州初歸，詩曰：「別來楊柳街頭樹，擺弄春風只欲飛。還有小園桃李在，留花不放待郎歸。」自是專寵絳桃矣。

陶穀《清異録》卷上《藥門》 昌黎公愈晚年頗親脂粉。故事：服食用硫黄末攪粥飯啖鷄男，不使交千日。烹庖，名火靈庫，公間日進一隻焉。始亦見功，終致絶命。

吕大防《韓文類譜》卷一《韓吏部文公集年譜》 代宗大曆三年戊申

《集序》云：愈生於是年。

大曆十四年己未

德宗建中元年庚申

建中四年癸亥

興元元年甲子

貞元元年乙丑

貞元八年壬申

是年進士及第，年二十五。

貞元十一年乙亥

是年上宰相書，不報。五月東歸，作《感二鳥賦》。

貞元十三年丁丑

是年從董晉辟爲汴宋潁亳觀察推官。

按公行狀，從辟在十二年七月，此差一年。

貞元十五年己卯

是年晉死，愈從喪歸，作《汴州亂》詩。

貞元十六年庚辰

依徐州張建封。

按公去年之二月末已至徐矣，《此日足可惜》詩可考。

貞元十九年癸未

是年拜監察御史，坐言事，貶連州陽山令。時有《送浮圖文暢》、《孟東野序》。

貞元二十年甲申

是年移江陵掾，以四門博士徵。

按公移江陵掾在明年，未嘗以四門博士徵也。不知何所本。

貞元二十一年乙酉

是年順宗永貞元年。時有《進學解》、《永貞行》、《豐陵行》、《五箴》。

按《進學解》元和七年作，所謂「三爲博士」是也。《豐陵行》亦明年七月作。

憲宗元和元年丙戌

是年作《釋言》，云自江陵召拜國子博士。

按《釋言》作於二年春，時李吉甫已登相位矣。

元和二年丁亥

是年作《元和聖德詩》。

元和三年戊子

是年分教東都。

按公行狀，分教東都實始去歲。

元和四年己丑

爲國子博士，改分司都官。

元和五年庚寅

爲河南令。

元和六年辛卯

拜職方員外郎。時有《送窮文》、《寄盧仝》詩、《雙鳥》詩、《石鼓歌》、《月蝕詩》。

按公《效玉川子》詩云「元和庚寅斗插子」，是在五年之十一月也。；或當踰年效的作，然實無所考也。

元和七年壬辰

時有《石鼎聯句序》、《毛穎傳》。

按《摭言》云：韓文公書《行穎傳》，好博塞之戲，張水部以書勸之。以張籍二書考之，蓋貞元中在汴州日作。又柳子厚《書毛穎傳後》謂：「自吾居夷，不與中州人通書。有來南者，時言韓愈爲《毛穎傳》。」而《與楊誨之書》云：「足下持韓生《毛穎傳》來，僕甚奇之。」子厚遷永州，憲宗初即位也，而《與楊誨之書》云：「今日有北人來，示將籍田。」勑籍田在元和五年，則是《毛穎傳》蓋作於元和初年間。《摭言》固誤矣，而此譜以爲元和七年者，實非也。

元和八年癸巳

拜比部郎中、史館修撰。時有《答元侍御書》、《與劉秀才論史書》。

按公是年三月拜史館修撰，《答元書》蓋踰年九月也。書云「前歲辱書」，是踰歲後答書也，當附來歲。

元和九年甲午

拜考功郎中、知制誥。作《藍田縣丞廳記》。

公是年十二月十五日知制誥。洪云唐本《藍田丞記》，元和十年作。當從之。

元和十年乙未

拜中書舍人。

考《唐實録》，拜中書舍人在來年正月，此差一年。

元和十一年丙申

拜右庶子。

元和十二年丁酉

是年裴度討淮西，命愈彰義軍行軍司馬。是年拜刑部侍郎，爲《淮西碑》。

考公《進平淮西碑表》，蓋來歲之三月也。

元和十三年戊戌

元和十四年己亥

諫佛骨，貶潮州，有諫表。

元和十五年庚子

移袁州刺史，召拜國子祭酒。有《與孟尚書書》。

穆宗長慶元年辛丑

長慶二年壬寅

二月，拜兵部侍郎，宣諭鎮定，改京兆尹。

按《唐舊紀》，拜兵部侍郎，實元年六月。是歲，以本官宣諭也，尹京兆亦在來歲之夏。

長慶三年癸卯

十月，改兵部侍郎，尋拜吏部侍郎。

公再爲兵部，蓋去歲之秋嘗遷吏部，及是夏尹京兆故也。譜文太略

長慶四年甲辰

有《南溪始泛詩》。八月，疾，免吏部侍郎。十二月卒。

予苦韓文杜詩之多誤，既讎正之，又各爲年譜，以次第其出處之歲月，而略見其爲文之時，則其歌時傷世、幽憂竊嘆之意，粲然可觀。又得以考其辭力，少而鋭，壯而健，老而嚴，非妙於文章不足以至此。元豐七年十一月十三日，汲郡吕大防記。

孔平仲《續世説》卷三《方正》 韓愈與人交，榮悴不易，而觀諸權門豪士，如僕隸焉，瞪然不顧。穆宗以愈爲京兆尹，六軍不敢犯法，私相謂曰：「是尚欲燒佛骨，何可犯之！」

孔平仲《續世説》卷六《排調》 韓退之戲孟郊云：「公合識安禄山。」郊低頭云：「識即不識，大知有它。」

沈括《夢溪筆談》卷四《辯證二》 世人畫韓退之，小面而美髯，著紗帽，此乃江南韓熙載耳。尚有當時所畫，題誌甚明。熙載謚文靖，江南人謂之韓文公，因此遂謬以爲退之。退之肥而寡髯。元豐中，以退之從享文宣王廟，郡縣所畫，皆是熙載。後世不復可辯，退之遂爲熙載矣。

邵博《邵氏聞見後録》卷四 張籍祭退之詩云：「魯論未訖注，手跡今微茫。」是退之嘗有《論語》傳，未成也。

邵博《邵氏聞見後録》卷二七 予舊于滏城孔寧極家，見《孔戣私記》一編，有云：退之豐肥喜睡，每來吳家，必命枕簟。近潮陽劉方明，摹唐本退之像來，信如戣之記，益知世所傳好鬚髯者，果韓熙載也。

周紫芝《竹坡詩話》 潮州韓文公祠有異木，世傳退之手植，去祠十數步，種之輒死。有題文公祠者，云「韓木有情春谷暖，鱷魚無種海潭清」者是也。

洪邁《夷堅志》卷二《陳苗二守》 陳琦字中玉，鄭州人，文惠公諸孫也。政和中爲蔡州守，始視事，謁裴晉公廟，讀《平淮西碑》，乃段文昌所製者，怪而問邦人，曰：「自韓文公碑刻石，後爲李愬卒所訴，以爲不述愬功而專美裴度。憲宗詔文昌別撰，事已久矣。」琦忿然不平，即日磨去舊碑，別誘能書者寫韓文刻之。

佚名《錦繡萬花谷》後集卷一六《朋友》 韓愈家江南，讀書著文，其譽藹鬱。當時名公，皆折官位輩行願爲交。

祝穆《事文類聚》後集卷七《瘞女作詩》 韓昌黎貶潮州時，小女道死，瘞之層峯驛之下，題詩驛梁云：「數條藤束木皮棺，草殯荒山白骨寒。」

辛文房《唐才子傳》卷五《韓愈》 愈，字退之，南陽人。早孤，依嫂讀書，日記數千言，通百家。貞元八年，擢第。凡三詣光範上書，始得調。董晉表署宣武節度推官。汴軍亂，去依張建封，辟府推官。遷監察御史，上疏論宮市。德宗怒，貶陽山令。有善政，改江陵法曹參軍。元和中，爲國子博士，河南令。愈才高難容，累下遷，乃作《進學解》以自諭。執政奇其才，轉考功，知制誥，進中書舍人。裴度宣慰淮西，奏爲行軍司馬，賊平，遷刑部侍郎。憲宗遣使迎佛骨入禁中，因上表極諫。帝大怒，欲殺，裴度、崔羣力救，乃貶潮州刺史。任後上表，陳情哀切，詔量移袁州刺史。召拜國子祭酒，轉兵部侍郎，京兆尹兼御史大夫。長慶四年卒。

公英偉間生，才名冠世。繼道德之統，明列聖之心，獨濟狂瀾，詞彩燦爛。齊、梁綺豔，毫髮都捐。有冠冕珮玉之氣，宮商金石之音，爲一代文宗，使頹綱復振，豈易言也哉！固無辭足以贊述云。至若歌詩累百篇，而驅駕氣勢，若掀雷走電，撐決於天地之垠。詞鋒學浪，先有定價也。時功曹張署亦工詩，與公同爲御史，又同遷謫，唱答見於集中。有詩賦雜文等四十卷，行於世。

備論

《舊唐書》卷一六〇《韓愈傳》 史臣曰：貞元、大和之間，以文學聳動搢紳之伍者，宗元、禹錫而已。其巧麗淵博，屬辭比事，誠一代之宏才。如俾之詠歌帝載，黼藻王言，足以平揖古賢，氣吞時輩。而蹈道不謹，昵比小人，自致流離，遂隳素業。故君子羣而不黨，戒懼慎獨，正爲此也。韓、李二文公，於陵遲之末，遑遑仁義，有志於持世範，欲以人文化成，而道未果也。至若抑楊、墨，排釋、老，雖於道未弘，亦端士之用心也。

贊曰：天地經綸，無出斯文。愈、翱揮翰，語切典墳。犧雞斷尾，害馬敗羣。僻塗自噬，劉、柳諸君。

《新唐書》卷一七六《韓愈傳》 贊曰：唐興，承五代剖分，王政不綱，文弊質窮，𡟎俚混并。天下已定，治荒剔蠹，討究儒術，以興典憲，薰釀涵浸，殆百餘年，其後文章稍稍可述。至貞元、元和間，愈遂以《六經》之文爲諸儒倡，障隄末流，反刓以樸，剗僞以真。然愈之才，自視司馬遷、揚雄，至班固以下不論也。當其所得，粹然一出於正，刊落陳言，橫騖別驅，汪洋大肆，要之無抵捂聖人者。其道

蓋自比孟軻，以荀況、揚雄爲未淳，寧不信然？至進諫陳謀，排難卹孤，矯拂媮末，皇皇於仁義，可謂篤道君子矣。自晉汔隋，老佛顯行，聖道不斷如帶。諸儒倚天下正議，助爲怪神。愈獨喟然引聖，爭四海之惑，雖蒙訕笑，跲而復奮，始若未之信，卒大顯於時。昔孟軻拒楊、墨，去孔子才二百年。愈排二家，乃去千餘歲，撥衰反正，功與齊而力倍之，所以過況、雄爲不少矣。自愈没，其言大行，學者仰之如泰山、北斗云。

《蘇軾文集》卷四《韓愈論》 聖人之道，有趨其名而好之者，有安其實而樂之者。珠璣犀象，天下莫不好。奔走悉力，爭鬬奪取，其好之不可謂不至也。然不知其所以好之之實。至於粟米蔬肉，桑麻布帛，天下之人内之於口，而知其所以爲美，被之於身，而知其所以爲安，此非有所役乎其名也。韓愈之於聖人之道，蓋亦知好其名矣，而未能樂其實。何者？其爲論甚高，其待孔子、孟軻甚尊，而拒楊、墨、佛、老甚嚴。此其用力，亦不可謂不至也。然其論至於理而不精，支離蕩佚，往往自叛其説而不知。昔者宰我、子貢、有若更稱其師，以爲生民以來未有如夫子之盛，雖堯舜之賢，亦所不及。其尊道好學，亦已至矣。然而君子不以爲貴，曰：宰我、子貢、有若，智足以知聖人之汙而已矣，若夫顔淵，豈亦云爾哉。蓋亦曰「夫子循循焉善誘人」。由此觀之，聖人之道，果不在於張而大之也。韓愈者，知好其名，而未能樂其實者也。愈之《原人》曰：「天者，日月星辰之主也；地者，山川草木之主也；人者，夷狄禽獸之主也。主而暴之，不得其爲主之道矣。是故聖人一視而同仁，篤近而舉遠。」夫聖人之所爲異乎墨者，以其有别焉耳。今愈之言曰「一視而同仁」，則是以待人之道待夷狄，待夷狄之道待禽獸也，而可乎？教之使有能，化之使有知，是待人之仁也；不薄其禮而致其情，不責其去而厚其來，是待夷狄之仁也；殺之以時，而用之有節，是待禽獸之仁也。若之何其一之？儒墨之相戾，不啻若胡越。而其疑似之間，相去不能以髮。宜乎愈之以爲一也。孔子曰：「汎愛衆而親仁。」仁者之爲親，則是孔子不兼愛也。「祭如在，祭神如神在。」神不可知，而祭者之心，以爲如其存焉，則是孔子不明鬼也。儒者之患，患在於論性，以爲喜怒哀樂皆出於情，而非性之所有。夫有喜有怒，而後有仁義，有哀有樂，而後有禮樂。以爲仁義禮樂皆出於情而非性，則是相率而叛聖人之教也。老子曰：「能嬰兒乎？」喜怒哀樂，苟不出乎性而出乎情，則是相率而爲老子之嬰兒也。儒者或曰「《老》、《易》」，夫《易》，豈老子之徒歟？而儒者至有以老子説《易》，則是離性以爲情者，其弊固至此也。嗟夫！君子之爲學，知其人之所長而不知其蔽，豈可謂善學耶？

《蘇軾文集》卷六五《韓愈優於揚雄》 韓愈亦近世豪傑之士，如《原道》中言語，雖有疵病，然自孟子之後，能將許大見識，尋求古人，自亦難得。觀其斷曰：「孟子醇乎醇；荀、揚擇焉而不精，語焉而不詳。」若不是他有見識，豈千餘年後便斷得如此分明。如揚雄謂老子之言道德，則有取焉爾；至於搥提仁義，絶滅禮樂爲無取。若以老子「剖斗折衡，而民不争，聖人不起，爲救時反本」之言爲無取，尚可恕；如老子言「失道而後德，失德而後仁，失仁而後義，失義而後禮」，則不識道已不成言語，却言其言道德則有取。揚子亦自不見此，其與韓愈相去遠矣。

秦觀《淮海集》卷二二《韓愈論》 臣聞先王之時，一道德，同風俗，士大夫無意於爲文，故六藝之文，事詞相稱，始終本末，如出一人之手。後世道術爲天下裂，士大夫始有意於爲文。故自周衰以來，作者班班，相望而起，奮其私知，各自名家，然總而論之，未有如韓愈者也。何則？夫所謂文者，有論理之文，有論事之文，有叙事之文，有託詞之文，有成體之文。探道德之理，述性命之精，發天人之奥，明死生之變，此論理之文，如列禦寇、莊周之所作是也。别白黑陰陽，要其歸宿，决其嫌疑，此論事之文，如蘇秦、張儀之所作是也。考同異，次舊聞，不虚美，不隱惡，人以爲實録，此叙事之文，如司馬遷、班固之作是也。原本山川，極命草木，比物屬事，駭耳目，變心意，此託詞之文，如屈原、宋玉之作是也。鈎列、莊之微，挾蘇、張之辯，摭班、馬之實，獵屈、宋之英，本之以詩書，折之以孔氏，此成體之文，韓愈之所作是也。蓋前之作者多矣，而莫有備於愈；後之作者亦多矣，而無以加於愈。故曰總而論之，未有如韓愈者也。然則列、莊、蘇、張、班、馬、屈、宋之流，其學術才氣，皆出於愈之文，猶杜子美之於詩，實積衆家之長，適當其時而已。昔蘇武、李陵之詩長於高妙，曹植、劉公幹之詩長於豪逸，陶潛、阮籍之詩長於冲澹，謝靈運、鮑昭之詩長於峻潔，徐陵、庾信之詩長於藻麗。於是杜子美者，窮高妙之格，極豪逸之氣，包冲澹之趣，兼峻潔之姿，備藻麗之態，而諸家之作所不及焉。然不集諸家之長，杜氏亦不能獨至於斯也，豈非適當其時故耶？孟子曰：「伯夷，聖之清者也。伊尹，聖之任者也。柳下惠，聖之和者也。孔子，聖之時者也。孔子之謂集大成。」嗚呼，杜氏、韓氏，亦集詩文之大成者歟！

《張耒集》卷四一《韓愈論》　韓退之以爲文人則有餘，以爲知道則不足，何則？文章自東漢以來，氣象則已卑矣。分爲三國，又列爲南北，天下大亂，士氣不振，而又雜以蠻夷輕淫靡嫚之風，亂以羌胡悍魯鄙悖之氣。至于唐而大壞矣，雖人才衆多如貞觀，風俗平治如開元，而惟文章之荒，未有能振其弊者。愈當貞元中，獨却而揮之，上窺《典》、《墳》，中包遷、固，下逮《騷》、《雅》，沛然有餘，浩乎無窮，是愈之才有見于聖賢之文，而後如此。其在夫子之門，將追游、夏而及之，而比之于漢以來齷齪之文人則不可。然則愈知道歟？曰：愈未知也。愈之《原道》曰：「博愛之謂仁，行而宜之之謂義，由是而之焉之謂道。」果如此，則舍仁與義而非道也。「仁與義爲定名，道與德爲虚位。道有君子有小人，德有吉有凶。」若如此，道與德特未定，而仁與義皆道也。是愈于道本不知其何物，故其言紛紛異同而無所歸，而獨不知子思之言乎：「天命之謂性，率性之謂道，修道之謂教。」曰性，曰道，曰教，而天下之能事畢矣。禮樂刑政，所謂教也，而出于道；仁義禮智，所謂道也，而出于性。性則原于天。論至于此而足矣，未嘗持一偏曰如是謂之道，如是謂之非道。曰定名，曰虚位也，則子思實知之矣。愈者擇焉而不精，語焉而不詳，而健于言者歟？

邵博《邵氏聞見後録》卷一三《論韓愈稱孟子功不在禹下》　予讀韓愈書，知其斥楊、墨，排釋、老，以尊聖人之道，其志篤矣。自孟軻、揚雄没，傳其道而醇者，唯韓愈氏而已。然其言孟軻輔聖明道之功不在禹下，斯亦過矣，得非美其流而忘其源乎？當堯之時，洪水浸天下，民病其害深矣。雖堯舜之聖，猶咨嗟遑遑，未有以治之之道。禹乃決横流而放於海，粒斯民而奠厥居。是天下之患，非禹不能去，昭昭然矣。雖百夔、卨，又何益哉！孔子之道，衣被天地，陶甄日月。萬類之性，人靈之本，孰不由其德而能存乎？苟一日失之，則鳥獸之不若也。當周之亡，辯詐暴横，聖人之道偶不行於一時，亦猶天地之晦，日月之蝕，運之常也，復何傷乎？孟軻學聖者也，憤然而興。闢楊、墨，誅叛義，以尊周公、孔子，信有大功於世。然聖人之道無可無不可，苟當時軻之徒不能力排楊、墨，横遏異端，明仁義以訓天下，則聖人之教果從而廢乎？若使聖人之道遭楊、墨之害而遂衰微，則亦一家之小説爾，又烏足謂萬世之法哉？軻雖欲張大其教，天下可從而興乎？是聖人之道不爲一人而廢，一人而興，又昭昭然矣。其後嬴政肆虐，火其書，窒其途，愚天下之耳目，使不能通其説，其爲害過楊、墨遠矣。然漢家之興，孔氏之言，雷震於海内，豈復由軻之辯而後行邪？故曰：「譽之不足益，毁之不足損，由其道大也。」後之儒者有能立言著書，振揚其風，發明其旨，則可矣。若曰「隨其廢而興之，因其塞而通之」，得非過矣乎？予謂楊、墨之禍，未若洪水。然而九年之害，非禹不能平。孔氏之道，雖見侵毁，亦不由軻而益尊。苟毁譽由軻而興，則不足謂之孔氏之道。使聖人復生，必不易予言也。

韓元吉《南澗甲乙稿》卷一七《韓愈論》　君子之所學，蓋思以造于道也；聖人之立言，蓋將以明于道也。三代而上，聖人之相授者以道，故其治有不可跂及。三代而下，聖人之道獨存于書，故其治不見于天下。後之學聖人者，能言其道者既罕矣，况所以治天下哉！昔者夫子之道蓋詳于《易》矣，曰：「立天之道曰陰與陽，立地之道曰柔與剛，立人之道曰仁與義。」又曰：「一陰一陽之謂道，繼之者善也，成之者性也。仁者見之謂之仁，智者見之謂之智，百姓日用而不知。」夫孔子所謂道，人與天地一也。夫子之後，言道者有子思，則曰「天命之謂性，率性之謂道」。子思之後，言道者有孟子，則曰「仁也者，人也；合而言之，道也」。子思所謂性，孟子所謂仁，其皆合于孔子矣。自荀況、揚雄，曾不知以道爲何物。董仲舒，漢儒之盛者，亦曰道者所繇適于治之路而已，又曰大原出于天，則聖人之道，人亦何自而求之，何自而得之哉？蓋天之所以爲天，人之所以爲人，其知之者蓋鮮矣。韓愈之作《原道》，可謂勇于自信者也，非有假于他人之説也，其所見于道者如此也。然愈者能明聖人之功，而不能明聖人之道。能明其功，故曰古之無聖人，人之類滅久矣；不能明其道，故以仁爲博愛。若仁僅止于博愛，顔子所謂非禮勿視聽、勿言動者，果何事哉？雖然，愈之排釋老，其無取乎？昔者嘗讀《中庸》之書，愚與不肖之不及固易曉矣，智與賢者，豈有過之之患？及觀釋老之學，然後知聖人所謂過之者也。且夫棄君臣、去父子、絶生養之道，然後得其所謂清浄寂滅者，則人之聞道者鮮矣。曾不知君臣之不棄，父子之不去，相生養之道不絶，則清浄寂滅者何獨不存？子思子曰：「道不可須臾離，可離則非道也。」蓋絶而修之者易爲力，不絶而致之者難爲功。彼其爲中下之人言之爾，孰知極高明而道中庸者哉！

陳傅良《止齋論祖》卷下《韓愈所得一於正論》　君子之於道，莫難於知所擇，而尤莫難於知所守。知擇而不知守，則異道勝而正道裂矣。夫正道之在天下，人皆知之，則亦人皆得之。然知者衆而得者寡，非正道之不易得也，擇之不正而守之不一也。君子之明道，要必擇其所正焉者，守之以爲一定不易之學。

所守一定，吾奚懼夫異道爲哉？故雖邪説蠭起之時，而正道終不至於泯没者，一君子所得之力也。予讀《唐史》，見其贊韓愈氏以「學其所得，粹然一出於正」之言，因得以爲之論。嘗謂正道之患，不起於害道之人，而起於叛道之人。夫名非害道，實則叛道，此其爲患尤甚於異端邪説之熾，不可不辨也。蓋自去聖人綿遠，正塗壅底，百家之學起而乘之，以與吾道壘者蓋不知其幾也。賢人君子之患夫彼之足以害道，而吾之衛道者又不可以不至，乃於是焉出其區區之力而與之馳騖乎紛争之地。往往其力益不足，而其道益屈；其道益屈，而其説益變。至其久而無功也，則從而尤之曰：吾道正道也，而彼之道亦反經而正者也。夫既以爲反經而正矣，乃始移其平日衛道之心，而爲操戈入室之舉。荀卿號爲雜伯稱王，而反以非堯舜爲辭。揚雄亦不詭聖人者，而猶有取於老子之説。二子且爾，下此將若之何哉！蓋彼非不知夫正道之不可或變也，其始也擇之固未甚正，而其久也守之亦未能一。一者不守，則正者分矣。嗚呼，天下而無學聖人者也，正道之傳則已爾；天下而有學聖人之人，則韓子明道之功其可掩乎哉？甚矣夫元和之際，舉天下而惑於異道也。佛道之害，正道之蠹也，而習聞其道者方且樂其誕而自小。自小之患猶可也，而爲上者方且蔽其術而尊事之。愈也孰從而正之？或争四海之惑而有所不懼，犯人主之怒而有所不顧，身可殺，而正道不可一日廢焉。愈非徒以口舌争也，蓋其平日所擇甚正，所守甚一，非六經之旨不傳也，非聖人之書不觀也。楊墨釋老之學無所入其心，諛佞譸張之説無所出乎其中。吾知信聖人之道而已，至於時之所尚，衆人之所習，則皆牢關固拒，推而放諸禽獸之域，况敢望吾聖人之藩籬哉！自非擇之精而守之固，吾未見其有得乎此也。今觀《原道》等篇，而言道之正論，鑿鑿乎如五穀之可以療飢，繩繩乎如藥石之可以伐病，不謂之「粹然一出於正」，可乎？孟子曰：奕之爲數，小數也，不專心致志則不得也。學奕而二其心，則終其身無所得。然則所守不一，而欲其盡出於正，又可得乎哉？嗚呼，明道之難其人也久矣！自夫子二百有餘年，而孟子出焉。夫子立正道者也，孟子廣正道者也，而愈則守正道者也。愈之所守正道，信可嘉矣，而後之論者乃以上封禪書，禱黄陵妃，待命宰相之事而議其非是，特未知史臣立言之法爾。史臣之贊愈，蓋美其有明道之功，而未嘗及於出處之迹，雖以略焉可也，而謂可少之哉？雖然，愈之純正，吾無以議爲也，獨怪夫孔孟之後，如董仲舒之賢，後世不以傳道許之，則亦可恨焉爾。罷黜百家，潛心大業，與天人大槩之旨，正誼不謀利之説，類非漢世學士大夫所能爲者，而仲舒盡之。此正韓子之流也，亦可謂學正而守固□也，愚故表而出之，以著于篇。

藝文

劉禹錫《劉夢得文集》外集卷一〇《祭韓吏部文》 高山無窮，太華削成。人文無窮，夫子挺生。典訓爲徒，百家抗行。當時勍者，皆出其下。古人中求，爲敵蓋寡。貞元之中，帝鼓薰琴。奕奕金馬，文章如林。君自幽谷，升於高岑。鸞鳳一鳴，蜩螗革音。手持文柄，高視寰海。權衡低昂，瞻我所在。三十餘年，聲名塞天。公鼎侯碑，志隧表阡。一字之價，輦金如山。權豪來侮，人虎我鼠。然諾洞開，人金我灰。親親舊尚，丹其壽考。天人之學，可與論道。二者不至，至者其誰？豈天與人，好惡背馳？

昔遇夫子，聰明勇奮。常操利刃，開我混沌。子長在筆，予長在論。持矛舉楯，卒不能困。時惟子厚，竄言其間。贊詞愉愉，固非顔顔。磅礴上下，羲農以還。會於有極，服之無言。逸數字。

岐山威鳳不復鳴，華亭别鶴中夜驚。畏簡書兮拘印綬，思臨慟兮志莫就。生芻一束酒一杯，故人故人歆此來。

歐陽修《歐陽文忠公全集》外集卷二三《記舊本韓文後》 予少家漢東，漢東僻陋無學者，吾家又貧無藏書；州南有大姓李氏者，其子彦輔頗好學，予爲兒童時，多游其家，見其弊筐貯故書在壁間，發而視之，得唐《昌黎先生文集》六卷，脱略顛倒無次第，因乞李氏以歸讀之。見其言深厚而雄博，然予猶少，未能究其義，徒見其浩然無涯，若可愛。是時天下學者，楊、劉之作號爲「時文」，能者取科第，擅名聲，以誇榮當世，未嘗有道韓文者。予亦方舉進士，以禮部詩賦爲事。年十有七，試于州，爲有司所黜。因取所藏韓氏之文復閱之，則喟然嘆曰：「學者當至於是而止爾！」因怪時人之不道，而顧己亦未暇學，徒時時獨念于予心，以謂方從進士干禄以養親，苟得禄矣，當盡力于斯文，以償其素志。後七年，舉進士及第，官于洛陽；而尹師魯之徒皆在，遂相與作爲古文，因出所藏《昌黎集》而補綴之，求人家所有舊本而校定之。其後天下學者亦漸趨於古，而韓文遂行于世，至于今蓋三十餘年矣；學者非韓不學也，可謂盛矣！

嗚呼！道固有行於遠而止於近，有忽于往而貴于今者。非惟世俗好惡之使然，亦其理有當然者。故孔、孟惶惶於一時，而師法於千萬世；韓氏之文，沒而不見者二百年，而後大施於今。此又非特好惡之所上下，蓋其久而愈明，不可磨滅，雖蔽于暫，而終耀于無窮者，其道當然也。予之始得於韓也，當其沈沒棄廢之時。予固知其不足以追時好而取勢利，於是就而學之，則予之所爲者，豈所以急名譽而干勢利之用哉？亦志乎久而已矣！故予之仕，於進不爲喜，退不爲懼者，蓋其志先定，而所學者宜然也。

集本出於蜀，文字刻畫，頗精於今世俗本，而脫繆尤多。凡三十年間，聞人有善本者，必求而改正之。其最後卷秩不足，今不復補者，重增其故也。予家藏書萬卷，獨《昌黎先生集》爲舊物也。嗚呼！韓氏之文之道，萬世所共尊，天下所共傳而有也！予於此本，特以其舊物而尤惜之。

《蘇軾文集》後集卷一五《潮州韓文公廟碑》 匹夫而爲百世師，一言而爲天下法。是皆有以參天地之化，關盛衰之運；其生也有自來，其逝也有所爲矣。故申呂自嶽降，而傅說爲列星，古今所傳，不可誣也。孟子曰：「吾善養浩然之氣。」是氣也，寓於尋常之中，而塞乎天地之間。卒然遇之，則王公失其貴，晉楚失其富，良平失其智，賁育失其勇，儀秦失其辨。是孰使之然哉？其必有不依形而立，不恃力而行，不待生而存，不隨死而亡者矣。故在天爲星辰，在地爲河嶽，幽則爲鬼神，而明則復爲人：此理之常，無足怪者。自東漢以來，道喪文弊，異端並起，歷唐貞觀開元之盛，輔以房杜姚宋而不能救；獨韓文公起布衣，談笑而麾之，天下靡然從公，復歸于正，蓋三百年於此矣。文起八代之衰，而道濟天下之溺；忠犯人主之怒，而勇奪三軍之帥：此豈非參天地，關盛衰，浩然而獨存者乎？

蓋嘗論天人之辨，以謂人無所不至，惟天不容僞；智可以欺王公，不可以欺豚魚；力可以得天下，不可以得匹夫匹婦之心；故公之精誠能開衡山之雲，而不能回憲宗之惑；能馴鱷魚之暴，而不能弭皇甫鎛、李逢吉之謗；能信於南海之民，廟食百世；而不能使其身一日安於朝廷之上。蓋其所能者，天也；其所不能者，人也。始潮人未知學，公命進士趙德爲之師，自是潮之士皆篤於文行，延及齊民，至于今，號稱易治。信乎！孔子之言：「君子學道則愛人，而小人學道則易使也！」

潮人之事公也，飲食必祭。水旱疾疫，凡有求，必禱焉。而廟在刺史公堂之後，民以出入爲艱。前守欲請諸朝，作新廟，不果。元祐五年，朝散郎王君滌來守是邦，凡所以養士治民者，一以公爲師。民既悅服，則出令曰：「願新公廟者聽！」民讙趨之。卜地於州城南七里，期年而廟成。或曰：「公去國萬里而謫于潮，不能一歲而歸；沒而有知，其不眷戀于潮也，審矣。」軾曰：「不然。公之神在天下者，如水之在地中，無所往而不在也；而潮人獨信之深，思之至，焄蒿悽愴，若或見之。譬如鑿井得泉，而曰水專在是，豈理也哉？」

元豐七年，詔封公昌黎伯，故榜曰「昌黎伯韓文公之廟。」潮人請書其事于石，因爲作詩以遺之，使歌以祀公。其詞曰：公昔騎龍白雲鄉，手抉雲漢分天章。天孫爲織雲錦裳，飄然乘風來帝旁。下與濁世掃粃糠，西游咸池略扶桑。草木衣被昭回光。追逐李杜參翱翔，汗流籍湜走且僵。滅沒倒景不可望。作書詆佛譏君王。要觀南海窺衡湘，歷舜九疑弔英皇。祝融先驅海若藏，約束鮫鱷如驅羊。鈞天無人帝悲傷，謳吟下招遣巫陽。犦牲雞卜羞我觴，於粲荔丹與蕉黃。公不少留我涕滂，翩然被髮下大荒。

范浚《香溪集》卷一九《題韓愈原道》 韓愈《原道》以爲堯傳舜，舜傳禹，至湯、文、武、周公、孔子、孟軻，軻之死不得其傳。嗚呼，愈誠知道者，而略子思耶？原道而不知有子思則愚，知有子思而不明其傳則誣，愚與誣皆君子所不取，愈誠知道者耶？自夫子沒而微言絕，七十子終而大義乖，至於孟軻，道微久矣，軻不得之子思，尚誰傳哉？夫子思之學見於《中庸》，又見於孔氏之遺書。《中庸》列於經，學者口誦而心惟章章也，其至言奧旨，精深高妙，非得孔子之傳，能語是耶？孔氏之遺書，迷子思備矣，而後世寡能究其說，宜愈之略之也。昔者夫子厄於陳、蔡，天下之至戚也，以子貢高弟，猶欲夫子少貶焉，惟顏淵則曰：「不容何病，不容然後見君子。」而夫子亦歌兩柱之間，欣然自喜曰：「於丘其幸乎。」蓋聖賢方以是知自異於流俗而樂之，其寧以不容爲病乎？是道也，子思親見夫子而得之，故困于樂朔不爲病，胡毋豹謂之曰：「子好大，世莫能容，子盍亦隨時乎？」子思曰：「大非所病，所病不大也。凡所以求容於世，爲行道也，毀大以求容，吾何行焉？大不見容，命也；毀大以求容，病也。吾弗改矣。」從是觀之，子思得孔子之傳不疑矣，而後世寡能究其說，宜愈之略之也。子思嘗曰：「伋於進瞻，亟聞夫子之教。」其對魯穆公，亦云：「臣所記臣祖之言，有親聞者。」故曰：是道也，子思親見夫子而得之。

尤袤《全唐詩話》卷三《韓愈》 「喚起窗全曙，催歸日未西。無心花裏鳥，更

與盡情啼。」乃二禽名也。喚起，聲如絡緯，圓轉清亮，偏鳴于春曉，江南謂之春喚。催歸，子規也。

元和十二年，裴度宣慰淮西，奏公行軍司馬，有從軍泊途中諸篇。其間《次潼關寄張十二使君詩》云：「荆山已去華山來，日照潼關四扇開。刺史莫辭迎候遠，相公新破蔡州迴。」又《次潼關上都統相公》云：「暫辭堂印執兵權，盡管諸軍破賊年。冠蓋相望催入相，待將功德格皇天。」又《桃林夜賀晉公》云：「西來騎火照山紅，夜宿桃林臘月中。手把命珪兼相印，一時重疊賞元功。」數篇皆有奥旨。元濟平，遷刑部侍郎。

十四年正月，表乞燒棄佛骨。疏入，貶潮州刺史。有《次藍關示姪孫湘詩》云：「一封朝奏九重天，夕貶潮陽路八千。欲爲聖明除弊事，豈將衰朽計殘年。雲横秦嶺家何在？雪擁藍關馬不前。知汝遠來應有意，好收吾骨瘴江邊。」是歲十月，量移袁州刺史。《酬張韶州詩》云：「明時遠逐事何如？遇赦移官罪未除。北望詎令隨塞雁，南遷纔免葬江魚。將經貴郡須留客，先惠高文謝起予。暫欲繫舟韶石下，上賓虞舜整冠裾。」

又《留別張使君》云：「來往再逢梅柳新，别離一醉綺羅春。久欽江總文才妙，自嘆虞翻骨相屯。鳴笛急吹催落日，清歌緩送感行人。已知奏課當徵拜，那復淹留詠白蘋。」

周必大《省齋文稿》卷一八《跋韓文公黄陵廟碑》 孔安國釋《書》「陟方」爲升遐，言簡而易通，學者可類推也。韓文公作《黄陵廟碑》，乃訓「陟」爲没，蓋疑東南卑下，宜言下方，不當言陟，遂以「方乃死」爲釋此「陟」字。其説雖新，某竊有疑焉。不敢引他經爲證，姑以伊尹告太甲質之。其曰：「升高必自下，陟遐必自邇。」蓋以陟遐爲陟遠也。舜自中國南巡，非陟遠乎？况地勢雖下，其間自有崇岡峻嶺，何害其云陟也？大抵古文簡少，一字數義。如《爾雅》以初、哉、首、基、肇、祖、元、胎、俶、落、權輿爲始，故注《詩》者釋「訪落」爲「謀始」，可謂簡而有據矣。然則《楚詞》「餐秋菊之落英」，其指初英無疑。或者不思訪落之意，直以爲隕落，遂至轉輾相譏，其失遠矣。因文公之説併及之。

徐鈞《史詠詩集》卷下《韓愈》 排斥異端尊孔孟，推原人性勝荀揚。平生膽氣尤奇偉，何止文章日月光。

《全唐文》卷六二二趙德《文録序》 昌黎公，聖人之徒歟！其文高出，與古之遺文不相上下。所履之道，則堯、舜、禹、湯、文、武、周、孔、孟軻、揚雄所授受服行之實也；固已不雜其傳，由佛及聃、莊、揚之言，不得干其思，入其文也；以是光於今，大於後，金石燋鑠，斯文燦然；德行道學文庶幾乎古。蓬茨中手持目覽，飢食渴飲，沛然滿飽；顧非適諸聖賢之域而謬志於斯，將所以盜其影響。僻處無備，得以所遇次之爲卷，私曰《文録》，實以師氏爲請益依歸之所云。

白居易部

綜述

《舊唐書》卷一六六《白居易傳》　白居易字樂天，太原人。北齊五兵尚書建之仍孫。建生士通，皇朝利州都督。士通生志善，尚衣奉御。志善生溫，檢校都官郎中。溫生鍠，歷酸棗、鞏二縣令。鍠生季庚，建中初爲彭城令。時李正己據河南十餘州叛。正己宗人洧爲徐州刺史，季庚説洧以彭門歸國，因授朝散大夫、大理少卿、徐州別駕，賜緋魚袋，兼徐泗觀察判官。歷衢州、襄州別駕。自鍠至季庚，世敦儒業，皆以明經出身。季庚生居易。初，建立功於高齊，賜田於韓城，子孫家焉，遂移籍同州。至溫徙於下邽，今爲下邽人焉。

居易幼聰慧絶人，襟懷宏放。年十五六時，袖文一編，投著作郎吴人顧況。況能文，而性浮薄，後進文章無可意者。覽居易文，不覺迎門禮遇曰：「吾謂斯文遂絶，復得吾子矣。」貞元十四年，始以進士就試，禮部侍郎高郢擢升甲科，吏部判入等，授祕書省校書郎。元和元年四月，憲宗策試制舉人，應才識兼茂、明於體用科，策入第四等，授盩厔縣尉、集賢校理。

居易文辭富豔，尤精於詩筆。自讎校至結綬畿甸，所著歌詩數十百篇，皆意存諷賦，箴時之病，補政之缺，而士君子多之，而往往流聞禁中。章武皇帝納諫思理，渴聞讜言，二年十一月，召入翰林爲學士。三年五月，拜左拾遺。居易自以逢好文之主，非次拔擢，欲以生平所貯，仰酬恩造。拜命之日，獻疏言事曰：「蒙恩授臣左拾遺，依前翰林學士，已與崔羣同狀陳謝。但言忝冒，未吐衷誠。今再瀆宸嚴，伏惟重賜詳覽。臣謹按《六典》，左右拾遺，掌供奉諷諫，凡發令舉事，有不便於時，不合於道者，小則上封，大則廷諍。其選甚重，其秩甚卑，所以然者，抑有由也。大凡人之情，位高則惜其位，身貴則愛其身；惜位則偷合而不言，愛身則苟容而不諫，此必然之理也。故拾遺之置，所以卑其秩者，使位未足惜，身未足愛也；所以重其選者，使下不忍負心，上不忍負恩也。夫位不足惜，恩不忍負，然後能有闕必規，有違必諫。朝廷得失無不察，天下利病無不言。此國朝置拾遺之本意也。由是而言，豈小臣愚劣暗懦所宜居之哉？況臣本鄉校豎儒，府縣走吏，委心泥滓，絶望煙霄。豈意聖慈，擢居近職，每宴飲無不先預，每慶賜無不先霑，中廄之馬代其勞，內廚之膳給其食。朝慚夕惕，已逾半年，塵曠漸深，憂愧彌劇。未申微効，又擢清班。臣所以授官已來僅經十日，食不知味，寢不遑安，唯思粉身以答殊寵，但未獲粉身之所耳。今陛下肇臨皇極，初受鴻名，夙夜憂勤，以求致理。每施一政，舉一事，無不合於道、便於時者。萬一事有不便於時者，陛下豈不欲聞之乎？萬一政有不合於道者，陛下豈不欲知之乎？倘陛下言動之際，詔令之間，小有闕遺，稍關損益，臣必密陳所見，潛獻所聞，但在聖心裁斷而已。臣又職在禁中，不同外司，欲竭愚誠，合先陳露。伏希天鑒，深察赤誠。」居易與河南元稹相善，同年登制舉，交情隆厚。稹自監察御史謫爲江陵府士曹掾，翰林學士李絳、崔羣上前面論稹無罪，居易累疏切諫曰：「臣昨緣元稹左降，頻已奏聞。臣內察事情，外聽衆議，元稹左降有不可者三。何者？元稹守官正直，人所共知。自授御史已來，舉奏不避權勢，祇如奏李佐公等事，多是朝廷親情。人誰無私，因以挾恨，或假公議，將報私嫌，遂使誣謗之聲，上聞天聽。臣恐元稹左降已後，凡在位者，每欲舉職，必先以稹爲誡，無人肯爲陛下當官守法，無人肯爲陛下嫉惡繩愆。內外權貴親黨，縱有大過大罪者，必相容隱而已，陛下從此無由得知。此其不可者一也。昨元稹所追勘房式之事，心雖徇公，事稍過當。既從重罰，足以懲違，況經謝恩，旋又左降。雖引前事以爲責辭，然外議喧喧，皆以爲稹與中使劉士元爭廳，因此獲罪。至於爭廳事理，已具前狀奏陳。況聞士元蹋破驛門，奪將鞍馬，仍索弓箭，嚇辱朝官，承前已來，未有此事。今中官有罪，未聞處置；御史無過，却先貶官。遠近聞知，實損聖德。臣恐從今已後，中官出使，縱暴益甚，朝官受辱，必不敢言，縱有被凌辱毆打者，亦以元稹爲戒，但吞聲而已。陛下從此無由得聞。此其不可二也。臣又訪聞元稹自去年已來，舉奏嚴礪在東川日枉法，没入平人資産八十餘家；又奏王紹違法給券，令監軍押柩及家口入驛；又奏裴玢違敕徵百姓草；又奏韓皋使軍將封杖打殺縣令。如此之事，前後甚多，屬朝廷法行，悉有懲罰。計天下方鎮，皆怒元稹守官。今貶爲江陵判司，即是送與方鎮，從此方便報怨，朝廷何由得知？臣伏聞德宗時有崔善貞者，告李錡必反，德宗不信，送與李錡，錡掘坑熾火，燒殺善貞。曾未數年，李錡果反，至今天下爲之痛心。臣恐元稹貶官，方鎮有過，無人敢言，陛下無由得知不法之事。此其不可者三也。若無此三不可，假如朝廷誤左降一

御史，蓋是小事，臣安敢煩瀆聖聽，至于再三。誠以所損者深，所關者大，以此思慮，敢不極言。」疏入不報。

又淄青節度使李師道進絹，爲魏徵子孫贖宅，居易諫曰：「徵是陛下先朝宰相，太宗嘗賜殿材成其正室，尤與諸家第宅不同。子孫典貼，其錢不多，自可官中爲之收贖，而令師道掠美，事實非宜。」憲宗深然之。

上又欲加河東王鍔平章事，居易諫曰：「宰相是陛下輔臣，非賢良不可當此位。鍔誅剥民財，以市恩澤，不可使四方之人謂陛下得王鍔進奉，而與之宰相，深無益於聖朝。」乃止。

王承宗拒命，上令神策中尉吐突承璀爲招討使，諫官上章者十七八，居易面論，辭情切至。既而又請罷河北用兵，凡數千百言，皆人之難言者，上多聽納。唯諫承璀事切，上頗不悦，謂李絳曰：「白居易小子，是朕拔擢致名位，而無禮於朕，朕實難奈。」絳對曰：「居易所以不避死亡之誅，事無巨細必言者，蓋酬陛下特力拔擢耳，非輕言也。陛下欲開諫諍之路，不宜阻居易言。」上曰：「卿言是也。」由是多見聽納。

五年，當改官，上謂崔羣曰：「居易官卑俸薄，拘於資地，不能超等，其官可聽自便奏來。」居易奏曰：「臣聞姜公輔爲内職，求爲京府判司，爲奉親也。臣有老母，家貧養薄，乞如公輔例。」於是，除京兆府户曹參軍。六年四月，丁母陳夫人之喪，退居下邽。九年冬，入朝，授太子左贊善大夫。

十年七月，盜殺宰相武元衡，居易首上疏論其冤，急請捕賊以雪國恥。宰相以宫官非諫職，不當先諫官言事。會有素惡居易者，掎摭居易，言浮華無行，其母因看花墮井而死，而居易作《賞花》及《新井》詩，甚傷名教，不宜置彼周行。執政方惡其言事，奏貶爲江表刺史。詔出，中書舍人王涯上疏論之，言居易所犯狀迹，不宜治郡，追詔授江州司馬。

居易儒學之外，尤通釋典，常以忘懷處順爲事，都不以遷謫介意。在湓城，立隱舍於廬山遺愛寺，嘗與人書言之曰：「予去年秋始遊廬山，到東西二林間香鑪峯下，見雲木泉石，勝絶第一。愛不能捨，因立草堂。前有喬松十數株，修竹千餘竿，青蘿爲牆援，白石爲橋道，流水周於舍下，飛泉落於簷間，紅榴白蓮，羅生池砌。」居易與湊、滿、朗、晦四禪師，追永、遠、宗、雷之迹，爲人外之交。每相攜遊詠，躋危登險，極林泉之幽邃。至於翛然順適之際，幾欲忘其形骸。或經時不歸，或踰月而返，郡守以朝貴遇之，不之責。

時元稹在通州，篇詠贈答往來，不以數千里爲遠。嘗與稹書，因論作文之大旨曰：夫文尚矣，三才各有文。天之文三光首之，地之文五材首之，人之文《六經》首之。就《六經》言，《詩》又首之。何者？聖人感人心而天下和平。感人心者，莫先乎情，莫始乎言，莫切乎聲，莫深乎義。詩者，根情，苗言，華聲，實義。上自賢聖，下至愚騃，微及豚魚，幽及鬼神，羣分而氣同，形異而情一，未有聲入而不應，情交而不感者。聖人知其然，因其言，經之以六義；緣其聲，緯之以五音。音有韻，義有類。韻協則言順，言順則聲易入；類舉則情見，情見則感易交。於是乎孕大含深，貫微洞密，上下通而一氣泰，憂樂合而百志熙。二帝三王所以直道而行、垂拱而理者，揭此以爲大柄，決此以爲大寶也。故聞「元首明，股肱良」之歌，則知虞道昌矣。聞五子洛汭之歌，則知夏政荒矣。言者無罪，聞者作誡，言者聞者莫不兩盡其心焉。洎周衰秦興，採詩官廢，上不以詩補察時政，下不以歌洩導人情。用至於諂成之風動，救失之道缺。于時六義始刓矣。《國風》變爲《騷辭》，五言始於蘇、李。《詩》《騷》皆不遇者，各繫其志，發而爲文。故河梁之句，止於傷别，澤畔之吟，歸于怨思。彷徨抑鬱，不暇及他耳。然去《詩》未遠，梗概尚存。故興離别則引雙鳧一鴈爲喻，諷君子小人則引香草惡鳥爲比。雖義類不具，猶得風人之什二三焉。于時六義始缺矣。晉、宋已還，得者蓋寡。以康樂之奥博，多溺於山水；以淵明之高古，偏放於田園。江、鮑之流，又狹於此。如梁鴻《五噫》之例者，百無一二。于時六義寖微矣。陵夷至于梁、陳間，率不過嘲風雪、弄花草而已。噫！風雪花草之物，三百篇中豈捨之乎？顧所用何如耳。設如「北風其涼」，假風以刺威虐；「雨雪霏霏」，因雪以愍征役；「棠棣之華」，感華以諷兄弟；「采采芣苡」，美草以樂有子也。皆興發於此而義歸於彼。反是者，可乎哉！然則「餘霞散成綺，澄江淨如練」「歸花先委露，别葉乍辭風」之什，麗則麗矣，吾不知其所諷焉。故僕所謂嘲風雪、弄花草而已。于時六義盡去矣。唐興二百年，其間詩人不可勝數。所可舉者，陳子昂有《感遇詩》二十首，鮑防《感興詩》十五篇。又詩之豪者，世稱李、杜。李之作，才矣奇矣，人不逮矣。索其風雅比興，十無一焉。杜詩最多，可傳者千餘首。至於貫穿古今，覼縷格律，盡工盡善，又過於李焉。然撮其《新安》、《石壕》、《潼關吏》、《盧子關》、《花門》之章，「朱門酒肉臭，路有凍死骨」之句，亦不過十三四。杜尚如此，况不迨杜者乎？僕常痛詩道崩壞，忽忽憤發，或廢食輟寢，不量才力，欲扶起之。嗟乎！事有大謬者，又不可一二而言，然亦不能不粗陳於左右。僕始生六七月時，乳母

抱弄於書屏下，有指「之」字、「無」字示僕者，僕口未能言，心已默識。後有問此二字者，雖百十其試而指之不差。則知僕宿習之緣，已在文字中矣。及五六歲，便學爲詩，九歲諳識聲韻。十五六，始知有進士，苦節讀書。二十已來，晝課賦，夜課書，間又課詩，不遑寢息矣。以至于口舌成瘡，手肘成胝，既壯而膚革不豐盈，未老而齒髮早衰白，瞥然如飛蠅垂珠在眸子中者，動以萬數，蓋以苦學力文之所致。又自悲家貧多故，年二十七，方從鄉賦。既第之後，雖專於科試，亦不廢詩。及授校書郎時，已盈三四百首。或出示交友如足下輩，見皆謂之工，其實未窺作者之域耳。自登朝來，年齒漸長，閱事漸多，每與人言，多詢時務，每讀書史，多求理道，始知文章合爲時而著，歌詩合爲事而作。是時皇帝初即位，宰府有正人，屢降璽書，訪人急病。僕當此日，擢在翰林，身是諫官，月請諫紙。啓奏之間，有可以救濟人病，裨補時闕，而難於指言者，輒詠歌之，欲稍稍進聞於上。上以廣宸聽，副憂勤；次以酬恩獎，塞言責；下以復吾平生之志。豈圖志未就而悔已生，言未聞而謗已成矣。又請爲左右終言之。凡聞僕《賀雨詩》，衆口籍籍，以爲非宜矣。聞僕《哭孔戡詩》，衆面脈脈，盡不悅矣。聞《秦中吟》，則權豪貴近者相目而變色矣。聞《登樂游園》寄足下詩，則執政柄者扼腕矣。聞《宿紫閣村》詩，則握軍要者切齒矣。大率如此，不可偏舉。不相與者，號爲沽譽，號爲詆訐，號爲訕謗。苟相與者，則如牛僧孺之誡焉。乃至骨肉妻孥，皆以我爲非也。其不我非者，舉世不過三兩人。有鄧魴者，見僕詩而喜，無何魴死。有唐衢者，見僕詩而泣，未幾而衢死。其餘即足下，足下又十年來困躓若此。嗚呼！豈六義四始之風，天將破壞，不可支持耶？抑又不知天意不欲使下人病苦聞于上耶？不然，何有志於詩者不利若此之甚也！然僕又自思關東一男子耳。除讀書屬文外，其他懵然無知，乃至書畫棊博可以接羣居之歡者，一無通曉，即其愚拙可知矣。初應進士時，中朝無緦麻之親，達官無半面之舊，策蹇步於利足之途，張空拳於戰文之場。十年之間，三登科第，名落衆耳，迹升清貫，出交賢俊，入侍冕旒。始得名於文章，終得罪於文章，亦其宜也。日者聞親友間說，禮、吏部舉選人，多以僕私試賦判爲準的。其餘詩句，亦往往在人口中。僕恧然自愧，不之信也。及再來長安，又聞有軍使高霞寓者，欲聘倡妓，妓大誇曰：「我誦得白學士《長恨歌》，豈同他哉？」由是增價。又足下書云：到通州日，見江館柱間有題僕詩者。何人哉？又昨過漢南日，適遇主人集衆娛樂他賓，諸妓見僕來，指而相顧曰：此是《秦中吟》、《長恨歌》主耳。自長安抵江西三四千里，凡鄉校、佛寺、逆旅、行舟之中，往往有題僕詩者；士庶、僧徒、孀婦、處女之口，每有詠僕詩者。此誠雕篆之戲，不足爲多，然今時俗所重，正在此耳。雖前賢如淵、雲者，前輩如李、杜者，亦未能忘情於其間。古人云：「名者公器，不可多取。」僕是何者，竊時之名已多。既竊時名，又欲竊時之富貴，使己爲造物者，肯兼與之乎？今之屯窮，理固然也。況詩人多蹇，如陳子昂、杜甫，各授一拾遺，而屯剥至死。孟浩然輩不及一命，窮悴終身。近日孟郊六十，終試協律；張籍五十，未離一太祝。彼何人哉！況僕之才又不逮彼。今雖謫佐遠郡，而官品至第五，月俸四五萬，寒有衣，饑有食，給身之外，施及家人。亦可謂不負白氏子矣。微之，微之！勿念我哉！僕數月來，檢討囊帙中，得新舊詩，各以類分，分爲卷目。自拾遺來，凡所遇所感，關於美刺興比者，又自武德至元和，因事立題，題爲《新樂府》者，共一百五十首，謂之諷諭詩。又或退公，或卧病閑居，知足保和，吟玩性情者一百首，謂之閑適詩。又有事物牽於外，情理動於內，隨感遇而形於歎詠者一百首，謂之感傷詩。又有五言、七言、長句、絶句，自百韻至兩韻者四百餘首，謂之雜律詩。凡爲十五卷，約八百首。異時相見，當盡致於執事。微之！古人云：「窮則獨善其身，達則兼濟天下。」僕雖不肖，常師此語。大丈夫所守者道，所待者時。時之來也，爲雲龍，爲風鵬，勃然突然，陳力以出；時之不來也，爲霧豹，爲冥鴻，寂兮寥兮，奉身而退。進退出處，何往而不自得哉？故僕志在兼濟，行在獨善，奉而始終之則爲道，言而發明之則爲詩。謂之諷諭詩，兼濟之志也；謂之閑適詩，獨善之義也。故覽僕詩者，知僕之道焉。其餘雜律詩，或誘於一時一物，發於一笑一吟，率然成章，非平生所尚者，但以親朋合散之際，取其釋恨佐歡，今銓次之間，未能删去。他時有爲我編集斯文者，略之可也。微之！夫貴耳賤目，榮古陋今，人之大情也。僕不能遠徵古舊，如近歲韋蘇州歌行，才麗之外，頗近興諷，其五言詩，又高雅閑澹，自成一家之體，今之秉筆者誰能及之？然當蘇州在時，人亦未甚愛重，必待身後，人始貴之。今僕之詩，人所愛者，悉不過雜律詩與《長恨歌》已下耳。時之所重，僕之所輕。至於諷諭者，意激而言質；閑適者，思澹而辭迂。以質合迂，宜人之不愛也。今所愛者，並世而生，獨足下耳。然百千年後，安知復無如足下者出，而知愛我詩哉？故自八九年來，與足下小通則以詩相戒，小窮則以詩相勉，索居則以詩相慰，同處則以詩相娛。知吾罪吾，率以詩也。如今年春遊城南時，與足下馬上相戲，因各誦新豔小律，不雜他篇，自皇子陂歸昭國里，迭吟遞唱，不絶聲者二十里餘。樊、李在傍，無所措口。知我者以爲詩

仙，不知我者以爲詩魔。何則？勞心靈，役聲氣，連朝接夕，不自知其苦，非魔而何？偶同人當美景，或花時宴罷，或月夜酒酣，一詠一吟，不覺老之將至，雖驂鸞鶴、遊蓬瀛者之適，無以加於此焉，又非仙而何？微之，微之！此吾所以與足下外形骸、脱蹤迹、傲軒鼎、輕人寰者，又以此也。當此之時，足下興有餘力，且欲與僕悉索還往中詩，取其尤長者，如張十八古樂府，李二十新歌行，盧、楊二祕書律詩，竇七、元八絶句，博搜精掇，編而次之，號爲「元白往還集」。衆君子得擬議於此者，莫不踴躍欣喜，以爲盛事。嗟乎！言未終而足下左轉，不數月而僕又繼行，心期索然，何日成就？又可爲之太息矣。僕常語足下，凡人爲文，私於自是，不忍於割截，或失於繁多。其間妍媸，益又自惑。必待交友有公鑒無姑息者，討論而削奪之，然後繁簡當否，得其中矣。況僕與足下，爲文尤患其多。已尚病，況他人乎？今且各纂詩筆，粗爲卷第，待與足下相見日，各出所有，終前志焉。又不知相遇是何年，相見是何地，溘然而至，則如之何？微之知我心哉！潯陽臘月，江風苦寒，歲暮鮮歡，夜長少睡。引筆鋪紙，悄然燈前，有念則書，言無銓次。勿以繁雜爲倦，且以代一夕之話言也。居易自敍如此，文士以爲信然。

十三年冬，量移忠州刺史。自潯陽浮江上峽。十四年三月，元稹會居易於峽口，停舟夷陵三日。時季弟行簡從行，三人於峽州西二十里黄牛峽口石洞中，置酒賦詩，戀戀不能訣。南賓郡當峽路之深險處也，花木多奇，居易在郡，爲《木蓮荔枝圖》，寄朝中親友，各記其狀曰：「荔枝生巴、峽間，形圓如帷蓋。葉如桂，冬青；華如橘，春榮；實如丹，夏熟。朵如蒲萄，核如枇杷，殼如紅繒，膜如紫綃，瓤肉瑩白如雪，漿液甘酸如醴酪。大略如此，其實過之。若離本枝，一日而色變，二日而香變，三日而味變，四五日外，色香味盡去矣。」「木蓮大者高四五丈，巴民呼爲黄心樹，經冬不凋。身如青楊，有白文。葉如桂，厚大無脊。花如蓮，香色豔膩皆同，獨房蘂有異。四月初始開，自開迨謝，僅二十日。元和十四年夏，命道士毋丘元志寫之。惜其遐僻，因以三絶賦之。」有「天教抛擲在深山」之句，咸傳於都下，好事者喧然模寫。

其年冬，召還京師，拜司門員外郎。明年，轉主客郎中、知制誥，加朝散大夫，始著緋。時元稹亦徵還爲尚書郎、知制誥，同在綸閣。長慶元年三月，受詔與中書舍人王起覆試禮部侍郎錢徽下及第人鄭朗等一十四人。十月，轉中書舍人。十一月，穆宗親試制舉人，又與賈餗、陳岵爲考策官。凡朝廷文字之職，無不首居其選，然多爲排擯，不得用其才。時天子荒縱不法，執政非其人，制御乖方，河朔復亂。居易累上疏論其事，天子不能用，乃求外任。七月，除杭州刺史。俄而元稹罷相，自馮翊轉浙東觀察使。交契素深，杭、越鄰境，篇詠往來，不間旬浹。嘗會于境上，數日而别。秩滿，除太子左庶子，分司東都。寶曆中，復出爲蘇州刺史。文宗即位，徵拜祕書監，賜金紫。九月上誕節，召居易與僧惟澄、道士趙常盈對御講論於麟德殿。居易論難鋒起，辭辨泉注，上疑宿構，深嗟挹之。太和二年正月，轉刑部侍郎，封晉陽縣男，食邑三百户。三年，稱病東歸，求爲分司官，尋除太子賓客。

居易初對策高第，擢入翰林，蒙英主特達顧遇，頗欲奮厲効報，苟致身於訏謨之地，則兼濟生靈。蓄意未果，望風爲當路者所擠，流徙江湖。四五年間，幾淪蠻瘴。自是宦情衰落，無意於出處，唯以逍遥自得，吟詠情性爲事。大和已後，李宗閔、李德裕朋黨事起，是非排陷，朝升暮黜，天子亦無如之何。楊穎士、楊虞卿與宗閔善，居易妻，穎士從父妹也。居易愈不自安，懼以黨人見斥，乃求致身散地，冀於遠害。凡所居官，未嘗終秩，率以病免，固求分務，識者多之。五年，除河南尹。七年，復授太子賓客分司。

初，居易罷杭州，歸洛陽。於履道里得故散騎常侍楊憑宅，竹木池館，有林泉之致。家妓樊素、蠻子者，能歌善舞。居易既以尹正罷歸，每獨酌賦詠於舟中，因爲《池上篇》曰：「東都風土水木之勝在東南偏，東南之勝在履道里，里之勝在西北隅，西閈北垣第一第，即白氏叟樂天退老之地。地方十七畝，屋室三之一，水五之一，竹九之一，而島樹橋道間之。初樂天既爲主，喜且曰：『雖有池臺，無粟不能守也』，乃作池東粟廪。又曰：『雖有子弟，無書不能訓也』，乃作池北書庫。又曰：『雖有賓朋，無琴酒不能娱也』，乃作池西琴亭，加石樽焉。樂天罷杭州刺史，得天竺石一、華亭鶴二以歸。始作西平橋，開環池路。罷蘇州刺史時，得太湖石五、白蓮、折腰菱、青板舫以歸，又作中高橋，通三島逕。罷刑部侍郎時，有粟千斛，書一車，洎臧獲之習管磬絃歌者指百以歸。先是潁川陳孝仙與釀酒法，味甚佳；博陵崔晦叔與琴，韻甚清；蜀客姜發授《秋思》，聲甚澹；弘農楊貞一與青石三，方長平滑，可以坐卧。大和三年夏，樂天始得請爲太子賓客，分秩於洛下，息躬於池上。凡三任所得，四人所與，洎吾不才身，今率爲池中物。每至池風春，池月秋，水香蓮開之旦，露清鶴唳之夕，拂楊石，舉陳酒，援崔琴，彈《秋思》，頹然自適，不知其他。酒酣琴罷，又命樂童登中島亭，合奏《霓裳散序》，聲隨風飄，或凝或散，悠揚於竹煙波月之際者久之。曲未竟，而樂天陶然石上矣。睡起偶詠，非詩非賦，阿龜握筆，因題石間。

視其粗成韻章，命爲《池上篇》云：『十畝之宅，五畝之園，有水一池，有竹千竿。勿謂土狹，勿謂地偏，足以容膝，足以息肩。有堂有亭，有橋有船，有書有酒，有歌有絃。有叟在中，白鬚飒然，識分知足，外無求焉。如鳥擇木，姑務巢安；如蛙作坎，不知海寬。靈鵲怪石，紫菱白蓮，皆吾所好，盡在我前。時引一杯，或吟一篇。妻孥熙熙，雞犬閑閑。優哉游哉，吾將老乎其間。』又効陶潛《五柳先生傳》作《醉吟先生傳》以自況。文章曠達，皆此類也。

大和末，李訓構禍，衣冠塗地，士林傷感，居易愈無宦情。開成元年，除同州刺史，辭疾不拜。尋授太子少傅，進封馮翊縣開國侯。四年冬，得風病，伏枕者累月，乃放諸妓女樊、蠻等，仍自爲墓志，病中吟詠不輟。自言曰：「予年六十有八，始患風痺之疾，體瘰首眩，左足不支。蓋老病相乘，有時而至耳。予栖心釋梵，浪迹老、莊，因疾觀身，果有所得。何則？外形骸而內忘憂患，先禪觀而後順醫治。旬月以還，厥疾少間，杜門高枕，澹然安閑。吟詠興來，亦不能遏，遂爲《病中詩》十五篇以自諭。」會昌中，請罷太子少傅，以刑部尚書致仕。與香山僧如滿結香火社，每肩輿往來，白衣鳩杖，自稱香山居士。大中元年卒，時年七十六，贈尚書右僕射。有文集七十五卷，《經史事類》三十卷，並行於世。長慶末，浙東觀察使元稹，爲居易集序曰：「樂天始未言，試指『之』『無』字能不誤。始既言，讀書勤敏，與他兒異。五六歲識聲韻，十五志辭賦，二十七舉進士。貞元末，進士尚馳競，不尚文，就中六籍尤擯落。禮部侍郎高郢始用經藝爲進退，樂天一舉擢上第。明年，中拔萃甲科，由是《性習相近遠》、《玄珠》、《斬白蛇》等賦洎百節判，新進士競相傳於京師。會憲宗皇帝策召天下士，對詔稱旨，又登甲科。未幾，選入翰林，掌制誥。比比上書言得失，因爲《賀雨詩》、《秦中吟》等數十章，指言天下事，時人比之《風》、《騷》焉。予始與樂天同祕書，前後多以詩章相贈答。予譴掾江陵，樂天猶在翰林，寄予百韻律體及雜體，前後數十詩。是後各佐江、通，復相酬寄。巴、蜀、江、楚間洎長安中少年，遞相仿效，競作新辭，自謂爲元和詩。而樂天《秦中吟》、《賀雨》諷諭閑適等篇，時人罕能知者。然而二十年間，禁省觀寺、郵候墻壁之上無不書，王公妾婦、牛童馬走之口無不道。其繕寫模勒，衒賣於市井，或因之以交酒茗者，處處皆是。其甚有至盜竊名姓，苟求自售，雜亂間廁，無可奈何。予嘗於平水市中，見村校諸童，競習歌詠，召而問之，皆對曰：『先生教我樂天、微之詩。』固亦不知予爲微之也。又雞林賈人求市頗切，自云：『本國宰相，每以一金換一篇，甚僞者，宰相輒能辨別之。』自篇章已來，未有如是流傳之廣者。長慶四年，樂天自杭州刺史以右庶子召還，予時刺會稽，因得盡徵其文，手自排纘，成五十卷，凡二千二百五十一首。前輩多以前集、中集爲名，予以爲陛下明年當改元，長慶訖於是矣，因號《白氏長慶集》。大凡人之文，各有所長，樂天長可以爲多矣。夫諷諭之詩長於激，閑適之詩長於遣，感傷之詩長於切，五字律詩百言而上長於贍，五字七字百言而下長於情，賦贊箴誡之類長於當，碑記敘事制誥長於實，啓奏表狀長於直，書檄辭册剖判長於盡。總而言之，不亦多乎哉！」人以爲稹序盡其能事。

居易嘗寫其文集，送江州東西二林寺、洛城香山聖善等寺，如佛書雜傳例流行之。無子，以其姪孫嗣。遺命不歸下邽，可葬於香山如滿師塔之側，家人從命而葬焉。

李商隱《樊南文集》卷四《唐刑部尚書致仕贈尚書右僕射太原白公墓碑銘并序》

公以致仕刑部尚書，年七十五，會昌六年八月，薨東都，贈右僕射。十一月，遂葬龍門。子景受，大中三年，自潁陽尉典治集賢御書，侍太夫人弘農郡君楊氏來京師。胖胖兢兢，奉公之遺，畏不克既，乃件右功臣，以命其客，取文刻碑。文曰：

公字樂天，諱居易，前進士。避祖諱，選書判拔萃，注祕省校書。元年，對憲宗詔策，語切，不得爲諫官，補盩厔尉。明年，試進士，取故蕭遂州澣爲第一。事畢，爲集賢校理。一月中，詔由右銀臺門入翰林院，試文五篇。明日，以所試制加段佑兵部尚書，領涇州，遂爲學士。右拾遺滿，將擬官，請掾京兆，以助供養，授户曹。時上愛兵，襄陽、荆州入疏獻物，在約束外。公密詆二帥，且曰：「非善良，後雖與宰相，不厭禍。」其後，禮官竟以多殺不辜，謚于頔爲厲。李師古襲父事逆，務作項領，以謾儕曹，上錢六百萬，贖文貞故第，以與魏氏。公又言：「文貞第正堂，用太宗殿材，魏氏歲臘鋪席，祭其先人。今雖窮，後當有賢。即朝廷覆一瓦，魏氏有分，彼安肯入賊所贖第邪？」上由是賜錢直券，以居其孫。在職三年，每譏見，多前笏留上輦，是否意詔，湔剔抉摩，望及少年，見天下無一事。五年按：應爲六年，會憂，掩坎廬墓。七年，以左贊善大夫箸吉。武相遇盜殊絶，賊棄刃天街，日比午，長安中盡知。公以次紙爲疏，言元衡死狀，不得報。即貶江州。移忠州刺史。穆宗用爲司門員外。四月，知制誥，加秩主客。真守中書舍人，叙緋。受旨起田孝公代恒陽，孝公行贈錢五百萬，拒不納。燕、趙相殺不已，公又上疏列言河朔畔岸，復不報，又貶杭州。既至，築堤捍江，分殺水孔道，用肥見田。發故鄴侯泌五井，渟儲甘清，以變飲食。循錢塘上下民，迎禱祠神，

伴侶歌舞。徙右庶子。出蘇州。授秘監，換服色。遷刑部侍郎，乞官分司，得太子賓客。除河南尹。復得舊官，進階開國。九年，除同州，不上，改太子少傅。申百日假。又二歲，得病蔑官。白氏由楚入秦，秦自不直杜郵事，封其子仲太原，以有其後。祖某，鞏縣令。考季庚，襄州別駕，贈太保。一女，妻譚氏。

始公生七月，能展書指「之」「無」二字，横縱不誤。既長，與弟行簡俱有名。故李刑部建、庾左丞敬休友最善。居家以户小飲薄酒。朔望晦輒不肉食。携鄧同、韋楚白服遊人間。姓名過海，流入雞林、日南有文字國。爲中書舍人三日，如建中詔書，上鄭公覃自代，後爲相，稱質直。文宗時，文貞公果有孫起使下，數歲，至諫議大夫，賢可任，爲今上御史中丞。他日，景受嘗跪曰：「大人居翰林，六同列，五具爲相，獨白氏亡有。」公笑曰：「汝少以待。」其曾祖弟今右僕射平章事敏中，果相天子，復憲宗所欲，得開七關，城守四州，以集巨伐。仲冬南至，備宰相儀物，擎跪齋栗，給事寡嫂。永寧里中，有兄弟家，指嚮健慕，以信公知人。集七十五卷，元相爲序。係曰：

公之世先，用談説聞。肅代代優，布蹤河南。陰德未校，公有弟昆。本跋不摇，乃果敷舒。匪駱匪驕，噫其醇腴。于鄉泊邦，取用不窮。天子見之，層陛玉堂。徵徵其中，上汰唐禹。帝爲輦留，續緒燮縷。歲終當遷，户曹是取。曄白其華，皭不痕緇。用從棄遺，至道天子。疇誰與伍？率中道止。納筆攝麾，綽三郡理。既去刑部，條東其居。大尹河南，翦其暴逋。君有三輔，臣有田畝。臣衰君强，謝不堪守。翊翊申申，君子之文。不僭不怒，惟君子武。君子既貞，兩有其矩。孰永厥家？曾祖之弟。坤柄巽繩，以就大計。匪哲則知，亦有教詔。益衰其收，擾莠而導。刻詩於碑，以報百世。公老於東，遂葬其地。

雜録

備録

段成式《西陽雜俎》前集卷八《黥》 荆州街子葛清，勇不膚撓，自頸以下，遍刺白居易舍人詩。成式嘗與荆客陳至呼觀之，令其自解，背上亦能闇記。反手指其劄處，至「不是此花偏愛菊」，則有一人持杯臨菊叢。又「黄夾纈林寒有葉」，則指一樹，樹上挂纈，纈窠鎖勝絶細。凡刻三十餘首，體無完膚，陳至呼爲白舍人行詩圖也。

范攄《雲溪友議》卷上《巫詠難》 秭歸縣繁知一，聞白樂天將過巫山，先於神女祠粉壁，大署之曰：「蘇州刺史今才子，行到巫山必有詩。爲報高唐神女道，速排雲雨候清詞。」白公覩題處悵然，邀知一至，曰：「歷陽劉郎中禹錫，三年理白帝，欲作一詩於此，怯而不爲。罷郡經過，悉去千餘首詩，但留四章而已；此四章者，乃古今之絶唱也。而人造次不合爲之。」沈佺期詩曰：「巫山高不極，合沓狀奇新。闇谷疑風雨，幽崖若鬼神。月明三峽曙，潮滿九江春。爲問陽臺客，應知入夢人。」王無競詩曰：「神女向高唐，巫山下夕陽。徘徊作行雨，婉孌逐荆王。電影江前落，雷聲峽外長。霽雲無處所，臺館曉蒼蒼。」李端詩曰：「巫山十二重，皆在碧虚中。迴合雲藏日，霏微雨帶風。猿聲寒渡水，樹色暮連空。愁向高唐去，千秋見楚宫。」皇甫冉詩曰：「巫峽見巴東，迢迢出半空。雲藏神女館，雨到楚王宫。朝暮泉聲落，寒暄樹色同。清猿不可聽，偏在九秋中。」白公但吟四篇，與繁生同濟，竟而不爲。

范攄《雲溪友議》卷中《錢塘論》 致仕尚書白舍人，初到錢塘，令訪牡丹花。獨開元寺僧惠澄，近於京師得此花，始栽植於庭，欄圈甚密，他處未之有也。時春景方深，惠澄設油幕以覆其上，牡丹自此東越分而種之也。會徐凝自富春來，未識白公，先題詩曰：「此花南地知難種，慙媿僧閒用意栽。海燕解憐頻睥睨，胡蜂未識更徘徊。虚生芍藥徒勞妬，羞殺玫瑰不敢開。唯有數苞紅幞在，含芳只待舍人來。」白尋到寺看花，乃命徐生同醉而歸。時張祜榜舟而至，甚若疎誕。然張、徐二生，未之習隱，各希首薦焉。中舍曰：「二君論文，若廉、白之鬭鼠穴，勝負在於一戰也。」遂試《長劍倚天外賦》、《餘霞散成綺詩》。試訖解送，以凝爲元，祜其次耳。張曰：「祜詩有『地勢遥尊岳，河流側讓關』。多士以陳後主『日月光天德，山河壯帝居』比，徒有前名矣。又祜《題金山寺詩》曰：此寺在江之中。『樹影中流見，鍾聲兩岸聞。』雖綦毋潛云：『塔影挂青漢，鍾聲和白雲。』此句未爲佳也。」祜《觀獵》四句及《宫詞》，白公曰：「張三作獵詩，以較王右丞，予則未敢優劣也。」王維詩曰：「風勁角弓鳴，將軍獵渭城。草枯鷹眼疾，雪盡馬蹄輕。忽過新豐戍，還歸細柳營。迴看失鵰處，千里暮雲平。」張祜詩曰：「曉出禁城東，分圍淺草中。紅旗開向日，白馬驟臨風。背手抽金鏃，翻身控角弓。萬人齊

指處，一鴈落寒空。」白公又以《宮詞》四句之中皆數對，何足奇乎？然無徐生云：「今古長如白練飛，一條解破青山色。」徐凝賦曰：「譙周室裏，定遊夏於丘虔；馬守帷中，分《易》《禮》於盧鄭。如我明公薦，豈唯偏黨乎？」張祜曰：「虞《韶》九奏，非瑞馬之至音；荆玉三投，佇良工之必鑒。且鴻鍾運擊，瓦缶雷鳴；榮辱糺繩，復何定分？」祜遂行歌而邁，凝亦鼓枻而歸。二生終身偃仰，不隨鄉試者乎。先是李補闕林宗、杜殿中牧，與白公輦下較文，具言元、白詩體舛雜，而爲清苦者見嗤，因茲有恨也。白爲河南尹，李爲河南令。道上相遇，尹乃乘馬，令則肩輿，似乖趨事之禮。嘗謂樂天爲囁嚅公，聞者皆笑，樂天之名稍減矣。白尹曰：「李直水，林宗字也。吾之猘子也，其鋒不可當。」後杜舍人之守秋浦，與張生爲詩酒之交，酷吟祜宮詞，亦知錢塘之歲，白有是非之論，懷不平之色，爲詩二首以高之，則曰：「誰人得似張公子，千首詩輕萬户侯。」又云：「如何故國三千里，虛唱歌詞滿六宮。」張君詩曰：「故國三千里，深宮二十年。一聲河滿子，雙淚落君前。」此歌宮娥諷念思鄉，而起長門之思也。祜復遊甘露寺，觀前盧肇先輩題處曰：「不謂三吳，經此詩人也。」祜曰：「日月光先到，山川勢盡來。」盧曰：「地從京口斷，山到海門迴。」因而仰伏，願交於此士矣。

孟棨《本事詩·事感二》　白尚書姬人樊素，善歌；妓人小蠻，善舞。嘗爲詩曰：「櫻桃樊素口，楊柳小蠻腰。」年既高邁，而小蠻方豐艷。因爲楊柳之詞以託意，曰：「一樹春風萬萬枝，嫩於金色軟於絲。永豐坊裏東南角，盡日無人屬阿誰？」及宣宗朝，國樂唱是詞，上問誰詞，永豐在何處？左右具以對之。遂因東使，命取永豐柳兩枝，植於禁中。白感上知其名，且好尚風雅，又爲詩一章，其末句云：「定知此後天文裏，柳宿光中添兩星。」

孟棨《本事詩·嘲戲七》　詩人張祜，未嘗識白公。白公刺蘇州，祜始來謁。才見白，白曰：「久欽藉，嘗記得君款頭詩。」祜愕然曰：「舍人何所謂？」白曰：「『鴛鴦鈿帶拋何處，孔雀羅衫付阿誰？』非款頭何邪？」張頓首微笑，仰而答曰：「祜亦嘗記得舍人目連變。」白曰：「何也？」祜曰：「『上窮碧落下黃泉，兩處茫茫皆不見。』非目連變何邪？」遂與歡宴竟日。

康駢《劇談録》卷下《白傅乘舟》　白尚書爲少傅，分務洛師，情興高逸，每有雲泉勝境，靡不追遊。常以詩酒爲娛，因著《醉吟先生傳》以敍。盧尚書簡辭有別墅，近枕伊水，亭榭清峻。方冬，與羣從子姪同遊，倚欄眺翫嵩洛。俄而霰雪微下，情興益高，因話廉察金陵，常記江南煙水，每見居人以葉舟浮泛，就食菰米鱸魚，近來思之，如在心目。良久，忽見二人衣蓑笠，循岸而來，牽引水鄉蓬艇。船頭覆青幕，中有白衣人，與衲僧偶坐；船後有小竈，安桐甑而炊，卯角僕烹魚煮茗，泝流過於檻前。聞舟中吟嘯方甚。盧撫掌驚歎，莫知誰氏。使人從而問之，乃曰白傅與僧佛光，同自建春門往香山精舍。其後每遇親友，無不話之，以爲高逸之情，莫能及矣。

馮贄《雲仙雜記》卷一《飛雲履》　白樂天燒丹于廬山草堂，作飛雲履，玄綾爲質，四面以素綃作雲朵，染以四選香，振履則如烟霧。樂天着示山中道友曰：「吾足下生雲，計不久上升朱府矣。」

馮贄《雲仙雜記》卷一《清高門户》　樂天語人曰：「吾已脱去利名枷鎖，開清高門户，但蓮龕子母丹，不知何時可成。」

馮贄《雲仙雜記》卷二《換茶醒酒》　樂天方入關，劉禹錫正病酒。禹錫乃餽菊苗齏、蘆菔鮓，換取樂天六班茶二囊以醒酒。

馮贄《雲仙雜記》卷三《書北山移文》　樂天女金鑾十歲，忽書《北山移文》示家人。樂天方買終南紫石，欲開文士傳，遂輟，以勒之。

馮贄《雲仙雜記》卷三《一詩輒洗其筆》　白傅每一詩輒洗其筆。

馮贄《雲仙雜記》卷四《胡松節支琴》　白傅用胡松節支琴。

馮贄《雲仙雜記》卷四《物價至微》　開成中物價至微。村落買魚肉者，俗人買以胡絹半尺，士大夫買以樂天詩一首，兼與之。

馮贄《雲仙雜記》卷五《防風粥》　白居易在翰林，賜防風粥一甌。剔取防風，得五合餘，食之口香七日。

馮贄《雲仙雜記》卷六《冰雪至夏價等金璧》　長安冰雪，至夏月則價等金璧。白少傅詩名動於閭閻，每需冰雪，論筐取之，不復償價，日日如是。

馮贄《雲仙雜記》卷七《藏盤筵於水底》　白氏履道里宅，有池水可泛舟。樂天每命賓客，繞舡以百十油囊，懸酒炙沉水中，隨舡而行。一物盡，則左右又進之，藏盤筵於水底也。

孫光憲《北夢瑣言》卷六《白太傅墓銘》　白太傅與元相國友善，以詩道著名，時號元、白。其集内有詩輓元相云：「相看掩淚俱無語，別後傷心事豈知。想得咸陽原上樹，已抽三丈白楊枝。」洎片撰墓誌，云與彭城劉夢得爲詩友。殊不言元公。時人疑其隙終也。

錢易《南部新書》卷甲　白樂天之母，因看花墜井。後有排擯者，以《賞花》、

《新井》之作左遷。穆皇嘗題柱曰：「此人一生争得水喫。」

錢易《南部新書》卷乙　白傅，大中末曾有諫官獻疏請賜謚。上曰：「何不取《醉吟先生墓表》耶？」卒不賜謚。弟敏中在相位，奏立神道碑，其文即李義山之詞也。

錢易《南部新書》卷戊　白樂天任杭州刺史，攜妓還洛，後卻遺回錢唐。故劉禹錫有詩答曰：「其那錢唐蘇小小，憶君淚染石榴裙。」

錢易《南部新書》卷庚　沃州山禪院，在剡縣南三十里，頗爲勝境，本白道猷居之。大和二年，有頭陀白寂然重修，白居易爲其記。白君自云：「白道猷肇開茲山，白寂然嗣興茲山，白樂天垂文茲山，沃州與白氏有緣乎？」

白傅葬龍門山，河南尹盧貞刻《醉吟先生傳》，立於墓側，至今猶存。洛陽士庶及四方遊人過其墓者，必奠以巵酒，故塚前方丈之土常成泥濘。

杭州靈隱山多桂，寺僧云：「此月中種也。」至今中秋望夜，往往子墜，寺僧亦嘗拾得。而巖頂崖根後産奇花，氣香而色紫，芳麗可愛，而人無知其名者。招賢寺僧取而植之。郡守白公尤愛賞，因名曰紫陽花。《南部新書》庚。

王讜《唐語林》卷二《文學》　白居易長慶二年以中書舍人爲杭州刺史，替嚴員外休復。休復有時名，居易喜爲之代。時吴興守錢徽、吴郡守李穰皆文學士，悉生平舊友，日以詩酒寄興。官妓高玲瓏、謝好好巧於應對，善歌舞。後元稹鎮會稽，參其酬唱，每以筒竹盛詩來往。居易在杭，始築堤捍錢塘潮，鍾聚其水，溉田千頃。復浚李泌六井，民賴其汲。在蘇作詩，有「使君全未厭錢塘」之句。及罷，俸錢多留守庫，繼守者公用不足，則假而復填，如是五十餘年。及黄巢至郡，文籍多焚燒，其俸遂亡。

王讜《唐語林》卷七《補遺》　聖善寺銀佛，天寶亂，爲賊截將一耳。後少傅白公奉佛，用銀三鋌添補，然不及舊者。會昌拆寺，命中貴人毁像，收銀送内庫，中人以白公所添鑄，比舊耳少銀數十兩，遂詣白公索餘銀，恐涉隱没故也。

蘇軾《東坡志林》卷一二　樂天作廬山草堂，蓋亦燒丹也，欲成而爐鼎敗。來日，忠州刺史除書到，迺知世間、出世間事不兩立也。

釋惠洪《冷齋夜話》卷二《老嫗解詩》　白樂天每作詩，令一老嫗解之，問曰：「解否？」嫗曰解，則録之；不解，則易之。故唐末之詩近於鄙俚。

曾慥《類説》卷五三《六帖》引《談苑》　白居易作《六帖》，以陶家瓶數千，各題門目，作七層架列齋中，命諸生采集事類投瓶中，倒取抄録成書，故所記時代無次。

曾慥《類説》卷五九《醉聖》引《酒譜》　白樂天自稱「醉尹」。

《太平廣記》卷四八《白樂天》引《逸史》　唐會昌元年，李師稷中丞爲浙東觀察使，有商客遭風飄蕩，不知所止。月餘，至一大山，瑞雲奇花，白鶴異樹，盡非人間所覩。山側有人迎問曰：「安得至此？」具言之。令維舟上岸，云：「須謁天師。」遂引至一處，若大寺觀。通一道士入，道士鬚眉悉白，侍衛數十，坐大殿上。與語曰：「汝中國人，茲地有緣方得一到，此蓬萊山也。既至，莫要看否？」遣左右引於宫内遊觀，玉臺翠樹，光彩奪目，院宇數十，皆有名號。至一院，扃鎖甚嚴，因窺之，衆花滿庭，堂有裀褥，焚香階下。客問之，答曰：「此是白樂天院。樂天在中國未來耳。」乃潛記之。遂别之歸，旬日至越，具白廉使，李公盡録以報白公。先是，白公平生唯修上坐業。及覽李公所報，乃自爲詩二首，以記其事，及答李浙東云：「近有人從海上回，海山深處見樓臺。中有仙龕開一室，皆言此待樂天來。」又曰：「吾學空門不學仙，恐君此語是虚傳。海山不是吾歸處，歸即應歸兜率天。」然白公脱屣煙埃，投棄軒冕，與夫昧昧者固不同也。安知非謫仙哉！

計有功《唐詩紀事》卷三九《白居易》　按樂天生於代宗大曆七年壬子。正月二十日。大和七年，樂天尹河南，《元日對酒》詩云：今朝吴與洛，相憶一瓜然。夢得君知否？俱過本命年。又詩云：何事同生壬子歲，老於崔相及劉郎。序云：余注云：余與蘇州劉郎中同生壬子歲，今年六十二。退之生於大曆二年戊申。微之生於德宗建中元年庚申，卒於大和五年，時年五十三，少樂天八歲。

德宗貞元十六年庚辰，中書舍人高郢下及第第四人。省試《性習相近遠賦》，玉水記方流詩。時年二十八。樂天《送侯權秀才序》云：貞元十五年，予與侯生俱爲宣城守所貢。明年春，予中春官第。傳云：年二十七。李商隱銘云：年二十六。

十七年辛巳，試中書判拔萃，補校書郎。樂天《泛渭賦序》云：右丞相高公之掌貢舉也，予以鄉貢進士舉及第。左丞相鄭公珣瑜之領選部也，予以書判拔萃選登科。十九年，天子並命二公對掌鈞軸。是年齊抗罷，崔損薨，二公入相。

憲宗元和元年丙戌四月，以賢良方正對策乙等。冬十二月，尉盩厔，爲集賢校理，賦《長恨歌》于盩厔。是月召入翰林爲學士，遷左拾遺。

元和二年，爲拾遺，樂天《曲江感秋》詩云：元和二年秋，我年三十七。長慶

二年秋，我年五十一。序云：

元和二年、三年、四年，予每歲有《曲江感秋》詩，是時予爲左拾遺、翰林學士。

《賀雨》詩，元和三年冬作。

諷諭樂府詞，元和四年作。（凡九千二百五十言，分爲五十首。）《秦中吟》等詩皆拾遺時。拾遺歲滿當還，憲宗聽自擇官，樂天請如姜公輔以學士兼京兆戶曹參軍，以便親養。詔可。

五年，以母喪解還，有《渭上》等詩泊《效陶淵明詩》十六首。

七年，拜左贊善大夫，居昭國里。《酬張十八訪宿》云：昔我爲近臣，君常稀到門。今我官職冷，唯君來往頻。又《寄元》八云：進入閣前拜，退就廊下飡。歸來昭國里，人卧馬歇鞍。却坐至日午，起坐心浩然。又十年《贈杓直》云：已年四十四，又爲五品官。蓋爲贊善大夫首尾四年。

十年，秋，或言居易母墮井死，賦《新井》詩，出爲刺史。王涯言其不可，乃貶江州司馬。（論盗殺武元衡事，宰相嫌其出位故也。）樂天《東南行一百韻》，其間云：博望移門籍，潯陽佐郡符。注云：十年春，微之移佐通州，其年秋，予出佐潯陽。

十一年，秋，賦《琵琶行》，時年四十五矣。詩云：行年四十五，兩鬢半蒼蒼。清瘦詩成癖，麄豪酒放狂。老來尤委命，安處即爲鄉。或擬廬山下，來春結草堂。

十二年，裴度平淮西。

十三年，冬，移刺忠州。《三遊洞庭序》云：平淮西之明年，冬，予自江州司馬授忠州刺史，微之自通州司馬授虢州長史。又明年春，各祗命之郡，與知退偕行。三月十一日，參會於夷陵。又賦詩云：灃水店頭春盡日，（十年。）送君馬上謫通川。夷陵峽口明月夜，此處逢君是偶然。一別五年方見面，相攜三宿未回舡是也。

十五年，正月，憲宗崩，穆宗立，召爲司門員外郎。是年《寒食夜》詩云：四十九年身老日，一百五夜月明天。抱膝思量何事在，癡男騃女唤鞦韆。又《初除尚書郎脱刺史緋》詩云：頭白喜抛黄草峽，眼明驚拆紫泥書。便留朱紱還銓閣，却着青袍侍玉除。是歲下峽，自商山路還朝。有《商山路》詩云：萬里路長在，六年身始歸。所經多舊館，太半主人非。（自十年至是，六年矣。）

明年，除主客郎中、知制誥。長慶元年，以詩《贈王十一李七元九王舍人》云：紫垣曹局聯華地，白鬢郎官老醜時。莫怪不如君氣味，此中來校十年遲。（時元微之亦以中人之薦入爲舍人。是年除中書舍人，有絲綸閣下文章静等詩。）

長慶二年，七月，自舍人匄外出守杭州。（時河北復亂，謀趙國急，樂天論事不合，乃匄外遷。）《次藍溪》詩云：既居可言地，願助朝廷理。伏閤三上章，戇愚不稱旨。聖人存大體，優貸容不死。鳳詔停舍人，魚書除刺史。

長慶三年，《二月五日杭州花下作》云：二月五日花如雪，五十二人頭似霜。聞有酒時須笑樂，不關身事莫思量。

長慶四年，以太子左庶子分司東都。（是歲正月，穆宗崩，敬宗立。）三年爲刺史，無政在人口。唯向郡城中，題詩十餘首。慚爲甘棠詠，豈有思人不？又：三年爲刺史，飲冰復食檗。唯向天竺山，取得兩片石。此祗有千金，無乃傷清白。（三月作錢塘湖石記時，猶在杭州，則分司當在秋時。）《洛中》詩云：五年職翰林，四年莅潯陽，一年巴郡守，半年南宫郎，二年直綸閣，三年刺史堂。凡此十五載，有詩千餘章。

寶曆元年，三月，除守蘇州。是年七月，有吴郡詩石記。

明年，病免。（華嚴經社石記云：寶曆二年九月二十五日，前蘇州刺史白居易記。是歲十二月，敬宗崩，文宗立。）樂天欲去郡，有自詠五章。其一云：官舍非我廬，官園非我樹。洛中有小宅，渭上有别墅。既無婚嫁累，幸有歸休處。歸去誠已遲，猶勝不歸去。又《宿滎陽》詩云：生長在滎陽，少小辭鄉曲。迢迢四十載，復到滎陽宿。去時年十二，今年五十六。（時文宗大和元年也。）

文宗大和元年，以秘書監召。十月上旬，誕聖之日，樂天以秘書監與沙門義林道士楊洪元發問酬難。是歲，遷刑部侍郎。微之於浙東就拜尚書，樂天詩云：我爲憲部入南宫，君作尚書鎮浙東。老去一時成白首，别來七度换春風是也。

二年，《歲暮詠懷》云：窮冬月末兩三日，半百年過六七時。龍尾趁朝無氣力，牛頭參道有心期。榮華外物終須悟，老病傍人豈得知。猶被妻兒教漸退，莫求致仕且分司。時二李黨事興，樂天畏禍求退，故詠懷云：人間禍福愚難料，世上風波老不禁。萬一差池似前事，又應追悔不抽簪。

三年，春，移病還東都。是年夏，得請爲太子賓客、分司。（見《池上篇》序。自是不出東都矣。）《將至東都先寄令狐留守》云：東都添箇狂賓客，先報壺觴風月知。《歸履道宅》詩云：往時多暫住，今日是長歸。（自是劉、白、令狐、裴相唱和甚多。）

四年，作《自嘲》詩云：五十八翁方有後，靜思堪喜亦堪嗟。自後何處難忘酒，不如來飲酒詩篇。皆東都作也。

五年，拜河南尹。樂天詩云：六十河南尹，前途足可知。老應無處避，病不與人期。是年六十矣。

七年，復以賓客，分司。序《洛詩》云：大和二年，詔授刑部侍郎。明年，病免，歸洛，旋授太子賓客、分司東都。居二年，就領河南尹。又三年，病免，歸履道里第。再授賓客、分司。

開成元年，起爲同州刺史，不拜，改太子少傅。

二年，三月，河南尹李待價禊於洛濱，啓留守裴令公。公召居易、劉禹錫等一十五人宴舟中，樂天賦三月草萋萋，黃鶯歇又啼之作。

四年，賦《病中詩》，序云：開成己未歲，余蒲柳之年六十有八。冬十月甲寅，始得風痺之疾，因成十五首，題爲《病中詩》。且貽所知，兼用自廣。

五年，《春盡獨吟》云：病共樂天相伴住，春隨樊子一時歸。是年文宗崩，武宗立。樂天妓樊素也，善歌《楊柳枝》，人多以曲名名之。樂天病，去之。夢得詩云：春盡絮飛留不得，隨風好去落誰家。

會昌元年辛酉，年七十，以刑部尚書致仕。《達哉樂天行》云：分司東都十三年，七旬纔滿冠已掛。又《香山寫真贊序》云：會昌二年，罷太子少傅爲白衣居士，寫真香山寺藏經臺。又《初致仕贈留守牛丞相》，時年七十一，則樂天七十致仕矣。致仕詩云：南北東西無所羈，掛冠自在勝分司。探花嘗酒多先到，拜表行香盡不知。炮笋烹魚飽飧後，擁袍枕臂醉眠時。報君一語君應笑，兼亦無心羨保釐。又《醉中吟》：一生耽酒客，五度棄官人。注云：蘇州、刑侍、河南尹、同州刺史、太子少傅，皆以病免。

五年，爲東都九老會，時年七十四。

六年，八月，薨東都。贈右僕射，時年七十五。樂天寄王起、李紳詩云：予與山南王僕射、淮南李僕射，仕歷五朝，年踰三紀，海內年輩，今唯三人。故詩云：故交海內只三人，二坐巖廊一卧雲。時會昌六年也。微之卒於大和五年。明年，崔玄亮卒。會昌二年，劉夢得卒。樂天之卒最後。

王楙《野客叢書》卷三〇《白樸》 僕讀元微之詩，有曰：「白樸流傳用轉新。」注云：「樂天於翰林中，專取書詔批答詞，撰爲矜式，禁中號爲『白樸』。每新入學，求訪寶重過於《六典》。」檢《唐・藝文志》及《崇文總目》無聞，每訪此書不獲。適有以一編求售，號曰《制樸》，開帙覽之，即微之所謂『白樸』者是也。爲卷上中下三，上卷文武階勳等，中卷制頭、制肩、制腹、制腰、制尾，下卷將、相、刺史、節度之類。此蓋樂天取當時制文編類，以規後學者。

葛立方《韻語陽秋》卷一三 樂天所至處必築居。在渭上有蔡渡之居，在江州有草堂之居，在長安有新昌之居，在洛中有履道之居，皆有詩以紀勝。故其自謂云：「余自幼迨老，若白屋，若朱門，凡所止，雖一日二日，輒覆簣土爲臺，聚拳石爲山，環斗水爲池。」所謂君子之居，一日必葺者耶！

辛文房《唐才子傳》卷六《白居易傳》 居易字樂天，太原下邽人。（學頴按：此處顯誤。太原屬山西，下邽屬陝西渭南縣。）弱冠，名未振，觀光上國，謁顧況。況，吴人，恃才少所推可，因謔之曰：「長安百物皆貴，居大不易。」及覽詩卷，至「離離原上草，一歲一枯榮。野火燒不盡，春風吹又生」，乃歎曰：「有句如此，居天下亦不難。老夫前言戲之耳。」貞元十六年，中書舍人高郢下進士、拔萃，皆中，補校書郎。元和元年，作樂府及詩百餘篇，規諷時事，流聞禁中。上悦之，召拜翰林學士，歷左拾遺。時盜殺宰相，京師洶洶。居易首上疏，請亟捕賊。權貴有嫌其出位，怒。俄有言：「居易母墮井死，而賦《新井篇》，言既浮華，行不可用。」貶江州司馬。初以勳庸暴露不宜，實無他腸，怫怒姦黨，遂失志。亦能順適所遇，託浮屠死生説忘形骸者。久之，轉中書舍人，知制誥。河朔亂，兵出無功，又言事，不見聽，乞外，除爲杭州刺史。文宗立，召遷刑部侍郎。會昌初致仕，卒。

居易累以忠鯁遭擯，乃放縱詩酒。既復用，又皆幼君，仕情頓爾索寞。卜居履道里，與香山僧如滿等結淨社。疏沼種樹，構石樓，鑿八節灘，爲游賞之樂，茶鐺酒杓不相離。嘗科頭箕踞，談禪詠古，晏如也。自號醉吟先生，作傳。酷好佛，亦經月不葷，稱香山居士。與胡杲、吉皎、鄭據、劉真、盧貞、張渾、如滿、李文爽燕集，皆高年不仕，日相招致，時人慕之，繪《九老圖》。

公詩以六義爲主，不尚艱難。每成篇，必令其家老嫗讀之，問解則録。後人評白詩「如山東父老課農桑，言言皆實」者也。雞林國行賈售於其國相，率篇百金，僞者即能辨之。與元稹極善膠漆，音韻亦同。天下曰「元白」。元卒，與劉賓客齊名，曰「劉白」云。公好神仙，自製飛雲履，焚香振足，如撥烟霧，冉冉生雲。初來九江，居廬阜峯下，作草堂，燒丹。今尚存。有《白氏長慶集》七十五卷，及所撰古今事實，爲《六帖》，及述作詩格法，欲自除其病，名《白氏金針集》三卷，並行於世。

備論

《舊唐書》卷一六六《白居易傳》 史臣曰：舉才選士之法，尚矣。自漢策賢良，隋加詩賦，罷中正之法，委銓舉之司。由是争務雕蟲，罕趨函丈，矯首皆希於屈、宋，駕肩並擬於《風》、《騷》。或侔箴闕之篇，或效補亡之句。咸欲鎔鑄《採葛》，糠粃《懷沙》，較麗藻於碧雞，鬭新奇於白鳳。暨編之簡牘，播在管絃，未逃季緒之詆訶，孰望《子虚》之稱賞？迨今千載，不乏辭人，統論六義之源，較其三變之體，如二班者蓋寡，類七子者幾何？至潘、陸情致之文，鮑、謝清便之作，迨於徐、庾，踵麗增華，纂組成而耀以珠璣，瑶臺構而間之金碧。國初開文館，高宗禮茂才，虞、許擅價於前，蘇、李馳聲於後。或位昇台鼎，學際天人，潤色之文，咸布編集。然而向古者傷於太僻，徇華者或至不經，齷齪者局於宫商，放縱者流於鄭、衛。若品調律度，揚搉古今，賢不肖皆賞其文，未如元、白之盛也。昔建安才子，始定霸於曹、劉；永明辭宗，先讓功於沈、謝。元和主盟，微之、樂天而已。臣觀元之制策，白之奏議，極文章之壼奥，盡治亂之根荄。非徒謡頌之片言，盤盂之小説。就文觀行，居易爲優，放心於自得之場，置器於必安之地，優游卒歲，不亦賢乎。

贊曰：文章新體，建安、永明。沈、謝既往，元、白挺生。但留金石，長有《莖》《英》。不習孫、吴，焉知用兵？

《新唐書》卷一一九《白居易傳》 贊曰：居易在元和、長慶時，與元稹俱有名，最長於詩，它文未能稱是也，多至數千篇，唐以來所未有。其自敘言：「關美刺者，謂之諷諭；詠性情者，謂之閑適；觸事而發，謂之感傷；其它爲雜律。」又譏「世人所愛惟雜律詩，彼所重，我所輕。至諷諭意激而言質，閑適思澹而辭迂，以質合迂，宜人之不愛也」。今視其文，信然。而杜牧謂：「纖豔不逞，非莊士雅人所爲。流傳人間，子父女母交口教授，淫言媟語入人肌骨不可去。」蓋救所失不得不云。

觀居易始以直道奮，在天子前争安危，冀以立功，雖中被斥，晚益不衰。當宗閔時，權勢震赫，終不附離爲進取計，完節自高。而稹中道徼險得宰相，名望漼然。嗚呼，居易其賢哉！

范祖禹《唐鑑》卷九《憲宗》 帝以久旱，欲降德音，李絳、白居易上言：「欲令實惠及人，無如減其租税。」又請出宫人，禁諸道横斂以進奉及嶺南、黔中、福建掠賣人爲奴婢。閏月己酉，制降天下繫囚，餘皆如二臣之請。己未，雨。絳表賀曰：「乃知憂先於事，故能無憂，事至而憂，無救於事。」

臣祖禹曰：古之救災，必施舍己責，逮鰥寡，賑乏絶。至漢之時，恤民者，猶賜之田租。後世人君惟赦有罪及有爵而已，德澤不加於百姓也。絳、居易以爲欲令實惠及民，無如減其租税，使憲宗詔令不爲空文。賢人之謀，豈不信哉！

【略】十月，制削奪王承宗官爵，以左神策中尉吐突承璀爲左、右神策，河中、河陽、浙西、宣歙等道行營兵馬使，招討處置等使。翰林學士白居易上奏，以爲：「自古及今，未有徵天下之兵，專令中使統領。今承璀之任，乃制將、都統也，陛下忍令後代相傳云以中官爲制將、都統自陛下始乎！」時諫官、御史論承璀職名太重者相屬，帝皆不聽。戊子，帝御延英殿，度支使李元素，鹽鐵使李鄘，京兆尹許孟容，御史中丞李夷簡，諫議大夫孟簡，給事中吕元膺、穆質，右補闕獨狐郁等極言其不可，帝不得已，明日，削承璀四道兵馬使，改處置爲宣慰而已。

臣祖禹曰：憲宗以中官爲大將，此亂政也。然其羣臣皆以爲不可，彊諫而力争者相屬于朝，此則治世之事也，亦足以見其賢臣之多矣。天下之禍，莫大於人君過舉而下莫敢言，如皆莫敢言，則至於亡而不自知也。

蘇軾《仇池筆記》卷上《白樂天詩》 白樂天爲王涯所讒，謫江州司馬，甘露之禍，樂天有詩云：「當君白首同歸日，是我青山獨往時。」不知者以爲幸亡，樂天豈幸人之禍者哉？蓋悲之也！

佚名《歷代名賢確論》卷八七《白居易》 東坡論樂天不欲討蔡曰：「吴元濟以蔡叛，犯許汝，以驚東都，此豈不可討者也？當時議者，欲置之，固爲非策，然不得武、裴公二傑，事亦未易辨也！白樂天豈庸人哉，然其議論，亦以欲置之者。其詩，有海圖屏風者，可見其意，且注云：「時方討淮蔡作。」吾是以知仁人君子之於兵，蓋不欲輕用如此。淮蔡且欲以德懷，況欲所恃以勤，無用乎悲夫？此未易與世士説也。

子由曰：「樂天少年，知讀佛書，習禪定，既涉世，履憂患，胷中了然，照諸幻之空也。故其還朝爲從官，小不合，即捨去，分司東洛，優游終老。蓋唐世士大夫，達者如樂天寡矣。然處世不幸，在牛李黨中，觀其平生端而不倚非有所附麗者，蓋勢有所至，而不能已耳。會昌之初，李德裕用事，樂天適以七十遂求致仕，

不一二年而歿。嗟夫！文鐃尚不能置一樂天於分司中耶？然樂天每閒冷衰病，發於詠歎，輒以公卿投荒繆死不獲其終者。自解予亦鄙之，至其聞文鐃謫朱崖，三絶句刻覈尤甚。樂天雖陋，蓋不至此也！且樂天死於會昌之初，而文鐃之竄在會昌末年，此決非樂天之詩，豈樂天之徒淺陋不學者，附益之邪！樂天之賢，當爲辨之。」元稹論樂天之文章曰：「大凡人之文，各有所長，樂天之長，可以爲多矣！夫以諷諭之詩長于激，閒適之詩長於遣，感傷之詩長於切，五字律詩百言而上長於贍，五字七字百言而下長於情，賦贊箴戒之類長於當，碑記敘事制誥長於實，啓奏表狀長於直書，檄詞策剖判長於盡總，而言之不亦多乎哉！」

藝文

元稹《元氏長慶集》卷五《白氏長慶集序》　《白氏長慶集》者，太原人白居易之所作。居易，字樂天。樂天始言，試指「之」、「無」二字，能不誤。具樂天與予書。始既言，讀書勤敏，與他兒異。五六歲識聲韻，十五志詩賦，二十七舉進士。貞元末，進士尚馳競，不尚文，就中六籍尤擯落。禮部侍郎高郢始用經藝爲進退，樂天一舉擢上第。明年，拔萃甲科。由是《性習相近遠》、《求玄珠》、《斬白蛇》等賦，及百道判，新進士競相傳於京師矣。會憲宗皇帝册召天下士，樂天對詔稱旨，又登甲科。未幾，入翰林，掌制誥，比比上書言得失。因爲《賀雨》、《秦中吟》等數十章，指言天下事，時人比之《風》《騷》焉。

予始與樂天同校祕書之名，多以詩章相贈答。會予譴掾江陵，樂天猶在翰林，寄予百韻律詩及雜體，前後數十章。是後，各佐江、通，復相酬寄。巴蜀江楚間洎長安中少年，遞相倣傚，競作新詞，自謂爲「元和詩」。而樂天《秦中吟》、《賀雨》諷諭等篇，時人罕能知者。然而二十年間，禁省、觀寺、郵候牆壁之上無不書，王公妾婦、牛童馬走之口無不道。至於繕寫模勒，衒賣於市井，或持之以交酒茗者，處處皆是。揚、越間多作書模勒樂天及予雜詩，賣於市肆之中也。其甚者，有至於盜竊名姓，苟求自售，雜亂間厠，無可奈何！予於平水市中，鏡湖傍草市名。見村校諸童競習詩，召而問之，皆對曰：「先生教我樂天、微之詩。」固亦不知予之爲微之也。又雞林賈人求市頗切，自云：本國宰相每以百金換一篇。其甚僞者，宰相輒能辨別之。自篇章已來，未有如是流傳之廣者。

長慶四年，樂天自杭州刺史以右庶子詔還。予時刺會稽，因得盡徵其文，手自排纘，成五十卷，凡二千一百九十一首。前輩多以前集、中集爲名，予以爲陛下明年當改元，長慶訖於是，因號曰《白氏長慶集》。大凡人之文各有所長，樂天之長可以爲多矣。是以諷諭之詩長於激，閑適之詩長於遣，感傷之詩長於切；五字律詩、百言而上長於贍；五字七字、百言而下長於情；賦贊箴戒之類長於當；碑記叙事制誥長於實；啓表奏狀長於直；書檄詞策剖判長於盡。總而言之，不亦多乎哉！至於樂天之官秩景行，與予之交分淺深，非叙文之要也，故不書。長慶四年冬十二月十日微之序。

元稹《元氏長慶集》卷四六《白居易授尚書主客郎中知制誥》　敕：先帝付朕四海九州之重，尚賴威靈。天下甫定，思獲論議文章之臣，以在左右。俾之詳考今古，周知物情。而朝議郎、行尚書司門員外郎白居易，州里舉進士，有司升甲科。元和初，對詔稱旨，翱翔翰林，藹然直聲，留在人口。朕嘗視其詞賦，甚喜與相如並處一時。由是召自南賓，序補郎位。會牛僧孺以御史丞解制誥職，嗣掌書命，人推爾先。予亦飽其風猷，爾宜副兹超異。可守尚書主客郎中知制誥，餘如故。

計有功《唐詩紀事》卷三八《白居易》　張爲以居易爲廣大教化主，取其《讀史》詩云：含沙射人影，雖病人不知。巧言誣人罪，至死人不疑。掇蜂殺愛子，掩鼻戮寵姬。弘恭陷蕭望，趙高謀李斯。陰德既必報，陽禍豈虚施。人事雖可罔，天道終難欺。明即有刑辟，幽即有神祇。苟免勿私喜，鬼得而誅之。又取《秦中吟》云：厚地植桑麻，所用濟生民。生民理布帛，所求活一身。身外充征賦，上以奉君親。國家定兩稅，本意在憂人。厥初防其淫，明勑内外臣。稅外加一物，皆以枉法論。奈何歲月久，貪吏得因循。役我以救寵，斂索無冬春。織絹未盈疋，繰絲未盈斤。里胥迫我納，不許蹔逡巡。歲暮天地閉，陰風生破村。夜深煙火盡，霰雪白紛紛。幼者形不蔽，老者體無温。悲喘與寒氣，併入鼻頭辛。昨日輸殘稅，因窺官庫門。繒帛如山積，絲絮如雲屯。號爲羨餘物，隨月獻至尊。奪我身上暖，買爾眼前恩。進入瓊林庫，歲久化爲塵。又取《寓意》云：豫章生深山，七年而後知。挺高二百尺，本末皆十圍。天子建明堂，此材獨中規。匠人執斤墨，採度將有期。孟冬草木枯，烈火燎于陂。疾風吹猛焰，從根燒到枝。養培二十年，方成棟樑姿。一朝爲灰燼，柯葉無孑遺。地雖生爾材，天不與爾時。不如糞上芝，猶有人掇之。已矣勿重陳，重陳令人悲。勿悲焚燒苦，但悲

採用遲。又取赫赫京内史，奕奕中書郎。昨傳徵拜日，恩私顧殊常。貂冠水蒼玉，紫綬黄金章。佩服身未暖，已聞竄炎荒。親戚不得別，吞聲泣路旁。賓客亦已散，門前雀羅張。富貴來未久，倏如瓦溝霜。權勢去尤速，瞥若石火光。不如守貧賤，貧賤可久長。傳語宦遊子，且來歸故鄉。又取得意減別恨，半酣還遠程之句。又：人吏留不得，直入故山雲之句。又：長生不似無生理，休向青山學鍊丹之句。又：白髮鑷不盡，根在愁腸中之句。又：《與薛濤》云：峨眉山勢接雲霓，欲逐劉郎北路迷。若似剡中容易到，春風猶隔武陵溪。已上皆《主客圖》。

《序洛詩》序云：《序洛詩》，樂天自叙在洛之樂也。予歷覽古今歌詩，自《風騷》之後，蘇、李以還，李陵、蘇武爲五言詩。次及鮑謝徒，迄于李杜輩，其間詞人聞知者累百，詩章流傳者鉅萬。觀其所自，多因讒冤謫逐，征戍行旅，凍餒病老，存殁別離，情發於中，文形於外，故憤憂怨傷之作，通計今古，十八九焉。世所謂文士多數奇，詩人尤命薄，於斯見矣。又有以知理安之世少，離亂之時多，亦明矣。予不佞，喜文嗜詩，自幼及老，著詩數千首，已甚多矣。故章句在人口，姓氏落詩流。雖才不逮古人，然所作不啻數千首，作一數奇命薄之士，亦有餘矣。今壽過耳順，幸無病苦，官至三品，免罹飢寒，此一樂也。大和二年，詔受刑部侍郎。明年，病免，歸洛，旋授太子賓客，分司東都。居二年，就領河南尹事。又三年，病免，歸履道里第；再受賓客分司。自三年春至八年夏，在洛凡五周年，作詩四百三十二首，除喪明哭子十數篇外，其他皆寄懷於酒，或取意於琴，閑適有餘，酣樂不暇，苦詞無一字，憂歎無一聲，豈牽强所能致耶，蓋亦發中而形外耳。斯樂也，實本之於省分知足，濟之以家給身閑，文之以觴詠絃歌，飾之以山水風月，此而不適，何往而適哉！兹又以重吾樂也。予嘗云：治世之音安以樂，閑居之詩泰以適。苟非理世，安得閑居。故集洛詩，別爲序引，不獨記東都履道里有閑居泰適之叟，亦欲知皇唐大和歲有理世安樂之音。集而序之，以候夫採詩者。甲寅歲七月十日云爾。

元微之《白氏長慶集序》云：憲宗皇帝册召天下士，樂天對詔稱旨，又登甲科，未幾選入翰林，掌制誥。比上書言得失，因爲《賀雨》詩、《秦中吟》等數十章，指言天下事，時人比之《風騷》焉。予始與樂天同校秘書，前後多以詩章相贈答。會予譴掾江陵，樂天猶在翰林，寄予百韻律詩及雜體，前後數十章。是後各佐江通，復相酬寄。巴蜀江楚間洎長安中少年遞相倣效，競作新詞，自謂爲元和詩；而樂天《秦中吟》、《賀雨》諷諭等篇，時人罕能知者。然而二十年間，禁省觀寺郵候牆壁之上無不書，王公妾婦牛童馬走之口無不道；至於繕寫模勒，衒賣於市井，或持之以交酒茗者，處處皆是。楊越間多作書模，勒樂天及予雜詩，賣于市肆之中也。其甚者，有至於盜竊名姓，苟求自售，雜亂間厠，無可奈何。予嘗於平水市中，鏡湖傍草市名。見村校諸童，競習歌詠，召而問之，皆對曰：先生教我樂天、微之詩。固亦不知予之爲微之也。又云雞林賈人求市頗切，自云：本國宰相，每以百金換一篇，其甚僞者，宰相輒能辨別之。自篇章以來，未有如是流傳之廣者。長慶四年，樂天自杭州刺史以右庶子詔還。予時刺會稽，因得盡徵其文，手自排纘，成五十卷，凡二千一百九十一首。前輩多以前集中集爲名，予以爲陛下明年秋當改元，長慶訖於是矣，因號曰《白氏長慶集》。大凡人之文，各有所長，樂天之長，可以爲多矣。夫以諷諭之詩長於激，閒適之詩長於遣，感傷之詩長於切，五字律詩百言而上長於贍，五字七言百言而下長於情，賦贊箴戒之類長於當，碑記叙事制誥長於實，啓奏表狀長於直，書檄詞策剖判長於盡。總而言之，不亦多乎哉！至於樂天之官族景行與予之交分淺深，非叙文之要也，故不書。

《與元九書》云：夫文尚矣，三才各有文。天之文，三光首之；地之文，五材首之；人之文，六經首之。就六經言，《詩》又首之。何者？聖人感人心而天下和平。感人心者，莫先乎情，莫始乎言，莫切乎聲，莫深乎義。詩者，根情，苗言，華聲，實義。上自賢聖，下至愚騃，微及豚魚，幽及鬼神，羣分而氣同，形異而情一，未有聲入而不應，情交而不感者。聖人知其然，因其言，經之以六義；緣其聲，緯之以五音。音有韻，義有類。韻協則言順，言順則聲易入；類舉則情見，情見則感易交。於是乎孕大含深，貫微洞密，上下通而一氣泰，憂樂合而百志熙。五帝三皇，所以直道而行，垂拱而理者，揭此以爲大柄，決此以爲大寶也。故聞元首明，股肱良之歌，則知虞道昌矣。聞五子洛汭之歌，則知夏政荒矣。言者無罪，聞者足戒，言者聞者，莫不兩盡其心焉。洎周衰秦興，採詩官廢，上不以詩補察時政，下不以歌洩導人情。乃至於諂成之風動，救失之道缺。于時六義始刓矣。《國風》變爲《騷辭》，五言始於蘇李。蘇李騷人，皆不遇者，各繫其志，發而爲文。故河梁之句，止於傷別，澤畔之吟，歸於怨思，彷徨抑鬱，不暇及他耳。然去《詩》未遠，梗概尚存。故興離別則引雙鳧一雁爲喻，諷君子小人則引香草惡鳥爲比。雖義類不具，猶得風人之什二三焉。于時六義始缺矣。晉宋以還，得者蓋寡。以康樂之奧博，多溺於山水；以淵明之高古，偏放於田園。江鮑之流，又狹於此。如梁鴻《五噫》之例者，百無一二焉。於時六義寖微矣，陵夷

矣。至於梁陳間，率不過嘲風雪弄花草而已。噫！風雪花草之物，三百篇中豈捨之乎？顧所用何如耳。設如北風其涼，假風以刺威虐也；雨雪霏霏，因雪以愍征役也；棠棣之華，感華以諷兄弟也；采采芣苢，美草以樂有子也。皆興發於此而義歸於彼。反是者，可乎哉！然則餘霞散成綺，澄江淨如練，離花先委露，別葉乍辭風之什，麗則麗矣，吾不知其所諷焉。故僕所謂嘲風雪弄花草而已。於時六義盡去矣。唐興二百年，其間詩人不可勝數。所可舉者，陳子昂有《感遇詩》二十首，鮑防有《感興詩》十五首。又詩之豪者，世稱李杜。李之作，才矣奇矣，人不逮矣，索其風雅比興，十無一焉。杜詩最多，可傳者千餘篇，至於貫穿今古，覼縷格律，盡工盡善，又過於李。然撮其《新安吏》、《石壕吏》、《潼關吏》、《塞蘆子》、《留花門》之章，朱門酒肉臭，路有凍死骨之句，亦不過三四十首。杜尚如此，況不逮杜者乎？僕嘗痛詩道崩壞，忽忽憤發，或食輟哺，夜輟寢，不量材力，欲扶起之。嗟乎！事有大謬者，又不可一二而言，然亦不能不麤陳于左右：僕始生六七月時，乳母抱弄於書屏下，有指無字之字示僕者，僕雖口未能言，心已默識。後有問此二字者，雖百十其試，而指之不差，則僕宿昔之緣，已在文字中矣。及五六歲，便學爲詩，九歲諳識聲韻，十五六始知有進士，苦節讀書。二十已來，晝課賦，夜課書，間又課詩，不遑寢息矣。以至於口舌成瘡，手肘成胝，既壯而膚革不豐盈，未老而齒髮早衰白，瞥瞥然如飛蠅垂珠在眸子中也，動以萬數。蓋以苦學力文所致，又自悲矣。家貧多故，二十七方從鄉試。既第之後，雖專於科試，亦不廢詩。及授校書郎時，已盈三四百首，或出示交友如足下輩，見皆謂之工，其實未窺作者之域耳。自登朝來，年齒漸長，閱事漸多，每與人言，多詢時務，每讀書史，多求理道，始知文章合爲時而著，歌詩合爲事而作。是時皇帝初即位，宰府有正人，屢降璽書，訪人急病。僕當此日，擢在翰林，身是諫官，手請諫紙，啓奏之外，有可以救濟人病，裨補時闕，而難於指言者，輒詠歌之，欲稍稍遞進聞於上。上以廣宸聰，副憂勤；次以酬恩獎，塞言責；下以復吾平生之志。豈圖志未就而悔已生，言未聞而謗已成矣。又請爲左右終言之：凡聞僕《賀雨》詩，而衆口籍籍，已謂非宜矣。聞僕《哭孔戡》詩，衆面脈脈，盡不悅矣。聞《秦中吟》，則權豪貴近者相目而變色矣。聞《樂遊園》寄足下詩，則執政柄者扼腕矣。聞《宿紫閣村》詩，則握軍要者切齒矣。大率如此，不可偏舉。不相與者號爲沽名，號爲詆訐，號爲訕謗。苟相與者，則如牛僧孺之戒焉。乃至骨肉妻孥皆以我爲非也。其不我非者，舉不過三兩人。有鄧魴者，見僕詩而喜。無何而魴死。有唐衢者，見僕詩而泣。未幾而衢死。其餘則足下，足下又十年來困躓若此。嗚呼！豈六義四始之風，天將破壞不可支持耶？抑又不知天之意不欲使下人之病苦聞於上耶？不然，何有志於詩者不利若此之甚也？然僕又自思關東一男子耳，除讀書屬文外，其他懵然無知，乃至書畫棋博可以接羣居之歡者，一無通曉，即其愚拙可知矣。初應進士時，中朝無緦麻之親，達官無半面之舊，策蹇步於利足之途，張空拳於戰文之場。十年之間，三登科第，名入衆耳，迹升清貴，出交賢俊，入侍冕旒。始得名於文章，終得罪於文章，亦其宜也。日者，又聞親友間說：禮吏部舉選人，多以僕私試賦判，傳爲準的。其餘詩句，亦往往在人口中。僕恧然自愧，不之信也。及再來長安，又聞有軍使高霞寓者，欲聘倡妓，妓大誇曰：我誦得白學士《長恨歌》，豈同他妓哉？由是增價。又足下書云：到通州日，見江館柱間有題僕詩者，復何人哉？又昨過漢南日，適遇主人集衆樂，娛他賓，諸妓見僕來，指而相顧曰：此是《秦中吟》、《長恨歌》主耳。自長安抵江西，三四千里，凡鄉校、佛寺、逆旅、行舟之中，往往有題僕詩者，士庶、僧徒、孀婦、處女之口，每每有詠僕詩者。此誠雕蟲之戲，不足爲多，然今時俗所重，正在此耳。雖前賢如淵、雲者，前輩如李、杜者，亦未能忘情於其間哉！古人云：名者，公器，不可以多取。僕是何者？竊時之名已多。既竊時名，又欲竊時之富貴，使己爲造物者，肯兼與之乎？今之迍窮，理固然也。況詩人多蹇，如陳子昂、杜甫各授一拾遺，而迍剝至死。李白、孟浩然輩不及一命，窮悴終身。近日孟郊六十，終試協律；張籍五十，未離一太祝。彼何人哉！彼何人哉！況僕之才又不逮彼。今雖謫在遠郡，而官品至第五，月俸四五萬，寒有衣，飢有食，給身之外，施及家人，亦可謂不負白氏之子矣。微之，微之！勿念我哉！僕數月來，檢討囊篋中，得新舊詩，各以類分，分爲卷首。自拾遺來，凡所適所感，關於美刺興比者，又自武德訖元和，因事立題，題爲新樂府者，共一百五十首，謂之諷諭詩。又或退公獨處，或移病閒居，知足保和，吟玩情性者一百首，謂之閑適詩。又有事物牽於外，情理動於內，隨感遇而形於歎詠者一百首，謂之感傷詩。又有五言七言長句絕句，自一百韻至兩韻者四百餘首，謂之雜律詩。凡爲十五卷，約八百首。異時相見，當盡致於執事。微之！古人云：窮則獨善其身，達則兼濟天下。僕雖不肖，常師此語。大丈夫所守者道，所待者時。時之來也，爲雲龍，爲風鵬，勃然突然，陳力以出。時之不來也，爲霧豹，爲冥鴻，寂兮寥兮，奉身而退。進退出處，何往而不自得哉？故僕志在兼濟，行在獨善，奉而始終之則爲

道，言而發明之則爲詩。謂之諷諭詩，兼濟之志也；謂之閒適詩，獨善之義也。故覽僕詩，知僕之道焉。其餘雜律詩，或誘於一時一物，發於一笑一吟，率然成章，非平生所尚者，但以親朋合散之際，取其釋恨佐懽。今銓次之間，未能删去，他時有爲我編集斯文者，略之可也。微之！夫貴耳賤目，榮古陋今，人之大情也。僕不能遠徵古舊，如近歲韋蘇州歌行，才麗之外，頗近興諷。其五言詩又高雅閒澹，自成一家之體。今之秉筆者誰能及之？然當蘇州在時，人亦未甚愛重，必待身後，然後人貴之。今僕之詩，人所愛者，悉不過雜律詩與《長恨歌》已下耳。時之所重，僕之所輕。至於諷諭者，意激而言質，閒適者，思澹而詞迂，以質合迂，宜人之不愛也。今所愛者，並世而生，獨足下耳。然千百年後，安知復無如足下者出而知愛我詩哉？故自八九年來，與足下小通則以詩相戒，小窮則以詩相勉，索居則以詩相慰，同處則以詩相娱。知吾最要，率以詩也。如今年春遊城南時，與足下馬上相戲，因各誦新豔小律，不雜他篇，自皇子陂歸昭國里，迭吟遞唱，不絶聲者二十里餘。樊李在傍，無所措口。知我者以爲詩仙，不知我者以爲詩魔。何則？勞心靈，役聲氣，連朝接夕，不自知其苦，非魔而何？偶同人當美景，或花時宴罷，或月夜酒酣，一詠一吟，不知老之將至，雖驂鸞鶴、遊蓬瀛者之適，無以加於此焉，又非仙而何？微之，微之！此吾所以與足下外形骸、脱蹤蹟，傲軒鼎、輕人寰者，又以此也。當此之時，足下興有餘力，且與僕悉索還往中詩，取其尤長者，如張十八古樂府，李二十新歌行，盧、楊二秘書律詩，竇七、元八絶句，博搜精掇，編而次之，號《元白往還詩集》。衆君子得擬議於此者，莫不踴躍欣喜，以爲盛事。嗟乎！言未終而足下左轉，不數月而僕又繼行，心期索然，何日成就，又可爲之歎息矣。又僕嘗語足下：凡人爲文，私於自是，不忍於割截，或失於繁多，其間妍媸，益又自惑，必待交友有公鑒無姑息者，討論而削奪之，然後繁簡當否得其中矣。況僕與足下，爲文尤患其多。已尚病之，況他人乎？今且各纂詩筆，粗爲卷第，待與足下相見日，各出所有，終前志焉。又不知相遇是何年，相見在何地，溘然而至，則如之何！微之，微之！知我心哉！潯陽臘月，江風苦寒，歲暮鮮懽，夜長無睡。引筆鋪紙，悄然燈前，有念則書，言無次第，勿以繁雜爲倦，且以代一夕之話也。微之，微之！知我心哉！

計有功《唐詩紀事》卷四九《白居易》 《九老會》云：七人五百八十四，拖紫紆朱垂白鬚。囊裏無金莫嗟嘆，樽中有酒且歡娱。吟成六韻神還壯，飲到三盃氣尚麄。嵬峩狂歌教婢拍，婆娑醉舞遣孫扶。天年高邁二疏傅，人數多於四皓圖。除却三山五天竺，人間此會且應無。

樂天退居洛中，作尚齒九老之會，其序曰：胡、吉、劉、鄭、盧、張等六賢，皆多壽，余亦次焉。於東都敝居履道坊，合尚齒之會，七老相顧，既醉且歡。靜而思之，此會希有，因各賦七言六韻詩一章以記之，或傳諸好事者。時會昌五年三月二十四日。樂天云：其年夏，又有二老年貌絶倫，同歸故鄉，亦來斯會，續命書姓名年齒，寫其形貌，附于圖右，與前七老，題爲九老圖。仍以一絶贈之云：雪作鬚眉雲作衣，遼東華表暮雙歸。當時一鶴猶希有，何況今逢兩令威。（洛中遺老李元爽，年一百三十六，禪僧如滿歸洛，年九十五歲。）又云：時祕書監狄兼謨、河南尹盧貞，以年未七十，雖與會而不及列。

《全唐詩》卷四唐宣宗《弔白居易》 綴玉聯珠六十年，誰教冥路作詩。仙浮雲不繫名居易，造化無爲字樂天。童子解吟長恨曲，胡兒能唱琵琶篇。文章已滿行人耳，一度思卿一愴然。

《全唐文》卷八六三陶穀述《龍門重修白樂天影堂記》 《祭法》曰：「法施於人則祀之。」《洛書》曰：「王者之瑞則圖之。」世稱白傅文行，比造化之功，蓋後之學者若羣鳥之宗鳳凰，百川之朝滄海也。秉筆之士，由斯道而取位卿相者十七八焉，得不謂法施於人耶？王者之瑞耶？饗廟食，畫雲臺可矣，矧山椒遺像乎？陟彼高岡，慷慨前事，松凋宰樹，蕭瑟古埏之上；伊注逝川，潺湲荒祠之下。歲月未積，棟宇將壞。考其由，中和初，黎民經之而弗勤；詢其制，長興末，秦王修之而弗至。人神玄感，屬在興運。今居守左相太原武公，自許下之撫三川也，登鄂坂，望太室，且曰：「兹邑也，周公測景之地，土圭在焉，吾當在厥躬，臨甸民，以報天子。」既下車，闢污萊以實倉廩，寬獄市以處豪猾。由是，十一之税均，三千之條省。暇日巡魏闕，過天街，又曰：「兹地也，成王定鼎之郊，王氣猶屬。吾當尋舊地，舉墜典，以壯皇居。」遂上章法象，緯以嚴端，門構鴻梁，而跨洛水。由是，知拱辰之位肅，朝天之路通。三載陟明，我無慚德。

廣順三祀，歲在癸丑，暮春之初，予因芟除入洛，獲謁拜上公。趨魏絳之庭，金石在列；入亞夫之户，棨戟生風。初戢我以升降，視之禮也；復接我以酒漿，觀予志也。始三揖而進，終百拜而退。既予旋軫，相訪政事。對曰：「河橋破虜之勳，有京觀在；滹水禦守之略，有金湯在：雖三尺童子，盡能知之，予無可述。」因以白公影堂爲說。公曰：「我武臣也，惟干戈是執，味俎豆之事，幸爲序白氏政績及修葺之義，俾後之聞者，足以勸爲善而嚮令名，是吾志也。雖百金不

恡，矧土木乎？」予曰：「彼白公服則儒士也，位則文人也，當官隸事，烈有丈夫志。祇於批逆鱗，刺權幸，塞左道，履平坦。鎮陽拒命也，指中人爲制將，救日月之蝕，則戰士心悦。武相遇盜也，責京尹討賊，犯雷霆之怒，則奸臣股慄。杭州救旱，因農隙而積湖水。龍門通嶮，出家財而鑿八灘。著策數十篇，盡王佐之才；有文七十卷，導平生之志。向使得其位，而且久行其道而不疑，以憲宗之神武，可繼文皇也。元和之刑政，自同太宗也。必當華夏宅心，上東封之書；蠻夷屈膝，納藁街之貢。豈直擒吴定蜀，平一蔡州而已哉？」

言粗畢，公聳身長揖而言曰：「異乎昔之所聞。若此，則白公之才美，實輔相之英者，豈徒丈夫耶？子其行矣，予果得修之。」予歸朝未再旬，邸吏捧公書相授，具報訖事。豰素乏口才，加之性懶，蟠桃拂漢，非尺箠可量，直以與公問答，疏之如右，别刊貞石，以俟能者。廣順癸丑七月十有二日記。

劉禹錫部

綜述

《舊唐書》卷一六〇《劉禹錫傳》 劉禹錫字夢得，彭城人。祖雲，父漵，仕歷州縣令佐，世以儒學稱。禹錫貞元九年擢進士第，又登宏辭科。禹錫精於古文，善五言詩，今體文章復多才麗。從事淮南節度使杜佑幕，典記室，尤加禮異。從佑入朝，爲監察御史。與吏部郎中韋執誼相善。

貞元末，王叔文於東宮用事，後輩務進，多附麗之，禹錫尤爲叔文知獎，以宰相器待之。順宗即位，久疾不任政事，禁中文誥，皆出於叔文，引禹錫及柳宗元入禁中，與之圖議，言無不從。轉屯田員外郎，判度支鹽鐵案，兼崇陵使判官。頗怙威權，中傷端士。宗元素不悦武元衡，時武元衡爲御史中丞，乃左授右庶子。侍御史竇羣奏禹錫挾邪亂政，不宜在朝，羣即日罷官。韓皋憑藉貴門，不附叔文黨，出爲湖南觀察使。既任喜怒凌人，京師人士不敢指名，道路以目，時號二王、劉、柳。

叔文敗，坐貶連州刺史，在道，貶朗州司馬。地居西南夷，士風僻陋，舉目殊俗，無可與言者。禹錫在朗州十年，唯以文章吟詠，陶冶情性。蠻俗好巫，每淫祠鼓舞，必歌俚辭。禹錫或從事於其間，乃依騷人之作，爲新辭以教巫祝。故武陵谿洞間夷歌，率多禹錫之辭也。

初禹錫、宗元等八人犯衆怒，憲宗亦怒，故再貶。制有「逢恩不原」之令。然執政惜其才，欲洗滌痕累，漸序用之。會程异復掌轉運，有詔以韓皋及禹錫等爲遠郡刺史。屬武元衡在中書，諫官十餘人論列，言不可復用而止。

禹錫積歲在湘、澧間，鬱悒不怡，因讀《張九齡文集》，乃敍其意曰：「世稱曲江爲相，建言放臣不宜於善地，多徙五谿不毛之鄉。今讀其文章，自内職牧始安，有瘴癘之歎，自退相守荆州，有拘囚之思。託諷禽鳥，寄辭草樹，鬱然與騷人同風。嗟夫，身出於遐陬，一失意而不能堪，矧華人士族，而必致醜地，然後快意哉！議者以曲江爲良臣，識胡雛有反相，羞與凡器同列，密啓廷諍，雖古哲人不及。而燕翼無似，終爲餒魂。豈忮心失恕，陰謫最大，雖二美莫贖耶？不然，何袁公一言明楚獄而鍾祉四葉。以是相較，神可誣乎？」

元和十年，自武陵召還，宰相復欲置之郎署。時禹錫作《遊玄都觀詠看花君子詩》，語涉譏刺，執政不悦，復出爲播州刺史。詔下，御史中丞裴度奏曰：「劉禹錫有母，年八十餘。今播州西南極遠，猿狖所居，人迹罕至。禹錫誠合得罪，然其老母必去不得，則與此子爲死别，臣恐傷陛下孝理之風。伏請屈法，稍移近處。」憲宗曰：「夫爲人子，每事尤須謹慎，常恐貽親之憂。今禹錫所坐，更合重於他人，卿豈可以此論之？」度無以對。良久，帝改容而言曰：「朕所言，是責人子之事，然終不欲傷其所親之心。」乃改授連州刺史。去京師又十餘年，連刺數郡。

太和二年，自和州刺史徵還，拜主客郎中。禹錫銜前事未已，復作《遊玄都觀詩序》曰：「予貞元二十一年爲尚書屯田員外郎，時此觀中未有花木，是歲出牧連州，尋貶朗州司馬。居十年，召還京師，人人皆言有道士手植紅桃滿觀，如爍晨霞，遂有詩以志一時之事。旋又出牧，于今十有四年，得爲主客郎中。重遊兹觀，蕩然無復一樹，唯兔葵燕麥，動摇於春風，因再題二十八字，以俟後遊。」其前篇有「玄都觀裏桃千樹，總是劉郎去後栽」之句，後篇有「種桃道士今何在，前度劉郎又到來」之句，人嘉其才而薄其行。禹錫甚怒武元衡、李逢吉，而裴度稍知之。太和中，度在中書，欲令知制誥，執政又聞《詩序》，滋不悦，累轉禮部郎中、集賢院學士。度罷知政事，禹錫求分司東都。終以恃才褊心，不得久處朝列。六月，授蘇州刺史，就賜金紫。秩滿入朝，授汝州刺史，遷太子賓客，分司東都。

禹錫晚年與少傅白居易友善，詩筆文章，時無在其右者。常與禹錫唱和往來，因集其詩而序之曰：「彭城劉夢得，詩豪者也。其鋒森然，少敢當者。予不量力，往往犯之。夫合應者聲同，交争者力敵。一往一復，欲罷不能。由是每制一篇，先於視草，視竟則興作，興作則文成。一二年來，日尋筆硯，同和贈答，不覺滋多。大和三年春以前，紙墨所存者，凡一百三十八首。其餘乘興仗醉，率然口號者不在此數。因命小姪龜兒編録，勒成兩軸。仍寫二本，一付龜兒，一授夢得小男崙郎，各令收藏，附兩家文集。予頃與元微之唱和頗多，或在人口。嘗戲微之云：『僕與足下二十年來爲文友詩敵，幸也，亦不幸也。吟詠情性，播揚名聲，其適遺形，其樂忘老，幸也。然江南士女語才子者，多云元、白，以子之故，使

僕不得獨步於吴、越間，此亦不幸也。今垂老復遇夢得，非重不幸耶？」夢得夢得，文之神妙，莫先於詩。若妙與神，則吾豈敢？如夢得『雪裏高山頭白早，海中仙果子生遲』、『沉舟側畔千帆過，病樹前頭萬木春』之句之類，真謂神妙矣。在在處處，應有靈物護持，豈止兩家子弟祕藏而已！」其爲名流許與如此。夢得嘗爲《西塞懷古》、《金陵五題》等詩，江南文士稱爲佳作，雖名位不達，公卿大僚多與之交。

開成初，復爲太子賓客分司，俄授同州刺史。秩滿，檢校禮部尚書、太子賓客分司。會昌二年七月卒，時年七十一，贈户部尚書。

子承雍，登進士第，亦有才藻。

劉禹錫《劉夢得文集》外集卷九《子劉子自傳》 子劉子，名禹錫，字夢得。其先漢景帝賈夫人子勝封中山王，謚曰靖，子孫因封爲中山人也。七代祖亮，事北朝爲冀州刺史、散騎常侍，遇遷都洛陽，爲北部都昌里人。世爲儒而仕，墳墓在洛陽北山。其後也陿不可依，乃葬滎陽之檀山原。由大王父已還，一昭一穆如平生。曾祖凱，官至博州刺史。祖鍠，由洛陽主簿察視行馬外事，歲滿轉殿中丞、侍御史，贈尚書祠部郎中。父諱緒，亦以儒學，天寶末應進士，遂及大亂，舉族東遷，以違患難，因爲東諸侯所用。後爲浙西從事，本府就加鹽鐵副使，遂轉殿中主務於埇橋。其後罷歸浙右，至揚州，遇疾不諱。小子承夙訓，稟遺教，眇然一身，奉尊夫人不敢殞滅。後忝登朝，或領郡，蒙恩澤先府君累贈至吏部尚書，先太君盧氏由彭城縣太君贈至范陽郡太夫人。

初，禹錫既冠，舉進士，一幸而中試。間歲，又以文登吏部取士科，授太子校書。官司閒曠，得以請告奉温凊。是時年少，名浮於實，士林榮之。及丁先尚書憂，迫禮不死，因成病疚。既免喪，相國揚州節度使杜公領徐泗，素相知，遂請爲掌書記。捧檄入告，太夫人曰：「吾不樂江淮間，汝宜謀之於始。」因白丞相以請，曰：「諾。」居數月而罷徐泗，而河路猶艱難，遂改爲揚州掌書記。涉二年而道無虞，前約乃行，調補京兆渭南主簿。明年冬，擢爲監察御史。

貞元二十一年春，德宗新棄天下，東宫即位。時有寒雋王叔文以善弈棊得通籍博望，因間隙得言及時事，上大奇之。如是者積久，衆未之知。至是起蘇州掾，超拜起居舍人、充翰林學士，遂陰薦丞相杜公爲度支鹽鐵等使。翊日，叔文以本官及内職兼充副使。未幾，特遷户部侍郎，賜紫，貴振一時。愚前已爲杜丞相奏署崇陵使判官，居月餘日，至是改屯田員外郎，判度支鹽鐵等。按初叔文北海人，自言猛之後，有遠祖風，唯東平吕温、隴西李景儉、河東柳宗元以爲言然。三子者皆與予厚善，日夕過言其能。叔文實工言治道，能以口辨移人。既得用，自春至秋，其所施爲，人不以爲當非。時上素被疾，至是尤劇，詔下内禪，自爲太上皇。後謚曰順宗。東宫即皇帝位。是時，太上久寢疾，宰臣及用事者都不得召對。宫掖事秘，而建桓立順，功歸貴臣。於是叔文首貶渝州，後命終死。宰相貶崖州。予出爲連州。途至荆南，又貶朗州司馬。居九年，詔徵復授連州。歷夔、和二郡，又除主客郎中，分司東都。明年，追入充集賢殿學士，轉蘇州刺史，賜金紫。移汝州，兼御史中丞。又遷同州，充本州防禦、長春宫使。後被足疾，改太子賓客分司東都。又改秘書監，分司一年，加檢校禮部尚書兼太子賓客，行年七十有一。身病之日，自爲銘曰：

不夭不賤，天之棋兮。重屯累厄，數之奇兮。天與所長，不使施兮。人或加訕，心無疵兮。寢於北牖，盡所期兮。葬近大墓，如生時兮。魂無不之，庸詎知兮！

雜録

備録

張固《幽閒鼓吹》 賓客劉公之爲屯田員外郎時，事勢稍異，旦夕有騰趠之勢。知一僧有術數極精，寓直日邀之至省，方欲問命，報韋秀才在門外。公不得已，且令僧坐簾下。韋秀才獻卷已，略省之，而意色殊倦。韋覺之乃去。與僧語，不對。吁嗟良久，乃曰：「某欲言，員外必不愜，如何？」公曰：「但言之。」僧曰：「員外後遷乃本行正郎也，然須待適來韋秀才知印處置。」公大怒，揖出之，不旬日貶官。韋秀才乃處厚相也，後三十餘年在中書，劉轉屯田郎中。

孟棨《本事詩·情感一》 劉尚書禹錫罷和州，爲主客郎中、集賢學士。李司空罷鎮在京，慕劉名，嘗邀至第中，厚設飲饌。酒酣，命妙妓歌以送之。劉於席上賦詩，曰：「䯼鬌梳頭宫樣粧，春風一曲杜韋娘。司空見慣渾閑事，斷盡江南刺史腸。」李因以妓贈之。

孟棨《本事詩·事感二》 劉尚書自屯田員外左遷朗州司馬，凡十年始徵還。方春，作贈看花諸君子詩曰：「紫陌紅塵拂面來，無人不道看花回。玄都觀裏桃千樹，盡是劉郎去後栽。」其詩一出，傳於都下。有素嫉其名者，白於執政，又誣其有怨憤。他日見時宰，與坐，慰問甚厚，既辭，即曰：「近者新詩，未免爲累，奈何？」不數日，出爲連州刺史。其自敍云：「貞元二十一年春，余爲屯田員外，時此觀未有花。是歲出牧連州，至荆南，又貶朗州司馬。居十年，詔至京師，人人皆言有道士手植仙桃滿觀，盛如紅霞，遂有前篇，以記一時之事。旋又出牧，於今十四年，始爲主客郎中，重遊玄都，蕩然無復一樹，唯兔葵、燕麥動搖於春風耳。因再題二十八字，以俟後再遊。時太和二年三月也。」詩曰：「百畝庭中半是苔，桃花淨盡菜花開。種桃道士歸何處，前度劉郎今獨來。」

佚名《大唐傳載》 禮部劉尚書禹錫與友人三年同處，其友人云：「未嘗見劉公説重話。」

韋絢《劉賓客嘉話録》 予與竇丈及王承昇同在朗州日，共歡宴。後三人相代爲夔州，亦異矣。

劉禹錫守連州，替高霞寓，霞寓後入爲羽林將軍。自京附書，曰：「以承眷，輒請自代矣。」公曰：「奉感。然有一話：曾有老嫗，山行見大蟲，羸然跬步而不進，若傷其足者。嫗因即之，而虎舉前足以示嫗，嫗看之，乃有芒刺在掌下，因爲拔之。俄而奮迅闞吼，別嫗而去，似媿其恩者。及歸，翌日，自外擲麋鹿狐兔至於庭者，日無闕焉。嫗登垣視之，乃前傷虎也，因爲親族具云其事，而心異之。一旦，忽擲一死人入，血肉狼藉，乃被村人兇者呵捕，云『殺人』。嫗具説其由，始得釋縛。乃登垣，伺其虎至而語之，曰：『感則感矣，叩頭大王，已後更莫抛人來也！』」

爲詩用僻事，須有來處。宋考功詩云：「馬上逢寒食，春來不見餳。」常疑此字。在讀《毛詩》《鄭箋》説簫處，注云：「即今賣餳者所吹。」六經惟此注中有「餳」字。吾緣明日是重陽，欲押一「餻」字，續尋思六經竟未見有「餻」字，不敢爲之。嘗訝杜員外「巨顙折老拳」，疑「老拳」無據，及覽《石勒傳》云：「卿既遭孤老拳，孤亦飽卿毒手。」豈虚言哉！後輩業詩，即須有據，不可率爾道也。

馮贄《雲仙雜記》卷五《日用斗麪爲糊以供緘封》 順宗時，劉禹錫干預大權，門吏接書尺日數千，禹錫一一報謝。緑珠盆中日用麪一斗爲糊，以供緘封。

范攄《雲溪友議》卷中《中山誨》 襄陽牛相公赴舉之秋，每爲同袍見忽。及至昇超，諸公悉不如也。嘗投贄於劉補闕禹錫，對客展卷，飛筆塗竄其文，且曰：「必先輩未期至矣！」然拜謝礱礪，終爲快快乎。歷廿餘歲，劉轉汝州，隴西公鎮漢南，枉道駐旌旆。信宿，酒酣，直筆以詩喻之。劉公承詩意，方悟往年改張牛公文卷，因誡子弟咸元、承雍等曰：「吾立成人之志，豈料爲非。況漢上尚書，高識達量，罕有其比。昔主父偃，家爲孫弘所夷；嵇叔夜，身死鍾會之口。是以魏武誡其子云：『吾大忿怒、小過失，慎勿學焉。』汝輩修進守忠爲上也。」《席上贈汝州劉中丞》襄州節度牛僧孺詩曰：「粉署爲郎四十春，今來名輩更無人。休論世上昇沉事，且鬭罇前見在身。珠玉會應成咳唾，山川猶覺露精神。莫嫌恃酒輕言語，曾把文章謁後塵。」《奉和牛尚書》汝州刺史劉禹錫：「昔年曾忝漢朝臣，晚歲空餘老病身。初見相如成賦日，後爲丞相掃門人。追思往事咨嗟久，幸喜清光語笑頻。猶有當時舊冠劍，待公三日拂埃塵。」牛公吟和詩，前意稍解，曰：「三日之事，何敢當焉！」宰相三朝後主印，所以昇降百司也。於是移宴竟夕，方整前驅也。中山公謂諸賓友曰：「予昔與權丞相德輿廋詞，同舍郎莫之會也；「廋詞」，隱語，時人罕之。與韓退之愈優劣人物，而浙袁給事同肩；與李表臣程突梯而侮李兵部紳；與柳子厚宗元評修國史，而薄侍郎衮；與吕光化論制誥，而鄙席舍人夔。余二十八年在外，五爲刺史，言遵道路知蘇杭五郡。而不復親臺省，以此將知清途隔絶，其自取乎！或有澹薄相於，緘翰莽鹵者，每吟張博士籍詩云：『新酒欲開期好客，朝衣暫脱見閒身。』對花木則吟王右丞詩云：『興闌啼鳥換，坐久落花多。』則幽居之趣少安乎？余友稀舊人，名爲異代；近日爲文，都不愜。洛中白二十居易苦好余《秋水詠》曰：『東屯滄海闊，南瀼洞庭寬。』又《石頭城上作》云：『山連故國周遭在，潮打空城寂寞迴。』余自知不及蘇州韋十九郎中應物詩曰：『春潮帶雨晚來急，野渡無人舟自横。』嘗過洞庭，雖爲一篇，静思杜員外甫落句云：『年去年來洞庭上，白蘋愁殺白頭人。』鄙夫之言，有愧於杜公也。楊危卿校書過華山詩曰：『河勢崑崙遠，山形菡萏秋。』此句實爲佳對。又皇甫博士湜《鶴處雞羣賦》云：『若李君之在胡，但見異類；如屈原之相楚，唯我獨醒。』然二君矜衒，俱爲朝野之絶倫。余亦昔時直氣，難以爲制，因作一口號，贈歌人米嘉榮曰：『唱得梁州意外聲，舊人唯有米嘉榮。近來年少輕前輩，好染髭鬚事後生。』夫人遊尊貴之門，常須慎酒。昔赴吴臺，揚州大司馬杜公鴻漸爲余開宴。沉醉歸驛亭，似醒見二女子在旁，驚非我有也，乃曰：『郎中席上與司空詩，特令二樂伎侍寢。』且醉中之作，都不記憶。明旦，修狀啓陳謝，杜公

亦優容之，何施面目也！余郎署州牧，輕忤三司，豈不難也。詩曰：『高髻雲鬟宮樣粧，春風一曲杜韋娘。司空見慣尋常事，斷盡蘇州刺史腸。』中山劉公後以太子校書尚書令呼到爲州牧也。曰：「頃在夔州，少逢賓客。縱有停舟相訪，不可久留。而獨吟曰：『巴人淚逐猿聲落，蜀客舟從鳥道來。』忽得京洛故人書題，對之零涕，又曰：『浮生誰至百年，倏爾衰暮，富貴窮愁，實其常分，胡爲嗟惋焉！』」

王讜《唐語林》卷二《文學》 爲文自鬭異一對不得。予嘗爲大司徒杜公之故吏，司徒冢嫡之薨於桂林也，柩過渚宫，予時在朗州，使一介具奠酹，以申門吏之禮。爲一祭文云：「事吴之心，雖云已矣；報智之志，豈可徒然！」「報智」，人或用之，「事吴」，自思得者。

薛伯皋修史，爲〔李〕愬傳：收蔡州，徑入爲能。禹錫曰：「我則不然。若作史官，以愬得李祐，釋縛委心用之爲能。入蔡非能，乃一夫勇耳。」

張表臣《珊瑚鉤詩話》卷一 劉禹錫作《金陵》詩云：「千尋鐵鎖沉江底，一片降旗出石頭。」當時號爲絶唱。又六朝中《石頭城》詩云：「山圍故國周遭在，潮打空城寂寞回。」白樂天讀之曰：「我知後人不復措筆矣。」其自矜云：「餘雖不及，然亦不孤樂天之賞耳。」

計有功《唐詩紀事》卷三九《劉禹錫》 長慶中，元微之、劉夢得、韋楚客同會白樂天之居，論南朝興廢之事。樂天曰：「古者言之不足，故嗟歎之；嗟歎之不足，故詠歌之。今羣公畢集，不可徒然，請各賦《金陵懷古》一篇，韻則任意擇用。」時夢得方在郎署，元公已在翰林，劉騁其俊才，略無遜讓，滿斟一巨杯，請爲首唱，飲訖，不勞思忖，一筆而成。白公覽詩，曰：「四人探驪，吾子先獲其珠，所餘鱗甲何用？」三公於是罷唱，但取劉詩吟味竟日，沈醉而散。劉詩曰：「王濬樓船下益州，金陵王氣黯然收。千尋鐵鏁沈江底，一片降幡出石頭。荒苑至今生茂草，古城依舊枕寒流。而今四海歸皇化，兩岸蕭蕭蘆荻秋。」

備論

《舊唐書》卷一六〇《劉禹錫傳》 史臣曰：貞元、大和之間，以文學聳動搢紳之伍者，宗元、禹錫而已。其巧麗淵博，屬辭比事，誠一代之宏才。如俾之詠歌帝載，黼藻王言，足以平揖古賢，氣吞時輩。而蹈道不謹，昵比小人，自致流離，遂隳素業。故君子羣而不黨，戒懼慎獨，正爲此也。韓、李二文公，於陵遲之末，遑遑仁義，有志於持世範，欲以人文化成，而道未果也。至若抑楊、墨，排釋、老，雖於道未弘，亦端士之用心也。

贊曰：天地經綸，無出斯文。愈、翱揮翰，語切典墳。犧雞斷尾，害馬敗羣。僻塗自噬，劉、柳諸君。

周必大《文忠集》卷一二《家塾策問七首》 問劉禹錫有云：「八音與政通，文章與時高，斯言一出，世未有改評者也！三國鼎峙，可謂龐裂，然諸葛武侯《出師表》尚能與伊訓説命相表裏，曹思王波瀾之富，蓋亦浸淫乎風雅矣。唐太宗治幾成康，而士大夫文體，終不能掃齊梁之陋。下逮元和，其政化豈貞觀比哉！而韓柳之文，登漢咸周。凡是數者，其高下疑若不相關，然諸君試爲言之。」

《蘇軾文集》卷六五《劉禹錫文過不悛》 劉禹錫既敗，爲書自解，言：「王叔文實工言治道，能以口辯移人，既得用，所施爲，人不以爲當。太上久疾，宰相及用事者不得對。宫掖事秘，建桓立順，功歸貴臣，由是及貶。」《後漢・宦者傳・論》云：「孫程定立順之功，曹騰參建桓之策。」騰與梁冀捨清河而立蠡吾，此漢之所以亡也，與廣陵王監國事，豈可同日而語哉。禹錫乃敢以爲比，以此知小人爲姦，雖已敗猶不悛也，其可復置之要地乎？因讀《禹錫傳》，有所感，書此。

江用世《史評小品》卷一八《劉禹錫》 禹錫晚年，與白傅友善，詩筆文章，時無在其右者。常與禹錫唱和往來，因集其詩而序之曰：彭城劉夢得，詩豪者也！其鋒森然，少敢當者，予不量力，往往犯之，夫合應者。聲同交争者，力敵一往一，復欲罷不能。繇是每制一篇，先於視草，視草則興作，興作則文成。一二年來，日尋筆硯，同贈和荅，不覺滋多嘗戲微之云僕與足下二十年來爲文友詩敵幸也亦不幸也！吟永情性，播揚名聲，其適遺形，其樂忘老，幸也！然江南士女，語才子者，多云元白，以子之故，僕不得獨步於吴越間，此亦不幸也！今垂老復遇夢得，非重不幸耶？夢得曰：「文之神妙，莫先於詩若妙與神，則吾豈敢如夢得，《雪裏高山頭白早海》中，仙果子生遲『沉舟側畔千帆過，病樹前頭萬木春』之句。類真謂神妙矣！在在處處應有靈物護持，豈兩家子弟秘藏而已，其爲名流許與如此！」

禹錫叙《董侹文集》云：「詩其文章之藴耶，義得而言喪，故微而難能，境生於象外，精而寡和，千里之謬，不容秋毫，非有的然之。姿可使户曉必俟知者，然後鼓行於時。自建安距永明以還，詞人比肩唱和，相發有以朔風零雨，高視天

下，蟬噪鳥鳴，蔚在史策，國朝因之。粲然復興由篇章以躋貴仕者，相踵而起，禹錫往矣，猶可從兔葵。」

燕麥動揺春風之際，想見前度劉郎佳咏，後來賞花人，有此風致否？

藝文

黄庭堅《豫章黄先生文集》卷二六《跋劉夢得淮陰行》 《淮陰行》情調殊麗，語氣尤穩切，白樂天、元微之爲之，皆不入此律也！唯無耐脱莱，時不可解，當待慱物洽聞者説也！後見古本作挑菜時。

黄庭堅《豫章黄先生文集》卷二六《跋劉夢得竹枝歌》 《劉夢得竹枝九章》詞意高妙，元和間，誠可以獨步，道風俗而不俚，追古昔而不愧，比之杜子美《夔州歌》所謂同工而異曲也！昔東坡嘗聞余詠第一篇歎曰：「此奔軼絶塵不可追也！」

黄庭堅《豫章黄先生文集》卷二六《跋劉夢得三閣辭》 此四章可以配黍離之詩，有國存亡之鑑也！大槩劉夢得樂府小章，優於大篇詩，優於它文耳！

計有功《唐詩紀事》卷三九《劉禹錫》 《三鄉驛伏覩明皇望女几山詩斐然有感》云：開元天子萬事足，惟惜當時光景促。三鄉陌上望仙山，歸作《霓裳羽衣曲》。仙花從此在瑶池，三清八景相追隨。天上忽乘白雲去，世間惟有《秋風辭》。

《詩弔張曲江》曰：聖言貴忠恕，至道重觀身。法在何所恨，色傷斯爲仁。良時難久恃，陰謫豈無因。寂寞韶陽廟，魂歸不見人。

《元和十年自朗州召至京戲贈看花君子》云：紫陌紅塵拂面來，無人不道看花回。玄都觀裏桃千樹，盡是劉郎去後栽。

《再遊玄都觀絶句并序》云：余貞元二十一年爲屯田員外郎，時此觀未有花。是歲出牧連州，尋貶朗州司馬。居十年，召至京師，人人皆言有道士手植仙桃，滿觀如紅霞，遂有前篇，以志一時之事。旋又出牧，今十有四年，復爲主客郎中，重遊玄都，蕩然無復一樹，唯兔葵燕麥，動揺春風耳。因再題二十八字，以俟後遊。時大和二年三月也。詩云：百畝庭中半是苔，桃花落盡菜花開。種桃道士歸何處？前度劉郎今獨來。

禹錫嘗對賓友每吟張博士籍詩云：新酒欲開期好客，衣冠暫脱見閑身。對花木則吟王右丞詩云：興闌啼鳥换，坐久落花多。白二十二好余《秋水詠》云：東屯滄海闊，南瀼洞庭寬。余自知不及韋蘇州春潮帶雨晚來急，野渡無人舟自横。嘗過洞庭，雖爲一篇，思杜員外落句云：年去年來洞庭上，白蘋愁殺白頭人。鄙夫之言，有愧於杜公也。楊茂卿校書過華山詩曰：河勢崑崙遠，山形菡萏秋。此實爲佳句。《贈歌人來嘉榮》詩云：唱得《梁州》意外聲，舊人唯有米嘉榮。近來年少輕前輩，好染髭鬚事後生。

禹錫赴吴臺，揚州大司馬杜公鴻漸，開宴命妓侍酒，禹錫詩曰：高髻雲鬟宫樣粧，春風一曲《杜韋娘》。司空見慣渾閑事，斷盡蘇州刺史腸。

白樂天任杭州刺史，攜數妓還洛陽，後却還錢塘，故禹錫戲答云：其那錢塘蘇小小，憶君淚黯石榴裙。

沈存中曰：禹錫《霓裳羽衣曲》云：三鄉陌上望仙山，歸作《霓裳羽衣曲》。又王建詩云：聽風聽雨作《霓裳》。樂天詩注云：開元中西涼府節度使楊敬述造。鄭愚《津陽門》詩注云：葉法善嘗引上入月宫聞仙樂，及上歸，但記其半，遂於笛中寫之。會西涼府都督楊敬述進《婆羅門曲》，與其聲調相符，遂以月中所聞爲散序，用敬述所進爲其腔，而名《霓裳羽衣曲》。説各不同。今蒲州逍遥樓楣上有唐人横書，類梵字，相傳是《霓裳》譜，字訓不通，莫知是非。或謂今燕部有《獻仙音曲》，乃其遺聲。然《霓裳》本謂之道調法曲，今《獻仙音》乃小石調耳，未知孰是？

山圍故國周遭在，潮打空城寂寞迴。淮水東邊舊時月，夜深還過女牆來。樂天掉頭苦吟，嘆賞良久曰：石頭詩云潮打空城寂寞回，吾知後之詩人，不復措辭矣。禹錫《金陵五題》自敘云。

禹錫與樂天唱和，號《劉白唱和集》。與裴度唱和，號《汝洛集》。與令狐楚唱和，號《彭陽唱和集》。與李德裕唱和，號《吴蜀集》。

禹錫，字夢得。附叔文，擢度支員外郎。人不敢斥其名，號二王劉柳。憲宗立，禹錫貶連州。未至，斥朗州司馬，作《竹枝詞》。武元衡初不爲宗元所喜，自中丞下除右庶子。及是執政，禹錫久落魄，乃作《問大鈞》、《謫九年》等賦，又敍張九齡事爲詩，欲感諷權要。久之，召還，宰相欲任南省郎，乃作《玄都觀看花君子》詩。當路不喜，出爲播州，易連州，徙夔州。由和州刺史入爲主客郎中，復作《遊玄都觀》詩，有兔葵燕麥之語，聞者益薄其行。俄分司東都，裴度薦爲集賢學

士。度罷，出刺蘇州，徙汝、同二州。會昌時，檢校禮部尚書，卒。

禹錫晚年與白傅友善，詩筆文章時無在其右者。常與禹錫唱和往來，因集其詩而序之曰：彭城劉夢得，詩豪者也。其鋒森然，少敢當者。予不量力，往往犯之。夫合應者聲同，交争者力敵，一往一復，欲罷不能。由是每制一篇，先相視草，視竟則興作，興作則文成。一二年來，日尋筆研，同和贈答，不覺滋多。至大和三年春，已前紙墨所存者，凡一百三十八首，其餘乘興扶醉、率然口號者，不在此數。因而命小姪龜兒，編勒成兩軸，仍寫二本，一付龜兒，一授夢得小男崙郎，各令收藏，附兩家文集。予頃與元微之唱和頗多，或在人口。嘗戲微之云：僕與足下，二十年來爲文友詩敵，幸也，亦不幸也。吟詠情性，播揚名聲，其適遺形，其樂忘老，幸也。然江南士女語才子者，多云元、白；以子之故，使僕不得獨步於吴越間，亦不幸也。今垂老復遇夢得，得非重不幸耶！夢得！夢得！文之神妙，莫先於詩。若妙與神，則吾豈敢。如夢得雪裏高山頭白早，海中仙果子生遲。沉舟側畔千帆過，病樹前頭萬木春之句之類，真謂神妙矣。在在處處，應有靈物護持，豈兩家子弟祕藏而已。其爲名流許與如此。

故國思如此，若爲天外心。寄白公句。湖上收宿雨。句。故人日已遠，窗下塵滿琴。坐對一樽酒，恨多無力斟。幕疏螢色迥，露重月華深。萬境與羣籟，此時情豈任。無題。禪思何妨在玉琴，真僧不見聽時心。秋堂境寂夜方半，雲去蒼梧湘水深。聽琴。右張爲取作《主客圖》。

夢得曰：柳八駁韓十八《平淮西碑文》云：左飡右粥，何如我《平淮西雅》云：仰父俯子。韓碑兼有帽子，使我爲之，便説用兵伐叛矣。夢得曰：韓碑柳雅，余爲詩云：城中晨雞喔喔鳴，城中鼓角聲和平。美愬之入蔡城也。須臾之間，賊無覺者。又落句云：始於元和十二載，四海重見昇平時。以見平淮之年云。禹錫敍董侹文集云：詩其文章之藴耶！義得而言喪，故微而難能；境生於象外，故精而寡和。千里之謬，不容秋毫。非有的然之姿，可使户曉。必俟知者，然後鼓行於時。自建安距永明以還，詞人比肩唱和相發，有以朔風零雨，高視天下；雖蟬噪鳥鳴，蔚在史策。國朝因之，粲然復興，由篇章以躋貴仕者，相踵而起。

徐鈞《史詠詩集》卷下《劉禹錫》 取水楓林莫怨嗟，鐘聲纔聽又天涯。如何一斥終難反，爲賦玄都觀裏花。

柳宗元部

綜述

《新唐書》卷一六八《柳宗元傳》　柳宗元字子厚，其先蓋河東人。從曾祖奭爲中書令，得罪武后，死高宗時。父鎮，天寶末遇亂，奉母隱王屋山，常間行求養，後徙於吴。肅宗平賊，鎮上書言事，擢左衛率府兵曹參軍。佐郭子儀朔方府，三遷殿中侍御史。以事觸竇參，貶夔州司馬。還，終侍御史。

宗元少精敏絶倫，爲文章卓偉精緻，一時輩行推仰。第進士、博學宏辭科，授校書郎，調藍田尉。貞元十九年，爲監察御史裏行。善王叔文、韋執誼，二人者奇其才。及得政，引内禁近，與計事，擢禮部員外郎，欲大進用。

俄而叔文敗，貶邵州刺史，不半道，貶永州司馬。既竄斥，地又荒癘，因自放山澤間，其堙厄感鬱，一寓諸文，倣《離騷》數十篇，讀者咸悲惻。雅善蕭俛，詒書言情曰：「僕嚮者進當䠞𨈆不安之勢，平居閉門，口舌無數，又久與游者，岌岌而操其間。其求進而退者，皆聚爲仇怨，造作粉飾，蔓延益肆。非的然昭晰、自斷于内，孰能了僕於冥冥間哉？僕當時年三十三，自御史裏行得禮部員外郎，超取顯美，欲免世之求進者怪怒媢疾，可得乎？與罪人交十年，官以是進，辱在附會。聖朝寬大，貶黜甚薄，不塞衆人之怒，謗語轉侈，囂囂嗷嗷，漸成怪人。飾智求仕者，更詈僕以悦仇人之心，日爲新奇，務相悦可，自以速援引之路。僕輩坐益困辱，萬罪横生，不知其端，悲夫！人生少六七十者，今三十七矣，長來覺日月益促，歲歲更甚，大都不過數十寒暑，無此身矣。是非榮辱，又何足道！云云不已，祇益爲罪。居蠻夷中久，慣習炎毒，昏眊重膇，意以爲常。忽遇北風晨起，薄寒中體，則肌革慘懍，毛髮蕭條，瞿然注視，怵惕以爲異候，意緒殆非中國人也。楚、越間聲音特異，鴂舌啅譟，今聽之恬然不怪，已與爲類矣。家生小童，皆自然嘵嘵，晝夜滿耳，聞北人言，則啼呼走匿，雖病夫亦怛然駭之。出門見適州閭市井者，其十八九杖而後興。自料居此尚復幾何，豈可更不知止，言説長短，重爲一世非笑哉？讀《易・困卦》至「有言不信，尚口乃窮」，往復益喜，曰：「嗟乎！余雖家置一喙以自稱道，詬益甚耳。」用是更樂瘖默，與木石爲徒，不復致意。今天子興教化，定邪正，海内皆欣欣怡愉，而僕與四五子者，淪陷如此，豈非命歟？命乃天也，非云云者所制，又何恨？然居治平之世，終身爲頑人之類，猶有少恥，未能盡忘。儻因賊平慶賞之際，得以見白，使受天澤餘潤，雖朽枿敗腐不能生植，猶足蒸出芝菌，以爲瑞物。一釋廢錮，移數縣之地，則世必曰罪稍解矣。然後收召魂魄，買土一廛爲耕甿，朝夕歌謡，使成文章，庶木鐸者采取，獻之法宫，增聖唐大雅之什，雖不得位，亦不虚爲太平人矣。」又詒京兆尹許孟容曰：「宗元早歲與負罪者親善，始奇其能，謂可以共立仁義，裨教化。過不自料，勤勤勉勵，唯以忠正信義爲志，興堯、舜、孔子道，利安元元爲務，不知愚陋不可以彊，其素意如此也。末路厄塞臲卼，事既壅隔，狠忤貴近，狂疏繆戾，蹈不測之辜。今其黨與幸獲寬貸，各得善地，無公事，坐食奉禄，德至渥也，尚何敢更俟除棄廢痼，希望外之澤哉？年少氣鋭，不識幾微，不知當否，但欲一心直遂，果陷刑法，皆自所求取，又何怪也？宗元於衆黨人中，罪狀最甚，神理降罰，又不能即死，猶對人語言，飲食自活，迷不知恥，日復一日。然亦有大故。自以得姓來二千五百年，代爲冢嗣，今抱非常之罪，居夷獠之鄉，卑濕昏霿，恐一日填委溝壑，曠墜先緒，以是怛然痛恨，心骨沸熱。煢煢孤立，未有子息，荒陬中少士人女子，無與爲婚，世亦不肯與罪人親昵。以是嗣續之重，不絶如縷，每春秋時饗，孑立捧奠，顧眄無後繼者，懔懔然歔欷惴惕，恐此事便已，摧心傷骨，若受鋒刃。此誠丈人所共閔惜也。先墓在城南，無異子弟爲主，獨託村鄰。自譴逐來，消息存亡不一至鄉閭，主守固以益怠。晝夜哀憤，懼便毁傷松柏，芻牧不禁，以成大戾。近世禮重拜掃，今闕者四年矣。每遇寒食，則北向長號，以首頓地。想田野道路，士女徧滿，皁隸庸丐，皆得上父母丘墓，馬醫、夏畦之鬼，無不受子孫追養者。然此已息望，又何以云哉？城西有數頃田，樹果數百株，多先人手自封植，今已荒穢，恐便斬伐，無復愛惜。家有賜書三千卷，尚在善和里舊宅，宅今三易主，書存亡不可知。皆付受所重，常繫心腑，然無可爲者。立身一敗，萬事瓦裂，身殘家破，爲世大僇。是以當食不知辛鹹節適，洗沐盥漱，動逾歲時，一搔皮膚，塵垢滿爪，誠憂恐悲傷，無所告愬，以至此也。自古賢人才士，秉志遵分，被謗議不能自明者，以百數。故有無兄盗嫂，娶孤女撾婦翁者。然賴當世豪桀分明辨列，卒光史册。管仲遇盗，升爲功臣；匡章被不孝名，孟子禮之。今已無古人之實爲而有詬，欲望世人之明己，不可得也。直不疑買金以償同舍，劉寬下車，歸牛鄉人。此誠

知疑似之不可辯，非口舌所能勝也。鄭詹束縛於晉，終以無死；鍾儀南音，卒獲返國；叔向囚虜，自期必免；范座騎危，以生易死；蒯通據鼎耳，爲齊上客；張蒼、韓信伏斧鑕，終取將相；鄒陽獄中，以書自治；賈生斥逐，復召宣室；兒寬擯厄，後至御史大夫；董仲舒、劉向下獄當誅，爲漢儒宗。此皆瓌偉博辯奇壯之士，能自解脱。今以恇怯湫涊，下才末伎，又嬰痼病，雖欲慷慨攘臂，自同昔人，愈疏闊矣。賢者不得志於今，必取貴於後，古之著書者皆是也。宗元近欲務此，然力薄志劣，無異能解，欲秉筆覼縷，神志荒耗，前後遺忘，終不能成章。往時讀書，自以不至觝滯，今皆頑然無復省録。讀古人一傳，數紙後，則再三伸卷，復觀姓氏，旋又廢失。假令萬一除刑部囚籍，復爲士列，亦不堪當世用矣！伏惟興哀於無用之地，垂德於不報之所，以通家宗祀爲念，有可動心者操之勿失。雖不敢望歸掃塋域，退託先人之廬，以盡餘齒，姑遂少北，益輕瘴癘，就婚娶，求胄嗣，有可付託，即冥然長辭，如得甘寢，無復恨矣！」然衆畏其才高，懲刈復進，故無用力者。

宗元久汩振，其爲文，思益深。嘗著書一篇，號《貞符》，曰：「臣所貶州流人吴武陵爲臣言：「董仲舒對三代受命之符，誠然？非邪？」臣曰：「非也。何獨仲舒爾，司馬相如、劉向、揚雄、班彪、彪子固皆沿襲嗤嗤，推古瑞物以配受命，其言類淫巫瞽史，誑亂後代，不足以知聖人立極之本，顯至德，揚大功，甚失厥趣。臣爲尚書郎時，嘗著《貞符》，言唐家正德受命於生人之意，累積厚久宜享無極之義，本末閎闊。會貶逐中輟，不克備究。」武陵即叩頭邀臣：「此大事，不宜以辱故休缺，使聖王之典不立，無以抑詭類，拔正道，表覈萬代。」臣不勝奮激，即具爲書。念終泯没蠻夷，不聞于時，獨不爲也。苟一明大道，施于人世，死無所憾，用是自決。」臣宗元稽首拜手以聞曰：「孰稱古初朴蒙空侗而無争，厥流以訛，越乃奮奪鬬怒振動，專肆爲淫威？曰：是不知道。惟人之初，總總而生，林林而羣。雪霜風雨雷雹暴其外，於是乃知架巢空穴，挽草木，取皮革；飢渴牝牡之欲驅其内，於是乃噬禽獸，咀果穀，合偶而居。交焉而争，睽焉而鬬，力大者搏，齒利者齧，爪剛者決，羣衆者軋，兵良者殺，披披藉藉，草野塗血。在後彊有力者出而治之，往往爲曹於險阻，用號令起，而君臣什伍之法立。德紹者嗣，道怠者奪。於是有聖人焉，曰黄帝，游其兵車，交貫乎其内，一統類，齊制量，然猶大公之道不克建。於是有聖人焉，曰堯，置州牧四岳，持而綱之，立有德有功有能者，參而維之，運臂率指，屈伸把握，莫不統率，年老，舉聖人而禪焉，大公乃克建。由是觀之，厥初罔匪極亂，而後稍可爲也。而非德不樹，故仲尼敍《書》，於堯曰「克明俊德」，於舜曰「濬哲文明」，於禹曰「文命祗承于帝」，於湯曰「克寬克仁，章信兆民」，於武王曰「有道曾孫」。稽揆典誓，貞哉惟兹德，實受命之符，以奠永祀。後之祆淫囂昏好怪之徒，乃始陳大電、大虹、玄鳥、巨跡、白狼、白魚、流火之烏以爲符，斯皆詭譎闊誕，其可羞也，莫知本于厥貞。漢用大度，克懷于有氓，登能庸賢，濯痍煦寒，以瘳以熙，兹其爲符也。而其妄臣，乃下取虺蛇，上引天光，推類號休，用夸誣于無知氓，增以騶虞、神鼎，脅驅縱踴，俾東之泰山、石閭，作大號謂之「封禪」，皆《尚書》所無有。莽、述承效，卒奮驁逆。其後有賢帝曰光武，克綏天下，復承舊物，猶崇《赤伏》，以玷厥德。魏、晉而下，尨亂鉤裂，厥符不貞，邦用不靖，亦罔克久，駁乎無以議爲也。積大亂至于隋氏，環四海以爲鼎，跨九垠以爲鑪，爨以毒燎，煽以虐焰，其人沸湧灼爛，號呼騰蹈，莫有救止。於是大聖乃起，丕降霖雨，濬滌盪沃，蒸爲清氛，疏爲泠風，人乃漻然休然，相睎以生，相持以成，相彌以寧。琢斮屠剔膏流節離之禍不作，而人乃克完平舒愉，尸其肌膚，以達于夷途。焚坼抵掎奔走轉死之害不起，而人乃克鳩類集族，歌舞悦懌，用祗于元德。徒奮袒呼，犒迎義旅，讙動六合，至于麾下。大盜豪據，阻命遏德，義威殄戮，咸墜厥緒。無劉于虐，人乃並受休嘉，去隋氏，克歸于唐，躑躅謳歌，灝灝和寧。帝庸威栗，惟人之爲。敬奠厥賦，積藏于下，是謂豐國。鄉爲義廪，斂發謹飭，歲丁大侵，人以有年。簡于厥刑，不殘而懲，是謂嚴威。小屬而支，大生而孥，愷悌祇敬，用底于治。凡其所欲，不謁而獲；凡其所惡，不祈而息。四夷稽服，不作兵革，不竭貨力。丕揚于後嗣，用垂于帝式，十聖濟厥治，孝仁平寬，惟祖之則。澤久而逾深，仁增而益高，人之戴唐，永永無窮。是故受命不于天，于其人；休符不于祥，于其仁。惟人之仁，匪祥于天。匪祥于天，兹惟貞符哉！未有喪仁而久者也，未有恃祥而壽者也。商之王以桑穀昌，以雉雊大，宋之君以法星壽，鄭以龍衰，魯以麟弱，白雉亡漢，黄犀死莽，惡在其爲符也？不勝唐德之代，光紹明濬，深鴻尨大，保人斯無疆，宜薦于郊廟，文之雅詩，祗告于德之休。帝曰諶哉！乃黜休祥之奏，究貞符之奥，思德之所未大，求仁之所未備，以極于邦治，以敬于人事。」其詩曰：「於穆敬德，黎人皇之。惟貞厥符，浩浩將之。仁函于膚，刃莫畢屠。澤熯于爨，灪炎以澣。勃厥凶德，乃驅乃夷。懿其休風，是煦是吹。父子熙熙，相寧以嬉。賦徹而藏，厚我糗粻。刑輕以清，我完靡傷。貽我子孫，百代是康。十聖嗣于治，仁后之子。子思孝父，易患于己。拱之戴之，

神其爾宜。載揚于雅，承天之嘏。天之誠神，宜鑒于仁。神之曷依？宜仁之歸。濮鉛于北，祝栗于南，幅員西東，祇一乃心。祝唐之紀，後天罔墜；祝皇之壽，與地咸久。曷徒祝之，心誠篤之。神協人同，道以告之。俾彌億萬年，不震不危。我代之延，永永毗之。仁增以崇，曷不爾思？有號于天，僉曰嗚呼，咨爾皇靈，無替厥符！」宗元不得召，内閔悼，悔念往吝，作賦自儆曰：「懲咎愆以本始兮，孰非余心之所求？處卑汙以閔世兮，固前志之爲尤。始余學而觀古兮，怪今昔之異謀。惟聰明爲可考兮，追駿步而遐游。絜誠之既信直兮，仁友藹而萃之。日施陳以繫縻兮，邀堯舜禹之爲。上睢盱而混茫兮，下駁詭而懷私。旁羅列以交貫兮，求大中之所宜。曰道有象兮，而無其形。推變乘時兮，與志相迎。不及則殆兮，過則失貞。謹守而中兮，與時偕行。萬類芸芸兮，率由以寧。剛柔弛張兮，出入綸經。登能抑枉兮，白黑濁清。蹈乎大方兮，物莫能嬰。奉訏謨以植内兮，欣余志之有獲。再明信乎策書兮，謂耿然而不惑。愚者果於自用兮，惟懼夫誠之不一。不顧慮以周圖兮，專兹道以爲服。讒妬構而不戒兮，猶斷斷於所執。哀吾黨之不淑兮，遭任遇之卒迫。勢危疑而多詐兮，逢天地之否隔。欲圖退而保己兮，悼乖期乎曩昔。欲操術以致忠兮，衆呀然而互嚇。進與退吾無歸兮，甘脂潤兮鼎鑊。幸皇鑒之明宥兮，纍郡印而南適。惟罪大而寵厚兮，宜夫重仍乎禍謫。既明懼乎天討兮，又幽慄乎鬼責。惶惶乎夜寤而晝駭兮，類麏麚之不息。凌洞庭之洋洋兮，泝湘流之沄沄。飄風擊以揚波兮，舟摧抑而迴邅。日霾曀以昧幽兮，黝雲涌而上屯。暮屑窣以淫雨兮，聽嗷嗷之哀猿。衆鳥萃而啾號兮，沸洲渚以連山。漂遥逐其詎止兮，逝莫屬余之形魂。攢巒奔以紆委兮，束洶涌之崩湍。畔尺進而尋退兮，盪洄汩乎淪漣。際窮冬而止居兮，羈纍棼以縈纏。哀吾生之孔艱兮，循《凱風》之悲詩。罪通天而降酷兮，不亟死而生爲！逾再歲之寒暑兮，猶貿貿而自持。將沈淵而隕命兮，詎蔽罪以塞禍？惟滅身而無後兮，顧前志猶未可。進路呀以劃絶兮，退伏匿又不果。爲孤囚以終世兮，長拘攣而轗軻。曩余志之脩蹇兮，今何爲此戾也？豈貪食而盗名兮，不混同於世也。將顯身以直遂兮，衆之所宜蔽也。不擇言以危肆兮，固羣禍之際也。御長轅之無橈兮，行九折之峩峩。却驚棹以横江兮，泝凌天之騰波。幸余死之已緩兮，完形軀之既多。苟餘齒之有懲兮，蹈前烈而不頗。死蠻夷固吾所兮，雖顯寵其焉加？配大中以爲偶兮，諒天命之謂何！」元和十年，徙柳州刺史。時劉禹錫得播州，宗元曰：「播非人所居，而禹錫親在堂，吾不忍其窮，無辭以白其大人，如不往，便爲母子永決。」即具奏欲以柳州授禹錫而自往播。會大臣亦爲禹錫請，因改連州。

柳人以男女質錢，過期不贖，子本均，則没爲奴婢。宗元設方計，悉贖歸之。尤貧者，令書庸，視直足相當，還其質。已没者，出己錢助贖。南方爲進士者，走數千里從宗元游，經指授者，爲文辭皆有法。世號柳柳州。十四年卒，年四十七。

宗元少時嗜進，謂功業可就。既坐廢，遂不振。然其才實高，名蓋一時。韓愈評其文曰：「雄深雅健，似司馬子長，崔、蔡不足多也。」既没，柳人懷之，託言降于州之堂，人有慢者輒死。廟於羅池，愈因碑以實之云。

韓愈《昌黎先生文集》卷三二《柳子厚墓誌銘》 子厚諱宗元。七世祖慶，爲拓跋魏侍中，封濟陰公。曾伯祖奭，爲唐宰相，與褚遂良、韓瑗俱得罪武后，死高宗朝。皇考諱鎮，以事母棄太常博士，求爲縣令江南。其後，以不能媚權貴，失御史。權貴人死，乃復拜侍御史，號爲剛直。所與游皆當世名人。

子厚少精敏，無不通達。逮其父時，雖少年，已自成人，能取進士第，嶄然見頭角，衆謂柳氏有子矣。其後以博學宏詞授集賢殿正字，儁傑廉悍，議論證據今古，出入經史百子，踔厲風發，率常屈其座人，名聲大振，一時皆慕與之交。諸公要人争欲令出我門下，交口薦譽之。

貞元十九年，由藍田尉拜監察御史。順宗即位，拜禮部員外郎。遇用事者得罪，例出爲刺史。未至，又例貶州司馬。居閒，益自刻苦，務記覽，爲詞章，汎濫停蓄，爲深博無涯涘，而自肆於山水間。

元和中，嘗例召至京師。又偕出爲刺史，而子厚得柳州。既至，歎曰：是豈不足爲政邪？因其土俗，爲設教禁，州人順賴。

其俗以男女質錢，約不時贖，子本相侔，則没爲奴婢。子厚與設方計，悉令贖歸。其尤貧力不能者，令書其傭，足相當，則使歸其質。觀察使下其法於他州，比一歲，免而歸者且千人。衡湘以南，爲進士者，皆以子厚爲師。其經承子厚口講指畫，爲文詞者悉有法度可觀。其召至京師而復爲刺史也，中山劉夢得禹錫亦在遣中，當詣播州。子厚泣曰：「播州非人所居，而夢得親在堂，吾不忍夢得之窮，無辭以白其大人，且萬無母子俱往理。」請於朝，將拜疏願以柳易播，雖重得罪，死不恨。遇有以夢得事白上者，夢得於是改刺連州。

嗚呼！士窮乃見節義。今夫平居里巷相慕悦，酒食游戲相徵逐，詡詡强笑

語以相取下，握手出肺肝相示，指天日涕泣，誓生死不相背負，真若可信，一旦臨小利害，僅如毛髮比，反眼若不相識，落陷穽不一引手救，反擠之，又下石焉者，皆是也。此宜禽獸夷狄所不忍爲，而其人自視以爲得計，聞子厚之風，亦可以少媿矣。

子厚前時少年，勇於爲人，不自貴重顧藉，謂功業可立就，故坐廢退。既退，又無相知有氣力得位者推挽，故卒死於窮裔，材不爲世用，道不行於時也。使子厚在臺省時，自持其身已能如司馬、刺史時，亦自不斥。斥時，有人力能舉之，且必復用不窮。然子厚斥不久，窮不極，雖有出於人，其文學辭章，必不能自力以致必傳於後如今無疑也。雖使子厚得所願，爲將相於一時，以彼易此，孰得孰失，必有能辨之者。

子厚以元和十四年十一月八日卒，年四十七。以十五年七月十日歸葬萬年先人墓側。子厚有子男二人：長曰周六，始四歲；季曰周七，子厚卒乃生。女子二人，皆幼。其得歸葬也，費皆出觀察使河東裴君行立。行立有節概，重然諾，與子厚結交，子厚亦爲之盡，竟賴其力。葬子厚於萬年之墓者，舅弟盧遵。遵，涿人，性謹慎，學問不厭。自子厚之斥，遵從而家焉，逮其死不去。既往葬子厚，又將經紀其家，庶幾有始終者。銘曰：是惟子厚之室。既固既安，以利其嗣人。

雜録

備録

《柳宗元集》附録文安禮《柳先生年譜》 柳氏之先，自黄帝歷周魯孝公子夷伯展孫無駭生禽，爲魯士師，謚曰惠。食采於柳下，遂姓柳氏。楚滅魯，仕楚。秦并天下，柳氏遷於河東。秦末，柳下惠裔孫安，始居解縣。安孫隗，漢齊相。六世孫豐，後漢光禄勳。六世孫軌，晉吏部尚書。生景猷，晉侍中。二子耆、純。耆號西眷，純號東眷。耆，汝南太守。二子恭、璩。恭，後魏河東郡守，南徙汝、潁，遂仕江表。曾孫緝，宋州别駕，宋安郡守。生僧習，與豫州刺史裴叔業據州歸於後魏，爲揚州大中正，尚書右丞，方輿公。五子：鷟、慶、虯、檜、鷟。慶，後魏侍中、左僕射，平齊公。於子厚爲七代祖。三子：機、旦、肅。旦，隋黄門侍郎、新城男。於子厚爲六代祖。五子：燮、則、綽、楷、享。則，隋左衛騎曹參軍。生亶，唐中書令。《新唐史・宰相世系表》云：奭字子燕。而《列傳》則云子卲。按子厚有《先侍御史府君神道表》，云曾伯祖諱奭，字子燕。則當以《世系表》爲正。然奭於侍御史爲曾伯祖，則於子厚爲高伯祖矣。而《新史子厚傳》及韓退之《子厚墓誌》皆云曾伯祖奭，恐誤。楷，隋濟、房、蘭、廓四州刺史。於子厚爲五代祖。三子：融、子敬、子夏。子夏，徐州長史。於子厚爲高祖。

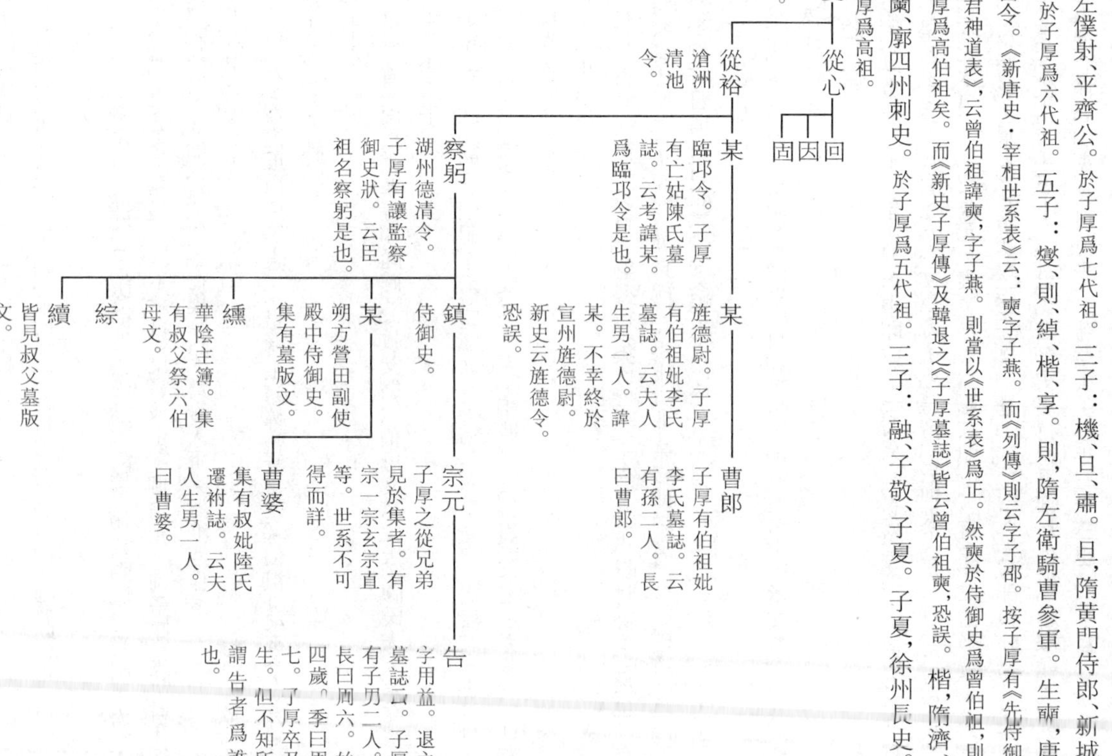
子夏 徐州長史。
從心
回
因
固
從裕 滄洲清池令。
某 臨邛令。子厚有亡姑陳氏墓誌。云考諱某。爲臨邛令是也。
某 旌德尉。子厚有伯祖妣李氏墓誌。云夫人生男一人。諱某。不幸終於宣州旌德尉。新史云旌德令。恐誤。
曹郎 子厚有伯祖妣李氏墓誌。云有孫二人。長曰曹郎。
察躬 湖州德清令。子厚有讓監察御史狀。云臣祖名察躬是也。
鎮 侍御史。
宗元 子厚之從兄弟見於集者。有宗一宗玄宗直等。世系不可得而詳。
告 字用益。退之墓誌云。子厚有子男二人。長曰周六。始四歲。季曰周七。子厚卒乃生。但不知所謂告者爲誰也。
某 朔方營田副使殿中侍御史。集有墓版文。
曹婆 集有叔妣陸氏遷祔誌。云夫人生男一人。曰曹婆。
纁 華陰主簿。集有叔父祭六伯母文。
綜
續 皆見叔父墓版文。

大曆八年癸丑

子厚生。代宗之十一年也。

大曆十一年丙辰

《集》有《先太夫人盧氏歸祔誌》，云：「宗元始四歲，居京城西田廬中，先君在吴，家無書，太夫人教古賦十四首，皆諷傳之。」即此年也。

貞元元年乙丑

按《唐本紀》：德宗興元元年二月甲子，李懷光反。貞元元年八月甲戌，伏誅。是年有《爲崔中丞賀平李懷光表》。劉夢得作《集序》云：「子厚始以童子有奇名於貞元初。」

貞元五年己巳

《與楊誨之書》云：「吾年十七，求進士。」即此年也。有《爲文武百官請復尊號表三首》。

貞元六年庚午

是年有《與權補闕書》，註云：「時年十八。」《爲文武百官請復尊號表三首》，又《大會議表二首》。并見《外集》。

貞元八年壬申

是年，貢於京師。有《送苑論詩序》，云：「八年冬，余與馬邑苑言揚聯貢於京師。【略】是歲小司徒顧公守春官之缺，而權擇士之柄。明年春，同趨權衡之下。並就重輕之試。【略】二月丙子。有司題甲乙之科，揭於南宫，余與兄又聯登焉。」

貞元九年癸酉

是年登進士第。《集》有《先侍御史府君神道表》，云：「貞元九年，宗元得進士第。上問有司曰：『得無以朝士子冒進者乎？』有司以聞。上曰：『是故抗姦臣竇參者邪？吾知其不爲子求舉矣！』」是年，有《送苑論詩序》。

貞元十二年丙子

按《唐史》言：「宗元少精敏絶倫，爲文章卓偉精緻，一時輩行推仰。第進士博學宏辭科，授校書郎，調藍田尉。」其《與楊誨之書》云：「吾年二十四，求博學宏辭科。」即貞元十二年也。是歲，有《終南山祠堂碑》、《太白山祠堂碑》、《邠寧進奏院記》、《與大理崔少卿啓》、《叔父殿中侍御史墓版文》、《殿中侍御史柳公墓表》、《叔妣陸氏夫人遷祔誌》、《萬年縣丞柳君墓誌》、《監察御史周君墓表》。

貞元十四年戊寅

《與楊誨之書》云：「二十四，求博學宏辭科，二年乃得仕。」蓋此年也。

貞元十五年己卯

是年，有《柳常侍行狀》、《亡妻弘農楊氏誌》、《國子司業陽城遺愛碣》、《與太學諸生書》。《書》之首云：「二十六日，集賢殿正字柳宗元。」則子厚是時蓋在書府也。有《辯侵伐論》，注云：「在集賢院，爲徵天下兵討淮西作。」

貞元十六年庚辰

是年，有《賀嘉瓜白兔等表》、《温縣主簿韓君墓誌》、《伯祖妣李夫人墓誌》、《亡姊裴氏夫人墓誌》。

貞元十七年辛巳

是年，有《南岳雲峯寺和尚碑》、《叔父祭六伯母文》、《亡姑陳氏夫人墓誌》。

貞元十八年壬午

是年，有《武功縣丞壁記》、《盩厔縣新食堂記》、《京兆府請復尊號表三首》、《爲耆老等請復尊號表》、《爲京畿父老上宰相狀》、《爲京畿父老上尹狀》、《亡友校書郎獨孤君墓誌》。

貞元十九年癸未

是年，爲監察御史裏行。劉夢得《集序》云「十有九年，爲材御史」是也。有《讓監察御史狀》、《諎説》、《朝日説》、《爲李京兆祭楊郎中文》、《兵部楊君墓碣》、《弘農令柳府君墳前石表》、《送文暢上人序》。

貞元二十年甲申

是年，有《監察使壁記》、《南嶽般舟和尚第二碑》、《祭李中丞文》、《尚書户部郎中魏府君墓誌》。

永貞元年乙酉

順宗以貞元二十一年正月丙申即位。三月癸巳，立廣陵郡王爲皇太子。有《賀立皇太子表》。八月庚子，立皇太子爲皇帝，自稱太上皇。有《百寮賀表》。辛丑，改元永貞。有《賀改元赦表》。乙巳，憲宗即位。有《即位禮畢賀表》、《賀册太上皇后及禮畢表》、《請聽政表三首》。是年，入尚書爲禮部員外郎。《與蕭俛書》云：「僕當時年三十三，甚少，自御史裏行得禮部員外郎，超取顯美，欲免世之求進者怪怒媢嫉，其可得乎？」蓋是年子厚年三十三也。以王叔文黨貶邵州刺史，又貶永州司馬。有《陳給事行狀》、《户部侍郎王公太夫人劉氏墓誌》、

《潞州兵曹柳君墓誌》。

元和元年丙戌

正月丁卯，大赦，改元。有《賀政元赦表》、《劍門銘》、《嚴東川啓》、《先侍御史府君神道表》、《東明張先生墓誌》、《陸文通先生墓表》、《連州司馬凌君權厝誌》、《哭連州凌司馬詩》。

元和二年丁亥

有《懲咎賦》、《送趙大秀才往江陵序》、《先太夫人盧氏歸祔誌》。

元和三年戊子

有《貞符》、《非國語》、《與呂道州書》、《與王參元書》、《答吴武陵書》、《同吴秀才贈李睦州詩序》。《貞符》序言：「臣所貶州流人吴武陵爲臣言董仲舒對三代受命之符。」而元和四年，有《與楊京兆書》，云：「去年吴武陵來，美其齒少，才氣壯健，可以興西漢之文章。」則吴武陵之來永州，蓋在是年也。有《龍安海禪師碑》、《凌君墓後誌》、《送婁圖南遊淮南序》、《酬婁秀才早秋月夜病中見寄》、《酬婁秀才將之淮南見贈之作》、《遊南亭夜還敘志七十韻》、《特進南公睢陽廟碑》。

元和四年己丑

是年，子厚年三十七，在永州。有與裴塤蕭俛李建楊京兆許京兆等書。與蕭書云：「人生少得六七十者，今已三十七矣。」與李書云：「前過三十七年，與瞬息無異。」又云：「裴應叔、蕭思謙，各有書，足下求取觀之。」應叔，塤也。思謙，俛也。與楊京兆書云：「永州多火災，五年之間，四爲大火所迫。」答許京兆書云：「伏念得罪來五年，未嘗有故舊肯以書見及者。」則子厚自永貞元年貶，至是五年也。又有《爲南承嗣請從軍狀》、《送南涪州量移澧州序》、《送内弟盧遵遊桂州序》、《寄桂州李中丞薦盧遵啓》、《新作法華寺西亭記》、《始得西山宴遊記》、《鈷鉧潭記》、《鈷鉧潭西小丘記》、《小丘西小石潭記》、《小姪女子墓塼記》。

元和五年庚寅

是年有《與揚州李相公第二啓》、《與楊誨之書》、《説車贈楊誨之》、《送從弟謀序》、《讀韓愈所作毛穎傳後題》、《太府李卿外婦馬淑誌》、《趙秀才羣墓誌》、《下殤女子墓塼記》、《聞籍田有感詩》。

元和六年辛卯

有《上西川武相公啓》、《再與楊誨之書》、《爲柳公綽謝上表》、《祭呂化光文》、《衡州刺史東平呂君誄》、《試大理評事柳君墓誌》、《同劉二十八哭呂衡州詩》。

元和七年壬辰

有《賀皇太子牋》、《上嶺南鄭相公啓》、《弘農公左官三歲復爲大僚獻詩五十韻》、《送崔策序》、《武岡銘》、《袁家渴記》、《石渠記》、《石澗記》、《小石城山記》、《永州刺史崔君權厝誌》、《祭崔使君文》。

元和八年癸巳

有《逐畢方文》、《黄溪記》、《鐵鑪步志》、《答韋中立書》、《呂侍御墓誌》、《祭呂敬叔文》。

元和九年甲午

有《囚山賦》、《起廢答》、《段太尉逸事狀》、《與韓愈書》、《上河陽烏尚書啓》、《斥鼻亭神記》、《文宣王道州廟碑》、《南岳大明寺律和尚碑》、《湘源二妃廟碑》、《處士段弘古墓誌》、《詔追赴都迴寄零陵親故詩》、《過衡山見新花開却寄弟詩》、《汨羅遇風詩》、《北還登漢陽北原題臨川驛詩》、《界圍巖水簾詩》、《戲贈詔追南來諸賓詩》。

元和十年乙未

有《詔追赴都二月至灞亭上詩》，云：「十一年前南渡客，四千里外北歸人。」又《酬竇員外見促行騎詩》云：「投荒垂一紀，新詔下荆扉。」蓋子厚之貶，至是十一年也。退之《墓誌》云：「元和中，嘗例召至京師。又皆出爲刺史，而子厚得柳州。」有《衡陽與夢得分路贈別詩》、《重別夢得詩》、《三贈詩》、《再上湘江詩》。其《贈別詩》云：「十年顦顇到秦京，誰料翻爲嶺外行？」而夢得《酬贈詩》云：「去國十年同赴召，渡湘千里又分歧。重臨事異黄丞相，三黜名慚柳士師。」蓋夢得初貶連州，後赴召，例授播州。子厚以播地遠，夢得親老，欲拜疏以柳易播，會大臣亦有爲夢得言者，遂改授連州，故《詩》有「重臨」之語。子厚以是年三月徙柳州，六月到任。有《柳州謝上表》、《柳州舉自代狀》、《柳州上中書門下狀》、《雷塘禱雨文》、《萬石亭記》、《記柳州山水近治可遊者》、《誌從父弟宗直殯》、《祭弟宗直文》、《先聖文宣王柳州廟碑》、《大鑒禪師碑》。大鑒者，佛氏之第六祖也。東坡居士云：「柳子厚南遷，始究佛法。作《曹溪》、《南嶽》諸碑，妙絶古今。……長老重辨師，儒釋兼通，道學純備。以謂自唐至今，頌述祖師者多矣，未有通亮簡正如子厚者。……」《唐史》：元和中，馬總自虔州刺史遷安南都護，徙桂管經

略觀察使。……以碑考之，蓋自安南遷南海，非桂管也，可以正《唐史》之誤。」

元和十一年丙申

有《井銘》、《祭井文》、《寄韋珩詩》、《别舍弟宗一詩》、《韓漳州書報澈上人亡因寄詩》、《聞澈上人亡寄楊侍郎丈詩》。按劉夢得《靈澈集序》云：「元和十一年，終於宣州開元寺。」即此年也。《别宗一詩》云：「一身去國六千里，萬死投荒十二年。」自永貞元年至是，十二年矣。

元和十二年丁酉

有代《李愬襄州謝上表》、《復大雲寺記》、《東亭記》、《祭楊詹事文》、《朗州司户薛君妻崔氏墓誌》、《筝郭師墓誌》。其《誌》云：「丁酉之年秋既季。」即是年九月也。

元和十三年戊戌

有《平淮夷雅》、《上裴門下啓》、《上襄陽李僕射啓》、《與邕管李中丞啓》、《爲裴中丞乞討黄賊上裴相狀》、《爲裴中丞伐黄賊轉牒》、《上李夷簡書》、《答杜温夫書》、《萬年令裴府君墓碣》、《襄陽丞趙君墓誌》。《上夷簡書》云：「宗元曩者齒少心鋭，徑行高步，不知道之艱以陷乎大阨。窮躓隕墜，廢爲孤囚，日號而望，十四年矣。」《獻淮夷雅表》曰：「臣負罪竄伏，違尚書牋奏十有四年。」蓋自始貶至今，十四年也。韓退之《羅池碑》云：「侯爲州三年，……柳民既皆喜悦，嘗與其部將魏忠、謝寧、歐陽翼飲酒驛亭。謂曰：『吾棄於時而寄於此，與若等好也。明年吾將死，死而爲神。後二年，爲廟祀我』。及期而死。」其與部將飲酒驛亭，蓋此年也。

元和十四年己亥

是年，李師道伏誅。有《賀破東平表》、《爲裴中丞賀破東平表》、《賀東平赦表》、《賀分淄青爲三道表》、《禮部賀册尊號表》、《爲裴中丞謝討黄賊表》、《答鄭員外賀啓》、《答諸州賀啓》、《上中書門下狀》、《上裴相狀》、《上裴中丞狀》、《訾家洲亭記》、《韋夫人墳記》、《嶺南鹽鐵李侍御墓誌》、《邕管李中丞墓誌》、《處士裴君墓誌》、《試大理評事裴君墓誌》、《秘書郎姜君墓誌》。按《唐史》《吴武陵傳》云：「初宗元謫永州，而武陵亦坐事流永州，宗元賢其人。及爲柳州刺史，武陵北還，大爲裴度器遇。每言宗元無子，説度曰：『西原蠻未平，柳州與賊犬牙，宜用武人以代宗元，使得優遊江湖。』又遺工部孟簡書曰：『古稱一世三十年，子厚之斥十二年，殆半世矣。霆砰雹射，天怒也，不能終朝。聖人在上，安有畢世而怒人臣耶？且程、劉、二韓皆已拔拭，或處大州劇職，獨子厚與猿鳥爲伍，誠恐霧露所嬰，則柳氏無後矣。』度未及用，而宗元死。」武陵此書，蓋在元和十一年。又三年，而子厚死矣。《墓誌》云：「子厚以元和十四年十月五日卒，年四十七。明年七月十日，歸葬萬年先人墓側。」

趙璘《因話録》卷六《羽部》　柳員外宗元自永州司馬徵至京，意望録用。一日，詣卜者問命。且告以夢曰：「余柳姓也，昨夢柳樹仆地，其不吉乎？」卜者曰：「無苦，但憂爲遠官耳。」徵其意，曰：「夫生則柳樹，仆則柳木；木者，牧也。君其牧柳州乎？」卒如其言。

韋絢《劉賓客嘉話録》　柳宗元與劉禹錫同年及第，題名於慈恩塔。談元茂秉筆，時不欲名字者彰，曰：「押縫版子上者率多不達，或即不久物故。」柳起草，暗斟酌之。張復已下，馬徵、鄧文佐名盡著版子矣。題名皆以族望，而辛南容人莫知之。元茂閣筆，曰：「請辛先輩言其族望。」辛君適在他處。柳曰：「東海人。」元茂曰：「争得知？」柳曰：「東海之大，無所不容。」俄而辛至，人問其望，曰：「渤海。」衆大笑。慈恩題名，起自張莒，本於寺中閒遊而題其同年人，因爲故事。

馮贄《雲仙雜記》卷六《沙上玩味成詩》　柳宗元吟《春水如藍》詩，久之不成，乃取九脚床於池邊沙上玩味，終日僅能成篇。

馮贄《雲仙雜記》卷六《大雅之文》　柳宗元得韓愈所寄詩，先以薔薇露灌手，薰玉蕤香後發讀，曰：「大雅之文，正當如是！」

王讜《唐語林》卷二《文學》　柳八駮韓十八《平淮西碑》云：「『左飧右粥』，何如我《平淮西雅》云『仰父俯子』。」禹錫曰：「美憲宗俯下之道盡矣。」柳曰：「韓碑兼有帽子，使我爲之，便説用兵討叛矣。」

辛文房《唐才子傳》卷五《柳宗元》　宗元，字子厚，河東人。貞元九年苑論榜第進士，又試博學宏辭，授校書郎。調藍田縣尉。累遷監察御史裏行。與王叔文、韋執誼善，二人引之謀事，擢禮部員外郎，欲大用。值叔文敗，貶邵州刺史，半道，有詔貶永州司馬。遍貽朝士書言情，衆忌其才，無爲用心者。元和十年，徙柳州刺史。時劉禹錫同謫，得播州。宗元以播非人所居，且禹錫母老，具奏以柳州讓禹錫而自往播；會大臣亦有爲請者，遂改連州。宗元在柳，多惠政。及卒，百姓追慕，立祠享祀，血食至今。公天才絶倫，文章卓偉，一時輩行，咸推仰之。工詩，語意深切，「發纖穠於簡古，寄至味於澹泊，非餘子所及也」。司空

圖論之曰：「梅止於酸，鹽止於鹹，飲食不可無，而其美常在於酸鹹之外。」可以一唱而三歎也。子厚詩在陶淵明下，韋應物上。退之豪放奇險則過之，而溫厲靖深不及也。」今詩賦雜文等三十卷傳於世。

備論

《舊唐書》卷一六〇《柳宗元傳》 史臣曰：貞元、大和之間，以文學聳動搢紳之伍者，宗元、禹錫而已。其巧麗淵博，屬辭比事，誠一代之宏才。如俾之詠歌帝載，黼藻王言，足以平揖古賢，氣吞時輩。而蹈道不謹，昵比小人，自致流離，遂隳素業。故君子羣而不黨，戒懼慎獨，正爲此也。韓、李二文公，於陵遲之末，遑遑仁義，有志於持世範，欲以人文化成，而道未果也。至若抑楊、墨，排釋、老，雖於道未弘，亦端士之用心也。

贊曰：天地經綸，無出斯文。愈、翺揮翰，語切典墳。犧雞斷尾，害馬敗羣。僻塗自噬，劉、柳諸君。

《新唐書》卷一六八《柳宗元傳》 贊曰：叔文沾沾小人，竊天下柄，與陽虎取大弓，《春秋》書爲盜無以異。宗元等橈節從之，徼幸一時，貪帝病昏，抑太子之明，規權遂私。故賢者疾，不肖者媢，一僨而不復，宜哉！彼若不傅匪人，自勵材猷，不失爲名卿才大夫，惜哉！

王安石《王文公文集》卷三三《讀柳宗元傳》 余觀八司馬，皆天下之奇材也，一爲叔文所誘，遂陷於不義。至今士大夫欲爲君子者，皆羞道而喜攻之。然此八人者，既困矣，無所用於世，往往能自强以求别於後世，而其名卒不廢焉。而所謂欲爲君子者，吾多見其初而已，要其終，能毋與世俯仰以自别於小人者少耳！復何議於彼哉？

蘇軾《東坡志林》卷二 柳宗元敢爲誕妄，居之不疑。吕溫爲道州、衡州，及死，二州之人哭之逾月，客舟之過商本作「道」。於此者，必呱呱然。雖子産不至此，溫何以得之？其稱溫之弟恭亦賢豪絶人者，又云恭之妻，裴延齡之商本無「之」字。女也。孰有士君子肯爲裴延齡婿者乎？柳宗元與伾、叔文原本誤作「之」，從商本、張本改。商本「文」下空一格。交，蓋亦不差於延齡姻也。恭爲延齡婿，不見於史，宜表而出之，見宗元文集恭墓誌云。原本有夾注六字，云「伾叔一作伾文」，訛誤不可通，今删。

《蘇軾文集》卷六五《柳子厚論伊尹》 聖人之所以能絶人者，不可以常情疑其有無。孔子爲魯司寇，墮郈、墮費，三桓不疑其害己。非孔子，能之乎？伊尹去亳適夏，既醜有夏，復歸於亳。伊尹爲政於商，既貳於夏矣，以桀之暴戾，處其執政而不疑，往來兩國之間，而商人父師之。非聖人，能如是乎？是以廢太甲，太甲不怨，復其位，太甲不疑。皆不可以常情斷其有無也。後世惟諸葛孔明近之。玄德將死之言，乃真實語也。使孔明據劉禪位，蜀人豈有異詞哉！元祐八年，讀柳宗元《五就桀贊》，終篇皆妄，伊尹往來兩國之間，豈其有意欲教誨桀而全其國耶？不然，湯之當王也久矣，伊尹何疑焉！桀能改過而免於討，可庶幾也。能用伊尹而得志於天下，雖至愚知其不然，宗元意欲以此自解其從王叔文之罪也。

陳確《乾初先生遺集》卷五《柳柳州論》 子厚失足當時，踣不復振。吾讀其文，論其世，未嘗不深痛之。意劉、柳諸子，大概如崇禎之季魏學濂、吴爾壎、周鍾、陳名夏一流人，不過文彩囂浮之士，高自標置，平時妄以功業相期，急難則以節義自負，胸氣激昂，目無流輩，故流輩亦深嫉之。使其得時用事，互相煽引，其聲勢或更過劉、柳當年無疑也。卒之從賊如鶩，百口奚解！鍾尤淫濫，故正其罪而死。議者猶或冤之，非爲鍾冤，冤夫毅然争欲正鍾之罪而殺之者，未知其何以自遠于鍾也。濂悔恨而死；壎從史閣部同死王事；獨名夏致身清朝，功庸甚著，而亦不免於死。方名夏蜚聲端寧，天下莫不賢之。頌美于確者不止一人，人不止一詞，確笑而未之答也。向使吴、魏諸子與名夏易地而處，庸知其能皆出名夏下？然則士大夫何可以一節概其平生哉！子厚雖廢，使能稍屈意時貴，未必不如名夏之復振。即使復振，而以子厚居夷自艾之，所得行之其功能德惠亦必百于名夏，於其爲刺史可矣。而子厚寧爲彼，不爲此，是爲賢耳。吾故讀其文，服其材與識；于其踣不復振，益重其爲人。知柳州之子厚去向者禮部之子厚遠矣。或曰：「子厚將終得爲君子人矣乎！」確亦不敢謂不然也。

弘光間，士大夫切齒從賊一案。如周、魏諸君，嘗恨不食其肉。及名夏折節，見美順治間，則又莫不賢之，惟恐不得于名夏也。所謂是非之公，大率如此，故因論柳州並及之。自記。

藝文

韓愈《昌黎先生文集》卷二三《祭柳子厚文》 維年月日，韓愈謹以清酌庶羞之奠，祭於亡友柳子厚之靈。

嗟嗟子厚，而至然邪！自古莫不然，我又何嗟？人之生世，如夢一覺。其間利害，竟亦何校？當其夢時，有樂有悲。及其既覺，豈足追惟？凡物之生，不願爲材。犧罇青黄，乃木之災。子之中棄，天脱馽羈。玉珮瓊琚，大放厥辭。富貴無能，磨滅誰紀？子之自著，表表愈偉。不善爲斲，血指汗顔。巧匠旁觀，縮手袖間。子之文章，而不用世。乃令吾徒，掌帝之制。子之視人，自以無前。一斥不復，羣飛刺天。

嗟嗟子厚，今也則亡。臨絶之音，一何琅琅？徧告諸友，以寄厥子。不鄙謂余，亦託以死。凡今之交，觀勢厚薄。余豈可保？能承子託。非我知子，子實命我。猶有鬼神，寧敢遺墮？念子永歸，無復來期。設祭棺前，矢心以辭。嗚乎哀哉！尚饗。

韓愈《昌黎先生文集》卷三一《柳州羅池廟碑》 羅池廟者，故刺史柳侯廟也。

柳侯爲州，不鄙夷其民，動以禮法。三年，民各自矜奮，曰：「兹土雖遠京師，吾等亦天氓，今天幸惠仁侯，若不化服，則我非人。」於是老少相教語，莫違侯令。凡有所爲，於其鄉閭，及於其家，皆曰：「吾侯聞之，得無不可於意否？」莫不忖度而後從事。凡令之期，民勸趨之，無或後先，必以其時。於是民業有經，公無負租，流逋四歸，樂生興事，宅有新屋，步有新船，池園潔修，豬牛鴨雞，肥大蕃息。子嚴父詔，婦順夫指，嫁娶葬送，各有條法，出相弟長，入相慈孝。先時，民貧以男女相質，久不得贖，盡没爲隸。我侯之至，按國之故，以傭除本，悉奪歸之。大修孔子廟，城郭巷道，皆治使端正，樹以名木，柳民既皆悦喜。

嘗與其部將魏忠、謝寧、歐陽翼飲酒驛亭，謂曰：「吾棄於時，而寄於此，與若等好也。明年吾將死，死而爲神。後三年，爲廟祀我。」及期而死。三年孟秋辛卯，侯降於州之後堂，歐陽翼等見而拜之。其夕夢翼而告曰：「館我於羅池。」其月景辰，廟成，大祭，過客李儀醉酒，慢侮堂上，得疾，扶出廟門即死。明年春，魏忠、歐陽翼使謝寧來京師，請書其事於石。余謂柳侯生能澤其民，死能驚動福禍之，以食其土，可謂靈也已。作迎享送神詩遺柳民，俾歌以祀焉，而并刻之。

柳侯，河東人，諱宗元，字子厚，賢而有文章，嘗位於朝光顯矣，已而擯不用。其辭曰：「荔子丹兮蕉黄，雜肴蔬兮進侯堂。侯之船兮兩旗，度中流兮風泊之，待侯不來兮不知我悲。侯乘駒兮入廟，慰我民兮不嚬以笑。鵝之山兮柳之水，桂樹團團兮白石齒齒。侯朝出游兮暮來歸，春與猨吟兮秋鶴與飛。北方之人兮爲侯是非，千秋萬歲兮侯無我違。福我兮壽我，驅厲鬼兮山之左。下無苦濕兮高無乾秔，稌充羡兮蛇蛟結蟠。我民報事兮無怠其始，自今兮欽於世世。」

劉禹錫《劉夢得文集》卷二三《唐故柳州刺史柳君集》 八音與政通，而文章與時高下。三代之文，至戰國而病，涉秦、漢復起。漢之文，至列國而病，唐興復起。夫政龐而土裂，三光五嶽之氣分，太音不完，故必混一而後大振。初，貞元中，上方嚮文章，昭回之光，下飾萬物。天下文士，争執所長，與時而奮，粲焉如繁星麗天。而芒寒色正，人望而敬者，五行而已。河東柳子厚，斯人望而敬者歟！子厚始以童子有奇名於貞元初，至九年，爲名進士。十有九年，爲材御史。二十有一年，以文章稱首，入尚書，爲禮部員外郎。是歲，以疎雋少檢獲訕，出牧邵州，又謫佐永州。居十年，詔書徵，不用，遂爲柳州刺史。五歲，不得召歸。病且革，留書抵其友中山劉禹錫曰：「我不幸，卒以謫死，以遺草累故人。」禹錫執書以泣，遂編次爲三十通，行於世。子厚之喪，昌黎韓退之誌其墓，且以書來弔曰：「哀哉！若人之不淑。吾嘗評其文，雄深雅健，似司馬子長，崔、蔡不足多也。」安定皇甫湜，於文章少所推讓，亦以退之言爲然。凡子厚名氏與仕與年暨行己之大方，有退之之誌若祭文在，今附于第一通之末云。

劉禹錫《劉夢得文集》卷二三《祭柳員外文》 維元和十五年歲次庚子正月戊戌朔日，孤子劉禹錫銜哀扶力，謹遣所使黄孟萇具清酌庶羞之奠，敬祭于亡友柳君之靈。

嗚呼子厚！我有一言，君其聞否？惟君平昔，聰明絶人；今雖化去，夫豈無物？意君所死，乃形質耳；魂氣何託？聽余哀詞。嗚呼痛哉！嗟余不天，甫遭閔凶。未離所部，三使來弔。憂我衰病，諭以苦言。情深禮至，欵密重複。期以中路，更申顧言。途次衡陽，云有柳使。謂復前約，忽承訃書。驚號大叫，如得狂病。良久問故，百哀攻中。涕洟迸落，魂魄震越。伸紙窮竟，得君遺書。絶絃之音，悽愴徹骨。初託遺嗣，知其不孤，末言歸輤，從祔先域。凡此數事，職在吾

徒。永言素交，索居多遠。鄂渚差近，表臣分深，想其聞訃，必勇於義。已命所使，持書徑行，友道尚終，當必加厚。退之承命，改牧宜陽。亦馳一函，候於便道。勒石垂後，屬于伊人。安平、宜英，會有還使。悉已如禮，形於具書。嗚呼子厚！此是何事？朋友凋落，從古所悲。不圖此言，乃爲君發。自君失意，沉伏遠郡。近遇國士，方伸眉頭。亦見遺草，恭辭舊府。志氣相感，必踰常倫。顧余負釁，營奉方重。猶冀前路，望君銘旌。古之達人，朋友則服。今有所厭，其禮莫申。朝晡臨後，出就別次。南望桂水，哭我故人。孰云宿草，此慟何極？嗚呼子厚，卿真死矣！終我此生，無相見矣！何人不達？使君終否。何人不老？使君夭死。皇天后土，胡寧忍此？知悲無益，奈恨無已。君之不聞，余心不理。含酸執筆，輒復中止。誓使周六，同於己子。魂兮來思，知我深旨。嗚呼哀哉！尚饗。

劉禹錫《劉夢得文集》卷二三《重祭柳員外文》　嗚呼！自君之没，行已八月。每一念至，忽忽猶疑。今以喪來，使我臨哭。安知世上，真有此事？既不可贖，翻哀獨生。嗚呼！出人之才，竟無施爲。炯炯之氣，戢于一木。形與人等，今既如斯。識與人殊，今復何託？生有高名，没爲衆悲。異服同志，異音同歎。唯我之哭，非弔非傷。來與君言，不言成哭。千哀萬恨，寄以一聲。唯識真者，乃相知耳。庶幾儻聞，君儻聞乎？嗚呼痛哉！君有遺美，其事多梗。桂林舊府，感激主持。俾君内弟，得以義勝。平昔所念，今則無違。旅魂克歸，崔生實主。幼穉在側，故人撫之。敦詩、退之，各展其分。安平來賵，禮成而歸。其它赴告，咸復于素。一以誠告，君儻聞乎？嗚呼痛哉！君爲已矣，余爲苟生。何以言別，長號數聲。冀乎異日，展我哀誠。嗚呼痛哉！尚饗。

劉禹錫《劉夢得文集》卷二三《爲鄂州李大夫祭柳員外文》　嗚呼！至人以在生爲傳舍，以軒冕爲儻來。達於理者，未嘗惑此。昔余與君，論之詳熟。孔子四科，罕能相備。惟公特立秀出，幾於全器。才之何豐，運之何否。大川未濟，乃失巨艦。長途始半，而喪良驥。搢紳之倫，孰不墮淚？昔者與君，交臂相得。一言一笑，未始有極。馳聲日下，騖名天衢。射策差池，高科齊驅。攜手書殿，分曹藍曲。心志諧同，追歡相續。或秋月銜觴，或春日馳轂。甸服載期，同升憲府。察視之列，斯焉接武。君遷外郎，予侍内闈。出處雖間，音塵不虧。勢變時移，遭罹多故。中復賜環，上京良遇。曾不踰月，君又即路。遠持郡符，柳水之壖。居陋行道，疲人歌焉。予來夏口，忽復三年。離索則久，音問屢傳。篋盈草隸，架滿文篇。鍾、索繼美，班、揚差肩。賈誼賦鵩，屈原問天。自古有死，奚論後先？痛君未老，美志莫宣。遭回世路，奄忽下泉。嗚呼哀哉！令妻蚤謝，稺子四歲。天喪斯文，而君永逝。翩翩丹旐，來自遐裔。聞君旅櫬，既及岳陽。扱門一慟，貫裂衷腸。執紼禮乖，出疆路阻。故人奠觴，莫克親舉。馳神假夢，冀獲晤語。平生密懷，願君遺吐。遺孤之才與不才，敢同己子之相許。嗚呼哀哉！尚饗。

《柳宗元集》附録嚴有翼《柳文序》　唐之文章，無慮三變。武德以來，沿江左餘風，則以絺章繪句爲尚。開元好經術，則以崇雅黜浮爲工。至於法度森嚴，抵轢晉、魏，上軋周、漢，渾然爲一王法者，獨推大曆、貞元間。是時雖曰美才輩出，其能以六經之文爲諸儒倡者，不過韓退之而止耳，柳子厚而止耳。退之之文，史臣謂其與孟軻、揚雄相表裏，故後之學者，不復敢置議論。子厚不幸，其進於朝，適當王叔文用事之時。叔文工言治道，順宗在東宫，頗信重之，迨其踐祚，方欲有所施爲，然與文珍、韋皋等相忤，内外譏譖，交口詆誣，一時在朝，例遭竄逐，而八司馬之號紛然出矣。作史者不復審訂其是非，第以一時成敗論人，故黨人之名，不可湔洗。嗚呼子厚，亦可謂重不幸矣。尚賴本朝文正范公之推明之也，曰：劉禹錫、柳宗元、吕温，坐王叔文黨，貶廢不用，覽數君子之述作，禮意精密，涉道非淺。如叔文狂甚，義必不交。叔文以藝進東宫，人望素輕，然傳稱知書，好論理道，爲太子所信。順宗即位，遂見用，引禹錫等決事禁中。及議罷中人兵權，牾俱文珍輩，又絶韋皋私請，欲斬劉闢，其意非忠乎？皋銜之，會順宗病篤，皋揣太子意，請監國而誅叔文，憲宗納皋之謀而行内禪，故當朝左右謂之黨人者，豈復見雪？《唐書》蕪駁，因其成敗而書之，無所裁正。孟子曰：「盡信書，不如無書。」吾聞夫子褒貶，不以一毫而廢人之業也。嗚呼！如范公之論人，可謂明且恕矣。死者有知，子厚豈不伸眉於地下！余嘗嗜子厚之文，苦其難讀，既稽之史傳以校其譌繆，又考之字書以證其音釋，編成一帙，名曰《柳文切正》。雖懸金於市，曾無吕氏之精；然置筆于藩，姑效左思之篤。後之君子，無或誚焉。紹興三十二年歲次壬午春三月十一日，建安嚴有翼序。

《柳宗元集》附録李石《河東先生集題後》　石所得柳文凡四本：其一得之於鄉人蕭憲甫，云京師閣氏本；其一得之於范衷甫，云晏氏本；其一得之於臨安富氏子，云連州本；其一得之於范才叔之家傳舊本。閣氏本最善，爲好事者竊去。晏氏本，蓋衷甫手校以授其兄偃刊之，今蜀本是也。才叔家本，似未經校

正篇次，大不類富氏連州本，樸野尤甚。今合三本校之，以取正焉。如劉賓客序云，有退之之誌并祭文附于第一通之末，蓋以退之重子厚敍之意云爾也。蜀本往往只作「并祭文」，其他有率意改竄字句以害義理者尚多。此類或作字、一作字、衍字、去字，此三本之相爲用也。然亦未敢以爲全書，尚冀復得如閣氏本者而取正焉。方舟李石書。

《柳宗元集》附録錢重《柳文後跋》 重讀柳文至《吏商篇》，首句曰：「吏而商也，污吏之爲商，不如廉吏之商，其爲利也博。」常疑其造端無含蓄，必有脱句。後得善本，乃云：「吏非商也，吏而商，污吏之爲商，不如廉吏之商，其爲利也博。」於是欣然笑曰：此子厚之所以爲文也。且使子厚不首言「吏非商也」四字，則不足以見此文之作出於不得已，欲誘爲利而仕者之意。故古文或有脱字及訛舛處，能使一篇文意不貫，精神索然者信矣。子厚居愚溪幾十年，閒中捨尋遊山水外，往往沈酣於文字中，故其文至永尤高妙，爲後世學士大夫所宗師。重冒昧分教此邦，意爲柳文必有佳本，及取觀之，脱繆訛誤特甚，而又墨板歲久漫滅太半。今史君趙公，天族英傑，平生酷好古文，所謂落筆妙天下者也。一日，命重爲之是正，且俾盡易其板之朽弊者。然重吴興人也，來永幾五十程。柳文善本在鄉中士夫家頗多，而永反難得。所可校勘者，止得三兩本，他無從得之。其所是正，豈無遺恨？尚賴後之君子博求而精校之，庶子厚妙思寓於一字一句中者悉呈露，爲益不淺矣。紹熙辛亥仲秋一日，迪功郎永州州學教授錢重謹書。

《柳宗元集》附録趙善愖《柳文後跋》 前輩謂子厚在中朝時所爲文，尚有六朝規矩，至永州，始以三代爲師，下筆高妙，直一日千里。退之亦云：「居閑益自刻苦，務記覽，爲詞章。」而子厚自謂貶官來無事，乃得馳騁文章。此殆子厚天資素高，學力超詣，又有佳山水爲之助，相與感發而至然耶！子厚居永最久，作文最多，遺言措意最古。衡、湘以南，士之經師承講畫爲文詞者，悉有法度可觀。意其故家遺俗，得之親授，本必精良，與它所殊。及到官，首取閲之，乃大不然，訛脱特甚。推原其故，豈非以子厚嘗居是邦，姑刻是集，傳疑承誤，初弗精校歟？抑永之士子，當時傳寫藏去，久而廢散，不復可考歟？因委廣文錢君多求善本訂正，且併易其漫滅者，視舊善矣。雖然，安知不猶有舛而未真，遺而未盡者乎！後之君子，好古博雅，當有以是正盡善云。紹熙二年八月旦，零陵郡守郇國趙善愖跋。

皇甫湜《皇甫持正集》卷六《祭柳子厚文》 嗚呼柳州！秀氣孤稟。弱冠游學，聲華籍甚。肆意文章，秋濤瑞錦。吹迴蟲濫，王風凛凛。連收甲科，驟閲班品。青衿縉紳，屬目斂衽。公卿之禄，若在倉廪。至駿難馭，太白易慘。華鐘始撞，一頓聲寢。梧山恨望，桂水愁飲。鬱鬱羣議，悠悠積稔。竟奄荒瘴，遂絶羈枕。

嗚呼柳州！命實在天。賢不必貴，壽不必賢。雖聖與神，無如命何。自古以然，相視咨嗟。歸葬秦原，即路江皋。聲容蔑然，相嘆增勞。惟有令名，日遠日高。式薦誠詞，以佐羞醪。尚饗。

司空圖《司空表聖文集》卷二《題柳柳州集後》 金之精粗，攷其聲皆可辨也，豈清於磬而渾於鐘哉！然則作者爲文、爲詩，格亦可見，豈當善於彼而不善於此邪？愚觀文人之爲詩，詩人之爲文，始皆繫其所尚，既專則搜研愈至，故能炫其工於不朽。亦猶力巨而鬬者，所持之器各異，而皆能濟勝以爲勍敵也。愚嘗覽韓吏部歌詩數百首，其驅駕氣勢，若掀雷抉電，撑抉於天地之間，物狀奇怪，不得不鼓舞而徇其呼吸也。其次皇甫祠部文集所作，亦爲遒逸，非無意於淵密，蓋或未遑耳。今於華下方得柳詩，味其探搜之致，亦深遠矣。俾其窮而克壽，玩精極思，則固非瑣瑣者輕可擬議其優劣。又嘗觀杜子美祭太尉房公文、李太白佛寺碑贊，宏拔清厲，乃其歌詩也。張曲江五言沈鬱，亦其文筆也。豈相傷哉？噫！後之學者褊淺，片詞隻句，不能自辨，已側目相詆訾矣。痛哉！因題《柳集》之末，庶俾後之詮評者，無或偏説，以蓋其全工。

《文苑英華》卷九八七崔羣《祭柳州柳員外文》 惟靈天姿秀異，才稱儁傑。早著嘉名，遠播芳烈。總六藝之要妙，踐九流之治切。鏌鋣鋒利，浮雲可決。騏驥逸步，飛塵可絶。閉匣不用，伏櫪何施？才命罕并，今古同悲。五嶺三湘，寒暑潛推。樂道忘憂，襟靈甚夷。揆藻揮毫，騫翔是期。奈何終否，神也我欺。嗚呼！雕飛半空，羊角中戾。彼蒼難詰，善人斯逝。羣宿受交兮，行敦情契。遺文在篋，贈言猶佩。撫孤追往，泫然流涕。孑孑丹旐，翩翩素帷。鵬弔是月，鼂從有時。路出長阡，將赴京師。旨酒一觴，哭君江湄。往矣子厚，魂期來斯。尚饗。

穆修《穆參軍集》卷二《唐柳先生集後序》 唐之文章，初未去周、隋五代之氣。中間稱得李、杜，其才始用爲勝，而號專雄歌詩，道未極其渾備。至韓、柳氏起，然後能大吐古人之文，其言與仁義相華實而不雜。如韓《元和聖德》、《平淮西》，柳《雅章》之類，皆辭嚴義偉，製述如經。能崒然聳唐德於盛漢之表，蔑愧讓

者，非二先生之文則誰與？予少嗜觀二家之文，常病柳不全見於世，出人間者，殘落纔百餘篇；韓則雖曰其全，至所缺墜，亡字失句，獨於集家爲甚。志欲補其正而傳之，多從好事訪善本，前後累數十，得所長，輒加注竄。遇行四方遠道，或他書不暇持，獨賷韓以自隨。「賷」，或作「齎」。牋西切。幸會人所寶有，就假取正。凡用力於斯，已蹈二紀外，文始幾定。久惟柳之道，疑其未克光明於時，何故伏其文而不大耀也？求索之莫獲，則既已矣於懷。不圖晚節，遂見其書，聯爲八九大編，夔州前序其首，以卷別者凡四十有五。真配韓之鉅文歟！書字甚樸，不類今跡。蓋往昔之藏書也。從考覽之，或卒卷莫迎其誤脱，有一二廢字，由其陳故劘滅，讀無甚害，更資研證就真耳。因按其舊，録爲別本，與隴西李之才參讀累月，詳而後止。嗚呼！天厚予嗜多矣，始而饜我以韓，既而飫我以柳，謂天不吾厚，不誣也哉？世之學者，如不志於古則已；苟志於古，求踐立言之域，捨二先生而不由，雖曰能之，非予所敢知也。天聖元年秋月，河南穆修伯長後序。

陸遊《渭南文集》卷二七《跋柳柳州集》「此一卷集外文，其中多後人妄取他人之文冒柳州之名者，聊且哀類於此。子京。」

右三十一字，宋景文公手書，藏其從孫晸家。然所謂集外文者，今往往分入卷中矣。淳熙乙巳五月十七日，務觀校畢。

計有功《唐詩紀事》卷四三《柳宗元》《種柳戲題》云：柳州柳刺史，種柳柳江邊。談笑爲故事，推移成昔年。垂陰當覆地，聳幹會參天。好作思人樹，慚無惠化傳。

《南澗中題》云：秋氣集南澗，獨遊亭午時。迴風一蕭瑟，林影久參差。始至若有得，稍深遂忘疲。羈禽響幽谷，寒藻舞淪漪。去國魂已遊，懷人淚空垂。孤生易爲感，失路少所宜。寂寞竟何事，徘徊祗自知。誰爲後來者，當與此心期。

《漁翁》云：漁翁夜傍西巖宿，曉汲清湘燃楚竹。煙銷日出不見人，欸乃一聲山水緑。迴看天際下中流，巖上無心雲相逐。

子厚與楊誨之書云：吾年十七，求進士，四年乃得舉。二十四，求博學宏詞科，二年乃得仕。及爲藍田尉，走謁大官堂下，與卒伍無別。益學老子和光同塵，雖自以爲得，然已得號爲輕薄人矣。及爲御史郎官，自以登朝廷，利害益大，雖戒礪益切，然卒不免爲連累廢逐。子厚陷王叔文之黨遷謫，卒死於柳州，柳人立廟羅池。

《雪》詩云：千山鳥飛絶，萬徑人蹤滅。孤舟蓑笠翁，獨釣寒江雪。視鄭谷亂飄僧舍之句不侔矣，東坡居士云。

子厚死三年，愚溪無復曩時矣。劉夢得聞之，賦三絶云：溪水悠悠春自來，草堂無主燕飛迴。隔簾惟見中庭草，一樹山榴依舊開。其一。草聖數行留壞壁，木奴千樹屬鄰家。唯見里門通德榜，殘陽寂寞出樵車。其二。柳門竹巷依依在，野草青苔日日多。縱有鄰人解吹笛，山陽舊侶更誰過？其三。

徐鈞《史詠詩集》卷下《柳宗元》自負奇才卻附人，伾文一跌誤終身。聰明未易消磨盡，猶作羅池廟裏神。

元稹部

綜述

《舊唐書》卷一六六《元稹傳》 元稹字微之，河南人。後魏昭成皇帝，稹十代祖也。兵部尚書、昌平公巖，六代祖也。曾祖延景，岐州參軍。祖悱，南頓丞。父寬，比部郎中、舒王府長史，以稹貴，贈左僕射。

稹八歲喪父。其母鄭夫人，賢明婦人也，家貧，爲稹自授書，教之書學。稹九歲能屬文。十五兩經擢第。二十四調判入第四等，授秘書省校書郎。二十八應制舉才識兼茂、明於體用科，登第者十八人，稹爲第一，元和元年四月也。制下，除右拾遺。

稹性鋒鋭，見事風生。既居諫垣，不欲碌碌自滯，事無不言，即日上疏論諫職。又以前時王叔文、王伾以猥褻待詔，蒙幸太子，永貞之際，大撓朝政。是以訓導太子宫官，宜選正人，乃獻《教本書》曰：「臣伏見陛下降明詔，修廢學，增胄子，選司成。大哉堯之爲君，伯夷典禮，夔教胄子之深旨也。然而事有萬萬於此者，臣敢冒昧殊死而言之。臣聞諸賈生曰：『三代之君，仁且久者，教之然也。』誠哉是言。且夫周成王，人之中才也，近管、蔡則讒入，有周、召則義聞，豈可謂天聰明哉？然而克終于道者，得不謂教之然耶？俾伯禽、唐叔與之游，《禮》、《樂》、《詩》、《書》爲之習，目不得閲淫豔妖誘之色，耳不得聞優笑淩亂之音，口不得習操斷擊搏之書，居不得近容順陰邪之黨，游不得縱追禽逐獸之樂，玩不得有遐異僻絶之珍。凡此數者，非謂備之於前而不爲也，亦將不得見之矣。及其長而爲君也，血氣既定，遊習既成，雖有放心快已之事日陳于前，固不能奪已成之習，已定之心矣。則彼忠直道德之言，固吾之所習聞也，陳之者有以諭焉；彼庸佞違道之説，固吾之所積懼也，諂之者有以辨焉。人之情，莫不欲耀其所能而黨其所近，苟將得志，則必快其所蘊矣。物之性亦然，是以魚得水而游，馬逸駕而走，鳥得風而翔，火得薪而熾，此皆物之快其所蘊也。今夫成王所蘊道德也，所近聖賢也。是以舉其近，則周公左而召公右，伯禽魯而太公齊；快其蘊，則興禮樂而朝諸侯，措刑罰而美教化。教之至也，可不謂信然哉！及夫秦則不然。滅先王之學，曰將以愚天下；黜師保之位，曰將以明君臣。胡亥之生也，《詩》、《書》不得聞，聖賢不得近。彼趙高者，詐宦之戮人也，而傅之以殘忍戕賊之術，且曰恣睢天下以爲貴，莫見其面以爲尊。是以天下之人人未盡愚，而胡亥固已不能分獸畜矣。趙高之威懾天下，而胡亥固已自幽於深宫矣。彼李斯，秦之寵丞相也，因讒冤死，無所自明，而況于疏遠之臣庶乎？若然，則秦之亡有以致之也。漢高承之以兵革，漢文守之以廉謹，卒不能蘇復大訓。是以景、武、昭、宣，天資甚美，才可以免禍亂，哀、平之閒，則不能虞篡弒矣。然而惠帝廢易之際，猶賴羽翼以勝邪心。是後有國之君，議教化者，莫不以興廉舉孝、設學崇儒爲意，曾不知教化之不行自貴始。略其貴者，教其賤者，無乃鄰於倒置乎？洎我太宗文皇帝之在藩邸，以至於爲太子也，選知道德者十八人與之遊習。即位之後，雖遊宴飲食之間，若十八人者，實在其中。上失無不言，下情無不達，不四三年而名高盛古，豈一日二日而致是乎？游習之漸也。貞觀已還，師傅皆宰相兼領，其餘宫僚，亦甚重焉。馬周以位高恨不得爲司議郎，此其驗也。文皇之後，漸疏賤之。用至母后臨朝，翦棄王室。當中、睿二聖勤勞之際，雖有骨鯁敢言之士，既不得在調護保安之職，終不能吐扶衛之一辭，而令醫匠安金藏剖腹以明之，豈不大哀也耶？兵興已來，兹弊尤甚。師資保傅之官，非疾廢眊聵不任事者爲之，即休戎罷帥不知書者處之。至于友諭贊議之徒，疏冗散賤之甚者，搢紳恥由之。夫以匹士之愛其子者，猶求明哲慈惠之師以教之，直諒多聞之友以成之，豈天下之元良，而可以疾廢眊聵不知書者爲之師乎？疏冗散賤不適用者爲之友乎？此何不及上古之甚也！近制，宫僚之外，往往以沉滯僻老之儒，充侍直、侍讀之選，而又疏棄斥逐之，越月踰時，不得召見，彼又安能傅成道德而保養其身躬哉？臣以爲積此弊者，豈不以皇天眷佑，祚我唐德，以舜繼堯，傳陛下十一聖矣，莫不生而神明，長而仁聖，以是爲屑屑習儀者故不之省耳。臣獨以爲於列聖之謀則可也，計傳後嗣則不可。脱或萬代之後，若有周成之中才，而又生於深宫優笑之間，無周、召保助之教，則將不能知喜怒哀樂之所自矣，況稼穡艱難乎？今陛下以上聖之資，肇臨海内，是天下之人傾耳注心之日。特願陛下思成王訓導之功，念文皇游習之漸，選重師保，慎擇宫僚，皆用博厚弘深之儒，而又明達機務者爲之。更相進見，日就月將。因令皇太子聚諸生，定齒胄講業之儀，行嚴師問道之禮，至德要道以成之，徹膳記過以警之。血氣未定，則去禽色之娱以就學；聖質

已備，則資遊習之善以弘德。此所謂『一人元良，萬方以貞』之化也。豈直修廢學，選司成，而足倫匹其盛哉？而又俾則百王，莫不幼同師，長同術，識君道之素定，知天倫之自然，然後選用賢良，樹爲藩屏。出則有晉、鄭、魯、衛之盛，入則有東牟、朱虛之强，蓋所謂宗子維城，犬牙盤石之勢也，又豈與夫魏、晉以降，因賤其兄弟而自翦其本枝者同年而語哉？」

憲宗覽之甚悅。

又論西北邊事，皆朝政之大者。憲宗召對，問方略。爲執政所忌，出爲河南縣尉。丁母憂，服除，拜監察御史。四年，奉使東蜀，劾奏故劍南東川節度使嚴礪違制擅賦，又籍没塗山甫等吏民八十八户田宅一百一十一、奴婢二十七人、草千五百束、錢七千貫。時礪已死，七州刺史皆責罰。稹雖舉職，而執政有與礪厚者惡之。使還，令分務東臺。浙西觀察使韓皋封杖決湖州安吉令孫澥，四日内死。徐州監軍使孟昇卒，節度使王紹傳送昇喪柩還京，給券乘驛，仍於郵舍安喪柩。稹並劾奏以法。河南尹房式爲不法事，稹欲追攝，擅令停務。既飛表聞奏，罰式一月俸，仍召稹還京。宿敷水驛，内官劉士元後至，爭廳，士元怒，排其户，稹襪而走廳後。士元追之，後以棰擊稹傷面。執政以稹少年後輩，務作威福，貶爲江陵府士曹參軍。

稹聰警絶人，年少有才名，與太原白居易友善。工爲詩，善狀詠風態物色，當時言詩者稱元、白焉。自衣冠士子，至閭閻下俚，悉傳諷之，號爲「元和體」。既以俊爽不容於朝，流放荆蠻者僅十年。俄而白居易亦貶江州司馬，稹量移通州司馬。雖通、江懸邈，而二人來往贈答，凡所爲詩，有自三十、五十韻乃至百韻者。江南人士，傳道諷誦，流聞闕下，里巷相傳，爲之紙貴。觀其流離放逐之意，靡不悽惋。

十四年，自虢州長史徵還，爲膳部員外郎。宰相令狐楚一代文宗，雅知稹之辭學，謂稹曰：「嘗覽足下製作，所恨不多，遲之久矣。請出其所有，以豁予懷。」稹因獻其文，自叙曰：「稹初不好文，徒以仕無他歧，强由科試。及有罪譴棄之後，自以爲廢滯潦倒，不復爲文字有聞於人矣。曾不知好事者抉擿芻蕪，塵瀆尊重。竊承相公特於廊廟間道稹詩句，昨又面奉教約，令獻舊文。戰汗悚踴，慚忝無地。稹自御史府謫官，於今十餘年矣。閑誕無事，遂專力於詩章。日益月滋，有詩句千餘首。其間感物寓意，可備矇瞽之風者有之。辭直氣粗，罪尤是懼，固不敢陳露於人。唯杯酒光景間，屢爲小碎篇章，以自吟暢。然以爲律體卑庳，格力不揚，苟無姿態，則陷流俗。常欲得思深語近，韻律調新，屬對無差，而風情宛然，而病未能也。江湖間多新進小生，不知天下文有宗主，妄相放效，而又從而失之，遂至於支離褊淺之辭，皆目爲元和詩體。稹與同門生白居易友善。居易雅能詩，就中愛驅駕文字，窮極聲韻，或爲千言，或五百言律詩，以相投寄。小生自審不能過之，往往戲排舊韻，别創新辭，名爲次韻相酬，蓋欲以難相挑。自爾江湖間爲詩者，復相放效，力或不足，則至於顛倒語言，重複首尾，韻同意等，不異前篇，亦目爲元和詩體。而司文者考變雅之由，往往歸咎於稹。嘗以爲雕蟲小事，不足以自明。始聞相公記憶，累旬已來，實慮糞土之牆，庇之以大厦，使不復破壞，永爲板築者之誤。輒寫古體歌詩一百首，百韻至兩韻律詩一百首，爲五卷，奉啓跪陳。或希構厦之餘，一賜觀覽，知小生於章句中欒櫨榱桷之材，盡曾量度，則十餘年之邅迴，不爲無用矣。」楚深稱賞，以爲今代之鮑、謝也。

穆宗皇帝在東宫，有妃嬪左右嘗誦稹歌詩以爲樂曲者，知稹所爲，嘗稱其善，宫中呼爲元才子。荆南監軍崔潭峻甚禮接稹，不以掾吏遇之，常徵其詩什諷誦之。長慶初，潭峻歸朝，出稹《連昌宫辭》等百餘篇奏御，穆宗大悦，問稹安在，對曰：「今爲南宫散郎。」即日轉祠部郎中、知制誥。朝廷以書命不由相府，甚鄙之，然辭誥所出，敻然與古爲侔，遂盛傳於代，由是極承恩顧。嘗爲《長慶宫辭》數十百篇，京師競相傳唱。居無何，召入翰林，爲中書舍人、承旨學士。中人以潭峻之故，爭與稹交，而知樞密魏弘簡尤與稹相善，穆宗愈深知重。河東節度使裴度三上疏，言稹與弘簡爲刎頸之交，謀亂朝政，言甚激訐。穆宗顧中外人情，乃罷稹内職，授工部侍郎。上恩顧未衰，長慶二年，拜平章事。詔下之日，朝野無不輕笑之。時王廷湊、朱克融連兵圍牛元翼於深州，朝廷俱赦其罪，賜節鉞，令罷兵，俱不奉詔。稹以天子非次拔擢，欲有所立以報上。有和王傅于方者，故司空頔之子，干進於稹，言有奇士王昭、王友明二人，嘗客於燕、趙間，頗與賊黨通熟，可以反間而出元翼，仍自以家財資其行，仍賂兵、吏部令史爲出告身二十通，以便宜給賜，稹皆然之。有李賞者，知于方之謀，以稹與裴度有隙，乃告度云：「于方爲稹所使，欲結客王昭等刺度。」度隱而不發。及神策軍中尉奏于方之事，乃詔三司使韓皋等訊鞫，而害裴事無驗，而前事盡露，遂俱罷稹、度平章事，乃出稹爲同州刺史，度守僕射。諫官上疏，言責度太重，稹太輕，上心憐稹，止削長春宫使。稹初罷相，三司獄未奏，京兆尹劉遵古遣坊所由潛邏稹居第，稹奏訴之，上怒，罰遵古，遣中人撫諭稹。稹至同州，因表謝上，自叙曰：「臣稹辜

負聖明，辱累恩獎，便合自求死所，豈謂尚忝官榮？臣稹死罪。臣八歲喪父，家貧無業。母兄乞丐，以供資養。衣不布體，食不充腸。幼學之年，不蒙師訓。因感鄰里兒稚有父兄爲開學校，涕咽發憤，願知《詩》、《書》。慈母哀臣，親爲教授。年十有五，得明經出身，由是苦心爲文，夙夜强學。年二十四，登吏部乙科，授校書郎。年二十八，蒙制舉首選，授左拾遺。始自爲學，至於升朝，無朋友爲臣吹噓，無親戚爲臣援庇。莫非苦己，實不因人，獨立性成，遂無交結。任拾遺日，屢陳時政，蒙先皇帝召問於延英。旋爲宰相所憎，出臣河南縣尉。及爲監察御史，又不規避，專心糾繩，復爲宰相怒臣不庇親黨，因以他事貶臣江陵判司。廢棄十年，分死溝瀆。元和十四年，憲宗皇帝開釋有罪，始授臣膳部員外郎。與臣同省署者，多是臣登朝時舉人，任卿相者，半是臣同諫院時拾遺、補闕。愚臣既不料陛下天聽過卑，知臣薄藝，朱書授臣制誥，延英召臣賜緋。宰相惡臣不出其門，由是百萬侵毁。陛下察臣無罪，寵獎踰深，召臣面授舍人，遣充承旨翰林學士，金章紫服，光飾陋軀，人生之榮，臣亦至矣。然臣益遭誹謗，日夜憂危，唯陛下聖鑒昭臨，彌加保任，竟排羣議，擢授台司。臣忝有肺肝，豈並尋常宰相？況當行營退散之後，牛元翼未出之間，每聞陛下軫念之言，愚臣恨不身先士卒。所問于方計策，遣王友明等救解深州，蓋欲上副聖情，豈是别懷他意？不料姦人疑臣殺害裴度，妄有告論，塵瀆聖聰，愧羞天地。臣本待辨明一了，便擬殺身謝責，豈料聖慈尚加，薄貶同州。雖違咫尺之間，不遠郊圻之境，伏料必是宸衷獨斷，乞臣此官。若遣他人商量，乍可與臣遠處方鎮，豈肯遣臣俯近闕廷？所恨今月三日，尚蒙召對延英。此時不解泣血，仰辭天顔，乃至今日竄逐。臣自離京國，目斷魂銷。每至五更朝謁之時，實制淚不已。臣若餘生未死，他時萬一歸還，不敢更望得見天顔，但得再聞京城鐘鼓之音，臣雖黄土覆面，無恨九泉。臣無任自恨自慚，攀戀聖慈之至。」

在郡二年，改授越州刺史、兼御史大夫、浙東觀察使。會稽山水奇秀，稹所辟幕職，皆當時文士，而鏡湖、秦望之遊，月三四焉。而諷詠詩什，動盈卷帙。副使竇鞏，海内詩名，與稹酬唱最多，至今稱蘭亭絶唱。稹既放意娱遊，稍不修邊幅，以瀆貨聞於時。凡在越八年。

大和初，就加檢校禮部尚書。三年九月，入爲尚書左丞。振舉紀綱，出郎官頗乖公議者七人。然以稹素無檢操，人情不厭服。會宰相王播倉卒而卒，稹大爲路岐，經營相位。四年正月，檢校户部尚書，兼鄂州刺史、御史大夫、武昌軍節度使。五年七月二十二日暴疾，一日而卒于鎮，時年五十三，贈尚書右僕射。有子曰道護，時年三歲。稹仲兄司農少卿積，營護喪事。所著詩賦、詔册、銘誄、論議等雜文一百卷，號曰《元氏長慶集》。又著古今刑政書三百卷，號《類集》，並行於代。

稹長慶末因編删其文稿，《自敘》曰：「劉秩云制不可削。予以爲有可得而削之者，貢謀猷，持嗜慾，君有之則譽歸于上，臣專之則譽歸於下。苟而存之，其攘也，非道也。經制度，明利害，區邪正，辨嫌惑，存之則事分著，去之則是非泯。苟而削之，其過也，非道也。元和初，章武皇帝新即位，臣下未有以言刮視聽者。予時始以對詔在拾遺中供奉，由是獻《教本書》、《諫職》、《論事》等表十數通，仍爲裴度、李正辭、韋熏訟所言當行，而宰相曲道上語。上頗悟，召見問狀。宰相大惡之，不一月，出爲河南尉。後累歲，補御史，使東川。謹以元和赦書，劾節度使嚴礪籍塗山甫等八十八家，過賦梓、遂之民數百萬。朝廷異之，奪七刺史料，悉以所籍歸於人。會潘孟陽代礪爲節度使，貪過礪，且有所承迎，雖不敢盡廢詔，因命當得所籍者皆入資。資過其稱，摧薪盜賦無不爲，仍爲礪密狀不當得醜謚。予自東川還，朋礪者潛切齒矣。無何，分蒞東都臺。天子久不在都，都下多不法者。百司皆牢獄，有裁接吏械人逾歲而臺府不得而知之者，予因飛奏絶百司專禁錮。河南尉判官，予劾之，忤宰相旨。監徐使死於軍，徐帥郵傳其柩，柩至洛，其下歐詬主郵吏，予命吏徙柩於外，不得復乘傳。浙西觀察使封杖決安吉令至死；河南尹誣奏書生尹太階請死之；飛龍使誘趙寔家逃奴爲養子；田季安盜娶洛陽衣冠女；汴州没入死商錢且千萬；滑州賦於民以千，授於人以八百；朝廷饋東師，主計者誤命牛車四千三百乘飛芻越太行。類是數十事，或移或奏，皆止之。貞元已來，不慣用文法，内外寵臣皆喑嗚。會河南尹房式詐諼事發，奏攝之。前所喑嗚者叫噪。宰相素以劾叛官事相銜，乘是黜予江陵掾。後十年，始爲膳部員外郎。穆宗初，宰相更相用事，丞相段公一日獨得對，因請亟用兵部郎中薛存慶、考功員外郎牛僧孺，予亦在請中，上然之。不十數日次用爲給、舍，他忿恨者日夜構飛語，予懼罪，比上書自明。上憐之，三召與語。語及兵賦洎西北邊事，因命經紀之。是後書奏及進見，皆言天下事，外間不知，多臆度。陛下益憐其不漏禁中語，召入禁林，且欲亟用爲宰相。是時裴度在太原，亦有宰相望，巧者謀欲俱廢之，乃以予所無構於裴。裴奏至，驗之皆失實。上以裴方握兵，不欲校曲直，出予爲工部侍郎，而相裴之期亦衰矣。不累月，上盡得所構者，

雖不能暴揚之，遂果初意，卒用予與裴俱爲宰相。復有購狂民告予借客刺裴者，鞫之復無狀，然而裴與予以故俱罷免。始元和十五年八月得見上，至是未二歲，僭忝恩寵，無是之速者；遭罹謗咎，亦無是之甚者。是以心腹腎腸，糜費於扶衛危亡之不暇，又惡暇經紀陛下之所付哉！然而造次顛沛之中，前後列上兵賦邊防之狀，可得而存者一百一十五。苟而削之，是傷先帝之器使也。至于陳暢辨謗之章，去之則無以自明於朋友矣。其餘郡縣之奏請，賀慶之禮，因亦附於件目。始《教本書》至於爲人雜奏，二十有七軸，凡二百二十有七奏。終殁吾世，貽之子孫式，所以明經制之難行，而銷熛之易至也。」

《白居易集》卷七〇《唐故武昌軍節度處置等使正議大夫檢校户部尚書鄂州刺史兼御史大夫賜紫金魚袋贈尚書右僕射河南元公墓誌銘并序》 公諱稹，字微之，河南人。六代祖巖，隋兵部尚書，封平昌公。五代祖弘，隋北平太守。高祖義端，魏州刺史。曾祖延景，岐州參軍。祖諱悱，南頓縣丞，贈兵部員外郎。考諱寬，比部郎中、舒王府長史，贈尚書右僕射。妣滎陽鄭氏，追封陳留郡太夫人。公即僕射府君第四子，後魏昭成皇帝十五代孫也。

公受天地粹靈，生而岐然，孩而嶷然。九歲能屬文。十五，明經及第。二十四，調判入四等，署祕省校書。二十八，應制策，入三等，拜左拾遺。即日獻《教本書》，數月間，上封事六七。憲宗召對，言及時政，執政者疑忌，出公爲河南尉。丁陳留太夫人憂，哀毀過禮，杖不能起。服除之明日，授監察御史。使于蜀，按任敬仲獄，得情。又劾奏東川帥違詔條過籍税。又奏平塗山甫等八十八家冤事。名動三川。三川人慕之，其後多以公姓字名其子。朝庭病東諸侯不奉法，東御史府不治事，命公分臺而董之。時有河南尉離局從軍職，尹不能止。監察使死，其柩乘傳入郵，郵吏不敢詰。内園司械繫人踰年，臺府不得知。飛龍使匿趙氏亡命奴爲養子，主不敢言。浙右帥封杖杖安吉令至死，子不敢愬。凡此者數十事，或奏或劾或移，歲餘皆舉正之。内外權寵臣無奈何，咸不快意。會河南尹有不如法事，公引故事，奏而攝之甚急。先是不快者，乘其便，相噪嗾，坐公專達作威，黜爲江陵士曹掾。居四年，徙通州司馬。又四年，移虢州長史。

長慶初，穆宗嗣位，舊聞公名，以膳部員外郎徵用。既至，轉祠部郎中、賜緋魚袋、知制誥。制誥，王言也，近代相沿，多失於巧俗。自公下筆，俗一變至於雅，三變至於典謨，時謂得人。上嘉之，數召與語，知其有輔弼才，擢授中書舍人、賜紫金魚袋、翰林學士承旨。尋拜工部侍郎，旋守本官同中書門下平章事。公既得位，方將行己志，答君知。無何，有憸人以飛語搆同位。詔下按驗，無狀。上知其誣，全大體，與同位兩罷之，出爲同州刺史。始至，急吏緩民，省事節用，歲收羡財千萬，以補亡户逋租。其餘因弊制事，贍上利下者甚多。二年，改御史大夫、浙東觀察使。將去同，同之耆幼鰥獨，泣戀如別慈父母，遮道不可遏。送詔使導呵揮鞭，有見血者，路闢而後得行。

先是，明州歲進海物，其淡蚶，非禮之味，尤速壞。課其程，日馳數百里。公至越，未下車，趣奏罷。自越抵京師，郵夫獲息肩者萬計，道路歌舞之。明年，辯沃瘠，察貧富，均勞逸，以定税籍。越人便之，無流庸，無逋賦。又明年，命吏課七郡人，冬築陂塘，春貯水雨，夏溉旱苗，農人賴之，無凶年，無餓殍。在越八載，政成課高。上知之，就加禮部尚書，降璽書慰諭，以示旌寵。又以尚書左丞徵還。旋改户部尚書、鄂岳節度使。在鄂三載，其政如越。大和五年七月二十二日，遇暴疾，一日薨于位，春秋五十三。上聞之軫悼，不視朝，贈尚書左僕射。加賻贈焉。

前夫人京兆韋氏，懿淑有聞，無禄早世。生一女，曰保子，適校書郎韋絢。今夫人河東裴氏，賢明知禮，有輔佐君子之勞，封河東郡君。生三女，曰小迎，未笄；道衛，道扶，齠齓。一子，曰道護，三歲。仲兄司農少卿積，姪御史臺主簿某等，銜哀襄事。裴夫人、韋氏長女洎諸孤等，號護廧翣。以六年七月十一日，祔葬於咸陽縣奉賢鄉洪瀆原，從先宅兆也。

公著文一百卷，題爲《元氏長慶集》，又集古今刑政之書三百卷，號《類集》，並行於代。公凡爲文，無不臻極，尤工詩。在翰林時，穆宗前後索詩數百篇，命左右諷詠，宫中呼爲「元才子」。自六宫、兩都、八方，至南蠻、東夷國，皆寫傳之。每一章一句出，無脛而走，疾於珠玉。又觀其述作編纂之旨，豈止於文章刀筆哉？實有心在於安人活國，致君堯、舜，致身伊、皋耳。抑天不與耶？將人不幸耶？予嘗悲公始以直躬律人，勤而行之，則坎壈而不偶。謫瘴鄉凡十年，髮斑白而歸來。次以權道濟世，變而通之，又齟齬而不安。居相位僅三月，席不暖而罷去。通介進退，卒不獲心。是以法理之用，止於舉一職，不布於庶官；仁義之澤，止於惠一方，不周於四海。故公之心不足也。逢時與不逢時同，得位與不得位同，貴富與浮雲同。何者？時行而道未行，身遇而心不遇也。執友居易，獨知其心，以泣濡翰，書銘于墓。曰：嗚呼微之！年過知命，不謂之夭；位兼將相，不謂之少。然未康吾民，未盡吾道，在公之心，則爲不了。嗟乎哉！道廣而俗

謚，時矣夫！心長而運短，命矣夫！嗚呼微之，已矣夫！

雜録

備録

段成式《酉陽雜俎》前集卷八《事感》 元稹在江夏襄州賈塹有莊，新起堂，上梁纔畢，疾風甚雨。時莊客輸油六七甕，忽震一聲，油甕悉列於梁上，一滴不漏。其年元卒。

李肇《唐國史補》卷下 元和中，元稹爲監察御史，與中使争驛廳，爲其所辱，始敕節度觀察使，臺官與中使先到驛者處上廳，因爲定制。

孟棨《本事詩・事感二》 元相公稹爲御史，奉使東川，於褒城題黄明府詩。其序云：「昔年曾於解縣飲酒，余嘗爲觥録事。嘗於竇少府廳，有一人後至，頻犯語令，連飛十數觥，不勝其困，逃席而去。醒後問人，前虞鄉黄丞也。此後絶不復知。元和四年三月，奉使東川，十六日，至褒城望驛，有大池，樓榭甚盛。逡巡有黄明府見迎，瞻其形容，髣髴似識，問其前銜，即往日之逃席黄丞也。説問前事，黄生惘然而悟，因饋酒一樽，艤舟請余同載。余不免其意，與之盡歡。偏問座隅山水，則褒女所奔走城在其左，諸葛所征之路次其右。感今懷古，作贈黄明府詩曰：『昔年曾痛飲，黄令困飛觥。席上當時走，馬前今日迎。依稀迷姓字，即漸識平生。故友身皆遠，他鄉眼暫明。便邀同榻坐，兼共刺船行。酒思臨風亂，霜稜拂地平。不看深淺酌，還愴古今情。邐迤七盤路，陂陁數大城。花疑褒女笑，棧想武侯征。一種埋幽石，老閑千載名。』」

馮贄《雲仙雜記》卷二《腸胃文章映日》 元稹爲翰林丞旨，朝退行鐘廊時，初日映九英梅，隙光射稹，有氣勃勃然。百僚望之曰：「豈腸胃文章映日可見乎？」

馮贄《雲仙雜記》卷七《元白兩不相下》 元微之、白樂天兩不相下。一日同詠李花，微之先成，曰：「葦綃開萬朵。」樂天乃服。綃，練也，葦白而綃輕。

范攄《雲溪友議》卷下《艷陽詞》 安人元相國，應制科之選，歷天禄畿尉，則聞西蜀樂籍有薛濤者，能篇詠，饒詞辯，常悄悒於懷抱也。及爲監察，求使劍門，以御史推鞫，難得見焉。及就除拾遺，府公嚴司空綬，知微之之欲，每遣薛氏往焉。臨途訣別，不敢挈行。洎登翰林，以詩寄曰：「錦江滑膩蛾眉秀，化出文君及薛濤。言語巧偷鸚鵡舌，文章分得鳳凰毛。紛紛詞客皆停筆，箇箇君侯欲夢刀。別後相思隔烟水，菖蒲花發五雲高。」元公既在中書，論與裴晉公度子弟譔及第，議出同州。詔云：裴度立蔡上之功，元稹有罶褰之過也。乃廉問淛東，別濤已逾十載。方擬馳使往蜀取濤，乃有排優周季南、季崇及妻劉採春，自淮甸而來。善弄陸參軍，歌聲徹雲。篇韻雖不及濤，容華莫之比也。元公似忘薛濤，而贈採春詩曰：「新粧巧樣畫雙蛾，幔裹恒州透額羅。正面偷輪光滑笏，緩行輕踏皺文靴。言詞雅措風流足，舉止低迴秀媚多。更有惱人腸斷處，選詞能唱《望夫歌》。」《望夫歌》者，即羅嗊之曲也。金陵有羅嗊樓，即陳後主所建。採春所唱一百二十首，皆當代才子所作。其詞五、六、七言，皆可知矣。詞云：「不喜秦淮水，生憎江上船。載兒夫壻去，經歲又經年。」一。「借問東園柳，枯來得幾年？自無枝葉分，莫怨太陽偏。」二。「莫作商人婦，金釵當卜錢。朝朝江口望，錯認幾人舡！」三。「郍年離別日，只道往桐廬。桐廬人不見，今得廣州書。」四。「昨日勝今日，今年老去年。黄河清有日，白髮黑無緣。」五。「悶向江頭採白蘋，嘗隨女伴祭江神。衆中羞不分明語，暗擲金釵卜遠人。」六。「昨夜北風寒，牽舡浦裹安。潮來打纜斷，摇艣始知難。」七。採春一唱是曲，閨婦行人莫不漣泣。且以藁砧尚在，不可奪焉。元公求在淛河七年，因醉題東武亭。此亭宋武帝所製，壯麗天下莫比也。詩曰：「役役閒人事，紛紛碎簿書。功夫兩衙盡，留滯七年餘。病痛梅天發，親情海岸疎。因循未歸得，不是戀鱸魚。」盧侍御簡求戲曰：「丞相雖不戀鱸魚，乃戀誰耶？」

初娶京兆韋氏，字蕙蘗，官未達而苦貧。繼室河東裴氏，字柔之。二夫人俱有才思，時彦以爲嘉偶。初韋蕙蘗逝，不勝其悲，韓侍郎作墓銘。爲詩悼之曰：「謝家最小偏憐女，嫁與黔婁百事乖。顧我無衣搜畫篋，泥他沽酒拔金釵。野蔬充膳甘長藿，落葉添薪仰古槐。今日贈錢過百萬，爲君營奠復營齋。」又云：「曾經滄海難爲水，除却巫山不是雲。」復自會稽拜尚書右丞，到京未逾月，出鎮武昌。武昌建節李相、牛相、元相比也。是時，中門外搆緹幕，候天使送節次，忽聞宅内慟哭，侍者曰：「夫人也。」乃傳問：「旌鉞將至，何長慟焉？」裴氏曰：「歲杪到家鄉，先春又赴任。親情半未相見，所以如此。」立贈柔之詩曰：「窮冬到鄉國，

正歳別京華。自恨風塵眼，常看遠地花。碧幢還照曜，紅粉莫咨嗟。嫁得浮雲婿，相隨即是家。」裴柔之答曰：「侯門初擁節，御苑柳絲新。不是悲殊命，唯愁別是親。黄鶯遷古木，珠履徙清塵。想到千山外，滄江正暮春。」元公與柔之琴瑟相和，亦房帷之美也。余故編録之。

皇甫枚《三水小牘》卷上　丞相元稹之鎮江夏也，嘗秋夕登黄鶴樓，遥望河江之湄，有光若殘星焉，乃令親信某往視之。某遂棹小舟直詣光所，乃釣船中也。詢彼漁者，云適獲一鯉，光則無之。親信乃攜鯉而來。既登樓，公庖人剖之，腹中得鏡二，如古大錢。以面相合，背則隱起雙龍，雖小而鱗鬣爪角悉具。既瑩，則常有光耀，公寶之，置卧内巾箱中。及相公薨，鏡亦亡去。

錢易《南部新書》卷庚　元相稹之薨也，卜葬之夕，爲火所焚，以煨燼之餘瘞之也。

計有功《唐詩紀事》卷三七《元稹》　樂天在洛，大和中，稹拜左丞，自越過洛，以二詩別樂天云：「君應怪我留連久，我欲與君辭別難。白頭徒侶漸稀少，明日恐君無此歡。」又云：「自識君來三度別，這回白盡老髭鬚。戀君不去君須會，知得後迴相見無？」未幾，死于鄂。樂天哭之曰：「始以詩交，終以詩訣，絃筆相絶，其今日乎！」

辛文房《唐才子傳》卷六《元稹》　稹，字微之，河南人。九歲工屬文，十五擢明經，書判入等，補校書郎。元和初，對策第一，拜左拾遺。數上書言利害，當路惡之，出爲河南尉。後拜監察御史，按獄東川。還次敷水驛。中人仇士良夜至，稹不讓邸，仇怒，擊稹敗面。宰相以稹年少輕威，失憲臣體，貶江陵士曹參軍。李絳等論其枉。元和末，召拜膳部員外郎。稹詩變體，往往宫中樂色皆誦之，呼爲才子。然綴屬雖廣，樂府專其警策也。初在江陵，與監軍崔潭峻善。長慶中，崔進其歌詩數千百篇，帝大悦，問：「今安在？」曰：「爲南宫散郎。」擢祠部郎中，知制誥。俄遷中書舍人、翰林承旨，後拜同中書門下平章事。初以瑕釁，舉動浮薄，朝野雜笑，未幾罷。然素無檢望輕，不爲公議所右，除武昌節度使，卒。在越時，辟竇鞏。鞏工詩，日酬和，故鏡湖、秦望之奇益傳，時號「蘭亭絶唱」。微之與白樂天最密，雖骨肉未至，愛慕之情，可欺金石。千里神交，若合符契。唱和之多，毋逾二公者。有《元氏長慶集》一百卷及小集十卷，今傳。

備論

《舊唐書》卷一六六《元稹傳》　史臣曰：舉才選士之法，尚矣。自漢策賢良，隋加詩賦，罷中正之法，委銓舉之司。由是争務雕蟲，罕趨函丈，矯首皆希於屈、宋，駕肩並擬於《風》、《騷》。或侔箴闕之篇，或效補亡之句。咸欲錙銖《採葛》，糠粃《懷沙》，較麗藻於碧雞，鬭新奇於白鳳。暨編之簡牘，播在管弦，未逃季緒之詆訶，孰望《子虚》之稱賞？迨今千載，不乏辭人，統論六義之源，較其三變之體，如二班者蓋寡，類七子者幾何？至潘、陸情致之文，鮑、謝清便之作，迨於徐、庾，踵麗增華，纂組成而耀以珠璣，瑶臺構而間之金碧。國初開文館，高宗禮茂才，虞、許擅價於前，蘇、李馳聲於後。或位昇台鼎，學際天人，潤色之文，咸布編集。然而向古者傷於太僻，徇華者或至不經，齷齪者局於宫商，放縱者流於鄭、衛。若品調律度，揚搉古今，賢不肖皆賞其文，未如元、白之盛也。昔建安才子，始定霸於曹、劉；永明辭宗，先讓功於沈、謝。元和主盟，微之、樂天而已。臣觀元之制策，白之奏議，極文章之壼奥，盡治亂之根荄。非徒謡頌之片言，盤盂之小説。就文觀行，居易爲優，放心於自得之場，置器於必安之地，優游卒歲，不亦賢乎。贊曰：文章新體，建安、永明。沈、謝既往，元、白挺生。但留金石，長有《莖英》。不習孫、吴，焉知用兵？

《新唐書》卷一七四《元稹傳》　贊曰：夫口道先王語，行如市人，其名曰「盗儒」。僧孺、宗閔以方正敢言進，既當國，反奮私昵黨，排擊所憎，是時權震天下，人指曰「牛李」，非盗謂何？逢吉險邪，稹浮躁，嗣復辯給，固無足言。幸上孱昏，不厎於戮，治世之罪人歟！

胡寅《致堂讀史管見》卷二五　元稹怨裴度，欲解其兵柄，故勸上雪王庭湊而罷兵。以度爲司空，留守東都。元微之以詩名，其名出白居易上。夫詩雖小技，豈無知識者所能爲也？託意於諷諫，則可以觀其事君；寓情於美刺，則可以觀其達政。若無識則其言背理傷道，雖有華藻，不能獨勝，而不爲人所貴重矣。王庭湊，逆亂之賊臣也；裴晉公，忠勳之元老也；崔潭峻、魏弘簡，刀鋸之賤人也。深結崔、魏，左右庭湊，而沮抑晉公，其所見如此，則其詩雖凌駕七子而追攀四始，亦何足貴歟？不特稹也，如柳子厚、劉夢得，何獨不然？故君子以有識

爲責。

胡寅《致堂讀史管見》卷二五　裴度、元稹皆罷相。先是，和王傅于方説元稹遣客説王庭湊，使出牛元翼，仍賂吏、兵部令史，僞出告身二十道，以便給賜，稹皆然之。有李賞者知其謀，告裴度，云方爲稹結客刺度。度隱而不發，賞詣神策告之。詔左僕射韓皋等鞫之，皆無驗。而二相俱罷，然則何説也？稹爲宰輔，聽邪人計，賂吏、兵部僞出告身，不問其它，獨此一事，豈端揆所宜爲？其罷宜矣。而併及裴度，則以主稹中人，愠其獨罷，穆宗庸昏，不能辨也。夫事在目前，又有獄訟之核，且不能辨，況國門之外乎？

晁補之《濟北晁先生鷄肋集》卷四九《唐舊書雜論》　元稹爲承旨學士，中人以崔潭峻之故，争與稹交，而知樞密魏弘簡尤與稹相善，穆宗愈深知重。河東節度使裴度三上疏，言稹謀亂朝政，罷内職。李賞告度，言稹結客王昭等刺度。隱而不發。詔韓皋等訊鞫，害裴事無驗，而前事盡露，出爲同州刺史。因表謝上，自叙云「宰相惡臣不出其門」，又云：「自離京國，目斷魂銷，每至五更朝謁之時，實制淚不已。」

右《元稹傳第一百十六》。稹初登制策，爲諫官，少年氣鋭，論事有理，似欲自激昂於忠善者。而資儉弱，喜近權利，因崔潭峻及宫人誦歌詞獲知。穆宗昵其浮華，使冒台鉉，雖刺度事無驗，而其他蹤跡不能揜也。宰相果惡人不出其門，罪也；然稹之寵用，宰相苟賢乎，欲不惡，不可得已。至言五更朝時不能制淚，此妾婢媚主、乞憐求復之詞。嗚呼，鄙夫可與事君也哉？

元稹改越州刺史，放意娱遊，以瀆貨聞於時。凡在越八年。

右《稹傳》。稹罪貶，無足言。然在越凡八年，知唐猶久任刺史也。

稹爲尚書左丞，出郎官頗乖公議者七人。然以稹素無檢操，人情不厭服。

右《稹傳》。無瑕者可以戮人，信矣！

藝文

元稹《元氏長慶集》附録劉麟《元氏長慶集原序》　《新唐書・藝文志》載其當時君臣所撰著文集，篇目甚多。《太宗集》四十卷，至武后《垂拱集》一百卷，今皆弗傳。其餘名公鉅人之文，所傳蓋十一二爾，如《梁苑文類》、《會昌一品》、《鳳池稾草》、《笠澤叢書》、《經緯》、《宂餘》、《遺榮》、《霧居》見於集録所稱道者，毋慮數百家，今之所見者，僅十數家而已。以是知唐人之文，亡逸者多矣。嗚呼，樵夫牧叟詭異怪誕之説，鬼神幻惑不根之言，時時萃爲一書，以詒好事者觀覽。至於士君子道德仁義之文，經國濟時之論，乃或沉没無聞，豈不惜哉！

元微之有盛名於元和、長慶間，觀其所論奏，莫不切當時務，詔誥、歌詞自成一家，非大手筆曷臻是哉！其文雖盛傳一時，厥後浸亦不顯，唯嗜書者時時傳録，不亦甚可惜乎！僕之先子尤愛其文，嘗手自抄寫，曉夕玩味，稱嘆不已。蓋惜其文之工，而傳之不久且遠也。迺者因閲手澤，悲不自勝，謹募工刊行。庶幾元氏之文，因先子復傳於世。斯文舊亡其序，第冠以《新唐書》微之本傳，則微之之於文，其所造之淺深可概見矣。宣和甲辰仲夏晦日序。

元稹《元氏長慶集》附録洪適《元氏長慶集原跋》　右，元微之集六十卷。微之以長慶癸卯鎮越，大和己酉召還，坐嘯是邦，閲六寒暑。今種山之喬木數十百章，豈亦有甘棠存其間乎？横空傑閣，蓋一城偉觀。扁表所書，則其州宅之卒章也。微之以文章鼓行當時，謂之「元和體」。在越則有詩人入幕府，故鏡湖、秦望之奇益傳，所謂「蘭亭絶唱」，陳迹猶可想。《唐志》著録有《長慶集》一百卷，《小集》十卷，傳于今者，惟閩、蜀刻本爲六十卷。三館所藏，獨有《小集》，其文蓋已雜之六十卷中矣。微之嘗彙其詩爲十體，曰：旨意可觀，詞近古往者，爲古諷；流在樂府者，爲樂諷；詞雖近古，而止於吟寫性情者，爲古體；詞實樂流，而止於摸象物色者，爲新題樂府；聲勢沿順，屬對穩切者，爲律詩，以七言、五言爲兩體；稍存寄興，與諷爲流者，爲律諷；撫存感往者，取潘子悼亡爲題；韋眉約鬢，匹配色澤，劇婦人之怪豔者，爲豔詩，今、古兩體。其自叙如此。今之所編，頗又律吕乖次。惜矣，舊規之不能存也。元白才名相埒。樂天守吳才歲餘，其郡屢刊其文。微之留郡許久，其書獨闕可乎？予來踵後塵，蓋相去三百三十餘年矣。乃求而刻之，略能讎正脱誤之一二，不暇復爲公次也。書成，置之蓬萊閣。乾道四年歲在戊子二月二十四日，觀文殿學士、左通奉大夫知紹興府、兩浙東路安撫使、鄱陽郡公洪適景伯書。

元稹《元氏長慶集》附録楊循吉《元氏長慶集原跋》　弘治元年，從葑門陸進士士修借至，命筆也徐宗器模録原本，未畢，士修赴都來別，索之甚促，所餘十卷幾於不成，幸竟留之，遂此深願。九月二十五日，始克裝就，藏於雁蕩村舍之臥讀齋中，永爲珍玩。且近又借得《白氏集》，亦方在録，可謂聯珠並秀，合璧同輝。

楊循吉君謙父。

元稹《元氏長慶集》附録錢謙益《元氏長慶集原跋》 微之集，舊得楊君謙鈔本，行間多空字。後得宋刻本，吴中張子昭所藏。始知楊氏鈔本，空字皆宋本歲久漫滅處。君謙仍其舊而不敢益也。嘉靖壬子，東吴董氏用宋本翻雕，行欵如一，獨於其空闕字樣，皆妄以己意揣摩填補。如首行「山中思歸樂」原空二字，妄增云「我作思歸樂」，文義違背，殊不可通。此本流傳日廣，後人雖患其譌，而無從是正，良可慨也。亂後，余在燕都，於南城廢殿得《元集》殘本，向所闕誤，一一完好。暇日援筆改正，豁然如翳之去目，霍然如疥之失體。微之之集殘缺四百餘年，而一旦復完，寶玉大弓，其猶有歸魯之徵乎？著雍困敦之歲，皋月廿七日，東吴蒙叟識於臨頓里之寓舍。

《白居易集》卷二《和答詩十首序》 五年春，微之從東臺來，不數日，又左轉爲江陵士曹掾。詔下日，會予下内直歸，而微之已即路，邂逅相遇於街衢中，自永壽寺南，抵新昌里北，得馬上語别。語不過相勉保方寸、外形骸而已，因不暇及他。是夕，足下次于山北寺。僕職役不得去，命季弟送行，且奉新詩一軸，致於執事，凡二十章，率有興比，淫文豔韻無一字焉。意者：欲足下在途諷讀，且以遣日時，銷憂懣，又有以張直氣而扶壯心也。及足下到江陵，寄在路所爲詩十七章，凡五六千言，言有爲，章有旨，迨于宫律體裁，皆得作者風。發緘開卷，且喜且怪。僕思牛僧孺戒，不能示他人，唯與杓直、拒非及樊宗師輩三四人，時一吟讀，心甚貴重。然竊思之：豈僕所奉者二十章，遽能開足下聰明，使之然耶？抑又不知足下是行也，天將屈足下之道，激足下之心，使感時發憤，而臻於此耶？若兩不然者，何立意，措辭，與足下前時詩，如此之相遠也？僕既羡足下詩，又憐足下心，盡欲引狂簡而和之。屬直宿拘牽，居無暇日，故不即時如意。旬月來，多乞病假，假中稍閑，且摘卷中尤者，繼成十章，亦不下三千言。其間所見，同者固不能自異，異者亦不能强同。同者謂之和，異者謂之答，並别録《和夢遊春詩》一章，各附于本篇之末，餘未和者，亦續致之。頃者，在科試間，常與足下同筆硯，每下筆時，輒相顧，共患其意太切而理太周。故理太周則辭繁，意太切則言激。然與足下爲文，所長在於此，所病亦在於此。足下來序，果有詞犯文繁之説。今僕所和者，猶前病也。待與足下相見日，各引所作，稍删其煩而晦其義焉。餘具書白。

《白居易集》卷七《昔與微之在朝日同蓄休退之心迨今十年淪落老大追尋前約且結後期》 往子爲御史，伊余忝拾遺。皆逢盛明代，俱登清近司。予繫玉爲珮，子曳繡爲衣。從容香烟下，同侍白玉墀。朝見寵者辱，暮見安者危。紛紛無退者，相顧令人悲。宦情君早厭，世事我深知。常於榮顯日，已約林泉期。况今各流落，身病齒髮衰。不作卧雲計，攜手欲何之？待君女嫁後，及我官滿時。稍無骨肉累，粗有漁樵資。歲晚青山路，白首期同歸！

《白居易集》卷一〇《寄元九》 一病經四年，親朋書信斷。窮通合易交，自笑知何晚。元君在荆楚，去日唯云遠。彼獨是何人？心如石不轉。憂我貧病身，書來唯勸勉。上言少愁苦，下道加餐飯。憐君爲謫吏，窮薄家貧褊。三寄衣食資，數盈二十萬。豈是貪衣食？感君心繾綣！念我口中食，分君身上暖。不因身病久，不因命多蹇。平生親友心，豈得知深淺？

《白居易集》卷一四《聞微之江陵卧病以大通中散碧腴垂雲膏寄之因題四韻》 已題一帖紅消散，又封一合碧雲英。憑人寄向江陵去，道路迢迢一月程。未必能治江上瘴，且圖遥慰病中情。到時想得君拈得，枕上開看眼暫明。

劉禹錫《劉夢得文集》外集卷五《贈元九侍御文石枕以詩奬之》 文章似錦氣如虹，宜薦華簪緑殿中。縱使真飇生旦夕，猶堪拂拭愈頭風。

劉禹錫《劉夢得文集》外集卷五《酬元九侍御贈壁州鞭長句》 碧玉孤根生在林，美人相贈比雙金。初開郢客緘封後，想見巴山冰雪深。多節本懷端直性，露青猶有歲寒心。何時策馬同歸去，關樹扶疏敲鐙吟？

劉禹錫《劉夢得文集》外集卷六《微之鎮武昌見寄懷舊之作淒然繼和》 今日油幢引，他年黄紙追。同爲三楚客，獨有九霄期。宿草恨長在，傷禽飛尚遲。武昌應已到，新柳映紅旗。（同上，卷三十六）

劉禹錫《劉夢得文集》外集卷七《浙西李大夫示述夢四十韻並浙東元相公酬和斐然繼聲》 位是才能取，時因際會遭。羽儀呈鸑鷟，鉎刃試豪曹。洛下推年少，山東許地高。門承金鉉鼎，家有玉璜韜。呂仍嗣侯。海浪扶鵬翅，天風引驥髦。便知蓬閣閟，不識魯衣褒。興發春塘草，魂交益部刀。形開猶抱膝，燭盡遽揮毫。昔仕當初筮，逢時詠載櫜。懷鉛辨蟲蠹，染素學鵝毛。車騎方休汝，歸來欲效陶。大夫罷太原從事，歸京師。南臺資謇諤，内署選風騷。羽化如乖鯉，棲居

舊冠鼇。美香焚淫麝,名果賜乾萄。議赦蠅棲筆,邀歌蟻泛醪。代言無所戲,謝表自稱叨。蘭餤凝芳澤,芝泥瑩玉膏。對頻聲價出,直久夢魂勞。草詔令歸馬,批章答獻獒。幽冀歸闕、西戎乞盟事並具注前。銀花懸院榜,翠羽映簾條。諷諫欣然納,奇觚率爾操。禁中時諤諤,天下免忉忉。左顧黿成印,雙飛鵠織袍。謝賓緣地密,潔已是心豪。五日思歸沐,三春羨衆遨。茶鐺依緑笋,棋局就紅桃。溟海桑潛變,陰陽炭暗熬。仙成脱屣去,臣戀捧弓號。建節辭烏柏,宣風看鷺濤。玉山京口峻,鐵甕郡城牢。舊説潤州城如鐵甕,事見韓滉《南征記》。曲島花千樹,官池水一篙。鶯來和絲管,雁起拂麾旄。宛轉傾羅扇,迴旋墮玉搔。罰籌長豎纛,觥盞樣如舠。山是千重障,江爲四面濠。卧龍曾得雨,浙東。孤鶴尚鳴皋。浙西。劍用雄開匣,二公。弓閑蟄受弢。自謂。鳳姿常在竹,二公。鷃羽不離蒿。自謂。吴越分雙鎮,東西接萬艘。今朝比潘陸,江海更滔滔。

劉禹錫《劉夢得文集》外集卷七《和浙西李大夫偶題臨江亭並浙東元相公所和》 一辭温室樹,幾見武昌柳。荀謝年何少?韋平望已久。種松夾石道,紆組臨沙阜。目覽帝王州,心存股肱守。葉動驚綵翰,波澄見頳首。晉宋齊梁都,千山萬江口。烟散隋宫出,濤來海門吼。風俗泰伯餘,衣冠永嘉後。江長天作限,山固壤無朽。自古稱佳麗,非賢誰奄有。八元邦族盛,萬石門風厚。天柱揭東溟,文星照北斗。高亭一騁望,舉酒共爲壽。因賦詠懷詩,遠寄同心友。禁中晨夜直,江左東西偶。筆手握兵符,儒腰盤貴綬。頒條風有自,立事言無苟。農野閑讓耕,軍人不使酒。用材當構廈,知道寧窺牖?誰謂青雲高,鵬飛終背負。

劉禹錫《劉夢得文集》外集卷七《西川李尚書知愚與元武昌有舊遠示二篇因以繼和》 如何贈琴日,已是絶弦時。無復雙金報,空餘掛劍悲。

寶匣從此閉,朱弦誰復調?祇應隋玉樹,同向土中銷。

張籍《張司業詩集》卷二《和左司元郎中秋居十首之七》 每憶舊山居,新教上墨圖。晚花迴地種,好酒問人沽。夜後開朝簿,申前發省符。爲郎凡幾歲,已見白髭鬚。

張籍《張司業詩集》卷二《寄元員外》 外郎直罷無餘事,掃灑書堂試一作對藥爐。門巷不教當要鬧一作閙市,詩篇轉覺足工夫。月明臺上唯僧到,夜静坊中有酒沽。朝省入頻閑日少,可能同作舊遊無。

張籍《張司業詩集》卷四《書懷寄元郎中》 轉覺人間無氣味,常因身外省因緣。經過獨愛遊山客,計校唯求買藥錢。重作學官閑盡日,一離江塢病多年。吟君釣客詞中説,便欲南歸榜小船。

張籍《張司業詩集》卷四《移居静安坊答元八(九之訛)郎中》 長安寺裏多時住,雖守卑官不苦一作厭貧。作活每常嫌費力,移居祇是貴容身。初開井淺偏宜樹,漸覺街閑省踏塵。更喜往還相去近,門前減卻送書人。

宋敏求《唐大詔令集》卷四七佚名《元稹平章事制》 門下:朕聞御大器者,登俊賢以爲輔弼;布大化者,擢公忠以施政教。故能成天下之務,達天下之情,俾三光宣明,百度貞正。我之倚注,方得其人,天實賚予,允副僉望。中散大夫守尚書工部侍郎上柱國賜紫金魚袋元稹,珪璋茂器,鸞鳳貞姿,文涵六義之微,學探百氏之奥。剛而有斷,忠不近名,勁氣嘗勵於風霜,敏識頗知於今古。自恪居朝序,休問再揚,不自飾以取容,不苟安以迴慮。行直忘屈。在屯若夷,卓然懷陶鑄之心,豁爾見江湖之量。間者司文禁署,主朕樞機,每因事以立言,累披誠而獻計。心唯體國,義乃忘身,深陳濟物之方,雅見經邦之志。朕思弘理本,用洽生靈,式資康濟之材,以暢和平之化。於戲!爾率于正,則不正者知懼;爾進于善,則不善者必悛。惟直道可以事君,惟至公可以格物。秉是數德,毗予一人,永孚于休,以底於道。可守尚書工部侍郎同中書門下平章事,散官勳封賜如故。

宋敏求《唐大詔令集》卷五六佚名《元稹同州刺史制》 宰相者,位列巖廊,權參造化,内操政柄,上代天工。朕嗣守不圖,思興至治,每於擢用,冀獲雋良。爲善有聞,必資奬寵,罹於愆謗,用罷台階。通議大夫守尚書工部侍郎同中書門下平章事上柱國賜紫金魚袋元稹,游藝資身,明經筮仕,累膺科選,益振芳華。茂識宏才,登名晁董之列;佳辭麗句,馳聲謝鮑之間。頃在憲臺,嘗推舉職,比及遷黜,亦以直聞。擢以周行,典斯誥命,洎參密近,旋委台衡。宜竭謀猷,盡以匡贊,而乃不思弘益之道,遂嬰詿誤之嫌。察以中情,雖非爲己,行兹左道,豈曰効忠,體涉異端,理宜俻罷。朕以君臣之分,貴獲始終,任使之時,亦獻誠懇,每思加膝,寧忍墜泉?猶弘在宥之心,俾列專城之寄。左郡之大,三輔推雄,控壓關河,連屬宫苑,勉於政績,副我恩私。可使持節同州諸軍事守同州刺史,充本州防禦使長春宫等使,散官勳賜如故。長慶二年六月

徐鈞《史詠詩集》卷下《元稹》 元和詩體夙馳聲,巧致公台只蹔榮。緑野主人天下望,不應疏外負平生。

《全唐文》卷五三七裴度《論元稹魏弘簡姦狀疏》 逆竪搆亂,震驚山東;奸臣作朋,撓亂國政。陛下欲掃蕩幽、鎮,先宜肅清朝廷。何者?爲患有大小,議

事有先後。河朔逆賊，祇亂山東；禁闈奸臣，必亂天下；是則河朔患小，禁闈患大。小者，臣等與諸道戎臣必能翦滅；大者，非陛下制斷、非陛下覺悟無計驅除。今文武百寮中，中外萬品，有心者無不憤怨，有口者無不咨嗟，直以威權，方重獎用，方深有所畏避，不敢抵觸，恐事未行而禍已及，不爲國計，且爲身計耳。比者猶思隱忍，不願發明：一則以罪惡如山，怨謗如雷，伏料聖明，自必誅殛；一則以四方無事，萬樞且過，雖紀綱潛壞，賄賂公行，待其貫盈，必自顛覆。今屬凶徒擾攘，宸衷憂軫，凡有制命，繫於安危。痛此奸邪，恣其欺罔，千亂聖略，非止一途，又與翰苑近臣結爲朋黨。陛下聽其所說則必訪於近臣，不知近臣已先私相計會，更唱迭和，蔽惑聰明。所以臣自兵興以來，所陳章疏，事皆切要，所奉書詔，多有參差，蒙陛下委寄之意不輕，被奸臣抑損之事不少。臣與佞倖亦無讎嫌，祇是昨者臣請乘傳詣闕，而陳戎車，奸臣之黨最所畏懼，知臣若到御座之前，必能悉數其罪，以此百計止臣此行。臣又請領兵齊進，逐便討賊，奸臣之黨曲加阻礙，恐臣統率諸道或有成功，進退皆受羈牽，意見悉遭蔽塞，復與一二憸狡同辭合力，或令兩道招撫逗留旬時，或遣他州行營拖曳日月。但欲令臣失所，使臣無成，則天下理亂，山東勝負，悉不顧矣。爲臣事君，一至於此！且陛下前後左右忠良至多，亦有熟會典章，亦有飽諳師旅，足以任使，何獨斯人。以臣愚見，若朝中奸臣盡去，則河朔逆賊不討而自平；若朝中奸臣尚在，則河朔逆賊雖平無益。臣伏讀國史，見代宗之朝，蕃戎侵軼直犯都城，代宗不知，蓋被程元振壅蔽，幾危社稷。當時柳伉乃太常一博士耳，猶能抗表歸罪，爲國除害。今臣所任兼總將相，豈可坐觀凶邪，有噎日月？臣不勝感憤嫉惡之至。謹附中使趙奉國，奉表以聞。倘陛下未甚信臣，猶惑奸黨伏乞出臣此表，令三事大夫與百寮集議，彼不受責，臣合伏辜，天鑒孔明照臣肝血，但得天下之人知臣不負陛下，則臣雖死之日，猶生之年。

《全唐文》卷五三七裴度《第二疏》　臣聞木有蠹蟲，其木必壞；國有奸臣，其國必亂。伏以前件人，爲蠹爲奸，欺下罔上，百辟卿士莫敢指名，若不竄逐，必爲患難，陛下他時追悔，亦恐無及。臣所以奮不顧身舉明罪惡，其第一表第二狀，伏恐聖意含宏留中不行。臣謹再寫重進，伏乞聖恩宣出，令文武百官於朝堂集議，必以臣表狀虛謬，牴牾權倖，伏望更加譴責，以謝弘簡、元稹；如弘簡、元稹等實爲朋黨，實蔽聖聰，實是奸邪，實作威福，伏望議事定刑，以謝天下。臣今將赴行營，誓除凶寇，而憂在心腹，不在四支；憂在朝堂，不在河朔，伏感諸葛亮出師之時，上表言事，猶以宮中府中，不宜異同科犯；爲善爲惡，請申刑賞臣才，雖不逮諸葛亮，心有慕於古人，昧死聞天，伏紙流汗。

唐文宗部

綜述

《舊唐書》卷一七上《文宗紀上》 文宗元聖昭獻孝皇帝諱昂，穆宗第二子，母曰貞獻皇后蕭氏。元和四年十月十日生。長慶元年封江王。初名涵。寶曆二年十二月八日，敬宗遇害，賊蘇佐明等矯制立絳王勾當軍國事。樞密使王守澄、中尉梁守謙率禁軍討賊，誅絳王，迎上于江邸。癸卯，見宰臣于閤内，下教處分軍國事。甲辰，僧惟真、齊賢、正簡，道士趙歸真，並配流嶺南，擊毬軍將于登等六人令本軍處置。宰臣百僚三上表勸進。乙巳，即位於宣政殿。丙午，上赴西宮成服。丁未，宰臣百僚上表請聽政，三表，許之。道士紀處玄、楊沖虛，伎術人李元戢、王信等，並配流嶺南。戊申，尊聖母爲皇太后。己酉，敕鳳翔、淮南先進女樂二十四人，並放歸本道。庚戌，以正議大夫、尚書兵部侍郎、知制誥、充翰林學士、柱國、賜紫金魚袋韋處厚爲中書侍郎、同中書門下平章事。以翰林學士路隨承旨，侍講學士宋申錫充書詔學士。丙辰，以山南東道節度使柳公綽爲刑部尚書。丁巳，爲絳王舉哀，廢朝三日。庚申，詔：「君天下者，莫尚乎崇澹泊，子困窮，遵道以端本，推誠而達下。故聖祖之誡，以慈儉爲寶；大《易》明訓，垂簡易之文。未有上約而下不豐，欲寡而求不給。朕以眇薄，遭逢内難，刷君父之讎恥，攄億兆之哀冤。而股肱大臣，羣卿庶士，引義抗請，至于再三。以圖宗社之安，以答華夷之望，俯從衆欲，夙夜震兢。思所以克己復禮，修政安人，宵興匪寧，旰食勞慮。夫儉過則酌之以禮，文勝則矯之以質。庶乎俗登太古，道洽生靈，儀刑家邦，以化天下。内庭宫人非職掌者，放三千人，任從所適。長春宫斛斗諸物，依前户部收管。鄠縣渼陂、鳳翔府駱谷地還府縣。教坊樂官、翰林待詔、伎術官并總監諸色職掌内冗員者共一千二百七十人，並宜停廢。總監中一百二十四人先屬諸軍，並各歸本司。餘七百三人，勒納牒身，放歸本管。先供教坊衣糧一百分，厢家及諸司新加衣糧三千分，並宜停給。五方鷹鷂並解放。今年新宣附食度支衣糧小兒一百人，並停給。別詔宣索纂組雕鏤不在常貢内者，並停。度支、鹽鐵、户部及州府百司應供宫禁年支一物已上，並準貞元元額爲定。先造供禁中牀榻以金筐瑟瑟寶鈿者，悉宜停造。東頭御馬坊、毬場，宜卻還龍武軍。其殿及亭子，所司毀拆，餘舍賜本軍。應行從處張陳，不得用花蠟結綵華飾。今年已來諸道所進音聲女人，各賜束帛放還。城外墳墓先有開斸以備行幸處，宜曉示百姓，任其修塞。其大逆魁首蘇佐明等二十八人，並已處斬，宗族籍没。妖妄僧惟貞、道士趙歸真等或假於卜筮，或託以醫方，疑衆挾邪，已從流竄。其情非姦惡，迹涉詿誤者，一切不問。兇徒既殄，寰宇佇康，載舉令猷，用弘庶績。布告中外，知朕意焉。」帝在藩邸，知兩朝之積弊，此時釐革，並出宸衷，士民相慶，喜理道之復興矣。壬戌，以前江西觀察使殷侑爲大理卿。

大和元年春正月庚午，以御史中丞獨孤朗爲户部侍郎，以兵部尚書、權判左丞事段文昌爲御史大夫。戊寅，以左散騎常侍李益爲禮部尚書致仕，以京兆尹劉桂楚爲栖管觀察使。以前户部侍郎于敖爲宣歙觀察使，代崔羣；以羣爲兵部尚書。癸未，以吏部侍郎庾承宣爲京兆尹、兼御史大夫。丙申，復置兩輔、六雄、十望、十緊三十四州別駕。其諸色在京及内外諸軍使等職事，並不在挾名限。己亥，以右散騎常侍、集賢殿學士、判院事張正甫爲工部尚書。辛丑，以前廣州節度使崔植爲户部尚書，以太子少師、分司東都李絳檢校司空，兼太常卿。乙巳，御丹鳳樓，大赦，改元大和。甲寅，敕諸道節度觀察使去任日，宜具交割狀，仍限新使到任一月分析聞奏，以憑殿最。丙辰，以華州刺史錢徽爲尚書右丞，以前河陽節度使崔弘禮爲華州鎮國軍使。己未，以太子少保分司蕭俛爲檢校右僕射，兼禮部尚書。庚申，以虔州刺史韓約爲安南都護。

三月庚戌朔，右軍中尉梁守謙請致仕，以樞密使王守澄代之。戊寅，以前蘇州刺史白居易爲秘書監，仍賜金紫。壬午，幽州李載義奏故張弘靖判官家屬凡一百九十人，並送赴闕。

四月甲午，鳳翔築臨汧城於汧陽縣西北八十里。壬寅，毀昇陽殿東放鴨亭；戊申，毀望仙門側看樓十間：並敬宗所造也。以前亳州刺史張遵爲邕管經略使。乙卯，以禮部尚書蕭俛爲太子少師分司。庚申，以太僕卿高瑀檢校左散騎常侍，充忠武軍節度。己巳，貶山南東道節度副使李續爲涪州刺史，山南東道行軍司馬張又新爲汀州刺史，李逢吉黨也。

五月戊辰，詔：「元首股肱，君臣象類，義深同體，理在坦懷。夫任則不疑，疑則不任。然自魏、晉已降，參用霸制，虛議搜索，因習尚存。朕方推表大信，置

人心腹，庶使諸侯方獄，鼓洽道化，夷貊飛走，暢泳治功。況吾台宰，又何間焉。自今已後，紫宸坐朝，衆僚既退，宰臣復進奏事，其監搜宜停。」丙子，以天平軍節度使、守司徒、同中書門下平章事烏重胤爲横海軍節度使；以前攝横海軍節度副使、檢校國子祭酒、侍御史李同捷檢校左散騎常侍，兼兗州刺史，充兗海沂密等州節度使。就加魏博史憲誠同平章事。甲申，淮南節度，鹽鐵，轉運等使王播來朝。

六月辛卯朔，敕文武常參官朝參不到，據料錢多少，每貫罰二十五文。癸巳，以淮南節度副大使、知節度事、管内營田觀察處置臨海監牧等使，兼諸道鹽鐵轉運等使、銀青光禄大夫、檢校司空、同中書門下平章事、揚州大都督府長史、上柱國、太原縣開國伯、食邑七百户王播可尚書左僕射，同中書門下平章事，依前充諸道鹽鐵轉運使。以御史大夫段文昌代播爲淮南節度使。丙申，左司郎中、兼侍御史知雜温造權知御史中丞。癸卯，詔：「元和、長慶中，皆因用兵，權以濟事，所下制敕，難以通行。宜令尚書省取元和已來制敕，參詳删定訖，送中書門下議定聞奏。」甲寅，以旱放繫囚。

七月癸亥，太常卿李絳進封魏國公。李同捷除兗海，不受詔，結幽鎮謀叛。癸酉，葬敬宗于莊陵。辛巳，敕今年權于東都置舉。徐州王智興請全軍討李同捷。

八月庚寅朔，以工部侍郎獨孤朗爲福建觀察使，以太府卿裴弘泰爲黔中經略使、觀察使。庚子，詔削奪李同捷在身官爵，復以張茂宗爲兗海沂密節度使。壬寅，以刑部尚書柳公綽檢校左僕射，充邠寧節度使。戊申，以諫議大夫張仲方爲福建觀察使。

九月癸亥，以左神策軍將軍、知軍事何文哲爲鄜坊丹延節度使。甲戌，以左神策大將軍、知軍事李泳爲單于都護，充振武麟勝節度使。丁丑，浙西觀察使李德裕、浙東觀察使元稹就加檢校禮部尚書。丙戌，以諫議大夫蕭裕爲桂管觀察使。癸丑，兗州復置萊蕪縣。

十一月庚辰，以保義軍節度、晉慈等州觀察處置等使李寰爲横海軍節度使。癸巳，以晉州、慈州復隸河中。癸巳，以左丞錢徽爲華州刺史。丁酉，右金吾衛大將軍王公亮爲潭州刺史、湖南觀察使。

二年春正月壬申，以右散騎常侍孔戢爲京兆尹。

二月丁亥朔，以兵部侍郎王起爲陝虢觀察使，代韋弘景；以弘景爲尚書左丞。乙巳，以刑部侍郎盧元輔爲兵部侍郎，秘書監白居易爲刑部侍郎。庚戌，敕李絳所進則天太后删定《兆人本業》三卷，宜令所在州縣寫本散配鄉村。

三月丁巳朔，度支奏：「京兆府奉先縣界鹵池側近百姓，取水柏柴燒灰煎鹽，每一石灰得鹽一十二斤一兩，亂法甚於鹹土，請行禁絶。今後犯者據灰計鹽，一如兩池鹽法條例科斷。」從之。辛巳，上御宣政殿親試制策舉人。以左散騎常侍馮宿、太常少卿賈餗、庫部郎中龐嚴爲考制策官。

閏三月丙戌朔，内出水車樣，令京兆府造水車，散給緣鄭白渠百姓，以溉水田。

夏四月壬午，以邕管經略使王茂元爲容管經略使。

五月丁巳，命中使於漢陽公主及諸公主第宣旨：今後每遇對日，不得廣插釵梳，不須著短窄衣服。乙未，以吏部侍郎丁公著爲禮部尚書。庚子，敕：「應諸道進奉内庫，四節及降誕進奉金花銀器并纂組文纈雜物，並折充鋌銀及綾絹。其中有賜與所須，待五年後續有進止。」帝性恭儉，惡侈靡，庶人務敦本，故有是詔。帝與侍講學士許康佐語及取蚺蛇膽，生剖其腹，爲之惻然。乃詔度支曰：「每年供進蚺蛇膽四兩，桂州一兩、賀州二兩、泉州一兩，宜於數内減三兩，桂、賀、泉三州輪次歲貢一兩。」帝自撰集《尚書》中君臣事迹，命畫工圖於太液亭，朝夕觀覽焉。王廷湊出兵侵鄰藩，欲撓王師以援李同捷，昭義劉從諫請出軍討之。

六月，陳州水，害秋稼。癸亥，四方館請賜印，其文以「中書省四方館」爲名。辛酉，以吏部尚書鄭絪爲太子少保。辛巳，以靈武節度使李進誠爲邠寧節度使，以天德軍使李文悦爲靈武節度使。乙酉，以前邠寧節度使柳公綽檢校左僕射，兼刑部尚書。甲辰，詔宰臣集三署四品已上常參官，議討王廷湊可否。

八月丁巳，以兵部侍郎盧元輔爲華州鎮國軍使，以代錢徽；以徽爲吏部尚書致仕。壬戌，京畿奉先等十七縣水。

九月丁亥，王智興拔棣州。以新除横海軍節度使李寰爲夏州節度使。甲午，詔削奪王廷湊在身官爵，鄰道接界隨便進討。以前夏州節度使傅良弼爲横海軍節度使。庚戌，安南軍亂，逐都護韓約。

冬十月丁巳，罷揚州海陵監牧。以户部尚書崔植爲華州刺史、鎮國軍使。辛未，以江西觀察使李憲爲嶺南節度使。癸酉，以尚書右僕射、同平章事竇易直檢校左僕射、同平章事，充山南東道節度使、臨漢監牧等使，代李逢吉，以逢吉爲宣武軍節度使，代令狐楚；以楚爲户部尚書。以右丞沈傳師爲江西觀察使。

己卯，以河南尹王播爲右丞，以左散騎常侍馮宿爲河南尹。

十一月乙酉，以右金吾衛大將軍李祐爲横海軍節度使，新除傅良弼赴鎮，卒於陝州故也。甲辰，禁中巳時昭德寺火，直宣政殿之東，至午未間，北風起，火勢益甚，至暮稍息。

十二月乙丑，魏博行營都知兵馬使亓志紹率所部兵馬二萬人謀叛，欲殺史憲誠父子。戊寅，詔以兵部侍郎、知制誥、充翰林學士路隨爲中書侍郎、同平章事。

三年春正月丙戌，亓志紹率兵迴據永濟縣，其衆分散入諸縣邑。史憲誠告難，詔滄州行營兵士赴之。庚子，李聽殺敗亓志紹兵，志紹北走鎮州。甲辰，以太常卿李絳檢校司空，兼興元尹、山南西道節度使。己酉，以前山南西道節度使王涯爲太常卿。

二月辛亥朔，以兵部尚書崔羣爲荆南節度使。

三月辛巳朔，以户部尚書令狐楚爲東都留守。乙酉，敕兵戈未息，教坊每日祗候樂人宜權停。以前東都留守崔從爲户部尚書。

夏四月庚午，王智興奏部下將石雄摇扇軍情，請行朝典，乃長流白州。

五月甲申，柏耆斬李同捷於將陵，滄景平，李祐入滄州。丁亥，御興安樓，受滄州所獻。李祐送李同捷母、妻及男元達等赴闕，詔並宥之，令於湖南安置。貶滄德宣慰使、諫議大夫柏耆循州司户，宣慰判官、殿中侍御史沈亞之虔州南康尉，以擅入滄州取李同捷，諸鎮所怒，奏論之也。以涇原節度使李岵爲齊、德等州節度使，改名有裕。丁酉，以前義武軍節度使傅毅爲滄州刺史、横海軍節度使。辛丑，以右金吾衛大將軍張惟清檢校司空，充涇原節度使；以左金吾衛大將軍劉遵古爲邠寧節度使。

六月辛亥，以魏博節度使史憲誠檢校司徒、兼侍中、河中尹，充河中晉絳節度使；以義成軍節度使李聽兼充魏博節度使；以魏博節度副使、檢校工部尚書史孝章爲相衛節度使。壬申，敕：「元和四年敕禁鉛錫錢皆納官，許人糾告，一錢賞百錢，此爲太過。此後以鉛錫錢交易者，一貫以下，州府常行杖決脊杖二十；十貫以下決六十，徒三年；過十貫已上，集衆決殺。能糾告者，一貫賞錢五十文。」

秋七月癸未，中使劉弘逸送史憲誠旌節自魏州還，稱六月二十六日夜，魏博軍亂，殺史憲誠，立大將何進滔爲留後，其新節度使李聽入城不得。乙丑，河中節度使薛平依前河中節度使。丁酉，以京兆尹崔護爲御史大夫、廣南節度使。戊戌，以大理卿李諒爲京兆尹。乙巳，以禮部尚書、翰林侍講學士丁公著檢校户部尚書，兼潤州刺史，充浙江西道觀察使；以前浙西觀察使、檢校禮部尚書李德裕爲兵部侍郎。辛亥，魏博何進滔奏：準詔割相、衛三州，三軍不受。壬子，詔以魏博衙内都知兵馬使何進滔檢校左散騎常侍，充魏博節度使。癸丑，以衛尉卿殷侑檢校工部尚書，爲齊德滄節度使。辛酉，京畿、奉先等九縣旱，損田。宋、亳水，害稼。壬申，詔雪王廷湊，復官爵。甲戌，以吏部侍郎李宗閔同中書門下平章事。

九月辛巳，敕兩軍、諸司、内官不得著紗縠綾羅等衣服。帝性儉素，不喜華侈。駙馬韋處仁戴夾羅巾，帝謂之曰：「比慕卿門地清素，以之選尚。如此巾服，從他諸戚爲之，唯卿非所宜也。」壬辰，以兵部侍郎李德裕檢校户部尚書，兼滑州刺史、義成軍節度使。戊戌，以前睦州刺史陸亘爲越州刺史、浙東觀察使，代元稹；以稹爲尚書左丞，代韋弘景；以弘景爲禮部尚書。

冬十月己酉，江西沈傳師奏：皇帝誕月，請爲僧尼起方等戒壇。詔曰：「不度僧尼，累有敕命。傳師忝爲藩守，合奉詔條，誘致愚妄，庸非理道，宜罰一月俸料。」丙辰，以前義成軍節度使李聽爲太子少師。癸亥，以户部侍郎崔元略爲户部尚書，判度支。以中書舍人韋辭爲湖南觀察使。

十一月丙戌，敕前亳州刺史李繁於京兆府賜死。甲申，帝親祀昊天上帝於南郊，禮畢，御丹鳳門，大赦。節文禁止奇貢，云：「四方不得以新樣織成非常之物爲獻，機杼纖麗若花絲布繚綾之類，並宜禁斷。敕到一月，機杼一切焚棄。」刺史分憂，得以專達。事有違法，觀察使然後奏聞。」丙申，西川奏南詔蠻入寇。甲辰，王智興來朝。乙巳，以智興守太傅，依前平章事、武寧軍節度使，進封雁門郡王。

十二月丁未朔，南蠻逼戎州，遣使起荆南、鄂岳、襄鄧、陳許等道兵赴援蜀川。以劍南東川節度使郭釗爲西川節度使，仍權東川事。壬子，貶劍南西川節度使杜元穎爲韶州刺史。遣中使楊文端齎詔賜南蠻王蒙豐佑。蠻軍陷邛、雅等州。戊午，以右領軍衛大將軍董重質充神策西川行營都知兵馬使。西川奏蠻軍陷成都府。東川奏蠻軍入梓州西郭門下營。又詔促諸鎮兵救援西川。己丑，以東都留守令狐楚檢校右僕射、天平軍節度使，代崔弘禮爲東都留守。丁卯，貶杜元穎循州司馬。乙巳，郭釗奏蠻軍抽退，遣使賜蠻帥蒙嵯巔國信。辛未，以太子

少師李聽爲邠寧節度使。癸酉，以中丞溫造爲右丞，吏部郎中宇文鼎爲中丞。

《舊唐書》卷一七下《文宗紀下》 大和四年春正月辛卯，武昌軍節度使牛僧孺來朝。丙戌，以左神策軍大將軍丘直方爲鄜坊節度使。戊子，詔封長男永爲魯王。辛卯，以武昌節度使、鄂岳蘄黄安申等觀察處置等使、金紫光禄大夫、檢校吏部尚書、同中書門下平章事、上柱國、奇章郡開國公牛僧孺爲兵部尚書、同中書門下平章事。壬辰，以兵部侍郎崔鄲爲陝虢觀察使。封魯王母王氏爲昭儀。癸巳，以前邠寧節度使劉遵古爲劍南東川節度使。丙申，以太常卿五涯爲吏部尚書，充諸道鹽鐵轉運使。辛丑，以尚書左丞元稹檢校户部尚書，充武昌軍節度、鄂岳蘄黄安申等州觀察使。癸卯，以前陝虢觀察使王起爲左丞。

二月戊午，興元軍亂，節度使李絳舉家被害，判官薛齊、趙存約死之。庚申，以左丞溫造爲興元節度使。壬申，以神策行營節度使董重質爲夏綏銀宥節度使。

三月乙亥，以河東節度使李程檢校左僕射、同平章事，兼河中尹、晉絳慈隰等州節度使，以刑部尚書柳公綽檢校左僕射、太原尹、北都留守、河東節度使。丁丑，以前河中節度使薛平爲太子太保。丁亥，以衛尉卿桂仲武爲福建觀察使。興元溫造奏：「害李絳賊首丘銮、丘鑄及官健千人，並處斬訖。其親刃絳者斬一百段，號令者三段，餘並斬首。內一百首祭李絳，三十首祭死王事官僚，其餘屍首並投於漢江。」己丑，詔興元監軍使楊叔元宜配流康州百姓，錮身遞於配所。丁酉，監修國史、中書侍郎、平章事路隨進所撰《憲宗實録》四十卷，優詔答之，賜史官等五人錦綵銀器有差。癸卯，以淮南節度使段文昌檢校尚書左僕射、同中書門下平章事，兼江陵尹，充荆南節度使；以前太子賓客崔從檢校右僕射、揚州大都督府長史、淮南節度使。甲辰，以前荆南節度使崔羣檢校右僕射、兼太常卿。以中書舍人李虞仲爲華州刺史，代嚴休復；以休復爲右散騎常侍。

夏四月丙午，以右散騎常侍、翰林侍講學士鄭覃爲工部尚書。丁巳，貶前齊德滄景等州節度使李有裕爲永州刺史，馳驛赴任。庚申，以尚書左丞王起爲户部尚書、判度支，代崔元略；以元略檢校吏部尚書，爲東都留守。壬戌，詔曰：「儉以足用，令出惟行，著在前經，斯爲理本。朕自臨四海，愍元元之久困，日昃忘食，宵興疚懷。雖絶文繡之飾，尚愧茅茨之儉。亦諭卿士，形于詔條。如聞積習流弊，餘風未革。車服第室，相高以華靡之制；資用貨寶，固啓于貪冒之源。有司不禁，侈俗滋扇。蓋朕教導之未敷，使兆庶昧於恥尚也。其何以足用行令，臻于致理歟！永念慚歎，追兹申敕。自今內外班列職位之士，各務素朴，弘兹國風。有僭差尤甚者，御史糾上。主者宣示中外，知朕意焉。」文宗承長慶、寶曆奢靡之風，鋭意懲革，躬行儉素，以率厲之。辛未，以前東都留守崔弘禮爲刑部尚書。鎮州王廷湊請修建初、啓運二陵，從之。

五月丁丑，以旱命京城諸司疏理繫囚。己卯，通化南北二門鎖不可開，鑰入，如有持之者。上令鐵工破鎖，時日已及辰矣。丁亥，改鄆州東平縣爲天平縣。戊子，敕度支每歲於西川織造綾羅錦八千一百六十七匹，令數內減二千五百十四。

六月丁未，以守司徒、門下侍郎、平章事、上柱國、晉國公、食邑三千户、食實封三百户裴度爲守司徒、平章軍國重事；待疾損日，每三日、五日一度入中書。壬申，詔：「如聞諸司刑獄例多停滯，委尚書左右丞及監察御史糾舉以聞。」

秋七月癸未，詔以朝議郎、尚書右丞、上柱國、賜紫金魚袋宋申錫爲正議大夫、行尚書右丞、同中書門下平章事。乙酉，敕：「前行郎中知制誥者，約滿一周年，即與正授；從諫議大夫知者，亦宜準此；餘依長慶二年七月二十七日敕處分。」振武置雲伽關，加鎮兵千人。以吏部侍郎王璠爲京兆尹、兼御史大夫，代李諒；以諒爲桂管觀察使。太原饑，賑粟三萬石。賜十六宅諸王綾絹二萬匹。丁酉，守司徒裴度上表辭册命，言：「臣此官已三度受册，有靦面目。」從之。

八月丙辰，鄜州水，溺居民三百餘家。太原柳公綽奏雲、代、蔚三州山谷間石化爲麪，人取食之。甲子，內出綾絹三十萬匹，付户部充和糴。戊辰，幸梨園亭，會昌殿奏新樂。

九月丁丑，以大理卿裴誼檢校右散騎常侍，充江西觀察使，代沈傳師；以傳師爲宣歙觀察使。內出綾三千匹，賜宥州築城兵士。戊寅，舒州太湖、宿松、望江三縣水，溺民户六百八十，詔以義倉賑貸。庚辰，吏部尚書王涯爲右僕射，依前鹽鐵轉運使。壬午，以守司徒、平章軍國重事、晉國公裴度守司徒、兼侍中，充山南東道節度使。以投來奚王茹羯爲右驍衛將軍同正。丙戌，以前山南東道節度使竇易直爲尚書左僕射。己丑，淮南天長等七縣水，害稼。

冬十月戊申，以東都留守崔元略檢校吏部尚書，兼滑州刺史、義成軍節度使，代李德裕；以德裕檢校兵部尚書，兼成都尹，充劍南西川節度使。己酉，京師有熊入莊嚴寺。庚戌，以前刑部尚書崔弘禮爲東都留守。甲寅，以前劍南西川節度使、檢校司空郭釗爲太常卿，代崔羣爲吏部尚書。丁卯，御史中丞宇文鼎

奏：「今月十三日，宰臣宣旨，今後羣臣延英奏事，前一日進狀入來者。臣以尋常公事，不暇面論，但見表章，足以陳露。儻臨時忽有公務，文字不足盡言，則咫尺天聽，無路聞達。更俟後坐，動踰數辰，處置之間，便有不及。伏乞重賜宣示，限以狀入者，並在卯前；如在卯後，聽不收覽。自然人各遵守，禮亦得中。」從之。

十一月癸巳，以左丞康承宣爲兖海沂密等州節度使。淮南大水及蟲霜，並傷稼。

十二月辛丑朔，滄州殷侑請廢景州爲景平縣。壬子，以左金吾衛大將軍段嶷爲義成軍節度使。丙辰，以工部侍郎崔琯爲京兆尹，代王璠爲尚書左丞。以同州刺史高重爲潭州刺史、兼御史中丞，充湖南觀察使。丙寅，以前河南尹馮宿爲工部侍郎。戊辰，以太子賓客分司白居易爲河南尹，以代韋弘景；以弘景守刑部尚書、東都留守。

閏十二月壬辰，廢齊州歸化縣地入臨邑縣。廢景州，其縣隸滄州刺史。

是歲，京畿、河南、江南、荆襄、鄂岳、湖南等道大水，害稼，出官米賑給。

五年春正月庚子朔，以積陰浹旬，罷元會。丁巳，賜滄德節度使曰義昌軍。太原旱，賑粟十萬石。己未，詔方鎮節度觀察使請入覲者，先上表奏聞，候允則任進程，庚申，幽州軍亂，逐其帥李載義，立後院副兵馬使楊志誠爲留後。癸亥，詔端午節辰，方鎮例有進奉，其雜綵匹段，許進生白綾絹。己丑，以權知渤海國務大彝震檢校秘書監、忽汗州都督，渤海國王。

二月壬辰，以盧龍軍節度使、守太保、同平章事李載義守太保、同中書門下平章事。時載義失守入朝，賜第於永寧里，給賜優厚。丙申，以桂管觀察使李諒爲嶺南節度使。戊戌，神策中尉王守澄奏得軍虞候豆盧著狀，告宰相宋申錫與漳王謀反。即令追捕。庚子，詔貶宋申錫爲太子右庶子。壬寅，左常侍崔玄亮及諫官等十四人伏奏玉階：「北軍所告事，請不於內中鞫問，乞付法司。」帝曰：「吾已謀於公卿矣，卿等且退。」崔玄亮泣涕陳諫久之，帝改容勞之曰：「朕即與宰臣商議。」玄亮等方退。癸卯，詔漳王湊可降爲巢縣公，右庶子宋申錫開州司馬同正。初，京師恟恟，以宰相實聯親王謀逆，三四日後，方知誣搆。人士側目於守澄、鄭注，故諫官號泣論之。申錫方免其禍。己酉，敕以李載義入朝，於曲江亭賜宴，仍命宰臣百僚赴會。辛酉，以黔中觀察使裴弘泰爲桂管經略使，以前安州刺史陳正儀爲黔中觀察使。丁卯，紫宸奏事，宰相路隨至龍墀，仆于地，令中人掖之。翌日，上疏陳退，識者嘉之。

夏四月甲戌，以新羅王嗣子金景徽爲開府儀同三司、檢校太保，使持節雞林州諸軍事、雞林州大都督、寧海軍使、上柱國，封新羅王；仍封其母朴氏爲新羅國太妃。丁亥，詔：「史官記事，用戒時常，先朝舊制，並得隨仗。其後宰臣撰時政記，因循斯久，廢墜實多。自今後宰臣奏事，有關獻替及臨時處分稍涉政刑者，委中書門下丞一人隨時撰録，每季送史館，庶警朕闕，且復官常。」己丑，以李載義爲山南西道節度，依前守太保、同平章事，代温造；以造爲兵部侍郎。以幽州盧龍節度留後楊志誠檢校工部尚書，爲幽州盧龍節度使。

五月戊戌朔，太廟第四室、第六室破漏，有司不時修葺，各罰俸。上命中使領工徒及以禁中修營材葺之。右補闕韋温上疏論曰：「宗廟不葺，罪在有司弛慢，宜加重責。今有司止於罰俸，便委內臣葺修，是許百司之官公然廢職。以宗廟之重，爲陛下所私，則羣官有司，便同委棄，此臣竊爲聖朝惜也。事關宗廟，皆書史册，苟非舊典，不可率然。伏乞更下詔書，復委所司營葺，則制度不紊，官業各修矣。」疏奏，帝嘉之，乃追止中使，命有司修奉。戊午，西川李德裕奏：南蠻放還先虜掠百姓、工巧、僧道約四十人還本道。丙寅，以京兆尹崔琯爲尚書左丞。太常少卿龐嚴權知京兆尹。

六月戊寅，以霖雨涉旬，詔疏理諸司繫囚。辛卯，蘇、杭、湖南水害稼。甲午，東川奏：玄武江水漲二丈，梓州羅城漂人廬舍。

秋七月辛丑，以兵部侍郎温造檢校户部尚書，爲東都留守。甲辰，以太子少師分司、上柱國、襄徐國公蕭俛守左僕射致仕。劍南東、西兩川水，遣使宣撫賑給。己未，以給事中羅讓爲福建觀察使。

八月辛未，貶刑部員外郎舒元輿爲著作郎。元輿累上表請自效，并進文章，朝議責其躁進也。壬申，以河陽三城懷州節度使楊元卿爲宣武軍節度使，代李逢吉；以逢吉檢校司徒、兼太子太師，充東都留守，代温造；以温造爲河陽三城懷州節度使。戊寅，以陝虢觀察使崔郾爲鄂岳安黄觀察使。甲申，以中書舍人崔咸爲陝州防禦使。詔陝州舊有都防禦觀察使額宜停，兵馬屬本州防禦使。庚寅，以司農卿、駙馬都尉杜悰爲京兆尹。

九月甲辰，貶太子左庶子郭求爲婺王府司馬，以其心疾，與同僚忿競也。翰林學士薛廷老、李讓夷皆罷職守本官。廷老在翰林，終日酣醉無儀檢，故罷。讓夷常推薦廷老，故坐累也。己未，以左僕射竇易直判太常卿。西川李德裕奏收

復吐蕃所陷維州，差兵鎮守。

冬十月乙丑朔，以前綿州刺史鄭綽爲安南都護。戊寅，蠻寇巂州，陷二縣。辛巳，滄州移清池縣於南羅城內置。

十一月庚戌，鳳翔節度使王承元來朝。己未，以承元檢校司空、青州刺史，充平盧軍節度使。癸亥，以尚書左僕射、判太常卿事竇易直檢校司空，爲鳳翔隴右節度使。

十二月戊寅，以左丞王璠兼判太常卿事。甲申，貶新除桂管觀察使裴弘泰爲饒州刺史，以除鎮淹程不進，爲憲司所糾故也。癸巳，以鄭州刺史李翺爲桂管觀察使。

是歲，淮南、浙江東西道、荆襄、鄂岳、劍南東川並水，害稼，請蠲秋租。

六年春正月乙未朔，以久雪廢元會。戊戌，振武李泳招收得黑山外契苾部落四百七十三帳。壬子，詔：「朕聞『天聽自我人聽，天視自我人視』。朕之菲德，涉道未明，不能調序四時，導迎和氣。自去冬已來，踰月雨雪，寒風尤甚，頗傷于和。念兹庶甿，或罹凍餒，無所假貸，莫能自存。中宵載懷，旰食興歎，怵惕若厲，時予之辜。思弘惠澤，以順時令。天下死罪囚，除官典犯贓，故意殺人外，并降從流，流已下遞降一等。應京畿諸縣，宜令以常平義倉斛斗賑恤。京城內鰥寡癃殘無告不能自存者，委京兆尹量事濟恤，具數以聞。言念赤子，視之如傷。天或警予，示此陰沴，撫躬夕惕，予甚悼焉。」羣臣拜表上徽號。

二月甲子朔，以前義昌軍節度使殷侑檢校吏部尚書，充天平軍節度、鄆曹濮等州觀察使，代令狐楚；以楚檢校右僕射，兼太原尹、北都留守、河東節度使。戊寅，蘇、湖二州水，賑米二十二萬石，以本州常平義倉斛斗給。庚辰，户部尚書，判度支王起請於邠寧、靈武置營田務，從之。己丑，寒食節，上宴羣臣於麟德殿。是日，雜戲人弄孔子，帝曰：「孔子，古今之師，安得侮瀆。」亟命驅出。

三月辛丑，以武寧軍節度使、守太傅、同平章事王智興兼侍中，充忠武軍節度、陳許蔡觀察等使。以邠寧節度使李聽爲武寧軍節度、徐泗濠觀察等使；以金吾衛大將軍孟友亮爲邠寧節度使。以前河東節度使柳公綽爲兵部尚書。辛酉，以前忠武軍節度使高瑀檢校右僕射，充武寧軍節度、徐泗濠觀察等使。

夏四月戊寅，以新除武寧軍節度使李聽爲太子太保。

五月甲辰，西川修邛崍關城，又移巂州於臺登城。壬子，浙西丁公著奏杭州八縣災疫，賑米七萬石。丁巳，以鹽州刺史王晏平檢校左散騎常侍、御史大夫，充靈鹽節度使。己未，興平縣人上官興因醉殺人而亡竄，官捕其父囚之，興歸待罪有司。京兆尹杜悰、中丞宇文鼎以興自首免父之囚，其孝可獎，請免死。詔兩省參議，皆言殺人者死，古今共守，興不可免。上竟從悰等議免死，決杖八十，配流靈州。庚申，詔：「如聞諸道水旱害人，疾疫相繼，宵旰罪己，興寢疚懷。今長吏奏申，札瘥猶甚。蓋教化未感於蒸人，精誠未格於天地，法令或爽，官吏爲非。有一於兹，皆傷和氣。並委中外臣僚，一一具所見聞奏，朕當親覽，無憚直言。其遭災疫之家，一門盡殁者，官給凶器。其餘據其人口遭疫多少，與減税錢。疫疾未定處，官給醫藥。諸道既有賑賜，國費復慮不充，其供御所須及諸公用，量宜節減，以救凶荒。」

六月丙寅，京兆尹杜悰兼御史大夫。戊寅，右僕射王涯奉敕，准令式條疏士庶衣服、車馬、第舍之制度。敕下後，浮議沸騰。杜悰於敕内條件易施行者寬其限，事竟不行，公議惜之。

秋七月甲午，以諫議大夫王彦威、户部郎中楊漢公、祠部員外郎蘇滌、右補闕裴休並充史館修撰。故事，史官不過三員，或止兩員，今四人並命，論者非之。癸丑，以前靈武節度使李文悦爲兗海沂密節度使。己未，以河中節度使李程爲左僕射；以户部尚書、判度支王起檢校吏部尚書，充河中晉慈隰節度使，以御史中丞、兼刑部侍郎宇文鼎爲户部侍郎、判度支。

八月，以駕部郎中、知制誥李漢爲御史中丞。乙丑，以尚書右丞、判太常卿王璠檢校禮部尚書、潤州刺史、浙西觀察使。庚午，山南東道節度使裴度來朝。壬申，以前浙西觀察使丁公著爲太常卿。甲戌，御史中丞李漢奏論僕射上事儀，不合受四品已下官拜。時左僕射李程將赴省上故也。詔曰：「僕射上儀，近定所緣拜禮，皆約令文，已經施行，不合更改，宜準大和四年十一月十六日敕處分。」

九月庚寅朔，淄青初定兩税額，五州一十九萬三千九百八十九貫，自此淄青始有上供。辛丑，涿州置新城縣，古督亢之地也。壬子，以右金吾衛將軍史孝章爲鄜州刺史、鄜坊丹延節度使。

冬十月甲子，詔魯王永宜册爲皇太子。壬午，以左金吾衛將軍李昌言檢校左散騎常侍，充夏綏銀宥節度使。甲申，以諫議大夫王彦威爲河中少尹，以其論上官興獄太徼訐故也。

十一月乙卯，以荆南節度使段文昌爲劍南西川節度使，依前檢校左僕射、同

平章事。

十二月乙丑，以中書侍郎、同平章事牛僧孺檢校右僕射、同平章事、揚州大都督府長史，充淮南節度使。戊辰，内養王宗禹渤海使迴，言渤海置左右神策軍、左右三軍一百二十司，畫圖以進。以尚書右丞崔琯爲江陵尹、荆南都團練觀察使。乙亥，昭義節度使劉從諫來朝。丁未，以前西川節度使李德裕爲兵部尚書。

七年春正月乙丑朔，御含元殿受朝賀。比年以用兵、雨雪，不行元會之儀。故書，吳、蜀貢新茶，皆於冬中作法爲之，上務恭儉，不欲逆其物性，詔所供新茶，宜於立春後造。甲午，加劉從諫同平章事。襄州裴度奏請停臨漢監牧，從之。此監元和十四年置，馬三千二百匹，廢百姓田四百餘頃，停之爲便。乙亥，以太府卿崔珙爲廣州刺史、嶺南節度使。壬子，詔：「朕承上天之睠佑，荷列聖之丕圖，宵旰憂勞，不敢暇逸，思致康乂，八年于兹。而水旱流行，疫疾作沴，兆庶艱食，札瘥相仍。蓋德未動天，誠未感物，一類失所，其過在予。載懷罪己之心，深軫納隍之歎。如聞關輔、河東，去年亢旱，秋稼不登，今春作之時，農務又切，若不賑救，懼至流亡。京兆府賑粟十萬石，河南府、河中府、絳州各賜七萬石，同、華、陝、虢、晉等州各賜十萬石，並以常平義倉物充。」以新除嶺南節度使崔珙檢校工部尚書，充武寧軍節度使；以右金吾衛將軍王茂元爲嶺南節度使。丙辰，以前武寧軍節度使高瑀爲刑部尚書。嶺南五管及黔中等道選補使，宜權停一二年。

二月己巳，以吏部侍郎庾承宣爲太常卿。癸酉，以宗正卿李詵爲陝州防禦使，代崔咸；以咸爲右散騎常侍。己卯，麟德殿對吐蕃、渤海、牂柯、昆明等使。辛巳，御史臺奏：均王傅王堪男禎，國忌日於私第科決罰人。詔曰：「準令，國忌日禁飲酒、舉樂。決罰人吏，都無明文。起今後從有此類，不須舉奏。王禎宜釋放。」丙戌，詔以銀青光禄大夫、守兵部尚書、上柱國、贊皇縣開國伯、食邑七百户李德裕以本官同中書門下平章事。

三月庚寅，以前户部侍郎楊嗣復爲尚書左丞。壬辰，以左散騎常侍張仲方爲太子賓客分司。仲方爲郎中時，常駁故相李吉甫謚，德裕秉政，仲方請告，因授之。復於埇橋置宿州，割徐州符離縣、蘄縣、泗州虹縣隸之，以東都鹽鐵院官吳季真爲宿州刺史。癸卯，以京兆尹、駙馬都尉杜悰檢校禮部尚書，充鳳翔隴右節度。己酉，安南奏：蠻寇寇當管金龍州，當管生獠國、赤珠落國同出兵擊蠻，敗之。庚戌，出給事中楊虞卿爲常州刺史，中書舍人張元夫汝州刺史。以太府卿韋長爲京兆尹。丙辰，以散騎常侍嚴休復爲河南尹。丁巳，以給事中蕭澣爲鄭州刺史。

夏四月辛酉，九姓回紇可汗卒。癸酉，以同州刺史吴士智爲江西觀察使，以吏部侍郎高釴爲同州刺史。庚辰，以工部侍郎李固言爲右丞，中書舍人楊汝士爲工部侍郎。壬子，以河南尹白居易爲太子賓客，分司東都。甲申，以江西觀察使裴誼爲歙池觀察使，代沈傳師；以傳師爲吏部侍郎。以右金吾衛將軍唐弘實使回紇，册九姓回紇愛登里羅汩没施合句録毗伽彰信可汗。

五月丁酉，以李聽爲鳳翔隴右節度使，依前檢校司徒、兼太子太保。癸卯，興元李載義來朝。癸丑，以前邛州刺史劉旻爲安南都護。

六月乙巳，以山南西道節度使李載義爲太原尹、北都留守、河東節度使，依前守太保、同平章事。壬申，以御史中丞李漢爲禮部侍郎，以工部尚書、翰林侍講學士鄭覃爲御史大夫。甲戌，以刑部尚書高瑀爲太子少保分司。乙亥，以中書侍郎、平章事李宗閔檢校禮部尚書、同平章事，兼興元尹、山南西道節度使。丁丑，以左金吾衛將軍李從易爲桂管觀察使。己卯，以右神策大將軍李用爲邠寧節度使。河陽修防口堰，役工四萬，溉濟源、河内、温縣、武德、武陟五縣田五千餘頃。乙酉，以前河東節度使令狐楚檢校右僕射，兼吏部尚書。

秋七月丁亥，以右龍武統軍康志睦爲四鎮北庭行軍、涇原節度使。壬寅，以金紫光禄大夫、守尚書右僕射、諸道鹽鐵轉運使、上柱國、代郡公、食邑二千户王涯可同中書門下平章事，領使如故。甲辰，右丞李固言等奏狀，論僕射省中上事，不合受四品已下拜。敕旨宜準大和四年十一月十六日敕處分。以左丞楊嗣復檢校禮部尚書，充劍南東川節度使；以户部侍郎庾敬休爲左丞。己酉，以旱，命京城諸司疏決繫囚。壬子，敕應仟外官帶一品正京官者，縱不知政事，其俸料宜兼給。癸丑，以左僕射李程檢校司空，兼汴州刺史、宣武軍節度使。甲寅，以旱徙市。

閏七月乙卯朔，詔曰：「朕嗣守丕圖，覆嫗生類，兢業寅畏，上承天休。而陰陽失和，膏澤愆候，害我稼穡，災于黔黎。有過在予，敢忘咎責。從今避正殿，減供膳，停教坊樂，厩馬量減芻粟，百司厨饌亦宜權減。陰陽鬱堙，有傷和氣，宜出宫女千人。五坊鷹犬量須減放。内外修造事非急務者，並停。」時久無雨，上心憂勞。詔下數日，雨澤霑洽，人心大悦。乙丑，以前宣武軍節度楊元卿爲太子太

保。戊戌，以給事中崔戎爲華州刺史。癸未，以太子賓客李紳檢校左散騎常侍兼越州刺史，充浙東觀察使，代陸亘；以亘爲宣歙觀察使。

八月甲申朔，御宣政殿，册皇太子永。是日降詔：「應犯死降從流，流已下遞減一等。諸王自今後相次出閤，授緊望已上州刺史佐。其十六宅諸縣主，委吏部於選人中簡擇配匹，具以名聞。皇太子方從師傅傳授《六經》，一二年後，當令齒胄國庠，以興墜典。宜令國子選名儒，置五經博士各一人。其公卿士族子弟，明年已後，不先入國學習業，不在應明經進士限。其進士舉宜先試帖經，并略問大義，取經義精通者放及第。卿大夫者，下人之所視，遠方之所倣，若非恭儉克己，廉直任人，而望其服從，固不可得。況朕不寶珠玉，不御纖華，逮于六宮，皆務儉薄。卿大夫得不叶朕此志，率先兆人？比年所頒制度，皆約國家令式，去其甚者，稍謂得中。而士大夫苟自便身，安於習俗，因循未革，以至于今。百官士族，起今年十月，其衣服輿馬，並宜準大和六年十月七日敕。如有固違，重加黜責。文武常參官及諸州府長官子爲父後者，賜勳兩轉。」戊申，以京兆尹韋長兼御史大夫，以刑部尚書高瑀爲忠武軍節度使。

九月丙寅，侍御史李款閤内奏彈前邠州行軍司馬鄭注，曰：「注内通敕使，外連朝官，兩地往來，卜射財貨，晝伏夜動，干竊化權。人不敢言，道路以目。請付法司推劾情款。」旬日之中，諫章數十上，由是授注通王府司馬、兼侍御史，充神策軍判官，中外駭歎。甲寅，以前忠武軍節度使王智興依前守太傅、兼侍中、河中尹、河中晉絳慈隰節度使，代王起；以起爲兵部尚書。

冬十月癸未朔，揚州江都等七縣水，害稼。壬辰，上降誕日，僧徒、道士講論於麟德殿。翌日，御延英，上謂宰臣曰：「降誕日設齋，起自近代。朕緣相承已久，未可便革，雖置齋會，唯對王源中等暫入殿，至僧道講論，都不臨聽。」宰相路隨等奏：「誕日齋會，誠資景福，本非中國教法。臣伏見開元十七年張説、源乾曜請以誕日爲千秋節，内外宴樂，以慶昌期，頗爲得禮。」上深然之，宰臣因請十月十日爲慶成節，上誕日也，從之。辛酉，潤、常、蘇、湖四州水，害稼。

十一月己卯，以左神策長武城使朱叔夜爲涇州刺史，充涇原節度使。壬午，於銀州置監牧。

十二月己亥，刑部詳定大理丞謝登新編《格後敕》六十卷，令删落詳定爲五十卷。庚子，幸望春宮，聖體不康。丁未，以河南尹嚴休復檢校禮部尚書，充平盧軍節度、淄青登萊棣觀察等使。戊甲，以給事中王質權知河南尹。以河東節度副使李石爲給事中。

八年春正月丁巳，聖體痊平，御太和殿見内臣。甲子，御紫宸殿見羣臣。丙寅，修太廟。令太常卿庾承宣攝太尉，徧告九室，遷神主於便殿。癸酉，揚、楚、舒、廬、壽、滁、和七州去年水，損田四萬餘頃。

二月庚寅，詔以聖躬痊復，赦繫囚，放逋賦，移流人。己亥，蔚州飛狐鎮置鑄錢院。

三月甲寅，上巳，賜羣臣宴於曲江亭。庚午，以山南東道節度使裴度充東都留守，依前守司徒、兼侍中；以東都留守李逢吉檢校司徒，兼右僕射。丙子，以右丞李固言爲華州刺史，代崔戎；以戎爲兖海觀察使。

四月壬辰，集賢學士裴潾撰《通選》三十卷，以擬昭明太子《文選》，潾所取偏僻，不爲時論所稱。甲午，以宿州刺史吴季真爲邕管經略使。乙巳，翰林學士、兵部侍郎王源中辭内職，乃以源中爲禮部尚書。

五月己巳，修奉太廟畢，以吏部尚書令狐楚攝太尉，徧告神主，復正殿。飛龍神駒中廄火。

六月辛巳，徙市。甲午，以旱，詔諸司疏決繫囚。丙申，以前鳳翔節度使、駙馬都尉杜悰起復檢校户部尚書，充忠武軍節度使。戊戌，宰臣王涯、路隨奏請依舊制讀時令。戊申，以將作監、駙馬都尉崔杞爲兖海沂密觀察使。

秋七月丙辰，以工部侍郎楊汝士爲同州刺史。戊午，奉先、美原、櫟陽等縣雨，損夏麥。辛酉，定陵臺大雨，震東廊，廊下地裂一百三十尺，詔宗正卿李仍叔啓告修塞。壬申，以右金吾衛大將軍段百倫檢校工部尚書，充福建觀察使。堂帖中外臣僚，各舉善《周易》學者。

八月辛卯，詔故澧王大男漢可封東陽郡王，第二男源可封安陸郡王，第三男演可封臨安郡王；故深王大男潭可封河内郡王，第二男淑可封吴興郡王；故絳王大男洙可封新安郡王，第二男滂可封高平郡王；故洋王大男沛可封潁川郡王；淄王大男澣可封許昌郡王；沔王大男瀛可封晉陵郡王；鄜王大男溥可封平陽郡王：仍並賜光禄大夫。丙申，罷諸色選舉，歲旱故也。己亥，御寫《周易》義五道示羣臣，有人明此義者，三日内聞奏。時李仲言以《易》道惑上，及下其義，人皆竊笑，卒無進言者。

九月己未，宰臣李德裕進《御臣要略》及《柳氏舊聞》三卷。庚申，右軍中尉王守澄宣召鄭注，對于浴堂門，仍賜錦綵銀器。辛酉，以權知河南尹王質爲宣歙

觀察使。癸亥，以尚書吏部侍郎鄭澣爲河南尹。甲子，鄭注進《藥方》一卷。宰相路隨册拜太子太師。辛巳，幽州節度使楊志誠、監軍李懷仵悉爲三軍所逐，立其部將史元忠爲留後。陝州、江西旱，無稼。庚寅，以山南西道節度使、檢校禮部尚書、同平章事、上柱國、襄武縣開國侯、食邑一千户李宗閔可中書侍郎、同中書門下平章事。辛卯，以中使田全操充皇太子見太師禮儀使。壬辰，召國子四門助教李仲言對於思政殿，賜緋。河南府、鄧州、同州、揚州並奏旱蟲傷損秋稼。甲午，以銀青光禄大夫、守中書侍郎、平章事李德裕檢校兵部尚書、同平章事、興元尹，充山南西道節度使。以助教李仲言爲國子《周易》博士，充翰林侍講學士。諭諫官曰：「朕留仲言禁中，顧問經義，敕命已行，不可遽改。」淮南、兩浙、黔中水爲災，民户流亡，京師物價暴貴。庚子，詔鄭注對於太和殿。以御史大夫鄭覃爲户部尚書。壬寅，翰林院宴李仲言，賜《法曲》弟子二十人奏樂以寵之。丙午，以新除興元節度使李德裕爲兵部尚書。

十一月庚戌，以尚書左僕射致仕蕭俛爲太子太傅。辛亥，以左金吾衛大將軍蕭洪爲河陽三城節度使。襄州水，損田。壬子，滁州奏清流等三縣四月雨至六月，諸山發洪水，漂溺户萬三千八百。癸丑，以禮部尚書王源中檢校户部尚書，充山南西道節度使；以户部侍郎李漢爲華州刺史、鎮國軍潼關防禦使。以前河陽節度使温造爲御史大夫。己卯，幽州節度使楊志誠被逐入朝，下御史臺訊鞫。志誠在幽州，被服皆爲龍鳳，乃流之嶺外，至商州殺之。乙亥，以兵部尚書李德裕檢校右僕射，充鎮海軍節度、浙江西道觀察等使。丙子，李仲言奏請改名訓，從之。

十二月己卯，以昭義節度副使、檢校庫部員外郎、賜紫金魚袋鄭注爲太僕卿。辛巳，以棣州刺史韓威爲安南都護。癸未，以通王爲幽州盧龍節度使，以權勾當幽州兵馬史元忠爲留後。己丑，以太子賓客分司張仲方爲左散騎常侍，常州刺史楊虞卿爲工部侍郎。以宗正卿李仍叔爲湖南觀察使，代李翺；以翺爲刑部侍郎，代裴潾；以潾爲華州鎮國軍潼關防禦使。昭成寺火。

九年春正月乙卯，以鎮州左司馬王元逵起復定遠將軍、守左金吾衛大將軍、檢校工部尚書，充成德軍節度使、鎮冀深趙觀察等使。以太常卿庾成宣檢校吏部尚書，充天平軍節度使，代殷侑；以侑爲刑部尚書。癸酉，以右散騎常侍舒元興爲陝州防禦觀察使。以前棣州刺史田早爲安南都護。

二月甲申，以司農卿王彦威兼御史大夫，充平盧軍節度使。丁亥，發神策軍一千五百人修淘曲江。如諸司有力，要於曲江置亭館者，宜給與閒地。甲辰，以幽州留後史元忠爲盧龍節度使。庚申，以劍南東川節度使楊嗣復檢校户部尚書，兼成都尹、西川節度使。乙丑，以歲饑，河北尤甚，賜魏博六州粟五萬石，陳許、鄆、曹濮三鎮各賜糙米二萬石。庚午，左丞庾敬休卒，廢朝一日。詔曰：「官至丞、郎，朕所親委，不幸云亡者，宜爲之廢朝。自今丞、郎宜準諸司三品官例，罷朝一日。」

夏四月丙戌，以桂管觀察使李從易爲廣州刺史、嶺南節度使。以鎮海軍節度使、浙西觀察等使李德裕爲太子賓客，分司東都。辛卯，以京兆尹賈餗爲浙西觀察使；以工部侍郎楊虞卿爲京兆尹，仍賜金紫。以給事中韓佽爲桂管觀察使。丙申，以太子太師、門下侍郎、平章事路隨爲鎮海軍節度、浙西觀察等使。戊戌，詔以新浙西觀察使賈餗爲中書侍郎、同中書門下平章事。庚子，詔銀青光禄大夫、守太子賓客分司東都、上柱國、贊皇縣開國伯、食邑七百户李德裕貶袁州長史。辛丑，大風，含元殿四鴟吻並皆落，壞金吾仗舍。廢樓觀城四十餘所。

五月丁未，以浙東觀察使李紳爲太子賓客，分司東都。乙卯，以給事中高銖爲浙東觀察使。戊午，以御史大夫温造爲禮部尚書，以吏部侍郎李固言爲御史大夫。辛酉，太和公主進馬射女子七人，沙陀小兒二人。戊辰，以金吾大將軍李玭爲黔中觀察使，以尚書右丞王璠爲户部尚書、判度支。己巳，以户部尚書鄭覃爲秘書監。辛未，宰相王涯册拜司空。癸酉，以河中節度使王智興爲宣武軍節度使，依前守太傅，兼侍中。

六月乙亥朔，西市火。以前宣武軍節度使李程爲河中節度使。癸巳，以吏部尚書令狐楚爲太常卿。京兆尹楊虞卿家人出妖言，下御史臺。虞卿弟司封郎中漢公并男知進等八人撾登聞鼓稱冤，敕虞卿歸私第。己亥，以右神策大將軍劉沔爲涇原節度使。壬辰，詔以銀青光禄大夫、守中書侍郎、同平章事、襄武縣開國侯、食邑一千户李宗閔貶明州刺史。時楊虞卿坐妖言人歸第，人皆以爲冤誣，宗閔於上前極言論列，上怒，面數宗閔之罪，叱出之，故坐貶。

秋七月甲申朔，貶京兆尹楊虞卿爲虔州司馬同正。丙午，以給事中李石權知京兆尹。戊申，填龍首池爲鞠場，曲江修紫雲樓。辛亥，詔以御史大夫李固言爲門下侍郎、同平章事。壬子，再貶李宗閔爲處州長史。癸丑，以右司郎中、兼侍御史、知雜事舒元興爲御史中丞。貶吏部侍郎李漢爲汾州刺史，刑部侍郎蕭

澣爲遂州刺史。丁巳，詔不得度人爲僧尼。戊午，貶工部侍郎、充皇太子侍讀崔侑爲洋州刺史，貶吏部郎中張諷夔州刺史，考功郎中、皇太子侍讀蘇滌忠州刺史，户部郎中楊敬之連州刺史。辛酉，以鄂岳觀察使崔郾充浙西觀察使，以國子祭酒高重爲鄂岳觀察使。癸亥，貶侍御史李甘爲封州司馬，殿中侍御史蘇特爲潘州司户。甲子，以《周易》博士李訓爲兵部郎中、知制誥，依前充翰林侍講學士。以大理卿羅讓爲散騎常侍，以汝州刺史郭行餘爲大理卿。戊辰，以刑部尚書殷侑爲天平軍節度使，以吉州刺史裴泰爲邕管經略使。

八月甲戌朔，以户部侍郎李翱檢校禮部尚書，充山南東道節度使，代王起；以起爲兵部尚書，判户部事。丙子，又貶處州長史李宗閔爲潮州司户。丁丑，以太僕卿鄭注爲工部尚書，充翰林侍講學士。上幸左軍龍首殿，因幸梨園，含元殿大合樂。戊寅，以秘書監鄭覃爲刑部尚書。貶翰林學士、守尚書户部侍郎、知制誥李珏爲江州刺史，以鄜坊節度使史孝章爲義成軍節度使。甲申，以左神策軍大將軍趙儋爲鄜坊節度使。丙申，内官楊承和於驩州安置，韋元素象州安置，王踐言思州安置，仰錮身遞送。言李宗閔爲吏部侍郎時，託駙馬沈𥠖於宫人宋若憲處求宰相，承和、踐言、元素居中導達故也。宗閔黨楊虞卿、李漢、蕭澣皆再貶。壬寅，貶中書舍人高元裕爲閬州刺史。元裕爲鄭注除官制，説注醫藥之功，注銜之故也。以蘇州刺史盧周仁爲湖南觀察使。

九月癸卯朔，奸臣李訓、鄭注用事，不附己者，即時貶黜，朝廷悚震，人不自安。是日，下詔曰：「朕承天之序，燭理未明，勞虛襟以求賢，勵寬德以容衆。頃者台輔乖弼諧之道，而具僚扇朋比之風，翕然相從，實斁彝憲。致使薰蕕共器，賢不肖並馳，退迹者咸後時之夫，登門者有迎吠之客。繆盭之氣，堙鬱未平，而望陰陽順時，疵癘不作，朝廷清肅，班列和安，自古及今，未嘗有也。今既再申朝典，一變澆風，掃清朋附之徒，匡飭貞廉之俗，凡百卿士，惟新令猷。如聞周行之中，尚蓄疑懼，或有妄相指目，令不自安，今兹曠然，明喻朕意。應與宗閔、德裕或新或故及門生舊吏等，除今日已前放黜之外，一切不問。」辛亥，以太子賓客分司東都白居易爲同州刺史，代楊汝士；以汝士爲駕部侍郎。乙亥，以涇原節度使劉沔爲振武麟勝節度使。丙辰，以權知御史中丞舒元輿爲御史中丞，兼判刑部侍郎。庚申，以鳳翔節度使李聽爲忠武軍節度使。癸亥，令内養齊抱真將杖於青泥驛決殺前襄州監軍陳弘志，以有殺逆之罪也。丁卯，以門下侍郎、同平章事李固言爲興元尹、山南西道節度使；以翰林侍講學士、工部尚書鄭注檢校右僕射，充鳳翔隴右節度使。戊辰，以右軍中尉王守澄爲左右神策觀軍容使，兼十二衛統軍。己巳，詔以朝議郎、守御史中丞、兼刑部侍郎、賜紫金魚袋舒元輿本官同中書門下平章事。朝議郎、守兵部郎中、知制誥、充翰林侍講學士、賜緋魚袋李訓可守尚書禮部侍郎、同中書門下平章事，仍賜金紫。壬申，以刑部郎中、兼侍御史、知雜李孝本權知御史中丞。

冬十月乙亥，杜悰復爲陳許節度使，李聽爲太子太保分司。内出曲江新造紫雲樓彩霞亭額，左軍中尉仇士良以百戲於銀臺門迎之。時鄭注言秦中有災，宜興土功厭之，乃濬昆明、曲江二池。上好爲詩，每誦杜甫《曲江行》云：「江頭宫殿鎖千門，細柳新蒲爲誰緑？」乃知天寶已前，曲江四岸皆有行宫臺殿、百司廨署，思復昇平故事，故爲樓殿以壯之。王涯獻榷茶之利，乃以涯爲榷茶使。茶之有榷税，自涯始也。京兆、河南兩畿旱。以吏部尚書令狐楚爲左僕射，以刑部尚書鄭覃爲右僕射。辛巳，遣中使李好古齎酖賜王守澄，是日，守澄卒。壬午，賜羣臣宴於曲江亭。癸未，以前廣州節度使王茂元爲涇原節度使。丁亥，禮部郎中錢可復、兵部員外郎李敬彝、駕部員外郎盧簡能、主客員外郎蕭傑、左拾遺盧茂弘等皆授鳳翔使府判官，從鄭注奏請也。乙未，以新授同州刺史白居易爲太子少傅分司，以汝州刺史劉禹錫爲同州刺史。己亥，以前河陽節度使蕭洪爲鄜坊節度使。淄青觀察使王彦威請停管内縣丞一十九員，從之。庚子，東都留守、特進、守司徒、侍中裴度進位中書令，餘如故。以前山南西道節度使王源中爲刑部尚書。

十一月乙巳，令内養馮叔良殺前徐州監軍王守涓於中牟縣。以左神策將軍胡沐爲容管經略使，以大理卿郭行餘爲邠寧節度使。癸丑，以左僕射令狐楚判太常卿事，右僕射鄭覃判國子祭酒事。丁巳，以户部尚書、判度支王璠爲太原尹、北都留守、河東節度使。戊午，以京兆尹李石爲户部侍郎，判度支，以京兆少尹羅立言權知府事。己未，以太府卿韓約爲左金吾衛大將軍。壬戌，中尉仇士良率兵誅宰相王涯、賈餗、舒元輿、李訓，新除太原節度王璠，郭行餘、鄭注、羅立言、李孝本、韓約等十餘家，皆族誅。時李訓、鄭注謀誅内官，詐言金吾仗舍石榴樹有甘露，請上觀之。内官先至金吾仗，見幕下伏甲，遽扶帝輦入内，故訓等敗，流血塗地。京師大駭，旬日稍安。癸亥，詔以銀青光禄大夫、尚書左僕射、上柱國、滎陽郡開國公鄭覃以本官同中書門下平章事。乙丑，詔以朝議郎、守尚書户部侍郎、判度支李石可朝議大夫、本官同平章事。丁卯，以左神策大將軍陳君奕

爲鳳翔節度使。戊辰，以給事中李翊爲御史中丞，左右軍中尉仇士良、魚志弘並兼上將軍。

十二月壬申朔，諸道鹽鐵轉運榷茶使令狐楚奏榷茶不便於民，請停，從之。甲子，敕左右省起居齎筆硯及紙於螭頭下記言記事。丙子，以刑部尚書王源中爲天平軍節度使。丁丑，敕諸道府不得私置曆日板。己卯，鳳翔監軍奏鄭注判官錢可復等四人並處斬訖。庚辰，上御紫宸，謂宰相曰：「坊市之間，人漸安未？」李石奏曰：「人情雖安，然刑殺過多，致此陰沴。又聞鄭注在鳳翔招致兵募不少，今皆被刑戮，臣恐乘此生事，切宜原赦以安之。」上曰：「然」鄭覃又陳理道。上曰：「我每思貞觀、開元之時，觀今日之事，往往憤氣填膺耳。」癸未，儀仗使田全操巡邊迴，馳馬入金光門，街市訛言相驚，縱横散走。賴金吾大將軍陳君賞以其徒立望仙門下，至晚方定。丁亥，以權知京兆尹張仲方爲華州防禦使，以司農卿薛元賞權知京兆。左僕射令狐楚奏：「方鎮節度使等，具弩帓，帶器仗，就尚書省兵部參辭，伏乞停罷。如須參謝，令具公服。」從之。時楚引訓、注奸謀，用王璠、郭行餘兵仗，遂云不宜以兵仗入省參辭，殊乖事體也。物議尤之。先是，宰相武元衡被害，憲宗出内庫弓箭、陌刀賜左右街使，俟宰相入朝，以爲翼從，及建福門退。至是亦停之。辛卯，置諫院印。

開成元年正月辛丑朔，帝常服御宣政殿受賀，遂宣詔大赦天下，改元開成。乙巳，御紫宸殿，宰臣李石奏曰：「陛下改元御殿，人情大悦，全放京兆一年租賦，又停四節進奉，恩澤所該，實當要切。」帝曰：「朕務行其實，不欲崇長空文。」石曰：「赦書須内留一本，陛下時看之。又十道黜陟使發日，更付與公事根本，令向外與長吏詳擇施行，方盡利害之要。」丁未，以秘書監韋縝爲工部尚書。敕：「楊承和、韋元素、王踐言、崔潭峻頃遭誣陷，每用追傷，宜復官爵，聽其歸葬。」以銀州刺史劉源爲夏綏銀宥節度使。

二月辛未朔，以左散騎常侍羅讓爲江西觀察使。丙申，左武衛大將軍朱叔夜賜死於藍田關。天德奏生退渾部落三千帳來投豐州。

三月壬寅，以袁州長史李德裕爲滁州刺史。庚申，幸龍首池，觀内人賽雨，因賦《暮春喜雨詩》。昭義節度使劉從諫三上疏，問王涯罪名，内官仇士良聞之惕懼。是日，從諫遣焦楚長入奏，於客省進狀，請面對。上召楚長慰諭遣之。

夏四月庚午朔，以河南尹鄭澣爲左丞，以太子賓客分司東都李紳爲河南尹。癸酉，以亳州刺史裴弘泰爲義成軍節度使，以諫議大夫李讓夷兼權知起居舍人事。乙卯，以潮州司户李宗閔爲衡州司馬，以江州刺史李珏爲太子賓客分司。甲午，詔以山南西道節度使、檢校兵部尚書李固言爲門下侍郎、同中書門下平章事；以左僕射、諸道鹽鐵轉運使令狐楚檢校左僕射，爲山南西道節度使。丙申，李固言判户部事，李石判度支，兼諸道鹽鐵轉運使。

五月癸卯，以翰林學士歸融爲御史中丞。丁未，以給事中郭承嘏爲華州防禦使。給事中盧載以承嘏公正守道，屢有封駁，不宜置之外郡，乃封還詔書。翊日，復以承嘏爲給事中，乃以給事中盧鈞代嘏守華州。乙卯，御紫宸，上謂宰臣曰：「爲政之道，自古所難。」李石對曰：「朝廷法令行，則易。」丁巳，以尚書右丞鄭肅爲陝虢都防禦觀察使。前罷觀察，復置之。以中書舍人唐扶爲福建觀察使。庚申，判國子祭酒宰臣鄭覃奏：「太學新置五經博士各一人，請依王府官例，賜以禄粟。」從之。丙寅，昭義奏開夷儀山路，通太原、晉州，從之。

閏五月甲申，以河中節度使李程爲左僕射、判太常卿事。乙酉，以太子太保分司李聽爲河中節度使。己丑，以神策大將軍魏仲卿爲朔方靈鹽節度。湖南觀察使盧周仁進羨餘錢二萬貫、雜物八萬段；不受，還之，使貸貧下户征税。

六月癸亥，以河南尹李紳檢校禮部尚書、汴州刺史，充宣武軍節度使。

秋七月戊辰朔，御史臺奏：「秘書省管新舊書五萬六千四百七十六卷，長慶二年已前，並無文案。大和五年已後，並不納新書。今請創立簿籍，據闕添寫卷數，逐月申臺。」從之。辛未，以左金吾衛將軍傅毅爲鄜坊節度使。辛卯，刑部尚書殷侑檢校右僕射，充山南東道節度使。壬午，以滁州刺史李德裕爲太子賓客。甲午，以金吾衛大將軍陳君賞爲平盧軍節度使，代王彦威；以彦威爲户部侍郎、判度支。丙申，湖南觀察使盧周仁進羨餘錢一十萬貫，御史中丞歸融彈其違制進奉，詔以周仁所進錢於河陰院收貯。

八月甲辰，詐稱國舅人前鄜坊節度使蕭洪宜長流驩州。戊申，以皇太后親弟蕭本爲右贊善大夫。

九月庚辰，詔復故左降開州司馬宋申錫正議大夫、尚書右丞、同平章事，仍以其子慎徽爲城固尉。以饒州刺史馬植爲安南都護。辛巳，以壽州刺史高承恭爲邕管經略使。辛卯，敕秘書省，集賢院應欠書四萬五千二百六十一卷，配諸道繕寫。

冬十月己酉，揚州江都七縣水旱，損田。

十一月，以太子賓客分司東都李德裕檢校户部尚書，充浙西觀察使。壬午，

以兵部尚書、皇太子侍讀王起兼判太常卿。甲申，以左僕射李程兼吏部尚書。忠武帥杜悰、天平帥王源中奏：當道常平義倉斛斗，除元額外，請別置十萬石。

十二月丙申朔，以京兆尹、兼御史大夫薛元賞爲武寧節度、徐泗宿濠觀察等使，以户部侍郎、兼御史中丞歸融爲京兆尹，以給事中狄兼謨爲御史中丞。庚戌，以華州刺史盧鈞爲廣州刺史，充嶺南節度使；以中書舍人崔龜從爲華州防禦使。癸丑，以兵部侍郎湯汝士檢校禮部尚書，充劍南東川節度使。

二年春正月乙亥，以吏部侍郎崔鄲爲宣歙觀察使，以右丞鄭澣爲刑部尚書、判左丞事。庚寅，户部侍郎、判度支王彦威進所撰《供軍圖》，略序曰「至德、乾元之後，迄于貞元、元和之際，天下有觀察者十，節度二十有九，防禦者四，經略者三。掎角之師，犬牙相制，大都通邑，無不有兵，約計中外兵額至八十餘萬。長慶户口凡三百三十五萬，而兵額又約九十九萬，通計三户資奉一兵。今計天下租賦，一歲所入，總不過三千五百餘萬，而上供之數三之一焉。三分之中，二給衣賜，自留州留使兵士衣食之外，其餘四十萬衆，仰給度支焉。」

二月戊申，王彦威進所撰《唐典》七十卷，起武德，終永貞。

三月甲子朔，内出音聲女妓四十八人，令歸家。丙寅，罷曲江宴。敕尚食使，自今每一日御食料分爲十日，停内修造。辛未，宣徽院《法曲》樂官放歸。壬申，詔曰：「朕嗣丕構，對越上玄，虔恭寅畏，于今一紀。何嘗不宵衣念道，昃食思愆，師周文之小心，慕《易》《乾》之夕惕，懼德不類，貽列聖羞。將欲俗致和平，時無殃咎。然誠未格物，譴見於天，仰愧三靈，俯慚庶彙，思獲攸濟，浩無津涯。昔宋景發言，星因退舍；魯僖納諫，飢不害人。取鑒往賢，深惟自勵。載軫在予之責，宜降恤辜之恩，式表殷憂，冀答昭誡。天下死罪降從流，流已下並釋放，唯故殺人、官典犯贓、主掌錢穀賊盜，不在此限。諸州遭水旱處，並蠲租税。中外修造並停，五坊鷹隼悉解放。朕今素服避殿，徹樂減膳。近者内外臣僚，繼貢章表，欲加徽號。夫道大爲帝，朕膺此稱，祇愧已多，矧鍾星變之時，敢議名揚之美？非懲既往，且儆將來，中外臣僚，更不得上表奏請。表已在路，並宜速還。在朝羣臣，方岳長吏，宜各上封事，極言得失，弼違納誨，副我虚懷。」甲戌，以左僕射李程爲山南東道節度使。壬午，以楚州刺史嚴譽爲桂管觀察使。甲申，以山南東道節度使殷侑爲太子賓客分司。貞興門外鵲巢于古冢。戊子，以河南尹李珏爲户部侍郎。乙丑，以金吾大將軍李直臣爲邠寧節度使。以兵部侍郎裴潾爲河南尹。

夏四月戊戌，詔將仕郎、守尚書工部侍郎、知制誥，充翰林學士，兼皇太子侍讀、上騎都尉、賜紫金魚袋陳夷行可本官同中書門下平章事。丙子，以中書舍人敬昕爲江西觀察使。丁卯，宰相李石奏定長定選格。辛酉，詔置終南山神祠。蓬州復置蓬池、朗池二縣。

五月乙丑，以東都留守裴度爲太原尹、北都留守、河東節度使，依前守司徒、中書令。丙寅，户部侍郎李珏判本司事。以浙西觀察使李德裕檢校户部尚書，兼揚州大都督府長史，充淮南節度使。辛未，詔以前淮南節度使牛僧孺爲檢校司空、東都留守，以蘇州刺史盧商爲浙西觀察使。壬申，上幸十六宅，與諸王宴樂。決十六宅宫市内官范文喜等三人，以供諸王食物不精故也。

六月丁酉，以成德軍節度使王元逵爲駙馬都尉，尚壽安公主。己亥，以鴻臚卿李逵爲天德軍都防禦使。庚子，吏部奏長定選格，請加置南曹郎中一人，別置印一面，以「新置南曹之印」爲文，從之。丙午，河陽軍亂，逐節度使李泳。戊申，以左金吾衛將軍李執方爲河陽三城懷州節度使。庚戌，以右金吾衛大將軍崔珙爲京兆尹。魏、博、澤、潞、淄、青、滄、德、兖、海、河南府等州並奏蝗害稼。鄆州奏蝗得雨自死。丁亥，以御史中丞狄兼謨爲刑部侍郎，以前京兆尹歸融爲秘書監，以給事中李翊爲湖南觀察使。

秋七月乙亥，以久旱徙市，閉坊門。甲申，以太府卿張賈爲兖海觀察使。詔除河北三鎮外，諸州府不得以試銜奏官。鄆州奏：「當州先廢天平、平陰兩縣，請復置平陰縣，以制盜賊。」從之。乙酉，以蝗旱，詔諸司疏決繫囚。己丑，遣使下諸道巡覆蝗蟲。是日，京畿雨，羣臣表賀。外州李紳奏蝗蟲入境，不食田苗，詔書褒美，仍刻石于相國寺。

八月，振武奏突厥入寇營田。庚戌，詔昭儀王氏册爲德妃，昭容楊氏册爲賢妃。又詔：「敬宗皇帝第二子休復、第三子執中、第四子言揚、第六子成美等，宜開列土之封，用申睦族之典。休復可封梁王，執中可封襄王，言揚可封紀王，成美可封陳王。皇第二男宗儉可封蔣王。」乙丑，房州刺史盧行簡坐贓杖殺。己巳，以前湖南觀察使盧行術爲陝虢觀察使。甲申，詔曰：「慶成節朕之生辰，天下錫宴，庶同歡泰。不欲屠宰，用表好生，非是信尚空門，將希無妄之福。恐中外臣庶不諭朕懷，廣置齋筵，大集僧衆，非獨凋耗物力，兼恐致惑生靈。自今宴會蔬食，任陳脯醢，永爲常例。」又敕：「慶成節宜令京兆尹准上巳、重陽例，於曲江會文武百僚，延英奉觴宜權停。」戊子，以尚書户部侍郎、判度支王彦威爲衛尉

卿，分司東都。

冬十月辛卯朔，詔改天后所撰《三教珠英》爲《海内珠英》。戊戌，詔嘉王運、循王遹、通王諶並可光禄大夫、檢校司空，賜勳上柱國，仍依百官例給料錢。安王溶、潁王瀍並給料錢。庚子，慶成節，賜羣臣宴于曲江，上幸十六宅，與諸王宴樂。癸卯，宰臣判國子祭酒鄭覃進《石壁九經》一百六十卷。時上好文，鄭覃以經義啓導，稍折文章之士，遂奏置五經博士，依後漢蔡伯喈刊碑列于太學，創立《石壁九經》，諸儒校正訛謬。上又令翰林勒字官唐玄度復校字體，又乖師法，故石經立後數十年，名儒皆不窺之，以爲蕪累甚矣。戊申，以門下侍郎、同平章事李固言爲劍南西川節度使，依前同門下侍郎、平章事。甲寅，敕鹽鐵、户部、度支三使下監院官，皆郎官、御史爲之，使雖更改，院官不得移替，如顯有曠敗，即具事以聞。己未，以前西川節度使楊嗣復爲户部尚書，充諸道鹽鐵轉運使。

十一月壬戌，以太子賓客分司東都殷侑爲忠武軍節度使。癸亥，狂病人劉德廣突入含元殿，付京兆府杖殺。丁亥，以刑部尚書鄭澣爲山南西道節度使。己丑，契丹朝貢。

十二月丙申，閤内對左右史裴素等。上自開成初復故事，每入閤，左右史執筆立於螭頭之下，君臣論奏，得以備書，故開成政事最詳於近代。壬寅，以前忠武軍節度使杜悰爲工部尚書，判度支。時悰既除官，久未謝恩，户部侍郎李玨奏杜悰爲岐陽公主服假内。玨因言：「比來駙馬爲公主行服三年，所以士族之家不願爲國戚者以此。」帝大駭其奏，即日詔曰：「制服輕重，必資典禮，如聞往者駙馬爲公主行服三年，緣情之義，殊非故實，違經之制，今乃聞知。宜行期周，永爲定制。」

三年春正月甲子，宰臣李石遇盜於親仁里，中劍，斷其馬尾，又中流矢，不甚傷。是時，京城大恐，捕盜不獲，既而知仇士良所爲。乙丑，常參官入朝者九人而已，餘皆潛竄，累日方安。戊申，以諸道鹽鐵轉運使、正議大夫、守户部尚書、上柱國、宏農郡開國伯、食邑七百户、賜紫金魚袋楊嗣復可本官同中書門下平章事；朝議郎、户部侍郎、判户部事、上柱國、賜紫金魚袋李玨可本官同中書門下平章事，依前判户部事。丙子，以中書侍郎、同中書門下平章事李石爲荆南節度使，依前中書侍郎、平章事。丁丑，以前荆南節度使韋長爲河南尹。癸未，詔去秋蝗蟲害稼處放逋賦，仍以本處常平倉賑貸。

二月乙未，上謂宰臣曰：「李宗閔在外數年，可別與一官。」鄭覃、陳夷行曰：「宗閔養成鄭注，幾覆朝廷，其奸邪甚於李林甫。」楊嗣復、李玨奏曰：「大和末，宗閔、德裕同時得罪，二年之間，德裕再量移爲淮南節度使，而宗閔尚在貶所。凡事貴得中，不可但徇私情。」上曰：「與一郡可也。」丁酉，以衡州司馬李宗閔爲杭州刺史。庚子，吏部奏：「去年所修長定選格，或乖往例，頗不便人，不可久行，請却用舊格。」從之。乙巳，詔僕射、尚書、侍郎、左右丞、大卿監每遇坐日，宜令兩人循次進對。丁未，以同州刺史孫簡爲陝虢觀察使，代盧行術；以術爲福王傅，分司東都。辛亥，左丞盧載爲同州防禦使。

三月庚午，封故陳王第十九男儼爲宣城郡王，故襄王第三男宋爲樂平郡王。

夏四月辛卯，户部侍郎崔龜從判本司事。詔曰：「户部侍郎兩員，今後先授上者，宜令判本司錢穀；如帶平章事，判鹽鐵度支，兼中丞學士不在此限。」壬辰，以給事中裴衮爲華州防禦使。乙酉，改《法曲》爲《仙韶曲》，仍以伶官親處爲仙韶院。癸丑，屯田郎中李衢、汚工府長史林贇等進所修《皇唐玉牒》一百五十卷。

五月丁巳朔，敕禮部，貢院進士、舉人，歲限放三十人及第。辛酉，詔：前江西觀察使吴士規坐贓，長流端州。癸未，以吏部侍郎高鍇爲鄂岳觀察使，代高重；以重爲兵部侍郎。

六月辛酉，出宫人四百八十，送兩街寺觀安置。廢晉州平陽院礬官，並歸州縣。癸丑，上御紫宸，對宰臣曰：「幣輕錢重如何？」楊嗣復曰：「此事已久，不可遽變其法，法變則擾人。但禁銅器，斯得其要。」

秋七月甲子，以衛尉卿王彦威檢校禮部尚書，充忠武軍節度使；以右金吾衛大將軍史孝章爲邠寧節度使。戊辰，西川節度使李固言再上表，讓門下侍郎及檢校右僕射。

八月甲午，山南東道諸州大水，田稼漂盡。丁酉，詔：「大河而南，幅員千里，楚澤之北，連亘數州。以水潦暴至，隄防潰溢，既壞廬舍，復損田苗。言念黎元，羅此災沴，或生業蕩盡，農功索然，困餒雕殘，豈能自濟。宜令給事中盧弘宣往陳許、鄭滑、曹濮等道宣慰，刑部郎中崔瑨往山南東道、鄂岳、蘄黄道宣慰。」魏博六州蝗食秋苗並盡。

九月辛酉，荆南李石讓中書侍郎，乃改授檢校兵部尚書。壬戌，上以皇太子慢遊敗度，欲廢之，中丞狄兼謨垂涕切諫。是夜，移太子於少陽院，殺太子宮人左右數十人。戊辰，詔梁王等五人，先於北内，可却歸十六宅。壬申，以易州刺

史李仲遷爲定州刺史，充義武軍節度使。戊寅，以東都留守牛僧孺爲左僕射。辛巳，詔皇太子侍讀竇宗直隔日入少陽院。

冬十月乙酉朔，以尚書左丞崔琯檢校户部尚書，充東都留守。易定軍亂，不納新使李仲遷，立張璠子元益爲留後。己丑，以少府監張沼爲黔中觀察使。壬辰，以右金吾衛將軍高霞寓爲夏綏銀宥節度使。癸巳，以中書舍人李景讓爲華州防禦使。甲午慶成節，命中人以酒酺、《仙韶樂》賜羣臣宴於曲江亭。庚子，皇太子薨於少陽院，謚曰莊恪。乙巳，以左金吾將軍郭旼爲邠寧慶節度使。

十一月壬戌，詔曰：「上天蓋高，感應必由乎人事；寰宇雖廣，理亂盡繫於君心。從古已來，必然之義。朕嗣膺寶位，十有三年，常克己以恭虔，每推誠於衆庶。將以導迎休應，漸致輯熙，期克荷於宗祧，思保寧於華夏。而德有所未至，信有所未孚，災氣上騰，天文謫見，再周期月，重擾星躔。當求衣之時，覩垂象之變，兢懼惕厲，若蹈泉谷。是用舉成湯之六事，念宋景之一言，詳求讜告之端，採聽銷禳之術。必有精理，藴於衆情，冀屈法以安人，爰恤刑而原下。應京城諸道見繫囚，自十二月八日已前，死罪降流，已下遞減一等，十惡大逆、殺人劫盜、官典犯贓不在此限。今年遭水蝗蟲處，並宜存撫賑給。」以滄州節度使李彦佐爲鄆曹濮節度使，以德州刺史、滄景節度副使劉約爲義昌軍節度使。癸亥，以宋州刺史唐弘實爲邕管經略使。庚午，以翰林學士丁居晦爲御史中丞。壬申，以蔡州刺史韓威爲定州刺史、義武軍節度、北平軍等使。

十二月辛丑，詔以河東節度使、開府儀同三司、守司徒、兼中書令、太原尹、北都留守、上柱國、晉國公、食邑三千户裴度可守司徒、中書令。以兵部侍郎狄兼謨爲河東節度使。丙午，守太子太師、尚書右僕射、門下侍郎、國子祭酒、同平章事鄭覃罷太子太師，仍三五日入中書。日本國貢珍珠絹。

四年春正月丁卯夜，於咸泰殿觀燈作樂，三宫太后諸公主等畢會。上性節儉，延安公主衣裾寬大，即時斥歸，駙馬竇澣待罪。詔曰：「公主入參，衣服踰制，從夫之義，過有所歸。澣宜奪兩月俸錢。」

閏月甲申朔，以吏部侍郎鄭肅檢校禮部尚書、河中晉絳慈隰等州節度使，以蘇州刺史李道樞爲浙東觀察使，以諫議大夫高元裕爲御史中丞。丙申，以前河中節度使李聽爲太子太保。己亥，裴度自太原至，上令中人就第問疾。辛丑，以司農卿李玘爲福建觀察使，諫官論其不可，乃罷之。丙午，以大理卿盧貞爲福建觀察使。戊申，闍婆國朝貢。

二月辛酉，以吏部侍郎歸融檢校禮部尚書，充山南西道節度使。丙寅，寒食節，上御通化門以觀遊人。戊辰，幸勤政樓觀角抵、蹴鞠。

三月乙酉，賜羣臣上巳宴於曲江。以户部侍郎崔黿從爲宣歙觀察使，代崔鄲；以鄲爲太常卿。以楚州刺史蕭俶爲浙東觀察使。

夏四月壬子朔，以右羽林統軍李昌言爲鄜坊節度使。壬戌，有麏出太廟。

五月丁亥，閤内上謂宰臣曰：「新修《開元政要》如何？」楊嗣復曰：「臣等未見。陛下欲以此書傳示子孫，則宣付臣等，參定可否。緣開元政事與貞觀不同，玄宗或好畋遊，或好聲色，選賢任能，未得盡美。撰述示後，所貴作程，豈容易哉！」丙申，鄭覃、陳夷行罷知政事，覃守左僕射，夷行爲吏部侍郎。天平、魏博、易定等管内蝗食秋稼。

六月辛亥朔，以長武城使苻澈爲邠寧節度使。庚申，上幸十六宅安王穎王院宴樂，賜與頗厚。戊辰，以久旱，分命祠禱，每憂動於色。宰相等奏曰：「水旱時數使然，乞不過勞聖慮。」上改容言曰：「朕爲人主，無德及天下，致兹災旱，又謫見於天。若三日不雨，當退歸南内，更選賢明以主天下。」宰臣嗚咽流涕，各請策免。是夜，大雨霑霈。丁丑，襄陽山竹結實，其米可食。

秋七月庚辰朔，西蜀水，害稼。壬寅，以河南尹韋長爲平盧軍節度使，以刑部侍郎高鍇爲河南尹。甲辰，以大中大夫、守太常卿、上柱國、賜紫金魚袋崔鄲可本官同中書門下平章事。滄景、淄青大水。

八月庚戌朔，以給事中姚合爲陝虢觀察使。丙辰，邢州廢青山縣，磁州移昭義縣於固鎮驛。癸亥，以左僕射牛僧孺檢校司空、同平章事，兼襄州刺史，充山南東道節度使。壬申，鎮、冀四州蝗食稼，至於野草樹葉皆盡。

九月辛卯，以劍南東川節度楊汝士爲吏部侍郎。辛丑，以吏部侍郎陳夷行爲華州鎮國軍防禦使，以蘇州刺史李穎爲江西觀察使，以諫議大夫馮定爲桂管觀察使。甲辰，以京兆尹鄭復爲劍南東川節度使。丙午，以前江西觀察使敬昕爲京兆尹。

冬十月戊午，慶成節，賜羣臣宴於曲江亭。丙寅，制以敬宗第六男陳王成美爲皇太子。

十一月己亥，曲赦京城繫囚。

十二月癸丑，貶光禄卿、駙馬都尉韋讓爲澧州長史。乙卯，乾陵火。以杭州刺史李宗閔爲太子賓客，分司東都。辛酉，上不康，百僚赴延英起居。乙亥，宰

臣入謁，見上于太和殿。

是歲，户部計見管户四百九十九萬六千七百五十二。

五年春正月戊寅朔，上不康，不受朝賀。己卯，詔立親弟潁王瀍爲皇太弟，權勾當軍國事。皇太子成美復爲陳王。辛巳，上崩於大明宫之太和殿，壽享三十三。羣臣謚曰元聖昭獻皇帝，廟號文宗。其年八月十七日，葬于章陵。

雜録

備録

李濬《松窗雜録》 自大和乙卯歲後，上不樂事，稍聞，則必有歎息之音。會幸三殿東亭，因見横廊架巨軸於其上，上謂修己曰：「斯《開元東封圖》也。」因命内巨軸懸於東廡下。上舉白玉如意指張説輩數人歎曰：「使吾得其中一人來，則吾可見開元矣。」由是惋惜之意見于顔色，遂命進美酎盡爵，促步輦歸寢殿。

《開成承詔録》中敍上語李石相曰：「吾思天下事難理，則進飲醲酎以自醉解。」

趙璘《因話録》卷一《宫部》 文宗將有事南郊，祀前，本司進相撲人。上曰：「我方清齋，豈合觀此事？」左右曰：「舊例皆有，已在門外祇候。」上曰：「此應是要賞物，可向外撲了。」即與賞物令去。又嘗觀鬭雞，優人稱歎大好雞，上曰：「雞既好，便賜汝。」

文宗賜翰林學士章服，續有待詔欲先賜本司者以名上。上曰：「賜君子小人不同日，且待别日。」

文宗欲以韋宣州温爲翰林學士。韋以先父遺命，懇辭。上後謂次對官曰：「韋温，朕每欲用之，皆辭訴，又安用韋温？」聲色俱厲。户部崔侍郎蠡進曰：「韋温稟其父遺命耳。」上曰：「温父不令其子在翰林，是亂命也。豈謂之理乎？」崔曰：「凡人子能遵理命，已是至孝，况能稟亂命而不改者，此則尤可嘉之，陛下不可怪也。」上曰：「然。」乃止。

文宗時，有正塔僧履險若平，换塔杪一柱，傾都奔走，皆以爲神。上聞之曰：「此塔固由人工所成，當時匠者，豈亦有神？」沙門後果以妖妄伏法。

文宗對翰林諸學士，因論前代文章。裴舍人〔素〕數道陳拾遺名，柳舍人璟目之，裴不覺。上顧柳曰：「他字伯玉，亦應呼陳伯玉。」

趙璘《因話録》卷六《羽部》 元和、長慶中，兩京閭巷間相見，多云：「合是阿舅。」及太和以來，文宗欲崇樹外戚，而詐稱國舅者數輩，竟不得其真。合是之説，果有驗矣。

張讀《宣室志》卷七 唐敬宗皇帝御曆，以天下無事，視政之餘，因廣浮屠教，由是長安中緇徒益多。及文宗嗣位，親閲萬幾，思除其害於人者，嘗顧謂左右曰：「自吾爲天子，未能有補於人。今天下幸無兵革，吾將盡除害物者，使億兆之民，指今日爲堯、舜之世，足矣。有不能補治化而蠹於物者，但言之。」左右或對曰：「獨浮屠氏不能有補於大化，而蠹於物爲甚，可以斥去。」於是文宗病之，始命有司詔中外，罷緇徒説佛書義，又斥其不脩教者。詔命將行，會尚食廚吏脩御膳，以鼎烹雞卵，方燃火於其下，忽聞鼎中有聲極微，如人言者，迫而聽之，乃羣卵呼觀世音菩薩也，聲甚悽咽，似有所訴。尚食吏異之，具其事上聞。文宗命左右驗之，如尚食所奏。文宗歎曰：「吾不知浮屠氏之力乃如是耶！」翌日，敕尚食吏勿以雞卵爲膳。因頒詔郡國，各於精舍塑觀世音菩薩之像，以彰感應。

高彦休《唐闕史》卷上《周丞相對敭》 文宗皇帝自改元開成後，常鬱鬱不樂，駕幸兩軍毬獵宴會，十減六七，寵錫之命，左解於右，蓋上意有所嫌忌而不能去也。四年冬杪，風痺稍間，延英初對宰臣，時以藥餌初平，台座略奏事後，諸司及待制官並不召對，蓋慮宸居之疲倦也。及仗下後，又坐思政殿，拱默良久，左右侍衛者屏息不敢進。上徐謂曰：「今日直翰林者爲誰？」學士院使奏曰：「中書舍人周墀。」上曰：「試命召來。」汝南公既至，上命之坐，以金屈卮賜酒三器，問曰：「朕何如主？」汝南公降階再拜而稱曰：「小臣不足以知大君之德。凡百臣庶，皆言陛下唐堯之聖、虞舜之明、殷湯之仁、夏禹之儉。」上曰：「卿愛君之志，不得不然。然朕不敢追踪堯、舜、禹、湯之明，所問卿者，何如周赧、漢獻爾。」汝南公震懼惶駭，又再拜而言曰：「陛下自出震乘乾，光宅天下，誕敷文教，銷偃武功，蠻貊懷柔，車書順軌，臣竊謂羲、昊、軒、頊纔可抗衡，至于周之成、康，漢之文、景，曾不足比數，豈可以赧、獻亡國之君而上攀睿德哉？伏願陛下無執撝謙之小節，以爲社稷之大幸也，則天下幸甚，生靈受福，非獨臣之願也。」上又曰：「朕自以爲不及也。周赧、漢獻，受制於强諸侯，今朕受制於家臣，固以爲不及

也。」既而龍姿掩抑，淚落衣襟。汝南公隕越於前，不復進諫，因俯伏流涕，再拜而退。自爾不復視朝，以至厭代。

高彦休《唐闕史》卷下《李可及戲三教》　開成初，文宗皇帝耽翫經典，好古博雅，嘗欲黜鄭衛之樂，復正始之音。有太常寺樂官尉遲璋者，善習古樂，爲法曲，簫、磬、琴、瑟，戛擊鏗拊，咸得其妙，遂成《霓裳羽衣曲》以獻。詔中書門下及諸司三品以上，具常朝服班坐以聽。合奏，相顧曰：「不知天上也，瀛洲也？」因以曲名宣賜貢院，充試進士賦題，又命授尉遲璋官。丞相滎陽鄭公覃擬王府率，時有左拾遺竇洵直上疏，以爲樂官受賞，不如多予之金，無令浼污清秩。滎陽公曰：「王府率是六品雜官，君謂之清秩，便授洵直可否？」時上方鋭意納諫，亦優容之。

蘇鶚《杜陽雜編》卷中　文宗皇帝尚賢樂善，罕有倫比。每與宰臣學士論政事之暇，未嘗不話才術文學之士。故當時以文進者無不諤諤焉。於是上每視朝後，即閲羣書，見無道之君行狀則必扼腕歔欷，讀堯舜禹湯傳則歡呼斂衽，謂左右曰：「若不甲夜視事，乙夜觀書，何以爲人君耶？」每試進士及諸科舉人，上多自出題目。及所司進所試，而披覽吟誦終日忘倦。常延學士於内庭，討論經義，較量文章，令宫女已下侍茶湯飲饌。而李訓講《周易》微義頗叶於上意。時方盛夏，遂命取水玉腰帶及辟暑犀如意以賜訓。訓謝之，上曰：「如意足以與卿爲談柄也。」上讀高郢《無聲樂賦》、白居易《求玄珠賦》，謂之玄祖。傳於水部賈嵩員外。

大和九年，誅王涯、鄭注後，仇士良專權恣意，上頗惡之。或登臨遊幸，雖百戲駢羅，未嘗爲樂。往往瞠目獨語，左右莫敢進問。因題詩曰：「輦路生春草，上林花滿枝。憑高何限意？無復侍臣知。」

上於内殿前看牡丹，翹足憑欄，忽吟舒元輿《牡丹賦》云：「俯者如愁，仰者如語，合者如咽。」吟罷方省元輿詞，不覺嘆息良久，泣下沾臆。時有宫人沈阿翹爲上舞《河滿子》，調聲風態，率皆宛暢。曲罷，上賜金臂環，即問其從來。阿翹曰：「妾本吴元濟之妓女，濟敗，因以聲得爲宫人。」俄遂進白玉方響，云本吴元濟所與也。光明皎潔，可照十數步。言其犀槌即響犀也，凡物有聲乃響應其中焉。架則雲檀香也，而文彩若雲霞之狀，芬馥着人，則彌月不散。制度精妙，固非中國所有。上因令阿翹奏《涼州》曲，音韻清越，聽者無不淒然。上謂之天上樂，乃選内人與阿翹爲弟子焉。

開成初，宫中有黄色蛇，夜自寶庫中出，遊於階庭間，光彩照灼，不可擒捕。宫人擲珊瑚玦擊之，遂并玦而亡去。掌庫者具以事告，上令徧搜庫内，乃得黄金蛇，而珊瑚玦着其首。上熟視之曰：「昔隋煬帝爲晉王時，以黄金蛇贈陳夫人，吾不知此蛇得自何處？」左右因覩頷下有麼字。上蹶然曰：「果不失朕所疑耳。」阿麼，煬帝小字也。上之博學敏悟率多此類。遂命取頗梨連環繫於玉猊之前足，其後更不上好食蛤蜊，一日，左右方盈盤而進，中有擘之不裂者。上疑其異，乃焚香祝之。俄頃自開，中有二人，形貌端秀，體質悉備，螺髻瓔珞，足履菡萏，謂之菩薩。上遂置之於金粟檀香合，以玉屑覆之，賜與善寺，令致敬禮。至會昌中，毁佛舍，遂不知所在。

范攄《雲溪友議》卷上《古製興》　文宗元年秋，詔禮部高侍郎鍇，復司貢籍，曰：「夫宗子維城，本枝百代，封爵便宜，無令廢絶。常年宗正寺解送人，恐有浮薄，以忝科名。在卿精揀藝能，勿妨賢路。其所試賦，則准常規；詩則依齊梁體格。」乃試《琴瑟合奏賦》、《霓裳羽衣曲》詩。主司先進五人詩，其最佳者，則李肱乎！次則王收《日斜見賦》，則文選中《雪賦》、《月賦》也。況肱宗室，德行素明，人才俱美，敢不公心，以辜聖教？乃以牓元及第。《霓裳羽衣曲》詩，任用韻。李肱：「開元太平時，萬國賀豐歲。梨園獻舊曲，玉座流新製。鳳管勢參差，霞衣競搖曳。醼罷水殿空，輦餘春草細。蓬壺事已久，仙樂功無替。詎肯聽遺音，聖明知善繼。」上披文曰：「近屬如肱者，其不忝乎！有劉安之識，可令著書；執馬孚之正，可以爲傳。秦嬴統天下，子弟同匹夫；根本之不深固，曹冏曷不非也。」評曰：李君文章精練，行義昭詳，策名於睿哲之朝，得路於韋蕭之室。然止於岳、齊二牧，未登大任，其有命焉！

孫光憲《北夢瑣言》卷一《魏文貞公笏》　唐文宗皇帝謂宰相曰：「太宗得魏徵，采拾闕遺，弼成聖政。今我得魏謩，於疑似之間，必極匡諫。雖不敢希及貞觀之政，庶幾處無過之地。」令授謩右補闕，委舍人善爲之詞。又問謩曰：「卿家有何圖書？」謩曰：「家書悉無，唯有文貞公笏在。」文宗令進來。鄭覃在側，曰：「在人不在笏。」文宗曰：「卿渾未曉。但甘棠之義，非要笏也。」

《太平廣記》卷一六五《唐文宗》引《盧氏雜説》　文宗命中使宣兩軍中尉及諸司使内官等，不許着紗縠綾羅巾。其後駙馬韋處仁見，巾夾羅巾以進，上曰：「本慕卿門户清素，故俯從選尚。如此巾服，從他諸戚爲之，卿不須爲也。」

《太平廣記》卷一八四《唐文宗》引《盧氏雜説》　文宗爲莊恪選妃，朝臣家有

女子悉被進名，士庶爲之不安。帝知之，召宰臣曰：「朕欲爲太子婚娶，本求汝、鄭間衣冠子女爲新婦，扶出來田舍齁䶎地，如聞在外朝臣皆不願共朕作親家，何也？朕是數百年衣冠，無何神堯把朕家羅訶去。」因遂罷其選。

《太平廣記》卷一九七《唐文宗》引《盧氏雜説》　唐文宗皇帝聽政暇，博覽羣書。一日，延英顧問宰臣：「《毛詩》云：『呦呦鹿鳴，食野之苹。』苹是何草？」時宰相李珏、楊嗣復、陳夷行相顧未對。珏曰：「臣按《爾雅》，苹是藾蕭。」上曰：「朕看《毛詩》疏，苹葉圓而花白，叢生野中，似非藾蕭。」又一日問宰臣：「古詩云：『輕衫襯跳脱』。跳脱是何物？」宰臣未對。上曰：「即今之腕釧也。《真誥》言安姑有斵粟金跳脱，是臂飾。」

《太平廣記》卷二〇四《唐文宗》引《盧氏雜説》　文宗善吹小管。時法師文漵爲入内大德，一日得罪流之，弟子入内。收拾院中籍入家具輩，猶作法師講聲。上採其聲爲曲子，號《文漵子》。

錢易《南部新書》卷乙　大和中，上謂宰臣曰：「明經會義否？」宰臣曰：「明經只念經疏，不會經義。」帝曰：「只念經疏，何異鸚鵡能言。」

錢易《南部新書》卷壬　紫宸舊例，有接狀中郎，最近御幄。開成元年五月己酉，其日直者老以傴。文皇問李石曰：「此何人？」答曰：「郎白先朝。」上變色，石奏曰：「姓白。重名，上先字，下朝字。」及退，遣閤門使問：「何時授此官？」曰：「今年正月。」石等謝曰：「中郎官，國初猶用賢俊，近日只授此輩。」因以郎官兼爲之。李寶符、杜篆，以白皙膺選。

開成中，文皇一日謂執政曰：「丁居晦作中丞如何？」因悉數大臣而品第之。歎曰：「宋申錫堪任此官，惜哉！」又曰：「牛僧孺可爲御史大夫。」鄭覃曰：「頃爲中丞，未嘗搏擊，恐無風望。」上曰：「不然。鸞鳳與鷹隼事異。」上又曰：「居晦作此官，朕曾以時諺謂杜甫、李白輩爲四絶問居晦，晦曰：『此非君上要知之事。』朕常以此記得居晦，今所以擢爲中丞。」

錢易《南部新書》卷癸　太和中入閤，閤内都官班中，有擡眼竊窺上者，覺之。班退，語宰相曰：「適省郎班内第幾人，忽擡眼抹朕何也？」時裴晉公對曰：「省郎庶僚極卑微，不合擡眼抹陛下。」上曰：「如何？」晉公曰：「即與打下着。」上曰：「此小事不用打下。」

宋敏求《春明退朝録》卷中　唐曲江，開元天寶中，旁有殿宇，安史亂後盡圮廢。文宗覽杜甫詩云：「江頭宮殿鎖千門，細柳新蒲爲誰緑。」因建紫雲樓、落霞亭，歲時賜宴。又詔百司於兩岸建亭館。

孔平仲《續世説》卷九《汰侈》　文宗素恭儉，謂宰臣曰：「朕聞前時内庫唯二錦袍飾以金烏，一袍玄宗幸溫泉御之，一即與貴妃，當時貴重如此。今奢靡，豈復貴之？料今富貴，往往皆可有。左衛副使張元昌用金唾壺，昨因李訓已誅之矣。」

王讜《唐語林》卷二《文學》　文宗好五言詩，品格與肅、代、憲宗同，而古調尤清峻。嘗欲置詩學士七十二員，學士中有薦人姓（當時詩人李廓馳名，爲涇原從）事。宰相楊嗣復曰：「今之能詩，無若賓客分司劉禹錫。」上無言。李珏奏曰：「當今起置詩學士，名稍不嘉。況詩人多窮薄之士，昧於識理。今翰林學士皆有文詞，陛下得以覽古今作者，可怡悦其間；有疑，顧問學士可也。陛下昔者命王起、許康佐爲侍講，天下謂陛下好古宗儒，敦揚朴厚。臣聞憲宗爲詩，格合前古，當時輕薄之徒，摛章繪句，聱牙崛奇，譏諷時事，爾後鼓扇名聲，謂之『元和體』，實非聖意好尚如此。今陛下更置詩學士，臣深慮輕薄小人，競爲嘲詠之詞，屬意於雲山草木，亦不謂之『開成體』乎？玷黯皇化，實非小事。」

文宗皇帝曾製詩以示鄭覃，覃奏曰：「且乞留聖慮於萬幾，天下仰望。」文宗不悦。覃出，復示李宗閔，嘆伏不已，一句一拜，受而出之。上笑謂之曰：「勿令適來阿父子見之。」

王讜《唐語林》卷六《補遺》　文宗在藩邸，好讀書。王邸無《禮記》、《春秋》、《史記》、《周易》、《尚書》、《毛詩》、《論語》，雖有，少成部帙。宮中内官得《周易》一部，密獻。上即位後，捧以隨輦。及朝廷無事，覽書目，間取書便殿讀之。乃詔兵部尚書王起、禮部尚書許康佐爲侍講學士，中書舍人柳公權爲侍讀學士。每有疑義，即召學士入便殿，顧問討論，率以爲常，時謂「三侍學士」，恩寵異等。於是康佐進《春秋列國經傳》六十卷，上善之。問康佐曰：「吳人伐越，獲俘以爲閽，使守舟；餘祭觀舟，閽以戈殺之。閽是何人？殺吳子，復是何人？」康佐遲疑久之，對曰：「《春秋》義奥，臣窮究未精，不敢遽解。」上笑而釋卷。

備論

《舊唐書》卷一七下《文宗紀下》　史臣曰：昭獻皇帝恭儉儒雅，出於自然；

承父兄奢弊之餘，當閹寺撓權之際，而能以治易亂，化危爲安。大和之初，可謂明矣。初，帝在藩時，喜讀《貞觀政要》，每見太宗孜孜政道，有意于兹。洎即位之後，每延英對宰臣，率漏下十一刻。故事，天子隻日視事，帝謂宰輔曰：「朕欲與卿等每日相見，其輟朝、放朝，用雙日可也。」時憲宗郭后居興慶宫，曰太皇太后，敬宗母寶曆太后及上母蕭太后，時呼「三宫太后」。帝性仁孝，三宫問安，其情如一。嘗内園進櫻桃，所司啓曰：「别賜三宫太后。」帝曰：「太后宫送物，焉得爲賜。」遽取筆改賜爲奉。宗正寺以祭器朽敗，請易之，及有司呈進，命陳於别殿，具冠帶而閲之，容色悽然。尤勤於政理，凡選内外羣官，宰府進名，帝必面訊其行能，然後補除。中書用鴻臚卿張賈爲衢州刺史，賈好博，朝辭日，帝謂之曰：「聞卿善長行。」對曰：「政事之餘，聊與賓客爲戲，非有所妨。」帝曰：「豈有好之而無妨也！」内外聞之悚息。而帝以累世變起禁闈，尤側目於中官，欲盡除之。然訓、注狂狡之流，制御無術，矢謀既誤，幾致顛危。所謂「有帝王之道，而無帝王之才」，雖旰食焦憂，不能弭患，惜哉！

贊曰：昭獻統天，洪惟令德。心憤讎恥，志除凶慝。未殄夔魖，又生鬼蜮。天未好治，亂何由息。

《新唐書》卷八《文宗紀》 贊曰：《春秋》之法，君弑而賊不討，則深責其國，以爲無臣子也。憲宗之弑，歷三世而賊猶在。至於文宗，不能明弘志等罪惡，以正國之典刑，僅能殺之而已，是可歎也。穆、敬昏童失德，以其在位不久，故天下未至於敗亂，而敬宗卒及其身，是豈有討賊之志哉！文宗恭儉儒雅，出於天性，嘗讀太宗《政要》，慨然慕之。及即位，鋭意於治，每延英對宰臣，率漏下十一刻。唐制，天子以隻日視朝，乃命輟朝、放朝皆用雙日。凡除吏必召見訪問，親察其能否。故大和之初，政事脩飭，號爲清明。然其仁而少斷，承父兄之弊，宦官橈權，制之不得其術，故其終困以此。甘露之事，禍及忠良，不勝冤憤，飲恨而已。由是言之，其能殺弘志，亦足伸其志也。

昔武丁得一傅説，爲商高宗。武宗用一李德裕，遂成其功烈。然其奮然除去浮圖之法甚鋭，而躬受道家之籙，服藥以求長年。以此見其非明智之不惑者，特好惡有不同爾。宣宗精於聽斷，而以察爲明，無復仁恩之意。嗚呼，自是而後，唐衰矣！

《資治通鑑》卷二四四唐文宗太和五年十月條 庚申，盧龍監軍奏李載義與敕使宴於毬場後院，副兵馬使楊志誠與其徒呼噪作亂，載義與子正元奔易州；志誠又殺莫州刺史張慶初。宋白曰：幽州，南至莫州二百八十里。上召宰相謀之，牛僧孺曰：「范陽自安、史以來，非國所有，劉總蹔獻其地，事見二百四十一卷穆宗長慶元年。朝廷費錢八十萬緡而無絲毫所獲。今日志誠得之，猶前日載義得之也；敬宗寶曆二年，李載義得范陽，事見上卷。因而撫之，使捍北狄，不必計其逆順。」上從之。載義自易州赴京師，上以載義有平滄景之功，平滄、景見上三年。且事朝廷恭順；二月，壬辰，以載義爲太保，同平章事如故。以楊志誠爲盧龍留後。

臣光曰：昔者聖人順天理，察人情，知齊民之莫能相治也，治，直之翻；下同。故置師長以正之；知羣臣之莫能相使也，故建諸侯以制之；知列國之莫能相服也，故立天子以統之。自師長而上至天子，則所謂師長者，近民之官也。長，知丈翻。天子之於萬國，能褒善而黜惡，抑强而扶弱，撫服而懲違，禁暴而誅亂，然後發號施令而四海之内莫不率從也。率，循也。從，順也。一曰：相率而從上之令也。《詩》曰：「勉勉我王，綱紀四方。」《詩大雅棫樸》之辭。載義藩屏大臣，屏，必郢翻。有功於國，無罪而志誠逐之，此天子所宜治也。若一無所問，因以其土田爵位授之，則是將帥之廢置殺生皆出於士卒之手，天子雖在上，何爲哉！國家之有方鎮，豈專利其財賦而已乎！如僧孺之言，姑息偷安之術耳，豈宰相佐天子御天下之道哉！

《資治通鑑》卷二四四唐文宗太和五年十一月條 十一月，乙卯，以荆南節度使段文昌爲西川節度使。西川監軍王踐言入知樞密，數爲上言：數，所角翻。爲，于僞翻。「縛送悉怛謀以快虜心，絶後來降者，非計也。」上亦悔之，尤中書侍郎、同平章事牛僧孺失策。附李德裕者因言「僧孺與德裕有隙，害其功」。上益疏之。尤者，以爲愆過也。疏者，情不相親也。僧孺内不自安，會上御延英，謂宰相曰：「天下何時當太平，卿等亦有意於此乎！」責其尸位素餐，無佐理興化之心。僧孺對曰：「太平無象。今四夷不至交侵，百姓不至流散，雖非至理，至理，猶言至治也。亦謂小康。康，安也。陛下若别求太平，非臣等所及。」退，謂同列曰：「主上責望如此，吾曹豈得久居此地乎！」因累表請罷。十二月，乙丑，以僧孺同平章事，充淮南節度使。

臣光曰：君明臣忠，上令下從，俊良在位，佞邪黜遠，禮修樂舉，刑清政平，姦宄消伏，宄，音軌。兵革偃戢，諸侯順附，四夷懷服，家給人足，此太平之象也。于斯之時，閹寺專權，脅君於内，弗能遠也；遠，于願翻。藩鎮阻兵，陵慢于外，弗能制也；士卒殺逐主帥，拒命自立，弗能詰也；詰，起吉翻。軍旅歲興，賦斂日

急，斂，力贍翻。骨血縱橫於原野，縱，子容翻。杼軸空竭於里閭，而僧孺謂之太平，不亦誣乎！當文宗求治之時，僧孺任居承弼，進則偷安取容以竊位，退則欺君誣世以盜名，罪孰大焉！按《書冏命》，旦夕承弼厥辟，本不專指宰相。温公取翊輔之義，遂以爲宰相之任。又公以進退之道責牛僧孺，亦有見於後之竊位盜名如僧孺者。治，直吏翻。

《資治通鑑》卷二四五唐文宗太和八年十一月條　李宗閔言李德裕制命已行，不宜自便。以德裕自請留京師也。乙亥，復以德裕爲鎮海節度使，不復兼平章事。復，扶又翻。時德裕、宗閔各有朋黨，互相擠援。非其黨則相擠，同黨則相援。擠，子西翻，又子細翻。援，于元翻，又于眷翻。上患之，每歎曰：「去河北賊易，去朝廷朋黨難！」去，羌呂翻；下同。

臣光曰：夫君子小人之不相容，猶冰炭之不可同器而處也。故君子得位則斥小人，小人得勢則排君子，此自然之理也。然君子進賢退不肖，其處心也公，其指事也實；小人譽其所好，毀其所惡，處，昌呂翻。譽，音余。好，呼到翻。惡，烏路翻。其處心也私，其指事也誣。公且實者謂之正直，私且誣者謂之朋黨，在人主所以辨之耳。是以明主在上，度德而敘位，量能而授官；荀卿子之言。度，徒洛翻。量，音良。有功者賞，有罪者刑；姦不能惑，佞不能移。夫如是，則朋黨何自而生哉！彼昏主則不然。明不能燭，强不能斷；斷，丁亂翻。邪正並進，毀譽交至；取捨不在於己，威福潛移於人。於是讒慝得志而朋黨之議興矣。

夫木腐而蠹生，醯酸而蜹集，蜹，而銳翻。故朝廷有朋黨，則人主當自咎而不當以咎羣臣也。文宗苟患羣臣之朋黨，何不察其所毀譽者爲實，爲誣，譽，音余。所進退者爲賢，爲不肖，其心爲公，爲私，其人爲君子，爲小人！苟實也，賢也，公也，君子也，匪徒用其言，又當進之；誣也，不肖也，私也，小人也，匪徒棄其言，又當刑之。如是，雖驅之使爲朋黨，孰敢哉！釋是不爲，乃怨羣臣之難治，治，直之翻。是猶不種不芸而怨田之蕪也。朝中之黨且不能去，況河北賊乎！温公此論爲熙、豐發也。

孫甫《唐史論斷》卷下《辨朋黨》　論曰：人君惡臣下朋黨者，以其植私而背公，欺聰明，竊威福，亂國政也。朋黨爲患如是，誠不可不防，然在辨之精爾，辨之不精，君子爲小人所陷矣。蓋君子小人各有其徒，君子之徒以道合，小人之徒以利合。以道合者，思濟其功，此同心於國事，非朋黨也。以利合者，思濟其欲，此同心於私計，乃朋黨也。二者混淆並進，非明君曷易辨之。君不能辨，則君子爲小人所勝必矣。蓋君子之徒，見義則鋭意以進，誠其言，直其道，不能曲防非意之事。小人窺之，懼君子道行則不使於己，取疑以之跡，讒之於君矣，君子被讒，又恥自辨，但守道自信而已。小人之徒不然，見利則詭計以進，巧其言，曲其意，復彌縫其隙，用心無所不至，勝於人，便於己，險薄邪佞皆可爲，所以常勝於君子也。君子小人，情狀如此，非君之明，曷能辨也。前代之君，辨者少而不辨者多。其事不能疏舉，直以唐之四事論之。君至明，則人不能誣人以朋黨。君雖明，爲情所惑，則不能察小人之黨，辨君子之不黨。君雖明而弱，雖辨君子小人，而不能制其黨。君明不足，雖察其有黨，而不能辨其情之輕重。貞觀中，蕭瑀謂房喬輩數大臣相黨，常獨奏云：「此等相與執權，有同膠漆，陛下宜細詰之，但未反爾。」太宗謂瑀曰：「爲人君者，須駕馭英才，推心待士，卿言不亦甚乎？何至於此。」時房喬輩同心國事，知無不爲，瑀雖非小人，但以性剛躁，復多猜惑，妄言喬輩朋黨。太宗英明，方辨其事，不然，數賢何以免責？不惟不免其責，且無以盡其才謀，助成治平之業。以此所謂君至明，則不能誣人以朋黨也。元和末，裴度、崔羣同相，度以勛德，羣以仁賢，爲天下瞻望。及皇甫鎛以聚斂進，復結倖臣，取相位，中外大以爲非，度、羣累言鎛邪險之狀，憲宗反疑度、羣朋黨，寵鎛愈甚。至謂度等曰：「人臣事君，但力行善事，自致公望，何乃好植朋黨？」度對曰：「君子小人，未有無徒者。君子之徒，則同心同德，小人之徒，是謂朋黨。」帝曰：「他人之言，亦與卿言相似，豈易辨之！」夫以度、羣之大賢，視鎛之邪黨，如鸞鳳之與蚊虻，人人可見，而憲宗惑之。蓋方務邪樂惡，惡忠而喜佞也。觀初用度，羣之意，非爲不明，一日昏惑至此。此所謂君雖明，爲情所惑，則不能察小人之黨，辨君子之不黨也。昭愍即位，其相李逢吉大植朋黨，明報仇怨，排裴度，逐李紳，欺君沖幼，略無所憚，賴韋處厚不顧凶險氣燄，言度之大賢，雪紳之非辜，昭愍深信處厚之忠，許度復相，憫紳貶逐，然不能誅逢吉之姦黨。此所謂君雖明而弱，雖辨君子小人之徒，不能制其黨也。至文宗辨德裕、宗閔之黨，大惡之，然觀二李之過似均，而情之輕重則異矣。宗閔輩在元和中對賢良策，深詆時病，李吉甫作相，怒其言，薄其恩命，故宗閔憾焉。後宗閔得用，排李德裕及其相與者，德裕得用，亦排宗閔及其相與者，故交怨不解，其過似均矣。但德裕未相，在穆宗、昭愍朝論事，忠直有補於時，所歷方鎮，大著功效。又裴度常薦之作相，爲宗閔輩所沮而罷，遂領劍南，雖因監軍王踐言入言維州事，文宗召以歸朝，遂命作相，本由功名用也。及秉政，羣邪不悅，竟爲姦人李訓、鄭注所譖，引宗閔代之。宗閔未相，絕無功效著聞，任侍郎日，結女學士宋若憲、知樞密楊承和求作

相，以此得之，及其出鎮也，又由訓、注復用，此德裕之賢與宗閔不侔矣。又德裕所與者多才德之人，幾於不黨，但剛强之性好勝，所怨者不忘，所與者必進，以此不免朋黨之累。然比宗閔之姦，則情輕也。文宗但以其各有黨嫉之，不能辨其輕重之情，明已不足矣。又聽訓、注所譖，朝之善士，多目爲二李黨而逐之。此所謂君明不足，雖察其朋黨，而不能辨其情之輕重也。夫太宗之明，爲人君者當法之。憲宗之惑，爲人君者當戒之。昭愍之弱，爲人君者當勉之。文宗之明不足，爲人君者當深思之。深思之術，尤在盡心焉。且有人言於君曰：某人朋黨也。若其人道未信，功未明，君當詰之曰：朋黨有何狀？言者必曰：相援以欺君也。君又當詰之曰：所欺者何事？若陳所欺之事害於國，病於人，圖於利，其狀明白，此朋黨無疑。大則罪之，小則疎之，宜矣。若言者不能陳害人圖利之狀，此乃誣人以朋黨，大則罪之，小則疎之，亦宜矣。又或言者陳似是之狀，未甚明白，君當審其人與言者位不相逼乎？素無仇怨乎？何人以公議進？何人以權倖用？何人論議有補於國？何人才行有稱於時？復參驗他臣而究其本末，則言者與被言之人是非辨矣。人君能如此，臣下豈有朋黨之事。或曰：何以能如此？答曰：在明與公。或曰：中智之主性有所蔽，明與公安得兩盡也？曰：不聽左右偏言，則明矣。不以説意親之，不以忤意疎之，則公矣。

孫甫《唐史論斷》卷下《不能制内臣》 論曰：文宗在位十五年，好節儉，尚仁惠，納争諫，重儒術，時與大臣論國事，勤勤懇懇，以致太平爲念，玆可謂仁愛之主。然資性優柔，乏明斷之才，求治雖切，卒成孱弱之態。足見人君之體，明斷爲大也。若乏明斷，雖勤政無過，亦不免於孱弱矣。文宗自即位，惡内臣暴横，有除去之意，又以其黨方盛，不能公然處之，遂密諭學士宋申錫與外廷謀之，乃命申錫作相，是重其權任，使之立事也。申錫方有謀，王守澄窺之，使本軍校誣申錫罪。文宗不思倚任申錫本意，至與大臣等久議不辨，諫官懇論其事，震怒斥之，竟不出告者付外廷勘鞫，雖賴衆議，稍辨其狀，申錫竟不免貶逐。當時若出告者付外廷推究，守澄雖巨惡，詭迹顯露，其黨曷敢附之？況馬存亮輩本不與之同心，去之何難！既去守澄，其黨見天子明斷如此，安敢復驕横也！此機既失，仇士良權力日盛，士良嫉宰相李石剛正，遣盜圖之，幾於致害，中外皆知士良所爲。文宗若法憲宗用裴度意，益厚石，且推變起之端，正士良典刑，其黨見天子明斷如此，安敢出死力救之，自取刑戮？二事俱失，内臣氣勢愈盛，天子垂涕而不能制矣。後之人君切鑒之。

范祖禹《唐鑑》卷九《文宗》 大和二年。自元和之末，宦官益横，建置天子在其掌握，威權出人主之右，人莫敢言。三月，帝親策制舉人、賢良、方正。劉蕡對策，極言其禍。其略曰：「陛下宜先憂者，宫闈將變，社稷將危，天下將傾，海内將亂。」又曰：「陛下將杜篡弑之漸，則居正位而近正人，遠刀鋸之賤，親骨鯁之直，輔相得以專其任，庶職得以守其官。奈何以褻近五六人揔天下大政。禍稔蕭牆，姦生帷幄。臣恐曹節侯覽復生於今。」又曰：「忠賢無腹心之寄，閽寺擅廢立之權，陷先君不得正其終，致陛下不得正其始。」又曰：「陛下何不塞陰邪之路，屏褻狎之臣，制侵凌迫脅之心，復門户掃除之役，戒其所宜戒，憂其所宜憂。既不能治其前，當治於後；既不能正其始，當正其終。」又曰：「臣非不知言發而禍應，計行而身戮，蓋痛社稷之危，哀生人之困，豈忍姑息時忌，竊陛下一命之寵哉。」賢良方正裴休、李郃等二十二人皆中第。考官馮宿等見蕡策，皆歎服而畏宦官，不敢取。詔下，物論囂然稱屈。諫官御史欲論奏，執政抑之。李郃上疏，自以所對遠不及蕡，乞回所授以旌蕡直，不報。蕡由是不得仕於朝。終於柳州司户。

臣祖禹曰：宦官脅制天子，自宰相以下莫敢指言。劉蕡布衣，無一命之寵，斗升之禄，而懷忠發憤，極言其禍，可謂直矣。公卿大臣豈不愧哉！夫天之生斯人，苟有聰明正直之資，必將有用於時，其智必有所發，其才必有所施，不使之汨没，死而後已也。聖人順天理而感人心，斂天下之賢者，而聚之於朝，使之施其所有，以爲國之有，則賢無不得其所，賢得其所則民得其所，民得其所，則物得其所矣。若蕡之直用之於諫争之職，糾正之任，舉而寘之高位，則蕡之所有皆在朝廷矣。唐則不然，抑遏之，廢斥之，使天下之口莫不稱其屈，名塞天地，而身老巖穴。卒不爲世用，豈不違天理，逆人心乎！

七年，宰相李德裕言：「昔玄宗以臨淄王定内難，自是疑忌宗室，不令出閤。天下議者皆以爲幽閉骨肉，虧傷人倫。曏使天寶之末，建中之初，宗室散處方州，雖未能安定王室，尚可各全其生。所以悉爲安禄山朱泚所魚肉者，由聚於一宫故也。陛下誠因册太子制書，聽宗室年高屬踈者出閤。且除諸州上佐使，携其男女出入昏嫁，此則百年弊法，一旦因陛下去之，海内孰不欣悦。」帝曰：「玆事朕久知其不可，方今諸王豈無賢才無所施耳？」八月，庚寅，册太子，因下制：諸王自今以次出閤，授緊望州刺史上佐。竟以議所除官不決而罷。

臣祖禹曰：昔三代之王分封同姓，布于天下。夏商天命雖改，而杞宋之祀

與周並傳，其子孫歷千百歲不可得而滅絶也。後世人主疑其骨肉，寧爲他人侮之，唯恐同姓取之。禁錮宗室，甚於縲囚，其國未亡而剪落枝葉，以蹷其本。故自魏晉以後，一姓有天下，遠者百餘年，近者數十年，而苗裔湮滅，祀奠無主，由其疑忌骨肉故也。有唐之後，五代之際，已無聞焉者，其祖宗之所致歟。

九年十一月，帝與李訓、鄭注謀誅中官。訓及王璠、郭行餘、李孝本、羅立言誅中官，不克，訓出奔。仇士良等知帝預謀，怨憤出不遜語，帝慙懼，不復言。士良等遣禁兵露刃出閤門。逢人即殺，死者千六百餘人，橫尸流血，狼藉塗地。擒王涯、賈餗、舒元輿等繫兩軍，或斬李訓首送京師。左神策出兵三百人，以李訓首引王涯王璠羅立言郭行餘右軍出兵三百人擁賈餗、舒元輿、李孝本，獻于廟社，徇于兩市。命百官臨視，斬于獨柳之下，梟其首於興安門外。親屬無問親疎皆死，孩穉無遺。時數日之間，殺生除拜，皆決於兩中尉，帝不預知。鳳翔監軍斬鄭注，獻其首，梟之，滅其族。仇士良等各進階遷官，自是天下事皆決於北司，宰相行文書而已，宦官氣益，迫脅天子，下視宰相，陵暴朝士，如草芥焉。

臣祖禹曰：文宗憤宦官之弒逆，欲除其偪，當擇賢相而任之。朝廷既清，紀綱既正，賞罰之柄出於人主。執其元惡，付之有司，正典刑而已矣。乃與訓注爲詭譎之計，欲用甲兵於陛城之間，不以有罪無罪，皆夷滅之。召外寇以攻内寇，是以一敗塗地，社稷幾亡，非徒無益而愈重禍。蓋自古不用君子而用小人以云小人，未有不害及國家者也。

開成元年，帝自李訓之敗，意忽忽不樂，兩軍毬鞠之會，什減六七，雖宴享音伎盈庭，未嘗解顔閑居。或徘徊眺望，或獨語，或歎息。十月，帝於延英謂宰相曰：「朕每與卿等論天下事，則不免愁。」對曰：「爲理者不可以速成。」帝曰：「朕每讀書，恥爲凡主。」他日復謂宰相曰：「我與卿等論天下事，有勢未得行者，退，但飲醇酒求醉耳。」對曰：「此皆臣等之罪也。」

臣祖禹曰：文宗欲除宦官之偪，以清宮闈，正紀綱，有其志，而無其才。闇於知人，是以取敗。雖恭儉寬厚，勤於庶政，以其時君較之，身無過行而主威益削，國命益微，憤懣憂鬱，至于没世。孟子曰：「徒善不足以爲政。」其文宗之謂乎。

四年十一月，帝疾，少間坐思政殿召當直學士周墀，賜之酒，因問曰：「朕可方前代何主？」墀對曰：「堯舜之主也。」帝曰：「朕豈敢比德堯舜？所以問卿者，何如周赧、漢獻耳！」墀驚曰：「彼亡國之主。豈可比聖德？」帝曰：「赧、獻受制於彊諸侯，今朕受制於家奴，以此言之，朕殆不如。」因泣下霑襟。墀伏地流涕。自是不復視朝。

臣祖禹曰：《易》曰：「言行，君子之樞機，樞機之發，榮辱之主也。」文宗欲立非常之功，爲高世之主。發而不中，危辱如此，自取之也，豈不可哀哉！

五年正月，帝崩，武帝即位。九月，以李德裕爲門下侍郎同平章事。德裕言於帝曰：「致理之要，在於辨羣臣之邪正，夫宰相，不能人人忠良，或爲欺罔，主心始疑，於是旁詢小臣以察執政，如德宗末年所聽任者，唯裴延齡輩，宰相署敕而已。此政事所以目亂也。陸下誠能慎擇賢不以爲宰相，有姦罔者立黜去之。常令政事皆出中書，推心委任，堅定不移，則天下何憂不理哉！」

臣祖禹曰：古之正者唯以一相總天下之務，是以治出于一，政無多門。苟非其才則退之而已矣。不以小臣間之。讒慝疑之，所以重責任也。德宗之時，宰相失職，故其政謬亂。德裕欲先正其本，而後圖所以爲治，其能致會昌之功伐，蓋以此歟！

右文宗在位十五年崩，年三十三。

孔平仲《舍人集》卷二《唐文宗論》 或問曰：史臣稱文宗有帝王之道，無帝王之才。考文宗之事實，則知史臣之説，未盡然也。夫人君之道，動之如天，默之如神，持之爲剛，厲之爲斷。是以寂然而應天下之事，得失是非，無不至也；奮然而處萬事之變，重輕淺深，無不當也。虞舜誅四凶，四凶不能逭其罪；成王誅管、蔡，管、蔡不能肆其奸。此得人君之道者也。成帝猶豫於王氏，靈帝喑嗚於宦官，謀泄釁生，反受其病，此失人主之道者也。文宗以萬乘之威，群臣之衆，不能誅除二三奄童，遂使變起宮禁，毒流京邑，而社稷幾有不測之危。此殆有成、靈之餘風，而謂其有帝王之道，豈不過哉！雖然，史之所稱文宗者道也，所不稱者才也。道者人主之所宜守，而才者道之一物耳。譬之於車，衡、軾在前，輪、輻居下，蓋、軫處中，人皆知其爲全車也。六者有一不備於其間，則車之用，闕而不全矣，然未害其爲車也。天下之事謹而守之謂德，通其變之謂才，德盛才高，道之全也。不幸而二者有一不足，則非道之全矣，然猶未害其爲道也。文宗之料事無漢武帝之聰明，其臨難無唐太宗之果決，一旦怪變横發於乘輿之前，拱手而不能制，坐受淩辱，以終其身。有帝王之才者，固如是乎？至其克己以儉，臨下以恭，爲政以仁，事親以孝，此則人主所當修飭者也，而文宗能有之。謂其全帝王之道不可也，謂其無帝王之道其可哉？昔者周之康王，漢之景帝，皆承累世

晏然之後，拱已而守之，後世稱頌其美，至今不絶於口。以文宗能至乎此，而無赫赫之名者，所遭之時有不同而已矣。使其居無事之時，豈不足以爲守成之主哉！

綦崇禮《北海集》卷二二《論唐文宗用人》 《唐書》：文宗雖自力機政，然驟信輕改，摇于浮論，韋處厚嘗獨對曰：「陛下不以臣不肖，使待罪宰相，凡所奏可，中輒變易。言不見納，宜先罷。」即趨下頓首。帝矍然曰：「何至是？卿之忠力，朕自知之。」復召問所欲言，乃對近君子遠小人，始可爲治，諄復數百言；又言裴度忠，可久任，帝嘉納之。

臣聞管仲告齊侯害霸者，曰：「不能知人，害霸也；知而不能用，害霸也；用而不能任，害霸也；任而不能信，害霸也；既信而又使小人參之，害霸也。」然則人主既知其人之賢而用之矣，必也任之不貳，而信之不疑，乃能盡其才智，而要其成功。苟或小人得參于其間，而横議入焉，則信者將疑，任者將貳，向所謂賢者遂將疏斥不用，而事無成功，又將因人以改爲。此昔爲通患也。文宗區區有求治之意，如裴度之勳德，韋處厚之忠賢，皆能知而用之；然而臨政之際，驟信輕改，摇于浮論，凡所奏可，中輒變易。豈惟二人不能成功，雖使周、召復起，而其不信如此，亦不可與爲治矣。是以處厚以近君子遠小人諄復爲帝言之，誠知害本在此，而不在他耳。奈何文宗斷不足，求治大遽，終以輕聽妄信，無所操執，遂使牛李迭爲用舍，而朋黨勢成，搢紳蒙禍，訓、注陰相圖事，而京師喋血，幾至亡國。開成而後，鄭覃、陳夷行與楊嗣復、李珏輩先後同進，日争口語，閧然于前，而正道卒不得伸。良由君子小人之間無以辨察，故其爲患，莫之能救也，可勝嘆哉！

周紫芝《太倉稊米集》卷六四《唐文宗出宗女二人》 昔老顔叔子獨處於室，鄰之嫠婦人亦獨處於室。夜暴風雨至而室壞，婦人趨而至，叔子納之，束屋而照之，放乎旦。魯有男子獨處於室，鄰之嫠婦又獨處於室。夜暴風雨至而室壞，婦人趨而託之，男子閉户不納。婦人曰：「子何不學柳下惠？」男子曰：「柳下惠則可，吾固不可。」古人處嫌疑之地如此，猶未免於謗，至於無兄而得盜嫂之名。況以天子之尊，匿女子於深宫之中，蹈納履之嫌，乖束屋之義，下惠之風不著，而衽席床笫之疑易汙，此魏謩所以未免於言也。文宗納謩之諫而出之，固善矣，又從而爲之言曰：「備灑掃於内，非曰聲妓。卹宗女之幼，不爲漁獵。」此欺天下之言也。御史中丞李孝本宗室子弟，坐李訓事誅死，二女没入宫，而魏謩以謂宗姓不育，寵幸爲累，傷治本，速穢嫌，則文宗固不免於謗，而曰「備灑掃之職，卹宗女之幼」，非欺天下而何？唐室帷箔之惡世世不修，自是其家風如此。太宗殺元吉而納其妃，又欲立以爲后，賴魏徵之言而止。玄宗連殺三子，又納壽王之妃而寵嬖之，書之簡策尤不可讀，況可言乎？以二帝之事言之，文宗猶未可以深責也。

佚名《歷代名賢確論》卷八六《宦官》 石守道曰：中官黨盛，自天寶後，迄於大和，百數十年矣，歷肅宗、代宗、德宗、憲、穆六世矣，其根柢固矣，其巢穴深矣，豈可容易動摇哉！故申錫謀未發而受誅，李訓計未行而被害。雖文宗英武，亦無如之何。《易》曰：「履霜，堅冰至。」非一朝一夕之故，所曰來者漸矣。防其始，戒其漸，姦黨不能長也。文宗區區，積亂之後，志欲去群邪，端治本，清姦人，闢政道，而守澄之黨已盛矣，如何哉？可爲歎息矣！

王夫之《讀通鑑論》卷二六《唐文宗》 唐自元和以後，國之無人久矣。王守澄、陳弘志推刃天子，無有敢斥言之者，縱横兩代，至文宗之季年，而後以他罪誅之，則劉克明何憚而不滅燭以弑少年之天子邪？克明滔天之罪，發之者，王守澄等四宦豎也；斬之者，神策飛龍宦豎所將之兵也。路隋以學士而爲逆賊草制，韋處厚俛仰而推討賊之功於江王，如是，尚可謂唐之有人乎？孫明復之治《春秋》曰：「稱國以弑者，國之人皆不赦也。」胡氏譏其已酷，非也；所謂國之人者，非下逮於庶人，亦其當國之臣、允膺在官之辟者也。然則憲、敬二君之弑，唐之大臣所可逭不赦之誅者誰也？韓弘、張弘靖、李逢吉、王播、皇甫鎛、韋處厚，賢不肖無得而免焉。而李絳、裴度，忠貞爲衆望所歸，亦何面目立新主之廷焉？當其時，宦豎之勢張矣。然未至如漢末諸奄，斬艾忠良，空天下之羣而無遺也；且未如肅、代之世，程元振、魚朝恩殺來瑱如圈豚，奪郭子儀之權位如奪嬰兒之弄具也；劉蕡一攄其忠憤，抗言不忌，雖不擢第，而抑無蔡邕髡鉗、張儉亡命之禍。則唐室諸臣，亦何憚而不孤鳴其公憤？嗚呼！國之無人至於此極，而抑何以致此哉？國家之大患，人臣之巨慝，莫甚於自相朋比，操進退升沈於同類之盈虚，而天子特爲其酬恩報怨，假手以快志之人。所謂正人者，唯以異已相傾之徒爲雌雄不並立之敵；其邪者，則以持法相抑之士爲生死不戴天之讎。而非天子莫能代之以行其志，非左右持權之宦豎莫能助已以快其欲。藉令當憲宗之弑，而建討賊之旌，則豈徒弘志哉？守澄其渠帥也；匪徒守澄，郭后其内賊也；匪徒郭后，穆宗其戎首也。推究至極，不容中已。而守澄尸威福之柄，兩立於邪正之交，以持衡而顛倒之；郭后挾國母之尊，穆宗固世適之重。天位既登，動摇

不可。則發義問者此黨之人，而彼黨即乘瑕而進。功隳名敗，身不保而禍延同類。於是素有忠直之望者，亦惴惴然惜門户以圖伸；而依附之士，咸齧指捫舌以相勸止。低回一起，慷慨全消，方且尊太后，肆大赦，以揜其惡而飾之，因循安位，以求遂其汲引同彙，拒絶異己之情。爲君子者，固曰吾以是爲善類地也，而況匪人之比哉？宦豎乃以知外庭之情志，視君父之死如越人之肥瘠，閉户自保，而以不與爲安。敬宗雖無劉子業、蕭寶卷之凶淫，一失其意，而刃剸其胸，何不可使路隋、韋處厚泚筆弄舌以文其大惡乎？嗚呼！盈廷若是，而按孫氏《春秋》之法，非誣也。李絳、裴度雖云賢者，其能逃於法外哉？李長源歸卧衡山，而李輔國不敢竟其惡；郭汾陽罷兵閒處，而魚朝恩不敢肆其毒；君子不浮沈於爵禄權勢之中，亂臣賊子自有所畏忌而思戢。元和以降，所號爲大臣者，皆荏苒於不進不退之交，而白刃兩加於天子之脰。唐之無人，厥有繇矣。文宗進李訓、鄭注而謀誅内賊，非盡不明也。人皆知有門户，而不知有天子，無可託也。

文宗恥爲弑君之宦豎所立，惡其專横而畏其害己也，旦夕思討之，四顧而求託其腹心，乃擢宋申錫爲相，謀之不克，申錫以死，禍及懿親，而更倚李訓、鄭注、王涯、舒元輿以致甘露之變。申錫之淺躁，物望不歸；訓、注則無賴小人，繇宦豎以進，傾危顯著，可畏而不可狎；涯、元輿又貪濁之鄙夫也。文宗即不足與於知人之哲，亦何顛越乃爾哉？於其時，非無勛望赫奕之元臣如裴中立，英果能斷之偉人如李文饒，而清謹自持如韋處厚、鄭覃者，猶不致危身以僨國。文宗俱未進與密謀以籌善敗，獨決意以託匪人，夫亦有故存焉。唐之諸臣，皆知有門户而不知有天子者也。寵以崇階，付以大政，方且自詫曰：此吾黨之争勝有力，而移上意以從己。其心固漠然不與天子相親，恃其朋類争衡之戰勝耳。故以裴中立之譽望崇隆，爲四朝之元老，而陳弘志之弑，杜口包羞；若李文饒，則假宦豎王踐言以内召；而李宗閔、元稹、牛僧孺之恃陰腐爲奥援者，又勿論也。外有不相下之仇敵，則内不可更有相忤之中人；争衡於一進一退之閒，則不能復問大貞大邪之辨；文宗蓋流覽躊躇，知其無可與謀也。而宋申錫以輕狷不審去就之庶尹，爲兩黨所不推；舒元輿、王涯、賈餗，則首鼠兩端，持禄免咎者也；訓、注之邪，上知之矣，乃其不擇而擊之力，一試之德裕，再試之宗閔，兩黨皆其所搏噬，庶謂其無所固執而可借爲爪牙者耳。悲夫！自長慶以來，所敢以一言觸宦豎者，獨一劉從諫而已，而固防其且爲董卓也。則文宗不以委之申錫、訓、注而誰倚乎？藉令謀之中立，而中立未必應也；謀之文饒，而文饒固不從也；謀之處厚、覃，而處厚、覃且戰栗以退也；謀之宗閔、僧孺，而比於宦官以反噬也。故文宗交不敢信，而託之匪人。無他，環唐之廷，大小臣工賢不肖者，皆知有門户，而忘其上之有天子者也。弑兩君，殺三相，裴中立且自逍遥於緑野，而況他人乎？

甘露之變，殺生除拜皆決於中尉，文宗不得與知，而李石、鄭覃於其時受宰相之命，二子病矣！君子之進退，必以其正；其以身任國家之大政也，必以其可爲之時。血濺於獨柳之下，而麻宣於殿陛之閒。二子者，譽望素隆，而何爲其然邪？曰：此未可以爲二子病也。夫二子於此，雖欲辭相而義之所不許也。梅福之棄官，申屠蟠之辭召，位未高，君未知有我，且時已敝極而無可爲也。留正出國門而宋幾危，陳宜中奔占城而宋遂亡，偷免於危殆，以倡人心之離散，無生人之氣矣。夫二子者，唐之大臣，而爲文宗所矜重者也。天子不勝於宦豎，兵刃交加於黼扆，掠奪縱横於内省，三相囚繫以磔徇，天子之僅保其首領者一閒耳。二李之黨，分析以去；裴中立以四朝元老，俯首含羞；二子不出而薄收其潰敗之局，以全天子、安社稷，將付之誰氏而可哉？幸而二李之黨與宦豎之未相結納，而訓、注始事宦官而中叛之，故仇士良輩無心腹之大臣引與同惡，特循資望而授政柄於二子，是以匪人不進，誅殺止於數人而不濫及。使二子者畏避而引去，宵人乘隙投中尉之門，以驟起而執政，其禍更當何如邪？夫二子之受相位而不辭，非乘閒以希榮，蓋誅夷在指顧之閒而有所不避也。六巡邊使疾驅入京，聲言盡殺朝士以恐喝搢紳，李石安坐省署以弭其暴横。於斯時也，石固以腰領妻孥爲社稷争存亡，爲衣冠争生死，可不謂忠誠篤悱、居易俟命之君子乎？江西、湖南欲爲宰相召募衛卒，而石不許，刺客横行，刃及馬尾，固石所豫知而聽之者也。薛元賞之能行法於神策軍將，恃有石也；宋申錫之枉得以復伸，覃爲之也。止滔天之水者，因其潰濫而徐理之，卒之仇士良之威不敢逞，文宗得以令終，而武宗能弭其亂，自二子始基之矣。皎皎硜硜之節，惡足爲二子責邪？唐無静正誠篤之大臣，李石其庶幾乎？覃其次矣。

聽言以用人，不惑於小人，而能散朋黨以靖國，蓋亦難矣。雖然，無難也。有人於此，而或爲之言曰：是能陳善道、糾過失以匡君德者也；是能決大疑、定大計以固國本者也；是能禁姦邪、裁佞倖以清國紀者也；是能紓民力、節浮費以裕國用者也；是能建國威、思遠略以靖邊疆者也。如此，則聽之而試之察之，驗其前之所已效，審其才之所可至，而任之也可以不疑。假不如其言，而覆按之，遠斥之，未晚也。有人於此，而或爲之言曰：是久抑而宜伸者也，是資望已

及、當獲大用，而或沮之者也；是其應得之位禄與某某等，而獨未簡拔者也；是嘗蒙恩知遇，而落拓不偶，爲人所重惜者也。如此，則挾進退以爲恩怨，視榮寵爲己應得，以與物競，而相獎於富貴利達，以恤私而不知有君父者矣，不待辨而知其爲朋黨之姦、小人之要結矣。楊嗣復託宦官諷文宗以召用李宗閔，而文宗欲量移之。計其爲辭，不過曰：是固陛下宰輔，流落可矜而已矣；抑不過曰：是蓋李德裕之以朋黨相抑，李訓、鄭注之以邪佞相陷而已矣。夫德裕之所逐，固無可辭於小人；而訓、注之所排，豈必定爲君子？抑問其昔居輔弼之任，所建立者奚若耳。若夫無益於國，而徒尸顯秩，則已概可知矣，其黨固不能爲之辭。而但以曾充宰相，遂不可使失寵禄，將天子以天位任賢才使修天職而止於屈者伸之，邑鬱欲得者憐而授之，是三公論道之尊，僅如黄葉以止兒啼矣。嗣復曰：「事貴得中。」洵如其言，亦以平二李之不平，使無偏重而已；其以平其不平者，各厭其富貴利達之欲而已。天子無進賢退不肖之權，但爲羣臣謀爵禄之去留以消怨忌，是尚得謂天下之有天子乎？況其所謂得中者，祇以漸引小人而撓善類邪！宋徽宗標建中之號，而姦邪遂逞。無他，其所謂中者，夫人欲富貴利達，兩相敵而中分之謂也。上無綱，下無恥，習以成風。爲君子者，亦曰是久處田閒，宜爲汲引者也。朋黨惡得而禁？士習惡得而端？國是惡得而定乎？

藝文

《文苑英華》卷八三五李玨《唐文宗皇帝謚册文》 維開成五年歲次庚申七月乙亥朔十一日乙酉，哀弟嗣皇帝。臣伏惟大行皇帝德升上玄，功定内難。百辟勸進，萬姓一作情。樂推。洎順人撫運，嗣統立極，凝旒建大中之道，執契弘無爲之化。聰明天縱，孝敬日新。翼翼承九廟之祭，蒸蒸奉三宫之養。以文思光赤縣，以武德一作烈。澄滄海。慈儉厚下，端莊肅物。達聰無不察，黈纊若不知。成湯之六事罔愆大，禹之九功咸序。學無常師，惟格王是式；仁必由己，以君生爲心。脩雅樂而簫韶成音，戒逸遊而靈囿望幸。遏外夷之教，羈縻殆絶；舉中古之典，汪洋勃興。宫禁無私恩，嬪嬙無侈服。每宰臣伏奏，卿士宴見，論道何嘗於日旰，恤刑已至於歲減。大闢諫，路深排倖門。危言激訐，惟理是聽。匪唯納之，而又賞之。密戚貴寵，惟法是訓。匪唯戒之，而又繩之。禎符秘瑞，士者之所寶。郡國承詔，寢而不揚。鴻名徽號，列聖之所重。臣寮抗疏，約而不受。興起儒術，脩明祀事。刻經誥於琬琰，具宗廟之琮璜。鷄鳴而起，孜孜於衆善；日入而息，矻矻於群書。敦叙九族，厚戚藩之恩；協和萬邦，惇一作存。戎狄之信。至公不私於天性，體道必從乎人欲。應變懸解，知機如神。日者數逢佩擾，星有謫見。克己脩德，側身勵政。和人心以保乂，謹天戒而來祥。復貞觀之故事，編開元之政要。旌别淑慝，澄清品流。一物失所，必形於晬容；百姓不康，每勞於聖慮。聽政餘力，游藝緣情。探《二南》之風雅，窮一作講。六義之教化。汾水著詔，一作遺韻。柏梁變體。膾雋人口，馨香國風。南山崇崇，京國之望。不列祀典，綿千百年。舉神授職，發自精懇。興雲致雨，響應慶祈。至於出宫人，放鷙鳥。太官節重味之膳，外府減任土之貢。傾倉賑乏，平糶恤飢。由螟不爲災，水潦不成。一作爲。沴。日月臨照，天地含弘。肖翹蠢蠕，樂生遂性。稽帝王之能事，鄙封禪之虚美。超邁三五，度越聖賢。繇是四夷八蠻，罔不廷；九州六合，罔不順。在宥天下，十有五年。於戲！身居九重，心遍萬寓。日用憂一作優。濟，時臻治平。形悴神勞，至于大漸。啓金縢而無驗，憑玉几而有命。顧屬冲昧，丕承寶圖。祇奉神器，懼不克荷。今因山戒期，復土備禮。痛深手足，哀結精靈。呼天擗摽，觸目增感。夫謚者行之迹，號者功之表。採鴻生鉅儒之議，從公卿庶尹之請。考彼古道，易兹大名。對越昊一作旻。穹，式揚徽烈。謹遣太尉中書侍郎同中書門下平章事李玨謹奉册上尊謚曰「元聖昭獻孝皇帝」，廟號文宗。伏惟聖靈昭格，膺受茂典。陰隲宗社，介福無窮。嗚呼哀哉！

牛僧孺部

綜述

《舊唐書》卷一七二《牛僧孺傳》 牛僧孺字思黯，隋僕射奇章公弘之後。祖紹，父幼簡，官卑。僧孺進士擢第，登賢良方正制科，釋褐伊闕尉，遷監察御史，轉殿中，歷禮部員外郎。元和中，改都官，知臺雜，尋換考功員外郎，充集賢直學士。

穆宗即位，以庫部郎中知制誥。其年十一月，改御史中丞。以州府刑獄淹滯，人多冤抑，僧孺條疏奏請，按劾相繼，中外肅然。長慶元年，宿州刺史李直臣坐贓當死，直臣賂中貴人爲之申理，僧孺堅執不回。穆宗面喻之曰：「直臣事雖僭失，然此人有經度才，可委之邊任，朕欲貸其法。」僧孺對曰：「凡人不才，止於持禄取容耳。帝王立法，束縛奸雄，正爲才多者。禄山、朱泚以才過人，濁亂天下，況直臣小才，又何屈法哉？」上嘉其守法，面賜金紫。二年正月，拜户部侍郎。三年三月，以本官同平章事。

初韓弘入朝，以宣武舊事，人多流言，其子公武以家財厚賂權幸及多言者，班列之中悉受其遺。俄而父子俱卒，孤孫幼小，穆宗恐爲厮養竊盗，乃命中使至其家，閱其宅簿，以付家老。而簿上具有納賂之所，唯於僧孺官側朱書曰：「某月日，送牛侍郎物若干，不受，却付訖。」穆宗按簿甚悦。居無何，議命相，帝首可僧孺之名。

敬宗即位，加中書侍郎、銀青光禄大夫，封奇章子，邑五百户。十二月，加金紫階，進封郡公、集賢殿大學士、監修國史。寶曆中，朝廷政事出於邪倖，大臣朋比。僧孺不奈羣小，拜章求罷者數四。帝曰：「俟予郊禮畢放卿。」及穆宗祔廟郊報後，又拜章陳退，乃於鄂州置武昌軍額，以僧孺檢校禮部尚書、同中書門下平章事、鄂州刺史、武昌軍節度、鄂岳蘄黄觀察等使。江夏城風土散惡，難立垣墉，每年加板築，賦菁茆以覆之。吏緣爲奸，蠹弊綿歲。僧孺至，計茆苫板築之費，歲十餘萬，即賦之以塼，以當苦築之價。凡五年，墉皆甃葺，蠹弊永除。屬郡沔州與鄂隔江相對，虚張吏員，乃奏廢之，以其所管漢陽、汉川兩縣隸鄂州。文宗即位，就加檢校吏部尚書，凡鎮江夏五年。

大和三年，李宗閔輔政，屢薦僧孺有才，不宜居外。四年正月，召還，守兵部尚書、同平章事。五年正月，幽州軍亂，逐其帥李載義。文宗以載義輸忠於國，遽聞失帥，駭然，急召宰臣謂之曰：「范陽之變奈何？」僧孺對曰：「此不足煩聖慮。且范陽得失，不繫國家休戚，自安、史已來，翻覆如此。前時劉總以土地歸國，朝廷耗費百萬，終不得范陽尺帛斗粟入于天府，尋復爲梗。至今志誠亦由前載義也，但因而撫之，俾扞奚、契丹不令入寇，朝廷所賴也。假以節旄，必自陳力，不足以逆順治之。」帝曰：「吾初不詳思，卿言是也。」即日命中使宣慰。尋加門下侍郎、弘文館大學士。

六年，吐蕃遣使論董勃義入朝修好，俄而西川節度李德裕奏，吐蕃維州守將悉怛謀以城降。德裕又上利害云：「若以生羌三千，出戎不意，燒十三橋，擣戎之腹心，可以得志矣。」上惑其事，下尚書省議，衆狀請如德裕之策。僧孺奏曰：「此議非也。吐蕃疆土，四面萬里，失一維州，無損其勢。況論董勃義纔還，劉元鼎未到，比來修好，約罷戍兵。中國禦戎，守信爲上，應敵次之，今一朝失信，戎醜得以爲詞。聞贊普牧馬茹川，俯於秦、隴。若東襲隴坂，徑走回中，不三日抵咸陽橋，而發兵枝梧，駭動京國。事或及此，雖得百維州，亦何補也。」上曰：「然。」遂詔西川不内維州降將。僧孺素與德裕仇怨，雖議邊公體，而怙德裕者以僧孺害其功，謗論沸然，帝亦以爲不直。其年十二月，檢校左僕射、兼平章事、揚州大都督府長史、淮南節度副大使、知節度事。

時中尉王守澄用事，多納纖人，竊議時政，禁中事密，莫知其説。一日，延英對宰相，文宗曰：「天下何由太平，卿等有意於此乎？」僧孺奏曰：「臣等待罪輔弼，無能康濟，然臣思太平亦無象。今四夷不至交侵，百姓不至流散，上無淫虐，下無怨讟，私室無强家，公議無壅滯。雖未及至理，亦謂小康。陛下若别求太平，非臣等所及。」既退至中書，謂同列曰：「吾輩爲宰相，天子責成如是，安可久處兹地耶？」旬日間，三上章請退，不許。會德裕黨盛，垂將入朝，僧孺故得請。上既受左右邪説，急於太平，奸人伺其鋭意，故訓、注見用。數年之間，幾危宗社，而僧孺進退以道，議者稱之。

開成初，搢紳道喪，閹寺弄權，僧孺嫌處重藩，求歸散地，累拜章不允，凡在淮甸六年。開成二年五月，加檢校司空，食邑二千户，判東都尚書省事、東都留

敬宗立，進封奇章郡公。是時政出近倖，僧孺數表去位，帝爲於鄂州置武昌軍，授武昌節度使、同平章事。鄂城土惡亟圮，歲增築，賦蓑茅於民，吏倚爲擾。僧孺陶甓以城，五年畢，鄂人無復歲費。又廢沔州以省冗官。

文宗立，李宗閔當國，屢稱僧孺賢，不宜棄外。復以兵部尚書平章事。幽州亂，楊志誠逐李載義，帝不時召宰相問計，僧孺曰：「是不足爲朝廷憂。夫范陽自安、史後，國家無所繫休戚，前日劉總挈境歸國，荒財耗力且百萬，終不得范陽尺帛斗粟入天府，俄復失之。今志誠繇向載義也，第付以節使扞奚、契丹，彼且自力，不足以逆順治也。」帝曰：「吾初不計此，公言是也。」因遣使慰撫之。進門下侍郎、弘文館大學士。

是時，吐蕃請和約弛兵，而大酋悉怛謀舉維州入之劍南，於是李德裕上言：「韋皋經略西山，至死恨不能致，今以生羌二千人燒十三橋，擣虜之虚，可以得志。」帝使羣臣大議，請如德裕策。僧孺持不可，曰：「吐蕃綿地萬里，失一維州無害其彊。今脩好使者尚未至，遽反其言。且中國禦戎，守信爲上，應敵次之。彼來責曰：『何故失信？』贊普牧馬蔚茹川，若東襲隴坂，以騎綴回中，不三日抵咸陽橋，則京師戒嚴，雖得百維州何益！」帝然之，遂詔返降者。時皆謂僧孺挾素怨，橫議沮解之，帝亦以爲不直。

會中人王守澄引纖人竊議朝政，它日延英召見宰相曰：「公等有意於太平乎？何道以致之？」僧孺曰：「臣待罪宰相，不能康濟，然太平亦無象。今四夷不內擾，百姓安生業，私室無彊家，上不壅蔽，下不怨讟，雖未及至盛，亦足爲治矣。而更求太平，非臣所及。」退謂它宰相曰：「上責成如是，吾可久處此耶？」固請罷，乃檢校尚書左僕射平章事，爲淮南節度副大使。天子既急於治，故李訓等投隙得售其妄，幾至亡國。

開成初，表解劇鎮，以檢校司空爲東都留守。僧孺治第洛之歸仁里，多致嘉木美石，與賓客相娛樂。三年，召爲尚書左僕射。僧孺入朝，會莊恪太子薨，既見，陳父子君臣人倫大經，以悟帝意，帝泫然流涕。以足疾不任謁，檢校司空、平章事，爲山南東道節度使。賜彝樽、龍勺，詔曰：「精金古器以比況君子，卿宜少留。」僧孺固請，乃行。

會昌元年，漢水溢，壞城郭，坐不謹防，下遷太子少保。進少師。明年，以太子太傅留守東都。劉稹誅，而石雄軍吏得從諫與僧孺、李宗閔交結狀。又河南少尹呂述言：「僧孺聞稹誅，恨歎之。」武宗怒，黜爲太子少保，分司東都，累貶循守，東畿汝都防禦使。僧孺識量弘遠，心居事外，不以細故介懷。洛都築第於歸仁里。任淮南時，嘉木怪石，置之階廷，館宇清華，竹木幽邃。常與詩人白居易吟詠其間，無復進取之懷。

三年九月，徵拜左僕射，仍令左軍副使王元直賫告身宣賜。舊例，留守入朝，無中使賜詔例，恐僧孺退讓，促令赴闕。僧孺不獲已入朝。屬莊恪太子初薨，延英中謝日，語及太子，乃懇陳父子君臣之義，人倫大經，不可輕移國本，上爲之流涕。是時宰輔皆僧孺僚舊，未嘗造其門，上頻宣召，託以足疾。久之，上謂楊嗣復曰：「僧孺稱疾，不任趨朝，未可即令自便。」四年八月，復檢校司空、兼平章事、襄州刺史、山南東道節度使，加食邑至三千户。辭日，賜觚、散、樽、杓等金銀古器，令中使喻之曰：「以卿正人，賜此古器，卿且少留。」僧孺奏曰：「漢南水旱之後，流民待理，不宜淹留。」再三請行，方允。

武宗即位，就加檢校司徒。會昌二年，李德裕用事，罷僧孺兵權，徵爲太子少保，累加太子少師。大中初卒，贈太子太師，謚曰文貞。

僧孺少與李宗閔同門生，尤爲德裕所惡。會昌中，宗閔棄斥，不爲生還。僧孺數爲德裕掎摭，欲加之罪，但以僧孺貞方有素，人望式瞻，無以伺其隙。德裕南遷，所著《窮愁志》，引里俗犢子之讖以斥僧孺，又目爲「太牢公」，其相憎恨如此。僧孺二子：蔚、藂。

《新唐書》卷一七四《牛僧孺傳》 牛僧孺字思黯，隋僕射奇章公弘之裔。幼孤，下杜樊鄉有賜田數頃，依以爲生。工屬文，第進士。元和初，以賢良方正對策，與李宗閔、皇甫湜俱第一，條指失政，其言骾訐，不避宰相。宰相怒，故楊於陵、鄭敬、韋貫之、李益等坐考非其宜，皆謫去。僧孺調伊闕尉，改河南，遷監察御史，進累考工員外郎、集賢殿直學士。

穆宗初，以庫部郎中知制誥。徙御史中丞，按治不法，內外澄肅。宿州刺史李直臣坐賕當死，賂宦侍爲助，具獄上。帝曰：「直臣有才，朕欲貸而用之。」僧孺曰：「彼不才者，持禄取容耳。天子制法，所以束縛有才者。禄山、朱泚以才過人，故亂天下。」帝異其言，乃止。賜金紫服，以户部侍郎同中書門下平章事。

始，韓弘入朝，其子公武用財賂權貴，杜塞言者。俄而弘、公武卒，孫弱不能事，帝遣使者至其家，悉收貲簿，校計出入。所以餉中朝臣者皆在，至僧孺，獨注其左曰：「某月日，送錢千萬，不納。」帝善之，謂左右曰：「吾不謬知人。」繇是遂以相。尋遷中書侍郎。

州長史。宣宗立，徙衡、汝二州，還爲太子少師。卒，贈太尉，年六十九。謚曰文簡。

諸子蔚、叢最顯。

杜牧《樊川文集》卷七《唐故太子少師奇章郡開國公贈太尉牛公墓誌銘》

唐佐四帝十九年宰相牛公諱某，字某。八代祖弘，以德行儒學相隋氏，封奇章郡公，贈文安侯。文安後四世諱鳳及，仕唐爲中書門下侍郎、監修國史，於公爲高祖。文安後五世集州刺史、贈給事中諱休克，於公爲曾祖。集州生太常博士、贈太尉諱紹，太尉生華州鄭縣尉、贈太保諱幼聞，太保生公，孤始七歲。長安南下杜樊鄉東，文安有隋氏賜田數頃，書千卷尚存。公年十五，依以爲學，不出一室，數年業就，名聲入都中。故丞相韋公執誼，以聰明氣勢，急於褒拔，如柳宗元、劉禹錫輩，以文學秀少，皆在門下。韋公亟命柳、劉於樊鄉訪公，曰願一得相見。公乘驢至門，韋公曰：「是矣。東京李元禮爲後進師，隋奇章公仁德禄位，二者包而有之。」

登進士上第。元和四年，應賢良直諫制，數强臣不奉法，憂天子熾於武功，詔下第一，授伊闕尉。以直被毁，周歲凡十府奏取不下。伊闕滿歲，郤公士美以昭義軍書記辟，凡三上請，詔除河南尉，拜監察御史。丁母夫人憂，制終復拜監察御史，轉殿中侍御史，遷禮部員外郎、都官員外郎、兼侍御史知雜事。改考功員外郎、集賢殿學士、庫部郎中、知制誥，賜五品命服。

半歲，遷御史中丞。宿州刺史李直臣以贓數萬敗，穆宗得偏辭於中，稱直臣冤，且言有才，宰相言格不用。公以具獄奏，上曰：「直臣有才可惜。」公曰：「彼不才者，無飽食以足妻子，安足慮。本設法令，所以縛束有才者。禄山、朱泚，是才過人而亂天下。」上因可奏，曰「善」。賜章服金紫，遷户部侍郎，掌財賦事。上益親重，欲相之。

會中書令韓弘男公武謀曰：「大人守大梁二十年，齊、蔡誅後始來朝，今不以財援中外，設有飛一辭者，誰與保白。」公武賫弘書獻公錢千萬，公笑曰：「此何名爲？公亟持去。」明年，弘、公武繼卒，主藏奴與吏訟於御史府，上憐弘大臣，父子併死，稚孫將家事，走中使至第，盡取財簿自閲視。凡中外主權多納弘貨，獨朱勾細字曰：「某年月日，送户部牛侍郎錢千萬，不納。」上大喜，以指歷簿，遍視旁側，曰：「果然吾不謬知人。」言訖，殿上皆再拜呼萬歲。尋以本官平章事。明年，正位中書侍郎，加銀青三品，兼集賢殿大學士，監修國史。

敬宗即位，與武士畋宴無時，徵天下道士言長生事，公亟諫曰：「陛下不讀玄元皇帝《五千言》以清静養生，彼道士皆庸人，徒誇欺虚荒，豈足師法。」未一歲，請退，不許，連四月日間，以疾辭。乃以鄂岳六州建節，號武昌軍，命公爲禮部尚書、平章事，爲節度使。公始至，問民疾苦，皆曰：「城土踈惡，歲輸簍竹爲苫具，姦吏旁緣，主爲侵取，費與税等，歲久，前後政欲畫計策，訖無所施。」公即除去冗長，用公私錢陶磚成城，凡五年乃就。明年，文宗即位，就加吏部尚書。明年，急徵拜兵部尚書、平章事，重拜中書侍郎、弘文館大學士。鄭注怨宋丞相申錫，造言挾漳王爲大逆，狀跡牢密，上怒必殺。公曰：「人臣不過宰相，今申錫已宰相，假使如所謀，豈復欲過宰相有他圖乎！臣爲中丞，愛申錫忠良，奏爲御史，申錫心臣敢以死保之。」上意解，由是宋不死。

大和六年，西戎再遣大臣贊寶玉來朝，禮倍前時，盡罷東嚮守兵，用明臣附。李太尉德裕時殿劍南西川，上言維州降，今若使生羌三千人，燒十三橋，擣戎腹心，可洗久恥，是韋皋二十年至死恨不能致。事下尚書省百官聚議，皆如劍南奏。公獨曰：「西戎四面各萬里，來責曰何事失信？養馬蔚茹川，在平涼郡西。上平涼坂，萬騎綴回中，怒氣直辭，不三日至咸陽橋。西南遠數千里，雖百維州，此時安可用？棄誠信，有利無害，匹夫不忍爲，況天子以誠信見責於夷狄，且有大患。」上曰：「然。」遂罷維州議。

大和六年，檢校右僕射、平章事，淮南節度使。六年至開成二年，連上章請休官，詔益不許。公曰：「臣惟退罷，可以行心。」夏五月，以兵付監軍使，拜疏訖，就道，除檢校司空、留守東都。明年，拜左僕射。上恐公不起，詔曰：「朕比有疾，良已，思一面叙。」公不得已，至闕下一拜謝，閉門不出。明年，檢校司空、平章事、襄州節度使，出都門，賜黄彝樽、龍杓，凡六品，名出《周禮》。詔曰：「精金古器，用以比況君子，非無意也。」襄州七年饒假軍人，入賦不一，公至據地造籍，免貧弱四千萬，均入豪强，皆曰甘心，不出一怨言。

明年，武宗即位，就加司徒。會昌元年秋七月，漢水溢堤入郭，自漢陽王張柬之一百五十歲後，水爲最大。李太尉德裕挾維州事，曰修利不至，罷爲太子少師。未幾檢校司徒、兼太子少保。明年，以檢校官兼太子太傅，留守東都。劉稹以上黨叛誅死，時李太尉專柄五年，多逐賢士，天下恨怨，以公德全畏之，言於武宗曰：「上黨軋左京，控山東，劉從諫父死，擅之十年後來朝，加宰相，縱去不留之，致稹叛，竭天下力，乃能取。」此皆公與李公宗閔爲宰相時事。從諫

以大和六年十二月十七日拜闕下，實以其月十九日節度淮南；明年正月，從諫以宰相東還。河南少尹呂述，公惡其爲人，述與李太尉書，言稹破報至，公出聲歎恨。上見述書，復聞前縱從諫去，疊二怒，不一參校。自十月至十二月，公凡三貶至循州員外長史，天下人爲公挼手咤駡。公走萬里瘴海上，二年恬泰若一無事。

今天子即位，移衡州、汝州長史，遷太子少保、少師，凡四年復位。大中二年十月二十七日，薨于東都城南别墅，年六十九。天子悯傷，不朝兩日，册贈太尉。天下善人，執手相弔哭。

公忠厚仁恕，莊重敬慎，未嘗以此八者自勉，而終身益篤。爲宰相，急於銓品，凡名清官，不忍持一資以假非其人。以道德謨於天子，每指古義爲據，有言機利克迫，必絀剗使之摧破。三大邦去苛碎條約，除民大患，其輕巧吏欲賊公愛惡，希嚮所爲，渾然終不能見，故所至必大治。衣冠單窮，出俸錢嫁其子女，月與食，歲與衣，資送其死喪，凡數百家。李太尉志必殺公，後南謫過汝州，公厚供具，哀其窮，爲解説海上與中州少異，以勉安之，不出一言及於前事。鎮武昌時，軍容使仇士良爲監軍使，公律以禮敬。暑甚，大合軍宴，拱手至暮，一不摇扇，益自儉克。平居非公事不出内屏，周三歲，語言舉止，率有常度。仇軍容開成末首議立武宗，權力震天下，每言至公，必合手加額曰：「清德可服人，但過恡官財，與人無一毫恩分耳。」不肯引譽，不敢怨毁，淡居其中。」公始自河南薦鄉貢士，爲郎官考吏部科目選，三開幕府，中丞宰相外，凡取六十餘人，上至將相，次布臺閣，皆當時名士。每暇日讌語寮吏，必言古人修身行事，旁誘曲指，微警教之，不以己所長人所不及裁量高下，以生重輕。後進歸之，承望聲光，得一言許可，必自矜重。

夫人辛氏，以公封張掖郡，贈僕射祕之長女，士林稱爲「婦師」，凡三十年，前公八年殁。五男六女。長曰蔚，監察御史。次曰藂，浙南府協律郎，皆以文行登進士第，不藉公勢。次曰奉倩，河南府洛陽尉；弟二人，皆稚齒。長女嫁户部郎中上黨苗愔，次女嫁河中節度副使、檢校郎中范陽張洙，次女嫁河南府士曹、集賢校理常山張希復，次女嫁前進士鄧叔，次女未笄，一人始數歲。以某年月日，葬少陵南某鄉某里。銘曰：

道既訛衰，必有以扶。厥公之生，以隆其洿。幽以燭明，暵以雨濡。以教其徒，以佐天子。滅絶霸駁，如有樞梶。摽揭峙倚，巍乎二紀。臣宗德老，鉅傑魁壘。孰爲忌畏？謫去南海，不校不辯。旋復顯大，百行渾圓。鄰於及年，以歸其全。

雜録

備録

李綽《尚書故實》 牛相公僧孺鎮襄州日，以久旱，祈禱無應。有處士不記名姓，衆云豢龍者，公請致雨。處士曰：「江漢間無龍，獨一湫泊中有之，黑龍也，强駈逐，必慮爲災難制。」公固命之。果有大雨，漢水泛漲，漂溺萬户。處士懼罪，亦亡去。十年前，有人他處見猶在。

趙璘《因話録》卷六《羽部》 長慶中，鄂州里巷間人，每語輒以牛字助之。又有一僧，自號牛師，乍愚乍智，人有忤之者，必云：「我兄即到，豈奈我何？」未幾，而相國奇章公帶平章事節度武昌軍，其語乃絶。而牛師尚存。僧者，乃牛公之名也。方知將相之位，豈偶然耶？先是，元和初，韓尚書皐在夏口，就加節度使，自後復爲觀察使。長慶三年，崔相國植從刑部尚書除觀察。明年冬，牛公實來。宰臣建節鎮夏口，自牛公始也。

張固《幽閒鼓吹》 丞相牛公應舉，知于頔相之奇俊也，特詣襄陽求知，住數月，兩見，以海客遇之，牛公怒而去。去後，忽召客將問曰：「累日前有牛秀才，發未？」曰：「已去。」「何以贈之？」曰：「與之五百。」「受之乎？」曰：「擲之于庭而去。」于公大恨，謂賓佐曰：「某蓋事繁有闕違者。」立命小將賫絹五百，書一函，追之，曰：「未出界即領來，如已出界即送書信。」小將於界外追及，牛公不啓封，揖迴。

康駢《劇談録》卷上《御史灘》 河南府伊闕縣，前臨大溪，每僚佐有入臺者，即水中先有小灘漲出石礫金沙，澄澈可愛。牛相國爲縣尉，一旦忽報灘出。翌日，宰邑者與同僚列筵於亭上觀之。因召耆宿備詢其事，有老吏云：「此必分司御史，非西臺之命。若是西臺，灘上當有鸂鶒雙立。前後居人以此爲則。」相國潛揣縣僚無出於己，因舉杯祝曰：「既能有灘，何惜鸂鶒？」宴未終，俄有一雙飛

下。不旬日，拜西臺監察御史。

康駢《劇談録》卷下《李相國宅》 又新昌北街牛相國宅，即玄宗朝將作監康詈舊第，桑道茂謂之金杯，俱出良相者也。

馮贄《雲仙雜記》卷四《青蠅拜賀》 術士相牛僧孺：「若青蠅拜賀，方能及第。」公疑之。及登科訖，歸坐家庭，有青蠅作八行立，約數萬，折躬再三，良久乃去。

馮贄《雲仙雜記》卷五《握麥芒刁字》 牛僧孺進士時，常握麥芒刀，字有繆誤，隨手刪割點定。

范攄《雲溪友議》卷中《中山悔》 襄陽牛相公赴舉之秋，每爲同袍見忽。及至昇超，諸公悉不如也。嘗投贄於劉補闕禹錫，對客展卷，飛筆塗竄其文，且曰：「必先輩未期至矣！」然拜謝礱礪，終爲怏怏乎。歷甘餘歲，劉轉汝州，隴西公鎮漢南，枉道駐旌旄。信宿，酒酣，直筆以詩喻之。劉公承詩意，方悟往年改張牛公文卷，因誡子弟咸元、承雍等曰：「吾立成人之志，豈料爲非。況漢上尚書，高識達量，罕有其比。昔主父偃，家爲孫弘所夷；嵇叔夜，身死鍾會之口。是以魏武誡其子云：『吾大忿怒、小過失，慎勿學焉。』汝輩修進守忠爲上也。」《席上贈汝州劉中丞》，襄州節度牛僧孺詩曰：「粉署爲郎四十春，今來名輩更無人。休論世上昇沉事，且鬬罇前見在身。珠玉會應成咳唾，山川猶覺露精神。莫嫌恃酒輕言語，曾把文章謁後塵。」《奉和牛尚書》汝州刺史劉禹錫：「昔年曾忝漢朝臣，晚歲空餘老病身。初見相如成賦日，後爲丞相埽門人。追思往事咨嗟久，幸喜清光語笑頻。猶有當時舊冠劍，待公三日指埃塵。」牛公吟和詩，前意稍解，曰：「三日之事，何敢當焉！」於是移宴竟夕，方整前騶也。

王定保《唐摭言》卷七《升沈後進》 奇章公始舉進士，致琴書於灞滻間，先以所業謁韓文公、皇甫員外。時首造退之，退之他適，第留卷而已。無何，退之訪湜，遇奇章亦及門。二賢見刺，欣然同契，延接詢及所止，對曰：「某方以薄技卜妍醜於崇匠，進退惟命。一囊猶寘於國門之外。」二公披卷，卷首有《説樂》一章，未閲其詞，遽曰：「斯高文，且以拍板爲什麼？」對曰：「謂之樂句。」二公相顧大喜，曰：「斯高文必矣！」公因謀所居，二公沈默良久，曰：「可於客户坊稅一廟院。」公如所教，造門致謝。二公復誨之曰：「某日可遊青龍寺，薄暮而歸。」二公其日聯鑣至彼，因大署其門曰：「韓愈、皇甫湜同謁幾官先輩不遇。」翌日，輦轂名士咸往觀焉。奇章之名由是赫然矣。

王定保《唐摭言》卷一〇《韋莊奏請追贈不及第人近代者》 皇甫松著《醉鄉日月》三卷，自敍之矣。或曰：松，丞相奇章公表甥，然公不薦。因襄陽大水，遂爲《大水辨》，極言誹謗，有「夜入真珠室，朝遊瑇瑁宫」之句。公有愛姬名真珠。

《太平廣記》卷四九七《韋乾度》引《乾膙子》 韋乾度爲殿中侍御史，分司東都。牛僧孺以制科敕首，除伊闕尉。臺參，乾度不知僧孺授官之本，問何色出身，僧孺對曰：「進士。」又曰：「安得入畿？」僧孺對曰：「某制策連捷，忝爲勑頭。」僧孺心甚有所訝，歸以告韓愈，愈曰：「公誠小生，韋殿中固當不知。愈及第十有餘年，猖狂之名，已滿天下，韋殿中尚不知之。子何怪焉？」

張洎《賈氏譚録》 牛奇章初與李衛公相善，嘗因飲會，僧孺戲曰：「綺紈子，何預斯坐！」衛公銜之。後衛公再居相位，僧孺卒遭譴逐。世傳《周秦行紀》，非僧孺所作，是德裕門人韋瓘所撰。開成中，曾爲憲司所覈，文宗覽之，笑曰：「此必假名。僧孺是貞元中進士，豈敢呼德宗爲沈婆兒也！」事遂寢。

孫光憲《北夢瑣言》卷一《牛僧孺奇士》 相國牛僧孺，字思黯，或言牛仙客之後。居宛、葉之間。少單貧力學，有倜儻之志。唐永貞中，擢進士第，時與同輩過政事堂，宰相謂曰：「埽廳奉候。」僧孺獨出曰：「不敢。」衆聳異之。元和初，登制科。歷省郎、中書舍人、御史、中書門下平章事，揚州、建州兩鎮，東都留守、左僕射。先是撰《周秦行記》，李德裕切言短之。大中初卒，未賜謚，後白敏中入相，乃奏定謚曰簡。

錢易《南部新書》卷己 殷僧辨、周僧達，與牛相公同母異父兄弟也。

龍袞《江南野史》卷六《彭昌》 彭昌者，其先隴西人也。世習儒學，爲鄉里所推。初，唐相牛僧孺，其祖遠仕交廣，罷秩，還至郴、衡間，爲山賊所剽掠。惟僧孺母子獲存，遂亡入江南，止于廬陵禾川焉。迨長，爲母所訓，遂習先業。縣之北有山名絮芋源，下有古臺，古老傳爲聰明臺。其下有湧水，曰聰明泉。古今學者，多於此成業。僧孺乃舍其上而肄業，迨十數年，博有文學。會母死，遂葬于縣之西南才德鄉大學里。既隨計長安，以文投吏部韓退之與皇甫湜，大爲知遇，使候其出，乃往署門以譽之，凡自遺、補而下迨百人皆刺謁焉，由是聲華蔚然。擢上第，不十數年，累秩相輔。時昌四世祖居于僧孺母墓之側，應諸科舉，至京師，僧孺聞而引與見，問其墳陵，彭氏幼而不知，默不能對。及歸，爲修其塋。會僧孺罷相，出鎮襄陽，未幾暴薨，故其墳未曾封。至今本縣圖經俱載聰明泉側有牛相讀書堂，餘址尚存。其墓所左右前後，峯巒絶秀，宛如侍衛，曲澗流

波，逶迤而去，頗爲人所欽慕。而昌之子孫，或農或儒，世不絶人焉。

孔平仲《續世説》卷一一《仇隙》 牛李之黨皆挾邪取權，兩相傾軋，紛紜傾陷，垂四十年。文宗繩之不能去，嘗謂侍臣曰：「去河北賊非難，去朋黨實難。」楊嗣復、李珏、鄭覃作相，屢争論於上前。李珏曰：「比來朋黨亦漸消弭。」覃曰：「近有小朋黨生。」覃又曰：「近日事亦漸好，未免些些不公。」然嗣復、珏，牛黨也，覃，李黨也。德裕爲相，指摭僧孺，欲加之深罪，但以僧孺貞方有素，無以伺其隙。德裕南遷，所著《窮愁志》引里俗「犢子」之讖，以斥僧孺。又目爲「太牢公」。其相憎如此！

晁載之《續談助》卷三引《牛羊日曆》 京師語曰：「太牢筆，少牢口，南北東西何處走。」又曰：「門生故吏，不牛則李。」又曰：「丑侯曨曨，多用半裝。」

王讜《唐語林》卷七《補遺》 杜牧少登第，恃才，喜酒色。初辟淮南牛僧孺幕，夜即遊妓舍，厢虞候不敢禁，常以榜子申僧孺，僧孺不怪。逾年，因朔望起居，公留諸從事從容，謂牧曰：「風聲婦人若有顧盼者，可取置之所居，不可夜中獨遊。或昏夜不虞，奈何？」牧初拒諱，僧孺顧左右取一篋至，其間榜子百餘，皆厢司所申。牧乃愧謝。

袁樞《通鑑紀事本末》卷三五《朋黨之禍》 〔文宗太和〕四年春正月辛巳，武昌節度使牛僧孺入朝。李宗閔引薦牛僧孺。辛卯，以僧孺爲兵部尚書、同平章事。於是二人相與排擯李德裕之黨，稍稍逐之。

裴度以高年多疾，懇辭機政。六月丁未，以度爲司徒、平章軍國重事，俟疾損，三五日一入中書。初，裴度征淮西，奏李宗閔爲觀察判官，由是漸獲進用。至是，怨度薦李德裕，因其謝病，九月壬午，以度兼侍中，充山南東道節度使。

冬十月戊申，以義成節度使李德裕爲西川節度使。

五年秋九月，吐蕃維州副使悉怛謀請降，李德裕遣行維州刺史虞藏儉將兵入據其城，具奏其狀。牛僧孺曰：「吐蕃之境，四面各萬里，失一維州，未能損其勢。徒棄誠信，有害無益。」上以爲然，詔德裕以城歸吐蕃，執悉怛謀歸之，吐蕃誅之於境上。德裕由是怨僧孺益深。

六年冬十一月乙卯，以荆南節度使段文昌爲西川節度使。西川監軍王踐言入知樞密，數爲上言：「縛送悉怛謀以快虜心，絶後來降者，非計也。」上亦悔之，尤中書侍郎、同平章事牛僧孺失策。附李德裕者因言「僧孺與德裕有隙，害其功」。上益疏之。僧孺内不自安，會上御延英，謂宰相曰：「天下何時當太平，卿等亦有意於此乎？」僧孺對曰：「太平無象。今四夷不至交侵，百姓不至流散，雖非至理，亦謂小康。陛下若别求太平，非臣等所及。」退，謂同列曰：「主上責望如此，吾曹豈得久居此地乎！」因累表請罷。十二月乙丑，以僧孺同平章事，〔充〕淮南節度使。【略】

武宗會昌元年秋八月，以前山南東道節度使、同平章事牛僧孺爲太子太師。先是，漢水溢，壞襄州民居，故李德裕以爲僧孺罪而廢之。

二年春二月，淮南節度使李紳入朝。丁丑，以紳爲中書侍郎、同平章事。

三年夏五月，李德裕言太子賓客分司李宗閔與劉從諫交通，不宜置之東都。戊戌，以宗閔爲湖州刺史。

四年秋閏七月壬戌，以中書侍郎李紳同平章事，充淮南節度使。

九月，李德裕怨太子太傅東都留守牛僧孺、湖州刺史李宗閔，言於上曰：「劉從諫據上黨十年，太和中入朝，僧孺、宗閔執政，不留之，加宰相縱去，以成今日之患，竭天下力乃能取之，皆二人之罪也。」德裕又使人於潞州求僧孺、宗閔與從諫交通書疏，無所得，乃令孔目官鄭慶言從諫每得僧孺、宗閔書疏，皆自焚毁。詔追慶下御史臺按問，中丞李回、知雜鄭亞以爲信然。河南少尹呂述與德裕書，言稹破報至，僧孺出聲歎恨。德裕奏述書，上大怒，以僧孺爲太子少保分司，宗閔爲漳州刺史。戊子，再貶僧孺汀州刺史，宗閔漳州長史。冬十一月，復貶牛僧孺循州長史，李宗閔長流封州。

邵博《邵氏聞見後録》卷二七 牛僧孺、李德裕相仇，不同國也，其所好則每同。今洛陽公卿園圃中石，刻奇章者，僧孺故物；刻平泉者，德裕故物，相半也。如李邦直歸仁園，乃僧孺故宅，埋石數冢，尚未發，平泉在鑿龍之右，其地僅可辨，求德裕所記花木，則易以禾黍矣。

計有功《唐詩紀事》卷三九《牛僧儒》 樂天、夢得有除夜詩，僧孺和云：惜歲歲今盡，少年應不知。淒涼數流輩，歡喜見孫兒。暗減一身力，潛添滿鬢絲。莫愁花笑老，花自幾多時。

元和三年，宣政殿試賢良方正能直言極諫科一十人登科，其後僧孺、李宗閔、王起、賈餗四人，皆相次拜相。先是白居易在翰林爲考校官，後僧孺罷相，出鎮揚州，居易在洛中有詩送云：北闕至東京，風光十六程。坐移丞相閣，春入武陵城。紅旆擁雙節，白鬚無一莖。萬人開路看，百吏立班迎。閫外君彌重，樽前我亦榮。何須身自得，將相是門生。

公始至京，致琴書灞滻間，先以所業謁韓文公、皇甫員外。二公披卷，卷首有《説樂》一章，未閲其詞，遽曰：且以拍板爲什麽？對曰：樂句。二公相顧大喜，曰：斯高文必矣。公因謀所居，二公良久曰：可於客户坊税一廟院。公如所教。二公復誨之曰：某日可遊青龍寺，薄暮而歸。二公其日聯鑣至彼，因大書其門曰：韓愈、皇甫湜同謁幾官先輩不遇。翌日，輦轂名士，咸往觀焉，奇章之名，由是赫然矣。或云：僧孺登第，與同輩登政事堂，宰相曰：掃廳奉候。僧孺獨出曰：不敢。衆聳異之。

樂天在香山，時僧孺在廣陵，有詩曰：唯羨東都白居士，年年香積問禪師。樂天答云：支許徒思遊白日，夔龍未放下青天。應須且爲蒼生住，猶去懸車十四年。

樂天求筝於維揚，僧孺先有詩曰：但愁封寄去，魔物或驚禪。樂天云：會教魔女弄，不動是禪心。樂天云：思黯自誇前後服鍾乳三千兩，而歌舞之妓甚多，乃誚予衰老，故答思黯詩云：鍾乳三千兩，金釵十二行。妬他心似火，欺我鬢如霜。慰老資歌笑，銷愁仰酒漿。眼看狂不得，狂得且須狂。奇章又有詩云：不是道公狂不得，恨公逢我不教狂。

公赴舉之秋，嘗投贄於劉補闕禹錫，對客展卷，飛筆塗竄其文。歷二十餘歲，劉轉汝州，公鎮海南，枉道駐旌，信宿酒酣賦詩。劉方悟往年改公文卷。僧孺詩曰：粉署爲郎四十春，今來名輩更無人。休論世上昇沉事，且鬬樽前見在身。珠玉會應成咳唾，山川猶覺露精神。莫嫌恃酒輕言語，曾把文章謁後塵。禹錫和云：昔年曾忝漢朝臣，晚歲空餘老病身。初見相如成賦日，後爲丞相掃門人。追思往事咨嗟久，幸喜清光笑語頻。猶有當時舊冠劍，待公三日指埃塵。牛公吟和詩，前意稍解，曰：三日之事，何敢當焉！於是移宴竟夕，方整前驅也。劉乃戒其子咸久、承雍曰：吾成人之志，豈料爲非；汝輩進修，守中爲上。

僧孺《周秦行紀》云：余貞元中舉進士落第，歸宛葉間。至伊闕南道鳴皋山下，將宿大安民舍。會暮，不至。更十餘里，一道甚易。夜月始出，忽聞有異香，因而進行，不知厭遠。見火明，意爲莊家。更前驅，至一宅，門庭若富家。有黄衣人曰：郎君何氏？何至？余曰：僧孺，姓牛，應進士落第，往大安民舍，誤道來此。黄衣入告，少時出曰：請郎君入。拜殿下，簾中語曰：妾漢文帝母薄太后，此是妾廟。太后遣軸簾，使上殿，召坐。食頃，太后命高祖戚夫人，元帝王嬙，余皆拜。乃亦就坐。太后迎唐朝太真楊妃、齊潘妃，余拜。既命饌，太后問曰：今天子誰？余對曰：今皇帝名適，代宗長子。太后曰：沈婆兒作天子也，大奇。命酒各賦詩，余應教作詩曰：香風引上大羅天，月地花宫拜洞仙。具道人間惆悵事，不知今夕是何年？太后曰：秀才遠來，今日誰伴？戚夫人先起辭曰：如意成長。潘妃曰：東昏侯誓不負他。緑珠曰：石衛尉嚴忌。太后曰：太真今朝先帝貴妃，重言其他。太后目王昭君，昭君不對，低眉羞恨。俄歸休。余爲左右送入昭君院。旦，侍人告起。太后、戚夫人、昭君等皆泣别，使朱衣人送至大安民里。余衣上香經十餘年不歇云云。

陳耀文《天中記》卷一九《妾侍》引《吟窗敍録》　奇章公納妓曰真珠，有殊色。盧肇至，奇章重其文，延于中寢。會真珠沐髮，方以手捧其髻，插釵于兩鬢間，丞相曰：「何妨一詠。」肇曰：「知道相公憐玉腕，故將纖手整金釵。」

備論

《舊唐書》卷一七二《牛僧孺傳》　史臣曰：彭陽奇章，起徒步而升台鼎。觀其人文彪炳，潤色邦典，射策命中，横絶一時，誠俊賢也。而峩冠曳組，論道於臯、夔之伍，孰曰不然？如能蹈道匪躬，中立無黨，則其善盡矣。蕭太師貞獨嫉惡，不爲利回，不以夷、惠儗之，俾之經綸，則其道至矣。開成之始，帝道方淪，石於此時欲振頹緒，幾嬰戕賊，可爲咄嗟。多僻之時，止堪太息。

贊曰：喬松孤立，蘿蔦膏緣。柔附凌雲，豈曰能賢。嗚呼楚、孺，道喪曲全！蕭、李相才，致之外篇。

《新唐書》卷一七四《牛僧孺傳》　贊曰：夫口道先王語，行如市人，其名曰「盜儒」。僧孺、宗閔以方正敢言進，既當國，反奮私昵黨，排擊所憎，是時權震天下，人指曰「牛李」，非盜謂何？逢吉險邪，稹浮躁，嗣復辯給，固無足言。幸主孱昏，不底於戮，治世之罪人歟！

《資治通鑑》卷二四四唐文宗太和六年十二月條　臣光曰：君明臣忠，上令下從，俊良在位，佞邪黜遠，禮修樂舉，刑清政平，姦宄消伏，兵革偃戢，諸侯順附，四夷懷服，家給人足，此太平之象也。于斯之時，閽寺專權，脅君於内，弗能遠也；藩鎮阻兵，陵慢于外，弗能制也；士卒殺逐主帥，拒命自立，弗能詰也；軍旅歲興，賦斂日急，骨血縱横於原野，杼軸空竭於里閭，而僧孺謂之太平，不亦

誣乎！當文宗求治之時，僧孺任居承弼，進則偷安取容以竊位，退則欺君誣世以盜名，罪孰大焉！

《資治通鑑》卷二四七唐武宗會昌三年三月條　臣光曰：論者多疑維州之取捨，不能決牛、李之是非。臣以爲昔荀吴圍鼓，鼓人或請以城叛，吴弗許，曰：「或以吾城叛，吾所甚惡也，人以城來，吾獨何好焉！吾不可以欲城而邇姦。」使鼓人殺叛者而繕守備。是時唐新與吐蕃脩好而納其維州，以利言之，則維州小而信大；以害言之，則維州緩而關中急。然則爲唐計者，宜何先乎？悉怛謀在唐則爲向化，在吐蕃不免爲叛臣，其受誅也又何矜焉！且德裕所言者利也，僧孺所言者義也，匹夫徇利而忘義猶恥之，況天子乎！譬如鄰人有牛，逸而入於家，或勸其兄歸之，或勸其弟攘之。勸歸者曰：「攘之不義也，且致訟。」勸攘者曰：「彼嘗攘吾羊矣，何義之拘！牛大畜也，鬻之可以富家。」以是觀之，牛、李之是非，端可見矣。

佚名《歷代名賢確論》卷九一《牛僧孺論》　唐文宗皇帝既承父兄奢弊之餘踐阼，孜孜政道，有意貞觀、開元之治。一日，延英對宰相曰：「天下何由太平？卿等有意於此乎？」宰相僧孺對曰：「臣等待罪輔弼，無能康濟。然臣思太平亦無象。今四夷不至交侵，百姓不至流散，上無淫虐，下無怨讟，私室無强家，公議無壅滯，雖未及至理，亦謂小康。陛下若别求太平，非臣等所及。」退至中書，謂同列曰：「吾輩爲宰相，天子責成如是，安可久處兹地乎？」旬日間，三上章請退。悖哉！僧孺之不忠也。伊尹恥致其君不及堯、舜，魏文公願爲臯、夔。夫湯與大宗，又豈本有堯、舜之資，伊尹、魏文公致之，遂如堯、舜焉。吾觀文宗，夙夜勤治，身履恭儉，英智聰睿，有聖人之資。僧孺若以堯、舜之道輔之，必爲堯、舜矣；若以帝皇之道語之，必能行帝皇之道矣。凡人臣以道事君，竭己之才以致於君，唯恐君不能行。盡己之道，竭己之才，以致於君，君不能行，猶晝夜孜孜，夙夜勉勉，左輔右弼，庶幾行之。僧孺何嘗以堯、舜之道語其君，文宗何嘗有聞道而不能行者？而僧孺遽止，僧孺不忠也。且君可以爲開元之君也，則以開元之政啓之；君既能爲開元之政也，則以貞觀之政啓之；君既能爲貞觀之政也，則以三王之政啓之；君既能爲三王之政也，則以五帝之道啓之；君既能行五帝之道也，則以三皇之道啓之。然後致其君，卓然在於羲、軒之上；躋其民，沛然納乎仁壽之域。此不爲盛乎？直指大和之間，謂之太平，可嗟矣！夫唐自天寶以後，藩臣屈强不順，中官驕悖撓權。況文宗承穆宗、敬宗之後，履長慶、寶曆之亂，四海奢弊，彝倫攸斁，萬幾壅曠，庶政不緝。當是時，中官王守澄用事，孅人得進。幽州軍亂，方逐其帥；成都失守，復陷於蠻。而又姦黨群行，申錫遭構；興元兵亂，李絳被害；疾疫浸淫，民罹夭傷；水旱仍臻，歲數凶歉。而僧孺謂「四夷不至交侵，百姓不至流散，上無淫虐，下無怨讟，私室無强家，公議無壅滯」，不亦面欺其君乎？復且怨君責成於己，輒旬日三上章求退，其悖亦甚矣！人臣之禮，固如是乎？噫！其後鄭注干政，李訓亂國，邪謀得行，狂狡并進。大和之治，不及貞觀、開元之太平，過在僧孺也。惜乎文宗，有君而無臣矣，悲夫！

王夫之《讀通鑑論》卷二五《唐憲宗》　牛僧孺、李宗閔、皇甫湜皆以直言極諫而居顯要，當其極陳時政之得失，無所避忌，致觸李吉甫之怒，上累楊於陵、韋貫之以坐貶，而三人不遷，豈不人擬爲屈、賈，代之悲憤，望其大用以濟時艱乎？乃其後竟如之何也！故標直言極諫之名以設科試士，不足以得忠直之效而登進浮薄，激成朋黨，撓亂國政，皆緣此而興。漢、唐之末造，蔡邕髡鉗，劉蕡細落，論者深爲憤惋，而邕以黨賊亡身，蕡亦無行誼可見，則使登二子於公輔，固不能救漢之亡、起唐之衰，亦概可覩矣。

人君之待諫以正，猶人之待食以生也。絶食則死，拒諫則亡，固已。然人之於食也，晨而饔，夕而飧，源源相繼，忘其爲食，而安於其所固然；如使衰瘠之夫，求穀與芻豢而驟茹之，實非其所勝受也，則且壅滯於中而益增其病。故明王之求諫也，自師保宰弼百司庶尹下至工瞽庶人，皆可以其見聞心得之語，因事而納誨。以道諫者，不毛舉其事；以事諫者，不淫及於他。漸漬從容，集衆腋以成裘，而受滋培於霢霂。未有驟求之一旦，使傾倒無餘，盡海内之事而纖悉言之，概在廷之人而溥徧刺之，馳騖曼延，藻帨文華，取悦天下，而與大臣争用舍之權者也。非浮薄之士，孰任此爲截截之諞言哉？夫唯言是求，無所擇而但奬其競，抑又委取舍於考官，則憸人辨士揣摩主司之好惡以恣其排擊，若將忘禍福以抒忠，實則迎合希求爲登科之捷徑，端人正士固恥爲之。牛僧孺等之允爲姦邪，不待覆輈折轂，而有識者信之早矣。

夫李吉甫之爲邪佞也，楊於陵、韋貫之身爲大臣，不能以去留争其進退，既與比肩事主，而假手舉人以詆斥之，則其懷諼以持兩揣，亦可見矣。於陵、貫之以舉人爲摇擠之媒，僧孺、宗閔以考官爲奥援之託，則使擊去吉甫，而於陵、貫之之爲吉甫可知也。若僧孺、宗閔、湜之並不能爲吉甫，則驗之他日，亦既章章矣。何也？上之所以求諫者，不以其道，則下之應之也，言直而心固曲也。無人不可

諫，而何待於所舉之人；何諫不可納，何必問之考官之選。以道格君者，匪搏擊之是快；以理正事者，非泛指而無擇。朝而漸摩，夕而涵濡，何患忠言之不日徹於耳；乃市納諫之名，招如簧之口，以侈多士之美哉！三代之隆無此也，漢、唐之盛無此也。此科設而争辨興，抑揚迭用以激成朋黨，其究也，讜直者爲枉之魁，徒以氣燄鋒鋩鼓動天下，而成不可撲之勢。僧孺等用，而唐乃大亂，以訖於亡。有識者於其始進決之矣。

王夫之《讀通鑑論》卷二六《唐敬宗》　若夫劉栖楚者，則尤異矣。敬宗晏朝，百官幾至僵仆，栖楚危言以諫，至於以首觸地，流血被面而不退，迹其風采，均等朱雲，固李渤之所不逮也；王播賂王守澄求領鹽鐵，復與獨狐朗等延英抗論，尤不畏彊禦、鉏姦衛國之丰標也；而栖楚之爲栖楚何如邪？姦諂之尤，而冒剛方之迹，有如此夫！然其所建白，猶一時一事以氣矜勝耳。至於牛僧孺而所託愈難測矣。韓弘薦賄，中外咸食其餌，而僧孺拒之，其律己也，君子之守也；悉怛謀據地以降，李德裕力請受納，而僧孺堅持信義，其持議也，君子之正也；則且許以果爲君子，而與於帝王之文德，以無忝於大臣，固無多讓。而僧孺之爲僧孺又何如邪？結李宗閔爲死黨，傾異己，壞國事，姑自成削以建門庭，而讎其險毒，又如此。

藝文

《劉禹錫集》卷三四《和僕射牛相公春日閒坐見懷》　官曹崇重難頻入，第宅清閑且獨行。階蟻相逢如偶語，園蜂速去恐違程。人於紅藥唯看色，鶯到垂楊不惜聲。東洛池臺怨抛擲，移文非久會應成。

《白居易集》卷二三《求分司東都寄牛相公十韻》　忽忽心如夢，星星鬢以絲。縱貧長有酒，雖老未抛詩。儉薄身都慣，疏頑性頗宜。飯粗餐亦飽，被暖起常遲。萬里歸何得？三年伴是誰？華亭鶴不去，天竺石相隨。王尹貰將馬，田家賣與池。開門閑坐日，遶水獨行時。懶慢交遊許，衰羸相府知。官寮幸無事，可惜不分司！

《白居易集》卷三三《奉酬淮南牛相公思黯見寄二十四韻》　白老忘機客，牛公濟世賢。鷗棲心戀水，鵬舉翅摩天。累就優閑秩，連操造化權。貧司甚蕭灑，榮路自喧闐。望苑三千日，臺階十五年。是人皆棄忘，何物不陶甄？籃輿遊嵩嶺，油幢鎮海壖。竹篙撑釣艇，金甲擁樓船。雪夜尋僧舍，春朝列妓筵。長齋儼香火，密宴簇花鈿。自覺閑勝鬧，遥知醉笑禪。是非分未定，會合杳無緣。我正思楊府，君應望洛川。西來風嫋嫋，南去雁連連。日落龍門外，潮生瓜步前。秋同一時盡，月共兩鄉圓。舊眷交歡在，新文氣調全。慚無白雪曲，難答碧雲篇。金谷詩誰賞？蕪城賦衆傳。珠應哂魚目，鉛未伏龍泉。遠訊驚魔物，深情寄酒錢。霜紈一百疋，玉柱十三絃。楚醴來樽裹，秦聲送耳邊。何時紅燭下？相對一陶然！

《白居易集》卷四八《牛僧孺可户部侍郎制》　勑：户部侍郎，周之地官小司徒也。掌天下田户之圖，生齒之籍，泉賦役貨幣之政令，以待國用而質歲成。元和以還，日益寵重。善其職者，多登大任。中兹選者，莫匪正人。誰其稱之？我有邦彦。朝議郎、守御史中丞、上柱國、賜紫金魚袋牛僧孺，自舉賢良，踐臺閣，秉潤色筆，提糾繆綱，而書命無繁詞，決事無留獄，受寵有憂色，納忠多苦言。朕心知之，何用不可？夫以人曹之重如彼，僧孺之賢若此，俾居是職，不亦宜乎？可守尚書户部侍郎，散官勳賜如故。

《白居易集》卷五五《牛僧孺監察御史制》　河南縣尉牛僧孺，志行修飾，詞學優長。頃對策于庭，其言甚直。累從吏職，頗謂滯淹。訪諸時論，宜當朝選。俾升憲府，以觀其才。可監察御史。

《白居易集》卷五八《論制科人狀・近日内外官除改及制科人等事宜》　右臣伏見内外官近日除改，人心甚驚，遠近之情，不無憂懼，喧喧道路，異口同音。皆云：制舉人牛僧孺等三人，以直言時事，恩獎登科。被落第人怨謗加誣，惑亂中外，謂爲誑妄，斥而逐之，故並出爲關外官。楊於陵以考策敢收直言者，故出爲廣府節度。韋貫之同所坐，故出爲果州刺史。裴垍以覆策，又不退直言者，故免内職，除户部侍郎。王涯同所坐，出爲虢外司馬。盧坦以數舉事，爲人所惡，因其彈奏小誤，得以爲名，故黜爲左庶子。王播同之，亦停知雜。臣伏以裴垍、王涯、盧坦、韋貫之等，皆公忠正直，内外咸知；所宜授以要權，致之近地。故比來衆情私相謂曰：此數人者，皆人之望也；若數人進，則必君子之道長；若數人退，則必小人之道行。故卜時事之否臧，在數人之進退也。則數人者，自陛下嗣位已來，並蒙獎用，或任之耳目，或委以腹心。天下人情，日望致理。今忽一旦悉疏棄之，或降於散班，或斥於遠郡。設令有過，猶可優容；況且無瑕，豈宜

黜退？所以前月已來，上自朝廷，下至衢路，衆心洶洶，驚懼不安。直道者疚心，直言者杜口。不審陛下得知之否？凡此除改，傳者紛然。皆云：裴垍等不能委曲順時，或以正直忤物，爲人之所媒孽，本非聖意罪之。不審陛下得聞之否？臣未知此説虚實，但獻所聞。所聞皆虚，陛下得不明辯之乎？所聞皆實，陛下得不深慮之乎？虚之與實，皆恐陛下要知。臣若不言，誰當言者？臣今言出身戮，亦所甘心。何者？臣之命至輕，朝廷之事至大故也。臣又聞：君聖則臣忠，上明則下直。故堯之聖也，天下已太平矣，尚求誹謗，以廣聰明。漢文之明也，海内已理矣，賈誼猶比之倒懸，可爲痛哭。二君皆容納之，所以得稱聖明也。今陛下明下詔令，徵求直言，反以爲罪，此臣所以未諭也。陛下視今日之理，何如堯與漢文之時乎？若以爲及之，則誹謗痛哭，尚合容而納之，況徵之直言，索之極諫乎？若以爲未及，則僧孺等之言，固宜然也，陛下縱未能推而行之，又何忍罪而斥之乎？此臣所以爲陛下流涕而痛惜也。德宗皇帝初即位年，亦徵天下直言極諫之士，親自臨試，問以天旱。穆質對云：兩漢故事，三公當免。卜式著議，弘羊可烹。此皆指言當時在權位而有恩寵者。德宗深嘉之，自第四等拔爲第三等，自畿尉擢爲左補闕，書之國史，以示子孫。今僧孺等對策之中，切直指陳之言，亦未過於穆質，而遽斥之，臣恐非嗣祖宗承耿光之道也。書諸史策，後嗣何觀焉？陛下得不再三省之乎？臣昨在院，與裴垍、王涯等覆策之時，日奉宣令臣等精意考覆。臣上不敢負恩，下不忍負心，唯秉至公，以爲取捨。雖有讎怨，不敢棄之；雖有親故，不敢避之；唯求直言，以副聖意。故皇甫湜雖是王涯外甥，以其言直合收，涯亦不敢以私嫌自避。當時有狀，具以陳奏。不意羣心搆成禍端，聖心以此察之，則或可悟矣。儻陛下察臣肝膽，知臣精誠，以臣此言，可以聽採；則乞俯迴聖覽，特示寛恩：僧孺等准往例與官，裴垍等依舊職獎用，使内外人意，歡然再安。若以臣此言，理非允當；以臣覆策，事涉乖宜：則臣等見在四人，亦宜各加黜責。豈可六人同事，唯罪兩人？雖聖造優容，且過朝夕；在臣懼惕，豈可苟安？敢不自陳，以待罪戾？臣今職爲學士，官是拾遺，日草詔書，月請諫紙：臣若默默，惜身不言，豈惟上辜聖恩，實亦下負神道。所以密緘手疏，潛吐血誠；苟合天心，雖死無恨。無任憂懼激切之至！

杜牧《樊川文集》卷四《寄牛相公》　漢水横衝蜀浪分，危樓點的拂孤雲。六年仁政謳歌去，柳遠春堤處處聞。

杜牧《樊川詩集注》外集《送牛相公出鎮襄州》　盛時常注意，南雍暫分茅。紫殿辭明主，巖廊別舊交。危幢侵碧霧，寒旆獵紅旓。德業懸秦鏡，威聲隱楚郊。拜塵先灑淚，成廈昔容巢。遥仰沉碑會，鴛鴦玉佩敲。

《文苑英華》卷八二九白居易《太湖石記》　古之達人，皆有所嗜。玄晏先生嗜書，嵇中散嗜琴，靖節先生嗜酒。今丞相奇章公嗜石。石無文無聲，無臭無味，與三物不同，而公嗜之何也？衆皆怪之。走獨知之。昔故友李生名約有云：苟適吾志，其用則多。誠哉是言！適意而已。公之所嗜，可知之矣。公以司徒保釐河洛，治家無珍産，奉身無長物。惟東城置一第，南郭營一墅。精葺宫宇，慎擇賓客，性不苟合，居常寡徒。游息之時，與石爲伍。石有族，聚太湖爲甲，羅浮天竺之徒次焉。今公之所嗜者甲也。先是，公之僚吏，多鎮守江湖，知公之心，惟石是好，乃鉤深致遠，獻瓌納奇，四五年間，纍纍而至。公於此物，獨不廉讓。東第南墅，列而置之。富哉石乎！厥狀非一，有盤拗秀出、如靈丘鮮雲者，有端儼挺立、如真官神人者，有縝潤削成如珪瓚者，有廉稜鋭劌如劍戟者。又有如虬如鳳，若跧若動，將翔將踴，如鬼如獸，若行若驟，將攫將鬭〔者〕。風烈雨晦之夕，洞穴開噎，若欱雲歕雷，嶷嶷然有可望而畏之者。烟霽景麗之旦，巖崿霮䨴，若拂嵐撲黛，靄靄然有可狎而玩之者。昏旦之交，名狀不可。撮要而言，則三山五岳，百洞千壑，覼縷簇縮，盡在其中。百仞一拳，千里一瞬，坐而得之。此其所以爲公適意之用也。〔常〕與公迫視熟察，相顧而言，豈造物者有意於其間乎？將胚渾凝結，偶然〔而〕成功乎？然而自一成不變以來，不知幾千萬年，或委海隅，或淪湖底，高者僅數仞，重者殆千鈞，一旦不鞭而來，無脛而至，爭奇騁怪，爲公眼中之物。公又待之如賓友，視之如賢哲，重之如寶玉，愛之如兒孫。不知精意有所召耶？將尤物有所歸耶？孰〔不〕爲而來耶？必有以也。石有大小，其數四等，以甲乙丙丁品之。每品有上中下，各刻於石陰，曰：牛氏石甲之上，丙之中，乙之下。噫！是石也，千百載後，散在天壤之内，轉徙隱見，誰復知之？欲使將來與我同好者，睹斯石，覽斯文，知公嗜〔石〕之自。會昌三年五月丁丑記。

宋敏求《唐大詔令集》卷四八佚名《牛僧孺平章事制》　昔漢宣帝用丙、魏以盛中興之業，我玄宗任姚、宋以致開元之理，其術無他，得賢而已。朕猥居大寶，首涉五年，宵旰靡遑，憂勤至切。將倚任於國柄，宜登進於人傑，俾其復運樞極，載清化源，斷自朕懷，允膺僉屬。武昌軍節度使、鄂岳蘄安黄申等州觀察處置等使、金紫光禄大夫、檢校吏部尚書、同中書門下平章事、使持節鄂州諸軍事鄂州

刺史、上柱國奇章郡開國公牛僧孺，氣含元精，體包大雅，識用夷密，襟靈沉粹。窮聖賢旨奥之學，鋪邦國經緯之文，蔚爲名臣，秀出羣萃。長慶御曆，登賢濟人，廊廟有光，臣工得職，代天協理，時乃之休。先朝與能，出兼征鎮，甿俗丕變，師旅大和，宣力事君，時乃之績。朕飽聞器業，虚竚風儀，會曹參之促裝，喜韓侯之來覲。便殿延對，前席與言，通古今理亂之源，知教化損益之務，其應如響，不知所然。是宜卿長夏官，平章大政，康濟四海，毗予一人。於戲！君不能自爲堯舜，必待其臣以致之；臣不能自爲伊皋，必待其君而任之。致則期於盡忠，任固在於聳善，然後上下交泰，君臣相需。爾其便百官得其人，萬事得其序，邪正之路必判，清濁之流必分。永堅一心，扼制羣類，無重否德，予皆仰成。可兵部尚書同中書門下平章事，散官勳封如故。

宋申錫部

綜述

《舊唐書》卷一六七《宋申錫傳》　宋申錫字慶臣。祖素，父叔夜。申錫少孤貧，有文學。登進士第，釋褐祕書省校書郎。韋貫之罷相，出湖南，辟爲從事。其後累佐使府。長慶初，拜監察御史。二年，遷起居舍人。寶曆二年，轉禮部員外郎，尋充翰林侍講學士。

申錫始自策名，及在朝行，清慎介潔，不趨黨與。當長慶、寶曆之間，時風嚚薄，朋比大扇。及申錫被用，時論以爲激勸。文宗即位，拜户部郎中、知制誥。大和二年，正拜中書舍人，復爲翰林學士。

初，文宗常患中人權柄太盛，自元和、寶曆比致宫禁之禍。及王守澄之領禁兵，恃其宿舊，跋扈尤甚。有鄭注者，依恃守澄爲姦利，出入禁軍，賣官販權，中外咸扼腕視之。文宗雅知之，不能堪。申錫時居内廷，文宗察其忠厚，可任以事。嘗因召對，與申錫從容言及守澄，無可奈何，令與外廷朝臣謀去之，且約命爲宰相，申錫頓首謝之。未幾，拜左丞，踰月，加平章事。申錫素能謹直，寵遇超輩，時情大爲屬望。及到中書，剖斷循常，望實頗不相副。

大和五年，忽降中人召宰相入赴延英。路隨、李宗閔、牛僧孺等既至中書東門，中人云：「所召無宋申錫。」申錫始知被罪，望延英以笏叩頭而退。隨等至，文宗以神策軍中尉王守澄所奏，得本軍虞候豆盧著狀，告宋申錫與漳王謀反，隨等相顧愕然。初，守澄於浴堂以鄭注所構告于文宗，守澄即時於市肆追捕，又將以二百騎就靖恭里屠申錫之家。會内官馬存亮同入，諍於文宗曰：「謀反者適宋申錫耳，何不召南司會議。今卒然如此，京師企足自爲亂矣。」守澄不能難，乃止，乃召三相告之。又遣右軍差人於申錫宅捕孔目官張全真、家人買子緣信等。又於十六宅及市肆追捕胥吏，以成其獄。文宗又召師保、僕射、尚書丞郎、常侍、給事、諫議、舍人、御史中丞、京兆尹、大理卿，同於中書及集賢院參驗其事。

翌日，開延英，召宰臣及議事官，帝自詢問。左常侍崔玄亮，給事中李固言，諫議大夫王質，補闕盧鈞舒元褒羅泰蔣係裴休韋宗直韋温，拾遺李羣韋端符丁居晦袁都等一十四人，皆伏玉階下奏以申錫獄付外，請不於禁中訊鞫。文宗曰：「吾已謀於公卿大僚，卿等且出。」玄亮固言，援引今古，辭理懇切。玄亮泣涕久之，文宗意稍解，貶申錫爲右庶子，漳王爲巢縣公。再貶申錫爲開州司馬。

初，申錫既得密旨，乃除王璠爲京兆尹，以密旨喻之。璠不能謀，而注與守澄知之，潛爲其備。漳王湊，文宗之愛弟也，賢而有人望。豆盧著者，職屬禁軍，與注親表。文宗不省其詐，乃罷申錫爲庶子。時京城恟恟，衆庶讙言，以爲宰相真連十宅謀反，百僚震駭。居一二日，方審其詐。諫官伏閤懇論，文宗震怒，叱諫官令出者數四。時中外屬望大僚三數人廷辯其事。僕射竇易直曰：「人臣無將，將而必誅。」聞者愕然。唯京兆尹崔琯、大理卿王正雅連上疏請出内獄，且曰：「王師文未獲，即獄未具，請出豆盧著與申錫同付外廷勘。」當時人情翕然推重。初議申錫抵死，顧物論不可，又將投於嶺表，文宗終悟外廷之言，乃有開州之命。

初，申錫既被罪，怡然不以爲意，自中書歸私第，止於外廳，素服以俟命。其妻出謂之曰：「公爲宰相，人臣位極於此，何負天子反乎？」申錫曰：「吾自書生被厚恩，擢相位，不能鋤去姦亂，反爲所羅織，夫人察申錫豈反者乎？」因相與泣下。

申錫自居内廷，及爲宰相，以時風侈靡，居要位者尤納賄賂，遂成風俗，不暇更方遠害，且與貞元時甚相背矣。申錫至此，約身謹潔，尤以公廉爲己任，四方問遺，悉無所受。既被罪，爲有司驗劾，多獲其四方受領所還問遺之狀，朝野爲之歎息。

七年七月，卒於開州。詔曰：「申錫雖不能周慎，自抵憲章，聞其亡殁遐荒，良用悲惻。宜許其歸葬鄉里，以示寬恩。」開成元年九月，詔復申錫正議大夫、尚書左丞、同中書門下平章事、上柱國，賜紫，兼贈兵部尚書。仍以其子慎微爲城固縣尉。

《新唐書》卷一五二《宋申錫傳》　宋申錫字慶臣，史失其何所人。少而孤，擢進士第，累辟節度府，後頻遷起居舍人，以禮部員外郎爲翰林學士。敬宗時，拜侍講學士。長慶、寶曆間，風俗囂薄，驅煽朋黨，申錫素孤直少與，及進用，議

者謂可以激浮競。

文宗即位，再轉中書舍人，復爲翰林學士。帝惡宦官權寵震主，再致宫禁之變，而王守澄典禁兵，偃蹇放肆，欲剗除本根，思可與決大議者。察申錫忠厚，因召對，俾與朝臣謀去守澄等，且倚以執政，申錫頓首謝。未幾拜尚書右丞，踰月進同中書門下平章事。乃除王璠京兆尹，密諭帝旨。璠漏言，而守澄黨鄭注得其謀。大和五年，遣軍候豆盧著誣告申錫與漳王謀反，守澄持奏浴堂，將遣騎二百屠申錫家，宦官馬存亮争曰：「謀反者獨申錫耳，當召南司會議，不然，京師跂足亂矣。」守澄不能對。時二月晦，羣司皆休，中人馳召宰相，馬奔乏死於道，易所乘以復命。申錫與牛僧孺、路隋、李宗閔至中書，中人唱曰：「所召無宋申錫。」申錫始知得罪，望延英門，以笏叩額還第。僧孺等見上出著告牒，皆駭愕不知所對。守澄捕申錫親吏張全真、家人買子緣信及十六宅典史，脅成其罪。帝乃罷申錫爲太子右庶子，召三省官、御史中丞、大理卿、京兆尹會中書集賢院雜驗申錫反狀。京師讙言相驚，久乃定。

翌日，延英召宰相羣官悉入，初議抵申錫死，僕射竇易直率然對曰：「人臣無將，將而必誅。」聞者不然。於是左散騎常侍崔玄亮、給事中李固言、諫議大夫王質、補闕盧鈞、舒元褒、羅泰、蔣係、裴休、韋宗直、韋温，拾遺李羣、韋端符、丁居晦、袁都等伏殿陛，請以獄付外。帝震怒，叱曰：「吾與公卿議矣，卿屬弟出！」玄亮、固言執據愈切，涕泣懇到，繇是議貸申錫於嶺表，京兆尹崔琯、大理卿王正雅苦請出著與申錫劾正情狀，帝悟，乃貶申錫開州司馬，從而流死者數十百人，天下以爲冤。擢豆盧著兼殿中侍御史。

初，申錫既歸，易素服俟命外舍，其妻責謂曰：「公何負天子，乃反乎？」申錫曰：「吾起孤生，位宰相，蒙國厚恩，不能鉏姦亂，反爲所陷，我豈反者乎？」初，申錫以清節進，疾要位者納賕餉，敗風俗，故自爲近臣，凡四方賄謝一不受。既被罪，有司驗劾，悉得所還問遺書，朝野爲咨閔。然在宰府無它謀略。七年，感憤卒，有詔歸葬。

開成元年，李石因延英召對，從容言曰：「陛下之政，皆承天心，惟申錫之枉，久未原雪。」帝慚曰：「我當時亦悟其失，而詐忠者迫我以社稷計故耳。使逢漢昭、宣時，當不坐此。」因追復右丞、同中書門下平章事，贈兵部尚書，録其子慎微爲城固尉。會昌二年，賜謚曰貞。

雜録

備録

《太平廣記》卷一二三《宋申錫》引《逸史》 唐丞相宋申錫，初爲宰相，恩渥甚重，申錫亦頗以致昇平爲己任。時鄭注交通縱放，以擅威柄，欲除去之，乃以友人王璠爲京兆尹，密與之約，令察注不法，將獻其狀，擒於京兆府，杖殺之。既約定，璠翻覆小人也，以注方爲中貴所愛，因欲親厚之，乃盡以申錫之謀語焉。注因報知右軍，不旬日，乃僞作申錫之罪狀，令人告之云：以文字結於諸王，圖謀不軌，以衣物金寶奇玉爲質。且令人倣其手疏，皆至逼似。獄成於内，公卿衆庶無不知其冤也，三事已降，迭入論之，方得謫爲開州司馬。至任數月，不勝其憤而卒。明年，有恩詔，令歸葬京城。

袁樞《通鑑紀事本末》卷三五《宦官弑逆》 〔文宗大和〕四年。上患宦官强盛，憲宗、敬宗弑逆之黨猶有在左右者。中尉王守澄尤專横，招權納賄，上不能制。嘗密與翰林學士宋申錫言之，申錫請漸除其偪。上以申錫沈厚忠謹，可倚以事，擢爲尚書右丞。秋七月癸未，以申錫同平章事。

五年春二月，上與宋申錫謀誅宦官，申錫引吏部侍郎王璠爲京兆尹，以密旨諭之。璠泄其謀，鄭注、王守澄知之，陰爲之備。

上弟漳王湊賢，有人望，注令神策都虞候豆盧著誣告申錫謀立漳王。戊戌，守澄奏之，上以爲信然，甚怒。守澄欲即遣二百騎屠申錫家，飛龍使馬存亮固争曰：「如此，則京城自亂矣，宜召他相與議其事。」守澄乃止。

是日旬休，遣中使悉召宰相至中書東門，中使曰：「所召無宋公名。」申錫知獲罪，望延英，以笏叩額而退。宰相至延英，上示以守澄所奏，相顧愕眙。上命守澄捕豆盧著所告十六宅宫市品官晏敬則及申錫親事王師文等於禁中鞫之，師文亡命。三月庚子，申錫罷爲右庶子。自宰相大臣無敢顯言其冤者，獨京兆尹崔琯、大理卿王正雅連上疏，請出内獄付外庭覈實，由是獄稍緩。正雅，翃之子也。晏敬則等自誣服，稱申錫遣王師文達意於王，豫結異日之知。

獄成，壬寅，上悉召師保以下及臺省府寺大臣面詢之。午祭，左常侍崔玄亮、給事中李固言、諫議大夫王質、補闕盧鈞、舒元褒、蔣係、裴休、韋温等復請對於延英，乞以獄事付外覆按。上曰：「吾已與大臣議之矣。」屢遣之出，不退。玄亮叩頭流涕曰：「殺一匹夫猶不可不重慎，況宰相乎？」上意稍解，曰：「當更與宰相議之。」乃復召宰相入。牛僧孺曰：「人臣不過宰相，今申錫已爲宰相，假使如所謀，復欲何求？申錫殆不至此。」鄭注恐覆按詐覺，乃勸守澄請止行貶黜。癸卯，貶漳王湊爲巢縣公，宋申錫爲開州司馬。存亮即日請致仕。玄亮，磁州人；質，通五世孫；係，乂之子；元褒，江州人也。晏敬則等坐死及流竄者數十百人，申錫竟卒於貶所。【略】

八年夏六月，上以久旱，詔求致雨之方。司門員外郎李中敏上表，以爲：「仍歲大旱，非聖德不至，直以宋申錫之冤濫，鄭注之姦邪。今致雨之方，莫若斬注而雪申錫。」表留中，中敏謝病歸東都。

《全唐文》卷六一三《宋申錫》 申錫，字慶臣，史失其何所人。第進士，寶曆中累轉禮部員外郎，充翰林侍講學士。文宗大和二年，拜尚書左丞，進同中書門下平章事。五年，罷爲右庶子，再貶開州司馬。七年卒。開成元年，詔復正議大夫、尚書左丞、同中書門下平章事，贈兵部尚書，謚曰貞。

備論

《舊唐書》卷一六七《宋申錫傳》 史臣曰：申錫小器大謀，貶死爲幸。【略】君子操修，豈宜容易？

《新唐書》卷一五二《宋申錫傳》 贊曰：申錫謀小任大，顛沛從之，惜乎！

陳亮《蘇門六君子文粹》卷六〇《宋申錫不死爲幸》 《易》曰：「幾事不密則害成。」申錫之敗，坐任王璠非其人，不密取禍也。申錫未遽爲小器，而謀守澄未足爲大。自古以身任國事，不顧危亡，事不成而身罹咎，何可勝言！死與不死，不足以論幸不幸也。

陳亮《蘇門六君子文粹》卷六〇《王守澄以計中申錫》 文宗始相申錫，以謀守澄。既與之期矣，而爲守澄輩所覺，反以計中申錫。文宗怒，幾致顯戮，賴羣公卿士力争而免，然終不省其誣。人情之暗，豈至於是耶？申錫賢，有望，可任，而守澄雖悍，猶知畏戢，不敢肆其兇毒而止者。前不能有申錫以除守澄，而復委心狂譎之李訓，欲盡翦士良輩數十百人，甘露之事，無謀輕發，爲國深禍。又知涯，餗實寃，而聽士良肆其酷，不爲分别。惜哉文宗，可謂有其志而已，不足與有爲也！

王夫之《讀通鑑論》卷二六《唐文宗》 文宗恥爲弑君之宦豎所立，惡其專横而畏其害己也，旦夕思討之，四顧而求託其腹心，乃擢宋申錫爲相，謀之不克，申錫以死，禍及懿親，而更倚李訓、鄭注、王涯、舒元輿以致甘露之變。申錫之淺躁，物望不歸；訓、注則無賴小人，繇宦豎以進，傾危顯著，可畏而不可狎；涯、元輿又貪濁之鄙夫也。文宗即不足與於知人之哲，亦何顛越乃爾哉？於其時，非無勛望赫奕之元臣如裴中立、英果能斷之偉人如李文饒，而清謹自持如韋處厚、鄭覃者，猶不致危身以僨國。文宗俱未進與密謀以籌善敗，獨決意以託匪人，夫亦有故存焉。

藝文

《白居易集》卷四八《張徹宋申錫並可監察御史制》 敕：舊制，副丞相缺，中執憲得出入御史。御史缺，則於内外史中考覈其實，封奏其名以補之。今御史中丞僧孺奏：某官張徹、某官宋申錫，皆方直强白，文中御史。章下丞相府，丞相亦曰可。朕其從之。並可監察御史。

宋敏求《唐大詔令集》卷四八佚名《宋申錫平章事制》 出納大命，宰司化源，調四氣以統和天人，貞百度以鎮安夷夏，必資髦傑，用委鈞衡。朕嗣守丕圖，思弘至理，萬務之重，屬于台臣。仄席勤求，冀臣不迨，況素効久彰於密勿，精材已得於詢謀。擢自内廷，授以衮職，爰立左右，斯爲得人。朝議郎、守尚書右丞、上柱國，賜紫金魚袋宋申錫，岳降全德，天資正性，處約居厚，蹈中秉彝。文每擬其菁華，學必探其玄賾，夙播休問，拔乎羣倫。自選于周行，參我内署，奉職恭肅，率心坦夷。蕴沖淵以究國經，鋪訓詞以潤王度，密贊彌久，私益滋多。朕累因暇日，召於别殿，訪以大政，觀其立誠。而胸襟洞開，肝鬲無隱，識精詞直，實契虚求。固可以握持化權，參決理本，是用升於鼎鉉，付以樞機。由仙闈惣轄之司，當宰府具瞻之地，熙此庶績，弼予一人。於戲！元首以司牧萬方，股肱以協

贊皇極，上推公以馭下，臣竭忠以戴君。際會交感，而臻大化，歷視前古，何莫由斯。予方悉是道以臨兆人，爾宜悉乃心以成一德，敬戒厥位，永孚于休。可正議大夫、行尚書右丞、同中書門下平章事，勳賜如故。

宋敏求《唐大詔令集》卷五六佚名《宋申錫太子右庶子制》 君臣之道，義切初終，股肱之良，任存正直。苟涉邪徑，自紊憲章，既虧恪慎之心，難委弼諧之任。正議大夫、行尚書右丞、同中書門下平章事、上柱國、賜紫金魚袋宋申錫，學習儒門，職參翰苑，備我顧問，洽茲寵光。謂其啓沃竭忠，擢登鼎鉉，而乃踐脩不慎，自抵愆尤。知臣之規，俾予增愧。欲遏姦回之路，宜先懲勸之源。豈可猶秉樞機，仍司考轄，罷居台席，列位龍樓。誠謂寬恩，用全至體。朕以事狀之間，慮其冤濫；鞫驗之際，須務詳明。尚佇得情，以申後命。可行太子右庶子，散官勳封如故。

《全唐詩》卷四八七鮑溶《寄宋申錫評事時從李少師移軍回歸》 君逐元侯静虜歸，虎旗龍節駐春暉。欲求岱岳燔柴禮，已錫魯人縫掖衣。長劍一時天外倚，五雲多遶日邊飛。心期共賀太平世，去去故鄉親食薇。

《全唐詩》卷五三一許渾《太和初靖恭里感事》 清湘弔屈原，垂淚擷蘋蘩。謗起乘軒鶴，機沈在檻猿。乾坤三事貴，華夏一夫冤。寧有唐虞世，心知不爲言。

《全唐詩》卷五三六許渾《聞開江宋相公申錫下世二首》 權門陰奏奪移才，馹騎如星墮峽來。鼂氏有恩忠作禍，賈生無罪直爲災，貞魂誤向崇山殁，冤氣疑從汨水回。畢竟功成何處是，五湖雲月一帆開。

月落湘潭棹不喧，玉杯瑶瑟奠蘋蘩。誰能力制乘時鶴，自取機沈在檻猿。位極乾坤三事貴，謗興華夏一夫冤。宵衣旰食明天子，日伏青蒲不敢言。

《全唐文》卷六九三李虞仲《授學士王源中等中書舍人制》 勑：朝庭之制，外有綸閣之職，以奉大猷，中有翰苑之司，以專密命帝王懿範，備舉而行，森然在前，其道一貫。朝散大夫、守尚書户部郎中、充翰林學士、上柱國、賜紫金魚袋王源中，能斷大事，美秀而文，服君子之儒，秉賢人之業。朝議郎、行尚書禮部員外郎、充翰林學士、上柱國、賜紫金魚袋宋申錫，和順積中，英華發外，懷致君之志，布經國之文。二者皆國器也，先皇帝能用之。顧予沖人，敢不加敬？申命執事，崇其寵章，藉右掖之芳名，參內庭之重任，思爲盡飾，朝典宜之。源中可權知中書舍人，依前翰林學士，散官勳賜如故；申錫可守尚書户部侍郎、知制誥，充翰林學士，散官勳賜如故。

李訓部

綜述

《舊唐書》卷一六九《李訓傳》　李訓，肅宗時宰相揆之族孫也。始名仲言。進士擢第。形貌魁梧，神情灑落；辭敏智捷，善揣人意。寶曆中，從父逢吉爲宰相，以訓陰險善計事，愈親厚之。初與茅彙等欲中傷李程，及武昭事發，訓坐長流嶺表，會赦得還。丁母憂，居洛中。

時逢吉爲留守，思復爲宰相，且深怨裴度，居常憤鬱不樂。訓揣知其意，即以奇計動之。自言與鄭注善，逢吉以爲然，遺訓金帛珍寶數百萬，令持入長安，以賂注。注得賂甚悦，乘間薦于中尉王守澄，乃以注之藥術，訓之《易》道，合薦于文宗。守澄以訓縗粗，難入禁中，帝令訓戎服，號王山人，與注入内。帝見其指趣，甚奇之。及訓釋服，在京師。大和八年，自流人補四門助教，召入内殿，面賜緋魚。其年十月，遷國子《周易》博士，充翰林侍講學士。入院日，賜宴，宣法曲弟子二十人就院奏法曲以寵之。兩省諫官伏閤切諫，言訓姦邪，海内聞知，不宜令侍宸扆，終不聽。

文宗性守正嫉惡，以宦者權寵太過，繼爲禍胎，元和末弑逆之徒尚在左右，雖外示優假，心不堪之。思欲芟落本根，以雪讎恥，九重深處，難與將相明言。前與侍講宋申錫謀，謀之不臧，幾成反噬，自是巷伯尤横。因鄭注得幸守澄，俾之援訓，冀黄門之不疑也。訓既在翰林，解《易》之際，或語及巷伯事，則再三憤激，以動上心。以其言論縱横，謂其必能成事，遂以真誠謀於訓、注。自是二人寵幸，言無不從，而深秘之謀，往往流聞於外。上慮中人猜慮，乃疏《易》義五條，示於百辟，有能出訓之意者賞之，蓋欲知上以師友寵之。九年七月，改兵部郎中、知制誥，充翰林學士。九月，遷禮部侍郎、同平章事，仍賜金紫之服。詔以平章之暇，三五日一入翰林。

訓既秉權衡，即謀誅内豎。中官陳弘慶者，自元和末負弑逆之名，忠義之士無不扼腕，時爲襄陽監軍，乃召自漢南，至青泥驛，遣人封杖決殺。王守澄自長慶已來知樞密，典禁軍，作威作福。訓既作相，以守澄爲六軍十二衛觀軍容使，罷其禁旅之權，尋賜酖殺之。訓愈承恩顧，每別殿奏對，他宰相莫不順成其言，黄門禁軍迎拜戢斂。訓本以纖達，門庭趨附之士，率皆狂怪險異之流，時亦能取正人偉望，以鎮人心。天下之人，有冀訓以致太平者，不獨人主惑其言。

訓雖爲鄭注引用，及禄位俱大，勢不兩立，託以中外應赴之謀，出注爲鳳翔節度使。俟誅内豎，即兼圖注。約以其年十一月誅中官，須假兵力，乃以大理卿郭行餘爲邠寧節度使，户部尚書王璠爲太原節度使，京兆少尹羅立言權知大尹事，太府卿韓約爲金吾街使，刑部郎中知雜李孝本權知中丞事，皆訓之親厚者。冀王璠、郭行餘未赴鎮間，廣令召募豪俠及金吾臺府之從者，俾集其事。

是月二十一日，帝御紫宸。班定，韓約不報平安，奏曰：「金吾左仗院石榴樹，夜來有甘露，臣已進狀訖。」乃蹈舞再拜，宰相百官相次稱賀。李訓奏曰：「甘露降祥，俯在宫禁。陛下宜親幸左仗觀之。」班退，上乘軟舁出紫宸門，由含元殿東階升殿，宰相侍臣分立於副階，文武兩班，列於殿前。上令宰相兩省官先往視之，既還，曰：「臣等恐非真甘露，不敢輕言。言出，四方必稱賀也。」上曰：「韓約妄耶？」乃令左右軍中尉、樞密内臣往視之。

既去，訓召王璠、郭行餘曰：「來受勅旨！」璠恐悚不能前，行餘獨拜殿下。時兩鎮官健，皆執兵在丹鳳門外，訓已令召之，唯璠從兵入，邠寧兵竟不至。中尉、樞密至左仗，聞幕下有兵聲，驚恐走出，閽者欲扃鎖之，爲中人所叱，執關而不能下。内官迴奏，韓約氣懾汗流，不能舉首。中官謂之曰：「將軍何及此耶？」又奏曰：「事急矣，請陛下入内。」即舉軟輿迎帝，訓殿上呼曰：「金吾衛士上殿來，護乘輿者，人賞百千。」内官決殿後罘罳，舉輿疾趨，訓攀呼曰：「陛下不得入内。」金吾衛士數十人，隨訓而入。羅立言率府中從人自東來，李孝本率臺中從人自西來，共四百餘人，上殿縱擊，内官死傷者數十人。訓時愈急，邐迤入宣政門，帝瞋目叱訓，内官郄志榮奮拳擊其胸，訓即僵仆於地。帝入東上閤，門即闔，内官呼萬歲者數四。須臾，内官率禁兵五百人，露刃出閤門，遇人即殺。宰相王涯、賈餗、舒元輿方中書會食，聞難出走，諸司從吏死者六七百人。

是日，訓中拳而仆，知事不濟，乃單騎走入終南山，投寺僧宗密。訓與宗密素善，欲剃其髮匿之，從者止之，乃趨鳳翔，欲依鄭注。出山，爲盩厔鎮將宗楚所得，械送京師。至昆明池，訓恐入軍別受搒掠，乃謂兵士曰：「所在有兵，得我者即富貴，不如持我首行，免被奪取。」乃斬訓，持首而行。訓弟仲景，再從弟户部員外郎元皋，皆伏法。

仇士良以宗密容李訓，遣人縛入左軍，責以不告之罪。將殺之，宗密怡然曰：「貧僧識訓年深，亦知反叛。然本師教法，遇苦即救，不愛身命，死固甘心。」中尉魚弘志嘉之，奏釋其罪。

《新唐書》卷一七九《李訓傳》 李訓字子垂，始名仲言，字子訓，故宰相揆族孫。質狀魁梧，敏于辯論，多大言，自標置。擢進士第，補太學助教，辟河陽節度府。從父逢吉爲宰相，以仲言陰險善謀事，厚昵之。坐武昭獄，流象州。文宗嗣位，更赦還，以母喪居東都。鄭注佐昭義府，仲言慨然曰：「當世操權力者皆齷齪，吾聞注好士，有中助，可與共事。」因往見注，相得甚歡。時逢吉方留守，怏怏不樂，思復用，知與注善，付金幣百萬，使西至京師厚結注。注喜，介之謁王守澄。守澄善遇之，即以注術、仲言經義并薦於帝。

仲言持詭辯，激卬可聽，善鉤揣人主意，又以身儒者，海內望族，既見識擢，志望不淺。始，宋申錫謀誅守澄不克，死，宦尹益橫，帝愈憤恥。而憲祖之弒，罪人未得，雖外假借，内不堪，欲夷絶其類，顧在位臣持禄取安，無伏節死難者。注陰知帝指，屢建密計，引仲言叶力。帝外託講勸，又皆以守澄進，故與之謀則其黨不疑。仲言尚縗粗，帝使衣戎服，號「王山人」，與注出入禁中。服除，起爲四門助教，賜緋袍、銀魚，時大和八年也。其十月，遷《周易》博士兼翰林侍講學士。入院，詔法曲弟子二十人侑宴，示優寵。於是給事中鄭肅韓佽、諫議大夫李珝郭承嘏、中書舍人高元裕權璩等共劾仲言憸人，天下共知，不宜在左右。帝不聽。仲言數進講，至閹寺，必感憤申重，以激帝心。帝見其言縱橫，謂果可任，遂不疑，而待遇莫與比，因改名訓。帝猶慮宦人猜忌，乃疏《易》五義示羣臣，有能異訓意者賞，欲天下知以師臣待訓。

明年秋七月，進翰林學士、兵部郎中、知制誥，居中倚重，實行宰相事。宦人陳弘志時監襄陽軍，訓啓帝召還，至青泥驛，遣使者杖殺之。復以計白罷守澄觀軍容使，賜鴆死。又逐西川監軍楊承和、淮南韋元素、河東王踐言於嶺外，已行，皆賜死。而崔潭峻前物故，詔剖棺鞭尸。元和逆黨幾盡。

訓本挾奇進，及大權在己，鋭意去惡，故與帝言天下事，無不如所欲。挾注相朋比，務報恩復讎，素忌李德裕、宗閔之寵，乃因楊虞卿獄，指爲黨人，嘗所惡者，悉陷黨中，遷貶無閡日，班列幾空，中外震畏。帝爲下詔開諭，羣情稍安。不踰月，以禮部侍郎同中書門下平章事，賜金紫服，仍詔三日一至翰林，以終《易》義。

訓起流人，一歲至宰相，謂遭時，其志可行。欲先誅宦豎，乃復河、湟，攘夷狄，歸河朔諸鎮。意果而謀淺，天子以爲然。俄賜第勝業里，賞賚旁午。每進見，他宰相備位，天子傾意，宦官衛兵皆慴憚迎拜。天下險怪士徼取富貴，皆憑以爲資。訓時時進賢才偉望，以悦士心，人皆惑之。嘗建言天下浮屠避傜賦，耗國衣食，請行業不如令者還爲民。既執政，自白罷，因以市恩。

始，注先顯，訓藉以進，及勢相埒，賴寵争功，不兩立。然方事未集，乃出注使鎮鳳翔，外爲助援，内實猜克，待逞，且殺之。擢所厚善分總兵柄，於是王璠爲太原節度使，郭行餘爲邠寧節度使，羅立言權京兆尹，韓約金吾將軍，李孝本權御史中丞。陰許璠、行餘多募士及金吾臺府卒，劫以爲用。

十一月壬戌，帝御紫宸殿，約奏甘露降金吾左仗樹，羣臣賀。訓、元輿奏言：「甘露近在禁中，陛下宜親往以承天祉。」許之。即輦如含元殿，詔宰相羣臣往視，還，訓奏言：「非甘露。」帝曰：「豈約妄邪？」顧中尉仇士良、魚志弘等驗之，訓因欲閉止諸宦人，使無逸者。時璠、行餘皆辭赴鎮，兵列丹鳳門外，轂而待，訓傳呼曰：「兩鎮軍入受詔旨！」聞者趨入，邠寧軍不至，璠懼，弗能前，獨行餘拜殿下。宦人至仗所，約流汗不能舉首，士良等怪之曰：「將軍何爲爾？」會風動廡幕，見執兵者，士良等驚，走出，閽者將闔扉，爲宦侍叱争，不及閉。訓急連呼金吾兵曰：「衛乘輿者，人賜錢百千！」於是有隨訓入者。宦人曰：「急矣，上當還内！」即扶輦決罘罳下殿趨，訓攀輦曰：「陛下不可去！」士良曰：「李訓反！」帝曰：「訓不反。」士良手搏訓而躓，訓壓之，將引刀鞾中，救至，士良免。立言、孝本領衆四百東西來，上殿與金吾士縱擊，宦官死者數十人。訓持輦愈急，至宣政門，宦人郗志榮揕訓仆之，輦入東上閤，即閉，宫中呼萬歲，元輿雖知謀，不以告涯，曰：「上將開延英邪？」而羣臣見宰相問故。會士良遣神策副使劉泰倫、陳君奕等率衛士五百挺兵出，所值輒殺。涯等惶遽易服步出。殺諸司史六七百人，復分兵屯諸宫門，捕訓黨千餘人斬四方館，流血成渠。宦豎知訓事連天子，相與怨嘖，帝懼，僞不語，故宦人得肆志殺戮。俄而元輿、涯皆爲兵所執。涯實不知謀，士良榜笞急，乃自署反狀。詔出衛騎千餘，馳咸陽、奉天捕亡者，大索都城，分掩涯、訓等第，兵遂人掠，入黎埴、羅讓、渾鐬、胡証等家及賈耽廟，貲産一空。兩省印、簿書輒持去，祕館圖籍，蕩然無餘者。

明日，召羣臣朝，至建福門，從者不得入，光範門尚閉，列兵誰何，乃繇金吾右仗至宣政衙，兵皆露持。是時無宰相、御史中丞，久之，閤門使馬元贄啓宣政扉，傳詔張仲方可京兆尹，而吏皆前死，羣臣不能班。帝初未知涯等被繫，猶遲

其不朝，既而士良白涯與訓謀逆，將立鄭注。遽召僕射令狐楚鄭覃，兵部尚書王源中、吏部侍郎李虞仲等至，帝對悲憤，因付涯訊牒曰：「果涯書邪？」楚曰：「然！」「涯誠有謀，罪應死。」

是日，京師兵剽劫未止，民乘亂，往往復私怨相戕擊，人死甚衆。帝遣楊鎮、靳遂良等屯兵大衢，鼓而儆之，兵乃止。帝逼宦官，於是下詔暴訓、涯等罪。孝本易緑幘，猶金帶，以帽幛面，奔鄭注，至咸陽，追騎及之。餗匿民間，羸服乘驢自歸。璠聚河東兵環第自衛，弘志使偏將攻之，呼曰：「王涯等得罪，起尚書爲相。」璠喜，啓關納之，既行，知見紿，泣曰：「李訓累我。」俄行餘、立言皆得。自涯十餘族并奴婢悉繫左右軍。璠見涯，恚曰：「公何見引？」涯曰：「君昔漏宋丞相謀於守澄，今焉逃死？」

訓既敗，被緑衣，詭言黜官，走終南山，依浮屠宗密。宗密欲匿之，其徒不可，乃奔鳳翔，爲盩厔將所執，械而東。訓恐爲宦人酷辱，祈監者曰：「得我者有賞，不如持首去。」乃斬之，傳其首，餘黨悉禽。

後一日，兩神策兵將涯等赴郊廟，過兩市，皆腰斬梟首以徇。餗臨刑憤叱，獨元輿曰：「鼂錯、張華尚不免，豈特吾屬哉？」約最後捕得，責以反狀，不服，斬之。殺訓弟仲褒、元皋。始，元皋以屬疏自解，得去，士良訊奴，言事前一昔宿訓第，遣人追斬之。訓死，士良捕宗密將殺之，怡然曰：「與訓游久，浮屠法遇困則救，死固其分。」乃釋之。是時暴尸旁午，有詔棄都外，男女孩嬰相雜廁。淹旬，許京兆府瘞斂，作二大冢，葬道左右。

它日，帝頗思訓，數爲李石、鄭覃稱其才。而宦豎益熾，帝未以制，居常忽忽不懌，每游燕，雖倡樂雜沓，未嘗歡，顔慘不展，往往瞋目獨語，或裴回眺望，賦詩以見情，自是感疢，至棄天下云。

雜録

備録

蘇鶚《杜陽雜編》卷中 文宗皇帝尚賢樂善，罕有倫比。每與宰臣學士論政事之暇，未嘗不話才術文學之士。故當時以文進者無不謌謌焉。於是上每視朝後，即閲羣書，見無道之君行狀則必扼腕歔欷，讀堯舜禹湯傳則歡呼斂衽，謂左右曰：「若不甲夜視事，乙夜觀書，何以爲人君耶？」每試進士及諸科舉人，上多自出題目。及所司進所試，而披覽吟誦終日忘倦。常延學士於内庭，討論經義，較量文章，令宫女已下侍茶湯飲饌。而李訓講《周易》微義頗叶於上意。時方盛夏，遂命取水玉腰帶及辟暑犀如意以賜訓。訓謝之，上曰：「如意足以與卿爲談柄也。」上讀高郢《無聲樂賦》、白居易《求玄珠賦》，謂之玄祖。

釋贊寧《宋高僧傳》卷六《義解篇第二之三》 初，[宗]密道既芬馨，名惟烜赫，内衆慕羶既如彼，朝貴答響又如此。當長慶、元和已來，中官立功執政者孔熾，内外猜疑，人主危殆。時宰臣李訓酷重于密，及開成中僞甘露發，中官率禁兵五百人出閤，所遇者一皆屠戮。時王涯、賈餗、舒元輿方在中書會食，聞難作，奔入終南投密。唯李訓欲求剪髮，匿之，從者止之，訓改圖趨鳳翔。時仇士良知之，遣人捕密入左軍，面數其不告之罪，將害之。密怡然曰：「貧道識訓年深，亦知其反叛，然本師教法，遇苦即救，不愛身命，死固甘心。」中尉魚恒志嘉之，奏釋其罪。朝士聞之，扼腕出涕焉。

《資治通鑑》卷二四五唐文宗太和八年六月條考異引《甘露記》 訓爲人長大美貌，口辯無前，常以英雄自任。會鄭注介上黨，出洛陽。訓慨然太息曰：「當世操權力者齷齪苛細，無足與言。吾聞鄭注爲人好義而求奇士，且通於内官，易爲因緣。」乃往説之。注見訓大驚，如舊相識，遂結爲死交。及注赴闕，請訓行京師，爲卜居供給，日夕往來，乘間奏於上。

《資治通鑑》卷二四五唐文宗太和八年六月條考異引《開成紀事》 訓除名，流象州，會恩歸于東洛。投謁諸處困乏，[李]逢吉叱之不顧。會鄭注寶副上黨，路經東都，于道投之，廣以古今義烈披述衷款。注本兇邪，趨而附之，自此豁然相然諾，情契稠疊。及注徵赴闕，訓隨而到京，別第安置。注因陳奏，言訓文學優盛無比，上納之。太和八年三月，以布衣在翰林，注之援也。

王讜《唐語林》卷六《補遺》 鄭注以方術進，舉引朋黨，薦《周易》博士李訓，召入内署，爲侍講《周易》學士。敏捷有口辯，涉獵五經，言及《左氏》，以探上意。上幸蓬萊殿閲書，召訓問曰：「[許]康佐所進《春秋列國經傳》，朕覽之久矣。戰國時事，歷歷明白。朕曾問康佐：吴人伐越，獲俘以爲閽，殺吴子餘祭；康佐云『窮究未精』，卿謂如何？」訓曰：「吴人伐越獲俘，俘即罪人，如今之所謂『生口』

也。不殺，下蠶室肉刑，古謂之『閹寺』，即今之中使也。吳子，是國君長；餘祭，名也。使中使主守舟楫，餘祭往觀之，爲中使所殺。」上嗟歎。訓曰：「君不近刑臣；近刑臣，即輕死之道也。吳子遠賢良，親刑臣，而有斯禍。魯史書之，以垂鑒戒。」上曰：「左右密近刑臣多矣！餘祭之禍，安得不慮？」訓曰：「陛下睿聖，留意於未萌。若欲去泰去甚，臣願遵聖算。累聖知之而不能遠，惡之而不能去，睿旨如此，天下幸甚！」時鄭注任工部尚書、侍講學士，乃與訓斥逐賢良，陰搆姦蠹，遂有甘露之事。

袁樞《通鑑紀事本末》卷三五《宦官弑逆》 初，宋申錫與御史中丞宇文鼎受密詔誅鄭注，使京兆尹王璠掩捕之。璠密以堂帖示王守澄，注由是得免，深德璠。璠又與李訓善，於是訓、注共薦之，自浙西觀察使徵爲尚書左丞。

〔太和〕九年夏四月癸巳，以鄭注守太僕卿，兼御史大夫，注始受之，仍舉倉部員外郎李款自代，曰：「加臣之罪，雖於理而無辜；在款之誠，乃事君而盡節。」時人皆哂之。

初，宋申錫獲罪，宦官益横，上外雖包容，内不能堪。李訓、鄭注既得幸，揣知上意，訓因進講，數以微言動上。上見其才辯，意訓可與謀大事，且以訓、注皆因王守澄以進，冀宦官不之疑，遂密以誠告之。訓、注遂以誅宦官爲己任，二人相挾，朝夕計議，所言於上無不從，聲勢烜赫。注多在禁中，或時休沐，賓客填門，賂遺山積。外人但知訓、注倚宦官擅作威福，不知其與上有密謀也。上之立也，右領軍將軍興寧仇士良有功，王守澄抑之，由是有隙。訓、注爲上謀，進擢士良以分守澄之權。五月乙丑，以士良爲左神策中尉，守澄不悦。

〔秋七月〕，李訓、鄭注爲上畫太平之策，以爲當先除宦官，次復河、湟，次清河北，開陳方略，如指諸掌。上以爲信然，寵任日隆。

時人皆言鄭注朝夕且爲相，侍御史李甘揚言於朝曰：「白麻出，我必壞之於庭。」癸亥，貶甘封州司馬。然李訓亦忌注，不欲使爲相，事竟寢。

甲子，以國子博士李訓爲兵部郎中、知制誥，依前侍(讀)〔講〕學士。

八月丁丑，以太僕卿鄭注爲工部尚書，充翰林侍講學士。注好服鹿裘，以隱淪自處，上以師友待之。注之初得幸，上嘗問翰林學士户部侍郎李珏曰：「卿知有鄭注乎？亦嘗與之言乎？」對曰：「臣豈特知其姓名，兼深知其爲人。其人姦邪，陛下寵之，恐無益聖德。臣忝在近密，安敢與此人交通！」戊寅，貶珏江州刺史。

憲宗之崩也，人皆言宦官陳弘志所爲。時弘志爲山南東道監軍，李訓爲上謀召之，至青泥驛，〔九月〕癸亥，封杖殺之。

鄭注求爲鳳翔節度使，門下侍郎、同平章事李固言不可。丁卯，以固言爲山南西道節度使，注爲鳳翔節度使。李訓雖因注得進，及勢位俱盛，心頗忌注，謀欲中外協勢以誅宦官，故出注於鳳翔。其實俟既誅宦官并圖注也。

注欲取名家才望之士爲參佐，請禮部員外郎韋温爲副使，温不可。或曰：「拒之必爲患。」温曰：「擇禍莫若輕。拒之止於遠貶，從之有不測之禍。」卒辭之。

戊辰，以右神策中尉、行右衛上將軍、知内侍省事王守澄爲左右神策觀軍容使，兼十二衛統軍。李訓、鄭注爲上謀，以虚名尊守澄，實奪之權也。

己巳，以御史中丞兼刑部侍郎舒元輿爲刑部侍郎，兵部郎中、知制誥、充翰林侍講學士李訓爲禮部侍郎，並同平章事。仍命訓三二日一入翰林講《易》。元輿爲中丞，凡訓、注所惡者，則爲之彈擊，由是得爲相。又上懲李宗閔、李德裕多朋黨，以賈餗及元輿皆孤寒新進，故擢爲相，庶其無黨耳。

訓起流人，期年致位宰相，天子傾意任之。訓或在中書，或在翰林，天下事皆決於訓。王涯輩承順其風指，惟恐不逮。自中尉、樞密、禁衛諸將，見訓皆震慴，迎拜叩首。

壬申，以刑部郎中兼御史知雜李孝本權知御史中丞。孝本，宗室之子，依訓、注得進。

冬十月，李訓、鄭注密言於上，請除王守澄。辛巳，遣中使李好古就第賜酖，殺之，贈揚州大都督。訓、注本因守澄進，卒謀而殺之，人皆快守澄之受佞，而疾訓、注之陰狡，於是元和之逆黨略盡矣。乙酉，鄭注赴鎮。

庚子，以東都留守、司徒兼侍中裴度兼中書令，餘如故。李訓所奬拔，率皆狂險之士，然亦時取天下重望以順人心，如裴度、令狐楚、鄭覃皆累朝耆俊，久爲當路所軋，置之散地，訓皆引居崇秩。由是士大夫亦有望其真能致太平者，不惟天子惑之也。然識者見其横甚，知將敗矣。【略】

始，鄭注與李訓謀，至鎮，選壯士數百，皆持白梃，懷其斧，以爲親兵。是月戊辰，王守澄葬於滻水，注奏請入護葬事，因以親兵自隨。仍奏令内臣中尉以下盡集滻水送葬，注因闔門，令親兵斧之，使無遺類。約既定，訓與其黨謀：「如此事成，則注專有其功，不若使行餘、璠以赴鎮爲名，多募壯士爲部曲，并用金吾、臺府吏卒，先期誅宦者，已而并注去之。」行餘、璠、立言、約及中丞李孝本，皆訓

素所厚也，故列置要地，獨與是數人及舒元輿謀之，他人皆莫之知也。

壬戌，上御紫宸殿。百官班定，韓約不報平安，奏稱「左金吾聽事後石榴夜有甘露，臣遞門奏訖」。因蹈舞再拜，宰相亦帥百官稱賀。訓、元輿勸上親往觀之，以承天貺，上許之。百官退，班於含元殿。日加辰，上乘軟輿出紫宸門，升含元殿。先命宰相及兩省官詣左仗視之，良久而還。訓奏：「臣與衆人驗之，殆非真甘露，未可遽宣布，恐天下稱賀。」上曰：「豈有是邪？」顧左右中尉仇士良、魚志弘帥諸宦者往視之。宦者既去，訓遽召郭行餘、王璠曰：「來受勅旨。」璠股栗不敢前，獨行餘拜殿下。時二人部曲數百，皆執兵立丹鳳門外，訓已先使人召之，令人受勅，獨東兵入，邠寧兵竟不至。

仇士良等至左仗視甘露，韓約變色流汗，士良怪之，曰：「將軍何爲如是？」俄風吹幕起，見執兵者甚衆，又聞兵仗聲。士良等驚駭走出，門者欲閉之，士良叱之，關不得上。士良等奔詣上告變。訓見之，遽呼金吾衛士曰：「來上殿衛乘輿者，人賞錢百緡。」宦者曰：「事急矣，請陛下還宫。」即舉軟輿，迎上扶升輿，決殿後罘罳，疾趨北出。訓攀輿呼曰：「臣奏事未竟，陛下不可入宫。」金吾兵已登殿，羅立言帥京兆邏卒三百餘自東來，李孝本帥御史臺從人二百餘自西來，皆登殿縱擊，宦官流血呼冤，死傷者十餘人。乘輿迤邐入宣政門，訓攀輿呼益急，上叱之，宦官郗志榮奮拳毆其胸，偃於地。乘輿既入，門隨闔，宦者皆呼萬歲，百官駭愕散出。訓知事不濟，脱從吏緑衫衣之，走馬而出，揚言於道曰：「我何罪而竄謫！」人不之疑。王涯、賈餗、舒元輿還中書，相謂曰：「上且開延英，召吾屬議之。」兩省官(諸)〔詣〕宰相請其故，皆曰：「不知何事，諸公各自便。」士良等知上豫其謀，怨憤，出不遜語，上慚懼，不復言。【略】

李訓素與終南僧宗密善，往投之。宗密欲剃其髮而匿之，其徒不可。訓出山，將奔鳳翔，爲盩厔鎮遏使宋楚所擒，械送京師。至昆明池，訓恐至軍中更受酷辱，謂送者曰：「得我者則富貴矣。聞禁兵所在捜捕，汝必爲所奪，不若取我首送之。」送者從之，斬其首以來。

備論

《舊唐書》卷一六九《李訓傳》 史臣曰：王者之政以德，霸者之政以權。古先后王，率由茲道，而遂能息人靖亂，垂統作則者。如梓人共柯而殊工，良弈同枰而獨勝，蓋在得其術，則事無後艱。昭獻皇帝端冕深帷，憤其厮養，欲鏟宦居之弊，載澄刑政之源。當宜禮一代正人，訪先朝耆德，修文教而厚風俗，設武備以服要荒。俾西被東漸，皆陶於景化；柔祇蒼昊，必降於闕祥，自然懷德以寧，無思不服。況區區宦者，獨能悖化哉？故豎刁、易牙，不廢齊桓之霸；韓嫣、籍孺，何妨漢帝之明。蓋有管仲、亞夫之賢，屬之以大政故也。此二君者，制御閹寺，得其道也。而昭獻忽君人之大體，惑纖狡之庸儒。雖終日横經，連篇屬思，但得好文之譽，庸非致治之先。且李訓者，狙詐百端，陰險萬狀，背守澄而勸酖，出鄭注以擅權。祇如晝隕四星，兼權八校，小人方寸，即又難知。但慮爲蛩蝨而採溪蓀，翻獲蝮蜓之患也。嗚呼明主，夫何不思，遽致血淺黄門，兵交青瑣。苟無藩后之勢，黄屋危哉！涯、餗綽有士風，晚爲利喪，致身鬼蜮之伍，何逃暱室之災。非天不仁，子失道也！

贊曰：奭、旦興周，斯、高亡秦。禍福非天，治亂由人。訓、注姦僞，血顙象魏。非時乏賢，君迷倒置。

《新唐書》卷一七九《李訓傳》 贊曰：李訓浮躁寡謀，鄭注斬斬小人，王涯暗沓，舒元輿險而輕，邀幸天功，寧不殆哉！李德裕嘗言天下有常勢，北軍是也。訓因王守澄以進，此時出入北軍，若以上意説諸將，易如靡風，而返以臺、府抱關游徼抗中人以搏精兵，其死宜哉！文宗與宰相李石、李固言、鄭覃稱：「訓稟五常性，服人倫之教，不如公等，然天下奇才，公等弗及也。」德裕曰：「訓曾不得齒徒隸，尚才之云！」世以德裕言爲然。傳曰：「國將亡，天與之亂人。」若訓等持腐株支大厦之顛，天下爲寒心豎毛，文宗偃然倚之成功，卒爲閹謁所乘，大果厭唐德哉！

《資治通鑑》卷二四五唐文宗太和九年十一月條 訓、注小人，窮姦允險，力取將相。【略】偷合苟容，日復一日，自謂得保身之良策，莫我如也。若使人人如此而無禍，則姦臣孰不願之哉？一旦禍生不虞，足折刑剭，蓋天誅之也，士良安能族之哉！

孔平仲《舍人集》卷二《李訓論》 嗚呼！士之遭時遇主也，非有帝室之親，而懷腹心之忠；非有列國之封，而奪手足之衛，其爲作史者固宜取大節而棄小疵，美其犯患，而遺其細過，然後可以激忠臣而勵志士。苟惟徒責其小疵，而棄其大節，論其小過，而掩其犯患之功，則是以成敗論人矣。且以李訓而論之。其

始也布衣賤士，於李氏非有帝室之親也；使其功成名立，於唐世非有列國之封也。而能竭忠憤志，以爲文宗謀者，何耶？謀而就乎，大則左右僕射，次則侍從之官耳。身没之後，子孫賢乎，食唐之禄；其不賢乎，爲唐之民。謀而弗就，身膏斧鉞，誅及妻孥，宗族絶滅，爲天下笑。然李訓爲之而不辭者，豈有他哉？志在安宗社而尊君父也。作史者不能深探其心，而以浮躁責之，此愚所以掩卷而歎也。且《春秋》之法，君弑而賊不討，則深責其國，以爲無臣子也。憲宗之弑，歷三世而賊猶在，方是時，非無臣子也，劉蕡以言逐，申錫以言誅，天下之士，由是縮首畏禍，持禄養交而已。惟一李訓，義不顧難，忠不避死，慨然爲文宗謀，殺陳弘志，鴆王守澄，而楊承和、韋元素、王踐言之徒相踵而死，元和逆黨，幾於殆盡，少足以快天下之怒，未足以雪憲宗之恥。惜乎訓之情鋭而氣狹，志大而謀淺，立功名之地而不處之以謙厚，蹈安危之機而不先之以沉默，反與鄭注怙權，斯所以致甘露之禍也。且以仇士良爲左神策軍中尉，魚弘志爲右神策軍中尉，天下之權，盡在二人矣，舉手伸縮，便有輕重，豈可以白徒而搏精鋭哉？爲訓者，胡不告文宗曰：舉神策之兵而委之於將，罷二人之柄而付之有司，然後有罪者誅，無罪者釋之，使天下之人，曉然知宦寺之罪不可赦也，則仇士良、魚弘志乃一婦人女子之力耳。其次者，從鄭注之謀可也，豈有甘露之禍與？而不知出此，反以譎詐敗天下事，抑亦當時衣冠之厄會也，唐社稷之不幸也。設使當時無風動廡幕之變，足知閹寺之不可逃矣。豈天意之不佑，俾人謀之迥刺者耶？唐史惟知罪其浮躁而失之，願執事者思之也。

秦觀《淮海集》卷二二《李訓論》　臣聞天下無易事，非其人則難於登天；天下無難事，得其人則易於反掌。難無定勢，易無常形，惟其人也。昔漢有諸侯强大之患，連城數十，地方千里，擅爵人，赦死罪，戴黄屋，刺客公行。景帝用晁錯之謀，始議削之，法令未及行，而七國合從而起矣。何其難耶？逮武帝用主父偃之謀，令諸侯得推恩分其子弟，詔下之日，人人各得所願，法令不更，疆境不變，而尾大之患亡矣。又何其易耶？以此言之，則知天下之事惟其人也。臣讀唐史，至甘露之事，未嘗不爲文宗而歎息。何則？欲除累世之姦，而倚一區區之李訓，豈不疏哉？宦官之禍深矣，自德宗懲北軍之變，以左右神策、天威等軍分委宦官主之，由是太阿倒持，不復可取。憲宗之賊，歷三世而不能討，天下憤焉。是時故老名臣，如裴度、李德裕之徒皆在也，向使文宗有知人之明，委任二臣，俾之圖畫，則刀鋸之殘，豈難制哉？何則？以訓之輕躁寡謀，尚能殺王守澄，則知度與德裕可以制仇士良之屬無疑矣。惟其不用二臣，而委之訓與鄭注，是以事敗謀泄，害及忠良，蹀血觀闕之前，不勝飲恨而已。非事之難，不知人之禍也。或曰：「注之師鳳翔也，欲因宦者送守澄之喪，以鎮兵誅之。訓忌其功，乃先五日舉事。使注不爲訓所忌也，庶其有濟乎？」臣曰：不然。惟其訓之事敗，則唐之禍在士良。使注之功成，則唐之禍在注矣。何則？袁紹、董卓、崔林、朱温之事蓋嘗成矣，其禍何如哉？以此觀之，事敗亦受禍，成亦受禍，禍在用小人而已矣。德裕嘗曰：「舉大事，非北軍無以成功。」此所謂天下之常勢也。又曰：「焚林而畋，明年無獸；竭澤而漁，明年無魚。」既經李訓之猖獗，則天下常勢亦不用。臣以爲德裕能不爲於會昌之時也，則知其能爲太和之時必矣。

王夫之《讀通鑑論》卷二六《文宗》　楊嗣復託宦官諷文宗以召用李宗閔，而文宗欲量移之。計其爲辭，不過曰：是固陛下宰輔，流落可矜而已矣；抑不過曰：是蓋李德裕之以朋黨相抑，李訓、鄭注之以邪佞相陷而已矣。夫德裕之所逐，固無可辭於小人；而訓、注之所排，豈必定爲君子？抑問其昔居輔弼之任，所建立者奚若耳。若夫無益於國，而徒尸顯秩，則已概可知矣，其黨固不能爲之辭。而但以曾充宰相，遂不可使失寵禄，將天子以天位任賢才使修天職而止於屈者伸之、邑鬱欲得者憐而授之，是三公論道之尊，僅如黄葉以止兒啼矣。

藝文

《劉禹錫集》卷一六《賀德音表》　臣某言：伏見今月十六日德音，布告遐邇。天道下濟，人情大安。伏惟皇帝陛下，凝旒思理，垂意擇材。以日月無私之光，照寰區有截之内。貴使下情盡達，寧虞厚貌潛謀？一昨李訓、鄭注等，敢有逆心，兼連兇黨。陛下叡謀神斷，左右協同。頃刻之間，埽除已定。重臣畢力，禁旅竭忠。氛祲廓清，華夷咸説。言念正刑之外，或有詿誤之徒。再發德音，廣宣聖澤。當星紀回天之日，迎陽和照物之光。懷危疑者如山之安，欲告訐者望風知懼。非同謀者一切不問，未結正者三宥從寬。含生之倫，普天同感。臣恪居官次，不獲稱慶闕庭云云。謹差防禦知衛官、朝議郎、權知容州都督府司馬孫惕奉表。

宋敏求《唐大詔令集》卷四九佚名《舒元輿李訓平章事制》　出納王命，流品

衆職，覃理化於區夏，謹法度於岩廊。是有文可經邦，才推濟代，列於百辟之上，俾輝三台之光。今我寐勞，果獲惟肖，爰舉並命，以寵非常。朝議郎、守御史中丞、兼刑部侍郎、上柱國、賜紫金魚袋舒元輿，杞梓長材，金玉正性，道懷邴魏，詞贍青英。居然不器之能，雅蹈中庸之美。自擢領綱紀，肅清朝廷，碩望允歸於應期，讜言莫匪乎體國。守兵部郎中、知制誥、充翰林學士、賜緋魚袋李訓，軒纓鼎族，河嶽間賢，德茂皋夔，文含雅誥。窮《易》測象繫之表，吐論成邦國之經。洎參職内庭，發揮王度，盛業見乎造膝，明識藹於伏蒲。並沖敏執中，端粹不倚，咸蘊莫磷之志，克弘作礪之規。珪璋有聲，鸞鳳其采。朕常法宫高視，所寶惟賢，方清化源，遂得時傑。嗚呼！君執象以端扆，臣推公以秉鈞。夙夜一心，小大同體，則和天地，序陰陽，臻乎洽平。吾所寤寐，爾宜率匡國之道，明理人之方，俾其致君，無愧往烈。咸陟樞柄，佇弘大猷，秋官禮闈，莫非寵任，祗厥成命，往惟欽哉！往者朕究《大易》，音訓之義也，尚未終卷，政事之暇，宜三兩日一度入翰林。元輿可守尚書刑部侍郎、同中書門下平章事，訓可守尚書禮部侍郎、同中書門下平章事，仍賜紫金魚袋。

仇士良部

綜述

《新唐書》卷二〇七《仇士良傳》 仇士良，字匡美，循州興寧人。順宗時得侍東宫。憲宗嗣位，再遷内給事，出監平盧、鳳翔等軍。嘗次敷水驛，與御史元稹争舍上廳，擊傷稹。中丞王播奏御史、中使以先後至得正寢，請如舊章。帝不直稹，斥其官。元和、大和間，數任内外五坊使，秋按鷹内畿，所至邀吏供餉，暴甚寇盜。

文宗與李訓欲殺王守澄，以士良素與守澄隙，故擢左神策軍中尉兼左街功德使，使相縻肉。已而訓謀悉逐中官，士良悟其謀，與右神策軍中尉魚弘志、大盈庫使宋守義挾帝還宫。王涯、舒元輿已就縛，士良肆脅辱，令自承反，示牒于朝。於時莫能辨其情，皆謂誠反，士良因縱兵捕，無輕重悉斃兩軍，公卿半空。事平，加特進、右驍衛大將軍，弘志右衛上將軍兼中尉，守義右領軍衛上將軍。

李石輔政，稜稜有風岸，士良與論議數屈，深忌之，使賊刺石於親仁里，馬逸而免。石懼，辭位，士良益無憚。

澤潞劉從諫本與訓約誅鄭注。及訓死，憤士良得志，乃上書言：「王涯等八人皆宿儒大臣，願保富貴，何苦而反。今大戮所加已不可追，而名之逆賊，含憤九泉。不然，天下義夫節士，畏禍伏身，誰肯與陛下共治耶？」即以訓所移書遺部將陳季卿以聞。季卿至，會石遇盜，京師擾，疑不敢進。從諫大怒，殺季卿，騰書于朝。又言：「臣與訓誅注，以注本宦豎所提挈，不使聞知。今四方共傳宰相欲除内官，而兩軍中尉聞，自救死，妄相殺戮，謂爲反逆。有如大臣挾無將之謀，自宜執付有司，安有縱俘劫，横尸闕下哉？陛下視不及，聽未聞也。且宦人根黨蔓延在内，臣欲面陳，恐横遭戮害，謹修封疆，繕甲兵，爲陛下腹心。如姦臣難制，誓以死清君側。」書聞，人人傳觀。士良沮恐，即進從諫檢校司徒，欲弭其言。從諫知可動，復言：「臣所陳繫國大體，可聽，則宜洗宥涯等罪；不可聽，則賞不宜妄出。安有死冤不申，而生者荷禄？」固辭。累上書，暴指士良等罪。帝雖不能去，然倚其言差自彊。自是鬱鬱不樂，兩軍毬獵宴會絶矣。

開成四年，苦風痺，少間，召宰相見延英，退坐思政殿，顧左右曰：「所直學士謂誰？」曰：「周墀也。」召至，帝曰：「自爾所況，朕何如主？」墀再拜曰：「臣不足以知，然天下言陛下堯、舜主也。」帝曰：「所以問，謂與周赧、漢獻孰愈？」墀惶駭曰：「陛下之德，成、康、文、景未足比，何自方二主哉？」帝曰：「赧、獻受制彊臣，今朕受制家奴，自以不及遠矣！」因泣下，墀伏地流涕。後不復朝，至大漸云。

始，樞密使劉弘逸、薛季稜、宰相李珏楊嗣復謀奉太子監國，士良與弘志議更立，珏不從，乃矯詔立潁王爲皇太弟，士良以兵奉迎，而太子還爲陳王。初，莊恪太子薨，楊賢妃謀引安王，不克。武宗已立，士良發其事，勸帝除之以絶人望，故王、妃皆死。士良遷驃騎大將軍，封楚國公，弘志韓國公，實封户三百。俄而珏、嗣復罷去，弘逸、季稜誅矣。

帝明斷，雖士良有援立功，内實嫌之，陽示尊寵。李德裕得君，士良愈恐。會昌二年，上尊號，士良宣言「宰相作赦書，減禁軍縑糧芻菽」以摇怨，語兩軍曰：「審有是，樓前可争。」德裕以白帝，命使者諭神策軍曰：「赦令自朕意，宰相何豫？爾渠敢是？」士乃怗然。士良惶惑不自安。明年，進觀軍容使，兼統左右軍，以疾辭，罷爲内侍監，知省事。固請老，詔可。尋卒，贈揚州大都督。

士良之老，中人舉送還第，謝曰：「諸君善事天子，能聽老夫語乎？」衆唯唯。士良曰：「天子不可令閑暇，暇必觀書，見儒臣，則又納諫，智深慮遠，減玩好，省游幸，吾屬恩且薄而權輕矣。爲諸君計，莫若殖財貨，盛鷹馬，日以毬獵聲色蠱其心，極侈靡，使悦不知息，則必斥經術，闇外事，萬機在我，恩澤權力欲焉往哉？」衆再拜。士良殺二王、一妃、四宰相，貪酷二十餘年，亦有術自將，恩禮不衰云。死之明年，有發其家藏兵數千物，詔削官爵，籍其家。

始，士良、弘志憤文宗與李訓謀，屢欲廢帝。崔慎由爲翰林學士，直夜未半，有中使召入，至秘殿，見士良等坐堂上，帷帳周密，謂慎由曰：「上不豫已久，自即位，政令多荒闕，皇太后有制更立嗣君，學士當作詔。」慎由驚曰：「上高明之德在天下，安可輕議？慎由親族中表千人，兄弟羣從且三百，何可與覆族事？雖死不承命。」士良等默然，久乃啓後户，引至小殿，帝在焉。士良等歷階數帝過失，帝俛首。既而士良指帝曰：「不爲學士，不得更坐此。」乃送慎由出，戒曰：「毋泄，禍及爾宗。」慎由記其事，藏箱枕間，時人莫知。將没，以授其子胤，故胤

惡中官，終討除之，蓋禍原於士良、弘志云。

《文苑英華》卷九三二鄭薰《内侍省監楚國公仇士良神道碑》　運巨鼇者，必資帆檝之便，以鼓其波濤；築廣廈者，必堅柱石之材，以完其結構。是故明王聖帝，立國保家，莫不求竭忠宣力之臣，配帆檝柱石之用，懋崇基業，弘濟艱難。百代通規，千載相遇。孰稱全德，其故開府儀同三司内侍監致仕楚國仇公乎！公諱士良，字匡美，海豐興寧人也。宋大夫牧，以忠烈正直書於《春秋》，公實其裔焉。其後香以文雅仕於東漢，儒以議論貴乎北燕。蟬聯珪冕，暉映簡册，代著奇節，率多令人。史編家譜，一二詳焉。顯公之曾考皇朝正議大夫内給事賜緋魚袋諱上客府君，忠昭事任，績茂聲猷，躬行正途，克嗣先業。烈祖皇朝議大夫、内常侍、賜紫金魚袋諱奉詮府君，名以才彰，功由道著，王氏教讓，羲之已行，于公高門，定國方大。皇考諱文晟府君，精持貞廉，高挹塵俗，位以命屈，慶因善餘。厥惟楚公，克振勳德，追贈特進、左監門衛將軍，賜紫金魚袋，申公之誠孝也。

公年未弱冠，入仕東朝。是時憲宗皇帝主器承華，體元儲兩。親奉再飯，共歡九齡。助登少海之瀾，更闡前星之耀。永貞十年，授掖庭局宫教博士，賜緋魚袋。元和初，以舊恩本固，新渥彌隆，既頒侍從之勤，首舉寵遷之命。加宣徽供奉官，賜紫金魚袋。檢身極敬，奉輦施勞。勵自牧於撝謙，表無私於應對。閏六月轉朝散大夫、内侍省内給事，宣徽供奉官如故。材力彰於省局，周旋美於禁闈。驟議甄升，更加命秩。冬十月，拜内常侍，餘如故。未周星紀，三歷顯途，既洽謳謡，且明恩澤。彼虞卿再見，爲趙上卿；荀爽九旬，登漢三事。允膺時議，彼或多慙。三年，以本官充内外五坊使，尋或遷宣徽供奉官。發彼五豝，輔騶虞之仁化；殪此大兕，詠吉日於春蒐。外撫之暴横自銷，中綏之井閭知感。

十年，加大中大夫、内侍省内常侍，尋以本官充平盧軍監軍使。全齊舊壤，繼代邀恩，甲兵甚充，貢賦不入。公聞其叛换，諭以忠貞，爰革非心，幾至效順。明年詔徵，又以内侍依前宣徽供奉官。吴寇據淮，天兵在野，逗留不進，沮敗爲憂。揀求使臣往諭中旨，遂命公以本官及職充淮西行營宣慰使。至則大布皇澤，益勵軍威，四遠瞻風，萬夫振氣。而又盡得機要，既還奏聞，竟至成功，斯爲顯效。十五年，遷雲麾將軍、右監門衛將軍，充内外五坊使，仍賜上柱國，又進封南安縣開國男，食邑三百户。驅獸而無害五穀，充庖而有事三田。蕙圃蘭塘，落飛駐走。助開三面之網，勤施一目之羅。鄙長楊之大誇胡人，笑上林之務矜楚使。條令既肅，巡遊盡歡。其冬復加冠軍大將軍。長慶初，罷五坊使，以本縣進封開國子，尋進侯爵，食邑一千户，宣徽供奉官皆如故。二年，除鳳翔監軍使，又進封開國公，食邑一千五百户。亶父舊疆，繆公遺政。郡邑則武安留守，扶風則馬謨擅名。雜於版屋之郊，號爲難治之俗。公攬轡即路，下車撫戎。三軍畏威，百姓懷惠。寶曆二年徵，復爲宣徽供奉官，以本爵進封郡公，食邑二千户，尋除鄂岳監軍使。傍連荆楚，南接湖湘。閭閻皆士著之安，貨貝有山積之富。兵不堅利，人皆惰游。公深贊訓齊，同爲勗勉。知方有勇，自我而能皷，大和元年，入爲宣徽供奉官，轉内坊典内侍省。秩清事簡，優逸自娱。莫展長材，鬱于羣論。俄拜右神策軍副使。公於是端肅以貳戎政，廉讓以播軍聲。屏衛益嚴，梟悍知禁。二年，擢爲右領軍衛將軍、内外五坊使。講事一時，農不易隴；選徒百隊，人不告。勞鮮扁而布青林，行事而無遺衮。貙貗古法，蒐獮新規。指顧之間，莫非盡善。六年，真拜内侍知省事，餘如故。明年轉大行庫，領染坊，依前知省事。恩澤浹於寰瀛，寵錫周於藩服。綺羅萬段，錦綉千箱。每極珍華，曾無濫惡。又玄黄朱紫，染彩文章，靡不精鮮，悉中程度。以賞能陟于龍飛使，本官並仍舊。御閑二六，天驥三千。異骨峯生，深溝洫溢。親習盡馳驅之妙，羣分多駔駿之奇。芻秣尤精，藁秸常美。九年五月，拜左神策軍中尉、兼左街功德使，將軍知省事如故。練達戎機，揔親護禁。典理爪牙之衛，左右心膂之師。寬不衰威，簡不曠務。氣勵熊羆之勇，手持虎豹之韜。恩由忠深，士以誠感。張孺駿乘，孝宣乃安；趙喜宿衛，顯宗加厚。轉左驍衛將，軍餘如故。

既而鄭注挺妖，李訓附會，列奏僞瑞，固邀鑾輿，圖害腹心，漸逞姦毒。公先機立斷，禁旅遽齊，坐遏兇渠，保護帝輦。指名魁首，俄頃追擒。其餘躁競進取之徒，枝連葉著之黨，或志諧狂計，罔自正身；或跡比頑童，居然就禍。莫不盡苞恢網，同抵國章，由是宗社乂寧，中外協睦。非夫忠謀天假，廣業神通，其孰能如此乎！及於廟堂議功，公在第一。優詔特進本衛上將軍，中尉知省事如故。位輕於德，賞不配勲。難許沖謙，終昇峻級。尋遷驃騎大將軍。開成五年，加開府儀同三司、左衛上將軍，封楚國公，食邑二千户。食實封二千户，頒恩常例，非私受也。會昌元年又加食實封二百户，尋擢爲觀軍容使，兼統左右三軍。獎舊常議，昭異渥也。公每念禍伏福中，禄爲身累。將持盈滿，莫過退休。三年夏，以寒暑内外，針鑿罕效，因求散秩，用遂素懷。乃除内侍監，將軍知省事如故。尋又連表陳讓，固辭恩榮。優詔以本官致仕，其年六月二十三日，薨于廣化里之私第，享年六十有三。

嗚呼！身隨運往，名寄勳留。一代推雄，九原表傑。天子悼之，罷朝兩日，贈揚州大都督。公弱冠以辨智取位，强仕以幹蠱居官。及蒞大政，以機畧致勳勞；臻于貴壽，以恬退保終始。事在簡册，爵及天人。出入七朝，顯揚三紀。秩以功藝進，道由忠直張。擊鞠廣場，則馳先百馬；彎弧迥野，則飛落雙雕。故得侍娱遊則三領五坊，承顧問則八加供奉。元和中，盧從史倚上黨兵勁，陰結叛臣。憲宗皇帝命護軍中尉吐突公統戎專征，密勿神算，誘至幕下，縛送闕廷。是時公適在軍，助成丕績。其或揚鑣宣命，電掃雷驚，每播深恩，親當横陣。兩河平殄，頗預其功，雖不自矜，實傳衆口。而多材多藝，强記博聞，舉策畫若應神明，閱簿書無逃心目。而又精鑒，冠絶當時。門館賓僚，薦延功行，必求明德，用輔聖朝。則有秉忠正之心，荷匡贊之任，才表王佐，出爲國禎，康濟羣生，輝華四海者矣。然後知衛將軍七擊匈奴，封侯九國；霍驃騎六征絶塞，列將八人。特美高勳，豈膺腎弼。以今方古，我德爲優。

以四年正月二十三日，歸葬於萬年縣寧安鄉鳳棲原社季村。夫人安定胡氏祔焉，禮也。夫人故開府儀同三司檢校太子賓客兼御史大夫贈户部尚書承恩之女，性得天才，儀標冠族。叶組紃之懿範，彰圖史之貞規。法度所以正家，柔閑所以遵道。洎祥開鳳兆，德協鵲巢。芳徽溢於閨闈，淑則洽於姻族。以公勳位峻重，累封至魯國夫人。壬戌歲先公而殁。有男五人。長宣徽使、銀青光禄大夫、行内侍省内給事，賜紫金魚袋曰從廣。次光禄大夫、檢校散騎常侍、持節曹州諸軍事、守曹州刺史、兼御史中丞、上柱國、南安縣開國公、食邑一千五百户曰亢宗。次閤門使、朝散大夫、行内侍省内府局丞，賜緋魚袋曰從源。次邠寧監軍使、中散大夫、行内侍省内侍局丞，賜緋魚袋曰從渭。幼曰從潩。皆稟訓過庭，早通詩禮，承恩入仕，共效忠勤。爲明庭之羽翰，作私室之符瑞。不忘素業，自致青雲。宜乎懿德有後，信不誣矣！大中紀號五年，克平四裔，東南欸化，西北開疆，三耀舒光，八紘無事。皇帝念功軫慮，録舊申恩。惟楚公永貞時祖宫有翼戴之勞，元和時宣徽有委遇之渥，今則已悲封樹，未刻松銘。乃命舉其殊庸，勒在貞石，用傳不朽，昭示將來。特詔詞臣，俾其選述。臣薰恐惶直叙，不敢虚美。謹爲銘曰：

仇氏之先，本宋大夫。就義輕死，昭于册書。厥後聞人，漢香燕孺。乃生楚公，前修不渝。

焯焯楚公，俊乂邁德。克抱才器，必循典則。天資忠孝，神助正直。高揭勳名，幾摧姦匿。

從史負力，潛通鎮郊。上將受詔，縛歸天朝。楚公佐成，衆不敢摇。東國大定，塵氣自消。

蔡寇不庭，誅行原野。羣校傷敗，師無進者。楚國銜命，汗血波瀉。貔貅鼓氣，城壘連下。

注訓勃戾，妖凌北宫。和鑾在御，狂祲來衝。楚公奮臂，甲士趨風。克殲巨孽，乃建殊庸。

五坊三居，公畋有節。宣徽八入，密議攸竭。再監戎閫，將校感悦。一牧郊坰，騂騮夐絶。

佐佑帝室，手提禁師。士伍胥附，皇心勿疑。持滿先誡，居高不危。懸車告謝，彭薛肩隨。

駭起截飈，哀傳逝水。空留洪烈，永載青史。精爽何之，壯猷已矣。京兆開阡，壽堂在此。

仕承泰運，殁偶昌期。徽音不泯，令嗣銜悲。聖念既勤，爰斲豐碑。事功難究，有靦色絲。

川常不移，松楸已列。玄室雖閉，清風靡歇。作皇代之英臣，期終吉兮無絶。

雜録

備録

李匡乂《資暇集》卷下《注子偏提》 元和初，酌酒猶用樽杓，所以丞相高公有「斟酌」之譽。雖數十人，一樽一杓，挹酒而散，了無遺滴。無何，稍用注子，其形若罃，而蓋、嘴、柄皆具。太和九年後，中貴人惡其名同鄭注，乃去柄安系，若茗瓶而小異，目之曰「偏提」，論者亦利其便，且言柄有礙而屢傾仄。

王定保《唐摭言》卷九《惡得及第》 高鍇侍郎第一榜，裴思謙以仇中尉關節取狀頭，鍇庭譴之，思謙迴顧，厲聲曰：「明年打脊取狀頭。」明年，鍇戒門下不得

受書題。思謙自懷士良一緘入貢院，既而易以紫衣，趨至階下，白鍇曰：「軍容有狀，薦裴思謙秀才。」鍇不得已，遂接之。書中與思謙求巍峩，鍇曰：「狀元已有人，此外可副軍容意旨。」思謙曰：「卑吏面奉軍容處分，裴秀才非狀元，請侍郎不放。」鍇俛首良久曰：「然則略要見裴學士。」思謙曰：「卑吏便是。」思謙詞貌堂堂，鍇見之改容，不得已遂禮之矣。

陶穀《清異録》卷下《饌羞門》　赤明香，世傳仇士良家脯名也。輕薄甘香，殷紅浮脆，後世莫及。

王讜《唐語林》卷三《方正》　李相石在中書，京兆尹薛元賞謁石于私第。故事：百僚將至宰相宅，前驅不復呵。元賞下馬，石未之知，方在廳，若與人訴競者。元賞問焉，云：「軍中軍將。」元賞排闥進，曰：「相公，朝廷大臣，天子所委注。撫蠻夷，和陰陽，安百姓，叶衆心，無敢乖謬；升絀賢不肖，賞功罰罪，皆公之職。安有軍中一將而敢如此哉！夫貴賤失序，綱紀之紊，常必由之。苟朝廷如此，猶望相公整頓頹壞，豈有出自相公者！」即疾趨而去，顧左右曰：「無禮軍將，可擒于下馬橋祗候。」元賞比至，則袒臂跽之矣。中尉仇士良有威權，其輩已有訴之者，宦官連聲傳士良命曰：「中尉奉屈大尹。」元賞不答，即命杖殺之。士良大怒。元賞乃白衣請見士良，士良出曰：「敢必杖殺軍中大將，可乎？」元賞即具言無禮狀，且曰：「宰相，大臣也；中尉，大臣也。彼既可無禮于此，此獨不可以無禮于彼乎？國家之法，中尉所宜保守，一旦壞之可惜。某已白衫，惟中尉命。」士良以其理直，命左右取酒飲之而罷。

袁樞《通鑑紀事本末》卷三五《宦官弑逆》　初，宋申錫獲罪，宦官益横，上外雖包容，内不能堪。李訓、鄭注既得幸，揣知上意，訓因進講，數以微言動上。上見其才辯，意訓可與謀大事，且以訓、注皆因王守澄以進，冀宦官不之疑，遂密以誠告之。訓、注遂以誅宦官爲己任，二人相挾，朝夕計議，所言於上無不從，聲勢烜赫。注多在禁中，或時休沐，賓客填門，賂遺山積。外人但知訓、注倚宦官擅作威福，不知其與上有密謀也。上之立也，右領軍將軍興寧仇士良有功，王守澄抑之，由是有隙。訓、注爲上謀，進擢士良以分守澄之權。五月乙丑，以士良爲左神策中尉，守澄不悦。【略】

〔大和九年十一月〕壬戌，上御紫宸殿。百官班定，韓約不報平安，奏稱「左金吾聽事後石榴夜有甘露，臣遞門奏訖」。因蹈舞再拜，宰相亦帥百官稱賀。訓、元輿勸上親往觀之，以承天貺，上許之。百官退，班於含元殿。日加辰，上乘軟輿出紫宸門，升含元殿。先命宰相及兩省官詣左仗視之，良久而還。訓奏：「臣與衆人驗之，殆非真甘露，未可遽宣布，恐天下稱賀。」上曰：「豈有是邪？」顧左右中尉仇士良、魚志弘帥諸宦者往視之。宦者既去，訓遽召郭行餘、王璠曰：「來受勑旨。」璠股栗不敢前，獨行餘拜殿下。時二人部曲數百，皆執兵立丹鳳門外，訓已先使人召之，令入受勅，獨東兵入，邠寧兵竟不至。

仇士良等至左仗視甘露，韓約變色流汗，士良怪之，曰：「將軍何爲如是？」俄風吹幕起，見執兵者甚衆，又聞兵仗聲。士良等驚駭走出，門者欲閉之，士良叱之，關不得上。士良等奔詣上告變。訓見之，遽呼金吾衛士曰：「來上殿衛乘輿者，人賞錢百緡。」宦者曰：「事急矣，請陛下還宫。」即舉軟輿，迎上扶升輿，決殿後罘罳，疾趨北出。訓攀輿呼曰：「臣奏事未竟，陛下不可入宫。」金吾兵已登殿，羅立言帥京兆邏卒三百餘自東來，李孝本帥御史臺從人二百餘自西來，皆登殿縱擊，宦官流血呼冤，死傷者十餘人。乘輿迤邐入宣政門，訓攀輿呼益急，上叱之，宦官郗志榮奮拳毆其胸，偃於地。乘輿既入，門隨闔，宦者皆呼萬歲，百官駭愕散出。訓知事不濟，脱從吏緑衫衣之，走馬而出，揚言於道曰：「我何罪而竄謫！」人不之疑。王涯、賈餗、舒元輿還中書，相謂曰：「上且開延英，召吾屬議之。」兩省官(諸)〔詣〕宰相請其故，皆曰：「不知何事，諸公各自便。」士良等知上豫其謀，怨憤，出不遜語，上慚懼，不復言。

士良等命左右神策副使劉泰倫、魏仲卿等各帥禁兵五百人，露刃出閤門討賊。王涯等將會食，吏白「有兵自内出，逢人輒殺」。涯等狼狽步走，兩省及金吾吏卒千餘人填門爭出，門尋闔。其不得出者六百餘人皆死。士良等分兵閉宫門，索諸司，討賊黨。諸司吏卒及民酤販在中者皆死，死者又千餘人，横尸流血，狼籍塗地，諸司印及圖籍、帷幕、器皿俱盡。又遣騎各千餘出城追亡者，又遣兵大索城中。舒元輿易服單騎出安化門，禁兵追擒之。王涯徒步至永昌里茶肆，禁兵擒入左軍。涯時年七十餘，被以桎梏，掠治不勝苦，自誣服，稱與李訓謀行大逆，尊立鄭注。王璠歸長興坊私第，閉門，以其兵自防。神策將至門呼曰：「王涯等謀反，欲起尚書爲相，魚護軍令致意。」璠喜，出見之。將趨賀再三，璠知見紿，涕泣而行。至左軍，見王涯曰：「二十兄自反，胡爲見引？」涯曰：「五弟昔爲京兆尹，不漏言於王守澄，豈有今日邪？」璠俛首不言。又收羅立言於太平里，及涯等親屬、奴婢，皆入兩軍繫之。户部員外郎李元皋，訓之再從弟也，訓實與之無恩，亦執而殺之。故嶺南節度使胡証，家鉅富，禁兵利其財，託以搜賈餗，

入其家，執其子溵，殺之。又入左常侍羅讓、詹事渾鐬、翰林學士黎埴等家，掠其貨財，掃地無遺。鐬，瑊之子也。坊市惡少年因之報私仇，殺人，剽掠百貨，互相攻劫，塵埃蔽天。

癸亥，百官入朝。日出，始開建福門，惟聽以從者一人自隨，禁兵露刃夾道。至宣政門，尚未開。時無宰相御史知班，百官無復班列。上御紫宸殿，問：「宰相何爲不來？」仇士良曰：「王涯等謀反繫獄。」因以涯手狀呈上，召左僕射令狐楚、右僕射鄭覃等升殿示之。上悲憤不自勝，謂楚等曰：「是涯手書乎？」對曰：「是也。」「誠如此，罪不容誅。」因命楚、覃留宿中書，參決機務。使楚草制宣告中外，楚敘王涯、賈餗反事浮汎，仇士良等不悦，由是不得爲相。【略】

詔將士討賊有功及娖隊者，官爵、賜賚各有差。右神策軍獲韓約於崇義坊，己巳，斬之。仇士良等各進階遷官有差。自是天下事皆決於北司，宰相行文書而已。宦官氣益盛，迫脅天子，下視宰相，陵暴朝士如草芥。每延英議事，士良等動引訓、注折宰相。鄭覃、李石曰：「訓、注誠爲亂首，但不知訓、注始因何人得進？」宦者稍屈，搢紳賴之。時中書惟有空垣破屋，百物皆闕。江西、湖南獻衣糧百二十分，充宰相召募從人。辛未，李石上言：「宰相若忠正無邪，神靈所祐，縱遇盜賊，亦不能傷。若內懷姦罔，雖兵衛甚設，鬼得而誅之。臣願竭赤心以報國，止循故事，以金吾卒導從足矣，其兩道所獻衣糧，並乞停寢。」從之。【略】

時禁軍暴橫，京兆尹張仲方不敢詰，宰相以其不勝任，出爲華州刺史，以司農卿薛元賞代之。元賞嘗詣李石第，聞石方坐聽事與一人爭辯甚喧，元賞使覘之，云有神策軍將訴事。元賞趨入，責石曰：「相公輔佐天子，紀綱四海。今近不能制一軍將，使無禮如此，何以鎮服四夷！」即趨出上馬，命左右擒軍將，俟於下馬橋，元賞至，則已解衣跽之矣。其黨訴於仇士良，士良遣宦者召之，曰：「中尉屈大尹。」元賞曰：「屬有公事，行當繼至。」遂杖殺之。乃白服見士良，士良曰：「癡書生，何敢杖殺禁軍大將！」元賞曰：「中尉大臣也，宰相亦大臣也，宰相之人若無禮於中尉，如之何？中尉之人無禮於宰相，庸可恕乎？中尉與國同體，當爲國惜法。元賞已(凶)[囚]服而來，惟中尉死生之。」士良知軍將已死，無可如何，乃呼酒，與元賞歡飲而罷。

開成元年春正月辛丑朔，上御宣政殿，赦天下，改元。仇士良請以神策仗衛殿門，諫議大夫馮定言其不可，乃止。定，宿之弟也。【略】

三月，左僕射令狐楚從容奏：「王涯等既伏辜，其家夷滅，遺骸棄捐。請官爲收瘞，以順陽和之氣。」上慘然久之，命京兆收葬涯等十一人於城西，各賜衣一襲。仇士良潛使人發之，棄骨於渭水。【略】

劉從諫復遣牙將焦楚長上表讓官，稱：「臣之所陳，繫國大體。可聽則涯等宜蒙湔洗，不可聽則賞典不宜妄加，安有死冤不申而生者荷禄！」因暴揚仇士良等罪惡。辛酉，上召見楚長，慰諭遣之。時士良等恣橫，朝臣日憂破家。及從諫表至，士良等憚之。由是鄭覃、李石粗能秉政，天子倚之亦差以自强。

夏四月己酉，上御紫宸殿，宰相因奏事拜謝，外間因訛言：「天子欲令宰相掌禁兵，已拜恩矣。」由是中外復有猜阻，人情忷忷，士民不敢解衣寢者數日。乙丑，李石奏請召仇士良等面釋其疑。上爲召士良等出，上及石等共諭釋之，使毋疑懼，然後事解。【略】

中書侍郎、同平章事李石，承甘露之亂，人情危懼，宦官恣橫，忘身徇國，故紀綱粗立。仇士良深惡之，潛遣盜殺之，不果。石懼，累表稱疾辭位；上深知其故而無如之何。丙子，以石同平章事，充荆南節度使。【略】

〔開成〕五年春正月己卯，詔立潁王瀍爲皇太弟，應軍國事權令句當。且言太子成美年尚沖幼，未漸師資，可復封陳王。時上疾甚，命知樞密劉弘逸、薛季稜引楊嗣復、李珏至禁中，欲奉太子監國。中尉仇士良、魚弘志以太子之立，功不在己，乃言「太子幼，且有疾，更議所立」。李珏曰：「太子位已定，豈得中變。」士良、弘志遂矯詔立瀍爲太弟。是日，士良、弘志將兵詣十六宅，迎潁王至少陽院，百官謁見於思賢殿。瀍沈毅有斷，喜愠不形於色，與安王溶皆素爲上所厚，異於諸王。

辛巳，上崩於太和殿。以楊嗣復攝冢宰。

癸未，仇士良說太弟賜楊賢妃、安王溶、陳王成美死。勑大行以十四日殯，成服。諫議大夫裴夷直上言期日太遠，不聽。時仇士良等追怨文宗，凡樂工及內侍得幸於文宗者，誅貶相繼。夷直復上言：「陛下自藩維繼統，是宜儼然在疚，以哀慕爲心，速行喪禮，早議大政，以慰天下。而未及數日，屢誅戮先帝近臣，驚率土之視聽，傷先帝之神靈，人情何瞻？國體至重，若使此輩無罪，固不可刑；若其有罪，彼已在天網之內，無所逃伏，旬日之外，行之何晚。」不聽。辛卯，文宗始大斂，武宗即位。

冬十一月，開府儀同三司、左衛上將軍兼內謁者監仇士良請以開府蔭其子

爲千牛，給事中李中敏判云：「開府階誠宜蔭子，謁者監何由有兒？」士良慚恚。

武宗會昌元年。初，知樞密劉弘逸、薛季稜有寵於文宗，仇士良惡之。上之立，非二人及宰相意，故楊嗣復出爲湖南觀察使，李珏出爲桂管觀察使。士良屢譖弘逸等於上，勸上除之。乙未，賜弘逸、季稜死，遣中使就潭、桂州誅嗣復及珏。户部尚書杜悰奔馬見李德裕曰：「天子年少，新即位，兹事不宜手滑。」丙申，德裕與崔珙、崔鄲、陳夷行三上奏，又邀樞密使至中書，使入奏。以爲：「德宗疑劉晏動摇東宫而殺之，中外咸以爲冤，兩河不臣者由兹恐懼，得以爲辭。德宗後悔，録其子孫。文宗疑宋申錫交通藩邸，竄謫至死，既而追悔，爲之出涕。嗣復、珏等若有罪惡，乞更加重貶；必不可容，亦當先行訊鞫，俟罪狀著白，誅之未晚。今不謀於臣等，遽遣使誅之，人情莫不震駭。願開延英賜對。」至晡時，開延英，召德裕等入。德裕等泣涕極言：「陛下宜重慎此舉，毋致後悔。」上曰：「朕不悔。」三命之坐，德裕等曰：「臣等願陛下免二人於死，勿使既死而衆以爲冤。今未奉聖旨，臣等不敢坐。」久之，上乃曰：「特爲卿等釋之。」德裕等躍下階舞蹈。上召升坐，歎曰：「朕嗣位之際，宰相何嘗比數。李珏、季稜志在陳王，嗣復、弘逸志在安王。陳王猶是文宗遺意，安王則專附楊妃。嗣復仍與妃書，云：『姑何不效則天臨朝？』曏使安王得志，朕那復有今日？」德裕等曰：「兹事曖昧，虚實難知。」上曰：「楊妃嘗有疾，文宗聽其弟玄思入侍月餘，以此得通意指。朕細詢内人，情狀皎然，非虚也。」遂追還二使，更貶嗣復爲潮州刺史，李珏爲昭州刺史，裴夷直爲驩州司户。

秋八月，加仇士良觀軍容使。

二年夏四月，上信任李德裕，觀軍容使仇士良惡之。會上將受尊號，御丹鳳樓宣赦。或告士良，宰相與度支議草制減禁軍衣糧及馬芻粟。士良揚言於衆曰：「如此，至日，軍士必於樓前諠譁。」德裕聞之，乙酉，乞開延英自訴。上怒，遽遣中使宣諭兩軍：「赦書初無此事。且赦書皆出朕意，非由宰相，爾安得此言！」士良乃惶愧稱謝。

三年夏四月，上雖外尊寵仇士良，内實忌惡之。士良頗覺之，遂以老病求散秩，詔以左衛上將軍兼内侍監、知省事。

六月癸酉，仇士良以左衛上將軍、内侍監致仕。其黨送歸私第，士良教以固權寵之術曰：「天子不可令閒，常宜以奢靡娱其耳目，使日新月盛，無暇更及他事，然後吾輩可以得志。慎勿使之讀書，親近儒生，彼見前代興亡，心知憂懼，則吾輩疏斥矣。」其黨拜謝而去。

四年，宦官發仇士良宿惡，於其家得兵仗數千。詔削其官爵，籍没家貲。

葛洪《涉史隨筆・仇士良教其黨固寵之術》 仇士良以左衛上將軍内侍監致仕。其黨送歸私第，士良教以固權寵之術，曰：「天子不可令閒，常宜以奢靡娱其耳目，使日新月盛，然後吾輩可以得志。謹勿使之讀書，親近儒生，彼見前代興亡，心知憂懼，則吾輩疎斥矣。」其黨拜謝而去。

備論

綦崇禮《北海集》卷二一《論唐李絳仇士良語》 六月十五日進御故實曰：《唐書・李絳傳》：嘗盛夏對延英，帝汗浹衣，絳欲趨出，帝曰：「宫中所對，惟宦官女子，欲與卿講天下事，乃其樂也。」《仇士良傳》：士良之老，中人舉送還第，謝曰：「諸君善事天子，能聽老夫語乎？」衆唯唯。士良曰：「天子不可令閑暇，暇必觀書，見儒臣則又納諫。智深慮遠，減玩好，省遊幸，吾屬恩且薄而權輕矣。爲諸君計，莫若殖財貨，盛鷹馬，日以毬獵聲色蠱其心，極侈靡，使悦不知息，則必斥經術，闇外事，萬機在我，恩澤權力欲焉往哉？」衆再拜。

臣嘗謂人君視朝，將與其臣圖回天下之政。一號之出，一令之行，安危治亂繫焉。而其裁决可否，出於一時，非聰明聖智，鮮不或失。然則平居燕閒之際，其亦在於務學歟。故揚雄曰：「學之爲王者事，其已久矣。」然學欲自得，而師友磨礱之益又不可廢。蓋以彼所已學，質吾所未學；以彼所嘗聞，資吾所未聞，則用力逸而收功博。故《代木》之詩曰：「自天子至於庶人，未有不須友以成者。」所謂天子之友，亦豈求之於羣臣之外哉？凡吾在廷，學士大夫皆在所取耳。然則博見儒臣，講論藝術，咨訪治道，求民間之疾苦，質政事之闕疑，無所不可用，以廣其聰明，益其聖智，則萬幾來前，不待深思徧察，而昭然于胸次矣。夫惟宫廷邃密，極至尊天下之奉。苟燕安之際，怠惰自逸，所與接者非閹寺近習，則嬪嫱宫妾耳。其能廣聰明而益聖智，不亦難乎？盛德之君，能移此而樂彼，故治功進焉。憲宗之賢能，以與大臣講天下爲樂，而以宫中所對唯宦官女子爲厭。元和、興元之政，未必不本于此。惜乎絳一罷政，而承璀復召；淮西既平，而帝寖驕侈，不能如前自彊，馴致守澄之變，可不鑑哉！觀士良深戒其徒不可使人主觀

書見儒臣，則其所以爲術者如此。明哲之君反是以圖其國家，雖欲不治，臣不信也。

毛一公《歷代内侍考》卷八《仇士良》 論曰：自周公以無逸朂成王，而天子之不可閑暇也。法家拂士顛能言之，乃仇士良亦以是語其徒邪。然法家拂士不欲天子閑暇，思即於理也。而士良之不欲天子閑暇，則思其即於淫也。故曰：以聲色狗馬雜然誘，而中之令其耽耽焉。徵逐而不能已，而後乃可以得志險哉。士良是腹之蠹而苗之螟也，何其敢於禍人國至此哉！雖然廬之剥矣，身將安苑，其後唐祚尚未告終，而内侍省已先喋血，則其所以禍人國者，亦適足以自禍耳。獨恨其貽禍於天下，後世未歇也。

王夫之《讀通鑑論》卷二六《唐敬宗》 翼戴者可以居功矣，則異議者惡得而無罪！知異議之必按是非爲功罪，而非異議之即罪，則翼戴者之不可以援立爲功審矣。今夫薦賢才以在位，拔寒素而躋榮，意甚盛也。然苟爲靖共之君子，則必曰吾以事君也，而不敢尸其報以牟利。況夫天子者，天之所命也，天下臣民所欲得以爲父母者也；竊天之權，斂臣民之志欲，而曰我自立之，我可以受翼戴之賞，自以爲功，而求天子之弗我功也，不可得也。自以爲功，天子功之，則不與其議而疑於異己者，惡得而免於罪乎？始之者，大臣也，迨其濫觴，而宦官宮妾進矣。援一人而立爲天子，小人之奇貨也。於是孫程、王守澄、仇士良乘隙而徼之，於是而賈充、傅亮因而專之，於是而華歆、郗慮、王謐、柳璨不難移人之宗社以貿己之寵榮。篡奪相仍，皆貪功者之一念爲之也，而徒以咎人主之賞私勞無大公之德哉？

唐武宗部

綜述

《舊唐書》卷一八上《武宗紀》 武宗至道昭肅孝皇帝諱炎，穆宗第五子，母曰宣懿皇后韋氏。元和九年六月十二日生於東宫。長慶元年三月，封潁王，本名瀍。開成中加開府儀同三司、檢校吏部尚書，依百官例，逐月給俸料。

初，文宗追悔莊恪太子殂不由道，乃以敬宗子陳王成美爲皇太子，開成四年冬十月宣制，未遑册禮。五年正月二日，文宗暴疾，宰相李珏、知樞密劉弘逸奉密旨，以皇太子監國。兩軍中尉仇士良、魚弘志矯詔迎潁王於十六宅，曰：「朕自嬰疾疹，有加無瘳，懼不能躬總萬機，日釐庶政。稽於謨訓，謀及大臣，用建親賢，以貳神器。親弟潁王瀍昔在藩邸，與朕常同師訓，動成儀矩，性稟寬仁。俾奉昌圖，必諧人欲。可立爲皇太弟，應軍國政事，便令權勾當。百辟卿士，中外庶臣，宜竭迺心，輔成予志。陳王成美先立爲皇太子，以其年尚沖幼，未漸師資，比日重難，不遑册命，迴踐朱邸，式協至公，可復封陳王。」是夜，士良統兵士於十六宅迎太弟赴少陽院，百官謁見於東宫思賢殿。三日，仇士良收捕仙韶院副使尉遲璋殺之，屠其家。四日，文宗崩，宣遺詔：皇太弟宜於柩前即皇帝位，宰相楊嗣復攝冢宰。十四日，受册於正殿，時年二十七。陳王成美、安王溶殂於邸第。初，楊賢妃有寵於文宗，而莊恪太子母王妃失寵怨望，爲楊妃所譖，王妃死，太子廢。及開成末年，帝多疾無嗣，賢妃請以安王溶嗣，帝謀於宰臣李珏，珏非之，乃立陳王。至是，仇士良立武宗，欲歸功於己，乃發安王舊事，故二王與賢妃皆死。

二月，制穆宗妃韋氏追謚宣懿皇太后，帝之母也。上御正殿，降德音，以開府、右軍中尉仇士良封楚國公，左軍中尉魚弘志爲韓國公，太常卿崔鄲、户部尚書判度支崔珙並本官同中書門下平章事。勅二月十五日玄元皇帝降生日宜爲降聖節，休假一日。

三月，詔宫人劉氏、王氏並爲妃。勅朔望入閤對刑法官，是日非便，宜停。

五月，中書奏：六月十二日，皇帝載誕之辰，請以其日爲慶陽節。祔宣懿太后於太廟。初，武宗欲啓穆宗陵祔葬，中書門下奏曰：「園陵已安，神道貴静。光陵二十餘載，福陵則近又修崇。竊惟孝思，足彰嚴奉。今若再因合祔，須啓二陵，或慮聖靈不安，未合先旨。又以陰陽避忌，亦有所疑。不移福陵，實協典禮。」乃止。就舊墳增築，名曰福陵。又奏：「准今年二月八日赦文，應京諸司勒留官，令本處剋留手力雜給與攝官者。臣等檢詳，諸道正官料錢絶少，雜給手力即多，今正官勒留，亦管公事，料錢少於雜給，剋下事未得中。臣等商量，其正官料錢雜給等錢，望每貫割留二百文與攝官，餘並如舊。」從之。

秋七月，制檢校禮部尚書、華州刺史陳夷行復爲中書侍郎、同平章事。

八月十七日，葬文宗皇帝於章陵。知樞密劉弘逸、薛季稜率禁軍護靈駕至陵所，二人素爲文宗獎遇，仇士良惡之，心不自安，因是掌兵，欲倒戈誅士良、弘志。鹵簿使兵部尚書王起、山陵使崔稜覺其謀，先諭鹵簿諸軍。是日弘逸、季稜伏誅。門下侍郎、同平章事楊嗣復檢校吏部尚書、潭州刺史，充湖南都團練觀察使；中書侍郎、同平章事李珏檢校兵部尚書、桂州刺史，充桂管防禦觀察等使；御史中丞裴夷直爲杭州刺史：皆坐弘逸、季稜黨也。易定軍亂，逐節度使陳君賞。君賞鳩合豪傑數百人，復入城，盡誅謀亂兵士，軍城復安。

九月，以淮南節度使、檢校尚書左僕射李德裕爲吏部尚書，同中書門下平章事，尋兼門下侍郎；以宣武軍節度使、檢校吏部尚書、汴州刺史李紳代德裕鎮淮南。帝在藩時，頗好道術修攝之事，是秋，召道士趙歸真等八十一人入禁中，於三殿修金籙道場，帝幸三殿，於九天壇親受法籙。右拾遺王哲上疏，言王業之初，不宜崇信過當，疏奏不省。

十一月，鹽鐵轉運使奏江淮已南請復税茶，從之。魏博節度使何進滔卒，三軍推其子重霸知留後事。

會昌元年正月。庚戌，有事於郊廟，禮畢，御丹鳳樓，大赦，改元。

二月壬寅，以淮南節度使、檢校吏部尚書李紳爲中書侍郎、同平章事。中書奏：「南宫六曹皆有職分，各責官業，即事不因循。近者户部度支，多是諸軍奏請，本司郎吏，束手閑居。今後請祇令本行分判，委中書門下簡擇公幹才器相當者轉授。」從之。車駕幸昆明池。賜仇士良紀功碑，詔右僕射李程爲其文。

三月，貶湖南觀察使楊嗣復潮州司馬，桂管觀察使李珏端州司馬，杭州刺史裴夷直驩州司户。宰臣李德裕進位司空。三月壬申，宰相李德裕、陳夷行、崔

珙、李紳等奏：「憲宗皇帝有恢復中興之功，請爲百代不遷之廟。」帝曰：「所論至當。」續議之，事竟不行。贈故中書令、晉國公裴度太師。山南東道蝗害稼。造靈符應聖院於龍首池。

四月辛丑，勅：「《憲宗實録》舊本未備，宜令史官重修進内。其舊本不得注破，候新撰成同進。」時李德裕先請不遷憲宗廟，爲議者沮之，復恐或書其父不善之事，故復請改撰實録，朝野非之。

五月辛未，中書門下奏：「據《六典》，隋置諫議大夫七人，從四品上。大曆二年，升門下侍郎爲正三品，兩省遂闕四品。建官之道，有所未周。詩云『衮職有闕，仲山甫補之』。周、漢大臣，願入禁闥，補過拾遺。張衡爲侍郎，常居帷幄，從容諷諫。此皆大臣之任，故其秩峻，其任重，則敬其言而行其道。况蹇諤之地，宜老成之人，秩未優崇，則難用耆德。其諫議大夫望依隋氏舊制，升爲從四品，分爲左右，以備兩省四品之闕。向後與丞郎出入迭用，以重其選。又御史中丞爲大夫之貳，緣大夫秩崇，官不常置，中丞爲憲臺之長。今寺監、少卿、少監、司業、少尹並爲寺署之貳，皆爲四品。中丞官名至重，見秩未崇，望升爲從四品。」從之。

六月，有禿鶖鳥集於禁苑。制以魏博兵馬留後何重霸檢校工部尚書、魏州大都督府長史，充天雄軍節度使，仍賜名重順。中書奏請依姚璹故事，宰相每月修時政記送史館，從之。以衡山道士劉玄靖爲銀青光禄大夫，充崇玄館學士，賜號廣成先生，令與道士趙歸真於禁中修法籙。左補闕劉彦謨上疏切諫，貶彦謨爲河南府户曹。勅：「自前中外上封論事，有所糾舉，則請留中。今後並云『請付御史臺』，不得云『留中不下』。如事關軍國，理須宥密，不在此限。如臺司勘當後，若得事實，必奬奉公。苟涉加誣，必當反問。告示中外，明知此意。」

七月，關東大蝗傷稼。襄郢江左大水。

八月，迴鶻烏介可汗遣使告難，言本國爲黠戛斯所攻，故可汗死，今部人推爲可汗。緣本國破散，今奉太和公主南投大國。時烏介至塞上，大首領嗢没斯與赤心宰相相攻，殺赤心，率其部下數千帳近西城。天德防禦使田牟以聞。烏介又令其相頡干迦斯上表，借天德城以安公主，仍乞糧儲牛羊供給。詔金吾大將軍王會、宗正少卿李師偃往其牙宣慰，令放公主入朝，賑粟二萬石。

九月，幽州軍亂，逐其帥史元忠，推牙將陳行泰爲留後。三軍上章請符節，朝旨未許。

十月，幽州雄武軍使張絳遣軍吏吴仲舒入朝，言行泰慘虐，不可處將帥之任，請以鎮軍加討，許之。誅行泰，遂以絳知兵馬使。車駕校獵咸陽。

十一月，太和公主遣使入朝，言烏介自稱可汗，乞行策命，緣初至漠南，乞降使宣慰，從之。

十二月，中書門下奏修實録體例：「舊録有載禁中之言。伏以君上與宰臣、公卿言事，皆須衆所聞見，方可書於史册。且禁中之語，在外何知，或得之傳聞，多涉於浮妄，便形史筆，實累鴻猷。今後實録中如有此色，並請刊削。又宰臣與公卿論事，行與不行，須有明據。或奏請允愜，必見褒稱；或所論乖僻，因有懲責。在藩鎮上表，必有批答，居要官啓事者，自有著明，並須昭然在人耳目。或取捨存於堂案，或與奪形於詔勅，前代史書所載奏議，罔不由此。近見實録多載密疏，言不彰於朝聽，事不顯於當時，得自其家，未足爲信。今後實録所載章奏，並須朝廷共知者，方得紀述，密疏並請不載。如此則理必可法，人皆向公，愛憎之志不行，褒貶之言必信。」從之。李德裕奏改修《憲宗實録》所載吉甫不善之迹，鄭亞希旨削之，德裕更此條奏，以掩其迹。搢紳謗議，武宗頗知之。

二年春正月丙申朔，以撫王紘爲開府儀同三司、幽州大都督府長史，充幽州盧龍節度大使。以雄武軍使張絳檢校左散騎常侍，兼幽州左司馬，知兩使留後，仍賜名仲武。中書奏百官議九宫壇本大祠，請降爲中祠。宰相崔珙、陳夷行奏定左右僕射上事儀注。

二月丙寅，中書奏：「准元和七年勅，河東、鳳翔、鄜坊、邠寧等道州縣官，令户部加給課料錢歲六萬二千五百貫。吏部出得平留官數百員，時以爲當。自後户部支給零碎不時，觀察使乃别將破用，徒有加給，不及官人，所以選人憚遠，不樂注受。伏望令部都與實物，及時支遣。諸道委觀察判官知給受，專判此案，隨月支給，年終計帳申户部。又赴選官人多京債，到任填還，致其貪求，罔不由此。今年三銓，於前件州府得官者，許連狀相保，户部各借兩月加給料錢，至支時折下。所冀初官到任，不帶息債，衣食稍足，可責清廉。」從之。牂柯、南詔蠻遣使入朝。

三月，遣使册回紇烏介可汗。以振武麟勝節度使、銀青光禄大夫、檢校尚書右僕射、單于大都護、兼御史大夫、彭城郡開國公、食邑二千户劉沔可檢校右僕射，兼太原尹、北京留守，充河東節度、管内觀察處置等使，代苻澈。時回紇在天德，命沔以太原之師討之。

四月乙丑朔，光禄大夫、守司空、兼門下侍郎、平章事李德裕，銀青光禄大夫、守右僕射、門下侍郎、平章事崔珙，銀青光禄大夫、中書侍郎、同平章事李紳，金紫光禄大夫、檢校司徒、兼太子太保牛僧孺等上章，請加尊號曰仁聖文武至神大孝皇帝。戊寅，御宣政殿受册。是月九日雨，至十四日轉甚，乃改用二十三日。時有纖人告中尉仇士良，言宰相作赦書，欲減削禁軍衣糧馬草料。士良怒曰：「必若有此，軍人須至樓前作鬧。」宰相李德裕等知之，請開延英訴其事。帝曰：「姦人之詞也。」召兩軍中尉諭之曰：「赦書出自朕意，不由宰相，況未施行，公等安得此言？」士良惶恐謝之。是日晴霽。中書奏：「元日御含元殿，百官就列，唯宰相及兩省官皆未開扇前立於欄檻之内，及扇開，便侍立於御前。三朝大慶，萬邦稱賀，唯宰相侍臣同介冑武夫，竟不拜至尊而退，酌於禮意，事未得中。臣等請御殿日昧爽，宰相、兩省官鬬班於香案前，俟扇開，通事贊兩省官再拜，拜訖，升殿侍立。」從之。天德奏，回紇族帳侵擾部内。勅：「勸課種桑，比有勅命，如能增數，每歲申聞。比知並無遵行，恣加翦伐，列於鄽市，賣作薪蒸。自今州縣所由，切宜禁斷。」

五月，勅慶陽節百官率醵外，别賜錢三百貫，以備素食合宴，仍令京兆府供帳，不用追集坊市樂人。天德軍使田牟奏：回紇大將嗢没斯與多覽將軍將吏二千六百人請降，遣中人齎詔慰勞之。宰相李德裕兼守司徒。

六月，回紇降將嗢没斯將吏二千六百餘人至京師。制以嗢没斯檢校工部尚書，充歸義軍使，封懷化郡王，仍賜姓名曰李思忠；以回紇宰相受耶勿爲歸義軍副使、檢校右散騎常侍，賜姓名曰李弘順。

八月，回紇烏介可汗過天德，至杷頭烽北，俘掠雲、朔北川，詔劉沔出師守鴈門諸關。回紇首領屈武降幽州，授左武衛將軍同正。詔以回紇犯邊，漸侵内地，或攻或守，於理何安？令少師牛僧孺、陳夷行與公卿集議可否以聞。僧孺曰：「今百僚議狀，以固守關防，伺其可擊則用兵。」宰相李德裕議：「以回紇所恃者嗢没、赤心耳，今已離叛，其强弱之勢可見。戎人獷悍，不顧成敗，以失二將，乘忿入侵，出師急擊，破之必矣。守險示弱，虜無由退。擊之爲便。」天子以爲然。乃徵發許、蔡、汴、滑等六鎮之師，以太原節度使劉沔爲回紇南面招討使；以張仲武爲幽州盧龍節度使、檢校工部尚書，封蘭陵郡王，充回紇東面招討使；以李思忠爲河西党項都將，回紇西南面招討使：皆會軍於太原。制以皇子峴爲益王，岐爲兖王，皇長女爲昌樂公主，第二女爲壽春公主，第三女永寧公主。上御麟德殿，見室韋首領督熱論等十五人。太原奏回紇移帳近南四十里，索叛將嗢没斯，昨至横水俘虜，兼公主上表言食盡，乞賜牛羊事。賜烏介詔曰：「朕自臨寰區，爲人父母，唯以好生爲德，不願黷武爲名。故自彼國不幸爲黠戛斯所破，來投邊境，已歷歲年，撫納之間，無所不至。初則念其饑歉，給以糧儲；旋則知其破傷，盡還馬價。前後遣使勞問，交馳道途。小小侵擾，亦盡不計。今可汗尚此近塞，未議還蕃。朝廷大臣，四方節鎮，皆懷疑忿，盡請興師，雖朕切務含弘，亦所未諭。一昨數使迴來，皆言可汗只待馬價，及令付之次，又聞所止屢遷，或侵掠雲、朔等州，或劫奪羌、渾諸部，未知此意，終欲如何？若以未交馬價，須近塞垣，行止之間，亦宜先告邊將。豈有倏來忽往，遷徙不常。雖云隨逐水草，動皆逼近城栅。遥揣深意，似恃姻好之情；每覩蹤由，實爲馳突之計。況到横水栅下，殺戮至多。蕃、渾牛羊，豈吝馳掠；黎庶何罪，皆被傷夷。所以中朝大臣皆云：『回紇近塞，已是違盟，更戮邊人，實背大義。』咸願因此翦逐，以雪殂謝之冤。然朕志在懷柔，情深屈己，寧可汗之負德，終未忍於幸災。石戒直久在京城，備知人實憤惋，發於誠懇，固請自行。嘉其深見事機，不能違阻。可汗審自問遂，速擇良圖，無至不悛，以貽後悔。」詔太原起室韋沙陀三部落、吐渾諸部，委石雄爲前鋒。易定兵千人守大同軍，契苾通、何清朝領沙陀、吐渾六千騎趨天德，李思忠率回紇、党項之師屯保大栅。

十月，吐蕃贊普卒，遣使論普熱入朝告哀，詔將作少監李璟入蕃吊祭。帝幸涇陽，校獵白鹿原。諫議大夫高少逸、鄭朗等於閤内諭：「陛下校獵太頻，出城稍遠，萬機廢馳，星出夜歸，方今用兵，且宜停止。」上優勞之。諫官出，謂宰相曰：「諫官甚要，朕時聞其言，庶幾減過。」

三年春正月，以宿師于野，罷元會。勅新授銀州刺史、本州押蕃落、銀川監牧使何清朝可檢校太子賓客、左龍武大將軍，令分領沙陀、吐渾、党項之衆赴振武，取劉沔處分。

二月，先詔百官之家不得於京城置私廟者，其皇城南向六坊不得置，其閑僻坊曲即許依舊置。太原劉沔奏：「昨率諸道之師至大同軍，遣石雄襲迴鶻牙帳，雄大敗迴鶻於殺胡山，烏介可汗被創而走。已迎得太和公主至雲州。」是日，御宣政殿，百僚稱賀。制曰：夫天之所廢，難施繼絶之恩；人之所棄，當用侮亡之道。朕每思前訓，豈忘格言。迴鶻比者自恃兵强，久爲桀驁，凌虐諸部，結怨近鄰。黠戛斯潛師彗掃，穹居瓦解，種族盡膏於原野，區落遂至於荆榛。今可汗逃

走失國，竊號自立，遠踰沙漠，寄命邊陲。朕念其衰殘，尋加賑卹。每陳章表，多詐諛之詞，接我使臣，如全盛之日。無傷禽哀鳴之意，有困獸猶鬬之心。去歲潛入朔川，大掠牛馬；今春掩襲振武，逼近城池。可汗皆自率兵，首爲寇盜，不恥破敗，莫顧姻親。河東節度使劉沔料敵伐謀，乘機制勝，發胡貉之騎以爲前鋒，搴翎侯之旗伐彼在穴。短兵麏於帳下，元惡抶於轂中。況乘匪六飛，衆纔一旅，儲備已竭，計日可擒。太和公主居處不同，情義久絕。懷土多思，亟聞《黄鵠》之歌；失位自傷，寧免《緑衣》之歎。念其羈苦，常軫朕心。今已脱於豺狼，再見宫闕，上以攄宗廟之宿憤，次以慰太皇太后之深慈，永言歸寧，良用欣感。其回紇既以破滅，義在翦除，宜令諸道兵馬使同進討。河東立功將士已下，優厚賞給，續條疏處分。應在京外宅及東都修功德回紇，並勒冠帶，各配諸道收管。其回紇及摩尼寺莊宅、錢物等，並委功德使與御史臺及京兆府各差官點檢收抽，不得容諸色人影占。如犯者並處極法，錢物納官。摩尼寺僧委中書門下條疏聞奏。以麟州刺史、天德行營副使石雄爲銀青光禄大夫、檢校左散騎常侍、豐州刺史、御史大夫，充豐州西城中城都防禦、本管押蕃落等使。劉沔檢校尚書左僕射，張仲武檢校尚書右僕射，餘並如故。黠戛斯使注吾合素入朝，獻名馬二匹，言可汗已破迴鶻，迎得太和公主歸國，差人送公主入朝，愁迴鶻殘衆奪之於路。帝遂遣中使送注吾合素往太原迎公主。時烏介可汗中箭，走投黑車子，詔黠戛斯出兵攻之。

三月，太和公主至京師，百官班於章敬寺迎謁，仍令所司告憲宗、穆宗二室。

四月，昭義節度使劉從諫卒，三軍以從諫姪稹爲兵馬留後，上表請授節鉞。尋遣使齎詔潞府，令稹護從諫之喪歸洛陽。稹拒朝旨。詔中書門下兩省尚書御史臺四品已上、武官三品已上，會議劉稹可誅可宥之狀以聞。

五月，勅諸道節度使置隨身不得過六十人，觀察使不得過四十人，經略、都護不得過三十人。築望仙觀於禁中。宰臣百僚進議狀：「以昆戎未殄，塞上用兵，不宜中原生事，潞府請以親王遥領，令稹權知兵馬事，以俟邊上罷兵。」獨李德裕以爲澤潞内地，前時從諫許襲，已是失斷，自後跋扈難制，規脅朝廷。以稹豎子，不可復踐前車，討之必殄。武宗性雄俊，曰：「吾與德裕同之，保無後悔。」自是諫官上疏言不可用兵相繼。

六月，西内神龍寺災。

秋七月戊子，宰相奏：「秋色已至，將議進軍，幽州須早平迴鶻，鎮、魏須速誅劉稹，各須遣使諭旨，兼偵三鎮軍情。今日延英面奉聖旨，欲遣張賈充使。臣等續更商量，張賈幹濟有才，甚諳軍中體勢，然性剛負氣，慮不安和，不如且命李回。若以臺綱闕人，即兵部侍郎鄭涯久爲征鎮判官，情甚精敏，雖無詞辯，言事分明，官重事閒，最似相稱。」上曰：「不如令李回去。」即遣回奉使三鎮。

八月，萬年縣東市火。黠戛斯使諦德伊斯難珠入朝。以右僕射、平章事陳夷行檢校司空，兼河中尹、御史大夫，充河中節度、晉絳慈隰觀察等使。

九月，制：「定天下者，致風俗於大同；安生人者，齊法度於畫一。雖晉之欒、趙，家有舊勳；漢之韓、黥，身爲佐命。至于干亂紀律，罔不梟夷，禁暴除殘，古今大義。故昭義節度劉悟，頃居海岱，嘗列爪牙。屬師道阻兵，王師問罪，三面開網，一境離心，乘此危機，遂能歸命。憲宗嘉其誠款，授以南燕；穆宗待以腹心，委之上黨。招致死士，固護一方，迨于末年，已虧臣節。劉從諫生稟戾氣，幼習亂風。因跋扈之資，以專封壤；恃紀綱之力，以襲兵符。暫展執珪之儀，終無上綏之請。隙駒爲喻，魏豹姑務於絶河；井蛙自居，孫述頗聞于恃險。誘受亡命，妄作妖言，中罔朝廷，潛圖左道。接壤戎帥，屢奏陰謀，顧髫齔之所矜，豈淵魚之是察。洎乎沈痼，曾靡哀鳴，猶駐將盡之魂，恣行邪僻之志，罔或奮拔，自樹狡童。中使授醫，莫覩其朝服；近臣銜命，不入於壘門。逆節甚明，人神共棄。其贈官及先所授官爵，并劉稹在身官爵，宜並削奪。成德軍節度使王元逵、魏博節度使何弘敬，或姻連王室，或任重藩維，懇陳一至之誠，願揚九伐之命。吴漢任職，受詔而初無辦嚴；卜式朴忠，未戰而義形於色。況成德軍嘗以梟騎横陣，首破朱滔。戰氣方酣，再迴魯陽之日；鼓音不息，三周不注之山。魏博軍頃以大旆涉河，竟殲師道。建十二郡之旗鼓，以列降人；削六十年之厲階，盡歸皇化。士傳餘勇，軍有雄名，必能稟酇侯之指縱，成葛亮之心伐。咨爾二帥，朕所注懷，元逵可本官充北面招討澤潞使，弘敬充東面招討澤潞使。曩者列祖在藩，先天啓聖。符瑞昭晰，彩繪焕於泗亭；鑾輅巡遊，金石刻於代邸。實謂可封之俗，久爲仁壽之鄉。寇難以來，頗著誠節，必非同惡，咸許自新。其昭義舊將士及百姓等，如保初心，並赦而不問。如能捨逆效順，以州郡兵衆歸降者，必厚加封賞。如能擒送劉稹者，別授土地，以報勳庸。頃隨劉悟鄆州舊將校子孫，既有義心，宜思改悔。如能感喻劉稹，束身歸朝，必當待之如初，特與洗雪。爾等舊校，亦並酬勞。仍委夷行、劉沔、王茂元各進兵同力攻討。其諸道進軍，並不得焚燒廬舍，發掘墳墓，擒執百姓以爲俘囚。桑麻田苗，各許本户爲主。罪止元

惡，務拯生靈。於戲！蕃維大臣，抗疏於外；髦俊舊老，昌言於朝。戒朕以祖宗之法，不可私一族；刑賞之柄，所以正萬邦。宜用甲兵，陳於原野。雖朕以恩不聽，而羣臣以義固争，詢自僉謀，諒非獲已。布告中外，明體朕懷。」仍以徐泗節度使李彦佐爲澤潞西南面招討使。河陽節度使王茂元以本軍屯萬善。彦佐制下後踰月未出師，朝廷疑其持重，乃以天德軍石雄爲彦佐之副。劉稹牙將李丕降，用爲忻州刺史。以陳許節度使王宰充澤潞南面招討使。河陽節度使王茂元卒，贈司徒。王宰代茂元總萬善之師。

十月，宰相監修國史李紳、兵部郎中史館修撰判館事鄭亞進重修《憲宗實録》四十卷，頒賜有差。晉絳行營副招討石雄奏收賊砦五。以河東節度使劉沔檢校司空，兼滑州刺史、御史大夫，充義成軍節度、鄭滑濮觀察等使。以荆南節度使、檢校右僕射、同平章事李石可檢校司空、平章事，兼太原尹、北都留守，充河東節度、管内觀察等使。

十一月，勅：「中外官員，過爲繁冗，量宜減省，以便軍民。宜令吏部條疏合減員數以聞。」

十二月，王宰奏收天井關。榆社行營都將王逢奏兵少，乞濟師，詔太原軍二千人赴之。初劉沔破迴鶻，留三千人戍横水，至是，李石以太原無兵，抽横水戍卒一千五百人以赴王逢。是月二十八日，横水軍至太原，請出軍優給。舊例每一軍絹二疋，時劉沔交代後，軍庫無絹。石以己絹益之，方可人給一疋，便催上路。軍人以歲將除，欲候過歲，期既速，軍情不悦。都頭楊弁乘士卒流怨，激之爲亂。

四年春正月乙酉朔，以澤潞用兵，罷元會。其日，楊弁逐太原節度使李石。勅：「齋月斷屠，出於釋氏，國家創業，猶近梁、隋，卿相大臣，或沿兹弊。鼓刀者既獲厚利，糾察者潛受請求。正月以萬物生植之初，宜斷三日。列聖忌斷一日。仍准開元二十二年勅，三元日各斷三日，餘月不禁。」壬子，河東監軍使吕義忠收復太原，生擒楊弁，盡斬其亂卒，百僚稱賀。

二月丁巳，制河中晉絳慈隰等州節度觀察等使、中散大夫、檢校左散騎常侍、河中尹、御史大夫、上柱國、博陵縣開國男、食邑三百户崔元式可檢校禮部尚書，兼太原尹、北都留守，充河東節度觀察等使。辛酉，太原送楊弁與其同惡五十四人來獻，斬於狗脊嶺。

三月，以晉絳副招討石雄爲澤潞西面招討，以汾州刺史李丕爲副。以道士趙歸真爲左右街道門教授先生。時帝志學神仙，師歸真。歸真乘寵，每對，排毁釋氏，言非中國之教，蠹耗生靈，盡宜除去，帝頗信之。

四月，王宰進軍攻澤州。

五月，以司農卿薛元賞爲京兆尹。

六月，金紫光禄大夫、尚書右僕射、中書侍郎、同平章事、判度支崔珙貶澧州刺史。癸丑，勅：「諫官論事，所見不同，連狀署名，事同糾率。此後凡論公事，各隨己見，不得連署姓名。如有大政奏論，即可連署。」制追削故左軍中尉仇士良先授官及贈官，其家財並籍没。士良死後，中人於其家得兵仗數千件，兼發士良宿罪故也。勅責授官銀青光禄大夫、澧州刺史、上柱國、安平郡開國公、食邑二千户崔珙再貶恩州司馬員外置，以珙領鹽鐵時欠宋滑院鹽鐵九十萬貫。帝令度支、鹽鐵、轉運合爲一使。

七月，以淮南節度使、檢校司空杜悰守尚書右僕射、兼門下侍郎、同平章事，仍判度支，充鹽鐵轉運等使。又制銀青光禄大夫、守尚書右僕射、兼門下侍郎、同平章事、監修國史、上柱國、趙郡開國公、食邑二千户李紳可檢校司空、平章事、揚州大都督府長史、淮南節度副大使、知節度事。吏部條奏中外合減官員一千一百一十四員。王元逵奏邢州刺史裴問、别將高元武以城降。洺州刺史王釗、磁州刺史安玉以城降何弘敬。山東三州平。潞州大將郭誼、張谷、陳揚廷遣人至王宰軍，請殺稹以自贖。王宰以聞，乃詔石雄率軍七千入潞州，誼斬劉稹首以迎雄，澤、潞等五州平。

八月戊戌，王宰傳稹首與大將郭誼等一百五十人，露布獻於京師，上御安福門受俘，百僚樓前稱賀。以魏博節度使、檢校尚書右僕射、同平章事何弘敬進封廬江郡開國公，食邑二千户；以成德軍節度使王元逵檢校司空、兼太子太師、同平章事，進封太原郡開國公，食邑二千户。宰相李德裕守太尉，進封衛國公，加食邑一千户。以兵部侍郎、翰林學士承旨崔鉉爲中書侍郎、同平章事。

九月，以天德軍使、晉絳行營招討使石雄檢校兵部尚書、河中尹、兼御史大夫、河中晉絳慈隰等州節度使。以前山南東道節度使盧鈞檢校尚書左僕射、潞州大都督府長史，充昭義軍節度使、澤潞邢洺觀察等使。以忠武軍節度、陳許蔡等州觀察處置等使、河陽行營諸軍招討使、金紫光禄大夫、檢校尚書右僕射、兼御史大夫、上柱國、太原郡開國公、食邑二千户王宰檢校司空、太原尹、北都留

守，充河東節度、管内觀察處置等使。制曰：「逆賊郭誼等，狐鼠之妖，依丘穴而作固；牛羊之力，得水草而踰兇。久從叛臣，皆負逆氣。劉從諫背德反義，掩賊藏姦，積其怙亂之謀，無非親吏之計。劉公直、安全慶等各憑地險，屢抗王師，每肆悖言，罔懷革面。況郭誼、王協聞邢、洺歸款，懼義旅覆巢，賣孽童以圖全，據堅城而請命。昔伍被詣吏，不免就誅；延岑出降，終亦夷族。致之大辟，無所愧懷。」郭誼、劉公直、王協、安全慶、李道德、李佐堯、劉積、積母阿裴、積弟曹九滿郎君郎、妹四娘五娘、從兄洪卿漢卿周卿魯卿匡堯、張谷男涯、解愁、陳揚廷弟宣、男醜奴、張溢男歡郎三寶、門客甄戈、伎術人郭諗蔣黨、李訓兄仲京、王涯姪孫羽、韓約男茂章茂實、王璠男珪等，並處斬于獨柳。勑以河陽三城鎮遏使爲孟州，割澤州隸焉，與懷、孟、澤爲節度，號河陽。制以皇子愕爲開府儀同三司、夏州刺史、朔方軍節度大使，時党項叛，命親王以制之。

十月，車駕幸鄠縣。

十一月，幸雲陽。

十二月，勑：「郊禮日近，獄囚數多，案款已成，多有翻覆。其兩京天下州府見繫囚，已結正及兩度翻案伏款者，並令先事結斷訖申。」時左僕射王起頻年知貢舉，每貢院考試訖，上榜後，更呈宰相取可否。後人數不多，宰相延英論言：「主司試藝，不合取宰相與奪。比來貢舉艱難，放人絶少，恐非弘訪之道。」帝曰：「貢院不會我意。不放子弟，即太過，無論子弟、寒門，但取實藝耳。」李德裕對曰：「鄭肅、封敖有好子弟，不敢應舉。」帝曰：「我比聞楊虞卿兄弟朋比貴勢，妨平人道路。昨楊知至、鄭朴之徒，並令落下，抑其太甚耳。」德裕曰：「臣無名第，不合言進士之非。然臣祖天寶末以仕進無他伎，勉强隨計，一舉登第。自後不於私家置《文選》，蓋惡其祖尚浮華，不根藝實。然朝廷顯官，須是公卿子弟。何者？自小便習舉業，自熟朝廷間事，臺閣儀範，班行准則，不教而自成。寒士縱有出人之才，登第之後，始得一班一級，固不能熟習也。則子弟成名，不可輕矣。」

五年春正月己酉朔，勑造望僊臺於南郊壇。時道士趙歸真特承恩禮，諫官上疏，論之延英。帝謂宰臣曰：「諫官論趙歸真，此意要卿等知。朕宮中無事，屏去聲技，但要此人道話耳。」李德裕對曰：「臣不敢言前代得失，只緣歸真於敬宗朝出入宮掖，以此人情不願陛下復親近之。」帝曰：「我爾時已識此道人，不知名歸真，只呼趙鍊師。在敬宗時亦無甚過。我與之言，滌煩爾。至於軍國政事，唯卿等與次對官論，何須問道士。非直一歸真，百歸真亦不能相惑。」歸真自以涉物論，遂舉羅浮道士鄧元起有長年之術，帝遣中使迎之。由是與衡山道士劉玄靖及歸真膠固，排毀釋氏，而拆寺之請行焉。宰臣李德裕、杜悰、李讓夷、崔鉉，太常卿孫簡等率文武百僚上徽號曰仁聖文武章天成功神德明道皇帝。辛亥，有事於郊廟，禮畢，御承天門，大赦天下。庚申，義安太后崩，敬宗之母也。遺令皇帝三日聽政，十三日小祥，二十五日大祥，二十七日釋服。兵部尚書歸融奏：「事貴得中，禮從順變，配祔之禮，宜有等差。請降服期，以日易月，十二日釋服。內外臣僚，亦請以其日釋服。陵園制度，請無降殺。」從之。以前太原節度使、檢校司空李石以本官充東都留守。

二月，諫議大夫、權知禮部貢舉陳商選士三十七人中第，物論以爲請託，令翰林學士白敏中覆試，落張瀆、李玗、薛忱、張覿、崔凛、王諶、劉伯芻等七人。

三月，崔鉉罷知政事，出爲陜虢觀察使。以御史中丞、兼兵部侍郎李回本官同平章事。

夏四月，皇第四女封延慶公主，第五女封靖樂公主。勑祠部檢括天下寺及僧尼人數，大凡寺四千六百，蘭若四萬，僧尼二十六萬五百。宰相杜悰罷知政事。以户部侍郎、判户部崔元式同平章事。

六月丙子，勑：「漢、魏已來，朝廷大政，必下公卿詳議，博求理道，以盡羣情。所以政必有經，人皆向道。此後事關禮法，羣情有疑者，令本司申尚書都省，下禮官參議。如是刑獄，亦先令法官詳議，然後申刑部參覆。如郎官、御史有能駁難，或據經史故事，議論精當，即擢授遷改以獎之。如言涉浮華，都無經據，不在申聞。」神策奏修望僊樓及廊舍五百三十九間功畢。

秋七月庚子，勑併省天下佛寺。中書門下條疏聞奏：「據令式，諸上州國忌日官吏行香於寺，其上州望各留寺一所，有列聖尊容，便令移於寺內；其下州寺並廢。其上都、東都兩街請留十寺，寺僧十人。」勑曰：「上州合留寺，工作精妙者留之；如破落，亦宜廢毁。其合行香日，官吏宜於道觀。其上都、下都每街留寺兩所，寺留僧三十人。上都左街留慈恩、薦福，右街留西明、莊嚴。」中書又奏：「天下廢寺，銅像、鐘磬委鹽鐵使鑄錢，其鐵像委本州鑄爲農器，金、銀、鍮石等像銷付度支。衣冠士庶之家所有金、銀、銅、鐵之像，勑出後限一月納官，如違，委鹽鐵使依禁銅法處分。其土、木、石等像合留寺內依舊。」又奏：「僧尼不合隸祠部，請隸鴻臚寺。其大秦穆護等祠，釋教既已釐革，邪法不可獨存。其人

並勒還俗，遞歸本貫充稅户。如外國人，送還本處收管。」

八月，制：「朕聞三代已前，未嘗言佛，漢、魏之後，像教寖興。是由季時，傳此異俗，因緣染習，蔓衍滋多。以至於蠹耗國風，而漸不覺；誘惑人意，而衆益迷。洎於九州山原，兩京城闕，僧徒日廣，佛寺日崇。勞人力於土木之功，奪人利於金寶之飾，遺君親於師資之際，違配偶於戒律之間。壞法害人，無踰此道。且一夫不田，有受其飢者；一婦不蠶，有受其寒者。今天下僧尼，不可勝數，皆待農而食，待蠶而衣。寺宇招提，莫知紀極，皆雲構藻飾，僭擬宮居。晉、宋、齊、梁，物力凋瘵，風俗澆詐，莫不由是而致也。況我高祖、太宗，以武定禍亂，以文理華夏，執此二柄，足以經邦，豈可以區區西方之教，與我抗衡哉！貞觀、開元，亦嘗釐革，剗除不盡，流衍轉滋。朕博覽前言，旁求輿議，弊之可革，斷在不疑。而中外誠臣，協予至意，條疏至當，宜在必行。懲千古之蠹源，成百王之典法，濟人利衆，予何讓焉。其天下所拆寺四千六百餘所，還俗僧尼二十六萬五百人，收充兩稅户，拆招提、蘭若四萬餘所，收膏腴上田數千萬頃，收奴婢爲兩稅户十五萬人。隸僧尼屬主客，顯明外國之教。勒大秦穆護、祆三千餘人還俗，不雜中華之風。於戲！前古未行，似將有待；及今盡去，豈謂無時。驅游惰不業之徒，已踰十萬；廢丹雘無用之室，何啻億千。自此清浄訓人，慕無爲之理；簡易齊政，成一俗之功。將使六合黔黎，同歸皇化。尚以革弊之始，日用不知，下制明廷，宜體予意。」制第六女封樂温公主，第七女封長寧公主。中書奏：「伏見公主上表稱『妾某者』，伏以臣妾之義，取其賤稱，家人之禮，即宜區别。臣等商量，公主上表，請如長公主之例，並云『某邑公主幾女上表』，郡、縣主亦望依此例稱謂。」從之。

十月乙亥，中書奏：「汜水縣武牢關是太宗擒王世充、竇建德之地，關城東峯有二聖塑容，在一堂之内。伏以山河如舊，城壘猶存，威靈皆盛於軒臺，風雲疑還於豐沛。誠宜百代嚴奉，萬邦式瞻。西漢故事，祖宗嘗行幸處，皆令邦國立廟。今緣定覺寺例合毁拆。望取寺中大殿材木，於東峰以造一殿，四面置宮墻，伏望名爲昭武廟，以昭聖祖武功之盛。委懷孟節度使差判官一人勾當。緣聖像年代已久，望令李石於東都揀好畫手，就增嚴飾。初興功日，望令東都差分司官一員薦告。」從之。

十一月甲辰，勑：「悲田養病坊，緣僧尼還俗，無人主持，恐殘疾無以取給，兩京量給寺田賑濟。諸州府七頃至十頃，各於本管選耆壽一人勾當，以充粥料。」

十二月，車駕幸咸陽。給事中韋弘質上疏，論中書權重，三司錢穀不合相府兼領。宰相奏論之曰：「臣等昨於延英對，恭聞聖旨常欲朝廷尊，臣下肅，此是陛下深究理本也。臣按《管子》云：『凡國之重器，莫重於令。令重則君尊，君尊則國安。故國安在於尊君，尊君在於行令。君人之理，本莫要于出令。故曰：虧令者死，益令者死，不得令者死，不從令者死。又曰：令行于上，而下論可不可，是上失其威，下繫於人也。』自大和已來，其風大弊，令出于上，非之於下。此弊不除，無以理國也。昨韋弘質所論宰相不合兼領錢穀，臣等輒以事體陳聞。昔匡衡所以云：『大臣者，國家之股肱，萬姓所瞻仰，明王所慎擇。』《傳》曰：『下輕其上，賤人圖柄，則國家摇動，而人不静。』弘質受人教導，輒獻封章，是則賤人圖柄矣。蕭望之漢朝名儒重德，爲御史大夫，奏云：『今首歲日月少光，罪在臣等。』上以望之意輕丞相，乃下侍中御史詰問。貞觀中，監察御史陳師合上書云：『人之思慮有限，一人不可兼總數職。』太宗曰：『此人妄有毁謗，欲離間我君臣。』流師合於嶺外。賈誼云：『人主如堂，羣臣如陛，陛高則堂高。』亦由將相重則君尊，其勢然也。如宰相姦謀隱匿，則人人皆得上論。至於制置職業，固是人主之柄，非小人所得干議。古者朝廷之上，各守其官，思不出位。弘質賤人，豈得以非所宜言上瀆明主，此是輕宰相撓時政也。昔東漢處士橫議，遂有黨錮事起，此事深要懲絶。伏望陛下詳其姦詐，去其朋徒，則朝廷安静，制令肅然。臣等不勝感憤之至。」弘質坐貶官。又奏曰：「天寶已前，中書除機密遷授之外，其他政事皆與中書舍人同商量。自艱難已來，務從權便，政頗去於臺閣，事多繫於軍期，決遣萬機，不暇博議。臣等商量，今後除機密公事外，諸侯表疏、百僚奏事、錢穀刑獄等事，望令中書舍人六人，依故事先參詳可否，臣等議而奏聞。」從之。李德裕在相位日久，朝臣爲其所抑者皆怨之。自崔鉉、杜悰罷相後，中貴人上前言德裕太專，上意不悦，而白敏中之徒，教弘質論之，故有此奏。而德裕結怨之深，由此言也。

六年春正月己未，南詔、契丹、室韋、渤海、牂柯、昆明等國遣使入朝，對于麟德殿。兵部侍郎、判度支盧商奏：「諸道兵討伐党項，今差度支郎官一人往所在有糧料州郡，先計度支給。」從之。己丑，渤海王子大之萼入朝。東都太微宮修成玄元皇帝、玄宗、肅宗三聖容，遣右散騎常侍裴章往東都薦獻。監察元壽奏前彭州刺史李鉠買本州龍興寺婢爲乳母，違法，貶隨州長史。

二月壬申朔。癸酉，以時雨愆候，詔：「京城天下繫囚，除官典犯贓、持仗劫殺、忤逆十惡外，餘罪遞減一等，犯輕罪者並釋放。征党項行營兵士，不得濫有殺傷。」丁丑，左拾遺王龜以父興元節度使起年高，乞休官侍養，從之。庚辰，以夏州節度使米暨充東北道招討党項使。壬午，右庶子呂讓進狀：「亡兄温女，大和七年嫁左衛兵曹蕭敏，生二男。開成三年，敏心疾乖忤，因而離婚。今敏日愈，却乞與臣姪女配合。」從之。壬辰，以翰林學士、起居郎孫穀爲兵部員外郎充職。以旱，停上巳曲江賜宴。勅：「比緣錢重幣輕，生人轉困，今新加鼓鑄，必在流行，通變救時，莫切於此。宜申先甲之令，以儆居貨之徒。京城諸道，宜起來年正月已後，公私行用，並取新錢。其舊錢權停三數年。如有違犯，同用鉛錫錢例科斷。其舊錢並没納。」又勅：「諸道鑄錢，已有次第，須令舊錢流布，絹價值稍增。文武百僚俸料，起三月一日，並給見錢一半。先給疋段，對估時價，皆給見錢。」貶舒州刺史蘇滌爲連州刺史。滌李宗閔黨，前自給事中爲德裕所斥，累年郡守，至是李紳言其無政故也。以邠寧節度使高承恭充西南面招討党項使。丁酉，新羅使金國連入朝。

三月壬寅，上不豫，制改御名炎。帝重方士，頗服食修攝，親受法籙。至是藥躁，喜怒失常，疾既篤，旬日不能言。宰相李德裕等請見，不許。中外莫知安否，人情危懼。是月二十三日，宣遺詔以皇太叔光王柩前即位。是日崩，時年三十三。謚曰至道昭肅孝皇帝，廟號武宗，其年八月，葬于端陵，德妃王氏祔焉。

雜録

備録

趙璘《因話録》卷一《宫部》 武宗時，李崖州嘗面奏處士王龜，志業堪爲諫官。上曰：「龜是誰子？」對曰：「王起之子。」曰：「凡言處士者，當是山野之人。王龜父大僚，安得居山野？不自合有官。」李無以對。又將賜杜悰之子無逸衣，所司條列數目，其衫色未奉進旨，上久之言曰：「我不可賜其白衫，年小未有官，又難假其服色，但賜青衣無衫可也。」

康駢《劇談録》卷下《説方士》 武宗皇帝好神仙異術，海内道流方士多至輦下。趙歸真探頤玄機，善制鉛汞，氣貌清爽，見者無不竦敬。請於禁中築望仙臺，高百尺，以爲鸞驂鶴馭可指期而降。常云飛鍊中須得生銀，詔使於樂平採取。既而大役工徒，所出者皆銜石礦，非烹冶乃無從而得。……禁中修鍊至多，外人罕知其術。復有金陵人許元長、王瓊者，善書符幻變，近於役使鬼神。會昌初，召至京國，出入宫闈。武皇謂之曰：「吾聞先朝有明崇儼，善於符籙，嘗取羅浮山柑子以資御果，萬里往來止于旬日。我雖聖德不逮前朝，卿之術豈便劣於崇儼。」元長謝曰：「臣之受法，未臻玄妙，若涉越山海，恐誣聖德，但千里之間，可一日而至。」上曰：「東都常進石榴，時已熟矣，卿今夕當致十顆。」元長奉語而出。及旦，寢殿始開，金盤貯石榴致於御榻。俄有中使奉進，亦以所失之數上聞。靈驗變通，皆如此類。王瓊妙於化物，無所不能。方冬，以藥栽培桃杏數株，一夕，繁英盡發，芳藥穠豔，月餘方謝。及武皇厭代，歸真與瓊俱竄逐嶺表，唯元長逸去，莫知所在。

蘇鶚《杜陽雜編》卷下 上好神仙術，遂起望仙臺以崇朝禮。復修降真臺，舂百寶屑以塗其地，瑶楹金栱，銀檻玉砌，晶熒炫燿，看之不定。内設玳瑁帳、火齊牀，焚龍火香，薦無憂酒。此皆他國所獻也。亡其國名。上每齋戒沐浴，召道士趙歸真已下共探希夷之理。由是室内生靈芝二株，皆如紅玉。又渤海貢馬腦櫃、紫瓷盆，馬腦櫃方三尺，深色如茜所製，工巧無比，用貯神仙之書，置之帳側。紫瓷盆量容半斛，内外通瑩，其色純紫，厚可寸餘，舉之則若鴻毛。上嘉其光潔，遂處於仙臺祕府，以和藥餌。後王才人擲玉環，誤缺其半菽，上猶歎息久之。傳於濮州刺史楊坦。

陶穀《清異録》卷一《君道門》 武帝宣内供奉，賜坐，食甘露毬蜜，搗山藥油浴。既退，侵夜，宫嬪離次，上獨映琉璃燈籠觀書，久之歸寢殿。王才人問：「官家今日以何消遣？」上曰：「緑羅供奉已去，皂羅供奉宫人特髻不來，與紫明供奉燈相守，熟讀《尚書·無逸》篇數遍。朕非不能取熱鬧快活，正要與絃管尊罍暫時隔破。」

陶穀《清異録》卷二《獸門》 武宗爲潁王時，邸園畜食獸之可人者以備十玩，繪《十玩圖》，於今傳播：九皋處士鶴、玄素先生白鷴、長鳴都尉雞、靈壽子龜、惺惺奴猴、守門使犬、長耳公驢、鼠將猫、茸客鹿、辨哥鸜鵒。

陶穀《清異録》卷三《器具門》 光叔之賢，會昌微忌之。帝因引照，戲令宫嬪離合鏡字，須臾以「光音王」奏，帝曰：「鏡子封王耶？」帝不懌而罷。距宣宗即位止三四年。

陶穀《清異録》卷三《器具門》 郭從義營洛第，發池得一器，受五升餘，體如緑玉，形正方，其中可用杵物，四角有著人坐頂，傍有篆文曰「仙臺秘府小中臼」。按蘇鶚《杜陽雜編》，仙臺秘府乃武宗修和藥餌之所。

何光遠《鑒誡録》卷一《九轉驗》 武宗皇帝酷求長生之道，訪九轉之丹。茅山道士杜元陽製藥既成，白日輕舉，弟子馬全真得殘藥，詣京表進。上因餌之，徧體生瘡，髭髮俱脱，十日而崩。此唐實録隱而不書。……或曰武宗因拆寺患癩而崩，實爲庸説也。

錢易《南部新書》卷己 會昌末，頗好神仙。有道士趙歸真，出入禁中，自言數百歲，上敬之如神。與道士劉玄静力排釋氏，武宗既惑其説，終行沙汰之事。及宣宗即位，流歸真於南海，玄静戮於市。

備論

《舊唐書》卷一八上《武宗紀》 史臣曰：開成中，王室寖卑，政由閹寺。及綴衣將變，儲位遽移。昭肅以孤立維城，副兹當璧。而能雄謀勇斷，振已去之威權；運策勵精，拔非常之俊傑。屬天驕失國，潞孽阻兵，不惑盈庭之言，獨納大臣之計。戎車既駕，亂略底寧，紀律再張，聲名復振，足以蹈章武出師之迹，繼元和戡亂之功。然後迂訪道之車，築禮神之館，棲心玄牝，物色幽人，將致俗於大庭，欲希蹤於姑射。於是削浮圖之法，懲游惰之民，志欲矯步丹梯，求珠赤水。徒見蕭衍、姚興之謬學，不悟秦王、漢武之非求，蓋惑於左道之言，偏斥異方之説。況身毒西來之教，向欲千祀，蚩蚩之民，習以成俗，畏其教甚於國法，樂其徒不異登仙。如文身祝髮之鄉，久習而莫知其醜；以吐火吞刀之戲，乍覩而便以爲神。安可正之以《咸韶》，律之以章甫。加以笮融、何充之佞，代不乏人，非荀卿、孟子之賢，誰興正論。一朝隳殘金狄，燔棄胡書，結怨於膜拜之流，犯怒於鄙夫之口。哲王之舉，不駭物情，前代存而勿論，實爲中道。欲革斯弊，以俟河清，昭肅明照，聽斯弊矣。

《新唐書》卷八《武宗紀》 贊曰：《春秋》之法，君弒而賊不討，由深責其國，以爲無臣子也。憲宗之弒，歷三世而賊猶在。至於文宗，不能明弘志等罪惡，以正國之典刑，僅能殺之而已，是可歎也。穆、敬昏童失德，以其在位不久，故天下未至於敗亂，而敬宗卒及其身，是豈有討賊之志哉！文宗恭儉儒雅，出於天性，嘗讀太宗《政要》，慨然慕之。及即位，鋭意於治，每延英對宰臣，率漏下十一刻。唐制，天子以隻日視朝，乃命輟朝、放朝皆用雙日。凡除吏必召見訪問，親察其能否。故大和之初，政事脩飭，號爲清明。然其仁而少斷，承父兄之弊，宦官橈權，制之不得其術，故其終困以此。甘露之事，禍及忠良，不勝冤憤，飲恨而已。由是言之，其能殺弘志，亦足伸其志也。

昔武丁得一傳説，爲商高宗。武宗用一李德裕，遂成其功烈。然其奮然除去浮圖之法甚鋭，而躬受道家之籙，服藥以求長年。以此見其非明智之不惑者，特好惡有不同爾。宣宗精於聽斷，而以察爲明，無復仁恩之意。嗚呼，自是而後，唐衰矣！

《資治通鑑》卷二四八唐武宗會昌四年九月條 丁巳，盧鈞入潞州。鈞素寬厚愛人，劉稹未平，鈞已領昭義節度，事見上卷三年。襄州士卒在行營者，與潞人戰，常對陳揚鈞之美。陳，讀曰陣。及赴鎮，入天井關，昭義散卒歸之者，鈞皆厚撫之，人情大洽，昭義遂安。

劉稹將郭誼、王協、劉公直、安全慶、李道德、李佐堯、劉武德、董可武等至京師，皆斬之。

臣光曰：「董重質之在淮西，事見《憲宗紀》。郭誼之在昭義，吳元濟、劉稹，如木偶人在伎兒之手耳。伎，渠綺翻。彼二人始則勸人爲亂，終則賣主規利，其死固有餘罪。然憲宗用之於前，武宗誅之於後，臣愚以爲皆失之。何則？賞姦，非義也；殺降，非信也。失義與信，何以爲國！昔漢光武待王郎、劉盆子止於不死，知其非力竭則不降故也。樊崇、徐宣、王元、牛邯之徒，豈非助亂之人乎？而光武不殺；事並見《光武紀》。蓋以既受其降，則不可復誅故也。若既赦而復逃亡叛亂，復，扶又翻；下同。則其死固無辭矣！如誼等，免死流之遠方，没齒不還，可矣；殺之，非也！

佚名《歷代名賢確論》卷九二《毁拆佛寺》 石守道論曰：夫仁義之道，大中至正之道也，天下之福也。古者堯、舜、禹、湯、周文王、武王能修仁義之道，故皆受仁義之福。何以驗之？《書》曰：堯在位七十年，享年一百一十七歲，舜在位

五十載，享年一百一十二歲。禹傳於子，繼位一十七君，有國四百年。湯傳於子，繼位二十七君，有國七百年。周亦傳於子，繼位三十三君，有國八百年。此其驗也。後世人君仁義不修，而湎淫怠荒，窮奢極欲，竭天下之力，疲天下之力，聚斂生靈之膏血，以信奉佛，而望福報，不亦妖言乎！且帝王以生靈爲本，使天下無一夫饑，無一夫寒，無一夫不遂其生，無一夫不得其所，此帝王之福也。天下生民凍餒，轉死溝壑，而不給一尺帛，賜一石粟，使其飽且暖，而乃輦金載貨，塡於寺門，以奉羣髡，將以爲萬民求福，何其迂也！且僧徒皆游惰之民人，庸人爾，使之齋，與之錢，不知何由能作福也？若曰奉佛，佛死已千有餘年也，其骨已臭朽腐爛也，其魂已殄滅消散也。以數片金薄塗於面首，用三門高屋覆其身軀，其使能降福於人，臣不信也！臣不信也！王縉之徒以謂國祚流長，皆佛之福報所資。又以爲祿山、思明毒亂方熾，而皆有子禍；僕固懷恩將亂而死；西戎犯闕，未擊而退，實由佛之福力，何厚誣也！高祖、太宗以仁義革亂，提四海之民出塗炭之中，置於富壽之域，登於太平之樂，德化深厚，恩惠及遠，積仁累義，垂慶子孫。不能嗣襲其善，中原屢擾，社稷幾覆。高祖、太宗之德未盡，人神協贊，宗廟祐助，逆兵勤而且死，神器危而復安，延至於三百年，益高祖、太宗之靈，天地神人之贊，而乃推於佛，何厚誣也！嗚呼！自佛入中國，蠹壞至於今矣。今髡徒左袵異端之人半中國，古之所謂四民者，流入於佛、老十有六七，天下穀帛貨貝歸於佛、老者亦十有六七。今以天下奉佛、老，佛、老益盛，中國益匱，生民益耗。生民耗，中國匱，雖有天下國家，何以爲國也？佛、老之患也，大矣深矣，非有英睿之君，神聖威武如禹、湯、文、武者，誰能除此弊也？在有唐時，憲宗迎佛骨，刑部侍郎韓愈上疏切諫。至於武宗皇帝，遂拆天下寺，盡去天下僧尼，盡毀天下佛像。武皇帝英威如此，謚之曰「武」，宜哉！古之帝王，以干戈而定天下，而人服，則有周武王；以征伐而威四夷，以來朝，則有漢武帝；以睿智英斷、聰明正直而去佛教，以殄滅，則有唐武宗。臣嘗論三武之功，以謂紂虐無厭，武王憑后稷、公劉、王季、文王之德，乘天下厭亂之心，一戎衣，服天下；漢祖志怯戎狄，輕北易走，武帝驅天下之兵，利天下之甲，以抗一隅，而匈奴臣，其功皆易。至於佛者，深根固蔕七八百年，爲天下大患。如唐太宗之聖神，明皇之仁勇，憲宗之英睿，皆不能除之。而武宗皇帝奮於百王之下，斷自宸智，挺然不疑，一旦盡除去之，其功過於周武王、漢武帝遠甚矣。

范祖禹《唐鑑》卷九《武宗》　會昌三年四月，昭義節度使劉從諫卒，其子稹祕不發喪。逼監軍奏稱從諫疾病，請命稹爲留後。帝以澤潞事謀於宰相，宰相多以爲回鶻餘燼未滅，邊鄙猶須警備，復討澤潞，國力不支。請以劉稹權知軍事。諫官及羣臣上言者亦然，李德裕獨曰：「澤潞事體與河朔三鎮不同，河朔習亂已久，人心難化，是故累朝以來，置之度外。澤潞近處腹心，一軍素稱忠義，自頃多用儒臣爲帥，如李抱眞成立此軍，德宗猶不許繼襲，使李緘護喪歸東都。敬宗不恤軍務，宰相又無遠略，劉悟之死，因循以授從諫，跋扈難制，累上表迫脅朝廷。今垂死之際，復以兵權擅付豎子，朝廷若又因而授之，則四方諸鎮，誰不思效其所爲？天子威令不復行矣。」帝曰：「卿以何術制之，果可克否？」對曰：「稹所恃者，河朔三鎮，但得鎮魏不與之同，則稹無能爲也。若遣重臣往諭王元逵、何弘敬，以河朔自艱難以來，列聖許其傳襲，已成故事，與澤潞不同。今朝廷將加兵澤潞，不欲更出禁軍至山東三州，隸昭義者，委兩鎮攻之。兼令偏諭將士，以賊平之日厚加官賞。苟兩鎮聽命，不從旁沮撓官軍，則稹必成擒矣。」帝喜曰：「吾與德裕同之，保無後悔。」遂決意討稹。羣臣言者不復入矣。上命德裕草詔，賜成德節度使王元逵、魏博節度使何弘敬。其略曰：「澤潞一鎮，與卿事體不同，勿爲子孫之謀，欲存輔車之勢，但能顯立功效，自然福及後昆。」丁丑，帝臨朝稱其語要切曰：「當如此直告之是也。」又賜張仲武詔，以回鶻餘燼未滅，塞上多虞，專委卿禦侮。元逵、弘敬得詔，悚息聽命。五月，下詔討稹，以王元逵爲澤潞北面招討使，何弘敬爲南面招討使。元逵受詔之日，出師屯趙州。七月，帝遣刑部侍郎兼御史中丞李回宣慰河北三鎮。令幽州乘秋早平回鶻，鎮魏早平澤潞。回至河朔。何弘敬、王元逵、張仲武皆具櫜鞬郊迎，立於道左，不敢令人控馬，讓制使先行，自兵興以來未之有也。回明辯有膽氣，三鎮無不奉詔。

臣祖禹曰：自天寶以後，河朔世爲唐患。憲宗雖得魏博，而穆宗復失之，是以朝廷惟事姑息。幸其不叛，斯可矣，豈得而使之哉！至于武宗，不惟使三鎮不敢助逆，又因以爲臂指之用，由德裕所以告之者，能服其心也。楊雄曰：「御得其道，則天下狙詐咸作使；御失其道，則天下狙詐咸作敵。」人主威制天下，豈有不由一相者哉！

仇士良以左衛上將軍內侍監致仕。其黨送歸私第。士良教以固權寵之術曰：「天子不可令閑。常宜以奢靡娛其耳目，使日新月盛，無暇更及它事。然後吾輩可以得志。愼勿使之讀書，親近儒生。彼見前代興亡，心知憂懼，則吾輩踈斥矣。」其黨拜謝而去。

臣祖禹曰：小人莫不養君之欲，以濟己之欲，使其君動而不静，爲而不止，則小人得以行其計矣。豈獨奢靡之娱悦耳目，足以蕩君心哉！又有甚焉者矣，或殖貨利，或治宫室，或開邊境，或察臣下，隨其君之所好，皆所以竊權寵也。人君樂得其欲，而不知其爲天下害，是以致日亂而不自知。惟能親正直遠邪佞，則可以免斯患矣。

自用兵以來，河朔三鎮每遣使者至京師，李德裕常面諭之。曰：「河朔兵力雖彊，不能自立，須藉朝廷官爵威命以安軍情。歸語汝使，與其使大將邀宣慰勅使以求官爵，何如自奮忠義，立功立事，結知明主，使恩出朝廷，不亦榮乎？且以耳目所及者言之。李載義在幽州，爲國家盡忠，平滄景，及爲軍中所逐，不失作節度使，後鎮太原，位至宰相；楊志誠遣大將遮勅使馬求官，及爲軍中所逐，朝廷竟不赦罪。此二人禍福足以觀矣。德裕復以其言白，帝帝曰：「要當如此明告之是也。」由是三鎮不敢有異志。明年，毁天下佛寺，五臺僧多亡奔幽州，德裕召邸吏戒，曰：「趣語汝使，劉從諫招納亡命，竟有何益。」張仲武懼，封二刀付居庸關吏曰：「有游僧入境，則斬之。」

臣祖禹曰：《書》曰：「戒之用休，董之用威。」古之明王天下有不順者，必諄諄而告教之。至于再，至于三告之。不可。然後征之，則其民知罪而用兵有辭矣。自唐之失河朔，或討伐之，或姑息之，不聞有文告之命，戒勅之辭也。是以兵加而不服，恩厚而愈驕。李德裕以一相而制御三鎮，如運之掌。使武宗享國長久，天下豈有不平者乎！

右武宗在位七年崩，年三十三。

王夫之《讀通鑑論》卷二六《唐武宗》 嗚呼！士生無道之世，而欲自拔於流俗，蓋亦難矣。文宗憑几之際，李珏等扳敬宗子成美而立之，仇士良廢成美，立武宗。武宗立，珏與楊嗣復以是竄逐，於是而李宗閔之黨不容於朝，政柄之歸必於李德裕，此屈伸之勢所必然者也。德裕即無内援，而舍我其誰？固非一樞密楊欽義之能引己也。然德裕終以淮南賂遺騰交通之名於天下後世，而黨人且據以爲口實，雖欲辭託身宦豎之醜而不可得。前此者，崔潭峻、王踐言皆能白德裕之直，然則德裕之於中人，不能自立坊表以不受磷緇，亦已久矣。夷考德裕之相也，首請政事皆出中書，仇士良挾定策之功，而不能不引身謝病以去。唐自肅宗以來内豎之不得專政者，僅見於會昌，德裕之翼贊密勿、曲施銜勒者，不爲無力，夫豈樂以其身受中人之援引者乎？然而唐之積敝，已成乎極重難反之勢。在内則中書與樞密相表裏也；在外則節使與監軍相呼吸也；拒之而常在其左側，小不忍而旋受其大屈。踐言與於維州之謀，潭峻藉宣鄭覃之命，德裕固曰吾不爲宦者用而我用宦者也。楊欽義之内召，無所屈節，而以寶玩厭其欲，德裕固曰此以待小人而使忘機，非辱也。吾行吾志，何恤於磽磽皎皎之嫌疑乎？然而以視君子立身之大防，則終玷矣。生斯世也，士君子之防，君且毁之，不可急挽也，則抱有爲之志欲抒於國者誠難矣。然則如之何而可哉？潔己無可羡之貲，謀國無偏私之黨，以君命而接之以禮，秉素志而持之以正，進不觸其深忌，退不取其歡心，俟時以得君，而無求成求可之躁願，庶其免乎！乃德裕功名之士也，固不足以及此也。以德裕之材，當德裕之世，勿容深責焉，可矣。

老氏曰：「天下之至柔，馳騁天下之至剛。」此女子小人滔天之惡，所挾以爲藏身之固者也。唐之宦官，其勢十倍於漢、宋。李輔國驅四十年御世之天子如逸豚而苙之。其後憲宗死焉，敬宗死焉，太子永死焉，絳王悟、安王溶、陳王成美死焉，三宰相、一節度、合九族而死焉。庖人之於雞鶩，唯其操鸞刀而割之也。文宗垂涕而歎，自比於周赧、漢獻而以爲不如，鬱鬱飲醇酒以成疢而崩，其凶悍之鋒，不可嚮邇也如此。以爲神策六軍在其指掌，故莫之能制，是已，而未盡然也。當其時，節鎮林立，大臣分閫，合天下之全力，以視六軍豢養之罷民，豈不相敵，而奚惴惴焉？及觀仇士良之教其黨曰：「天子不可令閒，日以奢靡娱其耳目，無暇更及他事。」然後知其所以毆中材之主入於其阱而不得出者，唯以至柔之道縻繫之，因而馳騁之，蔑不勝矣。夫耳目之欲，筋骸之逸，狎而安之，順而受之，亦曰此人主之所應得，近侍之所宜供者耳。於國無損，於事非專，即不以爲彼功，而抑非可爲彼罪也。乃當其驕橫著見，人主亦含忿不堪而思翦滌。俄而退息於深宫，則娱樂迭進，而氣不覺其漸平矣；稍定焉，而姁姁媚媚、百出以相靡，竟不知夙忿之何以遽蠲也。氣一往而衰，安望其復振哉？凡孌童稚女、清歌妙舞、捐煩解憤者，皆其戈矛鴆毒之機也。正人端士沮喪而不得以時進獻其忱，則皆廢然返曰：出而與吾謀屏除者，入而且與之歡笑，吾惡能勝彼哉？徒自誅夷貶竄而弗能摇動之也。未有不緘口息機，聽其孤危而莫恤者也。則臣非其臣，兵非其兵，狎媚旦進，而白刃夕張，莫能測焉。至柔之馳騁至剛，綽乎其有餘矣。然則羣奄之勢重邱山而弑逆相尋也，豈恃神策之孤軍哉？恃此而已矣。漢、宋之闇主受制於家奴者皆此；而唐之立國，家法不修，淫聲曼色，自太宗以來，漫焉進御而無防閑之教，故其禍爲尤酷焉。口鼻非藉之不安臭味；肢體非

藉之不宜清暎；煩勞菀結非藉之不能穆耳而愉心。林池魚鳥、書畫琴弈、張弧怒馬，各有所嗜，而皆能爲奪情息怒之媒。機械之張，烈於彊秦，密於曹操，彼以剛争，此以柔制，雖欲如周赧、漢獻而不能，果不如矣。人主而能知此，則勿曰宦官之惡不可撲也。以一念之無欲，塞滔天之横流，有餘裕矣。然而知之者鮮，能之者尤百不得一也，是以難也。

河北三鎮之不戢也，豈其富彊足以抗天下不可制哉？唐無以制之耳。盧龍之亂，陳行泰、張絳相繼擁兵以脅節鉞，張仲武起而討之，問其所有士卒幾何，合軍士土團千餘人而已；問其兵食所出，則仰給於嬀州以北而已。卒如仲武之料，幽州下，叛人得。然則唐果制勝得理，以天下之力，舉三鎮如拾芥耳。而終困於不能者，廟謨不定，諸帥離心，且逆黨私人奔走京國，賄賂行於廷臣，皆爲張皇賊勢以勸姑息，囂張不輯，亂其成謀也。君暗臣偷，視蕞爾之叛臣，莫之能勝，而曰河朔習亂已久，人心難化。惡！是何言也！劉稹阻兵擅立，李德裕決策討之，是已；而復曰：「但得鎮魏不與之同，則稹無能爲。」何其視鎮魏之太重也！張仲武既以盧龍歸命，拊鎮魏之背矣；何弘敬、王元逵非有田承嗣、王武俊之梟桀，即令納稹賂以陰相脣齒，而朝廷宣昭義問以臨之，以豈敢北不畏盧龍之乘其後，南不畏宣武之逼其前，西不畏河中之制其腋，顯相抗拒，以黨逆而蹶興哉？戰即不力，亦持兩端以視勢所趨耳。然則劉稹既滅，移弘敬、元逵於他鎮，不敢違也；召弘敬、元逵以赴闕，不敢拒也。彼雖驕蹇而惽督，抑且念昔之負固以長子孫者，不死於天誅，則死於帳下；何如束身歸闕，席富貴而保後昆。部曲雖或囂張，帥心弛而氣亦頽矣。威可服也，恩可懷也，張仲武之令圖可羡，劉稹之狂謀可鑒也。區區數州之土，兩豎子尸居其上，而曰終難化也，德裕之於此懵矣。乃遣重臣輸悃於二鎮曰：「河朔自艱難以來，列聖許其傳襲，已成故事。」則既明輸左券，授以不拔之勢，儼若敵國，此言出，後其可追哉？澤潞，王土也；其人，王人也；鎮魏亦非北胡南蠻自爲君長之國也。鎮魏可，澤潞奚其不可？又何以折劉稹而服澤潞之人心乎？夫鎮魏西扼壺關，東連曹、鄆，南一涉河而即汴宋，中原之堂奧也。横骨頤中，而欲食之下咽也，必不可得。唐之所以一亂而不可再興，皆此等成之也。德裕苟且以成一時之功，曾不恤禍結兵連之無日，習之難化，豈在河朔哉？在朝廷耳。武宗聽之，詔二鎮曰：「澤潞一鎮，與卿事體不同。」言不順，事不成，嗚呼！唐終不可爲矣。

殺降者不仁，受其降而殺之不信，古有其言，誠仁人君子之言也。雖然，言各有所指，道各有所宜，不揆其時，不察其故，不審諸順逆之大義，不度諸好惡之公心，而唯格言之是據，則仁人君子之言，皆成乎蔽。仁蔽而愚，信蔽而賊，不可不辨也。所謂殺降不仁而無信者，爲兩國交争，戰敗而倒戈，與夫夷狄盜賊之脅從而自拔者言也。或黨惡之志固不堅，或求生之外無飲志，則亦生全之，或且録用之，而蠲忿怒以予維新，斯允爲敦仁而崇信矣。劉稹之叛，郭誼爲之謀主，及夫四面合圍，三州已下，稹守孤城而日蹙，誼與王協説稹束身歸朝，稹既從之欲降矣，誼乘其懈殺之以自爲功，武宗與李德裕決計誅之，夫豈非允愜人心之公惡者以行大法？而司馬温公譏其失信。其信也，非其所以蔽而愚且賊者乎？亂人者不殄絶之，則亂終不已者也。懷以仁，而即乘吾仁以相犯；結以信，而即怙吾信以相欺者也。而唐藩鎮之亂，率因此而滋。自禄山爲逆以來，擁戴之者，豈果僥倖其主之成大業，而已爲鄧禹之效尺寸哉？人挾好亂之心，而嗾其主帥以爲逆魁，以弋利於己。故李寶臣、薛嵩、田承嗣首自反噬，而果獲分土擁尊之厚利。蓋當勸亂之日，已挾自私之計。上脅朝廷，下睨其主，流血千里，主族亦赤，無非可罔利之左券。而朝廷果以姑息而厚酬之，位兼將相，澤及子孫，人亦何憚而不日導人以叛逆哉？賣主之腰領以求榮，主族夷而已詫元功。計當日之爲藩鎮者，側目而寒心，自非狂騃如劉稹者，未有不以殺王協、郭誼爲大快者。頻年身膏原野之鬼，與痛哭郊原之寡妻孤子，固且不怨稹而怨協、誼。故二賊伏誅，而後武、宣之世，藩鎮無叛者。既有以大服其心，而裨將幕僚，知無他日幸免僥功之轉計，則意亦戢，而不敢導其主以狂猘。殺一二人而全天下，仁也；殺無恆之人以行法，信也。高帝斬丁公，而今古稱其義，況躬爲逆首者乎？且劉稹既從誼、協之謀以欲降矣，誼可容，稹獨不可降乎？殺降者，誼也；殺誼者，所以殺殺降者也，而何尤焉？唯項羽施之於敵國之赤子，李廣施之於解辮之（荒服）〔夷狄〕，則誠惡矣。未可以爲反覆傾危之亂人引以求宥也。施大仁，惇大信，各有其時，各有其情，各有其理。以一言蔽千古不齊之事變，適以自蔽而已，君子所弗尚也。

後世有天下者，欲禁浮屠之教以除世蠹也良難。會昌五年，詔毀寺及招提蘭若四萬餘區，歸俗僧尼二十六萬五百人，可謂令之必行矣。然不數年而浮屠轉盛，於是所謂黄檗者出，而教外别傳之邪説充塞於天下，禁之乃以激之而使興，故曰難也。武宗聽道士趙歸真之説而闢佛，以邪止邪，非貞勝之道，固也；未幾而武宗崩，李德裕逐，宣宗忌武宗君相而悉反其政，浮屠因緣以復進，其勢

爲之也。雖然，假令武宗永世，德裕安位而行志，又豈可以舉千年之積害，一旦去之而消滅無餘哉？何也？以一日矯千年之弊，以一君一相敵羣天下狂惑氾濫之情，而欲剷除之無遺，是鯀之陻洪水以止其横流，卒不能勝者也。夫羣天下積千年而奔趨如騖，自有原委，亦自有消歸。故天下之僧寺蘭若，欲毁之則一旦毁之，此其無難者也；勒二十餘萬僧尼使之歸俗，將奚歸哉？人之爲僧尼者，類皆孤露惰游無賴之罷民也，如使有俗之可歸，而晏然爲匹夫匹婦，以田爾田，廬爾廬，尚寧幹止也，則固十九而不爲僧尼矣。一旦壓之使無所往而得措其身，則合數十萬伏莽之戎，黠者很者陰聚於宵旦，憤懣圖惟，謀歧塗以旁出，若河之決也，得蟺穴以通，而奔流千里，安可復遏哉？故浮屠之教，至大中以後，乃益爲幽眇閃爍之論，弔詭險畸之行以聳動生人，而莫測其首尾。以相謡而翕從之，皆其擯逐無聊之日，潛身幽谷，思以争勝而求伸者也。夫欲禁浮屠氏者，亦何用深治之哉？自有生民以來，有四民則有巫，巫之爲術不一，要皆巫也，先王不能使無也。浮屠之以扇動天下者，生死禍福之報應而已，則亦巫之幻出者而已。若其黠者，雜莊、列之説，竊心性之旨，以與君子之道相競，而見道未審者惑之，然亦千不得一也。故取浮屠之説與君子之道較黑白，而衰王固不能保於末俗；取浮屠與巫者等而以巫道處之，則天下固多信巫而不信浮屠者，其勝負相敵也。浮屠而既巫矣，人之信之也猶巫，則萬室之邑，其爲巫者凡幾？而人無愛戴巫如父母者，且猶然編户征徭之民也。如此，則浮屠熸矣。故寺院不容不亟毁也；範金冶銅之像，不容不亟銷也；田園之税，丁口之徭，不容不視齊民也。無廣廈長寮以容之，無不税之田以豢之，無不徭之政以逸之，無金碧丹漆以黯其目，無鐘磬鈴鐸以淫其耳，黯淡蕭條，而又驗其老幼，使供役於郡邑，則不待勒以歸俗，而僧猶巫也，巫猶人也。進無所安，退思自便，必將自求田盧，自畜妻子，以偕於良民。數十年之中，不見其消而自無幾矣；即有存者，亦猶巫之雜處，弗能爲民大病者也。禁其爲僧尼，則傲岸而不聽，含怨以圖興。弗禁其僧，而僧視耕夫之賦役；弗禁其尼，而尼視織女之縷征。無所利而徒苦其身，以茹草而獨宿，未有不翻然思悔者。徒衆不依，而爲幽眇之説，弔詭之行者，亦自顧而少味。先王之不禁天下之巫，而不殊於四民之外，以此而已。然則有天下而欲禁浮屠以一道德，同風俗者，亦何難之有哉？特未之思耳。

藝文

《李德裕文集》卷一《上尊號玉册文會昌二年》　維會昌二年歲次壬戌四月乙丑朔十四日戊寅，攝太尉、光禄大夫、守司空、兼門下侍郎、同中書門下平章事臣德裕，銀青光禄大夫、守尚書左僕射、兼門下侍郎、同中書門下平章事臣夷行，金紫光禄大夫、尚書右僕射、兼中書侍郎、同中書門下平章事臣珙，銀青光禄大夫、守中書侍郎、同中書門下平章事臣李紳及文武百官，金紫光禄大夫、檢校司徒、兼太子太保臣僧孺等六千五百七十四人言：臣聞羲皇首太古之號，成湯顯聖武之稱。我高祖皇王是憲，尊名若古，貽厥丕訓，爲孝孫之法，豈不善始善述哉！矧乃巨唐受命，繼體承業，理運將至，大君以興，昊穹所以開至聖也。曩者明兩未定，帝華不協，捨胤傳聖，深惟至公，先后所以昭天命也。亦猶堯發於唐侯，文興於代邸，神明之祚，不其難哉！伏惟皇帝陛下清明溥鬯，光耿四海，玄德昊鄰天休大賚，日角見表，氣志如神，爰初定命，正心理物，如辰居極，而天下無邪矣。由是昭德塞違，尊賢遠佞，禹不自滿，成不敢康，罔盤於田，不邇於色。自閫壼以施王教，由家道而刑國風，去比周，覈名實，攬乾綱，擇聖紀，修舊典，協誠質，掄嘉壇款泰一。進正臣以端治表，禮故老以求讜言；遠無蔽獄，近無留命；祈玄祖而膏雨降，祀靈岳而嘉穀登；省刑罰而蓬孛消，發倉廩而螽螟息。去歲龍旂承祀，大輅親郊，捧玉瓚而一獻，光靈來格；振金石而六變，魄寶昭臨。然猶古訓是學，緝熙於道；天文炳焕，雲漢其章。温恭敬遜，承太任之教；和樂愷悌，洽戚藩之心。德風偃於羣黎，威霆動乎絶域。又以敬養不逮於長樂，昭配未升於禰宫，每懷嗣徽，烝烝而慕。所以奉若慈訓，對越兩儀，因心立制，永錫其教。寬虔劉之罪，興惻隱之仁，回雹收霜，爲之反汗。及單于慕義，景附朔邊，耀德戢兵，謙臨是受。至於備文物，展國容，莫不先甲而布甘澤，丁辰而廓陰翳，和景晏温，卿靄絪緼，斯所謂神祇之心應矣，天人之際交矣。於是服冕之士，戴鶡之倫，曁藩侯邦伯，黄髮鮐背，不謀而進曰：陛下玄默天晬，輝光日新，大矣孝熙，四極爰臻。誠宜玉版温潤，鏤鴻明之德；神寶焜耀，薦萬斯之年。丕天大典，不可辭也。陛下猶謙退固拒，至於三四，羣臣不已，乃曰俞哉。夫遍覆包含之謂仁，極深研幾之謂聖，憲度著明之謂文，蠻夷震慴之謂武，感而遂通之謂神，無思不服

之謂孝。臣等不勝大願，謹奉玉册玉寶，上尊號曰仁聖文武至神大孝皇帝。伏惟陛下乾健不息，謙尊而光，樂戒其耽，禽戒其荒，壽乃侔於殷宗，俗乃厚於成康，貽燕後昆，受福無疆。臣德裕等誠歡誠躍，頓首頓首，謹言。

《李德裕文集》卷一《上尊號玉册文會昌五年》 維會昌五年歲次乙丑正月己酉朔一日己酉，光禄大夫、守太尉、兼門下侍郎、同中書門下平章事臣德裕，光禄大夫、守尚書左僕射、兼門下侍郎、同中書門下平章事臣琮，朝議大夫、守尚書右僕射、兼中書侍郎、同中書門下平章事臣讓夷，朝議大夫、守中書侍郎、兼户部尚書、同中書門下平章事臣崔鉉及文武百官，太中大夫、太常卿臣孫簡等六千二百二人言：臣聞在昔周宣，玁狁内侵，四牡薄伐，以定王國，則詩人大其功。曁於漢宣，北夷乖亂，呼韓慕義，郅支遠遁，則簡策著其美。惟此二代，稱爲中興。間者開成之末，星孛如雲，螟飛蔽天。先帝戚之，黎人懼焉。乃授至聖，遺大投艱，迄兹成功，厥有冥數。伏惟仁聖文武至神大孝皇帝，表應龍翼，粹合乾剛；神全而正氣凝，宇定而天光發；智燭千里，動必察微；心鏡萬機，物來斯應。於是三才用，四維張；建中和之極，綴前聖之綱。重樞機，修法制；刑御家之理，無出壼之言。銷讒邪，遠巧佞；斥背公之黨，退好徑之人。内嚴體貌，增堂陛之峻；外絶締交，去輔車之勢。古所謂受命於天，惟舜獨也已。又曰一心定而萬物服，惟陛下得之。曩者北狄矜功，耗蠹中國，種類磐牙，根柢封殖，異術肺腑，縞衣如荼，挾邪作蠱，浸淫宇内，倒懸不解，百有餘年。既而龍祠堙滅，擕國款塞，質帝女，蹙海疆，有狼顧平城之心，鯨吞咸洛之志。爰命梟將，搴旗刈旃。兵鏖穹廬，火烈荆榛，颺闃幙，碎轒轀，六羸遁逃貴主生還，剗滅妖迹，剿除醜類。故名王結髮，冠帶入臣，堅昆稽首，鞮譯來獻。而又姦臣放命，二紀陸梁，據太行之固，下窺洛邑；通故絳之道，旁睨近關。樹其遺孽，以竊兵柄。議者僉曰：精兵十萬，積穀十年，梟魚不察，湯網宜懸。陛下雄繼霆聲，羣疑冰釋。揚清風而掃雲，鼓迅雷而破山，任馮異則拔天井而振上黨，仗吴漢則發突騎而傾邯鄲。壺關失險，山東奪魄。屬有戍邊叛將，竊發參墟，人心摇蕩，異議放肆。陛下臨朝而言曰：二寇獲罪於天，予所不捨。未三旬而定晉地，纔期年而滅潞子。不以金購，豨將多降；不勞師克，粤首馳報。非至德感物，孰能臻於此乎？由是台宰百辟，藩屏將帥，上言曰：成伐東夷而肅慎來賀，景剪七國而王室乃安；莫不始於武功，終致刑措。將以禋上帝，薦祖宗，宜受鴻名，以答玄貺。陛下猶謙遜而五讓之，勤請弗已，乃屈己以俞之。雲漢爲章，所以昭法度也；神明其德，所以成教化也。巍乎有功，帝堯之則也；勤於大道，玄祖之訓也。臣等不勝大願，謹奉玉册玉寶，上尊號曰仁聖文武章天成功神德明道大孝皇帝。伏惟陛下不有其名，以保其成；不德其功，以戒其盈。享殷宗之福，致周道之平。熙我王度，玉振金聲。臣德裕等誠歡誠躍，頓首頓首，謹言。

《李德裕文集》卷一《仁聖文武至神大孝皇帝真容讚并序》 仁聖文武至神大孝皇帝御極之五載，氣應天和，德感人心；朝廷四方，咸一於正。以精蕩祲，以道勝殘，故得風雨時若，螽螟歲息。銷蓬孛爲休氣，驅戎狄爲懷人；北荒堅昆，重譯而至。厥有窘伐憑阻，弄兵陸梁，韋顧既伐，夙沙自縛，武功既成，休德昭明，前古未聞百王莫致之事，皆歲蕤於圖諜矣。皇上以爲大禹叙九疇，敬五事，豈不曰貌恭則壯，視明則正，予欲作繪傳照，審其儀形。且夫聖人潛心於天，以通神明，先定其神，而萬物理矣。昔之訪具茨，期姑射，在此而已。況乎廣成之戒抱一，玄元之去多欲，予所貴道，良謂是矣。豈眩夫傒風之言，奇彼淖冰之術，從偓佺之所珍，遺堯舜之令名哉！於是圖輕素，寫良金，擬鑑形於止水，若凝視於清鏡。五彩既彰，穆穆皇皇，居列仙之館，近玄祖之光。蓋以昭燕翼之謀，顯丕承之德矣。臣聞古之至聖，必有奇相。是以黄熊之瑞，應於龍體；赤精之符，協於圖表。頎然而長，文王所以王天下也；體貌多奇，漢高所以威海内也。然則繪事之微，極於惟肖，至於天光晬清，日華明潤，非可圖也，庶仿佛焉。末臣奉詔，敢颺言曰：

唐運中興，天授大君。軒耀其武，堯焕其文。北伐玁狁，朔漠銷氛。西伏堅昆，稽首稱臣。祲生壺關，盗起河汾。沈機先物，雄斷解紛。克定羣慝，竟全大勳。八表既寧，萬機益勤。爰命彩繪，載模天真。崐閬仙岑，峻極秋旻。蓬瀛白日，光照清晨。涵育如天，尊嚴若神。輝赫絪緼，爲龍爲雲。聖作物覩，禎祥以臻。宣光孕靈，虞熙載甄。政建中和，金聲玉振。太階既平，廟器乃陳。化下以德，持盈以仁。四瀆宗海，衆星拱辰。億萬斯年，藻朗日新。

宋敏求《唐大詔令集》卷一二唐文宗《文宗遺詔》 勑：朕以寡昧，祇承丕業，慕貞觀之至化，希開元之中興，十有五年，勤勞宵旰。雖俗未臻於仁壽，而物或近於乂寧，斯乃羣后叶心，豈朕獨致。自謂勵精未已，治平可期，誠不感通，宿疾重遘。藥石無補，至於彌留，惟懷懿圖，宜有顧託。是用審訓，其聽予言：皇太弟瀍，睿哲明裕，孝友温文，中正寬仁，博達周敏。必能揚祖宗之休烈，闡皇王之令猷，宜於柩前即皇帝位。仍以門下侍郎平章事楊嗣復攝冢宰。軍國務殷，

豈可久曠，以日易月，宜遵舊章。皇帝三日而聽政，二十七日釋服。天下節度觀察防禦等使及監軍諸州刺史，職守非輕，並不得離任赴哀。天下人吏百姓，告哀後出臨三日，皆釋服。無禁婚嫁祠祀飲酒食肉。釋服之後，無禁舉樂。文武官等，朝晡臨事，皆十五舉音。宫中當臨者，非時無得擅哭。漢文薄葬，朕實慕之，營奉山陵，務從儉約，勿以金銀錦綵緣飾喪具。醫術之徒，夙夜勞苦，深可矜念，不須加罪，仙韶樂官，勒歸本司，五坊鷹犬，並令解放。嗚呼！生死常期，今古無異，予所素達，何足甚哀。咨爾將相卿士，内外腹心爪牙之臣，其敬保我令弟，緝寧邦家，成朕素懷，克底于道，布告遐邇，咸使聞知。開成五年正月

李德裕部

綜述

《舊唐書》卷一七四《李德裕傳》 李德裕字文饒，趙郡人。祖栖筠，御史大夫。父吉甫，趙國忠懿公，元和初宰相。祖、父自有傳。德裕幼有壯志，苦心力學，尤精《西漢書》、《左氏春秋》。恥與諸生從鄉賦，不喜科試。年纔及冠，志業大成。貞元中，以父譴逐蠻方，隨侍左右，不求仕進。元和初，以父再秉國鈞，避嫌不仕臺省，累辟諸府從事。十一年，張弘靖罷相，鎮太原，辟爲掌書記。由大理評事得殿中侍御史。十四年府罷，從弘靖入朝，真拜監察御史。明年正月，穆宗即位，召入翰林充學士。帝在東宮，素聞吉甫之名，既見德裕，尤重之。禁中書詔，大手筆多詔德裕草之。是月，召對思政殿，賜金紫之服。踰月，改屯田員外郎。

穆宗不持政道，多所恩貸，戚里諸親，邪謀請謁，傳導中人之旨，與權臣往來，德裕嫉之。長慶元年正月，上疏論之曰：「伏見國朝故事，駙馬緣是親密，不合與朝廷要官往來。玄宗開元中，禁止尤切。訪聞近日駙馬輒至宰相及要官私第，此輩無他才伎可以延接，唯是洩漏禁密，交通中外，羣情所知，以爲甚弊。其朝官素是雜流，則不妨來往。若職在清列，豈可知聞？伏乞宣示宰臣，其駙馬諸親，今後公事即於中書見宰相，請不令詣私第。」上然之。尋轉考功郎中、知制誥。二年二月，轉中書舍人，學士如故。

初，吉甫在相位時，牛僧孺、李宗閔應制舉直言極諫科。二人對詔，深詆時政之失，吉甫泣訴於上前。由是，考策官皆貶，事在《李宗閔傳》。元和初，用兵伐叛，始於杜黄裳誅蜀。吉甫經畫，欲定兩河，方欲出師而卒，繼之元衡、裴度。而韋貫之、李逢吉沮議，深以用兵爲非，而韋、李相次罷相，故逢吉常怒吉甫、裴度。而德裕於元和時，久之不調，而逢吉、僧孺、宗閔以私怨恒排擯之。

時德裕與李紳、元稹俱在翰林，以學識才名相類，情頗款密，而逢吉之黨深惡之。其月，罷學士，出爲御史中丞。時元稹自禁中出，拜工部侍郎、平章事。三月，裴度自太原復輔政。是月，李逢吉亦自襄陽入朝，乃密賂纖人，構成于方獄。六月，元稹、裴度俱罷相，稹出爲同州刺史，逢吉代裴度爲門下侍郎、平章事。既得權位，鋭意報怨。時德裕與牛僧孺俱有相望，逢吉欲引僧孺，懼紳與德裕禁中沮之，九月，出德裕爲浙西觀察使，尋引僧孺同平章事。由是交怨愈深。

潤州承王國清兵亂之後，前使竇易直傾府藏賞給，軍旅寖驕，財用殫竭。德裕儉於自奉，留州所得，盡以贍軍，雖施與不豐，將卒無怨。二年之後，賦輿復集。德裕壯年得位，鋭於布政，凡舊俗之害民者，悉革其弊。江、嶺之間信巫祝，惑鬼怪，有父母兄弟厲疾者，舉室棄之而去。德裕欲變其風，擇鄉人之有識者，諭之以言，繩之以法，數年之間，弊風頓革。屬郡祠廟，按方志前代名臣賢后則祠之，四郡之内，除淫祠一千一十所。又罷私邑山房一千四百六十，以清寇盜。人樂其政，優詔嘉之。

昭愍皇帝童年纘曆，頗事奢靡，即位之年七月，詔浙西造銀盝子妝具二十事進内。德裕奏。【略】時準赦不許進獻，踰月之後，徵貢之使，道路相繼，故德裕因訴而諷之。事奏，不報。又詔進可幅盤條繚綾一千匹，德裕又論，【略】優詔報之。其繚綾罷進。

元和已來，累勑天下州府，不得私度僧尼。徐州節度使王智興聚貨無厭，以敬宗誕月，請於泗州置僧壇，度人資福，以邀厚利。江、淮之民，皆羣黨渡淮。德裕奏論曰：「王智興於所屬泗州置僧尼戒壇，自去冬於江、淮已南，所在懸牓招置。江、淮自元和二年後，不敢私度。自聞泗州有壇，户有三丁必令一丁落髮，意在規避王徭，影庇資產。自正月已來，落髮者無算。臣今於蒜山渡點其過者，一日一百餘人，勘問唯十四人是舊日沙彌，餘是蘇、常百姓，亦無本州文憑，尋已勒還本貫。訪聞泗州置壇次第，凡僧徒到者，人納二緡，給牒即回，別無法事。若不特行禁止，比到誕節，計江、淮已南，失却六十萬丁壯。此事非細，繫於朝廷法度。」狀奏，即日詔徐州罷之。

敬宗荒僻日甚，遊幸無恒，疏遠賢能，昵比羣小。坐朝月不二三度，大臣罕得進言。海内憂危，慮移宗社。德裕身居廉鎮，傾心王室，遣使獻《丹扆箴》六首。【略】

德裕意在切諫，不欲斥言，託箴以盡意。《宵衣》，諷坐朝稀晚也；《正服》，諷服御乖異也；《罷獻》，諷徵求玩好也；《納誨》，諷侮棄讜言也；《辨邪》，諷信任羣小也；《防微》，諷輕出遊幸也。帝雖不能盡用其言，命學士韋處厚殷勤答詔，頗嘉納其心焉。德裕久留江介，心戀闕廷，因事寄情，望回聖獎。而逢吉當軸，枳棘其塗，竟不得内徙。

寶曆二年，亳州言出聖水，飲之者愈疾。德裕奏曰：「臣訪聞此水，本因妖僧誑惑，狡計丐錢。數月已來，江南之人，奔走塞路。每三二十家，都顧一人取水。擬取之時，疾者斷食葷血，既飲之後，又二七日蔬飧，危疾之人，俟之愈病。其水斗價三貫，而取者益之他水，沿路轉以市人，老疾飲之，多至危篤。昨點兩浙、福建百姓渡江者，日三五十人。臣於蒜山渡已加捉搦。若不絶其根本，終無益黎甿。昔吴時有聖水，宋、齊有聖火，事皆妖妄，古人所非。乞下本道觀察使令狐楚，速令填塞，以絶妖源。」從之。

敬宗爲兩街道士趙歸真説以神仙之術，宜訪求異人以師其道；僧惟貞、齊賢、正簡説以祠禱修福，以致長年。四人皆出入禁中，日進邪説。山人杜景先進狀，請於江南求訪異人。至浙西，言有隱士周息元壽數百歲，帝即令高品薛季稜往潤州迎之，仍詔德裕給公乘遣之。德裕因中使還，獻疏，【略】息元至京，帝館之於山亭，問以道術。自言識張果、葉静能，詔寫真待詔李士昉問其形狀，圖之以進。息元山野常人，本無道學，言事誕妄，不近人情。及昭愍遇盜而殂，文宗放還江左。德裕深識守正，皆此類也。

文宗即位，就加檢校禮部尚書。大和三年八月，召爲兵部侍郎，裴度薦以爲相。而吏部侍郎李宗閔有中人之助，是月拜平章事，懼德裕大用。九月，檢校禮部尚書，出爲鄭滑節度使。德裕爲逢吉所擯，在浙西八年，雖遠闕庭，每上章言事。文宗素知忠藎，採朝論徵之。到未旬時，又爲宗閔所逐，中懷於悒，無以自申。賴鄭覃侍講禁中，時稱其善，雖朋黨流言，帝乃心未已。宗閔尋引牛僧孺同知政事，二憾相結，凡德裕之善者，皆斥之於外。四年十月，以德裕檢校兵部尚書、成都尹、劍南西川節度副大使、知節度事、管内觀察處置、西山八國雲南招撫等使。裴度於宗閔有恩，度征淮西時，請宗閔爲彰義觀察判官，自後名位日進。至是恨度援德裕，罷度相位，出爲興元節度使，牛、李權赫於天下。

西川承蠻寇剽虜之後，郭釗撫理無術，人不聊生。德裕乃復葺關防，繕完兵守。又遣人入南詔，求其所俘工匠，得僧道工巧四千餘人，復歸成都。五年九月，吐蕃維州守將悉怛謀請以城降。其州南界江陽，岷山連嶺而西，不知其極；北望隴山，積雪如玉；東望成都，若在井底。一面孤峯，三面臨江，是西蜀控吐蕃之要地。至德後，河、隴陷蕃，唯此州尚存。吐蕃利其險要，將婦人嫁於此州閽者。二十年後，婦人生二子成長。及蕃兵攻城，二子内應，其州遂陷。吐蕃得之，號曰「無憂城」。貞元中，韋皋鎮蜀，經略西山八國，萬計取之不獲，至是悉怛謀遣人送款。德裕疑其詐，遣人送錦袍金帶與之，託云候取進止，悉怛謀乃盡率郡人歸成都。德裕乃發兵鎮守，因陳出攻之利害。時牛僧孺沮議，言新與吐蕃結盟，不宜敗約，語在《僧孺傳》。乃詔德裕却送悉怛謀一部之人還維州，贊普得之，皆加虐刑。德裕六年復修邛峽關，移嶲州於臺登城以扞蠻。

德裕所歷征鎮，以政績聞。其在蜀也，西拒吐蕃，南平蠻、蜑。數年之内，夜犬不驚，瘡痏之民，粗以完復。會監軍王踐言入朝知樞密，嘗於上前言悉怛謀縛送以快戎心，絶歸降之義，上頗尤僧孺。其年冬，召德裕爲兵部尚書，僧孺罷相，出爲淮南節度使。七年二月，德裕以本官平章事，進封贊皇伯，食邑七百户。六月，宗閔亦罷，德裕代爲中書侍郎、集賢大學士。

其年十二月，文宗暴風恙，不能言者月餘。八年正月十六日，始力疾御紫宸見百僚。宰臣退問安否，上歎醫無名工者久之，由是王守澄進鄭注。初，注構宋申錫事，帝深惡之，欲令京兆尹杖殺之。至是以藥稍效，始善遇之。守澄復進李訓，善《易》。其年秋，上欲授訓諫官，德裕奏曰：「李訓小人，不可在陛下左右。頃年惡積，天下皆知，無故用之，必駭視聽。」上曰：「人誰無過，俟其悛改。朕以逢吉所託，不忍負言。」德裕曰：「聖人有改過之義。訓天性姦邪，無悛改之理。」上顧王涯曰：「商量别與一官。」遂授四門助教。制出，給事中鄭肅、韓佽封之不下，王涯召肅面喻令下。俄而鄭注亦自絳州至，訓、注惡德裕排己，九月十日，復召宗閔於興元，授中書侍郎、平章事，代德裕，出德裕爲興元節度使。德裕中謝日，自陳戀闕，不願出藩，追勑守兵部尚書。宗閔奏制命已行，不宜自便，尋改檢校尚書左僕射、潤州刺史、鎮海軍節度、蘇常杭潤觀察等使，代王璠。

德裕至鎮，奉詔安排宫人杜仲陽於道觀，與之供給。仲陽者，漳王養母，王得罪，放仲陽於潤州故也。九年三月，左丞王璠、户部侍郎李漢進狀，論德裕在

鎮，厚賂仲陽，結託漳王，圖爲不軌。四月，帝於蓬萊殿召王涯、李固言、路隨、王璠、李漢、鄭注等，面證其事。璠、漢加誣構結，語甚切至。路隨奏曰：「德裕實不至此。誠如璠、漢之言，微臣亦合得罪。」羣論稍息。尋授德裕太子賓客，分司東都。其月，又貶袁州長史。路隨坐證德裕，罷相，出鎮浙西。其年七月，宗閔坐救楊虞卿，貶處州；李漢坐黨宗閔，貶汾州。十一月，王璠與李訓造亂伏誅，而文宗深悟前事，知德裕爲朋黨所誣。明年三月，授德裕銀青光禄大夫，量移滁州刺史。七月，遷太子賓客。十一月，檢校户部尚書，復浙西觀察使。德裕凡三鎮浙西，前後十餘年。

開成二年五月，授揚州大都督府長史、淮南節度副大使、知節度使事，代牛僧孺。初僧孺聞德裕代己，乃以軍府事交付副使張鷺，即時入朝。時揚州府藏錢帛八十萬貫匹，及德裕至鎮，奏領得止四十萬，半爲張鷺支用訖。僧孺上章訟其事，詔德裕重檢括，果如僧孺之數。德裕稱初到鎮疾病，爲吏隱欺，請罰，詔釋之。補闕王績、魏謩、崔黨、韋有翼，拾遺令狐綯、韋楚老、樊宗仁等，連章論德裕妄奏錢帛以傾僧孺，上竟不問。四年四月，就加檢校尚書左僕射。五年正月，武宗即位。七月，召德裕於淮南。九月，授門下侍郎、同平章事。初，德裕父吉甫，年五十一出鎮淮南，五十四自淮南復相。今德裕鎮淮南，復入相，一如父之年，亦爲異事。

會昌元年，兼左僕射。開成末，回紇爲黠戛斯所攻，戰敗，部族離散，烏介可汗奉大和公主南來。會昌二年二月，牙於塞上，遣使求助兵糧，收復本國，權借天德軍以安公主。時天德軍使田牟，請以沙陀、退渾諸部落兵擊之。上意未決，下百僚商議，議者多云如牟之奏。德裕曰：「頃者國家艱難之際，回紇繼立大功。今國破家亡，竄投無所，自居塞上，未至侵淫。以窮來歸，遽行殺伐，非漢宣待呼韓邪之道也。不如聊濟資糧，徐觀其變。」宰相陳夷行曰：「此借寇兵而資盜糧，非計也，不如擊之便。」德裕曰：「田牟、韋仲平言沙陀、退渾並願擊賊，此緩急不可恃也。夫見利則進，遇敵則散，是雜虜之常態，必不肯爲國家扞禦邊境。天德一城，戍兵寡弱，而欲與勁虜結讎，陷之必矣。不如以理卹之，俟其越軼，用兵爲便。」帝以爲然，許借米三萬石。

俄而回紇宰相嗢没斯殺赤心宰相，以其衆來降。赤心部族又投幽州，烏介勢孤，而不與之米，其衆飢乏，漸近振武保大栅、杷頭峯，突入朔州州界。沙陀、退渾皆以其家保山險，雲州張獻節嬰城自固。虜大縱掠，卒無拒者。上憂之，與宰臣計事。德裕曰：「杷頭峯北便是沙磧，彼中野戰，須用騎兵。若以步卒敵之，理難必勝。今烏介所恃者公主，如令勇將出奇奪得公主，虜自敗矣。」上然之，即令德裕草制處分代北諸軍，固關防，以出奇形勢授劉沔。沔令大將石雄急擊可汗于殺胡山，敗之，迎公主還宫，語在《石雄傳》。尋進位司空。

三年二月，趙蕃奏黠戛斯攻安西、北庭都護府，宜出師應援。德裕奏曰：【略】乃止。

德裕又以大和五年吐蕃維州守將以城降，爲牛僧孺所沮，終失維州，奏論之。【略】帝意傷之，尋賜贈官。

其年，德裕兼守司徒。四月，澤潞節度使劉從諫卒，軍人以其侄稹擅總留後，三軍請降旄鉞。帝與宰臣議可否，德裕曰：「澤潞國家内地，不同河朔。前後命帥，皆用儒臣。頃者李抱真成立此軍，身殁之後，德宗尚不許繼襲，令李緘護喪歸洛。洎劉悟作鎮，長慶中頗亦自專，屬敬宗因循，遂許從諫繼襲。開成初，於長子屯軍，欲興晉陽之甲，以除君側，與鄭注、李訓交結至深，外託效忠，實懷窺伺。自疾病之初，便令劉稹管兵馬。若不加討伐，何以號令四方？若因循授之，則藩鎮相效，自兹威令去矣！」帝曰：「卿算用兵必克否？」對曰：「劉稹所恃者，河朔三鎮耳。但得魏鎮不與稹同，破之必矣。請遣重臣一人，傳達聖旨，言澤潞命帥，不同三鎮。自艱難已來，列聖皆許三鎮嗣襲，已成故事。今國家欲加兵誅稹，禁軍不欲出山東。其山東三州，委鎮魏出兵攻取。」上然之，乃令御史中丞李回使三鎮諭旨，賜魏鎮詔書云：「卿勿爲子孫之謀，欲存輔車之勢。」何弘敬、王元逵承詔，聳然從命。初議出兵，朝官上疏相繼，請依從諫例，許之繼襲，而宰臣四人，亦有以出師非便者。德裕奏曰：「如師出無功，臣請自當罪戾，請不累李紳、讓夷等。」及弘敬、元逵出兵，德裕又奏曰：「貞元、大和之間，朝廷伐叛，詔諸道會兵，纔出界便費度支供餉，遲留逗撓，以困國力，或密與賊商量，取一縣一栅以爲勝捷，所以師出無功。今請處分元逵、弘敬，只令收州，勿攻縣邑。」帝然之。及王宰、石雄進討，經年未拔澤潞。及弘敬、元逵收邢、洺、磁三州，稹黨遂離，以至平殄，皆如其算。

時王師方討澤潞，三年十二月，太原橫水戍兵因移戍榆社，乃倒戈入太原城，逐節度使李石，推其都將楊弁爲留後。武宗以賊稹未殄，又起太原之亂，心

頗憂之。遣中使馬元貫往太原宣諭，覘其所爲。元貫受楊弁賂，欲保祐之。四年正月，使還，奏曰：「楊弁兵馬極多，自牙門列隊至柳子，十五餘里，明光甲曳地。」德裕奏曰：「李石比以城内無兵，抽横水兵一千五百人赴榆社，安能朝夕間便致十五里兵甲耶？」元貫曰：「晉人驍敢，盡可爲兵，重賞招致耳。」德裕曰：「招召須財，昨横水兵亂，止爲欠絹一匹。李石無處得，楊弁從何致耶？又太原有一聯甲，並在行營，安致十五里明光耶？」元貫詞屈。德裕奏曰：「楊弁微賊，決不可恕。如國力不及，寧捨劉稹。」即時請降詔，令王逢起榆社軍，又令王元逵兵自土門入，會于太原。河東監軍吕義忠聞之，即日召榆社本道兵，誅楊弁以聞。

自開成五年冬回紇至天德，至會昌四年八月平澤潞，首尾五年，其籌度機宜，選用將帥，軍中書詔，奏請雲合，起草指蹤，皆獨決於德裕，諸相無預焉。以功兼守太尉，進封衛國公，三千户。五年，武宗上徽號後，累表乞骸，不許。德裕病月餘，堅請解機務，乃以本官平章事兼江陵尹、荆南節度使。數月追還，復知政事。宣宗即位，罷相，出爲東都留守、東畿汝都防禦使。

德裕特承武宗恩顧，委以樞衡。決策論兵，舉無遺悔，以身扞難，功流社稷。及昭肅棄天下，不逞之伍咸害其功。白敏中、令狐綯，在會昌中德裕不以朋黨疑之，置之臺閣，顧待甚優。及德裕失勢，抵掌戟手，同謀斥逐，而崔鉉亦以會昌末罷相怨德裕。大中初，敏中復薦鉉在中書，乃相與掎摭構致，令其黨人李咸者，訟德裕輔政時陰事。乃罷德裕留守，以太子少保分司東都，時大中元年秋。尋再貶潮州司馬。敏中等又令前永寧縣尉吴汝納進狀，訟李紳鎮揚州時謬斷刑獄。明年冬，又貶潮州司户。德裕既貶，大中二年，自洛陽水路經江、淮赴潮州。其年冬，至潮陽，又貶崖州司户。至三年正月，方達珠崖郡。十二月卒，時年六十三。

德裕以器業自負，特達不羣。好著書爲文，奬善嫉惡，雖位極台輔，而讀書不輟。有劉三復者，長於章奏，尤奇待之。自德裕始鎮浙西，迄於淮甸，皆參佐賓筵。軍政之餘，與之吟詠終日。在長安私第，別構起草院。院有精思亭，每朝廷用兵，詔令制置，而獨處亭中，凝然握管，左右侍者無能預焉。東都於伊闕南置平泉別墅，清流翠篠，樹石幽奇。初未仕時，講學其中。及從官藩服，出將入相，三十年不復重遊，而題寄歌詩，皆銘之於石。今有《花木記》、《歌詩篇録》二石存焉。有文集二十卷。記述舊事，則有《次柳氏舊聞》、《御臣要略》、《伐叛志》、《獻替録》行於世。

初貶潮州，雖蒼黄顛沛之中，猶留心著述，雜序數十篇，號曰《窮愁志》。

《新唐書》卷一八〇《李德裕傳》 李德裕字文饒，元和宰相吉甫子也。少力于學，既冠，卓犖有大節。不喜與諸生試有司，以蔭補校書郎。河東張弘靖辟爲掌書記。府罷，召拜監察御史。

穆宗即位，擢翰林學士。帝爲太子時，已聞吉甫名，由是顧德裕厚，凡號令大典册，皆更其手。數召見，賚奬優華。帝怠荒于政，故戚里多所請丐，挾宦人詗禁中語，關託大臣。德裕建言：「舊制，駙馬都尉與要官禁不往來。開元中，訶督尤切，今乃公至宰相及大臣私第。是等無佗材，直洩漏禁密，交通中外耳。請白事宰相者，聽至中書，無輒詣第。」帝然之。再進中書舍人。未幾，授御史中丞。

始，吉甫相憲宗，牛僧孺、李宗閔對直言策，痛詆當路，條失政。吉甫訴於帝，且泣，有司皆得罪，遂與爲怨。吉甫又爲帝謀討兩河叛將，李逢吉沮解其言，功未既而吉甫卒，裴度實繼之。逢吉以議不合罷去，故追銜吉甫而怨度，擯德裕不得進。至是，間帝暗庸，訹度使與元稹相怨，奪其宰相而已代之。欲引僧孺益樹黨，乃出德裕爲浙西觀察使。俄而僧孺入相，由是牛、李之憾結矣。

初，潤州承王國清亂，竇易直傾府庫賚軍，貲用空殫，而下益驕。德裕自檢約，以留州財贍兵，雖儉而均，故士無怨。再期，則賦物儲牣。南方信禨巫，雖父母癘疾，子棄不敢養。德裕擇長老可語者，諭以孝慈大倫，患難相收不可棄之義，使歸相曉勑，違約者顯寘以法。數年，惡俗大變。又按屬州非經祠者，毀千餘所，撤私邑山房千四百舍，寇無所廋蔽。天子下詔褒揚。

敬宗立，侈用無度，詔浙西上脂盝粧具，德裕奏：「比年旱災，物力未完。乃三月壬子赦令，『常貢之外，悉罷進獻』。此陛下恐聚斂之吏緣以成姦，雕窶之人不勝其敝也。本道素號富饒，更李錡、薛苹，皆榷酒於民，供有羨財。元和詔書停榷酤，又赦令禁諸州羨餘無送使。今存者惟留使錢五十萬緡，率歲經費常少十三萬，軍用褊急。今所須脂盝粧具，度用銀二萬三千兩，金百三十兩，物非土産，雖力營索，尚恐不逮。願詔宰相議，何以俾臣不違詔旨，不乏軍興，不疲人，不斂怨，則前勑後詔，咸可遵承。」不報。方是時，罷進獻不閱月，而求貢使者足

相接于道，故德裕推一以諷它。

又詔索盤條繚綾千匹，復奏言：「太宗時，使至涼州，見名鷹，諷李大亮獻之，大亮諫止，賜詔嘉歎。玄宗時，使者抵江南捕鵁鶄、翠鳥，汴州刺史倪若水言之，即見褒納。皇甫詢織半臂、造琵琶捍撥、鏤牙筩於益州，蘇頲不奉詔，帝不加罪。夫鵁鶄、鏤牙，微物也。二三臣尚以勞人損德爲言，豈二祖有臣如此，今獨無之？蓋有位者蔽而不聞，非陛下拒不納也。且立鵝天馬，盤條掬豹，文彩怪麗，惟乘輿當御。今廣用千匹，臣所未諭。昔漢文身衣弋綈，元帝罷輕纖服，故仁德慈儉，至今稱之。願陛下師二祖容納，遠思漢家恭約，裁賜節減，則海隅蒼生畢受賜矣。」優詔爲停。

自元和後，天下禁毋私度僧。徐州王智興紿言天子誕月，請築壇度人以資福，詔可。即顯募江淮間，民皆曹輩奔走，因牟擷其財以自入。德裕劾奏：「智興爲壇泗州，募願度者人輸錢二千，則不復勘詰，普加髡落。自淮而右，户三丁男，必一男剔髮，規影傜賦，所度無算。臣閱度江者日數百，蘇、常齊民，十固八九，若不加禁遏，則前至誕月，江淮失丁男六十萬，不爲細變。」有詔徐州禁止。

時帝昏荒，數游幸，狎比羣小，聽朝簡忽。德裕上《丹扆六箴》，表言：「『心乎愛矣，遐不謂矣』，此古之賢人篤於事君者也。夫迹疏而言親者危，地遠而意忠者忤。臣竊惟念拔自先聖，偏荷寵私，不能竭忠，是負靈鑒。臣在先朝，嘗獻《大明賦》以諷，頗蒙嘉採。今日盡節明主，亦由是也。」其一曰《宵衣》，諷視朝希晚也；二曰《正服》，諷服御非法也；三曰《罷獻》，諷斂求怪珍也；四曰《納誨》，諷侮棄忠言也；五曰《辨邪》，諷任羣小也；六曰《防微》，諷偈游輕出也。辭皆明直婉切。帝雖不能用其言，猶勅韋處厚諄諄作詔，厚謝其意。然爲逢吉排笮，訖不内徙。

時亳州浮屠詭言水可愈疾，號曰「聖水」，轉相流聞，南方之人，率十户僦一人使往汲。既行若飲，病者不敢近葷血，危老之人率多死。而水斗三十千，取者益它汲轉鬻於道，互相欺誅，往者日數十百人。德裕嚴勒津邏捕絶之，且言：「昔吴有聖水，宋、齊有聖火，皆本妖祥，古人所禁。請下觀察使令狐楚填塞，以絶妄源。」從之。

帝方惑佛老，禱福祈年，浮屠方士，並出入禁中。狂人杜景先上言，其友周息元壽數百歲，帝遣宦者至浙西迎之，詔在所馳馹敦遣。德裕上疏曰：「道之高者，莫若廣成、玄元；人之聖者，莫若軒轅、孔子。昔軒轅問廣成子治身之要，曰：『無視無聽，抱神以静，形將自正。無勞子形，無摇子精，乃可長生。慎守其一，以處其和。故我脩身千二百歲矣，形未嘗衰。』又曰：『得吾道者上爲皇，下爲王。』玄元語孔子曰：『去子之驕氣與多欲、態色與淫志，是皆無益於子之身。』陛下脩軒后之術，物色異人，若使廣成、玄元混迹而至，告陛下之言，亦無出於此。臣慮今所得者，皆迂怪之士，使物淖冰，以小術欺聰明，如文成、五利者也。又前世天子雖好方士，未有御其藥者。故漢人稱黄金可成，以爲飲食器則壽。高宗時劉道合、玄宗時孫甑生皆能作黄金，二祖不之服，豈非以宗廟爲重乎？儻必致真隱，願止師保和之術，慎毋及藥，則九廟尉悦矣。」息元果誕譎不情，自言與張果、葉静能游。帝詔畫工肖狀爲圖以觀之，終帝世無它驗。文宗即位，乃逐之。

大和三年，召拜兵部侍郎。裴度薦材堪宰相，而李宗閔以中人助，先秉政，且得君，出德裕爲鄭滑節度使，引僧孺協力，罷度政事。二怨相濟，凡德裕所善，悉逐之。於是二人權震天下，黨人牢不可破矣。

踰年，徙劍南西川。蜀自南詔入寇，敗杜元穎，而郭釗代之，病不能事，民失職，無聊生。德裕至，則完殘奮怯，皆有條次。成都既南失姚、協，西亡維、松，由清溪下沫水而左，盡爲蠻有。始，韋皋招來南詔，復巂州，傾内資結蠻好，示以戰陣文法。德裕以皋啓戎資盜，其策非是，養成癰疽，弟未決耳。至元穎時，遇隙而發，故長驅深入，蹂剔千里，蕩無孑遺。今瘢夷尚新，非痛矯革，不能刷一方恥。乃建籌邊樓，按南道山川險要與蠻相入者圖之左，西道與吐蕃接者圖之右。其部落衆寡，饋餫遠邇，曲折咸具。乃召習邊事者與之指畫商訂，凡虜之情僞盡知之。又料擇伏瘴舊獠與州兵之任戰者，廢遣獰耄什三四，士無敢怨。又請甲人於安定，弓人河中，弩人浙西。繇是蜀之器械皆犀鋭。率户二百取一人，使習戰，貸勿事，緩則農，急則戰，謂之「雄邊子弟」。其精兵曰南燕保義、保惠、兩河慕義、左右連弩；騎士曰飛星、鷙擊、奇鋒、流電、霆聲、突騎。總十一軍。築杖義城，以制大度、青溪關之阻；作禦侮城，以控榮經掎角勢；作柔遠城，以阨西山吐蕃；復邛崍關，徙巂州治臺登，以奪蠻險。

舊制，歲杪運内粟贍黎、巂州，起嘉、眉，道陽山江，而達大度，乃分餉諸戍。常以盛夏至，地苦瘴毒，輦夫多死。德裕命轉邛、雅粟，以十月爲漕始，先夏而

至，以佐陽山之運，饋者不涉炎月，遠民乃安。

蜀人多鬻女爲人妾，德裕爲著科約，凡十三而上，執三年勞；下者，五歲。及期則歸之父母。毁屬下浮屠私廬數千，以地予農。蜀先主祠旁有猱村，其民剔髮若浮屠者，畜妻子自如，德裕下令禁止。蜀風大變。

於是二邊寖懼，南詔請還所俘掠四千人，吐蕃維州將悉怛謀以城降。維距成都四百里，因山爲固，東北繇索叢嶺而下二百里，地無險，走長川不三千里，直吐蕃之牙，異時戍之，以制虜入者也。德裕既得之，即發兵以守，且陳出師之利。僧孺居中沮其功，命返悉怛謀於虜，以信所盟，德裕終身以爲恨。會監軍使王踐言入朝，盛言悉怛謀死，拒遠人向化意。帝亦悔之，即以兵部尚書召，俄拜中書門下平章事，封贊皇縣伯。

故事，丞郎詣宰相，須少間乃敢通，郎官非公事不敢謁。李宗閔時，往往通賓客。李聽爲太子太傅，招所善載酒集宗閔閣，酣醉乃去。至德裕，則喻御史：「有以事見宰相，必先白臺乃聽。凡罷朝，繇龍尾道趨出。」遂無輒至閣者。又罷京兆築沙隄、兩街上朝衛兵。嘗建言：「朝廷惟邪正二途，正必去邪，邪必害正。然其辭皆若可聽，願審所取舍。不然，二者並進，雖聖賢經營，無繇成功。」俄而宗閔罷，德裕代爲中書侍郎、集賢殿大學士。始，二省符江淮大賈，使主堂廚食利，因是挾貲行天下，所至州鎮爲右客，富人倚以自高。德裕一切罷之。

後帝暴感風，害語言。鄭注始因王守澄以藥進，帝少間，又薦李訓使待詔，帝欲授諫官，德裕曰：「昔諸葛亮有言：『親賢臣，遠小人，漢所以興隆也。親小人，遠賢士，後漢所以傾頹也。』今訓小人，頃咎惡暴天下，不宜引致左右。」帝曰：「人誰無過，當容其改。且逢吉嘗言之。」對曰：「聖賢則有改過，若訓天資姦邪，尚何能改？逢吉位宰相，而顧愛兇回，以累陛下，亦罪人也。」帝語王涯別與官，德裕摇手止涯，帝適見，不懌，訓、注皆怨，即復召宗閔輔政，拜德裕爲興元節度使。入見帝，自陳願留闕下，復拜兵部尚書，宗閔奏：「命已行，不可止。」更徙鎮海軍以代王璠。

先是大和中，漳王養母杜仲陽歸浙西，有詔在所存問。時德裕被召，乃檄留後使如詔書。璠入爲尚書左丞，而漳王以罪廢死，因與户部侍郎李漢共譖德裕嘗賂仲陽導王爲不軌。帝惑其言，召王涯、李固言、路隋質之，注、璠、漢三人者語益堅，獨隋言：「德裕大臣，不宜有此。」讒焰少衰。遂貶德裕爲太子賓客，分司東都。復貶袁州長史，隋亦免宰相。未幾，宗閔以罪斥，而注、訓等亂敗。帝追悟德裕以誣構逐，乃徙滁州刺史。又以太子賓客分司東都。開成初，帝從容語宰相：「朝廷豈有遺事乎？」衆進以宋申錫對。帝俛首涕數行下，曰：「當此時，兄弟不相保，况申錫邪？有司爲我褒顯之。」又曰：「德裕亦申錫比也。」起爲浙西觀察使。後對學士禁中，黎埴頓首言：「德裕與宗閔皆逐，而獨三進官。」帝曰：「彼嘗進鄭注，而德裕欲殺之，今當以官與何人？」埴懼而出。又指坐扆前示宰相曰：「此德裕争鄭注處。」

德裕三在浙西，出入十年，遷淮南節度使，代牛僧孺。僧孺聞之，以軍事付其副張鷺，即馳去。淮南府錢八十萬緡，德裕奏言止四十萬，爲鷺用其半。僧孺訴于帝，而諫官姚合、魏謩等共劾奏德裕挾私怨沮傷僧孺，帝置章不下，詔德裕覆實。德裕上言：「諸鎮更代，例殺半數以備水旱、助軍費。因索王播、段文昌、崔從相授簿最具在。惟從死官下，僧孺代之，其所殺數最多。」即自劾「始至鎮，失於用例，不敢妄」。遂待罪，有詔釋之。

武宗立，召爲門下侍郎、同中書門下平章事。既入謝，即進戒帝：「辨邪正，專委任，而後朝廷治。臣嘗爲先帝言之，不見用。夫正人既呼小人爲邪，小人亦謂正人爲邪，何以辨之？請借物爲諭，松柏之爲木，孤生勁特，無所因倚。蘿蔦則不然，弱不能立，必附它木。故正人一心事君，無待於助。邪人必更爲黨，以相蔽欺。君人者以是辨之，則無惑矣。」又謂治亂繫信任，引齊桓公問管仲所以害霸者，仲對琴瑟笙竽、弋獵馳騁，非害霸者；惟知人不能舉，舉不能任，任而又雜以小人，害霸也。「太、玄、德、憲四宗皆盛朝，其始臨御，自視若堯、舜，寖久則不及初，陛下知其然乎？始一委輔相，故賢者得盡心。久則小人並進，造黨與，亂視聽，故上疑而不專。政去宰相則不治矣。在德宗最甚，晚節宰相惟奉行詔書，所與圖事者，李齊運、裴延齡、韋渠牟等，訖今謂之亂政。夫輔相有欺罔不忠，當亟免，忠而材者屬任之。政無它門，天下安有不治？先帝任人，始皆回容，積纖微以至誅貶。誠使雖小過必知而改之，君臣無猜，則讒邪不干其間矣。」又言：「開元初，輔相率三考輒去，雖姚崇、宋璟不能踰。至李林甫秉權乃十九年，遂及禍敗。是知亟進罷宰相，使政在中書，誠治本也。」

帝嘗疑楊嗣復、李珏顧望不忠，遣使殺之，德裕知帝性剛而果於斷，即率三宰相見延英，嗚咽流涕曰：「昔太宗、德宗誅大臣，未嘗不悔。臣欲陛下全活之，

無異時恨。使二人罪惡暴著，天下共疾之。」帝不許，德裕伏不起。帝曰：「爲公等赦之。」德裕降拜升坐。帝曰：「如令諫官論争，雖千疏，我不赦。」德裕重拜。因追還使者，嗣復等乃免。

時帝數出畋游，暮夜乃還，德裕上言：「人君動法於日，故出而視朝，入而燕息。傳曰：『君就房有常節。』惟深察古誼，毋繼以夜。側聞五星失度，恐天以是勤勤儆戒。《詩》曰：『敬天之渝，不敢馳驅。』願節田游，承天意。」尋册拜司空。

回鶻自開成時爲黠戛斯所破。會昌後，烏介可汗挾公主牙塞下，種族大飢，以弱口、重器易粟於邊。退渾、党項利虜掠，因天德軍使田牟上言，願以部落兵擊之。議者請可其奏。德裕曰：「回鶻於國嘗有功，以窮來歸，未輒擾邊，遽伐之，非漢宣帝待呼韓之義。不如與之食，以待其變。」陳夷行曰：「資盜糧，非計也，不如擊之便。」德裕曰：「沙陀、退渾，不可恃也。夫見利則進，遇敵則走，雜虜之常態，孰肯爲國家用邪？天德兵素弱，以一城與勁虜確，無不敗。請詔牟無聽諸戎計。」帝於是貸粟三萬斛。

會嗢没斯殺赤心以降，赤心兵潰去。於是回鶻勢窮，數丐羊馬，欲藉兵復故地，又願假天德城以舍公主，帝不許。乃進逼振武保大栅杷頭峰，以略朔川，轉戰雲州，刺史張獻節嬰城不出。回鶻乃大掠，党項、退渾皆保險莫敢拒。帝益知向不許田牟用二部兵之效，乃復問以計，德裕曰：「杷頭峯北皆大磧，利用騎，不可以步當之。今烏介所恃公主爾，得健將出奇奪還之，王師急擊，彼必走。今鋭將無易石雄者，請以蕃渾勁卒與漢兵銜枚夜擊之，勢必得。」帝即以方略授劉沔，令雄邀擊可汗於殺胡山，敗之，迎公主還，回鶻遂敗。進位司徒。

黠戛斯遣使來，且言攻取安西、北庭，帝欲從黠戛斯求其地，德裕曰：「不可。安西距京師七千里，北庭五千里。異時繇河西、隴右抵玉門關，皆我郡縣，往往有兵，故能緩急調發。自河、隴入吐蕃，則道出回鶻。回鶻今破滅，未知黠戛斯果有其地邪？假令安西可得，即復置都護，以萬人往戍，何所興發，何道饋輓？彼天德、振武於京師近，力猶苦不足，況七千里安西哉？臣以爲縱得之，無用也。昔漢魏相請罷田車師，賈捐之請棄珠崖，近狄仁傑亦請棄四鎮及安東，皆不願貪外以耗內。此三臣者，當全盛時，尚欲棄割以肥中國，況久没甚遠之地乎？是持實費市虚事，滅一回鶻，而又生之。」帝乃止。

澤潞劉從諫死，其從子稹擅留事，以邀節度，德裕曰：「澤潞內地，非河朔比，昔皆儒術大臣守之。李抱真始建昭義軍，最有功，德宗尚不許其子繼。及劉悟死，敬宗方怠於政，遂以符節付從諫。大和時，擅兵長子，陰連訓、注，外託効忠，請除君側。及有狗馬疾，謝醫拒使，便以兵屬稹。捨而不討，無以示四方。」帝曰：「可勝乎？」對曰：「河朔，稹所恃以脣齒也。如令魏、鎮不與，則破矣。夫三鎮世嗣，列聖許之。請使近臣明告以：『澤潞命帥，不得視三鎮，今朕欲誅稹，其各以兵會。』」帝然之。乃以李回持節諭王元逵、何弘敬，皆聽命。始議用兵，中外交章固争，皆曰：「悟功高，不可絶其嗣。又從諫畜兵十萬，粟支十年，未可以破也。」它宰相亦媕婀趨和，德裕獨曰：「諸葛亮言曹操善爲兵，猶五攻昌霸，三越巢，況其下哉。然贏縮勝負，兵家之常，惟陛下聖策先定，不以小利鈍爲浮議所搖，則有功矣。有如不利，臣請以死塞責！」帝忿然曰：「爲我語於朝，有沮吾軍議者，先誅之！」羣論遂息。元逵兵已出，而弘敬逗留持兩端。德裕建遣王宰以陳、許精甲，假道於魏以伐磁。弘敬聞，遽勒兵請自涉漳取磁、洺。

會横水戍兵叛，入太原，逐其帥李石，奉裨將楊弁主留事。方是時，稹未下，朝廷益爲憂。議者頗言兵皆可罷。帝遣中人馬元實如太原，偵其變。弁厚賄中人，帳飲三日。還，謬曰：「弁兵多，屬明光甲者十五里。」德裕詰曰：「李石以太原無兵，故調横水卒千五百使戍榆社，弁因以亂，渠能列卒如此多邪？」則曰：「晉人勇，皆兵也，募而得之。」德裕曰：「募士當以財，李石以人欠一縑，故兵亂，石無以索之，弁何得邪？太原一鎧一戟，舉送行營，安致十五里明光乎？」使者語塞。德裕即奏：「弁賤伍，不可赦。如力不足，請捨稹而誅弁。」遽趣王逢起榆社軍，詔元逵趨土門，會太原。河東監軍呂義忠聞，即日召榆社卒入斬弁，獻首京師。

德裕每疾貞元、大和間有所討伐，諸道兵出境，即仰給度支，多遷延以困國力。或與賊約，令懈守備，得一縣一屯以報天子，故師無大功。因請勑諸將，令直取州，勿攻縣。故元逵等下邢、洺、磁，而稹氣索矣。俄而高文端歸命，稱稹糧乏，皆女子挼穟哺兵。未幾，郭誼持稹首降。帝問：「何以處誼？」德裕曰：「稹豎子，安知反？職誼爲之。今三州已降，而稹窮蹙，又販其族以邀富貴，不誅，後無以懲惡。」帝曰：「朕意亦爾。」因詔石雄入潞，盡取誼等及嘗爲稹用者，悉誅

之。策功拜太尉，進封趙國公。德裕固讓，言：「唐興，太尉惟七人，尚父子儀乃不敢拜。近王智興、李載義皆超拜保、傅，蓋重惜此官。裴度爲司徒十年，亦不遷，臣願守舊秩足矣。」帝曰：「吾恨無官酬公，毋固辭。」德裕又陳：「先臣封於趙，家孫寬中始生，字曰三趙，意將傳嫡，不及支庶。臣前益封，已改中山。臣先世皆嘗居汲，願得封衛。」從之，遂改衛國公。

帝嘗從容謂宰相曰：「有人稱孔子其徒三千亦爲黨，信乎？」德裕曰：「昔劉向云：『孔子與顔回、子貢更相稱譽，不爲朋黨；禹、稷與皋陶轉相汲引，不爲比周。無邪心也。』臣嘗以共、鮌、驩兜與舜、禹雜處堯朝，共工、驩兜則爲黨，舜、禹不爲黨。小人相與比周，迭爲掩蔽也。賢人君子不然，忠於國則同心，聞於義則同志，退而各行其己，不可交以私。趙宣子、隨會繼而納諫，司馬侯、叔向比以事君，不爲黨也。公孫弘每與汲黯請間，黯先發之，弘推其後，武帝所言皆聽。黯，弘雖並進，然廷詰齊人少情，譏其布被爲詐，則先發後繼，不爲黨也。太宗與房玄齡圖事，則曰非杜如晦莫能籌之。及如晦在焉，亦推玄齡之策。則同心圖國，不爲黨也。漢朱博、陳咸相爲腹心，背公死黨。周福、房植各以其黨相傾，議論相軋，故朋黨始於甘陵二部。及甚也，謂之鉤黨，繼受誅夷。以王制言之，非不幸也。周之衰，列國公子有信陵、平原、孟嘗、春申，游談者以四豪爲稱首，亦各有客三千，務以譎詐勢利相高；仲尼之徒，唯行仁義。今議者欲以比之，罔矣。臣未知所謂黨者爲國乎？爲身乎？誠爲國邪，隨會、叔向、汲黯、房、杜之道可行，不必黨也。今所謂黨者，誣善蔽忠，附下罔上，車馬馳驅，以趨權勢，晝夜合謀，美官要選，悉引其黨爲之，否則抑壓以退。仲尼之徒，有是乎？陛下以是察之，則姦僞見矣。」

時韋弘質建言，宰相不可兼治錢穀，德裕奏：【略】德裕大意，欲朝廷尊，臣下肅，而政出宰相，深疾朋黨，故感憤切言之。

又嘗謂：「省事不如省官，省官不如省吏，能簡冗官，誠治本也。」乃請罷郡縣吏凡二千餘員，衣冠去者皆怨。時天下已平，數上疏乞骸骨，而星家言熒惑犯上相，又懇丐去位，皆不許。當國凡六年，方用兵時，決策制勝，它相無與，故威名獨重於時。

宣宗即位，德裕奉册太極殿。帝退謂左右曰：「向行事近我者，非太尉邪？每顧我，毛髮爲森竪。」翌日，罷爲檢校司徒、同中書門下平章事，荊南節度使。俄徙東都留守。白敏中、令狐綯、崔鉉皆素仇，大中元年，使黨人李咸斥德裕陰事。故以太子少保分司東都，再貶潮州司馬。明年，又導吴汝納訟李紳殺吴湘事，而大理卿盧言、刑部侍郎馬植、御史中丞魏扶言：「紳殺無罪，德裕徇成其冤，至爲黜御史，罔上不道。」乃貶爲崖州司户參軍事。明年，卒，年六十三。德裕既没，見夢令狐綯曰：「公幸哀我，使得歸葬。」綯語其子滈，滈曰：「執政皆其憾，可乎？」既夕，又夢，綯懼曰：「衛公精爽可畏，不言，禍將及。」白于帝，得以喪還。

德裕性孤峭，明辯有風采，善爲文章。雖至大位，猶不去書。其謀議援古爲質，衮衮可喜。常以經綸天下自爲，武宗知而能任之，言從計行，是時王室幾中興。

先是，韓全義敗於蔡，杜叔良敗於深，皆監軍宦人制其權，將不得專進退，詔書一日三四下，宰相不豫。又諸道鋭兵票士，皆監軍取以自隨，每督戰，乘高建旗自表，師小不勝，輒卷旗去，大兵隨以北。繇是王師所向多負。至討回鶻、澤潞，德裕建請詔書付宰司乃下，監軍不得干軍要，率兵百人取一以爲衛。自是，號令明壹，將乃有功。

元和後數用兵，宰相不休沐，或繼火乃得罷。德裕在位，雖遽書警奏，皆從容裁決，率午漏下還第，休沐輒如令，沛然若無事時。其處報機急，帝一切令德裕作詔，德裕數辭，帝曰：「學士不能盡吾意。」伐劉稹也，詔王元逵、何弘敬曰：「勿爲子孫之謀，存輔車之勢。」元逵等情得，皆震恐思效。已而三州降，賊遂平。帝每稱魏博功，則顧德裕道詔語，咨其切於事而能伐謀也。三鎮每奏事，德裕引使者戒勅爲忠義，指意丁寧，使歸各謂其帥道之，故河朔畏威不敢慢。後除浮屠法，僧亡命多趣幽州，德裕召邸吏戒曰：「爲我謝張仲武，劉從諫招納亡命，今視之何益？」仲武懼，以刀授居庸關吏曰：「僧敢入者斬！」

帝既數討叛有功，德裕慮怯于武，不可戢，即奏言：「曹操破袁紹於官渡，不追奔，自謂所獲已多，恐傷威重。養由基古善射者，柳葉雖百步必中，觀者曰：『不如少息，若弓撥矢鉤，前功皆棄。』陛下征伐無不得所欲，願以兵爲戒，乃可保成功。」帝嘉納其言。

方士趙歸真以術進，德裕諫曰：「是嘗敬宗時以詭妄出入禁中，人皆不願至陛下前。」帝曰：「歸真我自識，顧無大過，召與語養生術爾。」對曰：「小人於利，若蛾赴燭。向見歸真之門，車轍滿矣。」帝不聽。于是挾術詭時者進，帝志衰焉。

所居安邑里第，有院號起草，亭曰精思，每計大事，則處其中，雖左右侍御不

得豫。不喜飲酒，後房無聲色娛。生平所論著多行于世云。

子燁，仕汴宋幕府，貶象州立山尉。懿宗時，以赦令徙郴州。餘子皆從死貶所。

燁子延古，乾符中，爲集賢校理，擢累司勳員外郎，還居平泉。昭宗東遷，坐不朝謁，貶衛尉主簿。

德裕之斥，中書舍人崔嘏，字乾錫，誼士也。坐書制不深切，貶端州刺史。嘏舉進士，復以制策歷邢州刺史。劉稹叛，使其黨裴問戍於州，嘏說使聽命，改考功郎中，時皆謂遴賞。至是，作詔不肯巧傅以罪。

吳汝納之獄，朝廷公卿無爲辨者，惟淮南府佐魏鉶就逮，吏使誣引德裕，雖痛楚掠，終不從，竟貶死嶺外。

又丁柔立者，德裕當國時，或薦其直清可任諫争官，不果用。大中初，爲左拾遺。既德裕被放，柔立内愍傷之，爲上書直其冤，坐阿附，貶南陽尉。

懿宗時，詔追復德裕太子少保、衛國公，贈尚書左僕射，距其没十年。

雜録

備録

李濬《松窗雜録》　太尉衛國公爲并州從事，到職未旬月，忽有王山人者詣門請謁，公命與坐，乃曰：「某善按冥也。」公初未之奇，因請正寢備几案紙筆香水而已。因令垂簾静伺之，生與公偕坐於西廡下，頃之，王生曰：「可驗矣。」紙上書八字甚大，且有楷注曰：「位極人臣，壽六十四。」王生遽請歸，竟不知所去。及會昌朝，三策一品，薨於海南，果符王生所按之年。

段成式《酉陽雜俎》續集卷四《貶誤》　予太和初，從事浙西贊皇公幕中，嘗因與曲宴。中夜，公語及國朝詞人優劣，云世人言「靈芝無根，醴泉無源」，張曲江著詞也。蓋取虞翻《與弟求婚書》，徒以芝草爲靈芝耳。予後偶得《虞翻集》，果如公言。

段成式《酉陽雜俎》續集卷八《支動》　衛公幼時，嘗於明州見一水族，有兩足，蜎似雞，身如魚。

衛公年十一過瞿塘，波中睹一物，狀如嬰兒，有翼，翼如鸚鵡。公知其怪，即時不言，晚風大起方說。

段成式《酉陽雜俎》續集卷九《支植上》　衛公言：三鬣松與孔雀松别。又云：欲松不長，以石抵其直下根，便偃，不必千年方偃。

李匡乂《資暇集》卷下　門狀：文宗朝以前無之。自朱崖李相貴盛于武宗朝，且近代稀有生一品，百官無以希取其意，以爲舊刺輕，相扇留具銜候起居狀。而今又益競以善價紙，如出印之字，巧諂曲媚，猶有未臻之遺恨。

李綽《尚書故實》　宣平太傅相國盧公應舉時，寄居壽州安豐縣别墅。嘗遊芍陂，見里人負薪者持碧蓮花一朵，已傷器刃矣，云陂中得之。盧公後從事浙西，因使淮服，話於太尉衛公，公令搜訪芍陂，則無有矣。又徧尋於江渚間，亦終不能得。乃知向者一朵蓋神異耳。

張固《幽閒鼓吹》　朱崖在維揚，監軍使楊欽義追入，必爲樞近，而朱崖致禮皆不越尋常，欽義心銜之。一日邀中堂飲，更無餘賓，而陳設寶器圖畫數牀皆殊絶，一席祇奉亦竭情禮，起後皆以贈之。欽義大喜過望。旬日行至汴州，有詔，令監淮南軍。欽義至，即具前時所獲歸之。朱崖笑曰：「此無所直，奈何相拒？」一時却與，欽義感悦數倍。後竟作樞密使。武皇一朝之柄用，皆自欽義也。

朱崖李相在維揚，封川李相在湖州，拜賓客分司。朱崖大懼，遣專使厚致信好，封川不受，取路江西而過。非久，朱崖入相，過洛。封川憂懼，多方求厚善者致書，乞一見，欲解紛。復書曰：「怨即不怨，見即無端。」初，朱崖、封川早相善，在中外致力。及位高，稍稍相傾。及封川在位，朱崖爲兵部尚書，自得歧路，必當大拜。封川多方阻之未効。朱崖知而憂之。邠公杜相即封川黨，時爲京兆尹。一日謁封川，封川深念，杜公進曰：「何戚戚也？」封川曰：「君揣我何念？」杜公曰：「非大戎乎？」曰：「是也，何以相救？」曰：「某即有策，顧相公必不能用耳。」曰：「請言之。」杜曰：「大戎有辭學而不由科第，于今快快。若與知舉，則必喜矣。」封川默然良久，曰：「更思其次。」曰：「更有一官亦可平治慊恨。」曰：「何官？」曰：「御史大夫。」封川曰：「此即得。」邠公再三與約，乃馳詣安邑門。門人報杜尹來，朱崖迎揖曰：「安得訪此寂寞？」對曰：「靖安相公有

意旨，令某傳達。」遂言亞相之拜。朱崖驚喜，雙淚遽落，曰：「大門官，小子豈敢當此薦拔？」寄謝重疊。杜遽告封川，封川與虔州議之，竟爲所密，終致後禍。

李冗《獨異志》卷下　武宗朝宰相李德裕奢侈極，每食一杯羹，費錢約三萬，雜寶貝、珠玉、雄黃、朱砂，煎汁爲之。過三煎，即棄其滓於溝中。

杜光庭《録異記》卷二《異人》　燉煌公李太尉德裕，一旦有老叟詣門，引五六輩舁巨木請謁焉，閽者不能拒之。公異而見之，叟曰：「某家藏此桑寶三世矣，某已耄矣，感公之好奇搜異，是以獻爾。木中有奇寶，若能者斲之，必有所得。洛邑有匠，計其年齒且老，或身已殁，子孫亦當得其旨訣，非洛匠無能斲之者也。」公如其言，訪於洛下。匠已殂矣，其子應召而來，睨而視之，曰：「此可徐而斲之矣。」因解爲二琵琶槽，自然有白鴿，羽翼爪足，巨細畢備。匠料之微失，厚薄不中，一鴿少其翼。公以形羽全者進之，自留其一，今猶在民間。水部員外盧延讓見太尉之孫，道其事。

張讀《宣室志》卷九　相國李德裕爲太子少保，分司東都。嘗召一老僧問己之休咎，僧曰：「非立可知，願結壇設佛像。」僧居其中，凡三日。謂公曰：「公災戾未已，當萬里南行耳。」公大怒，叱之。明日，又召其僧問焉，慮所見未子細，請詳觀之。即又結壇三日。告公曰：「南行之期，不旬日矣。不可逃。」公益不樂，且曰：「然則吾師何以明其不妄耶？」僧曰：「願陳目前事爲驗，庶表某之不誣也。」公曰：「果有説乎？」即指其地曰：「此下有石函，請發之。」即命窮其下數尺，果得石函，啓之亦無覩焉，公異而稍信之。因問：「南行誠不免矣，然乃終不還乎？」僧曰：「當還耳。」公訊其故，對曰：「相國平生當食萬羊，今食九千五百矣。所以當還者，未盡五百羊耳。」公慘然而歎曰：「吾師果至人。且我元和十三年爲丞相張公從事於北都，嘗夢行晉山，見山上盡目皆羊，有牧者十數迎拜我，我因問牧者，牧者曰：『此侍御平生所食羊。』吾嘗記此夢，不洩於人。今者果如師之説耶！乃知冥數固不誣也。」後旬日，振武軍節度使米暨遣使致書於公，且饋五百羊。公大驚，即召僧告其事。僧歎曰：「萬羊將滿，公其不還乎？」公曰：「吾不食之，亦可免耶？」曰：「羊至此，已爲相國所有。」公戚然不悦。旬日，貶潮州司馬，連貶崖州司户，竟没於荒裔也。

康駢《劇談録》卷上《龍待詔相笏》　開成中，有龍復本者，無目，善聽聲揣骨，每言休咎，無不必中。凡有象簡竹笏，以手捻之，必知官禄年壽。宋祁補闕有盛名於世，搢紳之士無不傾屬。屈指翹足，期於貴達。時永樂蕭相亦居諫署，同日詣之，授以所持竹笏。復本執蕭相寘行笏，良久置於案上，曰：「宰相笏。」次至宋補闕笏，曰：「長官笏。」宋聞之不樂。相國曰：「無憑之言，安足介意。」經月餘，同列於中書，候見宰相。時李朱崖方秉鈞軸，威震朝野。未見間，佇立閑談，互有諧謔。頃之，丞相遽出，宋以手板障面，笑猶未已。朱崖目之，迴謂左右曰：「宋補闕笑某何事？」聞之者莫不寒心股慄。未旬日，出爲河清縣令。歲餘，遂終所任。其後蕭相揚歷清途，自浙西觀察使入判户部，非久遂居廊廟，俱如復本之言。

康駢《劇談録》卷下《李相國宅》　朱崖李相國德裕宅，在安邑坊東南隅，桑道茂謂爲玉椀。舍宇不甚宏侈，而制度奇巧。其間怪石古松，儼若圖畫。在文宗武宗朝，方秉相權，威勢與恩澤無比。每好搜掇殊異，朝野歸附者多求寶玩獻之。嘗因暇日休澣，邀同列宰相及朝士宴語。時畏景赫曦，咸有鬱蒸之病，軒蓋候門，已及亭午，搢紳名士交扇不暇，將期憩息於清涼之所。既而延入小廳，不甚高敞，四壁施設皆古書名畫，而炎爍之患未已。及列坐開樽，煩暑都盡，良久覺清飆爽氣，凛若高秋。備設酒肴，及昏而罷。出户則火雲烈日，熇然焦灼。有好事者求親信問之，云此日唯以金盆貯水，漬白龍皮，置於座末。平泉莊去洛城三十里，卉木臺榭，若造仙府。有虚檻，前引泉水，縈迴穿鑿，像巴峽洞庭十二峯九派迄于海門江山景物之狀。竹間行徑有平石，以手摩之，皆隱隱見雲霞龍鳳草樹之形。有巨魚脇骨一條，長二丈五尺。其上刻云：「會昌六年海州送到。」

馮翊子《桂苑叢談·太尉朱崖辯獄》　太尉朱崖出鎮浙右，有甘露知主事者訴交代得常住什物，被前主事隱用却常住金若干兩。引證前數輩皆有遞相交割文字分明，衆詞皆指以新得替者隱用之。但初上之時交領既分明，及交割之日不見其金，鞫成具獄，伏罪昭昭，然不窮破用之所由。或以僧人不拘細行而費之，以是無理可伸，甘之死地。一旦引慮之際，公疑其未盡，微以意揣之，髡人乃具實以聞曰：「居寺者樂於知事，前後主之者，積年已來空交分兩文書，其實無金。羣衆以某孤立，不雜輩流，欲乘此擠排之。」因流涕，不勝其冤。公乃憫而惻之，曰：「此固非難也。」俛仰之間，曰：「吾得之矣。」乃立召兜子數乘，命關連僧入對事。咸遣坐兜子，下簾子畢，令門不相對。命取黄泥，各令模前後交付下次金樣，以憑證據。僧既不知形段，竟模不成。公怒，令鞫前數輩，皆一一伏罪，其所排者遂獲清雪。

馮翊子《桂苑叢談·方竹柱杖》　太尉朱崖公兩出鎮于浙右，前任罷日，遊

甘露寺，因訪別于老僧院公曰：「弟子奉詔西行，祇別和尚。」老僧者熟于祇接，至於談話多空教所長，不甚對以他事。由是公憐而敬之。煮茗既終，將欲辭去。公曰：「昔有客遺筇杖竹一條，聊與師贈別。」亟令取之，須臾而至。其杖雖竹而方，所持向上，節眼鬚牙四面對出，天生可愛。且朱崖所寶之物，即可知也。別後不數歲，再領朱方，居三日，復因到院，問前時柱杖何在。曰：「至今寶之。」公請出觀之，則老僧規圓而漆之矣。公嗟歎再彌日，自此不復目其僧矣。太尉多蓄古遠之物，云是大宛國人所遺竹，唯此一莖而方者也。

佚名《大唐傳載》 寶曆中，亳州云出聖水，服之愈宿疾，亦無一差者。自洛已來，及江西數郡中人，爭施金貨衣服以飲焉，獲利千萬，人轉相惑。李贊皇德裕在浙西也，命於大市集人，置金取其水，於市司取猪肉五斤煮，云：「若聖水也，肉當如故。」逡巡，肉熟爛。自此人心稍定。妖者尋而敗露。

佚名《玉泉子》 李德裕以己非由科第，恒嫉進士舉者。及居相位，權要束手。德裕嘗爲藩府從事日，同院李評事以詞科進，適與德裕官同。時有舉子投文軸，誤與德裕。舉子既誤，復請之曰：「其文軸當與及第李評事，非與公也。」由是德裕志在排斥。

李相德裕抑退浮薄，獎拔孤寒，於時朝貴朋黨，德裕破之。由是結怨而絕於附會，門無賓客。惟進士盧肇，宜春人，有奇才，德裕嘗左宦宜陽，肇投以文卷，由此見知。後隨計京師，每謁見，待以優禮。舊制：禮部放牓，先呈宰相。會昌□年，王起知舉，問德裕所欲，答曰：「安問所欲？如盧肇、丁稜、姚鵠，豈可不與及第耶！」起於是依其次而放。

范攄《雲溪友議》卷上《巫詠難》 故太尉李德裕鎮渚宮，嘗謂賓侶曰：「余偶欲遥賦《巫山神女》一詩，下句云『自從一夢高唐後，可是無人勝楚王』。晝夢宵征巫山，似欲降者，如何？」段記室成式曰：「屈平流放湘沅，椒蘭友而不争，卒葬江魚之腹，爲曠代之悲。宋玉則招屈之魂，明君之失，恐禍及身，遂假高唐之夢以惑襄王，非真夢也。我公作神女之詩，思神女之會，唯慮成夢，亦恐非真。」李公退慙，其文不編集於卷也。

范攄《雲溪友議》卷中《贊皇勳》 石雄僕射初與康詵同爲徐州王侍中智興首校。王公忌二人驍勇，奏守本官。雄則許州司馬也，尋授石州刺史。有李弘約者，以石使君許下之日，曾負弘約資貨，累自窘索，後詣石州求其本物。既入石州境，弘約遲疑，恐石君怒。遇里有神祠祈饗，皆謂其靈。弘約乃號啓於神之祝，父子俱稱神下，索紙筆，命弘約書之。約又不識文字，求得村童口占之，曰：「石使君此去，當有重臣抽擢，而立武功，合爲河陽、鳳翔節度，復有一官失望，所以此事須閟密，不異耳聞之。」弘約以巫祝之言，先白石君。石君相見甚悦。尋潞州劉從諫背叛，朝庭議欲討伐。贊皇之爲上宰，而用於石雄。雄奮武奪得天井關。後其劉振又破黑山諸蕃部落，走南單于，迎公主歸國，皆雄之展効也。然是鷹犬之功，非良宰不能驅馳者。及李公以太子少保分洛，石僕射詣中書論官，曰：「雄立天井關及黑山之功，以兩地之勞，更希一鎮養老。」相府曰：「僕射潞州之功，國家以酬河陽節度使；西塞之績，又拜鳳翔。在兩鎮之重，豈不爲酬賞也！」石乃復爲左右統軍，不愜其望，悉如巫者之言乎？太尉相公洎謫潮州，有客復陳石僕射神詞之驗，明其盛衰有數，稍抑其噎鬱乎？《再貶朱崖道中詩》曰：「十年紫殿掌洪鈞，出入三朝一品身。文帝寵深陪雉尾，武皇恩重宴龍津。黑山永破和親虜，烏嶺全坑跋扈臣。自是功高臨盡處，禍來名滅不由人。」又《登崖州城樓》曰：「獨上高樓望帝京，鳥飛猶是半年程。青山欲似留人住，百匝千遭遶郡城。」先是，韋相公執誼得罪，蕘變於此；今朱崖有韋公山。柳宗元員外與韋丞相有齠年之好，三致書與廣州趙尚書宗儒相公，勸表雪韋公之罪，始詔歸葬京兆，至今山名不革矣。贊皇感其遠謫不還，爲文祭曰：「維大中年月日，趙郡李德裕，謹以蔬醴之奠，敬祭于故相國韋公僕射之靈。嗚呼！皇道咸寧，藉乎賢相；德邁皋陶，功宣吕尚。文學世推，智謀神覘。一遘讒嫉，遠投荒障。地雖厚兮不察，天其高兮不諒。野掇澗蘋，思達秬鬯。信成禍深，業崇身喪。某亦竄跡南陬，從公舊丘。永泯軒裳之願，長爲猿鶴之愁。嘻吁絕域，寤寐西周。儻知公者，測公非罪；不知我者，謂我何求。其心若水，其死若休。臨風敬弔，願與神遊。嗚呼！」云云。或問贊皇公之秉鈞衡也，毀譽如之何？削禍亂之堦，闢孤寒之路；好奇而不奢，好學而不倦；勳業素高，瑕疵乃顧。是以結怨豪門，取尤羣彦。後之文場困辱者，若周人之思鄉焉，皆曰「八百孤寒齊下淚，一時迴首望崖州。」

裴庭裕《東觀奏記》卷中 太尉衛國公李德裕，上即位後，坐貶崖州司户參軍，卒於貶所。一日，丞相令狐綯夢德裕曰：「某已謝明時，幸相公哀之，許歸葬故里。」綯具爲其子滈言，滈曰：「李衛公犯衆怒，又崔魏二丞相，皆敵人也，見持政，必將上前異同，未可言之也。」後數日，上將坐延英，綯又夢德裕曰：「某委骨海上，思還故里，與相公有舊，幸憫而許之。」既寤，召其子滈曰：「向來見李衛

公，精爽尚可畏。吾不言，必掇禍。」明日入中書，具爲同列言之。既於上前論奏，許其子蒙州立山縣尉燁護喪歸葬。

王定保《唐摭言》卷三《慈恩寺題名遊賞賦詠雜紀》　進士題名，自神龍之後，過關宴後，率皆期集於慈恩塔下題名。故貞元中，劉太真侍郎試《慈恩寺望杏園花發》詩。會昌三年，贊皇公爲上相，其年十一月十九日，勅諫議大夫陳商守本官，權知貢舉。後因奏對不稱旨，十二月十七日，宰臣遂奏，依前命左僕射兼太常卿王起主文。二十二日，中書覆奏：「奉宣旨，不欲令及第進士呼有司爲座主，趨附其門，兼題名、局席等條疏進來者。伏以國家設文學之科，求貞正之士，所宜行敦風俗，義本君親，然後申於朝廷，必爲國器。豈可懷賞拔之私惠，忘教化之根源，自謂門生，遂成膠固。所以時風寖薄，臣節何施？樹黨背公，靡不由此。臣等商量，今日已後，進士及第，任一度參見有司，向後不得聚集參謁，及於有司宅置宴。其曲江大會，朝官及題名、局席，並望勒停。緣初獲美名，實皆少雋；既遇春節，難阻良遊。三五人自爲宴樂，並無所禁，唯不得聚集同年進士，廣爲宴會。仍委御史臺察訪聞奏。謹具如前。」奉勅：「宜依。」於是向之題名各盡削去。蓋贊皇公不由科第，故設法以排之。洎公失意，悉復舊態。

王定保《唐摭言》卷七《好放孤寒》　李太尉德裕頗爲寒畯開路，及謫官南去，或有詩曰：「八百孤寒齊下淚，一時南望李崖州。」

《太平廣記》卷一五六《李德裕》引《感定録》　李德裕自潤州年五十四除揚州，五十八再入相，皆及吉甫之年。縉紳榮之。

《太平廣記》卷二五六《李德裕》引《盧氏雜説》　唐衛公李德裕，武宗朝爲相，勢傾朝野。及罪譴，人爲作詩曰：「蒿棘深春衛國門，九年於此盜乾坤。兩行密疏傾天下，一夜陰謀達至尊。目視具僚亡匕箸，氣吞同列削寒温。當時誰是承恩者，背有餘波達鬼村。」又云：「勢欲凌雲威觸天，朝輕諸夏力排山。三年驥尾有人附，一日龍髯無路攀。畫閣不開梁燕去，朱門罷掃乳鵶還。千巖萬壑應惆悵，流水斜傾出武關。」

《太平廣記》卷二六五《崔駢》引《芝田録》　李德裕退朝歸第，多與親表裴璟無間破體笑語，李多詢以内外新事。李問更有何説，裴曰：「别無新事，但昨日坡下郎官集送某郎官出牧江湖，飲餞郵亭，人客甚衆。有倉部白員外末至，崔駢郎中作録事，下四籌。白自以卑秩，人乘凌兢，更不敢固辭。上次酌四大器，白連引三器訖，餘一持之，而請第四器名。崔郎中云：『亦别無事，但何必要到處出脱？』時白踉蹌仆於下座，竟不飲而去。坐上有笑者，有縮頸者，但不知此官人今日起得否？」李聞之大怒，曰：「何由可耐，弟斯言必有之乎？」曰：「固然。」又問：「弟知白員外所止否？」璟曰：「是人在某坊某曲。」李曰：「爲某傳語白員外，請至宅。」白捧命，又憂恐。比至，李曰：「久欲從容，中外事併，然旬朔不要出人事。」既而白授翰林學士，崔駢汾州刺史，續改洺州刺史，流落外任，不復更遊郎署，終鴻臚卿。

《太平廣記》卷三九九《李德裕》引《芝田録》　李德裕在中書，常飲常州惠山井泉，自毘陵至京置遞鋪。有僧人詣謁。德裕好奇，凡有遊其門者，雖布素皆接引。僧白德裕曰：「相公在位，昆蟲遂性，萬彙得所。水遞事，亦日月之薄蝕，微僧竊有惑也，敢以上謁，欲沮此可乎？」德裕頷之曰：「大凡爲人，未有無嗜慾者，至於燒汞，亦是所短。況三惑博塞、弋、弈之事，弟子悉無所染，而和尚不許弟子飲水，無乃虐乎！爲上人停之，即三惑馳騁，怠慢必生焉。」僧人曰：「貧道所謁相公者，爲足下通常州水脈。京都一眼井，與惠山寺泉脈相通。」德裕大笑曰：「真荒唐也。」僧曰：「相公但取此井水。」曰：「井在何坊曲？」曰：「在昊天觀常住庫後是也。」德裕以惠山一甖，昊天一甖，雜以八瓶一類，都十瓶，暗記出處，遺僧辨析。僧因啜嘗，取惠山寺與昊天，餘八瓶乃同味。德裕大奇之。當時停其水遞，人不告勞，浮議弭焉。

陶穀《清異録》卷下《陳設門》　李文饒家藏會昌所賜大同簟，其體白竹也，闘磨平密，了無罅隙，但如一度膩玉耳。

張洎《賈氏談録》　李贊皇初掌北門奏記，有相者謂：「公他日位極人臣，但厄在白馬耳。」及登相位，雖親族亦未嘗有畜白馬者。會昌初，再入廟堂，專持國柄，平上黨，破回鶻，立功殊異，策拜太尉，封衛國公。然性多忌刻，當途之士有不協者，必遭譴逐。翰林學士白敏中大懼，遂調給事中韋宏景上言，相府不合兼領三司錢穀，專政太甚。武宗由是疑之。及宣宗即位，出德裕爲荆南節度使。旋屬淮海李紳有吳汝納之獄，上命刑部侍郎馬植專鞫其事，盡得德裕黨庇之惡，由是坐罪竄南海，歿而不返。厄在白馬，其信乎！

孫光憲《北夢瑣言》卷一《李太尉英俊》　太尉李德裕幼神俊，憲宗賞之，坐於膝上。父吉甫，每以敏辯誇於同列。武相元衡召之，謂曰：「吾子在家，所嗜何書？」意欲探其志也。德裕不應。翌日，元衡具告吉甫，因戲曰：「公誠涉大癡耳。」吉甫歸以責之，德裕曰：「武公身爲帝弼，不問理國調陰陽，而問所嗜書。

書者，成均禮部之職也。其言不當，所以不應。」吉甫復告，元衡大慙。由是振名。

孫光憲《北夢瑣言》卷一《李太尉白少傅》 白少傅居易文章冠世，不躋大位。先是劉禹錫大和中爲賓客時，李太尉德裕同分司東都，禹錫謁於德裕曰：「近曾得白居易文集否？」德裕曰：「累有相示，別令收貯，然未一披。今日爲吾子覽之。」及取看，盈其箱笥，没於塵坌。既啓之而復卷之，謂禹錫曰：「吾於此人，不足久矣。其文章精絶，何必覽焉。但恐迴吾之心，所以不欲觀覽。」其見抑也如此。衣冠之士，並皆忌之，咸曰：「有學士才，非宰臣器。」識者於其答制中見經綸之用。爲時所排，比賈誼在漢文之朝，不爲卿相知，人皆惜之。葆光子曰：李衛公之抑忌白少傅，舉類而知也。初，文宗命德裕論朝中朋黨，首以楊虞卿、牛僧孺爲言。楊、牛，即白公密友也。其不引翼，義在於斯，非抑文章也，慮其朋比而掣肘也。

孫光憲《北夢瑣言》卷三《盧肇爲進士狀元》 唐相國李太尉德裕抑退浮薄，奬拔孤寒。於時朝貴朋黨，掌武破之，由是結怨，而絶於附會，門無賓客。唯進士盧肇，宜春人，有奇才，每謁見，許脱衫從容。舊例：禮部放牓，先禀朝廷，恐有親屬言薦。會昌三年，王相國起知舉，先白掌武，乃曰：「某不薦人，然奉賀今年牓中得一狀元也。」起未喻其旨，復遣親吏於相門偵問，吏曰：「相公於舉子中，獨有盧肇，久接從容。」起相曰：「果在此也。」其年盧肇爲狀頭及第。時論曰：「盧雖受知於掌武，無妨主司之公道也。」

孫光憲《北夢瑣言》卷四《諸重德好尚》 唐朱崖李太尉與同列款曲，或有徽其所好者，掌武曰：「喜見未聞言、新書策。」

孫光憲《北夢瑣言》卷六《李太尉請修狄梁公廟事》 李德裕太尉未出學院，盛有詞藻，而不樂應舉。吉甫相俾親表勉之，掌武曰：「好騾馬不入行。」由是以品子叙官也。吉甫相與武相元衡同列，事多不叶，每退公，詞色不懌。掌武啓白曰：「此出之何難！」乃請修狄梁公廟。於是武相漸求出鎮。智計已聞於早成矣。愚曾覽太尉《三朝獻替録》，真可謂英才。竟罹朋黨，亦獨秀之所致也。

孫光憲《北夢瑣言》卷八《李太尉與段少常書》 唐李太尉德裕左降至朱崖，著四十九論，叙平生所志。嘗遺段少常成式書曰：「自到崖州，幸且頑健。居人多養雞，往往飛入官舍，今且作祝雞翁爾。謹狀。」

錢易《南部新書》卷丁 大中中，李太尉三貶至朱崖。時在兩制者皆爲擬制，用者乃令狐綯之詞。李虞仲集中此制尤高，未知孰是。往往有俗傳之制，云：「蛇用兩頭，狐摇九尾。鼻不正而身豈正，眼既斜而心亦斜。」此仇家謗也。

錢易《南部新書》卷己 李太尉之在崖州也，郡有北亭子，謂之望闕亭。太尉每登臨，未嘗不北睇悲咽。有詩曰：「獨上江亭望帝京，鳥飛猶是半年程。青山也恐人歸去，百匝千遭繞郡城。」今傳太尉崖州之詩，皆仇家所作，只此一首親作也。昔崖州，今瓊州是也。

錢易《南部新書》卷庚 李德裕自西川入相，視事之日，令御史臺牓興禮門：「朝官有事見宰相者，皆須牒臺。其他退朝從龍尾道出，不是横入興禮門。」於是禁省始静。

《資治通鑑》卷二五〇唐懿宗咸通元年九月條考異引《金華子雜編》 宣宗嘗私行經延資庫，見廣厦連綿，錢帛山積，問左右曰：「誰爲此庫？」侍臣對曰：「宰相李德裕執政日，以天下每歲備用之餘盡實此，自是已來，邊庭有急，支備無乏者，兹實有賴。」上曰：「今何在？」曰：「頃以坐吴湘獄貶于崖州。」上曰：「如有此功於國，微罪豈合深譴！」由是劉公鄴得以進表乞追雪之。上一覽表，遂許其加贈、歸葬焉。

晁載之《續談助》卷三引《文武兩朝獻替記》 大和七年二月二十八日，蒙恩守本官平章事。時樞機不密，二十六日，京師已盛傳明日有麻。二十七日，寂然無事，皆言留中不行矣。余對迴，樞密使崔潭峻、王士政至中書，以文宗與樞密使手詔示諸相，其詞曰：「命相絶是重事，適看曆日，明日日辰非佳，且封麻，二十八日放下。」去冬至今春，久無雨雪，京師昏霾尤甚，是日甘澤霈然。樞密使謂予曰：「禁中喜此雨，呼相公名，向下字訛音，曰『李德雨』矣。」

三月暮，高品閻從約押賜含桃，謂余曰：「不鎖櫃坊也。」余未喻。曰：「自相公入相，京師細婢良馬無價，兩市不鎖櫃坊。」先是，〔李〕宗閔每置宴，皆令京兆府主辦，兩縣令官吏因緣求取，除羊酒外，每行又率見錢，所斂至厚。至是余與王相涯相約，向後有宴餞出使宰相及看花觀稼，宰相於宅中置宴，皆取冬至、歲、寒食三節假日，亦不邀故相及三品已上官。宰相皆先取旨，然後敢赴會。牛僧孺出鎮淮南日，開六七重坊門，夜宴至三更而散，又過李聽宅，令出妓樂，每宴與平康坊倡妓同席酣飲。至是並不令兩縣更置娼妓。上聞之甚悦。

王讜《唐語林》卷二《文學》 上元瓦官寺僧守亮，通《周易》，性若狂易。李

衛公鎮浙西，以南朝舊寺多名僧，求知《易》者，因帖下諸寺，令擇送至府。瓦官寺衆白守亮曰：「大夫取解《易》僧，汝常時好説《易》，可往否？」守亮請行。衆戒曰：「大夫英俊嚴重，非造次可至，汝當慎之。」守亮既至，衛公初見，未之敬。及與言論，分條析理，出没幽賾，公凡欲質疑，亮已演其意。公大驚，不覺前席。命於甘露寺設館舍，自於府中設講席，命從事已下，皆横經聽之，踰年方畢。既而請再講。講將半，亟請歸甘露。既至命浴。浴畢，整巾屨，遣白公云：「大期今至，不及回辭。」言訖而終。公聞驚異，明日率賓客至寺致祭。適有南海使送西國異香，公於龕前焚之，其煙如弦，穿屋而上，觀者悲敬。公自草祭文，謂舉世之官爵俸禄，皆加於亮，亮盡受之，可以無愧。

王讜《唐語林》卷七《補遺》 李衛公性簡儉，不好聲妓，往往經旬不飲酒，但好奇功名。在中書，不飲京城水，茶湯悉用常州惠山泉，時謂之「水遞」。有相知僧允躬白公曰：「公跡並伊、皋，但有末節尚損盛德。萬里汲水，無乃勞乎？」公曰：「大凡末世淺俗，安有不嗜不慾者？捨此即物外世網，豈可縈繫？然弟子於世，無常人嗜慾：不求貨殖，不邇聲色，無長夜之歡，未嘗大醉。和尚又不許飲水，無乃虐乎？若敬從上人之命，即止水後，誅求聚斂，廣畜姬侍，坐於鐘鼓之間，使家敗而身疾，又如之何？」允躬曰：「公不曉此意。公博識多聞，止知常州有惠山寺，不知脚下有惠山寺井泉。」公曰：「何也？」曰：「公見極南物極北有，即此義也。蘇州所産，與汧、雍同；隴豈無吴縣耶？所出蒲魚菰鼈既同，彼人又能效蘇之織紝，其他不可偏舉。京中昊天觀厨後井，欲傳與惠山泉脈相通。」因取諸流水，與昊天水、惠山水稱量，唯惠山與昊天等。公遂罷取惠山水。

李德裕自金陵追入朝，且欲大用，慮爲人所先，且欲急行，至平泉别墅，一夕秉燭周遊，不暇久留。及南貶，有甘露寺僧允躬者記其行事，空言無行實，盡仇怨假託爲之。

李衛公歷三朝，大權出門下者多矣，及南竄，怨嫌併集。塗中感憤，有「十五餘年車馬客，無人相送到崖州」之句。又書稱「天下窮人，物情所棄。」鎮浙西，甘露寺僧允躬頗受知。允躬迫於物議，不得已送至謫所。及歸作書，言天厭神怒，百禍皆作，金幣爲鱷魚所溺，室宇爲天火所焚。談者藉以傳布，由允躬背恩所致。衛公既殁，子煜自象州武仙尉量移郴州郴尉，亦死貶所。劉相鄴爲諫官，先世受恩，獨上疏請復官爵，乞歸葬。衛公門人，惟蹇士能報其德。

李衛公在珠崖郡，北亭謂之望闕亭。公每登臨，未嘗不北睇悲咽。題詩云：「獨上江亭望帝京，鳥飛猶是半年程。碧山也恐人歸去，百匝千遭繞郡城。」又郡有一古寺，公因步遊之，至一老禪院。坐久，見其内壁掛十餘葫蘆，指曰：「中有藥物乎？弟子頗足疲，願得以救。」僧嘆曰：「此非藥也，皆人骼灰耳！此太尉當朝時，爲私憾黜于此者。貧道憫之，因收其骸焚之，以貯其灰，俟其子孫來訪耳！」公悵然如失，返步心痛。是夜卒。

胡仔《苕溪漁隱叢話》後集卷一二《李贊皇》引《詩説雋永》 贊皇好石，有《謝臨海守寄石》詩云：「聞君採奇石，剪斷赤城霞。」牛奇章亦好石，洛中關地多得之，刻文可辨。

洪邁《容齋續筆》卷一《李衛公帖》 李衛公在朱崖，表弟某侍郎遣人餉以衣物，公有書答謝之，曰：「天地窮人，物情所棄，雖有骨肉，亦無音書，平生舊知，無復弔問。閣老至仁念舊，再降專人，兼賜衣服器物茶藥至多，開緘發紙，涕咽難勝。大海之中，無人拯恤，資儲蕩盡，家事一空，百口嗷然，往往絶食，塊獨窮悴，終日苦飢，唯恨垂没之年，須作餒而之鬼。十月末，伏枕七旬，藥物陳裛，又無醫人，委命信天，幸而自活。」書後云閏十一月二十日，從表兄崖州司户參軍同正李德裕狀侍郎十九弟。按德裕以大中二年十月自潮州司馬貶崖州，所謂閏十一月，正在三年，蓋到崖纔十餘月爾，而窮困苟生已如是。《唐書》本傳云：「貶之明年卒。」則是此書既發之後，旋踵下世也。當是時宰相皆其怨仇，故雖骨肉之親，平生之舊，皆不敢復通音問。而某侍郎至於再遣專使，其爲高義絶俗可知，惜乎姓名不可得而考耳。此帖藏禁中，後出付秘閣，今勒石於道山堂西。

葉廷珪《海録碎事》卷一二《禁直門》 李德裕在潤州，忽夢賦詩懷禁掖舊遊，因爲《述夢詩》。

葉廷珪《海録碎事》卷一八《文章門》 李德裕凡製文章，動行於世，或有不知者，謂爲古人焉。

備論

《舊唐書》卷一七四《李德裕傳》 史臣曰：臣總角時，亟聞耆德言衛公故事。是時天子神武，明於聽斷，公亦以身犯難，酬特達之遇。言行計從，功成事

遂，君臣之分，千載一時。觀其禁掖彌綸，巖廊啓奏，料敵刺勝，襟靈獨斷，如由基命中，罔有虛發，實奇才也。語文章，則嚴、馬扶輪；論政事，則蕭、曹避席。罪其竊位，即太深文。所可議者，不能釋憾解仇，以德報怨，泯是非於度外，齊彼我於環中。與夫市井之徒，力戰錐刀之末，淪身瘴海，可爲傷心。古所謂攫金都下，忽於市人，離婁不見於眉睫。才則才矣，語道則難。

贊曰：公之智決，利若青萍。破虜誅叛，摧枯建瓴。功成北闕，骨葬南溟。嗚呼煙閣，誰上丹青？

《新唐書》卷一八〇《李德裕傳》 贊曰：漢劉向論朋黨，其言明切，可爲流涕，而主不悟，卒陷亡辜。德裕復援向言，指質邪正，再被逐，終嬰大禍。嗟乎，朋黨之興也，殆哉！根夫主威奪者下陵，聽弗明者賢不肖兩進，進必務勝，而後人人引所私，以所私乘狐疑不斷之隙，是引桀、跖、孔、顔相鬨于前，而以衆寡爲勝負矣。欲國不亡，得乎？身爲名宰相，不能損所憎，顯擠以仇，使比周勢成，根株牽連，賢智播奔，而王室亦衰，寧明有未哲歟？不然，功烈光明，佐武中興，與姚、宋等矣。

孫甫《唐史論斷》卷下《貶李德裕》 論曰：李德裕以傑才爲武宗經綸夷夏，屢成大功，振舉法令，致朝廷之治，誠賢相矣。但宣宗久不得位，又不爲武宗所禮，舊怨已深，德裕是用事大臣，自不容矣。況德裕性剛少恕，不忘怨讎，與宗閔輩相排斥，凡十數年，略無悛意。宗閔固姦人，常任宰輔，爲遠郡刺史矣；復乘成功之際，誣其罪而流竄之。牛僧孺雖宗閔黨，然有一時名望，斥之遐裔，物議豈平？王涯、賈餗之禍，本仇士良誣謗，中外所知。德裕於二人，不聞有隙，但怨李訓陷己而忿及。涯、餗子孫避禍於上黨者，已爲亂兵所害，又爲勅書實涯、餗之罪，言已戮其後嗣，布告中外。夫宗閔已逐，涯、餗子孫已戮，尚聲其罪以快忿心，則在朝之人常有不足者，得不懼乎？不惟不足者懼，凡有勢位於朝、非大賢至公之人，鮮不畏矣。蓋大賢至公，自知才用不在德裕下，彼雖大任，我亦能施爲。或德裕專權，不容我之施設，任彼之謀國無失足矣，何須功效出於我哉，此所以無畏也。如白敏中、令狐綯輩，才能望德裕絶遠，又固寵保位，無至公之心，於德裕雖無隙意，然德裕用不便於己，故乘人主有不容之意，盡力陷之也。無隙者尚爾，常不足者可知矣。

孫甫《唐史論斷》卷下《李德裕讓太尉》 論曰：李德裕自穆宗至文宗朝，歷內外職任，奏議忠直，政績彰顯，遂當輔相之任。然爲邪佞所排，不克就功業。及相武宗英主，始盡其才。回鶻弃邊，先請待以恩好，及其侵軼，乃授劉沔、石雄成算，使之平蕩，得中國大體。上黨拒命，舉朝懼生事，不欲用兵。德裕料其事勢，奏遣使魏鎮，先破聲援之謀，且委征討之任。魏帥遷延其役，使王宰領師，直趨磁州，據魏之右。魏帥懼，全軍以出。又以王宰必有顧望，令劉沔領軍，直抵萬善，示代宰之勢，宰即時進兵。太原之亂，楊弁結中使張皇其事，德裕折中使姦言，使王逢將陳、許、易、定兵進討。太原兵戍於外者，懼客軍攻城并屠其家，徑歸擒弁，盡誅叛卒。此皆獨任其策，不與諸將同謀，大得制御將帥、用兵必勝之術。上黨既平，太尉之命，賞其功也。德裕懇辭而後受者，懼位高而禍至爾。既知其禍，何不益脩仁德，以保功名？反益剛强之性，取怨於人，竟爲姦邪所陷。是知禍而不知避也。夫得位而立大功名，人之所難也；保其功名，人之所易也。立功名，非天賦大才不能；保功名，平其心、無怨忌足矣。德裕能其難者，不能其易者，惜哉！

孫甫《唐史論斷》卷下《不能駕馭李德裕》 論曰：人君於大臣得委任之道，又得駕馭之術，則大臣得盡心於事，以成勳業，而推公於人，不敢竊威福矣。二者一不可失，惟太宗得之。貞觀中，陳思合上《拔士論》，意閒房、杜，則立行竄逐；蕭瑀奏中書、門下朋黨，則折其妄言，竟黜於外：可謂能委任矣。然中書、門下議事，必命諫官、御史、史官隨入，或正其失，或糾其過，或書其非。李靖以老疾家居，欲復使爲將，一言於朝，靖已起而統兵，可謂能駕馭矣。使大臣各成功名，不敢驕橫，其道其術如此。武宗用李德裕，頗得委任之道，故德裕盡其才謀，獨當國事。時之威令大振者，委任之至也。但武宗性雄毅，觀前朝法令不行，紀綱衰替，將大振威令，知德裕才，首命作相。德裕謀略，動合其意，故專任之。委任既專，權勢自重，權勢既重，天子始不悦之，則怨者得窺其隙而攻之矣。彼勢已重而怨者攻之，肯帖帖乎？必至於禍而後已。嗚呼！武宗英主，知賢相而任之，不能駕馭，尚致太專之弊；中常之主，不知人而任之，又不能駕馭，爲害大矣。或曰：「既稱英主賢相，何待駕馭而無過？」答曰：君臣之性皆雄毅，則鋭於行事，而或不思，則喜怒有時而過，行事不無不平。武宗自未免此累，安能察德裕之情？德裕於牛僧孺、李宗閔輩相怨之久，人人所知。平上黨之際，奏逐僧孺輩，明恃成功而報怨。僧孺雖非大賢，嘗位宰輔矣，德裕之言有何顯狀，至貶之遐裔？宗閔已出遠郡刺史，亦不因顯過而流竄。御史崔元藻按事有異，是舉其職，乃不復驗而黜之。柳公權方以才望爲集賢學士，無故罷職。是一徇德

裕之意矣。任其才、從其謀、高其位、厚其禮可矣，何得一徇其意耶？若德裕言人之罪，其狀明白，固自當從事；或不明，豈得不詢驗其狀？若不然，當有所制也；有所制，則德裕無過矣。或曰：「武宗英主，能任大臣而不能駕馭；中常之君，何以盡委任之道、駕馭之術？」答曰：惟至公可矣。至公者，不以合意悦之，而不察其過；不以違意怒之，而不知其賢。人君用大臣，平其心如是，則委任之道、駕馭之術庶幾矣。

佚名《歷代名賢確論》卷九二《李德裕請任世家爲要官論》　李德裕言朝廷要官，當任世家，以其知典故之故也。噫！德裕之言私於己可也，非天下之公言也。且伊尹起於耕夫，傅説起於胥靡，太公望起於漁釣，蕭、曹起於刀筆，公孫弘牧豕菑丘，翟方進以孤童入京，率皆爲時賢臣，豈盡出於世胄耶？以唐之時而言，自房、杜已降，如馬周、劉洎、狄仁傑、劉幽求、婁師德、郝處俊、裴行儉、劉仁軌、張説、姚崇、宋璟、陸贄、裴度之輩，又豈皆世家子弟耶？德裕祖栖筠嘗爲御史大夫，父吉甫爲宰相，已又爲宰相，其意又欲爲其諸子之地，使異日列處顯要，故先爲此言，以爲身後之計。故曰私於己可也，非天下之公言也。而後之人卒以此言爲然，而孤寒之路益塞，誠可嗟也！德裕若以天下公言，則宜曰「朝廷要官，宜擇賢者，無限孤寒、世胄，惟才者任之」則可也，奈何以己三世宰輔，又欲爲諸子之地，而以此言扼天下之寒士哉？盧文紀曰：「越人善泅，生子方晬，乳母浮之水上，曰：『其父善泅，子必不溺。』」而德裕之言，其乳母浮子之謂耶？

王夫之《讀通鑑論》卷二六《唐穆宗》　貢舉者，議論之叢也，小人欲排異己，求可攻之瑕而不得，則必於此焉摘之，以激天下之公怒，而脅人主以必不能容。李德裕修其父之夙怨，元稹佐之，以擊李宗閔、楊汝士，長慶元年進士榜發，而攻訐以逞，於是朋黨争衡，國是大亂，迄於唐亡而後已。近者温體仁之逐錢謙益，奪其枚卜，延訟日争，邊疆不恤，以底於淪胥，蓋一轍也。

貢舉之於天下，羣人士而趨之者也。其不雠者，皆能多其口説以動衆者也。抑他日之可在位以持彈射之權，公卿貪勢位、暱子孫、私姻亞，莫此著明，而其犯羣怒也爲烈。故張居正之子首臚傳，王錫爵之子冠省試，摇羣心，起議論，國以不靖，禍亦劇矣。李德裕自以門廕起家，遠嫌疑而名位亦伸，既有以謝薦紳之怨怒；其知貢舉，榜發而有「相將白日上青天」之譽；追其貶竄，而有「八百孤寒齊下淚」之思；持此以摘發姦私而快其誅鉏，何求而不克乎？幸而德裕之於唐，功過相半也，使德裕而爲温體仁之姦，唐亡於其手而衆且欣戴焉，又孰懲哉？

王夫之《讀通鑑論》卷二六《唐文宗》　朋黨興，而人心國是如亂絲之不可理，將孰從而正之哉？邪正無定從，離合無恒勢，欲爲伸其是、詘其非，畫一是非以正人之趨嚮，智弗能知，勇弗能斷。故文宗曰：「除河北賊易，去朝廷朋黨難。」亦非盡暗弱之説也。

李宗閔、牛僧孺攻李吉甫，正也；李德裕修其父之怨而與相排擯，私也。乃宗閔與元稹落拓江湖，而投附宦官以進，則邪移於宗閔、稹；而德裕晚節，功施赫然，視二子者有薰蕕之異矣。李逢吉之惡，夫人而惡之，德裕不與協比，正也；而忽引所深惡之牛僧孺於端揆，以抑逢吉，而睦於僧孺，無定情矣。德裕惡宗閔，訐貢舉之私以抑之，累及裴度，度不以爲嫌，而力薦德裕入相，度之公也；李宗閔與度均爲被訐之人，乃背度而相傾陷，其端不可詰矣。宗閔與稹始皆以直言進，既皆與正人忤，而一争進取，則稹合於德裕以沮宗閔，兩俱邪而情固不可測矣，楊汝士之汙濁，固已；德裕以私怨蔓延而訐之使貶，俾與裴度、李紳同條受謗，汝士之爲貞邪不決矣。白居易故爲度客，而以浮華與元稹爲膠漆之交，稹之傾度，居易不免焉，而德裕亟引其從弟敏中，抑又何也？李訓、鄭注欲逐德裕，而薦宗閔以復相，乃未幾陷楊虞卿而竄宗閔於明州，何其速也？聚散生於俄頃，褒貶變於睚眦，是或合或離、或正或邪，亦惡從而辨之哉？上無折中之宸斷，下無臧否之定評，顛倒天下以胥迷亂，智者不能知，果者不能决也。揆厥所繇，則自李絳恃其忠直而不知大臣之體，與小人比肩事主，而相角以言。口給之士，聞風争起，弄其輔頰，議論興而毛舉起，權勢移而嚮背乖，貿貿焉馳逐於一起一伏之中，驚波反溅，罔知所屆，國家至此，其將何以立綱紀而保宗祏哉？

夫德裕之視宗閔，其得失迥矣。而内不能卻崔潭峻、王踐言之奥援，外不能忘牛僧孺、楊虞卿之私怨，則使文宗推心德裕，使汲引其所好者置於要地，而宗閔不敢或違也，終不可得。其後武宗亦既獨任之矣，未久而白敏中、令狐綯復起，以盡反其局。豈非德裕乘權之日，恃主知之深厚，聚朋好以充廷，而不得志者如伏火石中，得水而爆烈哉？

王夫之《讀通鑑論》卷二六《唐宣宗》　宣宗初識李德裕於奉册之頃，即曰：「每顧我，使我毛髮洒淅。」夫宣宗非孱主，德裕非有跋扈之氣發於聲色，

如周勃之起家戎伍、梁冀之世習驕倨者，豈果見之而怵然哉？有先入之言使之猜忌者在也。武宗疾篤，旬日不能言，而詔從中出，廢皇子而立宣宗，宣宗以非次拔起，忽受大位，豈旦夕之謀哉？宦官貪其有不慧之迹而豫與定謀，竊竊然相嚅呢於祕密之地，必將曰太尉若知，事必不成。故其立也，惴惴乎唯恐德裕之異己，如小兒之竊餌，見廚婦而不寧也。語曰：「盜憎主人。」其得志而欲誅逐之，必矣。

此抑有故，德裕當武宗之日，得君而行志，裁損内豎之權，自監軍始。監軍失權，而中尉不保神策之軍，於時宦官與德裕有不兩立之勢。德裕爲之有序，無可執以相撓，而上得武宗之信任，下有楊欽義、劉行深之内應，故含怨毒也深而不敢發。迨乎武宗疾篤不能言之日，正其河決癰潰，可乘以快志之時也。不廢皇子立宣宗，則德裕不可去；不訹宣宗以德裕威棱之可畏，則宣宗之去德裕也不決。其君惴惴然如捍大敵之不能姑待，而後德裕必不能容。蓋德裕之所能控御以從己者，楊欽義、劉行深而已，二人者，其能敵宮中無算之貂璫乎？皇太叔之詔一下，德裕無可措其手足，待放而已矣。唐之亡亡於宦官，自此決矣。

或者謂德裕事英斷之君，相得甚歡，而不能於彌留之際，請憑玉几，受顧命以定冢嗣，使姦人得擅廢立之權，非大臣衛國之誼，是已。然有説焉，武宗春秋方富，雖有疾而非必不可起之危候，方將大有所爲，而不得遽謀身後；迨及疾之已篤，昏不能言，雖欲扣閤請見，而誰與傳宣以求必得哉？所可惜者，先君之骨未寒，太尉之逐已亟，環唐之廷，無有一人焉昌言以伸其忠動者。豈徒無爲之援哉？白敏中之徒且攘臂而奪相位，崔、楊、牛、李抑引領以望内運，而鄭肅、李回莫能禦也。意者德裕之自矜已甚，孤傲而不廣引賢者以共協匡贊邪？抑自朋黨興，唐之士風披靡於榮辱進退之閒，而無賢可薦邪？二者皆國家危亂之券也，必居一於此，宜乎唐之不復興矣。

藝文

歐陽修《歐陽文忠公集》卷一四二《唐李文饒平泉山居詩跋》 讀《山居詩》，見文饒夢寐不忘於平泉，而終不得少償其志者，人事固多如此也。余聞釋子有云「出家是大丈夫事」，蓋勇決者人之所難也。而文饒詩亦云「自是功高臨盡處，禍來名滅不由人」者，誠哉是言也！熙寧壬子正月二十九日書。

歐陽修《歐陽文忠公集》卷一四二《唐李德裕大孤山賦跋》 贊皇文辭甚可愛也。其所及禍，或責其不能自免，然古今聰明賢智之士，不能免者多矣，豈獨斯人也哉！

宋敏求《唐大詔令集》卷四八佚名《李德裕平章事制》 弼亮鈞衡，宣翼統紀，明景化以凝庶績，啓嘉謀以建大中，爰求國楨，以輔台德。銀青光禄大夫守兵部尚書上柱國贊皇縣開國伯食邑七百户李德裕，元精孕靈，和氣毓德，堅直成性，清明保躬。貞規滄夷，敏識沖遠，學綜九流之奥，文師六義之宗。令問夙彰，僉諧允屬。自提綱柏署，掌誥禁闈，釐紀律詳平之司，竭訏謨密勿之節。洎廉視浙右，惣鎮滑臺，再委旌麾，緝安邛蜀，克有殊政，咸懷去思，諒惟全才，茂此聲績。朕以疇庸之典，彝訓所先，入遷司馬之崇，彌積濟川之望。是宜納誨朝夕，擢居股肱，勉弘伊吕之勳，以嗣韋平之美。業傳相印，門襲戎旃，紹絲綸内職之榮，繼鼎鼐中樞之重，珪紱之盛，恩輝罕儔。爾罄乃忠貞，副我毗倚，無忝成命，服兹寵光。可守本官同中書門下平章事。

宋敏求《唐大詔令集》卷六一佚名《册李德裕太尉文》 皇帝若曰：維天育生物，必極其毒而後臻於和；惟君保天禄，必登厥德而後底於道。我國家建皇圖，焯鴻業，二百三十祀。祖宗儲休，俾予嗣厥位，予祇若天地，紹古之訓，惟賢時念。乃有家臣光禄大夫、守司徒、兼門下侍郎、同中書門下平章事、充弘文館大學士、太清宫使、衛國公李德裕，左右予一人，撫四夷，親萬國，文以和政，武以寧亂。於戲！爾有蹈義斷金之操，不渝於險易；爾有移忠匪石之誠，可薦於宗社。故翦吾欲以康務，沃朕心而成德。日者弧星耀芒，朔漠之人，若墜沸鼎，惟爾總合智力，撲其氛燄。盜萌蠹木，牙角滅息，孽豎扇禍壺關，搆釁閉險，聯絳、趙、魏、澤、潞五州之人，是莫不憂其生於旦夕，惟爾叶予一人，經是七德，決自樽俎，發如雷電。風后之握機成陣，密並軒皇；羊祜之沉謀制勝，玄同晉帝。修悳刑爲戰器，閲禮樂爲身文，雖其功不自伐，已爲衆所共欽。不有殊榮，曷酬盛德？兹用命爾爲太尉，往惟欽哉！

劉克莊《後村集》卷二《李文饒一首》 晝取維州如槁葉，策禽潞將似嬰兒。九原精爽人猶畏，想見中書秉筆時。

《全唐文》卷七三一賈餗《贊皇公李德裕德政碑》 皇帝即位四年，滄寇既平，河朔無事，方偃戢兵刃，與人休息。惟東郡地臨討伐之境，歲積水旱之後。

罷勞之師，始旋於奔命；殘耗之甿，久困於煩役。物力殫竭，資用凶荒，牧養之寄，於是爲急。乃詔兵部侍郎贊皇公李德裕以檢校户部尚書兼御史大夫出鎮兹土。時公由浙右連帥以治行第一徵復南宫，既至未浹月，乃膺是選。擇於是日對越明命，抗旆遄征，若決江漢以起焦涸。至則究宣詔旨，躬問痛疾。俾人識皇澤，吏識朝典，軍識法令，俗知教化。推心於萬人之腹，下令於流水之源。怠則張而振之，弊則掃而更之。下車三日而新政興，涉旬而舊俗革，周月而風偃三郡，逾時而澤流四境，朞年而人和歲穰，厥績大成。屬蜀人新被蠻寇，流散未復。詔選天下諸侯威可訓齊而惠可生殖者，公又遷秩兵部尚書往鎮撫焉。以遺愛之地，所以揚豐碑而表異政也。古今紀嘉績詠去思者多矣，大抵久於其位，方顯其跡。舜典三載考績，仲尼亦曰三年有成，子産相鄭三年，而國人始信；次公居潁川前後八年，而曰郡中愈治。未有起積困之俗，施難行之化，勞徠安集，生聚教訓，未至期年，而闡耀丕業，流光馳聲，若是之速也。

公廉明剛健，精力過人，博以文雅，濟以經術，發强開敏，貫達吏事。刃下無肯綮，彀中無逃遁。其治軍也，法令嚴而賞罰信。閲實其籍，修利其器。征勤之勳，守備之勞，一有可追，罔不甄寵。除去姑息之弊，剗革因循之政。户庭無紀綱之僕，營壘盡腹心之師。嘗稱記曰：「軍旅有禮，則武功成。」故先之以禮誼。《傳》曰：「以不教民戰，是謂棄之。」故勤之以教習。至夫鑠金割革之程制，耳目聲氣之容飾，日省月試，莫匪躬親。於是師徒感悦，人百其武，而政成於戎旅矣。其馭下也，正其身以爲表，懸其令而莫犯。守以畫一，提以憲章。故百吏聳視，羣職修舉。廣漢之推功善，而吏人稱之不容口；翁歸以一警百，而吏人皆改行自新。與善懲違，咸得其術，而政行乎州邑矣。其養人也，拔其害本，浚其利源。安之而後勸功，業之而後興教。苛役重賦，人之所困，明令以蠲之；樹藝畜牧，生之所急，躬勸以課之。於是萬井千閭，感勵恩德，若人人皆自其手而持道之也。郡有渚田千頃，蓋上腴也。先是畝種之人，盡主兼并之家。至則均其耕墾，首及貧弱，俾共其利而一其征。《詩》曰：「愷悌君子，人之父母。」愷以强教之，悌以悦安之。故流庸四歸，播殖滿野，化歎息愁恨爲樂和之聲，而政洽乎甿庶矣。其訓俗也，舉先孝弟，養先惸獨。敬教勸學，驅而之善。俾干櫓之鄉，剛悍之俗，粲然有文以相接，驩然有恩以相愛。仁聲感物，順氣成象。年穀大稔，人無札瘥。畎畝之中，至有親戚致憂，相報以養者，比比旌顯，陶然一境，日飲其和而政達乎教化矣。其理財也，愛人以生之，節用以阜之。無名非法之費，飾奢崇侈之給，踵弊或久，一皆去之。行之期年，力乃滋殖。百姓與足，十箱既盈。通商而百貨不匱，訓工而五材咸理。繇是軍有餘用，吏有常禄，而政施乎物力矣。其約己也，躬儉行簡，居無玩好。日公之詣部，與家屬偕。路人非見其旌幢，雖告以椽吏之家，不信也。及郡，凡昔之仰給於官不應法令者，悉還之。吏人皆驚而相告曰：「而今而後，吾知官之與法矣。吾儕其敢貪冒以愧吾賢帥耶！」至若均禄廪以贍軍費，節宴游以寬日力。忠愛之私，視官猶家，而政先乎簡約矣。政事本諸身，行乎吏人，成乎師旅，給乎甿庶，美於風俗，阜於財用，六者治之大節也。引而伸也，觸類而長之則其他可得矣。

及戎軒西去，將校官吏，三州耆耋，感公之惠訓，懷公之明德，道路號歎，若無所歸。冀獲寇恂之借，益深召伯之愛。既而大將聳仲良、范湊，别駕衛佐一十六人，泣瀝丹誠，伏述功美，願刻金石，垂諸無窮。監軍使田内侍全操，今節度使段尚書疑繼以事聞，恩詔嘉許。俾萬方將帥，聆音聳勸，實朝廷之重典也。

公趙郡人，贊皇其本邑也。濬源長發，賢達奕代。烈祖贊皇文獻公諱栖筠，大歷中爲御史大夫，清風峻節，振服天下。烈考忠懿公諱吉甫，元和初再爲丞相，崇功盛業，燿動古今。公承忠勳之積慶，負鴻罍以繼起。年未弱冠，而濟美之望，見推於時。釋褐，詔授校書郎，累至監察御史。元和十五年以本官召充翰林學士，時穆宗皇帝初嗣位，對見之日，即賜金紫。遷屯田員外郎考功郎中知制誥，其侍從如故。又遷中書舍人，專承密命，論思參贊，沃心近膝，言隱而道行者蓋多矣。會邦憲任缺，帝難其人，乃拜御史中丞。直已端誠，道無吐茹。百職以治，朝綱以肅。明年以御史大夫兼統浙西六郡，仍總其車服以鎮靖焉。公時年三十有六。大和元年就加禮部尚書。二年加銀青光禄大夫。詔書方勉舉漢宣故事以寵休績，在金陵凡六載。其仁風惠化，磅礴於封部，洋溢於歌謳，天下聞之久矣。及貳夏官，至未發軔。復慰滑人徯來之思。滑人既乂，復用滑之治迹，以慰蜀人，蜀人謳謡。今復詔下，則化日宏宣，膏澤愈大，其用舉兹而斷可識矣。峩峩翠碣，永載德政。上請斯文，迨於末學。恭承明詔，無愧直筆。其詞曰：

天有德星，所臨者福。王有良翰，以撫藩服。惟昔兹土，歲仍十饑。師役罷勞，人困流離。衣食所儲，蕩無孑遺。上帝監觀，俾公來思。公之來思，勞役乃息。人望如草，侯我生殖。煩苛盡去，吏奉條式。禁止惰游，阜昌物力。歲聿未周，乃無疲人。寒者厭襦，饑者厭飧。野無閑田，百穀茂秦。襁

負而來，闔境如春。教化既興，德刑具舉。政行州邑，禮行師旅。人趨法令，鄰服威武。矯矯三軍，勇餘可賈。俗換風移，日用不知。鴟鴞之音，魯侯化之。晉門之盜，隨會逃之。成人之服，子臯爲之。人有父子，惟公親之。人有作業，惟公勤之。軍政既成，吏理既清。百室既盈，乃流德聲。乃奉詔書，俾鎮全蜀。人失召父，軍去方叔。嵔壘之甿，尚知尸祝。今茲功德，曷其自足。乃疏成績，達於宸聰。帝曰俞哉，宜爾顯崇。建石通衢，追琢嘉庸。書詞罔愧，播美無窮。

唐宣宗部

綜述

《舊唐書》卷一八下《宣宗紀》　宣宗聖武獻文孝皇帝諱忱，憲宗第十三子，母曰孝明皇后鄭氏。元和五年六月二十二日，生於大明宮。長慶元年三月，封光王，名怡。會昌六年三月一日，武宗疾篤，遺詔立爲皇太叔，權勾當軍國政事。翌日，柩前即帝位，改今名，時年三十七。帝外晦而内朗，嚴重寡言，視瞻特異。幼時宫中以爲不慧。十餘歲時，遇重疾沈綴，忽有光輝燭身，蹶然而興，正身拱揖，如對臣僚。乳媪以爲心疾，穆宗視之，撫其背曰：「此吾家英物，非心惽也。」賜以玉如意、御馬、金帶。常夢乘龍昇天，言之於鄭后，乃曰：「此不宜人知者，幸勿復言。」歷大和、會昌朝，愈事韜晦，羣居游處，未嘗有言。文宗、武宗幸十六宅宴集，強誘其言，以爲戲劇，謂之「光叔」。武宗氣豪，尤不爲禮。及監國之日，哀毀滿容，接待羣僚，決斷庶務，人方見其隱德焉。

四月辛未，釋服，尊母鄭氏曰皇太后。以兵部侍郎、翰林學士承旨白敏中守本官，同中書門下平章事；以特進、守太尉、門下侍郎、同平章事、上柱國、衛國公、食邑二千户李德裕檢校太尉、同平章事、江陵尹、荆南節度使；以中散大夫、大理卿馬植爲金紫光禄大夫、刑部侍郎，充諸道鹽鐵等使。以成德軍節度使王元逵檢校太保，山南西道節度使王起檢校司空，魏博節度使何弘敬、淮南節度使李紳並檢校司空，劍南西川節度使崔鄲檢校尚書右僕射，同中書門下平章事並如故。東都留守李石奏修奉太廟畢，所司迎奉太微宫神主祔廟訖。東都太廟者，本武后家廟，神龍中中宗反正，廢武氏廟主，立太祖已下神主祔之。安禄山陷洛陽，以廟爲馬厩，棄其神主，而協律郎嚴郢收而藏之。史思明再陷洛陽，尋又散失。賊平，東京留守盧正己又募得之，廟已焚毀，乃寄主於太微宫。大曆十四年，留守路嗣恭奏重修太廟，以迎神主。詔百官參議，紛然不定，禮儀使顔真卿堅請歸祔，不從。會昌五年，留守李石因太微宫正殿圮陊，以廢弘敬寺爲太廟，迎神主祔之。又下百僚議，皆言准故事，無兩都俱置之禮，唯禮部侍郎陳商議云：「周之文、武，有鎬、洛二廟，今兩都異廟可也。然不宜置主於廟，主宜依禮瘞於廟之北墉下。」事未行而武宗崩。宣宗即位，因詔有司迎太微宫寓主，祔廢寺之新廟，而知禮者非之。制皇長男温可封鄆王，二男涇可封雍王，第三男滋可封蘄王，第四男沂可封慶王。

五月，左右街功德使奏：「准今月五日赦書節文，上都兩街舊留四寺外，更添置八所。兩所依舊名興唐寺、保壽寺。六所請改舊名，寶應寺改爲資聖寺，青龍寺改爲護國寺，菩提寺改爲保唐寺，清禪寺改爲安國寺，法雲尼寺改爲唐安寺，崇敬尼寺改爲唐昌寺。右街添置八所。西明寺改爲福壽寺，莊嚴寺改爲聖壽寺，舊留寺。二所舊名，千福寺改爲興元寺。化度寺改爲崇福寺，永泰寺改爲萬壽寺，温國寺改爲崇聖寺，經行寺改爲龍興寺，奉恩寺改爲興福寺。」勅旨依奏。誅道士劉玄靖等十二人，以其説惑武宗，排毁釋氏故也。今月五日赦書節文，吏部三銓選士，祇憑資考，多匪實才，許觀察使、刺史有奇才異政之士，聞薦試用。又觀察使、刺史交代之時，册書所交户口如能增添至千户，即與超遷；如逃亡至七百户，罷後三年内不得任使。又徒流人在天德、振武者，管中量借糧種，俾令耕田以爲業。以劍南東川節度使、檢校禮部尚書盧商爲兵部侍郎、同平章事。

六月，以户部侍郎、充諸道鹽鐵轉運使馬植本官同平章事。

七月，以兵部尚書李讓夷爲劍南東川節度使。

十月，勅：「太廟祫享，合以功臣配。其憲宗廟，以裴度、杜黄裳、李愬、高崇文等配享。」以荆南節度使李德裕爲東都留守。

十一月，有司享太廟，其穆宗室文曰「皇兄」。太常博士閔慶之奏：「大禮有尊尊，而不叙親親。祝文稱弟未當，請改爲『嗣皇帝』。」從之。京兆府奏：「京師百司職田斛斗，請准會昌三年例，許人户自送納京師，所冀州縣無得欺隱。」從之。以江西觀察使周墀爲義成軍節度使、鄭滑觀察等使。

十二月，刑部尚書、判度支崔元式奏：「准七月二日勅，綾紗絹等次弱疋段，並同禁斷，不得織造。臣欲與鹽鐵户部三司同條疏，先勘左藏庫，令分析出次弱疋段州府，即牒本道官搜索狹小機杼，令焚毁。其已納到次弱疋段，具數以聞。」上從之。

大中元年春正月戊戌朔，宫苑使奏：「皇帝致齋行事，内諸宫苑門共九十四所，並令鎖閉，鑰匙進内。候車駕還宫，則請領。」從之。戊申，皇帝有事於郊廟，

禮畢，御丹鳳門，大赦，改元，制條曰：「古者郎官出宰，卿相治郡，所以重親人之官，急爲政之本。自澆風久扇，此道稍消，頡頏清途，便臻顯貴。治人之術，未嘗經心，欲使究百姓艱危，通天下利病，不可得也。爲政之始，思厚儒風，軒墀近臣，蓋備顧問，如其不知人疾苦，何以膺朕眷求？今後諫議大夫、給事中、中書舍人曾任刺史、縣令，或在任有贓累者，宰臣不得擬議。守宰親人，職當撫字，三載考績，著在格言。貞元年中，屢下明詔，縣令五考，方得改移。近者因循，都不遵守，諸州或得三考，畿府罕及二年。以此字人，若爲成政？道塗郡吏有迎送之勞，鄉里庶民無蘇息之望。自今須滿三十六箇月，永爲常式。」

二月丁卯，制憲宗第十七子惕封彭王，第十八子惴爲棣王；皇第五子澤爲濮王，第六子潤爲鄂王。勅修百福殿。以檢校太尉、東都留守李德裕爲太子少保，分司東都；以給事中鄭亞爲桂州刺史、御史中丞、桂管防禦觀察等使。二月丁酉，禮部侍郎魏扶奏：「臣今年所放進士三十三人，其封彦卿、崔琢、鄭延休等三人，實有詞藝，爲時所稱，皆以父兄見居重位，不得令中選。」詔令翰林學士承旨、户部侍郎韋琮重考覆，勅曰：「彦卿等所試文字，並合度程，可放及第。有司考試，祇在至公，如涉請託，自有朝典。今後但依常例放榜，不得别有奏聞。」帝雅好儒士，留心貢舉。有時微行人間，採聽輿論，以觀選士之得失。每山池曲宴，學士詩什屬和，公卿出鎮，亦賦詩餞行。凡對臣僚，肅然拱揖，鮮有輕易之言。大臣或獻章疏，即燒香盥手而覽之。當時以大中之政有貞觀之風焉。又勅：「自今進士放牓後，杏園任依舊宴集，有司不得禁制。」武宗好巡遊，故曲江亭禁人宴聚故也。

閏三月，勅：「會昌季年，併省寺宇。雖云異方之教，無損致理之源。中國之人，久行其道，釐革過當，事體未弘。其靈山勝境、天下州府，應會昌五年四月所廢寺宇，有宿舊名僧，復能修創，一任住持，所司不得禁止。」

四月，積慶太后蕭氏崩，謚曰貞獻，文宗母也。

六月，以義成軍節度使周墀爲兵部侍郎、判度支。册黠戛斯王子爲英武誠明可汗，命鴻臚卿李業入蕃册拜。以金紫光禄大夫、守太子少保分司東都、上柱國、奇章郡開國公、食邑二千户牛僧孺守太子太師，銀青光禄大夫、行太子賓客、上柱國、隴西郡開國公、食邑二千户李彦佐爲太子太保，並依前分司。以左諫議大夫庾簡休爲虢州刺史，以正議大夫、行尚書考功郎中、知制誥、上柱國崔璵爲中書舍人，以中散大夫、前湖州刺史、彭陽縣開國男、食邑三百户令狐綯行尚書考功郎中、知制誥。

秋七月，制以正議大夫、尚書户部侍郎、知制誥、翰林學士承旨、柱國、賜紫金魚袋韋琮以本官同中書門下平章事。以太子少保分司東都、衛國公李德裕爲人所訟，貶潮州司馬員外置同正員。

八月，工部尚書、中書侍郎、平章事盧商出爲鄂岳觀察使。神策軍奏修百福殿成，名其殿曰雍和殿，樓曰親親樓，凡廊舍屋宇七百間，以會諸王子孫。

九月，前永寧縣尉吴汝納詣闕稱冤，言：「弟湘會昌四年任揚州江都縣尉，被節度使李紳誣奏湘贓罪，宰相李德裕曲情附紳，斷臣弟湘致死。」詔下御史臺鞫按。

二年春正月壬戌，宰臣率文武百僚上徽號曰聖敬文思和武光孝皇帝，御宣政殿受册訖，宣德音。神策軍修左銀臺門樓、屋宇及南面城墻，至睿武樓。

二月，制劍南西川節度、光禄大夫、檢校吏部尚書、同平章事、成都尹、上柱國、隴西郡開國公、食邑二千户李回責授湖南觀察使，桂州刺史、御史中丞、桂管防禦觀察使鄭亞貶循州刺史，前淮南觀察判官魏鉶貶吉州司户，陸渾縣令元壽貶韶州司户，殿中侍御史蔡京貶澧州司馬。御史臺奏：「據三司推勘吴湘獄，謹具逐人罪狀如後：揚州都虞候盧行立、劉羣，於會昌二年五月十四日，於阿顔家喫酒，與阿顔母阿焦同坐，羣自擬收阿顔爲妻，妄稱監軍使處分，要阿顔進奉，不得嫁人，兼擅令人監守。其阿焦遂與江都縣尉吴湘密約，嫁阿顔與湘。劉羣與押軍牙官李克勳即時遮欄不得，乃令江都百姓論湘取受，節度使李紳追湘下獄，計贓處死。具獄奏聞。朝廷疑其冤，差御史崔元藻往揚州按問，據湘雖有取受，罪不至死。李德裕黨附李紳，乃貶元藻嶺南，取淮南元申文案，斷湘處死。今據三司使追崔元藻及淮南元推判官魏鉶並關連人款狀，淮南都虞候劉羣、元推判官魏鉶、典孫貞高利錢倚黄嵩、江都縣典沈頒陳宰、節度押牙白沙鎮遏使傅義、左都虞候盧行立、天長縣令張弘思、曲張洙清陳迴、右廂子巡李行璠、典臣金弘舉、送吴湘妻女至澧州取受錢物人潘宰、前揚府録事參軍李公佐、元推官元壽吴珙翁恭、太子少保分司李德裕、西川節度使李回、桂管觀察使鄭亞等，伏候勅旨。」其月，勅：「李回、鄭亞、元壽、魏鉶已從别勅處分。李紳起此冤訴，本由不真，今既身殁，無以加刑。粗塞衆情，量行削奪，宜追奪三任官告，送刑部注毁。其子孫稽於經義，罰不及嗣，並釋放。李德裕先朝委以重權，不務絶其黨庇，致使冤苦，直到于今，職爾之由，能無恨歎！昨以李威所訴，已經遠貶，俯全事體，特爲從寬，宜準去年勅令處分。張弘思、李公佐卑吏守官，制不由己，不能守正，

曲附權臣，各削兩任官。崔元藻曾受無辜之貶，合從洗雪之條，委中書門下商量處分。李恪詳驗款狀，蠹害最深，以其多時，須議減等，委京兆府決脊杖十五，配流天德。李克勳欲收阿顔，決脊杖二十，配流硤州。劉羣據其款狀，合議痛刑，曾效職官，不欲決脊，決臀杖五十，配流岳州。其盧行立及諸典吏，委三司使量罪科放訖聞奏。」

三月己酉，兵部侍郎、判度支周墀本官平章事。以禮部尚書、鹽鐵轉運使馬植本官同平章事。日本國王子入朝貢方物，王子善碁，帝令待詔顧師言與之對手。

六月己丑，太皇太后郭氏崩，謚曰懿安，憲宗妃，穆宗之母也。户部侍郎，兼御史大夫，判度支崔龜從奏：「應諸司場院官請却官本錢後，或有欺隱欠負，徵理須足，不得苟從恩蕩，以求放免。今後凡隱盜欠負，請如官典犯贓例處分。縱逢恩赦，不在免限。」從之。

七月戊午，以前山南西道節度使高元裕爲吏部尚書。

八月戊子，朝散大夫、中書舍人、充翰林學士、上柱國、平陰縣開國男、食實封三百户、賜紫金魚袋畢諴爲刑部侍郎。

九月，勑：「比有無良之人，於街市投匿名文書，及於箭上或旗幡上縱爲姦言，以亂國法。此後所由切加捉搦，如獲此色，便仰焚瘞，不得上聞。」

十一月，兵部侍郎、判户部事魏扶奏：「天下州府錢物、斛斗、文簿，並委録事參軍專判，仍與長史通判，至交代時具數申奏。如無懸欠，量與減選注擬。」勑：「路隨等所修《憲宗實録》舊本，却仰施行。其會昌新修者，仰並進納。如有鈔録得，勑到並納史館，不得輒留，委州府嚴加搜捕。」以户部侍郎、判度支崔龜從本官同平章事。銀青光禄大夫、門下侍郎，兼禮部尚書，同平章事韋琮爲太子詹事，分司東都。

三年春正月丙寅，涇原節度使康季榮奏，吐蕃宰相論恐熱以秦、原、安樂三州及石門等七關之兵民歸國。詔太僕卿陸耽往喻旨，仍令靈武節度使朱叔明、邠寧節度使張君緒，各出本道兵馬應接其來。以太常卿封敖檢校兵部尚書，爲興元尹、山南西道節度使。

三月乙卯，勑待詔官宜令與刑法官、諫官次對。銀青光禄大夫、中書侍郎、同平章事，監修國史，上柱國，汝南縣開國子，食邑五百户周墀檢校刑部尚書、梓州刺史，充劍南東川節度使。

四月，以正議大夫、守中書侍郎、同平章事、集賢殿大學士、賜紫金魚袋馬植爲太子賓客，分司東都；以正議大夫、守御史大夫、上柱國、博陵縣開國子、食邑五百户、賜紫金魚袋崔鉉可中書侍郎、平章事；正議大夫、行兵部侍郎、判户部事、上柱國、鉅鹿縣開國男、食邑五百户、賜紫金魚袋魏扶可本官、平章事。

五月，幽州節度使、檢校司徒、平章事張仲武卒，三軍以其子直方知留後事。

六月，勑：「先經流貶罪人，不幸歿於貶所，有情非惡逆，任經刑部陳牒，許令歸葬，絶遠之處，仍量事官給棺櫝。」康季榮奏收復原州、石門驛藏木峽制勝六盤石峽等六關訖。邠寧張君緒奏，今月十三日收復蕭關。御史臺奏，義成軍節度使韋讓於懷真坊侵街造屋九間，已令毀拆訖。勑於蕭關置武州，改長樂爲威州。

七月，三州七關軍人百姓，皆河、隴遺黎，數千人見於闕下。上御延喜門撫慰，令其解辮，賜之冠帶，共賜絹十五萬疋。

八月，鳳翔節度使李玭奏收復秦州，制曰：「自昔皇王之有國也，曷嘗不文以守成，武以集事，參諸二柄，歸乎大寧。朕猥荷丕圖，思弘景運，憂勤庶政，四載于茲。每念河、湟土疆，綿亘遐闊。自天寶末，犬戎乘我多難，無力禦姦，遂縱腥羶，不遠京邑。事更十葉，時近百年。進士試能，靡不竭其長策；朝廷下議，皆亦聽其直詞。盡以不生邊事爲永圖，且守舊地爲明理，荏苒於是，收復無由。今者天地儲祥，祖宗垂佑，左衽輸款，邊壘連降，刷恥建功，所謀必克。實樞衡妙算，將帥雄稜，副玄元不争之文，絶漢武遠征之悔。甌脱頓空於内地，斥堠全據於新封，莫大之休，指期而就。況將士等櫛沐風雨，暴露郊原，披荆棘而刁斗夜嚴，逐豺狼而穹廬曉破。動皆如意，古無與京，念此誠勤，宜加寵賞。涇原宜賜絹六萬疋，靈武五萬疋，鳳翔、邠寧各四萬疋，並以户部産業物色充，仍侍季榮、叔明、李玭、君緒各迴戈到鎮，度支差脚支送。四道立功將士，各具名銜聞奏，當議甄酬。其秦、威、原三州及七關側近，訪聞田土肥沃，水草豐美，如百姓能耕墾種蒔，五年内不加税賦。五年已後重定户籍，便任爲永業。温池鹽利，可贍邊陲，委度支制置聞奏。鳳翔、邠寧、靈武、涇原守鎮將士，如能於本戍處耕墾營田，即度支給賜牛糧子種，每年量得斛斗，便充軍糧，亦不限約定數。三州七關鎮守官健，每人給衣糧兩分，一分依常年例支給，一分度支加給，仍二年一替换。其家口委長吏切加安存。官健有莊田户籍者，仰州縣放免差役。秦州至隴州已來道路，要置堡柵，與秦州應接，委李玭與劉皋即便計度聞奏。如商旅往來，官健父兄子弟通傳家信，關司並不得邀詰阻滯。三州七關刺史、關使，將來訓練捍防有效能者，並與超序官爵。劍南西川沿邊没蕃州郡，如力能收復，本道亦宜接

借。三州七關創置戍卒，且要務靜。如蕃人求市，切不得通；有來投降者，申取長吏處分。嗚呼！七關要害，三郡膏腴，候館之殘趾可尋，唐人之遺風尚在。追懷往事，良用興嗟。夫取不在廣，貴保其金湯；得必有時，詎計於遲速。今則便務修築，不進干戈，必使足食足兵，有備無患，載洽亭育之道，永致生靈之安。中外臣僚，宜體朕意。」九月辛亥，西川節度使杜悰奏收復維州。制曰：「朕祗荷丕業，思平泰階，將分邪正之源，冀使華夷胥悅。其有常登元輔，久奉武宗，深苞禍心，盜弄國柄。雖已行譴斥之典，而未塞億兆之言，是議再舉朝章，式遵彝憲。守潮州司馬員外置同正員李德裕，早藉門地，叨踐清華，累居將相之榮，唯以姦傾爲業。當會昌之際，極公台之榮，騁諛佞而得君，遂恣横而持政，專權生事，妒賢害忠。動多詭異之謀，潛懷僭越之志。秉直者必棄，向善者盡排。誣貞良造朋黨之名，肆讒構生加諸之釁。計有踰於指鹿，罪實見其欺天。屬者方處鈞衡，曾無嫌避，委國史於愛婿之手，寵秘文於弱子之身，洎參信書，亦引親昵。恭惟《元和實録》乃不刊之書，擅敢改張，罔有畏忌。奪他人之懿績，爲私門之令猷。又附李紳之曲情，斷成吴湘之冤獄。凡彼簪纓之士，遏其取捨之途。驕居自夸，狡蠹無對，擢爾之髮，數罪未窮。載鬩罔上之由，益驗無君之意。使天下之人，重足一迹，皆讋懼奉面，而慢易在心。爲臣若斯，於法何逭。於戲！朕務全大體，久爲含容，雖黜降其官榮，尚蓋藏其醜狀。而睥睨未已，兢惕無聞，積惡既彰，公議難抑。是宜移投荒服，以謝萬邦。中外臣僚，當知予意。可崖州司户參軍，所在馳驛發遣，縱逢恩赦，不在量移之限。」以起居郎庾道蔚、禮部員外郎李文儒並充翰林學士。

十月辛巳，京師地震，河西、天德、靈夏尤甚，戍卒壓死者數千人。

十一月，東川節度使鄭涯、鳳翔節度使李玭奏修文川谷路，自靈泉至白雲置十一驛，下詔褒美。經年爲雨所壞，又令封敖修斜谷舊路。以刑部侍郎韋有翼爲御史中丞，以職方員外郎鄭處誨兼御史知雜。幽州軍亂，逐其留後張直方，軍人推其衙將周綝爲留後。

十二月，追謚順宗曰至德大聖大安孝皇帝，憲宗曰昭文章武大聖孝皇帝。初以河、湟收復，百僚請加徽號，帝曰：「河、湟收復，繼成先志，朕欲追尊祖宗，以昭功烈。」白敏中等對曰：「非臣愚昧所能及。」至是，上御宣政殿行事，及册出，俯僂目送，流涕嗚咽。

四年春正月，以追尊二聖，御正殿，大赦天下。徒流比在天德者，以十年爲限，既遇鴻恩，例減三載。但使循環添換，邊不闕人，次第放歸，人無怨苦。其秦、原、威、武諸州，諸關，先准格徒流人，亦量與立限，止於七年，如要住者，亦聽。諸州府縣官如請工假，一月已下，權差諸廳判官，一月已上，即准勾當例，其課料等據數每貫刻二百文，與見判案官添給。有故意殺人者，雖已傷未死、已死更生，意欲殺傷，偶然得免，並同已殺人條處分。

三月己卯，刑部奏：「監臨主守，應將官物私自貸使並貸借人，及以己物中納官司者，並專知別當主掌所由有犯臟，並同犯入己臟，不在原赦之限。」從之。以幽州節度副大使、檢校工部尚書張直方爲左金吾衛將軍。

四月，勑：「法司用刑，或持巧詐，分律兩端，遂成其罪。既姦吏得計，則黎庶何安？自今後應書罪定刑，宜直指其事，不得舞文，妄有援引。」又刑部奏：「准今年正月一日勑節文，據會昌元年三月二十六日勑，竊盜臟至一貫文處死，宜委所司重詳定條目奏聞。臣等檢校，並請准建中三年三月二十四日勑，竊盜臟滿三疋已上決殺，如臟數不充，量請科放。」從之。

七月丙子，大理卿劉濛奏：「古者懸法示人，欲使人從善遠罪，至於不犯，以致刑措。准大和二年十月二十六日刑部侍郎高釴條疏，准勘節目一十一件，下諸州府粉壁書於録事參軍食堂，每申奏罪人，須依前件節目。歲月滋久，文字湮淪，州縣推案，多違漏節目。今後請下諸道，令刻石置於會食之所，使官吏起坐觀省，記憶條目，庶令案牘周詳。」從之。

八月，刑部侍郎、御史中丞魏謩奏：「諸道州府百姓詣臺訴事，多差御史推劾，臣恐煩勞州縣，先請差度支、户部、鹽鐵院官帶憲銜者推劾。又各得三司使申稱，院官人數不多，例專掌院務，課績不辦。今諸道觀察使幕中判官，少不下五六人，請於其中帶憲銜者委令推劾。如累推有勞，能雪冤滯，御史臺闕官，便令奏用。」從之。

九月，以朝請大夫、檢校禮部尚書、孟州刺史、河陽三城節度使李拭爲太原尹、北都留守、河東節度等使。幽州節度使周綝卒，軍人立其牙將張允伸爲留後。

十月，中書侍郎、平章事魏扶罷知政事。

十一月己亥，勑：「收復成、維、扶等三州，建立已定，條令制置，一切合同。其已配到流人，宜准秦、原、威、武等州流例，七年放還。」以户部侍郎、判本司事令狐綯爲兵部侍郎、同平章事。

十二月，以華州刺史周敬復爲光禄大夫、檢校左散騎常侍、兼洪州刺史、江

南西道團練觀察使，賜金紫。

五年春正月甲戌，制皇第七子洽封懷王，第八子汭爲昭王，第九子汶爲康王。勑兩京天下州府，起大中五年正月一日已後，三年內不得殺牛。如郊廟享祀合用者，即以諸畜代。

二月，户部侍郎裴休充諸道鹽鐵轉運等使。

四月癸卯，刑部侍郎劉瑑奏：據今年四月十三日已前，凡二百二十四年，雜制勑計六百四十六門，二千一百六十五條，議輕重，名曰《大中刑法統類》，欲行用之。

五月，以太原尹、河東節度使李拭爲鳳翔節度使；李業檢校户部尚書、太原尹、北都留守，充河東節度使；守司空、門下侍郎、太原郡開國伯、食邑一千户白敏中檢校司徒、同平章事、邠州刺史，充邠寧節度觀察、東面招討党項等使；以户部侍郎，判户部事魏謩本官同平章事。

七月，宰相監修國史崔龜從續柳芳《唐曆》二十二卷上之。

八月，勑：「公主邑司，擅行文牒，恐多影庇，有紊條章。今後公主除緣徵封外，不得令邑司行文書牒府縣，如緣公事，令邑司申宗正寺，與酌事體施行。」沙州刺史張義潮遣兄義澤以瓜、沙、伊、肅等十一州户口來獻，自河、隴陷蕃百餘年，至是悉復隴右故地。以義潮爲瓜沙伊等州節度使。

九月，勑：「條疏刺史交代，須一一交割公事與知州官，方得離任。准會昌元年勑，刺史只禁科率官吏抑配人户，至於使州公廨及雜利潤，天下州府皆有規制，不敢違越。緣未有明勑處分，多被無良人吏致使恐嚇，或致言訟。起今後應刺史下擔什物，及除替後資送錢物，但不率斂官吏，不科配百姓，一任各守州縣舊例色目支給。如無公廨，不在資送之限。若輒有率配，以入己贓論。」以正議大夫、兵部侍郎、諸道鹽鐵轉運使、上柱國、河東縣開國子裴休守禮部尚書，進階金紫；以前宣歙觀察使、太中大夫、檢校左散騎常侍裴諗權知兵部侍郎。

十月己亥，京兆尹韋博奏：「京畿富户爲諸軍影占，苟免府縣色役，或有追訴，軍府紛然。請准會昌三年十二月勑，諸軍使不得强奪百姓入軍。」從之。

十一月，中書侍郎，兼吏部尚書，平章崔龜從檢校尚書左僕射、汴州刺史，充宣武軍節度使。沙州置歸義軍，以張義潮爲節度使。太子詹事姚康獻《帝王政纂》十卷；又撰《統史》三百卷，上自開闢，下盡隋朝，帝王美政、詔令、制置、銅鹽錢穀損益、用兵利害，下至僧道是非，無不備載，編年爲之。國子祭酒馮審奏：「文宣王廟，始太宗立之，睿宗書額，武后竊政之日，改篆題『大周』二字，請削之。」從之。

十二月，盜斫景陵神門戟，京兆尹韋博罰兩月俸，貶宗正卿李文舉睦川刺史，陵令吴閲岳州司馬，奉先令裴讓隋州司馬。

是歲，湖南大饑。

六年春正月戊辰，以隴州防禦使薛逵爲秦州刺史、天雄軍使，兼秦、成兩州經略使。

二月，右衛大將軍鄭光以賜田請免租税。宰相魏謩奏曰：「鄭光以國舅之親，賜田可也，免税無以勸蒸民。」勑曰：「一依人户例供税。」

三月，隴州刺史薛逵奏修築定成關工畢。

四月丁酉，勑：「常平義倉斛斗，每年檢勘，實水旱災處，録事參軍先勘人户多少，支給先貧下户，富户不在支給之限。」以禮部尚書、諸道鹽鐵轉運等使裴休可本官同平章事。

五月，勑：「天下軍府有兵馬處，宜選會兵法能弓馬等人充教練使，每年合教習時，常令教習。仍於其時申兵部。」御史臺奏：「諸色刑獄有關連朝官者，尚書省四品已上、諸司三品已上官，宜先奏取進止。如取諸色官狀，即申中書取裁。」從之。

秋七月，勑犯贓人平贓，據律以當時物價上旬估。請取所犯之處，其月內上旬時估平之。從之。檢校司空、太子少師、上柱國、范陽郡開國公、食邑二千户盧鈞可太原尹、北都留守、河東節度使。

九月，勑起居郎轉官月限，宜以二十箇月。

七年四月，以御史大夫鄭朗爲中書侍郎、同平章事。

五月，左衛率府倉曹張戣集律令格式條件相類一千二百五十條，分一百二十一門，號曰《刑法統類》，上之。

七月，以正議大夫、尚書左丞、上柱國、賜紫金魚袋崔璪爲刑部尚書，以銀青光禄大夫、行兵部侍郎、知制誥，充翰林學士蘇滌爲尚書左丞，權知户部侍郎崔璵可權知兵部侍郎。

十月，尚書左僕射、門下侍郎、平章事、太清宫使、弘文館大學士崔鉉進《續會要》四十卷，修撰官楊紹復、崔瑑、薛逢、鄭言等，賜物有差。

八年春正月，陝州黄河清。

二月，南蠻進犀牛，詔還之。

三月，勑以旱詔使疏決繫囚。宰相監修國史魏謩修成《文宗實録》四十卷上之，修史官給事中盧耽、太常少卿蔣偕、司勳員外郎王渢、右補闕盧吉，頒賜銀器、錦綵有差。以山南東道節度使、檢校户部尚書、襄州刺史、上柱國、酒泉縣開國子、食邑三百户李景讓爲吏部尚書。

五月，以中書舍人、翰林學士韋澳爲京兆尹；以户部侍郎、翰林學士承旨、上柱國、武功縣開國子、食邑三百户蘇滌檢校兵部尚書，兼江陵尹、御史大夫，充荆南節度管内觀察處置等使。

七月，銀青光禄大夫、守門下侍郎、同平章事魏謩兼户部尚書。

八月，以司農卿鄭助爲檢校左散騎常侍，兼夏州刺史、御史大夫、上柱國、滎陽縣開國男、食邑三百户、夏綏銀宥等州節度營田觀察處置押蕃落安撫平夏党項等使。

九年二月，中書侍郎、兼禮部尚書、同平章事裴休檢校吏部尚書，兼汴州刺史、御史大夫，充宣武軍節度使、汴宋亳潁觀察處置等使。

三月，試宏詞舉人，漏泄題目，爲御史臺所劾，侍郎裴諗改國子祭酒，郎中周敬復罰兩月俸料，考試官刑部郎中唐枝出爲處州刺史，監察御史馮顓罰一月俸料。其登科十人並落下。其吏部東銓委右丞盧懿權判。以吏部侍郎鄭涯檢校禮部尚書，兼定州刺史、御史大夫，充義武軍節度、易定州觀察處置、北平軍等使。御史臺據正月八日禮部貢院捉到明經黄續之、趙弘成、全質等三人僞造堂印，堂帖，兼黄續之僞著緋衫，將僞帖入貢院，令與舉人虞蒸、胡簡、党贊等三人及第，許得錢一千六百貫文。據勘黄續之等罪款，具招造僞，所許錢未曾入手，便事敗。奉勑並准法處死。主司以自獲姦人，並放。

七月，以河東節度使、檢校司空、太原尹、北都留守、上柱國、范陽郡開國公、食邑二千户盧鈞守尚書右僕射。

八月，以門下侍郎、守尚書右僕射、監修國史、博陵縣開國伯、食邑一千户崔鉉檢校司空、同平章事，兼揚州大都督府長史，充淮南節度副大使、知節度使事。宣宗宴餞，賦詩以賜之。

九月，昭義節度使、檢校禮部尚書，兼潞州大都督府長史、御史大夫、上柱國，賜紫金魚袋鄭涓檢校刑部尚書，太原尹、北都留守、御史大夫，充河東節度、管内觀察處置等使。

十一月，以河南尹劉瑑檢校工部尚書、汴州刺史、兼御史大夫，充宣武軍節度、宋亳汴潁觀察處置等使。以中書舍人鄭顥爲禮部侍郎。

十年春正月乙巳，以正議大夫、華州刺史、潼關防禦、鎮國軍等使、上柱國、隴西縣開國男、食邑三百户、賜紫金魚袋李訥檢校左散騎常侍，兼越州刺史、御史大夫、浙江東道都團練觀察等使。

三月，中書門下奏：「據禮部貢院見置科目，《開元禮》、《三禮》、《三傳》、《三史》、學究、道舉、明算、童子等九科，近年取人頗濫，曾無實藝可採，徒添入仕之門。須議條疏，俾精事業。臣已於延英面論，伏奉聖旨，將文字來者。其前件九科，臣等商量，望起大中十年，權停三年，滿後，至時赴科試者，令有司據所舉人先進名，令中書舍人重覆問過。如有本業稍通，堪備朝廷顧問，即作等第進名，候勑處分。如有事業荒蕪，不合送名數者，考官即議朝責。其童子近日諸道所薦送者，多年齒已過，僞稱童子，考其所業，又是常流。起今日後，望令天下州府薦送童子，並須實年十一、十二已下，仍須精熟一經，問皆全通，兼自能書寫者。如違制條，本道長吏亦議懲法。」從之。

四月癸丑，以刑部郎中盧搏爲廬州刺史，以給事中、渤海郡開國公、食邑二千户高少逸檢校禮部尚書、華州刺史、潼關防禦、鎮國軍等使。

六月，以兵部郎中裴夷直爲蘇州刺史。

九月，以中書舍人杜審權知禮部貢舉。

十月，以邠寧慶節度使、檢校禮部尚書、邠州刺史、上柱國、賜紫金魚袋畢諴爲檢校兵部尚書、潞州大都督府長史、御史大夫，充昭義節度副大使、知節度使、潞邢洺等州觀察使。

十一年春正月，以銀青光禄大夫、守吏部尚書、上柱國、酒泉縣開國男、食邑三百户李景讓爲御史大夫；以朝請大夫、守御史中丞、兼尚書右丞、上柱國、賜紫金魚袋夏侯孜爲户部侍郎，判户部事；以朝散大夫、守京兆尹、上柱國、扶風縣開國男、食邑三百户、賜紫金魚袋韋澳檢校工部尚書、孟州刺史、御史大夫，充河陽三城節度、孟懷澤觀察處置等使。先是，車駕將幸華清宫，兩省官進狀論奏，詔曰：「朕以驪山近宫，真聖廟貌，未嘗修謁，自謂闕然。今屬陽和氣清，中外事簡，聽政之暇，或議一行。蓋崇禮敬之心，非以逸游爲事。雖申勑命，兼慮勞人。卿等職備禁闈，志勤奉上，援據前古，列狀上章，載陳懇到之詞，深覩盡忠之節。已允來請，所奏咸知。」以劍南西川節度副大使、知節度事、管内觀察處置統押近界諸蠻及西山八國雲南安撫等使，特進、檢校司徒、同中書門下平章事、

兼成都尹、上柱國、太原郡開國公、食邑二千户白敏中以本官兼江陵尹，充荆南節度、管内觀察處置等使。

二月，以夏綏銀宥節度使、通議大夫、檢校左散騎常侍、夏州刺史、御史大夫、上柱國、滎陽縣開國男、食邑三百户、賜紫金魚袋鄭助爲檢校工部尚書、邠州刺史，充邠寧慶節度、管内營田觀察處置，兼充慶州南路救援、鹽州及當道沿路鎮寨糧料等使；以右金吾衛將軍田在賓檢校右散騎常侍，兼夏州刺史，代鄭助爲夏綏銀宥節度等使。以荆南節度使、銀青光禄大夫、檢校兵部尚書，兼江陵尹、御史大夫、上柱國、武功郡開國男、食邑三百户蘇滌爲太常卿。以銀青光禄大夫、守門下侍郎、兼户部尚書、同平章事、監修國史、上柱國魏謩檢校户部尚書、同平章事，兼成都尹，充劍南西川節度副大使、知節度事。以太中大夫、守工部尚書、上柱國、賜紫金魚袋崔慎由爲中書侍郎、同平章事。以成德軍節度、鎮冀深趙觀察處置等使、起復雲麾將軍、守左金吾衛大將軍同正、檢校兵部尚書、鎮州大都督府長史王紹鼎爲銀青光禄大夫、檢校尚書右僕射，餘官如故。以通議大夫、守中書門下侍郎、兼禮部尚書、同平章事、集賢殿大學士、上柱國、賜紫金魚袋鄭朗可監修國史。太中大夫、守工部尚書、同平章事、上柱國、賜紫金魚袋崔慎由可集賢院大學士。

三月，起復朝請大夫、深州刺史、御史大夫，兼成德軍節度判官王紹懿可檢校左散騎常侍、鎮府左司馬、知府事，充成德軍節度副使，兼充都知兵馬使。以成德軍中軍兵馬使、銀青光禄大夫、檢校太子賓客、兼監察御史、上柱國王景胤可本官、深州刺史、本州團練守捉使。檢校左散騎常侍、右神武大將軍知軍事王紹孚可落起復，依前右神武大將軍。紹懿、紹孚，鎮州王紹鼎之弟也。景胤，紹鼎子也。以朝請大夫、檢校刑部尚書、華州刺史、上柱國、鄮縣開國男、食邑三百户、賜紫金魚袋蕭倣爲太子賓客，分司東都。

四月，以職方郎中、知制誥裴坦爲中書舍人。以朝議大夫、權知京兆尹崔郢爲濮王傅，分司東都，以決殺府吏也；以江西觀察使、洪州刺史、御史中丞、上柱國、賜紫金魚袋張毅夫爲京兆尹。以鳳翔節度使、正議大夫、檢校户部尚書，兼鳳翔尹、上柱國、襄邑國公、食邑三千户、襄實封一百五十户裴識可許州刺史，充忠武軍節度、陳許蔡觀察等使；以吏部侍郎盧懿檢校工部尚書，兼鳳翔尹、御史大夫、鳳翔隴右節度使；以中書舍人鄭憲爲洪州刺史、御史中丞、江南西道都團練觀察處置等使，仍賜紫金魚袋。以安南宣慰使、右千牛衛大將軍宋涯爲安南都護、御史中丞，本管經略招討處置等使。以幽州節度使張允伸弟允中爲荆州刺史，允千檀州刺史，允辛安塞軍使，允舉納降軍使，並兼御史中丞。以前邠寧節度使、朝議大夫、檢校工部尚書，邠州刺史、上柱國、賜紫金魚袋柳憙可檢校禮部尚書、河南尹。

五月，以職方郎中李玄爲壽州刺史。

六月，以朔方靈武定遠等城節度使、朝散大夫、檢校左散騎常侍、靈州大都督府長史、上柱國、賜紫金魚袋劉潼爲鄭州刺史，馳驛赴任，以給邊兵糧不及時也。以安南都護宋涯爲容州刺史、容管經略招討處置等使。制皇第三男灌封衛王，第十一男滩封廣王。以朝散大夫、守尚書兵部侍郎、判度支、上柱國、彭城縣開國男、食邑三百户、賜紫金魚袋蕭鄴本官同平章事、判度支。以右監門將軍、知内府省事、清河公崔巨宗爲淮南監軍。以特進、檢校司空、兼太子太傅分司東都、上柱國、扶風郡開國公、食邑二千户杜悰本官判東都尚書省，兼御史大夫，充東都留守、東畿汝都防禦使。

七月，以飛龍使、宫闈局令王歸長守内侍省内常侍，知省事，充内樞密使。責授邠州員外司馬張直方爲右驍衛大將軍。

八月，以皇子昭王汭爲開府儀同三司、守鎮州大都督府長史、成德軍節度、鎮冀深趙觀察等大使；以成德軍節度副使、都知兵馬使、左司馬、知府事、御史中丞王紹懿爲成德軍副使留後。以義武軍節度、易定觀察等使、檢校禮部尚書、定州刺史、上柱國、滎陽縣開國男、食邑三百户鄭涯檢校户部尚書、汴州刺史、上柱國，充宣武軍節度副大使、知節度事、宋亳觀察、亳州太清宫等使；以四鎮北庭行軍、涇原渭武節度使、銀青光禄大夫、檢校右散騎常侍、涇州刺史、御史大夫、上柱國、范陽縣開國男、食邑三百户盧簡求可檢校工部尚書、定州刺史、義武節度使、易定觀察、北平軍等使；以鹽州防禦押蕃落諸軍防秋都知兵馬使、度支烏池榷税等使、檢校右散騎常侍、鹽州刺史、上柱國、賜紫金魚袋陸耽代簡求爲涇原節度使。以翰林學士、朝散大夫、中書舍人、賜紫金魚袋曹確權知河南尹。汝州防禦使令狐緒有善政，郡人詣闕請立德政碑頌。緒以弟綯在中書，上表乞寢，從之。以太常卿蘇滌爲兵部尚書、權知吏部銓事，以銀青光禄大夫守散騎常侍、上柱國、渤海郡開國伯、食邑七百户封敖爲太常卿。

九月，以秦州刺史李承勳爲朝散大夫、檢校工部尚書、涇州刺史，充四鎮北庭涇原渭武節度等使；以禮部郎中楊知温充翰林學士；以中散大夫、尚書禮部

侍郎、上柱國、賜紫金魚袋杜審權爲陝州大都督府長史、兼御史大夫、陝虢都防禦觀察處置等使；以銀青光禄大夫、檢校司空、兼太子太師、上柱國、范陽郡開國公、食邑二千户盧鈞爲檢校司空、同中書門下平章事、興元尹，充山南西道節度等使。右補闕陳鍜、左拾遺王譜、右拾遺薛廷傑上疏諫遣中使往羅浮山迎軒轅先生。詔曰：「朕以萬機事繁，躬親庶務，訪聞羅浮山處士軒轅集，善能攝生，年齡亦壽，乃遣使迎之，或冀有少保理也。朕每觀前史，見秦皇、漢武爲方士所惑，常以之爲誡。卿等位當論列，職在諫司，閲示來章，深納誠意。」仍謂崔慎由曰：「爲吾言於諫官，雖少翁、欒大復生，不能相惑。如聞軒轅生高士，欲與之一言耳。」宰相鄭朗累月請告，三章求免。

十月，制通議大夫、守中書侍郎、禮部尚書、同平章事、監修國史、上柱國、賜紫金魚袋鄭朗可檢校尚書右僕射，兼太子少師。以山南西道節度使、中散大夫、檢校禮部尚書、興元尹、上柱國、賜紫金魚袋蔣係權知刑部尚書，宰相崔慎由兼修國史，蕭鄴兼集賢殿大學士。以華州刺史高少逸爲左散騎常侍，以蘇州刺史裴夷直爲華州刺史、潼關防禦、鎮國軍等使，以太常少卿崔鈞爲蘇州刺史。入迴鶻册禮使、衛尉少卿王端章貶賀州司馬，副使國子《禮記》博士李潯爲郴州司馬，判官河南府士曹李寂永州司馬。端章等出塞，黑車子阻路而迴故也。以成德軍觀察留後、御史中丞、賜紫金魚袋王紹懿檢校工部尚書，兼鎮州大都督府長史、御史大夫，充成德軍節度、鎮冀深趙觀察等使。以中書舍人李藩權知禮部貢院。

十一月，銀青光禄大夫、檢校尚書左僕射、兼太子太保、充右羽林統軍、御史大夫、上柱國、滎陽縣開國男、食邑三百户鄭光卒，輟朝三日，贈司徒，仍令百官奉慰，上之元舅也。宰相崔慎由爲中書侍郎兼禮部尚書，尚書蕭鄴兼工部尚書，餘並如故。

十二月，以昭義軍節度使、朝議大夫、檢校工部尚書、上柱國、平陰縣開國男、食邑三百户畢諴爲太原尹、北都留守、河東節度使；朝議大夫、檢校禮部尚書、兼太原尹、北都留守、上柱國、賜紫金魚袋劉瑑爲尚書户部侍郎，判度支。以翰林學士承旨、通議大夫、守尚書户部侍郎、知制誥、上護軍、賜紫金魚袋蔣伸爲兵部侍郎，充職。以金紫光禄大夫、守太子少保分司東都、上柱國、河東縣開國男、食邑五百户裴休檢校户部尚書，兼潞州大都督府長史、昭義軍節度副大使、知節度事、潞磁邢洺觀察等使。以正議大夫、行尚書兵部侍郎、上柱國、河東縣開國男、食邑三百户、賜紫金魚袋柳仲郢本官兼御史大夫，充諸道鹽鐵轉運使。以正議大夫、檢校户部尚書、兼太子賓客、上柱國、賜紫金魚袋孔温業本官分司東都，以病請告故也。禮部郎中楊知温本官知制誥，充翰林學士。以幽州中軍使、檢校國子祭酒、幽府左司馬、知府事、御史中丞張簡真檢校右散騎常侍，允仲之子也。以中散大夫、權知刑部尚書、上柱國、賜紫金魚袋蔣係檢校户部尚書、鳳翔尹、御史大夫、鳳翔隴右節度觀察處置等使。

十二年春正月，以晉陽令鄭液爲通州刺史。羅浮山人軒轅集至京師，上召入禁中，謂曰：「先生遐壽而長生可致乎？」曰：「徹聲色，去滋味，哀樂如一，德施周給，自然與天地合德，日月齊明，何必別求長生也。」留之月餘，堅求還山。以前鄉貢進士于琮爲秘書省校書郎，尋尚皇女廣德公主，改銀青光禄大夫、守右拾遺、駙馬都尉。以安南本管經略招討處置使、朝散大夫、檢校左散騎常侍、安南都護、御史大夫、賜紫金魚袋李弘甫爲宗正卿。以中大夫、守京兆尹、上柱國、賜紫金魚袋張毅夫爲鄂州刺史、御史大夫、鄂岳蘄黄申等州都團練觀察使。以太中大夫、福州刺史、御史中丞、上柱國、賜紫金魚袋楊發檢校右散騎常侍、廣州刺史、御史大夫，充嶺南東道節度觀察處置等使。以朝散大夫、守康王傅分司東都、上柱國、襲魏郡開國公、食邑二千户、賜紫金魚袋王式爲安南都護，兼御史中丞，充安南本管經略招討處置等使。以朝請大夫、前守太子賓客分司東都、上柱國、鄮縣開國男、食邑三百户、賜紫金魚袋蕭俶守太子少保分司。以朝請大夫、檢校左散騎常侍、右金吾大將軍、充右街使、上柱國、襲太原郡開國公、食邑二千户、賜紫金魚袋王鎮爲檢校左散騎常侍、使持節、都督福州諸軍事，兼福州刺史、御史大夫，充福建等州都團練觀察處置等使。以翰林學士、朝議郎、守尚書司勳郎中、知制誥、賜緋魚袋孔温裕爲中書舍人，充職。以右驍衛上將軍李正源守大内皇城留守。以朝議大夫、守尚書户部侍郎、判度支、上柱國、賜紫金魚袋劉瑑本官同平章事，依前判度支。以太中大夫、守中書侍郎、兼禮部尚書、同平章事、監修國史、上柱國、賜紫金魚袋崔慎由檢校禮部尚書，梓州刺史、御史大夫、劍南東川節度副大使、知節度事，代韋有翼；以有翼爲吏部侍郎。

二月，以前邕管經略招討處置使、朝議郎、邕州刺史、御史中丞、賜紫金魚袋段文楚爲昭武校尉、右金吾衛將軍；以朝議郎、守中書舍人、權知禮部貢舉、上柱國、賜緋魚袋李藩爲尚書户部侍郎。以朝散大夫、守工部尚書、同平章事、充集賢殿大學士、上柱國、彭城縣開國男、食邑三百户、賜紫金魚袋蕭鄴爲監修國史。以朝議大夫、守户部侍郎、同平章事、判度支、上柱國、賜紫金魚袋劉瑑可充集賢院學士。

以渤海國王弟權知國務大虔晃爲銀青光禄大夫、檢校秘書監、忽汗州都督，册爲渤海國王。以兵部侍郎柳仲郢爲刑部尚書。以朝議大夫、守尚書户部侍郎、判户部事、上柱國、賜紫金魚袋夏侯孜爲兵部侍郎，充諸道鹽鐵轉運使；以朝請大夫、權知刑部侍郎、賜紫金魚袋杜勝爲户部侍郎、判户部事。以光禄大夫、守左領軍衛大將軍分司東都、上柱國、會稽縣開國公、食邑一千五百户康季榮可檢校尚書右僕射，兼左衛上將軍分司。貶前利州刺史杜倉爲賀州司户，蔡州刺史李叢邵州司馬。以工部郎中、知制誥于德孫，庫部郎中、知制誥苗恪，並可中書舍人，依前翰林學士。以前右金吾衛將軍鄭漢璋，前鴻臚少卿鄭漢卿，並起復授本官，國舅光之子也。以銀青光禄大夫、行給事中、駙馬都尉衛洙爲工部侍郎，前濮王傅分司皇甫權爲康王傅分司。以庫部員外郎、史館修撰李涣爲長安令。

閏二月，以司農少卿盧籍爲代州刺史，前江陵少尹杜惲爲司農少卿。以河東馬步都虞候段威爲朔州刺史，充天寧軍使，兼興唐軍沙陀三部落防遏都知兵馬使。

五月，以兵部侍郎、鹽鐵轉運使夏侯孜本官同平章事。

六月，南蠻攻安南府。

八月，洪州賊毛合、宣州賊康全大攻掠郡縣，詔兩浙兵討平之。

十三年春正月，以虢陝觀察使杜審權爲户部侍郎、判户部事。

三月，宰相蕭鄴罷知政事，守吏部尚書。

四月，以翰林學士承旨、兵部侍郎、知制誥蔣伸本官同平章事。

五月，上不豫，月餘不能視朝。

八月七日，宣遺詔立鄆王爲皇太子，勾當軍國事。是日，崩於大明宫，聖壽五十。詔門下侍郎、平章事令狐綯攝冢宰。羣臣上謚曰聖武獻文孝皇帝，廟號宣宗。十四年二月，葬於貞陵。

雜録

備録

趙璘《因話録》卷一《宫部》 宣宗朝，兩省官對。上曰：「卿等皆朕諍臣，切須各務公道，但無私黨。所論事，必與卿行。若苟近私，雖直無益。」時予任補闕在外。

大中七年冬，詔來年正月一日，御含元殿受朝賀。璘時爲左補闕，請權御宣政殿。疏奏之明日，聞上謂宰臣曰：「有諫官疏，來年御含元殿事如何？莫須罷否？」宰臣魏公謩奏曰：「元年大慶，正殿稱賀，亦是常儀，況當無事之時。陛下肆覲百辟，朝廷盛禮，不可廢闕。」上曰：「近華州奏，光化賊劫下邽縣。又闕輔久無雨雪，皆朕之憂。豈謂之無事？須與他罷。假如權御宣政，亦何不可也。」宰臣奉詔，方欲宣下，而日官奏太陽當虧，遂罷之。其後宰相因奏對，以遺補多闕，請更除八人。上曰：「諫官但要職業修舉，亦豈在多！只如張道符、牛叢、趙璘輩三數人足矣！使朕聞所未聞。」

張固《幽閑鼓吹》 宣宗囑念萬壽公主，蓋武皇世有保護之功也。駙馬鄭尚書之弟顗嘗危疾，上使訊之。使迴，上問公主視疾否。曰：「無。」「何在？」曰：「在慈恩寺看戲場。」上大怒，且歎曰：「我怪士大夫不欲與我爲親，良有以也。」命召公主。公主走輦至，則立於階下，不視久之。主大懼，涕泣辭謝。上責曰：「豈有小郎病乃親看他處乎？」立遣歸宅。畢宣宗之世，婦禮以修飾。

宣宗暇日召翰林學士。時韋尚書澳遽入，上曰：「要與卿款曲，少間出外，但言論詩。」上乃出新詩一篇，有小黄門置茶訖，亦屏之，乃問曰：「朕於勑使如何？」韋公即述上威制前朝無比。上閉目摇首曰：「總未總未，依前怕他。在於卿如何？計將安出？」韋公既不爲之素備，乃率意對曰：「以臣所見，謀之於外庭即恐有大和末事，不若就其中揀拔有才識者，委以計事，如何？」上曰：「此乃末策，朕已行之。初擢其小者，自黄至緑至緋，皆感恩。若紫衣挂身，即一片矣。」公慚汗而退。噫！大君之問，社稷之福，對斆止此，惜哉！

裴公休在相位，一日奏對。宣宗曰：「今賜卿無畏，有何貯畫言之。」公嘗蓄論儲宫之意，至是乃頓首以諫。上曰：「若立儲君，便是閑人。」公不敢盡言而退。

宣宗坐朝，次對官趨至，必待氣息平均，然後問事。令狐相進李遠爲杭州，宣宗曰：「比聞李遠詩云『長日唯銷一局碁』，豈可以臨郡哉？」對曰：「詩人之言，不足有實也。」仍薦遠廉察可任，乃俞之。

宣宗視〔李〕遠至郡謝上表，左右曰：「不足煩聖慮也。」上曰：「遠到郡無非時章奏，只有此謝上表，安知其不有情懇乎？吾不敢忽也。」

康駢《劇談録》卷上《宣宗夜召翰林學士》 宣宗皇帝聖政欽明，光宅天下，常欲刑清俗富，有宵衣旰食之懷，仄席竚賢，每如不及。令狐相國自吴興郡守授司勳郎中，未居内署，初與學士候對，便以爲有宰輔之才。一夕於禁林寓直，忽有中使來召，行百餘步，至于便殿，遣内人秉燭候之，引於御榻之前。上自宣令坐，問：「卿來從江表，見彼中甿庶來否，廉察郡守字人求瘼之道如何？朕常思四海之大，九州之廣，雖明君不能自理，常須良弼賢佐。邇來竊窺朝廷，皆未覩其忠赤。」相國降階俯伏曰：「聖意如此，微臣便合得罪。」上曰：「卿纔爲翰林學士，所職者朕之絲綸，向來之言，本不相及。」既而復宣令坐，俾御以玉杯斟酒賜之。有小案置於御牀，案上有書兩卷，指謂相國曰：「朕聽政之暇，未嘗不披尋史籍。此讀者先朝所述《金鏡》。一卷則《尚書·大禹謨》。」復問：「卿曾讀《金鏡》否？」對曰：「文皇帝所著之書，有理國理身之要，披閲誦諷，不離於口。」上曰：「卿試舉其要。」相國跪於御前，抗聲而誦。至「亂未嘗不任不肖，理未嘗不任忠賢。任忠賢，則享天下之福。任不肖，則受天下之禍。」上止之，曰：「朕每讀至此，未嘗不三復後已。《書》又云：『任賢勿貳，去邪勿疑。』是則欲致昇平，當用此言爲首。」相公抃舞而稱曰：「先臣父每言《金鏡》垂裕，可爲萬古格言。自非聰明文思，無以探其壼奥。況堯舜禹湯之道，在典謨訓誥之間。陛下不以黄屋爲尊，每觀之於夙夜，將欲擇賢舉善，使庶績咸熙。如此則功冠百王，事超三五矣。」上曰：「曩者仰卿材器，今日覩卿詞學。」臨軒竚立久之，謂中使曰：「持燭送學士歸院。」及還禁林，夜漏將半。咸以近臣恩澤，殆無其比。繇是注意益深。居歲餘，遂爲宰相。自郡守至於台鉉，首尾纔經二載。嘗自郊壇迴，渭南尉趙嘏上詩云：「鶚在卿雲冰在壺，代天材業奉訏謨。榮同伊陟傳朱户，秀比王商入畫圖。昨夜星辰迴劍履，前年風月滿江湖。不知機務時多暇，猶許詩家屬和無？」

蘇鶚《杜陽雜編》卷下 宣宗皇帝英明儉德，器識高遠。此在藩邸，常爲諸王典式。忽一日不豫，神光滿身，南面獨語如對百僚。鄭太后惶恐，慮左右有以此事告者，遂奏文宗云上心疾。文宗召見，熟視上貌，以玉精如意撫背曰：「此真我家他日英主，豈曰心疾乎？」即賜上御馬金帶，仍令選良家子以納上宅。及即位，時人比漢文帝。衣澣濯之衣，饌不兼味。先是宫中每欲行幸，即先以龍腦鬱金藉其地，自上垂拱，並不許焉。凡與朝士從容，未嘗一日不論儒學，而頗注意於貢舉，常於殿柱上題「卿貢進士」字。或大臣出鎮，即賦詩賜之。凡欲對公卿百僚，必先嚴整容止，更衣盥手，然後方出。語及庶政，則終日忘倦。章奏有不欲左右見者，率皆焚爇。倡優妓樂或彌日嬉戲，上未嘗等閑破顔，縱賜與亦甚寡薄。一日後宫有疾，召醫人侍湯藥。洎平愈，上袖出金數兩遺之。醫者將謝，遽止之曰：「勿使内官知，言出於外更使諫官上疏也。」其儉静率多此類。

范攄《雲溪友議》卷中《賢君鑒》 唐宣宗十二年，前進士陳玩等三人應博學宏詞選。所司考定名第，及詩、賦、論進訖，上於延英殿詔中書舍人李藩等對。上曰：「凡考試之中，重用字如何？」中書對曰：「賦即偏枯叢雜，論即褒貶是非，詩即緣題落韻。只如「白雲起封中」詩云「封中白雲起」，是也。其間重用文字，乃是庶幾，亦非常有例也。」又曰：「孰詩重用字？」對曰：「錢起《湘靈鼓瑟詩》有二不字。詩曰：『善撫雲和瑟，常聞帝子靈。馮夷空自舞，楚客不堪聽。逸韻諧金石。清音發杳冥。蒼梧來怨慕，白芷動芳馨。流水傳湘浦，悲風過洞庭。曲終人不見，江上數峯青。』」上覽錢公此年宏詞詩曰：「且一種重用文字，此詩似不及起。起則今之協律文字也，合於匏革宫商，即變鄭衛之奏。惟謝朓云：『洞庭張樂地，瀟湘帝子遊。雲去蒼梧野，水還江漢流。』此若比『鼓瑟』一篇，摛藻妍華，無以加。其前進宏詞詩重字者，登科更待明年考校，起詩便付吏選。」

裴庭裕《東觀奏記》卷上 上性至孝，奉鄭太后供養，不居別宫，只於大明宫朝夕侍奉。親舅鄭光，即位之初，連任平盧、河中兩鎮節度使。大中七年，自河中來朝，上因與光商較政理。光素不曉文字，對上語時有質俚，即命宰臣別選河中節度使，留光奉朝謁。後或以光生計爲憂，即厚賜金帛，不復更委方面。

憲宗皇帝晏駕之夕，上雖幼，頗記其事。追恨光陵商臣之酷即位後誅鋤惡黨，無漏網者。時郭太后無恙，以上英察孝果，且懷慚懼。時居興慶宫，一日，與二侍兒同升勤政樓，倚衡而望，便欲隕於樓下，欲成上過。左右急持之，即聞於上，上大怒。其夕，〔太〕后暴崩，上志也。

萬壽公主，上愛女，鍾愛獨異。將下嫁，命擇郎壻。鄭顥，相門子，首科及第，聲名籍甚，婚盧氏。宰臣白敏中奏選上，顥銜之。上未嘗言。大中五年，敏中免相，爲邠寧都統。行有日，奏上曰：「頃者陛下愛女下嫁貴臣，郎壻鄭顥赴婚楚州會有日，行次鄭州，臣堂帖追迴，上副聖念。顥不樂國婚，銜臣入骨。臣且在中書，顥無如臣何。一去玉階，必媒孽臣短，死無種矣。」上曰：「朕知此事久，卿何言之晚耶？」因命左右，便殿中取一檉木小函子來，扃鎖甚固。謂敏中曰：「此盡鄭郎説卿文字，便以賜卿。若聽顥言，不任卿如此矣。」敏中歸啓，益

感上聽察宏恕，常置函子於佛前，焚香感謝。大中十二年，敏中任荊南節度使，暇日與前進士陳鍇銷憂閤静話，感上恩，泣語此事，盡以示鍇。

上臨御天下，得君人法。每宰臣延英奏事，唤上階後，左右前後無一人至，纔處分坐，宸威不可仰視。奏事下三四刻，龍顔忽怡然，謂宰臣曰：「可以閒話矣。」自是詢閭里間事，話宫中燕樂，無所不至。一刻已來，宸威復整肅，是將還宫也，必有戒勵之言。每謂宰臣曰：「長憂卿負朕撓法，後度不得相見。」度量如此。趙國公令狐綯每謂人曰：「十年持政柄，每延英奏對，雖嚴冬盛寒，亦汗流洽背。」

上微行至德觀，女道士有盛服濃粧者，赫怒，亟歸宫。立宣左街功德使宋叔康，令盡逐去，别選男道士二七人住持，以清其觀。

李丕以邊城從事，上召至案前，問系緒，丕奏系屬皇枝。上曰：「師臣已有一李丕，朕不欲九廟子孫與之同名。」良久，以手畫案曰：「丕字出脚，平字也。卿宜改名平。」舞蹈而謝。平後終於邠寧節度使。

武宗好長生久視之術，大明宫築望仙臺，勢侵天漢。上始即位，道士趙歸真杖殺之，罷望仙臺院。大中八年，復命緝之。右補闕陳嘏已下，抗疏論其事，立罷修造，以其院爲文思院。上英睿妙理，尤長於納諫，從之如轉丸。李璲除嶺南節度使，間一日，以命中使頒旌節，給事中蕭倣封上詔書。上正聽樂，不暇别召中使，謂優人曰：「汝可就李璲宅却唤使來。」旌節及璲門而反。劉潼自鄭州刺史除桂州觀察使，右諫議大夫鄭裔綽疏言不可，中使至鄭，頒告已數日，却命追制。納諫從善，皆此類也。

上追感元和舊事，但聞是憲宗朝卿相子孫必加擢用。杜勝任刑部員外，閤内次對，上詢其祖父，勝以先父黄裳，永貞之際首排姦邪，請憲宗監國。上德之，面授給事中。

裴諗爲學士，一日加承旨。上幸翰林，諗寓直，便中謝。上曰：「加官之喜，不與妻子相面得否？便放卿歸。」諗蹈謝。却召，上以御盤果實賜之，諗即以衫袖張而跪受。上顧一宫嬪領下，並取一小帛裹之以賜諗。諗父度，元和中君臣魚水之分。遂於諗恩禮亦異焉。

上雅尚文學，聽政之暇，常賦詩，尤重科名。大中十年，鄭顥知舉後，宣索科名記。顥表曰：「自武德已後，便有進士諸科。出鶯谷而飛鳴，聲華雖茂；經鳳池而閲視，史策不書。所傳前代姓名，皆是私家記録。虔承聖旨，敢不討論。臣尋委當行祠部員外趙璘，採訪諸家科目記，撰成十三卷。自武德元年至於聖朝，謹專上進，方俟無疆。」勑：「宜付翰林。自今放牓後，並寫及第人姓名及所試詩賦題目進入内。仍仰所司逐年編次。」

術士柴嶽明，動陰陽術數，於公卿間聲名籍甚。上一日召於便殿對，上曰：「朕欲爲諸子孫□□□□院，卿宜相其地」。嶽明奏曰：「人臣遷移不常，有陽宅陰宅，入陰宅入陽宅者，禍福刑尅，師有傳授。今陛下居深宫，有萬靈護衛，陰陽二宅，不言帝王家，臣不敢奉詔。」上然之，賜束帛。

裴庭裕《東觀奏記》卷中 上每命相，盡出睿旨，人無知者。一日，制詔樞密院，兵部侍郎判度支蕭鄴可同中書門下平章事，仰指揮學士院降麻處分。樞密使王歸長、馬公儒以鄴先判度支，再審聖旨，未審落下，爲復仍舊。上意左右黨蕭也，乃宸翰付學士院，户部侍郎判户部事崔慎由可工部尚書平章事，落下判户部事。宸斷如此。

上聽政之暇，多賦詩，多令翰林學士屬和。一日，賦詩賜寓直學士蕭寘，令和。寘手狀謝曰：「陛下此詩，雖『桂水日千里，因之平生懷』，亦無以加也。」明日，召學士韋澳，問此兩句。澳奏曰：「宋太子家令沈約詩。寘以睿藻清新，可方沈約爾。」上不悦，曰：「將人臣比我，得否？」恩遇漸薄。執政乘之，出觀察使。

崔罕爲京兆尹，内園巡官不避馬，杖之五十四。方死，上赫怒，令與遠郡。宰臣論救，上曰：「罕爲京兆尹，抑強撫弱，是其識任。但不避馬，便杖之可矣，不合問知是内園巡官方決，一錯也；又人臣之刑，止行二十，過此是朕刑也。五十四杖，頗駭聞聽。」宰臣又論救，上曰：「與一廉察。奮捉者宜抵罪。根本輕，致罕過制耳。」宰臣益賀上無幽不察。罕止貶湖南觀察使。

上至孝，動遵元和故事。以憲宗曾幸青龍寺，命複道開便門，至青龍佛宫，永日昇眺，追感元和勝蹟，張望久之。

上敦睦九族，於諸侯王尤盡友愛。即位後，於十六宅起雍和殿，每月三兩幸，與諸侯王擊鞠合樂，錫賚有差。進士司馬樞爲《雍和殿賦》，詞雖不典，亦志一時之事實。

牛藂任拾遺、補闕五年，頻上封事，上盡記之。後藂自司勳員外爲睦州刺史，中謝，上命至軒砌，問曰：「卿頃任諫官，頗能舉職，今忽爲遠郡，得非宰臣以前事爲懲否？」藂曰：「陛下新有德音，未任刺史、縣令，不能任近侍官 宰臣以

是獎擢，非嫌忌。」上曰：「賜卿紫。」蓑退謝畢，前曰：「臣所衣緋衣，是刺史借服，不審陛下便賜紫，爲復別有進？」上連曰：「且賜緋，且賜緋。」上慎重名器，未嘗容易，服色之賜，一無所濫。

李藩自司勳郎中遷駕部郎中，知制誥，衣緑如故。鄭裔綽自給事中，以論駁楊漢公忤旨，出商州刺史，始賜緋衣銀魚。沈珣自禮部侍郎爲浙東觀察使，方賜金綬。苗恪自司勳員外除洛陽令，藍衫赴任。裴處權自司封郎中出河南少尹，到任，本府奏薦賜緋，給事崔罕駁還。上手詔褒獎曰：「有事不當，卿能駁還，職業既修，朕何所慮！」

上每孜孜求理，焦勞不倦。一日密召學士韋澳，盡屏左右，謂澳曰：「朕每便殿與節度觀察使、刺史語，要知所委州郡風俗物產，卿宜密採訪，撰次一文書進來。雖家臣與老，不得漏洩。」澳奉宣旨，即以《十道四蕃志》更博採訪，撰成一策，題曰《處分語》，自寫面進，雖子弟不得聞也。後數日，薛弘宗除鄧州刺史，澳有別業在南陽，召弘宗餞之。弘宗曰：「昨日謝聖上，處分當州事驚人。」澳訪之，即《處分語》中事也。君上親總萬機，自古未有。

上校獵城西，漸入渭水，見父老一、二十人於村佛祠設齋。上問之，父老曰：「臣醴泉縣百姓。本縣令李君奭有異政，考秩已滿，百姓借留，詣府乞未替〔來〕(兼)此祈佛力也。」上默然，還宮後，於御扆上大書君奭名。中書兩擬醴泉令，上皆抹去之。踰歲，以懷州刺史闕，請用人。御筆曰：「醴泉縣令李君奭可懷州刺史。」〔人〕莫測也。君奭申謝，宸旨獎勵，始聞其事。

優人祝漢貞詞辨敏給，恩傾一時。嗣韓王乾裕以金帛結之，求刺史，盡納賂矣，而未敢言。御史劾奏，漢貞杖二十，流天德軍，乾裕竄嶺外。

上推重詞學之臣，於翰林學士恩禮特異，宴遊密召，無所間隔，惟於遷轉，皆守彝章。皇甫珪自吏部員外召入內廷，改司勳員外，計吏員二十五箇月限，轉司封郎中，知制誥。孔温裕自禮部員外改司封員外，入內廷，二十五箇月改司勳郎中，知制誥。動循官制，不以爵禄私近臣也。

裴庭裕《東觀奏記》卷下 上自党項叛擾，推其由，乃邊將貪暴，利其羊馬，多欺取之。始用右諫議大夫李福爲夏州節度使，刑部侍郎畢諴爲邠寧節度使，大理卿裴識爲涇原節度使。發日，臨軒戒勵。稟奉宸威，絶侵奪之貪，邊方帖息，烽燧不復告警矣。

宰臣鄭朗自中書歸宣平私第，內園使李敬寔衢路衝之，朗列奏。上召敬寔面語，敬寔奏「供奉官例不避」。上曰：「銜天子之命，橫絶而過可矣。安有私出不避輔相乎？」剥紫綬，配南衙。

上勵精理天下，一紀之內，欲臻昇平。自大中十二年後，藩鎮繼有叛亂，宣州都將康全泰逐出觀察使鄭勳，湖南都將石再順逐出觀察使韓琮，廣州都將王令寰逐出節度使楊發，江西都將毛鶴逐出觀察使鄭憲。上赫怒，命淮南節度使檢校左僕射平章事崔鉉兼領宣、池、歙三州觀察使，以宋州刺史温璋爲宣州刺史，以右金吾將軍蔡襲爲湖南觀察使，以涇原節度使李承勳爲廣州節度使，以光禄卿韋宙爲江西觀察使，只取鄰道共送赴任。凶渠如期授首，皆不勞師，斬定誅鋤，盡副聖旨。

劉皋爲鹽州刺史，甚有盛名，監軍使楊玄价誣奏皋謀叛，函首以進，闔朝公卿面折廷諍。上重違百辟之言，始坐玄价專殺不辜之罪。

上晚歲酷好仙道。廣州監軍使吳德鄘離闕日，病脚，已蹣跚矣。三載監廣師歸闕，足疾却平。上詰之，遂具爲上説羅浮山人軒轅集醫整。上聞之甘心焉，驛召軒轅集赴京師。既至，館於南亭院，外廷莫之面也。諫官恐害政，屢以爲言，上曰：「軒轅道人口不干世事，卿勿以爲憂。」留歲餘放歸，授朝(奉)〔散〕大夫、廣州司馬，集堅不受。臨與上別，上問理天下當得幾年，集曰：「五十。」上聞之慰悦。及遏密之歲，春秋五十。

于延陵授建州刺史，中謝，上問之曰：「建去京師遠近？」延陵曰：「八千里。」上曰：「朕前後左右，皆建人也，郡極不惡。卿若爲我廉潔奉公，綏輯凋瘵長在我面前無異；或撓法度，使遠人無聊，即朕三尺階前，便是萬里。卿知之否？」延陵悸懾失序，上撫而遣之。

始選前進士于琮爲壻，連拜秘書省校書郎，右拾遺賜緋，左補闕賜紫，尚永福公主。事忽中寢，丞相上審聖旨，上曰：「朕此女子，近因與之會食，對朕輒折匕筯。性情如此，恐不可爲士大夫妻。」許琮別尚廣德公主，亦上次女也。

上委信宰輔，言發計從，就中於元輔恩禮稍異。白敏中赴邠寧行宮，上幸興福樓送之，自樓上投下朱書御劄一封與敏中，言君臣倚注之分。崔鉉赴鎮淮南，幸通化樓送之，並賜詩四韻，以寵行邁。鉉刻其詩於宣化驛。

僧從晦住安國寺，道行高潔，兼工詩，以文章應制。上每擇劇韻令賦，亦多稱旨。晦積年供奉，望紫方袍之賜，以耀法門。上兩召至殿上，謂之曰：「朕不惜一副紫袈裟與師，但師頭耳稍薄，恐不勝耳。」竟不之易。晦悒悒而終。

憲宗鼎成之夜，左軍中尉吐突承璀實死其事。上即位，追感承璀死於忠義，連擢其子士曄至顯貴，爲右軍中尉，開府儀同三司，恩禮始終無替焉。

度支奏狀，言「漬污疋段」，誤書「清污」。上一覽異之。樞密使承旨孫隱中謂上未省，添成「漬」字。及中書復入，上赫怒，勘添改奏者，罰責有差。

山南西道觀察使奏渠州犀牛見，差官押赴闕廷。既至，上於便殿閲之，仍命華門外宣示百僚。上慮傷物性命，終使押還本道，復放於渠州之野。

上命左軍中尉王忠實治道，將幸華清宫。兩省供奉官拜疏極諫。上謂宰臣曰：「華清宫是祖宗舊宫，又朝元閣聖祖現真容地，朕一紀在位，未嘗瞻拜，深覺缺儀。今排比皆是軍司，不勞州縣，卿宜勉諭諫官，勿更論列。」宰臣奉旨而退，召兩省官宣諭。俄而諫表再入，上謂宰臣曰：「諫官疏極懇切，且言『自穆宗巡幸之後，列聖未嘗出宫，居安慮危，乞留聖慮。』朕聞此語，決不爲遊華清之行矣。卿宜召兩省官，説我此意。」

上自不豫，宰輔侍臣無對見者。瘡甚，令中使往東都太僕卿裴詡宣索藥，中使往返五日。復命召醫瘡方士院生，對於寢殿，院(生)言可療。既出，不復召矣。

上大漸。顧命内樞密使王歸長、馬公儒，宣徽上院使王居方，以夔王當璧爲託，三内臣皆上素所恩信者，泣而受命。時右軍中尉王茂玄心亦感上。左軍中尉王宗實素不同，歸長、公儒、居方患之，乃矯詔出宗實爲淮南監軍使，宣化門受命。將由右銀臺出焉，左軍副使邢元實謂宗實曰：「聖人不豫踰月，中尉止隔門起居，今日除改，未可辨也。請一面聖人而出。」宗實始悟，却入，即諸門，已踵故事，添人守捉矣。邢元實翼導宗實，直至寢殿。上已晏駕，東頭環泣。宗實叱居方下，責以矯宣，皆捧足乞命。遣宣徽北院使齊元簡，迎鄆王於藩邸即位，是爲懿宗。歸長、公儒、居方皆誅死，籍没其家。

孫棨《北里志・序》　上往往微服長安中，逢舉子則狎而與之語，時以所聞質於内庭學士及都尉，皆聳然莫知所自。故進士自此尤盛，曠古無儔。

佚名《玉泉子》　唐宣宗在藩時，常從駕回而誤墜馬，人不之覺。比二更，方能興。時天大雪，四顧悄無人聲，上寒甚。會巡警者至，大驚。上曰：「我光王也，不悟至此。方困且渴，若爲我求水。」警者即于旁近得水以進，遂委而去。上良久起，舉甌將飲，顧甌中水，盡爲芳醪矣。上喜，獨自負，舉一甌，已而體微煖有力，步歸藩邸。後遂即帝位。

陶穀《清異録》卷三《器具門》　唐宣宗命方士作丹，餌之，病中熱，不敢衣綿，擁爐。冬月冷，坐殿中，宫人以金盆置麩炭火少許進御，止煖手而已。禁闈因呼麩火爲「星子炭」。

陶穀《清異録》《衣服門》　宣宗性儒雅，令有司倣孔子履製進，名「魯風履」。宰相諸王倣之，而微殺其式，别呼爲「尊王履」。

王定保《唐摭言》卷一五《雜記》　韋澳、孫宏，大中時同在翰林。盛暑，上在太液池中宣二學士。既赴召，中貴人頗以絺綌爲訝。初殊未悟，及就坐，但覺寒氣逼人，熟視有龍皮在側。尋宣賜銀餅餡，食之甚美，既而醉以醇酎。二公因兹苦河魚者數夕。上竊知，笑曰：「卿不禁事，朕日進十數，未嘗有損。」銀餅餡，皆乳酪膏腴所製也。

尉遲偓《中朝故事》　大中皇帝多微行坊曲間，跨驢重戴，縱目四顧，往往及暮方歸大内。近臣多諫：「陛下不合頻出。」上曰：「吾要采訪民間風俗事，只如明皇帝未平内難已前，在藩邸間出游城南韋杜之曲，閒行村落之舍，遇王琚閒話，果贊成大事，吾是以要訪人物焉。」一日，到天街中，道旁見一人，狀若軍將，坐槐樹下石上，見上來，遽起鞠躬而立，上詰之，云：「姓趙，淮南人也。」問之，云：「聞杜悰相公出鎮淮南，欲往謁耳。」上曰：「舊識邪？」對云：「非舊識，始往投誠。」上曰：「公聞杜公何如人也？」對曰：「杜是累朝元老。聖上英明，復委用之，非偶然也。」上悦之，詰曰：「懷中何有？」乃一牘，述行止也。上留之，戒曰：「但留邸中伺候，杜公必來奉召。」翌日，上以狀授邠公，乃批云：「投淮南别勑押衙。」終身獲厚禄焉。其人感遇，人皆稱之。

宣宗即憲皇少子也，皇昆即穆宗也。穆宗、敬宗之後，文宗、武宗相次即位，宣皇皆叔父也。武宗初登極，深忌焉。一日，會鞠於禁苑間，武宗召上，遥覩瞬目於中官，仇士良躍馬向前曰：「適有旨，王可下馬。」士良命中官輿出軍中，奏云：「落馬，已不救矣。」尋請爲僧，游行江表間。會昌末，中人請還京，遂即位。

劉崇遠《金華子》卷上　令狐公綯，文公之子也，自翰林入相，最承恩渥。先是，上親握庶政之後，即詔請郡刺史秩滿不得赴别郡，須歸闕朝對後，方許之任。綯以隨、房鄰州，〔除一故舊，徑令赴州〕（許其便即之任）。上覽謝表，因問綯曰：「此人緣何得便之任？」對曰：「緣地近授守，庶其便於迎送。」上曰：「朕以比來二千石多因循官業，莫念治民，故令其到京，親問所施設理道優劣，國家將在明行升黜以蘇我赤子耳。德音既行，豈又踰越？宰相可謂有權。」綯嘗以過承恩顧，故擅移授。及聞上言，時方嚴凝，而流汗浹洽，重裘皆透。

宣宗嘗親試神童李轂於便殿。轂年數歲，聰慧詳敏，對問機悟，上甚悅之。因賜解褐官絹二匹，香合子，以彰異渥，上之儉德皆此類也。

宣宗臨御踰於一紀，而憂勤之道，始終一致。但天下雖寧，水旱間有，大中之間，越、洪、潭、青、廣等道數梗，以上之恭儉明德，始無異心。方隅諸將，雖失統馭，而恩詔慰撫，不日安輯，與論謂上爲「小太宗」。

《太平廣記》卷一五七《唐宣宗》引《盧氏雜説》 唐宣宗將命相，必採中外人情合爲相者三兩人姓名，撚之致案上，以碗覆之。宰相闕，必添香虔祝，探丸以命草麻。上切於命，故李孝公景讓竟探名不著，有以見其命也。

《太平廣記》卷一八二《唐宣宗》引《盧氏雜説》 宣宗酷好進士及第，每對朝臣問及第。苟有科名對者，必大喜，便問所試詩賦題目，［並］（拜）主司姓名。或有人物稍好者偶不中第，歎惜移時。常於內自題「鄉貢進士李道龍」。

錢易《南部新書》卷丙 大中十年春，宣皇微行，至新豐柳陌，見一布衣抱膝而歎，因問之。布衣曰：「我邛人，觀光至此，此甚快樂。有巢南之想，又爲橐裝所迫。今崔相公鎮西川，欲預其行，無雙縑以遺其掌事者。」帝曰：「子明旦相伺于此。」及旦，勅慎由將歸劍門。

錢易《南部新書》卷辛 大中三年，東都進一僧，年一百二十歲。宣皇問：「服何藥而至此？」僧對曰：「臣少也賤，素不知藥性，本好茶，至處唯茶是求。或出，亦日過百餘碗，如常日，亦不下四五十碗。」因賜茶五十斤，令居保壽寺。

錢易《南部新書》卷壬 大中二年，以起居郎鄭顥尚萬壽公主。詔曰：「女人之德，雅合慎修，嚴奉舅姑，夙夜勤事，此婦人之節也。萬壽公主婦禮，宜依士庶。」

錢易《南部新書》卷癸 宣皇於內中置杖，內官有過，多杖之延英。宰臣諫之，上曰：「此朕家臣，杖之何妨。如卿等奴僕有過，不可不決。」

陳巖肖《庚溪詩話》卷上 唐宣宗微時，以武宗忌之，遁跡爲僧。一日遊方，遇黄蘗禪師同行，因觀瀑布。黄蘗曰：「我詠此得一聯，而下韻不接。」宣宗曰：「當爲續成之。」黄蘗云：「千巖萬壑不辭勞，遠看方知出處高。」宣宗續云：「溪澗豈能留得住，終歸大海作波濤。」其後宣宗竟踐位，志先見於此詩矣。然自宣宗以後，接懿、僖之時，宇內遂不靖，則作波濤之語，豈非讖耶？

《資治通鑑》卷二四八唐武宗會昌六年正月條考異引《續皇王寶運録》 宣宗即憲皇第四子。自憲皇崩，便合紹位，乃與姪文宗。文宗崩，武皇慮有他謀，乃密令中常侍四人擒宣宗於永巷，幽之數日，沉於宮廁。宦者仇公武憫之，乃奏武宗曰：「前者王子，不宜久於宮廁。誅之。」武宗曰：「唯唯。」仇公武取出，於車中以糞土雜物覆之，將別路歸家，密養之。三年後，武皇宮車晏駕，百官奉迎於玉宸殿立之。尋擢仇公武爲軍容使。

王讜《唐語林》卷二《政事下》 宣宗密召學士韋澳，屏左右，謂澳曰：「朕每與節度、觀察、刺史語，要知所委州郡風俗物產，卿採訪撰次一書進來。」澳即采十道四藩志，撰成，題曰《處分語》，自寫面進，雖子弟不得聞。後數日，薛弘宗除鄧州刺史，澳有別業在南陽，召弘宗餞之。弘宗曰：「昨日中謝，聖上處分當州事驚人。」澳訪之，即《處分語》中事也。

宣宗獵城西，及渭水，見父老數十人于佛祠設齋。上問之，父老曰：「臣醴泉縣百姓。本縣令李君奭有異政，考秩已滿，百姓借留，詣府乞未替，來此祈佛。」上歸，于御扆大書君奭名。中書兩擬醴泉令，上皆抹去之。踰歲，懷州刺史闕，請用人，御筆曰：「醴泉縣令李君奭可爲懷州刺史。」人莫測也。君奭中謝，上諭其事。

故事：每罷左護軍，由右出；罷右護軍，由左出；蓋防微也。宣宗既以法馭下，每罷去，輒令自本軍出，中外不能測。

宣宗獵苑北，見樵者數人，因留與語。言涇陽百姓，因問：「邑宰爲誰？」曰：「李行言。」「爲政何如？」曰：「性執滯。有劫賊五六人匿軍家，取來直不肯與，盡杖殺之。」上還宮，以書其名帖于殿柱上。後二年，行言領海州，中謝。上曰：「曾宰涇陽否？」對：「在涇陽二年。」上曰：「賜金紫。」再謝，上曰：「卿知著紫來由否？」行言奏不知。上顧左右，取殿柱帖子來宣示。

宣宗微疾，召醫工梁新對脈。禁中以診脈爲對脈。數日，自陳求官，不與，但每月別給錢三百緡。

宣宗每行幸內庫，以紫衣金魚、朱衣銀魚三二副隨駕，或半年、或終年不用一副。當時以得朱、紫爲榮。

宣宗坐朝，次對官趨至，必待氣息平均，然後問事。令孤綯進李遠爲杭州，上曰：「我聞李遠詩云『長日惟消一局棊』，何以臨郡？」對曰：「詩人言，不足有實也。」仍薦廉察可任，乃許之。

宣宗視李遠《郡謝上表》，左右曰：「不足煩聖慮。」上曰：「遠郡更無非時章奏，只有此《謝上表》，安知其不有情懇乎？吾不敢忽。」

宣宗暇日，召翰林學士韋澳入。上曰：「要與卿款曲。少間出外，但言論詩。」上乃出詩一篇。有小黄門置茶牀訖，亟屏之。乃問：「朕於勅使如何？」澳曰：「威制前朝無比。」上閉目摇手，曰：「總未，依前怕他。在卿如何，計將安出？」澳既不爲之備，率意對曰：「謀之於外庭，即恐有太和事，不若就其中揀拔有才者，委以計事。」上曰：「此乃末策。朕行之。初擢其小者，至黄、至緑、至緋，皆感恩；若紫衣掛身，即合爲一片矣。」澳慙汗而退。

宣宗在位踰一紀，憂勤無怠。天下雖小康，而間水旱。又宣、洪、潭、青、廣等數郡軍亂，蓋將帥失於統御，而不日安輯。時稱「小太宗」。

宣宗因重陽，便殿大合樂，錫宴羣臣。有御製詩，其略曰：「款塞旋征騎，和戎委廟賢；傾心方倚注，叶力共安邊。」宰臣以下應制皆和。上曰：「宰相魏謩詩最佳。」其聯云：「四方無事去，宸豫杪秋來；八水寒光動，千山霽色開。」上嘉賞久之。魏蹈舞謝。

王讜《唐語林》卷三《夙慧》 宣宗強記默識，宫中廁役之賤及備灑掃者數十百輩，一見輒記其姓字。或將有所指念，必曰：「召某人令措某事。」無一差誤者，宦官宫婢以爲神。簿書刑獄卒吏姓名，紛雜交至，經覽多所記憶。

王讜《唐語林》卷四《企羡》 宣宗好儒，多與學士小殿從容議論，殿柱自題曰：「卿貢進士李某。」或宰臣出鎮，賦詩以贈之。凡對宰臣及上言者，必先整容貌，易衣盥手，然後召見。語及政事，即終日忘倦。

宣宗愛羡進士，每對朝臣，問「登第否」？有以科名對者，必有喜，便問所賦詩賦題，並主司姓名。或有人物優而不中第者，必歎息久之。嘗于禁中題「卿貢進士李道龍。」宦官知書，自文、宣二宗始。

宣宗尚文學，尤重科名。大中十年，鄭顥知舉，宣宗索《登科記》，顥表曰：「自武德以後，便有進士諸科。所傳前代姓名，皆是私家記録。臣尋委當行祠部員外郎趙璘，採訪諸科目記，撰成十三卷，自武德元年至于聖朝。」勅翰林，自今放牓後，仰寫及第人姓名及所試詩賦題目進入。仰所司逐年編次。

備論

《舊唐書》卷一八下《宣宗紀》 史臣曰：臣嘗聞黎老言大中故事，獻文皇帝器識深遠，久歷艱難，備知人間疾苦。自寶曆已來，中人擅權，事多假借，京師豪右，大擾窮民。洎大中臨馭，一之日權豪斂迹，二之日姦臣畏法，三之日閽寺讋氣。由是刑政不濫，賢能效用，百揆四嶽，穆若清風，十餘年間，頌聲載路。上宫中衣澣濯之衣，常膳不過數器，非母后侑膳，輒不舉樂，歲或小饑，憂形於色，雖左右近習，未嘗見怠惰之容。與羣臣言，儼然煦接，如待賓僚，或有所陳聞，虚襟聽納。舊時人主所行，黄門先以龍腦、鬱金藉地，上悉命去之。宫人有疾，醫視之，既瘳，即袖金賜之，誡曰：「勿令勅使知，謂予私於侍者。」其恭儉好善如此。季年風毒，召羅浮山人軒轅集，訪以治國治身之要，其伎術詭異之道，未嘗措言。集亦有道之士也。十三年春，堅求還山。上曰：「先生少留一年，候於羅浮山別創一道館。」集無留意，上曰：「先生捨我亟去，國有災乎？朕有天下，竟得幾年？」集取筆寫「四十」字，而十字挑上，乃十四年也。興替有數，其若是乎！而帝道皇猷，始終無缺，雖漢文、景不足過也。惜乎簡籍遺落，舊事十無三四，吮墨揮翰，有所慊然。

贊曰：李之英主，實惟獻文。粃粺盡去，淑慝斯分。河、隴歸地，朔漠消氛。到今遺老，歌詠明君。

《新唐書》卷八《宣宗紀》 贊曰：《春秋》之法，君弒而賊不討，則深責其國，以爲無臣子也。憲宗之弒，歷三世而賊猶在。至於文宗，不能明弘志等罪惡，以正國之典刑，僅能殺之而已，是可歎也。穆、敬昏童失德，以其在位不久，故天下未至於敗亂，而敬宗卒及其身，是豈有討賊之志哉！文宗恭儉儒雅，出於天性，嘗讀太宗《政要》，慨然慕之。及即位，鋭意於治，每延英對宰臣，率漏下十一刻。唐制，天子以隻日視朝，乃命輟朝、放朝皆用雙日。凡除吏必召見訪問，親察其能否。故大和之初，政事脩飭，號爲清明。然其仁而少斷，承父兄之弊，宦官橈權，制之不得其術，故其終困以此。甘露之事，禍及忠良，不勝冤憤，飲恨而已。由是言之，其能殺弘志，亦足伸其志也。

昔武丁得一傅説，爲商高宗。武宗用一李德裕，遂成其功烈。然其奮然除去浮圖之法甚鋭，而躬受道家之籙，服藥以求長年。以此見其非明智之不惑者，特好惡有不同爾。宣宗精於聽斷，而以察爲明，無復仁恩之意。嗚呼，自是而後，唐衰矣！

洪適《盤洲文集》卷六四《進唐宣宗面察刺史能否故事》 唐宣宗詔刺史毋得外徙，必令至京師面察能否，然後除。令狐綯嘗徙其故人爲鄰州刺史，便道之

官。上見其謝上表，以問綯，對曰：「以其道近，省送迎耳。」上曰：「朕以刺史多非其人，爲百姓害，故欲一一見之，訪問其所施設，知其優劣，以行黜陟。而詔命既行，直廢格不用，宰相可謂有權。」時方寒，綯汗透重裘。

臣聞宇內至廣也，斯民至衆也，君門九重，不能悉知其休戚，必張官置吏以治之。郡守、縣令，豈皆有廉白之行、强敏之材耶？爲之守者，得其人則進賢退不肖，可以振千里之治。唐之法，五品以上除授則歸之朝廷，以下則屬之銓部。雖有身言書判之制，而限年躡級，非復山公啓事，固已賢愚同滯矣。朝廷之所選用，非其親舊卿黨則轉相汲引者，且不能人人識之，其材與不材蓋不知也。大臣猶如是，則人主焉能知之？夫以言貌取人尚或有失，況於未嘗聞其言、見其貌者乎？敷奏以言，明試以功，此有虞所以致治也。能言者猶或不能行，其敷奏無可取者，抑又可知矣。宣宗亦唐之賢主，大中初政，有貞觀之風，史氏美其精於聽斷，可謂有志於治矣。終不能比迹於可稱之三宗者，輔佐多不得人，雖有宏撫良法，不能力行而然也。可不監哉？

范祖禹《唐鑑》卷二一《宣宗》 〔大中〕九年，帝聰察彊記，宮中廝役給灑埽者，皆能識其姓名，才性所任，呼召使令，無差誤者。天下奏獄，吏卒姓名一覽皆記之。度支奏漬污帛，誤書「漬」爲「清」，樞密承旨孫隱中謂帝不之見，輒足成之。及中書覆，入帝怒，推按擅改章奏者罰謫之。

臣祖禹曰：宣宗抉擿細微，以驚服其羣臣，小過必罰，而大綱不舉。欲以一人之智，周天下之務，而不能與賢人共天職也。譬如廉刻之吏。謹治簿書期會，而不知爲政。特一縣令才耳，豈人君之德哉！

十年十二月，以户部侍郎判户部崔慎由爲工部尚書同平章事。帝每命相，左右無知者。前此一日，令樞密宣旨於學士院，以兵部侍郎判度支蕭鄴同平章事，樞密使王歸長、馬公儒覆奏：「鄴所判度支應罷否？」帝以爲歸長等佑之，即手書慎由名付學士院，仍云：「落判户部事。」

臣祖禹曰：堯舜疇咨四岳，詢謀僉諧，而後用人，既以爲可，則用之而不疑矣，二使之請，亦有司之常職也。何疑於蕭鄴而遽易之？宣宗以此爲明，防其羣下，知臣之道，其不然乎！

十二年二月，以崔慎由爲東川節度使。帝欲御樓肆赦，令狐綯曰：「御樓所費甚廣，事須有名，且赦不可數。」帝不悦曰：「遣朕於何得名！」慎由曰：「陛下未建儲宮，海內屬望，若舉此禮，雖郊祀亦可，況於御樓。」時，上餌方士藥，已覺躁渴，而外人未知，疑忌方深，聞之俛首，不復言。旬日，慎由罷相。

臣祖禹曰：三代之時，自天子至于庶，人皆有常職，以食其力；有常行以勤其生。壯而彊勉焉，老而教訓焉，修身以俟死而已。天下無異道，未有衆人皆死而欲一己獨不死者也。執左道以亂政者殺，故無迃怪之士。凡藥所以攻疾，豈有服之而不死者哉！後世去聖寖遠，異端競起。由秦漢以來，乃有神仙服食不死之說，故人多心惑，聖道不明。此其一端也，而人主尤甘心焉。以唐考之，自太宗至于武宗，惑於方士而餌藥以敗者六七君，皆求長生而反夭其天年，亦可以爲戒矣。而宣宗又敗以藥，至以儲嗣爲諱惡，豈不蔽甚矣哉！夫心術不可不慎也，一有所惑，將無所不至，不足以語學矣，而況可爲聖賢乎！

帝臨朝，接對羣臣如賓客，雖左右近習，未嘗見其有惰容。每宰相奏事，旁無一人立者，威嚴不可仰視，奏事畢，忽怡然，曰：「可以閑語矣。」因問閭閻細事，或談宮中遊宴，無所不至，一刻許，復整容曰：「卿輩善爲之，朕常恐卿輩負朕，後日不復得再相見。」乃起入宮。令狐綯謂人曰：「吾十年秉政，最承恩遇。然每延英奏事，未嘗不汗霑衣也。」

臣祖禹曰：古者臣進戒於君，君申勑其臣，上下交修，所以勤於德也。宣宗視輔相之臣禮貌雖恭，而心實防之，如遇胥史，惟恐其欺也。拘之以利禄，憚之以威嚴，故所用多流俗之人，而賢者不能有所誤施。白敏中、令狐綯之徒宗極將相，持寵保位，或十餘年。其相如此，則其君之功烈亦可知也。

十三年六月，初，帝長子鄆王温無寵，居十六宅，餘子皆居禁中。夔王滋，第三子也，欲以爲嗣，爲其非次，故久不建東宮，帝餌醫官李玄伯、道士虞紫芝、山人王樂藥，疽發於背。八月，疽甚。宰相及朝臣皆不得見。帝密以夔王屬樞密使王歸長、馬公儒，宣徽南院使王居方，使立之。三人及右軍中尉王茂玄皆帝平日所厚也。獨左軍中尉王宗實素不同心。三人相與謀，出宗實爲淮南監軍。宗實已受勑於宣化門外，將自銀臺門出，左軍副使亓元實謂宗實曰：「聖人不豫踰月，中尉止隔門起居，今日除改未可辨也。何不見聖人而出。」宗實感寤，復入，諸門已踵故事增人守捉矣。亓元實翼導宗實直至寢殿，帝已崩，東首環泣矣。宗實叱歸長等，責以矯詔。皆捧足乞命。乃遣宣徽北院，使齊元簡迎鄆王。壬辰，下詔立鄆王爲皇太子，權句當軍國政事。仍更名漼。收歸長、公儒、居方皆殺之。癸巳，宣遺制，以令狐綯攝冢宰。

臣祖禹曰：古者受遺託孤，必求天下之忠賢。伊周聖人，不可及已。漢武

帝總攬英俊，及其末年，所得者霍光、金日磾而已，其可謂難也。齊桓公定嗣於易牙，故其國大亂。宣宗不能早立太子，而以非咨屬諸宦者，至使元實挾正立長，以相屠滅。自文宗以後，立不以正矣，然皆出於宦者之專命，非人主使之也。宣宗不懲其禍，而以委之，蓋以宰相爲外臣，宦者爲腹心，溺於所習，而不自知其非也。安在其爲明哉！

帝性明察沈斷，用法無私，從諫如流，重惜官賞，恭謹節儉，惠愛民物，故大中之政，訖於唐亡，人思詠之，謂之小太宗。

臣祖禹曰：宣宗之治，以察爲明，雖聽納規諫，而性實猜刻；雖吝惜爵賞，而人多僥倖。外則藩方數逐其帥，守而不能治；内則宦者握兵柄，制國命自如也。然百吏奉法，政治不擾，海内安靖幾十五年，繼以懿、僖不君，唐室壞亂。是以人思太中之政爲不可及。《書》曰：「自成湯至于帝乙，罔不明德恤祀。」若宣宗者，豈不足爲賢君哉！

右宣宗在位十四年崩，年五十。

王夫之《讀通鑑論》卷二六《唐宣宗》　宣宗初識李德裕於奉册之頃，即曰：「每顧我，使我毛髮洒淅。」夫宣宗非孱主，德裕非有跋扈之氣發於聲色，如周勃之起家戎伍、梁冀之世習驕倨者，豈果見之而怵然哉？有先入之言使之猜忌者在也。武宗疾篤，旬日不能言，而詔從中出，廢皇子而立宣宗，宣宗以非次拔起，忽受大位，豈旦夕之謀哉？宦官貪其有不慧之迹而豫與定謀，竊竊然相嚅唲於秘密之地，必將曰太尉若知，事必不成。故其立也，惴惴乎唯恐德裕之異己，如小兒之竊餌，見廚婦而不寧也。語曰：「盜憎主人。」其得志而欲誅逐之，必矣。此抑有故。德裕當武宗之日，得君而行志，裁損内豎之權，自監軍始。監軍失權，而中尉不保神策之軍，於時宦官與德裕有不兩立之勢。德裕爲之有序，無可執以相撓，而上得武宗之信任，下有楊欽義、劉行深之内應，故含怨毒也深而不敢發。迨乎武宗疾篤不能言之日，正其河決癰潰、可乘以快志之時也。不廢皇子立宣宗，則德裕不可去；不訹宣宗以德裕威棱之可畏，則宣宗之去德裕也不決。其君惴惴然如捍大敵之不能姑待，而後德裕必不能容。蓋德裕之所能控御以從己者，楊欽義、劉行深而已，二人者，其能敵宫中無算之貂璫乎？皇太叔之詔一下，德裕無可措其手足，待放而已矣。唐之亡，亡於宦官，自此決矣。或者謂德裕事英斷之君，相得甚歡，而不能於彌留之際，請憑玉几、受顧命以定冢嗣，使姦人得擅廢立之權，非大臣衛國之誼，是已。然有説焉，武宗春秋方富，雖有疾而非必不可起之危候，方將大有所爲，而不得遽謀身後；迨及疾之已篤，昏不能言，雖欲扣閤請見，而誰與傳宣以求必得哉？所可惜者，先君之骨未寒，太尉之逐已亟，環唐之廷，無有一人焉昌言以伸其忠動者。豈徒無爲之援哉？白敏中之徒且攘臂而奪相位，崔、楊、牛、李抑引領以望内遷，而鄭肅、李回莫能禦也。意者德裕之自矜已甚，孤傲而不廣引賢者以共協匡贊邪？抑自朋黨興，唐之士風披靡於榮辱進退之閒，而無賢可薦邪？二者皆國家危亂之券也，必居一於此，宜乎唐之不復興矣。

宣宗初立，以旱故，命大臣疏理繫囚，而馬植亟以刻覈之言進，請官典犯贓及殺人者不聽疏理。夫二者之不可遽釋，是已；而並不聽其疏理，唯法吏之文置之辟而莫辯，宣宗用申、韓之術，束濕天下以失人心，植實首導之矣。唐自高宗以後，非弑械起於宫闈，則叛臣訌於肘腋，自開元二十餘年粗安而外，皆亂日也，而不足以亡者，人心固依戀而不忍離，雖役繁賦重，死亡相接，抑且戴奕葉之天子於不忘。無他，自太宗以寬容撫士庶，吞舟漏網，則游鱗各呴沫於浦嶼，即有弱肉彊食之害，而民不怨其上也。羅希奭、吉温以至窮兇如侯、索、周、來，抑但施慘毒於朝士，而以反叛爲名，未嘗取吏民瑣細之愆，苛求而矜其聰斷；馬植之徒，導主以淵魚之察，而後太宗之遺澤斬矣。植之言曰：「貪吏無所徵畏，死者銜冤無告。」亦近乎情理之説也。乃上方下寬恤之政，用荅天災，而遽以綜覈虔矯之令參之，則有司相勸以武健，持法律以核吏民，廣逮繫以成鍛煉，有故入而無矜疑，士怨於官，民愁於野，胥史操生死以取貨賄，可勝言哉？夫申、韓之以其術破壞先王之道者，豈不以爲情理之宜，誅有罪以恤無辜乎？而一倚於法，天下皆重足而立。君子之惡其賊天下而殄人國脈者，正以其近於情理，易以惑人也。以贓吏論，古今無道之世，人士相習於貪叨，而其得免於逮問者，蓋亦鮮矣。夫苟舍廉恥以縱朵頤，則白晝攫金而不見人，豈罪罟之所能禁乎？無道以止之於未淫，則察之愈密，誅之愈亟，夤緣附託行賄以祈免之塗愈開，賄不給而虐取於民者愈劇。究其抵法而無爲矜宥者，一皆拙於交游、吝於薦賄，谿壑易厭之細人而已。以法懲貪，貪乃益滋，而上徒以召百官之怨讟，下益以甚窮民之朘削，法之不可恃也明矣。以殺人論，人即不伏歐刀於市，亦未有樂於殺人者也；已論如法，而苟全於疏理之下，雖不死而生理亦無幾矣。若其忿懟發於睚眦，則當揮拳操刃之下，惡氣薰心，固且自忘其死，抑豈暇念他日之抵法而知懲；若云死者含冤，則天地之生，業已殺一人矣，而又殺一人以益之，奚補哉？且一人抵坐，

而證佐之株連，寡妻孤子之流離於寺署者凡幾也！故貪吏伏法，殺人者死，法也。法立於畫一，而張弛之機，操於君與大臣之心。君子之道，所爲迴異於申、韓之刻薄者，不欲求快於一時之心也。心苟快，而天地和平之氣已不足以存，俗吏惡知此哉？綜覈行，而上下相督，還相蔽也。炫明者眢，炫聰者聾。唐室容保之福澤，宣宗君臣銷鑠之而無餘，馬植實首導之。苛刻一行，而莫之知止，天下粗定，而卒召吏民之叛以亡，固不如翕者之姑息，亂而可存也。

知人之難久矣，而抑有其可知者，君子持之以爲衡，而失亦鮮矣。人之爲不肖也，其貪惏賊害，淫溺憒亂，得之氣質者，什不得一；類皆與不善者習，而隨之以流，因以氾濫而不可止。故君子之觀人於早也，持其所習者以爲衡，視其師友，視其交游，視其習尚，未嘗無失，而失者終鮮。拔騂角於犁牛之中，非聖哲弗能也。李德裕引白敏中入翰林，既爲學士，遂乘武、宣改政之初，奪德裕之相，竭力排之，盡反其政，以陷德裕於貶死，而亂唐室。夫敏中之不可引而使在君側，豈待再計而決者哉？德裕之初引敏中也，以武宗聞白居易之名，欲召用之，居易老而德裕以敏中進。然則知敏中者以居易，用敏中猶其用居易也。居易以文章小技而爲嬉遊放蕩、徵聲逐色之倡，當時則裴中立悦其浮華而樂與之嬉；至宋，則蘇氏之徒喜其縱逸於閑撿之外而推尚之；居易之名，遂喧騰於天下後世。乃覈其人，則元稹之死友也。稹聞謫九江而垂死驚坐，胡爲其然哉？以蕩閑踰撿相暱於聲色，而爲輕浮俗艷之詞以蠱人於淫縱。當其時如杜牧者，已深惡而欲按以法矣。稹鬻身奄宦，排抑正人，以使河北終叛，而爲唐之戎首；居易護爲死黨，不得，則託於醉吟以洩其青衫之淚。敏中爲其從弟，與居與遊，因之而受君相之知，夢寢之所席而安者居易耳。若此而欲引爲同心，以匡君而衛社稷，所謂放虎自衛者也，而德裕胡弗之知也！

使武宗欲用居易之日，正色而對曰：此浮薄儇巧之小人，耽酒嗜色，以淫詞壞風教者，陛下惡用此爲？則國是定矣。李沆、劉健之所以允爲大臣也。而德裕不能，其尚有兩端之私與？不然，則已習未端，心無定衡之可持而易以亂也。先儒謂蘇軾得用，引秦觀之徒以居要地，其害更甚於王安石，唯其習尚之淫也。舍是而欲鑒別人才，以靖國家，培善類，未有能免於咎者也。

周墀爲相，韋澳謂之曰：「願相公無權。」傷哉斯言！所以懲李相、朱崖之禍，而歎宣宗之不可與有爲也。宰相無權，則天下無綱，天下無綱而不亂者，未之或有。權者，天子之大用也。而提權以爲天下重輕，則唯慎於論相而進退之。相得其人，則宰相之權，即天子之權，挈大綱以振天下，易矣。宰相無權，人才不繇以進，國事不適爲主，奚用宰相哉？奉行條例，畫勅以行，莫違其式而已。宰相以條例行之部寺，部寺以條例行之鎮道，鎮道以條例行之郡邑，郡邑以條例行之編氓，苟且塗飾以應條例，而封疆之安危，羣有司之賢不肖，百姓之生死利病，交相委也，抑互相容以雠其姦也。於是兵竄於邊，政弛於廷，姦匿於側，民困於野，莫任其咎，咎亦弗及焉。宰相不得以治百官，百官不得以治其屬，民之愁苦者無與伸，驕悖者無與禁，而天子方自以爲聰明，偏察細大，咸受成焉。夫天子亦惡能及此哉？摘語言文字之失，按故事從違之迹而已矣。不則寄耳目於宵小，以摘發杯酒尺帛之愆而已矣。天下惡能不亂哉！上攬權則下避權，而權歸於宵小。天子爲宵小行喜怒，而臣民率無以自容。其後令狐綯用一刺史，而宣宗曰：「宰相可謂有權。」其奪天下之權，使散寄而無歸，固不可與有爲也。韋澳見之審矣。無權則焉用相哉？弗問賢不肖也，但可奉行條例，皆可相也，其視府史胥徒也又奚以異？周墀又何用相爲？生斯世也，遇斯主也，不能褰裳以去，而猶貪白麻之榮，墀亦不可謂有恥矣。

德、宣二宗，皆懷疑以御下者也，而有異，故其致禍亦有殊焉。德宗疑其大而略其小，故於安危大計，不信忠諒之言，姦邪得乘之，而亂遂起；然略於細小之過，忘人於偶然之失，則人尚得以自容。於盧杞之姦傾聽之，於陸贄之忠亦傾聽之，故其臣無塗飾耳目、坐釀禍原之習，其敗亂終可拯也。宣宗則恃機警之耳目，聞一言而即挾爲成心，見一動而即生其轉念，賢與姦俱岌岌不能自保，唯蔽以所不見不聞，而上蠹國、下殃民，微幸免於譏誅，則無所復忌。雖有若陸贄之忠者在其左右，一節稍疏，羣疑交起，莫敢自獻其悃忱。其以召亂也緩，而一敗則不可復救矣。馬植之貶，以服中涓之帶也；蕭鄴之命相，旨已宣而中止，以王歸長之覆奏也；崔慎繇之罷，以微露建儲之請也；李燧之鎮嶺南，旌節及門而返，以蕭倣之一言也；李遠之不用，以長日碁局之一詩也。李行言以樵夫片語而典州，李君奭以佛祠數老而遽擢。舉進退刑賞之大權，唯視人謦欬笑語、流目舉踵之間，而好惡旋移，是非交亂。荆棘生於方寸，忮害集於俄頃。自非白敏中、令狐綯之戀寵喜榮，誰敢以身試其喜怒而爲之用乎？天下師師，交相飾以避過，則朝廷列士偶之衣冠，州郡恣穿窬之長吏，養姦匿慝，窮民其奚恃以存哉？嗚呼！懷疑以察纖芥之短長，上下離心而國不亡者，未之有也。其待懿宗而禍始發，猶幸也，又惡足以比德宗哉？雷，至動也；火，至明也。以灼灼之明，爲非

常之動，其象爲《豐》。「豐其蔀，日中見斗。」以星之明亂日之明，則窺其户而無人。《易》之垂訓顯矣哉！

古今之亡國者，有二軌焉，姦臣篡之，夷狄奪之也。而禍各有所自生。夷狄之奪，晉、宋是已。君昏、將懦，兵弱而無紀，則民雖帖然圖安，乃至忠憤思起爲之效命，而外逼已危，不能支也。姦臣之篡，則不能猝起而遽攘之也，必編民積怨，盜賊繁興，而後姦臣挾平寇之功，以鉗服天下而奉己爲主，漢、唐是也。張角起而漢裂，黄巢起而唐傾。而漢則有公孫舉、張嬰以先之，唐則有雞山妖賊、浙東裘甫以先之。一動而戢，再動而亹，三動而如火之燎原，不可撲矣。唐之立國，至宣宗二百餘年，天下之亂屢矣，而民無有起而爲盜者。大中六年，雞山賊乃掠蓬、果、三川，言辭悖慢，民心之離，於是始矣。崔鉉之言曰：「此皆陛下赤子，迫於饑寒。」當是時也，外無吐蕃、回紇之侵陵，内無河北、淮蔡、澤潞之叛亂，民無供億軍儲、括兵遠戍之苦，宣宗抑無宫室游觀、縱欲斂怨之失，天下亦無水旱蝗螟、千里赤地之災，則問民之何以迫於饑寒而遽走險以自求斬艾乎？然則所以致之者，非有司之虐害而誰耶？李行言、李君奭以得民而優擢，宜足以風厲廉隅而坊止貪濁矣，然而固不能也。君愈疑，臣愈詐，治象愈飾，姦蔽愈滋，小節愈嚴，大貪愈縱，天子以綜覈御大臣，大臣以綜覈御有司，有司以綜覈御百姓，而弄法飾非者驕以玩，樸願自保者罹於凶，民安得不饑寒而攘臂以起哉！小説載宣宗之政，琅琅乎其言之，皆治象也。温公亟取之登之於策，若有餘美焉。自知治者觀之，則皆亡國之符也。小昭而大聾，官欺而民敝，智攫而愚危，含怨不能言，而蹶興不可制。一寇初起，翦滅之，一寇踵起，又翦滅之，至再至三而不可勝滅，亂人轉徙於四方，消歸無地，雖微懿宗之淫昏，天下波摇而必不能定。宣宗役耳目，懷戈矛，入黠吏之阱，驅民以凍餒，其已久矣。至是而唐立國之元氣已盡，人垂死而六脈齊張，此其候矣。

韋澳者，以藏身自固爲道者也，異於貪進病國、徼幸危身之鄙夫遠矣，而不足以謀國。宣宗屏左右與商處置宦官之法，而澳曰：「與外廷議之，恐有太和之變，不若擇其中有識者與之謀。」此其爲術也甚陋，澳之識豈不足以知此之非策？而云爾者，不敢身任其事以自全而已矣。太和之變，所以主辱而臣死者，李訓、鄭注本無藉小人，舒元輿、賈餗皆貪庸爲朝野所側目，與宦官以機械相傾而不勝，其宜也，而豈宦官之終不可受治於外廷哉？舍外廷而以宦官治宦官，程元振嘗誅李輔國矣，王守澄嘗誅陳弘志矣，是以毒攻毒之説，前毒去而後毒更烈也。蓋宦官之亂國而脅君也，與外廷之小人異。小人誅則其黨亦離，能誅小人者，即不必爲君子，而亦懲小人之禍以反其爲者也。若宦官則自爲一類，而與外廷爭盈虚衰王之數，其自爲黨也，一而已矣。勿論進而與謀，謀之必洩，祗以成乎禍亂；即令抒心盡力爲我驅除，而誅彼者即欲行彼之事，天子恃之，外廷拱手而聽之，後起之禍，倍溢於前，又將何所藉以芟夷之哉？故曰其術陋矣。夫人子而果欲斷以行法，誅不順之奄孽，正綱維以自振也，豈患無其術哉？外廷非盡無人也，即如李文饒者，優游諷議而解諸道監軍之兵柄，則使制此刑餘也，優有餘裕，而摧抑之以嚮於死。充位之大臣，則爲白敏中，爲令狐綯，懷禄固寵之鄙夫，既陰結内援，而不敢任誅鋤之事；使其任之，又舒元輿、王涯、賈餗之續耳。蓋其炫小明而矜小斷，以纖芥之嫌疑，爲轉眄之刑賞。其以爲慎名器者，匹夫之吝也；其以爲察吏治者，老婦之聰也。佞人亟進而端士離心，故僅一守正之韋澳，而唯計全身於事外。如使推誠待下，拔功業已著、才望可委之大臣，修法紀以飭中外。乃下明詔，申太宗之禁制，廢中尉之官；以神策之軍授司馬，革樞密之職；以機要之務歸中書，奪其所本無而授以埽除之常職。是天子大臣所可昭昭然揭日月以行者，廷臣莫敢異議，百姓莫不欣悦，藩鎮莫不欽仰，一二懷姦之奄豎，何所挾以相抗？亦奚用屏人私語，若大敵之對壘，力不能支，思乘瑕而攻劫之乎！或曰：習已成，則其黨已固；奪之遽，則其怨必深。環左右者皆其徒也，伏弑械以求逞，宣宗所重慮者，未爲過也。夫惡，唯隱而益深，故孔子成《春秋》而亂賊懼，發其所匿而正名之，則惡洩而不能再興矣。夫憲宗、敬宗之不保其軀命，豈嘗斥而奪之使激而成之乎？憲宗之弑，陳弘志雖伏辜而未正其惡；敬宗之弑，劉克明雖授首而未誅其黨；内外交相匿，而後伏莽之戎有所怙以相脅。宣宗於此，正告中外，詰先君之賊，申污潴之討，宣發其惡，顯然於天下之耳目，則使有「今將」之心，抑知其無所匿藏而逃不赦之辟，又孰敢俾倪君父以逞其狂圖哉？太和君臣唯不知此，是以伏兵殺僇，反受大逆之名，三相駢死於獨柳，非外廷與謀而事機必敗也。乃宣宗之爲君也，以非次爲宦官所扳立，反以貽怨於社稷之臣，故懷私恩、忍重辱，隱而不能發露耳。是以韋澳遷延自免，而不能爲之謀，知其荏苒者之有所繫也。

國無可用之人則必亡。國之無人，非但其君不欲用之，抑欲用之而固無人也。錚錚表見者，非迂不適用，則小有才而不足任大，如是者不得謂之有人。夫其時豈天地之吝於生才以亡人之國乎？秉道行義，德足以回天者，閒世而一出，

亦安能必其有？或賢智之士，宅心無邪，而樂爲君用，則亦足以匡亂救亡，功成事定，而可卓然爲命世之英，此則存乎風尚之所移耳。故國之無人，惟賢智之士不爲國用，恬然退處以爲高，以倡天下，置君父於罔恤，於是乎國乃終以無人。夫一二賢智之士不爲國用，而無損於當世，似未足以空人之國，使忘君父也。乃唯賢智之士，立身無瑕，爲謀多臧，天下且屬望之，而以不爲國用爲道，其究也，置其身於是非休咎之外，天下具服其卓識，而推以爲高；於是知有其身以求免於履凶蹈危者，皆慕其風，以爲藏身之固，則宗社安危生死一付之迂愚巧黠之人；而自好者智止於自全，賢止於不辱，志不廣，學不博，氣不昌，乃使數十年內，盡士類皆成乎痿痺泮涣之習；自非懷禄徼幸、依附亂賊而不慚者，皆不可與有言，不可與有爲之人也。於是乎天下果於無人。而狐狸晝嘷，沐猴衣錦，尚誰與治之哉？宣宗之世，上方津津然自以爲治也。而韋澳謂其甥柳玭曰：「爾知時事浸不佳乎？皆吾曹貪名位所致耳。」是其爲言，夫非賢智者之言乎？於是上欲以澳判户部，且將相之，而浩然乞出鎮以引去。蓋澳之不爲唐用，非一日矣。周墀入相，問以所可爲，則曰：「願相公無權。」宣宗屏人語以將除宦官，則曰：「外廷不可與謀。」其視國家之治亂，如越人之肥瘠，而以自保其身者，始終一術也。蓋於時賢智之士，周覽而俯計焉，擇術以自處焉，視朝廷如燎原之火，不可嚮邇，非令狐綯之流、容容以徼厚福者，無不戒心於謀國矣。此習一倡，故唯張道古、孟昭圖之愚忠以自危，魏謩、馬植之名高而實詘，姑試其身於險而罔濟；其不爾者，率以全身遠害爲風軌。故鄭遨、司空圖訾林泉以自逸；而梁震、孫光憲、羅隱、周庠、韋莊之流，寄身偏霸以謀安。其於憂世愛君之道，夢寐不及而談笑不涉，天下惡得有人哉？宣宗之世，唐事猶可爲也，而何以人心之遽爾也？宣宗甫踐阼，而功著封疆、謀匡宫府之李文饒，貶死於萬里之外；其所進而與圖政者，又於一言一笑、一衣一履之間，苛責其應違。士即忘身以殉國，亦何樂乎受不令之名以褫辱哉？人君一念之煩苛，而四海之心瓦解，則求如李長源、陸敬輿履艱危、受譏謗以自靖者，必不可得。非唯不得，賢智之士，固且以爲戒也，不亡何待焉！

安、史作逆以後，河北亂，淄青亂，朔方亂，汴宋亂，山南亂，涇原亂，淮西亂，河東亂，澤潞亂，而唐終不傾者，東南爲之根本也。唐立國於西北，而植根本於東南，第五琦、劉晏、韓滉，皆藉是以紓天子之憂，以撫西北之士馬而定其傾。東南之民，自六代以來，習尚柔和，而人能勸於耕織，勤儉足以自給而給公，故不輕萌猖狂之志。永王璘、劉展一妄動而即平，無與助之者也。劉展既誅，席安已久，竭力以供西北而不敢告勞。至於宣宗之季年而後亂作。大中九年，浙東軍亂，逐李訥，越三年而嶺南亂矣，湖南逐韓悰矣，江西逐鄭憲矣，宣州逐鄭薰矣，不謀而合，並起於一時。其稱亂者，皆游惰之兵，非兩河健戰之雄；所逐者皆觀察使，奉朝命以牧軍民，非割據擅命之雄，倚牙兵以自立，倡偏裨以犯上，非所據而人思奪之者也。蓋於是而唐之所以致此者可知矣。在昔之日，軍興旁生，供億繁難而不叛；大中之世，四海粗安，賦役有經而速反；豈宣宗之刑民而無辭飽者使然哉？觀察使慢上殘下，迫民於死地，民乃視之如仇讎，不問而知李訥輩之自取之也。雖然，又豈非宣宗之縱盜賊以害良稼哉？觀乎張潛之言曰：「藩府財賦，所出有常，苟非賦斂過差及減削衣糧，則羨餘奏於代移之際者，何從而致？」蓋進奉者，兵民之所繇困，而即其所繇叛也。及懿宗之初，始禁州縣税外科率。而薛調上言：「所在羣盜，半是逃户。」故軍亂方興，民亦相尋而爲盜。裘甫之聚衆，旬日而得三萬，皆當年晝耕夜織、供縣官之箕斂者也。貨積於上而怨流於下，民之瓦解，非一日矣。王仙芝、黄巢一呼，而天下鼎沸，有司之敗人國家，不已酷乎！夫宣宗之於吏治，亦勤用其心矣，徒厚疑其臣，而教貪自己。令狐綯父子黷貨於上，省寺相師而流及郡縣，塗飾耳目者愈密，破法以殃民也愈無所忌。唐之亡，宣宗亡之，豈待狡童繼起，始沈溺而莫挽哉？於是藩鎮之禍，且將息矣，河北諸帥皆庸豎爾，是弗難羈靮馭者。彼昏不知，惴惴然防之，而視東南爲噬膚不知痛、瀝血不知號之圈豚池鶩也。「人莫躓於山，而躓於垤」，豈不信夫？民者，兵之命也；安者，危之府也；察者，昏之積也；弱者，彊之徒也。可不慎哉！可不慎哉！

藝文

《文苑英華》卷八四〇蘇滌《宣宗謚議》 議曰：伏以皇天平分，盛王全用。施雷雨之廣澤，則庶物生成；務恩威之至仁，則四海亭育。遂使含靈受泰，觸類知懷。美謚大名，固當稱謂。伏惟大行皇帝爰自盤維，膺兹九五。行越今古，仁被黔黎。孝惟生知，略不代出。以天下爲己任，視宇内於掌中。坐朝而不問風霜，彌亂而不愆府帑。動惟師古，慮必歸周。聞善若驚，去疾務盡。前王之美

事，列聖之令典，必擴而行之。加以講信脩睦，任賢興能。思念勳庸，則發凌煙之彩繪；敦序友于，則置雍和之宴錫。俯閲才彦，則命法官諫官之次對；愛憫生育，則禁三月五月之採捕。一物之不得其宜，納隍在慮；四方之稍有未泰，降食爲心。命將則千里坐知，指縱《詔令》作蹤。則三邊克定。是以人並爲便，物得自安。加以西平羌戎，南殄蠻寇。三州七關之地，坦然無虞；四鎮際海之毗晏然自静。然後賑廪恤人，蠲農命使。遠無不肅，邇無不安。姦宄戢心，權豪屏息。京輦絶桴鼓之響，邊陲無烽燧之虞。可謂超三躋五，度契踰繩者矣。故有識曰：「佇其云亭，齊人已臻於仁壽。不享堯運，不升軒雲。」豈獨唐俗有喪考之悲，杞人懷崩天之怨而已。謹按謚法：敬祀享禮曰聖，闢土斥境曰武，聰明睿知曰獻，經天緯地曰文，慈惠愛親曰孝。先皇帝肅祗禋祀非禮不行，得不謂之聖乎？收復舊疆，誅鋤梗鷙，得不謂之武乎？好文樂賢，興善不倦，得不謂之獻乎？虔奉天道，鋭意典法，得不謂之文乎？五十而慕，問安不懈，得不謂之孝乎？謹上尊謚曰：聖武獻文孝皇帝，廟號宣宗。謹議。

宋敏求《唐大詔令集》卷一三唐武宗《武宗遺詔》 朕以寡德，祗守丕業，恭臨萬寓，迨兹七年。夙夜憂勤，聿修大政，剗除黠虜，通款堅昆，誅積壺關，擒弁並部。去摩尼壞法，革釋氏邪風，免蠹生人，式資正教，漸移時俗，庶及和平。撫育黎元，冀成理道，行化踰切，親政益勤。寒暑所侵，厥疾斯遘，藥石無補，以至大漸。皇太叔父之親，賢長之順，天資睿哲，聖敬日躋。光揚祖宗，善繼休列，而能内睦九族，外臨萬機。德可以寧庶邦，仁可以安百姓，朕之推擇，無愧神明，付託得人，顧復何恨。宜令所司具禮，柩前即皇帝位。仍令太尉平章事德裕攝冢宰。軍國事重，不可暫闕。以日易月，抑惟舊章，皇帝三日而聽政，二十七日而釋服。天下節度觀察防禦使監軍諸州刺史，職守非輕，並不得擅離任赴哀。天下人吏百生，告哀後出臨三日，皆釋服，無禁婚嫁祠祀飲酒食肉。釋服之後，無禁舉樂。文武官朝晡臨時，十五舉音。宫中當臨者，非時無得擅哭。漢文薄葬，常所慕之，營奉山陵，備從儉約，勿以金銀錦綵緣飾喪具。醫人陸行周奪章服及官，與趙全素任從所適。醫官郭玄已下三人釋放，依前翰林收管。五坊鷹人，除留備蒐狩外，並解放。噫！生也有歸，人之大數，脩短定分，天理惟常。雖古聖賢，無能免者，在乎守其道而知其終，全其義而歸其正。節哀順變，存者不至於傷生；委化觀空，逝者無勞於哀痛。素達此理，何足興嗟。咨爾元老大臣，内外庶位，敬奉皇帝，保寧邦家。布告遐邇，咸使知委。會昌六年三月。

鄭畋部

綜述

《舊唐書》卷一七八《鄭畋傳》 鄭畋字台文，滎陽人也。曾祖鄰、祖穆、父亞，並登進士第。亞字子佐，元和十五年擢進士第，又應賢良方正、直言極諫制科，吏部調選，又以書判拔萃，數歲之内，連中三科。聰悟絶倫，文章秀發。李德裕在翰林，亞以文干謁，深知之。出鎮浙西，辟爲從事。累屬家艱，人多忌嫉，久之不調。會昌初，始入朝爲監察御史，累遷刑部郎中。中丞李回奏知雜，遷諫議大夫、給事中。五年，德裕罷相鎮渚宫，授亞正議大夫，出爲桂州刺史、御史中丞、桂管都防禦經略使。大中二年，吴汝納訴冤，德裕再貶潮州，亞亦貶循州刺史，卒。

畋年十八，登進士第，釋褐汴宋節度推官，得秘書省校書郎。二十二，吏部調選，又以書判拔萃授渭南尉、直史館事。未行，亞出桂州，畋隨侍左右。大中朝，白敏中、令狐綯相繼秉政十餘年，素與德裕相惡，凡德裕親舊多廢斥之，畋久不偕於士伍。咸通中，令狐綯出鎮，劉瞻鎮北門，辟爲從事。入朝爲虞部員外郎。右丞鄭薰，令狐之黨也，摭畋舊事覆奏，不放入省，畋復出爲從事。五年，入爲刑部員外郎，轉萬年令。九年，劉瞻作相，薦爲翰林學士，轉户部郎中。

畋以久罹擯棄，幸承拔擢，因授官自陳曰：「臣十八進士及第，二十二書判登科。此時結綬王畿，便貯青雲之望。洎一沉風水，久換星霜，厭外府之罇罍，渴明庭之禮樂。咸通五年，方始登朝。若匪遭逢聖君，無以發揚幽迹。臣任刑部員外郎日，累於閣内對敭，去冬蒙擢宰萬年，又得延英中謝。傾藿幸依於白日，捨盆終覩於青天。昨以京縣浩穰，苦心爲政，疲羸粗息，強禦無蹤。方專宰字之心，用副憂勤之化。陛下過垂採聽，超授恩榮，擢於百里之中，致在三清之上。纔超翰苑，遽改郎曹。」

尋加知制誥，又自陳曰：「臣會昌二年進士及第，大中首歲，書判登科。其時替故昭義節度使沈詢作渭南縣尉；兩考罷免，楊收以結綬替臣。詢則備歷顯榮，殁經數載；收則寵極台輔，絀已三年。臣則外困賓筵，内甘散秩，仰窺霄漢，空歎雲泥。雖云賦命屯奇，實以遭人排忌。」其因事自洗滌如此。

俄遷中書舍人。十年，王師討徐方，禁庭書詔旁午，畋灑翰泉涌，動無滯思，言皆破的，同僚閣筆推之。尋遷户部侍郎。龐勳平，以本官充承旨。畋以德望先達，淪滯久之。既冠禁庭，當爲宰輔，因謝承旨自陳曰：「禁林素號清嚴，承旨尤稱峻重。偏膺顧問，首冠英賢。今之宰輔四人，三以此官騰躍，其爲盛美，更異尋常。豈謂凡流，繼兹芳躅，臣所以憂不稱承旨之任也。至若繼劉瞻之慎密，守保衡之規程，瀝懇事君，披肝翊聖，以貞方爲介胄，用忠信作藩籬。丹青帝文，金玉王度，臣亦不敢讓承旨之職。況沉舟墜羽，因聖主發揚，有薄藝微才，受鴻恩知遇。再周寒暑，六忝官榮，由郎吏以至於貳卿，自末僚而遷於上列。」其切於大用如此。

其年八月，劉瞻以諫囚醫工宗族罷相，出爲荆南節度使。畋草制過爲美詞，懿宗省之甚怒，責之曰：「畋頃以行跡玷穢，爲時棄捐，朝籍周行，無階踐歷。竟因由徑，遂致叨居，塵忝既多，狡蠹尤甚。且居承旨，合體朕懷。一昨劉瞻出藩，朕豈無意？爾次當視草，過爲美詞。逞譎詭於筆端，籠愛憎於形内。徒知報瞻欸唾之惠，誰思蔑我拔擢之恩。載詳言僞而堅，果明同惡相濟。人之多僻，一至於斯！宜行竄逐之科，用屏回邪之黨。可梧州刺史。」

僖宗即位，召還，授右散騎常侍，改兵部侍郎。乾符四年，遷吏部侍郎，尋降制曰：「頃者時鬱正途，權歸邪幸。爾畋執心無惑，秉節被讒，徵復鴛行，愈洽人望。既負彌綸之業，宜居輔弼之司。可本官同平章事。」僖宗上尊號禮畢，進加中書侍郎，進階特進，轉門下侍郎，兼禮部尚書、集賢殿大學士。

五年，黄巢起曹、鄆，南犯荆、襄，東渡江、淮，衆歸百萬，所經屢陷郡邑。六年，陷安南府據之，致書與浙東觀察使崔璆，求鄆州節鉞。璆言賊勢難圖，宜因授之，以絶北顧之患，天子下百僚議。初黄巢之起也，宰相盧攜以浙西觀察使高駢素有軍功，奏爲淮南節度使，令扼賊衝，尋以駢爲諸道行營都統。及崔璆之奏，朝臣議之。有請假節以紓患者，畋採羣議，欲以南海節制縻之。攜以始用高駢，欲立奇功以圖勝。攜曰：「高駢將略無雙，淮士甲兵甚鋭。今諸道之師方集，蕞爾纖寇，不足平殄。何事捨之示怯，而令諸軍解體耶！」畋曰：「巢賊之亂，本因饑歲。人以利合，乃至實繁，江、淮以南，薦食殆半。國家久不用兵，士皆忘戰，所在節將，閉門自守，尚不能枝。不如釋咎包容，權降恩澤。彼本以饑

年利合，一遇豐歲，孰不懷思鄉土？其衆一離，則巢賊几上肉耳，此所謂不戰而屈人兵也。若此際不以計攻，全恃兵力，恐天下之憂未艾也。」羣議然之，而左僕射于琮曰：「南海有市舶之利，歲貢珠璣。如令妖賊所有，國藏漸當廢竭。」上亦望騈成功，乃依擕議。及中書商量制勅，畋曰：「妖賊百萬，横行天下，高公遷延玩寇，無意翦除，又從而保之，彼得計矣。國祚安危，在我輩三四人畫度。公倚淮南用兵，吾不知税駕之所矣。」擕怒，拂衣而起，袂染於硯，因投之。僖宗聞之怒，曰：「大臣相詬，何以表儀四海？」二人俱罷政事，以太子賓客分司東都。

廣明元年，賊自嶺表北渡江、浙，虜崔璆，陷淮南郡縣。高騈止令張璘控制衝要，閉壁自固。天子始思畋前言，二人俱徵還，拜畋禮部尚書。尋出爲鳳翔隴右節度使。是冬，賊陷京師，僖宗出幸。畋聞難作，候駕於斜谷迎謁，垂泣曰：「將相悞陛下，以至於此。臣實罪人，請死以懲無狀。」上曰：「非卿失也。朕以狂寇凌犯，且駐蹕興元，卿宜堅扼賊衝，勿令滋蔓。」畋對曰：「臣心報國，死而後已，請陛下無東顧之憂。然道路艱虞，奏報梗澀，臨機不能遠稟聖旨，願聽臣便宜從事。」上曰：「苟利宗社，任卿所行。」畋還鎮，蒐乘補卒，繕修戎仗，濬飾城壘。盡出家財以散士卒。晝夜如臨大敵。

中和元年二月，賊將尚讓、王璠率衆五萬，欲攻鳳翔，畋預知賊至，令大將李昌言等伏於要害。賊以畋儒者，必不能拒，步騎長驅，部伍不整。畋以鋭卒數千，陳于高岡，虚立旗幟，延袤數里。距賊十餘里，伐鼓而陣。賊不之測衆寡，始欲列卒而陣，後軍未至，而昌言等發伏擊之，其衆大撓。日既晡矣，岐軍四合，追擊於龍尾陂，賊委兵仗自潰，斬馘萬計，得其鎧仗，岐軍大振。天子聞之，謂宰相曰：「予知畋不盡，儒者之勇，甚慰予懷。」即授畋檢校尚書左僕射、同平章事，充京西諸道行營都統。

時畿内諸鎮禁軍尚數萬，賊巢汙京師後，衆無所歸，畋承制招諭，諸鎮將校皆萃岐陽。畋分財以結其心，與之盟誓，期匡王室。又傳檄天下曰：

鳳翔隴右節度使、檢校尚書左僕射、同中書門下平章事、充京西諸道行營都統、上柱國、滎陽郡開國公、食邑二千户鄭畋，移檄告諸藩鎮、郡縣、侯伯、牧守、將吏曰：夫屯亨有數，否泰相沿，如日月之蔽虧，似陰陽之愆伏。是以漢朝方盛，則莽、卓肆其姦凶；夏道未衰，而羿、浞騁其殘酷。不無僭越，尋亦誅夷。即知妖孽之生，古今難免。代有忠貞之士，力爲匡復之謀。我國家應五運以承乾，躡三王之垂統，綿區飲化，匝宇歸仁。十八帝之鴻猷，銘於神鼎；三百年之睿澤，播在人謡。加以政尚寬弘，刑無枉濫，翼翼勤行於王道，孜孜務恤於生靈。足可傳寶祚於無窮，御瑶圖於不朽。

近歲螟蝗作害，旱暵延災，因令無賴之徒，遽起亂常之暴。雖加討逐，猶肆猖狂。草賊黄巢，奴僕下才，豺狼醜類。寒耕熱耨，不勵力於田疇；婾食靡衣，務偷生於剽奪。結連兇黨，驅迫平人，始擾害於里閭，遂侵凌於郡邑。屬以藩臣不武，戎士貪財，徒加討逐之名，竟作遷延之役。致令滋蔓，累有邀求。聖上褎育情深，含弘道廣，指萬方而罪己，用百姓以爲心。假以節旄，委之藩鎮，冀其悛革，免困疲羸。而殊無犬馬之誠，但恣蟲蛇之毒。剽掠我征鎮，覆没我京都，凌辱我衣冠，屠殘我士庶。視人命有同於草芥，謂大寶易取如弈棋。而乃竊據宫闈，僞稱名號，爛羊頭而拜爵，續狗尾以命官，燕巢幕以誇安，魚在鼎而猶戲。殊不知五侯拗怒，期分項羽之屍；四塚既成，待葬蚩尤之骨。猶復廣侵田宅，濫瀆貨財，比谿壑以難盈，類鳥鳶而縱攫。茫茫赤縣，僅同夷貊之鄉；惴惴黔黎，若在狴牢之内。固已人神共怒，行路傷心。

畋謬領藩垣，榮兼將相，每枕戈而待旦，常泣血以忘餐，誓與義士忠臣，共翦狐鳴狗盜。近承詔命，會合諸軍。皇帝親御六師，即離三蜀，霜戈萬隊，鐵馬千羣，雕虎嘯以風生，應龍驤而雲起。淮南高相公，會關東諸道百萬雄師，計以夏初，會於關内。畋與涇原節度使程宗楚、秦州節度使仇公遇等，已驅組練，大集關畿，争麾隴右之蛇矛，待掃關中之蟻聚。而吐蕃、党項以久被皇化，深憤國讎，願以沙漠之軍，共獻盪平之捷。此際華戎合勢，藩鎮連衡，旌旗焕爛於雲霞，劍戟晶熒於霜雪。莫不持繩待試，賈勇争先，思垂竹帛之功，誓雪朝廷之恥。矧茲殘孽，不足殄除。況諸道世受國恩，身縻好爵，皆貯匡邦之略，咸傾致主之誠。自函、洛構氛，鑾輿避狄，莫不指銅駝而眥裂，望玉壘以魂銷。聞此勤王，固宜投袂。更希憤激，速殄寇讎。永圖社稷之勳，以報君親之德，迎鑾反正，豈不休哉。

時駕在坤維，音驛阻絶，以爲朝廷無能復振。及畋傳檄，諸藩聳動，各治勤王之師，巢賊聞之大懼。自是賊騎不過京西。當時非畋扼賊之衝，褒、蜀危矣。尋進位檢校司空。

其年冬，畋暴病，以岐山方禦賊衝，宜須驍將鎮守，表薦大將李昌言，詔可之。詔畋赴行在。二年正月至成都，以王鐸代畋將兵收復。畋尋以僕射平章事，以疾，久之不拜，累表乞解機務。二年冬，罷相，授太子少保。僖宗以畋子給事中凝績爲隴州刺史，詔侍畋就郡養疾，薨於郡舍，時年五十九。

光啓末，李茂貞授鳳翔節度使。畋會兵時，茂貞爲博野軍小校在奉天，畋盡召其軍至岐下，以茂貞勤於軍旅，甚奇之，委以遊邏之任。至是，茂貞思畋獎待之恩，上表論之曰：

臣伏見當道故檢校司空、同平章事鄭畋，瑞應星精，祥開月角，建洪鑪於聖代，成庶績於明昌。鳳毛方浴於春池，龍節忽移於右輔。旋以羣鴟嘯聚，萬蝟鋒攢，蒼黄而玉輅省方，次第而金門徹鑰。九州相望，初猶豫以從風；百辟無歸，半狐疑而委質。而畋衝冠怒髮，投袂治兵，羅劍戟於罇前，練貔貅於閫外。坎牲誓衆，釁鼓出師，馳羽檄於四方，暢皇威於萬里。身維地軸，決横流而盡入東溟；手正天關，掃妖星而重尊北極。及至囊沙減竈，伐鼓揚旌，四凶方侈於獸心，一陣盡塗於龍尾。大振建瓴之捷，只於反掌之間。不期天柱朝摧，將星夜隕，竹帛徒書於茂烈，松楸未焕於易名。臣始仕從戎，爰承指顧，稟三令五申之戒，預一匡九合之謀。今則謬以微功，獲居重鎮。尋武侯之遺愛，城壘宛然；念叔子之高蹤，涕零何極？伏冀特加贈謚，以慰泉扃。

昭宗嘉之，詔贈司徒，謚曰文昭。

畋文學優深，器量弘恕，美風儀，神彩如玉，尤能賦詩。與人結交，榮悴如一。始爲員外郎，爲鄭薰不放省上，畋不以爲憾。及畋作相，薰子爲郎，畋特奬拔爲給事中，列曹侍郎。其以德報怨，多此類也。子凝績，景福中歷刑部、户部侍郎。

《新唐書》卷一八五《鄭畋傳》 鄭畋字台文，系出滎陽。父亞，字子佐。爽邁有文，舉進士、賢良方正、書判拔萃，三中其科。李德裕爲翰林學士，高其才，及守浙西，辟署幕府。擢監察御史，李回任中丞，薦爲刑部郎中知雜事，拜給事中。德裕罷宰相，出爲桂管觀察使，坐吴湘獄不能直冤，貶循州刺史，死於官。

畋舉進士，時年甚少，有司上第籍，武宗疑，索所試自省，乃可奏。爲宣武推官，以書判拔萃擢渭南尉。父喪免。宣宗時，白敏中、令狐綯繼當國，皆怨德裕，其賓客並廢斥，故畋不調幾十年，外更帥鎮幕府。綯去位，始爲虞部員外郎。右丞鄭薰誣畋罪，不可任郎官，出之。久乃入爲刑部員外郎。劉瞻爲宰相，薦授户部郎中，入翰林爲學士，俄知制誥。會討徐州賊龐勳，書詔紛委，畋思不淹晷，成文粲然，無不切機要，當時推之。勳平，以户部侍郎進學士承旨。瞻以諫迕懿宗，賜罷，畋草制書多褒言，韋保衡等怨之，以爲附下罔上，貶梧州刺史。

僖宗立，内徙郴、絳二州，以右散騎常侍召還。故事，兩省轉對延英，獨常侍不與。畋建言宜備顧問，詔可，遂著於令。以兵部侍郎進同中書門下平章事。故時，宰相騶哄聯數坊，呵止行人。畋勑導者止百步，禁百官僕史不得擅至宰相府。交、廣、邕南兵，舊取嶺北五道米往餉之，船多敗没。畋請以嶺南鹽鐵委廣州節度使韋荷，歲煮海取鹽直四十萬緡，市虔、吉米以贍安南，罷荆、洪等漕役，軍食遂饒。後以王師甫爲嶺南供軍副使，師甫請兼總兵，而歲加獻錢二十萬緡。畋曰：「苟且有功，而師甫以利啖朝廷，謀奪其兵，不可。」罷之。再遷門下侍郎，封滎陽郡侯。以星變求去位，不許。

乾符六年，黄巢勢寖盛，據安南，騰書求天平節度使。帝令羣臣議，咸請假節以紓難。畋欲因授嶺南節度使，而盧攜方倚高駢，使立功，乃曰：「駢才略無雙，淮南天下勁兵，又諸道之師方至，蕞爾賊，奈何捨之，令四方解體邪？」畋曰：「不然。巢之亂本於饑，其衆以利合，故能興江、淮，根蔓天下。國家久平，士忘戰，所在閉壘不敢出。如以恩釋罪，使及歲豐，其下思歸，衆一離，即巢機上肉耳，法謂不戰而屈人兵也。今不伐以謀，而怖以兵，恐天下憂未艾也。」僕射於琮言：「南海以寶産富天下，如與賊，國藏竭矣。」天子内亦屬駢，乃然攜議。畋曰：「安危屬吾等，而公倚淮南用兵，吾不知所稅駕。」會駢奏：「南蠻方彊，請如西戎，以公主下嫁。」攜又議從之。畋以爲損國威靈，不可，即抗論，至相詬嫚。攜怒，拂衣去，裾罥於硯，因抵之。帝以大臣爭口語，無以示百官，乃俱罷，以畋爲太子賓客，分司東都。俄召拜吏部尚書。

明年，爲鳳翔隴西節度使，募鋭兵五百，號「疾雷將」，境中盜不敢發，發輒得。會巢陷東都，遣兵戍京師，以家財勞行，妻自紝戎衣給戰士。帝出梁、洋，畋上謁斜谷，泣曰：「將相誤國，臣請死以懲無狀。」帝勞遣之，且曰：「公謹扼賊衝，無令得西向。」畋曰：「方艱虞時，事有機急，不可中覆，請便宜從事，臣當以死報國。」帝曰：「利社稷，無不可。」畋還，蒐士卒，繕器械，濬城隍，使于梁者道相屬。俄而賊使至，諸將皆欲附賊，畋開諭不可，即悉出金帛，請得脱身去，復不聽。而使以僞赦令示軍中乃去。明日，詔使至，畋召監軍袁敬柔以逆順曉諸將，乃聽命，刺血以盟。畋遣子凝績從帝，有詔進同中書門下平章事。賊將又至，畋斬于軍，餘黨數百人皆捕誅之。遷檢校尚書右僕射、西面行營都統。軍中承制除拜，乃以前靈武節度使唐弘夫爲行軍司馬。

中和元年，賊將王璠率衆三萬來攻，畋使弘夫設伏以待。璠内輕畋儒柔，縱步騎鼓而前，畋以鋭卒數千當賊，疏陣而多旗幟，乘高伐鼓，賊不測衆寡，陣未

整，伏發，衆皆囂。日暮，軍四合，鏖戰龍尾坡，殺賊二萬級，積屍數十里，多獲鎧仗，璠遁去，禽璠子斬之，威動京師。時諸鎮兵在寰内尚數萬，無所歸，畋招來之，厚加慰結。乃與涇原程宗楚、秦州仇公遇、鄜延李孝恭、夏州拓拔思恭約盟，傳檄天下。時王命不出劍門，四方謂王室微，不能復興，及畋檄至，遠近咸聳，各治兵思立功，奔問行在。巢大懼，不敢西謀。當此時，微畋，天子幾殆。帝聞捷曰：「朕知畋不盡，儒者之勇乃爾！」

弘夫取咸陽，以桴濟兵渭水。賊伏甲僞走，弘夫與宗楚乘勝入都門，爲賊所覆。畋數勑無輕進，二人不聽，果敗。以鄜、夏兵屯東渭橋。再進司空、兼門下侍郎、京城四面行營都統，賜御袍犀帶。拜而不賀。

行軍司馬李昌言者屯興平，遣麾下求爲南面都統，輒引兵趨府。畋不意見襲，登城好語曰：「吾方入朝，公能戢兵愛人，爲國滅賊乎？能，則守此矣。」遂委軍去。昌言自爲留後，衛畋出境。既半道，内慚負，即辭疾。詔授太子少傅，分司東都，便醫於興元。

明年，召至行在，以王鐸將兵，復拜畋司空、門下侍郎、平章事，軍務一以咨決。興州戍將孫鄴坐臧抵死，畋奏言：「方關輔失守，鄴護褒斜有功，請免死。陳秋兒保嵯峨山拒賊，農不廢耕，請以檢校散騎常侍隸奉天軍。」制皆可。舊制，使府校書郎以上，滿三歲遷；監察御史裏行至大夫、常侍，滿三十月遷。雖節度兼宰相，亦不敢越。自軍興，有歲内數遷者，畋以爲不可，請：「行營節度，繇裏行至大夫，許滿二十月遷；校書郎以上，滿二歲乃奏。非軍興者如故事。」從之。

時田令孜恃權，有所干請，畋不應。陳敬瑄欲以官品居宰相上，畋曰：「外宰相安得論品乎？」卒不肯處其下。令孜、敬瑄内常銜之。賊平，帝將還，而李昌言自以襲畋而奪之鎮，今畋當國，内不喜。故三人相結，而遣客上畋過咎。帝得其情，不許。畋乃引疾去位，入見帝曰：「乘輿東還，繇大散關幸鳳翔，供張頓峙，一委昌言，乃可安。臣若以宰相從，彼且猜阻，非所以靖反側也。請以散官養疾。或羣臣有疑，願出臣章示之，使知天子於臣無纖芥者。」帝以其誠，乃授檢校司徒、太子太保，罷政事。以凝績爲壁州刺史，留養。徙龍州，卒，年六十三，贈太尉。後帝思畋忠力，又贈太傅。凝績數歲亦卒。始，李茂貞以博野裨將戍奉天，畋召隸麾下，委以游邏，厚禮之。茂貞感其飾擢，及畋還葬鄭，表爲請謚曰文昭。天復初，與李思恭配饗僖宗廟廷，又贈宗楚、弘夫官。

畋爲人仁恕，姿采如峙玉。凡與布衣交，至貴無少易。鄭縠者，薰子也。方畋秉政，擢爲給事中，至侍郎。其損怨類如此。巢之難，先諸軍破賊，雖功不終，而還相天子，坐籌帷幄，終能復國云。

雜録

備録

高彦休《唐闕史》卷上《鄭相國題馬嵬詩》 馬嵬佛寺，楊貴妃縊所。邇後才士文人經過，賦詠以導幽怨者不可勝紀，莫不以翠翹香鈿委於塵土，紅淒碧怨，令人傷悲，雖調苦詞清，而無逃此意。獨丞相滎陽公畋爲鳳翔從事日，題詩曰：「肅宗迴馬楊妃死，雲雨雖亡日月新。終是聖明天子事，景陽宫井又何人。」後人觀者以爲真輔相之句。

康駢《劇談録》卷下《鳳翔府舉兵討賊》 巢寇攻陷宫闕，近京藩鎮悉無兵備。時李相鎮蒲津，鄭相國鎮岐下，既聞車馬播遷，俱有勤王之念。鄭相國率賓僚將校共巡城壘，雉堞池隍悉皆毀塞，計其修築之功，萬旅月餘未竟，而賊鋒方盛，立虞奔軼。明晨復召從事大將，坐於内廳，詢以謀計。咸以巨盜方熾，未可枝梧，衆議且欲從權，俟兵集乃圖收復。相國曰：「諸君勸某臣賊乎？」於是欻然而倒。左右扶之不及，爲地甃所傷，而首皆破。洎日午達于明旦，口噤尚未能語。是時關輔征鎮咸已歸款，唯鳳翔信耗不通。賊議興師致討，有奔來者具述其事，於是監軍與僚佐代爲表章，使兩騎馳至京國。賊徒覽之大喜，遣王懷順將百餘人厚齎綵繪金玉，以申慰勞之意。既而開筵以待懷順，宴席施設，倍於曩日。列坐行觴，將陳飲饌，樂工纔合管絃，文武軍吏及聲妓一時慟哭，監軍、從事雪涕止之，良久方定。懷順與來者皆駭愕相眄，就食乃問其由。時吏部孫侍郎亦在幕中，對曰：「相國自鎮此方，恩及萬物，聽政之暇時命音樂與將吏交歡，遽及風疹所侵，今辰不赴兹會，衆聞絲竹聲，不覺悲泣耳。」是日合城老幼咸共悽傷。相國聞之曰：「我知億兆人民之心未厭唐德，賊勢雖甚，竊據宫闕，滅亡當在旦夕。」於是密飛羽檄告於鄰道會兵。旬朔間，邠、涇、洋、隴及沿邊藩鎮俱以鋭師來集，既而神策守鎮軍士聞風亦至麾下。一旦，賊中遣千餘人大索糧糗，于

時烽候已嚴，偵邏殊密，雲旗霜刃，森羅於百里之內，賊入界大驚，俱就擒戮。有後殿者，奔以狀告，兇黨無不奪魄。陷京黔庶，亦思奮勇。俄而蒲關、晉、絳、並、汾、澤潞及河北三鎮並舉雄師，翕然響附。相國仗節訓兵，援旗誓衆，摧鋒督戰，累剉兇渠，首運奇謀，終摧巨孽。其後請朝，庸蜀復秉化權。匡國濟時，終始一致，文經武緯，何謝古人！詩云：「維岳降神，生甫及申。維申及甫，維周之翰。」相國有焉。

孫光憲《北夢瑣言》卷五《淮浙解紛詔》 李太尉破昭義，自草詔意而宣付翰林。至如鄭文公自草高太尉詔，皆務集事，非侵局奪美也。

孫光憲《北夢瑣言》卷六《白太傅墓銘》 鄭文公畋與盧相攜親表也，閥閱相齊，詞學相均，同在中書。因公事不叶，揮霍間言語相擠訐，不覺硯瓦翻潑。謂宰相鬬擊，亦不然也。竟以此出官矣。

孫光憲《北夢瑣言》卷一三《鄭文公報恩》 鄭文公畋，字台文。父亞，曾任桂管觀察使。畋生於桂州，小字桂兒。時西門思恭爲監軍，有詔徵赴闕，亞餞於北郊，自以衰年，因以畋託之曰：「他日願以桂兒爲念，九泉之下，不敢忘之。」言訖，泫然流涕，思恭誌之。及爲神策軍中尉，亞已卒，思恭使人召畋，館之于第，年未及冠，甚愛之，如甥姪，因選師友教導之。畋後官至將相。黄巢之入長安，西門思恭逃難於終南山，畋以家財厚募有勇者，訪而獲之，以歸岐下，温清侍膳，有如父焉。思恭終於畋所，畋葬于鳳翔西岡，松柏皆手植之。未幾，畋亦卒，葬近西門之墳。百官皆造二隴以弔之，無不墮淚，咸伏其義也。

王讜《唐語林》卷七《補遺》 鄭相畋與盧相攜外兄弟，同在中書。後因議政喧競，撲碎硯。王侍中鐸笑之曰：「不意中書有瓦解之事！」

咸通中，中書侍郎平章事劉瞻以清儉自守，忠正佐時。懿皇以同昌公主薨謝，怒其醫官韓宗紹等，繫于霜臺，並親屬二三百人散繫大理，内外憂懼。瞻上疏切諫。時路巖、韋保衡恃寵忌之，出瞻爲荆南節度使，中外咸不平之。翰林承旨鄭畋爲制詞，略曰：「早以文學，疊中殊科。風稜甚高，恭慎無玷。而又僻於廉潔，不尚浮華。安數畝之居，乃非己有，卻四方之賄，唯畏人知」云云。韋、路大怒，貶畋爲梧州刺史。取十道圖檢，見驩州去京萬里，乃謫瞻爲驩州司户參軍。舍人李庾行誥詞，駮責深焉，將欲加害。時遇懿皇厭代，僖皇初立，用元臣蕭倣佐佑大政，倣舉瞻自代。又幽州節度使張公素上疏理之，韋、路意乃止焉。俄而路巖出爲益帥，保衡又離相位，召瞻爲康州刺史，再授虢州。瞻旋至湘江，韋保衡南竄，相遇於江中，瞻家人齊登舟外詬罵之。保衡約束家人，無辭以對。至賀州驛内伏法，乃是數年前殺楊收閤子中榻上也。瞻至湖南，李庾方典是郡，出迎於江次竹牌亭置酒。瞻唱《竹枝詞》送李庾，躡履過溝，竹枝恨渠深女兒。庾慍怒，乃上酒於瞻。瞻命庾酬唱，庾云：「不曉詞間音律。」瞻投杯曰：「君應只解爲制詞也。」是夕，庾飲鴆而卒。瞻至京，俄入中書。時宰相劉鄴先與韋、路相熟，深有憂色。方判鹽鐵，乃於院中置會召瞻，飲中寘毒而薨。鄴尋授淮南節度使。僖皇於麟德殿置宴，伶人有詞曰：「劉公出典揚州，庶事必應大治，民瘼康泰矣。」諸伶人皆倡和曰：「此真最藥王菩薩也。」人皆哂之。路巖即貶儋州百姓，至江陵，籍没家産不知紀極，有蚊幮一領，輕密如碧煙，人疑其鮫綃也，及新州，伏法。

計有功《唐詩紀事》卷五六《鄭畋》 馬嵬太真縊所，題詩者多悽感，鄭畋爲鳳翔從事日，題云：玄宗回馬楊妃死，雲雨雖亡日月新。終是聖明天子事，景陽宫井又何人？觀者以爲有宰輔之器。

《中秋月直禁苑》云：禁署方懷忝，綸闈已再加。暫來西掖路，還整上清槎。恍惚歸丹地，深嚴宿絳霞。幽襟聊自適，閑弄紫薇花。

懿宗朝，韋保衡、路巖忌宰相劉瞻，誣以罪，黜爲荆南節度。畋爲制詞云：早以文學，疊中殊科。風稜甚高，恭謹無玷。又云：安數畝之居，仍非己有；却四方之賄，唯恐人知。韋、路大怒，貶畋爲梧州刺史，責劉驩州司户，命舍人李庾爲詞，深文痛詆，必欲加害。屬懿宗厭代，僖宗立，蕭倣輔政，舉瞻自代，召歸朝廷。至湖南，庾典是郡，出迎江次，牌亭致酒。瞻唱《竹枝詞》送庾酒云：躡屐過溝竹枝恨君深女兒。瞻命庾酬和，庾曰：不閑音律。瞻曰：君應只解爲制詞也。是夕，庾飲酖而卒。

畋，字台文。相僖宗、昭宗。爲人仁恕，姿采如峙玉。

畋爲渭南尉日，嘗有《題緱山王子晉廟》詩曰：有昔靈王子，吹笙溯泬寥。六宫攀不住，三島互相招。亡國原陵古，賓天歲月遥。無蹊窺海曲，有廟訪山椒。石帳龍蛇拱，雲櫳彩翠銷。露壇裴琬琰，真像寫松喬。珠館青童宴，琳宫阿母朝。氣輿仙女侍，天馬吏兵調。湘妓紅絲瑟，秦郎白管簫。西城要綽約，南嶽命嬌嬈。句曲觴金洞，天台嘯石橋。晚花珠弄蘂，春茹玉生苗。二景神光祕，三元寶籙饒。露垂鴉翅髮，冰束虎章腰。鶴馭争衜箭，龍妃合獻綃。衣從星渚浣，丹就日宫燒。物外花常滿，人間葉自凋。望臺悲漢戻，閲水笑梁昭。古殿香殘

炧，荒堦柳長條。幾曾期七日，無復降重霄。嵩嶺連天漢，伊瀾入海潮。何由得真訣，使我佩環飄。

曾慥《類説》卷一二引《紀異録》 鄭畋爲學士，忽聞蹕聲，亟出迎拜，帝已升玉堂，取案上疊紙書云：「同中書門下平章事。」畋拜謝，帝笑曰：「朕戲耳。」畋曰：「唐叔剪桐，周公以天子亡戲言，況陛下宸翰，焉可爲戲！」帝乃不得已，遂相之。畋自承旨貶梧州，僖宗立，召常侍，拜相，與此説異。

備論

《新唐書》卷一八五《鄭畋傳》 贊曰：唐之季，嗣君暗庸，天穢其德久矣。纖人柄朝，靡謀不乖。如畋、鐸皆社稷之才，當大過之世，爲天下唱。扶支王室，幾致中興。俄而爲孽豎亂宦所乘，功業無所成就。濬以亂止亂，悖繆厥心，悲夫！

孫甫《唐史論斷》卷下《鄭畋傳》 論曰：咸通衰亂之後，僖宗童年繼位，政在内臣，固無遠謀，以救世患難。雖宰相王鐸、崔彦昭有一時名望，亦非雄傑之才，不能力正時事。及鄭畋當政，謀議要切，多中事機。但同列盧倚，姦庸不忠，與内臣田令孜相結，沮畋之言，不克施用。夫巢賊本負販之民，非禄山輩，但困饑年，驅細民劫財物、資朝夕之用耳，何至成大亂？由朝廷衰微，邪臣誤計。任高駢、宋威輩，皆姦險無節，争功忌能，玩寇弄權，養成賊勢。賊勢既盛，駢以重兵居天下之衝，反閉壁自固。賴畋作帥於岐，以謀破賊，振國之威，復傳檄諸鎮，激以忠義，致勤王之師，大集關中。賊勢既蹙，鴈門兵至，得以平之。況僖宗避難之初，賊乘勢而西，非畋遏其鋭，危亂可測乎？又以忠謀，至諸鎮勤王之舉。畋雖去鎮，不親平賊，其功則由畋也。僖宗賞畋之功，復命輔政，雖在衰世，亦秉朝綱。令孜兇横，怒畋公正，與姦黨誣譖，罷之。僖宗孱弱，不能主張賢相，天下之事，因無所制，國祚必至於亡也。

王夫之《讀通鑑論》卷二七《唐僖宗》 黄巢之亂，唐中外諸臣戮力以效節者，唯鄭畋一人而已。畋以將佐不聽拒賊，悶絶仆地，刺血書表，誓死以斬賊使，不可謂非忠之至；以文吏率數千人拒尚讓五萬之衆，敗之於龍尾陂，傳檄天下，諸道争應，貢獻蜀中者不絶，不可謂非勇之甚，抑不可謂非智之尤；然而一嚮長安，旋即潰敗，鳳翔内亂，孤城不保，諸鎮寒心，賊益鞏固，卒使王鐸假手於反覆横逆之朱温、包藏異志之李克用，交起滅賊，因以亡唐，而畋忠勳之成效亦毁，則唯不明於用兵之略也。

王夫之《讀通鑑論》卷二七《唐僖宗》 善制勝者，審之明，持之固，智無所矜，勇無所恃，静如山而後動如水，不可禦矣。而畋異是。唐弘夫龍尾陂之捷，尚讓恃勝而驕，故弘夫得施其智，惡足恃爲常勝哉？賊之據長安也方五月，其獷悍之氣未衰，其剽掠之毒未徧，其荒淫之欲未逞，其睽離之心未生，畋收新集之孤旅，王處存、王重榮之衆方鳩，高駢擁兵而觀望，王鐸遲鈍而不前，乃欲遽入長安，搏爪牙方張之鷙獸，宜其難矣。

古今文臣授鉞而墮功者，有通病焉，非怯懦也。怯懦者，固藏身於紳笏，而不在疆埸之事矣。其憂國之心切，而憤將士之不效死也，爲懷已夙，一旦握符奮起，矜小勝而驚喜踰量，不度彼已而目無勍敵，聽慷慨之言而輕用其人，冒昧以進，一潰而志氣以頹，外侮方興，内叛將作，士民失望而離心，姦雄乘入而鬭捷，乃以自悼其失圖，而歎持重者之不可及，則志氣愈沮而無能爲矣。易折者武士之雄心，難降者文人之躁志。志節可矜，尚不免於僨敗，況其忠貞果毅之不如畋者乎？用兵之略，存亡之介也，豈易言哉！豈易言哉！

藝文

李商隱《李義山詩集》卷三《題鄭大有隱居》 結構何峯是，喧閒此地分。石梁高瀉月，樵路細侵雲。偃臥蛟螭室，希夷鳥獸羣。近知西嶺上，玉管有時聞。

李商隱《李義山詩集》卷六《送鄭大台文南覲》 黎辟灘聲五月寒，南風無處附平安。君懷一匹胡威絹，争拭酬恩淚得乾？

黄滔《黄御史集》卷三《絳州鄭尚書》 旌旗日日展東風，雲稼連山雲刃空。剖竹已知垂鳳食，摘珠何必到龍宫。諫垣虚位期飛步，翰苑含毫待紀公。誰謂唐城諸父老，今時得見蜀文翁。

崔致遠《桂苑筆耕集》卷三《謝詔示權令鄭相充都統狀》 右臣伏奉去年九月九日詔旨：卿曾問道獻章，諸鎮飛檄，便欲長驅甲馬，親議專征。未即便來，須權制置，遂命鄭畋等分爲京城四面都指揮諸道師徒，慮卿偶未委知，故兹詔示

者。伏以《書》曰：無偏無黨，王化乃興。《詩》云：不識不知，帝謀是稟。況兵當伐叛，事合從權。臣去年先因淮北侵疆，後值江南阻路，久屯師旅，未遂戰征。陛下妙選羣才，近分重寄。鄭畋等莫不身先貔武，手運豹韜，既當怒發爭衝，固謂賊胸可揕。仰酬睿獎，竟勵忠誠。臣也遠鎮臨戎，強鄰結憾，唯慚曠職，豈望成功。伏蒙陛下尚念勤勞，曲垂慰諭，睹上天之慈意，解外地之深憂。既許將軍，獨舉柳營之令，終期叛卒，必歸竹町之誅。臣限守戎藩，不獲稱謝行在，無任感激戰懼之至。謹奉狀陳謝以聞，謹奏。

崔致遠《桂苑筆耕集》卷七《鄭畋相公二首》　伏見二月六日制書，伏承相公正居宏父，光弼聖君，兼總蘭臺，再調梅鼎，凡云遠者近者，莫不舞之蹈之。伏以相公碩德茂勳，雄才奧學，播在四方之口，沃於萬乘之心。固絶讚揚，但增瞻仰。況自關中聚寇，岐下屯兵，率先諸侯，累展奇略。是以才趨鳳輦，便陟鸞臺，遠涉山川，行就九天之寵；克平水土，坐升百日之榮。竹宫既託於清規，芸館更歸於雅望。則乃孫叔敖之慎守，愈貴愈恭；胡伯始之累遷，有倫有要。永憑上德，佇賀中興，使仲父執鞭，鄭侯捧轡，驅蠢動入華胥之域，格蠻夷歸虞舜之風。某早沐深知，遠聆殊拜，末由陳賀，抃聳倍深云云。

伏承太保相公累陳章表，懇讓勻衡，暫輟任於股肱，果優賢於羽翼。緇衣纘美，青綬加榮，守難進易退之規，叶居安慮危之道。莫不宸扆欽矚，縉紳詠歌。而況相公比者統冠甸侯，深攻國賊，唱義聲而飛羽檄，管爵賞而練甲兵。方驅破浪之風，佇滅燎原之火。而乃腹心有疾，牙爪無功。何君子之見欺，實小人之難養。然而災爲福始，小往大來，再秉洪勻，遠安仙蹕。調鼎中之實味，運堂上之奇謀。決勝漢籌，弭災魏闕，皆憑蕭丞相指蹤之力，豈假鮑尚書統集之兵。咸推第一之功，能贊登三之業。今則奉身有裕，止足無虧，將尋疏傅之高踪，乃訪留侯之故事。用黃石公之妙略，蔚爲帝師；從赤松子之勝遊，别作仙侣。雖云獨樂，其奈衆情。氛殪餘妖，方願静銷於天下；陶鎔重望，豈宜久滯於山中。必計才返鸞旌，請歸鳳闕，永使蜩螗罷噪，仍令鹿馬分形。深荷眷私，況聯親懿，依攀禱望，可鑒遠誠。拜賀末由，悚戀增切云云。

崔致遠《桂苑筆耕集》卷九《太保相公鄭畋》　自承相公大郎，再持廟算，大庇藩條。況蒙特假陶勻，正歸榷筦，雖則魯爲長府，仍舊貫之言行；其如晉閱被廬，作新軍之意切。未能措手，尋見移權，凡所阻艱，自能審度。遠垂批示，倍荷恩私，如愚者焉，所獲多矣，敢速官謗，有負親知，伏惟鑒察。謹狀。

宋敏求《唐大詔令集》卷五〇佚名《鄭畋平章事制》　門下：任賢勿貳，有國之令圖，惟帝念功，昔人之善訓。遐觀往代，宜慎厥終。其有道濟邦家，任已崇於屏翰；忠存宗社，義可貫於神明。宜徵帷幄之謀，重委廟堂之算，冀清大難，以啓中興。開府儀同三司、守太子少傅分司東都、上柱國、滎陽縣開國侯、食邑二千户鄭畋，八柱比崇，三階垂耀，《繁露》演先儒之學，高風追大雅之文。外標威鳳之儀，内佇涵牛之量。煥如綸之旨，共許才高；被貝錦之詞，彌彰道直。體兹全德，歷試崇資。變贊中樞，極致君之事業；鎮臨左輔，標坐樹之威名。洎虜犯封畿，塵飛象魏，避寇之謀既決，微管之賴誠深。而能竭預慮之機，用安君父，舉從權之計，以誤姦兇。當代之勳，格天莫比。此際雖咸思義舉，盡蕴忠謀。且聞盟主臧洪，登壇有誓，將軍祖逖，擊檝忘身。致蕃漢之齊驅，由懷柔之有術。今則下從人望，内斷予衷，罷列岳而登三公，自金壇而昇玉鉉，魚水之懽盡在，君臣之契可知。於戲！寰宇未清，予則仗綏懷之毗；園陵失守，予則佇收尅之功。次則揚惠化以拯窮人，弘無私而叙羣品。山河有誓，金石豈渝，更俟殊庸，以膺極寵。可守司空、兼門下侍郎、同中書門下平章事，充太清宫使、弘文館大學士，餘如故。仍令所司擇日備禮册命，主者施行。

宋敏求《唐大詔令集》卷五二樂朋龜《鄭畋門下侍郎平章事依前都統制》

門下：朕聞天下安注意相，天下危注意將，爾令應吾内外之委任也。朕以塵昏寓縣，血染生靈，乘輿播越於道途，巡幸奔馳於巴蜀。夙夜思咎，寢食不遑，期早殄於羣妖，冀速清於國步。今則重煩台德，再秉鈞衡，碧幢不離於岐山，黃閣暫移於隴坻，安危倚望，中外具瞻。諸軍四面行營都統、鳳翔隴等州節度觀察處置等使、開府儀同三司、檢校司空、同中書門下平章事、兼鳳翔尹、上柱國、滎陽郡開國侯、食邑三千户鄭畋，岳瀆炳靈，星辰煥發，雅裁既揚於冰玉，沖襟咸契於神明。達古今理亂之源，識文武經綸之道，作時柱石，爲國棟梁。洎周旋寵榮，出入將相，功業每留於史册，懿範克播於縉紳。昨鎮近藩，首擒巨盜，今雖狼心漸革，蠆尾將收，干戈尚遍於咸秦，虵豕猶侵於宫闕。運雖至此，天實賴余，況誓掃寇讎，志收社稷，藴沈機而愈勁，奮獨斷而不回。激喻軍行，統率義旅，下韝必中，傳檄無疑，指揮而方面悦隨，慷慨而懦夫請命，風生貔武，川湧熊羆，期繫頸於逡巡，佇舂喉於旦夕。朕且念用兵汧隴，駐蹕坤維，指揮而遠在一隅，請急而動聞踰月。于以舉疇庸之典，于以圖必勝之謀，在乎畀以軍戎，任其陶鑄，使統制並遵於麾下，訏謨皆在於轂中，將使凱還，佇其册命。於戲！簪裾禮樂，儼然

丞相之風；旗幟鼓鼙，蔚爾將軍之貴。裴度以出征淮蔡，敏中以招討羌戎，皆仗以節旄，付之樞柄。期樹功業，固不同年；勉圖大勳，同酬殊渥。位正台階之重，官崇水土之榮，敬之哉！無忝我重命，可守司空、兼門下侍郎、同中書門下平章事，依前充四面行營都統、鳳翔隴等州節度觀察處置等使、兼鳳翔尹，散官勳賜如故。仍令所司候收復京後備禮册命。主者施行。

宋敏求《唐大詔令集》卷五六樂朋龜《鄭畋太子少傅分司東都制》 門下：將相之權，安危所係，既專戎律，秉國鈞，謂成靖亂之謀，以著匡時之績。方期功就，俄以疾辭，仍乖撫士之方，且冀毗予之道。尚居崇秩，猶念初心。諸軍四面行營都統、鳳翔隴等州節度觀察處置等使、開府儀同三司、守司空、兼門下侍郎、同中書門下平章事、鳳翔尹、上柱國、滎陽縣開國子、食邑二千户鄭畋，藝高册府，譽動詞林，禮樂在躬，衣簪奕代。虹玉動連城之價，朱紘含清廟之音，才無不周，識無不綜。踐歷既久，聞望時稱，禁林傳麗藻之工，鳳沼著經綸之業。洎兇徒犯順，上國罹災，駕當出於全蜀，鎮方臨於右輔。因時建策，遂首興師，上寬焦灼之懷，下慰蒸黎之望。念其竭節，頻降殊恩，任三事之優崇，兼四面之節制。許於除授，皆俾遵行，則朕於施功之臣，可謂無有愛惜。而不能傾心養士，盡力卹人，致興半菽之嗟，竟起多寒之怨。既乖拊馭，幾悞機權，賴仗義之徒，叶心王事，舉善暗符於朕意，摧姦必建於勳庸。尚保傅於承華，仍優游於東洛，未妨頤養，猶示渥恩。凡百庶寮，宜體朕意。可太子少傅、分司東都，散官勳封如故。仍且於興元管内逐便將養，候疾損日赴任。主者施行。

《全唐文》卷八四三李茂貞《請加贈鄭畋表》 臣聞有勳不廢，前代格言。無美不稱，先王令典。是垂休於國牒，將衍示於孫謀。其有漢閣元勳，岐山茂政，霜露已彫於大樹，蓬蒿將没於豐碑。歎泉扃而縟禮未加，顧藩翰而清風盡在。是敢敷陳往事，啓迪前功。庶雅頌而重興，冀徽猷而復舉。臣伏見故鳳翔尹、同中書門下平章事鄭畋，瑞應星精，祥開日角。建洪鑪於聖代，成庶類於明時。鳳毛方浴於春池，龍節忽移於右輔。旋以羣鴟聚噪，萬蝟鋒攢。蒼黄而玉輦省方，次第而金門撤鑰。九州相望，初猶豫以從風。百辟無歸，半狐疑而委質。而畋峩冠竪髮，褏袖運籌。羅劍戟於樽前，列貔貅於麾下。乃言曰：「封豕肆兇，長鯨噴毒。寘生靈於塗爐，委神器於腥羶。我國家時運雖艱，天歷方遠。豈可以大朝簪紱，當屈節於豺狼？近甸藩籬，欲輸誠於虺蜥。」繇是埋牲誓衆，釁鼓出師。飛羽檄於四方，會諸侯於萬里。擎迴地軸，決驚波而盡入東溟。抽轉天關，驅列宿而咸尊北帝。雷喧鼙鼓，山矗旌旗。五兵纔入犬牙，一陣盡塗龍尾。值大憝建瓴之勢，在元臣反掌之間。不意天柱朝摧，將星夜殞。竹帛徒懸於皎日，衣冠已隔於佳城。臣始舉義師，爰從指顧。稟三令五申之訓，職囊沙減竈之謀。今則謬以微功，叨居重鎮。仰高蹤而如在，念遺烈而未書。伏乞皇帝陛下顯舉舊勳，榮加盛禮。俯盡褒酬之典，遐追鎔範之功。俾四海有聞，致九泉無恨。

王鐸部

綜述

《舊唐書》卷一六四《王鐸傳》 鐸字昭範。會昌初進士第，兩辟使府。大中初，入爲監察御史。咸通初，由駕部郎中知制誥，拜中書舍人。五年，轉禮部侍郎，典貢士兩歲，時稱得人。七年，以户部侍郎，判度支遷禮部尚書。十二年，以本官同平章事。時宰相韋保衡以拔擢之恩，事鐸尤謹，累兼刑部、吏部尚書。僖宗即位，加右僕射。保衡得罪，以鐸檢校右僕射，出爲汴州刺史、宣武軍節度使。

鐸有經世大志，以安邦爲己任，士友推之。乾符二年，河南、江左相繼寇盜結集，内官田令孜素聞鐸名，乃復召鐸，拜右僕射、門下侍郎、同平章事。四年，賊陷江陵，楊知温失守，宋威破賊失策。朝議統率，宰相盧攜稱高駢累立戰功，宜付軍柄，物議未允。鐸廷奏曰：「臣忝宰執之長，在朝不足分陛下之憂。臣願自率諸軍，盪滌羣盜。」朝議然之。五年，以鐸守司徒、門下侍郎、同平章事，兼江陵尹、荆南節度使，充諸道行營兵馬都統。鐸至鎮，綏懷流散，完葺軍戎，期年之間，武備嚴整。

時兖州節度使李係者，西平王晟之孫，以其家世將才，奏用爲都統都押衙，兼湘南團練使。時黄巢在嶺南，鐸悉以精甲付係，令分兵扼嶺路。係無將略，微有口才，軍政不理。廣明初，賊自嶺南寇湖南諸郡，係守城自固，不敢出戰。賊編木爲栰，沿湘而下，急攻潭州，陷之。係甲兵五萬，皆爲賊所殺，投屍於江。鐸聞係敗，令部將董漢宏守江陵，自率兵萬餘會襄陽之師。江陵竟陷於賊。天子不之責。罷相，守太子太師。宰相盧攜用事，竟以淮南高駢代鐸爲都統。

其年秋，賊焚剽淮南，高駢挫敗。及賊陷兩京，盧攜得罪，天子用鄭畋爲兵馬都統。明年，畋病歸行在，朝議復以鐸爲侍中、滑州刺史、義成軍節度使，充諸道行營都統，率禁軍、山南、東蜀之師三萬，營於盩厔東，進屯靈感寺。

明年春，兖、鄆、徐、許、鄭、滑、邠、寧、鳳翔十鎮之師大集關内。時賊已僭名號，以前浙東觀察使崔璆、尚讓爲宰相，傳僞命。天下藩帥，多持兩端。既聞鐸傳檄四方，諸侯翻然景附。賊之號令，東西不過岐、華，南北止及山、河。而勁卒驍將，日馳突於國門，羣賊由是離心。其年秋，賊將朱温降，收同州。十一月，賊華州戍卒七千來奔。三年二月，沙陀軍至，收華州。四月，敗賊於良田坡，遂收京城。封鐸晉國公。鐸加中書令，以收城諸將，量其功伐高下，承制爵賞以聞。是時國命危若綴旒，天子播越蠻陬，大事去矣。若非鄭畋之奮發，鐸之忠義，則土運之隆替，未可知也。

自巢、讓之亂，關東方鎮牙將，皆逐主帥，自號藩臣。時溥據徐州，朱瑄據鄆州，朱瑾據兖州，王敬武據青州，周岌據許州，王重榮據河中，諸葛爽據河陽，皆自擅一藩，職貢不入，賞罰由己。既逐賊出關，尤恃功伐，朝廷姑息不暇。巢賊出關東，與蔡帥秦宗權合縱。時溥舉兵徐方，請身先討賊，乃授溥都統之命。十軍軍容使田令孜以内官楊復光有監護用師之功，尤忌儒臣立事，故有時溥之授。

初，鐸出軍，兼鄭滑節度使，以便供饋。至是，罷鐸都統之權，令仗節歸藩。鐸以朱全忠於己有恩，倚爲藩蔽。初，全忠辭禮恭順，既而全忠軍旅稍集，其意漸倨。鐸知不可依，表求還朝。

其年冬，僖宗自蜀將還，乃以鐸爲滄景節度使。時楊全玫在滄州，聞鐸之來，訴於魏州樂彦貞。鐸受命赴鎮，至魏州旬日，彦貞迎謁，宴勞甚至。鐸以上台元老，功蓋羣后，行則肩輿，妓女夾侍，賓僚服御，盡美一時。彦貞子從訓，兇戾無行，竊所慕之，令甘陵州卒數百人，伏於漳南之高雞泊。及鐸行李至，皆爲所掠，鐸與賓客十餘人，皆遇害。時光啓四年十二月也。

《新唐書》卷一八五《王鐸傳》 王鐸字昭範，宰相播昆弟子也。會昌初，擢進士第，累遷右補闕、集賢殿直學士。白敏中辟署西川幕府。咸通後，仕寖顯，歷中書舍人、禮部侍郎。所取多才實士，爲世稱挹。拜御史中丞，以户部侍郎判度支。十二年，繇禮部尚書進同中書門下平章事，加門下侍郎、尚書左僕射，超拜司徒。韋保衡緣恩倖輔政，始由鐸得進士，故謹事之。雖竊政權，將大斥不附者，病鐸持其事，不得肆，搢紳賴焉。鐸亦上疏祈解，乃以檢校左僕射，出爲宣武節度使。

僖宗初，以左僕射召。始，鐸當國，練制度，智慮周密，時論推允。會河南盜起，天下跂鐸入輔，又鄭畋數言其賢，復拜門下侍郎、平章事。乾符六年，賊破江陵，宋威無功，諸將觀望不進，天下大震。朝廷議置統帥，鐸因請自率諸將督羣

盜。帝即以鐸爲侍中、荆南節度使、諸道行營都統，封晉國公。綏納流冗，益募軍，完器鎧，武備張設。李係者，西平王晟諸孫。敏辨善言兵，然中無有。鐸信之，舉爲將，分精兵使守湖南。俄而賊捨廣州，鼓而北，係望風未戰輒潰，鐸退營襄陽。於是以高駢代之，貶太子賓客，分司東都。

未幾，召拜太子少師，從天子入蜀，拜司徒、門下侍郎、平章事，加侍中。復以太子太保平章事。是時，誅討大計悉屬駢，駢内幸多難，數偃蹇，而外逗撓。鐸感慨王室，每入對，必噫嗚流涕，固請行。時中和二年也。乃以檢校司徒、中書令爲義成節度使，諸道行營都統，判延資、户部、租庸等使。於是表崔安潛自副，鄭昌圖、裴贄、裴樞、王摶等在幕府，以周岌、王重榮、諸葛爽、康實、安師儒、時溥六節度爲將佐，而中尉西門思恭爲監軍，率衛兵洎梁、蜀師三萬壁盩厔，移檄天下。先是，諸將雖環賊，莫肯先。及鐸檄至，號令殷然，士氣皆起，急欲破賊，故巢戰數蹙。宦人田令孜策賊必破，欲使功出於己，乃搆鐸於帝，罷爲檢校司徒，以義成節度還屯。鐸功危就，而讒見奪，然卒因其勢困賊。後數月，復京師，策勳居關東諸鎮第一。四年，徙義昌節度使。

鐸世貴，出入裘馬鮮明，妾侍且衆。過魏，樂彦禎子從訓心利之。李山甫者，數舉進士被黜，依魏幕府，内樂禍，且怨中朝大臣，導從訓以詭謀，使伏兵高雞泊劫之，鐸及家屬吏佐三百餘人皆遇害。朝廷微弱，不能治其冤，天下痛之。

雜録

備録

佚名《玉泉子》 李蠙與王鐸進士同年，後居得路，嘗恐鐸之先相而已後之。路巖出鎮，益失勢。鐸柔弱易制，中官愛焉。洎韋保衡將欲大拜，不能先於恩地，將命鐸焉。蠙陰知之，挈一壺酒請鐸曰：「公將登庸矣，吾恐不可以相攀也，願先是少接左右可乎？」即命酒飲鐸，妻氏疑其堇焉。使女奴傳言於鐸曰：「一身可矣，須爲妻兒謀。」蠙驚曰：「以吾酒爲鴆乎？」即命一大爵，自引滿，飲之而去。

《太平廣記》卷四九九《王鐸》引《聞奇録》 故相晉國公王鐸爲丞郎，時李蠙判度支，每年江淮運米至京，水陸脚錢，斗記七百，京國米價，每斗四十，議欲令江淮不運米，但每斗納錢七百。鐸曰：「非計也，若於京國糴米，必耗京國之食；若運米實關中，自江淮至京，兼濟無限貧民也。」時糴米之制業已行，竟無敢沮其議者。都下官糴，米果大貴，未經旬而度支請罷，以民無至者故也。於是識者乃服鐸之察事矣。鐸卒以此大用。

《太平廣記》卷一七五《李琪》引《李琪集序》 李琪，名族也。父敬，唐廣明中佐王鐸滑州幕。琪生而敏異，十歲通六籍，遂博覽文史，如宿習。十二，詞賦詩頌大爲時賢親賞。府帥王鐸聞而異之，然每見所作，亦有疑志。鐸嘗留其父敬及幕府帥飲，密遣人以《漢祖三傑賦》題試之，俟畢，持去。賦尾云：「得士則昌，非賢罔共。龍頭之友斯貴，鼎足之臣可重。宜哉項氏之所以亡，一范增而不能用。」鐸駭曰：「此兒大器也。」將欲發其文價，乃以賦示坐客，一席稱賞。他日總角謁鐸，鐸顧曰：「適蜀中詔到，用夏州拓跋思恭爲京北收復都統，可作一詩否？」即秉筆立製云：「飛騎經巴棧，鴻恩及夏臺。將從天上去，人自日邊來。此處金門遠，何時玉輦迴。早平關右賊，莫待詔書催。」鐸益奇之，因執琪手曰：「此真鳳毛也。」時年十四。

張洎《賈氏譚録》 王鐸既解諸道都統，乞歸河北養疾，肩輿就路，妓女數百人擁從前後，觀者駭目。道出鎮州，主帥迎接甚謹。初，鐸之入朝也，李山甫方爲鎮州從事，勸主帥劫取之，王氏遂亡其族。

孫光憲《北夢瑣言》卷三《王中令鐸拒黄巢》 唐王中令鐸，重德名家，位望崇顯，率由文雅，然非定亂之才。鎮渚宫爲都統，以禦黄巢。寇兵漸近，先是赴鎮以姬妾自隨，其内未行，本以妬忌，忽報夫人離京在道，中令謂從事曰：「黄巢漸以南來，夫人又自北至，旦夕情味，何以安處？」幕寮戲曰：「不如降黄巢。」公亦大笑之。洎荆州失守，復把潼關，黄巢差人傳語云：「令公儒生，非是我敵，請自退避，無辱鋒刃。」於是棄關。隨僖皇播遷于蜀，再授都統，收復京都，大勳不成，竟罹非命。時議曰：「黄巢過江，高太尉不能拒捍，豈王中令儒懦所能應變乎？」落都統後有詩，其要云：「勑詔已聞來闕下，檄書猶未遍軍前。」亦志在其中也。

孫光憲《北夢瑣言》卷一三《草賊號令公》 王中令鐸落都統，除滑州節度使，尋罷鎮。以河北安静，於楊全玫有舊，避地浮陽，與其都統幕客十來人從行，

皆朝中士子。及過魏，樂彦禎禮之甚至。鐸之行李甚侈，從客侍姬有輦下昇平之故態。彦禎有子曰從訓，素無賴，愛其車馬姬妾，以問其父之幕客李山甫，山甫以咸通中數舉不第，尤私憤於中朝貴達，因勸從訓圖之。俟鐸至甘陵，以輕騎數百，盡掠其橐裝姬僕而還，鐸與賓客皆遇害。及奏朝廷云：「得貝州報，某日殺卻一人，姓王名令公。」其兇誕也如此。彦禎父子尋爲亂軍所殺，得非瑯琊公訴于上帝乎！

孫光憲《北夢瑣言》卷一四《儒將成敗》 王鐸初鎮荆南，黄巢入寇，望風而遁。他日將兵捍潼關，黄巢令人傳語云：「相公儒生，且非我敵，無污我鋒刃，自取敗亡也。」後到成都行朝，拜諸道都統。高駢上表，目之爲敗軍之將，正謂是也。諫議大夫鄭賓曾獻書以規，其旨云：「未知令公以何人爲牙爪，何士參帷幄？當今大盜移國，羣雄奮戈，幕下非舊族子弟、白面郎君雍容談笑之秋也。」爾後罷軍權，鎮滑臺，竟有貝州之禍。

計有功《唐詩紀事》卷六五《王鐸》 鐸，字昭範，重德名家，位重崇顯，率由文雅，非定亂才。鎮渚宫爲都統，以禦巢寇。洎荆州失守，復把潼關。黄巢差人傳語云：令公儒生，非我敵，請自退避，無污鋒刃。於是棄關。隨僖宗播遷於蜀，再授都統。收復京師，大勳不成，竟落都統。後有詩，其要云：黜詔已聞來闕下，檄書猶未遍軍前。亦志其事也。

《罷都統守鎮滑州作》云：用軍何事敢遷延，恩重才輕分使然。黜詔已聞來闕下，檄書猶未遍軍前。腰間盡解蘇秦印，波上虛迎范蠡船。正會星辰扶北極，却驅戈甲鎮南燕。三塵上相逢明主，九合諸侯愧昔賢。看却中興扶大業，殺身無路好歸田。

鐸爲侍御史，于興宗守綿州，登越王樓，以詩寄朝士。鐸和云：謝朓題詩處，危樓壓郡城。雨餘江水碧，雲斷雪山明。錦綉來仙境，風光入帝京。恨無青玉案，何以報高情。

鐸《謁梓潼張惡子廟》詩曰：盛唐聖主解青萍，欲振新封濟順名。夜雨龍抛三尺匣，青雲鳳入九重城。時僖宗幸蜀，人情術士皆云春内必還京。劍門喜氣隨雷動，玉壘韶光待賊平。惟報關東諸將相，柱天功業賴陰兵。判度支蕭遘和云：青骨祀吴誰讓德，紫華居越亦知名。未聞一劍傳唐主，長擁千山護蜀城。斬馬威稜應掃蕩，截蛟鋒刃俟昇平。酇侯爲國親簫鼓，堂上神籌更布兵。

備論

《舊唐書》卷一六四《王鐸傳》 史臣曰：王氏二英，播、起位崇將相，善始令終。而炎薄祐短齡，美鍾於鐸，而能驤首矯翼，凌厲亨衢，仗鉞秉衡，扶持衰運。天胡罰善，遇盜而殂，悲哉！李趙公頡頏禁林，訏謨相府，嘉言啓沃，不以身爲。糜軀將壇，没有餘裕。楊僕射避婦翁之當軸，疏驕尹之怙權，守道居貞，壽考終吉，行己始卒，人以爲難。美哉！

贊曰：王氏儒宗，一門三相。趙公排擯，言猶鯁亮。干將雖折，不改其剛。楊君之德，韶、夏洋洋。

《新唐書》卷一八五《王鐸傳》 贊曰：唐之季，嗣君暗庸，天穢其德久矣。纖人柄朝，靡謀不乖。如畋、鐸皆社稷之才，當大過之世，爲天下唱。扶支王室，幾致中興。俄而爲孽豎亂宦所乘，功業無所成就。濬以亂止亂，悖繆厥心，悲夫！

王夫之《讀通鑑論》卷二七《唐僖宗》 朱温則盜耳，王鐸無識，而假之以權，掠擊自擅，無絲髮之功於唐室。若令遽起乘危，握天子於股掌，天下羣起而攻之，曾王行瑜、韓建之不若也。故温自知其不可，而李振、敬翔亦不以此爲之謀。假義者，必有在己之義可託；身爲叛賊之魁，負大不義於海内，而奚託哉？故唯坐待人之亡唐而後奪之，其志決也。

藝文

宋敏求《唐大詔令集》卷五〇佚名《王鐸蕭遘平章事制》 門下：五帝垂衣，本資乎輔弼；三王御宇，必藉其謀猷。誠聖哲之規章，實邦家之軌範。然則得其人則天下致理，輕其任則海内多虞，興廢之端，古今斯在。開府儀同三司行太子少師上柱國晉國公食邑三千户王鐸，台階降瑞，昇位呈祥，峻影承天，清暉助日。保道德而立性，因文章而飾身，良玉重燒，貞金百煉。道唯經濟，自西虢以安人；術本匡時，辭東山而爲國。洎揚歷中外，出入班行，棲息鸞臺，優遊鳳沼，

榮膺三事，冠絶羣寮，致君之業彌深，及物之功益著。【略】鐸可門下侍郎兼司徒同中書門下平章事，散官勳賜如故，仍令所司擇日備禮册命。遘可銀青光禄大夫守工部侍郎同中書門下平章事，仍落下判度支事，主者施行。

宋敏求《唐大詔令集》卷五一樂朋龜《王鐸弘文館大學士等制》 門下：韋弦互佩則情性和，文武兼修則事功濟。況巖廊重德，柱石賢臣。方當殄寇之時，正委運籌之略。各覃恩渥，用獎勳勞。開府儀同三司、守門下侍郎、兼司徒、同中書門下平章事、上柱國、晉國公、食邑三千户王鐸，太極儲精，華池稟潤。文能師古，業擅經邦。光榮數朝，偃仰三事。挺許國忘家之節，藴經天緯地之材。金紫光禄大夫、守中書侍郎、兼禮部尚書、同中書門下平章事、上柱國裴澈，玉海澄瀾，金莖擢秀。泉渟襟抱，嶽立標儀。道則有常，材惟不器。松竹見後凋之操，輪輗彰致遠之功。銀青光禄大夫、守尚書工部侍郎、同中書門下平章事、上柱國蕭遘，維岳降神，昴星應瑞。琳瑯瑩茂，雲日孤高。業著代天，慮惟周物。偉望而汪洋自遠，清規而峻拔難偕。並智比蓍龜，祥同麟鳳。備彰器業，遍踐清華。雲霄次第以登臨，臺閣從容而履歷。或鬱爲國老，或宛是台臣。人無間言，朕所注意。自妖兇搆逆，巡幸西來，皆能間道以潛奔，竟致臨軒而再會。益堅臣節，仍罄廟謀。杜征南注傳彰閑，謝安石圍碁決勝。每聞盡瘁，尤切圖功。更宜講貫安危，錯磨理本。用蕭曹之祕略，繼房杜之高蹤。佇見中興，實資良術。再踐大貂之位，三居文館之權。首鎮元台，備兼衆務。或官當喉舌，職重陽秋。或位正中樞，榮兼祕殿。大儀峻秩，馭貴崇階。式示優恩，更申獎勵。早清巨孽，俾振皇綱。使雲龍魚水之懽，永光於竹帛。鐸可司徒、兼侍中，充太清宫使、弘文館大學士、兼延資庫使，散官勳封如故。澈可特進、行門下侍郎、兼兵部侍郎、同中書門下平章事，監修國史，勳如故。遘可光禄大夫、行中書侍郎、兼禮部尚書、同中書門下平章事，充集賢殿大學士，勳封如故。主者施行。

宋敏求《唐大詔令集》卷五二樂朋龜《王鐸中書令請道行營都統權知義成軍節度使制》 門下：廟堂之上，教化之源，康濟萬方，彌綸百揆。可謂朕自持之蓍龜，不宜斯須，蹔違顧眄。其或繼陳章表，備歷精誠，以大憝未平，每痛心而疾首。以中都未復，常瀝膽以披肝。志在惣戎，期於彌綸。永言許國，真是藎臣。遂命更陟韓壇，重辭恩鼎。統六師而雷動，屯萬旅以風馳。併集寵光，以堅茂績。開府儀同三司、守司徒、兼太子太保、同中書門下平章事、充太清宫使、弘文館大學士、兼延資庫使、上柱國、晉國公、食邑三千户王鐸，名高嵩華，量等滄溟，情田洞開，心地無滯。造次靡忘於忠孝，幾微不捨其規繩。静彼波瀾，莫分喜愠。洎乎昇甲乙，綴鵷鸞，履歷清華，從容道德，感推器業，必爲王佐之材。盡伏機權，乃是公台之望。爾來盤錯，果副重難，筮短龜長，開物成務。同叔敖之爲楚相，比孔光之輔漢朝。出於一時，膺是三命。其爲寵重，敻無等倫。朕克荷丕圖，内慙涼德。致其郊廟，陷於豺狼。若墜溝隍，如懷水火。未嘗一飯之飽，一夕之安。省過責躬，臨深履薄。遂致玄穹下鑒，元老請行。面陳衷腸，忠貫天地。振朝廷之武力，挫妖孽之殘魂。遏其疾風，方知勁草。況律臨白馬，地壓洪河。擁東夏之鋭師，視中原之沴氣。必期破竹，自可覆巢。昔元凱之著殊勳，謝安之膺上賞。功銘鼎鼐，指誓山河。遐想芳塵，必符壯志。爾宜奪其租賦，贍彼甲兵。使退無翫寇之虞，進有老師之誡。訓齊勇士，尅彼都城。屠梟獍之軀，以爲京觀。戮鯨鯢之首，用獻宗祧。嗚呼！寰海流離，生人塗炭。眷言繫賴，實洞神明。是用棨分和嶠之車，光佩蕭何之印。勉思注意，勿怠厥功。可司徒、兼中書令、充諸道行營都統、兼指揮兵馬收復京城及租庸等使、判延資庫事、權知義成軍節度管内觀察處置等使，餘如故。仍令所司，擇日備禮册命，軍罷後却赴中書，主者施行。

宋敏求《唐大詔令集》卷五二佚名《王鐸判户部制》 勅：夫足食足兵，古之善政，故趙充國以屯田爲上策，諸葛亮用流運作奇謀，皆前代伐叛之良規，兵家聚衆之急務也。況乎命我元老，平彼羣兇，必兼財力之司，方濟軍師之用，況兹一舉，以保萬全。諸道行營都統指揮、收復京城兼租庸等使、權知義成軍節度使、鄭滑潁等州管内觀察處置等使、開府儀同三司、守司徒、兼中書令、判延資庫使、上柱國、晉國公、食邑三千户王鐸，偉望宏材，弘襟遠慮。三登台輔，久領樞機，蔚爲社稷之臣，實重岩廊之器。近以京都未克，寇孽尚存，妙算屢陳，忠誠奮發，思登壇以糾合，誓建旆以掃除。朕由是暫輟陶鎔，俾專統制。五侯九伯，盡列戎行；猛將謀臣，皆瞻馬首。得不分其國用，委以地征，收租賦於四方，從便宜於萬里。軍須無闕，天討必行，副予倚注之懷，全仗廊廟之力。敬承休命，佇策大勳。可兼判户部事，餘如故。

宋敏求《唐大詔令集》卷五四樂朋龜《王鐸義成軍節度兼中書令制》 門下：朕以烟塵犯闕，士庶貽災，思九廟以懷慙，顧萬邦而是愧。危同馭朽，誠甚履冰，遂乃虔祝上玄，冀平積憤，勞于宵旰，實貫神明。其有捨元輔之崇，副人朝之切，拜章瀝懇，西奏請行者，得不超兹爵秩，盛以統臨。今則蠹旆經時，駐軍未

進，宜更戎號，以煥寵光。諸道行營都統指揮、諸軍兵馬收復京城租庸等使、兼判延資庫户部事、權知義成軍節度鄭滑潁等州觀察處置等使、開府儀同三司、守司徒、兼中書令、上柱國、晉國公、食邑三千户王鐸，碩德名門，清風直道，爲一時之圭表，作百行之源流。騏驥絶塵，方知逸勢；松篁犯雪，更耀寒光。洎中第從軍，昇朝擅價，掌綸業茂，選士功高。進必流芳，勞惟可則，專銅鹽之任，副舟楫之權，雅有令名，不誣信史。爾後再持鈞軸，重領藩維，智識愈精，始終無替。旋屬省方之際，犯難而來，首冒鋒鋩，忠貫天地。繇是將吾大柄，答爾明誠，當其艱苦之時，實有整持之計。沉機累獻，祕畫頻聞，漸理綱條，嚴予班序。致使簪裾復盛，禮樂重興，克念爾勞，諒洽人聽。而又忿兹國難，期以身先，懇望統師，力求專代。既佇平於狡穴，貴獨耀於將星，爰命登壇，俾之仗鉞，載盟白馬，疊降紫泥。雖嘉將就之勳，尚滯進軍之策，而諸軍觀望，相顧遷延。將謀盪定之期，因有改更之制。在吾優賢之道，求舊之心；俾循和嶠之榮，敷其五教；更假郤穀之用，惠此一方。爾宜振彼宏圖，聳于東夏，式資論道，共贊中興。體我深懷，敬承休命，可檢校司徒、守中書令、使持節滑州諸軍事、守滑州刺史、充義成軍節度使、滑潁等州觀察處置等使，散官勳封如故。主者施行。

《全唐詩》卷五九〇李郢《酬王舍人雪中見寄》 三日柴門擁不開，階庭平滿白皚皚。今朝踏作瓊瑶跡，爲有詩從鳳沼來。

黄巢部

綜述

《舊唐書》卷二〇〇下《黄巢傳》 黄巢，曹州冤句人，本以販鹽爲事。乾符中，仍歲兇荒，人飢爲盜，河南尤甚。初，里人王仙芝、尚君長聚盜，起於濮陽，攻剽城邑，陷曹、濮及鄆州。先有謡言云：「金色蝦蟆争努眼，翻却曹州天下反。」及仙芝盜起，時議畏之。詔左金吾衛上將軍齊克讓爲兗州節度使，以本軍討仙芝。仙芝懼，引衆歷陳、許、襄、鄧，無少長皆虜之，衆號三十萬。三年七月，陷江陵。十月，又遣將徐君莒陷洪州。時仙芝表請符節，不允，以神策統軍使宋威爲荆南節度招討使，中使楊復光爲監軍。復光遣判官吴彦宏諭以朝廷釋罪，别加官爵，仙芝乃令尚君長、蔡温球、楚彦威相次詣闕請罪，且求恩命。時宋威害復光之功，並擒送闕，勑於狗脊嶺斬之。賊怒，悉精鋭擊官軍，威軍大敗，復光收其餘衆以統之。朝廷以王鐸代爲招討。五年八月，收復荆州，斬仙芝首獻於闕下。

先是，君長弟讓以兄奉使見誅，率部衆入嵖岈山。黄巢、黄揆昆仲八人，率盜數千依讓。月餘，衆至數萬。陷汝州，虜刺史王鐐，又掠關東，官軍加討，屢爲所敗，其衆十餘萬。尚讓乃與羣盜推巢爲王，號衝天大將軍，仍署官屬，藩鎮不能制。時天下承平日久，人不知兵。僖宗以幼主臨朝，號令出於臣下，南衙北司，迭相矛盾，以至九流濁亂，時多朋黨，小人纔勝，君子道消，賢豪忌憤，退之草澤，既一朝有變，天下離心。巢之起也，人士從而附之。或巢馳檄四方，章奏論列，皆指目朝政之弊，蓋士不逞者之辭也。巢徒黨既盛，與仙芝爲形援。及仙芝敗，東攻亳州不下，乃襲破沂州據之，仙芝餘黨悉附焉。

時王鐸雖銜招討之權，緩於攻取。時高駢鎮淮南，表請招討賊，許之，議加都統。巢乃渡淮，僞降於駢。駢遣將張璘率兵受降於天長鎮，巢擒璘殺之，因虜其衆。尋南陷湖、湘，遂據交、廣。託越州觀察使崔璆奏乞天平軍節度，朝議不允。又乞除官，時宰臣鄭畋與樞密使楊復恭奏，欲請授同正員將軍，盧攜駁其議，請授率府率，如其不受，請以高駢討之。及巢見詔，大詬執政，又自表乞安南都護、廣州節度，亦不允。然巢以士衆烏合，欲據南海之地，永爲窠穴，坐邀朝命。是歲自春及夏，其衆大疫，死者十三四。衆勸請北歸，以圖大利。巢不得已，廣明元年，北踰五嶺，犯湖、湘、江、浙，進逼廣陵，高駢閉門自固，所過鎮戍，望風降賊。九月，渡淮。十一月十七日，陷洛陽，留守劉允章率分司官迎之。繼攻陝、虢，逼潼關，陷華州，留將喬鈐守之。河中節度使李都詐進表于賊。朝廷以田令孜率神策、博野等軍十萬守潼關。時禁軍皆長安富族，世籍兩軍，豐給厚賜，高車大馬，以事權豪，自少迄長，不知戰陣。初聞科集，父子聚哭，憚於出征。各於兩市出值萬計，傭雇負販屠沽及病坊窮人，以爲戰士，操刀載戟，不知鍦鋭。復任宦官爲將帥，驅以守關。關之左有谷，可通行人，平時捉税，禁人出入，謂之禁谷。及賊至，官軍但守潼關，不防禁谷，以爲谷既官禁，賊無得而踰也。尚讓、林言率前鋒由禁谷而入，夾攻潼關，官軍大潰，博野都徑還京師，燔掠西市。十二月三日，僖宗夜自開遠門出，趨駱谷，諸王官屬相次奔命，觀軍容使田令孜、王若儔收合禁軍扈從。四日，賊至昭應，金吾大將軍張直方率在京兩班迎賊灞上。五日，賊陷京師。

時巢衆累年爲盜，行伍不勝其富，遇窮民於路，争行施遺。既入春明門，坊市聚觀，尚讓慰曉市人曰：「黄王爲生靈，不似李家不恤汝輩，但各安家。」巢賊衆競投物遺人。十三日，賊巢僭位，國號大齊，年稱金統，仍御樓宣赦，且陳符命曰：「唐帝知朕起義，改元廣明，以文字言之，唐已無天分矣。『唐』去『丑』『口』而安『黄』，天意令黄在唐下，乃黄家日月也。土德生金，予以金王，宜改年爲金統。」賊搜訪舊宰相不獲，以前浙東觀察使崔璆、楊希古、尚讓、趙章爲四相，孟楷、蓋洪爲左右軍中尉，費傳古爲樞密使，王璠爲京兆尹，許建、朱實、劉塘爲軍庫使，朱温、張言、彭攢、季逵爲諸衛大將軍、四面游奕使。又選驍勇形體魁梧者五百人，曰功臣。令其甥林言爲軍使，比之控鶴。

中和元年二月，尚讓寇鳳翔，鄭畋出師禦之，大敗賊於龍尾坡，畋乃馳檄告喻天下藩鎮。四月，涇原行軍唐弘夫之師屯渭北，河中王重榮之師屯沙苑，易定王處存之師屯渭橋，鄜延拓拔思恭之師屯武功，鳳翔鄭畋之師屯盩厔。六月，邠寧朱玫之師屯興平，忠武之師三千屯武功。是歲諸侯勤王之師，四面俱會。十二月，宰相王鐸率荆、襄之師自行在至。鄭畋帳下小校竇玫者，驍勇無敵，每夜率敢死之士百人，直入京師，放火燔諸門，斬級而還，賊人悚駭。

時京畿百姓皆砦於山谷，累年廢耕耘，賊坐空城，賦輸無入，穀食騰踊，米斗

三十千。官軍皆執山砦百姓，鬻於賊爲食，人獲數十萬。朝士皆往來同、華，或以賣餅爲業，因奔於河中。宰相崔沆、豆盧瑑扈從不及，匿之别墅，所由搜索嚴急，乃微行入永寧里張直方之家。朝貴怙直方之豪，多依之。既而或告賊云：「直方謀反，納亡命。」賊攻其第，直方族誅，沆、瑑數百人皆遇害。自是賊始酷虐，族滅居人。遣使傳命召故相駙馬都尉于琮於其第。琮曰：「吾唐室大臣，不可佐黄家草昧，加之老疾。」賊怒，令誅之。廣德公主並賊號咷而謂曰：「予即天子女，不宜復存，可與相公俱死。」是日並遇害。

二年，王處存合忠武之師，敗賊將尚讓，乘勝入京師，賊遁去。處存不爲備，是夜復爲賊寇襲，官軍不利。賊怒坊市百姓迎王師，乃下令洗城，丈夫丁壯，殺戮殆盡，流血成渠。九月，賊將同州刺史朱温降重榮。十一月，李克用率代北之師，自夏陽渡河，屯沙苑。三年正月，敗黄揆於沙苑，進營乾坑。二月，賊將林言、趙章、尚讓率衆十萬援華州。克用合河中、易定、忠武之師，戰於梁田坡，大敗賊軍，俘斬數萬，乘勝攻華州，塹柵以環之。克用騎軍在渭北，令薛志勤、康君立每夜突入京師，燔積聚，俘級而旋。黄揆棄華州，官軍收城。四月八日，克用合忠武騎將龐從遇賊於渭南，決戰三捷，大敗賊軍。十日夜，賊巢散走。詰旦，克用由光泰門入，收京師。巢賊出藍田、七盤路，東走關東。天下兵馬都監押楊復光露布獻捷於行在，陳破賊事狀曰：

頃者妖興霧市，盗嘯叢祠，而岳牧藩侯，備盗不謹。謂大同之運，常可容姦；謂無事之秋，縱其長惡。賊首黄巢，因得充盈窟穴，蔓延萑蒲，驅我蒸黎，徇其兇逆。展鉏鶴以成鋒刃，殺耕牛以恣燔炮，魑魅晝行，虺蜴夜噬。自南海失守，湖外喪師，養虎災深，馴梟逆大，物無不害，惡靡不爲，豺狼貽朝市之憂，瘡痏及腹心之痛。遂至毒流萬姓，盗汙兩京，衣冠銜塗炭之悲，郡邑起丘墟之歎。萬方共怒，十道齊攻，仗九廟之威靈，殄積年之兇醜。

河中節度使王重榮神資壯烈，天付機謀，誓立功名，志安家國。至於屯田待敵，率士當衝，收百姓十萬餘家，降賊黨三萬餘衆。法當持重，功遂晚成，久稽原野之刑，未快雷霆之怒。自收同、華，逼近京師，夕烽高照於國門，遊騎俯臨於灞岸。既知四隅斷絶，百計奔衝，如窮鳥觸籠，似飛蛾赴燭。

鴈門節度使李克用神傳將略，天付忠貞，機謀與武藝皆優，臣節共本心相稱。殺賊無非手刃，入陣率以身先，可謂雄才，得名飛將。自統本軍南下，與臣同力前驅，雖在寢餐，不忘寇孽。今月八日，遣衙隊前鋒楊守宗、河中騎將白志遷、横野軍使滿存、躡雲都將丁行存、朝邑鎮將康師貞、忠武黄頭軍使龐從等三十都，隨李克用自光泰門先入京師，力摧兇寇。又遣河中將劉讓、王瓌、冀君武、孫珙，忠武將喬從遇，鄭滑將韓從威，荆南將申屠悰，滄州將賈滔，易定將張仲慶，壽州將張行方，天德將顧彦朗，左神策弩手甄君楚、公孫佐，横衝軍使楊守亮，躡雲都將高周彝，忠順都將胡真，絳州監軍毛宣伯、聶弘裕等七十都繼進。賊尚爲堅陣，來抗官軍。鴈門李克用率勵驍雄，整齊金革，叫譟而聲將動瓦，喑嗚而氣欲吞沙，寬列戈矛，密張羅網。於是麾軍背擊，分騎横衝，日明而劍躍飛輪，風急而旗開走電。使賊如浪，便可塞流；使賊如山，亦須折角。蹂踐則横屍入地，騰凌則積血成塵，不煩即墨之牛，若駕昆陽之象。楊守宗等齊驅直入，合勢夾攻，從卯至申，羣兇大潰。自望春宫前蹙殺，至昇陽殿下攻圍，戈不濫揮，矢無虚發。其賊一時奔走，南入商山，徒延漏刃之生，佇作飲頭之器。

自收平京闕，三面皆立大功；若破敵摧兇，李克用實居其首。其餘將佐，同效驅馳。兼臣所部領萬餘人，數歲櫛風沐雨。既兹平蕩，並録以聞。

五月，巢賊先鋒將孟楷攻蔡州，節度使秦宗權以兵逆戰，爲賊所敗。攻城急，宗權乃稱臣於賊。遂攻陳、許，營於溵水。陳州刺史趙犨迎戰，敗賊前鋒，生擒孟楷，斬之。黄巢素寵楷，悲惜之。乃悉衆攻陳州，營於城北五里，爲宫闕之制，曰八仙營。於是自唐、鄧、許、汝、孟、洛、鄭、汴、曹、濮、徐、兖數十州，畢罹其毒。賊圍陳郡三百日，關東仍歲無耕稼，人餓倚墻壁間，賊俘人而食，日殺數千。賊有舂磨砦，爲巨碓數百，生納人於臼碎之，合骨而食，其流毒若是。

趙犨求援於太原。四年二月，李克用率山西諸軍，由蒲、陝濟河，會關東諸侯，赴援陳州。三月，諸侯之師復集。四月，官軍敗賊於太康，俘斬萬計，拔其四壁。又敗賊將黄鄴於西華，拔其壁。巢賊大恐，收軍營於故陽里，官軍進攻之。五月，大雨震雷，平地水深三尺，壞賊壘，賊自離散，復聚於尉氏，逼中牟。翌日，營汴水北。是日，復大雨震電，溝塍漲流。賊分寇汴州，李克用自鄭州引軍襲擊，大敗之，獲賊將李用、楊景。殘衆保胙縣，冤句，官軍追討，賊無所保。其將李讜、楊能、霍存、葛從周、張歸厚、張歸霸各率部下降於大梁，尚讓率部下萬人歸時溥。賊自相猜間，相殺於營中，所殘者千人，中夜遁去，克用追擊至濟陰而還。賊散於兖、鄆界。黄巢入泰山，徐帥時溥遣將張友與尚讓之衆掩捕之。至狼虎谷，巢將林言斬巢及二弟鄴、揆等七人首，並妻子皆送徐州。是月賊平。

《新唐書》卷二二五《黄巢傳》　黄巢，曹州冤句人。世鬻鹽，富於貲。善擊劍騎射，稍通書記，辯給，喜養亡命。

咸通末，仍歲饑，盜興河南。乾符二年，濮名賊王仙芝亂長垣，有衆三千，殘曹、濮二州，俘萬人，勢遂張。仙芝妄號大將軍，檄諸道，言吏貪沓，賦重，賞罰不平。宰相恥之，僖宗不知也。其票帥尚君長、柴存、畢師鐸、曹師雄、柳彦璋、劉漢宏、李重霸等十餘輩，所在肆掠。而巢喜亂，即與羣從八人，募衆得數千人以應仙芝，轉寇河南十五州，衆遂數萬。

帝使平盧節度使宋威與其副曹全晸數擊賊，敗之，拜諸道行營招討使，給衛兵三千、騎五百，詔河南諸鎮皆受節度，以左散騎常侍曾元裕副焉。仙芝略沂州，威敗賊城下，仙芝亡去。威因奏大渠死，擅縱麾下兵還青州，羣臣皆入賀。居三日，州縣奏賊故在。時兵始休，有詔復遣，士皆忿，思亂。賊間之，趣郟城，不十日破八縣。帝憂迫近東都，督諸道兵檢遏，於是鳳翔、邠寧、涇原兵守陜、潼關，元裕守東都，義成、昭義以兵衛宫。

仙芝去攻汝州，殺其將，刺史走，東都大震，百官脱身出奔。賊破陽武，圍鄭州，不克，螘聚鄧、汝間。關以東州縣，大抵皆畏賊，嬰城守，故賊放兵四略，殘郢、復二州，所過焚剽，生人幾盡。官軍急追，則遺貲布路，士争取之，率逗橈不前。賊轉入申、光，殘隋州，執刺史，據安州自如，分奇兵圍舒，擊廬、壽、光等州。時威老且闇，不任軍，陰與元裕謀曰：「昔龐勛滅，康承訓即得罪。吾屬雖成功，其免禍乎？不如留賊，不幸爲天子，我不失作功臣。」故躡賊一舍，完軍顧望。帝亦知之，更以陳許節度使崔安潛爲行營都統，以前鴻臚卿李瑑代威，右威衛上將軍張自勉代元裕。

賊出入蘄、黄，蘄州刺史裴渥爲賊求官，約罷兵。仙芝與巢等詣渥飲。未幾，詔拜仙芝左神策軍押衙，遣中人慰撫。仙芝喜，巢恨賞不及己，訽曰：「君降，獨得官，五千衆且奈何？丐我兵，無留。」因擊仙芝，傷首。仙芝憚衆怒，即不受命，劫州兵，渥、中人亡去。賊分其衆：尚君長入陳、蔡；巢北掠齊、魯，衆萬人，入鄆州，殺節度使薛崇，進陷沂州，遂至數萬，繇潁、蔡保嵖岈山。

是時柳彦璋又取江州，執刺史陶祥。巢引兵復與仙芝合，圍宋州。會自勉救兵至，斬賊二千級，仙芝解而南，度漢，攻荆南。於是節度使楊知温嬰城守，賊縱火焚樓堞，知温不出，有詔以高駢代之。駢以蜀兵萬五千齎糒糧，期三十日至，而城已陷，知温走，賊不能守。於是詔左武衛將軍劉秉仁爲江州刺史，勒兵乘單舟入賊栅，賊大駭，相率迎降，遂斬彦璋。

巢攻和州，未克。仙芝自圍洪州，取之，使徐唐莒守。進破朗、岳，遂圍潭州，觀察使崔瑾拒却之，乃向浙西，擾宣、潤，不能得所欲，身留江西，趣别部還入河南。

帝詔崔安潛歸忠武，復起宋威、曾元裕，以招討使還之，而楊復光監軍。復光遣其屬吴彦宏以詔諭賊，仙芝乃遣蔡温球、楚彦威、尚君長來降，欲詣闕請罪，又遺威書求節度。威陽許之，上言「與君長戰，禽之」。復光固言其降。命侍御史與中人馳驛即訊，不能明。卒斬君長等於狗脊嶺。仙芝怒，還攻洪州，入其郛。威自將往救，敗仙芝於黄梅，斬賊五萬級，獲仙芝，傳首京師。

當此時，巢方圍亳州未下，君長弟讓率仙芝潰黨歸巢，推巢爲王，號「衝天大將軍」，署拜官屬，驅河南、山南之民十餘萬掠淮南，建元王霸。

曾元裕敗賊於申州，死者萬人。帝以威殺尚君長非是，且討賊無功，詔還青州，以元裕爲招討使，張自勉爲副。巢破考城，取濮州，元裕軍荆、襄，援兵阻，更拜自勉東北面行營招討使，督諸軍急捕。巢方掠襄邑、雍丘，詔滑州節度使李嶧壁原武。巢寇葉、陽翟，欲窺東都。會左神武大將軍劉景仁以兵五千援東都，河陽節度使鄭延休兵三千壁河陰。巢兵在江西者，爲鎮海節度使高駢所破；寇新鄭、郟、襄城、陽翟者，爲崔安潛逐走；在浙西者，爲節度使裴璩斬二長，死者甚衆。巢大沮畏，乃詣天平軍乞降，詔授巢右衛將軍。巢度藩鎮不一，未足制己，即叛去，轉寇浙東，執觀察使崔璆。於是高駢遣將張潾、梁纘攻賊，破之。賊收衆踰江西，破虔、吉、饒、信等州，因刊山開道七百里，直趨建州。

初，軍中謡曰：「逢儒則肉，師必覆。」巢入閩，俘民紿稱儒者，皆釋，時六年三月也。儂路圍福州，觀察使韋岫戰不勝，棄城遁，賊入之，焚室廬，殺人如蓺。過崇文館校書郎黄璞家，令曰：「此儒者，滅炬弗焚。」又求處士周朴，得之，謂曰：「能從我乎？」答曰：「我尚不仕天子，安能從賊？」巢怒斬朴。是時閩地諸州皆没，有詔高駢爲諸道行營都統以拒賊。

巢陷桂管，進寇廣州，詒節度使李迢書，求表爲天平節度，又脅崔璆言於朝，宰相鄭畋欲許之，盧攜、田令孜執不可。巢又丐安南都護、廣州節度使，書聞，右僕射於琮議：「南海市舶利不貲，賊得益富，而國用屈。」乃拜巢率府率。巢見詔大詬，急攻廣州，執李迢，自號「義軍都統」，露表告將入關，因詆宦豎柄朝，垢蠹紀綱，指諸臣與中人賂遺交構狀，銓貢失才，禁刺史殖財産，縣令犯贓者族，皆當

時極敝。

天子既懲宋威失計，罷之，而宰相王鐸請自行，乃拜鐸荆南節度使、南面行營招討都統，率諸道兵進討。鐸屯江陵，表泰寧節度使李係爲招討副使、湖南觀察使，以先鋒屯潭州，兩屯烽驛相望。會賊中大疫，衆死什四，遂引北還。自桂編大桴，沿湘下衡、永，破潭州，李係走朗州，兵十餘萬殲焉，投胔蔽江。進逼江陵，號五十萬。鐸兵寡，即乘城。先此，劉漢宏已略地，焚廬廥，人皆竄山谷。俄而係敗問至，鐸棄城走襄陽，官軍乘亂縱掠，會雨雪，人多死溝壑。

其十月，巢據荆南，脅李迢草表報天子，迢曰：「吾腕可斷，表不可爲。」巢怒，殺之。欲進躡鐸，會江西招討使曹全晸與山南東道節度使劉巨容壁荆門，使沙陀以五百騎釘鑾濼縻望賊陣縱而遁，賊以爲怯。明日，諸將乘以戰，而馬識沙陀語，呼之輒奔還，莫能禁。官兵伏于林，鬭而北，賊急追，伏發，大敗之，執賊渠十二輩。巢懼，度江東走，師促之，俘什八，鐸招漢宏降之。或勸巨容窮追，荅曰：「國家多負人，危難不吝賞，事平則得罪，不如留賊冀後福。」止不追，故巢得復整，攻鄂州，入之。全晸將度江，會有詔以段彦謩代其使，乃止。

巢畏襲，轉掠江西，再入饒、信、杭州，衆至二十萬。攻臨安，戍將董昌兵寡，不敢戰，伏數十騎莽中，賊至，伏弩射殺賊將，下皆走。昌進屯八百里，見舍媪曰：「有追至，告以臨安兵屯八百里矣。」賊駭曰：「向數騎能困我，況軍八百里乎？」乃還，殘宣、歙等十五州。

廣明元年，淮南高駢遣將張潾度江敗王重霸，降之。巢數卻，乃保饒州，衆多疫，别部常宏以衆數萬降，所在戮死。諸軍屢奏破賊，皆不實，朝廷信之，稍自安。巢得計，破殺張潾，陷睦、婺二州，又取宣州，而漢宏殘衆復奮，寇宋州，掠申、光，來與巢合，濟采石，侵揚州。高駢按兵不出。詔兖海節度使齊克讓屯汝州，拜全晸天平節度使兼東面副都統。賊方守滁、和，全晸以天平兵敗於淮上。宰相豆盧瑑計：「救師未至，請假巢天平節度使，使無得西，以精兵戍宣武，塞汝、鄭路，賊首可致矣。」盧攜執不可，請「召諸道兵壁泗上，以宣武節度統之，則巢且還寇東南，徘徊山浙，救死而已」。詔可。前此已詔天下兵屯溵水，禁賊北走。於是徐兵三千道許，其帥薛能館徐衆城中，許人驚謂見襲，部將周岌自溵水還，殺能，自稱留後。徐軍聞亂，列將時溥亦引歸，因其帥支詳。兖海齊克讓懼下叛，引軍還兖州，溵水屯皆散。

巢聞，悉衆度淮，妄稱「率土大將軍」，整衆不剽掠，所過惟取丁壯益兵。李罕之犯申、光、潁、宋、徐、兖等州，吏皆亡。巢自將攻汝州，欲薄東都。當是時，天子沖弱，怖而流淚，宰相更共建言，悉神策並關內諸節度兵十五萬守潼關。田令孜請自將而東，然內震擾，前説帝以幸蜀事。帝自幸神策軍，擢左軍騎將張承範爲先鋒，右軍步將王師會督糧道，以飛龍使楊復恭副令孜。於是募兵京師，得數千人。

當是時，巢已陷東都，留守劉允章以百官迎賊，巢入，勞問而已，里閭晏然。帝餞令孜章信門，賚遺豐優。然衛兵皆長安高貲，世籍兩軍，得稟賜，侈服怒馬以詫權豪，初不知戰，聞料選，皆哭于家，陰出貲雇販區病坊以備行陣，不能持兵，觀者寒毛以慄。承範以彊弩三千防關，辭曰：「祿山率兵五萬陷東都，今賊衆六十萬，過祿山遠甚，恐不足守。」帝不許。賊進取陝、虢，檄關戍曰：「吾道淮南，逐高駢如鼠走穴，爾無拒我！」神策兵過華，裹三日糧，不能飽，無鬭志。

十二月，巢攻關，齊克讓以其軍戰關外，賊少卻。俄而巢至，師大譟，川谷皆震，時士飢甚，潛燒克讓營，克讓走入關。承範出金諭軍中曰：「諸君勉報國，救且至。」士感泣，拒戰。賊見師不繼，急攻關，王師矢盡，飛石以射，巢驅民內塹，火關樓皆盡。始，關左有大谷，禁行人，號「禁谷」。賊至，令孜屯關，而忘谷之可入。尚讓引衆趨谷，承範惶遽，使師會以勁弩八百邀之，比至，而賊已入。明日，夾攻關，王師潰。師會欲自殺，承範曰：「吾二人死，孰當辨者？不如見天子以實聞，死未晚。」乃羸服逃。始，博野、鳳翔軍過渭橋，見募軍服鮮燠，怒曰：「是等何功，遽然至是！」更爲賊鄉導，前賊歸，焚西市。帝類郊祈哀。會承範至，具言不守狀。帝黜宰相盧攜。方朝，而傳言賊至，百官奔，令孜以神策兵五百奉帝趨咸陽，惟福、穆、潭、壽四王與妃御一二從，中人西門匡範統右軍以殿。

巢以尚讓爲平唐大將軍，蓋洪、費全古副之。賊衆皆被髮錦衣，大抵輜重自東都抵京師，千里相屬。金吾大將軍張直方與羣臣迎賊灞上，巢乘黄金輿，衛者皆繡袍、華幘，其黨乘銅輿以從，騎士凡數十萬先後之。陷京師，入自春明門，升太極殿，宫女數千迎拜，稱黄王。巢喜曰：「殆天意歟！」巢舍田令孜第。賊見窮民，抵金帛與之。尚讓即妄曉人曰：「黄王非如唐家不惜而輩，各安毋恐。」甫數日，因大掠，縛箠居人索財，號「淘物」。富家皆跣而驅，賊酋閲甲第以處，爭取人妻女亂之，捕得官吏悉斬之，火廬舍不可貲，宗室侯王屠之無類矣。

巢齋太清宫，卜日舍含元殿，僭即位，號大齊。求衮冕不得，繪弋綈爲之；無金石樂，擊大鼓數百，列長劍大刀爲衛。大赦，建元爲金統。王官三品以上

停，四品以下還之。因自陳符命，取「廣明」字，判其文曰：「唐去丑口而著黄，明黄當代唐，又黄爲土，金所生，蓋天啓」云。其徒上巢號承天應運啓聖睿文宣武皇帝，以妻曹爲皇后，以尚讓、趙璋、崔璆、楊希古爲宰相，鄭漢璋御史中丞，李儔、黄諤、尚儒爲尚書，方特諫議大夫，皮日休、沈雲翔、裴渥翰林學士，孟楷、蓋洪尚書左右僕射兼軍容使，費傳古樞密使，張直方檢校左僕射，馬祥右散騎常侍，王璠京兆尹，許建、米實、劉瑭、朱温、張全、彭攢、李逵等爲諸將軍游弈使，其餘以次封拜。取趫偉五百人號「功臣」，以林言爲之使，比控鶴府。下令軍中禁妄殺人，悉輸兵于官。然其下本盜賊，皆不從。召王官，無有至者，乃大索里閭，豆盧瑑、崔沆等匿永寧里張直方家。直方者，素豪桀，故士多依之。或告賊納亡命者，巢攻之，夷其家，瑑、沆及大臣劉鄴、裴諗、趙濛、李溥、李湯死者百餘人。將作監鄭綦、郎官鄭係舉族縊。

是時，乘輿次興元，詔促諸道兵收京師，遂至成都。巢使朱温攻鄧州，陷之，以擾荆、襄。遣林言、尚讓寇鳳翔，爲鄭畋將宋文通所破，不得前。畋乃傳檄召天下兵，於是詔涇原節度使程宗楚爲諸軍行營副都統，前朔方節度使唐弘夫爲行營司馬。數攻賊，斬萬級。邠將朱玫陽爲賊將王玫哀兵，俄而殺玫，引軍入於王師。弘夫進屯渭北，河中王重榮營沙苑，易定王處存次渭橋，鄜延李孝昌、夏州拓拔思恭壁武功。弘夫拔咸陽，枕渭水，破尚讓軍，乘勝入京師。巢竊出，至石井。宗楚入自延秋門，弘夫傅城舍，都人共譟曰：「王師至！」處存選鋭卒五千以白帣自誌，夜入殺賊，都人傳言巢已走，邠、涇軍争入京師，諸軍亦解甲休，競掠貨財子女，市少年亦冒作帣，肆爲剽。

巢伏野，使覘城中弛備，則遣孟楷率賊數百掩邠、涇軍，都人猶謂王師，讙迎之。時軍士得珍賄，不勝載，聞賊至，重負不能走，是以甚敗。賊執弘夫害之，處存走營。始，王璠破奉天，引衆數千隨弘夫，及諸將敗，獨一軍戰尤力。巢復入京師，怒民迎王師，縱擊殺八萬人，血流於路可涉也，謂之「洗城」。諸軍退保武功，於是中和二年二月也。

其五月，昭義高潯攻華州，王重榮與並力，克之。朱玫以涇、岐、麟、夏兵八萬營興平，巢亦遣王璠營黑水，攻戰未能勝。鄭畋將竇玫夜率士燔都門，殺邏卒，賊震懼。於時畿民栅山谷自保，不得耕，米斗錢三十千，屑樹皮以食，有執栅民鬻賊以爲糧，人獲數十萬錢。士人或賣餅自業，舉奔河中。李孝昌、拓拔思恭徙壁東渭橋，收水北壘。數月，賊帥朱温、尚讓涉渭敗孝昌等軍。高潯擊賊李詳，不勝，賊復取華州，巢即授華州刺史，以温爲同州刺史。賊又襲孝昌，二軍引去。賊破陳敬瑄兵，走南山。齊克儉營興平，爲賊所圍，決河灌之，不克。有題尚書省户譏賊且亡，尚讓怒，殺吏，輒剔目懸之，誅郎官門闌卒凡數千人，百司逃，無在者。

天子更以王鐸爲諸道行營都統，崔安潛副之，周岌、王重榮爲左右司馬，諸葛爽、康實爲左右先鋒，平師儒爲後軍，時溥督漕賦，王處存、李存章、拓拔思恭爲京畿都統，處存直左，孝章在北，思恭直右。西門思恭爲鐸都監，楊復光監行營，中書舍人盧胤征爲克復制置副使。於是鐸以山南、劍南軍營靈感祠，朱玫以岐、夏軍營興平，重榮、處存營渭北，復光以壽、滄、荆南軍合岌營武功，孝章合拓拔思恭營渭橋，程宗楚營京右。

朱温以兵三千掠丹、延南鄙，趨同州，刺史米逢出奔，温據州以守。六月，尚讓寇河中，使朱温攻西關，敗諸葛爽，破重榮數千騎於河上，爽閉關不出，讓遂拔郃陽，攻宜君壘，大雨雪盈尺，兵死什三。七月，賊攻鳳翔，敗節度李昌言於澇水，又遣彊武攻武功，槐里，涇、邠兵卻，獨鳳翔兵固壁。拓拔思恭以鋭士萬八千赴難，逗留不進。河中糧艘三十道夏陽，朱温使兵奪艘，重榮以甲士三萬救之，温懼，鑿沈其舟，兵遂圍温。温數困，又度巢勢蹙且敗，而孟楷方專國，温丐師，楷沮不報，即斬賊大將馬恭，降重榮。帝進拓拔思恭爲京四面都統，勑朱玫軍馬嵬。温既降，重榮遇之厚，故李詳亦獻款，賊覺，斬之於赤水，更以黄思鄴爲刺史。

十月，鐸濬壕於興平，左抵馬嵬，使將薛韜董之，由馬嵬、武功入斜谷，以通盩厔，列屯十四，使將梁璩主之，置關於沮水、七盤、三溪、木皮嶺，以遮秦、隴。京左行營都統東方逵禽賊鋭將李公迪，破堡三十。華卒逐黄思鄴，巢以王遇爲刺史，遇降河中。

明年正月，王鐸使鴈門節度使李克用破賊於渭南，承制拜東北行營都統。會鐸與安潛皆罷，克用獨引軍自嵐、石出夏陽，屯沙苑，破黄揆軍，遂營乾阬。二月，合河中、易定、忠武等兵擊巢。巢命王璠、林言軍居左，趙璋、尚讓軍居右，衆凡十萬，與王師大戰梁田陂。賊敗，執俘數萬，僵胔三十里，斂爲京觀。璠與黄揆襲華州，據之，遇亡去。克用掘塹環州，分騎屯渭北，命薛志勤、康君立夜襲京師，火廥聚，俘賊而還。

巢戰數不利，軍食竭，下不用命，陰有遁謀，即發兵三萬搤藍田道，使尚讓援

華州。克用率重榮迎戰零口，破之，遂拔其城，撲引衆出走。涇原節度使張鈞説
蕃、渾與盟，共討賊。是時，諸鎮兵四面至。四月，克用遣部將楊守宗率河中將
白志遷、忠武將龐從等最先進，擊賊渭橋，三戰，賊三北。於是諸節度兵皆奮，無
敢後，入自光泰門。克用身決戰，呼聲動天，賊崩潰，逐北至望春，入昇陽殿闥。
巢夜奔，衆猶十五萬，聲趨徐州，出藍田，入商山，委輜重珍貨於道，諸軍争取之，
不復追，故賊得整軍去。

自禄山陷長安，宫闕完雄，吐蕃所燔，唯衢衖廬舍；朱泚亂定百餘年，治繕
神麗如開元時。至巢敗，方鎮兵互入虜掠，火大内，惟含元殿獨存，火所不及者，
止西内、南内及光啓宫而已。楊復光獻捷行在，帝詔陳許、延州、鳳翔、博野軍合
東西神策二萬人屯京師，命大明宫留守王徽衛諸門，撫定居人。詔尚書右僕射
裴璩修復宫省，購輦輅、仗衛、舊章、秘籍。豫敗巢者：神策將横衝軍使楊守亮、
躡雲都將高周彝、忠順都將胡真、天德將顧彦朗七十人。

巢已東，使孟楷攻蔡州。節度使秦宗權迎戰，大敗，即臣賊，與連和。楷擊
陳州，敗死，巢自圍之，略鄧、許、孟、洛，東入徐、兗數十州。人大饑，倚死牆塹，
賊俘以食，日數千人，乃辨列百巨碓，糜骨皮於臼，並啖之。時朱全忠爲宣武節
度使，與周岌、時溥帥師救陳，趙犫亦乞兵太原。巢遣宗權攻許州，未克。於是
糧竭，木皮草根皆盡。

四年二月，李克用率山西兵由陝濟河而東，會關東諸鎮壁汝州。全忠擊賊
瓦子堡，斬萬餘級，諸軍破尚讓於太康，亦萬級，獲械鎧馬羊萬計，又敗黄鄴於西
華，鄴夜遁。巢大恐，居三日，軍中相驚，棄壁走，巢退營故陽里。其五月，大雨
震電，川谿皆暴溢，賊壘盡壞，衆潰，巢解而去。全忠進戍尉氏，克用追巢，全忠
還汴州。

巢取尉氏，攻中牟，兵度水半，克用擊之，賊多溺死。巢引殘衆走封丘，克用
追敗之，還營鄭州。巢涉汴北引，夜復大雨，賊驚潰，克用聞之，急擊巢河瀕。巢
度河攻汴州，全忠拒守，克用救之，斬賊驍將李周、楊景彪等。巢夜走胙城，入寃
句。克用悉軍窮躡，賊將李讜、楊能、霍存、葛從周、張歸霸、張歸厚往降全忠，而
尚讓以萬人歸時溥。巢愈猜忿，屢殺大將，引衆奔兗州。克用追至曹，巢兄弟拒
戰，不勝，走兗、鄆間，獲男女牛馬萬餘、乘輿器服等，禽巢愛子。克用軍晝夜馳，
糧盡不能得巢，乃還。巢衆僅千人，走保太山。

六月，時溥遣將陳景瑜與尚讓追戰狼虎谷，巢計蹙，謂林言曰：「我欲討國
姦臣，洗滌朝廷，事成不退，亦誤矣。若取吾首獻天子，可得富貴，毋爲他人利。」
言，巢出也，不忍。巢乃自刎，不殊，言因斬之，及兄存、弟鄴、揆、欽、秉、萬通、思
厚，并殺其妻子，悉函首，將詣溥。而太原博野軍殺言，與巢首俱上溥，獻于行
在，詔以首獻于廟。徐州小史李師悦得巢僞符璽，上之，拜湖州刺史。

巢從子浩衆七千，爲盗江湖間，自號「浪蕩軍」。天復初，欲據湖南，陷瀏陽，
殺略甚衆。湘陰彊家鄧進思率壯士伏山中，擊殺浩。

雜録

備録

杜光庭《録異記》卷三《忠》 僖宗幸蜀，黄巢陷長安，南北臣僚奔問者相繼。
無何，執金吾張直方與宰臣劉鄴、于悰諸朝士等潛議奔行朝，爲羣盗所覺，誅戮
者至多。自是阸束，内外阻絶。京師積糧尚多，巧工劉萬餘、樂工鄧慢兒、角觝
者摘星胡弟米生者竊相謂曰：「大寇所向無敵，京城糧貯甚多，雖諸道不賓，外
物不入，而支持之力，數年未盡。吾黨受國恩深，志効忠赤而飛竄無門，皆爲逆
黨所使。吾將貢策，請竭其糧。外貨不至，内食既盡，不一二年，可自敗亡矣。」
萬餘，黄巢憐其巧性，常侍直左右，因從容言曰：「長安苑囿城隍，不啻百里，若
外兵來逼，須有禦備，不爾，固守爲難。請自望仙門以北，周玄武、白虎諸門，博
築城池，置樓櫓卻敵，爲禦捍之備，有持久之安也。」黄巢喜，且賞其忠節。即日，
使兩街選召丁夫各十萬人築城，人支米二升、錢四十文。日計左右軍支米四千
石、錢八千貫。歲餘，功不輟而城未周，以至於出太倉穀以支夫食，然後剥榆皮
而充御廚，城竟不就。萬餘懼賊覺其機，出投河陽，經年病卒。鄧慢兒善彈琵
琶，樂府推其首冠，黄巢頗狎之。因灸其右手，託以風廢，終不爲彈，禮之甚厚，
而未嘗爲執器奏曲。每三五日一召入禁中，輒與之金帛。一旦謂其友曰：「吾
嘗聞忠節之士有死而已。吾頻爲大寇所逼，終不能爲之屈節奏曲。今日見召，
吾當就死，不復歸矣。」與妻女一兒訣别，使者促之，遂入見黄巢。黄巢欣然謂
曰：「汝樂官推所藝第一，而久云風廢，吾亦信待於汝。豈不致三兩聲琵琶乎？

不全曲也。」慢兒曰：「某出身應役，朱紫之服皆唐天子所賜，固不忍負前朝之恩，以此樂樂於他人也。」巢大怒，命斬之，屠其家焉。摘星胡弟善射，發無不中，巢甚愛之，衣以錦服，出入常在馬前。渭橋爲官軍所奪，黄巢親領兵以禦之。既至橋，命米生引滿以射，凡發十數箭，箭皆及遠而不中。黄巢詰之：「箭皆及遠而不中物，何也？」對曰：「聖唐兵士非親即故，故不中爾。」巢怒，亦殺之。

孫光憲《北夢瑣言》卷一六《春磨寨》 黄巢自長安遁歸，與其衆屯於陳蔡間溵河，下寨連絡，號八山營。于時蔡州秦宗權懼巢，以城降之。時既饑乏，野無所掠，唯捕人爲食，肉盡繼之以骨，或碓搗，或磑磨，咸用充飢。天軍四合，巢軍不利，其黨駭散，頻爲雷電大雨淹浸其營。乃與妻孥昆弟奔於太山狼虎谷，爲外甥林言斬首送徐州，時溥下裨將李師鋭函首送成都行在也。

樂史《廣卓異記》卷六《臣下》 巢之興，有讖云：「黄蛇獨吼，天下人走。」又曰：「金色蝦蟆争怒眼，翻卻曹州天下反。」中和初謡云：「黄巢須走秦山東，死在翁家翁。」時巢死之處，民家乃姓翁也。因而書之。

錢易《南部新書》卷丁 黄巢令皮日休作讖詞，云：「欲知聖人姓，田八二十一；欲知聖人名，果頭三屈律。」巢大怒，蓋巢頭醜，掠鬢不盡，疑三屈律之言是其譏也。遂及禍。

《資治通鑑》卷二五三唐僖宗乾符四年四月條考異引《驚聽紀》 巢與(王)仙芝俱入蘄州，以仙芝獨受官而怒，毆仙芝傷面，由是分隊。

《資治通鑑》卷二五三唐僖宗乾符六年五月條考異引《續寶運録》 黄巢先求廣府兼使相，朝廷不與。黄巢夏初兵屯廣南，屢候勑旨不下，遂恣行攻劫。黄巢夏六月上表，稱「義軍百萬都統兼韶、廣等州觀察處置等使」，末云「六月十五日表」。秋，遣内侍仇公度齎手詔並廣南、邕府、安南、安東等道節度使、指揮觀察使、開國公、食邑五百户官告六通，又賜節度將吏空名尚書僕射官告五十通。九月二十日，仇公度到廣州，至十月一日，巢與公度雜匹段、藥物等五馱、表函並所賜官告並卻付公度。表末云：「廣明元年十月一日上表。」公度等其年十月二十九日至京。

《資治通鑑》卷二五三唐僖宗乾符六年五月條考異引《實録》 巢又自表乞廣州節度、安南都護。巢自春夏其衆大疫，死者什三四，欲據有嶺表，永爲巢穴，乃繼有是請。右僕射于琮議云云。時朝廷倚高駢成功，不允其奏，乃議除官。或云，以正員將軍縻之，宰相亦沮其議，乃除率府率。

邵博《邵氏聞見後録》卷一七 《唐史》：中和四年六月，時溥以黄巢首上行在者，僞也。東西二都舊老相傳，黄巢實不死，其爲尚讓所急，陷太山狼虎谷，乃自髡爲僧，得脱，往投河南尹張全義，故巢黨也。各不敢識，但作南禪寺以舍之。予數至南禪，壁間畫僧，巢也。其狀不踰中人，唯正蛇眼爲異耳。老人言：吏有故寫真絹本尤奇，巢題詩其上云：「猶憶當年草上飛，鐵衣脱盡掛僧衣。天津橋上無人識，獨凭闌干看落暉。」爲李易初取也。

洪邁《夷堅志》乙集卷五《黄巢廟》 柳州宜章縣黄沙峒，山勢嶮惡，盤紆百餘里，爲溪峒十八所，皆剛夷惡獠根株窟穴之處。出峒口，地稍平，山上有黄巢廟，不知何時何人所立，其前一杉木合抱。山下人每聞廟内聲喏，若有數百人受令唯喏者，則峒民必嘯聚而叛。淳熙中，王宣子尚書爲湖南帥，留意治寇。適有作亂者，命統制官楊欽領兵討平之，因發火箭焚其廟，且伐其樹。臨欲仆，有大黑蛇長丈許，頂上披髮，呀然躍出，爲搏噬之狀，衆環以弓矢射殺之。治其地爲寨，以屯戍卒，金鼓之音，朝暮響震，自是一方獲寧。將官張某預是役，備説其異。

王明清《揮麈後録》卷五 頃見王仁裕《洛城漫録》云：「張全義爲西京留守，識黄巢於羣僧中。」陶穀《五代亂紀》云：「巢既遁免，祝髪爲浮屠，有詩云：三十年前草上飛，鐵衣著盡著僧衣。天津橋上無人問，獨倚危闌看落暉。」又《僧史》言：「巢有塔在西京龍門，號翠微禪師。」而世傳巢後往雪竇，所謂雪竇禪師即巢也。然明州雪竇山有黄巢墓。歲時邑官遣人祀之至今。

陳師道《後山談叢》卷二 黄巢攻金陵，人説之曰：「王毋攻也。王名巢，入金陵則鏁矣。」遂解去。

張端義《貴耳集》卷中 盜亦有道。黄巢後爲緇徒，曾住大刹，禪道爲叢林推重。臨入寂時，指脚之下，有黄巢二字。

張端義《貴耳集》卷下 黄巢五歲，侍翁父爲菊花聯句。翁思索未至，巢信口應曰：「堪與百花爲總首，自然天賜赭黄衣。」巢之父怪，欲擊巢，迺翁曰：「孫能詩，但未知輕重。可令再賦一篇。」巢應之曰：「颯颯西風滿院栽，蘂寒香冷蝶難來。他年我若爲青帝，移共桃花一處開。」跋扈之意，已見嬰孩之時，加以數年，豈不爲神器之大盜耶？

韶州南華寺，迺六祖大鑒禪師真身道場，有達麼衣鉢存焉。所謂袈裟，尚有髣髴。而鉢猶存有一痕，僞劉公主所觸。今寺有補鉢莊，即公主捨也。有虎夜

必來守衣鉢。如則天所賜皆不存，獨有柳子厚文，亦非舊本。更有黄巢齋僧文，自稱率土大將軍，唐之丁酉年。後彭帥爲經略，適有曾忠之變，亦是丁酉年，遂碎此碑。碑陰迺東坡飯僧疏文。二碑俱不存矣。

趙與時《賓退録》卷四　陶穀《五代亂紀》載：「黄巢遁免，後祝髪爲浮屠，有詩云：『三十年前草上飛，鐵衣著盡著僧衣。天津橋上無人問，獨倚危欄看落暉。』」近世王仲言亦信之，筆于《揮麈録》。殊不知此乃以元微之《智度師》詩竄易礫裂，合二爲一。元集可攷也。其一云：「四十年前馬上飛，功名藏盡擁禪衣。石榴園下擒生處，獨自閑行獨自歸。」其二云：「三陷思明三突圍，鐵衣抛盡納禪衣。天津橋上無人識，閑凭欄杆望落暉。」

陶宗儀《説郛》卷一一引《玉泉子真録》　廣明之年號，識者以爲黄巢日月。明年，兩京没焉，議者尤之。

備論

《舊唐書》卷二〇〇下《黄巢傳》　史臣曰：我唐之受命也，置器於安，千年惟永，百蠻嚮化，萬國來王。但否泰之無恒，故夷險之不一。三百箕祀，二十帝王。雖時有竊邑叛君之臣。乘危徼倖之輩，莫不才興兵革，即就誅夷。其間沸騰，大盗三發，安禄山、朱泚、黄巢是也。

夫謀危社稷，將害君親，轘裂瀦宫，未塞其罪，故不俟於多談也。然盗之所起，必有其來，且無問於天時，宜決之於人事。禄山母爲巫者，身是牙郎，偶緣微立邊功，遂至大加寵用，總知馬牧，特委兵權。愛天子之獨尊，與國忠之相忌，故不能以義制事，以禮制心，遂稱向闕之兵，以期非望之福，此所以爲亂也。朱泚家本漁陽，性惟兇狡，耳習聞於篡奪，心本令於忠貞。暨弟爲亂階，身留京邑，小不如意，别懷異圖。但樂荒雞之鳴，唯幸和鑾之動，緣幽帥之嘗因亂得，謂神器之可以徼求。黄巢闒茸微人，萑蒲賤類，因饑饉之歲，躡王、尚之蹤，志在奪攘，謀非遠大。一旦長驅江表，徑入關中，見五輅之蒙塵，謂寶命之在我。必若玄宗採九齡之語，行三令之威，不然使禄山名位不高，委任得所，則羣黎未必陷於塗炭，萬乘未必越於岷、峨。德宗能含垢匿瑕，不佳兵尚勇，不然則取李承之言，不委希烈伐叛，不然則取公輔之諫，早令朱泚就行，如此則未必有涇原之亂兵，未必有奉天之危急。僖宗能知人疾苦，惠彼困窮，不然則從鄭畋之謀，赦羣偷之罪，如此則黄巢不必能犯順，鑾御未必須省方。蓋差之毫釐，失之千里，蛇螫不能斷腕，蟻穴所以壞隄。後之帝王，足爲殷鑒。

贊曰：天地否閉，反逆亂常。禄山犯闕，朱泚稱皇。賊巢陵突，羣豎披攘。徵其所以，存乎慢藏。

《新唐書》卷二二五《黄巢傳》　贊曰：廣明元年，巢始盗京師，自陳「唐去丑口而著黄，明黄且代唐也。」嗚呼，其言妖歟！後巢死，秦宗權始張，株亂徧天下，朱温卒攘神器有之，大氐皆巢黨也，寧天託諸人告亡於下乎！

王夫之《讀通鑑論》卷二七《唐僖宗》　且黄巢之易使坐斃也，非禄山、朱泚之比也。禄山植根於幽、燕者已固，將士皆其部曲，結之深、謀之協矣。而自燕徂秦，收地二千餘里，逐在皆布置軍糧以相給，禄山且在東都，爲長安之外援，而不自試於羅網。朔方孤起，東北無援，以寡敵衆，以五圍十，猶似乎宜急攻而不宜圍守以待其困。朱泚雖乍起爲逆，而朱滔在盧龍以爲之外援，李納、王武俊與爲脣齒，李希烈又梗汴、蔡以斷東南之策應，泚雖孤守一城，固未困也。則李西平以一旅孤懸，疑持久而生意外之變。若黄巢，則陷廣州旋棄之矣，蹂湖、湘旋棄之矣，渡江、淮旋棄之矣，申、蔡、汴、宋無尺地爲其土，無一民爲其人，無粒粟爲其饋餉，所倚爲爪牙者朱温、尚讓，皆非素所統御，同爲羣盗，偶相推奉爾。而以官軍計之，王鐸擁全師於山南，未嘗挫衄，固可以遏賊之逸突。藉令畋戢其怒張之氣，按兵而逼其西，處存、重榮增兵以壓其北，儆鐸自商、雒扼同、華以絶其歸路，縈之維之，蹙之淩之，思唐之民，守壁塢以絶其芻粟。夫黄巢者，走天子，據宫闕，僭大號，有府庫，褎然南面，而賊之量已盈矣。淫縱之餘，加以震疊，衆叛羣離，求爲脱鉤之魚，萬不得矣。朱温即降，而魄落情窮，但祈免死，貸其命而授以散秩，且弭耳而聽命。沙陀後至，知中國之有人，亦得赦前愆，復徼邊鎮之爲厚幸，何敢目營四海，竊賜姓以覬代興乎？斯時也，誠唐室存亡之大樞，而畋未能及此也，深可惜也。

趙翼《廿二史劄記》卷二〇《黄巢李自成》　流賊有適相肖者。黄巢初從王仙芝爲盗，仙芝被戮，巢始爲盗魁。李自成亦先從高迎祥爲盗，迎祥被擒，自成始爲盗魁。相似一也。巢以草賊起事，陷京師，據宫闕，僭號改元。自成亦以草賊起事，陷京師，據宫闕，僭號改元。相似二也。巢未入京以前，其鋒不可當，入京僭位後，逆運已滿，未幾遂一敗塗地。自成自襄、陝向京，凶威亦無敵，入京僭

位後，逆運亦滿，未幾亦一敗塗地。相似三也。巢因民謡有「逢儒則肉師必覆」之語，遂戒軍中不得害儒者，所俘民稱儒者輒捨之。至福州，殺人如麻，過校書郎董樸家，令曰：「此儒者。」乃滅火弗焚。自成所用牛金星，乃舉人不第者，每肆毒於進士官，而戒軍中勿害舉人。至河南，賊將誤殺一縣令，或告曰：「此舉人也。」羣駭而去。其相似四也。巢入長安，令唐官三品以上並停，四品以下俱復舊任。自成入京，亦令三品以上並停，四品以下仍舊。其相似五也。豈賊中有人知巢之故事而仿之耶？又巢敗奔狼虎谷，爲林言所斬，事見《唐書》及《通鑑》，而小説家謂巢實未死，後爲僧於嵩、洛間，自題其像，有「鐵衣著盡著僧衣」之句。自成竄九宮山，爲村民擊死，事見《明史》，而論者謂其部兵尚有數十萬，何至斃于村民之手，遂亦有傳其爲僧於武當者。此二賊先後事迹，何適相肖也。

藝文

崔致遠《桂苑筆耕集》卷一《賀殺黃巢表》 某言：臣得武寧節度使時溥狀報，逆賊黃巢、尚讓分隊並在東北界，於六月十五日行營都將李師悦、陳景瑜等於萊蕪縣北，大滅羣兇，至十七日遂被賊將僞僕射林言梟斬黃巢首級，並將徒伴降部下都將李惟政、田球等訖，其黃巢函首已送行在者。聖日重耀，狂氛暗銷，戎捷超於古今，歡聲振於夷夏。臣某誠抃誠躍，頓首頓首。臣伏以歲有四時，則秋行肅殺之令；武有七德，則兵貴禁戢之能。是故歲以無相奪而克成，兵所不得已而方用。自革結繩之政，皆勞祝網之仁。賊巢食土懷頑，含沙稔毒，深犯天紀，廣致地災。九州則半致侵凌，三輔則久經穢黷。擢髮而既難數罪，搯喉而只待懲姦。今者窮寇回心，元兇授首，殺傷者少，歸附居多，有征無戰之言，實符王道；以静待勞之勢，深叶軍機。伏惟皇帝陛下運啓中興，功資下武，睹天鑒而實爲大警，聽風謡而非止少康。永當銷干戈之鋒，便可鑄耒耜之器。況乃西山八國，數年飽巡幸之恩；東嶽百神，終日渴登封之禮。佇迎雲馭，俯納巖音。臣密邇寇戎，撫安疆境，不暇争鋒而進，實防代俎之譏。慚虧犬馬之勞，喜睹鯨鯢之戮。手舞足蹈，魂飛膽揚。臣限守藩條，不獲奔走稱慶行在，無任慶抃兢越之至，謹奉表陳賀以聞。臣某誠歡誠喜，頓首頓首。謹言。

崔致遠《桂苑筆耕集》卷六《賀殺黃巢賊徒狀》 右得進奏院狀報，定難軍拓跋相公、保大軍東方逵尚書奏，於宜君縣南殺戮賊徒並生擒賊將。又鳳翔李相公奏探知京中賊徒潰散，六月十三日聖上御宣政殿，排仗受賀者。竊以逆賊黃巢，稔惡既多，就刑非久。敢驅烏合之衆，屢拒鷹揚之師。拓跋相公、東方尚書或力微裔孫，或曼倩餘慶，皆申秘略，共彌兇徒，能順天誅，遂陳月捷。軍名定難，雅稱關張之聲；縣號宜君，克符堯舜之德。是以聖上高臨紫極，速耀皇威，睹百辟之歡呼，雷驚蜀國；想六師之勇戰，電掃秦川。即當静滅氛霾，永昌均施渥澤。此皆相公，調鼎中之味，運堂上之兵。右援枹而得功，左執律而至獻。勳功相繼，稱慶何窮。某久阻淮夷，尚淹海徼，遠聆捷語，但切歡聲。然必願劍拂狼星，旗迎聖日。終繼張飛之拒後，不慚聶叔之致師。限守戎藩，末由陳賀，下情無任踴躍之至。謹奉狀陳賀，謹録狀上。

崔致遠《桂苑筆耕集》卷一一《檄黃巢書》 廣明二年七月八日，諸道都統檢校太尉某告黃巢：夫守正修常曰道，臨危制變曰權。智者成之於順時，愚者敗之於逆理。然則雖百年繫命，生死難期；而萬事主心，是非可辨。今我以王師則有征無戰，軍政則先惠後誅。將期克復上京，固且敷陳大信。敬承嘉諭，用戢姦謀。且汝素是遐甿，驟爲勍敵，偶因乘勢，輒敢亂常。遂乃包藏禍心，竊弄神器，侵凌城闕，穢黷宫闈。既當罪極滔天，必見敗深塗地。噫，唐虞已降，苗扈弗賓。無良無賴之徒，不義不忠之輩，爾曹所作，何代而無。遠則有劉曜、王敦，覬覦晉室；近則有禄山、朱泚，吠噪皇家。彼皆或手握强兵，或身居重任，叱吒則雷奔電走，喧呼則霧塞烟横。然猶暫逞姦圖，終殲醜類，日輪闊輾，豈縱妖氛。天網高懸，必除兇族。況汝出自閭閻之末，起於隴畝之間。以焚劫爲良謀，以殺傷爲急務。有大愆可以擢髮，無小善可以贖身。不唯天下之人皆思顯戮，抑亦地中之鬼已議陰誅。縱饒假氣遊魂，早合亡神奪魄。凡爲人事，莫若自知，吾不妄言，汝須審聽。比者我國家德深含垢，恩重棄瑕，授爾節旄，寄爾方鎮，爾猶自懷鴆毒，不斂梟聲，動則齧人，行唯吠主。乃至身負玄化，兵纏紫微，公侯則奔竄危途，警蹕則巡遊遠地。不能早歸德義，但養頑兇，斯則聖上於汝有赦罪之恩，汝則於國有辜恩之罪。必當死亡無日，何不畏懼於天。況周鼎非發問之端，漢宫豈偷安之所，不知爾意，終欲奚爲。汝不聽乎，道德經云：「飄風不終朝，驟雨不終日。」天地尚不能久，而況於人乎？又不聽乎《春秋傳》曰：「天之假助不善，非祚之也，厚其兇惡而降之罰。」今汝藏姦匿暴，惡積禍盈，危以自安，迷以不復。所謂燕巢幕上，漫恣騫飛；魚戲鼎中，即看燋爛。我緝熙雄略，糾合諸軍，猛將

雲飛，勇士雨集。高旌大旆，圍將楚塞之風；戰艦樓船，塞斷吴江之浪。陶太尉鋭於破敵，楊司空嚴可稱神。旁眺八維，横行萬里，既謂廣張烈火，爇彼鴻毛；何殊高舉泰山，壓其鳥卵。即日金神御節，水伯迎師，商風助肅殺之威，晨露滌昏煩之氣。波濤既息，道路即通，當解纜於石頭，孫權後殿，佇落帆於峴首，杜預前驅。收復京都，克期旬朔。但以好生惡殺，上帝深仁；屈法申恩，大朝令典。討官賊者不懷私忿，諭迷途者固在直言。飛吾折簡之詞，解爾倒懸之急。汝其無成膠柱，早學見機，善自爲謀，過而能改。若顧分茅列土，開國承家，免身首之横分，得功名之卓立。無取信於面友，可傳榮於耳孫。此非兒女子所知，實乃大丈夫之事。早須相報，無用見疑。我命戴皇天，信資白水，必須言發響應，不可恩多怨深。或若狂走所牽，酣眠未寤，猶將拒轍，固欲守株，則乃批熊拉豹之師，一麾撲滅；烏合鴟張之衆，四散分飛。身爲齊斧之膏，骨作戎車之粉。妻兒被戮，宗族見誅，想當燃腹之時，必恐噬臍不及。爾須酌量進退，分别否臧，與其叛而滅亡，曷若順而榮貴。但所望者，必能致之。勉尋壯士之規，立期豹變；無執愚夫之慮，坐守狐疑。某告。

《全唐文》卷七六七鄭畋《討巢賊檄》　鳳翔隴右節度使、檢校尚書左僕射、同中書門下平章事、充京西諸道行營都統、上柱國、滎陽郡開國公、食邑二千户鄭畋，移檄告諸藩鎮郡縣侯伯牧守將吏曰：夫屯亨有數，否泰相沿，如日月之蔽虧，似陰陽之愆伏。是以漢朝方盛，則莽、卓肆其姦兇；夏道未衰，而羿浞騁其殘酷。不無僭越，尋亦誅夷。即知妖孽之生，古今難免。代有忠貞之士，力爲匡復之謀。我國家應五運以承乾，躡三王之垂統。綿區飲化，匝宇歸仁。十八帝之嘉猷，銘於神鼎；三百年之睿澤，播在人謡。加以政尚寬宏，刑無枉濫。翼翼勤行於王道，孜孜務恤於生靈。足可傳寶祚於無窮，御瑶圖於不朽。

近歲螟蝗作害，旱暵延災。因令無賴之徒，遽起亂常之暴。雖加討逐，猶肆猖狂。草賊黄巢，奴僕下才，豺狼醜類。寒耕熱耨，不勵力於田疇；婾食靡衣，務偷生於剽奪。結連兇黨，驅迫平人。始擾害於里閭，遂侵凌於郡邑。屬以藩臣不武，戎士貪財。徒加討逐之名，竟作遷延之役。致令滋蔓，累有邀求。聖上愛育情深，含宏道廣。指萬方而罪已，用百姓以爲心。假以節旄，委之藩鎮。冀其悛革，免困疲羸。而殊無犬馬之誠，但恣蟲蛇之毒。剽掠我征鎮，覆没我京師，凌辱我衣冠，屠殘我士庶。視人命有同於草芥，謂大寶易竊如奕棊。而乃竊據宫闈，僞稱名號。爛羊頭而拜爵，續狗尾以命官。鷰巢幕以誇安，魚在鼎而猶戲。殊不知五侯拗怒，期分項羽之屍；四塚既成，待葬蚩尤之骨。猶復廣侵田宅，濫瀆貨財。比谿壑以難盈，類烏鳶而縱攫。芒芒赤縣，僅同夷貊之鄉；惴惴黔黎，若在狴牢之内。固以人神共怒，行路傷心。

畋謬領藩垣，榮兼將相。每枕戈以待旦，常泣血以忘餐。誓與義士忠臣，共剪狐鳴狗盜。近承詔命，會合諸軍。皇帝親御六師，即離三蜀。霜戈萬隊，鐵馬千羣。雕虎嘯以風生，應龍驤而雲起。淮南高相公，會關東諸道，百萬雄師，計以夏初，會於關内。畋與涇原節度使程宗楚、秦州節度使仇公遇等，已驅組練，大集關畿。争麾隴右之蛇矛，待掃關中之蟻聚。而土番党項，已久濡皇化，深憤國讐，願以沙漠之軍，共濟盪平之捷。此際華戎合勢，藩鎮連衡。旌旗焕爛於雲霞，劍戟晶熒於霜雪。莫不持繩待試，賈勇争先。思垂竹帛之功，誓雪朝廷之恥。矧兹殘孽，不足殄除。况諸道世受國恩，身縻好爵。皆貯匡邦之略，咸傾致主之誠。自函洛搆氛，鑾輿被敵。莫不指銅駝而眥裂，望玉壘以魂銷。聞此勤王，固宜投袂。更希憤激，速殄寇讐。永圖社稷之勳，以報君親之德。迎鑾反正，豈不休哉！

田令孜部

綜述

《舊唐書》卷一八四《田令孜傳》 田令孜，本姓陳。咸通中，從義父入內侍省爲宦者。頗知書，有謀略，自諸司小使監諸鎮用兵，累遷神策中尉、左監門衛大將軍。乾符中，盜起關東。諸軍誅盜，以令孜爲觀軍容、制置左右神策、護駕十軍等使。京師不守，從僖宗幸蜀。鑾輿返正，令孜頗有匡佐之功，時令孜威權振天下。

時關中寇亂初平，國用虛竭，諸軍不給。令孜請以安邑、解縣兩池榷鹽課利，全隸神策軍，詔下，河中王重榮抗章論列，言使名久例隸當道，省賦自有常規。令孜怒，用王處存爲河中節度使，重榮不奉詔。令孜率禁兵討之，重榮引太原軍爲援，戰於沙苑，禁軍大敗。京師復亂，僖宗出幸寶雞，又移幸山南，方鎮皆憾令孜生事。令孜懼，引前樞密楊復恭代己，從幸梁州，求爲西川監軍。西川節度使陳敬瑄，即令孜之弟也。

昭宗即位，三川大亂，詔宰相韋昭度鎮西川，陳敬瑄不受代。令孜引閬州刺史王建爲援，建素以父事令孜。時建方亂東川，聞其召也，以西蜀可圖，欣然赴之。建以所領千餘兵至漢州，陳敬瑄以建雄豪難制，辭而遣之。建曰：「十軍阿父召予，及門而拒，鄰藩聞之，孰肯相容？爲予報令公，建至此，無所歸也。」遂遣使上表，請討陳敬瑄以自效。朝廷嘉之，即命昭度爲招討，入蜀加兵，經年無功，昭度還京。建遂絶棧道，不通詔使。歲中急擊成都，陳敬瑄計窘，遣令孜出城，與建通和。建竟自爲蜀帥，令孜以義父之故，依倚仍舊監軍事。既而陳敬瑄遇酖，令孜亦爲建所殺。

《新唐書》卷二〇八《田令孜傳》 田令孜字仲則，蜀人也，本陳氏。咸通時，歷小馬坊使。僖宗即位，擢令孜左神策軍中尉，是時西門匡範位右中尉，世號「東軍」、「西軍」。

帝沖騃，喜鬬鵝走馬，數幸六王宅、興慶池與諸王鬬鵝，一鵝至五十萬錢。與內園小兒尤昵狎，倚寵暴橫。始，帝爲王時，與令孜同臥起，至是以其知書能處事，又帝資狂昏，故政事一委之，呼爲「父」。而荒酣無檢，發左藏、齊天諸庫金幣，賜伎子歌兒者日巨萬，國用耗盡。令孜語內園小兒尹希復、王士成等，勸帝籍京師兩市蕃旅、華商寶貨舉送內庫，使者監閲櫃坊茶閣，有來訴者皆杖死京兆府。

令孜知帝不足憚，則販鬻官爵，除拜不待旨，假賜緋紫不以聞。百度崩弛，內外垢玩。既所在盜起，上下相掩匿，帝不及知。是時賢人無在者，惟佞鄙沓貪相與備員，偷安噤默而已。左拾遺侯昌蒙不勝憤，指言豎尹用權亂天下，疏入，賜死內侍省。

宰相盧攜素事令孜，每建白，必阿邑倡和。初，黄巢求廣州，顧罷兵，攜欲寵高駢，使有功，不聽賊。因又易置關東諸節度，賊乘之，陷東都。令孜急，歸罪攜，奉帝西幸，步出金光門，至咸陽沙野，軍十餘騎呼曰：「巢爲陛下除姦臣，乘輿今西，秦中父老何望？願還宫。」令孜叱之，以羽林騎馳斬，即以羽林白馬載帝，晝夜馳，舍駱谷。時陳敬瑄方節度西川，令孜兄也，故請帝幸蜀。有詔以令孜爲十軍十二衛觀軍容制置左右神策護駕使。至成都，進左金吾衛上將軍，兼判四衛事，封晉國公。帝見蜀陿陋，稍鬱鬱，日與嬪侍博飲，時時攘袂北望，怊然流涕。令孜伺閒開釋，呼萬歲，帝爲怡悦，因盛稱鄭畋、王鐸、程宗楚、李鋋、敬瑄方並力，賊不足虞。帝曰：「善。」

初，成都募陳許兵三千，服黄帽，名「黄頭軍」，以捍蠻。帝至，大勞將士，扈從者已賜，而不及黄頭軍，皆竊怨令孜。令孜置酒會諸將，以黄金樽行酒，即賜之。黄頭將郭琪不肯飲，曰：「軍容能易偏惠，均衆士，誠大願也。」令孜目曰：「君有功邪？」答曰：「戰党項，薄契丹，數十戰，此琪之功。」令孜嘻怒曰：「知之。」密以酖注酒中，琪飲已，馳歸，殺一婢，吮血得解。因夜燒營，剽城邑，敬瑄討敗之，奔廣都，遂走高駢所。帝聞變，與令孜保東城自守，羣臣不得見。左拾遺孟昭圖請對，不召，因上疏極陳：「君與臣一體相成，安則同寧，危則共難。昔日西幸，不告南司，故宰相、御史中丞、京兆尹悉碎於賊，唯兩軍中尉以扈乘輿得全。今百官之在者，率冒重險出百死者也。昨昔黄頭亂，火照前殿，陛下惟與令孜閉城自守，不召宰相，不謀羣臣，欲入不得，求對不許。且天下者，高祖、太宗之天下，非北司之天下；陛下固九州天子，非北司之天子。北司豈悉忠於南司？廷臣豈無用於勑使？文宗時，宫中災，左右巡使不到，皆被顯責，安有天子播越，而宰相無所豫，羣司百官棄若路人？已事誠不足諫，而來者冀可追也。」疏

入，令孜匿不奏，矯詔貶昭圖嘉州司户參軍，使人沈於蟆頤津。初，昭圖知正言必見害，謂家隸曰：「大盜未殄，宦豎離間君臣，吾以諫爲官，不可坐觀覆亡，疏入必死，而能收吾骸乎？」隸許諾，卒葬其尸。朝廷痛之。

賊平，令孜以王鐸爲儒臣且無功，而首謀召沙陀者，楊復光也，欲歸重北司，故罷鐸都統，以復光功第一。又忌復光且逼己，故薄其賞。自謂帷幄決勝，繫王室輕重，出入倨甚。會復光死，大喜，即罷復恭樞密使。中人曹知慤者，富家子，頗沈鷙。賊在長安，知慤以清、濁二谷之人倚山爲屯，不屈賊。陰教士卒變衣服，言語與賊類者，夜入長安攻賊營，賊大懼。帝聞，賜金紫，擢内常侍。聞帝將還，因大言：「我且擁衆大散關下，閲羣臣可歸者納之。」令孜謂然，密令王行瑜以邠州兵度嵯峨山，襲殺其衆。由是益自肆，禁制天子，不得有所主斷。帝以其專，語左右輒流涕。

復光部將鹿晏弘、王建等，以八都衆二萬取金、洋等州，進攻興元，節度使牛頊奔龍州，晏弘自爲留後，以建及張造、韓建等爲部刺史。帝還，懼見討，引兵走許州。王建率義勇四軍迎帝西縣，復以建及韓建等主之，號「隨駕五都」。令孜以復光故，纔授諸衛將軍，皆養爲子。别募神策新軍，以千人爲都，凡五十四都，分左右爲十軍統之。又遣親信覘諸鎮，不附己者以罪除徙。

養子匡祐宣慰河中，王重榮厚爲禮，匡祐傲甚，舉軍怒，重榮因數令孜罪，責其無禮，監軍和解乃去。匡祐還，訴令孜，且勸圖之。令孜白以兩鹽池歸鹽鐵使，即自兼兩池榷鹽使。重榮不奉詔，表暴令孜十罪。令孜自將討重榮，率邠寧朱玫、鳳翔李昌符，合鄜、延、靈、夏等兵凡三萬，壁沙苑。重榮説太原李克用連和，克用上書請誅令孜、玫，帝和之，不從。大戰沙苑，王師敗。玫走還邠州，與昌符皆恥爲令孜用，還與重榮合。神策兵潰還，略所過皆盡。克用逼京師，令孜計窮，乃焚坊市，劫帝夜啓開遠門出奔。自賊破長安，火宫室、舍廬十七，後京兆王徽葺復粗完，至是令孜唱曰：「王重榮反。」命火宫城，唯昭陽、蓬萊三宫僅存。王建以義勇四軍扈帝，夜亂牢水，遂次陳倉。克用還河中，玫畏克用且偪，與重榮連章請誅令孜，而駐鳳翔。令孜請帝幸興元，帝不從，令孜以兵入寢，逼帝夜出，羣臣無知者，宰相蕭遘等皆不及從。玫勸興元節度使石君涉焚閣道，絶帝西意。遣惡令孜劫質天子，生方鎮之難，使玫進迎乘輿。玫引兵追行在，敗興鳳楊晟軍，帝次棃、洋，稍引而南，玫兵及中營，左右被剽戮者不勝計。令孜懼人圖己，蒙面以行。使王建長劍五百清道，囊傳國璽授之。次大散關，道險澀，帝危及難數矣。分軍守靈壁，亢追兵。玫長驅躡帝，帝以閣道毁，走它道，困甚，枕王建膝且寐，覺而飯，僅能至興元。玫、重榮表誅令孜，安尉羣臣。詔以令孜爲劍南監軍使，留不去。重榮請幸河中，令孜沮而止。宰相遘率羣臣在鳳翔者表令孜顓國煽禍，惑小人計，交亂羣帥，請誅之。帝不及省，且詔重榮餉糧十五萬斛給行在，重榮以令孜在，不奉命。玫乃奉嗣襄王熅即僞位。玫敗，帝乃得還京師。

始，帝入蜀，諸王徒步以從，壽王至斜谷不能進，令孜驅使前，王謝足且拘，得馬可濟。令孜怒扶王，彊之行，王恥之。及帝病，中外屬壽王，令孜入候帝曰：「陛下記臣否？」帝直視不能語。令孜自署劍南監軍使，閲拱宸奉鑾軍自衛，晝夜馳入成都，固表解官求醫藥，詔可。俄削官爵，長流儋州，然猶依敬瑄不行。

王即位，是爲昭宗。楊復恭代爲觀軍容使，出王建爲壁州刺史。建取利州，自署防禦使，因略定閬、邛、蜀、黎、雅等州，詔即置永平軍，拜建節度使。令孜謀與建連衡亢朝廷，且曰「吾子也」，書召之。建喜，將至，復卻之。建怒，進圍成都。令孜登城謝建曰：「老夫久相厚，何見困？」答曰：「父子恩，何敢忘！顧父自絶朝廷，苟改圖，則父子如初。」令孜曰：「吾欲面計事。」建然許，令孜夜負印節授建，明日入成都，因令孜碧雞坊。始，右神策統軍宋文通爲諸軍所疾，令孜因事召見，欲殺之。既見，乃欣然更養爲子，名彦賓，即李茂貞也，故獨上書雪其罪，詔爲湖南監軍。凡二歲，與敬瑄同日死。臨刑，裂帛爲絙，授行刑者曰：「吾嘗位十軍容，殺我庸有禮！」因教縊人法，既死，而色不變。乾寧中，詔復官爵。

雜録

備録

尉遲偓《中朝故事》 僖宗皇帝以咸通三年降誕，十四年七月十九日即位，年十二。左軍護軍田令孜輔翊于朝，僖宗呼爲阿父，朝綱由己，人無敢言。每入對敭，皆自備兩牙盤果食，便對御前從容良久而退，以爲常式。數年後，扈從幸

蜀，轉恣眦睚，殺害孔多。及翠華還京，不敢侍從。時令孜見陳敬瑄爲西川節度，乃求爲監軍而殂。

《太平廣記》卷二一九《田令孜》引《玉堂閒話》 長安完盛日，有一家於西市賣飲子，用尋常之藥，不過數味，亦不閑方脈，無問是何疾苦，百文售一服。千種之疾，入口而愈。常於寬宅中置大鍋鑊，日夜剉斫煎煮，給之不暇。人無遠近，皆來取之。門市駢羅，喧闐京國。至有齎金守門，五七日間，未獲給付者。獲利甚極。時田令孜有疾，海内醫工召遍，至於國師待詔，了無其徵。忽見親知白田曰：「西市飲子，何妨試之？」令孜曰：「可。」遂遣僕人馳乘往取之。僕人得藥，鞭馬而廻。將及近坊，馬蹶而覆之。僕既懼其嚴難，不復取云，遂詣一染坊，丐得池脚一缾子，以給其主。既服之，其病立愈。田亦只知病愈，不知藥之所來，遂償藥家甚厚。飲子之家，聲價轉高。此蓋福醫也。近年，鄴都有張福醫者亦然，積貨甚廣，以此有名，爲蕃王挈歸塞外矣。

《資治通鑑》卷二五六唐僖宗光啓三年二月條考異引《耆舊傳》 大駕廣明二年春孟到蜀，叟嘗接識北司諸官子弟，有光啓門承旨，似先大夫，爲叟言：去年黄巢淩犯，聖上蒼忙就路，諸王多是徒行。壽王至斜谷，行不得，韈一足，跣一足，偃臥磻石上。田軍容在後收拾，驅壽王。壽王起告軍容：「行不得，與箇馬騎。」軍容云：「山谷間何處得馬！」以鞭一抶之令行，雖迴首無言，衷心深銜此恨。爾後經今八年，僖宗皇帝在寶雞行宫寢疾月餘，彌留，臣下皆知不起于疾，内外屬望在於壽王。壽王仁孝大度，弘寛有斷，衆所歸心。軍容聞，大恐，就御寢問：「識臣否？」帝目瞪不語。軍容大驚，尋時矯制除西川監軍使，仍馳驛赴任，遂將拱宸、奉鑾兩都自衛，星夜倍程。軍容才到西川，僖宗已崩，國朝果册壽王登極皇帝位，於是積年怨恨，今日逞其志矣。

《資治通鑑》卷二五七唐僖宗光啓三年十一月條考異引《耆舊傳》 光啓四年戊申，十月十日，田軍容除西川監軍使，此月到。十一月一日，僖宗皇帝晏駕，昭宗即位，改文德元年。文德二年己酉，太師有除未下。聞朝廷降使，三軍百姓僧道詣驛，就使車訴論二十年鐵券。有一人驛亭截耳，時有微雨，臥踝於泥。天使視之無言，良久曰：「不必不必！」索馬揮鞭便發。太師軍容專差親信於人衆中，探使有何言，既聞，二人神色俱喪，乃理兵講武，更創置三都，黄頭都以親密者管之，諸軍頻閲隊。十月，探知朝廷除韋相公授西川節度使，已宣麻。軍容甚有懼色，乃以書召閬州王司徒，計其過綿州，即出兵拒之，令其怒，怒必攻諸州，所在發兵交戰。此是軍容計，恐韋相公來交代，以兵隔之，言王司徒來侵我，我所舉兵，蓋與王氏相敵，欲遮其反名。十二月二十日，驅人上城，一更，出兵數千人，排於城外北面堤上，二十一日，王司徒大軍已至城下，於城北街去來鬬敷合。巳時，川軍被一時築過橋，堤上排者大走，並收入城。至暮，王司徒收軍，宿七里亭。二十二日早，又進軍逼城，至午又退，止七里亭。二十三日早，引軍入新繁、濛陽諸縣界，城内出軍，日有相持。此年十一月，改元龍紀元年己酉。二月二十五日，大戰三郊，乃各下數寨相守。所至縣邑，大遭焚燒，户口逃竄。

袁樞《通鑑紀事本末》卷三七《藩鎮之亂》 唐僖宗光啓元年。初，田令孜在蜀募新軍五十四都，每都千人，分隸兩神策，爲十軍以統之，又南牙、北司官共萬餘員。是時藩鎮各專租税，河南北、江淮無復上供，三司轉運無調發之所，度支惟收京畿、同、華、鳳翔等數州租税，不能贍，賞賚不時，士卒有怨言。令孜患之，不知所出。先是，安邑、解縣兩池鹽皆隸鹽鐵，置官榷之。中和以來，河中節度使王重榮專之，歲獻三千車以供國用。令孜奏復如舊制隸鹽鐵。夏四月，令孜自兼兩池榷鹽鐵使，收其利以贍軍。重榮上章論訴不已。遣中使往諭之，重榮不可。時令孜多遣親信覘藩鎮，有不附己者，輒圖之。令孜養子匡祐使河中，重榮待之甚厚，而匡祐傲甚，舉軍皆憤怒。重榮乃數令孜罪惡，責其無禮，監軍爲講解，僅得脱去。匡祐歸以告令孜，勸圖之。五月，令孜徙重榮爲泰寧節度使，以泰寧節度使齊克讓爲義武節度使，以義武節度使王處存爲河中節度使，仍詔李克用以河東軍援處存赴鎮。

王重榮自以有復京城功，爲田令孜所擯，不肯之兗州，累表論令孜離間君臣，數令孜十罪。令孜結邠寧節度使朱玫、鳳翔節度使李昌符以抗之。王處存亦上言：「幽、鎮兵新退，臣未敢離易、定。且王重榮無罪，有大功於國，不宜輕有改易，摇藩鎮心。」詔趣其上道。八月，處存引軍至晉州，刺史冀君武閉城不内而還。【略】

朱玫欲朝廷討克用，數遣人潛入京城，燒積聚，或刺殺近侍，聲云克用所爲，於是京師震恐，日有訛言。令孜遣玫、昌符將本軍及神策、鄜延、靈夏等軍合三萬人屯沙苑，以討王重榮。重榮發兵拒之，告急於克用，克用引兵赴之。十一月，重榮遣兵攻同州，刺史郭璋出戰，敗死。重榮與玫等相守月餘，克用兵至，與重榮俱壁沙苑，表請誅令孜及玫、昌符。詔和解之，克用不聽。十二月癸酉，合戰，玫、昌符大敗，各走還本鎮，潰軍所過焚掠。克用進逼京城，乙亥夜，令孜奉

天子自開遠門出幸鳳翔。初，黄巢焚長安宫室而去，諸道兵入城縱掠，焚府寺、民居什六七，王徽累年補葺，僅完一二，至是復爲亂兵焚掠，無孑遺矣。

二年春正月，李克用還軍河中，與王重榮同表請大駕還宫，因罪狀田令孜，請誅之。上復以飛龍使楊復恭爲樞密使。戊子，令孜請上幸興元，上不從。是夜，令孜引兵入宫，劫上幸寶雞，黄門衛士從者纔數百人，宰相朝臣皆不知。翰林學士承旨杜讓能宿直禁中，聞之，步追乘輿，出城十餘里，得人所遺馬，無羈勒，解帶繫頸而乘之，獨追及上於寶雞。明日，乃有太子少保孔緯等數人繼至。讓能，審權之子；緯，戣之孫也。宗正奉太廟神主，至鄠，遇盜，皆失之。朝士追乘輿者至盩厔，爲亂兵所掠，衣裝殆盡。庚寅，上以孔緯爲御史大夫，使還召百官，上留寶雞以待之。

時田令孜弄權，再致播遷，天下共忿疾之。朱玫、李昌符亦恥爲之用，且憚李克用、王重榮之强，更與之合。蕭遘因邠寧奏事判官李松年至鳳翔，遣召朱玫亟迎車駕，癸巳，玫引步騎五千至鳳翔。孔緯詣宰相，欲宣詔召之；蕭遘、裴澈以令孜在上側，不欲往，辭疾不見。緯命臺吏趣百官詣行在，皆辭以無袍笏。緯召三院御史，泣謂：「布衣親舊有急，猶當赴之，豈有天子蒙塵，爲人臣子累召而不往者邪！」御史請辦裝數日而行，緯拂衣起曰：「吾妻病垂死且不顧，諸君善自爲謀，請從此辭。」乃詣李昌符請騎衛送至行在，昌符義之，贈裝錢，遣騎送之。

邠寧、鳳翔兵追逼乘輿，敗神策指揮使楊晟於潘氏，鉦鼓之聲聞於行宫。田令孜奉上發寶雞，留禁軍守石鼻爲後拒。置感義軍於興、鳳二州，以楊晟爲節度使，守散關。時軍民雜糅，鋒鏑縱横，以神策軍使王建、晉暉爲清道斬斫使。建以長劍五百前驅奮擊，乘輿乃得前。上以傳國寶授建，使負之以從，登大散嶺。李昌符焚閣道丈餘，將摧折，王建扶掖上自煙焰中躍過。夜宿板下，上枕建膝而寢。既覺，始進食，解御袍賜建曰：「以其有淚痕故也。」車駕纔入散關，朱玫已圍寶雞。石鼻軍潰，玫長驅攻散關，不克。嗣襄王煴，肅宗之玄孫也，有疾，從上不及，留遵塗驛，爲玫所得，與之俱還鳳翔。庚戌，李克用還太原。

二月，王重榮、朱玫、李昌符復上表請誅田令孜。朱玫、李昌符使山南西道節度使石君涉栅絶險要，燒郵驛，上由他道以進，山谷崎嶇，邠軍迫其後，危殆者數四，僅得達山南。三月壬午，石君涉棄鎮逃歸朱玫。癸未，鳳翔百官蕭遘等罪狀田令孜及其黨韋昭度，請誅之。初，昭度因供奉僧澈結宦官，得爲相。澈師知玄鄙澈所爲，昭度每與同列詣知玄，皆拜之，知玄揖使詣澈啜茶。山南西道監軍馮翊嚴遵美迎上于西縣，丙申，車駕至興元。

戊戌，以御史大夫孔緯、翰林學士承旨兵部尚書杜讓能並爲兵部侍郎、同平章事。保鑾都將李鋋等敗邠軍於鳳州。詔加王重榮應接糧料使，使調本道穀十五萬斛以繼國用。重榮表稱令孜未誅，不奉詔。以尚書左丞盧渥爲户部尚書，充山南西道留後。以嚴遵美爲内樞密使。遣王建帥部兵戍三泉，晉暉及神策軍使張造帥四都兵屯黑水，修棧道以通往來。以建遥領壁州刺史。將帥遥領州鎮自此始。

朱玫以田令孜在天子左右，終不可去，言於蕭遘曰：「主上播遷六年，中原將士冒矢石，百姓供饋餉，戰死餓死，什減七八，僅能復京城。天下方喜車駕還宫，主上更以勤王之功爲勅使之榮，委以大權，使墮綱紀，騷擾藩鎮，召亂生禍。玫昨奉尊命來迎大駕，不蒙信察，反類脅君。吾輩報國之心極矣，戰賊之力殫矣，安能垂頭弭耳，受制於閹寺之手哉！李氏孫尚多，相公盍改圖以利社稷乎？」遘曰：「主上踐阼十餘年，無大過惡，正以令孜專權肘腋，致坐不安席，上每言之，流涕不已。近日上初無行意，令孜陳兵帳前，迫脅以行，不容俟旦。罪皆在令孜，人誰不知。足下盡心王室，正有引兵還鎮，拜表迎鑾。廢立重事，伊、霍所難，遘不敢聞命。」玫出，宣言曰：「我立李氏一王，敢異議者斬！」

夏四月壬子，玫逼鳳翔，百官奉襄王煴權監軍國事，承制封拜，指揮，仍遣大臣入蜀迎駕，盟百官于石鼻驛。玫使蕭遘爲册文，遘辭以文思荒落，乃使兵部侍郎、判户部鄭昌圖爲之。乙卯，煴受册。玫自兼左右神策十軍使，帥百官奉煴還京師，以鄭昌圖同平章事、判度支鹽鐵户部，各置副使，三司之事一以委焉。河中百官崔安潛等上襄王牋，賀受册。

田令孜自知不爲天下所容，乃薦樞密使楊復恭爲左神策中尉、觀軍容使，自除西川監軍使，往依陳敬瑄。復恭斥令孜之黨，出王建爲利州刺史，晉暉爲集州刺史，張造爲萬州刺史，李師泰爲忠州刺史。

備論

毛一公《歷代内侍考》卷八《田令孜》 論曰：田令孜以兇狡之資，際沖騃之主，重權在，攄威福。任情交亂，强濬刼制。天子至於倉皇播越，而猶殺三諫臣

以箸天下，天下可盡籍箱乎！卒之將相交論，而裂帛受誅。則生平所爲作威作福者，祇足以殺真軀而已矣！

藝文

崔致遠《桂苑筆耕集》卷一〇《田令孜軍容送器物》 右竊以氛曀未銷，道途尚梗，久乖專信，略達微誠。每憂於遠莫致之，不敢以多爲貴者。前件器物，貨非難得，器實易盈。雖慚謬銑之名，願接罇罍之列。輒將寄獻，遠表依攀。伏望無掛意於四知，幸流恩於一諾。特垂容納云云。

袁説文等《成都文類》卷一八《爲蜀王建草斬陳敬瑄田令孜表》 開匣出虎，孔宣父不責他人；當路斬蛇，孫叔敖非因利己。專殺不行于閫外，先機恐失于轂中。臣輒行闞制處斬訖。

《全唐文》卷九一唐昭宗《誅宦官詔》 宦官之興，肇於秦漢。趙高、閻樂，竟滅嬴宗；張讓、段珪，遂傾劉祚。肆其志則國必受禍，悟其事則運可延長。朕所以斷在不疑，祈天永命者也。

先皇帝嗣位之始，年在幼沖，羣豎相推，奄專大政。於是毒流宇内，兵起山東，遷幸三川，幾淪神器。迴鑾之始，率土思安，而田令孜妒能忌功，遷摇近鎮，陳倉播越，患難相仍。洎朕纂承，益相侮慢，復恭、重遂逞其禍，道弼、季述繼其兇，幽辱朕躬，凌脅孺子。天復返正，罪已求安，兩軍內樞，一切假借。韓全誨等每懷憤惋，曾務報讐。視將相若血仇，輕君上如木偶。未周星歲，竟致播遷，及在岐陽，過於羈紲。上憂宗社傾墜，下痛人庶流離，茫然孤居，無所控告。

全忠位兼二柄，深識朕心，駐兵近及於三年，獨斷方誅於元惡。今謝罪郊廟，即宅宫闈，正刑當在於事初，除惡宜絶其根本。先朝及朕，五致播遷，千畿之甿，減耗太半。父不能庇子，夫不能妻室，言念於兹，痛深骨髓。其誰之罪？爾輩之由！

帝王之爲治也，內有宰輔卿士，外有藩翰大臣，豈可令刑餘之人，參預大政？況此輩皆朕之家臣也，比於人臣之家，則奴隸之流。恣横如此，罪惡貫盈，天命誅之，罪豈能捨？横屍伏法，固不足矜，含容久之，亦所多愧。其第五可範已下，宜並賜死。其在畿甸同華、河中，並盡底處置訖。諸道監軍使已下，及管内經過並居停内使，勅到並仰隨處誅夷訖聞奏。已令準國朝故事，量留三十人，各賜黄絹衫一領，以備宫内指使，仍不得輒有養男。其左右神策軍，並令停廢。

高駢部

綜述

《舊唐書》卷一八二《高駢傳》　高駢字千里，幽州人。祖崇文，元和初功臣，封南平王，自有傳。父承明，神策虞候。駢，家世仕禁軍，幼而朗拔，好爲文，多與儒者遊，喜言理道。兩軍中貴，翕然稱重，乃縻之勇爵，累歷神策都虞候。會党項羌叛，令率禁兵萬人戍長武城。時諸將禦羌無功，唯駢伺隙用兵，出無不捷，懿宗深嘉之。西蕃寇邊，移鎮秦州，尋授秦州刺史、本州經略使。

先是李琢爲安南都護，貪於貨賄，虐賦夷獠，人多怨叛，遂結蠻軍合勢攻安南，陷之。自是累年亟命將帥，未能收復。五年，移駢爲安南都護。至則匡合五管之兵，期年之内，招懷溪洞，誅其首惡，一戰而蠻卒遁去，收復交州郡邑。又以廣州饋運艱澀，駢視其水路，自交至廣，多有巨石梗途，乃購募工徒，作法去之。由是舟楫無滯，安南儲備不乏，至今賴之。天子嘉其才，遷檢校工部尚書、鄆州刺史、天平軍節度觀察等使。治鄆之政，民吏歌之。

南詔蠻寇巂州，渡瀘肆掠。乃以駢爲成都尹、劍南西川節度觀察等使。蜀土散惡，成都比無垣墉，駢乃計每歲完葺之費，甃之以塼甓，雉堞由是完堅。傳檄雲南，以兵壓境，講信修好，不敢入寇，進位檢校尚書右僕射、江陵尹、荆南節度觀察等使。乾符四年，進位檢校司空、潤州刺史、鎮海軍節度、浙江西道觀察等使，進封燕國公。

時草賊王仙芝陷荆襄，宋威率諸道師討逐，其衆離散過江表。天子以駢前鎮鄆，軍民畏服，仙芝徒黨，鄆人也，故授駢京口節鉞，以招懷之。尋授諸道兵馬都統、江淮鹽鐵轉運等使。駢令其將張璘、梁纘分兵討賊，前後累捷，降其首領數十人，賊南趨嶺表，天子嘉之。六年冬，進位檢校司徒、揚州大都督府長史、淮南節度副大使知節度事，兵馬都統、鹽鐵轉運使如故。駢至淮南，繕完城壘，招募軍旅，土客之軍七萬，乃傳檄徵天下兵，威望大振。朝廷深倚賴之，進位檢校太尉、同平章事。

既而黄巢賊合仙芝殘黨，復陷湖南、浙西州郡，衆號百萬。巢據廣州，求天平節鉞，朝廷議欲以南海節鉞授之。宰相盧攜與駢素善，以駢前在浙西已立討賊之効，今方集諸道之師於淮甸，不宜捨賊，以弱士心。鄭畋議且宜假賊方鎮以紓難。二人争論於朝，以言詞不遜，由是兩罷之。駢方持兵柄，聞朝議異同，心頗不平之。

廣明元年夏，黄巢之黨自嶺表北趨江淮，由采石渡江，張璘勒兵天長欲擊之。駢怨朝議有不附己者，欲賊縱横河洛，令朝廷聳振，則從而誅之。大將畢師鐸曰：「妖賊百萬，所經鎮戍若蹈無人之境。今朝廷所恃者都統，破賊要害之地，唯江淮爲首。彼衆我寡，若不據津要以擊之，俾北渡長淮，何以扼束，中原陷覆必矣。」駢駭然曰：「君言是也。」即令出軍。有愛將吕用之者，以左道媚駢，駢頗用其言。用之懼師鐸等立功，即奪己權，從容謂駢曰：「相公勳業高矣，妖賊未殄，朝廷已有間言。賊若盪平，則威望震主，功居不賞，公安税駕耶？爲公良畫，莫若觀釁，自求多福。」駢深然之，乃止諸將，但握兵保境而已。

其年冬，賊陷河洛，中使促駢討賊，冠蓋相望，駢終逗撓不行。既而兩京覆没，盧攜死，駢大閲軍師，欲兼并兩浙，爲孫策三分之計。天子在蜀，亟命出師。中和二年五月，雉雊於揚州廨舍，占者云：「野鳥入室，軍府將空。」駢心惡之。其月，盡出兵於東塘，結壘而處，每日教閲，如赴難之勢。仍與浙西周寶書，請同入援京師，寶大喜，即點閲將赴之，遣人偵之，知其非實。駢在東塘凡百日，復還廣陵，蓋禳雉雊之異也。

僖宗知駢無赴難意，乃以宰臣王鐸爲京城四面諸道行營兵馬都統，崔安潛副之，韋昭度領江淮鹽鐵轉運使。增駢階爵，使務並停。駢既失兵柄，又落利權，攘袂大詬，累上章論列，語詞不遜。其末章曰：

臣伏奉詔命，令臣自省，更勿依違者。臣仰天訴地，血淚交流，如劍戟攢心，若湯火在己。只如黄巢大寇，圍逼天長小城，四旬有餘，竟至敗走。臣散徵諸道兵甲，盡出家財賞給，而諸道多不發兵，財物即爲己有。縱然遣使徵得，勑旨不許過淮。其時黄巢殘兇，纔及二萬，經過數千里，軍鎮盡若無人。只如潼關已東，止有一徑，其爲險固，甚於井陘。豈有狂寇奔衝，略無阻礙，即百二之地，固是虚言，神策六軍，此時安在？陛下蒼黄西出，内官奔命東來，黎庶盡被殺傷，衣冠悉遭屠戮。今則園陵開毁，宗廟荆榛，遠近痛傷，遐邇嗟怨。雖然，姦臣未悟，陛下猶迷，不思宗廟之焚燒，不痛園陵之開毁。臣之痛也，實在於斯！此事見之

多年，不獨知於今日。況自萑蒲盜起，朝廷徵用至多，上至帥臣，下及裨將，以臣所料，悉可坐擒，用此爲謀，安能辦事？陛下今用王鐸，盡主兵權，誠知狂寇必殲，梟巢即覆。臣讀《禮》至宣尼射於矍相之圃，蓋觀者如堵墻，使子路出延射曰：潰軍之將，亡國之大夫，與爲人後者，不入於射也。嚴誡如斯，圖功也豈宜容易？陛下安忍委敗軍之將，陷一儒臣？崔安潛到處貪殘，只如西川，可爲驗矣，委之副貳，詎可平戎？況天下兵驕，在處僭越，豈二儒士，能戢彊兵，萬一乖張，將何救助？願陛下念黎庶，上爲宗祧，無使百代有抱恨之臣，千古留刮席之恥。臣但慮寇生東土，劉氏復興，即軹道之災，豈獨往日。乞陛下稍留神慮，以安宗社。今賢才在野，憸人滿朝，致陛下爲亡國之君，此等計將安出？伏乞戮賣官鬻爵之輩，徵鯁直公正之臣，委之重難，置之左右，克復宮闕，莫尚於斯。若此時謗誹忠臣，沉埋烈士，匡復宗社，未見有期。臣受國恩深，不覺語切，無任憂懼之至。

詔報駢曰：

省表具悉。卿一門忠孝，三代勳庸，銘於景鐘，煥在青史。卿承祖父之訓，襲弓冶之基，起自禁軍，從微至著。始則囊錐露穎，稍有知音；尋則天驥呈才，急於試效。自秦州經略使，授交趾節旄，聯翩寵榮，汗漫富貴，未嘗斷絶，僅二十年。卿報國之功，亦可悉數。最顯赫者，安南拒蠻，至今海隅尚守。次則汶陽之日，政聲洽平。洎臨成都，脅歸驃信，三載之内，亦無侵凌。創築羅城，大新錦里，其爲雄壯，實少比儔。渚宫不暇於施爲，便當移鎮；建鄴纔聞於安静，旋即渡江。自到廣陵，併鍾多壘，即亦招降草寇，救援臨淮。大約昭灼功勳，不大於此數者。朝廷累加渥澤，靡吝徽章，位極三公，兵環大鎮。銅鹽重務，綰握約及七年；都統雄藩，幅員幾於萬里。朕瞻如太華，倚若長城，凡有奏論，無不依允，其爲託賴，豈愧神明？

自黄巢肆毒咸京，卿並不離隋苑。豈金陵苑水，能遮鶗鶘之雄；風伯雨師，終阻帆檣之利？自聞歸止，寧免鬱陶。卿既安住蕪城，鄭畋以春初入覲，遂命上相，親領師徒，因落卿都統之名，固亦不乖事例，仍加封實，貴表優恩。何乃疑忿太深，指陳過當，移時省讀，深用震嗟。聊舉諸條，粗申報復。

卿表云：「自是陛下不用微臣，固非微臣有負陛下」者。朕拔卿汶上，超領劍南，荆、潤、維揚，聯居四鎮。綰利則牢盆在手，主兵則都統當權。直至京北、京南，神策諸鎮，悉在指揮之下，可知董制之雄。而乃貴作司徒，榮爲太尉，以爲不用，何名爲用乎？

卿又云：「若欲俯念舊勳，佇觀後效，何不以王鐸權位，與臣主持，必能糾率諸侯，誅鋤羣盜」者。朕緣久付卿兵柄，不能翦滅元兇，自天長漏網過淮，不出一兵襲逐，奄殘京國，首尾三年。廣陵之師，未離封部，忠臣積望，勇士興譏。所以擢用元臣，誅夷巨寇，心期貔武，便掃欃槍。卿初委張璘，請放却諸道兵士，辛勤召置，容易放還。璘果敗亡，巢益顛越。卿前年初夏，遑發神機，與京中朝貴書，題云：「得靈仙教導，芒種之後，賊必盪平。」尋聞圍逼天長，必謂死在卿手，豈知魚跳鼎釜，狐脱網羅，遽過長淮，竟爲大憝。都統既不能禦遏，諸將更何以枝梧？果致連犯關河，繼傾都邑。從來倚仗之意，一旦控告無門，凝睇東南，惟增悽惻。及朕蒙塵入蜀，宗廟汙於賊庭，天下人心，無不雪涕。既知曆數猶在，謳謡未移，則懷忠拗怒之臣，貯救難除姦之志，便須果決，安可因循？況恩厚者其報深，位重者其心急。此際天下義舉，皆望淮海率先。豈知近輔儒臣，先爲首唱，而窮邊勇將，誓志平戎，關東寂寥，不見干羽。洎乎初秋覽表，方云仲夏發兵，便詔軍前，並移汶上。喜聞兵勢，渴見旌幢。尋稱宣潤阻艱，難從天討。謝玄破苻堅於淝水，裴度平元濟於淮西，未必儒臣，不如武將。

卿又云：「若不斥逐邪佞，親近忠良，臣既不能保家，陛下豈能安國，恕當今日，軹道之災，豈獨往日」者。我國家景祚方遠，天命未窮，海内人心，尚樂唐德。朕不荒酒色，不虧刑名，不結怨於生靈，不貪財於宇縣。自知運曆，必保延洪。況巡省已來，禎祥薦降，西蜀半年之内，聲名又以備全。塞北、日南，悉來朝貢，黠戛、善闡，並至梯航。但慮天寶、建中，未如今日；清宫復國，必有近期。卿云「劉氏復興」，不知誰爲其首？遽言「刮席之恥」，比朕於劉盆子耶？仍憂「軹道之災」，方朕於秦子嬰也？雖稱直行，何太罔誣！三復斯言，尤深駭異。

卿又云：「賢才在野，憸人滿朝，致陛下爲亡國之君，此子等計將安出，伏乞戮賣官鬻爵之輩，徵鯁直公正之臣」者。且唐、虞之世，未必盡是忠良；今巖野之間，安得不遺賢彦。朕每令銓擇，亦遣訪求。其於選將料兵，安人救物，但屬收復之業，講求理化之基，自有長才，同匡大計。賣官鬻爵之士，中外必不有之，勿聽狂辭，以資游説。且朕遠違宫闕，寄寓巴邛，所失恩者甚多，尚不興怨，卿落一都統，何足介懷？況天步未傾，皇綱尚整，三靈不昧，百度猶存。但守君臣之軌儀，正上下之名分，宜遵教約，未可隳凌。朕雖沖人，安得輕侮！但以知卿歲久，許卿分深，貴存終始之恩，勿貯猜嫌之慮。所宜深省，無更過言。

駢始以兵權，欲臨藩鎮，吞併江南，一朝失之，威望頓減，陰謀自阻，故累表堅論，欲其復故。明年四月，王鐸與諸道之師敗賊關中，收復京城。駢聞之，悔恨萬狀。而部下多叛，計無所出，乃託求神仙，屏絶戎政，軍中可否，取決於吕用之。光啓初，僖宗再幸山南，李煴僭號，僞授駢中書令、諸道兵馬都統、江淮鹽鐵轉運等使。駢方怨望，而甘於僞署，稱藩納賄，不絶於途，宴安自得，日以神仙爲事。吕用之又薦暨工諸葛殷、張守一有長年之術，駢並署爲牙將。於府第别建道院，院有迎仙樓、延和閣，高八十尺，飾以珠璣金鈿。侍女數百，皆羽衣霓服，和聲度曲，擬之鈞天。日與用之、殷、守一三人授道家法籙，談論於其間，賓佐罕見其面。

府第有隋煬帝所造門屋數間，俗號中書門，最爲宏壯，光啓元年，無故自壞。明年，淮南饑，蝗自西來，行而不飛，浮水緣城而入府第。道院竹木，一夕如翦，經像幢節，皆齧去其首。撲之不能止。旬日之内，蝗自食噉而盡。其年九月，雨魚。是月十日夜，大星隕於延和閣前，其聲如雷，火光爍地。自二年十一月雨雪陰晦，至三年二月不解。比歲不稔，食物踊貴，道殣相望，饑骸蔽地。是月，浙西周寶爲三軍所逐，駢喜，以爲妖異當之。

三月，蔡賊過淮口，駢令畢師鐸出軍禦之。師鐸與高郵鎮將張神劍、鄭漢璋等，率行營兵反攻揚州。四月城陷，師鐸囚駢於道院，召宣州觀察使秦彦爲廣陵帥。既而蔡賊楊行密自壽州率兵三萬，乘虚攻城。城中米斗五十千，餓死大半。駢家屬並在道院，秦彦供給甚薄，薪蒸亦闕，奴僕徹延和閣欄檻煮革帶食之，互相篡啖。駢召從事盧涚謂之曰：「予三朝爲國，粗立功名。比擺脱塵埃，自求清净，非與人世争利。一旦至此，神道其何望耶？」掩涕不能已。初，師鐸之入城也，愛將申及謂駢曰：「逆黨人數不多，即目弛於防禁，願奉令公潛出廣陵，依投支郡，以圖雪恥，賊不足平也。若持疑不決，及旦夕不得在公左右。」駢怯懼不能行其謀。九月，師鐸出城戰敗，慮駢爲賊内應，又有尼奉仙，自言通神，謂師鐸曰：「揚府災，當有大人死應之，自此善也。」秦彦曰：「大人非高令公耶？」即令師鐸以兵攻道院，侍者白駢曰：「有賊攻門。」曰：「此秦彦來。」整衣候之。俄而亂卒升階曳駢數之曰：「公上負天子恩，下陷揚州民，淮南塗炭，公之罪也。」駢未暇言，首已墮地矣。

駢既死，左右奴客踰垣而遁，入行密軍。行密聞之，舉軍縞素，繞城大哭者竟日，仍焚紙奠酒，信宿不已。駢與兒姪死於道院，都一坎瘗之，裹之以氈。行密入城，以駢孫俞爲判官，令主喪事。葬送未行而俞卒，後故吏鄺師虔收葬之。初師鐸入城，吕用之、張守一出奔楊行密，詐言所居有金。行密入城，掘其家地下，得銅人長三尺餘，身被桎梏，釘其心，刻「高駢」二字於胸，蓋以魅道厭勝蠱惑其心，以至族滅。

《新唐書》卷二二四下《高駢傳》　高駢字千里，南平郡王崇文孫也。家世禁衛，幼頗脩飭，折節爲文學，與諸儒交，硜硜譚治道，兩軍中人更稱譽之。事朱叔明爲司馬。有二鵰並飛，駢曰：「我且貴，當中之。」一發貫二鵰焉，衆大驚，號「落鵰侍御」。後歷右神策軍都虞候。党項叛，率禁兵萬人戍長武。是時諸將無功，唯駢數用奇，殺獲甚多。懿宗嘉之，徙屯秦州，即拜刺史兼防禦使。取河、渭二州，略定鳳林關，降虜萬餘人。

咸通中，帝將復安南，拜駢爲都護，召還京師，見靈臺殿。於是容管經略使張茵不討賊，更以茵兵授駢。駢過江，約監軍李維周繼進。維周擁衆壁海門，駢次峯州，大破南詔蠻，收所獲贍軍，維周忌之，匿捷書不奏。朝廷不知駢問百餘日，詔問狀，維周劾駢玩敵不進，更命右武衛將軍王晏權往代駢。俄而駢拔安南，斬蠻帥段酋遷，降附諸洞二萬計。晏權方挾維周發海門，檄駢北歸。而駢遣王惠贊傳酋遷首京師，見艟艫甚盛，乃晏權等，惠贊懼奪其書，匿島中，間關至京師。天子覽書，御宣政殿，羣臣皆賀，大赦天下。進駢檢校刑部尚書，仍鎮安南，以都護府爲静海軍，授駢節度，兼諸道行營招討使。始築安南城。由安南至廣州，江漕梗險，多巨石，駢募工劖治，由是舟濟安行，儲餉畢給。又使者歲至，乃鑿道五所，置兵護送。其徑青石者，或傳馬援所不能治。既攻之，有震碎其石，乃得通，因名道曰「天威」云。加檢校尚書右僕射。

駢之戰，其從孫潯常先鋒冒矢石以勸士，駢徙節天平，薦潯自代，詔拜交州節度使。僖宗立，即其軍加同中書門下平章事。

南詔寇巂州，掠成都，徙駢劍南西川節度，乘傳詣軍。及劍門，下令開城，縱民出入。左右諫：「寇在近，脱大掠，不可悔。」駢曰：「屬吾在安南破賊三十萬，驃信聞我至，尚敢邪！」當是時，蠻攻雅州，壁盧山，聞駢至，亟解去。駢即移檄驃信，勒兵從之。驃信大懼，送質子入朝，約不敢寇。

蜀有突將，分左右二廂，廂有虞候，詰火督盗賊，有兵馬虞候，主調發。駢罷其一，各置一虞候。又以蜀兵孱，詔蠻新定，人未安業，罷突將月稟並餐錢，約曰：「府庫完，當如舊。」又團練兵戰者，厚其衣稟，不團練者，但掌文書、倉庫，

衣稟減焉。駢曰：「皆王卒，命均之。」戰士大望。於時天平、昭義、義成戍軍合蜀兵凡六萬。駢之自將出屯也，突將亂，乘門以入，駢匿於圊，求不得。天平軍聞變，其校張桀以五百格戰，不勝。監軍慰撫之，皆曰：「州雖更蠻亂，户口尚完，府庫方實，公削軍稟以自養，不堪其虐，故亂。」監軍懼，講解之。取役夫數百，名叛卒，藉斬其首，乃定。駢徐出，以金帛厚賞士，開府庫悉還其衣稟。然密籍所給姓名，夜遣牙將擊殺之，夷其族，雖孕者不貰，投尸于江。有一婦方踞而乳子，將就刑，嫗傷之，疑其畏死，謂曰：「以子丐我，一詣曹司也。」婦蹶起曰：「我知之，且飽吾子，不可使以飢就戮也。」見刑者拜曰：「渠有節度使奪戰士食，一日忿怒，淫刑以逞，國家法令何有也？我死當訴於天，使此賊闔門如今日冤也！」逮死，神色晏然。蜀人聞者爲垂泣。駢復録突將戍還者，丸名貯器中，意不懌，則探之，或十或五，授將李敬全斬決。親吏王殷說駢曰：「突將在行者，初不知謀，公當赦之。」駢悅，投丸池中，人乃安。

蜀之土惡，成都城歲壞，駢易以塼甓，陴堞完新，負城丘陵悉墾平之，以便農桑。訖功，筮之得大畜。駢曰：「畜者，養也。濟以剛健篤實，輝光日新，吉孰大焉。文宜去下存上。」因名大玄城。進檢校司徒，封燕國公，徙荆南節度。

梁纘者，本以昭義兵西戍，駢表隸麾下。王仙芝之敗，殘黨過江，帝以駢治鄆威化大行，且仙芝黨皆鄆人，故授駢鎮海節度使。駢遣將張潾與纘分兵窮討，降其驍帥畢師鐸數十人，賊走嶺表。帝美其功，加諸道行營都統、鹽鐵轉運等使。又詔駢料官軍義營鄉團，歸其老弱傷夷，裁制軍食，刺史以下小罪輒罰，大罪以聞。賊更推黄巢南陷廣州，駢建遣潾以兵五千屯郴扼賊西路，留後王重任以兵八千並海進援循、潮，自將萬人繇大庾擊賊廣州，且請起荆南王鐸兵三萬壁桂、永，以邕管兵五千壁端州，則賊無遺類。帝納其策，而駢卒不行。

俄徙淮南節度副大使。駢繕完城壘，募軍及土客，得鋭士七萬，乃傳檄召天下兵共討賊，威震一時，天子倚以爲重。廣明初，潾破賊大雲倉，詐降巢。巢不意其襲，遂大奔，引殘黨壁上饒，然衆亡幾。會疫癘起，人死亡，潾進擊之，巢大懼，以金啗潾，騰書於駢，丐歸命。駢信之，許爲求節度。當此時，昭義、武寧、義武兵數萬赴淮南，駢欲專己功，即奏賊已破，不須大兵。有詔班師。巢知兵罷，即絶駢請戰，擊殺潾，乘勝度江攻天長。

始，巢在廣州，求天平節度，宰相盧攜善駢，以有討賊功，不肯赦巢，與鄭畋争於朝，故巢怨不得節度。而駢聞議不一，亦不平，至是欲縱賊以聳朝廷，然後立功。畢師鐸諫曰：「朝廷所恃，誰易於公？制賊要害，莫先淮南。今不據要津以滅賊，使得北度，必亂中原。」駢矍然，下令將出師。嬖將吕用之畏師鐸有功，諫曰：「公勳業極矣，賊未殄，朝廷且有口語。況賊平，挾震主之威，安所税焉？不如觀釁求福，爲不朽資也。」駢入其計，託疾未可以出屯，嚴兵保境。巢掠滁、和，去廣陵纔數百里，乃求援陳許。

巢逼揚州，衆十五萬。駢將曹全晸以兵五千戰不利，壁泗州以待援，駢兵終不出。賊北趨河洛，天子遣使者促駢討賊，冠蓋相望也。俄而兩京陷，天子猶冀駢立功，眷寄未衰，詔刺史若諸將有功，自監察御史至常侍，許墨制除授。尋進檢校太尉，東面都統，京西、京北神策軍諸道兵馬等使。會二雉雊署寢，占者曰：「軍府將空。」駢惡之，悉兵出營東塘，舟二千艘，戈鎧完鋭，日討金鼓以侈士志。與浙西節度使周寶檄，欲連和而西，寶大喜。有謂寶：「彼欲並江東爲孫策三分計。」寶未之信。俄而駢請寶至軍議事，寶怒，辭疾不出，釁隙遂構。駢屯東塘百日，託以寶及浙東劉漢宏將爲不利，乃還，以應其變。

帝知駢無出兵意，天下益殆。乃以王鐸代爲都統，以崔安潛副之。詔韋昭度領諸道鹽鐵轉運使，加駢侍中，增實户一百，封渤海郡王。駢失兵柄利權，攘袂大詬，即上書謾言不恭，詆鐸乃敗軍將，而安潛狼貪，有如橈敗，詒千古之悔。又引更始刮席、子嬰軹道事以激帝。帝怒，下詔切責。當此時，王室微，不絶如帶。駢都統三年，無尺寸功，幸國顛沛，大料兵，陰圖割據，一旦失勢，威望頓盡，故肆爲醜悖，脅邀天子，冀復故權。而吴人顧雲以文辭緣澤其姦，偃然無所忌畏。又請帝南幸江淮。會平賊，駢聞，縮氣悵恨，部下多叛去，鬱鬱無聊，乃篤意求神僊，以軍事屬用之。

用之者，鄱陽人，世爲商儈，往來廣陵，得諸賈之驩。既孤，依舅家，盜私其室，亡命九華山，事方士牛弘徽，得役鬼術，賣藥廣陵市。始詣駢親將俞公楚，驗其術，因得見駢，署幕府，稍補右職。用之既少賤，具知閭里利病、吏得失，頗班班言政事，以將左道，駢愈器之。乃廣樹朋黨，刺知駢動息，持金帛還結左右，日爲誕妄以動駢。又薦狂人諸葛殷、張守一爲長年方，並署牙將。初，殷將見，用之紿曰：「上帝以公爲人臣，慮機事廢廢，使神人來備羽翼，且當以職縻之。」明日，殷以褐衣見，辯詐無窮，駢大驚，號「葛將軍」。其陰狡過用之遠甚。有大賈居第華壯，殷求之不得，謂駢曰：「城中且有妖，當築壇禳却之。」因指賈居。駢勅吏即日驅徙，殷入居之。

駢造迎仙等樓，皆度高八十尺，飾以金珠璪玉，侍女衣羽衣，新聲度曲，以儗鈞天，薰齋其上，祈與仙接。用之自謂與僊真通，對駢叱咤風雨，或望空顧揖再拜，語言俚近，左右或竊議，輒殺之，後無敢出口者。蕭勝納賄用之，求鹽城監，駢不肯，用之曰：「仙人言鹽城有寶劍，須真人取之，唯勝可往。」駢許諾。數月，勝獻銅匕首，用之曰：「此北帝所佩也，得之者兵不敢犯。」駢寶祕之，常持以坐起。用之憚其術窮且見詰，乃刻青石手板爲龍蛇隱起，文曰：「帝賜駢。」使人潛植機上，駢得之大喜。爲寓鵠廷中，設機關，觸人則飛動，駢衣羽服，乘之作仙去狀。用之懼有擿其姦者，乃曰：「仙人當下，但患學者真氣虧沮耳。」駢始棄人間事，絶妾媵，雖將吏不得見。客至，先遣薰濯，詣方士祓除，謂之解穢，少選即引去。自是内外無敢言者，惟梁纘屢爲駢言，駢不聽。纘懼，解所領兵，駢還其軍於昭義，纘不復事矣。

用之既自任，淫刑重賦，人人思亂。乃擢廢吏百餘，號「察子」，厚稟食，令居衢閧間，凡民私閲隱語莫不知，道路箝口。誅所惡者數百族。又募卒二萬，爲左、右「鏌邪軍」，與守一分總，置官屬如駢府。用之每出入，騶御至千人；建大第，軍胥營署皆備。建百尺樓，託云占星，實窺伺城中之有變者。左右姬侍百餘，皆娟秀光麗，善歌舞，巾幧束帶以侍。月二十宴，其費仰於民，不足，至苛留度支運物。誘人上變，則許入貲産贖罪。俞公楚數規戒其失，不聽。姚歸禮謀殺之，弗克。用之因譖二人於駢，使以驍雄兵三千督盗於外，密使兵襲之，舉師殲焉。駢從子澞密疏用之罪，諫駢曰：「不除之，高氏且無種。」駢怒，命左右扶出，以狀授用之。用之誣澞貪貴不能滿，故妄言。因出澞筆驗之，駢勑吏禁澞出入。俄署舒州刺史，未幾爲下所逐，用之構之也。駢使人殺澞。

嗣襄王熅之亂，駢上書勸進，僞假駢中書令、諸道兵馬都統、江淮鹽鐵轉運使，以用之爲嶺南節度使。駢久觖望，至是大喜，貢賦不絶。用之始開府置官屬，禮與駢均矣。以鄭杞、董僅、吴邁爲腹心，駢之親信皆偪使附己，政事未嘗關決駢。駢内悔，欲收其權，不能也。用之問計於杞、僅，謀請駢齋於其第，密縊之，紿爲昇天，事不克。

光啓三年，蔡賊孫儒兵略定遠，聲言涉淮，壽州刺史張翺奔告駢，命畢師鐸率騎三百戍高郵。師鐸者，故仙芝黨，以善騎射稱。駢敗巢於浙西，用其力，故寵待絶等。用之厚啖以利，欲其諂附，然不肯情。師鐸有妾美，用之請見，不可，狙其出，觀焉，怒而棄之；内忿懼，爲子結婚於高郵將張神劍，陰倚爲援。朱全忠方攻秦宗權，駢慮其奔突，使師鐸率兵踰都梁山，不見賊還。師鐸見駢府宿將多以譏死，憂甚。用之益加禮，師鐸愈恐，謀於神劍。神劍不然其言，而猜嫌日結。用之亦慮其變，内欲除之，亟請罷屯。其母密擿師鐸使去，曰：「毋顧家室。」師鐸憂，未知所出。而駢子怒用之專恣，覘師鐸與諸將發其姦，遣使謂師鐸曰：「用之欲因此行圖君，既授書神劍矣，君其備之！」師鐸驚，軍中稍稍傳言。諸將介而見，請殺神劍，並其軍，驅市人以濟亂。師鐸曰：「不可，我若重擾百姓，復一用之也。鄭漢璋素與我善，兵精士彊，以用之用事，常不平。今若告之謀，彼必喜，則事濟矣。」衆然之。神劍未知，方椎牛釃酒，且將犒師。師鐸潛師夜出，士皆絳繒抹首，且行且掠。漢璋聞，以麾下出迎，師鐸諗以計，大喜。留其妻守淮口，帥兵及亡命數千至高郵，見神劍，詰其變，神劍辭不知。師鐸語稍侵，神劍瞋目曰：「大夫何晚計！彼一妖人，前假嶺南節，不肯行，志圖淮海，令君既奪魄，彼一日得志，吾能握刀頭北面事之邪！吾前未量君意，故不出口，尚何疑？」漢璋喜，取酒割臂血而盟，推師鐸爲大丞相，作誓告神，乃移檄州縣，以誅呂用之、張守一、諸葛殷爲名。神劍以高郵兵諸校倪詳、逯並以天長子弟會，唐宏爲先鋒，駱玄真主騎，趙簡主徒，王朗爲殿，得勝兵三千。將發，神劍中悔，繆曰：「公兵雖精，然城堅，旬日不下則糧乏，衆心摇矣。神劍請按軍高郵，爲公聲援而督糧道。」師鐸曰：「民稟尚多，何患資儲？城中攜離無鬭志，何事聲援？君意不行，孰敢違？」漢璋内忌神劍，恐不爲己下，勸許其計，約城破玉帛子女共之。

其四月，兵傅城，營其下。城中駭亂，用之分兵守，且自督戰。令曰：「斬一級，賞金一餅。」士多山東人，堅悍頗用命。師鐸懼，退舍自固。用之稍堙塞諸門。駢登延和閣，聞囂甚，左右告之故，大驚，召用之問狀，徐曰：「師鐸衆思歸，爲門衛所軋，隨已處置，不爾，煩玄女一符耳！」駢曰：「吾覺爾之誕多矣，善自爲之，勿使吾爲周寶也！」時寶已爲下所逐出奔云。用之慚，不復有言。師鐸見城未下，頗懼，求救於宣州秦彦，約事平迎以代駢。

駢數責用之曰：「始吾以心腹任君，君御下無方，卒誤我。今百姓饑饉，不可虐用，當遣大將齎吾書諭之，使罷兵。」用之疑諸將不爲用，以其黨許戡奉書往。始師鐸意駢令宿將勞軍，因得口陳用之罪。及戡至，大怒曰：「梁纘、韓問安在？若何庸來！」即斬之。乃繫書射城内，用之不發，即火之。它日以甲士百人入謁，駢驚匿内寢，少選乃出，叱曰：「得非反邪？」命左右驅出，用之至南門，

舉策曰：「吾不復入是矣！」始與駢貳。

師鐸壁揚子，發民廬舍治攻具。用之大索居人馬及丁壯，驍將以長刀擁脅乘城，晝夜不得息。又疑爲間，數易區處，家有鹺餉，皆相失，至飢死者相枕藉。駢召大將古鍔齎師鐸母書及其子出諭，師鐸遣子還曰：「不敢負恩，朝斬兇人，夕還屯，願以妻子爲質。」駢恐用之屠其家，乃收置署中。會秦彥遣秦稠率兵與師鐸合，攻益急，守陴者夜焚南柵以應於外，師鐸入，守將張全廼戰死，用之距三橋，殺傷相當。駢從子傑率牙兵將執用之以畀師鐸，左鏌邪兵復斷其後，用之懼，乃出奔。

駢召梁纘謝曰：「初不用子計以及此，庸何追？」授以兵，使保子城。遲明，師鐸縱火大掠，駢乃命徹備，改服須其入。師鐸見延和閣，駢待之如賓，即署師鐸節度副使，漢璋、神劍以次授署，秦稠封府庫以待，師鐸去丞相號。于時何衛未謹，駢愛將申及說駢曰：「逆人兵少弛，願奉公夜出，發諸鎮兵，還刷大恥，賊不足平也。若不決，則及將不得侍公。」因泣下。駢恇怯不能用其策，及乃匿去。

史趙鍠守宣，自將入揚州，稱節度使，以師鐸爲行軍司馬，居用之第，不得在牙中。師鐸怏怏失志。行密與神劍等連和，自江北至槐家橋，柵壘相聯。彥登城望之，色沮，乃授鄭漢璋、唐宏等兵屯門，樵蘇道絶，食且乏。稠及師鐸以勁卒八千出戰，大敗，稠死之，士奔溺死者十八。彥大出金求救於張雄，雄引兵至東塘，得金，不戰去。彥使師鐸率兵二萬陣城下，漢璋爲前鋒，宏次之，駱玄真、樊約又次之，師鐸、王朗以騎爲左右翼。既成列，久之，行密乃出，委輜重於壁，以羸兵守之，伏精卒數千其旁。行密先犯玄真，短兵接，僞北，師鐸諸軍奔其壁，爭取金玉貲糧。伏譟而出，行密引輕兵躡其尾，俘殺旁午，橫尸十里，師鐸等奔還，玄真戰死。師鐸雅倚玄真驍敢能拒敵，既失之，惋沮彌日，不復議出戰矣。

駢久囚拘，供億窘狹，羣奴徹延和閣闌楯爲薪，煮革帶以食。駢召幕府盧涚曰：「予粗立功，比求清淨，非與此世爭利害，今而及此，神道何望邪？」涕下不能已。師鐸既敗，慮駢內應。有女巫王奉仙謂師鐸曰：「揚州災，有大人死，可以厭。」彥曰：「非高公邪？」命左右陳賞等往殺之。侍者白有賊，駢曰：「此必秦彥來。」正色須之。衆入，駢罵曰：「軍事有監軍及諸將在，何遽爾？」衆辟易，有奮而擊駢者，曳廷下數之曰：「公負天子恩，陷人塗炭，罪多矣，尚何云？」駢未暇答，仰首如有所伺，即斬之。左右奴客遁歸行密，行密舉軍縞素，大臨而祭，獨用之縗服哭三日。【略】駢之死，裹以故氈，與子弟七人一坎而瘞。行密擢駢孫愈爲副使，令主喪事，未克葬，愈暴死，至是故吏鄺師虔收葬之。

雜録

備録

劉崇遠《金華子》卷上 周侍中寶初在軍中，性強毅，閹官之門，莫肯折節。逮將中年，猶處下位，或自憤悱。獨以領毬子供奉者前後凡三十六度，遂挂聖意，遷金吾第二番將軍。尋遷對御仗第一籌，喪其一目。授涇原節度，移鎮浙東，與燕公對境。高駢在軍中時，以兄呼寶，及總元戎，意遂輕少，兼以對境微釁，憎愛日尋，漸積爲仇讎矣。

《太平廣記》卷一三八《高駢》引《感定録》 唐燕公高駢微時，爲朱叔明司馬。總兵巡按，見雙鵰，謂衆曰：「我若貴，矢當疊雙。」乃伺其上下，果一矢貫二鵰。衆大驚異，因號爲落鵰公。

《太平廣記》卷一四五《高駢》引《妖亂志》 唐光啓三年，中書令高駢鎮淮海，有蝗行而不飛自郭西浮濠，緣城入子城，聚於道院，驅除不止。松竹之屬，一宿如剪，幡幢畫像，皆嚙去其頭，數日之後，又相啖食。九月中，暴雨方霽，溝瀆間忽有小魚，其大如指。蓋雨魚也，占有兵喪。至十月，有大星夜墮於延和閣前，聲若奔雷，迸光碎響，洞照一庭。自十一月至明年二月，昏霧不解。或曰：「下謀上之兆。」是時粒食騰貴，殆踰十倍，寒僵雨仆，日輦數千口，棄之郭外。及霽，而達坊靜巷，爲之一空。是時浙西軍變，周寶奔毗陵，駢聞之大喜，遽遣使致書於周曰：「伏承走馬，已及奔牛。奔牛堰名，在常州西。今附虀一瓶，葛粉十斤，以充道途所要。」蓋諷其虀粉也。三月，使院致看花宴，駢有與諸從事詩，其末句云：「人間無限傷心事，不得樽前折一枝。」蓋亡滅之讖也。及爲秦彥幽辱，計口給食，自五月至八月，外圍益急，遂及於難。

《太平廣記》卷二〇〇《高駢》引《謝蟠雜説》 唐高駢幼好爲詩，雅有奇藻，屬情賦詠，橫絶常流，時秉筆者多不及之。故李氏之季，言動臣有文者，駢其首焉。集遇亂多亡，今其存者盛傳於時。

《太平廣記》卷二一九《高駢》引《玉堂閒話》 江淮州郡，火令最嚴，犯者無赦。蓋多竹屋，或不慎之，動則千百間立成煨燼。高駢鎮維揚之歲，有術士之家延火，燒數千户，主者録之，即付於法。臨刃，謂監刑者曰：「某之愆尤，一死何以塞責！然某有薄技，可以傳授一人，俾其救濟後人，死無所恨矣。」時駢延待方術之士，恒如飢渴，監刑者即緩之，馳白於駢。駢召入，親問之，曰：「某無他術，唯善醫大風。」駢曰：「可以覈之。」對曰：「但於福田院選一最劇者，可以試之。」遂如言，乃置患者於密室中，飲以乳香酒數升，則懵然無知。以利刀開其腦縫，挑出蟲可盈掬，長僅二寸。然以膏藥封其瘡，别與藥服之，而更節其飲食動息之候。旬餘，瘡盡愈。纔一月，眉鬚已生，肌肉光浄，如不患者。駢禮術士爲上客。

《太平廣記》卷二八三《高駢》引《妖亂志》 唐高駢嘗誨諸子曰：「汝曹善自爲謀。吾必不學俗物，死入四板片中，以累於汝矣。」及遭畢師鐸之難，與諸甥姪同坎而瘞焉，唯駢以舊氈苞之，果符所言。後吕用之伏誅，有軍人發其中堂，得一石函，内有桐人一枚，長三尺許，身披桎，口貫長釘，背上疏駢鄉貫甲子官品姓名，爲厭勝之事。以是駢每爲用之所制，如有助焉。

《太平廣記》卷二八九《捉佛光事》引《北夢瑣言》 高燕公鎮蜀日，大慈寺僧申報堂佛光見。燕公判曰：「付馬步使捉佛光過。」所司密察之，誘其童子，具云：「僧輩以鏡承隙日中影，閃於佛上。」由此乖露，擒而罪之。

《太平廣記》卷二九〇《諸葛殷》引《妖亂志》 高駢嬖吏諸葛殷，妖人吕用之之黨也。初自鄱陽將詣廣陵，用之先謂駢曰：「玉皇以令公久爲人臣，機務稍曠，獲譴於時君，輒遣左右一尊神爲令公道中羽翼。不久當降，令公善遇。欲其不去，亦可以人間優職縻之。」明日，殷果來，遂巾褐見駢於碧筠亭。妖形鬼態，辨詐蜂起，謂可以坐召神仙，立變寒暑。駢莫測也，俾神靈遇之，謂之諸葛將軍也。每從容酒席間，聽其鬼怪之説，則盡日忘倦。自是累遷鹽鐵劇職，聚財數十萬緡。其兇邪陰妖，用之蔑如也。有大賈周師儒者，其居處花木樓榭之奇，爲廣陵甲第，殷欲之而師儒拒焉。一日，殷謂駢曰：「府城之内，當有妖起，使其得志，非水旱兵戈之匹也。」駢曰：「爲之奈何？」殷曰：「當就其下建齋壇，請靈官鎮之。」殷即指師儒之第爲處，駢命軍候驅出其家。是日雨雪驟降，泥淖方盛，執事者鞭韃迫蹙，師儒攜挈老幼，匍匐道路，觀者莫不愕然。殷遷其族而家焉。殷足先患風疽，至是而甚，每一躁癢，命一青衣交手爬搔，血流方止。駢性嚴潔，甥姪輩皆不得侍坐，唯與殷欸曲，未嘗不廢寢忘飡，或促膝密坐，同杯共器。遇其風疽忽發，即恣意搔捫，指爪之間，膿血沾染，駢與之飲啗，曾無難色。左右或以爲言，駢曰：「神仙多以此試人，汝輩莫介意也。」駢前有一犬子，每聞殷腥穢之氣，則來近之。駢怪其馴狎，殷笑曰：「某常在大羅宫玉皇前見之，别來數百年，猶復相識。」其虚誕率多如此。高虞常謂人曰：「争知不是吾滅族冤家？」殷性躁虐，知揚州院來兩月，官吏數百人，鞭背殆半。光啓二年，僞朝授殷兼御史中丞，加金紫。及城陷，竄至灣頭，爲邏者所擒，腰下獲黄金數斤，通天犀帶兩條。既縛入城，百姓聚觀，交唾其面，燖撮其鬢髮，頃刻都盡。獄具，刑於下馬橋南，杖至百餘，絞而未絶。會師鐸母自子城歸家，經過法所，遂扶起避之。復蘇於橋下，執朴者尋以巨木踣之。驟殿過，決罰如初。始殷之遇也，驕暴之名尋布於遠近，其族人競以謙損戒殷。殷曰：「男子患於不得遂志，既得之，當須富貴自處。人生寧有兩遍死者？」至是果再行法。及棄屍道左，爲仇人剜其目，斷其舌，兒童輩以瓦礫投之，須臾成峯。

孫光憲《北夢瑣言》卷二《高駢開海路》 安南高駢奏開本州海路。初，交阯以北，距南海有水路，多覆巨舟。駢往視之，乃有横石隱隱然在水中，因奏請開鑿，以通南海之利。其表略云：「人牽利楫，石限横津。纔登一去之舟，便作九泉之計。」時有詔聽之。乃召工者，啖以厚利，竟削其石。交廣之利，民至今賴之以濟焉。或言駢以術假雷電以開之，未知其詳。

孫光憲《北夢瑣言》卷三《高太尉決禮佛僧》 唐渤海王太尉高公駢鎮蜀日，因巡邊至資中郡，舍於刺史衙。對郡山頂有開元佛寺，是夜黄昏，僧徒禮讚，螺唄間作，渤海命軍候悉擒械之。來晨笞背斥逐，召將吏而謂之曰：「僧徒禮念，亦無罪過，但以此寺十年後，當有禿丁數千作亂。我故以是厭之。」其後土人皆髡髮執兵，號大髡小髡，據此寺爲寨，陵脅州將。果叶渤海之言。時稱駢好妖術，斯亦或然之驗與。

孫光憲《北夢瑣言》卷五《高太尉機詐》 咸通中，南蠻圍西川，朝廷命太尉渤海高公駢自天平軍移鎮成都。戎車未届，乃先以帛書軍號其上，仍畫一符於郵亭遞之，以壯軍聲。蠻酋懲交阯之敗，望風而遁。先是府無羅郭，南寇纔臨，遂成煨燼，士民無久安之計。渤海規畫地勢，圖版築焉。慮畚鍤將施，亭堠有警，乃命門僧景山奉使入南詔，宣言躬自巡邊。自下手築城日，舉烽直至大渡河。凡九十三日，樓櫓矗然，旌旆竟不行，而驃信讋慄不暇。兵以詐勝，斯之謂也。

孫光憲《北夢瑣言》卷九《刺血寫經僧》 唐咸通中，西川僧法進刺血寫經，
聚衆教化寺。所司申報高燕公，判云：「斷臂既是兇人，刺血必非善事。貝多葉
上，不許塵埃；俗子身中，豈堪腥膩。宜令出境，無得惑人，與一繩遞出東界。」
所司不喻繩絞，賜錢一千，送出東郭，幸而誤免。後卒於荆州玉泉寺。

孫光憲《北夢瑣言》卷九《高燕公神筆》 淮海小將姓朱，忘其名。有女未嫁，
爲鬼物所祟，常呼韓郎。往來如生人，唯不見形，奉外舅姑禮，自云天朝神。朱
以異事，不敢隱祕，乃告府主高燕公。公唯書名，俾朱歸帖於女房門上。其邪來
見，咨嗟言别而去。聞於劉山甫。

孫光憲《北夢瑣言》卷一二《高太尉駢請留蠻宰相事》 唐南蠻侵軼西川，苦
無亭障。自咸通已後，劍南苦之。牛叢尚書作鎮，爲蠻寇憑陵，無以抗拒。高公
自東平移鎮成都，蠻酋猶傅蜀城。掌武先選驍鋭救急，人背神符一道，蠻覘知
之，望風而遁。爾後僖宗幸蜀，深疑作梗，乃許降公主。蠻王以連姻大國，喜幸
踰常，因命宰相趙隆眉、楊奇鯤、段義宗來朝行在，且迎公主。高太尉自淮海飛
章云：「南蠻心膂，唯此數人，請止而鴆之。」迄僖宗還京，南方無虞，用高公之策
也。楊奇鯤輩皆有詞藻，途中詩云：「風裏浪花吹又白，雨中嵐色洗還青。江鷗
聚處窗前見，林狖啼時枕上聽。此際自然無限趣，王程不敢暫留停。」詞甚清
美也。

孫光憲《北夢瑣言》卷一一《蔡畋虚誕》 唐高駢鎮成都，甚好方術。有處士
蔡畋者，以黄白干之，取瓦一片，研丹一粒，半塗入火，燒成半截紫磨金，乃奇事
也。蔡生自負，人皆敬之，以爲地仙。燕公求之不得。久而乖露，乃是得藥於
人，眩惑賣弄，爲元戎笞殺之。

錢易《南部新書》卷丙 高駢章疏不恭，皆顧雲之辭也。駢後謂左右曰：
「異日朝廷以不臣見罪，此輩寧無赤族之患耶？」

錢易《南部新書》卷己 高燕公在秦州，岐陽節度使杜邠公遞囚於界，邠公
牒轉書云：「當州縣名成紀，郡列隴西，是皇家得姓之邦，非鳳翔流囚之所。」公
移書謝之，自是燕公聲價始振。

錢易《南部新書》卷壬 高駢既好神仙，性復多誕，每稱與玉皇及羣仙書札
來往。時對賓客，或彩箋以爲報答。

錢易《南部新書》卷癸 高駢在淮南，有贊歌者，末章云：「五色真龍上漢
時，願把霓旌引煙策。」公説，乃辟爲從事。及公遇害，有識者多嗤其言過也。

《資治通鑑》卷二五三唐僖宗廣明元年七月條考異引《妖亂志》 廣明元年
七月，黄巢自采石北渡，直抵天長。時城内土客諸軍尚十餘萬，皆良將勁兵，議
者慮狂寇有奔犯關防之患，悉願盡力死戰。用之等慮其立功之後，侵奪己權，謂
渤海曰：「黄巢起於羣盗，遂至横行，所在雄藩，望風瓦解，天時人事，斷然可知。
令公既統强兵，又居重地，只得坐觀成敗，不可更與争鋒。若稍損威名，則大事
去矣。」渤海深以爲然，竟不議出軍。巢遂至北焉。初，巢寇廣陵也，江東諸侯以
渤海屯數道勁卒，居將相重任，巢江海一逋逃耳，固可掉折箠而擒之。及聞安然
渡淮，由是方鎮莫不解體。

李石《續博物志》卷三 玉局觀洞，高駢帥蜀，取罪人以繩絆其腰，令探淺
深。繩兩日方絶，出青城山洞天觀門。

計有功《唐詩紀事》卷六三《高駢》 駢鎮蜀日，以南詔侵暴築羅城四十里，
朝廷雖加恩賞，亦疑其固護。或一日，聞奏樂聲響知有改移，乃題風箏寄意曰：
「夜静絃聲響碧空，宫商信任往來風。依稀似曲才堪聽，又被移將别調中。」旬日
報到，移鎮渚宫。

備論

《舊唐書》卷一八二《高駢傳》 史臣曰：疾風知勁草，世亂見忠臣，誠哉是
言也。土運中微，賊巢僭越，藩伯勤王，赴難者率有聲而無實。唯重榮斬賊使於
近關，處存舉義師於安喜，横身泣赴，不顧禍患，遂得義徒雲合，逆黨勢窮。宜乎
服冕乘軒，傳家胙土。而重榮傷於峻法，嚴而少恩，禍發輿臺，誠悲枉横。高駢
起家禁旅，頗立功名，玩寇崇妖，致兹狼藉。後來勳德，可誡前車。瑄、溥不以善
取，固宜凶終。瑾持此狼心，安逃虎口？王綱之紊，羣盗及兹，復何言哉！

贊曰：王者撫運，居安慮危。不以德處，即爲盗闚。乾坤盪覆，生聚流離。
讀駢章疏，可爲涕洟。

胡寅《致堂讀史管見》卷二六 高駢請自大庾趨廣州擊黄巢，黄巢必遁走。
乞勅，王鐸盛兵守昭、桂、梧、永之險，不許。

高駢舊在嶺外立功，知其地利，乘其威名正可用之時。所建白者良策也，王
鐸爲都統近在荆南，又應接之便也，而朝廷不從則亦崔沆、豆盧瑑昧於制勝之道

耳。爲宰相而不知兵，輕用人國以致傾危，安得專歸罪於北司哉！凡人才氣當及其鋒而用之，高駢既不得所請，又移鎮淮南，知朝廷不足稟畏，其精鋭亦自銷耎不復能振矣！

高駢好神仙，信用方士呂用之，熒惑百端有同兒戲。

方士眩人大抵如文成、五利、張果、呂用之所言，智者固不惑矣。而漢武非愚人也，及其惑也如嬰兒之未孩，易耳目而不知，則方士眩人之言有不可不指摘，庶後覺之易悟也。凡言天仙降格者，若其果然則其服食器用宜非世間，所有然後可信。今奇怪其字而不舍筆墨，崖險其詞而不離俗意，或至書之縑綺藏之隱僻，終無足異者甚，則震雷揚火，御杯勺散，肴核閧然，如有聞乃不出於旦晝之時，皆在夜昏之後，帷幙之中，有人爲之迹非世所無之物也。由是論之，孝武之嵩呼與夫壇祠肸響，及明皇空中告語，崔浩天人接對等事皆以自誣又以欺世，至呂用之益踈矣。然高駢方日夕跨木鶴以俟其飛，固不能辨天上之無銅劍與青石也，愚智紛紛同爲謬悠，可付一笑耳。

加高駢侍中，罷鹽鐵轉運使。駢攘袂大詬，表詞不遜，上命鄭畋草詔切責之。

高駢立功安南，建績成都，其才有足用者。一旦桀驁犯上無忌，則由在鎮海曰：請討黃巢，朝廷處置失宜，遂生侮玩之心耳。是故處之得其道雖悔可以爲功，處之失其道雖利反以爲害。僖宗荅詔責駢，獨使鄭畋爲之，何也？以畋與駢素有隙也。駢既失臣禮，夫豈語言可下？畋爲輔相無亦思制馭之道，而順旨不辭，因逞其忿，遂使王言有類相詬，不亦辱乎？

高駢將畢師鐸、秦彥攻駢城，陷囚之。

高駢早有功伐，據江淮膏壤走集之地財富兵強，進可以師柏文奬王室，退可以保土宇修職貢，爲強大諸侯而不失臣節，誰能禦之？顧惑一二方士，至於滅亡，是故君子之事其心不以一物自累，衣服飲食不得則不生，猶直寄焉，餘可知矣。虛明正靜可以監天地，照萬物，何往而不裕？不然衛懿公好鶴，曹伯陽好田，唐莊宗好優，皆足以凶于家而害于國。況神仙不死之說英主尚未能無惑，高駢愚人也，何以自脫哉！

楊行密圍秦彥、畢師鐸益急，彥恐駢黨爲內應，殺駢並其子弟甥姪，無少長皆死。行密聞之，帥士卒縞素向城大哭三日。

高駢之在成都殺突將也，夜掩捕之，老、幼、孕、病無免者，嬰兒或撲於階，或擊於柱，號呼震天，死者數千人。有一婦人臨刑，戟手大罵曰：「高駢！汝無故奪有功將士職糧，激成衆怒，幸而得免，不省己自咎，乃更以詐多殺不辜，天地鬼神豈容汝如此！我必訴于上帝，使汝他日冤抑汙辱，驚憂惴恐，舉家屠滅如我今日！」至駢晚節一如婦人所言，或謂此豈非佛氏所謂輪廻果報者乎？曰似之而非也。易曰：「積善之家必有餘慶，積不善之家必有餘殃。」曾子曰：「出乎爾者，反乎爾者也。」積善有慶是矣，而曰餘慶，積惡有殃是矣，而曰餘殃，蓋積之既久則未流必多。故有虞之子不肖而陳齊享祚，商辛之後有國而禄父再亡，可見殃慶之必餘也。若駢所得猶未足以償，數千人之怨魄足見天道好還之不差忒耳夫輪廻之説謂死於此生於彼，今世爲人後世爲異物；負冤於陽明之界而取償於幽陰之府，則無是理也。駢惑用之，使一方塗炭；楊行密雖其巡屬，起兵赴難於義已得，又能率士卒縞素向城哭三日，雖非其誠，于以收楊人之心委秦彥以罪，亦假仁之舉也。

章邦元《讀通鑑綱目札記》卷一四《黃巢陷廣州》 黃巢表求節度悖逆極矣，安有賊方擁衆攻奪，表求節鉞猶命大臣集議乎？高駢之策可以制巢，而竟不許。國將亡，往往是策不用用策，不是賢人不用用，人不賢可柰何？

章邦元《讀通鑑綱目札記》卷一四《黃巢渡江》 黃巢勢熾，一誤於高駢，請罷諸道之兵再誤於駢；不據險要擊巢，不破京師，則朱温不得而乘機篡奪。高駢若截黃巢不令渡江，則巢不得遽入京師，然則唐之亡高駢爲之也。

章邦元《讀通鑑綱目札記》卷一四《高駢罷兵還府》 朝廷號令不行，各鎮已有擁土自雄之志，此與東漢之季袁紹、公孫瓚等乘機割地不奉朝命者事略相類。高駢之倔強朝廷尤力不能制，故出兵罷兵惟意所欲，遂使各鎮效尤，以覆唐宗，駢之罪可勝誅哉！

朱一是《爲可堂初集》卷八《高駢論》 寇盜之禍劇于唐季，若黃巢以山東鄙生，振臂一呼蹦吳越，蕩交廣，翦楚豫，據關稱制期月有餘。而唐之鎮將或保境，或叛降，莫有攖其鋒者，獨高駢挫之于前，劉巨容敗之于後皆，力遏其方張之勢，論者不察至以禍始歸高駢，抑知駢固能辨巢者，巢禍之裂不善用駢者爲之也方。駢之分道破巢于浙也，幾于疾風振籜矣；潰入七閩，七閩非駢所制也，若使嶺南兵柄假駢，便宜既扼，其前又蹙，其後巢不授首乎？權不一統坐令奔逸，此一失也。及其編筏渡湘直指東都，鋒鋭百倍于昔矣。駢建議三道搏賊而莫或省也，論者亦良其策抑知駢尚有欲言而未敢者。駢勳望頗隆，朝議不欲借以重柄，三

道出師駢與張璘當其北與東耳，誰爲西勁者？夫不有再敗巢兵如荆門劉巨容其人乎？駢所擬與共事巨容也，即曰：「難兼領也。」不有專制四道如安西王忠嗣之故事乎？駢以淮南都統兼節度荆門，而以巨容觀察爲之副，譬之獸，駢窒之，巨容掎之，張璘踣之，豈復有完獸哉？且巨容亦素知有高太尉樂與共事者，然非駢所敢言也。秉國者亦竟無與窺其指而假事權以集事，此二失也。嗟乎！以巢勢之重之烈，猶未始無可制之機與能制之才，矧其不逮于巢者；然則天下無不可制之寇，而難制寇之才非制寇之才之難，而能盡制寇之才之用者難也。知此者其可與論相，故莫闇于晉惠而得以馘齊萬年，莫懦于宋高而得以挫完顏亮；有張華不患無孟觀，有陳康伯不患無虞允文。盧攜當國，王鐸平章，吹笙得仙，聽聞彌駭，如駢者才屈于短馭而智灰于怨望，幾何不縱寇以滋禍也？予故曰：高駢之不終，秉國者爲之也。雖然，予尤有惜者，羅昭諫君子也。《廣陵妖亂志》駢之才，不應愚惑至是，或遂疑其以不禮之故致有誣蠛，則又非昭諫之生平也。夫昭諫托身錢氏，發姦正色忌之者衆矣；吴山越地之什豈昭諫所難，而且以詫竊騰謗，《妖亂》一書誣昭諫並以誣駢也，昭諫不以不遇之，故而憾唐豈其遽以失禮而誣駢？余故表而出之，以告天下之善讀稗史者。

藝文

張祐《張承吉文集》卷七《謝高燕公惠生衣》 高公寵賜白衣裳，驚訝災天雪滿箱。乍辰輕煙揔手滑，如披薄霧覺身涼。誰家織素秋蟾色，何處絲抽嫩巽香。珎重六銖無可贈，空憑七字當瓊漿。

杜牧《樊川文集》卷二〇《高駢除祭酒兼侍御史依前充職右神策軍兵馬使制》 勅：右神策軍右廂兵馬使兼押衙、銀青光禄大夫、檢校國子祭酒、前靈州大都督府左司馬、殿中侍御史、上柱國高駢，禁旅典兵，爲吾爪士，言念付禄，未稱輪勞。舛之王官，帖以憲秩，可曰榮遇，無忘盡瘁。可檢校國子祭酒、兼濮王府司馬，侍御史，餘如故。

釋齊己《白蓮集》卷七《賀行軍太傅得白氏東林集》 樂天歌詠有遺編，留在東林伴白蓮。百氏典墳隨喪亂，一家風雅獨完全。常聞荆渚通侯論，果遂吴都使者傳。仰賀斯文歸朗鑒，永資聲政入薰絃。

《全唐文》卷七六七鄭畋《切責高駢詔》 省表具悉：卿一門忠孝，三代勳庸，銘於景鐘，焕在青史。卿承祖父之訓，襲弓冶之基。起自禁軍，從微至著。始則囊錐露頴，稍有知音；築則天驥呈才，急於試効。自秦州經畧使授交阯節旄，聯翩寵榮。汗漫富貴，未嘗斷絶。僅二十年，卿報國之功，亦可悉數。最顯赫者，安南拒蠻，至今海隅尚守。次則汶陽之日，政聲洽平。洎臨成都，脅歸驃信。三載之內，亦無侵淩。創築羅城，大新錦里。其爲雄壯，實少比儔。渚宫不暇於施爲，便當移鎮；建鄴纔聞於安静，旋即渡江。自到廣陵，併鍾多壘。即亦招降草寇，救援臨淮。大約昭灼功勳，不大於此數者。朝廷累加渥澤，靡恡徽章。位極三公，兵環大鎮。銅鹽重務，綰握約及七年；都統雄藩，幅員幾於萬里。朕瞻如太華，倚若長城，凡有奏論，無不依允，其爲託賴，豈愧神明？

自黄巢肆毒咸京，卿並不離隋苑。豈金陵苑水，能遮鵝鸛之雄；風伯雨師，終阻帆檣之利。自聞歸止，寧免鬱陶。卿既安住蕪城，鄭畋以春初入覲。遂命上相，親領師徒。因落卿都統之名，固亦不乖事例。仍加封實，貴表優恩。何迺疑忿太深，指陳過當。移時省讀，深用震嗟。聊舉諸條，粗申報復。

卿表云「自是陛下不用微臣，固非微臣有負陛下」者。朕拔卿汶上，超領劒南。荊潤維揚，聯居四鎮。綰利則牢盆在手，主兵則都統當權。直至京北、京南，神策諸鎮。悉在指揮之下，可知董制之雄。而乃貴作司徒，榮爲太尉。以爲不用，何名爲用乎？

卿又云「若欲俯念舊勳，佇觀後效。何不以王鐸權位，與臣主持。必能糾率諸侯，誅鋤羣盗」者。朕緣久付卿兵柄，不能翦滅元凶。自天長漏網過淮，不出一兵襲逐。奄殘京國，首尾三年。廣陵之師，未離封部，忠臣積望，勇士興譏。所以擢用元臣，誅夷巨寇，心期貔武，便掃欃槍。卿初委張璘，請放却諸道兵士，辛勤召置，容易放還。璘果敗亡，巢益顛越。卿前年初夏，逞發神機，與京中朝貴書題云：「得靈仙教導，芒種之後，賊必蕩平。」築聞圍逼天長，必謂死在卿手。豈知魚跳鼎釜，狐脱網羅，遽過長淮，竟爲大憝。都統既不能禦遏，諸將更何以枝梧？果致連犯關河，繼傾都邑。從來倚仗之意，一旦控告無門，凝睇東南，惟增悽惻。及朕蒙塵入蜀，宗廟污於賊庭，天下人心，無不雪涕。既知愁歎猶在，謳謡未移，則懷忠抝怒之臣，貯救難除姦之志，便須果決，安可因循？況恩厚者其報深，位重者其心急，此際天下義舉，皆望淮海率先。豈知近輔儒臣，先爲首唱，而窮邊勇將，誓志平戎，關東寂寥，不見干羽。洎乎初秋覽表，方云仲

夏發兵。便詔軍前，并移汶上。喜聞兵勢，渴見旌幢。築稱宣潤阻艱，難從天討。謝元破苻堅於淝水，裴度平元濟於淮西，未必儒臣，不如武將。

卿又云「若不斥逐邪佞，親近忠良，臣既不能保家，陛下豈能安國？忽當今日，棄若寒灰」者。未委誰是忠良，誰爲邪佞。終日寵榮富貴，何嘗不保其家；無人捍禦寇戎，所以不安其國。豈有位兼將相，使帶銅鹽，自謂寒灰，真同浪語。

卿又云「不痛園陵之開毀，不念宗廟之焚燒。臣實痛之，實在茲也。」且龜玉毀於櫝中，誰之過也？鯨鯢漏於網外，抑有其由。卿手握強兵，身居大鎮，不能遮圍擒戮，致令脱漏猖狂。雖則上繫天時，抑亦旁由人事。朕自到西蜀，不離一室之中。屏棄笙歌，杜絶遊獵，蔬食適口，布服被身。焚香以望園陵，雪涕以思宗廟，省躬罪己，不敢遑安。姦臣未悟之言，誰人肯認；陛下猶迷之語，朕不敢當。

卿又云「自來所用將師，上至帥臣，下及裨將，以臣所料，悉可坐擒。用此爲謀，安能集事」者。且十室之邑，猶有忠信，天下至大，豈無英雄？況守固城池，悉嚴兵甲。縱非盡美，安得平欺？卿尚不能縛黄巢於天長，安能坐擒諸將？只如拓拔思恭、諸葛爽輩，安能坐擒耶！勿務大言，不堪垂訓。

卿又云「王鐸是敗軍之將，兼徵引夔相射義」者。昔曹沫三敗，終復魯讐；孟明再奔，竟雪秦恥。近代汾陽尚父咸寧太師，亦曾不利鼓鼙，築則功成鍾鼎。安知王鐸不立大勳？

卿又云「無使百代有抱恨之臣，千古留刮席之恥。但慮寇生東土，劉氏復興。即軹道之災，豈獨往日哉！」我國家景祚方遠，天命未窮。海内人心，尚樂唐德。朕不荒酒色，不虧刑名，不結怨於生靈，不貪財於寓縣。自知運歷，必保延宏。況巡省已來，真祥薦降。西蜀半年之内，聲名又以備全。塞北日南，悉來朝貢；黠戛善闡，並至梯航。但慮天寶、建中，未如今日。清宫復國，必有近期。卿云劉氏復興，不知誰爲其首？遽言刮席之恥，比朕於劉盆子耶？仍憂軹道之災，方朕於秦子嬰也？雖稱直行，何太罔誣！三復斯言，尤深駭異。

卿又云「賢才在野，憸人滿朝。致陛下爲亡國之君，此子等計將安出？伏乞戮賣官鬻爵之輩，徵鯁直公正之臣」者。且唐虞之世，未必盡是忠良，今巖野之間，安得不遺賢彦？朕每令銓擇，亦遣訪求。其於選將料兵，安人救物，但屬收復之業，講求理化之基，自有長才，同匡大計。賣官鬻爵之士，中外必不有之。勿聽狂辭，以資游説。

且朕遠違宫闕，寄寓巴邛。所失恩者甚多，尚不興怨。卿落一都統，何足介懷？況天步未傾，皇綱尚整，三靈不昧，百度猶存。但守君臣之軌儀，正上下之名分，宜遵教約，未可寮淩。朕雖沖人，安得輕侮？但以知卿歲久，許卿分深，貴存始終之恩，勿貯猜嫌之慮。所宜深省，無更過言。

李克用部

綜述

《舊五代史》卷二五《武皇紀一》 太祖武皇帝，諱克用，本姓朱耶氏，其先隴右金城人也。始祖拔野，唐貞觀中爲墨離軍使，從太宗討高麗、薛延陁有功，爲金方道副都護，因家於瓜州。太宗平薛延陁諸部，於安西、北庭置都護屬之，分同羅、僕骨之人，置沙陁都督府。蓋北庭有磧曰沙陀，故因以爲名焉。永徽中，以拔野爲都督，其後子孫五世相承。曾祖盡忠，貞元中，繼爲沙陁府都督。既而爲吐蕃所陷，乃舉其族七千帳徙於甘州。盡忠尋率部衆三萬東奔，俄而吐蕃追兵大至，盡忠戰殁。祖執宜，即盡忠之長子也，收合餘衆，至於靈州，德宗命爲陰山府都督。元和初，入爲金吾將軍，遷蔚州刺史、代北行營招撫使。莊宗即位，追謚爲昭烈皇帝，廟號懿祖。烈考國昌，本名赤心，唐朔州刺史。咸通中，討龐勛有功，入爲金吾上將軍，賜姓李氏，名國昌，仍係鄭王房。出爲振武節度使，尋爲吐渾所襲，退保於神武川。及武皇鎮太原，表爲代北軍節度使。中和三年薨。莊宗即位，追謚爲文皇，廟號獻祖。

武皇即獻祖之第三子也。母秦氏，以大中十年丙子歲九月二十二日，生於神武川之新城。在姙十三月，載誕之際，母艱危者竟夕，族人憂駭，市藥於鴈門，遇神叟告曰：「非巫醫所及，可馳歸，盡率部人，被甲持旄，擊鉦鼓，躍馬大噪，環所居三周而止。」族人如其教，果無恙而生。是時，虹光燭室，白氣充庭，井水暴溢。武皇始言，喜軍中語，齠齔善騎射，與儕類馳騁嬉戲，必出其右。年十三，見雙鳧翔於空，射之連中，衆皆臣伏。新城北有毗沙天王祠，祠前井一日沸溢，武皇因持巵酒而奠曰：「予有尊主濟民之志，無何井溢，故未察其禍福，惟天王若有神奇，可與僕交談。」奠酒未已，有神人被金甲持戈，隱然出於壁間，見者大驚走，唯武皇從容而退，繇是益自負。

獻祖之討龐勛也，武皇年十五，從征，摧鋒陷陣，出諸將之右，軍中目爲「飛虎子」。賊平，獻祖授振武節度使，武皇爲雲中牙將。嘗在雲中，宿於別館，擁妓醉寢，有俠兒持刃欲害武皇，及突入曲室，但見烈火熾赫於帳中，俠兒駭異而退。又嘗與達靼部人角勝，達靼指雙鵰於空曰：「公能一發中否？」武皇即彎弧發矢，連貫雙鵰，邊人拜伏。及壯，爲雲中守捉使，事防禦使支謨，與同列晨集廨舍，因戲升郡閣，踞謨之座，謨亦不敢詰。

乾符三年，朝廷以段文楚爲代北水陸發運、雲州防禦使。時歲薦饑，文楚稍削軍食，諸軍咸怨。武皇爲雲中防邊督將，部下爭訴以軍食不充，邊校程懷素、王行審、蓋寓、李存璋、薛鐵山、康君立等，即擁武皇入雲州，衆且萬人，營於鬭雞臺，城中械文楚出，以應於外。諸將列狀以聞，請授武皇旄鉞，朝廷不允，徵諸道兵以討之。

乾符五年，黄巢渡江，其勢滋蔓，天子乃悟其事，以武皇爲大同軍節度使、檢校工部尚書。

冬，獻祖出師討党項，吐渾赫連鐸乘虚陷振武，舉族爲吐渾所擄。武皇至定邊軍迎獻祖歸雲州，雲州守將拒關不納。武皇略蔚、朔之地，得三千人，屯神武川之新城。赫連鐸晝夜攻圍，武皇昆弟三人四面應賊，俄而獻祖自蔚州引軍至，吐渾退走，自是軍勢復振。天子以赫連鐸爲大同軍節度使，仍命進軍以討武皇。

乾符六年春，朝廷以昭義節度使李鈞充北面招討使，將上黨、太原之師過石嶺關，屯於代州，與幽州李可舉會赫連鐸同攻蔚州。獻祖以一軍禦之，武皇以一軍南抵遮虜城以拒李鈞。是冬大雪，弓弩弦折，南軍苦寒，臨戰大敗，奔歸代州，李鈞中流矢而卒。

廣明元年春，天子復命元帥李涿率兵數萬屯代州。武皇令軍使傅文達起兵於蔚州，朔州刺史高文集與薛葛、安慶等部將縛文達送於李涿。六月，李涿引大軍攻蔚州，獻祖戰不利，乃率其族奔於達靼部。居數月，吐渾赫連鐸密遣人賂達靼以離間獻祖，既而漸生猜阻。武皇知之，每召其豪右射獵於野，或與之百步馳射馬鞭，或以懸針樹葉爲的，中之如神，由是部人心伏，不敢竊發。俄而黄巢自江、淮北渡，武皇椎牛釃酒，饗其酋首，酒酣，喻之曰：「予父子爲賊臣讒間，報國無由。今聞黄巢北犯江、淮，必爲中原之患。一日天子赦宥，有詔徵兵，僕與公等南向而定天下，是予心也。人生世間，光景幾何，曷能終老沙堆中哉！公等勉之。」達靼知無留意，皆釋然無間。

是歲十一月，黄巢寇潼關，天子令河東監軍陳景思爲代北起軍使，收兵破賊。十二月，黄巢犯長安，僖宗幸蜀，陳景思與李友金發沙陁諸部五千騎南赴京

師。友金即武皇之族父也。

中和元年二月，友金軍至絳州，將渡河，刺史瞿正謂陳景思曰：「巢賊方盛，不如且還代北，徐圖利害。」四月，友金旋軍鴈門，瞿正至代州，半月之間，募兵三萬，營於崞縣之西。其軍皆北邊五部之衆，不閑軍法，瞿正、李友金不能制。友金謂景思曰：「興大衆，成大事，當威名素著，則可以伏人。今軍雖數萬，苟無善帥，進亦無功。吾兄李司徒父子，去歲獲罪於國家，今寄北部，雄武之略，爲衆所推。若驃騎急奏召還，代北之人一麾響應，則妖賊不足平也。」景思然之，促奏行在。天子乃以武皇爲鴈門節度使，仍令以本軍討賊。李友金發五百騎齎詔召武皇於達靼，武皇即率達靼諸部萬人趨鴈門。五月，整兵二萬，南嚮京師。太原鄭從讜以兵守石嶺關，武皇乃引軍出他道，至太原城下，會大雨，班師於鴈門。

中和二年八月，獻祖自達靼部率其族歸代州。十月，武皇率忻、代、蔚、朔、達靼之軍三萬五千騎，赴難於京師。先移檄太原，鄭從讜拒關不納，武皇以兵擊之，進軍至城下，遣人齎幣馬遺從讜，從讜亦遣人餽武皇貨幣、饔餼、軍器。武皇南去，自陰地趨晉、絳。十二月，武皇至河中。

中和三年正月，晉國公王鐸承制授武皇東北面行營都統。武皇令其弟克修領前鋒五百騎渡河視賊，黄巢遣將米重威齎重賂及僞詔以賜武皇，武皇納其賂以給諸將，燔其僞詔。是時，諸道勤王之師雲集京畿，然以賊勢尚熾，未敢争鋒。及武皇將至，賊帥相謂曰：「鵶兒軍至，當避其鋒。」武皇以兵自夏陽濟河。二月，營於乾坑店。黄巢大將尚讓、林言、王璠、趙璋等引軍十五萬屯於梁田陂。翌日，大軍合戰，自午及晡，巢賊大敗。是夜，賊衆遁據華州。武皇進軍圍之，巢弟黄鄴、黄揆固守。三月，尚讓引大軍赴援，武皇率兵萬餘逆戰於零口，巢軍大敗，武皇進軍渭橋。翌日，黄揆棄華州而遁。王鐸承制授武皇鴈門節度使、檢校尚書左僕射。四月，黄巢燔長安，收其餘衆，東走藍關。武皇進收京師。七月，天子授武皇金紫光禄大夫、檢校左僕射、河東節度使。

是時，武皇既收長安，軍勢甚雄，諸侯之師皆畏之。武皇一目微眇，故其時號爲「獨眼龍」。是月，武皇仗節赴鎮，遣使報鄭從讜，請治裝歸朝。武皇次於郊外，因往赴鴈門寧覲獻祖。八月，自鴈門赴鎮河東，時年二十有八。十一月，平潞州，表其弟克修爲昭義節度使。潞帥孟方立退保於邢州。

十二月，許帥田從異、汴帥朱温、徐帥時溥、陳州刺史趙犨各遣使來告，以巢、蔡合從，兇鋒尚熾，請武皇共力討賊。

中和四年春，武皇率蕃漢之師五萬，自澤、潞將下天井關，河陽節度使諸葛爽辭以河橋不完，乃屯兵於萬善。數日，移軍自河中南渡，趨汝、洛。四月，武皇合徐、汴之師破尚讓於太康，斬獲萬計，進攻賊於西華，賊將黄鄴棄營而遁。是夜大雨，巢營中驚亂，乃棄西華之壘，退營陳州北故陽里。五月癸亥，大雨震電，平地水深數尺，賊營爲水所漂而潰。戊辰，武皇引軍營於中牟，大破賊於王滿渡。庚午，巢賊大至，濟汴而北。是夜復大雨，賊黨驚潰。武皇營於鄭州，賊衆分寇汴境。武皇渡汴，遇賊將渡而南，半濟擊之，大敗之，臨陣斬賊將李周、王濟安、陽景彪等。是夜，賊大敗，殘衆保於胙縣、冤句。大軍躡之，黄巢乃攜妻子兄弟千餘人東走，武皇追賊至於曹州。

是月，班師過汴，汴帥迎勞於封禪寺，請武皇休於府第，乃以從官三百人及監軍使陳景思館於上源驛。是夜，張樂陳宴席，汴帥自佐饗，出珍幣侑勸。武皇酒酣，戲諸侍妓，與汴帥握手，叙破賊事以爲樂。汴帥素忌武皇，乃與其將楊彦洪密謀竊發，彦洪於巷陌連車樹柵，以扼奔竄之路。時武皇之從官皆醉，俄而伏兵竊發，來攻傳舍。武皇方大醉，譟聲動地，從官十餘人捍賊。侍人郭景銖滅燭扶武皇，以茵幕裹之，匿於牀下，以水洒面，徐曰：「汴帥謀害司空！」武皇方張目而起，引弓抗賊。有頃，烟火四合，復大雨震電，武皇得從者薛鐵山、賀回鶻等數人而去。雨水如澍，不辨人物，隨電光登尉氏門，縋城而出，得還本營。監軍陳景思、大將史敬思並遇害。武皇既還營，與劉夫人相向慟哭。詰旦，欲勒軍攻汴，夫人曰：「司空比爲國家討賊，赴東諸侯之急，雖汴人謀害，自有朝廷論列。若反戈攻城，則曲在我也，人得以爲辭。」乃收軍而去，馳檄於汴帥。汴帥報曰：「竊發之夜，非僕本心，是朝廷遣天使與牙將楊彦洪同謀也。」武皇自武牢關西趨蒲、陝而旋。秋七月，至太原。武皇自以累立大功，爲汴帥怨圖，陷没諸將，乃上章申理。及武皇表至，朝廷大恐，遣内臣宣諭，尋加守太傅、同平章事、隴西郡王。

光啓元年三月，幽州李可舉、鎮州王景崇連兵寇定州，節度使王處存求援於武皇，武皇遣大將康君立、安老、薛可、郭啜率兵赴之。五月，鎮人攻無極，武皇親領兵救之。鎮人退保新城，武皇攻之，斬首萬餘級，獲馬千匹。王處存亦敗燕軍於易州。

十一月，河中王重榮遣使來乞師，且言邠州朱玫、鳳翔李昌符將加兵於己。初，武皇與汴人搆怨，前後八表，請削奪汴帥官爵，自以本軍進討。天子累遣内

臣楊復恭宣旨，令且全大體，武皇不時奉詔，天子頗右汴帥。時觀軍容使田令孜君側擅權，惡王重榮與武皇膠固，將離其勢，乃移重榮於定州。重榮告於武皇，武皇上章言：「李符、朱玫挾邪忌正，黨庇朱温。臣已點檢蕃漢軍五萬，取來年渡河，先斬朱玫、李昌符，然後平蕩朱温。」天子覽表，遣使譬喻百端，軺傳相望。既而朱玫引邠、鳳之師攻河中，王重榮出師拒戰。朱玫軍於沙苑，對壘月餘。十二月，武皇引軍渡河，與朱玫決戰，玫大敗，收軍夜遁，入于京師。時京城大駭，天子幸鳳翔，武皇退軍於河中。

光啓二年正月，僖宗駐蹕於寶雞，武皇自河中遣使上章，請車駕還京，且言大軍止誅凶黨。時田令孜請僖宗南幸興元，武皇遂班師。朱玫於鳳翔立嗣襄王熅爲帝，以僞詔賜武皇，武皇燔之，械其使，馳檄諸方鎮，遣使奉表於行在。

九月，武皇遣昭義節度使李克修討孟方立於邢州，大敗方立之衆於焦岡，斬首數千級。以大將安金俊爲邢州刺史，以撫其降人。十月，進攻邢州，邢人出戰，又敗之。孟方立求援於鎮州，鎮人出兵三萬以援方立。克修班師。

光啓三年六月，河中節度使王重榮爲部將常行儒所殺，武皇表重榮兄重盈爲帥。七月，武皇以安金俊爲澤州刺史。時張全義自河陽據澤州，及李罕之收復河陽，召全義令守洛陽，全義乃棄澤州而去，故以金俊守之。

文德元年二月，僖宗自興元還京。三月，僖宗崩，昭宗即位，以武皇爲開府儀同三司、檢校太師、兼侍中、隴西郡王，食邑七千户，食實封二百户。河南尹張全義潛兵夜襲李罕之於河陽，城陷，舉族爲全義所擄，罕之踰垣獲免，來歸於武皇。遣李存孝、薛阿檀、史儼兒、安金俊、安休休將七千騎送罕之至河陽。汴將丁會、牛存節、葛從周將兵赴援，李存孝率精騎逆戰於温縣。汴人既扼太行之路，存孝殿軍而退。騎將安休休以戰不利，奔於蔡。武皇以罕之爲澤州刺史，遥領河陽節度使。

十月，邢州孟方立遣大將奚忠信將兵三萬寇遼州，武皇大破之，斬首萬級，生擒奚忠信。

龍紀元年五月，遣李罕之、李存孝攻邢州。六月，下磁州。邢將馬溉率兵數萬來拒戰，罕之敗之於琉璃陂，生擒馬溉，狗於城下。孟方立恚恨，飲酖而死。三軍立其姪遷爲留後。孰是。使求援於汴。汴將王虔裕率精甲數百入於邢州，罕之等班師。

大順元年，遣李存孝攻邢州，孟遷以邢、洺、磁三州降，執汴將王虔裕三百人以獻。武皇徙孟遷於太原，以安金俊爲邢洺團練使。

三月，昭義軍節度使李克修卒，以李克恭爲潞州節度使。是月，武皇攻雲州，拔其東城。赫連鐸求援於燕，燕帥李匡威將兵三萬以赴之，戰於城下，燕軍大敗。時徐州時溥爲汴軍所攻，遣使來求援，武皇命石君和由兗、鄆以赴之，

五月，潞州軍亂，殺節度使李克恭，州人推牙將安居受爲留後，南結汴將。時潞之小將馮霸擁叛徒三千騎駐於沁水，居受使人召之，馮霸不至。居受懼，出奔至長子，爲村胥所殺，傳首於霸，霸遂入潞州，自爲留後。武皇遣大將康君立、李存孝等攻之，汴將朱崇節、葛從周率兵入潞州以固之。是時，幽州李匡威、雲州赫連鐸與汴帥協謀，連上表請加兵於太原，宰相張濬、孔緯贊成其事。六月，天子削奪武皇官爵，以張濬爲招討使，以京兆尹孫揆爲副，華州韓建爲行營都虞候，以汴帥爲河東南面招討使，幽州李匡威爲河東北面招討使，雲州赫連鐸爲副。汴將朱友裕將兵屯晉、絳，時汴軍已據潞州，又遣大將李讜等率軍數萬，急攻澤州，武皇遣李存孝自潞州將三千騎以援之。汴將鄧季筠以一軍犯陣，存孝追擊，擒其都將十數人，獲馬千餘匹。是夜，李讜收軍而退，大軍掩擊至馬牢關，斬首萬餘級，追襲至懷州而還。存孝復引軍攻潞州。

八月，存孝擒新授昭義節度使孫揆。初，朝廷授揆節鉞，以本軍取刀黄嶺路赴任，存孝偵知之，引騎三百伏於長子縣崖谷間。揆建牙持節，褒衣大蓋，擁衆而行，存孝突出谷口，遂擒揆及中使韓歸範，並將校五百人。存孝械揆等，以組練繫之，環於潞州，遂獻於武皇。武皇謂揆曰：「公縉紳之士，安言徐步可至達官，何用如是！」揆無以對，令繫於晉陽獄。武皇將用爲副使，使人誘之，揆言不遜，遂殺之。

九月，汴將葛從周棄潞州而遁，武皇以康君立爲潞州節度使，以李存孝爲汾州刺史。十月，張濬之師入晉州，游軍至汾、隰。武皇遣薛鐵山、李承嗣將騎三千出陰地關，營於洪洞，遣李存孝將兵五千，營於趙城。華州韓建以壯士三百人冒犯存孝之營，存孝追擊，直壓晉州西門，張濬之師出戰，爲存孝所敗，自是閉壁不出。存孝引軍攻絳州。十二月，晉州刺史張行恭棄城而奔，韓建、張濬由含山路遁去。

大順二年春正月，武皇上章申理，其略曰：「臣今身無官爵，名是罪人，不敢歸陛下藩方，且欲於河中寄寓，進退行止，伏候聖裁。」天子尋就加守中書令。是月，魏博爲汴將葛從周所寇，節度使羅弘信遣使來求援，武皇出師以赴之。

三月，邢州節度使安知建叛，奔青州。天子以知建爲神武統軍，自棣州泝河歸朝。鄆州朱瑄邀斬於河上，傳首晉陽。以李存孝爲邢州節度使。

四月，武皇大舉兵討赫連鐸於雲州，遣騎將薛阿檀率前軍以進攻，武皇設伏兵於御河之上，大破之，因塹守其城。七月，武皇進軍柳會，赫連鐸力屈食盡，奔於吐渾部，遂歸幽州，雲州平。武皇表石善友爲大同軍防禦使。

邢州節度使李存孝以鎮州王鎔託附汴人，謀亂河朔，北連燕寇，請乘雲、代之捷，平定燕、趙，武皇然之。八月，大蒐於晉陽，遂南巡澤、潞，略地懷、孟，河陽趙克裕望風送款，請修隣好。九月，蒐於邢州。十月，李存孝董前軍攻臨城，鎮人五萬營於臨城西北龍尾崗，武皇令李存審、李存賢以步軍攻之，鎮人大敗，殺獲萬計，拔臨城，進攻元氏。幽州李匡威以步騎五萬營於鄗邑，以援鎮州，武皇分兵大掠，旋軍邢州。

《舊五代史》卷二六《武皇紀二》 景福元年正月，鎮州王鎔恃燕人之援，率兵十餘萬攻邢州之堯山。武皇遣李存信將兵應援，李存孝素與存信不協，遞相猜貳，留兵不進。武皇又遣李嗣勳、李存審將兵援之，大破燕、趙之衆，斬首三萬，收其軍實。三月，武皇進軍渡滹沱，攻欒城，下鼓城、槀城。四月，燕軍寇雲、代，武皇班師。

八月，赫連鐸誘幽州李匡威之衆八萬，寇天成軍，遂攻雲州，營於州北，連亘數里。武皇潛軍入於雲州，詰旦，出騎軍以擊之，斬獲數萬，李匡威燒營而遁。十月，邢州李存孝叛，納款於梁，李存信構之也。

景福二年春，大舉以伐王鎔，以其通好於李存孝也。二月，攻天長鎮，旬日不下。王鎔出師三萬來援，武皇逆戰於叱日嶺下，鎮人敗，斬首萬餘級。時歲饑，軍乏食，脯屍肉而食之。進軍下井陘，李存孝將兵夜入鎮州，鎮人乞師於汴，汴帥方攻時溥，不暇應之。乃求援於幽州，李匡威率兵赴之，武皇乃班師。七月，武皇討李存孝於邢州，遂攻平山，渡滹水，攻鎮州。王鎔懼，以帛五十萬犒軍，請修舊好，仍以鎮、冀之師助擊存孝，許之。武皇進圍邢州。十二月，武皇狩於近郊，獲白兔，有角長三寸。

乾寧元年三月，邢州李存孝出城首罪，縶歸太原，轘於市。邢、洺、磁三州平。武皇表馬師素爲邢州節度使。

五月，鄆州節度使朱瑄爲汴軍所攻，遣使來乞師，武皇遣騎將安福順、安福應、安福遷督精騎五百，假道於魏州以應之。

九月，潞州節度使康君立以酖死。

十月，武皇自晉陽率師伐幽州。初，李匡儔奪據兄位，燕人多不義之，安塞軍戍將劉仁恭挈族歸於武皇，武皇遇之甚厚。仁恭數進畫於蓋寓，言幽州可取之狀，願得兵一萬，指期平定。武皇方討李存孝於邢州，輟兵數千，欲納仁恭，不利而還。匡儔由是驕怠，數犯邊境，武皇怒，故率軍以討之。是時，雲州吐渾赫連鐸、白義誠並來歸，命皆舍而釋之。

十一月，進攻武州。甲寅，攻新州。十二月，李匡儔命大將率步騎六萬救新州，武皇選精甲逆戰，燕軍大敗，斬首萬餘級，生獲將領百餘人，曳練徇於新州城下。是夜，新州降。辛亥，進攻嬀州。壬子，燕兵復合於居庸關拒戰，武皇命精騎以疲之，令步將李存審由他道擊之，自午至晡，燕軍復敗。甲寅，李匡儔攜其族棄城而遁，將之滄州，隨行輜車、臧獲、妓妾甚衆。滄帥盧彦威利其貨，以兵攻匡儔於景城，殺之，盡擄其衆。丙辰，進軍幽州，其守城大將請降，武皇令李存審與劉仁恭入城撫勞，居人如故，市不改肆，封府庫以迎武皇。

乾寧二年正月，武皇在幽州，命李存審、劉仁恭徇諸屬郡。二月，以仁恭爲權幽州留後，從燕人之請也。留腹心燕留德等十餘人分典軍政，武皇遂班師，凡駐幽州四十日。

六月，武皇率蕃漢之師自晉陽趨三輔，討鳳翔李茂貞、邠州王行瑜、華州韓建之亂。先是，三帥稱兵向闕，同弱王室，殺害宰輔。時河中節度使王重盈卒，重榮之子珂，即武皇之子壻也，權典軍政。其兄珙爲陝州節度使，瑤爲絳州刺史，與珂爭河中，遂訴於岐、邠、華三鎮，言珂本蒼頭，不當襲位。珂亦訴於武皇，武皇上表保薦珂，乞授河中旄鉞，詔可之。三帥遂以兵入覲，大掠京師，請授王珂同州節度使，王瑤河中節度使，天子亦許之。武皇遂舉兵表三帥之罪，復移檄三鎮，三鎮大懼。是月，次絳州，刺史王瑤登陴拒命，武皇攻之，旬日而拔，斬王瑤於軍門，誅其黨千餘人。七月，次河中，王珂迎謁於路。

己未，同州節度使王行約棄城奔京師，與左軍兵士劫掠西市，都民大擾。行約，即行瑜弟也。庚申，樞密使駱全瓘以武皇之軍將至，請天子幸。右軍指揮使李繼鵬，茂貞假子也，本姓閻，名珪，與全瓘謀劫天子幸鳳翔。左軍指揮使王行實，亦行瑜之弟也，與劉景宣欲劫天子幸邠州。兩軍相攻，縱火燒內門，煙火蔽天。天子急詔鹽州六都兵士，令追殺亂兵，左右軍退走。王行瑜、李茂貞聲言自來迎駕，天子懼，出幸南山，駐蹕於莎城。是夜，熒惑犯心。壬戌，武皇進收同

州，聞天子幸石門，遣判官王瓌奉表奔問，天子遣使賜詔，令與王珂同討邠、鳳。時武皇方攻華州，俄聞李茂貞領兵士三萬至盩厔，王行瑜領兵至興平，欲往石門迎駕，乃解華州之圍，進營渭橋。天子遣延王戒丕、丹王允齎詔，促武皇兵直抵邠、鳳。八月乙酉，供奉官張承業齎詔告諭。涇帥張鐇已領步騎三萬於京西北，扼邠、岐之路。武皇進營渭北，遣史儼將三千騎往石門扈駕，遣李存信、李存審會鄜延之兵攻行瑜之梨園寨。天子削奪行瑜官爵，以武皇爲天下兵馬都招討使，以鄜州李思孝爲北面招討使，以涇州張鐇爲西南面招討使。天子又遣延王、丹王賜武皇御衣及大將茶酒、弓矢，命二王兄事武皇。延王傳天子密旨云：「一昨非卿至此，已爲賊庭行酒之人矣。所慮者二凶締合，卒難翦除，且欲姑息茂貞，令與卿修好，俟梟斬行瑜，更與卿商量。」武皇上表，請駕還京。令李存節領二千騎於京西北，以防邠賊奔突。辛亥，天子還宮，加武皇守太師、中書令、邠寧四面行營都統。

時王行瑜弟兄固守梨園寨，我師攻之甚急，李茂貞遣兵萬餘來援行瑜，營於龍泉鎮，茂貞自率兵三萬迫咸陽。武皇奉請詔茂貞罷兵，兼請削奪茂貞官爵，詔曰：「茂貞勤兵，蓋備非常，尋已發遣歸鎮。」又言：「茂貞已誅李繼鵬、李繼晸，卿可切戒兵甲，無犯土疆。」武皇請賜河中王珂旄節，三表許之。又表李罕之爲副都統。

十月丙戌，李存信於梨園寨北遇賊軍，斬首千餘級，自是賊閉壁不出。戊子，天子賜武皇内弟子四人，又降朱書御札，賜魏國夫人陳氏。是月，王行瑜因敗衄之後，閉壁自固，武皇令李罕之晝夜急攻，賊軍乏食，拔營而去。李存信與罕之等先伏軍於阨路，俟賊軍之至，縱兵擊之，殺戮萬計。是日，收梨園等三寨，生擒行瑜之子知進，並母丘氏，大將李元福等二百人，送赴闕庭。庚寅，王行約、王行實燒劫寧州遁走，寧州守將徐景乞降。武皇表蘇文建爲邠州節度使，且於寧州爲治所。十一月丁巳，收龍泉寨。時行瑜以精甲五千守之，李茂貞出兵來援，爲李罕之所敗，邠賊遂棄龍泉寨而去。行瑜復入邠州，大軍進逼其城，行瑜登城號哭曰：「行瑜無罪，昨殺南北司大臣，是岐帥將兵脅制主上，請治岐州，行瑜乞束身歸朝。」武皇報曰：「王尚父何恭之甚耶！僕受命討三賊臣，公其一也。如能束身歸闕，老夫未敢專命，爲公奏取進止。」行瑜懼，棄城而遁。武皇收其城，封府庫，遽以捷聞。既而慶州奏，王行瑜將家屬五百人到州界，爲部下所殺，傳首闕下。武皇既平行瑜，還軍渭北。

十二月，武皇營於雲陽，候討鳳翔進止。乙未，天子賜武皇爲忠貞平難功臣，進封晉王，加實封二百户。武皇復上表請討李茂貞，天子不允。武皇私請詔使曰：「觀主上意，疑僕別有他腸，復何言哉！但禍不去胎，憂患未已。」又奏：「臣統領大軍，不敢徑赴朝覲。」遂班師。

乾寧三年正月，汴人大舉以攻兖、鄆，朱瑄、朱瑾再乞師於武皇，假道於魏州，羅弘信許之。乃令都指揮使李存信將步騎三萬與李承嗣、史儼會軍，以拒汴人。存信軍於莘，與朱瑾合勢，頻挫汴軍，汴帥患之，乃間魏人。存信御兵無法，稍侵魏之芻牧者，弘信乃與汴帥通，出師三萬攻存信軍。存信揭營而退，保於洺州。三月，武皇大掠相、魏諸邑，攻李固、洹水，殺魏兵萬餘人，進攻魏州。五月，汴將葛從周、氏叔琮引兵赴援。

六月，李茂貞舉兵犯京師。七月，車駕幸華州。是月，武皇與汴軍戰於洹水之上，鐵林指揮使落落被擒。落落，武皇之長子也。既戰，馬踣於坎，武皇馳騎以救之，其馬亦踣，汴之追兵將及，武皇背射一發而斃，乃退。

九月，李存信攻魏之臨清，汴將葛從周等引軍來援，大敗於宗城北。存信進攻魏州。十月，武皇敗魏軍於白龍潭，追擊至觀音門，汴軍救至，乃退。十一月，武皇徵兵於幽、鎮、定三州，將迎駕於華下，幽州劉仁恭託以契丹入寇，俟敵退聽命。

乾寧四年正月，汴軍陷兖、鄆，騎將李承嗣、史儼與朱瑾同奔於淮南。三月，陝帥王珙攻河中，王珂來告難，武皇遣李嗣昭率二千騎赴之，破陝軍於猗氏，乃解河中之圍。至是，天子遣延王戒丕至晉陽，傳宣旨於武皇：「朕不取卿言，以及於此，苟非英賢竭力，朕何由再謁廟庭！在卿表率，予所望也。」

七月，武皇復徵兵於幽州，劉仁恭辭旨不遜，武皇以書讓之，仁恭捧書謾罵，抵之於地，仍囚武皇之行人。八月，大舉以伐仁恭。九月，師次蔚州。戊寅，晨霧晦暝，占者云不利深入。辛巳，攻安塞，俄報「燕將單可及領騎軍至矣」。武皇方置酒高會，前鋒又報「賊至矣」！武皇曰：「仁恭何在？」曰：「但見可及輩。」武皇張目怒曰：「可及輩何足爲敵！」仍促令出師。燕軍已擊武皇軍寨，武皇乘醉擊賊，燕軍披靡。時步兵望賊而退，爲燕軍所乘，大敗於木瓜澗，俄而大風雨震電，燕軍解去，武皇方醒。甲午，師次代州，劉仁恭遣使謝罪於武皇，武皇亦以書報之，自此有檄十餘返。

光化元年春正月，鳳翔李茂貞、華州韓建皆致書於武皇，乞修和好，同獎王

室，兼乞助丁匠修繕秦宮，武皇許之。

四月，汴將葛從周寇邢、洺、磁等州，旬日之內，三州連陷。汴人以葛從周爲邢州節度使。大將李存信收軍，自馬嶺而旋。

八月壬戌，天子自華還宮。是時，車駕初復，而欲諸侯輯睦，賜武皇詔，令與汴帥通好。武皇不欲先下汴帥，乃致書於鎮州王鎔，令導其意。明年，汴帥遣使奉書幣來修好，武皇亦報之。自是使車交馳，朝野相賀。

九月，武皇遣周德威、李嗣昭率兵三萬出青山口，以迫邢、洺。十月，遇汴將葛從周於張公橋，既戰，我軍大敗。是月，河中王珂來告急，言王珙引汴軍來寇，武皇遣李嗣昭將兵三千以援之，屯於胡壁堡。汴軍萬餘人來拒戰，嗣昭擊退之。

十二月，潞州節度使薛志勤卒，澤州刺史李罕之以本軍夜入潞州，據城以叛。罕之報武皇曰：「薛鐵山新死，潞民無主，慮軍城有變，輒專命鎮撫。」武皇令人讓之，罕之乃歸於汴。武皇遣李嗣昭將兵討之，下澤州，收罕之家屬，拘送晉陽。

光化二年春正月，李罕之陷沁州。三月，汴將葛從周、氏叔琮自土門陷承天軍，又陷遼州，進軍榆次。武皇令周德威擊之，敗汴軍於洞渦驛，叔琮棄營而遁，德威追擊，出石會關，殺千餘人。汴人復陷澤州。五月，武皇令都指揮使李君慶將兵收澤、潞，爲汴軍所敗而還。以李嗣昭爲都指揮使，進攻潞州。八月，嗣昭營於潞州城下，前鋒下澤州。時汴將賀德倫、張歸厚等守潞州。是月，德倫等棄城而遁，潞州平。九月，武皇表汾州刺史孟遷爲潞州節度使。

光化三年，汴軍大寇河朔，幽州劉仁恭乞師，武皇遣周德威帥五千騎以援之。七月，李嗣昭攻堯山，至內丘，敗汴軍於沙河，進攻洺州，下之。九月，汴帥自將兵三萬圍洺州，嗣昭棄城而歸，葛從周設伏於青山口，嗣昭之軍不利。十月，汴人乘勝寇鎮、定，鎮、定懼，皆納賂於汴。是時，周德威與燕軍劉守光敗汴人二萬於望都，聞定州王郜來奔，乃班師。是月，天子加武皇實封一百户。遣李嗣昭率步騎三萬攻懷州，下之。進攻河陽，汴將閻寶率軍來援，嗣昭退保懷州。

天復元年正月，汴將張存敬攻陷晉、絳二州，以兵二萬屯絳州，以扼援路。二月，張存敬迫河中，王珂告急於武皇，使者相望於路。珂妻郃國夫人，武皇愛女也，亦以書至，懇切求援。武皇報曰：「賊阻道路，衆寡不敵，救爾即與爾兩亡，可與王郎棄城歸朝。」珂遂送款於張存敬。三月，汴帥自大梁至河中，王珂遂出迎，尋徙於汴。天子以汴帥兼鎮河中。武皇自是不復能援京師，霸業由是中否。

四月，汴將氏叔琮率兵五萬自太行路寇澤、潞，魏博大將張文恭領軍自新口入，葛從周領兗、鄆之衆自土門入，張歸厚以邢、洺之衆自馬嶺入，定州王處直之衆自飛狐入，侯言以晉、絳之兵自陰地入。氏叔琮、康懷英營於澤州之昂車。武皇令李嗣昭將三千騎赴澤州援李存璋，而歸賀德倫。氏叔琮軍至潞州，孟遷開門迎，沁州刺史蔡訓亦以城降於汴，氏叔琮悉其衆趨石會關。是時，偏將李審建先統兵三千在潞州，亦與孟遷降於汴，及叔琮之入寇也，審建爲其鄉導。汴人營於洞渦，別將白奉國與鎮州大將石公立自井陘入，陷承天軍。及攻壽陽，遼州刺史張鄂以城降於汴，都人大恐。時霖雨積旬，汴軍屯聚既衆，芻糧不給，復多痢瘧，師人多死。時大將李嗣昭、李嗣源每夜率驍騎突營掩殺，敵衆恐懼。

五月，汴軍皆退。氏叔琮軍出石會，周德威、李嗣昭以精騎五千躡之，殺戮萬計。初，汴軍之將入寇也，汾州刺史李瑭據城叛，以連汴人，至是武皇令李嗣昭、李存審將兵討之。是歲，並、汾饑，粟暴貴，人多附瑭爲亂，嗣昭悉力攻城，三日而拔，擒李瑭等斬於晉陽市。氏叔琮既旋軍，過潞州，擄孟遷以歸。汴帥以丁會爲潞州節度使。

六月，遣李嗣昭、周德威將兵出陰地，攻慈、隰二郡，隰州刺史唐禮、慈州刺史張瓌並以城來降。武皇以汴寇方盛，難以兵服，佯降心以緩其謀，乃遣牙將張特持幣馬書檄以諭之，陳當時利害，請復舊好。十一月壬子，汴帥營於渭濱。甲寅，天子出幸鳳翔。武皇遣李嗣昭率兵三千自沁州趨平陽，遇汴軍於晉州北，斬首五百級。

天復二年二月，李嗣昭、周德威領大軍自慈、隰進攻晉、絳，營於蒲縣。乙未，汴將朱友寧、氏叔琮將兵十萬，營於蒲縣之南。乙巳，汴帥自領軍至晉州，德威之軍大恐。三月丁巳，有虹貫德威之營。戊午，氏叔琮率軍來戰，德威逆擊，爲汴人所敗，兵仗、輜車委棄殆盡。朱友寧長驅至汾州，慈、隰二州復爲汴人所據。辛酉，汴軍營於晉陽之西北，攻城西門，周德威、李嗣昭緣山保其餘衆而旋。武皇驅丁壯登陴拒守，汴軍攻城日急，武皇召李嗣昭、周德威等謀將出奔雲州，嗣昭以爲不可。李存信堅請且入北蕃，續圖進取，嗣昭等固争之，太妃劉氏亦極言於內，乃止。居數日，亡散之士復集，軍城稍安。李嗣昭與李嗣源夜入汴軍，斬將搴旗，敵人扞禦不暇，自相驚擾。丁卯，朱友寧燒營而遁，周德威追至白壁關，俘斬萬計，因收復慈、隰、汾等三州。

天復三年正月，天子自鳳翔歸京。五月，雲州都將王敬暉殺刺史劉再立，以城歸於劉仁恭。武皇遣李嗣昭討之，仁恭遣將以兵五萬來援雲州，嗣昭退保樂安，燕人擒敬暉，棄城而去。武皇怒，笞嗣昭及李存審而削其官。是時，親軍萬衆皆邊部人，動違紀律，人甚苦之，左右或以爲言。武皇曰：「此輩膽略過人，數十年從吾征伐，比年以來，國藏空竭，諸軍之家賣馬自給。今四方諸侯皆懸重賞以募勇士，吾若束之以法，急則棄吾，吾安能獨保此乎！俟時開運泰，吾固自能處置矣。」

天祐元年閏四月，汴帥迫天子遷都於洛陽。五月乙丑，天子制授武皇叶盟同力功臣，加食邑三千户，實封三百户。八月，汴帥遣朱友恭弒昭宗於洛陽宮，輝王即位。告哀使至晉陽，武皇南向慟哭，三軍縞素。

天祐二年春，契丹阿保機始盛，武皇召之，阿保機領部族三十萬至雲州，與武皇會於雲州之東，握手甚歡，結爲兄弟，旬日而去，留馬千匹，牛羊萬計，期以冬初大舉渡河。

天祐三年正月，魏博既殺牙軍，魏將史仁遇據高唐以叛，遣人乞師於武皇，武皇遣李嗣昭率三千騎攻邢州以應之，遇汴將牛存節、張筠於青山口，嗣昭不利而還。

九月，汴帥親率兵攻滄州，幽州劉仁恭遣使來乞師，武皇乃徵兵於仁恭，將攻潞州，以解滄州之圍。仁恭遣掌書記馬郁、都指揮使李溥等將兵三萬，會於晉陽，武皇遣周德威、李嗣昭合燕軍以攻澤、潞。十二月，潞州節度使丁會開門迎降，命李嗣昭爲潞州節度使，以丁會歸於晉陽。

天祐四年正月甲申，汴帥聞潞州失守，自滄州燒營而遁。

四月，天子禪位於汴帥，奉天子爲濟陰王，改元爲開平，國號大梁。是歲，四川王建遣使至，勸武皇各王一方，俟破賊之後，訪唐朝宗室以嗣帝位，然後各歸藩守。武皇不從，以書報之。

五月，梁祖遣其將康懷英率兵十萬圍潞州，懷英驅率士衆，築壘環城，城中音信斷絶。武皇遣周德威將兵赴援，德威軍於余吾，率先鋒挑戰，日有俘獲，懷英不敢即戰。梁祖以懷英無功，乃以李思安代之。思安引軍將營於潞城，周德威以五千騎搏之，梁軍大敗，斬首千餘級。思安退保堅壁，別築外壘，謂之「夾寨」，以抗我之援軍。梁祖調發山東之民以供饋運，德威日以輕騎掩之，運路艱阻，衆心益恐。李思安乃自東南山口築夾道，連接夾寨，以通饋運，自是梁軍堅保夾寨。

冬十月，武皇有疾，是時晉陽城無故自壞，占者惡之。

天祐五年正月戊子朔，武皇疾革。辛卯，崩於晉陽，年五十三。遺令薄葬，發喪後二十七日除服。莊宗即位，追謚武皇帝，廟號太祖，陵在鴈門。

《新唐書》卷二一八《沙陀傳》 乾符三年，段文楚爲代北水陸發運、雲州防禦使。是時無年，文楚朘損用度，下皆怨，邊校程懷信、王行審、蓋寓、李存璋、薛鐵山、康君立等曹議曰：「世多難，丈夫當投鋒立功。段公乃儒者，難共計。沙陀雄勁，李振武父子勇冠軍，我若推之，無不應，則代北唾手可定，拾取富貴若何？」咸曰：「善！」乃夜謁國昌子雲中守捉使克用曰：「歲艱稟食削，吾等不忍餓死，公家威德著聞，請誅虐帥，安部内。」克用許之，募得士萬人，趨雲州，次鬬雞臺，城中執文楚至，殺之，據州以聞，共丐克用爲大同防禦留後。不許，發諸道兵進捕，諸道不甚力，而黄巢方引度江，朝廷度未能制，乃赦之，以國昌爲大同軍防禦使。國昌不受命，詔河東節度使崔彦昭、幽州張公素共擊之，無功。

國昌與党項戰，未決，大同川吐渾赫連鐸襲振武，盡取其貲械，國昌窮，挈騎五百還雲州，州不納，鐸遂取之。克用轉側蔚、朔間，裒兵纔三千，屯新城，鐸引萬人圍之，隧而攻，三日不拔，鐸兵殺傷甚。國昌自蔚州來，鐸引去。僖宗以鐸領大同節度，畀討國昌。六年，詔昭義李鈞爲北面招討使，督潞、太原兵屯代州；幽州李可舉會鐸攻蔚州，國昌以一隊當之。克用分兵抵遮虜城拒鈞，天大雪，士瘃仆，鈞衆潰，還代州，軍遂亂，鈞死於兵。廣明元年，以李琢爲蔚、朔招討都統，率兵數萬屯代州。克用使傅文達調蔚、朔兵，朔州刺史高文集縛以送琢。琢進攻蔚州，國昌敗，與克用舉宗奔達靼。鐸密畀酋長圖之，克用得其計，因豪桀大會馳射，百步外針芒木葉無不中，部人大驚，即倡言：「今黄巢北寇，爲中原患，一日天子赦我，願與公等南向定天下，庸能終老沙磧哉！」達靼知不留，乃止。

巢攻潼關，入京師，詔河東監軍陳景思發代北軍。時沙陀都督李友金屯興唐軍，薩葛首領米海萬、安慶都督史敬存屯感義軍，克用客塞下，衆數千無所屬。景思聞天子西，乃與友金料騎五千入居絳，兵擅劫剟自私。還代州，益募士三萬，屯崞西，士囂縱，友金不能制，謀曰：「今合大衆，不得威名宿將，且無功。吾兄司徒父子，材而雄，衆所推畏，比得罪於朝，僑戍北部不敢還。今若召之使將

兵，代北豪英，一呼可集，整行伍，鼓而南，賊不足平也。」景思曰：「善！」乃丐赦國昌，使討賊贖罪。有詔拜克用代州刺史、忻代兵馬留後，促本軍討賊。克用募達靼萬人，趨代州，將南道太原，節度使鄭從讜塞石嶺關，不得前，克用傀道至太原，營城下五日，邀糧貲，從讜不答，乃大略，還屯代州。

中和二年，蔚州刺史蘇祐會赫連鐸兵將攻代州，克用率騎五百先襲蔚州，下之。祐屯美女谷，鐸與幽州李可舉衆七萬攻蔚州，譙栅相屬。克用直擣營，入蔚州，燔府庫，棄而去，屯鴈門。國昌自達靼率兵歸代州。擾汾、並、樓煩，不釋鎧。帝詔克用還軍朔州。

於是義武節度使王處存、河中節度使王重榮傳詔招克用同討巢。克用喜，即大閱鴈門，得忻、代、蔚、朔、達靼衆三萬，騎五千而南。於是國昌守代州。鄭從讜不肯假道，克用軍傅太原而營，奉幣馬遺從讜，身從數騎呼曰：「我且西，願與公一言。」從讜升陴慰勉，歸貨幣饔餼。克用乃自陰地趨晉，會河中。帝聞，擢克用鴈門節度、神策天寧軍鎮遏、忻代觀察使。明年，宰相王鐸承制，授克用東北面行營都統，河東監軍陳景思爲監軍使。克用使弟克脩領彀騎五百度河，克用自夏陽濟，留薛阿檀扼津口，次同州，壁乾阬，與賊戰梁田坡，敗之。進壁渭橋，遂收京師。功第一，進同中書門下平章事、隴西郡公，國昌爲代北軍節度使。未幾，以克用領河東節度。

黄巢與秦宗權合寇河南。四年，克用率河東、代北兵將自澤、潞下天井關，河陽諸葛爽堙井以拒，克用乃繇河中濟，趨許州，合徐、汴兵破尚讓於太康。戰西華，又破之。賊走，河南平。追北曹州，還過汴，朱全忠邀之，克用留兵於郊，入舍上源館。夜帳飲，全忠自佐饗，進貲寶，握手諄勢。是時，全忠忌克用桀邁難制，則連車外環，陳兵道左右。克用醉，乃攻館，下拒戰，親將郭景銖滅燭扶克用，徐告之，尚被酒，乃引弓射。會煙囂四合，大震電，克用與薛志勤等間關升南譙門，縋走營，部下死者數百人，所獲賊乘輿物盡亡之。克用整衆歸太原，益訓兵，將報仇，使弟克勤以萬騎屯河中，乃請擊全忠。使者八返，內外震恐，帝使內謁慰解。尋進位檢校太傅、隴西郡王。

光啓元年，幽州李可舉、鎮州王景崇言：「易定故燕、趙境，請取分之。」於是可舉攻易州，下之；景崇攻無極。易定節度使王處存求救於克用，克用自將救無極，敗鎮人，攻馬頭，固新城，鎮兵走，處存復取易州。鳳翔李昌符、邠寧朱玫與全忠連和，觀軍容使田令孜惡克用與王重榮合，建言：「不可處近輔，請授王處存河中，而徙重榮於易定，則克用孤矣。」帝從之。重榮以告，克用怒曰：「我當從公提鼓出汜水關誅全忠，迴殲穴鼠耳。」重榮計曰：「公兵朝出關，則邠、岐兵夕傅吾堞，願先治邠、岐。」克用乃表言：「玫、昌符連全忠爲亂，請以兵十五萬度河梟二豎，然後平汴雪大恥，願陛下戒嚴，無爲賊所搖。」帝遣使慰止，背相望也。克用不奉詔，玫亦引邠、鳳兵營沙苑。克用薄戰，玫敗，夜亡去。克用還河中，天子出趣鳳翔，道傳兵且至，即趣寶雞。克用與重榮聯章請還宮，願留兵衛京師，即還鎮。帝懼，走大散關，駐興元。克用引歸。嗣襄王煴僞詔至太原，克用燔之，執其使，間道奉表興元。始，朝廷意玫結克用迫乘輿，及表至，示羣臣，因騰曉山南諸鎮，行在少安。王行瑜斬玫，克用以千騎經略京畿。三年，國昌卒。俄而昭宗即位，進克用檢校太師兼侍中。

大順初，克用自攻赫連鐸於雲州，拔東郛，幽州李匡威以兵三萬救之，殺其將安金俊，克用走。鐸與匡威共建言：「山南亂，克用實首之。今乘其敗，可伐而取也。」全忠亦請與河北三鎮共討之。宰相張濬是其計，乃下制削克用官爵、屬籍，以濬爲兵馬招討、制置、宣慰使，京兆尹孫揆副之，樞密使駱全誼爲行營都監，華州節度使韓建爲行營馬步都虞候兼供軍糧料使，王鎔領河東東面，全忠南面，李匡威北面，並爲行營招討使。鐸副匡威，先薄戰。克用追潞兵，不肯行，共殺守將李克恭，送款于汴，獻首闕下。更詔揆爲昭義節度使，克用將李存孝邀揆長子殺之。匡威、鐸並吐蕃、黠戛斯衆十萬攻遮虜軍，殺其將劉胡子。克用乃屯渾河川，存孝與鐸戰樂安，鐸敗走。濬入陰地關，壁汾、隰，薛鐵山、李承嗣營洪洞迎戰。存孝次趙城，韓建夜出壯士三百乘其營，存孝伏以待，建兵大奔。存孝攻絳州，未下，晉州刺史張行恭棄城走，建與濬遁還。明年，克用奉表自陳，乃復拜檢校太師、守中書令、隴西郡王。

克用悉兵攻鐸雲州，以騎將薛阿檀爲前軍，設伏河上，鐸縱騎追阿檀，遇伏而奔，鐸亡入吐渾。克用取雲州，以部將石善友爲刺史、大同軍防禦使。

景福初，鎮州王鎔攻堯山，克用使李嗣勳擊之，斬級三萬，克用遂拔天長，略常山，度滹沱，燔其郛，徇地至趙，取鼓、藁二城。赫連鐸衆八萬攻天成軍，克用飛檄發軍太原，匡威已壁雲州北郊，克用自神堆引軍夜入雲州，死戰，走之。乾寧元年，克用次新城，鐸膝行詣軍門降，克用鞭而縱之。進下武州，攻新州，李匡籌引步騎七萬救之，克用迎戰，斬首萬級，俘少將三百，徇城下，新州降。取嬀州，匡籌棄幽州走。明年，幽州降，克用以劉仁恭爲留後，乃旋。

王行瑜、韓建、李茂貞連兵南闕下，殺李谿。克用盡調北部兵度河，拔絳州，斬刺史王瑶。次河中，王珂謁於道。同州王行約奔京師。圍韓建於華州，京師震動，帝爲幸石門、莎城，遣内謁都廷昱慰勞，且言茂貞屯盩厔，行瑜屯興平，克用乃進營渭橋。帝以嗣延王戒丕、嗣丹王允詔克用擊邠、鳳。克用奉詔，屯渭北，遣史儼以票騎三千護石門，且令王珂輸河中粟備行在。帝以赤詔嘉答，進克用諸道兵馬都招討使，命二嗣王兄事之，令促討行瑜。克用請帝還京師，以二千騎衛乘輿。時宫室煨殘，駐尚書省，百官喪馬，克用進乘輿金具裝二駟，又上百乘給從官。進太師、兼中書令、邠寧四面行營都統。

行瑜堅壁梨園，茂貞自率師三萬逼咸陽而屯。克用請帝責茂貞罷兵，因削官爵，願與河中共討之。帝詔弟事行瑜，貸茂貞，俾結好。朱詔賜魏國夫人陳氏。陳，襄陽人也，善書，帝所愛，欲急平賊，故予之。茂貞以兵援龍泉，克用使李罕之、李存審夜引兵劫其餉，援兵亡，行瑜潰而走，追殺萬計。行瑜入邠州，丐歸款，克用使史儼入其城。行瑜死慶州，傳首京師。帝悉論幕府官屬及諸子功，封爵之，克用賜號「忠貞平難功臣」，進封晉王。

克用屯雲陽，遣李習吉入朝，且請與王珂悉力討茂貞，帝不許。克用私於使者曰：「叛根不除，憂未艾也。」天子發度支錢三十萬緡勞其軍。時鄆州朱宣兄弟爲全忠所困，使來告，克用請道於魏救之。兵解復闕，克用自將而往，使李存信率兵三萬與史儼等次於莘，爲魏兵所破，克用怒，大略相、魏去。

始，茂貞畏克用見討，修貢獻如藩臣。及克用還，絶貢獻，與韓建謀以兵入朝。帝懼，詔克用進衛京師。帝謀度河幸太原，遣延王入克用軍促迎天子。既次渭北，建固請幸華州。克用謂王曰：「患本於不斷，顧上自爲之。」李存信攻魏，葛從周引衆三萬來援，戰洹水上，汴人夜坎諸野，鬨合，克用子落落馬陷而顛，克用救之，亦顛，追兵迫，射之乃免。存信已傳魏城，克用並力，羅弘信以捉生逆戰，爲克用所敗，追及邪，叩闔而還。於是陝州王珙攻河中，李嗣昭援珂，再戰再勝，珙圍解。

帝使延王持節至太原，謂克用曰：「不用卿計，故逮此，無可言者。今我寄於華，百司羣官無所託，非卿尚誰與憂？不則不復見宗廟矣！」王至太原，克用留累月，每大張飲，王必以舞屬克用，因陳國事，涕數行下，冀感動之。時劉仁恭據幽州，貳于克用，數召兵不應，克用以書讓之，仁恭得書，抵於地，遂顯絶。故克用内憂幽州，以好辭謝王，不復有西意。俄自將屯蔚州，會晨大雾冥，仁恭來薄戰，克用大敗，走太原，大將多死。

全忠奪邢、磁、洺三州，茂貞度克用沮橈，無能出師，乃與韓建謖好，致書言帝暴露累年，請共治宫室迎天子。初，長安自石門之奔，宫殿焚圮，及岐人再逆，火閭里皆盡，宫城昏夜狐狸鳴啼，無人跡。帝幸華西溪，望舊京必泫然流涕，左右悽塞不得語。王建方盜兩川，茂貞欲披其鄙私之，數南師，不暇東，而全忠繕治洛陽，茂貞因約克用共其勞，克用辭窮，乃出貲爲助。

光化初，帝還京師，詔克用與全忠解仇，宰相徐彦若、崔胤皆勸之。克用勢已折，然尚以功高位全忠上，恥先下之，時王鎔方睦於汴，乃遺書鎔，使爲已倡。全忠即遣使奉書幣恭甚，克用亦報之。然汴日益張，窮鬬不置。王珙請汴兵攻河中，克用使李嗣昭、張漢瑜援之，汴兵走。葛從周取承天軍，氏叔琮取遼州、樂平，進壁榆次，克用使周德威逐出之。李嗣昭以步騎三萬下太行，略河内，拔懷州，進攻河陽，汴人閻寶救之，嗣昭退保懷。天復元年，全忠取晉、絳，逼河中，王珂告急，使相望，汴人扼空道，晉兵不得前，遂虜珂。珂妻，克用女，不能救。全忠遂有河中，克用朝貢道亦梗。

全忠知克用連不振，乃大舉攻太原，分遣鋭將氏叔琮等率魏博、兗鄆、邢洺、義武、晉絳兵環入之，晉城邑多下。會大雨，汴兵糧乏，士瘧癘，遂解。克用雖内憤悒，憚全忠彊難與争，乃厚致幣馬謝，復請修好。全忠遂取同、華，屯渭上。帝如鳳翔，李茂貞、韓全誨請召克用入衛，克用間道遣使者奔問，並詒書全忠勸還汴，全忠不答。

克用率兵趨平陽，攻吉上堡，破汴軍於晉州。李嗣昭、周德威下慈、隰，進屯河中。汴將朱友寧以兵十萬壁其南，全忠自屯晉州。晉人聞全忠至，皆失色。時有虹貫德威營，氏叔琮薄壘疾鬬，晉兵大敗，仗械輜儲皆盡。友寧長驅略汾、慈、隰州，皆下，遂圍太原，攻西門。德威、嗣昭循山挈餘衆得歸，克用大恐，身荷版築，率士拒守，陰於嗣昭、德威謀奔雲州。李存信曰：「不如依北蕃。」國昌妻劉語克用曰：「聞王欲委城入蕃，審乎？計誰出？」曰：「存信等爲此。」劉曰：「彼牧羊奴，安辦遠計。王常笑王行瑜失城走而死，若何效之？且王頃居達靼，危不免。必一朝去此，禍不旋踵，渠能及北虜哉？」克用悟，乃止。居數日，散士復集。嗣昭夜擾友寧營，汴人驚，引去，德威追之，抵白壁關，復收慈、隰、汾三州。三年，克用攻晉州，聞帝自鳳翔還京師，乃去。雲州都將王敬暉殺刺史劉再立，以地予劉仁恭，李嗣昭討之。仁恭援敬暉，嗣昭壁樂安，欲戰，仁恭取敬暉

棄城去。

帝東遷，詔至太原，克用泣謂其下曰：「乘輿不復西矣。」遣使者奔問行在，俄加號「協盟同力功臣」。李茂貞、王建與邠州楊崇本遣使者來約義舉，克用顧藩鎮皆附汴，不可與共功，惟契丹阿保機尚可用，乃卑辭召之。保機身到雲中，與克用會，約爲兄弟，留十日去，遺馬千匹、牛羊萬計，期冬大舉度河，會昭宗弑而止。四年，王建、李茂貞約克用大舉。建將康晏步騎二萬與克用監軍張承業會鳳翔，是時汴將王重師守長安，劉知俊守同州，與戰長安西，建兵敗，遂不振。唐亡，建與淮南楊渥請克用自王一方，須賊平訪唐宗室立之。建請悉蜀工制乘輿御物。克用答曰：「自王，非吾志也。」建又勸茂貞王岐，茂貞孱褊，亦不敢當，但侈府第、僭宮禁而已。建、渥乃自王。是歲，克用有疾，城門自壞，明年卒。

《新五代史》卷四《莊宗紀》 國昌子克用，尤善騎射，能仰中雙鳧，爲雲州守捉使。國昌已拒命，克用乃殺大同軍防禦使段文楚，據雲州，自稱留後。唐以太僕卿盧簡方爲振武節度使，會幽、並兵討之。簡方行至嵐州，軍潰，由是沙陀侵掠代北爲邊患矣。

明年，僖宗即位，以謂前太原節度使李業遇沙陀有恩，而業已死，乃以其子鈞爲靈武節度使、宣慰沙陀六州三部落使，以招緝之。拜克用大同軍防禦使。

居久之，國昌出擊党項，吐渾赫連鐸襲破振武。克用聞之，自雲州往迎國昌，而雲州人亦閉關拒之。國昌父子無所歸，因掠蔚、朔間，得兵三千，國昌入保蔚州，克用還據新城。僖宗乃拜鐸大同軍使，以李鈞爲代北招討使，以討沙陀。

乾符五年，沙陀破遮虜軍，又破岢嵐軍，而唐兵數敗，沙陀由此益熾，北據蔚、朔，南侵忻、代、嵐、石，至於太谷焉。

廣明元年，招討使李琢會幽州李可舉、雲州赫連鐸擊沙陀，克用與可舉相拒雄武軍。其叔父友金以蔚、朔州降于琢，克用聞之，遽還。可舉追至藥兒嶺，大敗之，琢軍夾擊，又敗之於蔚州，沙陀大潰，克用父子亡入達靼。

克用少驍勇，軍中號曰「李鵶兒」，其一目眇，及其貴也，又號「獨眼龍」，其威名蓋於代北。其在達靼，久之，鬱鬱不得志，又常懼其圖己，因時時從其羣豪射獵，或掛針于木，或立馬鞭，百步射之輒中，羣豪皆服以爲神。

黄巢已陷京師，中和元年，代北起軍使陳景思發沙陀先所降者，與吐渾、安慶等萬人赴京師，行至絳州，沙陀軍亂，大掠而還。景思念沙陀非克用不可將，乃以詔書召克用於達靼，承制以爲代州刺史、鴈門以北行營節度使。率蕃漢萬人出石嶺關，過太原，求發軍錢。節度使鄭從讜與之錢千緡、米千石，克用怒，縱兵大掠而還。

二年十一月，景思、克用復以步騎萬七千赴京師。三年正月，出於河中，進屯乾坑。巢黨驚曰：「鵶兒軍至矣！」二月，敗巢將黄鄴於石隄谷；三月，又敗趙璋、尚讓於良田坡，横尸三十里。是時，諸鎮兵皆會長安，大戰渭橋，賊敗走入城，克用乘勝追之，自光泰門先入，戰望春宫昇陽殿，巢敗，南走出藍田關，京師平，克用功第一。天子拜克用檢校司空、同中書門下平章事、河東節度使，以國昌爲鴈門以北行營節度使。十月，國昌卒。

十一月，遣其弟克脩攻昭義孟方立，取其澤、潞二州。方立走山東，以邢、洺、磁三州自别爲昭義軍。黄巢南走至蔡州，降秦宗權，遂攻陳州。四年，克用以兵五萬救陳州，出天井關，假道河陽，諸葛爽不許，乃自河中渡河。四月，敗尚讓於太康，又敗黄鄴於西華。巢且走且戰，至中牟，臨河未渡，而克用追及之，賊衆驚潰。比至封丘，又敗之，巢脱身走，克用追之，一日夜馳二百里，至於冤朐，不及而還。

過汴州，休軍封禪寺，朱全忠饗克用於上源驛，夜，酒罷，克用醉卧，伏兵發，火起，侍者郭景銖滅燭，匿克用牀下，以水醒面而告以難。會天大雨滅火，克用得從者薛鐵山、賀回鶻等，隨電光，縋尉氏門出還軍中。七月，至于太原，訟其事于京師，請加兵於汴，遣弟克脩將兵萬人屯于河中以待。僖宗和解之，用破巢功，封克用隴西郡王。

光啓元年，河中王重榮與宦者田令孜有隙，徙重榮兖州，以定州王處存爲河中節度使，詔克用以兵護處存之鎮。重榮使人紿克用曰：「天子詔重榮，俟克用至，與處存共誅之。」因僞爲詔書示克用曰：「此朱全忠之謀也。」克用信之，八上表請討全忠，僖宗不許，克用大怒。

重榮既不肯從，僖宗遣邠州朱玫、鳳翔李昌符討之。克用反以兵助重榮，敗玫於沙苑，遂犯京師，縱火大掠。天子出居於興元，克用退屯河中。朱玫亦反以兵追天子，不及，得襄王熅，迫之稱帝，屯於鳳翔。僖宗念獨克用可以破玫而不能使也，當破黄巢長安時，天下兵馬都監楊復恭與克用善，乃遣諫議大夫劉崇望以詔書召克用，且道復恭意，使進兵討玫等。克用陽諾而不行。

明年，孟方立死，弟遷立。大順元年，克用擊破孟遷，取邢、洺、磁三州，乃

遣安金俊攻赫連鐸於雲州。幽州李匡威救鐸，戰於蔚州，金俊大敗。於是匡威、鐸及朱全忠皆請因其敗伐之。昭宗以克用破黃巢功高，不可伐，下其事臺、省四品官議，議者多言不可。宰相張濬獨以謂沙陀前逼僖宗幸興元，罪當誅，可伐。軍容使楊復恭，克用所善也，亦極諫以爲不可，昭宗然之，詔諭全忠等。全忠陰賂濬，使持其議益堅，昭宗不得已，以濬爲太原四面行營兵馬都統，韓建爲副使。

是時，潞州將馮霸叛降於梁，梁遣葛從周入潞州。唐以京兆尹孫揆爲昭義軍節度使，克用遣李存孝執揆于長子，又遣康君立取潞州。十一月，濬及克用戰于陰地，濬軍三戰三敗，濬、建遁歸。克用兵大掠晉、絳，至於河中，赤地千里。克用上表自訴，其辭慢侮，天子爲之引咎，優詔答之。

二年二月，復拜克用河東節度使、隴西郡王，加檢校太師兼中書令。四月，攻赫連鐸于雲州，圍之百餘日，鐸走吐渾。八月，大蒐於太原，出晉、絳，掠懷、孟，至於邢州，遂攻王鎔於鎮州。克用柵常山西，以十餘騎渡滹沱覘敵，遇大雨，平地水深數尺。鎮人襲之，克用匿林中，禱其馬曰：「吾世有太原者馬不嘶。」馬偶不嘶以免。前軍李存孝取臨城，進攻元氏。李匡威救鎔，克用還軍邢州。景福元年，王鎔攻邢州，李存信、李嗣勳等敗鎔於堯山。二月，會王處存攻鎔，戰於新市，爲鎔所敗。八月，李匡威攻雲州，以牽克用之兵，克用潛入于雲州，返出擊匡威，匡威敗走。十月，李存孝以邢州叛。二年，存孝求援於王鎔，克用出兵井陘擊鎔，且以書招鎔，而急攻其平山，鎔懼，遂與克用通和，獻帛五十萬匹，出兵助攻邢州。乾寧元年三月，執存孝，殺之。冬，攻幽州，李匡儔棄城走，追至景城，見殺，以劉仁恭爲留後。

二年，河中王重盈卒，其諸子珂、珙爭立，克用請立珂，鳳翔李茂貞、邠寧王行瑜、華州韓建請立珙。昭宗初兩難之，乃以宰相崔胤爲河中節度使，既而許克用立珂。茂貞等怒，三鎮兵犯京師，聞克用亦起兵，乃皆罷去。六月，克用攻絳州，斬刺史王瑶。瑶，珙弟，助珙以爭者。七月，至於河中，同州王行約奔於京師，陽言曰：「沙陀十萬至矣！」謀奉天子幸邠州，茂貞假子閻圭亦謀劫幸鳳翔，京師大亂，昭宗出居于石門。

克用軍留月餘不進，昭宗遣延王戒丕、丹王允兄事克用，且告急。八月，克用進軍渭橋，以爲邠寧四面行營都統。昭宗還京師。十一月，克用擊破邠州，王行瑜走至慶州，見殺。克用還軍雲陽，請擊茂貞，昭宗慰勞克用，使與茂貞解仇以紓難，拜克用「忠正平難功臣」，封晉王。是時，晉軍渭北，遇雨六十日，或勸克用入朝，克用未決，都押衙蓋寓曰：「天子還自石門，寢未安席，若晉兵渡渭，人情豈復能安？勤王而已，何必朝哉？」克用笑曰：「蓋寓猶不信我，況天下乎！」乃收軍而還。

三年正月，昭宗復以張濬爲相，克用曰：「此朱全忠之謀也。」乃上表曰：「若陛下朝以濬爲相，則臣將暮至闕廷！」京師大恐，濬命遽止。朱全忠之攻兗、鄆也，克用遣李存信假道魏州以救朱宣等，存信屯于莘縣，軍士侵掠魏境，羅弘信伏兵攻之，存信敗走洺州。克用自將擊魏，戰于洹水，亡其子落落。六月，破魏成安、洹水、臨漳等十餘邑。十月，又敗魏人于白龍潭，進攻觀音門，全忠救至，乃解。

四年，劉仁恭叛晉，克用以兵五萬擊仁恭，戰於安塞，克用大敗。

光化元年，朱全忠遣葛從周攻下邢、洺、磁三州。克用遣周德威出青山口，遇從周於張公橋，德威大敗。冬，潞州守將薛志勤卒，李罕之據潞州叛附於朱全忠。

二年，全忠遣氏叔琮攻破承天軍，又破遼州，至於榆次，周德威敗之於洞渦。秋，李嗣昭復取澤、潞。三年，嗣昭敗汴軍於沙河，復取洺州，朱全忠自將圍之，嗣昭走，至青山口，遇汴伏兵，嗣昭大敗。秋，嗣昭取懷州。是歲，汴人攻鎮、定，鎮、定皆絕晉以附於朱全忠。

天復元年，全忠封梁王。梁王攻下晉、絳、河中，執王珂以歸。晉失二與國，乃下意爲書幣聘梁以求和。梁王以爲晉弱可取，乃曰：「晉雖請盟，而書辭慢。」因大舉擊晉。四月，氏叔琮入天井，張文敬入新口，葛從周入土門，王處直入飛狐，侯言入陰地。叔琮取澤、潞，其別將白奉國破承天軍，遼州守將張鄂、汾州守將李瑭皆迎梁軍降，晉人大懼。會天大雨霖，梁兵多疾，皆解去。五月，晉復取汾州，誅李瑭。六月，周德威、李嗣昭取慈、隰。二年，進攻晉、絳，大敗於蒲縣，梁軍乘勝破汾、慈、隰三州，遂圍太原。克用大懼，謀出奔雲州，又欲奔匈奴，未決，梁軍大疫，解去，周德威復取汾、慈、隰三州。

四年，梁遷唐都於洛陽，改元曰天祐。克用以謂劫天子以遷都者梁也，天祐非唐號，不可稱，乃仍稱天復。

五年，會契丹阿保機於雲中，約爲兄弟。

六年，梁攻燕滄州，燕王劉仁恭來乞師。克用恨仁恭反覆，欲不許，其子存

勗諫曰：「此吾復振之時也。今天下之勢，歸梁者十七八，彊如趙、魏、中山，莫不聽命。是自河以北，無爲梁患者，其所憚者惟我與仁恭耳，若燕、晉合勢，非梁之福也。夫爲天下者不顧小怨，且彼常困我而我急其難，可因以德而懷之，是謂一舉而兩得，此不可失之機也。」克用以爲然，乃爲燕出兵攻破潞州，梁圍乃解去，以李嗣昭爲潞州留後。

七年，梁兵十萬攻潞州，圍以夾城。遣周德威救潞州，軍于亂柳。冬，克用疾，是歲，梁滅唐，克用復稱天祐四年。

五年正月辛卯，克用卒，年五十三。子存勗立，葬克用於鴈門。

《五代墓誌彙考》引盧汝弼《李克用墓誌》　唐故河東節度觀察處置等使開府儀同三司守太師兼中書令晉王墓誌銘并序

門吏節度副使朝議郎前守尚書祠部郎中知制誥柱國賜紫金魚袋盧汝弼奉命撰

高□下□，象屬金膏洪潤之靈，寔前所謂不徒方流載玉，川媚孕珠，時有應世出圖，澄波啓運，則英雄□焉，聖賢出焉，有彼鴻休粹兹平社者也。又何必郊麟穴鳳，健龍靈龜而爲瑞哉？惟大晉王是應閧異。

王諱克用，字翼望，隴西成紀人也。以象河命氏，與磐石聯枝，自四代祖益度，薛延陀國君、無限將軍。曾祖思葛，繼國襲爵，霸有陰山。祖執儀，皇任陰山府大都督，三軍沙陀都知兵馬使兼御史中丞。烈考國昌，皇任左龍武統軍、檢校司徒致休，□終追加太保。噫！夫大功大名，垂慶垂裔，必顯綿遠，以纂忠勳，故在憲宗時，有若都督，戮力王家；在懿宗時，有若統軍，龔行天討。在僖宗、昭宗時，有若晉王，奮志提戈，夷凶衛社，名標圭梟，爲天下先。三世蟬聯，九朝盛□。王承是徽懿，生特英邁，以匡合力，爲社稷臣。兩復乘輿，再殄妖孽，抑揚峻秩，踐履密計。初，自雲州刺史兼御史大夫，以統軍請老表王，代將部族，朝廷遂命檢校左散騎常侍，仍以代州建鴈門軍王兼鴈門節度留後。未幾，王親率職□，西破黄巢賊於長安，以功正授鴈門節度使，檢校兵部尚書。旋又就加檢校左僕射，尋復詔拜河東節度使，檢校司空。勤王奉寵，繼晉文三命之尊；虜叶策勳，全唐叔疏封之重。自司空加司徒、平章事，歷太保太傅，以解陳州圍，再襲敗黄巢於宛句。追兗州傳賊首於闕下，推功校最，以王爲先，遂加檢校太尉，仍兼侍中，進封隴西郡王，真食五百户，兼賜鐵券，錫號功臣。後以破邠州王行瑜功，册守太師兼中書令、封晉王，總食一萬户，真食一千五百户。衮舄既臻，戎輅之車益重；笳簫爰設，玄珪之命攸崇。故齊履就封，祇帶帝師之號；苟池浴日，止昇中令之榮。未有兼列真王，仍開全晉者也。初，王自作牧雲中，登壇並部，歷官相府，猶侍鯉庭。詩賦緇衣，夾輔同榮於五教；圖形麟閣，標奇對列於一時。道盛兩全，事光千古，加以禮樂恭己，忠孝飾躬。修職行以教臣，府無虚行；謹庭闈而侍膳，行茂肥家。白銀印青綬，累秩進律，至儀同三司。及雲中太守亞丞相，累官錫命；至正三師真上宰，爲列國王。皆不以冒寵虚恩澤，□以忠力元勳稱王，君命而後受也。至於在統軍左右，時率師破賊，雖□武英雄，傑立於世，亦不擅己自任，必稟命而行。故天下凡言爲子爲臣之道者，皆折衷於王也。唯是睦鄰赴難，急於奉漏沃焦。故鄰壤有不叶者，莫不貴其彌縫，聽之闗決，黄巢爲紀，改爲金統，襄邸竊號，改爲建貞。天下莫不軌從，唯王首以□破。迄今朱温僭簒，唯王之土不易於吾唐之風，乃知與唐之所以王者，蓋唐禮盡在於此矣。嗚呼！唯浮休之理，雖三皇五帝，亦不能踰於數者，蓋天之限也，故達人知命焉。況命世英雄，其來世者謂其去也，豈徒然哉！屬今之世，先昭皇帝爲賊之弑，一旦天下墜途，□□鴻圖寶祚，未有嗣焉。而王每以壓境削敵，寢疾半稔，彌留之際，封域怗寧，萬彙羣心，率然有付，傳於令嗣。信天命右歸，□雖彼帝王者，又焉得輕擬諸盛烈哉。以天祐五年戊辰正月二十日薨於路寢，享年五十三。

王之弟四人，官氏之次，悉列於豐碑。小君三人：長沛國夫人劉氏，無子。少魏國夫人陳氏，亦無子。次晉國夫人曹氏。皆以賢淑令嘉、□嚴慈育慶門，即令嗣王令公，實晉國太夫人之自出也。嗣王之兄令□，義相公名嗣昭，乃王之元子也，嗣王之次親第二十三人，具名列於後：存貴、存順、存美、存矩、存範、存霸、存規、存璲、善意、大舒、重喜、小舒、住住、神奴、常住、骨骨、喬八、外端、小惠、延受、小住、□實、小實。於戲！惟盛德者其嗣速，其繩繩之勢，雖河帶淮清，未足語其綿綿也。王以己巳歲二月十八日歸窆於代州鴈門縣里仁鄉常山里祔於先塋，禮也。夫刊石命紀，將表其封，不以飾辭，固當直筆。汝弼趨王之門，居客之右，恩雖特厚，文疵失華，奉命以書，敢爲銘曰：

日星之靈，河嶽之英。鍾兹弌德，降彼貳清。承家善慶，□□心貞。義方稟訓，氛祲□□。封官一品，樹屏三京。真王封國，叶力雄盟。未除國恥，□□□□。傳於令嗣，寰海□□。風飄陵樹，永仰英聲。

王道源書。

雜録

備録

孫光憲《北夢瑣言》卷一七《朱邪先代》 河東李克用，其先回紇部人，世爲蕃中大酋，受唐朝官職。太宗於北方沙陁磧立沙陁府，以招集降户。後克用祖朱邪執宜與其父曾依吐蕃，背吐蕃歸朝，德宗於鹽州置陰山府，以執宜爲都督。後遷於神武川黄花堆之別墅，即今應州是也。執宜生赤心，以討徐州龐勛功，賜國姓並名，號李國昌。懿宗問其先世所出，云本隴西金城人，依寓吐蕃。帝曰：「我先與汝同鄉里。」勅令編籍鄭王房。始爲雲州大同軍節度，次授鄜延、振武、代北三節度。其姪克讓爲羽林將軍。其子克用最聞名，以破黄巢功，爲太原節度使。子存勗，平梁、蜀，奄有中原，追尊執宜號懿祖，國昌號獻祖，克用號太祖皇帝。太祖在妊十三月，載誕之夕，母后甚危，令族人市藥於鴈門，遇神人，教以率部人被介持旄擊鉦鼓，躍馬大躁，環所居三周而止。果如所教而生。是日虹光燭室，白氣充庭，井水暴溢。及能言，喜道軍旅。年十二三，能連射雙鳥，至於樹葉、鍼鋒、馬鞭，皆能中之。曾於新城北以酒酹毗沙門天王塑像，請與僕交談，天王被甲持矛，隱隱出於壁間。或所居帳内，時如火聚，或有龍形。人皆異之。嘗隨獻祖征龐勛，臨陣出没如神，號爲「飛虎子」。眇一目，時號「獨眼龍」。功業磊落，不可盡述。

孫光憲《北夢瑣言》卷一七《親王拜蕃侯》 唐乾寧中，鳳翔李茂貞、華州韓建、邠州王行瑜擁兵脅君，誅戮宰輔，焚燒宫闕。初，帝西幸鳳翔。昭宗出居石門莎城，太原克用領蕃漢馬步入京，三鎮大懼，是年破邠州，斬王行瑜。昭宗嘉獎倚賴，命延王丕、丹王允賫詔賜李公衣服，兼令二親王設拜，以兄事之。近古未有也。仍封晉王以寵之。延王才識過人，聰悟辯慧，在晉陽留宴累月，每獻酬樂作，必爲晉王起舞。後爲韓建所殺。

孫光憲《北夢瑣言》卷一七《晉王上源驛遇難》 晉王李克用妻劉夫人，常隨軍行，至於軍機，多所弘益。先是汴州上源驛之變，晉王憤恨，欲回軍攻之，夫人曰：「公爲國討賊，而以杯酒私忿，必若攻城，即曲在於我，不如回師，自有朝廷可以論列。」於是班退。天復中，周德威爲汴軍所敗，三軍潰散，汴軍乘我，晉王危懼，與周德威議，欲出保雲州。劉夫人曰：「妾聞王欲棄城而入外蕃，誰爲此畫？」曰：「存信輩所言。」夫人曰：「存信本北方牧羊兒也，焉顧成敗？王常笑王行瑜棄城失勢，被人屠割，今復欲效之何也？王頃歲避難達靼，幾遭陷害，賴遇朝廷多事，方得復歸，今一旦出城，便有不測之變，焉能遠及北蕃？」晉王止行。居數日，亡散之士復集，軍城安定，夫人之力也。

孫光憲《北夢瑣言》卷一七《李習吉溺黄河》 太原李克用自渭北班師，次河西縣，王珂於冰上搆浮航，公渡浮航，馬足陷橋，李習吉從，馬軼墜河，習吉抱冰，舟人拯之獲免。王珂懼，公謂曰：「公之於吾，非機橋者，何嫌之有？李諫議有聞於時，則不吾知也。」置酒笑樂而罷。習吉，右相林甫之後，應舉不第，黄巢後，游於河東，攝榆次令，李公辟爲掌記，牋檄之捷，無出其右。梁祖每讀河東書檄，嘉歎其才，顧敬翔曰：「李公計絶一隅，何幸有此人。如鄙人之智算，得習吉之才筆，如虎之傅翼也。」其見重如此。

王禹偁《五代史闕文・武皇》 世傳武皇臨薨，以三矢付莊宗，曰：「一矢討劉仁恭。汝不先下幽州，河南未可圖也。一矢擊契丹。」且曰：「阿保機與我把臂而盟，結爲兄弟，誓復唐家社稷，今背約附賊，汝必伐之。一矢滅朱温。汝能成吾志，死無恨矣！」莊宗藏三矢於武皇廟庭。及討劉仁恭，命幕吏以少牢告廟，請一矢，盛以錦囊，使親將負之，以爲前驅。凱還之日，隨俘馘納矢於太廟。伐契丹、滅朱氏亦如之。又武皇眇一目，世謂之「獨眼龍」。性喜殺，左右小有過失，必寘於死。初諱眇，人無敢犯者，嘗令寫真，畫工即爲撚箭之狀，微瞑一目，圖成而進，武皇大悦，賜與甚厚。

陶岳《五代史補》卷二《淮南寫太祖真》 武皇之有河東也，威聲大振，淮南楊行密常恨不識其狀貌，因使畫工詐爲商賈，往河東寫之。畫工到未幾，人有知其謀者，擒之。武皇初甚怒，既而親謂曰：「且吾素眇一目，試召亟使寫之，觀其所爲如何。」及至，武皇按膝厲聲曰：「淮南使汝來寫吾真，必畫工之尤也，寫吾不及十分，即階下便是死汝之所矣。」畫工再拜，下筆。時方盛暑，武皇執八角扇，因寫扇角半遮其面，武皇曰：「汝諂吾也。」遽使別寫之。又應聲下筆，畫其臂弓撚箭之狀，仍微合一目，以觀箭之曲直。武皇大喜，因厚賂金帛遣之。

陶岳《五代史補》卷二《太祖號獨眼龍》 太祖武皇，本朱耶赤心之後，沙陀

部人也。其先生於雕窠中，酋長以其異生，諸族傳養之，遂以諸爺爲氏，言非一父所養也。其後言譌，以諸爲朱，以爺爲耶。至太祖，生眇一目，長而驍勇善騎射，所向無敵，時謂之「獨眼龍」，大爲部落所疾。太祖恐禍及，遂舉族歸唐，授雲州刺史，賜姓李，名克用。黄巢犯長安，自北引兵赴難，功成遂拜太原節度使，封晉王。

《資治通鑑》卷二五三唐僖宗乾符五年二月條考異引《後唐太祖紀年録》　乾符三年，河南水災，盜寇蜂起，朝廷以段文楚爲代北水陸發運、雲州防禦使，以代支謨。時歲荐饑，文楚削軍人衣米，諸軍咸怨。太祖爲雲中防邊督將，部下争訴以軍食不充，請具聞奏。邊校程懷信、康君立等十餘帳，日譁於太祖之門，請共除虐帥以謝邊人。衆因大譟，擁太祖上馬，比及雲中，衆且萬人，城中械文楚出以應太祖。

《資治通鑑》卷二五三唐僖宗乾符五年二月條考異引《莊宗功臣列傳》　康君立爲雲中牙校，事防禦使段文楚。時天下將亂，代北仍歲阻饑，諸部豪傑咸有嘯聚邀功之志。文楚法令稍峻，軍食轉餉不給，戍兵咨怨。雲州沙陀兵馬使李盡忠私謂君立等曰：「段公儒者，難與共事。方今四方雲擾，皇威不振，丈夫不能於此時立功立事，非人豪也。吾等雖擁部衆，然以雄勁聞於時者，莫若李振武父子，官高功大，勇冠諸軍，吾等合勢推之，則代北之地，旬月可定，功名富貴，事無不濟也。」時武皇爲沙陀三部落副兵馬使，在蔚州，盡忠令君立私往圖之，曰：「方今天下大亂，天子付將臣以邊事，歲偶饑荒，便削儲給，我等邊人，焉能守死！公家父子素以威惠及五部，當共除虐帥以謝邊人。」武皇曰：「予家尊在振武，萬一相逼，俟予稟命。」君立曰：「事機已泄，遲則變生。」咸通十三年十二月，盡忠夜帥牙兵攻牙城，執文楚及判官柳漢璋、陳韜等，繫之於獄，遂自知軍州事，遣君立召太祖於蔚州。是月，太祖與退渾、突厥三部落衆萬人趨雲中，十四年正月六日，至鬬雞臺，盡忠遣監軍判官符印請太祖知留後事。七日，盡忠械文楚、漢璋等五人送鬬雞臺，軍人亂食其肉。九日，太祖權知留後。府牙受上三軍表，請授太祖大同防禦使，懿宗不悦。時已除盧簡方代文楚，未至而文楚被害。

袁樞《通鑑紀事本末》卷三七《李克用歸唐》　唐僖宗乾符五年。振武(軍)節度使李國昌之子克用爲沙陀副兵馬使，戍蔚州。時河南盜賊蠭起，雲州沙陀兵馬使李盡忠與牙將康君立、薛志勤、程懷信、李存璋等謀曰：「今天下大亂，朝廷號令不復行於四方，此乃英雄立功名富貴之秋也。吾屬雖各擁兵衆，然李振武功大官高，名聞天下，其子勇冠諸軍，若輔以舉事，代北不足平也。」衆以爲然。君立，興唐人；存璋，雲州人；志勤，奉誠人也。

會大同防禦使段文楚兼水陸發運使，代北荐饑，漕運不繼，文楚頗減軍士衣、米，又用法稍峻，軍士怨怒。盡忠遣君立潛詣蔚州説克用起兵，除文楚而代之。克用曰：「吾父在振武，俟我稟之。」君立曰：「今機事已泄，緩則生變，何暇千里稟命乎！」於是盡忠夜帥牙兵攻牙城，執文楚及判官柳漢璋等繫獄，自知軍州事，遣召克用。克用帥其衆趣雲州，行收兵，二月庚午，至城下，衆且萬人，屯於鬬雞臺下。壬申，盡忠遣使送符印，請克用爲防禦留後。癸酉，盡忠械文楚等五人送鬬雞臺下，克用令軍士冎而食之，以騎踐其骸。甲戌，克用入府舍視事。令將士表求勅命，朝廷不許。

李國昌上言：「乞朝廷速除大同防禦使；若克用違命，臣請帥本道兵討之，終不愛一子以負國家！」朝廷方欲使國昌諭克用，會得其奏，乃以司農卿支詳爲大同軍宣慰使，詔國昌語克用，令迎候如常儀，除克用官，必令稱愜。又以太僕卿盧簡方爲大同防禦使。

朝廷以李克用據雲中，夏四月，以前大同軍防禦使盧簡方爲振武節度使，以振武節度使李國昌爲大同節度使，以爲克用必無以拒也。

李國昌欲父子並據兩鎮，得大同制書，毁之，殺監軍，不受代，與李克用合兵陷遮虜軍，進擊寧武及岢嵐軍。盧簡方赴振武，至嵐州而薨。

丁巳，河東節度使竇澣發民塹晉陽。己未，以都押衙康傳圭爲代州刺史，又發土團千人戍代州。土團至城北，娖隊不發，求優賞。時府庫空竭，澣遣馬步都虞候鄧虔往慰諭之，土團冎虔，牀舁其尸入府。澣與監軍自出慰諭，人給錢三百、布一端，衆乃定。押牙田公鍔給亂軍錢布，衆遂劫之以爲都將，赴代州，澣借商人錢五萬緡以助軍。朝廷以澣爲不才，六月，以前昭義節度使曹翔爲河東節度使。

沙陀焚唐林、崞縣，入忻州境。

冬十月，詔昭義節度使李鈞、幽州節度使李可舉與吐谷渾酋長赫連鐸、白義誠、沙陀酋長安慶、薩葛酋長米海萬合兵討李國昌父子於蔚州。十一月甲午，岢嵐軍翻城應沙陀。丁未，以河東宣慰使崔季康爲河東節度、代北行營招討使。沙陀攻石州，庚戌，崔季康救之。

十二月，崔季康及昭義節度使李鈞與李克用戰於洪谷，兩鎮兵敗，鈞戰死。

昭義兵還至代州，士卒剽掠，代州民殺之殆盡，餘衆自鵶鳴谷走歸上黨。

廣明元年春正月，沙陀入鴈門關，寇忻、代。二月庚戌，沙陀二萬餘人逼晉陽。辛亥，陷太谷。遣汝州防禦使博昌諸葛爽帥東都防禦兵救河東。

夏四月丁酉，以太僕卿李琢爲蔚、朔等州招討都統，行營節度使。琢，聽之子也。

以李琢爲蔚朔節度使，仍充都統。六月庚子，李琢奏沙陀二千來降。琢將兵萬人屯代州，與盧龍節度使李可舉、吐谷渾都督赫連鐸共討沙陀。李克用遣大將高文集守朔州，自將其衆拒可舉於雄武軍。鐸遣人説文集歸國，文集執克用將傅文達與沙陀酋長李友金、薩葛都督米海萬、安慶都督史敬存皆降於琢，開門迎官軍。友金，克用之族父也。

秋七月，李克用自雄武軍引兵還擊高文集於朔州，李可舉遣行軍司馬韓玄紹邀之於藥兒嶺，大破之，殺七千餘人，李盡忠、程懷信皆死。又敗之於雄武軍之境，殺萬人。李琢、赫連鐸進攻蔚州，李國昌戰敗，部衆皆潰，獨與克用及宗族北入達靼。詔以鐸爲雲州刺史、大同軍防禦使，吐谷渾白義成爲蔚州刺史，薩葛米海萬爲朔州刺史，加李可舉兼侍中。

達靼，本靺鞨之别部也，居于陰山。後數月，赫連鐸陰賂達靼，使取李國昌父子。李克與相知應接。

李克用雖累表請降，而據忻、代州，數侵掠並、汾，爭樓煩監。義武節度使王處存與克用世爲婚姻，[冬十月]，詔處存諭克用：「若誠心款附，宜且歸朔州俟朝命；若暴横如故，當與河東、大同共討之。」

行營都監楊復光説王重榮，使以朝旨諭鄭從讜召克用使平黄巢。王鐸以墨勅召李克用，諭鄭從讜。十一月，克用將沙陀萬七千自嵐、石路趣河中。十二月，以忻、代等州留後李克用爲鴈門節度使。李克用將兵四萬至河中，討黄巢。

陶宗儀《説郛》卷三四引《耳目記》 進士柴朋龜學問精深，文章充贍，光化中，數舉未第，因以文章濟其匱乏，薄遊太原。武皇爲並帥，功冠天下，雄略無比，朋龜乃作《長劍歌》以獻之，文詞壯麗，武皇大悦，賜以千金，猶謂未足酹其才志也，又加以良馬二疋。武皇英特開豁，重士如此。時李襲吉任記室，凡軍書羽檄，一以委之。其文體雄健，詞理精快，爲一時之最也。武皇讀之，未嘗不喜于顔色，嘗謂左右曰：「吾舊有沙陀鐵騎，數纔五千，而猶能破巢賊五十六萬，今又有五千騎，何憂梁寇之未平乎？」侍者皆不達其旨，武皇曰：「李記室文章，一字可當一騎，總而言之，何啻五千騎也。」

備論

《舊五代史》卷二五《武皇紀》 史臣曰：武皇肇跡陰山，赴難唐室，逐豺狼於魏闕，殄氛祲於秦川，賜姓受封，奄有汾、晉，可謂有功矣。然雖茂勤王之績，而非無震主之威。及朱旗屯渭曲之師，俾翠輦有石門之幸，比夫桓、文之輔周室，無乃有所愧乎！洎失援於蒲、絳，久垂翅於並、汾，若非嗣子之英才，豈有興王之茂業。矧累功積德，未比於周文；創業開基，尚虧於魏祖。追謚爲「武」，斯亦幸焉。

《新唐書》卷二一八《沙陀傳》 贊曰：沙陀始歸命天子，仰哺于邊，出喋血助征討，常爲邊兵雄。至克用逢王室亂，遂有太原。虜性惇固，少它腸，自負材果，欲經營天下而不克也。兵雖勝，然數敗，地雖得，輒復失，故熟視帝劫遷，縮頸羞汗，偷景待僵，不亦鄙乎！賴其子慓鋭，抑而復振。是時，提兵託勤王者五族，然卒亡朱氏爲唐湔恥者，沙陀也。使克用稍知古今，能如齊桓、晉文，唐遽亡乎哉？

孫甫《唐史論斷》卷下 論曰：巢賊之平，李克用爲功臣之首。雖粗猛之人，朝廷恩賞至厚，夙性豪雄，不無感激，可一時倚賴矣。全忠出於巢黨，力屈來降，都統王鐸，崇奬過分，已受同、華節帥，不圖立功朝廷，又與宣武大鎮。克用追賊，還過其地，全忠邀之軍府，密謀殺害。克用既免，不舉兵報怨奏討，甚得人臣之體。以降賊害功臣，是賊心不悛，況帥宣武未久，兇勢未張，本無功名可以贖罪，討之正得事宜。若乘克用兵鋒，詔近鎮助之，破全忠必矣。兇賊既除，使克用感恩，可以倚賴，諸鎮觀之，亦未必敢爲相噬之計，天下或未至横流也。僖宗懦弱，輔相庸暗，宦官暴横，一無經遠之謀，失此機便，卒致諸鎮交亂，巨盗肆逆，三百年宗社，喪於盗手。噫！

王夫之《讀通鑑論》卷二七《唐僖宗》 嗚呼！使當日者，唐室文武將吏能合困黄巢於長安而殲夷之，則克用之謀奪矣，唐以存，而沙陀之禍息矣。然而克用料之而必中，圖之而必成者，何也？沙陀自隨康承訓立功於徐、泗之日，已目空中國之無人，不能如黄巢何，而必資於己也。姦人持天下之短長，以玩而收之，

至克用而極，非劉淵、石勒之能及也。所據者一隅，而睨九州如橐中之果餌，視盈廷之將吏如痿痹之病夫，黄巢、朱温皆其借以驅人歸己之鸇獺，是之謂狼子野心，封豕之方伏，長蛇之方蟄者也。

李克用按兵自保，大治晉陽城塹，劉延業諫其不當損威望而啓寇心，克用賞以金帛，而修城之役不爲之輟。夫自處於不亡之勢，以待天下之變，克用之處心擇術，以此爲謀久矣。其明年，朱温果陷澤、沁、潞、遼，直抵晉陽城下，攻不能克而返。克用知温之志，固思滅己而後篡唐，抑知温之所急者在篡唐，固不能持久以敝我也，城堅不可拔，而温且折矣。

李茂貞之劫駕，温篡之資也；温挾主以東而篡之，克用之資也。幸之以爲資，而克用之爲謀也尤固。身既數爲叛逆，不能假存唐之名以利於篡；威望未張，又不能尸篡唐之名以召天下之兵；遲回斂翼，置天下於不問，以聽其陸沈，而可謝咎以持温之短長，克用之狡也。然至是而克用爲稍循於理矣。修守備、休士卒以自彊，而納李襲吉之言，訓兵勸農，以立開國建家之本，則不但李茂貞、韓建輩之所弗逮，朱温亦遠出其下矣。訓兵務農者，圖王之資也；修城治塹者，保國之本也；劉延業惡足以知之？而曰「宜揚兵以嚴四境」，枵於内而張於外，亡而已矣。

然而克用之賞延業者，何也？其自保以觀變之心，不可令部曲知之；知之則衆志偷矣。延業能爲誇大之言，以作將士之氣，故賞之以勸厲士心，此克用之所以狡也。已不然，而怒之；已所然，而喜之；則庸人之所以危亡也。

王夫之《讀通鑑論》卷二八《五代上》 夷狄以劫殺爲長技，中國之御之也以信義。雖然，豈易言哉？獲天之祐，得人之助，爲天下君，道周仁至，萬方保之，建不試之威，足以服遠，於是奮赫然之怒，俘繫而殄滅之，弗能拒也，乃可修信義以綏之，任其來去而與相忘，弗能背也。李克用之在河東，奚足以及此哉！

沙陀之與契丹，猶麏之於鹿也，捷足者先耳。阿保機背七部更代之約而踞漢城，克用父子受大同之命而窺唐室，其以變詐凶狡相尚，又相若也。素所懷挾者無以相踰，而克用爲李可舉所挫，投命韃靼，素爲殊族所輕，威固不足以相制。阿保機帥三十萬之衆以來寇，目中已無克用，克用與之連和，力屈而求安耳。克用短長之命，阿保機操之，而東有劉仁恭與爲父子，南有朱温遥相結納，三雄角立，阿保機持左右手之權，以收其壟斷之利，以其狡毒，不難滅同類世好之七部，而何有於沙陀之杯酒？當是時，朱温彊而克用弱，助温以夾攻克用，滅之也易，助克用以遠攻温，勝之也難，克用乃欲以信結之，約與滅温，直一哂而已。契丹於時未可得志於河東，姑許之而弗難旋背之，克用乃曰：「失信夷狄，自亡之道。」拒謀臣之策，不擒之於酣飲之下，何其愚也！

阿保機初併七部，衆心未固，德光孤雛耳，突欲闇弱而莫能爲主，阿保機死，則七部各懷其故主，分析以去，而契丹之勢衰，李從珂、石重貴之敗亡不速，趙宋無窮之禍亦以早捐，豈非中華之一大幸與？以克用之機變雄桀，而持老生之常談，假帝王之大義，以成乎三百餘年中原之毒螫，意者其天邪？不然，何其愚也！

以帝王之惇信義也，三苗來格矣，舜必分北之；昆夷可事矣，文王必拒駾之；東夷既服矣，周公必兼並之；未嘗悻悻硜硜以姑縱也。晉文公棄楚之小惠敗之於城濮，而《春秋》大之，宗周以安，宋、鄭以全，所繇異於宋襄遠矣。故曰：夷狄者，欺之而不爲不信，殺之而不爲不仁，奪之而不爲不義者也。以一夫擒之而有餘，舉天下之全力經營二百餘年而終不克，無可歸咎，而不容已於重惜，故曰：意者其天也。不然，克用之狡，豈守老生之談、附帝王之義者哉？

藝文

何喬新《椒邱文集》卷一七《李晉王遺像贊》 王諱克用，其先本朱邪氏，世爲沙陀部長，父國昌。當唐懿宗時，從康承訓，討龐勛有功，始賜國姓，附屬籍，累拜振武節度使。王初爲沙陀副兵馬使，廣明之亂遷鴈門節度使。舉兵勤王，誅黄巢，復長安，功第一，遂引兵東解陳汳之圍。巢黨朱温、節度宣武，媢王初功，夜遣兵圍之，王幾不自脱既免，歸晉陽，以温終爲國患，數請討之。當是時，姦閹擅政，宰輔非材，顧右温而抑王已。而朱邪王行瑜相繼構亂，詔王討之，逆臣就戮，勞賜優洽。然昭宗不諒王心，終疑而不用。王既歸鎮，諸藩以賞罰無章愈肆兇，逆温遂逼遷昭宗洛陽，竟移唐祚，温之篡也。蜀王建以書勸王稱帝，王復書曰：「誓於此生靡失臣節。」嗚呼！王於國亡之後猶不敢自帝，況於宗國尚存忍虧臣節邪？君相疑之過矣。唐有天下三百年，宗室布天下，如璘如熅，遭時不靖，竊窺神器，而振佐温爲逆，以覆宗國，亦何取於維城哉？王雖賜姓，實非王胤，然乃心帝室，始終不渝賢，於人遠矣。使唐倚爲藩扞，遽至於亡哉？王志圖

恢復，抱憤以歿，而子莊宗克剪逆類復國號曰「唐」，亦足以慰王在天之靈矣。王塋于代州今所謂晉陽是也。予巡邊至代，得王遺像于寺僧，亟命畫工摹而傳之，感王忠節遂爲之贊，其詞曰：

蒲海之濵，金山之麓，産兹傑人，面如赭玉。鹵豎倡亂，爰覆西都。鑾輿狩蜀，禁壘爲墟。王奮厥旅，于彼晉陽。龍旂虎韔，我威孔揚。乃殲羣醜，乃復帝京。妖氛既豁，九廟載清。維汴有梟，實彼逆類。險悍慓賊，睥睨神器。維君與相，聽胡不聽。謂梟爲鳳，謂逆爲忠。兇渠是親，忠謀是慭。金祥受册，宗祊以墜。王心孔盡，清淚浪浪。移檄到闕，誓復宗邦。天不慭遺，溘然長逝。錦囊三矢，以遺厥嗣。維嗣孔武，既孝且賢。珍其鯤鮞，祀唐配天。嗟彼兇渠，朽骨以腐。王殁不朽，英聲益。著堂遺像，朱服玄冠。百爾具瞻，肅然易顔。

郭元釪《全金詩》卷四九《李晉王墳》 雄名凛凛振沙陀，爲國功深奈老何。多少三垂岡上恨，伶人都進《百年歌》。

蔣景祁《瑶華集》卷一〇《李晉王墓下作》 殿宿莓苔，岡平贔屭，虛寢遥控簾鉤。義兒成隊，左右列松楸。誰放沙陀鴈影，盤仙李，飛入並州。收京闕，赤心家世，長拱紫宸樓。英雄詩亞子，提刀百戰，囊矢前騶。漸司香遺廟，埋玉荒丘。事去棠稌漫落，滹注化，淚點長流。金鳧出，優伶天下，麥飰一時休。

蔣景祁《瑶華集》卷一〇《滿庭芳》 獨眼龍飛，鴉兒軍至，百戰真是英雄。爭詩道，生來亞子，沙陀去後，席捲定河東。多少義兒子將，千人敵，一一論功。信不愧而翁。

前驅囊矢罷日，三垂岡上，置酒臨風。歎緑衣天下，回首成空。冷落珠襦散盡，殘碑在，不辨魚蟲。西林外，哀湍斜照，法鼓影堂中。

蔣景祁《瑶華集》卷一〇《和錫鬯李晉王墓下作》 石馬無聲，饑烏作陣，白楊風急蕭蕭。珠襦玉匣，曾此葬人豪。河朔同盟藩鎮，分帶礪，只汝功高。真樂事，錦囊三矢，意氣快兒曹。

重開新覇府，十年征戰，兗鄆之郊。奈優伶日月，粉墨親調。惆悵諸陵寒食，青青草麥飯誰澆。豐碑臥，牛羊礪角，壞磴走山樵。

王昶《湖海詩傳》卷三《三垂岡》 英雄立馬起沙陀，奈此朱梁跋扈何。隻手難扶唐社稷，連城且擁晉山河。風雲帳下奇兒在，鼓角燈前老淚多。蕭瑟三垂岡畔路，至今人唱《百年歌》。

李茂貞部

綜述

《舊五代史》卷一三二《李茂貞傳》 李茂貞，本姓宋，名文通，深州博野人。祖鐸，父端。唐乾符中，鎮州有博野軍，宿衛京師，屯於奉天，文通時隸本軍爲市巡，累遷至隊長。黄巢犯闕，博野軍留於鳳翔，時鄭畋理兵於岐下，畋遣文通以本軍敗尚讓之衆於龍尾坡，以功爲神策軍指揮使。朱玫之亂，唐僖宗再幸興元，文通扈蹕山南，論功第一，遷檢校太保、同平章事、洋蓬壁等州節度使，賜姓，名茂貞，僖宗親爲製字曰正臣。光啓二年，王行瑜殺朱玫於京師，李昌符擁兵於岐下，詔茂貞與陳佩等討之。三年，誅昌符，車駕還京，以茂貞爲鳳翔節度使，加檢校太尉、兼侍中、隴西郡王。

大順二年，觀軍容使楊復恭得罪，奔山南，與楊守亮據興元叛，茂貞與王行瑜討平之。詔以宰相徐彦若鎮興元，茂貞違詔，表其假子繼徽爲留後，堅請旄鉞，昭宗不得已而授之。自是茂貞恃勳恣横，擅兵窥伺，頗干朝政，始萌問鼎之志矣。既而逐涇原節度使張球，洋州節度使楊守忠、鳳州刺史滿存，皆奪據其地，奏請子弟爲牧伯，朝廷不能制。大臣奏議言其過者，茂貞即上章論列，辭旨不遜，姦邪者因之附麗，遂成朋黨，朝政於是隳焉。昭宗性英俊，不任其逼，欲加討伐。乾寧初，命宰臣杜讓能調發軍旅，師未越境，爲茂貞所敗。茂貞乘勝進屯三橋，京師大震，士庶奔散，天子乃誅中尉西門重遂、李周潼等謝之。茂貞嚴兵不解，勢將指闕，抗言讓能之罪，誅之方罷。及韋昭度、李谿爲相，茂貞聽崔昭緯之邪說，復沮其事，表昭度等無相業，不可置之台司，恐亂天下。詔報曰：「軍旅之事，吾則與藩臣圖之，朝廷命相，出自朕懷。」又請授王珙河中節度使，詔報曰：「太原表先至，已許王珂，不可追改。」乾寧二年五月，茂貞與王行瑜、韓建稱兵入觀，京師震恐，天子御樓待之，抗表請殺宰相韋昭度、李谿以謝天下，移王珙於河中。既還，留其假子繼鵬宿衛，即閻珪也。

時後唐武皇上表，請討三鎮以寧關輔。是歲七月，太原之師至河中，繼鵬與中尉景宣之子繼晟迫車駕幸鳳翔，昭宗曰：「太原軍未至，鑾輿不可輒動，朕與諸王固守大內，卿等安輯京師；如太原實至，吾可以方略制之。」繼鵬與景宣、中尉駱全瓘因燔燒東市，中夜大譟。昭宗登承天門樓避亂，令捧日都將李雲守樓下，繼鵬率衆攻雲。昭宗憑軒慰諭，繼鵬彎弧大呼，矢拂御衣，中樓桷。侍臣掖昭宗下樓還宫，繼鵬即縱火攻宫門。昭宗召諸王謀其所向，李雲奏曰：「事急矣，請且幸臣營。」雲乃與扈蹕都將李君慶衛昭宗出啓夏門，駐華嚴寺。晡晚，出幸南山之莎城，駐於石門山之佛寺。是月，武皇至渭北，遣副使王瓌奉表行在，昭宗以武皇爲行營都統，進討邠、岐。茂貞懼，斬繼鵬、繼晟，上表待罪，昭宗原之，武皇曰：「不誅茂貞，關輔無由寧謐。」時附茂貞者奏云：「若太原盡殄邠、岐，必入關輔，京師憂未艾也。」乃詔武皇與茂貞和。及行瑜誅，武皇班師，茂貞怨望驕横如故。

明年五月，制授茂貞東川節度使。仍命通王、覃王治禁軍於闕下，如茂貞違詔，即討之。茂貞懼，將赴鎮。王師至興平，夜自驚潰，茂貞因出乘之，官軍大敗。車駕倉卒出幸華州，茂貞之衆因犯京師，焚燒宫闕，大掠坊市而去，自此長安大内盡爲丘墟矣。四年，昭宗復命宰臣孫偓統軍進討，韓建諫止，令茂貞上章請雪。光化中，加茂貞尚書令、岐王，令其子繼筠以兵宿衛。

天復元年十月，梁祖攻同、華，勢逼京師。十一月六日，繼筠與中尉韓全誨劫昭宗幸鳳翔，茂貞遂與全誨矯詔徵兵天下，將討梁祖。宰相崔胤召梁祖引四鎮之兵屯岐下，重溝複壘圍守。三年，茂貞山南諸州盡爲王建所陷，涇、原、秦、隴、邠、鄜、延、夏皆降於汴。茂貞獨據孤城，内外援絶，乃請車駕還京，求和於汴，即斬韓全誨等二十人首級送於梁祖。自是兵力殫盡，垂翅不振，懼梁祖復討，請落尚書令，許之。及梁祖建號，茂貞與王建會兵於太原，志圖興復，竟無成功。茂貞疆土危蹙，不遂僭竊之志，但開岐王府，署天官，目妻爲皇后，鳴鞘掌扇，宣詞令，一如王者之制，然尚行昭宗之正朔焉。茂貞鼠形，多智數，軍旅之事，一經耳目，無忘之者。性至寬，有部將符道昭者，人或告其謀變，茂貞親至其家，去其爪牙，熟寢經宿而還。軍士有鬬而訴者，茂貞曰：「喫令公一椀不托，與爾和解。」遂致上下服之。尤善事母，母終，茂貞哀毁幾滅性，聞者嘉之。但御軍整衆，都無紀律，當食則造庖廚，往往席地而坐，内外持管鑰者，亦呼爲司空太保，與夫細柳、大樹之威名，蓋相遠矣。及莊宗平梁，茂貞自爲季父，以書賀之。及聞莊宗入洛，懼不自安，方上表稱臣，尋遣其子繼曮來朝，詔茂貞仍舊官，進封

秦王，所賜詔勅不名。又以茂貞宿望耆老，特加優禮。及疾篤，遣中使賜醫藥問訊。同光二年夏四月薨，年六十九。謚曰忠敬。子從曮嗣。

《新五代史》卷四〇《李茂貞傳》 李茂貞，深州博野人也。本姓宋，名文通，爲博野軍卒，戍鳳翔。黄巢犯京師，鄭畋以博野軍擊賊，茂貞以功自隊長遷軍校。

光啓元年，朱玫反，僖宗出居興元。玫遣王行瑜攻大散關，茂貞與保鑾都將李鋋等敗行瑜於大唐峯。明年，玫遂敗死。茂貞以功自扈蹕都頭拜武定軍節度使，賜以姓名。扈蹕東歸，至鳳翔，鳳翔節度使李昌符與天威都頭楊守立爭道，以兵相攻，昌符不勝，走隴州。僖宗遣茂貞擊殺昌符，以功拜鳳翔隴右節度使。大順元年，封隴西郡王。

二年，樞密使楊復恭得罪，奔於興元，興元節度使楊守亮，復恭之養子也，納之。茂貞乃上書言復恭父子罪皆當誅，因自請爲山南招討使。昭宗以宦者故，難之，未許。茂貞擅發兵攻破興元，復恭父子見殺。

茂貞表其子繼密權知興元軍府事，昭宗乃徙茂貞山南西道節度使，以宰相徐彦若鎮鳳翔。茂貞不奉詔，上表自論曰：「但慮軍情忽變，戎馬難羈。徒令甸服生靈，因兹受幣；未審乘輿播越，自此何之？」昭宗以茂貞表辭不遜，不能忍，以問宰相杜讓能，讓能以謂：「茂貞地大兵彊，而唐力未可以致討；鳳翔又近京師，易以自危而難於後悔，佗日雖欲誅晁錯以謝諸侯，恐不能也。」昭宗怒曰：「吾不能孱孱坐受淩弱！」乃責讓能治兵，而以覃王嗣周爲京西招討使。令下，京師市人皆知不可，相與聚承天門，遮宰相請無舉兵，爭投瓦石擊宰相，宰相下輿而走，亡其堂印，人情大恐，昭宗意益堅。覃王率扈駕軍五十四都戰於盩厔，唐軍敗潰，茂貞遂犯京師，屯於三橋。昭宗御安福門，殺兩樞密以謝茂貞，使罷兵。茂貞素與讓能有隙，因曰：「謀舉兵者非兩樞密，乃讓能也。」陳兵臨皋驛，請殺讓能。讓能曰：「臣故先言之矣，惟殺臣可以紓國難。」昭宗泣下沾襟，貶讓能雷州司户參軍，賜死，茂貞乃罷兵。

明年，河中節度使王重盈卒，其諸子珂、珙爭立。晉王李克用請立珂，茂貞與韓建、王行瑜請立珙，昭宗不許。茂貞等怒，率三鎮兵犯京師，謀廢昭宗，立吉王保。未果，而晉王亦舉兵，茂貞懼，乃殺宰相韋昭度、李磎，留其養子繼鵬以兵二千宿衛而去。晉兵至河中，繼鵬與行瑜弟行實等爭劫昭宗出奔，京師大亂，昭宗出居於石門。茂貞以兵至鄠縣，斬繼鵬自贖。

晉兵已破王行瑜，還軍渭北，請擊茂貞。昭宗以謂晉遠而茂貞近，因欲庇之以爲德，而冀緩急之可恃也；且茂貞已殺其子自贖矣，乃詔罷歸晉軍。克用歎曰：「唐不誅茂貞，憂未已也！」

昭宗自石門還，益募安聖、捧宸等軍萬餘人，以諸王將之。茂貞謂唐將討己，亦治兵請覲，京師大恐，居人亡入山谷。茂貞遂犯京師，昭宗遣覃王拒之，覃王至三橋，軍潰，昭宗出居於華州。遣宰相孫偓以兵討茂貞，韓建爲茂貞請，乃已。久之，加拜茂貞尚書令，封岐王。

其後，昭宗爲宦者所廢，既反正，宰相崔胤欲借梁兵誅諸宦者，陰與梁太祖謀之。中尉韓全誨等，亦倚茂貞之彊，以爲外援，茂貞遣其子繼筠以兵數千宿衛京師，宦者恃岐兵，益驕不可制。

天復元年，胤召梁太祖以西，梁軍至同州，全誨等懼，與繼筠劫昭宗幸鳳翔。梁軍圍之踰年，茂貞每戰輒敗，閉壁不敢出。城中薪食俱盡，自冬涉春，雨雪不止，民凍餓死者日以千數。米斗直錢七千，至燒人屎煑尸而食，父自食其子，人有爭其肉者，曰：「此吾子也，汝安得而食之！」人肉斤直錢百，狗肉斤直錢五百，父甘食其子，而人肉賤於狗。天子於宮中設小磨，遣宮人自屑豆麥以供御，自後宮、諸王十六宅，凍餒而死者日三四。城中人相與邀遮茂貞，求路以爲生。茂貞窮急，謀以天子與梁以爲解。昭宗謂茂貞曰：「朕與六宮皆一日食粥，一日食不托，安能不與梁和乎？」三年正月，茂貞與梁約和，斬韓全誨等二十餘人，傳首梁軍，梁圍解。天子雖得出，然梁遂劫東遷而唐亡，茂貞非惟亡唐，亦自困矣。

及梁太祖即位，諸侯之彊者皆相次稱帝，獨茂貞不能，但稱岐王，開府置官屬，以妻爲皇后，鳴梢羽扇視朝，出入擬天子而已。茂貞居岐，以寬仁愛物，民頗安之，嘗以地狹賦薄，下令搉油，因禁城門無內松薪，以其可爲炬也，有優者誚之曰：「臣請並禁月明。」茂貞笑而不怒。

初，茂貞破楊守亮取興元，而邠、寧、鄜、坊皆附之，有地二十州；其被梁圍也，興元入於蜀；開平已後，邠、寧、鄜、坊入於梁，秦、鳳、階、成又入於蜀；當梁末年，所有七州而已。

莊宗已破梁，茂貞稱岐王，上牋以季父行自處。及聞入洛，乃上表稱臣，遣其子從曮來朝。莊宗以其耆老，甚尊禮之，改封秦王，詔書不名。同光二年，以疾卒，年六十九，謚曰忠敬。

《五代墓誌彙考》引薛光《李茂貞墓誌》 大唐秦王謚曰忠敬墓誌銘並序

鳳翔節度推官朝議大夫前守尚書禮部郎中柱國賜紫金魚袋薛光序撰

竊以盛纂宗周，榮膺命氏，邈惟往古，考彼前書。蓋彰保國之誠明，迴振匡君之義烈，編於帝屬，列彼儲闈。紀玉諜以騰芳，齒金枝而表慶。位崇良輔，名冠諸侯。煞白馬以爲盟，降丹書而示信。分茅建社，錫壤開疆。進階秩而踐鳳池，圖儀形而標麟閣。功齊五霸，道契八元。實謂傑出明時，挺生聖代，爲一人之心膂，作羣后之規繩。王貫隴西郡，大鄭王房，名茂貞，字正臣。曾祖皇任深州刺史，兼御史中丞。曾祖母天水郡趙氏。祖鐔，皇任左武衛大將軍、檢校尚書右僕射，贈右金吾大將軍，祖母清河縣太君張氏。父端，皇任右神策軍先鋒使、金紫祿大夫、檢校刑部尚書，贈太尉。母燕國太夫人盧氏。親兄茂莊，皇任山南節度觀察處置等使、檢校太尉兼侍中，贈太師。親姪繼筠，皇任邕府節度觀察處置等使、檢校太保、同中書門下平章事，贈太尉。親姪廓，皇任原州刺史，充本州防禦使，檢校太保。元和中，以鎮陽肆逆，主帥不臣，王遠祖獨以博野一軍率先向化。帝嘉效順，遂隸於秦，爰降嶽靈，生於貴族。叶殷箕而秉異，符漢昴以呈祥，名勒景鍾，勳標盟府。治國而早探金版，提師而夙究玉鈐，揮戈而白日再中，拔劍而飛泉涌出。遂得傳書圯上，擅價山西，斬叛帥而得汧岐，平狂蠻而清邛蜀。而後益彰全節，遐振雄名，逐大憝於關中，尋安宮闕；迎聖君於劍外，再整廟朝。累殄姦臣，繼平不軌，遂致嚴祠堂於隴坻，樹碑篆於岐陽。播美千年，傳芳億祀。兵符相印，秉義方者，何啻十人；皂蓋彤幨，稟庭訓者，動踰百數。金家七葉，未是殊榮；楊氏五公，難方盛事。不改二十年之正朔，永固一千里之封疆，無愧史官，可光帝載。然後遵睿謀於全晉，誓復宗祧；除僭位於大梁，重明日月。留侯借筯，果禪創業之君；謝傅圍棋，允贊中興之主。俄新景祚，終睹休期。遂乃上叶皇明，疊頒帝澤，爰加謚號。煥彼侯門，慶及子孫，迭居將相。登壇杖鉞，不離舊履之山河；繼踵聯榮，亟自聖朝之光寵。不料棟摧廣廈，星殞長空。俄聞罷市之悲，咸起逝川之歎。王享年六十有九，同光二年甲申歲四月十一日薨於鳳翔府私第。三年乙酉歲十二月二十五日遷葬於寶雞縣陳倉里，歸祔於先考大塋。王秦國夫人彭城郡劉氏。長男，見任鳳翔隴州節度觀察處置等使，兼鳳翔尹，檢校太尉，兼中書令。次男，見任彰義軍節度觀察營田等使，檢校太傅。次男，見任原州刺史，充本州防禦使，檢校太保。次男，次男，次男。長女出適柳氏，次女出適盧氏，又次女出適裴氏，又次女出適郭氏，又次女出適路氏。嗚呼！幸契雲龍之運，將榮魚水之歡，奈何夢奠兩楹，災生二豎。胡香罕驗，靈草無徵，俄掩重泉，遽歸大夜。從龜長而擇地，法馬鬣以成墳，丹旐臨風，素帷戒路。惜哉柱礎，永葬郊原。光序謬以荒蕪，獲承指命，頌元臣之翊戴，誠愧彩毫；述列士之徽猷，詞慚黃絹。銘曰：

懿彼英雄，生於昭代。動叶機權，凜然氣概。高步區中，馳聲海外。社稷元臣，藩維盛觀。翦除大盜，翊贊明君。躬親矢石，義激風雲。西征蠻蜑，東掃妖氛。縉紳所仰，朝野必聞。保國明誠，承家至孝。整肅軍師，扶綏將校。思極投醪，謀深滅竈。揮戈卻日，拔劍飛泉。承天柱礎，分國土田。兄弟垣翰，子孫旌旃。翠華返正，黄屋言旋。鴻私追謚，册命自天。山河表誓，土宇旌賢。六親黯爾，九族潸然。嗚呼良輔，永閉松阡。

雜録

備録

孫光憲《北夢瑣言》卷一三《韓簡聽講書》 秦王李茂貞請三傳王利甫講《春秋》。利甫古僻性狷，然演經義文，賣疊堪聽，茂貞連月聽之不倦。利甫後寄褐於道門，改名畫。卒於洛中也。

孫光憲《北夢瑣言》卷一五《披褐至殿門》 天復元年，鳳翔李茂貞請入覲奏事，朝廷允之，蓋軍容使韓全誨與之交結。昭宗御安福樓，茂貞涕泣陳匡救之言，時崔胤密奏曰：「此姦人也，未足爲信，陛下宜寬懷待之。」翌日，宴於壽春殿，茂貞肩輿，衣駝褐，入金鸞門，易服赴宴，咸以爲前代跋扈，未有此也。時韓全誨深相交結，崔胤懼之，自此亦結朱全忠，竟致汴州迎駕，與鳳翔連兵。劫遷入洛之始，識者以王子帶召戎，崔胤比之。先是茂貞入闕，焚燒京城，是宴也，俳優安轡新號茂貞爲「火龍子」，茂貞慚惕俛首，宴罷有言：「他日須斬此優。」轡新聞之，因請假往鳳翔，茂貞遥見，詬之曰：「此優窮也，胡爲敢來？」轡新對曰：「只要起居，不爲求救。」茂貞曰：「貧儉如斯，胡不求乞？」安曰：「近日京中但賣麩炭，可以取濟，何在求乞？」茂貞大笑而厚賜，赦之也。

袁樞《通鑑紀事本末》卷三七《藩鎮之亂》 景福元年春正月，鳳翔李茂貞、

静難王行瑜、鎮國韓建、同州王行約、秦州李茂莊五節度使上言：「楊守亮容匿叛臣楊復恭，請出軍討之，乞加茂貞山南西道招討使。」朝議以茂貞得山南不可復制，下詔和解之，皆不聽。

二月，李茂貞、王行瑜擅舉兵擊興元。茂貞表求招討使不已，遺杜讓能、西門(重)〔君〕遂書，陵蔑朝廷。上意不能容，御延英，召宰相、諫官議之。時宦者有陰與二鎮相表裏者，宰相相顧不敢言，上不悦。給事中牛徽曰：「先朝多難，茂貞誠有翼衛之功。諸楊阻兵，亟出攻討，其志亦在疾惡，但不當不俟詔命耳。比聞兵過山南，殺傷至多。陛下儻不以招討使授之，使用國法約束，則山南之民盡矣。」上曰：「此言是也。」乃以茂貞爲山南西道招討使。

夏四月，天威軍使賈德晟以李順節之死，頗怨憤，西門(重)〔君〕遂惡之，奏而殺之。德晟麾下千餘騎奔鳳翔，李茂貞由是益强。

五月，加邠寧節度使王行瑜兼中書令。

秋七月己巳，李茂貞克鳳州，感義節度使滿存奔興元。茂貞又取興、洋二州，皆表其子弟鎮之。

八月辛丑，李茂貞攻拔興元，楊復恭、楊守亮、楊守信、楊守貞、楊守忠、滿存奔閬州。茂貞表其子繼密權知興元府事。

二年春正月，鳳翔節度使李茂貞自請鎮興元。詔以茂貞爲山南西道兼武定節度使，以中書侍郎、同平章事徐彦若同平章事，充鳳翔節度使，又割果、閬二州隸武定軍。茂貞欲兼得鳳翔，不奉詔。

秋七月，李茂貞恃功驕横，上表及遺杜讓能書，辭語不遜。上怒，欲討之。茂貞又上表，略曰：「陛下貴爲萬乘，不能庇元舅之一身，尊極九州，不能戮復恭之一豎。」又曰：「今朝廷但觀强弱，不計是非。」又曰：「約衰殘而行法，隨盛壯以加恩，體物錙銖，看人衡纊。」又曰：「軍情易變，戎馬難羈，唯慮甸服生靈，因兹受禍，未審乘輿播越，自此何之！」上益怒，決討茂貞，命杜讓能專掌其事。讓能諫曰：「陛下初臨大寶，國步未夷，茂貞近在國門，臣愚以爲未宜與之構怨，萬一不克，悔之無及。」上曰：「王室日卑，號令不出國門，此乃志士憤痛之秋。藥弗瞑眩，厥疾弗瘳。朕不能甘心爲孱懦之主，愔愔度日，坐視陵夷。卿但爲朕調兵食，朕自委諸王用兵，成敗不以責卿。」讓能曰：「陛下必欲行之，則中外大臣共宜協力以成聖志，不當獨以任臣。」上曰：「卿位居元輔，與朕同休戚，無宜避事。」讓能泣曰：「臣豈敢避事。況陛下所欲行者，憲宗之志也，顧時有所未可，勢有所不能耳。但恐他日臣徒受晁錯之誅，不能弭七國之禍也。敢不奉詔，以死繼之！」上乃命讓能留中書，計畫調度，月餘不歸。崔昭緯陰結邠、岐，爲之耳目，讓能朝發一言，二鎮夕必知之。李茂貞使其黨糾合市人數百千人，擁觀軍容使西門君遂馬訴曰：「岐帥無罪，不宜致討，使百姓塗炭。」君遂曰：「此宰相事，非吾所及。」市人又邀崔昭緯、鄭延昌肩輿訴之，二相曰：「兹事主上專委杜太尉，吾曹不預知。」市人因亂投瓦石，二相下輿走匿民家，僅自免，喪堂印及朝報。上命捕其唱帥者誅之，用兵之意益堅。京師民或亡匿山谷，嚴刑所不能禁。八月，以嗣覃王嗣周爲京西招討使，神策大將軍李鐬副之。

九月乙亥，覃王嗣周帥禁軍三萬送鳳翔節度使徐彦若赴鎮，軍于興平。李茂貞、王行瑜合兵近六萬，軍于盩厔以拒之。禁軍皆新募市井少年，茂貞、行瑜所將皆邊兵百戰之餘，壬午，茂貞等進逼興平，禁軍皆望風逃潰。茂貞等乘勝進攻三橋，京師大震，士民奔散，市人復守闕請誅首議用兵者。崔昭緯心害太尉、門下侍郎、同平章事杜讓能，密遺茂貞書曰：「用兵非主上意，皆出於杜太尉耳。」甲申，茂貞陳於臨皋驛，表讓能罪，請誅之。讓能言於上曰：「臣固先言之矣，請以臣爲解。」上涕下不自禁，曰：「與卿訣矣。」是日，貶讓能梧州刺史，制辭略曰：「棄卿士之臧謀，構藩垣之深釁，咨詢之際，證執彌堅。」又流觀軍容使西門君遂于儋州，内樞密使李周潼于崖州，段詡于驩州。乙酉，上御安福門斬君遂、周潼、詡，再貶讓能雷州司户。遣使謂茂貞曰：「惑朕舉兵者三人也，非讓能之罪。」以内侍駱全瓘、劉景宣爲左右軍中尉。

壬辰，以東都留守韋昭度爲司徒、門下侍郎、同平章事，御史中丞崔胤爲户部侍郎、同平章事。胤，慎由之子也，外寬弘而内巧險，與崔昭緯深相結，故得爲相。季父安潛謂所親曰：「吾父兄刻苦以立門户，終爲緇郎所壞！」緇郎，胤小字也。

李茂貞勒兵不解，請誅杜讓能然後還鎮，崔昭緯復從而擠之。冬十月，賜讓能及其弟户部侍郎弘徽自盡。復下詔布告中外，稱：「讓能舉枉錯直，愛憎繫於一時；鬻獄賣官，聚斂踰於巨萬。」自是朝廷動息皆禀於邠、岐，南北司往往依附二鎮，以邀恩澤。有崔鋋、王超者，爲二鎮判官，凡天子有所可否，其不逞者，輒訴於鋋、超，二人則教茂貞、行瑜上章論之，朝廷小有依違，其辭語已不遜。

制復以茂貞爲鳳翔節度使兼山南西道節度使，守中書令，於是茂貞盡有鳳翔、興元、洋、隴、秦等十五州之地。以徐彦若爲御史大夫。【略】

乾寧元年春正月，李茂貞入朝，大陳兵自衛，數日歸鎮。【略】秋七月，李茂貞遣兵攻閬州，拔之，楊復恭、楊守亮、楊守信帥其族黨犯圍走。楊復恭、守亮、守信將自商山奔河東，至乾元，遇華州兵，獲之。八月，韓建獻于闕下，斬于獨柳。李茂貞獻復恭遺守亮書，訴致仕之由云：「承天門乃隋家舊業，大姪但積粟訓兵，勿貢獻。吾於荆榛中立壽王，纔得尊位。廢定策國老，有如此負心門生天子！」

袁樞《通鑑紀事本末》卷三八《朱温篡唐》〔天復元年十一月〕癸丑，李茂貞迎車駕於田家礶，上下馬慰接之。甲寅，車駕至盩厔，乙卯，留一日。

朱全忠至零口西，聞車駕西幸，與僚佐議，復引兵還赤水。左僕射致仕張濬説全忠曰：「韓建，茂貞之黨，不先取之，必爲後患。」全忠聞建有表勸天子幸鳳翔，乃引兵逼其城。建單騎迎謁，全忠責之，對曰：「建目不知書，凡表章書檄，皆李巨川所爲。」全忠以巨川常爲建畫策，斬之軍門。謂建曰：「公許人，可即往衣錦。」丁巳，以建爲忠武節度使，理陳州，以兵援送之。以前商州刺史李存權知華州，徙忠武節度使趙珝爲匡國節度使。車駕之在華州也，商賈輻湊，韓建重征之，二年，得錢九百萬緡。至是，全忠盡取之。

是時京師無天子，行在無宰相，崔胤使太子太師盧渥等二百餘人列狀，請朱全忠西迎車駕，又使王溥至赤水見全忠計事。全忠復書曰：「進則懼脅君之謗，退則懷負國之慚，然不敢不勉。」戊午，全忠發赤水。辛酉，以兵部侍郎盧光啓權句當中書事。車駕留岐山三日，壬戌，至鳳翔。

朱全忠至長安，宰相帥百官班迎於長樂坡。明日行，復班辭於臨皋驛。全忠賞李繼昭之功，初令權知匡國留後，復留爲兩街制置使，賜與甚厚。繼昭盡獻其兵八千人。

全忠使判官李擇、裴鑄入奏事，稱奉密詔及得崔胤書，令巨將兵入朝。韓全誨等矯詔答以：「朕避災至此，非宦官所劫，密詔皆崔胤詐爲之，卿宜斂兵歸保土宇。」茂貞遣其將符道昭屯武功以拒全忠，癸亥，全忠將康懷貞擊破之。

丁卯，以盧光啓爲右諫議大夫，參知機務。

戊辰，朱全忠至鳳翔，軍於城東。李茂貞登城謂曰：「天子避災，非臣下無禮；讒人誤公至此。」全忠報曰：「韓全誨劫遷天子，今來問罪，迎扈還宮。岐王苟不預謀，何煩陳諭！」上屢詔全忠還鎮，全忠乃拜表奉辭。辛未，移兵北趣邠州。

甲戌，制守司空兼門下侍郎、同平章事崔胤責授工部尚書，户部侍郎、同平章事裴樞罷守本官。

乙亥，朱全忠攻邠州。丁丑，静難節度使李繼徽請降，復姓名楊崇本。全忠質其妻於河中，令崇本鎮邠州。

全忠之西入關也，韓全誨、李茂貞以詔命徵兵河東，茂貞仍以書求援於李克用。克用遣李嗣昭將五千騎自沁州趣晉州，與汴兵戰於平陽北，破之。乙亥，全忠發邠州，戊寅，次三原。十二月癸未，崔胤至三原見全忠，趣之迎駕。己丑，全忠遣朱友寧攻盩厔，不下。戊戌，全忠自往督戰，盩厔降，屠之。全忠令崔胤帥百官及京城居民悉遷于華州。

朱全忠之入關也，戎昭節度使馮行襲遣副使魯崇矩聽命於全忠。韓全誨遣中使二十餘人分道徵江、淮兵屯金州以脅全忠，行襲盡殺中使，收其詔勅送全忠。又遣中使徵兵於王建，朱全忠亦遣使乞師於建。建外修好於全忠，罪狀李茂貞，而陰勸茂貞堅守，許之救援。以武信節度使王宗佶、前東川節度使王宗滌等爲扈駕指揮使，將兵五萬，聲言迎車駕，其實襲茂貞山南諸州。

二年春正月，朱全忠復屯三原，又移軍武功。河東將攻慈、隰，以分全忠兵勢。

丁卯，以給事中韋貽範爲工部侍郎、同平章事。

丙子，以給事中嚴龜充岐、汴和協使，賜朱全忠姓李，與李茂貞爲兄弟，全忠不從。

三月庚戌，上與李茂貞及宰相、學士、中尉、樞密宴，酒酣，茂貞及韓全誨亡去。上問韋貽範曰：「朕何以巡幸至此？」對曰：「臣在外不知。」固問之，不對。上曰：「卿何得於朕前妄語云不知？」又曰：「卿既以非道取宰相，當於公事如法。若有不可，必準故事。」怒目視之，微言曰：「此賊兼須杖之二十。」顧謂韓偓曰：「此輩亦稱宰相！」貽範屢以大盃勸上，上不即持，貽範舉盃直及上頤。

夏四月丁酉，崔胤自華州詣河中，泣訴於朱全忠，恐李茂貞劫天子幸蜀，宜以時迎奉，勢不可緩。全忠與之宴，胤親執板爲全忠歌以侑酒。

五月，鳳翔人聞朱全忠且來，皆懼。癸丑，城外居民皆遷入城。己未，全忠將精兵五萬發河中，至東渭橋，遇霖雨，留旬日。

庚午，工部侍郎、平章事韋貽範遭母喪，宦官薦翰林學士姚洎爲相。洎謀於韓偓，偓曰：「若圖永久之利，則莫若未就爲善。儻出上意，固無不可。且汴軍

旦夕合圍，孤城難保，家族在東，可不慮乎？」洎乃移疾，上亦自不許。六月丙子，以中書合人蘇檢爲工部侍郎、同平章事。時韋貽範在草土，薦檢及姚洎於李茂貞，上既不用洎，茂貞及宦官恐上自用人，協力薦檢，遂用之。

丁丑，朱全忠軍于虢縣。甲申，李茂貞大出兵，自將之，與朱全忠戰于虢縣之北，大敗而還，死者萬餘人。丙戌，全忠遣其將孔勍出散關攻鳳州，拔之。丁亥，全忠進軍鳳翔城下。全忠朝服嚮城而泣曰：「臣但欲迎車駕還宮耳，不與岐王角勝也。」遂爲五寨環之。

秋七月。韋貽範之爲相也，多受人賂，許以官。既而以母喪罷去，日爲債家所譟。親吏劉延美所負尤多，故汲汲於起復，日遣人詣兩中尉、樞密及李茂貞求之。甲戌，命韓偓草貽範起復制，偓曰：「吾腕可斷，此制不可草！」即上疏論「貽範遭憂未數月，遽令起復，實駭物聽，傷國體」。學士院二中使怒曰：「學士勿以死爲戲！」偓以疏授之，解衣而寢，二使不得已奏之。上即命罷草，仍賜勑褒賞之。八月乙亥朔，班定，無白麻可宣。宦官喧言韓侍郎不肯草麻，聞者大駭。茂貞入見上曰：「陛下命相而學士不肯草麻，與反何異？」上曰：「卿輩薦貽範朕不之違，學士不草麻朕亦不之違。況彼所陳，事理明白，若之何不從。」茂貞不悦而出，至中書，見蘇檢曰：「姦邪朋黨，宛然如舊。」扼腕者久之。貽範猶經營不已，茂貞語人曰：「我實不知書生禮數，爲貽範所誤，會當於邠州安置。」貽範乃止，劉延美赴井死。

保大節度使李茂勳將兵屯三原救李茂貞，朱全忠遣其將康懷英、孔勍擊之，茂勳遁去。茂勳，茂貞之從弟也。

庚戌，李茂貞出兵夜擊奉天，虜汴將倪章、邵棠以歸。乙未，茂貞大出兵與全忠戰，不勝；暮歸，汴兵追之，幾入西門。

己亥，再起復前户部侍郎、同平章事韋貽範，使姚洎草制。貽範不讓，即表謝，明日視事。

九月乙巳，朱全忠以久雨，士卒病，召諸將議引兵歸河中。親從指揮使高季昌、左開道指揮使劉知俊曰：「天下英雄，窺此舉一歲矣。今茂貞已困，柰何捨之去！」全忠患李茂貞堅壁不出，季昌請以譎計誘致之，募有能入城爲諜者。騎士馬景請行，曰：「此行必死，願大王録其妻子。」全忠惻然止之，景不可。時全忠遣朱友倫發兵於大梁，明日將至，當出兵迓之。景請因此時給駿馬雜衆騎而出，全忠從之，命諸軍皆秣馬飽士。丁未旦，偃旗幟潛伏，無得妄出，營中寂如無人。景與衆騎偕出，忽躍馬西去，詐爲逃亡，入城告茂貞曰：「全忠舉軍遁矣，獨留傷病者近萬人守營，今夕亦去矣，請速擊之。」於是茂貞開門，悉衆攻全忠營。全忠鼓於中軍，百營俱出，縱兵擊之，又遣數百騎據其城門，鳳翔軍進退失據，自蹈藉，殺傷殆盡。茂貞自是喪氣，始議與全忠連和，奉車駕還京，不復以詔書勒全忠還鎮矣。全忠表季昌爲宋州團練使。

辛亥，李茂貞盡出騎兵於鄰州就芻糧。壬子，朱全忠穿蚰蜒壕圍鳳翔，設犬鋪、鈴架以絶内外。

冬十月戊寅夜，李茂貞假子彦詢帥三團步兵奔于汴軍，己卯，李彦韜繼之。庚辰，朱全忠遣幕僚司馬鄴奉表入城。甲申，又遣使獻熊白。自是獻食物、繒帛相繼。上皆先以示李茂貞，使啓視之，茂貞亦不敢啓。丙戌，復遣使請與茂貞議連和，民出城樵采者皆不抄掠。丁亥，全忠表請脩宮闕及迎車駕。己丑，遣國子司業薛昌祚、内使王延績齎詔賜全忠。

癸巳，茂貞復出兵擊汴軍城西寨，敗還。全忠以絳袍衣降者，使招呼城中人，鳳翔軍夜縋去及因樵采去不返者甚衆。是後茂貞或遣兵出擊汴軍，多不爲用，散還。茂貞疑上與全忠有密約，壬寅，更於御院北垣外增兵防衛。

十一月癸卯朔，保大節度使李茂勳帥其衆萬餘人救鳳翔，屯於城北阪上，與城中舉烽相應。

甲辰，上使趙國夫人詗學士院二使皆不在，亟召韓偓、姚洎，竊見之於土門外，執手相泣。洎請上速還，恐爲他人所見，上遽去。

朱全忠遣其將孔勍、李暉將兵乘虚襲鄜、坊。壬子，拔坊州。甲寅，大雪，汴軍冒之夕進，五鼓抵鄜州城下。鄜人不爲備，汴軍入城，城中兵尚八千人，格鬭至午，鄜人始敗，擒留後李繼璙。勍撫存李茂勳及將士之家，按堵無擾。命李暉權知軍府事，茂勳聞之，引兵遁去。

汴軍每夜鳴鼓角，城中地如動。攻城者詬城上人云「劫天子賊」，乘城者詬城下人云「奪天子賊」。是冬，大雪，城中食盡，凍餒死者不可勝計。或臥未死，肉已爲人所刲。市中賣人肉斤直錢百，犬肉直五百。茂貞儲侍亦竭，以犬彘供御膳。上鬻御衣及小皇子衣於市以充用，削漬松柹以飼御馬。

丙子，户部侍郎、同平章事韋貽範薨。

癸亥，朱全忠遣人薙城外草以困城中。甲子，李茂貞增兵守宫門，諸宦官自度不免，互相尤怨。

蘇檢數爲韓偓經營入相，言於茂貞及中尉、樞密，且遣親吏告偓。偓怒曰：「公與韋公自貶所召歸，旬月致位宰相，訖不能有所爲。今朝夕不濟，乃欲以此相污邪！」

十二月，李茂勳遣使請降於朱全忠，更名周彝。於是茂貞山南州鎮皆入王建，關中州鎮皆入全忠。坐守孤城，乃密謀誅宦官以自贖。遺全忠書曰：「禍亂之興，皆由全誨。僕迎駕至此，以備他盜。公既志匡社稷，請公迎扈還宮，僕以弊甲彫兵，從公陳力。」全忠復書曰：「僕舉兵至此，正以乘輿播遷；公能協力，固所願也。」

丁酉，上召李茂貞、蘇檢、李繼誨、李彦弼、李繼岌、李繼遠、李繼忠食，議與朱全忠和。上曰：「十六宅諸王以下，凍餒死者日有數人。在内諸王及公主、妃嬪，一日食粥，一日食湯餅，今亦竭矣。卿等意如何？」皆不對。上曰：「速當和解耳。」鳳翔兵十餘人遮韓全誨於左銀臺門，詬罵曰：「闔境塗炭，闔城餓死，正爲軍容輩數人耳。」全誨叩頭訴於茂貞，茂貞曰：「卒輩何知！」命酌酒兩盃，對飲而罷。又訴於上，上亦諭解之。李繼昭謂全誨曰：「昔楊軍容破楊守亮一族，今軍容亦破繼昭一族邪！」慢罵之，遂出降於全忠，復姓符，名道昭。

三年春正月甲辰，遣殿中侍御史崔構、供奉官郭遵誨詣朱全忠營。丙午，李茂貞亦遣牙將郭啓期往議和解。

戊申，李茂貞獨見上，中尉韓全誨、張彦弘、樞密使袁易簡、周敬容皆不得對。茂貞請誅全誨等與朱全忠和解，奉車駕還京。上喜，即遣内養帥鳳翔卒四十人收全誨等，斬之。以御食使第五可範爲左軍中尉，宣徽南院使仇承坦爲右軍中尉，王知古爲上院樞密使，楊虔朗爲下院樞密使。是夕，又斬李繼筠、李繼誨、李彦弼及内諸司使韋處廷等十六人。己酉，遣韓偓及趙國夫人詣全忠營，又遣使囊全誨等二十餘人首以示全忠，曰：「曏來脅留車駕，懼罪離間，不欲協和，皆此曹也。今朕與茂貞決意誅之，卿可曉諭諸軍，以豁衆憤。」辛亥，全忠遣觀察判官李振奉表入謝。

全誨等已誅，而全忠圍猶未解。茂貞疑崔胤教全忠欲必取鳳翔，白上急召胤，令帥百官赴行在。凡四降詔，三賜朱書御札，言甚切至，悉復故官爵，胤竟稱疾不至。茂貞懼，自致書於胤，辭甚卑遜。全忠亦以書召胤，且戲之曰：「吾未識天子，須公來辨其是非。」胤始來。

甲寅，鳳翔始啓城門。丙辰，全忠巡諸寨，至城北，有鳳翔兵自北山下，全忠疑其逼己，遣兵擊之，擒其將李繼欽。上遣趙國夫人、馮翊夫人詣全忠營詰其故，全忠遣親吏蔣玄暉奉表入奏。

李茂貞請以其子侃尚平原公主，又欲以蘇檢女爲景王祕妃以自固。平原，何后之女也，后意難之。上曰：「且令我得出，何憂爾女。」后乃從之。壬戌，平原公主嫁李侃，納景王妃蘇氏。

曾慥《類説》卷一二引《紀異録》 昭宗教坊安轡新，從事岐帥李茂貞。時軍費不充，仍榷油官沽。或曰：「近日官油全賣不得。」蓋謂諸門放入松明，侵奪官利，宜速禁止。茂貞即令揭榜。安轡新曰：「此是大好，若是和月明斷卻着更好。」茂貞大笑，遂寢前榜。

陶宗儀《説郛》卷七五引《金鑾密記》 昭宗在鳳翔宴侍臣，捕池魚爲饌。李茂貞曰：「本蓄此魚以俟車駕。」又以巨杯勸帝酒，帝不欲飲，李茂貞舉杯叩帝頤頷，坐上皆憤其無禮。

備論

陳亮《蘇門六君子文粹》卷六一《李茂貞犯京師》 昭宗以宰相徐彦若鎮鳳翔，李茂貞不奉詔。昭宗以茂貞不遜，不能忍，以問宰相杜讓能。讓能以謂茂貞地大兵彊，而唐力未可以致討，鳳翔又近京師，易以自危而難於後悔。昭宗怒曰：「吾不能孱孱坐受凌弱！」乃責讓能治兵，而以覃王嗣周爲京西招討使，令下，京師市人皆知其不可，茂貞遂犯京師。昭宗爲殺兩樞密，賜讓能死。讓能曰：「臣固先言之矣，唯殺臣可以紓國難。」昭宗泣下霑襟。

右《新史》第四十卷。唐之衰也，以六軍之士不能當一鎮，其所由來漸矣。其患如大疽之著要害，終潰而死。而讓能曰：「姑忍之以待其自潰而已。」夫豈無一朝之策，徼幸於復全乎？史稱昭宗爲人明儁，初亦有志於興復，而外患已成，内無賢佐，頗亦慨然思得非常之才，而用匪其人，徒以益亂。夫國之將亡，雖有天命，然拱手而待滅，亦良可惜夫！

陳亮《蘇門六君子文粹》卷六一《李克用請擊李茂貞》 茂貞與韓建、王行瑜犯京師，謀廢昭宗，立吉王保。未果，而李克用亦舉兵。茂貞懼，乃殺宰相韋昭度等而去。晉兵已破王行瑜，請擊茂貞。昭宗詔罷晉軍。克用歎曰：「唐不誅

茂貞，憂未已也！」

右《新史》第四十卷。唐所以未即亡，正以彊藩自相持也。使克用遂滅茂貞，唐之亡更速云。

王夫之《讀通鑑論》卷二七《唐僖宗》 李茂貞之劫駕，温篡之資也；温挾主以東而篡之，克用之資也。幸之以爲資，而克用之爲謀也尤固。身既數爲叛逆，不能假存唐之名以利於篡；威望未張，又不能尸篡唐之名以召天下之兵；遲回斂翼，置天下於不問，以聽其陸沉，而可謝咎以持温之短長，克用之狡也。然至是而克用爲稍循於理矣。修守備、休士卒以自彊，而納李襲吉之言，訓兵勸農，以立開國建家之本，則不但李茂貞、韓建輩之所弗逮，朱温亦遠出其下矣。訓兵務農者，圖王之資也；修城治塹者，保國之本也；劉延業惡足以知之？而曰「宜揚兵以嚴四境」。楬於內而張於外，亡而已矣。

藝文

《蘇軾文集·東坡集》卷一《李氏園》 朝遊北城東，回首見修竹。下有朱門家，破牆圍古屋。舉鞭叩其户，幽響答空谷。入門所見夥，十步九移目。異花兼四方，野鳥喧百族。其西引溪水，活活轉墻曲。東注入深林，林深牕户緑。水光兼竹净，時有獨立鵠。林中百尺松，歲久蒼鱗蹙。豈惟此地少，意恐關中獨。小橋過南圃，夾道多喬木。隱如城百雉，挺若舟千斛。陰陰日光淡，黯黯秋氣蓄。盡東爲方池，野鴈雜家鶩。紅梨驚合抱，映島孤雲馥。春光水溶漾，雪陣風翻撲。其北臨長溪，波聲卷平陸。北山卧可見，蒼翠間磽秃。我時來周覽，問此誰所築。云昔李將軍，負嶮乘衰叔。抽錢筭間口，但未榷羹粥。當時奪民田，失業安敢哭。誰家美園圃，籍没不容贖。此亭破千家，鬱鬱城之麓。將軍竟何事，蟣蝨生刀韣。何嘗載美酒，來此駐車轂。空使後世人，聞名頸猶縮。我今官正閒，屢至因休沐。人生營居止，竟爲何人卜。何當辦一身，永與清景逐。

《全唐文》卷八二〇吴融《李茂貞封岐王加尚書令制》 門下：夫天有星辰爲之綱，所以保乎乾健。地有山嶽爲之鎮，所以定乎坤柔。故王者托夾輔之臣，資股肱之任。安危所係，動静是憑。其在周也，則姬公盡心於經營。其在漢也，則絳侯竭力於匡贊。惟天所相，何代無才。厥生英賢，爲我柱石。拯兹艱運，樹彼洪勳。欲示褒旌，爰加徽數。具官某，三光結粹，一氣融精。合鸞鳳之正音，動諧律吕。有麒麟之逸足，超出塵埃。抱鐵石於寸心，棲雪霜於勁節。倜儻恢廓，深沈温雅。允爲王國之珍，實稟人生之秀。自岐陽振節，隴右成功，虯騰周翰之間，鶚立漢壇之上。弓鳴霹靂，劒躍蜿蜒。指揮而川陸可回，叱咤而風雲立變。一居右輔，累復皇都。殊庸已焕於旗常，嘉頌早傳於金石。昨妖興肘腋，釁起宫闈，而能憤激衷腸，密施籌畫。致禁軍之貔武，戮當路之豺狼。安宗社於綴旒，復乘輿如反掌。人祇共慶，華夏同歡。既而仗瑞節以來朝，秉桓圭而展敬。静與之語。簡而有常。動叶生知，克符中道。披肝露膽，皆本於至誠。言發涕零，必期於盡瘁。感通天地，激動人臣。得不嘉乃奇功，申兹異渥。表爾復崇南省，統率六宗。尊大西郊，封超五等。在常時而難舉，非盛烈而莫當。俾立羣倫，光流萬代。勉行朝獎，敬答天休。可守尚書令兼侍中，仍封岐王，餘官勳並如故。

《全唐文》卷八八九馮涓《諫伐李茂貞疏》 臣聞興師者，殘兵力，虚府庫，弊羣畜，損弓甲，衰農桑，動德義，興詐，僞故損國害人，莫先於用兵也。方今梁王朱全忠霸盛，强據兩京，料其先取河東。河東，梁之敵國也，勢不兩立。儻一處爲雄，率天下之衆，一舉西來，縱諸葛重生，五丁復出，無以泥封大散，石鏁劒門。今秦庭實蜀之巨屏也，去其屏，窺見庭館焉。莫若與秦王和親，稍稍以麻布茗草給之，不傷於大義，濟之以小利。蜀但訓兵秣馬，因敵料强，足可以保天禄於三川，固子孫於萬葉。潛令公主探其機密，窺彼室家，俟便攻之，一舉而獲可也。

朱温部

綜述

《舊五代史》卷一《太祖紀一》　太祖神武元聖孝皇帝，姓朱氏，諱晃，本名温，宋州碭山人。其先舜司徒虎之後，高祖黯，曾祖茂琳，祖信，父誠。帝即誠之第三子，母曰文惠王皇后。以唐大中六年歲在壬申，十月二十一日夜，生於碭山縣午溝里。是夕，所居廬舍之上有赤氣上騰，里人望之，皆驚奔而來，曰：「朱家火發矣。」及至，則廬舍儼然。既入，鄰人以誕孩告，衆咸異之。昆仲三人，俱未冠而孤，母攜養寄於蕭縣人劉崇之家。帝既壯，不事生業，以雄勇自負，里人多厭之。崇以其慵惰，每加譴杖。唯崇母自幼憐之，親爲櫛髮，嘗誡家人曰：「朱三非常人也，汝輩當善待之。」家人問其故，答曰：「我嘗見其熟寐之次，化爲一赤蛇。」然衆亦未之信也。

唐僖宗乾符中，關東荐饑，羣賊嘯聚。黄巢因之起於曹、濮，饑民願附者凡數萬。帝乃辭崇家，與仲兄存俱入巢軍，以力戰屢捷，得補爲隊長。

唐廣明元年十二月甲申，黄巢陷長安，遣帝領兵屯於東渭橋。是時，夏州節度使諸葛爽率所部屯於櫟陽，巢命帝招諭爽，爽遂降於巢。

中和元年二月，巢以帝爲東南面行營先鋒使，令攻南陽，下之。六月，帝歸長安，巢親勞於灞上。七月，巢遣帝西拒邠、岐、鄜、夏之師於興平，所至皆立功。

二年二月，巢以帝爲同州防禦使，使自攻取。帝乃自丹州南行，以擊左馮翊，拔之，遂據其郡。時河中節度使王重榮屯兵數萬，糾合諸侯，以圖興復。帝時與之鄰封，屢爲重榮所敗，遂請濟師於巢。表章十上，爲僞左軍使孟楷所蔽，不達。又聞巢軍勢蹙，諸校離心，帝知其必敗。九月，帝遂與左右定計，斬僞監軍使嚴實，降於重榮。重榮即日飛章上奏，時僖宗在蜀，覽表而喜曰：「是天賜予也！」乃詔授帝左金吾衛大將軍，充河中行營副招討使，仍賜名全忠。自是率所部與河中兵士偕行，所向無不克捷。

三年三月，僖宗制授帝宣武軍節度使，依前充河中行營副招討使，仍令候收復京闕，即得赴鎮。四月，巢軍自藍關南走，帝與諸侯之師俱收長安，乃率部下一旅之衆，仗節東下。七月丁卯，入於梁苑。是時帝年三十有二。時蔡州刺史秦宗權與黄巢餘孽合從肆虐，共圍陳州，久之，僖宗乃命帝爲東北面都招討使。時汴、宋連年阻饑，公私俱困，帑廩皆虚，外爲大敵所攻，内則驕軍難制，交鋒接戰，日甚一日。人皆危之，惟帝鋭氣益振。是歲十二月，帝領兵於鹿邑，與巢衆相遇，縱兵擊之，斬首二千餘級，乃引兵入亳州，因是兼有譙郡之地。

四年春，帝與許州田從異諸軍同收瓦子寨，殺賊數萬衆。是時，陳州四面，賊寨相望，驅擄編氓，殺以充食，號爲「舂磨寨」。帝分兵翦撲，大小凡四十戰。四月丁巳，收西華寨，賊將黄鄴單騎奔陳。帝乘勝追之，鼓噪而進。會黄巢遁去，遂入陳州，刺史趙犨迎於馬前。俄聞巢黨尚在陳北故陽壘，帝遂迴歸大梁。是時，河東節度使李克用奉僖宗詔，統騎軍數千同謀破賊，與帝合勢於中牟北邀擊之，賊衆大敗於王滿渡，多束手來降。時賊將霍存、葛從周、張歸厚、張歸霸皆匍匐於馬前，悉宥而納之，遂逐殘寇，東至於冤句。

五月甲戌，帝與晉軍振旅歸汴，館克用於上源驛。既而備犒宴之禮，克用乘醉任氣，帝不平之。是夜，命甲士圍而攻之。會大雨雷電，克用因得於電光中踰垣遁去，惟殺其部下數百人而已。

六月，陳人感解圍之惠，爲帝建生祠堂於其郡。是歲，黄巢雖殄，而蔡州秦宗權繼爲巨孽，有衆數萬，攻陷鄰郡，殺掠吏民，屠害之酷，更甚巢賊，帝患之。七月，遂與陳人共攻蔡賊於溵水，殺數千人。九月己未，僖宗就加帝檢校司徒、同平章事，封沛郡侯，食邑千户。

光啓元年春，蔡賊掠亳、潁二郡，帝帥師以救之，遂東至於焦夷，敗賊衆數千，生擒賊將殷鐵林，梟首以狥軍而還。三月，僖宗自蜀還長安，改元光啓。四月戊辰，就加帝檢校太保，增食邑千五百户。十二月，河中、太原之師逼長安，觀軍容使田令孜奉僖宗出幸鳳翔。

二年春，蔡賊益熾。時唐室微弱，諸道州兵不爲王室所用，故宗權得以縱毒，連陷汝、洛、懷、孟、唐、鄧、許、鄭，圜幅數千里，殆絶人煙，惟宋、亳、滑、潁僅能閉壘而已。帝累出兵與之交戰，然或勝或負，人甚危之。

三月庚辰，僖宗降制就封帝爲沛郡王。是月，僖宗移幸興元。

五月，嗣襄王熅僭即帝位於長安，改元爲建貞。遣使賫僞詔至汴，帝命焚之於庭。未幾，襄王果敗。

七月，蔡人逼許州，節度使鹿宴弘使來求救，帝遣葛從周等率師赴援。師未至而城陷，宴弘爲蔡賊所害。

十一月，滑州節度使安師儒以怠於軍政，爲部下所殺。帝聞之，乃遣朱珍、李唐賓襲而取之，由是遂有滑臺之地。十二月，僖宗降制就加帝檢校太傅，改封吳興郡王，食邑三千户。

是歲，鄭州爲蔡賊所陷，刺史李璠單騎來奔，帝宥而納之，以爲行軍司馬。宗權既得鄭，益驕，帝遣裨將邏於金隄驛，與賊相遇，因擊之，賊衆大敗，追至武陽橋，斬首千餘級。帝每與蔡人戰於四郊，既以少擊衆，常出奇以制之，但患師少，未快其旨。宗權又以己衆十倍於帝，恥於頻敗，乃誓衆堅決以攻夷門。既而獲蔡之諜者，備知其事，遂謀濟師焉。

三年春二月乙巳，承制以朱珍爲淄州刺史，俾募兵於東道，且慮蔡人暴其麥苗，期以夏首回歸。珍既至淄、棣，旬日之内，應募者萬餘人。又潛襲青州，獲馬千四，鎧甲稱是，乃鼓行而歸。四月辛亥，達於夷門，帝喜曰：「吾事濟矣。」是時，賊將張晊屯於北郊，秦賢屯於版橋，各有衆數萬，樹栅相連二十餘里，其勢甚盛。帝謂諸將曰：「此賊方今息師蓄鋭以俟時，必來攻我。況宗權度我兵少，又未知珍來，謂吾畏懼，止於堅守而已。今出不意，不如先擊之。」乃親引兵攻秦賢寨，將士踴躍争先，賊果不備，連拔四寨，斬首萬餘級，時賊衆以爲神助。庚午，賊將盧瑭領萬餘人於圃田北萬勝戍，夾汴水爲營，跨河爲梁，以扼運路。帝擇精鋭以襲之。是日昏霧四合，兵及賊壘方覺，遂突入掩殺，赴水死者甚衆，盧瑭自投於河。河南諸賊連敗，不敢復駐，皆併在張晊寨。自是蔡寇皆懷震讋，往往軍中自相驚亂。帝旋師休息，大行犒賞，繇是軍士各懷憤激，每遇敵無不奮勇。

五月丙子，出酸棗門，自卯至未，短兵相接，賊衆大敗，追斬二十餘里，僵仆相枕。宗權恥敗，益縱其虐，乃自鄭州親領突將數人，徑入張晊寨。其日晚，大星隕於賊壘，有聲如雷。辛巳，兗、鄆、滑軍士皆來赴援，乃陳兵於汴水之上，旌旗器甲甚盛。蔡人望之，不敢出寨。翌日，分佈諸軍，齊攻賊寨，自寅至申，斬首二萬餘級。會夜收軍，獲牛馬、輜重、生口、器甲不可勝計。是夜宗權、晊遁去，遲明追之，至陽武橋而還。宗權至鄭州，乃盡焚其廬舍，屠其郡人而去。始蔡人分兵寇陝、雒、孟、懷、許、汝，皆先據之，因是敗也，賊衆恐懼，咸棄之而遁。帝乃慎選將佐，俾完葺壁壘，爲戰守之備，於是遠近流亡復歸者衆矣。是時，揚州節度使高駢爲裨將畢師鐸所害，復有孫儒、楊行密互相攻伐，朝廷不能制，乃就加帝檢校太尉，兼領淮南節度使。

九月，亳州裨將謝殷逐刺史宋衮，自據其郡，帝親領軍屯於太清宫，遣霍存討平之。帝之禦蔡寇也，鄆州朱瑄、兗州朱瑾皆領兵來援。及宗權既敗，帝以瑄、瑾宗人也，又有力於己，皆厚禮以歸之。瑄、瑾以帝軍士勇悍，私心愛之，乃密於曹、濮界上懸金帛以誘之，帝軍利其貨而赴者甚衆，帝乃移檄以讓之。朱瑄來詞不遜，乃命朱珍侵曹伐濮，以懲其姦。未幾，珍伐曹州，執刺史丘禮以獻，遂移兵圍濮。兗、鄆之釁，自兹而始矣。

十月，僖宗命水部郎中王贊撰紀功碑以賜帝。是月，帝親騎數千巡師於濮上，因破朱瑄援師於范縣。丁未，攻陷濮州，刺史朱裕單騎奔鄆。尋爲鄆人所敗，踰月乃還。

十二月，僖宗遣使賜帝鐵券，又命翰林承旨劉崇望撰德政碑以賜帝。

閏月甲寅，帝請行營司馬李璠權知淮南留後，乃遣大將郭言領兵援送以赴揚州。

文德元年正月，帝率師東赴淮海，行次宋州，聞楊行密已拔揚州，遂還。是時，李璠、郭言行至淮上，爲徐戎所扼，不克進而還。帝怒，遂謀伐徐。

二月丙戌，僖宗制以帝爲蔡州四面行營都統，繇是諸鎮之師，皆受帝之節制。

三月庚子，昭宗即位。是月，蔡人石璠領萬衆以剽陳、亳，帝遣朱珍率精騎數千擒璠以獻。

四月戊辰，魏博樂彦禎失律，其子從訓出奔相州，使來乞師。帝遣朱珍領大軍濟河，連收黎陽、臨河二邑。既而魏軍推小校羅弘信爲帥。弘信既立，遣使送欵於汴，帝優而納之，遂命班師。是月，河南尹張全義襲李罕之於河陽，克之。罕之單騎出奔，因乞師於太原，李克用爲發萬騎以援之。罕之遂收其衆，偕晉軍合勢，急攻河陽。全義危急，遣使求救於汴，帝遣丁會、牛存節、葛從周領兵赴之，大戰於温縣，晉人與罕之俱敗。於是河橋解圍，全義歸於河陽，因以丁會爲河陽留後。

五月己亥，昭宗制以帝檢校侍中，增食邑三千户。戊辰，詔改帝鄉曰衣錦鄉，里曰沛王里。是月，帝以兼有洛、孟之地，無西顧之患，將大整師徒，畢力誅蔡。會蔡人趙德諲舉漢南之地以歸於朝廷，且遣使送欵於帝，仍誓戮力同討宗權。帝表其事，朝廷因以德諲爲蔡州四面副都統。又以河陽、保義、義昌三節度

爲帝行軍司馬，兼糧料應接使。至是，帝領諸侯之師會德諲以伐蔡賊於汝水之上，遂薄其城。五日之內，樹二十八寨以環之，蓋象列宿之數也。時帝親臨矢石，一日，飛矢中其左腋，血漬單衣，顧謂左右曰：「勿洩。」

九月，以糧運不繼，遂班師。是時，帝知宗權殘孽不足爲患，遂移兵以伐徐。

十月，先遣朱珍領兵與時溥戰於吴康鎮，徐人大敗，連收豐、蕭二邑，溥攜散騎馳入彭門。帝命分兵以攻宿州，刺史張友攜符印以降。既而徐人閉壁堅守，遂命龐師古屯兵守之而還。是月，蔡賊孫儒攻陷揚州，自稱淮南節度使。

龍紀元年正月，龐師古攻下宿遷縣，進軍於吕梁。時溥領軍二萬，晨壓師古之軍而陣，師古促戰，敗之，斬首二千餘級，溥復入於彭門。

二月，蔡將申叢遣使來告，縛秦宗權於帳下，折其足而囚之矣。帝即日承制以叢爲淮西留後。未幾，叢復爲都將郭璠所殺。是月，璠執宗權來獻，帝遣行軍司馬李璠、牙校朱克讓檻送於長安。既至，昭宗御延喜樓受俘，即斬宗權於獨柳樹下。蔡州平。昭宗詔加帝食實封一百户，賜莊宅各一區。三月，又加帝檢校太尉，兼中書令，進封東平王，賞平蔡之功也。

大順元年四月丙辰，宿州小將張筠逐刺史張紹光，擁衆以附時溥。帝率親軍討之，殺千餘人，筠遂堅守。乙卯，時溥出兵碭山縣，帝遣朱友裕以兵襲之，敗徐軍三千餘衆，獲沙陁援軍石君和等三十人，斬於宿州城下。

六月辛酉，淮南孫儒遣使修好於帝，帝表其事，請以淮南節度授於儒焉。辛未，昭宗命帝爲宣義軍節度使，充河東東面行營招討使，時朝廷宰臣張濬將兵討太原故也。

八月甲寅，昭義都將馮霸殺沙陁所署節度使李克恭來降，帝請河陽節度使朱崇節爲潞州留後。戊辰，李克用自率蕃漢步騎數萬以圍潞州，帝遣葛從周率驍勇之士，夜中銜枚犯圍而入於潞。

九月壬寅，帝至河陽，遣部將李讜引軍趨澤、潞，行至馬牢川，爲晉人所敗。帝又遣朱友裕、張全義率精兵至澤州北以爲應援。既而崇節、從周棄潞來歸。戊申，帝廷責諸將敗軍之罪，斬李讜、李重胤以狥，遂班師焉。

十月乙酉，帝自河陽赴滑臺。時奉詔將討太原，先遣使假道於魏，魏人不從。先是，帝遣行人雷鄴告糴於魏，既而爲牙軍所殺。羅弘信懼，故不敢從命，遂通好於太原。

十二月辛丑，帝遣丁會、葛從周率衆渡河取黎陽、臨河，又令龐師古、霍存下淇門、衛縣，帝徐以大軍繼其後。

二年春正月，魏軍屯於内黄。丙辰，帝與之接戰，自内黄至永定橋，魏軍五敗，斬首萬餘級。羅弘信懼，遣使持厚幣請和。帝命止其焚掠而歸其俘，弘信繇是感悦而聽命焉。乃收軍屯於河上。

八月己丑，帝遣丁會急攻宿州，刺史張筠堅守其壁，會乃率衆於州東築堰，壅汴水以浸其城。十月壬午，筠遂降，宿州平。十一月丁未，曹州裨將郭紹賓殺刺史郭饒，舉郡來降。是月，徐將劉知俊率衆二千來降，自是徐軍不振。

十二月，兖州朱瑾領軍三萬寇單父，帝遣丁會領大軍襲之，敗於金鄉界，殺二萬餘衆，瑾單馬遁去。

景福元年正月，遣丁會於兖州界徙其民數千户於許州。

二月戊寅，帝親征鄆，先遣朱友裕屯軍於斗門。甲申，次衛南，有飛鳥止於峻堞之上，鳴噪甚厲，副使李璠曰：「將有不如意之事。」是夜，鄆州朱瑄率步騎萬人襲朱友裕於斗門，友裕拔軍南去。乙酉，帝晨救斗門，不知友裕之退，前至斗門者皆爲鄆人所殺。帝追襲鄆人至瓠河，不及，遂頓兵於村落間。時朱瑄尚在濮州。丁亥，遇朱瑄率兵將歸於鄆，遂來衝擊。帝策馬南馳，爲賊所追甚急，前有浚溝，躍馬而過，張歸厚援稍力戰於其後，乃免。時李璠與都將數人皆爲鄆軍所殺。

八月，帝遣龐師古移兵攻兖，駐於曲阜，與朱瑾屢戰，皆敗之。

十二月，師古遣先鋒葛從周引軍以攻齊州，刺史朱威告急於兖、鄆。既而朱瑄以援兵至，遂固其壘。

乾寧元年二月，帝親領大軍由鄆州東路北次於魚山。朱瑄覘知，即以兵逕至，且圖速戰。帝整軍出寨，時瑄、瑾已陣於前。須臾，東南風大起，我軍旌旗失次，甚有懼色，即令騎士揚鞭呼嘯。俄而西北風驟發，時兩軍皆在草莽中，帝因令縱火。既而煙焰亘天，乘勢以攻賊陣，瑄、瑾大敗。殺萬餘人，餘衆擁入清河，因築京觀於魚山之下，駐軍數日而還。

二年正月癸亥，遣朱友恭帥師復伐兖，遂塹而圍之。未幾，朱瑄自鄆率步騎援糧欲入於兖，友恭設伏以敗之，盡奪其餉於高吴，因擒蕃將安福順、安福慶。

二月己酉，帝領親軍屯於單父，以爲友恭之援。

八月，帝領親軍伐鄆，至大仇，遣前軍挑戰，設伏於梁山以待之。既而獲蕃將史完府，奪馬數百匹。朱瑄脱身遁去，復入於鄆。

十月，帝駐軍於鄆，齊州刺史朱瓊遣使請降，瓊即瑾之從父兄也。帝因移軍至兖，瓊果來降。未幾，瓊爲朱瑾所紿，掠而殺之，帝即以其弟玭爲齊州防禦使。

十一月，朱瑄復遣將賀瓌、柳存及蕃將何懷寶等萬餘人以襲曹州，庶解兖州之圍也。帝知之，自兖領軍策馬先路至鉅野南，追而敗之，殺戮將盡，生擒賀瓌、柳存、何懷寶及賊黨三千餘人。是日申時，狂風暴起，沙塵沸湧，帝曰：「此乃殺人未足耳。」遂下令盡殺所獲囚俘，風亦止焉。翼日，繫賀瓌等以示於兖。帝素知瓌名，乃釋之，惟斬何懷寶於兖城之下，乃班師。

〔三年〕二月，帝領親軍屯於單父，會寒食，帝乃親拜文穆皇帝陵於碭山縣午溝里。

四月辛酉，河東泛漲，將壞滑城，帝令決堤岸以分其勢爲二河，夾滑城而東，爲害滋甚。是月，帝遣許州刺史朱友恭領兵萬人渡淮，以便宜從事。時洪、鄂二州累遣使求援，故有是行。

六月，李克用帥蕃漢諸軍營於斥丘，遣其男落落將鐵林小兒三千騎薄於洹水，從周與戰，大敗之，生擒落落以獻。克用悲駭，請修舊好以贖其子，帝不許，遂執落落送於羅弘信，斬之。越七日，我軍還屯陽留以伐鄆。

八月，復壁於洹水。是時，昭宗幸華州，遣使就加帝檢校太師，守中書令。

四年正月，帝以洹水之師大舉伐鄆。辛卯，營於濟水之次，龐師古令諸將撤木爲橋。乙未夜，師古以中軍先濟，聲振於鄆，朱瑄聞之，棄壁夜走。葛從周逐之至中都北，擒瑄並其妻男以獻，尋斬汴橋下。鄆州平。乙亥，帝入於鄆，以朱友裕爲鄆州兵馬留後。時帝聞朱瑾與史儼兒在豐沛間搜索糧饋，惟留康懷英以守兖州，帝因乘勝遣葛從周以大軍襲兖。懷英聞鄆失守，俄又我軍大至，乃出降。朱瑾、史儼兒遂奔淮南。兖、海、沂、密等州平。乃以葛從周爲兖州留後。

八月，陝州節度使王珙遣使來乞師。是時，珙弟珂實爲蒲帥，迭相憤怒，日尋干戈，而珙兵寡，故來求援。帝遣張存敬、楊師厚等領兵赴陝，既而與蒲人戰於猗氏，大敗之。

九月，帝以兖、鄆既平，將士雄勇，遂大舉南征。命龐師古以徐、宿、宋、滑之師直趨清口，葛從周以兖、鄆、曹、濮之衆徑赴安豐。淮人遣朱瑾領兵以拒師古，因決水以浸軍，遂爲淮人所敗，師古歿焉。葛從周行及濠梁，聞師古之敗，亦命班師。

《舊五代史》卷二《太祖紀二》 光化元年正月，帝遣葛從周統諸將略地於山東，遂次於邢、洺。

三月，昭宗以帝兼領天平軍節度使，餘如故。

四月，滄州節度使盧廷彦爲燕軍所攻，棄城奔於魏，魏人送於汴。是月，帝以大軍至鉅鹿，屯於城下，敗晉軍萬餘衆於青山口，俘馬千餘匹。丁卯，遣從周分兵攻洺州，斬刺史邢善益，擒將五十餘人。

五月己巳，邢州刺史馬師素棄城遁去。辛未，磁州刺史袁奉滔自剄而死。五日之内，連下三州。因以葛從周兼邢州昭義軍節度使留後，帝遂班師。是時，襄州節度使趙匡凝聞帝軍有清口之敗，密附於淮夷。

二年正月，淮南楊行密舉全吴之衆，精甲五萬，以伐徐州，帝領大軍禦之。行密聞帝親征，乃收軍而退。時幽州節度使劉仁恭大舉蕃漢兵號十萬以伐魏，遂攻陷貝州，州民萬餘户，無少長悉屠之。進攻魏州，魏人來乞師，帝遣朱友倫、張存敬、李思安等先屯於内黄，帝遂親征。

六月，帝表丁會爲潞州節度使，以李罕之疾亟故也。又遣葛從周由固鎮路入於潞州，以援丁會。

七月壬辰朔，海州陳漢賓擁所部三千奔於淮南。戊戌，晉人陷澤州。帝遣召葛從周於潞，留賀德倫以守之。未幾，德倫爲晉人所逼，遂棄潞而歸，繇是潞州復爲晉人所有。

八月，河東遣李進通襲陷洺州，執刺史朱紹宗。帝遣葛從周自鄴縣渡漳水，屯于黄龍鎮，親領中軍涉洺而寨。晉人懼而宵遁，洺州復平。

九月，帝以仁恭、進通之入寇也，皆繇鎮、定爲其囊橐，即以葛從周爲上將以伐鎮州。遂攻下臨城，渡滹沱以環其城。帝領親軍繼至，鎮帥王鎔懼，納質請盟，仍獻文繒二十萬以犒戎士，帝許之。

十一月，以張存敬爲上將，自甘陵發軍，北侵幽、薊，連拔瀛、莫二郡，遂移軍以攻中山。定帥王郜以精甲二萬戰於懷德亭，盡殪之。郜懼，奔於太原。暹明，大軍集於城下，郜季父處直持印鑰乞降，亦以繒帛三十萬爲獻，帝即以處直代郜領其鎮焉。是月，燕人劉守光赴援中山，寨於易水之上，繼爲康懷英、張存敬等所敗，斬獲甚衆。繇是河朔知懼，皆弭伏焉。

是歲，唐左軍中尉劉季述幽昭宗於東宮内，立皇子德王裕爲帝，仍遣其養子希度來言，願以唐之神器輸於帝。帝時方在河朔，聞之，遽還於汴，大計未決。會李振自長安使迴，因言於帝曰：「夫豎刁、伊戾之亂，所以資霸者之事也。今

閹豎幽辱天子，王不能討，無以令諸侯。」帝悟，因請振復使於長安，與時宰潛謀反正。

天復元年正月乙酉朔，唐宰相崔胤潛使人以帝密旨告於侍衛軍將孫德昭已下，令誅左右中尉劉季述、王仲先等，即時迎昭宗於東内，御樓反正。癸巳，降制進封帝爲梁王，酬反正之功也。昭宗之廢也，汴之邸吏程巖牽昭宗衣下殿。帝聞之，召巖至汴，折其足，送於長安，杖殺之。是時，河中節度使王珂結援於太原，帝怒，遣大將張存敬率將涉河，繇含山路鼓行而進。戊申，攻下絳州。壬子，晉州刺史張漢瑜舉郡來降，帝即以大將侯言權領晉州，何絪權領絳州，晉、絳平。己未，大軍至河中，存敬命繚其垣而攻之。壬戌，蒲人颺素幡以請降。庚午，帝至河中，以張存敬權領河中軍府事，河中平，帝乃東還。是月，李克用遣牙將張特來聘，請尋舊好，帝亦遣使報命。

三月癸未朔，帝歸自河中。是月，遣大將賀德倫、氏叔琮領大軍以伐太原，叔琮等自太行路入，魏博都將張文恭自磁州新口入，葛從周以兗、鄆之衆自土門路入，洺州刺史張歸厚以本軍自馬嶺入，定州刺史王處直以本軍自飛狐入，晉州侯言自陰地入。澤州刺史李存璋棄郡奔歸太原。叔琮引軍逼潞州，節度使孟遷乞降。河東屯將李審建、王周領步軍一萬、騎二千詣叔琮歸命，乃進軍趨太原。

五月癸卯，昭宗以帝兼領護國軍節度使、河中尹。

六月庚申，帝發自大梁。丁卯，視事於河中，以素服出郊，拜故節度使王重榮墓。尋辟其子瓚爲節度判官，請故相張濬爲重榮撰碑。帝自中和初歸唐，首依重榮，至是思其舊德，故恩禮若是。

七月甲寅，帝東還梁邸。

十月戊戌，奉密詔赴長安。是時，朝廷既誅劉季述，以韓全誨、張宏彦爲兩軍中尉，袁易簡、周敬容爲樞密使。是時軍國大政，專委宰相崔胤，每事裁抑宦官，宦官側目。胤一日於便殿奏，欲盡去之，全誨等屬垣聞之，嘗於昭宗前祈哀自訴。自是昭宗勅胤，每有密奏，令進囊封。全誨等乃訪京城美婦人十數以進，使求宮中陰事，昭宗不悟，胤謀漸泄。中官視胤皆裂，以重賂甘言誘藩臣以爲城社，時因讌聚，則相向流涕。時胤掌三司貨泉，全誨等教禁兵伺胤出，聚而呼譟，訴以冬衣減損，又於昭宗前訴之，昭宗不得已罷胤知政事。胤怒，急召帝請以兵入輔，故有是行。戊申，行次河中。同州留後司馬鄴，華之幕吏也，舉郡來降。辛亥，駐軍於渭濱，華帥韓建遣使奉箋納欵，又以銀三萬兩助軍。是日行次零口。癸丑，聞長安亂，昭宗爲閹官韓全誨等劫遷，西幸鳳翔，蓋避帝之兵鋒也。翼日，遂命旋師，夕次於赤水。乙卯，大軍集於華州城下，韓建惶駭失措，即以城降。丙辰，帝表建權知忠武軍事，促令赴任。同、華二州平。是時，唐太子太師盧知猷等二百六十三人列狀請帝速請迎奉。己未，遂帥諸軍發自赤水。壬戌，次於咸陽。偵者云：「天子昨暮至岐山，且日宋文通扈蹕入其闉矣。」是時，岐人遣大將符道昭領兵萬人屯於武功以拒帝，帝遣康懷英敗之，擄甲士六千餘衆。乙丑，次于岐山，文通遣使奉書自陳其失，請帝入覲。丙辰，及岐闉，文通渝約，閉壁不獲通，復次於岐山。是時，昭宗累遣使齎朱書御札賜帝，遣帝收軍還本道，帝診之曰：「此必文通、全誨之謀也。」皆不奉詔。癸酉，飛章奉辭，且移軍北伐。乙亥，至邠州，節度使李繼徽舉城降。繼徽因請去文通所賜李姓，復本宗楊氏，又請納其孥以爲質，帝皆從之，仍易其名曰崇本。邠州平。己丑，唐丞相崔胤、京兆尹鄭元規至華州，以速迎奉爲請，許之。

二年正月，帝復次於武功，岐人堅壁不下，乃迴軍於河中。

二月，聞晉軍大舉南下，聲言來援鳳翔，帝遣朱友寧帥師會晉州刺史氏叔琮以禦之，帝以大軍繼其後。

三月，友寧、叔琮與晉軍戰於晉州之北，大敗之，生擒克用男廷鸞。帝喜，謂左右曰：「此岐人之所恃也，今既如此，岐之變不久矣。」

四月，岐人遣符道昭領大軍屯於虢縣，康懷英帥驍騎敗之。丁酉，唐丞相崔胤自華來謁帝，屢述艱運危急，事不可緩，又慮羣閹擁昭宗幸蜀，且告帝，帝爲動容。胤將辭，啓宴於府署，帝舉酒，胤情激於哀，因自持樂板，聲曲以侑酒。帝甚悦，座中以良馬珍玩之物賚，既行，命諸將繕戎具。

五月丁巳，帝復西征。

六月丁丑，次於虢縣。癸未，與岐軍大戰，自辰至午，殺萬餘衆，擒其將校數百人，乘勝遂逼其壘。

七月丙午，岐軍復出求戰，帝軍不利。是月，遣孔勍帥師取鳳、隴、成三州，皆下之。是時，岐人相率結寨於諸山，以避帝軍，帝分兵以討，浹旬之内，並平之。

九月甲戌，帝以岐軍諸寨連結稍盛，因親統千騎登高診之。時秋空澄霽，煙靄四絶，忽有紫雲如繖蓋，凝於龍旌之上，久之方散，觀者咸訝之。是時，帝以岐人堅壁不戰，且慮師老，思欲旋旆以歸河中，因密召上將數人語其事。時親從指

揮使高季昌獨前出抗言曰：「天下雄傑，窺此舉者一歲矣，今岐人已困，願少俟之。」帝嘉其言，因曰：「兵法貴以正理，以奇勝者詐也，乘機集事，必由是乎！」乃命季昌密募人入岐以紿之。尋有騎士馬景堅願應命，且曰：「是行也，必無生理，願録其孥。」帝悽然止其行，景固請，乃許之。明日軍出，諸寨屏匿如無人，景因躍馬西走，直叩岐闉，詐以軍怨東遁爲告，且言列寨尚留萬餘人，俟夕將遁矣，宜速掩之。李茂貞信其言，遽啓二扉，悉衆來寇。時諸軍以介馬待之，中軍一鼓，百營俱進，又分遣數騎以據其闉。岐人進不能駐其趾，退不能入其壘，殺戮蹂踐，不知其數。茂貞繇是喪膽，但閉壁而已。

十一月癸卯，鄜帥李周彝統兵萬餘人屯於岐之北原，與城中舉烽以相應。翼日，帝以周彝既離本部，鄜時必無守備，因命孔勍乘虛襲下之。甲寅，鄜州平。周彝聞之，收軍而遁。茂貞既失鄜州之援，愕然有瓦解之懼，繇是議還警蹕，誅閹寺以自贖焉。

三年正月甲寅，岐人啓壁，唐昭宗降使宣問慰勞，兼傳密旨。尋又命翰林學士韓渥、趙國夫人寵顔齎詔押賜帝紫金酒器、御衣玉帶。丙辰，華州留後李存審遣飛騎來告，青州節度使王師範遣牙將張厚輦甲冑弓槊，詐言來獻，欲盜據州城，事覺，已擒之矣。是日，師範又遣其將劉鄩盜據兗州。丁巳，昭宗遣中使押送軍容使韓全誨已下三千餘人首級以示帝。甲子，昭宗發離鳳翔，幸左劍寨，權駐蹕帝營。帝素服待罪，昭宗命學士傳宣免之，帝即入見稱罪，拜伏者數四。既而促召升殿，密邇御座，且曰：「宗廟社稷是卿再造，朕與戚屬是卿再生。」因解所御玉帶面以賜帝，帝亦以玉鞍勒馬、金銀器、紋錦、御饌酒菓等躬自拜進焉。及翠華東行，帝匹馬前導十餘里，宣令止之。己巳，昭宗至長安，謁太廟，御長樂樓。禮畢，謂帝曰：「朕生入舊京，是卿之力也。自古救君之危，曾無有如是者。況今日再及清廟，得親奉觴酒，奠於先皇帝室前，卿之德，朕知不能報矣。」即召帝執手，聲淚俱發者久之。翼日，誅宦官第五可範等五百餘人於內侍省。

二月庚辰，制以帝爲守太尉，兼中書令、宣武宣義天平護國等軍節度使、諸道兵馬副元帥，加食邑三千户，實封四百户，仍賜回天再造竭忠守正功臣。戊戌，帝建旆東還，昭宗御延喜樓送之，既醉，遣內臣賜帝御製《楊柳詞》五首。

三月戊午，至大梁。時以青州未平，命軍士休澣以俟東征。

四月丙子，巡師於臨朐，亟命逼其城，與青州兵戰於城下，大敗之。是夕，淮將王景仁以所部援軍宵遁，帝遣楊師厚追及輔唐，殺千人，乘勝攻下密州。

八月戊辰，以伐叛之柄委於楊師厚，帝乃東還。

九月癸卯，師厚率大軍與王師範戰於臨朐，青軍大敗，殺萬餘人，並擒師範弟師克，卯時徙寨以逼其城。辛亥，偏將劉重霸擒棣州刺史邵播來獻。播，師範之謀主也，帝命斃之。戊午，師範舉城請降。青州平。翼日，分命將校略地於登、萊、淄、棣等州，皆下之，繇是東漸至海，皆爲梁土也。帝復命師範權知青州軍州事，師範乃請以錢二十萬貫犒軍，帝許之。

十月辛巳，護駕都指揮使朱友倫因擊鞠墮馬，卒於長安。訃至，帝大怒，以爲唐室大臣欲謀叛己，致友倫暴死。

十一月丁酉，青將劉鄩舉兗州來降。鄩，王師範之將也，師範令竊據兗州久之，及聞師範降，鄩乃歸命。帝以鄩善事其主，待之甚優，尋署爲元帥府都押牙，權知鄜州留後。

天祐元年正月己酉，帝發自大梁，西赴河中，京師聞之，爲之震懼。是時，將議迎駕東幸洛陽，慮唐室大臣異議，帝乃密令護駕都指揮使朱友諒矯昭宗命，收宰相崔胤、京兆尹鄭元規等殺之。又，邠、岐兵士侵逼京畿，帝因是上表堅請昭宗幸洛，昭宗不得已而從之。帝乃率諸道丁匠財力，同搆洛陽宫，不數月而成。

二月乙亥，昭宗駐蹕於陝，帝自河中來覲，謁見行營，因灑涕而言曰：「李茂貞等竊謀禍亂，將迫乘輿，老臣無狀，請陛下東遷，爲社稷大計也。」昭宗命延於寢室見何皇后，面賜酒器及衣物。何后謂帝曰：「此後大家夫婦委身於全忠矣。」因欷歔泣下。後數日，帝開宴於陝之私第，請駕臨幸。翼日，帝辭歸洛陽，昭宗開內宴，時有宫人與昭宗附耳而語，韓建躡帝之足，帝遽出，以爲圖己，因連上章請車駕幸洛。

三月丁未，昭宗制以帝兼判左右神策及六軍諸衛事。是時，昭宗累遣中使及內夫人傳宣，謂帝曰：「皇后方在草蓐，未任就路，欲以十月幸洛。」帝以陝州小藩，非萬乘久留之地，期以四月內東幸。

閏月丁酉，昭宗發自陝郡。壬寅，次於穀水。是時昭宗左右唯小黄門及打毬供奉、內園小兒二百餘人，帝猶忌之。是日密令醫官許昭遠告變，乃設饌於別幄，召而盡殺之，皆坑於幕下。先是選二百餘人，形貌大小一如內園人物之狀，至是使一人擒二人，縊於坑所，即蒙其衣及戎具自飾。昭宗初不能辨，久而方察。自是昭宗左右前後皆梁人矣。甲辰，車駕至洛都，帝與宰相百官導駕入宫。乙卯，昭宗以帝爲宣武、宣義、護國、忠武四鎮節度使。時帝請以鄆州授張全義，

故有此命。

五月丙寅，昭宗宴羣臣，曰：「昨來御樓前一夜亡失赦書，賴梁王收得副本，不然誤事，宰執不得無過矣。」是日宴次，昭宗入内，召帝於内殿曲宴，帝不測其事，不敢奉詔。又曰：「卿不欲來，即令敬翔人來。」帝密遣翔出，乃止。己巳，奉辭東歸。乙亥，至大梁。

六月，帝遣都將朱友裕率師討邠州，節度使楊崇本叛故也。癸丑，帝西征，遂朝於洛陽。

七月甲子，昭宗宴帝於文思鞠場。乙丑，帝發東都。壬申，至河中。

八月壬寅，昭宗遇弑於大内，遺制以輝王柷爲嗣。乙巳，帝自河中引軍而西。癸丑，次于永壽，邠軍不出。

九月辛未，班師。

十月癸巳，至洛陽，詣西内，臨於梓宫前，衹見於嗣君。辛丑，制以帝至自西征。

十一月辛酉，光州遣使來求援，時光州歸欵於帝，尋爲淮人所攻，故來乞師。戊寅，帝南征渡淮，次於霍丘，大掠廬、壽之境，淮人乃棄光州而去。

二年正月庚申，進攻壽州，壽人堅壁不出。丁亥，帝自霍丘班師。

二月辛卯，帝至自南征。甲午，青州節度使王師範至大梁，帝待以賓禮，尋表授河陽節度使。

七月辛酉，天子賜帝迎鑾紀功碑，樹於洛陽。庚午，遣大將軍楊師厚率前軍討趙匡凝於襄州。辛未，帝南征。表趙匡凝罪狀，削奪官爵。

八月，楊師厚進收唐、鄧、復、郢、隨、均、房等七州。帝駐軍漢江北，自循江干，經度濟師之所。

九月甲子，師厚於陰谷江口造梁以濟師，趙匡凝率兵二萬振於江濱。師厚麾兵進擊，襄人大敗，殺萬餘衆。乙丑，趙匡凝焚其州，率親軍載輕舸沿漢而遁。丙寅，帝濟江，至中流，舟壞，將没者數四，比及岸，舟沉。是日入襄城，帝因周視府署，其帑藏悉空。惟於西廡下有一亭，窗户儼然，扃鎖甚密，遂令破鎖啓扉，中有一大匱，緘鐍甚至，又令破其匱，内有金銀數百錠。帝因歎曰：「亂兵既入，公私財貨固無孑遺矣。此帑當有陰物主之，不令常人所得，俟我以有之邪！」遂以百餘鋌賜楊師厚。襲荆州，留後趙匡明棄城上峽奔蜀。荆、襄二州平。帝以都將賀環權領荆州，楊師厚權領襄州，即表其事。

十月丙戌朔，天子以帝爲諸道兵馬元帥。辛卯，帝自襄州引軍由光州路趨淮南，將發，敬翔切諫，請班師以全軍勢，帝不聽。壬辰，次於棗陽，遇大雨，頗阻師行之勢。軍至壽春，壽春人堅壁清野以待帝，帝乃還，舍於正陽。

十一月丙辰，大軍北濟。汝陰，深悔淮南之行，躁煩尤甚。丁卯，帝至自南征。辛巳，天子命帝爲相國，總百揆。以宣武、宣義、天平、護國、天雄、武順、佑國、河陽、義武、昭義、保義、武昭、武定、泰寧、平盧、匡國、武寧、忠義、荆南等二十一道爲魏國，進封帝爲魏王，入朝不趨，劍履上殿，讚拜不名，兼備九錫之命。癸未，唐中書門下奏：「中書印已送相國，中書公事權用中書省印。」甲申，中書門下奏：「天下州縣名與相國魏王家諱同者，請易之。」

十二月乙酉朔，帝讓相國、魏王、九錫之命。丙戌，京百司各差官齎本司須知孔目並印赴魏國送納。甲午，天子以帝堅讓九錫之命，乃命宰相柳燦來使，且述揖讓之意焉。丁酉，帝又讓九錫之命，詔略曰：「但以鴻名難掩，懿實須彰，宜且徇於奏陳，未便行於典册。」又改諸道兵馬元帥爲天下兵馬元帥。是時，帝以唐朝百官服飾多闕，乃製造逐色衣服，請朝廷等第賜之。其所給俸錢，仍請自來年正月全支。

三年正月，幽、滄稱兵，將寇於魏。魏人來乞師，且以牙軍驕悍，謀欲誅之，遣親吏臧延範密告於帝，帝陰許之。乙丑，北征。先是，帝之愛女適羅氏，是月卒於鄴城，因以兵仗數千事實於槖中，遣客將馬嗣勳領長直軍千人，雜以工匠、丁夫，肩其槖而入於魏，聲言爲帝女設祭，魏人信而不疑。庚午夜，嗣勳率其衆與羅紹威親軍數百人同攻牙軍，遲明盡殺之，死者七千餘人，洎于嬰孺，亦無留者。是日，帝次于内黄，聞之，馳騎至魏。時魏之大軍方與帝軍同伐滄州，聞牙軍之死，即時奔還。帝之軍追及歷亭，殺賊幾千，餘衆乃擁大將史仁遇保於高唐，帝遣兵圍之。是月，天子詔河南尹張全義部署修制相國魏王法物。

三月甲寅，天子命帝總判鹽鐵、度支、户部等三司事，帝再上章切讓之，乃止。

四月癸未，攻下高唐，軍民無少長皆殺之，生擒逆首史仁遇以獻，帝命支解之。未幾，又攻下澶、博、貝、衛等州，皆爲魏軍殘黨所據故也。是時晉人圍邢州，刺史牛存節堅壁固守，帝遣符道昭帥師救之，晉人乃遁去。

五月，帝略地於洺州，既而復入於魏。

七月己未，自魏班師。是日，收復相州，自是魏境悉平。壬申，帝歸自魏。

八月甲辰，以滄州未平，復命北征。

九月丁卯，營於長蘆。一夕，帝夢白龍附於兩肩，左右瞻顧可畏，怳然驚寤。

十月辛巳，邠州楊崇本以鳳翔、邠、寧、涇、鄜、秦、隴之衆合五六萬來寇，屯於美原，列十五寨，其勢甚盛，帝命同州節度使劉知俊、都將康懷英帥師禦之。知俊等大破邠寇，殺二萬餘衆，奪馬三千餘匹，擒其列校百餘人，楊崇本、胡章僅以身免。

十一月庚戌，懷英乘勝進軍，遂收鄜州。

十二月乙丑，帝以文武常參官每月一、五、九日赴朝，奏請備廊飡，詔從之。

閏月，晉人、燕人同攻潞帥，丁會舉城降于太原，帝聞之，遂自長蘆班師。以寨内糗糧山積，帝命焚之。滄帥劉守文以城中絶食，因致書於帝，乞留餘糧以救饑民，帝爲留十餘囷以與之。

《舊五代史》卷三《太祖紀三》　開平元年正月丁亥，帝迴自長蘆，次于魏州。節度使羅紹威以帝迴軍，慮有不測之患，由是供億甚至，因密以天人之望切陳之。帝雖拒而不納，然心德之。壬寅，帝至自長蘆。是日有慶雲覆於府署之上。甲辰，天子遣御史大夫薛貽矩來傳禪代之意。貽矩謁帝，陳北面之禮，帝揖之升階，貽矩曰：「殿下功德及人，三靈所卜已定。皇帝方議裁詔，行舜、禹之事，臣安敢違。」既而拜伏於砌下，帝側躬以避之。

二月戊申，帝之家廟棟間有五色芝生焉，狀若芙蓉，紫煙蒙護，數日不散。又，是月，家廟第一室神主上，有五色衣自然而生，識者知梁運之興矣。

四月，唐帝御札勑宰臣張文蔚等備法駕奉迎梁朝。宋州刺史王皋進赤烏一雙。又，宰臣張文蔚正押傳國寶，玉册、金寶及文武羣官、諸司儀仗法物及金吾左右二軍離鄭州。丙辰，達上源驛。是日，慶雲見。令曰：「王者創業興邦，立名傳世，必難知而示訓，從易避以便人。或稽其符命，應彼開基之義，垂諸象德之言。爰考簡書，求於往代，周王昌、發之號，漢帝詢、衎之文，或從一德以徽稱，或爲二名而更易。先王令典，布在緗緗。寡人本名，兼於二字，且異帝王之號，仍兼避易之難，郡職縣官，多須改換。況宗廟不遷之業，憲章百世之規，事叶典儀，豈憚革易。寡人今改名晃，是以天意雅符於明德，日光顯契於瑞文，昭融萬邦，理斯在是。庶順玄穹之意，永臻康濟之期。宜令有司分告天地宗廟，其舊名，中外章疏不得更有迴避。」時將受禪，下教以本名二字異帝王之稱，故改名。己未，賜文武百官一百六十人本色衣一副。

戊辰，即位。制曰：

王者受命於天，光宅四海，祗事上帝，寵綏下民。革故鼎新，諒曆數而先定；創業垂統，知圖籙以無差。神器所歸，祥符合應。是以三正互用，五運相生，前朝道消，中原政散，瞻烏莫定，失鹿難追。朕經緯風雷，沐浴霜露，四征七伐，垂三十年，糾合齊盟，翼戴唐室。隨山刊木，罔憚胼胝；投袂揮戈，不遑寢處。洎玄穹之所贊，知唐運之不興，莫諧輔漢之謀，徒罄事殷之禮。唐主知央華已竭，算祀有終，釋龜鼎以如遺，推劍紱而相授。朕懼德弗嗣，執謙允恭，避駿命於南河，眷清風於潁水。而乃列嶽羣后，盈廷庶官，東西南北之人，斑白緇黄之衆，謂朕功蓋上下，澤被幽深，宜應天以順時，俾化家而爲國。拒彼億兆，至於再三。且曰七政已齊，萬幾難曠。勉遵令典，爰正鴻名，告天地神祇，建宗廟社稷。

顧惟涼德，曷副樂推，慄若履冰，懔如馭朽。金行啓祚，玉曆建元，方弘經始之規，宜布惟新之令。可改唐天祐四年爲開平元年，國號大梁。《書》載虞賓，斯爲令範；《詩》稱周客，蓋有明文。是用先封，以禮後嗣，宜以曹州濟陰之邑奉唐主，封爲濟陰王。凡曰軌儀，並遵故實。姬庭多士，比是殷臣；楚國羣材，終爲晉用。歷觀前載，自有通規，但遵故事之文，勿替在公之效。應是唐朝中外文武舊臣，見任前資官爵，一切仍舊。凡百有位，無易厥章，陳力濟時，盡瘁事我。古者興王之地，受命之邦，集大勳有異庶方，霈慶澤所宜加等。故豐沛著啓祚之美，穰鄧有建都之榮，用壯鴻基，且旌故里，爰遵令典，先示殊恩。宜升汴州爲開封府，建名東都。其東都改爲西都，仍廢京兆府爲雍州佑國軍節度使。

五月，以唐朝宰臣張文蔚、楊涉並爲門下侍郎、平章事，以御史大夫薛貽矩爲中書侍郎、平章事。帝初受禪，求理尤切，委宰臣搜訪賢良。或有在下位抱負器業久不得伸者，特加擢用。有明政理得失之道規救時病者，可陳章疏，當親鑒擇利害施行，然後賞以爵秩。有晦跡丘園不求聞達者，令彼長吏備禮邀致，冀無遺逸之恨。進封河南尹兼河陽節度使張全義爲魏王，兩浙節度使錢鏐進封吴越王。辛巳，有司奏，以降誕之日爲大明節，休假前後各一日。壬午，保義軍節度使朱友謙進百官衣二百副。乙酉，立皇兄全昱爲廣王，皇子友文爲博王，友珪爲郢王，友璋爲福王，友雍爲賀王，友徽爲建王。辛卯，以東都舊第爲建昌宫，改判建昌院事爲建昌宫使。初，帝創業之時，以四鎮兵馬倉庫籍繁，因總置建昌院以領之，至是改爲宫，蓋重其事也。甲午，詔天下管屬及州縣官名犯廟諱者，各宜改换：城門郎改爲門局郎，茂州改爲汶州，桂州慕化縣改爲歸化縣，潘州茂名縣

改爲越裳縣。詔樞密院宜改爲崇政院，以知院事敬翔爲院使。改文思院爲乾文院，同和院改爲佐鑾院。以西都水北宅爲大昌宫，廢雍州太清宫，改西都太微宫，亳州太清宫皆爲觀，諸州紫極宫皆爲老君廟。泉州僧智宣自西域回，進辟支佛骨及梵夾經律。丙申，御玄德殿，宴犒諸軍使劉捍、符道昭已下，賜物有差。

是月，青州、許州、定州三鎮節度使請開内宴，各賜方物。以青州節度使韓建守司徒、平章事。帝以建有文武材，且詳於稼穡利害、軍旅之事、籌度經費，欲盡詢焉，恩澤特異於時，罕有比者，隨拜爲上相，賜賚甚厚。宿州刺史王儒進白兔一。濮州刺史圖嘉禾瑞麥以進。廣州進奇寶名藥，品類甚多。河南尹張全義進開平元年已前羨餘錢十萬貫，紬六千疋，綿三十萬兩，仍請每年上供定額每歲貢絹三萬匹，以爲常式。荆南高季昌進瑞橘數十顆，質狀百味，倍勝常貢。且橘當冬熟，今方仲夏，時人咸異其事，因稱爲瑞。

六月，幸乾元院，宴召宰臣、學士及諸道入貢陪臣。己亥，帝御崇元殿，内出追尊四廟上謚號玉册寶共八副，宰臣文武百官儀仗鼓吹導引至太廟行事。癸卯，司天監奏：「日辰内有『戊』字，請改爲『武』。」從之。癸亥，詔以前朝官僚，譴逐南荒，積年未經昭雪，其間有懷抱材器爲時所嫉者，深負冤抑。仍令録其名姓，盡復官資，兼告諭諸道令津致赴闕。如已亡没，並許歸葬，以明恩蕩。以西都徽安門北路逼近大内宫垣，兼非民便，令移自榆林直趣端門之南。改耀州報恩禪院爲興國寺。馬殷奏破淮寇。静海軍節度使曲裕卒。

九月辛丑，西京大内放出兩宫内人及前朝宫人，任其所適。勅以近年文武官諸道奉使，皆於所在分外停住，踰年涉歲，未聞歸闕。非唯勞費州郡，抑且侮慢國經。臣節既虧，憲章安在。自今後兩浙、福建、廣州、安南、邕、容等道使到發許住一月，湖南、洪、鄂、黔、桂許住二十日，荆、襄、同、雍、鎮、定、青、滄許住十日，其餘側近不過三五日。凡往來道路，據遠近里數，日行兩驛。如遇疾患及江河阻隔，委所在長吏具事由奏聞。如或有違，當行朝典，命御史點檢糾察，以儆慢官。魏博羅紹威二男廷望、廷矩，年在幼稚，皆有材器，帝以其藩屏勳臣之胄，宜受非次之用，皆擢爲郎。恩命既行之後，二子亦就班列。紹威乃上章，以齒幼未任公事，乞免主印、宿直。從之。浙西奏，道門威儀鄭章、道士夏隱言，焚修精志，妙達希夷，推諸輩流，實有道業。鄭章宜賜號貞一大師，仍名玄章；隱言賜紫衣。

十月，帝以用軍，未暇西幸，文武百官等久居東京，漸及疑訝，令就便各許歸安，只留韓建、薛貽矩，翰林學士張策、韋郊、杜曉，中書舍人封舜卿、張袞並左右御史、司天監、宗正寺，兼要當諸司節級外，其宰臣張文蔚已下文武百官，並先於西京祗候。庚午，大明節，内外臣僚各以奇貨良馬上壽。故事，内殿開宴，召釋、道二教對御談論，宣旨罷之。命閤門使以香合賜宰臣佛寺行香。駕幸繁臺講武。癸酉，御史司憲薛廷珪奏請文武百官仍舊朝參。先是，帝欲親征河東，命朝臣先赴雒都，至是緩其期，乃允所奏。宰臣請每月初入閤，望日延英聽政，永爲常式。山南東道節度使楊師厚進納趙匡凝東第書籍。先是，收復襄、漢，帝閲其圖書，至是命師厚進焉。廣州進獻助軍錢二十萬，又進龍腦、腰帶、珍珠枕、玳瑁、香藥等。

十一月壬寅，帝以征討未罷，調補爲先，遂命盡赦逃亡背役髡黥之人，各許歸鄉里。廣州進龍形通犀腰帶、金托裹含稜玳瑁器百餘副，香藥珍巧甚多。廣南管内獲白鹿，並圖形來獻，耳有兩缺。按符瑞圖，鹿壽千歲變白，耳一缺。今驗此鹿耳有二缺，其獸與色皆應金行，實表嘉瑞。

十二月辛亥，詔曰：「潞寇未平，王師在野。攻戰之勢，難緩於寇圍；飛輓之勤，實勞於人力。永言輟耒，深用軫懷。宜令長吏，丁寧布告，期以兵罷之日，給復賦租。」於是人户聞之，皆忘其倦。詔故荆南節度使、守中書令、上谷王周汭贈太師，故武昌軍節度使、兼中書令、西平王杜洪贈太傅。先是，鄂渚再爲淮夷所侵，攻圍甚急，杜洪以兵食將盡，繼來乞師。帝料其隔越大江，難以赴援，兼以荆州據上游，多戰艦，去江夏甚邇，因命周汭舉舟師沿流以救之。汭於是引兵東下，纔及鄂界，遇朗州背盟作亂，乘江陵之虚，縱兵襲破之，俘掠且盡。既而汭士卒知之，皆顧其家，咸無鬬志，遂爲淮寇所敗，將卒潰散，汭忿恚自投於江。汭之本姓犯文穆皇帝廟諱，至是因追贈，以其系出周文，故賜姓周氏。及汭兵敗之後，武昌以重圍經年，糧盡力困，救援不至，訖爲淮寇所陷，執洪以送淮師，遂殺之。此二鎮也，皆以忠貞殁於王事。帝每言諸藩屏翰經綸之業，必首痛汭、洪之薨，至是追贈之，深加軫悼，各以其子孫宗屬録用焉。棣州蒲臺縣百姓王知嚴妹，以亂離併失怙恃，因舉哀追感，自截兩指以祭父母。帝以遺體之重，不合毁傷，言念村閭，何知禮教。自今後所在郡縣，如有截指割股，不用奏聞。

是年，諸道多奏軍人百姓割股，青、齊、河朔尤多。帝曰：「此若因心，亦足爲孝。但苟免徭役，自殘肌膚，欲以庇身，何能療疾。並宜止絶。」

《舊五代史》卷四《太祖紀四》 開平二年正月癸酉，帝御金祥殿，受宰臣文

武百官及諸藩屏陪臣稱賀。諸道貢舉一百五十七人，見於崇元門。幽州劉守光進海東鷹鶻、蕃馬、氈罽、方物。

二月，自去冬少雪，春深農事方興，久無時雨，兼慮有災疾，帝深軫下民，遂命庶官徧祀於羣望，掩瘞暴露，令近鎮案古法以禳祈，旬日乃雨。帝以上黨未收，因議撫巡，便往西都赴郊禋之禮。乃下令曉告中外，取三月一日離東京，以宰臣韓建權判建昌宫事，兵部侍郎姚洎爲鹵簿使，開封尹、博王友文爲東都留守。

三月壬申，帝親統六軍，巡幸澤、潞。是日寅時，車駕西幸，宰臣並要切司局皆扈從，晚次中牟。下詔，以去年六月後，昭義行營陣歿都將吏卒死於王事，追念忠赤，乃録其名氏，各下本軍，令給養妻孥，三年内官給糧賜。丁丑，幸澤州。辛巳，以同州節度使劉知俊爲潞州行營招討使。壬午，宴扈駕羣臣並勞知俊，賜以金帶、戰袍、寶劍、茶藥。甲申，登東北隅逍遥樓蒐閲騎乘，旌甲滿野。丙申，招討使劉知俊上章請車駕還東京，蓋小郡湫隘，非久駐蹕之所。達覽，帝俞其請。以鴻臚卿李從唐室宗屬，封萊國公，爲二王後。有司奏：「萊國公李從合留三廟，於西都選地位建立廟宇，以備四仲祀祭，命度支供給，以遵彝典。」

四月，以吏部侍郎于兢爲中書侍郎、平章事，以翰林奉旨學士張策爲刑部侍郎、平章事。時帝在澤州，拜二相於行在。四月丙午，車駕離澤州。丁未，駐蹕於懷州，宴宰臣文武百官。辛亥，至鄭州。壬子，幸東京。

六月辛亥，以亢陽，慮時政之闕，乃詔曰：「邇者下民喪禮，法吏舞文，銓衡既失於選求，州鎮又無其舉刺，風俗未厚，獄訟實繁，職此之由，上遭天譴。」至是，決遣囚徒及戒勵中外。丙寅，月犯角宿，帝以其分野在兖州，乃令長吏治戎事，設武備，省獄訟，恤疲病，祈福禳災，以順天戒。丙辰，邠、岐來寇，雍西編户困於逃避，且芟害禾稼，結營自固。踰月，同州劉知俊領所部兵擊退，襲至幕谷，大破之，俘斬千計，收其器甲，宋文通僅以身免。詔曰：「敦尚儉素，抑有前聞，斥去浮華，期臻至理。如聞近日貢奉，競務奢淫，或奇巧蕩心，或雕鎸溢目，徒殫資用，有費工庸。此後應諸道進獻，不得以金寶裝飾戈甲劍戟，至於鞍勒，不用塗金及雕刻龍鳳。如有此色，所司不得引進。」邕州奏，鎮鄉山僧法通、道璘有道行，各賜紫衣。是月壬戌，岳州爲淮賊所據，帝以此郡五嶺、三湘水陸會合之地，委輸商賈，靡不由斯，遂令荆湘湖南北舉舟師同力致討。王師集，淮夷毁壁焚郛郭而遁。

秋七月甲戌，大霖雨，陂澤泛溢，頗傷稼穡，帝幸右天武軍河亭觀水。幸高僧臺閲禁衛六軍。詔曰：「車服以庸，古之制也；貴賤無别，罪莫大焉。應内外將相，許以銀飾鞍勒，其刺史都將内諸司使以降，衹許用銅，冀定尊卑，永爲條制。仍令執法官糾察之。」癸巳，以禪代已來，思求賢哲，乃下令搜訪牢籠之，期以好爵，待以優榮，各隨其材，咸使登用。宜令所在長吏，切加搜訪，每得其人，則疏姓名以聞。如在下位不能自振者，有司薦導之；如任使後顯立功勞，别加遷陟。勑禁屠宰兩月。甲午，以高明門外繁臺爲講武臺。是臺西漢梁孝王之時，嘗按歌閲樂於此，當時因名曰吹臺。其後有繁氏居於其側，里人乃以姓呼之，時代綿寝，雖官吏亦從俗焉。帝每登眺，蒐乘訓戎，宰臣以是事奏而名之。

九月丙子，太原軍出陰地關南牧，寇掠郡縣，晉、絳有備。帝慮諸將翫寇，乃下詔親議巡幸，命有司備行。丁丑，翠華西狩，宰臣、翰林學士、崇政院使、金吾仗及諸司要切官皆扈從，餘文武百官並在東京。壬午，達雒陽。帝御文思殿受朝參，許、汝、孟、懷牧守來朝，澤州刺史劉重霸面陳破敵之策。癸未，西幸，宿新安。丙戌，至陝州駐蹕，蒲、雍、同、華牧守皆進鎧甲、騎馬、戈戟、食味、方物。幽州都將康君紹等十人自蕃賊寨内來投，又幽州騎將高彦章八十人騎先在并州，乃於晉州軍前來降。至是到行在，皆賜分物衣服，放歸本道，以示懷服。丁亥，至陳州，賜宴扈從官。戊子，延州賊軍寇上平關，又太原軍攻平陽，烽火羽書，晝夜繼至。乙丑，六軍統軍牛存節、黄文靖各領所部將士赴行在。甲午，太原步騎數萬攻逼晉、絳，踰旬不克，知大軍至，乃自焚其寨，至夕而遁。福州貢玳瑁琉璃犀象器，並珍玩、香藥、奇品、海味，色類良多，價累千萬。

開平三年正月戊辰朔，帝御金祥殿，受宰臣翰林學士稱賀，文武百官拜表於東上閤門。己巳，奉遷太廟四室神主赴西京，太常儀仗鼓吹導引齋車，文武百官奉辭於開明門外。甲戌，發東都，百官扈從，次中牟縣。乙亥，次鄭州。丙子，次汜水縣，河南尹張宗奭、河陽節度使張歸霸並來朝。戊寅，次偃師縣。己卯，備法駕六軍儀仗入西都。是日，御文明殿受朝賀。詔曰：「近年以來，風俗未泰，兵革且繁，正月燃燈，廢停已久。今屬創開鴻業，初建洛陽，方在上春，務達陽氣，宜以正月十四、十五、十六日夜，開坊市門，一任公私燃燈祈福。」庚寅，親享太廟。辛卯，祀昊天上帝於圜丘。是日，降雪盈尺，帝昇壇而雪霽。禮畢，御五鳳樓，宣制大赦天下。賜南郊行事官禮儀使趙光逢以下分物。甲午，上御文思殿宴羣臣，賜金帛有差。丙申，賜文武官帛有差。命宣徽使王殷押絹一萬匹並

茵褥圖帝二百六十件賜張宗奭。改西京貞觀殿爲文明殿，含元殿爲朝元殿。

七月乙丑，勅行營將士陣殁者，咸令所在給櫘櫝，津置歸鄉里。戰卒聞之悉感涕。丙寅，命宰臣楊涉赴西都，以孟秋享太廟。改章善門爲左、右銀臺門，其左、右銀臺門却改爲左、右興善門。勅：「大内皇墻使諸門，素來未得嚴謹，將令整肅，須示條章。宜令控鶴指揮，應於諸門各添差控鶴官兩人，守帖把門。其諸司使並諸司諸色人，並勒於左、右銀臺門外下馬，不得將領行官一人輒入門裏。其逐日諸道奉進，客省使於千秋門外排當訖，勒控鶴官舁擡至内門前，準例令黄門殿直以下舁進，輒不得令諸色一人到千秋門内。其興善門仍令長官關鎖，不用逐日開閉。」是日，又勅：「皇墻大内，本尚深嚴，宫禁諸門，豈宜輕易。未當條制，交下因循，苟出入之無常，且公私之不便。須加鈐轄，用戒門閭。宜令宣徽院使等切准此處分。」進封幽州節度使河間郡王劉守光爲燕王。己丑夕，寢殿棟折，詰旦，召近臣諸王視棟折之迹，帝慘然曰：「幾與卿等不相見。」君臣對泣久之。遂詔有司釋放禁人，從八月朔日後減膳，進素食，禁屠宰，避正殿，修佛事，以禳其咎。

八月甲午，以秋稼將登，霖雨特甚，命宰臣以下禱於社稷諸祠。詔曰：「封嶽告功，前王重事；祭天肆覲，有國恒規。朕以眇身，恭臨大寶，既功德未敷於天下，而災祥互降於城中。慮於告謝之儀，有缺齋虔之禮，爰修昭報，用契幽通。宜令中書侍郎、平章事於兢往東嶽祭拜禱祀訖聞奏。」又勅：「朕以干戈尚熾，華夏未寧，宜循卑菲之言，用致雍熙之化。起八月一日，常朝不御金鑾、崇勳兩殿，只於便殿聽政。」辛亥，制：諸郡如有陣殁將士，仰逐都安存家屬，如有弟兄兒姪，便給與衣糧充役。贈故山南東道節度使留後王班太保，贈故同州觀察判官盧匪躬工部尚書。班，故河陽將，累以軍功爲郡守，主留事於襄陽，爲小將王求所殺。匪躬嘗爲劉知俊判官，知俊反，不偕行，爲亂兵所害。勅：「建國之初，用兵未罷，諸道章表，皆繫軍機，不欲滯留，用防緩急。其諸道所有軍事申奏，宜令至右銀臺門委客省畫時引進。諸道公事，即依前四方館准例收接。」司天臺奏：「今月二十七日平明前，東南丙上去山高三尺以來，老人星見，測在井宿十一度，其色光明闊大。」勅：「所在長吏放雜差役，兩税外不得妄有科配。自今後州縣府鎮，凡使命經過，若不執勅文券，並不得妄差人驢及取索一物已上。又，今歲秋田，皆期大稔，仰所在切如條流本分納税及加耗外，勿令更有科索。切戒所繇人更不得於鄉村乞託擾人。」

閏八月，襄陽叛將李洪差小將進表，帝示以含弘，特賜勅書慰諭。又制：「左馮背叛，元惡遁逃，如聞相濟之徒，多是脅從之輩，若能迴心向國，轉禍全身，當與加恩，必不問罪。仍令同、華、雍等州切加招諭，如能梟斬温韜，或以鎮寨歸化，必加厚賞，仍獎官班，兼委本界招復人户，切加安存。」己卯，幸西苑觀稼。

《舊五代史》卷五《太祖紀五》　開平三年九月，御崇勳殿，宴羣臣文武百官。賜張宗奭、楊師厚白綾各三百匹，銀鞍轡馬。丁酉，上幸崇政院宴内臣，賜院使敬翔、直學士李班等繒綵有差。

太常卿趙光逢爲中書侍郎、平章事，翰林學士奉旨、工部侍郎、知制誥杜曉爲尚書户部侍郎、平章事。制：「内外使臣復命未見便歸私第者。朝廷命使，臣下奉行，唯於辭見之儀，合守敬恭之道。近者凡差出使，往復皆越常規。或已辭而尚在本家，或未見而先歸私第，但從己便，莫稟王程。在禮敬而殊乖，置典章而私舉。宜令御史臺别具條流事件具黜罰等奏聞。」庚子，殿直王唐福自襄城走馬，以天軍勝捷逆將李洪歸降事上聞。賜唐福絹銀有加，宰臣百官上表稱賀。壬寅，開封府虞候李繼業齎襄州都指揮使程暉奏狀，以今月五日，殺戮逆黨千人，並生擒都指揮使傅霸以下節級共五百人，收復襄州人户歸業事。癸卯，帝御文明殿，以收復襄漢，受宰臣以下稱賀。詔曰：「秋冬之際，陰雨相仍，所司擇日拜郊，或慮臨時妨事，宜令别更擇日奏聞。」是月，禮儀使奏：「今據所司申奏，十一月二日冬至，祀昊天上帝于圜丘。今參詳十月十七日以後入十一月節，十一月二日冬至一陽生之辰，宜行親告之禮。」從之。河中奏，准宣，詔使有銅牌者，所至即易騎以遣。

十月癸未，大明節，帝御文明殿，設齋僧道，召宰臣、翰林學士預之，諸道節度、刺史及内外諸司使咸有進獻。詔以寇盜未平，凡諸給過所，並令司門郎中、員外郎出給，以杜姦詐。

十一月癸巳朔，帝齋於内殿，不視朝。甲午，日長至，五更一點自大内出，於文明殿受宰臣以下起居，自五鳳樓出南郊，左右金吾、太常、兵部等司儀仗法駕鹵簿及左右内直控鶴等引從赴壇，文武百官太保韓建以下班以候，帝升壇告謝。司天臺奏：冬至日，自夜半後，祥風微扇，帝座澄明，至曉，黄雲捧日。丙申，畋于上東門外。己亥，以司門郎中羅廷規充魏博節度副使，知府事，仍改名周翰。時鄴王紹威病日甚，慮以後事，故奏請焉。辛丑，幸穀水。戊午，御文明殿，册太傅張宗奭爲太保韓建受册畢，金吾仗引昇輅車，儀仗導謁太廟訖，赴尚書省上。

幸榆林坡閲兵，教諸都馬步兵。勅改乾文院爲文思院，行從殿爲興安殿，毬場爲興安毬場，又改弓箭庫殿爲宣威殿。靈州奏，鳳翔賊將劉知俊率邠、岐、秦、涇之師侵迫州城。帝遣陝州康懷英、華州寇彦卿率兵攻迫邠、寧，以緩朔方之寇。

十二月乙丑臘，較獵於甘泉驛。以蒲州肇迹之地，且因經略鄜、延，於是巡幸數月。暇日游豫至焦梨店，頗述前事，念王重榮舊功，下詔褒獎而封崇之。國子監奏：「創造文宣王廟，仍請率在朝及天下現任官僚俸錢，每貫每月尅一十五文，充土木之植。」允之。是歲，以所率官僚俸錢修文宣王廟。

開平四年正月壬辰朔，帝御朝元殿，受百官稱賀，用禮樂也。勅：「公事難於稽遲，居處悉皆遥遠。其逐日當直中書舍人及吏部司封知印郎官、少府監及篆印文兼書寫告身人吏等，並宜輪次於中書側近宿止。」帝出師子門，至榆林坡下閲教。壬寅，幸保寧毬場，錫宴宰臣及文武百官。賜宰臣張宗奭已下分物有加，賜廣王分物。賜湖南開元寺禪長老可復號惠光大師，仍賜紫衣。

二月乙丑，幸甘水亭。帝出師子門，幸榆林東北坡，教諸軍兵事。賜潞州投歸軍使張行恭錦服銀帶並食。己丑，出光政門，至穀水觀麥。戊辰，宴於金鑾殿。甲戌，以春時無事，頻命宰臣及勳戚宴於河南府池亭。辛巳，楊師厚赴鎮于陝。寒食假，諸道節度使、郡守、勳臣競以春服賀。又連清明宴，以鞍轡馬及金銀器、羅錦進者迨千萬，乃御宣威殿，宴宰臣及文武官四品已上。

三月壬辰，幸崇政院宴勳臣。己亥，幸天驥院宴侍臣。壬寅，幸甘水亭宴宰臣、勳戚、翰林學士。辛亥，宴宰臣於内殿。丙辰，於興安毬場大饗六軍，樂春時也。

四月壬戌，詔曰：「追養以禄，王者推歸厚之恩；欲静而風，人子抱終身之感。其以刑部尚書致仕張策及三品、四品常參官二十二人先世，各追贈一等。」乙丑，宴崇政院。帝在藩及踐阼，勵精求理，深戒逸樂，未嘗命堂上歌舞。是日止令内妓升階，擊鼓弄曲甚歡，至午而罷。丁卯，宋州節度使、衡王友諒進瑞麥，一莖三穗。丙戌，幸建春門閲新樓，至七里屯觀麥，召從官食于樓。河南張昌孫及蒲、同主事吏賜物各有差。帝過朝邑，見鎮將位在縣令上，問左右，或對曰：「宿官秩高。」帝曰：「令長字人也，鎮使捕盗耳。且鎮將多是邑民，奈何得居民父母上，是無禮也。」至是，勅天下鎮使，官秩無高卑，位在邑令下。

五月己丑朔，以連雨不止，至壬辰，御文明殿，命宰臣分拜祠廟。自朔旦至癸巳，内外以午日奉獻巨萬，計馬三千蹄，餘稱是，復相率助修内壘。甲辰，詔曰：「奇邪亂正，假僞奪真，既刑典之不容，宜犯違而勿赦。應東、西兩京及諸道州府，制造假犀玉真珠腰帶、璧珥並諸色售用等，一切禁斷，不得輒更造作。如公私人家先已有者，所在送納長吏，對面毁棄。如行勅後有人故違，必當極法。仍委所在州府差人檢察收捕，明行處斷。」魏博節度使、守太師、兼中書令、鄴王羅紹威薨，帝哀慟曰：「天不使我一海内，何奪忠臣之速也！」詔贈尚書令。

八月，車駕西征。己巳，次陝府。是時憫雨，且命宰臣從官分禱靈迹，日中而雨，翌日止，帝大悦。庚午，次陝府。辛未，老人星見。是日，宴本府節度使楊師厚及扈從官於行宫，賜師厚帛千匹，仍授西路行營招討使。丙子，宴文武從官軍使已下，設龜茲樂，賜物有差。

《舊五代史》卷六《太祖紀六》 開平四年十月乙亥，東京博王友文入覲，召之也。己卯，以新修天驥院開宴落成，内外並獻馬，而魏博進絹四萬匹爲駟價。壬午，以冬設禁軍，幸興安鞠場，召文武百官宴。幸開化，大閲軍實。

十一月丁亥朔，幸廣王第作樂。辛卯，宴文武四品已上於宣威殿。庚戌，幸左龍虎軍宴羣臣。甲寅，幸右龍虎軍，宴羣臣。戊戌，詔曰：「自朔至今，暴風未息，諒惟不德，致此咎徵。皇天動威，罔敢不懼。宜徧命祈禱，副朕意焉。」差官分往祠所止風。己亥，日南至，帝被衮冕御朝元殿，列細仗，奏樂於庭，羣臣稱賀。帝畋於伊水。乙巳，詔曰：「關防者，所以譏異服、察異言也。況天下未息，兵民多姦，改形易衣，覘我戎事。比者有諜皆以詐敗，而未嘗罪所過地；叛將逃卒竊其妻孥而影附使者，亦未嘗詰其所經。今海内未同，而緩法弛禁，非所以息姦詐、止奔亡也。應在京諸司，不得擅給公驗。如有出外須執憑繇者，其司門過所，先須經中書門下點檢，宜委宰臣趙光逢專判出給，俾繇顯重，冀絶姦源。仍下兩京、河陽及六軍諸衛、御史臺，各加鈐轄。公私行李，復不得帶挾家口向西。其襄、鄧、鄜、延等道，並同處分。」以寧國軍節度使王景仁充北面行營都招討使，潞州副招討使韓勍爲副，相州刺史李思安爲先鋒使。鎮州王鎔、定州王處直叛，結連晉人，故遣將討之。

十二月辛酉，宴文武四品已上於宣威殿。親閲禁軍，命格鬬於教馬亭。己巳，詔曰：「滑、宋、輝、亳等州，水潦敗傷，人户愁歎，朕爲民父母，良用痛心。其令本州分等級賑貸，所在長吏監臨周給，務令存濟。」壬辰，賑貸東都畿内，如宋、滑制。

乾化元年正月丙戌朔，日有蝕之，帝素服避殿，百官守司以恭天事，明復而

止。制曰：「兩漢以來，日蝕地震，百官各上封事，指陳得失。蓋欲周知時病，盡達物情，用緝國章，以奉天誡。朕每思逆耳，罔忌觸鱗，將洽政經，庶開言路。況茲謫見，當有咎徵。其在列辟羣臣，危言正諫，極萬邦之利害，致六合之殷昌。毗予一人，永建皇極。」二日，日旁有祲氣，向背若環耳，崇政使敬翔望之曰：「兵可憂矣。」帝爲之旰食。是日，果爲晉軍及鎮、定之師所敗，都將十餘人被擒，餘衆奔潰。庚寅，制曰：「扈氏不恭，固難去戰；鬼方未服，尚或勞師。其蟻聚餘妖，狐鳴醜類，棄天常而拒命，據地險以偷生，言事討除，將期戡定。問罪止誅於元惡，挺災可憫於遺黎，每念傷痍，良深愧歎。應天兵所至之地，宜令將帥節級嚴戒軍伍，不得焚燒廬舍，開發丘壠，毀廢農桑，驅掠士女。使其背叛之俗，知予弔伐之心。」又制曰：「戎機方切，國用未殷，養兵須藉於賦租，税粟尚煩於力役。所在長吏，不得因緣徵發，自務貪求，苟有故違，必行重典。立法垂制，詳刑定科，傳之無窮，守而勿失。中書門下所奏新定格式律令，已頒下中外，各委所在長吏，切務遵行。蠹革煩苛，皆除枉濫，用副哀矜之旨，無違欽恤之言。」詔徵陜州鎮國軍節度使楊師厚至京，見於崇勳殿，帝指授方略，依前充北面都招討使，恩賚甚厚，使督軍進發。

二月丙辰朔，帝御文明殿，羣臣入閤。以蔡州順化軍指揮使王存儼權知軍州事。蔡人久習叛逆，刺史張慎思又哀斂無狀，帝追慎思至京，而久未命代。右廂指揮使劉行琮乘虛作亂，因縱火驅掠，爲渡淮計。存儼誅行琮而撫遏其衆，都將鄭遵與其下奉存儼爲主，而以衆情馳奏。時東京留守博王友文不先請，遂討其亂，兵至鄢陵，上聞之曰：「誅行琮功也，然存儼方懼，若臨之以兵，蔡必速飛矣。」遂馳使還軍，而擢授存儼，蔡人安之。壬戌，詔曰：「東京舊邦，久不巡幸，宜以今月九日幸東都，扈從文武官委中書門下量閑劇處分。」宰臣上言曰：「龍興天府，久望法駕，但陛下始康愈，未宜涉寒，願少留清蹕。」從之。甲子，幸曜村民舍閱農事。庚午，幸白馬坡。詔金吾大將軍、待制官各奏事。武安軍節度使馬殷進呈虔州刺史盧延昌牋表。虔州本支郡也，兵甚鋭，自得韶州益強大，升爲百勝軍使。始洪州之陷，盧光稠願收復使府，立功自效，上因兼授江西觀察留後。光稠卒，復命延昌領州事，方伯亦頗慰薦。楊渭遣人僞署爵秩，延昌佯受官牒，禮遣其使，因湖南自表其事曰：「郡小寇迫，欲緩其姦謀，且開導貢路，非敢貳也。」以其僞制來自陳，上覽奏曰：「我方有北事，不可不甚加撫卹。」尋兼授鎮南將軍節度使觀察留後，命使慰勞。

三月辛卯，以久旱，令宰臣分禱靈迹，翌日大澍雨。丙申，幸甘水亭，召宰臣、翰林學士、尚書侍郎孔績已下八人扈從，宴樂甚歡。戊戌，幸右龍虎軍，召文武官四品已上宴於新殿。甲辰，幸左龍虎軍新殿，宴文武官四品已上。

四月丁卯，幸龍虎門，召宰臣、學士、金吾上將軍、大將軍侍宴廣化寺。丁丑，幸宣威殿，宴文武官四品已上及軍使、蕃客。己卯，又幸左龍虎軍宴羣臣。詔曰：「邠、岐未滅，關、隴多虞，宜擇親賢，總茲戎任。應關西同、雍、華、鄜、延、夏等六道兵馬，並委冀王收掌指揮。凡有抽差，先申西面都招討使，仍別奏聞，庶合機權，以寧邊鄙。」

五月甲申朔，帝被冕旒御朝元殿視朝，仗衛如式。制改開平五年爲乾化元年，大赦天下。詔方伯州牧，近未加恩者並遷爵秩。復大賚軍旅，普宴於宣威殿，賜帛各有差。制封延州節度使高萬興爲渤海郡王。諸道節度使錢鏐、張宗奭、馬殷、王審知、劉隱各賜一子六品正員官，高季昌賜一子八品正員官，賀德倫賜一子九品正員官。癸巳，觀稼於伊水，登建春門，幸會節坊張宗奭私第，臨亭皋視物色，賞賜甚厚。詔左、右銀臺門，朝參諸司使庫使已下，不得帶從人入城，親王許一二人執絛床手簡，餘悉止門外，闌入者抵律。閽守不禁，與所犯同。先時門通内無門籍，且多勳戚，車騎衆者，尤不敢呵察。至是有以客星凌犯上言者，遂令止隔。清海軍節度使、守侍中、兼中書令劉隱薨，輟朝三日，百僚詣閤門奉慰。

七月，帝不豫，稍厭秋暑。自辛丑幸會節坊張宗奭私第，宰臣視事於歸仁亭子，崇政使、内諸司及翰林院並止於河南令廨署，至甲辰，復歸大内。

八月庚申，幸保寧殿，閱天興控鶴兵事，軍使將校各有賜。癸亥，老人星見。戊辰，幸故上陽宫，至於榆林觀稼。丙子，閱四蕃將軍、屯衛兵士於天津橋，南至龍門廣化寺。戊寅，幸興安鞠場大教閱，帝自指麾，無不踴抃，坐作進退，聲振宫掖。右神武統軍丁審衢對御，以紅帛囊劍擬乘輿物，帝曰：「宿將也。」恕之，以劉重霸代其任。

九月辛巳朔，帝御文明殿，羣臣入閤，刑法待制官各奏事。己丑，宴羣臣於興安殿。庚子，親御六師，次於河陽。甲辰，至於衛州。乙巳，至於宜溝，幸民劉達墅。丙午，至相州，賞左親騎指揮使張仙、右雲騎指揮使宋鐸，嘗身先陷陣，各賜帛。

十月辛亥朔，駐蹕於相州，宰臣洎文武從官並詣行宫起居。户部郎中孔昌

序齋留都百官冬朔起居表至自西京，諸道節度使、刺史、諸藩府留後，各以冬朔起居表來上。制以郢王友珪充控鶴指揮使，諸軍都虞候閻寶爲御營使。有司以立冬太廟薦享上言，詔丞相杜曉赴西都攝祭行事。癸丑，閱武於州闉之南樓。左龍驤都教練使鄧季筠、魏博馬軍都指揮使何令稠、右厢馬軍都指揮使陳令勳，以部下馬瘦，並腰斬於軍門。甲寅，將以其夕幸魏縣，命閤門使李郁報宰臣，兼勅內外。是夜，車駕發軔於都署。乙卯，次洹水。丙辰，至魏縣。先鋒將黃文靖伏誅。己未，帝御朝元門，以回鶻、吐蕃二大國首領入覲故也。癸亥，令諸軍指揮使及四蕃將軍賜食於行宫之外廡。戊辰，幸邑西之白龍潭以觀魚焉。既而漁人獲巨魚以獻，帝命放之中流，從臣以帝有仁惻之心，皆相顧欣然，是日名其潭曰萬歲潭。丙子，帝御城東教場閱兵，諸軍都指揮、北面招討使、太尉楊師厚總領鐵馬步甲十萬，廣亘十數里陳焉。士卒之雄鋭，部隊之嚴肅，旌旗之雜遝，戈甲之照耀，屹若山岳，勢動天地，帝甚悦焉。即命丞相洎文武從臣列侍賜食，逮晚方歸。

十一月辛巳朔，上駐蹕魏縣，從官自丞相而下並詣行宫起居，留都文武百官及諸道節度使、防禦使、刺史、諸藩府留後，各奉表起居。壬午，帝以邊事稍息，宣命還京師。車駕發自行闕，夕次洹水縣。癸未，至内黄縣。甲申，至黎陽縣。乙酉，命從官丞相而下宴於行次。丁亥，次衛州。戊子晨，次新鄉，夕止獲嘉。己丑，次武陟。庚寅，次温縣。延州節度使高萬興奏，當軍都指揮使高萬金統領兵士，今月五日收鹽州，僞刺史高行存泥首來降。丞相及文武百官各上表稱賀。辛卯，次孟州，命散騎常侍孫騭、右諫議大夫張衍、光禄卿李翼各齎香合、祝版，告祭於孟津之望祠。留都文武官左僕射楊涉洎孟州守李周彝等皆匍匐東郊迎拜，其文武官並令先還。壬辰，詰旦離孟州，晚至都。宣宰臣各赴望祠禱雨。故事，皆以兩省無功職事爲之，帝憂民重農，尤以足食足兵爲念，爰自御極，每愆陽積陰，多命丞相躬其事。辛丑，大雨雪，宰臣及文武師長各奉表賀焉。

十二月，詔以時雪稍愆，命丞相及三省官各詣望祠祈禱。

《舊五代史》卷七《太祖紀七》 乾化二年正月，宣：「上元夜，任諸寺及坊市各點綵燈，金吾不用禁夜。」近年以來，以都下聚兵太廣，未嘗令坊市點燈故也。甲申，以時雪久愆，命丞相及三省官羣望祈禱。詔曰：「謗木求規，集囊貢事，將裨理道，豈限側言。應內外文武百官及草澤，並許上封事，極言得失。」以丁審衢爲陳州，而審衢厚以鞍馬、金帛爲謝恩之獻，帝慮其漁民，復其獻而停之。封保義節度使王檀爲琅琊郡王。命供奉官朱嶠於河南府宣取先收禁定州進奉官崔騰並傔從一十四人，並釋放，仍命押領送至貝。騰，唐户部侍郎潔之子也。廣明喪亂，客於北諸侯，爲定州節度使王處存所辟，去載領貢獻至闕。未幾，其帥稱兵，遂縶之。至是，帝念賓介之來，又已出境，特命縱而歸焉。丙戌，有司以孟春太廟薦享上言，命丞相杜曉攝祭行事。

二月庚戌，中和節，御崇勳殿，召丞相、大學士、河南尹，略封訖，於萬春門外廡賜以酒食。癸丑，勅曰：「今載春寒頗甚，雨澤仍愆，司天監占以夏秋必多霖潦，宜令所在郡縣告喻百姓，備淫雨之患。」庚申，御宣威殿開宴，丞相洎文武官屬咸被召列侍，竟日而罷。壬戌，帝將巡按北境，中外戒嚴，詔以河南尹、守中書令、判六軍事張宗奭爲大內留守。中書門下奏，差定文武官領務尤切宜扈駕者三十八人。詔工部尚書李皎、左散騎常侍孫騭、右諫議大夫張衍、兵部侍郎劉邈、兵部郎中張儁、光禄少卿盧秉彝並令扈蹕。甲子，發自雒師，夕次河陽。乙丑，次温縣。丙寅，次武陟。懷州刺史段明遠迎拜於境上，其內外所備，咸豐霈焉。丁卯，次獲嘉。戊辰，次衛州之新鄉。己巳，晨發衛州，夕止淇門，內衙十將使以十指揮兵士至於行在。辛未，駐蹕黎陽。癸酉，發自黎陽，夕次內黄。甲戌，次昌樂縣。丁丑，次於永濟縣。青州節度使賀德倫奏，統領兵士赴屋亭軍前。戊寅，至貝州，命四丞相及學士李琪盧文度、知制誥竇賞等十五人扈從，其左常侍韋戩等二十三人止焉。己卯，發自貝州，夕駐蹕於野落。

四月己酉，幸魏州金波亭，賜宴宰臣、文武官及六學士。甲寅夕，月掩心大星。丙辰，勅：「近者星辰違度，式在修禳，宜令兩京及宋州、魏州取此月至五月禁斷屠宰。仍各於佛寺開建道場，以迎福應。」己未，次黎陽縣。東都留守官吏奉表起居，賜丞相、從官酒食有差。己巳，至東都，博王友文以新創食殿上言，並進准備內宴錢三千貫、銀器一千五百兩。辛未，宴於食殿，召丞相、文武從官等侍焉。帝泛九曲池，御舟傾，帝墮溺於池中，宫女侍官扶持登岸，驚悸久之。制加建昌宫使、金紫光禄大夫、檢校司徒、開封尹、博王友文爲特進、檢校太保，兼開封尹，依前建昌宫使，充東都留守。戊寅，車駕發自東京，夕次中牟縣。

五月己卯朔，從官文武自丞相而下並詣行殿起居，親王及諸道藩帥咸奉表來上。庚辰，發自鄭州，至滎陽，河南尹魏王宗奭望塵迎拜，河陽留後邵贇、懷州刺史段明遠等邐迤來迎。夕次汜水縣，帝召魏王宗奭入對，便於御前賜食，數刻乃退。壬午，駐蹕於汜水，宰臣、河南尹、大學士並於內殿起居，勅以建昌宫事委

宰臣於兢領之。癸未，帝發自汜水，宣令邵贊、段明遠各歸所理。午憩任村頓，夕次孝義宮。留都文武禮部尚書孔續而下道左迎拜。次偃師。甲申，至都，文武臣奉迎於東郊。宰臣薛貽矩抱恙在假，不克扈從，宣問旁午，仍命且駐東京以俟良愈。及薨，帝震悼頗久，命雒苑使曹守瓊往弔祭之，又命輟六日、七日、八日朝參，丞相、文武並詣上閤門進名奉慰。丁亥，以彗星謫見，詔兩京見禁囚徒大辟罪以下，遞減一等，限三日內疏理訖聞奏。詔曰：「生育之人，爰當暑月；乳哺之愛，方及薰風。儻肆意於刲屠，豈推恩於長養，俾無殄暴，以助發生。宜令兩京及諸州府，夏季內禁斷屠宰及採捕。天民之窮，諒由賦分；國章所在，亦務興仁。所在鰥寡孤獨、廢疾不濟者，委長吏量加賑卹。史載葬枯，用彰軫卹；禮稱掩骼，將致和平。應兵戈之地，有暴露骸骨，委所在長吏差人專功收瘞。國癘之文，尚標七祀；良藥之市，亦載三醫。用憐無告之人，宜徵有喜之術。凡有疫之處，委長吏檢尋醫方，於要路曉示。如有家無骨肉兼困窮不濟者，即仰長吏差醫給藥救療之。」辛卯，詔曰：「亢陽滋甚，農事已傷，宜令宰臣於兢赴中嶽，杜曉赴西嶽，精切祈禱。其近京靈廟，宜委河南尹，五帝壇、風師雨師、九宫貴神，委中書各差官祈之。」友珪葬太祖於伊闕縣，號宣陵。

《新五代史》卷一《梁本紀一》 太祖神武元聖孝皇帝，姓朱氏，宋州碭山午溝里人也。其父誠，以《五經》教授鄉里，生三子，曰全昱、存、溫。誠卒，三子貧，不能爲生，與其母傭食蕭縣人劉崇家。全昱無他材能，然爲人頗長者。存、溫勇有力，而溫尤兇悍。

唐僖宗乾符四年，黄巢起曹、濮，存、溫亡入賊中。巢攻嶺南，存戰死。巢陷京師，以溫爲東南面行營先鋒使，攻陷同州，以爲同州防禦使。是時，天子在蜀，諸鎮會兵討賊。溫數爲河中王重榮所敗，屢請益兵於巢，巢中尉孟楷抑而不通。溫客謝瞳説溫曰：「黄家起於草莽，幸唐衰亂，直投其隙而取之爾，非有功德興王之業也，此豈足與共成事哉！今天子在蜀，諸鎮之兵日集以謀興復，是唐德未厭於人也。且將軍力戰於外，而庸人制之於內，此章邯所以背秦而歸楚也。」溫以爲然，乃殺其監軍嚴實，自歸於河中，因王重榮以降。都統王鐸承制拜溫左金吾衛大將軍、河中行營招討副使，天子賜溫名全忠。

中和三年三月，拜全忠汴州刺史、宣武軍節度使。四月，諸鎮兵破巢，復京師。巢走藍田。七月丁卯，全忠歸於宣武。是歲，黄巢出藍田關，陷蔡州，節度使秦宗權叛附于巢，遂圍陳州。徐州時溥爲東南面行營兵馬都統，會東諸鎮兵以救陳。陳州刺史趙犨亦乞兵於全忠。溥雖爲都統而不親兵。四年，全忠乃自將救犨，率諸鎮兵擊敗巢將黄鄴、尚讓等。犨以全忠爲德，始附屬焉。是時，河東李克用下兵太行，度河，出洛陽，與東兵會擊巢。巢已敗去，全忠及克用追敗之於鄢城。巢走中牟，又敗之於王滿。巢走封丘，又大敗之。巢挺身東走，至泰山狼虎谷，爲時溥追兵所殺。九月，天子以全忠爲檢校司徒、同中書門下平章事，封沛郡侯。光啓二年三月，進爵王。義成軍亂，逐其節度使安師儒，推牙將張驍爲留後，師儒來奔，殺之。遣朱珍、李唐賓陷滑州，以胡真爲留後。十二月，徙封吴興郡王。

自黄巢死，秦宗權稱帝，陷陝、洛、懷、孟、唐、許、汝、鄭州，遣其將秦賢、盧瑭、張晊攻汴。賢軍板橋，晊軍北郊，瑭軍萬勝，環汴爲三十六柵。王顧兵少，不敢出。乃遣朱珍募兵於東方，而求救於兖、鄆。三年春，珍得萬人、馬數百匹以歸。乃擊賢板橋，拔其四柵。又擊瑭萬勝，瑭敗，投水死。宗權聞瑭等敗，乃自將精兵數千，柵北郊。五月，兖州朱瑾、鄆州朱宣來赴援。王置酒軍中，中席，王陽起如厠，以輕兵出北門襲晊，而樂聲不輟。晊不意兵之至也，兖、鄆之兵又從而合擊，遂大敗之，斬首二萬餘級。宗權與晊夜走，過鄭，屠其城而去。宗權至蔡，復遣張晊攻汴。王聞晊復來，登封禪寺後岡，望晊兵過，遣朱珍躡之，戒曰：「晊見吾兵，必止。望其止，當速返，毋與之鬬也。」已而晊見珍在後，果止。珍即馳還。王令珍引兵蔽大林，而自率精騎出其東，伏大冢間。晊止而食，食畢，拔旗幟，馳擊珍。珍兵小却，王引伏兵横出，斷晊軍爲三而擊之。晊大敗，脱身走。宗權怒，斬晊。而河陽、陝、洛之兵爲宗權守者，聞蔡精兵皆已殲於汴，因各潰去。故諸葛爽將李罕之取河陽，張全義取洛陽以來附。十月，天子使來，賜王紀功碑。朱宣、朱瑾兵助汴，已破宗權東歸，王移檄兖、鄆，誣其誘汴亡卒以東，乃發兵攻之，取其曹州、濮州。遂遣朱珍攻鄆州，大敗而還。十二月，天子使來，賜王鐵券及德政碑。

淮南節度使高駢死，楊行密入揚州，天子以王兼淮南節度使。王乃表行密爲副使，以行軍司馬李璠爲留後。璠之揚州，行密不納。文德元年正月，王如淮南，至宋州而還。是時，秦宗權陷襄州，以趙德諲爲節度使。德諲叛於宗權以來附。天子因以王爲蔡州四面行營都統，以德諲爲副。

三月庚子，僖宗崩。天雄軍亂，囚其節度使樂彦貞。其子相州刺史從訓攻魏，來乞兵。遣朱珍助從訓攻魏。而魏軍殺彦貞，從訓戰死，魏人立羅弘信，珍

乃還。張全義取河陽，逐李罕之。罕之奔於河東。李克用遣兵圍河陽，全義來求救，遣丁會、牛存節救之，擊敗河東兵於沇河。

五月，行營討蔡州，圍之百餘日，不克。是時，時溥已爲東南面都統，又以王統行營而溥猶稱都統，王乃上書，論溥討蔡無功而不落都統，且欲激怒溥以起兵端。初，高駢死，淮南亂，楚州刺史劉瓚來奔，納之，及王兵攻蔡不克，還，欲攻徐，乃遣朱珍將兵數千以東，聲言送瓚還楚州。溥怒詒己，又聞珍以兵來，果出兵拒之。珍戰於吴康，大敗之，取其豐、蕭二縣。遂攻宿州，下之。珍屯蕭縣，别遣龐師古攻徐州。龍紀元年正月，師古敗溥於吕梁。淮西牙將申叢執秦宗權，折其足，將檻送京師；别將郭璠殺叢，篡宗權以來獻。王遣行軍司馬李璠獻俘於京師，表郭璠淮西留後。三月，天子封王爲東平王。七月，朱珍殺李唐賓，王如蕭縣，執珍殺之，遂攻徐州。冬，大雨，水，不能軍而旋。

初，秦宗權遣其弟宗衡掠地淮南，是歲，宗衡爲其將孫儒所殺，儒攻楊行密於揚州。淮南大亂，行密走宣州，儒入揚州。大順元年春，遣龐師古攻孫儒於淮南，大敗而還。四月，宿州將張筠以宿州復歸於時溥，王自將攻之，不克。

初，黄巢敗走，李克用追之，至於冤朐，不及而旋。過汴，駐軍於北郊，王邀克用置酒上源驛，夜以兵攻之。克用踰城而免，訟其事於京師，天子知曲在汴而和解之。至是，宰相張濬私與汴交，王厚之以賂，濬爲汴請伐河東。唐諸大臣皆以爲不可興師。濬挾汴力，請益堅。天子不得已，許之。五月，以濬爲太原四面行營都統，王爲東南面招討使。然王不親兵，以兵三千屬濬而已。濬屯於陰地。河東叛將馮霸殺潞州守將李克恭來降，遣葛從周入潞州。李克用遣康君立攻之，從周走河陽。九月，王如河陽。十月，天子以王兼宣義軍節度使，遂如滑州，假道於魏，以攻河東，且責其軍須，亦所以怒魏爲兵端也。魏人果以謂非兵所當出，而辭以糧乏，皆不許。於是攻魏。十一月，張濬之師大敗於陰地。二年正月，王及魏人戰于内黄，大敗之，屠故元城，羅弘信來送款。十月，克宿州。十一月，曹州將郭紹賓殺其刺史郭饒來降。十二月，丁會敗朱瑾於金鄉。景福元年二月，攻鄆州，前軍朱友裕敗於斗門，王軍後至，又敗而還。冬，友裕取濮州，遂攻徐州。二年四月，龐師古克徐州，殺時溥。王如徐州，以師古爲留後，遂攻兖、鄆。

乾寧元年二月，王及朱宣戰於漁山，大敗之。二年八月，又敗宣於梁山。十一月，又敗之於鉅野。兖、鄆求救於河東，李克用發兵救之，假道於魏。既而魏人擊之，克用怒，大舉攻魏。羅弘信來求救，遣葛從周救魏。是歲，李克用封晉王。三年五月，戰於洹水，擒克用子落落，送於魏，殺之。七月，鳳翔李茂貞犯京師，天子出居於華州。王請以兵赴難，天子優詔止之。又請遷都洛陽，不許。四年正月，龐師古克鄆州，王如鄆州，以朱友裕爲留後。遂攻兖州。朱瑾奔於淮南，以葛從周爲兖州留後。九月，攻淮南，龐師古出清口，葛從周出安豐，王軍屯於宿州。楊行密遣朱瑾先擊清口，師古敗死。從周亟返兵，至於淠河，瑾又敗之。王懼，馳歸。

光化元年三月，天子以王兼天平軍節度使。四月，遣葛從周攻晉之山東，取邢、洺、磁三州。襄州趙匡凝自其父德諲時來附，匡凝又與楊行密、李克用通，而其事泄。七月，遣氏叔琮、康懷英攻匡凝，取其泌、隨、鄧三州。匡凝請和，乃止。十二月，李罕之以潞州來降。二年，幽州劉仁恭攻魏，羅紹威來求救。王救魏，敗仁恭於内黄。四月，遣氏叔琮攻晉太原，不克。七月，李克用取澤、潞。十一月，保義軍亂，殺其節度使王珙，推其牙將李璠爲留後，其將朱簡殺璠來降。以簡爲保義軍節度使。三年四月，遣葛從周攻劉仁恭之滄州，取其德州，及仁恭戰于老鴉堤，大敗之。八月，晉取洺州。王如洺州，復取之。是時，鎮、定皆附於晉。遂攻鎮州，破臨城，王鎔來送款。進攻定州，王郜奔於晉，其將王處直以定州降。

唐宦者劉季述作亂，天子幽於東宮。天復元年正月，護駕都頭孫德昭誅季述，天子復位。封王爲梁王。遣張存敬攻王珂於河中，出含山，下晉、絳二州。王珂求救於晉，晉不能救，乃來降。三月，大舉攻晉。氏叔琮出太行，取澤、潞。葛從周、張存敬、侯言、張歸厚及鎮、定之兵，皆會於太原，圍之，不克，遇雨而還。五月，天子以王兼河中尹、護國軍節度使。六月，晉取慈、隰。

自劉季述等已誅，宰相崔胤外與梁交，欲假梁兵盡誅宦者。而鳳翔李茂貞、邠寧王行瑜等皆遣子弟以精兵宿衛天子，宦官韓全誨等亦因恃以爲助。天子與胤計事，宦者屬耳，頗聞之。乃選美女，内之宫中，陰令伺察其實。久之，果得胤奏謀所以誅宦者之説，全誨等大懼，日夜相與涕泣，思圖胤以求全。胤知謀泄，事急，即矯爲制，召梁兵入誅宦者。十月，王以宣武、宣義、天平、護國兵七萬，至於河中，取同州，遂攻華州，韓建出降。全誨等聞梁王兵且至，即以岐、邠宿衛兵劫天子奔於鳳翔。王乃上書言胤所以召之之意。天子怒，罷胤相，責授工部尚書，詔梁兵還鎮。王引兵去，攻邠州，屯於三原。邠州節度使楊崇本以邠、寧、

慶、衍四州降。崔胤奔於華州。二年春，王退軍於河中。晉攻晉、絳。遣朱友寧擊敗晉軍於蒲縣，取汾、慈、隰，遂圍太原，不克而還，汾、慈、隰復入於晉。四月，友寧引兵西，至興平，及李茂貞戰於武功，大敗之。王兵犯鳳翔，茂貞數出戰，輒敗，遂圍之。十一月，鄜坊李周彝以兵救鳳翔，王遣孔勍襲鄜州，虜周彝之族，徙於河中，周彝乃降。是時，岐兵屢敗，而圍久，城中食盡，自天子至後宮，皆凍餒。三年正月，茂貞殺韓全誨等二十人，囊其首，示梁軍，約出天子以爲解。甲天子出幸梁軍。遣使者馳召崔胤，胤託疾不至。王使人戲胤曰：「吾未識天子，懼其非是，子來爲我辨之。」天子還至興平，胤率百官奉迎。王自爲天子執轡，且泣且行，行十餘里，止之。人見者，咸以爲忠。己巳，天子至自鳳翔，素服哭於太廟而後入，殺宦者七百餘人。二月甲戌，天子賜王「回天再造竭忠守正功臣」，以輝王祚爲諸道兵馬元帥，王爲副元帥。王乃留子友倫爲護駕指揮使，以爲天子衛，引兵東歸。天子餞於延喜樓，賜《楊柳枝》五曲。

初，梁兵已西，青州王師範遣其將劉鄩襲據梁兗州。王已還梁，四月，如鄆州，遣朱友寧攻青州。師範敗之於石樓，友寧死。九月，楊師厚敗青人於臨朐，取其棣州，師範以青州降，而鄩亦降。友倫擊鞠，墮馬死。王怒，以爲崔胤殺之，遣朱友謙殺胤於京師。其與友倫擊鞠者，皆殺之。

自天子奔華州，王請遷都洛陽，雖不許，而王命河南張全義修洛陽宮以待。天祐元年正月，王如河中，遣牙將寇彥卿如京師，請遷都洛陽，並徙長安居人以東。天子行至陝州，王朝於行在，先如東都。是時，六軍諸衛兵已散亡，其從以東者，小黄門十數人，打毬供奉、內園小兒等二百餘人。行至穀水，王教醫官許昭遠告其謀亂，悉殺而代之，然後以聞。由是，天子左右皆梁人矣。四月甲辰，天子至自西都。是時，晉王李克用、岐王李茂貞、楚王趙匡凝、蜀王王建、吳王楊行密聞梁遷天子洛陽，皆欲舉兵討梁，王大懼。六月，楊崇本復附於岐。王乃以兵如河中，聲言攻崇本，遣朱友恭、氏叔琮、蔣玄暉等行弑，昭宗崩。十月，王朝於京師，殺朱友恭、氏叔琮。十一月，攻淮南，取其光州，攻壽州，不克而旋。二年二月，遣蔣玄暉殺德王裕等九王於九曲池。六月，殺司空裴贄等百餘人。七月，天子使來，賜王「迎鑾紀功碑」。

王欲代唐，使人諭諸鎮，襄州趙匡凝以爲不可。遣楊師厚攻之，取其唐、鄧、復、郢、隨、均、房七州。王如襄州，軍於漢北。九月，師厚破襄州，匡凝奔於淮南。師厚取荊南，荊南留後趙匡明奔於蜀。遂出光州，以攻壽州，不克。天子卜祀天於南郊，王怒，以爲蔣玄暉等欲祈天以延唐。天子懼，改卜郊。十一月辛巳，天子封王爲魏王、相國，總百揆。以宣武、宣義、天平、護國、天雄、武順、佑國、河陽、義武、昭義、保義、武寧、忠義、武昭、武定、泰寧、平盧、匡國、鎮國、荊南、忠武二十一軍爲魏國，備九錫。王怒，不受。十二月，天子以王爲天下兵馬元帥。王益怒，遣人告樞密使蔣玄暉與何太后私通，殺玄暉而焚之，遂弑太后于積善宮。又殺宰相柳璨，太常卿張延範車裂以徇。天子詔以太后故停郊。

三年春，魏州羅紹威謀殺其牙軍，來假兵以虞變，王爲發兵北攻劉仁恭之滄州，兵過魏而紹威已殺牙軍，其兵之在外者皆叛，據貝、衛、澶、博州，王以兵悉殺之。遂攻滄州，軍于長蘆。劉仁恭求救於晉。晉人取潞州，王乃旋軍。

《新五代史》卷二《梁本紀二》 開平元年春正月壬寅，天子使御史大夫薛貽矩來勞軍。宰相張文蔚率百官來勸進。

夏四月壬戌，更名晃。甲子，皇帝即位。戊辰，大赦，改元，國號梁。封唐主爲濟陰王。升汴州爲開封府，建爲東都，以唐東都爲西都。廢京兆府爲雍州。賜東都酺一日。契丹阿保機使袍笏梅老來。

五月丁丑朔，以唐相張文蔚、楊涉爲門下侍郎，御史大夫薛貽矩爲中書侍郎：同中書門下平章事。戊寅，渤海、契丹遣使者來。乙酉，兄全昱爲廣王，子友文博王，友珪郢王，友璋福王，友貞均王，友徽建王，姪友諒衡王，友能惠王，友誨邵王。甲午，改樞密院爲崇政院，太府卿敬翔爲使。是月，潞州行營都指揮使李思安及晉人戰，敗績。

六月甲寅，平盧軍節度使韓建守司徒，同中書門下平章事。

秋七月己亥，追尊祖考爲皇帝，妣爲皇后：皇高祖黯謚曰宣元，廟號肅祖，祖妣范氏謚曰宣僖；曾祖茂琳謚曰光獻，廟號敬祖，祖妣楊氏謚曰光孝；祖信謚曰昭武，廟號憲祖，祖妣劉氏謚曰昭懿；考誠謚曰文穆，廟號烈祖，妣王氏謚曰文惠。

八月丁卯，同州蚄蟲生。隰州黄河清。

九月，括馬。

冬十月己未，講武于繁臺。

十一月壬寅，赦亡命背軍、髡黥刑徒。

二年春正月丁酉，渤海遣使者來。己亥，卜郊於西都。弑濟陰王。

二月辛未，契丹阿保機遣使者來。

三月壬申朔，如西都。丙子，如懷州。丁丑，如澤州。戊寅，封鴻臚卿李崧萊國公，爲二王後。壬午，匡國軍節度使劉知俊爲潞州行營招討使。癸巳，改卜郊。張文蔚薨。

夏四月癸卯，楊涉罷。吏部侍郎于兢爲中書侍郎，翰林學士承旨禮部侍郎張策爲刑部侍郎：同中書門下平章事。壬子，至澤州。

五月己丑，潞州行營都虞候康懷英及晉人戰於夾城，敗績。戊戌，立唐三廟。契丹遣使者來。

六月壬寅，忠武軍節度使劉知俊爲西路行營招討使，以伐岐。己酉，殺右金吾衛上將軍王師範，滅其族。丙辰，劉知俊及岐人戰於漠谷，敗之。

秋九月丁丑，如陝州，博王友文留守東都。

冬十月丁未，至自陝州。

十一月癸巳，張策罷，左僕射楊涉同中書門下平章事。

十二月己亥，以介國公爲三恪，酅國公、萊國公爲二王後。

三年春正月甲戌，如西都。復然燈以祈福。庚寅，享於太廟。辛卯，有事於南郊，大赦。丙申，羣臣上尊號曰睿文聖武廣孝皇帝。

二月壬戌，講武於西杏園。甲子，延州高萬興叛於岐來降。

三月辛未，渤海國王大諲譔遣使者來。甲戌，如河中。山南東道節度使楊師厚爲潞州四面行營招討使。劉知俊取丹州。

夏四月丙午，知俊克延、鄜、坊三州。

五月己卯，至自河中，殺佑國軍節度使王重師。

六月庚戌，劉知俊執佑國軍節度使劉捍，叛附於岐。辛亥，如陝州。乙卯，冀王朱友謙爲同州東面行營招討使。劉知俊奔於岐。丹州軍亂，逐其刺史宋知誨。

秋七月，商州軍亂，逐其刺史李稠，稠奔於岐。乙丑，克丹州，執其首惡王行思。乙亥，至自陝州。甲申，襄州軍亂，殺其留後王班。房州刺史楊虔叛附於蜀。

八月辛亥，降死罪囚。辛酉，均州刺史張敬方克房州，執楊虔。

閏月癸酉，契丹遣使者來。己卯，閱稼於西苑。

九月壬寅，行營招討使左衛上將軍陳暉克襄州，執其首惡李洪。丁未，保義軍節度使王檀爲潞州東面行營招討使。辛亥，韓建、楊涉罷。太常卿趙光逢爲中書侍郎，翰林學士承旨工部侍郎杜曉爲户部侍郎：同中書門下平章事。辛酉，李洪、楊虔伏誅。

冬十一月甲午，日南至，告謝于南郊。己酉，搜訪賢良。鎮國軍節度使康懷英伐岐。

十二月，懷英克寧、慶、衍三州。及劉知俊戰於昇平，敗績。

四年春正月壬辰朔，始用樂。丁未，講武於榆林。

二月己丑，閱稼於穀水。

秋八月丙寅，如陝州。河南尹張宗奭留守西都。辛未，護國軍節度使楊師厚爲西路行營招討使以伐岐。

九月己丑，至自陝州。辛亥，搜訪賢良。

冬十一月己丑，寧國軍節度使王景仁爲北面行營招討使以伐趙。趙王王鎔、北平王王處直叛附於晉，晉人救趙。

十二月癸酉，頒律令格式。

乾化元年春正月丁亥，王景仁及晉人戰於柏鄉，敗績。庚寅，赦流罪以下囚，求危言正諫。癸巳，天雄軍節度使楊師厚爲北面行營招討使。

夏四月壬申，契丹阿保機遣使者來。

五月甲申朔，大赦，改元。癸巳，幸張宗奭第。

秋八月戊辰，閱稼于榆林。渤海遣使者來。戊寅，大閱於興安鞠場。

九月辛巳朔，御文明殿，入閤。庚子，如魏州。張宗奭留守西都。

冬十月丙子，大閱於魏東郊。

十一月，高萬興取鹽州。壬辰，至自魏州。乙未，回鶻、吐蕃遣使者來。

二年春二月丁巳，光禄卿盧玭使於蜀。甲子，如魏州，張宗奭留守西都。次白馬，殺左散騎常侍孫騭、右諫議大夫張衍、兵部郎中張儁。戊寅，如貝州。

三月丙戌，屠棗彊。丁未，復如魏州。

夏四月己巳，至自魏州。戊寅，如西都。

五月丁亥，德音降死罪已下囚。罷役徒，禁屠及捕生。渤海遣使者來。是月，薛貽矩薨。

六月，疾革，郢王友珪反。戊寅，皇帝崩。

雜録

備録

陶穀《清異録》卷四《武器門》 梁祖自初起，每令左右持大赤旗，緩急之際用以揮軍，祖自目爲火龍標。

何光遠《鑑誡録》卷一《九轉驗》 梁朝方山道人，自號龐九經，身長七尺，不知年幾百歲。每於石室修氣，經年絶食。太祖往往遣使，賜乳頭香及茶藥而已。忽一日，詔入内殿，求延生之術。龐奏曰：「夫神仙之法，亦因積學而成。先須息萬慮於人間，棲一身於岩穴，與天地合德，與鳥獸同羣，斷其喜怒悲哀，去其滋味淫慾。然後存神養氣，辟穀休糧，欲究還丹，審窮爻象。故曰『内真外應，其丹自來。』而又功滿三千，方得羽化。今陛下身居九有，心役萬機，孽毒三軍，誅殘百姓，怨滿天下，恩唯一家。豈同軒后清静自化、鼎湖上昇者哉？」太祖怒曰：「知卿是龐勛本身。朕欲問卿行止，何得妄指難易，非斥朕乎？」龐度太祖言，深慮遭其誅責，復奏曰：「臣有靈丹，可延九五之數，儻放臣棲隱，即敢進之。」上復笑曰：「朕不希白日上昇，只希更得三五十年在位，是朕願也。」龐乃於肘後解一青瓢子，取金丹二粒進，曰：「望陛下清素守真百日，方可餌之。不然者，灰惡耳。」上既深信，龐得歸山。後帝久患石淋，忽宣至藥服食，眉髮立墮，頭背生癰。及至彌留，爲穎王所殺。

何光遠《鑒誡録》卷二《御賜名》 朱太祖統四鎮呼中令日，名温，與崔相國連横大事。崔每奏太祖忠赤，委之關東，國無患矣。昭宗遽勅太祖改名全忠。議者曰：「全字，人王也；又在中心，其不可也。」近臣亦奏，上方悔焉，勅命既行，追之弗及。後果有人梁皇帝之號。是時四分天下，其在中心，乃賜名之應也。

何光遠《鑒誡録》卷三《語忌誡》 劉仁遇嘗與梁太祖葉戲。一日，或遇頑盆，仁遇行伍出身，語多方拙，謂太祖曰：「得則洪溝。」太祖應之曰：「縱得未可。」時太祖方據四鎮，仁遇復在偏裨，雖是親家，太祖竟爲記忌。後太祖一居南面，仁遇久在西班，累乞一藩，終不俞允。既而年邁，寢疾在牀，新婦屢有奏聞，太祖猶徵語忌，至於悲泣哀告，方除兗州，未及赴官，疾亟而卒。是知凡事爲誡，寧不書紳而記之乎！

孫光憲《北夢瑣言》卷四《崔禹昌不識牛》 唐世梁太祖未建國前，崔禹昌擢進士第，有别業在汴州管内。禹昌敏俊善接對，初到夷門，希梁祖意，請陳桑梓禮。梁祖甚喜，以其不相輕薄，甚蒙管領，常預賓次，或陪褻戲。梁祖以其有莊墅，必藉牛，乃問曰：「莊中有牛否？」禹昌曰：「不識得有牛。」意是無牛，以時俗語「不識得有」對之。梁祖大怒曰：「豈有人不識牛？謂我是村夫即識牛，渠則不識。如此輕薄，何由可奈！」幾至不測。後有人言，方漸釋怒。

孫光憲《北夢瑣言》卷一五《誣何太后》 朱全忠先以蔣玄暉爲樞密使，伺帝動静。積慶何太后以昭宗見害之後，常恐不保旦夕，曾使宫人阿秋面召玄暉屬戒，所乞它日傳禪之後，保全子母性命。言發，無不涕零。先是全忠速要傳禪，召玄暉到汴州，責以太遲，玄暉以傳禪先須封國，授九錫之命，俟次第行之。全忠怒曰：「我不要九錫，看作天子否？」玄暉歸奔洛陽，與宰相商量，爲趙殷衡誣譖，云與太后交通，欲延唐祚。乃令殷衡逼殺太后及宫人，而誅蔣玄暉。時人冤之。趙殷衡後改姓孔名循，亦莫如其實是何姓。仁後唐明宗爲宣徽使，出爲許昌、滄州兩鎮。時人知其狡譎傾險，莫不憚之。

孫光憲《北夢瑣言》卷一五《謀害衣冠》 輝王即位。天祐中，朱全忠以舊朝達官尚在班列，將謀篡奪，先俾翦除。凡在周行，次第貶降。舊相裴樞、獨孤損、崔遠、陸扆、王溥，大夫趙崇、王贊等於滑州白馬驛賜自盡。時宰相臣柳璨性陰狡貪權，惡樞等在己之上，與全忠腹心樞密使蔣玄暉、太常卿張廷範密友交結而害樞等。俄而廷範轘裂，玄暉與柳璨、及弟瑶、瑊相繼伏誅。先是故相張濬一家並害，而棄屍黄河。朱公謀主李振累應進士舉不第，尤憤朝貴，時謂朱全忠曰：「此清流輩，宜投於黄河，永爲濁流。」全忠笑而從之。爾朱榮河陰之戮衣冠，不是過也。俄而輝王禪位，封濟陰王於曹州，遇酖而崩。唐祚自此滅矣。

孫光憲《北夢瑣言》卷一六《梁祖脱難》 梁祖親征鄆州，軍次衛南，時築新壘土工畢，因登眺其上，見飛烏止於峻堞之間而噪，其聲甚厲。副使李璠曰：「是烏烏也，將有不如意之事。」其前軍朱友裕爲朱瑄掩撲，拔軍南去，我軍不知，因北行。遇朱瑄軍來迎，梁祖策馬南走，入村落間，爲賊所迫。前有溝坑，頗極深廣。忽遽之際，忽見溝内蜀黍稈積以爲道，正在馬前，遂騰躍而過，因獲免焉。副使李璠、都將高行思爲賊所殺。張歸宇爲殿騎，援戈力戰，僅得生還，被十四

五箭。乃知衛南之烏，先見之驗也。

孫光憲《北夢瑣言》卷一六《梁祖夢丁會》 丁會爲昭義節帥，常懼梁祖雄猜，疑忌功臣。忽謂敬翔曰：「吾夢丁會在前祇候，吾將乘馬欲出，圉人以馬就臺，忽爲丁會跨之以出，時夢中怒，叱喝數聲，因驚覺，甚惡之。」是月，丁會舉潞州軍民歸河東矣。

孫光憲《北夢瑣言》卷一六《殿棟折墜》 梁祖末年，多行誅戮。一夕，寢殿大棟忽墜於御榻之上。初聞土落於寢帳上，乃驚覺，久之，又聞有小木墜於帳頂間，遂懼然下牀，未出殿門，其棟乃墜。遲明，召諸王近臣令觀之，〔曰〕：「夜來驚危，幾不相見。」由是君臣相泣。又曰：「驚憂之時，如有人引頭於寢閤門內云：『裏面莫有人否？』所以忽忙奔起，得非宮殿神乎？」它日，又游於大內西九曲池，汎鷁舟於池上，舟忽傾側，上墮於池中，宮嬪並內侍從官並躍入池，扶策登岸，移時方安。爾後發痼疾，竟罹其子郢王友珪弒逆之禍。舟傾棟折，非佳事也。

孫光憲《北夢瑣言》卷一七《梁祖爲傭保》 梁祖，宋州碭山縣午溝里人，本名温，賜名全忠，建國後，改名晃。家世爲儒。祖信，父誠，皆以教授爲業。誠早卒，有三子俱幼，母王氏攜養寄於同縣人劉崇家。昆弟之中，唯温狡猾無行，崇母撫養之。崇弟兄嘗加譴杖。一日，偷崇家釜而竄，爲崇追回，崇母遮護，以免朴責。善逐走鹿，往往及而獲之。又崇母常見其有龍蛇之異。它日與仲兄存入黄巢中作賊，伯兄昱與母王氏尚依劉家。温既辭去。不知存亡。及温領鎮於汴，盛飾輿馬，使人迎母於崇家。王氏皇恐，辭避深藏，不之信，謂人曰：「朱三落拓無行，何處作賊送死，焉能自致富貴？汴帥非吾子也。」使者具陳離鄉去里之由，歸國立功之事。王氏方泣而信。是日，與崇母並迎歸汴。温盛禮郊迎，人士改觀。崇以舊恩，位至列卿，爲商州刺史。王氏以温貴，封晉國太夫人。仲兄存於賊中爲矢石所中而卒。温致酒於母，歡甚，語及家事，謂母曰：「朱五經辛苦業儒，不登一命，今有子爲節度使，無忝先人矣。」母不懌，良久謂温曰：「汝致身及此，信謂英特，行義未必如先人。朱二與汝同入賊軍，身死蠻徼，孤男稚女，艱食無告，汝未有恤孤之心。英特即有，諸無取也。」温垂涕謝罪，即令召諸兄子皆至汴，友寧、友倫皆立軍功，位至方鎮。

孫光憲《北夢瑣言》卷一七《梁祖張夫人》 梁祖魏國夫人張氏，碭山富室女，父蕤，曾爲宋州刺史。温時聞張有姿色，私心傾慕，有麗華之歎。及温在同州，得張於兵間，因以婦禮納之。温以其宿款，深加敬異。張賢明有禮，温雖虎狼其心，亦所景伏。每謀軍國計，必先延訪。或已出師，中途有所不可，張氏一介請旋，如期而至。其信重如此。初收兗、鄆，得朱瑾妻，温告之云：「彼既無依，寓於輜車。」張氏遣人召之，瑾妻再拜，張氏答拜泣下，謂之曰：「兗、鄆與司空，同姓之國，昆仲之間，以小故尋干戈，致吾姒如此。設不幸汴州失守，妾亦似吾姒之今日也。」又泣下。乃度爲尼，張恒給其費。張既卒，繼寵者非人。及僭號後，大縱朋淫，骨肉聚麀，帷薄荒穢，以致友珪之禍，起於婦人。始能以柔婉之德，制豺虎之心，如張氏者，不亦賢乎！

張齊賢《洛陽搢紳舊聞記》卷一《梁太祖優待文士》 梁祖之初兼四鎮也，英威剛很，視之若乳虎，左右小忤其旨，立殺之。梁之職吏，每日先與家人辭訣而入，歸必相賀。賓客對之，不寒而慄。進士杜荀鶴以所業投之，且乞一見，掌客以事聞於梁祖，梁祖默無所報。荀鶴住大梁數月。先是，凡有求謁梁祖，如已通姓名而未得見者，雖踰年困躓於逆旅中，寒餓殊甚，主者留之，不令私去，不爾，即公人輩及禍矣。荀鶴逐日詣客次，一旦，梁祖在便聽，謂左右曰：「杜荀鶴何在？」左右以見在客次爲對。未見間，有馳騎至者，梁祖見之，至巳午間方退，梁祖遽起歸宅。荀鶴謂掌客者曰：「某飢甚，欲告歸。」公人輩爲設食，且曰：「乞命。若大王出，要見秀才，言已歸館舍，即某等求死不暇。」至未申間，梁祖果出，復坐於便聽，令取骰子來。既至，梁祖擲，意似有所卜。擲且久，終不愜旨，怒甚，屢顧左右。左右怖懼，縮頸重足，若蹈湯火。須臾，梁祖取骰子在手，大呼曰：「杜荀鶴。」擲之，六隻俱赤，乃連聲命「屈秀才」。荀鶴爲主客者引入，令趨驟至階陛下。梁祖言曰：「秀才不合趨階。」荀鶴聲喏，恐懼流汗，再拜。叙謝訖，命坐，荀鶴慘悴戰慄，神不主體。梁祖徐曰：「知秀才久矣。」荀鶴欲降階拜謝，梁祖曰：「不可。」於是再拜復坐。梁祖顧視陛下，謂左右曰：「似有雨點下。」令視之，實雨也。然仰首視之，天無片雲。雨點甚大，霑陛簷有聲。梁祖自起，熟視之，復坐，謂杜曰：「秀才曾見無雲雨否？」荀鶴答言：「未曾見。」梁祖笑曰：「此所謂無雲而雨，謂之天泣。不知是何祥也？」又大笑，命左右：「將紙筆來，請杜秀才題一篇無雲雨詩。」杜始對梁祖坐，身如在燃炭之上，憂悸殊甚。復令賦無雲雨詩，杜不敢辭。即令坐上賦詩，杜立成一絶獻之。梁祖覽之，大喜，立召賓席共飲，極歡而散，且曰：「來日特爲杜秀才開一筵。」復拜謝而退。杜絶句云：「同是乾坤事不同，雨絲飛灑日輪中。若教陰朗都相似，爭表梁王造化功。」由是大獲見知。杜既歸，驚懼成疾，水瀉數十度，氣貌羸絶，幾不能起。

客司守之，供侍湯藥，若事慈父母。明晨，再有主客者督之，且曰：「大王欲見秀才，請速上馬。」杜不獲已，巾櫛上馬，比至，凡促召者五七輩。杜困頓無力，憂□趨進遲緩。梁祖自起，大聲曰：「杜秀才，『争表梁王造化功！』」杜頓忘其病，趨步如飛，連拜叙謝數四。自是梁祖特帳設賓館，賜之衣服錢物，待之甚厚。福建人徐夤下第，獻《過梁郊賦》，梁祖覽而器重之，且曰：「古人酬文士，有一字千金之語。軍府費用多，且一字奉絹一匹。」徐賦略曰：「客有失意還鄉，經於大梁，遇郊坰之耆老，問今古之侯王。父老曰：『且説當今，休論往昔。昔時之事跡誰見，今日之功名目覩。』」辭多不載。遂留于賓館，厚禮待之。徐病且甚，梁祖使人謂曰：「任是秦皇漢武。」蓋誚徐賦有「直論簫史王喬，長生孰見，任是秦皇漢武，不死何歸。」憾其有此深切之句爾。梁祖既有移龜鼎之志，求賓席直言骨鯁之士。一日，忽出大梁門外數十里，憩于高柳樹下。樹可數圍，柯幹甚大，可庇五六十人，遊客亦與坐。梁祖獨語曰：「好大柳樹！」徐徧視賓客，注目久之。坐客各各避席，對曰：「好柳樹！」梁祖又曰：「此好柳樹，好作車頭。」末坐五六人起對：「好作車頭。」梁祖顧恭翔等，起對曰：「雖好柳樹，作車頭須是夾榆樹。」梁祖勃然，厲聲言曰：「這一隊措大，愛順口弄人。柳樹豈可作車頭？車頭須是夾榆木。便順我也道柳樹好作車頭。我見人説秦時指鹿爲馬，有甚難事！」顧左右曰：「更待甚！」須臾，健兒五七十人悉擒言柳樹好作車頭者，數以諛佞之罪，當面撲殺之。梁祖雖起於羣盜，安忍雄猜，甚於古昔。至於剛猛英斷，以權數御物，遂成興王之業，豈偶然哉！

陶岳《五代史補》卷一《太祖文健兒面》　太祖之用兵也，法令嚴峻。每戰，逐隊主帥或有没而不返者，其餘皆斬之，謂之拔隊斬，自是戰無不勝。然健兒且多竄匿，州郡疲於追捕，因下令文面。健兒文面自此始也。

《資治通鑑》卷二五七唐僖宗光啓三年八月條考異　梁太祖皇帝到梁園，深有大志，然兵力不足，常欲外掠，又虞四境之難，每有鬱然之狀。時有薦敬秀才於門下，乃白梁祖曰：「明公方欲圖大事，輕重必爲四境所侵，但令麾下將士詐爲叛者而逃，即明公奏於主上及告四鄰，以自襲叛徒爲名。」梁祖曰：「天將奇人以佐於吾。」初從其謀，一出而致衆十倍。

孔平仲《續世説》卷九《黜免》　朱全忠弑昭宗，以裴樞朝廷宿望，全忠奏以伶人張廷範爲太常卿，樞以爲必非元帥之旨，持之不下。全忠曰：「吾常以裴十四器識真淳，不入浮薄之黨，觀此議論，本態露矣。」李振言於全忠曰：「朝廷所以不理，皆由浮薄之徒紊亂紀綱，不若盡去之。」全忠以爲然。有以名檢自處聲迹稍著者，皆指爲浮薄，貶逐無虚日，搢紳爲之一空。

馬永易《實賓録》卷六　五代梁太祖微時，嘗傭力徐州蕭縣人劉崇家。及即位，召崇爲商州刺史。崇之母撫梁祖有恩，梁祖號爲「國婆」。

張耒《明道雜志》　世傳朱全忠作四鎮時，一日與賓佐出游，全忠忽指一方地曰：「此可建一神祠，試召一視地工驗之。」而召工久不至，全忠怒甚，見於辭色，左右皆恐。良久，工至，全忠指地視之。工再拜，賀曰：「此所謂乾上龍尾地，建廟固宜，然非大貴人不見此地。」全忠喜，薄賜而遣之。工出，賓僚或戲之曰：「爾若非乾上龍尾，當坎下驢頭矣。」東北人謂斫伐爲「坎」。

洪邁《容齋續筆》卷六《朱温三事》　義理所在，雖盜賊凶悖之人，亦有不能違者。劉仁恭爲盧龍節度使，其子守文守滄州，朱全忠引兵攻之，城中食盡，使人説以早降。守文應之曰：「僕於幽州，父子也，梁王方以大義服天下，若子叛父而來，將安用之？」全忠愧其辭直，爲之緩攻。其後還師，悉焚諸營資糧，在舟中者鑿而沉之。守文遺全忠書曰：「城中數萬口，不食數月矣，與其焚之爲烟，沉之爲泥，願乞其所餘以救之。」全忠爲之留數囷，滄人賴以濟。及篡唐之後，蘇循及其子楷，自謂有功於梁，當不次擢用。全忠薄其爲人，以其爲唐鴟梟，賣國求利，勒循致仕，斥楷歸田里。宋州節度使進瑞麥，省之不懌，曰：「宋州今年水災，百姓不足，何用此爲？」遣中使詰責之，縣令除名。此三事，在他人爲不足道，於全忠則爲可書矣，所謂憎而知其善也。

祝穆《分門古今類事》卷二《梁祖嗜雞》引《洞微志》　梁祖平生嗜雞，日凡再食。

鄭方坤《五代詩話》卷一《梁太祖》引《筆塵》　宋元詞曲有出於唐者，如《清平調》、《水調歌》、《柘枝》、《菩薩蠻》、《八聲甘州》、《楊柳枝》詞是也。朱温歸鎮，昭宗以詩餞之，温進《楊柳枝》詞五首，今雖不傳，其詞彼時度曲，多是七言絶也。以全忠之兇悍，而能爲歌詩，可與青陵嗣響矣。

備論

《新五代史》卷二《梁本紀二》　嗚呼，天下之惡梁久矣！自後唐以來，皆以

爲僞也。至予論次五代，獨不僞梁，而議者或譏予大失《春秋》之旨，以謂「梁負大惡，當加誅絶，而反進之，是奬篡也，非《春秋》之志也。」予應之曰：「是《春秋》之志爾。魯桓公弑隱公而自立者，宣公弑子赤而自立者，鄭厲公逐世子忽而自立者，衛公孫剽逐其君衎而自立者，聖人於《春秋》，皆不絶其爲君。此予所以不僞梁者，用《春秋》之法也。」「然則《春秋》亦奬篡乎？」曰：「惟不絶四者之爲君，於此見《春秋》之意也。聖人之於《春秋》，用意深，故能勸戒切，爲言信，然後善惡明。夫欲著其罪於後世，在乎不没其實。其實嘗爲君矣，書其爲君。其實篡也，書其篡。各傳其實，而使後世信之，則四君之罪，不可得而掩爾。使爲君者不得掩其惡，然後人知惡名不可逃，則爲惡者庶乎其息矣。是謂用意深而勸戒切，爲言信而善惡明也。桀、紂，不待貶其王，而萬世所共惡者也。《春秋》於大惡之君不誅絶之者，不害其褒善貶惡之旨也，惟不没其實以著其罪，而信乎後世，與其爲君而不得掩其惡，以息人之爲惡。能知《春秋》之此意，然後知予不僞梁之旨也。」

孫甫《唐史論斷》卷下《朱全忠篡逆》 論曰：昭宗即位，世已亂矣。雖尊禮大臣，博求賢傑，志欲興復，而大臣竭忠者杜讓能一人而已，其他無不與方鎮相結。方鎮藉大臣爲援，大臣欲固權位，亦結藩鎮爲重。孔緯有一時名望，尚與朱全忠交通，崔昭緯輩固宜交邠、岐矣。内外將相不忠，天下大勢横流，以至於此，昭宗欲何施爲乎？加之輕信易動，動而無謀，何以制服諸鎮賊臣也？然賊臣之心，亦可以恩信結一時之可倚者，莫如太原。太原有平賊大功，爵賞已厚，但爲全忠所圖，蓄忿不解。昭宗若加之恩意，虜性勁直，感恩必深。太原順，則河東近輔、魏鎮舊帥，豈有不順之勢？數鎮既順，使讓能賢相經營於内，復引同心之賢贊助時政，宦官暴横者去之，姦人害政者逐之，朝廷漸治，國威可漸振矣。奈何不能用讓能之言，聽張濬、孔緯之計，許全忠舉兵，致太原拒命。太原跋扈，賊臣得以脅制朝廷。讓能知勢不可爲，但以死許國，可謂大忠矣。自是諸鎮交亂，車駕不能甯處，復留兇逆之人，久爲輔相，與巨盜畫篡逆之計，乃亡唐祚。哀哉！

洪邁《容齋三筆》卷一〇《朱梁輕賦》 朱梁之惡，最爲歐陽公《五代史記》所斥詈。然輕賦一事，《舊史》取之，而《新書》不爲拈出。其語云：「梁祖之開國也，屬黄巢大亂之餘，以夷門一鎮，外嚴烽候，内辟汙萊，厲以耕桑，薄其租賦，士雖苦戰，民則樂輸，二紀之間，俄成霸業。及末帝與莊宗對壘于河上，河南之民，雖困於輦運，亦未至流亡。其義無他，蓋賦歛輕而丘園可戀故也。及莊宗平定梁室，任吏人孔謙爲租庸使，峻法以剥下，厚斂以奉上，民産雖竭，軍食尚虧，加之以兵革，因之以饑饉，不四三年，以致顛隕。其義無他，蓋賦役重而寰區失望故也。」予以事考之，此論誠然，有國有家者之龜鑑也。《資治通鑑》亦不載此一節。

佚名《歷代名賢確論》卷九九《通論》 温公論曰：太祖始以黄巢降將，秉旄宣武，逞其詐力，蠶食東夏。地廣兵彊，威權日熾，志欲無厭，遂遷唐祚。淫虐不悛，禍自内興，不得其死宜矣。均王膏粱之子，材不過人，棄敬翔、王彦章，而用趙巖、張歸霸，以與莊宗爲敵，能無亡乎？

王夫之《讀通鑑論》卷二七《唐僖宗》 朱温夜襲李克用，其兇狡固不待論，雖然，克用、温之曲直，亦奚足論哉！蓋克用、温自決雌雄以逐唐已失之鹿而不兩立，猶之乎袁紹、曹操之争奪漢，沈攸之、蕭道成之争奪宋也。故曰其曲直不足論也。

當是時，黄巢雖敗，而僖宗之不能復興，王鐸輩之不能存唐也，已全墮温與克用心目之中。温目無唐之君臣，克用之目更無温，又豈復有唐之君臣乎？使克用不得脱於温之鋒刃，則温之篡也必速。然而篡之速，則其敗也可立待也。温爲賊初降，無功可紀，未得一見天子、受朝廷之命，但仰濡沫於王鐸，一旦而襲殺援己之功臣，早已負不直於天下而爲衆所指攻，即逼天子而奪之，亦黄巢之續，不旋踵而亡，唐尚可存也。且沙陀之衆爲克用效命也久矣，存勗、嗣源俱年少而有雄才，温亦奚足以逞哉？藉此以正温之罪，奮起而誅權藉未成之姦，而唐亡一賊矣；克用死，而唐固亡一賊矣。唯其襲殺之不克也，遲温之篡以養其姦，挫克用之逆而歸謀自固，是以唐再世而後亡，一亡而不可復。若夫二人之曲直，亦惡足論哉！

無克用而温之篡也不必成；成温之篡者，僖宗之昏，昭宗之躁，自延而進之，張濬、崔胤之徒，又多方以搆成之。抑且指沙陀以爲兵端，而唐君臣不惬於沙陀者，假手於温以成其惡。不然，則温且不能爲董卓，而其乞降之初志，固望爲田承嗣、李寶臣而志已得矣。

無温而克用之爲劉淵，必也。首發難於大同，其志不吞唐而不已，從韃靼以來歸，一矢未加於賊，早已矯僞詔，脅帥臣，掠太原，陷忻、代，自立根本。及其歸鎮也，乘孟方立之内亂，奪取潞州，歲出兵争山東，而三州皆爲俘掠，野絶稼穡。使不忌朱温之險悍，則回戈内嚮，僖宗之青衣行酒於其庭，旦暮事也。

溫賊耳，狡詐而無定情，呂布之儔也。克用以小忠小信布私恩，市虛名，而養叵測之威，卒使其部落四姓代興，以異族而主中夏，流毒數世，豈易制哉！豈易制哉！要此二賊之狂騃，皆王鐸無討賊之力，委身而假借之，及其相攻，坐視而不能制，則鐸延寇之罪，又出康承訓之上。使二賊者，視唐爲虛懸之器，相競以奪，其曲其直，又孰從而辨之乎？

王夫之《讀通鑑論》卷二八《五代上》 若夫朱溫，盜也；李存勗、石敬瑭、劉知遠，則沙陀犬羊之長也。溫可代唐，則侯景可代梁、李全可代宋也；沙陀三族可代中華之主，則劉聰、石虎可代晉也。

且此五人者，何嘗得有天下哉？當朱溫之時，李克用既與敵立，李茂貞、劉仁恭、王鎔、羅紹威亦擁土而不相下，其他楊行密、徐知誥、王建、孟知祥、錢鏐、馬殷、劉隱、王潮、高季興，先後並峙，帝制自爲，分土而守，雖或用其正朔，究未嘗奉冠帶、祠春秋、一日奔走於汴、雒也。若云汴、雒爲王者宅中出治之正，則舜、禹受禪，不仍陶唐之室，湯、武革命，不履夏、商之都，而苻健、姚興、拓拔宏奄有漢、晉之故宮，將以何者爲正乎？倘據張文蔚等所撰之玉册，而即許朱溫以代唐，則尤獎天下之逆而蔑神器矣。

且夫相代而王天下者，必其能君天下而天下君之，即以盡君道也未能，而志亦存焉。秦、隋之不道也，抑嘗立法創制，思以督天下而從其法令，悖亂雖多，而因時救弊者，亦有取焉。下至王莽之狂愚，然且取海宇而區畫之，早作夜思，汲汲於生民之故。今石敬瑭、劉知遠苟竊一時之尊，偷延旦夕之命者，固不足論；李克用父子歸韃靼以後，朱溫帥宣武以來，覬覦天步，已非一日，而君臣抵掌促膝，密謀不輟者，曾有一念及於生民之利害、立國之規模否也？所竭智盡力以圖度者，唯相搏相噬、毒民争地，以逞其志欲。其臣若敬翔、李振、周德威、張憲之流，亦唯是含毒奮爪以相攫。故溫一簒唐，存勗一滅溫，而淫虐猥賤，不復有生人之理，迫脅臣民，止供其無厭之求，制度設施，因唐末之稗政，而益以藩鎮之狂爲。則與劉守光、孟知祥、劉龑、王延政、馬希萼、董昌志相若也，惡相均也，紜紜者皆帝皆王，而何取於五人，私之以稱代邪？初無君天下之志，天下亦無君之之心，燎原之火，旋起旋灰，代也云乎哉？

簒弑以叨天位，操、懿以下，亦多有之，若夫惡極於無可加，而勢亦易於勦絶，無有如朱溫者，時無人焉，亟起而伸天討，誠可歎也。

其弑兩君也，公然爲之而無所揜飾；其簒大位也，咆哮急得而並廢虛文；其禽獸行徧諸子婦也，而以此爲予奪；其嗜殺也，一言一笑而流血成渠；爾朱榮、高洋、安禄山之所不爲者，溫皆爲之而無忌。乃以勢言之，而抑不足以雄也。西挫於李茂貞，東折於楊行密，王建在蜀，視之蔑如也；羅紹威、馬殷、錢鏐、高季昌，雖暫爾屈從，而一兵尺土粒米寸絲不爲之用。其地，則西不至邠、岐，東不踰許、蔡，南不過宛、鄧，北不越宋、衛，自長安達兗、鄆，横亘一綫，界破天中，而四旁夾之者，皆擁堅城，率勁卒以相臨。其將帥，則楊師厚、劉鄩、王彦章之流，皆血勇小慧，而不知用兵之略。其輔佐，則李振、敬翔，出賊殺，入諂諛，而不知建國之方；乃至以口腹而任段凝爲心膂，授之兵柄，使抗大敵而不恤敗亡。取其君臣而統論之，貪食、漁色、樂殺、蔑倫，一盜而已矣。而既簒以後，日老以昏，亦禄山在東都、黄巢踞長安之勢也。於是時也，矯起而撲滅之，不再舉而功已就矣。所難者，猶未有内釁之可乘耳。未幾，而朱友珪梟獍之刃，已剚元惡之腹，兄弟尋兵，國内大亂，則乘而薄之，尤易於反掌。然而終無其人焉，故曰誠可歎也。

李存勗方有事於幽、燕，而不遑速進，天討之稽，有自來矣。蓋存勗一將帥之才耳，平一海寓之略，討逆誅暴之義，非其所可勝任也。使能滅朱溫父子，定汴、雒，劉守光瑣瑣狂夫，坐窮於絶塞，將焉往哉？因吾力以與守光争勝負，朱友貞乃復以寬緩收離散之衆，相持於河上，梁雖滅而存勗之精華已竭矣。

嗚呼！楊行密不死於朱溫淫昏之前，可與有爲者，其在淮南乎？乘彼自亡之機，掩孤雛於宛、雒，存勗弗能抗也。行密死，楊渥弑，隆演寄立人上，徐溫挾内奪之心，不能出睢、亳以行天討，尚誰望哉？行密者，尚知安民固本、任將録賢，非存勗之僅以斬將搴旗爲能者也。故天祐以後，天下無君，必欲與之，淮南而已。然而終弗能焉，故曰誠可歎也。

藝文

王十朋《梅溪集》卷一〇《梁太祖》 天下人心共惡梁，祇應無柰虎狼彊。可憐千尺黄河水，投盡清流始滅唐。

《全唐文》卷九三唐哀帝《允朱全忠請注擬準舊式處分詔》 應合赴吏部常調選人等，三銓公事，素有條流，近年多不公平，遂致授任重疊。既聞争競，須暫

停留。今者元帥梁王，動静推公，周旋陳理，或慮選人羈旅，特請準式施行，兼緣已及深冬，所司未有起請，若或稽滯，必緩程期，功在考詳，務令精當。今年冬常調選人，宜委三銓並準舊例處分。如或踰濫，輒違格文，罪在官曹，非止猾吏。其四鎮管内官員，須候本道申闕到省，方可注擬。

《全唐文》卷九三唐哀帝《答中書門下表賀朱全忠進白兔詔》 上天眷祐，靈㲋效珍，道既協於坤慈，祥乃彰於月窟，雪霜是比，皎皛可觀。全忠道貫神明，功高鼎鼐，果因嘉瑞，歸善天庭，俾頒示於有司，冀流光於不朽，再三嘉翫，歎注良深。

《全唐文》卷九四唐哀帝《獎朱全忠收荆襄勅》 梁王躬臨貔武，收復荆襄，援峴首若轉丸，平荆門如沃雪。連收兩鎮，併走二兇，乃睠勳庸，載深嘉注，宜賜詔獎飾。

《全唐文》卷九六三佚名《賀朱全忠進白兔表》 今日東頭承旨常郁至，奉聖旨者。質素光而應候，容潔朗以協時，既照耀於明庭，實昭彰於聖德。臣等覽《晉中興書》《徵祥説》曰：「白兔者，月精也。」《抱朴子》云：「兔壽千歲。滿五百歲，則色白。」顧野王云：「王者恩加壽考，則白兔見。」協太陰之瑞，實表坤慈；應千載之祥，雅符乾德。伏以皇帝陛下膺圖纂嗣，壓紐騰休，紹祖宗之丕基，示孝慈於衆彙，敦禮耆老，委任勳賢，所以致八孔之效靈，應三秋而發皓。來從月窟，疊霜毳以蒙茸；獻自梁庭，粲冰毫而皎潔。足以增輝瑞牒，歸美皇猷。聞天遠自於元勳，拭目共觀於多士，豈比魯傳趙郡，獨歌如練之詞；實同晉獲壽春，又繼凝鉛之詠。

王彦章部

綜述

《舊五代史》卷二一《王彦章傳》　王彦章，字賢明，鄆州壽張縣人也。祖秀，父慶宗，俱不仕，以彦章貴，秀贈左散騎常侍，慶宗贈右武衛將軍。彦章少從軍，隸太祖帳下，以驍勇聞。稍遷軍職，累典禁兵。從太祖征討，所至有功，常持鐵鎗衝堅陷陣。開平二年十月，自開封府押牙、左親從指揮使授左龍驤軍使。三年，轉左監門衛上將軍，依前左龍驤軍使。乾化元年，改行營左先鋒馬軍使，又加金紫光禄大夫、檢校司空，依前左監門衛上將軍。二年，庶人友珪篡位，加檢校司徒。三年正月，授濮州刺史、本州馬步軍都指揮使，依前左先鋒馬軍使。未幾，改先鋒步軍都指揮使。四年，爲澶州刺史，進封開國伯。

五年三月，朝廷議割魏州爲兩鎮，慮魏人不從，遣彦章率精騎五百屯鄴城，駐於金波亭，以備非常。是月二十九日夜，魏軍作亂，首攻彦章於館舍，彦章南奔。七月，晉人攻陷澶州，彦章舉家陷没。晉王遷其家於晉陽，待之甚厚，遣細人間行誘之，彦章即斬其使以絶之。後數年，其家被害。九月，授汝州防禦使、檢校太保，依前行營先鋒步軍都指揮使。貞明二年四月，改鄭州防禦使。三年十二月，授西面行營馬軍都指揮使，加檢校太傅，依前鄭州防禦使。頃之，授行營諸軍左廂馬軍都指揮使。五年五月，遷許州兩使留後，軍職如故。六年正月，正授許州匡國軍節度使，充散指揮都頭都軍使，進封開國侯。未幾，授北面行營副招討使。七年正月，移領滑州。

龍德三年四月晦，晉師陷鄆州，中外大恐。五月，以彦章代戴思遠爲北面招討使。拜命之日，促裝以赴滑臺，遂自楊村砦浮河而下，水陸俱進，斷晉人德勝之浮梁，攻南城，拔之。晉人遂棄北城，併軍保楊劉。彦章以舟師沿流而下，晉人盡徹北城，析屋木編栰，置步軍於其上，與彦章各行一岸，每遇轉灘水匯，即中流交鬭，流矢雨集，或舟栰覆没，比及楊劉，凡百餘戰。彦章急攻楊劉，晝夜不息，晉人極力固守，垂陷者數四。六月，晉王親援其城，彦章之軍，重壕複壘，晉人不能入。晉王乃於博州東岸築壘，以應鄆州。彦章聞之，馳軍而至，急攻其柵，自旦及午，其城將拔，會晉王以大軍來援，彦章乃退。七月，晉王至楊劉，彦章軍不利，遂罷彦章兵權，詔令歸闕，以段凝爲招討使。

先是，趙、張二族撓亂朝政，彦章深惡之，性復剛直，不能緘忍。及授招討之命，因謂所親曰：「待我立功之後，回軍之日，當盡誅姦臣，以謝天下。」趙、張聞之，私相謂曰：「我輩寧死於沙陀之手，不當爲彦章所殺。」因協力以傾之。時段凝以賄賂交結，自求兵柄，素與彦章不協，潛害其功，陰行逗撓，遂至王師不利，竟退彦章而用段凝，未及十旬，國以之亡矣。

是歲秋九月，朝廷聞晉人將自兗州路出師，末帝急遣彦章領保鑾騎士數千於東路守捉，且以鄆州爲敵人所據，因圖進取，令張漢傑爲監軍。一日，彦章渡汶，以略鄆境，至遞坊鎮，爲晉人所襲，彦章退保中都。十月四日，晉王以大軍至，彦章以衆拒戰，兵敗，爲晉將夏魯奇所擒。魯奇嘗事太祖，與彦章素善，及彦章敗，識其語音，曰：「此王鐵槍也。」揮矟刺之，彦章重傷，馬踣，遂就擒。

晉王見彦章，謂之曰：「爾常以孺子待我，今日服未？」又問：「我素聞爾善將，何不保守兗州？此邑素無城壘，何以自固？」彦章對曰：「大事已去，非臣智力所及。」晉王惻然，親賜藥以封其創。晉王素聞其勇悍，欲全活之，令中使慰撫，以誘其意。彦章曰：「比是匹夫，本朝擢居方面，與皇帝十五年抗衡，今日兵敗力窮，死有常分，皇帝縱垂矜宥，何面目見人！豈有爲臣爲將，朝事梁而暮事晉乎！得死幸矣。」晉王又謂李嗣源曰：「爾宜親往諭之，庶可全活。」時彦章以重傷不能興，嗣源至臥内以見之，謂嗣源曰：「汝非邈佶烈乎？」邈佶烈，蓋嗣源小字也，彦章素輕嗣源，故以小字呼之。既而晉王命肩輿隨軍至任城，彦章以所傷痛楚，堅乞遲留，遂遇害，時年六十一。

彦章性忠勇，有膂力，臨陣對敵，奮不顧身。居嘗謂人曰：「李亞子鬭雞小兒，何足顧畏！」初，晉王聞彦章授招討使，自魏州急赴河上，以備衝突，至則德勝南城已爲所拔。晉王嘗曰：「此人可畏，當避其鋒。」一日，晉王領兵迫潘張寨。大軍隔河，未能赴援，彦章援槍登船，叱舟人解纜，招討使賀瓌止之，不可。晉王聞彦章至，抽軍而退，其驍勇如此。及晉高祖遷都夷門，嘉彦章之忠款，詔贈太師，搜訪子孫録用。

《新五代史》卷三二《王彦章傳》　王彦章字子明，鄆州壽張人也。少爲軍

卒，事梁太祖，爲開封府押衙、左親從指揮使、行營先鋒馬軍使。末帝即位，遷濮州刺史，又徙澶州刺史。彦章爲人驍勇有力，能跣足履棘行百步。持一鐵鎗，騎而馳突，奮疾如飛，而佗人莫能舉也，軍中號王鐵鎗。

梁、晉争天下爲勁敵，獨彦章心常輕晉王，謂人曰：「亞次鬭雞小兒耳，何足懼哉！」梁分魏、相六州爲兩鎮，懼魏軍不從，遣彦章將五百騎入魏，屯金波亭以虞變。魏軍果亂，夜攻彦章，彦章南走，魏人降晉。晉軍攻破澶州，虜彦章妻子歸之太原，賜以第宅，供給甚備，間遣使者招彦章，彦章斬其使者以自絶。然晉人畏彦章之在梁也，必欲招致之，待其妻子愈厚。

自梁失魏、博，與晉夾河而軍，彦章常爲先鋒。遷汝鄭二州防禦使、匡國軍節度使、北面行營副招討使，又徙宣義軍節度使。是時，晉已盡有河北，以鐵鎖斷德勝口，築河南、北爲兩城，號「夾寨」。而梁末帝昏亂，小人趙巖、張漢傑等用事，大臣宿將多被讒間，彦章雖爲招討副使，而謀不見用。龍德三年夏，晉取鄆州，梁人大恐，宰相敬翔顧事急，以繩内靴中，入見末帝，泣曰：「先帝取天下，不以臣爲不肖，所謀無不用。今彊敵未滅，陛下棄忽臣言，臣身不用，不如死！」乃引繩將自經。末帝使人止之，問所欲言。翔曰：「事急矣，非彦章不可！」末帝乃召彦章爲招討使，以段凝爲副。末帝問破敵之期，彦章對曰：「三日。」左右皆失笑。

彦章受命而出，馳兩日至滑州，置酒大會，陰遣人具舟於楊村，命甲士六百人皆持巨斧，載冶者，具鞴炭，乘流而下。彦章會飲，酒半，佯起更衣，引精兵數千，沿河以趨德勝，舟兵舉鎖燒斷之，因以巨斧斬浮橋，而彦章引兵急擊南城，浮橋斷，南城遂破，蓋三日矣。是時莊宗在魏，以朱守殷守夾寨，聞彦章爲招討使，驚曰：「彦章驍勇，吾嘗避其鋒，非守殷敵也。然彦章兵少，利於速戰，必急攻我南城。」即馳騎救之，行二十里，而得夾寨報者曰：「彦章兵已至。」比至，而南城破矣。莊宗徹北城爲栰，下楊劉，與彦章俱浮于河，各行一岸，每舟栰相及輒戰，一日數十接。彦章至楊劉，攻之幾下。晉人築壘博州東岸，彦章引兵攻之，不克，還擊楊劉，戰敗。

是時，段凝已有異志，與趙巖、張漢傑交通，彦章素剛，憤梁日削，而嫉巖等所爲，嘗謂人曰：「俟吾破賊還，誅姦臣以謝天下。」巖等聞之懼，與凝叶力傾之。其破南城也，彦章與凝各爲捷書以聞，凝遣人告巖等匿彦章書而上己書，末帝初疑其事，已而使者至軍，獨賜勞凝而不及彦章，軍士皆失色。及楊劉之敗也，凝乃上書言：「彦章使酒輕敵而至於敗。」趙巖等從中日夜毁之，乃罷彦章，以凝爲招討使。彦章馳至京師入見，以笏畫地，自陳勝敗之迹，巖等諷有司劾彦章不恭，勒還第。

唐兵攻兖州，末帝召彦章使守捉東路。是時，梁之勝兵皆屬段凝，京師祇有保鑾五百騎，皆新捉募之兵，不可用，乃以屬彦章，而以張漢傑監之。彦章至遞坊，以兵少戰敗，退保中都；又敗，與其牙兵百餘騎死戰。唐將夏魯奇素與彦章善，識其語音，曰：「王鐵鎗也！」舉矟刺之，彦章傷重，馬踣，被擒。莊宗見之，曰：「爾常以孺子待我，今日服乎？」又曰：「爾善戰者，何不守兖州而守中都？中都無壁壘，何以自固？」彦章對曰：「大事已去，非人力可爲！」莊宗惻然，賜藥以封其創。彦章武人不知書，常爲俚語謂人曰：「豹死留皮，人死留名。」其於忠義，蓋天性也。莊宗愛其驍勇，欲全活之，使人慰諭彦章，彦章謝曰：「臣與陛下血戰十餘年，今兵敗力窮，不死何待？且臣受梁恩，非死不能報，豈有朝事梁而暮事晉，生何面目見天下之人乎！」莊宗又遣明宗往諭之，彦章病創，卧不能起，仰顧明宗，呼其小字曰：「汝非邈佶烈乎？我豈苟活者？」遂見殺，年六十一。晉高祖時，追贈彦章太師。

雜録

備録

陶穀《清異録》卷上《草門》 苔，一名地錢，一名緑衣元寶。王彦章葺園亭，壘壇種花，急欲苔蘚少助野意，而經年不生，顧弟子曰：「叵耐這緑拗兒！」

陶岳《五代史補》卷一《王彦章入軍》 王彦章之應募也，同時有數百人，而彦章嘗求爲長。衆皆怒曰：「彦章何人，一旦自草野中出，便欲居我輩之上，是不自量之甚也！」彦章聞之，乃對主將指數百人曰：「我天與壯氣，自度汝等不及，故求作長耳。汝等咄咄，得非勝負將分之際耶！且大凡健兒開口便言死，死則未暇，且共汝輩赤脚入棘鍼地走三五遭，汝等能乎？」衆初以爲戲，既而彦章果然，衆皆失色，無敢效之者。太祖聞之，以爲神人，遽擢用之。

備論

《新五代史》卷三二《王彦章傳》　嗚呼，天下惡梁久矣！然士之不幸而生其時者，不爲之臣可也，其食人之禄者，必死人之事，如彦章者，可謂得其死哉！仁贍既殺其子以自明矣，豈有垂死而變節者乎？今《周世宗實録》載仁贍降書，蓋其副使孫羽等所爲也。當世宗時，王環爲蜀守秦州，攻之久不下，其力屈而降，世宗頗嗟其忠，然止於爲大將軍。視世宗待二人之薄厚而考其制書，乃知仁贍非降者也。自古忠臣義士之難得也！五代之亂，三人者，或出於軍卒，或出於僞國之臣，可勝歎哉！可勝歎哉！

藝文

《歐陽修全集》卷三九《王彦章畫像記》　太師王公諱彦章，字子明，鄆州壽張人也。事梁，爲宣義軍節度使，以身死國，葬於鄭州之管城。晉天福二年，始贈太師。公在梁以智勇聞，梁、晉之爭數百戰，其爲勇將多矣，而晉人獨畏彦章。自乾化後，常與晉戰，屢困莊宗於河上。及梁末年，小人趙巖等用事，梁之大臣老將多以讒不見信，皆怒而有怠心，而梁亦盡失河北，事勢已去。諸將多懷顧望，獨公奮然自必，不少屈懈，志雖不就，卒死以忠。公既死，而梁亦亡矣。悲夫！五代終始纔五十年，而更十有三君，五易國而八姓，士之不幸而出乎其時，能不污其身得全其節者鮮矣。公本武人，不知書，其語質，平生嘗謂人曰：「豹死留皮，人死留名。」蓋其義勇忠信，出於天性而然。

予於《五代書》，竊有善善惡惡之志，至於公傳，未嘗不感憤歎息，惜乎舊史殘略，不能備公之事。康定元年，予以節度判官來此，求於滑人，得公之孫睿所録家傳，頗多於舊史，其記德勝之戰尤詳。又言敬翔怒末帝不肯用公，欲自經於帝前。公因用笏畫山川，爲御史彈而見廢。又言公五子，其二同父死節。此皆舊史無之。又云公在滑，以讒自歸於京師；而史云召之。是時梁兵盡屬段凝，京師羸兵不滿數千，公得保鑾五百人之鄆州，以力寡敗於中都；而史云將五千以往者，亦皆非也。

公之攻德勝也，初受命於帝前，期以三日破敵，梁之將相聞者皆竊笑。及破南城，果三日。是時莊宗在魏，聞公復用，料公必速攻，自魏馳馬來救，已不及矣。莊宗之善料，公之善出奇，何其神哉！今國家罷兵四十年，一旦元昊反，敗軍殺將，連四五年，而攻守之計至今未決。予嘗獨持用奇取勝之議，而歎邊將屢失其機，時人聞予説者，或笑以爲狂，或忽若不聞，雖予亦惑，不能自信。及讀公家傳，至於德勝之捷，乃知古之名將必出於奇，然後能勝。然非審於爲計者不能出奇，奇在速，速在果，此天下偉男子之所爲，非拘牽常算之士可到也。

每讀其傳，未嘗不想見其人。後二年，予復來通判州事。歲之正月，過俗所謂鐵槍寺者，又得公畫像而拜焉。歲久磨滅，隱隱可見，亟命工完理之，而不敢有加焉，懼失其真也。公善用槍，當時號王鐵槍，公死已百年，至今俗猶以名其寺，童兒牧豎皆知王鐵槍之爲良將也。一槍之勇，同時豈無？而公獨不朽者，豈其忠義之節使然歟？畫已百餘年矣，完之復可百年，然公之不泯者，不繫乎畫之存不存也。而予尤區區如此者，蓋其希慕之至焉耳。讀其書，尚想乎其人，況得拜其像，識其面目，不忍見其壞也。畫既完，因書予所得者于後，而歸其人使藏之。

張全義部

綜述

《舊五代史》卷六三《張全義傳》　張全義，字國維，濮州臨濮人。初名居言，賜名全義，梁祖改爲宗奭，莊宗定河南，復名全義。祖璉，父誠，世爲田農。全義爲縣嗇夫，嘗爲令所辱。

乾符末，黄巢起冤句，全義亡命入巢軍。巢入長安，以全義爲吏部尚書，充水運使。巢敗，依諸葛爽於河陽，累遷至裨校，屢有戰功，爽表爲澤州刺史。光啓初，爽卒，其子仲方爲留後。部將劉經與李罕之争據洛陽，罕之敗經於聖善寺，乘勝欲攻河陽，營於洛口。經遣全義拒之，全義乃與罕之同盟結義，返攻經於河陽，爲經所敗，收合餘衆，與罕之據懷州，乞師於武皇。武皇遣澤州刺史安金俊助之，進攻河陽，劉經、仲方委城奔汴，罕之遂自領河陽，表全義爲河南尹。

全義性勤儉，善撫軍民，雖賊寇充斥，而勸耕務農，由是倉儲殷積。罕之貪暴不法，軍中乏食，每取給於全義。二人初相得甚歡，而至是求取無厭，動加凌轢，全義苦之。

文德元年四月，罕之出軍寇晉、絳，全義乘其無備，潛兵襲取河陽，全義乃兼領河陽節度。罕之求援於武皇，武皇復遣兵助攻河陽，會汴人救至而退。梁祖以丁會守河陽，全義復爲河南尹、檢校司空。全義感梁祖援助之恩，自是依附，皆從其制。

初，蔡賊孫儒、諸葛爽争據洛陽，迭相攻伐，七八年間，都城灰燼，滿目荆榛。全義初至，唯與部下聚居故市，井邑窮民，不滿百户。全義善於撫納，課部人披榛種蓺，且耕且戰，以粟易牛，歲滋墾闢，招復流散，待之如子。每農祥勸耕之始，全義必自立畎畝，餉以酒食，政寬事簡，吏不敢欺。數年之間，京畿無閑田，編户五六萬，乃築壘於故市，建置府署，以防外寇。

梁祖迫昭宗東遷，命全義繕治洛陽宫城，累年方集。昭宗至洛陽，梁祖將圖禪代，慮全義心有異同，乃以判官韋震爲河南尹，移全義爲天平軍節度使、守中書令、東平王。其年八月，昭宗遇弒，輝王即位。十月，復以全義爲河南尹，兼忠武軍節度使、判六軍諸衛事。梁祖建號，以全義兼河陽節度使，封魏王。開平二年，册拜太保，兼陝虢節度使、河陽尹。四年，册拜太傅、河南尹，判六軍，兼鄭、滑等州節度使。乾化元年，册拜太師。二年，朱友珪篡逆，以全義爲守太尉、河南尹、宋亳節度使兼國計使。梁末帝嗣位於汴，以全義爲洛京留守，兼鎮河陽。未幾，授天下兵馬副元帥。

梁帝季年，趙、張用事，段凝爲北面招討使，驟居諸將之右。全義知其不可，遣使啓梁末帝曰：「老臣受先朝重顧，蒙陛下委以副元帥之名，臣雖遲暮，尚可董軍，請付北面兵柄，庶分宵旰。段凝晚進，德未服人，恐人情不和，敗亂國政。」不聽。全義託朱氏垂三十年，梁祖末年，猜忌宿將，欲害全義者數四，全義卑身曲事，悉以家財貢奉。洎梁祖河朔喪師之後，月獻鎧馬，以補其軍，又以服勤盡瘁，無以加諸，故竟免於禍。全義妻儲氏，明敏有才略。梁祖自柏鄉失律後，連年親征河朔，心疑全義，或左右讒間，儲氏每入宫，委曲伸理。有時怒不可測，急召全義，儲氏謁見梁祖，厲聲言曰：「宗奭種田叟耳，三十餘年，洛城四面，開荒斸棘，招聚軍賦，資陛下創業。今年齒衰朽，指景待盡，而大家疑之，何也？」梁祖遽笑而謂曰：「我無惡心，嫗勿多言。」

莊宗平梁，全義自洛赴覲，泥首待罪。莊宗撫慰久之，以其年老，令人掖而昇殿，宴賜盡歡，詔皇子繼岌、皇弟存紀等皆兄事之。先是，天祐十五年，梁末帝自汴趨洛，將祀於圓丘。時王師攻下楊劉，徇地曹、濮，梁末帝懼，急歸於汴，其禮不遂，然其法物咸在。至是，全義乃奏曰：「請陛下便幸洛陽，臣已有郊禮之備。」翌日，制以全義復爲尚書令、魏王、河南尹。明年二月，郊禋禮畢，以全義爲守太尉、中書令、河南尹，改封齊王，兼領河陽。先是，朱梁時供御所費，皆出河南府，其後孔謙侵削其權，中官各領内司使務，或豪奪其田園居第，全義乃悉録進納。四年，落河南尹，授忠武軍節度使、檢校太師、尚書令。會趙在禮據魏州，都軍進討無功。時明宗已爲羣小間諜，端居私第。全義以卧疾聞變，憂懼不食，薨於洛陽私第，時年七十五。天成初，册贈太師，謚曰忠肅。

全義歷守太師、太傅、太尉、中書令，封王，邑萬三千户。凡領方鎮洛、鄆、陝、滑、宋，三莅河陽，再領許州，内外官歷二十九任，尹正河、洛，凡四十年，位極人臣，善保終吉者，蓋一人而已。全義朴厚大度，敦本務實，起戰士而忘功名，尊儒業而樂善道。家非士族，而獎愛衣冠，開幕府辟士，必求望實。屬邑補奏，不

任吏人。位極王公，不衣羅綺，心奉釋、老，而不溺左道。如是數者，人以爲難。自莊宗至洛陽，趨向者皆由徑以希恩寵，全義不改素履，盡誠而已。言事者以梁祖爲我世讎，宜斲棺燔柩，全義獨上章申理，議者嘉之。劉皇后嘗從莊宗幸其第，奏云：「妾孩幼遇亂，失父母，欲拜全義爲義父。」許之。全義稽首奏曰：「皇后萬國之母儀，古今未有此事，臣無地自處。」莊宗敦逼再三，不獲已，乃受劉后之拜。既非所願，君子不以爲非。然全義少長軍中，立性朴滯，凡百姓有詞訟，以先訴者爲得理，以是人多枉濫，爲時所非。又嘗怒河南縣令羅貫，因憑劉后譖於莊宗，俾貫非罪而死，露屍於府門，冤枉之聲，聞於遠近，斯亦良玉之微瑕也。

《新五代史》卷四五《張全義傳》 張全義字國維，濮州臨濮人也。少以田家子役於縣，縣令數困辱之，全義因亡入黃巢賊中。巢陷長安，以全義爲吏部尚書、水運使。巢賊敗，去事諸葛爽于河陽。爽死，事其子仲方。

仲方爲孫儒所逐，全義與李罕之分據河陽、洛陽以附於梁，二人相得甚歡。然罕之性貪暴，日以寇鈔爲事。全義勤儉，御軍有法，督民耕殖。以故，罕之常乏食，而全義常有餘。罕之仰給全義，全義不能給，二人因有隙。

罕之出兵攻晉、絳，全義襲取河陽，罕之奔晉，晉遣兵助罕之，圍全義甚急。全義乞兵于梁，梁遣牛存節、丁會等以兵萬人自九鼎渡河，擊敗罕之於沇水，晉軍解去。梁以丁會守河陽，全義還爲河南尹。全義德梁出己，由是盡心焉。

是時，河南遭巢、儒兵火之後，城邑殘破，户不滿百，全義披荆棘，勸耕殖，躬載酒食，勞民畎畝之間，築南、北二城以居之。數年，人物完盛，民甚賴之。及梁太祖劫唐昭宗東遷，繕理宫闕、府廨、倉庫，皆全義之力也。

全義初名言，唐昭宗賜名全義。唐亡，全義事梁，又請改名，太祖賜名宗奭。太祖猜忌，晚年尤甚，全義奉事益謹，卒以自免。

自梁與晉戰河北，兵數敗亡，全義輒蒐卒伍鎧馬，月獻之以補其缺。太祖兵敗蓨縣，道病，還洛，幸全義會節園避暑，留旬日，全義妻女皆迫淫之。其子繼祚憤恥不自勝，欲剚刃太祖，全義止之曰：「吾爲李罕之兵圍河陽，啖木屑以爲食，惟有一馬，欲殺以餉軍，死在朝夕，而梁兵出之，得至今日，此恩不可忘也。」繼祚乃止。

嘗有言全義於太祖者，太祖召全義，其意不測。全義妻儲氏明敏有口辯，遽入見，厲聲曰：「宗奭，種田叟爾！守河南三十年，開荒斸土，捃拾財賦，助陛下創業，今年齒衰朽，已無能爲，而陛下疑之，何也？」太祖笑曰：「我無惡心，嫗勿多言。」

全義事梁，累拜中書令，食邑至萬三千户，兼領忠武陝虢鄭滑河陽節度使、判六軍諸衛事、天下兵馬副元帥，封魏王。

初，全義爲李罕之所敗，其弟全武及其家屬爲晉兵所得，晉王給以田宅，待之甚厚，全義常陰遣人通問於太原。及梁亡，莊宗入汴，全義自洛來朝，泥首待罪，莊宗勞之曰：「卿家弟姪，幸復相見。」全義俯伏感涕。年老不能進趨，遣人掖扶而登，宴犒盡歡，命皇子繼岌、皇弟存紀等皆兄事之。全義因去梁所賜名，請復其故名。而全義猶不自安，乃厚賂劉皇后以自託。

初，梁末帝幸洛陽，將祀天於南郊而不果，其儀仗法物猶在，全義因請幸洛陽，自南郊儀物已具。莊宗大悦，加拜全義太師、尚書令。明年十一月，莊宗幸洛陽，南郊而禮物不具，因改用來年二月，然不以前語責全義。以皇后故，待之愈厚，數幸其第，命皇后拜全義爲父，改封齊王。

初，莊宗滅梁，欲掘梁太祖墓，斲棺戮尸。全義以謂梁雖仇敵，今已屠滅其家，足以報怨，剖棺之戮，非王者以大度示天下也。莊宗以爲然，鏟去墓闕而已。

全義監軍嘗得李德裕平泉醒酒石，德裕孫延古，因託全義復求之。監軍忿然曰：「自黄巢亂後，洛陽園宅無復能守，豈獨平泉一石哉！」全義嘗在巢賊中，以爲譏己，因大怒，奏笞殺監軍者，天下冤之。其聽訟，以先訴者爲直，民頗以爲苦。

同光四年，趙在禮反於魏，元行欽討賊無功，莊宗欲自將討之，大臣皆諫以爲不可，因言明宗可將。是時，郭崇韜、朱友謙皆已見殺，明宗自鎮州來朝，處之私第，莊宗疑之，不欲遣也。羣臣固請，不從；最後全義力以爲言，莊宗乃從。已而明宗至魏果反，全義以憂卒，年七十五，謚曰忠肅。

子繼祚，官至上將軍。晉高祖時，與張從賓反於河陽，當族誅。而宰相桑維翰以其父珙嘗事全義有恩，乞全活之，不許，止誅繼祚及其妻子而已。

雜録

備録

張齊賢《洛陽縉紳舊聞記》卷二《齊王張令公外傳》 齊王諱全義，《五代史》有傳，今之所書，蓋史傳之外見聞遺事爾。王濮州人，嘗在巢軍中，知其必敗，遂

覲身歸國，唐授王澤州刺史。初，過三城，謁節度使諸葛爽，爽有人倫之鑒，覩王之狀貌，待之殊厚，贈且多，臨辭謂王曰：「他時名位在某之上，勉之。」爽既殁，王漸貴，追思疇昔見知之恩未嘗報，乃圖雨具，無畏之神耶，齊王之潔誠耶？」齊王在巢軍，先歸唐，授澤州刺史，梁祖後歸唐，授同州刺史。自後與梁祖互爲中書令、尚書令。及梁祖兼四鎮也，齊王累表讓兼鎮，蓋潛識梁祖姦雄，避其權位，欲圖自全之計爾。梁祖經營霸業，外則干戈屢動，内則帑庾多虚，齊王悉心盡力，傾竭財資助之。及北喪師，梁祖猜忌王，慮爲後患，前後欲殺之者數四。雖夫人儲氏面訐梁祖獲免，亦由齊王忠直無貳，有動名於天下，不能傾動之故也。梁祖遂以子福王納齊王之女爲親，以故雖盡力於梁祖，而武皇、莊宗常切齒於齊王矣。及莊宗滅梁，齊王上表待罪，莊宗降詔釋之，召見大喜，開懷慰納，若見平生故人，盡魚水之情焉。與論當世之務，皆出莊宗功臣意表，恨得齊王之晚。其識略德望動人主也如此。因再上表，叙述屢爲朱梁窺圖，偶脱虎口，逼爲親，且非素志，乞雪。表數句云：「伏念臣曾棲惡木，曾飲盜泉，實有瑕玼，未蒙昭雪。」鴻辭也。復下詔雪之，令劉皇后入齊王居第省之。劉后堅求拜齊王與夫人儲氏，齊王避不敢見。劉后歸内奏之，且言少失父母，願拜齊王並儲氏爲義父母，莊宗許之。齊王累表辭讓，不得已而受之。莊宗令翰林學士禮院草定皇后與齊王儲氏爲義父母相見及往來牋書儀注焉。此乃從古所無之事也。

桑中令維翰父拱，爲河南府客將。桑魏公將應舉，父乘間告王曰：「某男粗有文性，今被同人相率，欲取解，俟王旨。」齊王曰：「有男應舉，好事，將卷軸來，可教秀才來。」桑相之父趨下再拜，既歸，令子侵早投書啓，獻文字數軸。王令請桑秀才，父教之趨階，王曰：「不可，既應舉，便是貢士，可歸客司。」謂魏公父曰：「他道路不同，莫管他。」終以客禮見之。王一見甚奇之，禮遇頗厚。是年，王力言於當時儒臣，且推薦之，由是擢上第。至晉高祖有天下，桑魏公在位，奏曰：「洛陽齊王生祠未有額，乞賜號忠肅。」可之。廟勑已下，會朝廷有故，遂中輟之。上御歷，知齊王於唐末有大功，洛民受賜者四十年，比夫甘棠、墮淚，宜昭祀典，詔有司復以「忠肅」額之焉，其德政碑樓，俾再完葺。

王禹偁《五代史闕文・張全義》　世傳梁祖亂全義家婦女，悉皆進御，其子繼祚不勝憤憤，欲剚刃于梁祖，全義止之曰：「吾頃在河陽遭李罕之之難，引太原軍圍閉經年，啗木屑以度朝夕，死在頃刻，得他救援，以至今日，此恩不可負也。」其子乃止。河南令羅貫，方正文章之士，事全義稍慢，全義怒，告劉皇后，斃貫于枯木之下，朝野冤之。洛陽監軍使嘗收得李太尉平泉醒酒石，全義求之，監軍不與，全義立殺之。

洪邁《容齋隨筆》卷一四《張全義治洛》　唐洛陽經黄巢之亂，城無居人，縣邑荒圮，僅能築三小城，又遭李罕之争奪，但遺餘堵而已。張全義招懷理葺，復爲壯藩，《五代史》於《全義傳》書之甚略，《資治通鑑》雖稍詳，亦不能盡。輒采張文定公所著《搢紳舊聞記》，芟取其要而載于此。

「厥今荆、襄、淮、沔，創痍之餘，綿地數千里，長民之官，用守邊保障之勞，超階擢職，不知幾何人，其真能髣髴全義所爲者，吾未見其人也。豈局於文法譏議，有所制而不得騁乎？全義始至洛，於麾下百人中，選可使者十八人，命之曰屯將，人給一旗一牓，於舊十八縣中，令招農户自耕種，流民漸歸。又選可使者十八人，命之曰屯副，民之來者綏撫之，除殺人者死，餘但加杖，無重刑，無租税，歸者漸衆。又選諳書計者十八人，命之曰屯判官，不一二年，每屯户至數千。於農隙時，選丁夫，教以弓矢槍劍，爲坐作進退之法。行之一二年，得丁夫二萬餘人，有盜賊即時擒捕。關市之賦，迨於無籍，刑寬事簡，遠近趨之如市，五年之内，號爲富庶，於是奏每縣除令簿主之。喜民力耕織者，知某家蠶麥善，必至其家，悉召老幼，親慰勞之，賜以酒食茶綵，遺之布衫裙袴，喜動顔色。見稼田中無草者，必下馬觀之，召田主賜衣服；若禾下有草，耕地不熟，則集衆決責之。或訴以闕牛，則召責其鄰伍，曰：『此少人牛！何不衆助。』自是民以耕桑爲務，家家有蓄積，水旱無飢人。在洛四十餘年，至今廟食。」

嗚呼，今之君子，其亦肯以全義之心施諸人乎。

備論

《舊五代史》卷六三《張全義傳》　史臣曰：全義一逢亂世，十領名藩，而能免梁祖之雄猜，受莊宗之厚遇，雖由恭順，亦繫貨財。《傳》所謂「貨以藩身」者，全義得之矣。友謙嚮背爲謀，二三其德，考其行事，亦匪純臣。然全族之誅，禍斯酷矣，得非鬼神害盈，而天道惡滿乎！

藝文

晁補之《濟北文粹》卷六《張全義不欲掘梁太祖墓》　張全義，臨濮人，亡入黄巢賊中，後仕梁爲魏王。莊宗入汴，自洛來朝，泥首請罪。改封齊王。初，莊宗欲掘梁太祖墓，斲棺戮屍。全義以謂：「仇敵今已屠滅其家，剖棺之戮，非王者以大度示天下也。」莊宗以爲然。

右《新史》第四十五卷。全義草賊耳，其諫莊宗意雖德梁，而爲此説，亦庶乎長者之言也。

張世南《游宦紀聞》卷一《贈張全義》　洛陽風景實堪哀，昔日曾爲瓦子堆。不是我公重葺理，至今猶是一堆灰。

《全唐文》卷九三唐哀帝《答河南尹張全義進嘉禾谷穗詔》　多稼如雲，已稱大稔，異畝同穎，益表殊祥。張全義尹正邦畿，從容廊廟，動必垂於惠化，静每著於變調，佐時之略彌彰，阜俗之風益顯。爰昭元貺，可卜豐年，訓農遐掩於衛文，獻瑞迥同於唐叔，載觀禎異，尤切歎嘉。仍付史館。

《全唐文》卷九四唐哀帝《令張全義攝行太尉中書令勅》　漢代元勳，鄧禹冠諸侯之上；晉朝重位，王導居百辟之先。皆道著匡扶，功宣寰宇，其於崇寵，迥異等倫。朕獲以眇躬，重興丕運，凡關制度，必法舊章，實仗勳賢，永安宗社。副元帥梁王正守太尉中書令，忠武軍節度使河南尹張全義亦正守中書令，俱深倚注，咸正台衡。其朝廷册禮，告祀天地宗廟，其司空則差官攝行，太尉、侍中、中書令即宰臣攝行。今太尉副元帥任冠藩垣，每遇行禮之時，或不在京國，即事須差攝太尉行事。全義見居闕下，任正中樞，不可更差別官又攝中書令事。其太尉官，如梁王朝覲在京，便委行事，如卻赴鎮，即依前攝行。所合差中書令，便委全義以本官行禮。其侍中、司空、司徒即臨時差官，付所司。

李存勗部

綜述

《舊五代史》卷二七《莊宗紀一》　莊宗光聖神閔孝皇帝，諱存勗，武皇帝之長子也。母曰貞簡皇后曹氏，以唐光啓元年歲在乙巳，冬十月二十二日癸亥，生帝於晉陽宫。妊時，曹后嘗夢神人，黑衣擁扇，夾侍左右。載誕之辰，紫氣出於牕户。及爲嬰兒，體貌奇特，沈厚不羣，武皇特所鍾愛。及武皇之討王行瑜，帝時年十一，從行。初令入覲獻捷，迎駕還宫，昭宗一見駭之，曰：「此兒有奇表。」因撫其背曰：「兒將來之國棟也，勿忘忠孝於予家。」因賜鸂鶒酒巵、翡翠盤。賊平，授檢校司空、隰州刺史，改汾、晉二郡，皆遥領之。帝洞曉音律，常令歌舞於前。十三習《春秋》，手自繕寫，略通大義。及壯，便射騎，膽略絶人，其心豁如也。

武皇起義雲中，部下皆北邊勁兵，及破賊迎鑾，功居第一，由是稍優寵士伍，因多不法，或陵侮官吏，豪奪士民，白晝剽攘，酒博喧競。武皇緩於禁制，唯帝不平之，因從容啓於武皇，武皇依違之。及安塞不利之後，時事多難，梁將氏叔琮、康懷英頻犯郊圻，土疆日蹙，城門之外，鞠爲戰場，武皇憂形於色。帝因啓曰：「夫盛衰有常理，禍福繫神道。家世三代，盡忠王室，勢窮力屈，無所愧心。物不極則不反，惡不極則不亡。今朱氏攻逼乘輿，窺伺神器，陷害良善，誣誑神祇。以臣觀之，殆其極矣。大人當遵養時晦，以待其衰，何事輕爲沮喪！」太祖釋然，因奉觴作樂而罷。

及滄州劉守文爲梁朝所攻，其父仁恭遣使乞師，武皇恨其翻覆，不時許之。帝白曰：「此吾復振之道也，不得以嫌怨介懷。且九分天下，朱氏今有六七，趙、魏、中山在佗廡下，賊所憚者，唯我與仁恭爾，我之興衰，繫此一舉，不可失也。」太祖乃徵兵於燕，攻取潞州，既而丁會果以城來降。

天祐五年春正月，武皇疾篤，召監軍張承業、大將吴珙謂曰：「吾常愛此子志氣遠大，可付後事，唯卿等所教。」及武皇厭代，帝乃嗣王位於晉陽，時年二十有四。

汴人方寇潞州，周德威宿兵於亂柳，以軍城易帥，竊議恟恟，訛言播於行路。帝方居喪，將吏不得謁見，監軍使張承業排闥至廬所，言曰：「夫孝在不墜家業，不同匹夫之孝。且君父厭世，嗣主未立，竊慮兇猾不逞之徒，有懷覬望。又汴寇壓境，利我兇衰，苟或摇動，則倍張賊勢，訛言不息，懼有變生。請依顧命，墨縗聽政，保家安親，此惟大孝。」帝於是始聽斷大事。

時振武節度使克寧，即帝之季父也，爲管内蕃漢馬步都知兵馬使，典握兵柄。帝以軍府事讓季父，曰：「兒年幼稚，未通庶政，雖承遺命，恐未能彈壓。季父勳德俱高，衆情推伏，且請制置軍府，俟兒有立，聽季父處分。」克寧曰：「亡兄遺命，屬在我兒，孰敢異議！」因率先拜賀。初，武皇獎勵戎功，多畜庶孽，衣服禮秩如嫡者六七輩，比之嗣王，年齒又長，部下各綰强兵，朝夕聚議，欲謀爲亂。及帝紹統，或强項不拜，鬱鬱憤惋，託疾廢事。會李存顥以陰計干克寧曰：「兄亡弟立，古今舊事，季父拜姪，理所未安。」克寧妻素剛狠，因激怒克寧，陰圖禍亂。存顥欲於克寧之第謀害張承業、李存璋等，以並、汾九州歸附於梁，送貞簡太后爲質。克寧意將激發，乃擅殺大將李存質，請授己雲州節度使，割蔚、朔、應三州爲屬郡，帝悉俞允，然知其陰禍有日矣。克寧俟帝過其第則圖竊發。時幸臣史敬鎔者，亦爲克寧所誘，盡得其情，乃來告帝。帝謂張承業曰：「季父所爲如此，無猶子之情，骨肉不可自相魚肉，予當避路，則禍亂不作矣。」承業曰：「臣受命先王，言猶在耳。存顥輩欲以太原降賊，王欲何路求生？不即誅除，亡無日矣。」因召吴珙、李存璋、李存敬、朱守殷諭其謀，衆咸憤怒。

二月壬戌，命存璋伏甲以誅克寧，遂靖其難。是月，唐少帝崩於曹州，梁祖使人酖之也。帝聞之，舉哀號慟。

三月，周德威尚在亂柳，梁將李思安屢爲德威所敗，閉壁不出。是時，梁祖自將兵至澤州，以劉知俊爲招討使以代思安，以范君寔、劉重霸爲先鋒，牛存節爲撫遏，統大軍營於長子。

四月，帝召德威軍歸晉陽。汴人既見班師，知我國禍，以爲潞州必取，援軍無俟再舉，遂停斥候。梁祖亦自澤州歸洛。帝知其無備，乃謂將佐曰：「汴人聞我有喪，必謂不能興師；又以我少年嗣位，未習戎事，必有驕怠之心。若簡練兵甲，倍道兼行，出其不意，以吾憤激之衆，擊彼驕惰之師，拉朽摧枯，未云其易，解圍定霸，在此一役。」甲子，軍發自太原。己巳，至潞州北黄碾下營。

五月辛未朔，晨霧晦暝，帝率親軍伏三垂崗下，詰旦，天復昏霧，進軍直抵夾城。時李嗣源總帳下親軍攻東北隅，李存璋、王霸率丁夫燒寨，劚夾城爲二道，周德威、李存審各分道進攻，軍士鼓譟，三道齊進。李嗣源壞夾城東北隅，率先掩擊，梁軍大恐，南向而奔，投戈委甲，噎塞行路，斬萬餘級，獲其將副招討使符道昭洎大將三百人，芻粟百萬。梁招討使康懷英得百餘騎，出天井關而遁。梁祖聞其敗也，既懼而歎曰：「生子當如是，李氏不亡矣！吾家諸子乃豚犬爾。」初，唐龍紀元年，帝纔五歲，從武皇校獵於三垂崗，崗上有玄宗原廟在焉。武皇於祠前置酒，樂作，伶人奏《百年歌》者，陳其衰老之狀，聲調悽苦。武皇引滿，捋鬚指帝曰：「老夫壯心未已，二十年後，此子必戰於此。」及是役也，果符其言焉。

是月，周德威乘勝攻澤州，刺史王班登城拒守，梁將劉知俊自晉、絳將兵赴援，德威退保高平。帝遂班師於晉陽，告廟飲至，賞勞有差。乃下令於國中，禁賊盜，恤孤寡，徵隱逸，止貪暴，峻堤防，寬獄訟，朞月之間，其俗丕變。帝每出，於路遇饑寒者，必駐馬而臨問之，由是人情大悦，王霸之業，自兹而基矣。

六月，鳳翔李茂貞、邠州楊崇本合西川王建之師五萬，以攻長安，遣使會兵於帝，帝遣張承業率師赴之。

九月，邠、岐、蜀三鎮復大舉攻長安，遣李嗣昭、周德威將兵三萬攻晉州以應之。德威與梁將尹皓戰於神山北，梁人大敗。是時，晉之騎將夏侯敬受以一軍奔於梁，德威乃退保隰州。

天祐六年秋七月，邠、岐二帥及梁之叛將劉知俊俱遣使來告，將大舉以伐靈、夏，兼收關輔，請出兵晉、絳，以張兵勢。

八月，帝御軍南征，先遣周德威、李存審、丁會統大軍出陰地關，攻晉州，爲地道，壞城二十餘步，城中血戰拒守。梁祖遣楊師厚領兵赴援，德威乃收軍而退。

天祐七年秋七月，鳳翔李茂貞、邠州楊崇本皆遣師來會兵，同討靈、夏。且言劉知俊三敗汴軍於寧州，靈、夏危蹙，岐、隴之師大舉，決取河西。帝令周德威將兵萬人，西渡河以應之。是役也，劉知俊爲岐人所搆，乃自退。

九月，德威班師。

冬十月，梁祖遣大將李思安、楊師厚率師營於澤州，以攻上黨。

十一月，鎮州王鎔遣使來求援。是時，梁祖以羅紹威初卒，全有魏博之地，因欲兼並鎮、定，遣供奉官杜廷隱、丁延徽督魏軍三千人入于深、冀，鎮人懼，故來告難。帝集軍吏議之，咸欲按甲治兵，徐觀勝負，唯帝獨斷，堅欲救之，乃遣周德威率軍屯於趙州。是月，行營都招討使丁會卒。

十二月丁巳朔，梁祖聞帝軍屯趙州，命寧國軍節度使王景仁爲北面行營招討使，韓勍爲副，相州刺史李思安爲前鋒，會魏州之兵以討王鎔。又令閻寶、王彦章率二千騎，會景仁於邢、洺。丁丑，景仁營於柏鄉，帝遂親征，自贊皇縣東下。辛巳，至趙州，與周德威兵合。帝令史建瑭以輕騎嘗寇，獲芻牧者二百人，問其兵數，精兵七萬。是日，帝觀兵於石橋南，詰旦進軍，距柏鄉一舍，周德威、史建瑭率蕃落勁騎以挑戰，四面馳射，梁軍閉壁不出，乃退。翌日進軍，距柏鄉五里，遣騎軍逼其營。梁將韓勍、李思安率步騎三萬，鎧甲炫曜，其勢甚盛，分道以薄帝軍。德威且戰且退，距河而止。既而德威偵知梁人造浮橋，乃退保高邑。乙酉，致師於柏鄉，帝禱戰於光武廟。柏鄉無芻粟之備，梁軍以樵采爲給，爲帝之遊軍所獲，由是堅壁不出，剉屋茅坐席以秣其馬，衆心益恐。

天祐八年正月丁亥，周德威、史建瑭帥三千騎致師於柏鄉，設伏於村塢間，遣三百騎直壓其營。梁將怒，悉其軍結陣而來，德威與之轉戰至高邑南，梁軍列陣，橫亘六七里。時帝軍未成列，李存璋引諸軍陣於野河之上，梁軍以五百人争橋，鎮、定之師與血戰，梁軍敗而復整者數四。帝與張承業登高觀望，梁人戈矛如束，申令之後，囂聲若雷，王師進退有序，步騎嚴整，寂然無聲。帝臨陣誓衆，人百其勇，短兵既接，無不奮力。梁有龍驤、神威、拱宸等軍，皆武勇之士也，每一人鎧仗，費數十萬，裝以組繡，飾以金銀，人望而畏之。自巳及午，騎軍接戰，至晡，梁軍欲抽退，塵埃漲天，德威周麾而呼曰：「汴人走矣！」帝軍齊譟以進，魏人收軍漸退。李嗣源率親軍與史建瑭、安金全兼北部吐渾諸軍衝陣夾攻，梁軍大敗，棄鎧投仗之聲，震動天地，龍驤、神威、神捷諸軍，殺戮殆盡。自陣至柏鄉數十里，殭屍枕籍，敗旗折戟，所在蔽地。夜漏一鼓，帝軍入柏鄉，梁軍輜重、帳幄、資財、奴僕，皆爲帝軍所有。梁將王景仁、韓勍、李思安等以數十騎夜遁。是役也，斬首二萬級，獲馬三千匹，鎧甲兵仗七萬，輜車鍋幕不可勝計。擒梁將陳思權以下二百八十五人。帝號令收軍於趙州。既而梁人棄深、冀二州而遁。初，杜廷隱之襲深、冀也，聲言分兵就食。時王鎔將石公立戍深州，欲杜關不納，鎔遽令啓關，命公立移軍於外，廷隱遂據其城。公立既出，指城闉而言曰：「開門納盜，後悔何追，此城數萬生靈，生爲俘馘矣！」因投刃泣下。數日，廷隱閉城殺鎮兵數千人，遂登陣拒守，王鎔方命公立攻之，即有備矣。及柏鄉之敗，兩州

之人悉爲奴擄，老弱者皆坑之。己亥，遣史建瑭、周德威徇地於邢、魏，先馳檄以諭之。帝御親軍南征。庚子，至洺州，梁祖令其將徐仁浦將兵五百，夜入邢州。張承業、李存璋以三鎮步兵攻邢州，遣周德威、史建瑭將三千騎，長驅至澶魏，帝與李嗣源率親軍繼進。

二月戊午，師次洹水，周德威進至臨河。己未，魏帥羅周翰出兵五千，塞石灰窑口，周德威以騎掩擊，迫入觀音門。是日，王師迫魏州，帝舍於狄公祠西。周翰閉壁自固，帝軍攻之，其城幾陷。帝歎曰：「予爲兒童時，從先王渡河，今其忘矣。方春桃花水滿，思一觀之，誰從予者？」癸亥，帝觀河於黎陽。是時，梁祖發兵萬餘將渡河，聞王師至，棄舟而退。黎陽都將張從楚、曹儒以部下兵三千人來降，立其軍爲左右匡霸使。乙丑，周德威自臨清狗地貝郡，攻博州，下東武、朝城。時澶州刺史張可臻棄城而遁，遂攻黎陽，下臨河、淇門。庚午，梁祖在洛，聞王師將攻河陽，率親軍屯白馬坡。壬申，帝下令班師。帝至趙州，王鎔迎謁。翌日，大饗諸軍。壬午，帝發趙州，歸晉陽，留周德威戍趙州。

三月己丑，鎮、定州各遣使言幽州劉守光兇僭之狀，請推爲尚父，以稔其惡。乙未，帝至晉陽宮，召監軍張承業諸將等議幽州之事，乃遣牙將戴漢超齎墨制並六鎮書，推劉守光爲尚書令、尚父，守光由是兇熾日甚，遂邀六鎮奉册。

五月，六鎮使至幽，梁使亦集。

是月，梁祖遣都招討使楊師厚將兵三萬屯邢州，帝令李嗣昭出師掠相、衛而還。

秋七月，帝會王鎔於承天軍。鎔，武皇之友也，帝奉之盡敬，捧卮酒爲壽，鎔亦捧酒醻帝。鎔幼子昭誨從行，因許爲婚。

十二月甲子，帝遣周德威、劉光濬、李嗣源及諸將率蕃漢之兵發晉陽，伐劉守光於幽州。

《舊五代史》卷二八《莊宗紀二》〔天祐九年〕秋八月，朱友珪遣其將韓勍、康懷英、牛存節率兵五萬，急攻河中。朱友謙遣使來求援，帝命李存審率師救之。

十月癸未，帝自澤州路赴河中，遇梁將康懷英於平陽，破之，斬首千餘級，追至白徑嶺，朱友謙會帝於猗氏，梁軍解圍而去。庚申，周德威報劉守光三遣使乞和，不報。丁卯，燕將趙行實來奔。

六月壬申朔，帝遣監軍張承業至幽州，與周德威會議軍事。

十一月己亥朔，帝下令親征幽州。甲辰，發晉陽。己未，至范陽。辛酉，守光奉禮幣歸款於帝，帝單騎臨城邀守光，辭以佗日，蓋爲其親將李小喜所扼也。是夕，小喜來奔，帝下令諸軍，詰旦攻城。壬戌，梯衝並進，軍士畢登，帝登燕丹冢以觀之。有頃，擒劉仁恭以獻。癸亥，帝入燕城，諸將畢賀。

十二月庚午，墨制授周德威幽州節度使。癸酉，檀州燕樂縣人執劉守光並妻李氏祝氏、子繼祚以獻。己卯，帝下令班師，自雲、代而旋。時鎮州王鎔、定州王處直遣使請帝由井陘而西，許之。庚辰，帝發幽州，擄仁恭父子以行。甲申，次定州，舍於關城。翌日，次曲陽，與王處直謁北嶽祠。是日，次行唐，鎮州王鎔迎謁於路。

天祐十一年春正月戊戌朔，王鎔以履新之日，與其子昭祚、昭誨奉觴上壽置宴。鎔啓曰：「燕主劉太師頃爲隣國，今欲挹其風儀，可乎？」帝即命主者破械，引仁恭、守光至，與之同宴，鎔饋以衣被飲食。己亥，帝發鎮州，因與王鎔畋於行唐之西。壬子，至晉陽，以組繫仁恭、守光，號令而入。是日，誅守光。遣大將李存霸拘送仁恭於代州，刺其心血奠告于武皇陵，然後斬之。是月，鎮州王鎔、定州王處直遣使推帝爲尚書令。初，王鎔稱藩於梁，梁以鎔爲尚書令，至是鎮、定以帝南破梁軍，北定幽、薊，乃共推崇焉。使三至，帝讓乃從之，遂選日受册，開霸府，建行臺，如武德故事。

秋七月，帝親將自黄沙嶺東下會鎮人，進軍邢、洺。梁將楊師厚軍於漳東，帝軍次張公橋，既而裨將曹進金奔於梁，帝軍不利而退。

八月，還晉陽。

天祐十二年三月，梁魏博節度使賀德倫遣使奉幣乞盟。時楊師厚卒於魏州，梁主乃割相、衛、澶三州別爲一鎮，以德倫爲魏博節度使，以張筠爲相州節度使，魏人不從。是月二十九日夜，魏軍作亂，囚德倫於牙署，三軍大掠。軍士有張彦者，素實凶暴，爲亂軍之首，迫德倫上章請却復六州之地，梁主不從，遂迫德倫歸於帝，且乞師爲援。帝命馬步副總管李存審自趙州帥師屯臨清，帝自晉陽東下，與存審會。賀德倫遣從事司空頲至軍，密啓張彦狂勃之狀，且曰：「若不剪此亂階，恐貽後悔。」帝默然，遂進軍永濟。張彦謁見，以銀槍效節五百人從，皆被甲持兵以自衛。帝登樓諭之曰：「汝等在城，濫殺平人，奪其妻女，數日以來，迎訴者甚衆，當斬汝等，以謝鄴人。」遽令斬彦及同惡者七人，軍士股慄，帝親加慰撫而退。翌日，帝輕裘緩策而進，令張彦部下軍士被甲持兵，環馬而從，命

爲帳前銀槍，衆心大服。梁將劉鄩聞帝至，以精兵萬人自洹水趣魏縣，帝命李存審帥師禦之，帝率親軍於魏縣西北，夾河爲栅。

六月庚寅朔，帝入魏州，賀德倫上符印，請帝兼領魏州，帝從之。墨制授德倫大同軍節度，令取便路赴任。帝下令撫諭鄴人，軍城畏肅，民心大服。是時，以貝州張源德據壘拒命，南通劉鄩，又與滄州首尾相應，聞德州無備，遣別將襲之，遂拔其城。命遼州牙將馬通爲德州刺史，以扼滄、貝之路。

秋七月，梁澶州刺史王彦章棄城而遁，畏帝軍之逼也。以故將李巖爲澶州刺史。帝至魏縣，因率百餘騎覘梁軍之營。是日陰晦，劉鄩伏兵五千於河曲叢木間，帝至，伏兵忽起，大譟而來，圍帝數十重。帝以百騎馳突奮擊，梁軍辟易，決圍而出，有頃援軍至，乃解。帝顧謂軍士曰：「幾爲賊所笑。」

是月，劉鄩潛師由黄澤西趨晉陽，至樂平而還，遂軍於宗城。初，鄩在洹水，數日不出，寂無聲迹，帝遣騎覘之，無斥候者，城中亦無煙火之狀，但有鳥止於壘上，時見旗幟循堞往來。帝曰：「我聞劉鄩用兵，一步百變，必以詭計誤我。」使視城中，乃縛旗於芻偶之上，使驢負之，循堞而行。得城中羸老者詰之，云軍去已二日矣。既而有人自鄩軍至者，言兵已趨黄澤，帝遽發騎追之。時霖雨積旬，鄩軍倍道兼行，皆腹疾足腫，加以山路險阻，崖谷泥滑，緣蘿引葛，方得少進。顛墜巖坂，陷於泥淖而死者十二三。前軍至樂平，糗精將竭，聞帝軍追躡於後，太原之衆在前，羣情大駭。鄩收合其衆還，自邢州陳宋口渡漳水而東，駐於宗城。時魏之軍儲已乏，臨清積粟所在，鄩欲引軍據之。周德威初聞鄩軍之西，自幽州率千騎至土門。及鄩軍東下，急趨南宫，知鄩軍在宗城，遣十餘騎迫其營，擒斥候者，斷其腕令還。德威至臨清，鄩起軍駐貝州。帝率親騎次博州，鄩軍於堂邑，周德威自臨清率五百騎躡之。是日，鄩軍於莘縣，帝營於莘西一舍，城壘相望，日夕交鬭。

八月，梁將賀瓌襲取澶州，帝遣李存審率兵五千攻貝州，因塹而圍之。

冬十月，有軍士自鄩軍來奔，帝善待之，乃劉鄩密令齎酖賂帝膳夫，欲置毒於食中，會有告者，索其黨誅之。

天祐十三年春二月，帝知劉鄩將謀速戰，乃聲言歸晉陽以誘之，實勞軍於貝州也，令李存審守其營。鄩謂帝已臨晉陽，將乘虚襲鄴。

三月，鄩遣其將楊延直自澶州率兵萬人，會於城下，夜半至於南門之外。城中潛出壯士五百人，突入延直之軍，譟聲動地，梁軍自亂。遲明，鄩自莘引軍至城東，與延直兵會。鄩之來也，李存審率兵踵其後，李嗣源自魏城出戰。俄而帝自貝州至，鄩卒見帝，驚曰：「晉王耶！」因引軍漸却，至故元城西，李存審大軍已成列矣。軍前後爲方陣，梁軍於其間爲圓陣，四面受敵。兩軍初合，梁軍稍衄，再合，鄩引騎軍突西南而走。帝以騎軍追擊之，梁步軍合戰，短兵既接，帝軍鼓譟，圍之數重，埃塵漲天。李嗣源以千騎突入其間，衆皆披靡，相躪如積。帝軍四面斬擊，棄甲之聲，聞數十里。衆既奔潰，帝之騎軍追及於河上，十百爲羣，赴水而死，梁步兵七萬殲亡殆盡。劉鄩自黎陽濟，奔滑州。是月，梁主遣別將王檀率兵五萬，自陰地關趨晉陽，急攻其城，昭義李嗣昭遣將石嘉才率騎三百赴援。時安金全、張承業堅守於内，嘉才救援於外，檀懼，乃燒營而遁，追擊至陰地關。時劉鄩敗於莘縣，王檀遁於晉陽，梁主聞之曰：「吾事去矣！」三月乙卯朔，分兵以攻衛州。壬戌，刺史米昭以城降。

夏四月，攻洺州，下之。

五月，帝還晉陽。

六月，命偏師攻閻寶於邢州，梁主遣捉生都將張温率步騎五百爲援，至内黄，温率衆來奔。

秋七月甲寅朔，帝自晉陽至魏州。

八月，大閱師徒，進攻邢州。相州節度使張筠棄城遁去，以袁建豐爲相州刺史，依舊隸魏州。邢州節度使閻寶請以城降，以忻州刺史、蕃漢副總管李存審爲邢州節度使，以閻寶爲西南西招討使，遥領天平軍節度使。是月，契丹入蔚州，振武節度使李嗣本陷於契丹。

九月，帝還晉陽。梁滄州節度使戴思遠棄城遁去，舊將毛璋入據其城，李嗣源帥師招撫，璋以城降。乃以李存審爲滄州節度使，以李嗣源爲邢州節度使。時契丹犯塞，帝領親軍北征，至代州北，聞蔚州陷，乃班師。是月，貝州平，以滄州降將毛璋爲貝州刺史。自是河朔悉爲帝所有。帝自晉陽復至於魏州。

天祐十四年二月，帝聞劉鄩復收殘兵保守黎陽，遂率師以攻之，不克而還。是月甲午，新州將盧文進殺節度使李存矩，叛入契丹，遂引契丹之衆寇新州。存矩，帝之諸弟也，治民失政，御下無恩，故及於禍。帝以契丹王阿保機與武皇屢盟於雲中，約爲兄弟，急難相救，至是容納叛將，違盟犯塞，乃馳書以讓之。契丹攻新州甚急，刺史安金全棄城而遁，契丹以文進部將劉殷爲刺史。帝命周德威率兵三萬攻之，營於城東。俄而文進引契丹大至，德威拔營而歸，因爲契丹追

蹋，師徒多喪。契丹乘勝寇幽州。是時言契丹者，或云五十萬，或云百萬，漁陽以北，山谷之間，氈車毳幕，羊馬彌漫。盧文進招誘幽州亡命之人，教契丹爲攻城之具，飛梯、衝車之類，畢陳於城下。鑿地道，起土山，四面攻城，半月之間，機變百端。城中隨機以應之，僅得保全，軍民困弊，上下恐懼。德威間道馳使以聞，帝憂形於色，召諸將會議。時李存審請急救燕、薊，且曰：「我若猶豫未行，但恐城中生事。」李嗣源曰：「願假臣突騎五千，以破契丹。」閻寶曰：「但當蒐選銳兵，控制山險，強弓勁弩，設伏待之。」帝曰：「吾有三將，無復憂矣！」

秋七月辛未，帝遣李存審領軍與嗣源會於易州，步騎凡七萬。於是三將同謀，銜枚束甲，尋澗谷而行，直抵幽州。

九月，班師，帝授存審檢校太傅，嗣源檢校太保，閻寶加同平章事。

十月，帝自魏州還晉陽。

十二月，帝觀兵於河上。時梁人據楊劉城，列栅相望，帝率軍履河冰而渡，盡平諸栅，進攻楊劉城。城中守兵三千人，帝率騎軍環城馳射，又令步兵持斧斬其鹿角，負葭葦以堙塹，帝自負一圍而進，諸軍鼓譟而登，遂拔其壘，獲守將安彦之。是夕，帝宿楊劉。

天祐十五年春正月，帝軍徇地至鄆、濮。時梁主在洛，將修郊禮，聞楊劉失守，狼狽而還。

二月，梁將謝彦帥衆數萬來迫楊劉，築壘以自固，又決河水，瀰漫數里，以限帝軍。

六月壬戌，帝自魏州復至楊劉。甲子，率諸軍涉水而進，梁人臨水拒戰，帝軍小却。俄而鼓譟復進，梁軍漸退，因乘勢而擊之，交鬬於中流，梁軍大敗，殺傷甚衆，河水如絳，謝彦章僅得免去。是月，淮南楊溥遣使來會兵，將致討於梁也。

秋八月辛丑朔，大閲於魏郊，河東、魏博、幽、滄、鎮、定、邢洺、麟、勝、雲、朔十鎮之師，及奚、契丹、室韋、吐渾之衆十餘萬，部陣嚴肅，旌甲照曜，師旅之盛，近代爲最。己酉，梁兗州節度使張萬進遣使歸款。帝自魏州率師次於楊劉，略地至鄆、濮而還，遂營於麻家渡，諸鎮列營十數。梁將賀瓌、謝彦章以軍屯濮州行臺村，結壘相持百餘日。帝嘗以數百騎摩壘求戰，謝彦章帥精兵五千伏於堤下，帝以十餘騎登堤，伏兵發，圍帝十數重。俄而帝之騎軍繼至，攻於圍外，帝於圍中躍馬奮擊，決圍而出。李存審兵至，梁軍方退。是時，帝銳於接戰，每馳騎出營，存審必扣馬進諫，帝伺存審有間，即策馬而出，顧左右曰：「老子妨吾戲耳！」至是幾危，方以存審之言爲忠也。

十二月庚子朔，帝進軍，距梁軍栅十里而止。時梁將賀瓌殺騎將謝彦章於軍，帝聞之曰：「賊帥自相魚肉，安得不亡。」戊午，下令軍中老幼，令歸魏州，悉兵以趣汴。庚申，大軍毀營而進。辛酉，次於臨濮，梁軍捨營踵於後。癸亥，次胡柳陂。遲明，梁軍亦至，帝率親軍出視，諸軍從之。梁軍已成陣，橫亘數十里，帝亦以橫陣抗之。時帝與李存審總河東、魏博之衆居其中，周德威以幽、薊之師當其西，鎮、定之師當其東。梁將賀瓌、王彦章全軍接戰，帝以銀槍突入梁軍陣中，斬擊十餘里，賀瓌、王彦章單騎走濮陽。帝軍輜重在陣西，望見梁軍旗幟，皆驚走，因自相蹈藉，不能禁止。帝一軍先敗，周德威戰殁。是時，陂中有土山，梁軍數萬先據之，帝帥中軍至山下。梁軍嚴整不動，旗幟甚盛。帝呼諸軍曰：「今日之戰，得山者勝，賊已據山，吾與爾等各馳一騎以奪之！」帝率軍先登，銀槍步兵繼進，遂奪其山。梁軍紛紜而下，復於土山西結陣數里。時日已晡矣，或曰：「諸軍未齊，不如還營，詰朝可圖再戰。」閻寶曰：「深入賊境，逢其大敵，期於盡銳，以決雌雄。況賊帥奔亡，衆心方恐，今乘高擊下，勢如破竹矣。」銀槍都將王建及被甲橫槊進曰：「賊將先已奔亡，王之騎軍一無所損，賊衆晡晚，大半思歸，擊之必破。王但登山縱觀，責臣以破賊之效。」於是李嗣昭領騎軍自土山北以逼梁軍，王建及呼士衆曰：「今日所失輜重，並在山下。」乃大呼以奮擊，諸軍繼之，梁軍大敗。時元城令吴瓊、貴鄉令胡裝各部役徒萬人，於山下曳柴揚塵，鼓譟助其勢。梁軍不之測，自相騰藉，棄甲山積。甲子，命行戰場，收獲鎧仗不知其數。時帝之軍士有先入大梁問其次舍者，梁人大恐，驅市人以守。其殘衆奔歸汴者不滿千人，帝軍遂拔濮陽。

《舊五代史》卷二九《莊宗紀三》 天祐十六年春正月，李存審城德勝，夾河爲栅。帝還魏州，命昭義軍節度使李嗣昭權知幽州軍府事。

三月，帝兼領幽州，遣近臣李紹宏提舉府事。

夏四月，梁將賀瓌圍德勝南城，百道攻擊，復以艨艟扼斷津渡。帝馳而往，陣於北岸。南城守將氏延賞告急，且言矢石將盡。帝以重賂召募能破賊艦者，於是獻技者數十，或言能吐火焚舟，或言能禁呪兵刃，悉命試之，無驗。帝憂形於色，親從都將王建及進曰：「臣請效命。」乃以巨索連舟十艘，選效節勇士三百人，持斧被鎧，鼓枻而進，至中流。梁樓船三層，蒙以牛革，懸板爲楯。建及率持斧者入艨艟間，斬其竹笮，破其懸楯。又於上流取甕數百，用竹笮維之，積薪於

上，灌以脂膏，火發亘空。又以巨艦載甲士，令乘煙鼓譟。梁之樓船斷絙而下，沈溺者殆半。軍既得渡，梁軍乃退，命騎軍追襲至濮陽，俘斬千計。賀瓌由此飲氣遘疾而卒。

秋七月，帝歸晉陽。

八月，梁將王瓚帥衆數萬自黎陽渡河，營於楊村，造舟爲梁，以通津路。

冬十月，帝自晉陽至魏州，發徒數萬，以廣德勝北城，自是，日與梁軍接戰。

十二月戊戌，帝軍於河南，夜伏步兵於潘張村梁軍寨下，以騎軍掠其餉運，擒其斥候。梁王瓚結陣以待，帝軍以鐵騎突之，諸軍繼進，梁軍大奔，赴水死者甚衆，瓚走保北城。

〔天祐十七年〕秋七月，梁將劉鄩、尹皓寇同州。先是，河中節度使朱友謙取同州，以其子令德主留務，請梁主降節。梁主怒，不與，遂請旄節於帝。梁主乃遣劉鄩與華州節度使尹皓帥兵圍同州，友謙來告難，帝遣蕃漢總管李存審、昭義節度使李嗣昭、代州刺史王建及率師赴援。

天祐十八年春正月，魏州開元寺僧傳真獲傳國寶，獻於行臺。驗其文，即「受命於天，子孫寶之」八字也，羣僚稱賀。傳真師於廣明中，遇京師喪亂得之，秘藏已四十年矣。篆文古體，人不之識，至是獻之。時淮南楊溥、西川王衍皆遣使致書，勸帝嗣唐帝位，帝不從。

二月，代州刺史王建及卒。是月，鎮州大將張文禮殺其帥王鎔。時帝方與諸將宴，酒酣樂作，聞鎔遇弑，遽投觶而泣曰：「趙王與吾把臂同盟，分如金石，何負於人，覆宗絶祀，冤哉！」先是，滹沱暴漲，漂關城之半，溺死者千計。是歲，天西北有赤祲如血，占者言趙分之災，至是果驗。時張文禮遣使請旄節於帝，帝曰：「文禮之罪，期於無赦，敢邀予旄節！」左右曰：「方今事繁，不欲與人生事。」帝不得已而從之，乃承制授文禮鎮州兵馬留後。

三月，河中節度使朱友謙、昭義節度使李嗣昭、滄州節度使李存審、定州節度使王處直、邢州節度使李嗣源、成德軍兵馬留後張文禮、遥領天平軍節度使閻寶、大同軍節度使李存璋、新州節度使王郁、振武節度使李存進、同州節度使朱令德，各遣使勸進，請帝紹唐帝位，帝報書不允。自是，諸鎮凡三上章勸進，各獻貨幣數十萬，以助即位之費，帝左右亦勸帝早副人望，帝撝挹久之。

八月庚申，令天平節度使閻寶、成德兵馬留後符習率兵討張文禮于鎮州。

初，王鎔令偏將符習以本部兵從帝屯於德勝。文禮既行弑逆，忌鎔故將，多被誅戮，因遣使聞於帝，欲以佗兵代習歸鎮，習等懼，請留。帝令傳旨於習及别將趙仁貞、烏震等，明正文禮弑逆之罪，且言：「爾等荷戟從征，蓋君父之故，銜冤報恩，誰人無心。吾當給爾資糧，助爾兵甲，當試思之！」於是習等率諸將三十餘人，慟哭於牙門，請討文禮。帝因授習成德軍兵馬留後，以部下鎮、冀兵致討於文禮，又遣閻寶以助之，以史建瑭爲前鋒。甲子，攻趙州，刺史王鋋送符印以迎，閻寶遂引軍至鎮州城下，營於西北隅。是月，張文禮病疽而卒，其子處瑾代掌軍事。

冬十月己未，梁將戴思遠攻德勝北城，帝命李嗣源設伏於戚城，令騎軍挑戰。梁軍大至，帝御中軍以禦之。時李從珂僞爲梁幟，奔入梁壘，斧其眺樓，持級而還。梁軍愈恐，步兵漸至，李嗣源以鐵騎三千乘之，梁軍大敗，俘斬二萬計。

辛酉，閻寶上言，定州節度使王處直爲其子都幽於别室，都自稱留後。

十一月，帝至鎮州城下，張處瑾遣弟處琪、幕客齊儉等候帝乞降，言猶不遜，帝命囚之。時王師築土山以攻其壘，城中亦起土山以拒之，旬日之間，機巧百變。張處瑾令韓正時以千騎夜突圍，將入定州與王處直議事，爲我游軍追擊，破之，餘衆保行唐，賊將彭贇斬正時以降。

十二月辛未，王郁誘契丹阿保機寇幽州，遂引軍涿州，陷之。又寇定州，王都遣使告急，帝自鎮州率五千騎赴之。

天祐十九年春正月甲午，帝至新城，契丹前鋒三千騎至新樂。是時，梁將戴思遠乘虚以寇魏州，軍至魏店，李嗣源自領兵馳入魏州。梁人知其有備，乃西渡洹水，陷成安而去。時契丹渡沙河口，諸將相顧失色，又聞梁人内侵，鄴城危急，皆請旋師，唯帝謂不可，乃率親騎至新城。契丹萬餘騎，遽見帝軍，惶駭而退。帝分軍爲二廣，追躡數十里，獲阿保機之子。時沙河冰薄，橋梁隘狹，敵争踐而過，陷溺者甚衆。阿保機方在定州，聞前軍敗，退保望都。帝至定州，王都迎謁。是夜，宿於開元寺。翌日，引軍至望都，契丹逆戰，帝身先士伍，馳擊數四，敵退而結陣，帝之徒兵亦陣於水次。李嗣昭躍馬奮擊，敵衆大潰，俘斬數千，追擊至易水，獲氈裘、毳幕、羊馬不可勝紀。時歲且北至，大雪平地五尺，敵乏芻糧，人馬斃踣道路，纍纍不絶。帝乘勝追襲至幽州。是月，梁將戴思遠寇德勝北城，築壘穿塹，地道雲梯，晝夜攻擊，李存審極力拒守，城中危急。帝自幽州聞之，倍道兼行以赴，梁人聞帝至，燒營而遁。

三月丙午，王師敗於鎮州城下，閻寶退保趙州。時鎮州累月受圍，城中艱

食，王師築壘環之，又決滹沱水以絶城中出路。是日，城中軍出，攻其長圍，皆奮力死戰，王師不能拒，引師而退。鎮人壞其營壘，取其芻糧者累日。帝聞失律，即以昭義節度使李嗣昭爲北面招討使，進攻鎮州。

夏四月己巳，帝升壇，祭告昊天上帝，遂即皇帝位，文武臣僚稱賀。禮畢，御應天門宣制：改天祐二十年爲同光元年。大赦天下，自四月二十五日昧爽以前，除十惡五逆、放火行劫、持杖殺人、官典犯贓、屠牛鑄錢、合造毒藥外，罪無輕重，咸赦除之。應蕃漢馬步將校並賜功臣名號，超授檢校官，已高者與一子六品正員官，兵士並賜等第優給。其戰殁功臣各加追贈，仍定謚號。民年八十已上，與免一子役。內外文武職官，並可直言極諫，無有隱諱。貢選二司宜令有司速商量施行。雲、應、蔚、朔、易、定、幽、燕及山後八軍，秋夏税率量與蠲減。民有三世已上不分居者，與免雜徭。諸道應有祥瑞，不用聞奏。赦書有所未該，委所司條奏以聞云。是歲自正月不雨，人心憂恐，宣赦之日，澍雨溥降。初，唐咸通中，金、水、土、火四星聚於畢、昴，太史奏：「畢、昴，趙、魏之分，其下將有王者。」懿宗乃詔令鎮州王景崇被衮冕攝朝三日，遣臣下備儀注、軍府稱臣以厭之。其後四十九年，帝破梁軍於柏鄉，平定趙、魏，至是即位於鄴宫。

時有自鄆來者，言節度使戴思遠領兵在河上，州城無守兵，可襲而取之。帝召李嗣源謀曰：「昭義阻命，梁將董璋攻迫澤州，梁志在澤、潞，不虞別有事生，汶陽無備，不可失也。」嗣源以爲然。壬寅，命嗣源率步騎五千，銜枚自河趨鄆。是夜陰雨，我師至城下，鄆人不覺，遂乘城而入，鄆州平。制以李嗣源爲天平軍節度使。梁主聞鄆州陷，大恐，乃遣王彦章代戴思遠總兵以來拒。時朱守殷守德勝南城，帝懼彦章奔衝，遂幸澶州。

五月辛酉，彦章夜率舟師自楊村浮河而下，斷德勝之浮橋，攻南城，陷之。帝令中書焦彦賓馳至楊劉，固守其城，令朱守殷撤德勝北城屋木攻具，浮河而下，以助楊劉。是時，德勝軍食芻茭薪炭數十萬計，至是令人輦負入澶州，事既倉卒，耗失殆半。朱守殷以所毁屋木編栰，置步軍於其上。王彦章以舟師沿流而下，各行一岸，每遇轉灘水匯，即中流交鬭，流矢雨集，或全舟覆没，一彼一此，終日百戰，比及楊劉，殆亡其半。己巳，王彦章、段凝率大軍攻楊劉南城，焦彦賓與守城將李周極力固守。梁軍晝夜攻擊，百道齊進，竟不能下，遂結營於楊劉之南，東西延袤十數栅。

六月己亥，帝親御軍至楊劉，登城望見梁軍，重壕複壘，以絶其路，帝乃選勇士持短兵出戰。梁軍於城門外，連延屈曲，穿掘小壕，伏甲士於中，候帝軍至，則弓弩齊發，師人多傷矢，不得進。帝患之，問計於郭崇韜，崇韜請於下流據河築壘，以救鄆州。又請帝日令勇士挑戰，旬日之內，寇若不至，營壘必成。帝善之，即令崇韜與毛璋率數千人中夜往博州濟河東，晝夜督役，居六日，營壘將成。戊子，梁將王彦章、杜晏球領徒數萬，晨壓帝之新壘。時板築雖畢，牆仞低庳，戰具未備，沙城散惡，王彦章列騎環城，虐用其人，使步軍堙壕登堞。又於上流下巨艦十餘艘，扼斷濟路，自旦至午，攻擊百端，城中危急。帝自楊劉引軍陣於西岸，城中望之，大呼，帝艤舟將渡，梁軍遂解圍，退保鄒家口。

秋七月丁未，帝御軍沿河而南，梁軍棄鄒家口夜遁，委棄鍋甲芻糧千計。戊午，遣騎將李紹貽直抵梁軍壘，梁益恐。又聞李嗣源自鄆州引大軍將至，己未夜，梁軍拔營而遁，復保於楊村。帝軍屯於德勝。甲子，帝幸楊劉城，巡視梁軍故壘。

八月壬申朔，帝遣李紹斌以甲士五千援澤州。初，李繼韜之叛也，潞之舊將裴約以兵戍澤州，不狥繼韜之逆。既而梁遣董璋率衆攻其城，約拒守久之，告急於帝，故遣紹斌救之。未至而城已陷，裴約被害，帝聞之，嗟痛不已。甲戌，帝自楊劉歸鄴。梁以段凝代王彦章爲帥。戊子，凝帥衆五萬結營於王村，自高陵渡河。帝軍遇之，生擒梁前鋒軍士二百人，戮于都市。庚寅，帝御軍至朝城。戊戌，梁左右先鋒指揮使康延孝領百騎來奔，帝虚懷引見，賜御衣玉帶，屏人問之。對曰：「臣竊觀汴人兵衆不少，論其君臣將校，則終見敗亡。趙巖、趙鵠、張漢傑居中專政，締結宫掖，賄賂公行。段凝素無武略，一朝便見大用，霍彦威、王彦章皆宿將有名，翻出其下。自彦章獲德勝南城，梁主亦稍奬使。彦章立性剛暴，不耐凌制，梁主每一發軍，即令近臣監護，進止可否，悉取監軍處分，彦章悒悒，形於顔色。自河津失利，段凝、彦章又獻謀，欲數道舉軍，令董璋以陝虢、澤潞之衆，趨石會關以寇太原。霍彦威統關西、汝、洛之衆自相衛以寇鎮定，段凝、杜晏球領大軍以當陛下，令王彦章、張漢傑統禁軍以攻鄆州，決取十月内大舉。又自滑州南決破河堤，使水東注，曹、濮之間至於汶陽，瀰漫不絶，以陷北軍。臣在軍側聞此議。臣惟汴人兵力，聚則不少，分則無餘。陛下但待分兵，領鐵騎五千，自鄆州兼程直抵于汴，不旬日，天下事定矣。」帝懌然壯之。

九月壬寅朔，帝在朝城，凝兵至臨河南，與帝之騎軍接戰。是時澤潞叛，衛州、黎陽爲梁人所據，州以西、相以南，寇鈔日至，編户流亡，計其軍賦，不支半

年。又王郁、盧文進召契丹南侵瀛、涿。及聞梁人將圖大舉，帝深憂之，召將吏謀其大計，或曰：「自我得汶陽以來，須大將固守，城門之外，元是賊疆，細而料之，得不如失。今若馳檄告諭梁人，却衛州、黎陽以易鄆州，指河爲界，約且休兵。我國力稍集，則議改圖。」帝曰：「嘻，行此謀則無葬地矣！」時郭崇韜勸帝親御六軍，直趨汴州，半月之間，天下可定。帝曰：「正合朕意。大丈夫得則爲王，失則爲寇，予行計決矣。」又問司天監，對曰：「今歲時不利，深入必無成功。」帝弗聽。戊辰，梁將王彥章率衆至汶河，李嗣源遣騎軍偵視，至遞公鎮，梁軍來挑戰，嗣源以精騎擊而敗之，生擒梁將任釗、田章等三百人，俘斬二百級，彥章引衆保於中都。嗣源飛驛告捷，帝置酒大悦，曰：「是當決行渡河之策。」己巳，下令軍中將士家屬並令歸鄴。

《舊五代史》卷三〇《莊宗紀四》 同光元年冬十月辛未朔，日有蝕之。是日，皇后劉氏、皇子繼岌歸鄴宮，帝送於離亭，歔欷而別。詔宣徽使李紹宏、宰相豆盧革、租庸使張憲、興唐尹王正言同守鄴城。壬申，帝御大軍自楊劉濟河。癸酉，至鄆州。是夜三鼓，渡汶。時王彥章守中都。甲戌，帝攻之，中都素無城守，師既雲合，梁衆自潰。是日，擒梁將王彥章及都監張漢傑、趙廷隱、劉嗣彬、李知節、康文通、王山興等將吏二百餘人，斬馘二萬，奪馬千匹。時既獲中都之捷，帝召諸將謀其所向，或言且狥兖州，徐圖進取，唯李嗣源曰：「宜急趨汴州。段凝方領大軍駐於河上，假如便來赴援，直路又阻決河，須自滑州濟渡，十萬之衆，舟檝焉能卒辦？此去汴城咫尺，若晝夜兼程，信宿即至，段凝未起河壖，友貞已爲我有矣。臣請以千騎前驅，陛下御軍徐進，鮮不克矣。」帝嘉之。是夜，嗣源率前軍先進。翌日，車駕即路。丁丑，次曹州，郡將出降。

己卯遲明，前軍至汴城，嗣源令左右捉生攻封丘門，梁開封尹王瓚請以城降。俄而帝與大軍繼至，王瓚迎帝自大梁門入。梁朝文武官屬於馬前謁見，陳叙世代唐臣陷在僞廷，今日再覩中興，雖死無恨。帝諭之曰：「朕二十年血戰，蓋爲卿等家門，無足憂矣，各復乃位。」時梁末帝朱鍠已爲其將皇甫麟所殺，獲其首，函之以獻。是日，賜樂工周匝幣帛。周匝者，帝之寵伶也，胡柳之役陷于梁，帝每思之，至是謁見，欣然慰接。周匝因言梁教坊使陳俊保庇之恩，垂泣推薦，請除郡守，帝亦許之。

庚辰，帝御元德殿，梁百官於朝堂待罪，詔釋之。壬午，段凝所部馬步軍五萬解甲於封丘。凝等率大將先至請死，詔各賜錦袍、御馬、金幣。帝幸北郊，撫勞降軍，各令還本營。丙戌，詔曰：「懲惡勸善，務振紀綱；激濁揚清，須明真僞。蓋前王之令典，爲歷代之通規，必按舊章，以令多士。而有志萌僭竊，位忝崇高，累世官而皆受唐恩，貪爵禄而但從僞命，或居台鉉，或處權衡，或列近職而預機謀，或當峻秩而掌刑憲，事分逆順，理合去留。僞宰相鄭珏等一十一人，皆本朝簪組，儒苑品流。雖博識多聞，備明今古；而修身慎行，頗負祖先。昧忠貞而不度安危，專利禄而全虧名節，合當大辟，無恕近親。朕以纘嗣丕基，初平巨憝，方務好生之道，在行含垢之恩。湯網垂仁，既矜全族；舜刑投裔，兼貸一身。爾宜自新，我全大體，其爲顯列，不並庶僚。餘外應在周行，悉仍舊貫，凡居中外，咸體朕懷。」乃貶梁宰相鄭珏爲萊州司户，蕭頃爲登州司户，翰林學士劉岳爲均州司馬，任贊房州司馬，姚顗復州司馬，封翹唐州司馬，李懌懷州司馬，竇夢徵沂州司馬，崇政院學士劉光素密州司户，陸崇安州司户，御史中丞王權隨州司户，並員外置同正員。

是日，以梁將段凝上疏奏：「梁朝權臣趙巖等，並助成虐政，結怨於人，聖政惟新，宜誅首惡。」是日，趙巖、張希逸、張漢傑、張漢倫、張漢融、朱珪、敬翔、李振及契丹撒刺阿撥等，並其妻孥，皆斬於汴橋下。又詔除毁朱氏宗廟神主，僞梁二主並降爲庶人。天下官名府號及寺觀門額，曾經改易者，並復舊名。時帝欲發梁祖之墓，斲棺燔柩，河南尹張全義上章申理，乞存聖恩，帝乃止，令剗去闕室而已。丁亥，梁百官以誅兇族，於崇元殿立班待罪，詔各復其位。以樞密使、檢校太保、守兵部尚書郭崇韜權行中書公事。

己亥，宴勳臣於崇元殿，梁室故將咸預焉。帝酒酣，謂李嗣源曰：「今日宴客，皆吾前日之勍敵，一旦同會，皆卿前鋒之力也。」梁將霍彥威、戴思遠等皆伏陛叩頭，帝因賜御衣、酒器，盡歡而罷。齊州刺史孟璆上章請死，詔原之。璆初事帝爲騎將，天祐十三年，帝與劉鄩莘縣對壘，璆領七百騎奔梁，至是來請罪，帝報之曰：「爾當吾急，引七百騎投賊，何面目相見！」璆惶恐請死，帝恕之。未幾，移貝州刺史。庚子，帝畋於汴水之陽。

《舊五代史》卷三一《莊宗紀五》 同光二年春正月庚子朔，帝御明堂殿受朝賀，仗衛如式。

夏四月己巳朔，帝御文明殿，具衮冕，受册尊號曰昭文睿武至德光孝皇帝。

己卯，帝御文明殿，册魏國夫人劉氏爲皇后。

《舊五代史》卷三二《莊宗紀六》 同光二年夏五月己亥，帝御文明殿，册齊

王張全義爲太尉。乙卯，潞州叛將楊立遣使健步奉表乞行赦宥，帝令樞密副使宋唐玉齎勅書招撫。

冬十月戊辰，帝畋於西北郊。癸卯，帝畋於伊闕，侍衛金槍馬萬餘騎從，帝一發中大鹿。是日，命從官拜梁祖之陵，物議非之。其夕，宿於張全義之別墅。甲辰，宿伊闕縣。乙巳，宿椹磵。時騎士圍山，會夜，顛墜崖谷，死傷甚衆。丙午，復命衛兵分獵，殺獲萬計。是夜方歸京城，六街火炬如晝。丁未，賜羣臣鹿肉有差。庚午，帝與皇后劉氏幸張全義第，酒酣，帝命皇后拜全義爲養父，全義惶恐致謝，復出珍貨貢獻。翌日，皇后傳制，命學士草謝全義書，學士趙鳳密疏，陳國后無拜人臣爲父之禮，帝雖嘉之，竟不能已其事。

同光三年春正月甲午朔，帝御明堂殿受朝賀，仗衛如式。丙申，寒食節，帝與皇后出近郊，遥饗代州親廟。戊申，帝召郭崇韜謂曰：「朕思在德勝寨時，霍彥威、段凝皆予之勍敵，終日格鬬，戰聲相聞，安知二年之間，在吾廡下。吾無少康、光武之才，一旦重興基構者，良由二三勳德同心輔翼故也。朕有時夢寢，如在戚城，思念曩時挑戰鏖兵，勞則勞矣，然而揚旌伐鼓，差慰人心，殘壘荒溝，依然在目。予欲按德勝故寨，與卿再陳舊事。」崇韜曰：「此去澶州不遠，陛下再觀戰地，益知王業之艱難，豈不韙哉！」庚辰，帝侍皇太后幸會節園，遂幸李紹榮之第。丁酉，皇太妃劉氏薨於晉陽，廢朝五日，帝於興安殿行服。時皇太后欲奔喪於晉陽，百官上表請留，乃止。

《舊五代史》卷三三《莊宗紀七》 壬寅，皇太后崩於長壽宫，帝執喪於內，出遺令以示於外。癸卯，帝於長壽宫成服，百官於長壽宫幕次成服後，於殿前立班奉慰。乙巳，宰臣上表請聽政，不允；表再上，勅旨宜廢朝七日。丁卯，帝釋服，百官奉慰於長壽宫。戊辰，客省使李嚴使蜀回。初，帝令往市蜀中珍玩，蜀法嚴峻，不許奇貨東出，其許市者謂之「入草物」。嚴不獲珍貨，歸而奏之，帝大怒曰：「物歸中夏者命之曰『入草』，王衍寧免爲入草之人耶！」由是伐蜀之意鋭矣。

十一月庚寅朔，帝幸壽安，號慟於坤陵。

是時，兩河大水，户口流亡者十四五，都下供饋不充，軍士乏食，乃有鬻子去妻，老弱採拾於野，殍踣於行路者。州郡飛輓，旋給京師，租庸使孔謙日於上東門外佇望其來，算而給之。加以所在泥潦，輦運艱難，愁歎之聲，盈於道路，四方地震，天象乖越。帝深憂之，問所司濟贍之術。孔謙比以吏進，故無保邦濟民之要務，唯以急刻賦斂爲事。樞密承旨段徊奏曰：「臣見本朝時或遇歲時災歉，國費不足，天子將求經濟之要，則內出朱書御札，以訪宰臣，請陛下依此故事行之。」即命學士草詞，帝親札以訪宰臣，非帝憂民之實也。時宰相豆盧革等依阿狥旨，竟無所陳，但云：「陛下威德冠天下，今西蜀平定，珍寶甚多，可以給軍。水旱作沴，天之常道，不足以貽聖憂。」中官李紹宏奏曰：「俟魏王旋軍之後，若兵額漸多，饋輓難給，請且幸汴州，以便漕輓。」時羣臣獻議者亦多，大較詞理迂闊，不中時病。唯吏部尚書李琪引古田租之法，從權救弊之道，上疏言之，帝優詔以獎之。

《舊五代史》卷三四《莊宗紀八》 同光四年春正月戊午朔，帝不受朝賀。甲辰，命蕃漢總管李嗣源統親軍赴鄴都，以討趙在禮。帝素倚愛元行欽，鄴城軍亂，即命爲行營招討使，久而無功。時趙太據邢州，王景戡據滄州，自爲留後，河朔郡邑多殺長吏。帝欲親征，樞密使與宰臣奏言：「京師者，天下根本，雖四方有變，陛下宜居中以制之，但命將出征，無煩躬御士伍。」帝曰：「紹榮討亂未有成功，繼岌之軍尚留巴、漢，餘無可將者，斷在自行。」樞密使李紹宏等奏曰：「陛下以謀臣猛將取天下，今一州之亂而云無可將者，何也？總管李嗣源是陛下宗臣，創業已來，艱難百戰，何城不下，何賊不平，威略之名，振於夷夏，以臣等籌之，若委以專征，鄴城之寇不足平也。」帝素寬大容納，無疑於物，自誅郭崇韜、朱友謙之後，閹宦伶官交相讒諂，邦國大事皆聽其謀，繇是漸多猜惑，不欲大臣典兵，既聞奏議，乃曰：「予恃嗣源侍衛，卿當擇其次者。」又奏曰：「以臣等料之，非嗣源不可。」河南尹張全義亦奏云：「河朔多事，久則患生，宜令總管進兵。如倚李紹榮輩，未見其功。」帝乃命嗣源行營。是日，延州知州白彥琛奏，綏、銀兵士剽州城謀叛。乙丑，車駕發京師。戊辰，遣元行欽將騎軍沿河東向。壬申，帝至滎澤，以龍驤馬軍八百騎爲前軍，遣姚彥温董之，彥温行至中牟，率所部奔於汴州。時潘環守王村寨，有積粟數萬，亦奔汴州。是時，李嗣源已入於汴，帝聞諸軍離散，精神沮喪，至萬勝鎮即命旋師。登路旁荒塚，置酒視諸將流涕。俄有野人進雉，因問塚名，對曰：「里人相傳爲愁臺。」帝彌不悦，罷酒而去。是夜次汜水。初，帝東出關，從駕兵二萬五千，及復至汜水，已失萬餘騎。乃留秦州都指揮使張塘以步騎三千守關。帝過罌子谷，道路險狹，每遇衛士執兵仗者，皆善言撫之曰：「適報魏王繼岌又進納西川金銀五十萬，到京當盡給爾等。」軍士對曰：「陛下賜與太晚，人亦不感聖恩。」帝流涕而已。又索袍帶賜從官，內庫使張

容哥對曰：「頒給已盡。」衛士叱容哥曰：「致吾君社稷不保，是此閹豎！」抽刀逐之，或救而獲免。容哥謂同黨曰：「皇后惜物不散，軍人歸罪於吾輩，事若不測，吾輩萬段，願不見此禍。」因投河而死。甲戌，次石橋，帝置酒野次，悲啼不樂，謂元行欽等諸將曰：「鄴下亂離，寇盜蜂起，總管迫於亂軍，存亡未測，今訛言紛擾，朕實無聊。卿等事余已來，富貴急難，無不共之，今茲危蹙，賴爾籌謀，而竟默默無言，坐觀成敗。予在滎澤之日，欲單騎渡河，訪求總管，面爲方略，招撫亂軍，卿等各吐胸襟，共陳利害，今日俾余至此，卿等如何！」元行欽等百餘人垂泣而奏曰：「臣本小人，蒙陛下撫養，位極將相，危難之時，不能立功報主，雖死無以塞責，乞申後效，以報國恩。」於是百餘人皆援刀截髮，置髻於地，以斷首自誓，上下無不悲號，識者以爲不祥。是日，西京留守張筠部署西征兵士到京，見於上東門外，晡晚，帝還宮。初，帝在汜水，衛兵散走，京師恐駭不寧，及帝至，人情稍安。乙亥，百官進名起居。安義節度使孔勍奏，點校兵士防城，準詔運糧萬石，進發次。時勍已殺監軍使據城，詭奏也。丙子，樞密使李紹宏與宰相豆盧革、韋説會於中興殿之廊下，商議軍機，因奏：「魏王西征兵士將至，車駕且宜控汜水，以俟魏王。」從之。午時，帝出上東門親閲騎軍，誡以詰旦東幸，申時還宮。

四月丁丑朔，以永王存霸爲北都留守，申王存渥爲河中節度使。是日，車駕將發京師，從駕馬軍陳於宣仁門外，步兵陳於五鳳門外。帝内殿食次，從馬直指揮使郭從謙自本營率所部抽戈露刃，至興教門大呼，與黄甲兩軍引弓射興教門。帝聞其變，自宮中率諸王近衛禦之，逐亂兵出門。既而焚興教門，緣城而入，登宮牆讙譟，帝御親軍格鬬，殺亂兵數百。俄而帝爲流矢所中，亭午，崩於絳霄殿之廡下，時年四十三。是時，帝之左右例皆奔散，唯五坊人善友斂廊下樂器簇於帝尸之上，發火焚之。及明宗入洛，止得其燼骨而已。天成元年七月丁卯，有司上謚曰光聖神閔孝皇帝，廟號莊宗。是月丙子，葬於雍陵。

《新五代史》卷五《唐本紀》　存勗，克用長子也。初，克用破孟方立于邢州，還軍上黨，置酒三垂崗，伶人奏《百年歌》，至於衰老之際，聲甚悲，坐上皆悽愴。時存勗在側，方五歲，克用慨然捋鬚，指而笑曰：「吾行老矣，此奇兒也，後二十年，其能代我戰於此乎！」存勗年十一，從克用破王行瑜，遣獻捷于京師，昭宗異其狀貌，賜以鸂鶒卮、翡翠盤，而撫其背曰：「兒有奇表，後當富貴，無忘予家。」及長，善騎射，膽勇過人，稍習《春秋》，通大義，尤喜音聲歌舞俳優之戲。

天祐五年正月，即王位于太原。叔父克寧殺都虞候李存質，倖臣史敬鎔告克寧謀叛。二月，執而戕之，且以先王之喪、叔父之難告周德威，德威自亂柳還軍太原。梁夾城兵聞晉有大喪，德威軍且去，因頗懈。王謂諸將曰：「梁人幸我大喪，謂我少而新立，無能爲也，宜乘其怠擊之。」乃出兵趨上黨，行至三垂崗，歎曰：「此先王置酒處也！」會天大霧晝暝，兵行霧中，攻其夾城，破之，梁軍大敗，凱旋告廟。九月，蜀王王建、岐王李茂貞及楊崇本攻梁大安，晉亦遣周德威攻其晉州，敗梁軍於神山。

六年，劉知俊叛梁，來乞師，王自將至陰地關，遣周德威攻晉州，敗梁軍于蒙阬。

七年冬，梁遣王景仁攻趙，趙王王鎔來乞師，諸將皆疑鎔詐，未可出兵，王不聽，乃救趙。

八年正月，敗梁軍於柏鄉，斬首二萬級，獲其將校三百人，馬三千匹。進攻邢州，不下，留兵圍之，去，攻魏。別遣周德威徇梁夏津、高唐，攻博州，破東武、朝城，遂擊黎陽、臨河、淇門，掠新鄉、共城。燕王劉守光聞晉攻梁深入，乃大治兵，聲言助晉，王患之，乃旋師。七月，會趙王王鎔於承天軍。劉守光稱帝于燕。

九年正月，遣周德威會鎮、定以攻燕，守光求救於梁，梁軍攻趙，屠棗彊，李存審擊走之。八月，朱友謙以河中叛于梁來降，梁遣康懷英討友謙，友謙復臣於梁，而亦陰附于晉。

十年十月，劉守光請降，王如幽州，守光背約不降，攻破之。

十一年，殺燕王劉守光於太原，用其父仁恭于鴈門。於是趙王王鎔、北平王王處直奉册推王爲尚書令，始建行臺。七月，攻梁邢州，戰於張公橋，晉軍大敗。

十二年，魏州軍亂，賀德倫以魏、博二州叛於梁來附。王入魏州，行至永濟，誅其亂首張彦，以其兵五百自衛，號帳前銀槍軍。六月，王兼領魏博節度使。取德州。七月，取澶州。劉鄩軍於洹水，王率百騎覘其營，遇鄩伏兵圍之數重，決圍而出，亡七八騎。八月，梁復取澶州，晉軍與鄩對壘于莘，晉軍數挑戰，鄩閉壁不出。

十三年正月，王留李存審於莘，聲言西歸。鄩聞晉王且去，即引兵擊魏，攻城東。王行至貝州，返擊鄩，大敗之，追至於故元城，又敗之，鄩走黎陽。三月，攻梁衛州，降其刺史米昭；克磁州，殺其刺史靳昭。四月，克洺州。八月，圍邢州，降其節度使閻寶。梁張筠棄相州、戴思遠棄滄州而逃，遂取二州，而貝州人殺梁守將張源德，以城降。契丹寇蔚州，執振武節度使李嗣本。

十四年，契丹寇新州，遂寇幽州，李嗣源擊走之。冬，梁謝彦章軍於楊劉。

十二月，攻楊劉，王自負芻以堙塹，遂破之。

十五年正月，梁、晉相距於楊劉，彦章決河水以隔晉軍。六月，渡水擊彦章，破其四寨。八月，大閲於魏，合盧龍、横海、昭義、安國及鎮、定之兵十萬，馬萬匹，軍于麻家渡。謝彦章軍于行臺。十二月，進軍臨濮，梁軍追之，戰於胡柳，晉軍大敗，周德威死之。梁軍暮休於土山，晉軍復擊，大敗之，遂軍德勝，爲夾寨。

十六年正月，王兼領盧龍軍節度使。梁王瓚攻德勝南城，不克。十月，廣德勝北城。十二月，敗梁軍于河南。十七年，朱友謙襲同州，梁遣劉鄩擊友謙，李存審敗梁軍于同州。

十八年正月，魏州僧傳真獻唐受命寶一。趙將張文禮弑其君鎔，文禮來請命。二月，以文禮爲鎮州兵馬留後。三月，河中節度使朱友謙，昭義軍節度使李嗣昭，横海軍節度使李存審，義武軍節度使王處直，安國軍節度使李嗣源，鎮州兵馬留後張文禮，領天平軍節度使閻寶，大同軍節度使李存璋，振武軍節度使李存進，匡國軍節度使朱令德，請王即皇帝位，王三辭，友謙等三請，王曰：「予當思之。」八月，遣趙王王鎔故將符習及閻寶、史建瑭等攻張文禮於鎮州。建瑭取趙州。張文禮卒，其子處瑾閉城拒守。九月，建瑭戰死。十月，梁戴思遠攻德勝北城，李嗣源敗之於戚城。王處直叛附于契丹，其子都幽處直以來附。十二月，契丹寇涿州，遂寇定州。

十九年正月，敗契丹于新城、望都，追奔至於幽州。三月，閻寶敗于鎮州，以李嗣昭代之。四月，嗣昭戰死，以李存進代之。八月，梁取衛州。九月，存進敗鎮人于東垣，存進戰死。十月，李存審克鎮州。王兼領成德軍節度使。

同光元年春三月，李繼韜以潞州叛附于梁。

夏四月己巳，皇帝即位，大赦，改元，國號唐。行臺左丞相豆盧革爲門下侍郎，右丞相盧程爲中書侍郎：同中書門下平章事；中門使郭崇韜、昭義監軍張居翰爲樞密使。以魏州爲東京，太原爲西京，鎮州爲北都。

閏月，追尊祖考爲皇帝，妣爲皇后：曾祖執宜，祖妣崔氏皆謚曰昭烈，廟號懿祖；祖國昌，祖妣秦氏皆謚曰文景，廟號獻祖；考謚曰武，廟號太祖。立廟於太原，自唐高祖、太宗、懿宗、昭宗爲七廟壬寅，李嗣源取鄆州。

五月辛酉，梁人取德勝南城。

六月，及王彦章戰於新壘，敗之。是月，盧程罷。

秋八月，梁人克澤州守將裴約死之。

九月戊辰，李嗣源及王彦章戰於遞坊，敗之。

冬十月壬申，如鄆州以襲梁。甲戌，取中都。丁丑，取曹州。己卯，滅梁。敬翔自殺。丙戌，貶鄭珏爲萊州司户參軍，蕭頃登州司户參軍；殺李振、趙巖、張漢傑、朱珪，滅其族。

十二月己卯，畋於白沙。癸未，至自白沙。

閏月辛亥，封弟存美爲邕王，存霸永王，存禮薛王，存渥申王，存乂睦王，存確通王，存紀雅王。

四年春正月壬戌，降死罪以下囚。甲子，魏王繼岌殺郭崇韜及其三子於蜀。戊寅，契丹使梅老鞋里來。庚辰，殺其弟睦王存乂及河中護國軍節度使李繼麟，滅其族。乙酉，沙州曹義金遣使者來。丙戌，回鶻阿咄欲遣使者來。丁亥，殺李繼麟之將史武、薛敬容、周唐殷、楊師太、王景、來仁、白奉國，皆滅其族。

二月己丑，宣徽南院使李紹宏爲樞密使。癸巳，鄴都軍將趙在禮反於貝州。甲午，畋於冷泉。趙在禮陷鄴都，武寧軍節度使李紹榮討之。邢州軍將趙太反，東北面招討使李紹真討之。甲辰，成德軍節度使李嗣源討趙在禮。

三月，趙太伏誅。李嗣源反。博州守將翟建自稱刺史。甲子，殺王衍，滅其族。乙丑，如汴州。壬申，次滎澤。龍驤指揮軍使姚彦温以前鋒軍叛降于李嗣源。嗣源入于汴州。甲戌，至自萬勝。從馬直指揮使郭從謙反。

夏四月丁亥朔，皇帝崩。

雜録

備録

陶穀《清異録》卷上《菓門》 莊宗小酌，進新橘，命諸伶咏之。唐朝美詩先成，曰：「金香大丞相，兄弟八九人，剥皮去滓子，若箇是汝人？」帝大笑，賜所御軟金盃。

陶穀《清異録》卷下《衣服門》 同光年，上因暇日晚霽，登興平閣，見霞彩可

人，命染院作霞樣紗，作千褶裙分賜宮嬪。自後民間尚之，競爲衫裙，號「拂拂嬌」。

同光既即位，猶襲故態，身預俳優。尚方進御巾裹，名品日新，今伶人所頂，尚有合其遺製者。曰聖逍遥、安樂巾、珠龍便巾、清涼寶山、交龍太守、六合舍人、二儀幞頭、烏程樣、玲瓏高常侍、小朝天、玄虛令、漆相公、自在冠、鳳翼、三千日華、輕利巾、九葉雲、黑三郎、慶雲仙、聖天宜卿，凡二十品。

《太平廣記》卷二三九《孔謙》引《北夢瑣言》　後唐明宗即位之初，誅租庸使孔謙，歸德軍節度使元行欽，鄧州節度温韜，太子少保段凝，汴州麴務辛廷蔚，李繼宣等。孔謙，魏州孔目吏，莊宗圖霸，以供饋軍食，謙有力焉。既爲租庸使，曲事嬖倖，奪宰相權，專以聚斂爲意，剥削萬端，以犯衆怒伏誅。元行欽爲莊宗愛將，出入宫禁，曾無間隔。害明宗之子從景，以是伏誅。段凝事梁，以姦佞進身，至節將。末年綰軍權，束手歸朝。温韜兇惡，發掘西京陵寢。莊宗中興，不證其罪，厚賂伶官閹人，與段凝皆賜國姓，或擁旄鉞。明宗採衆議而誅之。辛廷蔚，開封尹王瓚之牙將也。朱友貞時，廷蔚依瓚勢曲法亂政，汴人惡之。李繼宣，汴將孟審澄之子，亡命歸莊宗，劉皇后畜爲子。時宫掖之間，穢聲流聞。此四兇，帝在藩邸時，惡其爲人，故皆誅之。莊宗皇帝爲唐雪恥，號爲中興。而温韜毁發諸帝陵寢，宜加大辟，而賜國姓，付節旄。由是知中興之説謬矣。

《太平廣記》卷四五九《水清池》引《北夢瑣言》　太原屬邑有水清池，本府祈禱雨澤及投龍之所也。後唐莊宗未過河南時，就郡捕獵，就池卓帳，爲憩宿之所。忽見巨蛇數頭自洞穴中出，皆入池中。良久，有一蛇紅白色，遥見可圍四尺以來，其長稱是。獵卒齊彀弩連發，射之而斃。四出火光，池中魚鼈咸死，浮在水上。獵夫輩共刲剥食之，其肉甚美。莊宗尋知之。于時諂事者以爲剋梁之兆。有五臺僧曰：「吾王宜速過河決戰，將來梁祚其能久乎？」此亦斷白蛇之類也。

孫光憲《北夢瑣言》卷一七《晉王之入覲》　莊宗年十一從晉王討王行瑜，初令入覲獻捷，昭宗一見，駭異之，曰：「此子有奇表。」乃撫其背曰：「我兒將來之國棟，勿忘忠孝於吾家。」乃賜鸂鶒酒卮、翡翠盤。十三讀《春秋》，略知大義。騎射絶倫。其心豁如，采録善言，聽納容物，殆劉聰之比也。又云：昭宗曰：「此子可亞其父。」時人號曰「亞子」。

孫光憲《北夢瑣言》卷一七《魏博衙軍》　魏博富雄，列侯專地，唐朝三百年，唯姑息之。羅紹威憤衙軍制已，密聞梁祖，表裏應接算殺之。楊師厚後入魏城，揖出羅周翰，因而代之。師厚卒，梁以賀德倫領鎮，分其土宇，創立相貝爲節鎮，減其力用。三軍作亂，脅持德倫，背梁歸晉。其狀詞云：「屈原哀郢，本非怨望之人；樂毅辭燕，且異傾邪之行。」晉王覽狀，擁兵親臨。先數張彦脅主虐民罪而斬之，便以張彦親軍五百人帶甲持仗，環馬而行。晉王寬衣緩帶，略無猜間，衆心大服。它日資魏博兵力稱健，竟平河南也。衙軍自羅紹威殺戮後，又迫脅賀德倫，復擁兵持趙在禮。天成初，赴行在，于時又殺三千家，乃世襲兇惡也。

王禹偁《五代史闕文·莊宗》　莊宗嘗因博戲，覩骰子采有暗相輪者，心悦之，乃自製暗箭格，凡博戲，並認采之在下者。及同光末，鄴都兵亂，從謙以兵犯興教門，莊宗禦之，中流矢而崩。識者以爲暗箭之應。

陶岳《五代史補》卷二《莊宗能訓練兵士》　莊宗之嗣位也，志在渡河，但恨河東地狹兵少，思欲百練其衆，以取必勝於天下。乃下令曰：「凡出師，騎軍不見賊不許騎馬，或步騎前後已定，不得越軍分以避險惡。其分路並進，期會有處，不得違晷刻。並在路敢言病者，皆斬之。」故三軍懼法而戮力，皆一以當百，故朱梁舉天下而不能禦，卒爲所滅良有以也。初，莊宗爲公子時，雅好音律，又能自撰曲子詞。其後凡用軍，前後隊伍皆以所撰詞授之，使揭聲而唱，謂之「御製」。至於入陣，不論勝負，馬頭纔轉，則衆歌齊作。故凡所鬬戰，人忘其死，斯亦用軍之一奇也。

宋敏求《春明退朝録》卷下　太宗淳化五年《日曆》載：上謂侍臣曰「聽斷天下事，直須耐煩，方盡臣下之情。昔莊宗可謂百戰得中原之地，然而守文之道，可謂懵然矣。終日沈飲，聽鄭衛之聲，與胡樂合奏，自昏徹旦，謂之『聒帳』。半酣之後，置畎酒甑，沈醉射弓，至夜不已，招箭者但以物擊銀器，言其中的。與俳優輩結十弟兄，每略與近臣商議事，必傳語伶人，叙相見遲晚之由。縱兵出獵，涉旬不返。於優倡猱雜之中，復自矜寫春秋。不知當時刑政何如也？」

孔平仲《續世説》卷三《雅量》　魏銀槍軍最爲兇悍。唐莊宗爲晉王時，張彦作亂，引五百人謁王。王斬張彦及其黨七人，餘衆股慄，王召諭之，曰：「罪止八人，餘無所問。自今當竭力爲吾爪牙。」衆皆拜伏，呼萬歲。明日，王緩帶輕裘而進，令張彦之卒擐甲執兵，翼馬而從，仍以爲帳前銀槍軍。衆心由是大服。

孔平仲《續世説》卷六《排調》　唐莊宗或自傅粉墨，與優人共戲於庭，以悦劉夫人，名謂之「李天下」。嘗因爲優，自呼曰：「李天下，李天下。」優人敬新磨遽前批其頰，帝失色，羣優亦駭愕。新磨徐曰：「理天下者，只此一人，豈有兩人耶？」帝悦，厚賜之。

曾鞏《隆平集》卷二《革弊》　内臣李承進逮事唐莊宗，太祖嘗問莊宗時事，對曰：「莊宗好畋獵，每次近郊，衛士必控馬首曰：『兒郎輩寒冷，望陛下與救接。』莊宗隨所欲給之，如此者非一。晚年蕭牆之禍，由賞賚無節，威令不行也。」太祖歎曰：「二十年夾河戰爭，不能以軍法約束此輩，誠兒戲。」

陳叔方《潁川語小》卷下　唐莊宗喜優戲，善角抵，嘗詔王門開曰：「朕與作對，供養太后。」又先約之曰：「卿不可多讓。」門開退謝者數四。又謂之曰：「卿如一拳致朕倒者，與卿節度。」及出手，果一拳下而仆。尋除幽州節度。

備論

《舊五代史》卷三四《莊宗紀八》　史臣曰：莊宗以雄圖而起河、汾，以力戰而平汴、洛，家讎既雪，國祚中興，雖少康之嗣夏配天，光武之膺圖受命，亦無以加也。然得之孔勞，失之何速？豈不以驕於驟勝，逸於居安，忘櫛沐之艱難，狥色禽之荒樂。外則伶人亂政，内則牝雞司晨。靳吝貨財，激六師之憤怨；徵搜輿賦，竭萬姓之脂膏。大臣無罪以獲誅，衆口吞聲而避禍。夫有一於此，未或不亡，矧咸有之，不亡何待！静而思之，足以爲萬代之炯誡也。

《新五代史》卷三七《伶官傳序》　嗚呼！盛衰之理，雖曰天命，豈非人事哉？原莊宗之所以得天下，與其所以失之者，可以知之矣。世言晉王之將終也，以三矢賜莊宗，而告之曰：「梁，吾仇也；燕王，吾所立；契丹，與吾約爲兄弟，而背晉以歸梁。此三者，吾遺恨也。與爾三矢，爾其無忘乃父之志。」莊宗受而藏之於廟。其後用兵，則遣從事以一少牢告廟，請其矢，盛以錦囊，負而前驅。及凱旋，而納之。方其係燕父子以組，守光父仁。函梁君臣之首，入於太廟，還矢先王，而告以成功。其意氣之盛，可謂壯哉！及仇讎已滅，天下已定，一夫夜呼，亂者四應，倉皇東出，未見賊而士卒離散，君臣相顧，不知所歸。至於誓天斷髮，泣下沾襟，何其衰也！豈得之難而失之易歟？抑本其成敗之迹而皆自於人歟？《書》曰：「滿招損，謙得益。」憂勞可以興國，逸豫可以忘身，自然之理也。故方其盛也，舉天下之豪傑，莫能與之争。及其衰也，數十伶人困之，而身死國滅，爲天下笑。夫禍患常積於忽微，而智勇多困於所溺，豈獨伶人也哉？

王夫之《讀通鑑論》卷二八《五代上》　張承業請李存勗遣使賀劉守光之稱帝以驕之，唐高祖驕李密之故智也。密終降而授首，守光終虜而伏誅，所謂獸之搏也必蹲其足，禽之擊也必戢其翼，權謀之險術，王者所弗尚也。

存勗聞守光之自尊，欲伐之矣。然則伐之爲正乎？可伐之罪在彼已極，執言申討，師則有名矣。而徒恃其名以責人之逆，反之於己，既無天與人歸之實，亦無撥亂安民之志，且於固本自彊之術未有得也，憑氣而争，奚必勝之在己哉？

王者以義興師，而四方攸服，非徒以其名也。唐高初定長安，殘隋未翦，怒李密之妄而挑之，密且扼關以困己，而内受劉武周、薛舉之逼，則唐高之事敗矣。李存勗孤處河東，鎮定之交未固，朱温之勢方張，空國以與狂騃之豎子争虚名於幽、薊，鎮定疑而河中起擣其虚，則存勗之亡必矣。

繇是言之，推尊以驕之，非義之所許；憤怒而攻之，抑爲謀之不臧；使王者而處此，將如之何哉？王者正己而不求於人者也。彼揭然自大者，何足比數乎？脆弱者必折，暴興者必萎，冥行者必蹎，天怒人怨者必見絶於天人，知之既審，視之如蝡動之蟲，無待吾之争而抑無容驕之也。其來也，以非禮加我而未甚也，姑應之以禮，而告之以正可也；其以非禮加我而不可忍也，閉關以絶其使命而已。欲犯我而我無啓釁之端，欲狎我而我居是非之外，秉義以自彊，固本以待時，飭邊陲之守，杜小利之争，凝静不撓，而飄風疾雨坐視其消散，或人亡之而爲我驅除，或惡已窮而俟申吾天討，則兩者之失亡，而貞勝之理得矣。天下莫敢不服，後世無得而訕矣。張承業何足以及此哉？克用父子之終以詐力窮而不能混一區宇，國祚不延，與假義挑兵者均之失也。

莊生曰：「人莫鑒於流水，而鑒於止水。」勇而悖怒，智而詐諼，皆流水之波也。稍静以止，而得失昭然，豈難知哉？唐高姑以一紙報李密，差賢於存勗之往賀，雖非王者之道，而猶足以興，毫釐之差，亦相懸絶矣。

李存勗據河東與朱温争天下，亦已久矣。所任者皆搏擊之雄，無有人焉贊其大計爲立國之規者也。其略用士人參帷幕者，自馮道始，沙陀之不永，四易姓而天下終裂，於此可知已。

劉守光之凶虐，觸之必死，其攻易、定，犯彊晉，道諫之而繫獄，然免於刀鋸，逸出而西奔者，何也？孫鶴之流，力争得失，是以滅身；道之諫之也，其辭必遜，且脂韋之性，素爲守光所狎，而左右宵人固與無猜，是以全也。守光囚父殺兄而道不言，其有言也，皆舍大以規小，留餘地以自全，而聊以避緘默之咎者也。

豈徒於守光爲然哉？其更事數姓也，李存勗之滅梁而驕，狎倡優、吝糧賜

也，而道不言；忌郭崇韜，激蜀兵以復反，而道不言；李從珂挑石敬瑭以速禍，而道不言；石重貴不量力固本以亟與虜爭，而道不言；劉承祐狎羣小、殺大臣，而道不言；數十年民之憔悴於虐政，流離死亡以瀕盡，而道不言；其或言也，則摘小疵以示直，聽則居功，不聽而終免於斥逐，視人國之存亡，若浮雲之聚散，真所謂讒諂面諛之臣也。劉守光不能殺，而誰能殺之邪？克用父子經營天下數十年，僅得一士焉，則道也，其所議之帷帝而施之天下者，概可知矣。

嗚呼！人知道之墮節以臣人，不知其挾小慧以媚主，國未亡而道已讎其賣主之術，非一日矣。此數主者，顛倒背亂於黼扆，道且尸位而待焉，不知其何以導諛也？然而不傳者，摘小過以炫直，自飾而藏姦，世固未易察也。

朱温滅後，五姓之主中士者，皆旋奪於握兵之臣，即不能奪，而稱兵以思奪者，此撲而彼興，無他，唯無相而已。無相者，非必其時之無人也。抑非偏任武人，而相不能操國柄也。藉令有其人，欲授之國柄，固將不能。何也？崛起之日，初不與聞大計，一旦稱帝，姑且求一二人以具員而置之百僚之上，如仗象然，誰從而聽之哉？

李存勗之欲爲帝久矣，日率將士以與朱氏爭存亡，而內所任者故奄張承業，外則姑以馮道司筆墨而已。未嘗一日運目遊心於天下士，求一可任者，與定大謀，經畫天下之治理。至於梁勢將傾，衆爭勸進之日，乃就四鎮判官求一二人以爲相。大謀非所與聞，大任非所夙擬，其主雖聞名而非所矜式，其將相雖覿面而不與周旋，一旦加以枚卜之虛名，使處百僚之上。彼挾百戰之功臣扶以起者，固曰：何從有此忽起在位之人居吾上邪？彼固藉我以取富貴，而惡能不唯我是從乎？漢高相蕭何，乃至叱諸將之功爲狗而不怒者，實有大服其心者，非一朝一夕之故也。豆盧革、盧程依戎幕以起家，惡足勝其任哉？名之曰相，實均於無相，樞密得操其行止，藩鎮直視爲衙官，天子孤立，心膂無託，奪之也如吹槁，弗復有難焉者矣。

天下可無相也，則亦可無君也。相輕於鴻毛，則君不能重於泰山也。故胡氏曰：「人主之職，在論相而已。」大有爲者，求之夙，任之重，得一二人，而子孫黎民世食其福矣。

君臣、父子，人之大倫也。世衰道喪之日，有無君臣而猶有父子者，未有無父子而得有君臣者也。自朱温以至柴氏，七姓十五人，據中士而稱帝，天下後世因而帝之。乃當時之臣民，固不傾心奉之以爲君，劫於其威而姑號之曰天子，君臣之倫，至此而滅裂盡矣。尤可憫者，併其父子而亂之。漫取一人而子之，遂謂之子；漫推一鬼而祖考之，遂謂之祖考；於是神怒於上，人迷於下，父子之恩，以名相假，以利相蒙，其與禽獸之聚散也奚別？如是而猶望天下之有君臣也，必不可得之數矣。

沙陀夷酋耳，唐蔑天逆理而賜之姓，遂假以競於朱温曰：吾李氏子也。存勗稱帝，仍號曰唐，以高祖、太宗、懿宗、昭宗，雜朱邪執宜、朱邪赤心之中而祖之，唐之祖宗，能不恫怨於幽乎？嗣是而徐知誥者，不知爲誰氏之子，乃自撰五世名諱，選吳王恪而祖之。嗚呼！蔑論隴西之苗裔，猶散處於人閒；天之弗祐，亡則亡耳，絕則絕耳，何忍取夷狄盜賊之子而以爲子孫哉？所謂辱甚於死亡也。後世史官猶從而獎之，曰：此唐也，可以紹李氏之統者也。天理無餘，人心盡椓，至此而人不足以存矣。《詩》不云乎？「謂他人父，終莫我顧。」逆風所煽，號爲天子者且然，又何怪乎賈謐、秦熺之淪亂天常也。

李存勗不可以爲天子，然固將帥之才也，知用兵之略矣，得英主而御之，與韓信齒。

奚以明其然邪？麕之走也捷於虎，卒爲虎獲者，數反顧也。規規恃其穴以爲所據，其偶敗也，急奔而護其穴，其勝也，復慮人之乘己而內焚，於是內未潰而外失可乘之機，敵且蹙之使自斃於穴中，未有不敗者也。存勗知此矣。

自克用以來，太原其根本也，則澤潞其喉吭也；太行之險一失，則井陘之道且危。存勗殫全力以圖東方，澶、鄆懸隔千里之外，閒以趙、魏，潞州叛，澤州陷，太原內蹙，而東出之師，若脊斷而不能舉。於斯時也，不知兵者，必且舍澶、鄆以旋師而西顧，乃一受其掣，而踉蹌以返，王彥章之流，躡其迹而乘之，太原其委命之墟矣。而存勗之計此決矣，李繼韜之內叛，視若疥癬；澤州之失，唯惜裴約，而棄若贅疣；急攻楊劉，疾趨汴、雒，一戰而朱氏以亡，其神矣哉！太原自克用修繕城隍以來，非旦夕可拔者，大兵集於東方，繼韜雖狡，梁人雖鷙，必不敢遽爾合圍，不憂歸師之夾逼。敵見吾視澤、潞之亂若罔聞，則益不測吾之所爲，膽先自破，沮其乘虛之計，而河上之師終恃此以爲撓我之令圖，則慮我之情緩，而相防之計疏。此一舉而襲梁都，夷友貞，平河南，規恢之大略也。微韓信，孰足以及此？謂存勗爲將帥之才，非虛加之矣。

納其身於內，而外日陵乘而不能禦；投其身於外，則內雖未固而自可無虞；大略可以不傾，則姑置之，而縱横游衍，無不可以自得，此處身之善地，即安

心之妙術也。嗚呼！知此者鮮矣。項羽急返西楚，而漢追之；唐置太原，聽劉武周、梁師都之侵犯，以亟攻東都，而三寇皆夷；得失之機，決於此耳。庸人怙其所已得，志士忘其所已能，志量之不齊，善敗之所自殊也。知此者，可與立功，可與定亂，可與進善，可與廣業。明此者哲，昧此者愚，豈徒用兵爲然哉？

佚名《歷代名賢確論》卷一〇〇《五代通論》 温公論曰：或問五代帝王唐莊宗、周世宗皆稱英武，二主孰賢臣？應之曰：夫天子所以統治萬國，討其不服，撫其微弱，行其號令，壹其法度，敦明信義，以兼愛兆民者也。莊宗既滅梁，海内震動。湖南馬氏遣子希範入貢，莊宗曰：「比聞馬氏之業終於高郁所奪，今有兒如此，郁豈能得之哉？」郁，馬氏之良佐也。希範兄希聲聞莊宗言，卒矯其父命而殺之。此乃市道商賈之所爲，豈帝王之體哉？蓋莊宗善戰者也，故能以弱晉勝彊梁。既得之，曾不數年，内外離叛，置身無所，誠由知用兵之術，不知爲天下之道故也。世宗以信令御羣臣，以正義責諸國。王環以不降受賞，劉仁贍以堅守蒙褒，嚴續以盡忠獲存，蜀兵以反覆就誅，馮道以失節被棄，張美以私恩見疎。江南未服，則親犯矢石，期於必克。既服，則愛之如子，推誠盡言，爲之遠慮。其宏規大度，豈得與莊宗同日語哉？書曰：無偏無黨，王道蕩蕩。又曰：大拜畏其力，小拜懷其德。世宗近之矣！

藝文

王十朋《梅溪集》卷一〇《唐莊宗》 十年征戰不知勞，三矢功成意氣豪。自咤身爲李天下，焉知禍起郭門高。

錢謙益《列朝詩集》乙集卷四《愁臺》 莊宗戰敗登愁臺，酒酣四顧悲風來。野人獻雉味徒美，壯士騎馬顏如灰。可憐昔日英雄才，夾河蹀血馳風雷。勝兵百萬使臂指。伶官數十爲禍胎，蕭蕭落葉墓門棘，獨眼龍眠墓中泣。生兒但作門雞豪，琵琶火消髑髏赤。

錢謙益《列朝詩集》丙集卷六《題戎馬出獵圖》 黑山之北青海頭，草木搖落風颼颼。平原一望渺無際，獵騎四踏黄雲秋。戎王小年面如玉，仿佛當時李存勗。錦袍白馬彎雕弧，一箭直應倒蒼鹿。蒼鹿卻走青羊奔，沙磧霜中餘血痕。大家相隨兩兩奉驅策，氈裘辮發皆羌渾。一犬騰身逐驚兔，後騎韝鷹笑相顧。何物霜蹄賈勇各忘疲。倒載爭多不知莫。健兒獨往先著鞭，自期百發無虛弦。忽星迸，脱手落地仍欣然。幾輛氈車駐山口，應待歸來勸胡酒。共焫熊掌炙駝峰，勅勒歌長出林藪。歌長晝短樂未央，皂旗閃爍天蒼。涼明朝移帳定何所，擇地還開新獵場。方今聖人居大寶，烽燧無煙罷天討。胡雛長作畫中看，莫近飛狐塞垣道。

厲鶚《宋詩紀事》卷二四《後唐莊宗廟》 代梁繼李號良圖，卻惑歌兒便喪軀。試拂塵埃覘遺像，元來滿面是髭鬚。

佚名《題畫詩》卷四〇《莊宗横吹圖》 郭相西征奏凱還，阿嬌歡寵鏡交鸞。卻嫌暖殿春風燠，玉管横翻曉吹寒。霸業艱難百戰開，侈心何苦溺優俳。豈知兩部仙韶器，總是君王火葬材。

郭崇韜部

綜述

《舊五代史》卷五七《郭崇韜傳》　郭崇韜，字安時，代州鴈門人也。父弘正。崇韜初爲李克脩帳下親信。克脩鎮昭義，崇韜累典事務，以廉幹稱。克脩卒，武皇用爲典謁，奉使鳳翔稱旨，署教練使。崇韜臨事機警，應對可觀，莊宗嗣位，尤器重之。天祐十四年，用爲中門副使，與孟知祥、李紹宏俱參機要。俄而紹宏出典幽州留事，知祥懇辭要職。先是，中門使吳珙、張虔厚忠而獲罪。知祥懼，求爲外任，妻瓊華公主泣請於貞簡太后。莊宗謂知祥曰：「公欲避路，當舉其代。」知祥因舉崇韜。乃署知祥爲太原軍在城都虞候。自是崇韜專典機務，艱難戰伐，靡所不從。

十八年，從征張文禮於鎮州。契丹引衆至新樂，王師大恐，諸將咸請退還魏州，莊宗猶豫未決，崇韜曰：「阿保機祇爲王都所誘，本利貨財，非敦鄰好，苟前鋒小衄，遁走必矣。況我新破汴寇，威振北地，乘此驅攘，焉往不捷！且事之濟否，亦有天命。」莊宗從之，王師果捷。明年，李存審收鎮州，遣崇韜閱其府庫，或以珍貨賂遺，一無所取，但市書籍而已。

莊宗即位於魏州，崇韜加檢校太保、守兵部尚書，充樞密使。是時，衛州陷於梁，澶、相之間，寇鈔日至，民流地削，軍儲不給，羣情恟恟，以爲霸業終不能就，崇韜寢不安席。俄而王彥章陷德勝南城，敵勢滋蔓，汴人急攻楊劉城，明宗在鄆，音驛斷絶。莊宗登城四望，計無所出。崇韜啓曰：「段凝阻絶津路，苟王師不南，鄆州安能保守！臣請於博州東岸立柵，以固通津，但慮汴人偵知，徑來薄我，請陛下募敢死之士，日以挑戰，如三四日間。賊軍未至，則柵壘成矣。」崇韜率毛璋等萬人夜趨博州，視矛戟之端有光，崇韜曰：「吾聞火出兵刃，破賊之兆也。」至博州，渡河版築，晝夜不息。崇韜於葭葦間據胡床假寢，覺袴中冷，左右視之，乃蛇也，其忘疲勵力也如是。居三日，梁軍果至，城壘低庳，沙土散惡，戰具不完，汴將王彥章、杜晏球率衆攻擊，軍不得休息。崇韜身先督衆，四面拒戰，有急即應。城垂陷，俄報莊宗領親軍次西岸，梁軍聞之退走，因解楊劉之圍。

未幾，汴將康延孝來奔，崇韜延於臥內，訊其軍機。延孝曰：「汴人將四道齊舉，以困我軍。」莊宗憂之，召諸將謀進取之策。宣徽使李紹宏請棄鄆州，與汴人盟，以河爲界，無相侵寇。莊宗不悦，獨卧帳中，召崇韜謂曰：「計將安出？」對曰：「臣不知書，不能徵比前古，請以時事言之。且陛下十五年起義圖霸，爲雪家讎國恥，甲冑生蟣虱，黎人困輸輓。今纂崇大號，河朔士庶，日望盪平，纔得汶陽尺寸之地，不敢保守，況盡有中原乎！將來歲賦不充，物議咨怨，設若劃河爲界，誰爲陛下守之？臣自延孝言事以來，晝夜籌度，料我兵力，算賊事機，不出今年，雌雄必決。聞汴人決河，自滑至鄆，非舟檝不能濟。又聞精兵盡在段凝麾下，王彥章日寇鄆境，彼既以大軍臨我南鄙，又憑恃決河，謂我不能南渡，志在收復汶陽，此汴人之謀也。臣謂段凝保據河壖，苟欲持我，臣但請留兵守鄴，保固楊劉，陛下親御六軍，長驅倍道，直指大梁，汴城無兵，望風自潰。若使僞主授首，賊將自然倒戈，半月之間，天下必定。如不決此計，傍採浮譚，臣恐不能濟也。今歲秋稼不登，軍糧纔支數月，決則成敗未知，不決則坐見不濟。臣聞作舍道邊，三年不成，帝王應運，必有天命，成敗天也，在陛下獨斷。」莊宗蹶然而興曰：「正合吾意，丈夫得則爲王，失則爲擄，行計決矣！」即日下令軍中，家口並還魏州。莊宗送劉皇后與興聖宫使繼岌至朝城西野亭泣别，曰：「事勢危蹙，今須一決，事苟不濟，無復相見。」乃留李紹宏及租庸使張憲守魏州，大軍自楊劉濟河。是歲，擒王彥章，誅梁氏，降段凝，皆崇韜贊成其謀也。

莊宗至汴州，宰相豆盧革在魏州，令崇韜權行中書事，俄拜侍中兼樞密使，及郊禮畢，以崇韜兼領鎮、冀州節度使，進封趙郡公，邑二千户，賜鐵券，恕十死。崇韜既位極人臣，權傾内外，謀猷獻納，必盡忠規，士族朝倫，頗亦收奬人物，内外翕然稱之。初收汴、洛，稍通賂遺，親友或規之，崇韜曰：「余備位將相，禄賜巨萬，但僞梁之日，賂遺成風，今方面藩侯，多梁之舊將，皆吾君射鈎斬袪之人也，一旦革面，化爲吾人，堅拒其請，得無懼乎！藏余私室，無異公帑。」及郊禋，崇韜悉獻家財，以助賞給。

時近臣勸莊宗以貢奉物爲内庫，珍貨山積，公府賞軍不足。崇韜奏請出内庫之財以助，莊宗沉吟有靳惜之意。是時天下已定，寇讎外息，莊宗漸務華侈，以逞己欲。洛陽大内宏敞，宫宇深邃，宦官阿意順旨，以希恩寵，聲言宫中夜見鬼物，不謀同辭。莊宗駭異其事，且問其故。宦者曰：「見本朝長安大内，六宫

嬪御，殆及萬人，椒房蘭室，無不充牣。今宮室大半空閑，鬼神尚幽，亦無所怪。」繇是景進、王允平等於諸道採擇宮人，不擇良賤，内之宮掖。

三年夏，雨，河大水，壞天津橋。是時酷暑尤甚。莊宗常擇高樓避暑，皆不稱旨。宦官曰：「今大内樓觀，不及舊時長安卿相之家，舊日大明、興慶兩宮，樓觀百數，皆雕楹畫栱，干雲蔽日，今官家納涼無可御者。」莊宗曰：「余富有天下，豈不能辦一樓！」即令宮苑使經營之，猶慮崇韜有所諫止，使謂崇韜曰：「今年惡熱，朕頃在河上，五六月中，與賊對壘，行宮卑濕，介馬戰賊，恒若清涼。今晏然深宮，不耐暑毒，何也？」崇韜奏：「陛下頃在河上，汴寇未平，廢寢忘食，心在戰陣，祁寒溽暑，不介聖懷。今寇既平，中原無事，縱耳目之玩，不憂戰陣，雖層臺百尺，廣殿九筵，未能忘熱於今日也。願陛下思艱難創業之際，則今日之暑，坐變清涼。」莊宗默然。王允平等竟加營造，崇韜復奏曰：「内中營造，日有縻費，屬當災饉，且乞權停。」不聽。

初，崇韜與李紹宏同爲内職，及莊宗即位，崇韜以紹宏素在己上，舊人難制，即奏澤潞監軍張居翰同掌樞密，以紹宏爲宣徽使。紹宏大失所望，泣涕憤鬱。崇韜乃置内勾使，應三司財賦，皆令勾覆，令紹宏領之，冀塞其心。紹宏快悵不已。崇韜自以有大功，河、洛平定之後，權位熏灼，恐爲人所傾奪，乃謂諸子曰：「吾佐主上，大事了矣，今爲羣邪排毁，吾欲避之，歸鎮常山，爲菟裘之計。」其子廷説等曰：「大人功名及此，一失其勢，便是神龍去水，爲螻蟻所制，尤宜深察。」門人故吏又謂崇韜曰：「侍中勳業第一，雖羣官側目，必未能離間。宜於此時堅辭機務，上必不聽，是有辭避之名，塞其讒慝之口。魏國夫人劉氏有寵，中宮未正，宜贊成册禮，上心必悦。内得劉氏之助，羣閹其如余何！」崇韜然之，於是三上章堅辭樞密之位，優詔不從。崇韜乃密奏請立魏國夫人爲皇后，復奏時務利害二十五條，皆便於時，取悦人心，又請罷樞密院事，各歸本司，以輕其權，然宦官造謗不已。三年，堅乞罷兼領節鉞，許之。

會客省使李嚴使西川迴，言王衍可圖之狀，莊宗與崇韜議討伐之謀，方擇大將。時明宗爲諸道兵馬總管當行，崇韜自以宦者相傾，欲立大功以制之，乃奏曰：「契丹犯邊，北面須藉大臣，全倚總管鎮禦。臣伏念興聖宮使繼岌，德望日隆，大功未著，宜依故事，以親王爲元帥，付以討伐之權，俾成其威望。」莊宗方愛繼岌，即曰：「小兒幼稚，安能獨行，卿當擇其副。」崇韜未奏，莊宗曰：「無踰於卿者。」乃以繼岌爲都統，崇韜爲招討使。是歲九月十八日，率親軍六萬，進討蜀川。崇韜將發，奏曰：「臣以非才，謬當戎事，仗將士之忠力，憑陛下之威靈，庶幾克捷。若西川平定，陛下擇帥，如信厚善謀，事君有節，則孟知祥有焉，望以蜀帥授之。如宰輔闕人，張憲有披榛之勞，爲人謹重而多識。其次李琪、崔居儉，中朝士族，富有文學，可擇而任之。」莊宗御嘉慶殿，置酒宴征西諸將，舉酒屬崇韜曰：「繼岌未習軍政，卿久從吾戰伐，西面之事，屬之於卿。」

軍發，十月十九日入大散關，崇韜以馬箠指山險謂魏王曰：「朝廷興師十萬，已入此中，儻不成功，安有歸路？今岐下飛輓，才支旬日，必須先取鳳州，收其儲積，方濟吾事。」乃令李嚴、康延孝先馳書檄，以諭僞鳳州節度使王承捷。及大軍至，承捷果以城降，得兵八千，軍儲四十萬。次至故鎮，僞命屯駐指揮使唐景思亦以城降，得兵四千。又下三泉，得軍儲三十餘萬。自是師無匱乏，軍聲大振。其招懷制置，官吏補置，師行籌畫，軍書告諭，皆出於崇韜，繼岌承命而已。莊宗令内官李廷安、李從襲、吕知柔爲都統府紀綱，見崇韜幕府繁重，將吏輻輳，降人争先賂遺，都統府唯大將省謁，牙門索然，繇是大爲詬恥。及六軍使王宗弼歸款，行賂先招討府，王衍以成都降，崇韜居王宗弼之第，宗弼選王衍之妓妾珍玩以奉崇韜，求爲蜀帥，崇韜許之。又與崇韜子廷誨謀，令蜀人列狀見魏王，請奏崇韜爲蜀帥。繼岌覽狀謂崇韜曰：「主上倚侍中如衡、華，安肯棄元老於蠻夷之地，況余不敢議此。」李從襲等謂繼岌曰：「郭公收蜀部人情，意在難測，王宜自備。」由是兩相猜察。

莊宗令中官向延嗣賫詔至蜀，促班師，詔使至，崇韜不郊迎，延嗣憤憤。從襲謂之曰：「魏王，貴太子也，主上萬福，郭公專弄威柄，旁若無人。昨令蜀人請己爲帥，郭廷誨擁徒出入，貴擬王者，所與狎遊，無非軍中驍果，蜀中兇豪，晝夜妓樂歡宴，指天畫地，父子如此，可見其心。今諸軍將校，無非郭氏之黨，魏王懸軍孤弱，一朝班師，必恐紛亂，吾屬莫知暴骨之所！」因相向垂涕。延嗣使還具奏，皇后泣告莊宗，乞保全繼岌。莊宗復閲蜀簿曰：「人言蜀中珠玉金銀，不知其數，何如是之微也！」延嗣奏曰：「臣問蜀人，知蜀中寶貨皆入崇韜之門，言崇韜得金萬兩，銀四十萬，名馬千匹，王衍愛妓六十，樂工百，犀玉帶百。廷誨自有金銀十萬兩，犀玉帶五十，藝色絶妓七十，樂工七十，他財稱是。魏王府，蜀人賂遺不過匹馬而已。」莊宗初聞崇韜欲留蜀，心已不平，又聞全有蜀之妓樂珍玩，怒見顔色。即令中官馬彦珪馳入蜀視崇韜去就，如班師則已，如實遲留，則與繼岌圖之。彦珪見皇后曰：「禍機之發，間不容髮，何能數千里外復稟聖旨哉！」皇

后再言之，莊宗曰：「未知事之實否，詎可便令果決？」皇后乃自爲教與繼岌，令殺崇韜。時蜀土初平，山林多盜，孟知祥未至，崇韜令任圜、張筠分道招撫，慮師還後，部曲不寧，故歸期稍緩。

四年正月六日，馬彥珪至軍，決取十二日發成都赴闕，令任圜權知留事，以俟知祥。諸軍部署已定，彥珪出皇后教以示繼岌，繼岌曰：「大軍將發，他無釁端，安得爲此負心事！公輩勿復言。」從襲等泣曰：「聖上既有口勅，王若不行，苟中途事泄，爲患轉深。」繼岌曰：「上無詔書，徒以皇后教令，安得殺招討使！」從襲等巧造事端以間之，繼岌既無英斷，僶俛從之。詰旦，從襲以繼岌之命召崇韜計事，繼岌登樓避之，崇韜入，左右檛殺之。崇韜有子五人，廷信、廷誨隨父死於蜀，廷説誅於洛陽，廷讓誅於魏州，廷議誅於太原，家產籍没。明宗即位，詔令歸葬，仍賜太原舊宅。廷誨、廷讓各有幼子一人，姻族保之獲免，崇韜妻周氏，攜養於太原。

崇韜服勤盡節，佐佑王家，草昧艱難，功無與比，西平巴蜀，宣暢皇威，身死之日，夷夏冤之。然議者以崇韜功烈雖多，事權太重，不能處身量力，而聽小人誤計，欲取太山之安，如急行避跡，其禍愈速。性復剛戾，遇事便發，既不知前代之成敗，又未體當時之物情，以天下爲己任，孟浪之甚也。及權傾四海，車騎盈門，士人諂奉，漸別流品。同列豆盧革謂崇韜曰：「汾陽王代北人，徙家華陰，侍中世在鴈門，得非祖德歟？」崇韜應曰：「經亂失譜諜，先人常云去汾陽王四世。」革曰：「故祖德也。」因是旌別流品，援引薄徒，委之心腹，佐命勳舊，一切鄙棄。舊僚有干進者，崇韜謂之曰：「公雖代邸之舊，然家無門閥，深知公才技，不敢驟進者，慮名流嗤余故也。」及征蜀之行，於興平拜尚父子儀之墓。嘗從容白繼岌曰：「蜀平之後，王爲太子，待千秋萬歲，神器在手，宜盡去宦官，優禮士族，不唯疏斥閹寺，騸馬不可復乘。」内則伶官巷伯，怒目切齒；外則舊僚宿將，戟手痛心。掇其族滅之禍，有自來矣。復以諸子驕縱不法，既定蜀川，輦運珍貨，實於洛陽之第，籍没之日，泥封尚濕。雖莊宗季年爲羣小所惑，致功臣不保其終，亦崇韜自貽其災禍也。

《新五代史》卷二四《郭崇韜傳》　郭崇韜，代州鴈門人也，爲河東教練使。爲人明敏，能應對，以材幹見稱。

莊宗爲晉王，孟知祥爲中門使，崇韜爲副使。中門之職，參管機要，先時，吴珙、張虔厚等皆以中門使相繼獲罪。知祥懼，求外任，莊宗曰：「公欲避事，當舉可代公者。」知祥乃薦崇韜爲中門使，甚見親信。

晉兵圍張文禮於鎮州，久不下，而定州王都引契丹入寇。契丹至新樂，晉人皆恐，欲解圍去，莊宗未決，崇韜曰：「契丹之來，非救文禮，爲王都以利誘之耳，且晉新破梁軍，宜乘已振之勢，不可遽自退怯。」莊宗然之，果敗契丹。莊宗即位，拜崇韜兵部尚書、樞密使。

梁王彥章擊破德勝，唐軍東保楊劉，彥章圍之。莊宗登壘，望見彥章爲重塹以絶唐軍，意輕之，笑曰：「我知其心矣，其欲持久以弊我也。」即引短兵出戰，爲彥章伏兵所射，大敗而歸。莊宗問崇韜：「計安出？」是時，唐已得鄆州矣，崇韜因曰：「彥章圍我於此，其志在取鄆州也。臣願得兵數千，據河下流，築壘於必争之地，以應鄆州爲名，彥章必來争，既分其兵，可以圖也。然板築之功難卒就，陛下日以精兵挑戰，使彥章兵不得東，十日壘成矣。」莊宗以爲然，乃遣崇韜與毛璋將數千人夜行，所過驅掠居人，毁屋伐木，渡河築壘於博州東，晝夜督役，六日壘成。彥章果引兵急攻之，時方大暑，彥章兵熱死，及攻壘不克，所失太半，還趨楊劉，莊宗迎擊，遂敗之。

康延孝自梁奔唐，先見崇韜，崇韜延之卧内，盡得梁虚實。是時，莊宗軍朝城，段凝軍臨河。唐自失德勝，梁兵日掠澶、相，取黎陽、衛州，而李繼韜以澤潞叛入於梁，契丹數犯幽、涿，又聞延孝言梁方召諸鎮兵欲大舉，唐諸將皆憂惑，以謂成敗未可知。莊宗患之，以問諸將，諸將皆曰：「唐得鄆州，隔河難守，不若棄鄆與梁，而西取衛州、黎陽，以河爲界，與梁約罷兵，毋相攻，庶幾以爲後圖。」莊宗不悦，退卧帳中，召崇韜問計，崇韜曰：「陛下興兵仗義，將士疲戰争、生民苦轉餉者，十餘年矣。況今大號已建，自河以北，人皆引首以望成功而思休息。今得一鄆州，不能守而棄之，雖欲指河爲界，誰爲陛下守之？且唐未失德勝時，四方商賈，征輸必集，薪芻糧餉，其積如山。自失南城，保楊劉，道路轉徙，耗亡太半。而魏、博五州，秋稼不稔，竭民而斂，不支數月，此豈按兵持久之時乎？臣自康延孝來，盡得梁之虚實，此真天亡之時也。願陛下分兵守魏，固楊劉，而自鄆長驅擣其巢穴，不出半月，天下定矣！」莊宗大喜曰：「此大丈夫之事也！」因問司天，司天言：「歲不利用兵。」崇韜曰：「古者命將，鑿凶門而出。況成算已決，區區常談，豈足信也！」莊宗即日下令軍中，歸其家屬於魏，夜渡楊劉，從鄆州入襲汴，用八日而滅梁。莊宗推功，賜崇韜鐵券，拜侍中、成德軍節度使，依前樞密使。

莊宗與諸將以兵取天下，而崇韜未嘗居戰陣，徒以謀議居佐命第一之功，位兼將相，遂以天下爲己任，遇事無所回避。而宦官、伶人用事，特不便也。初，崇韜與宦者馬紹宏俱爲中門使，而紹宏位在上。及莊宗即位，二人當爲樞密使，而崇韜不欲紹宏在己上，乃以張居翰爲樞密使，紹宏爲宣徽使。紹宏失職怨望，崇韜因置内勾使，以紹宏領之。凡天下錢穀出入於租庸者，皆經内勾。既而文簿繁多，州縣爲弊，遽罷其事，而紹宏尤側目。崇韜頗懼，語其故人子弟曰：「吾佐天子取天下，今大功已就，而羣小交興，吾欲避之，歸守鎮陽，庶幾免禍，可乎？」故人子弟對曰：「俚語曰：『騎虎者，勢不得下。』今公權位已隆，而下多怨嫉，一失其勢，能自安乎？」崇韜曰：「奈何？」對曰：「今中宫未立，而劉氏有寵，宜請立劉氏爲皇后，而多建天下利害以便民者，然後退而乞身。天子以公有大功而無過，必不聽公去。是外有避權之名，而内有中宫之助，又爲天下所悦，雖有讒間，其可動乎？」崇韜以爲然，乃上書請立劉氏爲皇后。

崇韜素廉，自從入洛，始受四方賂遺，故人子弟或以爲言，崇韜曰：「吾位兼將相，禄賜巨萬，豈少此邪？今藩鎮諸侯，多梁舊將，皆主上斬祛射鉤之人也。今一切拒之，豈無反側？且藏於私家，何異公帑？」明年，天子有事南郊，乃悉獻其所藏，以佐賞給。

莊宗已郊，遂立劉氏爲皇后。崇韜累表自陳，請依唐舊制，還樞密使於内臣，而並辭鎮陽，優詔不允。崇韜又曰：「臣從陛下軍朝城，定計破梁，陛下撫臣背而約曰：『事了，與卿一鎮。』今天下一家，俊賢並進，臣憊矣，願乞身如約。」莊宗召崇韜謂曰：「朝城之約，許卿一鎮，不許卿去。欲捨朕，安之乎？」崇韜因建天下利害二十五事，施行之。

李嗣源爲成德軍節度使，徙崇韜忠武。崇韜因自陳權位已極，言甚懇至。莊宗曰：「豈可朕居天下之尊，使卿無尺寸之地？」崇韜辭不已，遂罷其命，仍爲侍中、樞密使。

同光三年夏，霖雨不止，大水害民田，民多流死。莊宗患宫中暑濕不可居，思得高樓避暑。宦官進曰：「臣見長安全盛時，大明、興慶宫樓閣百數。今大内不及故時卿相家。」莊宗曰：「吾富有天下，豈不能作一樓？」乃遣宫苑使王允平營之。宦官曰：「郭崇韜眉頭不伸，常爲租庸惜財用，陛下雖欲有作，其可得乎？」莊宗乃使人問崇韜曰：「昔吾與梁對壘於河上，雖祁寒盛暑，被甲跨馬，不以爲勞。今居深宫，蔭廣廈，不勝其熱，何也？」崇韜對曰：「陛下昔以天下爲心，今以一身爲意，艱難逸豫，爲慮不同，其勢自然也。願陛下無忘創業之難，常如河上，則可使繁暑坐變清涼。」莊宗默然。終遣允平起樓，崇韜果切諫。宦官曰：「崇韜之第，無異皇居，安知陛下之熱！」由是讒間愈入。

河南縣令羅貫，爲人彊直，頗爲崇韜所知。貫正身奉法，不受權豪請託，宦官、伶人有所求請，書積几案，一不以報，皆以示崇韜。崇韜數以爲言，宦官、伶人由此切齒。河南自故唐時張全義爲尹，縣令多出其門，全義厮養畜之。及貫爲之，奉全義不屈，縣民恃全義爲不法者，皆按誅之。全義大怒，嘗使人告劉皇后，從容爲白貫事，而左右日夜共攻其短。莊宗未有以發。皇太后崩，葬坤陵，陵在壽安，莊宗幸陵作所，而道路泥塗，橋壞。莊宗止輿問：「誰主者？」宦官曰：「屬河南。」因亟召貫，貫至，對曰：「臣初不奉詔，請詰主者。」莊宗曰：「爾之所部，復問何人！」即下貫獄，獄吏榜掠，體無完膚。明日，傳詔殺之。崇韜諫曰：「貫罪無佗，橋道不修，法不當死。」莊宗怒曰：「太后靈駕將發，天子車輿往來，橋道不修，卿言無罪，是朋黨也！」崇韜曰：「貫雖有罪，當具獄行法於有司。陛下以萬乘之尊，怒一縣令，使天下之人，言陛下用法不公，臣等之過也。」莊宗曰：「貫，公所愛，任公裁決！」因起入宫，崇韜隨之，論不已，莊宗自闔殿門，崇韜不得入。貫卒見殺。

明年征蜀，議擇大將。時明宗爲總管，當行。而崇韜以讒見危，思立大功爲自安之計，乃曰：「契丹爲患北邊，非總管不可禦。魏王繼岌，國之儲副，而大功未立；且親王爲元帥，唐故事也。」莊宗曰：「繼岌，小子，豈任大事？必爲我擇其副。」崇韜未及言，莊宗曰：「吾得之矣，無以易卿也。」乃以繼岌爲西南面行營都統，崇韜爲招討使，軍政皆決崇韜。

唐軍入蜀，所過迎降。王衍弟宗弼，陰送款於崇韜，求爲西川兵馬留後，崇韜以節度使許之。軍至成都，宗弼遷衍於西宫，悉取衍嬪妓、珍寶奉崇韜及其子廷誨。又與蜀人列狀見魏王，請崇韜留鎮蜀。繼岌頗疑崇韜，崇韜無以自明，因以事斬宗弼及其弟宗渥、宗勳，没其家財。蜀人大恐。

崇韜素嫉宦官，嘗謂繼岌曰：「王有破蜀功，師旋，必爲太子，俟主上千秋萬歲後，當盡去宦官，至於扇馬，亦不可騎。」繼岌監軍李從襲等見崇韜專任軍事，心已不平，及聞此言，遂皆切齒，思有以圖之。莊宗聞破蜀，遣宦官向延嗣勞軍，崇韜不郊迎，延嗣大怒，因與從襲等共構之。延嗣還，上蜀簿，得兵三十萬，馬九千五百四，兵器七百萬，糧二百五十三萬石，錢一百九十二萬緡，金銀二十二萬

兩，珠玉犀象二萬，文錦綾羅五十萬匹。莊宗曰：「人言蜀天下之富國也，所得止於此邪？」延嗣因言蜀之寶貨皆入崇韜，且誣其有異志，將危魏王。莊宗怒，遣宦官馬彦珪至蜀，視崇韜去就。彦珪以告劉皇后，劉皇后教彦珪矯詔魏王殺之。

崇韜有子五人，其二從死於蜀，餘皆見殺。其破蜀所得，皆籍没。明宗即位，詔許歸葬，以其太原故宅賜其二孫。

當崇韜用事，自宰相豆盧革、韋悦等皆傾附之，崇韜父諱弘，革等即因佗事，奏改弘文館爲崇文館。以其姓郭，因以爲子儀之後，崇韜遂以爲然。其伐蜀也，過子儀墓，下馬號慟而去，聞者頗以爲笑。然崇韜盡忠國家，有大略。其已破蜀，因遣使者以唐威德風諭南詔諸蠻，欲因以綏來之，可謂有志矣！

雜録

備論

《舊五代史》卷五七《郭崇韜傳》 史臣曰：夫出身事主，得位遭時，功不可以不圖，名不可以不立。洎功成而名遂，則望重而身危，貝錦於是成文，良玉以之先折，故崇韜之誅，蓋爲此也。是知強吴滅而范蠡去，全齊下而樂生奔，苟非其賢，孰免於禍，明哲之士，當鑒於斯！

王夫之《讀通鑑論》卷二九《五代中》 伐蜀之役，郭崇韜諫止段凝爲帥，議正而事允矣；其復止李嗣源之行，則崇韜之自滅與滅唐也，皆在於此。

崇韜請遣繼岌，固知繼岌之不可獨任，而必需己副之，名爲繼岌，實自將也。崇韜之辭鎮汴州也，曰：「臣富貴已極。」至此而又貪平蜀之功利，豈冒昧不止哉？蓋以伐蜀爲自全之計。而反以此自滅者，何也？位尊權重，其主已疑，內有艷妻，外多宵小，稍稍裁正，衆方側目，故憂內之不可久居，而欲息肩於閫外，上挾冢嗣，下結衆將，相倚以安，冀可遠讒人之怨以自立於不拔之地，可謂謀之已工矣。乃不知讒佞交加之日，顧離人主左右，握重兵，據腴土，成大功，媢忌益深，在廷者又以睽離不親，心皆解散，固將益附姦邪而聽其唼嚍；況乎奄有王建畜積之藏，多受降將邀歡之賄，躡鍾會之已迹而益以貪，則必攉衛瓘之網羅而弗能辯，誅死在眉睫而不悟，其工也，正其愚矣。

李嗣源有河上先歸之釁，載入汴決策之功，假之以兵，資之以蜀，則且爲王建，而爲朱邪氏樹一勁敵於西方；故崇韜身任之以抑嗣源，損其威望，而使易制，俾存勗無西鄉之憂，其爲存勗謀也，亦可謂工矣。而不知蠶叢一隅，以叛易，以守難，若欲窺秦、隴出劍閣以争衡於中國，則諸葛且不能得志，故曹丕曰：「因亮于山。」嗣源即懷異志，惡能度越重險以犯順，何似擅河朔之富彊，拊汴、雒之項背，建瓴南下，勢無與遏邪？畏虎豹之在山林，乃驅之以居園垣之右，便其噬攫，而崇韜不知也。

朱邪氏之寇，深於腹心矣。繼岌，欲使立功以定儲者也，而殺崇韜者繼岌；董璋、孟知祥，所倚以鎮撫諸將而定蜀者也，而亂蜀者璋與知祥；抒忠而逢怒，推信而召逆，自後觀之，其愚甚矣。乃一皆崇韜之夜思早作，自謂十全之遠慮也。繇此思之，退而全身，進而已亂，豈智計之能勝任哉？抑彊止逆、弭妒消嫌之術，豈有他焉？勿尸功，勿府利，靖諸己以立於危亂之中，則猜主佞臣與震主之權，皆翕伏於鎮定之下。崇韜固不足以與於斯也，禍不速於反掌，足爲永鑒已！

有一言可以致福，有一言可以召禍，聽其言知其所以言，吉凶之幾決矣。言固有飾爲之者焉，從容擬議而撰之以言，行固不踐，心固不存；又有甚者，假義以餂利，假仁以餂忍，是非不生於心，吉凶固不應也。至於危困交於身，衆論摇於外，生死存亡取舍趨避間不容髮之際，於此而有言，則其心無他，而言非僞飾，此則吉凶之幾所自決也。李嗣源當郭崇韜、李存乂、李繼麟駢首夷族之日，朱守殷戒以震主之勳，勸爲遠禍之策，而嗣源曰：「吾心不負天地，禍福之來無可避，委之於命耳。」斯言也，可以全身，可以致福，終以奄有朱邪氏之國，不亦宜乎？

奚以知其言之從心，而非中懷毒螫姑爲委命之説以欺世邪？李存勗耽樂昏昧，伶人操生死之柄，功臣之危，旦不保夕。於斯時也，嗣源非闇於術者，而思惟之路已絶，曠然遠念，惟有委命之一道可以自安。郭崇韜任氣於先而營私於後，禍已見矣，固有以知其無可柰何之下，唯宅心鎮定以不紛也。

奚以知其行之能踐也？委身昏亂之廷，死亡在旦夕，終不求脱身歸鎮擁兵而待亂，受命討鄴，乃從容以去。唯無求去之心，故廷臣得以推轂，存勗釋其猜疑，而晏然以行也。則當其正告守殷之日，嗣源之心，無疑無隱，昭然揭以示人，

消無妄之災，獲隕天之福，皆非以意計幸得，而終始所守者，委命之一言也。充斯言也，即許以知道焉可矣。故其得國以後，舉動多中於理。而焚香告天，求中國之生聖人，蓋亦知天之所佑，必不在乘虛據位之異類，廓然曙於天命之常，而目睫之紛紜，不爲目眩而心熒也。

君子於僭僞之主有取焉者，唯嗣源乎！苻堅、拓拔宏僞飾以誣天而罔人，其善也，皆其惡也，何足論哉！夫不知命而飾爲之説曰「吾知命也」，有之矣；不信有命而飾爲之説曰「吾委命也」，未之有也。若嗣源者，信之真，故言之決也。

佚名《歷代名賢確論》卷九九《郭崇韜》 國無釁，而後可以伐人。冒釁以伐人，敵無釁則已受其災，敵有釁則我與敵皆斃。楚靈王殘民以逞，舉思亂之民以伐吴，吴不可動，而棄疾攻之，若升虛邑，靈王遂死於外。齊湣王貪而好勝，知桀宋之可攻，而忘齊國之既病。燕師乘之，遂以失國。自古冒釁以攻人，其禍如此矣。唐莊宗勇而善戰，與梁人夾河相攻，十戰九勝，涉河取鄆，不十日而克梁，威震諸國。五代用兵，未有神速若此者也。然其克敵之後，幸一日之安，沉湎聲色之娱。宦官伶人，交亂其政。府庫之積，罄於耳目之奉。民怨兵怒，國有土崩之勢而不知也。一時功臣，皆武夫倔起，未有識安危之幾者。惟樞密使郭崇韜，智勇兼人，知其不可，力言而不見聽，求去而不見許。中外佞倖視之仄目，崇韜深病之矣。時方欲伐蜀，崇韜欲立大功，爲自安之計，議以魏王繼岌爲元帥，而己爲之副，將兵六萬以出。兵不踰時而克成都，降王衍，料敵制勝之功，可謂盛矣。然崇韜知蜀之易與，而不知唐之已亂。挈其良將勁兵，西行數千里，雖立大功，而不免讒死於蜀。征蜀之兵未還，而趙在禮爲亂河朔。明宗北征，遂與在禮皆反，帥兵南向，克汴入洛，遂無一人能禦之者。向使西師不出，蜀雖未下，而京師有重兵；崇韜不死，河朔叛臣心有所畏，不敢妄動，則莊宗不亡，崇韜不死，禍福未可知也。嗟乎，崇韜冒釁以伐人，蹈齊湣之禍而以爲安，惜其有智而未始學也。

後唐莊宗承武皇之遺業，假大義，挾世讎，以與梁人百戰而夷之，乃有天下，可謂難且勞矣。然有二臣焉：其爲韓、彭者，李嗣源；爲寇、鄧者，郭崇韜也。嗣源居不賞之功，挾震主之威，得國兵之權，執之而不釋也。莊宗無以奪之，而稍忌其逼。崇韜常有大功於國，忠而可倚，而嗣源之所畏者也。莊宗苟能挾所可倚而制所可忌，則嗣源雖懷不自安而有顧憚，非敢輒發也。莊宗知其所忌而不知其所倚，故崇韜以忠見疏，讒疾日急，使其營自救之計，乃求將其征蜀之兵。莊宗掃國中之師屬之而西，崇韜雖已舉蜀，捷奏才上，而以讒死矣。莊宗知得蜀足以資其盛強，而不知崇韜之死已去嗣源之畏。故鄴下之變，嗣源以一旅之衆西趨洛陽，如蹈無人之境，其遷大器，易若反掌。且內有強臣窺伺間隙，乃空國之師勤於遠役，固已大失計矣，而又去我之所倚與彼之所畏者，則大禍之集可勝救哉！雖得百蜀，無救其失國也。使崇韜之不死，舉全蜀之衆，因東歸之士，擁繼岌，檄方鎮，以討君父之讎，雖嗣源之強，亦何以禦之？蓋嗣源有韓、彭之逼而不踐其禍者，莊宗無高祖之略故也。崇韜有寇、鄧之烈而不全其宗者，莊宗無光武之明故也。嗟夫！人臣之禍，起於操權，而速禍之權，莫重於制兵。崇韜謀宜禍自全，而方求執其兵，此於抱薪救火者何異也。

藝文

張耒《柯山集》卷四四《書五代郭崇韜卷後》 自古大臣權勢已隆極，富貴已亢滿，前無所希，則必退爲身慮。自非大姦雄，包異志，與夫甚庸駑昏闒茸，鮮有不然者。然其爲慮也實難。不憂思之不深，計之不工，然異日釁之所起，往往自夫至深至工，是故莫若以正。夫正者操術簡而周，智者爲緒多而拙。夫正者無所事計也，行所當然，雖怨仇不敢議之，況繼之者賢乎！郭崇韜于五代，亦聰明才智之士也，佐莊宗決策滅梁，遂一天下。自見功高權重，姦人議己，而莊宗之昏爲不足賴也，乃爲自安之計。時劉氏有寵，莊宗嬖之，因請立爲后，而中莊宗之欲，又結劉氏之援，此于劉氏爲莫大之恩。而莊宗日以昏湎，內聽婦言，其爲計宜無如是之良者。然卒之殺崇韜者，劉氏也。使崇韜繆計，不過劉氏不能有所助而已。豈知身死其手哉！好謀之士敗于謀，好辯之士窮于辯，惟道德之士爲無所窮。而禍福之變，豈思慮所能究也哉！

陸遊《渭南文集》卷二五《書郭崇韜傳後》 後唐莊宗初得天下，欲立嬖姬劉氏爲后。而韓夫人正室也，伊夫人位次在劉氏上。莊宗雖出夷狄，又承天下大亂禮樂崩壞之際，然顧典禮人情，亦難其事，未知所出。羣臣雖往往阿諛亡學術，然亦無敢當其議者。豆盧革爲相，郭崇韜爲樞密使。崇韜功高迹危，思爲自安計，而革庸儒無所爲，惟諂崇韜以自安，因相與上章言劉氏當立。於是莊宗遂立劉氏爲后。劉氏既立，黷貨蠹政，殘賊忠良，天下遂大亂，莊宗以殺崩，李氏之

子孫殲焉。嗚呼，革不足言矣。崇韜佐命大臣，忠勞爲一時冠，其請立劉氏，非有他心也，不過謂天子所寵昵而自結焉。將賴其助，以少安而已。然唐之亡實由劉氏。是亡唐者，崇韜也。後唐之先，皆有勳勞于帝室。晉王克用百戰以建王業，莊宗因之，遂有天下。同光之初，海內震動，幾可指麾而定矣。而崇韜顧區區之私，引劉氏以覆其社稷，而滅其後嗣。宗廟之靈，其肯赦之乎？崇韜卒以盡忠赤其族，革亦無罪誅死，豈非天哉？昔唐高宗欲立武昭儀爲后，大臣褚遂良等力爭以爲不可者，皆得禍，獨李勣勸成之，窮極富貴而死，自謂得計矣。及武氏得志，唐高祖、太宗之子孫誅戮幾盡，而勣雖已死，亦卒以孫敬業故，發墓剖棺，夷其宗族。遂良等雖得禍，不至此也。天理之不可逃如此。雖然，豈獨天理哉？彼勣與崇韜皆武夫烈士，勇於報德，乃以此心揣婦人，以爲自安之奇策，安知婦人之性，陰忮忍毒，果於背德。方其得志，自肆若豺虎，然豈復思得立之所自哉？然則二人之禍，雖微天理，固有不可逃者矣，悲夫！

《全唐文》卷一〇三後唐莊宗《允郭崇韜再讓節鎮優詔》　朕以卿久司樞要，常處重難，或遲疑未決之機，詢諸先見；或憂撓不定之事，訪自必成。至於贊朕丕基，登茲大寶。衆興異論，卿獨堅言，天命不可違，唐祚必須復，請納家族，明設誓文。及其密取汶陽，興師入不測之地；潛通河口，貢謀占必濟之津。人所不知，卿唯合意。迨中都嘯聚，羣黨窺陵，朕決議平妖，兼收浚水。雖云先定，更審前籌，果盡贊成，悉諧沈算。斯即何須冒刃，始顯殊庸，況常山陸梁，正虞未復，卿能撫衆，共定羣心。惟朕知卿，他人寧表。所以賞卿之寵，實異等倫。沃朕之心，非虛渥澤。今卿再三謙遜，重疊退辭。始納常陽，請歸上將，又稱梁苑，不可兼權，如此周身，貴全名節，古人操守，未可比方。既覽堅辭，難阻來表。其再讓汴州，所宜依允。

《全唐文》卷一〇三後唐莊宗《答郭崇韜陳情表手詔》　卿名高鈞渭，才大築巖，夙符封社於周王，早契夢魂於殷主。顧君臣之際會，實社稷之威靈。所以翊贊沖人，纘承丕祚。頃歲以梁城構逆，唐室罹災，羣兇競起於崔蒲，九廟皆生於禾黍。忍恥而徒思嘗膽，平居而未見沃心。爾能竭迺沈謀，資予大計，遂訓齊虎旅，平殄梟巢，文軌混同，梯航盡入，延景運於綴旒之後，建殊庸於誓帶之前。況今纔告類於郊壇，方卜年於洛宅，始欲與卿平章理道，講貫化源，長遵馭朽之規，每聽從繩之諫。雖遷廊廟，尚委樞機，縱領藩垣，不離都輦。而又別頒金篆，求佐瑤圖。今則忽睹表章，遽辭繁總。進退徒聞於知足，始終寧稱於注懷。是宜勵力扶持，勉思翼戴，既叶雲從之義，更深日益之功。將致君而須歷重權，方爲主而難持謙柄。覽卿陳乞，俾我焦勞，宜體朕懷，即斷來表。

《全唐文》卷一〇三後唐莊宗《答郭崇韜再上陳情表詔》　卿忠孝有稱，古今無比。竭智術而扶持景運，蹈謙和而統冠羣英。鬱有勳庸，刊於簡册。昨以翦平元惡，開拓丕基，權謀雖出於朕懷，叶贊全資於爾力。是乃委司鈞軸，任總兵符，樞機兼掌於金藏，盟約備頒於鐵券。實諧倚注，雅稱褒隆。豈期忽覽封章，堅辭密務。在卿幽明監德，內外推仁，可保於千載一時，何軫於前思後慮。況朕綏寧寰海，纔欲半年，告類圜丘，未踰一月。耆德便歸退靜，羣情莫測其緣。方賴嘉謀，永裨闕政。卿宜勉持幹恪，永惓繁難，更圖遠大之功，共保初終之道。

《全唐文》卷一〇六後唐明宗《復郭崇韜朱友謙官爵財產制》　故西道行營都招討制置等使、守侍中、監修國史、兼樞密使郭崇韜，宜許歸葬，其世業田宅，並還與骨肉。故萬州司户朱友謙，可復護國軍節度使、守太師、兼尚書令、河中尹、西平王，所有田宅財產，並還與骨肉。

石敬瑭部

綜述

《舊五代史》卷七五《高祖紀一》　高祖聖文章武明德孝皇帝，姓石氏，諱敬瑭，太原人也。本衛大夫碏、漢丞相奮之後，漢衰，關輔亂，子孫流汎西裔，故有居甘州者焉。四代祖璟，以唐元和中與沙陀軍都督朱耶氏自靈武入附，憲宗嘉之，隸爲河東陰山府裨校，以邊功累官至朔州刺史。天福二年，追尊爲孝安皇帝，廟號靖祖，陵曰義陵；祖妣秦氏，追謚爲孝安元皇后。三代祖郴，早薨，贈左散騎常侍，追尊爲孝簡皇帝，廟號肅祖，陵曰惠陵；祖妣安氏，追謚孝簡恭皇后。皇祖諱翌，任振武防禦使，贈尚書右僕射，追尊孝平皇帝，廟號睿祖，陵曰康陵；祖妣米氏，追謚孝平獻皇后。皇考諱紹雍，番字臬捩雞，善騎射，有經遠大略，事後唐武皇及莊宗，累立戰功，與周德威相亞，歷平、洺二州刺史，薨於任，贈太傅，追尊爲孝元皇帝，廟號憲祖，陵曰昌陵；皇妣何氏，追謚孝元懿皇后。

帝即孝元之第二子也，以唐景福元年二月二十八日生於太原汾陽里，時有白氣充庭，人甚異焉。及長，性沈澹，寡言笑，讀兵法，重李牧、周亞夫行事。唐明宗爲代州刺史，每深心器之，因妻以愛女。唐莊宗聞其善射，擢居左右，明宗請隸大軍，從之。後明宗從莊宗征行，命帝領親騎，號三討軍，倚以心腹。

天祐十二年，莊宗併有河北之地，開府於鄴，梁遣上將劉鄩以兵五萬營於莘。十三年二月，鄩引兵突至清平，薄於城下，莊宗至自甘陵，兵未陣，多爲鄩所掩。帝領十餘騎，横槊深入，東西馳突，無敢當者，卒全部伍而旋。莊宗壯之，拊其背曰：「將門出將，言不謬爾。」因頒以器帛，復親爲啗酥，當時以爲異恩，由是知名。明年，鄩兵陣於莘之西北，明宗從莊宗酣戰。久之，塵埃四合，帝與明宗俱陷陣內，帝挺身躍劍，反復轉鬬，行數十里，逐鄩於故元城之東。是日，鄩軍殺傷過半。

十五年，唐軍拔楊劉鎮，梁將賀瓌設伏於無石山，明宗爲瓌所迫，帝爲後殿，破梁軍五百餘騎，按轡而還。十二月，莊宗與梁軍大戰於胡柳陂，衆號十萬。總管周德威將左軍，雜以燕人，前鋒不利，德威死之。莊宗率步衆五千，固守高陵以避敵之鋭。明宗獨完右廣，伏於土山之下，顧謂帝曰：「梁人首獲其利，旌旂甚整，何計可以挫之？」帝曰：「臘後寒如此，出手墮指，彼多步衆，易進難退，莫若啜糒飲水，徐而困之。且超乘徒行，其勢不等，一擊而破，期在必勝。」明宗曰：「是吾心也。」會日暮，梁軍列於平野，五六萬人爲一方陣，麾游騎以迫唐軍，帝曰：「敵將遁矣！」乃請明宗令士整冑寬而羅之，命左射軍三百人鳴矢馳轉，漸束其勢，以數千騎合之。迨夜，旌旗皆靡，而一角先潰，三面踵之，其牙半相擊，若火爆之聲，横屍積甲，不可勝計。由是梁人勢削，莊宗進營德勝渡。

十八年十月，又從明宗戰梁人於德勝渡，敗其將戴思遠，殺二萬餘人。十九年，戰胡盧套，唐軍稍却，帝睹其敵鋭，拔劍闢道，肩護明宗而退，敵人望之，無敢襲者。

二十年十月，從明宗觀梁人之楊村寨，部曲皆不擐甲，俄而敵出不意，以兵掩明宗，刃將及背，帝挾戰戟而進，一擊而凶酋落馬者數輩，明宗遂解其難。是歲，莊宗即位於鄴，改元同光，遣明宗越河，懸軍深入以取鄆。鄆人始不之覺，帝以五十騎從明宗涉濟，突東門而入，鄆兵來拒，帝中刃，翼明宗，羅兵通衢，嶷然不動，會後騎繼至，遂拔中城以據之。既而平汴水，滅梁室，成莊宗一統，集明宗大勳，帝與唐末帝功居最，莊宗朝官未顯者，以帝不好矜伐故也，唯明宗心知之。

同光四年二月，趙在禮據鄴爲亂，朝廷遣元行欽招之不下，羣議紛然，以爲非明宗不可，莊宗乃以明宗爲統帥。時帝從行，至魏，諸軍有變，叩馬請明宗帝河北。明宗受霍彦威勸，將自訴於天子，遂佯諾，諸軍亦恐事不果而散者甚衆，明宗所全者，唯常山一軍而已。西次魏縣，帝密言於明宗曰：「猶豫者兵家大忌，必若求訴，宜決其行。某願率三百騎先趨汴水，以探虎口，如遂其志，請大軍速進。夷門者，天下之要害也，據之可以自雪。安有上將與三軍言變，他日有平手乎！危在頃刻，不宜恬然。」明宗至相州，遂分驍騎三百付之，遣帝由黎陽濟河，自汴西門而入，因據其城。及明宗入汴，莊宗親統師亦至城之西北五里，登高歎曰：「吾不濟矣！」由此莊宗從兵大潰，來歸明宗。明宗尋遣帝令率兵爲前鋒，趨汜水關，俄而莊宗遇内難而崩。

是月，明宗入洛，嘉帝之功，自總管府都校署陝府兵馬留後。明宗即位，改元天成，五月，加帝光禄大夫、檢校司徒，充陝州保義軍節度使，歲未期而軍民之政大治焉。二年二月，加檢校太傅兼六軍諸衛副使，進封開國伯，增食邑四百

户。是月，帝赴闕，以倅六軍諸衛事故也。八月，加食邑八百户，實封一百户，旌爲政之效也。十月，明宗幸汴，以帝爲御營使。車駕次京水，飛報汴州節度使朱守殷叛，明宗命帝董親軍倍道星行，信宿及浚城，一戰而拔之。尋以帝爲宣武軍節度使，侍衛親軍馬步軍都指揮使兼六軍諸衛副使，進封開國公，加食邑五百户，賜耀忠匡定保節功臣。

三年四月，車駕還洛，制加檢校太傅、同中書門下平章事、興唐尹、鄴都留守、天雄軍節度使。五月丁未，加駙馬都尉。長興元年二月，明宗南郊禮畢，加檢校太尉，增食邑五百户，尋詔歸任。時鄴都繁富爲天下之冠，而士俗獷悍，民多爭訟，帝令投函府門，一一覽之，及踰年，盈積几案，滯於獄者甚衆，時論以此減之。九月，東川董璋叛，朝廷命帝爲東川行營都招討使，兼知東川行府事。十月，至自魏博，董衆西征。二年春，以川路險艱，糧運不繼，詔班師。四月，復兼六軍諸衛副使。六月，改河陽節度使，仍兼兵柄。

是時，秦王從榮奏：「伏見北面頻奏報，契丹族移帳近塞，吐渾、突厥已侵邊地，戍兵雖多，未有統帥，早宜命大將一人，以安雲、朔。」明宗曰：「卿等商量。」從榮與諸大臣奏曰：「將校之中，唯石敬瑭、康義誠二人可行。」帝素不欲爲禁軍之副，即奏曰：「臣願北行。」明宗曰：「卿爲吾行，事無不濟。」及受詔，不落六軍副使，帝復遷延辭避。十一月乙酉，明宗復謂侍臣曰：「雲州奏，契丹自幽州移帳，言就放牧，終冬不退，其患深矣。」樞密使范延光奏曰：「已議石敬瑭與康義誠北行，然其定奪，即在宸旨。」帝奏曰：「臣雖不才，爭敢避事，但進退惟命。」明宗曰：「卿爲吾行，甚叶衆議。」由是遂定。丁亥，加兼侍中、太原尹、北京留守、河東節度使，兼大同、振武、彰國、威塞等軍蕃漢馬步軍總管，改賜竭忠匡運寧國功臣。翌日，宴於中興殿，帝捧觴上壽，因奏曰：「臣雖微怯，惟邊事敢不盡其忠力，但臣遠違玉階，無以時申補報。」帝因再拜告辭，明宗泣下霑衿，左右怪其過傷，果與帝因此爲訣，不復相見矣。十二月，明宗晏駕，帝聞之，長慟若喪考妣。應順元年正月，閔帝即位，加中書令，及增食邑。

帝性簡儉，未嘗以聲色滋味輒自宴樂，每公退，必召幕客論民間利害及刑政得失，明而難犯，事多親決。有店婦與軍士訟，云「曝粟於門，爲馬所食」。而軍士懇訴，無以自明。帝謂鞫吏曰：「兩訟未分，何以爲斷，可殺馬刳腸而視其粟，有則軍士誅，無則婦人死。」遂殺馬，馬腸無粟，因戮其婦人。境内肅然，莫敢以欺事言者。三月，移鎮常山，所歷方鎮，以孝治爲急，見民間父母在昆弟分索者，必繩而殺之。勤於吏事，廷無滯訟。常山屬邑曰九門，有人鬻地與異居兄，議價不定，乃移於他人。他人須兄立券，兄固抑之，因訴於令。令以弟兄俱不義，送府。帝監之曰：「人之不義，由牧長新至，教化所未能及，吾甚愧焉。若以至理言之，兄利良田，弟求善價，順之則是，沮之則非，其兄不義之甚也，宜重笞焉。市田以高價者取之。」上下服其明。

及岐陽兵亂，推潞王爲天子，閔帝急詔帝赴闕，欲以社稷爲託。閔帝自洛陽出奔於衛，相遇於途，遂與閔帝迴入衛州。時閔帝左右將不利於帝，帝覺之，因擒其從騎百餘人。閔帝知事不濟，與帝長慟而別，帝遣刺史王弘贄安置閔帝於公舍而去，尋爲潞王所害，帝後長以此愧心焉。

清泰元年五月，復授太原節度使、北京留守，充大同、振武、彰國、威塞等軍蕃漢馬步總管。二年夏，帝屯軍於忻州，朝廷遣使送夏衣，傳詔撫諭，後軍人遽呼萬歲者數四，帝懼，斬挾馬將李暉以下三十餘人以狥，乃止。

三年五月，移授鄆州節度使，進封趙國公，仍改扶天啓運中正功臣。尋降詔促帝赴任，帝心疑之，乃召僚佐議曰：「孤再受太原之日，主上面宣云：『與卿北門，一生無議除改。』今忽降此命，莫是以去年忻州亂兵見迫，過相猜乎？又今年千春節，公主入覲，當辭時，謂公主曰：『爾歸心甚急，欲與石郎反耶？』此疑我之狀，固且明矣。今天子用后族，委邪臣，沈湎荒惑，萬機停壅，失刑失賞，不亡何待！吾自應順中少主出奔之日，覩人情大去，不能扶危持顛，憤憤於方寸者三年矣。今我無異志，朝廷自啓禍機，不可安然死於道路。況太原險固之地，積粟甚多，若且寬我，我當奉之。必若加兵，我則外告鄰方，北搆強敵，興亡之數，皎皎在天。今欲發表稱疾，以俟其意，諸公以爲何如？」掌書記桑維翰、都押衙劉知遠贊成密計，遂拒末帝之命。朝廷以帝不奉詔，降旨削奪官爵，即詔晉州刺史、北面副招討使張敬達領兵圍帝於晉陽。帝尋命桑維翰詣諸道求援，契丹遣人復書諾之，約以中秋赴義。

六月，北面招收指揮使安重榮以部曲數千人入城。七月，代州屯將安元信率一軍，與西北面先鋒指揮使安審信引五百騎俱至。八月，懷州彰德軍使張萬迪等各率千餘騎來降。是月，外衆攻我甚急，帝親當矢石，人心雖固，廩食漸困。九月辛丑，契丹主率衆自鴈門而南，旌騎不絕五十里餘。先使人報帝云：「吾欲今日便破賊，可乎？」帝使人馳告曰：「皇帝赴難，比要成功，賊勢至厚，可明旦穩審議戰，未爲晚也。」使未達，契丹已與南軍騎將高行周、符彥卿等合戰。

時張敬達、楊光遠列陣西山下，士未及成伍，而行周、彥卿爲伏兵所斷，捨軍而退，敬達等步兵大敗，死者萬人。是夜，帝出北門與戎王相見，戎王執帝手曰：「恨會面之晚。」因論父子之義。明日，帝與契丹圍敬達營寨，南軍不復出矣。帝與契丹本無結好，自末帝見迫之後，遣心腹何福，以刀錯爲信，一言親赴其難，迅若流電，信天意耶！己酉，唐末帝率親軍步騎三萬出次河橋。辛亥，末帝詔樞密使趙延壽分衆二萬爲北面招討使，又詔魏博節度使范延光統本軍二萬人屯遼州。十月，幽州節度使趙德鈞領所部萬餘人自上黨吴兒谷合延壽兵屯團谷口，與敬達寨相去百里，彌月竟不能相通。

十一月，戎王會帝於營，謂帝曰：「我三千里赴義，事須必成。觀爾體貌恢廓，識量深遠，真國主也。天命有屬，時不可失，欲徇蕃漢羣議，册爾爲天子。」帝飾讓久之。既而諸軍勸請相繼，乃命築壇於晉陽城南，册立爲大晉皇帝，戎王自解衣冠授焉。文曰：維天顯九年，歲次丙申，十一月丙戌朔，十二日丁酉，大契丹皇帝若曰：於戲！元氣肇開，樹之以君；天命不恒，人輔以德。故商政衰而周道盛，秦德亂而漢圖昌，人事天心，古今靡異。

咨爾子晉王，神鍾睿哲，天贊英雄，叶夢日以儲祥，應澄河而啓運。迨事數帝，歷試諸艱。武略文經，迺由天縱；忠規孝節，固自生知。猥以眇躬，奄有北土，暨明宗之享國也，與我先哲王保奉明契，所期子孫順承，患難相濟。丹書未泯，白日難欺，顧予纂承，匪敢失墜。爾惟近戚，實系本枝，所以余視爾若子，爾待予猶父也。

朕昨以獨夫從珂，本非公族，竊據寶圖，棄義忘恩，逆天暴物，誅剪骨肉，離間忠良，聽任矯諛，威虐黎獻，華夷震悚，內外崩離，知爾無辜，爲彼致害，敢徵衆旅，來逼嚴城，雖併吞之志甚堅，而幽顯之情何負，達於聞聽，深激憤驚。乃命興師，爲爾除患，親提萬旅，遠殄羣凶，但赴急難，罔辭艱險。果見神祇助順，卿士叶謀，旗一麾而棄甲平山，鼓三作而殭屍徧野。雖以遂予本志，快彼羣心，將期稅駕金河，班師玉塞。

矧今中原無主，四海未寧，茫茫生民，若墜塗炭。況萬幾不可以暫廢，大寶不可以久虛，拯溺救焚，當在此日。爾有庇民之德，格于上下；爾有戡難之勳，光于區宇；爾有無私之行，通乎神明；爾有不言之信，彰乎兆庶。予懋乃德，嘉乃丕績，天之曆數在爾躬，是用命爾，當踐皇極。仍以爾自茲並土，首建義旂，宜以國號曰晉。朕永與爲父子之邦，保山河之誓。於戲！補百王之闕禮，行茲盛典；成千載之大義，遂我初心。爾其永保兆民，勉持一德，慎乃有位，允執厥中，亦惟無疆之休，其誡之哉！

禮畢，帝鼓吹導從而歸。

始梁開國之歲，即前唐天祐四年也，潞州行營使李思安奏：「壺關縣庶穰鄉人伐樹，樹倒自分兩片，內有六字如左書，云『天十四載石進』。」梁祖令藏於武庫，然莫詳其義。至帝即位，識者曰：「『天』字取『四』字中兩畫加之於旁，則『丙』字也，『四』字去中之兩畫，加十字，則『申』字也。」帝即位之年乃丙申也。又，《易》云：「晉者，進也。」國號大晉，皆符契焉。又，帝即位之前一年，年在乙未，鄴西有栅曰李固，清、淇合流在其側。栅有橋，橋下大鼠與蛇鬭，鬭及日之申，蛇不勝而死，行人觀者數百，識者志之。後唐末帝果滅於申。又，末帝真定常山人也，有先人舊廬，其側有古佛刹，刹有石像，忽摇動不已，人皆異之。及重圍晉陽，帝遣心腹何福徑騎求援北蕃，蕃主自將諸部赴之，不以繒帛，不以珠金，若響應聲，謂福曰：「吾已兆於夢，皆上帝命我，非我意也。」時援兵未至，僞將張敬達引軍逼城設栅，栅將成，必有大風暴雨，栅無以立。後築長城，城就，又爲水潦所壞，城終不能合。晉陽有北宮，宮城之上有祠曰毗沙門天王，帝曾焚修默而禱之。經數日，城西北闉正受敵處，軍候報稱，夜來有一人長丈餘，介金執殳，行於城上，久方不見。帝心異之。又，牙城有僧坊曰崇福，坊之廡下西北隅有泥神，神之首忽一日有煙生，其騰郁如曲突之狀。坊僧奔赴，以爲人火所延，及俯而視之，無所有焉。事尋達帝，帝召僧之臘高者問焉，僧曰：「貧道見莊宗將得天下，曾有此煙，觀此噴湧，甚於當時，兆可知矣。」自此，日旁多有五色雲氣，如蓮芰之狀。帝召占者視之，謂曰：「此驗應誰？」占者曰：「見處爲瑞，更應何人！」又，帝每詰旦使慰撫守陴者，率以爲常，忽一夕已暝，城上有號令之聲，聲不絶者三，帝使人問之，將吏云：「從上傳來者。」皆知神助。時城中復有數家井泉，暴溢不止。及蕃軍大至，合勢破之，末帝之衆，似拉朽焉。斯天運使然，非人力也。

是日，帝言於戎王，願以鴈門已北及幽州之地爲戎王壽，仍約歲輸帛三十萬，戎王許之。

《舊五代史》卷七六《高祖紀二》 天福元年十一月己亥，帝御北京崇元殿，降制：「改長興七年爲天福元年，大赦天下。十一月九日昧爽已前，應在京及諸州諸色罪犯，及曾授僞命職掌官吏，並見禁囚徒，已結正未結正，已發覺未發覺，

罪無輕重，常赦不原者，咸赦除之。應明宗朝所行勑命法制，仰所在遵行，不得改易。其在京鹽貨，元是官場出糶，自今後並不禁斷，一任人户取便糶易，仍下太原府，更不得開場糶貨，其麴每斤與減價錢三十文。」以節度判官趙瑩爲翰林學士承旨、守尚書户部侍郎、知河東軍府事，以節度掌書記桑維翰爲翰林學士、守尚書禮部侍郎、知樞密院事，以觀察判官薛融爲吏部郎中兼侍御史、知雜事，太原縣令羅周岳爲左諫議大夫，節度推官竇貞固爲翰林學士，軍城都巡檢使劉知遠爲侍衛馬軍都指揮使，客將景延廣爲步軍都指揮使，太原少尹李玘爲尚書工部侍郎。

閏十一月甲子，晉安寨副招討使楊光遠等殺上將張敬達，以諸軍來降。丙寅，制以翰林學士承旨、知河東軍府、户部侍郎、知制誥趙瑩爲門下侍郎、同中書門下平章事、監修國史。以翰林學士、權知樞密事、禮部侍郎、知制誥桑維翰爲中書侍郎、同中書門下平章事、集賢殿大學士，依前知樞密院事，並賜推忠興運致理功臣。甲戌，車駕至昭義，受趙德鈞、延壽降。是日，戎王舉酒言於帝曰：「予遠來赴義，大事已成，皇帝須赴京都，今令太相温勒兵相送至河梁，要過河者，任意多少，予亦且在此州，俟京、洛平定，便當北轅。」執手相泣，久不能別。脱白貂裘以衣帝，贈細馬二十匹，戰馬一千二百匹，仍誡曰：「子子孫孫，各無相忘。」己卯，至河陽北，節度使萇從簡來降，舟楫已具。庚辰，望見洛陽煙火相次，有將校飛狀請進。辛巳，唐末帝聚其族，與親將宋審虔等登玄武樓，縱火自焚而死。至晚，車駕入洛。唐兵解甲待罪，皆慰而舍之。帝止潛龍舊第，百官稍稍見焉。詔御史府促朝官入見，詔文武兩班臣僚應事僞庭者並釋罪。是日，百辟謝恩於宫門之外。甲申，車駕入内，御文明殿受朝賀，用唐禮樂。制：「大赦天下，應中外諸色職掌官吏内曾有受僞命者，一切不問。僞庭賊臣張延朗、劉延皓、劉延朗等，並姦邪害物，貪猥弄權，罪既滿盈，理難容貸。除此三人已行勑命指揮外，其有宰臣馬裔孫、樞密使房暠、宣徽使李專美、河府節度使韓昭裔等四人，並令釋放。少帝宜令中書門下追尊定謚，擇日禮葬；妃孔氏，宜行追册祔葬。應天下節度使、刺史下賓席郡職及將校等，委中書門下各與改轉官資。其北京管内鹽鐺户，合納逐年鹽利，昨者僞命指揮，每斗須令人户折納白米一斗五升，極知百姓艱苦，自今後宜令人户以元納食鹽石斗數目，每斗依時價計定錢數，取人户便穩，折納斛斗。其洛京管内逐年所配人户食鹽，起來年每斤特與減價錢十文。應諸道商税，仰逐處將省司合收税條例，牓於本院前，牓内該設名目者，即得收税。」

十二月乙酉朔，幸河陽，餞送太相温、蕃部兵士歸國，詔降末帝爲庶人。丁亥，制以司空馮道守本官兼門下侍郎平章事、弘文館大學士，以步軍都指揮使符彦饒爲滑州節度使，以河陽節度使萇從簡爲許州節度使，以澤州刺史劉凝爲華州節度使，以皇子重乂爲河南尹。庚寅，以滑州節度判官石光贊爲宗正卿。辛卯，以舊相姚顗爲刑部尚書。時自秋不雨，經冬無雪，命羣官徧加祈禱。癸巳，以邠州節度使張希崇爲靈武節度使，鄧州節度使皇甫遇爲定州節度使。詔國朝文物制度、起居入閤，宜依唐明宗朝事例施行。鎮州衙内都虞候祕瓊作亂，逐副使李彦琦，殺都指揮使胡章。同州小校門鐸殺節度使楊漢賓，燒劫州城。丙申，帝爲明宗皇后曹氏薨舉哀於長春殿，輟朝三日。詔封故東丹王李贊華爲燕王，遣前單州刺史李肅部署歸葬本國。以右拾遺吴涓爲左補闕，充樞密院學士。己亥，以汴州節度使李周充西京留守，以前河中節度使李從璋爲鄧州節度使。慈州奏，草寇攻城，三日而退。庚子，帝爲皇弟故彰聖指揮使敬殷、沂州指揮使敬德、檢校太子賓客敬友舉哀於長春殿。以舊相盧文紀爲吏部尚書；以皇城使周環爲大將軍，充三司使；以左贊善大夫馬重績爲司天監。青州奏，節度使房知温卒，詔鄆州王建立以所部牙兵往青州安撫。中書門下奏：「請以來年二月二十八日帝慶誕日爲天和節。」從之。

天福二年春正月甲寅朔，帝御文明殿受朝賀，仗衛如式。乙卯，日有蝕之。是夜，有赤白氣相間，如耕壟竹林之狀，自亥至丑，生北濁，過中天，明滅不定，徧二十八宿，徹曙方散。丁巳，故皇弟敬德、敬殷並贈太傅，皇子重裔、重進、重英並贈太保。右神武統軍康思立卒，輟視朝，贈太子少師。是日，詔曰：「唐莊宗陵名與國諱同，宜改爲伊陵。應京畿及諸州縣，舊有唐朝諸帝陵，並真源等縣，並不爲次赤，却以畿甸緊望爲定。其逐處縣令，不得以陵臺結銜，考滿日，依出選門官例指揮，隔任後準格例施行。其宋州亳州節度使、刺史，落太清宫使副名額。」

庚申，以前吏部郎中兼侍御史、知雜事王松爲左諫議大夫，水部郎中王易簡本官知制誥。定州奏，契丹改幽州爲南京。中書奏，請立宗廟，從之。以翰林學士、工部侍郎和凝爲禮部侍郎，依前允職。詔内外文武臣僚並與加恩，皇基初造，示普恩也。太子少保致仕華温琪卒，贈太子太保。是日，詔：「應朝臣中有藉才特除外任者，秩滿無遺闕，將來擬官之時，在外一任同在朝一任升進。其就

便自求外職及不是特達選任者，不在此限。」安州上言，節度使盧文進殺行軍副使，率部下親兵過淮。以前天平軍節度使、檢校太尉、兼侍中王建立爲平盧軍節度使，以守司空門下侍郎、平章事、弘文館大學士馮道兼諸道鹽鐵轉運等使。天雄軍節度使、兼中書令范延光改封秦國公，加食邑實封；鳳翔節度使、兼中書令、西平王李從曮加食邑實封。

乙丑，以端明殿學士、禮部侍郎呂琦爲檢校工部尚書、祕書監。丙寅，改中興殿爲天福殿，門名從之。湖南節度使、楚王馬希範加食邑實封，改賜功臣名號。前昭義節度使、檢校太傅、同平章事高行周起復右金吾衛大將軍，依前昭義軍節度使。泰寧軍節度使李從温、荆南節度使南平王高從誨、歸德軍節度使趙在禮，並加食邑實封，改功臣名號。以端明殿學士、户部侍郎李崧爲兵部侍郎、判户部，以左諫議大夫王松判度支。魏府范延光奏：「當管夏津鎮捕賊兵士，誤殺却新齊州防禦使祕瓊。」初，延光將萌異志，使人潛結於瓊，諾之。及是，以瓊背其謀，密使精騎殺之，由是延光反狀明矣。以工部侍郎李玘檢校右僕射，爲汾州刺史，以前彰國軍節度使尹暉爲左千牛衛上將軍。是日，詔曰：「西天中印土摩竭陀舍衛國大菩提寺三藏阿闍梨沙門室利縛羅，宜賜號弘梵大師。」庚午，涇州節度使李德珫、徐州節度使安彦威、秦州節度使康福、延州節度使劉景巖、襄州節度使安從進、夏州節度使李彝殷，並加食邑實封。壬申，正衛備禮册贈故皇弟、皇子等。丙子，故契丹人皇王歸葬，輟視朝一日。改汴州雍丘縣爲杞縣，避廟諱也。戊寅，以兵部侍郎、判户部李崧爲中書侍郎、同中書門下平章事，充樞密使，以權知樞密使事、中書侍郎、同中書門下平章事、集賢殿學士桑維翰爲樞密使。是日，詔曰：「應天開國，恭己臨人，宜覃繼絶之恩，以廣延洪之道。宜於唐朝宗屬中取一人封公世襲，兼隋之酅公爲二王後，以後周介公備三恪，主其祭祀，及赴大朝會。」以前鎮國軍節度使皇甫立爲神武統軍，以前宗正卿李郁爲太子賓客。庚辰，以吏部侍郎龍敏判户部。

二月丙戌，以尚食使安友規充葬明宗皇后監護使，以河陽節度使安審暉爲鄜州節度使。癸巳，詔停北京西北面計度司事。吳越國王錢元瓘加食邑實封，改賜功臣名號。己亥，詔：「應諸道行軍副使等得替後，且就私家取便安止，限一年後方得赴闕，當便與比擬。」壬寅，詔：「應諸道馬步都虞候，自今後朝廷更不差補，委自藩方，於本州衙前大將中，慎選久歷事任、曉會刑獄者充，以三年爲限，仍不得於元隨職員内差補。」以左散騎常侍孔昭序爲太子賓客，尚書左僕射劉昫、右僕射盧質並加食邑實封。甲辰，以滄州留後馬全節爲横海軍節度使，以太子賓客韓惲爲貝州刺史，左羽林統軍羅周敬爲右金吾衛上將軍。丙午，以皇子左驍衛上將軍重信爲檢校太保、河陽三城節度使，以權知河陽軍州事周瓌爲安州節度使。詔：「中外臣僚，或因差使出入，並不得薦屬人於藩鎮，希求事任。如有犯者，並準唐長興二年勅條處分。」戊申，中書舍人陳乂改左散騎常侍。應在朝文武百僚及見任刺史，先代未封贈者，與加封贈；母、妻未叙封者，並與叙封。辛亥，天和節，帝御長春殿，召左右街僧録威儀殿内譚經，循舊式也。

三月甲寅，制北京留守、太原尹、皇子重貴封食邑三百户，刑部侍郎張鵬改兵部侍郎。己未，御史臺奏：「唐朝定令式，南衙常參文武百僚，每日朝退，於廊下賜食，謂之常食。自唐末亂離，常食漸廢，仍於入閤起居日賜食，每入閤禮畢，閤門宣放仗，羣官俱拜，謂之謝食。至僞主清泰年中，入閤禮畢，更差中使至正衙門口宣賜食，百官立班重謝，此則交失唐朝賜食之意，於禮實爲太煩。臣恐因循，漸失根本，起今後入閤賜食，望不差中使口宣，準唐明宗朝事例處分。」從之。中書奏：「準勅，故庶人三月七日以王禮葬，其妻男等並以禮葬，請輟其日朝參一日。」從之。以宣徽南院使楊彦詢爲左監門衛上將軍，依前充宣徽使。兖州李從温奏，節度副使王謙搆軍士作亂，尋已處置。

丙寅，詔：「王者省方設教，靡憚於勤勞；養士撫民，必從其宜便。顧惟涼德，肇啓丕圖，常務去於煩苛，冀漸臻於富庶。念京城俶擾之後，屬舟船焚爇之餘，饋運頓虧，支費殊闕。將别謀於飛輓，慮轉困於生靈，以此疚心，未嘗安席。今以夷門重地，梁苑雄藩，水陸交通，舟車必集，爰資經度，須議按巡，寧免暫勞，所期克濟，取今月二十六日巡幸汴州」云。以前貝州刺史史圭爲刑部侍郎，充諸道鹽鐵轉運副使；前澤州刺史閻至爲户部侍郎。詔：「車駕經過州府管界，所有名山大川、帝王陵廟、名臣祠墓，去路十里者，宜令本州排比祇候，駕經過日，以酒脯祭告。」左僕射劉昫等議立宗廟，以立高祖已下四親廟，其始祖一廟，伏候聖裁。御史中丞張昭遠議，請依隋、唐之制，立四廟，推四世之中名位高者爲太祖。詔下百官定議，百官請依唐制，追尊四廟爲定，從之。

甲戌，以右龍武統軍楊思權爲左衛上將軍。乙亥，前鄜州節度使張萬進加檢校太傅，前宋州節度使李從敏加檢校太尉，以吏部郎中兼侍御史、知雜事薛融爲左諫議大夫，以兵部郎中段希堯爲右諫議大夫。戊寅，以户部尚書王權爲兵部尚書，工部尚書崔居儉爲户部尚書，兵部尚書李鏻爲太子少保，兵部尚書致仕

裴皞爲工部尚書，東上閤門使李守貞爲右龍武將軍充職。庚辰，車駕離京。

四月癸未朔，至鄭州，防禦使白景友進牲餼器皿，帝曰：「不出民力否？」景友曰：「臣畏陛下法，皆辦於已俸。」命收之。甲申，駕入汴州。丁亥，制：「應天福二年四月五日昧爽已前，諸道州府見禁囚徒，大辟已下，罪無輕重，並釋放。天福元年已前，諸道州府應係殘欠租税，並特除免。諸道係徵諸色人欠負省司錢物，宜令自僞清泰元年終已前所欠者，據所通納到物業外，並與除放。昨者，行至鄭州滎陽縣界，路旁見有蟲食及旱損桑麥處，委所司差人檢覆，量與蠲免租税。河陽管内酒户百姓，應欠天福元年閏十一月二十五日已前，不敷年額麴錢，並放。其諸處應經兵火者，亦與指揮。當罪即誅，式明常典；既往可憫，宜示深仁。僞清泰中，臣僚内有從誅戮者，並許收葬。天下百姓，有年八十已上者，與免一子差徭，仍逐處簡署上佐官。梁故滑州節度使王彦章，效命當時，致身所事，稟千年之生氣，流百代之令名，宜令超贈太師，子孫量才叙録。應諸道州府管界，有自僞命抽點鄉兵之時，多是結集劫盜，因此畏懼刑章，藏隱山谷，宜令逐處曉諭招攜，各令復業。自今年四月五日已前爲非者，一切不問。如兩月不歸業者，復罪如初。」丁酉，宣武軍節度使、侍衛親軍使楊光遠加兼侍中。己亥，陝州節度使、侍衛都虞候劉知遠加檢校太保。庚子，北京、鄴都、徐兗二州並奏旱。詔：「今後立妃，及拜免三公宰相，及命將、封親王公主，宜令並降制命，餘從令式處分。」

夏五月壬子朔，帝御崇元殿受朝賀，仗衛如式。詔洛京、魏府管内所徵今年夏苗税麥等，宜放五分之一，以微旱故也。丙辰，御史中丞張昭遠奏：「汴州在梁室朱氏稱制之年，有京都之號，及唐莊宗平定河南，復廢爲宣武軍。至明宗行幸之時，掌事者因緣修葺衙城，遂挂梁室時宫殿門牌額，當時識者或竊非之。一昨車駕省方，暫居梁苑，臣觀衙城内齋閣牌額，一如明宗行幸之時，無都號而有殿名，恐非典據。臣竊尋秦、漢已來，寰海之内，鑾輿所至，多立宫名。近代隋室於揚州立江都宫，太原立汾陽宫，岐州立仁壽宫。唐朝於太原立晉陽宫，同州立長春宫，岐州立九成宫。宫中殿閣，皆題署牌額，以類皇居。請準故事，於汴州衙城門權挂一宫門牌額，則其餘齋閣，並可取便爲名。」勑：行闕宜以大寧宫爲名。湖南青草廟舊封安流侯，進封廣利公；洞庭廟進封靈濟公；磊石廟舊封昭靈侯，進封威顯公；黄陵二妃廟舊封懿節廟，改封昭烈廟，從馬希範之請也。戊午，以前成德軍節度判官張彭爲太府卿。壬戌，詔在朝文武臣僚，每人各進封事一件，仍須實封通進，務裨闕政，用副虚懷。甲子，以虞部郎中、知制誥於嶠爲中書舍人，以户部郎中于遘爲虞部郎中、知制誥，故太子少保致仕朱漢賓贈司空。乙丑，六宅使王繼弘送義州衙前收管，前洺州團練使高信送復州收管，二人於崇禮門内喧争，爲臺司所劾故也。戊辰，翰林學士、户部員外郎、知制誥竇貞固改工部郎中、知制誥；翰林學士、都官郎中、知制誥李慎儀改中書舍人，仍賜金紫，並依舊充職。庚午，制封皇第二十一女爲長安公主，封皇第十一妹烏氏爲壽安長公主，皇第十二妹史氏爲永壽長公主，皇第十三妹杜氏爲樂平長公主。壬申，天雄軍節度使、守太傅、兼中書令、興唐尹范延光進封臨清王，加食邑三千户；鳳翔節度使、檢校太師、兼中書令、西平王李從曮進封岐王。丙子，平盧軍節度使、兼中書令王建立進封臨淄王；昭信軍節度使、侍衛馬軍都指揮使景延廣改寧江軍節度使，典軍如故。太常卿梁文矩奏定四廟謚號、廟號、陵號，太常少卿裴坦奏定四廟皇后追尊謚號，從之。戊寅，以中書舍人、權知貢舉王延爲御史中丞，以翰林學士、户部侍郎、知制誥崔棁爲兵部侍郎充承旨，以翰林學士承旨、兵部侍郎程遜爲檢校禮部尚書、太常卿，以檢校吏部尚書、太常卿梁文矩爲吏部尚書，以御史中丞張昭遠爲户部侍郎，以吏部尚書盧文紀爲太子少傅。己卯，詔大社内先收掌唐朝罪人首級等，宜令骨肉或先舊僚屬收葬，其喪葬儀注不得過制。

六月壬午朔，制：「宗正卿石光贊奏：滎陽道左有萬石君石奮之廟，德行懿美，宜示封崇，用光遠祖之徽猷，益茂我朝之盛典。贈奮太傅。」癸未，契丹使夷離畢來聘，致馬二百匹，及人參、貂鼠皮、走馬、木椀等物。乙酉，翰林學士、司封員外郎、知制誥王仁裕改都官郎中，右贊善大夫盧損改右散騎常侍，前有朝貶故也。以秘書少監致仕劉頎爲鴻臚卿致仕，前光禄少卿尹玉羽以少府監致仕。丙戌，宰臣李崧上表讓樞密使於趙瑩，以瑩佐命之元臣也。詔不允。以前義成軍節度使李彦舜爲左武衛大將軍，以左散騎常侍唐汭爲檢校禮部尚書、國子祭酒，以前左龍武統軍李承約爲左驍衛上將軍。戊子，宰臣趙瑩自契丹使回。癸巳，東都奏，瀍、澗河溢，壞金沙灘内舍屋。幽州趙思温奏：「瀛、莫兩州，元係當道，其刺史常行周、白彦球乞發遣至臣本府。」詔遣行周等赴闕。

甲午，六宅使張言自魏府迴，奏范延光叛命。滑州符彦饒飛奏，有兵士自北來，傳范延光到黎陽，乞發兵屯禦。宣遣客省使李守貞往延光所問罪。尋命護聖都指揮使白奉進領騎士一千五百赴白馬渡巡檢。乙未，魏府范延光男閑廄使守圖送御史臺。攝荆南節度行軍司馬、檢校太保、歸州刺史王保義加檢校太傅，

知武泰軍節度觀察留後，充荆南行軍司馬兼沿淮巡檢使。襄州奏，江水漲一丈二尺。丁酉，遣内班史進能押信箭一對，往滑州賜符彦饒。以前磁州刺史劉審交爲魏府計度使，以東都巡檢使張從賓充魏府西南面都部署。遣侍衛使楊光遠領步騎一萬赴滑州。以東都副留守張延播充洛京都巡檢使。白奉進奏：「捉得賊卒張柔，稱范延光差澶州刺史馮暉充一行都部署，元從都押衙孫鋭充一行兵馬都監。」帝覽奏，謂侍臣曰：「朕雖寡德寡謀，自謂不居延光之下，而馮暉、孫鋭過於兒戲，朝夕就擒，安能抗拒大軍爲我之患乎！」天平軍節度使安審琦起復舊任，翰林學士、禮部侍郎和凝改端明殿學士。乙巳，范延光差牙將王知新齎表到闕，不令朝見，收付武德司。丁未，詔侍衛使楊光遠充魏府四面都部署；以張從賓充副，兼諸軍都虞候；昭義節度使高行周充魏府西面都部署。是日，張從賓亦叛，與范延光叶謀，害皇子河陽節度使重信、皇子東都留守重乂。己酉，以奉國都指揮使侯益、護聖都指揮使杜重威領步騎五千往屯汜水關，備從賓之亂也。

七月辛亥，兩浙錢元瓘奏：「弟吴越土客馬步諸軍都指揮使、静海軍節度使元球，非時入府，欲謀爲亂，腰下搜得匕首，已誅戮訖。」詔削元球在身官爵。甲寅，奉國都指揮使馬萬奏，滑州節度使符彦饒作亂，屠害侍衛馬軍都指揮使白奉進，尋以所部兵擒到彦饒，差立功都虞候方太押送赴闕。尋賜死於路。是日，削奪范延光在身官爵。以馬萬爲滑州節度使；以昭義節度使高行周爲河南尹、東都留守，充西面行營諸軍都部署；以護聖左右廂都指揮使杜重威爲昭義軍節度使兼侍衛馬軍都指揮使，充西面行營副部署；以奉國都指揮使侯益爲河陽節度使；以右神武統軍王周充魏府行營步軍都指揮使；以滑州節度使馬萬充魏府行營馬軍都指揮使；以左僕射劉昫充東都留守，兼判河南府事。杜重威等奏：「收下汜水關，破賊千人，張從賓及其殘黨奔投入河；兼收到護聖指揮使曹再晟一百人騎，稱背賊投來，並送赴行闕。」升貝州爲防禦使額。皇子故東都留守重乂贈太傅，皇子故河陽節度使重信贈太尉。勅：「朋助張從賓逆人張延播、張繼祚等十人，宜令收捕，親的骨肉並處斬。」

丁卯，以唐開府儀同三司、守太尉、兼中書令、西平王李晟五代孫䑕爲耀州司户參軍，示勸忠之義也。壬申，帝御崇元殿，備禮册四廟，親授寶册於使攝太尉、守司空、門下侍郎、平章事馮道，使副攝司徒、守工部尚書裴皞，赴洛京行禮。甲戌，以宰臣趙瑩判户部，以吏部侍郎判户部龍敏爲東都副留守。詔洛京留司百官並赴闕。安州軍亂，指揮使王暉害節度使周環於理所，遣右衛上將軍李金全領千騎赴安州。

八月辛巳，以許州節度使萇從簡爲徐州節度使，以陝州節度使、侍衛馬步軍都虞候劉知遠爲許州節度使，以權北京留守、徐州節度使安彦威爲太原尹、北京留守、河東節度使。宰臣監修國史趙瑩奏：「請循近例，依唐明宗朝，凡有内庭公事及言動之間，委端明殿學士或樞密院學士侍立冕旒，繫日編録，逐季送當館。其百司公事，亦望逐季送當館，旋要編修日曆。」從之。丁亥，以前宋州節度使李從敏爲陝州節度使。戊子，以尚書左丞鄭韜光爲户部尚書致仕。改元德殿爲廣政殿，門名從之。庚子，華州渭河泛溢，害稼。宰臣馮道加開府儀同三司，食邑實封；左僕射劉昫加特進，兼鹽鐵轉運等使。故東京留守判官李遐可贈右諫議大夫，其母田氏封京兆郡太君，子孫量才叙録，仍加賻贈，長給遐在身禄俸，終母之世。先是，遐監左藏庫於洛陽，會張從賓叛，令强取錢帛，遐拒而不與，因而遇害，故有是命。乙巳，詔：「天下見禁囚徒，除十惡五逆、放火劫舍、持杖殺人、合造毒藥、官典犯贜、欠負官錢外，其餘不問輕重，已發覺未發覺，已結正未結正，並從釋放。應自張從賓作亂以來，有曾被張從賓及張延播脅從染汚者，及符彦饒下隨身軍將等，兼安州王暉徒黨，除已誅戮外，並從釋放，一切不問。張繼祚在喪紀之中，承逆豎之意，顯從叛亂，難貸刑章。乃睠先臣，實有遺德，遽兹乏祀，深所軫懷。其一房家業，準法雖已藉没，所有先臣並祖父母墳莊祠室，並可交付骨肉主張。應自梁朝、後唐以來，前後奉使及北京沿邊管界擄掠往向北人口，宜令官給錢物，差使齎持，往彼收贖，放歸本家」云。繼祚，故齊王全義之子也，故有是詔。丙午，詔：「天下刑獄繫囚染疾者，宜差醫工治療，官中量給藥價。事輕者仍許家人看候，合杖者侯損日決遣。」

九月庚戌朔，以前太府卿兼通事舍人陳瓚爲衛尉卿兼通事舍人。壬子，故安遠軍節度使周環贈太傅。甲寅，皇子北京留守、知河東軍府事、太原尹重貴加檢校太保，爲右金吾衛上將軍。以右龍武統軍安崇阮爲右衛上將軍，以前保太軍節度使、檢校太尉張萬進爲右龍衛軍統軍，以右領軍衛上將軍、權知安川軍州事李金全爲安遠軍節度使。魏府招討使楊光遠進攻城圖。戊午，以太子賓客孔昭序爲工部尚書致仕。將作少監高鴻漸上言：「伏覩近年已來，士庶之家，死喪之苦，當殯葬之日，被諸色音聲伎藝人等作樂攪擾，求覓錢物，請行止絶。」從之。庚申，静江軍節度使、檢校太尉、同平章事馬希杲加階爵及功臣名號，以前兵部侍郎楊凝式爲檢校兵部尚書、太子賓客，故右金吾衛上將軍羅周敬贈太傅。乙

丑，鄧州節度使李從璋卒，贈太師。改興唐府爲廣晉府，興唐縣爲廣晉縣。癸酉，以左諫議大夫、判度支王松爲尚書工部侍郎。甲戌，貝、衛兩州奏，河溢害稼。乙亥，以將作監王呸爲太子賓客。

十月壬午，以宣徽南院使、左監門衛上將軍楊彥詢爲鄧州威勝軍節度使。詔選人試判兩道。以左司郎中張瑑爲右諫議大夫；以刑部侍郎、鹽鐵轉運副使史圭爲吏部侍郎；以曹州刺史宋光業爲宣徽北院使；以左金吾衛大將軍高漢筠爲左驍衛大將軍，充內客省使；以宣徽北院使、左驍衛大將軍劉處讓爲左監門衛上將軍，充宣徽南院使。丙戌，遣使祀五嶽四瀆。故天平軍節度使閻寶追封太原郡王，故大同軍節度使李存璋贈太師，故瀛州刺史李嗣頵贈太尉，故相州刺史史建瑭、故代州刺史王建及並贈太保，故幽州節度使周德威追封燕王。

十一月庚戌，賜楊光遠空名官告，自司空至常侍凡四十道，將士立功者，得補之而後奏。中書上言：「準唐貞元二年九月五日勑，文官充翰林學士及皇太子諸王侍讀，武官充禁軍職事，並不常朝參，其在三館等諸職事者，並朝參訖各歸所務。自累朝以來，文武在內廷充職兼判三司，或帶職額及六軍判官等，例不赴常朝，元無正勑。準近勑，文武職事官未升朝者，按舊制並赴朔望朝參。其翰林學士、侍讀、三館職事，望準元勑處分。其諸在內廷諸司使等，每受正官之時，來赴正衙，謝後不赴常朝，大朝會不離禁廷位次。三司職官免常朝，唯赴大朝會。其京師未升朝官員，祇赴朔望朝參，帶諸司職掌者不在此例。文官除翰林端明殿學士、樞密院學士、中書省知制誥外，有兼官兼職者，仍各發遣本司公事。」從之。丙辰，太子賓客王呸卒。改洛京潛龍宅爲廣德宮，北京潛龍宅爲興義宮。戊午，中書奏：「準雜令，車駕巡幸所祇承者，賜會並同京官。」從之。戊辰，鎮海鎮東節度使、吳越王錢元瓘加天下兵馬副元帥，封吳越國王。庚午，以右拾遺李澣充翰林學士。甲戌，命太常卿程遜、兵部員外郎韋棁充吳越國王加恩使。丙子，以戶部侍郎張昭遠守本官，充翰林學士，仍知制誥。丁丑，湖南馬希範貢寶裝龍鳳器用、結銀花果子等物，帝覽之，謂侍臣曰：「奇巧蕩心，斯何用耳！但以來遠之道，不欲阻其意。」聞者服之。壬午，安州李金全上言：「奉詔抽臣元隨左都押衙胡漢筠，其人染重病，候損日赴闕。」漢筠本滑吏也，從金全歷數鎮，而濫聲喧聞，帝知之，欲授以他職，免陷功臣。漢筠懼其罪，遂託疾，由是勸金全貳於朝廷，自此始也。

十二月，以監察御史徐台符爲尚書膳部員外郎、知制誥，以右補闕史官修撰吳承範爲尚書屯田員外郎、知制誥。左諫議大夫薛融改中書舍人，辭而不拜。尚書水部郎中、知制誥王易簡改中書舍人，故隴西郡王李嗣昭追封韓王，故橫海軍節度使安審通贈太師。辛丑，湖南節度使、兼中書令、楚王馬希範加食邑實封，改賜扶天佐運同德致理功臣。甲辰，車駕幸相國寺祈雪。

《舊五代史》卷七七《高祖紀三》 天福三年正月戊申朔，帝御崇元殿受朝賀，仗衛如式。己酉，百官守司，以太史先奏日蝕故也。至是不虧，內外稱賀。壬戌，是夜以上元張燈於京城，縱都人遊樂，帝御大寧宮門樓觀之。丙寅，端明殿學士、禮部侍郎和凝兼判度支；工部郎中、判度支王松改尚書刑部侍郎；戶部郎中高延賞改左諫議大夫，充諸道鹽鐵轉運副使。壬申，以前右諫議大夫薛融爲左諫議大夫。前興元節度使張筠卒於西京，輟視朝一日。

二月庚辰，左散騎常侍張允進《駁赦論》，帝覽而嘉之，降詔獎飾，仍付史館。甲申，荆南節度使高從誨加食邑實封。戊子，翰林學士李澣賜緋魚袋。以尚書屯田員外郎、知制誥吳承範爲庫部員外郎，充樞密院直學士。乙未，御札曰：「曾有宣示百官，令進封事，今據到者未及十人。朕雖無德，自行勑後已是數月，至於假手於人，也合各有一件事敷奏，食祿於朝，豈當如是！言而不用，朕所甘心；用而不言，誰之責也。」丙申，制武清軍節度使馬希蕚改威武軍節度使。辛丑，中書上言：「《禮經》云：『禮不諱嫌名，二名不偏諱。』注云：『嫌名，謂音聲相近，若禹與宇、邱與區也。二名不偏諱，謂孔子之母名徵在，言在不稱徵，言徵不稱在。』此古禮也。唐太宗二名並諱，玄宗二名亦同，人姓與國諱音聲相近是嫌名者，亦改姓氏，與古禮有異。廟諱平聲字，即不諱餘三聲；諱側聲，即不諱平聲字。所諱字正文及偏旁闕點畫，望依令式施行。」詔曰：「朝廷之制，今古相沿，道在人弘，禮非天降。方開曆數，虔奉祖宗，雖踰孔子之文，未爽周公之訓。所爲二名及嫌名事，宜依唐禮施行。」乙巳，天和節，宴近臣於廣政殿。

三月戊午，鴻臚卿劉頎卒，贈太子賓客。壬戌，東上閤門使、前司農卿蘇繼顔改鴻臚卿充職。迴鶻可汗王仁美進野馬、獨峰駝、玉團、硇砂等方物。甲戌，永壽長公主薨，輟朝一日。故涇州節度觀察留後盧順密贈右驍衛上將軍。丁丑，詔禁止私下打造鑄瀉銅器。

四月丁亥，以尚書吏部侍郎盧詹爲尚書左丞。中書舍人李詳上疏：「請沙汰在朝文武臣僚，以減冗食，仍條貫藩侯郡守，凡遇溥恩，不得多奏衙前職員，妄邀恩澤。」疏奏，嘉之。戊子，宣武軍節度、侍衛親軍馬步軍都指揮使、廣晉府行

營都招討使楊光遠加兼中書令。昭義節度使、侍衛馬軍都指揮使、廣晉府行營都排陣使杜重威，河陽節度使兼奉國左右廂都指揮使、廣晉府行營馬步都虞候侯益，並加檢校太傅。鳳翔節度使、檢校太師、兼中書令、岐王李從曮進封秦王，平盧軍節度使、檢校太尉、兼中書令、臨淄王王建立進封東平王。甲午，泰寧軍節度使李從温、西京留守京兆尹李周、歸德軍節度使趙在禮，並加兼侍中。是月，諸道藩侯郡守皆等第加恩。改雍熙樓爲章和樓，避廟諱也。

五月丁未朔，帝御崇元殿受朝，仗衛如式。丁巳，詔應諸州縣名犯廟諱者並改之。庚申，以楊光遠男承祚爲檢校工部尚書、左威衛將軍、駙馬都尉。丁卯，魏府行營步軍都指揮使、檢校司徒、右神武統軍王周加檢校太保。戊辰，故振武節度使李嗣本贈太尉。己巳，詔：「中外臣僚，帶平章事、侍中、中書令及諸道節度使，並許私門立戟，仍並官給及據官品依令式處分。」

六月丁丑，右監門衛上將軍王彦璘卒。甲申，以太子詹事王居敏制置安邑、解縣兩池榷鹽事。左諫議大夫薛融上疏，請罷修洛京大内，優詔褒之，尋罷營造。庚寅，翰林學士、尚書工部郎中、知制誥竇貞固改中書舍人充職。户部尚書致仕蕭蘧卒，贈右僕射。詔貢舉宜權停一年，以員闕少而選人多，常調有淹滯故也。丁酉，詔：「尚書省司門應管諸關令丞等，宜准唐天成四年四月四日勅，本司不得差補，祇委關鎮使鈐轄，見差補者，並畫時勒停訖奏聞。應常帶使相節度使，自楊光遠已下凡七人，並改鄉里名號。」

七月丙午朔，差左諫議大夫薛融，祕書監呂琦，駕部員外郎兼侍御史知雜事劉皞，刑部郎中司徒詡，大理正張仁瑑，同共詳定唐明宗朝編勅。庚戌，御史中丞王延改尚書右丞，尚書右丞盧導改尚書吏部侍郎，以左諫議大夫薛融爲御史中丞。辛酉，製皇帝受命寶，以「受天明命，惟德允昌」爲文。據《六典》，受命寶者，天子修封禪，禮神祇則用之，其始皆破皇業錢以製之。皇業者，藩邸主事之所有也。壬戌，虞部郎中、知制誥於遘改中書舍人。宰臣趙瑩、桑維翰、李崧各改鄉里名號。荆南節度使高從誨本貫汴州浚儀縣王畿鄉表節東坊，改爲擁旌鄉浴鳳里。

八月戊寅，以左僕射劉昫爲契丹册禮使，左散騎常侍韋勳副之，給事中盧重爲契丹皇太后册禮使。壬午，魏府軍前奏，前澶州刺史馮暉自逆城來歸。定州奏，境内旱，民多流散。詔曰：「朕自臨寰宇，每念生民，務切撫綏，期於富庶，屬干戈之未戢，慮徭役之或煩。惟彼中山，偶經夏旱，因兹疾苦，遽至流移，達我聽聞，深懷憫惻。應定州所差軍前夫役逃户夏秋税並放。」甲申，襄州奏，漢江水漲一丈一尺。己丑，以前澶州刺史馮暉爲檢校太保，充義成軍節度使。詔：「河府、同州、絳州等三處災旱，逃移人户下所欠累年殘税，並今年夏税差科，及麥苗子沿徵諸色錢物等並放。其逃户下秋苗，據見檢到數不計是元額及出剩頃畝，並放一半。委觀察使散行曉諭，專切招攜，應歸業户人，仍指揮逐縣切加安撫。」丙申，翰林學士、中書舍人竇貞固上言：「請令文武百僚，逐司之内，各奏舉一人，述其人有某能，堪爲某官某職，據所薦否臧，定舉主黜陟。」疏奏，嘉之，仍令文武百官於縉紳之内、草澤之中，知灼然有才器者，列名以奏。宴契丹册禮使於廣政殿。戊戌，鄆州奏，陽穀縣界河決。青州王建立奏，高麗國宿衛質子王仁翟乞放歸鄉里，從之。辛丑，鎮、邢、定三州奏，奉詔共差樂官六十七人往契丹。詔：「魏府城下，自屯軍已來，墳墓多經劚掘，雖已差人收掩，今更遣太僕卿邢德昭往伸祭奠。」

九月己酉，宫苑使焦繼勳自軍前押范延光牙將馬謌齎歸命請罪表到闕。壬子，延光領部下將士素服於本府門俟命，有詔釋罪。乙卯，詔司空兼門下侍郎、平章事馮道官一品，給門戟十六枝，中書侍郎平章事桑維翰、李崧給門戟十二枝。己未，宣遣静鞭官劉守威、左金吾仗勘契官王英、司天臺雞叫學生商暉等並赴契丹。庚申，契丹使人往洛京般取趙氏公主。襄州奏，漢江水漲三丈，出岸害稼。東都奏，洛陽水漲一丈五尺，壞下浮橋。乙丑，于闐國王楊仁美遣使貢方物。迴鶻可汗遣使貢駞馬。丙寅，趙延壽進馬謝恩，放燕國長公主歸幽州。范延光差節度副使李式到闕，奉表首罪，兼進玉帶一條。遣宣徽南院使劉處讓知魏府軍府事。己巳，復范延光官爵，其制略曰：「頃朕始登大寶，未静中原，六飛纔及於京師，千里未通於懷抱。楚王求舊，方在遺簪；曾子傳疑，忽成投杼。尋聞悛悔，遽戮姦回，干戈俄至於經時，雷雨因思於作解。果馳賓介，叠貢表章，向丹闕以傾心，瀝衷誠而效順。而況保全黎庶，完整甲兵，納款斯來，其功非細。得不特頒鐵契，重建牙章，封本郡之土茅，移樂郊之旌鉞。至於將吏，咸降絲綸。於戲！上玄之運四時，不忒者信；大道之崇三寶，所重者慈。活萬户之傷夷，息六師之勞瘁，遂予仁惻，旌爾變通。永貽子孫，長守富貴，敬佩光寵，可不美歟！可復推誠奉義佐運致理功臣、天雄軍節度、管内觀察處置等使、開府儀同三司、守太傅、兼中書令、廣晉尹、上柱國、臨清王，食邑一萬户，食實封一千户，改授鄆州刺史、天平軍節度、鄆齊等州觀察處置等使，賜鐵券，改封高平郡王，仍令擇日

備禮册命。」以天雄軍節度副使、檢校刑部尚書李式檢校尚書右僕射，充亳州團練使；以貝州刺史孫漢威檢校太保、隴州防禦使；以天雄軍三城都巡檢使薛霸爲檢校司空、衛州刺史；以天雄軍馬步軍都指揮使王建爲檢校司空、虢州刺史；以天雄軍内外馬軍都指揮使藥元福爲檢校司空、深州刺史；以天雄軍内外步軍都指揮使安元霸爲檢校司空、隨州刺史；以天雄軍都監、前河陽行軍司馬李彦珣爲檢校司空、坊州刺史。李式，延光之舊僚也，其餘皆延光之將佐也，故有是命。庚午，遣客省使李守貞押器幣賜魏府立功將校。辛未，以魏府招討使楊光遠檢校太師、兼中書令，行廣晉尹，充天雄軍節度使。

十月乙亥，福建節度使王繼恭遣使貢方物。戊寅，契丹命使以寶册上帝徽號曰英武明義皇帝。是日，左右金吾、六軍儀仗、太常鼓吹等並出城迎，引至崇元殿前，陳列如儀。鄆州范延光奏到任内。庚辰，御札曰：「爲國之規，在於敏政；建都之法，務要利民。歷考前經，朗然通論，顧惟涼德，獲啓丕基。當數朝戰伐之餘，是兆庶傷殘之後，車徒既廣，帑廩咸虚。經年之輓粟飛芻，繼日而勞民動衆，常煩漕運，不給供須。今汴州水陸要衝，山河形勝，乃萬庾千箱之地，是四通八達之郊。爰自按巡，益觀宜便，俾升都邑，以利兵民。汴州宜升爲東京，置開封府，仍升開封、浚儀兩縣爲赤縣，其餘升爲畿縣。應舊置開封府時所管屬縣，並可仍舊割屬收管，亦升爲畿縣。其洛京改爲西京，其雍京改爲晉昌軍，留守改爲節度觀察使，依舊爲京兆府，列在七府之上，其曹州改爲防禦州。其餘制置，並委中書門下商量施行。」丙戌，以護聖左廂都指揮使、曹州刺史張彦澤爲鎮國軍節度使，以工部尚書裴皞爲尚書右僕射致仕。是日，詔改大寧宫門爲明德門，又改京城諸門名額，南門尉氏以薰風爲名，西二門鄭門、梁門以金義、乾明爲名，北二門酸棗門、封丘門以玄化、宣陽爲名，東二門曹門、宋門以迎春、仁和爲名。戊子，以右金吾大將軍馬從斌爲契丹國信使，考功郎中劉知新副之。以前天平軍節度使、檢校太尉、同平章事安審琦爲晉昌軍節度使，行京兆尹。襄州奏，江水漲害稼。壬辰，以樞密使、中書侍郎平章事、集賢殿大學士桑維翰兼兵部尚書，皆罷樞密使。戊戌，大赦天下，以魏府初平故也。庚子，楊光遠朝覲到闕，對於便殿，錫賚甚厚。于闐國王李聖天册封爲大寶于闐國王。以杭州嘉興縣爲秀州，從錢元瓘之奏也。

十一月甲辰，樞密直學士、祠部員外郎吴涓可金部郎中、知制誥，樞密直學士、庫部員外郎吴承範可祠部郎中、知制誥。乙巳，鄆州范延光來朝。丙午，封閩王昶爲閩國王，加食邑一萬五千户。又以中吴建武等軍節度使、檢校太師、兼中書令、蘇州誠州刺史錢元璙爲太傅，以清海軍節度使、廣州刺史錢元璹爲檢校太尉、兼中書令，仍改名元懿。應付魏府行營將校及六軍諸道、本城將校等，並與加恩。戊申，以門下侍郎平章事、監修國史、判户部趙瑩兼吏部尚書。以威武軍節度、福建管内觀察處置等使王繼恭爲特進、檢校太傅，仍封臨海郡王。以魏博節度使楊光遠爲守太尉、洛京留守，兼河陽節度使，判六軍諸衛事。端明殿學士、尚書禮部侍郎、判度支和凝改尚書户部侍郎充職。庚戌，鄆州范延光上表乞休退，詔不允。辛亥，升廣晉府爲鄴都，置留守。升廣晉、元城兩縣爲赤縣，屬府諸縣升爲畿縣。升相州爲彰德軍，置節度觀察使，以澶、衛二州爲屬郡，其澶州仍升爲防禦州，移於德勝口爲治所。升貝州爲永清軍，置節度觀察使，以博、冀二州爲屬郡。以西京留守高行周爲廣晉尹、鄴都留守；廣晉府行營中軍使、貝州防禦使王庭胤加檢校太傅，充相州彰德軍節度使；廣晉府行營步軍都指揮使、右神武統軍王周爲貝州永清軍節度使。甲寅，以范延光爲太子太師致仕。丙辰，以祕書監吕琦爲禮部侍郎，歸德軍節度使趙在禮改天平軍節度使，昭義軍節度使兼侍衛親軍馬步軍都虞候杜重威改忠武軍節度使，忠武軍節度使、侍衛親軍馬步軍都指揮使劉知遠改歸德軍節度使，前河陽節度使兼奉國左右廂都指揮使侯益改昭義軍節度使。癸亥，割濮州濮陽縣隸澶州。詔許天下私鑄錢，以「天福元寶」爲文。丙寅冬至，帝御崇元殿受朝賀，仗衛如式。

十二月甲戌朔，以前兵部尚書梁文矩爲太子太師，以鎮州節度副使符蒙爲右諫議大夫，以吏部郎中曹國珍爲左諫議大夫。丙子，以前涇州彰義軍節度使李德琉爲晉州建雄軍節度使，加同平章事。以皇太子右金吾衛上將軍重貴爲檢校太傅、開封尹，封鄭王，加食邑三千户。戊寅，制以大寶于闐國進奉使、檢校太尉馬繼榮可鎮國大將軍，使副黄門將軍、國子少監張再通可試衛尉卿，監使殿頭承旨、通事舍人吴順規可試將作少監。迴鶻使都督李萬金可歸義大將軍，監使雷福德可順化將軍。是日，詔：「宜令天下無問公私，應有銅欲鑄錢者，一任取便酌量輕重鑄造。」戊子，以河陽潛龍舊宅爲開晉禪院，邢州潛龍舊宅爲廣法禪院。龍武統軍李從昶卒，輟朝一日，贈太尉。

《舊五代史》卷七八《高祖紀四》 天福四年春正月癸卯，帝御崇元殿受朝賀，仗衛如式。丙午，召太子太師致仕范延光宴于便殿，以延光歸命之後，慮懷疑懼，故休假之内，錫以款密。帝謂之曰：「無忿疾以傷厥神，無憂思以勞厥衷，

朕方示信於四方，豈食言於汝也。」延光俯伏拜謝，其心遂安。丁未，以西京副留守龍敏爲吏部侍郎。戊申，盜發唐閔帝陵。己酉，朔方軍節度使張希崇卒，贈太師。以澶州防禦使張從恩爲樞密副使。甲寅，以侍衛步軍都指揮使、寧江軍節度使景延廣爲義成軍節度使，以義成軍節度使馮暉爲朔方軍節度使。乙卯，左諫議大夫曹國珍上言：「請於内外臣僚之中，選才略之士，聚《唐六典》、《前後會要》、《禮閣新儀》、《大中統類》、《律令格式》等，精詳纂集，俾無漏落，别爲書一部，目爲《大晉政統》。」從之。其詳議官，宜差太子少師梁文矩、左散騎常侍張允、大理卿張澄、國子祭酒唐汭、大理少卿高鴻漸、國子司業田敏、禮部郎中吕咸休、司勳員外郎劉濤、刑部員外郎李知損、監察御史郭延升等一十九人充。文矩等咸曰：「改前代禮樂刑憲爲《大晉政統》，則《堯典》、《舜典》當以《晉典》革名。」列狀駁之曰：

作者之謂聖，述者之謂明，苟非聖明，焉能述作。若運因革故，則事乃維新，或改正朔而變犧牲，或易服色而殊徽號。是以五帝殊時，不相沿樂；三王異世，不相襲禮。至於近代，率由舊章；比及前朝，日滋條目。多因行事之失，改爲立制之初，或臣奏條章，君行可否，皆表其年月，紀以姓名，聚類分門，成文作則。莫不悉稽前典，垂範後昆，述自聖賢，歷於朝代，得金科玉條之號，設亂言破律之防，守而行之，其來尚矣。皇帝陛下，運齊七政，歷契千年，爰從創業開基，莫不積功累德。所宜直筆，具載鴻猷，若備録前代之編年，目作聖朝之政統，此則是名不正也。夫名不正則言不順，而媚時掠美，非其實矣。若翦截其辭，此則是文不備也。夫文不備則啓争端，而禮樂刑政，於斯亂矣。若改舊條而爲新制，則未審何門可以刊削，何事可以編聯，既當革故從新，又須廢彼行此，則未知國朝能守不失乎？臣等同共參詳，未見其可。

疏奏，嘉之，其事遂寢。辛酉，以前晉昌軍節度使李周爲静難軍節度使。是日，封皇第十一妹安定郡主爲延慶長公主，皇第十二妹廣平郡主爲清平長公主。

二月辛卯，改東京玉華殿爲永福殿。中書上言：「太原潛龍莊望建爲慶昌宫，使相鄉望改爲龍飛鄉，都尉里望改爲神光里。」從之。丁酉，宰臣馮道、左散騎常侍韋勳、禮部員外郎楊昭儉自契丹使迴。帝慰勞備至，錫賚豐厚。庚子，以天和節宴羣官於廣政殿，賜物有差。

三月癸卯朔，左僕射劉昫、給事中盧重自契丹使迴，頒賜器幣如馮道等。乙巳，迴鶻可汗仁美遣使貢方物，中有玉狻猊，實奇貨也。丙午，涇州節度使張萬進卒，贈太師。己未，皇子開封尹鄭王重貴、歸德軍節度使兼侍衛親軍馬步軍都指揮使劉知遠、忠武軍節度使杜重威，並加同中書門下平章事。天平軍節度使趙在禮封衛國公。庚申，遣内臣趙處玭以版詔徵華山隱者前右拾遺鄭雲叟、玉笥山道士羅隱之。靈州戍將王彦忠據懷遠城作叛，帝遣供奉官齊延祚乘驛而往，彦忠率衆出降，延祚矯制殺之。詔：「齊延祚辜我誓言，擅行屠戮，彰殺降之罪，隳示信之文，宜除名決重杖一頓配流。王彦忠贈官收葬。」辛酉，封迴鶻可汗仁美爲奉化可汗。癸亥，以左龍武統軍皇甫遇爲鎮國軍節度使，張彦澤爲彰義軍節度使。

夏四月壬申朔，以河中節度副使薛仁謙爲衛尉卿。丙子，以汝州防禦使宋彦筠爲同州節度使；以護聖左右軍都指揮使李懷忠爲侍衛親軍馬軍都指揮使，領壽州忠正軍節度使；以奉國左右廂都指揮使郭謹爲侍衛親軍步軍都指揮使、夔州寧江軍節度使。戊寅，詔廢長春宫使額。己卯，改明德殿爲滋德殿，宫城南門同名故也。以華州節度使劉遂凝爲右龍武統軍，以右龍武統軍張廷蘊爲絳州刺史。庚辰，徵前右拾遺鄭雲叟爲右諫議大夫，玉笥山道士羅隱之賜號希夷先生。甲申，以翰林學士承旨、兵部侍郎崔棁權判太常卿，以端明殿學士、户部侍郎和凝爲翰林學士承旨。樞密院學士、尚書倉部郎中司徒詡，樞密院學士、尚書工部郎中顔衎並落職守本官。樞密副使張從恩改宣徽使，初廢樞密院故也。先是，桑維翰免樞密之務，以劉處讓代之，奏議多不稱旨，及處讓丁母憂，遂以密院印付中書，故密院廢焉。丙戌，以韓昭裔爲兵部尚書致仕，馬裔孫爲太子賓客致仕，房暠爲右驍衛大將軍致仕，皆唐末帝之舊臣也。戊子，升永、岳二州爲團練使額，改湘川縣爲全州，從馬希範之奏也。

五月壬寅朔，帝御崇元殿受朝，仗衛如式。癸卯，以左僕射劉昫兼太子太保，封譙國公。乙巳，昭順軍節度使姚彦章卒。升靈州方渠鎮爲威州，隸於靈武，改舊威州爲清邊軍。戊申，湖南節度使馬希範加天策上將軍。以前邠州節度使安叔千爲滄州節度使。庚戌，虞部郎中楊昭儉可本官知制誥。辛亥，置静海軍於温州，從錢元瓘之請也。壬子，以侍御史盧價爲户部員外郎、知制誥。户部尚書崔居儉卒。甲寅，詔止絶朝臣，不得外州府求覓表狀，奏薦交親。乙卯，升金州爲節鎮，以懷德軍爲使額。以齊州防禦使潘環爲懷德軍節度使。右諫議大夫致仕鄭雲叟賜號逍遥先生，仍給致仕官俸。丁巳，以刑部尚書姚顗爲户部尚書，以兵部侍郎、權判太常卿事崔棁爲尚書左丞，以工部侍郎任贊爲兵部侍

郎，以禮部尚書李懌爲刑部尚書，以左散騎常侍韋勳爲工部侍郎。庚申，廢華清宫爲靈泉觀。辛酉，御史臺奏：「省郎知雜之時，赴臺禮上，軍巡邸吏之輩，咸集公參，赤縣府司，悉呈杖印。今後年深御史判雜上事，欲依前例。」從之。丙寅，以鎮海軍衙內統軍、上直馬步軍都監、檢校太傅、睦州刺史陸仁章爲同平章事，遥領遂州武信軍節度使；以鎮海軍興武左右開道都指揮使、明州刺史仰仁銓爲檢校太傅、同平章事，領宣州寧國軍節度使：從錢元瓘之請也。

六月辛未朔，陳郡民王武穿地得黄金數餅，州牧取而貢之，帝曰：「宿藏之物，既非符寶，不合入官。」命付所獲之家。庚辰，西京大風雨，應天福門屋瓦皆飛，鴟吻俱折。辛卯，詔禮部貢舉宜權停一年。

秋七月庚子朔，日有蝕之。西京大水，伊、洛、瀍、澗盡溢，壞天津橋。癸卯，以華清宫使李頃爲右領軍衛上將軍。甲辰，以定州節度使皇甫遇爲潞州節度使，檢校太尉，以潞州節度使侯益爲徐州節度使。戊申，御史中丞薛融等上詳定編勑三百六十八道，分爲三十一卷。是日，詔：「先令天下州郡公私鑄錢，近多鉛錫相兼，缺薄小弱，有違條制。今後私鑄錢下禁依舊法。」壬戌，以太子少師梁文矩爲太子太保致仕。

閏七月庚午朔，百官不入閤，雨霑服故也。壬申，以中書侍郎平章事、集賢殿大學士桑維翰爲檢校司空、兼侍中、相州彰德軍節度使，以彰德軍節度使王庭胤爲義武軍節度使。尚書户部奏：「李自倫義居七世，準勑旌表門閭。先有鄧州義門王仲昭六代同居，其旌表有廳事步欄，前列屏樹烏頭，正門閥閱一丈二尺，二柱相去一丈，柱端安瓦桶墨染，號爲烏頭，築雙闕一丈，在烏頭之南三丈七尺，夾街十有五步，槐柳成列。今舉此爲例，則令式不該。」詔：「王仲昭正廳烏頭門等制，不載令文，又無勑命，既非故事，難黷大倫，宜從令式，祇表門閭。於李自倫所居之前，量地之宜，高其外門，門外綽楔，門外左右各建一臺，高一丈二尺，廣狹方正，稱臺之形，圬以白泥，四隅漆赤。其行列樹植，隨其事力，其同籍課役，一準令文。」壬午，濮州刺史武從諫勒歸私第，受贓十五萬故也。丁酉，故皇子河南尹重乂妻虢國夫人李氏落髮爲尼，賜名悟因，仍錫紫衣，法號及夏臘二十。

八月己亥朔，河決博平，甘陵大水。辛丑，以守司空兼門下侍郎平章事、弘文館大學士馮道爲守司徒、兼侍中，封魯國公。壬寅，詔曰：「皇圖革故，庶政惟新，宜設規程，以諧公共。其中書印祇委上位宰臣一人知當。」戊申，前兵部尚書王權授太子少傅致仕。己酉，以天下兵馬副元帥、鎮海鎮東等軍節度使、檢校大師、行中書令、吳越王錢元瓘爲天下兵馬元帥。壬子，升亳州爲防禦使額，依舊隸宋州。丙辰，司天監馬重績等進所撰新曆，降詔褒之，詔翰林學士承旨和凝制序，命之曰《調元曆》。

九月辛未，以右羽林統軍周密爲鄜州節度使。癸酉，升婺州爲武勝軍額。丁丑，宴羣臣於永福殿。契丹使粘木孤來聘，致牛馬等物。己卯，遥領洮州保順軍節度使鮑君福加檢校太師、兼侍中，判湖州諸軍事。辛巳，相州節度使桑維翰上言：「管内所獲賊人，從來籍没財産，請止之。」詔：「今後凡有賊人，準格律定罪，不得没納家資，天下諸州准此。」癸未，封唐許王李從益爲郇國公，奉唐之祀，服色旌旗一依舊制。仍以西京至德宫爲廟，牲幣器服悉從官給。丙戌，高麗王王建遣使貢方物。己丑，以中書侍郎、平章事李崧權判集賢殿事。庚寅，詔停寒食、七夕、重陽及十月暖帳内外羣官貢獻。丙申，以威勝軍節度副使羅周岳爲給事中，中書舍人李詳改禮部侍郎，禮部侍郎吕琦改刑部侍郎，刑部侍郎王松改户部侍郎，户部侍郎閻至改兵部侍郎，中書舍人王易簡充史館修撰，判館事。

冬十月戊戌朔，故昭信軍節度使白奉進贈太尉。丙午，以太常卿程遜没于海，廢朝一日，贈右僕射。庚戌，閩王王昶、威武軍節度使王繼恭遣僚佐林恩、鄭元弼等朝貢，致書於宰執，無人臣之禮。帝怒，詔令不受所貢，應諸州綱運，並令林恩、鄭元弼等押歸本道。既而兵部員外郎李知損上疏，請禁錮使人，籍没綱運，可之，收林恩等下獄。丙辰，谿州刺史彭士愁，以錦、獎之兵與蠻部萬人掠辰、澧二境，湖南節度使馬希範遣牙兵拒之而退。金州山賊度從讜等寇洵陽，遣兵討平之。

十一月甲戌，以太子賓客李延範爲司農卿。乙亥，詔立唐高祖、太宗及莊宗、明宗、閔帝五廟於洛陽。丁丑，祠部郎中、知制誥吳承範改中書舍人，充翰林學士；翰林學士、中書舍人竇貞固改御史中丞；御史中丞薛融改尚書左丞；尚書右丞王延改吏部侍郎；尚書左丞崔梲改太常卿。戊寅，史館奏：「請令宰臣一人撰録《時政記》，逐時以備撰述。」從之。己卯，吏部侍郎龍敏改尚書左丞。己丑，以太子賓客楊凝式爲禮部尚書致仕。詔建錢鑪於欒川。丙申，諫議大夫致仕逍遥先生鄭雲叟卒。

十二月丁酉朔，百官不入閤，大雪故也。己亥，故皇子重英妻張氏落髮爲

尼，賜名悟慎，並夏臘二十。庚戌，禮官奏：「來歲正旦，王公上壽，皇帝舉酒，奏《玄同之樂》；再飲，奏《文同之樂》；三飲，奏同前。」從之，歌辭不録。丙辰，詔今後城郭村坊，不得創造僧尼院舍。丁巳，帝謂宰臣曰：「大雪害民，五旬未止，京城祠廟，悉令祈禱，了無其驗，豈非涼德不儲，神休未洽者乎？」因令出薪炭米粟給軍士貧民等。壬戌，禮官奏：「正旦上壽，宫懸歌舞未全，且請雜用九部雅樂，歌教坊法曲。」從之。

《舊五代史》卷七九《高祖紀五》 天福五年春正月丁卯朔，帝御崇元殿受朝賀，仗衛如式。降德音：「應天福三年終，公私債欠，一切除放。」壬申，蜀人寇西鄙，羣盜張達、任康等劫清水德鐵之城以應之。癸酉，湖南奏，閩人殺王昶，夷其族，王延羲因民之欲而定之。甲戌，遣宣徽使楊彦詢使於契丹。辛巳，皇子開封尹、鄭王重貴加檢校太尉。己丑，迴鶻可汗仁美遣使貢良馬白玉，謝册命也。庚寅，以二王後前右贊善大夫、襄鄜國公楊延壽爲太子左諭德，三恪汝州襄城縣令、襲介國公宇文頡加食邑三千户。辛卯，升絳州爲防禦州。癸巳，以左神武統軍陸思鐸爲右羽林統軍，以隴州防禦使何福進爲右神武統軍。甲午，太常少卿裴羽奏：「請追謚唐莊宗皇后劉氏爲神閔敬皇后，明宗皇后曹氏請追謚爲和武憲皇后，閔帝魯國夫人孔氏請追謚爲閔哀皇后。」從之。丙申，河中節度使安審信奏：「軍校康從受、李崇、孫大裕、張崇、于千等以所部兵爲亂，尋平之，死者五百人。」

二月丁酉朔，沙州歸義軍節度使曹義金卒，贈太師，以其子元德襲其位。乙巳，御史中丞竇貞固奏：「國忌日，宰臣跪爐焚香，文武百僚列坐。竊惟禮例，有所未安。今欲請宰臣仍舊跪爐，百僚依班序立。」詔可之，仍令行香之後飯僧百人，永爲定制。庚戌，北京留守安彦威來朝，帝慰接甚厚，賜上樽酒。壬子，升中書門下平章事爲正二品。丁巳，青州節度使、東平王王建立來朝。己未，以中書門下侍郎爲清望正三品，諫議大夫、御史中丞爲清望正四品。

三月丁卯朔，左散騎常侍張允改禮部侍郎。辛未，宋州歸德軍節度使、侍衛親軍馬步軍都指揮使劉知遠加特進，改鄴都留守、廣晉尹，典軍如故。以兖州節度使李從温爲徐州節度使，以北京留守安彦威爲宋州節度使。壬申，詔朝臣覲省父母，依天成例頒賜茶藥。癸酉，以青州節度使王建立爲昭義軍節度使，進封韓王，仍割遼、沁二州爲昭義屬郡，以建立本遼州人，用成其衣錦之美也。以晉州節度使李德玩爲北京留守，以潞州節度使皇甫遇爲晉州節度使。是日，容州節度使馬存卒。甲戌，以給事中李光廷爲左散騎常侍，亳州團練使李式爲給事中。乙亥，相州節度使桑維翰加檢校司徒，改兖州節度使。許州節度使杜重威改鄆州節度使，河中節度使安審信改許州節度使。丁丑，長安公主出降駙馬都尉楊承祚。戊寅，詔：「中書門下五品已上官於兩省上事，宰臣押角之禮；及第舉人與主司選勝筵宴，及中書舍人靸鞋接見舉人；兼兵部、禮部引人過堂之日幕次酒食會客，悉宜廢之。」己卯，以前樞密使劉處讓爲相州節度使。辛巳，湖南遣牙將劉勍領兵大破溪峒羣蠻，收溪、錦、獎三州。丁亥，以秦州節度使康福爲河中節度使，以徐州節度使侯益爲秦州節度使。庚寅，御明德樓，餞送昭義軍節度使王建立，賜玉斧、蜀馬。甲午，詔吏部三銓，聽四時選，擬官旋奏，不在團甲之限。

夏四月丙申朔，宴羣臣於永福殿。戊戌，曹州防禦使石暉卒，帝之從弟也。禮官奏：「天子爲五服之内親本服周者，三哭而止。」從之。己亥，罷洛陽、京兆進苑囿瓜菓，慮勞人也。壬寅，右僕射致仕裴皞卒，贈太子太保。丙午，詔曰：「承旨者，承時君之旨，非近侍重臣，無以稟朕旨，宣予言，是以大朝會宰臣承旨，草制詔學士承旨，若無區別，何表等威。除翰林承旨外，殿前承旨宜改爲殿直，密院承旨宜改爲承宣，御史臺、三司、閤門、客省所有承旨，並令別定其名。」庚戌，以滄州節度使馬全節爲安州節度使。禮部侍郎張允奏，請廢明經童子科，從之。因詔宏詞、拔萃、明算、道舉、百篇等科並停之。

五月癸酉，宋州貢瑞麥兩歧。甲申，以前徐州節度使萇從簡爲右金吾衛上將軍。丙戌，安州節度使李金全叛，詔新授安州節度使馬全節以洛、汴、汝、鄭、單、宋、陳、蔡、曹、濮十州之兵討之，以前鄜州節度使安審暉爲副，以内客省使李守貞爲都監，仍遣供奉官劉彦瑶奉詔以諭金全。命麾下齊謙以詔送於淮夷，雲夢人齊峴斬謙，歸其詔於闕。辛卯，昭義節度使韓王王建立薨，輟朝二日，册贈尚書令。

壬寅，少府監致仕尹玉羽卒。癸卯，淮南使李承裕代李金全，金全南走，承裕以淮兵二千守其城。甲辰，馬全節自應山縣進軍於大化鎮。戊申，與鄂州賊軍陣於安陸之南，三戰而後克之，斬首三千級，生擒千餘人。供奉官安友謙登鋒力戰，奮不顧身，全節賞其忠勇，使馳獻捷書，暍死於路。是日，削奪李金全官爵。丁巳，淮夷僞校李承裕率衆掠城中資貨而遁，馬全節入城撫其遺民，遣安審暉率兵以逐承裕，擒而斬之。執其僞都監杜光鄴及淮南軍五百餘人，露布獻於

闕下。帝曰：此輩何罪，皆厚給放還。癸亥，道士崇真大師張薦明賜號通玄先生。是時帝好《道德經》，嘗召薦明講説其義，帝悦，故有是命。尋令薦明以《道》、《德》二經雕上印版，命學士和凝别撰新序，冠於卷首，俾頒行天下。

秋七月甲子朔，降安州爲防禦使額，以申州隸許州。丙寅，安州節度使馬全節加檢校太尉，改昭義軍節度使。前鄜州節度使安審暉加檢校太傅，爲威勝軍節度使。丁卯，湖南奏：遣天策府步騎將張少敵領兵五萬，樓船百艘，次於岳陽，將進討淮夷也。甲戌，宣徽使楊彦詢加檢校太傅，充安國軍節度使。乙亥，户部尚書致仕鄭韜光卒，贈右僕射。戊寅，福州王延羲遣商人間路貢表自述。戊子，宿州奏，淮東鎮移牒云：本國奏書於上國皇帝，曰：「久增景慕，莫會光塵，但循戰國之規，敢預睦鄰之道。一昨安州有故，脱難相歸，邊校貪功，乘便據壘，矧機宜之孰在，顧茫昧以難申。否臧皆兇，乃大《易》之明義；進取不止，亦聖人之厚顔。適屬暑雨稍頻，江波甚漲，指揮未到，事實已違。今者猥沐睿咨，曲形宸旨，歸其俘獲，示以英仁。其如軍法朝章，彼此不可；揚名建德，曲直相懸。雖認好生，匪敢聞命。其杜光鄴等五百七人，已令却過淮北。」帝復書曰：「昨者災生安陸，釁接漢陽，當三伏之炎蒸，動兩朝之師旅。豈期邊帥，不稟上謀，洎復城池，備知本末。尋已捨諸俘執，還彼鄉閭，不唯念效命之人，兼亦敦善鄰之道。今承來旨，將正朝章，希循宥罪之文，用廣崇仁之美。其杜光鄴等再令歸復。」尋遣使押光鄴等於桐墟渡淮。淮中有棹船，甲士拒之，南去不果。詔光鄴等歸京師，授以職秩，其戍士五百人，立爲顯義都。

八月丁酉，帝觀稼於西郊。己亥，詳定院以先奉詔詳定冬正朝會禮節、樂章、二舞行列等事上之，事具《樂志》。庚子，以前金州防禦使田武爲金州懷德軍節度使。辛丑，升復、郢二郡爲防禦使額。戊午，左龍武統軍相里金卒，廢朝一日，贈太師。己未，太子太師致仕范延光卒於河陽，廢朝二日，贈太師。

丁卯，宰臣李崧加集賢殿大學士，以翰林學士承旨、户部侍郎和凝爲中書侍郎平章事。丙子，廢翰林學士院，其公事並歸中書舍人。丁丑，以翰林學士、中書舍人李慎儀爲右散騎常侍，以翰林學士、左右補闕李瀚爲吏部員外郎，以右散騎常侍趙元輔爲太子賓客，以太子賓客韓惲爲兵部尚書，以右諫議大夫段希堯爲萊州刺史。甲申，西京留守楊光遠加守太尉、兼中書令，充平盧軍節度使，封東平王。戊子，改東京上源驛爲都亭驛。

冬十月丁酉，制：天下兵馬元帥、鎮海鎮東浙江東西等道節度使、中書令、吴越王錢元瓘加守尚書令，充天下兵馬都元帥。戊戌，户部尚書姚顗卒，廢朝一日，贈右僕射。癸卯，湖南上言：福建王延羲與弟延政互起干戈，内相侵伐。甲辰，升萊州爲防禦使額，以汝州防禦使楊承貴領之。以新授萊州刺史段希堯爲懷州刺史。丁未，契丹使舍利來聘，致馬百匹及玉鞍、狐裘等。己酉，宴羣臣於永福殿，賜帛有差。癸丑，詔：「今後竊盜臟滿五匹者處死，三匹已上者决杖配流，以盗論者准律文處分。」又詔：「過格選人等，許赴吏部南曹召保，委正身者降一資注官。」

十一月壬戌，遥領遂州武信軍節度使、鎮海軍衙内統軍、檢校太傅、同平章事陸仁璋卒，贈太子太傅。甲子，滑州節度使景延廣加檢校太傅，改陝州保義軍節度使。以鄭州防禦使、駙馬都尉史匡翰爲義成軍節度使。戊辰，曹州防禦使石贇加檢校太保，充河陽三城節度使。庚午，以翰林學士、户部侍郎張昭遠爲兵部侍郎。丙子，冬至，帝御崇元殿受朝賀，始用二舞。帝舉觴，奏《玄同之樂》；登歌，奏《文同之樂》；舉食，文舞歌《昭德之舞》，武舞歌《成功之舞》。典禮久廢，至是復興，觀者悦之。丁丑，吴越國進奉使陳元亮進《冬日觀仗詩》一首，帝覽之稱善，賜服馬器幣。癸未，移德州長河縣，大水故也。甲申，制授閩國王延羲檢校太師、兼中書令、福州威武軍節度使，封閩國王。以兩浙西南面安撫使錢元懿爲檢校太尉、兼中書令，遥領廣州清海軍節度使。又以恩州團練使錢鐸爲檢校太尉、同平章事，遥領楚州順化軍節度使。丁亥，割衛州黎陽縣隸滑州。

十二月壬辰朔，遥領洮州保順軍節度使、檢校太尉、兼侍中、判湖州軍州事鮑君福卒，贈太傅。丙申，詔：故静海軍兼東南面安撫制置使、檢校太傅、温州刺史錢弘巽贈太子太傅，故吴越兩軍節度副使、檢校太尉錢弘僔贈太子太師。

天福六年春正月辛酉朔，帝御崇元殿受朝賀，仗衛如式。刑部員外郎李象上《二舞賦》，帝覽而嘉之，命編諸史册。甲子，同州指揮使成殷謀亂事洩，伏誅。時節度使宋彦筠御下無恩，既貪且鄙，故殷與子彦璋陰搆部下爲亂，會有告者，遂滅其黨。乙丑，青州奏，海凍百餘里。丙寅，遣供奉官張澄等領兵二千，發並、鎮、忻、代四州山谷吐渾，令還舊地。先是，吐渾苦契丹之虐，受鎮州安重榮誘召，叛而南遷，入常山、太原二境，帝以契丹歡好之國，故遣歸之。戊辰，詔：「應諸州無屬州錢處，今後冬至、寒食、端午、天和節及諸色謝賀，不得進貢。」壬申，以左司郎中趙上交爲諫議大夫。戊寅，封唐叔虞爲興安王，臺駘神爲昌寧公，差給事中張瑑、户部郎中張守素就行册禮。又詔：嶽鎮海瀆等廟宇，並令崇飾，仍

禁樵採。丙戌，故皇第二叔檢校司徒萬友贈太師，皇第三叔檢校司空萬銓贈太尉，皇兄故檢校左僕射敬儒贈太傅。

二月辛卯，詔：「天下郡縣，不得以天和節禁屠宰，輒滯刑獄。」壬辰，置浮橋於德勝口。甲午，詔：「諸衛上將軍月俸舊三十千，令增至五十千。」戊戌，以三恪汝州襄城縣令、襲介國公宇文頡爲太子率更令。己亥，詔户部侍郎張昭遠、起居郎賈緯、秘書少監趙熙、吏部郎中鄭受益、左司員外郎李爲光等同修《唐史》，仍以宰臣趙瑩監修。壬寅，以三白渠制置使張瑑爲給事中。戊申，詔侯伯來朝，君臣相見，賞宴貢奉，今後宜停。起居郎賈緯以所撰《唐年補録》六十五卷上之，帝覽之嘉歎，賜以器幣，仍付史館。癸丑，長安公主薨，帝之長女也，笄年降於駙馬楊承祚，帝悼惜之甚，輟視朝二日，追贈秦國公主。

三月甲子，河中節度使康福進封許國公。乙丑，左驍衛上將軍李承約卒。癸酉，詔天福四年終已前，百姓所欠夏秋租税，一切除放。

夏四月庚寅朔，湖南奏，溪州刺史彭士愁、五溪酋長等乞降，已立銅柱於溪州，鑄誓狀於其上，以《五溪銅柱圖》上之。丙申，詔顯義指揮使劉康部下兵五百人放還淮海，即安州所俘也。己亥，虞部郎中、知制誥楊昭儉遷中書舍人，户部侍郎王松改御史中丞，禮部郎中馮玉改司門郎中、知制誥。辛丑，宰臣監修國史趙瑩奏：「奉詔差張昭遠等五人同修《唐史》，内起居郎賈緯丁憂去官，請以刑部侍郎吕琦、侍御史尹拙同與編修。」又奏：「史館所闕唐朝實録，請下勑購求。」並從之。壬寅，以户部員外郎、知制誥盧價爲虞部郎中、知制誥，以昭義節度副使陳玄爲光禄卿致仕。乙巳，齊、魯民饑，詔兖、鄆、青三州發廪賑貸。

五月庚申朔，以前邢州節度使丁審琪爲延州節度使，延州節度使劉景巖爲邠州節度使。故皇子杲册贈太尉，進封陳王。庚午，涇州奏，雨雹，川水大溢，壞州郡鎮戍二十四城。甲戌，北京遣牙將劉從以吐渾大首領白承福、念龐里、赫連功德來朝。邢州上言，吐渾移族帳於鎮州封部。

六月丙申，以前衛尉卿趙延乂爲司天監。丁酉，詔：「今後藩侯郡守，凡有善政，委倅貳官條件聞奏，百姓官吏等不必遠詣京闕。」壬寅，右領衛上將軍李頃卒，贈太師。甲辰，迦葉彌陀國僧啞哩以佛牙泛海而至。丙午，高麗國王王建加開府儀同三司、檢校太師，食邑一萬户。戊午，鎮州節度使安重榮執契丹使拽刺，遣輕騎掠幽州南境之民，處於博野，仍貢表及馳書天下，述契丹援天子父事之禮，貪傲無厭，困耗中國，已繕治甲兵，將與決戰。帝發所諭而止之，重榮跋扈愈甚，由是與襄州節度使安從進潛相搆謀爲不軌。

《舊五代史》卷八〇《高祖紀六》 天福六年秋七月己未朔，帝御崇元殿視朝。庚申，升陳州爲防禦使額。辛酉，以前鄧州節度使焦方爲貝州節度使。壬戌，涇州奏，西涼府留後李文謙，今年二月四日閉宅門自焚，遣元入西涼府譯語官與來人齎三部族蕃書進之。以三司使劉審交爲陳州防禦使。癸亥，以前鄆州節度使趙在禮爲許州節度使，以前鄴都留守、廣晉尹高行周爲河南尹、西都留守。詔改拱辰、威和、内直等軍並爲興順。甲子，以宣徽使、權西京留守張從恩判三司。己巳，以鄴都留守兼侍衛親軍馬步軍都指揮使、廣晉尹劉知遠爲太原尹，充北京留守、河東節度使，仍割遼、沁二州却隸河東。以北京留守李德琉爲廣晉尹，充鄴都留守；以昭義節度使馬全節爲邢州節度使，加同平章事。甲戌，詔：「今後諸道行軍副使，不得奏薦骨肉爲殿直供奉官。」己卯，以前陝州節度使李從敏爲昭義軍節度使，以陝州節度使景延廣爲河陽三城節度使兼侍衛親軍馬步軍都虞候，以河陽節度使石贇爲陝州節度使。壬午，突厥遣使朝貢。以遥領壽州忠正軍節度使兼侍衛馬軍都指揮使李懷忠爲同州節度使，以宣徽北院使李守貞遥領忠正軍節度使、侍衛馬軍指揮使。甲申，降御札，取八月五日暫幸鄴都，沿路供頓，並委所司以官物排比，州縣不得科率人户。丙戌，以右諫議大夫趙遠爲中書舍人，吏部郎中鄭受益爲右諫議大夫，刑部郎中殷鵬爲水部郎中、知制誥。

八月戊子朔，以皇子開封尹、鄭王重貴爲東京留守，以天平軍節度使兼侍衛親軍馬步軍副都指揮使杜重威爲侍衛親軍馬步軍都指揮使，以宣徽南院使張從恩爲東京内外兵馬都監。改奉德馬軍爲護聖。放文武百官朝參，取便先赴鄴都。壬辰，車駕發東京。己亥，至鄴，左右金吾六軍儀仗排列如儀，迎引入内。改舊澶州爲德清軍。以内客省使劉遂清爲宣徽北院使，判三司。壬寅，制：「應天福六年八月十五日昧爽已前，諸色罪犯，常赦所不原者，咸赦除之；其持仗行劫及殺人賊，並免罪移鄉，配逐處軍都收管；犯枉法贓者，雖免罪不得再任用；諸徒流人並放還；貶降官未量移與量移者，約資叙用。天福五年終已前殘税並放。應河東起義之初及收復鄴都、汜水立功將校，並與加恩；亡殁者與追贈。自東京至鄴都緣路，昨因行幸，有損踐田苗處，據頃畝與放今年租税。鄴都管内，有潛龍時在職者，並與加恩。耆年八十已上者，版授上佐官。天下農器，並許百姓自鑄造。亡命山澤者，招唤歸業；百日不出者，復罪如初。唐潞國公狄

仁傑宜追贈官秩。應天福三年已前，敗闕場院官無家業者，並與除放，其人免罪，永不任使。私下債負徵利及一倍者並放，主持者不在此限。」丁未，以客省使、將作監丁知浚爲內客省使，引進使、鴻臚卿王景崇爲客省使，殿中監、判四方館事劉政恩爲引進使。壬子，改鄴都皇城南門應天門爲乾明門，大明館爲都亭驛。甲寅，遣光禄卿張澄、國子博士謝攀使高麗行册禮。

九月己未，以兵部侍郎閻至爲吏部侍郎。辛酉，滑州河決，一溉東流，鄉村户民攜老幼登丘冢，爲水所隔，餓死者甚衆。壬申，忠武建武等軍節度使、守太傅、兼中書令、行蘇州睦州刺史錢元璙進封彭城郡王，遥領廣州清海軍節度使、判婺州軍州事錢元懿爲檢校太師。乙亥，遣前邢州節度使楊彦詢使於契丹，錫賚甚厚。丁丑，吐渾遣使朝貢。壬午夜，有彗星出於西方，長一丈餘，在房一度，尾跡穿天市垣東行，踰月而滅。丙戌，兖州上言，水自西來，漂没秋稼。

冬十月丁亥朔，遣鴻臚少卿魏玭等四人，分往滑、濮、鄆、澶視水害苗稼。己丑，詔以胡梁度月城爲大通軍，浮橋爲大通橋。壬寅，詔唐梁國公狄仁傑可贈太師。

十一月丁未，鄭王夫人張氏薨。福州王延羲遣使貢方物。甲寅，遣太子賓客聶延祚、吏部郎中盧撰持節册天下兵馬元帥、守尚書令、吴越國王錢元瓘。甲子，以御史中丞王松爲尚書右丞，中書舍人、史館修撰判館事王易簡爲御史中丞，户部侍郎張昭遠爲兵部侍郎，國子祭酒田敏以本官兼户部侍郎。辛未，太妃、皇后至自東京。壬申，遣給事中李式、考功郎中張鑄持節册閩國王王延羲。甲戌，太子少傅致仕王權卒，贈左僕射。丁丑，襄州安從進舉兵叛，以西京留守高行周爲南面行營都部署，率兵討之，以前同州節度使宋彦筠爲副，以宣徽南院使張從恩監護焉。

十二月丙戌朔，以東京留守、開封尹、鄭王重貴爲廣晉尹，進封齊王；以鄴都留守、廣晉尹李德珫爲開封尹，充東京留守。南面軍前奏，十一月二十七日，武德使焦繼勳、先鋒都指揮使郭金海等於唐州南遇安從進賊軍一萬餘人，大破之，生擒衙內都指揮使安宏獲山南東道之印，其安從進單騎奔逸。丁亥，詔襄州行營都部署高行周權知襄州軍州事。是日，鎮州節度使安重榮稱兵向闕，以侍衛親軍馬步軍都指揮使杜重威爲北面行營招討使，率兵擊之，以邢州節度使馬全節爲副，以前貝州節度使王周爲馬步軍都虞候。癸巳，武德使焦繼勳奏，安從進遣弟從貴領兵千人，取接均州刺史蔡行遇，尋領所部兵掩殺賊軍七百餘人，生擒安從貴，截其雙腕，却放入城。戊戌，以皇子重睿爲銀青光禄大夫、檢校尚書左僕射。己亥，北面軍前奏，十三日未時，於宗城縣西南大破鎮州賊軍，殺一萬五千人，餘黨走保宗城縣。是夜三更，破縣城，前深州刺史虔武自縛歸降。獲馬三千匹，絹三萬餘匹，餘物稱是。安重榮脱身遁走。是日，百官稱賀。癸卯，削奪安從進、安重榮在身官爵。右金吾上將軍萇從簡卒，廢朝，贈太師。乙巳，天下兵馬都元帥、守尚書令、吴越國王錢元瓘薨，廢朝三日，謚曰文穆。是日，帝習射於後苑，諸軍都指揮使已上悉預焉，賜物有差。丁未，南面行營都部署高行周奏，今月十三日，部領大軍至襄州城下，相次降賊軍二千人。其降兵馬軍詔以「彰聖」爲號，步軍以「歸順」爲號。庚戌，以權知吴越國事錢弘佐爲起復鎮軍大將軍、檢校太師、兼中書令、杭州越州大都督、鎮海鎮東等軍節度使，封吴越國王。壬子，杜重威部領大軍至鎮州城下。

天福七年春正月丙辰朔，不受朝賀，用兵故也。戊午，以前將作監李鍇爲少府監。北面招討使杜重威奏，今月巳收復鎮州，斬安重榮，傳首闕下。帝御乾明樓，宣露布訖，大理卿受馘，付市徇之，百官稱賀。曲赦廣晉府禁囚。辛酉，追贈皇弟三人：故沂州馬步軍都指揮使、贈太傅德再贈太尉，追封福王；故檢校太子賓客、贈太傅殷再贈太尉，追封通王；故彰聖右第三軍都指揮使長州刺史、贈太傅威再贈太尉，追封廣王。壬戌，追贈皇子五人：故右衛將軍、贈太保重英再贈太傅，追封虢王；故權東京留守、河南尹、贈太傅重乂再贈太尉，追封壽王；故皇城副使、贈太保重裔再贈太傅，追封郯王；故河陽節度使、贈太尉重信再贈太師，追封沂王；故左金吾衛將軍、贈太保重進再贈太傅，追封夔王。癸亥，改鎮州爲恒州，成德軍爲順國軍。丙寅，以門下侍郎平章事、監修國史趙瑩爲侍中；青州節度使楊光遠加食邑，改賜功臣名號；兖州節度使桑維翰加檢校太保；河東節度使劉知遠加兼侍中；以鄆州節度使、北面行營招討使、侍衛親軍都指揮使杜重威爲恒州順國軍節度使，加兼侍中；皇子廣晉尹兼功德使、齊王重貴加兼侍中；秦州節度使侯益加特進，增食邑。丁卯，以判四方館事孟承誨爲太府卿充職。戊辰，以滄州節度使安叔千爲邢州節度使，以北面行營副招討使、邢州節度使馬全節爲定州節度使，以定州節度使王庭胤爲滄州節度使，以前邢州節度使楊彦詢爲華州節度使。恒州立功將校王温以降等第除郡。庚午，契丹遣使來聘。是日上元節，六街諸寺燃燈，御乾明門觀之，夜半還宫。壬申，延州節度使丁審琦加爵邑，鄧州節度使安審徽加檢校太傅，陝州節度使石贇加檢

校太傅。乙亥，契丹遣使來聘。河陽節度使兼侍衛馬步軍都虞候景延廣加檢校太尉，改鄆州節度使，典軍如故。以前貝州節度使、北面行營馬步軍都虞候王周爲河陽節度使，加檢校太保。丁丑，以刑部侍郎竇貞固爲門下侍郎，以禮部郎中邊歸讜爲比部郎中、知制誥。壬午，以河陽節度使王周爲涇州節度使，以恒州節度副使王欽祚爲殿中監。

二月丁亥，皇妹清平公主進封衛國長公主。契丹遣使來聘。己丑，宴於武德殿，新恒州節度使杜重威已下、諸軍副兵馬使已上悉預焉，賜物有差。己亥，以曹州防禦使何建爲延州留後。涇州奏，差押牙陳延暉齎勑書往西涼府，本府都指揮使等請以陳延暉爲節度使。辛丑，宰臣李崧丁母憂，起復舊任。延州蕃寇作亂，同州、鄜州各起牙兵討平之。丙午，詔：「鄧、唐、隨、郢諸州，多有曠土，宜令人户取便開耕，與免五年差税。」

三月己未，兵部尚書韓惲卒。庚申，遣前齊州防禦使宋光鄴、翰林茶酒使張言使於契丹。壬戌，分命朝臣諸寺觀禱雨。丙寅，皇后爲妹契丹樞密使趙延壽妻燕國長公主卒於幽州，舉哀於外次。辛未，滑州節度使、駙馬都尉史匡翰卒，輟朝，贈太保。詔唐州湖陽縣蓼山神祠宜賜號爲蓼山顯順之神。乙亥，以晉昌軍節度使安審琦爲河中節度使，以前亳州防禦使王令温爲貝州節度使。丙子，賜宰臣李崧白藤肩輿，以起復故也。丁丑，以晉州節度使皇甫遇爲河陽節度使，以壽州節度使兼侍衛馬步軍指揮使李守貞爲滑州節度使，以夔州節度使兼侍衛步軍都指揮使郭謹爲相州節度使，皆典軍如故。宰臣於寺觀禱雨。

閏月丙戌，以兵部郎中司徒詡爲右諫議大夫。戊子，兗州節度使桑維翰加特進，封開國公。庚寅，以延州留後何建爲延州節度使，以引進使兼殿中監劉政恩爲太子詹事。壬辰，宋州節度使安彦威奏，修滑州黄河功畢，詔於河決之地建碑立廟。丙申，以鄜州節度使周密爲晉州節度使，以左羽林統軍符彦卿爲鄜州節度使。壬寅，詔百官五日一度起居，日輪定兩員，具所見以封事奏聞。詔改鄴都宣明門爲朱鳳門，武德殿爲視政殿，文思殿爲崇德殿，畫堂爲天清殿，寢殿爲乾福殿，其門悉從殿名。皇城南門爲乾明門，北門爲玄德門，東門爲萬春門，西門爲千秋門。羅城南磚門爲廣運門，觀音門爲金明門，橙槽門爲清景門，寇氏門爲永芳門，朝臣門爲景風門。大城南門爲昭明門，觀音門爲廣義門，北河門爲静安門，魏縣門爲應福門，寇氏門爲迎春門，朝城門爲興仁門，上斗門爲延清門，下斗門爲通遠門。戊申，宋州節度使安彦威封邠國公，賞修河之勞也。癸丑，涇州節度使王周奏，前節度使張彦澤在任日不法事二十六條，已改正停廢，詔褒之。是春，鄴都、鳳翔、兗、陝、汝、恒、陳等州旱，鄆、曹、澶、博、相、洺諸州蝗。

夏四月甲寅朔，避正殿不視朝，日蝕故也。是日，太陽不虧，百官上表稱賀。詔沿河藩郡節度使、刺史並兼管内河堤使。己未，右諫議大夫鄭受益兩疏論張彦澤在涇州之日，違法虐民，支解掌書記張式、部曲楊洪等，請下所司，明申其罪，皆留中不出。庚申，刑部郎中李濤、張麟，員外郎麻麟、王禧，同詣閤門上疏，論張彦澤罪犯，詞甚懇切。辛酉，詔：「張彦澤刳剔賓從，誅剥生聚，冤聲穢跡，流聞四方，章表繼來，指陳甚切。尚以曾施微功，特示寬恩，深懷曲法之慚，貴徇議勞之典。其張彦澤宜削一階，仍降爵一級。其張式宜贈官，張式父鐸、弟守貞、男希範並與除官。仍於涇州賜錢十萬，差人津置張式靈柩並骨肉歸鄉，所有先收納却張式家財物畜，並令却還。其涇州新歸業户，量與蠲減税賦。」翌日，以前涇州節度使張彦澤爲左龍武大將軍。戊辰，廢雄州爲昌化軍，警州爲威肅軍，以其軍使委本道差補。故涇州節度掌書記張式贈尚書虞部郎中，以式父鐸爲沁州司馬致仕，弟守貞爲貝州清河縣主簿，男希範爲興元府文學。甲戌，詔皇子齊王就前河中府節度使康福第，以教坊樂宴會前、見任節度使。戊寅，前慶州刺史米廷訓追奪在身官爵，配流麟州，坐姦妻兄之女也。是月，州郡十六處蝗。

五月己亥，中書門下奏：「時屬炎蒸，事宜簡省，應五日百官起居，望令押班宰臣一員押百官班，其轉對官兩員封付閤門使引進，本官隨百僚退，不用別出謝恩。其文武内外官僚乞假、寧覲、搬家、婚葬、病損並門見門辭。諸道進奉物等，不用殿前排列，引進使引至殿前奏云『某等進奉』，奏訖，令進奉使出。其進奉專使朝見日，班首一人致詞，都附起居。刺史並行軍副使、諸道馬步軍都指揮使已下，差人到闕，並門見門辭。州縣官謝恩日，甲頭一人都致詞，不用逐人告官。其供奉官、殿直等，如是當直及合於殿前排立者，即入起居；如不當直排立者，不用每日起居。委宣徽使點檢，常須整齊。」從之。時帝不豫，難於視朝故也。左威衛上將軍衛審峹卒，贈太子少保。乙巳，尊皇太妃劉氏爲皇太后。丁未，工部侍郎韋勳改刑部侍郎。壬子，以左散騎常侍李光廷爲秘書監，給事中蕭愿爲右散騎常侍，左諫議大夫曹國珍爲給事中，太常卿裴坦爲左諫議大夫。是月，州郡五奏大水，十八奏旱蝗。

六月丁巳，以兗州節度使桑維翰爲晉昌軍節度使，以前許州節度使安審琦爲兗州節度使。襄州都部署高行周奏，安從進觀察判官李光圖出城請援，送赴

闕。乙丑，帝崩於保昌殿，壽五十一，遺制齊王重貴於柩前即皇帝位，喪紀並依舊制，山陵務從節儉，馬步諸軍優紀並從嗣君處分。

八月，太常卿崔棁上謚曰聖文章武明德孝皇帝，廟號高祖，以其年十一月十日庚寅葬於顯陵，宰臣和凝撰謚册哀册文。

《新五代史》卷八《晉本紀》 高祖聖文章武明德孝皇帝，其父臬捩雞，本出於西夷，自朱邪歸唐，從朱邪入居陰山。其後，晉王李克用起於雲、朔之間，臬捩雞以善騎射，常從晉王征伐有功，官至洺州刺史。臬捩雞生敬瑭，其姓石氏，不知其得姓之始也。

敬瑭爲人沈厚寡言，明宗愛之，妻以女，是爲永寧公主，由是常隸明宗帳下，號左射軍。

莊宗已得魏，梁將劉鄩急攻清平，莊宗馳救之，兵未及陣，爲鄩所掩，敬瑭以十餘騎橫槊馳擊，取之以旋。莊宗拊其背而壯之，手啗以酥，啗酥，夷狄所重，由是名動軍中。十五年，莊宗戰於胡柳，前鋒周德威戰死，敬瑭以左射軍從明宗復擊敗梁兵。明宗戰胡盧套、楊村，爲梁兵所敗，敬瑭常脱明宗於危。

趙在禮之亂，明宗討之，至魏而兵變，明宗初欲自歸于天子，明己所以不反者。敬瑭獻計曰：「豈有軍變於外，上將獨無事者乎？且猶豫者兵家大忌，不如速行。願得騎兵三百先攻汴州，夷門天下之要害也，得之可以成事。」明宗然之，與之驍騎三百，渡黎陽爲前鋒，明宗遂入汴。莊宗自洛後至，不得入，而兵皆潰去。莊宗西還，明宗以敬瑭爲前鋒趣汜水，且收其散卒。莊宗遇弑，明宗入立，拜敬瑭保義軍節度使，賜號「竭忠建策興復功臣」，兼六軍諸衛副使。

在陝爲政以廉聞。是時，諸侯多不奉法，鄧州陶玘、亳州李鄴皆以贓汙論死，明宗下詔書褒廉吏普州安崇阮、洺州張萬進、耀州孫岳等以諷天下，而以敬瑭爲首。

天成二年十月，從幸汴州，爲御營使，拜宣武軍節度使、侍衛親軍馬步軍都指揮使，六軍副使如故；改賜「耀忠匡定保節功臣」。三年四月，徙鎮天雄，拜同中書門下平章事、興唐尹。五月，拜駙馬都尉。董璋反東川，爲行營都招討使，不克而還。復兼六軍諸衛副使。徙鎮河陽三城，未行，而契丹、吐渾、突厥皆入寇，是時，秦王從榮統六軍，敬瑭疑其必及禍，不欲爲其副，乃自請行。及制出，不落副使，輒復辭行。明宗數責大臣問誰可行者，范延光、趙延壽等卒以敬瑭爲請，乃拜河東節度使、大同彰國振武威塞等軍蕃漢馬步軍總管，落六軍副使，乃行。

明年，明宗崩，愍帝即位，加中書令。三月，徙鎮成德。清泰元年五月，復鎮太原，來朝京師。潞王從珂反於鳳翔，愍帝出奔，遇敬瑭于道，敬瑭殺帝從者百餘人，幽帝於衛州而去。廢帝即位，疑敬瑭必反。

天福元年五月，徙鎮天平，敬瑭果不受命，謂其屬曰：「先帝授吾太原使老焉，今無故而遷，是疑吾反也。且太原地險而粟多，吾當内檄諸鎮，外求援於契丹，可乎？」桑維翰、劉知遠等共以爲然。乃上表論廢帝不當立，請立許王從益爲明宗嗣。廢帝下詔削奪敬瑭官爵，命張敬達等討之，敬瑭求援於契丹。

九月，契丹耶律德光入自鴈門，與唐兵戰，敬達大敗。敬瑭夜出北門見耶律德光，約爲父子。

十一月丁酉，皇帝即位，國號晉。以幽、涿、薊、檀、順、瀛、莫、蔚、朔、雲、應、新、嬀、儒、武、寰州入于契丹。己亥，大赦，改元。掌書記桑維翰爲翰林學士、尚書禮部侍郎，知樞密使事。

閏月丙寅，翰林學士承旨、尚書户部侍郎趙瑩爲門下侍郎，桑維翰爲中書侍郎：同中書門下平章事，兼樞密使。甲戌，趙德鈞及其子延壽叛於唐來降，契丹鏁之以歸。己卯，次河陽，節度使萇從簡叛於唐來降。辛巳，至自太原。盧文紀、姚顗罷。甲申，大赦，殺張延朗、劉延朗，赦房暠。

十二月乙酉，如河陽。追降王從珂爲庶人。丁亥，司空馮道兼門下侍郎、同中書門下平章事。己丑，曹州指揮使石重立殺其刺史鄭玩。辛卯，御札求直言。癸巳，鎮州牙内都虞候祕瓊逐其節度副使李彦琦。同州裨將門鐸殺其將楊漢賓。庚子，天平軍節度使王建立殺其副使李彦贇。旱。

二年春正月癸亥，安遠軍節度使盧文進叛降於吴。丁卯，天雄軍節度使范延光殺齊州防禦使祕瓊。戊寅，兵部侍郎李崧爲中書侍郎、同中書門下平章事、樞密使。封唐宗室子爲公，及隋酅公爲二王後，以周介公備三恪。

二月丁酉，契丹使皇太子解里來。

三月庚辰，如汴州。

夏四月丁亥，赦囚，蠲民租賦。趙瑩使於契丹。辛卯，宣武軍節度使楊光遠進助國錢。契丹使宫苑使李可興來。

五月壬戌，御札求直言。丁丑，追尊祖考爲皇帝，妣爲皇后：高祖璟謚曰孝安，廟號靖祖，祖妣秦氏謚曰孝安元；曾祖彬謚曰孝簡，廟號肅祖，祖妣安氏謚

曰孝簡恭；祖昱謚曰孝平，廟號睿祖，祖妣來氏謚曰孝平獻；考紹雍謚曰孝元，廟號獻祖，妣何氏謚曰孝元懿。

六月癸未，契丹使夷離畢來。天雄軍節度使范延光反。丁酉，傳箭於義成軍節度使符彦饒。丁未，楊光遠爲魏府四面行營都部署。東都巡檢張從賓反，留守判官李遐死之，奉國都指揮使侯益、護聖都指揮使杜重威討之。從賓寇河陽，殺皇子重信；寇河南，殺皇子重乂。

秋七月，從賓陷汜水關，殺巡檢使宋廷浩。壬子，右衛大將軍尹暉叛奔於吴，不克，伏誅。右監門衛大將軍婁繼英叛降於張從賓。義成軍亂，殺戍將侍衛馬步軍都指揮使白奉進。甲寅，戍將奉國指揮使馬萬執符彦饒歸於京師，命殺之於赤岡。乙卯，楊光遠爲魏府行營都招討使。辛酉，杜重威克汜水關。壬申，楊光遠克博州。丙子，安州屯防指揮使王暉殺其節度使周瓌，右衛大將軍李金全討之。

八月丙申，静難軍節度使安叔千進添都馬。乙巳，赦非死罪囚及張從賓、符彦饒、王暉餘黨。

九月，楊光遠進粟。

冬十月辛巳，禁造甲兵。

三年春二月戊戌，諸鎮皆進物以助國。

三月壬戌，回鶻可汗王仁美使翟全福來。丁丑，禁私造銅器。

秋七月辛酉，以皇業錢作受命寶。

八月戊寅，馮道及左僕射劉昫爲契丹册禮使。壬午，澶州刺史馮暉降。丙戌，許御署官選。己丑，蠲水旱民税。辛丑，歸伶官於契丹。

九月己酉，赦范延光。己未，歸静鞭官劉守威、金吾勘契官王殷、司天雞叫學生殷暉於契丹。于闐使馬繼榮來，回鶻使李萬金來。己巳，赦魏州，蠲民税。是月，宣徽南院使劉處讓爲樞密使。

冬十月戊寅，契丹使中書令韓熲來奉册曰英武明義皇帝。庚辰，升汴州爲東京，以洛陽爲西京，雍州爲晉昌軍。戊子，右金吾衛大將軍馬從斌使于契丹。己未，契丹使梅里來。戊戌，大赦。庚子，封李聖天爲大寶于闐國王。

十一月辛亥，升廣晉府爲鄴都。壬戌，除鑄錢令。

十二月丙子，封子重貴爲鄭王。

四年春正月，盜發唐愍皇帝墓。辛亥，澶州防禦使張從恩爲樞密副使。旌表深州民李自倫門閭。

三月乙巳，回鶻使其都督拽里敦來。丙辰，頒《調元歷》。靈州戍將王彦忠以懷遠城反。己未，彦忠降，供奉官齊延祚殺之。

夏四月辛巳，封回鶻可汗王仁美爲奉化可汗。甲申，廢樞密使。

秋七月丙辰，復禁鑄錢。

閏月壬申，桑維翰罷。

八月己亥朔，河決博平。西戎寇涇州，彰義軍節度使張彦澤敗之，執其首領野離羅蝦獨。

九月丁丑，契丹使粘木孤來。癸未，封李從益爲郇國公以奉唐後。丙戌，高麗王建使其廣評侍郎邢順來。

冬十一月乙亥，立唐高祖、太宗、莊宗、明宗、愍帝廟於西京。戊子，契丹使遥折來，吐蕃罷延族來附。

五年春正月丁卯朔，德音除民公私債。己丑，回鶻使石海金來。

夏四月甲子，契丹興化王來。

五月丙戌，安遠軍節度使李金全叛附于唐。

六月癸卯，李昪遣其將李承裕入于安州，金全奔于唐，安遠軍節度使馬全節及承裕戰，敗之。丁巳，克安州，承裕奔于雲夢，全節執而殺之。

秋八月丁酉，閱稼於西郊。己未，西京留守楊光遠殺太子太師范延光。

九月丁卯，翰林學士承旨、户部侍郎和凝爲中書侍郎、同中書門下平章事。辛巳，閱稼於沙臺。

冬十月丁未，契丹使舍利來。

十一月丙子，冬至，始用二舞。

六年春正月戊寅，封唐叔虞爲興安王，臺駘爲昌寧公。

二月戊申，停買宴錢。三月，除民二年至四年以前税。

夏四月己未，契丹使述括來。五月，吐渾首領白承福來。

秋七月壬午，突厥使薛同海來。

八月壬辰，如鄴都，開封尹鄭王重貴留守東京，宣徽南院使張從恩東京内外兵馬都監。壬寅，大赦。甲寅，光禄卿張澄使于契丹。

九月乙亥，前安國軍節度使楊彦詢使于契丹。丁丑，吐渾使白可久來。河決中都，入于沓河。

冬十月，河決滑、濮、鄆、澶州。山南東道節度使安從進反。

十一月丁丑，西京留守高行周爲南面軍前都部署以討之。十二月丙戌朔，鄭王重貴爲廣晉尹，徙封齊王。先鋒都指揮使郭金海及安從進戰于唐州，敗之。成德軍節度使安重榮反。天平節度使杜重威爲鎮州行營招討使。丙申，契丹遣使者來。戊戌，杜重威及安重榮戰于宗城，敗之。

七年春正月丁巳，克鎮州，安重榮伏誅，赦廣晉。庚午，契丹使達剌來。三月，歸德軍節度使安彦威塞決河于滑州。

閏月，天興蝗食麥。

夏五月乙巳，尊皇太妃劉氏爲太后。

六月丙辰，吐渾使念醜漢來。乙丑，皇帝崩于保昌殿。

雜録

備録

《太平廣記》卷一三六《晉高祖》引《玉堂閒話》　清泰中，晉高祖潛龍于並部也，常一日從容謂賓佐云：「近因晝寢，忽夢若頃年在洛京時，與天子連鑣于路，過舊第，天子請某入其第，某遜讓者數四，不得已，即促轡而入。至廳事下馬，升自阼階，西向而坐，天子已馳車去矣。其夢如此。」羣僚莫敢有所答。是年冬，果有鼎革之事。

《資治通鑑》卷二八三後晉高祖天福七年五月條考異引《漢高祖實録》　晉高祖大漸，召近臣屬之曰：「此天下，明宗之天下，寡人竊而處之久矣。寡人既謝，當歸許王，寡人之願也。」

陶宗儀《説郛》卷一八引《暄雜録》　石晉諱敬，淬鏡者用鐵牌。

備論

《舊五代史》卷七五《高祖紀一》　史臣曰：晉祖潛躍之前，沈毅而已。及其爲君也，旰食宵衣，禮賢從諫，慕黄、老之教，樂清浄之風，以絁爲衣，以麻爲履，故能保其社稷，高朗令終。然而圖事之初，召戎爲援，獫狁自兹而孔熾，黔黎由是以罹殃。迨至嗣君，兵連禍結，卒使都城失守，舉族爲俘。亦猶決鯨海以救焚，何逃没溺；飲鴆漿而止渴，終取喪亡。謀之不臧，何至於是！儻使非由外援之力，自副皇天之命，以兹睿德，惠彼蒸民，雖未足以方駕前王，亦可謂仁慈恭儉之主也。

王夫之《讀通鑑論》卷二九《五代中》　《節》之初九曰：「不出户庭，無咎。」而夫子贊之曰：「幾事不密則害成。」乃所謂密者，難言之矣。緘之於心，杜之於口，籌慮既審，擇老成能斷之士而決之，一言而定矣。不審於此，囁囁嚅嚅，兩三促膝，屏人竊語，夜以繼日，而但不令人知其所言者何事，則戈矛叢於牆陰，猜防徧於宇内，何成之有哉？速敗而已矣。

宋文帝以君臣私語徹旦不休，而逆子推刃；李從珂屏侍臣於便殿，與馮贇、盧文紀等密談，而敬瑭速反；皆自謂密而以召禍者也。夫子固曰：「亂之所繇生，則言語以爲階。」竊竊然密談盡日而不已者，非言語乎？使其言之於大廷而衆聞之也，其機亦止此而已。終日言而人不知其何所云也，然後雖一欬一笑，人皆見爲深機。是以兩人閉户下帷，婦姑附耳之智，敵羣策羣力之交加，其不相敵，久矣。今日言之，他日更言之，所圖度者未見之施行，則姦雄抑窺其言愈多而心愈惑，無能爲也，必矣。故密者，緘之於心，杜之於口，審慮而決以一言，必不以竊竊之談相縈聒者也。

石敬瑭之必反也，可撫而服之，一言而畢耳；可討而定之，一言而畢耳。以廓達無猜撫敬瑭，而敬瑭無辭以起釁；以秉順攻逆討敬瑭，而敬瑭亦無挾以争。若疑若信，若勇若怯，計其所密謀者，皆迂疏纖曲，以茅縛虎、以油試火之術耳，而後從珂之死亡終不可救。宋昌拒周勃之請閒，而中外帖然，斯則善於用密者與！

謀國而貽天下之大患，斯爲天下之罪人，而有差等焉。禍在一時之天下，則一時之罪人，盧杞是也；禍及一代，則一代之罪人，李林甫是也；禍及萬世，則萬世之罪人，自生民以來，唯桑維翰當之。劉知遠決策以勸石敬瑭之反，倚河山之險，恃士馬之彊，而知李從珂之淺輭無難摧拉，其計定矣；而維翰急請屈節以事契丹，敬瑭智劣膽虚，遽從其策，稱臣割地，授予奪之權於夷狄，知遠争之而不勝。於是而生民之肝腦，五帝三王之衣冠禮樂，驅以入於狂流。契丹弱而女直乘之，女直弱而蒙古乘之，貽禍無窮，人胥爲夷，非敬瑭之始念也，維翰尸之也。

夫維翰起家文墨，爲敬瑭書記，固唐教養之士人也，何讎於李氏，而必欲滅之？何德於敬瑭，而必欲戴之爲天子？敬瑭而死於從珂之手，維翰自有餘地以居。敬瑭之篡已成，己抑不能爲知遠而相因以起。其爲喜禍之姦人，姑不足責；即使必欲石氏之成乎？抑可委之劉知遠輩而徐收必得之功。乃力拒羣言，決意以戴犬(族)[羊]爲君父也，吾不知其何心！終始重貴之廷，唯以曲媚契丹爲一定不遷之策，使重貴糜天下以奉契丹，民財竭，民心解，帝羈厓山之禍，習爲固然，毁夷夏之大防，爲萬世患，不僅重貴縲繫客死穹廬而已也。論者乃以亡國之罪歸景延廣，不亦誣乎？

延廣之不勝，特不幸耳；即其智小謀彊，可用爲咎，亦僅傾臬捩雞徼幸之宗社，非有損於堯封禹甸之中原也。義問已昭，雖敗猶榮，石氏之存亡，惡足論哉？正名義於中夏者，延廣也；事雖逆而名正者，安重榮也；存中國以授於宋者，劉知遠也；於當日之儔輩而有取焉，則此三人可録也。自有生民以來，覆載不容之罪，維翰當之。胡文定傳春秋，而亟稱其功，殆爲秦檜之嚆矢與！

王夫之《讀通鑑論》卷三〇《五代下》 石敬瑭起而爲天子，於是人皆可爲，而人思爲之。石敬瑭受契丹之册命爲天子，於是人皆以天子爲唯契丹之命，而求立於契丹，趙延壽、楊光遠、杜重威，皆敬瑭之教也。欲爲天子，而思反敬瑭之爲，拒契丹以滅石氏者，安重榮耳，雖兵敗身死，蒙叛臣之號，而以視延壽輩之腥汙，猶有生人之氣矣。

劉知遠持重以待變，尤非可與敬瑭輩等倫者也。今且責知遠之擁兵晉陽，不以一矢救重貴之危，而知遠無辭。雖然，豈盡然哉？李守貞、杜重威、張彦澤兵力之彊，與不相上下，而交懷忮害之心；桑維翰居中持柄，怙契丹以制藩帥；石重貴輕躁以畜厚疑，前却無恒，力趨於敗；天之所壞，不可支也，徒以身殉，俱碎而已。

兵聚而散之，平天下者之難也。漢光武撫千餘萬之降賊，使各安於井牧，遐哉！自武王戢干櫜矢之後，未有能然者矣。無仁慈之吏以撫之，無寛緩之政以綏之，無文教之興以移之；則夫習於憍悍，狃於坐食者，使之耕耘，不耐櫌鉏之勞，使之工賈，不屑錙銖之獲；朶頤肥甘、流連飲博之性，夢寐寄於行間；小有騷動，觸其雄心，即如螽蝗之蔽日，無有能禦之者矣。

河北自天寶以來，民怙亂而不安於田廬久矣。魏博之牙兵已殲，不能懲也。石晉置天威軍而不可用，遂罷之。乃雖不可用，而躍冶之情，仍其土習，則一動而復興。罷之，亦問其何所消歸邪？而抑不爲之處置。無賴子弟，業已衿帼自雄於鄉里，無有餘地可置此身，能合而不能離，爲盜而已矣。梁暉起於相，王瓊起於澶，其起也，契丹掠殺之虐激之；即無契丹之掠殺，亦安保其爲井牧之馴民乎？敬瑭父子之爲君，虚中國以媚虜，縱驕帥以稱兵，而草澤之姦，能朝耕而暮織乎？

民不富，不足以容游惰之民；國無教，不足以化獷戾之俗。自非光武，則姑聽其著伍以待其氣之漸馴，而後使自厭戎行以思返，乃可得而徐爲之所。劉知遠安集民之保山谷者，定其志氣以漸思本計，自是以後，盜乃漸息；集之也，故賢於散之也。

周主南伐江南，勞師三載，躬親三駕，履行陣，冒矢石，數十戰以極兵力，必得江北而後止。江北既獻，無難席捲以渡江，而修好休兵，饋鹽還俘，置之若忘。嗚呼！此其所以明於定紛亂之天下而得用兵之略也。蓋周主之志，不在江南而在契丹也。

當時中原之所急者，莫有大於契丹也。石敬瑭割地以使爲主於塞内，南向而俯臨中夏，有建瓴之勢焉。叛臣降將，導以竊中國之政令，而民且奉之爲主。德光死，兀欲、述律交相戕賊，至是而其勢亦衰矣，是可乘之機也。然其控弦馳馬，獷悍之力，猶未易折箠以驅之出塞。且自朱温以來，所號爲中國主者，僅横亘一綫於雍、豫、兗、青之中，地狹力微，不足以逞志。而立國之形，犬牙互入，未能截然有其四封，以保其内而應乎外。則不收淮南、江北之地，中國不成其中國。守不固，兵不彊，食不裕，强起而問燕雲之故壤，石重貴之覆軌，念之而寒心矣。

然而契丹不北走，十六州不南歸，天下終不可得而寧。而欲勤外略，必靖内訌。乃孟氏之在蜀，劉氏之在粤，淫虐已甚，下之也易，而要不足以厚吾力、張吾威也。唯江南之立國也固矣，楊、徐、李閲三姓，而保境息民之謀不改。李璟雖庸，人心尚固，求以勝之也較難。唯其難也，是以勝其兵而足以取威，得其衆而足以效用，有其土而足以阜財，受其降而足以息亂。且使兵習於戰，以屢勝而張其勢；將試於敵，以功罪而擇其才。割地畫江，無南顧之憂，粤人且遥爲效順。於是踰年而自將以伐契丹，其志乃大白於天下。而中國之威，因以大振，其有疾而竟不克者天也，其略則實足以一天下而紹漢、唐者也。王朴先蜀、粤而後幽、燕之策非也，屢試而驕以疲矣。威方張而未竭，周主亟用之，天假之年，中原其底定乎！

劉知遠之自立也，在契丹橫行之日，中土無君而爲之主，以拒悍夷，於華夏不爲無功。劉崇父子量力自守，苟延血食，志既可矜；郭氏既奪其國，而又欲殄滅其宗祀，則天理之絶已盡；撫心自問，不可以遽加之兵，固矣。雖在宋世，猶有可憫者存也。契丹乘石敬瑭之逆，闌入塞内，據十六州以滅裂我冠裳，天下之大防，義之所不容聚者，莫此爲甚，驅之以復吾禹甸，乃可以爲天下君。以理言之，急幽、燕而緩河東，必矣。

即以勢言，契丹之據幽、燕也未久，其主固居朔漠，以廬帳爲便安，視幽、燕爲贅土，未嘗厚食其利而歆之也。而唐之遺民猶有存者，思華風，厭羶俗，如吴巒、王權之不忍陷身汙蔑者，固吞聲翹首以望王師，則取之也易。遲之又久，而契丹已戀爲膏腴，據爲世守，故老已亡，人習於夷，且不知身爲誰氏之餘民，畫地以爲契丹效死，是急攻則易而緩圖則難也。幽、燕舉，則河東失左臂之援，入飛狐，天井而夾攻之，師無俟於再舉，又勢之所必然者。王朴之謀，理勢均得，平一天下之大略，斯其允矣。

宋祖有志焉，而不能追惟王朴之偉論，遂絀曹翰之成謀，以力敝於河東，置幽、燕於膜外，則趙普之邪説蠱之也。普，薊人也，有鄉人爲之居間，以受契丹之餌，而偷爲其姻亞鄉鄰免兵戈之警，席犬豕以鼾睡，姦謀進而貽禍無窮。惜哉！其不遇周主，使不得試樊愛能之歐刀也。

景延廣抗不稱臣，挑契丹之怒，而石晉以亡，古今歸罪焉，流俗之論無當於是非，若此類者衆矣。

石氏之亡不亡，奚足爲有無哉？即以石氏論，稱臣稱男，責賂無厭，醜詬相仍，名爲天子，賤同僕隸，雖得不亡也奚益？重斂中國之所有，以邀一日之歡，軍儲不給而軍怨於伍，流離載道而民怨於郊，將吏灰心，莫爲捍衛，更延之數年，不南走吴、楚以息肩，則北走契丹以幸利，一夫揭竿而四方瓦解，石氏又惡保其不亡乎？石氏之亡，桑維翰實亡之，而柰何使延廣代任其咎也！

稱臣、割地、輸幣之議，維翰主之，敬瑭從之；二人以往，唯依阿苟容之馮道、安彦威而已。劉知遠已異議於早，吴巒、王權或死或貶而不甘爲之屈，安重榮則不難刺敬瑭之首、封心瀝血以謝萬世者也。延廣與知遠對掌馬步，爲親軍之帥，知遠懷異心以幸其敗而不力争，延廣扶孱主以恥其亡而獨奮起，延廣之忠憤，雖敗猶榮，而可重咎之以折中國生人之氣邪？

夫契丹豈真不可敵而以鴻毛試爐火哉？敬瑭所倚以滅李氏者，徒晉陽解圍一戰耳。又張敬達已老之師也。遇險而懼，不敢渡河而返。從珂自潰，非胡騎之果能馳突也。楊光遠誘之，趙延壽導之，而中國水旱非常，上下疲於歲帑，乃敢舉兵南嚮。然且偉王敗而太原之兵遁；石重貴自將以救戚城，而溺殺過半，慟哭而逃；高行周拒之於澶洲，而一戰不勝，收軍北去；安審琦救皇甫，遇慕容彦超於榆林店而自驚以潰；陽城之戰，符彦卿一呼以起，傾國之衆，潰如山崩，棄其奚車，乘駝亟走。當是時也，中國之勢亦張矣；述律有蹉跌何及之懼，氣亦熸矣。而延廣罷去，留守西京，悲憤無聊，唯自縱酒；桑維翰固争於重貴，復奉表稱臣以示弱，然後孫方簡一叛，大舉入寇，而重貴爲俘。繇此觀之，契丹何遽不可拒？延廣何咎？而維翰之貽害於中國，促亡於石氏，其可以一時苟且之人情，頌其須臾之安，而貰其滔天之罪哉？

藝文

王十朋《梅溪集》卷一〇《晉高祖》 玉帛和蕃辱已深，那堪割地侈戎心。關南一陷腥膻後，遺患寥寥直至今。

吴仰賢《小匏庵詩存》卷一《石敬瑭》 石郎爾何爲，不作唐家壻，願作可汗兒。可汗勅兒作皇帝，兒前上壽割幽薊。明年翁怒索戰來，新婦持孫哭蕭寺。吁嗟乎，江山如此付兒戲，作兒何如作壻易，作壻還爾節度使。

吴仰賢《小匏庵詩存》卷二《南詔德化碑》 鳳儀山前戰鼓死，八萬唐兵葬洱水。明皇黷武恣開邊，狂寇滔天起安史。倉卒青騾蜀道行，那暇羈縻到邊鄙。從此西南半壁天，奉表長臣吐蕃矣。是時南詔稱最强，吞滅五詔同虎狼。穹碑屹立國門内，絶奏詛楚詞鋪張，初言事唐蒙累錫，繼言叛唐非衷腸。指碑祓罪誓他曰，域外自大羞夜郎。嗚呼，幽薊十六州，割地追恨石敬瑭。三百年來委强敵，日月不照蠻觸場。羅鳳梟雄實猾夏，立意猶如慕冠裳。聖朝疆宇邁禹甸，身毒諸夷聲教徧。昆池習戰威四賓，豈但全滇奉郡縣。即今醜扇搆莱榆，尚有義民赴團練。會見炎曦散飛霰，捷書夜奏南薰殿。

馮道部

綜述

《舊五代史》卷一二六《馮道傳》　馮道，字可道，瀛州景城人。其先爲農爲儒，不恒其業。道少純厚，好學能文，不恥惡衣食，負米奉親之外，唯以披誦吟諷爲事，雖大雪擁户，凝塵滿席，湛如也。天祐中，劉守光署爲幽州掾。守光引兵伐中山，訪於僚屬，道常以利害箴之，守光怒，置於獄中，尋爲人所救免。守光敗，遁歸太原，監軍使張承業辟爲本院巡官。承業重其文章履行，甚見待遇。時有周玄豹者，善人倫鑒，與道不洽，謂承業曰：「馮生無前程，公不可過用。」時河東記室盧質聞之曰：「我曾見杜黄裳司空寫真圖，道之狀貌酷類焉，將來必副大用，玄豹之言不足信也。」承業尋薦爲霸府從事，俄署太原掌書記，時莊宗併有河北，文翰甚繁，一以委之。

莊宗與梁軍夾河對壘，一日，郭崇韜以諸校伴食數多，主者不辦，請少罷減。莊宗怒曰：「孤爲効命者設食，都不自由，其河北三鎮，令三軍别擇一人爲帥，孤請歸太原以避賢路。」遽命道對面草詞，將示其衆。道執筆久之，莊宗正色促焉，道徐起對曰：「道所掌筆硯，敢不供職。今大王屢集大功，方平南寇，崇韜所諫，未至過當，阻拒之則可，不可以向來之言，諠動羣議，敵人若知，謂大王君臣之不和矣。幸熟而思之，則天下幸甚也。」俄而崇韜入謝，因道之解焉，人始重其膽量。莊宗即位鄴宫，除省郎，充翰林學士，自绿衣賜紫。梁平，遷中書舍人、户部侍郎。丁父憂，持服于景城。遇歲儉，所得俸餘，悉賑于鄉里，道之所居，唯蓬茨而已，凡牧宰饋遺，斗粟匹帛，無所受焉。時契丹方盛，素聞道名，欲掠而取之，會邊人有備，獲免。

明宗入洛，遽謂近臣安重誨曰：「先帝時馮道郎中何在？」重誨曰：「近除翰林學士。」明宗曰：「此人朕素諳悉，是好宰相。」俄拜端明殿學士，端明之號，自道始也。未幾，遷中書侍郎、刑部尚書平章事。凡孤寒士子，抱才業、素知識者，皆與引用，唐末衣冠，履行浮躁者，必抑而置之。有工部侍郎任贊，因班退，與同列戲道於後曰：「若急行，必遺下《兔園册》。」道知之，召贊謂曰：「《兔園册》皆名儒所集，道能諷之。中朝士子止看文場秀句，便爲舉業，皆竊取公卿，何淺狹之甚耶！」贊大愧焉。復有梁朝宰臣李琪，每以文章自擅，曾進《賀平中山王都表》，云「復真定之逆城」。道讓琪曰：「昨來收復定州，非真定也。」琪昧於地理，頓至折角。其後百僚上明宗徽號凡三章，道自爲之，其文渾然，非流俗之體，舉朝服焉。道尤長於篇詠，秉筆則成，典麗之外，義含古道，必爲遠近傳寫，故漸畏其高深，由是班行肅然，無澆醨之態。繼改門下侍郎、户部吏部尚書、集賢殿弘文館大學士，加尚書左僕射，封始平郡公。一日，道因上謁既退，明宗顧謂侍臣曰：「馮道性純儉，頃在德勝寨居一茅庵，與從人同器食，卧則芻藁一束，其心晏如也。及以父憂退歸鄉里，自耕樵採，與農夫雜處，略不以素貴介懷，真士大夫也。」

天成、長興中，天下屢稔，朝廷無事。明宗每御延英，留道訪以外事，道曰：「陛下以至德承天，天以有年表瑞，更在日慎一日，以答天心。臣每記在先皇霸府日，曾奉使中山，經井陘之險，憂馬有蹶失，不敢怠于銜轡。及至平地，則無復持控，果爲馬所顛仆，幾至于損。臣所陳雖小，可以喻大。陛下勿以清晏豐熟，便縱逸樂，兢兢業業，臣之望也。」明宗深然之。佗日又問道曰：「天下雖熟，百姓得濟否？」道曰：「穀貴餓農，穀賤傷農，此常理也。臣憶得近代有舉子聶夷中《傷田家詩》云：『二月賣新絲，五月糶秋穀，醫得眼下瘡，剜却心頭肉。我願君王心，化作光明燭，不照綺羅筵，偏照逃亡屋。』」明宗曰：「此詩甚好。」遽命侍臣録下，每自諷之。道之發言簡正，善於裨益，非常人所能及也。時以諸經舛繆，與同列李愚委學官田敏等，取西京鄭覃所刊石經，雕爲印板，流布天下，後進賴之。明宗崩，唐末帝嗣位，以道爲山陵使，禮畢，出鎮同州，循故事也。道爲政閑澹，獄市無撓。一日，有上介胡饒，本出軍吏，性麤獷，因事詬道于牙門，左右數報不應。道曰：「此必醉耳！」因召入，開尊設食，盡夕而起，無撓愠之色。未幾，入爲司空。

及晉祖入洛，以道爲首相。二年，契丹遣使加徽號於晉祖，晉祖亦獻徽號于契丹，謂道曰：「此行非卿不可。」道無難色。晉祖又曰：「卿官崇德重，不可深入沙漠。」道曰：「陛下受北朝恩，臣受陛下恩，何有不可！」及行，將達西樓，契丹主欲郊迎，其臣曰：「天子無迎宰相之禮。」因止焉，其名動殊俗也如此。及還，朝廷廢樞密使，依唐朝故事，並歸中書，其院印付道，事無巨細，悉以歸之。

尋加司徒、兼侍中，進封魯國公。晉祖曾以用兵事問道，道曰：「陛下歷試諸艱，創成大業，神武睿略，爲天下所知，討伐不庭，須從獨斷。臣本自書生，爲陛下在中書，守歷代成規，不敢有一毫之失也。臣在明宗朝，曾以戎事問臣，臣亦以斯言答之。」晉祖頗可其說。道嘗上表求退，晉祖不之覽，先遣鄭王就省，謂曰：「卿來日不出，朕當親行請卿。」道不得已出焉。當時寵遇，無與爲比。

晉少帝即位，加守太尉，進封燕國公。道嘗問朝中熟客曰：「道之在政事堂，人有何說？」客曰：「是非相半。」道曰：「凡人同者爲是，不同爲非，而非道者，十恐有九。昔仲尼聖人也，猶爲叔孫武叔所毁，況道之虚薄者乎！」然道之所持，始終不易。後有人間道於少帝曰：「道好平時宰相，無以濟其艱難，如禪僧不可呼鷹耳！」由是出道爲同州節度使。歲餘，移鎮南陽，加中書令。

契丹入汴，道自襄、鄧召入，戎王因從容問曰：「天下百姓，如何可救？」道曰：「此時百姓，佛再出救不得，唯皇帝救得。」其後衣冠不至傷夷，皆道與趙延壽陰護之所至也。是歲三月，隨契丹北行，與晉室公卿俱抵常山。俄而戎王卒，永康王代統其衆。及北去，留其族解里以據常山。時漢軍憤激，因共逐出解里，尋復其城。道率同列，四出按撫，因事從宜，各安其所。人或推其功，道曰：「儒臣何能爲，皆諸將之力也。」道以德重，人所取則，乃爲衆擇諸將之勤宿者，以騎校白再榮權爲其帥，軍民由是帖然，道首有力焉。道在常山，見有中國士女爲契丹所俘者，出橐裝以贖之，皆寄於高尼精舍，後相次訪其家以歸之。又，契丹先留道與李崧、和凝及文武官等在常山，是歲閏七月二十九日，契丹有僞詔追崧，令選朝士十人赴木葉山行事。契丹麻荅召道等至帳所，欲諭之，崧偶先至，知其旨，懼形於色。麻荅將以明日與朝士齊遣之，崧乃不俟道，與凝先出，既而相遇於帳門之外，因與分手俱歸。俄而李筠等縱火與契丹交鬬，鼓噪相及。是日若齊至，與麻荅相見，稍或躊躇，則悉爲俘矣。時論者以道布衣有至行，立公朝有重望，其陰報昭感，多此類也。

及自常山入覲，漢祖嘉之，拜守太師。乾祐中，道奉朝請外，平居自適。一日，著《長樂老自叙》云：【略】

及太祖平内難，議立徐州節度使劉贇爲漢嗣，遣道與祕書監趙上交、樞密直學士王度等往迎之。道尋與贇自徐赴汴，行至宋州，會澶州軍變。樞密使王峻遣郭崇領兵至，屯于衙門外，時道與上交等宿于衙内。是日，贇率左右甲士闔門登樓，詰崇所自，崇言太祖已副推戴。左右知其事變，以爲道所賣，皆欲殺道等以自快。趙上交與王度聞之，皆惶怖不知所爲，唯道偃仰自適，略無懼色，尋亦獲免焉。道微時嘗賦詩云：「終聞海嶽歸明主，未省乾坤陷吉人。」至是其言驗矣。廣順初，復拜太師、中書令，太祖甚重之，每進對不以名呼。及太祖崩，世宗以道爲山陵使。會河東劉崇入寇，世宗召大臣議欲親征，道諫止之，世宗因言：「唐初，天下草寇蜂起，並是太宗親平之。」道奏曰：「陛下得如太宗否？」世宗怒曰：「馮道何相少也。」乃罷。及世宗親征，不令扈從，留道奉太祖山陵。時道已抱疾。及山陵禮畢，奉神主歸舊宫，未及祔廟，一夕薨於其第，時顯德元年四月十七日也，享年七十有三。世宗聞之，輟視朝三日，册贈尚書令，追封瀛王，謚曰文懿。

道歷任四朝，三入中書，在相位二十餘年，以持重鎮俗爲己任，未嘗以片簡擾於諸侯。平生甚廉儉，逮至末年，閨庭之内，稍徇奢靡。其子吉，尤恣狂蕩，道不能制，識者以其不終令譽，咸歎惜之。

《新五代史》卷五四《馮道傳》 馮道字可道，瀛州景城人也。事劉守光爲參軍，守光敗，去事宦者張承業。承業監河東軍，以爲巡官，以其文學薦之晉王，爲河東節度掌書記。莊宗即位，拜户部侍郎，充翰林學士。

道爲人能自刻苦爲儉約。當晉與梁夾河而軍，道居軍中，爲一茅庵，不設牀席，臥一束芻而已。所得俸禄，與僕厮同器飲食，意恬如也。諸將有掠得人之美女者以遺道，道不能却，寘之别室，訪其主而還之。其解學士居父喪於景城，遇歲飢，悉出所有以賙鄉里，而退耕于野，躬自負薪。有荒其田不耕者，與力不能耕者，道夜往，潛爲之耕。其人後來媿謝，道殊不以爲德。服除，復召爲翰林學士。行至汴州，遇趙在禮亂，明宗自魏擁兵還，犯京師。孔循勸道少留以待，道曰：「吾奉詔赴闕，豈可自留！」乃疾趨至京師。

莊宗遇弒，明宗即位，雅知道所爲，問安重誨曰：「先帝時馮道何在？」重誨曰：「爲學士也。」明宗曰：「吾素知之，此真吾宰相也。」拜道端明殿學士，遷兵部侍郎。歲餘，拜中書侍郎、同中書門下平章事。

天成、長興之間，歲屢豐熟，中國無事。道嘗戒明宗曰：「臣爲河東掌書記時，奉使中山，過井陘之險，懼馬蹶失，不敢怠於銜轡，及至平地，謂無足慮，遽跌而傷。凡蹈危者慮深而獲全，居安者患生於所忽，此人情之常也。」明宗問曰：「天下雖豐，百姓濟否？」道曰：「穀貴餓農，穀賤傷農。」因誦文士聶夷中《田家詩》，其言近而易曉。明宗顧左右録其詩，常以自誦。水運軍將於臨河縣得一玉

杯，有文曰「傳國寶萬歲杯」，明宗甚愛之，以示道，道曰：「此前世有形之寶爾，王者固有無形之寶也。」明宗問之，道曰：「仁義者，帝王之寶也。故曰：『大寶曰位，何以守位曰仁。』」明宗武君，不曉其言，道已去，召侍臣講説其義，嘉納之。

道相明宗十餘年，明宗崩，相愍帝。潞王反於鳳翔，愍帝出奔衛州，道率百官迎潞王入，是爲廢帝，遂相之。廢帝即位，愍帝猶在衛州，後三日，愍帝始遇弑崩。已而廢帝出道爲同州節度使，踰年，拜司空。晉滅唐，道又事晉，晉高祖拜道守司空、同中書門下平章事，加司徒，兼侍中，封魯國公。高祖崩，道相出帝，加太尉，封燕國公，罷爲匡國軍節度使，徙鎮威勝。契丹滅晉，道又事契丹，朝耶律德光於京師。德光責道事晉無狀，道不能對。又問曰：「何以來朝？」對曰：「無城無兵，安敢不來。」德光誚之曰：「爾是何等老子？」對曰：「無才無德癡頑老子。」德光喜，以道爲太傅。德光北歸，從至常山。漢高祖立，乃歸漢，以太師奉朝請。周滅漢，道又事周，周太祖拜道太師，兼中書令。

道少能矯行以取稱於世，及爲大臣，尤務持重以鎮物，事四姓十君，益以舊德自處。然當世之士無賢愚皆仰道爲元老，而喜爲之稱譽。

耶律德光嘗問道曰：「天下百姓如何救得？」道爲俳語以對曰：「此時佛出救不得，惟皇帝救得。」人皆以謂契丹不夷滅中國之人者，賴道一言之善也。周兵反，犯京師，隱帝已崩，太祖謂漢大臣必行推戴，及見道，道殊無意。太祖素拜道，因不得已拜之，道受之如平時，太祖意少沮，知漢未可代，遂陽立湘陰公贇爲漢嗣，遣道迎贇于徐州。贇未至，太祖將兵北至澶州，擁兵而反，遂代漢。議者謂道能沮太祖之謀而緩之，終不以晉、漢之亡責道也。然道視喪君亡國亦未嘗以屑意。

當是時，天下大亂，戎夷交侵，生民之命，急於倒懸，道方自號「長樂老」，著書數百言，陳己更事四姓及契丹所得階勳官爵以爲榮。自謂：「孝於家，忠於國，爲子、爲弟、爲人臣、爲師長、爲夫、爲父，有子、有孫。時開一卷，時飲一杯，食味、别聲、被色，老安於當代，老而自樂，何樂如之？」蓋其自述如此。

道前事九君，未嘗諫諍。世宗初即位，劉旻攻上黨，世宗曰：「劉旻少我，謂我新立而國有大喪，必不能出兵以戰。且善用兵者出其不意，吾當自將擊之。」道乃切諫，以爲不可。世宗曰：「吾見唐太宗平定天下，敵無大小皆親征。」道曰：「陛下未可比唐太宗。」世宗曰：「劉旻烏合之衆，若遇我師，如山壓卵。」道曰：「陛下作得山定否？」世宗怒，起去，卒自將擊旻，果敗旻於高平。世宗取淮南，定三關，威武之振自高平始。其擊旻也，鄙道不以從行，以爲太祖山陵使。葬畢而道卒，年七十三，謚曰文懿，追封瀛王。

道既卒，時人皆共稱歎，以謂與孔子同壽，其喜爲之稱譽蓋如此。道有子吉。

雜録

備録

孫光憲《北夢瑣言》卷一九《詼諧所累》 宰相馮道形神庸陋，一旦爲丞相，士人多竊笑之。劉岳與任贊偶語，見道行而復顧，贊曰：「新相回顧何也？」岳曰：「定是忘持《兔園册》來。」道之鄉人在朝者，聞之造道，道因授岳祕書監，任贊授散騎常侍。北中村墅多以《兔園册》教童蒙，以是譏之。然《兔園册》乃徐庾文體，非鄙朴之談，但家藏一本，人多賤之也。

孫光憲《北夢瑣言》卷二〇《明宗獎馮道》 明宗謂侍臣曰：「馮道純儉。頃在德勝寨，所居一茅庵，與從人同器而食，卧則芻藁一束，其心晏如。及以父憂退歸鄉里，自耕耘樵采，與農夫雜處，不以素貴介懷。真士大夫也。」

孫光憲《北夢瑣言》卷二〇《見李思戒》 馮道對：「太子食有邪蒿，師傅以其名邪，令去之。況人事乎？」上退，問羣臣「邪蒿」之義，范延光對：「無名之役，不急之務，且宜罷之。」自安重誨伏誅，而宦者孟漢瓊連宫掖之勢，居中用事，人皆憚之。因宰臣奏對，延光等深言邪蒿、春冰、虎尾之戒，欲驚悟上意也。上聖體乖和，馮道對：「寢膳之間，動思調衛。」因指御前果實曰：「如食桃不康，翌日見李而思戒可也。」初，上因御李，暴得風虚之疾，馮道不敢斥言，因奏事諷悟上意。

張齊賢《洛陽縉紳舊聞紀》卷五《張大監正直》 贈大監張公諱燦。【略】至漢祖既即位之初，爲上黨戎判。漢祖在北京時，大聚甲兵，禁牛皮不得私貨易及民間盜用之。如有牛死，即時官納其皮。其有犯者甚衆。及即大位，三司舉行請禁天下牛皮，其立法與河東時同，天下苦之。會上黨民犯牛皮者二十餘人，獄

成，罪俱當死，大監時爲判官，獨執曰：「主上欽明，三司不合如此起請，二十來人死尚問，況天下犯者皆銜冤而死乎！且主上在河東大聚甲兵，須藉牛皮，嚴禁之可也。今爲天下，君何少牛皮，立法至于此乎！」遂封奏之。時三司使方用事，執政之地除馮瀛王外，皆惡之，曰：「豈有州郡使敢非朝廷詔勅！」力言于漢祖，漢祖亦怒，曰：「昭義一判官是何人，爲作敢如是！」其犯牛皮者，依勅俱死。大監以其非毀詔勅，亦死。勅未下，獨瀛王非時請見。漢祖出，瀛王曰：「陛下在河東時，斷牛皮可也。今既有天下，牛皮不合禁。陛下赤子枉殺之，亦足爲陛下惜。昭義判官以卑位食陛下禄，居陛下官，不惜軀命，敢執而奏之，可賞不可殺。臣當輔弼之任，使此勅枉害天下人性命，臣不能早奏，使陛下正之，臣罪當誅。」稽首再拜。又曰：「張燦不合加罪，望寬勅赦之。」漢祖久之曰：「已行之矣。」馮瀛王曰：「勅未下。」漢祖遽曰：「與赦之。」馮曰：「欲勒停可乎？」上曰：「可。」由是改其勅，記其略曰：「三司邦計，國法攸依。張燦體事未明，執理乖當，宜停見職。犯皮者貸命放之。」大監聽命拜訖，聞勅云「執理乖當」，尚曰：「中書自不能執，若一一教外道判官執，則焉用彼相乎！」未久，朝廷知之，且愛其直敢言事，欲用之爲諫官。無何，授監察御史，初授監察命詞云：「前件官澄之不清，撓之不濁。」捧勅牒官告遍詣時宰，謂之呈官告，馮瀛王于官告上改一字，云「澄之必清」，用堂印印之。聚廳屈見之，馮曰：「此官已有清白，豈合言『澄之不清』乎！」由是清白之名遍于朝野。後轉殿中侍御史持留憲于西京。

王禹偁《五代史闕文》 周太祖在漢隱帝朝爲樞密使，將兵伐河中李守貞，時馮道守太師不與朝政，以疾請告。周祖謁道于私第，問伐蒲策，道辭以不在其位，不敢議國事。周祖固問之，道不得已，謂周祖曰：「祖公頗知博乎？」時周祖始兼平章事。周祖微時好蒲博，屢以此抵罪，疑道譏已，勃然變色。道曰：「是行亦猶博也。夫博，財多者氣豪而勝，財寡者心怯而輸。守貞在晉，累典禁兵，自爲軍情附己，遂謀反耳。今相公誠能不惜官錢，廣施恩愛，明其賞罰，使軍心許國，則守貞不足慮也。」周祖曰：「恭聞命矣。」故伐蒲之役，周祖以便宜從事，卒成大功，然亦軍旅歸心，終移漢祚。又周祖自鄴起兵赴闕，漢隱帝兵敗，遇害于劉子陂。周祖入京師，百官謁〔之〕。周祖見道，猶設拜，意道便行推戴。道受拜如平時，徐曰：「侍中此行不易。」時周祖兼侍中。周祖氣沮，故禪代之謀稍緩。及請道詣徐州册湘陰公爲漢嗣，道曰：「侍中由衷乎？」周祖設誓，道曰：「莫教老夫爲繆語〔人〕。」及行，謂人曰：「平生不繆語，今爲繆語人。」

陶岳《五代史補》卷三《馮道修夫子廟》 馮道之鎮同州也，有酒務吏乞以家財修夫子廟，道以狀付判官參詳其事。判官素滑稽，因以一絶書之，判後云：「荆棘森森遶杏壇，儒官高貴盡偷安。若教酒務修夫子，覺我慚惶也大難。」道覽之有愧色，因出俸重創之。

陶岳《五代史補》卷五《郭忠恕責馮道》 郭忠恕七歲童子及第，富有文學，尤工篆隸。嘗有人於龍山得鳥跡篆，忠恕一見輒誦如宿習。乾祐中，湘陰公鎮徐州，辟爲推官。周祖之入京師也，少主崩於北崗，周主命宰相馮道迎湘陰公，將立之。至宋州，高祖已爲三軍推戴，忠恕知事變，乃正色責道曰：「令公累朝大臣，誠信著于天下，四方談士，無賢不肖，皆以爲長者。今一旦返作脱空漢，前功業並棄，令公之心安乎？」道無言對。忠恕因勸湘陰公殺道以奔河東，公猶豫未决，遂及於禍。忠恕竄迹久之。

陶岳《五代史補》卷五《舉子與馮道同名》 馮瀛王道之在中書也，有舉子李導投贄所業。馮相見之，戲謂曰：「老夫名道，其來久矣，加以累居相府，秀才不可謂不知，然亦名導，於禮可乎？」李抗聲對曰：「相公是無寸底道字，小子是有寸底導字，何謂不可也？」公笑曰：「老夫不惟名無寸，諸事亦無寸，吾子可謂知人矣。」了無怒色。

歐陽修《歸田録》卷一 故老能言五代時事者云：馮相道、和相凝同在中書，一日，和問馮曰：「公靴新買，其直幾何？」馮舉左足示和曰：「九百。」和性褊急，遽回顧小吏云：「吾靴何得用一千八百？」因詬責久之。馮徐舉其右足曰：「此亦九百。」於是烘堂大笑。時謂宰相如此，何以鎮服百僚。

洪邁《容齋隨筆》卷九《周玄豹相》 道在晉天福中爲上相，詔賜生辰器幣。道以幼屬亂離，早喪父母，不記生日，懇辭不受。

曾慥《類説》卷一九引《幕府燕閑録》 馮道曰：「吾三入相，每不及前，以擢任親故知之。初入能用至丞郎，再入能用至遺補，三入不過州縣，是宰輔之權日輕也。」

曾慥《類説》卷五三引《談苑》 晉天福三年與戎和。晉祖曰：「當遣輔相爲使。」趙瑩、桑維翰同堂，皆未言，以戎雖通好而反覆難測，咸懼於將命。馮道與諸公中書食訖，分廳堂吏前白道言北使事，吏人色變手顫。道索紙一幅，書云：「道去。」即遣寫勅。屬吏泣下。道遣人語妻子，不復歸家，舍都亭驛，不數日即行。晉祖餞，語以家國之故，煩耆德使遠，自酌巵酒飲之。虜以道有重名，欲留

之，命與其國相同列，所賜皆等。戎賜臣下以牙笏及臘月賜牛頭，皆爲殊禮，道皆得之，以詩謝云：「牛頭偏得賜，象笏更容持。」戎甚喜，潛諭留之。道曰：「兩朝皆臣，豈有分别？」賜悉市薪炭，云：「北地寒，老年不堪。」及還京師，作詩五章以述北使之意。其首章云：「去年今日奉皇華，只爲朝廷不爲家。殿上一盃天子泣，門前雙節國人嗟。龍荒冬往時時雪，兔苑春歸處處花。上下一行如骨肉，幾人身死掩風沙。」虜中大寒，賜錦襖、貂襖、羊狐貂衾各一。每入謁，悉服四襖衣，宿館中，並覆三衾。詩曰：「朝披四襖專藏手，夜蓋三衾怕露頭。」

道凡得賜，悉市薪炭，云：「北地苦寒，老年所不堪，當爲之備。」戎人頗感其意，乃遣歸。道三上表乞留，固遣，始去，更住月餘。既行，所至留駐，凡兩月出境，即馳歸。左右曰：「得生還，恨無羽翼，公獨宿留，何也？」道曰：「戎人多詐，總急還，以彼筋脚，一夕即追及，亦何可脱，但徐緩，即不能測矣。」

曾慥《類説》卷五七引《陳輔之詩話》 馮長樂七歲吟《治圃詩》云：「已落地花方遣掃，未經霜草莫教鋤。」仁厚天性全生靈性命，已兆於此。

余文豹《吹劍録》 趙鳳女嫁馮道子，道夫人常怒之。鳳使乳媪訴之，累數百言，道但云：「傳語親公，今日好雪。」

陶宗儀《説郛》卷一四引《閒談録》 晉開運中，馮道方在中書，有人于市中牽一驢，以片幅大署其面曰「馮道」二字。道之親知見而白焉。道徐曰：「天下同名姓人有何限，但慮失驢訪主，又何怪哉！」其大度如此。

備論

《舊五代史》卷一二七《馮道傳》 史臣曰：道之履行，鬱有古人之風；道之宇量，深得大臣之禮。然而事四朝，相六帝，可得爲忠乎！夫一女二夫，人之不幸，况於再三者哉！所以飾終之典，不得謚爲文貞、文忠者，蓋謂此也。

司馬光《温國文正司馬公文集》卷七三《馮道爲四代相》 忠臣不二君，賢女不二夫。策名委質，有死無貳，天之制也。彼馮道者，存則何心以臨前代之民，死則何面以見前代之君？自古人臣不忠，未有如此比者。然而尊官重禄，老以没齒，何哉？夫爲國家者，明禮義，奬忠良，褒義烈，誅姦回，以厲羣臣，羣臣猶愛死而忘其君，况相印將節以寵叛臣，其不能永享天命，宜矣。然而庸愚之人，往往猶稱其智。蓋五代披攘，人主歲易，羣臣失節，比踵於朝，因而譽之，欲以自釋。余恐後世以道所爲爲合於理，君臣之道，將大壞矣。臣而不臣，雖云其智，安所用哉！

《資治通鑑》卷二九一後周顯德元年四月條 歐陽修論曰：「禮義廉恥，國之四維；四維不張，國乃滅亡。」禮義，治人之大法；廉恥，立人之大節。况爲大臣而無廉恥，天下其有不亂，國家其有不亡者乎！予讀馮道《長樂老叙》，見其自述以爲榮，其可謂無廉恥者矣，則天下國家可從而知也。

予於五代得全節之士三，死事之人十有五，皆武夫戰卒，豈於儒者果無其人哉？得非高節之士，惡時之亂，薄其世而不肯出歟？抑君天下者不足顧，而莫能致之歟？

予嘗聞五代時有王凝者，家青、齊之間，爲虢州司户參軍，以疾卒于官。凝家素貧，一子尚幼，妻李氏，攜其子，負其遺骸以歸，東過開封，止於旅舍，主人不納。李氏顧天已暮，不肯去，主人牽其臂而出之。李氏仰天慟曰：「我爲婦人，不能守節，而此手爲人所執邪！」即引斧自斷其臂，見者爲之嗟泣。開封尹聞之，白其事於朝，厚卹李氏而笞其主人。嗚呼，士不自愛其身而忍耻以偷生者，聞李氏之風，宜少知愧哉！

臣光曰：天地設位，聖人則之，以制禮立法，内有夫婦，外有君臣。婦之從夫，終身不改；臣之事君，有死無貳，此人道之大倫也。苟或廢之，亂莫大焉！范質稱馮道厚德稽古，宏才偉量，雖朝代遷貿，人無間言，屹若巨山，不可轉也。臣愚以爲正女不從二夫，忠臣不事二君。爲女不正，雖復華色之美，織紝之巧，不足賢矣；爲臣不忠，雖復材智之多，治行之優，不足貴矣。何則？大節已虧故也。道之爲相，歷五朝、八姓，若逆旅之視過客，朝爲仇敵，暮爲君臣，易面變辭，曾無愧怍，大節如此，雖有小善，庸足稱乎！

或以爲自唐室之亡，羣雄力争，帝王興廢，遠者十餘年，近者四三年，雖有忠智，將若之何！當是之時，失臣節者非道一人，豈得獨罪道哉！臣愚以爲忠臣憂公如家，見危致命，君有過則强諫力争，國敗亡則竭節致死。智士邦有道則見，邦無道則隱，或滅迹山林，或優游下僚。今道尊寵則冠三師，權任則首諸相，國存則依違拱嘿，竊位素餐，國亡則圖全苟免，迎謁勸進。君則興亡接踵，道則富貴自如，兹乃姦臣之尤，安得與他人爲比哉！或謂道能全身遠害於亂世，斯亦賢已。臣謂君子有殺身成仁，無求生害仁，豈專以全身遠害爲賢哉！然則盜跖病

終而子路醢，果誰賢乎？

抑此非特道之愆也，時君亦有責焉。何則？不正之女，中士羞以爲家；不忠之人，中君羞以爲臣。彼相前朝，語其忠則反君事讎，語其智則社稷爲墟；後來之君，不誅不棄，乃復用以爲相，彼又安肯盡忠於我而能獲其用乎！故曰非特道之愆，亦時君之責也。

魏泰《東軒筆録》卷九 王荆公與唐質肅公介同爲參知政事，議論未嘗少合。荆公雅愛馮道，嘗謂其能屈身以安人，如諸佛菩薩之行。一日，於上前語及此事，介曰：「道爲宰相，使天下易四姓，身事十主，此得爲純臣乎？」荆公曰：「伊尹五就湯、五就桀者，正在安人而已，豈可亦謂之非純臣也？」質肅曰：「有伊尹之志則可。」荆公爲之變色。其議論不合，多至相侵，率此類也。

佚名《歷代名賢確論》卷一〇〇《五代通論》 馮道以宰相事四姓九君，議者譏其反君事讎，無士君子之操。大義既虧，雖有善不録也。吾覽其行事而竊悲之，求之古人，猶有可得言者。齊桓公殺公子糾，召忽死之，管仲不死，又從而相之。子貢以爲不仁，問之。孔子曰：「管仲相桓公，霸諸侯，一匡天下，民到于今受其賜。微管仲，吾其被髮左衽矣。豈若匹夫匹婦之爲諒也，自經於溝瀆而莫之知也。」管仲之相桓公，孔子既許之矣。道之所以不得附於管子者，無其功耳。晏嬰與崔杼俱事齊莊公，杼弒公而立景公，晏子立於崔氏之門外，其人曰：「死乎？」曰：「獨吾君也乎！吾死也？」曰：「行乎？」曰：「吾罪也乎！吾亡也？」曰：「歸乎？」曰：「君死安歸？君民者，豈以陵民？社稷是主。臣君者，豈爲其口實？社稷是養。故君爲社稷死，則死之；爲社稷亡，則亡之。若爲己死而爲己亡，非其私暱，誰敢任之！且人有君而弒之，吾焉得死之，而焉得亡之？將庸何歸？」門啓而入，枕屍股而哭。興，三踊而出。卒事景公。雖無管子之功，而從容風議，有補於齊，君子以名臣許之。使道自附於晏子，庶幾無甚愧也。蓋道事唐明宗，始爲宰相，其後歷事八君。方其廢興之際，或在内，或在外，雖爲宰相，而權不在己，禍變之發，皆非其過也。明宗雖出於夷狄，而性本寬厚，道每以恭儉勸之。在位十年，民以少安。契丹滅晉，耶律德光見道，問曰：「天下百姓如何救得？」道顧夷狄不可曉以莊語，乃曰：「今時雖使佛出亦救不得，惟皇帝救得。」德光喜，乃罷殺戮，中國之人賴焉。周太祖以兵犯京師，隱帝已没，太祖謂漢大臣必相推戴，及見道，道待之如平日。太祖常拜道，是日亦拜，道受之不辭。太祖意沮，知漢未可代，乃立湘陰公爲漢嗣，而使道逆之於徐。道曰：「是事信否？吾平生不妄語。公毋使我爲妄語人。」太祖爲誓甚苦。道行未返，而周代漢。篡奪之際，雖賁育無所致其勇，而道以拜跪談笑却之，非盛德何以致此？而議者黜之，曾不少借，甚矣！士生於五代，立於暴君驕將之間，日與虎兕爲伍，棄之而去，食薇蕨、友麋鹿易耳，而與自經於溝瀆何異？不幸而仕於朝，如馮道猶無以自免，議者誠少恕哉！

王夫之《讀通鑑論》卷二九《五代中》 李從珂之入篡也，馮道遽命速具勸進文書，盧導欲俟太后命，而道曰：「事當務實。」此一語也，道終身覆載不容之惡盡之矣。

實者，何也？禽心獸行之所據也。甘食悦色，生人之情，生人之利用，皆實也。無食而紾兄臂，無妻而摟處子，務實而不爲虚名所礙耳。故義者，人心之制，而曰名義；節者，天理之閑，而曰名節；教者，聖人率性以盡人之性，而曰名教；名之爲用大矣哉！宰我以心安而食稻衣錦，則允爲不仁；子路以正名爲迂，而陷於不義；夫二子者，亦務實而以名爲緩者也。一言之失，見絶於聖人。推至其極，曾元務實以復進養親，而不可與事親。賢者一務實，而固陋偷薄，賊天理，滅風教。況當此國危君困之際，邀榮畏死，不恤君父之死亡，而曰此實也，無事更爲之名也。其惡豈有所艾哉？

夫所謂實者，理之不容已，内外交盡而無餘憾之謂也。有其實，斯有其名矣。若盧導者，心搖而無所執，理不順而無能守，然幸有此一念之羞惡，不敢以人臣司天子之廢立，故欲調停掩飾以稍蓋其惡，而示天下以君之不可自我而予奪，則亦實之僅存者耳。道乃併此而去之，不減盡其實而不止。

嗚呼！豈徒道之終身迷而不復哉？此言出，而天下顧錙銖之利，求俄頃之安，蒙面喪心，上不知有君，内不知有親，公然以其貪猥亡賴、趨利耽欲之情，正告天下而不泚其顙，顧欣然自得曰：吾不爲虚名所誤也。親死而委之大壑，曰吾本無葬親之實心，勿冒孝名也；穴墻而盜鄰粟，曰吾本有得粟之實情，勿冒廉名也；則人類胥爲禽獸，尚何嫌乎？但務實而不知有名者，犬豕之食穢以得飽也，麋鹿之聚麀以得子也。道之惡浮於紂、禍烈於跖矣。

道死而摘之者起，顧未有窮其立念之差於務實之一言者，於是李贄之徒，推獎以大臣之名，而世教愈亂，亦憯矣哉！

趙翼《廿二史劄記》卷二二《張全義馮道》 馮道在唐明宗時，以年歲頻稔，

勸帝居安思危。以春雨過多，勸帝廣敷恩宥。對耶律德光則言，此時百姓，佛出救不得，惟皇帝救得。論者謂一言而免中國之人夷滅。在漢祖時，牛皮禁甚嚴，匿者死，有二十餘人當坐，道力争得免。且秦王從榮敗時，其僚屬俱應坐罪，道獨以任贊、王君敏等素以正直爲從榮所惡，力言出之。史圭以銓事與道不協，道反薦圭爲刑部侍郎。韓惲性謹厚，道爲相，嘗左右之。是道之爲人，亦實能以救濟爲心，公正處事，非貌爲長厚者。統核二人之素行，則其德望爲遐邇所傾服，固亦有由。至於歷事數姓，有玷臣節，則五代之仕宦者，皆習見以爲固然，無足怪。《鄭韜〔光〕傳》謂，自襁褓迄懸車，凡事十一君，越七十載，無官謗，無私過，士無賢不肖皆頌之。以歷事十一君之人，而尚謂無官謗，可見當時風氣，絶無有以更事數姓爲非者，宜全義及道之訾議不及也。

藝文

吳處厚《青箱雜記》卷二　馮瀛王道詩雖淺近而多諳理，但「但知行好事，莫要問前程」、「須知海岳歸明主，未省乾坤陷古人」之類，世雖盛傳，而罕見其全篇，今並録之。詩曰：「窮達皆由命，何勞發歎聲？但知行好事，莫要問前程。冬去冰須泮，春來草自生。請君觀此理，天道甚分明。」又《偶作》云：「莫爲危時便愴神，前程往往有期因。須知海岳歸明主，未省乾坤陷吉人。道德幾時曾去世，舟車何處不通津？但教方寸無諸惡，狼虎叢中也立身。」

世譏道依阿詭隨，事四朝十一帝，不能死節，而余嘗采道所言與其所行，參相考質，則道未嘗依阿詭隨，其所以免於亂世，蓋天幸耳。石晉之末，與虜結釁，懼無敢奉使者，少主批令宰相選人，道即批奏：「臣道自去。」舉朝失色，皆以謂墮於虎口，而道竟生還。又彭門卒以道爲賣己，欲兵之，湘陰公曰：「不干此老子事。」中亦獲免。初，郭威遣道迓湘陰，道語威曰：「不知此事由中否？道平生不曾妄語，莫遣道爲妄語人。」及周世宗欲收河東，自謂此行若太山壓卵，道曰：「不知陛下作得山否？」凡此皆推誠任直，委命而行，即未嘗有所顧避依阿也。又虜主嘗問道：「萬姓紛紛何人救得？」而道發一言以對，不啻活生靈百萬。蓋俗人徒見道之迹，不知道之心，道迹濁心清，豈世俗所知耶？余嘗與富文忠公論道之爲人，文忠曰：「此孟子所謂大人也。」

洪邁《容齋三筆》卷九《馮道王溥》　馮道爲宰相歷數朝，當漢隱帝時，著《長樂老自叙》云：「余先自燕亡歸河東，事莊宗、明宗、愍帝、清泰帝、晉高祖、少帝、契丹主、漢高祖、今上，三世贈至師傅，階自將仕郎至開府儀同三司，職自幽州巡官至武勝軍節度使，官自試大理評事至兼中書令，正官自中書舍人至戎太傅、漢太師，爵自開國男至齊國公。孝於家，忠於國，口無不道之言，門無不義之貨。下不欺於地，中不欺於人，上不欺於天。其不足者，不能爲大君致一統，定八方，誠有愧於歷官，何以答乾坤之施。老而自樂，何樂如之。」道此文載於范質《五代通録》，歐陽公、司馬温公嘗詆誚之，以爲無廉恥矣。

王溥自周太祖之末爲相，至國朝乾德二年罷。嘗作《自問詩》，述其踐歷，其序云：「予年二十有五，舉進士甲科，從周祖征河中，改太常丞。登朝時同年生尚未釋褐，不日作相。在廊廟凡十有一年，歷事四朝，去春恩制改太子太保。每思菲陋，當此榮遇，十五年間，遂躋極品，儒者之幸，殆無以過。今行年四十三歲，自朝請之暇，但宴居讀佛書，歌詠承平，因作《自問詩》十五章，以志本末。」此序見《三朝史》本傳，而詩不傳，頗與《長樂叙》相類，亦可議也。

鄭方坤《五代詩話》卷二《馮道》　世譏馮瀛王道依阿詭隨，不能死節。王荆公雅愛道，謂其能屈身以安人，如諸佛菩薩行。其所作詩雖淺近，而多理語，詩云：「窮達皆有命，何須發歎聲。但知行好事，莫要問前程。冬去冰須泮，春來草自生。請君觀此理，天道甚分明。」又《偶作》云：「莫爲危時便愴神，前程往往有期因。須知海嶽歸明主，未省乾坤陷吉人。道德幾時曾去世，舟車何處不通津。但教方寸無諸惡，豺虎叢中也立身。」

《全唐文》卷一〇六後唐明宗《授馮道崔協中書侍郎制》　昔舜命皋、夔，百揆時敘；湯命仲虺，萬國咸寧，道既合於君臣，事實光於今古。朕克相上帝，敷佑下民，惟順考於典墳，俾旁求於彦傑。升之廊廟，付以鈞衡，期共理於寰區，冀永康於黎庶。厥有明哲，咸謂碩儒，早隆佐命之功，久負濟時之器。必使膺兹大任，弼我丕基，既詢謀以僉同，固朕志而先定。爰行並命，是降寵靈。端明殿學士朝議大夫守尚書兵部侍郎上柱國賜紫金魚袋馮道，四瀆凝休，五行鍾秀，積善克承於家訓，揚名端守於素風。孔門曾顔，寧同懿行，漢庭嚴樂，詎比玄才。温恭爲君子之儒，慤厚有大臣之體。故自從龍契會，倚馬摛詞，首贊先朝，紹隆丕業。爲善不伐，有能不矜，守廉貧則罔恥緼袍，持慎審則靡言温樹。自予纂嗣，賴爾弼違，爰精選於禁林，乃特遷於祕殿。愈陳規誡，屢罄論思，都正直以莫倫，

諒真純而罕匹。銀青光禄大夫守太常卿判吏部尚書銓事上柱國崔協，星辰降彩，軒冕聯榮，禮樂稟於生知，詩書博於時習。輝華繼世，可鄙荀陳，清貴傳家，固超王謝。自登高第，踐歷周行，居省闥則職業備修，升憲府則朝綱克振。近者委司選部，命典秩宗，轄彼銓衡，則羣才適序；調其律吕，則雅音克諧。既揚正始之風，可驗中和之德。並以功庸夙著，問望彌高，宜允副於具瞻，俾顯當於爰立。是命寵升黄閣，光弼紫宸，或居書殿之榮，俱列户封之貴，仍加峻級，以示新恩。道既叶於咨詢，心乃符於啓沃。於戲，知人則哲，予竊慕於前王；事君盡忠，爾已聞於當代。更宜夙夜，慎保初終，使社稷以無憂，期子孫之有賴。往踐厥位，汝惟戒哉。道可正議大夫中書侍郎平章事充集賢殿學士，協可中書侍郎平章事。

《全唐文》卷一〇七後唐明宗《答馮道等上尊號詔》 朕顧惟涼德，獲紹丕基，賴心膂之訏謨，繫股肱之寅亮。懼難負荷，嘗勵齋莊，惟誡荒寧，敢自滿假。卿等謨猷迭著，翼亮彌勤，遽以鴻名，將加眇質。雖驗忠貞之懇，誠非謙慎之懷。往年繼上封章，累增宣達；近者告虔宗廟，展禮郊丘。皆輔弼之盡心，亦纘承之常道。縱頻摧北虜，烽燧猶存。雖稍静南方，車書未混。至於年穀豐稔，皆繇台輔變調，豈予沖人。當斯盛美，爾宜明予畏相，體朕師臣，勉務弼諧，無忘裨救。堯舜禹湯之大道，足可敷陳；聖明神武之虚名，無煩往復。諒兹深意，即斷來表。

桑維翰部

綜述

《舊五代史》卷八九《桑維翰傳》 桑維翰，字國僑，洛陽人也。父拱，事河南尹張全義爲客將。維翰身短面廣，殆非常人，既壯，每對鑒自嘆曰：「七尺之身，安如一尺之面！」由是慨然有公輔之望。

唐同光中，登進士第。高祖領河陽，辟爲掌書記，曆數鎮皆從，及建義太原，首預其謀。復遣爲書求援於契丹，果應之。俄以趙德鈞發使聘契丹，高祖懼其改謀，命維翰詣幕帳，述其始終利害之義，其約乃定。及高祖建號，制授翰林學士、禮部侍郎，知樞密院事。尋改中書侍郎平章事、集賢殿大學士，充樞密院使。高祖幸夷門，范延光據鄴叛，張從賓復自河、洛舉兵向闕，人心恟恟。時有人候於維翰者，維翰從容談論，怡怡如也，時皆服其度量。

及楊光遠平鄴，朝廷慮兵驕難制，維翰請速散其衆，尋移光遠鎮洛陽。光遠由是怏怏，上疏論維翰去公狥私，除改不當，復營邸肆於兩都之下，與民争利。高祖方姑息外將，事不獲已，因授維翰檢校司空、兼侍中，出爲相州節度使，時天福四年七月也。先是，相州管内所獲盜賊，皆籍没其財産，云是河朔舊例。及維翰作鎮，以律無明文，具事以奏之。詔曰：「桑維翰佐命功全，臨戎寄重，舉一方之往事，合四海之通規，況賊盜之徒，律令具載。比爲撫萬姓而安萬國，豈忍罪一夫而破一家。聞將相之善言，成國家之美事，既資王道，實契人心。今後凡有賊人准格律定罪，不得没納家貲，天下諸州皆准此處分。」自是刼賊之家，皆免籍没，維翰之力也。歲餘，移鎮兖州。

時吐渾都督白承福爲契丹所迫，舉衆内附，高祖方通好於契丹，拒而不納。鎮州節度使安重榮患契丹之强，欲謀攻襲，戎師往返路出於真定者，皆潛害之，密與吐渾深相結，至是納焉，而致於朝。既而安重榮抗表請討契丹，且言吐渾之請。是時安重榮握强兵，據重鎮，恃其驍勇，有飛揚跋扈之志。晉祖覽表，猶豫未決。維翰知重榮已畜姦謀，且懼朝廷違其意，乃密上疏。【略】疏奏，留中不出。高祖召使人於内寢，傳密旨於維翰曰：「朕比以北面事之，煩懣不快，今省所奏，釋然如醒。朕計已決，卿可無憂。」

七年夏，高祖駕在鄴都，維翰自鎮來朝，改授晉昌軍節度使。少帝嗣位，征拜侍中，監修國史。頻上言請與契丹和，爲上將景延廣所否。明年，楊光遠構契丹，有澶淵之役，凡制敵下令，皆出於延廣，維翰與諸相無所與之。及契丹退，維翰使親黨受寵於少帝者，密致自薦，曰：「陛下欲制北戎以安天下，非維翰不可。」少帝乃出延廣守洛，以維翰守中書令，再爲樞密使、弘文館大學士，繼封魏國公。事無巨細，一以委之。數月之間，百度寖理。然權位既重，而四方賂遺，咸湊其門，故仍歲之間，積貨鉅萬，由是澆競輩得以興謗。未幾，内客省使李彦韜、端明殿學士馮玉皆以親舊用事，與維翰不協，間言稍入。維翰漸見疏忌，將加黜退，賴宰相劉昫、李崧奏云：「維翰元勳，且無顯過，不宜輕有進退。」少帝乃止。尋以馮玉爲樞密使，以分維翰之權。

後因少帝微有不豫，維翰曾密遣中使達意於太后，請爲皇弟重睿擇師傅以教道之，少帝以此疑其有他。俄而馮玉作相，與維翰同在中書，會舍人盧價秩滿，玉乃下筆除價爲工部侍郎，維翰曰：「詞臣除此官稍慢，恐外有所議。」因不署名，屬維翰休假，玉竟除之，自此維翰與玉尤不相協。俄因少帝以重睿擇師傅言於玉，玉遂以詞激帝，帝尋出維翰爲開封府尹。維翰稱足疾，罕預朝謁，不接賓客。

是歲，秋霖經月不歇。一日，維翰出府門由西街入内，至國子門，馬忽驚逸，御者不能制，維翰落水，久而方蘇。或言私邸亦多怪異，親黨咸憂之。及戎王至中渡橋，維翰以國家安危繫在朝夕，迺詣執政異其議，又求見帝，復不得對。維翰退而謂所親曰：「若以社稷之靈，天命未改，非所能知也；若以人事言之，晉氏將不血食矣。」

開運三年十二月十日，王師既降契丹，十六日，張彦澤以前鋒騎軍陷都城。戎王遣使遺太后書云：「可先使桑維翰、景延廣遠來相接，甚是好事。」是日淩旦，都下軍亂，宮中火發。維翰時在府署，左右勸使逃避，維翰曰：「吾國家大臣，何所逃乎？」即坐以俟命。時少帝已受戎王撫慰之命，乃謀自全之計，因思維翰在相時，累貢謀畫，請與契丹和，慮戎王到京窮究其事，則顯彰己過，故欲殺維翰以滅其口，因令圖之。張彦澤既受少帝密旨，複利維翰家財，乃稱少帝命召

維翰。維翰束帶乘馬，行及天街，與李崧相遇，交談之次，有軍吏於馬前揖維翰赴侍衛司，維翰知其不可，顧謂崧曰：「侍中當國，今日國亡，翻令維翰死之，何也？」崧甚有愧色。是日，彥澤遣兵守之，十八日夜，爲彥澤所害，時年四十九。即以衣帶加頸，報戎王云，維翰自經而死。戎王報曰：「我本無心害維翰，維翰不合自剄。」戎王至闕，使人驗其狀，令殯於私第，厚撫其家，所有田園邸第，並令賜之。及漢高祖登極，詔贈尚書令。

維翰少時所居，恒有魑魅，家人咸畏之，維翰往往被竊其衣，撮其巾櫛，而未嘗改容。當兩朝秉政，出上將楊光遠、景延廣俱爲洛川守；又嘗一制除節將十五人，各領軍職，無不屈而服之。理安陽除民弊二十餘事，在兗、海擒豪賊過千人，亦寇恂、尹翁歸之流也。

開運中，朝廷以長子坦爲屯田員外郎，次子塤爲秘書郎。維翰謂同列曰：「漢代三公之子爲郎，廢已久矣，近或行之，甚諠外議。」乃抗表固讓不受，尋改坦爲大理司直，塤爲秘書省正字，議者美之。

初，高祖在位時，詔廢翰林學士院，由是並內外制皆歸閣下，命舍人直內廷，數年之間，尤重其選。及維翰再居宥密，不信宿，奏復置學士院，凡署職者，皆其親舊。時議者以維翰相業素高，公望所屬，雖除授或黨，亦弗之咎也。

《新五代史》卷二九《桑維翰傳》 桑維翰，字國僑，河南人也。爲人醜怪，身短而面長，常臨鑑以自奇曰：「七尺之身，不如一尺之面。」慨然有志於公輔。初舉進士，主司惡其姓，以「桑」「喪」同音。人有勸其不必舉進士，可以從佗求仕者，維翰慨然，乃著《日出扶桑賦》以見志。又鑄鐵硯以示人曰：「硯弊則改而佗仕。」卒以進士及第。晉高祖辟爲河陽節度掌書記，其後常以自從。

高祖自太原徙天平，不受命，而有異謀，以問將佐，將佐皆恐懼不敢言，獨維翰與劉知遠贊成之，因使維翰爲書求援於契丹。耶律德光已許諾，而趙德鈞亦以重賂啖德光，求助己以篡唐。高祖懼事不果，乃遣維翰往見德光，爲陳利害甚辯，德光意乃決，卒以滅唐而興晉，維翰之力也。高祖即位，以維翰爲翰林學士、禮部侍郎、知樞密院事，遷中書侍郎、同中書門下平章事，兼樞密使。天福四年，出爲相州節度使，歲餘，徙鎮泰寧。

吐渾白承福爲契丹所迫，附鎮州安重榮以歸晉，重榮因請與契丹絶好，用吐渾以攻之。高祖重違重榮，意未決。維翰上疏言契丹未可與争者七，高祖召維翰使者至卧內，謂曰：「北面之事，方撓吾胸中，得卿此疏，計已決矣，可無憂也。」維翰又勸高祖幸鄴都。七年，高祖在鄴，維翰來朝，徙鎮晉昌。

出帝即位，召拜侍中。而景延廣用事，與契丹絶盟，維翰言不能入，乃陰使人説帝曰：「制契丹而安天下，非用維翰不可。」乃出延廣於河南，拜維翰中書令，復爲樞密使，封魏國公，事無巨細，一以委之。數月之間，百度寖理。初，李瀚爲翰林學士，好飲而多酒過，高祖以爲浮薄。天福五年九月，詔廢翰林學士，按《唐六典》歸其職於中書舍人，而端明殿學士、樞密院學士皆廢。及維翰爲樞密使，復奏置學士，而悉用親舊爲之。

維翰權勢既盛，四方賂遺，歲積鉅萬。內客省使李彥韜、端明殿學士馮玉用事，共讒之。帝欲驟黜維翰，大臣劉昫、李崧皆以爲不可，卒以玉爲樞密使，既而以爲相，維翰日益見疏。帝飲酒過度得疾，維翰遣人陰白太后，請爲皇弟重睿置師傅。帝疾愈，知之，怒，乃罷維翰以爲開封尹。維翰遂稱足疾，稀復朝見。

契丹屯中渡，破欒城，杜重威等大軍隔絶，維翰曰：「事急矣！」乃見馮玉等計事，而謀不合。又求見帝，帝方調鷹於苑中，不暇見，維翰退而嘆曰：「晉不血食矣！」

自契丹與晉盟，始成於維翰，而終敗於景延廣，故自兵興，契丹凡所書檄，未嘗不以此兩人爲言。耶律德光犯京師，遣張彥澤遺太后書，問此兩人在否，可使先來。而帝以維翰嘗議毋絶盟而已違之也，不欲使維翰見德光，因諷彥澤圖之，而彥澤亦利其貲産。維翰狀貌既異，素以威嚴自持，晉之老將大臣，見者無不屈服，彥澤以驍捍自矜，每往候之，雖冬月未嘗不流汗。初，彥澤入京師，左右勸維翰避禍，維翰曰：「吾爲大臣，國家至此，安所逃死邪！」安坐府中不動。彥澤以兵入，問：「維翰何在？」維翰厲聲曰：「吾，晉大臣，自當死國，安得無禮邪！」彥澤股栗不敢仰視，退而謂人曰：「吾不知桑維翰何如人，今日見之，猶使人恐懼如此，其可再見乎？」乃以帝命召維翰。維翰行，遇李崧，立馬而語，軍吏前白維翰，請赴侍衛司獄。維翰知不免，顧崧曰：「相公當國，使維翰獨死？」崧慚不能對。是夜，彥澤使人縊殺之，以帛加頸，告德光曰：「維翰自縊。」德光曰：「我本無心殺維翰，維翰何必自致。」德光至京師，使人檢其屍，信爲縊死，乃以屍賜其家，而貲財悉爲彥澤所掠。

雜録

備録

陶穀《清異録》卷上《地理門》 桑維翰壽辰，韋潛德獻太湖石一塊，上有鐫字金飾，曰「寵僊」。

陶穀《清異録》卷上《人事門》 桑維翰草萊時，語友人：「吾有富貴在造物，未還三債，是以知之。上債錢貨，中債妓女，下債書籍。」既而鐵硯功成，一日，酒後謂親密曰：「吾始望不及此，當以數語勸子一杯。」其人滿酌而引，公云：「吾有三悅而持之，一曰錢，二曰妓，三曰不敢遺天下書。」公徐云：「吾銜露太甚，自罰一觥。」

周羽翀《三楚新録》卷一 莊宗反正，下詔徵諸侯入覲，馬殷以年老不行，命長子希範入朝。希範多辨，善於應對，及至，莊宗謂曰：「朕聞卿部內有洞庭湖，其波無際，有之乎？」對曰：「有之。陛下一旦南巡狩，則此湖不足以飲馬耳。」莊宗大悅，既而曰：「比聞馬氏之國必爲高郁所圖，今有子如此，高郁何能可得邪！」高郁，殷之謀臣也，莊宗將去其爪牙，故以是言離間。而希範不察，及歸，果使人搆其罪，郁竟至棄市。自是識者知其不克霸焉。初，希範之入覲，途經淮上，時桑維翰旅游楚、泗間，知其來，遽謁之，且曰：「僕聞楚之爲國，挾天子而令諸侯，其勢不可謂之卑也。加以利盡南海而公室大富，足下之來，非傾府庫之半，則不足以供芻粟之費。今僕貧者，敢以萬金爲請，惟足下濟之！」希範輕薄公子，覩維翰形短而腰長，語魯而且醜，不覺絶倒而笑之，既而贈與數百縑，維翰大怒，拂衣不顧而去。及殷薨，希範立，時維翰已爲宰相，奏削去半仗，止稱天策上將軍、楚王而已，其卿相臺閣皆罷之。然希範性剛愎，好以誇大爲事，雖去半仗，而軍國制度皆擬乘輿。乃大興土功，建天策府，中搆九龍殿，仍以沉香爲龍，其數八，各長百尺，皆抱柱而相向，作趨捧之勢。而希範坐於其間，自謂一龍也。每凌晨將坐，先使人焚香於龍腹中，烟氣鬱然而出，若口吐焉。自近古以來，諸侯王之奢僭，未有如此之盛者也。時處士戴偃賢而有才，嫉其過度，自稱玄黃子，作《漁父詩》百篇諷之。

張齊賢《洛陽縉紳舊聞記》卷二《齊王張令公外傳》 桑中令維翰父拱，爲河南府客將。桑魏公將應舉，父乘間告王曰：「某男粗有文性，今被同人相率，欲取解，侯王旨。」齊王曰：「有男應舉，好事，將卷軸來，可教秀才來。」桑相之父趨下再拜，既歸，令子侵早投書啓，獻文字數軸。王令請桑秀才，父教之趨階，王曰：「不可，既應舉，便是貢士，可歸客司。」謂魏公父曰：「他道路不同，莫管他。」終以客禮見之。王一見甚奇之，禮遇頗厚。是年，王力言於當時儒臣，且推薦之，由是擢上第。至晉高祖有天下，桑魏公在位，奏曰：「洛陽齊王生祠未有額，乞賜號忠肅。」可之。廟敕已下，會朝廷有故，遂中輟之。上御歷，知齊王於唐末有大功，洛民受賜者四十年，比夫甘棠、墮淚，宜昭祀典，詔有司復以「忠肅」額之焉，其德政碑樓，俾再完葺。

陶岳《五代史補》卷三《少主人不召桑維翰》 少主之嗣位也，契丹以不俟命而擅立，又景延廣辱其使，契丹怒，舉國南侵。以駙馬都尉杜重威等領駕下精兵甲禦之於中渡橋。既而契丹之衆已深入，而重威等奏報未到朝廷。時桑維翰罷相，爲開封府尹，謂僚佐曰：「事急矣，非大臣鉗口之時。」乃叩內閤求見，欲請車駕親征，以固將士之心。而少主方在後苑調鷹，至暮竟不召。維翰退而歎曰：「國家阽危如此，草澤逋客亦宜下問，況大臣求見而不召耶！事亦可知矣。」未幾，杜重威之徒降於契丹，少主遂北遷。

陶岳《五代史補》卷三《桑維翰責張彦澤》 桑維翰形貌甚怪，往往見之者失次。張彦澤素以驍勇稱，每謁候，雖冬月，未嘗不雨汗。及中渡變生，彦澤引蕃部至，欲逞其威，乃領衆突入開封府，弓矢亂發，且問：「桑維翰安在？」維翰聞之，乃厲聲曰：「吾爲大臣，使國家如此，其死宜矣。張彦澤安得無禮！」乃升廳安坐，謂彦澤曰：「汝有何功，帶使相已臨方面，當國家危急，不能盡犬馬之力以爲報効，一旦背叛，助戎狄作威爲賊，汝心安乎？」彦澤覩其詞氣慨然，股慄不敢仰視，退曰：「吾不知桑維翰何人，今日之下，威稜猶如此，其再可見耶！」是夜，令壯士就府縊殺之。當維翰之縊也，猶瞋目直視，嘘其氣再三，每一嘘皆有火出，其光赫然，三嘘之外，火盡滅，就視則奄然矣。

孔平仲《續世說》卷三《雅量》 唐明宗詔張從賓發河南兵數千擊范延光，遂與延光同反，引兵入洛陽，又扼汜水關，將逼汴州。時羽檄縱橫，從官在大梁者，無不洶懼，獨桑維翰從容指畫軍事，神色自若，接對賓客，不改常度，衆心差

安。維翰嘗一制指揮節度使十五人，無敢違者，時人服其膽略。

孔平仲《續世説》卷六《排調》 石晉桑維翰身短面廣，每對鑑自嘆曰：「七尺之身，何如一尺之面？」登第，同牓四人。秦王幕客陳保極戲謂人曰：「今歲三箇半人及第。」以維翰短陋，故謂之半人也。

孔平仲《續世説》卷七《尤悔》 石晉崔梲知貢舉，有進士孔英者，行醜而才薄，宰相桑維翰深惡之，及梲將鏁院來辭，維翰曰：「孔英來也。」蓋柅之也。梲性純直，因默記之，遂放及第。牓出，人皆喧譁。維翰舉手自抑其首者數四，蓋悔言也。

孔平仲《續世説》卷一一《仇隙》 石晉桑維翰與馮玉同在中書，會舍人盧櫝秩滿，玉乃下筆除櫝工部侍郎。維翰曰：「詞臣除此官稍慢，恐外有所議。」因不署名。屬維翰休假，玉竟除之，由此尤不相協。玉以語激少帝，出維翰爲開封尹。或謂玉：「桑公元老，奈何使之尹京，親細猥之事？」玉曰：「恐其反爾。」曰：「儒生安得反？」曰：「縱不自反，恐其教人爾。」

龔熙正《續釋常談》 蘇氏《閒談録》：桑中令維翰嘗謂交親曰：「凡居宰相職後，有似着新鞋襪，外望雖好，其中甚不快活。」

厲鶚《遼史拾遺》卷三《本紀第四》引《玉堂閒話》 魏公桑維翰尹開封，一日，嘗中夜於正寢獨坐，忽大驚悸，如有所見，向空厲聲云：「汝焉敢此來！」如是者數四。旬日憤懣不已，雖齊體亦不敢有所發問。未幾，夢已整衣冠，嚴車騎，將有所詣，就乘之次，忽所乘馬亡去，追尋莫知所在。既寤，甚惡之。不數日及難。

備論

王夫之《讀通鑑論》卷三〇《五代下》 貴奚有定哉？當世之所不能有而有之者，安富尊榮則貴也；太上以行其道，其次以席其安，其下以遂其欲，至於遂欲而已賤矣。然利在其身，施及其子孫，猶得以有其榮利，猶流俗之貴也。無此數者，當時耻與爲從，後世相傳爲笑，身危而如卧於棘叢，子孫轉眄求爲庶人而不可得，則亦無可欲之甚者，然且耽耽逐逐以求得之，其狂愚不可藥已。

至貴者，天子也；其次，則宰相也。朱友貞、李從珂、石敬瑭、劉知遠皆自曰吾天子也。悲夫！一日立乎其位，而萬矢交集於夢寐，十年之內，幸鬼禍之先及者，速病以死，全其腰領，而子姓畢血他人之刃；其未即死者，非焚則馘，一如犴狴之戮民，待秋冬而伏法耳。刑賞不得以自主，聲色不得以自娱，血胤不得以相保，賤莫賤於此焉。而設深機，冒鋒刃，以求一日之高居稱朕。襲優俳之袞冕，抑無其纏頭酒食之利賴，夫亦何樂乎此邪？於是既號爲天子矣，因而有宰相焉。其宰相者，其天子之宰相也。利禄在須臾，辱戮在眉睫，亦優俳之台輔而已矣，馮道、盧文紀、姚顗、李愚、劉昫、趙瑩、和凝、馮玉之流皆是也。尸禄已久，磐固自如，其君見爲舊臣而不能廢，其僚友方畏時艱而不與争，庸人忘死忘辱，乘氣運之偶及，遂亦欣然自任曰「吾宰相也」。無不可供人姍笑也。

雖然，猶未甚也。桑維翰一節度使之掌書記耳，其去公輔之崇既懸絶矣，必不可得，而倒行逆施者無所不至，力勸石敬瑭割地稱臣，受契丹之册命。迫故主以焚死，鬬遺民使暴骨，導胡騎打草穀，城野爲墟，收被殺之遺骸至二十餘萬，皆維翰一念之惡，而滔天至此，無他，求爲相而已。耶律德光果告敬瑭曰：「維翰效忠於汝，宜以爲相。」而居然相矣。人恫於明，鬼哭於幽，後世有識者推禍始而懷餘怒；即在當日者，劉知遠、杜重威、景延廣亦交詆其非，楊光遠且欲甘心焉。荼毒已盈，卒縊殺於張彦澤之半組。計其徼契丹之寵，自號爲相之日，求一日之甘食、一夕之安寢也，而不可得。而徒以殘劉數十萬之生靈，毁裂數千年之冠冕，以博德光之一語，且書記而夕平章，何爲者邪？

夫維翰以文翰起家成進士，即不能如梁震、羅隱之保身而不辱；自可持禄容身，坐待遷除，如和凝、李崧之幸致三事。乃魂馳而不收，氣盈而忘死，以驟獵不可據之浮榮，其實不如盛世之令録參佐也。而塗炭九州，陸沈千載，如此其酷焉。悲夫！天之生維翰也，使其狂猘之至於斯，千秋之戾氣，集於一人，將誰怨而可哉？乞者乞人之墦，非是而不能飽；盗者穴人之室，非是而不能獲。維翰不相，自可圖温飽以終身；維翰即相，亦不敵李林甫、盧杞之掾史；即以流俗言之，亦甚可賤而不足貴，明矣。處大亂之世，君非君，相非相，攬鏡自窺，夢回自念，乞邪，盗邪，君邪，相邪，貴邪，賤邪！徒以殃萬民，禍百世，胡迷而不覺邪？

藝文

《唐寅集》卷三《題自畫桑維翰鐵研卷》 書生豪氣壓千軍，示者扶桑一卷

文，鐵研未穿時世改，功名回首信浮雲。

張開東《白蒓詩集》卷一一《浮山諸石刻贈家十六弟菊坡》 浮山高材桑維翰，手操柔毫磨鐵硯。當時覽鏡七尺軀，獨恨不及一尺面。我過故里見遺碑，吾家贈公棲霞建。棲霞公子皆好文，秋官更復恣游衍。策馬直登泰岱峯，拄杖踏盡神山甸。到處題詩即鐫石，便呼佳兒新脱腕。丰神彷彿松雪榻，圖記摩挲史籀篆。伊昔從行十九齡，大書秋官何老鍊。秀眉脩幹陋桑君，文墨翩翩吾家彦。不愛野鶩愛家雞，令我一見心驚眩。羊欣好看白練裙，伯英終標淩雲殿。惜哉我苦不學書，天涯鹵莽空汗漫。秦漢古碣煙雨深，老眼模糊還能辨。即今勒銘五嶽巔，醉吟一揮色不憚。安得結伴載奚囊，再使乾坤巘光爛。

祝德麟《悦親樓詩集》卷一三《以端溪石硯還葉甥琴柯》 人生能著幾緉屐，安意蒐羅龍鳳石。吾無其壽空有情，雅好不殊障簏癖。少年苦學桑維翰，只是未將生鐵鍛。功名富貴定何物，老大依然食破硯。篋中蓄得澄泥陳，款識依稀吕道人，許由瓢已聒雙耳，若更求多天所嗔。吾甥健筆如老宿，得石未磨留我屋。本非鄭璧假許田，肎以秦城賺趙璞。錦囊裹歸安敢後，勿落貪夫三硯手。一方蒼玉盡消磨，甥兮甥兮奈汝何。

舒位《瓶水齋詩集》卷一《出都之次日宿白溝示仲瞿》 銷除水厄舞山香，秋雨春風各一場。社酒三杯送歸燕，車輪四角笑亡羊。連年襆被人如夢，每夜篝燈話最長。比似來時差快意，不教關吏看詩囊。

半樹斜陽赴暮愁，白溝河水抵鴻溝。攔腰碧草埋酣戰，撲面紅塵悔浪遊。歌罷數錢逢姹女，飢來傳食到諸侯。軒渠鑄錯桑維翰，一硯磨穿十六州。

朱寯瀛《金粟山房詩鈔》卷八《斷硯》 石友交何深，分題合攜半。有鐵不曾穿，我愧桑維翰。

劉知遠部

綜述

《舊五代史》卷九九《高祖紀上》 高祖睿文聖武昭肅孝皇帝，姓劉氏，諱暠，本名知遠，及即位改今諱。其先本沙陁部人也。四代祖諱湍，帝有天下，追尊爲明元皇帝，廟號文祖，陵曰懿陵；高祖母隴西李氏，追謚明貞皇后。曾祖諱昂，晉贈太保，追尊爲恭僖皇帝，廟號德祖，陵曰沛陵；曾祖母號國太夫人楊氏，追謚恭惠皇后。祖諱僎，晉贈太傅，追尊爲昭獻皇帝，廟號翼祖，陵曰威陵；祖母魯國太夫人李氏，追謚爲昭穆皇后。皇考諱琠，事後唐武皇帝爲列校，晉贈太師，追尊爲章聖皇帝，廟號顯祖，陵曰肅陵；皇妣吴國太夫人安氏，追謚章懿皇后。以唐乾寧二年，歲在乙卯，二月四日遂生帝於太原。

帝弱不好弄，嚴重寡言，及長，面紫色，目睛多白。初事唐明宗，列於麾下。明宗與梁人對柵於德勝，時晉高祖爲梁人所襲，馬甲連革斷，帝輟騎以授之，取斷革者自跨之，徐殿其後，晉高祖感而壯之。明宗踐阼，晉高祖爲北京留守，以帝前有護援之力，奏移麾下，署爲牙門都校。應順初，晉高祖鎮常山，唐明宗召赴闕，會閔帝出奔，與晉高祖相遇於途，遂俱入衛州，泊於郵舍。閔帝左右謀害晉高祖，帝密遣御士石敢袖鎚立於晉高祖後，及有變，敢擁晉高祖入一室，以巨木塞門，敢尋死焉。帝率衆盡殺閔帝左右，遂免晉高祖於難。

清泰元年，晉高祖復鎮河東。三年夏，移鎮汶陽。帝勸晉高祖舉義，贊成密計，經綸之始，中外賴之。晉高祖以帝爲北京馬步軍都指揮使。及契丹以全軍赴難，大破張敬達之衆於晉陽城下，有降軍千餘人，晉高祖將置之於親衛，帝盡殺之。晉國初建，加檢校司空，充侍衛馬步都指揮使，權點檢隨駕六軍諸衛事，尋改陝州節度使，充侍衛親軍馬步都虞候。契丹主送晉高祖至上黨，指帝謂高祖曰：「此都軍甚操剌，無大故不可棄之。」晉高祖入洛，委帝巡警，都邑肅然，無敢犯令。

天福二年夏四月，加檢校太保。八月，改許州節度使，典軍如故。三年夏四月，加檢校太傅。冬十月，授侍衛親軍馬步軍都指揮使。十一月，移授宋州，加檢校太尉。十二月，加同平章事。時帝與杜重威同制加恩，帝憤然不樂，懇讓不受，杜門不出者數日。晉高祖怒，召宰相趙瑩等議落帝兵權，任歸私第。瑩等以爲不可，乃遣端明殿學士和凝就第宣諭，帝乃承命。五年三月，改鄴都留守兼侍衛親軍馬步軍都指揮使。九月，奉詔赴闕，晉高祖幸其第。六年七月，授北京留守、河東節度使。七年正月，加侍中。時天下大蝗，惟不入河東界。六月，晉高祖崩於鄴宮，少帝即位，加帝檢校太師。八年三月，進位中書令。

開運元年正月，契丹南下，契丹主以大軍直抵澶州，遣蕃將偉王率兵入鴈門。朝廷以帝爲幽州道行營招討使，帝大破偉王於忻口。尋奉詔起兵至土門，軍至樂平，會，契丹退，乃還。三月，封太原王。七月，兼北面行營都統。二年四月，封北平王。三年五月，加守太尉。是月，帝誅吐渾白承福等五族，凡四百人，以別部王義宗統其餘衆。九月，契丹犯塞，帝親率牙兵至朔州南陽武谷，大破之。十一月，契丹主率蕃漢大軍由易、定抵鎮州，杜重威等駐軍於中渡橋以禦之。十二月十日，杜重威等以全軍降於契丹。十七日，相州節度使張彦澤受契丹命，陷京城，遷少帝於開封府。帝聞之大駭，分兵守境，以備寇患。

天福十二年春正月丁亥朔，契丹主入東京。癸巳，晉少帝蒙塵於封禪寺。癸卯，少帝北遷。二月丁巳朔，契丹主具漢法服，御崇元殿受朝，制改晉國爲大遼國，大赦天下，號會同十年。是月，帝遣牙將王峻奉表於契丹，契丹主賜詔褒美，呼帝爲兒。又賜木拐一。蕃法，貴重大臣方得此賜，亦猶漢儀賜几杖之比也。王峻持拐而歸，契丹望之皆避路。及峻至太原，帝知契丹政亂，乃議建號焉。是月，秦州節度使何建以其地入於蜀。戊辰，河東行軍司馬張彦威與文武將吏等，以中原無主，帝威望日隆，羣情所屬，上箋勸進，帝謙讓不允。自是羣官三上箋，諸軍將吏、緇黄耆耋，相次迫請，教答允之。庚午，陝府屯駐奉國指揮使趙暉、侯章、都頭王晏殺契丹監軍及副使劉願，暉自稱留後。契丹因授暉陝州兵馬留後，侯章爲本州馬步軍都指揮使，王晏爲副都指揮使，暉等不受僞命。

辛未，帝於太原宫受册，即皇帝位，制改晉開運四年爲天福十二年。甲戌，帝以晉帝舉族北遷，憤惋久之。是日，率親兵趨土門路，邀迎晉帝至壽陽，聞其已過，乃還。契丹聞帝建號，僞制削奪帝官爵。以通事耿崇美爲潞州節度使，高唐英爲相州節度使，崔廷勳爲河陽節度使，以扼要害之地。丁丑，磁州賊帥梁暉據相州。己卯，帝遣都將史弘肇率兵討代州，平之。初，代州刺史王暉叛歸契

丹，弘肇一鼓而拔之，斬暉以徇。庚辰，權晉州兵馬留後張晏洪奏，軍亂，殺知州副使駱從朗及括錢使、諫議大夫趙熙，以城歸順。時晉州留後劉在明赴東京，朝於契丹，從朗知軍州事，帝方遣使張晏洪、辛處明等告諭登極，從朗囚之本城。大將藥可儔殺從朗於理所，州民相率害趙熙，三軍請晏洪爲留後，處明爲都監。辛巳，權陝州留後趙暉、權潞州留後王守恩，並上表歸順。癸未，澶州賊帥王瓊與其衆斷本州浮橋，瓊敗，死之。時契丹以族人朗五爲澶州節度使，契丹性貪虐，吏民苦之。瓊爲水運什長，乃構夏津賊帥張乙，得千餘人，沿河而上，中夜竊發，自南城殺守將，絶浮航，入北城，朗五據牙城以拒之。數日，會契丹救至，瓊敗死焉。契丹主初聞其變也，懼甚，由是大河之南無久留之意，尋遣天雄軍節度使杜重威歸鎮。

三月丙戌朔，詔河東管内，自前税外，雜色徵配一切除放。是日，契丹主坐崇元殿行入閣之禮，契丹主以舅蕭翰爲宣武軍節度使。辛卯，權延州留後高允權遣判官李彬奏：本道節度使周密爲三軍所逐，以允權知留後事，上表歸順。壬寅，契丹主發自東京還本國。是日，宿於赤崗，至晡，有大聲如雷，起於敵帳之下。契丹自黎陽濟河，遂趨相州。庚戌，帝以北京馬步軍都指揮使、泗州防禦使、檢校太保劉崇爲太原尹、檢校太尉，以北京馬步軍都虞候郭從義爲鄭州防禦使、檢校太保，以北京興捷左廂都指揮使李洪信爲陳州刺史、檢校司徒，以興捷右廂都指揮使尚洪遷爲單州刺史、檢校司徒，以北京武節左廂都指揮使蓋萬爲蔡州刺史，以武節右廂都指揮使周暉爲濮州刺史，以保寧都指揮使朱奉千爲隨州刺史。辛亥，吐渾節度使王義宗加檢校太尉，以前忻州刺史秦習爲耀州團練使。癸丑，以北京副留守、檢校司徒白文珂爲河中節度使、檢校太尉。

夏四月己未，以北京馬軍都指揮使、集州刺史劉信爲滑州節度使，充侍衛馬軍都指揮使、檢校太傅；以北京隨使、右都押衙楊邠爲權樞密使、檢校太保；以北京武節都指揮使、雷州刺史史弘肇爲許州節度使，充侍衛步軍都指揮使、檢校太傅；以北京牢城都指揮使、壁州刺史常思爲鄧州節度使、檢校太傅兼權北京馬步軍都指揮使、三城巡檢使；以河東行軍司馬張彦威爲同州節度使、檢校太保，以蕃漢兵馬都孔目官郭威爲權樞密使、檢校司徒，以河東左都押衙扈彦珂爲宣徽南院使、檢校司徒，以右都押衙王浩爲宣徽北院使、檢校司徒，以兩使都孔目官王章爲權三司使、檢校太保。

是日，契丹主取相州，殺留後梁暉。暉，磁州滏陽人，少爲盜，會契丹入汴，暉收集徒黨，先入磁州，無所侵犯，遣使送款於帝。暉偵知相州頗積兵仗，且無守備，遂以三月二十一日夜與其徒踰垣而入，殺契丹數十人，奪器甲數萬計，遂據其城。契丹主先遣僞命相州節度使高唐英率兵討之。未幾，契丹主至城下，是月四日攻拔之，遂屠其城。翌日，契丹主北去，命高唐英鎮之，唐英閲城中遺民，得男女七百人而已。乾祐中，王繼弘鎮相州，奏於城中得髑髏十餘萬，殺人之數，從可知也。

庚申，以石州刺史易全章爲洺州團練使，以前遼州刺史安真爲宿州團練使，以嵐州刺史孟行超爲潁州團練使，以汾州刺史武彦弘爲曹州防禦使，以前憲州刺史慕容信爲齊州防禦使，以遼州刺史薛瓊爲亳州防禦使，以沁州刺史李漢韜爲汝州防禦使。癸亥，册魏國夫人李氏爲皇后。甲子，以皇長子承訓爲左衛上將軍，第二子承祐爲左衛大將軍，第三子承勳爲右衛大將軍，皇女彭城郡君宋氏封永寧公主，皇姪承贇爲右衛上將軍。以河東節度判官蘇逢吉爲中書侍郎、同平章事，集賢殿大學士，以河東觀察判官蘇禹珪爲中書侍郎、同平章事。升府州爲節鎮，加永安軍額。以振武節度使、府州團練使折從阮爲永安軍節度使，行府州刺史、檢校太尉；以北京隨使、左都押衙劉銖爲河陽節度使；以河東文使韓祚爲左諫議大夫，充樞密直學士。乙丑，遣史弘肇率兵一萬人趨潞州。丙寅，以權知潞州軍州事、左驍衛大將軍王守恩爲潞州節度使、檢校太保；以權點檢延州軍州事高允權爲延州節度使、檢校太保；以岢嵐軍使鄭謙爲忻州刺史，遥領應州節度使，充忻、代二州義軍都部署。丁卯，以河東都巡館驛、沿河巡檢使閻萬進爲嵐州刺史，領朔州節度使，充嵐、憲二州義軍都制置。

戊辰，權河陽留後武行德以城來歸。初，契丹主將發東京，船載武庫兵仗，自汴浮河，欲置之於北地，遣奉國都虞候武行德部送，與軍士千餘人並家屬俱行。至河陰，軍亂，奪兵仗，殺契丹監吏，衆推行德爲帥，與河陰屯駐軍士合，乃自汜水抵河陽。河陽僞命節度使崔廷勳率兵拒之，兵敗，行德等追躡之，廷勳棄城而遁，行德因據其城。

僞命西京留守劉晞棄洛城，南走許州，遂奔東京，洛京巡檢使方太自署知留守事。未幾，太爲武行德所害。

是月，蕃將耿崇美屯澤州，史弘肇遣先鋒將馬誨率兵擊之，崇美退保懷州。崔廷勳以契丹衆攻武行德於河陽，行德出戰，爲廷勳所敗。汴州蕭翰遣蕃將高

牟翰將兵援送劉晞復歸於洛。牟翰至，殺前澶州節度使潘環於洛陽。

辛未，以河陽都部署武行德爲河陽節度使、檢校太尉，充一行馬步軍都部署。甲戌，潞州節度使王守恩加檢校太尉，以前棣州刺史慕容彥超爲澶州節度使、檢校太保。丙子，契丹主耶律德光卒於鎮之欒城。趙延壽於鎮州自稱權知國事。辛巳，陝州節度使趙暉加檢校太尉，華州節度使兼陝州馬步軍都指揮使侯章加檢校太傅，以陝府馬步軍副都指揮使兼絳州防禦使王晏爲晉州節度使、檢校太傅，以丹州都指揮使、權知軍州事高彥珣爲丹州刺史。

《舊五代史》卷一〇〇《高祖紀下》 天福十二年夏五月乙酉朔，契丹所署大丞相、政事令、東京留守、燕王趙延壽爲永康王兀欲所縶，既而兀欲召蕃漢臣僚於鎮州牙署，矯戎王遺詔，命兀欲嗣位，於是發哀成服。辛卯，詔取五月十三日車駕南幸。甲午，以判太原府事劉崇爲北京留守，命皇子承訓。武德使李暉大內巡檢。丙申，帝發河東，取陰地關路幸東京。時星官言，太歲在午，不利南巡，故路出陰地。丁酉，史弘肇奏，澤州刺史翟令奇以郡來降。是日，契丹所署汴州節度使蕭翰迎郇國公李從益至東京，請從益知南朝軍國事。己亥，蕭翰發離東京北去。乙巳，契丹永康王兀欲自鎮州還蕃，行次定州，以定州節度副使耶律忠爲定州節度使，孫方簡爲雲州節度使。方簡不受命，遂歸狼山。戊申，車駕至絳州，本州刺史李從朗以郡降。初，契丹遣偏校成霸卿、曹可璠等守其郡，帝建義之始，不時歸命，及車駕至，帝耀兵於城下，不令攻擊，從朗等遂降。

六月乙卯，契丹河中節度使趙贊起復河中節度使。是日，契丹右僕射兼中書侍郎、平章事張礪卒於鎮州。丙辰，車駕至洛，兩京文武百僚自新安相次奉迎。郇國公李從益、唐明宗淑妃王氏皆賜死於東京。甲子，車駕至東京。丙寅，以漢州就糧歸捷指揮使張建雄爲濮州刺史，以金州守禦指揮使康彥環爲金州防禦使。建雄、彥環皆因亂害本州刺史，自知州事，故有是命。以北京知進奏王從璋爲内客省使。戊辰，制：「大赦天下。應天福十二年六月十五日昧爽已前，天下見禁罪人，已結正、未結正，已發覺、未發覺，除十惡五逆外，罪無輕重，咸赦除之。諸州去年殘税並放。東、西京一百里內，放今年夏税；一百里內及京城，今年屋税並放一半。契丹所授職任，不議改更。諸貶降官，未量移者與量移；已量移者與敍録。徒流人並放還。應係欠省錢，家業抵當外並放。宜以國號爲大漢，年號依舊稱天福」云。己巳，詔青州、襄州、安州復爲節鎮，曹、陳二州依舊爲郡。壬申，北京留守劉崇加同平章事。以中書舍人劉繼儒爲宗正卿；翰林學士承旨、尚書兵部侍郎張允落職守本官；以尚書左丞張昭爲吏部侍郎；以左散騎常侍邊歸讜爲禮部侍郎；以左散騎常侍王仁裕爲户部侍郎，充翰林學士承旨；以右諫議大夫張沆爲左散騎常侍，充翰林學士；以户部侍郎李式爲光禄卿；以翰林學士、尚書禮部侍郎邊光範爲衛尉卿。甲戌，詔：「文武臣僚，每遇内殿起居，輪次上封事。」丁丑，以湖南節度使馬希範卒輟視朝三日。是月，契丹所命相州節度使高唐英爲屯駐指揮使王繼宏、楚暉所殺。

秋七月己丑，以御史中丞趙上交爲太僕卿，以户部侍郎邊蔚爲御史中丞。甲午，武安軍節度副使、水陸諸軍副都指揮使、判内外諸司、江南西道觀察等使、檢校太尉馬希廣可檢校太師、兼中書令，行潭州大都督、天策上將軍，充武安軍節度、湖南管内觀察使、江南諸道都統，封楚王。丙申，以鄴都留守、天雄軍節度使、檢校太師、守太傅、兼中書令、衛國公杜重威爲宋州節度使，加守太尉；以宋州節度使、檢校太師、兼中書令高行周爲鄴都留守，加守太傅；以鄆州節度使、檢校太師、兼侍中李守貞爲河中節度使，加兼中書令；以河中節度使、檢校太尉趙贊爲晉昌軍節度使；以晉昌軍節度使張彥超爲鄜州節度使，加檢校太師。庚子，以徐州節度使、檢校太師、同平章事、岐國公符彥卿爲兗州節度使，加兼侍中；以鄧州節度使、檢校太師王周爲徐州節度使，加同平章事；以許州節度使、檢校太保劉重進爲鄧州節度使，加檢校太傅；以兗州節度使、檢校太師、兼侍中安審琦爲襄州節度使；檢校太師、莒國公李從敏爲西京留守，加同平章事；以鳳翔節度使、檢校太師、同平章事侯益依前鳳翔節度使，加兼侍中。辛丑，故守司空兼門下侍郎、平章事、譙國公劉昫贈太保。甲辰，華州節度使侯章、同州節度使張彥威、涇州節度使史威，並加檢校太尉。以晉昌軍節度使、檢校太保劉銖爲青州節度使，加檢校太尉、同平章事。以河中節度使、檢校太尉白文珂爲鄆州節度使，加同平章事；以青州節度使楊承信爲安州節度，加檢校太傅。滑州節度使兼侍衛馬軍都指揮使劉信、許州節度使兼侍衛步軍都指揮使史弘肇，並加檢校太尉。庚戌，以司天監任延皓爲殿中監，以司天少監杜昇爲司天監。是月，契丹永康王兀欲囚祖母述律氏於木葉山。

閏月辛酉，以左衛上將軍皇甫立爲太子太師致仕。乙丑，禁造契丹樣鞍轡、器械、服裝。故開封尹桑維翰贈尚書令，故西京留守景延廣贈中書令，以前衛尉卿薛仁謙爲司農卿。丙寅，唐故樞密使郭崇韜贈中書令，故河中節度使安重誨贈尚書令，故華州節度使毛璋贈侍中，故汴州節度使朱守殷贈中書令。丁卯，故

青州節度楊光遠贈尚書令，追封齊王，仍令所司追謚立碑。唐故河中節度使、西平王朱友謙追封魏王，故樞密使馮贇贈中書令，故河陽節度使、判六軍康義誠贈中書令。故西京留守、京兆尹王思同、故邠州節度使藥彥稠、故襄州節度使安重進、故鎮州節度使安重榮，並贈侍中。庚午，以前延州留後薛可言爲宣徽北院使，以監察御史王度爲樞密直學士。新授宋州節度使杜重威據鄴都叛，詔削奪重威官爵，貶爲庶人。以高行周爲行營都部署，率兵進討。辛未，以權樞密使楊邠爲樞密使，加檢校太傅；以權樞密副使郭威爲副樞密使，加檢校太保；以權三司使王章爲三司使，加檢校太傅。壬申，故晉昌軍節度使趙在禮贈中書令，故曹州節度使石贇贈侍中，故滑州節度使皇甫遇贈中書令。故同州節度使劉繼勳、故貝州節度使梁漢璋，皆贈太尉；故宣徽使孟承誨贈太保。丁丑，有彗出於張，旬日而滅。己卯，陝州節度使趙暉加階爵，晉州節度使王晏加檢校太尉，河陽節度使武行德加階爵，延州節度使高允權加檢校太尉。鄧州節度使常思加檢校太尉，移鎮潞州。庚辰，追尊六廟，以太祖高皇帝、世祖光武皇帝爲不祧之廟，高曾已下四朝，追尊謚號，已載於前矣。是日，權太常卿張昭上六廟樂章舞名：太祖高皇帝室酌獻，請依舊奏《武德之舞》；世祖光武皇帝室酌獻，請依舊奏《大武之舞》；文祖明元皇帝室酌獻，請奏《靈長之舞》；德祖恭僖皇帝室酌獻，請奏《積善之舞》；翼祖昭獻皇帝室酌獻，請奏《顯仁之舞》；顯祖章聖皇帝室酌獻，請奏《章慶之舞》。其六廟歌詞，文多不録。

八月壬午朔，鎮州駐屯護聖左廂都指揮使白再榮等，逐契丹所命節度使麻答，復其城。麻答與河陽節度使崔廷勳、洛京留守劉晞，並奔定州。馳驛以聞。庚寅，以洺州團練使薛懷讓爲邢州節度使。辛卯，詔恒州復爲鎮州，順國軍復爲成德軍。乙未，以護聖左廂都指揮使、恩州團練使白再榮爲鎮州留後。丙申，詔天下凡關賊盜，不計臟物多少，案驗不虛，並處死。以兩浙節度使、守太師、兼中書令吳越國王錢弘佐薨廢朝三日。丙午，以吐渾府節度使、檢校太尉王義宗爲沁州刺史，依前吐渾節度使。己酉，以刑部尚書竇貞固爲吏部尚書。是日，薛懷讓奏，收復邢州，殺僞命節度副使、知州事劉鐸。初，懷讓爲洺州防禦使，契丹麻答發健步督洺州糧運，懷讓殺之以聞。帝遣郭從義與懷讓攻取邢州，蕃將楊袞來援鐸，懷讓拒之，不勝，退保洺州，敵騎掠其部民，大被其苦。會鎮州逐麻答，楊袞收兵而退，鐸乃上表請命。懷讓乘其無備，遣人紿鐸云：「奉詔襲契丹，請置頓於郡。」鐸開門迎之，即爲懷讓所害，時人冤之。鐸初受契丹命爲邢州都指揮使，及永康王以高奉明爲節度使，麻答署鐸爲邢州副使兼都指揮使。帝至東京，奉明歸鎮州，令鐸知邢州事，至是遇害。庚戌，文武百僚上表，請以二月四日降誕日爲聖壽節，從之。前晉昌軍節度副使李肅可左驍衛上將軍致仕。是月，遣使諸道和市戰馬。

九月甲子，宰臣蘇逢吉兼户部尚書，蘇禹珪兼刑部尚書。丁卯，以吏部侍郎、權判太常卿事張昭爲太常卿。戊辰，故易州刺史郭璘贈太傅。甲戌，宰臣蘇逢吉加左僕射、監修國史，蘇禹珪加右僕射、集賢殿大學士，以吏部尚書竇貞固爲守司空兼門下侍郎、平章事、弘文館大學士，以翰林學士、行中書舍人李濤爲中書侍郎兼户部尚書、平章事。是日，權太常卿張昭上疏，奏改一代樂名。戊寅，詔以杜重威叛命，取今月二十九日暫幸澶、魏。己卯，以前樞密使李崧爲太子太傅，以前左僕射和凝爲太子太保。庚辰，車駕發京師。

冬十月癸未，以太子太保李鏻爲司徒，以太子太傅盧文紀爲太子太師，以前磁州刺史李穀爲左散騎常侍。甲申，車駕次韋城。詔：「河北諸州見禁罪人，自十月五日昧爽以前，常赦所不原者，咸赦除之。」壬辰，日有黑子如鷄卵。丙申，以相州留後王繼弘爲相州節度使，加檢校太傅。至鄴都城下。丙午，詔都部署高行周督衆攻城，帝登高阜以觀之，時衆議未欲攻擊，副部署慕容彥超堅請攻之。是日，王師傷夷者萬餘人，不克而退。

十一月壬子，雨木冰。癸丑，日南至，從官稱賀於行宮。己未，湖南奏，荆南節度使高從誨叛。辛酉，雨木冰。壬申，杜重威上表請命。癸酉，雨木冰。丁丑，杜重威素服出降，待罪於宫門，詔釋其罪。鄴都留守、天雄軍節度使高行周加守太尉，封臨清王。以杜重威爲檢校太師、守太傅，兼中書令、楚國公。己卯，以許州節度使兼侍衛步軍都指揮使史弘肇爲宋州節度使、同平章事，充侍衛親軍馬步軍都指揮使；以滑州節度使兼侍衛馬軍都指揮使劉信爲許州節度使、同平章事，充侍衛親軍馬步軍副都指揮使；以澶州節度使慕容彥超爲鄆州節度使、同平章事；以前定州節度使李殷爲貝州節度使；以鄭州防禦使郭從義爲澶州節度使。

十二月辛巳朔，以護聖左廂都指揮使、岳州防禦使李洪信爲遂州節度使，充侍衛步軍都指揮使；以護聖右廂都指揮使、永州防禦使尚洪遷爲夔州節度使，充侍衛步軍都指揮使。丙戌，車駕發鄴都歸京。癸巳，至自鄴都。甲午，以皇子開封尹承訓薨廢朝三日，追封魏王。丁酉，帝舉哀於太平宮。庚子，司徒李鏻

薨。辛丑，以前鄜州節度使郭謹爲滑州節度使，加檢校太尉。戊申，宿州奏，部民饑死者八百六十有七人。

乾祐元年正月辛亥朔，帝不受朝賀。乙卯，制：「大赦天下，改天福十三年爲乾祐元年。自正月五日昧爽已前，犯罪人除十惡五逆外，罪無輕重，咸赦除之。」己未，改御名爲暠。辛酉，詔：「諸道行軍副使、兩使判官並不得奏薦。帶使相節度使許奏掌書記、支使、節度推官；不帶使相節度使，只許奏掌書記、節度推官。其防禦團練判官、軍事判官等聽奏。所薦州縣官，帶使相節度使許薦三人；不帶使相二人；防禦、團練、刺史一人」云。以前鄧州節度使、燕國公馮道爲守太師，進封齊國公。甲子，帝不豫。庚午，以前宗正卿石光贊爲太子賓客，以太僕卿趙上交爲秘書監。丁丑，故尚書左丞韓祚贈司徒。二十七日丁丑，帝崩於萬歲殿，時年五十四。秘不發喪。庚辰，太傅杜重威伏誅。

二月辛巳朔，內降遺制，皇子周王承祐可於柩前即皇帝位。是日發哀。其年三月，太常卿張昭上謚曰睿文聖武昭肅孝皇帝，廟號高祖。十一月壬申，葬於睿陵，宰臣蘇禹珪撰謚册、哀册文云。

《新五代史》卷一〇《漢本紀》 高祖睿文聖武昭肅孝皇帝，姓劉氏，初名知遠，其先沙陀部人也，其後世居于太原。知遠弱不好弄，嚴重寡言，面紫色，目多白睛，凛如也。

與晉高祖俱事明宗爲偏將，明宗及梁人戰德勝，晉高祖馬甲斷，梁兵幾及，知遠以所乘馬授之，復取高祖馬殿而還，高祖德之。高祖留守北京，知遠爲押衙。

潞王從珂反，愍帝出奔，高祖自鎮州朝京師，遇愍帝于衛州，止傳舍，知遠遣勇士石敢袖鐵槌侍高祖以虞變。高祖與愍帝議事未決，左右欲兵之，知遠擁高祖入室，敢與左右格鬭而死，知遠即率兵盡殺愍帝左右，留帝傳舍而去。

廢帝入立，高祖復鎮河東，已而有隙，高祖將舉兵，知遠與桑維翰密爲高祖謀畫，贊成之。高祖即位於太原，以知遠爲侍衛親軍都虞候，領保義軍節度使。契丹耶律德光送高祖至潞州，臨決，指知遠曰：「此都軍甚操剌，無大故勿棄之。」

天福二年，遷侍衛馬步軍都指揮使，領忠武軍節度使。已而以杜重威代知遠領忠武，徙知遠領歸德，知遠恥與重威同制，杜門不出。高祖怒，欲罷其兵職，宰相趙瑩以爲不可，高祖乃遣端明殿學士和凝就第宣諭，知遠乃受命。五年，徙鄴都留守。九月，朝京師，高祖幸其第。六年，拜河東節度使、北京留守。七年，高祖崩。

知遠從高祖起太原，有佐命功，自出帝立，與契丹絶盟，用兵北方，常疑知遠勳位已高，幸晉多故而有異志，每優尊之。拜中書令，封太原王、幽州道行營招討使，又拜北面行營都統。開運二年四月，封北平王，三年五月，加守太尉，然王未嘗出兵。契丹寇澶州，別遣偉王攻鴈門，敗之于秀容。八月，殺吐渾白承福等族，取其貲鉅萬，良馬數千。

四年，契丹犯京師，出帝北遷，王遣牙將王峻奉表契丹，耶律德光呼之爲兒，賜以木柺，虜法貴之如中國几杖，非優大臣不可得。峻持柺歸，虜人望之皆避道。峻還，爲王言契丹必不能有中國，乃議建國。

二月戊辰，河東行軍司馬張彦威等上牋勸進。辛未，皇帝即位，稱天福十二年。磁州賊首梁暉取相州來歸。武節都指揮使史弘肇取代州，殺其刺史王暉。晉州將藥可儔殺其守將駱從朗及括錢使、諫議大夫趙熙來歸。辛巳，陜州留後趙暉、潞州留後王守恩來歸。

三月丙戌朔，蠲河東雜税。辛卯，延州軍亂，逐其節度使周密。壬辰，丹州指揮使高彦詢以其州來歸。壬寅，契丹遯，以其將蕭翰爲宣武軍節度使守汴州。

夏四月己未，右都押衙楊邠爲樞密使，蕃漢兵馬都孔目官郭威權樞密副使。契丹陷相州，殺梁暉。癸亥，立魏國夫人李氏爲皇后。甲子，河東節度判官蘇逢吉、觀察推官蘇禹珪爲中書侍郎、同中書門下平章事。乙丑，侍衛親軍步軍都指揮使史弘肇取潞州。戊辰，奉國指揮使武行德以河陽來歸。史弘肇取澤州。丙子，契丹耶律德光卒于欒城，契丹入于鎮州。

五月甲午，太原尹劉崇爲北京留守。丙申，如東京。蕭翰遯歸于契丹，以郇國公李從益知南朝軍國事。戊申，次絳州，刺史李從朗來歸。

六月丙辰，次河陽，殺李從益及其母于京師。甲子，至自太原。戊辰，改國號漢，赦罪人，蠲民税。于闐遣使者來。

是夏，劉昫薨。

秋閏七月乙丑，禁造契丹服器。天雄軍節度使杜重威反，天平軍節度使高行周爲鄴都行營都部署以討之。庚辰，追尊祖考爲皇帝，妣爲皇后：高祖湍謚曰明元，廟號文祖，祖妣李氏謚曰明貞；曾祖昂謚曰恭僖，廟號德祖，祖妣楊氏謚曰恭惠；祖僎謚曰昭憲，廟號翼祖，祖妣李氏謚曰昭穆；考琠謚曰章聖，廟號

顯祖，妣安氏諡曰章懿。以漢高皇帝爲高祖，光武皇帝爲世祖，皆不祧。

八月，護聖指揮使白再榮逐契丹，以鎮州來歸。丙申，安國軍節度使薛懷讓殺契丹之將劉鐸，入于邢州。

九月甲戌，吏部尚書竇貞固守司空兼門下侍郎，翰林學士、中書舍人李濤爲中書侍郎：同中書門下平章事。庚辰，北征。

冬十月甲申，次韋城，赦河北。

十一月壬申，杜重威降。

十二月癸巳，至自鄴都。

乾祐元年春正月乙卯，大赦，改元。己未，更名暠。丁丑，皇帝崩于萬歲殿。

雜録

備録

孔平仲《續世説》卷二《政事》 劉知遠謂晉高祖曰：「願陛下撫將相以恩，臣請戢士卒以威，恩威兼著，京邑自安。本根安固，則枝葉不傷矣。」知遠乃嚴設科禁，宿衛諸軍無敢犯者。有軍士盜紙錢一襆，主者擒之，左右請釋之。知遠曰：「吾誅其情，不計其直。」竟殺之。由是衆皆畏服。

孔平仲《續世説》卷三《雅量》 石晉以劉知遠爲河東節度使。知遠微時，爲晉陽李氏贅壻，常牧馬犯僧田，僧執而笞之。知遠至晉陽，首召其僧，命之坐，慰諭贈勞，衆心大悦。

張齊賢《洛陽縉紳舊聞記》卷五《張大監正直》 至漢祖既即位之初，爲上黨戎判。漢祖在北京時，大聚甲兵，禁牛皮不得私貨易及民間盜用之。如有牛死，即時官納其皮。其有犯者甚衆。及即大位，三司舉行請禁天下牛皮，其立法與河東時同，天下苦之。會上黨民犯牛皮者二十餘人，獄成，罪俱當死。大監時爲判官，獨執曰：「主上欽明，三司不合如此起請，二十來人死尚聞，況天下犯者皆銜冤而死乎。且主上在河東大聚甲兵，須藉牛皮，嚴禁之可也。今爲天下君，何少牛皮，立法至于此乎。」遂封奏之。時三司使方用事，執政之地除馮瀛王外，皆惡之，曰：「豈有州郡使敢非朝廷詔敕。」力言于漢祖，漢祖亦怒曰：「昭義一判官是何人，爲作敢如是，其犯牛皮者，依敕俱死。大監以其非毀詔敕，亦死。」敕未下，獨瀛王非時請見。漢祖出，瀛王曰：「陛下在河東時，斷牛皮可也。今既有天下，牛皮不合禁。陛下赤子枉殺之，亦足爲陛下惜。昭義判官以卑位食陛下禄，居陛下官，不惜軀命，敢執而奏之，可賞，不可殺。臣當輔弼之任，使此敕枉害天下人性命。臣不能早奏，使陛下正之。臣罪當誅。」稽首再拜。又曰：「張燦不合加罪，望寬敕赦之。」漢祖久之曰：「已行之矣。」馮瀛王曰：「敕未下。」漢祖遽曰：「與赦之。」馮曰：「欲勒停可乎？」上曰：「可。」由是改其狀，記其署曰：「三司邦計，國法攸依。張燦體事未明，執理乖當，宜停見職。犯皮者貸命放之。」大監聽命拜訖，聞敕云「執理乖當」，尚曰：「中書自不能執，若一教外道判官執，則焉用彼相乎。」未久，朝廷知之，且愛其直敢言事，欲用之爲諫官。無何，授監察御史，初授監察命詞云：「前件官澄之不清，撓之不濁。」捧敕牒官告遍詣時宰，謂之呈官告，馮瀛王于官告上改一字，云「澄之必清」，用堂印印之。聚聽屈見之，馮曰：「此官已有清白，豈合言『澄之不清』乎？」由是清白之名，遍于朝野。

王夫之《讀通鑑論》卷二九《五代中》 劉知遠之智，過於石敬瑭也遠甚，拒段希堯、趙瑩移鎮之謀而亟勸敬瑭以反，其情可知也。當其時，所謂天子者，苟有萬人之衆、萬金之畜，一旦蹶起，而即褒然南面，一李希烈、朱泚之幸成者而已。范延光、趙延壽、張敬達之流，智力皆出知遠下，而知遠方爲敬瑭之偏裨，勢不足以特興，敬瑭反，而後知遠以開國元功居諸帥之右，睨敬瑭之篡而即睨其必亡，中州不歸己而奚歸邪？嗚呼！人之以機相制，陰陽取與伏於促膝之中，效死宣力，皆以自居勝地，而愚者不悟，偷得一日之尊榮以亡其族，亦可愍矣哉！

知遠之於敬瑭，楊邠、郭威之於知遠，一也。楊邠貪居於内，自速其禍耳。敬瑭不知倚知遠爲腹心，愚已甚也。知遠知邠與威之將效己，而不早爲之防，事勢已然，未可急圖也。知遠早殂，不及施葅醢之謀耳，使天假以年，邠、威之誅，豈待郭允明哉？然而樹劉崇於晉陽以延其血食，則知遠之智，果遠過於敬瑭矣。稱臣納土於契丹，知遠固爭不可，亦自爲計也。故繕城治兵，屹立晉陽以觀變，而徐收之。李存勗之後，其能圖度大謀以自立者，唯知遠耳。而終不能永其祚者，雖割據叨幸之天子，亦不可以智力取也。

王夫之《讀通鑑論》卷三〇《五代下》 劉知遠之圖度深密也，石敬瑭其几俎

閒物耳，惡足以測之哉！始而決勸敬瑭以反，爲己先驅也。三鎮兵起，敬瑭問計，而曰：「陛下撫將相以恩，臣戢士卒以威。」蓋子罕專宋之故智也。

自唐以來，人主之速趨於亡者，皆以姑息養彊臣而倒授之生殺之柄，非其主剛愎過甚而激之使叛也。今欲使敬瑭以呴沫之仁假借將相，則當時所宜推心信任、恣其淩轢而不問者，莫知遠若矣。恩徧加於將相，而可獨致猜防於知遠乎？柔而召侮，躁人先淩之，以亂其心志，故安重榮之流，急起以疲敬瑭之力，知遠乃乘其後席捲而收之已耳。威移於己，則三軍所畏服者，知有知遠而忘有敬瑭；戢兵以衛民，則百姓所仰戴者，不感敬瑭而唯感知遠。兵從令而民歸心，故可以安坐晉陽，而俟契丹之倦歸，以受人之推戴。此知遠之成算，使敬瑭入其中而不覺者也。藉令石重貴而不爲契丹之俘虜邪？亦拱手而授之知遠爾。

傲岸不受平章之命，重爲其主之疑怒，而趙瑩爲之拜請，感其恩撫大臣之言也。敬瑭忍怒而使和凝就第勸諭，假借之恩寵者已素，而威不足以張也。范延光、楊光遠、張彦澤驕横以速石氏之亡，知遠收之也不待勞矣。契丹中起而亂之，故知遠之得之也難。當桑維翰獻割地稱臣之計，知遠已早慮之矣，慮己之難乎其奪之豎子之手也。而卒能自保，以逐夷而少息其民。故自朱温以來，許其有志略而幾於豪傑者，唯知遠近之矣。

若夫君臣之義，固有不必深求以責知遠者。當日之君臣，非君臣也。知遠之器識，愈於敬瑭遠矣。爲其偏裨，以權勢而屈居其下，相與爲賊，以奪李從珂之宗社，一彼一此，衰王相乘，豈嘗受顧命輔重貴以保固石氏之邦家乎？敬瑭不推心以託，知遠亦不引以自任也，久矣。則護河東片土，休兵息民，免於打草穀之掠殺，而待契丹之退，收拾殘疆，慰安殺戮之餘民，知遠之於天下也，不可謂無功。杜重威、李守貞、張彦澤之惡已播而不可揜，桑維翰媚虜以虔劉天下而自殺其軀，於是人喻於從夷之凶危；而重貴已俘，國中無主，始徐起而撫之，知遠之成謀決矣。擯契丹以全中夏而授之郭氏，契丹弗敢陵也。蓋自朱温以來，差可許以長人者，唯知遠耳。嗣子雖失，而猶延河東數十年之祀，亦其宜矣。然而不足以延者，知遠亦沙陀也。於時天維地紀未全坼也，固不可以爲中國主也。

得國而速亡，未有如沙陀劉氏者也；反者一起，兵未血刃，衆即潰，君即死，國即亡，易如吹槁，亦未有如沙陀劉氏者也。其後宋奪柴氏而尤易，亦迹此而爲之耳。

劉氏之代石晉也，以視陳霸先而尤正。二蕭、石、郭皆懷篡奪之謀，興叛主之甲。知遠雖不救重貴之亡，而不臣之迹未著。重貴已見俘於契丹，石氏無三尺之苗裔可以輔立者，中原無主，兆人樂推，而始稱大號，以收兩都，逐胡騎。然且出兵山左，思奪重貴，不克而始還。若是者，宜其可以代興而永其祚，然而不能者，其故有二：《詩》曰：「宗子維城，大宗維翰。」先王親親以篤天倫，而枝幹相扶之道即在焉。《易》曰：「開國承家，小人勿用。」先王尊賢以共天職，而心膂相依之道即在焉。漢、唐之興，其親也，不能如周、召之一心，而分土爲侯王者，固不可拔也；其賢也，不能如伊、吕之一德，而居中爲宰輔者，固不可亂也。

劉氏起於沙陀，以孤族而暴興，承祐之外，僅一劉崇父子，而威望不能與郭威、楊邠、史弘肇相頡頏。舉國之人，知孤雛一禽而其宗熸矣。郭氏亦猶是也。柴氏雖有宗黨，然不能正名爲皇族，亦一夫而已矣。一旦擁他姓以代之，孰相難者，而又何勞再舉乎？

備論

《舊五代史》卷一〇〇《高祖紀下》　史臣曰：在昔皇天降禍，諸夏無君，漢高祖肇起并、汾，遄臨汴、洛，乘虚而取神器，因亂而有帝圖，雖曰人謀，諒由天啓。然帝昔莅戎藩，素虧物望，洎登宸極，未厭人心，徒矜拯溺之功，莫契來蘇之望。良以急於止殺，不暇崇仁。燕薊降師，既連營而受戮；鄴臺叛帥，因閉壘以媮生。蓋撫御以乖方，俾征伐之不息。及回鑾輅，尋墮烏號，故雖有應運之名，而未睹爲君之德也。

郭威部

綜述

《舊五代史》卷一一〇《太祖紀一》　太祖聖神恭肅文武孝皇帝，姓郭氏，諱威，字文仲，邢州堯山人也。或云本常氏之子，幼隨母適郭氏，故冒其姓焉。高祖諱璟，廣順初，追尊爲睿和皇帝，廟號信祖，陵曰温陵；高祖妣張氏，追謚睿恭皇后。曾祖諱諶，漢贈太保，追尊爲明憲皇帝，廟號僖祖，陵曰齊陵；曾祖妣鄭國夫人申氏，追謚明孝皇后。祖諱蘊，漢贈太傅，追尊爲翼順皇帝，廟號義祖，陵曰節陵；祖妣陳國夫人韓氏，追謚翼敬皇后。皇考諱簡，漢贈太師，追尊爲章肅皇帝，廟號慶祖，陵曰欽陵；皇妣燕國夫人王氏，追謚爲章德皇后。後以唐天祐元年甲子歲七月二十八日，生帝於堯山之舊宅。載誕之夕，赤光照室，有聲如爐炭之裂，星火四迸。

帝生三歲，家徙太原。居無何，皇考爲燕軍所陷，殁於王事。帝未及齠齔，章德太后蚤世，姨母楚國夫人韓氏提攜鞠養。及長，形神魁壯，趣向奇崛，愛兵好勇，不事田産。天祐末，潞州節度使李嗣昭常山戰殁，子繼韜自稱留後，南結梁朝，據城阻命，乃散金以募豪傑。帝時年十八，避吏壺關，依故人常氏，遂往應募。帝負氣用剛，好鬥多力，繼韜奇之，或踰法犯禁，亦多假借焉。嘗游上黨市，有市屠壯健，衆所畏憚，帝以氣淩之，因醉命屠割肉，小不如意，叱之。屠者怒，坦腹謂帝曰：「爾敢刺我否？」帝即剚其腹，市人執之屬吏，繼韜惜而逸之。其年，莊宗平梁，繼韜伏誅，麾下牙兵配從馬直，帝在籍中，時年二十一。帝性聰敏，喜筆劄，及從軍旅，多閱簿書，軍志戎政，深窮綮肯，人皆服其敏。嘗省昭義李瓊，瓊方讀《閫外春秋》，即取視之，曰：「論兵也，兄其教我。」即授之，深通義理。

天成初，明宗幸浚郊。時朱守殷嬰城拒命，帝從晉高祖一軍率先登城。晉祖領副侍衛，以帝長於書計，召置麾下，令掌軍籍，前後將臣，無不倚愛。初，聖穆皇后嬪于帝，帝方匱乏，而后多資從。帝常晝寢，有小虺五色，出入顴鼻之間，后遽見愕然。在太原時，有神尼與帝同姓，見帝，謂李瓊曰：「我宗天上大仙，頂上有肉角，當爲世界主。」清泰末，晉祖起於河東，時河陽節度使張彦琪爲侍衛步軍都指揮使，奉命北伐，帝從之，嘗於晉祠。是時屋壞，同處數人俱斃，唯帝獨無所傷。漢高祖爲侍衛馬步都虞候，召置左右。所居官舍之鄰吴氏，有青衣仕娘者，爲山魈所魅，鬼能人言，而投瓦石，鄰伍無敢過吴氏之舍者。帝過之，其鬼寂然，帝去如故，如是者再。或謂鬼曰：「爾既神，向者客來，又何寂然？」鬼曰：「彼大人者。」繇是軍中異之。范延光叛於魏，命楊光遠討之，帝當行，意不願從。或謂帝曰：「楊公當朝重勳，子不欲從，何也？」帝曰：「楊公素無英雄氣，得我何用？能用我其劉公乎！」漢祖累鎮藩閫，皆從之。及鎮并門，尤深待遇，出入帷幄，受腹心之寄，帝亦悉心竭力，知無不爲。及吐渾白可久叛入契丹，帝勸漢祖誅白承福等五族，得良馬數千匹、財貨百萬計以資軍。

開運末，契丹犯闕，晉帝北遷。帝與蘇逢吉、楊邠、史弘肇等勸漢祖建號，以副人望。漢高祖即位晉陽，時百度草創，四方猶梗，經綸締構，帝有力焉。授權樞密副使、檢校司徒。漢高祖至汴，正授樞密副使、檢校太保。乾祐元年春，漢高祖不豫，及大漸，與蘇逢吉等同受顧命。隱帝嗣位，拜樞密使，加檢校太尉。舊制，樞密使未加使相者，不宣麻制，至是宣之，自帝始也。有頃，河中李守貞據城反，朝廷憂之，諸大臣共議進取之計。史弘肇曰：「守貞，河陽一客司耳，竟何能爲？」帝曰：「守貞雖不習戎行，然善接英豪，得人死力，亦勍敵，宜審料之。」乃命白文珂、常思率兵攻取。師未至，而趙思綰竊據永興，王景崇反狀亦露，朝廷遣郭從義、王峻討趙思綰。七月，西面師徒大集，未果進取。其月十三日，制授帝同平章事，即遣西征，以安慰招撫爲名，詔西面諸軍，並取帝節度。時論以白文珂、常思非守貞之敵，聞帝西行，羣情大愜。八月六日，帝發離京師。二十日，師至河中。命白文珂營於河西，帝營於河東。不數日，周設長塹，復築長連城以逼之。帝在軍，居常接賓客，與大將讌語，即褒衣博帶，或遇巡城壘，對陣敵，幅巾短後，與衆無殊。臨矢石，冒鋒刃，必以身先，與士伍分甘共苦。稍立功效者，厚其賜與，微有傷痍者，親爲循撫。士無賢不肖，有所陳啓，温顔以接，俾盡其情，人之過忤，未嘗介意，故君子小人皆思效用。守貞聞之，深以爲憂。十二月，帝以蜀軍屯大散關，即親率牙兵往鳳翔、永興，相度將發，謂白文珂、劉詞曰：「困獸猶鬥，當謹備之。」帝至華州，聞蜀軍退敗，遂還。

二年正月五日夜，李守貞遣將王三鐵領千餘人，夜突河西砦，果爲劉詞等力

戰敗之。先是，軍中禁酒，帝有愛將李審犯令，斬之以徇。五月九日，攻河西砦，賊將周光遜以砦及部衆千餘人來降。十七日，下令攻城，會西北大風，揚沙晦冥，帝令禱河伯祠，奠訖而風止，自是晝夜攻之。七月十三日，帝率三砦將士奪賊羅城。二十一日，城陷，守貞舉家自焚而死。帝前夢河神告曰：「七月下旬，上帝當滅守貞之族。」至是收復賊壘。城中人言，見帝營上有紫氣，如樓閣華蓋之狀。

二年八月五日，帝自河中班師，其月二十七日入朝。漢帝命升階撫勞，酌御酒以賜之，錫賚優厚。翌日，漢帝議賞勳，欲兼方鎮，帝辭之，乃止。帝以出征時廳子都七十三人，具籍獻之。九月五日，制加檢校太師、兼侍中。十月，契丹入寇，前鋒至邢、洺、貝、魏，河北告急，帝受詔率師赴北邊，以宣徽南院使王峻爲監軍。其月十九日，帝至邢州，遣王峻前軍趨鎮、定。時契丹已退，帝大閱，欲臨寇境，詔止之。

三年二月，班師。三月十七日，制授鄴都留守，樞密使如故。時漢帝以北兵爲患，委帝以河朔之任，宰相蘇逢吉等議，藩臣無兼樞密使例。史弘肇以帝受任之重，苟不兼密務，則難以便宜從事。竟從弘肇之議，詔河北諸州，凡事一稟帝節度。帝將北行，啓漢帝曰：「陛下富有春秋，萬幾之事，宜審於聽斷，文武大臣，乃心王室，凡事諮詢，即無敗失。」漢帝斂容謝之。帝至鄴，盡去煩弊之事，不數月，閫政有序，一方晏然。詔書褒美。一夕，在山亭院齋中，忽有黄氣起於前，上際於天，帝於黄氣中見星文，紫微、文昌，爛然在目。既而告之星者曰：「予於室中見天象，不其異乎？」對曰：「坐見天衢，物不能隔，至貴之祥也。」翌日，牙署中有紫氣起於幡竿龍首，凡三日。

十一月十四日，澶州節度使李洪義、侍衛步軍都指揮使王殷遣澶州副使陳光穗至鄴都，報京師有變：是月十三日旦，羣小等害史弘肇等。前一夕，李業等遣腹心齎密詔至澶州，令李洪義殺王殷，又令護聖左廂都指揮使郭崇等害帝於鄴城。十三日，洪義受得密詔，恐事不濟，乃以密詔示王殷，殷與洪義即遣陳光穗馳報於帝。十四日，帝方與宣徽使王峻坐議邊事，忽得洪義文字，遽歸牙署，峻亦未知其事。帝初知楊、史諸公被誅，神情惘然，又見移禍及己，伸訴無所，即集三軍將校諭之曰：「予從微至著，輔佐國家。先皇登遐，親受顧託，與楊、史諸公，彈壓經謀，忘寢與食。一旦無狀，盡已誅夷，今有詔來取予首級，爾等宜奉行詔旨，斷予首以報天子，各圖功業，且不累諸君也。」崇等與諸將校泣於前，言曰：「此事必非聖意，即是左右小人誣罔竊發，假令此輩握重柄，國得安乎！宜得投論，以判忠佞，何事信單車之使而自棄，千載之下，空受惡名。」崇等願從明公入朝，面自洗雪，除君側之惡，共安天下。」衆然之，遂請帝南行，帝即嚴駕首途。十六日，至澶州，王殷迎謁慟哭。時隱帝遣小竪鸞脱偵鄴軍所在，爲遊騎所執，帝即遣回，令附奏隱帝赴闕之由，仍以密奏置鸞脱衣領中。奏曰：「臣發迹寒賤，遭遇聖明，既富且貴，實過平生之望，唯思報國，敢有他圖！今奉詔命，忽令郭崇等殺臣，即時俟死，而諸軍不肯行刑，逼臣赴闕，令臣請罪上前，仍言致有此事，必是陛下左右譖臣耳。今鸞脱至此，天假其便，得伸臣心，三五日當及闕朝陛下。若以臣有欺天之罪，臣豈敢惜死；若實有譖臣者，乞陛下縛送軍前，以快三軍之意，則臣雖死無恨。今託鸞脱附奏以聞。」十七日，帝至滑州，節度使宋延渥開門迎納。帝將發滑臺，召將士謂之曰：「主上爲讒邪所惑，誅殺勳臣，吾之此來，事不獲已，然以臣拒君，寧論曲直。汝等家在京師，不如奉行前詔，我以一死謝天子，實無所恨。」將校前啓曰：「國家負公，公不負國，請公速行，無遲久，安邦雪怨，正在此時。」既而王峻諭軍曰：「我得公處分，俟平定京城，許爾等旬日剽掠。」衆皆踴躍。

十九日，隱帝遣左神武統軍袁巑、前鄧州節度使劉重進率禁軍來拒，與前開封尹侯益等屯赤岡，是夜俱退。二十日，隱帝整陣於劉子陂。二十一日，兩陣俱列，慕容彦超率軍奮擊，帝遣何福進、王彦超、李筠等大合騎以乘之。慕容彦超退却，死者百餘人，於是南軍奪氣，稍稍奔於北軍。慕容彦超與數十騎東奔兗州。吴虔裕、張彦超等相繼來見帝，是夜侯益、焦繼勳潛至帝營，帝慰勞遣還。

二十二日旦，郭允明弑漢隱帝於北郊。初，官軍之敗，帝謂宋延渥曰：「爾國親，可速往衛主上，兼附奏，請陛下得便速奔臣來，免爲左右所圖。」及延渥至，亂兵雲合，即惶駭而還。是旦，帝望見天子旌旗於高坡之上，謂隱帝在其下，既免胄釋馬而前，左右慮有不測，請帝止。帝泣曰：「吾君在此，又何憂焉。」及至前，隱帝已去矣，帝歔欷久之。俄聞隱帝遇弑，號慟不已。帝至玄化門，劉銖雨射城外，帝回車自迎春門入，諸軍大掠，烟火四發，帝止於舊第，何福進以部下兵守明德門。翌日，王殷、郭崇言曰：「若不止剽掠，比夜化爲空城耳。」由是諸將部分斬其剽者，至晡乃定。帝與王峻詣太后宫起居，請立嗣君，乃以高祖姪徐州節度使贇入繼大統，語在《漢紀》。二十七日，帝以嗣君未至，請太后臨朝，會鎮、定州馳奏，契丹入寇，河北諸州告急，太后命帝北征。

十二月一日，帝發離京師。四日，至滑州，駐馬數日。會湘陰公遣使慰勞諸將，受宣之際，相顧不拜，皆竊言曰：「我輩陷京師，各各負罪，若劉氏復立，則無種矣。」或有以其言告帝者，帝愕然，即時進途。十六日，至澶州。是日旭旦，日邊有紫氣來，當帝之馬首。十九日，下令諸軍進發。二十日，諸軍將士大譟趨驛，如牆而進，帝閉門拒之。軍士登牆越屋而入，請帝爲天子。亂軍山積，登階匝陛，扶抱擁迫，或有裂黄旗以被帝體，以代赭袍，山呼震地。帝在萬衆之中，聲氣沮喪，悶絶數四，左右親衛，星散竄匿。帝即登城樓，稍得安息，諸軍遂擁帝南行。時河冰初解，浮梁未構。是夜北風凛烈，比旦冰堅可渡，諸軍遂濟，衆謂之「凌橋」，濟竟冰泮，時人異之。時湘陰公已駐宋州，樞密使王峻在京，聞澶州之變，遣侍衛馬軍指揮使郭崇率七百騎赴宋州，以衛湘陰公。二十五日，帝至七里店，羣臣謁見，遂營於皋門村。

二十七日，漢太后令曰：「樞密使、侍中郭威，以英武之才，兼内外之任，剪除禍亂，弘濟艱難，功業格天，人望冠世。今則軍民愛戴，朝野推崇，宜總萬幾，以允羣議，可監國，中外庶事，並取監國處分。」二十八日，監國教曰：

寡人出自軍戎，本無德望，因緣際會，叨竊寵靈。高祖皇帝甫在經綸，待之心腹，洎登大位，尋付重權。當顧命之時，受忍死之寄，與諸勳舊，輔立嗣君。旋屬三叛連衡，四郊多壘，謬膺朝旨，委以專征，兼守重藩，俾當勍敵，敢不横身戮力，竭節盡心，冀肅静於疆場，用保安於宗社。不謂姦邪搆亂，將相連誅，寡人偶脱鋒鋩，剋平患難，志安劉氏，願報漢恩，推擇長君，以紹丕構，遂奏太后，請立徐州相公，奉迎已在於道途，行李未及於都輦。尋以北面事急，敵騎深侵，遂領師徒，徑往掩襲，行次近鎮，已渡洪河。十二月二十日，將登澶州，軍情忽變，旌旗倒指，喊叫連天，引袂牽襟，迫請爲主，環繞而逃避無所，紛紜而逼脅愈堅，頃刻之間，安危莫保，事不獲已，須至徇從，於是馬步諸軍擁至京闕。今奉太后誥旨，以時運艱危，機務難曠，俾令監國，逃避無由，僶俛遵承，夙夜憂愧云。

時文武百官、内外將帥、藩臣郡守等，相繼上表勸進。三十日夜，御營西北隅步軍將校因醉揚言：「昨澶州馬軍扶策，步軍今欲扶策。」

廣順元年春正月丁卯，漢太后誥曰：「邃古以來，受命相繼，是不一姓，傳諸百王，莫不人心順之則興，天命去之則廢，昭然事迹，著在典書。予否運所丁，遭家不造，姦邪搆亂，朋黨横行，大臣冤枉以被誅，少主倉卒而及禍，人自作孽，天道寧論。監國威，深念漢恩，切安劉氏，既平亂略，復正頽綱，思固護於基扃，擇繼嗣於宗室。而獄訟盡歸於西伯，謳謡不在於丹朱，六師竭推戴之誠，萬國仰欽明之德，鼎革斯契，圖籙有歸，予作家賓，固以爲幸。今奉符寶授監國，可即皇帝位。於戲！天禄在躬，神器自至，允集天命，永綏兆民，敬之哉！」是日，帝自皋門入大内，御崇元殿，即皇帝位。制曰：

自古受命之君，興邦建統，莫不上符天意，下順人心。是以夏德既衰，爰啓有商之祚；炎風不競，肇開皇魏之基。朕早事前朝，久居重位。受遺輔政，敢忘伊、霍之忠；仗鉞臨戎，復委韓、彭之任。匪躬盡瘁，焦思勞心，討叛涣於河潼，張聲援於岐、雍，竟平大憝，粗立微勞。纔旋旆於關西，尋統兵於河朔，訓齊師旅，固護邊陲，只將身許國家，不以賊遺君父。外憂少息，内患俄生，羣小連謀，大臣遇害，棟梁既壞，社稷將傾。朕方在藩維，以遭讒構。逃一生於萬死，徑赴闕庭；梟四罪於九衢，幸安區宇。將延漢祚，擇立劉宗，徵命已行，軍情忽變。朕以衆庶所逼，逃避無由，扶擁至京，尊戴爲主。重以中外勸進，方岳推崇，僶俛雖順於羣心，臨御實慚於涼德。改元建號，祇率於舊章；革故鼎新，宜覃於霈澤。

朕本姬室之遠裔，虢叔之後昆，積慶累功，格天光表，盛德既延於百世，大命復集於眇躬，今建國宜以大周爲號，可改漢乾祐四年爲廣順元年。自正月五日昧爽已前，應天下罪人，常赦所不原者，咸赦除之。故樞密使楊邠、侍衛都指揮使史弘肇、三司使王章等，以勞定國，盡節致君，千載逢時，一旦同命，悲感行路，憤結重泉，雖尋雪於沈冤，宜更伸於渥澤，並可加等追贈，備禮歸葬，葬事官給，仍訪子孫敍用。其餘同遭枉害者，亦與追贈。馬步諸軍將士等，戮力叶誠，輸忠效義，先則平持内難，後乃推戴朕躬，言念勳勞，所宜旌賞。其原屬將士等，各與等第，超加恩命，仍賜功臣名號，已帶功臣者别與改賜。應左降官，未量移者與量移，已量移者與復資，已復資者量加敍録。亡官失爵之人，宜與齒用，配流徒役人，並許放還。諸處有犯罪逃亡之人，及山林草寇等，一切不問，如赦到後一月不歸本業者，復罪如初。内外前任、見任文武官僚致仕官，各與加恩。應在朝文武臣僚、内諸司使、諸道行軍副使、藩方馬步都指揮使，如父母在，未有恩澤者即與恩澤，已有者更與恩澤；如亡没，未曾追封贈者亦與封贈，已封贈者更與封贈。

應天下州縣，所欠乾祐元年、二年已前夏秋殘税及沿徵物色，並三年夏税諸色殘欠，並與除放。澶州已來，官路兩邊共二十里内，並乾祐三年殘税欠税，並

與除放。應河北沿邊州縣，自去年九月後來，曾經契丹蹂踐處，其人户應欠乾祐三年終已前積年殘欠諸色税物，並與除放。應係三司主持錢穀敗闕場院官取乾祐元年終已前徵納外，灼然無抵當者，委三司分析聞奏。天下倉場、庫務，宜令節度使專切鈐轄，掌納官吏一依省條指揮，不得别納斗餘、秤耗，舊來所進羨餘物色，今後一切停罷。

應乘輿服御之物，不得過爲華飾，宫闈器用，務從樸素，大官常膳，一切減損。諸道所有進奉，以助軍國之費，其珍巧纖華及奇禽異獸鷹犬之類，不得輒有獻貢，諸無用之物、不急之務，並宜停罷。帝王之道，德化爲先，崇飾虚名，朕所不取，苟致治之未洽，雖多端以奚爲！今後諸道所有祥瑞，不得輒有奏獻。

古者用刑，本期止辟，今兹作法，義切禁非。蓋承弊之時，非猛則姦宄難制；及知勸之後，在寬則典憲得宜。相時而行，庶臻中道。今後應犯竊盗贓及和姦者，並依晉天福元年已前條制施行。應諸犯罪人等，除反逆罪外，其罪並不得籍没家産，誅及骨肉，一依格令處分。

天下諸侯，皆有親戚，自可慎擇委任，必當克效參裨。朝廷選差，理或未當，宜矯前失，庶叶通規。其先於在京諸司差軍將充諸州郡元從都押衙、孔目官、内知客等，並可停廢，仍勒却還舊處職役。近代帝王陵寢，合禁樵採。唐莊宗、明宗，晉高祖，各置守陵十户，以近陵人户充。漢高祖皇帝陵署職員及守宫人，時日薦饗，並守陵人户等，一切如故。仍以晉、漢之胄爲二王後，委中書門下處分云。

司天上言：「今國家建號，以木德代水，準經法國以姓墓爲臘，請以未日爲臘。」從之。時議者曰：「昔武王勝殷，歲集於房，國家受命，金木集於房。文王厄羑里，而卦遇明夷，帝脱於鄴，大衍之數，復得明夷，則周爲國號，符於文、武矣。」先是，丁未年夏六月，土、金、木、火四星聚於張，占者云，當有帝王興於周者。故漢祖建國，由平陽、陝服趨洛陽以應之，及隱帝將嗣位，封周王以符其事。而帝以姬虢之胄，復繼宗周，而天下之契炳然矣。昔武王以木德王天下，宇文周亦承木德，而三朝皆以木代水，不其異乎！

戊辰，前曹州防禦使何福進受宣權許州節度使，前復州防禦使王彦超受宣權徐州節度使，前澶州節度使李洪義受宣權宋州節度使。己巳，上漢太后尊號曰昭聖皇太后。是日，詔有司擇日爲故主發哀。辛未，有司上言：「皇帝爲故主舉哀日，服縞素，直領深衣、腰絰等。成服畢祭奠，不視朝七日，坊市禁音樂。文武内外臣僚成服後，每日赴太平宫臨，三日止，七日釋服。至山陵啓攢塗日，服初服，輴車出城，班辭釋服。」從之。壬申，前博州刺史李筠受宣權滑州節度使。癸酉，樞密使、檢校太傅王峻加同平章事；以前澶州節度使李洪義爲宋州節度使，加同平章事。以滑州節度副使陳觀爲左散騎常侍，鄴都留守判官王溥爲左諫議大夫，並充樞密院直學士。以元從都押衙鄭仁誨爲客省使，知客押牙向訓爲宫苑使。北京留守劉崇遣押牙鞏廷美致書，求劉贇歸藩。帝報曰：「朕在澶州之時，軍情推戴之際，先差來直省李光美備見，必想具言，而況遐邇所聞，在後盡當知悉。湘陰公比在宋州駐泊，見令般取赴京，但勿憂疑，必令得所。惟公在彼，固請安心，若能同力扶持，别無顧慮，即當便封王爵，永鎮北門，鐵券丹書，必無愛惜。其諸情素，並令來人口宣。」遣千牛衛將軍朱憲充入契丹使。先是，去年契丹永康王兀欲寇邢、趙，陷内丘。及迴，兀欲遣使與漢隱帝書，使至境上，會朝廷有蕭牆之變，帝定京城，回至澶州，遇蕃使至，遂與入朝。至是，遣朱憲伴送來使歸蕃，兼致書敍革命之由，仍以金酒器一副、玉帶一遺兀欲。晉州節度使王晏殺行軍司馬徐建，以通河東聞。

乙亥，鄆州節度使、守太師、兼中書令、齊王高行周進位尚書令，襄州節度使、檢校太師、守太傅、兼中書令、齊國公安審琦進封南陽王，青州節度使、檢校太師、守太保、兼中書令、魏國公符彦卿進封淮陽王，夔州節度使、侍衛親軍馬步軍都指揮使、檢校太傅王殷加同平章事，充鄴都留守，典軍如故。丙子，帝赴太平宫，爲漢隱帝發喪，百官陪位如儀。是日，湘陰公元從右都押牙鞏廷美、教練使楊温等，據徐州以拒命。帝遣新受節度使王彦超率兵馳赴之，仍賜廷美等敕書。

《舊五代史》卷一一一《太祖紀二》 廣順元年春二月癸巳朔，以樞密副使、尚書户部侍郎范質爲兵部侍郎，依前充職；以陳州刺史、判三司李穀爲户部侍郎，判三司；以右金吾大將軍、充街使翟光鄴爲左千牛衛上將軍，充宣徽北院使；以宣徽北院使袁巃爲左武衛上將軍，充宣徽南院使；以左右金吾大將軍、充街使符彦琳爲右監門上將軍。丁酉，以皇子天雄軍牙内都指揮使、檢校右僕射、貴州刺史榮起復爲澶州節度使、檢校太保，以右金吾上將軍薛可言爲右龍武統軍，以左神武統軍安審約爲左羽林統軍，以左驍衛上將軍趙贇爲右羽林統軍，以太子太師致仕宋彦筠爲左衛上將軍。詔移生吐渾族帳於潞州長子縣江猪嶺。己亥，以左武衛上將軍劉遂凝爲左神武統軍，以左衛上將軍焦繼勳爲右神武統

軍，以左領軍衛上將軍史佺爲右衛上將軍。

庚子，故吴國夫人張氏追贈貴妃；故皇第三女追封樂安公主；故第二子青哥贈太保，賜名侗；第三子意哥贈司空，賜名信；故長婦劉氏追封彭城郡夫人。皇姪三人：守筠贈左領軍將軍，改名愿；奉超贈左監門將軍；定哥贈左千牛衛將軍，賜名遜。故皇孫三人：宜哥贈左驍衛大將軍，賜名誼；喜哥贈武衛大將軍，賜名誠；三哥贈左領衛大將軍，賜名諴。辛丑，西州回鶻遣使貢方物。前開封尹、魯國公侯益進封楚國公，前西京留守、莒國公李從敏進封秦國公，前西京留守王守恩進封莒國公。癸卯，以前中書侍郎兼户部尚書、平章事李濤爲太子賓客。詔宣徽南院使袁義權知開封府事，以太子太保和凝爲太子太傅。丙午，晉州王晏奏，河東劉崇遣僞招討使劉鈞、副招討使白截海，率步騎萬餘人來攻州城，以今月五日五道齊攻，率州兵拒之，賊軍傷死甚衆。內出寶玉器及金銀結縷、寶裝牀几、飲食之具數十，碎之於殿庭。帝謂侍臣曰：「凡爲帝王，安用此！」仍詔所司，凡珍華悦目之物，不得入宫。先是，回鶻間歲入貢，禁民不得與蕃人市易寶貨，至是一聽私便交易，官不禁詰。

丁未，左千牛將軍朱憲使契丹迴。契丹主兀欲遣使人來獻良馬一駟，賀登極。戊申，詔曰：「朕祗膺景命，奄有中區，每思順物之情，從衆之欲。將使照臨之下，咸遂寬舒；仕官之流，自安進退。往者有司拘忌，人或滯流，所在前資，並遣赴闕。輦轂之下，多寄食僦舍之徒；歲月之間，動懷土念家之思。宜循大體，用革前規。應諸道州府，有前資朝官居住，如未赴京，不得發遣。其行軍副使已下，幕職州縣官等，得替求官，自有月限，年月未滿，一聽外居。如非時詔徵，不在此限。」己酉，有司議立四親廟，從之。辛亥，以太子少傅楊凝式爲太子少師，以太常卿張昭爲户部尚書，以尚書左丞王易爲禮部尚書，以兵部侍郎邊蔚爲太常卿，以翰林學士、中書舍人魚崇諒爲工部侍郎充職，以户部侍郎韋勳爲兵部侍郎，以刑部侍郎邊歸讜爲户部侍郎，以禮部侍郎司徒詡爲刑部侍郎，以秘書監趙上交爲禮部侍郎，以兵部尚書王仁裕爲太子少保，以翰林學士、禮部尚書張沆爲刑部尚書充職。以尚書右丞田敏爲左丞，以吏部侍郎段希堯爲工部尚書，以太子詹事馬裔孫爲太子賓客。前鄜州節度使劉重進、前滑州節度使宋延渥，並加食邑。吐渾府留後王全德加檢校太保，充憲州刺史。隰州刺史許遷奏，河東賊軍劉筠自晉州引兵來攻州城，尋以州兵拒之，賊軍傷死者五百人，信宿遁去。丁巳，以尚書左丞田敏充契丹國信使。回鶻遣使貢方物。己未，天德軍節度使、虢國公郭勳加同平章事，以前宗正卿劉皞爲衛尉卿。辛酉，以衛尉卿邊光範爲秘書監，以前吏部侍郎李詳爲吏部侍郎，以前户部侍郎顔衎爲尚書右丞。

三月壬戌朔，前西京留守李從敏卒。戊辰，以前左武衛上將軍李懷忠爲太子太傅致仕，以前邢州節度使安審暉爲太子太師致仕。辛未，幸南莊。壬申，詔曰：「諸州府先差散從親事官等，前朝創置，蓋出權宜，苟便一時，本非舊貫。近者遍詢羣議，兼採封章，且言前件抽差，於理不甚允當，一則凝州縣之色役，一則妨春夏之耕耘，貧乏者困於供須，豪富者幸於影庇，既爲煩擾，須至改更，况當東作之時，宜罷不急之務。其諸州所差散從親事官等，並宜放散。」詔下，公私便之。徐州行營都部署王彦超馳奏，收復徐州。「城內逆首楊温及親近徒黨並處斬。其餘無名目人及本城軍都將校、職掌吏民等，雖被脅從，本非同惡，並釋放。兼知自前楊温招唤草賊，同力守把，朕以村墅小民，偶被煽誘，念其庸賤，特與含容，其招入城草賊，並放歸農，仍倍加安撫。湘陰公夫人並骨肉在彼，仰差人安撫守護，勿令驚恐。」以右散騎常侍張煦、給事中王延藹並爲左散騎常侍，以前大名府少尹李瓊爲將作監，以前彰武軍節度使周密爲太子太師致仕，以衛尉卿劉皞充漢隱帝山陵都部署。

丙子，以太子少保致仕王延爲太子少傅，以户部尚書致仕盧損、左驍衛上將軍致仕李肅並爲太子少保，兵部尚書致仕韓昭裔爲尚書右僕射，太子太師致仕盧文紀爲司空，自延而下，並依前致仕。故散騎常侍裴羽贈户部尚書，故太子賓客蕭願贈禮部尚書，以司農卿致仕薛仁謙爲鴻臚卿，以將作監致仕烏昭爲太府卿，以太常少卿致仕王禧爲少府監，以秘書少監致仕段顒爲將作監，自仁謙而下，並依前致仕。詔沿淮州縣軍鎮，今後自守疆土，不得縱一人一騎擅入淮南地分。己卯，潞州奏，涉縣所擒河東將士二百餘人，部送赴闕。詔給衫袴巾屨，放歸本土。甲申，鎮州武行德移鎮許州，何福進移鎮鎮州。丙戌，以襄州節度副使郭令圖爲宗正卿。詔曰：「故蘇逢吉、劉銖，頃在漢朝，與朕同事。朕自平禍亂，不念仇讎，尋示優弘，與全家屬。尚以幼稚無託，衣食是艱，將行矜卹之恩，俾獲生存之路，報怨以德，非我負人。賜逢吉骨肉洛京莊宅各一，賜劉銖骨肉陝州莊宅各一。」己丑，幸南莊。庚寅，唐故鄖國公李從益追封許王，唐明宗淑妃王氏追贈賢妃。辛卯，詔：「諸道節度副使、行軍司馬、兩京少尹、留守判官，並許差定當直，人力不得過十五人；諸府少尹、書記、支使、防禦團練副使，不得過十人；節度推官、防禦團練軍事判官，不得過七人，逐處係帳收管。此外如敢額外影占

人户，其本官當行朝典。」先是，漢隱帝時，有人上言：「州府從事令録，皆請料錢，自合雇人驅使，不合差遣百姓丁户。」秉政者然之，乃下詔州府從事令録，本處先差職役，並放歸農。自是官吏有獨行趨府縣者，帝頗知之，故有是命。

夏四月壬辰朔，詔沿淮州縣，許淮南人就淮北糴易餱糧，時淮南饑故也。甲午，以夫人董氏爲德妃，仍令所司備禮册命。己亥，改侍衛馬步軍軍額。馬軍舊稱護聖，今改爲龍捷；步軍舊稱奉國，今改爲虎捷。壬寅，詔唐莊宗、明宗、晉高祖三處陵寢，各有守陵宫人，並放逐便。如願在陵所者，依舊供給。甲辰，相州張彦成移鎮鄧州，折從阮移鎮滑州，李筠移鎮相州。丙午，亳州防御使王重裔卒。戊申，幸南莊。庚戌，皇第四女封壽安公主。辛亥，故許州節度使劉信追封蔡王。丙辰，詔曰：「牧守之任，委遇非輕，分憂之務既同，制禄之數宜等。自前有富庶之郡，請給則優；或邊遠之州，俸料素薄。以至遷除之際，擬議亦難，既論資敍之高低，又患禄秩之升降。所宜分多益寡，均利同恩，冀無黨偏，以勸勳劾。今定諸防禦使料錢二百貫，禄粟一百石，食鹽五石，馬十匹草粟，元隨三十人衣糧；團練使一百五十貫，禄粟七十石，鹽五石，馬十匹，元隨三十人；刺史一百貫，禄粟五十石，鹽五石，馬五匹，元隨二十人」云。丁巳，尚書左丞田敏使契丹迴，契丹主兀欲遣使耨姑報命，並獻碧玉金塗銀裹鞍勒各一副，弓矢、器仗、貂裘等，土産馬三十匹、土産漢馬十匹。庚申，帝爲故貴妃張氏舉哀於舊宫，輟視朝三日。辛酉，司空致仕盧文紀卒。

五月壬戌朔，帝不視朝，以漢隱帝梓宫在殯故也。戊辰，皇子澶州節度使榮起復，依前澶州節度使，以故貴妃張氏去歲薨，至是發哀故也。己巳，遣左金吾衛將軍姚漢英、前右神武將軍華光裔使於契丹。辛未，太常卿邊蔚上追尊四廟謚議。丙子，太常卿邊蔚上太廟四室奠獻舞名。丁丑，詔京兆、鳳翔府，應諸色犯事人第宅、莊園、店磑已經籍没者，並給付罪人骨肉。壬午，幸南莊。甲申，考城縣巡檢、供奉官馬彦勍棄市，坐匿赦書殺獄囚也。丙戌，宰臣馮道爲四廟册禮使。

六月辛卯朔，不視朝，以漢隱帝梓宫在殯故也。甲午，百僚上表，請以七月二十八日皇帝降聖日爲永壽節，從之。邢州大雨霖。己亥，太常少卿劉悦上漢少帝謚曰隱皇帝，陵曰穎陵，從之。辛亥，以樞密使王峻爲尚書左僕射兼門下侍郎、同平章事、監修國史，充樞密使；以樞密副使、尚書兵部侍郎范質爲中書侍郎、同平章事，充集賢殿大學士；以户部侍郎、判三司李穀爲中書侍郎、同平章事，判三司。司徒兼侍中、監修國史竇貞固，司空兼中書侍郎、同平章事、集賢殿大學士蘇禹珪，並罷相守本官。壬子，幸西莊。癸丑，詔宰臣范質參知樞密院事。鄴都、洺、滄、貝等州大雨霖。丙辰，西京奏，新授宗正卿郭令圖卒。丁巳，以尚書左丞顔衎爲兵部侍郎，充端明殿學士；以宣徽北院使翟光鄴兼樞密副使。

秋七月辛酉朔，帝被衮冕，御崇元殿，授太廟四室寶册于中書令馮道等，赴西京行禮。癸亥，尚書左丞田敏兼判國子監事。戊辰，以御史中丞于德辰爲尚書右丞，以秘書監邊光範爲太子賓客。以户部尚書張昭爲太子賓客，以其子秉爲陽翟簿，犯法抵罪，昭詣閤待罪，詔釋之，乃左授此官。壬申，史官賈緯等以所撰《晉高祖實録》三十卷、《少帝實録》二十卷上之。丙子，幸宰臣王峻第。己丑，鎮州奏，破河東賊軍於平山縣西，斬首五百級。是日，太常卿邊蔚奏，議改郊廟舞名，事具《樂志》。

八月辛卯，漢隱帝梓宫發引，帝詣太平宫臨奠，詔羣臣出祖於西郊。是歲，幽州饑，流人散入滄州界。詔流人至者，口給斗粟，仍給無主土田，令取便種蒔，放免差税。癸巳，虎入西京修行寺傷人，市民殺之。乙未，幸班荆館。壬寅，契丹遣幽州牙將曹繼筠來歸故晉中書令趙瑩之喪，詔贈太傅，仍賜其子絹五百匹，以備喪事，歸葬於華陰故里。乙巳，幸西莊。壬子，晉州王晏移鎮徐州，滄州王景移鎮河中，定州孫方簡移鎮華州，永興郭從義移鎮許州，貝州王繼弘移鎮河陽，李暉移鎮滄州。以許州節度使武行德爲西京留守，滑州折從阮移鎮陝州，河中扈彦珂移鎮滑州，陝州李洪信移鎮永興，華州王饒移鎮貝州，徐州王彦超移鎮晉州。丙辰，尚食李氏等宫官八人并封縣君，司記劉氏等六人並封郡夫人，尚宫皇甫氏等三人並封國夫人。唐制有内官、宫官，各有司存，更不加郡國之號，近代加之，非舊典也。以易州刺史孫行友爲定州留後。戊午，故夫人柴氏追立爲皇后，仍令所司定謚，備禮册命。

九月庚申朔，帝詣太平宫起居漢太后。辛酉，故夫人楊氏追贈淑妃，仍令所司擇日備禮册命。故皇第五女追封永寧公主。癸亥，定州奏，契丹永康王兀欲爲部下所殺。甲子，以前耀州團練使武廷翰爲太子少保致仕。丙子，諸道兵馬都元帥、兩浙節度使、檢校太師、尚書令、中書令、吴越國王錢俶可天下兵馬都元帥。丁丑，中書舍人劉濤責授少府少監，分司西京，坐遣男頊代草制詞也。監察御史劉頊責授復州司户，坐代父草制也。中書舍人楊昭儉解官放逐私使，以多

在假告，不親其職也。

《舊五代史》卷一一二《太祖紀三》　廣順元年冬十月己丑朔，宰臣王峻獻唐張藴古《大寶箴》、謝偃《惟皇誡德賦》二圖。詔報曰：「朕生長軍戎，勤勞南北，雖用心於《鈐》、《匱》，且無暇於《詩》、《書》，世務時艱，粗經閱歷，前言往行，未甚討尋。卿有佐命立國之勳，居代天調鼎之任，恒慮眇德，未及古人。於是採掇箴規，弼諧寡昧，披文閲理，懌意怡神，究爲君治國之源，審修己御人之要。帝王之道，盡在於兹，辭翰俱高，珠寶何貴！再三省覽，深用愧嘉。其所進圖，已令於行坐處張懸，所冀出入看讀，用爲鑒戒。」壬辰，潞州奏，巡檢使陳思讓、監軍向訓破河東軍於虒亭。癸巳，以刑部侍郎司徒詡爲户部侍郎，以左散騎常侍張煦爲刑部侍郎，以給事中吕咸休爲左散騎常侍。甲午，絳州防禦使孫漢英卒。辛丑，荆南奏，湖南亂，大將軍陸孟俊執僞節度使馬希萼，遷於衡州，立希萼弟希崇爲留後，將吏二千餘人，遇害者半，牙署庫藏，焚燒殆盡。乙巳，詔並吏部三銓爲一銓，委本司長官通判。丙午，晉州巡檢王萬敢奏，河東劉崇入寇，營於州北。辛亥，潞州奏，河東賊軍寇境。乙卯，荆南奏，淮南遣鄂州節度使劉仁贍，以戰船二百艘於今月二十五日入岳州。丙辰，詔樞密使王峻率兵援晉州。丁巳，以左衛將軍申師厚爲河西軍節度使、檢校太保。師厚素與王峻善，及峻貴，師厚羈旅無依，日於峻馬前望塵而拜。會西涼請帥，帝令擇之，無欲去者，峻乃以師厚奏之，師厚亦欣然求往，尋自前鎮將授左衛將軍、檢校工部尚書。翌日，乃有涼州之命，賜旌節、駝馬、繒帛以遣之。

十一月己未朔，荆南奏，淮南大將邊鎬率兵三萬，自袁州路趨潭州，馬希崇遣從事送牌印，納器仗。鎬入城，稱武安軍節度使，馬氏諸族及將吏千餘人皆徙于金陵。甲子夜，東南白虹亘天。以新晉州節度使王彦超爲晉絳行營馬軍都虞候。乙丑，命王峻出征晉州，帝幸西莊以餞之。甲戌，日南至，羣臣拜表稱賀。甲申，葬故貴妃張氏。丁亥，詔：「唐朝五廟，舊在至德宫安置，應屬徽陵莊田園舍，宜令新除右監門將軍李重玉爲主。其緣陵緣廟法物，除合留外，所有金銀器物，充還葬故淑妃王氏及許王從益外，其餘並給與重玉及尼惠英、惠燈、惠能、惠嚴等。令重玉以時祀陵廟，務在豐潔。」重玉，故皇城使李從璨之子，明宗之孫，惠英等亦明宗親屬也，故帝授重玉官秩，令主先祀，郇王者之後也。

十二月戊子朔，詔以劉崇入寇，取當月三日暫幸西京。庚寅，詔巡幸宜停。時王峻駐軍陝府，聞帝西巡，遣使馳奏，不勞車駕順動，帝乃止。乙未，幸西莊。兖州慕容彦超上言，乞朝覲，詔允之，尋稱部内草寇起，不敢離鎮。戊申，鄆州奏，慕容彦超據城反。己酉，王峻奏，劉崇逃遁，王師已入晉州。

廣順二年春正月戊午朔，不受朝賀，以宿兵在外故也。庚申，王峻奏，起近鎮丁夫二萬城晉州。壬戌，修東京羅城，凡役丁夫五萬五千，兩旬而罷。甲子，以侍衛步軍都指揮使曹英爲兖州行營都部署，以齊州防禦使史延韜爲副部署，以皇城使向訓爲兵馬都監，陳州防禦使藥元福爲馬步都虞候，率兵討慕容彦超。諸軍入兖州界，不得下路停止村舍，犯者以軍法從事。丙寅，徐州巡檢供給官張令彬奏，破淮賊於沭陽，斬首千餘級，擒賊將燕敬權。時慕容彦超求援於淮南，淮南僞主李景發兵援之，師於下邳，聞官軍至，退趨沭陽，遂破之。庚午，高麗權知國事王昭遣使貢方物。壬申，鎮州何福進差人部送先擒獲到河東賊軍二百餘人至闕下，詔給巾履衫袴以釋之。戊寅，徐州部送沭陽所獲賊將燕敬權等四人至闕下，詔賜衣服金帛，放歸本土，敬權等感泣謝罪。帝召見，謂之曰：「大惡凶邪，獎忠順，天下一也。我之賊臣，撓亂國法，嬰城作逆，殃及生靈，不意吴人助兹凶慝，非良算也，爾歸當言之於爾君。」初，漢末遣三司軍將路昌祚於湖南市茶，屬淮南將邊鎬陷長沙，昌祚被賊送金陵。及敬權自大朝歸，具以帝言告於李景，景乃召昌祚，延坐從容久之，且稱美大朝皇帝聖德廣被，恩沾鄰土，深有依附國家之意。及罷，遣僞宰相宋齊丘宴昌祚於別館，又令訪昌祚在湖南遭變之時，亡失綱運之數，命依數償之，給茗荈萬八千斤，遣水運至江夏，仍厚給行裝，遣之歸闕。

二月庚寅，府州防禦使折德扆奏，河東賊軍寇境，率州兵破之，斬首二千級。辛卯，太白經天。癸巳，以權知高麗國事王昭爲高麗國王。庚子，府州防禦使折德扆奏，收河東界岢嵐軍。癸卯，詔先獲河東鄉軍一百餘人，各給錢鞋放歸鄉里。壬子，太子太師致仕安審暉卒。

三月庚申，幸南莊，令從臣習射。戊辰，以樞密院直學士、左諫議大夫王溥爲中書舍人，充翰林學士；以内客省使、恩州團練使鄭仁誨爲樞密副使。詔宣徽北院使翟光鄴權知永興軍府事。甲戌，回鶻遣使貢方物。庚辰，詔：「西京莊宅司、内侍省、宫苑司、内園等四司，所管諸巡係税户二千五百並還府縣。其廣德、昇平二宫並停廢。應行從諸莊園林、亭殿、房舍、什物課利，宜令逐司依舊收管。」

夏四月丙戌朔，日有食之，帝避正殿，百官守司。丁亥，詔停蔡州鄉軍。戊

子，以京師旱，分命羣臣禱雨。癸巳，制削奪慕容彦超在身官爵。甲午，高麗國册使、衛尉卿劉皞卒。乙卯，詔取來月五日，車駕赴兖州城下，慰勞將士。以樞密副使鄭仁誨爲右衛大將軍，依前充職，兼權大内都點檢；以中書侍郎、平章事、判三司李穀爲權東京留守，兼判開封府事。

五月丙辰朔，帝御崇元殿受朝，仗衛如儀。庚申，車駕發京師。戊辰，至兖州城下。乙亥，收復兖州，斬慕容彦超，夷其族。詔端明殿學士顔衎權知兖州軍州事。壬午，曲赦兖州管内罪人，取五月二十七日已前所犯罪，大辟已下，咸赦除之。慕容彦超徒黨，有逃避潛竄者，及城内將吏等並放罪。自慕容彦超違背以來，鄉城内有接便爲非者，一切不問。諸軍將士没於王事者，各與賻贈，都頭已上與贈官。兖州城内及官軍下寨四面去州五里内，今年所徵夏秋税及沿徵錢物並放；十里内，只放夏税；一州管界，今夏苗子三分放一分。城内百姓遭毁拆舍屋及遭燒焚者，給賜材木。諸處差到人夫内，有遭矢石死者，各給絹三匹，仍放户下三年徭役云。癸未，詔兖州降爲防禦州，仍爲望州。

六月乙酉朔，帝幸曲阜縣，謁孔子祠。既奠，將致拜，左右曰：「仲尼，人臣也，無致拜。」帝曰：「文宣王，百代帝王師也，得無敬乎！」即拜奠於祠前。其所奠酒器、銀爐並留於祠所。遂幸孔林，拜孔子墓。帝謂近臣曰：「仲尼、亞聖之後，今有何人？」對曰：「前曲阜令、襲文宣公孔仁玉，是仲尼四十三代孫，有鄉貢《三禮》顔涉，是顔淵之後。」即召見。仁玉賜緋，口授曲阜令，顔涉授主簿，便令視事。仍敕兖州修葺孔子祠宇，墓側禁樵採。丙戌，車駕還京。初，帝以五月十三日至兖州，賊尚拒守，至十七日，晝夢道士一人進書，卷首云「車駕來月二日還京」，其下文字絶多，不能盡記。既寤，以夢告宰臣，又四日而城拔。帝至軍，凡駐蹕九日而賊平，果以六月二日發離城下，近代親征克捷，無如此之速也。是日大雨，城下行宫，水深數尺。其日晚，至中都縣，帝笑謂侍臣曰：「今日若不離城下，則當爲潦所溺矣。」戊戌，車駕至自兖州。辛丑，以靈武節度使馮暉卒，輟朝一日。壬寅，前翰林學士李澣自契丹中上表，陳奏機事，且言僞幽州節度使蕭海貞欲謀嚮化，帝甚嘉之。癸卯，德妃董氏薨。乙巳，詔宣徽南院使袁鳷判開封府事。辛亥，以朔方軍衙内都虞候馮繼業復起爲朔方軍兵馬留後。甲寅，幸舊宅，爲德妃舉哀故也。

秋七月丙辰，詔：「内外臣僚，每遇永壽節，舊設齋供。今後中書門下與文武百官共設一齋，侍衛親軍都指揮使已下共設一齋，樞密使、内諸司使已下共設一齋，其餘前任職員及諸司職掌，更不得開設道場及設齋。」是日大風雨，破屋拔樹，尚書省都堂有龍穿屋壞獸角而去，西壁有爪迹存焉。襄州大水。丁卯，詔復升陳州、曹州爲節鎮。以侍衛馬軍都指揮使、洋州節度使郭崇爲陳州節度使，以侍衛步軍都指揮使曹英爲曹州節度使，並典軍如故。以陳州防禦使藥元福爲晉州節度使。辛未，詔相州節度使李筠權知潞州軍州事。丙子，以小底都指揮使、漢州刺史李重進爲大内都點檢兼馬步都軍頭，領恩州團練使；以内殿直都知、駙馬都尉張永德領和州刺史，充小底第一軍都指揮使。

八月甲申朔，翰林學士、刑部尚書張沆落職守本官。以中書舍人、史館修撰判館事徐台符爲禮部尚書，充翰林學士承旨；以兵部侍郎韋勳爲尚書右丞；以尚書右丞于德辰爲吏部侍郎；以户部侍郎邊歸讜爲兵部侍郎；以禮部侍郎趙上交爲户部侍郎；以樞密直學士、左散騎常侍陳觀爲工部侍郎，依前充職；以刑部侍郎景範爲左司郎中，充樞密直學士。乙酉，樞密使王峻上章，請解樞衡，凡三上章，詔不允。庚寅，潁州奏，先於淮南俘獲孳畜，已準詔送還本土。甲午，詔止絶吏民詣闕舉請刺史、縣令。賜宰臣李穀白藤肩輿。時穀以今年七月，因步履傷臂，請告數旬，詔穀扶持三司，刻名印署事，仍放朝參。庚子，潞州節度使常思移鎮宋州，相州節度使李筠移鎮潞州。壬寅，鄆州節度使高行周薨。癸丑，詔改鹽麴法，鹽麴犯五斤已上處死，煎鹻鹽者犯一斤已上處死。先是，漢法不計斤兩多少，並處極刑，至是始革之。

九月庚午，以大理卿劇可久爲太僕卿，以左庶子張仁瑑爲大理卿，以司天監趙延乂爲太府卿兼判司天監事。詔北面沿邊州鎮，自守疆埸，不得入北界俘掠。乙亥，鎮州奏，契丹寇深、冀州，遣龍捷都指揮使劉誨、牙内都指揮使何繼筠等率兵拒之而退。時契丹聞官軍至，掠冀部丁壯數百隨行，狼狽而北，冀部被擄者望見官軍，鼓譟不已，官軍不敢進，其丁壯盡爲蕃軍所殺而去。丁丑，以鄭州防禦使白重贊爲相州留後。戊寅，樂壽都監杜延熙奏，於瀛州南殺敗契丹，斬首三百級，獲馬四十七匹。癸未，帝姨母韓氏追封楚國夫人，故第四姊追封福慶長公主。癸未，易州奏，契丹武州刺史石越來奔。

冬十月丙戌，以前晉州節度使王彦超爲河陽節度使。庚寅，詔：「諸州罷任或朝覲，並不得以器械進貢。」先是，諸道州府，各有作院，每月課造軍器，逐季搬送京師進納。其逐州每年占留繫省錢帛不少，謂之「甲料」，仍更於部内廣配土産物，徵斂數倍，民甚苦之。除上供軍器外，節度使、刺史又私造器甲，以進貢爲

名，功費又倍，悉取之於民。帝以諸州器甲，造作不精，兼占留屬省物用過當，乃令罷之。仍選擇諸道作工，赴京作坊，以備役使。乙未，永興軍奏，宣徽北院使、知軍府事翟光鄴卒。丁酉，葬德妃，廢朝。戊戌，以宣徽南院使袁義權知永興軍府事，以樞密直學士、工部侍郎陳觀權知開封府事。己亥，升鉅野縣爲濟州。以樞密院副使鄭仁誨爲宣徽北院使兼樞密副使。庚子，幸樞密院，王峻請之也。甲辰，宰臣李穀以臂傷未愈，上表辭位，凡三上章，詔報不允。丁未，滄州奏，自十月已前，蕃歸漢户萬九千八百户。是時，北境饑饉，人民轉徙，襁負而歸中土者，散居河北州縣，凡數十萬口。

十一月丙辰，荆南奏，朗州大將劉言，以今年十月三日領兵趨長沙，十五日至潭州。淮南所署湖南節度使邊鎬、岳州刺史宋德權並棄城遁去。庚申，以前少府監馬從斌爲殿中監。壬戌，樞密使王峻亡妻崔氏追封趙國夫人，非故事也。乙丑，刑部尚書張沆卒。辛未，陝州折從阮移鎮邠州。以前宋州節度使李洪義爲安州節度使。癸酉，青州符彦卿移鎮鄆州。甲戌，詔曰：「累朝已來，用兵不息，至於繕治甲胄，未免配役生靈，多取於民，助成軍器。就中皮革，尤峻科刑，稍犯嚴條，皆抵極典，鄉縣以之生事，姦猾得以侵漁，宜立新規，用革前弊。應天下所納牛皮，今將逐所納數，三分内減二分，其一分於人户苗畝上配定。每秋夏苗共十頃納連角皮一張，其黄牛納乾筋四兩，水牛半斤，犢子皮不在納限。牛馬驢騾皮筋角，今後官中更不禁斷，只不得將出化外敵境。州縣先置巡檢牛皮節級並停。」丙子，詔曰：「應内外文武官僚幕職、州縣官舉選人等，今後有父母、祖父母亡殁未經遷葬者，其主家之長，不得輒求仕進，所由司亦不得申舉解送。如是卑幼在下者，不在此限。」己卯，日南至，帝御崇元殿受朝賀，仗衛如儀。

十二月丙戌，權武平軍留後劉言遣牙將張崇嗣入奏，於十月十三日，與節度副使王進逵、行軍司馬何敬貞、指揮使周行逢等，同共部領戰棹，攻收湖南。僞節度使邊鎬當夜出奔，王進逵等已入潭州。癸巳，太子太師致仕安叔千卒。甲午，詔今後諸侯入朝，不得進奉買宴。丁酉，皇子澶州節度使榮落起復，加同平章事。戊戌，太子少傅致仕王延卒。壬寅，幸西莊。乙巳，以端明殿學士顔衎權知開封府事。御史臺奏：「請改左右衛復爲左右屯衛。」從之，避御名也。是冬無雪。

廣順三年春正月壬子朔，帝御崇元殿受朝賀，仗衛如儀。幸太平宫起居漢太后。甲寅，賜羣臣射於内鞠場。乙卯，武平軍兵馬留後劉言奏：「潭州兵戈之後，焚燒殆盡，乞移使府於武陵。」從之。詔升朗州爲大都督府，在潭州之上。丙辰，以武平軍節度使留後、檢校太尉劉言爲檢校太師、同平章事，行朗州大都督，充武平軍節度兼三司水陸轉運等使，制置武安、静江等軍事，進封彭城郡公；武平軍節度副使、權知潭州軍州事、檢校太傅王進逵爲檢校太尉，行潭州刺史，充武安軍節度使；以武安軍行軍司馬兼衙内步軍都指揮使、檢校太傅何敬貞爲檢校太尉，行桂州刺史，充静江軍節度使；以張倣領眉州刺史，充武平軍節度副使；以朱元琇領黄州刺史，充静江軍節度副使；以周行逢領集州刺史，充武安軍節度行軍司馬。自進逵而下，皆劉言將校也。邠州奏，慶州略蕃部野鷄族略奪商旅，侵擾州界。詔遣寧州刺史張建武等率兵掩襲，仍先賜敕書安撫，如不從命，即進軍問罪。辛酉，詔賜朗州劉言應兩京及諸道舊屬湖南樓店邸第。

乙丑，詔：「諸道州府繫屬户部營田及租税課利等，除京兆府莊宅務，贍國軍榷鹽務，兩京行從莊外，其餘並割屬州縣，所徵租税課利，官中只管舊額，其職員節級一切停廢。應有客户元佃繫省莊田、桑土、舍宇，便賜逐户，充爲永業，仍仰縣司給與憑由。應諸處元屬營田户部院及繫縣人户所納租中課利，起今年後並與除放。所有見牛犢並賜本户，官中永不收繫」云。帝在民間，素知營田之弊，至是以天下繫官莊田僅萬計，悉以分賜見佃户充永業。是歲出户三萬餘，百姓既得爲已業，比户欣然，於是葺屋植樹，敢致功力。又，東南郡邑各有租牛課户，往因梁太祖渡淮，軍士掠民牛以千萬計，梁太祖盡給與諸州民，輸租課。自是六十餘載，時移代改，牛租猶在，百姓苦之，至是特與除放。未幾，京兆府莊宅務及榷鹽務亦歸州縣，依例處分。或有上言，以天下繫官莊田，甚有可惜者，若遣貨之，當得三十萬緡，亦可資國用。帝曰：「苟利於民，與資國何異。」

丁卯，户部侍郎、權知貢舉趙上交奏：「諸科舉人，欲等第各加對義墨數，進士除詩賦外，別試雜文一場。」從之。兩浙弔祭使、左諫議大夫李知損責授登州司馬，員外置，仍令所在馳驛放遣。知損銜命江、浙，所經藩郡，皆强貸於侯伯，爲青州知州張凝所奏，故有是命。己巳，幸南莊，臨水亭，見雙鳧戲於池上，帝引弓射之，一發疊貫，從臣稱賀。庚午，以前邠州節度使侯章爲鄧州節度使。前萊州刺史葉仁魯賜死，坐爲民所訟故也。辛未，詔樞密使王峻巡視河堤。峻請行，故從之。辛巳，幸南莊。

閏月甲申，朗州劉言、潭州王進逵奏，廣賊佔據桂管，深入永州界俘劫，遣朗州行軍司馬何敬真與指揮使朱全琇、陳順等，率水陸軍五萬進擊。丙戌，回鶻遣

使貢方物。詔故梁租庸使趙巖姪崇勳，見居陳州，量賜繫官店宅，從王峻之請也。辛卯，定州奏，契丹攻義豐軍，出勁兵夜斫蕃營，斬首六十級，契丹遁去。甲午，鎮州奏，契丹寇境，遣兵追襲，至無極而還。丙申，皇子澶州節度使榮來朝。壬寅，以樞密使、尚書左僕射、同平章事、監修國史王峻兼青州節度使，餘如故。延州衙内指揮使高紹基奏言：「父允權患脚膝，令臣權知軍州事。」癸卯，陳州奏：「吏民請與前刺史李穀立祠堂。」從之。時穀爲宰相，聞郡人陳請，遜讓數四，乃止。甲辰，鄴都留守王殷加檢校太尉，依前同平章事。丙午，鎮州節度使何福進、河陽節度使王彦超並加檢校太尉，潞州節度使李筠加檢校太傅。丁未，延州節度使高允權卒。己酉，開封府奏，都城内録到無名額僧尼寺院五十八所。詔廢之。

二月辛亥朔，以前西京留守白文珂爲太子太師致仕，進封韓國公。癸丑，安州節度使李洪義、侍衛馬軍都指揮使郭崇、侍衛步軍都指揮使曹英，並加檢校太尉。唐州方城縣令陳守愚棄市，坐剋留户民蠶鹽一千五百斤入己也。内制國寶兩座，詔中書令馮道書寶文，其一以「皇帝承天受命之寶」爲文，其一以「皇帝神寶」爲文。按，傳國寶始自秦始皇，令李斯篆之，歷代傳授，事具前史。至唐末帝自燔之際，以寶隨身，遂俱焚焉。晉高祖受命，特制寶一座。開運末，北戎犯闕，少帝遣其子延煦送于戎王，戎王訝其非真，少帝上表具訴其事，及戎王北歸，齎以入蕃。漢朝二帝，未暇别製，至是始創爲之。庚申，遣將作監李瓊知陜州軍州事。甲子，樞密使、平盧軍節度使、尚書左僕射、平章事、監修國史王峻責授商州司馬，員外置，所在馳驛發遣。戊辰，左監門上將軍李建崇卒。延州牙内都指揮使高紹基奏，交割軍府與副使張圖。己巳，朗州劉言奏，當道先遣行軍司馬何敬真率兵掩擊廣賊，行及潭州，部衆奔潰。湖南王進逵以敬真失律，已梟首訖。以樞密直學士、工部侍郎陳觀爲祕書監。壬申，鳳翔少尹桑能責授鄧州長史。能，晉相維翰之庶弟也，坐據維翰别第爲人所訟故也。癸酉，以户部侍郎、知貢舉趙上交爲太子詹事。是歲，新進士中有李觀者，不當策名，物議讙然。中書門下以觀所試詩賦失韻，勾落姓名，故上交移官。丁丑，幸南莊，賜從官射。命客省使向訓權知延州軍州事。

《舊五代史》卷一一三《太祖紀四》　廣順三年春三月庚辰朔，以相州留後白重贊爲滑州節度使，以鄭州防禦使王進爲相州節度使，以前兖州防禦使索萬進爲延州節度使，以亳州防禦使張鐸爲同州節度使。甲申，以皇子澶州節度使榮爲開封尹兼功德使，封晉王，仍令所司擇日備禮册命。丙戌，以宣徽北院使兼樞密副使鄭仁誨爲澶州節度使，以殿前都指揮使李重進領泗州防禦使，以客省使向訓爲内客省使。己丑，以棣州團練使王仁鎬爲右衛大將軍，充宣徽北院使兼樞密副使。庚寅，端明殿學士、尚書兵部侍郎顔衎落職守本官。以翰林學士、中書舍人王溥爲户部侍郎充職，以左司郎中、充樞密直學士景範爲左諫議大夫充職。祕書監陳觀責授左贊善大夫，留司西京，坐王峻黨也。癸巳，大風雨土。戊申，幸南莊。

夏四月甲寅，禁沿邊民鬻兵仗與蕃人。戊辰，河中節度使王景移鎮鳳翔，宋州節度使常思移鎮青州，鳳翔節度使趙暉移鎮宋州，河陽節度使王彦超移鎮河中。賜朗州劉言絹三百匹，以兵革之後匱乏故也。詔在京諸軍將士持支救接。

五月己卯朔，帝御崇元殿受朝，仗衛如儀。辛巳，前慶州刺史郭彦欽勒歸私第。國初，以彦欽再刺慶州，兼掌榷鹽，彦欽擅加榷錢，民夷流怨。州北十五里寡婦山有蕃部曰野鷄族，彦欽作法擾之。蕃情獷悍，好爲不法，彦欽乃奏野鷄族掠奪綱商，帝遣使齎詔撫諭，望其率化。蕃人既苦彦欽貪政，不時報命，朝廷乃詔邠州節度使折從阮、寧州刺史張建武進兵攻之。建武勇於立功，徑取野鷄族帳，擊殺數百人。又，殺牛族素與野鷄族有憾，且聞官軍討伐，相聚餉饋，欣然迎奉。官軍利其財貨孳畜，遂劫奪之，翻爲族所誘，至包山負險之地，官軍不利，爲蕃人迫逐，投崖墜澗而死者數百人。從阮等以兵自保，不相救應。帝怒彦欽及建武，俱罷其任，及彦欽至京師，故有是命。丁亥，新授青州節度使常思在宋州日出放得絲四萬一千四百兩，請徵入官。詔宋州給還人户契券，其絲不徵。甲午，中書侍郎、同平章事、集賢殿大學士、權判門下省事范質，可權監脩國史。

六月壬子，滄州奏，契丹幽州榷鹽制置使兼防州刺史、知盧臺軍事張藏英，以本軍兵士及職員户人孳畜七千頭口歸化。癸丑，以前開封尹、楚國公侯益爲太子太師，以前西京留守、莒國公王守恩爲左衛上將軍，以前永興軍節度使李洪信爲左武衛上將軍。甲寅，以左衛上將軍宋彦筠爲太子少師，以太子少師楊凝式爲尚書右僕射致仕。癸亥，前河陽節度使王繼弘卒。己巳，太子太傅李懷忠卒。是月河南、河北諸州大水，霖雨不止，川陂漲溢。襄州漢水溢入城，深一丈五尺，居民皆乘筏登樹。羣烏集潞州，河南無烏。

秋七月戊寅朔，徐州言，龍出豐縣村民井中，即時澍雨，漂没城邑。癸未，太子賓客馬裔孫卒。甲申，鄴都王殷奏乞朝覲，凡三上章，允之。尋以北邊奏契丹

事機，詔止其行。丙戌，以左金吾上將軍安審信爲太子太師致仕。丁亥，以右金吾上將軍張從恩爲左金吾上將軍，以前鄧州節度使張彦成爲右金吾上將軍。己丑，以虎捷左廂都指揮使、永州防禦使韓通爲陝州留後。庚寅，太府卿、判司天監趙延乂卒。辛卯，以前西京副留守盧價爲太子賓客。乙未，以御史中丞邊光範爲禮部侍郎，以刑部侍郎張煦爲御史中丞，以翰林學士承旨、尚書禮部侍郎徐台符爲刑部侍郎充職。丙申，太子太師致仕安審信卒。丁酉，詔曰：「京兆、鳳翔府，同、華、邠、延、鄜、耀等州所管州縣軍鎮，頃因唐末藩鎮殊風，久歷歲時，未能釐革，政途不一，何以教民。其婚田争訟、賦稅丁徭，合是令佐之職。其擒姦捕盜、庇護部民，合是軍鎮警察之職。今後各守職分，專切提撕，如所職疏遺，各行按責，其州府不得差監徵軍將下縣。」戊戌，衛尉少卿李温美責授房州司户參軍。温美奉使祭海，便道歸家，家在壽光縣，爲縣吏馮勳所訟，故黜之。供奉官武懷贊棄市，坐盜馬價入己也。壬寅，以鴻臚少卿趙脩己爲司天監。

八月己酉，幸南莊。丙辰，内衣庫使齊藏珍除名，配沙門島。藏珍奉詔脩河，不於役所部轄，私至近縣止宿，及報隄防危急，安寢不動，遂致横流，故有是責。庚申，邢州節度使劉詞移鎮河陽。辛酉，以龍捷左廂都指揮使、閬州防禦使田景咸爲邢州留後。丁卯，河決河陰，京師霖雨不止。給賜諸軍將士薪芻有差。癸酉，以翰林學士、户部侍郎王溥爲端明殿學士。甲戌，潭州王逵奏：「朗州劉言與淮賊通連，差指揮使鄭玫部領兵士，欲併當道。鄭玫爲軍衆所執，奔入武陵，劉言尋爲諸軍所廢，臣已至朗州安撫訖。」詔劉言勒歸私第，委王逵取便安置。是月所在州郡奏，霖雨連綿，漂没田稼，損壞城郭廬舍。

九月己卯，太子少保盧損卒。丁酉，深州上言：「樂壽縣兵馬都監杜延熙爲戍兵所害。」先是，齊州保寧郡兵士屯於樂壽，都頭劉彦章等殺延熙爲亂。時鄭州開道指揮使張萬友亦屯於樂壽，然不與之同。朝廷急遣供奉官馬謂省其事，謂乃與萬友擒彦章等十三人斬之，餘衆奔齊州。是月多陰曀，木再華。

冬十月戊申朔，詔以來年正月一日有事於南郊，諸道州府不得以進奉南郊爲名，輒有率斂。己酉，右金吾上將軍張彦成卒。庚戌，以前同州節度使薛懷讓爲左屯衛上將軍，以尚書左丞兼判國子監田敏權判太常卿，以禮部尚書王易權兵部尚書。太常奏，郊廟社稷壇位制度，請下所司脩奉，從之。以中書令馮道爲南郊大禮使，以開封尹、晉王榮爲頓遞使，權兵部尚書王易爲鹵簿使，御史中丞張煦爲儀仗使，權判太常卿田敏爲禮儀使，以前潁州防禦使郭瓊爲權宗正卿。甲寅，以前光禄卿丁知浚復爲光禄卿。丙辰，幸南莊、西莊。己未，前寧州刺史張建武責授右司禦副率，以野雞族失利故也。以前翰林學士、工部侍郎魚崇諒爲禮部侍郎，充翰林學士。時崇諒解職於陝州就養，至是再除禁職，仍賜詔召之，令本州給行裝鞍馬，侍親歸朝。以太子賓客張昭爲户部尚書，以太子賓客李濤爲刑部尚書。詔中書令馮道赴西京迎奉太廟神主。甲子，中書令馮道率百官上尊號曰聖明文武仁德皇帝，答詔不允，凡三上章，允之，仍俟郊禮畢施行。壬申，鄴都、邢、洺等州皆上言地震，鄴都尤甚。

十一月辛巳，廢共城稻田務，任人佃蒔。乙酉，日南至，帝不受朝賀。庚寅，鎮州節度使何福進奏乞朝覲，三奏，允之。詔侍衛步軍都指揮使曹英權知鎮州軍府事。癸巳，以將作監李瓊爲濟州刺史。壬寅，詔：「重定天下縣邑，除畿赤外，其餘三千户已上爲望縣，二千户已上爲緊縣，一千户已上爲上縣，五百户以上爲中縣，不滿五百户爲中下縣。」

十二月戊申，雨木冰。是日，四廟神主至西郊，帝郊迎奠饗，奉神主入于太廟，設奠安神而退。壬子，前單州刺史趙鳳賜死，坐爲民所訟故也。甲寅，詔諸道州府縣鎮城内人户，舊請蠶鹽徵價，起今後並停。甲子，鎮州節度使何福進來朝。乙丑，鄴都留守王殷來朝。丙寅，禮儀使奏：「皇帝郊廟行事，請以晉王榮爲亞獻，通攝終獻行事。」從之。己巳，左補闕王伸停任，坐檢田於亳州，虚憑紐配故也。辛未，鄴都留守、侍衛親軍都指揮使王殷削奪在身官爵，長流登州，尋賜死於北郊。其家人骨肉，並不問罪。癸酉，帝宿齋於崇元殿，爲來年正月一日親祀南郊也。時帝已不豫。甲戌，宿于太廟。乙亥質明，帝親饗太廟，自齋宫乘步輦至廟庭，被袞冕，令近臣翼侍陞階，止及一室行禮，俛首而退，餘命晉王率有司終其禮。是日，車駕赴郊宫。

顯德元年春正月丙子朔，帝親祀圜丘，禮畢，詣郊宫受賀。車駕還宫，御明德樓，宣制：「大赦天下，改廣順四年爲顯德元年。自正月一日昧爽已前，應犯罪人，常赦所不原者，咸赦除之。内外將士各優給，文武職官並與加恩，内外命婦並與進封。寺監攝官七周年已上者，同明經出身，今後諸寺監不得以白身署攝。升朝官兩任已上，著緑十五周年與賜緋，著緋十五年與賜紫。州縣官曾經五度參選，雖未及十六考，與授朝散大夫階，年七十已上，授優散官，賜緋。應奉郊廟職掌人員，並與恩澤。今後不得以梁朝及清泰朝爲僞朝僞主，天下帝王陵廟及名臣墳墓無後，官爲檢校」云。宣赦畢，帝御崇元殿受册尊號，禮畢，羣臣稱

賀。時帝郊祀，御樓受册，有司多略其禮，以帝不豫故也。先是，有占者言：「鎮星在氐、房，乃鄭、宋之分，當京師之地；兼氐宿主帝王露寢。若散財以致福，遷幸以避災，庶幾可以驅禳矣。」帝以遷幸煩費，不可輕議，散財可矣，故有郊禋之命。洎歲暮，帝疾增劇，郊廟之禮蓋勉而行之耳。

戊寅，詔廢鄴都依舊爲天雄軍，大名府在京兆府之下。庚辰，制皇子開封尹、晉王榮可開府儀同三司、檢校太尉、兼侍中，行開封尹、功德使，判内外兵馬事。襄州安審琦進封陳王；鄆州符彦卿進封衛王，移鎮天雄軍；荆南高保融進封南平王；夏州李彝興進封西平王。甲申，宋州趙暉進封韓國公，青州常思進封萊國公，徐州王晏進封滕國公，鄧州侯章進封申國公，西京武行德進封譙國公，許州郭從義加檢校太師，鳳翔王景進封褒國公，華州孫方諫進封蕭國公。自趙暉已下並加開府儀同三司。乙酉，分命朝臣往諸州開倉，減價出糶，以濟饑民。詔潭州依舊爲大都督府，在朗州、桂州之上。丙戌，以澶州節度使鄭仁誨爲樞密使，加同平章事；鄜州楊信加開府儀同三司，進封杞國公；邠州折從阮加開府儀同三司，改封鄭國公；滄州李暉加檢校太尉；安州李洪義加檢校太師；貝州王饒加檢校太尉；以陳州節度使兼侍衛馬軍都指揮使郭崇爲澶州節度使，加同平章事；以曹州節度使兼侍衛步軍都指揮使曹英爲鎮州節度使，加同平章事；潭州王逵加特進、兼侍中；河陽劉詞加檢校太尉；河中王彦超加同平章事；以鎮州節度使何福進爲鄆州節度使，加同平章事；潞州李筠加同平章事。戊子，晉州藥元福、滑州白重贊、相州王進、同州張鐸並加檢校太傅；以延州節度使索萬進爲曹州節度使，加檢校太傅；定州留後孫行友、邢州留後田景咸、陝州留後韓通、靈武留後馮繼業並正授節度使。庚寅夜，東北有大星墜，其聲如雷。

壬辰，宰臣馮道加守太師，范質加尚書左僕射，監修國史李穀加右僕射、集賢殿大學士。以端明殿學士、尚書户部侍郎王溥爲中書侍郎、平章事。司徒竇貞固進封汧國公，司空蘇禹珪進封莒國公，並加開府儀同三司。以宣徽南院使、知永興軍府事袁鳷爲延州節度使；以宣徽北院使兼樞密副使王仁鎬爲永興軍節度使；以前安州節度使王令温爲陳州節度使；以殿前都指揮使、泗州防禦使李重進爲武信軍節度使，檢校太保，典軍如故；以龍捷左廂都指揮使、睦州防禦使樊愛能爲侍衛馬軍都指揮使、洋州節度使，加檢校太保；以虎捷左廂都指揮使、果州防禦使何徽爲侍衛步軍都指揮使、利州節度使，加檢校太保；以樞密承旨魏仁浦爲樞密副使。是日巳時，帝崩於滋德殿，聖壽五十一。祕不發喪。乙未，遷神柩於萬歲殿，召文武百官班於殿廷，宣遺制：「晉王榮可於柩前即皇帝位，服紀月日一如舊制」云。是歲，自正月朔日後，景色昏晦，日月多暈，及嗣君即位之日，天氣晴朗，中外肅然。

帝自郊禋後，其疾乍瘳乍劇，晉王省侍，不離左右。累諭晉王曰：「我若不起此疾，汝即速治山陵，不得久留殿内。陵所務從儉素，應緣山陵役力人匠，並須和雇，不計近遠，不得差配百姓。陵寢不須用石柱，費人功，只以磚代之。用瓦棺紙衣。臨入陵之時，召近税户三十家爲陵户，下事前揭開瓦棺，遍視過陵内，切不得傷他人命。勿脩下宫，不要守陵宫人，亦不得用石人石獸，只立一石記子，鐫字云：『大周天子臨晏駕，與嗣帝約，緣平生好儉素，只令著瓦棺紙衣葬。』若違此言，陰靈不相助。」又言：「朕攻收河府時，見李家十八帝陵園，廣費錢物人力，並遭開發。汝不聞漢文帝儉素，葬在霸陵原，至今見在。如每年寒食無事時，即仰量事差人灑掃，如無人去，只遥祭。兼仰於河府、魏府各葬一副劍甲，澶州葬通天冠、絳紗袍，東京葬一副平天冠、衮龍服。千萬千萬，莫忘朕言。」

二月甲子，太常卿田敏上尊謚曰聖神恭肅文武孝皇帝，廟號太祖。

四月乙巳，葬於嵩陵。宰臣李穀撰謚册文，王溥撰哀册文。

《新五代史》卷一一《周本紀》　太祖聖神恭肅文武皇帝，姓郭氏，邢州堯山人也。父簡，事晉爲順州刺史。劉仁恭攻破順州，簡見殺，子威少孤，依潞州人常氏。

潞州留後李繼韜募勇敢士爲軍卒，威年十八，以勇力應募。爲人負氣，好使酒，繼韜特奇之。威嘗游于市，市有屠者，常以勇服其市人。威酒醉，呼屠者，使進几割肉，割不如法，叱之，屠者披其腹示之曰：「爾勇者，能殺我乎？」威即前取刀刺殺之。一市皆驚，威頗自如。爲吏所執，繼韜惜其勇，陰縱之使亡，已而復召置麾下。繼韜叛晉附于梁，後莊宗滅梁，繼韜誅死，其麾下兵悉隸從馬直，威以通書算補爲軍吏。好讀《閫外春秋》，略知兵法，後爲侍衛軍吏。漢高祖爲侍衛親軍都虞候，尤親愛之，後高祖所臨鎮，嘗以威從。契丹滅晉，漢高祖起兵太原，即皇帝位，拜威樞密副使。

乾祐元年正月，高祖疾大漸，以隱帝託威及史弘肇等。隱帝即位，拜威樞密使。是歲三月，河中李守貞、永興趙思綰、鳳翔王景崇相次反，隱帝遣白文珂、郭從義、常思等分討之，久皆無功。隱帝謂威曰：「吾欲煩公可乎？」威對曰：「臣

不敢請，亦不敢辭，惟陛下命。」乃加拜威同中書門下平章事，使西督諸將。

威居軍中，延見賓客，褒衣博帶，及臨陣行營，幅巾短後，與士卒無異；上所賜予，與諸將會射，恣其所取，其餘悉以分賜士卒，將士皆懽樂。

威至河中，自柵其城東，思柵其南，文珂柵其西，調五縣丁二萬人築連壘以護三柵。諸將皆謂守貞窮寇，破在旦夕，不宜勞人如此，威不聽。已而守貞數出兵擊壞連壘，威輒補之，守貞輒復出擊，每出必有亡失。久之，城中兵食俱盡，威曰：「可矣！」乃治攻具，爲期日，四面攻之，破其羅城，守貞與妻子自焚死，思綰、景崇相次降。

隱帝勞威以玉帶，加檢校太師兼侍中，威辭曰：「臣事先帝，見功臣多矣，未嘗以玉帶賜之。」因言：「臣幸得率行伍，假漢威靈以破賊者，豈特臣之功，皆將相之賢，有以安朝廷，撫內外，而饋餉以時，故臣得以專事征伐。」隱帝以威爲賢，於是悉召楊邠、史弘肇、蘇逢吉、禹珪、竇貞固、王章等皆賜以玉帶，威乃受。威又推功大臣，請加爵賞，於是加貞固司空，逢吉司徒，禹珪、邠左右僕射。已而又曰：「此特漢廷親近之臣耳。漢諸宗室、天下方鎮，外暨荆、浙、湖南，皆未及也。」由是濫賞徧于天下。

是冬，契丹寇邊，威以樞密使北伐，至魏州，契丹遁。三年二月，師還。四月，拜威鄴都留守、天雄軍節度使，仍以樞密使之鎮。宰相蘇逢吉以謂樞密使不可以藩鎮兼領，與史弘肇等固爭。久之，卒以樞密使行，詔河北諸州皆聽威節度。

隱帝與李業等謀，已殺史弘肇等，詔鎮寧軍節度使李弘義殺侍衛步軍指揮使王殷于澶州，又詔侍衛馬軍指揮使郭崇殺威及宣徽使王峻于魏。詔書先至澶州，弘義恐事不果，反以詔書示殷，殷與弘義遣人告威。已而詔殺威、峻使者亦馳騎至，威匿詔書，召樞密使院吏魏仁浦謀於卧內。仁浦勸威反，教威倒用留守印，更爲詔書，詔威誅諸將校以激怒之，將校皆憤然效用。

十一月丁丑，威遂舉兵渡河，隱帝遣開封尹侯益、保大軍節度使張彦超、客省使閻晉卿等率兵拒威，又遣內養鸗脱覘威所嚮。鸗脱爲威所得，威乃附脱奏請縛李業等送軍中。隱帝得威奏，以示業等，業等皆言威反狀已白，乃悉誅威家屬于京師。庚辰，威至滑州，義成軍節度使宋延渥叛于漢來降。壬午，犯封丘。甲辰，及泰寧軍節度使慕容彦超戰于劉子陂，彦超敗，奔于兗州。郭允明反，弒隱帝于趙村。丙戌，威入京師，縱火大掠。戊子，率百官朝太后于明德門，請立嗣君。太后下令：文武百寮、六軍將校，議擇賢明，以承大統。庚寅，威率百官詣明德門，請立武寧軍節度使贇爲嗣。遣太師馮道迎贇于徐州。辛卯，請太后臨朝聽政，以王峻爲樞密使，翰林學士、尚書兵部侍郎范質爲副使。

十二月甲午朔，威北伐契丹，軍于滑州。癸丑，至澶州而旋。王峻遣郭崇以騎七百逆劉贇于宋州，殺之，其將鞏廷美、楊温爲贇守徐州。戊午，次皋門，漢宰相竇貞固、蘇禹珪來勸進。庚申，太后制以威監國。

廣順元年春正月丁卯，皇帝即位，大赦，改元，國號周。己巳，上漢太后尊號曰昭聖皇太后。戊寅，漢劉崇自立于太原。己卯，馮道爲中書令。

二月辛丑，西州回鶻使都督來。丁未，契丹兀欲遣使裊骨支來。癸丑，寒食，望祭于蒲池。丁巳，尚書左丞田敏使于契丹。回鶻使摩尼來。

三月甲戌，武寧軍節度使王彦超克徐州。

夏四月甲午，立夫人董氏爲德妃。

五月辛未，追尊祖考爲皇帝，妣爲皇后：高祖璟謚曰睿和，廟號信祖，祖妣張氏謚曰睿恭；曾祖諶謚曰明憲，廟號僖祖，祖妣申氏謚曰明孝；祖藴謚曰翼順，廟號義祖，祖妣韓氏謚曰翼敬；考謚曰章肅，廟號慶祖，妣王氏謚曰章德。

六月辛亥，范質及户部侍郎判三司李穀爲中書侍郎、同中書門下平章事。竇貞固、蘇禹珪罷。癸丑，范質參知樞密院事。丁巳，宣徽北院使翟光鄴爲樞密副使。

秋七月戊寅，幸王峻第。

八月壬寅，契丹來歸趙瑩之喪。

冬十月丙午，漢人來討，攻自晉州。

十一月，王峻及建雄軍節度使王彦超拒之。

十二月，慕容彦超反。

二年春正月甲子，侍衛步軍都指揮使曹英爲兗州行營都部署。庚午，高麗王昭使其廣評侍郎徐逢來。

二月庚寅，府州防禦使折德扆克岢嵐軍。

三月丁巳朔，寒食，望祭于郊。戊辰，內客省使鄭仁誨爲樞密副使，翟光鄴罷。

夏五月庚申，東征，李穀留守東都，鄭仁誨爲大內都點檢。癸亥，次曹州，赦流罪以下囚。乙亥，克兗州。壬午，赦兗州。

六月乙酉朔，幸曲阜，祠孔子。庚子，至自兖州。

秋九月乙丑，太僕少卿王演使于高麗。契丹寇邊。

三年春正月乙卯，麟州刺史楊重訓叛于漢，來附。

閏月丙戌，回鶻使獨呈相温來。

二月甲子，貶王峻爲商州司馬。

三月甲申，封榮爲晉王。丙戌，鄭仁誨罷。己丑，棣州團練使王仁鎬爲右衛大將軍、樞密副使。

夏六月，大雨，水。

秋七月，契丹盧臺軍使張藏英來奔。

九月，吐渾黨富達等來。

冬十月庚申，馮道爲奉迎神主使。

十一月癸未，党項使吴怗磨五等來。

十二月戊申，四廟神主至自西京，迎之于西郊，祔于太廟。壬申，殺天雄軍節度使王殷。乙亥，享于太廟。

顯德元年春正月丙子朔，有事于南郊，大赦，改元，羣臣上尊號曰聖明文武仁德皇帝。戊寅，罷鄴都。丙戌，鎮寧軍節度使鄭仁誨爲樞密使。壬辰，端明殿學士、户部侍郎王溥爲中書侍郎、同中書門下平章事，王仁鎬罷。是日，皇帝崩于滋德殿。

雜録

備録

王禹偁《五代史闕文》 周太祖在漢隱帝朝爲樞密使，將兵伐河中李守貞，時馮道守太師不與朝政，以疾請告。周祖謁道于私第，問伐蒲策，道辭以不在其位，不敢議國事。周祖固問之，道不得已，謂周祖曰：「祖公頗知博乎？」周祖微時好蒱博，屢以此抵罪，疑道譏己，勃然變色。道曰：「是行亦猶博也。夫博，財多者氣豪而勝，財寡者心怯而輸。守貞在晉，累典禁兵，自爲軍情附己，遂謀反耳。今相公誠能不惜官錢，廣施恩愛，明其賞罰，使軍心許國，則守貞不足慮也。」周祖曰：「恭聞命矣。」故伐蒲之役，周祖以便宜從事，卒成大功，然亦軍旅歸心，終移漢祚。又周祖自鄴起兵赴闕，漢隱帝兵敗，遇害于劉子陂。周祖入京師，百官謁〔之〕。周祖見道，猶設拜，意道便行推戴。道受拜如平時，徐曰：「侍中此行不易。」周祖氣沮，故禪代之謀稍緩。及請道詣徐州册湘陰公爲漢嗣，道曰：「侍中由衷乎？」周祖設誓，道曰：「莫教老夫爲謬語〔人。〕」及行，謂人曰：「平生不謬語，今爲謬語人。」

廣順初，河東劉崇引契丹攻晉州，遣峻率師赴援，峻頓兵於陝。周祖欲親征，遣使諭之。峻見使受宣訖。謂使曰：「與某馳還，附奏陛下，言晉州城堅，未易可拔，劉崇兵鋒方鋭，不可與力争。所以駐兵者，待其氣衰耳，非臣怯也。陛下新即位，不宜輕舉。今朝中受聖知者，惟李穀、范質而已，陛下若車駕出汜水，則慕容彦超以賊軍入汴，大事去矣。」使還具奏，周祖自以手提耳，目使者曰：「幾敗吾事！」

陶岳《五代史補》卷四《樞密使擅替留守》 周高祖爲樞密，鳳翔、永興、河中三鎮反，高祖帶職出討之，迴戈路由洛陽。時王守恩爲留守，以使相自專，乘檐子迎高祖于郊外。高祖遥見大怒，且疾驅入於公館，久之，始令人傳旨，託以方浴，守恩不知其怒，但安坐俟久。時白文珂在高祖麾下，召而謂曰：「王守恩乘檐子俟吾，誠無禮也，安可久爲留守！汝亟去代之。」文珂不敢違，於是即時禮上。頃之，吏馳去報守恩曰：「自侍中受樞密命爲留守訖。」守恩大驚，奔馬而歸，但見家屬數百口皆被逐於通衢中，百姓莫不聚觀。其亦有乘便號叫索取貨錢物者，高祖使吏籍其數，立命償之，家財爲之一空。朝廷悚然，不甚爲理。

陶岳《五代史補》卷五《高祖征李守貞》 高祖征李守貞，軍次河上，高祖慮其争濟，臨岸而諭之。未及坐，忽有羣鴉噪於上，高祖退十餘步，引弓將射之，矢未及發而岸崩，其轟烈之勢在高祖足下。高祖棄弓，顧羣鴉而笑曰：「得非天使汝驚動吾耶？如此則李守貞不足破矣。」於是三軍欣然，各懷鬭志矣。

陶岳《五代史補》卷五《高祖以讖殺趙子童》 高祖之入京師也，三軍紛擾，殺人争物者不可勝數。時有趙童子者，知書善射，至防禦使，覩其紛擾，竊憤之，乃大呼於衆中曰：「樞密太尉，志在除君側以安國，所謂兵以義舉，鼠輩敢爾，乃賊也，豈太尉意耶！」於是持弓矢於所居巷口據牀坐，凡軍人之來侵犯者，皆殺之，由是居人賴以保全者數千家。其間亦有致金帛於門下用爲報答，已堆集如

丘陵焉。童子見而笑曰：「吾豈求利者耶！」於是盡歸其主。高祖聞而異之，陰謂世宗曰：「吾聞人間讖云，趙氏合當爲天子，觀此人才略度量近之矣，不早除去，吾與汝其可保乎！」使人誣告，收付御史府，劾而誅之。洎高祖厭世未十年，而皇宋有天下，趙氏之讖乃應。

陶岳《五代史補》卷五《高祖圍兗州夢文宣王》 高祖登極，改乾祐爲廣順。是年，兗州慕容彦超反，高祖親征。城將破，忽夜夢一人，狀貌甚偉異，被王者之服，謂高祖曰：「陛下明日當得城。」及覺，天猶未曉，高祖私謂：「徵兆如此，可不預備乎？」於是躬督將士戮力急攻，至午而城陷。車駕將入，有司請由生方鳴鞘而進，遂取別巷。轉數曲，見一處門牆甚高大，問之，云：「夫子廟。」高祖意豁然，謂近臣曰：「寡人所夢，得非夫子乎？不然何取路於此也？」因下馬觀之。方升堂，覩其聖像一如夢中所見者，於是大喜，叩首再拜。近臣或諫，以爲天子不合拜異世陪臣。高祖曰：「夫子，聖人也，百王取則。而又夢告寡人，得非夫子幽贊所及耶？安得不拜！」仍以廟側數十家爲洒埽户，命孔氏襲文宣王者長爲本縣令。

蘇轍《龍川別志》卷上 周高祖柴后，魏成安人，父曰柴三禮。本後唐莊宗之嬪御也。莊宗没，明宗遣歸其家，行至河上，父母迓之。會大風雨，止於逆旅。數日，有一丈夫冒雨走過其門，衣弊破裂，不能自庇。后見之驚曰：「此何人耶？」逆旅主人曰：「此馬鋪卒吏郭雀兒者也。」后召與語，異之，謂父母曰：「此貴人，我當嫁之。」父母恚曰：「汝帝左右人，歸當嫁節度使，奈何嫁此乞人？」后曰：「我久在宫中，頗識貴人，此人貴不可言，不可失也。」橐中裝分半與父母，我取其半。」父母知不可奪，遂成婚於逆旅中。所謂郭雀兒，則周祖也。后每資以金帛，使事漢祖，卒爲漢佐命。后父柴三禮既老，夜寐輒不覺，晝起常寡言笑。其家問之，不答。其妻醉之以酒，乃曰：「昨見郭雀兒已作天子。」初，周祖兵征淮南，過宋州。宋州使人勞之於葛驛。先有一男子、一女子，不知所從來，轉客於市，傭力以食。父老憐其愿也，醵酒食、衣服，使相配爲夫婦。及周祖至，市人聚觀，女子於衆中呼曰：「此吾父也。」市人驅之去。周祖聞之，使前，問之，信其女也，相持而泣，將攜之以行。女曰：「我已嫁人矣。」復呼其夫視之，曰：「此亦貴人也。」乃俱挈之軍中，奏補供奉官，即張永德也。及周祖入汴，漢末帝以兵圍其第，今皇建院是也，盡誅其家。惟永德與其妻在河陽爲監押，末帝亦命河陽誅之。河陽守呼永德，以敕視之。永德曰：「丈人爲德不成，死未晚也。」河陽守見其神色不少變，以爲然，雖執之於獄，所以餽之甚厚，親問之曰：「君視丈人事得成否？」永德曰：「殆必然。」以柴三禮夢所見爲驗。未幾而捷報至。周祖覩戚盡誅，惟永德夫婦遂極富貴。

釋文瑩《玉壺清話》卷六 魏人柴公以經義教授里中，有女子備後唐莊宗掖庭，明宗入洛，遣出宫，父母往迎之。至洛遇雨，踰旬不能進。其女悉以奩具計直十萬分其半與父母，令歸大名，曰：「兒見溝旁郵舍隊長黝色花項爲雀形者，極貴人也，願事之。」父母大愧之，知不可奪，問之，即郭某。乃周祖也。因事之，執箕箒之禮。一日，謂其夫曰：「君極貴，不可言，然時不可失，妾有五萬，願奉君以發其身。」周祖因其貲得爲軍司。其父柴公，平生爲獨寢之人，傳司冥間事。一日晟起，忽大笑，妻問之，不對，但笑不已。公惟喜飲，妻逼極醉，因漏泄其事曰：「花項漢將爲天子。」後果然。

江少虞《宋朝事實類苑》卷四五《休祥夢兆》引《楊文公談苑》 王處訥，洛陽人，少時有老叟至其家，煮洛河石爲麪以食之。又嘗夢人持巨鑑，衆星燦然滿中，剖其腹納之，後遂通星曆之學，特臻其妙。依漢祖於太原，開國爲尚書博士，判司天監事。周祖素與處訥厚善，舉兵向闕，以物色求之，得之甚喜。因言及劉氏祚短事，處訥曰：「漢氏曆數悠遠，蓋即位之後，專以復讎殺人及夷人之族，結怨天下，所以社稷不得長久。」周祖蹶然嘆息。適以兵圍蘇逢吉、劉銖第，待旦加戮，遽命置之。逢吉已自縊死，但誅銖，餘悉全活。國初歷司農少卿，直拜司天監。有子熙元，今爲司天少監。

備論

《舊五代史》卷一一三《太祖紀四》 史臣曰：周太祖昔在初潛，未聞多譽，洎西平蒲阪，北鎮鄴臺，有統御之勞，顯英偉之量。旋屬漢道斯季，天命有歸。縱虎旅以盪神京，不無慚德；攬龍圖而登帝位，遂闡皇風。期月而弊政皆除，逾歲而羣情大服，何遷善之如是，蓋應變以無窮者也。所以魯國凶徒，望風而散，并門遺孽，引日偷生。及鼎駕之將昇，命瓦棺而薄葬，勤儉之美，終始可稱，雖享國之非長，亦開基之有裕矣。然而二王之誅，議者譏其不能駕馭權豪，傷於猜忍，卜年斯促，抑有由焉。

王夫之《讀通鑑論》卷二八《五代上》 稱五代者，宋人之辭也。夫何足以稱代哉？代者，相承而相易之謂。統相承，道相繼，創制顯庸相易，故湯、武革命，統一天下，因其禮而損益之，謂之三代。朱温、李存勗、石敬瑭、劉知遠、郭威之瑣瑣，竊據唐之京邑，而遂謂之代乎？郭威非夷非盜，差近正矣，而以黥卒乍起，功業無聞，乘人孤寡，奪其穴以昇立，以視陳霸先之能平寇亂，猶奴隸耳。

王夫之《讀通鑑論》卷三〇《五代下》 周主威疾篤，遺命鑒唐十八陵發掘之禍，令嗣主以紙衣瓦棺斂已，自謂達於厚葬之非而善全其遺體矣。其得國也不以正，既無以求福於天；其在位也，雖賢於亂君，而固無德於天下，以大服於人；惴惴然朽骨之是憂，而教其臣子使不能盡一日之心力以效於君親，其智也，正其愚也。尤可哂者，令刻石陵前，以紙衣瓦棺正告天下後世，吾惡知其非厚葬而故以欺天下邪？則亂兵盜賊欲發掘者，抑必疑其欺已，愈疑而愈思發之。漢文令薄葬，而霸陵之發，寶玉充焉。言其可信，人其以言相信邪？

陵墓之發，自嬴政始。驪山之藏，非直厚葬已也，金銀寶玉，鼎彝鏡劍，玉以爲匣，汞以爲池，皆非生平待養之資，而藏之百年，愈爲珍貴者，是以招寇。若夫古之慎終厚葬，以盡人子之心者，斂襚之衣無算，遺車明器祭器柳衣茵翣贈帛，見於《士喪禮》者，如彼其備。等而上之，至於天子，所以用其材而極孝養必具之物者，禮雖無考，而萃萬國之力以葬一人，其厚可知也。然皆先骨而朽，出於藏而不適於用。則人子之忱以舒，而終鮮發掘之患。先王之慮之也周，取義也正，而廣仁孝以盡臣子之情也至；不可過也，抑不可不及也。周主威不學無術，奚足以知此哉！墨氏無父，夷人道於禽獸，唯薄葬爲其惡之大者。藉口安親而以濟其吝物寡恩之惡，禽道也。爲君父者，以遺命倡之，亦不仁矣。

高平之戰，決志親行，羣臣皆欲止之，馮道持之尤堅，乃至面折之曰：「未審陛下能爲唐太宗否？」夫謂其君爲不能爲堯、舜者，賊其君者也。唐太宗一躬帥六師之能，而大聲疾呼，絶其君以攀躋之路，小人之無忌憚也，一至此哉！道之心，路人知之矣，周主之責樊愛能等曰：「欲賣朕與劉崇。」道之心，亦此而已。習於朱友貞、李從珂之朒縮困潰而亡，已不難袖勸進之表以迎新君，而已愈重，賣之而得利，又何恤焉？周主憚於其虚名而不能即斬道以徇，然不旋踵而道死矣，道不死，恐不能免於英君之竄逐也。

若夫高平之戰，則治亂之樞機，豈但劉、郭之興亡乎？郭氏奪人之國，失之而非其固有；劉氏興報讎之師，得之而非其不義；乃其繫天下治亂之樞機者，何也？朱友貞、李存勗、李從珂、石重貴、劉承祐之亡，皆非外寇之亡之也。驕帥挾不定之心，利人之亡，而因讎其不軌之志；其戰不力，一敗而潰，反戈内嚮，殪故主以迎仇讎，因以居功，擅兵擁土，尸位將相，立不拔之基以圖度非分；樊愛能等猶是心也，馮道亦猶是心也。況周主者，尤非郭氏之苗裔，未有大功於國，王峻輩忌而思奪之夙矣。峻雖死，其懷峻之邪心者實繁有徒。使此一役也，不以身先而坐守汴都，仰諸軍以禦患，小戰不勝，崩潰而南，郭從謙、朱守殷之於李存勗，康義誠之於李從厚，趙德鈞之於李從珂，杜重威、張彦澤之於石重貴，侯益、劉銖之於劉承祐，皆秉鉞而出，倒戈而反，寇未入而孤立之君殪，周主亦如是而已矣。

且不徒長逆臣之惡，以習亂於不已也，劉崇方挾契丹以入，周師潰，周國亡，草穀之毒再試，而黎民無孑遺，德光且留不去，而中國無天子，劉崇者，又豈能保其不爲劉豫？而靖康汴梁、祥興海上之禍，在此役矣。夫馮道亦逆知有此而固不以動其心，不失其爲瀛王者，而抑又何求哉？唯周主決志親征，而後已潰之右軍，不足以摇衆志；潰掠之逃將，不足以劫宫闕；身立血戰之功，而樊愛能等七十人之伏辜，無敢爲之請命。於是主乃成乎其爲主，臣乃成乎其爲臣，契丹不戰而奔，中國乃成乎其爲中國。周主之爲天子，非郭氏授之，自以死生爲生民請命而得焉者也。何遽不能爲唐太宗，而豈馮道之老姦所可測哉？

無子而立族子，因昭穆之序，爲了以奉宗祀，自天子達於士，一也；而天子因授以天下爲尤重。異姓者不得爲後，大法存焉。《春秋》莒人後鄫，而書之曰滅，至嚴矣。乃事有至變者焉，則郭氏是已。郭威起於卒伍，旁無支庶，年老無子，更無可立之羣從；柴氏之子，既其内姻，從之鞠養，而抑賢能可以託國，求同姓之支子必不可得，舍郭榮亦將孰託哉？既立宗廟，以天子之禮祀其先，神雖不歆非類，而豈自我餒之乎？故立異姓以爲後，未可爲郭氏責也。

或曰：威無同姓可立之後，知榮之賢，引而置之將相之位，以國禪之而不改其族姓，倣堯、舜之道，不亦美乎？舜宗堯而祖文祖，祀亦可弗絶也。

曰：時則上古，人則聖人，在位者則皋、夔、稷、契，而後舜、禹之受禪，天下歸心焉。乃欲使篡奪之君、擾亂之世，彊藩睥睨以思弋獲之大位，取一大賢以下之少年，遽委以受終，庸詎得哉？舜穆四門，敘百揆，雷雨弗迷，而共、驩猶狺於廷，三苗猶叛於外。若禹平水土、定九州，大勳著於天人，羣后之傾心久矣，舜抑承堯之已蹟而踵行之，而榮惡足以勝之？自朱、李以來，位將相而狂争者，非一

人也。郭氏之興，榮無尺寸之功，環四方而羣立者，皆履虎咥人之武人，榮雖賢，不知其賢也，孤雛視之而已。俄而將相矣，俄而天子矣，争奪者攘臂而仍之，不能一朝居也，徒爲子噲、子之，而敢言堯、舜乎？

所難處者，榮既嗣立而無以處柴守禮耳。論者乃欲别爲郭氏立後，而尊守禮爲太上皇，則何其不審而易於言也！郭氏無可立之後明矣，將誰立邪？榮之得國，實以養子受世適之命，郭氏之恩，何遽忍忘。身非漢高自我而有天下，則不得加皇號於私親。禮之所不許者，宋英宗且不得加於濮王，而況守禮乎！然則將如之何？守禮之爲光禄卿，先朝之命也。迎養宫中，正名之曰所生父；其没也，葬以卿，祭以天子；其服，視同姓之爲人後者爲之朞；則庶乎變而不失其常矣。外繼竄宗之法，不可執也。爲天子而旁無可立之支庶，古今僅一郭氏，道窮則變，變乃通也。

與人俱起，血戰以戴己爲君，功成位定，而挾勳勞以相抗，亦武人之恒也。即慮其相仍以攘臂，自可以禮裁之，以道制之，使自戢志以寧居。遽加猜忮而誅夷之，刻薄寡恩，且抱疚於天人，漢高帝之所以不得與於純王之道也。郭氏因羣力以奪劉氏之國，而王殷無罪受誅，王峻貶竄而死，其事與高帝同，而時則異，未可以醢菹韓、彭之慝責郭氏也。

自唐天寶以來，上懷私恩而姑息，下挾私勞以驕横，擁之而興之日，早已伏奪之之心。位樞密、任節鎮者，人無不以天子爲可弋獲之飛蟲，敗者成者，乍成而旋敗者，相踵以興，無歲而兵戈得息。乃至延契丹以蹂中國，綱維裂，生民之血塗草野，極矣。李嗣源之於存勗也，石敬瑭之於嗣源也，郭威之於劉知遠也，皆自以爲功而相師以起者也。究不能安於其位以貽後昆，而徒辱中原之神皋天闕，爲旦此夕彼之㩜場。其他速敗而自滅其族者，更僕而不勝數。至於郭氏有國，幸而存者鮮矣。高行周卒，慕容彦超滅，王峻輩擅國之兵，奪民之財，其以亂天下也無疑。郭氏雖不可以行天誅，而天誅不容緩矣。亂人之未絶，其亂不衰，決意行法於廷而不勞争戰，事會已及，變極而復，尚奚容其遲疑乎！

殷、峻誅，而後樊愛能、何徽可伏法於牙門，武行德、李繼勳可就貶於國法；乃以施於有宋，而石守信、高懷德之流，斂手以就臣服。天誅也，王章也，國之所以立，民之所藉以生也。故曰不可以醢菹韓、彭之罪罪之也。百年以來，飛揚跋扈之氣習爲之漸息，一人死，則萬人得以保其生，王殷、王峻俛首受誅，不亦快與！

藝文

王十朋《梅溪集》卷一〇《周太祖》 出鎮雄藩勢已危，擁兵乘釁襲京師。誰知一代生靈主，元是雕青郭雀兒。

《全唐文》卷一二一後漢隱帝《賜郭威平李守貞詔》 李守貞頃在前朝，驟承委遇，追事先帝，復委藩垣，效淺功微，寵深位大。而狡性難制，小器易盈，蔑義虧忠，窮凶極逆，江海不能流其惡，鼎鑊不足快其誅。鄉憤激於心，義形於色，覩兹妖孽，志在翦除。動息之閒，必思於經略；寢食之際，無忘於寇讎。撫士愛人，分甘共苦，躬臨矢石，親冒梯衝，揮戈而蛇豕就誅，破竹而金湯失險，氛霾既息，宗社再安，非我元臣，莫隆景運，朕之倚愛，何止寢？興言念辛勤，無忘嘉愧。

《全唐文》卷一二七後漢高祖李皇后《答周太祖誥》 侍中功烈崇高，德聲昭著，翦除禍亂，安定乾坤，謳歌有歸，歷數攸屬，所以羣情推戴，億兆同歡。老身未終殘年，屬兹多難，唯以衰朽，託於始終。載省來牋，如母見待，感仞深意，涕泗横流，其諸誠懷，難盡宣述。

《全唐文》卷八六一李澣《謝周太祖賜詔書》 田重霸至，伏蒙聖慈，特頒明詔。降日中之文字，慰天外之流離，别述宸慈，俾傳家信，如見骨肉，倍感君親。

柴榮部

綜述

《舊五代史》卷一一四《世宗紀一》　世宗睿武孝文皇帝，諱榮，太祖之養子，蓋聖穆皇后之姪也。本姓柴氏，父守禮，太子少保致仕。帝以唐天祐十八年，歲在辛巳，九月二十四日丙午，生於邢州之别墅。年未童冠，因侍聖穆皇后，在太祖左右。時太祖無子，家道淪落，然以帝謹厚，故以庶事委之。帝悉心經度，貲用獲濟，太祖甚憐之，乃養爲己子。漢初，太祖以佐命功爲樞密副使，帝始授左監門衛將軍。二年，太祖鎮鄴，改天雄軍牙内都指揮使，領貴州刺史、檢校右僕射。三年冬，太祖入平内難，留帝守鄴城。

廣順元年正月，太祖踐祚，帝懇求入覲，忽夢至河而不得渡，尋授澶州節度使、檢校太保，封太原郡侯。帝在鎮，爲政清肅，盜不犯境。先是，澶之里衖湫隘，公署毁圮，帝即廣其街肆，增其廨宇，吏民賴之。二年正月，兖州慕容彦超反，帝累表請征行，太祖嘉之。及曹英等東討，數月無功，太祖欲親征，召羣臣議其事。宰臣馮道奏以方當盛夏，車駕不宜衝冒。太祖曰：「寇不可翫，如朕不可行，當使澶州兒子擊賊，方辦吾事。」時樞密王峻意不欲帝將兵，故太祖親征。六月，兖州平。十二月，加檢校太傅、同平章事。三年正月，帝入覲。三月，授開封尹兼功德使，封晉王。

顯德元年正月庚辰，加開府儀同三司、檢校太尉，兼侍中，依前開封尹兼功德使，判内外兵馬事。時太祖寢疾彌留，士庶憂沮，及聞帝總内外兵柄，咸以爲愜。壬辰，太祖崩，秘不發喪。丙申，内出太祖遺制：「晉王榮可於柩前即位。」羣臣奉帝即皇帝位。庚子，宰臣馮道率百僚上表請聽政，凡三上。壬寅，帝見羣臣於萬歲殿門之東廡下。

二月庚戌，潞州奏，河東劉崇與契丹大將軍楊衮，舉兵南指。壬戌，宰臣馮道率百僚上表，請御殿，凡三上，允之。丁卯，以中書令馮道充山陵使，太常卿田敏充禮儀使，兵部尚書張昭充鹵簿使，御史中丞張煦充儀仗使，開封少尹、權判府事王敏充橋道使。河東賊將張暉率前鋒自團柏谷入寇，帝召羣臣議親征。宰臣馮道等奏，以劉崇自平陽奔遁之後，勢弱氣奪，未有復振之理，竊慮聲言自來，以誤於我。陛下纂嗣之初，先帝山陵有日，人心易摇，不宜輕舉，命將禦寇，深以爲便。帝曰：「劉崇幸我大喪，聞我新立，自謂良便，必發狂謀，謂天下可取，謂神器可圖，此際必來，斷無疑耳！」馮道等以帝鋭於親征，因固諍之。帝曰：「昔唐太宗之創業，靡不親征，朕何憚焉！」道曰：「陛下未可便學太宗。」帝又曰：「劉崇烏合之衆，苟遇王師，必如山壓卵耳。」道曰：「不知陛下作得山否？」帝不悦而罷。詔諸道募山林亡命之徒有勇力者，送於闕下，仍目之爲强人。帝以趫捷勇猛之士，多出於羣盜中，故令所在招納，有應命者，即貸其罪，以禁衛處之，至有朝行殺奪，暮升軍籍，讎人遇之，不敢仰視。帝意亦患之，其後頗有不獲宥者。

三月丁丑，潞州奏，河東劉崇入寇，兵馬監押穆令均部下兵士爲賊軍所襲，官軍不利。詔天雄軍節度使符彦卿領兵自磁州固鎮路赴潞州，以澶州節度使郭崇副之。詔河中節度使王彦超領兵取晉州路東向邀擊，以陝府節度使韓通爲副。命宣徽使向訓、馬軍都指揮使樊愛能、步軍都指揮使何徽、滑州節度使白重贊、鄭州防禦使史彦超、前耀州團練使符彦能等，領兵先赴澤州。辛巳，制：「大赦天下，常赦所不原者，咸赦除之。諸貶降責授官，量與升陟敍用，應配流徒役人，並放逐便。諸道州府所欠去年夏秋租税並放。内外見任文武職官並與加恩，父母在者並與恩澤，亡没者與封贈，其母妻未敍者，特與敍封」云。前涇州節度使史懿卒。

癸未，詔以劉崇入寇，車駕取今月十一日親征。甲申，以樞密使鄭仁誨爲東京留守。乙酉，車駕發京師。壬辰，至澤州。癸巳，王師與河東劉崇、契丹楊衮大戰於高平，賊軍敗績。初，車駕行次河陽，聞劉崇自潞而南，即倍程而進。是月十八日，至澤州，既晡，帝御戎服，觀兵於東北郊，距州十五里，夜宿於村舍。十九日，前鋒與賊軍相遇，賊陣於高平縣南之高原。有賊中來者，云：「劉崇自將騎三萬，并契丹萬餘騎，嚴陣以待官軍。」帝促兵以擊之，崇東西列陣，頗亦嚴整。乃令侍衛馬步軍都虞候李重進、滑州節度使白重贊將左，居陣之西廂；侍衛馬軍都指揮使樊愛能、步軍都指揮使何徽將右，居陣之東廂；宣徽使向訓、鄭州防禦使史彦超，以精騎當其中；殿前都指揮使張永德以禁兵衛蹕。帝介馬觀戰。兩軍交鋒，未幾，樊愛能、何徽望賊而遁，東廂騎軍亂，步軍解甲投賊，帝乃

自率親騎，臨陣督戰。今上馳騎於陣前，先犯其鋒，戰士皆奮命争先，賊軍大敗。日暮，賊萬餘人阻澗而陣。會劉詞領兵至，與大軍迫之，賊軍又潰，臨陣斬賊大將張暉及僞樞密使王延嗣。諸將分兵追襲，殭尸棄甲，填滿山谷。初夜，官軍至高平，降賊軍數千人，所獲輜重、兵器、駝馬、僞乘輿器服等不可勝紀。其夕，殺降軍二千餘人，我軍之降敵者亦皆就戮。初，兩軍之未整也，風自東北起，不便於我，及與賊軍相遇，風勢陡迴，人情相悦。戰之前夕，有大星如日，流行數丈，墜於賊營之上。及戰，北人望見官軍之上，有雲氣如龍虎之狀，則天之助順，宣其然乎！是日，危急之勢，頃刻莫保，賴帝英武果敢，親臨寇敵，不然則社稷幾若綴旒矣。是夕，帝宿於野次。甲午，次高平縣。詔賜河東降軍二千餘人各絹二匹，并給其衣裝，鄉兵各給絹一匹，放還本部。是日大雨。戊戌，車駕至潞州。河南府上言，前青州節度使常思卒。

己亥，侍衛馬軍都指揮使、夔州節度使樊愛能，侍衛步軍都指揮使、壽州節度使何徽等并諸將校七十餘人，並伏誅。高平之役，兩軍既成列，賊騎來挑戰，愛能望風而退，何徽以徒兵陣於後，爲奔騎所突，即時潰亂，二將南走。帝遣近臣宣諭止遏，莫肯從命，皆揚言曰：「官軍大敗，餘衆已解甲矣。」至暮，以官軍克捷，方稍稍而迴。帝至潞州，録其奔遁者，自軍使以上及監押使臣並斬之，由是驕將墮兵，無不知懼。帝以何徽有平陽守禦之功，欲貸其罪，竟不可，與愛能俱殺之，皆給櫘車歸葬。

庚子，以侍衛馬步都虞候李重進爲許州節度使，以宣徽南院使向訓爲滑州節度使，以殿前都指揮使張永德爲武信軍節度使，職並如故。以滑州節度使白重贊爲鄜州節度使，以鄭州防禦使史彦超爲華州節度使，賞高平之功也。以晉州節度使藥元福爲同州節度使，以宣徽北院使楊廷璋爲晉州節度使，以同州節度使張鐸爲彰義軍節度使，以客省使吴延祚爲宣徽北院使，以龍捷左廂都指揮使李千爲蔡州防禦使，以龍捷右廂都指揮使田中爲密州防禦使，以虎捷右廂都指揮使張順爲登州防禦使，以龍捷左第二軍都指揮使孫延進爲鄭州防禦使，以前耀州團練使符彦能爲澤州防禦使，以散員都指揮使李繼勳爲殿前都虞候，以殿前都虞候韓令坤爲龍捷左廂都指揮使，以鐵騎第一軍都指揮使趙弘殷爲龍捷右廂都指揮使，以散員都指揮使慕容延釗爲虎捷左廂都指揮使，以控鶴第一軍都指揮使趙鼎爲虎捷右廂都指揮使，並遥授團練使，其餘改轉有差。壬寅，以天雄軍節度使、衛王符彦卿爲河東行營都部署，知太原行府事；以澶州節度使郭崇爲行營副部署；以宣徽南院使向訓爲行營兵馬都監；以侍衛都虞候李重進爲行營都虞候。以華州節度使史彦超爲先鋒都指揮使，領步騎二萬，進討河東。詔河中節度使王彦超、陝府節度使韓通，率兵自陰地關討賊。以河陽節度使劉詞爲隨駕都部署，以鄜州節度使白重贊爲隨駕副部署。

夏四月乙巳，太祖靈駕發東京。乙卯，葬於嵩陵。河中節度使王彦超奏，僞汾州防禦使董希顔以城歸順。丙辰，僞遼州刺史張漢超以城歸順。丁巳，幸柏谷寺。遣右僕射、平章事、判三司李穀赴河東城下，計度軍儲。詔河東城下諸將，招撫户口，禁止侵掠，只令徵納當年租税，及募民入粟五百斛、草五百圍者賜出身，千斛、千圍者授州縣官。辛酉，符彦卿奏，嵐、憲二州歸順。壬戌，制立衛國夫人符氏爲皇后，仍令有司擇日備禮册命。王彦超奏，收下石州，獲僞刺史安彦進。癸亥，僞沁州刺史李廷誨以城歸順。甲子，皇妹壽安公主張氏進封晉國長公主。乙丑，東京奏，太師、中書令馮道薨。丙寅，太祖皇帝神主祔於太廟。庚午，曲赦潞州見禁罪人，除死罪外並釋放。是日，車駕發潞州，親征劉崇。癸酉，忻州僞監軍李勍殺刺史趙臯及契丹大將楊耨姑，以城歸順。詔授李勍忻州刺史。

五月乙亥，以尚書右丞邊歸讜守本官，充樞密直學士；以尚書户部侍郎陶穀守本官，充翰林學士。丙子，車駕至太原城下。是日，僞代州防禦使鄭處謙以城歸順。丁丑，觀兵於太原城下，帝親自慰勉，錫賚有差。升代州爲節鎮，以静塞軍爲額，以鄭處謙爲節度使。戊寅，斬僞命石州刺史安彦進於太原城下，以其拒王師也。庚辰，以前中武軍節度使郭從義爲天平軍節度使。遣符彦卿、郭從義、向訓、白重贊、史彦超等，率步騎萬餘赴忻州。是夜大風，發屋拔樹。壬午，以宰臣李穀判太原行府事。辛丑，升府州爲節鎮，以永安軍爲軍額，以本州防禦使折德扆爲節度使。

六月癸卯朔，詔班師，車駕發離太原。時大集兵賦，及徵山東、懷、孟、蒲、陝丁夫數萬，急攻其城，旦夕之間，期於必取。會大雨時行，軍士勞苦，復以忻口之師不振，帝遂決旋師之意。指麾之間，頗傷怱遽，部伍紛亂，無復嚴整，不逞之徒，訛言相恐，隨軍資用，頗有遺失者，賊城之下，糧草數十萬，悉焚棄之。乙巳，車駕至潞州。癸丑，帝發潞州。乙丑，幸新鄭縣。丙寅，帝親拜嵩陵，祭奠而賜守陵將吏及近陵户帛有差。庚午，帝至自河東。

秋七月癸酉朔，前河西軍節度使申師厚責授右監門衛率府副率。師厚在涼

州歲餘，以所部艱食，蓄情反覆，奏乞入朝，尋留其子爲留後，不俟詔離任，故責之。乙亥，天雄軍節度使、衛王府彦卿進位守太傅，改封魏王；鄆州郭從義加兼中書令；河陽劉詞移鎮永興軍，加兼侍中；潞州李筠加兼侍中；河中王彦超移鎮許州，加兼侍中；許州節度、侍衛都虞候李重進移鎮宋州，加同平章事兼侍衛親軍都指揮使；以武信軍節度使兼殿前都指揮使張永德爲滑州節度使，加檢校太傅，典軍如故；同州藥元福移鎮陝州，加檢校太尉；鄜州白重贊移鎮河陽，加檢校太尉；陝州韓通移鎮曹州，加檢校太傅。帝即位之初，覃慶於諸侯，且賞從征之功也。丙子，以前禮部侍郎邊光範爲刑部侍郎，權判開封府事。丁丑，天下兵馬元帥、吴越國王錢俶加天下兵馬都元帥；襄州節度使、陳王安審琦加守太尉。戊寅，右散騎常侍張可復卒。以前亳州防禦使李萬金爲鄜州留後。庚辰，幸南莊。辛巳，荆南節度使、南平王高保融加守中書令；夏州節度使、西平王李彝興加守太保；西京留守武行德、徐州王晏、鄧州侯章，並加兼中書令。癸未，湖南王進逵加兼中書令；天德軍節度使郭勳、邠州折從阮、安州李洪義，並加兼侍中；以前華州節度使孫方諫爲同州節度使，加兼中書令；以前永興軍節度使王仁鎬爲河中節度使，加檢校太尉。乙酉，滄州李暉、貝州王饒、鎮州曹英，並加兼侍中；涇州張鐸、相州王進、延州袁崇，並加檢校太尉。壬辰，百僚上表，請以九月二十四日誕聖日爲天清節，天清從之。癸巳，以左僕射兼門下侍郎、平章事、監修國史范質爲守司徒兼門下侍郎、平章事、弘文館大學士；以左僕射兼中書侍郎、平章事、集賢殿大學士、判三司李穀爲守司徒兼門下侍郎、平章事，監修國史；以中書侍郎、平章事王溥爲中書侍郎兼禮部尚書、平章事、集賢殿大學士；以樞密院學士、工部侍郎景範爲中書侍郎、平章事，判三司；樞密使、檢校太保、同平章事鄭仁誨加兼侍中；靈武馮繼業、定州孫行友、邢州田景咸，並加檢校太傅；晉州楊廷璋加檢校太保；以太子詹事趙上交爲太子賓客。乙未，以樞密副使、右監門衛大將軍魏仁浦爲樞密使、檢校太保。丙申，以中書舍人、史館修撰、判館事劉温叟爲禮部侍郎，判館如故。丁酉，相州節度使王進卒。

八月壬寅朔，以宣徽北院使吴延祚爲右監門衛大將軍充職，以樞密院直學士、尚書右丞邊歸讜爲尚書左丞充職。甲辰，幸南莊，賜從臣射。乙巳，以吏部侍郎顔衎爲工部尚書致仕。丙午，同州節度使孫方諫卒。己酉，前澤州刺史李彦崇責授右司禦副率。高平之役，帝與賊軍相遇，即令彦崇領兵守江猪嶺，以遏寇之歸路。彦崇初見王師已却，即時而退，及劉崇兵敗，果由兹嶺而遁，故有是責。壬子，以金州防禦使王暉爲同州留後。癸丑，以吴越國内外都指揮使吴延福爲寧國軍節度使、檢校太尉，從錢俶之請也。以太子少師宋彦筠爲太子太師致仕。甲寅，以兵部郎中兼太常博士尹拙爲國子祭酒。丙辰，皇姑故福慶長公主追封燕國大長公主，李重進之母也。丁巳，以户部郎中致仕景初爲太僕卿致仕，宰臣範之父也。己巳，華州鎮國軍宜停，依舊爲郡。庚午，以給事中劉悦、康澄並爲右散騎常侍。辛未，以左散騎常侍裴巽爲御史中丞，以御史中丞張煦爲兵部侍郎，集賢殿學士、判院事司徒詡爲吏部侍郎，以左散騎常侍薛沖乂爲工部侍郎。

九月壬申朔，以東京舊宅爲皇建禪院。甲戌，以武安軍節度副使、知潭州軍府事周行逢爲鄂州節度使，知潭州軍府事，加檢校太尉。丙戌，右屯衛將軍薛訓除名，流沙門島，坐監雍兵倉，縱吏卒掊斂也。己亥，以右僕射致仕韓昭裔、左僕射致仕楊凝式並爲太子太保致仕，以太子太傅致仕李肅爲太子太師致仕。辛丑，斬宋州巡檢供奉官、副都知竹奉璘於寧陵縣，坐盗掠商船不捕獲也。

冬十月甲辰，左羽林大將軍孟漢卿賜死，坐監納厚取耗餘也。丙午，以安州節度使李洪義爲青州節度使，以貝州節度使王饒爲相州節度使，以徐州節度使王晏爲西京留守，以西京留守武行德爲徐州節度使。戊申，以龍捷左廂都指揮使、泗州防禦使韓令坤爲洋州節度使，充侍衛馬軍都指揮使；以虎捷右廂都指揮使、永州防禦使李繼勳爲利州節度使，充侍衛步軍都指揮使。己酉，太子太保致仕楊凝式卒。詔安、貝二州依舊爲防禦州，其軍額並停。壬子，以今上爲永州防禦使，依前殿前都虞候。戊午，監修國史李穀等上言曰：「竊以自古王者，咸建史官。君臣獻替之謀，皆須備載；家國安危之道，得以直書。歷代已來，其名不一。人君言動，則起居注創於累朝；輔相經綸，則時政記興於前代。然後採其事實，編作史書。蓋緣聞見之間，須有來處；記録之際，得以審詳。今之左右起居郎，即古之左右史也。唐文宗朝，命其官執筆，立於殿階螭頭之下，以紀政事。後則明宗朝，命端明殿及樞密直學士，皆輪修日歷，旋送史官，以備纂修。及近朝，此事皆廢，史官唯憑百司報狀，館司但取兩省制書，此外雖有訪聞，例非端的。伏自先皇帝創開昌運，及皇帝陛下纘嗣丕基，其聖德武功、神謀睿略，皆係萬幾宥密，丹禁深嚴，非外臣之所知，豈庶僚之可訪。此後欲望以諮詢之事，裁制之規，別命近臣，旋具抄録，每當修撰日歷，即令封付史臣，庶國事無漏略之文，職業免疏遺之咎。」從之。因命樞密直學士，起今後於樞密使處，逐月抄録事

件，送付史館。己未，供奉官郝光庭棄市，坐在葉縣巡檢日，挾私斷殺平人也。是日大閱，帝親臨之。帝自高平之役，覩諸軍未甚嚴整，遂有退却。至是命今上一概簡閲，選武藝超絶者，署爲殿前諸班，因是有散員、散指揮使、内殿直、散都頭、鐵騎、控鶴之號。復命總戎者，自龍捷、虎捷以降，一一選之，老弱羸小者去之，諸軍士伍，無不精當。由是兵甲之盛，近代無比，且減冗食之費焉。

十一月戊寅，以太子賓客石光贊爲兵部尚書致仕。壬午，鎮州節度使曹英卒。乙酉，以澶州節度使郭崇爲鎮州節度使。乙未，以荆南節度副使、歸州刺史高保勗爲寧江軍節度使、檢校太尉，充荆南節度行軍司馬。戊戌，詔宰臣李穀監築河隄。先是，鄆州界河決，數州之地，洪流爲患，故命穀治之。役丁夫六萬人，三十日而罷。

十二月己酉，太子太師侯益以本官致仕。

《舊五代史》卷一一五《世宗紀二》 顯德二年春正月辛未朔，帝不受朝賀。辛卯，詔：「在朝文班，各舉堪爲令録者一人，雖姻族近親，亦無妨嫌。授官之日，各署舉主姓名，若在官貪濁不任、懦弱不理，並量事狀重輕，連坐舉主。」乙未，詔：「應逃户莊田，並許人請射承佃，供納税租。如三周年内本户來歸者，其桑田不計荒熟，並交還一半；五周年内歸業者，三分交還一分；五周年外歸業者，其莊田除本户墳塋外，不在交付之限。其近北地諸州，應有陷蕃人户，自蕃界來歸業者：五周年内來者，三分交還二分；十周年内來者，交還一半；十五周年來者，三分交還一分；十五周年外來者，不在交還之限。」

二月戊申，遣使赴西京，賜太子太師致仕侯益、白文珂、宋彦筠等茶藥錢帛各有差，仍降詔存問。壬戌，詔曰：

善操理者不能有全功，善處身者不能無過失。雖堯、舜、禹、湯之上聖，文、武、成、康之至明，尚猶思逆耳之言，求苦口之藥，何況後人之不逮哉！

朕承先帝之靈，居至尊之位，涉道猶淺，經事未深，常懼昏蒙，不克負荷。自臨宸極，已過周星，至於刑政取捨之間，國家措置之事，豈能盡是，須有未周，朕猶自知，人豈不察。而在位者未有一人指朕躬之過失，食禄者曾無一言論時政之是非，豈朕之寡昧不足與言邪？豈人之循默未肯盡心邪？豈左右前後有所畏忌邪？豈高卑疏近自生間别邪？

古人云：「君子大言受大禄，小言受小禄。」又云：「官箴王闕。」則是士大夫之有禄位，無不言之人。然則爲人上者，不能感其心而致其言，此朕之過也，得不求骨鯁之辭，詢正直之議，共申裨益，庶洽治平。朕於卿大夫，才不能盡知，面不能盡識，若不採其言而觀其行，審其意而察其忠，則何以見器量之淺深，知任用之當否？若言之不入，罪實在予，苟求之不言，咎將誰執！

應内外文武臣僚，今後或有所見所聞，並許上章論諫。若朕躬之有闕失，得以盡言；時政之有瑕疵，勿宜有隱。方求名實，豈尚虚華，苟或素不工文，但可直書其事，辭有謬誤者，固當捨短，言涉傷忤者，必與留中，所冀盡情，免至多慮。諸有司局公事者，各宜舉職，事有不便者，革之可也，理有可行者，舉之可也，勿務因循，漸成訛謬。臣僚有出使在外迴者，苟或知黎庶之利病，聞官吏之優劣，當具敷奏，以廣聽聞。班行職位之中，遷除改轉之際，即當考陳力之輕重，較言事之否臧，奉公切直者當議甄升，臨事蓄縮者須期抑退。翰林學士、兩省官，職居侍從，乃論思諫諍之司；御史臺官，任處憲綱，是擊搏糾彈之地；論其職分，尤異羣臣，如逐任官内，所獻替啓發彈舉者，至月限滿合遷轉時，宜令中書門下先奏取進止。

三月辛未，以李晏口爲静安軍，其軍南距冀州百里，北距深州三十里，夾胡盧河爲壘。先是，貝、冀之境，密邇戎疆，居常敵騎涉河而南，馳突往來，洞無阻礙，北鄙之地，民不安居。帝乃按圖定策，遣許州節度使王彦超、曹州節度使韓通等領兵他徙，築壘於李晏口，以兵戍守，功未畢，契丹衆尋至，彦超等擊退之。及壘成，頗扼要害，自是敵騎雖至，不敢涉河，邊民稍得耕牧焉。壬辰，尚書禮部貢院進新及第進士李覃等一十六人所試詩賦、文論、策文等。詔曰：「國家設貢舉之司，求英俊之士，務詢文行，方中科名。比聞近年以來，多有濫進，或以年勞而得第，或因媒勢以出身。今歲所放舉人，試令看驗，果見紕繆，須至去留。其李覃、何曮、楊徽之、趙鄰幾等四人，宜放及第。其嚴説、武允成、王汾、閭丘舜卿、任惟吉、周度、張慎徽、王翥、馬文、劉選、程浩然、李震等一十二人，藝學未精，並宜勾落，且令苦學，以俟再來。禮部侍郎劉温叟失於選士，頗屬因循，據其過尤，合行譴謫，尚視寬恕，特與矜容，劉温叟放罪，其將來貢舉公事，仍令所司别具條理以聞。」

夏四月庚戌，以内客省使李彦頵爲延州留後。辛亥，詔：「應自外新除御史，未經朝謝，行過州府，不得受館驛供給及所在公禮。」乙卯，詔於京城四面，别築羅城，期以來春興役。戊午，以翰林學士、給事中竇儀爲禮部侍郎，依前充職；以禮部侍郎劉温叟爲太子詹事。癸亥，以翰林學士、中書舍人楊昭儉爲御

史中丞。是月，詔翰林學士承旨徐台符已下二十餘人，各撰《爲君難爲臣不易論》《平邊策》各一首，帝親覽之。

五月辛未，迴鶻遣使貢方物。鳳翔節度使王景上言：「奉詔攻收秦、鳳二州，已於今月一日領軍由大散關路進軍次。」先是，晉末契丹入晉，秦州節度使何建以秦、成、階三州入蜀，蜀人又取鳳州。至是，秦、鳳人户怨蜀之苛政，相次詣闕，乞舉兵收復舊地，乃詔景與宣徽南院使向訓率師以赴焉。甲戌，詔曰：

釋氏貞宗，聖人妙道，助世勸善，其利甚優。前代以來，累有條貫，近年已降，頗紊規繩。近覽諸州奏聞，繼有緇徒犯法，蓋無科禁，遂至尤違，私度僧尼，日增猥雜，創修寺院，漸至繁多，鄉村之中，其弊轉甚。漏網背軍之輩，苟剃削以逃刑；行奸爲盜之徒，託住持而隱惡。將隆教法，須辨否臧，宜舉舊章，用革前弊。

諸道州府縣鎮村坊，應有敕額寺院，一切仍舊，其無敕額者，並仰停廢，所有功德佛像及僧尼，並騰併於合留寺院内安置。天下諸縣城郭内，若無敕額寺院，祇於合停廢寺院内，選功德屋宇最多者，或寺院僧尼各留一所，若無尼住，祇留僧寺院一所。諸軍鎮坊郭及二百户已上者，亦依諸縣例指揮。如邊遠州郡無敕額寺院處，於停廢寺院内僧尼各留兩所。今後並不得創造寺院蘭若。王公戚里諸道節刺已下，今後不得奏請創造寺院及請開置戒壇。男子女子如有志願出家者，並取父母、祖父母處分，已孤者取同居伯叔兄處分，候聽許方得出家。男年十五已上，念得經文一百紙，或讀得經文五百紙，女年十三已上，念得經文七十紙，或讀得經文三百紙者，經本府陳狀乞剃頭，委録事參軍本判官試驗經文。其未剃頭間，須留髮髻，如有私剃頭者，却勒還俗，其本師主決重杖勒還俗，仍配役三年。兩京、大名府、京兆府、青州各處置戒壇，候受戒時，兩京委祠部差官引試，其大名府等三處，祇委本判官録事參軍引試。如有私受戒者，其本人、師主、臨壇三綱、知事僧尼，並同私剃頭例科罪。應合剃頭受戒人等，逐處聞奏，候敕下，委祠部給付憑由，方得剃頭受戒。應男女有父母、祖父母在，别無兒息侍養，不聽出家。曾有罪犯，遭官司刑責之人，及棄背父母、逃亡奴婢、姦人細作、惡逆徒黨、山林亡命、未獲賊徒、負罪潛竄人等，並不得出家剃頭。如有寺院輒容受者，其本人及師主、三綱、知事僧尼、鄰房同住僧，並仰收捉禁勘，申奏取裁。

僧尼俗士，自前多有捨身、燒臂、鍊指、釘截手足、帶鈴掛燈、諸般毁壞身體、戲弄道具、符禁左道、妄稱變現還魂坐化、聖水聖燈妖幻之類，皆是聚衆眩惑流俗，今後一切止絶。如有此色人，仰所在嚴斷，遞配邊遠，仍勒歸俗，其所犯罪重者，準格律處分。每年造僧賬兩本，其一本奏聞，一本申祠部，逐年四月十五日後，勒諸縣取索管界寺院僧尼數目申州，州司攢賬，至五月終以前文帳到京，僧尼籍帳内無名者，並勒還俗。其巡禮行脚，出入往來，一切取便。

是歲，諸道供到帳籍，所存寺院凡二千六百九十四所，廢寺院凡三萬三百三十六，僧尼係籍者六萬一千二百人。戊寅，以刑部侍郎邊光範爲户部侍郎，以前御史中丞裴巽爲刑部侍郎。己卯，刑部員外郎陳渥賜死，坐檢齊州臨邑縣民田失實也。渥爲人清苦，臨事有守，以微累而當極刑，時論惜之。戊子，以沙州留後曹元忠爲沙州節度使、檢校太尉、同平章事。丙申，禮部侍郎竇儀奏，請廢童子、明經二科及條貫考試次第，從之。

六月己酉，以曹州節度使韓通充西南面行營都虞候。丙辰，以亳州防禦使陳思讓爲邢州留後。庚申，詔：「兩京及諸道府州，不得奏薦留守判官、兩使判官、少尹、防禦團練軍事判官，如是隨幕已曾任此職者聽奏。防禦團練刺史州，各置推官一員。」辛酉，廢景州爲定遠軍。癸亥，以前延州節度使袁義爲滄州節度使，以前邢州節度使田景咸爲鄧州節度使。

秋七月丁卯朔，以鳳翔節度使王景兼西南面行營都招討使，以宣徽南院使、鎮安軍節度使向訓兼西南面行營都監。戊辰，太子太傅、魯國公和凝卒。

八月癸卯，兵部尚書張昭、太常卿田敏等奏，議減祠祭所用犧牲之數，由是圜丘、方澤及太廟即用太牢，餘皆以羊代之。丁未，中書侍郎、平章事、判三司景範罷判三司，加銀青光禄大夫，依前中書侍郎、平章事，進封開國伯；以樞密院承旨張美權判三司。辛亥，詔：「今後應有病患老弱馬，並送同州沙苑監、衛州牧馬監，就彼水草，以盡飲齕之性。」庚子，太子太師致仕趙暉卒。乙丑，詔曰：「今後諸處祠祭，應有牲牢、香幣、饌料、供具等，仰委本司官吏躬親檢校，務在精至。行事儀式，依附《禮經》，大祠祭合用樂者，仍須祀前教習。凡關祀事，宜令太常博士及監察御史用心點檢，稍或因循，必行朝典。」

九月丙寅朔，詔禁天下銅器，始議立監鑄錢。癸未，以太子賓客趙上交爲吏部侍郎，以吏部侍郎于德辰、司徒詡並爲太子賓客。乙酉，詔文武百僚，今後遇天清節，依近臣例各賜衣服。辛卯，西南面招討使王景，部送所獲西川軍校姜暉已下三百人至闕。甲午，潞州部送先擒到河東兵馬監押程交等二百人至闕。詔所獲西川、河東軍校已下並釋之，各賜錢帛有差。

閏月壬子，西南面招討使王景奏，大破西川賊軍於黃花谷，擒僞命都監王巒、孫韜等一千五百餘人。癸丑，秦州僞命觀察判官趙玭以本城降，詔以玭爲郢州刺史。

先是帝以西師久次，艱於糧運，命今上乘驛赴軍前，以觀攻戰之勢。及迴，具以事勢上奏，帝甚悦，至是果成功焉。甲子，祕書少監許遜責授蔡州別駕，坐先假竇氏圖書隱而不還也。

冬十月庚午，召近臣射於苑中，賜金器鞍馬有差。辛未，成州歸順。癸酉，以給事中王敏爲工部侍郎。戊寅，高麗國遣使朝貢。丁丑，右散騎常侍康澄責授環州別駕，左司郎中史又玄責授商州長史，左驍衛大將軍元霸責授均州別駕，右驍衛將軍林延禔責授登州長史。澄等奉使浙中，迴日以私便停留，逾時復命，故有是責。右諫議大夫李知損配流沙門島，坐妄貢章疏，斥讟貴近，及求使兩浙故也。己丑，前太常卿邊蔚卒。是月始議南征。

十一月乙未朔，以宰臣李穀爲淮南道前軍行營都部署，知廬、壽等州行府事；以許州節度使王彦超爲行營副部署；命侍衛馬軍都指揮使韓令坤等一十二將，各帶征行之號以從焉。己亥，諭淮南州縣，詔曰：

朕自纘承基構，統御寰瀛，方當恭己臨朝，誕修文德，豈欲興兵動衆，專耀武功！顧兹昏亂之邦，須舉弔伐之義。蠢爾淮甸，敢拒大邦，因唐室之陵遲，接黄寇之紛亂，飛揚跋扈，垂六十年，盜據一方，僭稱僞號。幸數朝之多事，與北境以交通，厚啓兵心，誘爲邊患。晉、漢之代，寰海未寧，而乃招納叛亡，朋助凶慝，李金全之據安陸，李守貞之叛河中，大起師徒，來爲應援，攻侵高密，殺掠吏民，迫奪閩、越之封疆，塗炭湘、潭之士庶。以至我朝啓運，東魯不庭，發兵而應接叛臣，觀釁而憑淩徐部。沭陽之役，曲直可知，尚示包荒，猶稽問罪。邇後維揚一境，連歲阻飢，我國家念彼災荒，大許糴易。前後擒獲將士，皆遣放還；自來禁戢邊兵，不令侵撓。我無所負，彼實多姦，勾誘契丹，至今未已，結連并寇，與我爲讎，罪惡難名，人神共憤。

今則推輪命將，鳴鼓出師，徵浙右之樓船，下朗陵之戈甲，東西合勢，水陸齊攻。吴孫皓之計窮，自當歸命；陳叔寶之數盡，何處偷生！應淮南將士軍人百姓等，久隔朝廷，莫聞聲教，雖從僞俗，應樂華風，必須善擇安危，早圖去就。如能投戈獻款，舉郡來降，具牛酒以犒師，納圭符而請命，車服玉帛，豈吝旌酬，土地山河，誠無愛惜。刑賞之令，信若丹青，苟或執迷，寧免後悔。王師所至，軍政甚明，不犯秋毫，有如時雨，百姓父老，各務安居，剽擄焚燒，必令禁止云。

高麗國王王昭加開府儀同三司、檢校太尉，依前使持節玄菟州都督、大義軍使，王如故。辛亥，以前滄州節度使李暉爲邠州節度使。壬子，潞州奏，破河東賊軍於祁縣。癸丑，西南面行營都部署王景奏，收復鳳州，獲僞命節度使王環。乙卯，曲赦秦、鳳、階、成等州管内罪人，自顯德二年十一月已前，凡有罪犯，無問輕重，一切釋放。丁巳，前邠州節度使折從阮卒。己未，邢州奏，河東劉崇死。壬戌，淮南前軍都部署李穀奏，先鋒都指揮使白延遇破淮賊於來遠鎮。

十二月丙寅，以左金吾大將軍蓋萬爲右監門上將軍。丁卯，淄州奏，前中書侍郎、同平章事景範卒。庚午，右金吾衛上將軍王守恩卒。辛未，安州奏，盜殺防禦使張穎。是日，翰林學士承旨徐台符卒。甲戌，李穀奏，破淮賊二千人於壽州城下。丙子，以左諫議大夫、權知開封府事王朴爲左散騎常侍，充端明殿學士，依前權知開封府事。永興軍奏，節度使劉詞卒。己卯，李穀奏，破淮賊千餘人於山口鎮。丙戌，樞密使鄭仁誨卒。辛卯，西南面行營都部署王景，差人部送所獲僞鳳翔節度使王環至闕。詔釋之，仍賜鞍馬衣服，尋授右驍衛大將軍。

是冬，命起居郎陶文舉徵殘租於宋州。文舉本酷吏也，宋民被其刑者凡數千，冤號之聲，聞於道路，有悼耄之輩，不勝其刑而死者數人，物議以爲不允。

《舊五代史》卷一一六《世宗紀三》 顯德三年春正月乙未朔，帝不受朝賀。前司空蘇禹珪卒。丁酉，李穀奏，破淮賊於上窑。戊戌，發丁夫十萬城京師羅城。庚子，詔取此月八日幸淮南。殿中監馬從贇免所居官，坐乾没外孫女霍氏之貲産，爲人所訟故也。辛丑，以宣徽南院使向訓爲權東京留守，以端明殿學士王朴爲副留守。壬寅，車駕發京師，丁未，李穀奏，自壽州引軍退守正陽。辛亥，李重進奏，大破淮賊於正陽，斬首二萬餘級，伏尸三十里，臨陣斬賊大將劉彦貞，生擒偏將咸師朗已下，獲戎甲三十萬副、馬五百匹。先是，李穀駐軍於壽春城下，以攻其城，既而淮南援軍大至，乃與將佐謀曰：「賊軍舟棹將及正陽，我師無水戰之備，萬一橋梁不守，則大軍隔絶矣。不如全師退守正陽浮橋，以俟鑾輅。」諸將皆以爲然，遂燔其糧草而退。軍回之際，無復嚴整，公私之間，頗多亡失，淮北役夫，亦有陷於賊境者。帝聞之，急詔侍衛都指揮使李重進率師赴之。時淮賊乘李穀退軍之勢，發戰棹數百艘，沿淮而上，且張斷橋之勢，彦貞以大軍列陣而進。李重進既至正陽，聞淮軍在近，率諸將渡橋而進，與賊軍遇，重進等合勢擊之，一鼓而敗之。殺獲之外，降者三千餘人，皆爲我將趙晁所殺。甲寅，車駕

至正陽。以侍衛都指揮使李重進爲淮南道行營都招討使，命宰臣李穀判壽州行府事。乙卯，車駕渡淮。丙辰，至壽州城下，營於州西北淝水之陽，詔移正陽浮橋於下蔡。庚申，耀兵於城下。壬戌，今上奏，破淮賊萬餘衆於渦口，斬僞兵馬都監何延錫等，獲戰船五十艘。

二月丙寅，幸下蔡。斬前濟州馬軍都指揮使康儼於路左，坐橋道不謹也。朗州節度使王進逵奏，領兵入淮南界。戊辰，廬壽巡檢使司超奏，破淮賊三千於盛唐，獲都監僞吉州刺史高弼以獻。詔釋之。兵部尚書張昭奏，準詔撰集兵法，分爲十卷，凡四十二門，目之爲《制旨兵法》，上之。優詔褒美，仍以器幣賜之。壬申，今上奏，破淮賊萬五千人於清流山，乘勝攻下滁州，擒僞命江州節度使、充行營應援使皇甫暉，常州團練使、充應援都監姚鳳以獻。甲戌，江南國主李景遣泗州牙將王知朗齎書一函至滁州，本州以聞，書稱唐皇帝奉書於大周皇帝，其略云：「願陳兄事，永奉鄰歡，設或俯鑒遠圖，下交小國，悉班卒乘，俾乂蒼黔，慶鷄犬之相聞，奉瓊瑶以爲好，必當歲陳山澤之利，少助軍旅之須。虔俟報章，以聽高命，道塗朝坦，禮幣夕行」云。書奏不答。乙亥，今上繫送所獲江南二將皇甫暉、姚鳳至行在，詔釋之。壬午，江南國主李景遣其臣僞翰林學士户部侍郎鍾謨、僞工部侍郎文理院學士李德明等，奉表來上，敘願依大國稱臣納貢之意，仍進金器千兩，錦綺綾羅二千匹及御衣、犀帶、茶茗、藥物等，又進犒軍牛五百頭，酒二千石。是日，賜謨等錦綺綾羅二百匹，銀器一百兩，襲衣、金帶、鞍馬等。丙戌，侍衛馬軍指揮韓令坤奏，收下揚州。丁亥，壽州城内左神衛軍使徐象等一十八人來奔。庚寅，朗州節度使王進逵上言，領兵入鄂州界，攻長山砦，殺賊軍三千餘衆。辛卯，今上表僞命天長軍制置使耿謙以本軍降，獲糧草二千餘萬。侍衛馬軍都指揮使韓令坤上言，泰州降。癸巳，荊南上言，朗州節度使王進逵爲部將潘叔嗣所殺。遣人詣潭州，請周行逢爲帥，行逢至朗州，斬叔嗣於市。

三月丙申，行光州刺史何超奏，光州僞命都監張承翰以城歸順，尋授承翰集州刺史。庚子，文武百僚再上表請聽樂，詔允之。行舒州刺史郭令圖奏，收下舒州。江南國主李景表送先隔過朝廷兵士一百五十人至行在。其軍即蜀軍也，秦、鳳之役，爲王師所擒，配隸諸軍，及渡淮，輒復南逸。帝怒其奔竄，盡戮之。丙午，江南國主李景遣其臣僞司空孫晟、僞禮部尚書王崇質等奉表來上，仍進金一千兩、銀十萬兩、羅綺二千匹，又進賞給將士茶絹金銀羅帛等。庚戌，兩浙奏，遣大將率兵攻常州。延州留後李彦頵奏，蕃衆與部民爲亂，尋與兵司都監閻綰掩殺，獲其酋帥高閙兒等十人，磔於市。彦頵本賈人也，貪而好利，蕃漢之民怨其侵刻，故至於是。辛亥，賜江南李景書曰：

頃自有唐失御，天步方艱，巢、蔡喪亂之餘，朱、李戰争之後，中夏多故，六紀於兹，海縣瓜分，英豪鼎峙，自爲聲教，各擅烝黎，連衡而交結四夷，乘釁而憑凌上國。華風不競，否運所鍾，凡百有心，孰不興憤。

朕猥承先訓，恭荷永圖，德不迨於前王，道不方於往古。然而擅一百州之富庶，握三十萬之甲兵，農戰交修，士卒樂用，思欲報累朝之宿怨，刷萬姓之包羞。是以踐位已來，懷安不暇，破幽、并之巨寇，收秦、鳳之全封，兵不告疲，民有餘力。一昨迴軍隴上，問罪江干，我實有辭，咎將誰執？朕親提金鼓，尋渡淮、淝，上順天心，下符人欲，前鋒所向，彼衆無遺，棄甲僵屍，動盈川谷。收城徇地，已過滁陽，豈有落其爪牙，折其羽翼，潰其心腹，扼其吭喉而不亡者哉！

早者，泗州主將遞送到書一函，尋又使人鍾謨、李德明至，齎所上表及貢奉衣服腰帶、金銀器幣、茶藥牛酒等；今又使人孫晟等並到行朝。觀其降身聽命，引咎告窮，所謂君子見機，不俟終日，苟非達識，孰能若斯。但以奮武興戎，所以討不服；惇信明義，所以懷遠人，五帝三王，盛德大業，恒用此道，以正萬邦。

朕今躬統戎師，龔行討伐，告於郊廟社稷，詢於將相公卿，天誘其衷，國無異論。苟不能恢復内地，申畫邊疆，便議班旋，真同戲劇，則何以光祖宗之烈，厭士庶之心，匪獨違天，兼且咈衆。但以淮南部内，已定六州，廬、壽、濠、黄，大軍悉集，指期剋日，拉朽焚枯，其餘數城，非足介意。必若盡淮甸之土地，爲大國之隄封，猶是遠圖，豈同迷復。如此則江南吏卒，悉遣放還，江北軍民，並當留住，免違物類之性，俾安鄉土之情。至於削去尊稱，願輸臣禮，非無故事，實有前規。蕭詧奉周，不失附庸之道；孫權事魏，自同藩國之儀。古也雖然，今則不取，但存常號，何爽歲寒。儻堅事大之心，終不迫人於險，事資真慤，辭匪枝游，俟諸郡之悉來，即大軍之立罷。質於天地，信若丹青，我無彼欺，爾無我詐，言盡於此，更不煩云，苟曰未然，請自兹絶。

切以陽春在候，庶務縈思，願無廢於節宣，更自期於愛重。音塵非遠，風壤猶殊，翹想所深，勞於夢寐。

又賜其將佐書曰：

朕自類禡出師，麾旄問罪，絶長淮而電擊，指建業以鷹揚，旦夕之間，克捷相繼。至若兵興之所自，釁起之所來，勝負之端倪，戎甲之次第，不勞盡諭，必想

具知。

近者金陵使人，繼來行闕，追悔前事，委質大朝，非無謝咎之辭，亦有罷軍之請。但以南邦之土地，本中夏之封疆，苟失克復之期，大辜朝野之望，已興是役，固不徒還。必若自淮以南，畫江爲界，盡歸中國，猶是遠圖。所云願爲外臣，乞比湖、浙，彼既服義，朕豈忍人，必當别議封崇，待以殊禮。凡爾將佐，各盡乃心，善爲國家之謀，勉擇恒久之利。

初，李景遣鍾謨、李德明奉表至行闕，使人面奏云：「本國主願割壽、濠、泗、楚、光、海六州之地，歸於大朝。」帝志在盡取江北諸郡，不允其請。使人見王師急攻壽陽，李德明奏曰：「願陛下寬臣數日之誅，容臣自往江南，取本國表，盡獻江北之地。」帝許之，乃令李德明、王崇質齎此書以賜李景。

夏四月甲子，以徐州節度使武行德爲濠州城下行營都部署，以前鄧州節度使侯章爲壽州城下水砦都部署。己巳，車駕發壽春，循淮而東。辛未，揚州奏，江南大破兩浙軍於常州。初，兩浙錢俶承詔遣部將率兵攻常州，爲江南大將陸孟俊所敗，將佐陷没者甚衆，李景亦以表聞。乙亥，駐蹕於濠州城下。丁丑，揚州韓令坤破江南賊軍於州東境，獲大將陸孟俊。今上表大破江南軍於六合，斬首五千級。時李景乘常州之捷，遣陸孟俊領兵迫泰州，王師不守，韓令坤欲棄揚州而迴。帝怒，急遣殿前都指揮使張永德帥親兵往援之，又命今上領步騎二千人屯於六合。俄而陸孟俊領其徒自海陵抵揚州，令坤迎擊，敗之，生擒孟俊。李景遣其弟齊王達率大衆由瓜步濟江，距六合一舍而設柵。居數日，乃棄柵來迫官軍，今上麾兵以擊之，賊軍大敗，餘衆赴江溺死者不可勝紀。己卯，韓令坤奏，敗楚州賊將馬在貴萬餘衆於灣頭堰，獲漣州刺史秦進崇。丙戌，以宣徽南院使向訓爲權淮南節度使，充沿江招討使；以侍衛馬軍都指揮使韓令坤充沿江副招討使。丁亥，車駕發濠州，幸渦口。己丑，以前湖南節度使馬希崇爲左羽林統軍。

五月壬辰朔，以渦口爲鎮淮軍。戊戌，車駕還京，發渦口。乙卯，上至自淮南，詔赦都下見禁罪人。丁巳，陳州節度使王令温卒。戊午，以江南僞命東都副留守、工部侍郎馮延魯爲太府卿。己未，太子賓客于德辰卒。辛酉，詔：「天下公私織造布帛及諸色匹段，幅尺斤兩，並須依向來制度，不得輕弱假僞，犯者擒捉送官。」

六月甲子，以鳳翔節度使王景爲秦州節度使，兼西面沿邊都部署；以宣徽南院使、陳州節度使向訓爲淮南節度使，依前南院宣徽使，加檢校太尉；以曹州節度使韓通爲許州節度使，加檢校太尉；以亳州防禦使王全斌爲隴州防禦使，遥領利州昭武軍兩使留後。丙寅，許州王彦超移鎮永興軍，鄧州田景咸移鎮鄜州。御史中丞楊昭儉、知雜侍御史趙礪、侍御史張糺並停任，坐鞫獄失實也。丁卯，以翰林學士、户部侍郎陶穀爲兵部侍郎，充翰林學士承旨；以水部員外郎知制誥扈載、度支員外郎王著，並本官充翰林學士；以給事中高防爲右散騎常侍；以前都官郎中、知制誥薛居正爲左諫議大夫，充昭文館學士，判館事。壬申，曲赦淮南道諸州見禁罪人，自今年六月十一日已前，凡有違犯，無問輕重，並不窮問。先屬江南之時，應有非理科徭，無名配率，一切停罷云。戊寅，以右衛上將軍扈彦珂爲太子太師致仕。庚辰，以西京留守王晏爲鳳翔節度使。戊子，升贍國軍爲濱州。淮南道招討使李重進奏，壽州賊軍攻南砦，王師不利。先是，詔步軍都指揮使李繼勳營於壽州之南，攻賊壘。是日，賊軍出城來攻我軍，破柵而入，其攻城之具並爲賊所焚，將士死者數百人。李重進在東砦，亦不能救。時城堅未下，師老於外，加之暑毒，糧運不繼。李繼勳喪失之後，軍無固志，諸將議欲退軍，賴今上自六合領兵歸闕，過其城下，因爲駐留旬日，王師復振。

秋七月辛卯朔，以武清軍節度使、知潭州軍府事周行逢爲朗州大都督，充武平軍節度使，加檢校太尉，兼侍中。丁酉，以太子賓客盧價爲禮部尚書致仕，以給事中李明爲大理卿。庚子，廬州行營都部署劉重進奏，破淮賊千餘人於州界。丁未，濠州行營都部署武行德奏，敗淮賊二千人於州界。庚戌，太子太保王仁裕卒。辛亥，皇后符氏薨。淮南節度使向訓自揚州班師，迴駐壽春。時王師攻壽春，經年未下，江、淮盜賊充斥，舒、蘄、和、泰等州復爲吴人所據，故棄揚州併力於壽春焉。

八月壬戌，河陽白重贊移鎮涇州，張澤移鎮河中。甲子，以前鄧州節度使侯章復爲鄧州節度使，以侍衛步軍都指揮使、彰信軍節度使李繼勳爲河陽節度使。乙丑，太僕卿劇可久停任，坐爲舉官累也。戊辰，端明殿學士王朴撰成新曆上之，命曰《顯德欽天曆》，上親爲製序，仍付司天監行用。殿前都指揮使張永德奏，破淮賊於下蔡。先是，江南李景以王師猶在壽州，遣其將林仁肇、郭廷謂率水陸軍至下蔡，欲奪浮梁，以舟實薪芻，乘風縱火，永德禦之。有頃，風勢倒指，賊衆稍却，因爲官軍所敗。己卯，工部侍郎王敏停任，坐薦子壻陳南金爲河陽記室也。

九月丙午，以端明殿學士、左散騎常侍、權知開封府事王朴爲尚書户部侍郎，充樞密副使；以右羽林統軍焦繼勳爲左屯衛上將軍；以左衛上將軍楊承信爲右羽林統軍；以左監門上將軍宋延渥爲右神武統軍。

冬十月辛酉，葬宣懿皇后於懿陵。癸亥，以右神武統軍宋延渥爲廬州行營副部署。

《舊五代史》卷一一七《世宗紀四》 顯德四年春正月己丑朔，帝御崇元殿受朝賀，仗衛如儀。詔天下見禁罪人，除大辟外，一切釋放。壬寅，兵部尚書張昭上言：「奉詔編修太祖實録及梁、唐二末主實録。伏以撰《漢書》者先爲項籍，編《蜀記》者首序劉璋，貴神器之傳授有因，歷數之推遷得序。伏緣漢隱帝君臨在太祖之前，歷試之績，並在隱帝朝内，請先修隱帝實録，以全太祖之事功。又以唐末主之前有閔帝，在位四月，出奔於衛，亦未編紀，請修閔帝實録。其清泰帝實録，請書爲廢帝實録。」從之。丁未，淮南道招討使李重進奏，破淮賊五千人於壽州北。先是，李景遣其弟僞齊王達率全軍來援壽州，達留駐濠州，遣其將許文縝、邊鎬、朱元領兵數萬，泝淮而上，至紫金山，設十餘砦，與城内烽火相應。又築夾道數里，將抵壽春，爲運糧之路，至是爲重進所敗。戊申，詔取來月幸淮南。

二月庚申，以前工部侍郎王敏爲司農卿。辛酉，詔每遇入閤日，賜百官廊下食，從舊制也。淮南道行營都監向訓奏，破淮賊二千於黄蓍砦。甲戌，以樞密副使王朴爲權東京留守兼判開封府，以三司使張美爲大内都巡檢。乙亥，車駕發京師。乙酉，次下蔡。

三月庚寅旦，帝率諸軍駐於紫金山下，命今上率親軍登山擊賊，連破數砦，斬獲數千，斷其來路，賊軍首尾不相救。是夜，賊將朱元、朱仁裕、孫璘各舉砦來降，降其衆萬餘人。翌日，盡陷諸砦，殺獲甚衆，擒賊大將建州節度使許文縝、前湖南節度使邊鎬，其餘黨沿流東奔，帝自率親騎沿淮北岸追賊。及晡，馳二百餘里，至鎮淮軍，殺獲數千人，奪戰艦糧船數百艘，錢帛器仗不可勝數。甲午，詔發近縣丁夫城鎮淮軍，仍搆浮梁於淮上。廬州都部署劉重進奏，殺賊三千人於壽州東山口，皆紫金山之潰兵也。戊戌，授宣徽南院使、淮南節度使向訓爲徐州節度使，充淮南道行營都監，即命屯鎮淮上。己亥，帝自鎮淮軍復幸下蔡。壬寅，賜淮南降軍許文縝、邊鎬已下萬五百人衣服錢帛有差。丙午，壽州劉仁贍上表乞降，帝遣閤門使張保續入城慰撫。翌日，仁贍復令子崇讓上表請罪。戊申，幸壽州。城北，劉仁贍與將佐已下及兵士萬餘人出降，帝慰勞久之，恩賜有差。庚戌，詔移壽州於下蔡，以故壽州爲壽春縣。是日，曲赦壽州管内見禁罪人，自今月二十一日已前，凡有過犯，並從釋放。應歸順職員，並與加恩。壽州管界去城五十里内，放今年秋夏租税。自來百姓，有曾受江南文字聚集山林者，並不問罪。如有曾相傷害者，今後不得更有相讎及經官論訴。自用兵已來，被擄却骨肉者，不計遠近，並許本家識認，官中給物收贖。曾經陣敵處所暴露骸骨，並仰收拾埋瘞。自前政令有不便於民者，委本州條例聞奏，當行釐革。辛亥，以僞命清淮軍節度使、檢校太尉、兼侍中劉仁贍爲特進、檢校太尉、兼中書令、鄆州節度使，以右羽林統軍楊信爲壽州節度使。是日，劉仁贍卒。壬子，以江南僞命西北面行營都監使、舒州團練使朱元爲蔡州防禦使，以江南僞命文德殿使、壽州監軍使周延構爲衛尉卿，以江南僞命壽州營田副使孫羽爲太僕卿，以壽州節度判官鄭牧爲鴻臚卿，賞歸順也。癸丑，追奪前許州行軍司馬韓倫在身官爵，配流沙門島。倫，侍衛馬軍都指揮使令坤之父也。令坤領陳州，倫在州干預郡政，掊斂之暴，公私患之，爲項城民武都等所訟。帝命殿中侍御史率汀就按之，倫詐報汀云「準詔赴闕」，汀即奏之，帝愈怒，遽令追劾，盡得其實，故有是命。遣左諫議大夫尹日就於壽州開倉賑饑民。丙辰，車駕發下蔡還京。

夏四月己巳，車駕至自下蔡。辛未，以江南僞命西北面行營應援使、前永安軍節度使、檢校太尉許文縝爲左監門衛上將軍，以僞命西北面行營應援都軍使、前武安軍節度使邊鎬爲左千牛衛上將軍、檢校太傅。丙子，宰臣李穀以風痹經年，上章請退，凡三上章，不允。丁丑，斬内供奉官孫延希於都市，御厨使董延勛、副使張皓、武德副使盧繼昇並停職。時重脩永福殿，命延希督役，上見役夫有就瓦中啗飯，以柿爲匕者，大怒，斬延希而罷延勛等。壬午，故彭城郡夫人劉氏追册爲皇后。癸未，故皇子贈左驍衛大將軍誼再贈太尉，追封越王；故皇子贈左武衛大將軍誠再贈太傅，追封吴王；故皇子贈左屯衛大將軍誡再贈太保，追封韓王。故皇弟贈太保侗再贈太傅，追封郯王；故皇弟贈司空信再贈司徒，追封杞王。故皇第三妹樂安公主追册莒國長公主，故皇第五妹永寧公主追册梁國長公主。故皇從弟贈左領軍大將軍守愿再贈左衛大將軍，故皇從弟贈左監門將軍奉超再贈右衛大將軍，故皇從弟贈左千牛衛將軍遜再贈右武衛大將軍。甲申，以先降到江南兵士，團結爲三十指揮，號懷德軍。

五月丁亥朔，帝御崇元殿受朝，仗衛如式。己丑，以新修永福殿改爲廣政殿。辛卯，以端午賜文武百僚衣服，書始也。癸巳，侍衛親軍都指揮使、宋州節

度使、充淮南道行營都招討李重進加檢校太傅，兼侍中；以宣徽南院使、淮南節度使向訓爲徐州節度使，加檢校太尉、同平章事。丙申，斬密州防禦副使侯希進於本郡。時太常博士張糺檢視本州夏苗，移牒希進分檢，希進以不奉朝旨，不從。糺具事以聞，帝怒，遣使斬之。丁酉，以滑州節度使兼殿前都點檢、駙馬都尉張永德爲澶州節度使，加檢校太尉；以今上爲滑州節度使，加檢校太保，依前殿前都指揮使。今上以三年十月宣授同州節度使，未於正衙宣制，至是移鎮滑臺，故自永州防禦使授焉。以侍衛馬軍都指揮使、洋州節度使韓令坤爲陳州節度使，加檢校太傅；以權侍衛步軍都指揮使、岳州防禦使袁彦爲曹州節度使，加檢校太保，並典軍如故。己亥，以左神武統軍劉重進爲鄧州節度使，以虎捷左廂都指揮使、閬州防禦使趙晁爲河陽節度使，以兗州防禦使白延遇爲同州節度使。辛丑，宰臣范質、李穀、王溥並加爵邑，改功臣。樞密使魏仁浦加檢校太傅，進封開國公。辛亥，知廬州行府事劉重進奏，相次殺敗賊，獲戰船三十艘。壬子，以宣徽北院使吴延祚爲宣徽南院使，權西京留守，判河南府事。是月，詔中書門下，差官詳定格律。中書門下奏：「差侍御史知雜事張湜等一十人詳定。候畢日，委御史臺尚書省四品已上、兩省五品已上官，參詳可否，送中書門下議定，奏取進止。」從之。

六月丁巳，前濠州刺史齊藏珍以罪棄市。己未，以責授耀州司馬鍾謨爲衛尉少卿，賜紫。帝既誅孫晟，尋竄謨爲耀州，既而悔之，故有是命。辛酉，西京奏，伊陽山谷中有金屑，民淘取之，詔勿禁。乙酉，詔在朝文資官再舉堪爲令、録、從事者各一人。

秋七月丁亥，以前徐州節度使、檢校太師、兼中書令武行德爲左衛上將軍。先是，詔行德分兵屯定遠縣，既爲淮寇所襲，王師死者數百人，帝懲其僨軍之咎，故以環衛處之。以前河陽節度使李繼勳爲右衛大將軍，責壽春南砦之敗也。壬辰，以刑部尚書王易爲太子少保致仕，以右監門衛上將軍蓋萬爲左衛上將軍致仕。己酉，司農卿王敏卒。甲辰，詔曰：「準令，諸論田宅婚姻，起十一月一日至三月三十日止者。州縣争論，舊有釐革，每至農月，貴塞訟端。近聞官吏因循，由此成弊，凡有訴競，故作逗遛，至時而不與盡辭，入務而即便停罷，强猾者因兹得計，孤弱者無以自伸。起今後應有人論訴陳辭狀，至二月三十日權停。若是交相侵奪、情理妨害，不可停滯者，不拘此限。」

八月乙卯朔，兵部尚書張昭上疏，望準唐朝故事，置制舉以罩英才。帝覽而善之，因命昭具制舉合行事件，條奏以聞。丙辰，以太常卿田敏爲工部尚書，以太子賓客司徒詡爲太常卿。辛未，詔在朝武班，各舉武勇膽力堪爲軍職者一人。甲戌，賜左監門上將軍許文縝、右千牛上將軍邊鎬、右衛大將軍王環、衛尉卿周延構、太府卿馮延魯、太僕卿鄭牧、鴻臚卿孫羽、衛尉少卿鍾謨、工部郎中何幼沖各冬服絹二百匹、綿五百兩。文縝已下，皆吴、蜀之士也。乙亥，宰臣李穀罷相，守司空，加食邑實封。穀抱疾周歲，累上表求退，至是方允其請。以樞密副使、户部侍郎王朴爲樞密使、檢校太保。癸未，前濮州刺史胡立自僞蜀迴，蜀主孟昶寓書於帝，其末云：「昶昔在齠齔，即離并都，亦承皇帝鳳起晉陽，龍興汾水，合敍鄉關之分，以陳玉帛之歡。儻蒙惠以嘉音，佇望專馳信使，謹因胡立行次，聊陳感謝披述」云。初，王師之伐秦、鳳也，以立爲排陣使，既而爲蜀所擒。及秦、鳳平，得降軍數千人，其後帝念其懷土，悉放歸蜀，至是蜀人知感，故歸立於我。昶本生於太原，故其書意願與帝推鄉里之分，帝怒其抗禮，不答。

九月甲申朔，宰臣王溥、樞密使王朴皆丁内艱，並起復舊位。以侍衛馬步軍都指揮使、宋州節度使李重進爲鄆州節度使，典軍如故。己丑，以前翰林學士、禮部侍郎竇儀爲端明殿學士，依前禮部侍郎。

冬十月丙辰，賜京城内新修四寺額，以天清、天壽、顯静、顯寧爲名。壬戌，左藏庫使符令光棄市。時帝再議南征，先期敕令光廣造軍士袍襦，不即辦集，帝怒，命斬之。時宰臣等至庭救解，帝起入宫，遂戮於都市。令光出勳閥之後，歷職内庭，以清慎自守，累總繁劇，甚有廉幹之譽。帝素重其爲人，每加委用，至是以小過見誅，人皆冤之。戊午，詔懸制科凡三：其一曰賢良方正能直言極諫科，其二曰經學優深可爲師法科，其三曰詳閑吏理達於教化科。不限前資，見任職官，黄衣草澤，並許應詔。時兵部尚書張昭條奏，請興制舉，故有是命。癸亥，河東僞命麟州刺史楊重訓以城歸順，授重訓本州防禦使、檢校太傅。戊辰，詔取月内車駕暫幸淮上。己巳，以樞密使王朴爲權東京留守，以三司使張美爲大内都點檢。壬申，駕發京師。壬午，以前鄆州節度使郭從義爲徐州節度使，以徐州節度使向訓爲宋州節度使。

十一月癸未朔，以内客省使昝居潤爲宣徽北院使，權東京留守。丙戌，車駕至濠州城下。戊子，親破十八里灘。砦在濠州東北淮水之中，四面阻水，上令甲士數百人跨馳以濟。今上以騎軍浮水而渡，遂破其砦，擄其戰艦而迴。癸巳，帝親率諸軍攻濠州，奪關城，破水砦，賊衆大敗，焚戰艦七十餘艘，斬首二千級，進

軍攻羊馬城。丙申夜，僞濠州團練使郭廷謂上表陳情，且言家在江南，欲遣人稟命於李景，從之。辛丑，帝自濠州率大軍水陸齊進，循淮而下，命今上率精騎爲前鋒。癸卯，大破淮賊於渦口，斬首五千級，收降卒二千餘人，奪戰船三百艘，遂鼓行而東，以追奔寇，晝夜不息，沿淮城栅，所至皆下。乙巳，至泗州。今上乘勢麾軍，焚郭門，奪月城，帝親冒矢石以攻其壘。丙午，日南至，從臣拜賀於月城之上。

十二月乙卯，泗州守將范再遇以其城降，授再遇宿州團練使。戊午，帝自泗州率衆東下，命今上領兵行於南岸，與帝夾淮而進。己未，至清口，追及淮賊，軍行鼓譟之聲，聞數十里。辛酉，至楚州西北，大破賊衆，水陸俱奔，有賊船數艘，順流而逸。帝率驍騎與今上追之數十里，今上擒賊大將僞保義軍節度使、江北都應援使陳承昭以獻。收獲舟船，除焚盪外得三百餘艘，將士除殺溺外得七千餘人。初，帝之渡淮也，比無水戰之備，每遇賊之戰棹，無如之何，敵人亦以此自恃，有輕我之意。帝即於京師大集工徒，脩成艛艦，踰歲得數百艘，兼得江、淮舟船，遂令所獲南軍教北人習水戰出没之勢，未幾，舟師大備。至是水陸皆捷，故江南大震。壬戌，僞命濠州團練使郭廷謂以城歸順。乙丑，雄武軍使崔萬迪以漣水歸順。丙寅，以郭廷謂爲亳州防禦使，以僞命濠州兵馬都監陳遷爲沂州團練使，以僞命保義軍節度使陳承昭爲右監門上將軍。江南李景遣兵驅擄揚州士庶渡江，焚其州郭而去。丙子，故同州節度使白延遇贈太尉，故濠州刺史唐景思贈武清軍節度使。丁丑，泰州平。

《舊五代史》卷一一八《世宗紀五》　顯德五年春正月癸未朔，帝在楚州城下，從臣詣行宫稱賀。乙酉，降同州爲郡。右驍衛將軍王環卒。丙戌，右龍武將軍王漢璋奏，攻海州。戊子，詔：「諸道幕職州縣官，並以三周年爲考限，閏月不在其内，州府不得差攝官替正官」云。己丑，詔侍衛馬軍都指揮使韓令坤權知揚州軍府事。庚寅，發楚州管内丁壯，開鸛河以通運路。乙巳，帝親攻楚州。時今上在楚州城北，晝夜不解甲冑，親冒矢石，麾兵以登城。丙午，拔之，斬僞守將張彦卿等，六軍大掠，城内軍民死者萬餘人，廬舍焚之殆盡。

二月甲寅，僞命天長軍使易贇以城歸順。戊午，車駕發楚州南巡。丁卯，駐蹕於廣陵，詔發揚州部内丁夫萬餘人城揚州。帝以揚州焚盪之後，居民南渡，遂於故城内就東南別築新壘。戊辰，遣使祭故淮南節度使楊行密、故昇府節度使徐温等墓。癸酉，幸揚子渡觀大江。乙亥，黄州刺史司超奏，破淮賊三千人，擒僞舒州刺史施仁望。丙子，隰州奏，河東賊軍逃遁。時劉鈞聞帝南征，發兵圍隰州，巡檢使李謙溥以州兵拒之而退。

三月壬午朔，幸泰州。丁亥，復幸廣陵。辛卯，幸迎鑾江口。遣右武衛大將軍李繼勳率舟師至江島以觀寇。癸巳，帝臨江望見賊船數十艘，命今上帥戰棹以追之，賊軍退去，今上直抵南岸，焚其營栅而迴。甲午，以右武衛大將軍李繼勳爲左領軍上將軍。乙未，殿前都虞候慕容延釗奏，大破賊軍於東沛州。丙申，江南李景遣其臣兵部侍郎陳覺奉表陳情，兼貢羅縠紬絹三千匹，乳茶三千斤，及香藥犀象等。覺至行在，覩樓船戰棹已泊於江岸，以爲自天而降，愕然大駭。丁酉，荆南高保融奏，本道舟師已至鄂州。

戊戌，兩浙錢俶奏，差發戰棹四百艘，水軍萬七千人，已泊江岸，請師期。己亥，今上率水軍破賊船百餘隻於瓜步。是日，李景遣其臣劉承遇奉表以廬、舒、蘄、黄等四州來獻，且請以江爲界。帝報曰：「皇帝恭問江南國主。使人至，省奏請分割舒、廬、蘄、黄等州，畫江爲界者。頃逢多事，莫通玉帛之歡，適自近年，遂構干戈之役，兩地之交兵未息，蒸民之受弊斯多。一昨再辱使人，重尋前意，將敦久要，須盡縷陳。今者承遇爰來，封函復至，請割州郡，仍定封疆，猥形信誓之辭，備認始終之意，既能如是，又復何求。邊陲頓静於煙塵，師旅便還於京闕，永言欣慰，深切誠懷。其常、潤一路及沿江兵棹，今已指揮抽退；兼兩浙、荆南、湖南水陸兵士，各令罷兵；其廬、黄、蘄三路將士，亦遣抽拔近内，候彼中起揭逐處將員及軍都家口丁畢，祇請差人勾唤在彼將校，交割州城」云。淮南平，凡得州十四、縣六十、户二十二萬六千五百七十四。

先是，李景以江南危蹙，謀欲傳位于世子，使附庸於我，故遣陳覺上表陳敘。至是帝以既許其通好，乃降書以答之，曰：「別覩來章，備形縟旨，敘此日傳讓之意，述向來高尚之懷。仍以數歲已還，交兵不息，備論追悔之事，無非剋責之辭。雖古人有引咎責躬，因災致懼，亦無以過此也。況君血氣方剛，春秋甚富，爲一方之英主，得百姓之歡心。即今南北才通，疆埸甫定，是玉帛交馳之始，乃干戈載戢之初，豈可高謝君臨，輕辭世務，與其慕希夷之道，曷若行康濟之心。重念天災流行，分野常事，前代賢哲，所不能逃。苟盛德之日新，則景福之彌遠，勉修政理，勿倦經綸，保高義於初終，垂遠圖於家國，流芳貽慶，不亦美乎！」

庚子，詔曰：「比者以近年貢舉，頗是因循，頻詔有司，精加試練，所冀去留無濫，優劣昭然。昨據貢院奏，今年新及第進士等，所試文字，或有否臧，爰命辭

臣，再令考覆，庶涇、渭之不雜，免玉石之相參。其劉坦、戰貽慶、李頌、徐緯、張覩等詩賦稍優，宜放及第；王汾據其文辭，亦未精當，念以頃曾剥落，特與成名；熊若谷、陳保衡皆是遠人，深可嗟念，亦放及第；郭峻、趙保雍、楊丹、安玄度、張昉、董咸則、杜思道等，未甚苦辛，並從退黜，更宜修進，以俟將來。知貢舉、右諫議大夫劉濤選士不當，有失用心，責授右贊善大夫，俾令省過，以戒當官。」先是，濤於東京放牓後，引新及第進士劉坦已下一十五人赴行在，帝命翰林學士李昉覆試，故有是命。

壬寅，復幸揚州，改廬州軍額爲保信軍。甲辰，以右龍武統軍趙贊爲廬州節度使，以殿前都虞候慕容延釗爲淮南節度使兼殿前副指揮使。遣鹽城監使申屠謂齎書及御馬一十匹、金銀銜全，散馬四十匹，羊千口，賜江南李景。謂先爲王師所俘，故遣之。丙午，江南李景遣所署宰相馮延巳獻犒軍銀十萬兩，絹十萬匹，錢十萬貫，茶五十萬觔，米麥二十萬石。庚戌，詔：「故淮南節度使楊行密、故昇府節度使徐温，各給守冢户。應江南臣僚有先代墳墓在江北者，委所在長吏差人檢校。」辛亥，李景遣所署臨汝郡公徐遼進買宴錢二百萬，并遣伶官五十人與遼俱來獻壽觴。

夏四月癸丑，宴從臣及江南進奉使馮延巳等於行宫，徐遼代李景捧壽觴以獻，進金酒器、御衣、犀帶、金銀、錦綺、鞍馬等。乙卯，車駕發揚州還京。丙辰，太常博士、權知宿州軍州事趙礪除名，坐推劾弛慢也。先是，翰林醫官馬道玄進狀，訴壽州界被賊殺却男，獲正賊，見在宿州，本州不爲勘斷。帝大怒，遣端明殿學士竇儀乘驛往按之，及獄成，坐族死者二十四人。儀奉辭之日，帝旨甚峻，故儀之用刑傷於深刻。戊午，以前延州留後李彦頵爲滄州留後。庚申，新太廟成，遷五廟神主入於其室。壬申，至自淮南。癸酉，命宣徽北院使昝居潤判開封府事。甲戌，澶州節度使張永德準詔赴北邊，以契丹犯境故也。丁丑，兩浙奏，四月十九日杭州火，廬舍府署延燒殆盡。

五月辛巳朔，上御崇元殿受朝，仗衛如式。詔：「侍衛諸軍及諸道將士，各賜等第優給。應行營將士歿於王事者，各與贈官，親的子孫，並量才録用，傷夷殘廢者，别賜救接。淮南諸州及徐、宿、宋、亳、陳、潁、許、蔡等州，所欠去年秋夏税物，並與除放」云。丙戌，命端明殿學士竇儀判河南府兼知西京留守事。辛卯，以襄州節度使安審琦爲青州節度使；以許州節度使韓通爲宋州節度使，依前兼侍衛馬步都虞候；以宋州節度使向訓爲襄州節度使；以今上爲忠武軍節度使，依前殿前都指揮使。淮南之役，今上之功居最，及是命之降，雖云酬勳，止於移鎮而已，賞典太輕，物議不以爲允。癸巳，以左武衛上將軍武行德爲鄜川節度使，以右神武統軍宋延渥爲滑州節度使，以前同州留後王暉爲相州留後。乙未，立東京羅城諸門名額，東二門曰寅賓、延春，南三門曰朱明、景風、畏景，西二門曰迎秋、肅政，北三門曰元德、長景、愛景。辛丑，幸懷信驛。乙巳，詔在朝文資官各再舉堪爲幕職令録一人。戊申，以襄州節度使向訓兼西南面水陸發運招討使。己酉，以太府卿馮延魯充江南國信使，以衛尉少卿鍾謨爲副。賜李景御衣、玉帶、錦綺羅縠帛共十萬匹，金器千兩，銀器萬兩，御馬五匹，金玉鞍轡全，散馬百匹，羊三百匹。賜江南世子李弘冀器幣鞍馬等。别賜李景書曰：「皇帝恭問江南國主。眷海之利，在彼海濱，屬疆壤之初分，慮供食之有闕。江左諸郡，素號繁饒，然於川澤之間，舊無斥鹵之地，曾承素旨，常在所懷，願均收積之餘，以助軍旅之用。已下三司，逐年支撥供軍食鹽三十萬石。」又賜李景今年曆日一軸。

六月庚午，命中書舍人竇儼參定雅樂。辛未，放先俘獲江南兵士四千七百人歸本國。壬申，有司奏御膳料，上批曰：「朕之常膳，今後減半，餘人依舊。」癸酉，禘於太廟。乙亥，兵部尚書張昭等撰《太祖實録》三十卷成，上之，賜器帛有差。丁丑，以中書舍人張正爲工部侍郎，充江北諸州水陸轉運使。戊寅，詔諫議大夫宜依舊爲正五品上，仍班在給事中之下。

秋七月癸未，以右散騎常侍高防爲户部侍郎，以左驍衛上將軍李洪信爲右龍武統軍，以左領軍上將軍李繼勳爲右羽林統軍，以工部尚書田敏爲太子少保，以刑部侍郎裴巽爲尚書左丞，以左武衛上將軍薛懷讓爲太子太師，以右羽林大將軍李萼爲右千牛衛上將軍。自敏已下皆致仕。丙戌，中書門下新進刪定《大周刑統》，奉勅班行天下。丁亥，賜諸道節度使、刺史《均田圖》各一面。唐同州刺史元稹，在郡日奏均户民租賦，帝因覽其文集而善之，乃寫其辭爲圖，以賜藩郡。時帝將均定天下賦税，故先以此圖徧賜之。

閏月壬子，廢衍州爲定平縣，廢武州爲潘原縣。壬戌，河決河陰縣，溺死者四十二人。辛丑，幸新授青州節度使安審琦第。癸酉，邢州留後陳思讓奏，破河東賊軍千餘人於西山下，斬首五百級。

八月庚辰，延州奏，淺溪水漲，壞州城，溺死者百餘人。己丑，太子太師致仕宋彦筠卒。辛丑，江南李景上表乞降，詔書不允。

九月丁巳，以太府卿馮延魯爲刑部侍郎，以衛尉少卿鍾謨爲給事中，並放歸江南。時延魯、鍾謨自江南復命，李景復奏欲傳位於其世子弘冀，帝亦以書答之。甲子，賜江南羊萬口，馬三百匹，橐駞三十頭；賜兩浙錢俶羊五千口，馬二百匹，橐駞二十頭。乙丑，賜宰臣、樞密使及近臣宴於玉津園。己巳，占城國王釋利因德漫遣使貢方物。壬申，天清節，羣臣詣廣德殿上壽。江南進奉使商崇義代李景捧壽觴以獻。冬十月己卯，以户部侍郎高防爲西南面水陸轉運使，將用師於巴、邛故也。丙戌，邠州李暉移鎮鳳翔。戊子，幸迎春苑。己丑，太常卿司徒詡以本官致仕。壬辰，帝狩於近郊。癸巳，前相州節度使王饒卒。甲午，左監門上將軍許文鎮、右千牛上將軍邊鎬、衛尉卿周廷構，並歸江南。乙未，詔淮南諸州鄉軍，並放歸農。丁酉，遣左散騎常侍艾穎等均定河南六十州稅賦。

十一月丁未朔，詔翰林學士竇儼，集文學之士，撰集《大周通禮》、《大周正樂》，從儼之奏也。辛亥，日南至，帝御崇元殿受朝賀，仗衛如式。己未，昭義李筠奏，破遼州長清砦，獲僞命磁州刺史李再興。甲子，帝狩於近郊。

十二月丁丑朔，朗州奏，醴陵縣玉仙觀山門中，舊有田二萬頃，久爲山石閉塞，今年七月十七日夜，暴雷劈開，其路復通。己卯，楚州兵馬都監武懷恩棄市，坐擅殺降軍四人也。丙戌，詔重定諸道州府幕職令録佐官料錢，其州縣官俸户宜停。己丑，楚州防禦使張順賜死，坐在任隱落搉稅錢五十萬、官絲綿二千兩也。壬辰，詔兩京及五府少尹司參軍各省一員，六曹判司内祇直户法二曹，餘及諸州觀察支使、兩蕃判官並省。甲午，帝狩於近郊。乙未，鄧州劉重進移鎮邠州，滑州宋延渥移鎮鄧州，以前河中節度使王仁鎬爲邢州節度使，以邢州留後陳思讓爲滑州留後。己亥，詔翰林學士，今後逐日起居，當直者仍赴晚朝。是月，江南李景殺其臣僞太傅中書令宋齊丘、僞兵部侍郎陳覺、僞鎮南軍節度副使李徵古等。初，帝之南征也，吴人大懼，覺與徵古皆齊丘門人，因進説於景，請委國事於齊丘，景爲是銜之。及吴人遣鍾謨、李德明奉表至行在，帝尋遣德明復命於金陵，德明因説李景請割江北之地求和於我，而陳覺、李徵古等以德明爲賣國，請戮之，景遂殺德明。及江南内附，帝放鍾謨南歸，謨本德明之黨也，因譖齊丘等，故齊丘等得罪。放齊丘歸九華山，覺等貶官，尋並害之。景既誅齊丘等，令鍾謨到闕，具言其事，故書。

《舊五代史》卷一一九《世宗紀六》　顯德六年春正月丁未朔，帝御崇元殿受朝賀，仗衛如式。壬子，高麗國王王昭遣使貢方物。己卯，以翰林學士、中書舍人申文炳爲左散騎常侍。辛酉，女真國遣使貢獻。壬戌，青州奏，節度使、陳王安審琦爲部曲所殺。乙丑，賜諸將射於内鞠場。戊辰，幸迎春苑。甲戌，詔：「每年新及第進士及諸科開喜宴，宜令宣徽院指揮排比。」乙亥，詔：「禮部貢院今後及第舉人，依逐科等第定人數姓名，並所試文字奏聞，候敕下放榜」云。是月，樞密使王朴詳定雅樂十二律旋相爲宫之法，并造律準，上之。詔尚書省集百官詳議，亦以爲可。語在《樂志》。

二月庚辰，發徐、宿、宋、單等州丁夫數萬濬汴河。甲申，發滑、亳二州丁夫濬五丈河，東流於定陶，入於濟，以通青、鄆水運之路。又疏導蔡河，以通陳、潁水運之路。乙酉，詔諸道應差攝官各支半俸。丙戌，以翰林學士承旨、尚書兵部侍郎陶穀爲尚書吏部侍郎充職。詔升湖州爲節鎮，以宣德軍爲軍額，以湖州刺史錢偡爲本州節度使，從兩浙錢俶之請也。辛丑，幸迎春苑。甲辰，右補闕王德成責授右贊善大夫，坐舉官不當也。詔賜諸道州府供用糧草有差。

三月庚申，樞密使王朴卒。甲子，詔以北境未復，取此月内幸滄州。以宣徽南院使吴延祚爲權東京留守，判開封府事；以宣徽北院使昝居潤爲副使；以三司使張美爲大内都部署。命諸將各領馬步諸軍及戰棹赴滄州。己巳，濠州奏，鍾離縣飢民死者五百九十有四。癸酉，詔廢諸州銅魚。甲戌，車駕發京師。

夏四月辛卯，車駕次滄州，以前左諫議大夫薛居正爲刑部侍郎。是日，帝率諸軍北征。壬辰，至乾寧軍，僞寧州刺史王洪以城降。丁酉，駕御龍舟，率舟師順流而北，首尾數十里。辛丑，至益津關。自此以西，水路漸隘，舟師難進，乃捨舟登陸。壬寅，宿於野次。時帝先期而至，大軍未集，隨駕之士，不及一旅，甲辰，賴今上率材官騎士以衛乘輿。癸卯，今上先至瓦橋關，僞守將姚内斌以城降。鄚州刺史劉楚信以州來降。

五月乙巳朔，帝駐蹕於瓦橋關。侍衛親軍都指揮使李重進及諸將相繼至行在，瀛州刺史高彦暉以本城歸順。關南平，凡得州三，縣十七，户一萬八千三百六十。是役也，王師數萬，不亡一矢，邊界城邑皆望風而下。丙午，帝與諸將議攻幽州，諸將皆以爲未可，帝不聽。是夜，帝不豫，乃止。戊申，定州節度使孫行友奏，攻下易州，擒僞命刺史李在欽來獻，斬於軍市。己酉，以瓦橋關爲雄州，以益津關爲霸州。是日，先鋒都指揮使張藏英破契丹數百騎於瓦橋關北，攻下固安縣。詔發濱、棣二州丁夫城霸州。庚戌，遣侍衛都指揮使李重進率兵出土門，入河東界。壬子，車駕發雄州還京。泉州節度使劉從効遣別駕王禹錫奉貢於行

在，帝以泉州比臣江南，李景方歸奉國家，不欲奪其所屬，但錫詔褒美而已。丁卯，西京奏，太常卿致仕司徒詡卒。己巳，侍衛都指揮使李重進奏，破河東賊軍於百井，斬首二千級。甲戌，上至自雄州。

六月乙亥朔，潞州李筠奏，攻下遼州，獲僞刺史張丕旦。丙子，以皇女薨輟朝三日。戊寅，鳳翔奏，節度使李暉卒。鄭州奏，河決原武，詔宣徽南院使吳延祚發近縣丁夫二萬人以塞之。庚辰，命宣徽北院使昝居潤判開封府事。晉州節度使楊廷璋奏，率兵入河東界，招降堡砦一十三所。癸未，立魏王符彥卿女爲皇后，仍令所司擇日備禮册命。以皇長子宗訓爲特進左衛上將軍，封梁王；以第二子宗讓爲左驍衛上將軍，封燕國公。賜江南進奉使李從善錢二萬貫，絹二萬匹，銀一萬兩；賜兩浙進奉使吳延福錢三千貫，絹五千匹，銀器三千兩。丁亥，以前青州節度使李洪義爲永興軍節度使，永興軍節度使王彥超移鎮鳳翔。戊子，潞州部送所獲遼州刺史張丕旦等二百四十五人以獻，詔釋之。己丑，宰臣范質、王溥並參知樞密院事。以樞密使魏仁浦爲中書侍郎、平章事、集賢殿大學士，依前充樞密使；以宣徽南院使吳延祚爲樞密使，行左驍衛上將軍；以宋州節度使、侍衛都虞候韓通爲侍衛親軍副都指揮使，加檢校太尉、同平章事；澶州節度使兼殿前都點檢、駙馬都尉張永德落軍職，加檢校太尉、同平章事；以今上爲殿前都點檢，加檢校太傅，依前忠武軍節度使。帝之北征也，凡供軍之物，皆令自京遞送行在。一日，忽於地中得一木，長二三尺，如人之揭物者，其上卦全題云「點檢做」，觀者莫測何物也。至是，今上始受點檢之命，明年春，果自此職以副人望，則「點檢做」之言乃神符也。辛卯，以宣徽北院使、判開封事昝居潤爲左領軍上將軍，充宣徽南院使；以三司使、左領衛大將軍張美爲左監門衛上將軍，充宣徽北院使，判三司。癸巳，帝崩於萬歲殿，聖壽三十九。甲午，宣遺制，梁王於柩前即皇帝位，服紀月日，一依舊制。是日，羣臣奉梁王即位於殿東楹，中外發哀。其年八月，翰林學士、判太常寺事竇儼上謚曰睿武孝文皇帝，廟號世宗。十一月壬寅朔，葬於慶陵。宰臣魏仁浦撰謚册文，王溥撰哀册文云。

《新五代史》卷一二《周本紀》 世宗睿武孝文皇帝，本姓柴氏，邢州龍岡人也。柴氏女適太祖，是爲聖穆皇后。后兄守禮子榮，幼從姑長太祖家，以謹厚見愛，太祖遂以爲子。太祖後稍貴，榮亦壯，而器貌英奇，善騎射，略通書史黄老，性沈重寡言。太祖爲漢樞密使，榮爲左監門衛大將軍。太祖鎮天雄，榮領貴州刺史、天雄軍牙内都指揮使。

乾祐三年冬，周兵起魏，犯京師，留榮守魏。太祖入立，拜澶州刺史、鎮寧軍節度使，檢校太傅，同中書門下平章事。榮素爲樞密使王峻所忌，廣順三年正月來朝，不得留。既而峻有罪誅，三月，拜榮開封尹，封晉王。是冬，卜以來年正月朔旦有事于南郊，而太祖遇疾，不能視朝者久之。

顯德元年正月丙子，郊，僅而成禮，即以王判内外兵馬事。壬辰，太祖崩，祕不發喪。丙申，發喪，皇帝即位于柩前。右監門衛大將軍魏仁浦爲樞密副使。

二月庚戌，回鶻遣使者來。丁卯，馮道爲大行皇帝山陵使，太常卿田敏爲禮儀使，兵部尚書張昭爲鹵簿使，御史中丞張煦爲儀仗使，開封少尹權判府事王敏爲橋道頓遞使。漢人來討，攻自潞州。

三月辛巳，大赦。癸未，鄭仁誨留守東京。乙酉，如潞州以攻漢。壬辰，次澤州，閱兵于北郊。癸巳，及劉旻戰于高原，敗之，追及于高平，又敗之。丁酉，幸潞州。己亥，侍衛馬軍都指揮使樊愛能、步軍都指揮使何徽伏誅。壬寅，天雄軍節度使符彥卿爲河東行營都部署。

夏四月乙卯，葬神聖文武恭肅孝皇帝于嵩陵。汾州防禦使董希顔叛于漢來附。丙辰，遼州刺史張漢超叛于漢來附。辛酉，取嵐、憲州。壬戌，立衛國夫人符氏爲皇后。取石、沁州。乙丑，馮道薨。庚午，赦潞州流罪以下囚。如太原。忻州監軍李勍殺其刺史趙皋，叛于漢來附。

五月丙子，代州守將鄭處謙叛于漢來附，契丹救漢。丁酉，回鶻使因難敵略來。符彥卿及契丹戰于忻口，敗績，先鋒都指揮使史彥超死之。

六月乙巳，班師。乙丑，次新鄭，遂拜嵩陵。庚午，至自太原。

秋七月庚辰，閱稼于南御莊。癸巳，樞密院直學士、工部侍郎景範爲中書侍郎、同中書門下平章事，魏仁浦爲樞密使。

冬十月甲辰，殺左羽林大將軍孟漢卿。

二年春二月，御札求直言。

夏五月辛未，宣徽南院使向訓、鳳翔節度使王景伐蜀。甲戌，大毀佛寺，禁民親無侍養而爲僧尼及私自度者。

秋九月丙寅朔，頒銅禁。

閏月癸丑，向訓克秦州。

冬十月辛未，取成州。戊寅，高麗使王子太相融來。取階州。

十一月乙未朔，李穀爲淮南道行營都部署以伐唐。戊申，王景克鳳州。

十二月丙戌，鄭仁誨薨。

三年春正月，增築京城。庚子，向訓留守東京。壬寅，南征。辛亥，侍衛親軍都指揮使李重進及唐人戰于正陽，敗之。甲寅，重進爲淮南道行營都招討使。

二月丙寅，幸下蔡浮橋。壬申，克滁州。甲戌，李景來求成，不答。壬午，景使其臣鍾謨來奉表。丙戌，取揚州。辛卯，取泰州。

三月庚子，内外馬步軍都軍頭袁彦爲竹龍都部署。是月，取光、舒、常州。

夏四月，常、泰州復入于唐。

五月乙卯，至自淮南，赦京師囚。

六月壬申，德音赦淮南囚。

秋七月，皇后崩。揚、光、舒、滁州復入于唐。

八月乙丑，課民種禾及韭。

九月丙午，端明殿學士、左散騎常侍王朴爲尚書户部侍郎、樞密副使。

冬十月辛酉，葬宣懿皇后于懿陵。

十一月庚寅，廢諸祠不在祀典者。乙巳，殺李景之臣孫晟。

四年春正月己丑朔，赦非死罪囚。

二月甲戌，王朴留守東京。乙亥，南征。

三月丁未，克壽州。

夏四月己巳，至自壽州。己卯，放降卒八百歸于蜀。癸未，追册彭城郡夫人劉氏爲皇后。

五月丙申，殺密州防禦使侯希進。

秋八月乙亥，李穀罷，王朴爲樞密使。癸未，蜀人來歸我濮州刺史胡立。

冬十月己巳，王朴留守東京，三司使張美爲大内都點檢。壬申，南征。

十二月乙卯，泗州守將范再遇叛于唐，以其州來降。庚申，濠州團練使郭廷謂以其州來降。丁丑，取泰州。

五年春正月丁亥，取海州。壬辰，取静海軍。丁未，克楚州，守將張彦卿、鄭昭業死之。

二月甲寅，取雄州。丁卯，如揚州。癸酉，如瓜洲。

三月壬午朔，如泰州。丁亥，復如揚州。辛卯，幸迎鑾。己亥，克淮南十有四州，以江爲界。三月辛亥，李景來買宴。

四月庚申，祔五室神主于新廟。壬申，至自淮南，回鶻、達靼遣使來。

六月辛未，放降卒四千六百于唐。

秋七月乙酉，水部員外郎韓彦卿市銅于高麗。丁亥，頒《均田圖》。

九月，占城國王釋利因德縵使莆訶散來。

冬十月丁酉，括民租。

十一月庚戌，作《通禮》、《正樂》。

十二月丙戌，罷州縣課户、俸户。

六年春正月，高麗王昭遣使者來。辛酉，女真使阿辨來。

三月己酉，甘州回鶻來獻玉，却之。庚申，王朴薨。丙寅，宣徽南院使吴延祚留守東京。癸酉，停給銅魚。甲戌，北征。是月，吴延祚爲左驍衛上將軍、樞密使。

夏四月壬辰，取乾寧軍。辛丑，取益津關，以爲霸州。癸卯，取瓦橋關，以爲雄州。

六月癸未，立皇后符氏，封子宗訓爲梁王、宗讓燕國公。戊子，占城使莆訶散來。己丑，范質、王溥參知樞密院事，魏仁浦同中書門下平章事。癸巳，皇帝崩于滋德殿。

雜録

陶穀《清異録》卷下《薰燎門》 顯德元年，周祖創造供薦之物，世宗以外姓繼統，凡百務從崇厚。靈前看果，雕香爲之，承以黄金，起突疊格。禁中謂之「奪真盤飣」。

陶穀《清異録》卷下《喪葬門》 顯德六年，世宗慶陵殯土，發引之日，百司設祭於道。翰林院楮泉大若盞口，余令雕印字文文之，黄曰「泉臺上寶」，白曰「冥遊亞寶」。

備録

夷門君玉《國老談苑》卷一 周世宗在漢爲諸衛將軍，嘗遊畿甸，謁縣令，令方聚邑客蒱博，弗得見，世宗頗銜之。及即位，令因部夫犯贓數百疋，宰相范質以具獄上奏，世宗曰：「親民之官，贓狀狼籍，法當處死。」質奏曰：「受所監臨財

物，有罪止，贓雖多，法不至死。」世宗怒，厲聲曰：「法者，自古帝王之所制，本以防姦，朕立法殺一贓吏，非酷刑也。」質曰：「陛下殺之即可，若付有司，臣不敢奉敕。」遂貸其命。因令今後犯者並以枉法論，質乃奉詔令。

陶岳《五代史補》卷五《世宗問卜》 世宗在民間，嘗與鄴中大商頡跌氏，忘其名，往江陵販賣茶貨。至江陵，見有卜者王處士，其術如神，世宗因頡跌氏同往問焉。方布卦，忽有一蓍躍出，卓然而立，卜者大驚曰：「吾家筮法十餘世矣，常記曾祖以來遺言，凡卜筮而蓍自躍而出者，其人貴不可言，況又卓立不倒，得非爲天下之主乎！」遽起再拜。世宗雖佯爲詰責，而私心甚喜。於逆旅，中夜置酒，與頡跌氏半酣，戲曰：「王處士以我當爲天子，若一旦到此，足下要何官，請言之。」頡跌氏曰：「某三十年作估來，未有不由京洛者，每見税官坐而獲利，一日所入，可以敵商賈數月，私心羨之。若大官爲天子，某願得京洛税院足矣。」世宗笑曰：「何望之卑耶！」及承郭氏之後踐祚，頡跌猶在，召見，竟如初言與之。

陶岳《五代史補》卷五《世宗誅高平敗將》 世宗之征東也，駐蹕於高平，劉崇兼契丹之衆來迎戰。時帥多持兩端，而王師不利，親軍帥樊愛能等各退衄。世宗赫怒，躍馬入陣，引五十人直衝崇之牙帳。崇方張樂飲酒，以示閒暇，及其奄至，莫不驚駭失次。世宗因以奮擊，遂敗之，追奔於城下，凱旋駐蹕潞州。且欲出其不意以誅退衄者，乃置酒高會，指樊愛能等數人責之曰：「汝輩皆累朝宿將，非不能用兵者也，然退衄者無他，誠欲將寡人作物貨賣與劉崇耳。不然，何寡人親戰而劉崇始敗耶？如此則卿等雖萬死不足以謝天下，宜其曲膝引頸以待斧誅。」言訖，命行刑壯士擒出，皆斬之。於是立功之士以次行賞，自行伍拔於軍廂者甚衆。其恩威並著，皆此類也。初，劉崇求援於契丹，得騎數千，及覩世宗兵少，悔之，曰：「吾觀周師易與耳，契丹之衆宜勿用，但以本軍攻戰，自當萬全。如此，則不惟破敵，亦足使契丹見而心服，一舉而有兩利，兵之機也。」諸將以爲然。乃使人謂契丹主將曰：「柴氏與吾，主客之勢，不煩足下餘刃，敢請勒兵登高觀之可也。」契丹不知其謀，從之。洎世宗之陣也，三軍皆賈勇争進，無不一當百，契丹望而畏之，故不救而崇敗。論者曰：「世宗患諸將之難制也久矣，思欲誅之，未有其釁，高平之役，可謂天假，故其斬決而無貸焉。自是姑息之政不行，朝廷始尊大，自非英主，其孰能如此哉！

陶岳《五代史補》卷五《世宗問相於張昭遠》 世宗以張昭遠好古直，甚重之。因問曰：「朕欲一賢相，卿試爲言，朝廷誰可？」昭遠對曰：「以臣所見，莫若李濤。」世宗常薄濤之爲人，聞昭遠之舉甚驚，曰：「李濤本非重厚，朕以爲無大臣體，卿首舉此，何也？」昭遠曰：「陛下所聞止名行，曾不問才略如何耳。且濤事晉高祖，曾上疏論邠州節度使張彦澤蓄無君心，宜早圖之，不然則爲國患，晉祖不納。其後契丹南侵，彦澤果有中渡之變，晉社殲焉。先帝潛龍時，亦上疏請解其兵權，以備非常之變，少主不納，未幾先帝遂有天下。以國家安危未兆間，濤已先見，非賢而何！臣所首舉之者，正爲此也。」世宗曰：「今卿言甚公，然此人終不可於中書安置。」居無何，濤亦卒。濤爲人不拘禮法，與弟澣雖甚雍睦，然聚語之際，不典之言往往間作。澣娶禮部尚書竇寧固之女，年甲稍高，成婚之夕，竇氏出參，濤輒望塵下拜。澣驚曰：「大哥風狂耶？新婦參阿伯，豈有答禮儀？」濤應曰：「我不風，只將謂是親家母。」澣且慚且怒。既坐，竇氏復拜，濤又叉手當胸，作歇後語曰：「慚無竇建，繆作梁山。喏，喏，喏！」時聞者莫不絶倒。凡濤於閨門之内不存禮法也如此。故世宗以爲無大臣體，不復任用，宜哉！

陶岳《五代史補》卷五《世宗問王朴運祚》 世宗志在四方，常恐運祚速而功業不就，以王朴精究術數，一旦從容問之曰：「朕當得幾年？」對曰：「陛下用心以蒼生爲念，天高聽卑，自當蒙福。臣固陋，輒以所學推之，三十年後，非所知也。」世宗喜曰：「若如卿言，寡人當以十年開拓天下，十年養百姓，十年致太平足矣。」其後自瓦橋關回戈，未到關而晏駕，計在位止及五年餘六箇月。五六乃三十之成數，蓋朴婉而言之。

陶岳《五代史補》卷五《世宗上病龍臺》 世宗末年，大舉以取幽州，契丹聞其親征，君臣恐懼，沿邊城壘皆望風而下，凡蕃部之在幽州者亦連宵遁去。車駕至瓦橋關，探邏是實，甚喜，以爲大勳必集，登高阜因以觀六師。頃之，有父老百餘輩持牛酒以獻，世宗問曰：「此地何名？」對曰：「歷世相傳，謂之病龍臺。」默然，遽上馬馳去。是夜，聖體不豫。翌日，病亟，有詔回戈，未到關而晏駕。先是，世宗之在民間，已常夢神人以大傘見遺，色如鬱金，加道經一卷。其後遂有天下。及瓦橋不豫之際，復夢向之神人來索傘與經，夢中還之而驚起，謂近侍曰：「吾夢不祥，豈非天命將去耶！」遂召大臣戒以後事。初，幽州聞車駕將至，父老或有竊議曰：「此不足憂，且天子姓柴，幽州爲燕，燕者亦煙火之謂也，此柴入火，不利之兆，安得成功？」卒如其言。

陶岳《五代史補》卷五《世宗面諭江南使》 世宗既下江北，駐蹕於建安，以書召僞主，主皇恐，命鍾謨、李德明爲使以見世宗。德明素有詞辯，以利害説世

宗使罷兵，世宗具知之，乃盛陳兵師，排旗幟戈戟，爲門頃道以湊御，然後引德明等入見。世宗謂之曰：「汝江南自以爲唐之後，衣冠禮樂，世無比，何故與寡人隔一帶水，更不發一使奉書相問，惟泛海以通契丹？舍華事夷，禮將安在？今又聞汝以詞說寡人罷兵，是將寡人比六國時一羣癡漢，何不知人之甚也！汝慎勿言，當速歸報汝主，令徑來跪寡人兩拜，則無事矣。不然，則寡人須看金陵城，借府庫以犒軍，汝等得無悔乎！」於是德明等戰懼不能措一辭，即日告歸。及見僞主，具陳世宗英烈之狀，恐非四方所能敵。僞主計無所出，遂上表服罪，且乞保江南之地以奉宗廟，修職貢，其詞甚哀。世宗許之，因曰：「叛則征，服則懷，寡人之心也。」於是遣使者賁書安之，然後凱還。論者以世宗加兵於江南，不獨臨之以威，抑亦諭之以禮，可謂得大君之體矣。

龍袞《江南野史》卷八《孟貫》 顯德中，周世宗征淮南，幸廣陵，[孟]貫潛渡江，以所業詩一集，駕前獻之。世宗覽其卷首《貽棲隱洞譚先生》詩句云：「不伐有巢樹，多移無主花。」宣貫曰：「朕以元戎問罪，伐叛弔民，非懼强淩弱，何有巢、無主之有？然獻朕則可，如他人，卿應不免矣。」遂釋褐授官。後不知其所終焉。

張師正《括異志》卷五《柴氏枯棗》 邢州城東十餘里，周世宗之祖莊也，門側有井，上有大棗一株。世宗時，柯葉茂盛，垂蔭一畝。恭帝既禪，棗遂枯死。

孔平仲《續世説》卷七《尤悔》 周世宗用法太嚴，羣臣職事小有不舉，往往寘之極刑，雖素有才幹聲名，無所開宥，尋亦悔之。末年浸寬，登遐之日，遠近哀慕焉。

曾慥《類説》卷五三引《談苑》 周世宗毁銅佛像鑄錢，曰：「佛教以爲頭目髓腦有利於衆生，尚無所惜，寧復以銅像爲愛乎？」鎮州大悲銅像甚有靈應，擊毁之際，以斧鑊自胸鏡破之。後世宗北征，病疽發胸間，咸謂報應。

王鞏《聞見近録》 柴世宗得天下，劉崇自河東犯闕，世宗將親征，馮道力諫止。世宗曰：「太山壓卵耳，何爲不可！」道曰：「陛下可謂太山乎？今皆宿將，久處貴位，氣方驕，陛下即位席未暖，未易使也。」世宗以道輕己，即日命駕出師。次高平，遇崇接戰，世宗據高原下觀兵。陣方接，東北角奔，西北角次之，王師敗績。明日，按軍不戰，置酒軍中，酒行，牽奔將七十二人斬纛下，即坐中拜七十二人補之，左右股栗。太祖皇帝實預補中。明日再戰，軍士不用命者，太祖刃其笠以識之，戰罷，識者皆斬之，軍聲於是大振。崇走，遂圍太原。

徐度《卻掃編》卷上 王銍言：周世宗既定三關，遇疾而還，至澶淵遲留不行，雖宰輔近臣問疾者皆莫得見，中外恟懼。時張永德爲澶州節度使，永德尚周太祖之女，以親故，獨得至卧内。於是羣臣因永德言曰：「天下未定，根本空虚，四方諸侯惟幸京師之有變。今澶、汴相去甚邇，不速歸以安人情，顧憚朝夕之勞，而遲回於此，如有不可諱，奈宗廟何？」永德然之，承間爲世宗言，如羣臣旨。世宗問曰：「誰使汝爲此言？」永德對：「羣臣之意皆願如此。」世宗熟視久之，歎曰：「吾固知汝必爲人所教，獨不喻吾意哉？然吾觀汝之窮薄，惡足當此！」即日趣駕歸京師。

佚名《分門古今類事》卷二《帝王運兆門下》引《紀異録》 世宗南征得六合僧，善知人，言世宗數事，若合符契。又曰：「陛下得三十年。」帝大悦，賜紫袍師號，又賜皇建院居之，即太祖龍潛之舊宅也。又世宗即世，人感以爲謬。後幼主遜位，方驗三十年者乃三主十年也。

謝肇淛《五雜俎》卷一二《物部四》 陶器，柴窑最古，今人得其碎片，亦與金翠同價矣。蓋色既鮮碧，而質復瑩薄，可以妝飾玩具而成器者，杳不可復見矣。世傳柴世宗時燒造，所司請其色，御批云：「雨過青天雲破處，這般顔色做將來。」

備論

《舊五代史》卷一一九《世宗紀六》 史臣曰：世宗頃在仄微，尤務韜晦，及天命有屬，嗣守鴻業，不日破高平之陣，逾年復秦、鳳之封，江北、燕南，取之如拾芥，神武雄略，乃一代之英主也。加以留心政事，朝夕不倦，摘伏辯姦，多得其理。臣下有過，必面折之，常言太祖養成二王之惡，以致君臣之義，不保其終，故帝駕馭豪傑，失則明言之，功則厚賞之，文武參用，莫不服其明而懷其恩也。所以仙去之日，遠近號慕。然禀性傷於太察，用刑失於太峻，及事行之後，亦多自追悔。逮至末年，漸用寬典，知用兵之頻併，憫黎民之勞苦，蓋有意於康濟矣。而降年不永，美志不就，悲夫！

《新五代史》卷一二《周本紀》 嗚呼，五代本紀備矣！君臣之際，可勝道哉。梁之友珪反，唐戕克寧而殺存乂、從璨，則父子骨肉之恩幾何其不絶矣。太妃薨

而輟朝，立劉氏、馮氏爲皇后，則夫婦之義幾何其不乖而不至於禽獸矣。寒食野祭而焚紙錢，居喪改元而用樂，殺馬延及任圜，則禮樂刑政幾何其不壞矣。至於賽雷山、傳箭而撲馬，則中國幾何其不夷狄矣。可謂亂世也歟！而世宗區區五六年間，取秦隴，平淮右，復三關，威武之聲震懾夷夏，而方内延儒學文章之士，考制度、修《通禮》、定《正樂》、議《刑統》，其制作之法皆可施於後世。其爲人明達英果，論議偉然。即位之明年，廢天下佛寺三千三百三十六。是時中國乏錢，乃詔悉毁天下銅佛像以鑄錢，嘗曰：「吾聞佛説以身世爲妄，而以利人爲急，使其真身尚在，苟利於世，猶欲割截，況此銅像，豈其所惜哉？」由是羣臣皆不敢言。嘗夜讀書，見唐元稹《均田圖》，慨然歎曰：「此致治之本也，王者之政自此始！」乃詔頒其圖法，使吏民先習知之，期以一歲大均天下之田，其規爲志意豈小哉！其伐南唐，問宰相李穀以計策；後克淮南，出穀疏，使學士陶穀爲贊，而盛以錦囊，嘗置之坐側。其英武之材可謂雄傑，及其虚心聽納，用人不疑，豈非所謂賢主哉！其北取三關，兵不血刃，而史家猶譏其輕社稷之重，而僥倖一勝於倉卒，殊不知其料彊弱，較彼我而乘述律之殆，得不可失之機，此非明於決勝者，孰能至哉？誠非史氏之所及也！

王夫之《讀通鑑論》卷二八《五代上》 宋之得天下也不正，推柴氏以爲所自受，因而溯之，許朱温以代唐，而五代之名立焉。名不可以假人，天下裂而不可合，夷盜竊而不可縱，奪其國號，該之以五代，聊以著宋人之濫焉云爾。

楊時《楊龜山集》卷九 予讀《周世宗家人傳》，至守禮殺人，世宗不問，史氏以爲知權。予竊思之，以謂父子者一人之私恩，法者天下之公義，二者相爲輕重，不可偏舉也。故恩勝義，則詘法以伸恩；義勝恩，則掩恩以從法；恩義輕重不足以相勝，則兩盡其道而已。舜爲天子，瞽瞍殺人，皋陶執之而不釋。爲舜者豈不能赦其父哉，蓋殺人而釋之則廢法，誅其父則傷恩。其意若曰，天下不可一日而無法，人子亦不可一日而亡其父，民則不患乎無君也。故寧與其執之，以正天下之公義；竊負而逃，以伸己之私恩。此舜所以兩全其道也。方守禮殺人，有司不能執之，而徒以聞，故世宗得而不問也。有如皋陶者執之而不釋，則雖不問，得乎哉！然世宗取天下於百戰之餘，未易以舜之事望之者。然則宜奈何？亦寘諸法而已矣。法有八議，而貴居一焉，爲天子父可謂貴矣，此禮律之通議也。一寘諸法而兩不傷焉，何爲不可哉！

佚名《歷代名賢確論》卷一〇〇《五代通論》 温公論曰：或問五代帝王唐莊宗、周世宗皆稱英武，二主孰賢臣？應之曰：夫天子所以統治萬國，討其不服，撫其微弱，行其號令，壹其法度，敦明信義，以兼愛兆民者也。莊宗既滅梁，海内震動。湖南馬氏遣子希範入貢，莊宗曰：「比聞馬氏之業終於高郁所奪，今有兒如此，郁豈能得之哉？」郁，馬氏之良佐也。希範兄希聲聞莊宗言，卒矯其父命而殺之。此乃市道商賈之所爲，豈帝王之體哉？蓋莊宗善戰者也，故能以弱晉勝彊梁。既得之，曾不數年，内外離叛，置身無所，誠由知用兵之術，不知爲天下之道故也。世宗以信令御羣臣，以正義責諸國。王環以不降受賞，劉仁贍以堅守蒙褒，嚴續以盡忠獲存，蜀兵以反覆就誅，馮道以失節被棄，張美以私恩見疎。江南未服，則親犯矢石，期於必克。既服，則愛之如子，推誠盡言，爲之遠慮。其宏規大度，豈得與莊宗同日語哉？書曰：無偏無黨，王道蕩蕩。又曰：大邦畏其力，小邦懷其德。世宗近之矣！

藝文

周紫芝《太倉稊米集》卷六五《周世宗平江南》 五代之君如唐莊宗、周世宗可謂有英武之略矣。然内無平一海内之政，外無經略天下之才，故事業止於偏霸而不足稱述。世宗深患唐，晉以來吴、蜀、幽、并皆阻聲教，未能混一，命近臣著開邊之策。比部郎王朴獻議，以謂唐與我接境幾二千里，其勢易取也。得江南則嶺南、巴蜀可傳檄而定，南方既定，則燕地必望風内附也。世宗欣然納之，於是始有平江南之志焉。曾不旋踵，一舉而得八州，再駕而平壽春，卒致唐主請以畫江爲界，而江北之地悉爲吾囊中之物，其爲盛烈豈不壯哉！暨鍾謨入貢，乃遣謨歸告其主，以治城郭，繕甲兵，據守要害爲子孫計。議者以爲江南未服則親矢石，期以必克，既服則愛之如子，推誠盡言爲之遠慮。其規模宏大豈得與莊宗同日語哉？嗚呼！世宗之言則善矣，謂之規模宏大則吾不知也。

王十朋《梅溪集》卷一〇《周世宗》 高平決戰破劉旻，北取三關速若神。大業未成天命改，殿前點檢是真人。

洪適《盤洲文集》卷六四《進周世宗斬樊愛能何徽故事》 《五代史》：周世宗擊劉崇於晉陽，樊愛能、何徽引兵先遁，帝欲誅之，猶豫未決。晝卧行宮帳中，

張永德侍側，帝訪之。對曰：「愛能等素無大功，忝冒節鉞，望敵先逃，死未塞責。陛下方欲削平四海，苟軍法不立，雖百萬之衆安得而用之？」帝擲枕於地，大呼稱善，即收愛能、徽及所部軍使以上七十餘人，悉斬之。帝以何徽先守晉州有功，欲免其死，既而以法不可廢，遂并誅之。自是驕將惰卒，始知所懼。

臣聞天壤之間，蟲魚微物尚猶貪生而畏死，況赳赳之士而欲使其冒白刃不避者，以有賞罰驅誘之爾。然熊羆之士，帶甲成林，賞不信，罰不必，皆不足爲用。五代之君惟周世宗爲英武，南征北討，無不如志者，能執勸懲之柄也。蓋無功而賞謂之濫恩，有罪不誅謂之佚罰。有賞而無罰則是姑息之政，不足以激勵士卒。惟明主知其然，故以爵禄結其心，以刑戮鞭其後，使其聞將軍之令而凛如秋霜，有進死無退生。以守則固，以戰則勝，以征則克矣。又況爲大將者，爵位已崇，珍寶已積，妓妾音樂已盛，名園甲第已侈，愛其身不啻千金之子。國家但易於行賞而恕於行罰，使之無所忌憚，則其下雖勇如賁、獲，馭之非其人，亦不能成功。樊、何皆一時貴將，何徽又有舊勳，而不免其死，世宗賢矣哉。

《全唐文》卷一三九後蜀後主孟昶《與周世宗書》 七月一日，大蜀皇帝謹致書於大周皇帝閣下：竊念自承先訓，恭守舊邦，匪敢荒寧，於兹二紀。頃者晉朝覆滅，何建來歸，不因背水之戰争，遂有仇池之土地。洎審晉君歸北，中國且空，暫興敝邑之師，更復成都之境。前時秦成階鳳，實爲下國之邊陲，其後漢主徑自并汾，來都汴浚。聞征車之未息，尋神器之有歸。伏審貴朝先皇帝應天順人，繼統即位，奉玉帛而未克，承弓劍之空遺，但傷嘉運之難諧，適歎新歡之且隔。以至前載，忽勞睿德，遠舉全師，土疆尋隸於大朝，將卒亦拘於貴國。幸蒙皇帝惠其首領，頒以衣裘，偏裨盡補其職員，士伍徧加於糧賜，則在彼無殊於在此，敝都寧比於雄都，方懷全活之恩，非有放還之望。今則指揮使蕭知遠、馮從讜等，押領將士子弟，共計八百九十三人，已到當國，具審皇帝迴開仁愍，深念支離，厚給衣裝，兼加巾屨，給沿程之驛料，散逐分之緡錢，仍以官僚之迴還，安知所報？此則皇帝念疆場則已經幾代，舉干戈則不在盛朝，特軫優容，曲全情好，永懷厚義，常貯微衷。載念前在鳳州，支敵虎旅，偶於行陣，曾有拘擒。其排陣使胡立已下，尋在諸州安排，及令軍幕收管，自來各支廩食，並給衣裝，却緣比者不測宸襟，未敢放還鄉國。今既先蒙開釋，已認沖融，歸朝雖愧於後時，報德未稽於此日。其胡立已下，今各給鞍馬衣裝錢帛等，專差御衣庫使李彦昭部領，送至貴境，望垂宣旨收管。矧以昶昔在齠齔，即離并都，亦承皇帝鳳起晉陽，龍興汾水，合敍鄉關之分，以陳玉帛之歡，儻蒙惠以嘉音，即佇專馳信使。謹因胡立行次，聊陳感謝，詞莫披述，伏惟仁明洞鑒垂念不宣。

楊行密部

綜述

《舊五代史》卷一三四《楊行密傳》 楊行密，廬州人。少孤貧，有膂力，日行三百里。唐中和之亂，天子幸蜀，郡將遣行密徒步奏事，如期而復。光啓初，秦宗權擾淮右，頻寇廬、壽，郡將募能致戰擒賊者，計級賞之，行密以膽力應募，往必有獲，得補爲隊長。行密乃自募百餘人，皆虓勇無行者，殺都將，自權州兵，郡將即以符印付之而去，朝廷因正授行密廬州刺史。

光啓三年，揚州節度使高駢失政，委任妖人呂用之輩。牙將畢師鐸懼爲用之所譖，自高郵起兵以襲廣陵，爲用之所却，乃乞師於宣州秦彦，且言事克之日，願以揚州帥之。彦先遣將秦稠以兵三千人助師鐸攻陷廣陵，高駢署師鐸爲行軍司馬。未幾，秦彦率大衆并家屬渡江，入揚州軍府，自稱節度使。初，揚州未陷，呂用之詐爲高駢檄，徵兵於廬州，及城陷，行密以軍萬人奄至。畢師鐸之入廣陵也，呂用之出奔於外，至是委質於行密。行密攻廣陵，營於大明寺，秦、畢出兵以攻行密之營，短兵纔接，行密僞遁，秦、畢之兵争入其栅，以取金帛，行密發伏兵以擊之，秦、畢大敗，退走其壁，自是不復出戰。

其年九月，秦、畢害高駢於幽所，少長皆死，同坎瘞於道院北垣下。行密攻圍彌急，城中食盡，米斗四十千，居人相啗略盡。十月，城陷，秦、畢走東塘，行密入廣陵，輦外寨之粟以食饑民，即日米價減至三千。十一月，蔡賊孫儒以衆萬人自淮西奄至，還據外寨，行密輜重牛羊軍食未入城者，皆爲儒所有。時秦、畢來自東塘，與儒軍合，自是西門之外，復爲敵境矣。初，呂用之遇行密於天長，紿行密曰：「用之有白金五千鋌，瘞於所居之廡下，寇平之日，願備將士倡樓一醉之資。」至是，行密閲兵，用之在側，謂用之曰：「僕射許此輩銀，何負心也！」遽命斬於三橋之下，夷其族。

行密既有廣陵，遣使至大梁，陳歸附之意。是時，梁祖兼領淮南，乃遣牙將張廷範使於淮南，與行密結盟，尋遣行軍司馬李璠權知淮南留後，令都將郭言以兵援送。行密初則厚禮廷範，及聞李璠之行，悖然有拒命意。廷範懼，易衣夜遁，遇梁祖於宋州，備言行密不軌之心，酌其兵勢未可圖也，乃追李璠等還，即表行密爲淮南留後。

文德元年正月，孫儒殺秦彦、畢師鐸於高郵，引軍襲廣陵，下之，儒自稱節度使，行密收其衆歸於廬江。十一月，梁祖遣大將龐師古自潁上渡淮，討孫儒之亂，師古引兵深入淮甸，不利，還。龍紀元年，孫儒出攻宣州，行密乘虚襲據揚州，北通時溥，孫儒引兵復攻行密。大順元年，行密危蹙，率衆夜遁，出據宣州，儒復入揚州。二年，乃蒐練兵甲以攻行密，屬江、淮疾疫，師人多死，儒亦卧病，爲部下所執，送於行密，殺之。行密自宣城長驅入於廣陵，盡得孫儒之衆。自光啓末，高駢失守之後，行密與畢師鐸、秦彦、孫儒遞相窺圖，六七年中，兵戈競起，八州之内，鞠爲荒榛，圜幅數百里，人煙斷絶。行密既併孫儒，乃招合遺散，與民休息，政事寬簡，百姓便之，蒐兵練將，以圖霸道。所得孫儒之衆，皆淮西之驍果也，選五千人豢養於府第，厚其衣食，驅之即戰，靡不争先。甲胄皆以黑繒飾之，命曰「黑雲都」。

乾寧二年，行密盡有淮南之地，昭宗乃降制授行密淮南節度副大使知節度事、管内營田觀察處置等使、開府儀同三司、檢校太傅、同中書門下平章事兼揚州大都督府長史、上柱國、弘農郡王，食邑三千户，食實封一百户。

四年，梁祖平兗、鄆，朱瑾及沙陁將李承嗣、史儼等皆奔淮南，行密待之優厚，任以爲將，瑾與承嗣皆位至方伯。是歲，行密縱兵侵掠鄰部，兩浙錢鏐、江西鍾傳、鄂州杜洪皆遣使求救於梁。梁祖遣朱友恭率步騎萬人渡江，取便討伐。行密先令都將瞿章據黄州，及梁師至，即棄郡南渡，固守武昌寨。行密潰將馬珣以精兵五千助之，友恭與杜洪大破其衆，遂拔武昌寨，擒瞿章并淮軍三千餘人，獲馬五百疋，淮夷大恐。八月，梁祖遣葛從周領步騎萬人自霍丘渡淮，遣龐師古率大軍營於清口。淮人決堰縱水，流潦大至。又令朱瑾率勁兵以襲汴軍，汴軍大敗，師古死之。葛從周聞師古之敗，自濠梁班師，至淠河，爲淮人所乘，諸軍僅得北歸。

光化二年，行密北侵，遣張歸厚禦之而退。天復三年，青州王師範叛，乞師於淮南，行密遣將王景仁帥師二萬以援之，攻討密州。七月，梁祖大破師範及景仁之衆，景仁遁還，追至輔唐，殺數千人，進取密州。天祐元年十一月，淮人攻光州，梁祖率軍抵霍丘，略於廬、壽之境，淮人遁去。二年正月，進攻壽州，淮人閉

壁不出，大掠而還。是月，行密攻陷鄂州，擒節度使杜洪，戮於揚州市，梁之戍兵數千人亦陷焉。其後，江西鍾傳、宣州田頵俱爲行密所併。三年，行密以疾卒於廣陵。及其子渭僭號，僞追尊爲太祖武皇帝。

《新五代史》卷六一《楊行密傳》 楊行密字化源，廬州合淝人也。爲人長大有力，能手舉百斤。唐乾符中，江、淮羣盜起，行密以爲盜見獲，刺史鄭棨奇其狀貌，釋縛縱之。後應募爲州兵，戍朔方，遷隊長。歲滿戍還，而軍吏惡之，復使出戍。行密將行，過軍吏舍，軍吏陽爲好言，問行密行何所欲。行密奮然曰：「惟少公頭爾！」即斬其首，攜之而出，因起兵爲亂，自號八營都知兵馬使。刺史郎幼復棄城走，行密遂據廬州。

中和三年，唐即拜行密廬州刺史。淮南節度使高駢爲畢師鐸所攻，駢表行密行軍司馬，行密率兵數千赴之，行至天長，師鐸已囚駢，召宣州秦彥入揚州，行密不得入，屯于蜀岡。師鐸兵衆數萬擊行密，行密陽敗，棄營走，師鐸兵飢，乘勝爭入營收軍實，行密反兵擊之，師鐸大敗，單騎走入城，遂殺高駢。行密聞駢死，縞軍向城哭三日，攻其西門，彥及師鐸奔于東塘，行密遂入揚州。

是時，城中倉廩空虛，飢民相殺而食，其夫婦、父子自相牽，就屠賣之，屠者刲剔如羊豕。行密不能守，欲走。而蔡州秦宗權遣其弟宗衡掠地淮南，彥及師鐸還自東塘，與宗衡合，行密閉城不敢出。已而宗衡爲偏將孫儒所殺，儒攻高郵破之，行密益懼。其客袁襲曰：「吾以新集之衆守空城，而諸將多駢舊人，非有厚恩素信力制而心服之也。今儒兵方盛，所攻必克，此諸將持兩端、因强弱、擇嚮背之時也。海陵鎮使高霸，駢之舊將，必不爲吾用。」行密乃以軍令召霸，霸率其兵入廣陵，行密欲使霸守天長，襲曰：「吾以疑霸而召之，其可復用乎？且吾能勝儒，無所用霸，不幸不勝，天長豈吾有哉！不如殺之，以并其衆。」行密因犒軍擒霸族之，得其兵數千。已而孫儒殺秦彥、畢師鐸，并其兵以攻行密，行密欲走海陵。襲曰：「海陵難守，而廬州吾舊治也，城廩完實，可爲後圖。」行密乃走廬州。久之，未知所嚮，問襲曰：「吾欲卷甲倍道，西取洪州可乎？」襲曰：「鍾傳新得江西，勢未可圖，而秦彥之入廣陵也，召池州刺史趙鍠委以宣州。今彥且死，鍠失所恃，而守宣州非其本志，且其爲人非公敵，此可取也。」行密乃引兵攻鍠，戰于曷山，大敗之。進圍宣州，鍠棄城走，追及殺之，行密遂入宣州。

龍紀元年，唐拜行密宣州觀察使。行密遣田頵、安仁義、李神福等攻浙西，取蘇、常、潤州。二年，取滁、和州。景福元年，取楚州。孫儒自逐行密，入廣陵，久之，亦不能守，乃焚其城。殺民老疾以餉軍，驅其衆渡江，號五十萬，以攻行密。諸將田頵、劉威等遇之輒敗，行密欲走銅官。其客戴友規曰：「儒來氣鋭而兵多，蓋其鋒不可當而可以挫，其衆不可敵而可久以敝之。若避而走，是就擒也。」劉威亦曰：「背城堅栅，可以不戰疲之。」行密以爲然。久之，儒兵飢，又大疫，行密悉兵擊之，儒敗，被擒，將死，仰顧見威曰：「聞公爲此策以敗我，使我有將如公者，其可敗邪！」行密收儒餘兵數千，以皁衣蒙甲，號「黑雲都」，常以爲親軍。

是歲，復入揚州，唐拜行密淮南節度使。乾寧二年，加檢校太傅、同中書門下平章事。行密以田頵守宣州，安仁義守潤州。昇州刺史馮弘鐸來附。分遣頵等攻掠，自淮以南、江以東諸州皆下之。進攻蘇州，擒其刺史成及。四年，兗州朱瑾奔于行密。初，瑾爲梁所攻，求救于晉，晉遣李承嗣將勁騎數千助瑾，瑾敗，因與俱奔行密。行密兵皆江、淮人，淮人輕弱，得瑾勁騎，而兵益振。是歲，梁太祖遣葛從周、龐師古攻行密壽州，行密擊敗梁兵清口，殺師古，而從周收兵走，追至滍河，又大敗之。五年，錢鏐攻蘇州，及周本戰于白方湖，本敗，蘇州復入于越。天復元年，遣李神福攻越，戰臨安，大敗之，擒其將顧全武以歸。二年，馮弘鐸叛，襲宣州，及田頵戰于曷山，弘鐸敗，將入于海。行密自至東塘邀之，使人謂弘鐸曰：「勝敗，用兵常事也，一戰之衄，何苦自棄于海島？吾府雖小，猶足容君。」弘鐸感泣，行密從十餘騎，馳入其軍，以弘鐸爲節度副使，以李神福代弘鐸爲昇州刺史。

是歲，唐昭宗在岐，遣江淮宣諭使李儼拜行密東面諸道行營都統、檢校太師、中書令，封吴王。三年，以李神福爲鄂岳招討使以攻杜洪，荆南成汭救洪，神福敗之于君山。梁兵攻青州，王師範來求救，遣王茂章救之，大敗梁兵，殺朱友寧。友寧，梁太祖子也，太祖大怒，自將以擊茂章，兵號二十萬，復爲茂章所敗。田頵叛，襲昇州，執李神福妻子歸于宣州。行密召神福以討頵，頵遣其將王壇逆之，又遣神福書，以其妻子招之。神福曰：「吾以一卒從吴王起事，今爲大將，忍背德而顧妻子乎？」立斬其使以自絶，軍士聞之皆感奮。行至吉陽磯，頵執神福子承鼎以招之，神福叱左右射之，遂敗壇兵于吉陽。行密別遣臺濛擊頵，頵敗死。

初，頵及安仁義、朱延壽等皆從行密起微賤，及江、淮甫定，思漸休息，而三人者皆猛悍難制，頗欲除之，未有以發。天復二年，錢鏐爲其將許再思等叛而圍

之，再思召頵攻鏐杭州，垂克，而行密納鏐賂，命頵解兵，頵恨之。頵嘗計事廣陵，行密諸將多就頵求賂，而獄吏亦有所求。頵怒曰：「吏欲我下獄也！」歸而遂謀反。

仁義聞之亦反，焚東塘以襲常州。常州刺史李遇出戰，望見仁義大罵之。仁義止其軍曰：「李遇乃敢辱我如此，其必有伏兵。」遂引軍却，而伏兵果發，追至夾岡，仁義植幟解甲而食，遇兵不敢追，仁義復入潤州。行密遣王茂章、李德誠、米志誠等圍之。吴之軍中推朱瑾善槊，志誠善射，皆爲第一。而仁義嘗以射自負，曰：「志誠之弓十，不當瑾槊之一；瑾槊之十，不當仁義弓之一。」每與茂章等戰，必命中而後發，以此吴軍畏之，不敢近。行密亦欲招降之，仁義猶豫未決。茂章乘其怠，穴地道而入，執仁義，斬于廣陵。

延壽者，行密夫人朱氏之弟也。頵及仁義之將叛也，行密疑之，乃陽爲目疾，每接延壽使者，必錯亂其所見以示之。嘗行，故觸柱而仆，朱夫人扶之，良久乃蘇。泣曰：「吾業成而喪其目，是天廢我也！吾兒子皆不足以任事，得延壽付之，吾無恨矣。」夫人喜，急召延壽。延壽至，行密迎之寢門，刺殺之，出朱夫人以嫁之。

天祐二年，遣劉存攻鄂州，焚其城，城中兵突圍而出，諸將請急擊之，存曰：「擊之復入，則城愈固，聽其去，城可取也。」是日城破，執杜洪，斬于廣陵。九月，梁兵攻破襄州，趙匡凝奔于行密。十一月，行密卒，年五十四，謚曰武忠。子渥立。溥僭號，追尊行密爲太祖武皇帝，陵曰興陵。

雜録

備録

孫光憲《北夢瑣言》卷七《鄭綮相詩》 唐相國鄭綮雖有詩名，本無廊廟之望。嘗典廬州，吴王楊行密爲本州步奏官，因有遺闕而笞責之。然其儒懦清慎，弘農常重之。昭宗時，吴王雄據淮海，朝廷務行姑息，因盛言鄭公之德，由是登庸，中外驚駭。于時皇綱已紊，四方多故，相國既無施展，事必依違。太原兵至渭北，天子震恐，渴於攘卻之術，相國奏對，請於文宣王謚號中加一「哲」字。其不究時病，率此類也。同列以其忝竊，每譏侮之。相國乃題詩於中書壁上，其詞曰：「側坡蛆崑崙，蟻子競來拖。一朝白雨下，無鈍無嘍囉。」意者以時運將衰，縱有才智，亦不能康濟，當有玉石俱焚之慮也。時亦然之。相國《題老僧》詩云：「日照西山雪，老僧門未開。凍缾粘柱礎，宿火焰爐灰。童子病歸去，鹿麑寒入來。」常云：「此詩屬對，可以稱衡，重輕不偏也。」或曰：「相國近有新詩否？」對曰：「詩思在灞橋風雪中驢子上，此處何以得之？」蓋言平生苦心也。

孫光憲《北夢瑣言》卷一六《朱延壽妻王烈女》 宣州田頵、壽州朱延壽將舉軍以背楊行密，請杜荀鶴持箋詣淮都。俄而事泄，行密悉兵攻宛陵，延壽飛騎以赴，俱爲淮軍所殺。延壽之將行也，其室王氏勉延壽曰：「願日致一介，以寧所懷。」一日，介不至，王氏曰：「事可知矣。」乃部分家僮，悉授兵器，遽闔州中之扉。而捕騎已至，不得入。遂集家僮，私阜帑，發百燎，廬舍州廨焚之。既而稽首上告曰：「妾誓不以皎然之軀爲仇者所辱！」乃投火而死。古之烈女，無以過也。

吴淑《江淮異人録》 吴太祖爲廬州八營都巡警，至糝潭，憩於江岸。有漁父鼓舟直至前，饋魚數頭，曰：「此猶公子孫鱗次而霸也。」因四指曰：「此皆公之山川。」吴公異之，將遺以物，不顧而去。

路振《九國志》卷三《朱延壽》 朱延壽，廬州舒城人，〔楊〕行密之妻弟也。美姿容。未冠事行密，從征秦、畢、孫儒，皆以摧堅陷陣受賞。行密征維揚，授延壽以扞城之任，時軍中多盜，行密方務寬恕，求得士伍心。知延壽好殺，每捕至者，必并所盜物遺而貰之，仍誡之曰：「慎勿使延壽知。」既而密報延壽，俱復擒殺之。【略】田頵、安仁義結搆延壽叛，將分地而治。行密憂形于色，即詐爲目疾，每接延壽使，必錯亂所見以示之。嘗誤觸楹柱，而朱夫人救之，良久始蘇，因泣曰：「吾今喪目，軍府事大，兒子輩俱幼，不如得三舅代治，吾無憂矣。」夫人因以書召之，延壽不疑，遂來覲，行密迎至寢門，使人刺殺之，年三十四。出夫人嫁蘄州刺史石膳。既而朱瑾入賀，行密曰：「彼二大賊不足憂，惟憂此小賊。今得之，無事矣。」延壽善用兵，有鈐略，好以寡擊衆，不勝敵而返者，無不盡戮之。嘗與梁人戰，遣衆二百持大劍而往，內指一卒留之，卒云：「願攻賊自效。」延壽亦斬之。其令出必行，皆此類也。性疏財，每得賞賜皆分賚將士。

陶岳《五代史補》卷一《楊行密錢塘侵掠》 楊行密嘗命宣州刺史田頵領兵

圍錢塘，錢鏐危急，遣其子元璙修好於行密。元璙風神俊邁，行密見之甚喜，因以其女妻之，遽命頵罷兵。初，頵之圍城也，嘗遣使候錢鏐起居，鏐厚待之。將行，復與之小飲，時羅隱、皮日休在坐，意以頵之師無能爲也，且欲譏之。於是日休爲令，取一字，四面被圍而不失其本音，因曰：「『其』字上加『艸』爲其菜，下加『石』爲碁字，左加『玉』爲琪玉，右加『月』爲期會。」羅隱取「于」字，上加「雨」爲雩，下加「皿」爲盤盂，左加「玉」爲玗玉，右加「邑」爲邗地。使者取「亡」字，譏錢鏐必亡。然「亡」上加「草」爲「芒」，下加「心」爲「忘」，右加「邑」爲邙，左加「心」爲忙，其令必不通，合坐皆嘻笑之，使大慚而去。未幾，頵果班師。先是，行密與鏐勢力相敵，其爲憤怒，雖水火之不若也。行密嘗命以大索爲錢貫，號曰「穿錢眼」。鏐聞之，每歲命以大斧科柳，謂之「斫楊頭」。至是，以元璙通昏，二境漸睦，穿眼、斫頭之論始止。

陶岳《五代史補》卷一《楊行密詐盲》 楊行密據淮南，以妻弟朱氏衆謂之朱三郎者，行密署爲泗州防禦使。泗州素屯軍。朱氏驍勇，到任恃衆自負，行密雖悔，度力未能制，但姑息之。時議以謂行密事勢去矣。居無何，行密得目疾，雖痛，且詐稱失明，其出入皆以人扶策，不爾，則觸牆抵柱，至於流血，姬妾僕隸以爲實然，往往無禮。首尾僅三年。朱氏聞之信，而少懈弛。行密度其計必中，謂妻曰：「吾不幸臨老兩目如此，男女卑幼，苟不諱，則國家爲他人所有。今晝夜思忖，不如召泗州三舅來，使管勾軍府事，則吾雖死無恨。」妻以爲然，遽發使述其意而召之。朱氏大喜，倍道而行。及入謁，行密恐其覺，坐於中堂，以家人禮見。朱氏頗有得色，方設拜，行密奮袖中鐵槌以擊之，正中其首，然猶宛轉號呼，久而方斃。行密内外不測，即時升廳，召將吏等，謂之曰：「吾所以兩目失明者，蓋爲朱三此賊，今已擊殺，兩目無事矣，諸公知之否？」於是軍府大駭，其僕妾嘗所無禮者皆自殺。初，行密之在民間也，嘗爲合肥縣手力，有過，縣令將鞭之，行密懼且拜。會有客自外入見，行密每拜，則廳之前簷皆叩地，而令不之覺，客知其非常，乃遽升廳揖令，於他處告以所見，令驚，遂恕之，且勸事郡以自奮。行密度本郡不足依，乃投高駢。駢死，秦彦、孫儒等作亂，行密連誅之，遂有淮南之地。

孔平仲《續世説》卷三《雅量》 楊行密馳射武伎皆非所長，而寬簡有智略，善撫士卒，與同甘苦，推心待物，無猜忌。嘗早出，從者斷馬鞦取其金，行密知而不問，它日復早出如故。人服其度量。

王闢之《澠水燕談録》卷九《雜録》 楊行密之據淮陽，淮人避其名，以「蜜」爲「蜂糖」。

吳處厚《青箱雜記》卷二 楊行密據江淮，至今民間猶謂蜜爲蜂糖。滁人猶謂荇溪爲菱溪，則俗語承諱久，未能頓易故也。

曾敏行《獨醒雜志》卷一 江南呼蜜爲蜂糖，蓋避楊行密名也。行密在時，能以恩信結人，身死之日，國人皆爲之流涕。予里中有僧寺曰南華，藏楊、李二氏稅帖，今尚無恙。予觀行密時所徵産錢，較之李氏輕數倍。故老相傳云：「煜在位時，縱侈無度，故增賦至是。歐陽謂行密爲盗亦有道，豈非以其寬厚愛人乎？

袁樞《通鑑紀事本末》卷三七《楊行密據淮南》 三年春三月，以淮南押牙合肥楊行愍爲廬州刺史。行愍本廬州牙將，勇敢，屢有戰功，都將忌之，白刺史郎幼復遣使出戍於外。行愍過辭，都將以甘言悦之。問其所須，行愍曰：「正須汝頭耳！」遂起斬之，并將諸營，自稱八營都知兵馬使。幼復不能制，薦於高駢，請以自代。駢以行愍爲淮南押牙，知廬州事，朝廷因而命之。

初，吕用之因左驍雄軍使俞公楚得見高駢。用之横甚，或以咎公楚，公楚數戒用之少自斂，無相累；用之銜之。右驍雄軍使姚歸禮氣直敢言，尤疾用之所爲，時面數其罪，常欲手刃之。癸未夜，用之與其黨會倡家，歸禮潛使人爇其室，殺貌類者數人，用之易服得免。明旦，窮治其事，獲縱火者，皆驍雄之卒。用之於是日夜潛二將於駢。未幾，駢使二將將驍雄卒三千襲賊於慎縣，用之密以語行愍，云公楚、歸禮欲襲廬州。行愍發兵掩之，二將不爲備，舉軍盡殪。以二將謀亂告駢，駢不知用之謀，厚賞行愍。

四年春三月，高駢從子左驍衛大將軍澞疏吕用之罪狀二十餘幅，密以呈駢，且泣曰：「用之内則假神仙之説蠱惑尊聽，外則盗節制之權殘賊百姓。將佐懼死，莫之敢言。歲月浸深，羽翼將成，苟不除之，恐高氏奕代勳庸，一朝掃地矣。」因嗚咽不自勝。駢曰：「汝醉邪！」命扶出。明日，以澞狀示用之，用之曰：「四十郎嘗以空乏見告，未獲遵命，故有此憾。」因出澞手書數幅呈之。駢甚慚，遂禁澞出入。後月餘，以澞知舒州事。

羣盗陳儒攻舒州，澞求救於廬州。楊行愍力不能救，謀於其將李神福。神福請不用寸刃而逐之。乃多齎旗幟，間道入舒州。頃之，引舒州兵建廬州旗幟而出，指畫地形，若布大陳狀，賊懼，宵遁。神福，洺州人也。久之，羣盗吳迴、李

本復攻舒州，濾不能守，棄城走，駢使人就殺之。楊行愍遣其將合肥陶雅、清流張訓等將兵擊吳迥、李本，擒斬之，以雅攝舒州刺史。秦宗權遣其弟將兵寇廬州，據舒城，楊行愍遣其將合肥田頵擊走之。

冬十二月，壽州刺史張翱遣其將魏虔將萬人寇廬州，廬州刺史楊行愍遣其將田頵、李神福、張訓拒之，敗虔于褚城。滁州刺史許勍襲舒州，刺史陶雅奔廬州。高駢命行愍更名行密。

畢師鐸之攻廣陵也，呂用之詐爲高駢牒，署廬州刺史楊行密行軍司馬，追兵入援。廬江人袁襲説行密曰：「高公昏惑，用之姦邪，師鐸悖逆，凶德參會，而求兵於我，此天以淮南授明公也，趣赴之。」行密乃悉發廬州兵，復借兵於和州刺史孫端，合數千人赴之。五月，至天長。鄭漢章之從師鐸也，留其妻守淮口，用之帥衆攻之，旬日不克，漢章引兵救之。用之聞行密至天長，引兵歸之。

張神劍求貨於畢師鐸，師鐸報以俟秦司空之命，神劍怒，亦以其衆歸楊行密。及海陵鎮遏使高霸、曲溪人劉金、盱眙人賈令威，悉以其衆屬焉，行密衆至萬七千人。張神劍運高郵糧以給之。

甲午，秦彦將宣歙兵三萬餘人，乘竹筏沿江而下，趙暉邀擊於上元，殺溺殆半。丙申，彦入廣陵，自稱權知淮南節度事，仍以畢師鐸爲行軍司馬，補池州刺史趙鍠爲宣歙觀察使。戊戌，楊行密帥諸軍抵廣陵城下，爲八寨以守之，秦彦閉城自守。

六月戊午，秦彦遣畢師鐸、秦稠將兵八千出城西擊楊行密，稠敗死，士卒死者什七八。城中乏食，樵採路絶，宣州軍始食人。

秋八月，秦彦以前蘇州刺史張雄兵强，冀得其用，以僕射告身授雄，以尚書告身三通授裨將馮弘鐸等。廣陵人競以金玉珠繒詣雄軍貿食，通犀帶一得米五升，錦衾一得糠五升。雄軍既富，不復肯戰，未幾，復助楊行密。

丁卯，彦悉出城中兵萬二千人，遣畢師鐸、鄭漢章將之，陳於城西，延袤數里，軍勢甚盛。行密安卧帳中，曰：「賊近告我。」牙將李宗禮曰：「衆寡不敵，宜堅壁自守，徐圖還師。」李濤怒曰：「吾以順討逆，何論衆寡？大軍至此，去將安歸！濤願將所部爲前鋒，保爲公破之。」濤，趙州人也。行密乃積金帛麴米於一寨，使羸弱守之，多伏精兵於其旁，自將千餘人衝其陳。兵始交，行密陽不勝而走，廣陵兵追之，入空寨，争取金帛麴米，伏兵四起，廣陵衆亂，行密縱兵擊之，俘斬殆盡，積尸十里，溝瀆皆滿，師鐸、漢章單騎僅免。自是秦彦不復言出師矣。

九月，高駢在道院，秦彦供給甚薄，左右無食，至然木像煮革帶食之，有相啗者。彦與畢師鐸出師屢敗，疑駢爲厭勝，外圍益急，恐駢黨有爲内應者。有妖尼王奉仙言於彦曰：「揚州分野極災，必有一大人死，自此喜矣。」甲戌，命其將劉匡時殺駢，并子弟甥姪無少長皆死，同坎瘞之。乙亥，楊行密聞之，帥士卒縞素向城大哭三日。

冬十月，秦彦遣鄭漢章將步騎五千出擊張神劍、高霸寨，破之，神劍奔高郵，霸奔海陵。

楊行密圍廣陵且半年，秦彦、畢師鐸大小數十戰，多不利。城中無食，米斗直錢五十緡，草根木實皆盡，以堇泥爲餅食之，餓死者太半。宣軍掠人詣肆賣之，驅縛屠割如羊豕，訖無一聲，積骸流血，滿於坊市。彦、師鐸無如之何，嚬蹙而已。外圍益急，彦、師鐸憂懣，殆無生意，相對抱膝，終日悄然。行密亦以城久不下，欲引還。己巳夜，大風雨，呂用之部將張審威帥麾下士三百，晨伏於西壕，俟守者易代，潛登城，啓關納其衆，守者皆不鬭而潰。先是，彦、師鐸信重尼奉仙，雖戰陳日時，賞罰輕重，皆取決焉。至是復咨於奉仙曰：「何以取濟？」奉仙曰：「走馬上策。」乃自開化門出，奔東塘。行密帥諸軍合萬五千人入城，以梁纘不盡節於高氏，爲秦、畢用，斬於戟門之外。韓問聞之，赴井死。以高駢從孫愈攝副使，使改殯駢及其族。城中遺民纔數百家，飢羸非復人狀，行密輦西寨米以賑之。行密自稱淮南留後。

秦宗權遣其弟宗衡將兵萬人渡淮，與楊行密争揚州，以孫儒爲副，張佶、劉建鋒、馬殷及宗權族弟彦暉皆從。十一月辛未，抵廣陵城西，據行密故寨，行密輜重之未入城者爲蔡人所得。秦彦、畢師鐸至東塘，張雄不納，將渡江趣宣州。宗衡召之，乃引兵還，與宗衡合。

未幾，宗權召宗衡還蔡，拒朱全忠。孫儒知宗權勢不能久，稱疾不行。宗衡屢促之，儒怒，甲戌，與宗衡飲酒，座中手刃之，傳首於全忠。宗衡將安仁義降於行密。仁義，本沙陀將也，行密悉以騎兵委之，列於田頵之上。儒分兵掠鄰州，未幾，衆至數萬，以城下乏食，與彦、師鐸襲高郵。

辛巳，高郵鎮遏使張神劍帥麾下二百人逃歸揚州。丙戌，孫儒屠高郵。戊子，高郵殘兵七百人潰圍而至，楊行密慮其爲變，分隸諸將，一夕盡阬之。明日，殺神劍於其第。楊行密恐孫儒乘勝取海陵，壬寅，命鎮遏使高霸帥其兵民悉歸府城，曰：「有違命者，族之。」於是數萬户棄資産，焚廬舍，挈老幼遷于廣陵。戊

戌，霸與弟晊、部將余繞山、前常州刺史丁從實至廣陵，行密出郭迎之，與霸、晊約爲兄弟，置其將卒於法雲寺。

朝廷以淮南久亂，閏月，以朱全忠兼淮南節度使、東南面招討使。

楊行密欲遣高霸屯天長以拒孫儒，袁襲曰：「霸，高氏舊將，常挾兩端，我勝則來，不勝則叛。今處之天長，是自絶其歸路也，不如殺之。」己酉，行密伏甲，執霸及丁從實、余繞山皆殺之。又遣千騎掩殺其黨於法雲寺，死者數千人。是日大雪，寺外數坊地皆赤。高晊出走，明日獲而殺之。

吕用之之在天長也，紿楊行密曰：「用之有銀五萬鋌，埋於所居，克城之日，願備麾下一醉之資。」庚戌，行密閱士卒，顧用之曰：「僕射許此曹銀，何食言邪？」因牽下，械繫，命田頵鞫之，云與鄭杞、董瑾謀，因中元夜邀高駢至其第建黄籙齋，乘其入静，縊殺之，聲言上升。因令莫邪都帥諸軍推用之爲節度使。是日，腰斬用之，怨家刳裂立盡，并誅其族黨。軍士發其中堂，得桐人，書駢姓名於胸，桎梏而釘之。袁襲言於行密曰：「廣陵飢弊已甚，蔡賊復來，民必重困，不如避之。」甲寅，行密遣和州將延陵宗以其衆二千人歸和州。乙卯，又命指揮使蔡儔將兵千人，輜重數千兩，歸于廬州。

朱全忠遣内（容）［客］將張廷範致朝命於楊行密，以行密爲淮南節度副使，又以宣武行軍司馬李璠爲淮南留後，遣牙將郭言將兵千人送之。

文德元年春正月甲寅，孫儒殺秦彦、畢師鐸、鄭漢章。彦等之歸秦宗衡也，其衆猶二千餘人，其後稍稍爲儒所奪。裨將唐宏知其必及禍，恐并死，乃誣告彦等潛召汴軍。儒殺彦等，以宏爲馬軍使。

張守一與吕用之同歸楊行密，復爲諸將合仙丹，又欲干軍府之政，行密怒而殺之。

張廷範至廣陵，楊行密厚禮之。及聞李璠來爲留後，怒，有不受之色。廷範密使人白全忠，宜自以大軍赴鎮，全忠從之。至宋州，廷範自廣陵逃來，曰：「行密未可圖也。」甲子，李璠至，言徐軍遮道，全忠乃止。二月，朱全忠奏以楊行密爲淮南留後。

夏四月壬午，孫儒襲揚州，克之。楊行密出走，儒自稱淮南節度使。行密將奔海陵，袁襲勸歸廬州，再爲進取之計，從之。

秋八月，楊行密畏孫儒之逼，欲輕兵襲洪州。袁襲曰：「鍾傳定江西已久，兵强食足，未易圖也。趙鍠新得宣州，怙亂殘暴，衆心不附。公宜卑辭厚幣説和州孫端、上元張雄，使自採石濟江侵其境，彼必來逆戰，公自銅官濟江會之，破鍠必矣。」行密從之，使蔡儔守廬州，帥諸將濟自糝潭。

孫端、張雄爲趙鍠所敗。鍠將蘇塘、漆朗將兵二萬屯曷山。袁襲曰：「公引兵急趨曷山，堅壁自守，彼求戰不得，謂我畏怯，因其怠，可破也。」行密從之。塘等大敗，遂圍宣州。鍠兄乾之自池州帥衆救宣州，行密使其將陶雅擊乾之于九華，破之。乾之奔江西，以雅爲池州制置使。

六月，楊行密圍宣州，城中食盡，人相啗。指揮使周進思據城逐趙鍠，鍠將奔廣陵，田頵追擒之。未幾，城中執進思以降。行密入宣州，諸將争取金帛，徐温獨據米囷，爲粥以食餓者。温，朐山人也。鍠將宿松周本，勇冠軍中，行密獲而釋之，以爲裨將。鍠既敗，左右皆散，惟李德誠從鍠不去，行密以宗女妻之。德誠，西華人也。行密表言於朝，詔以行密爲宣歙觀察使。

朱全忠與趙鍠有舊，遣使求之。行密謀於袁襲，襲曰：「不若斬首以遺之。」行密從之。未幾，襲卒，行密哭之曰：「天不欲成吾大功邪？何爲折吾股肱也！吾好寬，而襲每勸我以殺，此其所以不壽與？」孫儒遣兵攻廬州，蔡儔以州降之。

冬十月，以給事中杜儒休爲蘇州刺史。錢鏐不悦，以知州事沈粲爲制置指揮使。楊行密遣馬步都虞候田頵等攻常州。十一月，田頵攻常州，爲地道入城。中宵，旌旗甲兵出於制置使杜稜之寢室，遂虜之，以兵三萬戍常州。

大順元年春正月，汴將龐師古等衆號十萬，渡淮，聲言救行密，攻下天長，壬子，下高郵。二月，龐師古引兵深入淮南，己巳，與孫儒戰於陵亭，師古兵敗而還。

楊行密遣其將馬敬言將兵五千，乘虚襲據潤州。李友將兵二萬屯青城，將攻常州。安仁義、劉威、田頵敗劉建鋒於武進，敬言、仁義、頵屯潤州。友，合肥人；威，慎縣人也。

三月，賜宣歙軍號寧國，以楊行密爲節度使。

秋八月丙寅，孫儒攻潤州。

蘇州刺史杜儒休到官，錢鏐使沈粲害之。會楊行密將李友拔蘇州，粲奔孫儒。

九月，楊行密以其將張行周爲常州制置使。閏月，孫儒遣劉建鋒攻拔常州，殺行周，遂圍蘇州。冬十二月己丑，孫儒拔蘇州，殺李友。安仁義等聞之，焚潤州廬舍，夜遁。儒使沈粲守蘇州，又遣其將歸傳道守潤州。

二年春正月，孫儒盡舉淮、蔡之兵濟江，癸酉，自潤州轉戰而南，田頵、安仁義屢敗退，楊行密城戍皆望風奔潰。儒將李從立奄至宣州東溪，行密守備尚未固，衆心危懼。夜，使其將合肥臺濛將五百人屯溪西，濛使士卒傳呼，往返數四，從立以爲大衆繼至，遽引去。儒前軍至溧水，行密使都指揮使李神福拒之。神福陽退以示怯，儒軍不設備，神福夜帥精兵襲之，俘斬千人。

夏四月，楊行密遣其將劉威、朱延壽將兵三萬擊孫儒于黄池，威等大敗。延壽，舒城人也。

孫儒軍于黄池，五月，大水，諸營皆没，乃還揚州，使其將康暀據和州，安景思據滁州。楊行密遣其將李神福攻和、滁，康暀降，安景思走。

秋七月，朱全忠遣使與楊行密約共攻孫儒。儒恃其兵强，欲先滅行密，後敵全忠，移牒藩鎮，數行密、全忠之罪，且曰：「俟平宣、汴，當引兵入朝，除君側之惡。」於是悉焚揚州廬舍，盡驅丁壯及婦女渡江，殺老弱以充食。行密將張訓、李德誠潛入揚州，滅餘火，得穀數十萬斛以賑飢民。泗州刺史張諫貸數萬斛以給軍，訓以行密之命饋之，諫由是德行密。乙未，孫儒自蘇州出屯廣德，楊行密引兵拒之。儒圍其寨，行密將上蔡李簡帥百餘人力戰，破寨，拔行密出之。

冬十二月，孫儒焚掠蘇、常，引兵逼宣州。錢鏐復遣兵據蘇州。儒屢破楊行密之兵，旌旗輜重亘百餘里。行密求救於錢鏐，鏐以兵食助之。

景福元年春正月，楊行密謂諸將曰：「孫儒之衆十倍於我，吾戰數不利，欲退保銅官，如何？」劉威、李神福曰：「儒掃地遠來，利在速戰。宜屯據險要，堅壁清野以老其師，時出輕騎抄其饋餉，奪其俘掠。彼前不得戰，退無資糧，可坐擒也。」戴友規曰：「儒與我相持數年，勝負略相當。今悉衆致死於我，我若望風棄城，正墮其計。淮南士民從公渡江及自儒軍來降者甚衆，公宜遣將先護送歸淮南，使復生業。儒軍聞淮南安堵，皆有思歸之心，人心既摇，安得不敗。」行密悦，從之。友規，廬州人也。

二月，孫儒圍宣州。初，劉建鋒爲孫儒守常州，將兵從儒擊楊行密甘露鎮，使陳可言帥部兵千人據常州。行密將張訓引兵奄至城下，可言倉猝出迎，訓手刃殺之，遂取常州。行密别將又取潤州。

夏五月，楊行密屢敗孫儒兵，破其廣德營，張訓屯安吉，斷其糧道。儒食盡，士卒大疫，遣其將劉建鋒、馬殷分兵掠諸縣。六月，行密聞儒疾瘧，戊寅，縱兵擊之。會大雨，晦冥，儒軍大敗，安仁義破儒五十餘寨，田頵擒儒於陳，斬之，傳首京師，儒衆多降於行密。

丁酉，楊行密帥衆歸揚州。秋七月丙辰，至廣陵，表田頵守宣州，安仁義守潤州。先是，揚州富庶甲天下，時人稱「揚一益二」，及經秦、畢、孫、楊兵火之餘，江、淮之間，東西千里掃地盡矣。

秋八月，以楊行密爲淮南節度使、同平章事，以田頵知宣州留後，安仁義爲潤州刺史。孫儒降兵多蔡人，行密選其尤勇健者五千人，厚其廩賜，以皁衣蒙甲，號「黑雲都」，每戰，使之先登陷陳，四鄰畏之。

行密以用度不足，欲以茶鹽易民布帛。掌書記舒城高勗曰：「兵火之餘，十室九空，又漁利以困之，將復離叛。不若悉我所有，易鄰道所無，足以給軍。選賢守令，勸課農桑，數年之間，倉庫自實。」行密從之。田頵聞之曰：「賢者之言，其利遠哉！」行密馳射武伎皆非所長，而寬簡有智略，善撫御將士，與同甘苦，推心待物，無所猜忌。嘗早出，從者斷馬鞦，取其金，行密知而不問，他日復早出如故，人服其度量。

淮南被兵六年，士民轉徙幾盡。行密初至，賜與將吏，帛不過數尺，錢不過數百，而能以勤儉足用。非公宴，未嘗舉樂。招撫流散，輕徭薄斂，未及數年，公私富庶，幾復承平之舊。

冬十一月，廬州刺史蔡儔發楊行密父祖墓，與舒州刺史倪章連兵，遣使送印於朱全忠以求救。全忠惡其反覆，納其印，不救，且牒報行密，行密謝之。行密遣行營都指揮使李神福將兵討儔。

二年夏四月，李神福圍廬州，甲午，楊行密自將詣廬州，田頵自宣州引兵會之。秋七月丁亥，楊行密克廬州，斬蔡儔。左右請發儔父母冢，行密曰：「儔以此得罪，吾何爲效之！」八月丙辰，楊行密遣田頵將宣州兵二萬攻歙州，歙州刺史裴樞城守，久不下。時諸將爲刺史者多貪暴，獨池州團練使陶雅寬厚得民，歙人曰：「得陶雅爲刺史，請聽命。」行密即以雅爲歙州刺史，歙人納之。雅盡禮見樞，送之還朝。樞，遵慶之曾孫也。冬十月，舒州刺史倪章棄城走，楊行密以李神福爲舒州刺史。

乾寧元年春三月，黄州刺史吴討舉州降楊行密。夏五月，武昌節度使杜洪攻黄州，楊行密遣行營都指揮使朱延壽等救之。冬十二月，吴討畏杜洪之逼，納印請代于楊行密，行密以先鋒指揮使瞿章權知黄州。

二年春[正]月，楊行密表朱全忠罪惡，請會易定、兗、鄆、河東兵討之。

三月，楊行密浮淮至泗州，防禦使臺濛盛飾供帳，行密不悦。既行，濛於卧内得補綻衣，馳使歸之。行密笑曰：「吾少貧賤，不敢忘本。」濛甚慚。行密攻濠州，拔之，執刺史張璲。丁亥，行密圍壽州。夏四月，楊行密圍壽州，不克，將還。庚寅，其將朱延壽請試往更攻，一鼓拔之，執刺史江從勗。行密以延壽權知壽州團練使。未幾，汴兵數萬攻壽州，州兵少，吏民恟懼。延壽制，軍中每旗二十五騎。命黑雲隊長李厚將十旗擊汴兵，不勝。延壽將斬之，厚稱衆寡不敵，願益兵更往，不勝則死。都押牙汝陽柴再用亦爲之請，乃益以五旗。厚殊死戰，再用助之，延壽悉衆乘之，汴兵敗走。厚，蔡州人也。行密又遣兵襲漣水，拔之。

三年夏五月，淮南將朱延壽奄至蘄州，圍其城。大將賈公鐸方獵，不得還，伏兵林中，命勇士二人衣羊皮，夜入延壽所掠羊羣，潛入城，約夜半開門，舉火爲應，複衣皮返命。公鐸如期引兵至城南，門中火舉，力戰，突圍而入。延壽驚曰：「吾常恐其潰圍而出，反潰圍而入，如此，城安可猝拔！」乃白行密，求軍中與公鐸有舊者持誓書金帛往説之，許以婚。壽州團練副使柴再用請行，臨城與語，爲陳利害。數日，公鐸及刺史(馬)〔馮〕敬章請降。以敬章爲左都押牙，公鐸爲右監門衛將軍。延壽進拔光州，殺刺史劉存。

四年春二月，詔以楊行密爲江南諸道行營都統，以討武昌節度使杜洪。夏四月，杜洪爲楊行密所攻，求救於朱全忠。全忠遣其將聶金掠泗州，朱友恭攻黄州。行密遣右黑雲都指揮使馬珣等救黄州。黄州刺史瞿章聞友恭至，棄城擁衆南保武昌寨。五月辛巳，朱友恭爲浮梁於樊港，進攻武昌寨，壬午，拔之，執瞿章，遂取黄州。馬珣等皆敗走。

朱全忠既得兖、鄆，甲兵益盛，秋九月，乃大舉擊楊行密，遣龐師古以徐、宿、宋、滑之兵七萬壁清口，將趣揚州，葛從周以兖、鄆、曹、濮之兵壁安豐，將趣壽州，全忠自將屯宿州；淮南震恐。

楊行密與朱瑾將兵三萬拒汴軍於楚州，别將張訓自漣水引兵會之，行密以爲前鋒。龐師古營於清口，或曰：「營地汙下，不可久處。」不聽。師古恃衆輕敵，居常弈棋。朱瑾壅淮上流，欲灌之。或以告師古，師古以爲惑衆，斬之。十一月癸酉，瑾與淮南將侯瓚將五千騎潛渡淮，用汴人旗幟，自北來趣其中軍。張訓踰柵而入，士卒蒼黄拒戰，淮水大至，汴軍駭亂。行密引大軍濟淮，與瑾等夾攻之，汴軍大敗，斬師古及將士首萬餘級，餘衆皆潰。葛從周屯於壽州西北，壽州團練使朱延壽擊破之，退屯濠州，聞師古敗，奔還。行密、瑾、延壽乘勝追之，及於淠水。從周半濟，淮南兵擊之，殺溺殆盡，從周走免。遏後都指揮使牛存節棄馬步鬬，諸軍稍得濟淮，凡四日不食，會大雪，汴卒緣道凍餒死，還者不滿千人。全忠聞敗，亦奔還。行密遺全忠書曰：「龐師古、葛從周非敵也，公宜自來淮上決戰。」

行密大會諸將，謂行軍副使李承嗣曰：「始吾欲先趣壽州，副使云不如先向清口，師古敗，從周自走，今果如所料。」賞之錢萬緡，表承嗣領鎮海節度使。行密待承嗣及史儼甚厚，第舍、姬妾，咸選其尤者賜之，故二人爲行密盡力，屢立功，竟卒於淮南。行密由是遂保據江、淮之間，全忠不能與之争。

光化元年春正月，兩浙、江西、武昌、淄青各遣使詣闕，請以朱全忠爲都統，討楊行密。詔不許。

二年春正月，楊行密與朱瑾將兵數萬攻徐州，軍于吕梁，朱全忠遣騎將張歸厚救之。朱全忠自將救徐州，楊行密聞之，引兵去。汴人追及之於下邳，殺千餘人。全忠行至輝州，淮南兵已退，乃還。

三年。加楊行密兼侍中。

天復二年春三月，上以左金吾將軍李儼爲江、淮宣諭使，書御(衣)〔札〕賜楊行密，拜行密東面行營都統、中書令、吴王，以討朱全忠。以朱瑾爲平盧節度使，馮弘鐸爲武寧節度使，朱延壽爲奉國節度使。加武安節度使馬殷同平章事。淮南、宣歙、湖南等道立功將士，聽用都統牒承制遷補，然後表聞。儼，張濬之子也，賜姓李。

武寧節度使馮弘鐸介居宣、揚之間，常不自安；然恃樓船之强，不事兩道。寧國節度使田頵欲圖之，募弘鐸人造戰艦。工人曰：「馮公遠求堅木，故其船堪久用，今此無之。」頵曰：「第爲之，吾止須一用耳。」弘鐸將馮暉、顔建説弘鐸先擊頵，弘鐸從之，(師)〔帥〕衆南上，聲言攻洪州，實襲宣州也。楊行密使人止之，不從。六月辛巳，頵帥舟師逆擊于葛山，大破之。

馮弘鐸收餘衆沿江將入海，楊行密恐其爲後患，遣使犒軍，且説之曰：「公徒衆猶盛，胡爲自棄於滄海之外。吾府雖小，足以容公之衆，使將吏各得其所，如何？」弘鐸左右皆慟哭聽命。弘鐸至東塘，行密自乘輕舟迎之，從者十餘人，常服，不持兵，升弘鐸舟慰諭之，舉軍感悦。署弘鐸淮南節度副使，館給甚厚。

初，弘鐸遣牙將丹徒尚公迺詣行密求潤州，行密不許。公迺大言曰：「公不見聽，但恐不敵樓船耳。」至是，行密謂公迺曰：「頗記求潤州時否？」公迺謝

曰：「將吏各爲其主，但恨無成耳。」行密笑曰：「爾事楊叟如馮公，無憂矣。」行密以李神福爲昇州刺史。

楊行密發兵討朱全忠，以副使李承嗣權知淮南軍府事。軍吏欲以巨艦運糧，都知兵馬使徐温曰：「運路久不行，葭葦堙塞，請用小艇，庶幾易通。」軍至宿州，會久雨，重載不能進，士有飢色，而小艇先至，行密由是奇温，始與議軍事。行密攻宿州，久不克，竟以糧運不繼引還。

冬十月，李儼至揚州，楊行密始建制敕院，每有封拜，輒以告儼，於紫極宫玄宗像前陳制書，再拜然後下。

三年春正月，楊行密承制加朱瑾東面諸道行營副都統、同平章事，以昇州刺史李神福爲淮南行軍司馬、鄂岳行營招討使，舒州團練使劉存副之，將兵擊杜洪。洪將駱殷戍永興，棄城走，縣民方詔據城降。神福曰：「永興大縣，饋運所仰，已得鄂之半矣。」

初，寧國節度使田頵破馮弘鐸，詣廣陵謝楊行密，因求池、歙爲巡屬，行密不許。行密左右下及獄吏皆求賂於頵，頵怒曰：「吏知吾將下獄邪！」及還，指廣陵南門曰：「吾不可復入此矣！」頵兵强財富，好攻取。行密既定淮南，欲保境息民，每抑止之，頵不從。及解釋錢鏐，頵尤恨之，陰有叛志。李神福言於行密曰：「頵必反，宜早圖之。」行密曰：「頵有大功，反狀未露，今殺之，諸將人人自危矣。」頵有良將曰康儒，與頵謀議多不合，行密知之，擢儒爲廬州刺史。頵以儒爲貳於己，族之。儒曰：「吾死，田公亡無日矣。」頵遂與潤州團練使安仁義同舉兵，仁義悉焚東塘戰艦。

頵遣二使詐爲商人，詣壽州約奉國節度使朱延壽，行密將尚公迺遇之，曰：「非商人也。」殺一人，得其書，以告行密。行密召李神福於鄂州，神福恐杜洪邀之，宣言奉命攻荆南，勒兵具舟楫，及暮，遂沿江東下，始告將士以討田頵。

己丑，安仁義襲常州，常州刺史李遇逆戰，極口罵仁義。仁義曰：「彼敢辱我，必有備。」乃引去。壬辰，行密以王茂章爲潤州行營招討使，擊仁義，不克，使徐温將兵會之。温易其衣服、旗幟皆如茂章兵，仁義不知益兵，復出戰，温奮擊，破之。

行密夫人，朱延壽之姊也。行密狎侮延壽，延壽怨怒，陰與田頵通謀。頵遣前進士杜荀鶴至壽州，與延壽相結；又遣至大梁告朱全忠。全忠大喜，遣兵屯宿州以應之。荀鶴，池州人也。

九月，朱延壽謀頗泄，楊行密詐爲目疾，對延壽使者多錯亂所見，或觸柱仆地。謂夫人曰：「吾不幸失明，諸子皆幼，軍府事當悉以授三舅。」夫人屢以書報延壽，行密又自遣召之，陰令徐温爲之備。延壽至廣陵，行密迎及寢門，執而殺之。部兵驚擾，徐温諭之，皆聽命。遂斬延壽兄弟，黜朱夫人。

初，延壽赴召，其妻王氏謂曰：「君此行吉凶未可知，願日發一使以安我。」一日，使不至，王氏曰：「事可知矣。」部分僮僕，授兵闔門，捕騎至，乃集家人，聚寶貨，發百燎焚府舍，曰：「妾誓不以皎然之軀爲讎人所辱。」赴火而死。延壽用法嚴，好以寡擊衆，嘗遣二百人與汴兵戰，有一人應留者，請行，延壽以違命，立斬之。

田頵襲昇州，得李神福妻子，善遇之。神福自鄂州東下，頵遣使謂之曰：「公見機，與公分地而王，不然，妻子無遺。」神福曰：「吾以卒伍事吴王，今爲上將，義不以妻子易其志。頵有老母，不顧而反，三綱且不知，烏足與言乎！」斬使者而進，士卒皆感勵。頵遣其將王(檀)〔壇〕、汪建將水軍逆戰。丁未，神福至吉陽磯，與壇、建遇，壇、建執其子承鼎示之，神福命左右射之。神福謂諸將曰：「彼衆我寡，當以奇取勝。」及暮，合戰，神福陽敗，引舟泝流而上。壇、建追之，神福復還，順流擊之。壇、建樓船大列火炬，神福令軍中曰：「望火炬輒擊之。」壇、建軍皆滅火，旗幟交雜，神福因風縱火，焚其艦。壇、建大敗，士卒焚溺死者甚衆。戊申，又戰于皖口，壇、建僅以身免。獲徐綰，行密以檻車載之，遺錢鏐。鏐剖其心以祭(周)〔高〕渭。

頵聞壇、建敗，自將水軍逆戰。神福曰：「賊棄城來，此天亡也。」臨江堅壁不戰，遣使告行密，請發步兵斷其歸路。行密遣漣水制置使臺濛將兵應之。王茂章攻潤州，久未下，行密命茂章引兵會濛擊頵。

田頵聞臺濛將至，自將步騎逆戰，留其將郭行悰以精兵二萬及王壇、汪建水軍屯蕪湖，以拒李神福。覘者言濛營寨褊小，纔容二千人。頵易之，不召外兵。濛入頵境，番陣而進，軍中笑其怯。濛曰：「頵宿將，多謀，不可不備。」冬十月戊辰，與頵遇於廣德，濛先以楊行密書徧賜頵將，皆下馬拜受。濛因其挫伏縱兵擊之，頵兵遂敗。又戰于黄池，兵交，濛僞走，頵追之，遇伏大敗，奔還宣州城守，濛引兵圍之。頵亟召蕪湖兵還，不得入。郭行悰、王壇、汪建及當塗、廣徳諸戍皆帥其衆降。行密以臺濛已破田頵，命王茂章復引兵攻潤州。

十一月乙亥，田頵帥死士數百出戰，臺濛陽退以示弱。頵兵踰濠而鬬，濛急

擊之。頵不勝，還走城，橋陷墜馬，斬之。其衆猶戰，以頵首示之，乃潰，濛遂克宣州。

初，行密與頵同閭里，少相善，約爲兄弟。及頵首至廣陵，行密視之泣下，赦其母殷氏，行密與諸子皆以子孫禮事之。

行密以李神福爲寧國節度使，神福以杜洪未平，固讓不拜。宣州長史合肥駱知祥善治金穀，觀察牙推沈文昌爲文精敏，嘗爲頵草檄罵行密，行密以知祥爲淮南支計官，文昌爲節度牙推。文昌，湖州人也。

初，頵每戰不勝，輒欲殺錢傳瓘，其母及宣州都虞候郭師從常保護之。師從，合肥人，頵之婦弟也。頵敗，傳瓘歸杭州，錢鏐以師從爲鎮東都虞候。

天祐元年春三月，以淮南行軍司馬李神福爲鄂岳招討使，復將兵擊杜洪。朱全忠遣使請捨鄂岳，復修舊好，行密報曰：「俟天子還長安，然後罷兵修好。」

秋八月，淮南將李神福攻鄂州未下，會疾病，還廣陵，楊行密以舒州團練使泌陽劉存代爲招討使。神福尋卒。宣州觀察使臺濛卒，以其子渥爲宣州觀察使。

昭宣帝天祐二年。潤州團練使安仁義勇決得士心，故淮南將王茂章攻之，踰年不克。楊行密使謂之曰：「汝之功，吾不忘也。能束身自歸，當以汝爲行軍副使，但不掌兵耳。」仁義不從。茂章爲地道入城，遂克之。仁義舉族登樓，衆不敢逼。先是，攻城諸將見仁義輒罵之，惟李德誠不然，至是仁義召德誠登樓，謂曰：「汝有禮，吾今以爲汝功。」且以愛妾贈之。乃擲弓於地。德誠掖之而下，并其子斬於廣陵市。

二月，朱全忠遣其將曹延祚將兵與杜洪共守鄂州，庚子，淮南將劉存攻拔之，執洪、延祚及汴兵千餘人送廣陵，悉誅之。行密以存爲鄂岳觀察使。

冬十一月庚辰，吳武忠王楊行密薨，將佐共請宣諭使李儼承制授楊渥淮南節度使、東南諸道行營都統，兼侍中、弘農郡王。

佚名《五國故事》卷上 僞吳先生吳王行密，廬州合淝人，力舉三百斤。微時，居常獨處，必見黑衣人侍其側。後既有衆，遂令部兵悉以黑繒冪其首，號曰「黑雲都」。行密之妻兄朱延壽，始爲行密稱薦，旋至壽州節帥。而延壽潛以宗姓通於梁祖，將規淮甸，行密乃謀去之。且慮召之不至，遂詐爲目疾，凡三年。其妻旦夕視其動静，以爲信，至於私於隸僕，悉避餘人，唯不避行密。密一日謂其妻曰：「吾目疾不瘳矣，諸兒且不克省軍府之事，當屬於舅，汝宜召之。」其妻自以書召。延壽既至，行密處正廳，潛兵以見之。俄而開目曰：「數年不見舅，今日果相覩。」延壽惶駭，遂叱勇士執而殺之，仍廢其妻焉。行密雄豪而頗有度量。蘇州刺史成及。爲部所叛，執送行密，密以其厚重伉直，頗重之，舍於正廳之後，房室間亦有劍甲之類，而行密盛暑中日以單衣而至，與及飲膳，了無疑忌之色。及又嘗抵行密內室，見行密方起盥漱，而右手擎一沙羅，可百餘兩，水滿其中而洗項。則力舉三百斤不謬矣。

備論

《舊五代史》卷一三四《楊行密傳》 史臣曰：昔唐祚横流，異方割據，行密以高材捷足啓之於前，李昪以履霜堅冰得之於後，以僞易僞，逾六十年。洎有周興薄伐之師，皇上示懷柔之德，而乃走梯航而入貢，奉正朔以來庭，如是則長江之險，又何足以恃哉！審知僻據一隅，僅將數世，始則可方於吳芮，終則竊効於尉佗，與夫穴蜂井蛙，亦何相遠哉！五紀之亡，蓋其幸也。

程敏政《新安文獻志》卷五二《楊行密疑塚》 荒郊石羊眠不起，枯塚纍纍各相似。海陵冤骨無人收，豈有兒孫來擘紙。幾堆空土效曹瞞，百戰江南帝徐李。龍山突兀表忠祠，至今老父思錢氏。

王夫之《讀通鑑論》卷二八《五代上》 徐温大破錢鏐，知誥請乘勝東取蘇州，温念離亂久而民困，因鏐之懼，戢兵息民，使兩地各安其業，而曰「豈不樂哉」？藹然仁者之言乎！自廣明喪亂以來，能念此者誰邪？而不謂温以武人之能爾也。

均與人爲倫，則不忍人之死，人之同心也，而習氣能奪之。天方降割於民，於是數不仁之人倡之，而鼓動天下，以胥流於殘忍，非必有利存焉，害且隨之如影響。而汶汶逐逐，唯殺是甘，羣起以相爲流轉。乃習氣者，無根株者也。有一人焉，一念之明，一言之中，一事之順，幸而有其成效，則相因以動，而惻隱羞惡之天良復伸於天下，隨其力之大小、心之醇疵，以爲其感動之遠近，苟被其澤，無不見功於當時，延及於數世，則楊行密是已。

當行密之時，朱温、秦宗權、李罕之、高駢之流，凶風交扇於海內。乘權者既

忘民之死，民亦自忘其死；乘權者既以殺人爲樂，民亦以相殺爲樂。剽奪争劫，有不自知其所以然而若不容已者，莫能解也。行密起於卒伍，亦力戰以有江、淮，乃忽退而自念，爲固本保邦之謀，屢勝朱温，顧且畫地自全，而不急與虎狼争食。於是江、淮之寡妻弱子幸保其腰領，以授之徐温。温乃以知全民之爲利，而歆動以生其不忍昧之心。蓋自是江、淮之謀臣戰士，乘暴興之氣，河決火延，以塗人肝腦於原野者，皆廢然返矣。故撫有江、淮，至於李煜而幾爲樂土。温之所謂樂者，人咸喻焉而保其樂，温且幾於仁者，要皆行密息浮情、斂狂氣，於習氣熾然之中所培植而生起者也。則行密之爲功於亂世，亦大矣哉！

嗚呼！習氣之動也，得意則驕以益盈，失勢則激而妄逞，仰不見有天，俯不見有地，外不知有人，内不知有己。《易》曰：「迷復，凶。」唯其迷，是以不復，有能復者，然後知其迷也。「十年不克」「七日而反」，存乎一人一念而已矣。當乾坤流血之日，而温有是言，以留東南千里之生命於二十餘年，雖一隅也，其所施及者廣矣！極亂之世，獨立以導天下於惻隱羞惡之中，勿憂其孤也，將有繼起而成之者，故行密之後，必有徐温。此天地之心也，不可息焉者也。

曾燠《江西詩徵》卷四〇《挽達兼善》 大將忠精貫白日，諸生攬涕讀哀詞。天胡不隕楊行密，公恨不爲張伯儀。滿眼陸梁皆小醜，甘心一死是男兒。要知汗竹留芳日，只在孤舟淺水時。

徐世昌《晚晴簃詩匯》卷一七五《觀唐昭宗賜錢鏐鐵券》 鏤金煌煌字二百，咨爾彭城上柱國。鎮海鎮東開軍府，持節中書太尉職。媲漢鄧騭衛孔悝，褒德策勳視斯敕。有唐吉金經千年，懋典法器稀流傳。重以浩劫遁濩落，既失復得寧非天。台州諸錢始南宋，守器曰忱賢不惓。翠華南幸稽乾隆，裔選拜進隨雲從。天章巍焕錫琳瑯，使臣樹銘鐫嘉頌。於乎，盧龍萬騎潼關走，藩臣跋扈獨梟醜。河朔三鎮尤披猖，不反而反惟懷光。人臣謀反賜鐵券，其辭雖悖非無見。幾曾丹心貫日月，必要信誓兼金鍊。我思昔日唐昭宗，紇干山雀愁窮冬。人師尚父王行瑜，魏王九錫朱全忠。中原生民成瘡痏，節度恣睢玩天子。董昌之輩不足誅，大梁逆禍肘腋起。鄭畋壁壘驚黄巢，處存赴難麾旌旄。晉陽招討李克用，死遺三矢忠肝昭。矧此勇懾錢塘潮，誅昌定顥精兵饒。河山帶礪銘勳高，胡勿驅馬入淮汴。朱三之顱力可斷，胡勿連兵楊行密。斫頭穿眼仇奚益，乘亂胡爲割據謀。毋乃鼠竊兼狗偷，可憐江東一羅隱。曲諷勤王志悲憫，拜恩乾寧曾幾時。名馬玉帶臣受之，雖云屈節完江表，得勿慚對沙陀兒。吁嗟乎，取以爲式號哮虎，不學無術笑洪武。

徐温部

綜述

《舊五代史》卷一三四《徐温傳》 李昪，本海州人，僞吴大丞相徐温之養子也。温字敦美，亦海州人，初從淮南節度使楊行密起兵於廬州，漸至軍校。唐末，青州王師範爲梁祖所圍，乞師於淮南，楊行密發兵赴之，温時爲小將，亦預其行。師次青之南鄙，師範已敗，淮兵大掠而還。昪時幼穉，爲温所虜，温愛其慧黠，遂育爲己子，名曰知誥。

天祐初，行密卒，其子渥嗣，會左衛都指揮使張顥殺渥，欲歸命於梁。温謂顥曰：「此去梁國，往復三千里，不月餘事不成，軍國未有主，無主將亂，不如有所立，徐圖其事。」顥然之，乃立渥弟渭爲帥。温尋殺顥，渭僞授温常州刺史、檢校司徒。温留廣陵，遣昪知州事。是歲，唐天祐五年也。七年，丁母憂，起復授檢校太尉、温州刺史，充本州團練觀察使。八年，宣州叛，温與都將柴再用討平之，加同中書平章事，充淮南行軍司馬、内外馬步都指揮使、鎮海軍節度、浙江西道觀察等使。十二年八月，温出鎮潤州，以其子知訓知政事，加温鎮海軍管内水陸馬步軍都軍使，兼寧國軍節度、宣歙池等州觀察使。時昪爲温屬郡昪州刺史，乃大理郡廨，温表移其府於金陵，僞授温昪州大都督府長史，充鎮海軍節度副大使，知節度事，以昪爲鎮海軍節度副使、行潤州刺史，充本州團練使。十五年，知訓授淮南行軍副使、内外馬步軍都指揮使，通判軍府事。居無何，知訓爲大將朱瑾所殺，温以昪代知政事。明年，温册楊渭爲天子，僭稱大吴，改唐天祐十六年爲武義元年。

十八年，渭死，温聞之，自金陵馳歸揚州，夜入廣陵，議有所立。或有希温旨，言及蜀先主遺命諸葛亮之事，温厲聲曰：「若楊氏無男，有女當立矣，無得異議。」由是羣心乃定，遂迎丹陽王溥於潤州，以其年六月十八日即僞位，改元爲順義。自是温父子愈盛，中外共專其國，楊氏主祭而已。温累官至竭忠定難建國功臣、大丞相、都督中外諸軍事、諸道都統、鎮海寧國等軍節度、宣歙池等州管内營田觀察等使、開府儀同三司、守太師、中書令、金陵尹、東海王，食邑一萬户，實封五百户。僞順義七年改乾貞元年，即後唐天成二年。其年十月二十三日，温卒，僞贈大元帥，追封齊王，謚曰忠武。

昪前夢温負登山，逾月温卒，昪乃僞授輔政興邦功臣，知内外左右事、開府儀同三司、守太尉、中書令、宣城公。

《新五代史》卷六一《徐温傳》 徐温字敦美，海州朐山人也，少以販鹽爲盜，行密起合淝，隸帳下。行密所與起事劉威、陶雅之徒，號三十六英雄，獨温未嘗有戰功。及行密欲殺朱延壽等，温用其客嚴可求謀，教行密陽爲目疾，事成，以功遷右衙指揮使，始預謀議。

及行密病，平生舊將，皆以戰守在外，而温居帳下，遂預立渥之功。及弒渥，又與張顥有隙，使鍾章殺之。章許諾，選壯士三十人，椎牛享之，刺血爲盟。温猶疑章不果，夜半使人探其意，陽謂曰：「温有老母，懼事不成，不如且止。」章曰：「言已出口，寧可已乎？」温乃安。明日，鍾章殺顥，温因盡殺紀祥等，歸弒渥之罪於顥，以其事入白渥母史氏。史悸而泣曰：「吾兒年幼，禍亂若此，得保百口以歸合淝，公之惠也。」

隆演立，温遂專政，遷昪州刺史，治舟師於金陵。大將李遇怒温用事，出嫚言，温使柴再用族遇於宣州。行密舊將，人人皆自疑，温因僞下之，恭謹如見行密，諸將乃安。八年，温遷行軍司馬、潤州刺史、鎮海軍節度使、同平章事。十年，遣招討使李濤攻越，戰于臨安，裨將曹筠奔于越，濤敗被執。温間遣人語筠曰：「吾用汝爲將，汝軍有求，吾不能給，是吾過也。」赦筠妻子不誅，厚遇之。秋，越人攻毗陵，温戰于無錫，筠感温前言，臨戰奔歸，遂敗越兵。十二年，封温齊國公，兼兩浙招討使，始就鎮潤州，以昪、潤、宣、常、池、黄六州爲齊國。温城昪州，建大都督府。十四年，徙治之，以其子知訓輔隆演於廣陵，而大事温遥決之。知訓爲朱瑾所殺，温養子知誥自潤州先入，遂得政。

温雖姦詐多疑，而善用將吏。江西劉信圍虔州，久不克，使人説譚全播出降，遣使報温，温怒曰：「信以十倍之衆，攻一城不下，而反用説客降之，何以威敵國？」笞其使者而遣之，曰：「吾以笞信也。」因命濟師，遂破全播。人有誣信逗留陰縱全播，言信將反者，信聞之，因自獻捷至金陵見温，温與信博，信斂骰子厲聲祝曰：「劉信欲背吴，願爲惡彩，苟無二心，當成渾花。」温遽止之，一擲，六子皆赤，温慚，自以卮酒飲信，然終疑之。及唐師伐王衍，温急召信至廣陵，以爲

左統軍，託以內備，遂奪其地。

温客尤見信者，惟駱知祥、嚴可求，可求善籌畫，知祥長於財利，温嘗以軍旅問可求，國用問知祥，吴人謂之「嚴、駱」。温亦自喜爲智詐，尤得吴人之心。初隨行密破趙鍠，諸將皆争取金帛，温獨據餘囷，作粥以食餓者。十六年，温請隆演即皇帝位，不許，又請即吴王位，乃許，遂建國改元，拜温大丞相、都督中外諸軍事，封東海郡王。隆演卒，温越次立其弟溥。順義七年，温又請溥即皇帝位，溥未許而温病卒，年六十六，追封齊王，謚曰武。李昪僭號，號温爲義祖。

雜録

備録

陳彭年《江南别録》 義祖令知詢入覲，明日詔下，以知詢爲相。其夕，宋齊邱與術士劉通微同宿，聞鼓聲，通微曰：「事必中變，且有大喪。」書至，而義祖殂。

歐陽修《五代史記注》卷六一下《吴世家第一》引《十國紀年》 王疾病，大丞相温來朝，議立嗣君。門下侍郎嚴可求言王諸子皆不才，引蜀先主顧命諸葛亮事，温以告知誥，知誥曰：「可求多知，言未必誠，不過順大人意爾。」温曰：「吾若自取，非止今日。張顥之亂，嗣王幼弱，政在吾手，取之易於反掌。然思太祖大漸，欲傳位劉威，吾獨力争，太祖垂泣，以後事託我，安可忘也！」乃與內樞密使王令謀定策，稱隆演命，迎丹楊公溥監國。己丑，隆演卒。六月戊申，溥即王位。

釋文瑩《玉壺清話》卷一〇《江南遺事》 嗣主璟，幼有奇相，惟義祖徐温器之，曰：「此子殆非人臣相。」温食，即命同席，南向以坐之，曰：「徐氏無此孫。」温自金陵迎吴王於迎鑾江，大閱水嬉，還至百家灣，向夕，暴風忽起，舟人束手於駭浪中，温四望無計，遂袒裼負璟於背，迴語嬪御曰：「吾善游，不暇救爾輩，所保者此子爾。」言訖風息，若神護。璟天資高邁，始出閤，即就廬山瀑布前構書齋，爲他日閒適之計。及迫於紹襲，遂捨爲開先精舍。

馬令《南唐書》卷八《徐温傳》 （徐温）會唐末大亂，販鹽爲盜。從吴武王楊行密起合淝，勁兵數萬，號其軍爲「黑雲長劍」。所與舉事者，劉威、陶雅之徒，號「三十六英雄」，獨温未嘗有戰功。行密用其謀殺朱延壽，以功遷右衙指揮使，始預謀議。

袁樞《通鑑紀事本末》卷三九《徐氏篡吴》 唐昭宗乾寧二年。楊行密之拔濠州也，軍士掠得徐州人李氏之子，生八年矣，行密養以爲子，行密長子渥憎之。行密謂其將徐温曰：「此兒質狀性識頗異於人，吾度渥必不能容，今賜汝爲子。」温名之曰知誥，知誥事温勤孝過於諸子。嘗得罪於温，温笞而逐之，及歸，知誥迎拜於門，温問：「何故猶在此？」知誥泣對曰：「人子捨父母將何之？父怒而歸母，人情之常也。」温以是益愛之，使掌家事，家人無違言。及長，喜書，善射，識度英偉。行密常謂温曰：「知誥俊傑，諸將子皆不及也。」

天祐元年。楊行密以其子牙內諸軍使渥爲宣州觀察使，右牙都指揮使徐温謂渥曰：「王寢疾而嫡嗣出藩，此必姦臣之謀。他日相召，非温使者及王令書，慎無亟來。」渥泣謝而行。

昭宣帝天祐二年。楊行密長子宣州觀察使渥素無令譽，軍府輕之。行密寢疾，命節度判官周隱召渥。隱性惷直，對曰：「宣州司徒輕易信讒，喜擊毬飲酒，非保家之主。餘子皆幼，未能駕馭諸將。廬州刺史劉威，從王起細微，必不負王，不若使之權領軍府，俟諸子長以授之。」行密不應。左、右牙指揮使徐温、張顥言於行密曰：「王平生出萬死，冒矢石，爲子孫立基業，安可使他人有之。」行密曰：「吾死瞑目矣。」隱，舒州人也。

他日，將佐問疾，行密目留幕僚嚴可求。衆出，可求曰：「王若不諱，如軍府何？」行密曰：「吾命周隱召渥，今忍死待之。」可求與徐温詣隱，隱未出，見牒猶在案上，可求即與温取牒，遣使者如宣州召之。可求，同州人也。

冬十月，楊渥至廣陵，辛丑，楊行密承制以渥爲淮南留後。

十一月庚辰，吴武忠王楊行密薨，將佐共請宣諭使李儼承制授楊渥淮南節度使、東南諸道行營都統兼侍中、弘農郡王。

三年夏四月，鎮南節度使鍾傳以養子延規爲江州刺史。傳薨，軍中立其子匡時爲留後。延規恨不得立，遣使降淮南。楊渥以昇州刺史秦裴爲西南行營都招討使，將兵擊鍾匡時於江西。秋七月，秦裴至洪州，軍于蓼洲。諸將請阻水立寨，裴不從，鍾匡時果遣其將劉楚據之。諸將以咎裴，裴曰：「匡時驍將，獨楚一

人耳。若帥衆守城，不可猝拔，吾故以要害誘致之耳。」未幾，裴破寨執楚，遂圍洪州。饒州刺史唐寶請降。

九月，秦裴拔洪州，虜鍾匡時等五千人以歸。楊渥自兼鎮南節度使，以裴爲洪州制置使。

後梁太祖開平元年春正月，淮南節度使兼侍中、東面諸道行營都統、弘農王楊渥既得江西，驕侈益甚。謂節度判官周隱曰：「君賣人國家，何面復相見？」遂殺之。由是將佐皆不自安。

黑雲都指揮使呂師周與副指揮使綦章將兵屯上高，師周與湖南戰，屢有功，渥忌之。師周懼，謀於綦章曰：「馬公寬厚，吾欲逃死焉，可乎？」章曰：「茲事君自圖之，吾舌可斷，不敢泄。」師周遂奔湖南，章縱其孥使逸去。師周，楊州人也。

渥居喪，晝夜酣飲作樂，然十圍之燭以擊毬，一燭費錢數萬。或單騎出遊，從者奔走道路，不知所之。左右牙指揮使張顥、徐温泣諫，渥怒曰：「汝謂我不才，何不殺我自爲之？」二人懼。渥選壯士，號「東院馬軍」，廣署親信爲將吏。所署者恃勢驕横，陵蔑勳舊。顥、温潛謀作亂。渥父行密之世，有親軍數千營於牙城之內，渥遷出於外，以其地爲射場，顥、温由是無所憚。

渥之鎮宣州也，命指揮使朱思勍、范思從、陳璠將親兵三千。及嗣位，召歸廣陵。顥、温使三將從秦裴擊江西，因戍洪州，誣以謀叛，命别將陳祐往誅之。祐間道兼行，六日至洪州，微服懷短兵徑入秦裴帳中。裴大驚，祐告之故，乃召思勍等飲酒，祐數思勍等罪，執而斬之。渥聞三將死，益忌顥、温，欲誅之。丙戌，渥晨視事，顥、温帥牙兵二百，露刃直入庭中，渥曰：「爾果欲殺我邪？」對曰：「非敢然也，欲誅王左右亂政者耳。」因數渥所親信十餘人之罪，曳下，以鐵檛擊殺之，謂之「兵諫」。諸將不與之同者，顥、温稍以法誅之，於是軍政悉歸二人，渥不能制。

二年夏五月，淮南左牙指揮使張顥、右牙指揮使徐温專制軍政，弘農威王心不能平，欲去之而未能。二人不自安，共謀弑王，分其地以臣於梁。戊寅，顥遣其黨紀祥等弑王於寢室，詐云暴薨。

己卯，顥集將吏於府廷，夾道及庭中堂上皆列白刃，令諸將悉去衛從然後入。顥厲聲問曰：「嗣王已薨，軍府誰當主之？」三問，莫應，顥氣色益怒。幕僚嚴可求前密啓曰：「軍府至大，四境多虞，非公主之不可。然今日則恐太速。」顥曰：「何謂速也？」可求曰：「劉威、陶雅、李遇、李簡皆先王之等夷，公今自立，此曹肯爲公下乎？不若立幼主輔之，諸將孰敢不從。」顥默然久之。可求因屏左右，急書一紙置袖中，麾同列詣使宅賀，衆莫測其所爲。既至，可求跪讀之，乃太夫人史氏教也。大要言：「先王創業艱難，嗣王不幸早世，隆演次當立，諸將宜無負楊氏，善輔導之。」辭旨明切。顥氣色皆沮，以其義正，不敢奪，遂奉威王弟隆演稱淮南留後、東面諸道行營都統。既罷，副都統朱瑾詣可求所居曰：「瑾年十六七即横戈躍馬，衝犯大敵，未嘗畏懾，今日對顥，不覺流汗。公面折之如無人，乃知瑾匹夫之勇，不及公遠矣。」因以兄事之。

張顥以徐温爲浙西觀察使，鎮潤州。嚴可求説温曰：「公捨牙兵而出外藩，顥必以弑君之罪歸公。」温驚曰：「然則奈何？」可求曰：「顥剛愎而暗於事，公能見聽，請爲公圖之。」時副使李承嗣參預軍府之政，可求又説承嗣曰：「顥凶威如此，今出徐於外，意不徒然，恐亦非公之利。」承嗣深然之。可求往見顥曰：「公出徐公於外，人皆言公欲奪其兵權而殺之，多言亦可畏也。」顥曰：「右牙欲之，非吾意也。業已行矣，奈何？」可求曰：「止之易耳。」明日，可求邀顥及承嗣俱詣温，可求瞋目責温曰：「古人不忘一飲之恩，況公楊氏宿將！今幼嗣初立，多事之時，乃求自安於外，可乎？」温謝曰：「苟諸公見容，温何敢自專。」由是不行。

顥知可求陰附温，夜遣盗刺之。可求知不免，請爲書辭府主。盗執刀臨之，可求操筆無懼色。盗能辨字，見其辭旨忠壯，曰：「公長者，吾不忍殺。」掠其財以復命，曰：「捕之不獲。」顥怒曰：「吾欲得可求首，何用財爲！」

温與可求謀誅顥，可求曰：「非鍾泰章不可。」泰章者，合肥人，時爲左監門衛將軍。温使親將彭城翟虔告之。泰章聞之喜，密結壯士三十人，夜刺血相飲爲誓。丁亥旦，直入斬顥於牙堂，并其親近。温始暴顥弑君之罪，轘紀祥等於市。詣西宫白太夫人。太夫人恐懼，大泣曰：「吾兒沖幼，禍難如此，願保百口歸廬州，公之惠也。」温曰：「張顥弑逆，不可不誅，夫人宜自安。」初，顥與温謀弑威王，温曰：「參用左右牙兵，〔心〕必不一，不若獨用吾兵。」顥不可，温曰：「然則獨用公兵。」顥從之。至是，窮治逆黨，皆左牙兵也，由是人以温爲實不知謀也。隆演以温爲左右牙都指揮使，軍府事咸取決焉。以嚴可求爲揚州司馬。

温性沈毅，自奉簡儉，雖不知書，使人讀獄訟之辭而決之，皆中情理。先是，張顥用事，刑戮酷濫，縱親兵剽奪市里。温謂嚴可求曰：「大事已定，吾與公輩

當力行善政，使人解衣而寢耳。」乃立法度，禁强暴，政舉大綱，軍民安之。温以軍旅委司求，以財賦委支計官駱知祥，皆稱其職，淮南謂之「嚴、駱」。

秋七月壬申，淮南將吏請於李儼，承制授楊隆演淮南節度使、東面諸道行營都統，同平章事、弘農王。

鍾泰章賞薄，泰章未嘗自言。後踰年，因醉與諸將争言而及之。或告徐温以泰章怨望，請誅之，温曰：「是吾過也。」擢爲滁州刺史。

是歲，弘農〔王〕遣軍將萬全感齎書間道詣晉及岐，告以嗣位。

三年春三月，徐温以金陵形勝，戰艦所聚，乃自以淮南行軍副使領昇州刺史，留廣陵，以其假子元從指揮使知誥爲昇州防遏兼樓船副使往治之。

四年春二月，萬全感自岐歸廣陵，岐王承制加弘農王兼中書令，嗣吳王。

乾化二年春三月，吳鎮南節度使劉威、歙州觀察使陶雅、宣州觀察使李遇、常州刺史李簡，皆武忠王舊將，有大功，以徐温自牙將秉政，内不能平。李遇尤甚，常言：「徐温何人？吾未嘗識面，一旦乃當國邪！」館驛使徐玠使於吳越，道過宣州，温使玠説遇入見新王，遇初許之。玠曰：「公不爾，人謂公反。」遇怒曰：「君言遇反，殺侍中者非反邪？」侍中，謂威王也。温怒，以淮南節度副使王檀爲宣州制置使，數遇不入朝之罪，遣都指揮使柴再用帥昇、潤、池、歙兵納檀于宣州，昇州副使徐知誥爲之副。遇不受代，再用攻宣州，踰月不克。

夏五月，李遇少子爲淮南牙將，遇最愛之，徐温執之，至宣州城下示之，其子啼號求生，遇由是不忍戰。温使典客何蕘入城，以吳王命説之曰：「公本志果反，請斬蕘以徇。不然，隨蕘納款。」遇乃開門請降，温使柴再用斬之，夷其族。於是諸將始畏温，莫敢違其命。

徐知誥以功遷昇州刺史。知誥事温甚謹，安於勞辱，或通夕不解帶，温以是特愛之。每謂諸子曰：「汝輩事我能如知誥乎？」時諸州長吏多武夫，專以軍旅爲務，不恤民事。知誥在昇州，獨選用廉吏，修明政教，招延四方士大夫，傾家貲無所愛。洪州進士宋齊丘，好縱横之術，謁知誥，知誥奇之，辟爲推官，與判官王令謀、參軍王翃專主謀議，以牙吏馬仁裕、周宗、曹悰爲腹心。仁裕，彭城人；宗，漣水人也。

吳武忠王之疾病也，周隱請召劉威，威由是爲帥府所忌。或譖之於徐温，温將討之。威幕客黄訥説威曰：「公受謗雖深，反本無狀，若輕舟入覲，則嫌疑皆亡矣。」威從之。陶雅聞李遇敗，亦懼，與威偕詣廣陵。温待之甚恭，如事武忠王之禮，優加官爵，雅等悦服，由是人皆重温。訥，蘇州人也。温與威、雅帥將吏請於李儼，承制加嗣吳王隆演太師、吳王，以温領鎮海節度使、同平章事，淮南行軍司馬如故。温遣威、雅還鎮。

均王貞明元年夏四月，吳徐温以其子牙内都指揮使知訓爲淮南行軍副使、内外馬步諸軍副使。秋八月庚戌，吳以鎮海節度使徐温爲管内水陸馬步諸軍都指揮使、兩浙都招討使、守侍中、齊國公，鎮潤州，以昇、潤、常、宣、歙、池六州爲巡屬，軍國庶務參決如故。留徐知訓居廣陵秉政。

四年夏六月，吳内外馬步都軍使、昌化節度使、同平章事徐知訓驕倨淫暴。威武節度使、知撫州李德誠有家妓數十，知訓求之，德誠遣使謝曰：「家之所有皆長年，或有子，不足以侍貴人，當更爲公求少而美者。」知訓怒，謂使者曰：「會當殺德誠，并其妻取之。」

知訓狎侮吳王，無復君臣之禮。嘗與王爲優，自爲參軍，使王爲蒼鶻，總角弊衣執帽以從。又嘗泛舟濁河，王先起，知訓以彈彈之。又嘗賞花於禪智寺，知訓使酒悖慢，王懼而泣，四座股栗。左右扶王登舟，知訓乘輕舟逐之，不及，以鐵撾殺王親吏。將佐無敢言者，父温皆不之知。

知訓及弟知詢皆不禮於徐知誥，獨季弟知諫以兄事禮之。知訓嘗召兄弟飲，知誥不至，知訓怒曰：「乞子不欲酒，欲劍乎！」又嘗與知誥飲，伏甲欲殺之，知諫躡知誥足，知誥陽起如廁，遁去。知訓以劍授左右刁彦能使追殺之。彦能馳騎及於中塗，舉劍示知誥而還，以不及告。

平盧節度使、同平章事、諸道副都統朱瑾遣家妓通候問於知訓，知訓强欲私之，瑾已不平。知訓惡瑾位加己上，置静淮軍於泗州，出瑾爲静淮節度使，瑾益恨之，然外事知訓愈謹。瑾有所愛馬，冬貯於幄，夏貯於幬；寵妓有絶色。知訓過別瑾，瑾置酒自捧觴，出寵妓使歌，以所愛馬爲壽，知訓大喜。瑾因延之中堂，伏壯士於户内，出妻陶氏拜之。知訓答拜，瑾以笏自後擊之踣地，呼壯士出斬之。瑾先繫二悍馬於廡下，將圖知訓，密令人解縱之，馬相踶齧，聲甚厲，以是外人莫之聞。瑾提知訓首出，知訓從者數百人皆散走。瑾馳入府，以首示吳王曰：「僕已爲大王除害。」王懼，以衣障面，走入内，曰：「舅自爲之，我不敢知。」瑾曰：「婢子不足與成大事！」以知訓首擊柱，挺劍將出，子城使翟虔等已闔府門，勒兵討之，乃自後踰城，墜而折足，顧追者曰：「吾爲萬人除害，以一身任患。」遂自剄。

徐知誥在潤州聞難，用宋齊丘策，即日引兵濟江。瑾已死，因撫定軍府。時徐溫諸子皆弱，溫乃以知誥代知訓執吳政，沈朱瑾尸於雷塘而滅其族。

瑾之殺知訓也，泰寧節度使米志誠從十餘騎問瑾所向，聞其已死，乃歸。宣諭使李儼貧困，寓居海陵，溫疑其與瑾通謀，皆殺之。嚴可求恐志誠不受命，詐稱袁州大破楚兵，將吏皆入賀，伏壯士於戟門，擒志誠斬之，并其諸子。

秋七月，吳徐溫入朝于廣陵，疑諸將皆預朱瑾之謀，欲大行誅戮。徐知誥、嚴可求具陳徐知訓過惡，所以致禍之由，溫怒稍解，乃命網瑾骨於雷塘而葬之，責知訓將佐不能匡救，皆抵罪。獨刁彦能屢有諫書，溫賞之。戊戌，以知誥爲淮南節度行軍副使、内外馬步都軍副使、通判府事，兼江州團練使。以徐知諫權潤州團練事。溫還鎮金陵，總吳朝大綱，自餘庶政皆決於知誥。

知誥悉反知訓所爲，事吳王盡恭，接士大夫以謙，御衆以寬，約身以儉。以吳王之命，悉蠲天祐十三年以前逋税，餘俟豐年乃輸之。求賢才，納規諫，除奸猾，杜請託，於是士民翕然歸心，雖宿將悍夫無不悦服。以宋齊丘爲謀主。先是，吳有丁口錢，又計畝輸錢，錢重物輕，民甚苦之。齊丘説知誥，以爲：「錢非耕桑所得，今使民輸錢，是教民棄本逐末也。請蠲丁口錢，自餘税悉輸穀、帛，紬、絹匹直千錢者當税三千。」或曰：「如此，縣官歲失錢億萬計。」齊丘曰：「安有民富而國家貧者邪？」知誥從之。由是江、淮間曠土盡闢，桑柘滿野，國以富强。

知誥欲進用齊丘而徐溫惡之，以爲殿直軍判官。知誥每夜引齊丘於水亭屏語，常至夜分，或居高堂，悉去屏障，獨置大爐，相向坐，不言，以鐵筯畫灰爲字，隨以匙滅去之，故其所謀，人莫得而知也。

初，吳徐溫自以權重而位卑，説吳王曰：「今大王與諸將皆爲節度使，雖有都統之名，不足相臨制。請建吳國，稱帝而治。」王不許。嚴可求屢勸溫以次子知詢代徐知誥知吳政，知誥與駱知祥謀，出可求爲楚州刺史。可求既受命，至金陵，見溫，説之曰：「吾奉唐正朔，常以興復爲辭。今朱、李方争，朱氏日衰，李氏日熾。一旦李氏有天下，吾能北面爲之臣乎？不若先建吳國以繫民望。」溫大悦，復留可求參總庶政，使草具禮儀。知誥知可求不可去，乃以女妻其子續。

五年。吳徐溫帥將吏藩鎮請吳王稱帝，吳王不許。夏四月戊戌朔，即吳國王位，大赦，改元武義。建宗廟、社稷，置百官，宮殿、文物皆用天子禮。以金繼土，臘用丑。改謚武忠王曰孝武王，廟號太祖，威王曰景王，尊母爲太妃。以徐溫爲大丞相、都督中外諸軍事、諸道都統、鎮海寧國節度使，守太尉兼中書令、東海郡王。以徐知誥爲左僕射，參政事兼知内外諸軍事，仍領江州團練使。以揚府左司馬王令謀爲内樞使，營田副使嚴可求爲門下侍郎，鹽鐵判官駱知祥爲中書侍郎，前中書舍人盧擇爲吏部尚書兼太常卿，掌書記殷文圭爲翰林學士，館驛巡官游恭爲知制誥，前駕部員外郎楊迢爲給事中。擇，醴泉人；迢，敬之之孫也。

秋七月丙戌，吳王立其弟濛爲廬江郡公，溥爲丹陽郡公，潯爲新安郡公，澈爲鄱陽郡公，子繼明爲廬陵郡公。吳廬江公濛有材氣，常嘆曰：「我國家而爲他人所有，可乎？」徐溫聞而惡之。冬十月，出濛爲楚州團練使。

六年夏四月，吳宣王重厚恭恪，徐溫父子專政，王未嘗有不平之意形於言色，溫以是安之。及建國稱制，尤非所樂，多沈飲，鮮食，遂成寢疾。五月，溫自金陵入朝，議當爲嗣者。或希溫意言曰：「蜀先主謂武侯：『嗣子不才，君宜自取。』」溫正色曰：「吾果有意取之，當在誅張顥之初，豈至今日邪！使楊氏無男，有女亦當立之。敢妄言者斬。」乃以王命迎丹楊公溥監國，徙溥兄濛爲舒州團練使。己丑，宣王殂。六月戊申，溥即吳王位，尊母王氏曰太妃。

龍德元年冬十月，吳徐溫勸吳王祀南郊。或曰：「禮樂未備。且唐祀南郊，其費巨萬，今未能辦也。」溫曰：「安有王者而不事天乎？吾聞事天貴誠，多費何爲！唐每郊祀，啓南門，灌其樞用脂百斛，此乃季世奢泰之弊，又安足法乎。」甲子，吳王祀南郊，配以太祖。(秋七月)乙丑，大赦。加徐知誥同平章事，領江州觀察使。尋以江州爲奉化軍，以知誥領節度使。

徐溫聞壽州團練使崔太初苛察，失民心，欲徵之。徐知誥曰：「壽州邊隅大鎮，徵之恐爲變，不若使其入朝，因留之。」溫怒曰：「一崔太初不能制，如他人何？」徵爲右雄武大將軍。

後唐莊宗同光二年冬十月，吳王如白沙觀樓船，更命白沙曰迎鑾鎮。徐溫自金陵來朝。先是，溫以親吏翟虔爲閤門、宮城、武備等使，使察王起居，虔防制王甚急。至是，王對溫名雨爲水，溫請其故。王曰：「翟虔父名，吾諱之熟矣。」因謂溫曰：「公之忠誠，我所知也，然翟虔無禮，宮中及宗室所須多不獲。」溫頓首謝罪，請斬之。王曰：「斬則太過，遠徙可也。」乃徙撫州。

三年夏六月，吳鎮海節度判官、楚州團練使陳彦謙有疾，徐知誥恐其遺言及

繼嗣事，遺之醫藥、金帛，相屬於道。彦謙臨終，密留書遺徐温，請以所生子爲嗣。

明宗天成元年春三月，吴以左僕射、同平章事徐知誥爲侍中，右僕射嚴可求兼門下侍郎、同平章事。

二年冬十月辛丑，吴大丞相、都督中外諸軍事、諸道都統、鎮海寧國節度使兼中書令東海王徐温卒。初，温子行軍司馬、忠義節度使、同平章事知詢以其兄知誥非徐氏子，數請代之執吴政，温曰：「汝曹皆不如也。」嚴可求及行軍副使徐玠屢勸温以知詢代知誥，温以知誥孝謹，不忍也。陳夫人曰：「知誥自我家貧賤時養之，奈何富貴而棄之！」可求等言之不已。温欲帥諸藩鎮入朝，勸吴王稱帝，將行，有疾，乃遣知詢奉表勸進，因留代知誥執政。知誥草表欲求洪州節度使，俟旦上之，是夕，温凶問至，乃止。知詢亟歸金陵。吴王贈温齊王，謚曰忠武。

陸游《南唐書》卷八　義祖徐氏諱温，烈祖之養父也。剛毅寡言，罕與人交，衆中凛然可畏，目爲「徐嗔」。

佚名《五國故事》卷上　知誥既代知訓，以厚重清儉鎮撫時俗，頗革知訓之道矣。徐温嘗入覲，知誥密聞於楊氏曰：「温雖臣之父，忠孝有素，而節鎮入覲，無以兵仗自從之例，請以臣父爲始。」乃命温悉去兵仗而入。既洎知誥之第，侍奉彌謹。初更睡覺，見有侍於牀前者，問之，曰：「知誥。」温因遣其休息，知誥不退。及再寤，又見之，乃曰：「汝自有政事，不當如此，以廢公家之務。」知誥乃退。及温中夕而興，又見一女子侍立，問之，曰：「知誥新婦。」亦勞而遣之。他日，温謂諸子曰：「事在二哥矣，汝輩當善事之。」温好被白袍，知誥每遇温生日必獻。一日既獻，而座客有諂温者曰：「白袍不如黄袍好。」知誥遂斥之，而謂温曰：「令公忠孝之德，朝野所仰，一旦惑諂佞之説，聞於中外，無乃玷烜赫之名！願令公無聽其邪言。」温亦然之。知誥慮温急於取國，而己非其嫡，不得以嗣，故以是言之。然内謀其家，外謀其國，勞心役慮數倍於曹、馬矣。

初，温之與〔張〕顥同謀害〔楊〕渥，實戊辰歲夏六月也。議既定，其夕將暝，顥已先入，而温使告顥曰：「今非番直不欲俱入，慮其謀漏泄。」請顥獨訖其事，然後見報。顥諾之。其夕既殺渥，遂召温。温乃詣城門大哭曰：「張顥弑逆，殺害老令公郎君矣！」軍衆皆爲之哭。其夕遂殺顥，立楊渭。渭以温兼左右軍政焉。

備論

《舊五代史》卷六一三《徐温傳》　嗚呼，盜亦有道，信哉！行密之書，稱行密爲人，寬仁雅信，能得士心。其將蔡儔叛於廬州，悉毁行密墳墓，及儔敗，而諸將皆請毁其墓以報之。行密歎曰：「儔以此爲惡，吾豈復爲邪？」嘗使從者張洪負劍而侍，洪拔劍擊行密，不中，洪死，復用洪所善陳紹負劍，不疑。又嘗罵其將劉信，信忿，奔孫儒，行密戒左右勿追，曰：「信負我者邪？其醉而去，醒必復來。」明日，果來。行密起於盜賊，其下皆驍武雄暴，而樂爲之用者，以此也。故二世四主垂五十年。及渥已下，政在徐温。於此之時，天下大亂，中國之禍，篡弑相尋，而徐氏父子，區區詐力，裴回三主，不敢輕取之，何也？豈其恩威亦有在人者歟！

王夫之《讀通鑑論》卷二八《五代上》　徐温大破錢鏐，知誥請乘勝東取蘇州，温念離亂久而民困，因鏐之懼，戢兵息民，使兩地各安其業，而曰「豈不樂哉」？藹然仁者之言乎！自廣明喪亂以來，能念此者誰邪？而不謂温以武人之能爾也。

均與人爲倫，則不忍人之死，人之同心也，而習氣能奪之。天方降割於民，於是數不仁之人倡之，而鼓動天下，以胥流於殘忍，非必有利存焉，害且隨之如影響。而汶汶逐逐，唯殺是甘，羣起以相爲流轉。乃習氣者，無根株者也。有一人焉，一念之明，一言之中，一事之順，幸而有其成效，則相因以動，而惻隱羞惡之天良復伸於天下，隨其力之大小、心之醇疵，以爲其感動之遠近，苟被其澤，無不見功於當時，延及於數世，則楊行密是已。

當行密之時，朱温、秦宗權、李罕之、高駢之流，凶風交扇於海内。乘權者既忘民之死，民亦自忘其死；乘權者既以殺人爲樂，民亦以相殺爲樂。剽奪争劫，有不自知其所以然而若不容已者，莫能解也。行密起於卒伍，亦力戰以有江、淮，乃忽退而自念，爲固本保邦之謀，屢勝朱温，顧且畫地自全，而不急與虎狼争食。於是江、淮之寡妻弱子幸保其腰領，以授之徐温。温乃以知全民之爲利，而歆動以生其不忍昧之心。蓋自是江、淮之謀臣戰士，乘暴興之氣，河決火延，以塗人肝腦於原野者，皆廢然返矣。故撫有江、淮，至於李煜而幾爲樂土。温之所

謂樂者，人咸喻焉而保其樂，温且幾於仁者，要皆行密息浮情、斂狂氣、於習氣熾然之中所培植而生起者也。則行密之爲功於亂世，亦大矣哉！

嗚呼！習氣之動也，得意則驕以益盈，失勢則激而妄逞，仰不見有天，俯不見有地，外不知有人，内不知有己。《易》曰：「迷復，凶。」唯其迷，是以不復，有能復者，然後知其迷也。「十年不克」，「七日而反」，存乎一人一念而已矣。當乾坤流血之日，而温有是言，以留東南千里之生命於二十餘年，雖一隅也，其所施及者廣矣！極亂之世，獨立以導天下於惻隱羞惡之中，勿憂其孤也，將有繼起而成之者，故行密之後，必有徐温。此天地之心也，不可息焉者也。

藝文

胡寅《致堂讀史管見》卷二七　五代之間出休兵息民之言者，惟徐温而已。温非怠於攻取假休息之美名也。攻非所當攻，取非所當取，而勞民費財。主或驅所愛子弟以殉之，則不如其已，其已之是也。若夫失祖宗世守之地，有父兄没齒之仇，而曰吾欲休兵息民，此孔子所謂似之而非者也。春秋善解紛嘉釋怨，謂不義之兵忮求之舉耳，至於攘夷狄、雪讎耻，義所當爲，則二書再書，屢書而猶不足。未嘗以忮求不義，一槩蒙之不如是，則人欲日長，天理日消，夷狄之不若矣。

吴宣王重庳恭恪，徐温父子專政，王未嘗有不平之意，及疾甚温者，曰嗣或以君當自取爲言。温正色曰：「妄言者斬。」乃以王命迎丹楊公溥監國。王殂，溥即位。

徐温勢可以取國而不取，若賢於迫奪者矣。然父子專政，使其主尸位，不得有所施爲，雖隆以虚名，而盜其實利，卒成知誥之篡，其愈幾希。爲温者，宜如何歸大柄於楊隆演，殺生除拜，不自己出示，具國有君以訓于下，不以軍國重務私諸異姓之子，措江淮於平治，俟中原有道，舉而歸之。十國之賢，孰出温右哉？今名守臣節，實用主柄，乃董仲舒所謂外有事君之禮，内有背上之心者。其所經營適爲他人積，忠與智皆不足稱衆。

祝穆《事文類聚》續集卷一八《南唐烈祖在徐温家作燈詩云》　一點分明直萬金，開時惟怕冷風侵。主人若也勤挑撥，敢向尊前不盡心。

李昪部

綜述

《舊五代史》卷一三四《李昪傳》 李昪，本海州人，僞吴大丞相徐温之養子也。温字敦美，亦海州人，初從淮南節度使楊行密起兵於廬州，漸至軍校。唐末，青州王師範爲梁祖所圍，乞師於淮南，楊行密發兵赴之，温時爲小將，亦預其行。師次青之南鄙，師範已敗，淮兵大掠而還。昪時幼穉，爲温所虜，温愛其慧黠，遂育爲己子，名曰知誥。

天祐初，行密卒，其子渥嗣，會左衛都指揮使張顥殺渥，欲歸命於梁。温謂顥曰：「此去梁國，往復三千里，不月餘事不成，軍國未有主，無主將亂，不如有所立，徐圖其事。」顥然之，乃立渥弟渭爲帥。温尋殺顥，渭僞授温常州刺史、檢校司徒。温留廣陵，遣昪知州事。是歲，唐天祐五年也。七年，丁母憂，起復授檢校太尉、温州刺史，充本州團練觀察使。八年，宣州叛，温與都將柴再用討平之，加同中書平章事，充淮南行軍司馬、内外馬步都指揮使、鎮海軍節度、浙江西道觀察等使。十二年八月，温出鎮潤州，以其子知訓知政事，加温鎮海軍管内水陸馬步軍都軍使，兼寧國軍節度、宣歙池等州觀察使。時昪爲温屬郡昪州刺史，乃大理郡廨，温表移其府於金陵，僞授温昪州大都督府長史，充鎮海軍節度副大使，知節度事，以昪爲鎮海軍節度副使、行潤州刺史，充本州團練使。十五年，知訓授淮南行軍副使、内外馬步軍都指揮使，通判軍府事。居無何，知訓爲大將朱瑾所殺，温以昪代知政事。明年，温册楊渭爲天子，僭稱大吴，改唐天祐十六年爲武義元年。

十八年，渭死，温聞之，自金陵馳歸揚州，夜入廣陵，議有所立。或有希温旨，言及蜀先主遺命諸葛亮之事，温厲聲曰：「若楊氏無男，有女當立矣，無得異議。」由是羣心乃定，遂迎丹陽王溥於潤州，以其年六月十八日即僞位，改元爲順義。自是温父子愈盛，中外共專其國，楊氏主祭而已。温累官至竭忠定難建國功臣、大丞相、都督中外諸軍事、諸道都統、鎮海寧國等軍節度、宣歙池等州管内營田觀察等使、開府儀同三司、守太師、中書令、金陵尹、東海王，食邑一萬户，實封五百户。僞順義七年改乾貞元年，即後唐天成二年。其年十月二十三日，温卒，僞贈大元帥，追封齊王，謚曰忠武。

昪前夢温負登山，逾月温卒，昪乃僞授輔政興邦功臣，知内外左右事，開府儀同三司、守太尉、中書令、宣城公。昪自平朱瑾之亂，遂執吴政。天成四年，僞吴改太和元年，是歲昪出鎮金陵，尋封東海王。至清泰二年改天祚元年，其年以金陵爲齊國，封昪爲齊王，乃追謚温爲忠武王，廟號太祖。昪又進位太尉、録尚書事，留鎮金陵，以其子景總政於揚州。未幾，僞加昪九錫，建天子旌旗，改金陵爲西都，以揚州爲東都。昪開國依齊、梁故事。用徐玠爲齊國右丞相，宋齊丘爲左丞相，以爲謀主。僞吴天祚三年，楊溥遜位於昪，國號大齊，改元爲昪元，建都於金陵，時晉氏天福二年也。昪乃册楊溥爲讓皇，其册文曰：「受禪老臣知誥，謹上册皇帝爲高思元弘古讓皇」云。仍以其子遥領平廬軍節度使，遷於海陵。

昪自云唐玄宗第六子永王璘之裔，唐天寶末，安禄山連陷兩京，玄宗幸蜀，詔以璘爲山南、嶺南、黔中、江南四道節度採訪等使。璘至廣陵，大募兵甲，有窺圖江左之意，後爲官軍所敗，死於大庾嶺北，故昪指之以爲遠祖。因還姓李氏，始改名昪，國號大唐，尊徐温爲義祖。昪僭位凡七年，子景立。

《新五代史》卷六二《李昪世家》 李昪字正倫，徐州人也。世本微賤，父榮，遇唐末之亂，不知其所終。昪少孤，流寓濠、泗間，楊行密攻濠州，得之，奇其狀貌，養以爲子。而楊氏諸子不能容，行密以乞徐温，乃冒姓徐氏，名知誥。及壯，身長七尺，廣顙隆準。爲人温厚有謀。爲吴樓船軍使，以舟兵屯金陵。柴再用攻宣州，用其兵殺李遇，昪以功拜昪州刺史。時江淮初定，州、縣吏多武人，務賦斂爲戰守，昪獨好學，接禮儒者，能自勵爲勤儉，以寬仁爲政，民稍譽之。徐温鎮潤州，以昪、池等六州爲屬，温聞昪理昪州有善政，往視之，見其府庫充實，城壁修整，乃徙治之，而遷昪潤州刺史。昪初不欲往，屢求宣州，温不與。既而徐知訓爲朱瑾所殺，温居金陵，未及聞。昪居潤州，近廣陵，得先聞，即日以州兵渡江定亂，遂得政。

昪事徐温甚孝謹，温嘗罵其諸子不如昪，諸子頗不能容，而知訓尤甚，嘗召昪飲酒，伏劍士欲害之，行酒吏刁彦能覺之，酒至昪，以手爪掐之，昪悟起走，乃免。後昪自潤州入觀，知訓與飲於山光寺，又欲害之，徐知諫以其謀告昪，昪起遁去。知訓以劍授刁彦能，使追殺之，及於中途而還，紿以不及，由是得免。後

昇貴，以彦能爲撫州節度使。

知訓之用事也，嘗淩弱楊氏而驕侮諸將，遂以見殺。及昇秉政，欲收人心，乃寬刑法，推恩信，起延賓亭以待四方之士，引宋齊丘、駱知祥、王令謀等爲謀客，士有羈旅於吴者，皆齒用之。嘗陰使人察視民間有婚喪匱乏者，往往賙給之。盛暑未嘗張蓋、操扇，左右進蓋，必却之，曰：「士衆尚多暴露，我何用此？」以故温雖遥秉大政，而吴人頗已歸昇。

武義元年，拜左僕射，參知政事。温行軍司馬徐玠數勸温以己子代昇，温遣子知詢入廣陵，謀代昇秉政。會温病卒，知詢奔還金陵，玠反爲昇謀，誣知詢以罪，斬其客將周廷望，以知詢爲右統軍。楊溥僭號，拜昇太尉、中書令。大和三年，出鎮金陵，如温之制，留其子景通爲司徒同平章事，以王令謀宋齊丘爲左、右僕射同平章事。四年，封昇東海郡王。

昇照鑑見白鬚，顧其吏周宗嘆曰：「功業已就，而吾老矣，奈何？」宗知其意，馳詣廣陵見宋齊丘，謀禪代。齊丘以爲未可，請斬宗以謝吴人，昇黜宗爲池州刺史。

吴臨江王濛者，怨徐氏捨己而立溥，心嘗不平，及昇將謀篡國，先廢濛爲歷陽公，使吏以兵守之。濛殺守者，奔廬州節度使周本。本，吴舊將也，聞濛至，欲納之，爲其子祚所止。本曰：「此吾故主家郎君也，何忍拒之！」濛自出迎，祚閉門遮本不得出，縛濛送金陵，見殺。

五年，昇封齊王。已而閩、越諸國皆遣使勸進，昇謂人望已歸。天祚三年，建齊國，置宗廟社稷，以宋齊丘、徐玠爲左、右丞相。十月，溥遣攝太尉楊璘傳位於昇，國號齊，改元昇元。昇以册尊溥曰：「受禪老臣知誥，謹上册皇帝爲高尚思玄弘古讓皇帝。」追尊徐温爲忠武皇帝，封子景爲吴王，封徐氏子知證江王，知諤饒王。周本與諸將至金陵勸進，歸而嘆曰：「吾不誅篡國者以報楊氏，今老矣，豈能事二姓乎！」憤惋而死。

二年四月，遷楊溥於潤州丹陽宫。以王輿爲浙西節度使、馬思讓爲丹陽宫使，以嚴兵守之。

徐氏諸子請昇復姓，昇謙抑不敢忘徐氏恩，下其議百官，百官皆請，然後復姓李氏，改名曰昇。自言唐憲宗子建王恪生超，超生志，爲徐州判司；志生榮。乃自以爲建王四世孫，改國號曰唐。立唐高祖、太宗廟，追尊四代祖恪爲孝静皇帝，廟號定宗；曾祖超爲孝平皇帝，廟號成宗；祖志孝安皇帝，廟號惠宗；考榮孝德皇帝，廟號慶宗。奉徐温爲義父，徐氏子孫皆封王、公，女封郡、縣主。以門下侍郎張居詠、中書侍郎李建勳、右僕射張延翰同平章事。十一月，以步騎八萬講武於銅橋。

楊溥卒於丹陽宫。溥子璉爲吴太子時，昇以女妻之，及昇篡國，封其女永興公主。女聞人呼公主，則嗚咽流涕而辭，宫中皆憐之。溥卒，以璉爲康化軍節度使，已而以疾卒。

三年四月，昇郊祀昊天上帝於圜丘，禮畢，羣臣請上尊號。昇曰：「尊號，非古也。」不許。州、縣言民孝悌五代同居者七家，皆表門閭，復其繇役；其尤盛者江州陳氏，宗族七百口，每食設廣席，長幼以次坐而共食，有畜犬百餘，共一牢食，一犬不至，諸犬爲之不食。

四年六月，晉安州節度使李金全叛，送款于昇，昇遣鄂州屯營使李承裕迎之。承裕與晉將馬全節、安審暉戰安陸南，三戰皆敗，承裕與裨將段處恭皆死，都監杜光鄴及其兵五百人被執送于京師，高祖厚賜之，遣還。昇致書高祖，復送光鄴等，請以敗軍行法，高祖又遣之，昇以甲士臨淮拒之，乃止。

六年，吴越國火，焚其宫室、府庫，甲兵皆盡，羣臣請乘其弊攻之，昇不許，遣使弔問，厚賙其乏。錢氏自吴時素爲敵國，昇見天下亂久，常厭用兵，及將篡國，先與錢氏約和，歸其所執將士，錢氏亦歸吴敗將，遂通好不絶。

昇客馮延巳好論兵、大言，嘗誚昇曰：「田舍翁安能成大事！」而昇志在守吴舊地而已，無復經營之略也，然吴人亦賴以休息。

七年，昇卒，年五十六，謚曰光文肅武孝高皇帝，廟號烈祖，陵曰永陵。子景立。

龍衮《江南野史》卷一《先主》　江南先主姓李，名昪，字正倫。其先唐憲宗之子建王恪之後。祖志，授署爲徐州判官，卒於任所。父榮，有器度，不事産業，每交結豪傑，以任俠爲事。屬時離亂，羣盗蜂起，朱梁統制天下，而楊行密專踞淮南，榮乃感憤，欲圖興復之志，然無少康一旅之衆、數十里之地。久之，聞海賊夏韶衆甚盛，欲因之以成大事，既往而説韶曰：「僕大唐之後，少失怙恃，遭世多難，先祖基業，蕩然横流，爲人所有。自料以高祖、太宗之遺德，宗祧社稷必未杜絶，其間子孫必有興者。吾雖不調，夙縕壯志，聞公英雄，士卒勇勁，吾欲因公立事，共取富貴。苟成霸業，古賢魚水未足爲喻。」韶感其言，於是從之。遂率衆自海入淮，轉掠沿岸郡邑。至濠、梁間，衆至數千人，軍勢頗盛。郡邑與戰，多爲所

敗。行密聞之，因帥師攻之，數敗，乃爲所擒，因捕其家，盡誅之。時先主方數歲，且異常兒，濠上一桑門與行密有故，乞收養以爲徒弟。後行密大將徐温出師濠上，見先主方頹豐頤，隆上短下，乃攜歸爲己子。

先主雖少，而天性穎悟，夙敦子道，朝夕起居，温凊左右，承顔侍膳，過若成人。及遇温戚屬，皆能俯躬迎奉，温婦見之，亦頗鍾愛，撫養無異。逮十餘歲，温知其必能幹事，遂試之以家務，令主領之，自是温家生計，食邑采地夏秋所入，及月俸料，或頒賜物段，出納府廪，雖有專吏主職，然能於晦朔總其支費存留，自緡疋之數，無不知其多少。及四時伏臘，薦祀牲腯，諶饌肴蒸，賓客從吏之費，概量皆中其度。逮嬪婢孌姥寒燠衣御，紈綺幣帛高下之等，皆取其給，家人之屬且亡間言。温之嫡子皆好騁田獵，先主惟習書計，暇則肄射，所志必精。遂用徐姓，名知誥。既長，温爲娶其婦，亦能奉蘋藻，致柔順之美。温嘗卧疾，惟先主躬侍左右，至於糞溺皆親執器，動至連月踰時。扶掖出入，或通宵達曙，曾不解帶，或夜聞謦欬，乃率婦同往者數四。温於幃間聞人至，則問曰：「汝爲誰耶？」對曰：「知誥在斯。」又問曰：「彼更何人？」對曰：「知誥之婦。」温見其篤於孝養，而復能幹家，知非常品，而諸子難及，乃曰：「吁，汝雖異族，然吾無親疏。」先主聞之，侍衛愈謹，未幾温起。先主婦卒，温知其篤孝，爲之感歎久之。温指侍右一姬謂先主曰：「此必有福。自歸吾家，而門户長益不啻數倍，汝可婦之，奉汝箕箒。」遂生嗣主及諸王。後温凡出征討，而疑其帳下，故先主常得奉侍，遂習熟武事，因能騎射，起家爲偏將。

會宣州叛亂，時温已秉軍政，遂命大將柴再用討之，以先主監軍事。既至，乃率部下先擊之。賊平，先主功居最，遷昇州刺史。時諸郡皆以兵甲爲務，而先主專尚文儒，延納多士。未幾，會親信饒洞天薦南昌人宋齊邱，一見與語終日，館於門下，朝夕諮訪政治。齊邱遂説，宜頒布六條，以率羣吏，定民科制，勸課農桑，薄征輕賦，禁止非徭。在位十餘年，民庶豐實，郡邑安堵，律禮修舉，庶位公廉，城郭濬固，軍器充積，兵士輯睦，人樂爲用。

義父温聞其完葺，乃以嫡子知訓居廣陵輔政，來自領之，遂移先主刺守京口。未逾期，而知訓爲大將朱瑾所殺。初，知訓秉政，朝廷譽之爲昌華相公，因是輕肆驕傲，辟命卿相，鎮戍藩翰，多所不道，瑾頗銜之。瑾爲人悍毅勇敢，決烈獨任。唐末屬朱梁篡逆，瑾爲郡守，拒命不從，梁師屢征不克。會其兄珙以別郡先降，梁祖親討瑾，乃遣珙於城下諭令歸順。瑾大怒，乃僞開壁，請與兄面語，遂飛刃刺殺珙，梁祖惋歎。攻圍愈急，遂亡歸淮南。時人壯之，呼其小字爲「朱憨哥」。瑾既殺知訓，乃持其首詣吴主，主曰：「他有父在，非孤敢聞，卿善自爲謀。」瑾乃大呼於市朝，因欲作亂，時無附之者，遂自剄。先主乃率部下渡江以定亂。瑾已死，吴主遂委政先主。

遷左僕射，參政握兵權，軍國之事莫不己出。越人寇毗陵，先主以府兵拒之，大戰於無錫，越人奔潰。鄰境之内，惟錢氏爲仇，因是與之和好，兵甲遂弭。乃傾意折節，奉上接下，禮待將校，推其慈惠，致之腹心。以寬簡優柔存恤驍勇，夙將元寮素所跋扈者，無不樂從，互與歡飲。士民富實，桴鼓不聞，朝廷頹綱，以禮振舉。上下既乂，遠邇樂推，呼之爲政事僕射。大江南北封境之間，二十餘年治平如砥。乃治府署之内，立亭號之曰「延賓」，命宋齊邱爲記，以待多士，於是四方豪傑翕然歸之。或因退居休沐之暇，親與之宴飲，諮訪闕失，問民疾苦，夜央而罷。時中原多故，名賢夙德皆亡身歸順，乃使人於淮上以厚幣資之，既至，縻以爵禄。故北土士人嚮風而至者殆數十人，羽翼大成，裨佐彌衆。

或人譏先主於義父温曰：「軍國大政，請以嫡嗣持之，不宜假手於他人。」先主聞之，乃表乞罷政，而宋齊邱諫之，請緩其事。迨數日，會温發疾卒，遂止其議。時義弟知詢代嗣父温鎮金陵，遥總朝綱，每與先主爭衡，因使説之入朝，遂以吴主之命留而不遣，罷其政權。由是先主始獲專任，朝野歸附，位望日隆。

遷侍中、中書令、守太尉、都督諸軍事，遂襲温故事，出鎮建康。以長子璟參政，進封先主爲齊王。加禮，建齊國，置百官，以宋齊邱、徐玠爲左右丞相，遂受吴禪，奉吴主爲讓皇，徙居丹陽宫，改吴年號爲昇元元年，尊義父温爲武皇帝。義弟知證等請歸姓，先主猶懷徐氏鞠養之惠，不忍改之，百官堅請，於是復姓李氏。立大唐宗廟，祀高祖、太宗而降，追尊四世祖恪爲孝静王，奉考榮爲義祖。封徐氏二子復爲王，諸孫男女俱爲郡縣主，百官進位有差。乃郊祀圜邱，禮畢，羣臣皆賀。復上尊號，遏而不行，郡邑報符瑞者數十，亦止而不書。

以丞相宋齊邱爲洪州節度使，將行，請使通好契丹，遂以宫女繒彩珠璣遺，泛海而行，明年蕃使亦至，於是交聘往來者不絶。是時江淮無事，累歲豐稔，兵食盈積，而梁宋屢亂，羣臣咸言土運中興，宜復先代疆宇之舊。其歲旱越災，焚其宫室，府庫兵甲殆盡。羣議請乘其敝，諸將奮勇者頗廣，先主不納，遣使唁之，

厚饋幣粟以賙其乏，殆將假而率之以入中土。未幾，會先主疾篤，使召宋齊邱受顧命，託以後事。長子吳王璟嗣位，即日殂於正寢，時昇元七年，年五十六歲。謚曰孝高，廟號烈祖。

先主身長七尺，姿貌瑰特，目瞬如電，語音厚重，望之懾人，與語可愛。少遭迍難，長罹兵革，民間疾苦，無細不知。初建康有處士汪台符，上書陳九患利害之説，皆親閱覽，窮究臧否，不恥下問，稟而行之。自登位之後，遣官大定檢校民田，高下肥磽，皆獲允當，人絶怨咨，輸賦不稽，然而仁孝之誠，頗動天地。圜邱之祭，司天奏月延三刻，是時上旬，月當三更而没，升壇之際，皎然如日，禮畢而落。時饒州餘干民母因抱攜其孫，失手墜地，其子怒，拔刃斫之，刃且未及，自腰而下，忽陷於地，先主遂命作闊刃鍘之。又吉州豪民龍氏，糴糓不售，上神崗禱廟求旱，爲暴震所殺。迨末年，愍敦慈恕，山林藪澤禁止以時，恩澤涣汗及被我民，曰：「民各生父母，安用争城廣地，使之膏血塗於草野乎！」

自握王權至禪位，凡數十年，止一拒越師，蓋不得已而爲之。將終，乃謂嗣主曰：「德昌宫凡積兵器緡帛七百餘萬，吾死之後，善和好鄰境，以安宗社，不可襲煬皇之跡，恃食阻兵，自取亡覆。苟能守吾言，汝爲孝子，百姓謂汝爲賢君矣。」殂落之日，四方黔首歎息涕泣而輟其食。初有禪代之志，忽夜半寺僧撞鐘，滿城皆驚。逮旦召問，將斬之，云：「夜來偶得月詩。」先主令白，乃曰：「徐徐東海出，漸漸入天衢。此夕一輪滿，清光何處無。」先主聞之，私喜而釋之。又天祐中，諸郡童謡云：「東海鯉魚飛上天。」東海，徐氏之望，鯉，姓也，天時人事冥符有如此者。

陸游《南唐書》卷一《烈祖紀》 烈祖光文肅武孝高皇帝名昪，字正倫，小字彭奴，徐州人。姓李氏，唐憲宗第八子建王恪之玄孫。恪生超，早卒。超生志，仕爲徐州判司，卒官，因家焉。志生榮。榮性謹厚，喜從浮屠遊，多晦跡精舍，時號李道者。帝以光啓四年十二月二日生于彭城。六歲而孤，遇亂，伯父球携帝及母劉氏避地淮泗，至濠州。

乾寧二年，淮南節度使楊行密見而奇之，養以爲子。行密長子渥，惡帝，不以爲兄弟。行密乃以與大將徐温，曰：「是兒狀貌非常，吾度渥終不能容，故以乞汝。」遂冒姓徐氏，名知誥。

帝事温，盡子道。温妻李氏以其同姓，鞠養甚至。及長，身七尺，方顙隆準，脩上短下，語聲如鐘，精采鑠人。常緩步，而從者疾行莫能及。温有疾，與其婦晨夜侍旁不去，温益愛之。行密亦謂温曰：「知誥雋傑，諸將子皆不逮也。」

天祐六年六月，自元從指揮使遷昇州防遏使，兼樓船軍使，治戰艦于昇。七年五月，授昇州副使，知州事。九年，副柴再用平宣州，以功遷昇州刺史。時江淮初定，守令皆武夫，專事軍旅，帝獨褒廉吏，課農桑，求遺書，招延四方士大夫，傾身下之。雖以節儉自勵，而輕財好施，無所愛吝。以宋齊丘、王令謀、王翃主論議，曾禹、張洽、孫魴、徐融爲賓客，馬仁裕、周宗、曹悰爲親吏。

十一年，加檢校司徒，始城昇州。十四年五月，城成，温來觀，喜其制度壯麗，徙治焉，而以帝爲檢校太保、潤州團練使。帝本意在宣州，不悦。時温子知訓以内外馬步都軍副使專制揚州，驕淫失衆，宋齊丘納説曰：「知訓旦暮且敗，是行天所贊也。」十五年，朱瑾殺知訓，馬仁裕自蒜山渡馳告帝，帝即日帥師入廣陵定亂，遂代知訓爲淮南節度行軍副使、内外馬步都軍副使。勤儉寛簡，盡反知訓之政，上下悦服。

吴王建國，以帝爲左僕射，參政事，國人謂之政事僕射。乘剥亂之後，曾未期歲，紀綱憲度，粲然並舉。温雖遥執國政，而人情頗已歸屬于帝。有徐玠者，事温爲金陵行軍司馬，工揣摩捭闔，密説温曰：「居中輔政，豈宜假之它好。」請更用嫡子知詢。帝刺知皇恐，表乞罷政事，出鎮江西。表未上而温疾亟，遂止。温卒，知詢嗣爲金陵節度使、諸道副都統，數與帝争權。帝乃使人誘之來朝，留爲左統軍，悉奪其兵，而帝以太尉、中書令出鎮金陵，如温故事。吴帝命帝開大元帥府，置僚屬，進封齊王，用天子制度，改名誥。

昇元元年冬十月，吴帝禪位于我。甲申，即皇帝位，改吴天祚三年爲昇元元年，國號齊。以十二月二日爲仁壽節。尊吴帝爲「高尚思玄弘古讓皇帝」，上册稱「受禪老臣」。誥追尊考温爲太祖武皇帝。丙申，以平章事張延翰爲右僕射兼門下侍郎、同平章事，門下侍郎張居詠、中書侍郎李建勳皆爲同平章事。以建康爲西都，廣陵爲東都。改尚書省爲尚書都省，東都尚書省爲留守院。丙戌，改齊明門爲朝元門。丁亥，封弟知證爲江王，知諤饒王。戊子，降吴太子璉爲弘農郡公。辛卯，降吴建安王珙、江夏王璘等十一人爵一等，而加官增户邑。詔獄訟未經本處論決者，毋得詣闕訴。乙未，降吴公主爲國君。甲午，立王后宋氏爲皇后。丙申，封女弟杞國君爲廣德長公主。庚子，遣使如漢、閩、吴越、荆南，告即位。辛丑，追封吴歷陽公濛爲臨川王，謚曰靈，以禮改葬。戊申，封子景通爲吴王、諸道副元帥，判六軍諸衛事。

十一月庚戌朔，改東都舊第爲崇德宫。癸丑，改承宣院爲宣徽院。丙辰，追册故妃魏國君楊氏爲順妃。丁巳，追封長子景遷爲高平郡王，長女爲豐城公主。改辭狀司爲清訟院。立姪景邁爲晉陵郡公，景遜爲上饒郡公，景邈爲桂楊郡公，景逸爲平陽郡公，封女五人爲盛唐、太和、永興、建昌、玉山公主。戊午，立子景遂爲吉王，景達壽陽郡公，以景遂爲東都留守、江都尹，赴東都。己未，陞東都海陵縣爲泰州，割鹽城、泰興、如皋、興化縣屬焉。丁卯，高從誨表請置邸建康，從之。己巳，吴越王使將軍袁韜來賀即位。乙亥，追封故高平王景遷妃吴上饒公主爲燕國君，謚貞莊。

十二月庚寅，上太祖武皇帝陵曰定陵，追尊高祖以下皆爲公王，而稱宗配皆稱國君，及妃墓皆稱陵，惟武皇帝之配李改曰明德皇后。丙午，有星孛於北方。

昇元二年春正月己酉朔，日有食之，避殿，停朝賀。甲子，荆南高從誨使龐守規來賀即位。甲戌，詔臣僚三品以上追贈父母，將相贈三世。

二月壬戌，閩使内客省使朱文進來賀即位。

夏五月，讓皇屢請徙居，南平王李德誠等亦引漢、隋故事有請。戊午，改潤州州治爲丹陽宫，以平章事李建勳充奉迎讓皇使。己未，漢使集賢殿學士鄒禹謨來賀即位。甲寅，徙讓皇居丹陽宫。丁卯，廣濟倉災，焚米三十萬石。作渾天儀。

六月庚辰，日入太微西華門，犯右執法；辛巳，犯東垣、上相。甲申，陞池州爲康化軍。是月，高麗使正朝廣評侍郎柳勳律來朝貢。

秋七月壬申，以左丞相宋齊丘爲平章事。

八月戊寅，陞洪州淵灘鎮爲清江縣，不隸州。丁亥，契丹使梅里捺盧古來聘。

冬十月丙子，立太學，命刪定禮樂。癸未，新羅使來朝貢。壬辰，命吴王璟勒步騎八萬請武銅駝橋。

十二月辛丑，讓皇殂，詔不視朝。二十七日，帝率百官素服舉哀。

是歲，徙吴王璟爲齊王。

昇元三年春正月庚戌，江王知證、饒王知諤表請帝復姓李氏，不許。癸亥，右丞相齊丘、平章事居詠、建勳、樞密使同平章事宗等表請復姓。甲子，御札詳議復姓。乙丑，齊丘等議宜如所請，從之。丙寅至壬申，齊王璟等三上尊號曰應乾紹聖文武孝明皇帝，不許，詔曰：「迺者干戈相尋，地茀而不蓻，桑殞而不蠶，衣食日耗，朕甚閔之。民有嚮風來歸者，授之土田，仍給復三歲。」

二月乙亥，改太祖武皇帝廟號義祖。己卯，帝御興祥殿，復姓，爲考妣發哀，與皇后皆服斬縗，居廬，如始喪禮，服考妣喪各二十七日，凡五十四日不視朝，旦暮臨。詔國事委宋齊丘，惟軍旅以聞。羣臣固諫，詔以墨縗聽政。帝初欲更名昂，以犯文宗諱，乃名晃；或云朱全忠名也，又更名坦。御史王鵠言字從旦犯睿宗諱，庚寅，詔更名昇。甲午，月犯南斗第六星。乙未，契丹使曷魯來，以兄禮事帝。蜀使來賀即位。追尊高祖建王恪曰定宗孝静皇帝，貞妃程氏曰貞静皇后，曾祖超曰成宗孝平王，配崔氏曰平貞妃，祖志曰惠宗孝安王，配盧氏曰安莊妃，考榮曰慶宗孝德皇帝，配劉氏曰德恭皇后。庚午，作南郊行宫千間。

夏四月庚辰，朝享于太廟。辛巳，有事于南郊，以高祖神堯皇帝配，用上辛也。大赦，百官進位，將士勞賜有差，民三年藝桑及三千本者，賜帛五十疋，每丁墾田及八十畝者，賜錢二萬，皆五年勿收租税。詔曰：「朕以眇躬，託于民上，常懼弗類，以羞高祖、太宗之遺業。羣公卿士，顧欲舉上尊號之禮，朕甚不取，其勿復以聞。」戊子，進封李德誠趙王，徐知證韓王，知諤梁王。辛亥，進封景遂壽王，景達宣城王。丙寅，以齊王璟爲諸道兵馬大元帥。丁未，吴越王使左武衛上將軍沈韜文，荆南高從誨使王崇嗣，來賀南郊。作北郊于玄武湖西。熒惑犯月。

秋七月丙午，放諸州所獻珍禽奇獸于鍾山。命有司作《昇元格》，與吴令並行。甲寅，歲星晝見。自五月不雨，至于閏七月。

冬十月丁丑，御後樓閲戰馬。

昇元四年春二月，詔罷營造力役，毋妨農時。

三月丁未，頒中正曆，曆官陳承勛所譔也。丙戌，漢人、閩人來聘。

夏五月，晉安州節度副使李金全來降。六月癸亥，罷宣州歲貢木瓜雜果。

秋八月，立齊王璟爲皇太子，仍兼大元帥，録尚書事。璟固讓，從之。丁卯，太師、中書令趙王李德誠卒。

九月戊辰，契丹使梅里掠姑米里來聘，獻狐白裘。

冬十月癸巳朔，月熒惑填歲星，聚于南斗。壬寅，以齊王璟讓儲貳，赦殊死以下，京師賜餔，内外諸軍給優賜。禁表奏言「聖」「睿」二字，違者以大不敬論。乙巳，詔幸東都，命齊王璟監國。庚戌，帝自保德門御舟。辛亥，次迎鑾鎮。甲

寅，至東都，入建元門。帝感念疇昔，泫然流涕不已。遣使問東畿士民不能自存者。己未，高麗使廣評侍郎柳兢質來貢方物。

十一月乙丑，宴羣臣于崇德宮，故第也。以廳事爲光慶殿。庚辰，改東都文明殿爲乾元殿，英武殿爲明光殿，應乾殿爲垂拱殿，朝陽殿爲福昌殿，積慶宮爲崇道宮，西都崇英殿爲延英殿，凝華内殿前爲昇元殿，後爲雍和殿，興祥殿爲昭德殿，積慶殿爲穆清殿。乙酉，賜東畿高年疾苦、惸獨米人二石。漢使都官郎中鄭翱，閩使客省使葛裕，吴越使刑部尚書楊嚴來賀仁壽節。

十二月丙申，帝至自東都。

昇元五年春二月己未，殺泰州刺史褚仁規。

五月戊辰，契丹使來。

秋七月，詔曰：「右僕射兼中書侍郎、同平章事、監脩國史李建勳，幸處台司，且聯戚里，靡循紀律，敢瀆彝章，其罷歸私第。」

八月，有星孛于天市，長數丈，廣數尺，七十日没。遣使振貸黄州旱傷户口。

是歲，吴越水民就食境内，遣使振恤安集之。

昇元六年春正月甲子，月犯填星，退行在皋。

閏月甲申朔，改天長制置使爲建武軍。庚寅，漢使區延保來聘。癸巳，閩使尚食使林弘嗣來聘。都下大水，秦淮溢。東都火，焚數千家。

二月己丑，以左丞相、太保宋齊丘知尚書省事。初，齊丘累求預政，帝許中書視事，又以兩省事多委給事、舍人，劇務多在尚書省，又求知省事，許之。夏五月，左丞相、太保宋齊丘罷爲鎮南軍節度使。

六月，常、宣、歙三州大雨，漲溢。漢使蕭規來告哀，廢朝三日。庚午，契丹使掠姑米里來聘，獻馬五駟。大蝗自淮北蔽空而至。辛巳，命州縣捕蝗，瘗之。

庚辰，熒惑犯房次將。辛未，禁節度、刺史給攝署牒。

秋八月甲申，漢使法物使公孫惠來謝襲位。

九月庚寅，頒《昇元删定條》。

冬十月，詔曰：「前朝失御，四方崛起者衆。武人用事，德化壅而不宣，朕甚悼焉。三事大夫其爲朕舉用儒者，罷去苛政，與吾民更始。」

十二月，閩使徐弘績，漢使滕紹英，吴越使右武衛大將軍蔣蟠，來賀仁壽節。

昇元七年春正月，契丹使達羅干等二十七人來聘，獻馬三百，羊三萬五千。

二月庚午，帝崩于昇元殿，年五十六。十一月壬寅，葬永陵。

帝臨崩，謂齊王璟曰：「德昌宫儲戎器金帛七百萬，汝守成業，宜善交鄰國，以保社稷。吾服金石，欲延年，反以速死，汝宜視以爲戒。」帝生長兵間，知民厭亂，在位七年，兵不妄動，境内賴以休息。性節儉，常躡蒲履，用鐵盆盎。暑月寢殿施青葛帷，左右宫婢裁數人，服飾樸陋。建國始，即金陵治所爲宫，惟加鴟尾，設闌檻而已，終不改作。元宗爲太子，欲得杉木作板障，有司以聞，帝曰：「杉木固有之，但欲作戰艦，以竹作障，可也。」江淮間連年豐樂，兵食盈溢，羣臣多請恢拓境土，帝歎息曰：「吾少在軍旅，見兵之爲民害深矣，誠不忍復言。使彼民安，吾民亦安矣。」吴越國大火，焚其宫室，帑藏甲兵幾盡，將帥皆言乘其弊可以得志。帝一切不聽，遣使厚持金幣唁之。仁厚恭儉，務在養民，有古賢主之風焉。

馬令《南唐書》卷一《先主書》 土運中圮，諸侯跋扈。基搆自吴，紹于唐祚，作《先主書》。

先主姓李，唐宗室裔也。小字彭奴。其父榮。榮之父志，志之父超。超蚤卒。志爲徐州判司，因家焉。榮性謹厚，適丁世亂，晦迹民間，號李道者。

彭奴以光啟四年生於彭城，流寓濠、泗。吴武王楊行密克濠州，得之，奇其狀貌，養以爲子。而楊氏諸子不能容，行密以乞徐温，乃姓徐，名知誥。温嘗夢水中黄龍十數，温獲一龍而寤，翌日得知誥。知誥奉温以孝聞，從温出，不如意，杖而逐之。及歸，拜迎門，温驚曰：「爾在此也？」知誥泣曰：「爲人子，捨父母，何適？父怒而歸母，子之常也。」温由是愛之。逮壯，身長七尺，廣顙隆準，精彩鑠人，語聲清暢。常緩行，從者闊步不能及。相工云：「此龍行虎步也。」從温攻伐，身先士卒。爲樓船軍使，以舟兵屯金陵。柴再用攻宣州，用其兵殺李遇，以功拜昇州刺史。時江淮初定，州縣吏多武夫，務賦斂爲戰守。知誥獨好學，接禮儒者，能自勵爲勤儉，以寬仁爲政。遠近嚮風，郡政大治。

徐温鎮潤州，以昇、宣、常、池、黄爲屬。温聞知誥理昇州有善政，往視之，見其府庫充實，城壁修整，乃徙治之，而遷知誥潤州刺史。知誥初不欲往，屢求宣州，温不與。時温嫡子知訓爲淮南節度副使，秉國政。知誥至京口，不樂。既而知訓爲朱瑾所殺，温居金陵，未及聞。知誥居潤州，近廣陵，得先聞，即日以州兵渡江定亂，遂爲淮南節度副使。温至，以次子知詢等皆少，用知誥猶愈於他人，因留輔政。宋齊丘曰：「潤州之命，實天贊也。」初，徐氏諸子不齒知誥，而知訓尤悖。嘗召知誥飲酒，伏劍士，欲害之。行酒吏刁彦能酒至知誥，以手爪掐之。

知誥悟，起走，乃免。後知誥自潤州入覲，知訓與飲於山光寺，又欲害之。徐知諫以謀告知誥，知誥起遁去。知訓以劍授刁彦能，使追殺之；及於中塗而還，紿以不及，由是得免。及知訓死，温意潤州預謀。就知訓廨有土室，繪畫温像，身被五木，諸弟皆執縛受刑，而畫知訓衮冕正座，皆署其名。温見之，唾曰：「狗死遲矣！」知誥因得疏其罪惡，由是内外全活者甚衆，而死者猶數家。知訓與僧修睦親狎，得僞讖數紙，皆修睦手書。温求修睦殺之。

越人寇毗陵，温伐越，知誥以王府兵會戰於無錫，前軍敗。賊乘之甚急，温暴得熱疾，不能治軍。知誥率所領疾戰，大破之，斬首數千級，越人棄輜重夜遁。時四境底定，惟越人爲梗，因此請平，而兵甲遂戢，知訓之用事也。常陵弱楊氏，而驕侮諸將，遂以見殺。及知誥秉政，乃寬刑法，推恩信，起延賓亭，以待四方之士。引宋齊丘、駱知詳、王令謀爲館客，士有羈旅於吴者，皆齒用之。常陰使人察視民間，有凶荒匱乏者，賙給之。盛暑未嘗張蓋操扇，左右進蓋，必却之，曰：「士衆尚多暴露，我何用此！」以故温雖遥秉大政，而吴人頗歸知誥。

武義元年，拜左僕射、知政事，漸復朝廷紀綱，脩典禮，舉法律，以抑强暴，中外謂之政事僕射。温行軍司馬徐玠勸温以己子代知誥，温遣子知詢入廣陵，謀代知誥秉政。會温病卒，知詢奔還金陵，嗣温爲節度使、諸道都統，所爲多不法，常謀知誥。知誥使諭之入朝，遂留爲左統軍。吴主僭帝號，改元乾貞。知誥累遷侍中、中書令、太尉、都督中外諸軍事，封潯陽公，改封豫章公。

大和三年，公出鎮金陵，如温之制，以長子景通爲司徒、平章事，居中輔政。以王令謀、宋齊丘爲左、右僕射，同平章事。四年，封公爲東海郡王。五年，進封齊王。

六年，召景通至金陵，爲鎮海軍節度副使，以其次子景遷爲太保、平章事、與令謀等秉國政。天祚元年，王進位太師、天下兵馬大元帥。二年，景遷病，以次子景遂爲門下侍郎、參知政事。冬，安遠軍盧文進來降。

三年，閩、越諸國皆遣使勸進。人望已歸，於是加殊禮，建齊國，置宗廟。以宋齊丘爲左丞相，徐玠爲右丞相。冬十月，受吴禪，攝太尉，楊璘奉上皇帝璽綬，國號大齊，改元昇元。策吴主曰：「受禪老臣知誥謹上。」策皇帝爲「高尚思玄弘古讓皇帝」，追尊考温爲武皇帝。子景通吴王，景遂壽王，景達信王，弟知證江王，知諤饒王。以建康爲西都，廣陵爲東都。十有二月己卯朔，日有白虹二。以楊州海陵縣爲泰州，割泰興、鹽城、興化、如皋四縣屬焉。以海陵制置使褚仁規爲刺史。廬州周本卒。帝輟視朝一日，食不舉樂。甲午，皇后宋氏受寶册。是歲，閩王昶貢方物于京師。天子使散騎常侍盧損如閩，册昶閩王，不受。

二年春三月壬子，日有白虹二。壬申，大星流于東方。

夏四月，遷讓皇于丹陽，以王輿爲浙西節度使留後，馬思讓爲丹陽宫使，以嚴兵守之。徐氏諸子屢請帝復姓，帝謙抑，不忍忘徐氏恩，下其議百官。百官皆請，乃復姓李，改名昪，國號大唐。遂考服屬，當吴王恪後，建唐廟，祀高祖、太宗以下如唐舊典，追尊吴王恪爲孝静皇帝，廟號定宗。超爲孝平皇帝，廟號成宗。志爲孝安皇帝，廟號惠宗。榮爲孝德皇帝，廟號慶宗。奉徐武皇廟號義祖，徐氏二王如初，諸孫皆郡公，女郡縣主。齊臺門下侍郎張居詠、中書侍郎李建勳，皆平章事。吴中書侍郎張延翰爲右僕射、平章事。以虔州李章鎮廬州，神武統軍王安爲百勝軍節度使。

冬十月戊寅，天子受徽號于契丹，曰英武明義皇帝。錢元瓘以嘉興縣爲秀州。

十有一月，以步騎八萬講武于銅橋，賜將吏以下金帛有差。讓皇殂，帝率百官素服哀臨，命有司供具如吴舊禮。謚曰睿。

十有二月，福州亂。連重遇弑其君昶，立王子曦。王子延政争立，於是僭位于建州，國號大殷。吴世子璉先娶帝女，是爲永興公主。璉以公主故，爲中書令、康化軍節度使。

三年春正月丙申，詔曰：「比者干戈相接，人無定主。地易而弗蓺，桑隕而弗蠶，衣食日耗，朕甚憫之。其嚮風面内者，有司計口給食。願耕植者，授之土田，仍復三歲租役。於嘻，仁不異遠，化無泄邇，其務宣流，以稱朕意。」

二月，池州楊璉卒。以統軍王彦儔爲康化軍節度使。詔公卿以下議定郊祀，門下侍郎、平章事居詠，中書侍郎、平章事建勳等，議曰：「孔子云，郊祀后稷，以配天宗。祀文王於明堂，以配上帝，此萬世不易之法也。昔長孫無忌請祀高祖於圜丘，以配昊天上帝，祀太宗於明堂，以配上帝，蓋得之矣。今國家嗣興唐祚，追尊孝德，而以神堯爲肇祀之祖，宜以神堯配天於圜丘，以孝德配上帝於明堂，禮也。其服物制度，古有常儀，一切僞飾，願皆罷去。」奏可。司徒齊丘請依《春秋》郊以四月上辛，常夢錫駁曰：「案禮，天子之郊以冬至，不卜日；魯侯之郊以仲春，卜上辛。今之四月，非郊之時。」齊丘固争，遂用夏四月，議者多哂之。詔曰：「禮莫重於享帝，孝莫大於隆親，事實重大，承以輕眇，可謂無其德而

用其事，祇加畏焉。於嘻！爾公爾侯，各揚厥職，不供迺事，國有常典。」

夏四月上辛，始郊祀於圜丘，大赦境內。是夜，月當以子初没，而升壇之際皎然如晝，衆咸異之。遍行封賞。羣臣請上徽號，不許。固請之，帝曰：「朕以眇躬，託于民上，夙夜祗畏，常恐弗類。矧迺徽號，用揚虚美，是重弗類。」固不許。因此廢徽號之禮。州郡言符瑞者十數，帝曰：「譴告在天，聰明自民，魯以麟削，莽以符亡。常謹天戒，猶懼或失之，符瑞何爲哉！」皆抑而勿揚。言五代同居者七家，其尤著者，江州陳氏，元和給事中京之後，宗族七百口，每食設廣席，長幼以次坐而共食。有畜犬百餘，共一牢食，一犬不至，諸犬爲之不食。建書樓於別墅，以延四方之士，肄業者多依焉。鄉里率化，獄訟希少，遠近歎異之，皆蠲復征役，旌表門閭。

秋七月庚子朔，日有蝕之。

八月，鄂州張宣卒，以潤州留後王輿代。金吾衛大將軍馬仁裕出爲鎮海軍節度使留後。

冬十月。

四年春正月。

夏四月，樞密使周宗出爲奉化軍節度使。

六月，安州節度使李金全來降，遣鄂州屯營使李承裕帥師迎之。承裕與晉將馬全節，安審暉戰于安陸，承裕及裨將段處恭戰死，監軍通事舍人杜光鄴及其兵五百人被執。天子厚賜之，遣還。帝致書于晉，復送光鄴等，請以敗軍行法，天子又遣之。帝以甲士臨淮拒之，乃止。以金全爲宣威統軍。洪州李德誠卒，以宣州徐玠代。以江州徐知證爲寧國軍節度使。梁王徐知諤卒。

秋八月，廬州李章卒，以潤州馬仁裕代。以天威統軍盧文進爲鎮海軍節度使。

冬十月，幸東都，存省故老，宴于舊宅。踰月還。

十有二月，左僕射平章事張延翰卒。

五年春正月，虔州王安卒，以統軍賈浩爲百勝軍節度使。

三月，誅泰州刺史褚仁規。

夏四月。

秋九月壬子，有星孛于天市。錢元瓘卒佐嗣位。

冬十有二月，葬吴越文穆王。

六年春三月，廬州馬仁裕卒。以滁州刺史周鄴爲保信軍節度使留後。

夏四月，南漢劉龑卒，玢嗣位。葬劉龑，僭謚天皇大帝。遷讓皇子孫於海陵，號永寧宫。嚴兵守之，絶不通人。久而男女自爲匹偶，吴人多哀憐之。詔吴王景通爲太子，景通表曰：「古之立太子，所以崇正嫡，息覬覦。如臣兄弟，稟承聖教，實爲敦睦，願寢此禮。」三表，許之。乃以大元帥總百揆，改封齊王。以駕部郎中馮延巳爲元帥府掌記。壽州高審思卒，以侍衛諸軍都虞候姚景爲清淮軍節度使。

六月乙丑，天子崩。

秋七月，丞相、大司徒宋齊丘爲鎮南軍節度使，以洪州徐玠爲司徒、侍中。帝曰：「豫章，大司徒維桑也，衣錦晝行，古人所貴。」以錦袍賜之。齊丘至鎮，衣以視事。羣臣咸謂：「江淮之地，頻年豐稔，兵食既足，士樂爲用。天意人心，未厭唐德。宜廣土宇，攻自潭越始。」帝曰：「吾少長軍旅，見干戈之爲民患甚矣。吾不忍復言兵革，使彼民安，則吾民亦安矣。」吴越災，宫室府庫甲兵殆盡，羣臣復請乘其弊。帝曰：「今大敵在北，北方平，則諸國可尺書召之，何以兵爲？輕舉者，兵之大忌，宜畜財養鋭，以俟時焉。」使使唁越于武林，厚幣以賙其闕。

冬十月，詔曰：「前朝失御，强梗崛起，大者帝，小者王，不以兵戈，利勢弗成，不以殺戮，威武弗行，民受其弊蓋有年也。或有意於息民者，尚以武人用事，不能宣流德化。其宿學巨儒，察民之故者，嵁巖之下，往往有之。彼無路光亨，而進以拊傴爲嫌，退以清寧爲樂，則上下之情將何以通，簡易之政將何所議乎？昔漢世祖，數年之間，被堅執鋭，提戈斬馘，一日晏然。而兵革之事，雖父子之親，不以一言及之，則兵爲民患，其來尚矣。今唐祚中興，與漢頗同，而眇眇之身，坐制元元之上，思所以舉而錯之者，煢煢在疚，罔有所發。三事大夫，可不務乎？自今宜舉用儒者，以補不逮。」於是稍用儒臣，漸去苛察。又將修復故事，爲後代法。未果行，而帝疾作。

七年春二月，詔曰：「迺公迺侯，越百執事，欽承嗣命，命爾保元子孫，祇肅天鑒。社稷宗廟永有終，我不敢知，曰其基永昌，我亦不敢知。曰墜命罔後，天不爾諶，祐于有德，厥位艱哉！」翌日，殂于路寢，壽五十六。葬永陵，謚光文肅武孝高皇帝，廟號烈祖。

雜録

備録

劉崇遠《金華子》卷上　始天祐間，江表多故。洎及寧帖，人尚苟安。稽古之談，幾乎絶倡。横經之席，蔑而無聞。及高皇初收金陵，首興遺教，懸金爲購墳典，職吏而寫史籍。聞有藏書者，雖寒賤必優辭以假之。或有贄獻者，雖淺近必豐厚以答之。時有以學王右軍書一軸來獻，因償十餘萬，繒帛副焉。由是六經臻備，諸史條集，古書名畫，輻輳絳帷。俊傑通儒，不遠千里，而家至户到，咸慕置書。經籍道開，文武並駕。暨昇元受命，王業赫然，稱明文武，莫我跂及，豈不以經營之大基有素乎！

陶穀《清異録》卷下《器具門》　江南烈祖素儉，寢殿燭不用脂蠟，灌以烏臼子油，但呼「烏舅」。案上捧燭鐵人高尺五，云是楊氏時馬厩中物。一日黄昏，急須燭，唤小黄門：「掇過我金奴來。」左右竊相謂曰：「烏舅、金奴，正好作對。」

史温《釣磯立談》　唐祚中興，大臣議廣士宇，往往皆以爲當自潭、越始，烈祖不以爲是。一日召宋齊邱、馮延巳等數人俱入，元宗侍側，上曰：「……疆埸之虞，不警於外廷，則寬刑平政，得以施之於統内。男不失秉耒，女無廢機織。如此數年，國必殷足。兵旅訓練，積日而不試，則其氣必倍。有如天啓其意，而中原忽有變故，朕將投袂而起，爲天下倡。倘得遂北平潛竊，寧乂舊都，然後拱揖以招諸國，意雖折簡可致也，亦何以兵爲哉！」於是孫忌及宋齊邱同辭以對曰：「聖志遠大，誠非愚臣等所及也。」上嘗服金石藥，疽劇，將崩，呼元宗登御榻，囓其指至血出，戒之曰：「他日北方當有事，勿忘吾言。」保大中，查文徽、馮延魯、陳覺等争爲討閩之役，馮延巳因侍宴爲嫚言曰：「先帝齪齪無大略，每日戢兵自喜，邊壘偶殺一二百人，則必齎咨動色，竟日不怡。此殆田舍翁所爲，不足以集大事也。今陛下暴師數萬，流血于野，而俳優燕樂小輟於前，真天下英雄主也。」元宗頗領其語。其後閩士判涣，竟成遷延之兵，湖湘既定而復變，地不加闢，財乏而不振。會耶律南入，中國大亂，邊地連表請歸命，而南唐君臣束手，無能延納者。韓熙載上疏，請乘釁北略，而兵力頓匱，茫洋不可爲計，刮瘍裹創，曾未得稍完。而周祖受命，世宗南征，全淮之地再戰而失，元宗始自歎恨，厭厭以至於棄代。時有隱君子作爲《割江賦》以譏諷其事，又有隱士詩云：「風雨揭却屋，渾家醉不知。」將遷幸南都，而伶人李家明亦獻詩云：「龍舟悠漾錦颿風，雅稱宸遊望遠空。偏恨皖公山色翠，影斜不入壽杯中。」故知傾國之漸，良由廢烈祖之聖訓而致然也。

武義中，有童謡云：「江北楊花作雪飛，江南李樹玉團枝。李花結子可憐在，不似楊花没了期。」及烈祖受禪，其日白雀翔於庭。郡國以符瑞言者不可以數計，其尤著者，江西楊化爲李，臨川李樹生連理。於是始下還宗之議。初，立唐宗廟，定郊堂之位，圜丘毖祀之夕，迺孟夏上旬，月至三鼓當没，而升壇之際皎然如晝，柴燎畢，乃没。太史奏言月延三刻。遠近歎以爲異事。

鄭文寶《江表志》卷上　魏王知詢，徐温之子也。烈祖曲宴，引金觴賜酒，曰：「願我弟百年長壽。」魏王意烈祖寘毒，引他器均之，曰：「願與陛下各享五百歲。」烈祖不飲。申漸高乘談諧，竝而飲之，納金鍾於懷袖，亟趨而去，到家腦潰而終。

种氏者，樂部中之官伎也，有寵于永陵，生江王景逷。烈祖矜嚴峻整，有難犯之色，嘗作怒數聲，金鋪振動，种夫人左手擎飯，右手捧匙，安詳而進之，雷霆爲少霽。後封越國太妃。

鄭文寶《江南餘載》卷上　烈祖嘗以中秋夜翫月延賓亭，宋齊丘等皆會。時御史大夫李主明面東而坐，烈祖戲之曰：「偏照隴西。」主明應聲對曰：「出自東海。」皆以帝之姓爲諷也。

鄭文寶《江南餘載》卷下　魏進忠，不知何許人，徐玠稱其有飛鍊之術，上聞於烈祖，俄擢爲延英殿使，寵錫甚厚。詔以延英殿爲飛鍊所。進忠造宅於皇城之東，廣致妓樂，託結貴近，出入導從，擬於王者。或贈人金帛，動盈千百。士人多附之。經數年，竟無狀，遂配東海縣。

德明宮，本南唐烈祖之舊宅，在後苑之北，即景陽臺之故址。有太湖石特奇異，非數十人不能運致，即陳後主之假山遺址。其下有井，石欄有銘，字跡隱隱猶在。

唐末有御厨庖人，隨中使至江表，聞崔胤誅北司，遂漂浮不歸，留事吴。至烈祖受禪，御膳宴飲皆賴之，有中朝之遺風。其食味有鷺鷥餅、天喜餅、駝蹄餤、

雲霧餅。

鄭文寶《南唐近事》 烈祖鎮建業日，義祖薨于廣陵，致意將有奔喪之計。唐王已下諸公子謂周宗曰：「幸聞兄長家國多事，宜抑情損禮，無勞西渡也。」宗度王似非本意。堅請報簡示信於烈祖，康王以忽遽爲詞。宗袖中出筆，復爲左右取紙，得故茗紙貼，乞手札。康王不獲已而札曰：「幸就東府舉哀，多壘之秋，二兄無以奔喪爲念也。」明年，烈祖朝覲廣陵，康王及諸公子果執上手大慟，誣上不以臨喪爲意，詛讓百端，冀動物聽。上因出王所書以示之，王靦顔而已。

烈祖曲宴便殿，引酖觥賜周本，本疑而不飲，佯醉，別引一巵，均酒之半，跪捧而進曰：「陛下千萬歲！陛下若不飲此，非君臣同心同德之義也。臣不敢奉詔。」上色變，無言久之，左右皆相顧流汗，莫知所從。伶倫申漸高，有機智者，竊諭其旨，乃乘談諧，盡併兩盞以飲之，內杯於懷中，亟趨而出。上密使親信持藥詣私第解之，已不及矣，漸高腦潰而卒。

烈祖輔吴之初，未踰强仕，元勳碩望，足以鎮時靖亂。然當時同立功如朱瑾、李德誠、朱延壽、劉信、張崇、柴再用、周本、劉金、張宣、崔太初、劉威、韋建、王綰等，皆握强兵，分守方面。由是朝廷用意牢籠，終以跋扈爲慮。上雖至仁長厚，猶以爲非老成無以彈壓，遂服藥變其髭鬢，一夕成霜。洎曆數有歸，讓皇內禪，諸藩入覲，竟無異圖。

烈祖輔吴，四方多壘，雖一騎一卒，必加姑息。然羣校多從禽聚飲，近野，或搔擾民庶。上欲糾之以法，而方藉其材力，思得酌中之計。問於嚴求，求曰：「無煩繩之，易絶耳。請敕泰興、海鹽諸縣罷採鷹鸇，可不令而止。」烈祖從其計，期月之間，禁校無復游墟落者。

烈祖輔吴，將有禪讓之事，人情尚懷彼此，一二不樂。周宗請之，上曰：「吾夜夢爲人引劍斷吾之頸，意所惡之。」宗遽下堦拜賀曰：「當策立耳。」居數日而內禪。

陳彭年《江南別録》 先是，知訓待烈祖甚悖，每呼爲乞子。與諸弟夜飲，遣召烈祖，烈祖不至。知訓怒曰：「不喫酒，喫劍乎？」餘皆類此。及敗，知訓宅中有土室封閉甚固，烈祖請義祖開視，其中絹圖義祖之形 而身荷五木，烈祖及諸弟執縛如就刑之狀，已被衮冕，南面視朝。義祖唾曰：「狗死遲矣！」

景遏母种氏，晚歲尤承恩寵，宋后罕得接見。烈祖幸齊王宫，遇其親理樂器，大怒切責。數日，种氏承間言景遏之纔可代爲嗣，烈祖作色曰：「國家大計，女子何預！」立嫁之。

烈祖諱昪，唐之宗室也。舊名知誥。少孤，爲義祖所養。有相者謂義祖曰：「君相至貴，且有貴子，然非君家所生。」又夢爲人引臨大水，中黄龍數十，令義祖捉之，義祖獲一龍而寤。明旦，乃得烈祖。烈祖奉義祖以孝聞。嘗從義祖征伐，有不如意，杖而逐之。及歸，拜迎門下。義祖驚曰：「爾在此耶！」烈祖泣曰：「爲人子者，舍父母何適？父怒而歸母，子之常也。」義祖由是益憐惜。

陶岳《五代史補》卷三《李昪得江南》 李昪本爲徐温所養。温殺張鎬，權出於己，自稱大丞相、中書令、都統。及出居金陵，以嫡子知訓爲丞相，昪爲潤州節度。昪始爲宣州，忽得潤州，甚怏怏，將白温辭之。宋齊丘素與昪善，因謂昪曰：「知訓驕倨，不可大用，殆必有損足焚巢之患。宣州去江都遠，難爲應，潤州方隔一水爾，有急則可以立功，慎勿辭也。」昪聞之釋然，遂行。至潤州未幾，知訓果爲朱瑾所殺。是夜江都亂，火光亘天，昪望之曰：「宋公之言中矣。」遂引軍渡江，盡誅朱瑾之黨後，解甲去備，以待徐温。温至，且喜且怒，謂昪曰：「猶幸汝在潤州，不然，吾家大事將去矣。汝於兄弟中有大功者耶。」即日用昪爲左僕射，知政事，以代知訓。昪善於撫禦，內外之心翕然而歸之，故徐温卒未幾，而江南遂爲昪所有。先是，江南童謡云：「東海鯉魚飛上天。」東海，即徐之望也；李者，鯉也。蓋言李昪一旦自温家起而爲君爾。初，昪既畜異志，且欲諷動僚屬，雪天大會，酒酣出一令，須借雪取古人名，仍詞理通貫。時齊丘、徐融在座。昪舉杯爲令曰：「雪下紛紛，便是白起。」齊丘曰：「著屐過街，必須雍齒。」融意欲挫昪等，遽曰：「明朝日出，爭奈蕭何。」昪大怒，是夜收融投于江，自是與謀者惟齊丘而已。

《資治通鑑》卷二七九後唐潞王清泰二年三月條考異引《江南録》 時先主權位日隆，中外皆知有代謝之勢，而以吴主恭謹守道，欲待嗣君。先主次子景遷，吴主之壻也，先主鍾愛特甚。齊丘使陳覺爲景遷教授，爲之聲價。齊丘參決時政，多爲不法，輒歸過於嗣主而盛稱景遷之美，幾有奪嫡之計。所以然者，以吴主少而先主老，必不能待，他日得國，授於景遷易制，已爲元老，威權無上矣。此其日夕爲謀也。先主覺之，乃召齊丘如金陵以爲己之副，遥兼申蔡節度使，無所關預，從容而已。

孔平仲《續世説》卷一一《儉嗇》 江南李昪性節儉，常躡蒲屨，盥頮用鐵盎，暑則寢於青葛。雖左右使令，唯老醜宫人，服飾粗略。

釋文瑩《玉壺清話》卷九《李先主傳》 主自受代以來，臺閣多俗吏，細大之務，主親決之。末年始任儒雅，用簡易之政，悉罷苛細，將修復典故，以爲著令。因感疾，漸至殘廢，遂寢焉。晚爲方士所誤，餌硫黄丹砂，吐納陰修之術，忽躁怒。居常最寬和，殆病，百司奏事，或厲聲呵詬，然無他害。羣有司案牘，果事理明白者，則收斂顔色，慇懃謝而從之。既覺數屯，多布德澤。文武官没者，子孫隨收敍，不限資蔭；孤露者，營其婚葬；幼未堪仕及無嗣者，出内帑以賑之；死王事者，下至卒伍，皆給二年之廩。士之貴賤長幼，卒無身後之患。……先主幼歷喪亂，備諸險易，故持兼節，以固勤托孝，謙卑自牧。身爲輔相，事義祖徐温，禮如庶人。稍有疾，則衣不解帶，藥必親嘗。温嘗責諸兒曰：「汝輩能如二兄，則可以爲天下範也。」

以張宣爲鄂州節度使。宣以邊功自恃，强横不法。鄂市寒雪，有民鬭於炭肆者，捕而詰之，乃市炭一秤，權衡頗輕，使秤之，果然，宣斬鬻炭者，取其首與炭懸於市。主聞之，歎曰：「小人衡斛爲欺，古今皆然，宣置刑太過。」盡奪官，以團副置於蘄春，遣潤州節度使王輿代之。時天下擢亂，刑獄無典，因是凡決死刑，方用三覆五奏之法，民始知有邦憲，物情歸之。

秋七月，宋齊邱罷丞相，爲洪州節度使。蓋齊邱屢諷主曰：「天下自廣明之後，崩離板蕩，垂四十年，諸侯角立。今才名有望主，仍江淮，頻歲豐稔，兵食皆足，乃天意欲中興土運之際，宜恢復彊宇，爲萬世之固。」主長嘆，謂齊邱曰：「吾少長軍旅，覩干戈爲民之害甚矣，不忍復言。苟彼安，吾亦安矣，何更求哉！先生之教，謹不敢守。」由是收權衡之柄，因黜之，以遠其惑。是年，吴越災，宫室府庫鎧甲庾廩焚之殆盡。羣臣復欲乘其弊而襲之，諸將自奮者甚衆。主固拒不許，曰：「人生何堪此酷也，土木當亦傷害。」乃遣使唁之，賚帑幣糧鏹僅百餘艘以賙其急，越人德之。

未幾，將復有唐之姓，尚懷徐氏之恩，未欲驟改，不忍即言。既而諸王露奏懇請，方下議有司及百官，中外惇請，不得已，方復姓李，立唐之宗廟，祀高祖及太宗而下。追尊考温廟號義祖，封徐氏二子爲王。用張居詠、李建勳平章事，張延翰爲僕射。十一月，讓皇殂於丹陽宫，主喪服三年。受禪之三載夏四月，始郊祀圜丘。時當上旬，月没頗早，逮昇壇之際，皎潔如晝，非日非月。至柴燎甫畢，夜景復晦，一若常夕。人咸異之。羣臣請上尊號，主曰：「尊稱者率皆虚美爾，且非古制。」抑請不允，下詔曰：「宜寢來章，不得再上。」時全吴符瑞不輟，所奏皆抑而不納。

先主昪，字正倫，唐憲宗第八子建王恪之玄孫。其〔父〕〔祖〕志，去宗室懸遠，遂飄遊他郡，爲徐州判官。〔父榮〕安貧謹厚，喜佛書，多遊息佛寺，號爲李道者。主以光啓四年生於彭城。會天下喪亂，因轉徙濠梁。家貧，二姊爲尼。吴武王楊行密克濠梁，主爲亂兵所掠，時尚幼，行密見而奇之，育爲己子。長子楊渥驕很恣横，多或淩之。行密慮爲渥所害，謂大將徐温曰：「此兒異常，吾亟愛之，慮失保佑，汝無子，可賜汝養之。」温得主，致保姆，命師傅，鞠育異之。及長，身長七尺，坦額隆準，神彩鑑物，雖緩行，從者闊步追之不及。相者曰：「正所謂龍行虎步也。」瞻視明燦，其音如鐘。嘗泛舟渡淮，暴浪中起，舟人合噪，喧號無制，主舉聲指畫，響出數百夫外，兩岸皆聞。天祐中，童謡曰：「東海鯉魚飛上天。」蓋謂主素育于徐氏，後竟復唐姓。一狂僧走金陵城中，猖狂荒急，每見人則尋「飛龍子」，凡十餘年。逮主來爲昇州刺史，狂僧見之，乃不復尋矣。時江南初平，守宰者皆武夫，率以兵戈爲急務。主獨好文，招儒素，督廉吏，德望著立，物情歸美。徐知訓爲淮南節度使，驕侈淫虐，爲朱瑾所殺，一方甚擾。主亟往代之，悉反其治，謙寬惇裕。初，知訓已忌主之能，每欲加害，嘗開宴，主預坐，伏劍士于室。刁彦能行酒，以爪掐主，主佯吐茵而起，偶免之。後又飲于廣陵城東山光寺，會主適自京入覲，亦預焉。知訓狂酲，決欲害之，其弟知諫白於主，遽鞭爲急奔。知訓不逞，授劍與彦能，俾急追之。彦能及於中途，但舉劍揚袂示之，及河而止，以奔騎難追爲白。殆知訓遇害也，其父温方知其惡，將吏盡被黜責。明年，建吴國，以主爲左僕射，參大政，於是百姓始得投戈息肩。時四境雖定，惟越人爲梗，主不欲黷武，專務安輯，遂許和好。戢兵薄賦，休養民力，山澤所産，公私同之，戢擾吏，罷横斂，中外之情，翕然倚附，雖剛驁很愎者，率亦馴擾。所統僅三十餘州，爲太平之世者二十年。置延賓亭，待四方豪傑，無貴賤之隔。非意相干者，亦雍容遣之。漂泛羈遊輩，隨才而用之。搢紳之後，窮不能婚葬者，皆與畢之。義父温雖鎮金陵，凡朝政但總大綱而已，臺閣庶政皆主決之。金陵司馬徐玠者，性詭險，深忌於主，屢諷温曰：「輔政之權不宜假也，請以嫡子知詢代之，以收其勢。」主知之，連上疏求罷政事。表將上，會温卒。知詢果襲之，所爲不法，不久，亂萌已兆。主使諭之，亟令入朝，以宣蕭牆之禍，朝廷以爲左統軍，悉罷兵柄。主時始專大任，秉執益謹。一旦臨鏡，理白髭，喟然嘆曰：「丈夫此物懸於頷，壯圖已矣。時不待人，惜哉！」有周宗者，廣陵人，少孤貧，事主爲左

右給事，敏黠可喜，聞主之歎，請入廣陵，告宋齊邱以禪代之事。齊邱險刻，忌其謀非己出，手疏切諫，言天時人事未可之際，請斬宗爲謝。主怒其專，輒將斬之，徐玠力援，獲免。後數年，徐玠請禪之説行，宗方復職，後竟爲樞密使。後五載，壬辰歲，出鎮金陵，以長子璟爲兵部尚書，參政事，如温之制。甲午歲，進封齊王，加元帥，置左右丞相，以宋齊邱佐之。丁酉十月，受吴禪，奉吴王爲讓皇，改年昇元，追尊考温武皇帝，子璟爲吴王。以建康爲西都，廣陵爲東都。即金陵使府爲宫，但加鴟尾欄楯而已，終不改作。接見親族，一用家人禮。昔所師友之尊長者，皆親拜之。

阮閲《詩話總龜》前集卷二〇《詠物門上》引《詩史》 李烈祖爲徐温養子，年九歲，《詠燈詩》云：「主人若也勤挑撥，敢向尊前不盡心！」温歎賞，遂不以常兒遇之。

曾慥《類説》卷一九引《見聞録》 李先主以國用不足，［税］民間有鵝卵出雙子者、柳花爲絮者。伶戲詞曰：「唯願普天多瑞慶，柳條結絮鵝雙生。」

孔傳《白孔六帖》卷二三《姓氏》 金陵李氏始以唐號國，錢文穆王問之曰：「金陵冒氏族於巨唐，不亦駭人乎！」沈韜文曰：「此可取譬也。且如鄉校間有姓孔氏者，人則謂之孔夫子，復何怪哉！」王大笑，賞卮酒。

范坰等《吴越備史》卷二《忠獻王》 昪本潘氏，湖州安吉縣人，父爲安吉砦將，嘗因淮將李神福侵我吴興，擄潘氏而去，昪遂爲神福家奴。徐温嘗造神福家，見而異之，求爲養子。至是乃隱本族而冒徐姓焉。後嘗致書于我，以毗陵求易吴興，仍引祊田爲説，則本潘氏明矣。

佚名《分門古今類事》卷二〇《齊丘矯命》引《紀異録》 宋齊丘，洪井人。多機智，極才辯。事徐知誥，甚見狎密。先請廣里堠，以塼甃之，時人謂之「塼堠里大」。齊丘乃説知誥曰：「公累世相楊氏，有大功，民間皆知公非徐氏之嫡，其實李也。今有『塼堠里大』之兆。又讖曰『密密作』，楊行密開托之初也；『唐唐得』，非公而誰？天命定矣，願公速副民望。」知誥大悦，乃篡楊氏，僭帝位，國號大唐，遂以齊丘爲相。後璟立，以他事誅之，無遺類。

佚名《五國故事》卷上 初，烈祖權位日隆，舉國皆知代謝之勢。吴主謙恭無失德，烈祖懼羣情未協，欲待嗣君，與齊丘議合。已而都押衙周宗揣微指，請急至都，以禪代事告齊丘。齊丘默計，大議本自己出，今若遽行，則功歸周宗，欲因以釣名，乃留與夜飲，亟遣使，手書切諫，以爲時事未可。後數日，馳至金陵，請斬宗以謝國人。烈祖亦悔，將從之，徐玠固争，財黜宗爲池州副使。玠乃與李建勳等遂極言宜從天人之望。復召宗還舊職。齊丘由是頗見踈忌，留爲諸道都統判官，加司空，無所關預，從容而已。數請退，烈祖以南園給之。俄而齊國建，猶以勳舊爲左丞相，而不預事。李德誠、周本自廣陵持吴帝詔，來行傳禪，齊丘謂德誠子建勳曰：「尊公吴室元勳，今日掃地矣。」獨稱疾卧家，不預勸進。烈祖既受禪，徐玠爲侍中，知誥在相府，嘗一日不悦。其夫人問之，知誥乃告曰：「夜夢不吉，以是爲憂耳。」夫人曰：「夢無吉凶，在人諼之耳。有善諼者，請召之，庶解憂慮。」知誥因出廳事，俄見周宗於庭下，乃謂曰：「我昨夢過順天門，俄而仆地，非凶邪？」宗亟拜賀曰：「此明公宜令人策立也。」知誥大悦，及宗入内室，與夫人同席而飲。後使宗知鹽鐵職務，家遂大富，官至侍中焉。

知誥既代知訓，以厚重清儉鎮撫時俗，頗革知訓之道矣。徐温嘗入覲，知誥密聞於楊氏曰：「温雖臣之父，忠孝有素，而節鎮入覲，無以兵仗自從之例，請以臣父爲始。」乃命温悉去兵仗而入。既洎知誥之第，侍奉彌謹。初更睡覺，見有侍於牀前者，問之曰：「知誥。」温因遣其休息，知誥不退。及再寤，又見之，乃曰：「汝自有政事，不當如此，以廢公家之務。」知誥乃退。及温中夕而興，又見一女子侍立，問之，曰：「知誥新婦。」亦勞而遣之。他日，温謂諸子曰：「事在二哥矣，汝輩當善事之。」温好被白袍，知誥每遇温生日必獻。一日既獻，而座客有諂温者曰：「白袍不如黄袍好。」知誥遂斥之，而謂温曰：「令公忠孝之德，朝野所仰，一旦惑諂佞之説，聞於中外，無乃玷烜赫之名！願令公無聽其邪言。」温亦然之。知誥慮温急於取國，而己非其嫡，不得以嗣，故以是言之。然内謀其家，外謀其國，勞心役慮數倍於曹、馬矣。

知誥自以取國艱難，乃志勤儉。金陵雖升都邑，但以舊衙署爲之，唯加鴟尾欄檻而已，其餘女伎、音樂、園苑、器玩之屬，一無增加。故宋齊丘爲其挽辭曰：「宫砌無新樹，宫衣無組繡，宫樂盡塵埃。」皆其實也。

知誥之兄知詢，以徐温既卒，乃代爲金陵節制，爲政暴急，仍與知誥急權。知誥患之，乃給以楊氏將申輔相之命，使知詢入朝。知詢信之，亟請入覲。及至江都，舍於知誥之第，且不得見。知詢詰之，知誥曰：「吾兄爲政暴急，上知之，將加譴責。今待罪於私第，尚恐未暇，況欲見乎！」知詢由是始悔入覲，尋處環衛之列焉。

陶宗儀《説郛》卷一四引《倦遊雜録》 凡視五色皆損目，惟黑色與目無損。李氏有江南日，中書皆用皂羅糊屏風，所以養目也。

備論

《舊五代史》卷一三四《李昪傳》　史臣曰：昔唐祚横流，異方割據，行密以高材捷足啓之於前，李昪以履霜堅冰得之於後，以僞易僞，逾六十年。洎有周興薄伐之師，皇上示懷柔之德，而乃走梯航而入貢，奉正朔以來庭，如是則長江之險，又何足以恃哉！審知僻據一隅，僅將數世，始則可方於吴芮，終則竊効於尉佗，與夫穴蜂井蛙，亦何相遠哉！五紀之亡，蓋其幸也。

馬令《南唐書》卷一《先主書》　嗚乎，積厚者流澤遠，積薄者流澤狹，不其然乎！舜之後，千餘年而有陳，陳亡而田氏專政於齊。禹之後，千餘年而有杞，杞削而勾踐得志於越。後世之君，建大義於一時，而德不若舜、禹者，亦隨其澤之遠近而興起焉。故晉以天下喪於狄人，而瑯琊繼之；唐以天下篡於朱梁，而烈祖紹之。然則盜名器，操生殺，制一方之命，抗萬乘之勢者，豈非天歟。烈祖之起，雖無雄才大略，而深沈寬裕，本於天性。幸而適丁中原擾攘之際，故數年之間，有足觀者。

陸游《南唐書》卷一《烈祖紀》　論曰：昔馬元康、胡恢皆嘗作《南唐書》，自烈祖以下，元康謂之書，恢謂之載記。蘇丞相頌得恢書，而非之曰：「夫所謂紀者，蓋摘其事之綱要繫於歲月，屬於時君。秦莊襄王而上與項羽，皆未嘗有天下，而史遷著於本紀，范曄《漢書》又有皇后紀。以是質之，言紀者不足以别正閏。陳壽《三國志》，吴、蜀不稱紀，是又非可法者也。」蘇丞相之言，天下之公言也。今取之，自烈祖而下皆爲紀，而用史遷法，總謂之南唐紀云。

王夫之《讀通鑑論》卷三〇《五代下》　石氏之世，君非君，將非將，内叛數起，外夷日逼，地蹙民窮，其可搀取之也，八九得也。江南李氏之臣，争勸李昪出兵以收中原，而昪曰：「兵之爲民害深矣！不忍復言，彼民安，吾民亦安。」其言，仁者之言；其心，量力度德保國之心也。蓋楊行密、徐温息兵固國之圖，昪能守之矣。

興衰之數，不前則卻。進而不能乘人者，退且爲人所乘。圖安退處，相習於偷，則弱之所自積也。李氏惟不能因石氏之亂而收中原，江、淮之氣日弛，故宋興而國遂亡，此蓋理勢之固然者；而揆之以道，則固不然。若使天下而爲李氏所固有，則先祖所授，中葉而失之，因可收復之機，乘之以完故土，雖勞民以求得，弗能恤也，世守重也。非然，則争天下而殄瘁其民，仁人之所惡矣。徐知誥自誣爲吴王恪之裔，雖蒙李姓，未知爲誰氏之子，因徐温而有江、淮，割據立國，義在長民而已。長民者，固以保民爲道者也。社稷輕而民爲重，域外之争奪，尤非其所亟矣。以匹夫奄有數千里之疆，居臣民之上，揣分自全，不亦量極於此乎？苟爲善，後世子孫以大有爲於天下者，天也；知其弱不足立而浸以亡者，亦天也；非可以力争者也。李昪於是而幾於道矣。當其時，石敬瑭雖不競，而李氏諸臣求可爲劉知遠、安重榮之敵者，亦無其人。陳慶之乘拓拔之亂以入雒陽，而髡髮以逃；吴明徹乘高齊之亡以拔淮北，而隻輪不返；皆前事之師也。即令幸勝石氏，而北受契丹之勍敵，東啓吴越之乘虚，南召馬氏之争起，外成無已之争，内有空虚之害，江、淮亘立於中以攖衆怒，危亡在旦夕之閒，而誇功生事者誰執其咎乎？故曰量力度德，自保之令圖也。

其仁民也，雖不保其果有根心之惻悱，而民受其賜以延生理，待宋之興，全父老、長子孫，受昇平之樂，不可謂非仁者之澤矣。《詩》不云乎？「民亦勞止，汔可小康。」人之情也，勢不可堪也，死愈不忍言也。楊行密、徐温、李昪予民以小康，可不謂賢哉？高季興之猥也，天下笑其無賴，而視王曦、劉龑之賊殺其民以自尊，愈矣；況江南之奠殘黎，使安枕於大亂之世，數十年民不知兵也乎！

江南李氏按行民田之肥瘠以定税，凡調兵興役、非常事而猝求於民者，皆以税錢爲率。宋平江南，承用其法，延及於今，一用此式，故南方之賦役所以獨重，此《春秋》所謂用田賦也。

古者以九賦作民奉國，農一而已，其他皆以人爲率。夫家之征，無職事者不得而逸。馬牛車器，一取之商賈。役，則非士及在官者，無不役也。是先王人公至正、重本足民之大法，萬世不可易者也。是故民樂有其恒産而勸於耕。苟非力不任耕、世習工賈者，皆悉安於南畝。無棄土，無游民，不俾黠巧惰淫者，舍其先疇以避征徭，而坐食耕夫之粟。民食足而習馴，無或凍餒流離而起爲巨寇。財足用，器足修，兵足使，而夷狄不能爲患。其爲天下利亦溥矣哉！今變法而一以田税爲率，已税矣，又從而賦之。非時不可測度之勞，皆積墮於農。而計田之肥瘠以爲輕重，則有田不如無田，而良田不如瘠土也。是勸民以棄恒産而利其萊蕪也。民惡得而不貧，惡得而不墮，惡得而不姦，國惡得而不弱，盜賊惡得而不起，戎狄惡得而不侵哉？故自宋以後，即其全盛，不能當漢、唐之十一，本計失而天下瘠也。

夫有民不役，而役以田，則等於無民。據按行之肥磽，爲不易之輕重，則肥

其田者禍之所集，而肥者必磽。有税有役，則加於無已，而無税則坐食游閒之福，民何樂而爲奉上急公之民？悖道拂經之政，且有甚於商鞅者。乃相承六百年而不革，無他，君偷吏窳，據地圖税籍而易於考索。若以人爲登耗，則必時加清理以調其損益，非盡心於國計民生者不能也。簡便之法，易以取給，而苟且以自恣。不知天子之允爲元后父母、命官分職，以共天職，將何爲邪？王者起而釐正之，莫急於此矣！

藝文

《全唐詩》卷七四沈彬《獻李昇山水圖詩》 須知手筆安排定，不怕山河整頓難。

《全唐詩》卷七四八李中《烈祖孝高挽歌二首》 誰解叩乾關，音容去不還。位方尊北極，壽忽殞南山。鳳輦應難問，龍髯不可攀。千秋遺恨處，雲物鎖橋山。

仙馭歸何處，蒼蒼問且難。華夷喧道德，陵壠葬衣冠。御水穿城咽，宫花泣露寒。九疑消息斷，空望白雲端。

《全唐詩》卷八七九李昪、宋齊丘《南唐烈祖酒令》 雪下紛紛。便是白起。烈祖。

著履過街。必須雍齒。齊丘。

李煜部

綜述

《新五代史》卷六二《李煜世家》　煜字重光，初名從嘉，景第六子也。煜爲人仁孝，善屬文，工書畫，而豐額駢齒，一目重瞳子。自太子冀已上，五子皆早亡，煜以次封吳王。建隆二年，景遷南都，立煜爲太子，留監國。景卒，煜嗣立於金陵。母鍾氏，父名泰章。煜尊母曰聖尊后，立妃周氏爲國后，封弟從善韓王，從益鄭王，從謙宜春王，從度昭平郡公，從信文陽郡公。大赦境內。遣中書侍郎馮延魯修貢于朝廷。令諸司四品已下無職事者，日二員待制於内殿。

三年，泉州留從效卒。景之稱臣於周也，從效亦奉表貢獻于京師，世宗以景故，不納。從效聞景遷洪州，懼以爲襲己，遣其子紹基納貢于金陵，而從效病卒，泉人因并送其族于金陵，推立副使張漢思。漢思老不任事，州人陳洪進逐之，自稱留後，煜即以洪進爲節度使。乾德二年，始用鐵錢，民間多藏匿舊錢，舊錢益少，商賈多以十鐵錢易一銅錢出境，官不可禁，煜因下令以一當十。拜韓熙載中書侍郎、勤政殿學士。封長子仲遇清源公，次子仲儀宣城公。

五年，命兩省侍郎、給事中、中書舍人、集賢勤政殿學士，分夕於光政殿宿直，煜引與談論。煜嘗以熙載盡忠，能直言，欲用爲相，而熙載後房妓妾數十人，多出外舍私侍賓客，煜以此難之，左授熙載右庶子，分司南都。熙載盡斥諸妓，單車上道，煜喜留之，復其位。已而諸妓稍稍復還，煜曰：「吾無如之何矣！」是歲，熙載卒，煜歎曰：「吾終不得熙載爲相也。」欲以平章事贈之，問前世有此比否？羣臣對曰：「昔劉穆之贈開府儀同三司。」遂贈熙載平章事。熙載，北海將家子也，初與李穀相善。明宗時，熙載南奔吳，穀送至正陽，酒酣臨訣，熙載謂穀曰：「江左用吾爲相，當長驅以定中原。」穀曰：「中國用吾爲相，取江南如探囊中物爾。」及周師之征淮也，命穀爲將，以取淮南，而熙載不能有所爲也。

開寶四年，煜遣其弟韓王從善朝京師，遂留不遣。煜手疏求從善還國，太祖皇帝不許。煜嘗快快以國蹙爲憂，日與臣下酣宴，愁思悲歌不已。

五年，煜下令貶損制度。下書稱教，改中書、門下省爲左、右内史府，尚書省爲司會府，御史臺爲司憲府，翰林爲文館，樞密院爲光政院，諸王皆爲國公，以尊朝廷。煜性驕侈，好聲色，又喜浮圖，爲高談，不恤政事。

六年，内史舍人潘佑上書極諫，煜收下獄，佑自縊死。

七年，太祖皇帝遣使詔煜赴闕，煜稱疾不行，王師南征，煜遣徐鉉、周惟簡等奉表朝廷求緩師，不答。八年十二月，王師克金陵。九年，煜俘至京師，太祖赦之，封煜違命侯，拜左千牛衛將軍。其後事具國史。

馬令《南唐書》卷五《後主書》　嗚呼！春秋之時，君薨，明年正月公即位，自桓公始，宣、成而下，未嘗革也。昭公薨于乾侯，定公於明年夏六月戊辰即位者，其故何哉？蓋非常之變，起於不可測，非常之禮，行於不得已。古之人，觀會通以應世，則處非常之變，用非常之禮者，皆禮經之所不得而考也，義起於情而已矣。且諸侯薨于路寢，而昭公客死於乾侯者，非常之變，起於不測也。嗣君釋冕反喪，而定公即位於明年六月者，非常之禮行於不得已也。元宗殂於豫章，後主留守建康，必待喪還，既殯而後即位，其偶合於定、昭之事乎？且聖人制禮，立天下之大經，爲天下之大防也。情僞之變無窮，而禮之所載有常，以有常之禮，御無窮之變，則亦隨其宜而已矣。故禮不盡而義有餘，則禮以義起，義不足而禮有餘，則義以禮達。君子遭變亂，而無曠於禮者，在審其義爾。夫喪禮之大典，禮經載之詳矣，而曾子之所問者，禮經有所不及也。變禮之不測，曾子問載之詳矣，而國君薨于外，世子立于内者，曾子問有所不及也。非趨時而合義，其孰能與於此哉？

德雖不競，孰匪天亡；日月俱照，爝火銷光。作《後主書》。

後主，名煜，字重光，初名從嘉，元宗第六子也。少而聰慧，善屬文，工書畫。初封安定郡公，淮上兵起，爲神武軍都虞候、沿淮巡撫使，累遷諸衛大將軍、諸道副元帥，封鄭王。太子冀卒，四兄皆早亡，以次爲嗣，改王吳，拜尚書令，知政事。建隆二年，元宗南遷，立煜爲太子，監國。六月，元宗殂於豫章。七月，喪還建康，太子即位。尊母鍾氏爲太后，太后父名太章，故改號聖尊后。妃周氏爲國后。封弟從善爲韓王，南都留守；從益鄧王，從謙宜春王，從度昭平郡公，從信文陽郡公。以右僕射嚴續爲司空，依前平章事。大赦境內，文武進位有差。罷諸路屯田使，委所屬令佐，與常賦俱征。

八月，鄂州王崇文卒。以南郊巡檢使黃延謙爲武清軍節度使留後。

冬十月，以南都留守韓王從善爲司徒，兼侍中諸道兵馬副元帥；以鄧王從

益爲司空、南都留守。下令諸司無職事官，四品以下至九品，日二員待制於内殿。泉州劉從効遣其子紹基來貢。

三年，劉從効卒，州人立其次子紹鎡爲留後。紹基未還，統軍使陳洪進執紹鎡并其族，送于金陵，推立其副張漢思。漢思老不任事，洪進逐之，自稱留後，國主即以洪進爲清源軍節度使。以紹基爲殿直軍都虞候，紹鎡爲監門衛中郎將。句容尉張秘上言爲理之要，詞甚激切，國主手批慰諭，召爲監察御史。以神武統軍朱業爲寧國軍節度使，以潤州林仁肇爲神武統軍。

秋七月，建州陳誨卒，禮部尚書潘承祐卒。以江州何洙爲左武衛上將軍，封芮國公；以宣州朱業鎮江州，以神武統軍林仁肇爲寧國軍節度使。

乾德元年夏，左武衛上將軍何洙卒。

秋七月，以兵部尚書游簡言知尚書省，遷右僕射。

是歲，南平高繼沖歸于京師，國除。初，金陵臺閣殿庭皆用鴟吻，自乾德後，朝廷使至，則去之。使還，復用。

二年，春正月，始用鐵錢，以鐵錢使户部侍郎韓熙載爲兵部侍郎、勤政殿學士。初，烈祖將殂，謂元宗曰：「德昌宫泉布億萬緡，以給軍用。吾死，善修鄰好。北方有事，不可失也。」及元宗即位，兵屢起，德昌泉布既竭，遂鑄唐國錢，其文曰「唐國通寶」。又鑄「大唐通寶」，與「唐國」錢通用。數年漸弊，百姓盜鑄，極爲輕小。保大末，兵窘財乏，鍾謨改鑄大錢，以一當十，文曰「永通泉貨」，徑寸七分，重十八銖，字八分書，背面匀好，皆有周郭，謨誅遂廢。至是有鐵錢之議，每十錢，以鐵錢六，雜銅錢四。既而不用銅錢，民間但以鐵錢貿易。物價增涌，民復盜鑄，頗多芒刺，不及官場圓净。雖重其法，犯者益衆。至末年，銅錢一當鐵錢十。禮部侍郎湯悦上言：「泉布屢變，亂之招也。且豪民富商不保其貲，則日益思亂。」累數百言，不報。

夏，鄂州黄延謙卒，以宣州林仁肇代。

九月，封長子仲寓清源公，次子仲宣宣城公。

冬十月，仲宣卒，追封岐王。

十有一月，國后周氏殂。

三年春，葬昭惠后于懿陵。蜀孟昶俘于京師，國除。以江州朱業爲神武統軍侍衛都軍使，以虔州留後柴克貞爲奉化軍節度使。

夏，以司空平章事嚴續鎮潤州。

秋九月，聖尊后鍾氏殂。召南都留守鄧王從益還都，以鄂州林仁肇爲南都留守、南昌尹。葬光穆皇后于順陵。

四年夏五月，以吉州刺史楊守忠爲武清軍節度使留後。

冬十月，神武統軍朱業卒。

十有二月，潤州嚴續卒。

五年春，命兩省侍郎、諫議大夫、給事中、中書舍人、集賢、勤政殿學士，分夕於光政殿宿直，國主引與譚論，或至夜分。

開寶元年夏，江王景遏卒。

冬十有一月，納后周氏，昭惠之母弟也。

二年春，以左僕射游簡言兼門下侍郎、平章事。

夏，簡言卒。以禮部侍郎湯悦爲門下侍郎、平章事。知制誥張洎上疏曰：「悦非經綸之才，不宜處鈞衡之地。」國主以悦文學舊臣，特加奬用。乃罷洎職。

冬，較獵于青龍山，還憩大理寺，親録囚徒，原貸甚衆。韓熙載奏：「獄訟，有司之事，囹圄之中，非車駕所至。請捐内帑錢三百萬，充軍資庫用。」國主從之曰：「繩愆糾謬，其熙載之謂乎。」天子詔國主諭南漢稱臣，劉鋹怒，執我行人龔慎儀。

三年，中書侍郎韓熙載卒，贈平章事。命境内崇修佛寺，又於禁中廣署僧尼精舍，多聚徒衆。國主與后頂僧伽帽，衣袈裟，誦佛經，拜跪頓顙，至爲瘤贅。由是建康城中僧徒迨至數千，給廩米緡帛以供之。

四年春，劉鋹俘于京師，國除。

夏四月，齊王景達卒。遣弟韓王從善入朝，留于京師，授泰寧軍節度使。國主表求從善還國，不許。自從善不還，四時宴會皆罷。登高賦文以見意，曰：「原有鴿兮相從飛，嗟嗟季兮不來歸。」常怏怏以國蹙爲憂。

冬，有商人上密事，請往江陵竊燒皇朝戰艦，國主懼事泄，不聽，商人遁去。

五年春，皇朝屯師漢陽，鄂州楊守忠以聞，人心大恟。乃貶損制度，下書稱教，改中書門下省爲左右内侍府，尚書省爲司會府，御史臺爲司憲府，翰林爲文館，樞密院爲光政院。降封韓王從善爲南楚國公，鄧王從益爲江國公，吉王從謙爲鄂國公。其餘官號多有改易，殿庭始去鴟吻。每遇皇朝使至，國主衣紫袍，備藩臣禮；使退，服御如初。

六年春，皇朝使中書舍人盧多遜來聘，國主願受封拜，不許。洪州林仁

肇卒。

冬，中書舍人潘佑薦衛尉卿李平判司農寺，又薦平知司會府，羣情紛紛，以爲朋黨。佑上書極言時政，凡七章，不止，有「家國陰陰，如日將暮」之辭。國主惡之，乃收平下大理自縊，妻子徙饒州。次收佑，佑自剄，母及妻子徙虔州。

七年，皇朝使閤門使梁迥來聘，從容謂國主曰：「今歲國家有柴燎之禮，當入助祭。」國主唯唯不答。

秋，中書舍人李穆賚詔曰：「朕以仲冬有事于圜丘，思與卿同閱犧牲。」國主辭以疾。穆反命，遂決進取。

九月，王師自荆湖直趨池州，池州主將戈彦棄城走，遂克池州。進軍當塗，將軍張温、鄭彦華、杜真相繼敗績。下教去開寶年號，公私牘籍稱甲戌歲。江南自周世宗後，不復用兵，僅二十年，老將已死，主兵者皆新進少年，以功名自負，輒抗王師。聞兵興，踴躍言利害者，日有十數，及遇輒敗北中外奪氣，戒嚴城守。國主遣徐鉉、周惟簡奉表乞緩師，不答。王師進屯建業城南十里。時雖下池州及姑孰，餘郡皆未奉命，糧道阻隔。樊若水請於采石繫浮橋，以利轉輓。每歲大江春夏暴漲，謂之黄花水。及王師至，水皆退小，故識者知其有天命焉。吴越圍常州，軍使余成禮劫刺史禹萬誠以降。吴越進圍京口。議者以京口要害之地，當得良將守之，乃拜親吏劉澄鎮海軍節度使留後，以淩波軍都虞候盧絳爲援。澄已懷嚮背，因説絳還金陵，而自率將吏降越。袁州萍鄉制置使劉茂忠破潭師於境内，拜茂忠袁州刺史。

八年春，閱民爲師徒。昇元初，均量民田，以定科賦，自二緡以上，出一卒，號義師；中有別籍分居，又出一卒，號新擬生軍。民有新置物産者，亦出一卒，號新擬軍。又於客户内有三丁者，抽一卒，謂之團軍，後改爲拔山軍，使物力户爲帥以統之。保大中，許郡縣村社競渡。每歲端午，官給彩段，俾兩兩較其遲速，勝者加以銀椀，謂之打標，舟子皆籍其名，至是盡蒐爲卒，謂之淩波軍。又率民間傭奴贅婿，謂之義勇軍。又募豪民能自備緡帛兵器，招集無賴亡命，謂之自在軍。又括百姓，自老弱外，能被堅執鋭者，謂之排門軍。并屯田、白甲之類，凡一十三等，皆使扞敵守把。

夏，誅神衛統軍諸軍都虞候皇甫繼勳。

秋，洪州節度使朱令贇將兵一十五萬屯潯陽湖口，與諸將議曰：「今若前進，而王師反據我後，則上江阻隔，退乏糧道，亟爲虜矣。」乃以書招南郡留守劉克貞，代鎮湖口。克貞以病留，令贇亦未進，國主累促之。令贇以長筏大艦，帥水陸諸軍，至虎蹲洲，與王師遇，舟筏俱焚，令贇死，餘衆皆潰。金陵受圍踰歲，城中斗米者相救藉，自潤州降後，不聞外信。或云令贇已敗，國主猶意其不實。

冬，百姓疫死，士卒乏食，詠云大軍決以十有一月乙未破城。國主議遣其子清源公仲寓出通降款，左右以謂堅壘如此，天象無變，豈可計日取降。是日，城果陷。宮中圖籍萬卷，尤多鍾、王墨跡，國主嘗謂所幸保儀黄氏曰：「此皆累世保惜，城若不守，爾可焚之，無使散逸。」及城陷，文籍盡煬。光政使陳喬曰：「吾當大政，使國家致此，非死無以謝。」乃自縊死。諸將戰没者，猶數十人。昇元寺閣崇構，因山爲基，高可十丈，平旦閣影半江，梁時爲瓦棺閣。至南唐，民俗猶因其名，士大夫暨豪民富商之家、美女少婦避難於其上，迨數百人。越兵舉火焚之，哭聲動天，一旦而燼。大將曹彬整軍成列，至其宮門，門開，國主跪拜納降，彬答拜，爲之盡禮。

先是，宮中預積薪，煜誓言社稷失守，當携血屬赴火。既見彬，彬諭以歸朝俸禄有限，費用日廣，當厚自齎裝，一歸有司之籍，即無及矣。遣煜入治裝，裨將梁迥、田欽祚力争，以謂：「苟有不虞，咎將誰執？」彬笑而不答。迥等固諫，彬曰：「彼能出降，安能死乎？」翌日治舟，彬遣健卒五百人爲津，致輜重登舟，一卒負籠下道旋，彬立斬之，負擔者罔敢蹉跌。煜以藏中黄金，分遺近臣辦裝，張佖得金二百兩，詣彬自陳不受，請奏其事，彬以金輸官而不以聞。煜舉族冒雨乘舟，百司官屬僅十艘。煜渡中江，望石城，泣下，自賦詩云：「江南江北舊家鄉，三十年來夢一場。吴苑宮闈今冷落，廣陵臺殿已荒涼。雲籠遠岫愁千片，雨打歸舟淚萬行。兄弟四人三百口，不堪閑坐細思量。」至汴口，登普光寺，擎拳讚念。久之，散施緡帛甚衆。

九年春，俘至京師，封違命侯，授左千牛衛上將軍。太宗皇帝登極，改封隴西公。太平興國三年，公病。命翰林醫官視疾，中使慰諭者數四。翌日，薨。在僞位十有五年，年四十二。追封吴王，以王禮葬洛京之北邙山。江南人聞之，巷哭設齋。

王著《雜説》百篇，時人以爲可繼《典論》。又妙於音律，舊曲有《念家山》，王親演爲《念家山破》，其聲焦殺，而其名不祥，乃敗徵也。

陸游《南唐書》卷三《後主紀》 後主名煜，字重光，元宗第六子。初名從嘉。母曰光穆皇后鍾氏。從嘉廣顙豐頰，駢齒，一目重瞳子。文獻太子惡其有奇表，

從嘉避禍，惟覃思經籍。歷封安定郡公、鄭王。文獻太子卒，徙吳王，以尚書令知政事，居東宮。建隆二年，遂立爲太子。元宗南巡，太子留金陵監國，以嚴續、殷崇義輔之，張洎主牋奏。

六月，元宗殂，太子嗣立于金陵。更名煜。居喪哀毁，幾不勝。赦境内，尊鍾后曰聖尊后，以后父名泰章也。立妃周氏爲國后。徙信王景遏爲江王，鄧王從善爲韓王，立弟從鎰爲鄧王，從謙爲宜春王，從信爲文陽郡公，從度爲昭平郡公。從度，景遷子也。令諸司四品至九品無職事者，日二員待制於内殿。以右僕射嚴續爲司空、平章事，餘進位有差。遣中書侍郎馮延魯如京師，奉表陳襲位，太祖賜詔答之，自是始降詔。

秋九月，太祖遣鞍轡庫使梁義來吊祭。

冬十月，太祖遣樞密承旨王文來賀襲位。初元宗雖臣于周，惟去帝號，他猶用王者禮，至是國主始易紫袍見使者，作退如初服。

十二月，置龍翔軍以教水戰。

建隆三年春三月，遣馮延魯入貢京師。泉州節度使、中書令、晉江王劉從効卒，子紹鎡自稱留後。

夏四月，泉州將陳洪進執紹鎡，推金陵副使張漢思爲留後。

六月，遣客省使翟如璧入貢京師。太祖放降卒千人南還。

冬十一月，遣水部郎中顧彝入貢京師。

乾德元年春正月，太祖遣使來賜羊、馬、槖駝。

三月，太祖出師平荆湖，國主遣使犒軍。

夏四月，泉州副使陳洪進廢張漢思，自稱權知軍府，來告。國主即以洪進爲節度使。

秋七月，太祖詔國主遣還顯德以來中朝將士在江南者及令揚州民遷江南者，還其故土。

十二月，國主表乞罷詔書不名之禮，不從。

乾德二年春三月，行鐵錢，每十錢以鐵錢六權銅錢四而行，其後銅錢遂廢，民間止用鐵錢。末年銅錢一直鐵錢十，比國亡，諸郡所積銅錢六十七萬緡。命吏部侍郎、修國史韓熙載知貢舉，放進士王崇古等九人。國主命中書舍人徐鉉覆試舒雖等五人，雖等不就，國主乃自命詩賦題，以中書官涖其事，五人皆見黜。

秋八月，太祖於江北置折博務，禁商旅過江。

九月，立子仲寓爲清源郡公，仲宣宣城郡公。

十月甲辰，仲宣卒。國后周氏已寝疾，哀傷增革，遂亦卒。

十一月，太祖遣作坊副使魏丕來吊祭。

乾德三年夏五月，司空、平章事嚴續罷爲鎮海軍節度使。

秋九月，雨沙。聖尊后鍾氏殂。

冬十月，太祖遣染院使李光圖來吊。

乾德四年秋八月，國主遣龔慎儀持書使南漢，約與俱事中朝。

九月，慎儀至番禺，被執。

乾德五年春，命兩省侍郎、諫議、給事中、中書舍人、集賢、勤政殿學士更直光政殿，詔對咨訪，率至夜分。

開寶元年春三月戊申，以樞密使、右僕射殷崇義爲左僕射、同平章事。境内旱，太祖賜米麥十萬石。

冬十一月，立國后周氏。

開寶二年三月，以游簡言爲左僕射兼門下侍郎、同平章事。

夏五月，簡言卒。

是歲，右僕射、同平章事殷崇義罷爲潤州節度使、同平章事。

開寶四年冬十月，國主聞太祖滅南漢，屯兵於漢陽，大懼，遣太尉、中書令、鄭王從善朝貢，稱江南國主，請罷詔書不名，從之。有商人來告，中朝造戰艦數千艘在荆南，請密往焚之。國主懼，不敢從。

開寶五年春正月，國主下令，貶損儀制，改詔爲教，中書、門下省爲左、右内史府，尚書省爲司會府，御史臺爲司憲府，翰林院爲文館，樞密院爲光政院，大理寺爲詳刑院，客省爲延賓院，官號亦從改易，以避中朝。初，金陵殿闕皆設鴟吻，元宗雖臣于周，猶如故，乾德後遇中朝使至，則去之，使還復設，至是遂去不復用。降諸弟封王者皆爲公，從善楚國，從鎰江國，從謙鄂國。内史舍人張佖知禮部貢舉，放進士楊遂等三人。清耀殿學士張洎言佖多遺才，國主命洎考遺不中第者，於是又放王倫等五人。

閏月癸巳，太祖命進奉使、楚國公從善爲泰寧軍節度使，留京師，賜第汴陽坊，示欲召國主入朝也。國主遣户部尚書馮延魯謝從善爵命。延魯至京師，疾病，不能朝而歸。

開寶六年夏，太祖遣翰林學士盧多遜來。國主聞太祖欲興師，上表願受爵

命，不許。以司空殷崇義知左右內史事。

冬十月，內史舍人潘佑上書切諫。佑素與户部侍郎李平交厚，國主以爲事皆由平始，先以平屬吏，遣使收佑。佑自殺，平縊死獄中，皆徙其家外郡。

甲戌歲，秋，國主上表求從善歸國，不許。太祖遣閤門使梁迥來使，從容言曰：「天子今冬行柴燎之禮，國主宜往助祭。」國主不答。九月丁卯，復遣知制誥李穆爲國信使，持詔來曰：「朕將以仲冬有事圜丘，思與卿同閲犧牲。」且諭以將出師，宜早入朝之意。國主辭以疾，且曰：「臣事大朝，冀全宗祀，不意如是，今有死而已。」時太祖已遣潁州團練使曹翰率師先出江陵，宣徽南院使曹彬、侍衛馬軍都虞候李漢瓊、賀州刺史田欽祚率舟師繼發。及是，又命山南東道節度使潘美、侍衛步軍都虞候劉遇、東上閤門使梁迥率師，水陸並進，與國信使李穆同日行。

冬十月，國主遣江國公從鎰貢帛二十萬疋、白金二十萬斤，又遣起居舍人潘慎修貢買宴帛萬疋、錢五百萬，築城聚糧，大爲守備。

閏十月，王師拔池州，國主於是下令戒嚴，去開寶紀年，稱甲戌歲。辛未，王師進拔蕪湖及雄遠軍，吳越亦大舉兵犯常、潤。國主遣吳越王書曰：「今日無我，明日豈有君？一旦明天子易地賞功，王亦大梁一布衣耳。」吳越王表其書于朝。王師次采石磯，作浮橋，成，長驅渡江，遂至金陵。每歲大江春夏暴漲，謂之黄花水，及王師至，而水皆縮小，國人異之。

國主以軍旅委皇甫繼勳，機事委陳喬、張洎，又以徐元瑀、刁衎爲內殿傳詔，而遽書警奏，日夜狎至，元瑀等輒屏不以聞。王師屯城南十里，閉門守陴，國主猶不知也。初，烈祖有國，凡民産二千以上出一卒，號義軍；分籍者又出一卒，號生軍；新置産亦出一卒，號新擬軍；客户有三丁者出一卒，號拔山軍。元宗時，許郡縣村社競渡，每歲重午日，官閲試之，勝者給彩帛、銀椀，皆籍姓名，至是盡取爲卒，號凌波軍。募民奴及贅婿，號義勇軍。募豪民以私財招聚亡賴亡命，號自在軍。至是又大蒐境內，自老弱外皆募爲卒，號都門軍。民間又有自相率拒敵，以紙爲甲，農器爲兵者，號白甲軍。凡十三等，皆使捍禦。然實皆不可用，奔潰相踵。

乙亥歲春二月壬戌，王師拔金陵關城。三月丁巳，吳越攻我常州，權知州事禹萬誠以城降。誅神衛都指揮使皇甫繼勳。

王師及吳越圍潤州，留後劉澄以城降，吳越遂會王師圍金陵。洪州節度使朱令贇帥勝兵十五萬赴難，旌旗、戰艦甚盛，編木爲栰，長百餘丈，大艦容千人。令贇所乘艦尤大，擁甲士，建大將旗鼓，將斷采石浮橋。至皖口，與王師遇，傾火油焚北船，適北風，反焰自焚，我軍大潰。令贇及戰櫂都虞候王暉皆被執。外援既絶，金陵益危蹙。王師百道攻城，晝夜不休。城中米斗萬錢，人病足弱，死者相枕籍。國主兩遣徐鉉等厚貢方物，求緩兵，守祭祀，皆不報。

冬十一月，乙未，城陷，將軍呙彦、馬承信及弟承俊帥壯士數百，力戰而死。勤政殿學士鍾蒨朝服坐於家，亂兵至，舉族就死不去。光政使右內史侍郎陳喬請死，不許，自縊死。國主帥司空、知左右內史事殷崇義等肉袒降于軍門。明年正月辛未，至京師。乙亥，授右千牛衛上將軍，封違命侯。太宗即位，加特進，改封隴西公。太平興國三年六月辛卯，殂，年四十二。是日，七夕也，後主蓋以是日生。贈太師，追封吳王，葬洛陽北邙山。

後主天資純孝，事元宗盡子道，居喪哀毁，杖而後起。嗣位之初，屬保大軍興之後，國削勢弱，帑庾空竭，專以愛民爲急，蠲賦息役，以裕民力。尊事中原，不憚卑屈，境內賴以少安者十有五年。憲司章疏，有繩糾過訐者，皆寢不下。論決死刑，多從末減，有司固争，乃得少正，猶垂泣而後許之。常獵于青山，還，如大理寺親録繫囚，多所原釋。中書侍郎韓熙載奏，獄訟有司之事，囚圄非車駕所宜臨幸，請罰內庫錢三百萬以資國用。雖不聽，亦不怒也。殂問至江南，父老有巷哭者。然酷好浮屠，崇塔廟，度僧尼，不可勝算。罷朝，輒造佛屋，易服膜拜，以故頗廢政事。又置澄心堂於內苑，引能文士及徐元機、元榆、元樞兄弟居其間，中旨由之而出，中書密院乃同散地。兵興之際，降御札，移易將帥，大臣無知者。皇甫繼勳誅死之後，夜出萬人斫營，招討使但署牒遣兵，竟不知何往，蓋皆澄心堂直承宣命也。長圍既合，內外隔絶，城中之人，惶怖無死所。後主方幸净居室，聽沙門德明、雲真、義倫、崇節講《楞嚴圓覺經》。用鄱陽隱士周惟簡爲文館《詩》《易》侍講學士，延入後苑，講《易》否卦，賜惟簡金紫。羣臣皆知國亡在旦暮，而張洎猶謂北師已老，將自遁去。後主益甘其言，晏然自安，命户部員外郎伍喬於圍城中放進士孫確等三十八人及第。其所施爲，大抵類此。故雖仁愛足以感其遺民，而卒不能保社稷云。

《宋史》卷四七八《李煜世家》 煜字重光，景第六子也，本名從嘉。少聰悟，喜讀書屬文，工書畫，知音律。初封安定郡公，累遷諸衛大將軍、副元帥，封鄭王。

景始嗣位，以弟齊王景遂爲元帥，居東宫，燕王景達爲副元帥，就昇柩前盟約，兄弟相繼，中外庶政，並委景遂參決。景長子冀爲東都留守，後又立景遂爲太弟，景達爲齊王、元帥，冀爲燕王、副元帥。冀鎮京口，周師征淮，吳越圍常州，

冀部將敗之。景達屯濠州，丘岨遁還。及割地後，出景遂爲洪州元帥，封晉王，景達撫州元帥，立冀爲太子。景遂尋卒，數月冀亦卒，乃立從嘉爲吳王。

建隆二年，景遷洪州，立爲太子監國，是秋襲位，居建康，改名煜。立母鍾氏爲聖尊后，以鍾氏父名泰章故也，妻周氏爲國后。遣户部尚書馮謐來貢金器二千兩、銀器二萬兩、紗羅繒彩三萬匹。且奉表陳紹襲之意曰：

臣本於諸子，實愧非才，自出膠庠，心疏利祿。被父兄之蔭育，樂日月以優游，思追巢、許之餘塵，遠慕夷、齊之高義。繼傾懇悃，上告先君，固匪虚詞，人多知者。徒以伯仲繼没，次第推遷，先世謂臣克習義方，既長且嫡，俾司國事，遽易年華。及乎暫赴豫章，留居建業，正儲副之位，分監撫之權，懼弗克堪，常深自勵。不謂掩丁艱罰，遂玷纘承，因顧肯堂，不敢滅性。然念先世君臨江表垂二十年，中間務在倦勤，將思釋負。臣亡兄文獻太子從冀將從内禪，已決宿心，而世宗敦勸既深，議言因息。及陛下顯膺帝籙，彌篤睿情，方誓子孫，仰酬臨照。則臣向於脱屣，亦匪邀名，既嗣宗枋，敢忘負荷。唯堅臣節，上奉天朝。若曰稍易初心，輒萌異志，豈獨不遵於祖禰，實當受譴於神明。方主一國之生靈，遐賴九天之覆燾。況陛下懷柔義廣，煦嫗仁深，必假清光，更逾曩日。遠憑帝力，下撫舊邦，克獲宴安，得從康泰。

然所慮者，吳越國鄰於弊土，近似深讎，猶恐輒向封疆，或生紛擾。臣即自嚴部曲，終不先有侵漁，免結釁嫌，撓干旒扆。仍慮巧肆如簧之舌，仰成投杼之疑，曲構異端，潛行詭道。願迴鑒燭，顯諭是非，庶使遠臣得安危懇。

太祖詔答焉。自景畫江内附，周世宗貽書於景，至是，因煜之立，始下詔而不名。

會昭憲太后葬，煜遣户部侍郎韓熙載、太府卿田霖來貢。三年，詔煜應朝廷横海、飛江、水門、懷順諸軍親屬有在江表者，悉遣令渡江。煜每聞朝廷出師克捷及嘉慶之事，必遣使犒師修貢。其大慶，即更以買宴爲名，別奉珍玩爲獻。吉凶大禮，皆別修貢助。煜有母妻之喪，亦遣使往吊。乾德元年，煜上表乞呼名，詔不許。二年，又詔江北，許諸州民及諸監鹽亭户緣江採捕及過江貿易。先是，江北置榷場，禁商人渡江及百姓緣江樵採。是歲，以江南薦饑，特弛其禁。三年，獻銀二萬兩、金銀龍鳳茶酒器數百事。開寶四年，又以占城、闍婆、大食國所送禮物來上，又遣弟從謙奉珍寶器用金帛爲貢，且買宴，其數皆倍於前。是冬，以將郊祀，又遣弟從善來貢。

會嶺南平，煜懼，上表，遂改唐國主爲江南國主，唐國印爲江南國印。又上表請所賜詔呼名，許之。煜又貶損制度，下書稱教；改中書門下省爲左右内史府，尚書省爲司會府，御史臺爲司憲府，翰林爲文館，樞密院爲光政院；降封諸王爲國公，官號多所改易。五年，長春節，別貢錢三十萬，遂以爲常。太祖以從善爲泰寧軍節度，賜第留京師。是歲，煜又貢米麥二十萬石。雖外示畏服，修藩臣之禮，而内實繕甲募兵，潛爲戰備。太祖慮其難制，令從善諭旨於煜，使來朝，煜但奉方物爲貢。六年，賜米麥十萬斛，振其飢民。

七年秋，遂詔煜赴闕，煜稱疾不奉詔。冬，乃興師致討，以宣徽南院使、義成軍節度曹彬爲昇州西南面行營都部署，山南東道節度潘美爲都監。煜初聞大兵將舉，甚惶懼，遣其弟從鎰及潘慎脩來買宴，貢絹二十萬匹、茶二十萬斤及金銀器用，乘輿服物等。及至，遂留於別館。王師克池州，又破其衆二萬於采石磯，擒其龍驤都虞候楊收等，獲馬三百匹。江表無戰馬，朝廷歲賜之。及是所獲，觀其印文，皆歲賜之馬也。初，將有事江表，江南進士樊若水詣闕獻策，請造浮梁以濟師。太祖遣高品石全振往荆湖造黄黑龍船數千艘，又以大艦載巨竹絙，自荆渚而下。及命曹彬等出師，乃遣八作使郝守濬等率丁匠營之。議者以爲古未有作浮梁渡大江者，恐不能就。乃先試於石牌口，移置采石，三日而成，渡江若履平地。煜初聞朝廷作浮梁，語其臣張洎，洎對曰：「載籍已來，長江無爲梁之事。」煜曰：「吾亦以爲兒戲耳。」

王師渡江，煜委兵柄於皇甫繼勳，委機事於陳喬、張洎，又以徐温諸孫元楀等爲傳詔，每軍書告急，多不時通。八年春，王師傅城下，煜猶不知。一日登城，見列栅於外，旌旗偏野，始大懼，知爲近習所蔽，遂殺繼勳，召朱令贇於上江，令連巨筏載甲士數萬人順流而下，將斷浮梁，未至，爲劉遇所破。又募勇士五千餘人謀襲官軍，皆素不習戰，以暮夜人秉一炬來攻襲北砦。宋師縱其至，擊之，殲焉，獲其將帥，悉佩印符。

初，彬之南征也，太祖親諭之曰：「卿至彼慎勿暴略，可示以兵威，俾自歸順，不必急攻。」及彬軍圍城，又命左拾遺、知制誥李穆送從鎰還本國，諭以手詔，促其降。會潤州平，煜危迫甚，遣其臣徐鉉、周惟簡奉方物來貢，手書奏目以來，哀懇求罷兵，太祖不許。俄復遣鉉等入貢，仍乞緩師，又不答，但厚賜遣之。初，從鎰之還，詔諸將罷攻城，而煜終惑左右之言，猶豫不決，遂詔進兵。

八年冬，城陷，曹彬等駐兵於宫門，煜率其近臣迎拜於門。彬等上露布，以

煜并其宰相湯悦等四十五人上獻。太祖御明德樓，以煜嘗奉正朔，詔有司勿宣露布，止令煜等白衣紗帽至樓下待罪。詔並釋之，賜冠帶、器幣、鞍馬有差。下詔曰：

上天之德本於好生，爲君之心貴乎含垢。自亂離之云瘼，致跨據之相承，諭文告而弗賓，申吊伐而斯在。慶兹混一，加以寵綏。

江南僞主李煜，承奕世之遺基，據偏方而竊號。惟乃先父早荷朝恩，當爾襲位之初，未嘗稟命。朕方示以寬大，每爲含容。雖陳内附之言，罔效駿奔之禮，聚兵峻壘，包蓄日彰。朕欲全彼始終，去其疑間，雖頒召節，亦冀來朝，庶成玉帛之儀，豈願干戈之役。蹇然弗顧，潛蓄陰謀。勞鋭旅以徂征，傅孤城而問罪。洎聞危迫，累示招攜，何迷復之不悛，果覆亡之自掇。

昔者唐堯光宅，非無丹浦之師；夏禹泣辜，不赦防風之罪。稽諸古典，諒有明刑。朕以道在包荒，恩推惡殺。在昔騶車出蜀，青蓋辭吴，彼皆閏位之降君，不預中朝之正朔，及頒爵命，方列公侯。爾實爲外臣，戾我恩德，比禪與皓，又非其倫。特升拱極之班，賜以列侯之號，式優待遇，盡捨尤違。可光禄大夫、檢校太傅、右千牛衛上將軍，仍封違命侯。

召升殿撫問。妻周氏封鄭國夫人，又以其子神武右厢都指揮使仲寓爲左千牛衛大將軍，弟宣州節度使從鎰爲左領軍衛大將軍，江州節度使從謙爲右領軍衛大將軍，神武統軍從度爲左監門衛大將軍，神武左厢都指揮使從信爲右監門衛大將軍，姪户部尚書仲遠爲右驍衛將軍，刑部尚書仲興爲右武衛將軍，禮部尚書仲偉爲右屯衛將軍，宗正卿季操爲左武衛將軍，殿中監仲康爲右領衛將軍，殿中少監仲宣爲監門衛將軍。仍賜其弟姪宅各一區。

太宗即位，始去違命侯，加特進，封隴西郡公。太平興國二年，煜自言其貧，詔增給月奉，仍賜錢三百萬。太宗嘗幸崇文院觀書，召煜及劉鋹，令縱觀，謂煜曰：「聞卿在江南好讀書，此簡策多卿之舊物，歸朝來頗讀書否？」煜頓首謝。三年七月，卒，年四十二。廢朝三日，贈太師，追封吴王。

先是，江南自後漢以來，民間有服玩侈靡者，人詢之，必對曰：「此物屬趙寶子。」又煜之妓妾嘗染碧，經夕未收，會露下，其色愈鮮明，煜愛之。自是宫中競收露水，染碧以衣之，謂之「天水碧」。及江南滅，方悟「趙」，國姓也；「寶」，年號也；「天水」，趙之望也。

吴任臣《十國春秋》卷一七《李煜傳》 後主名煜，字重光，初名從嘉，元宗第六子也。母光穆聖后鍾氏。爲人仁惠，有慧性。雅善屬文，工書畫，知音律。廣額豐頰，駢齒，一目重瞳子。文獻太子惡其有奇表，從嘉避禍，惟覃思經籍。歷封安定郡公、鄭王。文獻太子薨，徙吴王，以尚書令知政事，居東宫。建隆二年，元宗南遷，立爲太子，留金陵監國。以嚴續、殷崇義輔之，張洎主牋奏。

六月，元宗晏駕，嗣立于金陵。更今名，居喪哀毁，幾不勝。大赦境内。尊母鍾氏曰聖尊后，立妃周氏爲國后，徙信王景遏爲江王，鄧王從善爲韓王，留守南都。封弟從鎰爲鄧王，從謙爲宜春王，從信爲文陽郡公，楚定王子從度爲昭平郡公。令諸司四品至九品無職事者，日二員待制于内殿。以右僕射嚴續爲司空、同平章事，餘進位有差。

遣中書侍郎馮延魯如宋，表陳襲位，凡奉朔稱號等禮，悉遵周舊。宋帝賜詔答之，自是始降詔而不名。

罷諸路屯田使，委所屬令佐與常賦俱征，隨所租入十分錫一，謂之率分，以爲禄廩，諸朱膠牙税視是。

秋八月，鄂州王崇文卒，以南都巡檢使黄延謙爲武昌軍留後。

九月，宋遣鞍轡庫使梁義來弔祭，贈賻絹三千匹。

冬十月，以韓王從善爲司徒兼侍中、諸道兵馬副元帥，鄧王從鎰爲司空、南都留守。宋遣樞密承旨王文來賀襲位。初，元宗雖臣於中原，惟去帝號，他猶用王者禮，至是國主始易紫袍見使者，使退如初服。

十二月，置龍翔軍以教水戰。清源節度使留從效遣子紹基來貢。

是歲，宋葬昭憲太后，國主遣户部侍郎韓熙載、太府卿田霖會葬。

建隆三年春三月，遣馮延魯入貢於宋。清源節度使、中書令、晉江王留從效薨，子紹鎡自稱留後。

夏四月，泉州將陳洪進執紹鎡歸金陵，推副使張漢思爲留後。句容尉張佖上封事，召爲監察御史。

六月，遣客省使翟如璧入貢於宋。宋放降卒千人南還。以神武統軍朱匡業爲寧國軍節度使，潤州林仁肇爲神武統軍。

秋七月，建州陳誨卒。禮部尚書潘承裕卒。以宣州何敬洙爲左武衛上將軍，封芮國公。改朱匡業鎮江州，以林仁肇爲寧國軍節度使。

十一月，遣水部郎中顧彝入貢于宋。壬午，宋頒建隆四年曆。

建隆四年春正月，宋遣使餉羊、馬、橐駝。

三月，宋出師平荆湖，國主遣使往軍前犒師。

夏四月，泉州副使陳洪進廢張漢思，自稱權知軍府，來告國主，即以洪進爲清源軍節度使。左武衛上將軍何敬洙卒。

秋七月，以兵部尚書游簡言知尚書省，遷右僕射。宋詔國主遣還顯德以來中朝將士在江南者及今揚州民遷江南者，還歸故土。

冬十一月，宋改元乾德。

十二月，國主表宋乞罷詔書不名之禮，不從。初，金陵殿闕皆用鴟吻，自乾德後宋使至則去之，使還復設。是歲有二日相觸。

乾德二年春三月，始行鐵錢，每十錢以鐵錢六權銅錢四而行，逮民間止用鐵錢，遂藏銅錢靳弗出，末年銅錢一直鐵錢十，比國亡，諸郡所積銅錢累六十七萬緡。

命吏部侍郎、修國史韓熙載知貢舉，放進士王崇古等九人；既又命中書舍人徐鉉覆舒雅等五人，雅等不就，乃御殿命題親試，以中書官莅其事，五人皆見黜。鄂州黄延謙卒，以林仁肇爲武昌軍節度使。

夏五月，賀宋文明殿成，進銀萬兩。

秋八月，宋於江北置折博務，禁商旅過江。

九月，拜韓熙載兵部尚書，充勤政殿學士承旨。封子仲寓清源郡公，仲宣宣城郡公。

冬十月甲辰，仲宣薨，追封岐王。

十一月，國后周氏殂，宋遣作坊副使魏丕來弔祭。是時，左僕射殷崇義上言泉布屢變，亂之招也，且豪民富商，不保其貲，則日益思亂；累數百言，不報。

乾德三年春正月壬午，葬昭惠后於懿陵。以江州朱匡業爲神武統軍、侍衛都軍使，以虔州留後柴克貞爲奉化軍節度使。

夏五月，司空、同平章事嚴續罷爲鎮海軍節度使。

秋九月，雨沙。聖尊后鍾氏殂。召南都留守、鄧王從鎰還都，以鄂州林仁肇爲南都留守、南昌尹。

冬十月，宋遣染院使李光圖來弔祭。是冬，葬光穆皇后于順陵。遣使獻宋銀二萬兩、金銀龍鳳茶酒器數百事。

乾德四年夏五月，以吉州刺史楊守忠爲武昌軍留後。

秋八月，遣龔慎儀持書使南漢，約與俱事中朝。

九月，慎儀至番禺，被執。

冬十月，神武統軍朱匡業卒。

十二月，司空嚴續卒。

乾德五年，春，命兩省侍郎、諫議、給事中、中書舍人、集賢、勤政殿學士更直光政殿，召對咨訪，率至夜分。

開寶元年春三月戊申，以樞密使、右僕射殷崇義爲左僕射、同平章事。知制誥張洎言崇義非經綸才，不宜處鈞衡之地，不從。境内旱。宋餉米麥十萬石。

夏，江王景逷薨。

冬十一月，立周氏爲國后。

開寶二年春三月，以游簡言爲左僕射兼門下侍郎、同平章事。夏五月，簡言卒。

冬，國主較獵于青龍山，還憩大理寺，親録囚，原貸甚衆。中書侍郎韓熙載奏：「獄訟有司之事，囹圄之中非車駕所至，請捐内帑錢三百萬充軍資庫用。」國主從之，曰：「繩愆糾繆，熙載有焉。」

是歲，普度諸郡僧。

左僕射、同平章事殷崇義罷爲鎮海軍節度使、同平章事。

開寶三年，春，命境内崇修佛寺。改寶公院爲開善道場，國主與后預僧伽帽衣袈裟，誦佛經，拜跪頓顙，至爲瘤贅。

開寶四年，春，遣使如宋，貢占城、闍婆、大食國所送禮物。夏四月，齊王景達薨。

冬十月，國主聞宋滅南漢，屯兵于漢陽，大懼，遣太尉、中書令韓王從善朝貢，稱江南國主，請罷詔書不名，許之。有商人來告宋造戰艦數千艘于荆南，請密往焚之，國主懼，不敢從。

開寶五年春二月，下令貶損儀制，改詔爲教，中書、門下省爲左、右内史府，尚書省爲司會府，御史臺爲司憲府，翰林院爲修文館，樞密院爲光政院，大理寺爲詳刑院，客省爲延賓院；官號亦從改易，以避中朝；始去殿闕鴟吻不復設。降封子弟封王者皆爲公：從善南楚國公，從鎰江國公，從謙鄂國公。内史舍人張佖知禮部貢舉，放進士楊遂等三人。清耀殿學士張洎言佖多遺才，國主命洎考覆遺不中第者，又放王倫等五人。國主以宋長春節，貢錢三十萬緡。

是月，殺南都留守林仁肇。

閏月癸巳，宋命進奉使南楚國公從善爲泰寧軍節度使，留汴京，賜第汴陽坊，示欲徵國主入朝。國主遣户部尚書馮延魯謝從善爵命；延魯至汴京，疾病，不能朝而歸。

開寶六年夏四月，宋學士盧多遜來聘。

五月，國主開欲興師，遣使上表，願受爵命，不許。以司空殷崇義知左右内史事。

冬十月，内史舍人潘佑上書切諫。佑素與户部侍郎李平交厚，國主以爲事皆由平，先以平屬吏，遣使收佑。佑自殺，平縊死獄中，皆徙其家外郡。

是歲，江南饑，宋餽米麥十萬斛。廬陵曾某將娶婦，忽化爲女。

甲戌歲，秋，遣使求南楚國公從善歸國，不許。宋遣閤門使梁迥來，從容言曰：「天子今冬行柴燎之禮，國主宜往助祭。」國主不答。宋復遣知制誥李穆爲國信使，持詔來曰：「朕將以仲冬有事圜丘，思與卿同閲犧牲。」且諭以將出師，宜早入朝之意。國主辭以疾，且曰：「臣事大朝，冀全宗祀，不意如是，今有死而已。」時宋已遣潁州團練使曹翰率師，先出江陵，宣徽南院使曹彬、侍衛馬軍都虞候李漢瓊、賓州刺史田欽祚率舟師繼發。及是，又命山南東道節度使潘美、侍衛步軍都虞候劉遇、東上閤門使梁迥率師，水陸並進，與國信使李穆同日行。

冬十月，國主遣江國公從鎰貢帛二十萬疋、白金二十萬斤。又遣起居舍人潘慎修貢買宴帛萬疋、錢五百萬。築城聚糧，大爲守備。

閏十月，宋師陷池州，國主於是下令戒嚴，去開寶紀年，稱甲戌歲。辛未，宋師陷蕪湖及雄遠軍，吴越亦大舉兵犯常、潤。國主遺吴越王書曰：「今日無我，明日豈有君？一旦今大子易地賞功，王亦大梁一布衣耳。」吴越王表其書于宋。宋師次采石磯，破我兵二萬人，擒龍驤都虞候楊收，獲馬三百匹。

先是，池州人樊若水舉進士不第，詣宋闕獻策，請造浮梁以濟師。宋遣高品石全振往荆湖造黄黑龍船數千艘，又以大艦載巨竹絙，自荆渚而下。及命曹彬等出師，乃遣八作使郝守濬等率丁匠營之。議者以爲古未有作浮梁度大江者，乃先試于石牌口，移置采石，三日而成，長驅度江，遂至金陵。每歲大江春夏暴漲，謂之黄花水，及宋師至而水皆縮小，國人異之。

國主以軍旅委皇甫繼勳，機事委陳喬、張洎，又以徐元楀、刁衎爲内殿傳詔。遽書警奏，日夜狎至，元楀等輒屏不以聞。宋師屯城南十里，閉門守陴，内庭猶不知也。初，烈祖有國，凡民産二千以上出一卒，號義軍。分籍者又出一卒，號新擬生軍；新置産亦出一卒，號新擬軍；客户有三丁者出一卒，謂之團軍。後作拔山軍。保大中，許郡縣村社競渡，每歲重午日，官閲試之，勝者給彩帛、銀椀。謂之打標，舟子皆籍姓名，至是盡蒐爲兵，號凌波軍。又率民間傭奴贅婿，號義勇軍；募豪民以私財招聚無賴亡命，號自在軍。又大括境内，自老弱外皆募爲卒，號排門軍。民間又有自相率拒敵，積紙爲甲，農器爲兵，號白甲軍。凡十三等，皆使捍禦，然實不可用，奔潰相踵。

時城外沿江列大棲航，皆有將軍之號，忽一艘吼聲如雷，聞十數里，國主降杖決之。又梟雁自北來者千羣，至城側叫嘯，悲鳴遺矢，率白而臭，月餘乃止。又衛士秦友登壽昌堂榻，覆其鞾而坐，訊之風狂不痁，識者曰：「鞾者，履也，履與李同音，友與有同音，而趙則與秦並出者也。李氏其將覆而爲趙所有乎？」

乙亥歲春二月壬戌，宋師拔金陵關城。

三月丁巳，吴越兵攻常州，權知州事禹萬誠以城降。誅神衛都指揮使皇甫繼勳。【略】宋師及吴越兵圍潤州，留後劉澄以城降，事聞，收其家誅之。吴越遂會宋師圍金陵。

秋，鎮南節度使朱令贇帥勝兵十五萬赴難，旌旗、戰艦甚盛，編木爲栰，長百餘丈，大艦容千人。令贇所乘艦尤大，擁甲士，建大將旗鼓，將斷采石浮梁。至皖口，與宋師遇，傾火油焚北船，適北風，反焰自焚，軍遂大潰。令贇及戰櫂都虞候王暉皆被執。

外援既絶，金陵益危蹙。宋師百道攻城，晝夜不休。城中米斗萬錢，人病足弱，死者相枕藉。國主兩遣徐鉉等厚貢方物，求緩兵，守祭祀，皆不報。

乙未，城陷，將軍咼彦、馬誠信及弟承俊帥壯士數百，力戰而死。勤政殿學士鍾蒨朝服坐于家，亂兵至，舉族就死不去。右内史侍郎陳喬請死，不許，自縊死。國主帥司空、知左右内史事殷崇義等四十五人肉袒降于軍門。時昇元寺閣高可十丈，士大夫及豪民富商婦女避難于上者殆數百人，吴越兵舉火爇之，哭聲動天。宋將曹彬整軍而入，彬諭國主，以：「歸朝俸禄有限，費用日廣，當厚自齎裝，一歸有司之籍，即無及矣。」乃聽國主入治裝。裨將梁迥、田欽祚力争，以爲：「苟有不虞，咎將誰執？」彬笑曰：「彼能出降，安能死乎？」已而彬遣健卒五百人爲津，致輜重登舟；一卒荷籠道躓，彬立斬之。

明年春正月辛未，至汴京。

乙亥，曹彬上平江南露布。宋太祖御明德樓，以江南常奉正朔，詔有司勿宣露布，止令國主等白衣紗帽至樓下待罪，詔並釋之，賜賚有差。

詔曰：「上天之德，本於好生；爲君之心，貴乎含垢。江南僞主李煜，聚兵峻壘，包蓄日彰，勞鋭旅以徂征，傅孤城而問罪。洎聞危迫，累示招携，何迷復之不悛，果覆亡之自掇。昔者唐堯克宅，非無丹浦之師；夏禹泣辜，不赦防風之罪。朕以道在包荒，恩推惡殺，在昔騾車出蜀，青蓋辭吴，彼皆閏位之降君，不預中朝之正朔，乃頒爵命，方列公侯。爾實爲外臣，戾我恩德，比禪與晧，又非其倫，特升拱極之班，賜以列侯之號。式優待遇，盡捨尤違。可光禄大夫、檢校太傅、右千牛衛上將軍，仍封違命侯。」

太宗即位，始去違命侯，加特進，封隴西郡公。太平興國二年，後主自言其貧，宋太宗命增給月奉，仍予錢三百萬。太宗常幸崇文院觀書，召後主及南漢後主令縱觀，謂後主曰：「聞卿在江南好讀書，此簡策多卿舊物，歸朝來頗讀書否？」後主頓首謝。

三年七月辛卯薨，年四十二，是日七夕也。後主蓋以是日生。

贈太師，封吴王，葬洛陽北邙山。

後主天資純孝，事元宗盡子道，居喪哀毁，杖而後起。嗣位之初，屬軍興之後，國勢削弱，帑庾空竭，專以愛民爲急，蠲賦息役，以裕民力。尊事中原，不憚卑屈，境内賴以少安者十有餘年。論決死刑，多從未減，有司固争，乃得少正，猶垂泣而後許之。然性尚奢侈，常于宫中製銷金紅羅幕壁，而以白金釘瑇瑁押之；又以緑鈿刷隔眼中，障以朱綃，植梅花於其外。每七夕延巧，必命紅白羅百餘疋，以爲月宫天河之狀，一夕而罷，乃散之。

自入宋，忽忽不樂，常與金陵舊宫人書詞，甚悲惋，不可忍。凶問至江南，父老多有巷哭者。

又素溺竺乾之教，度僧尼不可勝筭，以崇佛故，頗廢政事。更置澄心堂于内苑，引能文士及徐元楀、元機、元榆、元樞兄弟居其間，中旨由之而出，中書、密院乃同散地。兵興之際，降御札移易將帥，大臣無知者。皇甫繼勳誅死之後，夜出萬人斫營，招討使但署牒遣兵，竟不知何往，蓋皆澄心堂直承宣命也。長圍既合，内外隔絶，城中惶怖無死所。後主方幸净居室，聽沙門德明、雲真、義倫、崇節講《楞嚴圓覺經》。用鄱陽隱士周惟簡爲文館《詩》《易》侍講學士，延入後苑，講《易》《否》卦，賜惟簡金紫。舉國皆知亡在旦暮，而光政副使張洎猶謂北師已老，將自遁去，後主益甘其言，晏然自安，命户部員外郎伍喬於圍城中放進士孫確等三十八人。其所施爲多此類。

南唐自丁酉年烈祖改元昇元，至後主乙亥歲國滅，歷三主，凡三十九年。初，江南民間服玩侈靡者，問之，必曰「此物屬趙寶子」。後主時宫中貯雨水，染淺碧爲水，號「天水碧」。趙，宋姓也；寶，宋年號也；天水，趙之望也。及歸宋，人始悟其先兆。又後主常造《念江山破》及《振金鈴曲》，其聲噍殺，辭多不祥。又潯陽有海鰌，形如大堤，長數十丈，食其肉者多死，以脅骨爲橋脊，骨爲臼，識者曰：「鰌者鯉類，今死，則國亡矣。」建隆初，汴京士庶樂工少年競唱歌曰「五來子」。自建隆以後，荆湖、蜀漢及江南五國果盡朝於宋。又開寶中，江南得一石凡數百字，隸書，連寫「從他痛」三字，至末云「不爲石子盡」，皆其預讖也。

先是，元宗保大中，伏龜山圮得石函，長二尺，廣八寸，中有鐵銘，云「惟天監十四年秋八月葬寶公于是」。銘有引曰「寶公常爲偈，大字書于版」，用帛羃之。是時名士陸倕、王鈞、姚察而下，皆莫知其旨。或問之，云「在五百年後」。至卒，乃歸其銘同葬焉。銘曰：「莫問江南事，江南自有馮。乘雞登寶位，跨犬出金陵。子建司南位，安仁秉夜燈。東鄰家道闕，隨虎遇明徵。」其字皆小篆，體勢完具，徐鉉、徐鍇、韓熙載皆不能解。及後主降宋，好事者謂後主生於丁酉，又辛酉年襲位，即「乘雞」也。開寶甲戌歲宋師圍金陵，是「跨犬」也。當圍城時，曹彬營其南，是「子建」也。潘美營其北，是「安仁」也。厥後吴越忠懿王舉國入覲，即「東鄰」也。「家道闕」，意無錢也。「隨虎遇」，戊寅也，又忠懿王小字虎子。一時以爲絶解。

雜録

備録

陳彭年《江南别録》 後主諱煜，字重光，元宗第五子也。幼而好古，爲文有漢魏風。母兄冀爲太子，性嚴忌。後主獨以典籍自娱，未嘗干預時政。冀卒，立

爲太子。元宗幸南都，後主監國於建鄴，臨事明允，甚得時譽。元宗崩，哀毁過禮。即位，立妃周氏爲后。句容尉張佖上書，言爲政之要，詞甚激切。後主手詔慰諭，徵爲監察御史。周后疾，後主朝夕臨視，藥非親嘗不進，衣不解帶者逾月。及殂，哀毁骨立，杖然後起，立后妹爲后。王者婚禮，歷代少有，詔中書舍人徐鉉，知制誥潘佑與禮官參議，互有矛楯，議久不決。後主令文安郡公徐遊評其是非。時佑方寵用，遊希旨奏佑爲長。月餘，遊病疽，鉉戲謂人曰：「周、孔亦能爲崇乎？」佑既居親密，欲盡去舊人，獨當國政，後主亦惡之，俄以本官專知國史。佑彌不樂，乃非詆公卿，與户部侍郎李平親狎，上表言：「左右皆姦邪，不誅，爲亂在即。」後主手書敦諭，七表不止，因請休官遠去。李平初與朱元自北來，元已叛去，平深厚難測。後主慮其同搆大姦，乃暴其罪而誅之。後主謂左右曰：「吾誅佑、平，逾月不決，蓋不獲已也。」烈祖初立，庶事草創，未有貢舉，至元宗始議興置，時韓熙載、徐鉉兄弟爲當代文宗，繼以潘佑、張洎以才名顯，後主尤好儒學，故江左三十年文物，有貞元、元和之風。元宗稱臣於周，惟去尊號，用周正朔，其諸制度猶未全改。後主即位，始制紫袍。廣揚既下，王師屯漢陽，鄂州楊守中以聞，人心大恟，乃下制貶損，臺省名號，竝皆改易，王皆降封公。遣長弟從善入貢，因留質。後主天性友愛，自從善不還，歲時宴會皆罷，惟作《登高賦》以見意曰：「原有鴒兮相從飛，嗟我季兮不來歸。」天朝使中書舍人盧多遜來聘，南伐之謀，兆於此矣。後主微知之，遣使願受封策，太祖不許。甲戌歲夏，梁迥來聘，從容謂後主曰：「今冬有柴燎之禮，國主當來助祭。」後主唯唯不答。秋初，中書舍人李穆齎詔來曰：「朕以仲冬有事於圜丘，思與卿同閱犧牲。」後主辭以疾。時大兵已在荆湖，惟候穆之反命。後主既不赴召，遂決進取。九月，舟師自大江直趨池州，中外奪氣。樊若水父保大末爲漢陽縣令，父卒，家池州，累舉進士不第，至汴京上書，太祖謂之有才術，累遷資善大夫。平南之策，多所參預。時雖得池州及姑熟，餘郡皆未奉命，糧道艱阻。若水請於采石繫橋，以利輸輓。每歲大江春夏暴漲，謂之黄花水。及天兵至，水皆退小，識者知天命焉。錢唐悉兵來圍常州，主將禹萬誠固守，大將金成禮劫萬誠以降。而天兵已屯於建鄴城南十餘里，錢唐又進圍潤州。兵初興，議者以京口要害，當得良將侍衛。廂虞候劉澄舊事藩邸，後主尤親任之，乃擢爲潤州留後。臨行，謂曰：「卿本未合離孤，孤亦難與卿别，但此非卿不可，勉副孤心。」澄泣涕奉别，歸家盡輦金玉以往，謂人曰：「此皆前後所賜，今國家有難，當散此以圖勳業。」後主聞之益喜。及錢唐兵初至，營構未成，左右請出兵掩之。時澄已懷向背，堅曰：「兵出勝則可，不勝則立爲虜矣，救至然後圖戰。」後主又命盧絳爲援。絳至，錢唐兵少退。絳方入城，圍又合矣。固守累月，自相猜忌。初，絳怒一裨將，將議殺之，未決。澄私謂曰：「盧公怒爾，爾不生矣。」裨將泣涕請命。澄因曰：「吾有一言告爾，非徒免死，且富貴。」因諭以降事，令先出導意。裨將曰：「奈緣某家在都城何？」澄曰：「事急矣，當且爲身謀，我家百口亦不暇顧矣。」是夜裨將赴城而出。明日，澄徧召將卒，告曰：「澄守數旬，志不負國，事勢如此，須爲生計，諸君以爲何如？」將卒皆發聲大哭。澄懼有變，亦泣曰：「澄受恩固深於諸君，且有父母在都城，寧不知忠孝乎？但力不能抗耳。」於是率將吏開門請降。建鄴初圍，後主遣使徵上江兵入援，以建昌軍制置使朱令贇爲統將。時勝兵數萬，屯於湖口不進。後主累促之，至皖口方交戰船，爲天兵所圍，贇自救之被執，餘兵皆潰。建鄴受圍經歲，城中斗米十千，死者相籍，惟恃此救。自潤州降後，不聞外信，出降者相繼。或云贇已敗死，後主猶謂不實。城陷，後主欲自殺，左右泣涕固諫得止。元宗、後主皆妙於筆札，好求古迹，宫中圖籍萬卷，鍾、王墨跡尤多。城將陷，謂所幸寶儀黄氏曰：「此皆吾寶惜，城若不守，爾可焚之，無使散逸。」及城陷，黄氏皆焚，時乙亥歲十一月也。後主至汴京，二歲殂，南人聞之，巷哭設齋。後主初即位，中使趙希操自建鄴奉使江西，夜宿姑熟，中宵忽聞二人相語曰：「君自金陵來，新王何以爲理？」一曰：「吾聞新王以仁孝爲理。」又曰：「如是則明王也。」久之，又聞一人曰：「然則水木之歲，當至汴梁。」希操心喜，以後主終得中原，果以乙亥歲國除入天朝。後主妙於音律，樂曲有《念家山》，親演其聲爲《念家山破》，識者知其不祥。至甲戌歲，有衛兵秦福自毁其鞋，跣足升正殿御座，論者以鞋者履也，履與李同，言李氏將敗，此殿爲秦人所得也，秦、趙古同姓焉。後主酷好著述，有《雜説》百篇行於代，時人以爲可繼《典論》。江南人臣至中朝，名最顯著者徐鉉，字鼎臣，與弟鍇同有大名於江左，方之士衡、士龍焉。鍇字楚金，先城陷而卒，著書甚多，謚爲文。後主文集，鍇爲之序，《新説》又鉉爲序。鉉著《質論》十餘篇，後主宸筆冠篇，儒者榮之。

龍衮《江南野史》卷三《後主》 後主名昱，字重光。本名從嘉，及嗣立改焉。嗣主第六子，太子冀同母弟。初封安定郡公，周師入淮甸，遷神武軍都虞候，沿江巡撫，田獵於野。時周世宗怒不割淮南地，帥衆將渡江征建康，見白氣貫空，使覘之，乃後主與衆獵焉，歎曰：「彼有人焉，未可圖也。」遂止。嗣主聞之，因立

爲後，以吴王參政。

嗣主南遷洪州，遂立爲太子，監國。嗣主殂，遂即僞位。尊母鍾氏爲太后，立妃周氏爲皇后，封諸弟爲王，百官皆加職。罷諸郡屯田，歸州縣，委所屬宰簿與常賦俱征，隨所租入十分錫一，謂之「率分」，以爲禄廪，諸朱膠牙税亦然。由是公無遺利，而屯田佃民絶公吏之撓刻，獲安業焉。乾德二年，始用鐵錢，以十當銅之一。初，嗣主即位，征伐頻起，先主德昌泉布既竭，遂議鑄「唐國」錢，其眉曰「唐國通寶」，約一千重三斤十二兩。至數年而弊，百姓盜鑄幾至一斤餘，以一文置水上不沉，雖嚴禁不止。至是有鐵錢之議，既行至數年，物價漸增，諸郡之民復盜鑄者頗多而輕小，環外芒刺，不及官場圓浄。國家雖以法繩之，犯者配遠郡，民罹之益衆而不止。又先主世□不概括定民産，自正斛上別輸三斗於官廪，受鹽二斤，謂之鹽米，百姓便之。及世宗克淮南，鹽貨遂艱，官無可支，至今輸之，猶爲定制。

以林仁肇爲南都留守、南昌尹。冬，建州節度使陳晦卒。

時後主罔恤政務，曉於禁中卧聽内道場行童撞鐘有節數，喜而召之，與剃度爲僧。而童子姦猾，對曰：「不敢獨受恩澤，願陛下如佛慈悲，廣覃諸郡。」於是普度焉。是歲十月二十日，後主納國。開寶三年冬，後主因校獵於青龍山，還，大理寺親録囚繫，多獲原宥。給事中蕭儼、中書侍郎韓熙載等彈奏，稱「獄訟必申有司，囹圄之中非車駕所宜至，請省司罰内帑錢三百萬充軍資庫用」。

三年【略】韓熙載卒。天王使至，諷後主入朝，昱不應詔。初，流言共謂北使竊伺後主延餞至船，必載之北渡，自是後主懼，不復登使者船。秋，撫州齊王景達卒。遣弟宜春王從謙入朝京師。冬，有商人上密事，請竊往江陵焚燒北朝所造樓船戰艦數千艘，乞割符驗，後主懼事泄，不敢聽，於是商人遁去。下令貶損制度，下書稱教，改中書省爲左右内史府，尚書爲司會府，御史臺爲司憲府，翰林爲宏文館，樞密院爲光政院，降諸王爲郡公。初，臺閣殿各有鴟吻，自乾德後天王使至則去之，使還復用，至是遂除。

四年冬，南都留守、南昌尹林仁肇卒，遇鴆也。誅内史舍人潘佑、户部侍郎李平。以侍衛親軍都虞候申屠令堅爲吉州刺史。六年，遣次弟鄧王從益朝京師，尋遣回，諭後主入朝。六年冬，王師濟江，克池州。以天德軍都虞候杜真率師禦之，敗績於當塗。遂戒嚴城守，下令去開寶之號，公私牘籍稱甲戌歲。募民獻納緡粟以裨國用，而署之以爵秩，時獻者頗多。袁州萍鄉制置使劉茂忠破潭師於境内。

八年春，【略】城將陷没，越人攻丹徒，命同德軍都虞候盧絳督舟師出援之。是歲，閱民爲師徒。初先主之世，既爲量民田以奠科賦，自二緡而上家出一卒，號爲義師；中有別籍分居又出一卒，謂之新生擬軍；至民間有新置物産者亦出一卒，謂之新擬軍；又於客户内有三丁者抽一卒，謂之團軍，後改爲拔山軍，使物力户爲之，將校董之。又嗣主之世，許諸郡民劃競渡船，每至端午，官給綵，俾兩兩較其殿最，勝者加以銀椀，謂之打標，皆籍其名，至是盡蒐爲卒，謂之淩波軍。率民間傭奴贅婿，謂之義勇軍；又募豪民，皆自備緡帛車服兵器，招集無賴亡命輩，謂之自在軍，民應之者益多矣。王師圍急，乃竊降蠟書，招百姓自老弱外能被執者，謂之排門軍。凡十三等名，遣赴邊境及登城把守。建康城陷，方罷歸農，其將校起發入京師，數年放還鄉里。

夏，誅神衛統軍都虞候皇甫繼勳。秋，洪州節度使朱令贇自潯陽湖口帥水陸諸軍將校援建康，進次虎蹲洲，與王師合戰，衆皆潰，令贇死之。

初，後主以大兵圍近歷年，百姓疫死，士卒乏食，俾陳喬作降款，與太子出降。使行人與約，詰旦，至午未決，尋城陷。都招討使曹彬既入，後主出拜於宫門，彬曰：「何故負約？」後主無辭，惟言人心不一故也，遂令左右奉璽綬上彬。彬復命後主作書委諭諸郡，令以城歸順。惟江州不從，其裨將胡則殺刺史、監軍使，遂據城叛。先鋒曹翰率衆攻之，師老而疲，至明年冬，食盡方陷，遂屠其城。王師既入建康，惟後主宫門不入。時昇元寺閣數層，高可十餘丈，梁時爲瓦棺閣，豪民富商之家避難於上殆千餘人，爲越人所焚，一旦而熄。

彬乃使監守後主，與二弟、太子而下登舟赴闕，百司官屬僅千艘，將發，號泣之聲溢於水陸。既行，後主於舟中時泣數行下，因命筆自賦詩云：「江南江北舊家鄉，三十年來夢一場。吴苑宫闈今冷落，廣陵臺殿已荒涼。雲籠遠岫愁千片，雨打孤舟淚萬行。兄弟四人三百口，不堪閒坐細思量。」既至汴口，欲登禮普光寺，左右猶諫止，後主怒而大罵曰：「吾自少被汝輩禁制，都不自由，今日家國俱亡，尚如此耶！」登之，拳拳而禮，歎念久之，散施衣物緡帛。至京師，乃面縛銜璧，羣臣輿櫬以見太祖。太祖以後主拒命勞師，然念稱藩入貢已二十餘年，乃赦之。後主與臣寮素服徒步，太祖御乾元殿，乃告曰：「汝爲江南國主已乎？」昱見左右班列儀衛嚴肅，股慄久之，不能對。尋命赦罪，賜冠帶，遣就館，封違命侯，授左千牛衛上將軍。

太宗登極，改封隴西公。太平興國三年秋，後主因疾作，上宣翰林醫視藥，中使慰諭者數四，翼日而卒。在僞位十五年，年四十二，贈太師，追封吳王，給賜含襚彌厚，遣中使護喪事。初，後主既違朝旨，拒命不行，嘗謂人曰：「他日王師見討，孤當擐戎服，親督士卒，背城一戰，以存社稷。如其不獲，乃聚室自焚，終不作他國之鬼。」太祖聞之，謂左右曰：「此措大兒語耳，徒有其口，必無其志。渠能如此，孫皓、叔寶不爲降虜矣。」至是果然。

後主自少俊邁，喜肄儒學，工詩，能屬文，曉悟音律。姿儀風雅，舉止儒措，宛若士人。酷信浮圖之法，垂死不悟。常於禁中署僧尼寺宇中，常所聚徒迨數百人。朝退，與后頂僧伽帽，衣袈裟，轉誦佛書，手不暫釋，拜跪頓顙，至爲瘤贅。親爲桑門削作厠簡子，試之顋頰，有少澁滯者，再爲治之。其手不鈔，乃學佛握印而行，百官士庶則而效之。由是建康城中寺院僧徒迨至萬餘，親給廩米帑藏緡帛以供之。常召募有道士爲僧者，與之二金，往往貪苟而爲者。僧犯姦，有司具牘還俗，後主不聽，乃曰：「僧人姦淫，本圖還俗，今若從之，是縱其欲。」勑令禮佛三百拜，免其刑。北朝聞之，陰選少年有經業口辨者往化之，後主崇奉，謂之一佛出世，號爲「小長老」，朝夕與論六根四諦、天堂地獄、循環果報。又説令廣施刹梵，營造塔像。身被紅羅銷金三事，後主讓其太奢，乃曰：「陛下不讀《華嚴經》，争知佛富貴？」自是襟懷澂悦，兵機守禦之謀慌然而施，困廪漸虚，財用益竭。又使後主於牛頭山大起蘭若僅千間，聚徒千衆，旦暮設茶食，無非異方珍饌，一日食之不盡，明旦再具，謂之折倒，時議謂折倒爲翌日讖。及大兵至，獲爲營署。北朝又俾僧於采石磯下卓庵，自云少而草衣木食，後主使齎貢獻，佯爲不受，乃陰鑿穴，及壘石爲塔，闊數圍，高迨數丈，而夜量水面。及王師尅池州，而浮梁遂至，繫於塔穴，且度南北不差毫釐。師徒合圍，乃召小長老議其拒守，對曰：「臣僧當遥退之。」於是登城大呼而周麾，兵乃小却，後主喜，令僧俗兵士念誦「救苦觀音菩薩」，滿城沸湧。未幾，四面矢石雨下，士民傷死者衆。後主復使言之，託疾不起，及誅皇甫繼勳之後，方疑無驗，乃鴆而殺之。時城中有僧數千，表乞被堅執鋭出城鬬戰，後主不從，曰：「不可毁他教法。」宰相湯悦、吏部尚書徐鉉之徒但順非文過，尸禄希旨，曾不一言諫諍，坐待王師，陰伺敗亡，隨作俘虜。韓熙載詼佞苟容，常上疏云：「諸佛慈悲，尚容悔過。」言多此類，任成禍胎，見危是幸。

迨盧絳出水戰，生獲裨將及甲士百人。其校身狀魁岸，容貌甚武，將見後主，或告之曰：「若對官家，善爲詞説，必免其禍。」校乃抗聲：「彼則一國主，何官家之有？」既見，喏而不拜，後主喜而且懼，因問：「北師中似汝輩者幾？」對曰：「國主若悟，誠宜趣降，爲一城生民延命。苟不如是，旦夕之中適爲魚肉。如吾輩者幾萬，何足問之？」後主默然無斷，久之令出，爲閽人所刺，乃大呼曰：「吾恨死不得其地矣。」餘甲士皆重傷，後主哀之，給飲食藥餌治之。迨愈引見，各給曰：「官家如佛慈悲，然好生惡殺，臣者無以爲報答，願踰城竊斬北師以謝生成。」乃夜縱之，迨旦皆割馘而至。後主喜之，賞賜有加，於是再遣之，而不復至矣。後主不知賊劓城外百姓耳獻焉，故城中虚實之狀皆被測之。諸郡有斷死獄者，當先奏牘，既詳覆無疑，乃於佛前炷香爇燈，以達旦爲驗。若火滅則從之，如燃則貸死。富商大賈有犯法者，乃賂左右内人竊續之，而獲宥者多矣。其爲人茫昧如此，不亡何竢？

初，北朝兵將興，吉州子城上有神見，頭如車輪，額上有珠，光燦如月，其軍民皆看，數日而没，今俗呼爲天王樓。又建康城外沿江排大樓船，皆有將軍之封，忽一艘旦吼如人，聞於十數里，後主乃降杖決之。又見梟雁自北而飛迨千羣，至城側，叫嘯悲鳴，遺糞於城屋及女牆上，皆白而臭，月餘乃止。城中士庶衣碧服，染時須經宿露則愈鮮，時呼之爲「天水碧」。盧陵曾氏將娶婦，忽化爲女，後嫁之生子焉。又有海鰌，形如大堤，長數十丈，至於潯陽，值冬水涸，不能旋，每每噞喁，水自腦出，或云海神取其珠矣。迨死，人食其肉，多者至卒以脊骨爲橋，脊骨爲臼。鰌者，鯉之類也，既死，則國亡。其怪識多若是，昱之君臣，皆顢蒙不悟其妖。

佚名《五國故事》卷上　煜，景之次子，本名從嘉，嗣僞位，乃更今名。有辭藻，善筆札，頗亦有惠性，而尚奢侈。嘗於宮中以銷金紅羅羃其壁，以白銀釘瑇瑁而押之。又以緑鈿刷隔眼，中糊以紅羅，種梅花於其外。又於花間設彩畫小木亭子，纔容二座，煜與愛姬周氏對酌於其中，如是數處。煜善音律，造《念家山》及《振金鈴》曲破，言者取要而言之《家山破》、《金鈴破》。又建康市中染肆之榜，多題曰「天水碧」，尋而皇家蕩平之，悉前兆也。初，煜建隆二年七月二十九日，襲僞位於金陵，因登樓建金雞以肆赦。太祖聞之，大怒，因問其進奏使陸昭符，符素辯給，上頗憐之。是日對曰：「此非金雞，乃怪鳥耳。」上大笑，因而不問。昭符之對雖涉滑稽，而能取悦上情，免其君僭上之責，亦其忠也。

陳霆《唐餘紀傳》卷三《國紀三》　後主名煜，字重光，中主第六子，初名從

嘉。母皇后鍾氏。從嘉廣顙豐頰，駢齒，一目重瞳子。文獻太子惡其有奇表，從嘉避禍，惟覃思經籍。歷封安定郡公、鄭王。文獻太子卒，徙吳王，以尚書令知政事，居東宮。交泰四年，遂立爲太子。中主南遷，太子留金陵監國，嚴續、殷崇義相夾輔，張洎主牋奏。

六月，中主殂于南都，太子嗣立于金陵，居喪哀毁，幾不勝。赦境内。尊鍾后聖尊后，后不稱太，避其父泰章諱也。立妃周氏爲國后。徙信王景逷爲江王，鄧王從善爲韓王，封弟從鎰爲鄧王，從謙爲宜春王，從信爲文陽郡公，景遷子從度爲昭平郡公。令諸司四品至九品無職事者，日二員待制於内殿。以右僕射嚴續爲司空、平章事，餘進位有差。遣中書侍郎馮延魯如宋，表陳襲位，凡奉朔、稱號等禮，悉遵周舊。

秋九月，宋遣鞍轡庫使梁義來吊祭。

冬十月，宋遣樞密承旨王文來賀襲位。初中主内附于周，其在本國仍用帝者禮，至是一遵宋朔，不復建元，稱國主。于國中易紫袍以見使者，使退如初服。

十二月，置龍翔軍以教水戰。

宋建隆三年春三月，遣馮延魯入貢于宋。泉州節度使、中書令、晉江王劉從効卒，子紹鎡自稱留後。

夏四月，泉州將陳洪進執紹鎡歸于金陵，推副使張漢思爲留後。

六月，遣客省使翟如璧入貢于宋。是月，宋放我降卒千人南還。

冬十一月，遣水部郎中顧彝入貢于宋。

乾德元年春正月，宋主遣使來餉羊、馬、槖駝。

三月，宋出師平荆湖，遣使往軍前犒師。

夏四月，泉州副使陳洪進廢留後張漢思，自稱權知軍府，來告，即以洪進爲節度使。

秋七月，宋主來索顯德間將士在江南者，令還中朝，及令揚州民遷江南者還歸故土。

十二月，表請罷免不名之禮，宋主不允。

乾德二年春三月，行鐵錢，每十錢以鐵錢六權銅錢四而行，自後銅錢遂藏斬弗出。諸郡積餘至六十七萬緡，民間止行鐵錢，末年銅錢一直鐵錢十。命吏部侍郎韓熙載知貢舉，放進士王崇古等九人。既又命中書舍人徐鉉覆試舒雅等五人，雅等不就，乃御殿命題親試，以中書官涖其事，五人皆見黜。

秋八月，宋於江北置折博務，禁商旅過江。

九月，封子仲寓爲清源郡公，仲宣宣城郡公。

冬十月甲辰，仲宣卒。國后周氏已寢疾，哀傷增劇，遂亦卒。

十一月，宋遣作坊副使魏丕來吊祭。

乾德三年夏五月，司空、平章事嚴續罷爲鎮海軍節度使。

秋九月，聖尊后鍾氏殂。

冬十月，宋主遣染院使李光圖來吊祭。

乾德四年秋八月，遣龔慎儀使南漢致書，約與俱内附于宋。

九月，慎儀至番禺，被執。

乾德五年春，命兩省侍郎、諫議、給事中、中書舍人、集賢、勤政殿學士，更直光政院内殿，召對咨訪，率至夜分。

開寶元年春三月戊申，以樞密使、右僕射殷崇義爲左僕射、同平章事。境内旱，宋主餉來麥十萬石。

冬十一月，立周氏爲國后。

開寶二年春三月，以游簡言爲左僕射兼門下侍郎、同平章事。

夏五月，簡言卒。

是歲，左僕射、同平章事殷崇義罷爲潤州節度使。

開寶三年夏，二日相觸。

開寶四年冬十月，宋主滅南漢，屯師漢陽，通國大懼，遣太尉、中書令、鄭王從善朝貢于宋。有商人來告，中朝造戰艦數千艘艤于荆南，請密往焚之，懼不敢從。

開寶五年春二月，下令貶損儀制，改詔爲教，中書、門下省爲左、右内史府，尚書省爲司會府，御史臺爲司憲府，翰林院爲藝文院，樞密院爲光政院，大理寺爲詳刑院，客省爲延賓院。官號亦從改易，以避中朝。初金陵宫闕，皆設鴟吻，中主雖奉職貢于周，其設如故，後主繼立，遇中朝使至則去之，使還復設，至是遂去不復用。諸弟封王者皆降爲公，從善楚國，從鎰江國，從謙鄂國。

閏月癸巳，宋主命我進奉使楚國公從善爲泰寧軍節度使，留之汴京，賜第汴陽坊，示欲徵國主入朝也。是月，遣户部尚書馮延魯如宋謝從善爵命。延魯至宋，疾病，不能朝而歸。

開寶六年夏，宋遣翰林學士盧多遜來，示欲興師意。

五月，遣使上請願受封册，不許。以司空殷崇義知左右內史事。

冬十月，內史舍人潘佑上書，歷詆公卿。佑素與户部侍郎李平善，朝議謂佑意起於李平，乃命以平屬吏，遣使收佑。佑自殺，平縊死獄中，皆徙其家外郡。

甲戌歲，秋，遣使求從善歸國，不許。宋遣閤門使梁迥來，從容言曰：「天子今冬行柴燎之禮，國主宜往助祭。」默不應。

九月丁卯，宋復遣知制誥李穆爲國信使，持詔來曰：「朕將以仲冬有事圜丘，思與國主同閱犧牲。」因諭以將出師，宜早入朝之意，使決可否，以復命。於是辭以疾，且曰：「臣事大朝，冀全宗祀。今不意如是，有死而已。」時宋主已遣潁州團練使曹翰率師先出江陵，宣徽南院使曹彬、侍衛馬軍都虞候李漢瓊、賓州刺史田欽祚率舟師繼發，及是又命山南東道節度使潘美、侍衛步軍都虞候劉遇東上，閤門使梁迥率師水陸並進，與國信使李穆同日行。

冬十月，遣江國公從鎰貢帛二十萬疋，白金二十萬斤，仍遣起居舍人潘慎脩貢買宴帛萬疋，錢五百萬。繕城聚糧，大爲守脩。

閏月，宋師拔池州，於是下令戒嚴，去開寶紀年，稱甲戌歲。辛未，宋師進拔蕪湖及雄遠軍，吴越亦大舉犯常、潤州。使貽吴越王書曰：「今日無我，明日豈有君？一旦明天子易地酬勳，王亦大梁一布衣耳。」吴越王表其書于朝。宋師次采石磯，作浮梁成，長驅渡江，遂至金陵。每歲大江春夏暴漲，謂之黄花水，及宋師至，而水皆縮小，人咸異之。自宋師薄都城，軍旅之任，專委皇甫繼勳，機事委陳喬、張洎，又以徐元瑀、刁衍爲内殿傳詔。遽書警奏，日夜狎至，元瑀等屏不以聞。宋師屯城南十里，閉門守陴，内庭尚不知也。初南唐有國，自侍衛諸軍外别有義軍、生軍、新擬、拔山、淩波、義勇、自在、排門、白甲等軍，凡九等，至是驅使捍禦，皆不可用，奔潰相踵。

乙亥歲春二月壬戌，宋師拔金陵關城。

三月丁巳，吴越攻我常州，權知州事禹萬誠以城降。誅神衛都指揮使皇甫繼勳。

六月，宋師及吴越兵圍潤州，留後劉澄以城降。事聞，收其家誅之。吴越遂會宋師圍金陵。洪州節度使朱令贇率師十五萬入援，兵敗，焚死，外救遂絶，金陵益危蹙。宋師百道攻城，晝夜不休。城中米斗萬錢，病足弱死者相枕籍。遣徐鉉等厚貢方物，求緩兵，守祭祀，兩遣皆不報。

冬十一月，晝晦。乙未，城陷，將軍咼彦、馬承信及弟承俊帥壯士數百，力戰而死。勤政殿學士鍾蒨朝服待盡，兵至死之，舉族就死，無去者。右内史侍郎陳喬入見，請同死社稷，不得命，退自縊死。後主乃率司空、知左右内史事殷崇義等肉袒降于軍門。

明年正月辛未，至宋廷。乙亥，授右千牛衛上將軍，封違命侯。宋太宗即位，進封隴西郡公。太平興國三年七月辛卯，暴卒，年四十二。是日，七夕也，後主蓋以是日生。贈太師，追封吴王，葬洛陽北邙山。

後主天稟純孝，孜孜文學，虚懷接下，賓禮大臣，傾奉中朝，唯恐不及。加以留神著述，勤於政理。至於書繪，皆造精妙。然所短者，酷溺竺乾之教，果於自信，以是上下弛墮，奸宄得行，忠讜見斥，國用日竭，貢奉不充，越人乘危，遂爲敵國。又求援北虜，行人泄謀，兵禍遂不可紓矣。雖然，曆數有歸，時當混一，於斯之際，雖使先主君國，齊丘運謀，亦必北面係虜，況於後主之君臣哉！嗚呼，兹可長太息也矣。

備論

《新五代史》卷六二《李煜世家》 予世家江南，其故老多能言李氏時事，云太祖皇帝之出師南征也，煜遣其臣徐鉉朝于京師。鉉居江南，以名臣自負，其來也，欲以口舌馳説存其國，其日夜計謀思慮言語應對之際詳矣。及其將見也，大臣亦先入請，言鉉博學有材辯，宜有以待之。太祖笑曰：「第去，非爾所知也。」明日，鉉朝于廷，仰而言曰：「李煜無罪，陛下師出無名。」太祖徐召之升，使畢其説。鉉曰：「煜以小事大，如子事父，未有過失，奈何見伐？」其説累數百言。太祖曰：「爾謂父子者爲兩家可乎？」鉉無以對而退。嗚呼，大哉，何其言之簡也！蓋王者之興，天下必歸于一統。其可來者，來之；不可者，伐之；僭僞假竊，期於掃蕩一平而後已。予讀周世宗《征淮南詔》，怪其區區攈摭前事，務較曲直以爲辭，何其小也！然世宗之英武有足喜者，豈爲其辭者之過歟？

馬令《南唐書》卷五《後主書》 嗚呼，隋文帝初輔政于周，内有五王之難，外罹尉遲迥、司馬消難、王謙之亂。方是時，指鹿逐兔，未知適從。武夫悍將，誰無覬覦。蕭巋承武皇享國之長，有席卷山南之勢，而區區敬慎，不敢連衡迥等者，信其臣柳莊之言，預知隋公之必興故也。矧迺蕞爾江南，獲覩真人之作，而不爲

之退聽，其罪當如何哉？李氏有國，肇於天福，盛於開運，削於顯德，亡於開寶，豈非有幸於亂世，而不容於治世歟？以周世宗之時，削國降號，稽首稱藩，其勢固已蹙矣。及屬皇朝，普天之下，莫不翹首太平，而猶竊土賊民，十有六年，外示柔服，内懷僭僞，豈非所謂逆命者哉。及其計窮勢迫，身爲亡虜，猶有故國之思，何大愚之不靈也若此！

陳霆《唐餘紀傳》卷三《國紀第三》　論曰：後主於宋，頻煩朝貢，事大之禮，不爲不勤；請免不名，居下之職，不爲不恭；願受封册，求延宗祀，乞哀之誠，不爲不切。使周世宗處此，將必恢弘君度，憐其盡禮，而諒其無罪，雖未必竟全其國，亦未必斷滅其祀。嗚呼，何李氏所丁之不哀也。自古帝王正統，傳之三代之後，惟漢、晉、唐、宋，得全稱焉，餘則皆閏也。宋雖繼周，然正統之紹，在李唐之全，而不在郭周之閏，江南之唐，則長安之唐之餘也。紹其統而殄其世，其視殷、周之存杞、宋，霄壤懸矣。且楚子入陳而不縣元，魏氏滅梁而封殖江陵，天下後世與其存亡，許其執義，宋於此曾不顧念，豈天下義舉，獨夷狄能知哉？借曰卧榻之側，難容鼾睡，然當其哀鳴之頃，豈不能捐海濱一州，裂數百里無用之地，徙爲庸城，建爲方國，使之事守少延，官使粗備，存神堯之一脈，備有宋之三恪。三載則王馬來朝，比年則玉帛登貢，與宋無窮，儼古不忝，顧亦何遽妨其大而害其統也。乃視均僭僞，罔論其胄，薙而滅之，惟恐不亟，繼則錮之于私第，殞之以非命，如是滅國，不其甚哉！世謂三代而下，仁厚爲國者莫宋氏，若觀此舉措，去仁厚遠矣。厥後天水運窮，胡馬飲漸皋亭，進師之際，遣十臣于虜庭，求封小國，哀鳴雖勤，而虜卒不許，厓山帝屍，竟葬魚腹，天之報之，足稱其施，曾何爽也。嗚呼，後之滅人國者，視宋可爲監矣。

毛先舒《南唐拾遺記》　敍曰：予觀李後主雅好儒學，善文章，繼統江南，屢有美政。惜其智略不優，而喜游宴，又湎于酒，遂以亡國，然非有吴主皓、東昏侯之酷虐淫酗亡度也。歸命之後，謂宜優饒，小詞何罪，致慘禍以死，無乃宋人實甚。予讀馬令、陸游諸公所撰著及他外紀所載，竊悲之。嗟乎，煜未爲太子時，以兄冀性嚴忌，獨遠嫌避跡，執喪哀過其禮，可不謂孝友出天性者哉！太宗號宋英主，然太祖十月崩，十二月即改元。傳位後，致弟、姪俱不得其死。開寶皇后崩，羣臣不成服。天倫之際，慙德實多，故迹成敗以議，而賢否繫之，非篤論也。予故略采江南遺事，諸不見正史者，附於馬、陸二書，鄭文寶《近事》，陳彭年《別録》，及陳霆《唐餘記傳》之後，名曰《南唐拾遺記》，以備覽古者之蒐擇。且以懲喪失家國者，不必盡極亂之主，而不能自强于爲政，雖才華明敏，爲守文令辟，亦終不免辱於銜璧云。

吴任臣《十國春秋》卷一七《後主紀》　論曰：後主恂恂大雅，美秀多文，鄉使國事無虞，中懷兢業，抑亦守邦之主也。乃運丁百六，晏然自侈，譜曲度僧，略無虚日，遂至京都淪喪，出涕嗟若，斯與長城之「玉樹後庭」、賣身佛寺以亡國者，何其前後一轍邪？悲夫！

藝文

黄庭堅《山谷全書》卷二二《江南李後主夢觀世音像讚》　補陀巖中大慈聖，滄浪石上觀生死。南州歷聖師子王，感夢白衣施無畏。夢回洒筆具光相，照鏡還與我面同。當時若會照鏡句，放下江南作閑客。

黄庭堅《山谷全書》卷二八《跋李後主書》　觀江南李主手改表草，筆力不減柳誠懸，乃知今世石刻曾不得其髣髴。余嘗見李主與徐鉉書數紙，自論其文章，筆法政如此，但步驟太露，精神不及此數字筆意深穩。蓋刻意與率爾爲之，工拙便相懸也。

佚名《宋大詔令集》卷二二五《賜江南李煜嗣位禮物詔》　眷彼江左，世撫舊邦，積善降祥，聿生令器。國主知奉先之道，傾事大之心，克稟貽謀，紹先奕葉。嗣位允符于衆望，爲邦果契于永圖。遐傾内附之心，益洽同文之化。屬新承于基構，宜特沛于朝恩，專命近臣，往申慶賜。今遣樞密承旨王仁贍賜國主禮物，具如別録。

佚名《宋大詔令集》卷二二五《答江南李煜手表詔》　朕以江南舊邦，世有令德，承襲基業，保乂黎元。而能遠奉中朝，克遵禮命，備見奉先之志，用嘉述職之誠。言念忠純，方深延納。載披手翰，彌慰朕懷。

佚名《宋大詔令集》卷二二五《賜江南李煜嗣位禮物詔》　朕奮發側微，經綸草昧，削平多壘，輔翊前朝。惟堅金石之心，用保山河之誓。歷事二主，于兹十年。洎世宗上仙，少帝嗣位，仰承顧命，敢怠初心？屬并寇之幸災，結外裔而入鄙。尋奉專征之命，方圖却敵之功。豈謂師次郊圻，變生倉卒，人心所屬，天命有歸，競倒干戈，逼趨京闕。千夫之長，不息于歡呼；三事之臣，共伸于推戴。

勉從禪讓，若墜冰淵。非不能致命捐軀，蓋無益于周之宗社。國主雄材奕葉，武略守邦，撫吳、楚之全封，紹楊、徐之舊業，備觀興替，深識變通，共保歡盟，永安疲瘵。遠惟英晤，當鑑誠懷。

佚名《宋大詔令集》卷二二五《諭江南李煜橫海等軍士骨肉津遣過江詔》 朕撫寧寰宇，愛育黎元，每思致理之方，務在從人之欲。今據橫海、飛江、水鬭、懷順諸指揮員寮、節級、兵士，各稱有骨肉現在江南，乞取歸京。國主素推仁愛，必念流離，可令所司分析軍兵，憐其割愛，津遣過江。體予馭遠之懷，庶協同文之化。

洪邁《容齋隨筆》卷五《李後主梁武帝》 東坡書李後主去國之詞云：「最是蒼皇辭廟日，教坊猶奏別離歌，揮淚對宮娥。」以爲後主失國，當慟哭於廟門之外，謝其民而後行，乃對宮娥聽樂，形於詞句。予觀梁武帝啓侯景之禍，塗炭江左，以致覆亡，乃曰：「自我得之，自我失之，亦復何恨。」其不知罪己，亦甚矣。竇嬰救灌夫，其夫人諫止之。嬰曰：「侯自我得之，自我捐之，無所恨。」梁武用此言而非也。

朱熹《晦庵先生朱文公集》卷八二《跋李後主詩後》 「平叔任散誕，夷甫坐論空。豈悟昭陽殿，遂作單于宫！」此陶隱居託魏晉以諷蕭梁之詩也。當時不悟，竟蹈覆轍，其爲商監，益以明矣。而違命李侯，乃復以無生混茫者亡其國，何哉？道學不明，人心不正，詖淫邪遁之説肆行而莫之禁也。嗚呼痛哉！

熹觀汪伯時所藏李後主手寫詩，歎息書此。潘叔昌訪熹釣臺，因書贈之。淳熙辛丑十一月十八日。

佚名《國朝二百家名賢文粹》卷一九一《題江南李後主書》 右，江南李後主書《雜説》數千言，及德慶堂題榜。大字如截竹木，小字如聚鍼丁，似非筆跡所爲者。歐陽永叔謂：顔魯公書，正直方重，如其爲人。若以書觀李主，可不謂之倔强丈夫哉！然一何柔弱骫骳之甚也？孔子謂：「以貌取人，失之子羽。」聖人親見其面，猶不能知其心，況以字書而揆人者哉！

宋齊丘部

綜述

馬令《南唐書》卷二〇《宋齊丘傳》 宋齊丘，豫章人也。其父誠，爲江西鍾傳副使，卒於任。時天下已亂，經籍道熄，齊丘獨好學，有大志。及鍾傳敗，齊丘益窮，隨衆東下，糊口於倡優魏氏。烈祖時爲昇州刺史，延四方之士，齊丘依焉，因以《鳳皇臺》詩見志，曰：「嵯峨壓洪泉，岝客撑碧落。宜哉秦始皇，不驅亦不鑿。上有布政臺，八顧背城郭。山蹙龍虎健，水黑螭蜃作。白虹欲吞人，赤驥相煒爍。畫棟泥金碧，石路盤磽确。倒掛哭月猿，危立思天鶴。鑿池養蛟龍，栽松棲鸑鷟。梁間燕教鶵，石罅蛇懸殼。養花如養賢，去草如去惡。日晚嚴城鼓，風來蕭寺鐸。掃地驅塵埃，剪蒿除鳥雀。金桃帶葉摘，緑李和衣嚼。貞竹無盛衰，媚柳先揺落。塵飛景陽井，草合臨春閣。芙蓉如佳人，迴首似調謔。當軒有直道，無人肯駐脚。夜半鼠窸窣，天陰鬼敲啄。松孤不易立，石醜難安着。自憐啄木鳥，去蠹終不錯。曉風吹梧桐，樹頭鳴曝曝。峨蛾江令石，青苔何淡薄。不話興亡事，舉首思眇邈。吁哉未到此，褊劣同尺蠖。籠鶴羨鳧毛，猛虎愛蝸角。一日賢太守，與我觀橐籥。往往獨自語，天帝相唯諾。風雲偶不來，寰宇銷一略。我欲烹長鯨，四海爲鼎鑊。我欲取大鵬，天地爲矰繳。安得生羽翰，雄飛上寥廓。」烈祖奇其才，以國士待之。

歙人汪台符投書于烈祖，齊丘忌其名，頗排斥之。齊丘本字超回，台符因是貽書侮之，曰：「聞足下齊大聖以爲名，超亞聖以爲字。」齊丘慚，即改字子嵩。隨烈祖鎮京口，入定朱瑾之難。雖參謀議，而怯於鼓鐸，故不預戰功。烈祖輔政，勵精爲理，修舉禮法，以遏强衆，親附卿士，寬徭薄賦，人用安輯，齊丘頗有力焉。烈祖欲進用之，而爲徐義祖所惡，乃以爲殿直軍判官。凡十年，義祖卒，始拜右司員外郎，累遷左諫議，兵部侍郎，居中用事，期以相之。齊丘自以名望甚淺，欲爲退讓以自重，乃告如豫章改葬其父，因入九華山，啓求退居。吴主連徵不至。元宗時爲大將軍，烈祖使元宗親往敦迫，乃起，除中書侍郎，遷右僕射、平章事。烈祖出鎮金陵，以元宗入輔政，委齊丘左右之。齊丘於是益樹朋黨，潛自封殖。

時烈祖權位日隆，中外皆知有禪代之勢，而烈祖恭謹守道，懼羣下不協，欲待嗣君。齊丘亦盛贊其説，與烈祖意合。烈祖次子景遷，吴主之婿也，美姿儀，風度和雅，烈祖鍾愛特甚。齊丘使陳覺爲景遷教授，以賈其聲價。齊丘參決時政，多爲不法，輒歸過於元宗，而盛稱景遷之美，幾有奪嫡之計。所以然者，以吴主少而烈祖老，必不能待，他日得國，授於景遷，景遷易制，己爲元老，威權無上矣，此其日夕之謀也。烈祖覺之，乃召齊丘如金陵，以爲己副，遥兼節度使，無所關預，從容而已。行軍司馬徐玠、副使李建勳、判官孫晟、賈潭、吴相、王令謀、都校周宗之徒，相爲推挽，决行大事。既建齊國，以齊丘爲左丞相，遷司空，徐玠爲右丞相。

明年，烈祖即位，徐玠爲使相，張居詠、張延翰、李建勳皆平章事，周宗爲樞密使，齊丘但遷司徒而已。自悼失計，復耻無功，不勝其忿。受宣之日，聞制，辭云：「布衣時，陛下乃一刺史爾，今日爲天子，可不用老臣矣。」拂衣而出，闔門請罪。烈祖但遜辭以喻之，不爲改官。齊丘久之計無所出，乃更上書，請議遷讓皇他郡，以絶人望。吴世子璉，烈祖子婿也，又請絶其婚而斥遠之，其詞云：「非獨婦人有七出，夫有罪，亦可出之。」聞者莫不大笑。

居數年，復自陳，以輔相之重，不可不與政。烈祖許其入中書視事。又以兩省事多委給事、舍人，而中外繁劇之務皆在尚書省，乃求知尚書省事，亦許之。於是悉取朝廷附己者，分掌六司，下及胥吏，皆用所親吏視事。數月，有親吏夏昌圖者盜官錢三百萬，齊丘特判貸其死。烈祖大怒，切責所司，刑部官吏自劾請罪，久之乃解，昌圖坐斬。齊丘卧疾不出，烈祖遣壽王景遂往問之，許其出鎮本州。旬日，遂起拜洪州節度使。委任羣小，政事不治。所居舊里愛親坊改爲衣錦坊，大啟第宅，窮極宏壯。居坊中人，皆使修飾牆屋門巷，極備華潔。民不堪命，相率逃去，坊中爲之空。前後四任本州，其行事多類此，在富貴權要之地三十年，唯欲人之順己，其一言不同者，必被排擯。酷好術數，凡天文、地理、占相、卜祝之徒，在門下者數十人，厚禄以給之。相傳言齊丘少時，曾夢乘龍上天。凡文武百司，皆布朋黨，每國家有善政，其黨輒但言宋公之爲也；事有不合羣望者，則曰「不用宋公之言也」。每舉一事，必知物議不可，則羣黨競以巧詞先爲之地，及有論議者，皆以墮其計中。

羣臣敢言者，常夢錫、蕭儼、江文蔚、韓熙載等十數人，而常、蕭尤甚。夢錫性褊而簡言，儼無文而辭繁碎，故皆不能勝。然雖正人切齒，而流俗疏遠之人，猶瞻仰以爲元老，故趨附者益多。及國家多難，因欲遂其窺竊之計，卒以此敗。元宗謂近臣曰：「齊丘之才，安能當此大難，不過率國中以降，自爲功爾。」及放歸青陽，即舊第之外，別院處之，重門外鎖，穴牆以給食。明年，自縊死，年七十三，謚醜謬。

齊丘初館于倡妓魏氏，藉其貲給，遂以爲正室，亦封國夫人。無子，以從子摩詰爲嗣。及後主即位，召其妻子還建康，館給之，連坐者皆宥。齊丘爲文有天才，而寡學不經，師友議論，詞尚詭誕，多違戾先王之旨，自以古今獨步。書札不工，亦自矜衒，而嗤鄙歐、虞之徒。馮延巳亦工書，遠勝齊丘，而佯爲師授以求媚。齊丘謂之曰：「子書非不善，然不能精意，往往似虞世南，其何堪也！」其狂瞽如此。承二君不世之恩，而自陷刑辟，識者知其有天道焉。

陸游《南唐書》卷四《宋齊丘傳》 宋齊丘字子嵩，世爲廬陵人。父誠，與鍾傳同起兵。高駢表傳爲洪州節度使，以誠副之。卒官，因家洪州。

齊丘好學，工屬文，尤喜縱横長短之説。烈祖爲昇州刺史，齊丘因騎將姚克瞻得見，暇日陪燕游，賦詩以獻曰：「養花如養賢，去草如去惡。松竹無時衰，蒲柳先秋落。」烈祖奇其志，待以國士。從鎮京口，入定朱瑾之難，常參秘畫。因説烈祖講典禮，明賞罰，禮賢能，寬征賦，多見聽用。烈祖爲築小亭池中，以橋度，至則徹之，獨與齊丘議事，率至夜分。又爲高堂，不設屏障，中置灰爐，而不設火，兩人終日擁爐，畫灰爲字，旋即平之。人以比劉穆之之佐宋高祖。然齊丘資躁褊，或議不合，則拂衣遝起，烈祖謝之而已。義祖獨惡其爲人，每欲進拔，輒不果，浮沉下僚十餘年。

義祖末年，議者多請以徐氏諸子執國政，烈祖聞之，亟欲自請出鎮，齊丘請徐之。俄而義祖殂，自殿直軍判官擢右司員外郎，進右諫議大夫、兵部侍郎，居中用事，且倚以爲相。齊丘自以資望尚淺，或不爲國中所服，乃告歸洪州改葬，因入九華山，累啟求致仕，不許。時元宗已爲大將軍，烈祖以吴主命，命元宗躬往迎之，於是齊丘託不得已而起，遂拜中書侍郎，遷右僕射、平章事。烈祖出鎮金陵，以元宗入輔，委齊丘左右之。

初，烈祖權位日隆，舉國皆知代謝之勢。吴主謙恭，無失德，烈祖懼羣情未協，欲待嗣君，與齊丘議合。已而都押衙周宗揣微指，請急至都，以禪代事告齊丘。齊丘默計大議本自己出，今若遽行，則功歸周宗，欲因以釣名，乃留與夜飲，亟遣使手書切諫，以爲時事未可。後數日馳至金陵，請斬宗以謝國人。烈祖亦悔，將從之，徐玠固争，財黜宗爲池州副使。玠乃與李建勳等遂極言宜從天人之望，復召宗還舊職，齊丘由是頗見疏忌，留爲諸道都統判官，加司空，無所關預，從容而已。數請退，烈祖以南園給之。俄而齊國建，猶以勳舊爲左丞相，而不預事。

李德誠、周本自廣陵持吴帝詔來，行傳禪。齊丘謂德誠子建勳曰：「尊公吴室元勳，今日掃地矣。」獨稱疾卧家，不預勸進。烈祖既受禪，徐玠爲侍中，李建勳爲中書侍郎、同平章事，周宗爲樞密使，齊丘但遷司徒，中懷不平。及宣制，至「布衣之交」，忽抗聲曰：「臣爲布衣時，陛下亦一刺史耳。今爲天子，可不用老臣矣！」烈祖優容之。

嘗夜宴天泉閣，李德誠曰：「陛下應天順人，惟宋齊丘不悦。」因出齊丘諷止勸進書。烈祖却之曰：「子嵩三十年故人，豈負我者！」齊丘頓首謝。自是爲求媚計，更請降讓皇爲公侯，絶吴太子璉婚。久之，表言備位丞相，不當不聞國政，又自陳爲人所間，烈祖大怒。齊丘歸第，白衣待罪，而烈祖怒已解，謂左右曰：「宋公有才，特不識大體爾，孤豈忘舊臣者！」命吴王璟持手詔召見，遂以丞相同平章事，寖復委任兼知尚書省事，與張居詠、李建勳更日入閣議政。

契丹耶律德光遣使來，齊丘陰謀間契丹使與晉人相攻，則江淮益安，乃請厚其禮幣，遣還，至淮北，潛令人刺殺之。契丹與晉人果成嫌隙。

齊丘親吏夏昌圖盗庫金數百萬，特判付輕典，烈祖命斬昌圖。齊丘慚，稱疾求罷省事，許之，遂不復朝謁。帝遣壽王景遂勞問，許鎮故鄉，始入朝，因召與宴飲。齊丘酒酣，輒曰：「陛下中興，實老臣之力，乃忘老臣，可乎？」烈祖怒曰：「太保始以游客干朕，今爲三公，足矣！」齊丘詞色愈厲，曰：「臣爲游客時，陛下亦偏裨耳。今不過殺老臣！」遂引去。烈祖頗悔，明日，手詔曰：「朕之於子嵩所知，少相親，老相怨，可乎？」拜鎮南節度使。至鎮，起大第，窮極宏麗，坊中居人皆使修飾垣屋。民不堪其擾，有逃去者。初赴鎮，烈祖曰：「衣錦晝行，古人所貴。」賜以錦袍，親爲着之。遂服錦袍視事。

元宗即位，召拜太保、中書令，與周宗並相。齊丘之客，最親厚者陳覺，元宗亦以爲才。馮延巳、延魯、魏岑、查文徽與覺深相附結，內主齊丘，時人謂之「五鬼」。相與造飛語傾周宗，宗泣訴與元宗。而岑、覺又更相攻，於是出齊丘爲鎮

海軍節度使。齊丘怏怏，力請歸九華舊隱，從之，賜號九華先生，封青陽公，食青陽一縣租稅。

元宗欲傳位齊王景遂，詔景遂總庶政，惟魏岑、查文徽得奏事，餘非特召不得見，國人大駭。齊丘自九華上疏，極論不可。會言者衆，元宗乃收所下詔。或謂齊丘，先帝勳舊，不宜久棄山澤。遣馮延巳召之，不起，遣燕王景達再持詔往，乃起，拜太傅、中書令，封衛國公，賜號國老，奉朝請，然不得預政。益輕財好客，識與不識，皆附之。薦陳覺使福州論李弘義入朝。覺至福州，不敢言，而專命出兵，敗事，僉謂必坐誅，齊丘上表待罪，置之不問，覺亦不死。齊丘方且怒，韓熙載議其黨與，黜之。元宗不悅，復使鎮洪州。

周侵淮北，起齊丘爲太師，領劍南東川節度使，進封楚國公，與謀難。齊丘固讓，仍爲太傅。建議發諸州兵屯淮泗，擇偏裨可任者將之，周人未能測虛實，勢不敢輕進，及春水生，轉饟道阻，彼師老食匱，自當北歸，然後遣使乞盟，庶可無大喪敗。元宗惶惑不能用。又力陳割地無益，與朝論頗異。及明年暑雨，周棄所得淮南地北歸，議者謂扼險要擊，可以有功，且懲後。齊丘乃謂擊之怨益深，不如縱其歸以爲德。由是周兵皆聚於正陽，而壽州之圍遂不可解，終失淮南。

方是時，陳覺、李徵古同爲樞密副使，皆齊丘之黨，躁妄專肆，無人臣禮，自度事定必不爲羣臣所容，若齊丘專大柄，則可以無患，覺乃乘間言：「宋公造國於艱危如此，陛下宜以國事一委宋公。」元宗意謀出齊丘，大銜之。會鍾謨使還，挾周以爲己重，所言率見聽。而謨本善李德明，欲爲報仇，屢陳齊丘乘國危殆，竊懷非望，且黨與衆謀，不可測。元宗遂命殷崇義草詔曰：「惡莫甚于無君，罪莫深于賣國。」放歸九華山，而不奪其官爵。初命穴牆給食，俄又絶之。以餒卒，謚醜繆。覺、徵古皆誅死。未幾，元宗燕居，見齊丘爲厲，叱之不退，遂遷南都。

後主立，召其家還金陵，廩給甚厚。方齊丘敗時，年七十三，且無子，若謂窺伺謀篡竊，則過也。特好權利，尚詭譎，造虛譽，植朋黨，矜功忌能，飾詐護前，富貴滿溢，猶不知懼。狃於要君，闇于知人，釁隙遂成，蒙大惡以死，悲夫！

龍袞《江南野史》卷四《宋齊邱》 宋齊邱，字子嵩，世爲廬陵淦陽皁山人。父誠，因巢寇之亂，與南昌人鍾傳同起於草野，唐主不能制。時高駢鎮淮南，遂表傳爲洪州節度使，尋封南平王，以誠爲副使，卒於任所，齊邱因是以爲故里焉。齊邱少孤好學，爲文其體頗質樸，而無師授，活業貧窶，遂游學於諸郡。自以世亂，乃篤志於商君長短機變權霸之術，與之談者皆屈，莫能究其涯涘。

時先主刺昇州，其親友饒洞天出守廬陵，齊邱因刺謁之，與語終日，延於門下，旦夕爲之醼，因訪時務。未幾，洞天解郡，遂命載歸廣陵，未至而洞天疾病且死，因遺書薦之於先主。既至，棲遲逆旅，裹調罄乏，因吁嘆數四。其鄰倡優女魏氏聞之，乃竊賂遺數鍰，由是獲備管幅，遂克投贄一見。先主賓之以國士，大獲賂遺。尋娶魏氏，館而給之。因說先主廣延儒素，務農訓兵，黜陟奸否，進用公廉，修舉廢墜，制御姦雄。凡數年間，府廩盈積，城隍完峻，士卒驍勇。義父徐溫聞而往，自鎮之，乃遷先主刺守潤州。未幾，溫嫡子知訓爲朱瑾所殺，齊邱乃勉先主帥兵渡江，以平其亂，冀衛社稷，潛立大勳，代秉其政。若握重兵，制禦羣下，可成洪業。既至，遂果代之。時吴主既弱，政出多門，君臣綱紀弛而不振，乃修復政理，動據禮法，務葺民庶，罷其不經，總以要務，寬省征賦，農有定制，官無虛禄，輯睦公族，撫存將校，優給卒伍，爵賞有功，刑辟中度，斥捕攘寇，上下咸乂，皆齊邱之謀焉。又説以虛懷待士，博訪藝能，遂立延賓亭，招納賢豪，以敦著時望。復創一池，中立亭宇，每與先主登臨，乃屏絶人跡，以議國家，或至夜艾，池亭今猶在焉。先主欲致之重位，然爲溫所忌，遂署爲府中從事。溫卒，始擢拜右司員外郎，復授諫議大夫、兵部侍郎。居府中，日議庶政，乃使人於淮上延接北土歸義士大夫，孫忌、韓熙載等數十人皆以仁愛惠義致諸腹中，故得人莫不樂爲之用。

齊邱自揆以草野之人，遭會英傑，言聽計從，身居顯位，儒家之榮於斯爲盛，遂告歸豫章改葬。既入九華山下，卜居退身，表乞致仕。吴主累召，乃數表堅讓，略曰：「昔高宗之夢傅説，西伯之獲飛熊，況臣非築巖之相，釣渭之賢，禄位彌重，宜居山野。」云云。時嗣主已爲大將軍，先主使賫吴主詔，親往慰諭，優辭敦勉，彌留旬月，然後乃起，方舟並濟，好狎如友。既至，先主喜，分約父子，授中書侍郎，遷僕射、平章事。

先主位望崇重，基構彌隆，因謀爲禪代，乃請先主移金陵以基王業，交結鄰好，綏悦守宰，廣覃恩施，撫緝遠邇，吾輔元子，觀其間隙，以待時情，於是從之。然吴主恭默勞謙，人心未怠，而宮禁之內嬪御貴戚謦欬嚏咳之微，齊邱莫不知之，以陰聞建康，議以劉穆之之輔宋祖，無以過之。吴主忽謂左右曰：「孤克已雖勤，爲下所奉，然爲徐氏制馭，名存實喪。今欲求爲一田舍翁，將安所歸乎？」遂泣下數行。齊邱聞之，乃還建康，議遷都金陵。吴主既半渡，遂引至潤州安

置，號丹陽宫。未幾，使諷吴主禪位。先主既膺禪位，齊邱復請歸姓，以紹唐統，冀德威四方，遂遷左丞相、司馬。元勳乃就，國步既安，因表罷相，庶崇止足，以避賢能，遂除洪州節度使。

既至，乃召故老親屬與敍情舊，飲宴彌厚，溥霑饋遺，乃改其故里爲愛親里，坊爲衣錦坊。更易弊政，補緝郡條，庶民便利，莫不榮之。迨先主篤疾，詔還受顧命，託以後事。

嗣主立，加太傅，以前官相之。嗣主襟量仁懦，言幾玩狎，恭己無法，大失統御，或深居宫禁，全忘宵旰，齊邱每犯顔諫正，陳以昧旦之道，馭朽之危。又欲捐社稷，傳位於太弟，於是上疏論及先主創立之艱，憂勤之重，狂諫不從。未幾，以爲浙西節度使。自是左右侍從，皆東宫白面少年，儒流雅士，韓熙載之徒多肆排毁，以先朝老臣，終不爲少主所用。嗣主顧盼，頗見慢色，齊邱知之，求罷其政，但奉朝請而已。年既衰暮，自負勳舊，不能折節降身，隨時容衆，爲鍾謨、常夢錫、江文蔚、蕭儼等承非順旨，尤生謗瀆。乃歎曰：「鳥盡兔死，則弓藏犬烹矣。」因表乞歸九華舊居，嗣主與左右皆以爲詐，徼要君上，乃賜號九華先生，封青陽縣公，食一縣之賦。

至四年，嗣主命齊王景達執詔與俱還建康，亦奉朝請而已。至六年，又出鎮洪州。九年，復詔還，拜太師，固讓。十一年，復往南昌。十三年，周師入淮甸，詔還謀難。始，齊邱賜歸九華，朝廷多用文儒，以干戈爲戲，屢征閩、建，復討湘、沅，外乏師旅，内竭帑藏，國用軍器宕然虚匱，淮甸疆境棄如土芥，養老乞言以爲迂典，諮詢謀諏恥而不行，周師暴至，遂失備禦。方詔還議軍事，未至，以劉彦貞爲都統出援壽春，齊邱聞之，曰：「斯乃蹴踘射帖之徒，焉能總衆以禦勁敵？辱國喪師，必是行矣。」既至，因表乞急詔還，彦貞聞之，狠愎而行，未幾果没。復以朱元又叛，諸郡皆陷，選將閲師，稱藩割地，皆一匪專謀。復告老謝疾，乞骸骨，歸南昌。

既而嗣主自亡淮南，神情躁撓，慌悸不安，嘗曰：「孤欲屣脱國務，放心雲鶴，每思寄託，恨未得人。」時陳覺、李徵古等常見親密，因順旨而言：「齊邱先朝夙老，謀家造國，四方所知。若委之國事，俾繼伊、旦，陛下暫輟萬幾，高宴深宫，候睿德隆寗，歸政何晚？」又會鍾謨北使返，論稱世宗曰：「朕與江南分義既定，然宋齊邱不死，殆難保其久永。」合朝順非，遂成釁隙，因是貶殺覺等。時齊邱不知其旨，乃見艫艦舟詔入，遣歸九華。既至，遂絶糧七日而卒。

齊邱昔常著啟云：「至於千慤萬端，只爲飢寒兩字。」人見其死，謂之白讖。

齊邱所薦進者，惟能先萌未兆、智策宏遠、才堪致化、理能易俗、與己合志同方者，乃授拔擢，凡數十人，名皆顯達，貴歷朝廷，豈以尋章摘句、戕賊經史、殘剥古人之詞爲文士者哉！故齊邱之學，天才縱逸，穎出羣彙，混然而得，非耗畫前修而爲之辭。至《鳳臺山亭詩》《延賓亭記》《九華三表》，有古儒之風格，《化書》五十餘篇，頗幾於道衆。凡建碑碣，皆齊邱之文，命韓熙載八分書之。熙載常以紙實其鼻，或問之故，答曰：「其辭穢而且臭。」時見詩誹，多此之類。

齊邱常與先主議，選宫嬪，雜以珠貝羅綺，使之泛海北通契丹，欲圖復中原。而虜主耶律德光使至，厚幣遣還，迨至淮北，乃使人殺之，復遣沿海賁琛以爲報聘。虜主不知，謂北朝殺己之使，因漸構隙，前後如是者數四。於是德光大怒，數寇邊境，及銜晉少主，與之抗禮，遂入梁園，遣使召江南與之會醼。嗣主謙抑辭而不行，故周世宗初征淮南，詔書云：「結連并寇，與我爲仇。勾誘契丹，至今未已。」皆齊邱之始謀也。或云虜母青媛，乃江南之嬪。

且嘗嗣主懦躁，輕肆失言，陳覺之徒諂諛，率爾詭對，不能慎其樞機，禍及正人，亦非夙心素志，同誠協謀。復會鍾謨籧篨讒慝，交亂庸君，九華之墳卉草，謨亦繼誅。蕭儼以蒙瞽無文，戇而愎訐；江文蔚辭賦常品，學非博通；常夢錫以幃薄之内，猱雜不修；韓熙載淫而無行，縱誕不持，豈能知變識機，立功定業？當齊邱秉政莅任，皆斥腐儒鯫生，身誇行穢，故不大用，及位已崇峻，由是哆於頬頰，背憎面譖，羣誣黨議，千舌百辟。加之齊邱性度不能洪綽，襟器斗筲，苟不附己，莫之容忍，汪台符譏其名字，潛沉深淵。初鎮南昌日，有故識慢言，致之大辟，乃榜其屍曰：「毁辱先皇，誇訕今上，亂臣賊子，宜棄市朝。」斯亦孔子所謂「管仲之器小哉」！初囚九華，乃命筆作《老牛歌》以獻，爲主者所匿今傳於人口。將死，謂人曰：「吾昔幽囚楊氏於泰州，一無聊生，吾之罪也。然今一死，故無所恨。」遂自縊而卒，年七十餘矣。有一子，先邱而亡。

吴任臣《十國春秋》卷二〇《宋齊丘傳》 宋齊丘字子嵩，世爲廬陵人。好學，有大志，尤喜縱横短長之説。少時夢乘龍上天，頗以此自負。父誠爲洪州鍾傳副使，卒于任，齊丘遂依傳家焉。傳敗，齊丘窮困不能存活，隨衆東下，餬口于倡家魏氏。烈祖爲昇州刺史，延攬四方賓客，齊丘因魏將姚克贍往謁，暇日陪燕遊，託《鳳凰臺詩》見志，烈祖奇其才，以國士遇之。從鎮京口，入定朱瑾之變，常參秘畫，因説烈祖講典禮，明賞罰，禮賢能，寬征賦，多見聽用。烈祖爲築小亭池

中，以橋度，至則撤之，獨與齊丘議事，率至夜分。或居高堂，不設障幄，中置火爐，以鐵箸畫灰爲字，隨滅去，故密謀人莫得而知也。隨欲大用齊丘，而義祖惡其爲人，乃以爲殿直軍判官，凡十年。

義祖殁，始擢右司員外郎，累遷右諫議、兵部侍郎，居中用事，行且爲相矣。齊丘自以資望淺，不爲遠近所服，謁告歸洪州葬父，因入九華山，連徵不至。時元宗已爲大將軍，烈祖以吴主命，令往敦迫之，乃起，除中書侍郎，遷右僕射、平章事。烈祖出鎮金陵，以元宗輔政，委齊丘左右之，齊丘益樹朋黨，潛自封殖。

是時烈祖權位日隆，中外皆知有禪代之勢，而烈祖慮羣下不協，陽爲退抑，以代嗣君，齊丘亦盛贊其説爲名高。會都押牙周宗微以傳禪意諷吴主，且告齊丘，齊丘疾其先己也，請斬宗以謝吴主，烈祖由是不平。而楚王景遷者，吴主婿也，美姿儀，風度和雅，烈祖絶愛之；齊丘揣得其意，使其黨陳覺爲景遷教授，極稱景遷才，諸所參決，時政不法者，輒歸過元宗以傾之。蓋齊丘私計，烈祖他日得國，授于景遷，景遷和柔易制，己爲元老，威權無上矣。烈祖稍稍覺之，召爲都統判官，加司空，無所關預，從容而已。

俄而齊國建，猶以勳舊爲左丞相，而不與事。李德誠等持禪詔至，百官詣金陵勸進，齊丘獨稱疾卧家，不署表，烈祖心銜之。及即位，徐玠爲侍中，李建勳爲中書侍郎、同平章事，周宗爲樞密使，齊丘止進司徒一官。齊丘自悼失計，復恥無功，不勝忿。及宣制，至「布衣之交」句，忽抗聲曰：「臣布衣時，陛下乃一刺史爾！今日爲天子，可不用老臣矣！」拂衣而出，闔門待罪。烈祖但遜辭諭之，不爲改官。

常夜宴天泉閣，李德誠曰：「陛下應天順人，惟宋齊丘不悦。」因出齊丘諷止勸進書。烈祖却之曰：「子嵩三十年故人，豈負我者！」齊丘頓首謝。自是爲求媚計，請遷讓皇他郡，降爲公侯，以絶人望。又請絶吴太子璉昏，略云：「非獨婦人有七出，夫有罪亦可出。」聞者莫不大噱。久之，表言備位宰相，寧得不聞國政，復自陳爲人所間，烈祖大怒。齊丘歸第，白衣待罪，而烈祖怒已解，謂左右曰：「宋公有才，特不識大體耳，孤豈忘舊臣者！」命元宗持手詔召見，遂以丞相同平章事，寖復委任兼知尚書省事，與張居詠、李建勳更日入閣議政。

契丹遣燕人高霸來聘，齊丘陰謀間契丹使與晉人相攻，則江淮益安，密請厚其原幣遣還，至淮北，潛刺殺之。契丹與晉人果成嫌隙。

未幾，齊丘親吏夏昌圖盗官錢六百萬，齊丘特判貸其死，烈祖切責所司，坐昌圖斬。齊丘慚，稱疾求罷省事，許之，遂卧疾不復朝謁。烈祖遣壽王景遂勞問，且許以鎮故鄉，始入朝，因召與宴飲，爲布衣歡。齊丘本不無觖望，忽出怨言曰：「陛下中興，臣之力也，奈何忘之？」烈祖作色曰：「公以遊客干諸州兵屯淮泗，擇偏裨可任者將之，周人未能測虚實，不敢輕進，逮春水生，轉饟道阻，彼師老食匱，自當北歸，然後遣師乞盟，庶可無大喪敗。元宗惶惑不能用。又力陳割地無益，與朝論頗異。及明年暑雨，周棄所得淮南地北歸，議者謂扼險要擊，可以有功，且懲後。齊丘乃謂擊之怨益深，不如縱其歸以爲德。由是周兵皆聚于正陽，而壽州之圍遂不可解，終失淮南。

時陳覺、李徵古同爲樞密副使，躁妄專肆，無人臣禮，自度事定必不爲羣臣所容，若齊丘執大柄可無患，乘間言：「天位宜禪太弟，而以國事一委宋公。」語具《陳喬傳》中。卒用是敗。元宗嘗謂近侍曰：「齊丘才安能當此大難，不過率國中以降，自爲功爾。」

顯德五年，鍾謨自周還，屢陳齊丘乘國危殆，竊懷非望，且黨與衆，謀不可測。元宗遂命殷崇義草詔曰：「惡莫大于無君，罪莫深于賣國。」于是賜覺、徵古死，而放齊丘于青陽，勑鎖其第，穴牆給食。齊丘不堪其辱，明年春，自縊死。瀕縊，歎曰：「吾昔獻謀幽讓皇之族于泰州，宜其及此！」年七十三，謚曰醜繆。齊丘微時，有日者决之曰：「君貴不可言，然亟天下獄相也。」又自洪州來奔時，投騎將啟事曰：「有生不若無生，爲人不若爲鬼。」又曰：「豈堪憂抱萬端，無奈饑寒二字。」識者占其必殍死，至是遂驗。

齊丘初館于魏氏，藉其資給，因以爲妻，累封國夫人，無子，以從子摩詰爲嗣。久之，元宗燕居，輒見齊丘爲厲，叱之不退，遂還南都。後主立，召其妻子還金陵，廪給甚厚，連坐者皆獲宥。

齊丘爲文，語發天然，而學問不廣，恒自謂古今獨步。又書札不甚工，亦自矜衒，頗以虞歐爲嗤。馮延巳書法雅勝齊丘，陽乞師授以媚之，齊丘謂曰：「子書非不善，然不能精意，往往似虞世南，其何堪也！」性好術數，凡挾象緯青烏姑布壬遁之術居門下者，率數十輩，厚以資之。文武百官，多布私黨，國家有善政，同黨輒言「宋公爲之」，或有不協人望者，則曰「不用宋公言也」，其縱恣狂誖如此。有文集六卷，《增補玉管照神經》十卷，《化書》六卷。或曰《化書》譚峭所作，齊丘特竊而有之。

雜録

備録

鄭文寶《江南餘載》卷上　宋齊丘好交術士，得罪之日，出入其門者蓋八百人。

鄭文寶《江南餘載》卷下　宋齊丘至青陽，初命穴牆給食，俄又絶之，餒者數日。中使謂齊丘曰：「俟令公捐館，方供食耳。」以絮塞其口，遂卒。【略】元宗暮年，禁中往往見齊丘、陳覺、李徵古如生時，禳之不去，甚惡之，因議南幸。太子宏冀病，亦數見大弟爲祟云。

宋齊丘出鎮洪州，詔賜錦袍，烈祖親爲衣之。李建勳贈詩，有「一人看上馬，雙節引還鄉」之句。時論榮之。

鄭文寶《江表志》卷上　宋齊丘鎮鍾陵，有布衣李匡堯累贄謁於宋，宋知其忤物，託以他故，終不與之見。一日，宋公喪子，匡堯隨弔客造謁賓司，復贄之，乃就賓次大署二十八字，却云：「安排唐祚挫强吴，盡是先生設廟謨，今日喪雛猶自哭，讓王宫眷合如何？」

鄭文寶《江表志》卷中　徐公撰《江南録》，議者謂之不直，蓋不罪宋國老故也。國老當淮甸失律之後，援引門人陳覺，李徵古掌樞密之任，且授其意曰：天命已去，元宗當深居後苑，國老監國。元宗詔將行，陳喬草詔争之而止，舉國皆聞。爲臣之道，餘可知矣。

陳覺、李徵古少日依託鎮南楚公宋齊丘，援引至樞密使。保大之末，王室多故，覺及徵古屢上變，言天命已改，請元宗深居後苑，委國老攝國事。令陳喬草勑，喬袖勑上前曰：「陛下既署此勑，臣不復見陛下矣。」元宗使鍾謨言於周世宗，曰：「罪大臣，理合奏啓。」世宗曰：「自家國事，我國何預！」元宗乃命湯悦草制曰：「惡莫大于無君，罪莫重于賣國。宋齊丘本一布衣，遭遇先帝，不二十年窮極富貴。陳覺、李徵古言齊丘是造國之手，理當居攝云云。即日徙齊邱青陽安置，覺、徵古各賜自盡。」齊丘將至青陽，絶食數日。後命至，家人亦菜色，中使云：「令公捐館，方使供食。」家人以絮掩口而卒。

鄭文寶《江表志》卷下　宋齊丘爲儒日，修啓投姚洞。其大略云：「城上之嗚嗚曉角，吹入愁腸，樹頭之颯颯秋風，結成離恨。」又曰：「其如干懇萬端，無奈饑寒兩字。」時有識者云：「當須殍死。」果如其言。

鄭文寶《南唐近事》　宋齊丘微時，日者相之曰：「君貴不可説，然亞夫下獄之相，君實有之。位極之日，當早引退，庶幾保全。」齊丘登相位數載，致仕。復以大司徒就徵。保大末，坐陳覺謀干記事，乃餓死于青陽。

陶岳《五代史補》卷二《宋齊丘投姚洞天》　宋齊丘，豫章人。父嘗在鍾傳幕下。齊丘素落魄，父卒，家計蕩盡，已在窮悴，朝夕不能度。時姚洞天爲淮南騎將，素好士，齊丘欲謁之，且囊空無備紙筆之費，計無所出，但於逆旅杜門而坐。如此殆數日，鄰房有散樂女，尚幼，問齊丘曰：「秀才何以數日不出？」齊丘以實告，女歎曰：「此甚小事，秀才何吝一言相示耶？」乃惠以數緡。齊丘用市紙筆，爲詩詠以投洞天。其略曰：「某學武無成，攻文失志，歲華蹭蹬，身事蹉跎。胸中之萬仞青山，壓低氣宇；頭上之一輪紅日，燒盡風雲。加以天步陵遲，皇綱廢絶，四海淵黑，中原血紅。挹飛蒼走黄之辨，有出鬼没神之機。」洞天怒其言大，不即接見。齊丘窘急，乃更其啓，翌日復至。其略曰：「有生不如無生，爲人不若爲鬼。」又云：「其爲誠懇萬端，只爲飢寒兩字。」洞天始憫之，漸加以拯救。徐温聞其名，召至門下。及昪之有江南也，齊丘以佐命功，遂至將相。乃上表以散樂女爲妻，以報宿惠，許之。

歐陽修《五代史記注》卷六二上《南唐世家第二》引《江南録》　時先主權位日隆，中外皆知有代謝之勢，而以吴主恭謹守道，欲待嗣君。先主次子景遷，吴主之壻也，先主鍾愛特甚。齊丘使陳覺爲景遷教授，爲之聲價。齊丘參決時政，多爲不法，輒歸過於嗣主而盛稱景遷之美，幾有奪嫡之計。所以然者，以吴主少而先主老，必不能待，他日得國，授於景遷易制，己爲元老，威權無上矣。此其日夕爲謀也。先主覺之，乃召齊丘如金陵以爲己之副，遥兼申蔡節度使，無所關預，從容而已。

沈括《夢溪筆談》卷二三《譏謔》　江南宋齊丘，智謀之士也。自以謂江南有精兵三十萬，士卒十萬，大江當十萬，而已當十萬。

傅肱《蟹譜》卷下《令旨》　藝祖時，嘗遣使至江表，宋齊丘送於郊次。酒行，語熟，使者啓令曰：「須咱二物，各取南北所尚，復以二物，仍互用南北俚語。」使

者曰：「先喫鱣魚，又喫螃蟹，一似拈蛇弄蝎。」齊丘繼聲曰：「先喫乳酪，後喫喬團，一似噇膿灌血。」時朝廷方草創，用度不給，倚江表爲外府，故齊丘及之。左右以令逼使之太甚，相顧失色。使者雅歎焉，故歸朝而間行。

釋文瑩《湘山野録》卷下　宋齊丘相江南李先主昪及事中主璟，二世皆爲右僕射。璟愛其才，而知其不正。一日，選景於華林廣園，以明粧列侍，召齊丘共宴，試小妓羯鼓，齊丘即席獻《羯鼓詩》曰：「巧斲牙牀鏤紫金，最宜平穩玉槽深。因逢淑景開佳宴，爲出花奴奏雅音。掌底輕憁孤鵲噪，杖頭乾快亂蟬吟。開元天子曾如此，今日將軍好用心。」又嘗獻《鳳凰臺》詩，中有「我欲烹長鯨，四海爲鼎鑊。我欲羅鳳凰，天地爲矰繳」之句。皆欲諷其跋扈也，而主終不聽。不得意，上表乞歸九華，其略云：「千秋載籍，願爲知足之人；九朵峯巒，永作乞骸之客。」主知其詐也，一表許之，賜號九華先生，以青陽一縣輿賦給之，怨毀萬狀。後放歸田里鎖之，穴其牆以給膳，遂自經，年七十三。

釋文瑩《玉壺清話》卷一〇《江南遺事》　宋齊丘，豫章人。天下喪亂，經籍道息。齊丘忿然力學，根古明道，宗經著書。鍾氏既亡，洪州兵亂，隨衆東下。先主爲昇州刺史，往依焉，大禮之。齊丘本字超回，歙人。汪台符貽書侮之曰：「聞足下齊大聖以爲名，超亞聖以爲字。」齊丘慚，改字子嵩。先主深欲進用，爲義父徐温所惡，凡十年，温卒，方用爲平章事。遂樹朋黨，陰自封殖，狡險貪愎，古今無之。不知命，無遠識，事三朝，惟延卜祝占相者數十輩置門下。傳云齊丘少夢乘龍上天，至垂老猶抱狂妄，及國家發難，尚欲因其釁以窺覬，時已年七十三矣。事敗，囚於家，鑿土頓穿竇以給食，因而縊焉。平生無正娶，止以倡人爲偶。亦封國，無子，以從子摩詰爲嗣。

洪邁《容齋續筆》卷一六《宋齊丘》　偶閲大中祥符間太常博士許載著《吴唐拾遺録》，所載多諸書未有者。其《勸農桑》一篇正云：「吴順義年中，差官興版簿，定租税，厥田上上者，每一頃税錢二貫一百文，中田一頃税錢一貫八百，下田一頃千五百，皆足陌見錢，如見錢不足，許依市價折以金銀，算計丁口課調，亦科錢。宋齊丘時爲員外郎，上策乞虚擡時價，而折紬、綿、絹本色，曰：『江淮之地，唐季已來，戰争之所。今兵革乍息，黎甿始安，而必率以見錢，折以金銀，此非民耕鑿可得也，無興販以求之，是爲教民棄本逐末耳。』是時，絹每匹市價五百文，紬六百文，綿每兩十五文，齊丘請絹每匹擡爲一貫七百，紬爲二貫四百，綿爲四十文，皆足錢，丁口課調，亦請蠲除。朝議喧然沮之，謂虧損官錢，萬數不少。齊丘致書於徐知誥曰：『明公總百官，理大國，督民見錢與金銀，求國富庶，所謂擁篲救火，撓水求清，欲火滅水清可得乎？』知誥得書，曰：『此勸農上策也。』即行之。自是不十年間，野無閒田，桑無隙地，自吴變唐，自唐歸宋，民到於今受其賜。」齊丘之事美矣。徐知誥亟聽而行之，可謂賢輔相。而《九國志·齊丘傳》中略不書，《資治通鑑》亦佚此事。

佚名《五國故事》卷上　宋齊丘既在知誥賓席，温甚疑之。有石頭大師者，温頗加待遇，而齊丘亦寓於石頭之精舍。一日，温謂石頭曰：「宋措大在吾兒子門下，甚非純信之士，慮其近習，不以忠孝爲務，師其察之。」石頭乃伺其所爲，而齊丘已察其意，自是晨出暮返，歸必大醉，或以花間柳曲謳歌之辭以示之。石頭乃謂温曰：「宋措大蓋狂漢耳，不足爲慮。」温由是不介意。

備論

馬令《南唐書》卷二〇《宋齊丘傳》　嗚呼，俗説江南堅甲精兵，雖數十萬，而長江天塹，險過湯池，可當十萬；國老宋齊丘，機變如神，可當十萬；周世宗欲取江表，故齊丘以反間死。斯言殆非君子之説，閭巷小人之語也。龍衮因是著于《野録》，以欺惑後世，而後世之人，亦頗信之。且民之至愚，欺之則易信，況齊丘益樹朋黨，以賈譽於當時，自非特立獨行之士，安能知其妄僞哉！孔子嘗以鄉人皆好之爲未可，蓋鄉人之情未必公也；不如鄉人之善者好之，則信善矣。嗚呼，善人吾不得見，則齊丘之事安所考信哉，蓋亦考其所言與其所行而已。觀其著書云：「畫者不敢易圖像，苟易之，必有咎；刻者不敢侮木偶，苟侮之，必貽禍。始制作於我，又要敬於我，又寘禍於我。」此意以社稷之功自任，而無復君臣之禮也。又云：「見食象者，食牛不足，見戴冕者，戴冠不足，則窺竊之計於是乎萌矣。」予以是知齊丘之所言也。伐南閩，攻仁達，以空其國用；逐常夢錫、韓熙載、江文蔚，以間其忠言，予以是知齊丘之所行也。然則齊丘之死，自速辜爾，謂之反間者，妄也。

陸游《南唐書》卷四《宋齊丘傳》　論曰：世言江南精兵十萬，而長江天塹，可當十萬；國老宋齊丘機變如神，可當十萬。周世宗欲取江南，故齊丘以反間死。方五代之際，天下分裂大亂，賢人君子皆自引于深山大澤之間，以不仕爲得。而馮

道有重名于中原，齊丘擅衆譽于江表，觀其人，可以知其時之治亂矣。周師之犯淮南，齊丘實預議論，雖元宗不盡用，然使展盡其籌策，亦非能決勝保境者。且世宗豈畏齊丘機變而間之者哉？蓋鍾謨自周歸，力排齊丘，殺之，故其黨附會爲此説，非其實也。予論序齊丘事，盡黜當時愛憎之論，而録其實，覽者得詳焉。

王夫之《讀通鑑論》卷二八《五代上》 宋齊邱請徐知誥除輸錢代折之法，令丁税悉輸穀、帛，繇是江、淮曠土益闢，國民兩富，其故何也？楊氏之有國也，西北不踰淮，東不過常州，南不過宣州，皆水國也。時無冬夏，日無晝夜，舟楫可通，無浹旬在道之久，無越山閘水之難，則所輸粟、帛，無黴敝紅朽之患，民固無推轂經時之費，無耗蠹賠償之害，惡得而不利也？地無幾，税亦有涯，上之受而藏之也，亦不致歷年未放，淹滯陳腐之傷，上亦惡得而不利也？且於時天下割裂，封疆各守，戰争日尋，商賈不通，民有有餘之粟、帛，無可貿遷以易金錢，江、淮之閒，無銅、鉛之産以供鼓鑄，而必待錢於異國，粟、帛滯而錢窮，取其有餘，不責其不足，耕夫紅女，得粒米寸絲而可應追呼，非四海一家，商賈通而金錢易得之比也。是以齊邱言之，知誥行之，因其時，就其地，以撫其人民，而國民交利，豈虚也哉？

惟然，而不可以爲古今天下之通法，亦較然矣。轉輸於數千里之外，越崇山，踰絶險，堰涸水，犯狂濤，一石之費，動踰數倍，漂流溼壞，重責追償，山積藪藏，不堪衣食，謂齊邱、知誥爲良法而師之，民以死，國以貧，豈有爽乎？舟行而汲者以盂斠水，林居而樵者以手折薪，市廛而欲效之，其愚也，不待哂也。十畝之農，計粒而炊乃不餒；鬻蔬之子，以囊貯錢乃不失。陶、猗而欲師之，其窮也，可立待也。聞古人一得之長，據陳言而信爲良法，若此類者衆矣！困天下以自困，不足與有言，久矣。

吴任臣《十國春秋》卷二〇《宋齊丘傳》 論曰：齊丘任計，數喜機變，故縱横捭闔之士也。乘時干主，化家爲國，可不謂有功焉。而躁悻熱中，植黨自用，迭起迭廢，卒以不良死。史謂其狃于要君，闇于知人，其信然哉。

藝文

張耒《柯山集》卷六《書宋齊丘化書》 齊丘，僞唐謀臣，其智特犬鼠之雄耳，何足道哉！其爲《化書》，雖皆淺機小數，亦微有見于道德，其能成功有以也。吾嘗論黄老之道德本于清浄無爲，遣去情累，而其末多流爲智術刑名。何哉？夫惟清静者見物之情，而無爲者知事之要，據其要而中其情者，智術之所從出也。仁義生于恩，恩生于人情，聖人節情而不遣也。無情之至，至于無親，人而無親，則忍矣，此刑名之所以用也。齊丘之道既陋，而其文章頗亦高簡有可喜者，其言曰：「君有奇智，天下不親。」雖聖人出，斯言不廢。

《全唐詩》卷七五七李家明《題紙鳶止宋齊丘哭子》 安排唐祚革强吴，盡是先生作計謨。一個孩兒擲不得，讓皇百口合何如。

韓熙載部

綜述

《宋史》卷四七八《韓熙載傳》 韓熙載字叔言，濰州北海人。後唐同光中，舉進士，名聞京、洛。父光嗣，爲平盧軍節度副使。同光末，青州軍亂，逐其帥符習，推光嗣爲留後。明宗即位，誅光嗣，熙載奔江南，歷僞吴滁、和、常三州從事。李昪僭號，爲秘書郎，令事其子景於東宫。景嗣位，遷虞部員外郎、史館修撰。熙載自言：「受昪知遇，不得顯位，是以我屬嗣君也。」遂上章，言事切直，景嘉納之。又改吉凶儀禮不如式者十數事，大爲宋齊丘、馮延己所忌。

昪將葬，以熙載知禮，令兼太常博士。時江左草創，典禮多闕，議者以昪繼唐昭宗之後，廟號合稱宗。熙載建議，以爲古者帝王己失之，己得之，謂之反正；非我失之，自我復之，謂之中興，中興之君廟號稱祖。以爲昪興既墜之業，請號烈祖。景由是益加恩禮，擢知制誥。熙載性懶慢，朝直多闕，未幾罷去。

晉開運末，中原多事，江南方盛，其臣陳覺、馮延魯建討福州，師敗而還，景釋不問罪。熙載與徐鉉同上疏，請置于法。覺、延魯，宋齊丘之黨也。熙載爲齊丘所排，貶和州司馬，語在《徐鉉傳》。久之，召爲虞部郎中、史館修撰，拜中書舍人。

世宗平淮甸，景患國用不足，熙載請鑄鐵錢。及煜襲位，卒行其議，以熙載爲兵部尚書，充鑄錢使。錢貨益輕，不勝其弊，熙載頗亦自悔。

熙載善爲文，江東士人、道釋載金帛以求銘誌碑記者不絕，又累獲賞賜，由是畜妓妾四十餘人，多善音樂，不加防閑，恣其出入外齋，與賓客生徒雜處。煜以其盡忠言事，垂欲相之，終以帷薄不修，責授右庶子，分司洪州。熙載盡斥諸妓，單車即路，煜留之，改秘書監，俄而復位。向所斥之妓稍稍而集，頃之如故。煜歎曰：「吾亦無如之何！」遷中書侍郎、光政殿學士承旨。開寶三年，卒，年六十。煜痛惜之，贈左僕射、平章事，謚文靖，葬於梅嶺岡謝安墓側，命徐鍇集其遺文。

熙載才氣俊逸，機用周敏，性高簡，無所卑屈，未嘗拜人。雖被遣逐，終不改節，江左號爲「韓夫子」。顯德中，熙載來朝廷，歸，景問中國大臣，時太祖方典禁兵，熙載對曰：「趙點檢顧視不常，不可測也。」及太祖登極，景益重之。頗以文章自負，好大言。初，乾德丁卯年，五星連珠於奎，奎主文章，又在魯分，時太宗鎮兖、海，中國太平之符也。是歲，熙載著《格言》五卷，自序其事云：「魯無其應，韓子《格言》成之。」人多笑之。

馬令《南唐書》卷一三《韓熙載傳》 韓熙載字叔言，北海人也。弱冠，擢進士第。同光末，北海軍亂，推熙載父光嗣爲留後。明宗即位，平北海，光嗣見殺，熙載來奔于吴。放蕩嬉戲，不拘名節。里民趙氏女有美色，熙載娶爲正室。連補和、常、滁三州從事，亦晏然不介意。烈祖受禪，除秘書郎，輔元宗于東宫，熙載譚笑而已，不預世務。及元宗即位，拜虞部員外郎、史館脩撰，於是始言朝廷之事所當條理者，前後數上，又吉凶禮儀不如式者，隨事舉正。由是宋齊丘之黨大忌之。

烈祖山陵，元宗以熙載知禮，遂兼太常博士。時江文蔚判寺，所議雖同，而謚法廟號，皆成於熙載之手。既葬，遷知制誥。熙載性懶，朝直多闕，爲馮延巳劾奏，罷其職。陳覺等喪師南閩，特赦不誅，熙載上疏請置于法，元宗手札敦諭。而宋齊丘大怒，乃誣以醉酒披猖，黜爲和州司馬，其實熙載生平不能飲。久之，徵爲虞部郎中、史館脩撰，拜中書舍人，制誥典，雅有元和之風。建鐵錢之議，遷兵部尚書。既而錢貨漸弊，頗亦自悔。

奉使中原，爲《感懷詩》三章，署于館壁，云：「未到故鄉時，將爲故鄉好。及至親得歸，爭如身不到。」「日前相識無一人，出入空傷我懷抱。風雨蕭蕭旅館秋，歸來窗下和衣倒。」「夢中忽到江南路，尋得花中舊居處。桃臉蛾眉笑出門，爭向前頭擁將去。」又：「僕本江北人，今作江南客。再去江北遊，舉目無相識。金風吹我寒，秋月爲誰白？不如歸去來，江南有人憶。」或問江南何不食剥皮羊，熙載對曰：「江南地產羅紈故爾。」時皆不喻。迨熙載去，乃悟，使追之，不及。中原使至，熙載接伴，紿曰：「老夫竊觀吾子音容氣貌，一若先德，況忝世舊，故不可跪。」使者因拜之。

熙載才名遠布，四方建碑表者，皆載金帛求爲之文，而常俸賜賚，月不下數千緡。廣納儒生，苟有才藝，必延致門下，以舒雅之徒爲門生，高第凡數十輩。由是所用之資，月入不供。及奉使臨川，借官錢三十萬。所司以月俸預納，熙載

上書訴之，云：「家無盈日之厨，野乏百金之産。」累數百言。後主批其奏云：「言僞而辯，古人惡之。熙載俸有常秩，錫賚尚優，而謂厨無盈日，無乃過歟！」命有司放免逐月所刻料錢，仍賜内庫絹百疋，綿千兩，以充時服。熙載上謝，御批其略曰：「水火相濟，日月無私。既示其瑕疵，又憐其憔悴。免逋欠，使資于昏旦；賜綿絹，令禦其風霜。神造雖洪，粉身未報。」

熙載畜女樂四十餘人，不加檢束，恣其出入，與賓客聚雜。後主累欲相之，而惡其如此，乃左授右庶子，分司于外。入朝辭，復上表乞住闕下，其略曰：「朽作無生之骨，猶思仰慕於聖賢；生爲萬物之靈，寧使困窮於終老。魂凝象闕，心滯金門。程限至終，炎蒸漸盛。重念臣向化將踰於四紀，抒誠已歷於三朝。無横草之功，可資於國；有滔天之罪，見絶於時。陛下以無爲之心，示好生之德。雖一命已寬於時宥，叨感深仁，而再遷欲赴於遐征，轉資陰德。今則羸形愈憊，壯志全消，老妻對面而呻吟，稚子環牀而號哭。勁風振樹，豈得長寧；逝水朝宗，不堪永訣。」表上，未報。於是盡出羣婢，使之即散。後主乃喜，遂以爲祕書監，羣婢俄集如初。後主笑曰：「吾於今乃知卿之心矣。」復上書極陳時政，論古今之得失，書曰《皇極要覽》。贈中書侍郎。開寶三年，病卒，年六十三。後主深痛惜之，以爲不得熙載爲相，欲追贈之，前代有此否？潘佑以謂晉劉稷之贈開府儀同三司，即其事也。乃贈熙載平章事，謚文靖，葬梅頤崗謝安墓側。命集賢殿學士徐鍇集其遺文，藏之書殿。

熙載才高氣逸，無所卑屈，舉朝未嘗拜一人。初嚴續請熙載撰其父可求神道碑，欲苟稱譽，遺珍貨巨萬，仍輟未勝衣歌妓姿色纖妙者歸焉。熙載受之，文既成，但敍其譜裔品秩而已。續慊之，封還熙載，熙載亦卻其贈，上寫一闋於泥金帶云：「風柳摇摇無定枝，陽臺雲雨夢中歸。他年蓬島音塵斷，留取樽前舊舞衣。」宋齊丘自署碑碣，每求熙載寫之，熙載以紙塞鼻。或問之，對曰：「文臭而穢。」喜提獎後進，每見一文可採者，輒自繕寫，仍爲播之聲名。善譚論，聽者忘倦。審音能舞，分書及畫，名重當時，見者以爲神仙中人。

陸游《南唐書》卷一二《韓熙載傳》　韓熙載字叔言，北海人。少隱嵩山，唐同光中擢進士第。父光嗣，平盧節度副使。軍中逐其帥符習，推光嗣爲留後。明宗即位討亂，光嗣坐死，熙載來奔。時烈祖輔吳，方修明法令，熙載年少放蕩，不守名檢，補和、常、滁三州從事。時人士自中原至者多已擢用，熙載在京、洛早負才名，乃獨落魄不偶亦不以介意。烈祖受禪，召爲祕書郎，使事元宗於東宫，諭之曰：「以卿蚤奮名場，踈雋未更事，故使歷州縣之勞。今用卿矣，宜善自修飭，輔吾兒也。」熙載亦不謝，在東宫談燕而已，不嬰世務。

元宗即位，拜虞部員外郎、史館修撰，兼太常博士，乃慨然曰：「先帝知我而不顯用，是以我爲慕容紹宗也。」始數言朝廷事所當施行者，展盡無所回隱。宋齊丘、馮延巳輩皆側目，元宗意獨嘉之，命權知制誥書命，典雅有元和之風。與徐鉉齊名，時號「韓徐」。

契丹入汴，晉少帝北遷，熙載上疏曰：「陛下有經營天下之志，今其時也。若戎主遁歸，中原有主，則不可圖矣。」不省。陳覺、馮延魯福州喪師，初議寘軍法，齊丘爲之請，止削官，遷外郡。熙載上疏，請無赦，又數言齊丘黨與必基禍亂。熙載不能飲酒，齊丘誣以酒狂，貶和州司士參軍，徙宣州節度推官，復入爲虞部郎中、史館修撰，遷中書舍人。周太祖有天下，用事者猶議北伐，熙載曰：「北伐，吾本意也，但今已不可耳。郭氏姦雄，曹、馬之流，雖有國日淺，守境已固，我兵妄動，豈止無功耶？」言雖切，而朝廷闇於機會，經營中原之志終不已。周人果以借口，兵入淮南。齊王景達以兵馬元帥臨邊，陳覺爲監軍使，熙載言：「出師，大事也，當先正名，莫信於親王，莫重於元帥，安用監軍使哉！」亦不從。

熙載才氣逸發，多藝能，善談笑，爲當時風流之冠。尤長于碑碣，他國人不遠數千里輦金帛求之。然性忽細謹，老而益甚，畜妓四十輩，縱其出，與客雜居，物議閧然。熙載密語所親曰：「吾爲此以自污，避入相爾。老矣，不能爲千古笑端。」坐託疾不朝，貶右庶子，分司南都，熙載盡斥諸妓。後主喜，留爲秘書監，俄復故官，欲遂大用之，而去妓悉還。後主歎曰：「孤亦無如之何矣！」宿直宫中，賜對多所弘益，後主手教褒之。進中書侍郎。卒，年六十九。後主謂侍臣曰：「吾竟不得相熙載，欲贈平章事，古有是否？」或對曰：「晉劉穆之贈開府儀同三司，即故事也。」乃贈右僕射、同平章事，廢朝三日，謚文靖。葬梅嶺岡謝安故墓側。著《格言》及《後述》三卷、《擬議集》十五卷、《定居集》二卷。初熙載嘗使周，及歸，元宗歷問周之將相，熙載曰：「趙點檢顧視非常，殆難測也。」及太祖受禪，人服其識。

陳霆《唐餘紀傳》卷八《韓熙載傳》　韓熙載字叔言，北海人。少隱嵩山，唐同光中擢進士第。父光嗣，平盧節度副使。軍中逐其帥符習，推光嗣爲留後。明宗即位討亂，光嗣坐死，熙載來奔。

時先主輔吳，方修明法令，熙載年少，放蕩不守名撿。補和、常、滁三州從事，雖落魄不偶，殊不以介意。及先主受禪，召爲秘書郎，使事中主於東宮，論之曰：「以卿早奮名場，疏雋未更事，故使歷州縣之勞，行用卿矣。宜善自修飭，輔吾兒也。」熙載亦不謝，在東宮談笑而已，不嬰世務。中主即位，拜虞部員外郎、史館修撰，兼太常博士，乃慨然曰：「先帝知我而不顯用，是以我爲慕容紹宗也。」始數言朝廷事所當施行者，展盡無所隱，宋齊丘、馮延巳等皆側目。中主意獨嘉之，命權知制誥，書命典雅，有元和之風，與徐鉉齊名，時號「韓徐」。

契丹入汴，晉主北遷，熙載上言曰：「陛下有經營天下之意，今其時也。若戎主遁歸，中原有主，則不可圖矣。」不省。陳覺、馮延魯福州喪師，初議寘軍法，齊丘爲之請，止削官遷外郡。熙載上疏請無赦，又數言齊丘黨與，必基禍亂。熙載不能飲，齊丘誣以酒狂，貶和州司士參軍。徙宣州節度推官，復入爲虞部郎中，史館修撰，遷中書舍人。周太祖有天下，用事者猶議北伐，熙載曰：「北伐，吾本意也，但今已不可耳。郭氏奸雄，曹、馬之流，雖有國日淺，守境已固，我兵妄動，豈止無功耶？」言雖切，而朝廷闇於機會，經營中原之意竟不已。周人果以籍口，兵入淮南。齊王景達以兵馬元帥臨邊，陳覺爲監軍使，熙載言：「出師，大事也，當先正名，莫信於親王，莫重於元帥，安用監軍爲哉！」亦不從。

熙載才氣逸發，多藝能，善談笑，爲當時風流之冠。猶長於碑碣，他國人不遠數千里輦金賂求之。然性忽細謹，畜妓四十輩，縱其出與客雜居，物議鬨然。熙載密謂所親曰：「吾爲此以自污，避禍難耳。老矣，不能爲千古笑。」後主嗣立，頗短其少撿，熙載遂託疾不朝，貶右庶子，分司東都，乃盡斥諸妓。後主喜，留爲秘書監，俄復故官，欲遂大用之，而去妓悉還，故態不改。後主嘆曰：「吾亦無如之何矣。」宿直宮中，奏對多所弘益，後主手教褒之，進中書侍郎。卒，年六十九。後主謂侍臣曰：「吾竟不得相熙載，欲贈平章事，古有是否？」或對曰：「昔劉穆之贈開府儀同三司，即故事也。」乃贈右僕射、同平章事，廢朝三日，謚文靖。所著《格言》及《後述》三卷，《擬議集》十五卷，《定居集》二卷。

初熙載嘗使周，及歸，中主歷問周之將相，熙載曰：「趙點撿顧視非常，殆難測也。」及趙祖受禪，人服其識。

吳任臣《十國春秋》卷二八《韓熙載傳》 韓熙載字叔言，濰州北海人。少隱嵩山，後唐同光中擢進士第。父光嗣，平盧節度副使。軍中逐其帥符習，推光嗣爲留後。明宗即位討亂，光嗣坐死，熙載懼罪南奔。初與李穀相善，至是穀送至正陽，酒酣臨訣，熙載謂穀曰：「江左用吾爲相，當長驅以定中原。」穀亦曰：「中國用吾爲相，取江南如探囊中物爾。」

及至吳，自狀云：「得《麟經》于泗水，授《豹略》于邳垠。運陳平之六奇，飛魯連之一箭。」又云：「失范增而項氏不興，得呂望而周朝遂霸。」語多涉誇大。烈祖輔吳，方修明法令，熙載年少放蕩，不拘名檢。初補校書郎，已而出爲滁、和、常三州從事。是時中土人士至者多不次擢用，而熙載在京洛早負才名，乃獨落魄不偶，亦不以介意。烈祖受禪，召爲秘書郎，使事元宗于東宮，諭之曰：「以卿早奮名場，疎雋未更事，故使歷州縣之勞，行用卿矣，宜善自修飭，輔吾兒也。」熙載亦不謝。在東宮談笑而已，不嬰世務。元宗嗣位，拜虞部員外郎、史館修撰，賜緋，乃慨然曰：「先帝知我而不顯用，是以我爲慕容紹宗也。」始數言朝廷事所當施行者，又吉凶禮儀不如式者，隨事舉正無隱，大爲宋齊丘、馮延巳等所忌。

烈祖將葬，以熙載知禮，令兼太常博士。時議者以孝高繼昭宗之後，廟合稱宗，熙載建議，以爲「古者帝王，已失之，已得之，謂之反正；非我失之，自我復之，謂之中興。中興之君，廟號稱祖。先帝興既墜之業，請上廟號曰烈祖。」元宗嘉納之。俄擢知制誥，書命典雅，有元和之風。

契丹入汴，晉主北遷。熙載上疏曰：「陛下有經營天下之志，恢復祖業，今也其時。若契丹已歸，中原有主，則不可圖矣。」不省。陳覺、馮延魯喪師福州，初議寘軍法，齊丘爲請，止削官遷外郡。熙載奏請無赦，又數言齊丘黨與必基禍亂。熙載雅不能飲，齊丘誣以酒狂，貶和州司士參軍。徙宣州節度推官，復入爲虞部員外郎，遷郎中、史館修撰，賜紫。未幾，除中書舍人，建鐵錢之議，即拜户部侍郎，充鑄錢使。

周既有中原，用事者多議北伐，熙載曰：「北伐，吾本意也，但今則不可耳。郭氏奸雄，曹、馬之流，雖有國日淺，守境已固，我兵妄動，豈止無功邪？」言雖切，而朝廷竟搆兵不已，周人果以藉口，兵入淮南。齊王景達以兵馬元帥臨邊，陳覺爲監軍使。熙載言：「出師，大事也，當先正名，莫信於親王，莫重於元帥，安用監軍使哉！」亦不從。後主踐阼，改吏部侍郎，俄徙秘書監，不逾年，復舊官。新錢既行，詔賜錢二百萬，拜兵部尚書，充勤政殿學士承旨。

熙載才氣逸發，多藝能，善談笑，衣冠常製新格，爲當時風流之冠。尤長于碑碣，他國人遠數千里輦金帛求之。然性忽細謹，老而益甚，蓄妓四十輩，縱其

文筆，手自繕寫，展轉愛玩，至其紙生毛，猶不忍遽捨。後房蓄聲妓，皆天下妙絶，彈絲吹竹，清歌豔舞之觀，所以娛侑賓客者，皆曲臻其極。是以一時豪傑，如蕭儼、江文蔚、常夢錫、馮延巳、馮延魯、徐鉉、徐鍇、潘佑、舒雅、張洎之徒，畢集其門。熙載又長於劇談，與相反覆論難，多深切當世之務。故熙載每有表疏論列，聞聽翕然以爲當愜。

鄭文寶《江南餘載》卷上 陳致雍熟於《開元禮》，官太常博士，國之大禮皆折衷焉。與韓熙載最善。家無擔石之儲，然妾妓至數百，暇奏《霓裳羽衣》之聲，頗以帷薄取譏於時。二人左降者數矣。熙載詩：「陳郎不著世儒衫，也好嬉游日笑談。幸有葛巾與藜杖，從呼宫觀老都監。」其廳中置大鈴，在署其旁曰：「無錢雇僕，客至請挽之。」

鄭文寶《江南餘載》卷下 柳宣爲監察御史，居韓熙載門下。韓以帷箔不修，謫授太子右庶子，分司南都。議者疑柳宣上言，宣無以自明，乃上章雪熙載事。後主叱曰：「爾不是魏徵，頻好直言。」宣曰：「臣非魏徵，陛下亦非太宗。」韓熙載上表，其略云：「無横草之功，可裨於國；有滔天之罪，自累其身。」又「老妻伏枕以呻吟，稚子環牀而號泣。三千里外，送孤客以何之？一葉舟中，泛病身而前去。」遂免南行。後卧疾，終于城南戚家山南，後主賜衾被以殮，贈同平章事。所司以爲無贈宰相之故事，後主曰：「當自我始。」徐鉉祭文，所謂「黜妻之衾，賜從御府；季子之印，佩入泉扃。」

鄭文寶《南唐近事》 魏明好作詩，詞多而不格。嘗攜近詩詣韓熙載，韓託以病目，請置几案徐覽。明曰：「侍郎目昏，請自爲吟之。」韓曰：「耳聾加劇，切忌不聞。」

陶岳《五代史補》卷五《韓熙載帷箔不修》 韓熙載仕江南，官至諸行侍郎。晚年不羈，女僕百人。每延請賓客，而先令女僕與之相見。或調戲，或毆擊，或加以争奪靴笏，無不曲盡，然後熙載始緩步而出，習以爲常。復有醫人及燒煉僧數輩，每來無不升堂入室，與女僕等雜處。僞主知之，雖怒，以其大臣，不欲直指其過，因命待詔畫爲圖以賜之，使其自愧。而熙載視之安然。

龍衮《江南野録》 後主即位，頗疑北人，往往賜死。熙載懼禍，肆情坦率，破財貨售樂妓以百數。月俸至，散與妓女，一無所有。既而不能給，遂衣敝縷作瞽者，持獨絃琴，俾門生舒雅執板，隨房歌舞求焉，以足日膳，旦暮不禁。其出入竊與諸生溷雜，熙載過之，笑曰：「不敢阻興而已。」【略】時謂北齊徐之才無以過出入，與客雜居，帷簿不修，物議鬨然。熙載密語所親曰：「吾爲此以自污，避入相爾。老矣，不能爲千古笑端。」坐託疾不朝，謫授太子右庶子，分司南都，熙載盡斥諸妓。後主喜，留爲秘書監，俄復爲兵部尚書如故。方欲大用熙載，而去妓悉還，後主歎曰：「孤亦無如之何矣！」已而上《格言》五篇，手詔慰納。拜中書侍郎，充光政殿學士承旨。先是，後主選近侍臣直宿禁中，常御光政殿召對，夜分乃罷，故命此職以寵異之。

開寶二年，卧疾于城南戚家山，上表略云：「無横草之功，有滔天之過。老妻伏枕以呻吟，稚子環牀而坐泣。」明年遂卒。年六十九。後主賜衾被以斂，謂侍臣曰：「吾竟不得相熙載，欲贈平章事，古有是否？」潘佑對曰：「晉劉穆之贈開府儀同三司，故事也。」乃贈右僕射、同平章事，廢朝三日，謚文靖，命葬梅嶺岡謝安墓側，徐鉉爲之銘。子八人：疇、伉、佩、份、儼、侹、僖、俛。疇官奉禮郎，伉官校書郎。所著《擬議集》五十卷，《定居集》二卷。

熙載素高簡，無所卑屈，江左稱爲韓夫子。嚴續請撰其父可求神道碑，遺珍貨巨萬。文既成，但敍其譜裔品秩而已，續慊之，封還熙載，熙載便却其贈。宋齊丘自署碑碣，輒求熙載書之，熙載以楮塞鼻曰：「文穢何堪也。」然性喜提奬後進，見文有可采者，手自繕寫，仍爲播其聲名。熙載隸書及畫皆雋絶一時，尤名知人。使周歸，元宗歷問周之將相，熙載曰：「趙點檢顧視非常，殆難測也。」已而宋太祖果代周，人服其有先識。

雜録

陶穀《清異録》卷三《居室門》 韓熙載家過縱姬侍，第側建横窗，絡以絲繩，爲觀覘之地。初惟市物，後或調戲贈與，所欲如意。時人目爲「自在窗」。

備録

史温《釣磯立談》 初，熙載自以羈旅被遇，思展布支體，以報人主。內念報國之意，莫急於人材，於是大開門館，延納儁彦。凡占一伎一能之士，無不加意收采，唯恐不及。雖久病疲茶，亦不廢接對。至誠奬進後輩，乃其天性。每得一

之。月入不供，遂表後主曰：「家無盈日之儲，野乏百金之産，仲尼蔬食，平仲肫肩，亦未之如也。今商飈已至，寒色漸加，挾纊授衣，未知何以？」後主批云：「熙載咄咄，意要出錢，支分破除，廣引妓路。如云臨川一使，幣帛輕怯，措大無失也。且日俸五十餘千，謂之不足，則竭國家之産，不過養得百十個措大爾。」乃賜内庫絹充時服。自是多不赴朝，爲左右所彈，分司南都。上表乞住，曰：「諸佛慈悲，常容悔過，宣尼聖哲，亦許自新。臣無横草之功，有滔天之罪，羸形雖在，壯節全消，滿船稚子、嬰兒，盡室行啼坐哭。勁風孤燭，病身那得長存；萬水千山，回首不堪永訣。」後主又批云：「既無遷善之心，遂掇自貽之咎。表陳悔過，覽之愴然，可得許本職在闕下。」

韓熙載後遷中書侍郎，赴宴，見園子裹紅抹額，引數十宫奴，皆名色，乃嘆曰：「此職也，好以中書侍郎兼之。」熙載少嘗服朮，忌桃李。後主内宴，俱賜侍臣，熙載不得已，遂食數顆。至是夕，瀉出十數朮人，長寸餘而卒。

韓熙載初知貢舉，人皆以爲巨題。熙載自賦詩五首，且示諸生，皆有可觀。及著《格言》五十餘篇，時輩罕及。誘掖後進，號韓夫子。性好謔浪，有投贄荒惡者，使妓炷艾燻之。俟來，嗔曰：「子之卷軸，何多艾氣也。」

釋文瑩《玉壺清話》卷四 李丞相穀與韓熙載少同硯席，分擕結約於河梁曰：「各以才命選其主。」廣順中，穀仕周爲中書侍郎、平章事，熙載事江南李先主爲光政殿學士承旨。二公書問不絶，熙載戲貽穀書曰：「江南果相我，長驅以定中原。」穀答熙載云：「中原苟相我，下江南如探囊中物爾。」後果作相，親征江南，賴熙載卒已數歲。先是，朝廷遣陶穀使江南，以假書爲名，實使覘之。李相密遺熙載書曰：「吾之名從五柳公，驕而喜奉，宜善待之。」至，果爾容色凛然，崖岸高峻，燕席談笑。未嘗啓齒。熙載謂所親曰：「吾輩緜歷久矣，豈煩至是耶？觀秀實公，字也。非端介正人，其守可隳，諸君請觀。」因令留宿，俟寫六朝書畢，館泊半年。熙載遣歌人秦弱蘭者，詐爲驛卒之女以中之。弊衣竹釵，旦暮擁帚灑掃驛庭，蘭之容止，宫掖殆無。五柳乘隙因詢其迹，蘭曰：「妾不幸夫亡無歸，託身父母，即守驛翁嫗是也。」情既瀆，失「慎獨」之戒，將行翌日，又以一闋贈之。後數日，醮于澄心堂，李中主命玻璃巨鍾滿酌之，穀毅然不顧，威不少霽。出蘭於席，歌前闋以侑之，穀慚笑捧腹，簪珥幾委，不敢不釂，釂罷復灌，幾類漏卮，倒載吐茵，尚未許罷。後大爲主禮所薄，還朝日，止遣數小吏擕壺漿薄餞於郊。迨歸京，鸞膠之曲已喧，陶因是竟不大用。其詞《春光好》云：「好因緣，惡因緣，奈何天，只得郵亭一夜眠？别神仙。琵琶撥盡相思調，知音少，待得鸞膠續斷弦，是何年？」

釋文瑩《玉壺清話》卷一〇 後主屢欲相之，但患其疎簡。既卒，愈痛之，謂近臣曰：「吾訖不得相熙載，今將贈以平章事，有此典故否？」或對曰：「昔劉穆之贈開府儀同三司。」乃援此制，謚文靖。主遣人選葬隴，曰：「惟須山峯秀絶，靈仙勝境，或與古賢邱表相近，使爲泉臺雅遊。」果選得梅子崗謝安墓側。命集賢殿學士徐鍇集遺文，藏之書殿。

釋文瑩《湘山野録》卷下 韓熙載字叔言，事江南三主，時謂之神仙中人。風彩照物，每縱轡春城秋苑，人皆隨觀，談笑則聽者忘倦。審音能舞，善八分及畫，筆皆冠絶。簡介不屈，舉朝未嘗拜一人。每獻替，多嘉納。吉凶儀制不如式者，隨事稽正。制誥典雅，有元和之風。屢欲相之，爲宋齊丘深忌，終不進用。陳覺以福州之敗，齊丘庇之，特赦不誅。熙載上疏廷争必請寘法，齊丘益怒，誣以縱酒少檢，貶和州司馬，其實平生不飲。璟覺其譖，非久召還。

曾慥《類説》卷二七引《南唐野史》 韓熙載舉進士，投書李鼎，曰：「釣大鰲者，不投取魚之餌；斷長鯨者，焉用割鷄之刀。」又云：「腰有劒而袖有鎚，口有舌而手有筆。」

佚名《宣和畫譜》卷七《顧閎中》 顧閎中，江南人也。事僞主李氏，爲待詔。善畫，獨見於人物。是時，中書舍人韓熙載以貴游世胄，多好聲伎，專爲夜飲，雖賓客揉雜，歡呼狂逸，不復拘制。李氏惜其才，置而不問。聲傳中外，頗聞其荒縱，然欲見樽俎燈燭間觥籌交錯之態，度不可得，乃命閎中夜至其第竊窺之，目識心記，圖繪以上之，故世有《韓熙載夜宴圖》。

備論

史温《釣磯立談》 叟初聞江南老人言：熙載素惡於二馮，又與陳覺故不相知，是以因其隙而危攻之。其言不無過也。及見後主歸命，家國湮覆，求其傾圮之漸，乃兆於討閩之役。然則雖斷二子之首，蓋不足以贖責。自樊若冰裒取陰事，輸之於天朝，國人恨之入於骨髓，至發其先壟，投骨於江流。由是以考之，韓之至言，當自爲體國而發。彼輕以小人之心，而揣量君子，殊愧前聞之陋。

馬令《南唐書》卷一三《孫魴傳》 嗚呼！居田里中，而妄意天下者，士之志也。昔賈誼欲係單于之頸，遠覊南越，未必踐言，而志之所尚，豈易量耶？韓熙載初與李穀相善，及熙載南奔，穀送至正陽，酒酣臨訣，熙載謂穀曰：「江淮用吾爲相，當長驅以定中原。」穀曰：「中國用吾爲相，取江淮如探囊中物爾！」周師南征，命穀爲將以取淮南，而熙載落魄，終不得大用。及其既死，假之名器，與夫生不能用，死而誄之者，何異哉！

藝文

李彭《日涉園集》卷六七《韓熙載宴客圖》 紫微華屋桂爲梁，中有侍兒宮樣粧。閉門投轄醉短舞，牛馬因風兩相忘。翠翹掛冠真細事，必能作賊無顧忌。堂上燭滅何足云，亦期羽林射鵰子。當年誰遣轉鴻鈞，終典哀榮厚恩禮。西風猶吹建業水，直恐姦魂污清泚。

顧瑛《玉山璞稿》卷一《題韓熙載縱樂圖》 文公避難肆荒淫，買妓朝朝散俸金。客有舒生能按節，如何不畫獨絃琴。

錢惟善《江月松風集・文録・跋顧宏中畫韓熙夜宴圖》 觀熙載郵亭之計，可以賺陶穀之多慾，而熙載之荒於夜飲，又豈可逃乎。後主之覘哉，所以君子必慎其獨也。故跋至正二年三月既望。曲江錢惟善。

《唐寅集》卷三《題自畫韓熙載圖二首》 衲衣乞食自行歌，十院燒燈擁翠娥；天下風流誰可並？洛陽雪裏鄭元和。

酒貲長苦欠經營，預給餐錢費水衡；多少如花後屏女，燒金時倩耿先生。

方濬頤《二知軒文存》卷四《書韓熙載傳後》 韓夫子能知趙點檢顧視不常，又能知五星連珠於奎爲中國太平之符，其識見固自不凡。初爲後唐進士，名聞京洛，遭家難，奔吴，歷三州從事，更仕南唐，改吉凶儀禮，廟號建議易宗爲祖，頗合大體，顧爲齊邱、延巳所忌，不得顯位，遂以嬾慢闕朝。直而罷齊邱之黨，福州師敗請寘於法益中其忌貶爲司馬，久之復内召請鑄鐵錢，以權國用。旋充鑄錢使，而錢貨益輕，不勝其弊。雖悔無及已。夫以才氣俊逸，機用周敏之人，顧賦性高簡，無所卑屈，被遣逐而不改其節，而爲文則大言自負。載金帛以來者，輒持碑版以去。門牆不峻，聲妓滿前，帷薄之羞，坐失台鼎。文人無行一至於斯，良可慨也。猶幸梅頂岡邊謝安墓側，死作平章之鬼虚叨。身後之榮，叔言有知，竊恐倍增於邑爾。

王建部

綜述

《舊五代史》卷一三六《王建傳》 王建，陳州項城人。唐末，隸名於忠武軍。秦宗權據蔡州，懸重賞以募之，建始自行間得補軍候。廣明中，黃巢陷長安，僖宗幸蜀。時梁祖爲巢將，領衆攻襄、鄧，宗權遣小校鹿晏弘從監軍楊復光率師攻之，建亦預行。是歲，復光入援京師，明年破賊收京城。初，復光以忠武軍八千人立爲八都，晏弘與建各一都校也。復光死，晏弘率八都迎扈行在，至山南，乃攻剽金、商諸郡縣，得兵數萬，進逼興元，節度使牛叢棄城而去，晏弘因自爲留後，以建等爲屬郡刺史，不令之任。俄而晏弘正授節旄，恐部下謀己，多行忍虐，繇是部衆離心。建與別將韓建友善，晏弘益猜二建，僞待之厚，引入卧内。二建懼，夜登城慰守陴者，因月下共謀所向，謂韓建曰：「僕射甘言厚德，是疑我也，禍難無日矣，早宜擇利而行。」韓曰：「善。」因率三千人趨行在，僖宗嘉之，賜與巨萬。分其兵爲五都，仍以舊校主之，即晉暉、李師泰、張造與二建也，因號曰隨駕五都，田令孜皆録爲假子。及僖宗還宫，建等分典神策軍，皆遥領刺史。

光啓初，從僖宗再幸興元，令孜懼逼，求爲西川監軍，楊復恭代爲觀軍容使。建等素爲令孜所厚，復恭懼不附己，乃出五將爲郡守，以建爲壁州刺史。天子還京，復恭以楊守亮鎮興元，尤畏建侵己，屢召之。建不安其郡，因招合溪洞豪猾，有衆八千，寇閬州，陷之，復攻利州，刺史王珙棄城而去。建播剽二郡，所至殺掠，守亮不能制。東川節度使顧彦朗，初於關輔破賊時與建相聞，每遣人勞問，分貨幣軍食以給之，故建不侵梓、遂。西川節度使陳敬瑄憂其膠固，謀於監軍田令孜，曰：「王八，吾子也，彼無他腸，作賊山南，實進退無歸故也。吾馳咫尺之書，可以坐置麾下。」即飛書招建。建大喜，遣使謂彦朗曰：「監軍阿父遣信見招，僕欲詣成都省阿父，因依陳太師得一大郡，是所願也。」即之梓州見彦朗，留家寄東川，選精甲三千之成都。行次鹿頭，或謂敬瑄曰：「建，今之劇賊，鴟視狼顧，專謀人國邑，儻其即至，公以何等處之？彼建雄心，終不居人之下，公如以將校遇之，是養虎自貽其患也。」敬瑄懼，乃遣人止建，遽脩城守。建怒，遂據漢州，領輕兵至成都，敬瑄讓之曰：「若何爲者，而犯吾疆理？」建軍吏報曰：「閬州司徒比寄東川，而軍容太師使者繼召，今復拒絶，何也？司徒不惜改轅而東，來北省太師，反爲拒絶，慮顧梓州復相嫌間，謂我何心故也。使我來報，且欲寄食漢州，公勿復疑。」時光啓三年。居浹旬，建盡取東川之衆，設梯衝攻成都，三日不克而退，復保漢州。月餘，大剽蜀土，進逼彭州，百道攻之，敬瑄出兵來援，建解圍，縱兵大掠，十一州皆罹其毒，民不聊生。

建軍勢日盛，復攻成都，敬瑄患之，顧彦朗亦懼侵己。昭宗即位，彦朗表請雪建，擇大臣爲蜀帥，移敬瑄他鎮，乃詔宰臣韋昭度鎮蜀，以代敬瑄。敬瑄不受代，天子怒，命顧彦朗、楊守亮討之，時昭度以建爲牙内都校，董其部兵。及王師無功，建謂昭度曰：「相公興數萬之衆，討賊未効，餉運交不相屬。近聞遷洛以來，藩鎮相噬，朝廷姑息不暇，與其勞師以事蠻方，不如從而赦之，且以兵威靖中原，是國之本也。相公盍歸朝覲，與主上畫之。」昭度持疑未決。一日，建陰令軍士於行府門外擒昭度親吏，臠而食之，建徐啓昭度曰：「蓋軍士乏食，以至於是耳！」昭度大懼，遂留符節與建，即日東還。纔出劍門，建即嚴兵守門，不納東師。

月餘，建攻西川管内八州，所至響應，遂急攻成都，田令孜登城謂建曰：「老夫與八哥相厚，太師久以知聞，有何嫌恨，如是困我之甚耶！」建曰：「軍容父子之恩，心何敢忘，但天子付以兵柄，太師孤絶朝廷故也。苟太師悉心改圖，何福如之！」又曰：「吾欲與八哥軍中相款如何？」曰：「父子之義，何嫌也。」是夜，令孜攜蜀帥符印入建軍授建。建泣謝曰：「太師初心太過，致有今日相戾，既此推心，一切如舊。」翌日，敬瑄啓關迎建，以蜀帥讓之，建乃自稱留後，表陳其事。明年春，制授檢校太傅、成都尹、西川節度副大使知節度事、管内觀察處置雲南八國招撫等使，時龍紀元年也。移敬瑄於雅州安置，仍以其子爲刺史。既行，建令人殺之於路，令孜仍舊監軍事。數月，或告令孜通鳳翔書問，下獄餓死。

建雄猜多機略，意嘗難測，既有蜀土，復欲窺伺東川，又以彦朗婚姻之舊，未果行。會彦朗卒，弟彦暉代爲梓帥，交情稍怠。李茂貞乘其有間，密搆彦暉，因與茂貞連盟，關征疆吏之間，與蜀人得失。大順末，建出師攻梓州，彦暉求援於鳳翔，李茂貞出師援之，建即圍解。自是秦、川交惡者累年。後建大起蜀軍，敗岐、梓之兵於利州，彦暉懼，乞和，請與岐人絶，許之。景福中，山南之師寇東川，

彥暉求援於建，建出兵赴之，大敗興元之衆。洎軍旋，建乘虛奄襲梓州，據彥暉，置於成都，遂兼有兩川，自此軍鋒益熾。天復初，李茂貞、韓全誨劫遷車駕在鳳翔，梁祖攻圍歷年。建外脩好於汴，指茂貞罪狀，又陰與茂貞間使往來，且言堅壁勿和，許以出師赴援，因分命諸軍攻取興元。比及梁祖解圍，茂貞山南諸州皆爲建所有，自置守將。及茂貞垂翅，天子遷雒陽，建復攻茂貞之秦、隴等州，茂貞削弱不能守。或勸建因取鳳翔，建曰：「此言失策，吾所得已多，不俟復增岐下。茂貞雖常才，然名望宿素，與朱公力争不足，守境有餘。韓生所謂入爲扞蔽，出爲席藉是也。適宜援而固之，爲吾盾鹵耳。」及梁祖將謀强禪，建與諸藩同謀興復，乃令其將康晏率兵三萬會於鳳翔，數與汴將王重師戰，不利而還。趙匡凝之失荆、襄也，弟匡明以其帑奔蜀，建因得夔、峽、忠、萬等州。及梁祖開國，蜀人請建行劉備故事，建自帝於成都，改元永平。五年，改元通正。是年冬，改元天漢，又改元光天。在位十二年，年七十二。子衍嗣。

《新五代史》卷六三《王建世家》　王建字光圖，許州舞陽人也。隆眉廣顙，狀貌偉然。少無賴，以屠牛、盜驢、販私鹽爲事，里人謂之「賊王八」。後爲忠武軍卒，稍遷隊將。

黄巢陷長安，僖宗在蜀，忠武軍將鹿晏弘以兵八千屬楊復光討賊，巢敗走，復光以其兵爲八都，都將千人，建與晏弘皆爲一都頭。復光死，晏弘率八都西迎僖宗于蜀，所過剽略，行至興元，逐節度使牛叢，自稱留後。僖宗即以晏弘爲節度使，晏弘以建等八都頭皆領屬州刺史。已而晏弘擁衆東歸，陷陳、許，建與晉暉、韓建、張造、李師泰等各率一都，西奔于蜀。僖宗得之大喜，號「隨駕五都」，以屬十軍觀軍容使田令孜，令孜以建等爲養子。僖宗還長安，使建與晉暉等將神策軍宿衛。

光啓元年，河中王重榮與令孜争鹽池，重榮召晉兵犯京師，僖宗幸鳳翔。二年三月，移幸興元，以建爲清道使，負玉璽以從。行至當涂驛，李昌符焚棧道，棧道幾斷，建控僖宗馬，冒煙燄中過，宿坂下，僖宗枕建膝寢，既覺，涕泣，解御衣賜之。

僖宗已至興元，令孜以謂天子播越，由己致之，懼且得罪，西川節度使陳敬瑄，令孜同母弟也，令孜因求爲西川監軍，楊復恭代爲軍容使。復恭出建爲壁州刺史，建乃招集亡命及谿洞夷落，有衆八千，以攻閬州，執其刺史楊行遷，又攻利州，利州刺史王珙棄城走。敬瑄患之，以問令孜，令孜曰：「王八吾兒也，以一介召之，可置麾下。」乃使人招建。

東川顧彥朗與建有舊，建聞令孜召己，大喜，因至梓州，謂彥朗曰：「十軍阿父召我，我欲至成都見陳公，以求一鎮。」即以其家屬託彥朗，選精兵二千，馳之成都。行至鹿頭關，敬瑄悔召建，使人止之。建大怒，擊破鹿頭關，取漢州。彥朗聞之，出兵助建，軍于學射。敬瑄遣將句惟立逆建，建擊敗之，遂攻彭州。敬瑄遣眉州刺史山行章將兵五萬屯新繁，建又擊敗之，虜獲萬餘人，横屍四十里。敬瑄發兵七萬益行章，與建相持濛陽、新都百餘日。昭宗遣左諫議大夫李洵爲兩川宣諭和協使，詔彥朗等罷兵。彥朗請以大臣鎮蜀，因爲建求旌節。文德元年六月，以宰相韋昭度爲西川節度使。分邛、蜀、黎、雅爲永平軍，拜建節度使。

敬瑄不受代，昭宗即命昭度將彥朗等兵討之。昭宗以建爲招討牙内都指揮使。久之不克，建謂昭度曰：「公以數萬之衆，困兩川之人，而師久無功，奈何？且唐室多故，東方諸鎮，兵接都畿，公當歸相天子，静中原以固根本，此蠻夷之國，不足以留公！」昭度遲疑未決，建遣軍士擒昭度親吏於軍門，臠而食之，建入白曰：「軍士飢，須此爲食爾！」昭度大恐，即留符節與建而東。昭度已去，建即以兵扼劍門，兩川由是阻絶。

山行章屯廣都，建擊敗之，行章走眉州，以州降建。建引兵攻成都，而資、簡、戎、茂、嘉、邛諸州皆殺刺史降建。

建攻成都甚急，田令孜登城呼建曰：「老夫與公相厚，何嫌而至此！」建曰：「軍容父子之恩，心何可忘！然兵討不受代者，天子命也。」令孜夜入建軍，以節度觀察牌印授建。明日，敬瑄開門迎建。建將入城，以張勍爲都虞候，戒其軍士曰：「吾以張勍爲虞候矣，汝等無犯其令，幸勍執而見我，我尚活汝，使其殺而後白，吾亦不能詰也。」建入城，軍士剽略，勍殺百人而止。後建遷敬瑄于雅州，使人殺之；復以令孜爲監軍，既而亦殺之。

大順二年十月，唐以建爲檢校司徒、成都尹、劍南西川節度副大使知節度事、管内觀察處置雲南八國招撫等使。

東川顧彥朗卒，其弟彥暉立。唐遣宦者宗道弼賜彥暉東川旌節，綿州刺史常厚執道弼以攻梓州，建遣李簡、王宗滌等討厚。自彥朗死，建欲圖并東川而未有以發，及李簡等討厚，戒曰：「兵已破厚，彥暉必出犒師，即與俱來，無煩吾再舉也。」簡等擊厚，敗之鍾陽，厚走還綿州，以唐旌節還道弼而出之。彥暉已得節，辭疾不出犒軍。乾寧二年，建遣王宗滌攻之。十二月，宗滌敗彥暉於楸林，

斬其將羅璋，遂圍梓州。三年五月，昭宗遣宦者袁易簡詔建罷兵，建收兵還成都。黔南節度使王肇以其地降于建。

四年，宗滌復攻東川，別遣王宗侃、宗阮等出峽，取渝、瀘州。五月，建自將攻東川，昭宗遣諫議大夫李洵、判官韋莊宣諭兩川，詔建罷兵。建不奉詔，乃責授建南州刺史，以郯王爲鳳翔節度使，李茂貞代建爲西川節度使。茂貞拒命，乃復建官爵。冬十月，建攻破梓州，彦暉自殺。彦暉將顧彦瑶顧城已危，謂諸將吏曰：「事公當生死以之！」指其所佩寶鐵劍曰：「事急而有叛者，當齒此劍！」及城將破，彦瑶與彦暉召集將吏飲酒，遂與之俱死。建以王宗滌爲東川留後，唐即以宗滌爲節度使，於是并有兩川之地。

是時，鳳翔李茂貞兼據梁、洋、秦、隴，數以兵侵建。天復元年，梁太祖兵誅宦者，宦者韓全誨等劫天子幸鳳翔，梁兵圍之，茂貞閉城拒守經年，力窘，求與梁和。建間遣人聘茂貞，許以出兵爲援，勸其堅壁勿和。遣王宗滌將兵五萬，聲言迎駕，以攻興元，執其節度使李繼業，而武定節度使拓拔思敬遂以其地降于建，於是并有山南西道。是時，荆南成汭死，襄州趙匡凝遣其弟匡明襲據之，建乘其間，攻下夔、施、忠、萬四州。三年八月，唐封建蜀王。四年，唐遷都洛陽，改元天祐，建與唐隔絶而不知，故仍稱天復。六年，又取歸州，於是并有三峽。

七年，梁滅唐，遣使者諭建，建拒而不納。建因馳檄四方，會兵討梁，四方知其非誠實，皆不應。

是歲正月，巨人見青城山。六月，鳳凰見萬歲縣，黄龍見嘉陽江，而諸州皆言甘露、白鹿、白雀、龜、龍之瑞。秋九月己亥，建乃即皇帝位。封其諸子爲王，以王宗佶爲中書令，韋莊爲左散騎常侍判中書門下事，唐襲爲樞密使，鄭騫爲御史中丞，張格、王鍇皆爲翰林學士，周博雅爲成都尹。蜀恃險而富，當唐之末，士人多欲依建以避亂。建雖起盗賊，而爲人多智詐，善待士，故其僭號，所用皆唐名臣世族：莊，見素之孫；格，濬之子也。建謂左右曰：「吾爲神策軍將時，宿衛禁中，見天子夜召學士，出入無間，恩禮親厚如寮友，非將相可比也。」故建待格等恩禮尤異，其餘宋玭等百餘人，並見信用。

武成元年正月，祀天南郊，大赦，改元，以王宗佶爲太師。宗佶本姓甘氏，建爲忠武軍卒時掠得之，養以爲子，後以軍功累遷武信軍節度使。後建所生子元懿等稍長，宗佶以養子心不自安，與鄭騫等謀，求爲大司馬，總六軍，開元帥府，凡軍事便宜行而後聞。建以宗佶創業功多，優容之。唐襲本以舞僮見幸於建，宗佶尤易之，後爲樞密使，猶名呼襲，襲雖内恨，而外奉宗佶愈謹。建聞之，怒曰：「宗佶名呼我樞密使，是將反也。」宗佶求大司馬，章三上，建以問襲，襲因激怒建曰：「宗佶功臣，其威望可以服人心，陛下宜即與之。」建心益疑。宗佶入奏事，自請不已，建叱衛士撲殺之，并賜騫死。六月，以遂王宗懿爲皇太子。建加尊號英武睿聖皇帝。七月，騶虞見武定。

二年，頒《永昌曆》。廣都嘉禾合穗。

三年八月，有龍五十見洵陽水中。十月，麟見壁州。十二月，大赦，改明年爲永平元年。岐王李茂貞自爲梁所圍，而山南入于蜀，地狹勢孤，遂與建和，以其子娶建女，因求山南故地。建怒，不與，以王宗侃爲北路都統，宗佑、宗賀、唐襲爲三面招討使以攻岐。戰于青泥，宗侃敗績，退保西縣，爲茂貞兵所圍。建自將擊之，岐兵敗，解去，建至興元而還。加尊號曰英武睿聖光孝皇帝。

二年，又加號曰英武睿聖神功文德光孝皇帝。初，田令孜之爲監軍也，盗唐傳國璽入于蜀而埋之，二月，尚食使歐陽柔治令孜故第，穿地而得之，以獻。五月，梁遣光禄卿盧玭來聘，推建爲兄，其印文曰「大梁入蜀之印」。宰相張格曰：「唐故事，奉使四夷，其印曰『大唐入某國之印』，今梁已兄事陛下，奈何卑我如夷狄？」建怒，欲殺梁使者，格曰：「此梁有司之過爾，不可以絶兩國之懽。」已而梁太祖崩，建遣將作監李紘弔之，遂刻其印文曰「大蜀入梁之印」。劍州木連理。六月，麟見文州。十二月，黄龍見富義江。

三年正月，麟見永泰。五月，騶虞見壁山，有二鹿隨之。秋七月，皇太子元膺殺太子少保唐襲。元膺，建次子也，初名宗懿，後更名宗坦，建得銅牌子于什仿，有文二十餘字，建以爲符讖，因取之以名諸子，故又更曰元膺。元膺爲人猳喙齵齒，多材藝，能射錢中孔，嘗自抱畫毬擲馬上，馳而射之，無不中。年十七，爲皇太子，判六軍，創天武神機營，開永和府，置官屬。建以元膺年少任重，以記事戒之，令「一切學朕所爲，則可以保國」。又命道士廣成先生杜光庭爲之師。唐襲，建之嬖也，元膺易之，屢誚于朝，建懼其交惡，乃罷襲樞密使，出爲興元節度使。已而襲罷歸，元膺廷疏其過失，建益不悦。是月七夕，元膺召諸王大臣置酒，而集王宗翰、樞密使潘峭、翰林學士毛文錫不至，元膺怒曰：「集王不來，峭與文錫教之耳！」明日，元膺白建峭及文錫離間語。建怒，將罪之。元膺出而襲入，建以問之，襲曰：「太子謀作亂，欲召諸將、諸王以兵錮之，然後舉事爾！」建疑之，襲請召營兵入衛。元膺初不爲備，聞襲召兵，以爲誅己，乃與伶人安悉香、

軍將喻全殊率天武兵自衛，遣人擒峭及文錫而笞之，幽於其家；召大將徐瑤、常謙率兵出拒襲，與襲戰神武門，襲中流矢，墜馬死。建遣王宗賀以兵討之，元膺兵敗皆潰去。元膺匿躍龍池檻中，明日，出而丐食，蜀人識之，以告，建遣宗翰招諭之，宗翰未至，爲衛兵所殺。建乃立其幼子鄭王宗衍爲太子。白龍見邛州江。

四年，荆南高季昌侵蜀巫山，遣嘉王宗壽敗之于瞿唐。八月，殺黔南節度使王宗訓。冬，南蠻攻掠界上，建遣夔王宗範擊敗之于大渡河。麟見昌州。

五年，起壽昌殿於龍興宮，畫建像於壁；又起扶天閣，畫諸功臣像。十一月，大火，焚其宫室。遣王宗儔等攻岐，取其秦、鳳、階、成四州，至大散關。梁叛將劉知俊在岐，於是特以其族來。

通正元年，遣王宗綰等率兵十二萬出大散關攻岐，取隴州。八月，起文思殿，以清資五品正員官購羣書以實之，以内樞密使毛文錫爲文思殿大學士。黄龍見大昌池。十月，大赦。改明年元曰天漢，國號漢。

天漢元年，殺劉知俊。十二月，大赦，改明年元曰光天，復國號蜀。

光天元年六月，建卒，年七十二。建晚年多内寵，賢妃徐氏與妹淑妃，皆以色進，專房用事，交結宦者唐文扆等干與外政。建年老昏耄，文扆判六軍，事無大小，皆決文扆。及建疾，以兵入宿衛，謀盡去建故將。故將聞建疾，皆不得入見，久之，宗弼等排闥入，言文扆欲爲變，乃殺之。建因以老將大臣多許昌故人，必不爲太子用，思擇人未得而疾亟，乃以宦者宋光嗣爲樞密使判六軍。而建卒，太子立，去「宗」名「衍」。

雜録

備録

何光遠《鑒誡録》卷四《許墓靈》　王蜀太祖與晉太師暉共爲惡友，悉生許下，長而貧乏，姓名無聞。潛攻許昌縣民家，事發，太祖與晉俱遁武陽古墓中。

何光遠《鑒誡録》卷四《得夫地》　王蜀普慈公主出降秦州節度使李令中，即秦王之猶子也。初，王太祖欲興師取天水，而計未成，因問大夫馮涓，涓對曰：「臣聞興師者殘兵力，虚府庫，弊羣畜，損弓甲，擾桑農，動德義，興詐僞，故損國害人，莫先於用兵也。方今梁王朱全忠霸盛，强據兩京，料其先取河東。河東，梁之敵國也，勢不兩立。儻一虎爲雄，率天下之衆，一舉西來，縱葛亮重生，五丁復出，無以泥封大散，石鏁劍門。今秦庭實蜀之巨屏也，去其屏，窺見庭館焉。莫若與秦王和親，稍稍以麻布茗草給之，不傷於大義，濟之以小利。蜀但訓兵秣馬，固敵料强，足可以保天禄於三川，固子孫於萬葉。潛令公主探其機密，窺彼室家，俟便攻之，一舉而獲可也。」帝曰：「甚善。」是時秦王遣使求親，遂以普慈公主而許之，於是成其姻好。公主出降也，小宫一帑之資以爲妝奩服翫之飾，而導從華麗，已逾千里。秦王以隴右之地貧薄，不産絲麻，請西向稱臣，希六萬衆春冬之賜。太祖又用馮涓之計，許之茶布，請自備人力而迎。秦王大喜，卑强丁及驢馬，悉遣入蜀般取。其來也，載青鹽、紫草，蜀得其厚利焉。其去也，載白布、黄茶，秦得麁貨矣。每來，駐泊周歲而還。閣道崎嶇，江溪壅滯，人畜疲乏，踣卧道塗。是時秦卒太半不還，遂止西來之役。李駙馬久鎮天水，與季父秦王常持兩端。普慈公主密使閹人宋内侍光嗣絹書封事而達太子，備述駙馬常驕矜，每多沈湎，或淫誅嬖妾，或醉害賢良，兵力方微，民心思亂，願歸侍省，免死危邦。事達宸聰，六宫慟哭。太祖遂詐以后薨，遣使暫迎公主。公主既至，不復歸秦。蜀遣大將軍許太師宗播將兵五萬，與秦人戰於金沙，秦人大敗，於是獲其城邑，遂迎駙馬，及降無敵王劉知俊，并戰將郭守遷、郭守存、李彦德、聶璜、孫禮、陳彦詞、毛昌業、邵雲等五十餘員，大踏馬三千餘匹，兵士九千户六萬，悉歸於蜀。至同光三年，秦賓後唐，蜀遂亡國。是無巨屏矣。乃知馮君之日信不虚開矣！

何光遠《鑒誡録》卷五《帝贈別》　王太祖自利、閬起兵，以至益州爲帝。唐太師，閬苑人也，美眉目，足機智，自童年親事太祖，及太祖得蜀，遂主樞衡。勳業既高，恩寵彌厚。是時太祖與秦庭李大王方結姻好，遽因小閒交兵，遂選腹心，以安梁漢，唐公於是出鎮焉。帝御大安樓親送，及見，唐公將別，帝頗動容，侍從宫娥，無不彈淚。太祖御製贈別以賜唐公，議者以魚水之歡無出於此。詩曰：「卯歲便將爲肘腋，二紀何曾離一日。更深猶尚立案前，敷奏柔和不傷物。今朝榮貴慰我心，雙旌引向重城出。褒斜舊地委勳賢，從此生靈永泰息。」

陶穀《清異録》卷四《武器門》　王建初起軍中，隱語代器械之名，以犯者爲不祥，至孟氏時猶有能道其略者。劍曰「奪命龍」，刀曰「小逡巡」，鎗曰「肩二」，斧曰「鐵餻糜」，甲曰「千斤使」，弓曰「潘尚書」，弩曰「百步王」，箭曰「飛郎」，鼓曰

「聖牛兒」，鑼曰「響八」，旗曰「愁眉錦」，鐵蒺藜曰「冷尖」。

孫光憲《北夢瑣言》卷五《閉門避蠻》 西川自唐劉闢搆逆後，久無干戈，人不習戰。每歲諸道差兵屯戍大渡河，蠻旗纔舉，望風而潰。咸通中，長驅直抵府城，居人有扃户而拒之，蠻亦不敢扣門也。嘗有一蠻迷路入廣都縣村墅，里人相率數百輩叫譟而逐之，蠻一回顧，卻走如堵牆崩焉，自晝及暝，終不能擒致。其怯懦如此。王蜀先主時，雲南寇蜀，蜀軍勇鋭欲吞之，俘擒噉食，不以爲敵。與向前之兵，百倍其勇也。

孫光憲《北夢瑣言》卷五《韋太尉代西川》 唐陳敬瑄據成都府拒命，韋太尉昭度充招討使，率東川兵以伐之。王蜀先主時爲草賊，剽掠諸縣，乃擁手下兵投掌武，署爲衙内指揮使，資其爪牙也，因奏請割西川數州，就臨邛建節以授之。蜀主卑謙多智，事韋公甚謹。掌武量其事勢，終不能駕御，況軍旅之事，又非所長。每欲攻城，請戎服臨陣，慮矢石所及，不敢近前。掌武曰：「軍人安敢無禮！」東川都顯有唐喫人者，呼而戒之曰：「人肉何如豬羊？」乃賜一緡，俾充肉價。他皆倣此。重圍二年，蜀城已困，不日將下。一旦門外諠譁，以軍糧闕乏，兵士擒曳掌武親吏駱別駕名志者，臠而噉之。由是懼罹其禍，遽託疾，以西川牌印付蜀主而歸朝。雖曰不武，斯亦用智自免也。

孫光憲《北夢瑣言》卷一二《柳子幞頭脚》 西川衛前軍將李思益者，所著衣服莫非華煥纖麗，蜀先主左右羨而怪之，先主曰：「李思益一副衣裳大有所費，是要爲我光揚軍府，仰與江貨場勾當，俾其作衣裝也。」先主又於作院見匠人裹小朵帽子，前如鷹嘴，後露腦枕，怪而截其嘴也。又登樓見行人戴襤襂席帽，云：「破頭爛額，是何好事？」然自務儉素，愛浄潔，皆此類也。

孫光憲《北夢瑣言》佚文二《王建戒部下驕暴》 僞蜀先主王建始攻圍成都，三年未下，其紀綱之僕有無賴輕生勇悍者百輩，人莫敵也。建嘗以美言啗之曰：「西川號爲錦花城，一旦收尅，玉帛子女恣我兒輩快活也。」他日，陳敬瑄、田令孜以城降。翌日赴府，預戒驕暴諸子曰：「我與爾累年戰鬬，出死入生，來日便是我一家也。入城之後，但管富貴，即不得恣横。我適來差張勍作斬斫馬步使，責辦於渠，汝輩不得輒犯。若把到我面前，足可矜恕。或被當下斬却，非我能救。」諸子聞戒，各務戢斂。然張勍胸上打人，堆疊通衢，莫有敢犯。識者以建能戒能惜，不陷人於刑，仁恕之比也。

孫光憲《北夢瑣言》佚文二《許存斬三王》 邛黎之間有淺蠻焉，世襲王號，曰劉王、楊王、郝王。歲支西川衣賜三千分，俾其偵雲南動静，雲南亦資其覘成都盈虚，持兩端而求利也。每元戎下車，即率界上酋長詣府庭，號曰參元戎。上聞自謂威惠所致。其未參間，潛稟於都押衙，且俟可否。或元戎慰撫大將間，稍至乖方，即教其紛紜。時帥臣多是文儒，不欲生事，以是都押賴之。亦要姑息。蠻蜑憑陵，若無亭障，抑此之由也。王建始鎮蜀，絶其舊賜，斬都押衙山行章以令之。邛峽之南，不立一堠，不成一卒，十年不敢犯境。末年，命大將許存征蠻，爲三王洩漏軍機，於是召三王而斬之，時號因斷也。昔日之患三王，非不知也，時不利也。故曰：有非常之功，許公之謂也。

孫光憲《北夢瑣言》佚文二《蜀王先主禮僧》 僞蜀王先主未開國前，西域僧至蜀，蜀人瞻敬，如見釋迦。舍於大慈三學院。蜀主復謁坐於廳。傾都士女就院，不令止之。婦女列次禮拜，俳優王舍城飄言曰：「女弟子勤苦禮拜，願後身面孔，一切似和尚。」蜀主大笑。

孫光憲《北夢瑣言》佚文三《蜀王先主遭輕薄》 韋昭度招討陳敬瑄時，蜀帥顧彦暉爲副，王先主爲都指揮使。三府各署幙寮，皆是朝達子弟，視王先主蔑如也。先主侍從髡髮行䟤，黥面札腕，如一部鬼神。其輩以先主兢肅，顧公詳緩，一時失笑而散。先主歸營，左右以此爲言，亦自大笑。他日克郪城，輕薄幙寮皆害之。

孫光憲《北夢瑣言》佚文三《蜀先主擲骰子》 唐僖宗皇帝播遷漢中，蜀先主建爲禁軍都頭，與其儕於僧院擲骰子，六隻次第相重，自么至六，人共駭之。他日霸蜀，因幸興元，訪當時僧院，其僧尚在，問以舊事，此僧具以骰子爲對，先主大悦，厚賜之。

陶岳《五代史補》卷一《王建禮待翰林學士》 王建之僭號也，惟翰林學士最承恩顧，侍臣或諫其禮過，建曰：「蓋汝輩未之見也。且吾在神策軍時，主内門魚鑰，見唐朝諸帝待翰林學士，雖交友不若也。今我恩顧，比當時才有百分之一爾，何謂之過當耶？」論者多之。

陶岳《五代史補》卷一《王建犯徒》 王建在許下時，尤不逞，嘗坐事遭徒，但無杖痕爾。及據蜀，得馬涓爲從事，涓好詆訐，建恐爲所譏，因問曰：「竊聞外議以吾曾遭徒刑，有之乎？」涓對曰：「有之。」建恃無杖痕，且對衆，因袒背以示涓曰：「請足下試看，有遭杖責而肌肉如是耶？」涓知其詐，乃撫背而歎曰：「大奇，當時何處得此好膏藥來？」賓佐皆失色，而涓晏然。

張唐英《蜀檮杌》卷上 （王建）遊龍華禪院，召僧貫休，命坐，賜茶藥彩段，仍令口誦近詩。時諸王貴戚皆賜坐，貫休欲諷之，因誦《公子行》曰：「錦衣鮮華手擎鶻，閒行氣貌多輕忽。艱難稼穡總不知，五帝三王是何物。」建稱善，貴倖皆怨之。

周德權，汝南人，建之妻弟。從建入蜀，以戰功累遷眉州刺史。梁祖既篡，德權上表曰：「案讖文：『李祐西王逢吉昌，土德兑興丹莫當。』李祐者，唐主也；西王者，王氏興於西方也；丹莫當者，丹，朱也，言朱梁不敢與殿下抗也。願稽合天命，仰膺寶籙，使天地有主，人神有依。」建大悦，曰：「成我者，叔舅也。」

佚名《五國故事》卷上 僞蜀先主建，許州舞陽人也。世爲餅師。【略】其後爲忠武軍部將，討尚君長於山東，力戰馬斃，剖之得蛇於馬腹，由是自負。建初以唐朝之命，析黎、雅、邛、蜀四州爲永平軍節度，旋領兩川，封蜀王。及梁太祖受禪，乃僭大號，梁祖以其俱爲唐朝勳舊，不敢傲之，又以岐隴不附，欲假建爲腹背之患，乃與之通和，使介交質，情好尤篤。建初復書於梁祖曰：「七十州自可指揮，八千里罕因開拓。」又曰：「俱非恃强逼禪，皆以行道濟時」云。建在位，有漢州人郭迥，耕得古銅牌以獻，有王建、王元膺以下六十餘字。建乃改其長子名元膺，以應其事。識者曰：「膺者，胸也；胸者，凶也，皆非吉兆。」俄而元膺以延巧之夕，將請建宴於東宮，遂謀作亂，事發，元膺伏誅。乃立其少子鄭王衍，是爲後主。建在僞位十有二年，凡五改元，曰武成、曰永平、曰通正、曰天漢、曰光天。仍以其僞號易錢文而鑄之。今惡錢中尚有。建急於督責，雖倉廩充溢，而聚斂不已。蜀中每春三月爲蠶市，至時貨易畢集，闤闠填委，蜀人稱其繁盛。而建嘗登樓望之，見其貨桑栽者不一，乃顧左右曰：「桑栽甚多，儻税之，必獲厚利。」由是言出於外，民懼，盡伐其桑柘焉。建末年苦於痢疾，疼楚尤劇，但坐錦囊，而疾中顧左右曰：「我見百姓無數列於牀前，詬我曰『重賦厚斂，以至我傷害而死，今已得訴於帝矣。』」建曰：「我實不知外間如此，今如之何？」未幾而殂。

袁樞《通鑑紀事本末》卷三七《王建據蜀》 中和三年秋七月，左驍衛上將軍楊復光卒于河中。八都將鹿晏弘等各以其衆散去，王建、韓建、張造、晉暉、李師泰各帥其衆與之俱。田令孜密遣人以厚利誘之，二建帥衆數千逃奔行在。令孜皆養爲假子，賜與巨萬，拜諸衛將軍，使各將其衆，號隨駕五都。

光啓元年秋九月戊申，以陳敬瑄爲三川及峽内諸軍都指揮制置等使。

二年夏四月，田令孜薦樞密使楊復恭爲左神策中尉觀軍容使，自除西川監軍使，往依陳敬瑄。復恭斥令孜之黨，出王建爲利州刺史。

三年春三月，山南西道節度使楊守亮忌利州刺史王建驍勇，屢召之；建懼，不往。前龍州司倉周庠説建曰：「唐祚將終，藩鎮互相吞噬，皆無雄才遠略，不能戡濟多難。公勇而有謀，得士卒心，立大功者，非公而誰？然葭萌四戰之地，難以久安。閬州地僻人富，楊茂實，陳、田之腹心，不修職貢，若表其罪，興兵討之，可一戰而擒也。」建從之，召募溪洞酋豪，有衆八千，沿嘉陵江而下，襲閬州，逐其刺史楊茂實而據之。自稱防禦使，招納亡命，軍勢益盛，守亮不能制。部將張虔裕説建曰：「公乘天子微弱，專據方州，若唐室復興，公無種矣。宜遣使奉表天子，仗大義以行師，蔑不濟矣。」部將綦毋諫復説建養士愛民，以觀天下之變，建皆從之。

初，建與東川節度使顧彦朗俱在神策軍同討賊。建既據閬州，彦朗畏其侵暴，數遣使問遺，饋以軍食，建由是不犯東川。

陳敬瑄惡顧彦朗與王建相親，恐其合兵圖己，冬十一月，謀於田令孜。令孜曰：「建，吾子也，不爲楊興元所容，故作賊耳。今折簡召之，可致麾下。」乃遣使以書召之，建大喜，詣梓州見彦朗曰：「十軍阿父見召，當往省之。因見陳太師，求一大州，若得之，私願足矣。」乃留其家於梓州，帥麾下精兵二千，與從子宗鐬、假子宗瑶、宗弼、宗侃、宗弁俱西。

建至鹿頭關，西川參謀李乂謂敬瑄曰：「王建，虎也，奈何延之入室！彼安肯爲公下乎！」敬瑄悔，亟遣人止之，且增修守備。建怒，破關而進，敗漢州刺史張頊於綿竹，遂拔漢州，進軍學射山，又敗西川將句惟立於蠶此，又拔德陽。敬瑄遣使讓之，對曰：「十軍阿父召我來，及門而拒之，重爲顧公所疑，退無歸矣。」田令孜登樓慰諭之，建與諸將於清遠橋上髡髮羅拜，曰：「今既無歸，且辭阿父作賊矣。」顧彦朗以其弟彦暉爲漢州刺史，發兵助建急攻成都，三日不克而退，還屯漢州。敬瑄告難於朝，詔遣中使和解之。又令李茂貞以書諭之，皆不從。

文德元年春三月，王建攻彭州，陳敬瑄救之，乃去。建大掠西川，十二州皆被其患。夏五月，陳敬瑄方與王建相攻，貢賦中絶。建以成都尚强，退無所掠，欲罷兵，周庠、綦毋諫以爲不可。庠曰：「邛州城塹完固，食支數年，可據之以爲根本。」建曰：「吾在軍中久，觀用兵者不倚天子之重則衆心易離。不若疏敬瑄之罪，表請朝廷，命大臣爲帥而佐之，則功庶可成。」乃使庠草表，請討敬瑄以

贖罪，因求邛州。顧彥朗亦表請赦建罪，移敬瑄他鎮以靖兩川。

初，黃巢之亂，上爲壽王，從僖宗幸蜀。時事出倉猝，諸王多徒行，至山谷中，壽王疲乏不能前，卧磻石上。田令孜自後至，趣之。王曰：「足痛，幸軍容給一馬。」令孜曰：「此深山，安得馬？」以鞭抶王使前，王顧而不言，心銜之。及即位，遣人監西川軍，令孜不奉詔。上方憤藩鎮跋扈，欲以威制之。會得彥朗、建表，以令孜所恃者敬瑄耳，六月，以韋昭度兼中書令，充西川節度使兼兩川招撫制置等使，徵敬瑄爲龍武統軍。

王建軍新都，時綿竹土豪何義陽、安仁費師懃等所在擁兵自保，衆或萬人，少者千人。建遣王宗瑶説之，皆率衆附於建，給其資糧，建軍復振。

〔冬十月，〕陳敬瑄、田令孜聞韋昭度將至，治兵完城以拒之。

初，感義節度使楊晟既失興、鳳，走據文、龍、成、茂四州。王建攻西川，田令孜以晟己之故將，假威戎軍節度使，使守彭州。王建攻彭州，陳敬瑄遣眉州刺史山行章將兵五萬壁新繁以救之。

十二月丁亥，以韋昭度爲行營招討使，山南西道節度使楊守亮副之，東川節度使顧彥朗爲行軍司馬。割邛、蜀、黎、雅置永平軍，以王建爲節度使，治邛州，充行營諸軍都指揮使。戊子，削陳敬瑄官爵。

昭宗龍紀元年春正月戊申，王建大破山行章於新繁，殺獲近萬人，行章僅以身免。楊晟懼，徙屯三交。行章屯濛陽，與建相持。冬十二月甲子，王建敗山行章及西川騎將宋行能於廣都。行能奔還成都，行章退守眉州。壬申，行章請降於建。

大順元年春正月壬寅，王建攻邛州，陳敬瑄遣其大將彭城楊儒將兵三千助刺史毛湘守之。湘出戰，屢敗。楊儒登城，見建兵盛，歎曰：「唐祚盡矣。王公治衆嚴而不殘，殆可以庇民乎？」遂帥所部出降。建養以爲子，更其姓名曰王宗儒。乙巳，建留永平節度判官張琳爲邛南招安使，引兵還成都。琳，許州人也。陳敬瑄分兵布寨於犀浦、郫、導江等縣，發城中民户一丁，晝則穿重壕，採竹木，運塼石，夜則登城，擊柝巡警，無休息。韋昭度營於唐橋，王建營於東閶門外。建事昭度甚謹。辛亥，簡州將杜有遷執刺史員虔嵩降於建，建以有遷知州事。

夏四月乙丑，陳敬瑄遣蜀州刺史任從海將兵二萬救邛州，戰敗，欲以蜀州降王建。敬瑄殺之，以徐公鉥代爲蜀州刺史。丙寅，嘉州刺史朱實舉州降于建。丙子，棘道土豪文武堅執戎州刺史謝承恩降于建。

六月丁巳，茂州刺史李繼昌帥衆救成都，己未，王建擊斬之。辛酉，資、簡都制置應援使謝從本殺雅州刺史張承簡，舉城降建。秋八月，王建退屯漢州。陳敬瑄括富民財以供軍，置徵督院，逼以桎梏箠楚，使各自占。凡有財者如匿藏、虛占、急徵，咸不聊生。

九月，邛州刺史毛湘本田令孜親吏，王建攻之急，食盡，救兵不至。壬戌，湘謂都知兵馬使任可知曰：「吾不忍負田軍容，吏民何罪！爾可持吾頭歸王建。」乃沐浴以俟刃。可知斬湘及二子降於建，士民皆泣。甲戌，建持永平旌節入邛州，以節度判官張琳知留後。繕完城隍，撫安夷獠，經營蜀、雅。冬十月癸未朔，建引兵還成都，蜀州將李行周逐(李)〔徐〕公鉥舉城降建。

二年。(春二月)韋昭度將諸道兵十餘萬討陳敬瑄，三年不能克，饋運不繼。朝議欲息兵，〔春〕三月乙亥，制復敬瑄官爵，令顧彥朗、王建各帥衆歸鎮。

夏四月，成都城中乏食，棄兒滿路。民有潛入行營販米入城者，邏者得之，以白韋昭度，昭度曰：「滿城飢甚，忍不救之！」釋勿問。亦有白陳敬瑄者，敬瑄曰：「吾恨無術以救餓者，彼能如是，勿禁也。」由是販者浸多，然所致不過斗升。截筒，徑寸半，深五分，量米而鬻之，每筒百餘錢，餓殍狼籍。軍民强弱相陵，將吏斬之不能禁。乃更爲酷法，或斷腰，或斜劈，死者相繼，而爲者不止，人耳目既熟，不以爲懼。吏民日窘，多謀出降，敬瑄悉捕其族黨殺之，慘毒備至。內外都指揮使、眉州刺史成都徐耕性仁恕，所全活數千人。田令孜曰：「公掌生殺而不刑一人，有異志邪？」耕懼，夜取俘囚戮於市。

王建見罷兵制書，曰：「大功垂成，奈何棄之！」謀於周庠，庠勸建請韋公還朝，獨攻成都，克而有之。建表稱：「陳敬瑄、田令孜罪不可赦，願畢命以圖成功。」昭度無如之何，由是未能東還。建説昭度曰：「今關東藩鎮迭相吞噬，此腹心之疾也。相公宜早歸廟堂，與天子謀之。敬瑄，疥癬耳，當以日月制之，責建可辦也。」昭度猶豫未決。庚子，建陰令東川將唐友通等擒昭度親吏駱保於行府門，臠食之，云其盜軍糧，昭度大懼，遽稱疾，以印節授建，牒建知三使留後兼行營招討使，即日東還。建送至新都，跪觴馬前，泣拜而別。昭度甫出劍門，即以兵守之，不復內東軍。昭度至京師，除東都留守。

建急攻成都，環城烽塹亘五十里。有狗屠王鷂請詐得罪亡入城説之，使上下離心，建遣之。鷂入見陳敬瑄、田令孜，則言建兵疲食盡將遁矣。出則鬻茶於市，陰爲吏民稱建英武，軍勢强盛。由是敬瑄等懈於守備，而衆心危懼。建又遣

其將京兆鄭渥詐降以覘之，敬瑄以爲將，使乘城，既而復以詐得歸。建由是悉知城中虛實，以渥爲親從都指揮使，更姓名曰王宗渥。

秋八月，王建攻陳敬瑄益急，敬瑄出戰輒敗，巡内州縣率爲建所取。威戎節度使楊晟時饋之食，建以兵據新都，彭州道絶。敬瑄出慰勉士卒，皆不應。辛丑，田令孜登城謂建曰：「老夫曏於公甚厚，何見困如是？」建曰：「父子之恩豈敢忘。但朝廷命建討不受代者，不得不然。儻太師改圖，建復何求！」是夕，令孜自攜西川印節詣建營授之，將士皆呼萬歲。建泣謝，請爲父子如初。壬寅，敬瑄開城迎建。癸卯，建入城，自稱西川留後。

初，陳敬瑄之拒朝命也，田令孜欲盜其軍政，謂敬瑄曰：「三兄尊重，軍務煩勞，不若盡以相付，日具記事咨呈，兄但高居自逸而已。」敬瑄素無智能，忻然許之。自是軍事皆不由己，以至於亡。建表敬瑄子陶爲雅州刺史，使隨陶之官，明年罷歸，寓居新津，以一縣租賦贍之。

癸丑，建分遣士卒就食諸州。更文武堅姓名曰王宗阮，謝從本曰王宗本。陳敬瑄將佐有器幹者，建皆禮而用之。

九月，東川節度使顧彥朗薨，軍中推其弟彥暉知留後。

冬十月癸未，以永平節度使王建爲西川節度使。甲申，廢永平軍。建既得西川，留心政事，容納直言，好施樂士，用人各盡其才，謙恭儉素。然多忌好殺，諸將有功名者，多因事誅之。

十二月，以顧彥暉爲東川節度使，遣中使宋道弼賜旌節。楊守亮使楊守厚囚道弼，奪其旌節，發兵攻梓州。癸卯，彥暉求救於王建。甲辰，建遣其將華洪、李簡、王宗侃、王宗弼救東川。建密謂諸將曰：「爾等破賊，彥暉必犒師，汝曹於行營報宴，因而執之，無煩再舉。」宗侃破守厚七砦，守厚走歸綿州。彥暉具犒禮，諸將報宴，宗弼以建謀告之，彥暉乃以疾辭。

景福元年。威(武)〔戎〕節度使楊晟與楊守亮等約攻王建，二月丁丑，晟出兵掠新繁、漢州之境，使其將吕堯將兵二千會楊守厚攻梓州。建遣行營都指揮使李簡擊堯，斬之。辛丑，王建遣族子嘉州刺史宗裕、雅州刺史王宗侃、威信都指揮使華洪、茂州刺史王宗瑶將兵五萬攻彭州，楊晟逆戰而敗，宗裕等圍之。楊守亮遣其將符昭救晟，徑趨成都，營三學山。建亟召華洪還。洪疾驅而至，後軍尚未集，以數百人夜去昭營數里多擊更鼓；昭以爲蜀軍大至，引兵宵遁。

三月，左神策勇勝三都都指揮使楊子實、子遷、子釗，皆守亮之假子也，自渠州引兵救楊晟，知守亮必敗，壬子，帥其衆二萬降於王建。

楊晟遺楊守貞、楊守忠、楊守厚書，使攻東川，以解彭州之圍，守貞等從之。神策督將竇行實戍梓州，守厚密誘之爲内應。守厚至涪城，行實事泄，顧彥暉斬之。守厚遁去。守貞、守忠軍至，無所歸，盤桓綿、劍間，王建遣其將吉諫襲守厚，破之。癸亥，西川將李簡邀守忠於鍾陽，斬獲三千餘人。夏四月，簡又破守厚於銅鉾，斬獲三千餘人，降萬五千人；守忠、守厚皆走。

秋七月，王建圍彭州，久不下，民皆竄匿山谷。諸寨日出俘掠，謂之「淘虜」，都將先擇其善者，餘則士卒分之，以是爲常。有軍士王先成者，新津人，本書生也，世亂，爲兵，度諸將惟北寨王宗侃最賢，乃往説之曰：「彭州本西川之巡屬也，陳、田召楊晟割四州以授之，僞署觀察使，與之共拒朝命。今陳、田已平，而晟猶據之。州民皆知西川乃其大府，而司徒乃其主也，故大軍始至，民不入城而入山谷避之，以俟招安。今軍至累月，未聞招安之命，軍士復從而掠之，與盜賊無異，奪其貲財，驅其畜産，分其老弱婦女以爲奴婢，使父子兄弟流離愁怨。其在山中者，暴露於暑雨，殘傷於蛇虎，孤危飢渴，無所歸訴。彼始以楊晟非其主而不從，今司徒不加存恤，彼更思楊氏矣。」宗侃惻然，不覺屢移其牀，前問之。先成曰：「又有甚於是者。今諸寨每旦出六七百人，入山淘虜，薄暮而返，曾無守備之意。賴城中無人耳，萬一有智者爲之畫策，(使)乘虛奔突，先伏精兵千人於門内，登城望淘虜者稍遠，出弓弩手(礮)〔手〕各百人，攻寨之一面，隨以役卒五百，負薪土填壕爲道，然後出精兵奮擊，且焚其寨；又於三面城下各出耀兵，諸寨咸自備禦，無暇相救，城中得以益兵繼出，如此能無敗乎？」宗侃矍然曰：「此誠有之，將若之何？」先成請條列爲狀以白王建，宗侃即命先成草之，大指言：「今所白之事，須四面通共，宗侃所司止於北面，或所白可從，乞以牙舉施行。」事凡七條：「其一，乞招安山中百姓。其二，乞禁諸寨軍士及子弟，無得一人輒出淘虜，仍表諸寨之旁七里内聽樵牧，敢越表者斬。其三，乞置招安寨，中容數千人，以處所招百姓。宗侃請選所部將校謹幹者爲招安將，使將三十人，晝夜執兵巡衛。其四，招安之事，須委一人總領。今牓帖既下，諸寨必各遣軍士入山招安，百姓見之，無不驚疑，如鼠見貍，誰肯來者？欲招之必有其術，願降帖付宗侃專掌其事。其五，乞嚴勒四寨指揮使，悉索前日所虜彭州男女老幼，集於營場，有父子、兄弟、夫婦自相認者，即使相從，牒具人數，部送招安寨，有敢私匿一人

者斬。仍乞勒府中諸營，亦令嚴索，有自軍前先寄歸者，量給資糧，悉部送歸招安寨。其六，乞置九隴行縣於招安寨中，以前南鄭令王丕攝縣令，設置曹局，撫理百姓，擇其子弟之壯者，給帖使自入山，招其親戚。彼知司徒嚴禁侵掠，前日爲軍士所虜者皆獲安堵，必歡呼踊躍，相帥下山，如子歸母，不日盡出。其七，彭州土地宜麻，百姓未入山時多漚藏者，宜令縣令曉諭，各歸田里，出所漚麻鬻之，以爲資糧，必漸復業。」建得之大喜，即行之，悉如所申。明日，牓帖至，威令赫然，無敢犯者。三日，山中民競出，赴招安寨如歸市，寨不能容，斥而廣之。浸有市井，又出麻鬻之。民見村落無抄暴之患，稍稍辭縣令，復故業。月餘，招安寨皆空。

秋八月辛丑，李茂貞攻拔興元，楊復恭、楊守亮、楊守信、楊守貞、楊守忠、滿存奔閬州。

冬十二月壬午，王建遣其將華洪擊楊守亮於閬州，破之。建遣節度押牙延陵鄭頊使於朱全忠，全忠問劍閣，頊極言其險。全忠不信，頊曰：「苟不以聞，恐誤公軍機。」全忠大笑。

二年春正月，東川留後顧彥暉既與王建有隙，李茂貞欲撫之使從己，奏請更賜彥暉節，詔以彥暉爲東川節度使。茂貞又奏遣知興元府事李繼密救梓州，未幾，建遣兵敗東川、鳳翔之兵於利州。彥暉求和，請與茂貞絶，乃許之。

二月甲戌，加西川節度使王建同平章事。王建屢請殺陳敬瑄、田令孜，朝廷不許。夏四月乙亥，建使人告敬瑄謀作亂，殺之新津。又告田令孜通鳳翔書，下獄死。建使節度判官馮涓草表奏之，曰：「開匣出虎，孔宣父不責他人；當路斬蛇，孫叔敖蓋非利己。專殺不行於閫外，先機恐失於彀中。」涓，宿之孫也。

乾寧元年夏五月，王建攻彭州，城中人相食，彭州内外都指揮使趙章出降。王先成請築龍尾道，屬于女牆。丙子，西川兵登城，楊晟猶帥衆力戰，刀子都虞候王茂權斬之。獲彭州馬步使安師建，建欲使爲將，師建泣謝曰：「師建誓與楊司徒同生死，不忍復戴日月，惟速死爲惠。」再三諭之，不從，乃殺之，禮葬而祭之。更趙章姓名曰王宗勉，王茂權名曰宗訓，又更王釗名曰宗謹，李綰姓名曰王宗綰。

秋七月，綿州刺史楊守厚卒，其將常再榮舉城降王建。

二年秋九月，王建遣簡州刺史王宗瑤等將兵赴難，甲戌，軍于綿州。

冬十一月，雅州刺史王宗侃攻拔利州，執刺史李繼顒，斬之。

十二月甲申，閬州防禦使李繼雍、蓬州刺史費存、渠州刺史陳璠各帥所部兵奔王建。

王建奏東川節度使顧彥暉不發兵赴難，而掠奪輜重，遣瀘州刺史馬敬儒斷峽路，請興兵討之。戊子，華洪大破東川兵於楸林，俘斬數萬，拔楸林寨。

丙申，王建攻東川，别將王宗弼爲東川兵所擒，顧彥暉畜以爲子。戊戌，通州刺史李彥昭將部兵二千降於建。

三年春正月，西川將王宗夔攻拔龍州，殺刺史田昉。閏月丁亥，果州刺史張雄降于王建。

夏五月丙戌，上遣中使詣梓州和解兩川，王建雖奉詔還成都，然猶連兵未解。荆南節度使成汭與其將許存泝江略地，盡取濱江州縣。武泰節度使王建肇棄黔州，收餘衆保豐都。存又引兵西取渝、涪二州。汭以其將趙武爲黔州留後，存爲萬州刺史。趙武數攻豐都，王建肇不能守，與存皆降于王建。建忌存勇略，欲殺之，掌書記高燭曰：「公方總攬英雄以圖霸業，彼窮來歸我，奈何殺之！」建使戍蜀州，陰使知蜀州王宗綰察之。宗綰密言存忠勇謙厚，有良將才，建乃捨之，更其姓名曰王宗播。

秋八月癸丑，以王建爲鳳翔西面行營招討使。

四年春二月戊午，王建遣邛州刺史華洪、彭州刺史王宗祐將兵五萬攻東川，以戎州刺史王宗謹爲鳳翔西面行營先鋒使，敗鳳翔將李繼徽等於玄武。繼徽本姓楊，名崇本，茂貞之假子也。

庚申，王建以決雲都知兵馬使王宗侃爲應援開峽都指揮使，將兵八千趨渝州，決勝都知兵馬使王宗阮爲開江防送進奉使，將兵七千趨瀘州。辛未，宗侃取渝州，降刺史牟崇厚。癸酉，宗阮拔瀘州，斬刺史馬敬儒，峽路始通。鳳翔將李繼昭救梓州，留偏將守劍門，西川將王宗播擊擒之。

夏四月，以右諫議大夫李洵爲兩川宣諭使，和解王建及顧彥暉。

五月丙戌，王建以節度副使張琳守成都，自將兵五萬攻東川。更華洪姓名曰王宗滌。

六月，李茂貞表王建攻東川，連兵累歲，不聽詔命，甲寅，貶建南州刺史。乙卯，以茂貞爲西川節度使。癸亥，王建克梓州南寨，執其將李繼寧。丙寅，宣諭使李洵至梓州，己巳，見建于張杷砦，建指執旗者曰：「戰士之情，不可奪也。」

王建與顧彥暉五十餘戰，九月癸酉朔，圍梓州。蜀州刺史周德權言於建

曰：「公與彦暉争東川三年，士卒疲於矢石，百姓困於輸輓。東川羣盗多據州縣，彦暉懦而無謀，欲爲偷安之計，皆啗以厚利，恃其救援，故堅守不下。今若遣人諭賊帥以禍福，來者賞之以官，不服者威之以兵，則彼之所恃，反爲我用矣。」建從之，彦暉勢益孤。德權，許州人也。

復以王建爲西川節度使、同平章事。

冬十月壬子，知遂州侯紹帥衆二萬，乙卯，知合州王仁威帥衆千人，戊午，鳳翔將李繼溥以援兵二千，皆降於王建。建攻梓州益急。庚申，顧彦暉聚其宗族及假子共飲，遣王宗弼自歸于建。酒酣，命其假子瑶殺己及同飲者，然後自殺。建入梓州，城中兵尚七萬人，建命王宗綰分兵徇昌、普等州，以王宗滌爲東（州）〔川〕留後。

十二月壬戌，王建自梓州還，戊辰，至成都。

光化元年春正月，以兵部尚書劉崇望同平章事，充東川節度使。夏五月，朝廷聞王建已用王宗滌爲東川留後，乃召劉崇望還，爲兵部尚書，仍以宗滌爲留後。秋九月己丑，東川留後王宗滌言於王建，以東川封疆五千里，文移往還，動踰數月，請分遂、合、瀘、渝、昌五州别爲一鎮，建表言之。冬十月丁巳，以東川留後王宗滌爲節度使。

三年春二月庚申，以西川節度使王建兼中書令。夏六月癸亥，加東川節度使王宗滌同平章事。秋七月甲寅，以西川節度使王建兼東川信武軍兩道都指揮制置等使。

天復元年春三月，東川節度使王宗滌以疾求代，王建表馬步使王宗裕爲留後。

閏六月，道士杜從法以妖妄誘昌、普、合三州民作亂，王建遣王宗黯將兵會東川、武信兵討之。龍臺鎮使王宗侃等討杜從法，平之。

二年春二月，西川兵至利州，昭武節度使李繼忠棄鎮奔鳳翔，王建以劍州刺史王宗偉爲利州制置使。

秋八月，西川軍請假道於興元，山南西道節度使李繼密遣兵戍三泉以拒之。辛丑，西川前鋒將王宗播攻之，不克，退保山寨。親吏柳脩業謂宗播曰：「公舉族歸人，不爲之死戰，何以自保？」宗播令其衆曰：「吾與汝曹决戰，取功名，不爾，死於此。」遂破金牛、黑水、西縣、褒城四寨。軍校秦承厚攻西縣，矢貫左目，達于右目，鏃不出。王建自舐其創，膿潰鏃出。王宗播（屯）〔攻〕馬盤寨，繼密戰敗，奔還漢中。西川軍乘勝至城下，王宗滌帥衆先登，遂克之，繼密請降，遷于成都；得兵三萬，騎五千。宗滌入屯漢中。王建曰：「繼密殘賊三輔。」以其降，不忍殺，復其姓名曰王萬弘，不時召見。諸將陵易之，萬弘終日縱酒，俳優輩亦加戲誚。萬弘不勝憂憤，醉投池水而卒。

詔以王宗滌爲山南西道節度使。宗滌有勇略，得衆心，王建忌之。建作府門，繪以朱丹，蜀人謂之「畫紅樓」，建以爲宗滌姓名應之。王宗佶等疾其功，復構以飛語。建召宗滌至成都，詰責之。宗滌曰：「三蜀略平，大王聽讒，殺功臣可矣！」建命親隨馬軍都指揮使唐道襲夜飲之酒，縊殺之，成都爲之罷市，連營涕泣，如喪親戚。建以指揮使王宗賀權興元留後。道襲，閬州人也，始以舞童事建，後浸預謀畫。

九月戊申，武定節度使李思敬以洋州降王建。冬十月，王建攻拔興州，以軍使王宗浩爲興州刺史。

三年夏四月，王建出兵秦、隴，乘李茂貞之弱也。遣判官韋莊入貢，亦修好於朱全忠。全忠遣押牙王殷報聘，建與之宴。殷言：「蜀甲兵誠多，但乏馬耳。」建作色曰：「當道江山險阻，騎兵無所施。然馬亦不乏，押牙少留，當共閲之。」乃集諸州馬，大閲於星宿山，官馬八千，私馬四千，部隊甚整。殷歎服。建本騎將，故得蜀之後，於文、黎、維、茂州市胡馬，十年之間，遂及兹數。

秋八月庚辰，加西川節度使西平王王建守司徒，進爵蜀王。

天祐元年春二月，上遣間使以御札告難于王建。建以邛州刺史王宗祐爲北路行營指揮使，將兵會鳳翔兵迎車駕。至興平，遇汴兵，不得進而還。建始自用墨制除官，云：「俟車駕還長安表聞。」

王建賦斂重，人莫敢言。馮涓因建生日獻頌，先美功德，後言生民之苦。建愧謝曰：「如君忠諫，功業何憂！」賜之金帛。自是賦斂稍損。

二年冬十一月，昭宗之喪，朝廷遣告哀使司馬卿宣諭王建，至是始入蜀境。西川掌書記韋莊爲建謀，使武定節度使王宗綰諭卿曰：「蜀之將士，世受唐恩，去歲聞乘輿東遷，凡上二十表，皆不報。尋有亡卒自汴來，聞先帝已罹朱全忠弑逆。蜀之將士方日夕枕戈，思爲先帝報仇。不知今兹使來，以何事宣諭？舍人宜自圖進退。」卿乃還。

三年冬十月丙戌，王建始立行臺於蜀，建東向舞蹈，號慟，稱：「自大駕東遷，制命不通，請權立行臺，用李晟、鄭畋故事，承制封拜。」仍以牓帖告諭所部藩

鎮州縣。

後梁（武帝）〔太祖〕開平元年秋九月，蜀王會將佐議稱帝，皆曰：「大王雖忠於唐，唐已亡矣，此所謂『天與不取』者也。」馮涓獨獻議請以蜀王稱制，曰：「朝興則未爽稱臣，賊在則不同爲惡。」王不從，涓杜門不出。王用安撫副使、掌書記韋莊之謀，帥吏民哭三日；己亥，即皇帝位，國號大蜀。辛丑，以前東川節度使兼侍中王宗佶爲中書令，韋莊爲左散騎常侍、判中書門下事，閬州防禦使唐道襲爲内樞密使。莊，見素之孫也。

蜀主雖目不知書，好與書生談論，粗曉其理。是時唐衣冠之族多避亂在蜀，蜀主禮而用之，使修舉故事，故其典章文物有唐之遺風。

蜀主長子校書郎宗仁幼以疾廢，立其次子祕書少監宗懿爲遂王。

陶宗儀《説郛》卷四引《成都古今記》 紅樓，先主所建，綵繪華侈。初，潁川人華洪隨先主入蜀，賜姓王，名宗侃，至是造紅樓，城中人相率來觀曰：「看畫紅樓。」先主以爲應華洪之讖，乃誅之。

備論

《資治通鑑》卷二六六後梁太祖開平元年九月條 蜀主雖目不知書，好與書生談論，粗曉其理。是時唐衣冠之族多避亂在蜀，蜀主禮而用之，使脩舉故事，故其典章文物有唐之遺風。

張唐英《蜀檮杌》卷上 黄松子曰：唐自廣明之亂，天下淩遲。姦猾亡命之徒攘袂誓衆於萑蒲之下，而所在横潰。建於此時乃與晉暉輩攘竊於許蔡之郊，藏匿於墟墓之間，其暴固不足以警動郡縣。及抵罪被繫，死在旦夕，而孟彦暉縱之使去。此豈獄吏知其必貴而佑之邪？抑天爲之邪？遂能奮跡士伍，奔赴行在，忠義感激，誠貫白日。執戈披鋭，翼衛乘輿於煙熖之中，其勤至矣。巨閹猜忌，自璧遷利，遂舉兵據閬，止謀自全之計。洎陳、田召而不納，遂抗表請師，猶有勤王之節。而韋昭度章句書生，柔雅醖藉，非有將帥之才，駕馭之術。建察其可取而代，中以機智奪其符印，遂摧敵克城，節制全蜀，而納貢述職，道不絶使。及梁祖受禪，非有湯、武、高、光之德，建誓師雪耻，而爲岐隴所阻。自視才略不在梁下，其肯甘心俛首而爲之臣邪。因僭竊位號，亦時使之然也。觀其委任將佐，擢用才智，撫養士卒，惠綏黎庶，勸課農桑，輕省徭賦，臨終顧托，至誠無疑。前視劉備可以無愧。予嘗始終考究建之誠心，使全忠不篡，昭宗尚克享國，必不忍爲鼎足之勢。此予所以不深罪之也。

吴任臣《十國春秋》卷三六《高祖本紀下》 論曰：先主負驍雄之資，奮不世出之略，智驅田、陳，力併楊、顧，北問罪于岐隴，南禦侮于長和，功綦茂矣。而釁起蕭牆，戮及嗣子，何遇之酷也。卒之艷妻方處，母愛子抱，舍長立少，不再傳而失國，豈所稱貽厥孫謀，以燕翼子者乎？嗚呼！廢立之際，顧不重與？

藝文

貫休《禪月集》卷五《大蜀皇帝壽春節進堯銘舜頌二首》 《堯銘》 金册昭昭，列聖孤標。仲尼有言，巍巍帝堯。承天眷命，罔厥矜驕。四德炎炎，階蓂不凋。永孚於休，垂衣飄飄。吾皇則之，小心翼翼。乘陽亭毒，不遑暇食。土階苔緑，茅茨雪滴。君既天賦，相亦天錫。德輶金鏡，以聖繼聖。漢高將將，太宗兵柄。吾皇則之，日新德盛。朽索六馬，罔墜厥命。熙熙蓼蕭，塊潤風調。舞擊干羽，囿入芻蕘。既玉其葉，亦金其枝。葉葉枝枝，百工允釐。享國如堯，不疑不疑。

《舜頌》 高高歷山，有黍有粟。皇皇大舜，合堯玄德。五典克從，四門伊穆。大道將行，天下爲公。臨下有赫，選賢用能。吾皇則之，無斁無逸。綏厥品彙，光光得一。千輻臨頂，十在隨蹕。大哉大同，爲光爲龍。吾皇則之，聖謀隆隆。納隍孜孜，孜孜切切。六宗是禋，五瑞斯列。排麟環鳳，披香立雪。四夷納賮，九圍有截。昔救世師，降生竺乾。壽春亦然，萬年萬年。

貫休《禪月集》卷二〇《大蜀皇帝潛龍日述聖德詩五首》 嶽瀆殊祥日月精，入堯金鏡佐休明。衣嚴黼黻皇恩重，劍折芙蓉紫氣横。玉甃金湯山岳峻，花藏臺榭管弦清。已聞圖上淩煙閣，寵渥穹窿玉不名。

扶持社稷似齊桓，百萬雄師貴可觀。神智發中真莫測，貢輸天下學應難。風清鼙角□□□，□肅神龍草木寒。堪羨蜀民恒有福，太平時節一般般。

珠履三千侍玉除，宫花飄錦早鶯初。雖然周孔心相似，其奈龔黄政不如。浩浩歌謡聞禁掖，重重襦袴滿樵漁。若論朝野艱難日，第一之功美有餘。

紫髯青眼代天才，韓白孫吴稍可陪。祇見赤心堯日下，豈知真氣梵天來。

聽經瑞雪時時落，登塔天花步步開。盡祝莊椿同壽考，人間歲月豈能催。

丈夫勛業正乾坤，麟鳳龜龍盡在門。西伯最憐耕讓畔，曹參空愛酒盈樽。

心慈爲受金仙囑，髮白緣酬玉砌恩。從此于門轉高大，可憐子子與孫孫。

貫休《禪月集》卷二〇《陣情獻蜀皇帝》 河北江東處處災，唯聞全蜀勿塵埃。一缾一鉢垂垂老，千水千山得得來。奈菀幽棲多勝景，巴歈陳貢愧非才。自慚林藪龍鍾者，亦得親登郭隗臺。

貫休《禪月集》卷二〇《壽春節進大蜀皇帝五首》 上玄大帝降坤維，箕尾爲臣副聖期。豈比赤光盈室日，全同白象下天時。文經武緯包三古，日角龍顔遏四夷。今日降神天上會，願將天福比須彌。

異香滴露降紛紛，紫電環樞照禁門。先冠百王臨億兆，後稱十號震乾坤。

羲軒之道方爲道，草木霑恩始是恩。今以謏才歌睿德，猶如飲海妙難論。

茂祉遐宣勝事并，薰風微入舜弦清。四洲不必歸王化，一統那能計聖情。

合合鼓鐘膏雨滴，峨峨宫闕瑞煙横。西逾昆岳東連海，誰不梯山賀聖明。

遠人玉帛盡來歸，及物天慈物物肥。春力遍時皆甲拆，王言聞者盡光輝。

家家錦繡香醪熟，處處笙歌乳燕飛。爲報蜀皇勤禱祝，聖明天子古今稀。

積劫修來似煉金，爲皇爲帝萬靈欽。能當濁世爲清世，始見君心是佛心。

九野黎民耕浩浩，百蠻朝騎日駸駸。今朝獻壽將何比，願似莊椿一萬尋。

有叟有叟，居岳之室。忽振金湯，下彼巉崒。聞蜀風景，地寧得一。富人侯王，旦奭夔詰。龍角日角，紫氣盤屈。揭日月行，符湯禹出。天步孔艱，横流犯蹕。穆穆蜀俗，整整師律。髯髮垂雪，忠貞貫日。四人蘇活，萬里豐謐。無雨不膏，有露皆滴。有叟有叟，無實行實。一瓶一衲，既朴且質。幸蒙顧盼，詞媛恩鬱。軒鏡光中，願如善吉。

《全唐文》卷一〇二後梁太祖《與蜀王建書》 夫唐虞致治，遵禪讓之明文；湯武開基，允人神之至願。必有神器，是膺皇圖。况古今迭代之期，英傑興隆之數，莫不上闕天命，下順人心啟王霸之宏基，爲子孫之大計，咸遵軌轍，並載簡編。且念與皇帝八兄，頃在前朝，各封異姓，土茅分裂，皆超將相之尊；魚鴈往來，久約弟兄之契。懽盟甚固，功業相推，俄隔絶於音塵，止因緣於閒諜，以至時衰土德，運應金行，雖手足胼胝，粗平多難，而星辰符瑞，謬付厥躬。當百辟之羣情，極四方之積患，爰都河洛，用答乾坤。尋聞皇帝八兄奄有西陲，盡朝三蜀，別尊位號，復統高深，一時皆賀於推崇，兩國願通於情好。徵曹劉之往制，各有君臣；追楚漢之前蹤，嘗分疆宇。所冀同清夷夏，俱活生靈，載籍具存，恢張無爽。去歲密聞風旨，遐慰痞思，憤岐隴之猖狂，逼褒斜之封徼，欲資牽制，用速掃除。遂委永平軍節度使劉鄩，特遣行人，先道深意。旋已徑差精甲，將擊妖巢。合數鎮之驍雄，鼓六師之威勢，尋聞退遁，殆至滅亡。允諧犄角之謀，尤得輔車之利。近併覽同華奏報，皆進呈褒祥書題，具悉事機，良多歎沃。今專馳卿列，備達衷懷，重論金石之交，別卜塤篪之分。山河共永，日月長懸，瞻佇好音，言不盡意。今遣光禄卿盧玭、閤門副使少府少監李元卿馳書幣，專戒道途，兼有微禮，具在別幅，謹白。

馬一十匹，紅纓絡子鞍幞各一事，計紅耳叱騣馬一匹，金玉鬧裝四垂鞍轡一副。紫叱騣馬一匹，白玉裝鞍轡一副。白驄馬一匹，金鍍鬧裝鞍轡一副。烏叱騣馬一匹，金鍍龍鳳五垂銀鞍轡一副。烏叱騣馬一匹，金鍍銀鬧裝鞍轡一副。白驄馬一匹，金鍍銀鬧裝鞍轡一副。青叱騣馬一匹，裹花五垂銀鞍轡一副。青叱騣馬一匹，陷金玉五垂鞍轡一副。騮叱騣馬一匹，金鍍鬧裝五垂銀鞍轡一副。紅耳叱騣馬一匹，金鍍五垂鬧裝銀鞍轡一副。又玉犀腰帶雜物等，計：真排方琲琳腰帶一條，頭尾順鉠十二事，通牡丹犀排方腰帶一條，頭尾順鉠十二事，金香一十斤，麝香五十劑，犀一十株，琥珀二十斤，玳瑁二百斤，金稜琉璃碗十隻，銀稜祕色鈔鑼二面，金花銀裝厨子一對，金花渾銀裹龍鳳儀注槍四條，并鞘子攀牛紅拂子全，金花銀裹龍鳳儀注槍四十條，綾袋盛金銅甲二副，并副髆兜鍪全。又藥物十三位，計茯苓一十斤，茯神一十斤，酸棗仁五十斤，玉鹽五斤，雜羅人蔘一十斤，牛膝一十斤，枳殼一十斤，五味子五斤，赤箭一十斤，鹿茸一十對，顆棗一千枚，羚羊角五對，牛黄一百銖。右件藥物等，或來從燕市，或貢自炎方，或馨香能助於薰爐，或華妙可資於寶甑，光涵星斗，藥有君臣。願伸兩國之情，重固千年之約。愧非縟禮，粗達深衷，特希檢留，幸甚。謹白。

《全唐文》卷一〇三後唐太祖《報西川王建書》 竊念本朝屯否，巨業淪胥，攀鼎駕以長違，撫彤弓而自咎，默默終古，悠悠彼蒼，生此厲階，永爲痛毒，視横流而莫救，徒誓楫以興言。別奉函題，過垂獎諭，省覽周既，駭愓異常。淚下霑衿，倍鬱申胥之素；汗流浹背，如聞蔣濟之言。僕經事兩朝，受恩三代，位叨將相，籍係宗支，賜鈇鉞以專征，徵包茅而問罪。鏖兵接戰，二十餘年，竟未能斬新莽之頭顱，斷蚩尤之肩髀，以至廟朝顛覆，豺虎縱横。且受任分憂，叨榮冒寵，龜

玉毁櫝，誰之咎歟？備閱指陳，不勝慚恧。然則君臣無常位，陵谷有變遷，或箠塞長河，泥封函谷，時移事改，理有萬殊。即如周末虎争，魏初鼎據。孫權父子，不顯授於漢恩，劉備君臣，自微興於涿郡。得之不謝於家世，失之無損於功名。適當逐鹿之秋，可斬華蟲之服。惟僕累朝席寵，奕世輸忠，忝佩訓詞，粗存家法。善博奕者，惟先守道，治蹊田者，不可奪牛。誓於此生，靡敢失節，仰憑廟勝，蚤殄寇讎。如其事與願違，則共臧洪遊於地下，亦無恨矣。唯公社稷元勳，華嵩降祉，鎮九州之上地，負一代之宏才，合於此時，自求多福。所承良訊，非僕深心，天下其謂我何，有國非吾節也。悽悽孤懇，此不盡陳。

孟知祥部

綜述

《舊五代史》卷一三六《孟知祥傳》　孟知祥，字保裔，邢州龍岡人也。祖察，父道，世爲郡校。伯父方立，終於邢洺節度使，從父遷，位至澤潞節度使。知祥在後唐莊宗同光三年，授西川節度副大使，知節度事。天成中，安重誨專權用事，以知祥莊宗舊識，方據大藩，慮久而難制，潛欲圖之。是時，客省使李嚴以嘗使於蜀，洞知其利病，因獻謀於重誨，請以己爲西川監軍，庶效方略，以制知祥，朝廷可之。及嚴至蜀，知祥延接甚至，徐謂嚴曰：「都監前因奉使，請兵伐蜀，遂使東、西兩川俱至破滅，川中之人，其怨已深。今既復來，人情大駭，固奉爲不暇也。」即遣人拽下階，斬於階前。其後朝廷每除劍南牧守，皆令提兵而往，或千或百，分守郡城。時董璋作鎮東川已數年矣，亦有雄據之意。會朝廷以夏魯奇鎮遂州，李仁矩鎮閬州，皆領兵數千人赴鎮，復授以密旨，令制禦兩川。董璋覺之，乃與知祥通好，結爲婚家，以固輔車之勢。知祥慮唐軍驟至，與遂、閬兵合，則勢不可支吾，遂與璋協謀，令璋以本部軍先取閬州，知祥遣大將軍李仁罕、趙廷隱率軍圍遂州。長興元年冬，唐軍伐蜀，至劍門。二年，以遂、閬既陷，又糧運不接，乃班師。三年，知祥又破董璋，乃自領東、西兩川節度使。應順元年，以劍南東西川節度使、蜀王稱帝於蜀，改元明德。七月卒，年六十一。

《新五代史》卷六四《孟知祥世家》　孟知祥字保胤，邢州龍岡人也。其叔父遷，當唐之末，據邢、洺、磁三州，爲晉所虜。晉王以遷守澤潞，梁兵攻晉，遷以澤潞降梁。知祥父道，獨留事晉而不顯。及知祥壯，晉王以其弟克讓女妻之，以爲左教練使。莊宗爲晉王，以知祥爲中門使。前此爲中門使者多以罪誅，知祥懼，求他職，莊宗命知祥薦可代己者，知祥因薦郭崇韜自代，崇韜德之，知祥遷馬步軍都虞候。莊宗建號，以太原爲北京，以知祥爲太原尹、北京留守。

魏王繼岌代蜀，郭崇韜爲招討使，崇韜臨訣，白曰：「即臣等平蜀，陛下擇帥以守西川，無如孟知祥者。」已而唐兵破蜀，莊宗遂以知祥爲成都尹、劍南西川節度副大使。知祥馳至京師，莊宗戒有司盛供帳，多出内府珍奇諸物以宴勞之。酒酣，語及平昔，以爲笑樂，歎曰：「繼岌前日乳臭兒爾，乃能爲吾平定兩川，吾徒老矣，孺子可喜，然益令人悲爾！吾憶先帝棄世時，疆土侵削，僅保一隅，豈知今日奄有天下，九州四海，珍奇異産，充牣吾府！」因指以示知祥，曰：「吾聞蜀土之富，無異於此，以卿親賢，故以相付。」

同光四年正月戊辰，知祥至成都，而崇韜已死。魏王繼岌引軍東歸，先鋒康延孝反，攻破漢州。知祥遣大將李仁罕會任圜、董璋等兵擊破延孝，知祥得其將李肇、侯弘實及其兵數千以歸。而莊宗崩，魏王繼岌死，明宗入立。知祥乃訓練兵甲，陰有王蜀之志。益置義勝、定遠、驍鋭、義寧、飛棹等軍七萬餘人，命李仁罕、趙廷隱、張業等分將之。

初，魏王之班師也，知祥率成都富人及王氏故臣家，得錢六百萬緡以犒軍，其餘者猶二百萬。任圜自蜀入爲相，兼判三司，素知蜀所餘錢。是冬，知祥拜侍中，乃以太僕卿趙季良賫官告賜之，因以爲三川制置使，督蜀犒軍餘錢送京師，且制置兩川征賦，知祥怒，不奉詔。然知祥與季良有舊，遂留之。

樞密使安重誨頗疑知祥有異志，思有以制之。初，知祥鎮蜀，莊宗以宦者焦彦賓爲監軍，明宗入立，悉誅宦者，罷諸道監軍。彦賓已罷，重誨復以客省使李嚴爲監軍。嚴前使蜀，既歸而獻策伐蜀，蜀人皆惡之，而知祥亦怒曰：「焦彦賓以例罷，而諸道皆廢監軍，獨吾軍置之，是嚴欲以蜀再爲功也。」掌書記毋昭裔及諸將吏皆請止嚴而無内，知祥曰：「吾將有以待其來！」嚴至境上，遣人持書候知祥，知祥盛兵見之，冀嚴懼而不來，嚴聞之自若。天成二年正月，嚴至成都，知祥置酒召嚴。是時，焦彦賓雖罷，猶在蜀，嚴於懷中出詔示知祥以誅彦賓，知祥不聽，因責嚴曰：「今諸方鎮已罷監軍，公何得來此？」目客將王彦銖執嚴下，斬之。明宗不能詰。

初，知祥鎮蜀，遣人迎其家屬于太原，行至鳳翔，鳳翔節度使李從曮聞知祥殺李嚴，以爲知祥反矣，遂留之。明宗既不能詰，而欲以恩信懷之，乃遣客省使李仁矩慰諭知祥，并送瓊華公主及其子昶等歸之。

知祥因請趙季良爲節度副使，事無大小，皆與參決。三年，唐徙季良爲果州團練使，以何瓚爲節度副使。知祥得制書匿之，表留季良，不許。乃遣其將雷廷魯至京師論請，明宗不得已而從之。是時，瓚行至緜谷，懼不敢進，知祥乃奏瓚爲行軍司馬。

是歲，唐師伐荆南，詔知祥以兵下峽，知祥遣毛重威率兵三千戍夔州。已而荆南高季興死，其子從誨請命，知祥請罷戍兵，不許。知祥諷重威以兵鼓譟，潰而歸，唐以詔書劾重威，知祥奏請無劾，由是唐大臣益以知祥爲必反。

四年，明宗將有事于南郊，遣李仁矩責知祥助禮錢一百萬緡，知祥覺唐謀欲困己，辭不肯出。久之，請獻五十萬而已。初，魏王繼岌東歸，留精兵五千戍蜀。自安重誨疑知祥有異志，聽言事者，用己所親信分守兩川管内諸州，每除守將，則以精兵爲其牙隊，多者二三千，少者不下五百人，以備緩急。是歲，以夏魯奇爲武信軍節度使；分東川之閬州爲保寧軍，以李仁矩爲節度使；又以武虔裕爲緜州刺史。仁矩與東川董璋有隙，而虔裕，重誨表兄，由是璋與知祥皆懼，以謂唐將致討。自璋鎮東川，未嘗與知祥通問，於是璋始遣人求婚以自結。而知祥心恨璋，欲不許，以問趙季良，季良以爲宜合從以拒唐，知祥乃許。於是連表請罷還唐所遣節度使、刺史等。明宗優詔慰諭之。

長興元年二月，明宗有事于南郊，加拜知祥中書令。初，知祥與璋俱有異志，而重誨信言事者，以璋盡忠於國，獨知祥可疑，重誨猶欲倚璋以圖知祥。是歲九月，董璋先反，攻破閬州，擒李仁矩殺之。是月應聖節，知祥開宴，東北望再拜，俯伏嗚咽，泣下沾襟，士卒皆爲之歔欷，明日遂舉兵反。

是秋，明宗改封瓊華公主爲福慶長公主，有司言前世公主受封，皆未出降，無遣使就藩册命之儀。詔有司草具新儀，乃遣祕書監劉岳爲册使。岳行至鳳翔，聞知祥反，乃旋。明宗下詔削奪知祥官爵，命天雄軍節度使石敬瑭爲都招討使，夏魯奇爲副。知祥遣李仁罕、張業、趙廷隱將兵三萬人會璋攻遂州，别遣侯弘實將四千人助璋守東川，又遣張武下峽取渝州。唐師攻劍門，殺璋守兵三千人，遂入劍門。璋來告急，知祥大駭，遣廷隱分兵萬人以東，已而聞唐軍止劍州不進，喜曰：「使唐軍急趨東川，則遂州解圍，吾勢沮而兩川摇矣。今其不進，吾知易與爾。」十二月，敬瑭及廷隱戰于劍門，唐師大敗。張武已取渝州，武病卒，其副將袁彦超代將其軍，又取黔州。二年正月，李仁罕克遂州，夏魯奇死之，知祥以仁罕爲武信軍留後，遣人馳魯奇首示敬瑭軍，敬瑭乃班師。利州李彦珂聞唐軍敗東歸，乃棄城走，知祥以趙廷隱爲昭武軍留後。李仁罕進攻夔州，刺史安崇阮棄城走，以趙季良爲留後。

是時，唐軍涉險，以餉道爲艱，自潼關以西，民苦轉饋，每費一石不能致一斗，道路嗟怨，而敬瑭軍亦旋，所在守將又皆棄城走。明宗憂之，以責安重誨。重誨懼，遽自請行。而重誨亦以被讒得罪死。明宗謂致知祥等反，由重誨失策，及重誨死，乃遣西川進奏官蘇愿、進奉軍將杜紹本西歸招諭知祥，具言知祥家屬在京師者皆無恙。

知祥聞重誨誅死，而唐厚待其家屬，乃邀璋欲同謝罪，璋曰：「孟公家屬皆存，而我子孫獨見殺，我何謝爲！」知祥三遣使往見璋，璋不聽，乃遣觀察判官李昊説璋，璋益疑知祥賣己，因發怒，以語侵昊。昊乃勸知祥攻之。而璋先襲破知祥漢州，知祥遣趙廷隱率兵三萬，自將擊之，陣鷄距橋。知祥得璋降卒，衣以錦袍，使持書招降璋，璋曰：「事已及此，不可悔也！」璋軍士皆譟曰：「徒曝我於日中，何不速戰？」璋即麾軍以戰。兵始交，璋偏將張守進來降，知祥乘之，璋遂大敗，走。過金鴈橋，麾其子光嗣使降，以保家族，光嗣哭曰：「自古豈有殺父以求生者乎！寧俱就死。」因與璋俱走。知祥遣趙廷隱追之，不及，璋走至梓州見殺，光嗣自縊死，知祥遂并有東川。然自璋死，知祥卒不遣使謝唐。

唐樞密使范延光曰：「知祥雖已破璋，必借朝廷之勢，以爲兩川之重，自非屈意招之，彼亦不能自歸也。」明宗曰：「知祥，吾故人也，本因間諜致此危疑，撫吾故人，何屈意之有？」先是，克寧妻孟氏，知祥妹也。莊宗已殺克寧，孟氏歸于知祥，其子瓌，留事唐爲供奉官。明宗即遣瓌歸省其母，因賜知祥詔書招慰之。知祥兼據兩川，以趙季良爲武泰軍留後、李仁罕武信軍留後、趙廷隱保寧軍留後、張業寧江軍留後、李肇昭武軍留後。季良等因請知祥稱王，以墨制行事，議未決而瓌至蜀。知祥見瓌倨慢。九月，瓌自蜀還，得知祥表，請除趙季良等爲五鎮節度，其餘刺史已下，得自除授。又請封蜀王，且言福慶公主已卒。明宗爲之發哀，遣閤門使劉政恩爲宣諭使。政恩復命，知祥始遣其將朱滉來朝。

四年二月癸亥，制以知祥檢校太尉兼中書令，行成都尹、劍南東西兩川節度，管内觀察處置，統押近界諸蠻，兼西山八國雲南安撫制置等使。遣工部尚書盧文紀册封知祥爲蜀王，而趙季良等五人皆拜節度使。唐兵先在蜀者數萬人，知祥皆厚給其衣食，因請送其家屬，明宗詔諭不許。十一月，明宗崩。明年閏正月，知祥乃即皇帝位，國號蜀。以趙季良爲司空、同中書門下平章事，中門使王處回爲樞密使，李昊爲翰林學士。

三月，唐潞王舉兵於鳳翔，愍帝遣王思同等討之，思同兵潰，山南西道節度使張虔釗、武定軍節度使孫漢韶皆以其地附于蜀。四月，知祥改元曰明德。六月，虔釗等至成都，知祥宴勞之，虔釗奉觴起爲壽，知祥手緩不能舉觴，遂病，以

其子昶爲皇太子監國。知祥卒，謚爲文武聖德英烈明孝皇帝，廟號高祖，陵曰和陵。

雜録

備録

陶穀《清異録》卷下《陳設門》 自知祥傳至昶，但稱皇明帳，不知所自。色淺紅，恐是鮫綃之類。於皺紋中有十洲三島象，施之大小床皆稱可，此爲怪耳。夜則燦錯如金箔狀。昶敗，失所在。

何光遠《鑒誡録》卷一《瑞應讖》 孟蜀高祖頃者未臨西川，守北京，蜀人競以擊拂之門，妙絶之戲，呼「頭入」爲「孟入」，或云此毬子從太原將來。又有工人孟德，預起宮闈，上淩霄漢，雖般輸之妙，無以加焉。雖「德」與「得」之字體不同，音亦爲祥矣。又王蜀後主元舅徐太師延瓊，於錦水應聖橋西創置大第，狀若宮室，横亘數坊。是時内外皇親宣下悉令暖宅，後主亦親幸宴樂，移時，忽於徐公堂中命筆大書「孟」字，徐雖不測其義，尋以御札謝恩。至咸康，後主降唐，孟祖自北京除蜀，莊宗憂大軍之後制禦事多，立宣鑄印離京，奔騎赴鎮。既而旌幢届蜀，以統軍聖興太子未歸，旋令將校改換宫闈，孟祖乃權於徐公之第安下，覩紅綃所籠姓字，怪問前蜀臣寮，對曰：「此王後主御札。」高祖歎曰：「疎狂天子，亦預知與吾交代乎！」是知必有先應者也。

何光遠《鑒誡録》卷一《誅利口》 同光初，莊宗滅梁，將行大禮。蜀遣翰林學士歐陽彬持禮入洛，顧太尉遠爲之副焉。莊宗復遣李客省嚴命以通好。嚴本辨士也，既而届蜀，亦稱臣焉。然於朝對之間，舉措輕易。及置一笏記，廣敍興亡，詞旨鏗鏘，驚駭聞聽，蜀之文武卿咸伏其雄。洎歸中朝，上策取蜀。及平蜀之後，莊宗命孟祖制臨。嚴又於明宗天成得位之初，復來臨護。孟祖加之禮分，賜從容，乃言曰：「吾聞利口之覆邦家，辨言之亂刑政。故少正卯言僞而辯，孔子誅之。子今巧言如簧，弗矜細行，有大罪者五，自知之乎？只如初與王朝折箭爲誓，及其降也，復又誅之，遂使天道惡盈，二國俱滅，其罪一也。其次，平蜀之際，先入禁闈，取内藏之珠金，選宫庭之嬪婇，其罪二也。頃者詐諭三川，減釋兩税，及其得地，倍更加徵，其罪三也。而又誑惑朝廷，妄陳利害，説三川之形勢，創二鎮之節旄，控扼我咽喉，覬覦我土宇，其罪四也。今又來爲監護，半握兵權，蹴我藩維，承吾爵位，人神豈恕，天意争容？爾之再來，機亦謬矣，其罪五也。」言訖，遂令武士把下階簷。嚴亦蒼黄，失其節操，乃叩頭曰：「嚴之五罪，一死宜然，願乞殘骸，爲洛中之鬼。」高祖不聽，命劍斬之。是時天下咸聞，皆稱妙算。

陶岳《五代史補》卷二《孟知祥平董璋》 孟知祥與董璋有隙，舉兵討之。璋素勇悍，聞知祥之來也，以爲送死。諸將兩端。季鎬爲知祥判官，深憂之。及將戰，知祥欲示閒暇，自書一字以遺董璋，無何，舉筆輒誤書「董」爲「重」字，不悦久之。鎬在側大喜，且引諸將賀於馬前，知祥不喻，曰：「事未可測，何賀耶？」鎬曰：「其董字，艸下施重，今大王去艸書重，是董已無頭，此必勝之兆也。」於是三軍欣然，一戰而董璋敗。

陶岳《五代史補》卷二《孟知祥搬家》 初，知祥將據蜀也，且上表乞般家屬，時樞密使安重誨用事，拒其請。知祥曰：「吾知之矣。」因使密以金百兩爲賂，重誨喜而爲敷奏，詔許之。及家屬至，知祥對僚吏笑曰：「天下聞知樞密，將謂天地間未有此，誰知祗銷此百金耶？亦不足畏也！」遂守險拒命。

黄休復《益州名畫録》卷中《蒲師訓》 蒲師訓者，蜀人也。幼師房從真，畫人物、鬼神、蕃馬。後唐明宗長興年，值孟令公改元，興修諸廟，師訓畫汀瀆廟、諸葛廟、龍女廟。及先主殂，畫陵廟鬼神、蕃漢人物、旗幟兵仗、公王車馬、禮服儀式，縱横浩瀚，莫不周至。授翰林待詔，賜紫金魚袋。甲寅歲春末，蜀王或夜夢一人，破帽故襴，龐眉大目，方頤廣顙，立于殿堦，跂一足曰：「請修理之。」言訖寢覺。翌日因檢他籍見此古畫，是前夕所夢者神，故絹穿損畫之左足，遂命師訓令驗此畫，是誰之筆。師訓對云：「唐吴道玄之筆，曾應明皇夢，云岵者神也。」因令重修此足呈進。後蜀王復夢前神謝曰：「吾足履矣。」上慮爲祟，即命焚之。青城山丈人觀真君殿内五嶽四瀆部屬諸神，張素卿筆，廣政中山水泛溢，衝損數堵，蜀王命師訓曰：「素卿之筆，公往繼之可矣。」四堵師訓筆也。王蜀先主祠堂東畔正門東畔鬼神一堵，寶曆寺天王閣下天王部屬，房從真筆，後人妝損，師訓再修，兼自畫兩堵。大聖慈寺南廊下觀音院門兩金剛，鄰壁托塔天王，並師訓筆，現存。

黄休復《益州名畫録》卷中《趙忠義》　趙忠義者，德玄子也。德玄自雍褓負入蜀，及長，習父之藝，宛若生知。孟氏明德年，與父同手畫福慶禪院東流傳變相一十三堵，位置鋪舒，樓殿臺閣，山水竹樹，蕃漢服飾，佛像僧道，車馬鬼神，王公冠冕，旌旗法物，皆盡其妙，冠絶當時。蜀王知忠義妙於鬼神屋木，遂令畫《關將軍起玉泉寺》圖，於是忠義畫自運材斸基，以至丹楹刻桷，皆役鬼神，疊栱下梖地棵一座，佛殿將欲起立。蜀王令内作都料看此畫圖，枋栱有準的否，都料對曰：「此畫復較一座，分明無欠。」其妙如此。授翰林待詔，賜紫金魚袋。先是每年杪冬末旬，翰林攻畫鬼神者，例進《鍾馗》焉，丙辰歲，忠義進《鍾馗》，以第二指挑鬼眼睛；蒲師訓進《鍾馗》，以拇指剜鬼睛，二人鍾馗相似，唯一指不同。蜀王問此畫孰爲優劣，〔黄〕筌以師訓爲優，蜀王曰：「師訓力在拇指，忠義力在第二指，二人筆力相敵，難議昇降。」並厚賜金帛，時人謂蜀王深鑒其畫矣。今僞北門大安樓下天王院，自濮陽吴公行魯鎮蜀之日創興，其中有唐時名畫數堵及高道興、杜齯龜、房從真、趙德齊畫佛像羅漢、經驗變相。廣政初，忠義與黄筌、蒲師訓合手畫《天王變相》十堵以來，各盡所能，愈於前輩。淳化五年甲午，兵火焚盡，今餘王蜀先主祠堂正門西畔鬼神，大聖慈寺正門北牆上《西域記》，石經院後殿《天王變相》，中寺六祖院傍《藥師經變相》，並忠義筆，現存。

袁樞《通鑑紀事本末》卷四一《孟知祥據蜀》　後唐明宗天成元年秋七月，孟知祥陰有據蜀之志，閲庫中，得鎧甲二十萬，置左右牙等兵十六營，凡萬六千人，營於牙城内外。【略】

八月，孟知祥增置左右衝山等六營，凡六千人，營於羅城内外；又置義寧等二十營，凡萬六千人，分戍管内州縣就食；又置左右牢城四營，凡四千人，分戍成都境内。

秋九月壬戌，孟知祥置左右飛棹兵六營，凡六千人，分戍濱江諸州，習水戰以備夔、峽。

初，魏王繼岌、郭崇韜率蜀中富民輸犒賞錢五百萬緡，聽以金銀繒帛充，晝夜督責，有自殺者，給軍之餘，猶二百萬緡。至是，任圜判三司，知成都富饒，遣鹽鐵判官、太僕卿趙季良爲孟知祥官告國信兼三川都制置轉運使。冬十月，季良至成都。蜀人欲皆不與，知祥曰：「府庫他人所聚，輸之可也。州縣租税，以贍鎮兵十萬，決不可得。」季良但發庫物，不敢復言制置、轉運職事矣。安重誨以知祥及東川節度使董璋皆據險要，擁强兵，恐久而難制。又知祥乃莊宗近姻，陰欲圖之。客省使、泗州防禦使李嚴自請爲西川監軍，必能制知祥。己酉，以嚴爲西川都監，文思使太原朱弘昭爲東川副使。李嚴母賢明，謂嚴曰：「汝前啓滅蜀之謀，今日再往，必以死報蜀人矣。」

二年春正月，孟知祥聞李嚴來監其軍，惡之。或請奏止之，知祥曰：「何必然，吾有以待之。」遣吏至綿、劍迎候。會武信節度使李紹文卒，知祥自言嘗〔受〕密詔許便宜從事，壬戌，以西川節度副使、内外馬步都指揮使李敬周爲遂州留後，促之上道，然後表聞。嚴先遣使至成都，知祥自以於嚴有舊恩，冀有懼而自回，乃盛陳甲兵以示之，嚴不以爲意。

孟知祥禮遇李嚴甚厚，一日謁知祥，知祥謂曰：「公前奉使王衍，歸而請兵伐蜀，莊宗用公言，遂致兩國俱亡。今公復來，蜀人懼矣。且天下皆廢監軍，公獨來監吾軍，何也？」嚴惶怖求哀，知祥曰：「衆怒不可遏也。」遂揖下，斬之。又召左廂馬步都虞候丁知俊，知俊大懼。知祥指嚴屍謂曰：「昔嚴奉使，汝爲之副，然則故人也，爲我瘞之。」因誣奏「嚴詐宣口敕，云代臣赴闕，又擅許將士優賞，臣輒已誅之。」内八作使楊令芝以事入蜀，至鹿頭關，聞嚴死，奔還。朱弘昭在東川，聞之亦懼，謀歸洛，會有軍事，董璋使之入奏，弘昭僞辭然後行，由是得免。

三月，帝遣客省使李仁矩如西川，傳詔安諭孟知祥及吏民，甲戌，至成都。

先是，孟知祥遣牙内指揮使文水武漳迎其妻瓊華長公主及子仁贊於晉陽，及鳳翔，李從曮聞知祥殺李嚴，止之，以聞，帝聽其歸蜀，丙申，至成都。

鹽鐵判官趙季良與孟知祥有舊，知祥奏留季良爲副使。朝廷不得已，四月，以季良爲西川節度副使。李昊歸蜀，知祥以爲觀察推官。

三年春三月，孟知祥屢與董璋争鹽利，璋誘商旅販東川鹽入西川，知祥患之，乃於漢州置三場，重征之，歲得錢七萬緡，商旅不復之東川。

先是，詔發西川兵戍夔州，孟知祥遣左肅邊指揮使毛重威將三千人往。頃之，知祥奏夔、忠、萬三州已平，請召戍兵還，以省饋運，帝不許。知祥陰使人誘之，〔夏六月，〕重威帥其衆鼓譟逃歸。帝命按其罪，知祥請而免之。

四年夏五月，帝將祀南郊，遣客省使李仁矩以詔諭兩川，令西川獻錢一百萬緡，〔東川五十萬緡。〕皆辭以軍用不足，西川獻五十萬緡，東川獻十萬緡。仁矩，帝在藩鎮時客將也，爲安重誨所厚，恃恩驕慢。至梓州，董璋置宴召之，日中不往，方擁妓酣飲。璋怒，從卒徒執兵入驛，立仁矩於階下而詬之曰：「公但聞西

川斬李客省，謂我獨不能邪？」仁矩流涕拜請，僅而得免。既而厚賂仁矩以謝之。仁矩還，言璋不法。未幾，帝復遣通事舍人李彥珣詣東川，入境，失小禮，璋拘其從者，彥珣奔還。

秋九月，鄜州兵戍東川者歸本道，董璋擅留其壯者，選羸老歸之，仍收其甲兵。

冬十月辛亥，割閬、果二州置保寧軍，壬子，以內客省使李仁矩爲節度使。先是，西川常發芻糧饋峽路，孟知祥辭以本道兵自多，難以奉他鎮，詔不許，屢督之。甲寅，知祥奏稱財力乏，不奉詔。

十二月，安重誨既以李仁矩鎮閬州，使與綿州刺史武虔裕皆將兵赴治。虔裕，帝之故吏，重誨之外兄也。重誨使仁矩詗董璋反狀，仁矩增飾而奏之。朝廷又使武信節度使夏魯奇治遂州城隍，繕甲兵，益兵戍之。璋大懼。時道路傳言，又將割綿、龍爲節鎮，孟知祥亦懼。璋素與知祥有隙，未嘗通問，至是，璋遣使詣成都，請爲其子娶知祥女，知祥許之，謀併力以拒朝廷。

長興元年春正月，董璋遣兵築七寨於劍門。辛巳，孟知祥遣趙季良如梓州修好。二月乙未朔，趙季良還成都，謂孟知祥曰：「董公貪殘好勝，志大謀短，終爲西川之患。」都指揮使李仁罕、張業欲置宴召知祥，先二日，有尼告二將謀以宴日害知祥，知祥詰之，無狀，丁酉，推始言者軍校都延昌、王行本，腰斬之。戊戌，就宴，盡去左右，獨詣仁罕第。仁罕叩頭流涕曰：「老兵惟盡死以報德。」由是諸將皆親附而服之。壬子，孟知祥、董璋同上表，言兩川聞朝廷於閬中建節，綿、遂益兵，無不憂恐，上以詔書慰諭之。

董璋恐綿州刺史武虔裕窺其所爲，夏四月甲午朔，表兼行軍司馬，囚之府廷。戊戌，加孟知祥兼中書令。五月，董璋閱集民兵，皆翦髮黥面，復於劍門北置永定關，布列烽火。

孟知祥累表請割雲安等十三鹽監隸西川，以鹽直贍寧江屯兵，辛卯，許之。【略】

九月癸亥，西川進奏官蘇愿白孟知祥，云朝廷欲大發兵討兩川。知祥謀於副使趙季良，季良請以東川先取遂、閬，然後併兵守劍門，則大軍雖來，吾無內顧之憂矣。知祥從之，遣使約董璋同舉兵。璋移檄利、閬、遂三鎮，數其離間朝廷，引兵擊閬州。庚午，知祥以都指揮使李仁罕爲行營都部署，漢州刺史趙廷隱副之，簡州刺史張業爲先鋒指揮使，將兵三萬攻遂州；別將牙內都指揮使侯弘實、先登指揮使孟思恭將兵四千會璋攻閬州。【略】

丙戌，下制削董璋官爵，興兵討之。丁亥，以孟知祥兼西南面供饋使。以天雄節度使石敬瑭爲東川行營都招討使，以夏魯奇爲之副。璋使孟思恭分兵攻集州，思恭輕進，敗歸。璋怒，遣還成都，知祥免其官。戊子，以石敬瑭權知東川事。庚寅，以右武衛上將軍王思同爲西都留守兼行營馬步都虞候，爲伐蜀前鋒。

冬十月癸巳，李仁罕圍遂州，夏魯奇嬰城固守，孟知祥命都押牙高敬柔帥資州義軍二萬人築長城環之。魯奇遣馬軍都指揮使康文通出戰，文通聞閬州陷，遂以其衆降於仁罕。戊戌，董璋引兵趣利州，遇雨，糧運不繼，還閬州。知祥聞之，驚曰：「比破閬中，正欲徑取利州，其帥不武，必望風遁去。吾獲其倉廩，據漫天之險，北軍終不能西救武信。今董公僻處閬州，遠棄劍閣，非計也。」欲遣兵三千助守劍門。璋固辭曰：「此已有備。」丁未，族誅董光業。

孟知祥以故蜀鎮江節度使張武爲峽路行營招收討伐使，將水軍趣夔州，以左飛棹指揮使袁彥超副之。癸丑，東川兵陷徵、合、巴、蓬、果五州。十一月戊辰，張武至渝州，刺史張環降之，遂取瀘州，遣先鋒將朱偓分兵趣黔、涪。

石敬瑭入散關，階州刺史王弘贄、瀘州刺史馮暉與前鋒馬步都虞候王思同、步軍都指揮使趙在禮引兵出人頭山後，過劍門之南，還襲劍門，壬申，克之，殺東川兵三千人，獲都指揮使齊彥温，據而守之。暉，魏州人也。甲戌，弘贄等破劍州，而大軍不繼，乃焚其廬舍，取其資糧，還保劍門。

乙亥，詔削孟知祥官爵。【略】

二年春正月壬戌，孟知祥奉表謝。

庚午，李仁罕陷遂州，夏魯奇自殺。癸酉，石敬瑭復引兵至劍州，屯于北山。孟知祥梟夏魯奇首以示之，魯奇二子從敬瑭在軍中，泣請往取其首葬之。敬瑭曰：「知祥長者，必葬而父，豈不愈於身首異處乎。」既而知祥果收葬之。敬瑭與趙廷隱戰，不利，復還劍門。

鳳翔節度使朱弘昭奏安重誨怨望，不可令至行營。又遣石敬瑭書，使逆止之。敬瑭上言：「重誨至，恐人情有變。」宣徽使孟漢瓊亦言重誨過惡，有詔召還。

二月己丑朔，石敬瑭以遂、閬既陷，糧運不繼，燒營北歸。軍前以告孟知祥，知祥匿其書，謂趙季良曰：「北軍漸進，奈何？」季良曰：「不過綿州，必遁。」知祥問其故，曰：「我逸彼勞，彼懸軍千里，糧盡，能無遁乎？」知祥大笑，以書示之。

兩川兵追石敬瑭至利州，壬辰，昭武節度使李彦琦棄城走，甲午，兩川兵入利州。孟知祥以趙廷隱爲昭武留後，廷隱遣使密言於知祥曰：「董璋多詐，可與同憂，不可與同樂，他日必爲公患。因其至劍州勞軍，請圖之。并兩川之衆，可以得志於天下。」知祥不許。璋入廷隱營，留宿而去。廷隱歎曰：「不從吾謀，禍難未已。」

庚子，孟知祥以武信留後李仁罕爲峽路行營招討使，使將水軍東略地。乙巳，趙廷隱、李肇自劍州引還，留兵五千戍利州。丙午，董璋亦還東川，留兵三千戍果、閬。丁巳，李仁罕陷忠州。三月己未朔，李仁罕陷萬州。庚申，陷雲安監。李仁罕至夔州，寧江節度使安崇阮棄鎮，與楊漢賓自均、房逃歸。壬戌，仁罕陷夔州。

夏四月己酉，以天雄節度使、同平章事石敬瑭兼六軍諸衛副使。五月己亥，下詔以重誨離間孟知祥、董璋、錢鏐爲重誨罪。

丙午，帝遣西川進奏官蘇愿、東川軍將劉澄各還本道，諭以安重誨專命，興兵致討，今已伏辜。

冬十一月癸巳，蘇愿至成都，孟知祥聞甥妷在朝廷者皆無恙，遣使告董璋，欲與之俱上表謝罪。璋怒曰：「孟公親戚皆完，固宜歸附。璋已族滅，尚何謝爲！詔書皆在蘇愿腹中，劉澄安得豫聞，璋豈不知邪！」由是復爲怨敵。

乙未，李仁罕自夔州引兵還成都。【略】

三年春正月，孟知祥以朝廷恩意優厚，而董璋塞綿州路，不聽遣使入謝，與節度副使趙季良等謀，欲發使自峽江上表。掌書記李昊曰：「公不與東川謀而獨遣使，則異日負約之責在我矣。」乃復遣使語之，璋不從。二月，趙季良與諸將議，遣昭武都監太原高彦儔將兵攻取壁州，以絶山南兵轉入山後諸州者。孟知祥謀於僚佐，李昊曰：「朝廷遣蘇愿等西歸，未嘗報謝，今遣兵侵軼，公若不顧墳墓甥妷，則不若傳檄舉兵，直取梁、洋，安用壁州乎？」知祥乃止，季良由是惡昊。

孟知祥三遣使説董璋，以主上加禮於兩川，苟不奉表謝罪，恐復致討。璋不從。三月辛丑，遣李昊詣梓州極論利害，璋見昊，詬怒，不許。昊還，言於知祥曰：「璋不通謀議，且有窺西川之志，公宜備之。」【略】

五月壬午朔，廷隱入辭。董璋檄書至，又有遺季良、廷隱及李肇書，誣之云季良、廷隱與己通謀，召己令來。知祥以書授廷隱，廷隱不視，投之於地曰：「不過爲反間，欲令公殺副使與廷隱耳。」再拜而行。知祥曰：「事必濟矣。」肇素不知書，視之，曰：「璋教我反耳。」囚其使者，然亦擁衆爲自全計。

璋兵至漢州，潘仁嗣與戰于赤水，大敗，爲璋所擒，璋遂克漢州。癸未，知祥留趙季良、高敬柔守成都，自將兵八千趣漢州，至彌牟鎮，趙廷隱陳於其後。甲申遲明，廷隱陳於雞蹤橋，義勝定遠都知兵馬使張公鐸陳於其後。俄而璋望西川兵盛，退陳於武侯廟下。璋帳下驍卒大譟曰：「日中曝我輩何爲？何不速戰！」璋乃上馬。前鋒始交，東川右廂馬步都指揮使張守進降於知祥，言「璋兵盡此，無復後繼，當急擊之」。知祥登高冢督戰，左明義指揮使毛重威、左衝山指揮使李瑭守雞蹤橋，皆爲東川兵所殺。趙廷隱三戰不利，牙内都指揮副使侯弘實兵亦卻。知祥懼，以馬箠指後陳，張公鐸帥衆大呼而進，東川兵大敗，死者數千人，擒東川中都指揮使元瓌、牙内副指揮使董光演等八十餘人。璋拊膺曰：「親兵皆盡，吾何依乎！」與數騎遁去，餘衆七千人降，復得潘仁嗣。知祥引兵追璋，至五侯津，東川馬步都指揮使元瓌降。西川兵入漢州府第，求璋不得，士卒争璋軍資，故璋走得免。趙廷隱追至赤水，又降其卒三千人。是夕，知祥宿雒縣，命李昊草榜諭東川吏民，及草書勞問璋，且言「將如梓州，詢負約之由，請見伐之罪」。乙酉，知祥會廷隱于赤水，遂西還，命廷隱將兵攻梓州。

璋至梓州，肩輿而入，王暉迎問曰：「太尉全軍出征，今還者無十人，何也？」璋涕泣，不能對。至府第，方食，暉與璋從子牙内都虞候延浩帥兵三百大譟而入。璋引妻子登城，子光嗣自殺。璋至北門樓，呼指揮使潘稠使討亂兵，稠引十卒登城，斬璋首及取光嗣首以授王暉，暉舉城迎降。趙廷隱入梓州，封府庫以待知祥。李肇聞璋敗，始斬其使以聞。

丙戌，知祥入成都。丁亥，復將兵八千如梓州。至新都，趙廷隱獻董璋首。己丑，發玄武，趙廷隱帥東川將吏來迎。

壬辰，孟知祥有疾。癸巳，疾甚。中門副使王處回侍左右，庖人進食，必空器而出，以安衆心。李仁罕自遂州來，趙廷隱迎于板橋。仁罕不稱東川之功，侵侮廷隱，廷隱大怒。乙未，知祥疾瘳，丁酉，入梓州。戊戌，犒賞將士，既罷，知祥謂李仁罕、趙廷隱曰：「二將誰當鎮此？」仁罕曰：「令公再與蜀州，亦行耳。」廷隱不對。知祥愕然，退，命李昊草牒，俟二將有所推，則命一人爲留後。昊曰：「昔梁祖莊宗皆兼領四鎮，今二將不讓，惟公自領之爲便耳。公宜亟還府，更與趙僕射議之。」

孟知祥命李仁罕歸遂州，留趙廷隱東川巡檢，以李昊行梓州軍府事。昊曰：「二虎方争，僕不敢受命，願從公還。」乃以都押牙王彦銖爲東川監押。癸

卯，知祥至成都，趙廷隱尋亦引兵西還。

知祥謂李昊曰：「吾得東川，爲患益深。」昊請其故，知祥曰：「自吾發梓州，得仁罕七狀，皆云公宜自領東川，不然諸將不服。廷隱言本不敢當東川，因仁罕不讓，遂有争心耳。君爲我曉廷隱，復以閬州爲保寧軍，益以果、蓬、渠、開四州，往鎮之。吾自領東川，以絶仁罕之望。」廷隱猶不平，請與仁罕鬬，勝者爲東川。昊深解之，乃受命。六月，以廷隱爲保寧留後。戊午，趙季良帥將吏請知祥兼鎮東川，許之。季良等又請知祥稱王，權行制書，賞功臣，不許。

董璋之起兵攻知祥也，山南西道節度使王思同以聞。范延光言於上曰：「若兩川併於一賊，撫衆守險，則取之益難，宜及其交争，早圖之。」上命思同以興元之兵密規進取。未幾，聞璋敗死，延光曰：「知祥雖據全蜀，然士卒皆東方人，知祥恐其思歸爲變，亦欲倚朝廷之重以威其衆，陛下不屈意撫之，彼則無從自親。」上曰：「知祥吾故人，爲人離間至此，何屈意之有。」乃遣供奉官李存瓌賜知祥詔曰：「董璋狐狼，自貽族滅。卿丘園親戚皆保安全，所宜成家世之美名，守君臣之大節。」存瓌，克寧之子，知祥之甥也。

秋七月庚寅，李存瓌至成都，孟知祥拜泣受詔。乙未，孟知祥遣李存瓌還，上表謝罪，且告福慶公主之喪。自是復稱藩，然益驕倨矣。

八月甲子，孟知祥令李昊爲武泰趙季良等五留後草表，請以知祥爲蜀王，行墨制，仍自求旌節。昊曰：「比者諸將攻取方鎮，即有其地，今又自求朝廷節鉞及明公封爵，然則輕重之權皆在羣下矣。借使明公自請，豈不可邪？」知祥大悟，更令昊爲己草表，請行墨制，補兩川刺史已下，又表請以季良等五留後爲節度使。

初，安重誨欲圖兩川，自知祥殺李嚴，每除刺史，皆以東兵衛送之，小州不減五百人，夏魯奇、李仁矩、武虔裕各數千人，皆以牙隊爲名。及知祥克遂、閬、利、夔、黔、梓六鎮，得東兵無慮三萬人，恐朝廷徵還，表請其妻子。

九月，孟知祥命其子仁贊攝行軍司馬，兼都總轄兩川牙内馬步都軍事。

冬十月己酉朔，帝復遣李存瓌如成都，凡劍南自節度使、刺史以下官，聽知祥差署訖奏聞，朝廷更不除人；唯不遣戍兵妻子，然其兵亦不復徵也。

四年春二月，孟知祥墨制以趙季良等爲五鎮節度使。癸亥，以孟知祥爲東、西川節度使、蜀王。秋七月，以盧文紀、吕琦爲蜀王册禮使，并賜蜀王一品朝服。知祥自作九旒冕、九章衣，車服旌旗皆擬王者。八月乙巳朔，文紀等至成都。戊申，知祥服衮冕，備儀衛詣驛，降階北面受册，升玉輅，至府門，乘步輦而歸。文紀，簡求之孫也。

冬十二月，孟知祥聞明宗殂，謂僚佐曰：「宋王幼弱，爲政者皆胥史小人，其亂可坐俟也。」

潞王清泰元年閏正月，蜀將吏勸蜀王知祥稱帝，己巳，知祥即皇帝位于成都。二月癸酉，蜀主以武泰節度使趙季良爲司空兼門下侍郎、同平章事，領節度使如故。蜀主以中門使王處回爲樞密使。

秋七月，蜀主得風疾踰年，至是增劇。甲子，立子東川節度使、同平章事、親衛馬步都指揮使仁贊爲太子，仍監國。召司空同平章事趙季良、武信節度使李仁罕、保寧節度使趙廷隱、樞密使王處回、捧聖控鶴都指揮使張公鐸、奉鑾肅衛指揮副使侯弘實受遺詔輔政。是夕殂，祕不發喪。

王處回夜啓義興門告趙季良，處回泣不已，季良正色曰：「今强將握兵，專伺時變，宜速立嗣君，以絶覬覦，豈可但相泣邪！」處回收淚謝之。季良教處回見李仁罕，審其詞旨然後告之。處回至仁罕第，仁罕設備而出，遂不以實告。

丙寅，宣遺制，命太子仁贊更名昶，丁卯，即皇帝位。

冬十二月甲申，蜀葬文武聖德英烈明孝皇帝于和陵，廟號高祖。

江少虞《宋朝事實類苑》卷六七《談諧戲謔》 文紀性滑稽，孟知祥之僭號，嘗奉使於蜀，適會改元。方春社，知祥張宴，設彘肉，語文紀曰：「上戊之辰，時俗所重，不可廢也，願嘗一臠。」文紀笑曰：「家居長安，門族豪盛，彘肩不登於俎。時從叔伯祖頗欲大嚼，終不可致。一家奴慧黠，衆以情語之。宅後園有古冢空曠，奴掃除其中，設肉數盤，私命諸從祖食之，珍甚，五房不覺言珍。五房曰：『匪止珍哉，今日乃大美元年也。』良久，冢中二鬼驟至，呼曰：『諸君竊食糟彘，敗亂家法，其過已大，乃敢擅改年號乎？』」知祥有愧色。清泰即位，將命相，取達官名十人致瓶中探取之，首得文紀，遂爲宰相。

備論

王闢之《澠水燕談録》卷八《事誌》 蜀雖阻劍州之險，而郡縣無城池之固，民性懦弱，俗尚文學。而世以爲蜀人好亂，殊不知公孫述及劉闢、王建、孟知祥輩率非土人，皆以姦雄乘中國多事，盜據一方耳。本朝王小波、李順、王均輩嘯

聚西蜀，蓋朝廷初平孟氏，蜀之帑藏盡歸京師；其後言利者争述功利，置博易務，禁私市，商賈不行，蜀民不足，故小波得以激怒其人曰：「吾疾貧富不均，今爲汝均之。」貧者附之益衆。向使無加賦之苦，得循良撫綏之，安有此亂。古人云：「與其畜聚斂之臣，寧畜盜臣。」聚斂之爲害如此，可不戒哉！均則本神衛卒校，蓋趙廷順怨鈐轄符昭壽，推均爲帥爾。

郭允蹈《蜀鑑》卷八《周世宗代蜀取四川》論曰：王建、孟知祥乘世之亂，盜有土宇，塵汙華岷，論蜀者羞稱焉。然建之入蜀也，十有七年始僞定蜀地。知祥之據蜀也，奕世而后能有階，成奉鳳四州，襲而取之，可謂難矣。及其亡也，兵不戰而自潰，褒斜劍閣，如涉無人之境焉。果何足恃哉？易曰：天險不可升也，地險山川丘陵也，王公設險以守其國。所謂設險者，以人爲險也。故曰：固國不以山谿之險，一士之賢於長城也，久矣。區區之蜀，何足道哉？

王夫之《讀通鑑論》卷二九《五代中》朱邪氏之寇，深於腹心矣。繼岌，欲使立功以定儲者也，而殺崇韜者繼岌；董璋、孟知祥，所倚以鎮撫諸將而定蜀者也，而亂蜀者璋與知祥；抒忠而逢怒，推信而召逆，自後觀之，其愚甚矣。乃一皆崇韜之夜思早作，自謂十全之遠慮也。繇此思之，退而全身，進而已亂，豈智計之能勝任哉？抑彊止逆，弭妬消嫌之術，豈有他焉？勿尸功，勿府利，靖諸己以立於危亂之中，則猜主佞臣與震主之權，皆翕伏於鎮定之下。崇韜固不足以與於斯也，禍不速於反掌，足爲永鑒已！

王夫之《讀通鑑論》卷三〇《五代下》以道言之，江南雖云割據，而自楊氏、徐氏以來，以休兵息民保其國土，不隨羣雄力競以争中夏。李璟父子未有善政，而無殃兆民，絶彝倫，淫虐之巨慝；嚴可求、李建勳皆賢者也，先後輔相之；馮延巳輩雖佞，而惡不大播於百姓，生聚完，文教興，猶然彼都人士之餘風也。孟知祥據土以叛君，阻兵而無保民之志；至於昶，驕淫侈肆，縱嬖倖以虐民也，殆無人理。則興問罪之師以拯民於水火，固不容旦夕緩也。嶺南劉氏積惡三世，民怨已盈，殆倍於孟昶，而縣隔嶺嶠，江南未平，姑俟諸其後，則勢之弗容迫圖者耳。

藝文

《全唐文》卷一〇七後唐明宗《賜孟知祥詔》省所奏，東川董璋，爰自爲隣，從初不睦，嘗厚誣於表疏，每深閉於朝廷，欲竊兵權，來併土宇。忽去年四月二十八日暴興兵士，至五月一日驟入漢州。尋差馬步都指揮使兼知武信軍節度留後李仁罕，右廂馬步都指揮使兼知寧江軍節度兵馬留後張知鄴，衙内都指揮使兼知昭武軍留後李肇等，各於界分警備。又令副使權知武泰軍節度留後趙季良在府巡守，其左廂馬步都指揮使兼知保寧軍節度留後趙廷隱先次部領兵士三萬人出次新都。卿自統領衙隊二萬人騎繼進，至三日交戰，殺敗董璋。斬首萬餘級，執八千人，擒賊將校八十餘員，甲馬七百匹，收衣甲器械十萬事。其董璋與男光嗣，四日巳時走入東川，前陵州刺史王暉斬璋父子首級，來獻軍門，尋收下東川城。又奏，今夏方議賞功，其文武將吏等衆意難違，已取六月十一日權兼東川指揮，公事具悉。朕以董璋位列山河，名兼將相，全昧輸忠事主，以禮睦隣，輒恣凶狂，擬謀吞噬，譖卿則妄呈章奏，誑朕則欲竊兵權。奸計未成，賊機尋露，既無閒於搆惑，唯有志以攻侵。卿雖認包藏，久從含忍，但務戢兵而静治，只期應敵以禦衝，俟落彀中，即加翦撲，若居度外，且示協和。而董璋果出妖巢，暴興叛黨，忽犯成都之境，驟踰漢郡之疆，蟻聚蜂屯，鴟張豕突，謂錦川而可取，謂天網而可逃。及卿密運戎機，大張軍勢，劍戟川排而亘野，旌旗雲布以蔽天，鵝鸛纔交，豺狼已殄，棄甲者追擒既盡，投羅者剿戮無遺。尋追元凶，遁歸孤壘，不暇守陴而慟哭，便當傳首以迎降。惡蔓頓除，禍胎全拔，永肅潼江之波浪，盡收郪道之封疆。不有賢良，誰分憂寄；儻非英特，孰静方隅。紀功而焕耀旂常，載德而輝華簡册。捷音初至，慶快良深，嘉歎之餘，旌醻是切。況聞衆懇，已請兼權，實契朕懷，即加真命，其爲睠矚，無忘寐興。其立功將校權兼留務李仁罕、張知鄴、李肇、趙季良已下，咸著忠良，亦須正授，續行渥澤，相次獎酬，想宜知悉。

《全唐文》卷一〇七後唐明宗《賜孟知祥詔》朕猥以眇躬，纘承丕構，賴忠良之共理，冀寰宇之永康。矧念元勳，早聯懿戚，永保君臣之分，足論終始之心。卿出應貞期，生符閒氣，洞曉圯橋之兵略，元通渭水之戎韜。重整漢儀，首參大計，再隆周道，迴立殊功，實有令名，載於良史。是膺朝獎，繼領藩宣，外則覃聲教於百蠻，内則效忠勤於雙闕。交修職貢，備竭臣誠，方表率於諸侯，永維持於景運。不謂董璋，夙懷蠆毒，潛貯狼貪，擬吞并於仁封，詐傾輸於直節。密飛章奏，累述事機，或敍卿之短長，或報卿之動静，無非鬬激，每欲攻侵。朝廷貴要協和，久從隱忍，表文具在，事狀甚明。又知不納其讒邪，乃去反陳於離間。仍於隣道，頓起釁端，只憑誑惑之詞，便縱窺覦之暴，既干紀律，須舉憲章，爰命帥臣，

共平寇孼。此際遂委卿兼東川行營供饋應接使，如斯倚注，豈有猜嫌？渥澤方行，使車將發，旋屬道塗之阻塞，復當邊境之沸騰，繇是去意莫通，來音亦絶。偶致關防之多事，久聞分野之延災。蓋以朕至德未孚，純風未洽，每自責躬罪己，敢忘旰食宵衣？況卿動稟箴規，深懷鑒識，從初料其操守，豈敢徇彼狂迷？只應屢中巧言，偶生疑論，遂且徐觀其向背，終圖自别於妍媸，其間但務訓兵，止期應敵，遐想勤王之力，詎移許國之心？所以中閒先令進奏官蘇愿及進奉軍將杜紹本等相次歸還，式明安慰。朕又知董璋果謀鼠竊，轉恣鴟張，輒侵岷益之崇封，俄越梓潼之末界。茲察詭計，究彼初心，附皮毛脣齒之歡，足明矯妄；竊郡邑金湯之利，可驗包藏。朕乃尋遣近臣，徑齎明詔，示其犄角，表此招懷，仍許優恩，別傳密旨，果聞卿意，備體予懷。即決遠圖，亟回英斷，驅鋭旅而既殲寇黨，取危城而方剿渠魁。爰效至忠，克全大節，盡傾衷素，疊貢封章，併祛往日之疑襟，細述此時之戎事。大朝正朔奉之不渝，列鎮規程守之無易。仍厚支其館穀，濟闕過之王人載認恭勤，益明尊奬，尚未舛誤，得以平持。今後協和，自然悠久，魚水之情宛在，山河之任永居。足保勳榮，轉期富貴，至於封賞，固不食言。凡在繁文，更宜宣力，嘉歎之外，注矚斯深。

《全唐文》卷一〇八後唐明宗《答孟知祥奏請發遣兵士家口來川詔》

供奉官陳延矩回，覽所奏，遂閬黔夔等州自此差來所屯軍都將士等，當府已厚給衣糧，盡令優足，其指揮都頭，各隨職次，悉以安排，雖因事以在川，固係籍而爲國，但念各有家口骨肉在本管軍營，居此者已有生涯，在彼者寧無離戀？伏乞勑見在營幕，放前件將士家口入川等事具悉。切自釁起梓綿，災延巴蜀，繇茲姦賊，累我藎臣，阻渥澤以不通，搆猜嫌而莫解，果招神感，自就天誅。卿有勇有謀，克忠克孝，雖偶遭詿誤，而每切推崇，率師徒而繼殄隣凶，貢表章而尋輸臣節。兼以諸方戍卒，皆厚給於衣糧，數道王人，亦優加於供待。周勤若是，嘉歎良深。并奏人名已係兵籍，朕既推誠而待物，卿方盡瘁以事君，卿安即是朕安，在彼何殊在此。所謂家眷東地，更乞發遣西行，既覽奏陳，固議俞允。尋命宣茲表意，採彼輿言，皆以久抱睽離，極思團聚。但以捨茲九族，就彼一身，雖絲蘿琴瑟之情，分飛甚苦，而松柏邱園之戀，抛棄尤難。又知已有生涯，恐虞却相棄擲。況聞兩川，曾經戰鬭，必有殺傷，既難輕議於往來，兼恐不實其存没，切恐去不相見，住無所依，轉令兩地之困空，盡致一家之沈没，聞茲哀訴，又可憫懷。其如口數頗多，地里極遠，如或正身自來般取，即應此輩不貯憂疑。卿可體彼人情，詳茲物理，妙加籌度，貴叶便宜。故茲詔示，想宜知悉。

《全唐文》卷一〇八後唐明宗《許孟知祥權行墨制詔》

據所奏，以文武之將寮，希尺寸之官賞，請卿自稱王爵，權行制書。卿以未經先奏於宸聰，不欲便加於衆意，卻緣熊羆之武旅，懷鐵石之壯心，或立功勞，須加爵賞，難以具排官氏，繁奏聖聰，敢希顯降明文，許行墨制，亦自朝廷之成命，委藩翰以奉宣，凡有施行，後當聞奏，免憂迢遞，庶從便宜等事具悉。卿等最親最舊，不溢不驕，爰自中興，夙參佐命，厭大權而不處，守高節以自全。成茲令名，標於信史。洎總茲千乘，鎮彼一隅，不將富貴爲心，惟以邦家是念，盡血誠而推戴，竭土産以貢輸。每念忠良，正深繫賴。忽被董璋之逼迫，遽令蜀郡以攜離，卿雖外合元凶，而內全大節，文翰每深於恭敬，使臣盡厚於接延。兼聞曾興議於東川，欲拜章於北闕，彼既他説，此難獨行。察卿此際之誠，契朕從初之料。今則詔書纔降，章表繼來，阻推勸之衆情，高辭王爵；執變通之獨見，遠貢臣誠。去假號而就真封，抑異端而全大計，非卿不能斷此意，非朕不能悉此心。載閲敷陳，備詳披瀝，自然可久可大，傳子傳孫，長爲一面之藩維，永作四方之表式。其文武將寮等，或武有折衝之術，文多經濟之材，咸能贊佐元戎，削平大憝，功勳顯著，酬獎必行。所請權行制書，貴從宜便，雖隨方設教，叶遠藩衆庶之情。而引古證今，異本朝全盛之事。切念道途久絶，人使纔通，在朕方務於綏懷，於卿固無於愛惜。緬思盡節，必認注心。自今已後，劍南諸道應節度使刺史并州縣官軍府文武將吏等，或陞降賢愚，或黜陟功過，一切委卿逐便選擇，差署施行訖奏，朝廷更不除人。豈惟叶彼權宜，抑亦表吾委任。故茲詔示，想宜知悉。

《全唐文》卷一〇八後唐明宗《許孟知祥奏趙季良等五人乞正授節旄詔》

據所奏，節度副使知武泰軍節度兵馬留後趙季良、馬步諸軍都指揮使知武信軍節度兵馬留後李仁罕、左廂馬步都指揮使知保寧軍節度兵馬留後趙廷隱、右廂馬步都指揮使知寧江軍節度兵馬留後張知鄴、衙内馬步都指揮使知昭武軍節度兵馬留後李肇等臣，各以簡署列藩，委之共理，伏乞特頒詔令，各降真恩，儻蒙委以節旄，則望付臣宣賜，仍希眷澤，各轉官階等事具悉。卿前鎮彼遠方，迫於近患，欲作婉成之計，須爲苟合之容，果中含宏，自貽誅戮。趙季良等體卿忠孝，感卿撫綏，或獻謀於帷幄之間，或效勇於鼓旗之下，賴茲奮發，致彼廓清。今則纔翦凶徒，尋輸忠節，雖知祥之通變，亦季良之贊成。況彼皆是重藩，並難虛位，言

念數子，參佐一心，不惟功合奬酬，兼亦材堪任使。但能致理，何爽從權，所委留司，悉諧朕意，應希渥澤，並可允俞。但緣卿自建大功，未加殊寵，即俟相次，便與施行。其旌節官告等，更不差使頒宣，亦便委卿分付。所乞墨制，已從别詔處分。故兹詔示，想宜知悉。

《全唐文》卷一一二後唐明宗《封孟知祥爲蜀王册文》　朕祗膺天睠，虔荷帝圖，敷大信而仰法昊穹，秉至公而俯臨億兆。彰善癉惡，必分涇渭之流；崇德報功，敢忘山河之誓？其有榮聯戚里，任重侯藩，佐白水而中興，爲皇家而盡節，雖旁緣詿誤，而竟保忠貞。疏鑿未通，朝海之波瀾暫阻；氛霾既定，拱辰之光耀如初。表章皆驗於推誠，琛賮遠修於述職，得不顯其丹赤，懋以旌酬，益敦魚水之懽，永契君臣之道。爰求吉日，乃降徽章。具官孟某，五緯佐天，三山鎮地，七年乃辨，真爲梁棟之材；十德俱全，信是琮璜之器。先皇帝經綸八極，濟活兆人，李通首述其緯書，鄧禹常參於霸業。同心同德，竟扶歸馬之朝；不伐不矜，罔恃濯龍之寵。洎朕纂承鳳紀，緊爾鎮守龜城，鐵石彌堅，菁茅不匱。山川險絶，每虔向日之心；玉帛駿奔，能助郊天之禮。有臣若此，當代何加？董璋久作厲階，終萌逆節，既辜恩於覆載，欲嫁禍於勳賢，疊以封章，疏其隣道，虔劉我生聚，離間我忠良。爾外示叶同，潛懷憤激，罄衷言而誘諭，彼既不迴，何良便以誅鋤，乃期自雪。以至敢驅叛黨，徑逼仁封，吹虺毒以傷人，奮豺牙而暴物。爾則妙施成算，徑出全師，鼙鼓纔鳴，旋聞落爪。窠巢自潰，已致噬臍，梓州之祅霧風驅，涪水之狂波鏡凈。解吾宵旰，賴爾韜鈐，固當銘在景鍾，豈止光於信史？況復備輸懇款，益驗傾虔，敍魯館之夤緣，述沛中之舊事，深心可見，亮節斯彰。不有疾風，焉知勁草？倘無異數，曷報崇庸？由是並築將壇，顯昇王爵，兼兩藩之奥壤，啟一字之真封，仍循益地之通規，别改旌功之懿號，賜之旌鉞，册以輅車。雖加等之寵光，爾皆不忝；在睦親之義分，予亦無虧。

於戲！天鑒甚明，爲善者降之福祉；君恩不黨，立勳者厚以奬酬。惟敬慎以始終，可延長於富貴，勉承兑澤，永鎮坤維。可授依前檢校太尉兼中書令行成都尹劍南東西兩川節度使管内營田觀察處置統押近界諸蠻兼西山八國雲南安撫制置等使，仍封蜀王，加食邑一千五百户實封二百户，改賜忠貞匡國保大功臣，散官勳如故。仍令所司擇日，備禮册命，主者施行。

孟昶部

綜述

《舊五代史》卷一三六《孟昶傳》　昶，知祥之第三子也。母李氏，本莊宗之嬪御，以賜知祥。唐天祐十六年，歲在己卯，十一月十四日，生昶於太原。及知祥鎮蜀，昶與其母從知祥妻瓊華長公主同入於蜀。知祥僭號，僞册爲皇太子。知祥卒，遂襲其僞位，時年十六，尚稱明德元年。及僞明德四年冬，僞詔改明年爲廣政元年，是歲即晉天福三年也。僞廣政十三年，僞上尊號爲睿文英武仁聖明孝皇帝。皇朝乾德三年春，王師平蜀，詔昶舉族赴闕，賜甲第於京師，追其臣下賜賚甚厚，尋册封楚王。是歲秋，卒於東京，時年四十七。事具皇家日曆。自知祥同光二年丙戌歲入蜀，父子相繼，凡四十年而亡。

《新五代史》卷六四《孟昶世家》　昶，知祥第三子也。知祥爲兩川節度使，昶爲行軍司馬。知祥僭號，以昶爲東川節度使、同中書門下平章事。知祥病，昶監國。知祥已卒而祕未發，王處回夜過趙季良，相對泣涕不已，季良正色曰：「今彊侯握兵，專伺時變，當速立嗣君以絶非望，泣無益也。」處回遂與季良立昶，而後發喪。昶立，不改元，仍稱明德，至五年始改元曰廣政。

明德三年三月，熒惑犯積尸，昶以謂積尸蜀分也，懼，欲禳之，以問司天少監胡韞，韞曰：「按十二次，起井五度至柳八度，爲鶉首之次，鶉首，秦分也，蜀雖屬秦，乃極南之表爾。前世火入鬼，其應在秦。晉咸和九年三月，火犯積尸，四月，雍州刺史郭權見殺。義熙四年，火犯鬼，明年，雍州刺史朱齡石見殺。而蜀皆無事。」乃止。

昶好打毬走馬，又爲方士房中之術，多採良家子以充後宫。樞密副使韓保貞切諫，昶大悟，即日出之，賜保貞金數斤。有上書者，言臺省官當擇清流，昶歎曰：「何不言擇其人而任之？」左右請以其言詰上書者，昶曰：「吾見唐太宗初即位，獄吏孫伏伽上書言事，皆見嘉納，奈何勸我拒諫耶！」

然昶年少不親政事，而將相大臣皆知祥故人，知祥寬厚，多優縱之，及其事昶，益驕蹇，多踰法度，務廣第宅，奪人良田，發其墳墓，而李仁罕、張業尤甚。昶即位數月，執仁罕殺之，并族其家。是時，李肇自鎮來朝，杖而入見，稱疾不拜，及聞仁罕死，遽釋杖而拜。

廣政九年，趙季良卒，張業益用事。業，仁罕甥也。仁罕被誅時，業方掌禁兵，昶懼其反，乃用以爲相，業兼判度支，置獄于家，務以酷法厚斂蜀人，蜀人大怨。十一年，昶與匡聖指揮使安思謙謀，執而殺之。王處回、趙廷隱相次致仕，由是故將舊臣殆盡。昶始親政事，於朝堂置匭以通下情。

是時，契丹滅晉，漢高祖起於太原，中國多故，雄武軍節度使何建以秦、成、階三州附于蜀，昶因遣孫漢韶攻下鳳州，於是悉有王衍故地。漢將趙思綰據永興、王景崇據鳳翔反，皆送款于昶。昶遣張虔釗出大散關，何建出隴右，李廷珪出子午谷，以應思綰。昶相毋昭裔切諫，以爲不可，然昶志欲窺關中甚鋭，乃遣安思謙益兵以東。已而漢誅思綰、景崇，虔釗等皆罷歸，而思謙恥於無功，多殺士卒以威衆。昶與翰林使王藻謀殺思謙，而邊吏有急奏，藻不以時聞，輒啓其封，昶怒之。其殺思謙也，藻方侍側，因并擒藻斬之。

十二年，置吏部三銓、禮部貢舉。

十三年，昶加號睿文英武仁聖明孝皇帝。封子玄喆秦王，判六軍事；次子玄珏褒王；弟仁毅夔王，仁贄雅王，仁裕嘉王。

十八年，周世宗伐蜀，攻自秦州。昶以韓繼勳爲雄武軍節度，聞周師來伐，歎曰：「繼勳豈足以當周兵邪！」客省使趙季札請行，乃以季札爲秦州監軍使。季札行至德陽，聞周兵至，遽馳還奏事。昶問之，季札惶懼不能道一言，昶怒殺之，乃遣高彦儔、李廷珪出堂倉以拒周師。彦儔大敗，走青泥，於是秦、成、階、鳳復入于周。昶懼，分遣使者聘於南唐、東漢，以張形勢。

二十年，世宗以所得蜀俘歸之，昶亦歸所獲周將胡立于京師，因寓書于世宗，世宗怒昶無臣禮，不答。

二十一年，周兵伐南唐，取淮南十四州，諸國皆懼。荆南高保融以書招昶使歸周，昶以前嘗致書世宗不答，乃止。昶幼子玄寶，生七歲而卒，太常言無服之殤無贈典，昶問李昊，昊曰：「昔唐德宗皇子評，生四歲而卒，贈揚州大都督，封肅王，此故事也。」昶乃贈玄寶青州大都督，追封遂王。

二十五年，立秦王玄喆爲皇太子。昶幸晉、漢之際，中國多故，而據險一方，君臣務爲奢侈以自娱，至於溺器，皆以七寶裝之。宋興，已下荆、潭，昶益懼，遣

大程官孫遇以蠟丸書間行東漢，約出兵以撓中國，遇爲邊吏所得。太祖皇帝遂詔伐蜀，遣王全斌、崔彥進等出鳳州，劉光乂、曹彬等出歸州；詔八作司度右掖門南，臨汴水爲昶治第一區，凡五百餘間，供帳什物皆具，以待昶。

昶遣王昭遠、趙彥韜等拒命。昭遠，成都人也，年十三，事東郭禪師智諲爲童子。知祥嘗飯僧於府，昭遠執巾履從智諲以入，知祥見之，愛其惠黠。時昶方就學，即命昭遠給事左右，而見親狎。昶立，以爲捲簾使。樞密使王處回致仕，昶以樞密使權重難制，乃以昭遠爲通奏使知樞密使事，然事無大小，一以委之，府庫金帛恣其所取不問。昶母李太后常爲昶言昭遠不可用，昶不聽。昭遠好讀兵書，以方略自許。兵始發成都，昶遣李昊等餞之，昭遠手執鐵如意，指揮軍事，自比諸葛亮，酒酣，謂昊曰：「吾之是行，何止克敵，當領此二三萬雕面惡少兒，取中原如反掌爾！」昶又遣子玄喆率精兵數萬守劍門。玄喆輦其愛姬，攜樂器、伶人數十以從，蜀人見者皆竊笑。全斌至三泉，遇昭遠，擊敗之。昭遠焚吉柏江浮橋，退守劍門。軍頭向韜得蜀降卒言：「來蘇小路，出劍門南清彊店，與大路合。」全斌遣偏將史延德分兵出來蘇，北擊劍門，與全斌夾攻之，昭遠、彥韜敗走，皆見擒。玄喆聞昭遠等敗，亦逃歸。

劉光乂攻夔州，守將高彥儔戰敗，閉牙城拒守，判官羅濟勸其走，彥儔曰：「吾昔不能守秦川，今又奔北，雖人主不殺我，我何面目見蜀人乎！」又勸其降，彥儔不許，乃自焚死。而蜀兵所在奔潰，將帥多被擒獲。昶問計於左右，老將石頵以謂東兵遠來，勢不能久，宜聚兵堅守以敝之。昶歎曰：「吾與先君以温衣美食養士四十年，一旦臨敵，不能爲吾東向放一箭，雖欲堅壁，誰與吾守者邪！」乃命李昊草表以降，時乾德三年正月也。自興師至昶降，凡六十六日。初，昊事王衍爲翰林學士，衍之亡也，昊爲草降表，至是又草焉，蜀人夜表其門曰「世脩降表李家」，當時傳以爲笑。

昶至京師，拜檢校太師兼中書令，封秦國公，七日而卒，追封楚王。其母李氏，爲人明辯，甚見優禮，詔書呼爲「國母」，嘗召見勞之曰：「母善自愛，無戚戚思蜀，佗日當送母歸。」李氏曰：「妾家本太原，儻得歸老故鄉，不勝大願。」是時劉鈞尚在。太祖大喜曰：「俟平劉鈞，當如母願。」昶之卒也，李氏不哭，以酒酹地祝曰：「汝不能死社稷，苟生以取羞。吾所以忍死者，以汝在也。吾今何用生爲！」因不食而卒。其餘事具國史。

《宋史》卷四七九《孟昶世家》 西蜀孟昶，初名仁贊，及僭位改焉。其先邢州龍岡人。父知祥，事後唐武皇，武皇以弟之子妻之，是爲瓊華長公主。同光初，知祥爲太原尹、知留守事。三年，平蜀。四年，以知祥爲劍南西川節度副大使、知節度事。明宗即位，命知祥討平東川，知祥自領兩川節度，明宗即以授之。長興四年，封蜀王，許行墨制。五年，閔帝立，乃稱帝於蜀，改元明德，時清泰元年也。事具《五代史》。昶母李氏，本莊宗嬪御，以賜知祥，天祐十六年己卯十一月，生昶於太原。初，知祥鎮西川，不及以族行，天成元年，奏遣衙校迎家太原，明宗因令部送長公主及昶與所生母至蜀。公主以長興三年卒。

知祥初署昶兩川節度行軍司馬，僭號，以昶爲檢校太保、同平章事、崇聖宮使、東川節度。知祥疾，立爲皇太子，權監軍國。明德元年七月，知祥卒，昶襲位，年始十六，止稱明德年號，委政於趙季良、張知業、李仁罕等。二年，尊其母李氏爲皇太后。四年，改元廣政。後以事誅仁罕、知業，乃親政事。十三年，加號睿文英武仁聖明孝皇帝。

晉末，秦州節度使何建、鳳州防禦使石奉頵俱以城降昶。時契丹亂華，漢祖起并門，中土蝗旱連歲，昶益自大，開貢部，行郊祀禮，自此君臣奢縱。及周世宗克秦、鳳，昶始懼，放還先所獲濮州刺史胡立，致書世宗，稱大蜀皇帝，且言家世邢臺，願敦鄉里之分。世宗怒其無禮，不答。昶愈不自安，乃於劍門、夔、峽多積芻粟，增置師旅。用度不足，遂鑄鐵錢。禁境内鐵，凡器用須鐵爲之者，置場鬻之，以專其利。

立其子玄喆爲太子，用王昭遠、伊審徵、韓保正、趙崇韜等分掌機要，總内外兵柄。母李氏謂昶曰：「吾嘗見莊宗跨河與梁軍戰，又見爾父在并州捍契丹及入蜀定兩川，當時主兵者非有功不授，故士卒畏服。如昭遠者，出於微賤，但自爾就學之年，給事左右；又保正等皆世禄之子，素不知兵，一旦邊疆警急，此輩有何智略以禦敵？高彥儔是爾父故人，秉心忠實，多所經練，此可委任。」昶不能遵用其言。

及太祖下荆、楚，昶欲遣使朝貢，昭遠等固止之。太祖詔蜀之邸吏、將卒先在江陵者並放還，仍給賜錢帛以遣。乾德二年，昶遣孫遇、楊蠲、趙彥韜爲諜至京師。彥韜潛取昶與并州劉鈞蠟丸帛書以告，其書云：「早歲曾奉尺書，遠達睿聽。丹素備陳於翰墨，歡盟已保於金蘭。洎傳吊伐之嘉音，實動輔車之喜色。」尋於褒、漢，添駐師徒，只待靈旗之濟河，便遣前鋒而出境。」先是，太祖已有西伐意而未發，及覽書，喜曰：「吾用師有名矣。」即命忠武軍節度王全斌充鳳州路行

營前軍兵馬都部署，武信軍節度，侍衛步軍都指揮使崔彦進充副都部署，樞密副使王仁贍充都監，龍捷右廂都指揮使史延德充馬軍都指揮使，虎捷右廂都指揮使張萬友充步軍都指揮使，隴州防禦使張凝充先鋒都指揮使，左神武大將軍王繼濤充濠砦使，内染院使康延澤充馬軍都監，翰林副使張煦充步軍都監，供奉官田仁朗充濠砦都監，殿直鄭粲充先鋒都監，步軍都軍頭向韜充先鋒都軍頭，寧江軍節度，侍衛馬步軍都指揮使劉廷讓充歸州路行營前軍兵馬副都部署，内客省使、樞密承旨曹彬充都監，客省使武懷節充戰櫂部署，龍捷左廂都指揮使李進卿充步軍都指揮使，前階州刺史高彦暉充先鋒都指揮使，右衛將軍白廷誨充濠砦使，御厨副使朱光緒充馬軍都監，儀鸞副使折彦贇充步軍都監，八作副使王令喦充先鋒都監，供奉官郝守濬充濠砦都監，馬步軍都軍頭楊光美充戰櫂左右廂都指揮使，供奉官樂守節充戰櫂左廂都監，殿直劉漢卿充戰櫂右廂都監，率禁兵三萬人、諸州兵二萬人分路討之。詔令孫遇等指畫江山曲折之狀，及兵砦戍守之處道里遠近，俾畫工圖之，以授全斌等。因謂曰：「西川可取否？」全斌等對曰：「臣等仗天威，遵廟算，刻日可定。」龍捷右廂都校史延德前奏曰：「西川一方，儻在天上，人不能到，固無可奈何。若在地上，以今之兵力，到即平矣。」上壯其言，謂之曰：「汝等果敢如此，我何憂乎！」又謂全斌等曰：「凡克城砦，止籍其器甲芻糧，悉以錢帛分給戰士。」

及兵至，昶遣王昭遠、趙崇韜、韓保正、李進等來拒戰。昭遠等相繼就擒，昶大懼，出金帛募兵，令其子玄喆統之，李廷珪、張惠安爲其副，以守劍門。玄喆素不習武，廷珪、惠安皆庸懦無識。玄喆離成都，但攜姬妾、樂器及伶人數十輩，晨夜嬉戲，不恤軍政。至綿州，聞宋師已破劍門，遂遁歸東川，所過焚廬舍倉廩而去。昶益惶駭，問計於左右。有老將石斌，對以宋師遠來，勢不能久，請聚兵固守以老之。昶曰：「吾父子以豐衣美食養士四十年，及遇敵，不能爲我東嚮發一矢。今若固壘，何人爲我效命？」

三年正月，昶遣其通奏伊審徵齎表詣全斌請降，且言：「中外骨肉二百餘人，有親年幾七十，願終甘旨之養，免賜睽離之責，則祖宗血食庶獲少延。」末援劉禪、陳叔寶故事以請封號。全斌等既受其降，遣馬軍都監康延澤先以百騎入城見昶，諭以恩信，留三日，盡封府庫而還。

昶又遣其弟仁贄詣闕上表言：

先臣受命唐室，建牙蜀川，因時事之變更，爲人心之擁迫。先臣即世，臣方丱年，猥以童昏，繆承餘緒。乖以小事大之禮，闕稱藩奉國之誠，染習偷安，因循積歲。所以上煩宸算，遠發王師，勢甚疾雷，功如破竹。顧惟懦卒，焉敢當鋒？尋束手以云歸，止傾心而俟命。

今月七日，已令私署通奏使、宣徽南院使伊審徵奉表歸降，以緣路寇攘，前進不得。臣尋更令兵士援送，至十一日，尚恐前表未達，續遣供奉官王茂隆再齎前表。至十二日以後，相次方到軍前，必料血誠，上達睿聽。臣今月十九日，已領親男諸弟，納降禮於軍門，至於老母諸孫，延餘喘於私第。

陛下至仁廣覆，大德好生，顧臣假息於數年，所望全軀於此日。今蒙元戎慰恤，監護撫安，若非天地之垂慈，豈見軍民之受賜！臣亦自量過咎，尚切憂疑，謹遣親弟詣闕奉表，待罪以聞。

太祖詔曰：

朕以受命上穹，臨制中土，姑務保民而崇德，豈思右武以佳兵？至於臨戎，蓋非獲已。矧惟益部，僻處一隅，靡思僭竊之愆，輒肆窺覦之志，潛結并寇，自啓釁端。爰命偏師，往申吊伐，靈旗所指，逆壘自平。

朕嘗中宵憮然，兆民何罪！屢馳馹騎，嚴戒兵鋒，務宣拯溺之懷，以盡招攜之禮。而卿果能率官屬而請命，拜表疏以祈恩，託以慈親，保其宗祀，悉封庫府，以待王師。追咎改圖，將自求於多福；匿瑕含垢，當盡滌於前非。朕不食言，爾無他慮。

昶乃舉族與官屬由峽江而下，至江陵，上遣皇城使竇思儼迎勞之。四月初，昶與母至襄漢，復遣使齎詔賜茶藥。所賜詔不名，仍呼昶母爲國母。昶將至，命太宗勞於近郊。昶率子弟素服待罪闕下，太祖御崇元殿，備禮見之，賜昶襲衣、玉帶、黄金鞍勒馬、金器千兩、銀器萬兩、錦綺千段、絹萬匹；又賜昶母金器三百兩、銀器三千兩、錦綺千匹、絹千匹；子弟及其官屬等襲衣、金玉帶、鞍勒馬、車乘、器幣有差；又遣使分詣江陵、鳳翔賜其家屬錢帛，疾病者給以醫藥。即日宴於大明殿。先是，詔有司於右掖門外，臨汴水起大第五百間以待昶，供帳悉備，至是賜之，又爲其官屬各營居第。

翌日，詔曰：

伯禹導川，黑水本梁州之域；《河圖》括象，岷山直井絡之墟。是曰坤維，素爲王土。屬中原多故，四海羣飛，遂剖裂於山河，競僭竊於位號。朕削平寓縣，載整皇綱，復周、漢之舊疆，寵綏羣后；采唐、虞之大訓，協和萬邦。六年于兹，

百揆時敍。禮樂征伐之柄，盡出朝廷；蠻夷山海之君，咸修職貢。一昨順長庚而授律，法時雨以興師，先申誕告之文，以慰徯來之衆。

咨爾僞蜀主孟昶，克承餘緒，保據一隅，擅正朔以自尊，歷歲時而滋久。屬王師致討，察天道之惡盈，體此綏懷，思於效順，盡率羣吏，降于軍門。抗手疏以陳誠，伏天閽而請命。是用昭示大信，盡滌疵瑕，度越彝章，升於崇秩。冠紫微之近署，以奉内朝；剪鶉首之奥區，爲之封邑。率從異數，式洽殊私。爾宜欽承，往踐厥位。可開府儀同三司、檢校太師兼中書令、秦國公，給上鎮節度使奉禄。餘官除拜有差。

昶數日卒，年四十七。太祖廢朝五日，素服發哀於大明殿。賜尚書令，追封楚王，謚恭孝，賻布帛千匹，葬事官給。後數日，其母李氏亦卒。

初，李氏隨昶至京師，太祖數命肩輿入宫，謂之曰：「母善自愛，無戚戚懷鄉土，異日當送母歸。」李氏曰：「使妾安往？」太祖曰：「歸蜀爾。」李氏曰：「妾家本太原，倘得歸老并土，妾之願也。」時晉陽未平，太祖聞其言大喜，曰：「俟平劉鈞，即如母所願。」因厚加賜賚。及昶卒，不哭，以酒酹地曰：「汝不能死社稷，貪生以至今日。吾所以忍死者，以汝在爾。今汝既死，吾何生焉！」因不食，數日卒。太祖聞而傷之，賻贈加等。令鴻臚卿范禹偁護喪事，與昶俱葬洛陽，詔發奉義甲士千人護送。

七月，正衙備禮册命昶，其文曰：

維乾德三年，歲次乙丑，七月己巳朔，二十四日戊子，皇帝若曰：咨爾故檢校太師兼中書令、秦國公孟昶，册贈之典，所以彰世祚而紀勳伐，繼絶之義，所以旌異域而表來庭。苟匪全功，寧兼二者。

國家乘乾撫運，括地開圖。稽至德於勛、華，體深仁於湯、禹。既定壺關之亂，復剪淮夷之凶，暨荆及衡，洗蕩逋穢。以爲君人之道，先德而後刑；王者之師，有征而無戰。兵威震疊，寰宇來同。以至薄伐兩川，徂征三峽。

惟爾昶襲乃堂構，據有巴庸，而能祇畏皇靈，保全宗緒，知機識變，委順圖全。馳子牟魏闕之心，奉伯禹塗山之會。朕自聞獻款，良切虚懷。舟車欣至止之初，邸第錫非常之制。封崇異數，祈保永年。景命不融，奄然殂謝。

於戲！爾有及親之孝，特異常倫；爾有達上之情，所期終養。何高穹之不祐，與幽壤之同歸！斯朕所以當寧興悲，徹縣永歎。詢于史氏，申命禮官，今遣使起復雲麾將軍、檢校太傅、右神武統軍、兼御史大夫、上柱國、平昌縣開國伯食邑七百户孟仁贊持節，册贈爾爲尚書令，仍追封楚王。於戲！式備哀榮，載光簡牒。南宫峻秩，全楚大邦，併示追崇，夐超彝制。始終之分，朕無愧焉。

仍贈昶墳莊一區，給守墳人米千石，錢五萬。

初，昶在蜀專務奢靡，爲七寶溺器，他物稱是。每歲除，命學士爲詞，題桃符，置寢門左右。末年，學士幸寅遜撰詞，昶以其非工，自命筆題云：「新年納餘慶，嘉節號長春。」以其年正月十一日降，太祖命吕餘慶知成都府，而「長春」乃聖節名也。又昶襲位後，民質錢取息者，將徙居，必署其門曰：「召主收贖。」周世宗平淮甸，克關南，即議討蜀而未果，至太祖乃平之。

吴任臣《十國春秋》卷四九《後主紀》　後主昶，字保元，初名仁贊，高祖第三子也。以天祐十六年十一月生仁贊於太原。母貴妃李氏。幼時聰悟才辨，有日者周元豹相之，謂高祖曰：「此兒骨法非常，宜愛之。」後又遣元豹熟視仁贊於戲劇處，既而告曰：「四十年偏霸之主，非等閒也。」由是高祖特加愛念。起家西川節度行軍司馬。

高祖稱皇帝，進檢校太保、東川節度使、同中書門下平章事，充崇聖宫使。及高祖病革，立爲皇太子，權監軍國事。頃之，高祖晏駕，秘不發喪。樞密使王處回夜啟義興門，過司空趙季良涕泣，季良曰：「泣無益也，當速立嗣君，以絶非望。」處回收淚謝之，遂與季良宣遺制，命太子仁贊更名昶，蓋明德元年七月丙寅也。

丁卯，昶於柩前嗣皇帝位，時年十六。不改元，仍稱明德。

明德元年秋九月，加趙季良司徒，張業檢校太尉，李肇、王處回俱兼侍中。癸卯，唐命鳳翔益兵守東安鎮以備我。甲寅，詔加衛聖諸軍都指揮使、武信節度使李仁罕兼中書令，判六軍事；以左匡聖都指揮使、保寧節度使趙廷隱兼侍中，爲六軍副使。仁罕自恃宿將有功，求判六軍，令進奏吏宋從會以意諭樞密院，又至學士院偵草麻，帝不得已，有是命。帝自置殿直四番，取將家及死事孤子爲之，乃命李仁罕子繼宏、趙季良子元振、張業子繼昭、侯洪實子令欽、趙廷隱子崇韜分爲都知領焉。

冬十月，奉鑾肅衛都指揮使、昭武節度使兼侍中李肇不時入朝。庚午，始至成都，稱足疾，見帝不拜。戊寅，捧聖控鶴都指揮使張公鐸與醫官使韓繼勳、豐德庫使韓保貞、茶酒庫使安思謙等譖李仁罕有逆志。帝令繼勳等與趙季良、趙廷隱謀，命武士執仁罕，殺之。丙午，詔暴仁罕罪，并其子繼宏及宋從會等皆伏

誅。源州都押牙文景琛據城叛，果州刺史李延厚討平之。戊子，勒李肇以太子少傅致仕，徙邛州。時左右以肇倨慢，請加誅，遂有是處分。

唐雄武節度使張延朗圍文州，李延厚將果州兵屯興州，遣先登指揮使范延暉將兵却之。是時唐階州刺史郭知瓊拔尖石寨，興州刺史馮暉屯乾渠，皆引兵歸。

十二月，頒勸農桑詔曰：「刺史縣令，其務出入阡陌，勞來三農，望杏敦耕，瞻蒲勸穡。春鶊始囀，便具籠筐；蟋蟀載吟，即鳴機杼。」甲申，葬文武聖德英烈明孝皇帝於和陵，上廟號曰高祖。

是歲，析鹽亭縣雍江草市置招葺院。

明德二年春二月丙寅朔，大赦。戊寅，尊母李氏爲皇太后。

夏四月庚午，以御史中丞毋昭裔爲中書侍郎、同平章事。

六月，賜江原縣孝子張元帛三十段，并米酒等物。

秋七月，閬州大雨雹如雞子，鳥雀皆死，暴風飄船上民屋。巫者言灌口神與閬州神交戰所致。

九月，金州防禦使全師郁攻唐金州，拔水寨，都監陳知隱託他事將兵三百遁去。防禦使馬全節出奇拒我，我兵乃退。帝雅好擊毬，茂州録事參軍幸寅遜上書諫止，帝雖不從，頗優容之。

明德三年春三月，地震，熒惑犯積尸。帝以積尸，蜀分也，欲禳之。司天少監胡韞請不必禳，乃寢其事。帝酷喜走馬，未幾馬蹶，皇太后曰：「奈何以馳騁爲樂，貽吾之憂。」帝由是稍止。又爲方士房中之術，多採良家子以充後宮。樞密副使韓保貞切諫，帝即日出之，賜保貞金數斤。有上書者言臺省官當擇清流，帝歎曰：「何不言擇其人而任之。」左右請以其言詰上書者，帝曰：「吾見唐太宗初即位，獄吏孫伏伽上書言事，皆見納，奈何勸我拒諫邪？」

夏四月，吴越遣使來聘。

冬十月，遣使如吴越報聘。

十一月，晉主即皇帝位於柳林；己亥，改元天福。

十二月丁亥，申嚴錢禁。

明德四年春正月乙卯朔，日有食之。

三月，晉遣使告即位，且敍姻好，其書曰：「大晉皇帝奉書大蜀皇帝：伏自中原多故，大憝繼興，朱氏不道，而皇天不親；沙陀背義，而蒼天失望。不期景運，猥屬眇躬。方鼎足以分疆，宜鄰好之講睦。況有姻親之舊，敢交玉帛之歡。機務方殷，保攝是望。」帝復書用敵國禮。

冬十月，蜀人譙本罟母，忽化爲虎奔城上，兼侍中趙廷隱射殺之，因見帝曰：「虎，山林之獸，而人化之，入於城市。虎旅中慮有不軌之士。」是夜衛軍張洪謀叛，翼日爲其黨所告，伏誅。洪，太原人，剛勇絶倫，軍中號爲張大蟲，咸以爲虎上城之驗。

十二月丁酉，帝耀兵太元門。戊申，大赦，改明年元曰廣政。

是歲，晉人侵利州，至劍門，趙廷隱領兵拒退之。

廣政元年春正月，帝謁和陵。以武信節度使、同平章事張業爲左僕射兼中書侍郎、同平章事，樞密使、武泰節度使王處回兼武信節度使、同平章事。

三月，上巳節，遊大慈寺，宴從官於玉溪院，分韻賦詩，優人以前蜀後主爲戲，命斬之。是月，民謡言後宮産蛇，取人心肝爲食，百姓驚恐，逾月乃止。

秋八月，大水。

冬十月，地震，屋柱盡摇，凡三日。

十一月，以誕生日爲明慶節，帝幸佛寺散香。

是歲，鑄「廣政通寶」錢。

廣政二年夏六月，地震，洶洶有聲。

秋八月，楚溪州刺史彭仕然引獎錦州蠻焚掠辰、澧鎮戍，遣使乞師於我。帝以道遠不許。

是歲，太白晝見，國中大水，祖廟壞。

廣政三年春正月，上元節，帝觀燈露臺，召舞倡李艷娘入宫，賜其家錢十萬。

夏四月，太保兼門下侍郎同平章事趙季良請與門下侍郎同平章事毋昭裔、中書侍郎同平章事張業分判三司。癸卯，命季良判户部，昭裔判鹽鐵，業判度支。

五月，地震。帝問羣臣曰：「頃年地何頻震？」羣臣對曰：「地道静而屢動，此必强臣陰謀之事，願以爲慮。」

六月，教坊部頭孫延應、王彦洪等謀逆。伏誅。延應，故趙廷隱伶人，以技選入教坊，有妖尼語之曰：「君貴不可言。」至是謂其徒胡圭云：「今王氏苦竹開花，侯侍中家馬作人言，銀槍營中井水湧出，地又數震，正叛亂之兆也。」於是合十二人，期以晏日持杖爲俳優，盡殺諸將而奪其兵。爲其黨趙廷規所告，盡

禽焉。

冬十月，地震，從西北來，聲如暴風急雨之狀。

廣政四年春二月丙辰，加衛聖馬步都指揮使武德節度使兼中書令趙廷隱、樞密使武信節度使同平章事王處回、捧聖控鶴都指揮使保寧節度使同平章事張公鐸檢校官，並罷其節度使。

三月甲戌，以翰林學士承旨李昊知武寧軍，散騎常侍劉英圖知保寧軍，諫議大夫崔鑾知武信軍，給事中謝從志知武泰軍，將作監張讚知寧江軍。先是節度使多領禁兵，或以他職留成都，委僚佐知留務，專事聚斂，政事不治，民無所訴。帝知其弊，因使諸臣各知節度事，略與正帥有異。

夏四月，蝗。丁亥，晉山南東道節度使安從進謀反，遣使乞師於我，請出兵金、商以爲聲援。帝謀於羣臣，皆曰：「金、商險遠，少出師則不足制敵，多則漕輓不繼。」乃辭之。

五月，帝著官箴，頒郡縣，曰：「朕念赤子，旰食宵衣，託之令長，撫養安綏。政在三異，道在七絲，驅雞爲理，留犢爲規。寬猛得所，風俗可移，無令侵削，無使瘡痍。下民易虐，上天難欺，賦輿是切，軍國是資。朕之爵賞，固不逾時，爾俸爾祿，民膏民脂。爲人父母，罔不仁慈，勉爾爲戒，體朕深思。」

帝好學爲文，皆本於理，居恒謂李昊、徐光溥曰：「王衍浮薄，而好輕艷之辭，朕不爲也。」常敕史館集《古今韻會》五百卷。

廣政五年春正月，地震。

二月，湖南遣使來聘。

三月，帝宴牡丹苑。牡丹花凡雙開者十，黄者白者三，紅白相間者四，又有深紅、淺紅、深紫、淺紫、淡黄、鉅黄、潔白、正暈、倒暈、金含稜、銀含稜、旁枝、副搏、合歡、重臺，每朵至五十，葉面徑七八寸；復有檀心如墨者，香聞至五十步。從官皆賦詩賞之。

閏月甲申，西域番僧來朝。

冬十月，地震，摧民居百數。

廣政六年春正月癸卯，以宣徽使兼宫苑使田敬全領永平節度使。敬全，故宦者，引前蜀王承休爲比而命之。

是歲大選良家子以備後宮，限年十三以上、二十以下，州縣騒然，民多立嫁其女，謂之「驚婚」。新津縣令陳及之疏諫，帝嘉其言，賜白金百兩，然采擇卒不止。於是後宮位號列十四品，有昭儀、昭容、昭華、保芳、保香、保衣、安宸、安蹕、安情、修容、修媛、修娟等秩，比公卿大夫士焉。

廣政七年春正月戊戌，復以將相遥領節度使。唐遣使來聘，副以六鶴。帝命少府監黄筌寫六鶴於便坐之壁，名曰六鶴殿。

二月，晉階州義軍指揮使王君懷帥所部來降，請爲鄉導以取階、成。甲子，遣兵攻晉階州。

三月，晉秦州兵救階州，出黄階嶺，我兵敗於西平。

秋七月，晉改元開運。

是歲，門下侍郎、同平章事毋昭裔按雍都舊本《九經》，命平泉令張德釗書而刻諸石，以貯成都學宫。

廣政八年秋九月，保寧節度使、同平章事張公鐸卒。

廣政九年秋八月，司徒趙季良卒。

冬十一月，施州刺史田行皋叛，遣供奉官耿彦珣將兵討之。

是歲，析導江縣立灌州，置石氏屯田務於梁山縣。自六年至於今年，歲大有。

廣政十年春正月，晉雄武節度使何重建殺契丹使者，以秦、階、成三州來降。癸丑，命左千牛衛上將軍李繼勳爲秦州宣慰使。

二月壬戌，李繼勳與興州刺史劉景攻固鎮，拔之。何重建請我兵與階、成兵共扼散關以取鳳州。丙寅，帝發山南兵三千七百赴之。辛未，重建遣宫苑使崔延琛攻鳳州，不克。癸未，加重建同平章事。是月，晉劉知遠稱帝於晉陽。

三月癸巳，詔山南西道節度使孫漢韶詣鳳州行營。先是，翰林承旨李昊謂王處回曰：「敵復據固鎮，則興州道絶，不能復援秦州矣。請移興元兵救之。」因有是命。丙午，漢韶將兵二萬攻鳳州，軍於固鎮，分兵扼散關以絶援路。

夏四月乙亥，晉鳳州防禦使石奉頵以鳳州來降，我於是盡有秦、鳳、階、成之地，悉復前蜀王氏疆土。

六月，晉主知遠改國號曰漢。

秋八月，諸王宫侍讀劉保乂卒。是月，漢州奏孝子范文通廬父墓，羣虎見之避服，帝命賜以羊酒束帛。

冬十月，晉昌節度使趙匡贊遣使來降，請自終南山路出兵應援。

十二月，帝遣雄武都押牙吴崇惲賫樞密使王處回書，招鳳翔節度使侯益。

庚寅，以山南西道節度使兼中書令張虔釗爲北面行營招討安撫使，雄武節度使何重建副之，宣徽使韓保貞爲都虞候，共將兵五萬，虔釗出散關，重建出隴州，以擊鳳翔，脅侯益也。奉鑾肅衛都虞候李廷珪將兵二萬出子午谷，以援長安，從趙匡贊之請也。諸軍發成都，旌旗數十里。乙未，侯益以鳳翔降，與趙匡贊請出兵定關中。吴崇惲持兵籍糧帳西還。

是歲，帝始行郊祀禮。

廣政十一年春正月，趙匡贊復遣判官李恕請降於漢，侯益亦請附漢。丙子，匡贊入朝於漢。李廷珪將兵至長安，聞匡贊朝漢，欲引歸，漢將王景崇邀擊之，我兵大敗於子午谷。張虔釗至寶雞，諸將議不協，按兵未進。侯益聞廷珪西歸，因閉壁拒我軍，虔釗勢孤宵遁。景崇乃帥鳳翔、隴、邠、涇、鄜、坊之兵追及於散關，我師敗績，漢俘我將卒四百人。

二月，韓保貞、龐福誠引兵自隴州還，要何重建俱西。是日，保貞等至秦州，分兵守諸門及衢路，重建遂入於成都。癸卯，張虔釗自恨無功，至興州，慚忿而卒。

三月，漢鳳翔軍校趙思綰據長安城作亂。

夏四月，漢鳳翔巡檢使王景崇爲侯益所毀，遣鳳州刺史徐彦書，求通互市。

六月乙酉，王景崇請降。時景崇亦受河中李守貞官爵。

壬戌，帝使彦復書招之。

秋七月，司空兼中書侍郎同平章事張業、樞密使保寧節度使兼侍中王處回奢豪專恣；甲子，帝命壯士擊殺業於都堂，籍没其家，處回聽歸私第，黜爲武德節度使兼中書令。以普豐庫使高延昭、茶酒庫使王昭遠爲通奏使，知樞密院事；府庫金帛聽昭遠取與，不復會計。戊辰，以翰林承旨、尚書左丞李昊爲門下侍郎兼户部尚書，翰林學士、兵部侍郎徐光溥爲中書侍郎兼禮部尚書，並同平章事。安思謙密告衛聖都指揮使兼中書令趙廷隱謀反，夜發兵圍其第，會山南西道節度使李廷珪入朝，極言廷隱無罪，得免。甲戌，廷隱稱疾，請解軍職，許之。

八月甲申，以趙廷隱爲太傅，賜爵宋王，國有大事，就第問之。戊子，改鳳翔曰岐陽軍。己丑，以王景崇爲岐陽軍節度使、同平章事。辛丑，王處回請老，以太子太傅致仕。自是故將舊臣殆盡，帝始親政事於朝堂。

九月，我兵援王景崇於散關。漢趙暉遣都監李彦從襲擊我兵，我兵潛遁。己未，始置匭函。帝以張業、王處回執政，事多壅蔽，因立此法以通下情。未幾，改曰獻納函。

是月，王景崇盡殺侯益家屬七十餘人以報怨。

冬十月，王景崇與趙思綰連兵拒漢。景崇遣其子德讓，思綰遣其子懷乂，見帝於成都。戊寅，景崇遣兵出西門，漢趙暉擊破之，遂取西關城，景崇退守大城不出。帝遣山南西道節度使安思謙將兵救鳳翔，左僕射毋昭裔上疏切諫，以爲不可，不聽。帝又命雄武節度使韓保貞引兵出汧陽，以分漢兵之勢。景崇遣李彦舜等逆我兵。丙申，思謙屯右界，漢兵屯寶雞，思謙遣眉州刺史申貴將兵二千趣模壁，設伏於時家竹木。丁酉旦，貴以兵數百壓寶雞而陳，漢兵逐之，遇伏敗績，我兵乘勢逐北，破寶雞寨。已而我兵去，漢兵復入寶雞。己亥，思謙進屯渭水，漢益兵五千戍寶雞。思謙畏之，謂衆曰：「糧少敵彊，宜更爲後圖。」辛丑，退保鳳州，尋歸興元。

十二月，王景崇累表告急，帝命安思謙再出兵救之。壬午，思謙自興元引兵屯鳳州，請先運糧四十萬斛，乃可出境。帝曰：「觀思謙意，安肯爲朕進取！」然亦發興州、興元米萬斛以饋之。戊子，思謙進屯散關，遣馬步使高彦儔、眉州刺史申貴擊漢箭筈安都寨，破之。庚寅，思謙敗漢兵於玉女潭，漢兵退屯寶雞，思謙進屯模壁，食盡而還。韓保貞出新關。壬辰，軍於隴州神前，漢兵不出，保貞亦不敢進，已而聞思謙去，遂退保弓川寨。

丁酉，中書侍郎兼禮部尚書、同平章事徐光溥坐以艷詞挑前蜀安康長公主，罷守本官。是時，命民間納麴錢。

廣政十二年春正月甲寅，帝得安思謙鳳州待罪表，釋不問。置吏部三銓、禮部貢舉。

秋七月壬子，漢將郭從義執趙思綰，斬於市。

八月，帝遊浣花溪，御龍舟觀水嬉。時百姓饒富，夾江皆創亭榭，都人士女傾城遊玩，珠翠羅綺，名花異卉，馥郁十里，望者有若神仙之境。帝謂左右曰：「曲江金殿鎖千門，殆未及此。」兵部尚書王廷珪賦詩曰：「十字水中分島嶼，數重花外見樓臺。」帝稱善久之。

九月，貶眉州刺史申貴爲維州司户，至率浦，賜死。貴，潞州人，聚斂貪恣，陰諭獄吏，令賊徒引富民爲黨，以入其賂，常指獄門曰：「此吾家錢穴。」死之日，民皆相賀。

冬十月，賞紅梔花於芳林苑，大宴百官。花本青城山叟所貢，初進紅梔子三

粒，種之成樹，其花爛紅六出，清香如梅，當時最重之。

十二月，漢趙暉攻鳳翔，王景崇幕客周璨謂景崇曰：「公鼎與蒲、雍相表裏，今二鎮已平，蜀兒不足恃，不如降也。」景崇猶未決，待我兵不至，城陷，自焚死。

廣政十三年夏五月，皇第三子元寶薨，時生七年矣。元寶幼而奇異，既齔，誦詩書萬言。至是帝不勝悲悼，追封遂王，贈青州大都督。

秋八月庚子，帝立其弟仁毅爲夔王，仁贄爲雅王，仁裕爲彭王，仁操爲嘉王。己酉，立皇子玄喆爲秦王，判六軍事，玄珏爲褒王。帝爲箴誡，令諸子刻坐隅，號曰「斑令」。

九月，命城上芙蓉盡覆以帷幙。是時蜀中久安，斗米三錢，國都子弟不識菽麥之苗，金幣充實，弦管歌誦盈於閭巷，合筵社會晝夜相接。城頭盡種芙蓉，秋間盛開，蔚若錦繡。帝語羣臣曰：「自古以蜀爲錦城，今日觀之，真錦城也。」

冬十一月，左丞歐陽彬卒。甲子，太師、中書令宋王趙廷隱薨，謚曰忠武。

施州刺史田行皋奔荆南，荆南執之歸於我，遂伏誅。

是歲，帝加尊號曰睿文英武仁聖明孝皇帝，道號玉霄子。

廣政十四年春正月，郭威即皇帝位，國號周，改元廣順。

三月，帝晏於後苑，放士庶人入觀，俳優有唱《康老子》者，帝顧李昊等，問曲所由名，昊不能對。徐光溥曰：「康老老而無子，故製此曲。」

夏四月壬辰，通奏使高延昭固辭知樞院。丁未，以前雲安榷鹽使伊審徵爲通奏使，知樞密院事。審徵貪侈回邪，與王昭遠相表裏，國政由是寖衰。是月，太子太傅致仕王處回卒。

秋九月壬申，以吏部尚書、御史中丞范仁恕爲中書侍郎兼吏部尚書、同平章事。

冬十月，彭山副將頭楊富獲銅印一於江岸進上，凡篆文八十字，帝命嚴築作《瑞篆記》。

是月地震，民居摧毁者百餘所。

是歲，詔勒諸經於石，秘書郎張紹文寫《毛詩》、《儀禮》、《禮記》，秘書省校書郎孫朋古寫《周禮》，國子博士孫逢吉寫《周易》，校書郎周德政寫《尚書》，簡州平泉令張德昭寫《爾雅》，字皆精謹。

廣政十五年春正月，下詔勸農。

三月，以趙廷隱別墅爲崇勳園，幅員十餘里，臺榭亭沼，窮極奢侈。

夏六月乙酉朔，大宴羣臣，教坊優人作灌口神隊二龍戰鬬之象，須臾天地皆暝，大雨雹，明日灌口奏岷江大漲，鎖塞龍處鐵柱頻撼。丁酉，大水入成都，壞延秋門，漂没千餘家，溺死五千餘人，衝毁太廟四室及司天監。戊戌，大赦境內，賑水災之家，命宰相范仁恕禱青羊觀，又遣使往灌州，下詔罪己。

七月，十三日。青城縣鬼城山崩，暴水大至，忽見東有數峰，崖澗中多石版篆文，凡六七處，人多不識。辛丑，梓州監押王承丕殺工部尚書、判武德軍郭延鈞。初，延鈞不禮於承丕，承丕擊殺之，矯詔開府庫，出繫囚，發屯戍，將吏畢集，指揮使孫欽謂承丕曰：「今延鈞已伏辜，公宜出詔示衆。」承丕曰：「我能使公富貴，勿用詔書。」欽始知承丕反，因紿曰：「今内外未安，請爲公巡察。」即躍馬出，帥兵入府，攻承丕，斬之，傳首成都。癸卯，遣客省使趙季札如梓州，慰撫吏民。

九月，山南西道節度使李廷珪奏周人聚兵關中，請益兵爲備。帝遣奉鑾肅衛都虞候趙進將兵趣利州，既而聞周人聚兵以備北漢，乃引還。

冬十一月，地震。

廣政十六年春三月，地震。

夏五月，重午節，帝奉皇太后游浚波殿競渡。是月，宰相毋昭裔出私財百萬營學館，且請鏤版印《九經》，以頒郡縣，從之。

秋八月，以翰林學士范禹偁兼簡州刺史。

九月，鸜鵒集瑞鼎門，觀者多憂之。

冬十二月，中書舍人劉光祥進蟠桃核酒盃，命賜帛五十疋。

廣政十七年春正月，周主殂，晉王榮嗣皇帝位，改元顯德。周聽邊吏通商於我。

二月，左匡聖馬步都指揮使、保寧節度使安思謙既譖殺張業，廢趙廷隱，帝使將兵救王景崇，逗撓無功，内慚懼不安。會業誅之後，宫門守衛加嚴，思謙以爲疑已，言多不遜。又典宿衛，多殺士卒以立威。帝閲衛士，有年尚壯而爲思謙所斥者，復留隸籍，思謙殺之，帝不能平。而思謙三子扆、嗣、裔，倚父勢暴横，爲國人患。翰林使王藻屢言其怨望將反。丁巳，思謙入朝，命壯士擊殺之，及其三子。藻坐擅啟邊奏，并擒斬焉。

三月乙亥朔，加捧聖控鶴都指揮使兼中書令孫漢韶武信軍節度使，賜爵樂安郡王，罷軍職。帝懲安思謙跋扈，命山南西道節度使李廷珪等十人分典禁兵。

廣政十八年春正月戊子，置威武軍於鳳州。

二月，夔王仁毅薨，謚恭孝。

三月，周人謀取秦、鳳，帝遣客省使趙季札按視邊備。季札素以文武才自任，還奏：「雄武節度使韓繼勳、鳳州刺史王萬迪非將帥才，不足以禦大敵。」帝亦曰：「繼勳豈足以當周師邪！」因問：「誰可往者？」季札請自行。丙申，以季札爲雄武監軍使，仍以宿衛精兵千人隸部曲。

夏四月丙辰，命知樞密王昭遠按行北邊城塞及甲兵以備周。是月，周遣鎮安節度使向訓、鳳翔節度使王景、客省使昝居潤入寇秦、鳳。

五月戊辰朔，王景出兵自散關趣秦州，隨拔黄牛八寨。戊寅，帝以捧聖控鶴都指揮使、保寧節度使李廷珪爲北路行營都統，左衛聖步軍都指揮使、武定節度使高彦儔爲招討使，武寧節度使吕彦珂爲副招討使，客省使趙崇韜爲都監，拒周師。時趙季札至德陽，聞周人入境，懼不敢進，上書求解邊任還奏事，先遣輜重及伎妾西歸。丁亥，單騎馳入成都，衆以爲奔敗，多震恐。帝問以機事，不能對；帝怒，繫之御史臺，庚午，斬季札於崇禮門。

六月壬寅，李廷珪敗周兵於威武城，鹵其排陳使胡立。是時我軍皆繡斧形衣，號曰「破柴都」，以周主本柴姓也。丁未，遣使如唐及北漢，約共出兵伐周。二國皆許之。

秋八月，周將王景等大敗我兵，獲我將卒三百。己未，帝遣通奏使、知樞密院、武泰節度使伊審徵撫慰行營，仍督戰。

九月，李廷珪遣先鋒都指揮使李進據馬嶺寨，又遣奇兵出斜谷，屯白澗，又分兵出鳳州之北唐倉鎮及黄花谷，絶周糧道。閏月，周王景遣裨將張建雄將兵三千抵黄花，又遣千人趣唐倉，扼我兵歸路。染院使王巒將兵出唐倉，與建雄戰於黄花谷，我師敗績，奔唐倉，復遇周兵，又敗。巒及將士三千人爲周人所執，馬嶺、白澗兵皆潰。李廷珪、高彦儔等退保青泥嶺，雄武節度使韓繼勳棄秦州，奔還成都。觀察判官趙玭召官屬謂之曰：「敵兵甚鋭，今朝廷所遣勇將精兵，不死即逃。我輩不能去危就安，禍且至矣。」遂舉秦州城以降。斜谷援兵亦潰，成、階二州皆降。國人大震。乙丑，廷珪上表待罪。

冬十月壬申，伊審徵至成都請罪，釋之。帝遂聚芻粟於劍門、白帝，爲守禦之備。募兵既多，用度不足，始鑄鐵錢，榷境内鐵器，以專其利。

十一月，周王景圍鳳州，韓通分兵城固鎮，以絶援兵。戊申，遂陷鳳州，鹵我威武節度使王環及都監趙崇溥，崇溥不食而死。於是秦、鳳、階、成之地復入於周。

乙卯，周主曲赦四州所獲我國將士，願留者優其俸賜，願歸者給資裝而遣之。

廣政十九年春正月，大赦，免今年夏租，以周師出境也。

三月甲寅，以捧聖控鶴都指揮使李廷珪爲左右衛聖諸軍馬步都指揮使，仍分衛聖、匡聖步騎爲左右十軍，以武寧節度使吕彦珂等爲軍使，廷珪總之，如趙廷隱專總宿衛諸軍故事。

是歲，陵、榮州獠反，弓箭庫使趙季文討平之。是歲，賜詩僧可朋錢十萬、帛五十疋。

廣政二十年夏四月乙亥，周遣懷恩指揮使蕭知遠等將士八百餘人西歸。先是，周克秦、鳳，以我兵爲懷恩軍，至是罷軍遣還。

六月乙丑，加李廷珪檢校太尉，罷軍職。國人多言廷珪爲將敗覆，不宜復執兵柄，故有是命。皇太后亦屢以典兵非人爲言，帝不能從。

秋八月，懷恩軍至成都，帝遣梓州别駕胡立等八十人東還，寓書於周請和，自稱大蜀皇帝，言家世邢臺，願敦鄉里之分。癸未，立等至大梁。周以我國講鈞禮，怒不答；帝曰：「朕郊祀天地稱天子時，爾方鼠竊作賊，何得相薄邪！」

冬十二月，旌表蓬州孝子程崇雅門。

廣政二十一年春正月，右補闕章九齡指李昊、王昭遠爲奸佞，貶維州録事參軍。庚戌，置永寧軍於果州，以通州隸之。

三月，唐主盡獻江北地於中原。

夏五月，唐奉周正朔。

六月，荆南高保融遣使勸帝稱藩於周，帝報以前常致書周主，不答乃止。

秋九月，周人謀入寇。甲午，高保融再勸我臣中原，帝集將相議之，李昊曰：「從則君父之辱，違則周師必至，諸將能料抗周必勝乎？」諸將皆頓首曰：「以陛下聖明，江山險固，豈可望風屈服！臣等請以死衛社稷！」丁酉，帝命李昊草書，極言拒絶之。

十二月，周將李玉帥永興兵襲歸安鎮，鎮遏使李承勳據險邀斬之，其衆盡没。乙酉，以右衛聖步軍都指揮使趙崇韜爲北面招討使。丙戌，以奉鑾肅衛都指揮使、武信節度使兼中書令孟貽業爲昭武文州都招討使，左衛聖馬步都指揮使趙思進爲東面招討使，山南西道節度使韓保貞爲北面都招討使，將兵六萬，分屯要害以備周。

是歲，昌州獠反，殺巡檢使趙漢瓊等，左界巡檢使申彦塘討平之。

廣政二十二年秋八月戊子，帝以李昊領武信軍節度使，右補闕李起言：「宰相無領方鎮事。」帝曰：「昊家多冗費，以厚祿優之耳。」

冬十一月，徐及甫伏誅。初，周人攻秦、鳳，及甫時爲都官郎中，自負才略，謀奉前蜀高祖孫少府少監王令儀爲主以作亂，至是其黨有告者，收捕之。十二月甲午，賜令儀死。是時西班將軍黎德昭獻《畫鶴圖》，詔授雅州刺史。

廣政二十三年春正月乙巳，宋受周禪，改元建隆。丁未，人日節，帝謁和陵。是月，龍見於玉壘關。

夏五月己亥朔，日有食之。

冬十一月，宰相李昊言：「臣觀大宋啟運，不類漢、周，天厭亂久矣，一統天下，其在此乎？若通職貢，亦保安三蜀之長策。」帝曰：「卿且去，朕徐自圖之。」

十二月，皇太后夢青衣神自言宮中衛聖龍神，乞出居於外，乃命建堂於昭覺寺廡下，遷神出居之。人或以爲不祥。

是歲，大理國段思聰覘我國委任非人，欲乘釁入寇，其臣高侯不可，言：「蒙詔强盛時，與吐蕃連兵，尚不能侵奪巴蜀，卒以黷武釀內變，宗社不保。今聞周主英明，削平僭亂，孟氏必爲所併。吾國但當修輯城堡，練兵養民，以觀時變，何必勞師遠征，啟釁召禍乎？」思聰從其言而止。

廣政二十四年，自春至於夏無雨，螟蝗見成都。詔以吏部侍郎承旨歐陽迥爲門下侍郎兼户部尚書、同平章事。

冬十月，漢州什邡縣井中有火龍騰空而去，大風吼天，餘燼墜地，延燒數百家。

十一月，帝書「兆民賴之」四字，誤「兆」爲「趙」。又民間謌傳，國家東遷天水。是歲，有人被髮奔走道中，唱言神人使作「無爺無母救汝」，凡兩日，不知所在。又鵶鶥鳴於庭，射之不中，故老見之曰：「此鳥主少主歸命，咸康時來，前八年來，此時復來，其有興替乎！」

廣政二十五年春正月，立秦王元喆爲皇太子。

二月，壁州白石縣巨蛇見，長百餘丈，徑八九尺。

冬十二月，遣使督諸路累年逋稅。龍游令田淳上疏，言「擾民犯天意，聚財損君道」，語甚切直，帝不能用。

是歲，行用鐵錢。初鐵錢多於外郡邊界參用，每錢千凡四百爲銅，六百爲鐵。至是流入成都，率銅錢十分雜鐵錢一分，大盈庫錢往往有鐵錢相混，蓋鑄之精工與銅錢相類也。

廣政二十六年春正月，宋改元乾德。

三月，宋師平荆湖。我邸吏將卒先在江陵者，宋帝悉命放還。帝將發使朝貢，知樞密院事王昭遠固止之，乃遣兵屯峽路，增置水軍。宋聞之，遂謀興師，以張暉爲鳳州團練使，暉盡得我國虚實以聞。

夏四月，遂州方義縣雨雹，大如斗，五十里内飛鳥六畜皆死。是時成都人唐季明破木中有紫文隸書「太平」二字，時以爲佳瑞。識者云：「須成都破了，方見太平。」又軍校張敞，獲古鏡一枚，闊尺餘，光照室寢，不施燈燭。敞珍藏之，訖無疾病。

廣政二十七年冬十月，山南節度判官張廷偉，說王昭遠曰：「公素無勳業，一旦位至樞近，不自建立大功，何以塞時論。莫若通好并州，令發兵南下，我自黄花谷出兵應之，使中原表裏受敵，則關右之地，可撫而有。」昭遠然其言，即命廷偉立草，遣大程官孫遇及楊蠲、趙彦韜等以臘丸書間行北漢，約出兵以撓中國。因使先入汴覘强弱。彦韜潛發其書以獻宋，其書略曰：「洎傳弔伐之嘉音，實動輔車之喜色。尋於褒、漢，添駐師徒，只待靈旗之渡河，便遣前鋒而出境。」先是宋帝已有興兵意而未發，及得書，笑曰：「西討有名矣。」於是問蜀中地里，穆昭嗣對曰：「荆南即西川、江南、廣南都會也。今已克此，則水陸皆可趨蜀。」

十一月，宋命忠武軍節度王全斌充鳳州路行營前軍兵馬都部署，武信軍節度、侍衛步軍都指揮使崔彦進充副都部署，樞密副使王仁贍充都監，龍捷右廂都指揮使史延德充馬軍都指揮使，虎捷右廂都指揮使張方友充步軍都指揮使，隴州防禦使張凝充先鋒都指揮使，左神武大將軍王繼濤充壕砦使，内染院使康延澤充馬軍都監，翰林副使張煦充步軍都監，供奉官田仁朗充壕砦都監，殿直鄭粲充先鋒都監，步軍都軍頭向韜充先鋒都軍頭，寧江軍節度、侍衛馬步軍都指揮使劉光義作劉光義。充歸州路行營前軍兵馬副都部署，内客省使、樞密承旨曹彬充都監，客省使武懷節充戰棹部署，龍捷左廂都指揮使李進卿充步軍都指揮使，前階州刺史高彦暉充先鋒都指揮使，右衛將軍白廷誨充壕砦使，御厨副使朱光緒充馬軍都監，儀鸞副使折彦贇充步軍都監，八作副使王令巖充先鋒都監，供奉官郝守濬充壕砦都監，馬步軍都軍頭楊光美充戰棹左右廂都指揮使，供奉官藥守節充戰棹左廂都監，殿直劉漢卿充戰棹右廂都監，率禁兵三萬人，諸州兵二萬人，分路進師。又令孫遇等指畫江山曲折之狀，及兵砦戍守之處、道里遠近，俾

畫工圖之，以授全斌等，因謂曰：「西川可取否？」全斌等對曰：「臣等仗天威，遵廟筭，刻日可定。」龍捷右廂都校史延德前奏曰：「西川一方，儻在天上，人不能到，固無可如何；若在地上，以今兵力，至即平矣。」宋帝壯其言，謂曰：「汝等果敢如此，我何憂乎！」又命全斌曰：「凡克城寨，止籍其器甲芻糧，悉以財帛分給戰士。」又令八作司度右掖門南，臨汴水治第一區，凡五百間，供帳什物皆具，以待帝。是時，全斌及彦進等由鳳州進，光義及彬等出歸州進。帝聞之，以王昭遠爲都統，趙崇韜爲都監，韓保貞爲招討使，李進副之，帥兵拒宋。

十二月，王全斌等入境，克萬仞、燕子二砦，遂取興州，連拔石圖等二十餘砦，獲糧四十萬。先鋒將史延德與韓保貞、李進等戰於三泉砦，我師敗績，保貞及進等被擒，獲我軍糧三十萬。宋師至羅川，我兵依江列陳以待，崔彦進遣張方友奪橋濟師，我兵退保大漫天砦，彦進、方友與康延澤分三道來擊，我兵大敗而潰。昭遠等復引兵迎敵，三戰皆敗。昭遠渡桔柏津，焚梁退保劍門。已而全斌進次益光，都軍頭向韜得降卒言：「來蘇小路，出劍門南青彊店，與官道合。」全斌乃令史延德趣來蘇，而自帥大衆爲浮橋以濟。我兵皆棄寨而遁，全斌遂次青彊。昭遠聞之，留其偏將守劍門，自引衆退屯漢源坡以待。全斌未至漢源，延德已克劍門。昭遠股慄失次，趙崇韜布陣迎戰，昭遠據胡牀不能起。全斌進擊，大破我兵於漢源，斬首萬餘級。昭遠奔匿東川倉舍，爲宋追騎所及，與崇韜俱被執。未幾，全斌陷利州。

帝聞昭遠敗，乃悉出金帛募兵，令太子元喆統之，而使李廷珪、張惠安等爲之副，趣劍門以禦宋師。元喆素不習武，廷珪、惠安皆庸懦無識。元喆輦愛姬，携樂器，伶人數十輩以從，至綿州，聞已失劍門，遂遁還東川，所至焚掠廬舍倉廩而去。宋帝聞之，曰：「孟昶都無股肱爪牙，其亡不遠矣。」

是月，劉光義、曹彬陷夔州。初，夔州有鏁江爲浮梁，上設敵棚三重，夾江列礮具。光義等行，宋帝示以地圖，指鏁江曰：「我軍泝流至此，慎勿以舟師爭勝，當先以步騎陸行襲擊之。俟其勢却，即以戰櫂夾攻，取之必矣。」至是宋師至夔，距鏁江三十里，舍舟步進，先奪浮梁，復牽舟而上。寧江制置使高彦儔謂監軍武守謙曰：「北軍遠來，利在速戰，不如堅壁待之，可徐圖也。」守謙不從，獨領麾下與光義騎將張廷翰搏戰，敗走。廷翰乘勝登城，彦儔力戰不勝，身被十餘槍，左右皆潰散。彦儔奔歸府第，整衣冠，望西北再拜，投火自焚。死後數日，光義得其骨於灰燼中，以禮葬之。時彬謁武侯廟，謂左右曰：「孔明疲竭蜀之軍民，不能恢復中原萬一，何祠宇之雄觀乎？」意將毁其頽敗者。俄而中殿摧塌，有石碑出土尺許，刻文曰：「知吾心腹事，惟有宋曹彬。」彬讀訖，下拜曰：「公神人也，小子安能窺測哉！」遂命有司新其祠。

廣政二十八年春正月，帝聞宋師深入，大懼，問計於左右；老將石頵。請宜聚兵堅守以敝之。帝歎曰：「吾父子以温衣美食養士四十年，一旦臨敵，不能爲吾東向發一矢，雖欲堅壁，誰與吾守者邪！」

未幾，王全斌次魏城。癸酉，至漢州。帝乃命李昊草表，遣通奏使伊審徵賫表詣全斌請降，略曰：「臣聞三皇御宇，萬邦歸有道之君；五帝垂衣，六合順無爲之化。其或未知曆數，猶昧存亡，致興天討之師，實懼霆臨之罪。敢祈英睿，俯聽哀鳴。伏念生自并門，長於蜀地，幸以先君之基構，得從幼歲以纂承。只知四序以推遷，不識三靈之改卜。皇帝明光出震，盛德居乾，聲教被於遐荒，慶澤流於中夏。當凝旒玉殿之始，缺以小事大之儀。洎告類圜丘已來，稽執玉持帛之禮。蓋蜀地居偏僻，阻隔徽猷，已慚先見之明，因有後時之責。今則皇威赫怒，聖略風行，干戈所指而無前，鼙鼓纔臨而自潰。山河郡縣，半入於提封；將卒倉儲，盡歸於圖籍。但念臣中外二百餘口，慈母七十餘年，日承訓撫之恩，粗效孝愛之道，實願克終甘旨，冀保衰齡。其次則子孫之團圓，守血食之祭祀。伏乞容之若地，蓋之如天，特軫仁慈，以寬危辱。臣輒敢徵其故實，上瀆宸聰。竊念劉禪有安樂之封，叔寶有長城之號，背恩歸款，得獲生全。願眇昧之餘魂，得保全而爲幸，庶使先君寢廟，不爲樵採之場；老母庭除，且有問安之便。見今保全府庫，巡遏軍城，不使毁傷，終期臨照。車書混其文軌，正朔奉於靈臺。敢布腹心，恭聽赦宥。」全斌受之，遣馬軍都監康延澤先以百騎入城見帝，諭以恩信，封閉府庫，安撫吏民。越三日，全斌大軍至成都，帝具禮納降。宋自興師至滅蜀，凡六十六日，得州四十五，府一，縣一百九十八，户五十三萬四千三十有九。

是月，劉光義、曹彬陷萬、施、開、忠四州，峽中郡縣盡失。知遂州陳愈以城降。時諸將多欲屠戮以逞，獨彬禁止之，故峽路兵始終秋毫無犯。

二月，光義等至成都，帝又遣弟雅王仁贄詣宋闕上表，言：「先臣受命唐室，建牙蜀川，因時事之變更，爲人心之擁迫。先臣即世，臣方丱年，猥以童昏，繆承餘緒。乖以小事大之禮，闕稱藩奉貢之誠。染習偷安，因循積歲。所以上煩宸筭，遠發王師，勢甚疾雷，功如破竹。顧惟懦卒，焉敢當鋒。尋束手以云歸，止傾心而俟命。今月七日，已令私署通奏使、宣徽南院使伊審徵奉表歸降，以緣路寇

攘，前進不得。續遣供奉官王茂隆再齎前表，必料血誠，上達睿聽。臣今月十九日，已領親男諸弟，納降禮於軍門，至於老母諸孫，延餘喘於私第。陛下至仁廣覆，大德好生，顧臣假息於數年，所望全軀於此日。今蒙元戎慰恤，監獲撫安，若非天地之垂慈，豈見軍民之受賜！謹遣親弟仁贄奉表待罪。」

宋帝答詔曰：「朕以受命上穹，臨制中土，姑務保民而崇德，豈思右武以佳兵。至於臨戎，蓋非獲已。矧惟益部，僻處一隅，靡思僭竊之愆，輒肆窺覦之志。潛結并寇，自啟釁端，爰命偏師，往申弔伐。靈旗所指，逆壘自平。朕常中宵憮然，兆民何罪，屢馳驛騎，嚴戒兵鋒，務宣拯溺之懷，以盡招携之禮。而卿果能率官屬而請命，拜表疏以祈恩，託以慈親，保其宗祀，悉封府庫，以待王師。追咎改圖，將自求於多福；匿瑕含垢，當盡滌於前非。朕不食言，爾無他慮。」

帝乃與太后妃嬪合族等及官屬發成都，由峽江而下。至江陵，宋帝遣皇城使竇思儼迎勞之。

夏四月，至襄漢，復遣使齎詔賜茶藥，所賜詔不名，仍呼太后爲國母。

五月，將至汴京，宋太祖命晉王勞於近郊。昧爽，宋太祖御崇元殿，備禮出見。後主率皇弟仁贄、太子元喆等宰臣李昊已下三十二人，自玉津園乘馬至明德門，白冠素服，勒帛立班，宋閤門使李廷憲接降表，後主等伏地待罪。頃之，宋太祖令通事舍人持起，敕曰：「取法上天，廣覆下土，既叶混同之象，永垂臨照之光。方喜來朝，何勞俟罪。體茲睠待，無至兢憂。」後主獻金器八百兩，玉腰帶二條，銀鋌一萬兩。已而賜宴於大殿，又進金酒器一副，通龍鳳犀腰帶一條。明日，宋太祖宣賜後主襲衣、玉帶、黄金鞍勒馬、金器千兩、銀器萬兩、錦綺千段、絹萬疋。又賜太后李氏金器三百兩，銀器三千兩，錦綺千匹，絹千匹，子弟及其官屬等襲衣、金玉帶、鞍勒馬、車乘、器幣有差。又遣使分詣江陵、鳳翔，賜我文武官家屬錢帛，疾病者給以醫藥。時成都人王處瓊少孤，有司籍其金寶，後主至是輦送闕下，宋太祖令計其直還焉。

又以新築臨汴大第賜後主居之，復爲官屬各營居第。詔曰：「伯禹道川，黑水本梁州之域；《河圖》括象，岷山直井絡之墟。屬中原多故，遠服未賓，遂剖裂於山河，競僭竊於位號。朕削平寓縣，載整皇綱，復周、漢之舊疆，寵綏羣后；采唐、虞之大訓，協和萬邦。六年於茲，百揆時敍。禮樂征伐之柄，盡出朝廷；要荒山澤之君，咸修職貢。憶昨援長庚而授律，法時雨以興師，先申誕告之文，以慰徯來之衆。咨爾僞蜀主孟昶，克承餘緒，保據一隅，擅正朔以自尊，歷歲時而滋久。屬王師之致討，察天道之忠盈，體此綏懷，思於效順，盡率郡吏，降於軍門。抗手疏以陳誠，伏天閽而請命。是用詔示大信，盡滌疵瑕，度越彝章，升於崇秩。冠紫微之近署，以奉内朝；剪鶉首之奥區，爲之食邑。豈比大魏封劉禪，纔升驛騎之班；隋待蕭琮，惟列莒公之號。率從異數，式洽殊私。爾宜欽承，往踐厥位。可開府儀同三司、檢校太師兼中書令、秦國公，給上鎮節度使奉禄。」餘官除拜有差。

又授後主弟仁贄右神武軍統軍，仁操左監門衛上將軍，仁裕右監門衛上將軍，太子玄喆兗州節度使，次子玄珏左千牛衛上將軍。

越七日，後主薨，時宋乾德三年夏六月也。年四十有七。

宋太祖廢朝五日，素服發哀，賻布帛千疋，發奉義甲士三千人護葬，葬於洛陽之□□。

秋七月，正衙備禮，册贈尚書令，追封楚王，其文曰：「維乾德三年，歲次乙丑，七月己巳朔，越二十日戊子，皇帝若曰：咨爾故檢校太師兼中書令、秦國公孟昶，册贈之典，所以彰世祚而紀勳伐；繼絶之義，所以旌異域而表來庭。苟匪全功，寧兼二者。國家乘乾撫運，括地開圖。稽至德於勳、華，體深仁於湯、禹。既定壺關之亂，復剪淮甸之凶，暨荆及衡，洗蕩逋穢。以爲人君之道，先德而後刑；王者之師，有征而無戰。兵威震疊，寰宇來同。以至薄伐兩川，徂征三峽。惟爾昶襲乃堂構，據有巴庸，而能祗畏皇靈，保全宗緒，知幾識變，委順圖全。馳子牟魏闕之心，奉伯禹塗山之會。朕自聞獻款，良切虚懷。舟車欣至止之初，邸第錫非常之制。封崇異數，祈保永年。景命不融，奄然殂謝。於戲！爾有及親之孝，特異常倫；爾有達上之情，所期終養。何高穹之不祐，與幽壤之同歸。斯朕所以當寧興悲，徹縣永歎。詢於史氏，申命禮官，今遣使起復雲麾將軍、檢校太傅、右神武統軍、兼御史大夫、上柱國、平昌縣開國伯、食邑七百户孟仁贄持節，贈爾爲尚書令，仍追封楚王。於戲！式備哀榮，載光簡牒。南宫峻秩，全楚大邦，併示追崇，敻超彝制。始終之分，朕無愧焉。」仍贈墳莊一區，給守墳人米千石，錢五萬。謚曰恭孝。

初，高祖據有一方，晚年專務奢侈，尚食掌食典至百卷，中有賜緋羊酒骨糟等名。寢室常設畫屏七十張，關百紐而合之，號曰幈宫。又有煌明帳，色淺紅，類鮫綃，於綃文中具十洲三島之象，夜則燦爛如金箔，施之大小牀皆稱。後主初襲位，頗勤政事，寢處惟紫羅帳、碧綾帷，褥無錦繡諸飾，至於盥漱之具，但用白

金，雜以黑漆木器。性復仁慈柔懦，每決死刑，多所矜減。月旦必素飡，酷喜薯藥，因呼薯藥爲月一盤。初喜走馬，後漸以體重不耐乘馬，内廐惟飼打毬馬一匹。出則乘步輦，蔽以重簾，環結珠香囊，垂於四角，香聞數里，人罕覩其面。居恒巡行宮內，惟銅裝朱漆小輦而已。且數年間一南郊，不放燈火。中歲稍稍以侈靡爲樂，常命一梭織成錦被，凡三幅帛，上鏤二穴，名曰鴛衾。又以芙蓉花徧染繒爲帳幔，名曰芙蓉帳。至溺器皆以七寶裝之。每臘日，内官各獻羅體圈金花樹，所費不貲。

先是歲除，故事學士爲辭題桃符置寢門左右，前一年，學士幸寅遜撰詞，後主以其非工，自操筆署云：「新年納餘慶，嘉節號長春。」已而以正月納降，宋太祖命吕餘慶知成都府，而「長春」又太祖誕節名，其符合有如此。又廣政中，民質錢取息者，將徙居，必牓其門曰「召主收贖」，識者以爲召者趙也，贖者蜀也。末年，成都文武官競執長鞭，自馬至地，號曰朝天；婦女爭治髮爲高髻，呼爲朝天髻；又製新曲曰《萬里朝天》。未幾後主朝宋，崎嶇川陸，斯其驗矣。

高祖自同光三年乙酉入蜀，至廣政二十八年乙丑國滅，父子二世，凡四十一年。

雜録

備録

陶穀《清異録》卷二《菓門》 蜀孟昶月旦必素飡，性喜薯藥，左右因呼薯藥爲「月一盤」。

陶穀《清異録》卷四《薰燎門》 孟昶夏月，水調龍腦末，塗白扇上，用以揮風。一夜與花蘂夫人登樓望月，誤墮其扇，爲人所得，外有效者，名「雪香扇」。

耿焕《野人閒話・頒令箴》 蜀後主孟氏，諱昶，字保元，尊號睿文英武仁聖明孝皇帝，道號玉霄子。承高祖纂業，性多明敏，以孝慈仁義，在位三紀已來，尊儒尚道，貴農賤商。初用趙季良、毋昭裔知政事，李仁罕、趙廷隱等分主兵權，李昊、徐光溥掌牋檄，王處回爲樞要。無何，政教壅滯，恩澤雍遝，一旦赫怒，誅權臣張業，出王處回，自命二相，開獻納院，創貢舉場。不十餘年，山西潭隱甘俱起，肅肅多士，赳赳武夫，亦一方之盛事。城内人生三十歲，有不識米麥之苗者。每春三月、夏四月，人遊浣花者、遊錦浦者，歌樂掀天，珠翠填咽，貴門公子，乘彩舫遊百花潭，窮奢極麗。諸王功臣已下，皆置林亭，異果名花，小類神仙之境。兵部王尚書廷珪題亭子詩，一聯曰：「十字水中分島嶼，數重花外見樓臺。」皆此類也。自大軍收復，蜀主知運數有歸，尋即納欵，識者聞之嘉嘆。蜀主能文章，好博覽，知興亡，有詩才，嘗爲箴誡頒諸字人，各令刊刻于坐隅，謂之《頒令箴》曰：「朕念赤子，旰食宵衣。託之令長，撫養惠綏。政在三異，道在七絲。驅雞爲理，留犢爲規。寛猛得所，風俗可移。無令侵削，無使瘡痍。下民易虐，上天難欺。賦輿是切，軍國是資。朕之賞罰，固不踰時。爾俸爾禄，民膏民脂。爲民父母，莫不仁慈。勉爾爲誡，體朕深私。」

黄休復《茅亭客話》卷一《蜀先兆》 聖朝乾德二年，歲在甲子，興師伐蜀。明年春，蜀主出降。二月，除兵部侍郎、參知政事吕公餘慶知軍府事，以僞皇太子策勳府爲理所。先是，蜀主每歲除日，諸宮門各給桃符一對，俾題元亨利貞四字。時僞太子善書札，選本宮策勳府桃符親自題曰：「天垂餘慶，地接長春。」八字，以爲詞翰之美也。至是，吕公名餘慶，太祖皇帝誕聖節號長春，天垂地接，先兆皎然，國之興替，固前定矣。

張唐英《蜀檮杌》卷下 昶字保元，知祥第三子。母李氏，雍順公主之媵，生昶於太原。天成初，知祥迎入蜀，累遷西川衙内馬步軍都指揮使。明德元年七月，知祥寢疾，以昶監國。翌日，册爲太子。知祥薨，於柩前即位。加季良司徒，仁罕兼中書令判六軍事，廷隱兼侍中、六軍副使，張業檢校太尉，李肇兼侍中。十月，仁罕伏誅。仁罕字德美，陳留人。十一月，李肇以太子太傅致仕。肇，汝陰人。二年二月，尊母李氏爲皇太后。李氏，長公主之媵，嘗夢大星自天墜落其懷，以告公主，公主曰：「此婢有福相，當生貴子。」乃令知祥幸之，遂生昶。六月，江原縣民張元母死，負土成墳，有白兔馴繞其廬，羣烏銜土置於墳上。賜帛三十段及米酒，仍付史館編録。七月，閬州大雨，雹如雞子，鳥雀皆死，暴風飄船上民屋。女巫云：「灌口神與閬州神交戰之所致。」三年四月，吴越遣使來聘。十月，遣使報聘。十二月，晉高祖即位，改元天福。四年三月，晉高祖遣使來聘，敘姻親之舊，其書略曰：「大晉皇帝奏書大蜀皇帝，伏自中原多故，大憝繼興，朱氏不道而皇天不親，沙陀背義而蒼生失望，不期景運，猥屬眇躬。方鼎足以分

疆，宜鄰好之講睦，況有姻親之舊，敢交玉帛之歡。機務方殷，保攝是望。」十月，百姓譙本駡母，忽然化成虎，上城，趙廷隱射殺之，因見昶言曰：「虎，山林之獸，而人化之，入於城市，疑虎旅中有不軌之士。」其夜，張洪謀叛。翌日，爲其黨所告，伏誅。洪，太原人。剛勇猛厲，軍中號爲張大蟲。至是有虎上城被誅，即其驗也。十二月，昶耀兵大玄門。翌日，大赦，改元廣政。

廣政元年上巳，游大慈寺，宴從官於玉溪院，賦詩。俳優以王衍爲戲，命斬之。二月，民訛言後宮産蛇，取人心肝食，百姓驚恐，逾月方止。十月，地震，屋柱皆摇，三日而後止。

二年六月，地震，恟恟有聲。

三年正月上元，觀燈露臺。舞倡李艷娘有姿色，召入宫，賜其家錢十萬。五月，地震。昶問大臣曰：「頃年地頻震，此何祥也？」對曰：「地道静而屢動，此必强臣陰謀之事，願以爲慮。」六月，教坊部頭孫延應、王彦洪等謀爲逆。延應，趙廷隱之優人，以能選入教坊。有尼謂曰：「君貴不可言。」至是謂其徒胡圭曰：「今苦竹開花，侯侍中家馬作人言，銀槍營中井水湧出，地又數震，此叛亂之兆也。」搆得十二人，期以宴日，因持仗爲俳優，盡殺諸將，而奪其兵，爲其黨趙廷規所告，盡擒而誅之。九月，眉州刺史申貴責授維州司户。貴，潞州人。殘虐聚斂，論獄吏令賊徒引富民爲黨，以納其賂。常指獄門曰：「此吾家錢爐。」被訴，下獄，責於維州，至犀浦賜死，民家相賀。十月，地震從西北來，聲如暴風急雨之狀。

四年五月，昶著《官箴》，頒於郡國，曰：「朕念赤子，旰食宵衣。托之令長，撫養安綏。政在三異，道在七絲。驅雞爲理，留犢爲規。寬猛得所，風俗可移。無令侵削，毋使瘡痍。下民易虐，上天難欺。賦輿是切，軍國是資。朕之爵賞，固不逾時。爾俸爾禄，民膏民脂。爲人父母，罔不仁慈。特爲爾戒，體朕深思。」昶好學，凡爲文皆本於理，常謂李昊、徐光溥曰：「王衍浮薄而好輕艷之辭，朕不爲也。」

五年正月，地震。二月，湖南遣使來聘。三月，宴後苑，賞瑞牡丹。其花雙開者十，黄者三，白者三，紅白相間者四，從官皆賦詩。十月，地震，摧民居者百數。

六年春，大選良家子以備後宫，限年十五歲以上，二十以下，州縣騷然。新津縣令陳及之疏諫，昶嘉其言，賜白金百兩，然采擇不止。於是後宫位號有十四品：昭儀、昭容、昭華、保芳、保香、保衣、安宸、安蹕、安情、修容、修媛、修娟等，秩比公卿大夫士。

八年九月，甯江軍節度使張公鐸卒。鐸，太原樂平人，涉獵文史，爲政清嚴，民受其賜。及卒，昶哭曰：「嚴而不猛，清而不虐，張公而已。」

九年八月，司徒趙季良卒。季良，字德彰，濟陰人，謚文肅。

十年八月，諸王宫侍讀劉保乂卒。乂，青州人。治《尚書》、《左氏》，性嚴急，日施檟楚於諸王及昶諸子。乳媪密令諭之，保乂曰：「膏粱之性，不撻之則他日爲豚犬耳。」八月，漢州奏西水縣令范羲死，其子文通居喪以孝聞，有盗發羲冢，羣虎逐之，文通廬于墓側，虎見之弭耳而去。賜羊酒束帛，以旌之。是歲，漢高祖即位，改元天福。

十一年十二月，宋王趙廷隱卒。廷隱，開封人。

十二年八月，昶游浣花溪，是時，蜀中百姓富庶，夾江皆創亭榭游賞之處，都人士女，傾城游玩，珠翠綺羅，名花異香，馥郁森列。昶御龍舟，觀水嬉，上下十里，人望之如神仙之境。昶曰：「『曲江金殿鎖千門』，殆未及此。」兵部尚書王廷珪賦曰：「『十里水中分島嶼，數重花外見樓臺』。」昶稱善久之。十月，召百官宴芳林園，賞紅梔花。此花青城山中進，三粒子種之而成。其花六出而紅，清香如梅，當時最重之。十一月，漢兵陷鳳翔，王景崇自焚死。

十三年五月，昶第三子玄寶卒，年七歲。昶因此乃封弟仁殷爲夔王，仁資爲雅王，仁裕爲彭王，仁操爲嘉王，子玄喆爲秦王，判六軍諸衛事，玄珏爲褒王。玄寶幼而奇異，既亂，誦詩書萬言，昶悲悼不已，乃下詔封爲遂王，贈青城大都督。九月，令城上植芙蓉，盡以幄幙遮護。是時蜀中久安，賦役俱省，斗米三錢，城中之人子弟，不識稻麥之苗，以筍芋俱生于林木之上，蓋未嘗出至郊外也。邨落閭巷之間，絃管歌誦，合筵社會，晝夜相接。府庫之積，無一絲一粒入於中原，所以財幣充實。城上盡種芙蓉，九月間盛開，望之皆如錦繡。昶謂左右曰：「自古以蜀爲錦城，今日觀之，真錦城也。」十一月，左丞歐陽彬卒。彬字齊美，衡山人，博學能文。昶以爲嘉州刺史，喜曰：「青山緑水中爲二千石，作詩飲酒爲風月主人，豈不嘉哉！」

十四年春，周高祖即位，改元廣順。三月，宴後苑，放士庶入觀。時俳優有唱《康老子》者，昶問李昊等其曲所出，昊不能對，徐光溥曰：「康老而無子，故制此曲。」唐英按：康老子即長安富家子，開元中，落拓不事生業，好與梨園樂工

游，一旦家資蕩盡，窮悴而卒，樂工歎之，因爲此曲。又一名曰《得至寶》，光溥不知而妄對也。

四月，太子太傅致仕王處回卒。處回，字亞賢，彭城人。初，有道士朱桃椎謁之，於階前以劍撥土，取花子三粒種之，須臾，成花三朵。謂處回曰：「此仙人旌節花，公富貴之兆。」處回後歷三鎮，果如其言。性寬厚，愛養士，家資巨萬。幼時相者周元豹見之曰：「此寶精也，當大富。」故處回積鏹，比内藏三之二。

十五年正月，下詔勸農。三月，以趙廷隱別墅爲崇勳園，幅員十餘里，臺榭亭沼，窮極奢侈。六月朔，宴教坊，俳優作《灌口神隊》二龍戰鬭之象。須臾，天地昏暗，大雨雹。明日，灌口奏：岷江大漲，鎖塞龍處，鐵柱頻撼。其夕，大水漂城，壞延秋門，深丈餘，溺數千家，摧司天監及太廟。令宰相范仁恕禱青羊觀，又遣使往灌州，下詔罪己。十一月，地震。十二月，天雨毛。

十六年三月，地震。五月端午，昶侍其母游浚波殿競渡。前蜀宣華苑也。八月，以翰林學士范禹偁兼簡州刺史。禹偁，九隴人。父虔爲衙吏，禹偁少落拓，鬭雞走狗，隨母改適張氏，因冒姓張。有道士謂曰：「子骨法異常，若讀書，他日必大貴。」遂入丹景山，從師苦學。天成中登第，始復姓，上郡守啟曰：「昔年上第，誤標張禄之名，今日故園，復作范睢之裔。」知祥以爲蒙陽令，召入侍太子。昶嗣立，累遷翰林學士。性吝嗇，好聚財，求守外郡，昶不欲其出，令兼簡州刺史。乃召陽安白直至成都，歲令輸錢數千緡。三掌貢舉，賄厚者登高科，面評其直，無有愧色。馮贊堯爲布衣交，家貧無資，終不放登第。後從昶歸朝，爲鴻臚卿，有門生自陽城至，相見甚懽，延話終日，乃曰：「吾近鑿一井，水甚甘。」乃各飲一杯，竟不設席，其鄙嗇如此。九月，有鵜鶘集瑞鼎門，觀者以爲不祥。

十七年春，周世宗即位，改元顯德。

十九年正月，大赦，賜民今年夏租，以周師出境也。

二十年六月，周世宗歸我秦鳳之俘，昶遣使致書謝，稱「大蜀皇帝」，世宗不答，昶曰：「朕郊祀天地稱天子時，爾方鼠竊作賊，何得相薄耶？」十二月，旌表蓬州縣孝子程崇雅門，以割股啗父，及泣竹林而得冬筍，以療母疾也。

二十一年十二月，天雨血。

二十三年正月人日，昶謁和陵。正月，龍見玉壘關，時藝祖皇帝建隆元年也。十一月，宰相李昊請對，言曰：「臣觀大宋啟運，不類漢周，天厭亂久矣，一統天下，其在此乎？若通職貢，亦保安三蜀之長策也。」昶曰：「卿且去，朕徐自圖之。」昊字穹佐，唐相紳後。王師來伐，昊勸封府庫以降，太祖知其始有歸國之謀，拜工部尚書，賜宅一區。其妻劉氏至夷陵卒，昊追感，亦卒，年七十二，贈右僕射。昊事前後蜀五十年，資貨巨萬，奢侈逾度，妓妾數百，嘗讀王愷石崇傳，笑曰：「窮儉乞兒，以此爲富，可笑可笑。」王衍及昶降表，皆昊爲之，蜀人鄙其所爲，夜書其門曰：「世修降表李家。」十二月，太后夢青衣神，言是宮中衛聖龍神，乞出居於外。乃於昭覺寺廡下建堂，自内引出，置於寺中，識者以爲不祥。

二十四年十月，漢州什邡縣井中有火龍騰空而去，昶書「兆民賴之」四字，誤以「兆」爲「趙」。十一月，民訛言國家東遷於天水，皆不祥也。

二十五年正月，以玄喆爲太子，玄喆，字遵聖，昶長子，歸朝，受泰甯節度，知貝州，封滕國公，知滑州、滁州，卒，年二十九。弟玄玨，入朝爲統軍，卒。二月，璧州白石縣巨蛇見，長百餘丈，徑八九尺。三月，王師平荆、湘，昶懼，將發使朝貢，樞密使王昭遠固止之。

二十六年四月，遂州方義縣雨雹，大如斗，五十里内，飛鳥六畜皆死。

二十七年春，昶遣使齎帛書通好於太原，尊劉承鈞爲天子，至境上爲邏吏所獲。太祖怒，命王全斌、顧彦進等六將由鳳州路，劉光乂等二將由夔州路領兵來討。遣王昭遠、趙崇韜、韓保正、李珪率兵拒戰。昶謂昭遠曰：「今日之師，皆卿所召，勉力爲朕立功。」命宰相李昊等餞於城外。昭遠酒酣，攘臂言曰：「此行非止克敵，當領此雕面惡少數萬人，取中原如反掌。」及行，執鐵如意指揮諸將，自比孔明，人竊笑之。十二月，王師至興州，所在不戰而下，遂拔利州。崇韜布陣將戰，昭遠據胡牀不能起，免胄而逃，爲追騎所獲。昶大懼，出金帛募兵，令玄喆統之，守劍門，成都震恐，皆怨昭遠召禍，而恨誅之不速也。昭遠，成都人。依東郭院僧爲小沙彌，知祥飯僧，見其慧黠，留給侍昶左右，累遷捲簾使、通奏使、知樞密院。未幾，節制山南，巡邊至汶州，見古冢有屍如生，誌云：「大中年汶州步軍都虞候文和之墓」，命判官文谷作文重葬之。夢文和謂曰：「我已爲太乙真人侍者，子當有兵刀之厄，既能葬吾，可以免禍。」至是爲王師所獲。至闕下，太祖詰曰：「汝何誘昶而結劉承鈞？」昭遠曰：「臣愚無知，但忠於本國耳。」太祖釋之，以爲領軍大將軍，開寶中卒。

二十八年正月，王師陷夔州，節度使高彦儔自焚死。彦儔，太原人。是月，劍門不守，玄喆奔還，問計於左右，老將石斌曰：「北軍遠來，勢不能久，可堅壁以老之。」昶沈吟久之，乃彈指歎曰：「吾父子以豐衣美食，養兵四十年，無一人

爲我東向發一箭，今若閉壘，誰肯效命？」乃遣通奏使伊審微齎表詣魏城乞降，其表略曰：「臣生自并州，長於蜀土，幸以先人之基搆，得從幼歲以纂承，只知四序之推移，不識三靈之改卜。伏自皇帝陛下，大明出震，聖德居尊，聲教被於遐荒，慶澤流於中夏，當凝旒正殿，虧以小事大之儀，及告類圜丘，曠執贄奉琛之禮。蓋蜀地居遐僻，路阻闕庭，已慙先見之明，因有後時之責。今則皇威電赫，聖略風馳，干戈所指而無前，鼙鼓才臨而自潰，山河郡縣半入於提封，將卒倉儲盡歸於圖籍。但念臣中外骨肉二百餘人，高堂有親，七十非遠，弱齡侍奉，只在庭闈。日承訓撫之恩，粗勤孝養之道，實願克終甘旨，保此衰年，其次得子孫之團圓，守血食之祭祀。伏乞皇帝陛下容之如地，蓋之如天，特軫仁慈，以寬危辱。臣敢輒徵故事，上瀆嚴聰，竊念劉禪有安樂之封，叔保有長城之號，皆因歸款，盡獲全生。顧眇昧之餘魂，得保家而爲幸，庶使先人寢廟，不爲樵採之場，老母庭除，尚有問安之所。見令保全庫府，巡遏軍城，不使毁傷，將期臨照。臣昶謹率文武見任官望闕上表歸命。」全斌至昇仙橋，昶備亡國之禮見於軍門，全斌承制釋罪。翌日，舉族并其官屬詣闕，自眉陽乘舟至荆州，出安陸。太祖遣使迎勞，并遺其母湯藥。五月，至京，素服待罪，赦之，封秦國公，時乾德三年也。録其子弟舊臣僅百人，頒《皇朝日曆》，是歲卒，年四十七，追封楚王，謚恭惠，葬洛陽。昶幼聰悟才辨，自襲位，頗勤於政，邊境不聳，國内阜安。其後用王昭遠、韓保正掌軍國事，其母謂曰：「如昭遠者，始以微賤事汝左右，保正世禄，素不知兵，一旦邊境有急，此輩制敵，必先敗衄。惟高彦儔是汝父故人，可以委任。」昶不能用。及卒，其母不哭，以酒酹地曰：「汝不用吾言，不死社稷，貪生以至今日。吾所以不死者，以汝在，汝既死，吾何用生爲。」因不食，亦卒。先是，蜀人質錢取息者將徙居，必書其門曰：「召主收贖」，周世宗先欲平蜀而不果，至太祖始克之。蜀未亡前一年歲除日，昶令學士辛寅遜題桃符板於寢門，以其詞工，昶命筆自題云：「新年納餘慶，嘉節賀長春。」蜀平，朝廷以吕餘慶知成都，長春，及太祖誕聖節名也，其符合如此。昶之行，萬民擁道，哭聲動地，昶以袂掩面而哭，自二江至眉州，沿路百姓慟絶者數百人，蓋與王衍不同耳。

黄松子曰：知祥以戚里之親，領三蜀之寄，館留宫中，日宴卧内，其恩可謂隆矣。及明宗即位，重誨專政，始搆疑貳，遂變誠節，擅誅李嚴，專留季良，遂結董璋攻遂、閬，其跋扈之心著矣。議者以王、孟僭竊，其惡均一。予以建之不臣，猶有可恕，嘗論之於前矣。知祥始末臣於後唐，託葭莩之援，階將相之貴，固當勤王戮力，爲國藩輔，而乃偶然自帝，不復顧忌，跡其素心，真亂臣賊子也。昶戒王衍荒淫驕佚之失，孜孜求治，與民休息，雖刑罰稍峻，而不至酷虐，人頗安之。然不識天時，用庸臣之謀，結并州之援，此至愚極昏者之所不爲，而昶爲之，固宜誅之無赦。及王師弔伐，能翻然束手歸命，生享大國之封，死有真王之贈，子孫俱享厚禄，太祖皇帝真有恩於降虜哉！

王明清《揮麈録・餘話》卷一 蜀主能文章，好博覽，知興亡，有詩才。嘗爲箴誡頒諸字人，各令刊刻於坐隅，謂之《頒令箴》曰：「朕念赤子，旰食宵衣。託之令長，撫養惠綏。政在三異，道在七絲。驅鷄爲理，留犢爲規。寬猛得所，風俗可移。無令侵削，無使瘡痍。下民易虐，上天難欺。賦與是切，軍國是資。朕之賞爵，固不踰時。爾俸爾禄，民膏民脂。爲民父母，莫不仁慈。勉爾爲誡，體朕深私。」

阮閲《詩話總龜》卷三一《詩讖門》引《談苑》 辛夤遜仕僞蜀孟昶爲學士。王師將致討之前，歲除，昶令學士作詩兩句，寫桃符上。夤遜題曰：「新年納餘慶，嘉節號長春。」明年蜀亡，吕餘慶以參知政事知益州。長春乃太祖誕聖節名也。

馬永易《實賓録》卷五 五代後蜀後主嘗臨軒，謂侍臣曰：「漢高帝以三傑定海内。朕今得趙季良、趙廷隱、張業、李昊、張虔劉、孫漢韶，是六傑也。虞舜舉八元而天下治，朕有王處回、毋昭裔、張公鐸、范仁恕，是四元也。宜令御容院圖形，宣付史館。」左右皆稱萬歲。

釋文瑩《玉壺清話》卷四 王師伐蜀，孟昶出兵拒之，其勢既蹙，始肯齎表，詣王全斌請降，即奉其母逮官屬沿峽江而下。至江陵，上遣使厚勞之，別賜茶藥慰其母，手詔止曰「國母」。李氏有賢識，昶在國，或縱侈過度，往往訴撻於庭。有司候昶至闕，令銜璧俘獻於太廟一切罷之。車駕親勞於近郊，止令素服待罪於兩觀之下，御含元殿備禮見之。預詔有司，直右掖門東葺大第五百楹，什用器皿悉賜焉。封昶爲中書令、秦國公，給巨鎮節俸。拜命六日而卒，年四十七。發哀，輟贈視三公之秩。初，其母纔至闕，上以禁輦肩至宫廷，嬪御扶掖，親酌酒飲之曰：「母但寬中，勿念鄉土，異日必送母歸蜀。」母奏曰：「妾家本太原，若許送妾還并門，死亦心足。」時晉壘未平，太祖聞吉讖，大喜曰：「俟平劉鈞，立送母歸，必如所願。」因厚賜之。後昶卒，母亦不哭，以酒酹地曰：「爾貪生失理，不能納疆於真主，又不能死社稷，實誰咎乎！吾以汝在，所以忍死至今。汝既死，吾

安藉其生耶！」遂不食，數日而卒。

吴曾《能改齋漫録》卷一三《下蜀輜重百里不絶》 王師下蜀時，護送孟昶血屬輜重之衆，百里不絶，至京師猶然。詩人李度作平蜀詩，略曰：「全家離錦水，五月下瞿塘。繡服青蛾女，雕鞍白面郎。纍纍輜重遠，杳杳路歧長。」

邵伯温《邵氏聞見録》 僞蜀孟昶以降王入朝，舟過眉州湖瀼渡，一宫嬪有孕，昶出之，祝曰：「若生子，孟氏尚存也。」後生子，今爲孟氏不絶。昶治蜀有恩，國人哭送之。至犍爲縣别去，其地因號曰哭王灘。蜀初平，吕餘慶出守，太祖諭曰：「蜀人思孟昶不忘，卿官成都，凡昶所搉税食飲之物，皆宜罷。」餘慶奉詔除之，蜀人始欣然不復思故主矣。

江少虞《宋朝事實類苑》卷一《楊文公談苑》 太祖平蜀，得孟昶七寶裝溺器，擲之於地，令杵碎之，曰：「汝以何器貯食？似此，不亡何待？」

鄭方坤《五代詩話》卷一《後蜀主孟昶》 孟昶嘗立石經於成都，又恐石經流傳不廣，易以木版。宋世書稱刻本始於蜀，今人求宋版，尚以蜀本爲佳。昶好文，有功後學，誠未可以成敗論。嘗言不效王衍作輕薄小詞，而其詞自工。

佚名《五國故事》卷上 知祥僭號纔七月而終，其子昶嗣僞位。昶尚年少，乃與其母后同宫。數年餘，遂遷新宫而居。以其宫宇稍廣，乃選民間女子有殊色者充之，及有司引至後苑，昶親選擇，佳者亦賜諸王，餘則縱去。而民間懼其搜選，皆立求媒伐而嫁之，謂之「驚婚」焉。昶之幼年，有日者周玄豹視之，謂知祥曰：「此兒骨法非常，宜愛之。」知祥不聽，後又遣玄豹同昶於戲劇之處熟視之，既而告曰：「此四十年偏霸之主，非等閑也。」知祥始喜，由是特加愛念。昶之母后，即後唐積慶公主之從車也，嘗在并門，累從征伐，備歷艱難，由是頗務慈儉，常戒昶以固福壽爲懷。而昶亦能稟之，寢處惟紫羅帳，紫碧綾帷褥而已，無加錦繡之飾，至於盥漱之具，亦但用銀兼以黑漆木器耳。每決死刑，多所矜減。而儉止一身，仁唯容惡，乃匹夫之小節耳。然仁道至大，元鑒孔昭，及歸皇朝，終吉天命，遠視李氏，近觀王衍，禍福之道蓋相方焉。蜀之末年，百官競執長鞭，自馬至地，婦人競戴高冠子，皆謂之朝天。又製新曲，名之曰《萬里朝天》，意謂萬里皆朝於己。及歸降之後，崎嶇川陸，至於京師，乃萬里朝天之驗矣。昶性畏懦，在位唯每年春一拜知祥之陵，及十一月誕日僞號明慶節。幸佛寺燒香而已，他無所適。每出，則乘步輦，垂以重簾，環結珠香囊，至於四角，香聞數里，人亦不能見其面。故三十年不南郊，不放燈，率由懼非常也。昶後體重，遂不乘馬，内廄惟飼一打毬馬，而久不按習，亦不堪乘跨。其餘名馬多屬之親王近臣耳。

備論

《舊五代史》卷一三六《孟昶傳》 史臣曰：昔張孟陽爲《劍閣銘》云：「惟蜀之門，作固作鎮，世濁則逆，道清斯順。」是知自古坤維之地，遇亂代則閉之而不通，逢興運則取之如俯拾。然唐氏之入蜀也，兵力雖勝，帝道猶昏，故數年間得之復失。及皇上之平蜀也，煦之以堯日，和之以舜風，故比户之民，悦而從化。且夫王衍之遭季世也，則赤族於秦川；孟昶之遇明代也，則受封於楚甸。雖俱爲亡國之主，何幸與不幸相去之遠也。

楊慎《丹鉛總録》卷一五《王鍇藏書》 前蜀王氏朝僞相王鍇，字鱣祥，家藏書數千卷，一一皆親札，并寫藏經。每趨朝，於白藤擔子内寫書，書法尤謹。至後蜀孟昶又立石經於成都。宋世書傳蜀本最善以此。五代僭僞諸君，惟吴蜀二主有文學。然李昪不過作小詞，工畫竹而已。孟昶乃表章五經，纂集本草，有功於經學矣。今之戒石銘亦昶之所作。又作《書林韻會》。元儒黄公紹《韻會舉要》實祖之，然博洽不及也，故以舉要爲名。余及見之於京師，惜未暇抄也。

吴任臣《十國春秋》卷四九《後主紀》 論曰：史言後主朝宋時，自二江至眉州，萬民擁道，痛哭慟絶者凡數百人，後主亦掩面而泣。藉非慈惠素著，亦何以深入人心如此哉？跡其生平行事，勸農恤刑，肇興文教，孜孜求治，與民休息，要未必如王衍荒淫之甚也。獨是用匪其人，坐致淪喪，所由與前蜀之滅亡有異矣。

藝文

句延慶《錦里耆舊傳》卷四《赦孟昶詔》 取法上天，廣覆下土，既叶混同之慶，永垂臨照之光。方喜來朝，何勞俟罪。體兹睠待，無至兢憂。

佚名《宋大詔令集》卷二二五《孟昶除官制》 伯禹導川，黑水本梁州之域；河圖括象，岷山直井絡之墟。是曰坤維，素爲王土。屬中原多事，遠服未賓，山

河既限于侯封，車服遂踰于王制。朕削平宇縣，重正皇綱。復周漢之舊章，寵綏羣后；采唐虞之大訓，協和萬邦。六載于茲，百揆時序。禮樂征伐之柄，盡出朕躬；左衽椎髻之邦，咸修地貢。昨順長庚而授律，法時雨以興師。兩階雖愧于舜干，三面俾開于湯網。咨爾僞蜀主孟昶，挺生公族，禀質侯門。值後唐將季之辰，襲西蜀已成之業，自擅征賦，久更歲時。而能察天道之惡盈，知人情之助順，盡率羣吏，來降大軍，望北闕以陳誠，指南陔而請命。是用開懷厚遇，宥過推恩。官班特烈于彝章，保護彌光于大信。豈比魏封劉禪，纔升驃騎之班；隋待蕭琮，但列莒公之號？今茲未寵，以欲從人，命作帝師，俾榮開府。帶漢相專車之貴，列秦川萬户之封，併而授之，斯爲異數，仍加俸禄，用表優隆。爾其思前代之命官，體我朝之加等，勉荷非常之澤，無忘匪懈之心，佩服恩光，往踐厥位。可特授開府儀同三司、檢校太師、上柱國、秦國公，食邑一萬户，食實封三百户，仍給見任上鎮節度使俸禄。

佚名《宋大詔令集》卷二二五《賜孟昶詔》 朕荷上元之命，居率土之尊，將期德服於萬邦，豈欲威加于四海。睠惟益部，僻處一隅，不能保乂生民，而乃窺覦邊鄙。且遠連於并寇，寔自啓於釁端，遂至興兵，固非獲已。鋭旅才臨於蜀境，前軍俄下於劍門。朕嘗中宵憮然，念兆民何罪。屢馳馹騎，嚴誡兵鋒。務宣拯溺之懷，以諭弔民之意。果能率官屬而請命拜表疏以祈恩。託我慈親，述乃寢廟，悉封府庫，以待王師。易節改圖，既自求於多福，匿瑕含垢，當盡滌於前非。朕不食言，爾無它慮。

袁説文等《成都文類》卷一九《諫孟昶書》 臣聞諸召公曰：「玩人喪德，玩物喪志。不作無益害有益，功乃成；不貴異物賤用物，民乃足。」又曰：「不寶遠物，則遠人格；所寶惟賢，則邇人安。」夫心猶火也，縱則自焚，故文王命周公、召公、太公、畢公輔相太子發。太子嗜鮑魚，太公不進，曰：「鮑魚不登于俎豆，豈有以非禮養太子哉！」由此觀之，飲食必遵禮，況起居玩好乎！

高祖皇帝節衣儉食，惠養黎元，化家爲國，傳之陛下。陛下宜親賢俊，去壬佞，視前代書傳，究歷世興廢，選端良之士，置于左右，訪時政得失、天下利病。奈何博戲擊鞠，妨怠政事，奔車躍馬，輕宗廟社稷？昔陶侃藩臣，猶投樗蒲于江，況萬乘之主乎？前蜀王氏，覆車不遠矣！

臣又聞，食君之禄，懷君之憂。臣雖爲外官，每聞陛下賞一功、誅一罪，未嘗不振衣踴躍，以爲再覩，有唐貞觀之風也。今復聞陛下或采戲打毬，雖宫禁無事，止于釋悶，亦可一兩月時爲之。臣慮積習生常，不唯勞倦聖體，復且妨于庶務，諸司中覆，因淹滯；其次奔蹄失馭，奄有驚蹶。陛下雖自輕，奈宗廟社稷何？

馬殷部

綜述

《舊五代史》卷一三三《馬殷傳》　馬殷，字霸圖，許州鄢陵人也。少爲木工，及蔡賊秦宗權作亂，始應募從軍。初，隨孫儒渡淮，陷廣陵。及儒敗於宣州，殷隨別將劉建峯過江西，連陷洪、鄂、潭、桂等州，建峯盡有湖南之地，遂自爲潭帥。頃之，建峯爲部下所殺，潭人推行軍司馬張佶爲帥。時殷方統兵攻邵州，佶曰：「吾才不及馬殷。」即牒殷付以軍府事。殷自邵州旋軍，犒勞將士，誅害建峯者數十人，自爲留後。久之，朝廷命爲湖南節度使，遂有潭、衡七州之地。

唐天復中，楊行密急攻江夏，杜洪求援於荆南，成汭舉舟師援之。時澧朗節度使雷彦恭乘汭出師，襲取荆州，載其寶貨，焚毁州城而去。彦恭東連行密，斷江、嶺行商之路，殷與高季興合勢攻彦恭於澧朗。數年，擒之，盡有其地，乃以張佶爲朗州節度使，由是兵力雄盛。

殷於梁貞明中，爲時姑息，所求皆允，累官至守太師、兼中書令，封楚王。又上章請依唐秦王故事，乃加天策上將軍之號。又請官位内添制置静江、武平、寧遠等軍事，皆從之。既封楚王，仍請依唐諸王行臺故事，署置天官幕府，有文苑學士之號，知詔令之名，總制二十餘州，自署官吏，征賦不供，民間採茶，並抑而買之。又自鑄鉛鐵錢，凡天下商賈所齎寶貨入其境者，祇以土産鉛鐵博易之無餘，遂致一方富盛，窮極奢侈，貢奉朝廷不過茶數萬斤而已。於中原賣茶之利，歲百萬計。唐同光初，首脩職貢，復授太師、兼尚書令、楚王。天成初，加守尚書令。長興二年十一月十日，薨於位，時年七十八。明宗聞之，廢朝三日，謚曰武穆。子希聲嗣。

初，殷微時，隱隱見神人侍側，因默記其形像。及貴，因謁衡山廟，覩廟中神人塑像，宛如微時所見者。則知人之貴者，必有陰物護之，豈偶然哉。

《新五代史》卷六六《馬殷世家》　馬殷字霸圖，許州鄢陵人也。唐中和三年，蔡州秦宗權遣孫儒、劉建峯將兵萬人屬其弟宗衡，略地淮南，殷初爲儒裨將。宗衡等攻楊行密於揚州，未克，梁兵方急攻宗權，宗權數召儒等，儒不欲還，宗衡屢趣之，儒怒，殺宗衡，自將其兵取高郵，遂逐行密。行密據宣州，儒以兵圍之，久不克，遣殷與建峯掠食旁縣。儒戰敗死，殷等無所歸，乃推建峯爲帥，殷爲先鋒，轉攻豫章，略虔、吉，有衆數萬。乾寧元年，入湖南，次醴陵。潭州刺史鄧處訥發邵州兵戍龍回關，建峯等至關，降其戍將蔣勛。建峯取勛鎧甲被先鋒兵，張其旗幟，直趨潭州，至東門，東門守者以爲關兵戍還，開門内之，遂殺處訥，建峯自稱留後。僖宗授建峯湖南節度使，殷爲馬步軍都指揮使。蔣勛求爲邵州刺史，建峯不與，勛率兵攻湘鄉，建峯遣殷擊勛於邵州。

建峯庸人，不能帥其下，常與部曲飲酒讙呼。軍卒陳贍妻有色，建峯私之，贍怒，以鐵檛擊殺建峯。軍中推行軍司馬張佶爲帥，佶將入府，乘馬輒踶囓，傷佶髀。佶卧病，語諸將曰：「吾非汝主也，馬公英勇，可共立之。」諸將乃共殺贍，磔其尸，遣姚彦章迎殷於邵州。殷至，佶乘肩輿入府，殷拜謁於廷中，佶召殷上，乃率將吏下，北面再拜，以位與之，時乾寧三年也。

唐拜殷潭州刺史。殷遣其將秦彦暉、李瓊等攻連、邵、郴、衡、道、永六州，皆下之。桂管劉士政懼，遣其將陳可璠、王建武等率兵守全義嶺。殷遣使聘于士政，使者至境上，可璠等不納。殷怒，遣瓊等以兵七千攻之，擒可璠等及其兵二千餘人，悉坑之，遂圍桂管，虜士政，盡取其屬州。殷表瓊桂管觀察使。四年，拜殷武安軍節度使。

初，孫儒敗於宣州，殷弟賨爲楊行密所執，行密收儒餘兵爲「黑雲都」，以賨爲指揮使。賨從行密攻戰，數有功，爲人質重，未嘗自矜，行密愛之，問賨誰家子，賨曰：「馬殷弟也。」行密大驚曰：「汝兄貴矣，吾今歸汝可乎？」賨不對。他日又問之，賨謝曰：「臣，孫儒敗卒也，幸公待以不死，非殺身不足報。湖南隣境，朝夕聞殷動静足矣，不願去也。」行密歎曰：「昔吾愛子之貌，今吾得子之心矣。然勉爲吾合二國之懽，通商賈，易有無以相資，亦所以報我也！」乃厚禮遣賨歸。殷大喜，表賨節度副使。

行密遣將劉存等攻杜洪，圍鄂州，殷遣秦彦暉、許德勳以舟兵救之，已而杜洪敗死，存等遂攻殷。殷遣彦暉拒於上流，偏將黄璠以舟三百伏瀏陽口。存等屢戰不勝，乃致書於殷以求和，殷欲許之，彦暉曰：「淮人多詐，將怠我師，不可信。」急擊之，存等退走，黄璠以瀏陽舟截江合擊，大敗之，劉存及陳知新戰死，彦暉取岳州。

梁太祖即位，殷遣使脩貢，太祖拜殷侍中兼中書令，封楚王。

荆南高季昌以兵斷漢口，邀殷貢使，殷遣許德勳攻其沙頭，季昌求和，乃止。

楊行密袁州刺史吕師周來奔。師周，勇健豪俠，頗通緯候、兵書，自言五世將家，懼不能免，常與酒徒聚飲，醉則起舞，悲歌慷慨泣下。行密聞之，疑其有異志，使人察其動静。師周益懼，謂其裨將綦毋章曰：「吾與楚人爲敵境，吾常望其營上雲氣甚佳，未易敗也。吾聞馬公仁者，待士有禮，吾欲逃死於楚可乎？」章曰：「公自圖之，章舌可斷，語不泄也。」師周以兵獵境上，乃奔於楚，綦毋章縱其家屬隨之。殷聞師周至，大喜曰：「吾方南圖嶺表，而得此人足矣。」以爲馬步軍都指揮使，率兵攻嶺南，取昭、賀、梧、蒙、龔、富等州。殷表師周昭州刺史。

朗州雷彦恭召吴人攻平江，許德勳擊敗之。殷遣秦彦暉攻朗州，彦恭奔於吴，執其弟彦雄等七人送于梁。於是澧州向瓌、辰州宋鄴、溆州昌師益等率溪洞諸蠻皆附于殷。殷請升朗州爲永順軍，表張佶節度使。殷乃請依唐太宗故事，開天册府，置官屬。太祖拜殷天册上將軍，殷以其弟賨爲左相，存爲右相，廖光圖等十八人爲學士。末帝時，加殷武昌、静江、寧遠等軍節度使，洪、鄂四面行營都統。

唐莊宗滅梁，殷遣其子希範脩貢京師，上梁所授都統印。莊宗問洞庭廣狹，希範對曰：「車駕南巡，才堪飲馬爾。」莊宗嘉之。莊宗平蜀，殷大懼，表求致仕，莊宗下璽書慰勞之。明宗即位，遣使脩貢，并賀明年正月，荆南高季昌執其貢使史光憲。殷遣袁詮、王環等攻之，至其城下，季昌求和，乃止。

殷初兵力尚寡，與楊行密、成汭、劉龔等爲敵國，殷患之，問策於其將高郁，郁曰：「成汭地狹兵寡，不足爲吾患，而劉龔志在五管而已，楊行密，孫儒之仇，雖以萬金交之，不能得其懽心。然尊王仗順，霸者之業也，今宜内奉朝廷以求封爵而外誇隣敵，然後退脩兵農，畜力而有待爾。」於是殷始脩貢京師，然歲貢不過所産茶茗而已。乃自京師至襄、唐、郢、復等州置邸務以賣茶，其利十倍。郁又諷殷鑄鉛鐵錢，以十當銅錢一。又令民自造茶以通商旅，而收其算，歲入萬計。由是地大力完，數邀封爵。

天成二年，請建行臺。明宗封殷楚國王，有司言無封國王禮，請如三公用竹册，乃遣尚書右丞李序持節以竹册封之。殷以潭州爲長沙府，建國承制，自置官屬，以其弟賨爲静江軍節度使，子希振武順軍節度使，次子希聲判内外諸軍事，姚彦章爲左相，許德勳爲右相，李鐸爲司徒，崔穎爲司空，拓拔常爲僕射，馬珙爲尚書，文武皆進位。謚其曾祖筠曰文肅，祖正曰莊穆，父元豐曰景莊，立三廟于長沙。長興元年，殷卒，年七十九，詔曰「馬殷官爵俱高，無以爲贈，謚曰武穆」而已。子希聲立。

馬令《南唐書》卷二九《馬殷傳》　馬殷字霸圖，許州鄢陵人也。唐中和三年，蔡州秦宗權遣孫儒、劉建峰將兵萬人，屬其弟宗衡，略地淮南。殷初爲儒裨將。儒殺宗衡，自將其兵取高郵，逐楊行密。行密走宣州，儒以兵圍之，久不尅，遣殷與建峰掠食旁縣。儒戰敗死，殷乃推建峰爲帥。殷爲先鋒，轉攻豫章，略虔、吉，有衆數萬，趨潭州，殺其刺史鄧處約，自稱留後。唐僖宗授建峰湖南節度使，殷爲馬步軍都指揮使。出攻邵州。建峰庸人，不能率其下，常與步曲飲酒歡呼。軍卒陳贍妻有色，建峰私之，贍怒，以鐵檛擊殺建峰，軍中推行軍司馬張吉爲帥。吉乘馬傷髀，臥病，語諸將曰：「吾非汝主也。馬公英勇，可共立之。」諸將乃共殺贍，磔其尸，遣姚彦章迎殷於邵州。殷至吉，肩輿入府。殷拜謁於庭中，吉召殷上，乃率將吏下，北面再拜，以位與之，時乾寧三年也。

唐拜殷潭州刺史。殷遣其將秦彦暉、李瓊攻連、邵、郴、衡、道、永六州，皆下之。桂管劉士政懼，遣其將陳可璠、王建武等率兵守義全嶺。殷遣使聘于士政，至境上，可璠等不納。殷怒，遣李瓊等以兵七千攻之，擒可璠等及其兵二千餘人，悉坑之，遂圍桂管，虜士政，盡取其屬州。殷表瓊桂管觀察使。四年，拜殷武安軍節度使。梁太祖即位，拜殷兼侍中、中書令，封楚王。楊行密將吕師周來奔，師周勇健豪俠，頗通緯候兵書。殷聞師周至，大喜曰：「吾方南圖嶺表，而得此人，足矣。」以爲馬步軍都指揮使，率兵攻嶺南，取昭、賀、梧、蒙、龔、富等州，殷表師周昭州刺史。於是澧、辰、溆，并溪洞諸蠻，皆附于殷。殷請陞朗州爲永順軍，表張吉節度使。

殷乃請依唐太宗故事，開天册府，置官屬。太祖拜殷天册上將軍，殷以其弟賨爲左相，弟存爲右相，廖先圖等十八人爲學士。末帝時，加殷武安、武昌、静江、寧遠等軍節度使，洪鄂四面行營都統。唐莊宗滅梁，殷遣其子羲範修貢京師，上梁所授都統印。莊宗問洞庭廣狹，羲範曰：「車駕南巡，纔堪飲馬爾。」莊宗嘉之。莊宗平蜀，殷大懼，表求致仕。莊宗下璽書慰勞之。

殷初兵力尚寡，與楊行密、成汭、劉龔等爲敵國。殷患之，問策於其將高郁。郁教殷尊王伏順，外誇鄰敵，然後退修兵農；又諷殷自京師至襄、唐、郢、復等州，置邸務以賣茶，其利十倍；又鑄鉛鐵錢，以十當銅錢一；又令民自造茶以通

商旅，而收其筭，歲入萬計。由是地大力完，數要封爵。

天成二年，請建行臺。明宗封殷楚國王，用竹册，如三公禮。殷以潭州爲長沙府，建國承制，自置官屬，以姚彦章爲左相，許德勳爲右相，李鐸爲司徒，崔穎爲司空，拓拔常爲僕射，馬珙爲尚書，子弟皆出爲節度使，文武皆進位。謚其曾祖筠曰文肅，祖正曰莊穆，父元豐曰景莊。立三廟於長沙。長興元年，殷卒，年七十九，謚武穆。子希聲立。

吴任臣《十國春秋》卷六七《武穆王世家》 武穆王姓馬，名殷，字霸圖，許州鄢陵人也。自云伏波之後。唐中和時，忠武決勝指揮使孫儒與龍驤指揮使劉建鋒，戍蔡州，拒黄巢，殷隸軍中，以勇聞。及秦宗權叛，儒等皆從焉，宗權乃遣儒、建鋒將兵萬人，屬其弟宗衡略地淮南，而殷實在行間。

時宗衡方攻揚行密於揚州，未克，會汴兵急攻宗權，宗權召儒等，儒不欲還，宗衡屢趣之，儒怒，殺宗衡，自將其兵取高郵，遂逐行密。行密據宣州，儒以兵圍之，久不下，遣殷與建鋒掠食旁縣。儒戰敗死，殷等無所歸，乃收餘衆七千人，推建鋒爲帥，殷爲先鋒指揮使，以行軍司馬張佶爲謀主，轉攻豫章，略虔、吉，遂有衆十餘萬。

乾寧元年，入湖南，次醴陵。武安節度使鄧處訥發邵州兵守龍回關，建鋒等至，降其將蔣勳。建鋒取勳鎧甲被先鋒兵，張其旗幟，直趣潭州。至東門，東門守者以爲關兵戍還，開門内之，建鋒徑入府，處訥方宴，擒斬之，自稱留後。

明年，僖宗授建鋒檢校尚書左僕射、武安軍節度使，殷爲内外馬步都指揮使。蔣勳求爲邵州刺史，建鋒不與，勳率兵攻湘鄉，建鋒遣殷擊勳於邵州。

建鋒庸人，不能帥其下，既得志，即嗜酒不事事，常與部曲等狎飲歡呼。軍卒陳贍妻有色，建鋒私之，贍怒，袖鐵檛擊殺建鋒，斷其喉。軍中推張佶爲帥。佶將入府，馬忽踶齧，傷左髀。是時殷攻邵州未歸，佶謝諸將曰：「馬公勇而有謀，寬厚樂善，吾所不及，真乃主也。」諸將乃共殺贍，磔其尸，遣姚彦章迎殷邵州。

方值夜，殷猶豫未行，比曉，忽覩一人黑色執大棒趣報曰：「軍國内外平安。」俄而不見。殷以爲嘉兆，語所親曰：「此行未必不爲福。」因使親從都副指揮使李瓊留攻邵州，徑詣潭州。既至，佶肩輿入府，坐受殷拜謁，已，乃命殷升聽事，以留後讓之，即趣下帥將吏拜賀，蓋乾寧三年五月也。秋九月，唐授殷潭州刺史、判湖南軍府事。

光化元年三月，命殷知武安留後，未幾，進本軍節度使。時湖南管内七州，賊帥楊思遠據衡州，唐授殷所得惟潭、邵二州而已。五月，姚彦章請取衡、永、道、連、郴五州。殷以李瓊、秦彦暉爲嶺北七州遊奕使，張圖英、李唐副之，將兵攻衡州，斬師遠，引兵趣永州，圍之月餘，世旻走死，即以李唐爲刺史。

二年，遣唐攻道州，蔡結聚羣蠻，伏兵於隘以邀之，大破我兵。唐曰：「蠻所恃者山林耳，若戰平地，安能敗我！」乃命因風燔林，光燭天地，蠻兵驚遁，遂拔道州，斬結。十一月，復遣李瓊攻郴州，取陳彦謙，誅之。進攻連州，魯景仁自殺，湖南悉平。

三年冬十月，静江節度使劉士政聞殷盡收嶺北，頗内懼，命副使陳可璠率兵戍全義嶺。殷遣使聘於士政，使者至境上，可璠不納；殷怒，令彦暉、瓊等將兵七千攻之。兵至全義，士政又遣指揮使王建武屯秦城，以爲聲援。會可璠掠民耕牛犒軍，民怨之，請爲我兵鄉導，言：「西南有小徑，僅通單騎，距秦城裁五十里耳。」於是彦暉遣瓊以六十騎從、步兵三百人，由小徑襲秦城，中宵，逾垣入，擒建武，紲之以練，直造可璠壁示之。可璠未之信，即斬其首投壁中，桂人震恐。瓊因勒兵大擊，執可璠等及其兵二千餘人殲焉。秦城以南二十餘壁，望風卉潰，遂圍桂管，降士政，盡取其所屬桂、宜、巖、柳、象五州。殷以瓊爲桂州刺史，未幾，表授桂管觀察使。

天復二年春三月，唐帝使李儼宣諭江、淮，加殷同平章事。

三年夏四月，吴王行密遣使來言梁王全忠跋扈，請絶之。大將許德勳曰：「全忠雖不道，然挾天子以令諸侯，未可輕絶。」

五月，荆南節度使成汭赴援鄂州，殷假救杜洪之名，遣德勳將舟師同澧朗兵承虚襲江陵。庚戌，陷之，大掠而回。道經岳州，刺史鄧進忠具牛酒犒師，以城歸附。殷以德勳爲岳州刺史，改進忠爲衡州刺史。

天祐元年，淮南遣殷弟賓歸長沙，殷表賓爲武安軍節度副使。二年，我兵侵淮南，爲淮南牙内指揮使楊彪所敗。三年春三月，淮南將陳知新陷岳州。七月，吉州刺史彭玕來降。明年，梁王全忠改名晃，即皇帝位，改元，殷遣使修貢，且有勸進功。夏四月辛未，梁太祖拜殷侍中、兼中書令，封楚王。

開平元年五月，梁敕改桂州純化縣曰歸化。

是月，弘農王渥以鄂岳觀察使劉存爲西南面都招討使，岳州刺史陳知新爲岳州團練使，廬州觀察使劉威爲應援使，别將許立應爲監軍，統水兵三萬入寇。

王有懼色，靜江軍使楊定真賀曰：「我軍勝矣。臨敵而懼，必勝之道也。」王命在城都指揮使秦彥暉將兵拒上流，水軍副指揮使黃璠以舟三百伏瀏陽口。

六月，存等遇大雨，引兵還越提，屢戰不勝，乃遺我書詐降。王欲許之，彥暉以爲不可信，急擊之，存等退走，璠以瀏陽舟截江合擊，大破之，擒存與知新，淮南兵死者無算，獲戰艦八百艘。威以餘衆遁去。彥暉遂取岳州。王釋存、知新之縛，慰諭良久。二人駡曰：「丈夫以死報主，肯事賊乎？」王趣斬之。

是月，王遣兵會吉州刺史彭玕攻洪州，不克。梁武貞節度使雷彥恭會我兵攻江陵，荆南節度使高季昌預屯兵公安，絶彥恭糧道，彥恭敗走，我兵亦遁。

秋七月，彥恭襲我岳州，以有備而反。

八月辛亥，梁加王兼武昌軍節度使，充本道招討制置使。

九月丙申，梁削雷彥恭官爵，命王與高季昌討之，以彥恭焚掠荆湖，又附淮南也。

冬十月，遣秦彥暉與荆南將倪可福攻朗州。彥恭乞降於淮南，淮南命將冷業屯昌江，李饒屯瀏陽以援之。王遣岳州刺史許德勳拒其師，未幾，執業於鹿角鎮，執饒於瀏陽寨而歸，斬之市中。

是年，淮南將呂師周來奔。

開平二年夏五月，靜江節度使、同平章事李瓊卒，王以弟永州刺史存知桂州事。乙亥，遣兵攻鄂州，爲淮南將秦裴所敗。

是月，秦彥暉克朗州，雷彥恭奔廣陵，鹵其弟彥雄等七人，送於梁。奏改武貞軍爲永順軍。澧州刺史向瓌來降。瓌與彥恭相表裏，至是納款，我始得澧、朗二州之地。

六月，判官高郁請聽民售茶北客，收其征以贍軍，從之。

秋七月，王奏梁於汴、荆、襄、唐、郢、復諸州置回圖務，運茶河之南北，以易繒纊、戰馬，仍歲貢茶二十五萬斤，梁主詔曰「可」。由是屬内民皆得摘山筭茗筭，募户置邸閣以居，茗號曰「八牀主人」，歲收數十萬，國用遂足。

九月，荆南兵屯漢口，絶我朝貢之路。王遣許德勳擊之，兵至沙頭，荆南求成。又遣步軍都指揮使呂師周伐嶺南，與清海節度使劉隱十餘戰，取其昭、賀、梧、蒙、龔、富六州。王土地既廣，息民禮士，湖南遂安。

開平三年夏六月，危全諷自稱鎮南節度使，攻洪州。時淮南將劉威守其地，全諷請兵於我，王遣指揮使苑玫會袁州刺史彭彥章玕之兄也。圍高安以助全諷。

秋七月，苑玫與淮南將米志誠、呂師造等戰於上高，我師敗績。吉州刺史彭玕來奔，王表玕爲郴州刺史，且爲子希範娶其女。

開平四年夏六月，王表求天策上將，梁加王天策上將軍。王始開天策府，以弟賨爲左相，存爲右相。

是月，侵荆南，敗於油口。吳水軍指揮使敖駢圍彭瑊於赤石，遣兵擊駢以救瑊，已而鹵駢歸。

冬十二月，辰州蠻宋鄴寇湘鄉，溆州蠻潘金盛寇武岡，王命昭州刺史呂師周將衡州兵五千討之。寧遠節度使龐巨昭以容州、高州防禦使劉昌魯以高州内附，王命姚彥章、張可求將兵迎之，隨以彥章權知容州事，昌魯爲永順節度副使。

乾化元年春正月，呂師周入飛山洞襲潘金盛，擒送武岡斬之，移兵擊宋鄴。

冬十二月乙卯，梁以王弟朗州留後賨爲永順軍節度使、同平章事。清海節度使劉巖攻梁韶州，陷之，刺史廖爽來奔，王表爽爲永州刺史。癸亥，梁敕靜江行軍司馬姚彥章爲寧遠節度副使，權知容州，從王請也。未幾，劉巖發兵寇容州，王命都指揮使許德勳以桂州兵救之；彥章不能守，巖遂取我容州，又取高州。是時開冶鑄天策錢，文曰「天策府寶」，銅質渾厚，徑寸七分，重三十銖二參。

乾化二年春二月，辰州蠻宋鄴、溆州蠻昌師益帥衆降，王以鄴爲辰州刺史，師益爲溆州刺史。

夏四月癸丑，梁以王爲武安武昌靜江寧遠等軍節度使，洪鄂四面行營都統。甲戌，梁主聞我與嶺南相攻，命右散騎常侍韋戩等爲潭、廣和叶使。

六月，梁郢王友珪弑其主晃而自立。

冬十一月，吳將陳璋襲岳州，執我刺史苑玫，王遣水軍都指揮使楊定真救之。璋復進攻荆南，吳恐我師往救，遣劉信帥江、撫、袁、吉、信五州兵屯吉州，爲璋聲援。

乾化三年春正月，吳陳璋兵還，我兵會荆南兵於江口邀之，璋駢艘夜過，追之不及。

三月，梁均王友貞討賊，友珪伏誅，友貞立於大梁，更名瑝。

秋八月，姚彥章侵吳鄂州，吳以池州團練使呂師造爲水陸行營應援使，未至而我兵解還。

冬十月，南平王劉巖求昏，許之。

乾化四年夏四月，吴袁州刺史劉崇景舉州來附，許貞以師援之，吴將柴再用、米志誠帥師討之。

是月，岳州都指揮使王環襲吴黄州，執其刺史馬鄴。

五月，吴柴再用等破劉崇景於萬勝岡，崇景遁去，許貞師敗歸，復失袁州。

貞明元年秋八月，南平王嚴來逆婦，王遣弟永順節度使存送女於廣南。

冬十一月，梁改元。是歲梁主改名瑱。

貞明二年冬十二月，通好於晉，晉亦遣使來聘。

貞明三年三月，王遣弟存攻吴上高，俘獲而還。

貞明四年秋八月，吴軍攻虔州，防禦使譚全播來乞師，王命張可求將萬人救之。吴劉信遣其將張宣夜帥兵三千襲可求於古亭，我師敗績。

是月，梅山蠻寇邵州，守將樊須擊走之。

貞明五年夏五月，王遣兵攻荆南，荆南求救於吴，吴命鎮南節度使劉信率洪、吉、撫、信步兵自瀏陽寇潭州，武昌節度使李簡率水軍趣復州。信等至潭州東境，我師釋荆南引歸。簡入復州，執知州鮑唐。

貞明六年冬十二月，吴越王鏐爲其子傳璙來求昏，許之。

龍德元年夏五月丙戌朔，梁改元。

秋七月，命掌書記李峴、馬匡送女於吴越。

是歲，辰、溆蠻入寇，姚彦章討平之。

龍德二年□月，始取永、道、郴諸州民丁錢絹米麥。

龍德三年夏四月己巳，晉王存勗稱皇帝於魏州，國號大唐，改元同光。

冬十月朔，日有食之。唐主入大梁，遂滅梁。王遣子牙内馬步都指揮使希範入覲，納洪鄂行營都統印，上本道將吏籍。唐主問洞庭廣狹，希範對曰：「車駕南巡，財堪飲馬爾。」唐主大悦，既而撫其背曰：「比聞湖南必爲高郁所圖，有子如此，高郁何能可得邪！」郁故謀臣，唐欲去我爪牙，佯爲流言以間之。

是月，復以桂州之歸化縣爲純化縣。

是歲，避唐廟諱，改岳州昌江縣曰平江。

同光二年夏四月乙亥，唐加王兼尚書令。

冬十月，進羅浮柑子於唐，又遣使賀唐主萬壽節，進銀龍鳳陷花漆浴斛一事，盤龍御衣、龍鳳韉金鞍腰、龍鳳裝箭箙、龍鳳朱背弓、紅絲弦、金鍍頭箭冬一副，白金一千鋌。

同光三年冬十一月，王聞蜀亡，大懼，表求致仕，略曰：「臣已營衡麓之間，爰爲菟裘之地，願歸印綬以保餘齡。」唐主璽書慰勞，優詔不許。

是時王關市無征，四方商旅聞風輻湊。湖南地故産鉛鐵，用都軍判官高郁策，鑄鉛錢，以十當銅錢已又鑄鐵錢，圍六寸，文曰「乾封泉寶」，用九文爲貫，以一當十，流行境内。商旅出境，無所用錢，輒易他貨去，故能以本土所餘之物，易天下百貨，國以富饒。又湖南不事桑蠶，郁勸王令輸税者以帛代錢，由是機杼大盛。

同光四年夏四月，唐主嗣源立，改元天成。王遣使修貢并賀即位，唐加王守尚書令。

天成二年春正月癸丑朔，唐主更名亶。

三月，王會唐兵伐荆南，遣都指揮使許德勳屯岳州。

夏五月丁卯，唐賜王鞍馬玉帶，命饋糧於行營，王不即奉詔。

是月，遣中軍使史光憲入貢於唐，唐主賜王駿馬十，美女二。道過江陵，南平王季興執光憲而奪其物。

六月，王請建行臺。丙申，唐封王爲楚國王。唐有司言無封國王禮，請如三公用竹册。

秋八月，唐册禮使、尚書右丞李序至於潭州。序持節奏朝廷朱書御札，許自開國立臺，承制置官屬，分天子之半仗焉。

是月，王始開國，以潭州爲長沙府，立宫殿，置百官，皆如天子制，而微更其名，翰林學士曰文苑學士，知制誥曰知辭制，樞密院曰左右機要司，羣下稱之曰殿下，令曰教。以弟賓爲静江軍節度使，子希振武順軍節度使，次子希聲武安軍節度副使，判長沙府。姚彦章爲左丞相，許德勳爲右丞相，李鐸爲司徒，崔穎爲司空，拓跋恒爲僕射，馬珙爲尚書，張瑶、張迎判機要司，潘起爲吏部侍郎，何致雍户部侍郎，黄損兵部侍郎。凡管内官屬皆稱攝，惟朗、桂節度使先除後請命。

是歲上三代尊謚，曾祖筠曰文肅，祖正曰莊穆，父元豐曰景莊，立三廟於長沙。

天成三年春二月丁丑朔，日有食之。

三月，王如岳州，遣六軍使袁詮、副使王環與子監軍希瞻將兵擊荆南，大破其軍於劉郎洑，進逼江陵。南平王季興請成，以史光憲來歸。王讓副使環不即取荆南，環言：「宜存江陵以爲扞蔽。」王悦。

是月，大舉水軍擊漢，圍封州，爲漢將蘇章所敗，我師遁還。

夏四月，吴右雄武軍使苗璘、静江統軍王彦章寇岳州，王命許德勳禦於君山。丁亥，敗吴兵於道人磯，鹵璘及彦章以還。

五月，吴遣使求和，王歸璘、彦章於吴。

六月，唐詔王討荆南，王遣許德勳攻之，決勝副指揮使廖匡齊殺高從嗣於陳。明日，南平王季興請成。

秋九月，荆南敗我兵於白田，執我岳州刺史李廷規以獻吴。

冬十二月，南平王季興薨，吴以其子從誨爲荆南節度使。

天成四年春三月，王命次子希聲知政事，總録内外諸軍事，先行後聞。

夏四月，下教，國内銅錢一直錫錢百。丙午，王環敗荆南兵於石首。

秋七月，王子希聲矯王令殺其臣高郁。

八月，唐主敕中書門下，凡署將相敕牒，宜落吴越王鏐及王官位。

長興元年冬十月，王寢疾，遣使詣唐請傳位於子希聲。唐疑王已殁，辛亥，命王子希聲爲起復武安節度使兼侍中。

十一月己巳，王薨，年七十九。遺教諸子，兄弟相繼，寘劍於祠堂，曰：「違吾命者戮之！」諸將議遣兵守四境，然後發喪，兵部侍郎黄損曰：「喪君有君，何備之有？宜遣使詣鄰道告終稱嗣，禮也。」唐主詔曰：「馬殷官爵俱高，無以爲贈，可謚曰武穆。」明年十二月庚申，葬於衡陽之上潢。

雜録

備録

周羽翀《三楚新録》卷一 先是，馬氏之强聞海内，諸院公子長幼各八百餘人，皆以侈靡放蕩爲務，識者多非之。公子之徒聞而且恐。時有國師張氏紿之曰：「彼所以見非者，恐祚之不永也。如君昆仲之衆，使更而王，亦有八百年之家國，何憂何懼乎？」於是時郊外有鄧翁者，聞而歎曰：「文武之道未嘗介意，而更納虚誕之説以自安，此輩吾見其死於溝壑有日矣。」及邊鎬師至，果驗。然星散寒餒而卒者過半焉。

馬氏諱殷，上蔡人也，自云伏波之後。唐末濁亂，所在豪俠競起，時殷方處卒伍之列，隨渠帥何氏南侵長沙，據之。殷戰頻有功，何乃擢爲裨將，且命爲邵州刺史。殷寬厚大度，能得士之死力。何氏卒，諸將在外者皆擁兵歸，以争其佐，唯殷領士卒如故，且素服爲何氏發喪，識者謂之知禮。未幾，衆軍各殺其帥，使人共迎殷爲主。初，衆軍之迎殷也，值夜，殷甚疑懼，欲拒而不行，將曉，忽覩一人黑色而貌甚雄偉，手執大棒，鞠躬趨進，報曰：「軍國内外平安。」俄而不見。由是殷以爲嘉兆，其心始安，乃謂所親曰：「吾之此行，未必不爲福。」及至，衆果欣躍而奉之。殷立，且使人間道上表，僖宗在蜀聞之甚悦，據其表，遣使朱書御札，許自開國立臺置卿相，分天子之半仗焉。楊行密據有淮南，聞其建國，且遣舟師數萬伐之，比至城下，殷登樓指麾，一鼓而破其兵，伏屍流血，湘水爲之丹焉。自是四方懾伏，無敢侵之。嶺外廖光圖自韶陽叛，舉族來奔，其部曲隨而至者數千人，殷以其豪而衆多，將拒而不納。或有諫者曰：「廖者料也，馬得必肥，是家國强霸之兆，何爲而拒之？」遂待之以禮，因命光圖爲永州刺史。光圖具陳南越可取之狀，言甚激切。殷亦將開拓疆土，聞其所陳甚善，使其部將李勳將數萬衆擊南越，未數月，拔桂管十八城。劉龑懼而乞盟。

袁樞《通鑑紀事本末》卷四〇《馬氏據湖南》 唐僖宗光啓二年。初，忠武決勝指揮使孫儒與龍驤指揮使朗山劉建鋒戍蔡州，拒黄巢，扶溝馬殷隸軍中，以材勇聞。及秦宗權叛，儒等皆屬焉。

三年。秦宗權與楊行密争揚州，以孫儒爲副，張佶、劉建鋒、馬殷皆從。

昭宗景福元年夏五月，楊行密屢敗孫儒兵，破其廣德營，張訓屯安吉，斷其糧道。儒食盡，士卒大疫，遣其將劉建鋒、馬殷分兵掠諸縣。行密縱兵擊儒，斬之，儒衆多降於行密。劉建鋒、馬殷收餘衆七千，南走洪州，推建鋒爲帥，殷爲先鋒指揮使，以行軍司馬張佶爲謀主，比至江西，衆十餘萬。

乾寧元年五月，劉建鋒、馬殷引兵至澧陵，武安節度使鄧處訥遣邵州指揮使蔣勛、鄧繼崇將步騎三千守龍回關。殷先至關下，遣使詣勛，勛等以牛酒犒師。殷使説勛曰：「劉龍驤智勇兼人，術家言當興翼、軫間。今將十萬衆，精鋭無敵，而君以鄉兵數千拒之，難矣。不如先下之，取富貴，還鄉里，不亦善乎？」勛等然之，謂衆曰：「東軍許吾屬還。」士卒皆歡呼，棄旗幟鎧仗遁去。建鋒令前鋒衣其甲，張其旗，趨潭州。潭人以爲邵州兵還，不爲備。建鋒徑入府，處訥方宴，擒斬

之。戊辰，建鋒入潭州，自稱留後。

二年。以劉建鋒爲武安節度使。建鋒以馬殷爲内外馬步軍都指揮使。蔣勛求爲邵州刺史，劉建鋒不許，勛據邵州，使其將屯定勝鎮以扼潭人。

三年春正月丁巳，劉建鋒遣都指揮使馬殷將兵討蔣勛，攻定勝寨，破之。

夏四月，武安節度使劉建鋒既得志，嗜酒，不親政事。長直兵陳贍妻美，建鋒私之，贍袖鐵撾擊殺建鋒。諸將殺贍，迎行軍司馬張佶爲留後。佶將入府，馬忽踶齧，傷左髀。時馬殷攻邵州未下，佶謝諸將曰：「馬公勇而有謀，寬厚樂善，吾所不及，真乃主也。」乃以牒召之。殷猶豫未行，聽直軍將汝南姚彦章説殷曰：「公與劉龍驤、張司馬，一體人也，今龍驤遇禍，司馬傷髀，天命人望，捨公尚誰屬哉！」殷乃使親從都副指揮使李瓊留攻邵州，徑詣長沙。五月，馬殷至長沙，張佶肩輿入府，坐受殷拜謁，已，乃命殷升聽事，以留後讓之，即趨下，帥將吏拜賀，復爲行軍司馬，代殷將兵攻邵州。

秋九月，以湖南軍留後馬殷判湖南軍府事。殷以高郁爲謀主。郁，揚州人也。殷畏楊行密、成汭之强，議以金帛結之。高郁曰：「成汭不足畏也。行密公之讎，雖以萬金賂之，安肯爲吾援乎？不若上奉天子，下撫士民，訓卒厲兵，以修霸業，則誰與爲敵矣。」殷從之。

光化元年春三月，以潭州刺史、判湖南軍府事馬殷知武安留後。時湖南管内七州，賊帥楊師遠據衡州，唐世旻據永州，蔡結據道州，陳彦謙據郴州，魯景仁據連州，殷所得惟潭、邵二州而已。

夏五月，湖南將姚彦章言於馬殷，請取衡、永、道、連、郴五州，仍薦李瓊爲將。殷以瓊及秦彦暉爲嶺北七州游弈使，張圖英、李唐副之，將兵攻衡州，斬楊師遠，引兵趣永州，圍之月餘，唐世旻走死。殷以李唐爲永州刺史。

二年秋七月，馬殷遣其將李唐攻道州，蔡結聚羣蠻，伏兵于隘以擊之，大破唐兵。唐曰：「蠻所恃者山林耳，若戰平地，安能敗我。」乃命因風燔林，光燭天地，羣蠻驚遁，遂拔道州，擒結，斬之。

冬十一月，馬殷遣其將李瓊攻郴州，執陳彦謙，斬之。進攻連州，魯景仁自殺。湖南皆平。

三年冬十月，静江節度使劉士政聞馬殷悉平嶺北，大懼，遣副使陳可璠屯全義嶺以備之。殷遣使修好於士政，可璠拒之，殷遣其將秦彦暉、李瓊等將兵七千擊士政。湖南軍至全義，士政又遣指揮使王建武屯秦城。可璠掠縣民耕牛以犒軍，縣民怨之，請爲湖南鄉導，曰：「此西南有小徑，距秦城纔五十里，僅通單騎。」彦暉遣李瓊將騎六十、步兵三百襲秦城，中宵，踰垣而入，擒王建武，比明復還，紖之以練，造可璠壁下示之，可璠猶未之信。斬其首，投壁中，桂人震恐。瓊因勒兵擊之，擒可璠，降其將士二千，皆殺之。引兵趣桂州，自秦城以南二十餘壁皆望風奔潰，遂圍桂州。數日，士政出降，桂、宜、巖、柳、象五州皆降於湖南。馬殷以李瓊爲桂州刺史。未幾，表爲静江節度使。

天復三年夏四月，楊行密遣使詣馬殷，言朱全忠跋扈，請殷絶之，約爲兄弟。湖南大將許德勳曰：「全忠雖無道，然挾天子以令諸侯，明公素奉王室，不可輕絶也。」殷從之。

天祐元年。初，馬殷弟賨性沈勇，事孫儒，爲百勝指揮使。儒死，事楊行密，屢有功，遷黑雲指揮使。行密嘗從容問其兄弟，乃知爲殷之弟，大驚曰：「吾常怪汝器度瓌偉，果非常人。當遣汝歸。」賨泣辭曰：「賨淮西殘兵，大王不殺而寵任之。湖南地近，常得兄聲問；賨事大王久，不願歸也。」行密固遣之。是歲，賨歸長沙，行密親餞之郊。賨至長沙，殷表賨爲節度副使。他日，殷議入貢天子，賨曰：「楊王地廣兵强，與吾鄰接，不若與之結好，大可以爲緩急之援，小可通商旅之利。」殷作色曰：「楊王不事天子，一旦朝廷致討，罪將及吾。汝置此論，勿爲吾禍。」

昭宣帝天祐三年。吉州刺史彭玕遣使請降於湖南。玕本赤石洞蠻酋，鎮南節度使鍾傳用爲吉州刺史。

後梁太祖開平元年夏四月辛未，以武安節度使馬殷爲楚王。

五月，弘農王以鄂岳觀察使劉存爲西南面都招討使，岳州刺史陳知新爲岳州團練使，廬州觀察使劉威爲應援使，别將許玄應爲監軍，將水軍三萬以擊楚。楚王馬殷甚懼，静江軍使楊定真賀曰：「我軍勝矣。」殷問其故，定真曰：「夫戰懼則勝，驕則敗。今淮南兵直趨吾城，是驕而輕敵也，而王有懼色，吾是以知其必勝也。」

殷命在城都指揮使秦彦暉將水軍三萬浮江而下，水軍副指揮使黄璠帥戰艦三百屯瀏陽口。六月，存等遇大雨，引兵還，至越堤北，彦暉追之。存數戰不利，乃遺殷書詐降。彦暉使謂殷曰：「此必詐也，勿受。」存與彦暉夾水而陳，存遥呼曰：「殺降不祥，公獨不爲子孫計耶？」彦暉曰：「賊入吾境而不擊，奚顧子孫！」鼓譟而進。存等走，黄璠自瀏陽引兵絶江，與彦暉合擊，大破之，執存及知

新，裨將死者百餘人，士卒死者以萬數，獲戰艦八百艘。威以餘衆遁歸，彥暉遂拔岳州。殷釋存、知新之縛，慰諭之。二人皆駡曰：「丈夫以死報主，肯事賊乎！」遂斬之。許玄應，弘農王之腹心也，常預政事，張顥、徐温因其敗，收斬之。

楚王殷遣兵會吉州刺史彭玕攻洪州，不克。

武貞節度使雷彥恭會楚兵攻江陵，荆南節度使高季昌引兵屯公安，絶其糧道。彥恭敗，楚兵亦走。

秋七月，雷彥恭攻岳州，不克。

八月辛亥，〔以〕楚王殷兼武昌節度使，充本道招討、制置使。

九月，雷彥恭攻涔陽、公安，高季昌擊敗之。彥恭貪殘類其父，專以焚掠爲事，荆、湖間常被其患；又附於淮南。丙申，詔削彥恭官爵，命季昌與楚王殷討之。

冬十月，高季昌遣其將倪可福會楚將秦彥暉攻朗州，雷彥恭遣使乞降於淮南，且告急。弘農王遣將冷業將水軍屯平江，李饒將步騎屯瀏陽以救之。楚王殷遣岳州刺史許德勳將兵拒之。冷業進屯朗口，德勳使善游者五十人，以木枝葉覆其首，持長刀浮江而下，夜犯其營，且舉火，業軍中驚擾。德勳以大軍進擊，大破之，追至鹿角鎮，擒業；又破瀏陽寨，擒李饒，掠上高、唐年而歸。斬業、饒於長沙市。

二年夏五月，静江節度使、同平章事李瓊卒，楚王殷以其弟永州刺史存知桂州事。

乙亥，楚兵寇鄂州，淮南所署知州秦裴擊破之。

雷彥恭引沅江環朗州以自守，秦彥暉頓兵月餘不戰，彥恭守備稍懈。彥暉使裨將曹德昌帥壯士夜入自水竇，内外舉火相應，城中驚亂，彥暉鼓譟壞門而入，彥恭輕舟奔廣陵。彥暉虜其弟彥雄，送于大梁。淮南以彥恭爲節度副使。先是，澧州刺史向瓌與彥恭相表裏，至是亦降於楚，楚始得澧、朗二州。

湖南判官高郁請聽民自采茶賣於北客，收其征以贍軍，楚王殷從之。秋七月，殷奏於汴、荆、襄、唐、郢、復州置回圖務，運茶於河南北，賣之以易繒、纊、戰馬而歸，仍歲貢茶二十五萬斤，詔許之。湖南由是富贍。

九月，荆南節度使高季昌遣兵屯漢口，絶楚朝貢之路。楚王殷遣其將許德勳將水軍擊之，至沙頭，季昌懼而請和。殷又遣步軍都指揮使吕師周將兵擊嶺南，與清海節度使劉隱十餘戰，取昭、賀、梧、蒙、龔、富六州。殷士宇既廣，乃養士息民，湖南遂安。

三年夏六月，撫州刺史危全諷自稱鎮南節度使，帥撫、信、袁、吉之兵號十萬，攻洪州。淮南守兵纔千人，將吏皆懼，節度使劉威密遣使告急於廣陵，日召僚佐宴飲。全諷聞之，屯象牙潭，不敢進。袁州刺史彭彥章圍高安，以助全諷。徐温以周本爲西南面行營招討應援使，將兵七千救高安。本曰：「楚人爲全諷聲援耳，非欲取高安也。吾敗全諷，援兵必還。」乃疾趣象牙潭。過洪州，劉威欲犒軍，本不肯留，或曰：「全諷兵强，君宜觀形勢然後進。」本曰：「賊衆十倍於我，我軍聞之必懼，不若乘其鋭而用之。」

秋七月，危全諷在象牙潭，營栅臨溪，亘數十里。庚辰，周本隔溪布陳，先使羸兵嘗敵。全諷兵涉溪追之，本乘其半濟，縱兵擊之。全諷兵大潰，自相蹂藉，溺水死者甚衆。本分兵斷其歸路，擒全諷及將士五千人，乘勝克袁州，執刺史彭〔彥〕章，進攻吉州。歙州刺史陶雅使其子敬昭及都指揮使徐章將兵襲饒、信，信州刺史危仔倡請降，饒州刺史唐寶棄城走。行營都指揮使米志誠、都尉吕師造等敗苑玫於上高。吉州刺史彭玕帥衆數千人奔楚，楚王殷表玕爲郴州刺史，爲子希範娶其女。

四年夏六月，楚王殷求爲天策上將，詔加天策上將軍。殷始開天策府，以弟賨爲左相，存爲右相。殷遣將侵荆南，軍于油口。高季昌擊破之，斬首五千級，逐北至白田而還。

冬十二月，辰州蠻酋宋鄴、（破）溆州蠻酋潘金盛恃其所居深險，數擾楚邊。至是，鄴寇湘鄉，金盛寇武岡。楚王殷遣昭州刺史吕師周將衡山兵五千討之。

乾化元年春正月，吕師周引兵攀藤緣崖入飛山洞，襲潘金盛，擒送武岡斬之，移兵擊宋鄴。冬十二月乙卯，以朗州留後馬賨爲永順節度使、同平章事。

二年春二月，辰州蠻酋宋鄴、昌師益皆帥衆降於楚，楚王殷以鄴爲辰州刺史，師益爲溆州刺史。

夏四月癸丑，以楚王殷爲武安武昌静江寧遠節度使、洪鄂四面行營都統。

冬十一月，吴淮南節度副使陳璋等將水軍襲楚岳州，執刺史苑玫，楚王殷遣水軍都指揮使楊定真救岳州。璋等進攻荆南，高季昌遣其將倪可福拒之。吴恐楚人救荆南，遣撫州刺史劉信帥江、撫、袁、吉、信五州兵屯吉州，爲璋聲援。

均王乾化三年春正月，吴陳璋攻荆南，不克而還，荆南與楚兵會於江口以邀之。璋知之，舟二百艘駢爲一列，夜過，二鎮兵遽出追之，不能及。

秋八月，楚寧遠節度使姚彦章將水軍侵吴鄂州，吴以池州團練使呂師造爲水陸行營應援使，未至，楚兵引去。

四年夏四月，吴袁州刺史劉崇景叛，附于楚。崇景，威之子也。楚將許貞將萬人援之，吴都指揮使柴再用、米志誠帥諸將討之。

楚岳州刺史許德勳將水軍巡邊，夜分，南風暴起，都指揮使王環乘風趣黄州，以繩梯登城，徑趣州署，執吴刺史馬鄴，大掠而還。德勳曰：「鄂州將邀我，宜備之。」環曰：「我軍入黄州，鄂人不知，奄過其城，彼自救不暇，安敢邀我。」乃展旗鳴鼓而行，鄂人不敢逼。

五月，吴柴再用等與劉崇景、許貞戰於萬勝岡，大破之，崇景、貞棄袁州遁去。

貞明三年春三月，楚王殷遣其弟存攻吴上高，俘獲而還。

龍德元年。辰、溆州蠻侵楚，楚寧遠節度副使姚彦章討平之。

後唐莊宗同光元年。楚王殷遣其子牙内馬步都指揮使希範入見，納洪、鄂行營都統印，上本道將吏籍。

二年夏四月乙亥，加楚王殷兼尚書令。

三年。初，楚王殷既得湖南，不征商旅，由是四方商旅輻湊。湖南地多鉛鐵，殷用軍都判官高郁策，鑄鉛鐵爲錢，商旅出境無所用之，皆易他貨而去，故能以境内所餘之物，易天下百貨，國以富饒。湖南民不事桑蠶，郁命民輸税者皆以帛代錢，未幾，民間機杼大盛。

明宗天成元年秋九月，加楚王殷守尚書令。

二年夏五月，楚王殷遣中使史光憲入貢。〔還〕，過〔江陵〕，荆南高季興執史光憲而奪其(貢)〔賜〕物。六月丙申，封楚王殷爲楚國王。

三年春二月，楚王殷遣六軍使袁詮、副使王環等將水軍擊荆南高季興。夏四月，吴右雄武軍使苗璘、静江統軍王彦章將水軍萬人攻楚岳州，至君山，楚王殷遣右丞相許德勳將戰艦千艘禦之。德勳曰：「吴人掩吾不備，見大軍，必懼而走。」乃潛軍角子湖，使王環夜帥戰艦三百，屯楊林浦絶吴歸路。遲明，吴人進軍荆江口，將會荆南兵攻岳州，丁亥，至道人磯。德勳命戰棹都虞候詹信以輕舟三百出吴軍後，德勳以大軍當其前，夾擊之，吴軍大敗，虜璘及彦章以歸。吴遣使求和於楚，請苗璘、王彦章。楚王殷歸之，使許德勳餞之。德勳謂二人曰：「楚國雖小，舊臣宿將猶在，願吴朝勿以措懷。必俟衆駒争皁棧，然後可圖也。」時殷多内寵，嫡庶無别，諸子驕奢，故德勳語及之。

六月，帝詔楚王殷討高季興。

四年春三月，楚王殷命其子武安節度副使、判長沙府希聲知政事，總録内外諸軍事，自是國政先歷希聲，乃聞於殷。

初，楚王殷用都軍判官高郁爲謀主，國賴以富强，鄰國皆疾之。莊宗入洛，殷遣其子希範入貢。莊宗愛其警敏，曰：「比聞馬氏當爲高郁所奪，今有子如此，郁安能得之。」高季興亦屢以流言間郁於殷，殷不聽，乃遣使遺節度副使、知政事希聲書，盛稱郁功名，願爲兄弟。使者言於希聲曰：「高公常云『馬氏政事皆出高郁』，此子孫之憂也。」希聲信之。行軍司馬楊昭遂，希聲之妻族也，謀代郁任，日譖之於希聲。希聲屢言於殷，稱郁奢僭，且外交鄰藩，請誅之。殷曰：「成吾功業，皆郁力也。汝勿爲此言。」希聲固請罷其兵柄，乃左遷郁行軍司馬。郁謂所親曰：「亟營西山，吾將歸老。猘子漸大，能咋人矣。」希聲聞之，益怒，明日，矯以殷命殺郁於府舍，牓諭中外，誣郁謀叛，并誅其族黨。至暮，殷尚未知。是日大霧，殷謂左右曰：「吾昔從孫儒渡淮，每殺不辜，多致兹異。馬步院豈有冤死者乎？」明日，吏以郁死告，殷拊膺大慟曰：「吾老耄，政非己出，使我勳舊横罹冤酷！」既而顧左右曰：「吾亦何可久處此乎！」

長興元年冬十月，楚王殷寢疾，遣使詣闕請傳位於其子希聲。朝廷疑殷已死，辛亥，以希聲爲起復武安節度使兼侍中。

十一月己巳，楚王殷卒，遺命諸子兄弟相繼。置劍於祠堂曰：「違吾命者，戮之！」諸將議遣兵守四境，然後發喪。兵部侍郎黄損曰：「吾喪君有君，何備之有？宜遣使詣鄰道告終稱嗣而已。」

備論

王夫之《讀通鑑論》卷二九《五代中》 王環爲馬殷攻高季興，大敗之，薄江陵城，斂兵而退。謂荆南爲四戰之地，宜存季興以爲楚扞蔽，策之善者也。季興雖存，不能復爲殷患，而委靡以苟存於吴、蜀、汴、雒之交，以閒隔長沙而不受兵，故殷得以保其疆土。雖然，藉此而圖固本自彊之術，息民訓兵以待天下之變，則雖大有爲焉可矣。無以善其後，而徒幸兵之不我及，以安旦夕，則所謂無敵國

外患者國恒亡」也，殷之陋也，非環之失計也。

天下當戰争不定之世，所甚患者，受天下之衝以犯天下之難，力未完，業不及遠，驟得勝而扼吭挾脊以召敵之攻，其敗也可立而待，而愚者幸之以居功。越之與楚，不相及也，句踐滅吴，而後越受楚兵以亡。契丹滅而女直之禍中於汴，女直滅而蒙古之禍中於杭，皆弱不自量，撤藩籬而欣幸以召攻者。夫豈但弱者爲然哉？齊桓公而知要衝之地不可争也，姑置江、黄爲不侵不叛之國以隔楚，則陳、蔡、鄭、許可以安於北嚮；急收江、黄，授楚以兵端，而二國滅，於是楚一伸臂而旋及於泗上，無所礙矣。

彊弱之積，非一旦之復；偶然之勝，非持久之術；故曰「地有所不争」，非散地之謂也。散地者，敵視之如贅疣，而我收其實利，得之也可以厚吾力，而不犯敵之全力以相逼。唯夫南北之襟喉，東西之腰領，忽爲我有而天下震驚，得則可興，失則必危，興者百一，而危者十九，竭吾財，殫吾力以保之，一仆而瓦解。策士無識，乃曰：此要地也，所必争者也。不揣而聽之，致死以争之，可爲寒心矣。

善用王環之謀，以養吾全力，使彊敵相忘而可大得志於天下，惜乎馬殷之不足以及此也，爲怯而已矣。雖然，猶可以不亡，待之再世也。

吴任臣《十國春秋》卷六七《武穆王世家》 論曰：國家之興，豈不藉有師武臣力哉？武穆奮迹行伍之中，龍驤前驅，司馬推轂，此固屬有天幸，而瓊之驍悍，郁之謀畫，德勳以威斷稱，彦暉以果毅著，環則智深勇沉，恒則慷慨切直，皆一代將相才也。攀鱗附翼，共啟霸圖，遂爾據湘潭，跨桂嶺，南抵柳、連，北震江、漢，假非渤海偪處於門户，彭城密邇於比鄰，偏方之大勢成矣。奈何克家無人，適符衆駒争棧之言，功臣寃死，國亦隨衰，垂裕後昆，武穆其有慚德焉。

藝文

《全唐詩》卷七四三沈彬《獻馬殷頌德》 金翅動身摩日月，銀河轉浪洗乾坤。

《全唐文》卷一〇七後唐明宗《賜太師尚書令馬殷謚法詔》 故天策上將軍、守太師、尚書令、楚國王馬殷，品位俱高，封崇已極，無官可贈，宜賜謚及神道碑文，仍以王禮葬。

《全唐文》卷八二一盧説《授李思敬馬殷湖南節度使制》 門下：十國爲連，萬夫是長。兼文武之寄，居方岳之重握我兵符，疇咨人傑。而又束神京襟帶，扼衡越咽喉。疏五時之封疆，跨三湘之土壤。節制之重，柬求惟難。允叶僉諧，爰膺並命。具官李思敬，族著山西，神交圯上。鼎鐘刻伐，帶礪誓盟。探義府之根源，暢和門之方畧。雙鞬小戟，承家而猿臂推奇。叔豹季貍，濟美而牛頭入夢。具官馬殷，夙彰奇節，素挺英才。究六韜三畧之微，得十圍五攻之要。誅暴救亂，戰必勝而攻必取。安人和衆，近者説而遠者來。既有勇而知方，善勝殘而去殺。並懷仁抱義，履信資忠。載張四維，俱崇七德。或貳戎車之政令，寬緩不苛。或列雄鎮之偏裨，動用安重，使悖婆懷其惠，桀黠畏其威。爲我寶臣，咸彰嘉績。有以難兄告老，瀝懇以聞。俾諧内舉之誠，爰頒試守之命。有以元戎殞喪，軍俗上陳，言其以得士心，可使爲帥。姑徇人欲，爰假武符。或曾未半朞，或始逾星紀，皆聞報効，允叶陟明。而善守化條，克固吾圉。綏懷有庶，協比其鄰。底貢率循於舊章，賦事罔愆於彝制。不有即真之命，曷明勸賞之文。是用授以旌旄，錫之鈇鉞。或昇其馭貴，啟以邑封。洎夫端揆之崇，並壯方隅之寄。各竭誠節，以奉明恩。撫字蒸黎，尊獎王室。無窮九貢，須布六條。咸思不溢之言，以謹有終之戒。服我謨訓，往惟欽哉。

《全唐文》卷八三九劉昌魯《致馬殷書》 僕昔占籍鄴中，受恩唐室，莅高三歲，遏黄巢之亂，收合生齒，堡于掠山，因深爲塹，憑高作壘，攻苦食淡，以勤士卒。洎盜賊平定，一境獨全。高掠之民，至今相戴。而中原多故，嶺南不賓。劉隱亂常，僭興師律。舉蠻貊之衆，成吞噬之心。僕常訓勵甲兵，躬當矢石。掃壘一戰，劉巖遁走。雖仗義者必勝，恃力者必亡。然而山越之人，瘡痍衆矣。殘民以騁，所不忍爲。昔古公去豳，竇融歸漢，千古之下，迭爲推美。僕雖顓愚，景慕前烈。竊惟明公負江湖之固，有桓文之業，土宇至廣，仁風素厚。願以所部歸款於執事，謹刺血染翰，上達誠悃。惟明公圖之。

錢鏐部

綜述

《舊五代史》卷一三三《錢鏐傳》　錢鏐，杭州臨安縣人。少拳勇，喜任俠，以解仇報怨爲事。唐乾符中，事於潛鎮將董昌爲部校。屬天下喪亂，黄巢寇嶺表，江、淮之盜賊羣聚，大者攻州郡，小者剽閭里，董昌聚衆，恣横於杭、越之間，杭州八縣，每縣召募千人爲一都，時謂之「杭州八都」，以遏黄巢之衝要。時有劉漢宏者，聚徒據越州，自稱節度使，攻收鄰郡；潤州牙將薛朗逐其節度使周寶，自稱留後。唐僖宗在蜀，詔董昌討伐，昌以軍政委鏐，率八都之士進攻越州，誅漢宏；迴戈攻潤州，擒薛朗。江、浙平，董昌爲浙東節度使、越州刺史，表鏐代己爲杭州刺史。

唐景福中，朝廷以李鋌爲浙江西道鎮海軍節度使。時孫儒、楊行密交亂，淮海煙塵數千里，鏐常率師以爲防捍，孫儒據宣州，不敢侵江、浙，由是鏐勳名日著。久之，李鋌終不至治所，朝廷以鏐爲鎮海軍節度，仍移潤州軍額於杭州爲治所，又立威勝軍於越州，董昌爲節度使。昌漸驕貴，自言身應符讖，又爲祆人王百藝所誑，僭稱尊號，乃於越州自稱羅平國王，年號大聖，僞命鏐爲兩浙都將。鏐不受命，以狀聞，唐昭宗命鏐討昌。乾寧四年，鏐率浙西將士破越州，擒昌以獻，朝廷嘉其功，賜鏐鐵券，又除宰臣王溥爲威勝軍節度使。而兩浙士庶拜章，請以鏐兼杭、越二鎮，朝廷不能制，因而授之，改威勝軍爲鎮東，鏐乃兼鎮海、鎮東兩藩節制。鏐既兼兩鎮，精兵三萬，而楊行密連歲興戎，攻蘇、湖、潤等州，欲兼并兩浙，累爲鏐所敗，亦爲行密侵盜數州，而鏐所部止一十三州而已。天復中，鏐大將許再思、徐綰叛，引宣州節度使田頵謀襲杭州。田頵等率師掩至城下，鏐激厲軍士，一戰敗之，生擒徐綰，田頵遁走。

鏐於臨安故里興造第舍，窮極壯麗，歲時遊於里中，車徒雄盛，萬夫羅列。其父寬每聞鏐至，走竄避之，鏐即徒步訪寬，請言其故。寬曰：「吾家世田漁爲事，未嘗有貴達如此，爾今爲十三州主，三面受敵，與人争利，恐禍及吾家，所以不忍見汝。」鏐泣謝之。

鏐於唐昭宗朝，位至太師、中書令、本郡王，食邑二萬户。梁祖革命，以鏐爲尚父、吴越國王。梁末帝時，加諸道兵馬元帥。同光中，爲天下兵馬都元帥、尚父、守尚書令，封吴越國王，賜玉册、金印。初，莊宗至洛陽，鏐厚陳貢奉，求爲國王，及玉册詔下，有司詳議，羣臣咸言：「玉簡金字，唯至尊一人，錢鏐人臣，不可。又本朝以來，除四夷遠藩，羈縻册拜，或有國王之號，而九州之内亦無此事。」郭崇韜尤不容其僭，而樞密承旨段徊，姦佞用事，能移崇韜之意，曲爲鏐陳情，崇韜僶俛從之。鏐乃以鎮海、鎮東軍節度使名目授其子元瓘，自稱吴越國王，命所居曰宫殿，府署曰朝廷，其參佐稱臣，僭大朝百僚之號，但不改年號而已。僞行制册，加封爵於新羅、渤海，海中夷落亦皆遣使行封册焉。

明宗即位之初，安重誨用事，鏐嘗與重誨書，云「吴越國王謹致書于某官執事」，不敍暄涼，重誨怒其無禮。屬供奉官烏昭遇使於兩浙，每以朝廷事私於吴人，仍目鏐爲殿下，自稱臣，謁鏐行舞蹈之禮。及迴，使副韓玫具述其事，重誨因削鏐元帥、尚父、國王之號，以太師致仕。久之，其子元瓘等上表陳敍。時淮寇攻逼荆南，明宗疑其同惡，因降詔詰之，元瓘等復遣使自淮南間道上表，【略】明宗嘉之，乃降制復授鏐天下兵馬都元帥、尚父、吴越國王。未幾，又詔賜上表不名。

鏐在杭州垂四十年，窮奢極貴。錢塘江舊日海潮逼州城，鏐大庀工徒，鑿石填江，又平江中羅刹石，悉起臺榭，廣郡郭周三十里，邑屋之繁會，江山之雕麗，實江南之勝概也。鏐學書，好吟咏。江東有羅隱者，有詩名，聞於海内，依鏐爲參佐。鏐嘗與隱唱和，隱好譏諷，嘗戲爲詩，言鏐微時騎牛操挺之事，鏐亦怡然不怒，其通恕也如此。鏐雖季年荒恣，然自唐朝，於梁室，莊宗中興以來，每來揚帆越海，貢奉無闕，故中朝亦以此善之。

鏐以長興三年三月二十八日薨，年八十一。制曰：「故天下兵馬都元帥、尚父、吴越國王錢鏐，累朝元老，當代勳賢，位已極於人臣，名素高於簡册。贈典既無其官爵，易名宜示其優崇，宜令所司定謚，以王禮葬，仍賜神道碑。」謚曰武肅。鏐初事董昌，時年甫壯室，性尚剛烈。時有儒士謁於主帥，已進刺矣，見鏐稍怠，鏐怒，投之羅刹江，及典謁者將召，鏐詐云：「客已拂衣去矣。」及爲帥時，有人獻詩云：「一條江水檻前流。」鏐不悦，以爲譏己，尋害之。迨於晚歲，方愛人下士，留心理道，數十年間，時甚歸美。鏐尤恃崇盛，分兩浙爲數鎮，其節制署而後奏。

左右前後皆兒孫甥姪，軒陛服飾，比於王者，兩浙里俗咸曰「海龍王」。梁開平中，浙民上言，請爲鏐立生祠，梁太祖許之，令翰林學士李琪撰生祠堂碑以賜之，至今蒸黎饗之，子孫保之，斯亦近代之名王也。

《新五代史》卷六七《錢鏐世家》 錢鏐字具美，杭州臨安人也。臨安里中有大木，鏐幼時與羣兒戲木下，鏐坐大石指麾羣兒爲隊伍，號令頗有法，羣兒皆憚之。及壯，無賴，不喜事生業，以販鹽爲盜。

縣録事鍾起有子數人，與鏐飲博，起嘗禁其諸子，諸子多竊從之遊。豫章人有善術者，望牛斗間有王氣。牛斗，錢塘分也，因遊錢塘。占之在臨安，乃之臨安，以相法隱市中，陰求其人。起與術者善，術者私謂起曰：「占君縣有貴人，求之市中不可得，視君之相貴矣，然不足當之。」起乃爲置酒，悉召賢豪爲會，陰令術者偏視之，皆不足當。術者過起家，鏐適從外來，見起，反走，術者望見之，大驚曰：「此真貴人也！」起笑曰：「此吾旁舍錢生爾。」術者召鏐至，熟視之，顧起曰：「君之貴者，因此人也。」乃慰鏐曰：「子骨法非常，願自愛！」因與起訣曰：「吾求其人者，非有所欲也，直欲質吾術爾。」明日乃去。起始縱其子等與鏐遊，時時貸其窮乏。

鏐善射與槊，稍通圖緯諸書。唐乾符二年，浙西裨將王郢作亂，石鑑鎮將董昌募鄉兵討賊，表鏐偏將，擊郢破之。是時，黄巢衆已數千，攻掠浙東，至臨安，鏐曰：「今鎮兵少而賊兵多，難以力禦，宜出奇兵邀之。」乃與勁卒二十人伏山谷中，巢先鋒度險皆單騎，鏐伏弩射殺其將，巢兵亂，鏐引勁卒蹂之，斬首數百級。鏐曰：「此可一用爾，大衆至何可敵邪！」乃引兵趨八百里，八百里，地名也，告道旁媼曰：「後有問者，告曰：『臨安兵屯八百里矣。』」巢衆至，聞媼語，不知其地名，曰：「嚮十餘卒不可敵，況八百里乎！」遂急引兵過。都統高駢聞巢不敢犯臨安，壯之，召董昌與鏐俱至廣陵。久之，駢無討賊意，昌等不見用，辭還，駢表昌杭州刺史。是時，天下已亂，昌乃團諸縣兵爲八都，以鏐爲都指揮使，成及爲靖江都將。

中和二年，越州觀察使劉漢宏與昌有隙，漢宏遣其弟漢宥、都虞候辛約，屯兵西陵。鏐率八都兵渡江，竊取軍號，斫其營，營中驚擾，因焚之，漢宥等皆走。漢宏復遣將黄珪、何肅屯諸暨、蕭山，鏐皆攻破之。與漢宏遇，戰，大敗之，殺何肅，辛約。漢宏易服持膾刀以遁，追者及之，漢宏曰：「我宰夫也。」舉刀示之，乃免。

四年，僖宗遣中使焦居璠爲杭、越通和使，詔昌及漢宏罷兵，皆不奉詔。漢宏遣其將朱褒、韓公玫、施堅實等以舟兵屯望海。鏐出平水，成及夜率奇兵破褒等於曹娥埭，進屯豐山，施堅實等降，遂攻破越州。漢宏走台州，台州刺史執漢宏送於鏐，斬于會稽，族其家。鏐乃奏昌代漢宏，而自居杭州。

光啓三年，拜鏐左衛大將軍、杭州刺史，昌越州觀察使。是歲，畢師鐸囚高駢，淮南大亂，六合鎮將徐約攻取蘇州。潤州牙將劉浩逐其帥周寶，寶奔常州，浩推度支催勘官薛朗爲帥。鏐遣都將成及、杜稜等攻常州，取周寶以歸，鏐具軍禮郊迎，館寶於樟亭，寶病卒。稜等進攻潤州，逐劉浩，執薛朗，剖其心以祭寶。然後遣其弟銶攻徐約，約敗走入海，追殺之。

昭宗拜鏐杭州防禦使。是時，楊行密、孫儒爭淮南，與鏐戰蘇、常間。久之，儒爲行密所殺，行密據淮南，取潤州，鏐亦取蘇、常。唐升越州威勝軍，以董昌爲節度使，封隴西郡王；杭州武勝軍，拜鏐都團練使，以成及爲副使。及字弘濟，與鏐同事攻討，謀多出於及，而鏐以女妻及子仁琇。鏐乃以杜稜、阮結、顧全武等爲將校，沈崧、皮光業、林鼎、羅隱爲賓客。

景福二年，拜鏐鎮海軍節度使、潤州刺史。乾寧元年，加同中書門下平章事。二年，越州董昌反。昌素愚，不能決事，臨民訟，以骰子擲之，而勝者爲直。妖人應智王温、巫韓媪等，以妖言惑昌，獻鳥獸爲符瑞。牙將倪德儒謂昌曰：「曩時謡言有羅平鳥主越人禍福，民間多圖其形禱祠之，視王書名與圖類。」因出圖以示昌，昌大悦，乃自稱皇帝，國號羅平，改元順天，分其兵爲兩軍，中軍衣黄，外軍衣白，銘其衣曰「歸義」。副使黄竭切戒昌以爲不可，昌大怒，使人斬竭，持其首至，罵曰：「此賊負我好聖，明時三公不肯作，乃自求死邪！」投之圊中。昌乃以書告鏐，鏐以昌反狀聞。

昭宗下詔削昌官爵，封鏐彭城郡王，浙江東道招討使。鏐曰：「董氏於吾有恩，不可遽伐。」以兵三萬屯迎恩門，遣其客沈滂諭昌使改過。昌以錢二百萬犒軍，執應智等送軍中，自請待罪，鏐乃還兵。昌復拒命，遣其將陳郁、崔温等屯香嚴，石侯，乞兵於楊行密，行密遣安仁義救昌。鏐遣顧全武攻昌，斬崔温。昌所用諸將徐珣、湯臼、袁邠皆庸人，不知兵，遇全武輒敗。昌兄子真，驍勇善戰，全武等攻之，逾年不能克。真與其裨將刺羽有隙，羽譖之，昌殺真，兵乃敗。全武執昌歸杭州，行至西小江，昌顧左右曰：「吾與錢公俱起鄉里，吾嘗爲大將，今何面復見之乎！」左右相對泣下，因瞋目大呼，投水死。

昭宗以宰相王溥鎮越州，溥請授鏐，乃改威勝軍爲鎮東軍，拜鏐鎮海、鎮東軍節度使、加檢校太尉、中書令，賜鐵券，恕九死。鏐如越州受命，還治錢塘，號越州爲「東府」。光化元年，移鎮海軍於杭州，加鏐檢校太師，改鏐鄉里曰廣義鄉勳貴里，鏐素所居營曰衣錦營。婺州刺史王壇叛附于淮南，楊行密遣其將康儒應壇，因攻睦州。鏐遣其弟銶敗儒於軒渚，壇奔宣州。昭宗詔鏐圖形淩煙閣，升衣錦營爲衣錦城，石鑑山曰衣錦山，大官山曰功臣山。鏐游衣錦城，宴故老，山林皆覆以錦，號其幼所嘗戲大木曰「衣錦將軍」。

天復二年，封鏐越王。鏐巡衣錦城，武勇右都指揮使徐綰與左都指揮使許再思叛，焚掠城郭，攻內城，鏐子傳瑛及其將馬綽、陳爲等閉門拒之。鏐歸，至北郭門不得入。成及代鏐與綰戰，斬首百餘級，綰屯龍興寺。鏐微服踰城而入，遣馬綽、王榮、杜建徽等分屯諸門，使顧全武備東府，全武曰：「東府不足慮，可慮者淮南爾，綰急，必召淮兵至，患不細矣。楊公大丈夫，今以難告，必能閔我。」鏐以爲然。全武曰：「獨行，事必不濟，請擇諸公子可行者。」鏐曰：「吾嘗欲以元璙婚楊氏。」乃使隨全武如廣陵。綰果召田頵於宣州。全武等至廣陵，行密以女妻元璙，亟召頵還。頵取鏐錢百萬，質鏐子元瓘而歸。

天祐元年，封鏐吴王，鏐建功臣堂，立碑紀功，列賓佐將校名氏於碑陰者五百人。四年，升衣錦城爲安國衣錦軍。

梁太祖即位，封鏐吴越王兼淮南節度使。客有勸鏐拒梁命者，鏐笑曰：「吾豈失爲孫仲謀邪！」遂受之。太祖嘗問吴越進奏吏曰：「錢鏐平生有所好乎？」吏曰：「好玉帶、名馬。」太祖笑曰：「真英雄也。」乃以玉帶一匣、打毬御馬十匹賜之。江西危全諷等爲楊渥所敗，信州危仔倡奔於鏐，鏐惡其姓，改曰元。開平二年，加鏐守中書令，改臨安縣爲安國縣，廣義鄉爲衣錦鄉。三年，加守太保。

楊渥將周本、陳章圍蘇州，鏐遣其弟鋸、鏢救之。淮兵爲水柵環城，以銅鈴繫網沈水中，斷潛行者。水軍卒司馬福，多智而善水行，乃先以巨竹觸網，淮人聞鈴聲遂舉網，福乃過，入城中，其出也亦然。乃取其軍號，內外夾攻，號令相應，淮人以爲神，遂大敗之，本等走，擒其將閭丘直、何明等。

四年，鏐游衣錦軍，作《還鄉歌》曰：「三節還鄉兮掛錦衣，父老遠來相追隨。牛斗無孛人無欺，吴越一王駟馬歸。」乾化元年，加鏐守尚書令，兼淮南、宣潤等道四面行營都統。立生祠於衣錦軍。鏐弟鏢居湖州，擅殺戍將潘長，懼罪奔于淮南。二年，梁郢王友珪立，册尊鏐尚父。末帝貞明三年，加鏐天下兵馬都元帥，開府置官屬。四年，楊隆演取虔州，鏐始由海路入貢京師。龍德元年，賜鏐詔書不名。

唐莊宗入洛，鏐遣使貢獻，求玉册。莊宗下其議於有司，羣臣皆以謂非天子不得用玉册，郭崇韜尤爲不可，既而許之，乃賜鏐玉册、金印。鏐因以鎮海等軍節度授其子元瓘，自稱吴越國王，更名所居曰宫殿，府曰朝，官屬皆稱臣，起玉册、金券、詔書三樓於衣錦軍，遣使册新羅、渤海王，海中諸國，皆封拜其君長。

明宗即位，安重誨用事，鏐致書重誨，書辭嫚，重誨大怒。是時，供奉官烏昭遇、韓玫使吴越，既還，玫誣昭遇稱臣舞蹈，重誨乃奏削鏐王爵、元帥、尚父，以太師致仕。元瓘等遣人以絹表間道自陳。安重誨死，明宗乃復鏐官爵。長興三年，鏐卒，年八十一，謚曰武肅。子元瓘立。

雜録

備録

釋贊寧《宋高僧傳》卷一二《習禪篇第三之五》 初，〔僧洪〕諲有先見之明。武肅王家居石鑑山，及就戍應募爲軍，諲一見握手，屏左右而謂之曰：「好自愛。他日貴極，當與佛法爲主。」後累立戰功，爲杭牧，故奏署諲師號，見必拜跪，檀施豐厚，異於常數。終時執喪禮，念微時之言矣。

馮贄《雲仙雜記》卷六《鸞手校尉》 錢鏐鎮吴越，尊賢渴士，使名畫工二三十人在沿江，號鸞手校尉，伺北方士子流移來者，咸寫貌以聞，擇清俊福厚者用之。胡岳方渡江，畫工以貌奏，鏐見之歎曰：「面有銀光，奇士也。」即時召見。

孫光憲《北夢瑣言》卷五《章魯封不幸》 屯難之世，君子遭遇不幸，往往有之。唐進士章魯封與羅隱齊名，皆浙中人，頻舉不第，聲采甚著。錢尚父土豪倔起，號錢塘八都，洎破董昌，奄有杭越，於是章、羅二士罹其籠罩。然其出於草萊，未諳事體，重縣宰而輕郎官。嘗曰：「某人非才，只可作郎官，不堪作縣令。」即可知也。以章魯封爲表奏孔目官，章拒而見笞；差羅隱宰錢塘，皆畏死稟命也。章、羅以之爲恥，錢公用之爲榮。玉石俱焚，吁可惜也。或云章魯封後典蘇

州，著《章子》三卷行於世。羅隱爲中朝所重，錢公尋倍加敬，官至給事中，享壽考，温飽而卒。

孫光憲《北夢瑣言》卷七《韋杜氣概》 或有述李頻詩於錢尚父曰：「只將五字句，用破一生心。」尚父曰：「可惜此心，何所不用，而破於詩句，苦哉？」

丁謂《丁晉公談録》 錢塘武肅王不識文字，然凡所言皆可律下。忽一日，雜役兵士於公署壁題之曰：「無了期，無了期，營基纔了又倉基。」由是部轄者皆怒。王見而謂曰：「不必怒。」命羅隱從事續書之，曰：「無了期，無了期，春衣纔了又冬衣。」卒伍見之，於是怡然力役，不復怨咨。

陶岳《五代史補》卷一《錢鏐弭謗》 錢鏐封吴越國王後，大興府署，版築斤斧之聲晝夜不絶。士卒怨嗟，或有中夜潛用白土大書於門曰：「没了期，侵早起，抵暮歸。」鏐一見欣然，遽命書吏亦以白土書數字於其側曰：「没了期，春衣纔罷又冬衣。」時人以爲神輔。自是怨嗟頓息矣。

陶岳《五代史補》卷二《錢鏐患目》 錢鏐末年患雙目，有醫人不知所從來，自云累世醫内外障眼，其術在於用鍼，無不效者。鏐聞，召而使觀之，醫人曰：「可治。然大王非常人，患殆天與之，若醫是違天理也，恐無益於壽，幸思之。」鏐曰：「吾起自行伍，跨有方面，富貴足矣。但得兩眼見物，爲鬼不亦快乎！」既而下手，莫不應手豁然。鏐喜，所賜動以萬計，醫人皆辭不受。明年，鏐卒。

歐陽修《五代史記注》卷七七下 唐末錢尚父鏐始兼有吴越，將廣牙城以大公府，有術者告曰：「王若改舊爲新，有國止及百年。如填築西湖以爲之，當十倍此。王其圖之！」鏐謂術者曰：「豈有千年而天下無真主乎！有國百年，吾所願也。」即于所治增廣之。及忠懿歸朝，錢氏霸吴越凡九十八年。

《資治通鑑》卷二七五後唐明宗天成元年十二月條考異引《紀年通譜》 鏐雖外勤貢奉，而陰爲僭竊，私改年號於其國。其後子孫奉中朝正朔，漸諱改元事。及錢俶納土，凡其境内有石刻僞號者，悉使人交午鑿滅之。惟今杭州西湖落星山塔院中有鏐封此山爲壽星寶石山僞詔，刻之於石，雖經鑱毁，其文尚可讀，後題云「寶正六年，歲在辛卯」。明宗長興二年也；其元年即天成元年也。好事者或傳曰「保正」，非也。

孔平仲《續世説》卷三《雅量》 錢鏐與羅隱唱和，隱好譏諷，言鏐微時騎牛操梃之事，錢怡然不怒，其通恕如此。然又有人獻詩於鏐者，云「一條江水檻前流」，鏐以爲譏己，殺之。

王闢之《澠水燕談録》卷九《雜録》 錢鏐之據錢塘也，子跛，鏐鍾愛之。諺謂跛爲瘸，杭人爲諱，乃稱茄爲落蘇。

吴處厚《青箱雜記》卷二 錢武肅王諱鏐，至今吴越間謂石榴爲金櫻，劉家、留家爲金家、田家，留住爲駐住。

沈括《夢溪筆談》卷一三《權智》 浙帥錢鏐時，宣州叛卒五千餘人送款，錢氏納之，以爲腹心。時羅隱在其幕下，屢諫，以謂敵國之人，不可輕信，浙帥不聽。杭州新治城堞，樓櫓甚盛，浙帥攜寮客觀之。隱指卻敵，佯不曉曰：「設此何用？」浙帥曰：「君豈不知欲備敵邪？」隱謬曰：「審如是，何不向裏設之？」浙帥大笑曰：「本欲拒敵，設於内何用？」對曰：「以隱所見，正當設於内耳。」蓋指宣卒將爲敵也。後浙帥巡衣錦城，武勇指揮使徐綰、許再思挾宣卒爲亂，火青山鎮，入攻中城，賴城中有備，綰等尋敗，幾於覆國。

釋文瑩《湘山野録》卷中 開平元年，梁太祖即位，封錢武肅鏐爲吴越王。時有諷錢拒其命者，錢笑曰：「吾豈失爲一孫仲謀耶！」拜受之。改其鄉臨安縣爲臨安衣錦軍。是年省塋壟，延故老，旌鉞鼓吹，振耀山谷。自昔游釣之所，盡蒙以錦繡，或樹石至有封官爵者。舊貿鹽肩擔，亦裁錦韜之。一鄰媪九十餘，攜壺漿角黍迎於道，鏐下車亟拜，媪撫其背，猶以小字呼之，曰：「錢婆留，喜汝長成！」蓋初生時光怪滿室，父懼，將沉於丫溪，此媪酷留之，遂字焉。爲牛酒大陳鄉飲，别張蜀錦爲廣幄，以飲鄉婦。凡男女八十已上金樽，百歲已上玉樽。時黄髮飲玉者尚不減十餘人。鏐起，執爵於席，自唱《還鄉歌》以娱賓曰：「三節還鄉兮挂錦衣，吴越一王駟馬歸。臨安道上列旌旗，碧天明明兮愛日輝。父老遠近來相隨，家山鄉眷兮會時稀。斗牛光起兮天無欺。」時父老雖聞歌進酒，都不之曉。武肅覺其歡意不甚浹洽，再酌酒，高揭吴喉唱山歌以見意，詞曰：「你輩見儂底歡喜，别是一般滋味子，永在我儂心子裏。」歌闋，合聲賡贊，叫笑振席，歡感閭里。今山民尚有能歌者。

釋文瑩《續湘山野録》 禪月貫休嘗以詩投之曰：「貴極身來不自由，幾年勤苦踏山丘。滿堂花醉三千客，一劍光寒十四州。萊子衣裳宫錦窄，謝公篇詠綺霞羞。他年名上淩煙閣，豈羨當時萬户侯。」鏐愛其詩，遣客吏諭之曰：「教和尚改十四爲四十州，方與見。」休性褊介，謂吏曰：「州亦難添，詩亦不改。然閑雲孤鶴，何天而不可飛邪！」遂飄然入蜀，以詩投孟知祥，有「一瓶一鉢垂垂老，萬水千山得得來」之句，知祥厚遇之。

袁樞《通鑑紀事本末》卷三九《錢氏據吳越》 唐僖宗乾符五年。王郢之亂，臨安人董昌以土團討賊有功，補石鏡鎮將。是歲曹師雄寇掠二浙，杭州募諸縣鄉兵各千人以討之，昌與錢塘劉孟安、阮結、富陽聞人宇、鹽官徐及、新城杜稜、餘杭淩文舉、臨平曹信各爲之都將，號杭州八都，昌爲之長。其後宇卒，錢塘人成及代之。臨安人錢鏐以驍勇事昌，以功爲石鏡都知兵馬使。

六年冬十月，黄巢之抵潭州也，荆南節度使王鐸留其將守江陵，自帥衆趣襄陽。鐸既去，劉漢宏大掠江陵，帥其衆北歸爲羣盜。漢宏，兖州人也。

廣明元年夏五月，劉漢宏之黨浸盛，侵掠宋、兖。甲子，徵東方諸道兵討之。六月，劉漢宏南掠申州。秋七月辛酉，劉漢宏請降。戊辰，以爲宿州刺史。冬十一月，宿州刺史劉漢宏怨朝廷賞薄，甲寅，以漢宏爲浙東觀察使。

中和元年秋九月，淮南節度使高駢召石鏡將董昌至廣陵，欲與之俱擊黄巢。昌將錢鏐說昌曰：「觀高公無討賊心，不若以扞禦鄉里爲辭而去之。」昌從之，駢聽昌還。會杭州刺史路審中將之官，行至嘉興，昌自石鏡引兵入據杭州，審中懼而還。昌自稱杭州都押牙，知州事，遣將吏請於鎮海節度使周寶。寶不能制，表爲杭州刺史。

二年秋八月，浙東觀察使劉漢宏遣弟漢宥及馬步軍都虞候辛約將兵二萬營于西陵，謀兼并浙西，杭州刺史董昌遣都知兵馬使錢鏐拒之。壬子，鏐乘霧夜濟江，襲其營，大破之，所殺殆盡，漢宥、辛約皆走。

冬十月，劉漢宏又遣登高(鎮)將王鎮將兵七萬屯西陵，錢鏐復夜濟江襲擊，大破之，斬獲萬計，得漢宏補諸將官僞敕二百餘通。鎮奔諸暨。

三年。劉漢宏分兵屯黄嶺、巖下、貞女三鎮，錢鏐將八都兵自富春擊之，破黄嶺，擒巖下鎮將史弁、貞女鎮將楊元宗。漢宏以精兵屯諸暨，鏐又擊破之，漢宏走。

冬十月，劉漢宏將十餘萬衆出西陵將擊董昌，戊午，錢鏐濟江逆戰，大破之，漢宏易服持鱠刀而遁。己未，漢宏收餘衆四萬復戰，鏐又破之，斬其弟漢容及將辛約。

四年春三月，婺州人王鎮執刺史黄碣，降于錢鏐。劉漢宏遣其將婁賚殺鎮而代之。浦陽鎮將蔣瓌召鏐兵共攻婺州，擒賚而還。碣，閩人也。

光啓二年冬十月，董昌謂錢鏐曰：「汝能取越州，吾以杭州授汝。」鏐曰：「然，不取終爲後患。」遂將兵自諸暨趨平水，鑿山開道五百里，出曹娥埭，浙東將鮑君福帥衆降之。鏐與浙東軍戰，屢破之，進屯豐山。十一月丙戌，錢鏐克越州，劉漢宏奔台州。十二月，台州刺史杜雄誘劉漢宏，執送董昌，斬之。昌徙鎮越州，自稱知浙東軍府事，以錢鏐知杭州事。

三年春正月辛巳，以董昌爲浙東觀察使，錢鏐爲杭州刺史。

三月，鎮海節度使周寶募親軍千人，號後樓兵，稟給倍於鎮海軍。鎮海軍皆怨，而後樓兵浸驕，不可制。寶溺於聲色，不親政事，築羅城二十餘里，建東第，人苦其役。寶與僚屬宴後樓，有言鎮海軍怨望者，寶曰：「亂則殺之。」度支催勘使薛朗以其言告所善鎮海軍將劉浩，戒之使戢士卒。浩曰：「惟反可以免死耳。」是夕，寶醉，方寢，浩帥其黨作亂，攻府舍而焚之。寶驚起，徒跣叩芙蓉門，呼後樓兵，後樓兵亦反矣。寶帥家人步走出青陽門，遂奔常州，依刺史丁從實。浩殺諸僚佐，癸巳，迎薛朗入府，推爲留後。

初，周寶聞淮南六合鎮遏使徐約兵精，誘之使擊蘇州。夏四月甲辰朔，約逐蘇州刺史張雄，帥其衆逃入海。

五月，錢鏐遣東安都將杜稜、浙江都將阮結、静江都將成及將兵討薛朗。六月，杜稜等敗薛朗將李君暀于陽羨。冬十月，杜稜等拔常州，丁從實奔海陵。錢鏐奉周寶歸杭州，屬櫜鞬具部將禮郊迎之。十二月乙未，周寶卒於杭州。錢鏐以杜稜爲常州制置使。命阮結等進攻潤州，丙申，克之，劉浩走，擒薛朗以歸。

文德元年春正月丙寅，錢鏐斬薛朗，剖其心以祭周寶。以阮結爲潤州制置使。

秋九月，錢鏐遣其從弟銶將兵攻徐約于蘇州。

昭宗龍紀元年春三月丙申，錢銶拔蘇州，徐約亡入海而死。錢鏐以海昌都將沈粲權知蘇州。

夏五月，潤州刺史阮結卒，錢鏐(以)成及(代)之。

景福元年夏四月乙酉，置武勝軍於杭州，以錢鏐爲防禦使。

二年閏五月，以武勝軍防禦使錢鏐爲蘇、杭觀察使。秋七月，錢鏐發民夫二十萬及十三都軍士築杭州羅城，周七十里。九月丁卯，以錢鏐爲鎮海節度使。

乾寧元年夏五月，加鎮海節度使錢鏐同平章事。(威)勝節度使董昌爲政苛虐，於常賦之外，加斂數倍，以充貢獻及中外饋遺，每旬發一綱，金萬兩，銀五千鋌，越綾萬五千匹，他物稱是，用卒五百人，或遇雨雪風水違程則皆死。貢奉爲

天下最，由是朝廷以爲忠，寵命相繼，官至司徒、同平章事，爵隴西郡王。

昌建生祠於越州，制度悉如禹廟，命民間禱賽者，無得之禹廟，皆之生祠。昌求爲越王，朝廷未之許，昌不悦曰：「朝廷欲負我矣。我累年貢獻無算，而惜一越王邪！」有諂之者曰：「王爲越王，曷若爲越帝。」於是民間訛言時世將變，競相帥填門喧譟，請昌爲帝。昌大喜，遣人謝之曰：「天時未至，時至我自爲之。」其僚佐吴瑶、都虞候李暢之等皆勸成之，吏民獻謡、讖、符瑞者不可勝紀，其始賞之以錢數百緡，既而獻者日多，稍減至五百、三百而已。昌曰：「讖云『兔子上金牀』，此謂我也。我生太歲在卯，明年復在卯，二月卯日卯時，吾稱帝之秋也。」

二年春正月，董昌將稱帝，集將佐議之。節度副使黄碣曰：「今唐室雖微，天人未厭。齊桓、晉文皆翼戴周室以成霸業。大王興於畎畝，受朝廷厚恩，位至將相，富貴極矣，奈何一旦忽爲滅族之計乎！碣寧死爲忠臣，不生爲叛逆。」昌怒，以爲惑衆，斬之，投其首於厠中，駡之曰：「奴賊負我！好聖明時三公不能待，而先求死也。」并殺其家八十口，同坎瘞之。又問會稽令吴鐐，對曰：「大王不爲真諸侯以傳子孫，乃欲假天子以取滅亡邪！」昌亦族誅之。又謂山陰令張遜曰：「汝有能政，吾深知之，俟吾爲帝，命汝知御史臺。」遜曰：「大王起石鏡鎮，建節浙東，榮貴近二十年，何苦效李錡、劉闢之所爲乎！浙東僻處海隅，巡屬雖有六州，大王若稱帝，彼必不從，徒守孤城，爲天下笑耳。」昌又殺之。謂人曰：「無此三人者，則人莫我違矣。」

二月辛卯，昌被衮冕登子城門樓，即皇帝位，悉陳瑞物於庭以示衆。先是，咸通末，吴、越間訛言山中有大鳥，四目三足，聲云「羅平天册」，見者有殃，民間多畫像以祀之。及昌將僭號，曰「此吾鸑鷟也」，乃自稱大越羅平國，改元順天，署城樓曰天册之樓，〔令〕羣下謂己曰「聖人」。以前杭州刺史李邈、前婺州刺史蔣瓌、兩浙鹽鐵副使杜郢、前屯田郎中李瑜爲相，又以吴瑶等皆爲翰林學士，李暢之等皆爲大將軍。

昌移書錢鏐，告以權即羅平國位，以鏐爲兩浙都指揮使。鏐遺昌書曰：「與其閉門作天子，與九族、百姓俱陷塗炭，豈若開門作節度使，終身富貴邪？及今悛悔，尚可及也。」昌不聽。鏐乃將兵三萬詣越州城下，至迎恩門見昌，再拜言曰：「大王位兼將相，奈何捨安就危？鏐將兵此來，以俟大王改過耳。若天子命將出師，縱大王不自惜，鄉里士民何罪，隨大王滅族乎！」昌懼，致犒軍錢二百萬，執首謀者吴瑶及巫覡數人送於鏐，且請待罪天子。鏐引兵還，以狀聞。

夏四月，朝廷以董昌有貢輸之勤，今日所爲，類得心疾，詔釋其罪，縱歸田里。錢鏐表董昌僭逆，不可赦，請以本道兵討之。楊行密遣使詣錢鏐，言董昌已改過，宜釋之。亦遣使詣昌，使趣朝貢。五月，詔削董昌官爵，委錢鏐討之。六月庚寅，以錢鏐爲浙東招討使。鏐復發兵擊董昌。

秋九月，董昌求救於楊行密，行密遣泗州防禦使臺濛攻蘇州以救之，且表昌引咎，願修職貢，請復官爵。又遺錢鏐書，稱：「昌狂疾自立，已畏兵諫，執送同惡，不當復伐之。」

冬十月，楊行密遣寧國節度使田頵、潤州團練使安仁義攻杭州鎮戍以救董昌，昌使湖州將徐淑會淮南將魏約共圍嘉興。錢鏐遣武勇都指揮使顧全武救嘉興，破烏墩、光福二寨。淮南將柯厚破蘇州水柵。全武，餘姚人也。

十二月，加鎮海節度使錢鏐兼侍中。

三年春正月辛未，安仁義以舟師至湖州，欲渡江應董昌，錢鏐遣武勇都指揮使顧全武、都知兵馬使許再思守西陵，仁義不能渡。昌遣其將湯臼守石城，袁邠守餘姚。

二月戊辰，顧全武、許再思敗湯臼於石城。上用楊行密之請，赦董昌，復其官爵，錢鏐不從。

三月己酉，顧全武等攻餘姚，明州刺史黄晟遣兵助之。董昌遣其將徐章救餘姚，全武擊擒之。

夏四月，淮南兵與鎮海兵戰于皇天蕩，鎮海兵不利，楊行密遂圍蘇州。

董昌使人覘錢鏐兵，有言其强盛者輒怒斬之，言兵疲食盡則賞之。戊寅，袁邠以餘姚降於鏐。顧全武、許再思進兵至越州城下，五月，昌出戰而敗，嬰城自守，全武等圍之。昌始懼，去帝號，復稱節度使。

癸未，蘇州常熟鎮使陸郢以州城應楊行密，虜刺史成及。錢鏐聞蘇州陷，急召顧全武使趨西陵備行密。全武曰：「越州，賊之根本，奈何垂克而棄之？請先取越州，後復蘇州。」鏐從之。

甲午夜，顧全武急攻越州，乙未旦，克其外郭，董昌猶據牙城拒之。戊戌，鏐遣昌故將駱團紿〔昌〕云：「奉詔，令大王致仕歸臨安。」昌乃送牌印，出居清道坊。己亥，全武遣武勇都監使吴璋以舟載昌如杭州，至小江南，斬之，并其家三百餘人，宰相李邈、蔣瓌以下百餘人。昌在圍城中，貪吝益甚，口率民間錢帛，減

戰士糧。及城破，庫有金帛雜貨五百間，倉有糧三百萬斛。錢鏐傳昌首於京師，散金帛以賞將士，開倉以賑貧乏。

八月，加錢鏐兼中書令。甲寅，以門下侍郎王摶充威勝節度使。冬十月，錢鏐令兩浙吏民上表請以鏐兼領浙東。朝廷不得已，復以王摶爲吏部尚書、同平章事，以鏐爲鎮海、威勝兩軍節度使。丙子，更名威勝，曰鎮東軍。

十一月，淮南將安仁義攻婺州。

四年春正月，錢鏐使行軍司馬杜稜救婺州，安仁義移兵攻睦州，不克而還。夏四月辛亥，錢鏐遣顧全武等將兵三千自海道救嘉興，己未，至城下，擊淮南兵，大破之。癸亥，兩浙將顧全武等破淮南十八營，虜淮南將士魏約等三千人。淮南將田頵屯驛亭埭，兩浙兵乘勝逐之。甲戌，頵自湖州奔還，兩浙兵追敗之，頵衆死者千餘人。

六月己酉，錢鏐如越州，受鎮東節鉞。秋七月庚戌，錢鏐還杭州，遣顧全武取蘇州。乙未，拔松江，戊戌，拔無錫，辛丑，拔常熟、華亭。

九月，湖州刺史李彦徽欲以州附於楊行密，其衆不從。彦徽奔廣陵，都指揮使沈攸以州歸錢鏐。

光化元年春正月，錢鏐請徙鎮海軍於杭州，從之。

三月，淮南將周本救蘇州，兩浙將顧全武擊破之。淮南將秦裴以兵三千人拔昆山而戍之。秋九月，顧全武攻蘇州，城中及援兵食皆盡，甲申，淮南所署蘇州刺史臺濛棄城走，援兵亦遁。全武克蘇州，追敗周本等于望亭。獨秦裴守昆山不下，全武帥萬餘人攻之。裴屢出戰，使病者被甲執矛，壯者彀弓弩，全武每爲之卻。全武檄裴令降，全武嘗爲僧，裴封函納款，全武喜，召諸將發函，乃佛經一卷。全武大慚曰：「裴不憂死，何暇戲予！」益兵攻城，引水灌之，城壞食盡，裴乃降。錢鏐設千人饌以待之，及出，羸兵不滿百人。鏐怒曰：「單弱如此，何敢久爲旅拒？」對曰：「裴義不負楊公，今力屈而降耳，非心降也。」鏐善其言。顧全武亦勸鏐宥之，鏐從之。時人稱全武長者。

冬閏十月，錢鏐以其將曹圭爲蘇州制置使，遣王球攻婺州。

十一月，衢州刺史陳岌請降于楊行密，錢鏐使顧全武討之。十二月，楊行密遣成及等歸兩浙以易魏約等，錢鏐許之。

二年春三月，婺州刺史王壇爲兩浙所圍，求救於宣歙觀察使田頵，夏四月，頵遣行營都指揮使康儒等救之。五月庚戌，康儒等敗兩浙兵於龍丘，擒其將王球，遂取婺州。

三年春正月，宣州將康儒攻睦州，錢鏐使其從弟銶拒之。秋八月，宣州將康儒食盡，自清溪遁歸。

天復元年夏五月己酉，加鎮海、鎮東節度使錢鏐守侍中。

秋八月，或告楊行密，云：「錢鏐爲盜所殺。」行密遣步軍都指揮使李神福等將兵取杭州，兩浙將顧全武等列八寨以拒之。〔冬十月，〕李神福與顧全武相拒久之，神福獲杭俘，使出入卧内。神福謂諸將曰：「杭兵尚强，我師且當夜還。」杭俘走告全武，神福命勿追。暮遣羸兵先行，神福爲殿，使行營都將吕師造伏兵青山下。全武素輕神福，出兵追之。神福、師造夾擊，大破之，斬首五千級，生擒全武。錢鏐聞之，驚泣曰：「喪我良將！」神福進攻臨安，兩浙將秦昶帥衆三千降之。

十二月，李神福知錢鏐定不死，而臨安城堅，久攻不拔，欲歸，恐爲鏐所邀，乃遣人守衛鏐祖考丘壠，禁樵采，又使顧全武通家信，鏐遣使謝之。神福於要路多張旗幟爲虚寨，鏐以爲淮南兵大至，遂請和。神福受其犒賂而還。

二年夏四月，楊行密遣顧全武歸杭州以易秦裴，錢鏐大喜，遣〔裴〕還。

五月，鎮海、鎮東節度使、彭城王錢鏐進爵越王。

初，孫儒死，其士卒多奔浙西，錢鏐愛其驍悍，以爲中軍，號武勇都。行軍司馬杜稜諫曰：「狼子野心，他日必爲深患，請以士人代之。」不從。鏐如衣錦軍，命武勇右都指揮使徐綰帥衆治溝洫。鎮海節度副使成及聞士卒怨言，白鏐，請罷役，不從。〔秋八月〕丙戌，鏐臨饗諸將，綰謀殺鏐於座，不果，稱疾先出。鏐怪之，丁亥，命綰將所部先還杭州。及外城，縱兵焚掠。武勇左都指揮使許再思以迎候兵與之合，進逼牙城，鏐子傳瑛與三城都指揮使馬綽等閉門拒之。牙將潘長擊綰，綰退屯龍興寺。鏐還，及龍泉，聞變，疾驅至城北，使成及建鏐旗鼓與綰戰。鏐微服乘小舟夜抵牙城東北隅，踰城而入。直更卒憑鼓而寐，鏐親斬之，城中始知鏐至。武安都指揮使杜建徽自新城入援，徐綰聚木將焚北門，建徽悉焚之。建徽，稜之子也。湖州刺史高彦聞難，遣其子渭將兵入援，至靈隱山，綰伏兵擊殺之。

初，鏐築杭州羅城，謂僚佐曰：「十步一樓，可以爲固矣。」掌書記羅隱曰：「樓不若皆内向。」至是，人以隱言爲驗。

九月，或勸錢鏐渡江東保越州，以避徐、許之難。杜建徽按劍叱之曰：「事

或不濟，同死於此，豈可復東渡乎！」

鏐恐徐綰等據越州，遣大將顧全武將兵戍之。全武曰：「越州不足往，不若之廣陵。」鏐曰：「何故？」對曰：「聞綰等謀召田頵，田頵至，淮南助之，不可敵也。」建徽曰：「孫儒之難，王嘗有德於楊公，今往告之，宜有以相報。」鏐命全武告急於楊行密。全武曰：「徒往無益，請得王子爲質。」鏐命其子傳璙微服爲全武僕，與偕之廣陵，且求婚於行密。過潤州，團練使安仁義愛傳璙清麗，將以十僕易之，全武夜半賂閽者逃去。

綰等果召田頵，頵引兵赴之，先遣親吏何饒謂鏐曰：「請大王東如越州，空府廨以相待，無爲殺士卒。」鏐報曰：「軍中叛亂，何方無之。公爲節帥，乃助賊爲逆！戰則亟戰，又何大言！」頵築壘絶往來之道，鏐患之，募能奪其地者賞以州。衢州制置使陳璋將卒三百出城奮擊，遂奪其地，鏐即以爲衢州刺史。

顧全武至廣陵，説楊行密曰：「使田頵得志，必爲王患。王召頵還，錢王請以其子傳璙爲質，且求婚。」行密許之，以女妻傳璙。

冬十一月，田頵急攻杭州，仍具舟將自西陵渡江。錢鏐遣其將盛造、朱郁拒破之。

十二月，楊行密使人召田頵曰：「不還，吾且使人代鎮宣州。」庚辰，頵將還，徵犒軍錢二十萬緡於錢鏐，且求鏐子爲質，將妻以女。鏐謂諸子：「孰能爲田氏壻者？」莫對。鏐欲遣幼子傳球，傳球不可，鏐怒，將殺之。次子傳瓘請行，吴夫人泣曰：「奈何置兒虎口！」傳瓘曰：「紓國家之難，安敢愛身。」再拜而出，鏐泣送之。傳瓘從數人縋北門而下，頵與徐綰、許再思同歸宣州。鏐奪傳球内牙兵印。

越州客軍指揮使張洪以徐綰之黨自疑，帥步兵三百奔衢州，刺史陳璋納之。温州將丁章逐刺史朱敖，敖奔福州。章據温州，田頵遣使招之，道出衢州，陳璋聽其往還，錢鏐由是恨璋。

三年秋七月，睦州刺史陳詢叛錢鏐，舉兵攻蘭溪，鏐遣指揮使方永珍擊之。武安都指揮使杜建徽與詢連姻，鏐疑之，建徽不言。會詢親吏來奔，得建徽與詢書，皆勸戒之辭，鏐乃悦。建徽從兄建思譖建徽私蓄兵仗，謀作亂。鏐使人索之，建徽方食，使者直入卧内，建徽不顧，鏐以是益親重之。

冬十月，田頵叛楊行密，行密求兵於錢鏐。鏐遣方永珍屯潤州，從弟鎰屯宣州，又遣指揮使楊習攻睦州。

十一月，田頵敗，錢傳瓘歸杭州。

天祐元年春三月，楊行密遣錢傳璙及其婦并顧全武歸錢塘。

夏四月，鎮海、鎮東節度使越王錢鏐求封吴越王，朝廷不許。朱全忠爲之言於執政，乃更封吴王。

冬十一月，錢鏐潛遣衢州羅城使葉讓殺刺史陳璋，事泄，十二月，璋斬讓而叛，降于楊行密。

昭宣帝天祐二年春正月，兩浙兵圍陳詢于睦州，楊行密遣西南招討使陶雅將兵救之。軍中夜驚，士卒多踰壘亡去，左右及裨將韓球奔告之，雅安卧不應，須臾自定，亡者皆還。錢鏐遣其從弟鎰及指揮使顧全武、王球禦之，爲雅所敗，虜鎰及球以歸。

夏四月，淮南將陶雅會衢、睦兵攻婺州，錢鏐遣其弟鏢將兵救之。秋八月，錢鏐遣方永珍救婺州。九月，淮南將陶雅、陳璋拔婺州，執刺史沈夏以歸。楊行密以雅爲江南都招討使、歙婺衢睦觀察使，以璋爲衢婺副招討使。璋攻暨陽，兩浙將方習敗之。習進攻婺州。十二月，陳詢不能守睦州，奔于廣陵，淮南招討使陶雅入據其城。

三年春正月，陶雅引兵還歙州，錢鏐復取睦州。庚辰，錢鏐如睦州。

陳璋聞陶雅歸歙，自婺州退保衢州。兩浙將方永珍等取婺州，進攻衢州。秋八月，兩浙圍衢州，衢州刺史陳璋告急於淮南，楊渥遣左廂馬步都虞候周本將兵迎璋。本至衢州，浙人解圍，陳於城下，璋帥衆歸于本，兩浙兵取衢州。吕師造曰：「浙人近我而不動，輕我也，請擊之。」本曰：「吾受命迎陳使君，今至矣，何爲復戰？彼必有以待我也。」遂引兵還。本爲之殿，浙人躡之，本中道設伏，大破之。

冬十二月乙酉，錢鏐表薦行軍司馬王景仁，詔以景仁領寧國節度使。

後梁武帝開平元年春三月，鎮海、鎮東節度使吴王錢鏐遣其子傳璙、傳瓘討盧佶於温州。夏四月，盧佶聞錢傳璙等將至，將水軍拒之於青澳。錢傳瓘曰：「佶之精兵盡在於此，不可與戰。」乃自安固捨舟，間道襲温州。戊午，温州潰，擒佶斬之。吴王鏐以都監使吴璋爲温州制置使，命傳璙等移兵討盧約於處州。

鎮海節度判官羅隱説吴王鏐舉兵討梁，曰：「縱無成功，猶可退保杭、越，自爲東帝，奈何交臂事賊，爲終古之羞乎！」鏐始以隱爲不遇於唐，必有怨心，及聞其言，雖不能用，心甚義之。

五月己卯，以吴王錢鏐爲吴越王。

盧約以處州降吴越。

秋八月辛亥，以吴越王鏐兼淮南節度使，充本道招討制置使。

二年秋八月，吴越王錢鏐遣寧國節度使王景仁奉表詣大梁，陳取淮南之策。

淮南遣周本、吕師造擊吴越，九月，圍蘇州。吴越將張仁保攻常州之東洲，拔之。

淮南陳璋帥柴再用等復取東洲。

三年夏四月，淮南兵圍蘇州，推洞屋攻城，吴越將臨海孫琰置輪於竿首，垂絙投錐以揭之，攻者盡露，礮至則張網以拒之，淮南人不能克。吴越王鏐遣牙內指揮使錢鏢、行軍副使杜建徽等將兵救之。蘇州有水通城中，淮南張網綴鈴懸水中，魚鼈過皆知之。吴越遊弈都虞候司馬福欲潛行入城，故以竿觸網，敵聞鈴聲舉網，福因得過，凡居水中三日，乃得入城。由是城中號令與援兵相應，敵以爲神。

吴越王鏐嘗遊府園，見園卒陸仁章樹藝有智而志之。及蘇州被圍，使仁章通信入城，果得報而返。鏐以諸孫畜之，累遷兩府軍糧都監使，卒獲其用。仁章，睦州人也。

辛亥，吴越兵內外合擊淮南兵，大破之，擒其將何朗等三十餘人，奪戰艦二百艘。周本夜遁，又追敗之於皇天蕩。鍾泰章將精兵二百爲殿，多樹旗幟於菰蔣中，追兵不敢進而還。

冬十月，湖州刺史高澧叛附淮南，舉兵焚義和臨平鎮，吴越王鏐命指揮使錢鏢討之。

四年春二月，高澧求救於吴，吴常州刺史李簡等將兵應之，湖州將盛師友、沈行思閉城不內。澧帥麾下五千人奔吴。三月癸巳，吴越王鏐巡湖州，以錢鏢爲刺史。

秋八月，吴越王鏐築捍海石塘，廣杭州城，大修臺館。由是錢塘富庶盛於東南。

乾化元年。湖州刺史錢鏢酗酒殺人，恐吴越王鏐罪之，冬十月辛亥朔，殺都監潘長，推官鍾安德奔于吴。

二年秋七月甲寅，加吴越王鏐尚父。

均王乾化三年春二月，吴行營招討使李濤帥衆二萬出千秋嶺攻吴越衣錦軍，吴越王鏐以其子湖州刺史傳瓘爲北面應援都指揮使以救之。睦州刺史傳璙爲招討收復都指揮使，將水軍攻吴東洲，以分其兵勢。夏四月，千秋嶺道險狹，錢傳瓘使人伐木以斷吴軍之後而擊之，吴軍大敗，虜李濤及士卒三千餘人以歸。

五月，吴遣宣州副指揮使花虔將兵會廣德鎮遏使渦信屯廣德，將復寇衣錦軍，吴越錢傳瓘就攻之。六月，吴越錢傳瓘拔廣德，虜花虔、渦信以歸。

九月，吴越王鏐遣其子傳瓘、傳璙及大同節度使傳瑛攻吴常州，營於潘葑。徐温曰：「浙人輕而怯。」帥諸將倍道赴之。至無錫，黑雲都將陳祐言於温曰：「彼謂吾遠來罷倦，未能戰，請以所部乘其無備擊之。」乃自他道出敵後，温以大軍當其前夾攻之，吴越大敗，斬獲甚衆。

貞明二年夏五月，吴越王鏐遣浙西安撫判官皮光業自建、汀、虔、郴、潭、岳、荆南道入貢。秋七月，上嘉吴越王鏐貢獻之勤，壬戌，加鏐諸道兵馬元帥。朝議多言「鏐之入貢利於市易，不宜過以名器假之」，翰林學士竇夢徵執麻以泣，坐貶蓬萊尉。

三年冬十月己亥，加吴越王鏐天下兵馬元帥。

四年春三月，吴越王鏐初立元帥府，置官屬。

五年春三月，詔吴越王鏐大舉討淮南。鏐以節度副大使傳瓘爲諸軍都指揮使，帥戰艦五百艘自東洲擊吴，吴遣舒州刺史彭彦章及裨將陳汾拒之。四月，錢傳瓘與彭彦章遇，傳瓘命每船皆載灰、豆及沙，乙巳，戰于(浪)[狼]山江。吴船乘風而進，傳瓘引舟避之，既過，自後隨之。吴回船與戰，傳瓘使順風揚灰，吴人不能開目。及船舷相接，傳瓘使散沙於己船，而散豆於吴船，豆爲戰血所漬，吴人踐之皆僵仆。傳瓘因縱火焚吴船，吴兵大敗。彦章戰甚力，兵盡，繼之以木，身被數十創。陳汾按兵不救，彦章知不免，遂自殺。傳瓘俘吴裨將七十人，斬首千餘級，焚戰艦四百艘。吴人誅汾，籍没家貲，以其半賜彦章家，稟其妻子終身。

秋七月，吴越王鏐遣錢傳瓘將兵三萬攻吴常州，吴都招討使徐温帥諸將拒之，右雄武統軍陳璋以水軍下海門出其後。壬申，戰于無錫。會温病熱，不能治軍，吴越攻中軍，飛矢雨集，鎮海節度判官陳彦謙遷中軍旗鼓于左，取貌類温者擐甲胄，號令軍事，温得少息。俄頃，疾稍間，出拒之。時久旱草枯，吴人乘風縱火，吴越兵亂，遂大敗，殺其將何逢、吴建，斬首萬級。傳瓘遁去，追至山南，復敗之。陳璋敗吴越于香灣。

温募生獲叛將陳紹者賞錢百萬，指揮使崔彦章獲之。紹勇而多謀，温復使之典兵。

初，(錦)衣(錦)之役，吳馬軍指揮曹筠叛奔吳越，徐温赦其妻子，厚遇之，遣間使告之曰：「使汝不得志而去，吾之過也。汝無以妻子爲念。」及是役，筠復奔吳，温自數昔日不用筠言者三，而不問筠去來之罪，歸其田宅，復其軍職。筠内愧而卒。

知誥請帥步卒二千，易吳越旗幟、鎧仗，躡敗卒而東襲取蘇州。温曰：「爾策固善，然吾且求息兵，未暇如汝言也。」諸將皆以爲吳越所恃者舟楫，今大旱，水道涸，此天亡之時也，宜盡步騎之勢一舉滅之。温歎曰：「天下離亂久矣，民困已甚，錢公亦未易可輕。若連兵不解，方爲諸君之憂。今戰勝以懼之，戢兵以懷之，使兩地之民各安其業，君臣高枕，豈不樂哉！多殺何爲！」遂引還。

吳越王鏐見何逢馬，悲不自勝，故將士心附之。寵姬鄭氏父犯法當死，左右爲之請，鏐曰：「豈可以一婦人亂我法！」出其女而斬之。鏐自少在軍中，夜未嘗寐，倦極則就圓木小枕，或枕大鈴，寐熟輒欹而寤，名曰「警枕」。置粉盤于卧内，有所記則書盤中，比老不倦。或寢方酣，外有白事者，令侍女振紙即寤。時彈銅丸于樓牆之外，以警直更者。嘗微行，夜叩北城門，吏不肯啓關，曰：「雖大王來，亦不可啓。」乃自他門入，明日，召北門吏厚賜之。

秋八月，吳徐温遣使以吳王書解歸無錫之俘於吳越，吳越王鏐亦遣使請和於吳。自是吳國休兵息民，三十餘州民樂業者二十餘年。吳王及徐温屢遺吳越王鏐書，勸鏐自王其國，鏐不從。

龍德元年春三月，吳人歸吳越王鏐從弟龍武統軍鎰于錢塘，鏐亦歸吳將李濤于廣陵。徐温以濤爲右雄武統軍，鏐以鎰爲鎮海節度副使。

後唐莊宗同光元年春二月，梁主遣兵部侍郎崔協等册命吳越王鏐爲吳越國王。丁卯，鏐始建國，儀衛、名稱多如天子之制，謂所居曰宫殿，府署曰朝廷，教令下統内曰制敕，將吏皆稱臣，惟不改元，表疏首稱吳越國而不言軍。以清海節度使兼侍中傳瓘爲鎮海、鎮東留後，總軍府事。置百官，有丞相、侍郎、郎中、員外郎、客省等使。

冬十二月，吳越王鏐以行軍司馬杜建徽爲左丞相。

二年冬十月，吳越王鏐復修本朝職貢，壬午，帝因梁官爵而命之。鏐厚貢獻，并賂權要，求金印、玉册，賜詔不名，稱國王。有司言：「故事惟天子用玉册，王公皆用竹册。又非四夷，無封國王者。」帝皆曲從鏐意。

三年秋八月丁亥，遣吏部侍郎李德休等賜吳越國王玉册、金印、紅袍御衣。

閏十二月，吳越王鏐遣使者沈瑫致書，以受玉册、封吳越國王告於吳。吳人以其國名與己同，不受書，遣瑫還。仍戒境上無得通吳越使者及商旅。

明宗天成元年春三月，吳越王鏐有疾，如衣錦軍，命鎮海、鎮東節度使留後傳瓘監國。吳徐温遣使來問疾，左右勸鏐勿見。鏐曰：「温陰狡，此名問疾，實使之覘我也。」强出見之。温果聚兵欲襲吳越，聞鏐疾瘳而止。鏐尋還錢塘。是歲，吳越王鏐以中國喪亂，朝命不通，改元寶正。其後復通中國，乃諱而不稱。

三年秋八月，吳越王鏐欲立中子傳瓘爲嗣，謂諸子曰：「各言汝功，吾擇多者而立之。」傳瓘兄傳璹、傳璙、傳璟皆推傳瓘，乃奏請以兩鎮授傳瓘。閏月丁未，詔以傳瓘爲鎮海、鎮東節度使。

四年。吳越王鏐居其國，好自大，朝廷使者曲意奉之則贈遺豐厚，不然則禮遇疏薄。嘗遺安重誨書，辭禮頗倨。帝遣供奉官烏昭遇、韓玫使吳越，昭遇與玫有隙，使還，玫奏：「昭遇見鏐稱臣拜舞，謂鏐爲殿下，及私以國事告鏐。」安重誨奏賜昭遇死。(秋九月)癸巳制鏐以太師致仕，自餘官爵皆削之，凡吳越進奏官、使者、綱吏，令所在繫治之。鏐令子傳瓘等上表訟冤，皆不省。

長興元年冬十月，錢鏐因朝廷册閩王使者裴羽還，附表引咎，其子傳瓘及將佐屢爲鏐上表自訴。癸卯，敕聽兩浙綱吏自便。

二年春三月乙酉，復以錢鏐爲天下兵馬都元帥、尚父、吳越國王，遣監門上將軍張籛往諭旨，以曏日致仕，安重誨矯制也。

三年春三月，吳越武肅王錢鏐寢疾，謂將吏曰：「吾疾必不起，諸兒愚懦，誰可爲帥者？」衆泣曰：「兩鎮令公仁孝有功，孰不愛戴！」鏐乃悉出印鑰授傳瓘曰：「將吏推爾，宜善守之。」又曰：「子孫善事中國，勿以易姓廢事大之禮。」庚戌卒，年八十一。

曾慥《類説》卷五三引《談苑》 唐末有朱書御札，徵兵方鎮，蓋危難中以此示信。昭宗以吳綾汗衫寫詔，間道與錢鏐，告以國難。

羅大經《鶴林玉露》乙編卷六《晚唐詩人》 羅隱乾符中舉進士十上不第，黄巢亂，歸依錢鏐。及朱温篡，詔至，痛哭勸鏐舉義，鏐不能從。温聞其名，以諫議大夫招之，不就，事鏐終於著作佐郎。

范坰等《吳越備史》卷一《武肅王》 (武肅王)始誕之夕，皇考方他適，鄰人急走告曰：「適過君家後舍，聞甲馬之聲甚衆，非有盜乎？」皇考乃急馳歸，王已誕矣。復有紅光滿室，皇考頗怪之，將棄于井，祖妣知非常人，固不許，因小字曰

「婆留」，而井亦以名焉。王自幼常與羣兒聚戲于樹陰石上，或伐薪，必使羣兒聚以供己，隨多少而賞罰焉。王嘗憩後山，忽一石屹然自立，王因志之。及貴，建功臣精舍於其地。遂以石爲「佛坐」，樹號「衣錦將軍」。

王始在軍中，未嘗自安。每欲暫憩，必先整衣甲盥漱而後寢焉。又以圓木小枕綴鈴，睡熟則歌，由是而寤，名曰「警枕」。又置粉盤于卧内，有所記則書之。及撫鎮二國殆及四紀，勤勞恭儉，始終如一致。每夕，必列侍女各主一更，戒之曰：「外有報事，當振鈴聲以爲警省。」凡有聞報，即時而遣。又嘗以彈丸擲樓之外，以警宿直者，使其不寐以應其事。又嘗微行，夜扣北城門，吏不肯啓關，曰：「大王來，我亦不啓。」王乃自便門而入。明日，召吏厚賜之。稍暇，則命諸子孫諷誦詩賦，或以所製詩什賜于丞相、將吏以下，由是往往達旦。天福中，近侍李詠因監契丹，驛中有判官謂李詠曰：「武肅王嘗夜不睡。」詠詰其所知，答曰：「嘗聞五臺王子太師言，浙中『不睡龍』今已歸矣。」訪其所聞，乃壬辰之後也。王少時倜儻有大度，志氣雄傑，機謀沉遠，善用長稍大弩，又能書寫，甚得體要，有知人之鑒，及通圖緯之學。每處衆中，而神形有餘。純孝之道稟于天性，每春秋薦享，必嗚咽流涕。嘗曰：「今日貴盛，皆由積善所致，但恨祖母不能見耳。」嘗于後□建層樓，皇妣春秋高，不能上，王親負而登焉。天祐已後，中原多事，西川王氏稱蜀，邗溝楊氏稱吳，南海〔劉〕氏稱漢，長溪王氏稱閩，皆竊大號，或通姻戚，或達聘好，皆以龍衣、玉册洎書疏等勸王自大，王嘗笑曰：「此兒輩自坐爐炭之上，而又踞(吾)于上邪！吾以去僞平賊，承天子疇庸之命，至于封建車服之制，悉有所由，豈圖一時之事，乃隨波于爾輩也！」皆却之而不納，而諸國之主無不咸以父兄事之。王加以自奉節儉，衣服衾被皆用紬布，非公宴唯甆尊漆器而已。恭穆夫人嘗以王寢帳隳裂，乃上青絹帳請易之，王曰：「作法于儉，猶恐其奢，但慮後代皆施錦繡耳。此帳雖故，猶可蔽風。」竟不易。後庭有鄭氏，其父嘗以罪當死，(上)〔左〕右冀其或宥，且言斯人有息女與侍，王命出其女而後斬之，顧(上)〔左〕右刑者曰：「公柄豈可以一婦人而亂我法邪！」又嘗夕宴諸王子及諸孫，命鼓胡琴，未數曲，遽止之，曰：「外聞，當謂我不恤政事爲長夜之飲。」宴遂罷。王自開創以來，至于底定，而撫字將帥洎行伍，莫不盡得其歡心。有勳將何逢歿于賊中，一日，王見其所乘馬，悲泣不能止，(上)〔左〕右莫不感激。

王常遊徑山書院，有道人洪湮者每迎於門，王頗惡之。一日，自後山避徑而往，湮亦迎焉。王問其故，湮曰：「君非常人，故預知耳。」

〔乾符〕六年秋七月，黄巢擁衆二十萬人大掠州縣，淮南節度使高駢羽檄徵兵討之。時巢三百餘衆將及石鏡鎮，王謂董氏曰：「黄巢以數萬之衆踰越山谷，旗鼓相遠，首尾不應，宜以伏兵襲之。賊或少却，則可逐矣。」巢前軍二千餘衆果崎嶇而至。王率二十騎伏于草莽，巢小將軍騎先進，王親注弩射之，應弦而斃。伏兵遂起，巢兵大潰。王謂衆曰：「此術止可一舉耳，大軍必至，則衆寡莫敵矣。宜乘勝張虚聲以懾之。」乃進屯八百里，古地名也。途次逆旅，遇一老媪而誡之曰：「後有兵至，當言臨安兵屯八百里。」未幾，巢兵果至，具如所對。賊衆相顧曰：「向止數騎，尚不可當，況八百里乎！」遂不犯境。王又伺其後軍，殺獲人馬而還，歸功董氏。淮南高駢聞而偉之。

初，節度判官羅隱勸王舉兵討梁，曰：「縱無成功，猶可退保杭越，自爲東帝，奈何交臂事賊？」王以隱不遇于唐，有怨心，其言雖不能用，心甚義之。王不行。

〔開平四年〕八月，始築捍海塘，王因江濤衝激，命强弩以射濤頭，遂定其基。復建候潮、通江等城門。初定其基，而江濤晝夜衝激沙岸，板築不能就。王命强弩五百以射濤頭，又親築胥山祠，仍爲題詩一章，函鑰置于海門，其略曰「爲報龍神并水府，錢唐借取築錢城」，既而潮頭遂趨西陵。王乃命運巨石，盛以竹籠，植巨材捍之，城基始定。其重濠累塹、通衢廣陌亦由是而成焉。

〔高〕彦，海鹽人也。初與沈夏同受王密旨殺徐及，及死，以首歸于王。彦等前後從征，悉有功効。及湖州李彦徽棄郡奔淮南，王親巡吴興，其將沈攸等皆以己功，有牧守之望。王遂題詩一章于嬰蘭堂，末云：「須將一片地，付與有心人。」衆亦不測。王將登舟，始言曰：「我以此郡付汝，宜善撫之。」

馬綽，餘杭縣人也。性氣淳直，與王同事董昌。昌嘗使王閲部伍，亡其名籍，王因歷唱之，存亡健悴者，無所遺失。綽密謂王曰：「老氏忌前，駭此强記，必相惡。」乃以白籍紙數幅授王，若代軍籍者。由是頗德之。王因以從妹歸綽。綽尋隨董氏于越，及董僭號，綽棄家先奔于王，乃舉奏授諸城都指揮使。徐綰之亂，綽有發懸門之功。王尋命文穆王納綽女，是爲恭穆夫人。綽累職鎮東軍節度副使、兩浙行軍司馬、睦州刺史。王奏授秦州雄武軍節度使、同平章事。卒年七十一。

范偁等《吴越備史》卷二《文穆王》　初，武肅王將屬王以冢嗣，乃命諸子有

功者數人，謂曰：「爾無隱情，各言爾功，以定厥後。」王兄中吳軍節度使元璙、王弟清海軍節度使元璹、寧國軍節度使傳璟洎諸公子等皆上言王功德高茂，是宜委副，故以兩鎮屬焉。及武肅寢疾，一日命出玉帶五，賜王兄弟，命王先擇之，王乃取其狹小者，武肅王大悅，謂王曰：「吾有汝，瞑目無恨矣！」

佚名《宣和書譜》卷五《正書二》 方其與羣英争逐，橫槊馬上，何暇議文墨耶！然而喜作正書，好吟咏，通圖緯學。晚歲復降己下士，幕客羅隱雅好譏評，雖及鏐微時事，怡然不怒，人以大度稱之。狀貌凛凛，亦人間一英物也。所書復剛勁結密，似非出用武手，殆未易以學者規矩一律擬議耳。

陶宗儀《説郛》卷一四引《閒談録》 錢氏之有國也，應西湖之捕魚者必日納數斤，謂之使宅魚。有終日不及其數者，必市爲供之。民頗怨嘆。一日，武肅大設一圖，上畫磻溪直鉤之事，武肅指示，命羅隱賦詩，應聲曰：「吕望當年展廟謨，直鉤釣國更誰如。若教生在西湖上，也是須供使宅魚。」武肅大笑，自是盡得蠲免。

陶宗儀《説郛》卷二一引《楊文公談苑》 梁沙門寶誌銅牌記，多識未來事，云：「有一真人在冀川，開口張弓左右邊。子子孫孫萬萬年。」江南中主名其子曰弘冀，吳越錢鏐諸子皆連弘字，期以應之。而宣祖諱正當之也。

備論

王夫之《讀通鑑論》卷二八《五代上》 士之不幸，生亂世之末流，依於非所據之地，以保其身，直道不可伸也，而固有不可屈者存。不可伸者，出而謀人之得失也；必不可屈者，退而自循其所守也。於唐之亡，得三士焉。羅隱之於錢鏐，梁震之於高季昌，馮涓之於王建，皆幾於道矣。胥唐士也，則皆唐之愛養而矜重者也。故國舊君燔滅而無可致其忠孝，乃置身於割據之雄，亦惡能不小屈哉？意其俯仰從容於幕帝者，色笑語言，必有爲修士所不屑者矣！以此全身安士，求不食賊粟而踐其穢朝已耳。至於爲唐士以閲唐亡，則幽貞之志無不可伸者，鏐、建、季昌亦且媿服而不以爲侮，士苟有志，亦孰能奪之哉？

馮涓尚矣！爲建參佐，抗建稱帝之妄曰：「朝興則未爽臣節，賊在則不同爲惡。」迪建以正，而以自守其正也。建不從，而杜門不出，建弗能屈焉，則其素所樹立有以服建者深矣！

梁震無能規正季昌使拒賊而自立，非震之計不及此也，季昌介羣雄之閒，形勢不便，而寡弱固無能爲也。震居其國，自全焉足矣。以前進士終老於土洲，季昌屈而已自伸，祇恤其躬，而不暇及人，是亦一道也。

羅隱之説錢鏐討朱温也，曰：「縱無成功，退保杭、越，可自爲東帝。」隱非欲帝鏐也，動鏐以可歆，冀雪昭、哀之怨，而正君臣之義也。其曰「奈何交臂事賊，爲終古羞」。偉哉其言乎！正名温之爲賊，不已賢於後世史官之以梁代唐，而名之曰帝、曰上乎？隱固詼諧之士，而危言正色，千古爲昭；鏐雖不用，隱已伸矣。

唐之重進士也，貴於宰輔。李巨川、李振之流，皆以不第而生其怨毒。涓既起家幕佐，隱與震皆以不第無聊，依身藩鎮，而皎皎之節，炎炎之言，下視天祐末年自詫清流之姦輔，猶豚鶩然。一列爲士，名義屬焉，受禄與否何較哉？天秩之倫，性植之正，周旋曲折，隱忍以全生，而耿耿清宵者不昧也，唐之亡，三十而已。公卿大夫惡足齒乎？司馬子長有言：「伯夷雖賢，得孔子而名益著。」

王夫之《讀通鑑論》卷二九《五代中》 仁者，有生之類所必函也；生者，上天之仁所自榮也。故曰「本立而道生」。仁動於天，厚植於心，以保其天性之親，於是而仁民愛物之德，流行於天下，人道之生也；於是而傳世永久之福，垂及於百世，天道之生也；於吳越錢氏有足深取者。

錢鏐與董昌爲流匹，起羣盜之中，其毆人争戰，戕民逞志，屈志逆賊，受其僞册，與高季興、馬殷、劉巖、王延政、孟知祥互有長短，而無以大異。則熸火之光，宜其速熸耳。而延及宋世，受爵王廷，保世滋永，垂及於今，猶爲華族，子姓蕃衍，徧於江東，夫亦何道而致然哉？

仁莫大於親親，非其私之之謂也。平夷其心，視天下之生，皆與同條共貫，亦奚必我父兄子弟之必爲加厚哉？此固不可深求於物理，而但還驗其心之所存，與所必發者而已。均之爲人，而必親其親者，誰使之然也？謂之天，而天未嘗詔之；謂之道，而道亦待聞於講習辯説之餘矣。若其倏然而興，怵然而覺，惻然而不能忘者，非他，所謂仁也。人之所自生，生於此念，而習焉不察耳。釋氏斥之爲貪愛之根，乃以賊人而絶其類。韓愈氏曰：「博愛之謂仁。」言博也，則亦逐流而失其源也，博則其愛也弛「畏賢人之隱，畏民業之荒，畏上下之相蒙，畏廉恥隳而毀譽亂，忠言不進，諂諛日聞」者也。唯其懼之在彼，而後畏之在此。天人之應，非一與一相符，而可以意計揣度者也。一懼而天在人之中，萬理皆繇此

順矣。澄何足以與於此哉？王安石之學，外申、韓而內佛、老，亦宜其懵焉而爲此無忌憚之言也。孔子曰：「畏天命。」詩、春秋見諸行事，非意計之能量，久矣！

藝文

《全唐詩》卷六八二韓偓《大慶堂賜宴元璫而有詩呈吴越王》 非爲親賢展綺筵，恒常寧敢恣遊盤。綠搓楊柳緜初軟，紅暈櫻桃粉未乾。谷鳥乍啼聲似澀，甘霖方霽景猶寒。笙歌風緊人酣醉，卻繞珍叢爛熳看。

又和

櫻桃花下會親賢，風遠銅烏轉露盤。蝶下粉牆梅乍坼，蟻浮金斝酒難乾。雲和緩奏泉聲咽，珠箔低垂水影寒。狂簡斐然吟詠足，卻邀羣彥重吟看。

再和

我有嘉賓宴乍歡，畫簾紋細鳳雙盤。影籠沼沚修篁密，聲透笙歌羯鼓乾。散後便依書篋寐，渴來潛想玉壺寒。櫻桃零落紅桃媚，更俟旬餘共醉看。

重和

冷宴殷勤展小園，舞鞇柔軟彩虬盤。簪花盡日疑頭重，病酒經宵覺口乾。嘉樹倚樓青瑣暗，晚雲藏雨碧山寒。文章天子文章別，八米盧郎未可看。

《全唐文》卷九四唐哀帝《册吴王錢鏐勅》 定亂安國功臣鎮海鎮東軍節度浙江東西道觀察處置等使淮南東面行營招討營田安撫兩浙鹽鐵制置發運等使開府儀同三司守侍中兼中書令杭越兩州刺史上柱國吴王食邑九千户實封五百户錢鏐，總臨兩鎮，早立殊功，撫制三吴，久聞異政，一榮封爵，再换星霜。蓋緣道路阻艱，遂致册書留滯。近者潭洪水陸，並已通流。元勳舉議，請行典禮，冀免稽於制命，俾速達於朝恩，須議施行，實爲允當。明甄酬之寵，諧僉屬之情。其所封吴王策禮，宜令所司擇日，備禮册命。

《全唐文》卷一〇一後梁太祖《答錢鏐奏勅》 勅：鎮東軍牆隍神龐玉，前朝名將，劇郡良材，頃因剖竹之辰，實有披榛之績，刱修府署，綏輯吏民，豈獨遺愛在人，抑亦垂名終古。況錢鏐任隆三鎮，功顯十臣，能求福而不回，致效靈而必應，願加懿號，以表冥符，宜旌岌嶪之功，用顯優隆之澤，宜賜號崇福侯，仍付所司，牒至準勅者。

《全唐文》卷一〇二後梁高祖《授錢鏐吴越國王册文》 迺者有唐告終，工政日紊，婦寺亂常於內，蠻貊犯順於邊，列鎮張膽而相攻，大臣捫心而無措。惟思家族，遑恤朝廷。朕起自兵戎，歷階節度，憂皇天之不弔，閔黎庶之倒懸。誓衆興師，爲民請命。東征西怨，兵徯我后來蘇；簞食壺漿，咸若厥角墜地。竟以數州之力，天翦諸國之鋒。歷試諸艱，遂叨九錫，稽舜禹之禪，法隋唐之勅。大步多艱，人情習亂，因商民之思紂，啄桀犬以吠堯，職具不共，何所不至。咨爾上柱國吴越王錢鏐，山川毓秀，二五儲精，以不世出之才，行大有爲之主。納交伯府，翼戴中朝。靖淮甸之邪氛，不得紊我王氣；斬羅平之妖鳥，不得鳴我王郊。迨乎受禪之初，首遣宣諭之使，頗知天命，不效狂謀，匪兼二國之封，曷獎尊王之義。今遣使金紫光禄大夫尚書上柱國姚洎、使副尚書禮部主客員外羅衮，持節備禮，胙土分茅，册爾爲吴越國王。

嗚呼，車徒萬乘，何戎狄之不可膺；節制三方，何强梁之不可伏。矧百粤夏后駐蹕之地，三吴泰伯肇封之疆，句踐用之以親周，夫差因之而駕晉。方楨率三軍而挺荆楚，糾列國以平淮戎，允爲東海屏藩，永保中原重鎮。毋姑息以敗事，毋誇大以隳功。欽哉，其聽朕命。

《全唐文》卷一〇五後唐莊宗《賜錢鏐吴越國王册文》 維同光三年歲次乙酉八月辛酉朔二十七日丁亥，皇帝若曰：王者惠濟黎元，輯寧方夏，重名器，任股肱，忠而能力則禮崇，賞不失勞則人勸，所以啟周公之土宇，裂漢祖之膏腴，録彼茂勳，寘之異數，登進賢哲，焜燿事功也。天下兵馬都元帥尚父守尚書令吴越國王錢鏐，朝海靈源，承天峻岳，以英風彰德望，以勇氣贊忠貞，往因義舉之徒，盛推韜略，遂著襲行之績，高步藩維。挺魚鯤鳥鳳之姿，擁岸虎水龍之衆，居方面任，將五十年。宣導休聲，攘除凶醜，摧堅奮鋭，鄙許東固圉之謀，阜俗頒條，廣冀北安居之頌。環塹浙江之要，雲滋星紀之墟，説禮敦詩，位崇元帥，前茅後勁，名重中權。守畫一之規，奉在三之節，信立靡移於風雨，義行曷倦於津塗。效珍則不顧險難，薦幣則常歸宰府。振英謨而端右弼，鍾懿號而異列藩，可謂職貢不乏，梯航時至，翼戴天子，加之以恭也，載念尊獎，爰示徽章。今遣正議大夫守尚書吏部侍郎上柱國贊皇縣開國男食邑三百户賜紫金魚袋李德休使副朝議郎守起居郎充史館修撰賜緋衣魚袋聶嶼持節備禮，胙土苴茅，册爾爲吴越國王。於戲，地畫數圻，賦過千乘，墨守闔閭之境，軌圍句踐之封。子弟量才序進，多分

於棨戟，土疆漸海方輸，豈限於魚鹽。貴盛富强，雖古之封建諸侯，禮優夾輔，不加於此。慎厥初，圖厥終，無以位期驕，無以欲敗度，欽承賜履，翼予一人。

《全唐文》卷一〇八後唐明宗《賜吴越王錢鏐謚詔》 天下兵馬大元帥尚書令吴越國王錢鏐，本朝元老，當代勳賢，位已極於人臣，名素高於簡册，贈典既無其官爵，易名宜示其優崇。即令所司定謚曰武肅，仍以王禮葬。

王審知部

綜述

《舊五代史》卷一三四《王審知傳》 王審知，字信通，光州固始人。父恁，世爲農民。唐廣明中，黄巢犯闕，江、淮盜賊蜂起，有賊帥王緒者，自稱將軍，陷固始縣。審知兄潮，時爲縣佐，緒署爲軍正。蔡賊秦宗權以緒爲光州刺史，尋遣兵攻之，緒率衆渡江，所在剽掠，自南康轉至閩中，入臨汀，自稱刺史。緒多疑忌，部將有出己之右者皆誅之。潮與豪首數輩共殺緒，其衆求帥，乃刑牲歃血爲盟，植劍於前，祝曰：「拜此劍動者爲將軍。」至潮拜，劍躍於地，衆以爲神異，即奉潮爲帥。時泉州刺史廖彦若爲政貪暴，軍民苦之，聞潮爲理整肅，耆老乃奉牛酒，遮道請留。潮因引兵圍彦若，歲餘克之，又平狼山賊帥薛蘊，兵鋒日盛。唐光啓二年，福建觀察使陳巖表潮爲泉州刺史。大順中，巖卒，子壻范暉自稱留後，潮遣審知將兵攻之，踰年，城中食盡，乃斬暉而降，由是盡有閩、嶺五州之地。潮即表其事，昭宗因建威武軍於福州，以潮爲節度、福建管内觀察使，審知爲副。

審知爲觀察副使，有過，潮猶加捶撻，審知無怨色。潮寢疾，舍其子延興、延虹、延豐、延休，命審知知軍府事。十二月丁未，潮薨，審知以讓其兄審邽，審邽以審知有功，辭不受。審知自稱福建留後，表於朝廷。唐末，爲威武軍節度、福建觀察使，累遷檢校太保，封琅邪郡王。梁朝開國，累加中書令，封閩王。是時，楊氏據江、淮，故閩中與中國隔越，審知每歲朝貢，汎海至登萊抵岸，往復頗有風水之患，漂没者十四五。後唐莊宗即位，遣使奉貢，制加功臣，進爵邑。

審知起自隴畝，以至富貴，每以節儉自處，選任良吏，省刑惜費，輕徭薄斂，與民休息，三十年間，一境晏然。同光元年，審知卒，子延翰嗣，爲弟延鈞所殺。

《新五代史》卷六八《王審知世家》 王審知字信通，光州固始人也。父恁，世爲農。兄潮，爲縣史。

唐末羣盜起，壽州人王緒攻陷固始，緒聞潮兄弟材勇，召置軍中，以潮爲軍校。是時，蔡州秦宗權方募士以益兵，乃以緒爲光州刺史，召其兵會擊黄巢。緒遲留不行，宗權發兵攻緒。緒率衆南奔，所至剽掠，自南康入臨汀，陷漳浦，有衆數萬。緒性猜忌，部將有材能者，多因事殺之，潮頗自懼。軍次南安，潮説其前鋒將曰：「吾屬棄墳墓、妻子而爲盜者，爲緒所脅爾，豈其本心哉！今緒雄猜，將吏之材能者必死，吾屬不自保朝夕，況欲圖成事哉！」前鋒將大悟，與潮相持而泣。乃選壯士數十人，伏篁竹間，伺緒至，躍出擒之，囚之軍中。緒後自殺。

緒已見廢，前鋒將曰：「生我者潮也。」乃推潮爲主。是時，泉州刺史廖彦若爲政貪暴，泉人苦之，聞潮略地至其境，而軍行整肅，其耆老相率遮道留之，潮即引兵圍彦若，逾年克之。光啓二年，福建觀察使陳巖表潮泉州刺史。景福元年巖卒，其壻范暉自稱留後。潮遣審知攻暉，久不克，士卒傷死甚衆，審知請班師，潮不許。又請潮自臨軍，且益兵，潮報曰：「兵與將俱盡，吾當自往。」審知乃親督士卒攻破之，暉見殺。唐即以潮爲福建觀察使，潮以審知爲副使。

審知爲人狀貌雄偉，隆準方口，常乘白馬，軍中號「白馬三郎」。乾寧四年，潮卒，審知代立。唐以福州爲威武軍，拜審知節度使，累遷同中書門下平章事，封琅琊王。唐亡，梁太祖加拜審知中書令，封閩王，升福州爲大都督府。是時，楊行密據有江淮，審知歲遣使泛海，自登、萊朝貢于梁，使者入海，覆溺常十三四。

審知雖起盜賊，而爲人儉約，好禮下士。王淡，唐相溥之子；楊沂，唐相涉從弟；徐寅，唐時知名進士，皆依審知仕宦。又建學四門，以教閩士之秀者。招來海中蠻夷商賈。海上黄崎，波濤爲阻，一夕風雨雷電震擊，開以爲港，閩人以爲審知德政所致，號爲甘棠港。

審知同光三年卒，年六十四，謚曰忠懿。子延翰立。

《五代墓誌彙考》王倓《王審知墓誌》 大唐故扶天匡國翊佐功臣威武軍節度觀察處置三司發運等使開府儀同三司守太師兼中書令福州大都督府長史食邑一萬五千户食實封一千户閩王墓誌并序

門吏福建管内鹽鐵發運副使太中大夫守右諫議大夫柱國賜紫金魚袋翁承贊撰

夫二儀析理，英賢所以應乾坤；五嶽參天，申甫所以鍾靈異。降乎四代，復驗奇材。

閩王諱審知，字信通，姓王氏，其先瑯琊人也。緱山遠裔，淮水長源。自秦漢以穹崇，歷晉宋而忠烈。輝華閥閱，奂赫祖宗。曾祖諱友，則漢丞相安國郡陵

三十四代孫，贈尚書左僕射。曾祖妣段氏，趙國太夫人，追封衛國太夫人。僕射貞元中，守定城宰，善政及物，去任之日，遺愛遮道，因家於光州，故世爲固始縣人。祖諱玉，累贈司空，倜儻奇表，信義宏材。祖妣劉氏，燕國崇懿太夫人，追封昭德太夫人。顯考諱恁，累贈太師。皇妣隴西董氏，贈晉國内明太夫人，追封莊惠太夫人。恭懿賢淑，光於閨闈。太師嗣子三人，皆卓異不羣，時號王家三龍，王其季也。娶樂安任氏，累封魏國尚賢夫人，琴瑟諧和，肥家雍睦，不幸先王薨謝。其執箕帚、奉蒸嘗，雖古之母儀，無以加也。王稟性殊異，非禮不言。少事孟仲，如晨夕之敬，於鄉黨恂恂然。周孔之書，無不該覽；韜鈐之術，尤所精至。與昆仲遊處，未嘗不以文武之道誡勖焉。先太師特鍾愛，撫於膝下。有善相者聞三龍之稱，詣先太師之門，曰：「富貴皆當一體也。季龍當位極人臣，非鄉里可拘其貴盛。然而龍攄虎變，真王者之行藏；燕頷虬須，乃將軍之氣貌。」

乾符末，天下方擾，民人奔競。三龍以孝思遠略，決爲端居，晏如也。嘗謂昆季曰：「曾參不一宿於外，況起兵之世乎？雖海内騷然，不萌他適。」時秦宗權據有淮西，以利啗四境，而固陵不從。宗權勢不可遏，席捲固陵，三龍於是奉版輿而南下。屬巢寇陷長安，益堅其志，蓋憂人之憂。光啓三年，抵於臨汀。爲百姓壺漿塞路，遂帥全師以赴人願。時孟龍侍中以閩之軍民無帥，請統雄鎮。王謂孟龍曰：「《春秋》所以伐罪弔民，今閩府之來，其可違乎！宜徇而撫之。」於是鼓行以濟其境。孟龍自温陵太守拜節制，仲龍代牧是州。凡部伍勞逸，王皆躬視，士未食不親匕筯，士未飲不近杯水。耕織無妨，歌謡滿路。所以建元昆，亟登旄鉞，詔命王副焉。

後六年，侍中捐館舍，天子降璽書，授王金紫光禄大夫、刑部尚書，充威武軍節度觀察處置等使。當年，兼三司發運使。自是顯七德，敦五常，政和人和，示其略也。先長幼之序，次征討之條，寬猛酌中，德刑俱舉，孜孜惕惕，夙夜罔怠。誡以視聽，杜諸諂諛，堅執紀綱，動無凝滯。撫俗乃不嚴而理，教民且不令而行。鄰境附庸之請，納款求盟；屬城叛義之徒，出師致討。顯分情僞，立辨安危。投者示疆埸之區分，略不留意；逆者遣腹心而征戍，曾不緩期。西北洞穴之甿，昔聚陸梁之黨，齊民廢業，封豕爲妖，恃險憑淩，據巖旅拒。王迺先與指揮喻之向背，以懷土者計於耕織，伐叛者須用干戈。曾無順理之夫，果中平奸之術。三令五申，授之以玄女之法；一鼓再鼓，指之以太公之謀。號令纔施，旗鼓齊震。有攀木緣崖之士，捨懸車束馬之勞，彎弧而兔伏麏驚，舉刃而冰消瓦解。以此廟略，除定邊陲，化戰壘爲田疇，諭編甿於禮義。而政出湯仁，勞於禹足，示久安之基址，廓永逸之籌謀。創築重城，遶廓四十餘里，露屋雲横，敵樓高峙，保軍民之樂業，鎮閩越之江山。而又戰艦千艘，每嚴刁斗，奇兵四出，克静煙塵。古有島外巖崖，蹴成驚浪，往來舟楫，動致敗亡。王遥祝陰靈，立有玄感，一夕風雷暴作，霆電呈功，碎巨石於洪波，化安流於碧海，敕號甘棠港。至今來往蕃商，略無疑恐。國家以閩越得人，可以均皇澤，可以律守臣，是以迭降渥恩，加尚書右僕射，尋拜中書門下平章事，封瑯琊郡開國侯，食邑一千户。

天復初，恩降私第門戟，加光禄大夫、檢校司空，進封開國公，食邑二千户。彌歲，加特進、司徒、太保，進封本郡王，食邑四千户，食實封一百户。天祐中，特敕建德政碑，立於府門西偏。開平初，加開府儀同三司、檢校太尉。二年，兼中書令，進封瑯琊王，食邑五千户，實封二百户。三年夏，麻書遠降，檢校太師、守中書令，食邑七千户，實封五百户。仍建東西二私第戟，賜號忠勤守志興國功臣。翌歲，敕封閩王。天子御正殿，親降簡册，自東上閤門，宣車輅冠劍，太常鼓吹，詔名卿乘軺，直抵南閩。至止之日，自江館陳儀注，復展鹵簿，旌旗珂佩，文武導從，籠絡井邑，簫鼓相望二十里。抵登庸館展禮，王弁貂冠，披禮服，劍履受册命，乘輅車，坐公衙，以彰曠代之貴盛。雖郭尚父、渾令公之恩澤，無以加也。

其後，明庭以三代封崇隆盛，特敕建私廟，下太常，定禮儀，降祭服，置神主，命星使賜於府西立廟焉。同光三年春，加扶天匡國翊佐功臣，食邑一萬五千户，實封一千户，而勁直之道，甲天下之藩服。旋加守太傅，正處廟堂，三表堅辭，主恩俞允，昇福州爲大都督府，别署官員，以寵其忠孝謙明者矣。且文武宏謀，釋道玄理，應機剖判，動合古人。以文即舉君使臣以禮，臣事君以忠之義。歲聲鹿鳴，廣設庠序。至於禮闈考藝，無不言文物之盛，俎豆之風；以武即舉重門擊柝，以待暴客。整八陣之名，説六韜之要；示廉直之道，辟寬恕之關。使將將無欺，殺殺爲止。蜀相之且耕且戰，恒在言前；晉師之入守出攻，不差料内。釋教乃早悟苦空，廣開檀施，見三十三天之要路，弘八萬四千之法門。集海内緇黄，啓祇園齋懺，佛廟遍廓，雁塔干霄。鐘梵之音，遠近相接；人天之果，修設無時。老氏乃扣谷神之真寂，曉玄牝之機微；葺王霸上昇之居，奏沖虚仙觀之額。顯於遠祖，追彼系孫。仙鶴翔空，靈龜護井，踞怡山之一崗，類真源之三檜。體國而惟忠惟孝，律身而克儉克勤。玄甲輕車，受圯橋之秘略；紅旌皂纛，法金櫃之神書。至於宴犒軍戎，迎待使命，絲簧喧耳，羅綺盈庭，聽視之間，湛如止水。仍

歲慶誕之月，國恩飛詔，頒錫駿馬雕鞍，異羅宫錦，拜賜受宣，莫不西望恭謝，手舞足蹈。公暇之際，必極勸農桑，愍恤耆耋。數千里略無曠土，三十年賣劍買牛。但聞讓畔之謡，莫有出征之役。江南雄鎮，歡好會盟；外域諸番，琛贐不絶。其廪庾之豐盈，帑藏之殷實，雖魯肅之囷，銅山之冶，比之霸贍，彼乃虚言。而勞不坐乘，暑不張蓋，民仰之如夏日之陰、冬日之陽。其代天理物，可以蓋天下也；守志化俗，可以仁天下也。豈鍾鼎盤盂之銘鏤，日月星辰之照臨，而能窮斯玄功正道者哉？且萬靈擁衛，千聖護持，恒於寢膳之間，不失燮調之道。忽一日，告腠理不和，聲氣如綴，勉扶精爽，弘達死生。以邦國之重難，付兹後事；指生平之勳德，何異儻來。中台坼而玄鑒如欺，大昴沉而衆星寢耀。同光三年十二月十二日薨於威武軍之使宅，享年六十有四。

嗚呼！社稷喪元勳之德，生靈失慈父之恩，連甍比屋以皆號，牧豎樵童而出涕。且人倫大限，聖賢無改易之門；天道玄機，烏兔有薄蝕之運。今英王啓手足於富貴之際，傳印綬於將相之材，身没名存，齊諸覆燾。嗣其世十有二人：長曰延翰，節度副使、管内都指揮使、特進、檢校太傅、江州刺史、瑯琊郡開國公，食邑二千户，稟遺令充節度觀察三司發運留後。力侍湯藥，寢食俱忘，草土之中，絶漿在疚。而三軍百姓牆進衙門，奉王遺令，請主軍府事，拒而號慟，泣血毁傷，不得已而從之。授受之日，中外怗然。真馬援之須眉，守泰初之禮樂，器重鎮俗，性直臨戎，寬厚居心，條貫由己。娶博陵崔氏，封博陵郡夫人。明潔珪璋，禮恭蘋藻，實軒冕之清門，佩公王之偉望。次曰延稟，檢校太保、建州刺史。恭守六條，肅清千里，鄰封納好，外户長閑，凶訃忽臨，殯絶移日。娶清河張氏，封清河縣君。正律閨門，柔奉箕帚。翌日，親奔星月，忍别靈筵。次曰延鈞，節度行軍司馬、檢校太傅、舒州刺史、瑯琊郡開國伯，食邑七百户。居喪枕塊，執禮號天，竟以軍府事殷，元昆對泣，推挽撫衆，翊助竭心，友悌之情，古今無比。娶彭城劉氏，封清遠縣主。霸圖令族，謝女芳華，以禮居喪，内助從政。次曰延豐，羅城都指揮使、檢校尚書右僕射，娶廣平宋氏。次曰延美，節度行軍都指揮使、檢校司徒、韶州刺史。並追號過等，旦暮難居，哀哀在躬，不自支致。娶隴西李氏。次曰延保，右散騎常侍、洪州長史。次曰延武，右散騎常侍、光州長史。次曰延望，右散騎常侍，梧州司馬。次曰延義，右散騎常侍，饒州司馬。次曰延喜，右散騎常侍，易州司馬。次曰延政，右散騎常侍，絳州司馬。次曰延資，右散騎常侍，虔州司馬。或年踰弱冠，或慶及成人，皆號慕蒼黄，感動飛走，雖賈家三虎，荀氏八龍，豈可同年而語哉？女七人：長封瑯琊郡君，適節度判官、檢校司空、柳州刺史李敏。次適水部員外郎張思齊。次封瑯琊郡君，適檢校太傅、睦州刺史錢傳珦。次適觀察判官、尚書工部員外郎、封州刺史、賜緋魚袋余廷隱。三人未出適。令孫三人：長曰繼昌，將仕郎、檢校尚書工部員外郎、柱國，賜紫金魚袋。次曰繼真，將仕郎、檢校尚書金部員外郎，賜紫金魚袋。次曰繼寶，守大理評事，賜緋魚袋。皆詩禮承顔，軒裳稟慶。五侯九伯，當自此而翱翔；萬石千鍾，定由兹而新建。況尊靈在殯，號慟滿堂，藩垣之奠酹無時，中外之牲牢結轍。至於桑門開士，霞帔道人，列校牙璋，内戚外屬，展祭而闃郛溢郭，發言而抆涕傷懷。峨豐碑於柳營，行人墮淚；掩貞魂於蒿里，黄鳥興哀。即以同光四年三月四日卜塋於閩縣靈岫鄉懷賢里仙宗山鳳池之原，魏國順正尚賢夫人塋域之東，禮也。合祔魂魄，并列園塋，左龍右虎之崗，坤盤艮峙之壟，長平峭拔，萬歲千秋。承贊才謝經綸，迭承樽俎，捧至哀之見託，熟勳德於生前，慮陵谷之變遷，敢編聯於貞石，謹爲銘曰：

天地凝精，嶽瀆降靈。粤有雄傑，鎮於閩城。文同周召，武定韓彭。功存帶礪，政顯忠貞。于嗟逝水，忽然東傾。崇勳冠古，遺德垂名。仙宗卜宅，合祔園塋。慶鍾奕世，代襲殊榮。因而禮葬，賵馬悲鳴。百身莫贖，萬古傷情。

同光四年歲次丙戌二月戊子朔十八日乙巳置。

將仕郎前守河南府文學王倓書並篆蓋。

節度衙前虞侯林歡鐫字。

忠懿王先在懷賢里安葬，山崗不利，長興三年歲次壬辰九月十九日戊戌遷奉歸寧棋里吉地。天成元年十二月廿五日敕封忠懿王。

王家暉《閩王王審知》附《恩賜琅琊郡王德政碑》 大唐威武軍節度、福建管内觀察處置三司發運等使、特進檢校太保、同中書門下平章事、使持節都督福州諸軍事、兼福州刺史、上柱國、琅琊郡王，食邑四千户，食實封一百户，王審知德政碑銘并序。

粤自范金合玉之制，云師火紀之名，禹别九州，堯咨四岳，莫不柬求良輔，弘濟兆人。彰克勤克儉之能，垂可久可大之業，嗣太叔寬猛之政，循仲尼富庶之言。既茂勛勞，宜標篆刻。

公名審知，姓王氏，琅琊人也。其胙土命氏，疏源演派，代濟其美，史不絶書。後太祖就禄光州，因家於是郡焉。曾祖友，贈光禄大夫。祖玉，贈秘書少

監。父恁，贈光州刺史，繼贈太尉。公即太尉之季子也。初，公兄潮，志尚謙恭，譽藹鄉曲，善於和衆，士多歸之。福建節度使陳岩，既向其名，又以所屬泉州求牧，乃遣禮而請之。及到任，頗著佳聲。後岩在軍病甚，不能視事。軍士等懼無所統御，皆願有所依從。泉牧遂以郡委於仲弟審邽，而與公偕赴。至閩省各疆藩屏去，爲善者獲安。因詔授節度使，累加檢校右僕射。琅琊郡王於是鏟其訛，弊整其章條，三軍無嘩，百姓有奉。乾寧三年，僕射遘疾，潮付公以戎旅，仍奏其表。尋加刑部尚書、威武軍留後。俄授金紫光禄大夫、右僕射、本軍節度使。

公器局端雅，識理融明。稟嵩嶠之真精，得圯橋之妙略。及膺帝命，寵陟齋壇。細柳連營，旌旗動色；蒲盧莅政，草樹逢春。一年而足食足兵，再歲而知禮知義。方機公隅之内，仰止攸同。曩以運屬艱虞，人罹昏墊，農夫釋耒，紅女下機。公既統藩垣，勵精爲理，强者抑而弱者扶，老者安而少者懷。使之以時，齊之以禮。故得草萊盡辟，鷄犬相聞，時和年豐，家給人足。版圖既倍，并賦孔殷。處以由庚，取之盍徹。夫述職之道，底貢爲先，九丘爰序於厥苞，伍伯是徵於縮灑。雖甸服之近，江漢之中，雖遇艱阻，亦絶輸賦。唯公益堅尊獎，慎守規模。松柏後凋，風雨如晦。地征旁午，天庫充盈，共仰勤劬，咸知匡戴。嘗以學校之設，是爲教化之源，乃令誘掖童蒙，興行敬讓。幼已佩乎師訓，長皆置於國庠，俊造相望，廉秀特盛。閩川以地雖設險，人尚争雄，或因饑饉薦臻，或以刻剥爲苦。萑蒲易聚，巢穴難探。公感之以恩，綏之以德，且曰：「吏實爲虐，爾復何辜？」示以寬仁，俾之柔服。遂使數十年之氛祲，遽致廓清；一千里之封疆，旋視昭泰。張綱以單車入壘，虞詡用絳縷擒奸，以古猶今況，彼猶懷愧。

爰自天寶艱難之後，經費實繁，聚斂之臣，名額滋廣。即山鳩利，任土庀材。峻設堤防，頗聞賙贍。洎纏烽燧，仍患崎嶇。三司之職務空存，四海之輪蹄鮮至。公按其程課，令以權衡，盡復舊規，尤彰弘業。而又奉大公之教，崇上善之因，象法重興，導師如在。虹梁雕拱，重新寶刹之宫；鈿軸牙籤，更演毗尼之藏。而又盛興寶塔，多舍净財。日麗飛甍，霞攢彩檻。頑艶回向，遠爾歸依，用俾羣緣，皆同妙果。佛齊諸國雖同臨照，匪襲冠裳，舟車罕通，琛賮罔獻。

逵者亦逾滄海，來集鴻臚。此乃公示以中孚，致其内附。雖云異類，亦慕華風。宛土龍媒，寧獨稱於往史；條支雀卵，諒可繼於前聞。白燎熾西秦，烟飛東晉觀，魯壁之遺編莫救；周陵之墜簡寧存？亟命訪尋，精於繕寫。遠貢劉歆之閣，不假陳農之求。次第籤題，森羅卷軸。夫四鄰共守，蓋當偃革之期；七德方修，必假御冲之備。是以恢張制度，固護基扃。程功而莫匪子來，作事而適當農隙。立崇墉之百雉，表巨屏於一方。岩邑湯池，曾何足數；折筋縈帶，固不可憑。未若暫勞，致兹永逸。兵戈薦起，帑藏多虚。凡列土疆，悉重征税。商旅以之而壅滯，工賈以之而殫貧。公則盡去繁苛，縱其交易，關譏鄽市，匪絶往來；衡麓舟鮫，皆除守御。故得填郊溢郭，擊轂摩肩，競敦廉讓之風，聚睹樂康之俗。

閩越之境，江海通津。帆檣蕩漾以隨波，篙楫崩騰而激水。途經巨浸，山號黄崎，怪石驚濤，覆舟害物。公乃具馨香黍稷，薦祀神祇。有感必通，其應如響。祭罷一夕，震雷暴雨，若有冥助。達旦，則移其艱險，别注平流。雖畫鷁争馳，而長鯨弭浪。遠近聞而異之，優詔褒飾。仍以公之德化所及，賜名其水爲甘棠港，神曰顯靈侯。與夫召神人以鞭石，驅力士以鑿山，不同年而語矣。

於戲！辨貞金於大冶，認勁草於疾風，不有良臣，誰良澤國？尋加平章事、檢校右僕射如故。腰懸相印，手握兵符，益壯軍聲，彌新渥澤。又進光禄大夫、檢校司空，轉特進檢校司徒。然而物議同詞，功厚賞薄，以爲爵禄未稱疇庸。於是異姓貺封，又加井邑。轉檢校太保、琅琊郡王，食邑四千户，食實封一百户。公之仲兄審邽，自守泉郡，一紀於兹，黠馬皆調，疲人盡泰。公性惟雍睦，氣稟温和，韻契塤篪，政侔魯衛。可謂高明輝映，超絶一時者也。公以天下兵馬元帥、太尉、中書令、梁王，勛格穹昊，德服華夷。奉大國之歡盟，爲列藩之表率。今節度都押衙程斌及軍州將吏、百姓、耆老等，久懷化育，願紀功庸，列狀上聞，請議刊勒。元帥梁王以公如河誓著，匪石情堅，累貢表章，顯陳保證。朝廷冀弘誘勸，特示褒揚，將建龜趺，合征鴻藻。謬居清列，曾乏雄文。頃歲嘗咏皇華，往宣宸旨，已於視聽，親飫徽猷。今之執簡濡毫，得以研精覃思，備陳懿績，實無愧詞。乃作銘曰：

日月麗天，舟楫濟川。内外克義，股肱惟賢。淮水長清，猴嶺方寧。慶隨祚遠，材爲時生。伯氏宏特，泉人仰德。求瘼斯勤，頒條有則。冠軍疲疾，付以師律。政教翕張，士庶寧謐。懿彼閩越，帥實英杰。地列周封，心馳魏闕。聖澤汪洋，元戎啓行。有典有則，爲龍爲光。高懸秦鏡，理道自盡。比屋懷仁，連營稟令。航海梯山，貢奉循環。務其輸委，毋憚險艱。周征之途，公田什一。約以有程，守而勿失。輕徭薄税，謡歌載路。高掩龔黄，遐追召杜。鄉校皆游，童蒙求來。推道靡靡，仁風優優。惟虺吹毒，久

依山谷。罔恣陸梁，競欣柔服。法宮梵宇，勝因所主。崇構斯精，福慶攸聚。沃濟之國，綏之以德。駕浪自東，驟山拱北。墜簡遺編，繕寫精研。鱗臺矗爾，武觀森然。畚鍤其勤，雉堞連雲。永制以敵，用壯我軍。闗譏不税，水陸無滯。遐邇懷來，商旅相繼。黄崎之勢，神改驚濤。役靈祇力，保千萬艘。劉驥荀龍，塤篪雍雍。惟邦惟翰，以俟以公。元帥梁王，武步龍驤。挺比七德，削平四方。公能事大，推心斯大。風雨無渝，歲寒不改。殊勛茂績，盡瘁宣力。國之丹青，邦之柱石，位冠台鼎，任隆兵柄。重以徽章，寵分異姓。優詔銘功，萬古英風，貞珉是勒，垂之無窮！

唐天祐三年歲次丙寅閏十二月朔日，銀青光禄大夫、禮部尚書侍郎、上柱國臣于兢奉勅拜撰建立。

王家暉《閩王王審知》附《重修忠懿王廟碑銘》 重修故威武軍節度，福建管内觀察處置三司發運等使，開府儀同三司，檢校太師、守中書令，福州大都督府長史，上柱國，閩王，食邑一萬五千户，食實封一千户，謚忠懿王廟碑。福州刺史彭城錢昱撰。

若夫非常之人，必有非常之事者，衆所聞矣。其或功及於國，道濟於民，生居土茅，没饗廟食者，求諸前史，罕有其倫。是以黄石立祠，蓋因遺迹；汭陽致祭，實表舊功。故聖人之制也，法施於民則祀之，以勞定國則祀之。苟無所稱，實曰誣祭。若忠懿王非誣祭歟！

公名審知，字詳卿，姓王氏，本琅琊人，秦將翦三十四代孫。高祖曄，唐貞元中，爲光州定城宰，有善政以及民，因遷家於是郡，遂爲固始人矣。曾祖友，贈光禄卿。祖藴玉，贈秘書少監。父恁，累贈至太尉、光州刺史。十圍巨木，始從厚地以盤根；九曲洪河，本自仙源而析派。若匪降神之氣，豈生命世之才。公即太尉之季子也。公形質魁秀，機辯明敏。負英雄之氣者，必相交友；學韜鈐之略者，咸詢智謀。懸知五典之書，暗合萬人之敵，遠近服其義勇，鄰里推其孝悌。嘗有善相者，詣公之門，視其昆弟三人，曰：「富、壽，皆一體也，而季當位極人臣。」自是，公竊負之。尋遇陟岵興悲，在原軫念。恭事孟、仲兄，若父焉。

乾符末，鯨網全疏，梟毛屢落。磨牙吮血，中原正苦於傷殘；脱耒裂裳，四海盡爲於征戰。公蓄慷慨之氣，負縱横之才，每或撫髀暗驚，彎弧自誓曰：「大丈夫不能安民濟物，豈勞虚生乎？」於是，俟時而出，待價而沽。拯溺救焚之志，豪俠相許，寢食不忘。雖大鵬未飛，已具垂天之翅；而神馬一躍，終同追電之踪。屬王緒者，憑巢寇之戈矛，盜霍丘之土宇。遽言得志，遂啓無厭，但思於弱吐强吞，豈顧其幸災樂禍。因乃大總部屬，旁肆需索，復收士民以廣隊伍。於是，公之昆、季咸預焉。及秦宗權竊弄五兵，遍侵四境。緒内乏嬰城之計，外無善鄰之助，遂率衆以作竄，欲避地而偷安；玉石俱焚，孰能分别。豺狼當路，無匪縱衡，幸豫□□，□□中偶，番□□害。之後，凡經翰麻或枝梧，自潮陽抵漳浦。百姓畏其涂炭，五馬避其鋒刃。豈知兵忌不戢，人慎無恒。狃蒲騷者，終至敗亡；好草竊者，焉能長久。動蓄自疑之志，本乖同義之心。適當軍衆不實，遂爲部下所害。

公素敦誠信，累涉艱危，既負出羣之才，仍諳撫士之術。且兵不可以無主，將不可以失人，衆遂推公而立之。公居下惟謙，事長必順，雖與情之有屬，在公論以不忘。公乃曰：「予早事二兄，嘗若嚴訓，豈有弟爲大將，兄居其下者！」遂奉長兄潮以帥其衆，仍獲清源爲所理之地。公由是惡道途之多梗，慎貢賦之不通，實欲致理一方，克平羣盗，外惟征繕，中則經營，運籌之勝負預知，挽綍之澄清可待。大順冬，黄巢作亂，廉察遽亡。兵馬使范暉奪符印以自尊，奉緘題而不遜，恣行誅戮，罔事綏懷。人既類於倒懸，時合當於逆取。公比緣觀釁，因得徵詞。遂舉勤王之師，以申吊民之義，躬事戈甲，身臨矢石。一年而圍師始合，二年而堅壁遂陷。范暉扁舟欲遁，疏網難逃，遂爲海人梟首以獻。公既殲元惡，乃布優恩：凡曰脅從，悉令宥過。用仁信以馭下，行慈惠以恤民。曾未浹旬，已聞致理，百姓愛之如父母，三軍畏之如神明。又能成功不居，讓德無愧，遂迎長兄潮還理是郡，復請仲兄邽迭居舊邦。武肅王表率諸侯，蕩平大憝。吴越蠱歸於賜履，江淮咸奉以專征。以其能務忠勤，遠求【略】奏授本道廉察，及泉州符印偕命焉。

尋，朝廷以寰海挺災，久勞我武，東南靖亂，獲庇吾民。俾提旄鉞之權，廣襦袴之惠。遂升本州爲威武軍，授潮節度、觀察、處置等使，仍以公爲節度副使，奬勛績也。洎元昆殂謝，衆庶歸依，公乃躬受遺言，式俟朝命。明年春，帝恩遠降，人欲是從，授公檢校刑部尚書、威武軍節度兵馬副大使。將委十連之任，洊居貳職之勞。一之日訓習驍雄，二之日蘇息疲瘵。用心數月，善政聞天。於是進端揆之資，正元戎之位。齋壇高築，軍幕大開，分州司屏翰之權，握漢□鼓鞞之任。未幾，顯居使相，特賜户封；方隆推轂之寄，尤藉秉鈞之力。當多難未弭，聊同指臂之相須；及具瞻有歸，實賴股肱之迭用。式資補衮，俾重褰帷。天復元年，

載正乾綱，重光帝座。言念七閩之地，允符八柱之功，特頒渥恩，用越倫等。賜武庫戟十二枝列於私門，非恒例也。自是日鐘百禄，歲奉九遷。公致君愈勤，述職無怠。萬里輸貢，川陸不系其賒；一心尊戴，風雨不改其志。昭皇嘉忠節，別賜異數，欲酬懋德，豈限彝章。天祐元年夏四月，封琅琊郡王，食實封一百户。尋屬龍蛇起陸，戎爲生郊，人心未厭於有唐，天命已歸於新室。公知微不爽，居暗罔欺。梁祖之即位也，大廓法門，衆善皆臻，何德不報。無漏上智，苾芻散布於諸方；有作良因，伽藍遍滿於樂國。即山之堅固，鑄丈六化身；鎔麗水之光輝，寫五千秘藏。事非爲已，願乃庇民，此得以稱善求福矣。功惟理亂，志在盡忠。安不忘危，常爲恃險之誡；小當事大，罔違與國之道。以至覆盂數郡，高枕三邊。雖昆彭致霸之儔，未能繼踵；在他變自尊之患，故不同風。此得以稱善守位矣。

且天惟祐德，民本懷仁。公饗富貴者三十年，傳册封者四五世，遺愛銘於人口，忠節書於國史。臣子之盛，不亦大乎。逮茲陵谷變遷，箕裘廢墜，寂寞闕以時之薦，淒涼同乏祀之悲。仕農工商，慕舊政以如在；潢汙蘋藻，望遺廟以不存。丙午歲，我師恤鄰，闔境向化。遇今大元帥吳越國王，位鐘壓紐，運偶負圖。當保大定功之初，行興滅繼絶之義。既克寧於民庶，思咸悦於鬼神。每念閩川所歸，本由王氏而盛。雖子孫異代，已同薫燼之傷；而春秋二時，宜陳籩豆之禮。遂命以公舊第爲忠懿王廟，仍參常祀之數。霸主爰修於廢祭，藩侯遂立於叢祠。行馬戟枝，尚存故物；豚肩樽酒，早薦惟馨。山庭月角之容，立偕老於飛之像。庭廡未周於工績，槐檀旋改於光陰。舊徑難尋，已絶羅含之蘭菊；重門長閉，但多仲蔚之蓬蒿。既乖與祭之儀，殊缺致誠之所。大宋開寶七年秋九月，大元帥、吳越國王以時和歲豐，家給人足，俾答福謙之佑，遂申咸秩之典。凡曰祠廟毁廢，并出錢帛修完。乃命衙直將，躬授人工，旁搜材植，補遺基而皆備，易舊物以咸新。曾未逾時，已聞告畢。奢儉得以中度，規制得以合禮。朱軒粉壁，隨晚霽以生光；修竹喬松，向寒霜而吐色。逞曹筆，則陰兵欲動；門郢工，則神馬欠嘶。部從悉周，精靈如在。矧以故鄉將吏、開幕賓僚，當其草昧干戈，屢經才傾作解之恩，繼舉疇敷之典。三公互拜，萬户連封。吕尚帝師之尊，官榮既極；子儀中令之貴，考限惟同。尋復進封閩王，加福州大都督府長史。迨莊宗之建王業也，神州克復，禹縣咸寧，欲敦柔遠之心，先下念功之詔。遂增井賦，仍改功臣，式覃北闕之恩，用倚南門之寄。公方推拱極，既效安邊。惟治民素屬於憂勤，而得疾遽從於綿篤。百靈無效，五福克全。以同光三年十二月十二日薨於正寢，享年六十有四。朝廷素欽盡節，俄覽遺文，既增愸老之悲，豈俙飾終之典。册贈尚書令，謚曰忠懿，禮也。

公生當離亂之運，出值艱難之秋。割據一方，蓄養百姓，得深溝高壘之固，有披堅執鋭之衆。贍水陸之産，通南北之商。鑄銅於蜀山，積粟於洛口者，不足言其富也；連臨淄之袂，投淝河之箠者，不足言其庶也。至若外涵大度，內用小心，慎刑既及於精詳，舉事悉從於簡略。犯則不赦，令比秋霜之嚴；恩本無私，惠如冬日之暖。民惟道化，吏以法繩，此可以稱善爲政矣。言皆必中，行罔自欺，非正辭不入於聽，非公事不宣於口。居常無聲色之樂，平生以禮義自守。念十家之産者，躬行節儉；懷五子之歌者，心誡荒唐。每當爍石之威，未嘗操扇；才屬鳴鷄之後，早見嚴裝。以德報恩，遠逾萬里；至誠感物，動契百神，此可以稱善立身矣。興崇儒道，好尚文藝，建學校以訓誨，設厨饌以供給。於時兵革之後，庠序皆亡，獨振古風，鬱更舊俗。豈須齊魯之變，自成洙泗之鄉，此得以稱善教化矣。懷尊賢之志，弘愛客之道，四方名士，萬里咸來。至有蓬瀛謫仙，鴛鷺舊侶，或因官而忘返者，或假途而惜去者，盡赴築金之禮，皆歸簪瑇之行。其餘草澤搜羅、車者，故不可勝紀，此得以稱善招納矣。尊天事地，奉道享神，無非克誠，足以監德。然而素欽釋典，勞苦；洎拊立基構，盡享崇高。乃塑都押衙、建州刺史孟威等二十六人以配饗焉。

斯廟也，前瞰清游，右連浄剎，一路自無於塵雜，四鄰皆屬於幽奇。曉霧才開，先露列窗之岫；疏鐘雖近，不驚繞樹之禽。公昔也嘗游宴於斯，今也復祠祭於此。始易宅而爲廟，矧將廢而能興。苟非陰德不衰，令名未朽，又豈能身殁之後有如此之盛乎？旻叨居是藩，獲畢斯事，仰嘉猷之未遠，聽遺愛以長新。爰屬短才，庶存實録。燕然敍事，雖有謝於孟堅；峴首感人，亦未多於叔子。乃爲銘曰：

極天曰岳，惟岳有神。蓄是英氣，生爲異人。干霄利劍，瑞世祥麟。爰當季運，實庇蒸民。

其一。唐德將衰，羣雄欲出。陰霧垂地，祆氛蔽日。豺豕猖獗，萑蒲縱逸。苟非偉才，焉濟王室！

其二。權爲巨盜，緒亦朋奸。欲亂中夏，首屠光山。誰謂英杰，同罹險艱。終則竄迹，能無厚顔！

其三。爰率部民，同徂萬里。結爲衆惡，公得衆美。因戮凶人，遂奉君子。立功著名，自此而始。

其四。漳浦既寧，清源復平。遂以政事，授於難兄。孝實至性，謙惟直誠。静乃揖讓，亂則經營。

其五。憤彼閩川，樹兹裨將。苛虐漸篤，政刑俱喪。鋭旅大驅，凱歌連唱。克定一方，式諧衆望。

其六。始參貳職，已播殊勛。屏翰之美，朝廷備聞。迨居重鎮，繼事明君。盡忠竭節，松茂蘭薰。

其七。偃仰大藩，蔭庥五郡。雖曰功庸，亦由時運。二柄齊舉，七德兼訓。令子令孫，當年振奮。

其八。真王重望，上相清規。陵谷雖變，馨香不衰。俯緣甲第，遂立嚴祠。年禮屢易，籩豆或虧。

其九。霸王推恩，良時有待。舊廟克新，遺踪不改。奂余(爾)金碧，儼然神彩。靈既芳名，千秋如在。

大宋開寶九年三月二十五日立。攝閩縣丞、將仕郎、試太子校書林操書。

王家暉《閩王王審知》附《琅琊郡王王審知神道碑》 大唐故扶天匡國，翊佐功臣，威武軍節度使，觀察處置三司發運等使；開府儀同三司、守太師兼中書令；福州大都督府長史，食邑一萬五千户，食實封一千户，閩王墓誌并序。

門吏福建管内鹽鐵發運副使、太中大夫、守右諫議大夫柱國，賜紫金魚袋翁承贊撰。

夫二儀析理，英賢所以應乾坤；五岳參天，申甫所以鐘靈異。降乎昭代，復驗奇材。

閩王諱審知，字信通，姓王氏。其氏琅琊人也，緱山遠裔，淮水長源。自秦、漢以穹崇，歷晉、宋而忠烈。輝華閥閲，奂赫祖宗。曾祖諱友，漢丞相安國君陵三十四代孫，贈尚書左僕射。曾祖妣段氏，趙國太夫人，追封衛國太夫人。僕射貞元中守定城宰，善政及物，去任之日，遺愛遮道，因家於光州，故世爲固始縣人。祖諱玉，累封贈司空，倜儻奇表，信義宏材。祖妣劉氏，燕國崇懿太夫人，追封昭德太夫人。顯考諱恁，累贈太師；皇妣隴西董氏，贈晉國内明太夫人，追封莊惠太夫人。恭懿賢淑，光於閨閫。

太師嗣子三人，皆卓異不羣，時號王家三龍。王其季也，娶樂安任氏，累封魏國順正尚賢夫人。琴瑟諧和，胒家雍睦，不幸先王薨謝。其執箕帚，奉蒸嘗，雖古之母儀無以加也。王禀性殊異，非禮不言。少事孟仲，如晨夕之敬，於鄉黨恂恂然。周孔之書，無不該覽。韜鈐之術，尤所精至。與昆仲游處，未嘗不以文武之道誡勖焉。先太師特鍾愛，撫於膝下。有善相者，閩三龍之稱，詣先太師之門，曰：「富貴皆當一體也。季龍當位極人臣，非鄉里可拘其貴盛。」然而，龍攄虎變，真王者之行藏；燕頷虯須，乃將軍之氣貌。」

乾符末，天下方擾，民人奔競。三龍以孝思遠略，決爲端居，晏如也。嘗謂昆季曰：「曾參不一宿於外，況起兵之世乎？」雖海内騷然，不萌他適。時秦宗權據有淮西，以利啗四境，而固陵不從。宗權勢不可遏，席卷王陵，三龍於是奉版輿而南下。屬巢寇陷長安，益堅其志，蓋憂人之憂。光啓三年抵於臨汀，爲百姓壺漿塞路，遂帥全師以赴人願。時孟龍侍中以閩之軍民無帥，請統雄鎮。王謂孟龍曰：「春秋所以伐罪吊民，今閩府之來，其可違乎！宜徇而撫之。」於是鼓行以濟其境。孟龍自温陵太守拜節制，仲龍代牧是州。凡部伍勞逸，王皆躬視，士未食不親匙筯，士未飲不近盃水。耕織無妨，歌謡滿路。所以首建元昆，亟登旄鉞，詔命王副焉。後六年，侍中捐館舍，天子降璽書，授王金紫光禄大夫、刑部尚書，充威武軍節度、觀察處置等使。當年兼三司發運使。自是顯七德，敦五常，政和人和，示其略也。先長幼之序，次征討之條。寬猛酌中，德刑俱舉。孜孜惕惕，夙夜罔怠。戒以視聽，杜諸諂諛。堅執紀綱，動無凝滯，撫俗乃不嚴而理，教民且不令而行。鄰境附庸之請，納款求盟；屬城叛義之徒，出師致討。顯分情僞，立辨安危。投者示疆場之區分，略不留意；逆者遣腹心而征戍，曾不緩期。西北洞穴之甿，昔聚陸梁之黨，齊民廢業，封豕爲妖，恃險憑淩，據岩抗拒。王乃先與指揮喻之向背，以懷土者，計於耕織，伐叛者，須用干戈。曾無順理之夫，果中平奸之術。三令五申，授之以玄女之法；一鼓再鼓，指之以太公之謀。號令才施，旗鼓齊震。有攀木緣崖之士，舍懸車來馬之勞。彎弓而兔伏麻驚，舉刃而冰消瓦解。以此廟略，除定邊陲。化戰壘爲田疇，諭編甿於禮義。而政出湯仁，勞於禹足，示久安之基址，靡永逸之籌謀。并築重城，繞廓四十餘里。露屋雲横，敵樓高峙，保軍民之樂業，鎮閩越之江山。而又戰艦千艘，每嚴刁鬥，奇兵四出，克静烟塵。古有島外岩崖，蹴成驚浪，往來舟楫，動致敗亡。王遣祝陰靈，立有玄感，一夕風雷暴作，霆電呈功，碎巨石於洪波，化安流於碧海，勑號甘棠港。至今來往蕃商，略無疑恐。

國家以閩越得人，可以均皇澤，律守臣，是以叠降渥恩，加尚書左僕射，尋拜中書門下平章事，封琅琊郡開國侯，食邑一千户。天復初，恩降私第門戟，加光禄大夫，檢校司空，進封開國公，食邑二千户。彌歲，加特進司徒、太保，進封本郡王，食邑四千户，食實封一百户。天祐中，特勅建德政碑，立於府門西邊。開平初，加開府儀同三司、檢校太尉二千兼中書令，進封琅琊王，食邑五千户，實封二百户。三年夏，麻書遠降檢校太師、守中書令，食邑七千户，實封五百户。仍建東、西二私第戟，賜號「忠勤守志興國功臣」。翌歲，勅封閩王。天子御正殿，親降簡册，自東上閤門，宣輅車冠劍，太常鼓吹，詔卿乘軺，直抵南閩。至止之日，自江館陳儀注，復展鹵簿。旌旗珂佩，文武導從，籠絡井邑，簫鼓相望二十里，抵登庸館展禮。王弁貂冠，被禮服，劍履，受册命，乘輅車，坐公衙，以彰曠代之貴盛。雖郭尚父、渾令公之恩澤，無以加也。其後，明庭以三代封崇隆盛，特勅建私廟，下太常，定禮儀，降祭服，置神主，命星使賜於府西立廟焉。同光三年春，加扶天匡國翊佐功臣，食邑一萬五千户，實封一千户。而勁直之道，甲天下之藩服，旋加守太傅。正處廟堂，三表堅辭，主恩俞允。升福州爲大都督府，别署官員，以寵其忠孝謙恭者矣。且文武宏謀，釋道玄理，應機官判，動合古人。以文即舉，君使臣以禮，臣事君以忠之義。歲聲鹿鳴，廣設庠序，至於禮闈考藝，無不言文物之盛，俎豆之風。以武即舉，重門擊柝，以待暴客。整八陣之名，説六韜之要。示廉直之道，辟寬恕之開。使將將無欺，殺殺爲止。蜀相之且耕且戰，恒在言前；晉師之入守出攻，不差料内。

釋教乃早悟苦空，廣開檀施，見三十三天之要路，弘八萬四千之法門。集海内緇黄，啓祇園齋儭，佛廟遍廓，雁塔干霄，鐘梵之音，遠近相接，人天之果，修設無時。老氏乃扣谷神之真寂，曉玄牝之機微。葺王霸上升之居，奏冲虚仙觀之額。顯於遠祖，追彼系孫。仙鶴翔空，靈龜護井，踞怡山之一崗，類真源之三檜。體國而惟忠惟孝，律身而克儉克勤。玄甲輕車，受圯橋之秘略；紅旌皂纛，法金匱之神書。至于宴犒軍戎，迎待使命，絲簧喧耳，羅綺盈庭，聽視之間，湛如止水。仍歲慶誕之月，國恩飛詔，頒賜駿馬雕鞍，異羅宫錦，拜賜受宣，莫不西望恭恭，手舞足蹈。公暇之際，必極勸農桑，愍恤老目耋。數千里略無曠土，三十年賣劍買牛。但聞讓畔之謡，莫有出征之役。江南雄鎮，歡好會盟。外域諸番，琛贐不絶。其廪庾之豐盈，帑藏之殷實，雖魯肅之囷，銅山之冶，比之霸贍，彼乃虚言。而勞不坐乘，暑不張蓋，民仰之如夏日之陰，冬日之陽。其代天理物，可以蓋天下也；守志化俗，可以仁天下也。豈鐘鼎盤盂之銘鏤，日月星辰之照臨，而能窮斯玄功正道者哉？

且萬靈擁衛，千聖護持，恒於寢膳之間，不失變調之道。忽一日，告脉理不和，聲氣如綴，勉扶精爽，弘達死生。以邦國之重難，付兹後事；指生平之勛德，何異儻來？中臺坼而玄鑒如欺，大昴沉而衆星寢耀。同光三年十二月十二日，薨於威武軍之使宅，享年六十有四。

嗚呼！社稷喪元勛之德，生靈失慈父之恩，連甍比屋以皆號，牧豎樵童而出涕。且人倫大限，聖賢無改易之門；天道玄機，烏免有薄蝕之運。今英王啓手足於富貴之際，傳印綬於將相之材，身没名存，齊諸覆燾。嗣其世十有二人：長曰延翰，節度副使、管内都指揮使、特進檢校太傅、江州刺史、琅琊郡開國公，食邑二千户，禀遺令，充節度觀察三司發運留後。力侍湯藥，寢食俱忘，草土之中，絶漿在疚。而三軍百姓，墻進衙門，奉王遺令，請主軍府事，拒而號慟，泣血毁傷，不得已而從之。授受之日，中外怗然。真馬援之鬚眉，守泰初之禮樂，器重鎮俗，性直臨戎，寬厚居心，條貫由己。娶博陵崔氏，封博陵郡夫人。明潔珪璋，禮恭蘋藻，實軒冕之清門，配公王之偉望。次曰延禀，檢校太保、建州刺史。恭守六條，肅清千里，鄰封納好，外户長閑，凶訃忽臨，殞絶移日。娶清河張氏，封清河縣君。正律閨門，柔奉箕帚。翌日，親奔星月，忍别王靈。次曰延鈞，節度行軍司馬、檢校太傅、舒州刺史、琅琊郡開國伯，食邑七百户。居喪枕土，執禮號天，竟以軍府事殷，元昆對泣，推挽撫衆，翊助竭心，友悌之情，古今無比。娶彭城劉氏，封清遠縣主。霸圖令族，謝女芳華，以禮居喪，内助從政。次曰延豐，羅城都指揮使、檢校尚書右僕射，娶廣平宋氏。次曰延美，節度行軍都指揮使、檢校司徒，韶州刺史。并追號異等，旦暮難居，哀哀在躬，不自支致。娶隴西李氏。次曰延保，右散騎常侍、洪州長史。次曰延武，右散騎常侍、光州長史。次曰延望，右散騎常侍、梧州司馬。次曰延羲，右散騎常侍、饒州司馬。次曰延喜，右散騎常侍、易州司馬。次曰延政，右散騎常侍、絳州司馬。次曰延資，右散騎常侍、虔州司馬。或年逾弱冠，或慶及成人，皆號慕蒼黄，感動飛走，雖賈家三虎，荀氏八龍，豈可同年而語哉！女七人：長封琅琊郡君，適節度判官、檢校司空、柳州刺史李敏；次適水部員外郎張思齊；次封琅琊郡君，適檢校太傅、睦州刺史錢傳珦；三人未出適。次適觀察判官、尚書工部員外郎、封州刺史、賜緋魚袋余廷隱；季封江國柔靖夫人，適彭城漢楚元王交裔孫劉文濟，字霸源，官至吏部郎

中、贈司空。令孫三人：長曰繼昌，將仕郎、檢校尚書、工部員外郎、柱國，賜紫金魚袋；次曰繼真，將仕郎、檢校尚書、兵部員外郎，賜紫金魚袋；次曰繼寶，守大理評事，賜緋魚袋。皆詩禮承顔，軒裳稟慶。五侯九伯，當自此而翱翔；萬户千鐘，定由兹而興建。況尊靈在殯，號慟滿堂，藩垣之奠爵無時，中外之牲牢結轍。至於桑門開士，霞帔道人，列校牙璋，内戚外屬，展祭而闐郛溢郭，發言而抆涕傷懷。峨豐碑於柳營，行人墮泪；掩貞魂於蒿里，黄鳥興哀。即以同光四年三月四日卜塋於閩縣靈岫鄉懷賢里仙宗山鳳池聖泉寺董太后之右，魏國順正尚賢夫人塋域之東。禮也，合祔魂魄，并列園塋，左龍右虎之崗，坤盤艮峙之壠，長平峭拔，萬歲千秋。承贊才謝經綸，叠塵樽俎，捧至哀之見托，熟勛德於生前，慮陵谷之變遷，敢編聯於貞石。謹爲銘曰：

天地凝精，岳瀆降靈。粤有雄杰，鎮於閩城。文同周召，武定韓彭。功存帶礪，政顯忠貞。於嗟逝水，忽然東傾。崇勛冠古，遺德垂名。仙宗卜宅，合祔園塋。慶鐘奕世，代襲殊榮。因易禮葬，瞻馬悲鳴。百身莫贖，萬古傷情。

忠懿王先在懷賢里安葬，山崗不利，長興三年歲次壬辰九月十九日戊戌遷奉歸寧碁里吉地，天成元年十二月廿五日勅封忠懿王。

同光四年歲次丙戌二月戊子朔十八日乙巳置。將仕郎前守河南府文學王倓書并篆蓋。節度衙前虞侯林歡鐫字。

雜録

備録

佚名《五國故事》卷下　閩忠懿王諱審知，光州固始人也。長兄潮，次兄圭及審知，軍中號爲「三龍」，皆以唐末起兵爲黄巢部伍，巢敗，乃領其衆入泉州。旋自泉州復入福州。初，碎石僧爲讖辭曰：「巖高潮水没，潮退矢口出。」蓋言潮破福州陳巖，而審知終嗣其地也。潮嘗使日者視己兄弟，曰：「一個勝一個。」審知方侍其側，沾汗而退。審知性儉約，嘗衣紬，一日袴敗，乃取酒庫醡袋而補之。又嘗使南方回者以玻璨瓶獻之，審知看玩久之，因擲於地，謂左右曰：「好奇尚異，乃奢侈之本。今沮之，貴後代無爲漸也。」或云延鈞僭立，以御服被於審知之廟，審知寓夢於延鈞，責之，不肯服。

延翰，審知子也，襲父位，踰年而終。翰妻博陵氏之女，性悍妒而殘忍。嘗以練縛姬侍而鞭之，練染血赤乃止。又置木掌摑人。一旦，盛暑，天無纖雲，而霆電擊博陵，斃於中庭。或曰：忠懿暴終，博陵之媢故也。

鄭方坤《五代詩話》卷一《閩王王審知》引《如齋類稿》　閩忠懿王及夫人任氏初葬於閩縣靈岫鄉鳳池上，後唐長興三年，改葬永福山，今蓮花峯是也。宣德四年，有屯軍三十人盜發王冢，壙門甚堅，鑿上角一孔，以巨繩腰一人先下，忽中絶，呼之不應。衆愕然，乃以松脂燃火照壙中，用長梯魚貫而入，見先入者死矣。壙制廣如屋，前祀王像，凡列五供，鑪瓶燭臺皆以金玉爲之。後寢紅棺二，王與夫人也。隨將器物珍寶盜出。死者之妻夢其夫泣告，發冢時先入，被大蛇咬死，欲分盜物一半。其妻以夢告羣盜，不肯。控於管屯百户王傑，傑受賂不問。又控於懷安縣，典史朱王得其金鐲、玉帶，又不問。復控於憲司副使李素，僉事鄒穆，窮治其事，捕盜繫獄。典史大怖，以爲匿帝王物，欲自縊，或教以自首，乃以金鐲、玉帶呈官。郡諸生王琨者，稱王後裔，當領所盜物，有司未之信，閱其家譜，壙中物悉載焉。按譜追物，物畢出。堂上懸王畫像，方面大耳，巨目弓鼻，紫面修髯，儼然可畏。有水碗瑩如金色，不識爲何寶，召回回人辨之，曰：「此玻瓈鏡也。」壙中盜物藏庫，以十之一併畫像與王琨領回。王墓官爲修治。時庫役鄭浩督工，爲予言：親見壙中懸棺，推之即動。棺蓋爲盜所開，隨即封固。墳前石人石獸製極工巧。嗟嘆久之。

備論

《舊五代史》卷一三四《王審知傳》　史臣曰：昔唐祚横流，異方割據，行密以高材捷足啓之於前，李昪以履霜堅冰得之於後，以僞易僞，逾六十年。洎有周興薄伐之師，皇上示懷柔之德，而乃走梯航而入貢，奉正朔以來庭，如是則長江之險，又何足以恃哉！審知僻據一隅，僅將數世，始則可方於吴芮，終則竊効於尉佗，與夫穴蜂井蛙，亦何相遠哉！五紀之亡，蓋其幸也。

《資治通鑑》卷二六七後梁太祖開平三年九月條　審知性儉約，常躡麻屨，

府舍卑陋，未嘗營葺。寬刑薄賦，公私富實，境内以安。

藝文

《全唐詩》卷七〇三翁承贊《蒙閩王改賜鄉里》　鄉名文秀里光賢，別向鈞台造化權。閥閱便因今日貴，德音兼與後人傳。自從受賜身無力，向未酬恩骨肯鐫。歸闕路遥心更切，不嫌扶病倚旌旃。

《全唐詩》卷七〇三翁承贊《文明殿受册封閩王》　龍墀班聽漏聲長，竹帛昭動撲御香。鳴佩洞庭辭帝主，登車故里册閩王。一千年改江山瑞，十萬軍蒙雨露光。吟寄短篇追往事，留文功業不尋常。

《全唐詩》卷七〇三翁承贊《奉使封閩王歸京洛》　泥緘紫誥御恩光，信馬嘶風出洛陽。此去願言歸梓里，預憑魂夢展維桑。客程回首瞻文陛，驛路乘軺憶故鄉。指日還家堪自重，恩榮晝錦賀封王。

《全唐詩》卷七〇三翁承贊《奉使封王次宜春驛》　微宦淹留鬢已斑，此心長憶舊林泉。不因列土封千乘，争得銜恩拜二天。雲斷自宜鄉樹出，月高猶伴客心懸。夜來夢到南臺上，偏看江山勝往年。

《全唐詩》卷七〇三翁承贊《甲子歲銜命到家至榕城册封次日閩王降旌旗於新豐市堤餞別》　登庸樓上方停樂，新市堤邊又舉杯。正是離情傷遠別，忽聞台旨許重來。此時暫與交親好，今日還將簡册回。争得長房猶在世，縮教地近釣魚臺。

《全唐詩》卷七〇三翁承贊《天祐元年以右拾使册閩王而作》　蓬萊宫闕曉光勻，紅案舁麻降紫宸。鸞奏八音諧律吕，鳳銜五色顯絲綸。蕭何相印鈞衡重，韓信齋壇雨露新。得侍丹墀官異寵，此身何幸沐恩頻。

《全唐詩》卷七〇三翁承贊《辭閩王歸朝寄倪先輩》　時人莫訝再還鄉，簡册分明劍佩光。駟馬高車太常樂，登庸門下憶賢良。

《全唐詩》卷七〇五黄滔《賀清源僕射新命》　雖言嵩嶽秀崔嵬，少降連枝命世才。南史兩榮唯百揆，東閩雙拜有三台。二天在頂家家詠，丹鳳銜書歲歲來。虚説古賢龍虎盛，誰攀荆樹上金臺。

《全唐詩》卷七〇六黄滔《翁文堯以美疹暫滯令公大王益得異禮觀今日寵待之盛輒成一章》　滋賦誠文侯李盛，終求一襲錦衣難。如何兩度還州里，兼借鄉人更剩觀。

《全唐詩》卷八七五佚名《又報王審知十字讖》　楊行密方盛，常有吞東南之志。審知齋供豫章，問國休咎，以十字回報。審知歎曰：「腹者，福也。得非福州之患，不在楊行密，在錢氏乎？」至延羲之亂，江南來伐，兩浙乘之，敗江南兵，福州果爲錢氏有焉。

高季興部

綜述

《舊五代史》卷一三三《高季興傳》 高季興，字貽孫，陝州硤石人也。本名季昌，及後唐莊宗即位，避其廟諱改焉。幼隸於汴之賈人李七郎，梁祖以李七郎爲子，賜姓，名友讓。梁祖嘗見季興於僕隸中，其耳面稍異，命友讓養之爲子。梁祖以季興爲牙將，漸能騎射。唐天復中，昭宗在岐下，梁祖圍鳳翔日久，衆議欲班師，獨季興諫止之，語在《梁祖紀》中。既而竟迎昭宗歸京，以季興爲迎鑾毅勇功臣、檢校大司空、行宋州刺史。從梁祖平青州，改知宿州事，遷潁州防禦使，梁祖令復姓高氏，擢爲荆南兵馬留後。荆州自唐乾符之後，兵火互集，井邑不完，季興招葺離散，流民歸復，梁祖嘉之，乃授節鉞。梁開平中，破雷彦恭於朗州，加平章事。荆南舊無外壘，季興始城之，遂厚斂於民，招聚亡命，自後僭臣於吴、蜀，梁氏稍不能制焉，因就封渤海王。嘗攻襄州，爲孔勍所敗。

及莊宗定天下，季興來朝於洛陽，加兼中書令，時論多請留之，郭崇韜以方推信義於華夏，請放歸藩，季興促程而去。至襄州，酒酣，謂孔勍曰：「是行有二錯：來朝一錯，放迴二錯。」洎至荆南，謂賓佐曰：「新主百戰方得河南，對勳臣誇手抄《春秋》；又豎手指云：『我於指頭上得天下。』如此則功在一人，臣佐何有！且遊獵旬日不迴，中外之情，其何以堪，吾高枕無憂矣。」乃增築西面羅城，備禦敵之具。時梁朝舊軍多爲季興所誘，由是兵衆漸多，跋扈之志堅矣。明年，册拜南平王。魏王繼岌平蜀，盡選其寶貨浮江而下，船至峽口，會莊宗遇禍，季興盡邀取之。明宗即位，復請夔、峽爲屬郡，初俞其請，後朝廷除刺史，季興上言，稱已令子弟權知郡事，請不除刺史。不臣之狀既形，詔削奪其官爵。天成初，命西方鄴興師收復三州，又遣襄州節度使劉訓總兵圍荆南，以問其罪，屬霖潦，班師。三年冬，季興病脚氣而卒。其子從誨嗣立，累表謝罪，請修職貢。由是復季興官爵，謚曰武信。

《新五代史》卷六九《高季興傳》 高季興字貽孫，陝州硤石人也。本名季昌，避後唐獻祖廟諱，更名季興。季興少爲汴州富人李讓家僮。梁太祖初鎮宣武，讓以入貲得幸，養爲子，易其姓名曰朱友讓。季興以友讓故得進見，太祖奇其材，命友讓以子畜之，因冒姓朱氏，補制勝軍使，遷毅勇指揮使。

天復二年，梁兵攻鳳翔，李茂貞堅壁不出，太祖議欲收軍還河中，季興獨進曰：「天下豪傑窺此舉者一歲矣，今岐人已憊，破在旦夕，而大王之所慮者，閉壁以老我師，此可以誘致之也。」太祖壯其言，命季興募勇敢士，得騎士馬景，季興授以計，引見太祖。景曰：「此行無還理，願録其後嗣。」太祖惻然止之，景固請，乃行。景以數騎馳叩城門告曰：「梁兵將東，前鋒去矣。」岐人以爲然，開門出追梁軍，梁兵隨景後以進，殺其九千餘人，景死之。茂貞後與梁和，昭宗出，贈景官，謚曰忠壯。季興由是知名。明年，拜宋州刺史。從破青州，徙潁州防禦使，復姓高氏。

當唐之末，襄州趙匡凝破雷彦恭于荆南，以其弟匡明爲留後。梁兵攻破襄州，匡凝奔于吴，匡明奔于蜀，乃以季興爲荆南節度觀察留後。開平元年，拜季興節度使。二年，加同中書門下平章事。荆南節度十州，當唐之末，爲諸道所侵，季興始至，江陵一城而已，兵火之後，井邑凋零。季興招緝綏撫，人士歸之，乃以倪可福、鮑唐爲將帥，梁震、司空薰、王保義等爲賓客。

太祖崩，季興見梁日以衰弱，乃謀阻兵自固，治城隍，設樓櫓。以兵攻歸、峽，爲蜀將王宗壽所敗。又發兵聲言助梁擊晉，以侵襄州，爲孔勍所敗，乃絶貢賦累年。梁末帝優容之，封季興渤海王，賜以衮冕劍佩。貞明三年，始復脩貢。

梁亡，唐莊宗入洛，下詔慰諭季興，司空薰等皆勸季興入朝京師，梁震以爲不可，曰：「梁、唐世爲仇敵，夾河血戰垂二十年，今主上新滅梁，而大王梁室故臣，握彊兵，居重鎮，以身入朝，行爲虜爾。」季興不聽，留其二子，以騎士三百爲衛，朝于洛陽。莊宗果欲留之，郭崇韜諫曰：「唐新滅梁得天下，方以大信示人，今四方諸侯相繼入貢，不過遣子弟將吏，而季興以身述職，爲諸侯率，宜加恩禮以諷動來者。而反縻之，示天下以不廣，且絶四方内向之意，不可。」莊宗乃止，厚禮而遣之。莊宗嘗問季興曰：「吾已滅梁，欲征吴、蜀，何者爲先？」季興曰：「宜先蜀，臣請以本道兵先進。」莊宗大悦，以手拊其背，季興因命工繡其手迹於衣，歸以爲榮耀。季興已去，莊宗心悔遣之，密詔襄州劉訓圖之。季興行至襄州，心動，夜斬關而出。已去，而詔書夜至。季興歸而謂梁震曰：「不聽子言，幾不免。」因曰：「吾行有二失：來朝一失，放還一失。且主上百戰以取河南，對功

臣誇手抄《春秋》；又曰：『我於手指上得天下。』其自矜伐如此。而荒于遊畋，政事多廢，吾可無慮矣。」同光三年，封南平王。魏王繼岌已破蜀，得蜀金帛四十餘萬，自峽而下，而莊宗之難作。季興聞京師有變，乃悉邀留蜀物，而殺其使者韓珙等十餘人。

初，唐兵伐蜀，季興請以本道兵自取夔、忠、萬、歸、峽等州，乃以季興爲峽路東南面招討使，而季興未嘗出兵。魏王已破蜀，而明宗入立，季興因請夔、忠等州爲屬郡，唐大臣以爲季興請自取之，而兵出無功，不與。季興屢請，雖不得已而與之，而唐猶自除刺史，季興拒而不納。明宗乃以襄州劉訓爲招討使，攻之，不克，而唐别將西方鄴克其夔、忠、萬三州，季興遂以荆、歸、峽三州臣于吴，吴册季興秦王。

天成三年冬卒，年七十一，謚曰武信。季興子九人，長子從誨立。

雜録

備録

陶穀《清異録》卷四《茗荈門》　吴僧文了善烹茶，游荆南，高保勉白于季興，延置紫雲菴，日試其藝。保勉父子呼爲「湯神」，奏授華定水大師。人目曰「乳妖」。

《太平廣記》卷五〇〇《高季昌》引《北夢瑣言》　後唐莊宗過河，荆渚高季昌謂其門客梁震曰：「某事梁祖，僅獲自免，龍德已來，止求安活。我今入覲，亦要嘗之。彼若經營四方，必不縻我，若移入他鎮，可爲子孫之福。此行決矣。」既自闕回，謂震曰：「新主百戰，方得河南，對勳臣誇手抄《春秋》，又豎指云：『我于指頭上得天下。』則功在一人，臣佐何有！且游獵旬日不回，中外情何以堪？吾高枕無憂。」乃築西面羅城，拒敵之具。不三年，莊宗不守。英雄之料，頃刻不差，宜乎貽厥子孫。

周羽翀《三楚新録》卷三　高氏諱季興，字貽孫，陜州峽石人也。東魏司徒昂之後。幼好武而有膽氣。乾符末，所在寇賊競起，時梁祖爲元帥，專征伐，潛有飛揚跋扈之志，思得義勇者與之同力。時季興潛察之，乃謁梁祖於郊，梁祖見之悦，尋拔爲制勝軍使。其後累從征討，以功授宋州團練使。未幾，移授荆南兵馬留後。及梁祖禪代，正拜江陵尹，兼管内節度觀察處置等使。季興以江陵古之重地，又當天下多事，陰有割據之志，乃大興力役，重築城壘，執畚者逮十數萬人，皆攀援賓友，負土助焉。其郭外五十里墳冢，皆令發掘，取磚以甃之。及土功畢，陰慘之夜皆聞鬼哭，鬼火數起，將撲之，奄然而滅。如此者累月方定。論者以爲發掘墳冢使幽魂不安故也。時諸侯争霸，急於用人。進士梁震登第後，薄游江陵，季興請爲掌書記。震性抗直，臨事敢言。時莊宗反正，下詔徵諸侯王入覲，季興忻然奉詔將行。震諫曰：「朝廷自反正後，有吞併諸侯之心，若我繕甲以自守，猶恐不保其地，況敢抛棄軍國，千里入觀哉！且又今之諸侯，爲梁朝舊人者唯公耳，安知朝廷不以讎敵相待耶？幸望圖之，無使懷王之患復見於今日也。」季興曰：「吾計決矣，多言奚爲！」及至，莊宗果欲留之。及歸，值夜，將吏父老出迎於郊外，季興乃握震手曰：「不聽君言，幾葬虎口。」初，季興方對，莊宗謂之曰：「今天下負固不服者，唯吴與蜀耳。朕今欲先有事於蜀，而蜀地險阻，尤難之。江南才隔荆南一水耳，朕欲先征之，卿以爲何如？」季興對曰：「臣聞蜀國地富民饒，獲之可建大利；江南國貧地狹民少，得之恐無益。臣願陛下釋吴先蜀。」時莊宗意欲伐蜀，及聞季興之言，大悦。未踰年，莊宗伐蜀，季興私自喜曰：「此吾以計紿之，彼乃信而用耳。」未幾，遣使册季興爲南平王，季興謂震曰：「此恐吾與蜀連衡故也。」及蜀破，書至，季興方食，落筯而歎曰：「此吾之失計也，所謂倒持太阿，授人以柄。」梁震曰：「大王勿憂，今蜀破未必爲福。」未幾，莊宗宴駕，果再亂，一如梁震之言。初，季興嘗從梁祖出征，引軍旦發，至逆旅未曉，有一媪秉燭開門而迎，其禮甚謹，季興頗疑而問之，媪對曰：「妾適夢金甲人推門呼曰：『宜速起，有王者來。』及起，開門，果有君子至，豈非所謂王者邪！所以不敢褻慢耳。」季興大悦。後果然。

陶岳《五代史補》卷四《梁震裨贊》　梁震，蜀郡人。有才略。登第後，寓江陵，高季興素聞其名，欲任爲判官。震恥之，然難於拒，恐禍及，因謂季興曰：「本山野鄙夫也，非有意於爵禄。若公不以孤陋，令陪軍中末議，但白衣從事可矣。」季興奇而許之。自是震出入門下，稱前進士而已。同光中，莊宗得天下，季興懼而入覲。時幕客皆贊成，震獨以爲不可，謂季興曰：「大王本梁朝，與今上世稱讎敵，血戰二十年，卒爲今上所滅，神器大寶雖歸其手，恐餘怒未息，觀其舊

將，得無加害之心？宜深慮焉。」季興不從。及至，莊宗果欲留之，樞密郭崇韜切諫，以爲不可：「天下既定，四方諸侯雖相繼稱慶，然不過子弟與將吏耳，惟季興而躬自入覲，可謂尊奬王室者也。禮待不聞加等，反欲留縶之，何以來遠臣？恐此事一行，則天下解體矣。」莊宗遂令季興歸。行已浹旬，莊宗易慮，遽以詔命襄州節度劉訓伺便囚之。而季興至襄州，就館而心動，謂吏曰：「吾方寸擾亂，得非朝廷使人追而殺吾耶？梁先輩之言中矣。與其住而生，不若去而死。」遂棄輜重，與部曲趫健者數百人南走。至鳳林關，已昏黑，於是斬關而去。既而是夜三更，向之急遞果至襄州，劉訓料其去遠不可追而止。自是季興怨憤，以兵襲取復州之監利、玉沙二縣，命震草奏，請以江爲界。震又曰：「不可。若然，則師必至矣，非大王之利也。」季興怒，卒使爲之。既而奏發未幾，朝廷遣夏魯奇、房知溫等領兵來伐。季興登城望之，見其兵少，喜，欲開城出戰，震復諫曰：「大王何不思之甚耶！且朝廷禮樂征伐之所自出，兵雖少而勢甚大，加以四方諸侯各以相吞噬爲志，但恨未得其便耳。若大王不幸或得一戰勝，則朝廷徵兵於四方，其誰不欲仗順而起，以取大王之土地耶！如此則社稷休矣。爲大王計者，莫若致書於主帥，且以牛酒爲獻，然後上表自劾，如此則庶幾可保矣。不然，則非僕之所知也。」季興從之，果班師。震之裨贊，皆此類也。洎季興卒，子從誨繼立。震以從誨生於富貴，恐相知不深，遂辭居於龍山别業，自號處士。從誨見召，皆跨黄牛直抵廳事前下，呼從誨不以官閥，但郎君而已。末年尤好篇詠，與僧齊己友善，貽之詩曰：「陳琳筆硯甘前席，用里煙霞憶共眠。」蓋以寫其高尚之趣也。

李石《續博物志》卷一〇 同光中，莊宗遣平蜀，得王衍金銀，命悉鎔之爲金磚銀磚。約重三百斤一磚，開一竅，二人擔之，上有匠人名曰「馮高」。過荊南，高季興曰：「馮高，主屬我。」坑官，持而有之，儲爲一庫。皇朝建隆中，金銀入京師，斤兩封緘如故。

袁樞《通鑑紀事本末》卷三九《高氏據荊南》 唐昭宗天復二年秋九月，朱全忠表親從指揮使高季昌爲宋州團練使。季昌，硤石人，本朱友恭之僕夫也。

〔昭宣帝〕天祐三年冬十月，武貞節度使雷彦恭屢寇荊南，留後賀瓌閉城自守。朱全忠以爲怯，以潁州防禦使高季昌代之。又遣駕前指揮使倪可福將兵五千戍荊南以備吴、蜀，朗兵引去。

後梁太祖開平元年夏五月癸未，以權〔知〕荊南留後高季昌爲節度使。荊南舊統八州，乾符以來，寇亂相繼，諸州皆爲鄰道所據，獨餘江陵。季昌到官，城邑殘毁，户口彫耗。季昌安集流散，民皆復業。

六月，武貞節度使雷彦恭會楚兵攻江陵。

二年夏四月，淮南遣其將李厚將水軍萬五千趣荊南，高季昌逆戰，敗之於馬頭。

冬十月，依政進士梁震，唐末登第，至是歸蜀。過江陵，高季昌愛其才識，留之，欲奏爲判官。震恥之，欲去，恐及禍，乃曰：「震素不慕榮宦，明公不以震爲愚，必欲使之參謀議，但以白衣侍樽俎可也，何必在幕府。」季昌許之。震終身止稱前進士，不受高氏辟署。季昌甚重之，以爲謀主，呼曰先輩。

乾化二年〔閏五月〕，高季昌潛有據荊南之志，乃奏築江陵外郭，增廣之。

是歲，高季昌出兵，聲言助梁伐晉，進攻襄州，山南東道節度使孔勍擊敗之。自是朝貢路絶。勍，兖州人也。

均王乾化三年秋八月，賜高季昌爵勃海王。九月，高季昌造戰艦五百艘，治城塹，繕器械，爲攻守之具。招聚亡命，交通吴、蜀，朝廷浸不能制。

四年春正月，高季昌以蜀夔、萬、忠、涪四州舊隸荊南，興兵取之，先以水軍攻夔州。時鎮江節度使兼侍中嘉王宗壽鎮忠州，夔州刺史王成先請甲，宗壽但以白布袍給之。成先帥之逆戰，季昌縱火船焚蜀浮橋，招討副使張武舉鐵絙拒之，船不得進。會風反，荊南兵焚溺死者甚衆。季昌乘戰艦，蒙以牛革，飛石中之，折其尾，季昌易小舟以遁。荊南兵大敗，俘斬五千級。成先密遣人奏宗壽不給甲之狀，宗壽獲之，召成先，斬之。

貞明三年。高季昌與孔勍修好，復通貢獻。

五年夏五月，楚人攻荊南，高季昌求救于吴。吴命鎮南節度使劉信帥洪、吉、撫、信步兵自瀏陽趣潭州，武昌節度使李簡等帥水軍攻復州。信等至潭州東境，楚兵釋荊南引歸。簡等入復州，執其知州鮑唐。

龍德元年冬十二月，高季昌遣都指揮使倪可福以卒萬人修江陵外郭，季昌行視，責功程之慢，杖之。季昌女爲可福子知進婦，季昌謂其女曰：「歸語汝舅，吾欲威衆辦事耳。」以白金數百兩遺之。

後唐莊宗同光元年。荊南節度使高季昌聞帝滅梁，避唐廟諱，更名季興，欲自入朝。梁震曰：「唐有吞天下之志，嚴兵守險，猶恐不自保，況數千里入朝乎？且公朱氏舊將，安知彼不以仇敵相遇乎？」季興不從。

十一月己未，加高季興守中書令。時高季興入朝，上待之甚厚。高季興在

洛陽，帝左右伶官求貨無厭，季興忿之。帝欲留季興，郭崇韜諫曰：「陛下新得天下，諸侯不過遣子弟將佐入貢，惟高季興身自入朝，當褒賞以勸來者。乃羈留不遣，棄信虧義，沮四海之心，非計也。」乃遣之。季興倍道而去，至許州，謂左右曰：「此行有二失：來朝一失，縱我去一失。」過襄州，節度使孔勍留宴，中夜斬關而去。十二月丁酉，至江陵，握梁震手曰：「不用君言，幾不免虎口。」

二年春三月丙午，加高季興兼尚書令，進封南平王。

三年冬十月，高季興常欲取三峽，畏蜀峽路招討使張武威名，不敢進。至是，乘唐兵勢，使其子行軍司馬從誨權軍府事，自將水軍上峽取施州。張武以鐵鎖斷江路，季興遣勇士乘舟斫之。會風大起，舟絓於鎖，不能進退，矢石交下，壞其戰艦，季興輕舟遁去。既而聞北路陷敗，[以]夔、忠、萬三州遣使詣魏王降。

明宗天成元年夏四月，梁震薦前陵州判官貴平孫光憲於季興，使掌書記。季興大治戰艦，欲攻楚。光憲諫曰：「荊南亂離之後，賴公休息士民，始有生意。若又與楚國交惡，他國乘吾之弊，良可憂也。」季興乃止。

六月，高季興表求夔、忠、萬三州爲屬郡，詔許之。

二年春二月，高季興既得三州，請朝廷不除刺史，自以子弟爲之，不許。及夔州刺史潘炕罷官，季興輒遣兵突入州城，殺戍兵而據之。朝廷除奉聖指揮使西方鄴爲刺史，不受。又遣兵襲涪州，不克。魏王繼岌遣押牙韓珙等部送蜀珍貨金帛四十萬，浮江而下，季興殺珙等於峽口，盡掠取之。朝廷詰之，對曰：「珙等舟行下峽，涉數千里，欲知覆溺之故，自宜按問水神。」帝怒，壬寅，制削奪季興官爵，以山南東道節度使劉訓爲南面招討使、知荊南行府事，忠武節度使夏魯奇爲副招討使，將步騎四萬討之。東川節度使董璋充東南面招討使，新夔州刺史西方鄴副之，將蜀兵下峽；仍會湖南軍三面進攻。

三月，劉訓兵至荊南，楚王殷遣都指揮使許德勳等將水軍屯岳州。高季興堅壁不戰，求救於吳，吳人遣水軍援之。

江陵卑濕，復值久雨，糧道不繼，將士疾疫，劉訓亦寢疾。四月癸卯，帝遣樞密使孔循往視之，且審攻戰之宜。五月，孔循至江陵，攻之不克。遣人入城說高季興，季興不遜。丙寅，遣使賜湖南行營夏衣萬襲。丁卯，又遣使賜楚王殷鞍馬玉帶，督饋糧於行營，竟不能得。庚午，詔劉訓等引兵還。

楚王殷遣中軍使史光憲入貢，帝賜之駿馬十，美女二。過江陵，高季興執光憲而奪之，且請舉鎮自附於吳。徐溫曰：「爲國者當務實效而去虛名。高氏事唐久矣，洛陽去江陵不遠，唐人步騎襲之甚易，我以舟師泝流救之甚難。夫臣人而弗能救，使之危亡，能無愧乎？」乃受其貢物，辭其稱臣，聽其自附於唐。

六月，西方鄴敗荊南水軍於峽中，復取夔、忠、萬三州。秋七月丙寅，升夔州爲寧江軍，以西方鄴爲節度使。

癸酉，以與高季興夔、忠、萬三州爲豆盧革、韋說之罪，皆賜死。

三年春三月，楚王殷如岳州，遣六軍使袁詮、副使王環、監軍馬希瞻將水軍擊荊南，高季興以水軍逆戰。至劉郎洑，希瞻夜匿戰艦數十艘於港中。詰旦，兩軍合戰，希瞻出戰艦橫擊之，季興大敗，俘斬以千數，進逼江陵。季興請和，歸史光憲于楚。軍還，楚王殷讓環不遂取荊南，環曰：「江陵在中朝及吳、蜀之間，四戰之地也，宜存之以爲吾扞蔽。」殷悅。

夏六月辛巳，高季興復請稱藩于吳，吳進季興爵秦王，帝詔楚王殷討之。殷遣許德勳將兵攻荊南，以其子希範爲監軍，次沙頭。季興從子雲猛指揮使從嗣單騎造楚壁，請與希範挑戰決勝，副指揮使廖匡齊出與之鬭，拉殺之。季興懼，明日，請和，德勳還。匡齊，贛人也。

秋九月辛巳，荊南敗楚兵于白田，執楚岳州刺史李廷規，歸于吳。

己亥，以武寧節度使房知溫兼荊南行營招討使、知荊南行府事；分遣中使發諸道兵赴襄陽，以討高季興。

冬十二月，荊南節度使高季興寢疾，命其子行軍司馬、忠義節度使、同平章事從誨權知軍府事。丙辰，季興卒。吳主以從誨爲荊南節度使兼侍中。

四年夏四月丙午，楚六軍副使王環敗荊南兵于石首。

高季興之叛也，其子從誨切諫，不聽。從誨既襲位，謂僚佐曰：「唐近而吳遠，捨近臣遠，非計也。」乃因楚王殷以謝罪於唐。又遺山南東道節度使安元信書，求保奏，復修職貢。丙申，元信以從誨書聞，帝許之。

六月庚申，高從誨自稱前荊南行軍司馬、歸州刺史，上表求內附。秋七月甲申，以從誨爲荊南節度使兼侍中。己丑，罷荊南招討使。

長興元年春三月，高從誨遣使奉表詣吳，告以墳墓在中國，恐爲唐所討，吳兵援之不及，謝絶之。吳遣兵擊之，不克。

三年春二月，賜高從誨爵勃海王。

潞王清泰元年春正月壬辰，以荊南節度使高從誨爲南平王。

二年。荊南節度使高從誨，性明達，親禮賢士，委任梁震，以兄事之。震常

謂從誨爲郎君。楚王希範好奢靡，游談者共誇其盛。從誨謂僚佐曰：「如馬王，可謂大丈夫矣。」孫光憲對曰：「天子諸侯，禮有等差。彼乳臭子驕侈僭忕，取快一時，不爲遠慮，危亡無日，又足慕乎！」從誨久而悟曰：「公言是也。」他日，謂梁震曰：「吾自念平生奉養，固已過矣。」乃捐去玩好，以經史自娱，省刑薄賦，境內以安。

梁震曰：「先王待我如布衣交，以嗣王屬我。今嗣王能自立，不墜其業，吾老矣，不復事人矣。」遂固請退居。從誨不能留，乃爲之築室於土洲。震披鶴氅，自稱荆臺隱士，每詣府，跨黄牛至聽事。從誨時過其家，四時賜與甚厚。自是悉以政事屬孫光憲。

臣光曰：孫光憲見微而能諫，高從誨聞善而能徙，梁震成功而能退，自古有國家者能如是，夫何亡國敗家喪身之有。

後晉高祖天福六年。山南東道節度使安從進謀反，求援於荆南，高從誨遺從進書，諭以禍福。從進怒，反誣奏從誨。荆南行軍司馬王保義勸從誨具奏其狀，且請發兵助朝廷討之，從誨從之。

後漢高祖天福十二年春正月，荆南節度使高從誨遣使入貢於契丹，契丹遣使以馬賜之。從誨亦遣使詣河東勸進。

夏六月，帝遣使告諭荆南。高從誨上表賀，且求郢州，帝不許。及加恩使至，拒而不受。

秋〔八〕月，高從誨聞杜重威叛，發水軍數千襲襄州，山南東道節度使安審琦擊卻之。又寇郢州，刺史尹實大破之。乃絶漢，附于唐、蜀。

初，荆南介居湖南、嶺南、福建之間，地狹兵弱，自武信王季興時，諸道入貢過其境者，多掠奪其貨幣。及諸道移書詰讓，或加以兵，不得已，復歸之，曾不爲愧。及從誨立，唐、晉、契丹、漢更據中原，南漢、閩、吴、蜀皆稱帝，從誨利其賜予，所向稱臣。諸國賤之，謂之「高無賴」。

乾祐元年夏六月，高從誨既與漢絶，北方商旅不至，境内貧乏，乃遣使上表謝罪，乞修職貢。詔遣使慰撫之。

冬十月，荆南節度使兼中書令、南平文獻王高從誨寢疾，以其子節度副使高保融判内外兵馬事。癸卯，從誨卒，保融知留後。

十二月丁丑，以高保融爲荆南節度使、同平章事。

隱帝乾祐二年冬十月丙戌，加荆南節度使高保融兼侍中。

吴任臣《十國春秋》卷一〇〇《武信王世家》　武信王，姓高名季興，字貽孫。陝州峽石人也。本名季昌，避後唐獻祖諱，更今名。季昌自言東魏司徒昂之後。少好武，有膽氣，與孔循、董璋俱爲汴州富人李讓家僮。朱全忠鎮宣武時，讓以入貲得幸，養爲子，易其姓名曰朱友讓。季興以友讓故得進見，全忠奇其才，命友讓以子畜之，因冒姓朱氏，補制勝軍使，遷毅勇指揮使。

唐昭宗天復二年，汴兵攻鳳翔，李茂貞堅壁不出，梁王全忠議欲收軍還河中，季興獨進曰：「天下豪傑，窺此舉者一歲矣。今岐人已憊，破在旦夕，而大王之所慮者閉壁以老我師，此可以誘致之也。」梁王壯其言，命季昌募勇敢士，得騎士馬景，季昌授以計，引見梁王。景曰：「此行無還理，願録其後嗣。」梁王惻然止之，景固請，乃行。景以數騎馳叩城門，告曰：「汴兵將東，前鋒去矣。」岐人以爲然，開門出追汴軍，汴軍隨景後以進，殺其九千餘人，景死之。岐後與汴和，昭宗出，贈景官，謚曰忠壯。季昌由是知名。明年，拜宋州團練使，從破青州，徙潁州防禦使，復姓高氏。

當唐之末，襄州趙匡凝襲破雷彦恭於荆南，表其弟匡明爲留後。汴兵攻襄州，匡凝奔於吴，匡明奔於蜀，而彦恭自朗州復來寇荆南。時留後賀瓌閉門自守，梁王謂瓌殊怯，除季昌荆南節度觀察留後以代之，蓋天祐三年十月也。

梁開平元年夏四月，太祖即皇帝位。五月，拜季昌荆南節度使。荆南舊統八州，僖、昭以來數爲諸道蠶食，季昌至，惟江陵一城而已，兵火之後，井邑凋零，季昌招輯撫綏，民皆復業。是月，季昌進瑞橘數十顆於梁。

六月，武貞節度使雷彦恭會楚兵來攻江陵，季昌引兵屯公安，絶其糧道，彦恭敗，楚兵亦走。秋九月，彦恭又攻涔陽、公安，擊却之。丙申，梁詔季昌討彦恭。冬十月，遣牙將倪可福會楚將秦彦暉攻朗州。

二年夏四月，淮南將李厚入寇，季昌敗之於馬頭。秋九月，遣兵屯漢口，絶楚朝貢路。楚命許德勳擊我於沙頭，季昌懼而請和。是歲，梁加季昌同中書門下平章事。

三年秋八月，梁叛將李洪侵江陵，倪可福擊敗之，梁復詔馬步都指揮使陳暉會我兵討洪。

四年夏六月，楚將入寇，季昌擊破於油口，斬首五千級，逐北至白田而還。

明年，梁改元乾化。二年，季昌潛有據荆南之志，乃治城塹，設樓櫓，奏築江陵外城，增廣□□丈，復建雄楚樓、望江樓爲捍敵。執畚鍤者十數萬人，將校賓

友皆負土相助。郭外五十里冢墓多發掘，取磚以甃城，畢工之後，數聞鬼泣及見燐火焉。是時，稽課土功於郢城北，土人因名其山曰稽功山。

會梁太祖殂，季昌見梁日衰弱，既得倪可福等爲將帥，梁震、司空薰、王保義等爲賓客，遂謀阻兵自固，以兵攻歸、峽，爲蜀將王宗壽所敗。又發兵，聲言助梁擊晉，因侵襄州，復爲節度使孔勍所敗，自是與勍交惡，乃絶貢賦累年。是歲，吴陳璋寇江陵，遣可福將兵拒之。

三年春正月，璋班師還，我兵會楚師邀之，璋駢舟二百艘爲一列，夜過江口，追之不及。秋八月乙亥，梁主鍠封季昌爲渤海王。賜以衮冕劍珮，於是造戰艦五百艘，修飭器械，爲攻守之具，招聚亡命，交通吴、蜀二國，中朝寖不能制。

乾化四年春正月，王以夔、萬、忠、涪四州舊隸荆南，興兵攻蜀，夔州刺史王成先逆戰。王縱火船焚蜀浮橋，蜀招討副使張武舉鐵絙拒之，船不得進，我兵焚溺死者甚衆。會飛石中王戰艦之尾，王遁還，我兵大敗，俘斬五千級。

貞明三年夏四月，王與梁山南東道節度使孔勍修好，復通貢獻。

是時，王築堤自安遠鎮北、禄麻山南至沱步淵，延亘一百三十里，以障襄漢之水，居民賴焉。名曰高氏堤。

貞明五年夏五月，楚人入寇，王求救於吴。吴命鎮南節度使劉信帥洪、吉、撫、信步兵，自瀏陽趣潭州，武昌節度使李簡帥水軍攻復州。信至潭州東境，楚兵引去，簡入復州，執其知州鮑唐。

是歲，改建内城東門樓曰江漢樓，又築仲宣樓於荆州城之東南隅。

冬十二月，遣都指揮使倪可福督修江陵外郭，王巡城，責功程之慢，杖之。

是歲，以僧齊己爲僧正，給其月俸，禮待於龍興寺禪院。

〔龍德元年〕冬十月戊寅，梁亡，唐下詔慰諭，司空薰等皆勸王入覲新主，梁震切諫，以爲不可，恐懷王之患復見今日。王曰：「吾已決矣，多言奚爲？」留二子守江陵，以騎士三百人自衛，朝於洛陽，改名季興。

十一月己未，唐加王守中書令。是時，王至京師，唐主待之良厚，而左右伶官求貨無厭，王心頗不平。唐主欲留王，樞密使郭崇韜諫曰：「唐新滅梁得天下，方以大信示人，今四方諸侯相繼入貢，不過遣子弟將吏，季興獨以身述職爲諸侯率，宜加恩禮以諷動來者，而反縻之，示天下不廣，且絶四方内向之意，不可。」唐主乃厚禮而遣之。

唐主常問王曰：「吾已滅梁，今天下負固不服者，惟吴、蜀耳。朕將有事於蜀，而蜀地險阻尤難，江南財隔荆南一水，朕欲先之，何如？」王曰：「蜀地富民饒，獲之可建大利，江南國貧，地狹民少，得之徒無益。宜伐蜀便。臣請以本道兵先進。」唐主大悦，以手拊其背，王因命工繡其手迹於衣，以爲榮耀。

王既行，即倍道兼進，至許州，謂左右曰：「此行有二失：來朝，一失；縱我去，一失。」行已浹旬，唐主殊内悔，遽以急詔命襄州節度使劉訓伺便圖之。王過襄州，就館，而心動，顧從者曰：「梁先輩之言中矣。與其住而生，不若去而死。」遂棄輜重，與部曲數百人南走，至鳳林關，日已旰，斬關而出。王疾驅而詔書夜至，訓度其去遠，不可追，乃止。

是歲，改修天皇寺。

十二月丁酉，王至自洛京，握梁震手，悔謝曰：「不用君言，幾不免虎口。」因言：「是行也，入朝，放還，彼此均失。且主上百戰以取河南，對功臣誇手鈔《春秋》，又曰『我於手指上得天下』，其自矜伐如此，而荒於游畋，政事多廢，吾可無慮矣。」由是繕城積粟，招納梁舊兵爲戰守之備。

同光二年春三月丙午，唐加王兼尚書令，進封南平王。王謂梁震曰：「此恐吾與蜀連衡也。」是時王過愚亭，命圖威武王及愚翁象於亭上，亦曰高氏亭。愚翁者，高駢從弟驤也。

同光三年秋九月，唐以王爲西川東南面行營招討使伐蜀，仍詔取夔、忠、萬、歸、峽五州爲巡屬。王常欲取三峽，畏蜀峽路招討使張武威名，不敢進。至是，乘唐兵勢，使其子行軍司馬從誨權軍府事。

冬十月，統水軍上峽取施州。蜀將張武以鐵鏁斷江路，王命勇士駕舟斫之；會風起，舟絓於鏁，爲武所敗，王遁還。夔、忠、萬等州，隨詣魏王繼岌降。

十一月，唐師滅蜀。王方食，聞蜀亡，遽失匕箸，曰：「是老夫之過也！倒持太阿，授人以柄，奈何？」梁震曰：「不足憂也。唐主得蜀益驕，安知不爲我福！」

同光四年春二月，王表請夔、忠等州及雲安監隸本道。唐主許焉，詔未下，時門下侍郎豆盧革、同門下中書平章事韋説，實内主之也。

夏四月，梁震薦前陵州判官孫光憲於王，王命光憲掌書記。時王欲攻楚，大治戰艦，光憲以爲荆南士民始有生意，未可與楚交惡。王然其言而止。

是月，唐主遇弒。丙午，李嗣源即皇帝位。甲寅，改元天成。

六月甲寅，王表求夔、忠、萬、歸、峽五州於唐爲屬郡，略言：「去冬先朝詔命

攻峽内屬郡，尋有施州官吏知臣上峽，率先歸投，夔、忠等州旦夕期於收復，乃被郭崇韜專將文字約臣回歸，方欲陳論，便值更變。」唐大臣多謂王請自取諸州，而兵出無功，不當以諸州與我。唐主重違王意，不得已許之。

天成二年春二月，王既轄夔、忠等州，復請唐勿除刺史，自以子弟爲之，唐主不允。時夔州刺史潘炕罷官，王遣兵突入州城，殺戍兵而據之。唐除奉聖指揮使西方鄴爲刺史，王拒而不納；復遣兵襲唐之涪州，不克。初魏王繼岌遣押牙韓珙部送蜀珍寶金帛四十萬，浮江而下，王殺珙等十餘人於峽口，盡掠其貲重。至是，唐加詰問，對曰：「珙輩舟行下峽，逾越險阻，凡數千里。欲知覆溺之故，自宜按問水神。」唐主大怒，壬寅，制削王官爵，以山南東道節度使劉訓爲南面招討使、知荆南行府事，忠武節度使夏魯奇爲副招討使，將步騎四萬侵江陵。又命東川節度使董璋充東面招討使，新夔州刺史西方鄴副之，將蜀兵下峽，仍會湖南軍，三面進攻。璋竟未嘗出兵。

三月，訓兵至江陵，楚遣都指揮使許德勳將水軍屯岳州，王堅壁不戰，乞師於吴，吴人率水軍來援，會江陵卑濕，復值久雨，將士多疾疫，訓亦寢疾。

夏四月，唐主命樞密使孔循來審攻戰之宜。

五月，循至於江陵，攻之百端，不克，遣人入城説王，王語不遜。丙戌，唐遣使賜湖南行營夏衣萬襲。丁卯，又遣使賜楚王殷鞍馬玉帶，督饋糧於行營，竟不能得。庚午，唐詔劉訓引兵還。

是月，楚貢使史光憲自唐歸，唐主賜楚王殷駿馬十、美女二。過於江陵，王執光憲而奪之，請舉鎮附於吴。吴臣徐温曰：「爲國者當務實效而去虚名，高氏事唐久，且洛陽去荆南近，唐人襲之易，我以舟師泝流救之甚難。夫臣人勿能救，寧無媿於心乎！」乃受貢物而辭我稱臣。

六月，西方鄴敗我軍於峽中，復取夔、忠、萬三州。唐詔西川兵防夔州，孟知祥遣左廂邊指揮使毛重威戍之。

秋七月，唐升夔州爲寧江軍，以鄴爲節度使。癸酉，唐追與我夔、忠等州罪，賜宰相豆盧革、韋説死。

乾貞二年春三月，楚遣六軍使袁詮、副使王環、監軍馬希瞻將水軍入寇，王與楚師戰於劉郎洑。先是，希瞻匿戰艦於水港，至是出戰艦横擊，勢不可遏，我師敗績，俘斬以千計。楚人進逼江陵，王歸史光憲以求成。是役也，楚王責王環不遂取荆南，環曰：「江陵在中朝、吴、蜀間，四戰之地也，宜存之，以爲捍蔽。」楚王是之。

是月，孟知祥請召戍夔之兵還，唐主不許。其將毛重威帥其衆鼓噪遁歸。

夏四月，吴將苗璘、王茂章會我兵攻岳州，爲楚所鹵。

六月辛巳，王以荆、歸、峽三州復稱藩於吴，王子從誨切諫不聽，吴封王爲秦王。唐命楚出師問罪，楚王遣許德勳大入，以其子希範爲監軍，師次於沙頭，王從子雲猛指揮使從嗣死之，王再求成，德勳引兵還。

九月辛巳，金火合於軫。敗楚兵於白田，執楚岳州刺史李廷規歸於吴。己亥，唐以武寧節度使房知温兼荆南行營招討使，知荆南行府事；分使發諸道兵會襄陽，以入寇。

冬十二月壬寅朔，熒惑犯房，金木相犯於斗。

乙卯，月有食之。王寢疾，命子從誨權知軍府事；丙辰，王薨。年七十一，謚曰武信。葬於江陵城西之龍山鄉翰林學士陶穀撰神道碑。

初，王常從梁太祖出征，引軍旦發，至逆旅未曉，有嫗秉燭而迎，執禮甚謹。王疑之，嫗曰：「適夢金甲神排户呼曰：『有王者來，宜速起！』將軍得非其人邪？」王大悦而去，卒符其言。王雖武人，頗折節好賓客，遊士緇流至者無不傾懷結納，詩僧貫休、齊己，皆在所延攬。而貫休以忤成汭故，遞放黔中；後復來遊江陵，王優禮之，館於龍興寺。會有謁宿者言時政不治，貫休乃作《酷吏辭》刺之，辭云：「霰雨瀰瀰，風吼如斸。有叟有叟，暮投我宿。吁歎自語，云太苛酷。如何如何，掠脂斡肉。吴姬唱一曲，等閒破紅束，韓娥唱一曲，錦段鮮照屋。寧知一曲兩曲歌，曾使千人萬人哭。不惟哭，亦白其頭饑其族。所以祥風不來，和風不復；蝗兮螽兮，東西南北。」王聞之，雖被疏遠，而亦不甚罪焉。

備論

王夫之《讀通鑑論》卷二九《五代中》 銀、夏之亂，終宋之世，勤天下之力，困於一隅，而女直乘之以入，其禍自李彝超之拒命始。彝超之地無幾，亦未能有戰勝攻取之威力也，而負嵎以抗天下，挾何術以自固而能然乎？

天下而已裂矣，苟非有道之主，德威足以服遠，則有無可如何之人，操甚卑甚陋之術，而智勇交受其制。高季興以無賴名，而孤立羣雄之中，處四戰之地，

據土不亡者兩世；彝超亦用此也，而地在絶徼，爲中國之所不争，士馬尤彊焉，欲殄滅之，其可得乎？中國之亂也，十餘年而八姓十三君，倏興倏廢，彝超父子無所歸命，亦無所抗衡，東與契丹爲鄰，又委順以爲之閒諜。不但此也，中國有反叛之臣，無論其成與不成，皆挾可左可右之勢，而利其賂遺；薄侵邊鄙而不深入以犯難，討之則城守堅而不下，撫之則陽受命而不來。如是者，雖大定之世，未易治也，而況中國無君之天下，尤得以日積月累而滋大乎？是與荆南高氏彷彿略同而情勢異，中國之雄桀，鄙夷而姗笑之，乃不知其竊笑羣雄者之尤甚也。

夫其爲術，抑有可以自立之道焉。季興以盗掠諸國之貢享而得貨，彝超以兩取叛臣之賄賂而收利，其以繕城郭、修甲兵、養士卒者，皆取給於他國無名之餽遺，而不盡苦剥其民，則民得以有其生而兵不匱。君子以大義裁之，則曰此盗術也。然當生民流亡憔悴之日，僭竊以主中國者，方日括民財以養驕卒，以媚黠虜，用逞其不戢之凶威，至於釜甑皆彊奪以充賞。而季興、彝超奪彼不道之餘，以蘇境内之民，則亦苟焉自全之便術也，惡亦淺矣。

季興所處，必争之地耳，不然，與彝超均漸漬以歲月，雖宋全盛之天下，得韓、范以爲將相，亦畀立而不可下矣。彝超斂兵聚利，爲謀已深，李嗣源位未固，勢未張，遽欲挑之，其將能乎？徒以益其彊固，而爲百餘年之大患已耳。制無賴者，非大有爲之君，未易易也。

吴任臣《十國春秋》卷一〇〇《武信王世家》 論曰：武信失策未有如入覲洛京與勸唐伐蜀之二事者。夫以莊宗之猜忍，要何愛乎荆南，乃頓釋狐疑，幸免虎口，危矣。至荆、蜀成脣齒之形，不待智者知之審也，而從臾興師，鼓行前進，狧糠及米，事有固然。假門高之難不作，江陵尚有寧宇邪？雖然，蕞爾荆州，地當四戰，成趙相繼，亡不旋踵，武信以一方而抗衡諸國間，或和或戰，戲中原於股掌之上，其亦深講於縱横之術也哉！

藝文

《全唐詩》卷八四四齊己《謝南平王賜山雞》 五色文章類彩鸞，楚人羅得半摧殘。金籠莫恨傷冠幘，王粒頒慚剪羽翰。孤立影危丹檻裏，雙棲伴在白雲端。上台愛育通幽細，卻放溪山去不難。

《全唐詩》卷八四五齊己《荆州新秋寺居寫懷詩五首上南平王》 竹如翡翠侵簾影，苔學琉璃布地紋。高卧更無如此樂，遠遊何必愛他雲。閒聽謝朓吟爲政，静看蕭何坐致君。只恐老身衰朽速，他年不得頌鴻勳。

井梧黄落暮蟬清，久駐金臺但暗驚。事佛未憐諸弟子，談空争動上公卿。合歸鳥外藏幽跡，敢向人前認好名。滿印白檀燈一醆，可能酬謝得聰明。

金湯裏面境何求，寶殿東邊院最幽。栽種已添新竹影，畫圖兼列遠山秋。形容豈合親公子，章句争堪狎士流。虚負岷峨老僧約，年年雪水下汀洲。

漢江西岸蜀江東，六稔安禪教化中。託跡幸將王粲别，歸心寧與子山同。尊罍豈識曹參酒，賓客還親宋玉風。又見去年三五夕，一輪寒魄破煙空。

石龕閒鎖舊居峯，何事膺門歲月重。五七詩中叨見遇，三千客外許疏慵。迎涼蟋蟀喧閒思，積雨莓苔没屐蹤。會待英雄啓金口，卻教擔錫入雲松。

劉隱部

綜述

《舊五代史》卷一三五《劉隱傳》 劉陟，即劉龑，初名陟。其先彭城人，祖仁安，仕唐爲潮州長史，因家嶺表。父謙，素有才識。唐咸通中，宰相韋宙出鎮南海，謙時爲牙校，職級甚卑，然氣貌殊常，宙以猶女妻之。妻以非其類，堅止之，宙曰：「此人非常流也，他日我子孫或可依之。」謙後果以軍功拜封州刺史兼賀水鎮使，甚有稱譽。

謙之長子曰隱，即韋氏女所生也，幼而奇特。及謙卒，賀水諸將有無賴者，幸變作亂，隱定計誅之。連帥劉崇龜聞其才，署爲右都校，復領賀水鎮，俄奏兼封州刺史，用法清肅，威望頗振。唐昭宗以嗣薛王知柔石門扈蹕功，授清海軍節度使。詔下，有府之牙將盧琚、譚玘謀不稟朝命，隱舉部兵誅琚，玘以聞，知柔至，深德之，辟爲行軍司馬，委以兵賦。唐昭宗命宰相徐彦若代知柔復署前職。彦若在鎮二年，臨薨，手表奏隱爲兩使留後，昭宗未之許，命宰相崔遠爲節度使。遠行及江陵，聞嶺表多盜，懼隱違詔，遲留不進，會遠復入相，乃詔以隱爲留後，然久未即真。及梁祖爲元帥，隱遣使持重賂以求保薦，梁祖即表其事，遂降旄節。梁開平初，恩寵殊厚，遷檢校太尉、兼侍中，封大彭郡王。梁祖郊禋，禮畢，加檢校太師、兼中書令，又命兼領安南都護，充清海、静海兩軍節度使，進封南海王。開平四年三月卒。

《新五代史》卷六五《劉隱世家》 劉隱，其祖安仁，上蔡人也，後徙閩中，商賈南海，因家焉。父謙，爲廣州牙將。唐乾符五年，黄巢攻破廣州，去略湖、湘間，廣州表謙封州刺史、賀江鎮遏使，以禦梧、桂以西。歲餘，有兵萬人，戰艦百餘艘。謙三子，曰隱、台、巖。

謙卒，廣州表隱代謙封州刺史。乾寧中，節度使劉崇龜死，嗣薛王知柔代爲帥，行至湖南，廣州將盧琚、覃玘作亂，知柔不敢進。隱以封州兵攻殺琚、玘，迎知柔，知柔辟隱行軍司馬。其後徐彦若代知柔，表隱節度副使，委以軍政。彦若卒，軍中推隱爲留後。天祐二年，拜隱節度使。梁開平元年，加檢校太尉、兼侍中。二年，兼静海軍節度、安南都護。三年，加檢校太師、兼中書令，封南平王。

隱父子起封州，遭世多故，數有功於嶺南，遂有南海。隱復好賢士。是時，天下已亂，中朝士人以嶺外最遠，可以避地，多遊焉。唐世名臣謫死南方者往往有子孫，或當時仕宦遭亂不得還者，皆客嶺表。王定保、倪曙、劉濬、李衡、周傑、楊洞潛、趙光裔之徒，隱皆招禮之。定保容管巡官，曙唐太學博士，濬崇望之子，以避亂往；衡德裕之孫，唐右補闕，以奉使往。皆辟置幕府，待以賓客。傑善星曆，唐司農少卿，因避亂往，隱數問以災變，傑恥以星術事人，常稱疾不起，隱亦客之。洞潛初爲邕管巡官，秩滿客南海，隱常師事之，後以爲節度副使，及龑僭號，爲陳吉凶禮法。爲國制度，略有次序，皆用此數人焉。

乾化元年，進封隱南海王。是歲卒，年三十八。弟龑立。

龑，初名巖，謙庶子也。其母段氏生龑於外舍，謙妻韋氏素妬，聞之怒，拔劍而出，命持龑至，將殺之，及見而悸，劍輒墮地，良久曰：「此非常兒也！」後三日，卒殺段氏，養龑爲己子。及長，善騎射，身長七尺，垂手過膝。

隱爲行軍司馬，龑亦辟薛王府諮議參軍。隱鎮南海，龑爲副使。隱卒，龑代立。乾化二年，除清海節度使，檢校太保、同平章事。三年，加檢校太傅。末帝即位，悉以隱官爵授龑，襲封南海王。

唐末，南海最後亂，僖宗以後，大臣出鎮者，天下皆亂，無所之，惟除南海而已，自隱始亦自立。是時，交州曲顥、桂州劉士政、邕州葉廣略、容州龐巨昭，分據諸管；盧光稠據虔州以攻嶺上，其弟光睦據潮州，子延昌據韶州；高州刺史劉昌魯、新州刺史劉潛及江東七十餘寨，皆不能制。隱攻韶州，龑曰：「韶州所賴者光稠，擊之，虔人必應，應則首尾受敵，此不宜直攻而可以計取。」隱不聽，果敗而歸，因盡以兵事付龑。龑悉平諸寨，遂殺昌魯等，更置刺史，卒出兵攻敗盧氏，取潮、韶。又西與馬殷争容、桂，殷取桂管，虜士政；龑取容管，逐巨昭，又取邕管。隱、龑自梁初受封爵，稟正朔而已。

貞明三年，龑即皇帝位，國號大越，改元曰乾亨。追尊安仁文皇帝，謙聖武皇帝，隱襄皇帝，立三廟。置百官，以楊洞潛爲兵部侍郎，李衡禮部侍郎，倪曙工部侍郎，趙光胤兵部尚書，皆平章事。光胤自以唐甲族，恥事僞國，常怏怏思歸。

龔乃習爲光胤手書，遣使間道至洛陽，召其二子損、益并其家屬皆至。光胤驚喜，爲盡心焉。

梁廷枏《南漢書》卷一《烈宗紀》　烈宗襄皇帝隱，其先蔡州上蔡人。祖仁安，是爲太祖。仕唐爲潮州刺史，徙閩之仙遊，復還番禺。父知謙，字德光，是爲代祖。少充賀水鎮將，節度使韋宙異之，妻以兄女。黄巢陷嶺表，羣盜蟻結。擊賊屢有功。中和三年，授封州刺史、賀江鎮使，使遏梧、桂以西，因遂徙家封州。至職撫納流亡，節費養士，得精兵萬人，多具戰艦，境内肅然。代祖三子：長即烈宗，爲韋氏所生。幼而奇特，代祖絶愛憐之；次台，早卒；次高祖巖。先是，代祖葬側室段氏，得石版有文，曰：「隱台巖」，因名其子。乾寧元年冬十二月，代祖病，召諸子曰：「今五嶺盜賊方興，吾有精甲犀械，爾勉建功，時不可失也。」及卒，賀江諸將有無賴者百餘人，幸變謀亂，烈宗定計，一夕盡誅之。節度使劉崇龜聞其才，召署右都校。復領賀水鎮將，旋表兼封州刺史。用法清肅，威望頗振。二年，崇龜死。嗣薛王知柔，以石門扈蹕功代領節度。詔俟反正後赴鎮。三年冬十二月，知柔行抵湖南，廣州牙將盧琚、譚宏玘據境叛。宏玘守端州，欲婿烈宗以爲援。烈宗僞許之，托親迎，使牙將蘇章伏甲舟中，夜入端州，斬宏玘，遂襲廣州，斬琚，具軍迎護知柔。知柔至，深德烈宗，以聞，拜本軍行軍司馬。光化元年冬十二月，韶州刺史曾衮謀攻廣州，約州將王懷舉戰艦爲應，烈宗一戰破之。韶州將劉潼復據湞、浛，亦爲烈宗所殺。三年秋，以丞相齊公徐彦若代知柔。時唐室已季，彦若威令不振，事皆決於烈宗，因表爲節度副使。天復元年冬十二月，彦若卒，遺表薦權兩使留後。二年，虔人盧光稠攻陷韶州，遣弟光睦進圍潮州，烈宗擊之稍却。光稠别將兵至，我師敗，遂陷潮州。烈宗率都指揮使蘇章進攻光稠子延昌於韶州，高祖諫不聽。舟師出雙石，會天大霧，延昌兵以鐵鈎投所乘艦，章舉巨斧斷之。翼日，逼韶城，舟兵鼓譟欲登，適北江暴漲，餽運不繼。光稠自虔引兵來，其將譚全播選精兵萬人伏山谷，陽治戰地城南。來約戰期，以老弱五千挑戰。戰酣佯北，烈宗急追之，伏兵卒起，我師遂大敗還。初彦若薦烈宗權留後，昭宗不許，至是以兵部尚書崔遠代彦若。遠聞嶺表多盜，且慮烈宗不受代，留江陵不進。三年，召遠還朝，乃以烈宗爲留後。天祐元年，以佛哲，訶陵、羅越諸國所進香藥入貢。二年，聞梁王朱全忠爲元帥，遣使至京賂之，求表薦。全忠乃奏爲清海節度使，已而加同平章事。三年，以廣州城隘，鑿禺山益之，名新南城，建雙闕。

開平元年夏四月甲子，梁王廢唐帝，即皇帝位，改元。

五月己卯，梁以烈祖前上書勸進，至是敍擁戴功，加檢校太尉，兼侍中，封大彭郡王。遣使進奇寶名藥，詔改潘州茂名縣爲越裳縣。

冬十月，奏進助軍錢二十萬，及龍腦、腰帶、珍珠枕、玳瑁、香藥諸物。

十一月，進龍形通犀腰帶、金托裹含稜、玳瑁器百餘副，及香藥、珍巧。獲白鹿，耳有兩缺，以鹿並圖形獻之。

開平二年夏五月戊寅，吴王渥薨，弟隆演立。

秋九月，楚遣步軍都指揮使呂師周來侵，烈祖禦之，凡十餘戰，陷昭、賀、梧、蒙、龔、富六州。

冬十月，梁詔烈宗兼静海節度使、領安南都護，以膳部郎中趙光裔、右補闕李殷衡來充官誥使，烈宗並留之。

開平三年春正月，梁以郊禋禮成，加烈宗檢校太師、兼中書令。

夏四月甲寅，改封南平王。

開平四年春二月，烈宗命弟巖帥所部兵攻高州，爲防禦使劉昌魯所敗。移兵攻容州，爲寧遠節度使龐巨昭所拒，亦敗走。先是昌魯、巨昭皆臣於唐。昌魯既擊敗烈宗，懼終非所敵，致楚人書，請自歸焉。楚具兵迎之，巨昭亦迎降，二州遂入於楚。

夏四月，梁詔進封南海王。

秋七月，貢犀玉，復獻舶上薔薇水。是歲，閩遣員外郎崔某來聘。

乾化元年春三月，烈宗病革，表其弟清海、静海節度副使巖權知留後。丁亥薨，年三十有八。訃聞，梁帝輟朝三日。閩遣使齎文來祭。葬海曲，謚曰「襄」。烈宗少英邁，勇略過人，值嶺海間盜起爲民患，輒出兵擊敗之，一方皆賴其保障。又賓禮賢士，唐世謫宦子孫遭亂不得返，及因亂避地來嶺外者，多留爲之用焉。高祖稱尊，追尊曰襄皇帝，廟號烈宗，尊葬地曰德陵。

吴任臣《十國春秋》卷五八《烈宗世家》　烈宗姓劉，名隱。祖安仁，上蔡人也。後徙閩中，商賈南海，因家於泉州之馬鋪，死遂葬焉。父謙，爲廣州牙將。唐乾符五年，黄巢攻破廣州，去略湘、湖間，廣州表謙封州刺史、賀江鎮遏使，以禦梧、桂以西。歲餘，有兵萬人、戰艦百艘。謙三子，曰隱、台、巖。

乾寧元年冬，謙卒。隱居喪於賀江，士民百餘人謀亂，隱一夕盡誅之。嶺南節度使劉崇龜召隱補右都押牙兼賀水鎮使，未幾表爲封州刺史。會崇龜死，二

年，薛王知柔代爲清海軍節度使。三年冬十二月，行至湖南，廣州牙將盧琚、譚弘玘作亂，知柔不敢進。而弘玘出守端州，深結隱，許妻以女。隱陽許之，詭言親迎，遂以封州兵伏舟中，夜入端州，斬弘玘；復襲廣州，斬琚。具軍容迎知柔入視事，知柔表隱清海行軍司馬。

光化元年冬十二月，韶州刺史曾袞與廣州將王懷合謀攻廣州，隱一戰破之。韶州將劉潼復據湞浛，隱以部下兵殲焉。居數年，唐以太保、門下侍郎徐彦若代知柔，彦若表隱節度副使，委以軍政。

天復元年冬，彦若卒，遺表薦隱權留後。虔人盧光稠者，有衆數萬，據州自爲刺史；又取韶州，使其子延昌守之。已而進圍潮州，隱稍稍擊走之，欲悉師以爭韶州，隱弟陟曰：「延昌有虔州之援，擊之，虔人必應，應則首尾受敵，此不宜直攻，而可以計取。」隱不聽。會江水漲，餽運不繼，而光稠果引兵自虔來，其將譚全播伏精兵萬人山谷間挑戰，隱縱驅，伏發，我兵大敗於城南，僅以身免。

天祐元年，唐命兵部尚書崔遠爲清海軍節度使。遠至江陵，聞嶺南多盜，且畏隱不受代，不時至。隱乃遣使者入朝賂梁王朱全忠以自固，全忠乃奏隱爲清海軍節度使，隱是年以佛哲國、訶陵國、羅越國所貢香藥進於唐。二年，唐加隱同平章事。後二年，梁王全忠改名晃，稱皇帝，改元開平。初，隱屢上書勸進，至是以擁戴功，夏五月己卯，加隱檢校太尉兼侍中，封大彭王；是月，梁詔改潘州茂名縣爲越常縣。冬十月，獻助軍錢二十萬於梁，又進就龍腦、腰帶、珍珠枕、玳瑁器百餘副，他物稱是。是歲，静海節度使曲裕卒。梁以裕子行營司馬權知留後顥起復爲安南都護，充節度使。

開平二年冬十月辛酉，梁命膳部郎中趙光裔、右補闕李殷衡充官告使，詔王爲清海、静海等軍節度使、安南都護，王留光裔、殷衡不遣。

開平三年夏四月庚子，梁改封王爲南平王。

開平四年春二月，王命弟陟帥兵攻高州，防禦使劉昌魯拒之，我兵敗績。又移兵攻容州，寧遠節度使龐巨昭拒之，亦不克。是歲，二州皆入於楚。

夏四月，梁進封王爲南海王。

乾化元年春正月，梁加王兼中書令。三月，王病，亟表其弟清海、静海節度副使陟權知留後。丁亥時年三十八，謚曰襄。乾亨元年追尊曰襄皇帝，廟號烈宗，陵曰德陵。

雜録

備録

《册府元龜》卷一六九《帝王部》 天祐元年十二月，廣州劉隱進佛哲國、訶陵國、羅越國所貢香藥。

《册府元龜》卷二二三《僭僞部》 漢劉隱，唐末爲廣州右都押衙，領賀水鎮將，兼封州刺史。用法清肅，威望頗振，昭宗以嗣薛王知柔石門扈蹕功，授清海軍節度使。詔下，有府之牙將盧琚、譚玘謀不稟朝命，隱舉部兵誅琚，玘以聞，知柔至，深德之，辟爲行軍司馬，委以兵賦。昭宗命宰相徐彦若代知柔，復署前職。彦若在鎮二年，臨薨，手表奏隱爲兩使留後。昭宗未之許，命宰相崔遠爲節度使，遠行及江陵，聞嶺表多盜，懼隱違詔，遲留不進。會遠復入相，乃詔以隱爲留後，然久未即真。及梁祖爲元帥，隱遣使持重賂以求保薦，梁祖即表其事，遂降旄節。梁開平初，恩寵殊厚，遷簡校太尉，兼侍中，封大彭郡王。梁祖郊禋，禮畢，加檢校太師，兼中書令，又命兼領安南郡護，充清海、静海兩軍節度使，進封南海王。

袁樞《通鑑紀事本末》卷三九《劉氏據廣州》 唐昭宗乾寧元年冬十一月，封州刺史劉謙卒，子隱居喪於賀江，土民百餘人謀亂，隱一夕盡誅之。嶺南節度使劉崇龜召補右都押牙兼賀水鎮使，未幾，表爲封州刺史。

二年秋七月，以薛王知柔爲清海軍節度使。

三年冬十二月，清海節度使薛王知柔行至湖南，廣州牙將盧琚、譚弘玘據境拒之，使弘玘守端州。弘玘結封州刺史劉隱，許妻以女。隱僞許之，託言親迎，伏甲舟中，夜入端州，斬弘玘，遂襲廣州，斬琚，具軍容迎知柔入視事。知柔表隱爲行軍司馬。

光化元年冬十二月，韶州刺史曾袞舉兵攻廣州，州將王瓌帥戰艦應之，清海行軍司馬劉隱一戰破之。韶州將劉潼復據湞浛，隱討斬之。

三年秋九月，以太保、門下侍郎徐彦若充清海軍節度使，代薛王知柔。

大復元年冬十二月，清海節度使徐彦若薨，遺表薦行軍司馬劉隱權留後。

二年。虔州刺史盧光稠攻嶺南，陷韶州，使其子延昌守之，進圍潮州。清海留後劉隱發兵擊走之，乘勝進攻韶州。隱弟陟以爲延昌有虔州之援，未可遽取。隱不從，遂圍韶州。會江漲，餽運不繼，光稠自虔州引兵救之。其將譚全播伏精兵萬人於山谷，以羸弱挑戰，大破隱于城南，隱奔還。全播悉以功讓諸將，光稠益賢之。

天祐元年。初，清海節度使徐彦若遺表薦副使劉隱權留後，朝廷以兵部尚書崔遠爲清海節度使。遠至江陵，聞嶺南多盜，且畏隱不受代，不敢前，朝廷召遠還。隱遣使以重賂結朱全忠，乃奏以隱爲清海節度使。

昭宣帝天祐二年春三月，加清海節度使劉隱同平章事。

後梁太祖開平元年夏五月己卯，加劉隱兼侍中，仍以隱爲大彭王。

二年冬十月辛酉，以劉隱爲清海、静海節度使，以膳部郎中趙光裔、右補闕李殷衡充官告使，隱皆留之。光裔，光逢之弟；殷衡，德裕之孫也。

三年夏四月庚子，以劉隱爲南平王。

乾化元年春三月，清海、静海節度使兼中書令、南平襄王劉隱病亟，表其弟節度副使巖權知留後。丁亥，卒，巖襲位。

夏(五)月甲辰，以清海留後劉巖爲節度使。巖多延中國士人置於幕府，出爲刺史，刺史無武人。

冬十二月癸亥，以静江行軍司馬姚彦章爲寧遠節度副使，權知容州，從楚王殷之請也。劉巖遣兵攻容州，殷遣都指揮使許德勳以桂州兵救之。彦章不能守，乃遷容州士民及其府藏奔長沙，巖遂取容管及高州。

均王乾化三年冬十月，嶺財節度使劉巖求婚于楚，楚王許以女妻之。

貞明元年秋八月，劉巖逆婦于楚，楚王殷遣永順節度使存送之。

是歲，清海、建武節度使兼中書令劉巖以吴越王鏐爲國王，而己獨爲南平王，表求封南越王及加都統，帝不許。巖謂僚屬曰：「今中國紛紛，孰爲天子？安能梯航萬里，遠事僞庭乎！」自是貢使遂絶。

三年秋八月癸巳，清海、建武節度使劉巖即皇帝位於番禺，國號大越，大赦，改元乾亨。以梁使趙光裔爲兵部尚書，節度副使楊洞潛爲兵部侍郎，節度判官李殷衡爲禮部侍郎，並同平章事。建三廟，追尊祖安仁曰太祖文皇帝，父謙曰代祖聖武皇帝，兄隱曰烈宗襄皇帝。以廣州爲興王府。冬十月，越主巖遣客省使劉瑭使於吴，告即位，且勸吴王稱帝。

四年冬十一月，越主巖祀南郊，大赦，改國號曰漢。

五年春正月，漢主巖立越國夫人馬氏爲皇后，殷之女也。秋九月丙寅，詔削劉巖官爵，命吴越王鏐討之。鏐雖受命，竟不行。

六年冬十二月，漢主巖遣使通好于蜀。

後唐莊宗同光三年。漢主聞帝滅梁而懼，遣宫苑使何詞入貢，且覘中國强弱。二月甲申，詞至魏。及還，言帝驕淫無政，不足畏也。漢主大悦，自是不復通中國。

冬十二月，有白龍見於漢宫，漢主改元白龍，更名曰龔。

明宗天成三年春三月，楚大舉水軍擊漢，圍封州。漢主以《周易》筮之，遇《大有》，於是大赦，改元大有。命左右街使蘇章將神弩三千、戰艦百艘救封州。章至賀江，沈鐵絙於水，兩岸作巨輪挽絙，築長堤以隱之，伏壯士於堤中。章以輕舟逆戰，陽不利，楚人逐之，入堤中，挽輪舉絙，楚艦不能進退，以强弩夾水射之，楚兵大敗，解圍遁去。漢主以章爲封州團練使。

長興元年秋九月，漢主遣其將梁克貞、李守鄘攻交州，拔之，執静海節度使曲承美以歸，以其將李進守交州。

二年。愛州將楊廷藝養假子三千人，圖復交州。漢交州守將李進知之，受其賂，不以聞。是歲，廷藝舉兵圍交州，漢主遣承旨程寶將兵救之，未至，城陷。進逃歸，漢主殺之。寶圍交州，廷藝出戰，寶敗死。

三年。漢主立其子耀樞爲雍王，龜圖爲康王，弘度爲賓王，弘熙爲晉王，弘昌爲越王，弘弼爲齊王，弘雅爲韶王，弘澤爲鎮王，弘操爲萬王，弘杲爲循王，弘暐爲思王，弘邈爲高王，弘簡爲同王，弘建爲益王，弘濟爲辯王，弘道爲貴王，弘昭爲宜王，弘政爲通王，弘益爲定王。未幾，徙弘度爲秦王。

潞王清泰元年。漢主命判六軍秦王弘度募宿衛兵千人，皆市井無賴子弟，弘度昵之。同平章事楊洞潛諫曰：「秦王，國之冢嫡，宜親端士。使之治軍已過矣，况昵群小乎？」漢主曰：「小兒教以戎事，過煩公憂。」終不戒弘度。洞潛出，見衛士掠商人金帛，商人不敢訴，歎曰：「政亂如此，安用宰相！」因謝病歸第。久之不召，遂卒。

後晉高祖天福二年春三月，漢主以疾愈，大赦。

四年。漢門下侍郎、同平章事趙光裔言於漢主曰：「自馬后崩，未嘗通使於

楚，親鄰舊好，不可忘也。」因薦諫議大夫李紓可以將命，漢主從之。楚亦遣使報聘。光裔相漢二十餘年，府庫完實，邊境無虞。及卒，漢主復以其子翰林學士承旨、尚書左丞損爲門下侍郎、同平章事。

五年。漢門下侍郎、同平章事趙損卒。以寧遠節度使南昌王定保爲中書侍郎、同平章事，不踰年亦卒。

六年冬十二月，漢主寢疾，有胡僧謂漢主名龑不利，漢主自造「龑」字名之，義取「飛龍在天」，讀若儼。

七年。漢高祖寢疾，以其子秦王弘度、晉王弘熙皆驕恣，少子越王弘昌孝謹有智識，與右僕射兼西御院使王翷謀，出弘度鎮邕州，弘熙鎮容州，而立弘昌。制命將行，會崇文使蕭益入問疾，以其事訪之。益曰：「立嫡以長，違之必亂。」乃止。〔夏四月〕丁丑，高祖殂。高祖爲人辨察，多權數，好自矜大，常謂中國天子爲「洛州刺史」。嶺南珍異所聚，每窮奢極麗，宫殿悉以金玉珠翠爲飾。用刑慘酷，有灌鼻、割舌、支解、刳剔、炮炙、烹蒸之法。或聚毒蛇水中，以罪人投之，謂之「水獄」。同平章事楊洞潛諫，不聽。末年尤猜忌。以士人多爲子孫計，故專任宦者，由是其國中宦者大盛。秦王弘度即皇帝位，更名玢。以弘熙輔政，改元光天。尊母趙昭儀曰皇太妃。

秋八月，漢葬天皇大帝于康陵，廟號高祖。

齊王天福八年。漢殤帝驕奢，不親政事。高祖在殯，作樂酣飲，夜與倡婦微行，倮男女而觀之。左右忤意輒死，無敢諫者。惟越王弘昌及內常侍番禺吳懷恩屢諫，不聽。常猜忌諸弟，每宴集，令宦者守門，羣臣、宗室皆露索然後入。晉王弘熙欲圖之，乃盛飾聲伎，娱悦其意，以成其惡。漢主好手搏，弘熙令指揮使陳道庠引力士劉思潮、譚令禋、林少强、林少良、何昌廷等五人習手搏於晉府，漢主聞而悦之。

〔春三月〕丙戌，與諸王宴于長春宫，觀手搏，至夕罷宴，漢主大醉。弘熙使道庠、思潮等掖漢主，因拉殺之，盡殺其左右。明旦，百官諸王莫敢入宫，越王弘昌帥諸弟臨於寢殿，迎弘熙即皇帝位，更名晟，改元應乾。以弘昌爲太尉兼中書令、諸道兵馬都元帥、知政事，循王弘杲爲副元帥，參預政事。陳道庠及劉思潮等皆受賞賜甚厚。

漢中宗既立，國中議論訩訩。循王弘杲請斬劉思潮等以謝中外，漢主不從。思潮等聞之，譖弘杲謀反，漢主令思潮等伺之。弘杲方宴客，思潮與譚令禋帥衛兵突入，斬弘杲。於是漢主謀盡誅諸弟，以越王弘昌賢而得衆，尤忌之。雄武節度使齊王弘弼自以居大鎮，懼禍，求入朝，許之。

冬十月，漢主命韶王弘雅致仕。十一月丁亥，漢主祀南郊，大赦，改元乾和。

開運元年春三月，漢主命中書令、都元帥越王弘昌謁烈宗陵於海曲，至昌華宫，使盜殺之。漢以户部侍郎陳偓同平章事。夏六月乙巳，漢主幽齊王弘弼于私第。冬十月丙午，漢主毒殺鎮王弘澤于邕州。

二年秋八月，漢主殺韶王弘雅。九月，漢主殺劉思潮、林少强、林少良、何昌〔廷〕。以左僕射王翷嘗與高祖謀立弘昌，出爲英州刺史，未至，賜死。內外皆懼不自保。

三年。漢劉思潮等既死，陳道庠內不自安。秋九月，特進鄧伸遺之《漢紀》，道庠問其故。伸曰：「憨獠，此書有誅韓信、醢彭越事，宜審讀之。」漢主聞之，族道庠及伸。

後漢高祖天福十二年。南漢主恐諸弟與其子爭國，殺齊王弘弼、貴王弘道、定王弘益、辯王弘濟、同王弘簡、益王弘建、恩王弘偉、宜王弘照，盡殺其男，納其女充後宫。作離宫千餘間，飾以珠寶。設鑊湯、鐵牀、刳剔等刑，號「生地獄」。嘗醉，戲以瓜置樂工之頸試劍，遂斷其頭。

乾祐元年秋八月，南漢主遣知制誥宣化鍾允章求婚於楚，楚王希廣不許。南漢主怒，問允章：「馬公復能經略南土乎？」對曰：「馬氏兄弟方爭亡於不暇，安能害我。」南漢主曰：「然。希廣懦而吝嗇，其士卒忘戰日久，此乃吾進取之秋也。」

冬十二月辛巳，南漢主以內常侍吳懷恩爲開府儀同三司、西北面招討使，將兵擊楚，攻賀州。楚王希廣遣決勝指揮使徐知新等將兵五千救之。未至，南漢人已拔賀州，鑿大穽於城外，覆以竹箔，加土，下施機軸，自塹中穿穴通穽中。知新等至，引兵攻城，南漢遣人自穴中發機，楚兵悉陷。南漢出兵從而擊之，楚兵死者以千數。知新等遁歸，希廣斬之。南漢兵復陷昭州。

隱帝乾祐三年。南漢主以宫人盧瓊仙、黄瓊芝爲女侍中，朝服冠帶，參決政事。宗室勳舊，誅戮殆盡，惟宦官林延遇等用事。

後周太祖廣順元年冬十二月，南漢主遣內侍省丞潘崇徹、將軍謝貫將兵攻郴州，唐邊鎬發兵救之。崇徹敗唐兵於義章，遂取郴州。

三年秋九月，南漢主立其子繼興爲衛王，璇興爲桂王，慶興爲荆王，保興爲

禎王，崇興爲梅王。

南漢大赦。

顯德元年夏四月，南漢主以高王弘邈爲雄武節度使，鎮邕州。弘邈以齊、鎮二王相繼死於邕州，固辭，求宿衛，不許。至鎮，委政僚佐，日飲酒，禱鬼神。或上書誣弘邈謀作亂，戊午，南漢主遣甘泉宮使林延遇賜酖殺之。

世宗顯德二年夏六月戊午，南漢主殺禎州節度使通王弘政。於是高祖之諸子盡矣。

三年春三月，南漢甘泉宮使林延遇陰險多計數，南漢主倚信之，誅滅諸弟，皆延遇之謀也。乙未卒，國人相賀。延遇病甚，薦内給事龔澄樞自代，南漢主即日擢澄樞知承宣院及内侍省。澄樞，番禺人也。

四年。南漢主聞唐屢敗，憂形於色，遣使入貢于周，爲湖南所閉，乃治戰艦，修武備。既而縱酒酣飲，曰：「吾身得免，幸矣，何暇慮後世哉！」

五年秋八月辛巳，南漢中宗殂，長子衛王繼興即帝位，更名鋹，改元大寶。鋹年十六，國事皆決於宦官玉清宮使龔澄樞及女侍中盧瓊仙等，臺省官備位而已。冬十一月，南漢葬文武光明孝皇帝于昭陵，廟號中宗。

六年冬十(二)月，南漢主以中書舍人鍾允章藩府舊僚，擢爲尚書右丞，參政事，甚委任之。允章請誅亂法者數人以正綱紀，南漢主不能從，宦官聞而惡之。南漢主將祀圜丘，前三日，允章帥禮官登壇，四顧指揮，設神位。内侍監許彦真望之曰：「此謀反也。」即帶劍登壇，允章叱之。彦真馳入宫，告允章欲於郊祀日作亂。南漢主曰：「朕待允章厚，豈有此邪？」玉清宮使龔澄樞、内侍監李托等共證之，以彦真言爲然，乃收允章繫含章樓下，命宦者與禮部尚書薛用丕雜治之。用丕素與允章善，告以必不免。允章執用丕手泣曰：「老夫今日猶几上肉耳，分爲仇人所烹。但恨邕、昌幼，不知吾冤，及其長也，公爲我語之。」彦真聞之，駡曰：「反賊，欲使其子報仇邪！」復白南漢主：「允章與二子共登壇，潛有所禱。」俱斬之。自是，宦官益横。李托，封州人也。

辛亥，南漢主祀圜丘，大赦。未幾，以龔澄樞爲左龍虎觀軍容使、内太師，軍國之事皆取決焉。凡羣臣有才能及進士狀頭，或僧道可與談者，皆先下蠶室，然後得進，亦有自宫以求進者，亦有免死而宫者，由是宦者近二萬人。貴顯用事之人，大抵皆宦者也，謂士人爲「門外人」，不得預事，卒以此亡國。

馬端臨《文獻通考》卷二七六《封建考一七》　劉隱，其祖安仁，上蔡人。後徙閩中，商賈南海，因家焉。父謙爲廣州牙將，黄巢寇廣州，表謙爲封州刺史、賀江鎮遏使，以禦梧、桂。謙卒，表隱代之。會廣州節度劉崇龜死，將盧琚等作亂，隱以封州兵討殺琚，迎節度使嗣薛王知柔。徐彦若代知柔，表隱節度副使。彦若卒，軍中推隱爲留後。天祐時，拜節度使。梁初，進太師，封南平王。卒，弟龔嗣，以兵取潮、韶及容管、邕管，僭號皇帝。卒，子玢嗣立，後爲其弟晟所弑。晟既弑玢，遂自立，值馬氏政亂，乃出兵攻楚，克桂州及連、宜、嚴、梧、蒙五州，又取郴州。卒，子鋹嗣立。宋開寶四年，遣師伐南漢，取之，鋹降，封恩赦侯。

備論

吴任臣《十國春秋》卷五《烈宗世家》　烈宗父子起封州，遭世多故，數有功於嶺南，遂有海南。性復好賢下士，是時天下已亂，中朝人士以嶺外最遠，可以避地，多遊焉。唐世名臣謫死南方者，往往有子孫，或當時仕宦遭亂不得還者，皆客嶺表。王定保、倪曙、劉濬、周傑、楊洞潛之徒，烈宗皆招禮之，而趙光裔、李殷衡以奉使往，俱辟置幕府，待以賓客，後卒用此數人致治云。

藝文

《全唐文》卷八三九劉昌魯《致馬殷書》　僕昔古籍鄴中，受恩唐室，莅高三歲。遏黄巢之亂，收合生齒，堡于掠山，因深爲壍，憑高作壘，攻苦食淡，以勤士卒。洎盜賊平定，一境獨全，高掠之民，至今相戴。而中原多故，嶺南不賓，劉隱亂常，僭興師律。舉蠻貊之衆，成吞噬之心。僕常訓勵甲兵，躬當矢石。掃壘一戰，劉巖遁走。雖仗義者必勝，恃力者必亡。然而山越之人，瘡痍衆矣。殘民以騁，所不忍爲。昔古公去豳，竇融歸漢，千古之下，迭爲推美。僕雖顓愚，景慕前烈。竊惟明公負江湖之固，有桓文之業，土宇至廣，仁風素厚，願以所部歸款於執事。謹刺血染翰，上達誠悃，惟明公圖之。

劉旻部

綜述

《舊五代史》卷一三五《劉旻傳》　劉崇，太原人，漢高祖之從弟也。少無賴，好陸博意錢之戲。弱冠隸河東軍。唐長興中，遷虢州軍校。漢祖鎮并、汾，奏爲河東步軍都指揮使。逾年，授麟州刺史，復爲河東馬步軍都指揮使兼三城巡檢使，遥領泗州防禦使。漢祖起義於河東，以崇爲特進、檢校太尉、行太原尹。是歲五月，漢祖南行，以崇爲北京留守，尋加同平章事。隱帝嗣位，加檢校太師、兼侍中。乾祐二年九月，加兼中書令。時漢隱帝以幼年在位，政在大臣，崇亦招募亡命，繕完兵甲，爲自全之計，朝廷命令，多不稟行，徵斂一方，略無虚日，人甚苦之。三年十一月，隱帝遇害，朝廷議立崇之子徐州節度使贇爲主，會周太祖爲軍衆所推，降封贇爲湘陰公。崇乃遣牙將李謽奉書求贇歸藩，會贇已死，唯以優辭答之。

周廣順元年正月，崇僭號於河東，稱漢，改名旻，仍以乾祐爲年號，署其子承鈞爲侍衛親軍都指揮使、太原尹，以判官鄭拱、趙華爲宰相，副使李瓌、代州刺史張暉爲腹心。尋遣承鈞率兵攻晉、隰二州，不克而退。九月，崇自領兵由陰地關寇晉州，乞師於契丹，契丹以五千騎助之，合兵以攻平陽，又分兵寇昭義。周太祖遣樞密使王峻等率大軍以援晉、絳，崇聞周師至，遂焚營而遁。是歲，晉、絳大雪，崇駐軍六十餘日，邊民走險自固，兵無所掠，士有饑色，比至太原，十亡三四。二年二月，崇遣兵三千餘衆寇府州，爲折德扆所破，其所部岢嵐軍爲德扆所取。崇自僭稱之後，以重幣求援於契丹，仍稱侄以事之，契丹僞册崇爲英武皇帝。及周世宗嗣位，崇復乞師於契丹，以圖入寇，契丹遣將楊袞合勢大舉，來迫潞州。

顯德元年三月，周世宗親征，與崇戰於高平，大敗之。崇與親騎十數人踰山而遁，中夜迷懵，不知所適，刦村民使爲鄉導，誤趨晉州路，行百餘里方覺。崇怒，殺鄉導者，得他路而去，乃易名號，被毛褐、張樺笠而行。至沁州，與從者三五騎止於郊舍，寒餒尤甚，潛令告僞刺史李廷誨，廷誨饋盤飧、解衣裘而與之。每至屬邑，縣吏奉食，匕箸未舉，聞周師至，即蒼黄而去。崇年老力憊，伏於馬上，日夜奔竄，僅能支持。距太原一舍，其子承鈞夜以兵百人迎之而入。及周師臨城下，崇氣懾，自固閉壘不出。月餘，世宗乃旋軍。

顯德二年十一月，崇以病死，其子承鈞襲僞位。鈞之事跡，具皇家日曆。

《新五代史》卷七〇《劉旻世家》　劉旻，漢高祖母弟也。初名崇，爲人美鬚髯，目重瞳子。少無賴，嗜酒好博，嘗黥爲卒。高祖事晉爲河東節度使，以旻爲都指揮使。高祖即帝位，以爲太原尹、北京留守、同中書門下平章事。隱帝時，累加中書令。

隱帝少，政在大臣，周太祖爲樞密使，新討三叛，立大功，而與旻素有隙，旻頗不自安，謂判官鄭珙曰：「主上幼弱，政在權臣，而吾與郭公不叶，時事如何？」珙曰：「漢政將亂矣！晉陽兵雄天下，而地形險固，十州征賦足以自給。公爲宗室，不以此時爲計，後必爲人所制。」旻曰：「子言，乃吾意也。」乃罷上供征賦，收豪傑，籍丁民以益兵。三年，周太祖起魏，隱帝遇弒，旻乃謀舉兵。

周太祖之自魏入也，反狀已白，而漢大臣不即推尊之，故未敢即立，乃白漢太后，立旻子贇爲漢嗣，遣宰相馮道迎贇于徐州。當是時，人皆知太祖之非實意也，旻獨喜曰：「吾兒爲帝矣，何患！」乃罷兵，遣人至京師。周太祖少賤，黥其頸上爲飛雀，世謂之郭雀兒。太祖見旻使者，具道所以立贇之意，因自指其頸以示使者曰：「自古豈有雕青天子？幸公無以我爲疑。」旻喜，益信以爲然。太原少尹李驤曰：「郭公舉兵犯順，其勢不能爲漢臣，必不爲劉氏立後。」因勸旻以兵下太行，控孟津以俟變，庶幾贇得立，贇立而罷兵可也。旻大罵曰：「驤腐儒，欲離間我父子！」命左右牽出斬之。驤臨刑歎曰：「吾爲愚人畫計，死誠宜矣！然吾妻病，不可獨存，願與之俱死。」旻聞之，即并戮其妻于市，以其事白漢，以明無佗。已而周太祖果代漢，降封贇湘陰公。旻遣牙將李謽奉書周太祖，求贇歸太原，而贇已死。旻慟哭，爲李驤立祠，歲時祠之。

乃以周廣順元年正月戊寅即皇帝位于太原，以子承鈞爲太原尹，判官鄭珙、趙華爲宰相，都押衙陳光裕爲宣徽使，遣通事舍人李謽間行使于契丹。契丹永康王兀欲與旻約爲父子之國，旻乃遣宰相鄭珙致書兀欲，稱姪皇帝，以叔父事之而已。兀欲遣燕王述軋、政事令高勳以册尊旻爲大漢神武皇帝，并册旻妻爲皇后。兀欲性豪儁，漢使者至，輒以酒肉困之，珙素有疾，兀欲彊之飲，一夕而以醉卒。然兀欲聞旻自立，頗幸中國多故，乃遣其貴臣述軋、高勳以自愛黄騮、九龍十二稻玉帶報聘。

已而兀欲爲述軋所弑，述律代立。旻遣樞密直學士王得中聘于述律，求兵以攻周。述律遣蕭禹厥率兵五萬助旻。旻出陰地攻晉州，爲王峻所敗。是歲大寒，旻軍凍餒，亡失過半。明年，又攻府州，爲折德扆所敗，德扆因取岢嵐軍。

周太祖崩，旻聞之喜，遣使乞兵于契丹。契丹遣楊衮將鐵馬萬騎及奚諸部兵五六萬人號稱十萬以助旻。旻以張元徽爲先鋒，自將騎兵三萬攻潞州。潞州李筠遣穆令鈞以步騎三千拒元徽于太平驛，元徽擊敗之，遂圍潞州。

是時，世宗新即位，以謂旻幸周有大喪，而天子新立，必不能出兵，宜自將以擊其不意。自宰相馮道等多言不可，世宗意甚鋭。顯德元年三月親征，甲午，戰于高平，李重進、白重贊將左，樊愛能、何徽將右，向訓、史彦超居中軍，張永德以禁兵衛蹕。旻亦列爲三陣，張元徽居東偏，楊衮居西偏，旻居其中。衮望周師謂旻曰：「勍敵也，未可輕動！」旻奮髯曰：「時不可失，無妄言也！」衮怒而去。旻號令東偏先進，王得中叩馬諫曰：「南風甚急，非北軍之利也，宜少待之。」旻怒曰：「老措大，毋妄沮吾軍！」即麾元徽，元徽擊周右軍，兵始交，愛能、徽退走，其騎軍亂，步卒數千棄甲叛降元徽，呼萬歲聲振川谷。世宗大駭，躬督戰士，士皆奮命争先，而風勢愈盛，旻自麾赤幟收軍，軍不可遏，旻遂敗。日暮，旻收餘兵萬人阻澗而止。

是時，周之後軍，劉詞將之，在後未至，而世宗鋭於速戰，戰已勝，詞軍繼至，因乘勝追擊之，旻又大敗，輜重器甲、乘輿服御物皆爲周師所獲。旻獨乘契丹黄騮，自鵰窠嶺間道馳去，夜失道山谷間，得村民爲鄉導，誤趨平陽，得佗道以歸，而張元徽戰殁于陣。楊衮怒旻，按兵西偏不戰，故獨全軍而返。旻歸，爲黄騮治厩，飾以金銀，食以三品料，號「自在將軍」。

世宗休軍潞州，大宴將士，斬敗將樊愛能、何徽等七十餘人，軍威大振。進攻太原，遣符彦卿、史彦超北控忻口，以斷契丹援路。太原城方四十里，周師去城三百步，圍之匝，自四月至於六月，攻之不克，而彦卿等爲契丹所敗，彦超戰殁，世宗遽班師。

初，周師圍城也，旻遣王得中送楊衮以歸，因乞援兵於契丹，契丹發數萬騎助旻，遣得中先還。至代州，代州將桑珪殺防禦使鄭處謙，以城降周，并送得中于周。世宗召問得中虜助兵多少，得中言送衮歸，無所求也，世宗信之。已而契丹敗符彦卿於忻口，得中遂見殺。

旻自敗於高平，已而被圍，以憂得疾，明年十一月卒，年六十，子承鈞立。

吴任臣《十國春秋》卷一〇四《世祖紀》 世祖，姓劉名旻，高祖之母弟也，同爲章懿皇后所出。初名崇。爲人美鬚髯，目重瞳子。少無賴，嗜酒好博，常黥爲卒。高祖事晉爲河東節度使，署崇馬步都指揮使。高祖即帝位，除太原尹。未幾，遷北京留守，同中書門下平章事。隱帝時，改河東節度使，累加兼中書令。隱帝年少，政在大臣，郭威爲樞密使，有大功，而與崇素不相能。崇與屬吏鄭珙謀，乃罷上供征賦，籍民爲兵以自固。乾祐三年，隱帝遇弑，崇業謀舉兵，會樞密使威反狀已白，而隱帝諸大臣不即推尊之，故未敢即立，謬請立崇子贇爲嗣。是時，人皆知威非實意，而崇獨私心喜曰：「吾兒爲帝，吾又何求！」乃罷兵。

威少賤，黥其頸上爲飛雀，世謂之郭雀兒。至是，見崇使者，具道所以立贇之意，因自指其頸以示使者曰：「自古豈有雕青天子？幸公無以我爲疑。」崇益喜，信以爲然。太原少尹李驤勸其以兵下太行，控孟津俟變，崇大罵驤離間父子，命牽出斬之，並殺其妻。以其事白於太后，以明無他。已而威果代漢，是爲周太祖，降封贇湘陰公。崇遣牙將李謽奉書於周，求贇歸太原，周主報以：「湘陰比在宋州，今方取歸京師，必令得所，公勿爲憂。但能同力相輔，當加王爵，永鎮河東。」崇知贇不得歸，始有自立意。

乾祐四年春正月戊寅，帝即位於晉陽，仍用乾祐年號，所有者并、汾、忻、代、嵐、憲、隆、沁、遼、麟、石諸州之地。以節度判官鄭珙爲中書侍郎，觀察判官趙華爲户部侍郎，並同平章事。以次子承鈞爲侍衛親軍都指揮使、太原尹，以節度副使李存瓌爲代州防禦使，裨將張元徽爲馬步軍都指揮使，陳光裕爲宣徽使。

是日，周殺湘陰公贇於宋州。帝以地狹民貧，祭祀祖禰略如家人禮，不建宗廟，月俸宰相百緡，節度使三十緡，其餘薄有資給。

是時遼將潘聿撚稱君命遺書皇子承鈞，帝令承鈞復書，言本朝淪亡，紹襲帝位，願循晉室故事，求援北朝，許之。丙戌，發兵屯陰地、黄澤、團柏。丁亥，以承鈞爲招討使，與副招討使白從暉、都監李存瓌將兵萬人侵周晉州。帝聞湘陰公死，大慟哭，爲李驤立祠，歲時祭之。

二月戊戌，我兵五道攻晉州，周節度使王晏閉城不出。承鈞令將士蟻附登城，晏伏兵奮擊，我師敗績，副兵馬使安元寶降周。癸卯，移軍攻隰州，周隰州刺史許遷遣步軍都指揮使孫繼業迎擊於長壽村，執我牙將程筠，殺之。未幾，我兵薄州城，攻數日，不克，遂引還。丁巳，遣通事舍人李謽使於遼，乞兵爲援。

三月甲戌，謽至於遼，遼主兀欲與帝約爲父子之國，使拽剌梅里來報聘。己卯，周遣敗卒二百六十餘人還太原，各賜衫袴巾履。

夏四月，遼遣使來告周使田敏約歲輸錢十萬緡，帝命宰相鄭珙以厚賂謝遼，自稱「姪皇帝致書於叔天授皇帝」。

五月辛未，珙卒於遼。甲戌，定難節度使李彝殷稱藩於我。

六月，遼主遣燕王述軋、政事令高勳册命帝爲大漢神武皇帝，妃爲皇后。又以黄騮九龍十二稻玉帶報聘。帝更名旻。

秋七月，翰林學士衛融等詣遼謝册禮，且請兵。

九月，招討使李存瓌自團柏擊周，遼欲引兵來會，與諸將議於九十九泉。諸將皆不欲南行，遼主强之，癸亥，行次新州之西火神淀，燕王述軋及偉王之子太寧王漚僧作亂，弑其君兀欲。丁卯，齊王述律代立，上尊號曰天順皇帝，改元應歷。自火神淀入幽州，遣劉承訓來告哀。帝命樞密直學士王得中如遼，賀即位，復以叔父事之，請兵以擊晉州。隨遣使如遼，行弔禮。

冬十月辛卯，周潞州巡檢使陳思讓敗我兵於虒亭。甲辰，遼遣彰國節度使蕭禹厥率兵五萬來會，帝帥兵二萬出陰地關攻晉州。

丁未，軍於城北，三面置寨，周巡檢使王萬敢、龍捷都指揮使史彦超、虎捷指揮使何徽共拒之。

十二月乙巳，王峻引兵救晉州。晉州南有蒙阬最險要，峻憂我兵據之，是日聞前鋒已度蒙阬，喜曰：「吾事濟矣！」帝攻晉州，久不克。會大雪，我軍乏食。契丹兵思歸，聞峻至，燒營宵遁。峻入晉州，乃遣行營都指揮使仇宏超等將兵追於霍邑，縱兵奮擊，我兵大敗，墜崖谷死者無算。周將藥元福曰：「劉旻悉發其衆，挾契丹而來，志吞晉、絳。今氣衰力憊，狼狽而遁，不乘此剪撲，必爲後患。」王峻遣使止之，遂解去。契丹兵至晉陽，士馬什喪三四，禹厥恥無功，釘大將一人於市，旬日而斬焉。帝始息意於進取。是時，内供軍國，外奉契丹，賦役繁重，民不聊生，逃入周境者甚衆。

乾祐五年春正月，遣兵侵周府州，爲防禦使折德扆所敗。

二月庚子，德扆入寇，陷岢嵐軍，以兵戍之。是月，帝置寧化軍於嵐州界，又置雄勇鎮於其北，備周師也。

夏四月丙戌朔，日食。

六月壬寅，帝以周人犯邊，遣使求援於遼，遼主命中臺省右相高模翰赴之。

冬十月甲申朔，遣使於遼，進葡萄酒。

十二月癸未，高模翰及我兵圍晉州。

是歲，麟州刺史楊崇訓歸款於周。初，崇訓父信受命於周爲刺史，及信卒，崇訓以州來降，至是爲羣羌所圍，叛去。後復歸於我。

乾祐六年春閏正月壬午，遣使謝遼，以高模翰却周軍故也。

三月庚辰朔，南唐遣使貢遼，因附書於我，遼主詔達其貢。丁酉，遣使進遼裘衣及馬。

夏五月壬寅，遣使如遼，言石晉樹《嗣聖皇帝聖德神功碑》爲周人所毁，請再刻，許之。

秋八月，遣使如遼，乞援。

九月庚子，貢藥於遼。

十一月，遼葬貞烈皇太后於祖陵，帝遣使會葬。

冬十二月，喬贇侵周府州，折德扆拒於城下，我師敗績。

乾祐七年春正月，周主殂於滋德殿。丙申，晉王榮即皇帝位。帝聞周主晏駕，遣使於遼，謀大舉伐周。

二月，遼遣武定節度使、政事令楊衮，將鐵馬萬騎及奚諸部兵五六萬人，號稱十萬，來會於晉陽。帝自將兵三萬，以義成節度使白從暉爲行軍都部署，武寧節度使張元徽爲前鋒都指揮使，與契丹兵南出團柏。丁巳，我兵屯梁侯驛，昭義節度使李筠遣牙將逆戰於太平驛，張元徽斬其將穆令均，筠遁歸上黨。

三月，我兵乘勝逼潞州，引兵而南。是時周主新即位，以謂我國幸周有大喪，必不能出兵，宜自將以擊其不意，周臣多勸其山陵有日，人心易摇，不宜輕動。周主曰：「以吾兵力之强，破旻如泰山壓卵耳！」遂鋭意親行。

癸巳，前鋒與我兵遇於高平南之高原，我兵少却，周主趣諸軍亟進。帝以中軍陳於巴公原，張元徽居東偏，楊衮軍西偏。而周師亦列爲三陣，李重進、白重贊將左，樊愛能、何徽將右，向訓、史彦超居中央，張永德以禁兵衛周主。周主介馬自督戰。衮望周師，謂帝曰：「勍敵也，未可輕動。」帝奮髯曰：「時不可失，請公勿言。」衮怒而去。時東北風方盛，俄而遽轉南風，副樞密使王延嗣使司天監李義白帝云：「時可戰矣。」帝從之，號令東偏先進。王得中叩馬諫曰：「義可斬也！南風勢急，非北軍之利，宜少待。」帝怒，即麾元徽戰，元徽擊右軍。兵始交，周將愛能、徽引騎兵先遁，右軍潰，於是步卒數千餘人棄甲來降，元徽呼萬歲，聲振川谷，敵兵大駭。周主忽赫怒，躍馬入陣，引五十人直衝帝之牙帳。帝方張樂飲酒，示閒暇；及其奄至，殊驚惶失次。周主因親犯矢石，督戰士，士莫不以一

當百，奮勇争先。周將趙匡胤、馬仁瑀、馬全乂及永德等，摧鋒陷陣，勢不可遏。帝趣元徽進兵，會馬躓，元徽爲周兵所殺，我軍由是氣奪。帝自麾赤幟收軍，軍驟退，不能止，互相蹂躪，遂大敗。日暮，帝收餘兵萬人，阻澗而守。是時，劉詞將周之後軍未至，及戰已勝，而詞軍繼至，復乘勝擊我兵，王延嗣死之，帝又大敗，輜重、器甲、乘輿、服御物皆爲周人所獲。

丁酉，周主至潞州。帝自高平被褐戴笠，乘契丹所贈黄騮，率百餘騎，由鵰窠嶺間道馳去，夜失道山谷間，得村民爲鄉導，誤趣晉州，得百餘里，乃覺，遂殺導者。晝夜兼行，所至得食，未舉箸，或傳周兵至，輒倉皇而去。帝衰老力憊，伏馬上馳驟，殆不能支，僅得循他道以歸。是役也，衮奮怒按兵西偏不戰，故獨全軍而返。帝歸，爲黄騮治廄，飾以金銀，食以三品料，號「自在將軍」。

庚子，帝收散卒，繕甲兵，完城塹以備周。楊衮將其衆北屯代州，帝遣王得中送衮歸，因求救於遼，遼主遣得中還報，許發兵救晉陽。壬寅，周以符彦卿爲河東行營都部署，郭崇副之，向訓爲都監，李重進爲馬步都虞候，史彦超爲先鋒，將步騎二萬發潞州，入寇。又命王彦超、韓通自陰地關入，與彦卿合，又以劉詞爲隨駕都部署，白重贊副之。

是月，昭聖皇太后李氏殂於汴京西宫。

夏四月，盂縣降周。乙卯，汾州防禦使董希顔叛降於周。丙辰，遼州刺史張漢超叛降於周。周主初遣符彦卿等内侵，但欲耀兵晉陽城下。洎周師入境，百姓争言我國賦役過重，願供軍須，助攻太原，周主始有兼并之意。既而周諸軍數十萬剽掠不已，百姓失望，更保聚山谷。辛酉，憲州刺史韓光愿、嵐州刺史郭言舉城降彦卿。壬戌，周王彦超等陷石州，執我刺史安彦進。癸亥，沁州刺史李廷誨降周。庚午，周主發潞州，趣太原。癸酉，忻州監軍李勍叛，殺我刺史趙皋及遼通事楊耨姑，舉城降周，周以勍爲忻州刺史。

五月乙亥，遼遣南院大王撻烈來援。丙子，周主至太原，旗幟環城四十里。是日，代州防禦使鄭處謙舉城降周。先是，楊衮疑處謙有二心，使騎兵守城門處，謙殺之，閉門拒衮；衮奔歸遼，遼主以其無功，囚之。處謙遂叛。

丁丑，周置静塞軍於代州，以處謙爲節度使。契丹屯數千騎於忻、代間，爲我援兵。庚辰，周主遣符彦卿擊之；彦卿入忻州，契丹退保忻口。丁亥，周置寧化軍於汾州，以石、沁二州隸焉。

丁酉，撻烈敗彦卿於忻口。周代州將桑珪等誣鄭處謙通遼，殺之。時王得中自遼返，留代州，珪并執送於周軍，周將史彦超與契丹戰死。周主初來攻晉陽，彦卿、彦超北控忻口，以斷契丹援路，而晉陽城方四十里，周師去城三百步圍之匝，百計攻之不能克。彦卿既數爲契丹所挫，至是復以身殉。周主於是徵懷、孟、蒲、陝丁夫數萬，亟攻晉陽。會久雨，士卒皆罷病，乃議引還。甲辰，周殺我樞密直學士王得中。

乙巳，周主班師，發太原。周匡國節度使藥元福言於周主曰：「進軍易，退軍難。」周主曰：「一以委卿。」帝出兵追之，元福乃勒兵成列而殿，我師敗績。周盡棄所得州縣，惟桑珪據代州不下，珪既叛我，又不敢歸周，故嬰城自守。帝遣兵攻拔之。是役也，周主與帝相拒於高平，豫令前澤州刺史李彦崇將兵守江猪嶺，遏帝歸路；彦崇聞樊愛能等南遁，引兵退，至是，帝果自其路走太原。周主貶彦崇爲率府副率，指樊愛能、何徽等責之曰：「若輩累朝宿將，非不能軍，正欲以朕爲奇貨，賣與劉旻耳！」悉斬以徇。

壬申，帝以高平之敗，已而被圍，憂憤成疾，悉以國事委皇子侍衛都指揮使承鈞。

六月癸亥，撻烈獻所獲軍實於遼。

秋七月乙酉，我國人有爲契丹誤掠者，遣使請於遼，遼主詔悉歸之。

九月丙申，以周人盜邊告於遼。

冬十一月，遼彰國節度使蕭敵烈、太保許從贇奏忻、代二州之捷於遼。

是月，帝疾革，命皇子承鈞監國，尋殂。

帝生於唐乾寧三年，乙卯歲，年六十。廟號世祖，在位凡四年。

雜録

備録

陶岳《五代史補》卷五《世宗誅高平敗將》 世宗之征東也，駐蹕於高平，劉崇兼契丹之衆來迎戰。時帥多持兩端，而王師不利，親軍帥樊愛能等各退衄。世宗赫怒，躍馬入陣，引五十人直衝崇之牙帳。崇方張樂飲酒，以示閒暇，及其

且欲出其不意以誅退衄者，乃置酒高會，指樊愛能等數人責之曰：「汝輩皆累朝宿將，非不能用兵者也，然退衄者無他，誠欲將寡人作物貨賣與劉崇耳。不然，何寡人親戰而劉崇始敗耶？如此則卿等雖萬死不足以謝天下，宜其曲膝引頸以待斧誅。」言訖，命行刑壯士擒出，皆斬之。於是立功之士以次行賞，自行伍拔於軍厢者甚衆。其恩威並著，皆此類也。初，劉崇求援於契丹，得騎數千，及覩世宗兵少，悔之，曰：「吾觀周師易與耳，契丹之衆宜勿用，但以本軍攻戰，自當萬全。如此，則不惟破敵，亦足使契丹見而心服，一舉而有兩利，兵之機也。」諸將以爲然。乃使人謂契丹主將曰：「柴氏與吾，主客之勢，不煩足下餘刃，敢請勒兵登高觀之可也。」契丹不知其謀，從之。洎世宗之陣也，三軍皆賈勇争進，無不一當百，契丹望而畏之，故不救而崇敗。論者曰：世宗患諸將之難制也久矣，思欲誅之，未有其釁，高平之役，可謂天假，故其斬決而無貸焉。自是姑息之政不行，朝廷始尊大，自非英主，其孰能如此哉！

備論

《舊五代史》卷一三五《劉旻傳》 史臣曰：守光逆天反道，從古所無，逮至臨刑，尚求免死，非唯惡之極也，抑亦愚之甚也。劉晟據南極以稱雄，屬中原之多事，洎乎奕世，遇我昌朝，力憊而亡，不泯其嗣，亦其幸也。劉崇以亡國之餘，竊僞王之號，多見其不知量也。今元惡雖斃，遺孽尚存，勢蹙民殘，不亡何待！

吴任臣《十國春秋》卷一〇四《世祖紀》 論曰：世謂世祖常致書於周，求立子贇而不得，後方稱帝。推其志，是不以喪君爲讎，而以殺子爲讎也。要之，贇得立，則漢祀未斬，贇故不獨爲世祖子矣，懼劉氏之餒而保一隅以圖存，其志洵有足悲者。高平之戰，僅以身免，所不亡者天耳。然則歷四君而卜年三十，嗚呼，夫豈盡人力也哉！

引用書目

書名	作者	時代	版本
啓顔録	侯白	隋	中華書局二〇一四年董志翹箋注本
大唐創業起居注	温大雅	唐	上海古籍出版社一九八三年李季平、李錫厚點校本
褚亮集	褚亮	唐	叢書集成續編本
隋書	魏徵等	唐	中華書局一九七三年點校本
魏鄭公文集	魏徵	唐	叢書集成初編本
北史	李延壽等	唐	中華書局一九七四年點校本
文館詞林	許敬宗	唐	叢書集成初編本
朝野僉載	張鷟	唐	中華書局趙守儼點校本
隋唐嘉話	劉餗	唐	中華書局程毅中點校本
褚遂良集	褚遂良	唐	叢書集成續編本
廣弘明集	釋道宣	唐	四部叢刊本
續高僧傳	釋道宣	唐	中華書局二〇一四年郭紹林點校本
佛道論衡	釋道宣	唐	江蘇古籍出版社排印本
大唐西域記	玄奘	唐	上海古籍出版社一九七七年章巽點校本
大慈恩寺三藏法師傳	慧立、彦悰	唐	中華書局二〇〇〇年孫毓棠、謝方點校本
壇經	釋慧能	唐	大正藏本
華嚴經傳記	釋法藏	唐	大正藏本
錢考功集	錢起	唐	四部叢刊本
魏鄭公諫録	王方慶	唐	四庫本

書名	作者	時代	版本
初學記	徐堅	唐	中華書局一九六二年點校本
貞觀政要	吴兢	唐	中華書局二〇一二年謝保成集校本
張燕公集	張説	唐	四庫本
高常侍集	高適	唐	四部叢刊本
松窗雜録	李濬	唐	上海古籍出版社二〇一二年陽羨生點校本
唐大和上東征記	真人元開	唐	中華書局二〇〇〇年汪向榮點校本
曲江集	張九齡	唐	四庫本
李太白全集	李白	唐	中華書局一九七七年點校本
王摩詰文集	王維	唐	上海古籍出版社一九八二年影印本
杜甫全集	杜甫	唐	人民文學出版社二〇一四年點校本
孟浩然集	孟浩然	唐	四庫本
通典	杜佑	唐	中華書局一九八八年王文錦、王永興等點校本
毗陵集	獨孤及	唐	四部叢刊本
劉隨州集	劉長卿	唐	四部叢刊本
陸宣公翰苑集	陸贄	唐	四部叢刊本
陸宣公奏議	陸贄	唐	叢書集成初編本
權德輿詩文集	權德輿	唐	上海古籍出版社二〇〇八年郭廣偉點校本
權載之文集	權德輿	唐	四部叢刊本
教坊記	崔令欽	唐	上海古籍出版社二〇一二年曹中孚點校本
王昌齡集	王昌齡	唐	岳麓書社二〇〇〇年點校本
岑嘉州詩	岑參	唐	四部叢刊本
顔魯公集	顔真卿	唐	四部叢刊本
王司馬集	王建	唐	四庫本
高力士外傳	郭湜	唐	四庫本

書名	作者	朝代	版本
兩京新記	韋述	唐	三秦出版社二〇〇六年辛德勇輯校本
封氏聞見記	封演	唐	中華書局二〇〇五年趙貞信點校本
元和郡縣圖志	李吉甫	唐	中華書局一九八三年賀次君點校本
張司業詩集	張籍	唐	四部叢刊本
羯鼓録	南卓	唐	叢書集成初編本
順宗實録	韓愈	唐	叢書集成初編本
大業拾遺記	顔師古	唐	上海古籍出版社一九八八年影印《説郛三種》本
昌黎先生文集	韓愈	唐	上海古籍出版社一九九四年影印本
吕衡州文集	吕温	唐	叢書集成初編本
劉夢得文集	劉禹錫	唐	四部叢刊本
劉禹錫集	劉禹錫	唐	中華書局一九九〇年卞孝萱校訂本
白居易集	白居易	唐	中華書局一九七九年顧學頡點校本
元氏長慶集	元稹	唐	四部叢刊本
龍城録	柳宗元	唐	上海古籍出版社二〇一二年曹中孚點校本
柳宗元集	柳宗元	唐	中華書局一九七九年點校本
皇甫持正集	皇甫湜	唐	四部叢刊本
張承吉文集	張祜	唐	上海古籍出版社一九七九年影印本
張祜詩集	張祜	唐	江西人民出版社一九八三年嚴壽澄校編本
大業雜記	杜寶	唐	三秦出版社二〇〇六年辛德勇輯校本
奉天録	趙元一	唐	叢書集成本
李德裕文集	李德裕	唐	河北教育出版社二〇〇〇年傅璇琮、周建國校箋本
次柳氏舊聞	李德裕	唐	上海古籍出版社二〇一二年丁如明等點校本
李文饒集	李德裕	唐	四部叢刊本
酉陽雜俎	段成式	唐	中華書局一九八一年方南生點校本

書名	作者	朝代	版本
樊川詩集注	杜牧	唐	上海古籍出版社一九六二年點校本
樊川文集	杜牧	唐	上海古籍出版社一九七八年點校本
譚賓録	胡璩	唐	上海古籍出版社一九九六年影印本
資暇集	李匡乂	唐	叢書集成初編本
安禄山事迹	姚汝能	唐	中華書局二〇〇六年曾貽芬點校本
唐國史補	李肇	唐	上海古籍出版社二〇一二年曹中孚點校本
翰林志	李肇	唐	四庫本
歷代名畫記	張彦遠	唐	叢書集成初編本
大唐新語	劉肅	唐	中華書局一九八四年許德楠、李鼎霞點校本
集異記	薛用弱	唐	叢書集成初編本
尚書故實	李綽	唐	上海古籍出版社二〇一二年蕭逸點校本
續玄怪録	李復言	唐	中華書局二〇〇六年程毅中點較本
明皇雜録	鄭處誨	唐	中華書局一九九四年田廷柱點校本
卓異記	李翱	唐	叢書集成初編本
李文公集	李翱	唐	四部叢刊本
因話録	趙璘	唐	叢書集成初編本
幽閒鼓吹	張固	唐	叢書集成初編本
樊南文集	李商隱	唐	上海古籍出版社二〇一五年點校本
李義山詩集	李商隱	唐	四部叢刊本
法書要録	張彦遠	唐	人民美術出版社一九八四年范祥雍點校本
禪月集	釋貫休	唐	四部叢刊本
白蓮集	釋齊己	唐	四部叢刊本
集異志	陸勳	唐	叢書集成初編本
獨異志	李冗	唐	中華書局一九八三年張永欽、侯志明點校本

書名	作者	時代	版本
宣室志	張讀	唐	中華書局一九八三年張永欽、侯志明點校本
桂苑筆耕集	崔致遠	唐	中華書局二〇〇七年黨銀平點校本
開天傳信記	鄭棨	唐	叢書集成初編本
司空表聖文集	司空圖	唐	上海古籍出版社一九九四年影印本
黄御史集	黄滔	唐	四部叢刊本
録異記	杜光庭	唐	叢書集成初編本
唐闕史	高彦休	唐	叢書集成初編本
劇談録	康駢	唐	古典文學出版社一九五八年點校本
桂苑叢談	馮翊子	唐	叢書集成初編本
皮日休文集	皮日休	唐	四部叢刊本
本事詩	孟棨	唐	古典文學出版社一九五七年標點本
三水小牘	皇甫枚	唐	中華書局一九五八年句讀本
大唐傳載	佚名	唐	上海古籍出版社二〇一二年恒鶴點校本
劉賓客嘉話録	韋絢	唐	上海古籍出版社二〇一二年陽羨生點校本
杜陽雜編	蘇鶚	唐	叢書集成初編本
雲仙雜記	馮贄	唐	叢書集成初編本
玉泉子	佚名	唐	上海古籍出版社一九五八年點校本
雲溪友議	范攄	唐	四部叢刊本
東觀奏記	裴庭裕	唐	中華書局一九九四年田廷柱點校本
北里志	孫棨	唐	叢書集成初編本
中興閑氣集	高仲武	唐	四部叢刊本
唐摭言	王定保	五代	三秦出版社二〇一一年黄壽成點校本
開元天寶遺事	王仁裕	五代	中華書局二〇〇六年曹貽芬點校本
玉堂閑話	王仁裕	五代	杭州出版社二〇〇四年陳尚君點校本

舊唐書	劉昫等	五代	中華書局一九七五年點校本
疑獄集	和凝等	五代	四庫本
清異録	陶穀	五代	大象出版社二〇〇三年鄭樹聲、俞鋼點校本
中朝故事	尉遲偓	五代	上海古籍出版社二〇一二年恒鶴點校本
金華子	劉崇遠	五代	叢書集成初編本
鑒誡録	何光遠	五代	知不足齋叢書本
續仙傳	沈汾	五代	四庫本
太平御覽	李昉等	宋	中華書局一九六〇年影印本
太平廣記	李昉等	宋	中華書局一九六一年句讀本
文苑英華	李昉等	宋	中華書局一九六六年影印本
北夢瑣言	孫光憲	宋	大象出版社二〇〇三年俞鋼點校本
三楚新録	周羽翀	宋	大象出版社二〇〇三年俞鋼點校本
舊五代史	薛居正	宋	中華書局一九七六年點校本
釣磯立談	史温	宋	知不足齋叢書本
賈氏譚録	張洎	宋	守山閣叢書本
洛陽縉紳舊聞記	張齊賢	宋	大象出版社二〇〇三年俞鋼點校本
錦里耆舊傳	句延慶	宋	四庫本
江表志	鄭文寶	宋	大象出版社二〇〇三年張劍光、孫勵點校本
江南餘載	鄭文寶	宋	大象出版社二〇〇三年張劍光、孫勵點校本
南唐近事	鄭文寶	宋	大象出版社二〇〇三年張劍光點校本
唐文粹	姚鉉	宋	四部叢刊本
江淮異人録	吴淑	宋	叢書集成初編本
國老談苑	夷門君玉	宋	大象出版社二〇〇六年趙維國點校本
野人閒話	耿焕	宋	杭州出版社二〇〇四年陳尚君輯校本

唐會要	王溥	宋	上海古籍出版社一九九一年點校本
楊太真外傳	樂史	宋	叢書集成初編本
廣卓異記	樂史	宋	大象出版社二〇〇三年張劍光點校本
宋高僧傳	釋贊寧	宋	中華書局一九八七年范祥雍點校本
隋史斷	南宫靖一	宋	叢書集成初編本
五代史闕文	王禹偁	宋	四庫本
小畜外集	王禹偁	宋	四部叢刊本
册府元龜	王欽若等	宋	中華書局一九六〇年影印本
南部新書	錢易	宋	中華書局二〇〇二年黄壽成點校本
唐史論斷	孫甫	宋	叢書集成初編本
穆參軍集	穆修	宋	四部叢刊本
九國志	路振	宋	叢書集成初編本
江南别録	陳彭年	宋	大象出版社二〇〇三年常易安、陳尚君點校本
范文正公文集	范仲淹	宋	四部叢刊本
包拯集	包拯	宋	中華書局一九六三年殷韻初點校本
丁晉公談録	丁謂	宋	大象出版社二〇〇三年虞云國、吴愛芬點校本
五代史補	陶岳	宋	叢書集成續編本
江南野史	龍衮	宋	大象出版社二〇〇三年張劍光點校本
新唐書	歐陽修等	宋	中華書局一九七五年點校本
歐陽文忠公集	歐陽修	宋	四部叢刊本
歸田録	歐陽修	宋	中華書局一九八一年李偉國點校本
歐陽修文集	歐陽修	宋	遼海出版社二〇一〇年劉振鵬點校本
五代史記注	徐無黨	宋	藝文印書館一九七六年嚴一萍校訂本
新五代史	歐陽修	宋	中華書局一九七四年點校本

書名	作者	朝代	版本
益州名畫録	黄休復	宋	四川人民出版社一九八二年點校本
茅亭客話	黄休復	宋	叢書集成初編本
括異志	張師正	宋	叢書集成初編本
鐔津文集	釋契嵩	宋	巴蜀書社二〇一四年林仲湘、邱小毛點校本
資治通鑑	司馬光	宋	中華書局一九五六年點校本
稽古録	司馬光	宋	四部叢刊本
温國文正司馬公文集	司馬光	宋	上海辭書出版社二〇〇六年曾棗莊、劉琳主編《全宋文》本
王文公文集	王安石	宋	上海人民出版社一九七四年唐武標點校本
臨川集	王安石	宋	四部叢刊本
唐大詔令集	宋敏求	宋	中華書局二〇〇八年句讀本
長安志	宋敏求	宋	中華書局一九九〇年影印本
春明退朝録	宋敏求	宋	中華書局一九八〇年汝沛、誠剛點校本
節孝語録	徐積	宋	四庫本
韓文類譜	吕大防	宋	商務印書館影印本
蜀檮杌	張唐英	宋	杭州出版社二〇〇四年冉旭點校本
清江三孔集	孔平仲等	宋	齊魯書社二〇〇二年孫永選點校本
舍人集	孔平仲	宋	江西教育出版社二〇〇七年影印本豫章叢書本
續世説	孔平仲	宋	大象出版社二〇〇六年池潔點校本
珩璜新論	孔平仲	宋	叢書集成初編本
隆平集	曾鞏	宋	四庫本
元豐類稿	曾鞏	宋	四部叢刊本
鄖溪集	鄭獬	宋	叢書集成續編本
浄德集	吕陶	宋	叢書集成初編本
澠水燕談録	王闢之	宋	叢書集成初編本

書名	作者	朝代	版本
青箱雜記	吴處厚	宋	中華書局一九八五年李裕民點校本
廣陵先生文集	王令	宋	文物出版社一九八二年影印本
蘇軾文集	蘇軾	宋	中華書局一九八六年孔繁禮點校本
東坡全集	蘇軾	宋	四庫本
經進東坡文集事略	蘇軾	宋	四部叢刊本
仇池筆記	蘇軾	宋	四庫本
龍川別志	蘇轍	宋	中華書局一九八二年俞宗憲點校本
欒城集	蘇轍	宋	上海古籍出版社一九八七年曾棗莊、馬德富點校本
唐鑑	范祖禹	宋	上海古籍出版社一九八四年影印本
豫章黄先生文集	黄庭堅	宋	四部叢刊本
山谷外集	黄庭堅	宋	四庫本
山谷全書	黄庭堅	宋	上海辭書出版社二〇〇六年曾棗莊、劉琳主編《全宋文》本
濟北晁先生鷄肋集	晁補之	宋	四部叢刊本
畫墁録	張舜民	宋	叢書集成初編本
宋大詔令集	佚名	宋	中華書局一九六二年點校本
補注杜詩	黄希原等	宋	四庫本
潏水集	李復	宋	上海古籍出版社一九八七年影印本
夢溪筆談	沈括	宋	中華書局一九五九年點校本
邵氏聞見録	邵伯温	宋	中華書局一九八三年李劍雄、劉德全點校本
淮海集	秦觀	宋	四部叢刊本
續談助	晁載之	宋	中華書局一九八五年影印本
蟹譜	傅肱	宋	叢書集成初編本
侯鯖録	趙令畤	宋	大象出版社二〇〇六年孔繁禮點校本
丹陽集	葛勝仲	宋	四庫本

書名	朝代	作者	版本
斜川集	宋	蘇過	叢書集成初編本
竹友集	宋	謝薖	四庫本
莊簡集	宋	李光	四庫本
東觀餘論	宋	黄伯思	叢書集成初編本
金石録	宋	趙明誠	廣西師範大學出版社二〇〇五年金文明校正本
松隱文集	宋	曹勛	四庫本
何博士備論	宋	何去非	叢書集成初編本
實賓録	宋	馬永易	四庫本
湘山野録	宋	釋文瑩	中華書局一九八四年楊立揚點校本
玉壺清話	宋	釋文瑩	中華書局一九八四年楊立揚點校本
紺珠集	宋	朱勝非	四庫本
北海集	宋	綦崇禮	四庫本
冷齋夜話	宋	釋惠洪	鳳凰出版社二〇〇九年點校本
石門文字禪	宋	釋惠洪	四部叢刊本
太倉稊米集	宋	周紫芝	四庫本
竹坡詩話	宋	周紫芝	明津逮秘書本
曲洧舊聞	宋	朱弁	叢書集成初編本
梁谿集	宋	李綱	四庫本
雲溪居士集	宋	華鎮	四庫本
致堂讀史管見	宋	胡寅	四庫本
唐語林	宋	王讜	中華書局二〇〇八年周勳初點校本
胡宏集	宋	胡宏	中華書局一九八七年吴仁華點校本
香溪集	宋	范浚	四庫本
日涉園集	宋	李彭	江西教育出版社二〇〇七年影印本

書名	作者	朝代	版本
張耒集	張耒	宋	中華書局一九九〇年李逸安、孫道海等點校本
柯山集	張耒	宋	上海辭書出版社二〇〇六年曾棗莊、劉琳主編《全宋文》本
明道雜誌	張耒	宋	叢書集成初編本
張右史文集	張耒	宋	四部叢刊本
南唐書	馬令	宋	杭州出版社二〇〇四年李建國點校本
竹谿先生文集	李彌遜	宋	叢書集成續編本
松隱文集	曹勛	宋	劉氏嘉業堂一九二〇年刻本
苕溪漁隱叢話	胡仔	宋	人民文學出版社一九六二年廖德明點校本
梅溪集	王十朋	宋	四部叢刊本
庚溪詩話	陳巖肖	宋	叢書集成初編本
續博物志	李石	宋	巴蜀書社一九九一年李之亮點校本
盤洲文集	洪適	宋	上海辭書出版社二〇〇六年曾棗莊、劉琳主編《全宋文》本
珊瑚鈎詩話	張表臣	宋	四庫本
通鑑紀事本末	袁樞	宋	中華書局二〇一五年點校本
宋文鑑	吕祖謙	宋	商務印書館一九三七年影印本
能改齋漫録	吴曾	宋	四庫本
邵氏聞見後録	邵博	宋	中華書局一九八三年李劍雄、劉德全點校本
野客叢書	王楙	宋	中華書局一九八七年王文錦點校本
南澗甲乙稿	韓元吉	宋	商務印書館一九三六年排印本
海録碎事	葉廷珪	宋	叢書集成初編本
雍録	程大昌	宋	中華書局二〇〇二年黄永年點校本
容齋隨筆	洪邁	宋	大象出版社二〇一二年孔繁禮點校本
容齋續筆	洪邁	宋	大象出版社二〇一二年孔繁禮點校本
容齋三筆	洪邁	宋	大象出版社二〇一二年孔繁禮點校本

容齋四筆	洪邁	宋	大象出版社孔繁禮點校本
容齋五筆	洪邁	宋	大象出版社孔繁禮點校本
夷堅志	洪邁	宋	中華書局一九八一年何卓點校本
獨醒雜志	曾敏行	宋	叢書集成初編本
詩話總龜	阮閱	宋	人民文學出版社一九八七年點校本
鐵圍山叢談	蔡絛	宋	中華書局一九八三年馮惠民、沈錫麟點校本
渭南文集	陸遊	宋	四部叢刊本
竹洲集	吴儆	宋	四庫本
唐詩紀事	計有功	宋	中華書局二〇〇七年點校本
類説	曾慥	宋	北京圖書館藏珍本叢刊本
誠齋集	楊萬里	宋	四部叢刊本
演繁露	程大昌	宋	叢書集成初編本
晦庵先生朱文公集	朱熹	宋	上海辭書出版社二〇〇六年曾棗莊、劉琳主編《全宋文》本
宋朝事實類苑	江少虞	宋	上海古籍出版社一九八一年點校本
止齋論祖	陳傅良	宋	四部叢刊本
象山全集	陸九淵	宋	四部備要本
寓簡	沈作喆	宋	大象出版社二〇〇八年俞鋼點校本
揮麈後録	王明清	宋	中華書局一九六二年排印本
揮麈録	王明清	宋	上海書店出版社二〇〇一年點校本
龍川集	陳亮	宋	四庫本
蘇門六君子文粹	陳亮	宋	四庫本
陳亮集	陳亮	宋	中華書局一九八七年鄧廣銘點校本
聞見近録	王鞏	宋	叢書集成初編本
習學記言	葉適	宋	四庫本

龜山先生語録	楊時	宋	四部叢刊本
楊龜山集	楊時	宋	上海辭書出版社二〇〇六年曾棗莊、劉琳主編《全宋文》本
後山談叢	陳師道	宋	叢書集成初編本
蘭亭考	桑世昌	宋	叢書集成初編本
卻掃編	徐度	宋	叢書集成初編本
東軒筆録	魏泰	宋	大象出版社二〇〇六年燕永成點校本
文忠集	周必大	宋	四庫本
全唐詩話	尤袤	宋	叢書集成初編本
涉史隨筆	葛洪	宋	叢書集成初編本
白孔六帖	孔傳	宋	四庫本
蜀鑑	郭允蹈	宋	四部叢刊本
潁川語小	陳叔方	宋	叢書集成初編本
石屏詩集	戴復古	宋	四庫本
耻堂存稿	高斯得	宋	叢書集成初編本
澗泉集	韓淲	宋	四庫本
江湖長翁集	陳造	宋	上海古籍出版社一九八七年影印本
鶴山全集	魏了翁	宋	四部叢刊本
韻語陽秋	葛立方	宋	叢書集成初編本
後村集	劉克莊	宋	四部叢刊本
山堂考索	章如愚	宋	中華書局一九九二年影印本
鶴林玉露	羅大經	宋	中華書局一九八三年王瑞來點校本
魯齋集	王柏	宋	四庫本
文山集	文天祥	宋	四部叢刊本
經鉏堂雜志	倪思	宋	岳麓書社二〇〇五年點校本

書名	作者	朝代	版本
黄氏日鈔	黄震	宋	四庫本
史詠詩集	徐鈞	宋	叢書集成續編本
書小史	陳思	宋	四庫本
事文類聚	祝穆	宋	四庫本
遊宦紀聞	張世南	宋	中華書局一九八一年張茂點校本
貴耳集	張端義	宋	叢書集成初編本
成都文類	袁説文等	宋	中華書局二〇一一年趙曉蘭整理本
吹劍録	俞文豹	宋	古典文學出版社一九五八年張宗祥校訂本
五燈會元	釋普濟	宋	中華書局一九八四年蘇淵雷點校本
吴越備史	范坰等	宋	四部叢刊本
朱子語類	黎靖德	宋	中華書局一九八六年王星賢點校本
續釋常談	龔熙正	宋	叢書集成初編本
研北雜志	陸友仁	宋	叢書集成初編本
續家訓	董正功	宋	上海古籍出版社一九九六年影印本
佛祖統紀	釋志磐	宋	大正藏本
賓退録	趙與時	宋	四庫本
將鑒論斷	戴少望	宋	四庫全書存目叢書本
廉吏傳	費樞	宋	四庫本
屏山集	劉子翬	宋	四庫本
野客叢書	王楙	宋	中華書局一九八七年王文錦點校本
跨鼇集	李新	宋	四庫本
南屏净慈寺志	釋大壑	宋	四部叢刊本
乖崖集	張詠	宋	四庫本
分門古今類事	佚名	宋	上海古籍出版社一九九一年影印本

書名	作者	朝代	版本
歷代名賢確論	佚名	宋	四庫本
宋文選	佚名	宋	四庫本
錦繡萬花谷	佚名	宋	廣陵書社二〇〇八年句讀本
愛日齋叢抄	佚名	宋	中華書局一九八五年孔凡禮點校本
國朝二百家名賢文萃	佚名	宋	上海辭書出版社曾棗莊、劉琳主編《全宋文》本
五國故事	佚名	宋	大象出版社二〇〇三年張劍光、孫勵點校本
宣和畫譜	佚名	宋	四部叢刊本
遺山先生集	元好問	金	四部叢刊本
滹南遺老集	王若虛	金	四部叢刊本
宋史	脱脱	元	中華書局一九七七年點校本
艮齋詩集	侯克中	元	四庫本
文獻通考	馬端臨	元	中華書局二〇一一年點校本
蘭軒集	王旭	元	四庫本
唐才子傳	辛文房	元	中華書局一九九五年傅璇琮校箋本
玉山璞稿	顧瑛	元	叢書集成初編本
九靈山房集	戴良	元	四庫本
滄浪軒詩集	吕彦貞	元	續四庫全書本
玉笥集	張憲	元	叢書集成初編本
江月松風集	錢惟善	元	當代中國出版社二〇一四年吴晶、周膺點校本
歷世真仙體道通鑑	趙道一	明	大正藏本
説郛	陶宗儀	明	上海古籍出版社一九八八年影印本
遜志齋集	方孝孺	明	四部叢刊本
敬軒文集	薛瑄	明	四庫本
椒邱文集	何喬新	明	四庫本

書名	作者	朝代	版本
楓山集	章懋	明	四庫本
文簡集	孫承恩	明	四庫本
篁墩集	程敏政	明	四庫本
新安文獻志	程敏政	明	四庫本
懷麓堂集	李東陽	明	四庫本
唐寅集	唐寅	明	上海古籍出版社二〇一三年周道振、張月尊輯校本
唐餘紀傳	陳霆	明	杭州出版社二〇〇四年李建國點校本
丹鉛總録	楊慎	明	四庫本
震川先生集	歸有光	明	上海古籍出版社二〇〇七年周本淳點校本
芝園定集	張時徹	明	四庫存目叢書本
越嶠書	李文鳳	明	四庫本
存家詩稿	楊巍	明	四庫本
讀書後	王世貞	明	四庫本
慎刑録	王士翹	明	續修四庫全書本
蓉塘詩話	姜南	明	齊魯書社二〇〇六年周維德集校本
劉西陂集	劉儲秀	明	四庫未收書輯刊本
歷代内侍考	毛一公	明	續修四庫全書本
天中記	陳耀文	明	四庫本
陳眉公集	陳繼儒	明	華東師範大學出版社二〇一一年印曉峰點校本
五雜俎	謝肇淛	明	中華書局一九五九年排印本
讀史商語	王志堅	明	上海古籍出版社一九九六年影印本
史評小品	江用世	明	四庫未收書輯刊本
剡溪漫筆	孫傳能	明	中國書店一九八七年影印本
赤雅	鄺露	明	叢書集成初編本

陶庵全集	黄淳耀	明	四庫本
垂楊館集	郭孔建	明	四庫未收書輯刊本
繼志齋集	王紳	明	四庫本
緑滋館考信録	吴士奇	明	四庫未收書輯刊本
讀通鑑論	王夫之	明	中華書局一九七五年舒士彦點校本
帶涇堂集	王士禎	明	續四庫全書本
讀史方輿紀要	顧祖禹	明	中華書局二〇〇五年施和金、賀次君點校本
用六集	刁包	清	齊魯書社一九九七年影印本
杜詩説注	仇兆鰲	清	中華書局點校本
史林測義	計大受	清	續四庫全書本
列朝詩集	錢謙益	清	中華書局二〇〇七年許逸民、林淑敏點校本
南唐拾遺記	毛先舒	清	叢書集成初編本
乾初先生遺集	陳確	清	國家圖書館藏清餐霞軒鈔本
通鑑札記	劉體仁	清	北京圖書出版社二〇〇四年影印本
晴江閣集	何絜	清	四庫未收書輯刊本
五代詩話	鄭方坤	清	人民文學出版社一九八九年戴鴻森點校本
十國春秋	吴任臣	清	中華書局二〇一〇年徐敏霞、周瑩點校本
中山集詩鈔	郝浴	清	四庫未收書輯刊本
明詩綜	朱彝尊(編)	清	四庫本
湖海樓詩集	陳維崧	清	四部叢刊本
居業堂文集	王源	清	叢書集成初編本
瑶華集	蔣景祁	清	中華書局一九八二年影印本
榕村語録	李光地	清	中華書局一九九五年陳祖武點校本
全金詩	郭元釪	清	四庫本

書名	作者	朝代	版本
史傳三編	朱軾	清	四庫本
王右丞集箋注	趙殿成	清	上海古籍出版社一九六一年點校本
遼史拾遺	厲鶚	清	四庫本
宋詩紀事	厲鶚	清	四庫本
離垢集	華嵒	清	福建美術出版社二〇〇九年點校本
白蕤詩集	張開東	清	四庫未收書輯刊本
稽古齋全集	弘晝	清	四庫未收書輯刊本
袁枚全集	袁枚	清	江蘇古籍出版社一九九三年點校本
小倉山房文集	袁枚	清	清乾隆刻增修本
宋詩紀事補遺	陸心源	清	山西古籍出版社一九九七年點校本
廿二史劄記	趙翼	清	中華書局一九八二年王樹民校正本
甓湖堂草集	吴士傑	清	四庫未收書輯刊本
無不宜齋未定稿	翟灝	清	國家圖館藏清乾隆刻本
愛日精盧藏書志	張金吾	清	中華書局二〇一二年馮樹民點校本
筩河詩集	朱筠	清	上海古籍出版社影印本清代詩文集彙編本
道光廣東通志	阮元	清	中國地方志集成本
艾陵詩鈔	雷士俊	清	四庫禁毀書叢刊本
道古堂全集	杭世駿	清	清代詩文集彙編本
十七史商榷	王鳴盛	清	上海書店出版社二〇一三年黄曙輝點校本
金石萃編	王昶	清	中國書店一九八五年影印本
湖海詩傳	王昶	清	上海古籍出版社二〇一三年點校本
悦親樓詩集	祝德麟	清	清代詩文集彙編本
江西詩徵	曾燠	清	續修四庫全書本
瓶水齋詩集	舒位	清	上海古籍出版社二〇〇九年曹光甫點校本

雪杖山人詩集	鄭炎	清	四庫禁毀書叢刊本
宋會要輯稿	徐松	清	上海古籍出版社二〇一四年劉琳等點校本
南漢書	梁廷枏	清	杭州出版社二〇〇四年吴在慶、李菁點校本
讀通鑑綱目札記	章邦元	清	四庫未收書輯刊本
鑒評别録	黄恩彤	清	四庫未收書輯刊本
二知軒文存	方濬頤	清	清代詩文集彙編本
小匏庵詩存	吴仰賢	清	清代詩文集彙編本
金粟山房詩鈔	朱寯瀛	清	清代詩文集彙編本
爲可堂初集	朱一是	清	四庫未收書輯刊本
全唐詩	彭定求等	清	中華書局一九六〇年點校本
全唐文	董皓等	清	中華書局一九八三年影印本
集義軒詠史詩鈔	羅惇衍	清	清代詩文集彙編本
題畫詩	佚名	清	四庫本
茶香室叢鈔	俞樾	清	中華書局一九九五年貞凡等點校本
晚晴簃詩彙	徐世昌	清	中國書店一九八八年影印本
唐代墓誌彙編	周紹良(主編)		上海古籍出版社一九九二年
全隋文補遺	韓理洲等		三秦出版社二〇〇四年
隋代墓志銘匯考	王其禕、周曉薇		線裝書局二〇〇七年
五代墓誌彙考	周阿根		黄山書社二〇一二年
昭陵碑石	張沛		三秦出版社一九九三年
三原縣志	扈蒙		
隋唐五代名人年譜	北京圖書館(編)		北京圖書館出版社二〇〇五年影印本
閩王王審知	王家暉		鷺江出版社二〇〇五年